DR.-ING. RICHARD ERNST

DICIONÁRIO
DA TÉCNICA INDUSTRIAL

tomando em consideração as mais modernas
técnicas e processos

VOLUME VIII

PORTUGUÊS-ALEMÃO

inteiramente refundido
por
Francisco José Ludovice Moreira

BRANDSTETTER VERLAG · WIESBADEN

DR.-ING. RICHARD ERNST

WÖRTERBUCH DER INDUSTRIELLEN TECHNIK

unter weitgehender Berücksichtigung der neuzeitlichen Techniken und Verfahren

BAND VIII

PORTUGIESISCH-DEUTSCH

völlig neu bearbeitet
von
Francisco José Ludovice Moreira

BRANDSTETTER VERLAG · WIESBADEN

CIP-Kurztitelaufnahme der Deutschen Bibliothek

Ernst, Richard:

Wörterbuch der industriellen Technik : unter weitgehender Berücks. d. neuzeitl. Techniken u. Verfahren / Richard Ernst. – Wiesbaden : Brandstetter
Teilw. mit Parallelsacht. entsprechend d. Sprache d. Bd.: Dictionary of industrial technics. Dictionnaire de la technique industrielle. Diccionario de la técnica industrial. Dicionário da técnica industrial
Ab Bd. 9 u. d. T.: Ernst, Richard: Comprehensive dictionary of engineering and technology

NE: HST
Bd. 8. Portugiesisch-deutsch / völlig neu bearb. von Francisco José Ludovice Moreira. – 2. Aufl. – 1986.
ISBN 3-87097-126-6

NE: Moreira, Francisco José Ludovice [Bearb.]

2. Auflage 1986

Textverarbeitung: Siemens-Programmsystem-TEAM

Lichtsatz: dateam Vertriebsgesellschaft mbH + Co. KG, Frankfurt a. Main.

Der Umbruch wurde mit Programmen der RZB Rechenzentrum Buchhandel GmbH gerechnet.

Druck: Oscar Brandstetter Druckerei GmbH & Co. KG, Wiesbaden

Library of Congress Catalog Card Number Af 28085

ISBN 3-87097-126-6

Printed in Germany

PREFÁCIO

A presente revisão do meu Dicionário de „Técnica Industrial" português-alemão, cuja primeira edição fora publicada em 1967, foi novamente – como já acontecera para o volume alemão-português editado em 1983 – gentilmente efectuada pelo Sr. Francisco José Ludovice Moreira.

A actual revisão, mais do que uma simples inversão do volume alemão-português, completa a edição anterior com novo vocabulário, com especial relevo para mais de mil termos sobre informática e técnica de computadores, áreas que se encontram em contínuo desenvolvimento.

Cumpre-me, mais uma vez, expressar um agradecimento especial ao Sr. Otto Vollnhals do Departamento de Apoio Mecanográfico à Tradução (Director Sr. Dr. Schneider) da Firma Siemens AG, Munique, bem como às suas colaboradoras que, com incansável esforço na preparação da composição tipográfica por meio do computador, contribuíram decisivamente para o bom resultado deste trabalho.

Esperamos, portanto, que o enorme esforço dispendido pelo Sr. Moreira seja a ajuda desejada para todos aqueles que venham a utilizar esta obra. O autor e a editora agradecem quaisquer sugestões que possam contribuir para o seu aperfeiçoamento.

VORWORT

Die vorliegende Bearbeitung der 1967 erstmalig erschienenen portugiesisch-deutschen Ausgabe meiner Wörterbücher der „Industriellen Technik“ hat wiederum, wie schon bei dem 1983 erschienenen deutsch-portugiesischen Bande, Herr Francisco J. Ludovice Moreira dankenswerterweise durchgeführt.
Diese Bearbeitung ist nicht nur eine Umkehrung des genannten Werkes. Sie ist ergänzt durch inzwischen angefallenes neueres Wortgut, insbesondere aber durch mehr als tausend Begriffe aus dem ständig schnell wachsenden Bereich der Informatik und der Computertechnik.
Besonders verpflichtet fühle ich mich wieder Herrn Otto Vollnhals von der Abteilung Terminologie und Maschinelle Übersetzungshilfen (Leiter Herr Dr. Schneider) der Firma Siemens AG, München und seinen Mitarbeiterinnen, die durch unermüdlichen Einsatz bei der Vorbereitung des Computersatzes wesentlich zum guten Gelingen beigetragen haben.
So hoffen wir, daß die von Herrn Moreira reichlich aufgewandte Mühe den Benutzern des Buches die erwartete Hilfe sein wird. Für jede weitere Anregung von dieser Seite sind Bearbeiter und Verlag stets dankbar.

D-8022 Grünwald

R. Ernst

A

Å (= 10^{-10} m) / Ångström (veraltet), Å n
aba f (hidrául.) / Klappe f ‖ ~ **da cantoneira** / Schenkel m des Winkeleisens ‖ ~ **do ferro perfilado** / Flansch m an Walzeisen
abacelar (agricult.) / häufeln
ábaco m / Abakus m
abafado / feuchtwarm, schwül ‖ ~ (som) / gedämpft
abafar / ersticken vt vi ‖ ~ **chamas** / Flammen ersticken
abaixado (hidrául.) / gesenkt, abgesenkt
abaixamento m / Senkung f, Senken n, Ein-, Zusammensinken, -fallen n, Sinken n ‖ ~ / Erniedrigung f, Senken n ‖ ~ (expl. minas) / Bergsenkung f, Bodensenkung f ‖ ~ **brusco de temperatura** / Kälteeinbruch m, Temperatursturz m ‖ ~ **de temperatura** / Temperaturrückgang m, Wärmeabfall m ‖ ~ **de tensão** (electr.) / Spannungsherabsetzung f ‖ ~ **do nível** (hidrául.) / Sunk m ‖ ~ **dos apoios**, abaixamento m dos suportes / Stützensenkung f (nicht vorgesehen)
abaixar vi / sinken ‖ ~ vt / senken, absenken ‖ ~ **o nível do lençol freático** / den Grundwasserspiegel senken
abaixável / senkbar
abaixo, ir-se ~ (mot.) / absterben ‖ **ir-se** ~ (autom.) / abwürgen
abajur m / Lampenschirm m
abalo m **sísmico** / Erdbebenstoß m, leichtes Erdbeben n ‖ ~ **telúrico** / Erdstoß m
abalroamento m / Zusammenstoß m
abalroar / zusammenstoßen
abampère m / Abampere n
abanar / wackeln
abandonado, ser ~ (expl. minas) / zum Erliegen kommen
abandonar (expl. minas) / auflassen, aufgeben
abastecer de combustível / tanken, Brennstoff nachtanken, Brennstoff aufnehmen, betanken
abastecimento m / Versorgung f ‖ ~ **de água** / Wasserversorgung f ‖ ~ **de água doméstica** / Haus-Wasserversorgung f ‖ ~ **de combustível** / Tanken n ‖ ~ **de corrente** / Stromversorgung f ‖ ~ **de energia eléctrica** / Elektrizitätsversorgung f ‖ ~ **de gás** / Gasversorgung f ‖ ~ **de gás a grande distância** / Gasfernversorgung f, Ferngasversorgung f ‖ ~ **rápido por uma só entrada** (aeronáut.) / Einpunktbetankung f
abate m **de árvores** / Holzabhieb, Hieb m, Holzfällen n, Holzeinschlag m
abater / zusammenstürzen, einfallen, einbrechen ‖ ~ / schlagen, fällen ‖ ~ (aeronáut.) / zum Absturz bringen ‖ ~ **ao efectivo** (constr. naval) / abtakeln
abatido (constr. civil) / gedrückt, flach, flachgewölbt
abatimento m / Beruhigung f, Zusammendrücken n
abatível / umlegbar, herabklappbar, kippbar
abat-jour m / Schirm m, Lampenschirm m
abaulado (geral) / ballig ‖ ~ (máq., tecnol.) / gewölbt
abaulamento m / Buckel m
abaular / ausbauchen, beulen, bombieren
abelita f / Abelit m
aberração f (astron.) / Aberration f, Abweichung f ‖ ~ **cromática** / chromatische Abweichung o. Aberration, Farbfehler m, Farbenabweichung f ‖ ~ **de refrangibilidade** / chromatische Abweichung o. Aberration ‖ ~ **refractiva**, aberração f de Newton / Brechungsabweichung f ‖ ~ **zonal** / Flächen-Aberration f
aberrante / davongelaufen
aberrar / abirren
aberto / offen
abertura f (geral) / Öffnung f ‖ ~ (tv, técn. fotogr.) / Apertur f ‖ ~ (constr. civil) / Licht n, Fensteröffnung f ‖ ~ (máq. ferram.) / Spannweite f ‖ ~, orifício m / Ausgang m, Öffnung f ‖ ~ (máq., tecnol.) / Durchbrechung f ‖ ~ / Spannung f, Spannweite f, Öffnung f, Ausguß m, Öffnen n, Öffnung f, Mündung f ‖ ~ (filme) / Bildöffnung f ‖ ~ (ponte) / Spannweite f der Öffnung ‖ ~ **acústica** / Schallloch n ‖ ~ **angular** / Winkelöffnung f ‖ ~ **da boca** / Maulweite f ‖ ~ **da chave** / Schlüsselweite f (Schraubenschlüssel) ‖ ~ **da lente** (técn. fotogr.) / Objektivöffnung f ‖ ~ **da plaina** / Spanloch n ‖ ~ **das malhas** / Maschengröße f, -weite f ‖ ~ **de acesso** / Einsteigetür f (DIN 2924) ‖ ~ **de canal** (lamin.) / Kaliberöffnung f ‖ ~ **de descarga das cheias** / Flutöffnung f ‖ ~ **de estrias** (lamin.) / Kalibrierung f ‖ ~ **de exploração** (tv) / Abtastloch n, -öffnung f ‖ ~ **de ponte** / Brückenöffnung f ‖ ~ **de ressonância** / Schallloch n ‖ ~ **de roscas** (máq., tecnol.) / Schraubenschneiden n, Gewindeschneiden n ‖ ~ **de trabalho** (siderurg.) / Arbeitsloch n, -tür f ‖ ~ **de um ângulo** (matem.) / Öffnung f eines Winkels ‖ ~ **de uma lente** / Lichtstärke f (einer Linse) ‖ ~ **do ânodo** / Blendenloch n ‖ ~ **do arco** / Bogenöffnung f ‖ ~ **do compasso** / Schenkelweite f, Öffnung des Zirkels f ‖ ~ **do diafragma** / Blendenöffnung f ‖ ~ **do feixe** (tv) / Bündeldurchschnitt m ‖ ~ **do furo** / Lochweite f ‖ ~ **do induzido** (electr.) / Ankerbohrung, -luft f ‖ ~ **do jito** (fundição) / Einguß m ‖ ~ **dos fios** (tecel.) / Fadenöffnung f ‖ ~ **em cruz** (constr. civil) / Kreuzloch n ‖ ~ **entre maxilas** / Rachenweite f ‖ ~ **gradual do diafragma** / Einblendung f (Film) ‖ ~ **livre** / lichte Weite, Lichtraum m, lichter Raum ‖ ~ **para a guia do mancal do eixo** (técn. ferrov.) / Achslagerausschnitt m (im Rahmen) ‖ ~ **útil** / Durchflußöffnung f
abeto m / Tanne f ‖ ~ **alvar** / Edeltanne f, Silber-, Weißtanne f, Abies grandis (Lindl), Abies excelsior (Franco), Edeltanne, Abies alba ‖ ~**-branco** m / Fichte f (gemeine o. Weißfichte) ‖ ~ **vermelho** / Rottanne f, Picea abies, Picea excelsa Link
abismo m / Kluft f, Abgrund m
abissal / abyssisch, Tiefsee..., Tiefen...
ablação f (geol) / Ablation, Abschmelzung f ‖ ~ (astronáut.) / Abbrennen n, Ablation f
ablativo (astronáut.) / wärmeabsorbierend, ablativ
ablução f (química) / Auswaschen n
abóbada f / Wölbung f ‖ ~ / Gewölbe n, Deckengewölbe n ‖ ~ (geol) / Aufwölbung f ‖ ~ **cilíndrica** / Tonnengewölbe n ‖ ~ **da fornalha** / Feuerraumgewölbe n ‖ ~ **de arestas** / Kreuzgewölbe n ‖ ~ **de berço** / Tonnengewölbe n ‖ ~ **de nervuras radiantes** (constr. civil) / Strahlengewölbe n, Fächergewölbe n ‖ ~ **de pedra de cantaria** / Bruchsteingewölbe n ‖ ~ **de tecto** (expl. minas) / Firstgewölbe n ‖ ~ **do forno** / Heizgewölbe n, Ofengewölbe n ‖ ~ **dos alcaravizes de um alto-forno** (siderurg.) / Formgewölbe n ‖ ~ **estrelada** / Sterngewölbe n ‖ ~ **helicoidal** / Schneckengewölbe n
abobadado / bogenförmig, eingewölbt, gewölbt
abobadar (constr. civil) / wölben, aus-, ein-, überwölben ‖ ~ (carpint.) / absprengen
abodabilha f / Kappengewölbe, Tonnengewölbe mit Kappen n

abolorecer / schimmeln, schimmlig werden
abortar (aeronáut.) / abbrechen
abrandar (água) / enthärten
abranger / umfassen, erfassen
abrasão *f* / Schleifwirkung *f*, Scheuern *n*, Abrieb *m* ‖ ~ *m* **da subsuperfície** / Tiefenverschleiß *m* ‖ ~ *f* **do isolamento** / Abscheuern *n* der Isolation
abrasivo *m* / Schleifmittel, -pulver, -korn *n* ‖ ~ *adj* / abschleifend, Schleif... ‖ ~ / scheuernd, abschürfend, Schmirgel... ‖ ~ *m* **artificial** / künstliches Schleifkorn ‖ ~ **para polir a fino**, abrasivo *m* para brunir / Läppmittel *n*
abre-latas *m* / Dosenöffner *m*, Büchsenöffner *m*
abreviar / abkürzen, verkürzen
abreviatura *f* / Kürzung *f*, Verkürzung *f*, Abkürzung *f* ‖ ~ (artes gráf.) / Abbreviatur *f* ‖ ~ **elementar** / Elementarabkürzung *f* (DIN 1353)
abridor *m* / Reißwolf *m* ‖ ~ (tecel.) / Büschelteiler *m* ‖ ~ (algodão) / Wolf *m*, Opener *m*, Öffner *m* ‖ ~ **Crighton** / Crightonöffner *m* ‖ ~ **de algodão** / Baumwollöffner *m* ‖ ~ **de casulos de seda** / Kokonöffner *m*, -wattenmaschine *f* ‖ ~ **de cilindro** / Trommelöffner *m* ‖ ~ **de fardos** / Ballenbrecher *m*, Ballenöffner *m* ‖ ~ **de fardos com pedais** / Muldenballenbrecher *m* ‖ ~ **de juta** / Juteöffner *m* ‖ ~ **de sulcos** / Furchenöffner *m* (Sämaschine) ‖ ~ **para mechas** / Vorgarnöffner *m* ‖ ~ **preliminar** / Voröffner *m*
abridora *f* **de cânhamo** / Hanfreißmaschine *f*
abrigar (técn. ferrov.) / abstellen
abrigo *m* / Bunker, Schutzraum *m* ‖ ~ (expl. minas) / Schutzort *n* ‖ ~ **antiaéreo** / Luftschutzraum *m*, Luftschutzbunker *m* ‖ ~ **antigás** / Gasschutzbunker *m*
abrir *v* (geral) / öffnen ‖ ~ *vi* / aufgehen, sich öffnen ‖ ~ / eröffnen ‖ ~ (expl. minas) / auffinden, anhauen ‖ ~ / aufschlagen, auflockern ‖ ~ (artes gráf.) / abrücken ‖ ~ **caminho** / bahnen (Weg), durchbrechen *vt* ‖ ~ **canais num cilindro** / eine Walze kalibrieren ‖ ~ **com chave** / aufschließen, öffnen ‖ ~ **com o cinzel** / aufmeißeln ‖ ~ **com o machado** / aufhacken ‖ ~ **com um escopro** / aufstemmen ‖ ~ **encaixes** (carpint.) / einzapfen ‖ ~ **entalhes** / fräsen ‖ ~ **estrias** (forja) / aufschroten, aufspalten ‖ ~ **estrias num cilindro** / eine Walze kalibrieren ‖ ~ **fendas** (agricult.) / häckseln ‖ ~ **o forno** (siderurg.) / anstechen, den Anstich machen, durchstoßen, durchstechen ‖ ~ **o molde** (fundição) / die Form öffnen ‖ ~ **o pavimento** (constr. rodov.) / aufreißen, aufbrechen ‖ ~ **os alicerces** (constr. civil) / das Fundament legen ‖ ~ **por corte** / aufschneiden ‖ ~ **por fusão** / aufschmelzen ‖ ~ **por perfuração** / aufbohren ‖ ~ **ranhuras** / furchen ‖ ~ **ranhuras** (máq., tecnol.) / nuten ‖ ~ **ranhuras** / schlitzen, kehlen ‖ ~ **ranhuras** (carpint.) / falzen ‖ ~ **ranhuras** (máq. ferram.) / einstechen ‖ ~ **roscas** (máq., tecnol.) / gewindeschneiden ‖ ~ **roscas com pente** / strehlen ‖ ~ **sulcos** (agricult.) / furchen ‖ ~ **um poço** / einen Brunnen graben ‖ ~ **um poço** (expl. minas) / ausschachten ‖ ~ **um poço** (expl. minas) / abteufen ‖ ~ **uma cavidade** / aushöhlen, hohl machen ‖ ~ **uma vala** / einen Graben ziehen ‖ ~ **valas** / graben, Gräben ziehen o. ausheben
abrupto / abschüssig
abscissa *f* / Abszisse *f*
abside *f* (constr. civil) / Apsis *f*
absoluto (geral) / absolut ‖ ~ (química) / unverdünnt, absolut ‖ ~ (informática) / unverschlüsselt
absorção *f* / Aufsaugung, Absorption *f*, Aufnahme *f* ‖ ~ / Absorbierung *f* ‖ ~ (siderurg.) / Saugen *n* ‖ ~ (tinturaria) / Aufziehen *n* ‖ ~ **atmosférica** / atmosphärische Absorption, Luftabsorption *f* ‖ ~ **atómica** / Atom-Absorption *f* ‖ ~ **Compton** / Compton-Absorption *f* ‖ ~ **da pressão** / Druckaufnahme *f* ‖ ~ **de água** / Wasseraufnahme, -absorption *f* ‖ ~ **de calor** / Wärmeentzug *m*, -absorption *f* ‖ ~ **de energia** (técn. nucl.) / Energieabsorption *f* ‖ ~ **de energia** / Leistungsaufnahme *f* ‖ ~ **de gás** (siderurg.) / Begasung *f* ‖ ~ **de gás** (vácuo) / Gasaufzehrung *f*, Getterung *f* ‖ ~ **de (h)umidade** / Feuchtigkeitsaufnahme *f* ‖ ~ **de líquido** / Flüssigkeitsaufnahme *f* ‖ ~ **de potência** / Leistungsaufnahme *f* ‖ ~ **do banho** (tinturaria) / Flottenaufnahme *f* ‖ ~ **do gás** / Getterung *f*, Gasaufzehrung *f* ‖ ~ **do som** / Schallschluckung *f*, Schallabsorption *f* ‖ ~ **mássica** (técn. nucl.) / Massenabsorption *f* ‖ ~ **própria** / Eigenabsorption *f* ‖ ~ **térmica** / Wärmeaufnahme *f*, -bindung, -absorption *f*
absorciómetro *m* / Absorptionsmeßgerät *n*
absorvedor *m* (electrón.) / Absorber *m*, Ballaströhre *f* ‖ ~ **de gás** (electrón.) / Getter *n* ‖ ~ **de som** / Schalldämpfer *m* ‖ **~-neutralizador** *m* (astronáut.) / Gasreiniger *m* (für Ergoldämpfer)
absorvência *f* (óptica) / dekadische Extinktion (negativer dekadischer Logarithmus des Durchlaßgrades)
absorvente *m* / Absorptionsmittel *n* ‖ ~ *adj* / absorbierend, absorptiv ‖ ~ (papel) / saugfähig, Saug..., aufsaugend ‖ ~ **de som** (técn. ferrov., autom.) / Entdröhn..., schalldämpfend ‖ ~ **do som** / schallschluckend, -absorbierend, Schallschluck...
absorver / absorbieren, aufnehmen, aufsaugen, annehmen ‖ ~ (química) / aufnehmen, einsaugen ‖ ~ / sorbieren ‖ ~ (química) / einschließen ‖ ~ **água** / Wasser ziehen, einsaugen ‖ ~ **o gás** (electrón.) / gettern
absorvibilidade *f* / Absorbierbarkeit, Aufnahmefähigkeit *f*
absorvido / aufgenommen, absorbiert
abubo *m* **cálcico** / Kalkdünger *m*
abundância *f* **de electrões** / Elektronenreichtum *m* ‖ ~ **isotópica** / Isotopenhäufigkeit *f*
abundante (informática, matem.) / abundant
Ac (química) / Actinium *n*, Ac
acabado / fertig
acabador *m* / Wollfeinstrecker *m* ‖ ~ (constr. rodov.) / Fertiger *m* ‖ ~ / Fertigmacher *m*
acabamento *m* (geral) / Fertigstellung *f*, Fertigmachen, letzte Arbeit, Endbearbeitung *f*, Vollendung *f* ‖ ~ / Appretur *f*, Ausrüstung *f*, Finish *n* ‖ ~ (máq., tecnol.) / Nacharbeit *f*, -bearbeitung *f* zur Oberflächenverbesserung ‖ ~ (cuiro) / Zurichtung *f* ‖ **de** ~ / Fertig..., End... ‖ ~ **a casca de ovo** / Eierschalen-Textur *f* ‖ ~ **antibacteriano** / Bakterienfestmachen *n* ‖ ~ **antideslizante** / Gleitfestmachen *n* ‖ ~ **antifeltrante** / Antifilzausrüstung *f* ‖ ~ **ao torno** / Fertigdrehen *n* ‖ ~ **brilhante** / Glänzendmachen *n* ‖ ~ **com sulfato de magnésio** / Bittersalzappretur *f* ‖ ~ **de algodão** / Baumwollvollendung *f* ‖ ~ **de brilho permanente** / Dauerglanzappretur *f* ‖ ~ **de fios** / Garnappretur *f* ‖ ~ **de foulé** / Fouléausrüstung *f* ‖ ~ **em silicone** / Silikon-Ausrüstung *f* ‖ ~ **exterior** (constr. civil) / Außenanstrich *m* ‖ ~ **fino** (máq., tecnol.) / Feinschlichten *n* ‖ ~ **interior em madeira** / Bautischlerei-Innenausbau *m* ‖ ~ **mate** / Mattglanz *m* ‖ ~ **para melhorar o toque** / Griffappretur *f* ‖ ~ **plano** (máq. ferram.) / Planschlichten *n* ‖ ~ **plástico** / Haftmittelfinish *n* ‖ ~ **por imersão** / Tauchappretur *f* ‖ ~ **químico** / chemische Appretur ‖ ~ **resistente ao inchamento** / Quellfestappretur *f*
acabamentos *m pl* **exteriores em madeira** / Bautischlerei-Außenarbeiten *f pl*
acabar / ausbauen, fertigstellen, aufarbeiten *vi*,

nacharbeiten || ~ / beenden, fertigstellen, abschließen, vollenden, fertigmachen, fertigbearbeiten || ~ (máq. ferram.) / schlichten, glätten || ~ / zurichten, appretieren || ~ **a impressão** (artes gráf.) / ausdrucken *vi* || ~ **a laminagem** / fertigwalzen || ~ **ao esmeril** / fertigschleifen || ~ **ao torno** / schlicht[dreh]en || ~ **com fresa** / fertigfräsen || ~ **de cozer** / fertigkochen || ~ **de fiar** / abspinnen || ~ **uma construção** / fertigbauen
acacina *m* / Akaziengummi, Akazin *n*
açafrão *m* / Safran *m* || ~ **bastardo**, açafroa *f* / Saflor *m*
acalmar / beruhigen, mildern || ~**-se** / sich beruhigen, sich legen
acamamento *m* (geol) / Lagerung *f*
acamurçar / sämischgerben
acanaladura *f* / Sicke *f*
acanalar / sicken
acantita *f* (mineralog.) / Akanthit *m*
acanto *m* (constr. civil) / Akanthus *m*, Säulenlaubwerk *n*, Laubverzierung *f*
acaricida *m* (química) / Akarizid *n*
ácaro *m*, acarídeo *m* / Milbe, Akaride *f*
acaso *m* / Zufall *m*
acastanhado / bräunlich
acastanhar (tinturaria) / bräunen
acavalado / rittlings
acção *f* / Wirkung *f* (Energie x Zeit) || ~, atividade *f* / Tätigkeit *f*, Wirken *n*, Aktion *f* || ~ / Wirksamkeit *f* || ~ / Einwirkung *f* || **de ~ individual** / einzelwirkend || **de ~ instantânea** (electr.) / unverzögert || **de ~ lenta** (fusível) / träge || **de ~ progressiva** / stetig || **de ~ progressiva** (contr. autom.) / stufenlos || ~ **cataforética** / elektrische Endosmose || ~ **de agarrar ou pegar** / Greifen *n* || ~ **de conduzir** / Führen *n* || ~ **de elevar** / Hub *m*, Heben *n* || ~ **de pintar as juntas** (constr. civil) / Fugenausmalen *n* || ~ **de válvula** (geral) / Ventilwirkung *f* || ~ **derivada** (contr. autom.) / Vorhalt *m*, Vorhaltwirkung *f*, D-Verhalten *n* || ~ **[supressora] do filtro supressor** (electrón.) / Sperrung *f* || ~ **e reacção** / Wirkung und Gegenwirkung *f* || ~ **em profundidade** / Tiefenwirkung *f* || ~ **imediata** / Nahewirkung *f* || ~ **integral** / Integralwirkung *f* || ~ **recíproca** / Wechselwirkung *f* || ~ **refrigerante** / Kühlwirkung *f*
accionado, movido, propulsionado / angetrieben, getrieben || ~, comandado, operado / betätigt || ~ **mecânicamente** / maschinell betrieben || ~ **pela gravidade, ou pela fricção, ou por mola** / kraftschlüssig || ~ **por ar comprimido** / druckluftbetätigt, Druckluft... || ~ **por motor** / mit Motorantrieb
accionamento *m*, comando *m*, operação *f* / Betätigung *f* || **de ~ manual** / handbetätigt || ~ **a mola** / Federantrieb *m* || ~ **da fita magnética** (fita magn.) / Laufwerk *n* || ~ **do eixo** / Achsentrieb *m* || ~ **do travão**, acionamento *m* do freio / Bremsbetätigung *f* || ~ **duplo** / Zwillingsantrieb *m* || ~ **eléctrico** / elektrischer Antrieb, Elektroantrieb *m* || ~ **electromotriz** / elektromotorischer Antrieb || ~ **hidráulico** / Druckwasserantrieb *m* || ~ **interno** / Innenantrieb *m* || ~ **manual** / Handantrieb *m*, Handbetätigung *f* || ~ **mecânico** / Kraftantrieb *m*, Maschinenantrieb *m* || ~ **oscilante** / Pendelantrieb *m*, -getriebe *n* || ~ **por cabo** (máq., tecnol.) / Seilbetrieb, Seil[an]trieb *m* || ~ **por correia** / Riemenantrieb, -[scheibenan]trieb *m* || ~ **por engrenagem angular** / Winkeltrieb *m*, -antrieb *m* || ~ **por engrenagem cónica** / Kegelradantrieb *m* || ~ **por forquilha** (funi) / Gabelantrieb *m* || ~ **por grupos** / Gruppenantrieb *m* || ~ **por manivela** / Kurbelantrieb *m* || ~ **por motor** / Motorantrieb *m*, -betrieb *m* || ~ **por motor Diesel** / Dieselantrieb *m* || ~ **por ou a vapor** / Dampfantrieb *m* || ~ **por um só motor** / Einmotorenantrieb *m* || ~ **principal** / Hauptantrieb *m*
accionar / betätigen, antreiben || ~, operar (relé) / ansprechen || ~ **por meio de lingueta** / fortschalten
aceitação *f* / Entgegennahme *f*, Aufnahme *f*, Annahme *f* || ~ / Inspektion *f*, Abnahme *f* || ~ **de um edifício novo** / Abnahme *f* eines Neubaus || ~ **final** / Endabnahme *f*
aceitador *m* (química, transistor) / Akzeptor *m*
aceitar / annehmen, empfangen, übernehmen
aceleração *f* / Beschleunigung *f* || ~ / Zeitraffung *f* || **de ~** / Beschleunigungs..., Anlauf... || ~ **a toda a velocidade** / Hochlauf *m* || ~ **angular** / Winkelbeschleunigung *f*, Drehbeschleunigung *f* || ~ **ao longo do percurso** / Bahnbeschleunigung *f* || ~ **da queda**, aceleração *f* de gravidade / Fallbeschleunigung *f* || ~ **de torção** / Drehbeschleunigung *f*, Winkelbeschleunigung *f* || ~ **devida à gravidade** / Erdbeschleunigung *f* || ~ **termoiónica** / eigenmagnetische Beschleunigung
acelerado / beschleunigt
acelerador *m* / Beschleunigungsvorrichtung *f*, -gerät *n* || ~ (autom.) / Gashebel *m*, -pedal *n* || ~ / Akzelerator *m* || ~ (química, técn. fotogr.) / Beschleuniger *m* (für Teilchen) || ~ (química) / Härter *m* || ~ *adj* / beschleunigend, Beschleunigungs... || ~ *m* **de acção lenta** / langsam wirkender Beschleuniger *m* || ~ **de fermentação** / Gärungsbeschleuniger *m* || ~ **de ignição** (mot.) / Klopfpeitsche *f* || ~ **de iões** / Ionenbeschleuniger *m* || ~ **de partículas** / Teilchenbeschleuniger *m* || ~ **F.F.A.G.** / FFAG-Maschine *f* (= fixed-field alternating gradient) || ~ **linear de electrões** / Elektronenlinearbeschleuniger *m* || ~ **manual** (autom.) / Fahrhandhebel *m*, Handgashebel *m*, Drosselhebel *m*
acelerar (física) / beschleunigen || ~ (autom., mot.) / Gas geben || ~**-se** / hochlaufen
acelerógrafo *m* / Beschleunigungsschreiber *m*
acelerómetro *m* / Beschleunigungsmesser *m*, g-Beschleunigungsprüfer *m* || ~ **de impacto** (aeronáut.) / Landestoß-Beschleunigungsmesser *m*
acendedor *m* / Feueranzünder *m*
acender (electr.) / einschalten, den Schalter betätigen || ~ / anzünden, anmachen (Feuer), anstecken || ~ / anblasen (Hochofen) || ~ **os máximos** (autom.) / aufblenden
acento *m* **circunflexo** (artes gráf.) / Zirkumflex *m*, -zeichen *n* || ~ **grave** (artes gráf.) / Gravis *m*
acentuação *f* (electrón.) / Akzentuierung *f* || ~ **da cor** / Farbvertiefung *f* || ~ **dos agudos** (acústica) / Höhenanhebung *f* || ~ **dos contornos** (tv) / Konturenbetonung *f* || ~ **dos graves** (acústica) / Baßanhebung *f*, Tiefenanhebung *f*
acentuador *m* **de contornos** (tv) / Klarzeichner *m*
acer *m* / Ahorn *m*
aceração *f* / Stahlbildung, Verwandlung in Stahl *f*
acerado / stahlartig, -ähnlich
acerar / verstählen
aceroso / stählern, von Stahl
acertar / abpassen (Längen), richten, stellen || ~ **a cor** (tinturaria) / abstimmen
acescente / sauer werdend, in saure Gärung übergehend, säuerlich
acessibilidade *f* / Zugänglichkeit *f*, Erreichbarkeit *f*
acessível / zugänglich, erreichbar, besteigbar, begehbar
acesso *m* / Zutritt, Zugang *m*, Anfahrt *f*, Zufahrt *f* || ~ (informática) / Zugriff *m* || ~ (constr. civil) / Zugang *m*, Eingang *m* || ~, rampa *f* / Rampe *f*, Bahn *f* || **de ~ difícil** / schwer zugänglich || ~ **à**

memória (informática) / Speicherzugriff *m* ‖ ~ **ao ficheiro** / Dateizugriff *m* ‖ ~ **de auto-estrada** / Autobahnauffahrt *f* ‖ ~ **directo** (informática) / direkter Zugriff, unmittelbarer Zugriff ‖ ~ **directo à memória** (informática) / Direkt-Speicherzugriff *m*, DMA ‖ ~ **multiplex em frequências** / Frequenzmultiplex[-Verfahren] *n* ‖ ~ **múltiplo em repartição de frequência** (telecom.) / Mehrfachzugriff *m* im Frequenzmultiplex ‖ ~ **múltiplo em repartição de tempo** (telecom.) / Mehrfachzugriff *m* im Zeitmultiplex ‖ ~ **paralelo** (informática) / Parallelzugriff *m* ‖ ~ **quase-randómico** / Quasi-Direktzugriff *m* ‖ ~ **randómico** (informática) / direkter Zugriff (wenig um den Mittelwert schwankend), Random access *m* ‖ ~ **sequencial** (informática) / sequentieller Zugriff ‖ ~ **sequencial indexado** (informática) / indiziert-sequentieller Zugriff
acessório *m* (geral, autom.) / Ersatzteil *n* ‖ ~ / Zubehör *n* ‖ ~ / Formstück *n*, Fitting *n* ‖ ~ *adj* / zusätzlich, hinzukommend
acessórios *m pl* / Beschlagteile *n pl*, Zubehör *n*, Zubehörteile *n pl* ‖ ~ **de caldeiras a vapor** / Dampfkesselarmaturen *f pl*, -kesselgarnituren *f pl* ‖ ~ **de canalizações** / Fittings *n pl* ‖ ~ **para automóveis**, peças *f pl* de reposição / Autozubehör *n*
acetal *m* (química) / Acetal, Azetal *n* ‖ ~ **dietílico** / Diethylazetal *n*
acetaldeído *m* / Acetaldehyd *m*
acetamida *f* / Acetamid *n*
acetato *m* / Acetat *n* ‖ ~ [de] / essigsauer... ‖ ~ **[básico] de chumbo** / [basischer] Bleiessig ‖ ~ **benzílico** / Benzylazetat *n* ‖ ~ **butílico** / Butylazetat *n* ‖ ~ **cúprico** / Kupfer(II)-acetat *n* ‖ ~ **de alumínio** / essigsaure Tonerde (Handelsbez.) ‖ ~ **de amilo** / Essigamylester *m*, Amylazetat *n* ‖ ~ **de benzilo** / Essigsäurebenzylester *m* ‖ ~ **de cálcio** / Graukalk *m*, Kalziumacetat *n* ‖ ~ **de celulose** / Zelluloseacetat *n* ‖ ~ **de chumbo** / Bleizucker *m*, Bleiacetat *n* ‖ ~ **de chumbo monobásico** / basisches Bleiacetat ‖ ~ **de cobre** / Kupferacetat *n* ‖ ~ **de cromo** / Chromazetat *n* ‖ ~ **de desoxicorticosterona** / Desoxycorticosteronacetat *n*, DOCA ‖ ~ **de ferro** / Eisenacetat *n* ‖ ~ **de potássio** / Kaliumacetat *n* ‖ ~ **de tártaro** / Essigweinstein *m* ‖ ~ **etílico** / Ethylacetat *n* ‖ ~ **ferroso** / Eisen(II)-acetat *n*
acético / essigsauer
acetil *m*, acetila *f* / Acetyl *n*
acetilação *f* / Acetylierung *f*
acetil-acetato *m* / Acetylazetat *n*
acetilcelulose *f* / Acetylzellulose *f*
acetileno *m* / Acetylen *n* ‖ ~ **diluido** / Dissousgas *n*
acetímetro *m* / Essigspindel *f*, Essigmesser *m*
acetina *f* / Acetin, Glyzerinmonoacetat *n*
acetinação *f* (papel) / Satinage *f*
acetinagem *f* **a frio** / Kaltglätten *n*
acetinar / glanzpressen, glänzen, pressen ‖ ~ (papel) / satinieren ‖ ~ (papel) / glätten
acetofenona *f* / Acetophenon *n*
acetona *f* / Aceton, Dimethylketon *n*
acetoso / essigsäuerlich, unvollkommen essigsauer
achatado / flachgedrückt, abgestumpft
achatamento *m* / Abplattung *f* ‖ ~ **da Terra** / Erdabflachung *f*
achatar / platt machen, plan machen, ebnen, abplatten ‖ ~ (lamin.) / strecken, breiten ‖ ~ / flachdrücken ‖ ~ (lamin.) / breiten ‖ ~ / flachmachen, -schlagen ‖ ~ / lahnen (Draht) ‖ ~ **com o martelo** / flachhämmern ‖ ~ **por meio de rolos** / flachwalzen ‖ ~ **rebites** / Niete stauchen
achavetar (máq., tecnol.) / keilen, fest-, auf-, verkeilen, mit Keilen befestigen

aciaria *f* / Stahlwerk *n* ‖ ~ **Bessemer** / Bessemerei *f*, Bessemerwerk *n* ‖ ~ **Thomas** / Thomasstahlwerk *n*
acíclico (geral, química) / azyklisch
acicular / nadelförmig
acidade *f* / Acidität, Azidität *f*
acidentado / wellig, uneben (Gelände)
acidental / zufällig
acidente *m* **máximo previsível** (técn. nucl.) / größter anzunehmender Unfall o. Schadensfall, GAU ‖ ~ **no estrato** / Flözstörung *f*
acidentes *m pl* (geogr.) / Unebenheiten, Erhöhungen und Vertiefungen *f pl*
acidez *f* / Säure, -grad *m*, -wirkung *f*, -verhalten *n*, Azidität *f*, Acidität, Bitterkeit *f*, Säuregehalt, Schärfe ‖ ~ **do vinho** / Weinsäure *f*
acidífero / säurehaltig
acidificação *f* / Sauermachen *n*, Säuerung *f*, Säurebildung *f* ‖ ~ **de poços** / Säurespülung *f*, Säureeinpressen *n*
acidificado / sauer gemacht
acidificante *m* / Säurebildner *m* ‖ ~ *adj* / säurebildend *adj*
acidificar / säuern ‖ ~**(-se)** / sauer machen (o. werden)
acidificável / säuerungsfähig, säuerbar, säurefähig
acidimetria *f* / Acidimetrie *f*
acidímetro *m* (química) / Säuremesser *m*
ácido *m* (química) / Säure *f* ‖ ~ *adj* / sauer, Säure... ‖ ~ (geol) / silikareich, sauer ‖ **à prova de ~s** / säurefest
acido, de ~ gordo / fettsauer
ácido *m* **abiético** / Fichtensäure *f*, Abietinsäure *f* ‖ ~ **acetacético** / Acet[yl]essigsäure *f* ‖ ~ **acético** / Essigsäure *f* ‖ ~ **acético glacial** / Eisessig *m*, wasserfreie Essigsäure ‖ ~ **acético puro** / reine, konzentrierte Essigsäure ‖ ~ **acetilsalicílico** / Acetylsalizylsäure *f*, Aspirin *n* ‖ ~ **aceto-benzóico anidro** / wasserfreie Essigbenzoesäure ‖ ~ **aconítico** / Akonitsäure *f* ‖ ~ **acrílico** / Acrylsäure *f* ‖ ~ **adenosinatrifosfórico** / Adenosintriphosphorsäure *f*, ATP ‖ ~ **adípico** / Adipinsäure *f* ‖ ~ **algínico** / Alginsäure *f* ‖ ~ **aminoacético** / Aminoessigsäure *f* ‖ ~ **aminobenzóico** / Aminobenzoesäure *f* ‖ ~ **aminobutírico** / Aminobuttersäure *f* ‖ ~ **anilinosulfónico** / Anilinsulfo[n]säure *f* ‖ ~ **antranílico** / Anthranilsäure *f* ‖ ~ **aromático** / aromatische Säure ‖ ~ **arsénico** / Arsensäure *f* ‖ ~ **arsenioso** / arsenige Säure ‖ ~ **ascórbico** / Ascorbinsäure *f* ‖ ~ **aspártico** / Aminobernsteinsäure *f* ‖ ~ **azodicarboxílico** / Azodikarbonsäure *f* ‖ ~ **azótico** / Salpetersäure *f* ‖ ~ **azotídrico** / Stickstoffwasserstoffsäure *f*, Azoimid *n* ‖ ~ **barbitúrico** / Barbitursäure *f* ‖ ~ **benzamínico** / Benzaminsäure *f* ‖ ~ **benzenodicarboxílico** / Benzoldikarbonsäure *f* ‖ ~ **benzóico** / Benzoesäure *f* ‖ ~ **benzo-sulfónico** / Benzolsulfo[n]säure *f* ‖ ~ **biliar** / Gallensäure *f* ‖ ~ **bórico** / Borsäure *f* ‖ ~ **bórico hidratado** / Hydroborsäure *f* ‖ ~ **brómico** / Bromsäure *f* ‖ ~ **butírico** / Buttersäure *f* ‖ ~ **butironitrínico** / Butyronitrinsäure *f* ‖ ~ **cacodílico** / Kakodylsäure *f* ‖ ~ **cafeico** / Kaffeesäure *f* ‖ ~ **canfórico** / Kampfersäure *f* ‖ ~ **cáprico** / Caprinsäure *f* ‖ ~ **caprílico** / Caprylsäure *f*, Oktansäure *f* ‖ ~ **capróico** / Hexansäure *f*, Capronsäure *f* ‖ ~ **carbâmico** / Carbaminsäure *f* ‖ ~ **carbólico** / Benzophenol *n*, Phenol *n*, -säure *f*, Karbol *n* (veraltet für Phenol), Karbolsäure *f* ‖ ~ **carbónico** / Kohlensäure *f*, -gas *n* ‖ ~ **carboxílico** / Karbonsäure *f* ‖ ~ **catecutânico** / Katechugerbsäure *f* ‖ ~ **celulósico** / Oxycel *n*, Celluronsäure *f* ‖ ~ **cerótico** / Cerotinsäure *f* ‖ ~ **cetílico** / Cetylsäure *f* ‖ ~ **cetónico** / Ketonsäure *f* ‖ ~ **ciânico** / Cyansäure *f* ‖ ~ **cianídrico** /

Cyanwasserstoffsäure *f*, Blausäure *f* ‖ ~ **cianúrico** / Cyanursäure *f* ‖ ~ **ciclogerânico** / Cyclogeraniumsäure *f* ‖ ~ **cinâmico** / Zimtsäure *f* ‖ ~ **cítrico** / Zitronensäure *f* ‖ ~ **cloracético** / Chloracetsäure *f*, Chloressigsäure *f* ‖ ~ **cloráurico** / Goldchlor[idchlor]wasserstoffsäure *f*, (im Handel:) Goldchlorid *n* ‖ ~ **clorcarbó(ô)nico** / Chlorkohlensäure *f* ‖ ~ **clórico** / Chlorsäure *f* ‖ ~ **clorídrico** / Chlorwasserstoff *m*, Salzsäure *f* ‖ ~ **clorídrico inibido** / Salzsäure *f* mit Inhibitoren ‖ ~ **cloroaurico** / Chlorgoldwasserstoff *m* ‖ ~ **clorobenzóico** / Chlorbenzolsäure *f* ‖ ~ **cloroftálico** / Chlorphtalsäure *f* ‖ ~ **cloroplatínico** / Chlorplatinsäure *f*, Platinchlorid *n* ‖ ~ **cloroso** / chlorige Säure ‖ ~ **clorossulfónico** / Chlorsulfonsäure *f* ‖ ~ **clorostânico** / Zinnchlorwasserstoffsäure *f* ‖ ~ **coccínico** / Koschenillefettsäure *f*, Coccinsäure *f* ‖ ~ **colálico** / Cholsäure *f* ‖ ~ **colestérico** / Cholesterinsäure *f* ‖ ~ **cólico** / Cholsäure *f* ‖ ~ **colofónico** / Abietinsäure *f* ‖ ~ **creosótico** / Kreosotsäure *f* (Kresotinsäurengemisch) ‖ ~ **cresílico** / Kresolsäure *f*, Kresol *n* ‖ ~ **crisanísico** / Chrysanisylsäure *f*, Chrysanis[in]säure *f* ‖ ~ **crómico** / Chromsäure *f* ‖ ~ **cromossulfúrico** / Chromschwefelsäure *f* ‖ ~ **crotónico** / Crotonsäure *f* ‖ ~ **de Brönner** (tinturaria) / Brönnersche Säure *f* ‖ ~ **de decapagem** (siderurg.) / Beizlauge *f* ‖ ~ **de frutos** / Fruchtsäure *f* ‖ ~ **de fulminato de mercúrio** / Quecksilberknallsäure *f* ‖ ~ **de titulação** / Titriersäure *f* ‖ ~ **desoxiribonucleico** / Desoxyribonucleinsäure *f*, DNS, DNA ‖ ~ **dextrotartárico** / Rechtsweinsäure *f* ‖ ~ **diacético** / Diacetsäure *f*, Acetessigsäure *f* ‖ ~ **dietilacético** / Diethylessigsäure *f* ‖ ~ **digálico** / Digallussäure *f* ‖ ~ **dilitúrico** / Dilitursäure *f* ‖ ~ **dinitrosalicílico** / Dinitrosalicylsäure *f* ‖ ~ **ditiónico** / Dithionsäure *f*, unterschweflige Säure ‖ ~ **elágico** / Ellagsäure *f* ‖ ~ **elaídico** / Elaidinsäure *f* ‖ ~ **erúcico** / Erucasäure *f* ‖ ~ **estânico** / Zinnsäure *f* ‖ ~ **esteárico** / Stearinsäure *f* ‖ ~ **etilsulfónico** / Ethylsulfonsäure *f* ‖ ~ **etilsulfúrico** / Ethylschwefelsäure *f* ‖ ~ **fenilacético** / Phenylessigsäure *f* ‖ ~ **fenilsulfónico** / Benzolsulfo[n]säure *f* ‖ ~ **fenólico** / Phenolsäure *f* ‖ ~ **fenolssulfónico** / Phenolsulfosäure *f* ‖ ~ **ferrociânico** / Ferrocyanwasserstoffsäure *f* ‖ ~ **ferrocianídrico** / Ferrocyanwasserstoffsäure *f* ‖ ~ **fluobórico** / Fluoborsäure *f*, Borfluorwasserstoffsäure *f* ‖ ~ **fluorídrico** / Fluorwasserstoffsäure *f*, Flußsäure *f* ‖ ~ **fluossilícico** / Hexafluorokieselsäure *f*, Kieselflußsäure *f*, Kieselfluorwasserstoffsäure *f*, Siliziumfluorwasserstoff *m*, -fluorwasserstoffsäure *f*, Fluorkieselsäure,f. ‖ ~ **fólico** / Folsäure *f* ‖ ~ **folínico** / Folinsäure *f* ‖ ~ **fórmico** / Ameisensäure *f*, Formylsäure *f* ‖ ~ **forte** / starke Säure ‖ ~ **fosfórico** / Phosphorsäure *f* ‖ ~ **ftálico** / Phthalsäure *f* ‖ ~ **fulmínico** / Knallsäure *f* ‖ ~ **fumárico** / Fumarsäure *f* ‖ ~ **galacturónico** / Galakturonsäure *f* ‖ ~ **gálico** / Gallussäure, Trihydroxybenzoesäure *f* ‖ ~ **galotânico** / Gerbsäure *f*, Tannin *n* ‖ ~ **glicérico** / Glyzerinsäure *f* ‖ ~ **glicurónico** / Glucuronsäure *f* ‖ ~ **glioxálico** / Glyoxylsäure *f* ‖ ~ **glutâmico** / Glutaminsäure *f*, Aminoglutarsäure *f* ‖ ~ **glutárico** / Glutarsäure *f* ‖ ~ **gordo** / Fettsäure *f* ‖ ~ **grafítico** / Graphitsäure *f* ‖ ~ **hidrazóico** / Stickstoffwasserstoffsäure *f*, Azoimid *n* ‖ ~ **hidrobrómico** / Bromwasserstoffsäure *f* ‖ ~ **hidrocinâmico** / Hydrozimtsäure *f* ‖ ~ **hidrossulfúrico** / Schwefelwasserstoffsäure *f* ‖ ~ **hidrotelúrico** / Tellurwasserstoff *m* ‖ ~ **hipocloroso** / unterchlorige Säure ‖ ~ **hipossulfúrico** / Dithionsäure *f*, unterschweflige Säure ‖ ~ **hipossulfuroso** / unterschweflige Säure, dithionige Säure *f*, $H_2S_2O_4$ ‖ ~ **hipúrico** / Hippursäure *f* ‖ ~ **hircino** / Bocksäure *f* ‖ ~ **húmico** / Huminsäure *f*, Humussäure *f* ‖ ~ **indigosulfúrico** / Indigoblauschwefelsäure *f* ‖ ~ **iódico** / Jodsäure *f* ‖ ~ **iodrídico** / Jodwasserstoffsäure *f* ‖ ~ **isobutírico** / Isobuttersäure *f* ‖ ~ **isoftálico** / Isophthalsäure *f* ‖ ~ **isovalérico** / Isovaleriansäure *f* ‖ ~ **láctico** / Milchsäure *f* ‖ ~ **láctico de fermentação** / Gärungsmilchsäure *f* ‖ ~ **lanolínico** / Wollfettsäure *f* ‖ ~ **láurico** / Laurinsäure *f* ‖ ~ **linoleico** / Linolsäure *f* ‖ ~ **linoleico** / Leinölsäure *f* ‖ ~ **linoléico** / Linolsäure *f* ‖ ~ **maleico** / Maleinsäure *f* ‖ ~ **málico** / Apfelsäure *f* ‖ ~ **malónico** / Malonsäure *f* ‖ ~ **mandélico** / Mandelsäure *f* ‖ ~ **margárico** / Margarinsäure, Daturinsäure *f* ‖ ~ **melíssico** / Melissinsäure *f* ‖ ~ **mesoxálico** / Mesoxalsäure *f* ‖ ~ **metabórico** / Metaborsäure *f* ‖ ~ **metafosfórico** / Metaphosphorsäure *f* ‖ ~ **metanílico** / Metanilsäure *f* ‖ ~ **metassacárico** / Metazuckersäure *f* ‖ ~ **mirístico** / Myristinsäure *f* ‖ ~ **molíbdico** / Molybdänsäure *f* ‖ ~ **monocloracético** / Monochloressigsäure *f* ‖ ~ **múcico** / Schleimsäure, Muzinsäure *f* ‖ ~ **muriático** / Salzsäure *f*, Chlorwasserstoffsäure *f* ‖ ~ **naftalinosulfónico** / Naphthalinsulfonsäure *f* ‖ ~ **nicotínico** / Nikotinsäure *f*, Niacin *n* ‖ ~ **nióbico** / Niob[ium]säure *f* ‖ ~ **nítrico** / Salpetersäure *f* ‖ ~ **nitrobenzóico anidro** / Nitrobenzoësäureanhydrid *n*, wasserfreie Nitrobenzoësäure ‖ ~ **nitroso** / salpetrige Säure ‖ ~ **nucléico de levedura** / Hefenukleinsäure *f* ‖ ~ **nucleico de levedura** / Hefenukleinsäure *f* ‖ ~ **oleico** / Ölsäure *f*, Oleinsäure *f* ‖ ~ **oleico** / Oleinsäure *f* ‖ ~ **oléico** / Ölsäure *f* ‖ ~ **ortofosfórico** / Orthophosphorsäure *f* ‖ ~ **oxálico** / Oxalsäure *f*, Kleesäure *f* ‖ ~ **palmítico** / Palmitinsäure *f*, Cetylsäure *f* ‖ ~ **para acumuladores** / Akkumulatorensäure *f*, Füllsäure *f* ‖ ~ **para baterias** (electr.) / Batteriesäure *f* ‖ ~ **paraláctico** / Paramilchsäure *f* ‖ ~ **pararosólico** / Aurin *n* ‖ ~ **pelargónico** / Pelargonsäure, Nonansäure *f* ‖ ~ **perbórico** / Perborsäure *f* ‖ ~ **perclórico** / Perchlorsäure *f* ‖ ~ **percrómico** / Perchromsäure *f* ‖ ~ **perfórmico** / Perameisensäure *f* ‖ ~ **periódico** / Perjodsäure *f* ‖ ~ **permangânico** / Permangansäure *f* ‖ ~ **pícrico** / Pikrinsäure *f*, Trinitrophenol *n* ‖ ~ **pirogálico** / Pyrogallol *n*, Pyrogallussäure *f* ‖ ~ **pirolenhoso** / Holzessigvorprodukt *n* ‖ ~ **pirúvico** / Brenztraubensäure *f* ‖ ~ **primário** / einwertige Säure ‖ ~ **propanóico**, ácido *m* propiônico / Propionsäure, Propansäure *f* ‖ ~ **prússico** / Cyanwasserstoffsäure *f*, Blausäure *f* ‖ ~ **quínico** / Chinasäure *f* ‖ ~ **residual** / Abfallsäure *f* ‖ ~ **resínico** / Harzsäure *f* ‖ ~ **ribonucléico mensageiro** / Boten-Ribonukleinsäure *f* ‖ ~ **ricinoleico** / Rizinusölsäure *f* ‖ ~ **rosólico** / Steinkohlenteersäure *f*, Rosolsäure *f* ‖ ~ **sacárico** / Zuckersäure *f* ‖ ~ **salicílico** / Salicylsäure *f* ‖ ~ **sarcoláctico** / Fleischmilchsäure *f* ‖ ~ **sebácico** / Sebacinsäure, Sebacylsäure *f* ‖ ~ **selénico** / Selensäure *f* ‖ ~ **selenioso** / selenige Säure ‖ ~ **silícico** / Kieselsäure *f* ‖ ~ **silicofluorídrico** / Kieselfluorwasserstoffsäure *f*, Kieselflußsäure *f* ‖ ~ **sórbico** / Sorbinsäure *f* ‖ ~ **subérico** / Suberinsäure *f*, Korksäure *f* ‖ ~ **succínico** / Bernsteinsäure *f*, Succinsäure *f* ‖ ~ **sulfâmico** / Sulfaminsäure *f*, -amidsäure *f* ‖ ~ **sulfanílico** / Sulfanilsäure *f* ‖ ~ **sulfídrico** /

Schwefelwasserstoff *m*, Schwefelwasserstoffsäure *f* ‖ ~ **sulfindigótico** / Sulfindylsäure *f* ‖ ~ **sulfocarbólico** / Karbolschwefelsäure, -sulfosäure *f* ‖ ~ **sulfocarbónico** / Schwefelkohlensäure *f*, Thiokohlensäure *f* ‖ ~ **sulfociânico** / Rhodanwasserstoffsäure, Thiocyansäure *f* ‖ ~ **sulfofénico** / Karbolschwefelsäure, -sulfosäure *f* ‖ ~ **sulfónico** / Sulfosäure, (veraltet:) Sulfonsäure *f* ‖ ~ **sulfonítrico** / Nitriersäure *f*, Mischsäure *f* ‖ ~ **sulfo-salicílico** / Sulfosalizylsäure *f* ‖ ~ **sulfúrico** / Schwefelsäure *f* ‖ ~ **sulfúrico concentrado [por evaporação]** / Pfannensäure *f* (60° Bé) ‖ ~ **sulfúrico de contacto** (química) / Kontaktsäure *f* ‖ ~ **sulfúrico fumante** / rauchende Schwefelsäure ‖ ~ **sulfúrico fumante de alta concentração** / Kristallsäure *f* ‖ ~ **sulfúrico hidratado** / Schwefelsäurehydrat *n* ‖ ~ **sulfuroso** / schweflige Säure ‖ ~ **sulfuroso de fucsina** / fuchsinschweflige Säure ‖ ~ **tânico** / Gerbsäure *f* ‖ ~ **tartárico** (química) / Weinsäure *f* ‖ ~ **tartárico levogiro** / Linksweinsäure *f* ‖ ~ **telúrico** / Tellursäure *f* ‖ ~ **tereftálico** / Terephthalsäure *f* ‖ ~ **tetratiónico** / Tetrathionsäure *f* ‖ ~ **tintorial** / Farbsäure *f* ‖ ~ **tiocarbónico** / Thiokohlensäure *f* ‖ ~ **tiociânico** / Thiocyansäure, Rhodanwasserstoffsäure *f* ‖ ~ **tioglicólico** / Thioglykolsäure *f* ‖ ~ **titânico** / Titansäure *f* ‖ ~ **túngstico** / Wolframsäure *f* ‖ ~ **úlmico** / Humussäure *f* ‖ ~ **urânico** / Uransäure *f* ‖ ~ **úrico** / Harnsäure *f* ‖ ~ **úsnico** / Usninsäure *f* ‖ ~ **valérico** / Valeriansäure *f*

ácidos *m pl* **sulfínicos** / Sulfinsäuren *f pl*

acidulação *f* / Ansäuern *n*

acidulado / säuerlich, angesäuert

acidular / säuerlich machen, säuern, absäuern

acidulável / ansäuerbar

acídulo / säuerlich

aclaramento *m* / Aufhellung *f*, Aufhellen *n*

aclimação *f*, aclimamento *m*, aclimatação *f* / Akklimatisierung *f*

aclínico / aklin[isch], ohne Inklination

aclive *m* / Steigung *f*, Böschung *f*

acmita *f* (geol) / Akmit, Ägirin *m*

aço *m* / Stahl *m* ‖ **de** ~ / stählern, von Stahl ‖ ~ **a oxigénio** / Sauerstoffstahl *m* ‖ ~ **à prata** / Silberstahl *m* ‖ ~ **acalmado** / beruhigter Stahl ‖ ~ **ao boro** / Borstahl *m* ‖ ~ **ao carbono** / Kohlenstoffstahl *m*, gekohlter Stahl ‖ ~ **ao molibdénio** / Molybdänstahl *m* ‖ ~ **ao tungsténio** / Wolframstahl *m* ‖ ~ **ao vanádio** / Vanadiumstahl *m* ‖ ~ **Armco** / Armcoeisen *n* ‖ ~ **Bessemer** / Bessemerstahl *m* ‖ ~ **Bessemer ácido** / saurer Bessemerstahl ‖ ~ **Bessemer básico** / basischer Bessemerstahl ‖ ~ **bruto** / Rohstahl *m* ‖ ~ **carbonado** / Kohlenstahl *m* ‖ ~ **carburado** / Kohlungsstahl *m* ‖ ~ **cementado** / Zement[ations]stahl *m*, Blasenstahl *m*, Zementstahl *m*, Einsatzstahl *m* ‖ ~ **chato largo** / Breitflachstahl *m* ‖ ~ **com elevada percentagem de carbono** / [unlegierter] Hartstahl ‖ ~ **com liga** / legierter Stahl ‖ ~ **com liga de cobre** / Kupferstahl *m* ‖ ~ **com liga para construção** / legierter Baustahl ‖ ~ **composto** / Verbundstahl *m* ‖ ~ **convertido** / Brennstahl *m* ‖ ~ **cromado** / Chromstahl *m* ‖ ~**-cromo** *m* / Chromstahl *m* ‖ ~ **cromo-tungsténio** / Chromwolframstahl *m* ‖ ~ **cromo-vanádio** / Chromvanadiumstahl *m* ‖ ~ **de alta qualidade** / Qualitätsstahl *m* ‖ ~ **de austenita** / austenitischer Stahl, Austenitstahl *m* ‖ ~ **de cadinho** / Gußstahl *m* ‖ ~ **de conversor** (siderurg.) / Blasstahl *m* ‖ ~ **de corte rápido** / Schnellstahl *m* ‖ ~ **de cromo-molibdnénico** / Chrommolybdänstahl *m* ‖ ~ **de cromo-níquel** / Chromnickelstahl *m* ‖ ~ **de cutelaria** / Messerstahl *m* ‖ ~ **de granulação grossa** / Grobkornstahl *m* ‖ ~ **de grão fino** / Feinkornstahl *m* ‖ ~ **de meia-cana** (siderurg.) / Halbrundstahl *m* ‖ ~ **de núcleo doce** / Weichkernstahl, Verbundstahl *m* ‖ ~ **de polir** / Polierstahl *m* ‖ ~ **de processo directo** / Rennstahl *m* ‖ ~ **de reforço** / Armierungsstahl *m* ‖ ~ **de resistência média** / mittelfester Stahl ‖ ~ **de soldar** / Schweißstahl *m* ‖ ~ **de têmpera ao ar** / Lufthärter *m* (Stahl) ‖ ~ **de têmpera em óleo** / ölhärtender Stahl ‖ ~ **de têmpera pela água** / Wasserhärter *m* ‖ ~ **desnaturado** / abgestandener Stahl ‖ ~ **doce** / weicher Stahl, Flußstahl *m* ‖ ~ **duro** / Stahl *m* mit mehr als 0,3% C, kohlenstoffreicher Stahl ‖ ~ **eléctrico** / Hochfrequenzstahl *m*, Elektrostahl *m* ‖ ~ **em barras** / Stabstahl *m* ‖ ~ **em fita para molas** / Federbandstahl *m* ‖ ~ **estrutural** / Baustahl *m* ‖ ~ **fosforoso** / Phosphorstahl *m* ‖ ~ **fundido** / Stahl[form]guß *m* (Erzeugnis), Gußstahl *m* ‖ ~ **[fundido] de cadinho** / Tiegelstahl *m* (eigentlicher Gußstahl) ‖ ~ **granulado** / Stahlsand *m* ‖ ~ **gusa** (siderurg.) / Stahleisen *n* ‖ ~**-gusa** *m* **fosfórico** / Phosphorroheisen *n* ‖ ~ **laminado** / Walzstahl *m* ‖ ~ **magnético** / Magnetstahl *m* ‖ ~**-manganês** *m* / Manganstahl *m* ‖ ~**-manganês** *m* **austenítico** / [austenitischer] Manganstahl (11-14% Mn) ‖ ~**-manganês** *m* **silício** / Mangansiliziumstahl *m* ‖ ~ **Martin** / Martinstahl *m* ‖ ~ **moldado** / Formstahlguß *m* ‖ ~**-níquel** *m* / Nickelstahl *m* ‖ ~ **nitrurado** / nitrierter Stahl, Nitrierstahl *m* ‖ ~ **para a construção de pontes** / Brückenbaustahl *m* ‖ ~ **para betão armado** / Betonstahl *m* ‖ ~ **para betão pré-esforçado** / Spannbetonstahl *m* ‖ ~ **para brocas** / Bohrstahl *m* ‖ ~ **para caixilhos de janela** / Fensterstahl *m* ‖ ~ **para concreto armado** / Betonstahl *m* ‖ ~ **para concreto protendido** / Spannbetonstahl *m* ‖ ~ **para construção** / Baustahl *m* ‖ ~ **para construçãoes mecânicas** / Maschinenbaustahl *m* ‖ ~ **para construções** / Konstruktionsstahl *m* ‖ ~ **para eixos** / Wellenstahl *m* ‖ ~ **para fusos** / Spindelstahl *m* ‖ ~ **para ímanes** / Magnetstahl *m* ‖ ~ **para limas** / Feilenstahl *m* ‖ ~ **para matrizes** / Gesenkstahl *m* ‖ ~ **para melhoramento** / Vergütungsstahl *m* ‖ ~ **para molas** / Federstahl *m* ‖ ~ **para parafusos** / Schraubenstahl *m* ‖ ~ **perfilado** / Profilstahl *m* ‖ ~ **perfilado para corrimão** / Geländerstahl *m* ‖ ~ **plano** / Flachstahl *m* ‖ ~ **plano com bulbo** / Flachwulststahl *m* ‖ ~ **polido** / Blankstahl *m* ‖ ~ **pudlado** / Puddelstahl *m* ‖ ~ **quadrado** / Quadratstahl *m*, Vierkantstahl *m* ‖ ~ **rápido** (siderurg.) / Schnelldrehstahl, Schnellarbeitsstahl *m*, Schnellstahl *m* ‖ ~ **rápido ao cobalto** / Kobaltschnellstahl *m* ‖ ~ **rápido de alto rendimento** / Hochleistungsschnellschnittstahl *m* ‖ ~ **recalcado a frio** / Kaltstauchstahl, -schlagstahl *m* ‖ ~ **refinado** / Gärbstahl *m*, Feinstahl *m* ‖ ~ **refinado a oxigénio** (siderurg.) / sauerstoffgefrischter Stahl, O_2-Stahl *m* ‖ ~ **refinado na forja baixa** / Herdfrischstahl *m* ‖ ~ **rico em carbono** / kohlenstoffreicher Stahl ‖ ~ **semioval achatado** / Flachhalbrundstahl *m* ‖ ~ **Siemens-Martin** / SM-Stahl *m*, Siemens-Martinstahl *m* ‖ ~ **Siemens-Martin básico** / basischer Siemens-Martinstahl ‖ ~**-silício** *m* / Siliziumstahl *m* ‖ ~ **sinterizado** / Sinterstahl *m* ‖ ~ **Thomas** / Thomasstahl *m* ‖ ~ **vanádico** / Vanadiumstahl *m*

acoína *f* / Akoin *n*

acolchoado / Stepp...

acolchoar / auspolstern

acomodação *f* / Akkommodation *f*

acomodar (óptica) / anpassen, akkommodieren

acompanhamento *m* **por feixe de comando** (aeronáut.) / Leitstrahlenlenkung *f*
acondicionado para transporte marítimo / seemäßig verpackt
aconitina *f* / Akonitin *n*
acónito *m* / Eisenhut *m*
acoplado (máq., tecnol.) / verbunden, gekoppelt ‖ ~ (mecân., electrón., química) / gekoppelt ‖ ~ (máq., tecnol.) / gekuppelt ‖ ~ **electronicamente** / elektronengekoppelt ‖ ~ **em push-pull** / im Gegentakt gekoppelt
acoplador *m* **de relé ESK** (telecom.) / ESK-Relaiskoppler *m*
acoplamento *m* (geral, electrón.) / Koppeln *n* ‖ ~ / Ankopplung *f* ‖ ~ (astronáut.) / Kopplung *f* ‖ ~ (carpint.) / Balkenband *n* ‖ ~ (máq., tecnol.) / Kopplung *f* ‖ ~ / Kupplung *f*, Kuppler *m* ‖ **de** ~ **helicoidal** (electrón.) / wendelgekoppelt ‖ ~ **a transformador** / Transformatorkopplung *f* ‖ ~ **am cadeia** (electrón.) / Linkkopplung *f* ‖ ~ **anódico** / Anodenankopplung *f* ‖ ~ **articulado** / Gelenkkupplung *f* ‖ ~ **cardânico** / Kardankupplung *f* ‖ ~ **com correia** / Riemenkupplung *f* ‖ ~ **condutivo** (electrón.) / galvanische Kopplung ‖ ~ **cónico** / Konuskupplung *f* ‖ ~ **corrediço** / Schiebekupplung *f* ‖ ~ **cruzado** (electrón.) / Kreuzkopplung *f* ‖ ~ **da embraiagem**, acoplamento *m* da embreagem (autom.) / Kupplungsgelenk *n* ‖ ~ **de aperto** / Klemmverbindung *f* ‖ ~ **de cabo** / Seilkupplung *f* ‖ ~ **de chaveta rotativa** / Drehkeilkupplung *f* ‖ ~ **de cone duplo** / Sellerskupplung *f* ‖ ~ **de cones de fricção e dentes** / Kegelklauenkupplung *f* ‖ ~ **de cones de fricção** / Kegelkupplung *f*, Konuskupplung *f* ‖ ~ **de coquilhas** (máq., tecnol.) / Schalenkupplung *f* ‖ ~ **de correia** / Bandkupplung *f* ‖ ~ **de desembraiagem** / ausrückbare Kupplung ‖ ~ **de desengate** (máq., tecnol.) / lose (o. lösbare) Kupplung ‖ ~ **de dilatação** / Dehnungskupplung *f* ‖ ~ **de disco** / Scheibenkupplung *f* (fest) ‖ ~ **de discos** / Flanschkupplung *f* ‖ ~ **de elementos** (electrón.) / Gliedkopplung *f* ‖ ~ **de filtros** (electrón.) / Filterkopplung *f* ‖ ~ **de garra** / Klauenkupplung *f* ‖ ~ **de indução** (electr.) / Schlupfkupplung *f*, Induktionskupplung *f* ‖ ~ **de indutância-capacitância** / induktiv-kapazitive Kopplung ‖ ~ **de junta cardânica** / Kreuzgelenkkupplung *f* ‖ ~ **de junta universal** / Kreuzgelenkkupplung *f* ‖ ~ **de luva** (máq., tecnol.) / Muffenkupplung *f* ‖ ~ **de luva composta cónica** / Hülsenkupplung *f* ‖ ~ **de mangueira** / Schlauchverbindungsstück *n*, -verbindung *f*, -verbinder *m* ‖ ~ **de mola** / Federkupplung *f* ‖ ~ **de reboque** (autom.) / Anhängerkupplung *f* ‖ ~ **de roda livre** (autom.) / Freilaufkupplung *f* ‖ ~ **de sobrecarga** / Überlastungskupplung *f* ‖ ~ **de tiras de couro** / Lederlaschenkupplung *f* ‖ ~ **de unha** / Klauenkupplung *f* ‖ ~ **debreável** (máq., tecnol.) / lose (o. lösbare) Kupplung ‖ ~ **dentado** / Zahnkupplung *f* ‖ ~ **do circuito de iluminação** (técn. ferrov.) / Beleuchtungskupplung *f* ‖ ~ **elástico** / elastische Kupplung ‖ ~ **elástico por molas helicoidais** (técn. ferrov.) / Federtopfantrieb *m* ‖ ~ **electrostático** (electrón.) / elektrische Kopplung ‖ ~ **em estrela** (electr.) / Y-Schaltung *f* ‖ ~ **em Y** (electr.) / Y-Schaltung *f* ‖ ~ **extensível** / Ausdehnungskupplung *f* ‖ ~ **fixo** (máq., tecnol.) / feste Kupplung ‖ ~ **heteródino** / Schwebungsschaltung *f* ‖ ~ **inercial** (astronáut.) / Trägheitskopplung *f* ‖ ~ **instantâneo** / Momentkupplung *f* ‖ ~ **móvel** / bewegliche Kupplung ‖ ~ **móvel** (máq., tecnol.) / lose (o. lösbare) Kupplung ‖ ~ **Oldham** / Oldhamkupplung *f*, Kreuzscheibenkupplung *f* ‖ ~ **para mangueiras** / Schlauchkupplung *f* ‖ ~ **permanente** (electr.) / Dauereinschaltung *f* ‖ ~ **por barras** / Stangenkupplung *f* ‖ ~ **por filtro de banda** (tv) / Bandfilterkopplung *f* ‖ ~ **por flanges** / Flanschkupplung *f* ‖ ~ **por grupos de molas** / Federpaketkupplung *f* ‖ ~ **por pernos e cones de fricção** / Kegelriegelkupplung *f* ‖ ~ **por reacção** (electrón.) / Rückkopplung *f* ‖ ~ **postiço** (técn. ferrov.) / Leerkupplung *f* ‖ ~ **reversível** / Umkehrkupplung *f* ‖ ~ **roscado** / Schraubkupplung *f* ‖ ~ **transversal** (electr.) / Querkopplung *f*
acoplar / ankoppeln, ankuppeln, koppeln, anlenken ‖ ~ (astronáut.) / andocken ‖ ~ / einkuppeln ‖ ~ **frouxamente** / lose ankoppeln
acorde *m* (música) / Akkord *m*, Zusammenklang *m* ‖ ~ **perfeito** / Dreiklang *m*
acorrentar / anketten
acostagem *f* / Landung *f*
acostar / anlegen *vi*, landen *vi*
acotovelado / gekröpft, knieförmig
acre / beißend, scharf, sauer
acrescentar / anfügen [an], ansetzen, anstücken, zufügen, anbauen
acréscimo *m* / Zuwachs *m*, Zunahme *f* ‖ ~ (matem.) / Inkrement *n* ‖ ~ **de potência** / Hochfahren *n* der Leistung ‖ ~ **de um povoamento** (silvicult.) / Bestandszuwachs *m* ‖ ~ **volumétrico** / Volumenzunahme *f*, -vergrößerung *f*
acridina *f* / Acridin *n*
acrilato *m* / Acrylsäureester *m*, Acrylat *n* ‖ ~ **etílico** / Ethylacrylat *n*
acrílico / Acryl...
acroleína *f* / Acrolein *n*, Acrylaldehyd *m*
acromasia *f* / Achromasie *f*, Achromatismus *m*
acromático / achromatisch, farblos, unbunt (Farblehre)
acromatismo *m* / Achromatismus *m*, Achromasie *f*
acromatizar / achromatisieren, achromatisch machen
acromatopsia *f* / Achromatopsie *f*
acrotério *m* / Akroterie *f*
actínico / aktinisch, durch Strahlen hervorgerufen ‖ ~ (técn. fotogr.) / wirksam
actinídeos *m pl* (química) / Actiniden *pl*, -gruppe *f*
actínio *m* (química) / Actinium *n*, Ac
actinismo *m* / Lichtstrahlenwirkung *f*, Lichtwirkung *f*, Aktinität *f*
actinometria *f* (física) / Aktinometrie *f*
actinómetro *m* (física) / Strahlenmesser *n*, Aktinometer *n*
actinomorfo / aktinomorph
actino-urânio *m* / Aktino-Uran *n*, U 235
activação *f* / Aktivierung *f*, Aktivieren *n* ‖ ~ (química) / Steigerung *f* der Reaktionsfähigkeit ‖ ~ **da lama** / Schlammbelebung *f* ‖ ~ **de cátodos** (electrón.) / Formierung *f* von Kathoden
activado por luz / lichtgesteuert
activador *m* / Aktivierungsmittel *n*, Aktivator *m*, Beschleuniger *m* ‖ ~ (semicondut.) / Farbzentrum *n* ‖ ~ **tintorial** (tinturaria) / Färbebeschleuniger *m*
activar (geral) / erregen ‖ ~ (electrón.) / aktivieren, auslösen ‖ ~ (acumul.) / formieren ‖ ~ (flotação) / schwimmfähig machen
actividade *f* / Aktivität *f*, Tätigkeit *f* ‖ ~ (informática) / Bewegung von Unterlagen ‖ ~ (mecân., física) / Leistung *f* ‖ **de** ~ **superficial** / grenzflächenaktiv ‖ ~ **de sinterização** (metalurg. do pó) / Sinteraktivität, -freudigkeit *f* ‖ ~ **do cristal** / Schwingerwirkungsgrad *m* ‖ ~ **extraveicular** (astronáut.) / Außenbordtätigkeit *f*, EVA, Aufenthalt im Raum *m* ‖ ~ **linear** (técn. nucl.) / lineare Aktivität ‖ ~ **superficial** /

Oberflächenaktivität *f*, Grenzflächenaktivität *f*
activo / tätig, aktiv ‖ ~ (técn. nucl.) / heiß, schwerradioaktiv ‖ ~ / funktionsbeteiligt
actuação *f* / Einwirkung *f*
actuador *m* (contr. autom.) / Stellglied *n*, -antrieb *m*, Steller *m* ‖ ~ (electrón.) / Schalter *m*
actualização *f* (informática) / Fortschreibung *f*
actualizar (informática) / fortschreiben, aktualisieren
actuar [sobre] / einwirken [auf] ‖ ~ (máq., tecnol.) / wirken ‖ ~ (electr.) / ansprechen
actuária *f* / Versicherungsmathematik *f*
actuarial / versicherungsmathematisch, -technisch, -statistisch
actuário *m* / Versicherungsmathematiker, -statistiker *m*
açúcar *m* / Zucker *m* ‖ ~ **branco** / Weißzucker *m* ‖ ~ **bruto** (açúcar) / Rohzucker *m*, Farin *m* ‖ **~-cande** *m* / Kandiszucker *m*, Zuckerkand *m* ‖ ~ **cristalizado** / Kristallzucker *m* ‖ ~ **de acer** / Ahornzucker *m* ‖ ~ **de amido** / Stärkezucker *m*, Dextrose *f* ‖ ~ **de beterraba** / Rübenzucker *m* ‖ ~ **de beterraba em bruto** / Rübenrohzucker *m* ‖ ~ **de cana** / Rohrzucker *m* ‖ ~ **de malte** / Malzzucker *m*, Maltose *f* ‖ ~ **de uva** / Stärkezucker *m*, Dextrose *f* ‖ ~ **em pó** / Staubzucker *m*, Puderzucker *m* ‖ ~ **em rama** (açúcar) / Farin *m* ‖ ~ **louro**, açúcar *m* mascavado, açúcar *m* mulato / brauner Farin ‖ ~ **refinado** / Raffinade *f*, Weißzucker *m*, Feinzucker *m* ‖ ~ **refinado em pães** / Hutzucker *m*
açudar (hidrául.) / aufstauen, andämmen
açude *m* (hidrául.) / Damm *m*, Staudamm *m*, Aufstauung *f*
acuidade *f* / Schärfe *f* (z.B. Seh-, Hör-) ‖ ~ **auditiva** / Gehörschärfe *f*, Hörschärfe *f* ‖ ~ **visual** / Sehschärfe *f*, Visus *m* ‖ ~ **visual a olho nu** / Sehleistung *f*
acumetria *f* / Audiometrie *f*
acúmetro *m* / Audiometer *n*
acumulação *f* / Ansammlung, Anhäufung *f* ‖ ~ (informática) / Summierung *f* ‖ ~ / Speicherung *f* ‖ ~ (geol) / Ablagerung, Aufschüttung *f* ‖ ~ **de calor** / Hitzestau *m* ‖ ~ **de lama** / Verschlammung *f* ‖ ~ **de metal** (fundição) / Stoffanhäufung *f* ‖ ~ **de neve batida pelo vento** / Schneewehe *f*, -verwehung *f* ‖ ~ **nocturna** (electr.) / Nachtspeicherung *f*
acumulado (hidrául.) / gestaut
acumulador *m* (electr.) / Akkumulator, Akku *m*, Batterie *f* ‖ ~ (informática) / Akkumulator *m*, AC, Addierwerk *n* ‖ ~ **alcalino** / Edisonbatterie *f*, Stahlakku[mulator] *m* ‖ ~ **de água pressurizada** / Druckwasserspeicher *m* (DIN 2814) ‖ ~ **de chumbo** / Bleiakkumulator *m*, -batterie *f* ‖ ~ **de dois elementos** / Doppelzelle *f* ‖ ~ **de Edison** / Eisennickelbatterie *f*, Edisonakkumulator *m* ‖ ~ **de energia** (electr., máq., tecnol.) / Kraftspeicher *m* ‖ ~ **de gás** / Gasspeicher *m* ‖ ~ **de vapor** / Dampfspeicher *m* ‖ ~ **diurno** (electr.) / Tagesspeicher *m* ‖ ~ **do travão** (autom.) / Bremsdruckspeicher *m* ‖ ~ **hidráulico** (hidrául.) / Druckspeicher *m* ‖ ~ **hidráulico de energia** (máq., tecnol.) / Flüssigkeitsakkumulator *m* ‖ ~ **térmico** / Wärmespeicher, -akkumulator, -sammler *m*
acumular / speichern, häufen, sammeln, aufhäufen, ansammeln, akkumulieren ‖ **~-se** / sich anhäufen ‖ **~-se** (química) / sich anlagern
acumulativo / addierend, akkumulierend, wachsend
acuómetro *m* / Audiometer *n*
acurácia *f* **dimensional** / Maßhaltigkeit *f*
acústica *f* / Akustik *f*, Schall-Lehre *f* ‖ ~ **ambiente** / Raumakustik *f* ‖ ~ **arquitectural** / Bauakustik *f*
acústico *adj* / akustisch, Schall... ‖ ~ / Gehör..., Hörbarkeits..., Hör...
acutangulado / spitzwink[e]lig, scharfeckig, -kantig
acutângulo / spitzwink[e]lig
adamascar / damastartig weben
adaptabilidade *f* / Anpassungsfähigkeit *f*, Adaptionsvermögen *n*
adaptação *f* [a] / Umstellung *f* [auf] ‖ **de** ~ / Anpassungs... ‖ ~ **à luz** / Hellanpassung *f* ‖ ~ **à obscuridade** / Dunkelanpassung *f* ‖ ~ **cromática** / Farbumstimmung *f* ‖ ~ **de volume**, adaptação *f* de som / Lautstärkeangleich *m* ‖ ~ **delta** / Anzapfanpassung, Deltaanpassung *f* ‖ ~ **dos ecos** / Echozeichenabgleich *m*
adaptado / adaptiert, angepaßt ‖ ~ **à forma** / formgerecht ‖ ~ **ao molde** / geformt, der Form angepaßt
adaptador *m* / Zwischenstück *n*, Adapter *m*, Verlängerungsstück *n* ‖ ~ / Vorsatz *m* ‖ ~ **cinematográfico** / Filmadapter *m* ‖ ~ **de terminal** (informática) / Ein-Ausgabe-Anschluß *m* ‖ ~ **do canal de dados** / Datenkanalanschluß *m*
adaptar / adaptieren, passend machen, einpassen, aufpassen *vt*, anpassen ‖ ~ / anschmiegen (Kurven) ‖ ~ **com precisão** / genau o. streng einpassen ‖ ~ **sob pressão** / ineinanderpressen
adaptável / anpassungsfähig
adega *f* / Kellerei *f*
adegar / auslagern
adelgaçado na extremidade / verjüngt, konisch zulaufend
adelgaçamento *m* / Verjüngung *f*
adelgaçar (máq., tecnol.) / verdünnen, dünner machen ‖ ~ (vidro) / rauhschleifen ‖ **~-se na extremidade** / sich verjüngen
adenda *f* / Anhang *m*
adendo *m* (matem.) / Addend *m* ‖ ~ / Zahnkopfhöhe *f*
adenina *f* (química) / Adenin *n*
adensar (informática) / packen *vt*
aderência *f* / Adhäsion *f*, Adhäsionskraft *f*, Klebrigkeit *f* ‖ ~ (constr. rodov.) / Griffigkeit *f* ‖ ~ / Haften *n*, kraftschlüssige Verbindung, Kraftschluß *m* ‖ **de boa** ~ / oberflächengriffig (Transportband) ‖ ~ **ao solo** (autom.) / Bodenhaftung *f* ‖ ~ **das capas**, aderência *f* das lonas / Lagenhaftung *f* ‖ ~ **do núcleo** (electr.) / Kleben *n* des Kerns
aderente / anhaftend, anhängend, festhaftend
aderir / anhaften ‖ ~ [**a**] / haften [an] *vi*
adernado / mit Schlagseite
adernagem *f* / Schlagseite *f*
adernar / kentern *vi*, Schlagseite bekommen, umschlagen
adesão, de ~ lenta / langsam bindend
adesividade *f* / Haftfähigkeit *f*
adesivo *m* / Klebstoff, Kleber *m*, Klebemittel *n* ‖ ~ *adj* / anhaftend, haftend, klebend
adiabático / adiabatisch
adiantado / fortgeschritten ‖ **estar** ~ (relógio) / vorgehen
adiantador *m* **centrífugo de ignição** (autom.) / Fliehkraftversteller *m*
adiantamento *m* **automático de ignição** (autom.) / Fliehkraftverstellung *f*
adição *f* / Zugabe *f*, Zufügung *f*, Beifügung *f* ‖ ~ (matem.) / Addition *f*, Addieren *n* ‖ ~ (química) / Anlagerung *f* ‖ ~ (por mistura) / Beimengung *f* ‖ ~ **vectorial** / geometrische Addition
adicionador *m* **análogo** / Summierer *m*
adicionadora *f* / Addiermaschine *f*
adicional / zusätzlich, hinzukommend, Ergänzungs..., Neben..., Mehr..., Hilfs...
adicionar / zusetzen, -fügen, anfügen, beimengen ‖ ~ (química) / zufügen ‖ ~ (matem.) / addieren ‖ ~ **minério** (siderurg.) / erzen, Erz zusetzen ‖ ~ **um fundente** (siderurg.) / zuschlagen
adiposo / fettartig, fettig, Fett...

aditivo *m* (química) / Wirkstoff *m*, Additiv *n* ‖ ~ (galvanoplast.) / Badzusatz *m* ‖ ~ (química, siderurg.) / Zusatzmittel *n* ‖ ~ (constr. civil) / Zusatzstoff *m* ‖ ~ *adj* (tinturaria, matem.) / additiv ‖ ~ *m* **antiespumante** / Schaumdämpfungsmittel *n* ‖ ~ **de extrema pressão** / EP-Additiv *n*, Hochdruckzusatz *m* ‖ ~ **dispergente** / Dispersant *n*, Dispersantzusatz *m*, Dispergens *n*
adjacente / anliegend, benachbart, aneinanderstoßend, Nachbar..., angrenzend, aneinandergrenzend, anstoßend
adjectivo (tinturaria) / adjektiv
adjudicação *f* / Zuschlag *m*
admissão *f* / Einlaß *m*, Zuführung *f*, Einströmung *f* ‖ ~ (máq. vapor) / Füllung *f* ‖ ~ (turbina) / Beaufschlagung *f* ‖ ~ (hidrául.) / Einlauf *m* ‖ **com ~ reduzida** / gedrosselt, mit gedrosseltem Motor ‖ ~ **de ar fresco** / Frischluftzufuhr *f* ‖ ~ **de carga por ciclo** (mot.) / Ladungseinsatz *m* (je Arbeitsspiel) ‖ ~ **do ar** / Lufteintritt *m* ‖ ~ **do gás** / Gaszufuhr *f*, -zuführung *f* ‖ ~ **do vapor** / Dampfeintritt, -zutritt *m*, -zuführung *f*, Dampfeinlaß *m* ‖ ~ **do ventilador** (mot.) / Gebläseeinlauf *m* ‖ ~ **parcial** / Teilbeaufschlagung *f* ‖ ~ **radial** / Radialbeaufschlagung *f*
admissível / zulässig
admitância *f* (electr.) / Scheinleitwert *m*, scheinbarer Leitwert, Admittanz *f*, komplexer Leitwert, Kehrwert *m* der Impedanz ‖ ~ **de entrada com saída em curto-circuito** (semicondut.) / Kurzschluß-Eingangs-Admittanz *f* ‖ ~ **de transferência** / gegenseitiger Kurzschlußleitwert (nach Piloty) ‖ ~ **de transferência directa em curto-circuito** / Vorwärtssteilheit *f* ‖ ~ **do eletrodo** / Elektroden-Scheinleitwert *m*, -Admittanz *f* ‖ ~ **fonte** / Quellenleitwert *m* ‖ **~-imagem** *f* / Spiegelscheinleitwert *m* ‖ ~ **indicativa** (telecom.) / Kennleitwert *m*
admitir / einlassen, zuführen, beaufschlagen
A.D.N. / Desoxyribonucleinsäure *f*, DNS, DNA
adobe *m* / Adobe, Luftziegel *m*, ungebrannter Ziegel
adoçamento *m* / Ausrundung *f* (von Ecken)
adoçar / enthärten
adornar com floreados (têxtil) / blümen
adorno *m* **com relevo metálico** (artes gráf.) / Buckel *m* (erhabener Beschlag) ‖ ~ **marginal** (artes gráf.) / Randverzierung *f*, Buchdruckerleiste *f*
adrenalina *f* / Adrenalin *n*
adsorção *f* / Adsorption *f* ‖ ~ **activada** / aktivierte Adsorption
adsorvato *m* (química) / Adsorbat *n*
adsorvente *m* / Adsorbens, Adsorptionsmittel *n*
adsorver / adsorbieren
adstringente / zusammenziehend, adstringierend
adubação *f* / Düngung *f* ‖ ~ **com estrume líquido** (agricult.) / Jauchedüngung *f*
adubar (agricult.) / düngen
adubo *m* / [künstliches] Düngemittel *n*, [künstliches] Düngemittel *n*, Dünger *m* ‖ ~ **amoniacal** / Ammoniakdünger, Ammondünger *m* ‖ ~ **azotado** / Salpeterdünger *m* ‖ ~ **composto** / Kompost *m* ‖ ~ **composto à base de lixos domésticos** / Müllkompost *m* ‖ ~ **nitrogenado** / Stickstoffdünger *m* ‖ ~ **potássico** / Kalidünger *m*, Kalidüngesalz *n* ‖ ~ **químico** / Kunstdünger *m* ‖ ~ **vegetal** (agricult.) / Gründünger *m*
adução *f* / Zuführung *f*, Zuleitung *f*
aduela *f* (constr. civil) / Gewölbestein *m* ‖ ~ (pipa) / Faßdaube *f*
adulária *f* (mineralog.) / Adular *m*
adulteração *f* / Fälschung *f* ‖ ~ **das cores** / Farbverfälschung *f*
adulterar / fälschen
advecção *f* / Advektion *f*
advertência *f* **antecipada** (armamento) / Frühwarnung *f*
aegirina *f* (mineralog.) / Ägirin *m* ‖ ~ (geol) / Akmit *m*
aeração *f* / Luftzug, Durchzug *m*
aéreo / Luft..., in der Luft
aeriforme / luftförmig
aero... / Luft...
aerobarco *m* / Luftkissenboot *n*
aeróbico / aerob
aerobionte *m* / Aeroben, Aerobier, Aerobionten *pl*
aerodensímetro *m* / Luftdichtemesser *m*
aerodeslizador *m* / Luftkissenboot *n*
aerodinâmica *f* (física) / Dynamik *f* luftförmiger Körper, Aerodynamik *f*
aerodinâmico / aerodynamisch, -schlüpfig, windschnittig, stromlinienförmig
aeródino *m* / Luftfahrzeug *n* schwerer als Luft
aeródinos *m pl* / aerodynamische Luftfahrzeuge *n pl*
aeródromo *m* / Flugplatz *m*, Flughafen *m* ‖ ~ **alternativo** / Ausweichflugplatz *m* ‖ ~ **de recurso** (aeronáut.) / Ausweichflughafen *m*
aeroduto *m* (constr. civil) / Luftkanal *m*, Luftschacht *m*
aeroelasticidade *f* / Aeroelastizität *f*
aeroelástico / aeroelastisch
aerofilme *m* / Luftbildfilm *m*
aerofoto *f* / Luftbild *n*
aerofotogrametria *f* (aeronáut.) / Luftvermessung *f*, Luftbildmessung *f*, Luftbildmeßwesen *n*
aerogare *f* / Flughafengebäude *n*
aerogel *m* / fester Schaum, Aerogel *n*
aerólito *m* / Meteorstein *m*
aerómetro *m* / Senkwaage, Spindel *f*, Luftdichtemesser *m*, Flüssigkeitswaage *f*, Dichtemesser *m* für Flüssigkeiten
aeromodelismo *m* / Modellfliegerei *f*, -flugwesen *n*
aeromodelo *m* / Modellflugzeug *n*
aeronáutica *f* / Flugwesen *n*, Luftschiffahrt *f*, Luftfahrt *f*
aeronave *f* (aeronáut.) / Luftfahrzeug *n*, Luftschiff *n*, Fahrzeug *n*
aeronomia *f* / Aeronomie *f* (Physik und Chemie der höchsten Luftschichten)
aeropausa *f* / Aeropause *f* (Zone in 20 - 200 km Höhe)
aeroporto *m* / Flughafen *m*, Flugplatz *m*
aerosfera *f* / Lufthülle *f*
aerossol *m* (química) / Aerosol *n*
aeróstato *m* / Luftfahrzeug *n* leichter als Luft, Luftballon *m*
AF / Audiofrequenz (etwa 30 bis 20000 Hertz), Tonfrequenz *f*
A.F. / HF *f*, Hochfrequenz *f*
afanita *f* (geol) / Aphanit *m*
afastado / getrennt, im Abstand
afastamento *m* (electrón.) / Abstand *m*, Distanz *f* ‖ ~ **entre caracteres** / Zeichenabstand *m* (zwischen den Mittelsenkrechten zweier Zeichen)
afélio *m* (astron.) / Aphel *n*, Sonnenferne *f*
aferição *f* / Eichen *n*, Eichung *f*
aferir (geral) / eichen
afiação *f* / Schleifen *n*, Schärfen *n* ‖ ~ (máq. ferram.) / Honen *n* ‖ ~ **com rolo largo** / Breitscheibenschliff *m* ‖ ~ **contra o rebolo** (máq. ferram.) / Gegenlaufschleifen *n* ‖ ~ **em molhado** / Naßschleifen *n*, -schärfen *n* ‖ ~ **oblíqua alternada dos dentes de uma serra** / wechselseitiger Schrägschliff der Zähne einer Säge
afiado / mit Schneide, scharf, zugespitzt, spitz zulaufend, geschliffen ‖ **estar bem ~** / scharf sein ‖ ~ **e polido** / geschliffen-poliert
afiador *m* / Schleifer *m*, Metallschleifer *m*

afiadora *f* **de brocas** / Bohrerschleifmaschine *f*
afiar / wetzen, schärfen, schleifen, abziehen ‖ ~ (máq. ferram.) / honen, ziehschleifen ‖ ~ **foices**, afiar gadanhos / dengeln
afídeo *m* / Blattlaus, Aphide *f*
afinação *f* (siderurg.) / Frischen *n*, Frischarbeit *f* ‖ ~ (mot.) / Einstellung *f* ‖ ~ **de ferro** (siderurg.) / Eisenfrischen *n* ‖ ~ **no forno de revérbero** / Flammofenfrischen *n* ‖ ~ **por vento** (siderurg.) / Windfrischen *n* ‖ ~ **sob camada gasosa** / Gaspolen *n*
afinado (siderurg.) / gar
afinar (siderurg.) / frischen, reduzieren, raffinieren ‖ ~ (mot.) / für höchste Leistung einstellen o. einregeln ‖ ~ (siderurg.) / gar machen, garen ‖ ~ (instr.) / abstimmen ‖ ~ / feinen, fein einstellen ‖ ~ (p.ex. piano) / stimmen *vt*
afinidade *f* (matem.) / affine Abbildung, Affinität *f* ‖ ~ (química) / Verwandtschaft, Affinität *f* ‖ ~ **ao electrão ou elétron** (química) / Elektronenaffinität *f* ‖ ~ **para o corante** / Anfärbbarkeit *f*
afixar / ankleben, aufkleben
afloração *f* **de óleo** / [natürlicher] Ölausbiß
afloramento *m* (geol) / Aufschluß *m* ‖ ~ **de óleo** / [natürlicher] Ölausbiß ‖ ~ **ferruginoso** (geol) / eiserner Hut
aflorar (expl. minas) / anstehen
afluência *f* (geral) / Zulauf *m* ‖ ~ / Zufluß *m*, Zustrom *m* ‖ ~ (hidrául.) / Andrang *m*
afluente *m* / Zufluß, Nebenfluß *m*
afluir / anströmen, zufließen
afluxo *m* / Zustrom *m*, -strömen *n*, Zufluß *m* ‖ ~ (hidrául.) / Andrang *m*
afogador *m* (autom.) / Choke *m*, Luftklappe *f*
afogar o motor / den Motor ersäufen
aforquilhado / gabelförmig, Gabel...
afresco *m* / Freske *f*, Freskobild *n*
afrouxado / gelockert, entspannt
afrouxamento *m* / Entspannung *f*, Lockerung *f*
afrouxar / entspannen, losmachen, lösen, lockern, locker machen ‖ ~ (tecel.) / auflockern ‖ ~ / nachlassen, sich lockern, locker werden ‖ **~-se** / sich lockern
afundamento *m* / Sacken, Setzen *n*
afundar / absenken, senken ‖ **~-se** / untergehen, absacken, sinken, einsacken ‖ **~-se** (navio) / versinken
afundável / senkbar
ágar-ágar *m* / Agar-Agar *m n*
ágata *f* (mineralog.) / Achat *m* ‖ ~ **arborescente**, ágata *f* dendítrica / Baumachat, Dendritenachat *m* ‖ ~ **variegada** / Buntachat *m*
agatino / achatfarbig
agente *m* (química) / Agens, Mittel *n* ‖ ~ **activador** / Aktivator *m* ‖ ~ **adesivo** / Haftmittel *n* ‖ ~ **aditivo** (química) / Additiv *n* ‖ ~ **aglutinante** / Bindemittel *n* ‖ ~ **antidetonante** (mot.) / Antiklopfmittel *n* ‖ ~ **antiespumante** / Antischaummittel *n*, Entschäumer *m*, Schaumverhütungsmittel *n* ‖ ~ **antiferruginoso** / Rostschutzmittel *n* ‖ ~ **antifrigorífico** / Kälteschutzmittel *n*, -isoliermittel *n* ‖ ~ **antigripante** / Gleitmittel *n* (gegen Fressen) ‖ ~ **auxiliar** (tinturaria) / Hilfsmittel *n* ‖ ~ **calmante** (siderurg.) / Beruhigungsmittel *n* ‖ ~ **carregador** (química) / Beschwerungsmittel *n* ‖ ~ **corrosivo** / Korrosionsmittel *n*, -stoff *m*, Ätzmittel *n* ‖ ~ **de acabamento** / Appreturmittel *n* ‖ ~ **de branqueamento** / Bleichmittel *n* ‖ ~ **de branqueamento óptico** (tinturaria, papel) / Aufheller *m* ‖ ~ **de carburação** (siderurg.) / Aufkohlungsmittel *n*, Kohlungsmittel *n* ‖ ~ **de carga** (química) / Füllmaterial *n* ‖ ~ **de carga** (têxtil) / Füllstoff *m* ‖ ~ **de cementação** (siderurg.) / Einsatzmittel *n* ‖ ~ **de conservação** / Konservierungsmittel *n* ‖ ~ **de copulação** (tinturaria) / Farbkuppler *m* ‖ ~ **de desengomagem** / Entschlichtungsmittel *n* ‖ ~ **de desmoldagem** (fundição) / Formtrennmittel *n* ‖ ~ **de dessecação** (geral) / Trockenmittel *n* ‖ ~ **de dopagem** (semicondut.) / Dotierstoff *m*, Dopant *m* ‖ ~ **de embranquecimento** (química, papel) / Weißtöner *m*, optischer Aufheller ‖ ~ **de expansão** / Treibmittel *n* (für Schaumstoff) ‖ ~ **de fermentação** / Gärungserreger *m*, Ferment *n* ‖ ~ **de fixação** / Stellmittel, Aufstellungsmittel *n* ‖ ~ **de flotação** (prep.) / Flotationszusatz *m* ‖ ~ **de flotação** (papel) / Flotationsmittel *n* ‖ ~ **de impregnação** / Imprägniermasse *f* ‖ ~ **de lavagem** / Waschmittel *n* ‖ ~ **de limpeza industrial** / Industriereiniger *m* ‖ ~ **de mascaragem** (química) / Maskierungsmittel *n* ‖ ~ **de oxidação** / Oxydationsmittel *n*, Oxydierungsmittel *n* ‖ ~ **de patentes** / Patentanwalt *m* ‖ ~ **de polimento** / Poliermasse *f*, -mittel *n* ‖ ~ **de protecção contra o envelhecimento** / Alterungsschutzstoff *m* ‖ ~ **de purificação** (química) / Reinigungsmittel *n* ‖ ~ **de putrefacção** / Fäulniserreger *m* ‖ ~ **de redução** (química) / Reduktionsmittel *n* ‖ ~ **de refrigeração** / Kälteträger *m*, Kältemittel *n*, Kühlmittel *n* ‖ ~ **de reserva** (tinturaria) / Schutzmasse, -beize *f* ‖ ~ **de separação** / Scheidemittel *n* ‖ ~ **de separação** (fundição) / Einstaubmittel *n* ‖ ~ **de solubilização** (química) / Aufschlußmittel *n* ‖ ~ **de suspensão** / Schwebemittel *n* ‖ ~ **de tonalização** (plást.) / Farblack *m* (DIN 7730) ‖ ~ **desacidificante** / Entsäuerungsmittel *n* ‖ ~ **descorante** / Bleichmittel, Entfärbungsmittel *n* ‖ ~ **desemulsificante** / Demulgator *m*, Schaumgegenmittel *n*, Schaumgegenmittel *n* ‖ ~ **desengordurante** / Entfettungsmittel *n* ‖ ~ **desidratante** (química) / dehydratisierendes Mittel ‖ ~ **desincrustante** / Kesselsteinlösemittel *n* ‖ ~ **desinfectante** / Desinfektionsmittel *n* ‖ ~ **detonante** / Zündmittel *n* ‖ ~ **diluente** / Füllstoff *m* ‖ ~ **endurecedor** / Härtemittel *n* ‖ ~ **espumante** / Schaumbildner *m*, Schaummittel *n* ‖ ~ **fixador** (tinturaria) / Fixiermittel *n* ‖ ~ **(h)umidificante** / Benetzungsmittel *n* ‖ ~ **ignífugo** / Flammenschutzmittel *n* ‖ ~ **impermeabilizante** / Imprägniermasse *f* ‖ ~ **inibidor** (siderurg.) / Sparbeize *f*, Inhibitor *m* ‖ ~ **inocular** (geral, fundição) / Impfmittel *n* ‖ ~ **intermediário** (química) / Zwischenmittel *n* ‖ ~ **molhante** (química) / Netzmittel *n* ‖ ~ **para extracção** / Extraktionsmittel *n* ‖ ~ **peptizador** / Flockenzerstörer *m* ‖ ~ **propulsor** / Treibmittel *n* ‖ ~ **protector contra a fadiga** / Ermüdungsschutzmittel *n* ‖ ~ **químico** (armamento) / C-Kampfstoff *m* ‖ ~ **reforçador de limpeza** / Reinigungsverstärker *m* ‖ ~ **refrigerante** (geral) / Kühlmittel *n* ‖ ~ **removedor de ferrugem** / Rostentfernungsmittel *n* ‖ ~ **retardador** / Bremsmittel *n* ‖ ~ **temporário de ligação** / flüchtiges Bindemittel ‖ ~ **tensioactivo** (química) / Tensid *n* ‖ ~ **veicular** (tinturaria) / Carrier *m*
agentes *m pl* **antioxidantes** / Antioxydantien *n pl* ‖ ~ **dessecativos** / Exsikkantien, austrocknende Mittel *n pl*
agindo no mesmo sentido (mecân.) / gleichgerichtet
agir (máq., tecnol.) / wirken
agitação *f* (física) / Schwirrbewegung *f*
agitado / bewegt ‖ ~ (aeronáut.) / bockig, böig
agitador *m* / Rührer *m* ‖ ~ **a jacto de vapor** / Dampfstrahlrührwerk *n* ‖ ~ **com pás de movimentos contrários** / gegenläufiges Rührwerk ‖ ~ **de âncora** / Ankerrührer *m* ‖ ~ **de carregamento** / Aufgaberührwerk *n* ‖ ~ **de**

estágios múltiplos de contracorrente / MIG-Rührer, Mehrstufen-Impuls-Gegenstrom-Rührer *m* ‖ ~ **de hélice** / Propellerrührwerk, -mischwerk *n* ‖ ~ **mecânico de indução** / Induktionsrührwerk *n* ‖ ~ **oscilante** / Schwingrührwerk *n*

agitar / schütteln *vt*

aglomeração *f* / Massierung *f*, Anhäufung *f*, Ballung *f* ‖ ~ (geol) / Anlagerung *f*

aglomerado *m* (geol) / Agglomerat *n* ‖ ~ *adj* / geballt, aufgehäuft ‖ ~ *m* **de madeira** / Preßholz *n*

aglomerar / massieren, häufen ‖ ~**-se** / sich anhäufen ‖ ~**-se** (química, física) / sich zusammenballen

aglutinação *f* (química) / Agglutination *f* ‖ ~ **do carvão** / Backen *n* der Kohle

aglutinante *m* / Bindemittel *n*, Binder *m* ‖ ~ *adj* / verleimend ‖ ~ *m* **de machos** (fundição) / Kernbinder *m* ‖ ~ **de pó** / Staubbindemittel *n* ‖ ~ **de solidificação** (fundição) / Erstarrungsbinder *m* ‖ ~ **para tintas** / Farbenbindemittel *n*

aglutinar-se / zusammenbacken, -kleben *vi*, backen *vi* ‖ ~**-se** (química, física) / sich zusammenballen

agrafador *m* (artes gráf.) / Heftapparat *m*

agrafe *m* / Heftklammer *f*, Büroklammer *f*, Spange *f*

agrário / landwirtschaftlich, Agrar..., Land[wirtschafts]..., Landbau...

agre / sauer

agregação *f* (química) / Aggregation *f*

agregado *m* (constr. civil) / Aggregat *n*, Zuschlagstoff *m* ‖ ~ (geol) / Gehäuf, Aggregat *n* ‖ ~ (constr. rodov.) / Durchschlagstoffe *m pl*, Aggregat *n* ‖ ~ (máq., tecnol.) / Aggregat *n* ‖ ~ **para betão**, agregado *m* para concreto / Betonzuschlag *m*

agregados *m pl* **leves** / Leichtzuschlagstoffe *m pl*

agri... / landwirtschaftlich, Agrar...

agrícola / landwirtschaftlich, Land[wirtschafts]..., Landbau...

agricultura *f* / Landwirtschaft *f*, Landbau *m*, Ackerbau *m*

agrimensor *m* (agrimen.) / Feldmesser *m* ‖ ~ / Landmesser *m* ‖ ~ **de minas** (expl. minas) / Markscheider *m*

agrimensura *f* (geral) / Geodäsie *f* ‖ ~ / niedere Geodäsie, Vermessungskunde *f*, niederes Vermessungswesen, Landvermessung *f*, Feldmessen *n*

agro... / landwirtschaftlich, Agrar...

agroindústria *f* / landwirtschaftliche Industrie

agronomia *f* / Ackerbaukunde *f*, Landbau *m*, Landwirtschaft *f* (Wissenschaft)

agrónomo / landwirtschaftlich, Land[wirtschafts]..., Landbau...

agroquímica *f* / Landwirtschaftschemie *f*

agrupado (informática) / geblockt

agrupamento *m* / Gruppierung *f* ‖ **por** ~ (informática) / abschnittweise ‖ ~ **de electrões ou elétrons** / Elektronenballung, -gruppierung *f* ‖ ~ **de posições** (telecom.) / Platzzusammenschaltung *f* ‖ ~ **galáctico** / galaktischer Haufen ‖ ~ **parcial** (informática) / zusammenhängendes Binärzahlenwort

agrupar / gruppieren, ansammeln

água *f* / Wasser *n* ‖ **à prova de** ~ / wasserdicht, -fest, [wasser]undurchlässig ‖ **sem** ~ (geral) / wasserfrei ‖ ~ **à flor da terra** (geol) / Oberflächenwasser *n* ‖ ~ **activada** / ionisiertes Wasser ‖ ~ **amoniacal** / Ammoniakwasser *n*, Gaswasser *n* ‖ ~ **amoniacal** (gasómetro) / Teerwasser *n* ‖ ~ **carbonatada** / kohlensäurehaltiges Wasser ‖ ~ **clara** / Klarwasser *n* ‖ ~ **clarificada** / Klarwasser *n* ‖ ~ **cloretada** / Chlorwasser *n* ‖ ~ **condensada** / Kondenswasser, Kondensat[ionswasser] *n* ‖ ~ **corrente** (constr. civil) / Fließwasser *n* ‖ ~ **da chuva** / Regenwasser *n*, Niederschlagswasser *n* ‖ ~ **de alcatrão** / Teerwasser *n* ‖ ~ **de barita** / Barytwasser *n* ‖ ~ **de cal** / Kalkwasser *n* ‖ ~ **de cal para depurar o açúcar** / Zuckerlauge *f* ‖ ~ **de condensação** / Schwitzwasser *n*, Kondensat[ionswasser] *n*, Kondenswasser *n* ‖ ~ **de condensação** (constr. civil) / Schweißwasser *n* ‖ ~ **de condensação** (máq. vapor) / Kühlwasser *n* ‖ ~ **de cristalização** / Kristallwasser *n* ‖ ~ **de degelo** / Schmelzwasser *n* ‖ ~ **de Derjagin** / Superwasser *n*, Derjaginwasser *n* ‖ ~ **de descarga** / Abwasser *n* ‖ ~ **de drenagem** / Dränwasser *n* ‖ ~ **de enxaguar** / Spülwasser *n* ‖ ~ **de escoamento** / Ablaufwasser *n* ‖ ~ **de filtração** / Filtratwasser *n* ‖ ~ **de fonte** / Quellgut *n* (Wassermenge) ‖ ~ **de fundo** / Lagerstättenwasser *m* ‖ ~ **de gotejamento** / Tropfwasser *n* ‖ ~ **de hidratação** / Hydratwasser *n*, Schwarmwasser *n* ‖ ~ **de impregnação** / Gleichgewichtsfeuchte *f* ‖ ~ **de infiltração** / Sickerwasser *n* ‖ ~ **de iodo** / Jodwasser *n* ‖ ~ **de irrigação** / Rieselwasser *n*, Berieselungswasser *n* ‖ ~ **de Javelle** / Eau de Javel *n* ‖ ~ **de Labarraque** / Chlorsodalösung *f* ‖ ~ **de lavar** / Spülwasser *n* ‖ ~ **de nascente** / Quellwasser *n* ‖ ~ **de poço** / Brunnenwasser *n* ‖ ~ **de porão** (constr. naval) / Bilgenwasser *n*, Schlagwasser *n* ‖ ~ **de precipitação** / Niederschlagswasser *n*, Regenwasser *n* ‖ ~ **de refrigeração** / Kühlwasser *n* ‖ ~ **de remolho** / Weichwasser *n* ‖ ~ **de retenção** (hidrául.) / Haftwasser *n* ‖ ~ **de serviço** / Betriebswasser *n* ‖ ~ **de soda** / Sodawasser *n* ‖ ~ **de superfície** (geol) / Oberflächenwasser *n*, Tageswasser *n* ‖ ~ **de torneira** (geral) / Leitungswasser *n* ‖ ~ **decantada** / Klarwasser *n* ‖ ~ **desmineralizada** / Deionat *n* (ein Wasserzustand), vollentsalztes Wasser ‖ ~ **destilada** / destilliertes Wasser, Dest-Wasser *n*, Aqua dest[illata] *f* ‖ ~ **do condensador barométrico** (açúcar) / Fallwasser *n* ‖ ~ **do mar** / Meerwasser *n*, Seewasser *n* ‖ ~ **do solo** / Bodenwasser *n* ‖ ~ **doce** / Süßwasser *n* ‖ ~ **dura** / hartes [kalkhaltiges] Wasser ‖ ~ **encanada** (geral) / Leitungswasser *n* ‖ ~ **estagnada** (hidrául.) / stehendes Wasser, Totarm *m* ‖ ~ **fluvial** / Flußwasser *n* ‖ ~ **fluvial com elevado teor de cloreto** / stark chloridhaltiges Flußwasser ‖ ~**-forte** *f* / Scheidewasser *n*, Ätzwasser *n* ‖ ~ **fresca** / Frischwasser *n* ‖ ~**-furtada** *f* / bewohnbare Dachkammer, Dachstube *f*, [Dach]boden *m*, Bühnenkammer *f*, Dachgeschoß *n* ‖ ~ **industrial** / Fabrikwasser *n*, Brauchwasser *n*, Nutzwasser *n* ‖ ~ **infiltrante** (constr. civil) / Druckwasser *n*, Drängwasser *n* ‖ ~ **intersticial** / Porenwasser *n* ‖ ~ **iodada** / Jodwasser *n* ‖ ~ **ionizada** / ionisiertes Wasser ‖ ~ **leve** (técn. nucl.) / Leichtwasser *n* ‖ ~ **lodosa de minério** / Erztrübe *f* ‖ ~**-mãe** *f* (química) / Mutterlauge *f* ‖ ~**-mãe** *f* **de sal** / Salzmutter *f* ‖ ~ **motriz** (hidrául.) / Aufschlagwasser, Betriebswasser *n*, Treibwasser *n* ‖ ~ **não potável para fins industriais** / Betriebswasser, Nicht-Trinkwasser *n* ‖ ~ **não tratada** / Rohwasser *n* ‖ ~ **navegável** / Fahrwasser *n* ‖ ~ **oxigenada** / Wasserstoffperoxid, -superoxid *n* ‖ ~ **ozonizada** / Ozonwasser *n* ‖ ~ **para a produção de energia** / Kraftwasser *n* ‖ ~ **para extinção de incêndios** (bombeiros) / Löschwasser *n* ‖ ~ **pesada** (física) / schweres Wasser, Schwerwasser *n* ‖ ~ **pluvial** / Niederschlagswasser *n*, Regenwasser *n* ‖ ~ **potável** / Trinkwasser *n* ‖ ~ **pressurizada** / Druckwasser *n* ‖ ~ **pura** / Reinwasser *n* ‖ ~**-régia** *f* / Königswasser *n* ‖ ~ **régia** / Goldscheidewasser *n* ‖ ~ **represada** / Stauwasser *n*, aufgestautes Wasser ‖ ~ **residual** / Abflußwasser *n* ‖ ~ **residual da lavagem da lã** /

Schweißwasser *n* ‖ ~ **[retida] para a produção de energia eléctrica** / Druckwasser *n* (Kraftwerk) ‖ ~ **salgada** / Salzwasser *n*, Meerwasser *n*, Seewasser *n* ‖ ~ **salina** / Salzwasser *n* ‖ ~ **servida** / Abwasser *n*, Spülwasser *n* ‖ ~ **sob pressão** / Druckwasser *n* ‖ ~ **subterrânea** / unterirdisches Wasser (Sammelbegriff) ‖ ~ **subterrânea** (expl. minas) / Tiefwasser *n* ‖ ~ **subterrânea de infiltração** (expl. minas) / Grundwasser *n* ‖ ~ **sulfídrica** / Schwefelwasserstoffwasser *n*
aguaceiro *m* (meteorol.) / Schauer *m*
aguardente *f* / Branntwein *m* ‖ ~ **ordinária** / Fusel *m*
aguarela *f* / Aquarellfarbe *f*, Wasserfarbe *f*
aguarrás *f* / Terpentinöl *n*, Lackbenzin *n*
águas *f pl* / Gewässer *n* ‖ ~ **baixas** / Niederwasser *n* ‖ ~ **de esgotos** / Schmutzwasser *n* ‖ ~ **de montante** (hidrául.) / Oberwasser *n* ‖ ~ **incrustantes** (expl. minas) / Sinterwasser *n* ‖ ~ *f pl* **industriais** / Industrieabwässer *n pl* ‖ ~ *f pl* **lacustres** (geogr.) / Seen *m pl* ‖ ~ **médias** / Mittelwasser *n*, mittlerer Wasserstand, MQ ‖ ~ **minerais aciduladas** / Sauerbrunnen, Säuerling *m* ‖ ~ **negras** / Schmutzwasser *n* ‖ ~ **residuais da destilação lenta** / Schwelwasser *n* ‖ ~ **residuais de decapagem** / Beizereiabwässer *n pl* ‖ ~ **residuais de destilação** / Brennereiabwässer *n pl* ‖ ~ **residuais de electrólise** / galvanische Abwässer *n pl* ‖ ~ **residuais de tinturaria** / Färbereiabwasser *n* ‖ ~ **residuais industriais** / Fabrikabwasser *n* ‖ ~ **servidas** / Schmutzwasser *n*, Industrieabwässer *n pl* ‖ ~ **servidas industriais** / Fabrikabwasser *n* ‖ ~ **subterrâneas fósseis** / fossiles Grundwasser ‖ ~ **turvas** / Schlammtrübe *f* ‖ ~ **usadas de fábricas de gás**, águas *f pl* usadas de usinas de gás / Gaswasser, Abwasser *n* von Gaswerken
aguçado / zugespitzt
aguçar / zuspitzen, schärfen, spitzen
agudo *m* (acústica) / Hochton *m* (Akustik) ‖ ~ *adj* (ângulo) / spitz ‖ ~ (acústica) / hoch
agulha *f* (geral, máq. cost.) / Nadel *f* ‖ ~ (têxtil) / Stößel *m* ‖ ~ (técn. ferrov.) / Weiche *f* ‖ ~ (constr. civil) / Spitze *f*, Turmspitze *f* ‖ ~ **aérea** / Fahrdrahtweiche *f* ‖ ~ **antagonista** (técn. ferrov.) / feindliche Weiche ‖ ~ **chata** / Flachnadel *f* ‖ ~ **com barbela** / Hakennadel *f* ‖ ~ **com planos inclinados** (técn. ferrov.) / Kletterweiche *f* ‖ ~ **com talão articulado** (técn. ferrov.) / Gelenk[weichen]zunge *f* ‖ ~ **de abeto** / Fichtennadel *f* ‖ ~ **de controlo** (autom.) / Fühlnadel *f* ‖ ~ **de costura** / Nähnadel *f* ‖ ~ **de declinação** / Deklinationsnadel *f* ‖ ~ **de distribuição** (técn. ferrov.) / Verteilungsweiche *f* ‖ ~ **de enfiar** / Schnürnadel *f* ‖ ~ **de fazer rede** / Filetnadel *f* ‖ ~ **de inclinação** / Inklinationsnadel *f* ‖ ~ **de injecção** / Düsennadel *f* ‖ ~ **de lâmina flexível** (técn. ferrov.) / Feder[zungen]weiche *f* ‖ ~ **de lançadeira** (tecel.) / Schützenspindel *f* ‖ ~ **de marear** / Kompaßnadel *f* ‖ ~ **de mola** (técn. ferrov.) / Federrückfallweiche *f* ‖ ~ **de passar** / Durchziehnadel *f* ‖ ~ **de pequeno ângulo** (técn. ferrov.) / Flachweiche *f* ‖ ~ **de traçar** / Anreißnadel *f* ‖ ~ **de um instrumento** / Instrumentenzeiger *m* ‖ ~ **de uma torre** (constr. civil) / Turmspitze *f* ‖ ~ **do carburador** / Vergasernadel *f*, Schwimmernadel *f* ‖ ~ **do detector** (electrón.) / Detektornadel *f*, -pinsel *m* ‖ ~ **do flutuador** / Schwimmernadel *f* ‖ ~ **do injector** / Injektornadel *f* ‖ ~ **do molde** (fundição) / Formerstift *m* ‖ ~ **elástica** (técn. ferrov.) / federnde Weichenzunge ‖ ~ **magnética** / Magnetnadel *f*, Kompaßnadel *f* ‖ ~ **manual** (técn. ferrov.) / Handweiche *f* ‖ ~ **para crochet** / Häkelnadel *f* ‖ ~ **tomada de ponta** (técn. ferrov.) / spitzbefahrene Weiche
agulheiro *m* **de viga** (constr. civil) / Balkenkammer *f* ‖ ~ **do céu** (coll) / Fluglotse *m*
agulheta *f* **de incêndio** (bombeiros) / Strahlrohr *n* ‖ ~ **de mangueira** / Schlauchmundstück *n*
ailerão *m* (aeronáut.) / Ruder *n*, Querruder *n* ‖ ~ **articulado** (aeronáut.) / Drehklappe *f*
ajuda *f* / Hilfe *f* ‖ ~ **de arranque**, ajuda *f* de partida (autom.) / Starthilfe *f*
ajudante *m* **de filtração** (química) / Filterhilfsstoff *m*, -hilfe *f* ‖ ~ **de lavagem** (detergente) / Gerüststoff, Builder *m*
ajudas *f pl* **radiogoniométricas** / Funkhilfe *f* zur Standortbestimmung
ajustado / eingepaßt, abgepaßt, angepaßt, richtig bemessen, passend ‖ **estar bem** ~ / dicht o. eng anliegen
ajustador *m* (artes gráf.) / Fertigmacher *m* ‖ ~ **central** (telecom.) / gemeinsamer Einsteller, Einsteller *m* ‖ ~ **de cardas** / Kardensetzer *m*
ajustamento *m* / Adjustage *f*, Justage *f*
ajustar / einstellen, justieren, passend machen, einpassen ‖ ~ / nachstellen, einstellen ‖ ~ (máq. ferram.) / anstellen ‖ ~, centrar (máq., tecnol.) / ausrichten, einrichten ‖ ~ (instr.) / abstimmen ‖ **~-se** / passen [auf, in, zu] *vi*, zusammenpassen *vi* ‖ ~ **a zero** / auf Null einstellen ‖ ~ **com precisão** / fein einstellen, genau o. streng einpassen ‖ ~ **mal** / verstellen, falsch einstellen ‖ ~ **o funcionamento** (máq., tecnol.) / einlaufen ‖ ~ **o nível** (telecom.) / einpegeln ‖ ~ **os moldes** (fundição) / die Formen zentrieren
ajustável / verstellbar, einstellbar, einziehbar, stellbar, regulierbar, nachstellbar
ajuste *m* / Verstellung *f*, Justierung *f*, Einstellung *f*, Nachstellung *f*, Abgleichung *f* ‖ ~ (máq., tecnol.) / Sitz *m*, Passung *f* ‖ ~ / Paßarbeit *f*, An-, Einpassen *n* ‖ ~ (máq. ferram.) / Einrichtearbeit *f* ‖ ~ (plást., máq. ferram.) / Anzug *m* ‖ **de** ~ / Einstell... ‖ **de** ~ / Anpassungs..., Einstell... ‖ **de ~ automático** / selbstjustierend ‖ ~ **a zero** / Null[ein]stellung *f* ‖ ~ **angular** / Winkeleinstellung, -verstellung *f* ‖ ~ **aproximado** (rosca) / Grobpassung *f* ‖ ~ **aproximado** (geral) / Grobeinstellung *f* ‖ ~ **automático de crominância** (tv) / automatische Chrominanzregelung ‖ ~ **automático de selectividade** (electrón.) / automatische Trennschärferegelung ‖ ~ **automático de sensitividade** / automatische Schwellwertregelung ‖ ~ **automático de volume** (electrón.) / automatische Lautstärkeregelung, ALR ‖ ~ **cilíndrico** / Rundpassung *f* ‖ ~ **com folga** (máq., tecnol.) / Schiebesitz *m* ‖ ~ **da forma**, ajuste *m* da fôrma (artes gráf.) / Formeinpassen *n* ‖ ~ *f* **da largura de imagem** (tv) / Bildbreitenregelung *f* ‖ ~ **da marcha em vazio** (mot.) / Leerlaufeinstellung *f* ‖ ~ *m* **de precisão** / Feineinstellung *f* ‖ ~ **de precisão** (máq., tecnol.) / Feinpassung *f* ‖ ~ **de rosca** / Gewindepassung *f* ‖ ~ **de transição** / Übergangspassung *f*, -sitz *m* ‖ ~ **deslizante** / Gleitsitz *m* ‖ ~ **do diafragma** / Blendeneinstellung *f* ‖ ~ **do freio ou travão** / Bremseinstellung *f* ‖ ~ **do nível** (electrón.) / Pegeln *n* ‖ ~ **do passo** (tecel.) / Facheinstellung *f* ‖ ~ **em profundidade** (máq. ferram.) / Tiefeneinstellung *f* ‖ ~ **exacto** (máq., tecnol.) / Schlichtpassung *f* ‖ ~ **fino** (máq., tecnol.) / Feineinstellung *f*, Feinpassung *f*, Paßsitz *m* ‖ ~ **fixo** (máq., tecnol.) / Festsitz *m* ‖ ~ **forçado** / Preßpassung *f*, -sitz *m* ‖ ~ **manual** / Handeinstellung *f* ‖ ~ **micrométrico** / Feinzustellung *f*, Mikrometer-, Feinsteinstellung *f* ‖ ~ **móvel** (máq., tecnol.) / Bewegungssitz *m* ‖ ~ **na fábrica** (instr.) / Fabrikeinstellung *f* ‖ ~ **permanente** (agrimen.) / Dauerjustage *f* ‖ ~ **por contracção** / Schrumpfsitz *m* ‖ ~ **radial** /

Radial[ein]stellung *f* || ~ **sem folga** / Haftsitz *m* (Passung)
ala *f* / Schwinge *f*, Flügel *m* || ~ (constr. civil) / Flügel *m*, Trakt *m*, Gebäudeflügel *m* || ~ **adicional** (constr. civil) / Anbauflügel *m* || ~ **avançada** / Vorbau *m*, vorspringender Flügel || ~ **do talude** / Böschungsflügel *m* || ~ **lateral** / Seitenflügel, Nebenflügel *m* || ~ **paralela** / Parallelflügel *m* || ~ **posterior** (constr. civil) / Hinterflügel *m*
alabandina *f* (mineralog.) / Alabandin *m*, Manganblende *f*
alabastro *m* / Alabaster *m* || ~ **gipsoso**, alabastrite *f* / Alabastergips *m*
alado / geflügelt, Flügel...
alagamento *m* / Unterwassersetzen *n*
alagar / unter Wasser setzen
alambique *m* (química) / Brennapparat *m*, Destillierapparat *m* || ~ **a vapor** / Dampfdestillator *m*
álamo *m* / Espe *f*, Pappel *f* || ~ **branco** / Silberpappel *f*, Weißpappel *f*
alanina *f* / Alanin *n*
alanita *f* (mineralog.) / Allanit, Orthit *m*
alaranjado / orange[farben]
alargado / verlängert (Buchstabe)
alargador *m* (máq. ferram.) / Reibahle *f* || ~ (siderurg.) / Räumeisen *n* || ~ (expl. minas) / Bohrräumer *m* || ~ **com guia piloto** / Führungsreibahle *f* || ~ **manual** / Handreibahle *f*
alargadora *f* / Breitstreckmaschine *f* || ~**-igualadora** *f* (tecel.) / Breitstreckegalisiermaschine *f*
alargamento *m* / Aufweitung *f*, Ausweitung *f*, Erweiterung *f*, Verbreiterung *f* || ~ (lamin.) / Breitung *f* || ~ **afunilado** / trichterförmige Erweiterung || ~ **de banda** (rádio) / Bandspreizung *f* || ~ **do pé** / Fußerweiterung *f*
alargar / ausdehnen, erweitern, weiter machen, ausweiten || ~ (máq. ferram.) / aufweiten || ~**(-se)** / [sich] verbreitern || ~ **mediante mandril** (máq. ferram.) / aufdornen || ~ **o furo** / nachbohren || ~ **por meio de mandril** / auftreiben || ~ **por meio de martelada** / aushämmern || ~ **um orifício** / dornen, aufdornen
alarme *m* / Alarm *m*, Läutewerk *n* || ~ **aéreo** / Fliegeralarm *m*, Luftwarnung *f* || ~ **antecipado** (armamento) / Frühwarnung *f* || ~ **antiaéreo** / Luftalarm *m* || ~ **falso** / Fehlalarm *m*
alastrar / ausbreiten
alavanca *f* / Hebel *m*, Bügel *m* || ~ **aforquilhada** (geral) / Gabelhebel *m* || ~ **articulada**, alavanca *f* com acção de cotovelo / Gelenkhebel *m*, Kniehebel *m* (Gelenkmechanismus) || ~ **compensadora de travão** (autom.) / Bremsausgleichhebel *m* || ~ **das mudanças** (autom.) / Schalthebel *m*, Ganghebel *m* || ~ **de admissão** (mot.) / Einlaßhebel, Steuerhebel für das Einlaßventil *m* || ~ **de ajuste** / Einstellhebel *m* || ~ **de aperto** (máq. ferram.) / Kegelgriff *m* (DIN), Spannhebel *m*, Klemmhebel *m* || ~ **de arranque ou de partida** (máq., tecnol., mot.) / Anlaßhebel *m* || ~ **de comando** / Stellhebel *m*, Betätigungshebel *m*, Schalthebel *m* || ~ **de comutação de cores** (máq. escrev.) / Farbband-Umschalthebel *m* || ~ **de corrediça** / Kulissenhebel *m* || ~ **de desembreagem** / Ausrückhebel *m* || ~ **de desengate** / Auslösehebel *m*, Ausrückhebel *m* || ~ **de embraiagem**, alavanca *f* de embreagem (máq. ferram.) / Schalthebel *m* || ~ **de expansão** / Expansionshebel *m* || ~ **de gancho** (para voltar os troncos) / Kanthaken *m* || ~ **de guia** / Leithebel *m*, Führungshebel *m* || ~ **de itinerário** (técn. ferrov.) / Fahrstraßenhebel *m* || ~ **de levantar o fio** (máq. cost.) / Fadengeber, -hebel *m* || ~ **de mola** / Federhebel *m* || ~ **de mudança de marcha** / Umstellhebel *m* || ~ **de operação** / Betätigungshebel *m* || ~ **de paragem** / Ausrückhebel *m* (zum Anhalten), Abstellhebel *m* || ~ **de ponto** (máq. cost.) / Stichsteller *m* || ~ **de pressão** / Druckhebel *m* || ~ **de retenção** / Arretierhebel *m*, Fanghebel *m* || ~ **de roquete** / Sperrgriff *m*, Knarre *f* (für Schraubenschlüssel) || ~ **de unha** (técn. ferrov.) / Gleishebebaum *m* || ~ **do cabo Bowden** / Bowdenzughebel *m* || ~ **em cruz** / Gestängekreuz *n*, Handkreuz *n* || ~ **exploradora** (tecel.) / Fühlhebel *m*, Fühler *m* || ~ **manual** / Handhebel *m* || ~ **oscilante** (geral) / Schwengel *m* || ~ **oscilante** (máq., tecnol., mot.) / Schwinge *f*, Schwinghebel *m*, Schwunghebel *m* || ~ **para armar o obturador** (técn. fotogr.) / Aufzughebel *m* || ~ **para desmontar jantes** (autom.) / Felgenabziehhebel *m* || ~ **reguladora** / Verstellhebel *m* || ~ **tensora** / Spannhebel *m*
alavancas *f pl* **de direcção** / Lenkgestänge *n*
alba *f* **de difusor** / Diffusorschaufel *f*
albedo *m* (astron., física) / Albedo *f*, Rückstrahlwert *m*
albita *f* (mineralog.) / Albit *m*
albufeira *f* / Stausee *m*
albume *m*, albúmen *m*, albumina *f* (química) / Albumin *n* (wasserlösliches Eiweiß), Eiweiß *n*
albumina *m* **de ovo** / Eialbumin *n* || ~ *f* **vegetal** / Legumin *n*
albuminato *m* / Albuminat *n*, Eiweißverbindung *f* || ~ **de ferro** / Eisenalbuminat *n*
albuminífero / albuminhaltig
albuminização *f* (técn. fotogr.) / Albuminverfahren, Albuminisieren *n*
albuminóide / eiweißartig, -ähnlich
albuminoso / eiweißartig, -haltig
alburno *m* / Splint *m*, Splintholz *n*
alça *f* / Henkel *m*, Griff *m* || ~ **telescópica** (armamento) / Zielfernrohr *n* || ~ **telescópica a raios infravermelhos** / Infrarot-Zielfernrohr *n*
alcachofra *f* **de encaixe** / Schalttulpe *f*
alçado *m* / Schwung, Bogen *m* || ~ **do vigamento** / Balkenriß *m*
alcalescência *f* / Alkalisierung *f* (Fäulung durch Alkalien)
álcali *m* / Alkali *n* || ~ **volátil** / Salmiakgeist *m*
alcalificante / alkalibildend
alcalificar / Alkali zusetzen
alcalimetria *f* / Alkalimetrie *f*
alcalímetro *m* / Alkalimesser *m*
alcalinar / alkalisieren, [sich] in Alkali verwandeln, alkalisch machen
alcalinidade *f* / Alkalität *f*, Alkalinität *f*
alcalino / alkalihaltig, alkalisch || ~ (química) / basisch || ~ **cáustico** / ätzalkalisch || ~ **terroso** / erdalkalisch
álcalis *m pl* / Alkalien *n pl*
alcalóide *m* / Pflanzenbase *f*, Alkaloid *n*
alcamina *f* / Alkamin *n*
alcana *f* (química) / Alkanna, Anchusa *f*
alcançar / erlangen, erreichen, erzielen
alcance *m* (geral) / Reichweite *f* || ~ (armamento) / Entfernung *f* || **de curto** ~ / Kurzstrecken... || **de grande** ~ **focal** / langbrennweitig || **de longo** ~ / Langstrecken..., weitreichend || **de médio** ~ / Mittelstrecken..., -bereichs... || ~ **da árvore porta-brocas** (máq. ferram.) / Bohrspindelausladung *f* || ~ **da escavadora** / Grabweite *f* des Baggers || ~ **da lança** / Ausladung *f* (Kran) || ~ **da vista**, alcance *m* da visão / Sehweite *f*, Sichtweite *f* || ~ **de ataque** (aeronáut.) / Anstellwinkelbereich *m* || ~ **de capacidade** / Leistungsbereich *m* || ~ **de tiro** (expl. minas) / Schußbereich *m* || ~ **do volume** (electrón.) / Lautstärkeumfang *m* || ~ **extrapolado** (técn. nucl.) / extrapolierte Reichweite || ~ **visual** / Sichtweite *f*

alcanina *f* / Alkannin *n*, Anchusin *n*
alçapão *m* / Bodenklappe *f*, Falltür *f*, Fallklappe *f*, Klapptür, Bunkerverschluß *m* ‖ ~ **de incêndio** / Feuerschutzfallklappe *f*
alçaprema *f* / kurzes Brecheisen
alçar (constr. civil) / erhöhen, aufstocken
alcaraviz *m* (siderurg.) / Form *f*, Windform *f*, Ofenform *f*
alcarsina *f* / Alkarsin *n*
alcatifa *f* / Teppichboden *m*
alcatrão *m* / Teer *m* ‖ **de** ~ / teerartig, teerig, aus Teer, geteert ‖ ~ **de abeto** / Fichtenholzteer *m* ‖ ~ **de bétula** / Birkenteer *m* ‖ ~ **de carvão vegetal** / Holzkohlenteer *m* ‖ ~ **de coque** / Zechenteer *m*, Kokerei-, Koksteer *m* ‖ ~ **de destilação lenta** / Schwelteer *m*, Urteer *m* ‖ ~ **de faia** / Laubholzteer *m* ‖ ~ **de gás** / Gasteer *m* ‖ ~ **de hulha** / Steinkohlenteer *m*, Kohlenteer *m* ‖ ~ **de linhita** / Braunkohlenteer *m* ‖ ~ **de madeira**, alcatrão *m* vegetal, piche *m* vegetal / Holzteer, Absatzteer *m* ‖ ~ **de xisto** / Schieferteer *m*
alcatroado / geteert, teerig, aus Teer, teerartig
alcatroamento *m* / Teeren *n* ‖ ~ (constr. rodov.) / Teerung *f*
alcatroar / teeren, an-, beteeren, mit Teer anstreichen
alcatruz *m* / Kübel *m*, Eimer *m* ‖ ~ / Becher des Eimerkettenbaggers ‖ ~ (expl. minas) / Förderkasten *m*
alcenilo *m* / Alkenyl *n*
alceno *m* / Alken *n* (früher: Alkylen)
alcinilo *m* / Alkinyl *n*
alcino *m* / Alkin *n*
álcool *m* / Alkohol *m* ‖ **livre de** ~ / alkoholfrei ‖ ~ **aldeídico** / Aldehydalkohol *m* ‖ ~ **amílico** / Amylalkohol *m* ‖ ~ **amílico de fermentação** / Gärungsamylalkohol, Isoamylalkohol *m* ‖ ~ **benzílico** / Benzylalkohol *m* ‖ ~ **butílico** / Butylalkohol *m* ‖ ~ **butílico de fermentação** / Gärungsbutylalkohol *m* ‖ ~ **canforado** / Kampferspiritus *m* ‖ ~ **caprílico** / Caprylalkohol *m* ‖ ~ **cetílico** / Cetylalkohol *m* ‖ ~ **cíclico** / Ringalkohol *m* ‖ ~ **de alil** / Allylalkohol *m* ‖ ~ **de batata** / Kartoffelalkohol, -spiritus *m* ‖ ~ **de cereais** / Kornalkohol, Korn *m* ‖ ~ **de fermentação** / Gärungsalkohol *m* ‖ ~ **de madeira** / Holzgeist *m* ‖ ~ **de vinho** / Spiritus, Sprit, Weingeist *m* ‖ ~ **decílico** / Decylalkohol *m*, Dekanol *n* ‖ ~ **desnaturado** / denaturierter Alkohol, denaturierter Spiritus, Brennspiritus *m* ‖ ~ **em bruto** / Rohspiritus *m* ‖ ~ **endurecido** / Hartspiritus *m* ‖ ~ **etílico** / Ethylalkohol *m* ‖ ~ **feniletílico** / Phenylethylalkohol *m* ‖ ~ **fino** / Feinsprit *m* ‖ ~ **furfurílico** / Furfurylalkohol *m* ‖ ~ **gordo** / Fettalkohol *m* ‖ ~ **isoamílico** / Isoamylalkohol *m*, Gärungsamylalkohol *m* ‖ ~ **metílico** / Methylalkohol *m* ‖ ~ **monoídrico** / einwertiger Alkohol ‖ ~ **ordinário** / denaturierter Spiritus, Brennspiritus *m* ‖ ~ **propílico** / Propylalkohol *m*, Propanol *n* ‖ ~ **puro** / absoluter Alkohol, reiner Alkohol ‖ ~ **rectificado** / Feinsprit *m* ‖ ~ **salicílico** / Salicylalkohol *m*, Saligenin *n* ‖ ~ **solidificado** / Hartspiritus *m*
alcoolato *m* / Alkoholat *n* (Metallsalz des Alkohols)
alcoólico / alkoholisch, Alkohol...
alcoolização *f* / Alkoholisierung *f* (Verwandlung in Alkohol)
alcoolometria *f* / Alkoholometrie *f*
alcoolómetro *m* / Alkoholometer *n*, Alkoholwaage *f*, Weingeistmesser *m*
alcosol *m* / Alkosol *n*
alcova *f* (constr. civil) / Alkoven *m*
aldeído *m* / Aldehyd *m* ‖ ~ **acético** / Acetaldehyd *m* ‖ ~ **acrílico** / Acrolein *n*, Acrylaldehyd *m* ‖ ~ **anísico** / Anisaldehyd *m* ‖ ~ **butírico** / Butylaldehyd *n* ‖ ~ **cinâmico** / Zimtaldehyd *m* ‖ ~ **fórmico** / Formaldehyd *m* ‖ ~ **láurico** / Laurinaldehyd *m* ‖ ~ **salicílico** / Salicylaldehyd *m* ‖ ~ **vanílico** / Vanillin *n*, Vanillekampfer *m*
aldohexose *f* / Aldohexose *f*
aldol *m* / Aldol *n*
aldose *f* (química) / Aldose *f*
aldoxima *f* / Aldoxim *n*
aldrava *f* / Klopfer, Türklopfer *m*
Aldrey *f* / Aldrey *n* (AlMgSi-Legierung)
aldrina *f* (química) / Aldrin *n*
aleatório (física) / zufällig, auf Zufall beruhend, ungewiß
além da cércea (técn. ferrov.) / das Lademaß überschreitend ‖ ~ **do limite de elasticidade** (mecân.) / überelastisch
aleno *m* (química) / Allen *n*
aleta *f* / Lappen *m*, Rippe *f*, Klappe *f* ‖ ~ **de fiação** / Spinnflügel *m* ‖ ~ **de refrigeração** (autom.) / Rippe *f*, Kühlrippe *f* ‖ ~ **de um foguete** / Flügel *m* einer Rakete ‖ ~ **de ventilação** / Belüftungsklappe *f* ‖ ~ **dobrada** / abgebogener Lappen
alexandrita *f* (mineralog.) / Alexandrit *m*
alfa *f* / Alfa, Halfa *f*, Esparto *m*, Stipa tenacissima ‖ ~ **de Rossi** (técn. nucl.) / Abklingkonstante α *f*
alfabético / alphabetisch ‖ ~ (cart. perf.) / alphabetschreibend
alfabeto *m* **de Morse** (telecom.) / Morsealphabet *n*, -schrift *f* ‖ ~ **telegráfico internacional** / internationaler Fernschreibcode
alfaia *f* **agrícola** (agricult.) / Kulturgerät *n*, Bodenbearbeitungsgerät *n*
alfalfa *f* (agricult.) / Alfalfa, Luzerne, Medicago sativa *f*
alfanumérico (informática) / alphanumerisch
alga *f* / Alge *f* ‖ ~ **marinha** / Seegras *n*, Seetang *m*, Tang *m*, Seealge *f*
algaraviz *m* (siderurg.) / Winddüse, -form *f*
algarismo *m* (matem.) / Ziffer, Zahl *f* ‖ **de três ~s** (matem.) / dreistellig ‖ **de vários ~s** (matem.) / mehrstellig ‖ ~ **das centenas** / Hunderterstelle *f*, Hunderter *m*
algarobeira *f* / Algarobilla *n*
álgebra *f* / Algebra *f* (pl: Algebren) ‖ ~ **booleana** / boolesche Algebra ‖ ~ **de comutação**, álgebra *f* lógica (informática) / Schaltalgebra *f* ‖ ~ **de quaterniões** / Quaternionenalgebra *f*
algébrico / algebraisch
algeroz *m* / Dachrinne *f*
alginato *m* / Alginat, Salz der Alginsäure *n*
algodão *m* / Baumwolle *f* ‖ **de** ~ / baumwollen ‖ ~ **de celulose** / Zellstoffwatte *f* ‖ ~ **de colódio** / Kollodiumwolle *f* ‖ ~ **de vidro** / Glaswatte *f* ‖ ~ **descaroçado** / entkörnte Baumwolle ‖ ~ **egípcio** / Mako *m f n* ‖ ~ **em rama** / Rohbaumwolle *f* ‖ ~ **hidrófilo** / Watte *f*, Saugwatte *f*, Verbandwatte *f*, imprägnierte Verbandwatte ‖ ~ **imunizado** / Immunbaumwolle *f* ‖ ~ **para fins industriais** / Industriewatte *f* ‖ **~-pólvora** *m* / Schießbaumwolle *f*
algodoado / baumwollartig
algodoal *m* / Baumwollpflanzung *f*
algodoaria *f* / Baumwollfabrik *f*, Baumwollspinnerei *f*
algodoeiro *m*, gossypium *m* herbaceum / Baumwollpflanze *f*, Gossypium *n*
algodonizar / kotonisieren, flocken
ALGOL, linguagem *f* algorítmica (informática) / Algol *n*
algorítmico / algorithmisch
algoritmo *m* (matem.) / Algorithmus *m* (sorgfältige Schritt-für-Schritt-Annäherung) ‖ ~ **de Gauss** (matem.) / Gaußscher Algorithmus

algrafia *f* / Algraphie *f*, Aluminiumdruck *m*
alicate *m* (geral) / Zange *f*, Greifzange *f* || ~ **corta-fios** / Farmerzange *f* || ~ **de corte com bicos semi-redondos** / Flachrundzange *f* mit Seitenschneider (DIN 5236) || ~ **de corte diagonal** (ferram.) / Seitenschneider *m* || ~ **de electricista** / Isolierzange *f* || ~ **de molas** / Federheber *m* || ~ **de pontas chatas** / Flachzange *f* || ~ **de pontas chatas e de corte** / Flachzange *f* mit Seitenschneider || ~ **de retorcer** / Würgezange, -klemme *f* || ~ **de selar** / Plombierzange *f*, Plombenzange *f* || ~ **para dobrar** / Biegezange *f* || ~ **para dobrar tubos isoladores** / Biegezange *f* für Isolierrohre || ~ **para guarda-fios** / Flachzange *f* für Freileitungen (DIN 5245) || ~ **para veículos** / Fahrzeugzange *f* (DIN 5251) || ~ **regulável** / Greifzange *f* mit Gleitgelenk (DIN) || ~ **saca-bocado** / Lochzange *f* || ~ **universal** / Kombizange *f*, Flachzange *f* mit Seitenschneider || ~ **vazador** / Lochzange *f*
alicerçar (constr. civil) / fundamentieren, fundieren, mit Zement ausgießen, gründen, den Grund legen
alicerce *m* (constr. civil) / Unterbau *m*, Fundierung *f*, Gründung *f*, Fundament *n* || ~ **baixo** / versenktes o. unverschaltes Fundament || ~ **de betão**, alicerce *m* de concreto / Betonfundament *n* || ~ **de estacas elevadas** (constr. civil) / Stelzenfundament *n*, -unterbau, -rost *m*
alicíclico / aliphatisch-zyklisch
alidade *f* (agrimen.) / Visierlineal *n*, Alhidade *f*, Diopterlineal *n* || ~ [**munida de telescópio**] / Kippregel *f*
alifático (química) / aliphatisch, azyklisch
alijamento *m* **de emergência do combustível** (aeronáut.) / Brennstoffnotentleerung *f*
alijar (aeronáut.) / abwerfen || ~ (navio) / ableichtern, leichtern
alil *m* / Allyl *n*
alimentação *f* / Nahrung *f* || ~ (electr., máq., tecnol.) / Zuführung *f*, Speisung *f* || ~ / Einspeisung *f* || ~ (técn. nucl.) / Beschickung *f* || ~ (agricult.) / Fütterung *f* || ~ (máq. ferram.) / Zuführung *f*, Vorschub *m* || ~ (electrón.) / Versorgung *f* || **de** ~ / Speise... || ~ **congelada** / Gefrierkost *f*, Tiefkühlkost *f* || ~ **cruzada** / Querspeisung *f* || ~ **da corrente de crista** (electr.) / Spitzendeckung *f* || ~ **de ar** / Luftzufuhr *f* || ~ **de corrente** / Stromzufuhr *f*, -zuführung *f* || ~ **de corrente anódica** / Anodenstromversorgung *f* || ~ **de corrente contínua** / Gleichstromzuführung, -einspeisung *f* || ~ **de fita** / Bandzuführung *f* || ~ **de gás** / Gasversorgung *f* || ~ **de portadora** (electrón.) / Trägerversorgung *f* || ~ **de pressão** / Druckzuführung *f* || ~ **de tensão** / Spannungsversorgung *f* || ~ **exclusivamente a partir da rede** (electrón.) / Vollnetzbetrieb *m* || ~ **manual** / Handeingabe *f* || ~ **pela base** / Fußpunktspeisung *f* || ~ **pela rede** / Netzspeisung *f* || ~ **por bobina** (electr.) / Drosselspeisung *f* || ~ **por gravidade** (autom.) / Gefällezuführung *f* || ~ **supercongelada** / Tiefkühlkost *f*
alimentado a bateria / batteriebetrieben || ~ **a óleo** / ölgefeuert || ~ **por reactância** / induktiv gespeist
alimentador *m* (hidrául., máq., tecnol.) / Zuführer *m* || ~ (máq. cost.) / Stoffschieber *m*, Transporteur *m* || ~ (electrón.) / Speiser *m* || ~ **automático** (máq. ferram.) / Schöpfer *m* || ~ **automático** / Schürvorrichtung *f*, mechanischer Stoker || ~ **de cinta** / Bandübertrager *m* || ~ **de compensação** (electr.) / Ausgleichspeiser *m* || ~ **de fita** (máq., tecnol.) / Bandaufgeber *m* || ~ **de lã** / Wollaufleger *m* || ~ **de papel** (artes gráf.) / Bogenanleger *m* || ~ **de tambor cilíndrico** / Trommelaufgeber *m* || ~ **negativo** (electr.) / Rückspeisekabel *n* || ~ **por impulso** / Schubaufgabe[vorrichtung] *f*
alimentar *v* / speisen, einspeisen, zuführen || ~ / beschicken, aufgeben *vt* || ~ (siderurg.) / chargieren, begichten, aufgichten || ~ (fogo) / feuern
alimentar *adj* / Ernährungs...
alimentos *m pl* / Lebensmittel *n pl*
alinhado (constr. civil) / fluchtrecht || ~ **à direita** (artes gráf.) / rechtsbündig
alinhamento *m* (electrón.) / Abgleich *m* || ~ (naveg.) / Deckpeilung *f* || ~ (constr. civil) / Fluchtlinie *f*, Baulinie *f*, Bauflucht *f* || ~ (telecom.) / Einschaltung *f* || **em** ~ **perfeito** / genau fluchtend || **estar fora do** ~ (constr. civil) / überhängen || ~ **da vírgula decimal** / Kommaausrichtung *f* || ~ **das pás** / Spuren *n* || ~ **de rodas** / Ausfluchten *n* von Rädern, Ausrichten *n* von Rädern || ~ **do muro** / Mauerflucht *f* || ~ **molecular** / Gleichrichtung *f* der Molekeln
alinhar / ausrichten (in eine gerade Linie bringen) || ~ / richten || ~ / geraderichten || ~ (instrum.) / abgleichen || ~ (rodas) / nach der Flucht ein-, ausrichten, ausrichten || ~ (agrimen.) / durchfluchten, abfluchten || ~ (constr. civil) / abschnüren
alinhavar / absteppen
aliquante (matem.) / nicht aufgehend
alíquota *f* (matem.) / Aliquote *f*
alisado *m* (constr. civil) / Glattstrich *m* || ~ *adj* / geglättet
alisador *m* **de espessura** (fundição) / Fertigschablone *f* || ~ **de folhas** (artes gráf.) / Bogengeradeleger *m* || ~ **quadrado** / Flachbahnhammer *m*
alisamento *m* (geral) / Glättung *f*
alisar / glattstreichen, abplatten, abflachen || ~ (constr. civil) / ausgleichen, nivellieren || ~ (lamin.) / breiten
alito *m* (mineralog.) / Halit *m*
aliviar / erleichtern, nachlassen, lockern || ~ **a pressão** / den Druck wegnehmen || ~ **lastro** / Ballast abwerfen
alívio *m* (constr. civil) / Entlastung *f*, Stützmauer *f*
alizarina *f* (tinturaria) / Alizarin *n*
alizarinas *f pl* / Alizarinfarbstoffe *m pl*
alma *f* (ferro perfilado) / Steg *m* || ~ (cabo) / Seele *f* || **de uma só** ~ / einwandig || ~ **de cânhamo** / Hanfseele *f* || ~ **de resina** / Flußmittelseele *f* || ~ **de viga** / Trägersteg *m* || ~ **do cabo** / Kabelkern *m*, -seele *f* || ~ **do carril**, alma *f* do trilho / Schienensteg *m* || ~ **fibrosa** / Fasereinlage *f* || ~ **metálica** / Metallseele *f*
almagra *f* / Rötel *m*, rote Kreide
almagre *m* / roter Bolus, ockriger Brauneisenstein, Eisenocker *m*
almandina *f* (mineralog.) / Almandin *m*, Eisentongranat *m* o. gemeiner Granat
almofada *f* / Polster *n*, Kissen *n* || ~ **amortecedora** / Dämpfungskissen *n*, Puffer *m* || ~ **de ágata** / Achatlager *n* || ~ **de água** (hidrául.) / Wasserpolster *n*, -kissen *n* || ~ **de ar** / Luftkissen *n*, Luftpolster *n* || ~ **de ar isolante** / Luftisolierung *f*, -polster *n* || ~ **de feltro** (artes gráf.) / Filzdeckel *m*, -unterlage *f* || ~ **de lubrificação** (técn. ferrov.) / Schmierkissen *n* || ~ **de mola** (prensa) / Federapparat *m* || ~ **de molas** (estamp.) / Federkissenapparat *m* || ~ **de porta** / Türfüllung *f*, Fach, Feld *n*, (der gestemmten Tür) || ~ **de protecção** (pneu) / Zwischenbau *m* || ~ **de tinta** / Farbkissen *n* || ~ **eléctrica** / Heizkissen *n* || ~ **para carimbos** / Stempelkissen *n* || ~ **pneumática de segurança** (autom.) / Gaskissen *n* (eine Sicherheitsvorrichtung) || ~ **resiliente** / Dämpfungskissen *n*, Puffer *m*
almofadado / gepolstert
almofadar / aufpolstern
almofariz *m* (química) / Mörser *m*, Reibschale *f* || ~

de ágata (química) / Achatmörser *m*
almotolia *f* / Schmierkanne *f*, Ölkanne *f*
almoxarifado *m* / Speicher *m*, Lagerhaus *n*, Magazin *n*
alno *m* / Erle *f*, Alnus glutinosa
alocação *f* / Zuordnung *f*, Zuweisung *f* ‖ ~ (informática) / Speicherverteilung *f* ‖ ~ **da memória** (informática) / Speicherplatzzuteilung, -zuweisung *f*
alocar / zuordnen, zuweisen
alocróico / die Farbe wechselnd
alocromático (mineralog.) / allochromatisch (durch Beimengungen gefärbt)
alóctone (geol) / allochthon
alofana *f* (mineralog.) / Allophan, Allophanit, Riemannit *m*
alóide *m* / Halid *n*
alojamento *m* **esférico** (transmissão) / Kugelkäfig *m*
alomórfico (mineralog.) / allomorph
alongado / länglich, mehr lang als breit ‖ ~ (geom) / gestreckt, platt
alongamento *m* (mecân.) / Dehnung, Längung *f* ‖ ~ **até à ruptura** / Reißdehnung *f* ‖ ~ **de ruptura** / Bruchdehnung *f* ‖ ~ **do fio** / Fadendehnung *f* im Gewebe ‖ ~ **elástico** (mecân.) / elastische Dehnung ‖ ~ **lateral** / Querdehnung *f* ‖ ~ **principal** (mecân.) / Hauptdehnung *f* ‖ ~ **transversal** / Querdehnung *f*
alongar / verlängern ‖ ~ / längen ‖ ~ (carpint.) / anschuhen ‖ ~ **excessivamente** / überdehnen
alotropia *f* / Allotropie *f*
alotrópico / allotrop
alpaca *f* / Lamawolle *f*, Alpaka *n* ‖ ~ (liga) / Alpacca *n*
alpendre *m* (constr. civil) / Vordach *n* (über dem Eingang), Pultdach *n*, Schutzdach *n*, Wetterdach *n*
alqueire *m* / Bushel *n*
alqueno *m* / ungesättigtes Kohlenwasserstoffgas, Ethylen *n*
alquila *m* / Alkyl *n*
alquilação *f* / Alkylierung *f*
alquilamina *f* / Alkylamin *n*
alquilato *m* / Alkylat *n*
alquino *m* / Alkin *n*
alta fermentação *f* / Obergärung *f* ‖ ~ **fidelidade** / hohe Wiedergabetreue, Hi-Fi *n* ‖ ~ **frequência** (geral) / Hochfrequenz *f*, HF ‖ ~ **pressão** / Hochdruck *m*, HD ‖ ~ **tensão** / Hochspannung *f* (GB: über 630 V, Dtschld: über 1 kV, Schaltanlagen über 250 V) ‖ ~ **tensão** / Oberspannung *f* ‖ ~ **velocidade** / Schnelllauf *m*
altamente concentrado / hochkonzentriert, stark alkoholisch, hochgradig ‖ ~ **explosivo** / hochbrisant ‖ ~ **inflamável** / leicht entzündlich ‖ ~ **radioactivo** / hoch radioaktiv ‖ ~ **refractário** / hochhitzebeständig ‖ ~ **resistente** / hochfest, -widerstandsfähig ‖ ~ **sensível** (técn. fotogr.) / hochempfindlich, schnell ‖ ~ **viscoso** (química) / hochviskos ‖ ~ **volátil** / hochflüchtig
altar *m* **da fornalha** / Feuerbrücke *f*
altazimute *m* (agrimen.) / Altazimut *m*
alteração *f* / Wechsel *m*, Veränderung *f*, Modifikation, Variante *f*, Änderung, Abänderung *f* ‖ ~ **da microestrutura** (siderurg.) / Gefügeänderung *f* ‖ ~ **de comprimento** / Längenänderung *f* ‖ ~ **de itinerários** (técn. ferrov.) / Fahrstraßenwechsel *m* ‖ ~ **estrutural** / bauliche Änderung ‖ ~ **na largura** / Breitenverstellung *f* ‖ ~ **química** / chemische Umwandlung
alterado / abgestanden
alterar / abändern, modifizieren
alternação *f* / Wechselfolge *f* ‖ ~ **completa** (electr.) / doppelter Wechsel
alternadamente / abwechselnd
alternado / Ausweich..., abwechselnd, wechselnd
alternador *m* / Generator *m* für Wechselstrom, Wechselstrommaschine *f*, -erzeuger *m*, Wechselstromgenerator, Stromerzeuger *m* für Wechselstrom ‖ ~ (autom.) / Wechselstromlichtmaschine *f* ‖ ~ **accionado pelo veio** / Wellengenerator *m* ‖ ~ **bifásico** / Zweiphasenwechselstromgenerator *m* ‖ ~ **com pólos internos** / Innenpolgenerator *m* ‖ ~ **de alta frequência** / Hochfrequenzmaschine *f*, -stromerzeuger *m* ‖ ~ **de eixo vertical** (hidrául.) / Generator *m* mit senkrechter Welle ‖ ~ **de volante** (electr.) / Schwungradgenerator *m* ‖ ~ **heteropolar** / Wechselpolgenerator *m* ‖ ~ **monofásico** / Einphasen[wechselstrom]generator *m* ‖ ~ **síncrono** / Synchrongenerator *m* ‖ ~ **trifásico** / Drehstromgenerator *m*, -maschine *f*
alternância *f* (electr.) / Polwechsel *m*, Halbperiode *f* ‖ ~ **de culturas** (agricult.) / Fruchtwechsel *m*
alternar / abwechseln, wechseln ‖ ~ **as culturas** (agricult.) / Frucht wechseln
alternativa *f* / Alternative *f*, Auswahl *f* zwischen zwei Möglichkeiten
alternativo / Ausweich..., alternativ, wechselnd
altígrafo *m* (aeronáut.) / Altigraph, Barograph *m*, Höhenschreiber *m*
altimetria *f* / Höhenmessung *f*
altímetro *m* / Altimeter *n*, Höhenmesser *m* ‖ ~ **acústico** (aeronáut.) / Echolot *n* ‖ ~ **aneróide** / Höhenbarometer *n*
altiporto *m* / hochgelegener Flughafen
altitude *f* / Höhenlage *f* ‖ ~ (agrimen.) / Meereshöhe *f*, Höhe über dem Meer ‖ ~ (astron.) / Elevation *f*, Höhe *f* ‖ ~ **absoluta** / absolute Höhe, Höhe über Normal-Null o. über NN ‖ ~ **barométrica** / Druckhöhe *f*, barometrische Höhe ‖ ~ **da explosão** (técn. nucl.) / Explosionshöhe *f* ‖ ~ **de cruzeiro** (aeronáut.) / Reiseflughöhe *f* ‖ ~ **de detecção** / Erfassungshöhe *f* ‖ ~ **de pressão** / barometrische Höhe ‖ ~ **de voo** (aeronáut.) / Flughöhe *f* ‖ ~ **em relação ao nível do mar** / Höhe über Normal-Null (o. über NN), absolute Höhe
alto / hoch, laut ‖ **no** ~ / oben
alto brilho *m* / Hochglanz *m*
alto-cúmulo *m* / Altokumuluswolke *f*
alto-estrato *m* / Altostratuswolke *f*
alto-falante *m* (electrón.) / Lautsprecher *m* ‖ ~ **Blatthaller** / Blatthaller *m* ‖ ~ **de controlo** (electrón.) / Abhörlautsprecher *m* ‖ ~ **de duas vias** / Wechsellautsprecher *m* ‖ ~ **de ferro móvel** / Freischwinger *m*, elektromagnetischer Lautsprecher ‖ ~ **de fita** / Bandlautsprecher *m* ‖ ~ *f* **de graves** / Baß-Lautsprecher *m* (30-2000 Hz) ‖ ~ *m* **de monitoração** (electrón.) / Abhörlautsprecher *m* ‖ ~ **dinâmico** / dynamischer Lautsprecher ‖ ~ **electromagnético** / Freischwinger *m*, elektromagnetischer Lautsprecher ‖ ~ **electrostático** / elektrostatischer Lautsprecher ‖ ~ **exterior** / Freiluftlautsprecher *m* ‖ ~ **externo** / Zweitlautsprecher *m* ‖ ~ **multicelular** / Facetten-Lautsprecher *m* ‖ ~ **para agudos**, tweeter *m* / Hochtonlautsprecher *m* (2,5 - 16 MHz) ‖ ~ **para cantos** / Ecklautsprecher *m* ‖ ~ **para graves**, alto-falante *m* para baixa frequência, woofer *m* / Tieftonlautsprecher *m* ‖ ~ **para utilização ao ar livre** / Freiluftlautsprecher *m* ‖ ~ **secundário** / Zweitlautsprecher *m*
alto-forno *m* / Hochofen *m* ‖ ~ [de corrente de ar forçado] / Gebläseofen *m*, Hochofen *m* ‖ ~ **a carvão vegetal** / Holzkohlenhochofen *m* ‖ ~ **pressurizado** / Hochdruckhochofen *m*
alto mar *m* / offenes Meer, hohe See
alto-mar, de ~ / Hochsee...

alto polímero *m* / Hochpolymer, Riesenmolekül *n* ‖ ~ **vácuo** / Hochvakuum *n* (10^{-3} bis 10^{-6} Torr)
altura *f* (geral) / Höhe *f*, Höhenlage *f* ‖ **à ~ do tipo** / schrifthoch ‖ **de três ~s** / dreibahnig ‖ ~ **acima do nível do mar** (agrimen.) / Höhe über dem Meer[esspiegel] ‖ ~ **angular de antena** / Antennenhöhe *f* in Wellenlängen x 360° ‖ ~ **barométrica** / Barometerstand *m*, Luftdruck ‖ ~ **da cabeça do dente** / Kopfhöhe *f*, Zahnkopfhöhe *f* ‖ ~ **da maré** / Fluthöhe *f* ‖ ~ **da queda** (física) / Fallhöhe *f* ‖ ~ **da queda** / Druckhöhe *f*, nutzbares Gefälle, Gefällhöhe *f* ‖ ~ **da queda de água** (hidrául.) / [nutzbares] Gefälle ‖ ~ **de alimentação necessária** / erforderliche Zulaufhöhe ‖ ~ **de antena** / Antennenhöhe *f* ‖ ~ **de arranque** / Kämpferhöhe *f* ‖ ~ **de ascenção** / Steighöhe *f* ‖ ~ **de aspiração** / Hubhöhe *f*, Ansaughöhe *f*, Saughöhe *f* ‖ ~ **de desmonte** / Abtraghöhe *f* ‖ ~ **de elevação** / Hubhöhe *f*, Förderhöhe *f* ‖ ~ **de enchimento** / Füllhöhe *f*, Füllraumtiefe *f* ‖ ~ **de extracção** (expl. minas) / Förderhöhe *f* ‖ ~ **de passagem** / lichte Höhe, Durchfahrtshöhe *f* ‖ ~ **de radiação** (antena) / Effektivhöhe *f* ‖ ~ **de sucção** / Saughöhe *f* ‖ ~ **do andar** (constr. civil) / Geschoßhöhe *f* ‖ ~ **do balastro** (técn. ferrov.) / Bettungshöhe *f* ‖ ~ **do corpo da letra** (artes gráf.) / Achsel[fläche] *f* ‖ ~ **[total] do dente** (máq., tecnol.) / Zahnhöhe *f*, -tiefe *f* ‖ ~ **do líquido** / Flüssigkeitsspiegel *m*, -pegel, -stand *m* ‖ ~ **do passo** (aeronáut., máq., tecnol.) / Ganghöhe, Gewindesteigung *f* ‖ ~ **do passo** (tecel.) / Fachhöhe *f* ‖ ~ **do passo da mola** / Federsteigung *f* ‖ ~ **do pé do dente da engrenagem** / Fußhöhe *f* ‖ ~ **do perfil na linha de água** / Fixpunkthöhe *f* ‖ ~ **do plano de tubeiras** (siderurg.) / Blasformenebene *f* ‖ ~ **do som** / Tonhöhe *f* ‖ ~ **do terrapleno** (constr. rodov.) / Auftragshöhe *f* ‖ ~ **do tipo** (artes gráf.) / Schrifthöhe *f* (Deutschland 66 2/3 p. = 23,567 mm, USA = 0,9186") ‖ ~ **equivalente** / äquivalente Höhe ‖ ~ **formal** (igual ao produto da altura pelo coeficiente de forma) (silvicult.) / Formhöhe *f* ‖ ~ **livre** / Durchgang *m*, lichte Höhe, Durchfahrtshöhe *f*, Durchgangshöhe *f* ‖ ~ **livre de elevação** / Freihub *m* ‖ ~ **manométrica** (bomba) / Förderhöhe *f*, Druckhöhe *f*, manometrische Förderhöhe ‖ ~ **total** / Bauhöhe, Konstruktionshöhe *f* ‖ ~ **útil** / Nutzhöhe *f* ‖ ~ **útil** (máq. ferram.) / Arbeitshöhe *f* ‖ ~ **útil dos dentes** / gemeinsame Zahnhöhe
aluimento *m* / Bergrutsch, -sturz *m*
alume *m* / Alaun *m* ‖ ~ **calcinado** / gebrannter Alaun, Alumen ustum *n* ‖ ~ **capilar** / Federweiß *n* ‖ ~ **de cromo** / Chromalaun *m* ‖ ~ **de ferro** (mineralog.) / Eisenalaun *m*, Halotrichit *m* ‖ ~ **de potássio** (mineralog.) / Kalialaun *m* ‖ ~ **fibroso** / faseriger Alaun ‖ ~ **filamentoso** / Federalaun *m*
alumel *m* (expl. minas) / Alumel *n* (Legierung)
alumetizar / alumetieren
alumina *f* (mineralog.) / Tonerde *f* ‖ ~ / Aluminiumoxid *n*
aluminação *f*, aluminagem *f* / Alaunen *n*, Alaunung *f*
aluminato *m* / Aluminat *n* ‖ ~ **de sódio** / Natriumaluminat *n*
aluminífero / aluminiumhaltig, tonerdehaltig, alaunhaltig
alumínio *m* / Aluminium, Alu *n*, Al ‖ ~ **cinzento ou cinza ou gris** / graualuminium (RAL 9007) ‖ ~ **de primeira fusão** / Hüttenaluminium *n* ‖ ~ **em folhas** / Blattaluminium *n*
aluminizar / aluminieren, Alu(minium) aufdampfen, mit Alu bedampfen
aluminotermia *f* / Aluminothermie *f*
alunagem *f*, alunissagem *f* / Mondlandung *f*
alunar, alunissar / auf dem Mond landen
alunita *f* (mineralog.) / Alunit, Alaunstein *m*
aluvial / alluvial
aluvião *m* (expl. minas) / Seifengebirge *n* ‖ ~ (geol) / Geschiebe *n* ‖ ~ (geol) / Alluvium *n* ‖ ~ (hidrául.) / Anspülung *f* ‖ ~ (hidrául.) / Beschlickung *f*
aluviões *m pl* **auríferos fósseis** / fossile Seifen *f pl* ‖ ~ **deltaicos** / Delta-Sinkstoffe *m pl*
alvacento, alvadio / weißlich, ins Weiße gehend
alvaiade *m* / Bleiweiß *n*
alvejante / bleichend
alvenaria *f* / Mauerwerk *n*, Gemäuer *n* ‖ ~ **com caixas de ar** / Kästelmauerwerk *n* ‖ ~ **da cuba** / Schachtausmauerung *f* ‖ ~ **da fundação** / Fundamentmauerwerk *n*, Grundmauerwerk *n* ‖ ~ **de betão**, alvenaria *f* de concreto / Betonmauerwerk *n* ‖ ~ **de cantaria** / Werksteinmauerwerk *n* ‖ ~ **de pedra em bruto** / Bruchsteinmauerwerk *n* ‖ ~ **de pedras lavradas** / Quadermauerwerk *n* ‖ ~ **de tijolos** / Ziegelmauerung *f*, -mauerwerk *n* ‖ ~ **do poço** / Brunnenausmauerung *f* ‖ ~ **rústica** (constr. civil) / Bossenwerk *n* ‖ ~ **sem argamassa** / Steinpackung *f*, trockene Futtermauer
alveolar / zellig, bienenzellenförmig, -wabenförmig
alvéolo, de ~s abertos e fechados / gemischtzellig (Schaumstoff) ‖ **de ~s fechados** (plást.) / geschlossenzellig ‖ ~ *m* **fechado** / geschlossene Zelle (Schaumstoff)
alvo *m* / Zielscheibe *f*, Zielobjekt *n*, Ziel *n* ‖ ~ **auxiliar** (armamento) / Einschießziel *n*
amaciado / weichgemacht
amaciador *m* / Weichpfleger *m*, -spüler *m*
amaciadores *m pl* / Softenings *pl*
amaciamento *m* (mot.) / Einfahren *n*
amaciar (seda) / assouplieren, Seide halb entbasten, geschmeidigmachen ‖ ~ (mot.) / einfahren ‖ ~ (aço, água) / enthärten
amadurecer / ablagern *vt vi*, altern ‖ ~ (agricult.) / reifen
amadurecido / abgelagert, gealtert
amainar / abflauen (Wind), sich legen
amálgama *f m* / Amalgam *n* ‖ ~ *f* **de chumbo** / Bleiamalgam *n* ‖ ~ **de cores** / Farbendurcheinander *n* ‖ ~ **de ouro** / Goldamalgam *n*
amalgamar / amalgamieren
amaragem *f*, amerissagem *f* (aeronáut., astronáut.) / Wasserlandung, Wasserung *f*
amarar, amerissar (aeronáut.) / wassern, auf dem Wasser niedergehen o. landen
amarelado, amarelento / gelblich, fahlgelb
amarelecer / gelb werden, sich gelb färben, vergilben ‖ ~ **ligeiramente** / angilben
amarelo *m* / Gelb *n*, gelbe Farbe ‖ ~ **ácido** / Säuregelb *n* ‖ ~ **areia** / sandgelb (RAL 1002) ‖ **~-brilhante** *m* / Brillantgelb *n* ‖ **~-claro** *m* (tinturaria) / Hellgelb *n* ‖ **~-cromo** *m* / Leipzigergelb *n* ‖ ~ **de açafrão** / safrangelb (RAL 1017) ‖ ~ **de bário** / Steinbühler Gelb *n*, Bariumchromat *n* ‖ ~ **de chumbo** / Bleigelb *n* (Farbe) ‖ ~ **de cromo** / Chromgelb *n* ‖ ~ **de enxofre** / schwefelgelb (RAL 1016) ‖ ~ **de ferrita** / Ferritgelb *n* ‖ ~ **de Nápoles** / Neapelgelb *n* ‖ ~ **de palha** / strohgelb ‖ ~ **de Verona** / Veroneser Gelb *n* ‖ ~ **escuro** / dunkelgelb ‖ **~-gualdo** / fahlgelb ‖ **~-limão** *m* / Zitronenfarbe *f*, -gelb *n* ‖ **~-magenta-ciano** *m* (artes gráf.) / Gelb-Magenta-Cyan *n* (Farbskala in Europa) ‖ ~ **metílico** (tinturaria) / Buttergelb *n* ‖ ~ **ocre** / gelbbraun ‖ **~-ocre** / ockergelb ‖ **~-oliva** / gelb-oliv (RAL 6014) ‖ **~-pálido** / fahlgelb ‖ ~ **pardo** / braungelb ‖ **~-púrpura-ciano** *m* (artes gráf.) / Gelb-Purpur-Cyan *n* (Farbskala in außereurop. Ländern) ‖ ~

quinolina / L-Gelb 3 *n*
amargo / bitter
amarra *f* / Trosse *f*, Leine *f*, Haltetau *n*, Festmacher *m*
amarrar / befestigen, anbinden, festmachen, festbinden, vertäuen ‖ ~ **com cordão**, amarrar com fio, atar com cordão, atar com fio / schnüren, mit Schnur festbinden, ver-, festschnüren
amassar cal / Kalk anmachen ‖ ~ **intensamente** / durcharbeiten, durchkneten
amassável / knetbar, plastisch
âmbar *m* (mineralog.) / Bernstein, Succinit *m*
ambiente *m* (ecologia) / Umwelt, Umgebung *f* ‖ **com efeito nocivo sobre o** ~ / umweltfeindlich
âmbito *m* **de solidificação** / Erstarrungsbereich *m*
ambligonita *f* (mineralog.) / Amblygonit *m*
ambulância *f* / Sanitätswagen *m* ‖ ~ **postal** / Postkraftwagen *m*
ameia *f* (constr. civil) / Zinne *f*, Mauerzacke *f*
amêndoa *f* / Kern *m*, Samen *m* von Steinobst
amendoim *m* / Erdnuß *f*, Arachis hypogaea
ameragem *f* / Landung *f* auf dem Wasser
amerício *m* / Americium *n*, Am
amerissagem *f* (aeronáut., astronáut.) / Wasserlandung, Wasserung *f*
amerissar (aeronáut.) / wassern, auf dem Wasser niedergehen o. landen
ametístico / amethystfarbig
amianto *m* (mineralog.) / Amiant *m* (feinfaseriger Strahlstein) ‖ ~ / Asbest *m* ‖ ~ **cimentado** / Asbestzement *m* ‖ ~ **em plumas** / Strahlasbest *m* ‖ ~ **em pó** / Asbestpulver *n*, gepulverter Asbest ‖ ~ **fibroso** / Faserasbest *m* ‖ ~ **flocoso** / Flockenasbest *m* ‖ ~ **lenhoso** / Holzasbest *m* ‖ ~ **platinado** / Platinasbest *m* ‖ ~ **sedoso** / Seidenasbest *m*
amida *f* / Amid *n* ‖ ~ **de ácido** / Säureamid *n* ‖ ~ **de sódio** / Natriumamid *n*
amidação *f* / Amidieren *n*
amido *m* / Amylum *n*, Stärke *f*, Stärkemehl *n* ‖ ~ **brilhante** / Glanzstärke *f* ‖ ~ **de ácido gordo** / Fettsäureamid *n* ‖ ~ **de milho** / Maisstärke *f*
amidofenol *m* / Amidophenol *n*
amidol *m* (técn. fotogr.) / Amidol *n*
amieiro *m* / Erle *f*, Alnus glutinosa
amigdalina *f* / Amygdalin *n*
amiláceo / stärkehaltig, stärkemehlartig
amílase / Amylase, Diastase *f*
amileno *m* / Amylen, Penten *n*
amilo *m* / Amyl *n*
amilodextrina *f* / Amylodextrin *n* (lösliche Stärke)
amilopsina *f* / Amylopsin *n*
amilose *f* / Amylose *f*, Stärkezellulose *f*
amina *f* / Amin *n*, Ammoniakat *n* ‖ ~ **gorda** / Fettamin *n*
amino... / Amino...
aminoácido *m* / Aminosäure *f* ‖ ~ **essencial** / essentielle Aminosäure
aminobenzeno *m* / Aminobenzol *n*
aminofenol *m* / Aminophenol *n*
aminometilpropanol *m* (química) / Aminomethylpropanol *n*, AMP
aminoplástico *m* / Aminoplast *m*
amolador *m* / Schleifer *m*, Metallschleifer *m*
amoladura *f* / Schleifstaub *m*
amolecedor *m* / erweichendes Mittel
amolecer / weich machen, erweichen, aufweichen
amolecimento *m* / Erweichung *f* ‖ ~ **térmico** / Entfestigungsglühen *n*
amolgadela *f*, amolgadura *f* / Beule *f*, Delle *f*
amolgar / einbeulen, beulen, dellen ‖ ~ / verbeulen ‖ ~ (autom.) / eindrücken, Blechschaden verursachen
amonal *f* (explosivo) / Ammonal *n*
amónia *f* / Ammoniak *n*
amoniacal / ammoniakhaltig, ammoniakalisch
amoníaco *m* / Ammoniak *n*, Ammoniakgas *n* ‖ ~ **cáustico** / Ätzammoniak *n*, Ammoniumhydroxid *n* ‖ ~ **combinado ou fixado** / gebundenes Ammoniak
amónio *m* / Ammonium, Ammon *n*, NH_4 ‖ ~ **férrico** / Eisenammonium *n*
amonite *f* / Ammonit *n*, [sprengölfreier] Ammon-Salpeter-Sprengstoff *m*
amonolise *f* / Ammonolyse *f*
amonosistema *m* / Ammonosystem *n*
amorfo / amorph, gestaltlos, formlos, strukturlos
amortecedor *m* (geral) / Puffer *m* ‖ ~ (autom.) / Stoßdämpfer *m* ‖ ~ (máq., tecnol.) / Dämpfer *m* ‖ ~ (aeronáut.) / Federbein *n* ‖ ~ (máq., tecnol., física) / Dämpfungsvorrichtung *f* ‖ ~ / dämpfend ‖ ~ **a êmbolo** (máq., tecnol.) / Dämpfungszylinder *m* ‖ ~ **a óleo** / Öldämpfer *m*, Ölbremse *f* ‖ ~ **da direcção** (autom.) / Lenkstoßdämpfer *m* ‖ ~ **de choques acústicos** / Frittersicherung *f* ‖ ~ **de mola** / Federpuffer *m* ‖ ~ **de molas** (autom.) / Federstoßdämpfer *m* ‖ ~ **de óleo** / Ölstoßdämpfer *m* ‖ ~ **de oscilações** (constr. civil) / Schwingungsdämpfer *m*, Schwingungsvertilger *m* ‖ ~ **de ruídos** (mot.) / Geräuschdämpfer *m* ‖ ~ **de sobretensão** (electr.) / Wellenschlucker, Überspannungsableiter, -schutz *m* ‖ ~ **de vibrações** / Schwingungsdämpfer *m* ‖ ~ **de vibrações de torção** (mot.) / Drehschwingungsdämpfer *m* ‖ ~ **do shimmy** (aeronáut.) / Flatterdämpfer *m* ‖ ~ **do som** / schalldämmend, -dämpfend ‖ ~ **hidráulico** (hidrául.) / Wasserpolster *n*, -kissen *n* ‖ ~ **oleopneumático** / Öl-Luft-Stoßfänger *m*, -Stoßdämpfer *m* ‖ ~ **pneumático** / Luftpuffer *m*, Luftkissen *n*
amortecer / puffern, Stöße dämpfen, abschwächen, federn *vt*, dämpfen
amortecido (electr.) / gedämpft ‖ **não** ~ / ungedämpft
amortecimento *m* / Dämpfung *f*, Abschwächung *f*, Beruhigung *f* ‖ ~ (telecom.) / Dämpfung *f* aus zeitlichen Gründen ‖ **de** ~ / dämpfend ‖ **de** ~ **periódico** / gedämpft schwingend ‖ ~ **a óleo** / Öldämpfung *f* ‖ ~ **aerodinâmico** / Dämpfung *f* durch Luftwiderstand ‖ ~ **de ruídos** / Geräuschdämpfung *f*, Dämpfung *f* von Geräuschen, Lärmdämpfung *f* ‖ ~ **hidráulico** / Flüssigkeitsdämpfung *f* ‖ ~ **interno** (mecân.) / innere Dämpfung ‖ ~ **pneumático** / Luftpufferung *f*, Luftdämpfung *f*, Luftfederung *f* ‖ ~ **pneumático** (autom.) / Gasfederung *f* ‖ ~ **por borracha** / Gummifederung *f*, -dämpfung *f* ‖ ~ **por líquido** / Flüssigkeitsdämpfung *f*
amostra *f* / Muster *n*, Probe *f*, Probestück *n* ‖ ~ **comercial** / Handmuster *n* ‖ ~ **da cor** / Farbprobe *f* ‖ ~ **da quantidade média** / Durchschnittsmuster *n* ‖ ~ **de água** / Wasserprobe *f* ‖ ~ **de análise** / Feinprobe *f* ‖ ~ **de estrutura** / Gefügeprobe *f* ‖ ~ **de fábrica** (tecel.) / Arbeitsmuster *n* ‖ ~ **de forjadura** / Schmiedeprobe *f*, -probestück *n* ‖ ~ **de minério** / Erzprobe *f*, -muster *n* ‖ ~ **de sondagem** (expl. minas) / Bohrprobe *f* ‖ ~ **do solo** / Bodenprobe *f* ‖ ~ **padrão** / Ausfallmuster *n* ‖ ~ **para análise** / Analysenprobe *f* ‖ ~ **tirada ao acaso** / Stichprobe *f*
amostragem *f* (tv) / Farbschaltung *f* ‖ ~ (ensaio de mat.) / Probenahme *f*
amovível / abnehmbar, demontierbar, herausnehmbar ‖ **não** ~ / fest
amperagem *f* (electr.) / Amperezahl *f*, Stromstärke *f* ‖ ~ **do rotor** (electr.) / Läuferstrom *m* (Wert)
ampère *m* / Ampere *n* ‖ ~**-espira** *m* **antagonista**

(electr.) / Gegenamperewindung *f* ‖ ~**-hora** *m* / Amperestunde *f*, Ah ‖ ~ **internacional** / internationales Ampere, Aint (1 Aint = 0,99985 A) ‖ ~**-segundo** *m* / Amperesekunde *f*, Asec, Coulomb, C *n* ‖ ~**-voltas** *f pl* **de campo** / Feld-Amperewindungen *f pl* (o. AW)

ampères-espiras *f pl*, ampères-voltas *f pl* / Amperewindungen *f pl*

amperímetro *m* (electr.) / Amperemeter *n*, Strommesser *m* ‖ ~ **[que indica a intensidade da corrente] da catenária** / Fahrdrahtstrommesser *m* ‖ ~ **registador** / Stromschreiber *m*

ampliação *f* / Vergrößerung *f*, Erweiterung *f* ‖ ~ (técn. fotogr.) / Vergrößerung *f* ‖ ~ **de uma instalação** / Erweiterung *f* einer Einrichtung ‖ ~ **de uma instalação industrial** / Betriebserweiterung *f* ‖ ~ **lateral** / Lateralvergrößerung *f* ‖ ~ **parcial** / Einzelvergrößerung *f*

ampliador *m* (técn. fotogr.) / Vergrößerungsapparat *m*, -gerät *n*

ampliar / ausbauen, erweitern ‖ ~ (técn. fotogr.) / vergrößern

ampliável / ausbaubar ‖ ~ (informática) / erweiterbar

amplidão *f* / Weite *f*

amplidino *m* **de excitação** / Erregeramplidyne *f*

amplificação *f* (electrón.) / Verstärkung *f* ‖ ~ **da força mecânica** / mechanische Kraftverstärkung ‖ ~ **de corrente** / Stromverstärkung *f* ‖ ~ **de entrada** (electrón.) / Eingangsverstärkung *f* ‖ ~ **de luz** / Lichtverstärkung *f* ‖ ~ **de potência** (electrón.) / Leistungsverstärkung *f*, Kraftverstärkung *f* ‖ ~ **de raios infravermelhos por emissão estimulada de radiação** / Iraser *m* ‖ ~ **regenerativa** (electrón.) / Rückkopplungsverstärkung *f*

amplificado (electrón.) / verstärkt

amplificador *m* (electrón.) / Verstärker *m* ‖ ~ **A** (electrón.) / A-Verstärker *m* ‖ ~ **AB** (electrón.) / AB-Verstärker *m* ‖ ~ **B** (electrón.) / B-Verstärker *m* ‖ ~ **de audiofrequência** / Niederfrequenzverstärker *m* ‖ ~ **de baixa frequência** (electrón.) / Niederfrequenzverstärker *m* ‖ ~ **de corrente contínua** / Gleichstromverstärker *m* ‖ ~ **de derivação** (telecom.) / Abzweigverstärker *m* ‖ ~ **de distribuição de impulsos ou pulsos** (tv) / Impuls-Verteiler-Verstärker *m* ‖ ~ **de diversos estágios** (electrón.) / mehrstufiger Verstärker, Mehrfachverstärker *m* ‖ ~ **de dois estágios** (electrón.) / Zweifachverstärker *m* ‖ ~ **de entrada** / Eingangsverstärker *m* ‖ ~ **de exploração** (electrón.) / Abtastverstärker *m* ‖ ~ **de fluxo** (técn. nucl.) / Flußverstärker *m* ‖ ~ **de grade ligada à terra**, amplificador *m* de grelha ligada à terra (electrón.) / Gitterbasisverstärker *m* ‖ ~ **de gravação** / Aufnahmeverstärker *m*, Aufsprechverstärker *m* ‖ ~ **de leitura** / Leseverstärker *m* ‖ ~ **de linha** (telecom.) / Leitungsverstärker *m* ‖ ~ **de monitoração** (telecom.) / Abhörverstärker *m* ‖ ~ **de potência** (electrón.) / Leistungsverstärker *m*, Kraftverstärker *m* ‖ ~ **de potência simétrica ou em circuito push-pull** (electrón.) / Gegentakt-Leistungsverstärker *m* ‖ ~ **de recepção** / Empfangsverstärker *m* ‖ ~ **de resistência** (electrón.) / Widerstandsverstärker *m* ‖ ~ **de som** / Lautverstärker *m* ‖ ~ **de supressão** (tv) / Austastverstärker *m* ‖ ~ **de tensão** / Spannungsverstärker *m* ‖ ~ **de três estágios** / Dreifachverstärker *m* ‖ ~ **diferenciador** (electrón.) / Differenzverstärker *m* ‖ ~ **diferencial de entrada** (electrón.) / Eingangsdifferenzverstärker *m* ‖ ~ **em ponte** (electrón.) / Brückenverstärker *m* ‖ ~ **final** (electrón.) / Endverstärker *m* ‖ ~ **fluídico** (contr. autom.) / Fluid-Verstärker *m* ‖ ~ **híbrido** (telecom.) / Gabelverstärker *m* ‖ ~ **invertido** / Gegentaktverstärker *m* in Gitter-Basisschaltung ‖ ~ **múltiplo** (electrón.) / mehrstufiger Verstärker, Mehrfachverstärker *m* ‖ ~ **operacional** / Funktionsverstärker *m* ‖ ~ **primário** (electrón.) / Grundverstärker *m* ‖ ~ **rectificador** (electrón.) / Gleichstromverstärker *m*, Richtverstärker *m* ‖ ~ **simétrico**, amplificador *m* push-pull (electrón.) / Gegentakt-Verstärker, Push-Pull-Verstärker *m* ‖ ~ **vertical** (tv) / Y-Verstärker *m*

amplificar (electrón.) / verstärken

amplitude *f* / Scheitelwert *m* (bei Wechselgrößen), Amplitude *f* ‖ ~ (astron.) / Gestirnweite, Amplitude *f*, Polarwinkel *m* ‖ ~ (oscilações) / Ausschlagweite *f*, Ausschlag *m* ‖ ~ **crista-crista** (electrón.) / Hub Spitze-Spitze ‖ ~ **da modulação** / Modulationshub *m* ‖ ~ **da oscilação** / Schwingungsweite, -amplitude *f* ‖ ~ **da oscilação pendular** / Pendelausschlag *m* ‖ ~ **da tensão de grade entre neutro e ponta**, amplitude *f* da tensão de grelha entre neutro e ponta (electrón.) / Gitteraussteuerbereich *m* (vom Mittelwert berechnet) ‖ ~ **de acomodação** / Akkommodationsbreite *f* ‖ ~ **de avanço da ignição** (autom.) / Verstellbereich *m* der Zündung ‖ ~ **de espalhamento** / Streuamplitude *f* (Quanten) ‖ ~ **de oscilação** / Schwingungsamplitude *f*, -weite *f*, Schwingungsbogen *m* ‖ ~ **de tensão** / Spannungsausschlag *m*, -amplitude *f* ‖ ~ **dupla** / Doppelamplitude *f* ‖ ~ **máxima** (electr.) / Schwingungsbauch *m* ‖ ~ **máxima de onda** / Strombauch *m* ‖ ~ **ponta-ponta de uma frequência** / Frequenzhub Spitze-Spitze

amplo / weit, geräumig, reichlich, breit

ampola *f* / Ampulle *f* ‖ ~ (electr.) / Kolben *m* (Glühlampe) ‖ ~ **da lâmpada incandescente** / Glühlampenkolben *m* ‖ ~ **de gás** (sold) / Gaspore *f* ‖ ~ **de lâmpada** / Lampenkolben *m* ‖ ~ **de vidro** (electr., electrón.) / Glaskolben *m*

ampulheta *f* / Sanduhr *f*

amurada *f* / Reling *f*, Schanzkleid *n*

anabergita *f* (mineralog.) / Annabergit *m*

anacâmptico / lichtzurückstrahlend oder -werfend

anaeróbio / anaerob

anaforese *f* (galvanoplast.) / Anaphorese *f*

anagaláctico / anagalaktisch

anáglifo *m* / Anaglyphe *f*

anagliptografia *f* / Blindenschrift *f*

analcima *m* (mineralog.) / Analcim *m*

analina *f* (papel) / Milchweiß *n*

analisador *m* (informática) / Analysator *m* ‖ ~ (tv) / Bildabtaster *m* ‖ ~ **de distorção** (electrón.) / Klirranalysator *m* ‖ ~ **de filmes** (tv) / Filmabtaster *m* ‖ ~ **de imagem** (tv) / Bildzerleger *m* ‖ ~ **de imagem de Farnsworth** (tv) / Farnsworthröhre *f* ‖ ~ **de índice** (informática) / Indexanalysator *m* ‖ ~ **de oscilações** / Schwingungskontroller *m* ‖ ~ **de superfícies** (máq., tecnol.) / Oberflächenprüfgerät *n* ‖ ~ **diferencial** (informática) / Analogrechner *m* für Differentialgleichungen, Integrieranlage *f*

analisar (informática) / abtasten ‖ ~ (química) / zergliedern, untersuchen

análise *f* / Untersuchung *f* (auf Zusammensetzung, Gewicht usw.) ‖ ~ (química) / Bestimmung *f*, Analyse *f* ‖ ~ (matem.) / Analysis *f* ‖ ~ **combinatórica** / Kombinatorik, Kombinationslehre *f* ‖ ~ **completa** (química) / Ganzanalyse *f* ‖ ~ **cromatográfica** / Adsorptionsanalyse *f* ‖ ~ **da faísca** / Funkenanalyse *f* ‖ ~ **da imagem** (tv) / Bildabtasten *n*, Bildabtastung *f* ‖ ~ **de autocorrelação** / Autokorrelationsanalyse *f* ‖ ~ **de difracção** (raios X) / Beugungsanalyse *f* ‖ ~ **de diluição isotópica** / Isotopenverdünnungsanalyse *f* ‖ ~ **de Fourier** / Fourier-Analyse *f*, Frequenz-Analyse *f* ‖ ~ **de**

luminescência / Lumineszenzanalyse *f* ‖ ~ **de minérios** / Erz-Probieranalyse *f* ‖ ~ **de sensibilidade** (contr. autom.) / Empfindlichkeitsanalyse *f* ‖ ~ **de sistema** / Systemanalyse *f* ‖ ~ **do solo** / Bodenuntersuchung *f*, Bodenanalyse *f* ‖ ~ **documental** (química) / Beweisanalyse *f* ‖ ~ **eléctrica** / Elektroanalyse *f* ‖ ~ **enzimática** (química) / Enzymtest *m* ‖ ~ **espectral** / Spektralanalyse *f* ‖ ~ **factorial** / Einflußuntersuchung *f* ‖ ~ **fraccionada** / Siedeanalyse *f* ‖ ~ **funcional** (informática) / Funktionsanalyse *f* ‖ ~ **granulométrica** / Siebanalyse *f* ‖ ~ **granulométrica por sedimentação** / Sedimentationsanalyse *f* ‖ ~ **gravimétrica** / Gewichtsanalyse *f*, gravimetrische Bestimmung, Gravimetrie *f* ‖ ~ **harmónica** / Frequenz-Analyse *f* ‖ ~ **infinitesimal** / Infinitesimalrechnung *f* ‖ ~ **laboral** / Arbeitsstudie, Zeitaufnahme *f* ‖ ~ **por elutriação** / Schlämmanalyse *f* ‖ ~ **por exploração** (informática) / dynamisches Abfühlen (o. Lesen) ‖ ~ **por feixe iónico** / Ionenstrahlanalyse *f* ‖ ~ **por flotação e depósito**, análise *f* por líquidos densos / Schwimm- und Sinkanalyse *f* ‖ ~ **por gota** / Tüpfelanalyse *f* ‖ ~ **por levigação** / Schlämmanalyse *f* ‖ ~ **por precipitação** / Fällungsanalyse *f* ‖ ~ **por separação pneumática** (expl. minas) / Sichtanalyse *f* ‖ ~ **por termo médio** (química) / Durchschnittbestimmung *f* ‖ ~ **por via (h)úmida** / Analyse *f* auf nassem Wege ‖ ~ **por via seca** / Analyse *f* auf trockenem Wege ‖ ~ **qualitativa** (química) / qualitative Analyse ‖ ~ **quantitativa** / quantitative Analyse ‖ ~ **quantitativa do ferro** / quantitative Eisenbestimmung ‖ ~ **superficial** (química) / Flächenanalyse *f* ‖ ~ **vectorial** / Vektoranalysis *f* ‖ ~ **volumétrica** (química) / titrimetrische Analyse ‖ ~ **volumétrica** / Maßanalyse *f*, volumetrische Analyse *f*, Raumanalyse *f* ‖ ~ **volumétrica do gás** / Gasvolumetrie *f* ‖ ~ **volumétrica potenciométrica** (química) / potentiometrische Titration

analista *m* / Analytiker *m*

analiticamente puro (química) / analysenrein, p.a. (pro analysi)

analítico / analytisch

analogia *f* / Analogie *f* ‖ ~ **diagonal** (química) / Diagonalbeziehung *f*, schräge Analogie

analógico, análogo / analog, sinngemäß

anamorfose *f* / Anamorphose *f*

anamorfótico / anamorphotisch

anastigmata *f* / Anastigmat *m*

anatásio *m* (mineralog.) / Anatas *m*

anato *m* (tinturaria) / Annatto, Methylgelb *n*

ancinho *m* (agricult.) / Rechen *m*, Harke *f*

âncora *f* (constr. civil, constr. naval) / Anker *m* ‖ ~ **de forquilha** (constr. civil) / Gabelanker *m* ‖ ~ **de proa** / Buganker *m* ‖ ~ **de reboque** / Wurfanker *m* ‖ ~ **de viga** (constr. civil) / Balkenanker *m* ‖ ~ **flutuante** / Treibanker *m*, Abtriebanker *m*

ancoradouro *m* / Reede *f*, Liegeplatz *m*

ancoragem *f* (constr. civil) / Verankerung *f* ‖ ~ **de cabos** / Kabelverankerung *f*

ancorar / ankern *vi* ‖ ~ (constr. civil) / mit Ankern versehen, abspannen, befestigen

ancusa *f* (química) / Alkanna, Anchusa *f*

ancusina *f* / Anchusin, Alkannarot *n*, Alkannin *n*

andaimaria *f* **de escavação** (expl. minas) / Abteufgerüst *n*

andaime *m* (constr. civil) / Baugerüst *n*, Gerüst *n*, Rüstung *f* ‖ ~ **de trabalho** / Arbeitsgerüst *n* ‖ ~ **do revestimento do poço** (expl. minas) / Schachtstuhl *m* ‖ ~ **suspenso** (constr. civil) / Hängegerüst *n*, fliegendes Gerüst, Auslegergerüst *n*

andaluzita *f* **prismática** / prismatischer Pindalusit

andar *v* / fahren *vi* (von Fahrzeugen)

andar *m* (constr. civil) / Stockwerk *n*, Stock *m*, Geschoß *n* ‖ ~ (constr. civil) / Wohnung *f* innerhalb eines Stockwerks ‖ ~ (míssil) / Brennstufe *f* ‖ **com vários ~es** (constr. civil) / mehrgeschossig ‖ **de dois ~es** (constr. civil) / zweigeschossig ‖ **de três ~es** / dreistöckig ‖ **de um só ~** (constr. civil) / einstöckig ‖ ~ **duplex** / Wohnung *f* mit Zimmern in 2 Stockwerken ‖ ~ **principal** (constr. civil) / Hauptgeschoß *n* ‖ ~ **propulsor** / Antriebsstufe *f* ‖ ~ **superior** / Obergeschoß *n*

andesita *f* (geol) / Andesit *m*

anéis *m pl* **de Lessing** (química) / Lessingringe *m pl* ‖ ~ **de Newton** (óptica) / Farbenringe *m pl*

anel *m* (máq., tecnol.) / Ring *m* ‖ ~ **amortecedor** (electr.) / Dämpfungsring *m* ‖ ~ **britador** / Brechring *m* ‖ ~ **calibrador** / Lehrring *m* ‖ ~ **calibrador de roscas** / Gewindelehrring *m* ‖ ~ **circular** / Kreisring *m* ‖ ~ **colector** (electr.) / Schleifring *m* ‖ ~ **colector** (mot.) / Abgassammelring *m* ‖ ~ **colocado a quente** / Schrumpfring *m*, -band *n* ‖ ~ **cónico** / Keilring *m* ‖ ~ **de acoplamento de reboque** (autom.) / Zugöse *f* ‖ ~ **de afastamento** / Abstandsring *m* ‖ ~ **de ajuste** (máq., tecnol.) / Einstellring *m*, Stellring *m* ‖ ~ **de amortecimento lateral** (máq., tecnol.) / Dämpferring *m* ‖ ~ **de aperto** / Druckring *m*, Spannring *m* ‖ ~ **de aperto removível** (autom.) / Felgensprengring *m* ‖ ~ **de benzeno** / Benzolring *m* ‖ ~ **de calibração** / Kaliberring *m*, Lehrring *m* ‖ ~ **de contracção** / Bundring *m* ‖ ~ **de culatra** (electr.) / Feldgestell *n*, Jochring *m* ‖ ~ **de empuxo** / Laufring *m* mit Stiftlöchern (DIN 2208) ‖ ~ **de encosto ou de impulso** (embraiagem) / Ausrücker *m* ‖ ~ **de encosto separado** / Winkelring *m* ‖ ~ **de enquadramento** (instr.) / Deckring, Deckelring *m* ‖ ~ **de equilíbrio** (máq. vapor) / Entlastungsring *m* ‖ ~ **de expansão** / Spreizring *m* ‖ ~ **de fixação do pino do êmbolo** / Kolbenbolzenhaltering *m* ‖ ~ **de flange** / Flanschring *m* ‖ ~ **de freio** / Bremsring *m* ‖ ~ **de fundo** / Bodenring *m* ‖ ~ **de gotejamento** / Abtropfring *m* ‖ ~ **de graduação** / Einstellring *m* (Meßgerät) ‖ ~ **de guarnição** / Packungsring *m*, -scheibe *f* ‖ ~ **de guia** / Führungsring *m*, Leitring *m* ‖ ~ **de lubrificação** / Schmierring *m* ‖ ~ **de lubrificação de face estreita** (autom.) / Dachfasenring, D-Ring *m* ‖ ~ **de lubrificação do êmbolo** / Ölabstreifring *m* ‖ ~ **de matriz** / Schnittring *m* ‖ ~ **de protecção de arquivo** (fita magn.) / Schreibring *m*, -sicherungsring *m* ‖ ~ **de protecção do ventilador** / Lüfterschutzring *m* ‖ ~ **de reforço** / Eckring *m* ‖ ~ **de rentenção** (máq., tecnol.) / Sprengring *m* ‖ ~ **de retenção** (máq., tecnol.) / Sicherungsring *m*, Stellring *m* ‖ ~ **de rolamento** / Laufring *m* ‖ ~ **de rolamento de esferas**, anel *m* de rolimã / Kugellagerring *m*, Kugel-, Laufring *m* ‖ ~ **de segmento** / Ölabstreifring *m*, Kolbenring *m* ‖ ~ **de segmento com junta diagonal** / Kolbenring *m* mit schräger Stoßfuge ‖ ~ **de segmento inteiriço** / einteiliger Kolbenring ‖ ~ **de segurança de Seeger** / Seegerring *m* ‖ ~ **de suporte** / Tragring *m* ‖ ~ **de travão** / Bremsring *m* ‖ ~ **de vedação** / Dichtungsring *m* ‖ ~ **de vedação de eixo rotativo** / Simmering *m* ‖ ~ **de vedação de labirinto** / Dichtungsring *m*, Labyrinthdichtungsring *m* ‖ ~ **distanciador** / Zwischenring *m* ‖ ~ **do cadeado** / Bügel *m* des Vorhängeschlosses ‖ ~ **do sincronizador** (transmissão) / Synchronring *m* ‖ ~ **dosimétrico** (técn. nucl.) / Filmring *m* ‖ ~ **elástico de êmbolo** (mot.) / federnder Stahlring ‖ ~ **elástico de gancho** / Hakensprengring *m* ‖ ~ **elástico de tensão** (mot.) / Beilagering *m*, federnder Stahlring ‖ ~ **exterior** / Außenring *m* ‖ ~ **graduado** /

Skalenring *m* ‖ ~ **interior com orifício cónico** / Kegelinnenring, Innenring mit kegeliger Bohrung *m* ‖ ~ **intermediário** / Zwischenring *m* ‖ ~ **líquido** / Flüssigkeitsring *m* ‖ ~ **lubrificador** / Ölring *m* ‖ ~ **obturador** (aeronáut., mot.) / Feuerring *m* ‖ ~ **oscilante** / Bürstenring *m* ‖ ~ **recolhedor** / Abstreifring *m* (für Öl) ‖ ~ **retentor de óleo** (autom.) / Ölfangring *m* ‖ ~ **roscado** / Schraubring *m* ‖ ~ **tensor** (geral) / Spannring *m*
anelasticidade *f* / unvollkommene Elastizität
anemógrafo *m* / Windschreiber *m*, Anemograph *m*
anemometria *f* / Windmessung *f*
anemómetro *m* (aeronáut.) / Windmesser *m*, Anemometer *n*, Luftgeschwindigkeitsmesser *m*, Fahrtmesser *m* ‖ ~ **de palhetas** (de eixo vertical) / Flügelradwindmesser *m* ‖ ~ **de palhetas** (de eixo horizontal) / Flügelradanemometer *n*
aneróide *m* / Aneroid[barometer] *n*, Dosenbarometer *n*
anetol *m* (química) / Anethol *n*
anexo *m* (constr. civil) / Erweiterungsbau *m* ‖ ~ (constr. civil) / Anbau *m* (pl: Anbauten) ‖ ~ (constr. civil) / Seitengebäude *n*, Nebengebäude *n* ‖ ~ (artes gráf.) / Anlage *f*
anfíbio / amphibisch, Amphibien..., Wasser-Land...
anfibólio *m* / Amphibol *m* (Hornblendeart)
anfibolito *m* (geol) / Amphibolit *m*
anfingénios *m pl* (química) / Amphingenstoffe *m pl*
anfiprótico (química) / amphiprotisch
anfólito *m* / Ampholyt *m*, amphoterer Elektrolyt
anfótero (química) / amphoter
anglesita *f* (mineralog.) / Anglesit *m*
Ångström *m* / Ångström (veraltet), Å *n*
Angström *m* **internacional** / internationales Angström
angular / winkelig, winklig, mit Winkeln [versehen]
ângulo *m* / Winkel *m*, Ecke *f* (Winkel) ‖ **de ~ obtuso** / stumpfwink[e]lig ‖ **de ~s agudos**, de ângulos salientes / scharfeckig ‖ ~ **abrangido** (técn. fotogr.) / erfaßter Bildwinkel ‖ ~ **adjacente** (matem.) / Nebenwinkel *m*, Supplementwinkel *m* ‖ ~ **alterno** (matem.) / Wechselwinkel *m* ‖ ~ **azimutal** (astron.) / Azimutwinkel *m*, Seitenwinkel *m* ‖ ~ **azimutal da pá** (helicóptero) / Blatt-Azimutwinkel *m* ‖ ~ **azimutal de antena** / Antennenseitenwinkel *m* ‖ ~ **baixo** (armamento) / Flachwinkel *m* ‖ ~ **central** / Zentriwinkel *m*, Mittelwinkel *m* ‖ ~ **complementar** / Ergänzungswinkel *m*, Komplementwinkel *m* ‖ ~ **cortante** (torno) / Schneidenwinkel *m* ‖ ~ **crítico** (física) / Grenzwinkel *m* ‖ ~ **da chanfradura** / Fasenwinkel *m* ‖ ~ **da folha** (papel) / Foilwinkel *m* (zwischen Gleitfläche und Sieb) ‖ ~ **da pá** (aeronáut.) / Blatteinstellwinkel *m*, Blattwinkel *m* ‖ ~ **das lâminas de corte** (máq. ferram.) / Scherenwinkel *m* ‖ ~ **de 180°** (matem.) / gestreckter Winkel ‖ ~ **de abatimento** (naveg.) / Derivationswinkel *m* ‖ ~ **de abertura** (óptica, radar) / Aperturwinkel *m*, Bündelbreite *f* ‖ ~ **de abertura** (geral) / Öffnungswinkel *m* ‖ ~ **de ajuste** / Einstellwinkel *m* ‖ ~ **de apoio** / Stützwinkel *m*, Abstützwinkel *m* ‖ ~ **de ataque** / Einstellwinkel *m* ‖ ~ **de ataque** (lamin.) / Greifwinkel *m* ‖ ~ **de ataque** (aeronáut.) / Anstell[ungs]winkel *m* ‖ ~ **de ataque da asa** / Flügelanstellung *f* ‖ ~ **de ataque de resistência mínima** (aeronáut.) / Anstellwinkel *m* geringsten Widerstands ‖ ~ **de aterragem** (aeronáut.) / Landewinkel, Ausrollwinkel *m* ‖ ~ **de avanço** / Voreilwinkel *m* ‖ ~ **de avanço da hélice** / Fortschrittswinkel *m* ‖ ~ **de avanço das escovas** (electr.) / Bürstenschubwinkel *m* ‖ ~ **de Bragg** (óptica) / Glanzwinkel *m* ‖ ~ **de Bragg** (técn. nucl.) / Braggscher Winkel ‖ ~ **de Brewster** / Brewsterwinkel *m* ‖ ~ **de calagem das manivelas** / Kurbelversetzung *f* ‖ ~ **de choque** (mecân.) / Stoßwinkel *m* ‖ ~ **de cobrimento** / Auflaufwinkel *m* ‖ ~ **de condução** (semicondut.) / Durchlaßwinkel *m* ‖ ~ **de conexão** / Beiwinkel *m* ‖ ~ **de corte** (máq. ferram.) / Kreuzungswinkel *m*, Schnittwinkel *m* ‖ ~ **de corte** (torno) / Keilwinkel *m* ‖ ~ **de corte da faceta da face de corte** (máq. ferram.) / Fasenspanwinkel *m* ‖ ~ **de corte ortogonal da ferramenta** (máq. ferram.) / Spanwinkel *m* γ ‖ ~ **de corte ortogonal das facetas da ferramenta** (máq. ferram.) / Fasenkeilwinkel *m* ‖ ~ **de cruzamento** (técn. ferrov.) / Kreuzungswinkel *m*, -verhältnis *n* ‖ ~ **de cunha** / Keilwinkel *m* ‖ ~ **de curso** / Kurswinkel *m* (geographisch) ‖ ~ **de curva** (autom.) / Einschlag[winkel] (Lenkung) *m* ‖ ~ **de deflexão** / Abweichungswinkel *m* ‖ ~ **de deriva** (naveg.) / Driftwinkel *m*, Kreuzungswinkel *m* ‖ ~ **de desvio** / Ausschlagwinkel *m* ‖ ~ **de detecção** (radar) / Erfassungswinkel *m*, Elevationswinkelbereich *m* ‖ ~ **de difracção** / Beugungswinkel *m* ‖ ~ **de dispersão** (óptica) / Streuwinkel *m* ‖ ~ **de divergência** / Öffnungswinkel *m* ‖ ~ **de elevação** (radar) / Höhenwinkel *m*, Erhebungswinkel *m* ‖ ~ **de elevação** (balística) / Erhöhungswinkel *m* ‖ ~ **de emersão** (física) / Austrittswinkel, Ausfallwinkel *m* ‖ ~ **de engrenagem** / Flankenwinkel *m* ‖ ~ **de entrada** (lamin.) / Einzugswinkel *m* ‖ ~ **de entrada helicoidal** / Schälanschnitt *m* ‖ ~ **de frente** (máq. ferram.) / Brustwinkel *m* ‖ ~ **de guia** / Anschnittwinkel *m* (Gewinde) ‖ ~ **de hélice** / Schrägungswinkel *m* ‖ ~ **de histerese** / Hysteresiswinkel *m* ‖ ~ **de impacto** (armamento) / Auftreffwinkel *m* ‖ ~ **de impacto** (mecân.) / Aufschlagwinkel *m* ‖ ~ **de incidência** / Einfallwinkel *m*, Neigungswinkel *m* ‖ ~ **de incidência aparente** / Stirnprofilwinkel *m* ‖ ~ **de incidência na chanfradura** (máq. ferram.) / Fasenfreiwinkel *m* ‖ ~ **de incidência real** (aeronáut.) / effektiver Anstellwinkel ‖ ~ **de inclinação** / Inklinationswinkel *m* (Kompaß), Steigungswinkel *m*, Neigungswinkel *m* ‖ ~ **de inclinação** (expl. minas) / Fallwinkel *m* ‖ ~ **de inclinação do cavilhão da manga de eixo** (autom.) / Spreizwinkel *m* ‖ ~ **de inclinação lateral** (aeronáut.) / Querneigungswinkel *m* ‖ ~ **de intersecção** (matem.) / Schnittwinkel *m* ‖ ~ **de largura** / Umfassungswinkel *m* ‖ ~ **de levantamento** (armamento) / Abgangsfehlerwinkel *m* ‖ ~ **de mira** (armamento) / Zielhöhenwinkel *m*, Geländewinkel *m* ‖ ~ **de oscilação** / Gangwinkel, Schwingungswinkel *m* ‖ ~ **de partida** (armamento) / Abgangswinkel *m* ‖ ~ **de pé** / Fußkegelwinkel *m* ‖ ~ **de perdas dieléctricas** (electr.) / Verlustwinkel *m* ‖ ~ **de perdas dieléctricas** / Fehlwinkel *m* (Dielektr) ‖ ~ **de planeio** (aeronáut.) / Gleitwinkel *m* ‖ ~ **de pressão** / Eingriffswinkel, Flankenwinkel *m* ‖ ~ **de queda** (aeronáut.) / Fallwinkel *m* ‖ ~ **de radiação** / Abstrahlwinkel *m* ‖ ~ **de recuo da hélice** / Arbeitswinkel *m* der Luftschraube ‖ ~ **de reflexão** / Ausfallwinkel *m* ‖ ~ **de reflexão** (física) / Abstrahlungswinkel *m* ‖ ~ **de ruptura** / Abreißwinkel *m* ‖ ~ **de sopé** (autom.) / Sturzwinkel *m* ‖ ~ **de sustentação** (aeronáut.) / Auftriebswinkel *m* ‖ ~ **de talude** / Schüttwinkel *m* ‖ ~ **de tomada de vistas** / Aufnahmewinkel *m* ‖ ~ **de torção** / Steigungswinkel *m*, Flechtwinkel *m* ‖ ~ **de tracção** / Zugwinkel *m* ‖ ~ **de transição de fase** (técn. nucl.) / Laufzeitwinkel *m* ‖ ~ **de um tripé** / Fußwinkel *m* eines Stativs ‖ ~ **de (h) umedecimento** / Randwinkel *m* ‖ ~ **de vértice** / Bündelbreite *f* ‖ ~ **de viragem** (autom.) / Lenkungs-Ausschlagwinkel *m* ‖ ~ **de visão** / Sehwinkel *m* ‖ ~ **delta três** / Delta-Drei-Winkel *m* ‖ ~ **diedro** /

Flächenwinkel *m* ‖ ~ **directo** / Zahnwinkel von 90° *m* ‖ ~ **do leme** / Ruderlage *f* ‖ ~ **do talude** / Böschungsgrad *m*, Böschungswinkel *m* ‖ ~ **geométrico de ataque** (aeronáut.) / scheinbarer o. geometrischer Anstellwinkel ‖ ~ **interno** (matem.) / Innenwinkel *m* ‖ ~ **limite** (física) / Grenzwinkel *m* ‖ ~ **livre** (máq. ferram.) / Freiwinkel *m* ‖ ~ **morto** (autom.) / toter Winkel ‖ ~ **observado** / gemessener (o. beobachteter) Winkel ‖ ~ **obtuso** / stumpfer Winkel ‖ ~ **operacional** (electrón.) / Arbeitswinkel, Phasenanschnittwinkel *m* ‖ ~ **oposto** / Gegenwinkel *m* ‖ ~ **plano** (matem.) / gestreckter Winkel, Flächenwinkel *m*, ebener Winkel ‖ ~ **polar** (electr.) / Umfassungswinkel *m* (der Polschuhe) ‖ ~ **polar** (matem.) / Anomalie *f* (Winkel des Radiusvektor) ‖ ~ **recto** / Rechter *m*, rechter Winkel ‖ ~ **reentrante** / einspringender Winkel ‖ ~ **sólido** / räumlicher Winkel, Raumwinkel *m* ‖ ~ **visual** / Blickwinkel *m*, Gesichtswinkel *m*

ângulos *m pl* **eulerianos** / Eulersche Winkel *m pl* ‖ ~ **opostos pelo vértice** / Scheitelwinkel *m*

aniagem *f* / grobe Leinwand

anião *m*, anion *m*, anionte *m* (física) / Anion *n*

anidrido *m* (química) / Anhydrid *n*, Borsäureanhydrid *n* ‖ ~ **acético** / Essigsäureanhydrid *n* ‖ ~ **carbónico** / Kohlensäureanhydrid *n*, -gas *n*, Kohlensäure *f*, Kohlendioxid *n* ‖ ~ **crómico** / Chromsäureanhydrid *n*, Chromtrioxid *n*, Chrom(VI)-oxid *n* ‖ ~ **hipocloroso** / Chlormonoxid, Dichlor[mon]oxid *n* ‖ ~ **nítrico** / Salpetersäureanhydrid *n*, wasserfreie Salpetersäure, Stickstoffpentoxid *n* ‖ ~ **nitroso** / Salpetrigsäureanhydrid *n* ‖ ~ **selenioso** / Selenigsäureanhydrid *n* ‖ ~ **silícico** / Kieselsäureanhydrid *n*, Kieselerde *f* ‖ ~ **silicioso** / Silizium[di]oxid *n* ‖ ~ **sulfúrico** / Schwefelsäureanhydrid, Schwefeltrioxid *n* ‖ ~ **sulfuroso** / Schwefeldioxid, Schwefligsäureanhydrid *n* ‖ ~ **túngstico** / Wolframsäureanhydrid *n*, Wolframtrioxyd *n*

anidrio *m* **ftálico** / Phthalsäureanhydrid *n*, PSA *n*

anidrita *f* (mineralog.) / Anhydrit *m*

anidro (química) / wasserfrei, entwässert

anil *m* / Indigo *m*

anileira *f* / Indigopflanze *f*

anilha *f* (máq., tecnol.) / Scheibe (DIN), Unterlagsscheibe *f* ‖ ~ **elástica** / Scheibenfeder *f*, Spannscheibe *f*

anilida *f* / Anilid *n*

anilina *f* / Anilin, Aminobenzol *n*

animais *m pl* **lanígeros** / Wolltiere *n pl*

anime *f* / Animeharz *n*

anion *m* (física) / Anion *n*

anionte *m* (física) / Anion *n*

aniquilação *f* / Zerstrahlung *f*

anisaldeído *m* / Anisaldehyd *m*

anisómero / anisomer

anisométrico (desenho industr.) / anisometrisch

anisotónico / anisotonisch

anisotropia *f* / Anisotropie *f*

anisotrópico (física) / anisotrop[isch]

ano, de um ~ (lã) / einschurig ‖ ~ *m* **de construção** / Baujahr *n* ‖ ~**-luz** *m* (astron.) / Lichtjahr *n* (= 0,94606 · 10^{18} cm)

anódico (electr.) / anodisch, Anoden...

anodizar / eloxieren, anodisch oxydieren

ânodo *m* / Anode *f* ‖ ~ **auxiliar** / Hilfsanode *f* ‖ ~ **carbonizado** (electrón.) / geschwärzte Anode ‖ ~ **colector** / Fanganode *f* ‖ ~ **de excitação** / Erregeranode *f*, Halteanode *f* ‖ ~ **de focalização** / Fokussieranode *f* ‖ ~ **de retenção** / Halteanode *f* ‖ ~ **elíptico** (galvanoplast.) / Knüppelanode *f* ‖ ~ **solúvel** (electr.) / Lösungsanode *f*

anolito *m* / Anolyt *m* (der die Anode umgebende Elektrolyt)

anomalia *f* / Anomalie *f* ‖ ~ **da visão das cores** / Farbenfehlsichtigkeit *f* ‖ ~ **de Dentsch** / Dentsche Anomalie, sekundärer Kompensationsfehler

anomalístico (astron.) / anomalistisch

anómalo / anomal

anomaloscópio *m* / Anomaloskop *n*

anopsia *f* / Anopsie *f*

anormal / abnorm

anortita *f* (mineralog.) / Anorthit *m*

anortoclásio *m* (mineralog.) / Anorthoklas *m*

anotação *f* / Beschriftung *f*, Wortangabe *f*, Aufzeichnung *f*, Notation *f* ‖ ~ (informática) / Annotation *f*, Anmerkung *f*

anotar (agrimen.) / eintragen (z.B. Meßergebnisse)

anoxidar electroliticamente / hartanodisieren

antagonista / gegenwirkend ‖ ~ (técn. ferrov.) / feindlich

antárctico *m* / Antarktis *f* ‖ ~ *adj* / antarktisch

antecâmara *f* **de combustão** (mot.) / Vorkammer *f*

antecorpo *m* (constr. civil) / Vorbau *m*, vorspringender Flügel

antecrisol *m* (fundição, siderurg.) / Vorherd *m*, Sammelherd *m*

antedepurador *m* **de ar** / Luftvorreiniger *m*

antena *f* / Antenne *f* ‖ ~ **Adcock** / Adcock-Antenne *f* ‖ ~ **aérea** / Dachantenne *f* ‖ ~ **anemométrica de Pitot** / Staurohr *n* (Windmessung) ‖ ~ **antiestática** / Antenne *f* mit abgeschirmter Zuleitung ‖ ~ **artificial** / Ersatzantenne *f*, künstliche Antenne ‖ ~ **bicónica** / Doppelkonusantenne *f*, -kegelantenne *f* ‖ ~ **bipolar** / Dipolantenne *f* ‖ ~ **carregada** / Eierantenne *f* ‖ ~ **carregada na base** / fußpunktbelastete Antenne ‖ ~ **circular** / Ringantenne, -dipolantenne *f* ‖ ~ **coaxial de compensação** / Gegengewichts-Koaxialantenne *f* ‖ ~ **colectiva** / Gemeinschaftsantenne *f*, Ortsantenne *f*, Großantenne *f* ‖ ~ **colectiva de televisão** / Fernsehgemeinschaftsantenne *f* ‖ ~ **comunitária** / Gemeinschaftsantenne *f* eines Stadtteils ‖ ~ **co-secante** / cosec-Antenne *f* ‖ ~ **de alimentação indirecta** / strahlungsgekoppelte Antenne ‖ ~ **de banda** / Bereichsantenne *f* ‖ ~ **de barra de ferrita** / Ferritstabantenne *f* ‖ ~ **de campo rotativo** / Drehkreuzantenne *f*, Schmetterlingsantenne *f* ‖ ~ **de capacitor**, antena *f* de condensador / geerdete Antenne, Kondensatorantenne *f* ‖ ~ **de chassi** (autom.) / Chassisantenne *f* ‖ ~ **de compensação** / Ausgleichantenne *f*, Abstimmungsantenne *f* ‖ ~ **de ferrita** / Ferritantenne *f* ‖ ~ **de fita** / Bandantenne *f* ‖ ~ **de ondas progressivas** / Antenne *f* mit fortschreitenden Wellen ‖ ~ **de quadrante** / Quadrantantenne *f* ‖ ~ **de quadro** / Käfigantenne *f*, Rahmenantenne *f* ‖ ~ **de quadro em cruz** / Kreuzrahmenantenne *f* ‖ ~ **de quarto de onda de compensação** / gegengewichtete Viertelwellenantenne ‖ ~ **de recepção** / Empfangsantenne *f* ‖ ~ **de recepção de elevado ganho** / Hochleistungs-Empfangsantenne *f* ‖ ~ **de solo** / Erdantenne *f* ‖ ~ **de televisão** / Fernsehantenne *f* ‖ ~ **de telhado** / Hochantenne, Freiantenne *f*, Dachantenne *f* ‖ ~ **direccional** / Richtantenne *f* ‖ ~ **em corno exponencial** / Exponential[horn]strahler *m* ‖ ~ **em espinha de peixe** / Fischgrätenantenne *f* ‖ ~ **em forma de vareta** / Stabantenne *f* ‖ ~ **em leque** / Fächerantenne *f* ‖ ~ **embutida** / Einbauantenne *f*, eingebaute Antenne (im Gehäuse) ‖ ~ **estacionária** / feste Antenne ‖ ~ **exterior** / Außenantenne *f*, Freiantenne *f* ‖ ~ **fixa** (aeronáut.) /

Festantenne *f* || ~ **guarda-chuva** / Gitterantenne *f*, Schirmnetzantenne *f*, Schirmantenne *f* || ~ **harmónica** / Oberwellenantenne *f*, in Oberwellen erregte Antenne || ~ **horizontal com dipolos em contrafase** / Flächenantenne *f* || ~ **incorporada** / eingebaute Antenne (im Gehäuse), Einbauantenne *f*, Gehäuseantenne *f* || ~ **interior** / Zimmerantenne *f* || ~ **isotrópica** / Kugelantenne *f* || ~ **múltipla** / Strahlergruppe *f* || ~ **omnidireccional** / Allrichtungsantenne *f* || ~ **orientável** / drehbare Antenne || ~ **parabólica** / Parabolantenne *f* || ~ **parabólica em forma de chifre** (telecom.) / Hornparabolantenne *f* || ~ **passiva** / strahlungsgekoppelte Antenne || ~ **Q** / Q-Antenne *f* || ~ **radiogoniométrica** (aeronáut.) / Peilantenne *f*, Funkpeilerrahmenantenne *f*, Ortungsantenne *f* || ~ **rotativa** / Drehantenne *f* || ~ **suspensa** / Hängeantenne *f* || ~ **telescópica** / Teleskopantenne *f* || ~ **Yagi** / Yagiantenne *f*

antenuador *m* (telecom.) / Dämpfungsglied *n*

antepara *f* (constr. naval) / Schott *n* || ~ **à prova de fogo** (constr. naval) / Feuerschott *n* || ~ **transversal** (constr. naval) / Querschott *n*

anteparo *m* / Blende *f*, Abschirmung *f* || ~ **da lente** / Linsenschirm *m*

anteporto *m* / Vorhafen *m*, Außenhafen *m*

anteprojecto *m* / Vorentwurf *m*, Vorprojekt *n* || ~ (constr. civil) / Entwurf *m*

antiácido / säurewidrig, -beständig, -fest

antibárion *m* / Antibaryon *n*

antibiótico *m* / Antibiotikum *n*

antibloqueio *m* / Entstörung *f* (gegen andere Sender)

anticarro (armamento) / Antitank...

anticatalisador *m* (química) / Antikatalysator, Inhibitor *m*

antichoque / stoßfest, -sicher, schlagfest || ~ (electr.) / schutzisoliert

anticiclone *f* / Hoch, Hochdruckgebiet *n*, Antizyklone *f*

anticlinal *f* (geol) / Sattel *m*, Antiklinale *f*

anticloro *m* / Antichlor *n*

anticoesor *m* (electrón.) / Antikohärer *m*

anticompound (electr.) / Gegenverbund..., -kompound...

anticongelante *m* / Enteisungsmittel *n* || ~ *adj* / Gefrierschutz...

anticorpo *m* / Schutzstoff *m*, Antikörper *m*

anticorrosivo / Korrosionsschutz..., korrosionsbeständig, -fest, frei, -sicher

anticriptogâmico (química) / antikryptogam

antiderrapante (autom.) / rutschfest || ~ (constr. rodov.) / griffig

antidetonante / klopffest

antídoto *m* / Gegenmittel *n*, Gegengift *n*

antiencandeamento / blendungsfrei

antiestático / antistatisch, Antistatik..., geräuscharm

antifermentescível / gärungshemmend

antiferromagnetismo *m* / Antiferromagnetismus *m*

antifricção *f* / Antifriktion *f*

antigás / Gasschutz...

antigel (química) / gelverhütend

antígeno *m* / Antigen *n*

antigripante (máq., tecnol.) / fressenverhütend

anti-halo (técn. fotogr.) / lichthoffrei

antiincrustante *m* / Kesselsteinverhütungsmittel *n*

antilépton *m* (técn. nucl.) / Antilepton *n*

antilogaritmo *m* (matem.) / Antilogarithmus *m*, Gegenlogarithmus *m*, Numerus *m*

antimagnético / antimagnetisch

antimanchas (têxtil) / fleckabstoßend

antimatéria *f* (física) / Antimaterie *f*

antimétrico / antimetrisch, -symmetrisch

antimicrofónico / federnd (Röhrenfassung)

antimomoneto *m* **de gálio** / Gallium-Antimonid *n*, GaSb

antimonial / Antimon...

antimoniato *m* / Antimonat, Antimonsalz *n* || ~ **de chumbo** / Bleiantimonat *n*

antimonieto *m* **de índio** (semicondut.) / Indiumantimonid *n*

antimonina *f* / Antimonin *n*

antimónio *m* / Antimon *n*, Sb || ~ **capilar** (mineralog.) / Federerz *n* || ~ **férrico** / Eisenantimon *n* || ~ **halógeno** / Antimonhalogen *n* || ~ **nativo ou puro** / gediegenes Antimon, Spießglanz *m*

antimonita *f* (mineralog.) / Antimonglanz, Antimonit *m*, Grauspießglanz *m*

antineutrão *m*, antineûtron *m* (física) / Antineutron *n*

antineutrino *m* (física) / Antineutrino *n*

antinódoas / fleckabstoßend

antiofuscante / blendungsfrei

antiparalelo (matem.) / antiparallel

antiparalelograma *f* / Gegenpolviereck *n*

antiparasitário (electrón.) / Entstör...

antipartícula *f* (física) / Antiteilchen *n*, Antipartikel *f*

antipirina *f* / Antipyrin *n*

antipodal (matem.) / Antipoden...

antipolar / gegenpolar

antipólo *m* / Gegenpol *m*

antiprotão *m*, antipróton *m* (técn. nucl.) / Antiproton *n*

antipútrido / fäulnisverhütend, -widrig

anti-ressonância *f* (electrón.) / Antiresonanz *f*

anti-rotação *f* / Gegenlauf *m*, -drehung *f*

anti-séptico *m* / Antiseptikum *n* || ~ *adj* / antiseptisch

anti-simétrico (matem.) / antisymmetrisch

anti-sísmico / erdbebensicher

antitanque (armamento) / Antitank...

antitérmico / antitherm

antitixotropia *f* (química) / Anti-Thixotropie *f*

antitoxina *f* / Antitoxin *n*

antivácuo *m* / Gegenvakuum *n*

antivibração / Dämpfungs..., schwingungsfrei

antivibrático / erschütterungsfrei

antivibrátil (constr. civil) / schwingungsfest

antivibratório / federnd, Dämpfungs..., schwingungsfrei

antizimótico / gärungsverhindernd, Gärung verhindernd

antocianina *f* / Anthocyan *n*, Blattblau *n*

antofilita *f* (mineralog.) / Anthophyllit, Antholit *m*

antoxantina *f* / Anthoxanthin, Blumengelb *n*

antraceno *m* / Anthrazen *n*

antracite *f*, antracito *m* (expl. minas) / Anthrazit *m* || ~ **fibrosa** / faseriger Anthrazit

antracnose *f* (agricult.) / Brennfleckenkrankheit *f*

antranol *m* (química) / Anthranol *n*

antraquinona *f* / Anthrachinon *n*

anulação *f* **do tabulador** (máq. escrev.) / Tabulatorlöschung *f*

anular *v* (informática) / löschen

anular *adj* / ringförmig

anúncio *m* / Anzeige *f*, Annonce *f* || ~ **automático** (telecom.) / automatische Ansage || ~ **luminoso** / Leuchtreklame *f*, Lichtreklame *f*

apagado / gelöscht (z.B. Kalk, Feuer) || ~ (informática) / gelöscht

apagamento *m* (electrón.) / Löschung *f* || ~ (informática) / Löschen *n*

apagar / ausstreichen, ausradieren || ~ (fogo, cal) / löschen || ~ (fita magn., informática) / löschen || ~ **a cal** / Kalk ersäufen, Kalk löschen || ~ **com regravação** (fita magn.) / löschend überschreiben

apagável, não ~ (informática) / unlöschbar
apainelado (marcenar.) / getäfelt
apainelar (carpint.) / abfachen
apalpação *f* **dos contornos de um modelo** (máq. ferram.) / Formabtastung *f*
apalpador *m* / Fühlstab *m* ‖ ~ (máq. ferram.) / Fühler *m* ‖ ~ (tecel.) / Fühler *m* ‖ ~ (informática) / Abfühlstift *m*
apanha-gotas *m* (mot.) / Auffangschale *f*, Ölfänger *m*
apanhar malhas / abketteln, Maschen aufheben od. aufnehmen
apanha-sonda *f* (expl. minas) / Sondenfänger *m*
apara *f* / Abgesprungenes *n*, abgesprungenes Stück *n*, Span *m* ‖ ~ (cart. perf.) / Schnipsel *m n* ‖ ~ **contínua** (máq. ferram.) / Fließspan *m* ‖ ~ **de madeira** / Holzspan *m* ‖ ~ **de perfuração** / Bohrspan *m* ‖ ~ **de torno** / Drehspan *m* ‖ ~ **fragmentária** (máq. ferram.) / Bruchspan *m* ‖ ~ **helicoidal** (máq. ferram.) / Lockenspan *m*
aparafusado / geschraubt
aparafusar / verschrauben, anschrauben, festschrauben, einschrauben, zuschrauben, zusammenschrauben, aufschrauben, schrauben
aparafusável / an-, aufschraubbar, schraubbar
aparar (geral) / stutzen ‖ ~ / abschalen (Bruchsteine), beschneiden
aparas *f pl* / Hobelspäne *m pl* ‖ ~ (máq. ferram.) / Späne *m pl* ‖ ~ (forja, carpint.) / abgehauenes Stück ‖ **com remoção de** ~ (máq. ferram.) / spanabhebend ‖ ~ **de encadernação** / Buchbinderschrenz *m* ‖ ~ **de estanho** / Zinnspäne *m pl*, Zinn in Spänen *n* ‖ ~ **de linho** / Leinenschnitzel *n pl* ‖ ~ **de madeira** / Zimmerspäne *m pl*, Holzabfälle *m pl*
aparecer / erscheinen ‖ ~ **na superfície** (expl. minas) / anstehen
aparelhagem *f* (máq., tecnol.) / Geschirr *n* ‖ ~ **para carregar carvão** / Bekohlungsvorrichtung, -möglichkeit *f*
aparelhamento *m* **com macho e fêmea** (marcenar.) / Spundung *f*, Nut und Feder *f*
aparelhar / bossieren (Steine) ‖ ~ [com] / ausrüsten [mit] ‖ ~ (navio) / takeln ‖ ~ **pedras** / Steine bearbeiten (o. behauen)
aparelho *m* / Apparat *m*, Gerät *n* ‖ ~ (constr. civil) / Verband *m* ‖ ~ **à jour** / Ajourapparat *m* ‖ ~ **alimentador** / Auflegeapparat *m* ‖ ~ **apartado** (telecom.) / abgesetzter Apparat ‖ ~ **aquecedor de ar** / Lufterhitzer *m* ‖ ~ **articulado para fazer bainhas** (máq. cost.) / Gelenksäumer *m* ‖ ~ **auxiliar** / Zusatzgerät *n* ‖ ~ **carregador** / Auflegeapparat *m* ‖ ~ **de alvenaria** / Mauerverband *m* ‖ ~ **de aquecimento** / Heizgerät *n*, -apparat *m* ‖ ~ **de ar condicionado de montagem em janelas** / Fensterklimagerät *n* ‖ ~ **de bloco** (técn. ferrov.) / Blockapparat *m* ‖ ~ **de branquear** / Bleichapparat *m* ‖ ~ **de cabo** / Seilrollenzug *m* ‖ ~ **de carga** / Chargierapparat *m* ‖ ~ **de coluna** / Kolonnenapparat *m* ‖ ~ **de comando** (máq., tecnol.) / Steuerapparat *m*, -mechanismus *m*, Steuerung *f* ‖ ~ **de comando e controlo** / Bediengerät *n* ‖ ~ **de compor por teleimpressor** (artes gráf.) / Fernsetzgerät *n* ‖ ~ **de conexão** (electrón.) / Anschlußgerät *n* ‖ ~ **de congelação** / Gießapparat *m* ‖ ~ **de controlo da velocidade** / Fahrtregler *m* ‖ ~ **de correcção auditiva** / Hörapparat *m*, -hilfe *f* ‖ ~ **de corte** / Abschneider *m*, Abschneideapparat *m* ‖ ~ **de coser fita** (máq. cost.) / Bandaufnäher *m* ‖ ~ **de decantação** (química) / Dekanter *m* ‖ ~ **de decapagem de latão** (galvanoplast.) / Gelbbrenne *f*, Gelbbrenngerät *n* ‖ ~ **de decifração** / Dechiffriervorrichtung *f* ‖ ~ **de demonstração** (física) / Experimentiergerät *n* ‖ ~ **de destilação** (química) / Brennapparat *m* ‖ ~ **de distribuição** (electr.) / Schaltgerät *n* ‖ ~ **de ditar** / Diktiergerät *n*, -maschine *f* ‖ ~ **de emulsionar** / Emulsionsapparat *m* ‖ ~ **de ensaio** (física) / Experimentiergerät *n* ‖ ~ **de ensaio por cadeira de rodas** / Rollstuhltestgerät *n* (für Bodenbeläge) (DIN 54324) ‖ ~ **de Epstein para ensaios de histerese** / Epsteingerät *n* ‖ ~ **de escuta** (telecom.) / Abhorchgerät, Horchgerät *n* ‖ ~ **de estampagem à lionesa** / Filmstoffdrucker *m* ‖ ~ **de estirar** / Ziehapparat *m* ‖ ~ **de filtração** / Filtergerät *n* ‖ ~ **de fraccionamento** / Fraktionieraufsatz *m* ‖ ~ **de grades** / Jalousieapparat *m* ‖ ~ **de iluminação** / Beleuchtungskörper *m*, Leuchtkörper *m* ‖ ~ **de irradiação** / Bestrahlungsapparat *m* ‖ ~ **de irrigação** (agricult.) / Regner *m* ‖ ~ **de leitura** / Lesegerät *n* ‖ ~ **de manobra** (máq. ferram.) / Schaltgerät *n* ‖ ~ **de medição** / Meßgerät *n*, -instrument *n* ‖ ~ **de medição da (h)umidade** / Feuchtemesser *m* ‖ ~ **de medição da potência activa** (electr.) / Sinus-φ-Messer *m* ‖ ~ **de medição do tempo de escoamento** / Fließzeitmesser *m* ‖ ~ **de medir a espessura** / Dickenmesser *m* ‖ ~ **de medir quantidades** (electrón.) / Mengenmesser *m* ‖ ~ **de mesa** (tv, rádio) / Tischgerät *n* ‖ ~ **de óleo** / Fettgrund *m* ‖ ~ **de pedra** / Steinverband *m* ‖ ~ **de peptizar** (papel) / Dispergator, Peptisator *m* ‖ ~ **de pilares** (constr. civil) / Pfeilerverband *m* ‖ ~ **de pintura** / Anstrichgerät *n* ‖ ~ **de pontaria a raios infravermelhos** / Infrarot-Zielsuchgerät *n* ‖ ~ **de pontaria luminoso** / Leuchtvisier *n* ‖ ~ **de preensão** / Greifwerkzeug *n* ‖ ~ **de pressão para cerveja** / Bierdruckapparat *m* ‖ ~ **de primeira destilação** / Vordestiller *m*, -blase *f* ‖ ~ **de projecção** / Vorführapparat *m* ‖ ~ **de projecção cinematográfica** / Laufbildwerfer *m* (DIN) ‖ ~ **de rádio** / Funkgerät *n* ‖ ~ **de raios X** / Röntgenapparat *m*, -gerät *n* ‖ ~ **de registo do momento de arranque e da distância de travagem**, aparelho *m* de registro do momento de partida e da distância de frenagem / Anfahrt- und Bremswegschreiber *m* ‖ ~ **de respiração** / Atmungsapparat *m*, -gerät *n* ‖ ~ **de respiração em altitudes elevadas** (aeronáut.) / Höhenatmungsgerät *n*, -atemgerät *n* ‖ ~ **de secagem a vapor** (química) / Dampftrockenapparat *m* ‖ ~ **de sobrevivência** / Lebenserhaltungsgerät *n* ‖ ~ **de soldadura** / Lötapparat *m* ‖ ~ **de suspensão** / Gehänge *n* ‖ ~ **de tintagem** (artes gráf.) / Farbwerk *n* ‖ ~ **de tintura** / Färbeapparat *m* ‖ ~ **de titulação** (química) / Titrierapparat *m* ‖ ~ **de tornear** (máq. ferram.) / Drehapparat *m* ‖ ~ **de tricotar com um lado aberto** (tecel.) / Halboffenapparat *m* ‖ ~ **de vaporização rápida** / Kurzdämpfer *m* ‖ ~ **detector de gases** / Gasmeldegerät *n* ‖ ~ **divisor** (máq. ferram.) / Teilapparat, -kopf *m* ‖ ~ **do telhado** (constr. civil) / Dachverband *m* ‖ ~ **dobrador de velo** (têxtil) / Flortäfler *m* ‖ ~ **electrodoméstico** / Elektrohaushaltgerät *n* ‖ ~ **em espinha** (constr. civil) / Festungsverband *m* ‖ ~ **enrolador** / Aufwickelapparat *m* ‖ ~ **estereoscópico** / Stereoapparat *m*, -kamera *f* ‖ ~ **fotográfico de tipo olho de mosca** (técn. fotogr.) / Fliegenaugenkamera *f* ‖ ~ **friccionador** (têxtil) / Nitschelwerk *n*, Nitschler *m* ‖ ~ **fumígeno** / Raucherzeuger *m* ‖ ~ **inglês** (constr. civil) / Blockverband *m* ‖ ~ **lavador** (química) / Wascher *m* ‖ ~ **mecânico de precisão** / feinmechanischer Apparat ‖ ~ **medidor de alongamento** / Dehnungsmesser *m* ‖ ~ **medidor de deformações** / Deformationsprüfgerät *n* ‖ ~ **monitor** / Mitsehgerät *n* ‖ ~ **motor** / Motor *m*, Triebwerk *n* ‖ ~ **não produzido por uma empresa mas vendido sob a sua marca** / Zukaufgerät *n* ‖ ~ **para a**

destilação do alcatrão / Teerschwelapparat *m*, -destillationsapparat *m* || ~ **para a determinação rápida de cinzas** / Aschenschnellbestimmer *m* || ~ **para a medição de pequenas capacidades** / Kleinkapazitätsmesser *m* || ~ **para a respiração de ar fresco** (expl. minas) / Frischluftgerät *n* || ~ **para apanhar malhas** / Aufnehmer *m* || ~ **para branquear em autoclave** / Bleichdruckapparat *m* || ~ **para colocar a carga explosiva** (expl. minas) / Besatzapparat *m* || ~ **para controlar a dureza** / Härtemesser *m* || ~ **para culturas bacterianas** / bakteriologischer Kulturapparat || ~ **para debruar** (máq. cost.) / Einfaßapparat, Einfasser *m* || ~ **para demonstração do cloro** / Chlordarstellungsapparat *m* || ~ **para desborrar os chapéus** / Deckelputzvorrichtung *f* || ~ **para destilação** / Destillierapparat *m* || ~ **para determinar a posição** (aeronáut.) / Ortungsgerät, Peil-, Suchgerät *n* || ~ **para fundir** (artes gráf.) / Gießapparat *m* || ~ **para medições internas** / Innenmeßgerät *n* || ~ **para montagem encastrada** / Einbaugerät *n* (z.B. bei Haushaltsgeräten) || ~ **para o estudo das estrias** / Schlierenapparat *m* || ~ **para retorcer arame** / Drahtverwindungsgerät *n* || ~ **para tingidura em rolos** (tinturaria) / Baumfärbeapparat *m* || ~ **para tirar cerveja ao balcão** / Ausschankapparat *m* || ~ **para vulcanização de pneus** / Heizgerät *n*, Vulkanisator *m* || ~ **perfurador** / Anbohrapparat *m* || ~ **poligonal** (constr. civil) / Vieleckverband *m* || ~ **pulverizador** / Spritzapparat *m* || ~ **redestilador** / Nachdestillationsapparat *m* || ~ **registador** (instr.) / Schreiber *m*, schreibendes Gerät || ~ **regulador e limitador da velocidade** (expl. minas) / Fahrtregler *m* (der Fördermaschine) || ~ **respiratório com ar líquido** / Atemgerät *n* mit flüssiger Luft || ~ **semi-Jacquard** / Halbjacquard *m* || ~ **start-stop** (telecom.) / Geh-Steh-Schreiber *m*, -Einrichtung *f* || ~ **telefónico** / Fernsprecher, Fernsprechapparat *m*, Sprechapparat *m* || ~ **vibrador** / Schüttelapparat *m*, -vorrichtung *f*

aparelhos *m pl* **compactadores** (constr. rodov.) / Walzen *f pl* (Sammelbegriff)

aparência *f* **da fractura** / Bruchaussehen *n* || ~ **do tecido** / Bild der Ware

aparente / scheinbar, Schein...

aparo *m* / Feder *f* (Schreibfeder) || ~ **cortador** / Beschneidefeder *f*

apartação *f* **da lã** / Wollsortierung, -sichtung *f*

apartamento *m* (constr. civil) / Wohnung *f* innerhalb eines Stockwerks || ~ (agrimen.) / Breitenentfernung *f* || ~ **duplex** / Wohnung *f* mit Zimmern in 2 Stockwerken || ~ **sobre o telhado** / Dach[terrassen]wohnung [auf einem Flachdach]

apatita *f* (mineralog.) / Apatit *m*

apeadeiro *m* (técn. ferrov.) / Haltepunkt *m*

apear (expl. minas) / mit Stempeln abfangen, abstempeln

apêndice *m* (artes gráf.) / Appendix *m*

aperfeiçoado / weiterentwickelt, verbessert

aperfeiçoamento *m* / Verbesserung *f*, Weiterentwicklung *f*

aperfeiçoar / verbessern, überarbeiten, besser machen, vollenden, ausarbeiten

apergaminhado / pergamentartig, Pergament...

apergaminhar / pergamentieren

aperiódico / aperiodisch, stark gedämpft, nicht periodisch || ~ (electr.) / gedämpft || ~ **amortecido** (electr.) / [aperiodisch] gedämpft

apertado / eng || ~ (curva) / scharf

aperta-fios *m* / Drahtklemme *f*

apertar / festklemmen, quetschen, einklemmen || ~ [contra] / andrücken || ~ / nachziehen, festziehen, anziehen (Schrauben) || ~ (máq., tecnol.) / klemmen *vt* || ~, estreitar / einengen || ~ (máq. ferram.) / in das Futter spannen || ~ **bem**, apertar a fundo (parafusos) / festziehen || ~ **com cunha** / einkeilen || ~ **contra** / anpressen || ~ **parafusos** / Schrauben an-, nachziehen || ~ **um botão** / einen Knopf drücken || ~ **uma tecla** / auf eine Taste drücken, eine Taste betätigen

aperto *m* / Festspannen *n*, Klemmung *f* || ~ **da ocular** / Okularklemmung *f* || ~ **interno** (máq. ferram.) / Innenspannung *f* || ~ **rápido** (máq. ferram.) / Schnellspannung *f*

apertómetro *m* / Apertometer *n* (für Mikroskope)

apetrecho *m* / Instrument, Werkzeug *n*

apetrechos *m pl* **de tecelagem** / Webgeschirr *n*

ápex *m* (matem.) / Spitze *f* (z.B. einer Pyramide)

apicultura *f* / Bienenzucht *f*

apiloado *m* **de cal e areia** / Kalksandstampfbau *m*

ápiro / feuerfest, unverbrennbar, -brennlich

apisoar (constr. civil) / hinterstampfen, stampfen *vt*

aplainamento *m* / Abplattung *f*

aplainar / schlichten, eben machen, glätten, justieren, ebnen, abplatten, abrichten, ebenen, abhobeln, hobeln || ~ **à chama** / flämmhobeln || ~ **contra a fibra** (marcenar.) / gegen den Strich hobeln

aplanar / glätten, glattmachen, planieren, ebenen, flachmachen || ~ (constr. civil) / ausgleichen, nivellieren || ~ **na forja** / flachschmieden

aplanético / aplanatisch

aplanetismo *m* / Aplanasie *f*

aplicação *f* / Anwendung *f*, Verwendung *f*, Einsatz *m* || **para uma só** ~ (máq., tecnol.) / Einzweck..., Spezial... || ~ **da camada de revestimento** (constr. rodov.) / Deckenaufbringung *f*, Oberflächenüberzug *m* || ~ **da cor de fundo ou da primeira demão** / Grundierung *f* || ~ **de fertilizantes líquidos** (agricult.) / Flüssigdüngung *f* || ~ **de potencial de terra** (electr.) / Erden *n* || ~ **de tinta** / Farbauftrag *m* || ~ **de uma força** / Kraftangriff *m*

aplicações, de várias ~ / Mehrzweck..., Schnecke *f*

aplicado / angewandt (z.B. Wissenschaft, Statik, Mathematik, Mechanik usw.) || ~ (tensão) (electr.) / aufgedrückt, angelegt || ~ **a fogo** / eingebrannt

aplicador *m* (tecel.) / Fadeneinleger *m* || ~ **de pernos por carga explosiva** / Bolzenschießgerät *n* || ~ **do fio** (tecel.) / Fadenanleger *m*

aplicar / anwenden, verwenden || ~ (tintas) / auftragen || ~ **com a espátula** / spachteln || ~ **mordente** / anätzen || ~ **o compasso** / den Zirkel ansetzen || ~ **potencial de terra** (electr.) / erden, an Erde legen || ~ **uma camada anti-reflexo** (óptica) / vergüten || ~ **uma tensão** / eine Spannung anlegen, eine Spannung aufdrücken

aplicável / anwendbar, verwendbar

aplique *m* / Wandleuchte *f*, -lampe *f*

aplito *m* (geol) / Aplit *m*

apodrecer / vermodern, verfaulen

apodrecido / faul

apodrecimento *m* / Vermodern *n*, Fäule *f* || ~ **medular** / Kernfäule *f*

apofilita *f* (mineralog.) / Apophyllit, Ichthyophthalm *m*

apófise *f* (bot., geolog.) / Ausläufer *m*

apogeu *m* (astron.) / Apogäum *n*

apoiado / gestützt, gehalten || **estar** ~ / aufliegen, gestützt werden || ~ **em alvenaria** / untermauert || ~ **em rolamento de esferas**, apoiado em rolimã / kugelgelagert || ~ **livremente em dois pontos** (mecân.) / frei aufliegend, auf zwei Stützen || ~ **sobre abóbada** / unterwölbt

apoiar / abstützen, abstreben, stützen, unterstützen || ~ (expl. minas) / fangen || ~ (máq., tecnol.) / lagern || **~-se** / sich anlehnen [an], sich stützen [auf] || **~-se**

[sobre] / aufliegen, sich stützen [auf] ‖ ~ **de encontro** / gegenhalten
apoio *m* (máq., tecnol.) / Auflager *n*, Lagerung *f* ‖ ~ / Druckauflage *f* ‖ ~ (constr. civil) / Ständer *m*, Stütze *f*, Halter *m* ‖ ~ / Unterstützung *f*, Stütze *f*, Abstützung *f* ‖ ~ (máq., tecnol.) / Lagerbock *m* ‖ **de ~ duplo** / doppeltgelagert ‖ ~ **cilíndrico** / Wälzlager *n* ‖ ~ **da corrediça** (máq. vapor) / Kulissenlager *n* ‖ ~ **da viga** / Balkenauflager *n* ‖ ~ **de cabeça** (autom.) / Kopfstütze *f* ‖ ~ **de cavalete** / Bockstütze *f* ‖ ~ **de encontro** / Gegenhalter *m* ‖ ~ **de mola** / Federbock *m* ‖ ~ **de placa** / Plattenlager *n*, -unterlage *f* ‖ ~ **de ponte** / Brückenauflager *n* ‖ ~ **de tornear esferas** (máq. ferram.) / Kugel[dreh]support *m* ‖ ~ **deslizante** (torno) / feste Auflage (mitgehend) ‖ ~ **do cutelo** (balança) / Pfanne *f* ‖ ~ **do eixo** / Achsabstrebung *f* ‖ ~ **do polegar** / Daumenrast *f* ‖ ~ **duplo** / Doppelstütze *f* ‖ ~ **em L** (máq. ferram.) / L-förmige Handauflage ‖ ~ **esférico oscilante** / Kugelkipplager *n* ‖ ~ **fixo** / festes Auflager ‖ ~ **interno** / Innenlager *n* ‖ ~ **oscilante cilíndrico** / Zylinderzapfenkipplager *n* ‖ ~ **para o braço** (autom.) / Armlehne *f* ‖ ~ **reforçado** (telecom.) / Linienfestpunkt *m* ‖ ~ **simples**, apoio *m* plano / Flächenlager *n* ‖ ~ **sobre quatro pontos** / Vierpunktlagerung *f*
apolar / apolar
apontar (armamento) / anvisieren, zielen [auf], richten
apontoar / ausspreizen, -streben
apóstrofo *m* (artes gráf.) / Apostroph *m*
apótema *m* / Inkreisradius *m*, Mittelsenkrechte *f* (regelm. Vieleck, Pyramidenflächen)
appliqué *m* (têxtil) / Applikationsarbeit *f*
aprendiz *m* / Lehrling, (jetzt:) Auszubildender *m*, Azubi *m*
aprendizado *m* / Lehre, Lehrzeit *f*
apresentação *f* (artes gráf.) / Ausstattung *f* ‖ ~ (têxtil) / Aufmachung *f* ‖ ~ **visual do eco** (radar) / Bilddarstellung *f*
apresentar condensação / anlaufen, schwitzen
aprestar (têxtil) / appretieren, zurichten
apresto *m* (têxtil) / Appretur *f*, Fertigmachen *n* ‖ ~ **albuminóide** (têxtil) / Eiweißschlichte *f* ‖ ~ **batido** / Flachprägung *f*
aprodecer / faulen, vermodern
aprofundamento *m* **de um poço** / Schacht[ab]teufung *f*
aprofundar / vertiefen
aprontar para a tiragem (artes gráf.) / zurichten, druckfertig machen
aprovar (p.ex. planos) / genehmigen
aproveitamento *m* **de desperdícios** / Abfallverwertung *f* ‖ ~ **de esgotos** / Abwasserverwertung *f* ‖ ~ **de gás de escape** / Abgasverwertung *f* ‖ ~ **do vapor de escape** / Abdampfverwertung *f*
aproveitável / nutzbar
aproximação *f* / Annäherung *f* ‖ ~ (aeronáut.) / Anflug *m* ‖ ~ (informática) / Approximation *f* ‖ ~ **cega** (aeronáut.) / Instrumentenanflug *m* ‖ ~ **em acurácia** / Annäherung *f* in Genauigkeit ‖ ~ **final** (aeronáut.) / Endanflug *m* ‖ ~ **gorada** (aeronáut.) / Fehlanflug *m* ‖ ~ **inicial** (aeronáut.) / Anfangsanflug *m* ‖ ~ **por feixe de comando** (aeronáut.) / Leitstrahlanflug *m* ‖ ~ **por instrumentos** (aeronáut.) / Instrumentenanflug *m*, Blindanflug *m* ‖ ~ **rápida** (máq. ferram.) / Schnellanstellung *f*
aproximado / annähernd, angenähert ‖ ~ (tv, rádio, radar) / grob
aproximar (matem.) / approximieren, sich nähern ‖ ~ / heranführen ‖ **~-se** (aeronáut.) / anfliegen, sich nähern

aproximativo / approximativ, angenähert, annähernd, Näherungs...
aprumar (navio) / einloten, loten
apside *f* (matem.) / Extrempunkt *m* einer Kurve ‖ ~ (astron.) / Apside *f*
aptidão *f* / Befähigung, Fähigkeit *f*, Eignung *f* ‖ ~ **à clivagem** / Spaltbarkeit, Spaltfähigkeit, -neigung *f* ‖ ~ **para a deflagração** / Deflagrierbarkeit *f* ‖ ~ **para distinguir as cores** / Farbunterscheidungsvermögen *n* ‖ ~ **para distinguir as nuanças de cor** / Farbton-Unterscheidungsvermögen *n* ‖ ~ **para o acabamento** / Appreturfähigkeit *f* ‖ ~ **para o escoamento** / Fließverhalten *n* ‖ ~ **para o serviço** / Betriebsfähigkeit *f* ‖ ~ **para o tinto** / Färbbarkeit *f* ‖ ~ **[para] todo o terreno** (autom.) / Geländegängigkeit *f*
apto para o serviço / betriebsfähig
aquaplaning *m* (autom.) / Wasserglätte *f*, Aquaplaning *n*
aquarela *f* / Aquarellfarbe *f*, Wasserfarbe *f*
aqueceder *m* **de ar de admissão** (autom.) / Ansaugluftwärmer *m*
aquecedor *m* **de ar** / Lufterhitzer *m* ‖ ~ **de imersão** (electr.) / Tauchsieder *m*, Heizstab *m*, -patrone *f*
aquecer / an-, erwärmen, heizen, erhitzen, wärmen ‖ ~ **ao rubro** / rotglühend machen ‖ ~ **por fricção** / heißlaufen
aquecido ao calor branco / weißglühend ‖ ~ **ao rubro** / rotglühend, rotwarm ‖ ~ **indirectamente** / indirekt beheizt
aquecimento *m* / Feuerung *f*, Heizung *f* ‖ ~ (máq., tecnol.) / Erwärmung *f* ‖ ~ **a carvão em pó** / Staubfeuerung *f* ‖ ~ **à distância** / Fernheizung *f* ‖ ~ **a gás** / Gasheizung *f*, Gasfeuerung *f* ‖ ~ **a óleo** / Ölheizung *f* ‖ ~ **a vapor** / Dampfheizung *f* ‖ ~ **central** / Zentralheizung *f*, Sammelheizung *f* ‖ ~ **central por andares** / Etagenheizung *f* ‖ ~ **da camisa** / Mantelheizung *f* ‖ ~ **de ar [fresco]** (autom.) / Frischluftheizung *f* ‖ ~ **de ou a raios infravermelhos** / Infrarotheizung *f* ‖ ~ **dinâmico** (aeronáut.) / Erhitzung *f* durch Luftreibung ‖ ~ **do soalho**, sistema *m* de aquecimento em que os radiadores se encontram incorporados no soalho / Fußbodenheizung *f* ‖ ~ **durante um período demasiado longo** (siderurg.) / Überzeiten *n* ‖ ~ **eléctrico** / elektrische Erwärmung ‖ ~ **gama** (técn. nucl.) / Gamma-Aufheizung *f* ‖ ~ **indirecto por arco** / indirekte Lichtbogen-Erhitzung ‖ ~ **indutivo** / induktive Erwärmung ‖ ~ **inicial** / Vorwärmen *n* (bei Versuchen) ‖ ~ **por acumulação** / Speicherheizung *f* ‖ ~ **por ar quente** / Luftheizung *f* ‖ ~ **por distribuição colectiva** / Fernheizung *f* ‖ ~ **por irradiação** / Strahlungsheizung *f* ‖ ~ **por ondas de choque** / Stoßaufheizung *f* ‖ ~ **sob pressão** / Druckerhitzung *f*
aquecível / heizbar
aqueduto-sifão *m* (hidrául.) / Kanaldüker, Düker *m*, Dükerrohr *n*
aquífero / wasserführend
aquisição *f* **de corrente de origem externa** / Fremdstrombezug *m*
aquosidade *f* / Wässerigkeit *f*
aquoso / wasserhaltig, wässerig
ar *m* / Luft *f* ‖ ~ [de mina] (expl. minas) / Wetter *n*, Wetter *n pl* ‖ **a ~ comprimido** / durch Druckluft betätigt, mit Druckluft-Antrieb, Druckluft... ‖ **ao ~ livre** / Freilicht..., im Freien ‖ **de ~ a ar** (aeronáut.) / Bord-Bord... ‖ **para uso ao ~ livre** (electr.) / für Freiluft ‖ **sob exclusão de ~** / unter Luftabschluß, Luftabschluß ‖ ~ **adicional** / Zusatzluft *f*, Zusatzluft, Zusatzluft *f*, Nebenluft *f*, Zweitluft *f* ‖ ~ **ambiente** / umgebende Luft,

Außenluft *f* || ~ **aspirado** / Ansaugluft *f*, Saugluft *f* || ~ **atmosférico** / atmosphärische Luft || ~ **circulante** / Umluft *f* || ~ **comprimido** / Preßluft *f* (veraltet für Druckluft), Druckluft *f* || ~ **da atmosfera** / atmosphärische Luft || ~ **de alto-forno** / Hochofenwind *m* || ~ **de aspiração** / Saugluft *f* || ~ **de combustão** / Verbrennungsluft *f* || ~ **de compensação** (carburador) / Bremsluft *f* || ~ **de emergência** (aeronáut.) / Hilfsdruckluft *f* || ~ **de escape** / Fortluft *f* || ~ **de lavagem** (mot.) / Spülluft *f* || ~ **de refrigeração** / Kühlluft *f* || ~ **em depressão** / Saugluft *f* || ~ **em movimento** / bewegte Luft || ~ **entrado acidentalmente** / falsche Luft || ~ **evacuado** / Abluft *f* || ~ **forçado** (siderurg.) / Wind *m*, Gebläseluft *f* || ~ **fresco** / Frischluft *f* || ~ **fresco** (expl. minas) / Frischluft *f*, Frischwetter *n*, , Zuluft *f* || ~ **frio** (siderurg.) / Kaltwind *m* || ~ **(h)úmido** / feuchte Luft || ~ **inalado** / Atemluft *f* || ~ **líquido** / flüssige Luft, Flüssigluft *f* || ~ **livre** / Freie *n*, Freiluft *f* || ~ **parasita** / Nebenluft *f*, falsche Luft || ~ **pesado** (expl. minas) / erstickende (o. matte) Wetter *n pl* || ~ **primário** / Erstluft *f*, Förderluft *f* || ~ **quente** (siderurg.) / Heißwind *m* || ~ **residual** / Restluft *f*, Luftrückstand *m* || ~ **secundário** / Sekundärluft *f* || ~ **sob pressão dinâmica** (aeronáut.) / Staudruckluft *f* || ~ **soprado** / Gebläseluft *f*, Gebläsewind *m* || ~ **suplementar** / Sekundärluft *f* || ~ **viciado** (expl. minas) / gebrauchte Wetter *n pl*, schlechte Wetter

arábico / arabisch

arabina *f* / Arabin *n*

arabinose *f* / Arabinose *f*, Pektinzucker *m*

arado *m* (agricult.) / Pflug *m* || ~ **de discos desmontável** / Anbau-Scheibenpflug *m* || ~ **de discos reversíveis de reboque** / Anhänge-Scheibenpflug *m* || ~ **de duas relhas** / Zweischarpflug *m* || ~ **de duas vias** / Wendepflug *m* || ~ **de subsolo** (agricult.) / Untergrundpflug *m* || ~ **de uma só relha** / Einscharpflug *m* || ~ **monosulco** / Einfurchenpflug *m* || ~ **para abrir fossas** / Rigolpflug *m*, Grabenpflug *m* || ~ **reversível** / Wechselpflug *m*, Schwenkpflug *m* || ~ **simples** / Stelzpflug *m* || ~ **universal desmontável** / Anbau-Beetpflug *m*

aragonita *f* (mineralog.) / Aragonit *m*, Eisenblüte *f*

aramação *f* **dos óculos** / Brilleneinfassung *f*

arame *m* / Draht *m* || ~ **chato** (ou achatado) / Flachdraht *m* || ~ **de aço** / Eisendraht *m*, Stahldraht *m* || ~ **de ancoragem** / Abspanndraht, Verankerungsdraht *m* || ~ **de chumbo** / Bleidraht *m* || ~ **de cobre** / Kupferdraht *m* || ~ **de cobre com alma de aço** / Kupferstahldraht *m* || ~ **de cromo-níquel** / Chromnickeldraht *m* || ~ **de florista** / Blumendraht *m* || ~ **de soldar** / Schweißdraht *m* || ~ **de suspensão** / Aufhängedraht *m* || ~ **de união em forma de estribo** / bügelförmiger Verbindungsdraht || ~ **do balanceiro** / Aufwindedraht *m* || ~ **do cabo Bowden** / Bowdenzugseil *n* || ~ **em espiral** / Spiraldraht *m* || ~ **em rolo** / Rollendraht *m* || ~ **encerado** (electr.) / Wachsdraht *m* || ~ **esmaltado** / Emaildraht *m* || ~ **farpado** / Stacheldraht *m* || ~ **nu** / Blankdraht *m* || ~ **para atar** / Wickeldraht *m*, Bindedraht *m* || ~ **para cabos** / Seildraht *m* || ~ **para cercas** / Zaundraht *m* || ~ **para etiquetas** / Etikettendraht *m* || ~ **para parafusos** / Schraubendraht *m* || ~ **para redes metálicas** / Webedraht *m* Draht *m* für Drahtnetze || ~ **para vedações** / Zaundraht *m* || ~ **perfilado** / Profildraht *m*, Formdraht *m*, Fassondraht *m* || ~ **quadrado** / Vierkantdraht *m* || ~ **redondo achatado** / Halbflachdraht *m* || ~ **superfino** / Feinstdraht *m* || ~ **tensor** / Spanndraht *m*

aranha *f* (transmissão) / Kugelstern *m* || ~ **de vazamento** (plást.) / Angußspinne *f*

arar / pflügen

araruta *f* / Arrowroot *n*

arável (agricult.) / anbaubar, kulturfähig, bebaubar

arborização *f* / Forstkultur *f*

arbustos *m pl* **frutíferos** / Beerensträucher *m pl*

arbutina *f* (química) / Arbutin *n*

arc cot / Arkuskotangens *m* || ~ **sec** / Arkussekans *m* || ~ **sen** / Arkussinus *m*, arc sin || ~ **tan** / Arkustangens *m*, arc tg || ~ **tg** / Arkustangens *m*, arc tg

arca *f* **congeladora** / Gefriertruhe *f*, Tiefkühltruhe *f* || ~ **térmica** / Kühlbox *f*

arcabouço *m* / Baugerippe *n*

arcada *f* (constr. civil) / Bogenlaube *f*, Bogengang *m* || ~ **aberta** (constr. civil) / Loggia *f* || ~ **falsa** (constr. civil) / Schildbogen *m*, Blendbogen *m*

arcatura *f* (constr. civil) / Blendarkade *f*

arco *m* (geral, matem.) / Bogen *m* || ~, estribo *m* / Bügel *m* || ~ (geol) / Aufwölbung *f* || **em** ~ / bogenförmig || **em forma de** ~ / bügelförmig || ~ **abatido** (constr. civil) / Flachgewölbe *n*, Flachbogen *m*, flacher (o. gedrückter) Bogen || ~ **árabe** (constr. civil) / Hufeisenbogen *m* || ~ **cheio** / Rundbogen *m* || ~ **com cambota** / Bogen *m* mit Lehrgerüst || ~ **com efeitos de cor** (electr.) / Effektbogen, Flammenbogen *m* || ~ **composto** / Lichtbogen zwischen mehr als zwei Elektroden || ~ **contraído** (constr. civil) / eingehender Bogen || ~ **co-seno** / Arkuskosinus *m*, arc cos || ~ **co-tangente** / Arkuskotangens *m* || ~ **cruzado** (constr. civil) / Kreuzbogen *m* || ~ **de abóbada** / Gewölbebogen *m* || ~ **de barril** / Reifen *m*, Faßband *n* || ~ **de carena** (constr. civil) / Kielbogen *m* || ~ **de chama** / Flammenbogen *m* || ~ **de círculo** / Kreisbogen *m* || ~ **de contacto** / Eingriff[s]bogen *m* || ~ **de corte** (electr.) / Öffnungslichtbogen *m* || ~ **de descarga** (constr. civil) / Türbogen, Entlastungsbogen *m*, Stützbogen *m* || ~ **de efeito de campo** / Feldbogen *m* || ~ **de entivação** (expl. minas) / Streckenbogen *m* || ~ **de ferradura** (constr. civil) / Hufeisenbogen *m* || ~ **de fundação** (constr. civil) / Erdbogen, Gegenbogen *m* || ~ **de guia** / Führungsbogen *m* || ~ **de ignição** (siderurg.) / Zündgewölbe *n* || ~ **de janela** / Fensterbogen *m* || ~ **de mercúrio** / Quecksilberlichtbogen *m* || ~ **de oscilação** / Schwingungsbogen *m*, -weite *f* || ~ **de parábola** (matem.) / Parabelbogen *m* || ~ **de pilar** (constr. civil) / Pfeilerbogen *m* || ~ **de pipa** / Faßreif[en] *m* || ~ **de ponte** / Brückenbogen *m* || ~ **de pua** (expl. minas) / Bohrlochkratzer *m*, Bohrwinde *f* || ~ **de reforço** (constr. civil) / Verstärkungsrippe *f*, -gurt *m* || ~ **de ruptura** (electr.) / Unterbrechungs[licht]bogen *m*, Öffnungslichtbogen *m* || ~ **de serra** / Sägegatter *n*, -bogen *m*, Sägebügel *m* || ~ **de serra vertical** / Vertikalgatter *n* || ~ **de tomada de corrente** / Stromabnehmerbügel *m*, Kontaktbügel *m* || ~ **de três articulações**, arco *m* de três rótulas / Dreigelenkbogen *m* || ~ **dianteiro** (constr. civil) / Vorbogen *m* || ~ **do tejadilho** (autom.) / Dachspriegel *m* || ~ **em asa de cesto** (constr. civil) / Korbbogen *m* || ~ **em catenária** / gedrückter Bogen, Kettenbogen *m* || ~ **em nicho** (constr. civil) / Bogenblende *f* || ~ **em segmento** (constr. civil) / Flachbogen *m* || ~ **frontal** (constr. civil) / Ansichtsbogen, Frontbogen *m* || ~ **graduado** / Skalenbogen *m*, Gradbogen *m* || ~ **graduado** (agrimen.) / Limbus *m* || ~ **inclinado** / einseitiger (o. schiefer) Bogen || ~ **invertido** (constr. civil) / Gegenbogen, Erdbogen *m* || ~ **[metálico] articulado** (expl. minas) / Gelenkbogen *m* || ~ **mourisco** (constr. civil) / Hufeisenbogen *m* || ~ **ogival** (constr. civil) / Eselsrückenbogen *m* || ~

ogival lanceolado (constr. civil) / Lanzettbogen *m* ‖ ~ **secante** / Arkussekans *m* ‖ ~ **seno** / Arkussinus *m*, arc sin ‖ ~ **simples** / Lichtbogen *m* zwischen zwei Elektroden ‖ ~ **tangente** / Arkustangens *m*, arc tg ‖ ~ **Tudor** (constr. civil) / Tudorbogen *m*, Kielbogen *m* ‖ ~ [**voltaico**] / Lichtbogen *m*
arcobotante *m* (constr. civil) / Strebepfeiler *m*, Bogenpfeiler *m*, Strebebogen *m*
arcóseo *m* / Arkose *f*, feldspatreicher Sandstein *m*
árctico *m* / Arktis *f* ‖ ~ *adj* / arktisch
arder / leuchten, brennen, verbrennen *vi* ‖ ~ **sem chama** / schwelen *vi*, glimmen
ardómetro *m* / Ardometer *n* (Temp. Meßger.)
ardósia *f* / Dachschiefer *m*, harter Schiefer
ardosieira *f* / Schieferbruch *m*, -bergwerk *n*, -grube *f*
are *m* / Ar *n* (= 100 m^2)
área *f* / Flächenraum *m*, Fläche *f*, Flächeninhalt *m* ‖ ~ (geom) / Oberfläche *f* ‖ ~ (informática) / Bereich *m* ‖ ~ **basal das árvores ou de povoamentos florestais** / Grundfläche *f* ‖ ~ **circular** / Kreisfläche *f*, -inhalt *m* ‖ ~ **coberta** ((instal. industrial)) / bebaute Fläche ‖ ~ **cultivada** / Anbaufläche, Kulturfläche *f* ‖ ~ **da grelha** (máq., tecnol.) / Rostfläche *f* ‖ ~ **de armazenamento de instruções** / Instruktions-Speicherbereich *m* ‖ ~ **de aterragem**, área *f* de aterrissagem (aeronáut.) / Landebereich *m* ‖ ~ **de captação** (hidrául.) / Einzugsgebiet *n* ‖ ~ **de carga** (mecân.) / Lastfeld *n* ‖ ~ **de contacto** / Eingriffsfeld *n*, Eingriff *m* (Getriebe) ‖ ~ **de difusão** (técn. nucl.) / Diffusionsfläche *f* ‖ ~ **de excesso** (informática) / Folgebereich *m* ‖ ~ **de exploração** (tv) / Abtastfläche *f* ‖ ~ **de fractura** (expl. minas, geol) / Absonderungsfläche *f*, Bruchfläche *f* ‖ ~ **de frenação** / Bremsfläche *f* ‖ ~ **de migração** (técn. nucl.) / Wanderfläche *f* ‖ ~ **de movimento** (aeronáut.) / Bewegungsfläche *f* ‖ ~ **de precipitação** / Einzugsgebiet *n* (Niederschlagsgebiet) ‖ ~ **de protecção** / Schutzkegel (Blitzableiter), -kreis *m*, -zone *f* ‖ ~ **de ruptura** (semicondut.) / Durchbruchbereich *m* ‖ ~ **de serviço** (telecom.) / Anschlußbereich *m* ‖ ~ **de serviço** (auto-estrada) / Rasthof *m* ‖ ~ **de trabalho** (informática) / Arbeitsbereich *m* ‖ ~ **de travagem** / Bremsfläche *f* ‖ ~ **de uma superfície** / Flächeninhalt *m* einer Oberfläche ‖ ~ **do círculo** / Kreisfläche *f*, -inhalt *m* ‖ ~ **do semicirculo** / Halbkreisfläche *f* ‖ ~ **efectiva** / Absorptionsfläche *f*, Wirkfläche *f* ‖ ~ **efectiva de antena** / Antennenwirkfläche *f* ‖ ~ **industrial** / Industriegelände *n* ‖ ~ **ocupada pela máquina** (máq., tecnol.) / Bodenfläche *f* ‖ ~ **residencial** / Wohngebiet *n* ‖ ~ **servida** (rádio, tv) / Verbreitungsgebiet *n*
arear / absanden, [mit Sandpapier] schleifen, mit Sand scheuern
areeiro *m* / Sandgrube *f* ‖ ~ (papel) / Sandfang *m*
areia *f* / Sand *m* ‖ ~ **abrasiva** (fundição) / Blassand *m* ‖ ~ **argilosa** (fundição) / fetter [Form]sand ‖ ~ **asfáltica** / Asphaltsand *m* ‖ ~ **de areeiro** (constr. civil) / Grubensand *m* ‖ ~ **de enchimento** (fundição) / Füllsand *m* ‖ ~ **de fundição** / Gießereisand *m* ‖ ~ **de moldagem** (fundição) / Modellsand *m* ‖ ~ **de moldar** / Formsand *m* ‖ ~ **ferruginosa** / Eisensand *m* ‖ ~ **fina** / Feinsand *m* ‖ ~ **grossa** (constr. civil) / Grieß *m* ‖ ~ **movediça** / Treibsand *m*, Flugsand *m*, Triebsand *m* ‖ ~ **para construções** / Bausand *m* ‖ ~ **para machos** (fundição) / Kernsand *m* ‖ ~ **para o fabrico de vidro** / Glassand *m* ‖ ~ **para polir** / Schleifsand *m* ‖ ~ **petrolífera** (geol) / Ölsand *m* ‖ ~ **por lavar** (constr. civil) / Grabsand *m* ‖ ~ **quartzífera** / Quarzsand *m* ‖ ~ **refractária** / feuerfester Sand ‖ ~ **seca** (fundição) / Masse, Formmasse *f* ‖ ~ **tratada** (fundição) / Fertigsand *m* ‖ ~ **verde** (geol, fundição) / Grünsand *m*
areias *f pl* **metálicas** (expl. minas) / Erzschlich *m*
arejado / belüftet
arejamento *m* / Belüftung *f*, -lüften *n*, Durchlüftung *f* ‖ ~ (expl. minas) / Frischwetterzufuhr *f*
arejar / durchlüften, frische Luft zulassen, lüften, belüften
arenícola (bot.) / im Sande gedeihend (o. vorkommend)
arenífero / sandig, sandhaltig, Sand...
arenito *m* / Sandstein *m* ‖ ~ **calcário** / Kalksandstein *m* ‖ ~ **de alumínio** / Aluminiumgrieß *m* ‖ ~ **filtrante** / Filtrier[sand]stein *m*, Filtrierkalkstein *m* ‖ ~ **hulhífero** (expl. minas) / Kohlensandstein *m* ‖ ~ **para mós** / Mühlensandstein *m* ‖ ~ **variegado** / Buntsandstein *m* ‖ ~ **vermelho** / Rotsandstein *m*
arenoso / sandig, Sand...
areómetro *m* / Aräometer *n*, Gradierwaage *f*
areopicnómetro *m* / Aräopyknometer *n* (Aräometer für viskose Flüssigkeiten)
ares *m pl* **nocivos** (expl. minas) / böse Wetter *n pl*
aresta *f* (geral, matem.) / Kante *f* ‖ ~ (constr. civil) / Grat *m*, Rand *m* ‖ **de ~s redondas** / rundkantig ‖ **de ~s vivas** / scharfkantig ‖ ~ **chanfrada** (carpint.) / Schrägfläche *f* ‖ ~ **cortante** / Bahn *f* am Schnittwerkzeug ‖ ~ **de bigorna** / Amboßrand *m* ‖ ~ **de soldadura** / Schweißkante *f* ‖ ~ **de telhado** (constr. civil) / Eckfirst *m* ‖ ~ **de um muro** / Kante *f* einer Mauer ‖ ~ **dianteira** / Vorderkante *f* ‖ ~ **do furo** / Lochrand *m*, Lochkante *f* ‖ ~ **externa** / Außenkante *f* ‖ ~ **interna** / Innenkante *f* ‖ ~ **lateral** / Seitenkante *f* ‖ ~ **longitudinal** / Längskante *f* ‖ ~ **redonda** / Baumkante, Waldkante *f*
arfagem *f* (técn. ferrov.) / Stampfen *n*, Stampfbewegung *f*
arfar (técn. ferrov.) / stampfen *vi*
argamassa *f* (constr. civil) / Mörtel *m* ‖ ~ **à base de carbonato de cálcio** / kohlensaurer Kalkmörtel ‖ ~ **comum** / Luftmörtel *m* ‖ ~ **de asfalto** / Asphaltmörtel *m* ‖ ~ **de bário** / Bariummörtel *m* ‖ ~ **de barro** / Lehmmörtel *m* ‖ ~ **de cal** / Kalkmörtel *m* ‖ ~ **de cal e areia** / Kalksandmörtel *m* ‖ ~ **de cimento** / Zementmörtel *m* ‖ ~ **de cimento armado** / Ferrozement *m* ‖ ~ **de cimento e cal** / verlängerter Zementmörtel, Zementkalkmörtel *m* ‖ ~ **de endurecimento ao ar** / Luftmörtel *m* ‖ ~ **de gesso** / Gipsmörtel *m*, Stuckmörtel *m* ‖ ~ **de injecção** / Verpreßmörtel *m* ‖ ~ **de reboco** / Putzmörtel *m* ‖ ~ **de sulfato de cal** / Gipsmörtel *m*, schwefelsaurer Kalkmörtel ‖ ~ **epoxi** (constr. rodov.) / Epoxidharzmörtel *m* ‖ ~ **hidráulica** / Wassermörtel *m* ‖ ~ **líquida** / Vergießmasse *f*, Kalkguß *m* ‖ ~ **pobre** (constr. civil) / Halbmörtel *m* ‖ ~ **refractária** / [keramisch bindender] feuerfester Mörtel
argenato *m* **de prata** / Jodsilberverbindung *f*
argentão *m* / Neusilber *n*, Alpaka *n*, Argentan *n* (45-70% Cu, 8-28% Ni, 8-45% Zn)
argênteo / silberartig, -ähnlich
argentífero / silberhaltig, -führend
argentita *f* (mineralog.) / Argentit *m*, Silberglanz *m*
argentometria *f* (química) / Argentometrie *f*
argila *f* (geol) / Ton *m* ‖ ~ / Lehm *m* (Korngröße > 0.02 mm), Tonboden *m*, Klei *m* ‖ **de ~** / tönern, von Ton, irden ‖ ~ **de moldar** (fundição) / Formerde *f*, Formlehm *m*, Formerton *m* ‖ ~ [**de oleiro**] / Letten *m* ‖ ~ **ferruginosa** / eisenhaltiger Lehm ‖ ~ **figulina** / Töpferton, Letten *m* ‖ ~ **friável** (mineralog.) / Bolus *m* ‖ ~ **gorda** / fetter Ton ‖ ~ **hidratada** (constr. civil) / Hydraton *m* ‖ ~ **líquida** (cerâm.) / Schlicker *m* ‖ ~ **magra** / Lehm,

magerer Ton *m* ‖ ~ **para forno** (cerâm.) / Ofenlehm *m* ‖ ~ **refractária** / Schamotte *f*, Pfeifenton *m*, hochfeuerfester Ton ‖ ~ **refractária plástica** / Plastic *f*, plastisches Schamottestampfgemisch ‖ ~ **saibrosa** (geol) / Geschiebelehm *m* ‖ ~ **salífera** (geol) / Salzton *m*, Hallerde *f* ‖ ~ **xistosa** / Schieferton *m*
argiláceo (geol) / lettig, lehmig
argileira *f* / Tongrube *f*, Lehmgrube *f*
argilífero / tonhaltig, lehmig
argilo-arenáceo, argiloso-arenoso / lehm- und sandhaltig
argiloso (geol) / lehmig, lettig, Lehm..., tonartig
arginase *f* / Desaminase, Arginase *f*
arginina *f* (química) / Arginin *n*
argol *m* / Rohweinstein *m* (in Weinfässern)
argola *f* **de ancoragem** / Abspannring *m*
árgon *m*, argônio *m* / Argon *n*, A
argumento *m* **funcional** (informática) / Funktionsargument *n* ‖ ~ **simulado** (informática) / Formalparameter *m*, Scheinargument *n*
aridez *f* / Trockenheit *f*, Dürre *f*
árido (agricult.) / dürr, unfruchtbar, trocken, wasserarm, arid
aríete *m* / Stoßheber *m*, hydraulischer Widder
aril *m* (química) / Aryl *n*
aritmética *f* **em vírgula fixa** / Festpunktarithmetik *f* ‖ ~ **fraccional** / Bruchrechnung *f*
aritmético / arithmetisch
arma *f* / Waffe *f* ‖ ~ **atómica** / Atomwaffe *f* ‖ ~ **automática a pressão de gás** (armamento) / Gasdrucklader, -düsenlader *m* ‖ ~ **branca** / blanke Waffe ‖ ~ **de fogo** / Schußwaffe *f*, Feuerwaffe *f* ‖ ~ **de pequeno calibre** / Faustfeuerwaffe *f* ‖ ~ **ligeira** / Handfeuerwaffe *f* ‖ ~ **nuclear** / Atomwaffe *f*
armação *f* / Bandagierung *f* ‖ ~ (electr.) / Bodengestell *n* ‖ ~ (telecom., máq., tecnol.) / Rahmen *m*, Gestell *n* ‖ ~ (óculos) / Fassung *f* ‖ **de ~ dupla** / doppeltbewehrt ‖ ~ **da asa** / Flügelgerippe *n* ‖ ~ **da escada** / Leitergerüst *n* ‖ ~ **da escova** (electr.) / Bürstenjoch *n* ‖ ~ **da janela de guilhotina** / Fensterfutter *n* (eingemauertes Fenstergestell) des senkrechten Schiebefensters ‖ ~ **da lente** (técn. fotogr.) / Linsenfassung *f* ‖ ~ **de aeronave** / Luftschiffsgerippe *n* ‖ ~ **de guia** (estamp.) / Führungsgestell *n* ‖ ~ **de suporte** / Traggerüst *n* ‖ ~ **de um cabo** / Bewehrung *f* eines Kabels ‖ ~ **do telhado** / Dachstuhl *m* ‖ ~ *m* **do torno** / Drehmaschinenfuß *m* ‖ ~ *f* **em C** / C-förmiger Rahmen *m* ‖ ~ **sobre pontaletes** / Sprengwerk *n*
armadilha *f* / Falle *f* ‖ ~ **de eco** (tv) / Echofalle *f*
armado (betão) / Stahl... ‖ ~ **de fita** / bandbewehrt, -gepanzert
armadura *f* (cabo) / Armierung *f* ‖ ~ (serralhar.) / Armatur *f*, Beschlag *m* ‖ ~ (relé) / Anker *m* ‖ ~ (condensador) / Belag *m* ‖ ~ (betão) / Bewehrung *f* ‖ ~ **de fita de ferro** / Eisenbandbewehrung *f* ‖ ~ **de magneto** / Magnetanker *m* (der magnetelektrischen Maschine) ‖ ~ **diagonal** (constr. civil) / Diagonalbewehrung, -armierung *f* ‖ ~ **do cabo** / Kabelbewehrung, -armierung *f* ‖ ~ **do capacitor ou do condensador** / Kondensatorbelag *m*, -belegung *f* ‖ ~ **do macho** (fundição) / Kerneisen *n*, -draht *m* ‖ ~ **do relé** / Relaisanker *m* ‖ ~ **em fita de aço** / Stahlbandbewehrung *f*
armamento *m* (armamento) / Rüstung *f*, Kriegsmaterial *n*, Ausrüstung *f*, Bewaffnung *f*
armar (cabo) / armieren ‖ ~ (arma) / spannen ‖ ~ **a mola** / die Feder spannen ‖ ~ **um andaime** / rüsten, ein Gerüst aufstellen
armário *m* / Spind *m n*, Schrank *m* ‖ ~ **de baterias** (telecom.) / Batterieschrank *m* ‖ ~ **de distribuição** (electr.) / Verteilerschrank *m*, Schaltschrank *m*
armas *f pl* **ABQ** (atómicas, biológicas, químicas) / ABC-Waffen *f pl* ‖ ~ **biológicas** / biologische Kampfmittel *n pl* ‖ ~ *f pl* **de caça** / Jagdwaffen *f pl*
armazém *m* / Lager *n*, Lagerraum *m*, Lagerhaus *n*, Magazin *n*, Speicher *m* ‖ **em ~** / vorrätig ‖ ~ **ao ar livre** / Freilager *n* ‖ **~-frigorífico** *m* / Kühlhaus *n*, -halle *f*
armazenador *m* **[de dados]** (informática) / Datenspeicher *m*
armazenagem *f* / Einlagerung *f*, Lagerung *f* (von Gütern) ‖ ~ **de energia** / Energieaufspeicherung *f*, Arbeitsinhalt *m*, Energiespeicherung *f* ‖ ~ **de víveres sob atmosfera protectora** / Gaslagerung *f* für Lebensmittel
armazenamento *m* / Lagerung *f* (von Gütern) ‖ ~ (informática) / Speichern *n* ‖ ~ **de dados** (informática) / Datenspeicherung *f* ‖ ~ **e recuperação de informações** / Informationsspeicherung u. -wiedergewinnung *f*
armazenar / lagern ‖ ~ (informática) / speichern ‖ ~ **o calor** / die Wärme binden
aro *m* (máq., tecnol.) / Ring *m*, Reif, Reifen *m* ‖ ~ **da jante** / Felgenring *m* ‖ ~ **da tampa** / Deckelring *m*, Scheibenfassung *f* ‖ ~ **de ligação** / Bindereif *m* ‖ ~ **de molde** (fundição) / Mantelring *m* ‖ ~ **dos óculos** / Brillenbogen *m* ‖ ~ **postiço** (técn. ferrov.) / aufgezogener Radreifen
aroma *m* / Aroma *n*, Duft *m*
aromático *m* / Duftstoff *m* ‖ ~ *adj* / aromatisch
aromatizante *m* / Geschmacksstoff *m*
aromatizar / aromatisieren
arpão *m* / Greifhaken *m*
arqueação *f* (constr. naval) / Eichung *f*, Vermessung *f* ‖ ~ (constr. civil) / Bogenrundung *f*
arqueado / gekrümmt, gewölbt, bogenförmig, geschwungen, gebogen, bauchig
arqueamento *m* / Bogenbildung *f* ‖ ~ (siderurg.) / Bombierung von Blech
arqueano *m* (geol) / Archaikum, Archäikum *n*
arquear / Bogen machen ‖ **~-se** / sich aufwerfen ‖ ~ (constr. naval) / eichen
arquitecto *m* / Architekt *m* ‖ ~ **de interiores** / Innenarchitekt *m* ‖ ~ **paisagista** / Landschaftsarchitekt *m*
arquitectónico, arquitetônico / architektonisch
arquitectura *f* (constr. civil) / Architektur *f*, -tektonik *f*, Baufach *n* ‖ ~ **hidráulica** / Wasserbau *m* ‖ ~ **industrial** / Industriebau *m*
arquitrave *f* (constr. civil) / Architrav *m*, Hauptbalken *m*
arquivar / ablegen
arquivo *m* **de cartões** (informática) / Kartei *f* ‖ ~ **de entrada** (informática) / Eingabedatei *f* ‖ ~ **de fitas** (informática) / Banddatei *f* ‖ ~ **de relatórios** (informática) / Listendatei *f* ‖ ~ **de saída** (informática) / Ausgabedatei *f* ‖ ~ **de som** / Lautarchiv *n* ‖ ~ **mestre** (informática) / Stammdatei *f*
arrancador *m* **de solo** (aeronáut.) / Bodenanlasser *m*
arrancar / abziehen, wegziehen ‖ ~ (autom.) / anfahren, starten ‖ ~ (produc.indust.) / anlaufen ‖ ~ **os rebites** / Genietetes demontieren ‖ ~ **ou partir sob carga** / belastet o. unter Last anlaufen ‖ ~ **uma turbina pela primeira vez** / eine Turbine anstoßen
arranhadura *f* (vidro) / Schneideritze *f*, Schramme *f* ‖ ~ **de guia** (lamin.) / Führungskratzer *m*
arranhão *m* / Kratzer *m*, Schramme *f*
arranhar / kratzen, schrammen
arranjo *m* / Anordnung *f*, Anlage *f* ‖ ~ **dos fios** (electr.) / Leitungsführung *f*
arranque *m* (mot.) / Anlassen, Starten *n* ‖ ~ / Anlauf *m* ‖ ~ / Inbetriebsetzen *n* (z.B. einer Anlage) ‖ **de ~** (mot.) / Anlaß..., Start... ‖ **de ~ automático** /

selbstanlaufend, -angehend || **sem ~ de aparas** / spanlos || ~ **a frio** (autom.) / Kaltstart *m* || ~ **autónomo** / Schwarzstart *m* || ~ **da abóbada** / Gewölbeanfang, -fuß *m* || ~ **de um reactor** / Anfahren *n* eines Reaktors || ~ **reostático** (electr.) / Feldregelanlasser *m* || ~ **suave** / stoßfreier Anlauf
arrastamento *m* / Mitnahme *f*, Mitnehmen *n*
arrastão *m* / Schleppnetzfischereifahrzeug *n*, Trawler *m*
arrastar / schleifen *vt*, mitreißen, schleppen || ~ **por acção da água** / abschwemmen || ~ **por lavagem** (química) / fortschwemmen, auswaschen
arrasto *m* **do linho** / Flachsraufen *n*
arredondado / abgerundet, rund
arredondamento *m* (matem.) / Aufrundung *f*, Abrundung *f* || ~ (rosca) / Abrundung *f*, Ausrundung *f* (von Ecken)
arredondar (matem.) / runden, ab-, aufrunden || ~ (rosca) / abrunden, arrondieren
arredores *m pl* / Umgebung *f*, Umgegend *f*
arrefecedor *m* / Kühlmittel *n* || ~ **do reactor** / Reaktorkühlmittel *n*
arrefecer / abkühlen, kühlen, erkalten, kaltwerden
arrefecido a sódio (técn. nucl.) / Na-gekühlt
arrefecimento *m* / Abkühlung *f*, Kühlung *f*, Kühlen *n* || ~ **brusco** (siderurg.) / extrem rasche Abkühlung
arrelvar (constr. rodov.) / begrünen, berasen
arrestador *m* **de descarga de gás** (electrón.) / Gasentladungsableiter *m*
arroio *m* / Bach, Wasserlauf *m*
arrojamento *m* / Schleudern *n*, Werfen *n*
arrojar / schleudern *vt*, werfen
arrombamento, à prova de ~ / einbruchsicher
arruela *f* (máq., tecnol.) / Scheibe (DIN), Unterlagsscheibe *f* || ~ **de aperto** / Sicherungsscheibe *f* || ~ **de aperto** [de dentes internos ou externos] / [innen- o. außengezahnte] Zahnscheibe || ~ **de aperto de configuração plana** / aufgebogener Federring (DIN) || ~ **de aperto de dentes externos** / federnde Zahnscheibe, außen verzahnt (DIN 6797 A) || ~ **de aperto de dentes espaçados** / federnde Zahnscheibe für Senkschrauben o. tellerförmig || ~ **de aperto de dentes internos** / federnde Zahnscheibe, innen verzahnt (DIN 6797 J) || ~ **de aperto dentada** [de dentes externos ou internos] / Fächerscheibe [außen- o. innengezahnt] (DIN 6798) *f* || ~ **de aperto multidentada** / federnde Zahnscheibe || ~ **de aperto tipo leque com dentes externos** / federnde Fächerscheibe, außenverzahnt (DIN 6798 A) || ~ **de Belleville** / Belleville-Dichtungsring *m* || ~ **de borracha** / Gummiring *m*, -scheibe *f* || ~ **de couro** / Lederscheibe *f* || ~ **de feltro** / Filzscheibe *f* || ~ **de pressão** / Federring *m*, aufgebogener Federring (DIN) || ~ **de pressão cónica** / Spannscheibe *f* (DIN 6796) || ~ **de vedação** / Dichtungsscheibe *f* || ~ **elástica** / Federscheibe *f*, Spannscheibe *f*, Federring *m*, Scheibenfeder *f*, federnde Unterlegscheibe || ~ **elástica cónica** / tellerförmige Federscheibe || ~ **elástica ondulada** / gewellte Federscheibe || ~ **plana** / Unterlegscheibe *f* || ~ **plana chanfrada** / Unterlegscheibe *f* mit Fase || ~ **quadrada** / Vierkantscheibe *f* (DIN 436)
arseniato *m* / Arsenat *n*, Arseniat *n* || ~ **de chumbo** / Bleiarsenat *n* || ~ **de cobre** / Kupferarsenat *n*
arsenical / arsenhaltig, Arsen...
arsénico *m* / Arsenik *n*
arsenieto *m* / Arsenid *n*, Arsen-Metallverbindung *f* || ~ **de cobalto** (mineralog.) / Kobaltspeise *f*, Hartkobalterz *n* || ~ **de ferro** / Eisenarsenid *n* || ~ **de gálio** / Galliumarsenid *n*, GaAs || ~ **de níquel** (mineralog.) / Arsennickel *n* || ~ **de prata** (mineralog.) / Arsensilber *n*
arsénio *m* / Arsen *n*, As || ~ **nativo** / gediegenes (o. natürliches) Arsen, Giftkobalt *m*
arsenioso / arsenig
arsenito *m* (mineralog.) / Arsenikblüte *f*, Arsenblüte *f*, Arsenit *m* || ~ (mineralog.) / Arsenblüte *f* || ~ **cúprico** / Kupfer(II)-arsenit *n* || ~ **de cobre** (química) / Kupferarsenit *n*
arsenopirita *f* (mineralog.) / Arsenkies *m*, Arsenopyrit *m*
arsina *f* / Arsin *n*
... ar-solo (aeronáut.) / Bord-Boden...
arte *f* / Kunst *f* || ~ **fotográfica** / Lichtbildkunst *f* || ~ **industrial** / Kunstgewerbe *n* || ~ **tipográfica** / Buchdruckerkunst *f*
artéria *f* **principal** / Hauptverkehrsader *f*
artesanal / handwerklich
artesanato *m* / Handwerk *n* || ~ / Kunsthandwerk *n*
artesão *m* / Handwerker *m*
articifical / nachgemacht, künstlich
articulação *f* / Gelenk *n* || **de ~ dupla** / Zweigelenk... || **girando por uma ~** / um ein Gelenk drehbar || ~ **cilíndrica** / Drehgelenk *n* || ~ **com pino** / Bolzengelenk *n* || ~ **de base de uma coluna** / Fußgelenk *n* einer Säule || ~ **de cisalhamento simples** / einschnittiges Gelenk || ~ **de Gerber** / Gerbergelenk *n* || ~ **de guia** / Führungsgelenk *n* || ~ **de hastes** (mecân.) / Gestänge *n* || ~ **de joelho** / Kniegelenk *n* || ~ **de rolamento** / Wälzgelenk *n* || ~ **de rótula** / Gelenklager *n* (kugelig), Kugelgelenk *n* || ~ **de secção simples ou dupla** / einschnittiges, zweischnittiges Gelenk || ~ **elástica** / Federgelenk *n* || ~ **em C** / C-Gelenk *n* || ~ **em forquilha** (autom.) / Gabelgelenk *n* || ~ **esférica** / Kugelgelenk *n* || ~ **ideal** (telecom.) / ideale Artikulation || ~ **não lubrificada** / Trockengelenk *n* || ~ **nas nascenças** (ponte) / Kämpfergelenk *n* || ~ **no vértice** / Scheitelgelenk *n* || ~ **pendular** / Pendelgelenk *n* || ~ **rotativa** / Drehgelenk *n* || ~ **seca** / Trockengelenk *n*
articulado / Gelenk..., gelenkig
articular / gelenkig anbringen oder lagern
artífice *m* / Handwerker *m*
artificial / Kunst..., künstlich || ~ / falsch, künstlich || ~ (electr., telecom.) / Ersatz..., künstlich || ~ (informática) / belanglos, Schein...
artifício *m* / Handgriff *m*, Kunstgriff *m*
artigo *m* / Artikel *m* || ~ **de marca** / Markenartikel *m* || ~ **double stretch** (têxtil) / Doppelstretchware, Zweizugware *f* || ~ **pirotécnico** / Feuerwerkskörper *m*
artigos *m pl* **comerciais** / Handelsartikel *m pl* || ~ **de cutelaria** / Schneidwaren *f pl* || ~ **de folha-de-flandres** / Blechwaren *f pl* || ~ **de malha** / Strickwaren *f pl* || ~ **de primeira necessidade** / Bedarfsartikel *m pl*, -güter *n pl* || ~ **de retrosaria** / Kurzwaren *f pl* || ~ **em veludo** / Samtstoffe *m pl* || ~ **moldados** / Formartikel *m pl* || ~ **stretch** / Stretchware *f*, -gewebe *n pl* || ~ **têxteis de amianto** / Asbestspinnstoffwaren *f pl* || ~ **têxteis em peça** / Stückware *f* || ~ **utilitários** / Gebrauchsartikel, -gegenstände *m pl*, -güter *n pl*
artilhar (coll) (mot.) / frisieren
artilharia *f* **antiaérea** / Flak *f*
artista *m* **gráfico** / Grafiker *m* || ~ **gráfico de publicidade** / Gebrauchsgraphiker *m*
artístico / Kunst..., künstlerisch
árvore *f* (máq., tecnol.) / Achse, Welle *f* || **~-amostra** *f* / Probebaum *m* || ~ **com o tronco ramificado** / Gabelwuchs *m* || ~ **da borracha** / Gummibaum *m* || **~-da-borracha** *f* / Kautschukbaum *m*, Hevea *f* || ~ **de cames** (autom.) / Steuerwelle *f* || ~ **de cames** (mot.) / Nockenwelle *f* || ~ **de cames à cabeça** / obenliegende Nockenwelle || ~ **de cames de**

admissão / Einlaßsteuerwelle *f* ‖ ~ **de chavetas múltiplas** / Mehrfachkeilwelle *f* ‖ ~ **de Saturno** / Bleibaum *m* ‖ ~ **do dedo da direcção** (autom.) / Fingerhebelwelle *f* ‖ ~ **do eixo traseiro** / Hinterachswelle (DIN), Halbachse *f* ‖ ~ **do freio**, árvore *f* do travão / Bremswelle *f* ‖ ~ **frutífera** / Obstbaum *m* ‖ ~ **intermediária** / Tunnelwelle *f* ‖ ~ **oca** / Hohlwelle *f* ‖ ~ **porta-brocas** / Bohrspindel *f* ‖ ~ **porta-fresa** / Fräsdorn *m*, Frässpindel *f* ‖ ~ **roscada** (máq., tecnol.) / Spindel *f* ‖ ~ **seca** / Dürrständer *m*, abgestorbener Baum ‖ ~ **vertical** (máq., tecnol.) / stehende Welle
asa *f* (geral) / Flügel *m* ‖ ~ / Griff *m*, Henkel *m* ‖ ~ (aeronáut.) / Flügel *m* ‖ **de uma só** ~ / einflüg[e]lig ‖ ~ **batente** (aeronáut.) / Schlagflügel *m* ‖ ~ **de incidência variável** (aeronáut.) / Verstellflügel *m* ‖ ~ **delta** (aeronáut.) / Flugdrachen *m* ‖ ~ **em delta** (aeronáut.) / Deltaflügel *m* ‖ ~ **exterior** (aeronáut.) / Außenflügel *m* ‖ ~ **telescópica** (aeronáut.) / Ausziehflügel *m* ‖ ~ **voadora** (aeronáut.) / fliegender Flügel
asbesto *m* / Asbest *m* ‖ ~ **do Canadá** (mineralog.) / Faserserpentin *m*
asbolana *f*, asbolita *f*, cobalto *m* negro (mineralog.) / schwarzer Erdkobalt, Asbolit *m*, Asbolan *m*
ascenção *f* / Aufstieg *m*, Aufsteigen *n*, Bergfahrt *f* ‖ ~ **capilar da água** (papel) / Saughöhe *f* ‖ ~ **direita** (astron.) / Rektaszension *f*
ascência *f* / Säuerliches *n*, Säuerlichkeit *f*
ascendente *f* (artes gráf.) / Oberlänge *f* des Buchstabens ‖ ~ *adj* / steigend, aufsteigend
ascender (expl. minas) / auffahren, ausfahren *vi* ‖ ~ / aufsteigen, ansteigen
ascensão *f* / Anstieg *m* ‖ ~ **da correia** (máq., tecnol.) / Auflaufen *n* des Riemens ‖ ~ **de impulso ou pulso** / Impulsanstieg *m* ‖ ~ **do ar** / Luftauftrieb *m*
ascensor *m* / Aufzug *m*, Fahrstuhl *m*
asfaltar / asphaltieren, mit Asphalt belegen o. bestreichen
asfalto *m* (constr. rodov.) / Asphalt *m* ‖ ~ **comprimido** / Stampfasphalt *m* ‖ ~ **cru** (constr. rodov.) / Asphaltstein *m* ‖ ~ **de petróleo** / Erdölasphalt *m* ‖ ~ **em pó** / Asphaltmehl *n* ‖ ~ **fundido**, asfalto *m* líquido / Schmelzasphalt *m*, Gußasphalt *m* ‖ ~ **natural** / Asphaltteer *m*, flüssiger Asphalt
asfixiar / durch Gas ersticken *vi*
asna *f* (constr. civil, carpint.) / Läufer, Strecker *m*, Binder *m*, Dachbinder *m* ‖ ~ **com pendurais** (constr. civil) / Hängewerk *n* ‖ ~ **de tábuas** / Brettbinder *m* ‖ ~ **do telhado** / einfaches Hängewerk
aspadeira *f* (tecel.) / Aufwickelmaschine *f* ‖ ~ / Abspulmaschine *f*
aspador *m* **de algodão** / Baumwollhaspler *m*
asparagina *f* / Asparagin, Asparamid *n*, Aminobernsteinsäureamid *n*
aspas *f pl* (artes gráf.) / Anführungszeichen *n*
aspecto *m* / Ansicht *f* ‖ ~ **cinzento dos pigmentos brancos** (tv) / Farbstich *m* ‖ ~ **da chama** / Flammenbild *n* ‖ ~ **da escrita**, aspecto *m* da impressão (geral, informática) / Schriftbild *n* ‖ ~ **estrutural** (siderurg.) / Gefügebild *n*
aspereza *f* (têxtil) / Rauheit *f*, Rauhigkeit *f* ‖ ~ (disco de lixar) / Grobkörnigkeit *f* ‖ **sem** ~ / fein
aspergido com óleo / ölbenetzt
aspergimento *m* **de óleo** / Ölberieselung *f*
aspergir / nässen, bespritzen, besprengen, abbrausen
áspero / rauh, gerauht, grob
aspersão *f* **anticongelante** / Frostschutzberegnung *f* ‖ ~ **de óleo** / Ölberieselung *f*
aspersório *m* / Sprengwedel *m*
aspiração *f* / Aufsaugen *n*, Ansaugen *n*, Saugwirkung *f*, Absaugung *f*, Aspiration *f*, Saugen *n* ‖ ~ (mot.) / Ansaugung *f* ‖ **de** ~ / saugend, Sauge... ‖ ~ **das mechas partidas** (fiação) / Fadenabsaugung *f* ‖ ~ **do ar** / Einziehen *n* der Luft
aspirador *m* / Sauger *m*, Absauger *m* ‖ ~ (química) / Saugapparat *m*, Aspirator *m* ‖ ~ (agricult.) / Aspirateur *m* ‖ ~ **de fios partidos** (têxtil) / Fadenbruch-Absauger *m* ‖ ~ **de gás** / Gassauger, Exhaustor *m* ‖ ~ **de pó** / Staubsauger *m* (Haushalt) ‖ ~ **manual**, aspirador *m* portátil / Handstaubsauger *m*
aspirar / ansaugen, aufsaugen, saugen, absaugen
asseguração *f* **de qualidade** / Gütebestätigung *f*
asseio *m* / Sauberkeit, Reinheit *f*
asseiro *m* (silvicult.) / Schneise *f*
assembler *m* (informática) / Assembler *m*, Assembler-Sprache *f*, -Umwandlungsprogramm *n*, (Übersetzer für systemorientierte Programmsprache)
assentador *m* **de chanfro** / Ballhammer *m* ‖ ~ **de tubos** / Rohrleger *m* ‖ ~ **quadrado** / Flachbahnhammer *m*
assentamento *m* / Senkung, Setzung *f* ‖ ~ **da quilha** / Kiellegung *f* ‖ ~ **de cabos** / Kabelverlegung *f*, -legen *n* ‖ ~ **de canos** / Rohr[ver]legung *f* ‖ ~ **de carris ou trilhos** (técn. ferrov.) / Gleisverlegung *f* ‖ ~ **de colectores** (constr. civil) / Einbau *m* von Sammlern ‖ ~ **de tubos** / Rohr[ver]legung *f*
assentar (cabos) / verlegen ‖ ~ (fundição) / nachsacken, -rutschen
assente, estar ~ [sobre] / sitzen [auf] ‖ ~ **em borracha** / gummigelagert
assento *m* (geral) / Sitz *m* ‖ ~ (máq., tecnol.) / Aufnahme *f*, Sitz *m* ‖ ~ (constr. civil) / Bettung *f*, Lager *n* ‖ ~ **abatível** / Klappsitz *m* ‖ ~ **cónico** (válvula) / Kegelsitz *m* ‖ ~ **da cadeira** / Stuhlsitz *m* ‖ ~ **da caldeira** / Kessellager *n* ‖ ~ **de feltro** / Filzunterlage *f* ‖ ~ **de sanita**, assento *m* de vaso sanitário / Brille *f* ‖ ~ **deslizante** (autom.) / Gleitsitz *m* ‖ ~ **dianteiro** / Vordersitz *m*, Frontsitz *m* ‖ ~ **do cubo** / Nabensitz *m* ‖ ~ **do eixo** / Achssitz *m* ‖ ~ **do mancal** (máq., tecnol.) / Lagerstuhl *m* ‖ ~ **do pendura** (coll) (autom.) / Soziussitz, -sattel *m* ‖ ~ **do rolamento de esferas**, assento *m* do rolimã / Kugellagersitz *m* ‖ ~ **ejectável** (aeronáut.) / Schleudersitz *m* ‖ ~ **giratório** (máq., tecnol.) / Laufsitz *m* ‖ ~ **giratório suspenso** / Hängedrehschuh *m* ‖ ~ **integral** (autom.) / Schalensitz *m*, integral geformter Sitz ‖ ~**-leito** *m* (técn. ferrov.) / Liegeplatz *m* ‖ ~ **para a bigorna** (forja) / Amboßeinsatz *m* ‖ ~ **reclinável** / Klappsitz *m* ‖ ~ **traseiro de motocicleta** (autom.) / Soziussitz, -sattel *m*
asséptico / keimfrei, aseptisch, steril
assimetria *f* / Asymmetrie *f*, Unsymmetrie *f*
assimétrico / asymmetrisch, unsymmetrisch
assimilação *m* / Assimilation, Assimilierung *f*
assimilar / assimilieren
assinante *m* (telecom.) / Teilnehmer, Anschlußinhaber *m* ‖ ~ **chamado** (telecom.) / Angerufener *m*, B-Teilnehmer *m* ‖ ~ **interurbano** (telecom.) / Fernteilnehmer *m* ‖ ~ **que chama** (telecom.) / anrufender Teilnehmer, A-Teilnehmer *m* ‖ ~ **telefónico** (telecom.) / Fernsprechteilnehmer *m* ‖ ~ **telex** / Fernschreibteilnehmer *m*
assinatura *f* (artes gráf.) / Bogenzeichen *n* ‖ ~ **da folha** (artes gráf.) / Bogenziffer *f*
assincronismo *m* / Asynchronismus *m*, Asynchronität *f*
assíncrono / asynchron
assíntota *f* (matem.) / Asymptote *f*, Schmiegtangente *f*
assintótico / asymptotisch
assistência *f* / Wartung, Pflege, Instandhaltung *f* ‖ ~

pós-venda / Kundendienst *m*, Bedienung *f* (DIN)
assistente *m f* **de laboratório** / Laborant *m*, Laborantin *f*
assistido, servo... / mit Servowirkung, Servo... ‖ ~ **de pessoal** (telecom.) / bemannt ‖ ~ **por computador** / rechnergestützt
assistir / warten, unterhalten
associação *f* (química) / Assoziation *f* ‖ ~ **molecular** / intermolekulare Bindung (o. Kraft)
associado (química) / assoziiert
associar / assoziieren
associatividade *f* (matem.) / Assoziativität *f*
associativo (matem.) / assoziativ ‖ ~ (informática) / inhaltsadressiert
assopro *m* **do vidro** / Glasblasen *n*
assoreamento *m* / Versandung *f*
astasia *f* (física) / Astasie *f*, astatischer Zustand
astático / astatisch
astatínio *m* / Astatin (radioaktives Element, OZ = 85), Astat[ium] *n*, At
astável (electrón.) / astabil
astenosfera *f* / Astenosphäre *f* (zwischen Lithosphäre u. Erdkern)
astéria *f* (mineralog.) / Asterie *f*
asterisco *m* (artes gráf.) / Sternchen *n*, Stern *m*
asterismo *m* (mineralog.) / Asterismus *m*
asteróide *m* / Asteroid *m*, kleiner Planet
astigmático / astigmatisch
astigmatismo *m* / Astigmatismus *m*
astracã *m* / Astrachan *m*
astriónica *f* / Astrionik *f* (Raumfahrtelektronik)
astro *m* / Gestirn *n*
astrodinâmica *f* (astronáut.) / Astrodynamik *f*
astrofísica *f* / Astrophysik *f*
astrofotografia *f* / Astrophotographie *f*
astrofotometria *f* / Astrophotometrie *f*
astrografia *f* / Astrographie, Sternbeschreibung *f*, Sternkartenherstellung *f*
astrógrafo *m* (técn. fotogr.) / Astrograph *m* (Teleskop mit Photoansatz)
astróide *f* / Ast[e]roide, Sternkurve *f*
astrolábio *m* / Astrolab *n*
astrometria *f* / Astrometrie, Positionsastronomie *f*
astronauta *m* / Astronaut *m*
astronáutica *f* / Astronautik *f* (Raumfahrt)
astronavegação *f* / Astronavigation *f* (Navigation nach den Sternen)
astronomia *f* / Astronomie *f*, Himmelskunde *f*, Sternkunde *f*
astronómico / astronomisch
astrónomo *m* / Astronom *m*
astroscopia *f* / Astroskopie *f*
atacamita *f* (mineralog.) / Atakamit *m*
atacar (química) / anfressen, durchfressen ‖ ~ (electrón.) / ansteuern ‖ ~ (agricult. doença) / befallen
atadeira *f* (agricult.) / Knüpfer *m* (Bindemäher) ‖ ~ (tecel.) / Anknüpfmaschine *f* ‖ ~ **de cereais** (agricult.) / Garbenbinder *m*
atador *m* (tecel.) / Anknüpfer *m*
atadura *f* / Abschnürung *f*
atanado *m* / Oberleder *n* ‖ ~ *adj* / rotgar
ataque, em ~ (ferram.) / in Eingriff ‖ ~ *m* **angular** / Schrägeingriff *m* (Getriebe) ‖ ~ **da ferramenta** / Schneideneingriff *m*
atar / bündeln, abschnüren ‖ ~ / binden, festbinden, anknüpfen, knüpfen ‖ ~ (tecel.) / anschnüren, ansetzen ‖ ~ **com fio** / schnüren, mit Schnur festbinden ‖ ~ **os fios da teia** (têxtil) / Ketten anknoten
atarraxar / verschrauben, zuschrauben
atelhar / dachdecken
atelier *m* / Atelier *n*
atendedor *m* **automático de chamadas** (telecom.) / Telephonantwortgeber, -anrufbeantworter *m*, -antwortgerät *n*
atender (telecom.) / abfragen
atendido (telecom.) / bemannt
atenuação *f* (química, telecom., electrón.) / Schwächung *f* ‖ ~ (electr.) / Dämpfung *f* (in dB) ‖ ~ (telecom.) / Dämpfung *f* aus räumlichen Gründen ‖ ~ **com circuito fechado** (telecom.) / Ruhedämpfung *f* ‖ ~ **da distorção não-linear** (electrón.) / Klirrdämpfung *f* in dB ‖ ~ **da luz** / Lichtdämpfung *f*, Dämpfung *f* von Licht ‖ ~ **da tensão** / Entspannung *f* ‖ ~ **da tensão por recozido** / Entspannungsglühen *n* ‖ ~ **das correntes de eco** (telecom.) / Dämpfung *f* der Echoströme ‖ ~ **de antena** / Antennendämpfung *f* ‖ ~ **de campo** / Feldschwächung *f* ‖ ~ **de desaccionamento** (telecom.) / Entkopplungsdämpfung *f* ‖ ~ **de equilibração** (telecom.) / Fehlerdämpfung *f* ‖ ~ **de inserção** (telecom.) / Einfügungsverlust *m*, -fügungsdämpfung *f* ‖ ~ **de passagem** (electrón.) / Durchgangsdämpfung *f*, Durchlaßdämpfung *f* ‖ ~ **de potência** / Leistungsverlust *m* durch Dämpfung ‖ ~ **de telediafonia** / Fernnebensprechdämpfung *f* ‖ ~ **de terra** (electr.) / Bodendämpfung *f* ‖ ~ **do cabo** (telecom.) / Kabeldämpfung *f* ‖ ~ **do som** / Schalldämpfung *f* ‖ ~ **efectiva** (telecom.) / Betriebsdämpfung *f* ‖ ~ **em espaço livre** / Freiraumdämpfung *f* ‖ ~ **equivalente** (telecom.) / Ersatzdämpfung *f* ‖ ~ **fundamental** (telecom.) / Grunddämpfung *f* ‖ ~ **residual** (tv) / Restdämpfung *f*
atenuado / gedämpft (Licht)
atenuador *m* (electrón.) / Schwächungsglied *n* ‖ ~ (telecom.) / Dämpfer *m* ‖ ~ (electr.) / Dämpfungsschalter *m* ‖ ~ **calibrado** (telecom.) / Eichteiler *m* ‖ ~ **de campo** (electr.) / Feldschwächer *m* ‖ ~ **de guilhotina** / Fallbeilabschwächer *m* ‖ ~ **regulável** (aeronáut.) / Dämpfungsregler *m*
atenuar (telecom., electrón.) / unterdrücken, dämpfen ‖ ~ **uma cor** / eine Farbe abschwächen
atérmano, atérmico / atherman, wärmeundurchlässig, wärme[strahlen]isolierend
aterrado (terreno) / aufgefüllt, -geschüttet
aterragem *f* (aeronáut.) / Landung *f* ‖ ~ **contra o vento** (aeronáut.) / Gegenwindlandung *f* ‖ ~ **de barriga** (aeronáut.) / Bauchlandung *f* ‖ ~ **em dois pontos** (aeronáut.) / Flachlandung *f* ‖ ~ *m* **em três pontos** (aeronáut.) / Dreipunktlandung *f* ‖ ~ *f* **forçada** (aeronáut.) / Notlandung *f* ‖ ~ **placada** (aeronáut.) / Bumslandung *f*, hartes Aufsetzen ‖ ~ **rija** (aeronáut.) / harte Landung
aterrar (constr. rodov.) / auffüllen, anschütten ‖ ~ (aeronáut.) / landen *vt vi*
aterrissagem *f* (aeronáut.) vide aterragem ‖ ~ **rija** (aeronáut.) / harte Landung
aterrissar (aeronáut.) vide aterrar
aterro *m* / Auffüllung *f*, angefahrener o. aufgeschütteter Boden ‖ ~ (constr. rodov.) / Schüttung *f* ‖ ~ (técn. ferrov.) / Damm *m* ‖ ~ (constr. civil) / Erdhügel *m*, -hügelaufwurf *m*, Erdanschüttung *f* ‖ ~ **ferroviário** / Bahndamm *m*
atiçador *m* / Schüreisen *n*
atiçar (fogo) / anfachen
ático *m* (constr. civil) / Attikageschoß *n*
atirador *m* **especial** (armamento) / Scharfschütze *m*
atitude *f* / Stellung *f*, Haltung *f* ‖ ~ (aeronáut.) / Fluglage *f* (Winkel zur Flugrichtung)
ativação *f* **de cátodos** (electrón.) / Formierung *f* von Kathoden
atmólise *f* (química) / Atmolyse *f* (Gastrennung)
atmómetro *m* / Atmometer *n*
atmosfera *f* / Gashülle, Atmosphäre *f* ‖ ~ **absoluta** / ata (veraltet), Absolutdruck *m* in Atmosphären ‖ ~ **acima da pressão atmosférica** / Atmosphäre Überdruck (veraltet), atü ‖ ~ **de ensaio** /

Prüfklima *n*, -bedingungen *f pl* ‖ ~ **de gás amoníaco** / Ammoniakgasatmosphäre *f* ‖ ~ **endotérmica** / Endogas *n* ‖ ~ **física**, atmosfera *f* normal / physikalische Atmosphäre, atm (1 atm = 1 013 250 dyn/cm² = 1,033 227 at), INA *f* ‖ ~ **inerte** (sold) / gasförmige Schutzhülle, Schutzgas *n* ‖ ~ **internacional normalizada** / Normatmosphäre *f* ‖ ~ **iónica** / Ionenwolke *f* ‖ ~ **residual** (química) / Luftrückstand *m* ‖ ~ **técnica** / technische Atmosphäre, at, kp/cm² ‖ ~ **terrestre** / Erdatmosphäre *f*
atmosférico / atmosphärisch
atoalhado *m* (tecel.) / Handtuchstoff *m*
atoar / verholen
atómico / atomar, Atom...
atomística *f* / Atomtheorie *f*
atomização *f* / Zerstäubung *f* ‖ ~ **electrostática** / elektrostatische Zerstäubung
atomizador *m* / Zerstäuber *m*, Verstäuber *m*, Vernebler *m*, Sprühapparat *m* ‖ ~ **de óleo** / Öldüse *f*
atomizar / verstäuben, verdüsen, versprühen, vernebeln, zerstäuben
átomo *m* / Atom *n* ‖ ~ **de impureza** (semicondut.) / Fremdatomstoff *m* ‖ ~ **de Sommerfeld** / Sommerfeldsches Atommodell ‖ ~ **doador** (química) / Donator *m*, Donor *m* ‖ ~ **estranho** (semicondut.) / Fremdatom *n* ‖ ~**-grama** *m* / Grammatom *n*, Atomgramm *n* ‖ ~ **intersticial** (física) / Lückenatom *n* ‖ ~ **ligado** / gebundenes Atom ‖ ~ **nuclear** / Kernatom *n*, Atomkern *m* ohne Elektronen ‖ ~ **primordial** / Ausgangsatom *n* ‖ ~ **trivalente** / dreiwertiges Atom
atonal / atonal
atonalidade *f* / Atonalität *f*
atóxico / giftfrei
atracação *f* / Landung *f*
atracar / landen *vi*
atracção *f* / Anziehung *f*, Anziehungsvermögen *n*, -kraft *f* ‖ ~ **das massas** / Massenanziehung, Gravitation *f* ‖ ~ **mútua** / gegenseitige Anziehung ‖ ~ **oposta** / Gegenanziehung *f*
atractivo (física) / anziehend
atrair / anziehen *vt*, an sich ziehen
atrasado / verzögert
atrasar / hemmen, verlangsamen, verzögern ‖ ~ **em fase** (electr.) / in Phase nacheilen
atraso *m* / Verzögerung *f*, Verzug *m* ‖ ~ **da bobina** / Zurückbleiben *n* der Spule ‖ ~ **da ebulição** / Siedeverzug *m* ‖ ~ **de fase** / Phasenverzögerung *f* ‖ ~ **de ignição** / Zündverzug *m*
atravessar / durchfahren, überfahren, queren, überspannen ‖ ~ / durchfluten, -strömen, -fließen ‖ ~ (expl. minas) / durchschlagen *vt* ‖ ~ (electr.) / durchfließen ‖ ~ **por sondagem** (expl. minas) / durchteufen
atribuição *f* / Zuteilung *f*, Zuweisung *f*, Zuordnung *f* ‖ **de ~ fixa** / fest zugeordnet ‖ ~ **de frequências** (electrón.) / Frequenzzuteilung *f*
atribuir / zuteilen, zuweisen, zuordnen
atrição *f* / Abnutzung *f* (durch Reibung), Abrieb *m*, Verschleiß *m* durch Reibung
atrito *m* **do ar** / Luftreibung *f* ‖ ~ **interno** / innere Reibung
atropina *f* (química) / Atropin *n*
atrutado / halbiert
audião *m* (electrón.) / Audion *n*
audibilidade *f* / Hörbarkeit *f* ‖ ~ (telecom.) / Abhörbarkeit *f* ‖ ~ / Lautstärke *f* bezogen auf 1000 Hz-Ton, Lautverständlichkeit *f*
audição *f* (acústica) / Hören *n* ‖ ~ (telecom.) / Verständigung *f*
audio... / Ton..., Audio... ‖ ~ / Hör..., Audio...
audio resposta *f* (informática) / akustische Beantwortung
audiofrequência *f* / Audiofrequenz *f* (etwa 30 bis 20000 Hertz), Tonfrequenz *f*, Niederfrequenz *f*, NF ‖ **de ~** / tonfrequent
audiograma *m* / Audiogramm *n*, Audiometerkurve *f*
audiometria *f* / Gehörmessung *f*, Audiometrie *f*, NF-Messung *f*, Tonfrequenzmessung *f* ‖ ~ **do som puro** / Tonaudiometrie *f*
audiómetro *m* / Audiometer *n*
áudion *m* (electrón.) / Audion *n*
audio-visual / optisch-akustisch
auditivo / Gehörs..., Hör...
audível / hörbar
auge *m* / Höhepunkt, Gipfelpunkt *m*
augen-gneisse *m* (geol) / Augengneis *m*
augita *f* (mineralog.) / Augit *m*
aumentado por efeito de campo / durch Feldeffekt gesteigert
aumentador *m* **de tensão** (mecân.) / Spannungserhöher *m*
aumentar (geral) / vergrößern ‖ ~ / erhöhen ‖ ~, elevar (temperat.) / steigen ‖ ~ **a temperatura** / erwärmen ‖ ~ **bruscamente** / hochschnellen *vi* ‖ ~ **o número de andares** (constr. civil) / aufstocken, erhöhen
aumento *m* / Steigerung *f*, Zunahme *f*, Vergrößerung *f*, Zuwachs *m*, Erhöhung *f* ‖ ~ (tráfego) / Aufkommen *n* ‖ ~ **de carga** / Belastungssteigerung *f* ‖ ~ **de luminosidade** / Aufhellung *f*, Aufhellen *n* ‖ ~ **de temperatura** / Temperaturerhöhung, -zunahme *f*, -anstieg *m*, Erwärmung *f* ‖ ~ **de tensão** / Spannungserhöhung *f*, Spannungsanstieg *m* ‖ ~ **de velocidade** / Beschleunigung *f* ‖ ~ **de volume** / Volumenzunahme *f*, -vergrößerung *f* ‖ ~ **do grau de dureza** (água) / Erhöhung *f* des Härtegrades ‖ ~ **do potência nominal** (reactor) / Erhöhung *f* der Betriebsleistung ‖ ~ **do rendimento** / Erhöhung *f* des Wirkungsgrades ‖ ~ **expontâneo de dureza** / Aushärtung *f* (Duralumin)
auramina *f* (tinturaria) / Auramin *n*
aurato *m* / Goldsalz *n* ‖ ~ **telúrico** / Tellurgoldsalz *n*
áureo / golden, von Gold, Gold...
auréola *f* (geol, meteorol.) / Hof *m*, Aureole *f*, Lichthülle *f*
áurico / Gold(III)-..., Auri...
aurífero / goldhaltig, goldführend
aurina *f* / Aurin *n*
aurora *f* **boreal** / Nordlicht *n*
auroso / Gold(I)-..., Auro...
auscultador *m* (telecom.) / Ohrstück *n*, Hörmuschel *f*, Handapparat *m*, Kopfhörer *m*, Hörer *m*
ausência *f* / Fehlen *n*, Abwesenheit *f* ‖ ~ **de cintilação** (tv) / Flackerfreiheit *f* ‖ ~ **de corrente** (electr.) / Stromlosigkeit *f* ‖ ~ **de gravidade** / Schwerelosigkeit *f* ‖ ~ **de harmónicas** (electr.) / Oberwellenfreiheit *f* ‖ ~ **de luz** / Lichtabschluß *m*
áuste *m* **de cabo** / Seilspleiße, -spleißung *f*
austénico, austenítico / austenitisch
austenita *f* (siderurg.) / Austenit *m*, Hartilit *m*
auto... / Selbst..., automatisch
auto-absorção *f* (técn. nucl.) / Eigenabsorption *f*
auto-adesivo / selbsthaftend
auto-amortecimento *m* (mecân.) / Eigendämpfung *f*
auto-aspirante / selbstansaugend
autocapacitância *f* / Eigenkapazität *f*
autocaravana *f* (autom.) / Wohnmobil *m*
autocarro *m* / Kraftomnibus *m*, Omnibus *m*, Bus *m*, Autobus *m* ‖ ~ **articulado** / Gelenkbus *m* ‖ ~ **de dois andares** / Doppeldeckomnibus *m*, Oberdeckomnibus *m* ‖ ~ **interurbano** / Überlandomnibus *m*
autocatálise *f* / Autokatalyse *f*

autoclave *m* (química) / Autoklav *m* ‖ ~ **para decatização** / Kesseldekatiermaschine *f*
autoclismo *m* / Abortspülapparat *m*, Spülvorrichtung *f*, Klosettspülung *f*, Spülkasten *m*
autocolante *m* / Aufkleber *m* ‖ ~ *adj* / selbsthaftend, selbstklebend
autocolimação *f* / Autokollimation *f*
autocombustão *f* / Selbstverbrennung *f*
autocomutação *f* (electrón.) / Selbstführung *f*
autoconsistente / selbständig
autocrómico (técn. fotogr.) / autochrom
autóctone / autochton
autódino *m* (electrón.) / Schwingaudion *n* ‖ ~ *adj* / selbstüberlagernd
auto-emulsivo / selbstemulgierend
auto-endurecível / selbsthärtend
auto-estrada *f* / Autobahn *f*, Autostraße *f* ‖ ~ **de circunvalação** (constr. rodov.) / Autobahnring *m* ‖ ~ **federal** / Bundesautobahn *f*
auto-excitação *f* (electrón.) / Selbsterregung *f*
auto-excitado (electrón.) / selbsterregt
auto-extinguível (geral) / selbstlöschend
autofrenante (porca) / selbstsichernd (Mutter)
autogéneo / autogen
autografia *f* / Autographie, -lithographie *f*
autográfico (artes gráf.) / Autographen...
auto-heteródino *m* (electrón.) / Autoheterodyn *n*, selbstschwingend
auto-ignição *f* / Selbst[ent]zündung *f* ‖ ~ (mot.) / Glühzündung *f* ‖ **de** ~ / selbstentzündlich
auto-impedância *f* / Eigenimpedanz *f*
auto-indução *f* (electr.) / Selbstinduktion *f* ‖ **de** ~ / selbstinduziert
auto-indutivo / autoinduktiv, mit gemeinsamer Induktivität
auto-inflamação *f* / Selbst[ent]zündung *f* ‖ **de** ~ / selbstentzündlich
auto-interrupção *f* (electr.) / Selbstunterbrechung *f*
autojigger *m* (electrón.) / Autojigger *m*
autolubrificação *f* / Selbstschmierung *f*
autolubrificante / selbstschmierend
auto-maca *f* / Sanitätswagen *m*
automação *f* / Automation, Automatisation *f*
automanutenção *f* / Selbsthaltung *f* (Relais)
automático / automatisch, Selbst..., selbsttätig
automatismo *m* / Automatismus *m*, Automatie *f*, Automatik *f* ‖ ~ **industrial** (informática) / Prozeßdatenverarbeitung *f*
automatização *f* / Automatisierung, Automation *f*
automatizar / automatisieren
automobilismo *m* / Kraftfahrwesen *n*, Autofahren *n*
automobilista *m* / Kraftfahrer *m*
automórfico (matem.) / automorph ‖ ~ (mineralog.) / idiomorph
automorfismo *m* (matem.) / Automorphismus *m*
automotor / mit Eigenantrieb, selbstfahrend
automotora *f* (técn. ferrov.) / Triebwagen *m*, Schienenbus *m*, Motortriebwagen *m* ‖ ~ **de turbina a gás** / Turbotriebwagen *m* ‖ ~ **Diesel** / Brennkrafttriebwagen, (amtlich für:) Dieseltriebwagen *m* ‖ ~ *m* **Diesel-eléctrica** / Brennkraft-Elektrotriebwagen *m* ‖ ~ *f* **rápida** / Schnelltriebwagen *m*
automotriz *f* (técn. ferrov.) vide automotora
automóvel *m* (autom.) / Auto *n*, Kraftfahrzeug *n* ‖ ~ *adj* / selbstfahrend ‖ ~ *m* **ligeiro** (autom.) / Personen[kraft]wagen, Pkw *m*
autonivelador (agrimen.) / selbsthorizontierend
autonomia *f* (contr. autom.) / Autonomie *f* ‖ ~ (técn. ferrov.) / Fahrbereich *m* (eines Triebfahrzeugs) ‖ ~ **de voo** (aeronáut.) / Reichweite *f* ohne Auftanken
autónomo / autonom, selbständig
auto-orientação *f* **radiogoniométrica** (electrón.) / Eigenpeilung *f*
auto-oscilação *f* (electrón.) / Eigenschwingung *f*, selbsterregte Schwingung
auto-oxidação *f* (química) / Autoxydation *f*
autopiloto *m* (navio) / Selbststeuergerät *n* ‖ ~ (aeronáut.) / Selbststeuergerät *n*, Autopilot *m*
autopolimerização *f* / Autopolymerisation *f*
autopropulsão *f* / Selbstantrieb *m*
auto-radiografia *f* / Autoradiographie *f*
auto-registador / selbstschreibend, selbstregistrierend
auto-regulação *f* (técn. nucl., electr.) / Selbstregelung *f*
auto-regulador / selbstregelnd
auto-regulável / selbstnachstellend
auto-ressonância *f* / Eigenresonanz *f*
autorização *f* / Erlaubnis, Genehmigung *f* ‖ ~ (fotogr. aérea) / Freigabe *f*
autorizar / genehmigen ‖ ~ (fotogr. aérea) / freigeben
auto-rotação *f* / Eigendrehung *f*
auto-saturador (electr.) / selbstsättigend
auto-serviço *m* / Selbstbedienung *f*
auto-silo *m* / Parkhaus *n*, -hochhaus *n*
auto-suspenso / selbsttragend
auto-tanque *m* (bombeiros) / Tanklöschfahrzeug *n*
auto-telefone *m* / Autotelephon *n*, (amtlich:) Sprechfunkgerät im öffentlichen beweglichen Landfunk o. im ÖbL
autotêmpera, de ~ / selbsthärtend
autotipia *f* (artes gráf.) / Rasterätzung *f*
autotransformador *m* (electr.) / Spartransformator *m*, -umspanner *m* ‖ **~-divisor** *m* / Spannungsteilertransformator *m*
autovalor *m* / Eigenwert *m*
autoventilação *f* (electr.) / Eigenlüftung *f*, Selbstlüftung *f*
autunita *f* (mineralog.) / Autunit *m*
auxiliar *m* (tinturaria) / Hilfsmittel *n* ‖ ~ *adj* / Aushilfs..., Aushelfs..., behelfsmäßig, Hilfs..., Behelfs... ‖ ~ *m* **respiratório** / Atemhilfe *f* ‖ ~ **tintorial** / Färbehilfsmittel *n*
auxina *f* / Auxin *n*, pflanzlicher Wuchsstoff
auxocromo *m* (tinturaria) / Auxochrom *n*
avalancha *f*, avalanche *f* / Lawine *f* ‖ ~ **de areia e pedra** / Mure *f*, Murgang *m* ‖ ~ **de pedras** / Steinfall *m*, -schlag *m* ‖ ~ **de rochas** / Felsrutsch, -sturz *m* ‖ ~ **electrónica ou eletrônica** / Elektronenlawine, Trägerlawine *f* ‖ ~ **iónica** / Ionenlawine *f*
avaliação *f* / Bewertung *f*, Auswertung *f*, Wertung *f* ‖ ~ **da estrutura** / Gefügeauswertung *f* ‖ ~ **da tarefa** / Arbeitsbewertung *f* ‖ ~ **de capacidade**, avaliação *f* de rendimento (informática) / Leistungsprüfung *f* ‖ ~ **de imagem** (agrimen.) / Bildauswertung *f* ‖ ~ **de massas** (física) / Massenberechnung *f* ‖ ~ **de uma fórmula** / Formelauswertung *f* ‖ ~ **do desempenho** / Leistungsbewertung *f*
avaliado em frequência / frequenzbewertet
avaliar / auswerten, einschätzen, bewerten, schätzen
avançado / vorgeschoben, nach vorn verlegt, fortgeschritten
avançar / voreilen *vi* ‖ ~ / fortschreiten ‖ ~ (máq. ferram.) / vorschieben, zustellen ‖ ~ (expl. minas) / vortreiben ‖ ~ **em fase** / in Phase voreilen
avanço *m* / Voreilen *n*, Voreilung *f* ‖ ~ / Fortschritt *m*, Fortschreiten *n* ‖ ~ (expl. minas) / Vortrieb *m* ‖ ~ (máq. ferram.) / Vorlauf *m*, -bewegung *f*, Vorschub *m*, Zustellung *f* ‖ **estar em ~ de fase** / in Phase voreilen ‖ ~ **a contrapeso** / Gewichtsvorschub *m* ‖ ~ **aproximado** (máq. ferram.) / Grobverschub *m* ‖ ~ **automático** / automatischer Vorschub ‖ ~ **automático** (máq. ferram.) / Selbstzustellung *f*, Selbstgang *m* ‖ ~ **automático da mesa** (máq. ferram.)

/ Tischselbstgang *m* ‖ ~ **automático transversal** (máq. ferram.) / Querselbstgang *m* ‖ ~ **da fita** (máq. escrev.) / Farbbandtransport *m*, Vorzündung *f* ‖ ~ **da ignição** (autom.) / Zündvorverstellung *f* ‖ ~ **das barras** (torno) / Stangenvorschub *m* ‖ ~ **das escovas** (electr.) / Bürstenvorschub *m* ‖ ~ **de ataque** (torno) / Einstechbewegung *f* ‖ ~ **de fase** / Phasenvoreilung *f* ‖ ~ **de formulários** (informática) / Formularvorschub *m* ‖ ~ **de galerias** (expl. minas) / Streckenvortrieb *m* ‖ ~ **de perfuração** / Bohrvorschub *m* ‖ ~ **descontínuo** (lamin.) / Rückvorschub *m* ‖ ~ **diário** (expl. minas) / Vortriebsleistung *f* ‖ ~ **do carro** (máq. ferram.) / Drehweg *m* des Schlittens ‖ ~ **do contador** / Zählerfortschaltung *f* ‖ ~ **do distribuidor** / Schiebervoreilung *f* ‖ ~ **do filme** / Filmtransport *m* ‖ ~ **do papel** (máq. escrev.) / Papiervorschub *m*, -transport *m* ‖ ~ **excêntrico** / Exzenteranlauf *m* ‖ ~ **fixo** / Zündzeitpunkt *m* ‖ ~ **inicial do distribuidor** (mot.) / Anfangsvorzündung *f* ‖ ~ **intermitente** (máq. ferram.) / schrittweiser Vorschub, Sprungvorschub *m* ‖ ~ **lento** (máq. ferram.) / Feinzustellung *f*, Schleichgang *m* ‖ ~ **longitudinal** (máq. ferram.) / Langvorschub *m*, Längsvorschub *m* ‖ ~ **manual** (autom.) / Handverstellung *f* (Zündung) ‖ ~ **mecânico** / Kraftvorschub *m*, maschineller Vorschub ‖ ~ **por barras** (máq. ferram.) / Stangenvorschub *m* (mittels Stangen) ‖ ~ **por garras ou pinças** / Greifervorschub *m* ‖ ~ **por gravidade** (máq. ferram.) / Schwerkraftzuführung *f* ‖ ~ **por rotação** (máq. ferram.) / Schnittvorschub *m* ‖ ~ **preciso** (máq. ferram.) / Feinvorschub *m* ‖ ~ **rápido** (máq. ferram.) / Schnellgang *m*, Eilgang *m*, Schnellvorschub *m* ‖ ~ **rápido** (fita magn.) / Schnellvorlauf *m* ‖ ~ **transversal** (máq. ferram.) / Planvorschub *m* ‖ ~ **vertical** (máq. ferram.) / Tiefenvorschub *m*

avaria *f* (electr., máq., tecnol., telecom.) / Störung *f* ‖ ~ **de linha** / Leitungsstörung *f*

avariado / gestört, defekt

aveia *f* / Hafer *m*

aveludado (têxtil) / samtartig

avental *m* (geral) / Schürze *f* ‖ ~ **de borracha opaca** / Bleigummischürze *f* ‖ ~ **de chumbo** / Bleischürze *f*

aventurina *f* (mineralog.) / Aventurin *m*, Glimmerquarz *m*

avesso *m* (tecel.) / Rückseite *f*, Abseite *f*

aviação *f* / Fliegen *n*, Fliegerei *f*, Luftfahrt *f*, Flugwesen *n* ‖ ~ **à vela** / Segelflugwesen, -fliegen *n*, -fliegerei *f*, -flug *m* ‖ ~ **naval** / Marineflugwesen *n*, -fliegerei *f* ‖ ~ **sem motor** / Segelflugwesen, -fliegen *n*, -fliegerei *f*, -flug *m*

aviador *m* / Flieger *m*

aviajado / einhüftig (Gewölbe)

avião *m* / Flugzeug *n* ‖ ~ **a jacto** / Düsenflugzeug *n* ‖ **~-alvo** *m* (aeronáut.) / Zielflugzeug *n* ‖ ~ **de asa em delta** / pfeilförmiges Flugzeug, Pfeilflugzeug *n*, Deltaflugzeug *n* ‖ ~ **de bombardeio** / Bomber *m* ‖ ~ **de caça** (aeronáut.) / Jagdflugzeug *n* ‖ ~ **de cauda dupla** / Doppelschwanzflugzeug *n* ‖ ~ **de combate** / Kampfflugzeug *n* ‖ ~ **de descolagem e aterragem verticais** (aeronáut.) / Flugzeug für Senkrechtstart u. -landung, VTOL-Flugzeug *n* ‖ ~ **de luta táctica** / Erdkampfflugzeug *n* ‖ ~ **de propulsão a jacto** / Strahlflugzeug *n* ‖ ~ **de reacção** / Düsenflugzeug *n* ‖ ~ **de reconhecimento** / Aufklärungsflugzeug *n*, Aufklärer *m* ‖ ~ **de reconhecimento de grande raio de acção** (aeronáut.) / Fernaufklärer *m* ‖ ~ **de treino** / Schulflugzeug *n* ‖ ~ **estratosférico** / Stratosphärenflugzeug *n* ‖ ~ **leve** / Leichtflugzeug *n*, Kleinflugzeug *n* ‖ ~ **STOL** / Kurzstartflugzeug, Stolflugzeug *n* ‖ ~ **VTOL** / VTOL-Flugzeug *n*, Flugzeug *n* für Senkrechtstart u. -landung

aviário *m* / Geflügelfarm *f*

avioneta *f* / Kleinflugzeug *n*, Leichtflugzeug *n*

aviónica *f* (aeronáut.) / Bordelektronik *f*

avisador *m* **de incêndios** / Feuermelder *m*, Brandmelder *m* ‖ ~ **óptico** (autom.) / Lichthupe *f*

aviso *m* (telecom.) / Meldung *f* ‖ ~ **em sentido inverso** (telecom.) / Rückmeldung *f*

avivagem *f* (têxtil) / Avivieren *n*

avivamento *m* **mediante gordura** (têxtil) / Fettavivage *f*

avivar (têxtil) / avivieren, anfachen

axial / Achsen..., axial, Axial... ‖ **com folga** ~ / leergehend

axialmente simétrico / achsensymmetrisch

axinita *f* (mineralog.) / Axinit *m*

axioma *m* (matem., física) / Axiom *n*, Grundsatz *m*, Hauptsatz *m*

axiomática *f* (matem.) / Axiomatik *f*, Grundlagenforschung *f*

axiomático / axiomatisch

axiómetro *m* / Axiometer *n*

axonométrico (desenho industr.) / axonometrisch

azebre *m* / Grünspan *m*

azedar / umschlagen, einen Stich bekommen o. haben, sauerwerden

azedo (geral) / sauer

azeitar (lã) / spicken, schmälzen

azeite *m* (de oliveira) / Olivenöl *n* ‖ ~ **animal** / Tieröl *n* ‖ ~ **de lâmpada** / Brennöl *n* (Leuchtöl) ‖ ~ **de segunda prensagem** / Öl *n* der zweiten Pressung ‖ ~ **residual** (de oliveira) / Olivennachöl *n*

azeiteira *f* / Ölkännchen *n*

azeitona *f* / Olive *f*

azeotrópico / azeotrop

azeviche *m* (expl. minas) / Jet, Gagat *m*, Pechkohle *f*

azida *f* / Azid *n* ‖ ~ **ácida** / Säureazid *n* ‖ ~ **de chumbo** / Bleiazid *n* ‖ ~ **de sódio** / Natriumazid *n*

azimutal / Seiten..., azimutal, scheitelwinkelig

azimute *m* / Azimut *n m* ‖ ~ **magnético** / Abweichungswinkel *m* der Magnetnadel ‖ ~ **preciso** / Feinazimut *m n*

azina *f* (tinturaria) / Azin *n*

azinhavre *m* / Grünspan *m*

azo... (química) / Azo...

azobenzeno *m* / Azobenzol *n*

azoto *m* (obsoleto) / Stickstoff *m*, N ‖ ~ **albuminoso** / Eiweißstickstoff *m*

azotómetro *m* / Azotometer *n*

azoxicomposto *m* / Azoxyverbindung *f*

azul *m* / Blau *n*, blaue Farbe ‖ **~-aço** / stahlblau (RAL 5011) ‖ ~ **anil** / Indigoblau *n* ‖ **~-bremen** *m* / Bremer Blau *n* ‖ ~ **brilhante** / brillantblau (RAL 5007) ‖ **~-celeste** / himmelblau (RAL 5015) ‖ **~-claro** / hellblau, lichtblau ‖ ~ **claro** / lichtblau ‖ ~ **cobalto** / Leithners Blau *n* ‖ ~ **da Prússia** / Berliner Blau *n* ‖ ~ **de bromotimol** / Bromthymolblau *n* ‖ ~ **de cobalto** / Kobaltblau *n* ‖ ~ **de fécula** / Stärkeblau *n* ‖ ~ **de metileno** / Methylenblau *n* ‖ **~-de-anilina** *m* / Anilinblau *n* ‖ ~ **Delft** / Fayenceblau *n* ‖ **~-de-turnbull** *m* / Turnbulls Blau ‖ ~ **escuro** / dunkelblau ‖ **~-imperial** *m* / Königsblau *n* ‖ **~-marinho** / marineblau ‖ ~ **pálido** / blaßblau ‖ **~-preto** / schwarzblau (RAL 5004) ‖ ~ **solúvel** (tinturaria) / Wasserblau *n* ‖ ~ **ultramarino** / Azurblau *n*, Ultramarin *n* ‖ ~ **vegetal** / Blumenblau *n*

azulado / bläulich ‖ ~ (açúcar) / geblaut

azular / blau anlaufen lassen, bläuen

azulejo *m* / Kachel *f*

azurita *f* (mineralog.) / Kupferlasur *f*, Kupferblau *n* ‖ ~ (de Beudant) (mineralog.) / Bergblau *n*

B

b / barn (Maßeinheit des Wirkungsquerschnittes) (1b = 10^{-24} cm^2), b

B / Bor *n*, B

Ba / Barium *n*, Ba

bacia *f* / Bassin *n* ‖ ~ (geral, geol) / Becken *n* ‖ ~ [fluvial ou lacustre] / Stromgebiet *n* ‖ ~ **carbonífera** (geol) / Kohlenbecken *n* ‖ ~ **de acumulação** (hidrául.) / Sammelbecken *n* ‖ ~ **de alimentação** / Speisebecken *n*, -bassin *n* ‖ ~ **de decantação** / Absetzbecken *n*, Klärbecken *n* ‖ ~ **de decantação de lama** / Schlammabsitzbecken *n* ‖ ~ **de depósito de lama** / Schlammfang, -fänger, -kasten *m* ‖ ~ **de edulcoração** (química) / Absüßkessel *m* ‖ ~ **de evaporação** / Abdampfgefäß *n*, Verdampfschale *f* ‖ ~ **de retenção** (hidrául.) / Staubecken *n* ‖ ~ **de revelação** (técn. fotogr.) / Entwicklungstank *m* ‖ ~ **de sedimentação** / Ruhebecken *n* ‖ ~ **de um rio** / Flußbecken, -gebiet *n* ‖ ~ **do espigão**, bacia *f* do quebra-mar / Buhnenkammer *f* ‖ ~ **hulhífera** (geol) / Steinkohlenformation *f*, kohlenführende Schichten *f pl* ‖ ~ **portuária** / Hafenbecken *n*

bacilo *m* / Bazillus *m* (pl: Bazillen)

baço / blind, trübe

bactéria *f* / Bakterie *f*

bactérias *f pl* **do petróleo** / Erdölbakterien *n pl* ‖ ~ **luminosas** / Leuchtbakterien *f pl*

bactericida / bakterizid *adj*

bacteriófago *m* / Bakteriophag *m*

bacteriologia *f* / Bakteriologie *f*

bacteriológico / bakteriologisch

bacteriologista *m* / Bakteriologe *m*

bacteróide / bakterienartig

badame *m* (serralhar.) / Kreuzmeißel *m* ‖ ~ **de carpinteiro** (marcenar.) / Lochbeitel *m*

badeleíta *f* (mineralog.) / Baddeleyit *m*, Brazilit *m*

baeta *f* / Boi *m*

bafagem *f* / leichte Brise

bagaço *m* (açúcar) / Brennrohr *n*, Bagasse *f* ‖ ~ (uvas) / Treber *m pl*, Weintreber *m pl*, Trester *m pl* ‖ ~ **de filtração** / Filterkuchen *m* ‖ ~ **de malte** / Malztreber *pl*

bagageira *f* (autom.) / Kofferraum *m*

bainha *f* / Hohlsaum *m*, Futteral *n*, Scheide *f*

baínha *f* / Saum *m*

baixa definição *f* (tv) / weniger als 200 Zeilen je Bild ‖ ~ **frequência** (geral) / Niederfrequenz *f* ‖ ~**-mar** *f* / Ebbe *f* ‖ ~ **pressão** (máq., tecnol.) / Unterdruck *m*, Niederdruck *m*, niedriger Druck ‖ ~ **tensão** / Niederspannung *f* ‖ ~ **viscosidade** / Dünnflüssigkeit *f*

baixada *f* **de antena** / Antennenzuleitung *f*

baixar / fallen, absenken, senken, erniedrigen, absinken ‖ ~ **a tensão** (electr.) / herabtransformieren, abspannen ‖ ~ **o trem de aterragem** (aeronáut.) / das Fahrgestell ausfahren ‖ ~ **uma perpendicular** (constr. civil) / ein Lot fällen, eine Lotrechte fällen, loten, fällen

baixo / niedrig, nieder, flach, gering, seicht, tief ‖ **de ~ nível** (electr.) / schwach ‖ **para ~** / ab, abwärts ‖ ~ **alcance** *m* / L-Bereich *m* (Binärgröße) ‖ ~**-relevo** *m* / flacherhabene Arbeit, Flachrelief *n*

bala *f* / Kugel *f* ‖ **à prova de ~** / schußfest, -sicher ‖ ~ **de fazenda** / Stoffballen *m* ‖ ~ **encamisada** / Mantelgeschoß *n* ‖ ~ **luminosa** / Leuchtkugel *f* ‖ ~ **semiblindada** / Teilmantelgeschoß *n* ‖ ~ **traçante** / Leuchtspurgeschoß *n*

balança *f* / Waage *f* ‖ ~ **analítica** / Apothekerwaage *f*, analytische Waage ‖ ~ **anular** / Ringwaage *f* ‖ ~ **com escala de componente único** / Einkomponentenwaage *f* ‖ ~ **com travessão** / Balkenwaage *f* ‖ ~ **coulomb** / Coulombsche Waage (zur Messung von Anziehungskräften) ‖ ~ **de análise** / Analysenwaage *f* ‖ ~ **de comparação de duas indutâncias mútuas** / Induktionsmeßwaage *f* ‖ ~ **de ensacar em bruto** / Bruttoabsackwaage *f* ‖ ~ **de Euler** (cristalogrf.) / Eulerwiege *f* ‖ ~ **de fricção** / Reibungswaage *f* ‖ ~ **de gás** / Gaswaage *f* ‖ ~ **de indução** / Induktionswaage *f* ‖ ~ **de Jolly** (física) / Jollysche Federwaage ‖ ~ **de Kelvin** (electr.) / Stromwaage *f* ‖ ~ **de laboratório** / chemische Waage ‖ ~ **de mão** / Handwaage *f* ‖ ~ **de mola** / Federwaage *f* ‖ ~ **de plataforma** / Brückenwaage *f* ‖ ~ **de precisão** / Analysenwaage *f*, Feinwaage *f* ‖ ~ **de pressão** / Druckwaage *f* ‖ ~ **de tensão** / Federwaage *f* ‖ ~ **de tipo transportador** / Bandwaage *f* ‖ ~ **de torção** / Torsionswaage, Drehwaage *f* ‖ ~ **de travessão** / Hebelwaage *f* ‖ ~ **de três componentes** / Dreikomponentenwaage *f* ‖ ~ **de verificação** / Justierwaage *f* ‖ ~ **decimal** / Dezimalwaage *f* ‖ ~ **electrodinâmica** (electr.) / Stromwaage *f* ‖ ~ **magnética** / [erdmagnetische] Feldwaage ‖ ~ **ordinária** / Hebelwaage *f* ‖ ~ **para numeração de fios** / Garnwaage, -bestimmungswaage, -sortierwaage *f* ‖ ~ **química** / Feinwaage *f* ‖ ~ **romana** / Schnellwaage *f*, Handwaage *f* ‖ ~ **termogravimétrica** / Temperaturwaage *f*

balançado / im Gleichgewicht ‖ **estar ~** / im Gleichgewicht sein (o. stehen)

balançar / ausbalancieren, im Gleichgewicht halten

balanceiro *m* (mot.) / Kipphebel *m* ‖ ~ (máq. vapor) / Balancier *m* ‖ ~ / Brecherschwinge *f* ‖ ~ (autom.) / Kipphebel *m* ‖ ~ / Aufwinder *m* ‖ ~ (máq., tecnol.) / Schwinge *f*

balanceiros *m pl* **da bússola** / Kompaßbügel *m*, -gabel *f*

balanço *m* / Balance *f*, Gleichgewicht *n* ‖ **em ~** (constr. civil, mecân.) / freitragend ‖ ~ **de carga** / Lastausgleich *m* ‖ ~ **de energia** / Energiebilanz *f* ‖ ~ **dos gases** / Gasbilanz *f* ‖ ~ **em ponte** (electr.) / Brückenabgleich *m* ‖ ~ **energético de uma reacção** (técn. nucl.) / Q-Wert *m* ‖ ~ **hidrológico** / Wasserbilanz *f* ‖ ~ **térmico** / Wärmebilanz *f*, -haushalt *m*

balão *m*, aeróstato / Ballon *m*, Luftballon *m* ‖ ~ (química) / Ballon *m*, Kolben *m* ‖ ~ (fiação) / Schleier *m* ‖ ~ **cativo** / Fesselballon *m* ‖ ~ **com tubo** (química) / Kolben mit Ansatzrohr *m* ‖ ~ **de destilação** / Destillierkolben *m*, Blase *f* ‖ ~ **de destilar** / Fraktionierkolben *m* ‖ ~ **de Erlenmeyer** (química) / Stehkolben *m* ‖ ~ **de filtrar** / Filterkolben *m* ‖ ~ **de fio** / Fadenschleier *m*, Fadenballon *m* ‖ ~ **de fundo chato** (química) / Stehkolben *m* ‖ ~ **[de fundo] redondo** (química) / Rundkolben *m* ‖ ~ **de um litro** (química) / Literkolben *m* ‖ ~ **de vácuo** / Vakuumkolben *m*, -gefäß *n* ‖ ~ **de vidro** (química) / Glaskolben *m* ‖ ~ **graduado** (química) / Meßkolben *m* ‖ ~ **inserto** (química) / ineinandergefügte Kolben *m pl* ‖ ~ **livre** / Freiballon *m* ‖ ~**-sonda** *m* / Versuchsballon *m*, Ballonsonde *f*

balastragem *f* / Beschotterung *f*

balastrar (técn. ferrov.) / beschotten, schottern

balastro *m* (constr. naval) / Ballast *m* ‖ ~ (técn. ferrov.) / Schotter *m*, Gleisbettung *f*, Bettung *f*, Bettungsmaterial *n* ‖ ~ / Drosselspule *f*, Vorschaltgerät *n* (für Leuchtstoffröhren), Reaktor *m* ‖ ~ **de cascalho**, balastro *m* de escória

metalúrgica / Straßenschotter *m* ‖ ~ **de reactância com núcleo de ferro** / Eisendrossel *f*
balata *f* / Balata *f*
balaustrada *f* (constr. civil) / Balustrade *f*, Schutzgeländer *n*, Geländer *n* ‖ ~ **de escada** / Treppengeländer *n*
balaústre *m* (constr. civil) / Baluster *m*, Geländerdocke *f*
balcão *m* / Theke *f*, Tresen *m* ‖ ~ **congelador** / Gefriertheke *f*
baldaquino *m* (constr. civil) / Baldachin *m*
balde *m* / Eimer *m* ‖ ~ (draga) / Baggereimer *m* ‖ ~ **de draga** / Baggereimer *m* ‖ ~ **de fundo móvel** / Klappkübel *m* ‖ ~ **de incêndio** / Löscheimer *m* ‖ ~ **para poços de minas** (expl. minas) / Abteufkübel *m*
baldeação *f* / Umladen *n*, Umladung *f*
baldear / umladen (in ein anderes Fahrzeug)
balística *f* / Ballistik *f*, Schießlehre *f*
balístico / ballistisch
baliza *f* / Bake *f*, Landzeichen *n* ‖ ~ **com luz intermitente** / Blinkfeuer *f* ‖ ~ **de identificação** (aeronáut.) / Kennfeuer *n* ‖ ~ **farol** / Leuchtboje *f* ‖ ~ **luminosa** / leuchtendes Landezeichen, Leuchtbake *f* ‖ ~ **terrestre** / landfestes Seezeichen
balizagem *f* / Bebakung *f*, Besetzung *f* mit Baken ‖ ~ **luminosa de aeroporto** / Flughafenbefeuerung *f*
balizar (agrimen.) / auspflocken, abgrenzen
balonete *m* (aeronáut.) / Ballonett *n*, Gaszelle *f*
balsa *f* / Fährboot *n*, Autofähre *f* ‖ ~ **ferroviária** / Eisenbahnfähre *f*, Trajekt *m n* ‖ ~ **pneumática** / Schlauchfloß *n* ‖ ~ **salva-vidas** / Rettungsinsel *f*
bálsamo *m* / Balsam *m* ‖ ~ **do Canadá** / Canadabalsam *m*
balustrada *f* / Brüstungsgeländer *n* ‖ ~ **de ponte** / Brückengeländer *n*
bambu *m* / Bambus *m*
bancada *f* (máq. ferram.) / Bett *n* ‖ ~ **de aquecimento** (siderurg.) / Warmbett *n* ‖ ~ **de cava** (máq. ferram.) / gekröpftes Bett ‖ ~ **de máquina** / Maschinenbett *n* ‖ ~ **de torno** / Drehmaschinenbett *n* ‖ ~ **de trabalho** / Werkbank *f*, -tisch *m* ‖ ~ **de três guias** (máq. ferram.) / Dreibahnbett *n* ‖ ~ **lateral** (máq. ferram.) / Seitenbett *n*
banco *m* (geol) / Bank *f* ‖ ~ **de areia** / Sandbank *f* ‖ ~ **de arrefecimento** (lamin.) / Kühlbett *n* ‖ ~ **de bobinas** / Feinspulmaschine, Jackmaschine *f* ‖ ~ **de carpinteiro** / Hobelbank *f* ‖ ~ **de dados** (informática) / Datenbank *f* ‖ ~ **de dados** (informática) / Datenbank *f* ‖ ~ **de ensaio** (máq., tecnol., mot.) / Versuchsstand *m*, Prüfstand *m*, -raum *m* ‖ ~ **de escovas** (têxtil) / Flyer *m* ‖ ~ **de esfriamento** (lamin.) / Kühlbett *n* ‖ ~ **de estender** / Ausbreitmaschine *f* ‖ ~ **de estiragem** (têxtil) / Streckwerk *n* ‖ ~ **de fusos** (fiação) / Spindelbank *f*, Flügelvorspinnmaschine *f* ‖ ~ **de fusos intermediário** / Mittelflyer *m* ‖ ~ **de fusos superfino** / Doppelfeinfleier, -flyer *m* ‖ ~ **de peixe** / Fischschwarm *m* ‖ ~ **de trabalho** / Arbeitstisch *m* ‖ ~ **de trefilagem** / [Draht-]Ziehbank *f* ‖ ~ **de trefilar fios grossos** / Grobzug *m* ‖ ~ **em fino** (fiação) / Feinbank *f*, Feinfleier *m* ‖ ~ **em forma de caixa** (máq. ferram.) / Kastenbett *n* ‖ ~ **estirador de última passagem** / Feinstrecke *f* ‖ ~ **grosseiro** (fiação) / Grobflyer *m* ‖ ~ **intercalado** (expl. minas) / Zwischenmittel *n* ‖ ~ **para estiragem fina de algodão** / Baumwollfeinstrecker *m* ‖ ~ **para estirar arame** / Drahtziehbank *f* ‖ ~ **retorcedor** (tecel.) / Andrehgestell *n* ‖ ~ **transversal** / Quersitz *m* ‖ ~ **traseiro** (autom.) / Rücksitz *m*, Fondsitz *m*
banda *f* (electrón.) / Band *n*, Wellenkanal *m*, Bereich *m* ‖ **de** ~ **estreita** (electrón.) / schmalbandig ‖ **de** ~ **lateral dupla** (electrón.) / Zweiseitenband... ‖ ~ **autorizada de radiodifusão** / Frequenzband von 535 bis 1605 kHz ‖ ~ **de energia** / Energieband *n* ‖ ~ **de frequência** / Frequenzband *n* ‖ ~ **de ondas** (electrón.) / Wellenbereich *m* ‖ ~ **de papel** / Papierbahn *f* ‖ ~ **de saída** (informática) / Ergebnisband *n* ‖ ~ **de serviço** / Betriebsfrequenzbereich *m* ‖ ~ **de televisão** / Fernsehband *n* ‖ ~ **do cidadão** / CB-Funk *m*, 11 Meter-Band ‖ ~ **energética** / Energieband *n* ‖ ~ **estreita** (electrón.) / schmales Band *n* (< 300 kHz) ‖ ~ **J** (electrón.) / J-Band *n* (12,4-18,0 MHz) ‖ ~ **L** (radar) / L-Band *n* (390 - 1550 MHz) ‖ ~ **larga** (electrón.) / Breitband ‖ ~ **lateral** (electrón., tv) / Seitenband *n* ‖ ~ **lateral inferior** (tv) / unteres Seitenband ‖ ~ **lateral principal** (tv) / Hauptseitenband *n* ‖ ~ **lateral residual** (tv) / Restseitenband *n* ‖ ~ **lateral superior** (tv) / oberes Seitenband ‖ ~ **lateral única** / Einseitenband *n* ‖ ~ **passante** (electrón.) / Durchlaßbereich *m*, -band *n*, Übertragungsbereich *m*, durchgelassener Frequenzbereich ‖ ~ **passante de amplificador** / Verstärker[frequenz]durchlaßbereich *m* ‖ ~ **passante de base** (electrón.) / Grundbandbreite *f* ‖ ~ **superior** (tv) / oberes Band (oberhalb Kanal 13) ‖ ~ **X** (radar) / X-Band *n* (5,2 - 11 GHz, 5.77 - 2.73 cm)
bandagem *f* **de fita de ferro** / Bandeisenreif *m*
bandeira *f* (tv) / Lichtabdeckschirm *m* (für die Aufnahmelinse)
bandeirola *f* **de orientação** (agrimen.) / Absteckfähnchen *n*
banha *f* **de porco** / Schweinefett *n*, [Schweine]schmalz *n*
banhado em óleo / ölgetränkt, ölimprägniert
banheira *f* **embutida** (constr. civil) / Einbauwanne *f* ‖ ~ **removível** (constr. civil) / Freistehwanne *f*
banheiro *m* (constr. civil) / Bad *n*, Badezimmer *n*
banho *m* / Bad *n* ‖ ~ (galvanoplast.) / Bad *n*, Badflüssigkeit *f* ‖ ~ (tinturaria) / Flotte *f* ‖ **de um só** ~ (tinturaria) / Einbad... ‖ **em** ~ **de óleo** (electr.) / Öl..., unter Öl ‖ ~ **cromatado** / Chrombad *n* ‖ ~ **de ácido** (tinturaria) / Säureflotte *f* ‖ ~ **de ácido sulfúrico** (tinturaria) / schwefelsaures Bad, Schwefelsäureflotte *f* ‖ ~ **de água salgada** / Kochsalzbad *n* ‖ ~ **de alume** (química) / Alaunbad *n* ‖ ~ **de amálgama de prata** (galvanoplast.) / Silberbeize *f* ‖ ~ **de ar** / Luftbad *n* ‖ ~ **de areia** (química) / Sandbad *n* ‖ ~ **de barrela** / Einweichungsbad *n* ‖ ~ **de branqueamento** (têxtil) / Bleichbad *n*, Bleichflotte *f* ‖ ~ **de chumbo** / Bleibad *n* ‖ ~ **de coagulação** (química) / Erstarrungsbad *n* ‖ ~ **de cobrear** / Kupferbad *n* ‖ ~ **de decapagem** / Dekapierbad *n* ‖ ~ **de decapagem** (galvanoplast.) / Gelbbrenne *f*, Beize *f* ‖ ~ **de decapagem** (siderurg.) / Beizbad *n* ‖ ~ **de decapagem electrolítica** / elektrolytisches Beizbad ‖ ~ **de desengorduramento electrolítico** / elektrolytisches Entfettungsbad ‖ ~ **de desmetalização** (galvanoplast.) / Abziehbad, Entmetallisierbad *n* ‖ ~ **de enxaguar** (têxtil) / Spülbad *n* ‖ ~ **de fixação** / Fixierbad *n* ‖ ~ **de fixação duro** (técn. fotogr.) / Härtefixierbad *n* ‖ ~ **de fusão** / Schmelzbad *n* ‖ ~ **de imersão** / Tauchbad *n* ‖ ~ **de impregnação** / Imprägnierflotte *f* ‖ ~ **de lavagem ligado** / gebundene Waschflotte ‖ ~ **de lixívia** / Laugenbad *n* ‖ ~ **de óleo** (química) / Ölbad *n* ‖ ~ **de óleo para a têmpera** (siderurg.) / Ölbad ‖ ~ **de recozer** (siderurg.) / Glühbad *n* ‖ ~ **de reforço** (tinturaria) / Nachlaufflotte *f* ‖ ~ **de reforço** (técn. fotogr.) / Verstärkungsbad *n* ‖ ~ **de regeneração** / Fällbad *n* ‖ ~ **de remoção** (galvanoplast.) / Abziehbad, Entmetallisierbad *n* ‖ ~ **de sal** / Salzbad *n* ‖ ~ **de têmpera** (siderurg.) / Anlaßbad *n*, Härtebad *n* ‖ ~ **de tingimento** / Färberflotte *f* ‖ ~ **de tintura** / Farbbad *n* ‖ ~ **de vapor** (geral, química) /

Dampfbad *n* ‖ ~ **de viragem** (técn. fotogr.) / Tonbad *n* ‖ ~ **de viragem de ouro** (técn. fotogr.) / Goldtonbad *n* ‖ ~ **de virar e fixar** (técn. fotogr.) / Tonfixierbad *n* ‖ ~ **detergente** (tinturaria) / Reinigungsflüssigkeit *f*, -flotte *f* ‖ ~ **galvânico** / galvanisches Bad ‖ ~**-maria** *m* (química) / Wasserbad *n* ‖ ~ **para brunir** / Brünierbeize *f* ‖ ~ **revelador** (técn. fotogr.) / Entwicklungsbad *n* ‖ ~ **salino** / Salzbad *n* ‖ ~ **termoeléctrico** / elektrisches Wärmebad ‖ ~ **termostático** / Temperaturbad *n* ‖ ~ **tintorial** / Färbebad *n*, Färbeflotte *f*

banqueta *f* **da fundação** / Fundamentabsatz *m*

banquisa *f* / Packeis *n*

banzo *m* **exterior da escada** / Freiwange *f*, äußere Treppenwange ‖ ~ **interior** / innere Treppenwange ‖ ~ **superior** / Obergurt *m*

baquelita *f*, baquelite *m* / Bakelit *n* ‖ ~ **fibrosa**, baquelite *m* fibroso / Bakelitfaserstoff *m*

bar *m* / Bar *n*, b (1 b = 10^6 dyn/cm^2 = 750,06 Torr = 1,01972 at)

barba *f* **de fibras** (seda) / Faserbart *m*

barbante *m* / Spagat *m*, Bindfaden *m*

barbela *f* / Widerhaken *m*

barca *f* / Ponton *m*, Fähre *f*

barcaça *f* / Frachtkahn *m*, Schutte *f*, Kahn *m* ‖ ~ **rebocada** / Schleppkahn *m*

barco *m* / Boot *n*, Schiff *n* ‖ ~ **a vapor** / Dampfschiff *n*, Dampfer *m* ‖ ~ **de desembarque** / Landungsboot *n* ‖ ~ **de passagem** / Fähre *f* ‖ ~ **de pilotos** / Lotsenschiff *n* ‖ ~ **de travessia** / Fähre *f* ‖ ~ **pneumático** / Schlauchboot *n* ‖ ~ **salva-vidas** / Rettungsboot *n* ‖ ~ **salva-vidas de alto mar** / Seenotkreuzer *m* ‖ ~ **tipo "cacilheiro"** / Fähre *f*

baricêntrico / auf den Schwerpunkt bezogen, Schwerpunkts..., baryzentrisch

baricentro *m* / Schwerpunkt *m*

barilha *f* / Barilla *f* (unreines Natr.-Karbonat)

bário *m* / Barium *n*, Ba

bárion *m* (técn. nucl.) / Baryon *n*

barisfera *f* (geol) / Barysphäre *f*

barita *f* (mineralog.) / Baryt, Schwerspat *m* ‖ ~ **fibrosa** / Faserbaryt *m* ‖ ~ **sulfúrica bacilar** (mineralog.) / Stangenspat *m*

baritina *f* (mineralog.) / Baryt, Schwerspat *m*

barlavento *m* / Windseite, Luvseite *f*, Luven *n*

barn *m* / barn (Maßeinheit des Wirkungsquerschnittes) (1b = 10^{-24} cm^2), b

barógrafo *m* / Barograph *m*, selbstschreibendes o. -registrierendes Barometer, Barograph *m*

barologia *f* / Lehre *f* von der Schwere

barométrico / barometrisch

barómetro *m* / Barometer *n*, Luftdruckmesser *m* ‖ ~ **aneróide** / Federbarometer *n* ‖ ~ **de Fortin** / Fortinbarometer *n* ‖ ~ **de líquido** / Flüssigkeitsbarometer *n* ‖ ~ **de mercúrio** / Quecksilberbarometer *n* ‖ ~ **de sifão** / Heberbarometer *n* ‖ ~ **estacionário** / Standbarometer *n*

baropatia *f* / Caissonkrankheit *f*

barostato *m* / Barostat *m*

barotrópico (física) / barotrop

barquilha *f* **manual** / Handlog *n*

barquinha *f* (balão) / Korb *m*, Gondel *f*

barra *f* / Stab *m*, Stange *f* ‖ ~ (siderurg.) / Barren *m* ‖ ~ (constr. civil) / Baum *m*, Stange *f* ‖ ~ (artes gráf.) / Schrägstrich *m* ‖ ~ (técn. nucl.) / Stabelement *n* ‖ ~ **chata** / Flachstab *m* ‖ ~ **colectora** (electr.) / Sammelschiene *f* ‖ ~ **[colectora] de distribuição** (electr.) / Verteilungsschiene *f* ‖ ~ **colectora de gerador** (electr.) / Generatorsammelschiene *f* ‖ ~ **colectora de terra** / Erdungsschiene *f* ‖ ~ **colectora principal** / Hauptsammelschiene *f* ‖ ~ **da balaustrada** / Geländerpfosten *m* ‖ ~ **da gaiola de amortecimento** (electr.) / Dämpferstab *m* ‖ ~ **de agulhas** / Nadelleiste *f*, Kammstab *m* ‖ ~ **de alça** / Hubstange *f* ‖ ~ **de ataque da agulha** (técn. ferrov.) / Zungenangriffsstange, -verbindungsstange *f* ‖ ~ **de bateria** / Batterieschiene *f* ‖ ~ **de broquear** (máq. ferram.) / Bohrwelle *f*, Bohrstange *f* ‖ ~ **de comando** (técn. nucl.) / Stellstab *m* ‖ ~ **de combustível** (técn. nucl.) / Spaltstoffstab *m*, Grünling *m* ‖ ~ **de conectores** / Anschlußschiene *f* ‖ ~ **de cor** (tv) / Farbbalken *m* ‖ ~ **de cruzamento** (tecel.) / Kreuzrute, -schiene *f* ‖ ~ **de deslize** / Gleitschiene *f* ‖ ~ **de direcção** (autom.) / Spurstange *f* ‖ ~ **de engate** (técn. ferrov.) / Kuppelstange, Zugstange *f* ‖ ~ **de ferrita** / Ferritstab *m* ‖ ~ **de frear** (máq. tricot.) / Bremsstab *m* ‖ ~ **de ganchos** (tecel.) / Platinenbarre *f* ‖ ~ **de grade**, barra *f* de grelha / Roststab *m* ‖ ~ **de guia** / Führungsschiene *f*, Führungsstange *f* ‖ ~ **de guia** (máq., tecnol.) / Laufschiene *f*, Leitstange *f* ‖ ~ **de guia** (máq. ferram.) / Leitschiene *f* ‖ ~ **de guia** (máq. a vapor) / Lenker *m*, Lenkhebel *m* ‖ ~ **de guia da bancada** / Drehmaschinenwange *f*, -bettwange *f* ‖ ~ **de guia da máquina Rashel** / Legschiene *f* der Raschelmaschine ‖ ~ **de horizonte** (aeronáut.) / Horizontbalken *m* ‖ ~ **de impressão** (informática) / Druckstab *m*, -stange *f* ‖ ~ **de junção** (geral) / Verbindungsstange *f* ‖ ~ **de localização de defeitos** (ultra-som) / Fehlerortungsstab *m* ‖ ~ **de metalização** / Galvaniksteg *m* ‖ ~ **de olhal** / Augenstab *m* ‖ ~ **de reboque** (autom.) / Deichsel *f* für Schlepperzug, Schleppstange *f* ‖ ~ **de retenção** / Haltestange *f* ‖ ~ **de sabão** / Riegel Seife ‖ ~ **de substituição** (mecân.) / Ersatzstab *m* ‖ ~ **de sulcar** (expl. minas) / Schrämstange *f* ‖ ~ **de tensão** / Zugstab *m*, -stange *f* ‖ ~ **de torção** (máq., tecnol.) / Drehstab *m*, Dreh[stab]feder *f*, Torsionsstab *m* ‖ ~ **de tracção** (técn. ferrov.) / Zugstange, Kuppelstange *f* ‖ ~ **de tracção** (autom.) / Lenker, Lenkstab *m* ‖ ~ **de travar** (máq. tricot.) / Bremsstab *m* ‖ ~ **de treliça** / Füllstab *m*, Füllungsstab *m* ‖ ~ **desprendedora** / Abschlagbarre *f* ‖ ~ **diagonal** / Diagonale *f*, Diagonalstab *m* ‖ ~ **do banzo superior** / Obergurtstab *m* ‖ ~ **do cabrestante** / Spillspake *f* ‖ ~ **do colector** (electr.) / Lamelle *f* des Kollektors ‖ ~ **do órgão de enrolamento** (têxtil) / Beileger *m* ‖ ~ **do pára-raios** / Ableitungsstange *f* (des Blitzableiters), Blitzableiter-Auffangstange *f* ‖ ~ **do tirante** / Ankerbarre *f* ‖ ~ **em treliça** / Gitterstab *m* ‖ ~ **horizontal** (tv) / Horizontalbalken *m* ‖ ~ **ideal** (mecân.) / idealgerader Stab ‖ ~ **magnética** / Stabmagnet *m* ‖ ~ **niveladora** / Planierstange *f* ‖ ~ **oitavada** / Achtkantstab, -kantstahl *m* ‖ ~ **ou vareta de combustível** (técn. nucl.) / Brennstab *m* ‖ ~ **para ensaio de tracção** / Zugstab *m*, Zerreißstab *m* ‖ ~ **porta-lâminas** (agricult.) / Messerbalken *m* ‖ ~ **radial** (máq., tecnol.) / Gegenlenker *m* ‖ ~ **redonda em aço** / Rundstahl *m* ‖ ~ **reguladora da potência** (reactor) / Leistungsregelstab *m* ‖ ~ **Santo António** (autom.) / Überrollbügel *m* ‖ ~ **segadora** (agricult.) / Mähbalken *m* ‖ ~ **segadora da ceifeira** (agricult.) / Fingerbalken *m* ‖ ~ **selectora de terra** (electr.) / Erdsammelschiene *f* ‖ ~ **submetida à pressão** / Druckstab *m*, -glied *n*

barracão *m* / Schuppen *m*

barragem *f* / Staudamm *m*, Stauwerk *n* ‖ ~ **antipoluente** / Ölsperre *f* ‖ ~ **basculante** (hidrául.) / Klappenwehr *n* ‖ ~ **de alvenaria** (hidrául.) / Staumauer *f* ‖ ~ **de comportas** / Schützenwehr *n* ‖ ~ **de enrocamento** (hidrául.) / Steinfülldamm *m* ‖ ~ **de segmentos**, barragem *f* de sector (hidrául.) / Segmentwehr *n*, -schütz *n*, Sektorwehr *n* ‖ ~ **de vertedouro** / Überfallwehr *n* ‖ ~ **em arco** (hidrául.) / Bogenstaumauer *f* ‖ ~ **feita de terra** /

Erdschüttungs-Staudamm *m*
barral *m* / Lehmgrube *f*
barramento *m* (máq. ferram.) / Bett *n* ‖ ~ (electr.) / Drosselspule *f*, Vorschaltgerät *n* (für Leuchtstoffröhren), Reaktor *m*
barras *f pl* **de grelha de fundição dura** / Hartgußroststäbe *m pl*
barreira *f* (geral, técn. ferrov.) / Schranke, Barriere *f* ‖ ~ (geral, geol) / Barriere *f* ‖ ~ **antigrisu** (expl. minas) / Wetterdamm *m* ‖ ~ **basculante** (técn. ferrov.) / Fallschranke *f* (Schweiz) ‖ ~ **corta-fogo** (constr. civil) / Brandschutz *m* ‖ ~ **de luz** / Lichtschranke *f* ‖ ~ **de potencial** / Potentialwall *m* ‖ ~ **de retenção** (aeronáut.) / Barriere *f* (Fangvorrichtung) ‖ ~ **do som** / Schallmauer *f* ‖ ~ **luminosa** / Lichtschranke *f*
barreiro *m* / Lehmgrube *f*, Tongrube *f*
barrela *f* / Waschlauge *f* ‖ ~ **de sabão** / Seifenlauge *f*, -brühe *f*
barrento (geol) / lettig
barriga *f* (constr. civil) / Bauch *m*, fehlerhafte Ausbauchung *f*
barril *m* (vinho, cerveja) / Faß *n* ‖ ~ (petróleo) / Barrel *n*
barrilete *m* / Fäßchen *n* ‖ ~ (carpint.) / Leimpresse *f*
barro *m* (geol) / Lehm, Ziegelton *m*, Ton *m* ‖ **de** ~ / irden ‖ ~ **de oleiro** / Töpferton, Letten *m*
barroso (geol) / lettig
barrote *m* (constr. naval) / Deckbalken *m* ‖ ~ (constr. civil) / Dachsparren, Sparren *m* ‖ ~ **de convés**, barrote *m* de ponte / Decksunterzug *m*
basáltico / Basalt...
báscula *f* / Wippe *f* ‖ ~ (constr. rodov.) / Straßenwaage *f* ‖ ~ **de pesagem de carga** (fundição) / Gattierwaage *f* ‖ ~ **electrónica**, báscula *f* eletrônica (informática) / Speicher *m* für 1 Bit ‖ ~ **para vagões** (técn. ferrov.) / Gleiswaage *f*
basculador *m* (expl. minas) / Wipper, Kipper *m* ‖ ~ **de lingotes** (siderurg.) / Blockkipper *m* ‖ ~ **duplo** / Doppelkipper *m* ‖ ~ **giratório**, basculador *m* rotativo (expl. minas) / Kreiselwipper, -kipper *m*
basculante / Kipp..., Schütt..., kippbar, ausklappbar
bascular / wippen ‖ ~ (electrón.) / kippen
base *f* / Basis[fläche] *f*, Basis *f*, Grundfläche *f* ‖ ~ (matem.) / Basis *f* ‖ ~ (química) / Base *f* ‖ ~ / Untersatz *m*, -setzer, Sockel *m*, Fußgestell *n*, Ständer *m* ‖ ~ (electr.) / Lampensockel *m* ‖ ~ (armamento) / Basis *f*, Stützpunkt *m* ‖ ~ (electrón.) / Fassung *f* ‖ ~ (constr. civil) / Fuß *m*, Unterlage *f* ‖ **de** ~ / Grund..., Basis... ‖ ~ **activa** / wirksame Grundlage ‖ ~ **aérea** / Fliegerhorst *m*, Luftstützpunkt *m*, Flugstützpunkt *m* ‖ ~ **alcalino-terrosa** / Erdalkalibase *f* ‖ ~ **corante** / Farbbase *f* ‖ ~ **da emulsão** (técn. fotogr.) / Emulsionsträger *m* ‖ ~ **da jante** (autom.) / Felgenbett *n* ‖ ~ **da rosca** / Gewindekern *m* ‖ ~ **das lingoteiras** / Abstichsohle *f* ‖ ~ **de amónio** / Ammoniumbase *f* ‖ ~ **de antena** / Antennen-Fußpunkt *m* ‖ ~ **de cálculo** / Berechnungsgrundlage *f* ‖ ~ **de cianogénio** / Cyanbase *f* ‖ ~ **de coluna** / Säulenfuß *m* ‖ ~ **de dados** (informática) / Datenbasis *f* ‖ ~ **de feltro** / Filzunterlage *f* ‖ ~ **de lançamento** (astronáut.) / Abschußrampe, Startrampe, -plattform *f* ‖ ~ **de licitação** / eingesetzter Auftragswert (Ausschreibungen) ‖ ~ **de máquina** / Maschinenbett *n*, -gründung *f*, Maschinenfundament *n* ‖ ~ **de pontalete** (expl. minas) / Strebfuß *m* ‖ ~ **de rosca** (electr.) / Lampensockel E 40/45 DIN 49625, Goliathsockel *m* ‖ ~ **de tempo circular** / kreisförmige Zeitbasis ‖ ~ **de tempo de imagem** (tv) / Bildzeitbasis *f* ‖ ~ **de tempo de precisão** (radar) / Feinmeßbasis *f* ‖ ~ **de tempo livre** / selbstschwingende Zeitablenkung ‖ ~ **de uma coluna de fraccionamento** / Fraktionierboden *m* ‖ ~ **de válvula** (mot.) / Ventilsitz *m* (im Zylinderkopf) ‖ ~ **do dente** (roda dentada) / Fuß *m* ‖ ~ **do dique** (hidrául.) / Deichanker *m*, -fuß *m* ‖ ~ **do logaritmo** / Basis *f* des Logarithmus ‖ ~ **do poste** (electr., telecom.) / Mastfuß, -sockel *m*, -fundament *n* ‖ ~ **em ponto flutuante** (informática) / Basis *f* der halblogarithmischen Schreibweise (DIN) ‖ ~ **Goliath** (electr.) / Lampensockel E 40/45 DIN 49625, Goliathsockel *m* ‖ ~ **inerte** / unwirksame Grundlage ‖ ~ **isolante** / Isoliersockel *m* ‖ ~ **octal** / Oktalsockel *m* ‖ ~ **racional** (matem.) / Ganzheitsbasis *f* ‖ ~ **tipo Edison** (electr.) / Lampensockel E 40/45 DIN 49625, Goliathsockel *m* ‖ ~ **transparente** / Klarfilm *m*
basear [em] / gründen [auf]
bases *f pl* **de tintas preparadas para serem solúveis em óleo** / Farbbasenaufschlüsse *m pl*
basicidade *f* / Basizität *f*
básico (química) / basisch
basificação *f* (química) / Basenbildung *f*
basificador *m* (química) / Basenbildner *m*
basificante (química) / basenbildend
basificar (cortumes) / basisch machen, abstumpfen
basófilo (tinturaria) / basophil
bastidor *m* (autom.) / Chassis *n* ‖ ~ (electrón., telecom.) / Gestell *n* ‖ ~ **de amplificadores de linha** / Leitungsverstärkergestell *n* ‖ ~ **de bateria** / Batteriegestell *n* ‖ ~ **de cabos** / Kabelgestell *n*, -ständer *m* ‖ ~ **de galvanização** (galvanoplast.) / Einhängegestell *n* ‖ ~ **de terminação** (telecom.) / Endgestell *n* ‖ ~ **em cruz** (serra) / Kreuzgatter *n* ‖ ~ **geral** (telecom.) / Sammelgestell *n* ‖ ~ **para estampagem** / Druckform *f*, Eindruckform *f* ‖ ~ **para terminais de cabos** / Kabelendgestell *n*
batano *m* **para feltro** / Filzwalker *m*
batata *f* / Kartoffel *f* ‖ ~ **nova**, batata *f* temporã / Frühkartoffel *f*
batatas *f pl* **forraginosas** / Futterkartoffeln *f pl*
batear (expl. minas) / Gold waschen
bate-chapa *m* / Klempner *m*, Flaschner *m* ‖ ~ *f* (autom.) / Spengler *m*
bate-chapas *m* (oficina) / Blechschlosserei *f*
batedeira *f* **de manteiga** / Butterfaß *n*, Buttermaschine *f* ‖ ~ **de mão** / Quirl *m* ‖ ~ **eléctrica** / Mixer *m*, Haushaltmischer *m*
batedor *m* / Klopfer *m*, Schläger *m* ‖ ~ (lã) / Baumwollschläger *m* ‖ **~-abridor** *m* (têxtil) / Mischwolf *m* ‖ ~ **de acabamento** (têxtil) / Ausschläger *m*, Feinschläger *m* ‖ ~ **de ruptura** (fiação) / Brechschwinge *f* ‖ **~-misturador** *m* / Rührer *m*
batedura *f* **de ferro** / Glühspan *m*
bate-estacas *m* / Fallgewichtsramme *f*, Ramme *f*, Pfahlramme *f* ‖ ~ **a vapor** / Dampframme *f* ‖ ~ **de explosão** (constr. rodov.) / Frosch *m*, Explosionsramme *f* ‖ ~ **Diesel** / Dieselramme *f*
bate-folha *m* / Flaschner *m*
batelão *m* / Last[en]kahn *m*, Kahn *m*, Leichter *m* ‖ ~ **fluvial** / Flußkahn *m*
batente *m* (porta) / Ausschlag *m*, Flügel *m* ‖ ~ (têxtil) / Lade *f* ‖ **de dois ~s** / zweiflügelig (Tür) ‖ ~ **de janela** / Fensterflügel *m* ‖ ~ **de mola** (geral) / federnder Anschlag ‖ ~ **de porta** / Türanschlag *m*, Türflügel *m* ‖ ~ **do tear** / Schlag *m* des Webstuhls ‖ ~ **fixo** (técn. ferrov.) / Prellbock *m* ‖ ~ **interno** (janela) / Innenflügel *m*
bater / schlagen *vt vi* ‖ ~ (máq., tecnol.) / pochen, klopfen ‖ ~ (fiação) / wolfen ‖ ~ **a teia** (tecel.) / anschlagen ‖ ~ **das bielas** (autom.) / Lagerrasseln *n* ‖ ~ **nata** / buttern ‖ ~ **um contra o outro** / zusammenschlagen *vi* ‖ ~ **uma chapa** (coll) (técn. fotogr.) / knipsen (coll)
bateria *f* (autom.) / Batterie *f* (DIN) ‖ ~ (electr.,

armamento) / Batterie *f* ‖ ~ (electr.) / Element *n* ‖ ~ **A** (electrón.) / A-Batterie *f*, Heizbatterie *f* ‖ ~ [**alcalina**] **de ferro-níquel** / Eisennickelbatterie *f*, Edisonakkumulator *m* ‖ ~ **anódica** / Anodenbatterie *f* ‖ ~ **atómica** (astronáut.) / Atombatterie *f* ‖ ~ **atómica ou nuclear** (astronáut.) / Isotopenbatterie *f* ‖ ~ **B** / Anodenbatterie *f* ‖ ~ **compensadora** (electr.) / Pufferbatterie *f* ‖ ~ **de ácido sulfúrico** / Bleibatterie *f* ‖ ~ **de acumuladores** / Akkumulatorenbatterie *f*, Akku *m* ‖ ~ **de aquecimento** (electrón.) / Heizbatterie *f* ‖ ~ **de baixa tensão** (electrón.) / Heizbatterie *f* ‖ ~ **de caldeiras** / Kesselbatterie, -gruppe *f* ‖ ~ **de chamada** / Anrufbatterie *f* ‖ ~ **de chumbo** / Bleibatterie *f* ‖ ~ **de corrente permanente** (electr.) / Ruhestrombatterie *f* ‖ ~ **de desconexão** (telecom.) / Abschaltbatterie *f* ‖ ~ **de distribuidores** / Steuerbatterie *f* ‖ ~ **de fornos de coque** / Koksofenbatterie, -gruppe *f* ‖ ~ **de grande capacidade** / Hochleistungsbatterie *f* ‖ ~ **de imersão** (electr.) / Tauchbatterie *f* ‖ ~ **de pilhas secas** / Trockenbatterie *f* ‖ ~ **de reserva** / Ersatzbatterie *f* ‖ ~ **de tanques**, bateria *f* de tinas (tinturaria) / Farbengang *m* ‖ ~ **em recipiente de uma só peça** (autom.) / Blockkastenbatterie *f* ‖ ~ **geradora de vapor** / Dampferzeugerbatterie *f* ‖ ~ **local** (telecom.) / Ortsbatterie *f*, O.B., Schrankbatterie *f* ‖ ~ **seca** / Trockenbatterie *f*

batial / bathyal (Meerestiefen von 200-800 m)

batido a frio / federhart

batik *m* / Batik *m*, gebatikter Stoff

batimento *m* / Schlag *m* ‖ ~ (electrón., acústica) / Schwebung *f* ‖ ~ **do ouro** / Goldschlagen *n* ‖ ~ **zero** / Schwebungsnull *n*

batimetria *f* / Tiefseeforschung *f*

batímetro *m* / Bathymeter *n*, Bathometer *n*

batiscafo *m* / Bathyskaph, -scaphe *m*

batisfera *f* / Bathysphäre *f*

batocromo *m* (química) / Bathochrom *m*

batólito *m* (geol) / Batholit *m*

batoque *m* / Zapfloch *n*, Faßhahn *m*, Faßspund *m* ‖ ~ (carpint.) / Zapfen *m*

batoqueira *f* / Spundloch *n*

batótono (química, tecel.) / selbstvernetzend

baud *m* (telecom.) / Baud *n*, Bd (1 Bd = 1 Schritt/s)

bauxita *f* / Bauxit *m*

Be / Beryllium *n*, Be

bebidas *f pl* **espirituosas** / Spirituosen *f pl*

bécher *m* (química) / Becherglas *n*

beco *m* / Gasse *f*

bege / beige (RAL 1001) ‖ ~ **cinzento ou cinza ou gris** / graubeige (RAL 1019) ‖ ~ **pardo** / braunbeige (RAL 1011) ‖ ~**-vermelho** / beigerot (RAL 3012)

begohm *m* / Begohm, 10^3 Megohm *n*

beira *f* **gotejante** (constr. civil) / Abtropfkante *f*

beirada *f* **do furo** / Lochkante *f*

beirado *m*, beiral *m* (constr. civil) / Traufe *f*, Dachtraufe *f*

bel *m* / Bel *n* (Dämpfungsmaß), b

beliche *m* (autom.) / Schlafstelle *f* im Fahrerhaus

bem disperso / hochdispers, -dispergiert ‖ ~ **penetrado pelo corante** / durchgefärbt

beneficiação *f* **têxtil** / Textilveredelung *f*

beneficiar (expl. minas) / anreichern ‖ ~ **de um melhoramento** / eine Verbesserung erfahren

benjoim *m* / Benzoe *f*, Benzoeharz *n*

bentónico / benthal, Benthos...

bentonite *m* / Bentonit *n* (Emulgiermittel)

bentos *m pl* / Benthos *n* (Tier- und Pflanzenwelt des Meeresbodens)

benzaldeído *m* / Benzaldehyd *m*, Bittermandelöl *n*

benzamida *f* / Benzamid *n*, Benzylamid *n*

benzamina *f* / Benzamin *n*

benzanilido *m* / Benzoesäureanilid *n*

benzeno *m* (química) / Benzin *n*, Benzen *n*, Benzol *n*

benzidina *f* / Benzidin *n*, Diaminodiphenyl *n*

benzil *m* / Benzyl *n*

benzilamina *f* / Benzylamin *n*

benzina *f* (química) / Leichtbenzin *n* (DIN 51630), Benzin *n* ‖ ~ **de linhita** / Braunkohlenbenzin *n* ‖ ~ **de teste** / Testbenzin *n*

benzo... / Benzo...

benzoato *m* / Benzoat, Benzoesalz *n*

benzofenona *f* / Benzophenon *n*

benzoil [**grupo**] / Benzoyl...

benzoina *f* / Benzoin *n*

benzol *m* (química) / Benzol *n*, Benzen *n* ‖ ~ **bruto** / Rohbenzol *n*, Gasbenzol *n* ‖ ~ **comercial** / Handelsbenzol *n* ‖ ~ **etílico** / Ethylbenzol *n* ‖ ~ **primário** / Benzolvorprodukt *n*

benzonitrilo *m* / Benzonitril *n*

benzopiridina *f* / Benzopyridin *n*

benzoquinona *f* / Benzochinon *n*

benzotricloreto *m* / Benzotrichlorid *n*

bequilha *f* / Gabelstange *f* ‖ ~ (aeronáut.) / Schwanzsporn *m*, -kufe *f* ‖ ~ **de soprar** / Blasdüse *f*, -mundstück *n*

beraunite *m* (mineralog.) / Beraunit *m*

berbequim *m* / Bohrer *m* ‖ ~ **de percussão** / Schlagbohrer *m* ‖ ~ **manual** / Handbohrer *m*

berberina *f* / Berberin *n*

berílio *m* / Beryllium *n*, Be

berilo *m* / Beryll *m*

berkelium *m*, Bk / Berkelium *n*, Bk

berlina *f* (autom.) / Limousine *f*

berma *f* (técn. ferrov.) / Berme *f* (horizontaler Absatz), Bankett *n* ‖ ~ (constr. rodov.) / Randstreifen *m*, Seitenstreifen *m*, Bankett *n* ‖ ~ **não consolidada** (constr. rodov.) / Bankett *n* im Bau (o. nicht befahrbar), weiches Bankett

berrante / grell, schreiend, aufdringlich

bessemerizar / bessemern

beta / Beta..., β...

betaemissor *m* / Betastrahler *m*

betaína *f* (química) / Betain *n*

betão *m*, concreto *m* (B) / Beton *m* ‖ ~ **à vista** / Sichtbeton *m* ‖ ~ **alveolar** / Zell[en]beton *m* ‖ ~ **arejado** / Gasbeton *m* ‖ ~ **armado** / Stahlbeton *m* ‖ ~ **armado com tijolos de vidro** (constr. civil) / Glasstahlbeton *m* ‖ ~ **asfáltico** / Asphaltbeton *m* ‖ ~ **betuminoso** / Teerbeton *m* ‖ ~ **celular** / Zell[en]beton *m* ‖ ~ **centrifugado** / Schleuderbeton *m* ‖ ~ **colemanite** / Colemanitbeton *m* ‖ ~ **compacto** / Schwerbeton *m* ‖ ~ **de amianto** / Asbestbeton *m* ‖ ~ **de cal** / Kalkbeton *m* ‖ ~ **de cimento** / Zementbeton *m* ‖ ~ **de cimento e cal** / verlängerter Zementbeton, Zementkalkbeton *m* ‖ ~ **de consistência de terra húmida** / erdfeuchter Beton ‖ ~ **de enchimento** (constr. civil) / Füllbeton *m* ‖ ~ **de escórias** / Schlackenbeton *m* ‖ ~ **de granulação grosseira** / Kernbeton *m* ‖ ~ **de paramento** (constr. civil) / Vorsatzbeton *m* ‖ ~ **de pedra-pomes** / Bimsbeton *m* ‖ ~ **expansivo** / Expansivbeton *m* ‖ ~ **fabricado no local** / Ortbeton *m* ‖ ~ **fibroso** / Faserbeton *m* ‖ ~ **fluidificado** / Fließbeton *m* ‖ ~ **fresco** / Frischbeton *m* ‖ ~ **húmido** / feuchter Beton ‖ ~ **impermeável** / Sperrbeton *m* ‖ ~ **leve** / Leichtbeton *m* ‖ ~ **magro** (constr. civil) / Sparbeton *m*, Füllbeton *m* ‖ ~ **plástico** / weicher Beton (Konsistenz k 3) ‖ ~ **pobre** / magerer Beton ‖ ~ **poroso** / Schaumbeton *m* ‖ ~ **pré-esforçado** / Spannbeton *m*, vorgespannter Beton ‖ ~ **projectado** / Spritzbeton *m* ‖ ~ **pronto** / Fertigbeton *m* ‖ ~ **refractário** / Feuer[fest]beton *m* ‖ ~ **restante** (constr. civil) / Mehrbeton *m* ‖ ~ **socado** / Stampfbeton *m* ‖ ~ **vazado** / Schüttbeton

m, Gußbeton *m* ‖ ~ **vibrado** / eingerüttelter Beton, Rüttelbeton *m*
betatrão *m*, betatron *m* (técn. nucl.) / Betatron *n*, Elektronenschleuder *f*
beterraba *f* (agricult.) / Rübe *f* ‖ ~ **comercial** / Ertragsrübe *f* ‖ ~ **forraginosa** (agricult.) / Runkelrübe *f*, Futterrübe *f* ‖ ~ **industrial** (açúcar) / Fabrikrübe *f* ‖ ~ **sacarina** / Zuckerrübe *f* ‖ ~ **semi-açucareira** / Gehaltsrübe, Futterzuckerrübe *f* ‖ ~ **temporã** (açúcar) / Frühschosser *m*
betonagem *f* / Betonieren *n*
betonar (constr. civil) / betonieren
betoneira *f* / Betonmischmaschine *f*
bétula *f* / Birke *f*
betumar / bituminieren
betume *m* (geol) / Asphalt *m* ‖ ~ (química) / Bitumen *n* ‖ ~ **asfáltico** / Asphaltbitumen *n*, Teerbitumen *n* ‖ ~ **de petróleo** / Erdöl-Bitumen *n* ‖ ~ **oxidado** / geblasenes Bitumen ‖ ~ **semicompacto** / Asphaltteer *m*, flüssiger Asphalt ‖ ~ **soprado** / Blasbitumen *n*, geblasenes Bitumen
betuminoso / bituminös
bexiga *f* **de peixe** / Fischblase *f*
bezouro *m* / Summer *m*, Schnarre *f*
biarmónico (matem.) / biharmonisch
biarseniato *m* **de cobalto** / Eisenkobaltkies *m*, Spatiopyrit *m*, Safflorit *m*
biartrato *m* **de potássio** / Kaliumbitartrat *n*
bias *m* / Einseitigkeit *f*, einseitige Neigung
biatómico / zweiatomig
biaxial (matem.) / zweiachsig, biaxial
bibásico / zweibasig (Säure), (besser:) zweiwertig, doppelt basisch
bica *f* **de cano** (constr. civil) / Abtraufe *f* ‖ ~ **de compressão** / Quetschhahn *m*
bicarbonato *m* / Bikarbonat *n*, doppeltkohlensaueres Salz ‖ ~ [de ...] / doppeltkohlensauer ‖ ~ **de potássio** / Kaliumhydro[gen]karbonat *n*, doppeltkohlensaures Kali, Kaliumbikarbonat *n* ‖ ~ **de sódio** / doppeltkohlensaueres Natron, Natron *n*, Natriumbicarbonat *n*
bicho-da-seda *m* / Seidenraupe *f*, -wurm *m* ‖ ~**-das-frutas** *m* / Obstmade *f*
bicicleta *f* / Zweirad *n*, Fahrrad *n* ‖ ~ **motorizada** / Fahrrad *n* mit Hilfsmotor
bicíclico / bicyclisch
bicloreto *m* **de manganês** / Mangan(II)-chlorid, -dichlorid, Manganochlorid *n*
bico *m* / Schnauze *f*, Schnauze *f* eines Gefäßes, Nase *f*, Schnabel *m* ‖ ~ **da panela** (fundição) / Pfannenschnabel *m* ‖ ~ **de acetileno** / Acetylenbrenner *m* ‖ ~ **de Bunsen** / Bunsenbrenner *m* ‖ ~ **de gás** / Gasbrenner *m*, Gaslampe *f*, Gasflamme *f* ‖ ~ **de leque** / Fächerbrenner *m* ‖ ~ **do caldeiro** (fundição) / Pfannenschnabel *m* ‖ ~ **do queimador** / Brennerdüse *f*
bicolor / zweifarbig, Zweifarben...
bicôncavo / bikonkav
bicónico / doppelkonisch, Doppelkonus..., -kegel...
biconvexo / bikonvex
bicromato *m* / Bichromat *n*, Dichromat *n* ‖ ~ **de potássio** / Kaliumbichromat *n*, Chromkalium *n* (rot) ‖ ~ **de sódio** / Natriumbichromat *n*, -dichromat *n*
bidimensional (matem.) / flächig
bidireccional / Zweirichtungs...
biela *f* (máq. vapor) / Schubstange *f* ‖ ~ (mot.) / Pleuel *n*, Pleuelstange *f* ‖ ~ (máq., tecnol.) / Triebstange *f*, Lenker *m* ‖ ~ **bifurcada** (máq. vapor) / Gabelstange *f*, gabelförmige Kurbelstange ‖ ~ **da bomba** / Pumpenstange *f*, Kolbenstange der Pumpe ‖ ~ **da manivela** / Kurbelstange *f* ‖ ~ **do êmbolo** / Kolbenstange *f* ‖ ~ **excêntrica** / Exzenterstange *f* ‖ ~ **motriz** / Kurbelstange *f* ‖ ~ [**motriz**] / Treibstange *f*
biestável / bistabil
bifásico / zweiphasig, Zweiphasen...
bifilar *f* / Bifilare *f* ‖ ~ *adj* (electr.) / zweiadrig, -drähtig, bifilar
bifuncional / bifunktionell
bifurcação *f* / Verzweigung *f* (gabelförmig) ‖ ~ (técn. ferrov., constr. rodov.) / Abzweigung *f* ‖ ~ **de auto-estrada** / Autobahndreieck *n* ‖ ~ **de rádio** / Funkgabel *f*
bifurcado / gegabelt, verzweigt, Gabel..., gabelförmig, Hosen...
bifurcar / abzweigen *vt vi*, gabelförmig teilen, gabeln *vt* ‖ ~**-se** / sich gabeln
bigorna *f* (forja) / Amboß *m* ‖ ~ **acanelada**, bigorna *f* de estampar, bigorna *f* de matrizar / Gesenkamboß *m* ‖ ~ **de dois chifres** / Amboß *m* mit zwei Hörnern ‖ ~ **de mão** / Handamboß *m* ‖ ~ **para afiar foices ou gadanhos** / Dengelamboß *m* ‖ ~ **para vasilhas** (forja) / Daumeneisen *n*
bilamelar / zweilamellig
bilateral / doppelseitig, bilateral, zweiseitig ‖ **com ligação** ~ (telecom.) / gegabelt
bilete *m* (siderurg.) / Knüppel *m* (quadratischer Barren) ‖ ~ (fundicão contínua) / Tablette *f*, Puppe *f* ‖ ~ (prensa de extrusão) / Strang *m* ‖ ~ **chato** (lamin.) / Platine *f*, Breiteisen *n*
bilha *f* / Kanne *f*
bilharziose *f* / Bilharziose *f*
bilhete *m* / Fahrschein *m*, Einlaß- usw. -karte *f*, Billet *n*, Fahrkarte *f*, Karte *f*
bilião *m*, bilhão *m* / Milliarde *f*, 10^9, Billion *f*
bilirrubina *f* / Bilirubin *n* (Gallenfarbstoff)
biliverdina *f* / Biliverdin *n*
bimetal *m* / Bimetall *n*
bimetálico / Bimetall...
bimolecular / bimolekular
bimotor / zweimotorig
binário *m* (mecân.) / Drehmoment *n* ‖ ~ *adj* / binär, Binär..., Zweistoff..., Zweier... ‖ ~ *m* **de accionamento** / Antriebsmoment *n* ‖ ~ **de amortecimento** / Dämpfungsmoment *n* ‖ ~ **de arranque** / Anlauf[dreh]moment *n* ‖ ~ **de arranque do motor** / Anzugs[dreh]moment *n* ‖ ~ **de comando** / Stellkraft *f*, -moment *n* ‖ ~ **de travagem** / Bremsmoment *n* ‖ ~ **do motor** / Drehmoment *n* des Motors ‖ ~ **em vírgula fixa** / festpunkt-binär ‖ ~ **máximo** (do motor) (electr.) / Kippmoment *n* (des Motors)
binit *m* (informática) / Binit, Bit *n*
binocular / binokular
binóculo *m* / Feldstecher *m*, Fernglas *n* ‖ ~ **prismático** / Prismenglas *n*, -feldstecher *m*
binómico / binomisch, zweigliedrig
binómio *m* (matem.) / Binom *n*
bioastronáutica *f* / Bioastronautik *f*
biocatalisador *m* / Zellwirkstoff *m*, Ergon *n*
biocibernética *f* / Biokybernetik *f*
bioclimatologia *f* / Bioklimatologie *f*
biocristal *m* / Biokristall *m*
biocristalografia *f* / Biokristallographie *f*
biodegradabilidade *f* / biologische Abbaubarkeit
biodesperdícios *m pl* (astronáut.) / biologische Abfallstoffe *m pl*
biodinâmica *f* / Biodynamik *f*
biofísica *f* / Biophysik *f*
biogás *m* / Biogas *n*
biogénico / biogen
biogeoquímico / biogeochemisch
biologia *f* **ecológia** / Umweltbiologie *f* ‖ ~ **quântica** / Quantenbiologie *f*
biológico / biologisch

bioluminescência *f* / Biolumineszenz *f*
biomedicinal / biologisch-medizinisch
biometeorologia *f* / Biometeorologie *f*
biometria *f* / biologische Statistik, Biometrik *f*
biomineralização *f* / Biomineralisation *f*
biónica *f* / Bionik *f*
bioquímica *f* / Biochemie *f*
bioquímico / biochemisch
biosfera *f* / Biosphäre *f*
biossatélite *m* (astronáut.) / Biosatellit *m*
biossensor *m* / Biosensor *m*
biotécnica *f* / Biotechnik *f*
biotecnologia *f* / Biotechnologie *f*
biotelemetria *f* (astronáut.) / Biotelemetrie *f*
biótico / Lebens..., biotisch
biotita *f* (mineralog.) / Biotit *m* ‖ ~ **de ferro** (mineralog.) / Lepidomelan *m*
bioxalato *m* **de potássio** / Kleesalz *n*, Kaliumtetraoxalat, -bioxalat *n*, Sauerkleesalz *n*
bióxido *m* / Dioxid *n* ‖ ~ **de crómio** / Chromdioxid *n* ‖ ~ **de manganês** (mineralog.) / Braunstein *m* ‖ ~ **de silício** / Silizium[di]oxid *n*
bipé *m* / Zweibein *n*
biplano *m* (aeronáut.) / Doppeldecker *m*
bipolar (física) / bipolar ‖ ~ (electr.) / zweipolig, mit zwei Polen, doppelpolig
bipolo *m* (electr.) / Zweipol *m*
biprisma *m* / Biprisma *n* ‖ ~ **de Fresnel** / Fresnelsches Biprisma
biquadrado (matem.) / biquadratisch
biqueira *f* (constr. civil) / Abtraufe *f*
birreactor *m* / Zweidüsen-Flugzeug *n* ‖ ~ *adj* (aeronáut.) / zweistrahlig
birreflexão *f* (cristalogrf.) / Bireflexion *f*
birrefringência *f* / Doppelbrechung *f*
birrefringente (óptica) / doppelbrechend, zweifach brechend
birrotação *f* / Birotation *f*
biruta *f* (aeronáut.) / Windsack *m*
biscuit *m* / Biskuit *m*, getrockneter Emailauftrag
biseauté / geschliffen, facettiert
bisel *m* / Zuschärfungsfläche *f*, Abschrägungsfläche *f* ‖ ~ **do formão** / Freifläche *f* des Beitels
biselar / abschrägen, schärfen
bismutina *f* (química) / Bismutin *n*
bismutinita *f* (mineralog.) / Wismutglanz *m*, Bismuthinit *m*
bismuto *m*, Bi / Wismut *n (Österreich auch: m)*, Bi
bisnaga *f* / Tube *f* (als Behälter)
bissectar (matem.) / halbieren
bissector / halbierend
bissectriz *f* (matem.) / Mittellinie *f*, Halbierende *f*, Winkelhalbierende *f*, Symmetrielinie *f*, Halbierungslinie *f* ‖ ~ (cristalogrf.) / Bisektrix *f* ‖ ~ (geom) / Winkelhalbierende *f*
bissilicato *m* / Bisilikat *n*
bissólito *m* (mineralog.) / Byssolith *m*
bissulfato *m* / Bisulfat *n*
bissulfito *m* / Bisulfit *n* ‖ ~ **de sódio** / Natriumbisulfit *n*
bissulfureto *m* / Bisulfid *n*
bistrado / bister *adj*
bistre *m* / Bister *n* (Farbe), chemischbraun, Rußschwarz *n*
bisulfito *m* **de amónio** / Ammoniumbisulfit *n*
bit *m* (informática) / Bit *n*, Binärstelle *f* ‖ ~ **de informação** (informática) / Datenbit *n*, Informationsbit *n* ‖ ~ **de neutralização** (informática) / Löschbit *n* ‖ ~ **de paridade** (informática) / Paritätsbit, Paritybit *n* ‖ ~ **de sinal** (informática) / Vorzeichenbit *n* ‖ ~ **de teste** (informática) / Prüfbit *n* ‖ ~ **de zona** (informática) / Zonenbit *n* ‖ ~ **funcional** (informática) / Funktionsbit *n*
bitácula *f* / Kompaßgehäuse *n*
bitola *f* (técn. ferrov.) / Spurweite *f* ‖ ~ **estreita** / Schmalspur *f* (< 1435 mm) ‖ ~ **larga** (técn. ferrov.) / Breitspur *f* ‖ ~ **normal** (técn. ferrov.) / Vollspur *f* (1435 mm)
biunívoco (matem.) / eineindeutig
biureto *m* (química) / Biuret *n*
bivalência *f* / Zweiwertigkeit *f*
bivalente (química) / zweiwertig, bivalent, doppelwertig
bivariante (matem.) / bivariant
bixina *f* (tinturaria) / Bixin *n*
black-out *m* (tv) / Langzeitschwund *m*, Lücke *f*
blenda *f* (mineralog.) / Zinkblende *f*, Sphalerit *m* ‖ ~ **amarela de arsénio** / gelbe Arsenblende, Rauschgelb *n*
blindado *m* / Panzerkampfwagen *m* ‖ ~ *adj* (electr.) / gekapselt ‖ ~ (cabo) / geschirmt ‖ ~ (geral) / gepanzert ‖ ~ **de aço** / stahlgepanzert, mit Stahl bedeckt o. bekleidet
blindagem *f* / Panzerung *f* ‖ ~ (electr.) / Kapselung *f*, Abschirmung *f* ‖ ~ (electrón.) / Schirm *m*, Abschirmung *f* ‖ ~ (técn. nucl.) / Brennstoffhülle *f* ‖ ~ **electromagnética** / elektromagnetische Abschirmung ‖ ~ **final por flange** (electr.) / Flanschlager *n* ‖ ~ **volátil** (sold) / gasförmiger Elektrodenmantel, Gashülle *f*
blindar / panzern, abschirmen ‖ ~ **a metal** / einkapseln, metallisch kapseln
blipe *m* (radar) / Echozeichen *n*, Blip *m*, Zacke *f*, Echoanzeige *f* ‖ ~ **permanente** / Festzacke *f*
blocar (técn. ferrov., electrón., informatica) / blocken
blocausse *m* / Blockhaus *n*
bloco *m* (geral, técn. ferrov., informática) / Block *m* ‖ ~ **asfáltico** (constr. rodov.) / Asphaltstein *m* ‖ ~ **brochado** / gehefteter Block ‖ ~ **completo** (comando numér.) / Hauptsatz *m* ‖ ~ **de alimentação** / Stromversorgung *f*, -versorgungsteil *m n*, Netzgerät *n* ‖ ~ **de alimentação de alta-tensão** / Hochspannungs-Netzgerät *n* ‖ ~ **de ancoragem** / Ankerklotz *m* ‖ ~ **de aperto** (ferram.) / Spannunterlage *f*, Spannstock *m* ‖ ~ **de betão** (constr. civil) / Beton[werk]stein *m* (früher: Kunststein) ‖ ~ **de cilindros** (mot.) / Zylinderblock *m* ‖ ~ **de comando dos dados** / Dateisteuerblock *m* ‖ ~ **de concreto** (constr. civil) / Beton[werk]stein *m* (früher: Kunststein) ‖ ~ **de conectores** (electr.) / Anschlußleiste *f*, Buchsenklemme *f* (DIN) ‖ ~ **de conectores** (electrón.) / Federleiste *f*, Messerleiste *f* ‖ ~ **de controlo de comando** (informática) / Befehlssteuerblock *m* ‖ ~ **de cortiça aglomerada** / Korkstein *m* ‖ ~ **de desbloqueamento** (técn. ferrov.) / Freigabeblock *m* ‖ ~ **de deslize** (máq., tecnol.) / Gleitbacke *f*, Gleitstück *n*, Gleitklotz *m* ‖ ~ **de fita** (fita magn.) / Bandblock *m* ‖ ~ **de folhas** / Buchblock *m* ‖ ~ **de fundação** / Fundamentklotz *m* ‖ ~ **de gelo flutuante** / Eisscholle *f* ‖ ~ **de habitações** / Häuserblock *m*, -viertel *n*, -gruppe *f* ‖ ~ **de memória** / Speicherblock *m*, -paket *n* ‖ ~ **de minério** (expl. minas) / Erzklumpen *m* ‖ ~ **de molas** / Federsatz *m* ‖ ~ **de registos** (informática) / Satzblock *m* ‖ ~ **de rocha** / Felsblock *m* ‖ ~ **de terminais de solda[dura]** / Lötleiste *f* ‖ **~-diagrama** *m* (agrimen.) / Blockbild *n* ‖ ~ **do motor** / Motorblock *m* ‖ ~ **do radiador** (autom.) / Kühlerblock *m* ‖ ~ **em V** (máq. ferram.) / Bohrprisma *n* ‖ ~ **errático** (geol) / Findling *m*, erratischer Block ‖ ~ **funcional** (aeronáut., máq., tecnol.) / Baugruppe *f* ‖ ~ **oco de betão**, bloco *m* oco de concreto / Betonhohlblock *m* ‖ ~ **refractário** / Bordstein *m* ‖ ~ **sanitário** (constr. civil) / Naßzelle *f* ‖ ~ **sílico-calcário** (constr. civil) / Kalksandsteinblock *m* ‖ ~ **terminal** (informática) /

Anschlußblock *m*
blocos *m pl* **de asfalto** / Asphaltbrote *n pl*
bloqueado / festgefahren
bloqueamento *m* / Hemmung *f*, Sperre *f*
bloquear / absperren, blockieren, verriegeln, sperren ‖ ~ **o freio ou travão** / die Bremse feststellen ‖ ~ **uma linha** / eine Leitung unnötig belegen [o. blockieren]
bloqueável / feststellbar, fixierbar
bloqueio *m* / Sperrung *f*, Sperre *f*, Blockierung *f* ‖ **de ~ automático** / selbsthemmend, selbstsperrend ‖ ~ **automático** / Selbsthemmung, -sperrung *f* ‖ ~ **de baioneta** / Bajonettverriegelung *f* ‖ ~ **de roda livre** / Freilaufsperre *f* ‖ ~ **do diferencial** / Ausgleichsperre *f*, Differentialsperre *f*
board foot (unidade de medição de tábuas) / Brettfuß *m*
bobina *f* (electr.) / Spule *f*, Wicklung *f* ‖ ~ (têxtil) / Spule *f*, Garnspule *f*, Aufnahmespule *f*, Bobine *f*, Bandteller *m* ‖ ~ (fita magn.) / Spule *f* ‖ **de ~ móvel** (electrón.) / Drehspul..., dynamisch, Tauchspul[en]..., Schwingspul[en]..., elektrodynamisch ‖ **de ~ móvel** (electrón.) / Tauchspul[en]..., Schwingspul[en]..., dynamisch ‖ **de uma só ~** (electr.) / einspulig, Einspulen... ‖ ~ **aberta** (electr.) / offene Spule ‖ ~ **apagadora de faíscas** (electr.) / Löschspule *f* ‖ ~ **bicónica** / Flyerspule *f* ‖ ~ **bifilar** / Bifilarspule *f* ‖ ~ **cilíndrica** (tecel.) / Schlagrolle *f* ‖ ~ **cilíndrica ideal** (electr.) / ideale Zylinderspule ‖ ~ **cruzada** (tecel.) / Kreuzspule *f* ‖ ~ **cruzada** (fiação) / Fachkreuzspule *f* ‖ ~ **cursora** (electr.) / Schiebespule *f* ‖ ~ **da trama** (tecel.) / Einschlaggarnspule *f* ‖ ~ **de absorção** (electr.) / Saugdrossel *f* ‖ ~ **de accionamento** (electrón.) / Erregerspule *f* ‖ ~ **de acoplamento** (electrón.) / Kopplungsspule *f* ‖ ~ **de alisagem** (electrón.) / Glättungsdrossel *f* ‖ ~ **de amortecimento** (electr.) / Dämpferspule *f* ‖ ~ **de ampères-espiras antagonistas** (electr.) / Gegenspule *f* ‖ ~ **de antena** / Antennenkopplungsspule, -verlängerungsspule *f* ‖ ~ **de aquecimento** / Heizspule *f* ‖ ~ **de arame** (electr.) / Drahtspule, Spulenwicklung *f* ‖ ~ **de atracção** (electr.) / Zugspule *f* ‖ ~ **de auto-indução** / Selbstinduktionsspule *f* ‖ ~ **de auto-indução com núcleo de ferro** / Selbstinduktionsspule *f* mit Eisenkern ‖ ~ **de auto-indução sem ferro** / Selbstinduktionsspule *f* mit Luftkern ‖ ~ **de base cónica** / Fußspule *f* ‖ ~ **de Bitter** (física) / Bitterspule *f* ‖ ~ **de campo** / Feldspule *f* ‖ ~ **de carga** (electr.) / Pupinspule *f*, Ladespule *f*, Ladungsspule *f* ‖ ~ **de choque** (electr.) / Drossel[spule] *f* ‖ ~ **de cinta** (electr.) / Bandspule *f* ‖ ~ **de compensação** (electr.) / Ausgleichspule *f* ‖ ~ **de contacto à terra** (electr.) / Erdschlußspule *f* ‖ ~ **de convergência** (tv) / Bündelungsspule *f* ‖ ~ **de crista** (tv) / Entzerrspule, Peaking-Versteilerungsspule *f* ‖ ~ **de deflexão** (tv) / Bildablenkspule *f* ‖ ~ **de derivação** / Abzweigspule *f* ‖ ~ **de desacoplamento do filamento** (electrón.) / Heizdrossel *f* ‖ ~ **de desenrolar** / Abrollspule *f* ‖ ~ **de desmagnetização** (fita magn.) / Löschgerät *n* ‖ ~ **de desmagnetizar** / Entmagnetisierungsspule *f* ‖ ~ **de disparo** / Auslösespule *f* ‖ ~ **de electroíman** / Magnetspule *f* ‖ ~ **de enrolamento fraccionado** (electr.) / Stufenspule *f*, abgestufte Spule ‖ ~ **de escoamento** (electr.) / Erdungsdrossel[spule], Saugdrossel *f* ‖ ~ **de excitação** (relé) / Erregerspule *f*, Magnetspule *f* ‖ ~ **de extinção por reactância** / Löschdrosselspule *f* ‖ ~ **de filme** / Filmrolle *f* ‖ ~ **de filtração** (electrón.) / Filterdrossel *f* ‖ ~ **de focalização** (tv) / Abbildungsspule, Fokussierspule *f* ‖ ~ **de fundo de cesta** (electr.) / Korb[boden]spule *f* ‖ ~ **de ignição** (autom.) / Zündspule *f* ‖ ~ **de igualização** (telecom.) / Abflachungsdrossel *f* ‖ ~ **de impedância** / Impedanzspule *f* ‖ ~ **de indução** (electr.) / Funkeninduktor *m* ‖ ~ **de indutância** / Drosselwiderstand *m*, Induktanzrolle *f* ‖ ~ **de núcleo de ferro** (electrón.) / Eisenkernspule *f* ‖ ~ **de papel** / Papierrolle *f*, Rolle *f* Papier (mit Hülse) ‖ ~ **de película** / Filmspule *f* ‖ ~ **de preparação** (têxtil) / Vorgarnspule *f*, Vorwickel *m* ‖ ~ **de protecção** (electr.) / Schutzspule *f* ‖ ~ **de Pupin** / Pupinspule *f* ‖ ~ **de reactância** (electr.) / Schutzdrossel *f*, Drossel[spule] *f* ‖ ~ **de reactância com núcleo de ferro** / Eisendrossel *f* ‖ ~ **de reactância de núcleo de ar** (electr.) / Luftdrossel *f* ‖ ~ **de reactância de oscilação** (electrón.) / Schwingdrossel *f* ‖ ~ **de reactância de reserva** / Ersatzdrosselspule *f* ‖ ~ **de reatância para ondas harmónicas** / Oberwellendrossel *f* ‖ ~ **de resistência** (electr.) / Widerstandsspule, -spirale *f* ‖ ~ **de roda de fiar** (tecel.) / Einschußspule *f*, Eintragkötzer *m* ‖ ~ **de segurança** (electr.) / Schutzspule *f* ‖ ~ **de sintonização** / Abstimmspule *f* ‖ ~ **de sintonização de antena** / Antennenabstimmspule *f* ‖ ~ **de tensão** / Spannungsspule *f* ‖ ~ **direita** (fiação) / Tellerspule *f*, Randspule *f* ‖ ~ **em forma de garrafa** (fiação) / Flaschenspule *f*, Flaschenhülse *f* ‖ ~ **excitadora** / Feldspule *f* ‖ ~ **falsa** / Blindspule *f* ‖ ~ **"favo de mel"** / Honigwabenspule *f*, Bienenkorbspule *f* ‖ ~ **formada** (electr.) / Formspule *f* ‖ ~ **fundo de cesta** / geflochtene Flachspule ‖ ~ **giratória** (têxtil) / Laufspule *f* ‖ ~ **híbrida** (autom.) / Zwitterspule *f* ‖ ~ **inductora** (electr.) / Magnetspule, Feldmagnetspule *f* ‖ ~ **móvel** (electr.) / Drehspule *f*, Tauchspule *f* ‖ ~ **móvel** / Schwingspule *f* ‖ ~ **oscilante** (electrón.) / Schwingspule *f* ‖ ~ **para banco de escovas** / Flyerhülse *f* ‖ ~ **pára-chispas** / Funkenlöschspule *f* ‖ ~ **Petersen de contacto à terra** / Erdschlußlöschspule, Petersenspule *f* ‖ ~ **plana** (electrón.) / Flachspule *f* ‖ ~ **secundária** / Sekundärspule *f* ‖ ~ **térmica** (telecom.) / Hitzdrahtspule *f* ‖ ~ **térmica** / Heizspule *f*
bobinador *m* (trabalhador) / Wickler *m* ‖ ~ **intermediário de ouriço** / Nadelwalzenstrecke *f*
bobinadora *f* (tecel.) / Wickelmaschine *f*
bobinar / spulen , aufspulen ‖ ~ (electr.) / wickeln ‖ ~ (máq., tecnol.) / aufwinden
boca *f* (armamento) / Mündung *f* ‖ ~ (siderurg.) / Arbeitsloch *n*, -tür *f* ‖ ~ (alicate) / Maul *n* ‖ ~ **da galeria** (expl. minas) / Stollenmund *m*, -mundloch *n* ‖ ~ **de carga** / Schürloch *n* ‖ ~ **de carregamento** / Heizloch *n*, Feuerloch *n* ‖ ~ **de carregamento do alto-forno** / Hochofengicht *f* ‖ ~ **de fogo** (siderurg.) / Flammloch *n* ‖ ~ **de incêndio** (bombeiros) / Hydrant *m*, Standrohr *n*, Feuerlöschwasserständer *m* (DIN), Schlauchanschluß *m*, Feuerhydrant *m* ‖ ~ **de incêndio de parede** / Feuerhahn *m* ‖ ~ **de ligação com flange de soldar** / Flanschlötstutzen *m* (DIN 7635) ‖ ~ **do britador** / Brechermaul *n* ‖ ~ **do forno** / Ofenloch *n* ‖ ~ **do poço** (expl. minas) / Schachtöffnung *f*
bocal *m* (máq., tecnol.) / Düse *f* ‖ ~ (telecom.) / Schalltrichter *m*, Mundstück *n* ‖ ~ (instrum. musical) / Ansatz *m* ‖ ~ / Mundstück *n* ‖ ~ **anular** / Ringstutzen *m* (DIN 7641) ‖ ~ **de admissão** / Einlaßdüse *f* ‖ ~ **de admissão de ar** (mot.) / Luftstutzen *m* ‖ ~ **de aspiração** / Ansaugstutzen *m* ‖ ~ **de compensação** (autom.) / Ausgleichdüse *f* ‖ ~ **de descarga** / Auslauföffnung *f* ‖ ~ **de escape** / Ausblasemundstück *n* ‖ ~ **de extrusor** / Extrudermundstück *n* ‖ ~ **de injecção de ar** / Luftdüse *f* ‖ ~ **de pulverização** (para pó) /

Streudüse *f* (für Pulver) ‖ ~ **de purga de óleo** / Ölablaß[stutzen] *m* ‖ ~ **de saída do vapor** / Dampfdüse *f* ‖ ~ **do queimador** / Brennermund *m* ‖ ~ **propulsor** (aeronáut.) / Schubdüse *f* ‖ ~ **pulverizador** / Zerstäubungsdüse *f* für Flüssigkeiten ‖ ~ **[roscado]** / Nippel *m*, Anschlußstück *n* ‖ ~ **roscado** / Gewindenippel *m*
bocaxim *m* (têxtil) / Steifleinen *n*, -leinwand *f* ‖ ~ (artes gráf.) / Buckram *m*
bogia *f* (técn. ferrov.) / Drehgestell *n*
bóia *f* (naveg.) / Tonne, Boje *f* ‖ ~ **acústica** / Sonoboje *f* ‖ ~ **cónica** / stumpfe Boje, Spitzboje *f* ‖ ~ **de marcação** / Bakentonne *f* ‖ ~ **de salvação** / Rettungsring *m* ‖ ~ **de tonel** / Faßboje *f* ‖ ~ **do carburador** / Vergaserschwimmer *m* ‖ ~ **luminosa** / Leuchttonne *f*, Leuchtboje *f* ‖ ~ **sonora** / Heulboje, -tonne *f*
boião *m* **para conservas** / Einmachglas, Einlegeglas *n*
boiar (hidrául.) / schwimmen, treiben
bojo *m* / Rast *f* (Hochofen) ‖ ~ **da garrafa** / Flaschenbauch *m* ‖ ~ **de barril** / Faßbauch *m*, -bauchung *f*
bola *f* **de algodão** / Faserklumpen *m*
bolado, estar ~ [sobre] / festkleben *vi*
bolbo *m* / Blumenzwiebel *f*
boletim *m* **meteorológico** / Wetterbericht *m*
boleto *m* **destruidor** / Hausschwamm *m*, Holzschwamm *m*, trockene Fäulnis
bolha *f* (geral, fundição) / Blase *f* ‖ ~ **de ar** (fundição) / Luftloch *n*, Luftblase *f* ‖ ~ **de fundição** (fundição) / Gußblase *f* ‖ ~ **de gás** (fundição) / Gaseinschluß *m*, Gasblase *f* ‖ ~ **de vapor** / Dampfblase *f*
bolhoso (siderurg.) / blasig
bólide *m* (astron.) / Bolid *m*, Feuerkugel *f*
bolina *f* / Schwert *n*
bolo *m* **de alume** (papel) / Alaunkuchen *m* ‖ ~ **de coque** / Kokskuchen *m* ‖ ~ **de filtração** / Filterkuchen *m* ‖ ~ **de linhaça** / Leinkuchen *m*
bolómetro *m* (física) / Bolometer *n*
bolor *m* / Moder *m*, Schimmel *m* ‖ ~ **de vinagre** / Essigkahm *m*
bolorento / schimmelig
bolota *f* / Eichel *f*
bolsa *f*, bolso *m* / Tasche *f* ‖ ~ **de água** (constr. civil) / Wassersack *m* ‖ ~ **de vapor** (autom.) / Dampfsack *m* ‖ ~ **para amostras** (papel) / Musterbeutel *m*
bomba *f* / Pumpe *f*, Bombe *f* ‖ **à prova de ~s** (constr. civil) / bombensicher ‖ ~ **a jacto de gás** / Gasstrahlpumpe *f* ‖ ~ **a vapor** / Dampfpumpe *f* ‖ ~ **a vapor de óleo** / Öldampf[vakuum]pumpe *f* ‖ ~ **alternativa** / Hubkolbenpumpe *f* ‖ ~ **anticongelante** (autom.) / Frostschutzpumpe *f* ‖ ~ *m* **aspirante** / Saugpumpe *f* ‖ ~ *f* **aspirante a jacto de vapor** / Dampfstrahlsaugpumpe *f*, -strahlsauger *m* ‖ ~ **aspirante-premente** / Druck- und Saugpumpe *f* ‖ ~ **atómica** / Atombombe *f* ‖ ~ **auxiliar** / Zusatzpumpe *f*, Booster *m* ‖ ~ **axial** / Schraubenpumpe *f*, Axialpumpe *f* ‖ ~ **centrífuga** / Kreiselpumpe *f*, Schleuderpumpe *f* ‖ ~ **centrífuga blindada** / Panzerpumpe *f* (DIN 24253) ‖ ~ **com parafuso excêntrico** / Exzenter-Schneckenpumpe *f* ‖ ~ **de água** / Wasserpumpe *f* ‖ ~ **de alimentação** / Zubringerpumpe *f*, Förderpumpe *f* ‖ ~ **de alimentação a vapor** / Dampfspeisepumpe *f* ‖ ~ **de anéis excêntricos** / Exzenter-Ringpumpe *f* ‖ ~ **de aprofundamento** / Abteufpumpe *f* ‖ ~ **de ar** / Luftpumpe *f* ‖ ~ **de ar de pedal** / Fuß[luft]pumpe *f* ‖ ~ **de ar movida a vapor** / Dampfluftpumpe *f* ‖ ~ **de betão**, bomba *f* de concreto / Betonpumpe *f* ‖ ~ **de circulação** / Umlaufpumpe *f*, Umwälzpumpe *f*, Zirkulationspumpe *f* ‖ ~ **de cobalto** / Kobaltbombe *f* ‖ ~ **de combustível** (autom.) / Kraftstoffpumpe *f* ‖ ~ **de compressão** / Druckpumpe *f* ‖ ~ **de compressão com três êmbolos** / Drillings[preß]pumpe *f* ‖ ~ **de débito variável** / Regelpumpe *f* ‖ ~ **de deslocamento variável** / Verstellpumpe *f* ‖ ~ **de diafragma** / Membranpumpe *f*, Federplattenpumpe *f* ‖ ~ **de difusão** / Diffusorpumpe *f* ‖ ~ **de difusão de Gaede** / Gaede-Diffusionspumpe *f* ‖ ~ **de difusão de mercúrio** / Quecksilberdiffusionspumpe *f* ‖ ~ **de difusão de óleo** / Öldiffusionspumpe *f* ‖ ~ **de digestão de ácido** / Säure-Aufschlußbombe *f* ‖ ~ **de dragagem** / Baggerpumpe *f* ‖ ~ **de efeito duplo** / Saug- und Druckpumpe *f*, doppelt wirkende Pumpe ‖ ~ **de êmbolo axial** / Axialkolbenpumpe *f* ‖ ~ **de emergência** (expl. minas) / Hilfssatz *m* ‖ ~ **de engrenagens** / Zahnradpumpe *f* ‖ ~ **de evacuação** / Evakuierpumpe *f*, Entleerungspumpe *f* ‖ ~ **de furo de sondagem** / Bohrlochpumpe *f* ‖ ~ **de gasolina** (autom.) / Benzinpumpe *f* ‖ ~ **de gasolina** / Zapfsäule *f*, Tanksäule *f* ‖ ~ **de hidrogénio** / Wasserstoffbombe *f*, H-Bombe *f* ‖ ~ **de incêndio** / Feuerspritze *f*, Feuerlöschpumpe *f* ‖ ~ **de injecção** (mot.) / Einspritzpumpe *f* ‖ ~ **de injecção de água** (expl. minas) / Spülpumpe *f* ‖ ~ **de injecção de cimento** / Zementspritze *f* ‖ ~ **de injecção directa** (mot.) / Zylindereinspritzpumpe *f* ‖ ~ **de ionização** / Ionenpumpe *f* ‖ ~ **de irrigação** / Berieselungspumpe *f* ‖ ~ **de jacto** (máq. vapor) / Strahlpumpe *f*, Injektor *m* ‖ ~ **de jacto de líquido** / Flüssigkeitsstrahlpumpe *f* ‖ ~ **de lama** (explor. petrol.) / Spülpumpe *f* ‖ ~ **de lama para minério** / Erzförderpumpe *f* ‖ ~ **de lavagem** (mot.) / Spülpumpe *f* ‖ ~ **de lubrificação** (autom.) / Ölpumpe *f* ‖ ~ **de lubrificação** / Fettpresse *f* ‖ ~ **de membrana** / Federplattenpumpe *f* ‖ ~ **de mercúrio rotativa** / Gaedepumpe *f* ‖ ~ **de mosto** / Vorpumpe *f* ‖ ~ **de neutrões**, bomba *f* de nêutrons / Neutronenbombe *f* ‖ ~ **de óleo** / Ölpumpe *f* ‖ ~ **de pasta** (papel) / Stoffpumpe *f* ‖ ~ **de poço** (expl. minas) / Sumpfpumpe *f*, Schachtpumpe *f* ‖ ~ **de porão** / Bilgenpumpe *f*, Lenzpumpe *f* ‖ ~ **de pressão a vapor** / Dampfdruckpumpe *f* ‖ ~ **de pressão para filtros** / Filterpreßpumpe *f* ‖ ~ **de produto de condensação** / Kondensatpumpe *f* ‖ ~ **de recirculação** / Rücksaugpumpe *f* ‖ ~ **de refluxo** / Rückförderpumpe *f* ‖ ~ **de reforço** (expl. minas) / Hilfssatz *m* ‖ ~ **de refrigeração** / Kühlpumpe *f* ‖ ~ **de remoção do calor residual** (reactor) / Leerlauf[kühler]pumpe *f* ‖ ~ **de reprise** (autom.) / Beschleunigungspumpe *f* ‖ ~ **de roda-hélice** (hidrául.) / Flügelradpumpe *f* ‖ ~ **de salmoura** / Solepumpe *f* ‖ ~ **de sobrecarga** (mot.) / Ladepumpe *f* ‖ ~ **de sucção** / Saugpumpe *f* ‖ ~ **de trasfega** / Faßpumpe *f* ‖ ~ **de um só cotovelo de manivela** / Einkurbelpumpe *f* ‖ ~ **de vácuo** / Vakuumpumpe *f* ‖ ~ **de vácuo a vapor de água** / Dampfstrahlpumpe *f* ‖ ~ **de vácuo anular** / Gasringvakuumpumpe *f* ‖ ~ **de vácuo preliminar** / Vorpumpe *f* ‖ ~ **doseadora** / Zumeßpumpe *f* ‖ ~ **eléctrica** / Elektropumpe *f* ‖ ~ **elevatória** / Hebepumpe *f*, Hubpumpe *f* ‖ ~ **fissão-fusão-fissão**, bomba *f* 3F / Drei-F-Bombe *f* ‖ ~ **fraccionante de difusão** / fraktionierende Diffusionspumpe ‖ ~ **Fuller-Kinyon** / Fullerpumpe *f* ‖ ~ **H** / H-Bombe *f*, Wasserstoffbombe *f*, Wasserstoffbombe *f* ‖ ~ **helicoidal** / Spiralpumpe *f*, Schraubenpumpe *f* ‖ ~ **helicoidal de grande capacidade** / Schraubenschaufler *m*, -pumpe *f* ‖ ~ **incendiária** (armamento) / Feuerbombe *f*, Brandbombe *f* ‖ ~ **injectora** (máq. vapor) / Dampfstrahlpumpe *f*, Injektor *m* ‖ ~ **luminosa** (aeronáut.) / Leuchtbombe *f* ‖ ~ **manual** / Handpumpe *f* ‖ ~ **molecular de Gaede** / Gaede-Molekularpumpe *f* ‖ ~ **não obstruível** / Freistrompumpe *f* ‖ ~ **não**

rebentada (armamento) / Blindgänger *m* ‖ ~ **para estrume líquido** / Jauchepumpe *f* ‖ ~ **para excessos de gás** / Gasballastpumpe *f* ‖ ~ **para pneumáticos** (autom.) / Luftpumpe *f* ‖ ~ **para poços pouco profundos** / Flachwasserpumpe *f* ‖ ~ **pneumática de mercúrio** / Quecksilberluftpumpe *f* ‖ ~ **premente** / Preßpumpe *f*, Druckpumpe *f* ‖ ~ **rotativa** / Rotationspumpe *f* ‖ ~ **rotativa de palhetas** (máq., tecnol.) / Flügelpumpe *f*, Drehflügelpumpe *f* ‖ ~ **semi-rotativa** (máq., tecnol.) / Flügelpumpe *f*, Allweilerpumpe *f* ‖ ~ **silenciosa** / Flüsterpumpe *f* ‖ ~ **sónica** / Schallpumpe *f* ‖ ~ **submersível** / Tauchpumpe *f*, Unterwasserpumpe *f* ‖ ~ **térmica** / Wärmepumpe *f* ‖ ~ **unicelular** / einstufige Pumpe ‖ ~ **volumétrica** / Verdrängerpumpe *f*

bombagem *f* / Pumpen *n*, Förderung *f*

bombardeamento *m* / Beschuß *m* ‖ ~ **atómico** / Atombeschuß *m* ‖ ~ **de electrões ou elétrons** / Elektronenbeschuß *m* ‖ ~ **nuclear** / Kernbeschießung *f*, -beschuß *m* ‖ ~ **por neutrões**, bombardeamento *m* por nêutrons / Neutronenbeschießung *f*

bombardear (geral, técn. nucl.) / beschießen, bombardieren

bombardeio *m* **por áreas**, bombardeio *m* por zonas (aeronáut.) / Flächenabwurf *m*

bombardeiro *m* / Bomber *m*

bombas *f pl* **de êmbolos** / Verdrängungspumpen *f pl*

bombazina *f* / geköperter Barchent, Cord *m*

bombeamento *m* / Pumpen *n*, Förderung *f*

bombear / bombieren, pumpen

bombeiro *m* / Feuerwehrmann *m* ‖ ~ / Flaschner *m*, Spengler *m* ‖ ~**s** *m pl* / Feuerwehr *f*

bômbice *m* **anular** (agricult.) / Ringelspinner *m*

bómbix *m* / Seidenraupe *f*, -wurm *m*

bombona *f* (química) / große Flasche

bombordo *m* / Backbord *n*

bonança *f* / Flaute *f*

bonde *m* / Straßenbahn *f*

bonderizar / bondern

boneca *f* **de tipógrafo** / Buchdruckerballen *m*

booleano (matem.) / boolesch

boquilha *f* **de escape** (técn. ferrov.) / Blasrohr *n*

borácico / Borax enthaltend

boracita *f* (mineralog.) / Borazit *m*

borano *m* / Boran *n*

borato *m* / Borat *n*

bórax *m* / Borax *m* ‖ ~ **anidro** *m* / wasserfreier Borax ‖ ~ **calcinado** / gebrannter Borax, Borax usta *f* ‖ ~ **fundido** / Boraxpulver *n*

borboleta *f* (carburador) / Drosselklappe *f*

borboto *m* **de algodão** / Baumwollnoppe *f*

borbulhar / sprudeln, aufwallen

borchagem *f* **a arame** (artes gráf.) / Drahtheftung *f*

borda *f* / Rand *m*, Kante *f* ‖ **fora de** ~ / außenbords, Außenbord... ‖ ~ **da jante** / Felgenrand *m* ‖ ~ **dianteira** (electr.) / Bürstenvorderkante *f* ‖ ~ **interna** (estamp.) / Innenbord *m*, Innenkante *f* ‖ ~ **laminada** / Walzkante *f*

bordado *m* / Stickerei *f* ‖ ~ **manual** / Handstickerei *f*, -gesticktes *n*

bordadura *f* (máq. cost.) / Besatz *m*

bordar / sticken

bordear / falzen

bordéus B *m* (tinturaria) / Bordeaux B *n*

bordo *m* / Kante *f*, Rand *m*, Bord *m* ‖ ~ **de ataque** (da pá da hélice) / Eintrittskante, Vorderkante *f* (des Luftschraubenblattes) ‖ ~ **de ataque da asa** (aeronáut.) / Vorderkante *f* des Flügels, Flügelvorderkante *f*, Flügeleintrittskante *f* ‖ ~ **de flange** (máq., tecnol.) / Bordkante *f* ‖ ~ **de fuga** (aeronáut.) / Austrittskante *f*, Ablaufkante *f*, Hinterkante *f* (des Flügels), hintere Kante ‖ ~ **de fuga da asa** (aeronáut.) / Flügelhinterkante *f* ‖ ~ **de guia** / Führungsrand *m*, Führungskante *f* ‖ ~ **de rebarba** (forja) / Gratkante *f* ‖ ~ **de rolamento** / Fahrkante *f* ‖ ~ **de rolamento do carril**, bordo *m* de rolamento do trilho (técn. ferrov.) / Schienenkante, -laufkante *f* ‖ ~ **de uma junta** / Fugenrand *m* ‖ ~ **encalcado** / Stemmkante *f* ‖ ~ **interior do carril**, bordo *m* interior do trilho (técn. ferrov.) / Schienenfahrkante, -innenseite *f* ‖ ~ **livre** / Freibord *m*

boreto *m* / Borid *n*

bórico / borhaltig

borne *m* (electr.) / Klemme *f* ‖ ~ **de bateria** / Batterieklemme *f* ‖ ~ **de carregamento de bateria** / Batterieladeklip *m* ‖ ~ **de conexão** (electr.) / Anschlußklemme *f* ‖ ~ **de derivação** (electr.) / Abzweigklemme *f* ‖ ~ **de elemento** (electr.) / Elementklemme *f* ‖ ~ **de ligação** (electr.) / Verbindungsklemme *f* ‖ ~ **de massa** / Gehäuseklemme *f* ‖ ~ **de medição** / Meßklemme *f* ‖ ~ **de mola** (electr.) / Federanschlußklemme *f*, Federklemme *f* ‖ ~ **de pólo** (electr.) / Polklemme *f* ‖ ~ **de ponte** (electr.) / Überbrückungsklemme *f* ‖ ~ **de porcelana para barras colectoras** (electr.) / Porzellanschienenklemme *f* ‖ ~ **de terra** (electr.) / Erdungsklemme, Masseklemme *f* (am Gerät) ‖ ~ **do [circuito] primário** (electr.) / Primärklemme *f* ‖ ~ **do filamento de aquecimento** / Heizanschluß *m* ‖ ~ **em cruz para quatro fios** (electr.) / Kreuzklemme *f*, kreuzförmige Verbindungsklemme für vier Drähte ‖ ~ **isolante ou isolador** / Isolierklemme *f* ‖ ~ **roscado** (electr.) / Klemmschraube *f* ‖ ~ **terminal** (telecom.) / Endklemme, -befestigung *f*

borneol *m* (química) / Borneol *n*

bornes *m pl* **principais** (semicondut.) / Hauptanschlüsse *m pl*

bornilo *m* (química) / Bornyl *n*

bornita *f* (mineralog.) / Bornit *m*, Buntkupfererz *n*

boro *m*, B / Bor *n*, B

boroetano *m* / Borwasserstoff *m*

borra *f* (fiação) / Walzenabfall *m*, -wickel *m* ‖ **sem** ~ (seda) / flockenfrei ‖ ~ **da penteadeira** / Kämmling *m* ‖ ~ **de casulos** / Kokonwatte *f* ‖ ~ **de seda** / Flockseide *f*

borracha *f* / Gummi *m* ‖ ~ **adesiva** / Klebegummi *m* ‖ ~ **ciclizada** / Cyclokautschuk *m* ‖ ~ **clorada** / Chlorkautschuk *m* ‖ ~ **crepe** / Kreppgummi *m* ‖ ~ **de apagar** / Radiergummi *m* ‖ ~ **de butilo** / Butylkautschuk *m* ‖ ~ **de éster** / Estergummi *n* ‖ ~ **do limpa-vidros** (autom.) / Wischblatt *n*, -gummi *m* ‖ ~ **do Pará** / Paragummi *n m* ‖ ~ **em folhas** / Plattengummi *m n*, -kautschuk *m* ‖ ~ **esponjosa** / Schaumgummi *m*, Schwammgummi *n m*. ‖ ~ **mole** / Weichgummi *m* ‖ ~ **regenerada** / Regenerat *n* (Gummi) ‖ ~ **sintética** / Kunstgummi *m* ‖ ~ **virgem** / Rohgummi *n m*

borras *f pl* **de cardação** / Kammabfall *m* ‖ ~ **de cerveja** / Biertreber *pl* ‖ ~ **de vinho** / Weinhefe *f*, -niederschlag *m*

borrifar / einsprengen

bort *m* / Bort, Industriediamant *m*

bóson *m* (técn. nucl.) / Boson *n* ‖ ~ **intermediário** (física) / intermediäres Boson

bosque *m* **de árvores caducifólias**, bosque *m* de ávores deciduifólias / Laubwald *m*

bossa *f* **de êmbolo** / Kolbenauge *n* ‖ ~ **do pino do êmbolo** / Kolbenbolzenauge *n*

bossagem *f* (constr. civil) / Bossen *m*

botão *m* / Knopf *m* (allg, Klingel-, Schalt-, Druck- usw) ‖ ~ (fiação) / Noppe *f* ‖ ~ **a vernier** / Feineinstellknopf *m* ‖ ~ **comutador rotativo** (electrón.) / Drehknopfschalter *m* (Drehung in Skalen-Ebene) ‖ ~ **de ajuste** / Einstellknopf *m* ‖ ~

de pressão (electr.) / Druckknopf *m* ‖ ~ **de pressão** / Tastschalter *m*, (Ggs): Stellschalter *m* ‖ ~ **de pressão com indicador luminoso** / Leuchtdruckknopftaster *m* ‖ ~ **de pressão iluminado** / Leuchttaste *f* ‖ ~ **de sintonização** / Abstimmknopf *m* ‖ ~ **de terra** (telecom.) / Erdtaste *f* ‖ ~ **desmultiplicador** / Feinstellknopf *m* ‖ ~ **rotativo** / Drehknopf *m* ‖ ~ **serilhado** / Rändelknopf *m*

bote *m* / Boot *n*

botija *f*, botijão *m* / Flasche *f* ‖ ~ **de gás**, botijão *m* de gás / Gasflasche *f*

botões *m pl* **de seda** / Seidennoppen *f pl*

botoneira *f* (telecom.) / Tastatur *f*, Tastenfeld *n* ‖ ~ **suspensa** (máq. ferram.) / Hängetableau *n*

botrióide (geol) / traubenförmig

botriólita *f* (mineralog.) / Botryolith *m*

bouclé *m* (têxtil) / Bouclé *n*

boulangerita *f* (mineralog.) / Boulangerit *m*

bournonita *f* (mineralog.) / Bournonit *m*

braça *f* / Faden *m* (= 6 Fuß = 1,8287 m) (veraltet)

braçadeira *f* / Schelle *f*, Klammer *f* ‖ ~ (carpint.) / Achselband *n* ‖ ~ (constr. civil) / Bauklammer *f* ‖ ~ (forja) / Frette *f* ‖ ~ **de aperto** / Klemmschelle *f* ‖ ~ **de chumbo** / Bleiklemme *f* ‖ ~ **de ligação à terra** / Erdungsschelle *f* ‖ ~ **de mola** / Federlasche *f* ‖ ~ **do induzido** (electr.) / Ankerbandage, -bandagierung *f* ‖ ~ **mural** / Mauerklammer *f* ‖ ~ **para cabos** / Kabelhalter *m*, Kabelschelle *f* ‖ ~ **para cabos** (funi) / Seilklemme, -klammer *f*, Seilschelle *f* ‖ ~ **para canos** / Rohrschelle, -klemme *f* ‖ ~ **para electrodutos** (electr.) / Rohrschelle *f* ‖ ~ **para linha** / Leitungsschelle *f* ‖ ~ **para mangueiras** / Schlauchbinder *m*, -einband *m*, Schlauchklemme *f* ‖ ~ **para tubos** / Rohrschelle, -klemme *f*

bracinho *m* **da direcção** (autom.) / Spurstangenhebel *m*

braço *m* (geral) / Arm *m* ‖ ~ (máq., tecnol.) / Ausleger *m* ‖ ~ (perfur. petróleo) / Schwengel *m* ‖ ~ (violino) / Hals *m* ‖ **de ~ fixo** / festarmig ‖ **de ~s iguais** / gleicharmig ‖ **de três ~s** / Dreiarm... ‖ **de um ~** (máq. ferram.) / einarmig, einläufig ‖ ~ **agitador** / Rührarm *m* ‖ ~ **articulado** / Gelenkarm *m* ‖ ~ **basculante do porta-tarraxa** (máq. ferram.) / Leitvorrichtung *f* des Gewindeschneidkopfs ‖ ~ **com articulação esférica** / Kugel[gelenk]arm *m* ‖ ~ **condutor** (máq. ferram.) / Führungsarm *m* ‖ ~ **da âncora** / Ankerarm *m* ‖ ~ **da bomba** / Pumpenschwengel *m* ‖ ~ **da direcção** (autom.) / Lenkhebel *m* ‖ ~ **[da engrenagem] da direcção** (autom.) / Lenkstockhebel *m* ‖ ~ **da força** / Kraftarm *m* (des Hebels) ‖ ~ **da manivela** / Kurbelwange *f* ‖ ~ **da suspensão** (autom.) / Lenker *m* (der Drehstabfederung) ‖ ~ **de agitador** / Rührarm *m* ‖ ~ **de alavanca** / Hebelarm *m* ‖ ~ **de apoio** / Stützarm *m* ‖ ~ **de apoio de mola** (autom.) / Federhand *f* ‖ ~ **de bigorna** / Amboßhorn *n* ‖ ~ **de contacto** (telecom.) / Kontaktarm *m* ‖ ~ **de derivação** (electrón.) / Querzweig *m* ‖ ~ **de lâmpada** / Lampenarm *m* ‖ ~ **de manivela** / Kurbelarm *m* ‖ ~ **de mar** / Meeresarm *m* ‖ ~ **de picar** / Schlagarm *m* ‖ ~ **de ponte** / Brückenarm *m* ‖ ~ **de rio** / Flußarm *m* ‖ ~ **de roda livre** (electrón.) / Freilaufzweig *m* ‖ ~ **de suporte** (máq., tecnol.) / Lagerarm *m*, Haltearm *m* ‖ ~ **de um arco ou de uma abóbada** / Schenkel *m* eines Bogens oder Gewölbes ‖ ~ **do limpa-vidros** (autom.) / Wischarm *m* ‖ ~ **do volante** / Flügelarm *m* ‖ ~ **escravo** (técn. nucl.) / mechanischer Arm ‖ ~ **giratório**, braço *m* oscilante / Schwenkarm *m* ‖ ~ **longitudinal** (suspensão) / Längslenker *m* ‖ ~ **porta-brocas** / Bohrarm *m* ‖ ~ **sulcador** / Schrämarm *m*, -ausleger *m* ‖ ~ **transversal** (suspensão) / Querlenker *m* ‖ ~ **triangular** (suspensão) / Dreiecksquerlenker *m*

bráctea *f* (indústr. cervej.) / Deckblatt *n*, Doldenblatt *n* des Hopfens

branco *m* / Weiß *n*, weiße Farbe, weißer Stoff ‖ ~ (informática) / Leerstelle *f*, Blank *n* ‖ ~ *adj* / weiß ‖ **em ~** (papel) / leer, unbeschrieben ‖ ~ *m* **cetim** / Satinweiß *n* ‖ ~ **como a neve** / schneeweiß ‖ ~ **de barita** / Barytweiß *n* ‖ ~ **de imagem** (tv) / Bildweiß *n* ‖ ~ **de referência** (tv) / Bezugsweiß *n* ‖ ~ **de titânio** / Titanweiß *n* ‖ ~ **de zinco** (química) / Zinkweiß, -oxid *n* ‖ **~-de-Espanha** *m* / Schlämmkreide *f* ‖ ~ **fixo** / Blanc-fixe *n*, Barytweiß *n*, Permanentweiß *n* ‖ ~ **ideal** (tv) / Gleichenergieweiß *n* ‖ ~ **índigo** / Leukoindigo *m* ‖ ~ **mineral** / Mineralweiß *n* ‖ **~-opaco** *m* / Deckweiß *n* ‖ **~-perfeito** *m* (tv) / Weiß-Maximum *n* ‖ ~ **perfeito** (tv) / Spitzenweiß, Weiß-Maximum *n* ‖ ~ **por corrosão** / Ätzweiß *n* ‖ ~ **puro** / reinweiß (RAL 9010)

brancura *f* (papel) / Weiße *f*

branqueado / gebleicht

branqueamento *m* / Bleichen *n*, Bleichverfahren *n* ‖ ~ **com clorito** / Chloritbleiche *f* ‖ ~ **óptico** (tinturaria) / Aufhellen *n* ‖ ~ **por gás** (papel) / Gasbleiche *f* ‖ ~ **por redução** (têxtil) / Reduktionsbleiche *f* ‖ ~ **químico** / chemische Bleiche

branquear / blanchieren, tünchen, weißmachen ‖ ~ **a prata** / sieden, weißsieden

branquearia *f* / Bleichanstalt *f*, Bleicherei *f*

branqueio *m* **ao cloro** / Chlorbleiche *f* ‖ ~ **do algodão** / Baumwollbleiche *f* ‖ ~ **por cloreto de cal** / Chlorkalkbleiche *f*

braquieixo *m* (cristalogrf.) / Brachyachse *f*

brasas *f pl* / Glut *f*, glühende Kohlen *f pl*

brasilina *f* (tinturaria) / Brasilin *n*

brasilita *f* (mineralog.) / Brazilit *m*

brassagem *f* (indústr. cervej.) / Sud *m*

braunita *f* (mineralog.) / Braunit *m*

braza *f* / Kohlenglut *f*

brecha *f* (constr. civil) / Bresche *f* ‖ ~ (geol) / Breccie *f*

bremsstrahlung *f* (técn. nucl.) / Bremsstrahlung *f*

breu *m* **gordo natural** / Asphaltteer *m*, flüssiger Asphalt

brevet *m* / Flugzeugführerschein *m*

briefing *m* / Flugberatung *f*

brigada *f* **de agrimensores** / Meßtrupp *m* ‖ ~ **de operários de construção** / Baukolonne *f*, Bautrupp *m* ‖ ~ **de reparações de avarias** / Störungstrupp *m* ‖ ~ **de salvamento de mina** (expl. minas) / Grubenwehr *f*

brilhância *f* / Brillanz *f*, Leuchtkraft *f* ‖ ~ (geral, tv) / Helligkeit *f*

brilhante / leuchtend, glänzend

brilhantina *f* (têxtil) / Brillantin *m*

brilhar / scheinen, glänzen, leuchten

brilho *m* (geral) / Glanz *m* ‖ ~ (tv) / Bildhelligkeit *f* ‖ ~ / Leuchtkraft *f*, Helligkeit *f* ‖ ~ (pedras precios.) / Feuer *n* ‖ **alto ~** / Hochglanz *m* ‖ **de ~ gorduroso** / fettglänzend ‖ **de alto ~** / hochglänzend, Hochglanz... ‖ **sem ~** / glanzlos, matt ‖ **sem ~** / dunkel ‖ ~ **'casca de ovo'** / Eierschalenglanz *m* ‖ ~ **das cores** / Farbhelligkeit *f* ‖ ~ **de chumbo** / Bleiblick *m* ‖ ~ **de níquel-antimónio** (mineralog.) / Antimonnickelglanz *m*, Ullmanit *m* ‖ ~ **de prata** / Silberglanz *m* ‖ ~ **especular** / Spiegelglanz *m* ‖ ~ **intrínseco** / Flächenhelligkeit *f* ‖ ~ **metálico** / Metallglanz *m* ‖ ~ **sedoso** / Atlasglanz *m*, Seidenglanz *m* ‖ ~ **untuoso** / fettiger Glanz

brinco *m* **da mola** / Anschlußöse *f* der Feder

briquete *m* / Brikett *n*, Formling *m*, Preßkohle *f* ‖ **fazer ~s** / brikettieren ‖ ~ **de linhita** / Braunkohlenbrikett *n* ‖ ~ **ovóide** (expl. minas) / Eierbrikett *n*

brisa *f* **moderada** / mäßige Brise (Windstärke 4) ‖ ~ **suave** / leiser Zug
brisância *f* (armamento) / Brisanz *f*
brisante / brisant
brita *f* (constr. rodov.) / Splitt *m*, Schotter *m* ‖ ~ **betuminosa** (constr. rodov.) / Asphaltsplitt *m*, bituminierter Zuschlag
britadeira *f* / Steinbrecher *m*, Brecher *m* ‖ ~ **de um balancim** (expl. minas) / Einschwingenbrecher *m* ‖ ~ **primária** / Grobbrecher *m*
britador *m* / Steinbrecher *m*, Brecher *m* ‖ ~ **de minério** / Erzbrecher *m*, -pochwerk *n*, Erzstampfwerk *n*
britar / brechen
broca *f* / Bohrschneide *f*, Bohreinsatz *m*, Bohrer *m* ‖ ~ **cilíndrica** / Zylinderbohrer *m* ‖ ~ **de cabeça cilíndrica** (marcenar.) / Zapfenbohrer *m* ‖ ~ **de centrar** / Zentrierbohrer *m* ‖ ~ **de cinzel** / Meißelbohrer *m* ‖ ~ **de diamante** / Diamantbohrer *m* ‖ ~ **de fresagem** / Frässpindel *f* ‖ ~ **de mineiro** / Steinbohrer *m*, -bohrmaschine *f* ‖ ~ **de mineração** (expl. minas) / Bohrstange *f* ‖ ~ **de percussão** / Stoßbohrer *m* ‖ ~ **de queda livre** (expl. minas) / Freifallbohrer *m* ‖ ~ **de tracção** / Ziehnadel *f*, auf Zug arbeitende Räumnadel ‖ ~ **de um só gume** / Einlippenbohrer *m* ‖ ~ **excêntrica** (expl. minas) / Erweiterungsbohrer, Exzentermeißel *m* ‖ ~ **helicoidal** / Schneckenbohrer *m* (DIN 6464), Spiralbohrer *m*, Drillbohrer *m* ‖ ~ **mecânica para ranhuras** / Langlochbohrmaschine *f* ‖ ~ **oca** / Hohlbohrer *m* ‖ ~ **para ângulos** / Winkelbohrer *m* ‖ ~ **para nós** / Astbohrer *m* ‖ ~ **para pedra** / Steinbohrer *m*, -bohrmaschine *f* ‖ ~ **porta-fresa** / Frässpindel *f* ‖ ~ **rotativa** (expl. minas) / Drehbohrer *m* ‖ ~ **salomónica** (carpint.) / Schlangenbohrer *m* ‖ ~ **vazada** / Hohlbohrer *m*
brocado *m* (têxtil) / Brokat *m* ‖ ~ / Brokatpapier *n* ‖ ~ *adj* (tecel.) / Broché...
brocha *f* / Malerpinsel *m*, Quast *m*, Anstreichpinsel *m*
brochado / geheftet, broschiert
brochadora *m* **com fio contínuo** (artes gráf.) / Fadenheftmaschine *f*
brochantita *f* (mineralog.) / Brochantit *m*
brochar (artes gráf.) / broschieren, heften
brochura *f* (artes gráf.) / Broschüre *f*
bromação *f* / Bromierung *f*
bromagirita *f* (mineralog.) / Bromargyrit *n*
bromar / bromieren
bromato *m* / Bromat *n*
bromatologia *f* / Lebensmittelwissenschaft *f*, Lebensmittelchemie *f*, Bromatik *f*
bromatologista *m*, **bromatólogo** *m* / Lebensmittelchemiker *m*
brombenzilcianido *m* / Brombenzylcyanid *n*
bromclorobenzeno *m* / Bromchlorbenzol *n*
bromelina *f* (química) / Bromelain *n*
brometo *m* / Bromid *n* ‖ ~ **de amónio** / Ammoniumbromid *n* ‖ ~ **de etilo** / Bromethyl *n* ‖ ~ **de ferro** / Eisenbromid *n* ‖ ~ **de hidrogénio** / Bromwasserstoff *m* ‖ ~ **de iodo** / Jodbromid *n* ‖ ~ **de metilo** / Brommethyl *n* ‖ ~ **de prata** / Silberbromid *n* ‖ ~ **de silício** / Siliziumbromid *n*
bromirita *f* (mineralog.) / Bromyrit *m*
bromo *m*, Br / Brom *n*, Br
bromoacetona *f* / B-Stoff *m*
bromometria *f* / Bromometrie *f*, Bromatometrie *f*
bronze *m* / Bronze *f*, Lagerschale *f* ‖ ~ **alfa** / Alphabronze *f* ‖ ~ **amarelo** / gelbe Bronze ‖ ~ **ao manganês** / Manganbronze *f* ‖ ~ **de alumínio** / Aluminiumbronze *f* (Legierung) ‖ ~ **de berílio** / Berylliumbronze *f* ‖ ~ **de chumbo** / Bleibronze *f* (8-30% Pb, 5-10% Sn, Rest Cu) ‖ ~ **de ouro** / Goldbronze *f*, echte Bronze ‖ ~ **de prata** / Silberbronze *f* ‖ ~ **dourado** / echte Bronze, Goldbronze *f* ‖ ~ **fosforoso** / Phosphorbronze *f* ‖ ~ **líquido** / Bronzetinktur *f* ‖ ~ **silicioso** / Siliziumbronze *f* ‖ ~ **vermelho** / Rotmessing *n*, Tombak *m*
bronzear / bronzieren
brônzeo / bronzefarben, von Bronze
bronzina *f* / Pleuellager *n*
bronzita *f* (mineralog.) / Bronzit *m*
brossa *f* **para tirar provas** (artes gráf.) / Abziehbürste *f* ‖ ~ **tipográfica** / Andrückbürste *f*
brotar / quellen *vi*, sprudeln, aufwallen
brucina *f* / Bruzin *n*
brucita *f* (mineralog.) / Brucit *m*
bruma *f* / Dunst *m*
brumoso (meteorol.) / dunstig, trüb[e], bedeckt
brunido / glänzend
brunidor *m* (máq. ferram.) / Läppwerkzeug *n* ‖ ~ / Läppscheibe *f*
brunimento *m* / Brünieren *n*
brunir (máq. ferram.) / läppen ‖ ~ (aço) / glanzdrücken, brünieren
bruquita *f* (mineralog.) / Brookit *m*
bruto / brutto ‖ ~ (diamante) / roh, ungeschliffen ‖ **em** ~ / unverarbeitet ‖ **em** ~ (constr. civil) / unverputzt, unabgeputzt
BTU / englische Kalorie
bucha *f* / Dübel *m* ‖ ~ (electr.) / Tülle *f*, Hülse *f* ‖ ~ (mecân.) / Buchse *f* ‖ ~ / Laufbuchse *f* ‖ ~ **de bronze** / Bronzebuchse *f* ‖ ~ **de cabo** / Kabeltülle *f* ‖ ~ **de desmontagem** / Abziehhülse *f* ‖ ~ **de fixação** / Spannhülse *f* ‖ ~ **de guia** / Führungsbuchse *f* ‖ ~ **de perfuração** / Bohrbüchse *f* ‖ ~ **de redução** (máq. ferram.) / Einsatzfutter *n* ‖ ~ **do colector** / Kollektorbüchse *f*, -buchse *f* ‖ ~ **do mancal** / Lagerbuchse *f* ‖ ~ **isolante** / Isolierbüchse *f* ‖ ~ **para polia louca** / Leerlaufbüchse *f* ‖ ~ **reversível** (máq. ferram.) / Drehbacke *f* am Futter
buchar / ausbüchsen, -buchsen
bueiro *m* **com tampa** / Deckeldohle *f*, Plattendurchlaß *m* ‖ ~ **em degrau** (constr. rodov.) / Treppendurchlaß *m*, treppenförmiger Durchlaß
buffer *m* **de entrada** / Eingabepuffer *m*
bugalho *m* **de carvalho** / Eichengallnuß *f*
bujão *m* / Stopfen *m*, Stöpsel *m*, Pfropfen *m* ‖ ~ **de compensação** / Dehnungspfropfen *m* ‖ ~ **de enchimento** / Füllschraube *f* ‖ ~ **de purga** / Ablaßpfropfen *m* ‖ ~ **de purga de óleo** (autom.) / Ölablaßschraube *f* ‖ ~ *f* **de tubo** / Rohrverschluß *m*, -verschraubung *f* ‖ ~ *m* **roscado** / Schraubstöpsel *m*, Schraubdeckel *m*, Verschlußschraube *f* ‖ ~ **roscado de escoamento**, bujão *m* roscado de drenagem (autom.) / Verschlußschraube (nicht: -stopfen), Ablaßschraube *f* ‖ ~ **roscado de lubrificação** (técn. ferrov.) / Schmierschraube *f* ‖ ~ **roscado indicador do nível de óleo** / Ölstandsschraube *f*
bulbo *m* (constr. naval) / Wulst *m f* ‖ ~ **com revestimento branco interno** / innenweißer Kolben (Lampe) ‖ ~ **de termómetro** / Thermometerkugel *f*
bulldozer *m* (constr. rodov.) / Planierraupe *f*, -pflug *m* mit Winkelschild, Bulldozer *m*, Erdraupe *f*
buna *f* (borracha sintética produzida por Hüls) / Buna *m*
bunsenita *f* (mineralog.) / Bunsenit *m*
buraco *m* / Loch *n* ‖ ~ (constr. rodov.) / Schlagloch *n* ‖ ~ **da fechadura** / Schlüsselloch *n* ‖ ~ **de nó** / Astloch *n* ‖ ~ **móvel**, buraco *m* positivo (semicondut.) / Defektelektron *n*, Mangelelektron *n*, Loch *n*
bureta *f* / Bürette *f*
buril *m* (máq. ferram.) / Meißel *m*, Stichel *m* ‖ ~ /

Einschneidefräser *m* ‖ ~ (máq. ferram.) / Gravierstichel *m*
burilar / meißeln
burótica *f* / Bürotik *f*
bus *m* (informática) / Peripherie-Anschlußleitung *f*, Hauptleitung *f*
busca *f* (geral) / Suche *f* ‖ ~ *m* **automática de uma linha** (telecom.) / Freisuchen *n* ‖ ~ *f* **de instrução** (informática) / Befehlsabruf *m* ‖ ~ **de vias** (telecom.) / Wegesuche *f* ‖ ~ **dicotómica** (informática) / dichotomische Suche ‖ ~ **dicotomizante** (informática) / eliminierende Suche ‖ ~ **livre** (telecom.) / Freisuchen *n*
buscador *m* (telecom.) / Sucher *m* ‖ ~ **de entrada** (telecom.) / Eingangssucher *m* ‖ ~ **de linha** (telecom.) / Anrufsucher *m*, Leitungssucher *m*, Liniensucher *m*
busca-pólos *m* / Polsucher *m*
buscar (geral) / suchen
búshel *m* / Bushel *n*
bússola *f* / Kompaß *m*, Bussole *f* ‖ ~ **azimutal** / Peilkompaß *m*, Azimutalkompaß *m* ‖ ~ **das tangentes** (electr.) / Tangentenbussole *f* ‖ ~ **de cabina** / Hängekompaß *m* ‖ ~ **de declinação** / Deklinationsbussole *f* ‖ ~ **de deriva** / Abtriftkompaß *m* ‖ ~ **de inclinação** (geol) / Neigungskompaß *m*, Inklinatorium *m*, Inklinationsbussole *f* ‖ ~ **de indução terrestre** (naveg.) / Erdinduktionskompaß *m* ‖ ~ *m* **de marear** / Schiffskompaß *m* ‖ ~ *f* **de mineiro** (expl. minas) / Hängekompaß *m* ‖ ~ **de topógrafo** / Feldbussole *f*, -kompaß *m* ‖ ~ **giromagnética** / Kreiselmagnetkompaß *m* ‖ ~ **giroscópica** / Kreiselkompaß *m* ‖ ~ **líquida** / Schwimmkompaß *m*, Flüssigkeitskompaß *m*, Fluidkompaß *m* ‖ ~ **luminosa** / Leuchtkompaß *m* ‖ ~ **marítima** / Seekompaß *m* ‖ ~ **monogiroscópica** / Einkreiselkompaß *m* ‖ ~ **radiogoniométrica de repetição** / Funkpeil-Tochterkompaß *m* ‖ ~ **repetidora** / Tochterkompaß *m* ‖ ~ **seca** / Trockenkompass *m* ‖ ~ **suspensa** / Hängekompaß *m* ‖ ~ **trigiroscópica** / Dreikreiselkompaß *m*, Kreiselkompaß *m* mit drei Kreiseln
butadieno *m* / Butadien *n*
butano *m* / Butan *n*
butanol *m* / Butanol *n*
butileno *m* / Butylen *n*
butiraldeído *m* / Butyraldehyd, Butylaldehyd *m*
butirato *m* / Butyrat *n* ‖ ~ **etílico** / Buttersäureethylester *m*
butirila *f* / Butyryl *n*
butirómetro *m* / Butyrometer *n*
buxo *m* / Buchsbaum *m*
buzina *f* (autom.) / Hupe *f*, Horn *n* ‖ ~ **de três tons** (autom.) / Dreiklanghorn *n* ‖ ~ **óptica** (autom.) / Lichthupe *f* ‖ ~ **pneumática** / Drucklufthorn *n*
buzinar / hupen
BWR / Siedewasserreaktor *m*
byte *m* (informática) / Byte *n* (kleinste adressierbare Einheit aus 4 bis 16 Bits)

C

C 14 / C 14, ^{14}C
C / Amperesekunde *f*, Asec, Coulomb, C *n*
C (química) / Kohlenstoff *m*, C
C / Coulomb *n*, C
cabeça *f* (máq., tecnol.) / Oberteil *m n*, Kopf *m* (z. B. eines Zahns) ‖ ~ / Kopf *m*, Haupt *n* ‖ ~ (máq., tecnol.) / Nase *f* (an bewegten Teilen), Ansatz *m* ‖ **de ~ chata** / flachköpfig ‖ **de ~ larga** / breitköpfig ‖ **de ~ redonda** / rundköpfig (Nagel, Schraube) ‖ ~ **aberta da biela** (máq. vapor) / Marinekopf *m* ‖ ~ *m* **com duas fendas em cruz** / Kreuzschlitzkopf *m* ‖ ~ *f* **cónica** (rebite) / Spitzkopf *m* ‖ ~ **da árvore porta-brocas** / Bohrspindelkopf *m* ‖ ~ **da barra de direcção** (autom.) / Spurstangenkopf *m* ‖ ~ **da biela** (mot.) / Pleuelstangenkopf *m* (kurbelwellenseitig), Kolbenstangenkopf *m* ‖ ~ **da cantaria** / Haupt *n*, Stirn *f* eines Quaders ‖ ~ **da cavilha** / Bolzenkopf *m* ‖ ~ **da chulipa** (técn. ferrov.) / Schwellenkopf *m* ‖ ~ **da lança** / Schnabel *m* des Krans, Auslegerspitze *f* ‖ ~ **da plaina** / Hobelkopf *m* ‖ ~ **da travessa** (técn. ferrov.) / Schwellenkopf *m* ‖ ~ **de apagamento** (fita magn.) / Löschkopf *m* ‖ ~ **de arco** / Bogengurtung *f* ‖ ~ **de caibro** (carpint.) / Sparrenkopf *m* ‖ ~ **de combate** (armamento) / Gefechtskopf *m* ‖ ~ **de comporta** / Schleusenhaupt *n* ‖ ~ **de eclusa** / Schleusenhaupt *n* ‖ ~ **de embeber** / Senkkopf *m* ‖ ~ **de embutir** (máq. ferram.) / Ziehwerk *n* ‖ ~ **de esclusa** / Schleusenhaupt *n* ‖ ~ **de estiragem** / Streckkopf *m* ‖ ~ **de fecho** / Schließkopf *m* ‖ ~ **de gicleur com orifícios radiais** (mot.) / Düsenkopf *m* mit Querbohrungen ‖ ~ **de gravação** / Sprechkopf *m*, Aufnahmekopf *m* ‖ ~ **de gravação** (fita magn.) / Schreibkopf *m* ‖ ~ **de injecção** / Spülkopf *m*, -wirbel *m* ‖ ~ **de jusante** (hidrául.) / Unterhaupt *n* ‖ ~ **de leitura** / Hörkopf *m*, Lesekopf *m*, Wiedergabekopf *m*, Tonabtastkopf *m* ‖ ~ **de leitura** (fita magn.) / Lesekopf *m* ‖ ~ **de leitura e gravação** (informática) / kombinierter Lese-Schreibkopf ‖ ~ **de martelo** / Hammerkopf *m* ‖ ~ **de parafuso** / Schraubenkopf *m* ‖ ~ **de pulverizador com orifícios radiais** (mot.) / Düsenkopf *m* mit Querbohrungen ‖ ~ **de punção** (estamp.) / Stempelkopf *m* ‖ ~ **de rebite** / Nietkopf, Schließkopf *m* ‖ ~ **de registo** (fita magn.) / Schreibkopf *m* ‖ ~ **de registo** / Aufnahmekopf *m* ‖ ~ **de reprodução** (electrón.) / Abhörkopf *m*, Hörkopf *m*, Wiedergabekopf *m* ‖ ~ **de roscar** / Schneidkopf *m* ‖ ~ **de soldadura** / Schweißkopf *m* ‖ ~ **de sopro** (plást.) / Blaskopf *m* ‖ ~ **de suspensão** / Hängegurtung *f* ‖ ~ **de uma chaveta** (máq., tecnol.) / Keilnase *f* ‖ ~ **de válvula** (mot.) / Ventilteller *m* ‖ ~ **de vidro** / Glaskopf *m* ‖ ~ **de viga** / Balkenkopf *m* ‖ ~ **do cilindro** (mot.) / Zylinderkopf *m* ‖ ~ **do dente** / Zahnkopf *m* ‖ ~ **do dormente** (técn. ferrov.) / Schwellenkopf *m* ‖ ~ **do êmbolo** (máq., tecnol.) / Kolbenboden *m*, -deckel *m* ‖ ~ **do espigão** / Buhnenkopf *m* ‖ ~ **do fuso** / Spindelkopf *m* ‖ ~ **do garfo** / Gabelkopf *m* ‖ ~ **do motor** / Zylinderkopf *m* ‖ ~ **do quebra-mar** / Buhnenkopf *m* ‖ ~ **do tirante** / Zugstangenkopf *m* ‖ ~ **embutida** / Senkkopf *m* ‖ ~ **esférica de tipos** (máq. escrev.) / Kugelkopf *m* ‖ ~ **exploradora** (electrón.) / Abtastkopf *m* ‖ ~ **fonocaptora** / Tonabnehmer *m* ‖ ~ **hexagonal** / Sechskantkopf *m* ‖ ~ **horizontal de extrusão** / Längsspritzkopf *m* ‖ ~ **lenticular embutida** / Linsensenkkopf *m* ‖ ~ **magnética** / Magnetkopf *m* ‖ ~ **magnética de leitura e gravação sem contacto com a superfície magnetizada** / fliegender Magnetkopf ‖ ~ **magnética de uma pista ou trilha** / Einspur-Magnetkopf *m* ‖ ~ **manométrica** / Meßkopf *m* ‖ ~ **oval** (máq., tecnol.) / Halbrundkopf *m* ‖ ~ **porta-lâminas** (máq. ferram.) / Messerkopf *m* ‖ ~ **porta-objectiva** / Objektivkopf *m* am Fernrohr ‖ ~ **primitiva de rebite** / Setzkopf, Nietkopf *m* ‖ ~ **quadrada** / Vierkantkopf *m* ‖ ~ **rectangular com ângulos abatidos** / Hammerkopf *m* ‖ ~ **rectificadora** (máq. ferram.) / Schleifkopf *m* ‖ ~

redonda (máq., tecnol.) / Rundkopf *m*, Halbrundkopf *m* ‖ ~ **sextavada** / Sechskantkopf *m* ‖ ~ **sulcadeira** (expl. minas) / Schrämkopf *m*
cabeçal *m* / Kopfstück *n*
cabeçalho *m* / Kolumnentitel *m* ‖ ~ (artes gráf.) / Kopfzeile *f*
cabeceira *f* / Kopfende *n* ‖ ~ **da galeria** (expl. minas) / Abbaustoß *m*
cabeço *m* **de amarração** (hidrául.) / Hafenpoller *m*, Dalbe *f*, Dückdalbe *f*, Kreuzpfahl *m* ‖ ~ **de molhe** / Molenkopf *m* ‖ ~ **do cabrestante** / Spillkopf *m*
cabeçote *m* **da broca porta-fresa** / Frässpindelkopf *m* ‖ ~ **de escape** / Auspuffkopf, -sammler *m* ‖ ~ **de fixação** / Spannkopf *m* ‖ ~ **de fresar** / Fräsmesserkopf *m* ‖ ~ **de torno-revólver** (máq. ferram.) / Revolverkopf *m* ‖ ~ **do torno** / Drehmaschinenkopf *m* ‖ ~ **fixo** (torno) / Spindelstock *m* ‖ ~ **fonocaptor** / Tonabnehmer *m* ‖ ~ **móvel** (máq. ferram.) / Reitstock *m* ‖ ~ **porta-brocas** / Bohrkopf *m* ‖ ~ **porta-fresa** / Fräskopf *m*
cabedal *m* / Oberleder *n* ‖ ~ **envernizado** / Lackleder *n*
cabelo *m* / Haar *n*
cabina *f* (telecom.) / Zelle *f*, Kabine *f* ‖ ~ (constr. naval) / Kajüte *f*, Kabine *f*, Koje *f* ‖ ~ (elevador, aeronáut.) / Kabine *f* ‖ ~ **avançada** / Frontlenkerfahrerhaus *n* ‖ ~ **de ascensor** / Fahrkorb *m* ‖ ~ **de audição** / Abhörbox *f*, Mischkabine *f* ‖ ~ **de controlo** (electrón.) / Abhörkabine *f* ‖ ~ **de grande capacidade** / Großkabine *f* ‖ ~ **de manobra** / Führerstand *m* (aller fahrbaren Maschinen) ‖ ~ **de passageiros** (aeronáut.) / Fluggastraum *m* ‖ ~ **de pintura à pistola** / Spritzkabine *f* ‖ ~ **de projecção** / Vorführkabine *f*, Projektorraum *m* ‖ ~ **de transformadores** / Transformatorenhaus *n* ‖ ~ **do maquinista** / Führerkabine *f* ‖ ~ **do motorista** (autom.) / Fahrerhaus *n* ‖ ~ **insonora** / Schallschutz-Kabine *f* ‖ ~ **pressurizada** (aeronáut.) / Überdruckkabine *f* ‖ ~ **telefónica** (telecom.) / Sprechzelle *f*, Telephonzelle *f*, Fernsprechzelle *f*, Fernsprechhäuschen *n*
cablagem *f* (electr., electrón) / Verkabelung *f*, Verdrahten *n* ‖ ~ (cabos) / Kabelwerk *n*, Flechtart *f* ‖ ~ (electr., electrón.) / Installation *f* ‖ ~ **em estrela** / Sternverseilung *f* ‖ ~ **impressa** / gedruckte Verdrahtung ‖ ~ **impressa no verso** / gedruckte Rückseitenverdrahtung ‖ ~ **nua** (telecom.) / Blankverdrahtung *f* ‖ ~ **pré-formada** / Kabelbaum *m*
cablar / verdrillen, verkabeln, verdrahten
cabo *m* / Seil *n*, Tau *n* ‖ ~ (electr.) / Kabel *n* ‖ ~ (ferram.) / Heft *n*, Griff *m* ‖ ~ / Stiel *m* (z.B. Besen) ‖ ~ (geogr.) / Landspitze *f*, Kap *m* ‖ ~ **a alta pressão de óleo** / Hochdruckölkabel *n* ‖ ~ **aéreo** (telecom.) / oberirdisches Kabel, Luftleitung *f*, Luftkabel *n* ‖ ~ **aéreo** (electr.) / Freileitung *f* ‖ ~ **aéreo de telecomunicações** / Fernmelde-Luftkabel *n* ‖ ~ **alimentador de retorno** (electr.) / Rückspeisekabel *n* ‖ ~ **armado** / Panzerkabel *n*, bewehrtes Kabel ‖ ~ **armado de chumbo e isolado a papel** / Papierbleikabel *n* ‖ ~ **asfaltado** / Asphaltkabel *n* ‖ ~ **asfaltado com blindagem de chumbo** / bleigepanzertes asphaltiertes Kabel ‖ ~ **Bowden** / Bowdenzug *m* ‖ ~ **chato** / Bandseil *n*, Flachkabel *n* ‖ ~ **chato** (electr.) / Bandkabel *n* ‖ ~ **coaxial** (electrón.) / Koaxialkabel, Koax[kabel] *n* ‖ ~ **cochado** / Litzenseil *n* ‖ ~ **com armadura em arame de aço** / stahldrahtbewehrtes Kabel ‖ ~ **com cocha diagonal** / Spiralseil *n* ‖ ~ **com revestimento de juta** / Jutekabel *n* ‖ ~ **com revestimento fibroso** / Faserstoffkabel *n* ‖ ~ **com três mantos de chumbo** / Dreibleimantelkabel *n* ‖ ~ **composto** / gemischtadriges o. -paariges Kabel ‖ ~ **de alimentação** (electr.) / Speisekabel *n*, Feeder *m* ‖ ~ **de alta tensão para corrente trifásica** / Drehstromhochspannungskabel *n* ‖ ~ **de alumínio com alma de aço** / Aluminiumkabel *n* mit Stahlseele ‖ ~ **de arame** / Drahtseil *n* ‖ ~ **[de arame] de aço** / Stahl[draht]seil *n* ‖ ~ **de arranque ou de partida** (autom.) / Anlasserkabel *n*, -leitung *f* (DIN) ‖ ~ **de assinante** (telecom.) / Anschlußkabel *n* zwischen Amt u. Teilnehmer, Fernsprechanschlußkabel *n* ‖ ~ **de banda larga** (telecom.) / Breitbandkabel *n* ‖ ~ **de calibração** / Eichkabel *n* ‖ ~ **de campanha** / Feldkabel *n* ‖ ~ **de cânhamo** / Hanfseil *n*, -tau *n* ‖ ~ **de cocha à esquerda** / linksgängig geschlagenes Seil ‖ ~ **de compressão externa de gás** / Gas-Außendruckkabel *n* ‖ ~ **de consumidor** / Verbraucherleitung *f* ‖ ~ **de cordoeiro** / Kabelgarn *n* ‖ ~ **de correntes fracas** / Fernmeldekabel *n* ‖ ~ **de descarga** / Entleer[ungs]seil *n* ‖ ~ **de distribuição** / Aufteilungskabel *n* ‖ ~ **de elevação** / Hubseil *n* ‖ ~ **de emergência** / Ausweichkabel *n* ‖ ~ **de equilíbrio** (funi) / Gegenseil *n* ‖ ~ **de equilíbrio** (expl. minas) / Unterseil *n*, Ausgleichseil *n* ‖ ~ **de estai** / Ankerseil *n* ‖ ~ **de extracção** (expl. minas) / Förderseil *n* ‖ ~ **de fecho** / Schließseil *n* ‖ ~ **de fibra óptica** (telecom.) / Glasfaserkabel *n* ‖ ~ **de fios em quadra** (electr.) / Sternviererkabel *n* ‖ ~ **de grande distância** (telecom.) / Fernkabel *n*, Fk ‖ ~ **de ignição** (autom.) / Hochspannungs-Zündleitung *f* (DIN), Zünd[kerzen]kabel *n* ‖ ~ **de iluminação [eléctrica]** / Lichtkabel *n* ‖ ~ **de isolamento por ar** (electr.) / Hohlraumkabel *n* ‖ ~ **de nós** / Knotenseil *n* ‖ ~ **de núcleo simples** / Einfachleiterkabel *n* ‖ ~ **de reboque** (navio) / Schlepptau *n*, Schleppleine *f* ‖ ~ **de reboque** (autom.) / Abschleppseil *n* ‖ ~ **de retenção** (aeronáut.) / Fangseil *n* ‖ ~ **de suspensão** / Hängeseil *n* ‖ ~ **de telecomunicações** / Fernmeldekabel *n*, Schwachstromkabel *n* ‖ ~ **de televisão** / Fernsehkabel *n* ‖ ~ **de toros chatos** / flachlitziges Seil ‖ ~ **de tracção** / Zugseil *n* ‖ ~ **de três condutores**, cabo *m* de três fios (electr.) / Dreileiterkabel *n*, Dreifachkabel *n* ‖ ~ **descendente** (electr.) / Niederführung *f* ‖ ~ **disparador** (técn. fotogr.) / Auslösekabel *n* ‖ ~ **do ascensor** / Aufzugsseil *n* ‖ ~ **do machado** / Axthelm, -stiel *m* ‖ ~ **eléctrico** / Leitungskabel *n* ‖ ~ **em fita** (electr.) / Bandkabel *n* ‖ ~ **em tubo sob pressão de gás** / Gasdruck-[Rohr]kabel *n* ‖ ~ **enterrado** / Erdkabel *n* ‖ ~ **flexball**, cabo *m* flexível de esfera / Flexballzug *m* (ein Bowdenzug) ‖ ~ **flexível** / Flexwelle *f*, biegsame Welle, biegsames Kabel ‖ ~ **flexível do taquímetro** , cabo *m* flexível do velocímetro (autom.) / Tacho[meter]welle *f* ‖ ~ **frouxo** / Hängeseil *n* ‖ ~**-guia** *m* / Führungsseil *n* ‖ ~ **guia** (electr.) / Leitkabel *n* ‖ ~ **isolado a papel** / Papierkabel *n* ‖ ~ **isolado a papel e algodão** / Papierbaumwollkabel *n* ‖ ~ **metálico** / Drahtkabel *n*, Drahtseil *n* ‖ ~ **metálico com alma de cânhamo** / Drahtseil *n* mit Hanfeinlage oder Hanfseele ‖ ~ **multifilar** / Mehrfachleiterkabel *n* ‖ ~ **múltiplo** (telecom.) / Kabel *n* mit großer Aderzahl ‖ ~ **não pupinizado** / U-Kabel *n*, nicht pupinisiertes Kabel ‖ ~ **nu** / blankes Kabel ‖ ~ **nu com revestimento de chumbo** / blankes Bleikabel, einfaches Bleikabel ‖ ~ **oleostático** / Hochdruckölkabel *n* im Stahlrohr ‖ ~ **para altas frequências** (electr.) / Hochfrequenzkabel *n*, HF-Kabel *n* ‖ ~ **para instalação interna** / Innenkabel *n* ‖ ~ **portador** (funi) / Tragseil *n* ‖ ~ **pré-formado** (telecom.) / Formkabel *n* ‖ ~ **pupinizado** (telecom.) / Pupinkabel *n*, pupinisiertes Kabel ‖ ~ **quádruplo** / Adervierer *m* ‖ ~ **revestido com papel envernizado**

/ Lackpapierkabel *n* ‖ ~ **revestido com papel esmaltado** / Lackpapierkabel *n* ‖ ~ **sob alta pressão de óleo** / Hochdruckölkabel *n* ‖ ~ **sob pressão de gás** (electr.) / Gasdruckkabel *n* ‖ ~ **sob pressão de nitrogénio** / Stickstoffkabel *n* ‖ ~ **subfluvial** / Flußkabel *n* ‖ ~ **submarino** / Seekabel *n*, Unterseekabel *n* ‖ ~ **subterrâneo** / Landkabel *n*, Erdkabel *n* ‖ ~ **teledinâmico** (electr.) / Fernkabel *n* ‖ ~ **telefónico submarino** / Fernsprech-Seekabel *n* ‖ ~ **telefónico terminal** / Fernsprechabschlußkabel *n* ‖ ~ **tensor** (funi) / Spannseil *n* ‖ ~ **terminal** (telecom.) / Abschlußkabel *n* ‖ ~ **tipo Heliax** / Bandwendelkabel *n* ‖ ~ **tractor** / Förderseil *n*

cabograma *m* / Kabel *n*, überseeisches Telegramm

cábrea *f* / Winsch *f*, Hebebock *m*

cabrestante *m* (constr. naval) / Gangspill *n*, Deckwinde *f*, Schiffswinde *f* ‖ ~ (fita magn.) / Treibrolle *f*, Tonrolle *f*, Tonwelle *f* ‖ ~ **de accionamento** (fita magn.) / Antriebsrolle *f* ‖ ~ **de corrente** / Kettenspill *n* ‖ ~ **de popa** / Achterspill *n* ‖ ~ **vertical** / Göpel *m*

cabriolé *m* (autom.) / offener Sportzweisitzer

caça *m* **de intercepção** (aeronáut.) / Abfangjäger *m*

caça-bombardeiro *m* / Jagdbomber *m*

caçadeira *f* / Flinte *f*

caçamba *f* / Kübel *m* ‖ ~ / Becher *m* des Eimerkettenbaggers ‖ ~ (expl. minas) / Förderkasten *m* ‖ ~ **de draga** / Baggereimer *m* ‖ ~ **de fundo móvel** / Klappkübel *m*

cachorro *m* (constr. civil) / Kragstein *m*, Konsole *f*

cacimba *f* / Sprühnebel *m*, -regen *m*

cacodilo *m* / Kakodyl *n*

cacos *m pl* / Scherben *f pl* ‖ ~ **de tijolo** / Ziegelschutt *m* ‖ ~ **de vidro** / Glasbruch *m*, -scherben *f pl*

cadafalso *m* / Lehrgerüst *n*

cadarço *m* / Litze *f*, Tresse *f*

cadaste *m* / Achtersteven *m*, Hintersteven *m*

cadastral / Flurbuch...

cadastro *m* / Flurbuch *n*

cadaverina *f* / Cadaverin *n*

cadeado *m* / Vorhängeschloß *n*, Hängeschloß *n* ‖ ~ **de segredo** / Buchstabenschloß *n*

cadeia *f* (geral, química) / Kette *f* ‖ **de ~ curta** (química) / kurzkettig ‖ **em (forma de) ~** (química) / kettenförmig ‖ **em ~ linear**, em cadeia rectilínea (química) / geradkettig ‖ **em longa ~** (química) / langkettig ‖ ~ **aromática** (química) / aromatische Reihe ‖ ~ **com elos redondos** / Rundgliederkette *f* ‖ ~ **de accionamento** / Antriebskette *f* ‖ ~ **de agrimensor** / Meßkette *f* ‖ ~ **de cartões** / Kartenkette *f* ‖ ~ **de descasque para folheado** / Furnierschälstraße *f* ‖ ~ **de desintegração** (técn. nucl.) / Zerfallsreihe *f* ‖ ~ **de elos** / Gliederkette *f* ‖ ~ **de enchimento** / Füllkette *f* ‖ ~ **de escovas** / Bürstenkette *f* ‖ ~ **de estações de televisão** / Fernseh-Relaiskette *f*, Fernsehkette *f* ‖ ~ **de explosões** / Explosionskette *f* ‖ ~ **de filtros** (electrón.) / Siebkette *f*, Filterkette *f* ‖ ~ **de isoladores** / Isolatorenkette *f* ‖ ~ **de isoladores de forma ovóide** / Eierisolatorenkette *f* ‖ ~ **de produção** / Fertigungskette *f* ‖ ~ **de reacções** (química) / Reaktionskette *f* ‖ ~ **de rolos** / Rollenkette *f* ‖ ~ **de transmissão** / Treibkette *f*, Kraftübertragungskette *f* ‖ ~ **dentada** / Fräskette *f* ‖ ~ **do frio** / Kühlkette *f* ‖ ~ **electroquímica** / elektrochemische Reihe ‖ ~ **energética** (química) / Energiekette *f* ‖ ~ **fundamental** (química) / Hauptreihe *f* ‖ ~ **linear** (química) / offene gerade Kette

cadeida *f* (química) / Reihe *f*

cadeira *f* / Stuhl *m* ‖ ~ **articulada** / Klappstuhl *m* ‖ ~ **giratória** / Drehstuhl, -schemel *m*

cadência *f* (electrón.) / Zeittakt *m*, Impulstakt *m* ‖ ~ **de repetição de impulsos ou pulsos** (informática) / Impuls-Folgegrad *m* ‖ ~ **de tiro** (armamento) / Schußfolge *f*, Feuergeschwindigkeit *f*, Feuerfolge *f*

cadernal *m* / Flasche *f*, Gehäuse *n* eines Flaschenzuges, Klobengehäuse *n*

caderno *m* **de encargos** / Lastenheft *n* ‖ ~ **de encargos funcionais** / funktionelle Leistungsbeschreibung

cadinho *m* (química, siderurg.) / Tiegel *m*, Schmelztiegel *m* ‖ ~ (açúcar) / Auflösepfanne *f*, -kasten *m* ‖ ~ (siderurg.) / Topf *m*, Tiegel *m* ‖ ~ (vidro) / Hafen *m* ‖ ~ (do forno de indução) / Schmelzrinne *f* (des Induktionsofens) ‖ ~ **de derreter vidro** / Glashafen *m* ‖ ~ **de grafita** / Graphittiegel *m* ‖ ~ **do alto-forno** (siderurg.) / Bodenstein *m* ‖ ~ **para embebição** / Tränktiegel *m* ‖ ~ **refractário** / feuerfester Tiegel

cadmia *f* (siderurg.) / Gichtschwamm *m*, [zinkischer] Ofenbruch *m*

cadmiagem *f* / Kadmieren *n*, Verkadmen *n*

cadmiar / verkadmen, kadmieren

cádmio *m* / Kadmium *n*, Cadmium *n*, Cd

caducidade *f* **da patente de invenção** / Ablaufen *n* des Patents

CAF (electrón.) / automatische Scharfabstimmung, Frequenznachsteuerung *f*

café *m* **instantâneo**, café *m* solúvel / Kaffee-Extrakt *m*, Pulverkaffee *m*

cafeína *f* / Coffein *n*

caiado (constr. civil) / getüncht

caiar (constr. civil) / tünchen, weißen, kalken

caibro *m* (carpint, constr.civil) / Sparren *m*, Dachsparren *m* ‖ ~ **de aresta** / Gratsparren *m* ‖ ~ **de esquina** (carpint.) / Ecksparren *m* ‖ ~ **intermediário** / Leersparren *m* ‖ ~ **transversal** (carpint.) / Quersparren *m* ‖ ~ **vertical** / Quartierstück *n*

caibros *m pl* (constr. civil) / Gespärre *n*, Sparrenwerk *n* ‖ ~ **de guia** / Lehrgespärre *n*

caieira *f* / Kalkbrennerei *f* ‖ ~ **de cal** / Kalkofen *m*

cair (geral) / fallen ‖ ~ / stürzen *vi*, abstürzen ‖ ~ (raio) / einschlagen [in] ‖ ~ **gota a gota** / herabtropfen, -tröpfeln

cais *m* / Kai *m*

caixa *f* / Kasten *m*, Schachtel *f*, Behälter *m* ‖ ~ (máq., tecnol.) / Gehäuse *n* ‖ ~ (fruta) / Steige *f* ‖ ~ **acabadora** (lamin.) / Fertiggerüst *n* ‖ ~ **acabadora** (fiação) / Fertigstuhl *m* ‖ ~ **acústica** / Lautsprecherbox *f* ‖ ~ **basculante** (autom.) / Kipperaufbau *m* ‖ ~ **com cinco velocidades** (autom.) / Fünfganggetriebe *n* ‖ ~ **da direcção** (autom.) / Lenkgehäuse *n* ‖ ~ **da direcção** / Lenkgetriebe *n* ‖ ~ **da fechadura** (serralhar.) / Schloßkasten *m* ‖ ~ **da torneira** / Hahngehäuse *n* ‖ ~ **da válvula distribuidora** (máq. vapor) / Schieberkasten *m*, -gehäuse *n* ‖ ~ **de acoplamento de cabos** / Kabelmuffe *f* ‖ ~ **de alimentação** (electr.) / Speisekasten *m*, Stromzuführungskasten *m* ‖ ~ **de areia** (técn. ferrov.) / Sandkasten *m* ‖ ~ **de avanço** (máq. ferram.) / Vorschubkasten *m*, -getriebe *n* ‖ ~ **de bateria** / Batteriegefäß *n* ‖ ~ **de bobinas** (electr.) / Spulenkasten *m* ‖ ~ **de câmbio** (autom.) / Wechselgetriebe *n*, Schaltgetriebe *n* ‖ ~ **de câmbio automática** (autom.) / automatisches Getriebe ‖ ~ **de câmbio completamente sincronizada** (autom.) / Vollsynchrongetriebe *n* ‖ ~ **de câmbio composta** (autom.) / Doppelgetriebe *n* ‖ ~ **de câmbio intermediária** (autom.) / Verteilergetriebe *n* (für 4-Rad-Antrieb) ‖ ~ **de câmbio ou de velocidades** (autom.) / Getriebe *n* ‖ ~ **de câmbio ou de velocidades automática** (autom.) / Getriebeautomat *m*, -automatik *f* ‖ ~ **de câmbio**

sincronizada (autom.) / synchronisiertes Getriebe ‖ ~ **de carregamento** (siderurg.) / Einsetzmulde *f* ‖ ~ **de cartão** / Pappschachtel *f*, Pappkarton *m*, Karton *m* (allg) ‖ ~ **de cementação** (siderurg.) / Einsatzkasten *m* ‖ ~ **de contacto suspensa** (electr.) / Hängeanschlußdose *f* ‖ ~ **de contrapesos** / Gegengewichtskasten *m* ‖ ~ **de derivação** (electr.) / Abzweigdose *f* ‖ ~ **de derivação** (electr.) / Abzweigkasten *m* ‖ ~ **de derivação domiciliária** (electr.) / Hausanschlußkasten *m* ‖ ~ **de derivação para cabos** (electr.) / Kabelabzweigkasten *m* ‖ ~ **de descarga** / Abortspülapparat *m*, Spülvorrichtung *f*, Spülung *f*, Wasserspülapparat *m*, Klosettspülung *f*, Spülkasten *m* ‖ ~ **de distribuição** (electr.) / Verteilerkasten *m* mit Sicherungen, Schaltkasten *m* ‖ ~ **de distribuição de cabos** / Kabelkasten *m*, -schrank *m* ‖ ~ **de distribuição de vapor** / Dämpfkasten *m* ‖ ~ **de dois corpos** (artes gráf.) / Doppelkasten *m* ‖ ~ **de eixo** (técn. ferrov.) / Achsbuchse, -büchse *f* ‖ ~ **de eixos com rolamento de rolos** (técn. ferrov.) / Rollenachslager *n* ‖ ~ **de eletrodos** / Elektrodenbehälter *m* ‖ ~ **de empanque** / Stopfbüchse *f* ‖ ~ **de empanque de expansão** / Ausgleichstopfbuchse *f* ‖ ~ **de enchimento** (constr. civil) / Füllkasten *m* ‖ ~ **de engrenagens** / Räderkasten *m*, -getriebe *n*, Getriebekasten *m* ‖ ~ **de engrenagens de avanço** (máq. ferram.) / Vorschubräderkasten *m* ‖ ~ **de escada** / Treppenhaus *n*, Treppenraum *m* (DIN) ‖ ~ **de escape** (máq. vapor) / Auspufftopf *m* ‖ ~ **de fim de cabo** / Kabelendverschluß *m* ‖ ~ **de folha-de-flandres** / Blechkasten *m* (Dünnblech) ‖ ~ **de fundição** (fundição) / Formkasten *m* ‖ ~ **de fusíveis** (electr., autom.) / Sicherungsdose *f*, -kasten *m* ‖ ~ **de germinação** / Kastenkeimapparat *m* ‖ ~ **de junção** (electr.) / Verbindungsmuffe *f* (DIN) ‖ ~ **de junção de cabos** / Kabelkasten *m*, -schrank *m* ‖ ~ **de lata** / Blechbüchse *f* ‖ ~ **de machos** (fundição) / Kernbüchse *f*, Kernform *f*, Kernkasten *m* ‖ ~ **de mancal do eixo** (técn. ferrov.) / Achslagerkasten *m* ‖ ~ **de medição hidráulica** / Meßdose *f* ‖ ~ **de moldagem** (fundição) / Sandkasten *m* ‖ ~ **de moldar** (fundição) / Formkasten *m* ‖ ~ **de previdência de mineiros** / Bergknappschaft *f* ‖ ~ **de primeiros-socorros** (autom.) / Verbandkasten *m* ‖ ~ **de recozer** (siderurg.) / Glühkasten *m* ‖ ~ **de ressonância** / Echobox *f*, -kasten *m*, -decke *f*, Resonanzboden *m*, Schallboden *m* ‖ ~ **de separação** (electr.) / Übergangskasten *n* von offenen zu explosionsgeschützten Installationen ‖ ~ **de sinalização de bloco com contador de eixos** / Blockstelle *f* mit Achszähleinrichtung ‖ ~ **de terminais** (electr.) / Anschlußkasten *m* ‖ ~ **de tintas** / Farbenkasten *m* ‖ ~ **de tipos** (artes gráf.) / Setzkasten *m*, Schriftkasten *m* ‖ ~ **de torção** (lamin.) / Drallbüchse *f* ‖ ~ **de turbina** / Turbinengebläse *n* ‖ ~ **de vazamento** (fundição) / Eingußkasten *m* ‖ ~ **de vedação do cilindro** / Zylinderstopfbüchse *f* ‖ ~ **de velocidades** (autom.) / Wechselgetriebe *n*, Schaltgetriebe *n* ‖ ~ **de velocidades automática** (autom.) / automatisches Getriebe ‖ ~ **de velocidades completamente sincronizada** (autom.) / Vollsynchrongetriebe *n* ‖ ~ **de velocidades composta** (autom.) / Doppelgetriebe *n* ‖ ~ **de velocidades intermediária** (autom.) / Verteilergetriebe *n* (für 4-Rad-Antrieb) ‖ ~ **de velocidades sincronizada** (autom.) / synchronisiertes Getriebe ‖ ~ **de vento** (siderurg.) / Windkasten *m* ‖ ~ **do ascensor** (constr. civil) / Aufzugsschacht *m*, Schacht *m* des Aufzugs ‖ ~ **do carburador** / Vergasergehäuse *n* ‖ ~ **do distribuidor** / Schiebergehäuse *n* ‖ ~ **do eixo** / Achsgehäuse *n* ‖ ~ **do eixo tipo banjo** (autom.) / Banjoachskörper *m* ‖ ~ **do fuso** / Spindelkasten *m* ‖ ~ **do interruptor** / Schalterkasten *m*, -gehäuse *n* ‖ ~ **do interruptor** (electr.) / Schaltkasten *m*, -gehäuse *n* ‖ ~ **do mancal** (máq., tecnol.) / Lagerschale *f*, Lagergehäuse *n* ‖ ~ **do parafuso sem-fim** / Schneckengehäuse *n*, -kasten *m* ‖ ~ **do transformador** / Transformatorgehäuse *n*, -mantel *m* ‖ ~ **dupla** (artes gráf.) / Doppelkasten *m* ‖ ~ **inferior** (fundição) / Unterkasten *m* ‖ ~ [**inferior ou superior**] (fundição) / Formhälfte *f*, [unterer o. oberer] Formkasten ‖ ~ **inferior para água** (autom.) / Ablaufkasten *m*, unterer Wasserkasten (am Motorkühler) ‖ ~ **interior do eixo** / Achsinnenlager *n* ‖ ~ **para acumuladores** / Akkumulatorkasten *m*, -gefäß *n* ‖ ~ **para enfiar** (electr.) / Einziehdose *f* ‖ ~ **para (h)umidificação** / Feuchthaltekasten *m* ‖ ~ **para juntas de meia-esquadria** / Gehrungsstoßlade *f* ‖ ~ **pontiaguda** (prep.) / Spitzkasten *m* ‖ ~ **protectora da engrenagem** / Radschutz *m* ‖ ~ **recolhedora** (tecel.) / Sammelkasten *m* ‖ ~ **registadora** / Zahlkasse *f*, Regist[ri]erkasse *f* ‖ ~ **revólver** (tecel.) / Revolverlade *f* ‖ ~ **superior** (fundição) / Formmantel *m*, Überform *f* ‖ ~ **superior do molde** (fundição) / Oberform *f* ‖ ~ **terminal** (telecom.) / Endverschluß *m* ‖ ~ **tipográfica** (artes gráf.) / Setzkasten *m*, Schriftkasten *m*

caixão *m* **aberto** / oben offener Senkkasten ‖ ~ **flutuante** / Schwimmkasten *m*, Senkkasten *m* ‖ ~ **submergível** / Caisson *m*

caixilho *m* / Einfassung *f* einer Tür (o. eines Fensters) ‖ ~ / Bilderrahmen *m* ‖ ~ / Falzrahmen *m* (Schiebefenster), Blockzarge *f* ‖ ~ **de janela** / Fensterzarge *f*, Fenstereinfassung *f* ‖ ~ **de janela** (autom.) / Fensterrahmen *m* (DIN) ‖ ~ **de moldagem** / Formrahmen *m* ‖ ~ **de porta** / Türrahmen *m* ‖ ~ **de porta** (autom.) / Türeinfassung *f* (Gummi) ‖ ~ **do batente** / Flügelrahmen *m* ‖ ~ **para diapositivos** / Dia[positiv]rahmen *m*

caixote *m* / Kiste *f*

caixotim *m* (artes gráf.) / Fach *n* des Setzkastens

Cal / Kilokalorie *f* (= 4186,8 J), kcal (veraltet)

cal *f* / Kalk *m* ‖ ~ **aérea** / Luftkalk *m* ‖ ~ **apagada** / abgestandener (o. verwitterter) Kalk, Löschkalk *m* ‖ ~ **argilosa** / Tonkalk *m* ‖ ~ **branca** / Weißkalk *m* ‖ ~ **calcinada** (constr. civil) / gebrannter Kalk ‖ ~ **carbonada fibrosa** / Faserkalk *m* ‖ ~ **carbonatada fétida** (geol) / Stinkkalk, -schiefer, -stein *m* ‖ ~ **de defecação** (açúcar) / weißer Kalk zum Ausfällen ‖ ~ **em pasta** (constr. civil) / Kalkbrei *m*, -paste *f* ‖ ~ **em pedra** / Stückkalk *m* ‖ ~ **em pó** (constr. civil) / Staubkalk *m*, luftgelöschter o. abgestandener o. verwitterter Kalk, Kalkstaub *m*, Kalkmehl *n* ‖ ~ **extinta** / abgestandener (o. verwitterter) Kalk, Löschkalk *m* ‖ ~ **gorda** / Fettkalk *m* ‖ ~ **hidráulica** / Wasserkalk *m*, hydraulischer Kalk ‖ ~ **liássica** / Liaskalk *m* ‖ ~ **morta** / abgestandener (o. verwitterter) Kalk ‖ ~ **para adubos**, cal *f* para fertilizantes (agricult.) / Düngekalk *m* ‖ ~ **permiana** / Zechstein[kalk] *m* ‖ ~ **pulverizada** / Feinkalk *m* ‖ ~ **rica** / Fettkalk *m* ‖ ~ **viva**, cal *f* virgem / wirksamer Kalk, ungelöschter o. gebrannter Kalk ‖ ~ **viva em pedra** (constr. civil) / gebrannter Stückkalk

calado *m* / Tiefgang *m* ‖ **de grande** ~ / tiefgehend ‖ ~ **de bordo livre** / Freibord-Tiefgang *m*

calafetagem *f* (constr. naval) / Kalfatern *n* ‖ ~ (constr. civil) / Abdichtung *f*

calafetar (constr. naval) / kalfatern ‖ ~ (constr. civil) / abdichten ‖ ~ **com estopa** / mit Werg stopfen

calamina *f* / Ofengalmei *m*, Galmei *m* ‖ ~ (mineralog.) / Kieselzinkerz *n*

calamite *f* / Kalamit *m* (eine Lehmart)

calandra *f* (têxtil) / Kalander *m*, Wäschemangel *f* ‖ ~

(papel) / Satiniermaschine *f* ‖ ~ **a quente** / Heißmangel *f* ‖ ~ **acabadora** (papel) / Fertigkalander *m* ‖ ~ **clássica** / Rollkalander *m* ‖ ~ **de acetinagem** (papel) / Seidenglanzkalander *m* ‖ ~ **de feltro** / Filzkalander *m* ‖ ~ **folheadora** (plást.) / Folienkalander *m* ‖ ~ **gémea para papel em folhas** / Doppelbogenkalander *m* ‖ ~ **intermédia** (papel) / Feucht-Glättwerk *n* ‖ ~ **para alisar e dar lustro** / Glättkalander *m* ‖ ~ **para folhas** (papel) / Bogenkalander *m*
calandragem *f* (papel) / Kalandrieren *n* ‖ ~ **(h)úmida** (papel) / Feuchtglätte *f*
calandrar / kalandern, rollen ‖ ~ **a quente** / heißmangeln
calândria *f* (técn. nucl.) / Kalandriagefäß *n*
calar (estamp.) / beschneiden ‖ ~ **com o compasso**, calar com a régua / nach dem Zirkel, nach dem Lineal beschneiden
calçada *f* / Bürgersteig *m*
calçado com barro (siderurg.) / mit Lehm ausgekleidet
calcador *m* (máq. cost.) / Drücker *m*, Stoffdrücker[fuß] *m* ‖ ~ **articulado** (máq. cost.) / Gelenkfuß *m* ‖ ~ **articulado para bordar** (máq. cost.) / Gelenkstickfuß *m* ‖ ~ **articulado para casas de botões** (máq. cost.) / Gelenkknopflochfuß *m* ‖ ~ **de betão**, calcador *m* de concreto / Betonstampfer *m*
calcanhar *m* / Hackstück *n*
calcar (constr. civil) / stampfen *vt*, feststampfen, hinterstampfen
calçar / anschuhen ‖ ~ **com cunha** / unterkeilen
calcário *m* / Kalkstein *m* ‖ ~ *adj* / kalkhaltig, -artig, kalkig, Kalk... ‖ ~ *m* **carbonífero** (geol) / Kohlenkalkstein *m* ‖ ~ **de foraminíferos** (geol) / Foraminiferenkalk *m* ‖ ~ **ferruginoso** / Eisenkalkstein *m* ‖ ~ **jurássico** / Jurakalk *m* ‖ ~ **lacustre** / Süßwasserkalk *m* ‖ ~ **primitivo** (geol) / Urkalk[stein] *m*, körniger Kalk
calcedónia *f* (mineralog.) / Chalzedon *m* ‖ ~ **impura** (geol) / Hornstein *m* (dichtes Kieselgestein)
cálcico / kalziumhaltig, Kalzium..., kalkig, Kalk..., kalkhaltig, -artig
calcícola / Kalkboden liebend
calcificar / verkalken *vt*
calcífugo / auf Kalkboden nicht gedeihend
calcímetro *m* / Kalkmesser, -bestimmer *m*
calcinação *f* (siderurg.) / Kalzinieren *n*, Rösten *n* ‖ ~ / Brennen *n* (Steine und Erden) ‖ ~ (química) / Glühen *n*, Ausglühen *n* ‖ ~ **da cal** / Kalkbrennen *n* ‖ ~ **da frita** / Frittezubereitung *f* ‖ ~ **de minérios** / Erzrösten *n* ‖ ~ **final** (siderurg.) / Garrösten *n*
calcinado / kalziniert ‖ ~ (química) / geglüht
calcinar (química) / ausglühen, kalzinieren ‖ ~ (siderurg.) / rösten ‖ ~ (gesso) / brennen ‖ ~ **a frita** / die Fritte zubereiten ‖ ~ **cal** / Kalk brennen
cálcio *m*, Ca / Calcium *n*, Ca ‖ ~ **clorático** / Chlorkalzium *n* ‖ **~-silício** *m* (siderurg.) / Calzium-Silizium *n* (Vorlegierung)
calcita *f* (mineralog.) / Calcit *m*, Kalkspat *m*, Islandspat *m*
calço *m* (aeronáut.) / Bremsblock *m* (unter den Rädern) ‖ ~ (carpint.) / Unterlegklotz *m*, Keil *m*, Unterlegekeil *m* ‖ ~ (travão de tambor) / Bremsbelag *m* ‖ ~ **de ajuste** / Ausrichtkeil *m* ‖ ~ **de madeira** / Holzklotz *m* ‖ ~ **elástico** (autom.) / Gummipuffer *m*
calcopirite *m* (mineralog.) / Kupferkies *m*, Chalkopyrit *m*
calcosiderita *f* (mineralog.) / Chalkosiderit *m*
calcosina *f*, calcosita *f* (mineralog.) / Chalkosiderin *m*, Kupferglanz *m*
calcostibina *f*, calcostibite *f* (mineralog.) / Chalkostibit *m*
calculação *f* / Kalkulation *f*
calculado / errechnet ‖ ~ [em] / geschätzt [auf] ‖ ~ **até à 3ª decimal** / bis zur 3. Bruchstelle berechnet ‖ ~ **até à terceira decimal** / bis zur dritten Stelle hinter dem Komma berechnet
calculadora *f* / Rechenmaschine *f*, -gerät *n* ‖ ~ **de bolso** / Taschenrechner *m* ‖ ~ **de superfícies para circuitos impressos** / Flächenkalkulator *m* für gedruckte Schaltungen ‖ ~ **e perfuradora electrónica ou eletrônica** / elektronischer Rechenlocher
calcular / kalkulieren, schätzen, rechnen, berechnen, errechnen, ausrechnen ‖ ~ **a média** / ausmitteln, mitteln ‖ ~ **a posição mediante o emprego de bússola e barquilha** (naveg.) / gissen, koppeln ‖ ~ **por aproximação** / überschlagen *vt* ‖ ~ **por via estática** / statisch berechnen
calculável / berechenbar
cálculo *m* / Ausrechnung *f*, Berechnung *f*, Rechnen *n*, Rechnung *f*,
calda *f* **bordalesa** (agricult.) / Bordelaiser Brühe *f*
caldeamento *m* / Feuerschweißen *n*
caldeira *f* (máq. tecnol.) / Kessel *m* ‖ ~ (geol) / Caldera *f* ‖ ~ **a ou de vapor** / Dampfkessel *m* ‖ ~ **alimentada a óleo** / Ölkessel *m*, ölgefeuerter Kessel ‖ ~ **[aquecida] a óleo** / Ölheizungskessel *m* ‖ ~ **com ebulidores sobrepostos** / Etagenkessel *m* ‖ ~ **com fornalha** [interna de chapa] **ondulada** / Wellrohrkessel *m* ‖ ~ **combinada de tubos-fornalha e tubos de fumo** / kombinierter Flammrohrrauchrohrkessel ‖ ~ **Cornish** / Einflammrohrkessel *m* ‖ ~ **de alcatrão** / Teer[koch]kessel *m*, -blase *f* ‖ ~ **de alimentação** (máq. vapor) / Speisekessel *m* ‖ ~ **de aquecimento** / Heizkessel *m* ‖ ~ **de branquear** / Bleichkessel *m* ‖ ~ **de circulação** / Umlaufkessel *m* ‖ ~ **de correntes invertidas** / Gegenstromkessel *m* ‖ ~ **de cozimento** (açúcar) / Siedekessel *m* ‖ ~ **de creosotagem** / Imprägnierkessel *m* (für Kreosot) ‖ ~ **de duas fornalhas interiores** / Zweiflammrohrkessel *m* ‖ ~ **de eléctrodos** / Elektrodenkessel *m* ‖ ~ **de evaporação** / Abdampfkessel *m* ‖ ~ **de fábrica de cerveja** / Braukessel *m*, Braupfanne *f* ‖ ~ **de grande volume de água** / Großwasserraumkessel *m* ‖ ~ **de La Mont** / La-Mont-Kessel *m* ‖ ~ **de liquação** (siderurg.) / Seigerpfanne *f* ‖ ~ **de recuperação** / Abhitzekessel *m* ‖ ~ **de três tiragens** / Dreizug-Kessel *m* ‖ ~ **de tubos inclinados** / Schrägrohrkessel *m* ‖ ~ **de tubos transversais** / Quersiederohrkessel *m* ‖ ~ **de tubos vericais** / Steilrohrkessel *m* ‖ ~ **de tubos-fornalha** / Flammrohrkessel *m* ‖ ~ **de tubos-fornalha e tubos ebulidores** / Flammrohrsiederohrkessel *m* ‖ ~ **defecadora** (açúcar) / Klärkessel *m* ‖ ~ **estacionária** / Landdampfkessel *m*, Dampfkessel für *m* ortsfesten Betrieb ‖ ~ **locomóvel** / Lokomobilkessel *m* ‖ ~ **marítima** / Schiffs[dampf]kessel *m* ‖ ~ **multitubular** / Heizrohrkessel *m* ‖ ~ **multitubular seccionada** / Sektionalwasserrohrkessel *m*, Teilkammerwasserrohrkessel *m* ‖ ~ **para asfalto** / Asphaltkocher *m* ‖ ~ **para calda** (açúcar) / Aufkocher *m* ‖ ~ **para temperar** / Härtekessel *m* ‖ ~ **para tratamento a vapor** / Dämpfkessel *m* ‖ ~ **seccionada** / Gliederkessel *m*, Teilkammerkessel *m*, Sektionalkessel *m* ‖ ~ **semitubular** / Halbröhrenkessel *m* ‖ ~ **Stirling** / Dreitrommelsteilrohrkessel, Stirlingkessel *m* ‖ ~ **superior** / Oberkessel *m* ‖ ~ **tubular** / Röhrenkessel *m*
caldeiraria *f* / Kesselbauanstalt *f*
caldeireiro *m* **de cobre** / Kupferschmied *m*
caldeiro *m* **de fundição** (fundição) / Pfanne *f*

caldo *m* (tinturaria) / Brühe *f* ‖ ~ **de cana de açúcar** / Zuckerrohrsaft *m*
calefacção *f* **a vapor** / Dampfheizung *f* ‖ ~ **por ar quente** / Luftheizung *f*
caleira *f* (constr. civil) / Einkehlung *f*
calfe *m* / Kalbleder *n*
calha *f* / Rutsche, Schurre *f* ‖ ~ / Rinne *f* ‖ ~ (hidrául.) / Außentief, Butentief *n* ‖ ~ **colectora** (siderurg.) / Sammelrinne *f* ‖ ~ **de alimentação** / Aufgaberutsche, -schurre *f* ‖ ~ **de corrediça** (máq. ferram.) / Gleitführung *f* ‖ ~ **de corrediça** / Schieberbahn *f* ‖ ~ **de corrente** (electr.) / Arbeitsschiene *f* ‖ ~ **de descarga** (lamin.) / Ausfallrutsche *f* ‖ ~ **de descarga** / Ablaufrinne *f*, Abzugsgraben *m* ‖ ~ **de escoamento do refrigerante** (máq. ferram.) / Kühlmittelrinne *f* ‖ ~ **de fundação** / Fundamentschiene *f* ‖ ~ **de lançamento** (constr.naval) / Stapellaufschlitten *m* ‖ ~ **de madeira** / Holzrutsche *f* ‖ ~ **de sangria** (siderurg.) / Abstichrinne *f* ‖ ~ **inclinada** / Schurre *f*, Rutsche *f*, Sturzrinne *f* ‖ ~ **para betão ou concreto** / Beton[verteilungs]rutsche *f* ‖ ~ **para madeiras** / Holzrutsche *f* ‖ ~ **transportadora** (expl. minas) / Förderrinne *f* ‖ ~ **transportadora em forma de caixa** / Kastenrinne *f*, -förderband *n* ‖ ~ **vibradora** / Schüttelrinne *f*, -rutsche *f* ‖ ~ **vibratória** / Schwingrinne *f*
calhaus *m pl* **arredondados** / Geröll *n*
calibração *f* / Kalibrierung *f*, Eichung *f*, Eichen *n* ‖ ~ **da bússola** / Kompaßbeschickung *f* ‖ ~ **logarítmica** / logarithmische Eichung
calibrado / geeicht
calibrador *m* **de traçar** / Anreißlehre *f* ‖ ~ **macho** / Lehrdorn *m* ‖ ~ **micrométrico** / Bügelmeßschraube *f* (DIN) ‖ ~ **para chapa** / Blechlehre *f* ‖ ~ **para fita de ferro** / Bandeisenlehre *f* ‖ ~ **tampão** / Lehrdorn *m* ‖ ~**-tampão** *m* **para mandril** / Gegenlehrdorn *m*
calibragem *f* (máq., tecnol.) / Lehrung *f*
calibrar (geral) / eichen ‖ ~ (rodas) / auswuchten
calibre *m* (máq., tecnol.) / Lehre *f* ‖ ~, estalão *m*, padrão *m* / Eichmaß *n* ‖ ~ (fundição) / Drehbrett *n*, Formbrett *n* ‖ ~ (máq., tecnol., armamento) / Kaliber *n* ‖ ~ (armamento) / Bohrungsdurchmesser *m* ‖ **de ~ exacto** / kaliberhaltig ‖ ~ **ajustável** / einstellbare Lehre ‖ ~ **apalpador** / Fühlerlehre *f* ‖ ~ **Birmingham para arame** / BWG-Drahtlehre *f* ‖ ~ *f* **Brown & Sharpe** / Brown & Sharpe-Drahtlehre *f* ‖ ~ *m* **corrediço** / Schieblehre *f*, Schublehre *f* ‖ ~ **de ajuste** / Einstelllehre *f* ‖ ~ **de arame** / Drahtlehre *f* ‖ ~ **de boca** / Rachenlehre *f*, Tasterlehre *f* ‖ ~ **de brocas** / Bohrerlehre *f* ‖ ~ **de conicidade** / Konuslehre *f* ‖ ~ **de dentes** / Zahnlehre *f* ‖ ~ **de maxilas** / Tasterlehre *f* ‖ ~ **de molde** (fundição) / Formbrett *n* ‖ ~ **de montagem** / Aufbaulehre *f* ‖ ~ **de parafuso micrométrico** / Feinmeßlehre *f* ‖ ~ **de pontas** / Stichmaß *n* ‖ ~ **de profundidade** / Tiefenlehre *f*, -maß *n* ‖ ~ **de recepção** / Abnahmelehre *f* ‖ ~ **de referência** / Prüflehre *f* ‖ ~ **de tensão por fio** / Dehnungsmeßstreifen *m* ‖ ~ **electrolimite** / Elektrogrenzlehre *f* ‖ ~ **em ferradura** / Rachenlehre *f*, Tasterlehre *f* ‖ ~ **fêmea** / Lehrring *m* ‖ ~ **limite** (máq., tecnol.) / Grenzlehre *f* ‖ ~ **mestre para orifícios** / Lochbild *n* (z.B. für Flansche) (DIN 24340) ‖ ~ **micrométrico** / Mikrometerlehre *f*, -taster *m*, Feinmeßlehre *f* ‖ ~ **padrão** / Normallehre *f* ‖ ~ **para chapa** (lamin.) / Blechmaß *n* ‖ ~ **para esferas** / Kugellehre *f* ‖ ~ **para furos** / Lochlehre *f* ‖ ~ **para gicleurs** (autom.) / Düsenlehre *f* ‖ ~ **para medir dilatações** / Dehnungsmeßgerät *n*, -messer *m* ‖ ~ **para medir folgas** / Spion *m* (coll), Dickenlehre *f* ‖ ~ **para pulverizadores** (autom.) / Düsenlehre *f* ‖ ~ **para travar** / Schränklehre *f* ‖ ~ **passa-não-passa** / Gut- und Schlecht-Lehre *f* ‖ ~ **roscado em ferradura** / Gewinderachengrenzlehre *f* (z.B. Aggralehre)
califórnio *m*, Cf / Californium *n*, Cf
calmaria *f* / Windstille *f* (Stärke 0), Flaute *f*
calmo / ruhig, unbewegt
calomelano *m* / Calomel *n*, Quecksilber(I)chlorid *n*, Merkurochlorid *n*
calor *m* / Wärme *f*, Hitze *f* ‖ **dissipar** ~ (electrón.) / Wärme ableiten, kühlen ‖ ~ **ao rubro** / Rotglut *f*, -[glüh]hitze *f* ‖ ~ **aparente** / freie o. ungebundene Wärme ‖ ~ **atómico** / Atomwärme *f* ‖ ~ **branco** / Weißglut *f*, -glühhitze *f*, -glühen *n* ‖ ~ **de activação** / Aktivierungswärme *f* ‖ ~ **de combinação** (química) / Verbindungswärme *f* ‖ ~ **de compressão** / Verdichtungswärme *f* ‖ ~ **de dissolução** / Lösungswärme *f* ‖ ~ **de escape** / Abwärme *f*, Abhitze *f* ‖ ~ **de evaporação** / Verdampfungswärme *f* ‖ ~ **de formação** (química) / Bildungswärme *f*, Entstehungswärme *f* ‖ ~ **de fricção** / Reibungswärme *f* ‖ ~ **de fusão** / Schmelzwärme *f* ‖ ~ **de hidratação** / Bindungswärme, Hydratationswärme *f* ‖ ~ **de incandescência** / Glühhitze *f* ‖ ~ **de ionização** / Ionisationswärme *f* ‖ ~ **de radiação** / Strahlungswärme *f* ‖ ~ **de rubro amarelo** / Gelbglut[hitze] (995 °C = 1825 °F) *f* ‖ ~ **de soldar** / Schweißhitze *f*, -temperatur *f* ‖ ~ **de solidificação** / Erstarrungswärme *f* ‖ ~ **de têmpera azul** (siderurg.) / Blauwärme *f* ‖ ~ **devido à histerese** (electr.) / Hysteresewärme *f* ‖ ~ **eléctrico** / Elektrowärme *f* ‖ ~ **específico** (física) / Stoffwärme *f*, spezifische Wärme ‖ ~ **incandescente** / Hellrotglühhitze *f* (nahe an Weißglut) ‖ ~ **inerente** / Eigenwärme *f* ‖ ~ **latente** (electr.) / latente (o. gebundene) Wärme ‖ ~ **latente de cristalização** / Kristallisationswärme *f* ‖ ~ **latente do gás** / Gaswärme *f* ‖ ~ **perdido** / Abhitze *f*, Abwärme *f* ‖ ~ **processual** / Prozeßwärme *f* ‖ ~ **residual** (técn. nucl.) / Nachwärme *f* ‖ ~ **sensível** / freie o. ungebundene Wärme ‖ ~ **solar** / Sonnenwärme *f*
calorescência *f* / Kaloreszenz *f*
caloria *f* / Kalorie *f*, cal (1 cal = 4,1868 J) (veraltet), Wärmeeinheit *f* ‖ ~**-grama** *f* / Grammkalorie *f*, cal, (früher:) kleine Kalorie
calórico / kalorisch
calorífero *m* / Kalorifer *m*
calorificação *f* (física) / Erwärmung *f*
calorífico (física) / wärmeerzeugend
calorífugo / wärmeisolierend
calorimetria *f* / Wärme[mengen]messung *f*, Kalorimetrie *f*
calorimétrico / kalorimetrisch
calorímetro *m* (física) / Wärmemesser *m*, Kalorimeter *n*, Heizwertmesser *m* ‖ ~ **de água** / Mischungskalorimeter *m* ‖ ~ **de bomba** / Bombenkalorimeter *n* ‖ ~ **de condensação** / Dampfkalorimeter *n* ‖ ~ **de gelo** (física) / Eiskalorimeter *n*
calorização *f* / Kalorisieren *n*, Erhitzen *n* in Alu-Pulver
calorizar (siderurg.) / kalorisieren
calota *f* / Kalotte *f*, Kugelkappe *f* ‖ ~ **esférica** / Kugelabschnitt *m*, -segment *n* ‖ ~ **esférica** (máq., tecnol.) / Kugelkalotte *f* ‖ ~ **esférica** (matem.) / Kugelschale *f* ‖ ~ **esférica** / Kuppe *f*, Kugelkappe *f*
cama *f* **da semente** (agricult.) / Saatbett *n*
camada *f* / Belag *m*, Auflage *f*, Auftrag *m*, Schicht *f*, Überzug *m* ‖ **com uma só ~ de algodão** / einfach baumwollumsponnen ‖ **de ~ fina** / Dünnschicht... ‖ **de diversas ~s** / mehrschichtig, Mehrschichten... ‖ **de duas ~s** / Zweischicht..., -lagen..., zweilagig ‖ **de ~s multiplas** / viellagig ‖ **de três ~s** /

Dreilagen..., dreilagig, dreischichtig ‖ **de uma ~** / Einschicht... ‖ **de uma só ~** / einlagig, Einlagen... ‖ **dispor em ~s** / schichten ‖ **em ~s** / lagenweise ‖ **em ~s** / schichtenweise ‖ **em ~s** (expl. minas) / bänkig ‖ **~ anti-halo** (artes gráf.) / Lichthofschutzschicht *f* ‖ **~ anual** / Jahresring *m* ‖ **~ ao nível do solo** (constr. civil) / Erdgleicheschicht *f* ‖ **~ C** / C-Schicht *f* (35 - 70 km über der Erde) ‖ **~ cementada** / Einsatz[härte]schicht *f* ‖ **~ colorida** / Farbschicht *f* ‖ **~ condutora** (electr.) / leitende Schicht ‖ **~ condutora equivalente** / äquivalente Leitschichtdicke ‖ **~ de Appleton** / F_2-Schicht *f* (Ionosphäre) ‖ **~ de ar** / Luftschicht *f* ‖ **~ de asfalto** (constr. rodov.) / Asphaltdecke *f* ‖ **~ de base** / Grund *m*, Auftrag *m* ‖ **~ de Beilby** (química) / Beilbyschicht *f* ‖ **~ de borracha** / Gummierung *f*, Gummibelag *m* ‖ **~ de cobertura** (geral) / Deckschicht *f* ‖ **~ de compensação da pressão do vapor** (constr. civil) / Dampfdruckausgleichschicht *f* (im Flachdach) ‖ **~ de enrocamento** (constr. rodov.) / Sauberkeitsschicht *f* ‖ **~ de esmalte** / Emailbelag *m*, Lackierung *f* (der Überzug) ‖ **~ de ferrugem** / Rostschicht *f* (dicke) ‖ **~ de fios** (fiação) / Fadenlage *f* ‖ **~ de fundo** (tintas) / Bodenschicht *f*, Grundanstrich *m* ‖ **~ de gel** (plást.) / Gelschicht *f* ‖ **~ de gelo** / Eisdecke *f* ‖ **~ de junção** (semicondut.) / Sperrschicht *f* ‖ **~ de junção difusa** (semicondut.) / Diffusionsschicht *f* ‖ **~ de laca** / Lackanstrich *m*, Lackierung *f* (der Überzug) ‖ **~ de protecção** / Schutzschicht *f*, Deckschicht *f* ‖ **~ de rolamento** (constr. rodov.) / Decklage, -schicht *f* ‖ **~ de semiatenuação** (técn. nucl.) / Halbwertsschicht *f*, HWS,s ‖ **~ de separação** / Trennschicht *f* ‖ **~ de tinta** / Farbschicht *f* ‖ **~ de tinta protectora** / Schutzanstrich *m* ‖ **~ de verniz** / Lackanstrich *m*, Lackierung *f* (der Überzug) ‖ **~ dieléctrica** (semicondut.) / Sperrschicht *f* ‖ **~ dopada** (semicondut.) / gedopte Schicht ‖ **~ dupla** / Doppelschicht *f* ‖ **~ epitaxial** (electrón.) / Epitaxialschicht *f* ‖ **~ espessa** / dicke Lage, Dickfilm *m* ‖ **~ exterior** (electrón.) / Außenbelag *m* ‖ **~ externa** / Deckschicht *f*, Außenlage *f*, Decklage *f* ‖ **~ externa do folheado** / Deckfurnier *n* ‖ **~ F2** / F_2-Schicht *f* (Ionosphäre) ‖ **~ fibrosa** (papel) / Faserschicht *f*, Faserstoffschicht *f* ‖ **~ filtrante** / Filterschicht *f* ‖ **~ filtrante** (expl. minas) / Setzbett *n* ‖ **~ fina** (informática) / Dünnfilm *m* ‖ **~ galvânica**, camada *f* fina metalizada / galvanischer Überzug ‖ **~ inferior** (constr. rodov.) / Unterschicht *f* ‖ **~ interior de feltro** / Filzeinlage *f* ‖ **~ intermédia** (expl. minas) / Bergmittel *n* (Streifen im Flöz) ‖ **~ intermédia de betume** / Bitumenzwischenlage *f* ‖ **~ intermédia de borracha** / Gummieinlage *f* ‖ **~ intermediária** (geral) / Zwischenlage *f*, -schicht *f*, Einlage *f* ‖ **~ intermediária metálica** / Metalleinlage *f* ‖ **~ intrínseca** (semicondut.) / I-Schicht *f* ‖ **~ isoladora** (constr. civil) / Sperrschicht *f* ‖ **~ isoladora da (h) umidade** (constr. civil) / Feuchtigkeitssperrschicht *f* ‖ **~ isolante** / Zwischenschicht *f* ‖ **~ isolante de betume** (constr. civil) / Deckaufstrichmittel *n* ‖ **~ isolante ou isoladora** / Isolierschicht *f* ‖ **~ limite** (aeronáut.) / Grenzschicht *f* ‖ **~ metálica** [por galvanoplastia] / galvanischer Metallüberzug ‖ **~ muito fina** / Film *m*, dünne Schicht ‖ **~ primária** / Grundmasse *f* ‖ **~ protectora** (galvanoplast.) / Schutzüberzug *m* ‖ **~ resistiva** / Widerstandsschicht *f* ‖ **~ socada** (constr. civil) / Stampfschicht *f* ‖ **~ superficial de pintura** / Deckanstrich *m* ‖ **~ superior de betão ou de concreto** (constr. rodov.) / Oberbeton *m* ‖ **~ superior do pavimento** (constr. rodov.) / Decke *f* ‖ **~ temperada** (fundição) / Schreckschicht *f* ‖ **~ uniforme de argamassa** / Ausgleichschicht, Daraufschicht *f* ‖ **~ zoogleica** / Schlammdecke *f* (Abwasserfilter)

câmara *f* (técn. fotogr.) / Kamera *f* ‖ **~** (geral, hidrául., máq., tecnol.) / Kammer *f* ‖ **de ~s múltiplas** (máq., tecnol.) / Mehrkammer... ‖ **de uma só ~** (máq., tecnol.) / Einkammer... ‖ **~ balística** / ballistische Meßkamera ‖ **~ cinematográfica** / Laufbildkamera *f*, Filmkamera *f* ‖ **~ climática**, câmara *f* climatizada / Klimakammer *f* ‖ **~ de acumulação de gás de fissão** (técn. nucl.) / Spaltgasplenum *n*, -gassammelraum, -gasspeicherraum *m* ‖ **~ de aquecimento** (siderurg.) / Heizkammer *f* ‖ **~ de ar** (autom.) / Luftschlauch *m*, Schlauch *m* ‖ **~ de ar** / Luftkammer *f*, Luftbehälter *m* ‖ **~ de ar comprimido** / Druckwindkessel *m* ‖ **~ de ar de aspiração**, câmara *f* de ar de sucção / Saugwindkessel *m* ‖ **~ de arrefecimento** / Kühlraum *m* (zum Abkühlen) ‖ **~ de aspiração** / Saugraum *m*, Schöpfraum *m*, Ansaugraum *m* des Injektors ‖ **~ de bolha** (técn. nucl.) / Blasenkammer *f* ‖ **~ de carga da granada** (armamento) / Bodenkammer *f* ‖ **~ de chumbo** (química) / Bleikammer *f* ‖ **~ de combustão** / Brennkammer *f* ‖ **~ de combustão** (mot.) / Verbrennungskammer *f*, Brennraum *m*, Verbrennungsraum *m* ‖ **~ de combustão por inversão** (aeronáut.) / Gegenstrom-Brennkammer *f* ‖ **~ de compressão** (mot.) / Verdichtungsraum *m* ‖ **~ de compressão** / Druckkammer *f* ‖ **~ de compressão** / Luftschleuse *f* ‖ **~ de compressão** (plásticos) / Füllraum *m* (der Form) ‖ **~ de congelação** / Kühlraum *m* (für schnelles Kühlen) ‖ **~ de coqueificação** / Verkokungskammer *f* ‖ **~ de depósito de pó** / Staubkammer, -haube *f* ‖ **~ de depressão** / Höhenkammer *f* ‖ **~ de destilação** / Schwelkammer *f* ‖ **~ de digestão de lama** / Schlammfaulraum *m* ‖ **~ de digestão de lodos** / Faulraum *m* ‖ **~ de elutriação** / Schmutzkammer *f* (Rohrschleuder) ‖ **~ de esfriamento** / Kühlraum *m* (zum Abkühlen) ‖ **~ de explosão** / Explosionsraum *m*, Verbrennungskammer *f* ‖ **~ de explosão** (mot.) / Verbrennungskammer *f*, Verbrennungsraum *m* ‖ **~ de explosão aberta na cabeça do êmbolo** (mot.) / Mittenkugelbrennraum *m* ‖ **~ de filmar** / Laufbildkamera *f* ‖ **~ de gás** (siderurg.) / Gaskammer *f* ‖ **~ de inspecção de um conduto de água** / Brunnenkammer *f* ‖ **~ de ionização** / Ionisationskammer *f* ‖ **~ de ionização de boro** (técn. nucl.) / Borionenkammer *f* ‖ **~ de irradiação** / Bestrahlungskammer, -zelle *f* ‖ **~ de jacto** / Gebläsekammer *f* ‖ **~ de liofilização** / Gefriertrockner *m* ‖ **~ de mina** / Sprengkammer *f* ‖ **~ de mistura** / Mischkammer *f* ‖ **~ de pré-combustão** (mot.) / Vorkammer *f* ‖ **~ de pré-expansão** (autom.) / Auspuff-Vorschalldämpfer *m* ‖ **~ de recozer** (siderurg.) / Glühtopf *m* ‖ **~ de reflexão** (técn. fotogr.) / Spiegelreflexkamera *f* ‖ **~ de sopro** / Blaskammer *f* ‖ **~ de sucção** / Saugraum *m* ‖ **~ de televisão** / Fernsehkamera *f*, Fernseh[aufnahme]kamera *f* ‖ **~ de televisão a cores** / Farbfernsehkamera *f* ‖ **~ de televisão para exteriores** / Fernsehkamera *f* für Außenaufnahmen ‖ **~ de televisão termográfica** / Fernsehkamera *f* für Wärmebilder ‖ **~ de trabalho** / Arbeitskammer *f* ‖ **~ de turbilhão** (mot.) / Wirbelkammer *f* ‖ **~ de TV** (tv) / Aufnahmekamera *f* ‖ **~ de válvula** / Ventilgehäuse *n*, -kammer *f* ‖ **~ de vapor** / Dampfkammer *f* ‖ **~ de vapor** (açúcar) / Brüdenraum *m* ‖ **~ de vaporização** / Dämpfmansarde *f*, Dämpfkammer *f* ‖ **~ do flutuador** / Schwimmergehäuse *n* ‖ **~ do forno de revérbero** / Herdraum *m* im Flammofen ‖ **~ do gás** (sold) / Gasraum *m*, -behälter *m* ‖ **~ do**

induzido / Ankerbohrung *f* ‖ ~ **electrónica ou eletrônica** (tv) / Elektronen[fernseh]kamera *f* ‖ ~ **escura** (técn. fotogr.) / Dunkelkammer *f* ‖ ~ **escura de Aston** / Astonscher Dunkelraum ‖ ~ **estereométrica** (agrimen.) / Stereomeßkammer *f* ‖ ~ **fotográfica de fole** / Klappkamera *f* ‖ ~ **frigorífica** / Kühlraum *m* ‖ ~ **lenta** / Zeitlupe *f*, -dehner *m* ‖ ~ **obscura** / Lochkamera *f* (ohne Linse) ‖ ~ **planetária** / Schrittkamera *f* ‖ ~ **reflex** (técn. fotogr.) / Spiegelreflexkamera *f*, Reflexkamera *f*

camarão *m* / Federhaken *m*, Schraubhaken *m*, Hakennagel *m*

camarote *m* (constr. naval) / Kabine *f*, Koje *f*

cambagem *f* (automobilismo) / Sturzwinkel *m*

cambiante / changierend, changeant

câmbio *m* **na coluna da direcção** (autom.) / Lenkradschaltung *f*

cambota *f* (autom.) / Kurbelwelle *f* ‖ ~ (constr. civil) / Bogenlehre *f* ‖ ~ **de corpo oblíquo** / Kurbelwelle *f* mit schrägem Mittelstück ‖ ~ **de três apoios** / dreifach gelagerte Kurbelwelle

cambraia *f* (têxtil) / Batist *m*, Kambrai *m*, Linon *m*, Kambrik *m* ‖ ~ **de algodão** / Baumwollbatist *m*, Batistmusselin *m* ‖ ~ **de linho** / Leinenbatist *m*

came *m* (máq., tecnol.) / Nase *f*, Nocken *m*, Nocke *f*, Knagge *f* ‖ ~ / Daumenscheibe *f* ‖ ~ (máq. ferram.) / Kurve *f* ‖ ~ **cilíndrico** / Kurventrommel *f* ‖ ~ **corrediço** / Schiebenocken *m* ‖ ~ **da bomba de combustível** / Kraftstoffnocken *m* ‖ ~ **de accionamento** / Betätigungsnocken *m* ‖ ~ **de admissão** (autom.) / Einlaßnocken *m* ‖ ~ **de arranque** / Anlaßnocken *m* ‖ ~ **de avanço** (máq. ferram.) / Vorschubkurve *f*, -nocken *m* ‖ ~ **de comando** / Steuernocken *m* ‖ ~ **de comando** (máq. ferram.) / Steuerkurve *f* ‖ ~ **de combustível** / Brennstoffnocken *m* ‖ ~ **de correcção** (telecom.) / Korrektionsdaumen *m* ‖ ~ **de disco** (torno) / Scheibenkurve *f* ‖ ~ **de esbarro** / Auflaufnocken *m* ‖ ~ **de exaustão** (mot.) / Auslaßnocken *m* ‖ ~ **de fixação** / Halterungsansatz *m* ‖ ~ **de freio** / Bremsnocken *m* ‖ ~ **de levantamento** / Hebedaumen *m* ‖ ~ **de retorno** (máq. ferram.) / Rückzugkurve *f* ‖ ~ **de roda livre** / Freilaufnocken *m* ‖ ~ **de travão** / Bremsnocken *m* ‖ ~ **de válvula** (mot.) / Ventilstößel *m* ‖ ~ **divisor** (têxtil) / Brille *f* ‖ ~ **em forma de tambor** / Kurventrommel *f* ‖ ~ **livrador** / Auslösenocken *m* ‖ ~ **periférico** (máq. ferram.) / Mantelkurve *f*

camião *m* / Lastkraftwagen *m*, Lkw *m* ‖ ~ **basculante** / Kipper *m*, Lastkraftwagen *m* mit Kippvorrichtung ‖ ~ **basculante** (constr. civil) / Autoschütter *m*, Dumper *m* ‖ ~**-cisterna** *m* / Tanklastwagen *m* ‖ ~ **com reboque** (autom.) / Lastzug *m* ‖ ~ **com reboque de longo curso** / Fernlastzug *m* ‖ ~ **com triplo movimento basculante** / Dreiseitenkipper *m* ‖ ~ **de cabina avançada** (autom.) / Frontlenker *m* ‖ ~ **de caixa aberta** / Lkw *m* mit offener Ladefläche ‖ ~ **frigorífico** (autom.) / Kühlwagen *m* ‖ ~ **para recolha do lixo** (autom.) / Müllwagen *m*, -abfuhrwagen *m* ‖ ~ **pesado** / Schwerlastwagen *m* ‖ ~**-tanque** *m* / Tanklastwagen *m*

caminhão *m* / Lkw *m*, LKW, Lastkraftwagen *m* ‖ ~ **com reboque** (autom.) / Lastzug *m* ‖ ~ **basculante** (constr. civil) / Autoschütter *m*, Dumper *m* ‖ ~ **basculante** / Kipper *m*, Lastkraftwagen *m* mit Kippvorrichtung ‖ ~ **cargueiro** / Lastkraftwagen *m* ‖ ~**-cisterna** *m* / Tanklastwagen *m* ‖ ~ **com reboque de longo curso** / Fernlastzug *m* ‖ ~ **com triplo movimento basculante** / Dreiseitenkipper *m* ‖ ~ **de cabina avançada** (autom.) / Frontlenker *m* ‖ ~ **de caixa aberta** / Lkw *m* mit offener Ladefläche ‖ ~ **frigorífico** (autom.) / Kühlwagen *m* ‖ ~ **para coleta do lixo** (autom.) / Müllwagen *m*, -abfuhrwagen *m* ‖ ~ **pesado** / Schwerlastwagen *m* ‖ ~**-tanque** *m* / Tanklastwagen *m*

caminho *m* (geral) / Bahn *f*, Weg *m* ‖ ~ **de ferro** (técn. ferrov.) / Bahn *f*, Eisenbahn *f* ‖ ~ *f* **de ferro aéreo** (técn. ferrov.) / Schwebebahn *f* (auf Schienen), Hochbahn *f* ‖ ~ *m* **de ferro de aderência** / Adhäsionseisenbahn *f* ‖ ~ **de ferro de bitola estreita** / Schmalspurbahn *f* ‖ ~ **de ferro de cintura** (técn. ferrov.) / Ringbahn *f*, Gürtelbahn *f* ‖ ~ **de ferro de cremalheira** / Zahnradbahn *f* ‖ ~ *f* **de ferro de montanha** / Gebirgsbahn *f* ‖ ~ *m* **de ferro de via reduzida** / Schmalspurbahn *f* ‖ ~ **de ferro industrial** / Industriebahn *f* ‖ ~ **de ferro por aderência** (técn. ferrov.) / Reibungsbahn *f*, Adhäsionseisenbahn *f* ‖ ~ **de ferro suspenso** / Hängebahn *f*, Schwebebahn *f* (auf Schienen) ‖ ~ **de ferro urbano** / Stadtbahn *f* ‖ ~ **de sirga** / Leinpfad *m* ‖ ~ **de transporte** / Förderbahn *f*

camioneta *f* / kleiner (o. leichter) Lastkraftwagen

camionista *m* **de longo curso** (autom.) / Fernfahrer *m*, Fernlastfahrer *m*

camisa *f* (máq., tecnol.) / Umhüllung, Verkleidung *f* ‖ ~ (máq., tecnol.) / Ummantelung *f*, Mantel *m* ‖ ~ (mecân.) / Buchse *f* ‖ ~ (projéctil) / Mantel *m* ‖ ~ **da caixa de mancal do eixo** (técn. ferrov.) / Achslagergleitplatte *f* ‖ ~ **de água** / Wassermantel *m* ‖ ~ **de aquecimento** / Heizmantel *m* ‖ ~ **de ar** / Luftmantel *m* ‖ ~ **de chaminé** (constr. civil) / Schornsteinmantel *m* ‖ ~ **de cilindro** / Zylinder[lauf]büchse *f*, Laufbuchse *f* ‖ ~ **de refrigeração** / Kühlmantel *m* ‖ ~ **de vapor** / Dampfmantel *m* ‖ ~ **do casulo** / Kokonhaut *f* ‖ ~ **do cilindro** (máq. vapor) / Dampfmantel *m* ‖ ~ **do forno** / Ofenausfütterung *f* ‖ ~ **do mancal** / Lagerschalenausguß *m* ‖ ~ **do tubo** / Futterrohr *n*, -röhre *f* ‖ ~ **húmida** (mot.) / nasse Zylinderlaufbuchse ‖ ~ **incandescente** / Glühstrumpf *m*

camosita *f* **moída** (siderurg.) / gemahlener Schamottebruch

campainha *f* (geral) / Glocke *f*, Schelle *f*, Klingel *f* ‖ ~ / Läuteapparat *m* ‖ ~ **de alarme** (telecom.) / Wecker *m* ‖ ~ **de toque contínuo** (telecom.) / Rasselwecker *m*, Fortschellwecker *m* ‖ ~ **de um só toque** (electr.) / Einschlagglocke *f*

campanário *m* (constr. civil) / Glockengiebel *m*

campanha *f* (forno) / Reise *f*

campânula *f* (química) / Glocke *f* ‖ ~ **de alto-forno** (siderurg.) / Gichtglocke *f* ‖ ~ **de bruma** (meteorol.) / Dunstglocke *f* ‖ ~ **de salvação** (expl. minas) / Fangglocke *f*, Bohrfänger *m* ‖ ~ **de um isolador** / Isolierglocke *f*, Isolatorglocke *f* ‖ ~ **do gasómetro** / Gasglocke *f*, Gasbehälterglocke *f*

campeche *m* (tinturaria) / Campecheholz *n*

campo *m* / Land *n* (Ggs: Stadt) ‖ ~ (agricult.) / Acker *m*, Feld *n*, Flur *f* ‖ ~ (geral., agrimen., cart. perf., informática, electrón.) / Feld *n* ‖ ~ (escala) / Bereich *m* ‖ **de** ~ **nulo** (electr.) / feldfrei ‖ **de** ~ **transversal** (electrón.) / Kreuzfeld... ‖ ~ **alternativo** (electr.) / Wechselfeld *n* ‖ ~ **baldio** / Brache *f* ‖ ~ **de acção** / Wirkungsbereich *m* ‖ ~ **de aplicação** / Einsatzbereich *m* (z.B. einer Maschine), Verwendungsgebiet *n*, Anwendungsbereich *m* ‖ ~ **de aterragem** (aeronáut.) / Landeplatz *m* ‖ ~ **de aterrissagem** (aeronáut.) / Landeplatz *m* ‖ ~ **de aviação** (aeronáut.) / Flugfeld *n* ‖ ~ **de carga** (mecân.) / Lastfeld *n* ‖ ~ **de comutação** (electr.) / Wendefeld *n*, -polfeld *n* ‖ ~ **de corrente contínua** (electrón.) / Gleichfeld *n* ‖ ~ **de dados** (informática) / Datenfeld *n*, -bereich *m* ‖ ~ **de deflexão** (electr.) / Ablenkungsmagnetfeld *n* ‖ ~ **de deriva** / Driftfeld *n* ‖ ~ **de dispersão** (electr.) / Streufeld *n* ‖ ~ **de dispersão magnética** / Magnetstreufeld *n* ‖ ~ **de excitação** / Erregerfeld *n* ‖ ~ **de exploração** (expl.

minas) / Baufeld *n*, Grubenfeld *n* ‖ ~ **de fontes** (técn. nucl.) / Quellenbereich *m* ‖ ~ **de forças de Bow** (mecân.) / Bowscher Kräfteplan ‖ ~ **de fracturas** (expl. minas) / Bruchfeld *n* ‖ ~ **de fuga** (electr.) / Streufeld *n* ‖ ~ **de guia** / Führungsfeld *n* ‖ ~ **de identificação** (informática) / Identifikationsfeld *n* ‖ ~ **de imagem** / Bildfeld *n* ‖ ~ **de incidência** / Einfallsfeld *n*, Auftastimpulsstufe *f*, -impulskreis *m* ‖ ~ **de indução** (electr.) / Induktionsfeld *n* ‖ ~ **de irradiação** / Bestrahlungsfeld *n* ‖ ~ **de minério** / Erzfeld *n* ‖ ~ **de ondas progressivas** / Wanderfeld *n*, -wellen *f pl* ‖ ~ **de oscilação** / Schwingungsbahn *f* ‖ ~ **de pouso** (aeronáut.) / Landeplatz *m* ‖ ~ **de tiro** / Schießstand, -platz *m* ‖ ~ **de vista** / Blickfeld *n* ‖ ~ **do induzido** (electr.) / Ankerfeld *n* ‖ ~ **dos mésons** (técn. nucl.) / Kernfeld, Mesonenfeld *n* ‖ ~ **eléctrico** / elektrisches Feld, Kraftfeld *n* ‖ ~ **eléctrico equidireccional** (física) / Gleichfeld *n* ‖ ~ **electrostático** / elektrostatisches Feld ‖ ~ **elétrico eqüidirecional** (física) / Gleichfeld *n* ‖ ~ **escuro** / Dunkelfeld *n* ‖ ~ **estranho** (electr.) / Fremdfeld *n* ‖ ~ **geomagnético** / erdmagnetisches Feld ‖ ~ **gravitacional** / Schwerefeld *n*, Gravitationsfeld *n* ‖ ~ **hertziano** / Funkfeld *n* ‖ ~ **livre** / Freifeld *n* ‖ ~ **luminoso** / Leuchtfeld *n* ‖ ~ **magnético** / Magnetfeld *n* ‖ ~ **magnético de um solenóide** / Spulenfeld *n* ‖ ~ **magnético longitudinal** / Längsmagnetfeld *n* ‖ ~ **magnético rotativo** (electr.) / Drehfeld *n* ‖ ~ **máximo** / volle Erregung ‖ ~ **operacional** / Arbeitsbereich *m*, Arbeitsfeld *n*, Arbeitsgebiet *n* ‖ ~ **oposto** (electr.) / Gegenfeld *n* ‖ ~ **óptico** (instr.) / Gesichtsfeld, Sichtfeld *n* ‖ ~ **parasita** / Störfeld *n* ‖ ~ **periférico** / Umfeld *n* ‖ ~ **petrolífero** / Erdölfeld *n*, -gebiet *n*, Ölfeld *n* ‖ ~ **por campo** (informática) / feldweise ‖ ~ **principal** (electr.) / Hauptfeld *n* ‖ ~ **recém-lavrado** / Sturzacker *m* ‖ ~ **retardador** (electrón.) / Bremsfeld *n* ‖ ~ **sensível** (tv) / Impulsfeld *n* ‖ ~ **solenoidal** (electr.) / quellenfreies Feld ‖ ~ **sonoro** / Tonbereich *m* ‖ ~ **terrestre** (telecom.) / Erdfeld *n* ‖ ~ **transversal** (electr.) / Querfeld *n* ‖ ~ **visual** (técn. fotogr.) / Sichtfeld *n* ‖ ~ **visual** (óptica) / Sehfeld *n*, Gesichtsfeld *n*

campos *m pl* **regados com águas residuais** / Rieselfelder *n pl*

camurça *f* / Wildleder *n*, Sämischleder *n*, Chamoisleder *n*, Fensterleder *n*

cana *f* (vidro) / Pfeife *f* ‖ ~ **de açúcar** / Zuckerrohr *n* ‖ ~ **de bambu** / Bambusrohr *n* ‖ ~ **de vidreiro** / Glasbläserpfeife *f* ‖ ~ **do leme** / Helm *m*, Helmstock *m*

canal *m* (tv, elctrón.) / Sendeband *n* ‖ ~ (geral, informática, electrón., telecom., hidrául.) / Kanal *m* ‖ **de canais múltiplos** (electrón.) / Mehrkanal... ‖ **de diversos canais** (electrón.) / Vielkanal... ‖ ~ **aberto** (hidrául.) / offenes Gerinne ‖ ~ **adjacente** (electrón.) / Nachbarkanal *m* ‖ ~ **adutor** / Oberwasserkanal *m* ‖ ~ **alimentador** / Leitungskanal *m* ‖ ~ **calibrador** (lamin.) / Kaliber *n* ‖ ~ **colector** / Sammelfuchs *m* ‖ ~ **da maré** / Flutrinne *f* ‖ ~ **de admissão** (motor 2 tempos) / Überströmkanal *m* ‖ ~ **de admissão do vapor** / Dampfeinlaßkanal *m* ‖ ~ **de admissão dos gases** / Durchlaßkanal *m* ‖ ~ **de alimentação** (hidrául.) / Speiser *m*, Speisungs-, Speisegraben *m*, Zubringer *m*, Zuführer *m*, Speisekanal *m* ‖ ~ **de aquecimento** / Feuergewölbe *n* ‖ ~ **de ar fresco** / Frischluftkanal *m* ‖ ~ **de audiofrequência** (tv) / Tonkanal *m* ‖ ~ **de circulação de óleo** / Ölkanal *m*, -umlaufkanal *m* ‖ ~ **de combustível** / Brennelementkanal *m* ‖ ~ **de comportas** / Schleusenkanal *m* ‖ ~ **de dados** / Datenkanal *m* ‖ ~ **de derivação** / Nebengraben *m*, -kanal *m*, Ableitungskanal *m* ‖ ~ **de descarga** / Ausflußkanal *m*, Abführkanal *m*, Ablaufkanal *m*, Entlastungskanal *m* ‖ ~ **de drenagem** / Binnentief *n*, Entwässerungsgraben *m* ‖ ~ **de dreno** / Abzugskanal *m*, Ableitungskanal *m* ‖ ~ **de eclusas** / Schleusenkanal *m* ‖ ~ **de enchimento** (siderurg.) / Füllschacht *m* ‖ ~ **de entrada de dados** / Dateneingabekanal *m* ‖ ~ **de entrada do vapor** / Dampfeinlaßkanal *m* ‖ ~ **de erupção** (geol) / Eruptionskanal *m* ‖ ~ **de escape** (mot.) / Auspuffkanal *m* ‖ ~ **de esclusas** / Schleusenkanal *m* ‖ ~ **de escoamento** / Überleitungskanal *m* ‖ ~ **de esgoto** / Abzugskanal *m* ‖ ~ **de evacuação** / Überlaufkanal *m* ‖ ~ **de fuga** / Ablaufkanal *m*, Gerinne *n* ‖ ~ **de gás** (siderurg.) / Gaskanal *m* ‖ ~ **de gás de escape** / Abgaskanal *m* ‖ ~ **de indução** / Induktionsrinne *f* ‖ ~ **de informações** (informática) / Informationskanal *m* ‖ ~ **de intercomunicação** (electrón.) / Funkquerverbindung *f* ‖ ~ **de irradiação** (técn. nucl.) / Bestrahlungskanal *m* ‖ ~ **de irrigação** (agricult.) / Berieselungsgraben, -kanal *m* ‖ ~ **de propagação atmosférica** (electrón.) / Höhenkanal *m*, obere Leitschicht der Troposphäre ‖ ~ **de rádio** / Funkkanal *m* ‖ ~ **de reactor** (técn. nucl.) / Ladekanal *m* ‖ ~ **de recolha** (hidrául.) / Abfangkanal *m* ‖ ~ **de serviço** (electrón., telecom.) / Dienstkanal *m* ‖ ~ **de telecomando** (astronáut.) / Fernwirkkanal *m* ‖ ~ **de televisão** / Fernsehkanal *m* ‖ ~ **de tiragem** / Zug[kanal] *m* ‖ ~ **de um rio** (hidrául.) / Flußkanal *m* ‖ ~ **de um só sentido** (informática) / Einrichtungskanal *m* ‖ ~ **de ventilação em plástico leve** (expl. minas) / Faltlutte *f* ‖ ~ **do algodão** (fiação) / Flugkanal *m* ‖ ~ **multiplex de bloco** (informática) / Blockmultiplexkanal *m* ‖ ~ **navegável** / Fahrrinne *f* ‖ ~ **para barcos de grande calado** / Großschiffahrtsweg *m* ‖ ~ **para condutores** / Leitungskanal *m* ‖ ~ **para jangadas** (hidrául.) / Floßgasse *f* ‖ ~ **telefónico** (telecom.) / Sprach-Übertragungsleitung *f*, Sprachkanal *m*, Sprechkanal *m*

canaleta *f* (constr. rodov.) / Fahrspur *f*

canalização *f* / Leitungsanlage *f*, Röhrensystem *n*, Rohrstrang *m*, Leitungsnetz *n* ‖ ~ (constr. civil) / Installation *f* ‖ ~ (semicondut.) / Brückenbildung *f* ‖ ~ **a grande distância** / Fernleitung *f* ‖ ~ **circular** / Ringleitung *f* ‖ ~ **de água** / Wasserleitung *f* ‖ ~ **de esgotos** / Abwasserleitung, Kanalisation *f* ‖ ~ **de expansão** / Sicherheitsvorlaufleitung *f* ‖ ~ **de gás** / Gasleitung *f* ‖ ~ **de gás a grande distância** / Gasfernleitung *f* ‖ ~ **de retorno** (máq., tecnol.) / Rückleitung *f*

canalizador *m* / Installateur *m*, Rohrleger *m* ‖ ~ / Klempner *m*

canalizar / kanalisieren, einen Kanal anlegen

cancela *f* (geral, técn. ferrov.) / Schranke *f*, Barriere *f*

cancelada *f* (têxtil) / Aufsteckgatter *n*, -rahmen *m*

cancelar / löschen, streichen, annullieren

candeeiro *m* **de iluminação pública** / Straßenlaterne *f* ‖ ~ **de mesa** / Tischlampe, -leuchte *f* ‖ ~ **de parede** / Wandleuchte *f*, -lampe *f* ‖ ~ **de pé** / Stehlampe *f*, Ständerlampe *f* ‖ ~ **de tecto** / Deckenleuchte *f*, -beleuchtungskörper *m*

candela *f* / Candela *f*, cd, (früher:) Neue Kerze *f*, NK (1 cd = 1 NK)

candelabro *m* / Lüster *m*

caneca *f* **rotativa** (fiação) / Drehkanne *f*

canela *f* / Spinnkötzer *m*, Weberspule *f*

canelado / gerifft

canelagem *f* **da lançadeira** (tecel.) / Lancierschuß *m*

canelar / kannelieren, auskehlen, kehlen

caneleira *f* / Kötzerspulmaschine *f* ‖ ~ **para trama** / Schußspulmaschine *f*

canelha *f* (tecel.) / Schußspule *f*

canelura *f* (constr. civil) / Kannelierung *f* ‖ ~ (lamin.) /

Auskehlung *f*, Kehle *f*, Furche *f* ‖ ~ **de acabamento** (lamin.) / Fertigkaliber *n* ‖ ~ **perfilada** (lamin.) / Formkaliber *n*

cânfora *f* / Kampfer *m* ‖ ~ **de Bornéu** / Borneokampfer *m*

canforeira *f* / Kampferbaum *m*, Cinnamomum camphora

cânhamo *m* / Hanf *m*, Fimmel *m* ‖ ~ **cru** / Basthanf *m* ‖ ~ **de Bengala** / Sunn *m*, Madrashanf *m* ‖ ~ **de primavera** / Frühhanf *m* ‖ **~-de-bombaim** *m* / Bombayhanf *m* ‖ **~-de-manila** *m* / Abaca, Manilafaser *f* ‖ ~ **espadelado** / Strähnhanf *m* ‖ ~ **masculino** / Femel[hanf] *m*, Fimmel *m* ‖ ~ **penteado** / Reinhanf *m*

canhão *m* / Geschütz *n* ‖ ~ **da fechadura** / Schloßzylinder *m* ‖ ~ **de espuma** (bombeiros) / Schaumkanone *f* ‖ ~ **electrónico ou eletrônico** / Elektronenkanone, -schleuder *f*, Strahlsystem *n* ‖ ~ **iónico** / Ionenkanone *f*

canilha *f* (têxtil) / Kötzer *m* ‖ ~ **de trama** / Schußkötzer *m*

canivete *m* / Klappmesser *n*, Taschenmesser *n*

cano *m* (armamento) / Lauf *m* ‖ ~ (água, gás) / Rohr *n* ‖ **de um** ~ / einläufig ‖ ~ **de águas servidas** (constr. civil) / Spülleitung *f* ‖ ~ **de chumbo** / Bleirohr *n* ‖ ~ **de escapamento** (máq. vapor) / Entnahmerohr *n* ‖ ~ **de escoamento**, cano *m* de esgoto / Entwässerungsrohr *n* ‖ ~ **de gás** / Gasrohr *n* ‖ ~ **de vazamento** / Angußkanal *m* ‖ ~ **de ventilação** (expl. minas) / Wetterlutte, -leitung *f*, -fang, -kanal *m* ‖ ~ **geminado** / Doppellauf *m* ‖ ~ **vertical derivado** (bombeiros) / Standrohr *n* DIN 14375

cantaridina *f* (química) / Cantharidin *n*

canteiro *m* (agricult.) / Beet *n* ‖ ~ (constr. civil) / Baustelle *f*, Bauhof *m*, Ort *m* ‖ ~ **de mina** (expl. minas) / Grubenbauhof *m*

cantil *m* (marcenar.) / Spundhobel *m*

cantiléver *m* / Cantilever *m* ‖ ~ *adj* (constr. civil, mecân.) / freitragend ‖ ~ (mecân.) / einseitig eingespannt, freitragend

canto *m* (carpint.) / Seite *f*, scharfe Kante ‖ ~ / Ecke *f*, Kante *f* ‖ **de** ~ / hochkant[ig] ‖ **de ~s arredondados** / rundkantig ‖ **de três ~s** / dreikantig ‖ ~ **cortado** (cart. perf.) / Eckenabschnitt *m* ‖ ~ **de rolamento** / Fahrkante *f* ‖ ~ **desprendedor de malha** / Abschlagecke *f* ‖ ~ **quebrado** / gebrochene Kante

cantoneira *f* / Winkelstahl *m*, Winkelprofil *n* ‖ ~ (constr. civil) / Eckschiene, -schutzleiste *f* ‖ ~ (lamin.) / L-Stahl *m* ‖ ~ **cobre-junta** / Deckwinkel *m* ‖ ~ **cobre-junta de recobrimento** / Deckwinkelverlaschung *f* ‖ ~ **de ângulo** / Eckwinkel *m* ‖ ~ **de bulbo** / Wulstwinkelstahl *m* ‖ ~ **de ferro** (constr. civil) / Eckband *n* ‖ ~ **de lados iguais e cantos vivos** / LS-Stahl *m*

cânula *f* / Hohlnadel *f*, Kanüle *f*

cão *m* (arma de fogo) / Hahn *m*, Hammer *m*

capa *f* / Aufsatz *m*, Kappe *f* ‖ ~ (máq., tecnol.) / Hut *m* ‖ ~ (constr. civil) / Haube *f* ‖ ~ / Belag *m*, Auflage *f* ‖ ~ (papel) / Deckbogen *m* ‖ ~ (artes gráf.) / Einbanddecke *f* ‖ ~ / Buchdeckel *m* ‖ ~ **antiparasitária** (autom.) / Entstörkappe *f* ‖ ~ **de cobertura** / Abschlußkappe *f* ‖ ~ **de gás** / Gaskappe *f*, -kopf *m* ‖ ~ **de protecção dos assentos** (autom.) / Schonbezug *m* ‖ ~ **de revestimento** / Abdeckhaube *f* ‖ ~ **do eixo traseiro** / Hinterachsrohr *n* ‖ ~ **supressora de interferências** (autom.) / Entstörkappe *f*

capacete *m* / Helm *m* ‖ ~ **de aviador** / Fliegerhelm *m* ‖ ~ **de mineiro** / Bergmannshelm *m* ‖ ~ **de protecção** / Schutzhelm *m* ‖ ~ **protector** (aeronáut.) / Sturzhelm *m*

capacidade *f* (geral) / Fähigkeit *f* ‖ ~ / Leistungsfähigkeit *f*, Leistung *f* ‖ ~ (telecom.) / Ausbau *m* (z.B. Amt) ‖ ~ / Fassungsvermögen *n*, Volumen *n*, Kapazität *f* ‖ **de alta** ~ / Hochleistungs... ‖ **de alta ~ de carga** / hochbelastbar ‖ **de alta ~ de transmissão de luz** / lichtdurchlässig ‖ **de grande** ~ (informática) / Großraum... ‖ ~ **ascencional** (autom.) / Bergsteigefähigkeit *f* ‖ ~ **calorífica** / Wärmekapazität *f* ‖ ~ **cúbica** / Kubikinhalt *m* ‖ ~ **da central** (electr.) / Kraftwerksleistung *f* ‖ ~ **da garra ou da mandíbula** / Greiferinhalt *m* ‖ ~ **da memória** (informática) / Speichergröße, -kapazität *f*, -umfang *m* ‖ ~ **da usina** (electr.) / Kraftwerksleistung *f* ‖ ~ **de absorção** / Absorptionsvermögen *n* ‖ ~ **de absorção de vibrações** / Dämpfungsvermögen *n* ‖ ~ **de adaptação** / Anpassungsfähigkeit *f* ‖ ~ **de aderência** / Abziehfestigkeit *f*, Haftvermögen *n* (DIN) ‖ ~ **de adsorção** / Adsorptionsfähigkeit *f* ‖ ~ **de amortecimento** / Dämpfungsfähigkeit *f* ‖ ~ **de amortecimento de vibrações** / Dämpfungsvermögen *n* ‖ ~ **de ampliação** / Ausbaufähigkeit *f* ‖ ~ **de antena** / Antennenkapazität *f*, Antennenleistung *f* ‖ ~ **de aquecimento** / Heizfähigkeit *f* ‖ ~ **de armazenagem** / Lagerfähigkeit *f* ‖ ~ **de armazenamento** / Lagerfähigkeit *f* ‖ ~ **de arranque** / Anfahrleistung *f* ‖ ~ **de bombagem ou bombeamento** (bomba) / Saugvermögen *n* ‖ ~ **de carga** / Tragfähigkeit *f*, Tragkraft *f*, Tragvermögen *n* ‖ ~ **de carga** (electr.) / zulässige Stromstärke ‖ ~ **de carga de um cabo** / Leistungsfähigkeit eines Kabels, Belastbarkeit *f* eines Kabels ‖ ~ **de carregamento** (siderurg.) / Einsetzleistung *f* ‖ ~ **de cementação** (aço) / Einsatzfähigkeit *f* ‖ ~ **de combinação** (química) / Bindungsfähigkeit *f* ‖ ~ **de corrente** (cabo) / Stromfestigkeit *f* ‖ ~ **de corte** (máq. ferram.) / Spanquerschnitt *m*, -leistung *f* ‖ ~ **de deflexão** / Ablenkungsvermögen *n* ‖ ~ **de deformação** / Formänderungsvermögen *n* ‖ ~ **de descarga** / Entladeleistung *f* ‖ ~ **de dispersão** (electrón.) / Streukapazität *f* ‖ ~ **de dissolução** / Lösungsfähigkeit *f* ‖ ~ **de evaporação** / Verdampfungsleistung *f* ‖ ~ **de extracção** / Förderleistung *f* ‖ ~ **de fixação** (torno) / Spannbereich *m* ‖ ~ **de fuga** (electrón.) / Streukapazität *f* ‖ ~ **de fusão** / Einschmelzleistung *f* ‖ ~ **de levantamento de aparas** (máq. ferram.) / Zerspanungsleistung *f* ‖ ~ **de perfuração** (berbequim) / Bohrleistung *f* ‖ ~ **de placa** / Anodenkapazität *f* ‖ ~ **de planeio** (aeronáut.) / Gleitvermögen *n* ‖ ~ **de produção** / Leistungsfähigkeit *f* ‖ ~ **de recuperação** / Erholungsfähigkeit *f* ‖ ~ **de ruptura** (electr.) / Schaltvermögen *n*, -leistung *f* ‖ ~ **de ruptura** (electr.) / Abschaltleistung *f* ‖ ~ **de sobrecarga** / Überlastbarkeit, Überlastungsfähigkeit *f* ‖ ~ **de tiragem** / Zugkraft, -stärke *f* ‖ ~ **de trabalho** / Arbeitsvermögen *n* ‖ ~ **de tracção de um motor** (técn. ferrov.) / Zugkraftvermögen *n*, Motorzugkraft *f* ‖ ~ **de transporte** / Förderleistung *f* ‖ ~ **frigorífica** / Kälteleistung *f* ‖ ~ **interior de tubos** / Röhrenkapazität *f* ‖ ~ **parasita** (electrón.) / Streukapazität *f* ‖ ~ **por unidade de tempo** / Leistung in der Zeiteinheit *f* ‖ ~ **quando completo** (máq., tecnol.) / Ausbauleistung *f* ‖ ~ **térmica** / Wärmekapazität *f* ‖ ~ **útil de uma central** (electr.) / Flußnutzung *f* (DIN) ‖ ~ **volumétrica** / Fassungsraum *m*, -vermögen *n*

capacitância *f* / Kapazitanz *f*, kapazitive Reaktanz ‖ ~ **colector-base** / Kollektor/Basis-Kapazität *f* ‖ ~ **da caixa** (electrón.) / Gehäusekapazität *f* ‖ ~ **de antena** / Antennenkapazität *f* ‖ ~ **de compensação** (electrón.) / Ausgleichskapazität *f* (zum Ausgleich der Gitter-Anodenkapazität) ‖ ~ **de difusão**

(semicondut.) / Diffusionskapazität *f* ‖ ~ **de entrada-saída em curto-circuito** / Kurzschluß-Eingangskapazität *f* ‖ ~ **de penetração** (electrón.) / Durchgriffskapazität *f* ‖ ~ **de saída** (electrón.) / Ausgangskapazität *f* ‖ ~ **interna** (electrón.) / Elektrodenkapazität *f* ‖ ~ **neutródina** (electrón.) / Entkopplungskapazität *f* (zum Ausgleich der Gitter-Anodenkapazität) ‖ ~ **por unidade de comprimento** / Kapazitätsbelag *m*
capacitivo / kapazitiv
capacitor *m*, condensador *m* (electr.) / Kondensator *m*, C-Glied *n* ‖ ~ **a vernier** (electrón.) / Feinabstimmungskondensator *m*, Feintrimmer *m*, Feineinstellungskondensator *m* ‖ ~ **antiparasitário ou supressor de interferências** / Entstörkondensator *m* ‖ ~ **bobinado** / Wickelblock, -kondensator *m* ‖ ~ **by-bass** / Ableitkondensator *m* ‖ ~ **de ar** / Luftkondensator *m* ‖ ~ **de ar variável** / Luftdrehkondensator *m* ‖ ~ **de bloqueio** (electrón.) / Sperrkondensator *m*, Blockkondensator *m* ‖ ~ **de carga** / Belastungskondensator *m* ‖ ~ **de cerâmica** / Keramikkondensator *m* ‖ ~ **de compensação** (electrón.) / Trimmer[kondensator] *m* ‖ ~ **de desparasitagem** / Funk-Entstörkondensator *m* ‖ ~ **de discos** / Scheibenkondensator *m* ‖ ~ **de equilibração** / Abgleichkondensator *m*, Ausgleichkondensator *m* ‖ ~ **de fecho** (electrón.) / Abschlußkondensator *m* ‖ ~ **de folha isoladora de poliestireno** / KS-Kondensator *m* (K = Kunststoff, S = Polystyrol) ‖ ~ **de freqüências lineares** / frequenzgerader Kondensator ‖ ~ **de grade** (electrón.) / Gitterkondensator *m* ‖ ~ **de imersão** / Tauchkondensator *m* ‖ ~ **de mica** / Glimmerkondensator *m* ‖ ~ **de papel** / Papierkondensator *m* ‖ ~ **de papel metalizado** / metallbedampfter Papierkondensator, MP-Kondensator *m* ‖ ~ **de potência** (electr.) / Leistungskondensator *m* ‖ ~ **de segurança** (electr.) / Berührungsschutzkondensator *m* ‖ ~ **de sintonização** / Abstimm[ungs]kondensator *m* ‖ ~ **de supressão** (electrón.) / Beruhigungskondensator *m* ‖ ~ **de tipo bloco** (electrón.) / Blockkondensator *m* ‖ ~ **eletrolítico** / Elektrolytkondensator *m*, Elko *m* ‖ ~ **eletrolítico seco** / Trockenelko, -elektrolytkondensator *m* ‖ ~ **em série** (electrón.) / Vorkondensator *m* ‖ ~ **fixo** / Festkondensator *m* ‖ ~ **imerso em óleo** (electr.) / Ölkondensator *m* ‖ ~ **luminoso** / Leuchtkondensator *m* ‖ ~ **metalizado de folha isoladora de polietileno- tereftalato** / Kunststofffolien-MKT-Kondensator *m* ‖ ~ **metalizado de folha isoladora de acetato de celulose** / Kunststofffolien-MKU-Kondensator *m* ‖ ~ **oscilante** (electrón.) / Schwingkondensator *m* ‖ ~ **pelicular** / Schichtkondensator *m* ‖ ~ **polarizado** / einpoliger Kondensator [für beide Stromrichtungen] ‖ ~ **telefônico** / Fernsprechkondensator *m* (ca 0.001 µF) ‖ ~ **tubular** / Standkondensator *m* (in Röhrenform), Rohrkondensator *m* ‖ ~ **variável** / Regel-Kondensator *m* ‖ ~ **variável de discos** / Dreh[platten]kondensator, Drehko *m*
capacitor/resistor *m* (electrón.) / CR-Glied *n*
caparrosa *f* **verde** / Eisenvitriol *n*, grünes Vitriol (veraltet)
capataz *m* **de mina** (expl. minas) / Steiger *m*
capilar / kapillar, haarröhrenförmig
capilaridade *f* (física) / Kapillarität *f*, Kapillarwirkung *f*, -kraft *f*, Haarröhrchenanziehung *f*, Porensaugwirkung *f*
capitel *m* (constr. civil) / Kapitell *n* ‖ ~ / Säulenkopf *m* ‖ ~ **da agulha de marear** / Kompaßhütchen *n*
capítulo *m* (artes gráf.) / Abschnitt, Kapitel *n*
capoque *m* / Bombaxwolle *f*
capot *m*, capô *m* (autom.) / Motorhaube *f*
capota *f* (autom.) / Verdeck *n*, Haube *f* ‖ **de ~ aberta** (autom.) / offen, ohne Verdeck ‖ ~ **de lona** (autom.) / Segeltuchverdeck *n*
capotar (autom.) / überschlagen (sich)
cápsula *f* / Hülle *f*, Kapsel *f* ‖ ~ (química) / Schale *f* ‖ ~ / Kuppe *f* (z.B. Indiumkuppe im Transistor) ‖ ~ **de argila refractária** (cerâm.) / Brennkapsel *f* ‖ ~ **de cristal** / Kristalltonabnehmer *m* ‖ ~ **do algodão** / Bollen *m* ‖ ~ **fonocaptora** / Abtastdose *f*, Pick-up *m*, Tonabnehmer *m* ‖ ~ **fulminante** (geral) / Sprengkapsel *f* ‖ ~ **fulminante** / Zündhütchen *n* ‖ ~ **medicinal** / Arzneikapsel *f* ‖ ~ **metálica [de Vidi]** (barómetro) / Druckdose *f* ‖ ~ **para garrafa** / Flaschenkapsel *f* (als Verschluß) ‖ ~ **receptora do auscultador**, cápsula *f* receptora do fone (telecom.) / Hörkapsel *f*
capsular / verkapseln
captação *f* (águas) / Fassung *f* ‖ ~ (tv, rádio) / Empfang *m* ‖ ~ **de uma fonte** / Quellfassung *f* ‖ ~ **regulável** (hidrául.) / schließbare Fassung
captar (tv, rádio) / empfangen ‖ ~ **uma fonte** / eine Quelle fassen
captura *f* (técn. nucl.) / Einfang *m* (von Neutronen) ‖ ~ **de electrões ou elétrons** / Elektroneneinfang *m* ‖ ~ **de neutrões**, captura *f* de nêutrons / Neutroneneinfang *m* ‖ ~ **dissociativa** (técn. nucl.) / dissoziativer Einfang ‖ ~ **L** (técn. nucl.) / L-Einfang *m* ‖ ~ **por fissão** / Spaltungseinfang *m* ‖ ~ **radioactiva** (técn. nucl.) / Strahlungseinfang *m*
capturar (técn. nucl.) / einfangen ‖ ~ **dados** (informática) / Daten erfassen
carabina *f* / gezogenes Gewehr, Büchse *f* ‖ ~ **de dois canos lisos e um cano estriado** / Drilling *m* ‖ ~ **semiautomática** / Selbstladegewehr *n*
caracol, em ~ / gewendelt
carácter *m* (informática) / Zeichen *n* ‖ ~ (artes gráf.) / Type *f* ‖ ~ **binário** / Binärzeichen *n* ‖ ~ **[em] branco** (artes gráf.) / Leerstelle *f* ‖ ~ **branco de substituição** (informática) / Ersatzleerzeichen *n* ‖ ~ **de enchimento** (informática) / Füllzeichen *n* ‖ ~ **de formato** (informática) / Funktionszeichen *n*, Formatzeichen *n*, FE ‖ ~ **de impressão** (artes gráf.) / Schrifttype *f*, -zeichen *n* ‖ ~ **de substituição** (informática) / Ersetzungszeichen *n* ‖ ~ **ignore** (informática) / Auslaßzeichen *n* ‖ ~ **redundante** (informática) / selbstprüfendes Zeichen
caracteres *m pl* **legíveis** (informática) / Klarschrift *f* ‖ ~ **magnéticos** (informática) / Magnetschrift *f*
característica *f* / Kennung *f*, Charakteristik *f*, Merkmal *n*, Eigenschaft *f* ‖ **de ~ omnidirecional** / Allrichtungs... ‖ ~ **binário-velocidade** (electr.) / Drehmomentkurve, -charakteristik *f* ‖ ~ **corrente-tensão** / Strom-Spannungskennlinie *f* ‖ ~ **da atenuação** (telecom.) / Dämpfungsverlauf *m* ‖ ~ **da carga** / Belastungscharakteristik *f* ‖ ~ **da corrente anódica** / Anodenstromcharakteristik *f* ‖ ~ **da velocidade** / Drehzahlverhalten *n* ‖ ~ **de condução** (autom.) / Fahreigenschaft *f* ‖ ~ **de entrada** / Eingangskennlinie *f* ‖ ~ **de flexibilidade** / Federkennung *f* ‖ ~ **de frequência** / Gangkurve *f*, Frequenzgangkurve *f*, Frequenzcharakteristik *f* ‖ ~ **de operação** (máq., tecnol.) / Laufeigenschaft *f* ‖ ~ **de saída** / Ausgangskennlinie *f* ‖ ~ **de tempo** (electr.) / Zeitcharakteristik *f* ‖ ~ **de um logaritmo** / Kennziffer *f* eines Logarithmus ‖ ~ **de voo** / Flugeigenschaft *f* ‖ ~ **dinâmica** (electrón.) / Arbeitskennlinie *f* ‖ ~ **direccional** / Richtcharakteristik *f* ‖ ~ **do eléctrodo** / Elektrodenkennlinie *f* ‖ ~ **dos valores limites de corrente de sobrecarga** (semicondut.) / Grenzstromkennlinie *f* ‖ ~ **em curto-circuito** / Kurzschlußkennlinie *f* ‖ ~ **externa de um gerador** (electr.) / äußere Kennlinie ‖ ~ **interna** (electr.) /

innere Kennlinie ‖ ~ **principal tensão/corrente** (semicondut.) / Haupt-Strom/Spannungs-Kennlinie *f* ‖ ~ **tensão-corrente no estado condutor** (semicondut.) / Durchlaßkennlinie *f* ‖ ~ **tensão/corrente inversa** (semicondut.) / Rückwärtskennlinie *f* ‖ ~ **torque-velocidade** (electr.) / Drehmomentkurve, -charakteristik *f*
características *f pl* **da oscilação**, características *f pl* da vibração / Schwingungseigenschaften *f pl* ‖ ~ **de desempenho** / Leistungskennwerte *m pl* ‖ ~ **operacionais** / Betriebsverhältnisse, -merkmale *n pl*
característico *m* / Charakteristikum *n* ‖ ~ *adj* / charakteristisch
carajuru *m* (tinturaria) / Chica[rot] *n*, Carajuru *n*
caramelo *m* / gebrannter Zucker
caravana *f* (autom.) / Wohnwagen *m*
carbamato *m* / Carbamat, Carbaminat *n*
carbamida *f* / Harnstoff *m*, Carbamid *n*, Carbonyldiamid *n*
carbanilida *f* / Carbanilid *n*, Diphenylharnstoff *m*
carbazol *m* / Carbazol *n*
carbilamina *f* / Carbylamin *n*
carbinol *m* / Carbinol *n*, Methylalkohol *m*
carbitol *m* (química) / Carbitol *n*
carbocíclico / carbocyclisch, (besser:) isocyclisch
carbólico / Karbol..., karbolisch
carbolíneo *m* / Carbolineum *n*
carbonado *m* / Carbonado *m*, schwarzer Diamant
carbonatação *f* (química) / Sättigung *f* mit Kohlensäure
carbonatar (química) / mit Kohlensäure sättigen (o. versetzen), mit CO_2 sättigen, karbonisieren
carbonato *m* / Carbonat *n*, Kohlensäuresalz *n* ‖ ~ **ácido** / doppeltkohlensaueres Salz ‖ ~ **básico de chumbo** / basisches Bleicarbonat, Bleiweiß *n*, Schieferweiß *n* ‖ ~ **básico de cobre** / basisches Kupfercarbonat ‖ ~ **cúprico** / Kupfer(II)-carbonat *n* ‖ ~ **de amónio** / Ammoniumcarbonat *n*, Hirschhornsalz *n* ‖ ~ **de barita calcárea** / Barytokalzit *m* ‖ ~ **de cálcio** / kohlensauerer Kalk ‖ ~ **de chumbo** (química) / Bleicarbonat *n*, feinstes Bleiweiß ‖ ~ **de cobre** / Kupferblau *n*, Lasurblau *n* ‖ ~ **de ferro** / Eisencarbonat *n* ‖ ~ **de lítio** / Lithiumcarbonat *n* ‖ ~ **de potássio** / Kaliumcarbonat *n*, Pottasche *f* ‖ ~ **de sódio** (química) / Natriumcarbonat *n*, Soda *f*, kohlensaueres Natrium (mit 10 H_2O) ‖ ~ **manganoso** / Mangan(II)-carbonat, Manganocarbonat *n*
carboneto *m* vide carbureto
carbónico / kohlensauer
carbonífero *m* (geol) / Steinkohlenformation *f* ‖ ~ *adj* (geol) / karbonisch, Karbon... ‖ ~ / kohleführend
carbonila *f* / Carbonyl *n*
carbonização *f* / Verkohlung *f*, Verkohlen *n*, Karbonisierung *f* ‖ ~ (geol) / Inkohlung *f* ‖ ~ (geral) / Kohlung *f* ‖ ~ (têxtil) / Auskohlen *n* ‖ ~ (cabo) / Schmoren *n* ‖ ~ **a baixa temperatura** / Schwelung *f*, Tieftemperaturverkokung *f* ‖ ~ **ao abrigo do oxigénio** / Durchkohlung *f* (Kokerei) ‖ ~ **da hulha** / Kohlenentgasung *f* ‖ ~ **de trapos** / Lumpenauskohlung *f* ‖ ~ **lenta** / Kohleschwelung *f* ‖ ~ **lenta de linhita** / Braunkohlenschwelung *f* ‖ ~ **por destilação em cilindros** / Zylinderverkokung, -verkohlung *f*
carbonizado (ferro) / aufgekohlt ‖ ~ (coque) / gar
carbonizar / verkohlen, carbonisieren, in Kohle umwandeln ‖ ~ (siderurg.) / garen ‖ **~-se** / verkohlen *vi* ‖ ~ (têxtil) / auskohlen ‖ ~ (geol) / inkohlen ‖ ~ (madeira) / ankohlen ‖ ~ **lentamente**, carbonizar a baixa temperatura (coque) / schwelen *vt*
carbono *m*, C (química) / Kohlenstoff *m*, C ‖ **com elevado teor de** ~ / hochgekohlt ‖ ~ **combinado ou fixado** / [chemisch] gebundener Kohlenstoff ‖ ~ **de têmpera** / Temperkohle *f*
carbonoso / kohlehaltig, kohlenhaltig
carborundo *m* / Carborundum *n*
carbossulfureto *m* / Kohlenschwefel *m*
carburação *f* (mot.) / Vergasung *f* ‖ ~ (aço) / Kohlung *f* ‖ ~ **do gás** / Gas-Methanisieren *n* ‖ ~ **dupla** (autom.) / Doppelvergasung *f* ‖ ~ **por gás** / Gasaufkohlen *n*
carburado (siderurg.) / gekohlt, mit Kohlenstoff verbunden
carburador *m* (autom.) / Vergaser *m* ‖ ~ **alimentado sob pressão** / Vergaser *m* mit Druckförderung ‖ ~ **com bóia**, carburador *m* com flutuador / Vergaser *m* mit Schwimmer, Schwimmervergaser *m* ‖ ~ **com sucção** / Vergaser *m* mit Saugförderung ‖ ~ **com válvula de estrangulamento** / Gasschiebervergaser *m* ‖ ~ **de dois gicleurs** / Doppeldüsenvergaser *m* ‖ ~ **de dois pulverizadores** / Doppeldüsenvergaser *m* ‖ ~ **de fluxo descendente** / Fallstromvergaser *m* ‖ ~ **de injecção** (aeronáut.) / Einspritzvergaser *m*, Spritzvergaser *m* ‖ ~ **de injectores múltiplos** / Mehrdüsenvergaser *m* ‖ ~ **de jacto duplo** / Doppeldüsenvergaser *m* ‖ ~ **de nível constante** / Vergaser *m* mit Schwimmer, Schwimmervergaser *m* ‖ ~ **de pulverização** / Spritzvergaser *m* ‖ ~ **de pulverizador** / Düsenvergaser *m* ‖ ~ **de registo** / Registervergaser *m* ‖ ~ **duplo** / Doppelvergaser *m* ‖ ~ **horizontal** (autom.) / Flachstromvergaser *m* ‖ ~ **invertido** / Fallstromvergaser *m* ‖ ~ **vertical** (autom.) / Steigstromvergaser *m*
carburante *m* / Treibstoff (auf Kohlenwasserstoffbasis), Motorkraftstoff *m* ‖ ~ **Diesel** / Dieselöl *n*, -treibstoff *m*, -kraftstoff *m* ‖ ~ **ligeiro** / Vergaserkraftstoff *m*, VK
carburar (aço) / karburieren, einsatzhärten ‖ ~ (siderurg.) / kohlen, aufkohlen ‖ ~ (mot.) / vergasen
carbureto *m* (química) / Karbid *n* ‖ ~ **cementado** / Sinterkarbid, -hartmetall *n* ‖ ~ **de boro** / Borkarbid *n* ‖ ~ **de cálcio** / Kalziumkarbid *n* ‖ ~ **de ferro** (siderurg.) / Kohlenstoffeisen *n*, gekohltes Eisen ‖ ~ **de silício** / Siliziumkarbid *n*, -kohlenstoff *m* ‖ ~ **de tungsténio** / Wolframkarbid *n*, Hartmetall *n* ‖ ~ **sinterizado** / Sinterkarbid, -hartmetall *n*
carburetos *m pl* **de benzeno** / Benzolkohlenwasserstoffe *m pl*
carcaça *f* (turbina) / Gehäuse *n* ‖ ~ (pneu) / Unterbau *m* ‖ ~ **de turbina** / Turbinengebläse *n* ‖ ~ **do motor** (electr.) / Motorgehäuse *n* ‖ ~ **do pneu** / Reifenunterbau *m* ‖ ~ **dupla** / Doppelmantel *m* ‖ ~ **magnética** (electr.) / Feldgestell *n*, Magnetgestell *n*
carcoma *m* **azul** / Blaufäule *f* ‖ ~ *f* **do alburno** / Splintfäule *f* ‖ ~ **do tronco** / Stockfäule *f*
carda *f* (têxtil) / Kratze, Karde *f*, Krempel *f* ‖ ~ **abridora** (têxtil) / Reißkrempel, -karde *f*, Grobkrempel *f*, Grobkarde *f* ‖ ~ **abridora com mesa de alimentação** / Muldenvorkrempel *f* ‖ ~ **abridora para amianto** / Asbestvorkrempel *f* ‖ ~ **acabadora** / Auskarde *f*, Feinkrempel *f*, -kratze *f* ‖ ~ **circular** / Zirkularkrempel *f* ‖ ~ **com chapéus** / Deckelkarde, -krempel, -kratze *f* ‖ ~ **com guarnição Garnett**, carda *f* com guarnição em dente de serra / Garnettkrempel, Krempel *f* mit Sägezahndrahtbeschlag ‖ ~ **com tambor enrolador** / Fellkrempel *f*, Feinkrempel *f* ‖ ~ **de algodão** / Baumwollkratze *f* ‖ ~ **de cilindros** / Walzenkrempel *f* ‖ ~ **de desfiar** / Endenöffner *m* ‖ ~ **de limas** / Feilenbürste *f* (aus Kratzenstoff) ‖ ~ **de limpeza** / Ausputzkratze, -karde *f* ‖ ~ **dupla** / Doppelkrempel, -karde *f* ‖ ~ **guarnecida de fita** /

Bandkratze *f* ‖ ~ **mista** / Halbdeckelkrempel *f* ‖ ~ **misturadora** / Mischkrempel *f* ‖ ~ **para borra de seda** / Flockseidenkratze *f* ‖ ~ **para fio cardado** / Streichgarnkratze *f* ‖ ~ **para lã** / Wollkratze *f*, -karde *f*, -krempel *f* ‖ ~ **para pêlos** / Haarkrempel *f* ‖ ~ **repassadora** (têxtil) / Vlieskrempel *f*, Pelzkrempel *f*
cardado / kardiert
cardagem *f* / Kardieren *n*, Schrubbeln *n*
cardânico / kardanisch
cardar / krempeln, kardieren, kratzen ‖ ~ **ligeiramente** / anrauhen
cardióide *f* / Herzkurve *f*, Kardioide *f* ‖ ~ *adj* / herzförmig
cardume *m* **de peixe** / Fischschwarm *m*
careca (coll) (pneu) / glatt, ohne Profil
carena *f* / Schiffskörper *m* unter der Wasserlinie
carenagem *f* (autom.) / Verkleidung *f*
caret *m* (informática) / Einführungszeichen *n*
carga *f* (transportes) / Ladung *f*, Fracht *f* ‖ ~ (física, eléctr.) / Ladung *f*, Last *f* ‖ ~ (siderurg.) / Charge *f*, Beschickung *f*, Einsatz *m*, Gicht *f* ‖ ~ (expl. minas) / Besatz *m* ‖ ~ (mecân.) / Auflast, [Trag]last *f* ‖ ~ (alto-forno) / Durchsatz *m* ‖ ~ (fundição) / Satz *m*, Beschickungsschicht *f* ‖ ~ (acumul.) / Aufladung *f* ‖ ~ (informática) / Laden *n* ‖ ~ (química, papel) / Füllstoff *m*, -masse *f*, -material, -mittel *n* ‖ **a plena** ~ / vollbelastet ‖ **de alta capacidade de** ~ / hochbelastbar ‖ **sem** ~ (constr. civil) / frei, nicht überladen ‖ **sem ~s** (plást.) / füllstofffrei ‖ ~ **adicional** / Mehrbelastung *f*, zusätzliche Last ‖ ~ **alar** (aeronáut.) / Flügelbelastung *f*, Flächenbelastung *f* ‖ ~ **alternativa** / Wechsellast *f* (abwechselnd) ‖ ~ **assimétrica** (aeronáut.) / Querlastigkeit *f*, ungleich verteilte Ladung ‖ ~ **axial** / Längsbelastung *f* ‖ ~ **concentrada** / geballte Ladung ‖ ~ **conectada** / Anschlußwert *m* ‖ ~ **constante** / ruhende Belastung ‖ ~ **contínua** / Dauerlast *f* (bleibende Last), Dauerbelastung *f* ‖ ~ **da mola** / Federbelastung *f* ‖ ~ **da pá** (aeronáut.) / Blattbelastung *f* ‖ ~ **da roda** / Radlast *f* ‖ ~ **da seda** / Seidenerschwerung *f* ‖ ~ **da válvula de segurança** / Belastungsgewicht *n* ‖ ~ **de água** (hidrául.) / Druckhöhe *f* ‖ ~ **de arranque ou de partida** / Anlaufbelastung *f* ‖ ~ **de base** / Basisladung *f* ‖ ~ **de blocos** (informática) / Blockladen *n* ‖ ~ **de carvão** / Kohlengicht *f* ‖ ~ **de compensação** / Erhaltungsladung *f* ‖ ~ **de coque** / Koksgicht *f* ‖ ~ **de crista** (electr.) / Stromspitze *f* ‖ ~ **de eixo** / Radsatzkraft *f* (DIN 26010) ‖ ~ **de flambagem** (mecân.) / Knicklast *f*, Knickbelastung *f* ‖ ~ **de fundente** / Flußmittelfüllung *f* ‖ ~ **de incêndio** / Brandlast *f* ‖ ~ **de metal líquido** (siderurg.) / flüssiger Einsatz ‖ ~ **de mina** (expl. minas) / Schußladung *f* ‖ ~ **de minério** / Erzgicht *f*, Erzsatz *m* ‖ ~ **de nitrogénio** / Stickstofffüllung *f* ‖ ~ **de potência** (aeronáut.) / Leistungsbelastung *f* ‖ ~ **de pressão** / Druckbelastung *f* ‖ ~ **de rendimento útil** (electr.) / Nutzleistungslast *f* ‖ ~ **de ruptura** / Bruchlast *f* ‖ ~ **de sustentação** (aeronáut.) / Auftriebsbelastung *f* ‖ ~ **de tracção** (mecân.) / Zugbelastung *f* ‖ ~ **de tráfego** / Betriebslast *f* ‖ ~ **devido à pressão do vento** / Windlast *f*, -belastung *f* ‖ ~ **disruptiva** / Durchschlagsentladung *f* ‖ ~ **do condutor** / Leiterbeanspruchung *f* ‖ ~ **do êmbolo** / Kolbenbelastung *f* ‖ ~ **do tecto** (constr. civil) / Deckenlast *f* ‖ ~ **do tecto** (expl. minas) / Hangenddruck *m* ‖ ~ **eficaz** (electr.) / Effektivleistung *f* ‖ ~ **eléctrica** / Strombelastung *f*, elektrische Ladung ‖ ~ **[eléctrica] elementar** / [elektrische] Elementarmenge, -ladung ‖ ~ **eléctrica específica** (electr.) / Gesamtdurchflutung *f* je cm Ankerumfang ‖ ~ **electrostática** / elektrostatische Aufladung ‖ ~ **elementar** (química, física) / Elementarladung *f* ‖ ~ **em metal líquido** (siderurg.) / flüssiger Einsatz ‖ ~ **equivalente** (mecân.) / Ersatzlast *f* ‖ ~ **espacial** (electrón.) / Raumladung *f* ‖ ~ **estática de base** / statische Tragzahl ‖ ~ **explosiva** / Sprengladung *f* -satz *m* ‖ ~ **explosiva** (armamento) / Füllung *f* (des Geschosses) ‖ ~ **explosiva com espoleta inicial** (expl. minas) / Schlagpatrone *f* ‖ ~ **fibrosa** (plást.) / Faserfüllstoff *m* ‖ ~ **global conectada** (electr.) / Gesamtanschlußwert *m* ‖ ~ **incompleta** / Unterbelastung, -last *f* ‖ ~ **indicada** / Belastungsanzeige *f* ‖ ~ **indutiva** (electr.) / induktive Last ‖ ~ **inicial** (informática) / Bandbefehl *m* ‖ ~ **inicial** (acumul.) / Anfangsladespannung *f*, Initialladung *f* ‖ ~ **inicial de microprograma** (informática) / IMPL ‖ ~ **inicial de programa** (informática) / IPL (einleitendes Programmladen) ‖ ~ **instantânea** / Augenblicksbelastung *f* ‖ ~ **isolada** (mecân.) / Einzellast *f* ‖ ~ **latente** (electr.) / gebundene Ladung ‖ ~ **leve** / Schwachlast *f* ‖ ~ **limite** / Höchstlast *f*, höchstzulässige Last ‖ ~ **limite** / Grenzbelastung *f* ‖ ~ **limite** (aeronáut.) / sichere Last ‖ ~ **lineal repartida uniformemente** / Gleichstreckenlast *f* ‖ ~ **livre** (física) / freie Ladung ‖ ~ **máxima** / Maximalbelastung *f*, -last *f*, Belastungsspitze *f*, Höchstlast *f*, -belastung *f*, Spitzenlast *f*, -belastung *f* ‖ ~ **máxima admissível** / zulässige Höchstbelastung, höchstzulässige Last, Höchstlast *f* ‖ ~ **mínima** / Mindestlast, -belastung *f*, Belastungstal *n* (im Tagesablauf) ‖ ~ **móvel** (ponte) / bewegliche (o. wandernde) Last, Verkehrslast *f* ‖ ~ **na válvula** / Ventilbelastung *f* ‖ ~ **nominal** / Nennlast *f*, Nennbelastung *f* ‖ ~ **nula** / Nulllast *f* ‖ ~ **num instrumento transformador** (electr.) / Bürde *f* (Stromwandler) ‖ ~ **oca** (armamento) / Hohlladung, H-Ladung *f* ‖ ~ **óhmica** (electr.) / ohmsche Belastung ‖ ~ **parabólica** / Parabelbelastung *f*, parabolische Belastung ‖ ~ **parcial** / Unterbelastung, -last *f*, Teillast *f* ‖ ~ **permanente** / bleibende Belastung, ruhende Belastung, Dauerbelastung *f*, Dauerlast *f* ‖ ~ **pesada** / Schwergut *n* ‖ ~ **pobre** (siderurg.) / erzarme Charge ‖ ~ **por fonte estranha** (electr.) / Fremdaufladung *f* ‖ ~ **por unidade de superfície** (constr. civil) / Flächenbelastung *f* ‖ ~ **propulsora** (armamento) / Treibladung *f*, Treibsatz *m* ‖ ~ **reactiva** (electr.) / Blindlast *f*, Blindbelastung *f* ‖ ~ **residual** / Restladung *f*, Ladungsrückstand *m* ‖ ~ **retardadora** / Verzögerungssatz *m* ‖ ~ **rica** (siderurg.) / erzreiche Charge ‖ ~ **sobre a faixa de rodagem** / Fahrbahnbelastung *f* ‖ ~ **sobre o eixo** / Achsdruck *m*, -last, -belastung *f* ‖ ~ **superficial** (electr.) / Flächenladung *f* ‖ ~ **superficial** (física) / Oberflächenladung *f* ‖ ~ **térmica** / Wärmebelastung *f* ‖ ~ **total** / Gesamtlast, -belastung *f* ‖ ~ **uniformemente repartida** (mecân.) / Gleichlast *f* ‖ ~ **unitária** / Einheitsladung *f* ‖ ~ **útil** / Nutzlast *f*, Gebrauchslast *f* ‖ ~ **útil de equipamentos de telecomunicações** (astronáut.) / Fernmeldezuladung *f* ‖ ~ **útil limite** (aeronáut.) / höchstzulässige Ladung ‖ ~ **útil nominal** (autom.) / Nenn-Nutzlast *f*
cargueiro *f* (geral) / Frachtschiff *n* ‖ ~ *m* **fruteiro** / Fruchttransporter *m* ‖ ~ **misto para minério e petróleo** / Erz-Öl-Frachtschiff *n* ‖ ~ **o/b/o ou ore-bulk-oil** / Erz-Massengut-Öl-Frachtschiff *n*, Erz-Bulk-Öl-Frachter *m*, OBO-Carrier-Frachter *m* ‖ ~ **roll-on-roll-off** / Ro-Ro-Frachter *m*
cárie *f* **da madeira** / Holzfäule *f*
carimbar / aufdrücken (Stempel), stempeln
carimbo *m* / Stempel *m*, Stempelung *f* ‖ ~ **datador** / Datumstempel *m*, Tagesstempel *m* ‖ ~ **de borracha** / Gummistempel *m*

carlinga *f* (aeronáut.) / Führerkanzel *f* ‖ ~ (constr. naval) / Kielschwein *n*
carmesim *m* / Karmesin *n*
carmin *m* / Karmin *n*
carnalita *f* (mineralog.) / Carnallit *m*, Karnallit *m*
carnaz *m* / Fleischseite *f*
carne *f* / Fleisch *n* ‖ **da cor da** ~ / fleischfarben ‖ ~ **enlatada** / Büchsenfleisch *n*
carneira *f* / Schafleder *n*
carneiro *m* **de pranchas** / Brettfallhammer *m* ‖ ~ **hidráulico** / Stoßwidder *m*, hydraulischer Widder, Stoßheber *m*
carnotite *f* (mineralog.) / Carnotit *m*
caroço *m* / Kern *m*, Stein *m* von Steinobst
caroteno *m* / Carotin *n*, Karotin *n*
carotenóides *m pl* / Carotinoide *n pl*
carpete *m f* / Teppichboden *m*
carpintaria *f* / Zimmerhandwerk *n*, Holzwerk *n* ‖ ~ **de moldes** (fundição) / Modellschreinerei *f*, -tischlerei *f*
carpinteiro *m* / Zimmermann *m* ‖ ~ **de moldes** (fundição) / Modellschreiner *m*, -tischler *m* ‖ ~ **e marceneiro** / Bauschreiner *m*
carpintejar / zimmern
carqueja *f* / Reisig *n*
carramanchão *m* / Laube *f*
carreamento *m* **de contorno** (informática) / Endübertrag *m*, Umwälzen *n*
carregado (electr.) / geladen ‖ ~ **a mola** / gefedert, unter Federspannung (o. -druck), Feder... ‖ ~ **de pó** / staubhaltig, -beladen, Staub... ‖ ~ **na cauda** (aeronáut.) / schwanzlastig ‖ ~ **pela popa** (constr. naval) / achterlastig ‖ ~ **por mola** / federbelastet
carregador *m* / Lader *m*, Beschicker *m*, Beschickungsmaschine *f*, -vorrichtung *f* ‖ ~ (máq., tecnol., técn. fotogr.) / Magazin *n* ‖ ~ / Ladearbeiter *m* ‖ ~ (armamento) / Ladestreifen *m* ‖ ~ **automático de baterias** (electr.) / Selbstladegerät *n*, Ladeautomat *m* ‖ ~ **da cassete** / Cassettenfach *n* ‖ ~ **de alcatruzes** / Aufgabebecherwerk *n* ‖ ~ **de baterias** / Batterieladegerät *n* ‖ ~ **de bobinas** (tecel.) / Spulenaufstecker *m* ‖ ~ **de feno** (agricult.) / Förderrinne *f* (als Anhänger) ‖ ~ **de forragem** (agricult.) / Futterlader *m* ‖ ~ **de silos** (agricult.) / Silohäcksler *m* ‖ ~ **frontal** (agricult.) / Frontlader *m*
carregadora *f* / Ladegerät *n* ‖ ~**-escavadora** *f* (constr. rodov.) / Baggerlader *m*
carregamento *m* / Laden *n*, Ladung *f* ‖ ~ (siderurg.) / Beschickung *f*, Begichtung *f* ‖ ~ (informática) / Laden *n* ‖ ~ **do alto-forno** / Hochofenbegichtung *f* ‖ ~ **rápido** (acumul.) / Schnellladung *f*
carregar (acumul.) / aufladen ‖ ~, suprir com corrente (electr.) / laden, speisen ‖ ~ (têxtil) / bleien, beschweren ‖ ~ (siderurg.) / einsetzen, chargieren, beschicken, begichten ‖ ~ (informática) / laden ‖ ~ **a fundo no acelerador** / das Gaspedal durchtreten ‖ ~ **continuamente** (telecom.) / krarupisieren ‖ ~ **num botão** / einen Knopf drücken ‖ ~ **numa tecla** / auf eine Taste drücken ‖ ~ **o torno automático** (máq. ferram.) / Stangen einziehen
carreira *f* (máq., tecnol.) / Lauf *m* ‖ ~ (constr. naval) / Helling *f*, Helgen *m* ‖ ~ **de tiro** / Schießstand, -platz *m* ‖ ~ **plana** (máq. ferram.) / Flachbahn *f*
carrete *m* (técn. fotogr.) / Aufwickelrolle, -spule *f* ‖ ~ / Bandteller *m*, Aufnahmespule *f* ‖ ~ **de fita** (fita magn.) / Bandspule *f*
carretel *m* (técn. fotogr.) / Aufwickelrolle, -spule *f* ‖ ~ (fita magn.) / Spule *f* ‖ ~ **da fita** (máq. escrev.) / Farbbandspule *f*
carreto *m* **central** (embraiagem) / Sonnenrad *n* ‖ ~ **intermédio** (embraiagem) / Vorgelegerad *n* ‖ ~ **para corrente** (máq., tecnol.) / Kettenwirbel *m*, -nuß *f* ‖ ~ **satélite** (embraiagem) / Planetenrad *n*
carrier *m* (tinturaria) / Carrier *m*
carril *m* (técn. ferrov.) / Eisenbahnschiene *f*, Schiene *f* ‖ ~ **americano** / Fußschiene *f* ‖ ~ **central** (técn. ferrov.) / Mittelschiene *f* ‖ ~ **chato** / flache Schiene ‖ ~ **condutor** (técn. ferrov.) / Stromschiene *f*, dritte Schiene ‖ ~ **contra-agulha** / Backenschiene *f*, Stockschiene *f* ‖ ~ **de articulação** / Gelenkschiene *f* ‖ ~ **de base plana** (técn. ferrov.) / Kopfschiene *f* ‖ ~ **de cabeça abaulada** / Schiene *f* mit gewölbtem Kopf ‖ ~ **de cabeça dupla** (técn. ferrov.) / Stuhlschiene *f* ‖ ~ **de contacto** (técn. ferrov.) / Stromschiene *f*, dritte Schiene ‖ ~ **de encosto** (técn. ferrov.) / Anschlagschiene *f* ‖ ~ **de guia** (técn. ferrov.) / Führungsschiene *f* ‖ ~ **de patilha chata** / Fußschiene *f* ‖ ~ **de rolamento** / Fahrschiene *f* ‖ ~ **de secção cheia** (técn. ferrov.) / Blockschiene *f* ‖ ~ **gémeo** / Zwillingsschiene *f* ‖ ~ **Vignole** (técn. ferrov.) / Breitfußschiene *f*, Kopfschiene *f*
carrilhão *m* / Glockenspiel *n*
carrinho *m* (geral) / Karren *m* ‖ ~ **accionado por cabo** / Seilzugkatze *f* ‖ ~ **de armazém** / Stechkarre *f*, -karren *m* ‖ ~ **de linhas** (máq. cost.) / Garnrolle *f* ‖ ~ **de mão** / Schubkarren *m*, -karre *f*, Schiebekarren *m* ‖ ~ **para talha** / Laufkatze *f*
carris *m pl* (técn. ferrov.) / Gleis *n* ‖ ~ **de junção** / Verbindungsgleis *n*, -schienen *f pl*
carro *m* (geral) / Karren *m* ‖ ~ (máq., tecnol.) / Wagen *m* ‖ ~ (autom.) / Wagen *m* ‖ ~ (técn. ferrov.) / Personenwagen *m*, Wagen *m* ‖ ~ (guindaste) / Katze *f* ‖ ~ [porta-ferramenta] (máq. ferram.) / Support *m*, Schlitten *m* ‖ ~ **agrícola** / Ackerwagen *m* ‖ ~ **blindado** / Panzerkampfwagen *m* ‖ ~ **central** (torno) / Mittelsupport *m* ‖ ~ **da máquina de perfurar** (máq. ferram.) / Bohrwerksupport *m* ‖ ~ **de bobinas** / Spulenwagen *m* ‖ ~ **de carga** (siderurg.) / Füllwagen *m* ‖ ~ **de comando** / Befehlswagen *m* ‖ ~ **de controlo por fita perfurada** (informática) / Lochbandvorschub *m* ‖ ~ **de desdobramento** / Einlegewagen, E-Wagen *m* (für Hauptverkehrszeiten) ‖ ~ **de escovas** (electr.) / Bürstenschlitten *m* ‖ ~ **de exteriores** / Fernseh-Aufnahmewagen *m*, Fernsehübertragungswagen *m*, Übertragungswagen *m* ‖ ~ **de fresar** / Frässchlitten *m* ‖ ~ **de fundição de lingotes** (siderurg.) / Blockgießwagen *m* ‖ ~ **de grua movido por cabo** / Seillaufkatze *f* ‖ ~ **de mão** (constr. civil) / Handkarren *m* ‖ ~ **de medição para teleimpressores** / Fernschreibmeßwagen *m* ‖ ~ **de mesa** (máq. ferram.) / Tischschlitten *m* ‖ ~ **de passeio** (autom.) / Personen[kraft]wagen *m*, Pkw *m* ‖ ~ **de reboque** (autom.) / Abschleppwagen *m* ‖ ~ **de rega** / Sprengwagen *m* ‖ ~ **de serragem** / Aufbanker *m* ‖ ~ **de serviço de assistência rodoviária**, carro *m* de serviço de pronto-socorro (autom.) / Straßenwachtwagen *m* ‖ ~ **de torno automático de cilindrar** / Langdrehschlitten *m* ‖ ~ **descarregador** (lamin.) / Ausfahrwagen *m* ‖ ~ **direto** (técn. ferrov.) / Kurswagen *m* ‖ ~ **do cabeçote-revólver** / Revolver[kopf]schlitten *m* ‖ ~ **do guindaste** / Kran[lauf]katze *f* ‖ ~ **do torno** / Drehmaschinenschlitten, Bettschlitten *m* ‖ ~ **eléctrico** / Straßenbahn *f* ‖ ~ **elevador** / Hubwagen *m* ‖ ~ **em cruz dupla** (máq. ferram.) / Doppelkreuzsupport *m* ‖ ~ **funerário** / Bestattungskraftwagen *m* (DIN 75081) ‖ ~**-grua** *m*, carro-guincho *m* (autom.) / Kranwagen *m*, Abschleppkran *m* ‖ ~ **lateral** (máq. ferram.) / Ständersupport *m* ‖ ~**-leito** *m* (técn. ferrov.) / Liegewagen *m*, Schlafwagen *m* ‖ ~ **longitudinal** (máq. ferram.) / Langschlitten *m* ‖ ~ **longitudinal** (torno) / Längsschlitten *m* ‖ ~**-oficina** *m* (autom.) / Werkstattwagen *m*, Gerätewagen *m* ‖ ~ **para facear** (torno) / Plandrehschlitten *m*, -drehapparat *m* ‖ ~ **para lingotes** (siderurg.) / Blockwagen *m* ‖ ~

para troncos / Blockwagen *m* ‖ ~ **porta-brocas** / Bohrschlitten *m* ‖ ~ **porta-ferramenta** (máq. ferram.) / Werkzeugschlitten *m* ‖ ~ **porta-fuso** (máq. ferram.) / Spindelschlitten *m* ‖ ~ **porta-molde** (fundição) / Formwagen *m* ‖ ~ **porta-serra** / Sägeschlitten *m* ‖ ~ **rádio-patrulha** / Funkstreifenwagen *m* ‖ ~**-restaurante** *m* (técn. ferrov.) / Speisewagen *m* ‖ ~ **rolante suspenso** / Deckenlaufkatze *f* ‖ ~ **rotativo** / Drehsupport *m* ‖ ~ **sem cobrador** / Einmannwagen *m* ‖ ~ **suspenso** / Hängelaufkatze *f* ‖ ~ **transportador de lingotes** / Blockeinsetzwagen *m* ‖ ~ **transversal** (máq. ferram.) / Planschlitten *m*, Kreuzschlitten *m* ‖ ~ **transversal** (torno) / Querschlitten *m*

carroçador *m* (autom.) / Karosseriebauer *m*

carroçaria *f* (autom.) / Aufbau *m*, Karosserie *f* ‖ ~ **aberta** / offene Karosserie ‖ ~ **monobloco** / selbsttragende Karosserie

carros *m pl* **industriais** / Flurförderzeuge *n pl*

carruagem *f* (técn. ferrov.) / Wagen *m*, Personenwagen *m*, Eisenbahnwagen *m*, Reisezugwagen *m* ‖ ~**-beliche** *f* (técn. ferrov.) / Liegewagen *m* ‖ ~**-cama** *f* (técn. ferrov.) / Schlafwagen *m* ‖ ~ **directa** (técn. ferrov.) / Kurswagen *m* ‖ ~**-restaurante** *f* (técn. ferrov.) / Speisewagen *m* ‖ ~**-salão** *m* (técn. ferrov.) / Salonwagen *m* (jetzt: Sonderwagen Typ Sümz)

carta *f* **de agulhas** / Nadelbrief *m* ‖ ~ **de fluxo** (informática) / Ablaufdiagramm *n* ‖ ~ **de marear**, carta *f* de navegação, carta *f* hidrográfica, carta *f* náutica / Seekarte *f*, hydrographische o. nautische Karte ‖ ~ **estratigráfica** / Flözkarte *f* ‖ ~ **meteorológica** / Wetterkarte *f*

cartamina *f* / Carthamin *n*

cartão *m* (geral, cart. perf.) / Karte *f* ‖ ~ / Pappe *f*, Kartonpapier *n* ‖ ~ (jacquard) / Karte *f* ‖ **de** ~ / pappen, aus Pappe ‖ ~ **acetinado** / Glanzpappe *f*, -karton *m*, Preßspan *m* ‖ ~ **alcatroado** / Teerpappe *f* ‖ ~ **alcatroado** (papel) / Steinpappe *f* ‖ ~ **canelado betumado** / Falzpappe *f* ‖ ~ **comprimido** / Hartpappe, Preßpappe *f* ‖ ~ **de 80 colunas** / 80-stellige Lochkarte ‖ ~ **de arraste** (cart. perf.) / Fortsetzungskarte *f* ‖ ~ **de balanço** (artes gráf.) / Bestandskarte *f* ‖ ~ **de continuação** (cart. perf.) / Folgekarte *f*, Fortsetzungskarte *f* ‖ ~ **de controlo** (cart. perf.) / Steuerkarte *f* ‖ ~ **de detalhe** (cart. perf.) / Einzelpostenkarte *f* ‖ ~ **de entrada** (cart. perf.) / Eingabekarte *f* ‖ ~ **de especificação** (cart. perf.) / Bestimmungskarte *f* ‖ ~ **de linha binária** / Binärlochkarte *f* ‖ ~ **de madeira** / Holzpappe *f* ‖ ~ **de palha** (papel) / Stroh[zellstoff]pappe *f* ‖ ~ **de perfuração marginal** / Randlochkarte *f* ‖ ~ **de ponto** (org. industr.) / Stempelkarte *f* ‖ ~ **de trabalho** (org. industr.) / Arbeitsschein *m*, -zettel *m*, -karte *f*, Teilebegleitkarte *f* ‖ ~ **em branco** (cart. perf.) / Leerkarte *f* ‖ ~ **histórico** (cart. perf.) / Grundkarte *f* ‖ ~ **inicial** (cart. perf.) / Kopfkarte *f* ‖ ~ **magnético** (informática) / Magnetkarte *f* ‖ ~ **mestre** (cart. perf.) / Stammkarte *f*, Bestandskarte *f*, Leitkarte *f* ‖ ~ **ondulado** / Wellpappe *f* ‖ ~ **perfurado** / Lochkarte *f* ‖ ~ **perfurado com microfilme incorporado** (cart. perf.) / Filmlochkarte *f* ‖ ~ **perfurado de arestas redondas** / Rundlochkarte *f* ‖ ~ **perfurado manualmente** / Handlochkarte *f* ‖ ~ **prensado** / Preßpappe *f*, Hartpappe *f* ‖ ~ **primário** (cart. perf.) / Erstkarte *f*

cartaz *m* / Plakat *n*

cárter *m* (máq., tecnol.) / Gehäuse *n* ‖ ~ (mot.) / Kurbelgehäuse *n* ‖ ~ **da caixa de câmbio ou de velocidades** (autom.) / Getriebegehäuse *n* ‖ ~ **da corrente** (máq., tecnol.) / Kettenkasten *m* ‖ ~ **da corrente** / Kettenschutz *m* ‖ ~ **da direcção** (autom.) / Steuergehäuse *n*, Lenkgehäuse *n* ‖ ~ **da embraiagem**, cárter *m* da embreagem (autom.) / Kupplungsgehäuse *n* ‖ ~ **da roda** (máq., tecnol.) / Radkasten *m* ‖ ~ **de engrenagens** / Zahnradschutzkasten *m* ‖ ~ **de óleo** (mot.) / Ölsumpf *m* ‖ ~ **de roda livre** (autom.) / Freilaufgehäuse *n* ‖ ~ **do diferencial** (autom.) / Ausgleichgehäuse *n*, Differentialgehäuse *n* ‖ ~ **do volante** (mot.) / Schwungradgehäuse *n* ‖ ~ **inferior** (mot.) / Ölwanne *f*

cartilagem *f* / Knorpel *m*, Cartilago *f*

cartografia *f* / Kartenzeichnen *n*

cartógrafo *m* / Kartenzeichner *m*

cartolina *f* / Bristolpapier *n* ‖ ~ **bristol** / Glanzpappe *f*, -karton *m*

cartonagens *f pl* / Kartonagen *f pl*

cartonar / kartonieren, in Pappe einbinden

cartoteca *f* / Kartothek *f*

cartucho *m* (armamento) / Patrone *f* ‖ ~ **de aquecimento** (electr.) / Heizstab *m*, -patrone *f* ‖ ~ **de caça** / Jagdpatrone *f* ‖ ~ **de exercício** / Platzpatrone *f* ‖ ~ **de extracção** (química) / Extraktionshülse *f* ‖ ~ **de gás** / Gaspatrone *f* ‖ ~ **de guia para roscas** / Gewinde[leit]patrone *f* ‖ ~ **de lubrificação** / Schmierpatrone *f* ‖ ~ **de lubrificante** / Fettkartusche *f* ‖ ~ **de máscara de gás** / Filtereinsatz *m* ‖ ~ **filtrante** (geral) / Filtereinsatz *m* ‖ ~ **fulminante** / Zündpatrone *f* ‖ ~ **fusível** (electr.) / Sicherungspatrone *f*, -stöpsel *m*, Schmelzstöpsel *m*, Sicherungseinsatz *m*, Schmelzeinsatz *m* ‖ ~ **fusível térmico** (telecom.) / Feinsicherungspatrone *f* ‖ ~ **sem carga** / Platzpatrone *f*

caruncho *m* / Holzwurm *m*

carunchoso / wurmstichig

carvacrol *m* (química) / Carvacrol, Carvon-Isomer *n*

carvalho, de ~ / eichen *adj*, aus Eichenholz ‖ ~ **pedunculado** / Stieleiche *f*, Sommereiche *f* ‖ ~ **sessilifloro** / Steineiche *f*, Quercus petrea o. sessiliflora, Wintereiche *f*

carvão *m* / Kohle *f* ‖ ~ [de pedra] / Steinkohle *f* ‖ **fazer** ~ **de madeira** / Holzkohle brennen ‖ ~ **activo** / Aktivkohle *f* ‖ ~ **aglutinante** / Backkohle *f* ‖ ~ **animal** / Tierkohle *f*, Blutkohle *f*, Knochenkohle *f* ‖ ~ **arenoso** / Sandkohle *f* ‖ ~ **betuminoso** / Fettkohle *f* (backende Kohle mit 18-36% flüchtigen Bestandteilen) ‖ ~ **Boghead** / Bogheadkohle *f* ‖ ~ *f* **brilhante** / Glanzkohle *f* ‖ ~ *m* **britado** / Brechkohle *f* ‖ ~ **cannel** / Kännelkohle *f* (langflammige Kohle) ‖ ~ **cobreado** (electr.) / Kupferkohle *f* ‖ ~ **coloidal** / Fließkohle *f* ‖ ~ **de arco colorido** / Flammenkohle *f* ‖ ~ **de chama viva** / Flammkohle *f* ‖ ~ **de eletrodos** / Elektrodenkohle *f* ‖ ~ **de forja** / Schmiedekohle *f* ‖ ~ **de lenha**, carvão *m* de madeira / Holzkohle *f* ‖ ~ **de mecha** / Dochtkohle *f* ‖ ~ **de núcleo impregnado** / Effektkohle *f* ‖ ~ **de ossos** / Knochenkohle *f* ‖ ~ **de pedra** / Steinkohle *f* ‖ ~ **de pedra de qualidade superior** / Kännelkohle *f* (langflammige Kohle) ‖ ~ **de retorta** / Retortenkohle *f* (Gaskohle) ‖ ~ **em bruto** / Rohkohle *f*, Förderkohle *f* ‖ ~ **em pedaços** / Stückkohle *f*, Grobkohle *f* ‖ ~ **em pó** / Staubkohle *f* ‖ ~ **fibroso** / Faserkohle *f* ‖ ~ *f* **fino** / Feinkohle *f* ‖ ~ *m* **fóssil** / lignitische Braunkohle ‖ ~ **gordo** / Fettkohle *f* ‖ ~ **gordo de chama longa** / Gasflammkohle *f* ‖ ~ **grafítico** / Graphitkohle *f* ‖ ~ **granulado** / Kohlekörner *n pl*, granulierte Kohle, Erbskohle *f* ‖ ~ **lodoso** / Schlammkohle *f* ‖ ~ **magro** / Magerkohle *f* ‖ ~ **mate** / Mattkohle *f* ‖ ~ **miúdo** / Kohlengrieß *m*, Kleinkohle *f* ‖ ~ **para carbonização a baixa temperatura** / Schwelkohle *f* ‖ ~ **para filtrar** / Filterkohle *f* ‖ ~ **para gasogénio** / Generatorkohle *f* ‖ ~ **para lâmpadas de arco** / Kohlenstift *m* ‖ ~ **peneirado** / Siebkohle *f* ‖ ~ **pulverizado** / Kohlenstaub *m* ‖ ~ **puro** / reine

Kohle ‖ ~ **quebrado** / Bruchkohle *f* ‖ ~ **rico em gás** / Gaskohle *f* ‖ ~ **sapropélico** / Faulschlammkohle *f* ‖ ~ **seco de chama comprida** / Sinterkohle *f* ‖ ~ **semimagro** / Eßkohle *f* ‖ ~ **tal como sai da mina** / Förderkohle *f* ‖ ~ **vegetal** / Pflanzenkohle *f*, Holzkohle *f* ‖ ~ **xistoso** / Schieferkohle *f*, Blätterkohle *f*, blättrige Steinkohle
carvoeira *f* / Bunker *m*, Holzkohlenmeiler *m*
casa *f* / Haus *n* ‖ ~ (matem.) / Stelle *f* ‖ ~ **alinhada** / Reihenhaus *n* ‖ ~ **das caldeiras** / Kesselhaus *n*, Heizraum *m* ‖ ~ **de banho** (constr. civil) / Bad *n*, Badezimmer *n* ‖ ~ **de esquina** / Eckhaus *n* ‖ ~ **de navegação** / Kartenraum *m* ‖ ~ **decimal** (matem.) / Dezimalstelle *f* ‖ ~ **do leme** / Ruderhaus *n* ‖ ~ **do poço** / Brunnenstube *f* ‖ ~ **geminada** / Zweifamilienhaus *n*, Doppelhaus *n* ‖ ~**-modelo** *f* / Musterhaus *n* ‖ ~ **pré-fabricada** / Fertighaus *n*
casamata *f* (armamento) / Bunker *m*
casas *f pl* **com diversos andares** / Etagenhäuser *n pl*
casca *f* (árvore) / Rinde, Borke *f* ‖ ~ **de carvalho** / Eichenlohe *f* ‖ ~ **de cássia** / Cassiarinde *f* ‖ ~ **de laranja** (esmalte) / Apfelsinenschaleneffekt *m* ‖ ~ **de quina** / Chinarinde *f*, Cortex Chinae o. peruvianus ‖ ~ **grosseira ou rude** / Grobrinde *f*
cascalheira *f* / Kiesgrube *f*
cascalho *m* / Kies *m* ‖ ~ (geol) / Schotter *m* ‖ ~ (argamassa) / Füllsteine *m pl* ‖ ~ **aluvial** / Alluvialkies *m* ‖ ~ **de decapagem** / Gebläsekies *m* ‖ ~ **de pedreira** (constr. civil) / Grubenkies *m* ‖ ~ **de rio** / Flußkies *m* ‖ ~ **fino** / Feinkies *m* (2-15 mm) ‖ ~ **graúdo** / Grobkies *m* (30 bis 55 mm) ‖ ~ **grosso** / Grand *m*
cascata *f* / kleiner o. künstlicher o. mehrstufiger Wasserfall ‖ ~ (geral, química) / Kaskade *f*
casco *m* (constr. naval) / Schiffskörper *m*, -rumpf *m*, -außenwand *f* ‖ ~ **da caldeira** / Kesselmantel *m* ‖ ~ **do britador** / Brechermantel *m*
cascodo *m* (electrón.) / Kaskode *f*
caseação *f* / Käsen *n*
caseado *m* (máq. cost.) / Langettenstich *m*
caseador *m* (máq. cost.) / Langette *f*
caseificação *f* / Verkäsung *f*, Kaseinbildung *f*
caseína *f* / Kasein *n* ‖ ~ **vegetal** / pflanzliches Kasein, Legumin *n*
caseiro / Heim...
caseoso / käsig, käseartig, kaseinartig
casimira *f* / Kaschmir *m*, Cashemire *m*
caso *m* **de emergência** / Notfall *m* ‖ ~ **extremo**, caso *m* limite / Grenzfall *m*
casquilho *m* (electr.) / Sockel *m* (Lampe) ‖ ~ (autom.) / Lagerbuchse *f* ‖ ~ **cónico** / Konusbüchse, -hülse *f* ‖ ~ **de aperto** / Patronenspannfutter *n* ‖ ~ **de baioneta** (electr.) / Swansockel *m*, Stiftsockel *m*, Bajonettsockel *m* ‖ ~ **de borracha** / Gummilager *m* ‖ ~ **de guia** / Führungshülse *f* ‖ ~ **Edison** / Edisonsockel *m* ‖ ~ **Edison miniatura** / Edisonzwergsockel *m*, Lampensockel E 10 DIN ‖ ~ **embutido** (electr.) / Einbaufassung *f* ‖ ~ **roscado** / Gewindesockel *m*
cassete *f* / Kassette *f* ‖ ~ **de filme** / Filmkassette *f* ‖ ~ **de fita magnética** / Tonbandkassette *f*
cassinóide *f* (matem.) / Cassinische Kurve
cassiopéio *m* / Cassiopeium *n*, Cp (jetzt: Lutetium)
cassiterita *f* (mineralog.) / Zinnstein *m*, Kassiterit *m* ‖ ~ **aluvial** (mineralog.) / Flußzinn *n*
castanha *f* **comestível** / Edelkastanie *f*, Castanea sativa
castanho *m* / Braun *n* ‖ ~ *adj* / braun ‖ ~ *m* **Bismarck** (tinturaria) / Bismarckbraun *n* ‖ ~ **escuro** / dunkelbraun, kastanienbraun ‖ ~ **pálido** / blaßbraun (RAL 8025)
castelo *m* **de popa** / Achterdeck *n* ‖ ~ **de proa** / Back *f*, Vordeck *n*, Vorderdeck *n*
castina *f* (siderurg.) / Kalkzuschlag *m*
castorina *f* (têxtil) / Biber *m n*
casulo *m* / Seidenkokon *m*, Kokon *m* ‖ ~ **verde** / grüner (o. frischer) Kokon
catacáustica *f* / Katakaustik *f* (Hüllkurve gespiegelter Strahlen)
cataclåse *f* (geol) / Kataklase *f*
cataclástico (geol) / kataklastisch
catacústica *f* / Katakustik *f*
cataforese *f* / Kataphorese *f*
cataforético / kataphoretisch
catálase *f* / Katalase *f* (eisenhaltiges Ferment)
catalisador *m* (autom.) / Katalysator *m*
catalisar / katalysieren
catálise *f* / Katalyse *f*
catalítico / katalytisch
catalizador *m* / Katalysator *m* ‖ ~ **de impregnação** / Imprägnierungskatalysator *m*
catapulta *f* (aeronáut.) / Katapult *n*, Schleuder *f* ‖ ~ **de lançamento** (aeronáut.) / Startkatapult *m n*
catapultar (aeronáut.) / schleudern *vt*, katapultieren
catarata *f* / großer Wasserfall
cata-vento *m* (constr. civil) / Windfahne *f*, Windrichtungsanzeiger *m*
catechu *m* (tinturaria) / Catechu *n*, Kachugummi *n*
catecol *m* / Brenzcatechin *n*, Catechol *n*
categoria *f* / Art *f*, Kategorie *f*, Klasse *f* ‖ ~ **de luminosidade** (astron.) / Leuchtkraftklasse *f* ‖ ~ **operacional** (aeronáut.) / Betriebskategorie *f*
categure *m* / Darmsaite *f*
categute *m* / Katgut *n*
catenária *f* (técn. ferrov.) / Fahrleitung *f*, Kettenfahrleitung *f*, an Tragseil aufgehängte Oberleitung ‖ ~ **condutora** / Leiterdurchhang *m* ‖ ~ **do fio** / Leitungsdurchhang *m* ‖ ~ **geral** (matem.) / Gewölbelinie *f*
catequina *f* (tinturaria) / Catechin *n*
cateto *m* (matem.) / Kathete *f*
cationte *m*, cátion *m* (B) (física) / Kation *n*
cativo / gefangen, festgehalten
catódico / kathodisch, Kathoden...
cátodo *m*, catodo *m* / Kathode *f* ‖ ~ **de aquecimento directo** / Fadenkathode *f* ‖ ~ **de contacto** / Berührungskathode *f* ‖ ~ **de óxido de bário** / Bariumoxidkathode *f* ‖ ~ **de piscina** / flüssige Kathode ‖ ~ **equipotencial** / indirekt geheizte Potential-Kathode ‖ ~ **filiforme** / Fadenkathode *f* ‖ ~ **frio** / Glimmkathode *f*, Kaltkathode *f* ‖ ~ **incandescente ou frio ou termiónico** / Glühkat[h]ode *f* ‖ ~**-placa** *m* / Flächenkathode *f* ‖ ~ **revestido de óxido** / Oxid[schicht]kathode *f*
católito *m* / Elektrolyt *m* an der Kathode, Katholyt *m*
catraca *f* (máq., tecnol.) / Knarre, Ratsche *f* ‖ ~ / Zahngesperre *n*, Klinkwerk *n* ‖ ~ **de furar** / Bohrknarre *f*, Bohrratsche *f*
cauda *f* / Schwanz *m* ‖ ~ (aeronáut.) / Endstück *n*, Heck *n* ‖ **em forma de ~ de andorinha** / schwalbenschwanzförmig ‖ ~ **de andorinha** (marcenar., carpint.) / Zinke *f*, Schwalbenschwanz *m* ‖ ~ **de andorinha coberta** (marcenar.) / gedeckte Zinke, verdeckter Schwalbenschwanz ‖ ~ **de impulsos ou pulsos** (tv) / Impulsschwanz *m* ‖ ~ **de página** (artes gráf.) / Ausgangskolumne *f*
caudal *m* (hidrául.) / Ergiebigkeit *f* ‖ ~ **de água** (hidrául.) / Wasserführung *f*, -menge *f* ‖ ~ **ou débito da bomba** / Pumpenleistung *f*
cauliforme (mineralog.) / stengelig, stenglig
caulim *m*, caulino *m* / Porzellanerde *f*
causticação *f* (papel) / Kaustifizierung *f*
causticar (química) / ätzen ‖ ~ (superfícies) / abätzen, anlösen ‖ ~ (papel) / kaustifizieren
causticidade *f* / Kaustizität *f*, Ätz-, Beizkraft *f*
cáustico *m* (química) / Beize *f*, Beizmittel *n* ‖ ~ *adj* / beizend, Beiz..., ätzend, Ätz... ‖ ~ (química) /

fressend
cautchu *m* / Kautschuk *m* ‖ ~ **de etileno e propileno** / EPR-Kautschuk *m* ‖ ~ **fluorado** / Fluorkautschuk *m* ‖ ~ **gel** / Gelkautschuk *m* ‖ ~ **ligado** / gebundener Kautschuk
cauterizar / [blank]beizen
cava *f* / Eindrehung *f*, Kröpfung *f* ‖ **em forma de** ~ / muldenförmig ‖ **fazer** ~ / kröpfen ‖ ~ **do barramento** (máq. ferram.) / Bettkröpfung *f*
cavaleiro *m* (balança, ficheiro) / Reiter *m* ‖ ~ **do cabo** / Seilreiter *m*
cavalete *m* / Lager *n*, Bock *m* ‖ ~ **de apoio** / Abstützbock *m*, Stützbock *m*, Auflagerbock *m* ‖ ~ **de bobinas** / Kantergestell *n* ‖ ~ **de caldeira** / Kesselbock *m* ‖ ~ **de desenrolamento** / Abrollrahmen *m*, Abwickelbock *m* ‖ ~ **de estacas** / Pfahljoch *n* ‖ ~ **de retenção** / Abspannbock *m* ‖ ~ **de suspensão** / Aufhängebock *m* ‖ ~ **de telhado** / Dachkantprisma *n*, Dachfirst *m* ‖ ~ **do instrumento de furar** / Bohrgestell *n* ‖ ~ **suspenso** (máq., tecnol.) / Hängebock *m* ‖ ~ **tensor** / Spannbock *m*
cavalinho *m* (torno) / Spannkloben *m*
cavalo-vapor *m*, CV / Pferdestärke *f*, PS *n* (1 PS = 735,5 W) (veraltet)
cavar / abgraben, ausgraben, abtragen ‖ ~ **um poço** (expl. minas) / abteufen
cave *f* (constr. civil) / Untergeschoß *n*, Kellergeschoß *n*, Keller *m* ‖ ~ **para caldeiras de aquecimento** (constr. civil) / Heizkeller *m*
caverna *f* (aeronáut., constr.naval) / Spant (Schiff: das, Luftf: der) ‖ ~ **de popa** / Achterspant *n*, Heckspant *n* ‖ ~ **mestra** / Bodenwrange *f*, Hauptspant *n*, Rahmenspant *n* ‖ ~ **transversal** / Querspant *n*
cavername *m* / Gerippe *n*, Spantenwerk *n* ‖ ~ **longitudinal** / Längsspant *n*
cavernoso (siderurg.) / luckig
caveto *m* **de escada** / Kropfstück *n*, Krümmling *m*
cavidade *f* / Vertiefung *f*, Aushöhlung *f*, Hohlraum *m* ‖ ~ (plást.) / Einarbeitung *f*, Nest *n* ‖ ~ (expl. minas) / Mulde *f* ‖ ~ **de carga** (fundição) / Füllraum *m* ‖ ~ **de rebarba** / Gratmulde *f* ‖ ~ **do molde** / Formenhohlraum *m* ‖ ~ **em moldes** / Versenkung *f* an Formteilen
cavilha *f* / Stift *m*, Bolzen *m* ‖ ~ (electr.) / Stöpsel *m*, Stecker *m* ‖ **em forma de** ~ / zapfenförmig ‖ ~ **com entalhe** / Kerbstift *m* ‖ ~ **com fixação por chaveta** / Keilbolzen *m* ‖ ~ **com olhal** / Ringschraube *f* ‖ ~ **de ancoragem** / Zugbolzen *m* ‖ ~ **de assentamento** / Fundamentanker *m*, -bolzen *m*, -schraube *f* ‖ ~ **de cabeça embutida** / Bolzen mit versenktem Kopf ‖ ~ **de cabeça quadrada** / Bolzen mit Vierkantkopf ‖ ~ **de cabeça rectangular** / Hakenschraube *f* (DIN 25192) ‖ ~ **de conexão** (telecom.) / Verbindungsstöpsel *m* ‖ ~ **de cruzamento** (tecel.) / Kreuznagel *m* ‖ ~ **de gancho** / Hakenschraube *f* (DIN 6378) ‖ ~ **de mola** / Federbolzen *m* ‖ ~ **de resposta** (telecom.) / Antwortstöpsel *m* ‖ ~ **de retenção** / Haltestift *m*, Arretierstift *m* ‖ ~ **de rotação** / Drehzapfen *m* ‖ ~ **do êmbolo** (mot.) / Kolbenbolzen *m* ‖ ~ **do tirante** (constr. civil) / Ankerriegel *m* ‖ ~ **explosiva** (astronáut.) / Sprengbolzen *m* ‖ ~ **falsa** (electr.) / Blindstecker *m* ‖ ~**-grampo** *m* **de cabeça chata** / Flachklammerschraube *f* (DIN 25194) ‖ ~ *f* **rebitada** / Nietbolzen *m* ‖ ~ **roscada** / Schraubenbolzen *m*, Madenschraube *f* ‖ ~ **roscada nas pontas** / Stiftschraube *f*, Stiftbolzen *m*, Stehbolzen *m* ‖ ~ **solta** / lockerer Bolzen
cavilhar / mit Bolzen befestigen
cavitação *f* / Hohlraumbildung *f*, Kavitation *f*, Lunkerbildung *f*
cedendo carbono / kohlenstoffabgebend
ceder (constr. civil) / einsinken, nachgeben ‖ ~ / nachlassen, schlaff werden ‖ ~ (plást.) / fließen ‖ ~ / abgeben, abtreten, nachgeben ‖ ~ **calor** / Wärme abführen
cedro *m* / Zeder *f*, Cedro *n* (Holzart)
CEEA / EURATOM, Europäische Atomgemeinschaft
cefeida *f* (astron.) / Delta-Cephei-Veränderliche *f*
cegadeira *f* (agricult.) / Sense *f*
cegadora-atadora *f* (agricult.) / Selbstbindemaschine *f*, -binder *m*
cego / blind
cegonha *f* / Schwengel *m*
ceifadeira *f* **de grama** / Rasenmäher *m*, -mähmaschine *f*
ceifar / mähen (Getreide)
ceifeira *f* (agricult.) / Mähmaschine *f*, Getreidemäher *m* ‖ ~**-atadeira** *f* (agricult.) / Mähbinder *m* ‖ ~**-atadeira** *f* **de uma lona** (agricult.) / Eintuch-Bindemäher *m* ‖ ~ **com mecanismo de enfeixar** (agricult.) / Bindemäher *m* ‖ ~ **de corte frontal** / Frontschnittmähmaschine *f* ‖ ~**-debulhadora** *f* / Mähdrescher *m*, -dreschmaschine *f*
ceilonite *f* (mineralog.) / Ceylonit *m*
cela *f* / Zelle *f* ‖ ~ **do transformador** / Transformatorzelle *f*
celeiro *m* (agricult.) / Getreidespeicher *m*, Getreideboden *m*
celeste / Himmels...
celestina *f* (mineralog.) / Zölestin *m*
celofane *m* / Zellglas *n*, Cellophan *n*
célula *f* (geral, informática) / Zelle *f* ‖ ~ (aeronáut.) / Zelle *f* (Flugzeug ohne Triebwerk) ‖ ~ (electr.) / Element *n* ‖ ~ / geschlossene Zelle (Schaumstoff) ‖ ~ **binária** (informática) / Binärelement *n* ‖ ~ **de alta actividade** (técn. nucl.) / heiße Zelle ‖ ~ **de Barton** / Bartonmeßzelle *f* ‖ ~ **de Bénard** / Bénardzelle *f* ‖ ~ **de combustível** / Brennstoffzelle *f* ‖ ~ **de Curie** (técn. nucl.) / Curiezelle *f* ‖ ~ **de dados** / Datenzelle *f* ‖ ~ **de difusão** (química) / Diffusionszelle *f* (für Wasserstoffgewinnung) ‖ ~ **de selénio** / Selenzelle *f* ‖ ~ **de vácuo** (electrón.) / Vakuumzelle *f* ‖ ~ **elementar** (cristalogrf.) / Elementarzelle *f* ‖ ~ **fotocondutiva** / Widerstandszelle *f*, Photowiderstand *m* ‖ ~ **fotoeléctrica**, célula *f* fotoelétrica / lichtelektrische Zelle, Photozelle *f* ‖ ~ **fotoeléctrica semicondutora** / Halbleiterphotoelement *n* ‖ ~ **fotoelectrolítica** / elektrolytische Photozelle, photochemische Zelle ‖ ~ **fot(o)emissiva** / Emissionsphotozelle *f* ‖ ~ **fotoemissora com atmosfera gasosa** / Gaszelle *f* ‖ ~ **frigorífica** / Kühlzelle *f* ‖ ~ **redonda R1 DIN 40861** (electr.) / Lady-Zelle, Rundzelle R1 *f* ‖ ~ **solar** / Solarzelle *f*
celular / zellig ‖ ~ (electr.) / zellenförmig ‖ ~ (plást.) / geschlossenzellig
celulóide *m* / Zellhorn *n*, Zelluloid *n*
celulose *f* / Zellulose *f* ‖ **sem** ~ (papel) / holzfrei ‖ ~ **alcalina** / Alkalizellulose *f* ‖ ~ **alfa** (plást.) / Alpha-Zellulose *f* ‖ ~ **de carboximetilo** / Carboxymethylcellulose *f* ‖ ~ **de madeira** / Holzzellulose *f* ‖ ~ **de palha** / Strohzellulose *f* ‖ ~ **de soda** / Natronzellulose *f* ‖ ~ **de sulfato** / Sulfatzellulose *f* ‖ ~ **nobre** / Edelzellstoff *m* ‖ ~ **regenerada** / Regeneratzellulose *f* ‖ ~ **sulfitada** / Sulfitzellstoff *m*
cementação *f* (siderurg.) / Einsatzhärtung *f*, Aufkohlen *n*, Harteinsetzen *n*, Härtung *f* im Einsatzverfahren, Zementieren *n* ‖ ~ **a gás** / Gaseinsatzhärtung *f* ‖ ~ **de aço** / Stahlzementierung *f* ‖ ~ **em meio gasoso** / Gasaufkohlen *n* ‖ ~ **gasosa** / Gaszementieren *n* ‖ ~

pelo carbono / Gasaufkohlen *n*
cementado (siderurg.) / gekohlt
cementar (siderurg.) / einsatzhärten, im Einsatz härten, einsetzen, zementieren, aufkohlen
cementita *f* (siderurg.) / Zementit *m*, Eisenkarbid *n*
cemento *m* (siderurg.) / Zementierpulver *n*
cemitério *m* **radioactivo** (técn. nucl.) / Lagerplatz *m* für Atommüll
cenário *m* (tv) / Szenenbild *n*
centavo *m* (técn. nucl.) / Cent *n*, 1/100 Reaktivitätseinheit *f*
centeio *m* (agricult.) / Roggen *m*
centelha *f* / Funke *m* ‖ ~ **amortecida** / Löschfunke *m* ‖ ~ **de conexão** (electr.) / Einschaltfunke *m* ‖ ~ **de ignição** / Zündfunke *m* ‖ ~ **desruptiva** / Abreißfunke[n] *m* ‖ ~ **detonante** / Knallfunke *m* ‖ ~ **explosiva** / Knallfunke *m* ‖ ~ **indutiva** / Induktionsfunke *m* ‖ ~ **soprada** / Löschfunke *m*
centelhação *f* / Brennen *n* eines Lichtbogens, Elektrodenüberschlag *m*
centelhador *m* (electr.) / Funkenstrecke *f*, Überspannungsableiter *m*
centena *f* / Hunderterstelle *f*, Hunderter *m*
centesimal / hundertteilig, zentesimal, Zentesimal...
centiare *m* / Hundertstel Ar *n*, Quadratmeter *m*
centígrado *m* / Zentigrad *m*
centigrado *m* (matem.) / Zentigrad *m*
centígrado *adj* / hundertgradig, -teilig
centigrama *m* / Zentigramm *n*
centil *m* / Percentil *n* (eine von 100 Gruppen mit prozentual gleicher Häufigkeit)
centilitro *m* / Zentiliter *n m*, cl
centimétrico / Zentimeter...
centímetro *m* / Zentimeter *n m*, cm
centipoise *m*, cP / Centipoise *n*, (Viskositätseinheit)
centrado / zentriert, zentrisch ‖ ~ [a] (telecom.) / mit einer Mittenfrequenz [von] ‖ ~ **no plano de base** (cristalogrf.) / basisflächenzentriert
centrador *m* **anular** (máq. ferram.) / Ringkörner *m*
centragem *f* / Zentrieren *n*, Zentrierung *f* ‖ **de ~ automática** / selbstzentrierend ‖ ~ **de caracteres** / Zeichenversatz *m* ‖ ~ **horizontal** / horizontale Bildlage-Einstellung
central *f* (telecom.) / Amt, Fernsprechamt *n* ‖ ~ / Leitstelle *f* ‖ ~ *adj* / zentral, Zentral..., in der Mitte gelegen, mittel, zentrisch, Haupt... ‖ ~ *f* [de comutação] (telecom.) / Vermittlungsamt *n* ‖ ~ **atómica** / Kernkraftwerk *n*, KKW, Atomkraftwerk *n* ‖ ~ **[telefónica] automática** (telecom.) / Selbstwählamt *n* ‖ ~ **automática interurbana** (telecom.) / Wählerfernamt *n*, WFA ‖ ~ **automática particular** / Wähl-Nebenstellenanlage *f* ‖ ~ **automática urbana** / Selbstwähl-Ortsamt *n* ‖ ~ *m* **de abastecimento de água** / Wasserwerke *n pl*, -versorgungsanlage *f* ‖ ~ *f* **de alarme e sinalização** / Alarmzentrale *f* ‖ ~ **de aquecimento urbano** / Heizwerk *n* ‖ ~ **de climatização** / Klimazentrale *f* ‖ ~ **de comutação de selectores rotativos** (telecom.) / Drehwähler-Vermittlung *f* ‖ ~ **de comutação manual** (telecom.) / Handvermittlung[samt] *n* ‖ ~ **de controlo do tráfego aéreo** / Luftverkehrszentrale *f* ‖ ~ **de origem** (telecom.) / Aufgabeamt *n*, Anmeldestelle *f* ‖ ~ *m* **de rádio** / Funkerkabine *f* ‖ ~ **de telecomunicações** (telecom.) / Fernmeldeamt *n*, Fernmeldezentrale *f* ‖ ~ *f* **de trânsito** (telecom.) / Durchgangsamt *n* ‖ ~ **digital** (telecom.) / Digitalvermittlung *f* ‖ ~ **eléctrica** / Elektrizitätswerk *n*, EW *n* ‖ ~ **eléctrica accionada pela força das marés** / Flutkraftwerk *n* ‖ ~ **eléctrica centralizada** / Fernkraftwerk *n* ‖ ~ **eléctrica de base** / Grundkraftwerk *n* ‖ ~ **eléctrica de grande potência** (electr.) / Großkraftwerk *n* ‖ ~ **eléctrica inter-regional** / Überlandwerk, -kraftwerk *n*, -zentrale *f* ‖ ~ **eléctrica movida a óleo** / Ölkraftwerk *n* ‖ ~ **electrosolar** / Sonnenkraftwerk *n* ‖ ~ *m* **eólica** / Windkraftwerk *n* ‖ ~ *f* **hidroeléctrica**, central *f* hidrelétrica, usina *f* hidrelétrica / Wasserkraftwerk *n* ‖ ~ **interurbana** (telecom.) / Fernamt *n* ‖ ~ **local** (telecom.) / Ortsamt *n*, -vermittlung *f* ‖ ~ **nuclear** / Kernkraftwerk *n*, KKW, Atomkraftwerk *n* ‖ ~ **particular** (telecom.) / Nebenstellenzentrale *f*, Hauszentrale *f*, Hausvermittlung *f* ‖ ~ **particular automática com acesso à rede** / Nebenstellenanlage *f* mit Selbstwählbetrieb und Amtsanschluß ‖ ~ **particular de comutação manual** (telecom.) / Handvermittlungs-Hauszentrale *f* ‖ ~ **principal** (telecom.) / Hauptamt *n* ‖ ~ *m* **repetidora** (telecom.) / Zwischenamt *n*, Verstärkeramt *n* ‖ ~ *f* **secundária** (telecom.) / Nebenamt *n* ‖ ~ **telefónica** (telecom.) / Fernsprechamt *n*, Fernsprechvermittlung *f* ‖ ~ **telefónica manual** (telecom.) / teilnehmereigene Hand-Fernsprechzentrale (ohne Amtsanschluß) ‖ ~ **telefónica particular** / Fernsprechhauszentrale *f*, Fernsprechnebenstellenanlage *f* ‖ ~ **telefónica particular automática** / automatische Fernsprechnebenstellenanlage ‖ ~ **telegráfica** / Fernschreibvermittlung *f* ‖ ~ **telegráfica automática** / Fernschreibwählvermittlung *f* ‖ ~ **telex** / Fernschreibvermittlung *f* ‖ ~ **telex automática** / Fernschreibwählvermittlung *f* ‖ ~ *m* **térmica** (electr.) / Wärmekraftwerk *n*, Heizkraftwerk *n* ‖ ~ *f* **térmica a vapor** / Dampfkraftwerk *n* ‖ ~ **térmica de turbinas a vapor** / dampfbetriebenes Wärmekraftwerk ‖ ~ **terminal** (telecom.) / Endamt *n* ‖ ~ **turboeléctrica a vapor** / Dampfturbinenkraftwerk *n* ‖ ~ **urbana** (telecom.) / Ortsamt *n*, -vermittlung *f*
centrar / zentrieren, mittig einstellen, einmitten ‖ ~ (máq. ferram.) / ankörnen ‖ ~ / richten, zentrieren ‖ ~ (máq., tecnol.) / ausrichten, einrichten
cêntrico / mittig
centrífuga *f* / Zentrifuge *f*, Schleuder *f* ‖ ~ **para açúcar** / Zuckerschleuder *f*
centrifugação *f* / Schleudern *n*, Zentrifugieren *n*
centrifugador *m* / Zentrifuge *f*
centrifugadora *f* **de mel** / Honigschleuder, -zentrifuge *f* ‖ ~ **de óleo** (geral) / Ölschleuder *f* ‖ ~ **para roupa** / Wäscheschleuder *f*
centrifugar / schleudern, zentrifugieren, mittels Zentrifuge ausscheiden
centrífugo / zentrifugal
centrípeto (física) / zentripetal, nach dem Mittelpunkt hinstrebend
centro *m* / Mitte *f*, Mittelpunkt *m*, Zentrum *n* ‖ **de ~ a centro** / [von] Mitte zu Mitte ‖ **no ~** / mitten, inmitten ‖ ~ **assimétrico** / Asymmetriezentrum *n* ‖ ~ **automático de retransmissão** (telecom.) / automatische Speichervermittlung ‖ ~ **da curvatura** / Krümmungsmittelpunkt *m* ‖ ~ **da junta articulada** / Gelenkpunkt *m* ‖ ~ **da oscilação** / Schwingungsmittelpunkt *m* ‖ ~ **da roda** / Radstern *m*, Scheibe *f* des Scheibenrades, Radscheibe,f., Radkörper *m* ‖ ~ **da voluta** (constr. civil) / Schneckenauge *n* ‖ ~ **de alimentação** (electr.) / Speisepunkt *m* ‖ ~ **de alinhamento** (máq. ferram.) / Ausrichtspitze *f* ‖ ~ **de alta pressão** (meteorol.) / Hoch, Hochdruckgebiet *n*, Antizyklone *f* ‖ ~ **de altura ajustável** (máq. ferram.) / Höhenzentrum *n* ‖ ~ **de atracção** / Anziehungs[mittel]punkt *m* ‖ ~ **de baixa pressão** (meteorol.) / Tiefdruckgebiet *n*, Zyklone *f* ‖ ~ **de cálculo** / Rechenzentrum *n* ‖ ~ **de captura** (semicondut.) / Fangstelle *f*, Haftstelle *f* ‖ ~ **de carga** (electr.) / Laststation *f* ‖ ~ **de cômputo** / Rechenzentrum *n* ‖ ~ **de comunicações terreno ou terrestre** (astronáut.) / Erdefunkstelle *f* ‖ ~ **de**

controlo / Befehlsstelle *f* ‖ ~ **de controlo de tiro** (armamento) / Feuerleitstelle *f* ‖ ~ **de controlo de tráfego aéreo** / Flugsicherungs-Kontrollzentrale *f* ‖ ~ **de controlo para missões espaciais** (astronáut.) / Flugkontrollzentrum *n* ‖ ~ **de cores** (tv) / Farbleitpunkt *m* ‖ ~ **de distribuição** / Verteilungspunkt *m* ‖ ~ **de distribuição de carga** (electr.) / Lastverteilerwarte *f* ‖ ~ **de ensaios** / Erprobungsstelle *f* ‖ ~ **de escuta e medição** / Frequenzüberwachungszentrale *f* ‖ ~ **de fricção** / Reibungspunkt *m* ‖ ~ **de gravidade** / Massenmittelpunkt *m*, Schwerpunkt *m* ‖ ~ **de gravidade do giroscópio** / Kreiselschwerpunkt *m* ‖ ~ **de guiamento por rádio** (astronáut.) / Funklenkstation, -leitstation *f* ‖ ~ **de impacto** / Einschlagzentrum *n* ‖ ~ **de inércia** / Massenmittelpunkt *m* ‖ ~ **de massa** (mecân.) / Massenmoment *n* ‖ ~ **de percussão** / Stoßstelle *f*, Stoßmittelpunkt *m* ‖ ~ **de perspectiva interno** / bildseitiger Hauptpunkt ‖ ~ **de pesquisas** / Versuchsanstalt *f*, Forschungszentrum *n* ‖ ~ **de pressão** / Druckmittelpunkt *m* ‖ ~ **de processamento de dados** / Rechenzentrum *n* ‖ ~ **de propulsão** / Vortriebsmittelpunkt *m*, Antriebsmittelpunkt *m* ‖ ~ **de radiodifusão** / Funkhaus *n* ‖ ~ **de retransmissão** (telecom.) / Speichervermittlung *f* ‖ ~ **de roda** / Speichenstern *m*, Radstern *m* ‖ ~ **de rotação** / Drehpunkt *m*, Mittelpunkt *m* der Drehung ‖ ~ **de semelhança** (matem.) / Ähnlichkeitspunkt *m*, -zentrum *n* ‖ ~ **de sustentação** / Auftriebsmittelpunkt *m* ‖ ~ **de testes** / Erprobungsstelle *f* ‖ ~ **de trabalho de precisão** (máq. ferram.) / Genauigkeits-Bearbeitungszentrum *n* ‖ ~ **do vão** / Feldmitte *f* ‖ ~ **dos serviços de telecomunicações aeronáuticas** / Flugfunkleitstelle *f* ‖ ~ **espontâneo de rotação** / freiwilliger Umwälzungspunkt ‖ ~ **[instantâneo] de rotação** / Drehungsmittelpunkt *m*, Drehpol *m*, Momentanpol *m* ‖ ~ **neutro** (electr.) / Nullpunkt *m*, Sternpunkt *m*

cêntuplo / hundertfach

CEP / Postleitzahl *f*

cepa *f* / Weinrebe *f*, -stock *m*

cepo *m* / Klotz *m*, Stock *m*, Baumstumpf *m* ‖ ~ **da âncora** / Ankerstock *m* ‖ ~ **da plaina** / Hobelkasten *m* ‖ ~ **de bigorna** / Amboßstock *m*, Schabotte *f*

cera *f* / Wachs *n* ‖ **de** ~ / wächsern, aus Wachs, Wachs... ‖ ~ **de abelhas** / Bienenwachs *n* ‖ ~ **de candelila** / Candelillawachs *n* ‖ ~ **de carnaúba** / Karnaubawachs, Carnaubawachs *n* ‖ ~ **de suarda**, cera *f* de sugo / Schweißwachs *n* ‖ ~ **do Japão** / Japanwachs *n* ‖ ~ **fóssil** / Erdwachs *n* ‖ ~ **gorda mineral** (química) / Mineralfettwachs *n* ‖ ~ **mineral** / Erdwachs *n* ‖ ~ **para cabos** / Kabelwachs *n* ‖ ~ **para soalhos** / Fußbodenwachs *n* ‖ ~ **vegetal** / Pflanzenwachs *n*

ceráceo / wachsartig, -ähnlich, -weich, bienenwachsartig

cerâmica *f* / Keramik *f* ‖ ~ **bruta** / Grobkeramik *f* ‖ ~ **de corte** / Schneidekeramik *f* ‖ ~ **de vidro** / Glaskeramik *f* ‖ ~ **fina** / Feinkeramik *f* ‖ ~ **oxidada** / Oxidkeramik *f* ‖ ~ **para construção civil** / Baukeramik *f*

cerâmico / keramisch, Keramik...

cerargirita *f* (mineralog.) / Chlorsilber *n*

ceratina *f* (química) / Keratin *n*

cerca *f* / Zaun *m*, Einzäunung *f*, Einfriedigung *f*, Umzäunung *f* ‖ ~ **de ripas** / Lattenzaun *m* ‖ ~ **de tábuas** / Bretterzaun *m*

cercar / einfriedigen, einzäunen, umzäunen ‖ ~ (constr. civil) / umschließen, umgeben

cércea *f* (técn. ferrov.) / Lademaß *n* ‖ **além da** ~ (técn. ferrov.) / das Lademaß überschreitend

cercear / ausbogen ‖ ~ (marcenar.) / ausschweifen

cerda *f* / Borste *f* ‖ ~ **[de porco] artificial** / Kunstborste *f* ‖ ~ **de porco** / Schweinsborste, Schweineborste *f*

cereais *m pl* **forraginosos** / Futtergetreide *n* ‖ ~ **panificáveis** (agricult.) / Brotgetreide *n*

cereal *m* / Getreide *n* ‖ ~ **triturado** / Schrot *m n*

ceresina *f* / Zeresin *n* (gereinigtes u. gebleichtes Erdwachs)

cérico / Zer..., (spez.:) Zer(IV)-...

cerina *f* / Cerin *n*, Wachsharz *n*

cério *m*, Ce (química) / Zer *n*, Ce

cerita *f* (mineralog.) / Cerit *m*

cermet *m* (técn. nucl.) / Kermet-Brennstoff *m* ‖ ~ / Metall-Keramik[-Kombination] *f* ‖ ~ (cerâmica + metal) / Cermet *n*

cerne *m* / Kernholz *n*, Inneres *n* des Holzes ‖ **com fenda no** ~ / kernrissig ‖ **de** ~ **fino** / feinjährig, -rädig ‖ **de** ~**s largos** / grobjährig

ceroso / Zer(III)-...

cerrado / fest zusammengedrängt

cerrar / abschließen

certificado *m* **[de registro] de propriedade de veículo** / Kraftfahrzeugbrief *m* ‖ ~ **de teste** / Werkszeugnis *n*

cerusa *f* / Bleiweiß *n*

cerusita *f* (mineralog.) / Cerussit *m*, Weißbleierz *n*

cervantita *f* (mineralog.) / Cervantit *m*

cerveja *f* / Bier *n* ‖ ~ **de barril** / Faßbier *n* ‖ ~ **de malte** / Malzbier *n* ‖ ~ **em garrafa**, cerveja *f* engarrafada / Flaschenbier *n* ‖ ~ **forte** / Starkbier *n*

cervejaria *f* / Bierbrauerei *f*

cervejeiro *m* / Bierbrauer *m*

cerzir (tecel.) / kunststopfen

césio *m*, Cs / Zäsium *n*, Cs

céspede *m* / Deckrasen *m*, Grasnarbe *f*

cesta *f* / Korb *m* ‖ ~ **de decapagem** (siderurg.) / Beizkorb *m*

cesteiro *m* / Korbflechter *m*

cesto *m* / Korb *m* ‖ ~ **de protecção** / Schutzkorb *m*

cetano *m* / Cetan, n-Hexadecan *n*

ceteno *m* (química) / Keten *n*

cetim *m* / Seidenatlas *m*, Satin *m*, Baumwollatlas *m*, Atlas *m* ‖ ~ **de lã** / Wollatlas *m*

cetina *f* / reines Walratfett, Cetin *n*

cetona *f* / Keton *n*

cetose *f* / Ketose *f*

céu, a ~ **aberto** / am o. über Tag, Übertage..., übertagig

cevada *f* / Gerste *f* ‖ ~ **macerada** / Maische *f*, Maischmasse *f* ‖ ~ **para maltagem** / Mälzereigerste *f*

cevadinha *f* / Graupe *f*

chagrém *m* / Chagrin, Narbenleder *n*, genarbtes o. körniges Leder, gekörntes Leder ‖ **em** ~ / genarbt, grob gekörnt

chalé *m* (constr. civil) / Chalet *n*

chama *f* / Flamme *f* ‖ **à prova de** ~ / flammensicher ‖ **de** ~ **comprida** / langflammig ‖ **de** ~ **curta** / kurzflammig ‖ **de** ~ **longa** / langflammig ‖ **de várias** ~**s** / mehrflammig ‖ **sem** ~ / flammenlos ‖ ~ **aberta** / offene Flamme, offenes Feuer ‖ ~ **de corte** / Schneidflamme *f* ‖ ~ **de gás** / [leuchtende] Gasflamme ‖ ~ **de soldar** / Schweißflamme *f* ‖ ~ **descoberta** / offenes Feuer ‖ ~ **do arco [voltaico]** / Lichtbogenflamme *f* ‖ ~ **livre** / offene Flamme ‖ ~ **luminosa** / leuchtende Flamme ‖ ~**-piloto** *f* / Dauerflamme *f* (Gas), Dauerzündflamme *f* ‖ ~**-piloto** *f* / Zündflamme *f* ‖ ~ **redutora** / Reduktionsflamme *f*

chamada *f* (informática) / Aufruf *m* (z.B. eines Unterprogramms) ‖ ~ (telecom.) / Gespräch *n* ‖ ~ **a cobrar no destino** (telecom.) / R-Gespräch *n* ‖ ~ **"a**

todas as estações" (electrón.) / CQ, „an alle" ‖ ~ **de carga** (informática) / Bereitstellungsaufruf *m* ‖ ~ **de emergência** / Notruf *m* ‖ ~ **errada** (telecom.) / Falschanruf *m*, Fehlanruf *m* ‖ ~ **magnética** (telecom.) / Induktoranruf *m* ‖ ~ **perdida** (telecom.) / nicht zustandegekommener Anruf, Fehlanruf *m* ‖ ~ **permanente** (telecom.) / Dauerruf *m* ‖ ~ **por linha de prova** / Anruf *m* auf Prüfleitung ‖ ~ **selectiva** (telecom.) / Selektivruf *m* ‖ ~ **telefónica** / Anruf *m*

chamar (informática) / aufrufen, abrufen ‖ ~ (telecom.) / anrufen

chaminé *f* / Schlot, Schornstein *m*, -abzug *m*, Esse *f*, Kamin *m*, Rauchfang *m* ‖ ~ **de candeeiro** / Lampenzylinder *m* ‖ ~ **de erupção** (geol) / Eruptionskanal *m* ‖ ~ **de forja** / Schmiedeesse *f* ‖ ~ **de lamparina** / Lampenzylinder *m* ‖ ~ **de ventilação** (constr. civil) / Dunstabzug *m*, -schlot *m* ‖ ~ **do tipo Schofer** / Verbundschornstein *m* ‖ ~ **do tubo do caixão** / Schachtrohr *n* bei Senkkastengründung ‖ ~ **interior do alto-forno** / Seele *f* des Hochofens ‖ ~ **para gases quentes** (acima de 300°C) / Heißschornstein *m* ‖ ~ **pára-chispas** / Funkenschutzkasten *m*

"chamois" / chamois

chamusca *f* (tecel.) / Gasieren *n*

chamuscado / gesengt

chamuscadora *f* **a gás** / Gassenge *f*

chamuscar / versengen, an-, versengen, sengen ‖ ~ (tecel.) / gasieren, sengen

chanfrado / abgeschrägt

chanfradura *f* / Schräge *f*, Abschrägung *f*, Fase *f*, Abschrägung *f*, Gehrung *f*

chanfrar / zuschärfen, abschrägen, abkanten, bördeln ‖ ~ (carpint.) / gehren ‖ ~ / schmiegen ‖ ~ (máq., tecnol.) / [kegelförmig] zuspitzen, abschrägen

chanfro *m* (carpint.) / Schrägfläche *f*

chão *m* / Boden *m*, Fußboden *m* ‖ ~ **falso** / Blindfußboden *n*

chapa *f* / Blech *n*, Schild *n* ‖ ~ **bombeada** / Tonnenblech *n* ‖ ~ **colectora de óleo** (mot.) / Ölfangblech *n* ‖ ~ **da corda** / Kopfplatte *f* (Gurtung) ‖ ~ **de aço** / Stahlblech *n* ‖ ~ **de aço magnético** / Elektroblech *n* ‖ ~ **de alma** / Stehblech *n*, Stegblech *n* ‖ ~ **de alumínio** / Aluminiumblech *n* ‖ ~ **de armadura** (electr.) / Ankerblech *n* ‖ ~ **de arrasto** (agricult.) / Anhaublech *n* ‖ ~ **de calço** (constr. civil) / Liner-Platte *f* ‖ ~ **de chumbo** / Bleiblech *n* ‖ ~ **de cobertura** (siderurg.) / Dachblech, Bedachungsblech *n* ‖ ~ **de cobertura** / Leerblende *f*, Deckflacheisen *n*, Kopfplatte *f* ‖ ~ **de cortiça** (constr. civil) / Korkplatte *f* ‖ ~ **de cumeeira** (constr. civil) / Firstblech *n*, Firsteindeckung *f* ‖ ~ **de fechamento** / Abschlußblech *n* ‖ ~ **de ferro** / Eisenblech *n* ‖ ~ **de guarda** (técn. ferrov.) / Bügelgleitbacke *f* ‖ ~ **de guia** / Leitblech *n* ‖ ~ **de identificação** (autom.) / Nummernschild *n* ‖ ~ **de invólucro** / Mantelblech *n* ‖ ~ **de junção** / Anschlußblech *n*, Stoßblech *n* ‖ ~ **de prata** / Silberblech *n* ‖ ~ **de protecção** (constr. civil) / Abweiseblech *n* ‖ ~ **de reforço** / Verstärkungsblech *n*, Versteifungsblech *n*, Zwischenlage *f* ‖ ~ **de revestimento** / Bekleidungsblech *n*, Futterblech *n* ‖ ~ **de segurança** (máq., tecnol.) / Sicherungsblech *n* ‖ ~ **de união** / Verbindungsplatte *f*, -streifen *m* ‖ ~ **de xadrês** / Riffelblech *n* ‖ ~ **de zinco** / Zinkblech *n* ‖ ~ **elástica** / Federblech *n* ‖ ~ **estriada** / Riffelblech *n* ‖ ~ **fina** / Feinblech *n* ‖ ~ **grossa** / Grobblech *n* ‖ ~ **indicadora da potência** (electr.) / Leistungsschild *n* ‖ ~ **metálica** / Blech *n*, Feinblech *n* ‖ ~ **morta** (siderurg.) / Feuerplatte *f* (unten am Feuer) ‖ ~ **ondulada** (constr. civil) / Wellplatte *f*, Wellblech *n* ‖ ~ **ondulada tripla** / Dreifachwellblech *n* ‖ ~ **para dínamos** / Dynamoblech *n* ‖ ~ **para estampar** / Stanzblech *n* ‖ ~ **para pavimentos** / Belagblech *n* ‖ ~ **para rebordear** / Bördelblech *n* ‖ ~ **para relevos** / Buckelblech *n* ‖ ~ **para transformadores** / Transformatorenblech *n*, -stahl *m* (DIN 46400) ‖ ~ **perfilada** / Formblech *n* ‖ ~ **perfurada** / Lochblech *n*, Siebblech *n* ‖ ~ **picada** / Warzenblech *n* ‖ ~ **prensada** / gekümpeltes Blech, Preßblech *n* ‖ ~ **preta** (de ferro) / Schwarzblech *n* ‖ ~ **protectora** / Schutzblech *n*, -platte *f* ‖ ~ **protectora contra salpicos** / Spritzblech *n* (Ölschmierung) ‖ ~ **separadora** (relé) / Klebeblech *n* ‖ ~ **ultrafina** (lamin.) / Feinstblech *n*

chaparia *f* / Blecharbeit *f*

chapeado / plattiert ‖ ~ **a ouro** / goldplattiert ‖ ~ **de aço** (lamin.) / stahlplattiert ‖ ~ *m* **de ouro** / Golddoublé *n* ‖ ~ **de prata** / Silberplattierung *f*

chapeamento *m* / Plattierung *f*, Plaqué *n*

chapear / plattieren ‖ ~ **a ouro** / dublieren, goldplattieren ‖ ~ **com cobre** / kupferplattieren

chapeleta *f* / Klappe *f* ‖ ~ (máq., tecnol.) / Hut *m* ‖ ~ **de válvula** (autom.) / Ventilverschraubung *f* ‖ ~ **de válvula** (pneu) / Ventilklappe *f*

chapéu *m* **da cerveja na tina de fermentação** / Deckel *m* des Bieres im Gärbottich ‖ ~ **de chaminé** / Schornsteinaufsatz *m*, -haube, -kappe *f*, Essenkopf *m* ‖ ~ **falso de chaminé** / blinder Essenkopf

charão *m* / Japanlack *m*

charneira *f* / Drehgelenk, Scharnier *n*, Angel *f* ‖ ~ (serralhar.) / Gelenkband *n* ‖ ~ (mecân.) / Scharnier *n* ‖ ~ (válvula) / Klappengelenk *n* ‖ **de** ~ / klappbar, Klapp... ‖ ~ **de janela** / Fensterband *n*, Fitsche *f*

charrua *f* (agricult.) / Pflug *m* ‖ ~ **polifólia** / Gangpflug *m*

chassi *m* (autom.) / Fahrgestell *n*, Chassis *n* ‖ ~ (máq., tecnol.) / Unterbau *m* ‖ ~ (técn. ferrov.) / Untergestell *n*, Rahmen *m* ‖ ~ (rádio, tv) / Grundplatte *f* ‖ ~ **da unidade** (telecom.) / Einsatzaufnahme *f* ‖ ~ **em forma de caixa** (autom.) / Kastenrahmen *m* ‖ ~ **oblíquo** (mot.) / Schrägrahmen *m* ‖ ~ **rebaixado** (autom.) / gekröpfter Rahmen

chata *f* / Flachboot *n*, Leichter *m*, Last[en]kahn *m*, Frachtkahn *m*

chato / platt, flach, eben, glatt

chave *f* (serralhar.) / Schlüssel *m* ‖ ~ (informática) / Code-Aufbau *m*, Verteiler *m* (Algol) ‖ ~ (constr. civil) / Bogenscheitelstein *m* ‖ ~ **articulada** (ferram.) / Gelenkschlüssel *m* ‖ ~ **combinada** / Ring-Maulschlüssel *m* ‖ ~ **de abóbada** / Keilstein *m*, Wölber *m*, Querwölber *m* (DIN), Bogenschluß *m*, Schlußstein *m* ‖ ~ **de boca fechada** / Hülsenschlüssel *m* ‖ ~ **de boca variável** / Franzose, (jetzt): Rollgabelschlüssel *m* ‖ ~ **de caixa** / Steckschlüssel *m* ‖ ~ **de caixa articulada** / Gelenksteckschlüssel *m* ‖ ~ **de catraca** / Ratsche *f* (Steckschlüssel) ‖ ~ **de contacto** (autom.) / Schaltschlüssel *m* ‖ ~ **de cruzeta** / Hydrantschlüssel *m* ‖ ~ **de duas bocas** / Doppelmaulschlüssel *m* ‖ ~ **de fendas** / Schraubenzieher *m*, (DIN:) Schraubendreher *m* ‖ ~ **de forqueta** (ferram.) / Gabelschlüssel *m* ‖ ~ **de ignição** (autom.) / Zündschlüssel *m* ‖ ~ **de ligação** / Einschalter *m* ‖ ~ **de mandril** (máq. ferram.) / Futterschlüssel *m* ‖ ~ **de parafusos** / Schraubendreher *m*, (DIN für:) Schraubenzieher *m*, Schraubenzieher *m* (Österreich, Schweiz) ‖ ~ **de parafusos angular** / Eckschrauber *m*, Winkelschraubenzieher *m*, (DIN:) -schraubendreher *m* ‖ ~ **de parafusos de catraca**, chave *f* de parafusos de roquete / Ratsche *f* (Schraubenzieher) ‖ ~ **de parafusos de mecânico** / Werkstattschraubenzieher, -schraubendreher *m* ‖ ~ **de pinça** / Quetschhahn *m* ‖ ~ **de porcas** / Mutternschlüssel *m*, Sechskantschlüssel *m*, Schraubenschlüssel *m* ‖ ~ **de roquete** / Ratsche *f* (Steckschlüssel) ‖ ~ **de tubo** / Rohrschlüssel *m* ‖ ~ **de tubos** / Rohrzange *f* ‖ ~ **de uma boca** / Einmaulschlüssel *m* ‖ ~ **de velas** / Kerzenschlüssel *m* (für Zündkerzen) ‖ ~ **dinamométrica** / Drehmomentenschlüssel *m*, Kraftmeßschlüssel *m* ‖ ~ **do porta-escovas** (electr.) / Bürstenschlüssel *m* ‖ ~ **em cruz** (autom.) / Kreuzschlüssel *m* ‖ ~ **falsa** (serralhar.) / Nachschlüssel *m* ‖ ~ **fixa de gancho** / Hakenschlüssel *m* ‖ ~ **inglesa** / Sechskantschlüssel *m*, Rollgabelschlüssel *m*, Mutternschlüssel *m*, Maulschlüssel *m*, Franzose, Engländer *m* ‖ ~ **mestra** / Hauptschlüssel *m* ‖ ~ **mista** (máq., tecnol.) / Maulringschlüssel *m* ‖ ~ **na mão** (constr. civil) / schlüsselfertig ‖ ~ **para parafusos sextavados internos** / Innensechskantschlüssel *m* ‖ ~ **saliente da abóbada** / hängender o. vorspringender Schlußstein

chaveamento *m* (informática) / Verschlüsseln *n*

chaveta *f* **chata** / Feder *f*, Flachkeil *m* ‖ ~ **côncava** (máq., tecnol.) / Hohlkeil *m* ‖ ~ **de ajuste** / Paßkeil *m* (Einlegekeil) ‖ ~ **de desbloqueio** / Lösekeil *m* ‖ ~ **de fixação** / Schließkeil *m* ‖ ~ **de unha** / Nasenkeil *m* ‖ ~ **de unha chata** / Nasenflachkeil *m* ‖ ~ **dupla** / Federvorstecker *m* ‖ ~ **embutida** (máq., tecnol.) / Einlegekeil *m* ‖ ~ **inclinada** / Treibkeil *m*, schräger Keil, Keil DIN 6886 [mit Anzug] *m* ‖ ~ **móvel** / Ziehkeil *m* ‖ ~ **redonda** / Rundkeil *m*

chavetamento *m* (máq., tecnol.) / Keilverbindung *f*

chavetar / verkeilen, mit Keilen verbinden, festkeilen

chedita *f* / Cheddit *m* (Sprengstoff)

chegada, de ~ / ankommend

cheia *f* (hidrául.) / Hochwasser *n*, HQ, Flut *f*

cheio / voll, gefüllt ‖ ~ (linha) / ausgezogen ‖ ~ *m* **de gás** / gasgefüllt

cheirar mal / stinken

cheiro *m* / Geruch *m* ‖ **sem** ~ / geruchlos

chenille *f* / Chenille *f*, Chenillegarn *n*

cheviote *m* / Cheviot *m*

chiar / knarren, quietschen

chicana *f* / Umlenkplatte *f*, Prallblech *n* ‖ ~ (vácuo) / Dampfsperre *f*

chicória *f* / Zichorie *f*

chicote *m* / Seilende *n*, Seiltrumm

chifra *f* / Hufmesser *n*

chifre *m* (geral) / Horn *n*

chintz *m* / Chintz *m*, Druckkattun *m*

chip *m* / Chip *m*

chispa *f* / Funke *m*

chita *f* / Kattun *m*

chocadeira *f* / Brutapparat *m*

chocalhar / klappern

chocar / zusammenstoßen *vt vi*, aneinanderprallen ‖ ~ [com] / anprallen [gegen] ‖ ~ [contra] / auffahren [auf] ‖ ~ / schocken, aufprallen, prallen

choco / schal (z.B. Bier)

choque *m* (geral, técn. ferrov.) / Zusammenstoß *m*, -stoßen *n* ‖ ~ (ensaio de mat.) / Schlag *m* ‖ ~ (permut. de iões) / Schock *m* ‖ ~ (física) / Aufprall *m* ‖ **de alta resistência ao** ~ (plást.) / hochschlagzäh ‖ **de elevada resistência ao** ~ (plást.) / erhöht schlagzäh ‖ **livre de** ~**s** / stoßfrei ‖ ~ **de aterragem** (aeronáut.) / Landungsstoß *m* ‖ ~ **de atracação** / Landungsstoß *m* ‖ ~ **eléctrico** / elektrischer Schlag, Elektroschock *m* ‖ ~ **térmico** / schroffer Temperaturwechsel ‖ ~ **tríplice** (técn. nucl.) / Dreierstöß *m*

choupo *m* / Pappel *f* ‖ ~ **tremedor** / Aspe, Espe, Zitterpappel *f*, AS, Populus tremula

chromax *m* / Chromax *n* (hochtemperaturfester Cr-Ni-Stahl)

chulipa *f* (técn. ferrov.) / Eisenbahnschwelle *f*, Querschwelle *f* ‖ ~ **de junta** (técn. ferrov.) / Fugenschwelle *f* ‖ ~ **de madeira** (técn. ferrov.) / Holzschwelle *f* ‖ ~ **dupla** (técn. ferrov.) / Doppelschwelle *f* ‖ ~ **longitudinal** (técn. ferrov., constr. civil) / Langschwelle *f*, Längsschwelle *f*

chumaceira *f* (máq., tecnol.) / Lager *n* ‖ ~ / Lagerbuchse *f*, Lagerschale *f* ‖ ~ **articulada** / Kipplager *n*, Gelenk[auf]lager *n* ‖ ~ **de apoio** / Abstützlager *n* ‖ ~ **de eixo interior** / innengelagerter Achsschenkel ‖ ~ **de rolos** (geral) / Wälzlager *n* ‖ ~ **suspensa** / Deckenlager *n*, Hängelager *n*

chumbada *f* / Lotblei *n*

chumbado / verbleit ‖ ~ **a fogo** / feuerverbleit

chumbador *m* / Steinschraube *f* (DIN 529)

chumbagem *f* (constr. civil) / Verbleiung *f*

chumbar / verbleien (galvanisch o. feuerverbleien)

chumbo *m*, Pb / Blei *n*, Pb ‖ **com baixo teor de** ~ / bleiarm (Kraftstoff) ‖ **de** ~ / Blei..., aus Blei, von Blei, bleiern ‖ **sem** ~ (gasolina) / bleifrei ‖ ~ **agro**, chumbo *m* antimonioso / Antimonblei *n*, Hartblei *n*, Abstrichblei *n* ‖ ~ **branco** / Weißbleierz *n* ‖ ~ **bruto** / Werkblei *n* ‖ ~ **carbonado negro** / Schwarzbleierz *n* ‖ ~ **comercial** / Handelsblei *n* (99,85%) ‖ ~ **comum** / Blei unter 99,85% Reinheit ‖ ~ **corrosivo** / Blei über 99,94 % Reinheit (zur Herstellung von Bleiweiß) ‖ ~ **cristalizado** / Bleifuß *m* ‖ ~ **de caça** / Bleischrot *m n*, Jagdschrot *m n*, Flintenschrot *m n* ‖ ~ **de primeira fusão** / Hüttenblei, Pb 99.9 *n* ‖ ~ **de sucata** / Bruchblei *n* ‖ ~ **de vidraceiro** / Fensterblei *n* ‖ ~ **doce** / Weichblei *n*, Frischblei *n* ‖ ~ **em grãos** / Kornblei *n* ‖ ~ **endurecido** / Antimonblei, Hartblei *n* ‖ ~ **esponjoso** / Bleischwamm *m* ‖ ~ **laminado** / Walzblei *n* ‖ ~ **macio** / Frischblei *n* ‖ ~ **para canos** / Rohrblei *n* ‖ ~ **para soldar** / Bleilot *n* zum Löten ‖ ~ **puro** / Feinblei *n*, Pb 99,99 ‖ ~ **químico** / Blei von mehr als 99,9 % Reinheit (für Schwefelsäurekammern) ‖ ~ **refinado** / Frischblei *n* ‖ ~ **tetraetílico** / Tetraethylblei, TEL, Bleifluid *n* ‖ ~ **tetrametílico** / Tetramel, Tetramethylblei *n*

churdo (lã) / ungewaschen, fettig

chuva *f* (tv, meteorol.) / Regen *m* ‖ ~ **artificial** (agricult.) / Beregnung *f* ‖ ~ **e neve misturadas** / Schneeregen *m*

chuveiro *m* (astron., técn. nucl.) / Schauer *m* ‖ ~ / Brause *f* ‖ ~ **cósmico extensivo** / explosiver Schauer ‖ ~ **penetrante** (técn. nucl.) / durchdringender Schauer

cianamida *f* / Cyanamid *n* ‖ ~ **de cálcio** / Kalkstickstoff *m*

cianato *m* / Cyanat *n*, Cyansäuresalz *n* ‖ ~ **de amónio** / Ammoniumzyanat *n*

cianeto *m* / Cyanid *n*, Salz *n* der Blausäure ‖ ~ **áurico** / Gold(III)-cyanid *n*, Cyangold(III) *n*, Goldtricyanid *n* ‖ ~ **auroso** / Gold(I)-cyanid *n*, Cyangold(II) *n* ‖ ~ **de cobre** / Cyankupfer *n* ‖ ~ **de ferro** / Eisencyanid *n*, Cyaneisen *n* ‖ ~ **de potássio** / Cyankali[um] *n*, Kaliumcyanid *n* ‖ ~ **de prata** / Cyansilber *n* ‖ ~ **de sódio** / Cyannatrium *n* ‖ ~ **de zinco** / Cyanzink *m* ‖ ~ **ferroso** / Eisen(II)-cyanid *n*

cianidina *f* / Cyanidin *n*

cianita *f* (mineralog.) / Cyanit *m*

cianizar / kyanisieren, mit einer Sublimatlösung tränken

cianobenzeno *m* / Cyanbenzol *n*
cianofícea *f* / Blaualge *f*
cianogénio *m* / Cyan *n*, Blaugas *n*
cianotipia *f* / Cyanotypie, Blaupause *f*
cianotolueno *m*, cianotoluol *m* / Cyantoluol, Tolunitril *n*
cianuro *m* **difenilarsénico** / Blaukreuzgas *n*
cibernética *f* / Kybernetik *f*
cícero *m* (artes gráf.) / Cicero *f*, 12 p
ciclamina *f* (tinturaria) / Cyclamin *n*
ciclano *m* / Cyclan *n*
cicleno *m* / Cyclen *n*, Cycloolefin *n*
cíclico / zyklisch ‖ ~ (química) / ringförmig, Ring..., zyklisch ‖ ~ (electr.) / Drehfeld... ‖ ~ (código) / einschrittig
ciclização *f* (química) / Zyklisierung *f*
ciclo *m* / Zyklus *m*, Kreislauf *m* ‖ ~ (química) / Ring *m* ‖ ~ / Kreisprozeß *m* ‖ ~ (informática, máq. ferram.) / Durchlauf *m*, -gang *m* ‖ ~ / Spiel *n*, Arbeitsspiel *n* ‖ ~ (electr.) / Periode *f* ‖ ~ **activo com a duração de uma hora** (electr.) / einstündige Belastung ‖ ~ **completo** / geschlossener Arbeitsgang (o. Kreisprozeß) ‖ ~ **da vida** / Lebenskreislauf *m* ‖ ~ **de actividade solar** / Häufigkeitsperiode *f* der Sonnenflecken (11 1/4 Jahre) ‖ ~ **de alto forno** (siderurg.) / Durchsatzzeit *f* ‖ ~ **de Carnot** (física) / Carnotscher Kreisprozeß ‖ ~ **de chamada** (telecom.) / Aufrufzyklus *m* ‖ ~ **de combustível** (técn. nucl.) / Spaltstoffkreislauf, -stoffzyklus *m*, Brennstoffkreislauf *m* ‖ ~ **de compressão de vapor** / umgekehrter Carnotscher Kreisprozeß ‖ ~ **de dois tempos** / Zweitakt *m* ‖ ~ **de equilíbrio** (técn. nucl.) / Gleichgewichtsphase *f* (Brennstoffkreislauf) ‖ ~ **de extensão e de compressão** / Dehn-Stauch-Zyklus *m* ‖ ~ **de extracção** (técn. nucl.) / Extraktionszyklus *m* ‖ ~ **de fabricação** / Fertigungsablauf *m* ‖ ~ **de fundição** / Gießvorgang *m* ‖ ~ **de histerese** / Hystereseschleife *f* ‖ ~ **de instrução** (informática) / Instruktionsphase *f* ‖ ~ **de Joule** / Joule-Prozeß *m* ‖ ~ **de máquina** / Maschinengang *m* ‖ ~ **de nitrogénio** / Stickstoffkreislauf *m* ‖ ~ **de operações** (expl. minas) / Förderspiel *n* ‖ ~ **de passagem única** (técn. nucl.) / offener Brennstoffkreislauf ‖ ~ **de quatro tempos** (mot.) / Viertaktspiel *n* ‖ ~ **de recuperação** / Erholungszyklus *m* ‖ ~ **de sobre-regeneração** (técn. nucl.) / Brutzyklus *m* ‖ ~ **de soldadura** / Schweißspiel *n* ‖ ~ **de tabulação** (cart. perf.) / Sammelgang *m* ‖ ~ **de trabalho** / Arbeitsvorgang *m* ‖ ~ **directo** (técn. nucl.) / Direktkreis *m* ‖ ~ **inactivo** (cart. perf.) / leerer Kartengang ‖ ~ **operacional** / Arbeitsspiel *n* ‖ ~ **por segundo** / Periode *f* je Sekunde, Hertz *n* ‖ ~ **reversível** / umkehrbarer Kreisprozeß ‖ ~ **solar** / Häufigkeitsperiode *f* der Sonnenflecken (11 1/4 Jahre) ‖ ~ **térmico** / Temperatur-Zeit-Folge *f*
cicloalifático / cycloaliphatisch
cicloalqueno *m* / Cycloalkan *n*
ciclobutano *m* / Cyclobutan *n*
cicloexano *m* / Cyclohexan *n*
cicloexanol *m* / Cyclohexanol *n*
cicloexanona *f* / Cyclohexanon *n*
ciclohexamina *f* / Cyclohexamin *n*
cicloidal / zykloid, Zykloiden...
ciclóide *f* / Zykloide *f*, Radlinie *f*
ciclolefina *f* / Cycloolefin *n*, Cyclen *n*
ciclomotor *m* (com cilindrada igual ou menor que 50 cc) / Kleinkraftrad *n*, Moped *n*
ciclone *m* (meteorol.) / Zyklon *m*, Wirbelsturm *m* ‖ ~, centro *m* de baixa pressão (meteorol.) / Zyklone *f*, Tiefdruckgebiet *n* ‖ ~ (siderurg.) / Zyklon *m*, Staubabscheider *m* ‖ ~ **de corrente descendente** / Falltypzyklon *m*
ciclonita *f* / Cyclonit *n*
cicloparafina *f* / Cycloparaffin, Cyclan *n*
ciclopentadieno *m* / Cyclopentadien *n*
ciclopentano *m* / Cyclopentan, Pentamethylen *n*
ciclopentanona *f* (química) / Cyclopentanon *n*
ciclópico (constr. civil) / zyklopisch, Zyklopen...
ciclos *m pl* **por segundo** / Hertz *n*, Hz ‖ ~ **sucessivos** (informática) / aufeinanderfolgende Gänge *m pl*
ciclosilicato *m* / Ringsilikat *n*
ciclotrão *m*, ciclotron *m* (B) (técn. nucl.) / Zyklotron *n* (Teilchenbeschleuniger) ‖ ~ **de electrões**, ciclotron *m* de elétrons / Elektronenzyklotron, Mikrotron *n* ‖ ~ **isócrono**, ciclotron *m* isócrono / Isochronzyklotron *n*
cidade-jardim *f* / Gartenstadt *f* ‖ **~-satélite** *f* / Trabantenstadt *f*
cienasta *m* / Filmtechniker *m*
ciência *f* / Wissenschaft *f*, Lehre *f* ‖ ~ **acessória** / Hilfswissenschaft *f* ‖ ~ **da madeira** / Holzkunde *f* ‖ ~ **da resistência dos materiais** / Festigkeitslehre *f* ‖ ~ **das pedras** / Gemmologie, Edelsteinkunde *f* ‖ ~ **das pedras preciosas** / Edelsteinkunde *f* ‖ ~ **de mineração** / Bergwesen *n*, Bergwerkskunde *f* ‖ ~ **hidráulica** / Hydraulik *f*, Hydromechanik *f*, Mechanik *f* der flüssigen Körper ‖ ~ **mineira** / Bergbaukunde *f* ‖ ~ **natural** / Naturwissenschaft *f*
científico / wissenschaftlich
cifa *f* / Formsand *m*
cifra *f* / Chiffre *f*, Kennzahl *f*
cifrar / chiffrieren, verschlüsseln
cigarra *f* / Summer *m*, Schnarre *f*
cilha *f* / Gurt *m*
cilindrada *f* (autom.) / Motorhubraum *m*, Gesamthubraum *m* ‖ ~ **unitária** (mot.) / Hubraum *m*, -volumen *n* eines Zylinders
cilindrado / gewalzt
cilindrar / auswalzen
cilindricidade *f* / Walzenförmigkeit, -form *f*, zylindrische Form, Zylindrizität *f*
cilíndrico / zylindrisch, zylinder-, walzenförmig, -artig, rund, zylinderförmig, walzenförmig
cilindro *m* / Walze *f*, Trommel *m* ‖ ~ (máq., tecnol.) / Zylinder *m* ‖ ~ (jacquard) / Prisma *n* ‖ ~ (bomba) / Stiefel *m* ‖ ~ (sold) / Flasche *f* ‖ **com vários ~s** / mehrgehäusig ‖ **de três ~s** / Dreiwalzen... ‖ ~ **abridor** / Reißtrommel *f* ‖ ~ **acabador** / Fertigwalze *f* ‖ ~ **agrícola** (agricult.) / Ackerwalze *f* ‖ ~ **alimentador** / Einzugzylinder *m*, Zuführwalze *f*, Einführwalze *f* ‖ ~ **alimentador com dentes** / Stachelwalze *f*, Zuführ-, Speisewalze *f* ‖ ~ **amolecedor** (papel) / Erweichwalze *f* ‖ ~ **aplicador** / Auftragwalze *f* ‖ ~ **aspirador** / Ansaugzylinder *m* ‖ ~ **batedor** / Batteur *m* ‖ ~ **blooming** (siderurg.) / Blockwalze *f* ‖ ~ **branqueador** (papel) / Bleichholländer *m* ‖ ~ **compressor** / Druckzylinder *m*, Druckwalze *f* ‖ ~ **de abertura** / Auflösewalze *f* ‖ ~ **de aço** / Stahlflasche *f* ‖ ~ **de aletas** / Flügelwalze *f* ‖ ~ **de alimentação** (máq., tecnol.) / Speisewalze *f* ‖ ~ **de alimentação** (siderurg.) / Aufgabewalze *f* ‖ ~ **de ar [comprimido]** / Luftzylinder *m* ‖ ~ **de ar de arranque ou de partida** / Anlaßflasche *f* ‖ ~ **de arrancamento** / Abreißwalze *f* ‖ ~ **de avanço** / Vorschubwalze *f* ‖ ~ **de baixa pressão** / Niederdruckteil *m n* ‖ ~ **de comando** / Steuerwalze *f* ‖ ~ **de comando de inversão** / Umkehrsteuerwalze *f*, Schaltwalzen[umkehr]anlasser *m* ‖ ~ **de dentes** / Reißwalze, Brechwalze *f* ‖ ~ **de desbaste** (siderurg.) / Blockwalze *f* ‖ ~ **de elevação** / Hebewalze *f* ‖ ~ **de elevação** (hidrául.) / Hubzylinder *m* ‖ ~ **de enrolamento** / Fördertrommel *f* ‖ ~ **de entrega** (têxtil) / Ausziehwalze *f*, Streckwalze *f* ‖ ~ **de entrega** (papel) / Aufrollwalze *f* ‖ ~ **de estampagem** (tecel.) / Dessinzylinder, Figurzylinder *m* ‖ ~ **de**

estiragem / Ausziehwalze *f*, Streckwalze *f* ‖ ~ **de estiragem acanalado** / Riffelzylinder *m* ‖ ~ **de expansão** / Expansionszylinder *m*, Expansionsgefäß *n* ‖ ~ **de faca** (artes gráf.) / Abreißwalze *f* ‖ ~ **de fundação** (constr. civil) / Senkbrunnen *m* ‖ ~ **de fundição dura** / Hartgußwalze *f* ‖ ~ **de gomar** / Schlichtwalze *f* ‖ ~ **de guia** / Leitwalze *f*, Führungswalze *f* ‖ ~ **de impressão** (artes gráf.) / Druckzylinder *m* ‖ ~ **de laminar roscas** / Gewindewalze *f* ‖ ~ **de pé** / Fußzylinder *m* ‖ ~ **de pressão** / Druckwalze *f* ‖ ~ **de puas** / Reißwalze, Brechwalze *f* ‖ ~ **de referência** / Mittenzylinder *m* ‖ ~ **de represa** (hidrául.) / Wehrwalze *f* ‖ ~ **de saída** / Bandabzugwalze *f* ‖ ~ **de vaporização** / Dämpfzylinder *m* ‖ ~ **de vergatura** (papel) / Drahtzylinder *m* ‖ ~ **desbastador** (lamin.) / Vorwalze *f*, Streckwalze *f* ‖ ~ **descarregador** / Wender *m* der Karde, Wendewalze *f* ‖ ~ **desenrolador** / Abwickelwalze *f* ‖ ~ **despolpador** / Schältrommel *f* ‖ ~ **desprendedor** / Abreißwalze *f*, Abschlagwalze *f* ‖ ~ **dianteiro do [rolo] compressor** (constr. rodov.) / Lenkwalze *f* ‖ ~ **distribuidor** / Streuwalze *f*, Verteilwalze *f* ‖ ~ **do freio**, cilindro *m* do travão / Bremszylinder *m* ‖ ~ **do moinho** / Mahlwalze *f* ‖ ~ **dobrador** (artes gráf.) / Falzzylinder *m* ‖ ~ **enrolador** / Fördertrommel *f* ‖ ~ **enrolador** (tinturaria) / Aufrollwalze *f* ‖ ~ **escalonado** / Stufenwalze *f* ‖ ~ **escovador** / Bürstenwerk *n* ‖ ~ **estendedor** / Ausbreitwalze *f* ‖ ~ **estirador** / Verzugswalze *f* ‖ ~ **estriado** (lamin.) / Kaliberwalze *f* ‖ ~ **frio** (lamin.) / Kaltwalze *f* ‖ ~ **graduado** / Meßtrommel *f* ‖ ~ **gravado** / Musterwalze *f* ‖ ~ **gravador** (artes gráf.) / Formzylinder *m* ‖ ~ **guarnecido de dentes de serra** / Sägezahnzylinder *m* ‖ ~ **holandês** (papel) / Holländer *m*, Stoffmühle *f* ‖ ~ **igualizador** / Abstreichwalze *f* ‖ ~ **impressor** (artes gráf.) / Auftragwalze *f*, Druckrolle *f* ‖ ~ **indicador** (máq., tecnol.) / Indikatortrommel *f* ‖ ~ **inferior** / Unterwalze *f* ‖ ~ **inversor** / Umkehrwalze *f*, -trommel *f* ‖ ~ **limpador** / Ausputzwalze *f*, Ausstoßwalze *f* ‖ ~ **limpador** (expl. minas) / Erzwäscher *m* ‖ ~ **liso** (constr. rodov.) / Glättwalze *f* ‖ ~**-mestre** *m* (contr. autom.) / Geberzylinder *m* ‖ ~ **offset** (artes gráf.) / Offsetwalze *f* ‖ ~ **para desenrolar** / Ablaufrolle, -spule *f* ‖ ~ **para laminação fina** / Feinwalze *f* ‖ ~ **para laminagem a frio** (lamin.) / Kaltwalze *f* ‖ ~ **penteador** (têxtil) / Filet *n*, Abnehmer *m* ‖ ~ **percheador** (têxtil) / Rauhzylinder *m* ‖ ~ **polidor** (lamin.) / Glättwalze *f* ‖ ~ **poroso** (electr.) / Tonzelle *f*, -zylinder *m* (porös) ‖ ~ **porta-formas** (artes gráf.) / Formzylinder *m* ‖ ~ **porta-lâminas** (máq. ferram.) / Messerwalze *f*, -welle *f* ‖ ~ **principal** (embraiagem) / Geberzylinder *m* ‖ ~ **principal do freio**, cilindro *m* principal do travão (autom.) / Haupt[brems]zylinder *m* ‖ ~ **refinador** (papel) / Feinzeugholländer *m* ‖ ~ **revestido de feltro** (papel) / Filzwalze *f* ‖ ~ **secundário** / Folgezylinder *m* ‖ ~ **servo** (embraiagem) / Nehmerzylinder *m* ‖ ~ **sólido** (matem.) / Zylinderkörper *m* ‖ ~ **superior** (lamin.) / Oberwalze *f* ‖ ~ **trabalhador** (lamin.) / Arbeitswalze *f* ‖ ~ **truncado** / schief abgeschnittener Zylinder

cilindróide *m* (matem.) / elliptischer Zylinder

cilindros *m pl* **de desempenar ou endireitar** / Richtwalzwerk *n* ‖ ~ **de entrega** (têxtil, fiação) / Abzugswalzen *f pl*, Ablieferungswalzen *f pl* ‖ ~ **duo** / Zwillingswalzen, Duowalzen *f pl* ‖ ~ **estiradores** / Walzenstreckwerk *n*

cima, este lado para ~ ! / diese Seite nach oben ! ‖ **para** ~ / auf[wärts] ‖ **por** ~ (hidrául.) / oberschlächtig

cimalha *f* / Deckplatte *f* einer Mauer

cimbre *m* (constr. civil) / Bogenlehre *f* ‖ ~ (betão) / Schalung *f* ‖ ~ **de centragem** (constr. civil) / Lehrgerippe *n*

cimentação *f* (constr. civil) / Zementieren *n*, Zementierung *f* ‖ ~ / Abbinden *n* (Zement)

cimentar (constr. civil) / zementieren

cimento *m* (constr. civil) / Zement *m* ‖ ~ **aluminoso** / Tonerdezement *m*, Schmelzzement *m* ‖ ~**-amianto** *m* / Zementasbest *m*, Asbestzement *m* ‖ ~ **betuminoso** / Holzzement *m* ‖ ~ **de alta resistência inicial** / Hochwertzement *m* (Z450F) (Portlandzement) ‖ ~ **de alto teor em alumina** / Hochtonerde[schmelz]zement *m* ‖ ~ **de alto-forno** , cimento *m* de escória / Hochofenzement *m*, Hüttenzement *m* ‖ ~ **de escória sulfatado** / Gipsschlackenzement *m*, Sulfathüttenzement *m* (DIN 4210) ‖ ~ **de escórias** / Schlackenzement *m* ‖ ~ **de expansão** / Quellzement *m* ‖ ~ **de ferrugem** / Eisenkitt *m* (Rost-, Schwefel- und Salmiakkitt) ‖ ~ **de injecção** / Einspritzzement *m* ‖ ~ **de presa lenta** / Langsambinder *m* ‖ ~ **de presa rápida** / schnell bindender Zement ‖ ~ **de serragem** / Holzzement *m* ‖ ~ **expansivo** / Expansivzement *m* ‖ ~ **fenólico** / Phenolharzkitt *m* ‖ ~ **Portland** / Portlandzement *m* (auf Basis Ton u. Kreide) ‖ ~ **Portland de ferro** / Eisenportlandzement *m* ‖ ~ **portland metalúrgico** / Hochofen-Portlandzement *m* ‖ ~ **pulverizado** / Zementstaub *m*, -pulver *n* ‖ ~ **refractário** / feuerfester Zement ‖ ~ **selenitoso** / Gipszement *m*, Putzkalk *m* mit 5 % Gips

cimentos *m pl* **refractários** / feuerfeste Mörtel u. Gemische *pl*

cinábrio *m*, cinabrita (mineralog.) / Zinnober, Cinnabarit *m*

cinchonina *f* / Cinchonin *n*

cinco / fünf ‖ ~ **ao quadrado** / fünf [zum] Quadrat

cinema *m* / Film *m* (als Vorführung), Kinotheater *n*, Kino, Filmtheater *n* ‖ ~ **ao ar livre** / Freilichtkino *n*

cinemascópio *m* / Cinemascope *n* (Breitwandverfahren)

cinemateca *f* / Filmothek *f*

cinemática *f* / Bewegungslehre *f*, Kinematik *f*

cinemático / kinematisch

cinematografia *f* / Kinematographie *f*

cinematográfico / kinematographisch, Kino..., Film...

cinematógrafo *m* / Laufbildwerfer *m* (DIN)

cinemoderivómetro *m* (aeronáut.) / Kinemoabdrängungsmesser *m*, Kinemoderivometer *n*

cinescópio *m* / Bildröhre *f*, Fernsehempfangsröhre *f*, Fernsehröhre *f*, Bildwiedergaberöhre *f* ‖ ~ **a cores** / Farbbildröhre *f* ‖ ~ **para reprodução de imagens a cores** (tv) / Farbbildröhre *f* für Wiedergabe

cinética *f* (química, física) / Kinetik *f* ‖ ~ **do tingimento** (tinturaria) / Färbekinetik *f* ‖ ~ **química** / chemische Kinetik (o. Dynamik)

cinético / kinetisch

cingento *m* (marcenar.) / Bankzwinge *f*

cinobre *m* (mineralog.) / Zinnober, Cinnabarit *m*

cinta *f* / Band *n*, Binde *f* ‖ ~ (constr. civil) / Bügel *m* ‖ ~ **adesiva** / Klebestreifen *m* ‖ ~ **de alimentação** / Einlaßband *n*, Übergabeband *n* ‖ ~ **de aperto** / Spannband *n* ‖ ~ **de carregamento** / Verladeband *n* ‖ ~ **de cobertura** (máq., tecnol.) / Abdeckband *n*, Deckband *n* ‖ ~ **de descarga** / Abwurfband *n* ‖ ~ **de grelha** (expl. minas) / Leserost *m* ‖ ~ **de ligação** / Bindeband *n* ‖ ~ **de rectificação** / Bordürenband *n* ‖ ~ **de reforço** (sold) / Unterlage *f* ‖ ~ **de transferência** / Übergabeband *n* ‖ ~ **do freio**, cinta

f do travão / Bremsband *n* ‖ ~ **do transportador** / Fördergurt *m* ‖ ~ **fusível** (electr.) / Abschmelzstreifen *m* ‖ ~ **inferior** / Unterband *n* ‖ ~ **perfurada de cinco canais** / Fünfkanal-Lochband *n* ‖ ~ **separadora** (expl. minas) / Leseband *n* ‖ ~ **transportadora** / Förderband *n* ‖ ~ **transportadora articulada** / Gliederband *n*
cintilação *f* (geral, tv) / Flimmern *n*, Flackern *n*, Szintillation *f* ‖ **sem** ~ / flimmerfrei
cintilar / flimmern, flackern, funkeln, flickern
cinto *m* **de salvação** / Rettungsgürtel *m* ‖ ~ **de segurança** (autom., aeronáut.) / Sicherheitsgurt *m*, Anschnallgurt *m* ‖ ~ **de segurança com três pontos de fixação** (autom.) / Dreipunktsicherheitsgurt *m*
cintura *f* / Gürtel *m*
cinturão *m* (astron., geol) / Gürtel *m*
cinza *m* / Grau *n*, graue Farbe ‖ ~ *f* / Asche *f* ‖ ~ *adj* (geral, técn. nucl.) / grau ‖ ~ *f* **de carvão** / Kohlenlösche *f* (Holzkohle) ‖ ~ **de combustível** / Brennstoffasche *f* ‖ ~ **volante** / Flugasche *f* ‖ ~ **volante pulverizada** (constr. rodov.) / Flugasche *f*, PFA *f*
cinzas *f pl* **de chumbo** (siderurg.) / Bleiasche *f* ‖ ~ **estranhas** (expl. minas) / fremde Asche ‖ ~ **volantes** (siderurg.) / Flugstaub *m*
cinzeiro *m* / Aschenkasten *m*, -raum *m*, -grube *f* ‖ ~ (siderurg.) / Aschenfall *m*
cinzel *m* (constr. civil) / Bossiereisen *n* ‖ ~ / Meißel *m*, Auftiefmeißel *m* ‖ ~ (marcenar.) / Lochbeitel *m* ‖ ~ **chato** / Flachmeißel *m* ‖ ~ **de alargar** (ferram.) / Breiteisen *n* ‖ ~ **de mineiro** (expl. minas) / Abbaumeißel *m* ‖ ~ **de pedreiro** / Steinmeißel *m* ‖ ~ **dentado** / Zahneisen *n*, -meißel *m* ‖ ~ **largo** (ferram.) / Scharriereisen *n* ‖ ~ **pontiagudo** (constr. civil) / Spitzmeißel *m*
cinzelar / ziselieren, gravieren, stechen, meißeln, einmeißeln ‖ ~ (forja) / schroten ‖ ~ (pedras) / scharrieren (Steine)
cinzento *m* / Grau *n*, graue Farbe ‖ ~ *adj* (geral, técn. nucl.) / grau ‖ **~-ardósia** / schiefergrau (RAL 7015) ‖ ~ **azulado** / blaugrau ‖ ~ **claro** / lichtgrau (RAL 7035) ‖ ~ **de basalto** / basaltgrau (RAL 7012) ‖ **~-de-aço** / stahlgrau ‖ **~-escuro** / eisengrau (RAL 7011) ‖ ~ **granito** / granitgrau (RAL 7026) ‖ ~ **prateado** / silbergrau
circuito *m* / Kreislauf *m* ‖ ~ (electr.) / Schaltung *f*, Stromkreis *m* ‖ **de** ~ **aberto** (electrón.) / Leerlauf... ‖ **de** ~ **simples** / Einkreis... (z.B. Bremse) ‖ **de dois ~s** (electrón.) / Zweikreis... ‖ **em** ~ (electr.) / angeschlossen (Abnehmer) ‖ ~ **aberto** / offener Stromkreis ‖ ~ **aceitador** (electrón.) / Serienresonanzkreis *m* ‖ ~ **amplificador de carga anódica** / Kathodenbasisverstärker *m* ‖ ~ **análogo integrado** / integrierte Analogschaltung ‖ ~ **anódico** / Anodenstromkreis *m* ‖ ~ **anódico de sintonização** / Anodenabstimmkreis *m* ‖ ~ **antiparalelo** (electr.) / Gegenparallelschaltung *f* ‖ ~ **anti-ressonante** (electrón.) / Entzerrungskreis *m* ‖ ~ **basculante** (electrón.) / Kippschaltung *f* ‖ ~ **básico** (electrón.) / Grundschaltung *f* ‖ ~ **biestável** (electrón.) / bistabiler Kreis ‖ ~ **combinado** (telecom.) / Doppelstromkreis *m* ‖ ~ **complementar** (telecom.) / Ergänzungsnetzwerk *n* ‖ ~ **contactor** (electrón.) / Schalter-Schaltung *f* ‖ ~ **corrector** (telecom.) / Entzerrerkette, -schaltung *f* ‖ ~ **curto-circuitado** / Kurzschlußkreis *m* ‖ ~ **da informação** / Datenweg *m* ‖ ~ **de absorção** (electrón.) / Absorptionskreis *m* ‖ ~ **de absorção** (electr.) / Saugkreis *m* ‖ ~ **de accionamento** (electr.) / Betätigungskreis *m* ‖ ~ **de adaptação** (telecom.) / Anpassungsschaltung *f* ‖ ~ **de adição de verde** (tv) / Grünbeimischer *m* ‖ ~ **de admissão** (electrón.) / Saugkreis *m* ‖ ~ **de alimentação** (relé) / Erregerkreis *m* ‖ ~ **de anticoincidência** (electrón.) / Antikoinzidenzschaltung *f* ‖ ~ **de anti-ressonância** (electrón.) / Antiresonanzkreis *m* ‖ ~ **de aquecimento** / Heizstrang *m* ‖ ~ **de assinante** (telecom.) / Teilnehmeranschluß *m* ‖ ~ **de assinante interurbano** / Fernteilnehmeranschlußschaltung *f* ‖ ~ **de atenuação** (telecom.) / Dämpfungskreis *m* ‖ ~ **de balanço** / Ausgleichkreis *m* ‖ ~ **de base comum** / Basisschaltung *f* ‖ ~ **de bloqueio** (electrón.) / Blockierschaltung *f* ‖ ~ **de bobina de deflexão** / Kippschwingungskreis *m* ‖ ~ **de calibração** / Eichkreis *m*, -leitung *f* ‖ ~ **de carga** (electr.) / Belastungskreis *m* ‖ ~ **de carga inicial** (informática) / Bootstrapschaltung *f* ‖ ~ **de cavidade** (electrón.) / Topfkreis *m* ‖ ~ **de chamada** (telecom.) / Anrufschaltung *f* ‖ ~ **de colector comum** / Kollektorschaltung *f* ‖ ~ **de comando de entrada** (informática) / Bootstrapschaltung *f* ‖ ~ **de compensação** / Abstimm[ungs]kreis *m* (für Kompensation) ‖ ~ **de compensação** (contr. autom.) / Ausgleichschaltung *f* ‖ ~ **de compensação** (tv) / Ausgleichsstromkreis *m* ‖ ~ **de conexão** / Schaltkreis *m* ‖ ~ **de conferência** (telecom.) / Konferenzschaltung *f* ‖ ~ **de consumidor** (electr.) / Verbraucherstromkreis *m* ‖ ~ **de contrafase** / Gegentaktschaltung *f* ‖ ~ **de contrafase ou simétrico ou push-pull em parafase** (electrón.) / Gegentaktschaltung *f* mit Phasenumkehr ‖ ~ **de conversação** (telecom.) / Sprechkreis *m* ‖ ~ **de correcção** (electrón.) / Ausgleichskreis *m* ‖ ~ **de corrente** / Stromverlauf *m* (z.B. in einem Meßinstrument) ‖ ~ **de Darlington** (electrón.) / Darlington-Anordnung, -Schaltung *f* ‖ ~ **de desconexão**, circuito *m* de desligamento (telecom.) / Abschaltung *f* ‖ ~ **de diferenciação** (radar) / Enttrübung *f* ‖ ~ **de disparo** (electrón.) / Triggerschaltung *f* ‖ ~ **de Eccles-Jordan** (electrón.) / Flip-Flop *m n*, bistabiles Kippglied ‖ ~ **de emissor comum** (transistor) / Emitterschaltung *f* ‖ ~ **de entrada** (electrón.) / Aufnahmestromkreis *m* ‖ ~ **de excitação** (electr.) / Erregerkreis *m* ‖ ~ **de expansão** (electrón.) / Erweiterungsschaltung *f* ‖ ~ **de filtragem** (electrón.) / Siebkreis *m*, Sieb[schaltung] ‖ ~ **de filtragem gaussiano** (tv) / Glockenkreis *m* ‖ ~ **de flip-flop** (informática) / bistabile Triggerschaltung ‖ ~ **de grade**, circuito *m* de grelha (electrón.) / Gitterkreis *m* ‖ ~ **de Hartley** / induktive Dreipunktschaltung ‖ ~ **de ignição** / Zündleitung *f*, -stromkreis *m* ‖ ~ **de igualização** (telecom.) / Abflachschaltung *f* ‖ ~ **de impulsos ou pulsos** (electr.) / Impulsstromkreis *m* ‖ ~ **de indução** / Induktionskreis *m* ‖ ~ **de inibição** (electrón.) / Inhibit-Schaltung *f*, Sperrschaltung *f* ‖ ~ **de iniciação** / Auslöseschaltung *f* ‖ ~ **de intercepção** (telecom.) / Fangkreis *m*, Haltekreis *m* ‖ ~ **de intercomunicação** (telecom.) / Linienwählerleitung *f* ‖ ~ **de inversão** / Umkehrschaltung *f* ‖ ~ **de ligação de teleimpressor** / Fernschreibanschlußschaltung *f* ‖ ~ **de medição** (electr.) / Meßschaltung *f*, Meßkreis *m*, Meßanordnung *f* ‖ ~ **de montagem** (electr.) / Bauschaltung *f* ‖ ~ **de multivibrador biestável** / Flip-Flop-Schaltung *f* ‖ ~ **de operadora** (telecom.) / Abfragestromkreis *m* ‖ ~ **de placa** / Anodenstromkreis *m* ‖ ~ **de potência** (electr.) / Leistungskreis *m* ‖ ~ **de produção** / Arbeitsfluß *m* ‖ ~ **de prova** / Prüfkreis *m* ‖ ~ **de pulsos** (electr.) / Stoßkreis *m* ‖ ~ **de reactância** (electr.) / Drosselkreis *m* ‖ ~ **de reconhecimento** / Erkennungsstromkreis *m* ‖ ~ **de referência** (telecom.) / Vergleichsstromkreis *m*, Bezugsstromkreis *m*, Eichleitung *f* ‖ ~ **de refrigeração aberto** / offener Kühlkreis ‖ ~ **de**

regulação (electr.) / Regelkreis *m* ‖ ~ **de rejeição de canal** (tv) / Kanalsperrkreis *m* ‖ ~ **de retenção** (telecom.) / Haltestromkreis *m* ‖ ~ **de retorno** (electr.) / Rückleitung *f* ‖ ~ **de retorno à terra** (electr.) / Erdschleife *f* ‖ ~ **de saída** (electr.) / Ausgangskreis, Verbraucherstromkreis *m* ‖ ~ **de semicondutores** (electrón.) / Festkörperschaltkreis *m* ‖ ~ **de separação** (tv) / Trennstufe *f* ‖ ~ **de separação de corrente contínua** (electrón.) / Gleichstromweiche *f* ‖ ~ **de serviço** (electr.) / Betriebsstromkreis *m* ‖ ~ **de sincronização** / Gleichlaufschaltung *f* ‖ ~ **de sintonização** / Abstimmkreis *m* ‖ ~ **de sujeição** (electrón.) / Klemmschaltung, Klemmung *f* ‖ ~ **de supressão de respostas assíncronas** / Defruiter, SSR-Störunterdrücker *m* ‖ ~ **de tensão em série** (instr.) / Serienstromkreis *m* ‖ ~ **de terra** / Erdleitung *f* ‖ ~ **de validação** (informática) / Freigabeleitung *f* ‖ ~ **de varredura** (electrón.) / Kippkreis *m* ‖ ~ **de vídeo** (tv) / Bildleitung *f* ‖ ~ **de volante** (electrón.) / Schwungrad[schwingungs]kreis *m* ‖ ~ **derivado** (electr.) / Abzweigstromkreis *m*, Shunt *m*, Nebenschlußstromkreis *m* ‖ ~ **detector de erros** (informática) / Prüfleitung *f* ‖ ~ **diferenciador** (informática) / Differenzierschaltung *f* ‖ ~ **diferenciador de cristas** (radar) / Differenzierschaltung *f* ‖ ~ **digital integrado** / integrierte Digitalschaltung ‖ ~ **disparador de Schmitt** (electrón.) / Schmitt-Trigger *m* ‖ ~ **divisor de frequência** (electrón.) / Frequenzweiche, -teilerschaltung *f* ‖ ~ **divisor de frequência 1:2** / Frequenzhalbiererschaltung *f* ‖ ~ **do primário** (electr.) / Primär[strom]kreis *m* ‖ ~ **duplo de freagem** / Zweikreisbremse *f* ‖ ~ **duplo de ressonância** (electrón.) / Doppelresonanzkreis *m* ‖ ~ **duplo de travagem** / Zweikreisbremse *f* ‖ ~ **E** (electrón.) / UND-Schaltung *f*, UND-Tor *n*, Koinzidenzschaltung *f* ‖ ~ **Eccles-Jordan** / bistabiler Multivibrator, Eccles-Jordan-Schaltung *f* ‖ ~ **em cascata** (electr.) / Kaskadenschaltung *f* ‖ ~ **em delta** (electr.) / Dreieckschaltung *f*, Deltaschaltung *f* ‖ ~ **em derivação** (electr.) / Zweigkreis *m* ‖ ~ **em estrela dupla** (electr.) / Doppelsternschaltung *f* ‖ ~ **em estrela tetrafásica** (electr.) / Kreuzschaltung *f* ‖ ~ **em paralelo** (electr.) / Parallelschaltung *f* ‖ ~ **em ponte** (electr.) / Brückenschaltung *f* ‖ ~ **em triângulo** (electr.) / Dreieckschaltung *f*, Deltaschaltung *f* ‖ ~ **em triângulo duplo** (electr.) / Doppel-Dreieckschaltung *f* ‖ ~ **emissor** / Sendekreis *m*, Emitterkreis *m* ‖ ~ **equalizador** (telecom.) / Entzerrerkette, -schaltung *f* ‖ ~ **equivalente** (informática) / Äquivalenzschaltung *f* ‖ ~ **equivalente** / Ersatzbild, -schaltbild *n* ‖ ~ **equivalente** (electr.) / Ersatzkreis *m* ‖ ~ **estabilizado a cristal** / Quarzschaltung *f* ‖ ~ **externo** / äußerer Stromkreis ‖ ~ **fantasma** (telecom.) / Phantomschaltung *f*, -leitung *f*, Doppelstromkreis *m* ‖ ~ **fantasma** / Kreisvierer *m* ‖ ~ **fantasma duplo** (telecom.) / Achterschaltung *f*, -kreis *m* ‖ ~ **fantasma [simples]** (telecom.) / Vierer, Viererkreis *m*, -leitung, -schaltung *f* ‖ ~ **fechado** / geschlossener Kreislauf ‖ ~ **fechado** (electr.) / in sich geschlossener Stromkreis, Schleife *f* ‖ ~ **fechado de televisão** / Betriebsfernsehen *n* ‖ ~ **ferromagnético** (electr.) / Eisenkreis, magnetischer Kreis *m* ‖ ~ **filtrante** (electrón.) / Filterkreis *m* ‖ ~ **flip-flop** / Flip-Flop-Schaltung *f* ‖ ~ **gerador** (electrón.) / Generatorkreis *m* ‖ ~ **grade-base**, circuito *m* grelha-base (electrón.) / Gitterbasisschaltung *f* ‖ ~ **híbrido** (semicondut.) / Hybrid-Schaltkreis *m*, -schaltung *f* ‖ ~ **híbrido** (telecom.) / Gabel[schaltung] *f* ‖ ~ **impresso** / gedruckte Schaltung, gedrucktes Schaltbild ‖ ~ **impresso com condutores embutidos** (electrón.) / gedruckte Schaltung mit versenkten Leitern, eingebettete Schaltung ‖ ~ **impresso de camadas múltiplas** / [mehrlagige] gedruckte Schaltung ‖ ~ **impresso flexível** / biegsame gedruckte Schaltung ‖ ~ **impresso por sobreposição** / gedruckte Schaltung nach dem Additivverfahren ‖ ~ **iniciador de Schmitt** (electrón.) / Schmitt-Trigger *m* ‖ ~ **integrado** (electrón.) / integrierter Schaltkreis, IC *m*, Festkörperschaltkreis *m* ‖ ~ **integrante** / Integrationskreis *m*, integrierendes Netzwerk, Integrierglied *n* ‖ ~ **intermediário** (electrón.) / Zwischen[schwing]kreis *m* ‖ ~ **limitador** / Begrenzerschaltung *f* ‖ ~ **limitador de amplitude** (tv) / Amplitudenbegrenzer, -unterdrücker *m* ‖ ~ **lógico OU'** (informática) / inklusives-ODER-Schaltung *f* ‖ ~ **magnético fechado** / luftspaltloser Magnetkreis ‖ ~ **miniaturizado digital integrado** / integrierte Digitalschaltung ‖ ~ **miniaturizado integrado** / integrierte Mikroschaltung ‖ ~ **misto** (electrón.) / gemischte Schaltung ‖ ~ **monolítico** (electrón.) / Festkörperschaltkreis *m* ‖ ~ **NAND** (informática) / NICHT-UND-Schaltung, NAND-Schaltung *f* ‖ ~ **no enrolamento** (electr.) / Windungsschluß *m* ‖ ~ **NOR** (electrón.) / NOR-Schaltung, ODER-NICHT-Schaltung *f*, NICHT-ODER-Glied *n* ‖ ~ **NOT** (informática) / Neinschaltung *f*, Inverter *m*, NICHT-Glied *n*, Negator *m*, NICHT-Schaltung *f* ‖ ~ **operacional** (electr.) / Arbeitsstromkreis *m* ‖ ~ **oscilador** / Oszillatorkreis *m* ‖ ~ **oscilante** (electrón.) / Erregerkreis *m*, geschlossener Schwingkreis, Schwingungskreis *m* ‖ ~ **oscilante de cristal de frequência modulada** / frequenzmodulierter Quarzkreis, FMQ ‖ ~ **OU** (informática) / ODER-Schaltung *f* ‖ ~ **OU exclusivo** / Exklusiv-ODER-Gatter *n* ‖ ~ **paralelo** (electr.) / Parallelkreis *m* ‖ ~ **passivo** (telecom.) / verstärkerloser Stromkreis ‖ ~**-porta** *m* **de activação** / Anreizgatter *n* ‖ ~ **primário** (telecom.) / Erregerkreis *m* ‖ ~ **principal** (electr.) / Hauptstromkreis *m*, Grundschaltung *f* ‖ ~ **protector** (electr.) / Schutzschaltung *f* ‖ ~ **push-pull** / Gegentaktschaltung *f* ‖ ~ **real** (telecom.) / Stammkreis *m*, -leitung *f* (Ggs.: Phantom) ‖ ~ **ressoante** (electrón.) / Resonanzkreis *m*, Schwingkreis *m* ‖ ~ **retardador** / Verzögerungskreis *m* ‖ ~ **secundário** (electr.) / Sekundärkreis *m* ‖ ~ **sequencial** (electrón.) / Folgeschaltung *f* ‖ ~ **série-paralelo** (electr.) / Gruppenschaltung *f* ‖ ~ **simétrico** / Gegentaktschaltung *f* ‖ ~ **telefónico** (telecom.) / Stromkreis *m*, Sprechkreis *m*, Fernsprechschaltung *f* ‖ ~ **transmissor** / Sendekreis *m* ‖ ~ **trigger** (electrón.) / Triggerschaltung *f* ‖ ~ **verificador de recepção** / Stationsprüfer *m*

circulação *f* (biol., química) / Kreislauf *m* ‖ ~ / Umlauf *m*, Zirkulation *f* ‖ ~ / Verkehr *m* ‖ ~ **à direita** (constr. rodov.) / Rechtsverkehr *m* ‖ ~ **alternada** (autom.) / Wechselverkehr *m* ‖ ~ **do ar** / Luftumlauf *m* ‖ ~ **do banho** / Flottenkreislauf *m* ‖ ~ **do banho** (galvanoplast.) / Badbewegung *f* ‖ ~ **ferroviária** / Zugverkehr *m* ‖ ~ **forçada** / Zwangsumlauf *m*, erzwungener Umlauf, Zwangsdurchlauf *m*, Druckumlauf *m* ‖ ~ **na contramão**, circulação *f* na via contrária (constr. rodov.) / Gegenverkehr *m*

circulador *m* / Zirkulator *m*, Richtungsgabel *f* (Hohlleiter)

circular *adj* / rund, kreisförmig

circular *v* (electr.) / fließen ‖ ~ / umlaufen, zirkulieren ‖ ~ / verkehren, fahren ‖ **fazer** ~ / umwälzen *vt* ‖ **não** ~ / unrund

círculo *m* / Kreis *m*, Kreislinie *f* ‖ ~ **azimutal** (astron.) / Azimutkreis *m* ‖ ~ **circunscrito** / Umkreis, um[be]schriebener Kreis *m* ‖ ~ **cromático** / Farbkreis *m*, Farbtonkreis *m* ‖ ~ **de ajuste da bússola** / Bussolenrichtkreis *m* ‖ ~ **de base** / Grundkreis *m*, Fußkreis *m* ‖ ~ **de cabeça** (máq., tecnol.) / Kopfkreis *m* ‖ ~ **de divergência** (física) / Zerstreuungskreis *m* ‖ ~ **de furos** / Lochkreis *m* ‖ ~ **de latitude** (astron.) / Breitenkreis *m* ‖ ~ **de localização do espectroscópio** / Finderteilkreis *m* am Spektroskop ‖ ~ *m pl* **de orifícios** / Lochkreis *m* ‖ ~ *m* **de pé** / Fußkreis *m* ‖ ~ **de posição** / Positionskreis *m* ‖ ~ **de raio 1** / Einheitskreis *m* ‖ ~ **de referência** / Mittenkreis *m* ‖ ~ **do líquido** / Flüssigkeitskreislauf *m* ‖ ~ **horário** / Stundenkreis *m* ‖ ~ **horizontal [graduado]** (agrimen.) / Horizontalkreis *m* ‖ ~ **inscrito** (matem.) / Inkreis *m* ‖ ~ **inteiro** / Vollkreis *m* ‖ ~ **longitudinal** (astron.) / Längenkreis *m* ‖ ~ **osculador** / Krümmungskreis *m*, Schmiegkreis *m* ‖ ~ **paralelo** (matem.) / Parallelkreis *m* ‖ ~ **primitivo de referência** / Teilkreis *m* ‖ ~ **repetidor** (agrimen.) / Wiederholungskreis *m* ‖ ~ **rolante** / Wälzkreis *m*
circundar (astronáut.) / umkreisen ‖ ~ (constr. civil) / umschließen, umgeben
circunferência *f* / Kreisumfang *m*, Kreislinie *f*
circunferencial / Umfangs...
circunscrever / umgrenzen ‖ ~ (matem.) / umschreiben
cirílico / kyrillisch
cirro *m* / Zirruswolke *f*, Federwolke *f* ‖ ~**-cúmulo** *m* / Zirrokumulus *m*, -wolke *f* ‖ ~**-estrato** *m* / Zirrostratus *m*, -stratuswolke *f*
cisalhamento *m* / Abscheren *n*, Abscherung *f*, Scherung *f*
cisalhar / abscheren, abdrücken
cisão *f* **nuclear** / Kernspaltung *f*
cisco *m* **de carvão vegetal** / Holzkohlenlösche *f*, Holzkohlenklein *n*
cissóide / kosinus- und/oder sinusförmig
cisteína *f* / Cystein *n*
cisterna *f* / Zisterne *f* ‖ ~ (hidrául.) / Sammelbrunnen *m*
cistina *f* / Cystin *n*
cistoscópio *m* / Cystoskop *n*
citoplasma *m* / Zellplasma *n*
citral *m* / Citral *n*
citrato *m* / Salz *n* der Zitronensäure, Zitrat *n* ‖ ~ **férrico amoniacal** / Eisen-Ammon-Zitrat, Ferriammoniumzitrat *n*
citricultura *f* / Zitrusfruchtanbau *m*
citrina *f* (tinturaria) / Citrin *n* ‖ ~ (mineralog.) / Citrin *m*
citrinos *m pl* / Zitrusfrüchte *f pl*
citronela *m* (química) / Citronellal *n*, Citronellaldehyd *m* ‖ ~ *f* (química) / Rhodinal *n*
citronelol *m* / Citronellol *n* (ein Rosenalkohol)
clamidobactérias *f pl* / Fadenbakterien *f pl*
clamidósporo *m* (agricult.) / Chlamydospore *f*
clarabóia *f* (constr. civil) / Oberlicht *n*, Lichtkuppel *f*, Dachfenster *n*, Dachluke *f*, Lichtöffnung *f*
clarão *m* **solar** / Sonnenfackel *f*
clareamento *m* / Aufhellung *f*, Aufhellen *n*
clareira *f* / Lichtung *f*, Abholzung *f*
claridade *f* / Helligkeit, Helle *f*, Schein *m*
clarificação *f* (química) / Klärung *f*, Reinigung *f* ‖ ~ / Läuterung *f* ‖ ~ (indústr. cervej.) / Trübausscheidung *f*
clarificador *m* / Klärgefäß *n*, -apparat *m* ‖ ~ (geral) / Klärmittel *n*
clarificante *m* **para cerveja** / Bierkläre *f*
clarificar, decantar, filtrar / abklären, filtrieren ‖ ~, purificar, depurar / läutern, klären ‖ ~ (açúcar) / erhellen ‖ ~ (química) / schönen ‖ ~**-se** / sich klären ‖ ~ **por prensas de filtro** (açúcar) / abschlämmen
clarímetro *m* (papel) / Glanzmesser *m*
claro *m* (artes gráf.) / Fenster *n* im Druckstock ‖ ~ *adj* (geral) / hell ‖ ~ (tom) / klar ‖ ~ **como cristal** (geral) / kristallklar, -hell
classe *f* / Größenklasse *f*, Sorte *f*, Klasse *f*, Art *f* ‖ ~ **de forma** / Formklasse *f* ‖ ~ **de idade** / Altersklasse *f* (von Holz) ‖ ~ **de isolamento** / Wärmeklasse *f* ‖ ~ **de perigo** / Gefahrenklasse *f* ‖ ~ **de rendimento** (prep.) / Ertragsklasse, Bonität *f*
classificação *f* / Einteilung *f*, Klassifikation *f* ‖ ~ (org. industr.) / Einstufung *f* ‖ ~, separação *f* / Sichtung *f* ‖ ~ **das falhas segundo os efeitos** / Ausfallgliederung *f* nach Schwere der Auswirkung ‖ ~ **das fibras** (papel) / Faserfraktionierung *f* ‖ ~ **de incêndio** / Brandklasse *f* ‖ ~ **decimal** / Dezimalklassifikation *f*, DK ‖ ~ **final** (informática) / Endsortierung *f* ‖ ~ **grosseira** / Grobsortieren *n* ‖ ~ **manual** (siderurg.) / Klaubarbeit *f* ‖ ~ **menor** (cart. perf.) / Feinsortierung *f* ‖ ~ **pela peneira** (expl. minas) / Siebklassierung *f* ‖ ~ **pneumática** (expl. minas) / Windaufbereitung *f* ‖ ~ **por sedimentação livre** (expl. minas) / Freifallklassieren *n* ‖ ~ **segundo a finura** / Feinsortieren *n*
classificado / geordnet, sortiert, ausgelesen
classificador *m* / Ordner *m* ‖ ~ **de dados** (informática) / Datenzuordner *m* ‖ ~ **de minério** / Erzscheidemaschine *f* ‖ ~ **rápido** / Schnellhefter *m*
classificadora *f* **de batatas** / Kartoffelauslesemaschine *f* ‖ ~ **de documentos** / Belegsortierer *m* ‖ ~ **plana de uma só caixa** (expl. minas) / Einkastenplansichter *m*
classificar, seleccionar / sortieren, in Klassen ordnen, klassifizieren ‖ ~ / einteilen (klassifizieren) ‖ ~, separar (expl. minas) / sichten, klauben ‖ ~ **estanho** / Zinnkörner durch Sieben gattern
clástico (geol) / klastisch
clatrato *m* (química) / Clathrat *n* (Einschlußverbindung)
claustro *m* / gedeckter Gang, spez.: Kreuzgang *m*
cláusula *f* **de tamanho** (informática) / Längenklausel *f*
clichagem *f* (artes gráf.) / Klischieren *n*
cliché *m*, clichê *m* (artes gráf.) / Klischee *n*, Druckstock *m*, Druckplatte *f* ‖ ~ **de meio-tom** / Rasterklischee *n* ‖ ~ **fotográfico** (artes gráf.) / Bildstock *m*
clicheria *f* / Klischeeanstalt *f*
clima *m* / Klima *n* ‖ ~ **ao ar livre** / Freiluftklima *n* ‖ ~ **(h)úmido alternante** / Feucht-Wechselklima *n* ‖ ~ **marítimo** / Seeklima *n*
climático / klimatisch [bedingt], Klima...
climatização *f* / Klimatisierung *f*
climatizar / klimatisieren, klimafest machen
climatologia *f* / Klimatologie *f*, Klimakunde *f* ‖ ~ **aeronáutica** / Flugklimatologie *f*
clinómetro *m* / Böschungswaage *f*, Klinometer *n*, Gefällemesser *m*, Steigungsmesser *m*, -anzeiger *m*, Neigungsmesser *m*
clínquer *m* / Schlacke *f* von Brennstoffen, Klinker *m*
clipe *m* **de mola** / Quetschklemme *f*, federnde Klemme ‖ ~ **de mola** (autom.) / Federklammer *f* (DIN)
clivado / zerklüftet
clivagem *f* (geol, cristalogrf.) / Teilung, Spaltung *f* ‖ ~ (geol) / Schieferung *f* (durch tektonische Prozesse) ‖ ~ **cetónica** / Ketonspaltung *f* ‖ ~ **de cristais** / Spaltung *f* von Kristallen
clivar / spalten, ab-, aufspalten
clivável / spaltbar
cloaca *f* / Senkgrube *f*, Kloake *f*
cloantite *m* (mineralog.) / Chloanthit *m*

(Weißnickelkies)
cloquelé (têxtil) / cloqueliert
cloração *f* / Chlorierung *f*, Chlorgabe *f*, Chloren *n*, Chlorung *f* ‖ ~ **a vapor** / Dampfchloren *n*
cloracetofenona *f* / Chloracetophenon *n*
clorado / chloriert
cloragem *f* / Chlorierung *f*
cloral *m* / Chloral *n*
cloramina *f* / Chloramin *n*
clorar / chloren, chlorieren (z.B. Phot, Hütt), mit Chloriden behandeln
clorargirita *f* (mineralog.) / Chlorsilber *n*
clorato *m* / Chlorat *n*, chlorsaures Salz ‖ ~ **de potássio** / Kaliumchlorat *n*
cloretado / chlorhaltig
cloretileno *m* / Chlorethylen *n*
cloretilo *m* / Chlorethyl *n*
cloreto *m* / Chlorid, (früher:) Chlormetall *n* ‖ ~ **amónico de zinco** / Chlorzinkammonium *n* ‖ ~ **antimonioso** / Antimon(III)-chlorid *n*, Chlorantimon *n* ‖ ~ **arsénico** / Chlorarsen *n* ‖ ~ **arsenioso** / Arsentrichlorid *n* ‖ ~ **áurico** / Aurichlorid *n*, Goldtrichlorid *n*, Chlorgold *n* ‖ ~ **auroso** / Gold(I)-chlorid *n* ‖ ~ **benzílico** / Benzylchlorid *n* ‖ ~ **benzoil** / Benzoylchlorid *n* ‖ ~ **cobaltoso** / Kobalt(II)-chlorid *n* ‖ ~ **cúprico** / Cuprichlorid *n*, Kupfer(II)-chlorid *n*, Chlorkupfer *n* ‖ ~ **cuproso** / Kupfer(I)-chlorid *n*, Cuprochlorid *n* ‖ ~ **de acetila** / Acetylchlorid *n* ‖ ~ **de alumínio** / Aluminiumchlorid *n*, Chloraluminium *n* ‖ ~ **de amó(ô)nio** / Chlorammonium *n* ‖ ~ **de azoto** / Chlorstickstoff *m* ‖ ~ **de bário** / Chlorbarium *n* ‖ ~ **de benzilideno** / Benzylidenchlorid *n*, Benzalchlorid *n* ‖ ~ **de benzina** / Chlorbenzin *n* ‖ ~ **de benzol** / Chlorbenzol *n* ‖ ~ **de bismuto** / Wismutchlorid *n*, -butter *f*, Chlorwismut *m* ‖ ~ **de cádmio** / Chlorkadmium *n*, Kadmiumchlorid *n* ‖ ~ **de cal** / Chlorkalk *m*, Bleichkalk *m* ‖ ~ **de cálcio** / Kalziumchlorid *n*, Chlorkalzium *n* ‖ ~ **de carbonila** / Carbonylchlorid *n*, Kohlenoxychlorid *n*, Chlorkohlenoxidgas *n* ‖ ~ **de chumbo** / Bleichlorid *n* ‖ ~ **de chumbo** (mineralog.) / Chlorblei *n* ‖ ~ **de cobre** / Kupferchlorid *n* ‖ ~ **de diazobenzol** / Diazobenzolchlorid *n* ‖ ~ **de dimetilarsino** / Dimethylarsinchlorid *n* ‖ ~ **de estanho** / Chlorzinn *n* ‖ ~ **de estrôncio** / Chlorstrontium *n* ‖ ~ **de etileno** / Chlorethylen *n* ‖ ~ **de etilo** / Ethylchlorid *n*, Chlorethyl *n*, Chelen *n* ‖ ~ **de lantânio** / Lanthanchlorid *n* ‖ ~ **de lítio** / Lithiumchlorid *n* ‖ ~ **de magnésio** / Chlormagnesium, Magnesiumchlorid *n* ‖ ~ **de manganês** / Chlormangan *n* ‖ ~ **de mercúrio** / Sublimat *n*, Quecksilber(II)-chlorid *n* ‖ ~ **de metilo** / Chlormethyl *n*, Methylchlorid *n* ‖ ~ **de níquel** / Chlornickel *n* ‖ ~ **de ouro e sódio** / Natriumgoldchlorid *n* ‖ ~ **de polivinilo**, PVC / Polyvinylchlorid *n*, PVC ‖ ~ **de potássio** / Kaliumchlorid *n*, Chlorkalium *n* ‖ ~ **de prata** / Silberchlorid *n*, Chlorsilber *n* ‖ ~ **de sódio** / Natriumchlorid *n*, Chlornatrium *n* ‖ ~ **de vinilo** / Vinylchlorid *n* ‖ ~ **de zinco** / Chlorzink *n*, Zinkchlorid *n* ‖ ~ **duplo de estanho e amónio** (tinturaria) / Ammoniumzinnchlorid, Pinksalz *n* ‖ ~ **estânico** / Zinnchlorid *n*, Zinn-IV-chlorid *n*, -tetrachlorid *n* ‖ ~ **estanoso** / Zinn(II)-chlorid *n*, Zinnsalz *n* ‖ ~ **férrico** / Eisen(III)-chlorid, Ferrichlorid *n* ‖ ~ **ferroso** / Eisen(II)-chlorid, Ferrochlorid *n* ‖ ~ **mercúrico** / Quecksilber(II)-chlorid *n*, Sublimat *n* ‖ ~ **mercuroso** / Quecksilber(I)chlorid *n*, Merkurochlorid *n*, Calomel *n* ‖ ~ **platínico** / Chlorplatin *n* ‖ ~ **vinílico** / Vinylchlorid *n*
cloretos *m pl* / Chlorverbindungen *f pl*
clorídrico / Hydrochlor...
clorita *f* (mineralog.) / Chlorit *m*
clorítico / chlorithaltig
clorito *m* (química) / Chlorit *n*, Salz *n* der chlorigen Säure
cloro *m* / Chlor *n*, Cl
cloroaurato *m* **de sódio** / Chlorgoldnatrium *n*
clorobenzeno *m* / Chlorbenzol *n*
clorocresol *m* / Chlorkresol *n*
cloro-estanato *m* **de amónio** (tinturaria) / Ammoniumzinnchlorid, Pinksalz *n*
clorofenol *m* / Chlorphenol *n*
clorofila *f* / Chlorophyll *n*, Blattgrün *n*
clorofilado / chlorophyllhaltig
clorofórmio *m* / Chloroform *n*, Trichlormethan *n* ‖ ~ **nitrado** / Chlorpikrin *n*
clorohidrina *f* / Chlorhydrin *n*
clorometria *f* / Chlorbestimmung *f*, Chlorometrie *f*, Chlorimetrie *f*
clorómetro *m* / Chlorometer *n*, Chlorimeter *n*
cloropicrina *f* (armamento) / Chloropikrin, Klop *n*
cloropreno *m* / Chloropren *n*, CR
clorose *f* / Chlorose, Gelbblättrigkeit *f* ‖ ~ **por excesso de calcário** / Kalkvergilben *n*
cloroso / chlorig, Chlor...
clorovinilarsina *f* (química, armamento) / Chlorvinyldichlorarsin, Lewisit *n*
cloroviniltriclorarsina *f* / Chlorvinyltrichlorarsin *n*
clorureto *m* **de mercúrio** / Quecksilberhornerz *n*
clotóide *f* / Eulersche Spirale
coacervação *f* (química) / Koazervation, Koazervierung *f*
coacervato *m* (química) / Koazervat *n*
coadura *f* / Durchseihen *n*
coagel *m* (química) / Koagel *n*
coagulação *f* / Koagulation *f* ‖ ~ (química) / Gerinnen *n*, Flocken *n*
coagulado (química) / geronnen
coagulador *m* / Koagulierungsmittel *n*, Gerinnungsmittel *n*
coagulante *m* / Gerinnungsmittel *n*
coagular / koagulieren *vi* ‖ ~ (química) / gerinnen, zusammenlaufen
coagulável (química) / gerinnbar, koagulierbar
coágulo *m* (química) / Geronnenes, Gerinnsel *n* ‖ ~ / Gerinnsel *n*, Gerinnungsmittel *n*, Koagulierungsmittel *n*, Coagulum *n*
coalescência *f* / Koaleszenz *f*
coalhado (leite) / geronnen
coalhar / gerinnen
coalho *m*, coalheira *f* (química) / Lab *n* ‖ ~ (leite) / Gerinnen *n*
coaltar *m* / Steinkohlenteer *m*, Kohlenteer *m*, Gasteer *m*
coar / durchseihen ‖ ~ (siderurg.) / das Roheisen ablassen, aufbrechen
coaxial / koaxial ‖ ~ (cristalogrf.) / gleichachsig
cobáltico / Kobalt(III)-...
cobaltífero / Kobalt..., kobalthaltig, -führend
cobaltita *f* (mineralog.) / Glanzkobalt *m*
cobaltizar / kobalten *vt*
cobalto *m*, Co / Kobalt *n*, Co ‖ ~ **negro** (mineralog.) / schwarzer Erdkobalt, Asbolit *m*, Asbolan *m* ‖ ~ **verde** / Eisenkobaltkies *m*, Spatiopyrit *m*, Safflorit *m*
cobaltoso / Kobalt(II)-...
coberta *f* (siderurg.) / Schutzdecke *f* ‖ ~ (constr. naval) / Deck *n* ‖ ~ (constr. civil) / Baldachin *m* ‖ ~ **da cumeeira** (constr. civil) / Firsthaube *f* ‖ ~ **de abrigo** / Schutzdeck *n* ‖ ~ **de popa** / Hinterdeck *n*, Achterdeck *n*
coberto, revestido / bedeckt ‖ ~ / verdeckt ‖ ~ (meteorol.) / trüb[e] ‖ ~ **de geada** / bereift, voll Reif ‖ ~ **de vegetação** / bewachsen *adj*

cobertura *f* (constr. civil, máq.) / Haube *f* ‖ ~ (emissor rádio, tv) / erfaßtes Gebiet ‖ ~ / Abdeckung *f* ‖ ~ **da cumeeira** (constr. civil) / Firstabdeckung *f* ‖ ~ **de betão**, cobertura *f* de concreto / Betondeckung *f* ‖ ~ **de pranchas** / Deckbelag *m* ‖ ~ **de telhados** / Dachdeckung *f* ‖ ~ **do telhado** / Dachbelag *m*, -haut *f* ‖ ~ **do ventilador** / Lüfterhaube *f*, Lüftungsaufsatz *m*

COBOL (linguagem orientada para o comércio) (informática) / COBOL *n*, [-Programmsprache] *f*

cobre *m*, Cu / Kupfer *n*, Cu ‖ **da cor do** ~ / kupferrot, -farbig ‖ **de** ~ / kupfern, aus Kupfer ‖ ~ **amarelo** / Gelbkupfer *n* ‖ ~ **arseniado** / Arsenkupfer *n* ‖ ~ **blister** / Blister-Kupfer *n* ‖ ~ **cinzento** / Fahlerz *n* ‖ ~ **cinzento argentífero** / Silberfahlerz *n* ‖ ~ **de alta condutividade** / Leitkupfer *n* ‖ ~ **de cementação** / Zement[ations]kupfer *n* ‖ ~ **de fundição** / Schmelzkupfer *n* ‖ ~ **de sucata** / Bruchkupfer *n* ‖ ~ **electrolítico** / Kathodenkupfer *n*, Elektrolytkupfer *n* ‖ ~ **em barras** / Stangenkupfer *n*, Barrenkupfer *n* ‖ ~ **em bruto** / Schwarzkupfer *n* (98,5 - 99,5% Cu), Rohkupfer *n* ‖ ~ **em lingotes** / Blockkupfer *n* ‖ ~ **fino** / Feinkupfer *n* ‖ ~ **piritoso** / Gelbkupfererz *n* ‖ ~ **precipitado** / Kupferzement *m*, Niederschlagkupfer *n*, Zementkupfer *n* ‖ ~ **preto** / Schwarzkupfer *n* (98,5 - 99,5% Cu), Rohkupfer *n* ‖ ~ **purificado**, cobre *m* refinado / Garkupfer *n* ‖ ~ **roseta** / Rosettenkupfer *n* ‖ ~ **virgem capilar** / Haarkupfer *n*

cobreação *f* / Verkupferung *f*

cobreado / kupferrot, -farbig

cobrear / verkupfern

cobrejunta *f* / Deckplatte *f*, -streifen *m*, Deckleiste *f*, Decklasche *f* ‖ ~ (constr. civil) / Fugenleiste *f*, Fugenbedeckung *f*, -deckleiste *f* ‖ **de** ~ **dupla** / Doppellaschen...

cobre-objecto *m* (sold) / Deckglas *n*

cobrimento *m* (máq., tecnol.) / Deckung, Überdeckung *f*

cobrir / abdecken, bedecken, überziehen ‖ ~ (geral, tinturaria) / decken ‖ ~ (expl. minas) / bestürzen, bedecken ‖ ~ **com betão**, cobrir com concreto / betonieren, zubetonieren ‖ ~ **com pó** / bestäuben ‖ ~ **com ripas** / belatten ‖ ~ **com telhado** / überdachen ‖ ~ **de** / bestreichen ‖ ~ **de fio** / umspinnen ‖ ~ **de geada** / bereifen, beeisen ‖ ~ **de pó** / einstauben, bestauben, -stäuben ‖ ~ **de ripas** (constr. civil) / schindeln ‖ ~ **de uma camada fina por electrólise** / galvanisieren, einen galvanischen Überzug aufbringen

coca *f* / Koka, Erythroxylon coca *f*

cocaína *f* / Kokain *n*

cocção *f* **forte** (cerâm.) / Hartbrennen *n*

coccídio *m* / Schildlaus *f* (Schädling)

cocha *f* / Kabelschlag *m* ‖ ~ **de um cabo** / Seilschlag *m*

cochonila *f* (tinturaria) / Cochenille *f*

cochonilha *f* / Lackschildlaus *f*

cocleado / schneckenhausförmig

co-condensação *f* (química) / Mischkondensation *f*

codeína *f* / Kodein *n*

codificação, com erro de ~ / fehlerhaft codiert ‖ ~ **automática** / automatische Codierung ‖ ~ **de impulsos ou pulsos** / Impulsverschlüsselung *f*

codificado (informática) / verschlüsselt ‖ **não** ~ / offen, unverschlüsselt ‖ ~ **em cores** (técn. fotogr.) / farbcodiert

codificador *m* / Vercoder *m*, Verschlüsseler *m*, Codiereinrichtung *f* ‖ ~ (informática) / Codeselector *m* ‖ ~ **da informação horária em sinais telegráficos** / Fernschreiber-Zeichen-Uhrzeit-Codierer *m* ‖ ~ **de cores** (tv) / Farbcoder *m* ‖ ~ **de documentos** / Belegdrucker *m*

codificar / codieren, chiffrieren, verschlüsseln ‖ ~ (informática) / in arithmetische Form bringen

código *m* / Zeichensystem *n*, Code *m*, Schlüssel *m* ‖ ~ (informática) / Code *m* ‖ ~ (telecom.) / Kennziffer *f* ‖ ~ **binário codificado em decimal** (informática) / BCD-Code *m* ‖ ~ **binário para dígitos decimais** / Binärcode für Dezimalziffern *m* (DIN) ‖ ~ **de Baudot** (telecom.) / Baudot-Code *m* ‖ ~ **de cartão** (cart. perf.) / Lochcode *m* ‖ ~ **de cinco canais** / Fünfkanalcode *m* ‖ ~ **de cinco unidades** (telecom.) / Fünfercode *m*, Baudot-Code *m* ‖ ~ **de componentes físicos** (PERT) / Artikelschlüssel *m* ‖ ~ **de cores** / Farbcode *m*, Farbencode *m* ‖ ~ **de edição** (informática) / Aufbereitungscode *m* ‖ ~ **de endereçamento postal**, CEP / Postleitzahl *f* ‖ ~ **de fita perfurada** / Lochstreifencode *m* ‖ ~ **de identificação** / Erkennungscode *m* ‖ ~ **de máquina** (informática) / Maschinencode *m* ‖ ~ **de minas** / Berggesetz *n* ‖ ~ **de perfuração** (informática) / Lochschrift *f* ‖ ~ **excesso de três** (informática) / Excess-3-Code *m* ‖ ~ **externo** / Externcode *m* ‖ ~ **gecom** (informática) / Gecom-Code *m* ‖ ~ **industrial** (informática) / Branchenschlüssel *m* ‖ ~ **ISO-7-bit** / ISO-7-Bit-Code *m* ‖ ~ **mnemónico** (informática) / Buchstabencode *m* ‖ ~ **numérico** / Zifferncode *m* ‖ ~ **postal** / Postleitzahl *f* ‖ ~ **Q** (electrón.) / Q-Code *m* ‖ ~ **quibinário** (informática) / Quibinärcode *m* ‖ ~ **redundante** / Sicherheitscode *m* ‖ ~ **telegráfico internacional** / internationaler Fernschreibcode

codizar / chiffrieren

coeficiente *m* / Koeffizient *m* (= Einfluß einer Stoffeigenschaft auf einen physikalischen Zusammenhang), Grad (= Verhältnis zweier Größen, das nur 100% werden kann), Zahl *f* (= Verhältnis zweier Größen), Beiwert *m* ‖ ~ **Abbe** / Abbesche Zahl *f* ‖ ~ **constante** / konstanter Beiwert ‖ ~ **da corrente de retorno** (telecom.) / Anpassungskoeffizient *m* ‖ ~ **de absorção** / Absorptionskoeffizient *m* ‖ ~ **de absorção atómica** / atomarer Absorptionskoeffizient, τaa ‖ ~ **de absorção de energia mássica** (técn. nucl.) / Massen-Energieabsorptionskoeffizient *m* ‖ ~ **de absorção efectivo** / effektiver Absorptionskoeffizient ‖ ~ **de absorção linear** / Extinktionsmodul *m* ‖ ~ **de aceleração** / Beschleunigungsfaktor *m* ‖ ~ **de actividade** / Aktivitätskoeffizient *m* ‖ ~ **de aderência** / Kraftschlußbeiwert *m* ‖ ~ **de aderência** (técn. ferrov.) / Haftwert *m* ‖ ~ **de amortecimento** (electr.) / Dämpfungskoeffizient *m* ‖ ~ **de anamorfose** (técn. fotogr.) / seitliche Zusammendrängung (Anamorphot) ‖ ~ **de arranque** / Anlaufwert *m* ‖ ~ **de atenuação** (telecom.) / spezifische Dämpfung je Längeneinheit ‖ ~ **de atenuação** (técn. nucl.) / materieller Schwächungskoeffizient ‖ ~ **de avanço da hélice** / Fortschrittsgrad *m* (Luftschraube) ‖ ~ **de carga** (aeronáut.) / Lastvielfaches *n* ‖ ~ **de choque** (mecân.) / Ausgleichszahl *f*, Stoßfaktor *m* ‖ ~ **de choques** (mecân.) / Stoßbeiwert *m*, Stoßzahl *f*, Stoßkoeffizient *m* ‖ ~ **de condutibilidade** / Temperaturleitfähigkeit, -leitzahl *f* ‖ ~ **de condutividade térmica** (física) / Wärmeleitzahl *f* ‖ ~ **de confiança** (contr.qualid.) / Aussagewahrscheinlichkeit *f* ‖ ~ **de correcção** / Berichtigungswert *m* ‖ ~ **de débito** / Durchflußkoeffizient *m*, -zahl *f* ‖ ~ **de dilatação** / Ausdehnungskoeffizient *m*, -zahl *f*, Dehnungskoeffizient *m* ‖ ~ **de dilatação cúbica** / Raumausdehnungskoeffizient *m* ‖ ~ **de dilatação superficial** / Flächenausdehnungszahl *f* ‖ ~ **de dilatação térmica** / Wärmedehnzahl *f*, Wärmeausdehnungskoeffizient *m* ‖ ~ **de**

dispersão / Streufaktor, -koeffizient *m*, -zahl *f* ‖ ~ **de distorção não-linear** (electrón.) / Klirrfaktor *m* ‖ ~ **de eficácia luminosa** / Lichtausbeute *f* ‖ ~ **de elasticidade** / Elastizitätskoeffizient *m* ‖ ~ **de enchimento** / Füllfaktor *m* ‖ ~ **de enfraquecimento** (telecom.) / Dämpfungsfaktor, -grad *m*, -konstante *f* ‖ ~ **de equilibração** (telecom.) / Fehlerdämpfungskoeffizient *m* ‖ ~ **de escoamento** (hidrául.) / Abflußbeiwert *m*, -verhältnis *n* ‖ ~ **de excentricidade** (mecân.) / Exzentrizitätszahl *f* ‖ ~ **de extinção** (química) / Extinktionskoeffizient *m*, -exponent *m*, Schwächungskoeffizient *m* ‖ ~ **de filtração** (técn. fotogr.) / Filterfaktor *m* ‖ ~ **de flambagem** (mecân.) / Knickzahl *f* ‖ ~ **de fluxo** / Fließdauer *f* ‖ ~ **de força ascensional** (aeronáut.) / Einheitsauftrieb *m* in kp je m^3 ‖ ~ **de fricção** / Reibbeiwert *m* ‖ ~ **de fricção de deslize** / Gleitbeiwert *m* ‖ ~ **de fusão** / Abschmelzkonstante *f* ‖ ~ **de indução** / magnetische Feldkonstante, Induktionskonstante *f* ‖ ~ **de inércia** / Anlaufwert *m* ‖ ~ **de influência** (mecân.) / Einflußwert *m*, -zahl *f* ‖ ~ **de penetrabilidade** / Durchlässigkeitskoeffizient *m* ‖ ~ **de potência [de reactividade]** (técn. nucl.) / Leistungskoeffizient *m* [der Reaktivität] ‖ ~ **de propagação interactiva** (telecom.) / Kettenübertragungsmaß *n* ‖ ~ **de qualidade** / Güteziffer *f*, -zahl *f*, Q-Faktor *m*, Kreisgüte *f* ‖ ~ **de redução** / Abminderungsbeiwert *m* ‖ ~ **de refracção** / Brechungskoeffizient *m* ‖ ~ **de renovação do ar** / Luftrate *f* ‖ ~ **de resistência ao ar** (autom., aeronáut.) / Widerstandsbeiwert *m*, Luftwiderstandsbeiwert *m* ‖ ~ **de saída** / Ausflußkoeffizient *m* ‖ ~ **de saponificação** / Verseifungszahl *f*, VZ ‖ ~ **de segurança** / Sicherheitsfaktor *m* ‖ ~ **de solubilidade** (química) / Löslichkeitskoeffizient *m* ‖ ~ **de sustentação** (aeronáut.) / Auftriebszahl *f* ‖ ~ **de temperatura** / Temperaturbeiwert *m*, -koeffizient *m* ‖ ~ **de temperatura-pressão** (gás) / Spannungskoeffizient *m* ‖ ~ **de torção** (têxtil) / Drahtzahl *f*, Zwirnkoeffizient *m*, Drehungszahl U *f* ‖ ~ **de transferência de matéria** / Stoffübergangszahl *f* ‖ ~ **de transferência de energia** / linearer Energieübertragungskoeffizient ‖ ~ **de transferênicia de energia mássica** / Massenenergie-Umwandlungskoeffizient *m* ‖ ~ **de transmissão** / Durchlässigkeitsfaktor *m* ‖ ~ **de utilização** / Ausnutzungsgrad *m*, Belastungsfaktor *m* ‖ ~ **de vácuo da reactividade** (técn. nucl.) / Dampfblasen-Koeffizient *m* der Reaktivität ‖ ~ **determinado** / benannter Beiwert ‖ ~ **pluviométrico** / durchschnittliche Niederschlagsmenge in % ‖ ~ **proporcional** / Verhältniszahl *f* ‖ ~ **relativo de refracção** / Brechungsquotient *m*

coercivo (electr.) / Koerzitiv...

coerente (física) / kohärent

coesão *f* (electrón.) / Frittung *f*, Kohäsion *f* ‖ ~ **das fibras** (mecanograf., papel) / Haftfestigkeit *f* ‖ ~ **do solo** / Bindigkeit *f* des Bodens

coesivo / Kohäsions..., bindig

coeso / fest zusammenhängend

coesor *m* (electrón.) / Kohärer *m*, Fritter *m*

co-extrusão *f* / gemeinsames Strangpressen mehrerer Metallarten

cofactor *m* (matem.) / Adjunkte *f*

cofragem *f* (constr. civil) / Schalung *f*, Verschalung *f* ‖ ~ **de progressão horizontal** (constr. civil) / Fahrschalung *f* ‖ ~ **deslizante** (constr. civil) / Gleitschalung *f* ‖ ~ **do arco** (constr. civil) / Bogenverschalung *f* ‖ ~ **do tecto** (constr. civil) / Deckenschalung *f*

cofrar (constr. civil) / schalen

cofre-forte *m* / Stahlkammer *f*, Safe *m n*, Geldschrank *m*, Kassenschrank *m*, Tresor *m*

cogumelo *m* / Pilz *m*

coice *m* (armamento) / Rückstoß *m*

coincidência *f* / Zusammentreffen *n*, -fallen *n*, Koinzidenz *f* ‖ ~ (matem.) / Deckungsgleichheit, Kongruenz *f*

coincidente / zusammenfallend, -treffend, Koinzidenz... ‖ ~ (matem.) / deckungsgleich

coincidir / decken (sich), zusammenfallen, -treffen, koinzidieren ‖ ~ (matem.) / sich decken, zusammenfallen

cola *f* / Leim *m* ‖ **de ~ animal** (papel) / gelatinegeleimt ‖ ~ **à base de resina sintética** / Kunststoffkleber *m*, -leim *m* ‖ ~ **animal** / Tierleim *m*, Glutinleim *m* ‖ ~ **branca** / Stärkekleister *m* ‖ ~ **de albumina** / Eiweißleim *m* ‖ ~ **de alume** (papel) / Alaunleim *m* ‖ ~ **de caseína** / Kaseinleim *m* ‖ ~ **de farinha** / Kleister *m* ‖ ~ **de ossos** / Knochenleim *m* ‖ ~ **de peixe** / Fischleim *m*, Hausenblase *f* ‖ ~ **de pele** / Hautleim *m* ‖ ~ **de sangue** / Blutleim *m* ‖ ~ **em película** / Leimfolie *f* ‖ ~ **em placas** / Tafelleim *m* ‖ ~ **em pó** / Leimpulver *n* ‖ ~ **forte** / Tischlerleim *m* ‖ ~ **hidráulica** / wasserfester Leim ‖ ~ **líquida** / flüssiger Leim ‖ ~ **para colagem a frio** (marcenar.) / Kaltleim *m* ‖ ~ **para couro** / Lederleim *m* ‖ ~ **para filmes** / Filmkitt *m* ‖ ~ **resínica** (papel) / Harzleim *m* ‖ ~ **vegetal** / Pflanzenleim *m*, Gliadin *n*

colado (papel) / geleimt ‖ ~ **e supercalandrado** (papel) / geleimt und zweimal kalandert

coladora *f* **de urdume** (tecel.) / Kettenschlichtmaschine *f*

colagem *f* / Kleben *n*, Leimtränken *n*, Leimen *n* ‖ ~ **na tina** (papel) / Büttenleimung *f*

colágeno *m* / Kollagen *n*

colapso *m* (plást.) / Einfallen *n*, Kollaps *m* ‖ ~ **gravitacional** / Gravitationskollaps *m*

colar / aneinanderkleben, verkleben, zusammenkleben, leimen, kleben ‖ ~ [sobre] / festkleben *vt* ‖ ~ [a] / haften, kleben [an] ‖ **~-se** / zusammenkleben *vi*

colar *m* / Kragen *m* ‖ ~ (máq., tecnol.) / Reifen *m*, Rand *m* ‖ ~ **de eixo** (máq., tecnol.) / Wellenbund *m* ‖ ~ **de estanqueidade ou estanquidade** / Dichtungskragen *m* ‖ ~ **de mola** / Federteller *m* ‖ ~ **do eixo** / Achsbund *m* ‖ ~ **do excêntrico** / Exzenterbügel *m*

co-latitude *f* (astron.) / 90°-Komplement der Breite eines Gestirns

cola-tudo *m* / Alleskleber *m*

colchão *m* **de molas** / Federmatratze *f*

colchete *m* **de correia** / Riemenschloß *n*, -verbinder *m* ‖ ~ **de mola** / Druckknopf *m* (Bekleidung) ‖ ~ **de pressão** / Karabinerhaken *m*

colcotar *m* / Englischrot *n*, Colcothar *m*, Eisenrot *n*, rotes Eisenoxid, Caput mortuum

colector *m* / Auffang *m*, Sammler *m* ‖ ~ (electr.) / Kollektor, (DIN): Kommutator *m* ‖ ~ (transistor) / A-Elektrode *f*, Arbeitselektrode *f* ‖ ~ (constr. civil) / Hauptentwässerungskanal *m* ‖ ~ (tv) / Fangelektrode *f* ‖ ~ (hidrául.) / Sammelkanal *m* ‖ ~ / Auffänger *m* ‖ ~ **de aparas** (máq. ferram.) / Spänefang *m*, -schale *f* ‖ ~ **de ar** / Luftfang *m*, Luftfänger *m* ‖ ~ **de areia** / Sandfang *m* ‖ ~ **de cinzas volantes** / Flugaschenfang *m* ‖ ~ **de corrente** (técn. ferrov.) / Stromabnehmer *m* ‖ ~ **de corrente em paralelogramo articulado** (técn. ferrov.) / Scherenstromabnehmer *m* ‖ ~ **de dados** (informática) / Datensenke *f* ‖ ~ **de gás** / Gasfang *m*, -sammelröhre *f* ‖ ~ **de gás de escape** / Abgassammler *m* ‖ ~ **de gotas** (química) / Tropfenabscheider *m*, -fänger *m* ‖ ~ **de impurezas**

(geral) / Schmutzfänger *m* ‖ ~ **de intercepção** (constr. civil) / Abfangsammler *m* ‖ ~ **de lama**, colector *m* de lodo / Schlammsack *m*, Schlammfang *m* ‖ ~ **de lâminas** (electr.) / Lamellenkollektor *m* ‖ ~ **de óleo** / Tropfschale *f* für Öl, Ölauffangschale *f* ‖ ~ **de pó** / Staubfang, -fänger *m* ‖ ~ **de pó de ciclone** (siderurg.) / Windsichter *m*, Wirbler *m* ‖ ~ **de vapor** / Dampfsammler *m*, Dampfkammer *f*, Dampfhaube *f* ‖ ~ **de ventilação** (expl. minas) / Schachttrum *m* (gesonderter Teil des Förderschachtes), Schachtabteilung *f* ‖ ~ **em arco** (técn. ferrov.) / Bügelstromabnehmer *m* ‖ ~ **em duas peças** / zweiteiliger Kollektor ‖ ~ **laminado** (electr.) / Lamellenkollektor *m* ‖ ~ **ligado à terra** (semicondut.) / festgelegter Kollektor ‖ ~ **pantográfico** (técn. ferrov.) / Stromabnehmer *m* ‖ ~ **pantográfico em paralelogramo articulado** (técn. ferrov.) / Scherenstromabnehmer *m* ‖ ~ **plano** (electr.) / Flachbahnkollektor *m* ‖ ~ **principal** (esgotos) / Hauptsammler *m* ‖ ~ **solar** / Sonnenkollektor *m*

coleóptero *m* (aeronáut.) / Coleopter *m* ‖ ~ **do amieiro ou do alno** / Erlenblattkäfer *m*

colestérico (cristalogrf.) / cholesterisch

colesterol *m* / Cholesterin *n*

coleta *f* **de lixo** / Müllabfuhr *f*

colete *m* **de salvação** / Rettungsweste *f* ‖ ~ **salva-vidas** / Schwimmweste *f*

colheita *f* **de amostras** / Entnahme *f* von Proben ‖ ~ **de dados** / Datenerfassung *f* ‖ ~ **de dados na fonte** / Ersterfassung *f* (Daten)

colher / lesen, pflücken, ernten ‖ ~ (linho) / raufen (Flachs)

colher *f* (geral, fundição) / Kelle *f*, Löffel *m*

colher dados (informática) / Daten erfassen

colher *f* **de barrar** (cerâm.) / langstieliger Löffel ‖ ~ **de escórias** (siderurg.) / Schlackenpfanne *f* ‖ ~ **de fundição** (fundição) / Gießkelle *f*, -löffel *m* ‖ ~ *m* **de fundidor** (fundição) / Formlöffel, -spatel *m* ‖ ~ *f* **para juntas** (constr. civil) / Streicheisen *n* ‖ ~ **quadrada** / Spachtelkelle *f*

colibacilo *m* / Kolibakterium *n*

colidir / zusammenfahren, kollidieren, zusammenprallen, aufeinanderprallen ‖ ~ [com] / anprallen [gegen]

colimação *f* / Kollimation *f*

colimador *m* / Kollimator *m*, Visier *n* ‖ ~ **do espectroscópio** / Spaltrohr *n* des Spektroskops

colina *f* (química) / Cholin *n*

colineação *f* / Kollineation *f*

colinear (matem.) / kollinear

colisão *f* / Anprall, Aufprall *m* ‖ ~ / Zusammenprall *m* ‖ ~ (técn. nucl.) / Stoß *m* ‖ ~ (geral, técn. ferrov.) / Zusammenstoß *m*, -stoßen *n* ‖ ~ **de electrões ou elétrons** / Elektronenstoß *m* ‖ ~ **do electrão ou elétron com um átomo** / Elektronenaufprall *m* ‖ ~ **elástica** (técn. nucl.) / elastischer Stoß ‖ ~ **em cadeia** (autom.) / Massen-Auffahrunfall *m* ‖ ~ **frontal** (autom.) / Frontalaufprall *m*

colmatagem *f* (hidrául.) / Kolmation *f*, Kolmatierung *f*, Auflandung *f*

colo *m* **de âncora** / Ankerhals *m* ‖ ~ **de parafuso** / Schraubenhals *m*

colocação *f* / Anordnung, Unterbringung *f* ‖ ~ **da primeira pedra** (constr. civil) / Grundsteinlegung *f* ‖ ~ **em funcionamento**, colocação *f* em serviço / Inbetriebnahme *f*, Inbetriebsetzen *n* (z.B. einer Anlage), Ingangsetzen *n*

colocar (máq., tecnol.) / anbringen ‖ ~ (máq. ferram.) / anstellen ‖ ~ **a forma na prensa** (artes gráf.) / die Form einheben ‖ ~ **bóias** / betonnen ‖ ~ **cobrejuntas** / verlaschen ‖ ~ **corta-circuitos** (electr.) / sichern ‖ ~ **em cavaletes** / aufbocken ‖ ~ **janelas** / Fenster anbringen o. vorsehen ‖ ~ **os alicerces** (constr. civil) / gründen, den Grund legen ‖ ~ **pontaletes** (expl. minas) / unterstempeln ‖ ~ **pontos de extracção** / die Leitung anzapfen ‖ ~ **tubos** (expl. minas) / verrohren ‖ ~ **um flange** / flanschen, mit Flansch versehen

colódio *m* / Kollodium *n*

colofão *m* (artes gráf.) / Impressum *n*

colofónio *m* / Kolophonium *n*, Holzharz *n* (Rückstand der Balsam-Destillation), Terpentinharz *n*, Geigenharz *n* ‖ ~ **para soldar** / Lötkolophonium *n*

coloidal / kolloidal, Kolloid...

colóide *m* / Kolloid *n* ‖ ~ **de suspensão** / Suspensionskolloid *n* ‖ ~ **irreversível** / irreversibles Kolloid ‖ ~ **liófilo** / lyophiles Kolloid ‖ ~ **protector** (química) / Schutzkolloid *n*

coloração *f* / Farbgebung *f*, Färben *n*, Färbung *f*, Kolorieren *n* ‖ ~ **da chama** / Flammenfärbung *f* ‖ ~ **electroquímica** / elektrochemische Metallfärbung ‖ ~ **ligeira** / Antönen *n*

colorante / färbend

colorido *m* / Färbung *f* ‖ ~ *adj* / farbig ‖ **não** ~ / farblos, durchsichtig

colorífico / Farbe erzeugend (o. hervorbringend)

colorimetria *f* / Kolorimetrie *f*, Farbenmessung *f*, Farbmessung *f* mit Kolorimeter

colorimétrico / kolorimetrisch, farbmetrisch

colorímetro *m* / Kolorimeter *n*, Farbmeßgerät *n*, -messer *m* ‖ ~ (física) / Farbenmesser *m*

colorir / färben *vt vi*, kolorieren ‖ ~**(-se)** / sich färben ‖ ~**-se** / Farbe annehmen

coltar *m* / Kohlenteer *m*

columbita *f* / Columbit *m*

coluna *f* (constr. civil) / Säule *f*, Pfeiler *m* ‖ ~ (artes gráf.) / Kolumne *f* ‖ ~ (química) / Kolonne *f* ‖ ~ (mecanograf., informática) / Spalte *f* ‖ ~ (máq. ferram.) / Ständer *m*, Säulenständer *m* ‖ **a duas** ~**s** (artes gráf.) / zweispaltig, -gespalten ‖ **a quatro** ~**s** (artes gráf.) / vierspaltig ‖ **a três** ~**s** (artes gráf.) / dreispaltig ‖ **de quatro** ~**s** (máq. ferram.) / Viersäulen... ‖ **de uma** ~ (máq. ferram.) / Einständer... ‖ **em forma de** ~ / säulenförmig, Säulen... ‖ ~ **acústica** / Lautsprecherbox *f* ‖ ~ **angular** / Ecksäule *f*, Winkelpfosten *m* ‖ ~ **barométrica** / Quecksilbersäule *f*, Barometersäule *f* ‖ ~ **barométrica** (açúcar) / Fallwasserrohr *n* ‖ ~ **barométrica** (papel) / Fallrohr *n* ‖ ~ **central de janela** / Fenster[mittel]pfosten *m* ‖ ~ **composta** / Bündelsäule *f* ‖ ~ **contínua** (informática) / Folgespalte *f* ‖ ~ **da direcção** / Lenkstock *m* ‖ ~ **da direcção** (autom.) / Lenksäule *f* ‖ ~ **da direcção exterior** (autom.) / Lenksäulenrohr *n* ‖ ~ **da direcção interior** (autom.) / Lenkrohr *n* ‖ ~ **da perfuradora** (expl. minas) / Bohrsäule *f* ‖ ~ **de água** / Wassersäule *f* ‖ ~ **de apoio** / Stützgerüst *n* ‖ ~ **de ar** / Luftsäule *f* ‖ ~ **de concentração** (química) / Verstärkungssäule *f* ‖ ~ **de destilação** / Destillieraufsatz *m* ‖ ~ **de discos rotativos** (química) / Drehscheibenkolonne *f* ‖ ~ **de extracção** (química) / Extraktionssäule, -kolonne *f* ‖ ~ **de extracção com pulsações** / Extraktionskolonne *f* mit Pulsation ‖ ~ **de fraccionamento** / Fraktionierkolonne *f* ‖ ~ **de impressão** (informática) / Druckposition *f* ‖ ~ **de líquido** / Flüssigkeitssäule *f* ‖ ~ **de mercúrio** / Quecksilbersäule *f* ‖ ~ **de perfuração** (cart. perf.) / Lochspalte *f* ‖ ~ **de rectificação** (química) / Rektifizierkolonne *f*, -säule *f* ‖ ~ **de rectificação** (destilação) / Verstärkersäule *f* ‖ ~ **do cartão** / Lochkartenspalte *f* ‖ ~ **em balaústre** (constr. civil) / Docke *f*, Geländersäule, -docke *f* ‖ ~ **inicial** (informática) / Anfangsspalte *f* ‖ ~ **montante** (electr.)

/ Steigleitung *f* ‖ ~ **passante** / durchgehende o. durch mehrere Geschosse gehende Säule ‖ ~ **pneumática** (expl. minas) / Spannsäule *f* ‖ ~ **termométrica** / Thermometersäule *f*, -faden *m*
colunar / säulenförmig, Säulen...
colunas *f pl* **geminadas** (constr. civil) / Doppelsäulen *f pl*
colunata *f* (constr. civil) / Kolonnade *f*, Säulengang *m*
coluros *m pl* (astron.) / Koluren *f pl*
colza *f* / Kolza *m*, Brassica napus oleifera, Raps
coma *f* / Koma *f* ‖ ~ (música) / Komma *n*
comandado / gesteuert, geregelt, betätigt ‖ ~ (movimento) / zwangsschlüssig ‖ ~ **exteriormente** / fremdgesteuert ‖ ~ **ou estabilizado a cristal** / quarzgesteuert ‖ ~ **pela grade**, comandado pela grelha (electrón.) / gittergesteuert ‖ ~ **pela voz** / sprachgesteuert, -betätigt ‖ ~ **pelo campo** (electrón.) / feldgesteuert ‖ ~ **por apalpador** / fühlergesteuert ‖ ~ **por came** / kurvengesteuert ‖ ~ **por computador** / rechnergesteuert ‖ ~ **por êmbolo** / kolbengesteuert ‖ ~ **por fita** (informática) / streifengesteuert ‖ ~ **por fita perfurada** / lochstreifengesteuert ‖ ~ **por gravidade** / gewichtsbetätigt ‖ ~ **por mola** / federbelastet ‖ ~ **por pressão** / druckgesteuert ‖ ~ **por rádio** / funkgesteuert
comandar (máq., tecnol.) / bedienen, steuern ‖ ~ / befehlen, betätigen
comando *m* / Befehl *m*, Kommando *n*, Steuerung *f*, Bedienung *f* ‖ ~ / Führung *f*, Betätigung *f* ‖ ~ (informática) / Steuerung *f* ‖ **de** ~ / Steuer... ‖ **de** ~ **automático de ganho ou de volume ou de sensibilidade** / selbstregelnd (Verstärker) ‖ **de** ~ **manual** / Hand..., handbetrieben, handbedient ‖ **de** ~ **pneumático** / druckluftbetätigt, Druckluft... ‖ ~ **a cristal** / Quarzsteuerung *f* ‖ ~ **a pedal** (máq. cost.) / Fußanlasser *m* ‖ ~ **automático** / Selbststeuerung *f* ‖ ~ **automático de grupos funcionais** / Funktionsgruppenautomatik *f* ‖ ~ **automático do nível do branco** / Weißwertautomatik *f* ‖ ~ **Bowden** / Bowdenbetätigung *f* ‖ ~ **centralizado** / Zentralsteuerung *f* ‖ ~ **centralizado do tráfego** / Fernsteuerung *f* des Verkehrs ‖ ~ **CNC** (máq. ferram.) / CNC-Steuerung *f* ‖ ~ **da edição** (informática) / Drucker-Formatsteuerung *f* ‖ ~ **da grade**, comando *m* da grelha (electrón.) / Gittersteuerung *f* ‖ ~ **da impressora** (informática) / Druckersteuerung *f* ‖ ~ **da posição vertical** (tv) / Y-Lageregelung *f* ‖ ~ **de admissão** / Einlaßsteuerung *f* ‖ ~ **de apalpador** (máq. ferram.) / Fühlersteuerung *f* ‖ ~ **de deslocamento linear** (comando numér.) / Streckensteuerung *f* ‖ ~ **de edição** (informática) / Formatkontrolle *f* ‖ ~ **de entrada** (informática) / Bandbefehl *m* ‖ ~ **de frequência por diapasão** (electrón.) / Stimmgabelfrequenzhaltung, -gabelfrequenzsteuerung *f* ‖ ~ **de impressão** (informática) / Drucksteuerung *f* ‖ ~ **de rastreio** / Folgesteuerung *f* (für Zielverfolgung) ‖ ~ **de retorno do carro** (máq. escrev.) / Wagenaufzugbedienung, -steuerung *f* ‖ ~ **de selecção** (informática) / Auswahlbefehl *m* ‖ ~ **de sequência de palavras** (informática) / CCW-Kette *f*, Kanalbefehlskette *f* ‖ ~ **de sinais** (técn. ferrov.) / Signalantrieb *m* ‖ ~ **digital directo** / DDC-Regelung *f*, [direkte] digitale Regelung (o. Prozeßsteuerung) ‖ ~ **do afogador ou do estrangulador** (autom.) / Choker *m* ‖ ~ **do ficheiro** / Dateisteuerung *f* ‖ ~ **do trem de laminação** / Walzenzug, Walzwerksantrieb *m* ‖ ~ **duplo** / Zwillingsantrieb *m* ‖ ~ **em unidades múltiplas** (técn. ferrov.) / Vielfachsteuerung *f* ‖ ~ **especial** / Sonderantrieb *m* ‖ ~ **exterior** / Fremdsteuerung *f* ‖ ~ **hidráulico** / Öldrucksteuerung *f* ‖ ~ **hidráulico** (mecân.) / Fluid-Druckkraftorgan *n* ‖ ~ **hidráulico [ou pneumático]** / Fluidantrieb *m* ‖ ~ **livremente programável** (comando numér.) / frei programmierbare Steuerung ‖ ~ **lógico** (informática) / Verknüpfungssteuerung *f* ‖ ~ **manual** / Handsteuerung *f* ‖ ~ **numérico** / numerische Steuerung, NC ‖ ~ **numérico directo** (máq. ferram.) / direkte numerische Steuerung, DNC ‖ ~ **pela grade**, comando *m* pela grelha (electrón.) / Gittersteuerung *f* ‖ ~ **piloto** (hidrául.) / Vorsteuerung *f* ‖ ~ **por alavanca** (máq. ferram.) / Hebelschaltung *f* ‖ ~ **por came** / Kurvengetriebe *n*, -[an]trieb *m* ‖ ~ **por contactores** / Schützensteuerung *f* ‖ ~ **por corrediça** / Kulissenantrieb *m* ‖ ~ **por fio** / Drahtzug *m* (Betätigungseinrichtung) ‖ ~ **por gravidade** / Schwerkraftantrieb *m* ‖ ~ **por hastes** / Gestängeantrieb *m* ‖ ~ **por óleo sob pressão** / Druckölsteuerung *f* ‖ ~ **rígido** / Gestängesteuerung *f*
combate *m* **a incêndios** / Löschwesen *n* ‖ ~ **ao fogo** / Feuerbekämpfung *f* ‖ ~ **ao ruído** / Lärmbekämpfung *f*
combinação *f* / Zusammenstellung *f*, Zusammensetzung *f*, Verbindung *f* ‖ ~ (química) / Verbindung *f* ‖ ~ (geral, matem.) / Kombination *f* ‖ ~ **cíclica** (química) / Ringverbindung *f* ‖ ~ **de bits** / Bit-Kombination *f* ‖ ~ **de cores** / Farbabmusterung *f* ‖ ~ **de impulsos**, combinação *f* de pulsos (telex) / Schrittgruppe *f* ‖ ~ **de perfurações** (cart. perf.) / Lochkombination *f* ‖ ~ **dupla** (química) / Doppelbindung *f* ‖ ~ **epoxi-alcatrão** / Epoxy-Teer-Kombination *f* ‖ ~ **química** / chemische Bindung, chemische Verbindung
combinações *f pl* **livres** (química) / freie Bindungen *f pl*
combinado / Kombinations..., kombiniert ‖ ~ [com] (química) / gebunden [an] ‖ ~ / gedeckt (Seilart) (DIN 3065)
combinador *m* (telecom.) / Folgeschalter *m* ‖ ~ / Fahrschalter *m* ‖ ~ **de controlo** (técn. ferrov.) / Fahrschalter *m* (als Baugruppe) ‖ ~ **de cores** (tv) / Farbkuppler *m* ‖ ~ **sequêncial** (electr.) / Folgeschalter *m*
combinar / kombinieren ‖ ~ (química) / verbinden ‖ ~ / kombinieren, kompoundieren ‖ **~-se** (química) / sich verbinden ‖ ~ **quimicamente** / chemisch binden
combinatório (matem.) / kombinatorisch
comboio *m* (técn. ferrov.) / Eisenbahnzug *m*, Zug *m* ‖ ~ (armamento) / Geleitzug *m* ‖ ~ **articulado** (técn. ferrov.) / Gliederzug *m* ‖ ~ **de correspondência** (técn. ferrov.) / Anschlußzug *m* ‖ ~ **de desdobramento** (técn. ferrov.) / Entlastungszug *m* ‖ ~ **de longo curso** (técn. ferrov.) / Fernzug *m*, Fernreisezug *m* ‖ ~ **de mercadorias** / Güterzug *m* ‖ ~ **de sustentação magnética** / Magnetschwebebahn *f* ‖ ~ **em sentido contrário** (técn. ferrov.) / Gegenzug *m* ‖ ~ **misto** (de mercadorias e passageiros) (técn. ferrov.) / gemischter Zug ‖ ~ **rápido** (técn. ferrov.) / Schnellzug, D-Zug *m* ‖ ~ **rápido suburbano** (técn. ferrov.) / S-Bahn *f* ‖ ~ **suburbano** (técn. ferrov.) / Nahverkehrszug *m*
combustão *f* / Verbrennung *f*, Verbrennen *n* ‖ ~ (técn. nucl.) / Abbrand *m* ‖ **de** ~ **interna** / Brennkraft... ‖ **de** ~ **lenta** / langsam brennend ‖ ~ **completa** / vollständige Verbrennung (Ggs.: vollkommene Verbrennung) ‖ ~ **de gás de escape** / Abgasverbrennung *f* ‖ ~ **difusiva** / Diffusionsverbrennung *f* ‖ ~ **expontânea** / Selbstverbrennung *f* ‖ ~ **incompleta** / Schwelung *f* ‖ ~ **in-situ** / in-situ-Verbrennung *f* ‖ ~ **perfeita** / vollkommene Verbrennung (Ggs.: vollständige

Verbrennung) ‖ ~ **por explosão** / Explosivverbrennung *f* ‖ ~ **submersa** / Innenfeuerung *f* durch einen Tauchbrenner ‖ ~ **total** / Durchbrand *m*

combustibilidade *f* / Verbrennbarkeit *f*, Brennbarkeit *f*

combustível *m* / Brennstoff *m* ‖ ~ (mot.) / Kraftstoff *m*, Treibstoff *m* ‖ ~ *adj* / brennbar ‖ ~ *m* **AP** / AP-Treibstoff *m* ‖ ~ **com elevado teor de asfalto** / asphaltreicher Brennstoff ‖ ~ **com mistura de tetraetilo de chumbo** / gebleiter Kraftstoff ‖ ~ **de aviação** / Flugkraftstoff *m* ‖ ~ **de aviação para turbinas** / Flugturbinenkraftstoff *m* ‖ ~ **de elevada energia** / Hochleistungskraftstoff, -treib-, -brennstoff *m* ‖ ~ **de ponto de ebulição elevado** / schwer flüchtiger oder schwer siedender Brennstoff ‖ ~ **de referência** (autom.) / Substandardkraftstoff *m*, Bezugskraftstoff *m* ‖ ~ **de sobre-regeneração** / Brüterbrennstoff *m* ‖ ~ **gasoso** / gasförmiger Brennstoff ‖ ~ **nuclear** (técn. nucl.) / Kernbrennstoff *m* ‖ ~ **para motores Otto** / Ottokraftstoff *m* ‖ ~ **pesado** / schwer flüchtiger oder schwer siedender Brennstoff ‖ ~ **pouco volátil** / schwer flüchtiger oder schwer siedender Brennstoff ‖ ~ **pulverizado** / Kraftstoffnebel *m*, Brennstaub *m* ‖ ~ **sólido** / Festkraftstoff *m*, fester Brennstoff ‖ ~ **usado** (técn. nucl.) / ausgebrannter Brennstoff

começar a abrir (expl. minas) / anbrechen ‖ ~ **a aquecer** / anheizen, anwärmen ‖ ~ **a cortar** / anschneiden ‖ ~ **a secar** (tinta) / anziehen *vi*

começo *m* / Anfang *m*, Beginn *m*

comensurável / vergleichbar, von gleicher Größe o. Dauer usw

comentário *m* (geral, informática) / Bemerkung *f*

comercial / handelsüblich ‖ **de tipo** ~ (electr.) / Gleichspannungs...

comercializável (madeira) / schlagbar

cometa *m* (astron.) / Komet, Haar-, Schweifstern *m*

cominuição *f* / Zerkleinerung *f*, Ausmahlung *f*

cominuir / zerkleinern

comissionamento *m* / Inbetriebsetzen *n* (z.B. einer Anlage)

compacidade *f* / Gedrängtheit *f*, Festigkeit *f* ‖ ~ **dos fios nos tecidos** / Fadendichte *f* von Geweben

compactação *f* (agricult., constr. rodov.) / Verdichtung *f*, Walzen *n* ‖ ~ **do solo** / Bodenverdichtung *f*

compactado (constr. rodov.) / gedichtet, festgestampft

compactador *m* **vibratório** (constr. rodov.) / Schwingverdichter *m*

compactar (agricult., constr. rodov.) / verdichten, verfestigen ‖ ~ (agricult., constr. rodov.) / walzen, mit der Walze überfahren

compacto / dicht, fest, zusammengedrängt, kompakt, gedrängt ‖ ~ (rochas) / fest, gedrungen ‖ ~ (artes gráf.) / kompreß, ohne Durchschuß

companhia *f* **de aviação**, companhia *f* de tráfego aéreo (aeronáut.) / Luftverkehrsgesellschaft *f* ‖ ~ **(fornecedora) de electricidade** / Elektrizitätswerk *n* (Gesellschaft) ‖ ~ **mineira** / Bergwerksgesellschaft, Zeche *f*

comparação *f* / Vergleich *m* ‖ **de** ~ / Vergleichs...

comparador *m* (informática, comando numér.) / Vergleicher *m* ‖ **~-amplificador** *m* / Fühlhebelmeßgerät *n* ‖ ~ **de interferência** / Interferenzkomparator *m* ‖ ~ **logístico** (informática) / logistisches Vergleichswerk

comparar [com] / vergleichen [mit]

comparativo / vergleichend, Vergleichs...

comparável / vergleichbar

compartimentar / abteilen

compartimento *m* (geral, técn. ferrov.) / Abteil *n* ‖ ~ (constr. civil) / Raum *m*, Zimmer *n* ‖ ~ (marcenar.) / Gefach *n*, Fach *n* ‖ **de um só** ~ (expl. minas) / eintrümig ‖ ~ **colector do gás** (sold) / Gassammler *m* ‖ ~ **congelador** / Gefrierfach *n* (des Kühlschranks) ‖ ~ **da janela** / Fensterfach, -feld *n*, -füllung *f* ‖ ~ **das bombas** (aeronáut.) / Bombenschacht *m* ‖ ~ **de acumuladores** / Akkumulatorenraum *m* ‖ ~ **de alta-tensão** / Hochspannungszelle *f* ‖ ~ **de carga** (autom.) / Laderaum *m* ‖ ~ **de extracção** (expl. minas) / Fördertrum *m* ‖ ~ **de recepção** (cart. perf.) / Fach *n* ‖ ~ **de tubos** (expl. minas) / Rohrtrum *m* (im Schacht) ‖ ~ **de um poço** (expl. minas) / Trum *m n* (eines Schachtes) ‖ ~ **de ventilação** (expl. minas) / Wettertrum *m n* ‖ ~ **do gás** (sold) / Gasraum *m*, -behälter *m* ‖ ~ **do motor** / Motorenraum *m* ‖ ~ **do trem de aterragem** (aeronáut.) / Fahrgestellschacht *m* ‖ **~-escritório** *m* (técn. ferrov.) / Schreibabteil *n* ‖ ~ **estanque** (hidrául.) / Kofferdamm *m* ‖ ~ **para cartões errados** (cart. perf.) / Fehlerfach *n* ‖ ~ **para passageiros** (autom.) / Fahrgastraum *m*

compasso *m* / Taster *m*, Tast[er]zirkel *m*, Zirkel *m* ‖ ~ (música) / Takt *m* ‖ ~ **com pontas permutáveis** / Einsatzzirkel *m* ‖ ~ **com quadrante** / Bogenzirkel *m* ‖ ~ **de [calibre] interior** / Lochzirkel *m* ‖ ~ **de cremalheira** / Zirkel *m* mit gezahntem Führungsbogen ‖ ~ **de elipse** / Ovalzirkel *m* ‖ ~ **de espessura** / Greifzirkel *m*, Außentaster *m* ‖ ~ **de exteriores e interiores** / Taster *m*, Außen- u. Innentaster *m* ‖ ~ **de interior** / Innentaster *m* ‖ ~ **de interior e exterior** / Innen- und Außentaster *m* ‖ ~ **de mola** / Schraubenzirkel *m* ‖ ~ **de plantação** / Ausgangsverband *m* ‖ ~ **de pontas** / Spitzenzirkel *m* ‖ ~ **de pontas secas** / Stechzirkel *m*, Handzirkel *m* ‖ ~ **de repicagem** / Verschulungsverband *m* ‖ ~ **de vara** / Stangenzirkel *m* ‖ ~ **de voluta** / Spiralenzirkel *m* ‖ ~ **divisor** / Teilzirkel *m* ‖ ~ **para passo de rosca** / Gewindetaster *m* ‖ ~ **porta-lápis** / Zirkel *m* mit Bleieinsatz

compatibilidade *f* / Kompatibilität *f* ‖ ~ **electromagnética** / elektromagnetische Störfreiheit o. Verträglichkeit ‖ ~ **mútua** / gegenseitige Verträglichkeit

compatível [com] / kompatibel [mit] ‖ ~ **com o computador** / computergerecht

compensação *f* / Ausgleich *m*, Kompensation *f* ‖ **de** ~ / Kompensations... ‖ ~ **da distorção de quadro** / Bildkorrektur *f* ‖ ~ **da pressão atmosférica** / Luftdruckausgleich *m* ‖ ~ **de atenuação** (telecom.) / Dämpfungskompensation, -entzerrung *f*, -ausgleich *m* ‖ ~ **de calor** / Temperaturausgleich *m* ‖ ~ **de carga** / Belastungsausgleich *m*, Lastausgleich *m* ‖ ~ **de corrente** / Stromausgleich *m* ‖ ~ **de erros** / Fehlerausgleichung, -abgleichung *f* ‖ ~ **de fase** / Phasenentzerrung *f*, -kompensation *f* ‖ ~ **de linhas** (tv) / Zeilenentzerrung *f* ‖ ~ **de peso** / Gewichtsausgleich *m* ‖ ~ **de pressão** / Druckausgleich *m* ‖ ~ **de temperatura** / Temperaturausgleich *m*, Wärmeausgleich *m* ‖ ~ **de tensão** (electr.) / Spannungsausgleich *m* ‖ ~ **do factor de potência** / Leistungsfaktorausgleich *m* ‖ ~ **dos erros de bússola** / Kompaßausgleichung, -berichtigung *f* ‖ ~ **por compressão de ar** / Druckluftausgleich *m*, -kompensation *f* ‖ ~ **zero** / Nullabgleichung *f*

compensado *m* vide contraplacado ‖ ~ **internamente** / eigenkompensiert, intramolekular kompensiert

compensador *m* / Kompensator *m*, Ausgleicher *m* ‖ ~ (aeronáut.) / Hilfsruder *n*, Trimmruder *n* ‖ ~ *adj* / Ausgleichs..., Kompensations... ‖ ~ *m* **da distorção** (cabo) / Dämpfungsausgleicher *m* ‖ ~ **de choques** / Stoßausgleicher *m* ‖ ~ **de dilatação** / Dehnungsausgleicher *m*, -balg *m* ‖ ~ **de fase** (telecom.) / Phasenentzerrer *m* ‖ ~ **de fase** / Phasenschieber *m* ‖ ~ **de freio**, compensador *m* de travão (autom.) / Bremsausgleich *m* ‖ ~ **de mola**

(aeronáut.) / Federsteuerung *f*
compensão *f* **de calor** / Wärmeausgleich *m*, Temperaturausgleich *m*
compensar (aeronáut.) / trimmen ‖ ~ / kompensieren, ausgleichen ‖ ~ (electrón.) / eintrimmen ‖ ~ **forças** / Kräfte ausgleichen
compilação *f* (informática) / Übersetzungslauf *m*
compilador *m* (informática) / Compiler, Compilierer *m* (DIN) (Übersetzer für systemunabhängige Programmiersprache)
complementação *f* / Komplementierung *f*
complementar / komplementär, ergänzend, Ergänzungs...
complementaridade *f* (física) / Komplementarität *f*
complemento *m* (geral) / Ergänzung *f* ‖ ~ (informática, geom) / Komplement *n* ‖ ~ / Komplettierung *f* ‖ ~ (geom) / Ergänzung *f* ‖ ~ **base** (informática) / Basiskomplement *n* ‖ ~ **um's** (informática) / Einerkomplement *n*
completação *f* / Komplettierung *f*
completamente / voll *adv*, völlig ‖ ~ **montado** / fertig einmontiert ‖ ~ **transistorizado** / volltransistorisiert
completar / ergänzen, fertigstellen, überarbeiten, ausarbeiten, ausbauen ‖ ~ **a página** (artes gráf.) / mit der Seite ausgehen
completo / vollständig, ganz, lückenlos, komplett
complexidade *f* **de circuitos** (electrón.) / Schaltungsaufwand *m*
complexo *m* / Komplex *m* ‖ ~ *adj* (geral, matem.) / komplex ‖ ~ / zusammengesetzt, mehrteilig ‖ ~ (mineralog.) / verwachsen *adj* ‖ ~ *m* **de edifícios**, complexo *m* de imóveis, complexo *m* de prédios / Gebäudekomplex *m*
compliância *f* (física) / Compliance *f* (Reziprokwert der Steifheit in cm/dyn)
componedor *m* (artes gráf.) / Winkelhaken *m*
componente *m* / Baustein *m* (beliebiger Art) ‖ ~ (máq., tecnol.) / Bestandteil *m* ‖ ~ (electrón.) / Bauteil *n*, Bauelement *n* ‖ ~ (telecom.) / Bestandteil eines Signals ‖ ~ (química) / Bestandteil *m*, Komponente *f* ‖ ~ *f* / Teilkraft, Komponente *f* ‖ ~ *m* **activo** (electr.) / Wirkkomponente *f*, -anteil *m*, Wattkomponente *f* ‖ ~ **alternado** / Wechselspannungsanteil *m*, -spannungskomponente *f* ‖ ~ **ascendente** / Aufwärtskomponente *f* ‖ ~ **biestável** (electrón.) / bistabiles Bauelement ‖ ~ **branco** / Weißanteil *m* ‖ ~ **cromático** / Farbauszug *m* ‖ ~ **de corrente contínua** (tv) / Gleichstromkomponente *f*, Gleichstromanteil *m* ‖ ~ **de decapagem** (siderurg.) / Beizzusatz *m* ‖ ~ **de energia** (electr.) / Energiekomponente *f*, Wirkanteil *m* ‖ ~ **de transferência de carga** (semicondut.) / Ladungsverschiebe-Bauelement *n* ‖ ~ **de uma estrutura** (siderurg.) / Gefügebestandteil *m* ‖ ~ **de uma liga** / Legierungsbestandteil *m* ‖ ~ **de zumbido** (electrón.) / Brummkomponente *f* ‖ ~ **do sinal de crominância** (tv) / Chrominanzkomponente *f* ‖ ~ **efectivo** (electr.) / Wirkwert *m* ‖ ~ **[eletrónico] integrado** (informática) / integrierter Bauteil ‖ ~ **espectral** / Spektralanteil *m* ‖ ~ **estranho** (tv) / Fremdkomponente *f* ‖ ~ **horizontal** / Horizontalkomponente *f*, waagerechte Seitenkraft ‖ ~ **impresso** / gedrucktes Bauteil ‖ ~ **intermediário** (química) / intermetallische Verbindung ‖ ~ **inverso** (electr.) / Gegenkomponente *f* ‖ ~ **lateral de velocidade** / Seitenkomponente *f* der Geschwindigkeit, Seitengeschwindigkeit *f* ‖ ~ **monolítico** / Festkörperbauteil *n* ‖ ~ **negro** (óptica) / Schwarzanteil *m* ‖ ~ **normalizado** / Normbauteil *n*, Einheitsbaustein *m* ‖ ~ **óhmico** (electr.) / ohmscher Anteil ‖ ~ **passivo** / passives Bauteil ‖ ~ **reactivo** (electr.) / Blindanteil *m*, Blindkomponente *f*, wattlose Komponente ‖ ~ **semicondutor** / Festkörperbauteil *n* ‖ ~ **transiente de uma força electromotoriz** / flüchtige Längs-EMK ‖ ~ **volátil** / flüchtiger Bestandteil
componentes de CI / IS-Bauteile *n pl* ‖ ~ *m pl* **físicos** (informática) / Hardware *f* (alle körperlichen Bestandteile eines Rechners) ‖ ~ **fluidificados** / Fluidelemente *n pl*
compor / zusammensetzen ‖ ~ / kompoundieren ‖ ~ (artes gráf.) / setzen ‖ ~ **a caixa** / den Formkasten zusammensetzen
comporta *f* / Schleuse *f* ‖ ~ **corrediça** (hidrául.) / Falle *f* ‖ ~ **de descarga** (hidrául.) / Fluchtschleuse *f*, Fluter *m* ‖ ~ **de dique** (hidrául.) / Siel *m n*, Deichschleuse *f* ‖ ~ **de fundo** / Bodenschieber *m* ‖ ~ **de inundação** (hidrául.) / Flutschleuse *f* ‖ ~ **de maré alta** / Flutschleuse *f* ‖ ~ **de poço** (hidrául.) / Schachtschleuse *f* ‖ ~ **de retenção** (hidrául.) / Schutzschleuse *f* ‖ ~ **de saída** (hidrául.) / Abzugsschleuse *f* ‖ ~ **de segurança** (hidrául.) / Sperrschleuse *f*, Schutzschleuse *f*
comportamento *m* / Verhalten *n*, Verhaltensweise *f* ‖ ~ **à fluência** (siderurg.) / Kriechverhalten *n* ‖ ~ **à (h)umidade** / Feuchtigkeitsverhalten *n* ‖ ~ **a longo prazo** / Langzeitverhalten *n* ‖ ~ **de um reactor** / Fahrweise *f* eines Reaktors ‖ ~ **em caso de incêndio** / Brandverhalten *n* ‖ ~ **em relação às rupturas do terreno** (geol) / gebirgsdynamisches Verhalten ‖ ~ **nas curvas** (autom.) / Kurvenlage *f*, Verhalten *n* in der Kurve, Kurvenverhalten *n* ‖ ~ **no tinto** / färberisches Verhalten
composição *f* / Zusammensetzung *f* ‖ ~ / Komposition *f* ‖ ~ (química) / Struktur *f* ‖ ~ (artes gráf.) / Satz *m*, Satzherstellung *f* ‖ **em** ~ (artes gráf.) / abgesetzt ‖ ~ **à distância** (artes gráf.) / Fernsatz *m* ‖ ~ **arejada** (artes gráf.) / Flattersatz *m* ‖ ~ **automotora**, composição *f* automotriz (técn. ferrov.) / Triebwagenzug *m* ‖ ~ **conservada** (artes gráf.) / Stehsatz *m* ‖ ~ **da mistura** (mot.) / Gemischzusammensetzung *f* ‖ ~ **da pólvora** (química) / Pulversatz *m* ‖ ~ **de chumbo** (artes gráf.) / Bleisatz *m* ‖ ~ **de forças** / Kräftezusammensetzung *f* ‖ ~ **de fórmulas científicas** (artes gráf.) / Formelsatz *m* ‖ ~ **do papel** (papel) / Stoffzusammensetzung *f* ‖ ~ **do solo** / Bodenbeschaffenheit *f* ‖ ~ **em colunas** (artes gráf.) / gespaltener Satz ‖ ~ **espacejada** (artes gráf.) / Sperrsatz *m* ‖ ~ **ferroviária** / Eisenbahnzug *m* ‖ ~ **fibrosa** (papel) / Faserstoffzusammensetzung *f* ‖ ~ **fotográfica** / Lichtsatz *m* ‖ ~ **granulométrica** (expl. minas) / Sortenanfall *m* ‖ ~ **inflamável** / Zündmasse *f* ‖ ~ **manual** (artes gráf.) / Handsatz *m* ‖ ~ **mecânica** (artes gráf.) / Maschinensatz *m* ‖ ~ **para distribuir** (artes gráf.) / Ablegeschrift *f*, -satz *m* ‖ ~ **por máquina de escrever** (artes gráf.) / Schreibmaschinensatz *m* ‖ ~ **por teleimpressor** (artes gráf.) / Fernsatz *m* ‖ ~ **química** / chemische Zusammensetzung ‖ ~ **suburbana articulada** (técn. ferrov.) / Gelenkvorortzug *m* ‖ ~ **tabular** (artes gráf.) / Tabellensatz *m*
compositor *m* / Schriftsetzer *m*, Setzer *m* ‖ ~ **de máquina** (artes gráf.) / Maschinensetzer *m* ‖ ~ **de páginas** / Datenblock-Composer *m*
composto / zusammengesetzt, mehrteilig ‖ ~ [por] / bestehend [aus] ‖ ~ (electr.) / Doppelschluß..., verkettet, Kompound... ‖ ~ (artes gráf.) / gesetzt ‖ **ser** ~ [por] / bestehen [aus] ‖ ~ **à mão** (artes gráf.) / handgesetzt ‖ ~ **aditivo** (química) / Anlagerungsverbindung *f* ‖ ~ **amoniacal** / Ammoniakverbindung *f* ‖ ~ **antidiazóico** / Antidiazoverbindung *f* ‖ ~ **antiruído** / Antidröhn *n*, -dröhnmasse *f* ‖ ~ **arseno halógeno** / Arsen-

Halogenverbindung *f* ‖ ~ **azóico** / Azokörper *m*, -verbindung *f* ‖ ~ **borohalógeno** / Borhalogenverbindung *f* ‖ ~ **cíclico** / Atomring *m* ‖ ~ **cúprico** / Kupfer(II)-verbindung *f* ‖ ~ **de amianto** / Asbestpräparat *n* ‖ ~ **de carbono** / Kohlenstoffverbindung *f* ‖ ~ **de hidrogénio** / Wasserstoffverbindung *f* ‖ ~ **de inclusão** (química) / Inklusionsverbindung *f* ‖ ~ **de iodo** / Jodverbindung *f* ‖ ~ **de óxido de cobre amoniacal** / Kupraminbase *f* ‖ ~ **isotópico** (química) / Isotopenverbindung *f* ‖ ~ **traçador** (química) / Indikatorverbindung *f*

compostos *m pl* **aromáticos** (química) / Aromaten *m pl*, aromatische Verbindungen *f pl* ‖ ~ **de etilideno** / Ethylidene *n pl* (unsymmetrische Verbindungen)

compound (electr.) / Doppelschluß..., Kompound...

compressão *f* (máq., tecnol.) / Druck *m*, Komprimierung *f* ‖ ~ (mot.) / Verdichtung, Kompression *f* ‖ ~, pressão *f* / Pressung *f* ‖ ~ (informática) / Kompression *f* ‖ **de baixa** ~ / niedrigverdichtend, -verdichtet, Niederdruck... ‖ ~ **da sincronização** (tv) / Zusammendrückung *f* der Synchronisierung ‖ ~ **de dados** (informática) / Datenverdichtung *f*, Kompression *f* ‖ ~ **de impulsos de sincronização**, compressão *f* de pulsos de sincronização / Synchronisierimpulsstauchung, -impulskompression *f* ‖ ~ **de volume** (electrón.) / Dynamikdrängung *f*, Dynamikpressung *f*, Pressung *f* ‖ ~ *m* **do ar** / Luftpressung *f* ‖ ~ *f* **do branco** (tv) / Weißstauchung *f* ‖ ~ **do negro** (tv) / Überschwinger *m* (coll), Schwarzkompression *f* ‖ ~ **do vapor** / Dampfkompression *f* ‖ ~ **e expansão de volume** / Dynamikdrängung u. -dehnung *f* ‖ ~ **nas arestas** / Kantenpressung *f* ‖ ~ **sonora** (electrón.) / Pressung, Dynamikpressung *f*

compressibilidade *f* / Kompressibilität *f*, Zusammendrückbarkeit *f*

compressível / verdichtbar, zusammendrückbar, komprimierbar, kompressibel

compressómetro *m* / Kompressions[druck]prüfer *m*

compressor *m* / Kompressor *m*, Verdichter *m* ‖ **sem** ~ (mot.) / kompressorlos ‖ ~ **a gás** / Gasverdichter, -kompressor *m* ‖ ~ **a jacto de vapor** / Dampfstrahlgebläse *n* ‖ ~ **blindado** / gekapselter Kompressor, Kapselkompressor *m* ‖ ~ **centrífugo** / Kreiselverdichter, -lader *m* ‖ ~ **de ácido carbónico** / Kohlensäurekompressor *m* ‖ ~ **de ar** / Drucklufterzeuger *m*, Luftverdichter *m*, Luftkompressor *m* ‖ ~ **de êmbolo** / Kolbenkompressor *m*, Kolbenverdichter *m* ‖ ~ **de êmbolo rotativo** / Rollkolbenverdichter *m* ‖ ~ **de gás** / Gasverdichter, -kompressor *m* ‖ ~ **de grande potência** / Großkompressor *m* ‖ ~ **de palhetas** / Flügelradverdichter *m* ‖ ~ **de pequena potência** / Kleinkompressor *m* ‖ ~ **de sobrealimentação de êmbolo** / Kolbenaufladegebläse *n*, -auflader *m* ‖ ~ **de uma só admissão** / einflutiger Verdichter ‖ ~ **do eixo** (técn. ferrov.) / Achskompressor *m* ‖ ~ **do freio**, compressor *m* do travão / Luftpresser *m* (DIN) (f.Bremse) ‖ ~ **giratório** / Rotationskompressor *m*, Umlaufverdichter *m* ‖ ~ **helicoidal** / Schraubenverdichter *m* ‖ ~ **para máquinas frigoríficas** / Kälteverdichter *m* ‖ ~ **rotativo** / Rotationskompressor *m*, Umlaufverdichter *m* ‖ ~ **rotativo de palhetas** / Drehflügelverdichter *m*, -flügelgebläse *n*

comprido / lang

comprimento *m* / Länge *f* ‖ ~ (lamin.) / Zug *m* ‖ ~ **calibrado** / Meßlänge *f* (Prüfstab) ‖ ~ **calibrado** / Führungslänge *f* (Ziehstein) ‖ ~ **da fibra** / Faserlänge *f* ‖ ~ **da mola comprimida** / Federlänge *f* (vorgespannt) ‖ ~ **de aparafusamento** / Einschraublänge *f*, -tiefe *f* ‖ ~ **de avanço do revólver** / Drehlänge *f* eines Revolverkopfes ‖ ~ **de bloco** (informática) / Blocklänge *f* ‖ ~ **de flambagem** (mecân.) / Knicklänge *f* ‖ ~ **de guia** / Führungslänge *f* ‖ ~ **de onda** / Wellenlänge *f* ‖ ~ **de onda Compton** / Compton-Wellenlänge *f* ‖ ~ **de onda dominante** (técn. fotogr.) / farbtongleiche Wellenlänge ‖ ~ **de palavra** (informática) / Wortlänge *f* ‖ ~ **de retardação** (técn. nucl.) / Bremslänge *f* ‖ ~ **de ruptura** / Reißlänge *f* ‖ ~ **de torneamento** (máq. ferram.) / Drehlänge *f* ‖ ~ **do arco** / Bogenlänge *f* ‖ ~ **do cilindro** (lamin.) / Ballenlänge *f* ‖ ~ **do curso** / Hubhöhe, -länge *f* ‖ ~ **do curso** / Auszugslänge *f* (Selfaktor) ‖ ~ **do passo** / Dralllänge *f* ‖ ~ **do percurso das ondas sonoras** / Schallweg *m* ‖ ~ **efectivo** / effektive Spaltbreite ‖ ~ **elementar** (física) / Elementarlänge *f* (etwa 10^{-13} cm) ‖ ~ **entre extremos** / Länge über alles ‖ ~ **entre extremos dos pára-choques** (técn. ferrov.) / Länge über Puffer, L. ü. P. ‖ ~ **final** / Fertiglänge *f* ‖ ~ **fixo** / fixe Länge ‖ ~ **interno** / Länge *f* im Lichten ‖ ~ **normal** (lamin.) / Regellänge *f* ‖ ~ **roscado** / Gewindelänge *f* ‖ ~ **total** / Gesamtlänge *f*, Länge *f* über alles, Baulänge *f* ‖ ~ **total de um sistema de corrente trifásica** / Drehstromsystemlänge *f* ‖ ~ **útil** / Nutzlänge *f*

comprimido *m* / Tablette *f*, Pastille *f* ‖ ~ *adj* / zusammengedrückt, komprimiert, gepreßt, verdichtet ‖ ~ **(h)úmido** (fundição) / feucht verdichtet (Sand)

comprimir / zusammendrücken, komprimieren, pressen, verdichten ‖ ~ (plást.) / verpressen

computado / errechnet

computador *m* / Computer *m*, [elektronischer programmgesteuerter o. innenprogrammierter] Rechner *m*, Datenverarbeitungsanlage *f* (DIN), DVA, Rechner *m* ‖ ~ **analógico** / Analogrechner *m* ‖ ~ **assíncrono** / Asynchronrechner *m* ‖ ~ **comum** / Gemeinschaftsrechner *m* ‖ ~ **da trajectória de voo** / Flugwegrechner *m* ‖ ~ **de bordo** (aeronáut.) / Bordrechner *m* ‖ ~ **de dados do ar** (aeronáut.) / Luftwerterechner *m* ‖ ~ **de deriva** (aeronáut.) / Abtriftrechner *m*, Abtriebrechner *m* ‖ ~ **de palavra de comprimento fixo** (informática) / Wortmaschine *f* ‖ ~ **de registo de tamanho variável** / Stellenmaschine *f* (Ggs.: Wortmaschine) ‖ ~ **digital** / digitale Datenverarbeitungsanlage, Digitalrechner *m* ‖ ~ **electrónico ou eletrônico** / elektronische Rechenanlage ‖ ~ **industrial** / Prozeßrechner *m* ‖ ~ **operacional** / Betriebsrechner *m* ‖ ~ **para regulação do tráfego** / Verkehrsrechner *m* ‖ ~ **sequencial** / Sequentiellrechner *m* ‖ ~ **serial** / Serienrechner *m* ‖ ~ **síncrono** (informática) / Synchronrechner *m*

computar / errechnen, rechnen, berechnen

computável / berechenbar

cômputo *m* / Berechnung *f*, Errechnung *f*, Rechnen *n*, Rechnung *f* ‖ ~ **de taxa** (telecom.) / Gebührenerfassung *f* ‖ ~ **em tempo real** / Echtzeit-Rechnung *f*

comum / gemeinsam, gemeinschaftlich ‖ ~ (metal) / unedel

comunicação *f* (geral) / Verbindung *f* ‖ ~ (telecom.) / Verbindung *f* ‖ ~ / Anzeige, Mitteilung *f* ‖ ~ (expl. minas) / Durchschlag *m* (eines Grubenbaus in einen anderen) ‖ ~ **controlada** / Leitverkehr *m* ‖ ~ **de dados** / Datenübermittlung *f* ‖ ~ **de trânsito** (telecom.) / Durchgangsverbindung *f* ‖ ~ **estabelecida** (telecom.) / durchgeschaltete Verbindung ‖ ~ **interurbana** (telecom.) / Fernverbindung *f* ‖ ~ **local** (telecom.) / Ortsverbindung *f*, -gespräch *n* ‖ ~ **por rádio** /

Funkverkehr *m* ‖ ~ **radiotelefónica** / Funksprechverbindung *f* ‖ ~ **[recíproca] de dados** / Datenaustausch *m* ‖ ~ **simplex de frequência apartada** (aeronáut.) / frequenzabgesetzter Simplexbetrieb ‖ ~ **terra-ar** (aeronáut.) / Boden-Bord-Verkehr *m* ‖ ~ **urbana** (telecom.) / Ortsverbindung *f*, -gespräch *n* ‖ ~ **vocal** / Sprechverbindung *f*
comunicações *f pl* **a longa distância** (telecom.) / Weitverkehr *m*
comunicar / benachrichtigen
Comunidade Europeia de Energia Atómica / EURATOM, Europäische Atomgemeinschaft
comutação *f* / Umschaltung *f*, Kommutation *f* ‖ ~ **de dados** / Datenvermittlung *f* ‖ ~ **de fase** / Phasensprung *m* ‖ ~ **de pista** (fita magn.) / Spurumschaltung *f* ‖ ~ **de pólos** (electr.) / Polumschaltung *f* ‖ ~ **de serviço para reserva** / Betriebs-Ersatzschaltung *f* ‖ ~ **de trilha** (fita magn.) / Spurumschaltung *f* ‖ ~ **externa** (electrón.) / Fremdführung *f* ‖ ~ **manual** (telecom.) / Handvermittlung *f* ‖ ~ **para letras** / Buchstabenumschaltung *f* ‖ ~ **para vias alternativas** (telecom.) / Umsteuerung *f* ‖ ~ **sequencial** (electr., electrón.) / Folgeschaltung *f* ‖ ~ **telefónica** / Fernsprechvermittlung *f*
comutador *m* (electr.) / Kollektor, (DIN): Kommutator *m*, Stromwender *m*, Umschalter *m* ‖ ~ **basculante** (electr.) / Kippschalter *m* ‖ ~ **de alavanca** (electr.) / Hebelumschalter *m* ‖ ~ **de báscula** (electr.) / Stromwippe *f* ‖ ~ **de bateria** / Batterieumschalter *m* ‖ ~ **de carga** / Ladeschalter *m* ‖ ~ **de contacto progressivo** / Schleppschalter *m* ‖ ~ **de emergência** (electr.) / Gefahrenschalter *m* ‖ ~ **de faca** / Messerumschalter *m* ‖ ~ **de limite de carga** (electr.) / Grenzumschalter *m* ‖ ~ **de linha** (electr.) / Linienumschalter *m* ‖ ~ **de luz** / Lichtschalter *m* ‖ ~ **de mola** (electr.) / Federumschalter *m* ‖ ~ **de monitoração** (telecom.) / Abhörschalter *m* ‖ ~ **de pedal** / Trittumschalter *m*, Fußumschalter *m* ‖ ~ **de pólos** (electr.) / Polwender *m* ‖ ~ **de posição** (telecom.) / Platzumschalter *m* ‖ ~ **de precisão** / Feinschalter *m* ‖ ~ **de seis direcções** (telecom.) / Sechsfachschalter *m* ‖ ~ **de tensão** (electr.) / Spannungsumschalter *m* ‖ ~ **do sinal de pisca-pisca com lâmpada de controlo incorporada** (autom.) / Blinkerschalter *m* mit eingebauter Kontrollampe ‖ ~ **inversor** / Drehrichtungs[umkehr]schalter *m* ‖ ~ **múltiplo** (electr.) / Vielfachumschalter *m* ‖ ~ **para lâmpada de arco voltaico** / Lampenanlasser *m* für Bogenlampen ‖ ~ **passo a passo** / Schrittschalter *m* ‖ ~ **rápido** (electr.) / Schnellumschalter *m* ‖ ~ **rotativo** / Drehschalter *m* ‖ ~ **semafórico** (electr.) / Steuerquittungsschalter *m* ‖ ~ **semi-automático** (telecom.) / Gruppenumschalter *m*
comutar (electr., máq., tecnol.) / umschalten ‖ ~ (electr.) / kommutieren ‖ ~ (telecom.) / vermitteln
comutatividade *f* (matem.) / Kommutativität *f*
comutável / umsteuerbar, umschaltbar
concameração *f* / Lauben *f pl* (eine Reihe von gewölbten Räumen)
concavidade *f* / Konkavität *f*, Höhlung *f*, Aushöhlung *f*, Austiefung *f* ‖ ~ **de onda** (electrón.) / Wellental *n*
côncavo / konkav, hohl ‖ ~**-convexo** / konkav-konvex
concebido [para] / gedacht [für] (z.B. Gerät)
conceder uma patente / Patent erteilen
concentração *f* (química) / Konzentration, Konzentrierung *f* ‖ ~ (siderurg.) / Spurarbeit *f* ‖ ~ / Aufbereitung, Konzentration *f*, Anreicherung *f* ‖ **ao máximo de** ~ (química) / höchstprozentig ‖ ~ **de chamadas de entrada** (telecom.) / Anrufzusammenfassung *f* ‖ ~ **de iões** / Ionendichte *f* ‖ ~ **de raios** / Strahlenvereinigung *f* ‖ ~ **de tensões** / Spannungsanhäufung *f*, -konzentration *f* ‖ ~ **de uma solução por evaporização** / Eindampfen einer Lösung ‖ ~ **do feixe** (tv) / Strahlenbündelung, -konzentration *f* ‖ ~ **do tráfego** / Verkehrsdichte *f* ‖ ~ **galáctica** / galaktisches Zentrum ‖ ~ **ideal** / ideale Konzentration ‖ ~ **por congelação** / Gefrierkonzentration *f* ‖ ~ **por peso** (química) / Gewichtskonzentration *f*
concentrado *m* / Konzentrat *n* ‖ ~ *adj* (electr.) / konzentriert ‖ **altamente** ~ / hochkonzentriert, stark alkoholisch, hochgradig
concentrador *m* (geral) / Konzentrator *m* ‖ ~ **de dados** (informática) / Datenkonzentrator *m* ‖ ~ **de xarope** / Dicksaftaufkocher *m*
concentrar / konzentrieren ‖ ~ (química) / einengen, verkochen, einkochen, eindicken ‖ ~ **minérios** / Erze aufbereiten ‖ ~ **por evaporização** (química) / eindampfen
concentricidade *f* / Konzentrizität *f*, Rundlaufen *n*
concêntrico / konzentrisch
concessão *f* / Erteilung *f* ‖ ~ **mineira** (expl. minas) / Grubenfeld *n*
concessionário *m* / Lizenznehmer *m*
concha *f* / Schöpfkelle *f*, Schöpflöffel *m* ‖ ~ (zool.) / Muschel *f* ‖ ~ **de carregamento** (vidro) / Einsetzschaufel *f*, -löffel *m* ‖ ~ **pendente** / Gehänge *n*
conchóide *f* / Konchoide *f* ‖ ~ **de Nicomedes** / Konchoide *f* des Nikomedes
conciso / knapp, konzis
concoidal / muschelförmig
concordância *f* **da frequência** / Frequenzübereinstimmung *f* ‖ ~ **de fases** / Phasengleichheit *f*, -übereinstimmung *f*
concorrente / gleichzeitig wirkend ‖ ~ (mecân.) / zusammenwirkend
concreção *f* / Konkretion *f* ‖ ~ (química) / Dickwerden *n*
concretagem *f* / Betonieren *n*
concretar (constr. civil) / betonieren
concreto *adj* (matem.) / benannt
concreto (B), betão *m* (P) / Beton *m* ‖ ~ *m* **compacto** / Schwerbeton *m* ‖ ~ **à vista** / Sichtbeton *m* ‖ ~ **alveolar** / Zell[en]beton *m* ‖ ~ **arejado** / Gasbeton *m* ‖ ~ **armado** / Stahlbeton *m*, Eisenbeton *m* ‖ ~ **armado com tijolos de vidro** (constr. civil) / Glasstahlbeton *m* ‖ ~ **asfáltico** / Asphaltbeton *m* ‖ ~ **betuminoso** / Teerbeton *m* ‖ ~ **celular** / Zell[en]beton *m* ‖ ~ **centrifugado** / Schleuderbeton *m* ‖ ~ **colemanite** / Colemanitbeton *m* ‖ ~ **de amianto** / Asbestbeton *m* ‖ ~ **de cal** / Kalkbeton *m* ‖ ~ **de cimento** / Zementbeton *m* ‖ ~ **de cimento e cal** / verlängerter Zementbeton, Zementkalkbeton *m* ‖ ~ **de consistência de terra úmida** / erdfeuchter Beton ‖ ~ **de enchimento** (constr. civil) / Füllbeton *m* ‖ ~ **de escórias** / Schlackenbeton *m* ‖ ~ **de granulação grosseira** / Kernbeton *m* ‖ ~ **de paramento** (constr. civil) / Vorsatzbeton *m* ‖ ~ **de pedra-pomes** / Bimsbeton *m* ‖ ~ **expansivo** / Expansivbeton *m* ‖ ~ **fabricado no local** / Ortbeton *m* ‖ ~ **fibroso** / Faserbeton *m* ‖ ~ **fluidificado** / Fließbeton *m* ‖ ~ **fresco** / Frischbeton *m* ‖ ~ **impermeável** / Sperrbeton *m* ‖ ~ **leve** / Leichtbeton *m* ‖ ~ **magro** (constr. civil) / Füllbeton *m*, Sparbeton *m* ‖ ~ **plástico** / weicher Beton (Konsistenz k 3) ‖ ~ **pobre** / magerer Beton ‖ ~ **poroso** / Schaumbeton *m* ‖ ~ **projetado** / Spritzbeton *m* ‖ ~ **pronto** / Fertigbeton *m* ‖ ~ **protendido** / Spannbeton *m*, vorgespannter

Beton || ~ **refratário** / Feuer[fest]beton *m* || ~ **restante** (constr. civil) / Mehrbeton *m* || ~ **socado** / Stampfbeton *m* || ~ **úmido** / feuchter Beton || ~ **vazado** / Schüttbeton *m*, Gußbeton *m* || ~ **vibrado** / eingerüttelter Beton, Rüttelbeton *m*
concurso *m* / Zusammenwirken *n*
condensação *f* / Verdichtung, Verflüssigung *f* || ~ (geral, química) / Kondensation, Kondensierung *f* || ~ (informática) / Packen *n* || ~ **de água** / Kondenswasserbildung *f* || ~ **por injecção** / Einspritzkondensation *f* || ~ **por refrigeração da superfície** / Oberflächenkondensation *f*
condensado / kondensiert || ~ (informática) / gepackt
condensador *m*, capacitor *m* (electr.) / Kondensator *m*, C-Glied *n* || ~ (vapor) / Kondensator *m* || ~ (óptica) / Kondensor *m*, Leuchtfeldlinse *f* || ~ (fiação) / Verdichter *m* || ~ **a vernier** (electrón.) / Feinabstimmungskondensator *m*, Feineinstellungskondensator *m*, Feintrimmer *m* || ~ **antiparasitário ou supressor de interferências** / Entstörkondensator *m* || ~ **atmosférico** / Berieselungskondensator *m* || ~ **barométrico** / barometrischer Kondensator || ~ **bobinado** / Wickelblock, -kondensator *m* || ~ **by-pass** / Ableitkondensator *m* || ~ **de alcatrão por choque** / Teerabscheider *m* nach dem Stoßprinzip || ~ **de ar** / Luftkondensator *m* || ~ **de ar variável** / Luftdrehkondensator *m* || ~ **de bloqueio** (electrón.) / Sperrkondensator *m*, Blockkondensator *m* || ~ **de carga** / Ladekondensator *m* || ~ **de carga** / Belastungskondensator *m* || ~ **de cerâmica** / Keramikkondensator *m* || ~ **de compensação** (electrón.) / Trimmer[kondensator] *m* || ~ **de desparasitagem** / Funk-Entstörkondensator *m* || ~ **de discos** / Scheibenkondensator *m* || ~ **de equilibração** / Ausgleichkondensator *m*, Abgleichkondensator *m* || ~ **de escoamento** / Übertreibkühler, Abflußkühler *m* || ~ **de fecho** (electrón.) / Abschlußkondensator *m* || ~ **de folha isoladora de poliestireno** / KS-Kondensator *m* (K = Kunststoff, S = Polystyrol) || ~ **de frequências lineares** / frequenzgerader Kondensator || ~ **de grelha** (electrón.) / Gitterkondensator *m* || ~ **de imagem luminosa** / Leuchtbildkondensator *m* || ~ **de imersão** / Immersionskondensor *m* || ~ **de imersão** / Tauchkondensator *m* || ~ **de jacto de contracorrente** (máq. vapor) / Gegenstrom-Einspritzkondensator *m* || ~ **de mica** / Glimmerkondensator *m* || ~ **de papel** / Papierkondensator *m* || ~ **de papel metalizado** / metallbedampfter Papierkondensator, MP-Kondensator *m* || ~ **de potência** (electr.) / Leistungskondensator *m* || ~ **de segurança** (electr.) / Berührungsschutzkondensator *m* || ~ **de sintonização** / Abstimm[ungs]kondensator *m* || ~ **de superfície** / Oberflächenkondensator *m* || ~ **de supressão** (electrón.) / Beruhigungskondensator *m* || ~ **de tipo bloco** (electrón.) / Blockkondensator *m* || ~ **de Torricelli** / barometrischer Kondensator || ~ **de vapor** / Dampfkühler *m*, Dampfkondensator *m* || ~ **decádico** / Dekadenkondensator *m* || ~ **electrolítico** / Elektrolytkondensator, Elko *m* || ~ **electrolítico seco** / Trockenelko, -elektrolytkondensator *m* || ~ **em série** (electrón.) / Vorkondensator *m* || ~ **em serpentina** / Schlangenkühler *m* || ~ **fixo** / Festkondensator *m* || ~ **imerso em óleo** (electr.) / Ölkondensator *m* || ~ **luminoso** / Leuchtkondensator *m* || ~ **metalizado de folha isoladora de polietileno- tereftalato** / Kunststofffolien-MKT-Kondensator *m* || ~ **metalizado de folha isoladora de acetato de celulose** / Kunststofffolien-MKU-Kondensator *m* || ~ **oscilante** (electrón.) / Schwingkondensator *m* || ~ **pelicular** / Schichtkondensator *m* || ~ **polarizado** / einpoliger Kondensator [für beide Stromrichtungen] || ~ **por contracorrente** / Gegenstromkondensator, -kühler *m* || ~ **por injecção** / Einspritzkondensator *m* || ~ **telefónico** / Fernsprechkondensator *m* (ca 0.001 μF) || ~ **tubular** / Rohrkondensator *m*, Standkondensator *m* (in Röhrenform) || ~ **variável** / Regel-Kondensator *m* || ~ **variável de discos** / Dreh[platten]kondensator, Drehko *m*
condensador/resistência (electrón.) / CR-Glied *n*
condensar (química) / verdichten, kondensieren || ~ (gás, vapor) / niederschlagen, kondensieren || ~ (informática) / packen *vt* || ~**-se** (química) / flüssig werden, kondensieren *vi*
condensável / verdichtbar, kondensierbar, kondensierbar
condição *f* / Bedingung *f*, Kondition *f* || ~ **de compatibilidade** / Randbedingung *f*, Verträglichkeitsbedingung *f* || ~ **de entrada** (informática) / Einsprungbedingung *f* || ~ **limite** / Grenzbedingung *f* || ~ **quando do fornecimento** / Anlieferungszustand *m* || ~ **quântica** / Quantenbedingung *f*
condicionador *m* **de (h)umidade** / Feuchtigkeitshaltemittel *n*
condicional (informática) / bedingt
condicionamento *m* / Feuchtigkeitsprüfung *f* || ~ **do fio** / Garnkonditionieren *n*
condicionar / bedingen || ~ (têxtil) / konditionieren || ~ **a (h)umidade** / den Feuchtigkeitsgehalt regeln
condições, em ~ de navegabilidade / seetüchtig || ~ *f pl* **acústicas** (constr. civil) / Schallverhältnisse *n pl*, Akustik *f* || ~ **atmosféricas** / Witterungsverhältnisse *n pl* || ~ **de entrega**, condições *f pl* de fornecimento / Lieferbedingungen *f pl* || ~ **de jazida** (expl. minas) / Lagerungsverhältnisse *n pl* || ~ **de serviço** / betriebliche Bedingungen *f pl*, Betriebsbedingungen *f pl* || ~ **desfavoráveis** / erschwerte Bedingungen *f pl* || ~ **iniciais** / Anfangsbedingungen *f pl* || ~ **meteorológicas** / Witterungsverhältnisse *n pl* || ~ **metereológicas para radiocomunicações** / Funkwetter *n* || ~ **normais [de temperatura e de pressão]** / Normalbedingungen *f pl* || ~ **operacionais** / Arbeitsbedingungen *f pl*, Betriebsverhältnisse *n pl*
condrina *f* / Chondrin *n*, Knorpelleim *m*
condução *f* / Führung *f* || ~ (física) / Übertragung, Leitung *f* || ~ (electr.) / Fortleitung *f* || **no estado de ~** (transistor) / durchgesteuert || ~ **de água** / Wasserführung *f*, -weg *m* || ~ **de antena** / Antennendurchführung *f* || ~ **de corrente** / Stromfluß *m* || ~ **do ar** (siderurg.) / Windführung *f* || ~ **forçada** / Zwangsführung *f*, zwangsläufige Führung || ~ **iónica** / Ionenleitung *f* || ~ **por buracos** (semicondut.) / Defektleitung *f* || ~ **tipo N** (semicondut.) / Überschußleitung *f*
conductor *m* **laminado** / lamellierte Stromschiene
conduta *f* / Führung *f* eines Ofens usw.
condutância *f* / Konduktanz *f*, Wirkleitwert *m* || ~ (vácuo) / Leitwert *m* || ~ (de um dieléctrico) / Ableitung *f* (Wirkleitwert der Isolation), „G" || ~ **atómica** / Atomleitfähigkeit *f* || ~ **colector-base** / Kollektor/Basis-Wirkleitwert *m* || ~ **de corrente anódica alternada** / Anodenwechselstromleitwert *m* || ~ **de corrente contínua** / Gleichstromleitwert *m* || ~ **de difusão** (semicondut.) / Diffusionsleitwert *m* || ~ **directa** (semicondut.) / Flußleitwert *m* || ~ **do eletrodo** / Elektroden-Wirkleitwert *m*, -konduktanz *f* || ~ **eléctrica** / Leitwert *m* || ~ **em corrente contínua** / ohmscher Leitwert || ~ **específica** / spezifische elektrische Leitfähigkeit || ~ **interna de entrada**

(semicondut.) / innerer Eingangsleitwert ‖ ~ **máxima equivalente** / höchste Äquivalentleitfähigkeit ‖ ~ **mútua** (electrón.) / Durchgriff *m* ‖ ~ **mútua** (electr.) / Gegenwirkleitwert *m* ‖ ~ **no estado condutor** (semicondut.) / Durchlaßleitwert, Flußleitwert *m* ‖ ~ **por unidade de comprimento** / Ableitungsbelag *m*

condutibilidade *f* / Leitfähigkeit *f*, Leitvermögen *n* ‖ ~ **simétrica** (electr.) / richtungsunabhängige Leitfähigkeit ‖ ~ **térmica** / Wärmeleitfähigkeit *f*, -leitungsvermögen *n*, -leitzahl *f*, Temperaturleitfähigkeit

condutimetria *f* / Leitfähigkeitsmessung *f*

condutividade *f* / spezifische elektrische Leitfähigkeit, Konduktivität *f* (spez. el. Leitfähigkeit) ‖ **de alta ~** / gut leitend ‖ ~ **eléctrica** / spezifische elektrische Leitfähigkeit ‖ ~ **intrínseca** (semicondut.) / Eigenleitung *f* ‖ ~ **iónica** / Ionen[äquivalent]leitfähigkeit *f* ‖ ~ **unilateral** (electr.) / Gleichrichterwirkung *f* ‖ ~ **unilateral** (electrón.) / Sperrwirkung *f*

condutivo / leitfähig ‖ ~ **electricamente** / elektrizitätsleitend

conduto *m* / Abzug *m*, Leitungsrohr *n* ‖ ~ **ascendente para bocas de incêndio** / Feuerlösch-Steigleitung *f* ‖ ~ **atmosférico** (electrón.) / Höhenkanal *m*, obere Leitschicht der Troposphäre ‖ ~ **de água de fontes de montanha** / Hochquellenleitung *f* ‖ ~ **de alimentação** / Zuleitung *f* ‖ ~ **de aquecimento** / Feuerungskanal *m* ‖ ~ **de ar** / Gichtgasleitung *f* ‖ ~ **de ar** (siderurg.) / Windleitung *f* ‖ ~ **de ascensão de cabos** (constr. civil) / Kabelhochführungsschacht *m* ‖ ~ **de cabos** (geral) / Kabelkanal *m* ‖ ~ **de chaminé** / Rauchkanal *m*, Zug *m* ‖ ~ **de cimento** (electr., telecom.) / Zementformstück *n* ‖ ~ **de evacuação das emanações** (constr. civil) / Dunstabzug *m*, -schlot *m* ‖ ~ **de fumo** (forno) / Feuerzug *m* ‖ ~ **de fumos** (siderurg.) / Fuchs *m* ‖ ~ **de lixo** / Müllabwurfschacht *m*, -abwurfanlage *f* (DIN), Müllschlucker *m* ‖ ~ **de mangueiras** / Schlauchleitung *f* ‖ ~ **de passagem de vapor** / Dampfüberströmleitung *f* ‖ ~ **de pressão** (hidrául.) / Druckleitung *f* ‖ ~ **de tomada de gás** (siderurg.) / Gasabfang *m* ‖ ~ **eléctrico** (electr.) / Leitungsrohr *n* ‖ ~ **forçado** (hidrául.) / Fallleitung *f* ‖ ~ **para fios eléctricos** / Installationsrohr *n* ‖ ~ **subterrâneo** / unterirdische Leitung ‖ ~ **subterrâneo de escoamento livre** (hidrául.) / Freispiegelstollen *m* ‖ ~ **superior** (artes gráf.) / Filmfarbwerk *n* ‖ ~ **troposférico** (electrón.) / Höhenkanal *m*, obere Leitschicht der Troposphäre

condutor *m* (física) / Leiter *m* ‖ ~ / Drahtader *f* ‖ ~ (electr., telecom.) / Ader *f* ‖ ~, motorista *m* / Fahrer *m* ‖ ~ (máq., tecnol.) / Lenker *m* ‖ ~ (de corrente) / Stromleiter *m* ‖ ~ *adj* (electrón.) / führend, leitend, leitend, durchgeschaltet (Transistor), durchlässig ‖ ~ (de corrente) / stromleitend ‖ **de dois ~es** (electr.) / doppeladrig ‖ **de três ~es** (electr.) / dreiadrig ‖ **de um só ~** / Einleiter..., Eindraht..., einadrig ‖ **não ~** (electr.) / nichtleitend, isolierend ‖ ~ *m* **aéreo** / Luftleiter *m*, Oberleitungsdraht *m* ‖ ~ **com isolamento de borracha** / Gummiaderleitung *f* ‖ ~ **com revestimento de chumbo** (electr.) / Bleimantelleitung *f* ‖ ~ **de aquecimento** / Heizleiter *m* ‖ ~ **de ar** (expl. minas) / Lutte *f* ‖ ~ **de descarga** (electr.) / Ableiter *m* ‖ ~ **de pressão** / druckführend ‖ ~ **de protecção** / Schutzleiter *m*, SL *m* ‖ ~ **de reserva** / Ersatzader *f* ‖ ~ **de terra** (electr.) / Erdleitung *f* ‖ ~ **de um veículo** (autom.) / Fahrzeugführer *m* ‖ ~ **eléctrico** / Elektrizitätsleiter *m* ‖ ~ **electrico** / Drahtleitung *f* ‖ ~ **energético** / Energieträger *m* ‖ ~ **esmaltado** / Emaildraht *m*, -lackdraht *m* ‖ ~ **externo** (electr.) / Außenleiter *m* ‖ ~ **flexível** / biegsame Leitung ‖ ~ **interno** / Innenleiter *m* ‖ ~ **intrínseco** / i-Halbleiter *m* ‖ ~ **múltiplo** / Bündelleiter *m* ‖ ~ **neutro** (electr.) / Speiseleitung *f* eines Dreileitersystems ‖ ~ **perfeito** / idealer Leiter ‖ ~ **principal** (electr.) / Sammelleitung *f* ‖ ~ **resistente** / Widerstandsleiter *m*

conduzido / gelenkt, geleitet

conduzir / leiten, führen ‖ ~ (autom.) / steuern, lenken ‖ ~ [através de] / durchführen ‖ ~ (aeronáut.) / führen ‖ ~ **calor** (ou electricidade) / Wärme (o. Elektrizität) leiten ‖ ~ **corrente** / Strom führen

cone *m* (matem.) / Kegel *m* ‖ ~ (máq., tecnol.) / Konus, Kegel *m* ‖ ~ (têxtil) / Ansatzkegel *m* ‖ ~ (alto-forno) / Trichter *m* ‖ ~ **alongado** / schlanker Konus ‖ ~ **britador** / Brechkegel *m* ‖ ~ **central de resvalamento** (siderurg.) / Abrutschkegel *m* ‖ ~ **complementar** / Rückenkegel *m* ‖ ~ **de alto-falante** / Lautsprechertrichter *m* ‖ ~ **de base** / Grundkegel *m* ‖ ~ **de decantação** (prep.) / Klärspitze *f* ‖ ~ **de dejecções** / Schuttkegel *m* ‖ ~ **de dispersão** / Streukegel *m* ‖ ~ **de filtração** / Filtrierkonus *m* ‖ ~ **de forçamento** / Führungskegel *m* ‖ ~ **de fricção** / Reibkegel *m*, Friktionskegel *m* ‖ ~ **de fusão** / Schmelzkegel *m*, Segerkegel *m*, SK *m* ‖ ~ **de pé** / Fußkegel *m* ‖ ~ **de retenção** (mot.) / Arretierkegel *m* am Ventilschaft ‖ ~ **de revolução** (matem.) / Rotationskegel *m*, Umdrehungskegel *m* ‖ ~ **de Seger** / Brennkegel *m*, SK *m*, Segerkegel *m*, Schmelzkegel *m* ‖ ~ **de sombra** / Kernschatten *m* ‖ ~ **de transferência** / Einsteckhülse *f* ‖ ~ **de válvula** / Ventilkegel *m* ‖ ~ **do talude** / Böschungskegel *m* ‖ ~ **duplo** / Doppelkegel *m* ‖ ~ **em ângulo agudo** / steiler Konus ‖ ~ **em ângulo obtuso** / steiler Kegel ‖ ~ **esférico** (matem.) / Kugelkeil *m* ‖ ~ **fêmea** (caixa veloc.) / Innenkegel *m* ‖ **~-freio** *m*, cone-travão *m* / Bremskonus *m* (Freilauf) ‖ ~ **interno** / Innenkonus *m* ‖ ~ **luminoso** / Lichtkegel *m* ‖ ~ **luminoso** (física) / Büschel *n* ‖ ~ **macho** (caixa veloc.) / Außenkegel *m* ‖ ~ **normalizado**, cone *m* Morse (máq. ferram.) / Einheitskegel, Morsekonus *m* ‖ ~ **pirométrico** / Segerkegel *m*, SK *m*, Brennkegel *m* ‖ ~ **primitivo de referência** / Teilkegel *m* ‖ ~ **triturador** / Mahlkegel, -konus *m* ‖ ~ **triturador serrilhado** / geriffelter Mahlkegel, -konus *m* ‖ ~ **truncado** / Kegelstumpf *m*, Stumpf *m*

conectado (electr.) / angeschlossen (Abnehmer), zwischengeschaltet, eingeschaltet ‖ ~ **a jusante** / nachgeschaltet ‖ ~ **a montante** (electr.) / vorgeschaltet ‖ ~ **directamente** / galvanisch verbunden ‖ ~ **em oposição** (electr.) / gegengeschaltet ‖ ~ **em paralelo** (electr.) / parallelgeschaltet

conectar / verbinden, aneinander befestigen ‖ ~ (electr.) / anschließen, in den Stromkreis schalten, den Schalter betätigen, einschalten, schalten, zuschalten, anschalten ‖ ~ / ankuppeln ‖ ~ **a jusante** / nachschalten ‖ ~ **em cascata** (electr.) / in Kaskade schalten ‖ ~ **em derivação** (electr.) / im Nebenschluß schalten ‖ ~ **em paralelo** (electr.) / parallel schalten ‖ ~ **em série** (electr.) / vorschalten, in Reihe o. hintereinander schalten

conector *m* (electrón.) / Stecker *m* ‖ ~, jaque *m*, tomada *f* (electr.) / Buchse *f* ‖ ~ (telecom.) / Anschalter *m* ‖ ~, ligador *m* (electr.) / Verbinder *m* ‖ ~ (guia de ondas) / Flansch *m* ‖ ~ **de contacto de pressão** (electr.) / Andruckverbinder *m* ‖ ~ **de excitação** (cart. perf.) / Erregerbuchse *f* (IBM) ‖ ~ **de ficha** (electr.) / Steckverbinder *m* ‖ ~ **de leitura** (cart. perf.) / Empfangsbuchse *f* ‖ ~ **de ligação à terra** (telecom.) / Erdungsbuchse *f* ‖ ~ **de linha** / Leitungsstecker *m* ‖ ~ **de prateleira** (telecom.) /

Etagenverbinder *m* ‖ ~ **de saída** (informática) / Ausgangsbuchse *f* ‖ ~ **de secção rectangular** (electr.) / Flachanschlußstück *n* ‖ ~ **para circuitos impressos** (electrón.) / Flachsteckverbinder *m*
conexão *f* / Anschluß *m* ‖ ~ (electr.) / Anschaltung *f*, Zuschaltung *f* ‖ ~ / Einschaltung, Verbindung *f* ‖ ~ **chata** (semicondut.) / Flachanschluß *m* ‖ ~ **colectiva** (telecom.) / Gemeinschaftsanschluß *m* ‖ ~ **condutiva** / galvanische (o. galvanisch leitende) Verbindung ‖ ~ **contínua** / Dauerfortschaltung *f* ‖ ~ **de algaraviz** (siderurg.) / Düsenstock *m* ‖ ~ **de cabos** / Kabelanschluß *m* ‖ ~ **de compensação** (electr.) / Ausgleichverbindung *f* ‖ ~ **de condutores** / Leitungskupplung *f* ‖ ~ **de dilatação** / Dehnungsanschluß *m* ‖ ~ **directa** / galvanische (o. galvanisch leitende) Verbindung ‖ ~ **do circuito derivado** / Leitungsanschluß *m* ‖ ~ **duplex em ponte** (telecom.) / Brückengegensprechschaltung *f* ‖ ~ **eléctrica** / Elektroanschluß *m*, -anschlußstelle *f*, Stromanschluß *m* ‖ ~ **em anel** (telecom.) / Leitungsschleife *f* ‖ ~ **em cascata** (electr.) / Stufenschaltung *f*, Kaskadenschaltung *f* ‖ ~ **em estrela** (electr.) / Sternschaltung *f*, Y-Schaltung *f* ‖ ~ **em oposição** (electr.) / Gegenschaltung *f* ‖ ~ **em ponte** (telecom.) / Überbrückungsschaltung *f* ‖ ~ **em ponte** (electr.) / Brückenschaltung *f* ‖ ~ **em série** (electr., máq., tecnol.) / Serienschaltung *f*, Reihenschaltung *f*, Hauptschluß *m* ‖ ~ **em Y** (electr.) / Y-Schaltung *f*, Sternschaltung *f* ‖ ~ **encaixável** / Steckanschluß *m* ‖ ~ **errada** (electr.) / Fehlschaltung *f* ‖ ~ **estrela-triângulo** (electr.) / Sterndreieckschaltung *f* ‖ ~ **galvânica** / galvanische (o. galvanisch leitende) Verbindung ‖ ~ **indutiva dos carris ou dos trilhos** (técn. ferrov.) / Drosselstoß *m* der Schienen ‖ ~ **interurbana** / Fernanschluß *m* ‖ ~ **óhmica** / galvanische (o. galvanisch leitende) Verbindung ‖ ~ **para carga** (electr.) / Ladeschaltung *f* ‖ ~ **plana** / Flachflansch *m*, Flachflanschverbindung *f* (glatte Kupplung) ‖ ~ **por esmagamento** (electrón.) / Quetschverbindung *f* ‖ ~ **por pressão** / Quetschverbindung *f* ‖ ~ **precisa em paralelo** (electr.) / Feinparallelschalten *n* ‖ ~ **simulada** (telecom.) / Blindbelegung *f* ‖ ~ **telefónica** / Fernsprechanschluß *m*
conexões *f pl* **de serviço** (electr.) / Betriebsschaltung *f*
confiabilidade, de ~ absoluta (electrón.) / absolut zuverlässig ‖ ~ *f* **de serviço** / Betriebssicherheit *f*, Betriebszuverlässigkeit *f* ‖ ~ **operacional** / Einsatzzuverlässigkeit *f*
configuração *f* / Gestalt, Form *f* ‖ ~ (informática) / Ausrüstung *f* einer Anlage, Zusammensetzung *f* einer Anlage ‖ ~ **básica** (informática) / Grundausrüstung *f* ‖ ~ **de aterragem** (aeronáut.) / Landebetriebszustand *m* ‖ ~ **de avião 'sujo'** (aeronáut.) / Landezustand *m* eines Flugzeugs ‖ ~ **de bits** / Bitstruktur *f* ‖ ~ **de Boersch** (electr.) / Boerschscher Strahlengang ‖ ~ **de campo** (electrón.) / Feldform *f* ‖ ~ **do terreno** / Geländebeschaffenheit *f*, -oberfläche *f* ‖ ~ **electrónica ou eletrônica** / Elektronenanordnung, -konfiguration *f*
configurar / gestalten, formen
confinar [com] / grenzen [an]
confirmar / bestätigen ‖ ~ (telecom.) / quittieren
conflagração *f* / Feuersbrunst *f*
confluência *f* / Zusammenfluß *m*, Einmündung *f*
confluir / zusammenfließen, -strömen, ineinanderfließen
confocal / mit gemeinsamem Brennpunkt
conforme (geom, agrimen.) / winkelgetreu, konform ‖ ~ **a lei** (química, física) / gesetzmäßig ‖ ~ **à superfície actual** / flächentreu ‖ ~ **os usos comerciais** / handelsüblich
conformidade *f* / Formanpassungsvermögen *n* ‖ ~ **com a lei** (geral) / Gesetzmäßigkeit *f* ‖ ~ **das cores** / völlige Farbübereinstimmung
congelação *f* / Tiefkühlung *f* ‖ ~ (siderurg.) / Erstarren *n* ‖ **de** ~ / Gefrier... ‖ ~ **por contacto** / Kontaktgefrieren *n* ‖ ~ **rápida** / Tiefgefrieren *n*
congelado / Tiefkühl... ‖ ~ (siderurg.) / erstarrt
congelador *m* / Eiserzeuger, -generator *m*, -maschine *f* ‖ ~ [**vertical**] / Gefrierschrank *m* ‖ ~ **por contacto** / Kontaktfroster *m*
congelamento *m* / Einfrieren *n* ‖ ~ **por desidratação** / Dehydro-Gefrieren *n*
congelar / gefrieren, einfrieren, frieren ‖ ~**(-se)** / gefrieren ‖ ~**-se** / erstarren
congelável, não ~ / kältebeständig, gefrierfest
congestionamento *m* (telecom., tráfego) / Stauung *f*, Stockung *f*, Verstopfung *f* ‖ **com ~ de linhas** (telecom.) / gassenbesetzt
congestionar-se (tráfego) / sich stauen, stocken
conglobado / kugelig, zusammengeballt
conglomerado *m* / Gemisch, Konglomerat *n*, Zusammenballung *f* ‖ ~ (expl. minas) / Gemenge *n* ‖ ~ **de ferro argiloso** / Eisentonkonglomerat *n*
conglomerar / ballen , zu Ballen formen
conicidade *f* / Konizität *f*, Kegelform *f*, Steigung *f* eines Kegels
cónico / konisch, kegelförmig, zapfenförmig, kegelig
conífera *f* / Konifere *f*, Nadelbaum *m*
coniferina *f* (química) / Koniferin *n*
conjugação *f* (química) / Konjugation *f*
conjugado (química, matem.) / konjugiert, zugeordnet ‖ ~ *m* **de torção** (mecân.) / Kräftepaar *n*, Drehpaar *n*
conjunção *f* (astron.) / Konjunktion *f*
conjunto *m* / Gemengsel *n*, Komplex *m*, Ganzes *n*, Gesamtheit *f* ‖ ~ **adaptador de linha** / Leitungsanschlußgruppe *f* ‖ ~ **das pás** / Beschaufelung *f* ‖ ~ **de cartões** (cart. perf.) / Datenstapel *m* ‖ ~ **de cartões de entrada** (cart. perf.) / Eingabestapel *m* ‖ ~ **de engrenagens** / Getriebezug *m* ‖ ~ **de galerias** (expl. minas) / Grubengebäude *n* ‖ ~ **de iluminação** (electr.) / Lichtaggregat *n* ‖ ~ **de instruções** (informática) / Befehlsvorrat *m* ‖ ~ **de pneus de um veículo** (autom.) / Bereifung *f* ‖ ~ **de registos em ordem ascendente ou descendente** (informática) / [auf- o. absteigend] geordnete Folge (o. Zeichenfolge o. Kette o. Daten) ‖ ~ **de veículos de uma empresa** / Fuhrpark *m* ‖ ~ **infinito** (matem.) / infinite Menge ‖ ~ **liássico** / Liasbildung *f* ‖ ~ **limpa/lava-pára-brisas**, conjunto *m* limpa/lava-vidros (autom.) / Scheibenwischer/wascher *m* ‖ ~ **para medições do tempo** / Laufzeitmeßplatz *m* ‖ ~ **terminal** (telecom.) / Endsatz *m*
conóide *m* (geom) / Konoid *n*
consanguinidade *f* (mineralog.) / Artverwandtschaft *f*
consequência *f* / Konsequenz *f*, Folge[erscheinung] *f*
consertar / ausbessern
conserto *m* / Ausbesserung *f*
conserva, de ~ / eingemacht (z.B. Obst) ‖ **de** ~ / Büchsen... ‖ ~ *f* **de carne** / Fleischkonserve *f* ‖ ~ **de frutos** / Fruchtkonserve *f* ‖ ~ **de peixe** / Fischkonserve *f*
conservabilidade *f* / Haltbarkeit *f*
conservação *f* / Erhaltung *f*, Konservierung *f* ‖ ~ (energia, matéria) / Erhaltung *f* ‖ ~ **do corte** / Schneidhaltigkeit *f* ‖ ~ **do solo** / Bodenschutz *m*
conservador *m* (electr.) / Ausdehnungsgefäß *n*
conservante *m* / Konservierungsmittel *n*
conservar / konservieren ‖ ~ / einhalten, erhalten ‖ ~ (alimentos) / haltbar machen ‖ ~**-se** (madeira) / stehen, sich halten o. erhalten, halten ‖ ~ **em lugar**

seco! / trocken aufbewahren! ‖ ~ **(h)úmido** / feuchthalten ‖ ~ **por cocção** / einkochen
conservas *f pl* (alimentares) / Konserven *f pl*, Dauerwaren *f pl*
consistência *f* / Konsistenz *f* ‖ ~ (química) / Dicke *f* ‖ ~ (papel) / Stoffdichte *f* (in Prozent) ‖ ~ / Grad *m* der Dichte ‖ ~ / Dickflüssigkeit *f*, Viskosität *f* ‖ ~ (líquidos) / Dichte *f*, Dicke *f*
consistente (química) / fest, konsistent, dick ‖ ~ / fest, im festen Aggregatzustand, dickflüssig ‖ **pouco** ~ / dünn
consistindo [em] / bestehend [aus]
consistir [em] / bestehen [aus]
consola *f* (informática) / Konsole *f* ‖ ~ (constr. civil) / Konsole *f* ‖ ~ (constr. civil) / Kragstein *m*, Konsole *f* ‖ ~ / Pult *n* ‖ ~ **de ancoragem** / Ankerstütze *f* ‖ ~ **de comando** / Steuerpult *n*, -konsole *f*, Schaltpult *n* ‖ ~ **de demonstração** / Experimentierpult *n* ‖ ~ **de mistura** (tv) / Mischpult *n* ‖ ~ **de operador** / Bedienungskonsole *f*, Bedienungspult *n*
consolidação *f* / Festigung *f*, Konsolidierung *f*, Dichtwerden *n*, Festwerden *n* ‖ ~ (constr. civil, constr. rodov.) / Befestigung *f*, Verstärkung *f* ‖ ~ **de margens** / Uferbefestigung *f*, -bau *m*, -schutz *m*, -deckwerk *n* ‖ ~ **do solo** / Bodenverfestigung *f* ‖ ~ **do talude** / Böschungsbefestigung *f* ‖ ~ **por solução sólida**, consolidação *f* em solução sólida (siderurg.) / Festlösungsverfestigen *n*
consolidar / befestigen, stärken, festigen
consolo *m* (constr. civil) / Konsole *f*
constância *f* / Bestand *m*, Beständigkeit *f* ‖ ~ **de volume** / Raumbeständigkeit *f*, Volumenbeständigkeit *f* ‖ ~ **térmica** / Temperaturbeständigkeit *f*
constantan *m* / Konstantan *n*
constante *f* (matem., física) / Konstante *f*, Festwert *m* ‖ ~ *adj* / konstant, ständig, stetig, gleichbleibend ‖ ~ *f* **de absorção** / Absorptionskonstante *f* ‖ ~ **de amortecimento** (instr.) / Dämpfungskonstante *f* ‖ ~ **de Boltzmann k** / Boltzmannkonstante k *f* ‖ ~ **de campo** [eléctrico ou magnético] / Feldkonstante *f* ‖ ~ **de desintegração** (técn. nucl.) / Zerfallskonstante, -wahrscheinlichkeit *f* ‖ ~ **de enfraquecimento** (telecom.) / Dämpfungskonstante *f*, -faktor *m* ‖ ~ **de estrutura fina** / Sommerfeldsche Konstante, Feinstruktur-Konstante *f* ‖ ~ **de Euler** (mecân.) / Eulersche Konstante ‖ ~ **de Faraday** / Faradaysche Zahl, Faraday-Konstante *f* ‖ ~ **de Fermi** / Fermikonstante *f* ‖ ~ **de indução** / Induktionskonstante *f* ‖ ~ **de integração** (informática) / Integrationskonstante *f* ‖ ~ **de ionização** / Ionisationskonstante *f* ‖ ~ **de limitação de impulso ou pulso** (electr.) / Impulsbegrenzer-Zeitkonstante *f* ‖ ~ **de linha** / Leitungskonstante *f* ‖ ~ **de mola** / Federkonstante *f* ‖ ~ **de Poisson** / Dehnungszahl *f*, Quer-Dehnungszahl *f* ‖ ~ **de propagação** (telecom.) / Fortpflanzungsmaß *n* ‖ ~ **de sensitividade** / Ansprechkonstante *f* ‖ ~ **de solidificação** (siderurg.) / Erstarrungskonstante *f* ‖ ~ **de tempo** (contr. autom.) / Zeitkonstante *f* ‖ ~ **de velocidade** (química) / Geschwindigkeitskonstante *f* ‖ ~ **dieléctrica** / Dielektrizitätskonstante *f*, -zahl *f* ‖ ~ **do contador** (electr.) / Zählerkonstante *f* ‖ ~ **do induzido** (electr.) / Ankerkonstante *f* ‖ ~ **dos gases** / Gaskonstante *f* ‖ ~ **galvanométrica** (electr.) / Galvanometerkonstante *f*, Eichzahl *f* ‖ ~ **no tempo** / zeitlich gleichbleibend ‖ ~ **para a torção** / Drahtkonstante, -zahl *f* ‖ ~ **reticular** (cristalogrf.) / Gitterkonstante *f* ‖ ~ **solar** / Solarkonstante *f* (= 1,94 cal cm^{-2} min^{-1})
constantes *f pl* **elásticas** / Elastizitätskonstanten *f pl*
constituição *f* / Beschaffenheit *f*, Gefüge *n* ‖ ~ **da estrutura** / Gefügeaufbau *m* ‖ ~ **fibrosa** / faserige Beschaffenheit ‖ ~ **química** / Atomanordnung *f*
constringência *f* (óptica) / Reziprokwert *m* der Dispersionskraft
construção *f* / Konstruktion *f* ‖ ~ / Bauwerk *n*, Bau *m*, Baulichkeit *f* ‖ ~ / Ausführung *f*, Gestaltung *f* ‖ **de** ~ / baulich, Bau... ‖ **de** ~ **sólida** / baufest ‖ **em** ~ / im Bau, im Bauzustande ‖ ~ **aberta** / offene Bauart ‖ ~ **calcada** (constr. civil) / Stampfbau *m* ‖ ~ **cantiléver** / Freivorbau *m* ‖ ~ **celular** / Zellenbauweise *f* ‖ ~ **com elementos pré-fabricados** (constr. civil) / Elementierung *f* ‖ ~ **composta** / Kompositbau *m* ‖ ~ **de aço** / Stahlbau *m* (Tätigkeit u. Gebäude) ‖ ~ **de barro** (constr. civil) / Lehmbau *m* ‖ ~ **de barro batido**, construção *f* de barro pisado (constr. civil) / Lehmstampfbau *m* ‖ ~ **de edifícios em ossatura métalica** / Stahlhochbau *m* ‖ ~ **de ferro** / Eisenbau *m* ‖ ~ **de máquinas pesadas** / Großmaschinenbau *m* ‖ ~ **de moldes** / Formenbau *m* ‖ ~ **de pedra** / Steinbau *m* ‖ ~ **de poços** / Brunnenbau *m* ‖ ~ **de pontes** / Brückenbau *m* ‖ ~ **de veículos** / Fahrzeugbau *m* ‖ ~ **em arco**, construção *f* em abóbada / Bogenbau *m* ‖ ~ **em betão** / Betonbau *m*, -konstruktion *f* ‖ ~ **em bloco** / Blockkonstruktion *f* ‖ ~ **em bruto** (constr. civil) / Rohbau *m* (Gebäude) ‖ ~ **em chapa** / Blechkonstruktion *f* ‖ ~ **em concreto** / Betonbau *m*, -konstruktion *f* ‖ ~ **em madeira** (constr. civil) / Holzbau *m* ‖ ~ **em madeira e metal** / Holzmetallausführung *f* ‖ ~ **em ossatura metálica** / Stahlgerippebau *m*, -hochbau *m* ‖ ~ **em série** / Serienbau *m* ‖ ~ **em sistema Rabitz** / Rabitzbau *m* ‖ ~ **em tijolos** / Ziegelbau *m* ‖ ~ **errada** / Fehlkonstruktion *f* ‖ ~ **especial** / Sonderausführung *f* ‖ ~ **fluvial** / Flußbau *m* ‖ ~ **gráfica do campo** (física) / Feldausmessung *f* ‖ ~ **habitacional** / Wohnungsbau *m* ‖ ~ **imobiliária** / Hochbau *m* (Ggs.: Tiefbau) ‖ ~ **industrial** / Industriebau *m*, -gebäude *n* ‖ ~ **leve** / Leichtbau *m* ‖ ~ **ligeira em aço** / Stahlleichtbau *m* ‖ ~ **mecânica** / Maschinenbau *m* ‖ ~ **mediante unidades de montagem** (constr. civil) / Fertigbau *m* in Großelementen ‖ ~ **metálica** / Stahlkonstruktion *f*, -fachwerk *n*, Stahlbau *m* (Tätigkeit u. Gebäude) ‖ ~ **mista** / Mischbauweise *f*, Gemischtbau *m*, Gemischtbauweise *f* ‖ ~ **naval** / Schiffbau *m*, -bautechnik *f* ‖ ~ **nova** / Neubau *m*, Neuerrichtung *f* ‖ ~ **por meio de elementos de montagem** / Fertigteilbauweise *f* ‖ ~ **rodoviária** / Straßenbau *m* ‖ ~ **sanduíche** (plást.) / Füllbauweise *f* ‖ ~ **soldada** / Schweißkonstruktion *f* ‖ ~ **toda de vidro** / Ganzglasausführung *f*
construções, sem ~ / unbebaut ‖ ~ *f pl* **hidráulicas** / Wasserbau *m*, -bauten *pl* ‖ ~ **hidráulicas em aço** / Stahlwasserbau *m* ‖ ~ **navais** / Schiffsbauten *m pl* ‖ ~ **residenciais** / Wohnbauten *m pl*
construído / hergestellt ‖ **não** ~ (terreno) / unbebaut ‖ ~ **sobre cave**, construído sobre porão (constr. civil) / unterkellert
construir / konstruieren, errichten, bauen, aufbauen, aufführen ‖ ~ **adicionalmente** (constr. civil) / anbauen ‖ ~ **em alvenaria** / mauern ‖ ~ **mal** / verbauen, schlecht bauen ‖ ~ **sem alinhamento** / fluchtlos bauen ‖ ~ **um túnel** [sob] / untertunneln ‖ ~ **uma estrada** / eine Straße anlegen (o. bauen)
construtor *m* / Erbauer *m* ‖ ~ **civil** / Bauunternehmer *m* ‖ ~ **de moldes** / Formenbauer *m*
consulta *f* (informática) / Abfrage *f* ‖ ~ **remota** (informática, telecom.) / Fernabfrage *f*
consultar (informática, telecom.) / abfragen
consultor *m* **de gestão** / Betriebsberater *m*
consumidor *m* (electr., física) / Abnehmer *m*, Verbraucher *m* ‖ ~ **de corrente** / Stromabnehmer

m, Bezieher *m*
consumir / aufbrauchen ‖ ~ **corrente** / Strom verbrauchen (o. ab- o. aufnehmen o. konsumieren)
consumo *m* / Verbrauch *m*, Bedarf *m* ‖ ~ (eléctrodo) / Abbrand *m* ‖ **com ~ de corrente** (informática) / stromziehend, -verbrauchend ‖ **de baixo ~ de corrente** / stromsparend ‖ ~ **anual** / Jahresverbrauch *m* ‖ ~ **de ar** / Luftverbrauch *m*, Luftbedarf *m* ‖ ~ **de corrente** (electr.) / Stromverbrauch *m*, Stromaufnahme *f*, Stromentnahme *f* ‖ ~ **de corrente**, corrente *f* necessária (electr.) / Strombedarf *m* ‖ ~ **de energia** / Energieverbrauch *m*, Leistungsaufnahme *f*, Energieaufnahme *f*, Leistungsverbrauch *m* ‖ ~ **de gasolina** / Benzinverbrauch *m* ‖ ~ **de potência** / Leistungsverbrauch *m*, Leistungsaufnahme *f* ‖ ~ **dos eletrodos** / Elektrodenabbrand *m* ‖ ~ **em excesso** / Mehrverbrauch *m* ‖ ~ **específico** (lâmpada) / Lichtausbeute *f* in cd/W ‖ ~ **nominal** (electr.) / Nennaufnahme *f* ‖ ~ **próprio** / Eigenverbrauch *m*
contabilidade *f* **de armazém** (org. industr.) / Materialbuchhaltung *f* (System) ‖ ~ **do armazém** / Materialbuchhaltung *f* (Abteilung)
contactante / berührend
contacto *m* / Berührung *f*, Kontakt *m* ‖ **de ~ central** (electr.) / Mittelkontakt... ‖ **em ~** / sich berührend ‖ **estar em ~ por via rádio** / in Funkverkehr stehen ‖ ~ **à terra** (electr.) / Erdschluß *m*, Erdkontakt *m* ‖ ~ **auxiliar** / Vorkontakt *m* ‖ ~ **auxiliar de trabalho** / Schließer *m*, Hilfsschließkontakt *m* ‖ ~ **de acompanhamento** / Schleppkontakt *m* ‖ ~ **de arco corrediço** / Bügelschleifkontakt *m* ‖ ~ **de base** (transistor) / Basis *f*, Basisanschluß *m* ‖ ~ **de carvão** (electr.) / Kohlekontakt *m* ‖ ~ **de desconexão** (electr.) / Abschaltkontakt *m*, Ausschaltkontakt *m* ‖ ~ **de deslize** (telecom., electrón.) / Schiebekontakt *m*, Gleitkontakt *m* ‖ ~ **de encaixe** / Steckkontakt *m* ‖ ~ **de escova** / Bürstenkontakt *m* ‖ ~ **de faca** (electr.) / Messerkontakt *m* ‖ ~ **de fita** / Flachbandkontakt *m* ‖ ~ **de fricção** (telecom., electrón.) / Reibungskontakt *m* ‖ ~ **de impulsos ou pulsos** / Impulskontakt *m* ‖ ~ **de lâmina** [em tubo vazio de protecção] / Schutzrohrkontakt *m* ‖ ~ **de lâmina** / Zungenkontakt *m* ‖ ~ **de mola** / Federkontakt *m*, federnder Kontakt ‖ ~ **de palheta** / Fingerkontakt *m* ‖ ~ **de repouso** / Ruhekontakt *m* ‖ ~ **de ruptura** / Öffnungskontakt *m*, Öffner *m*, Abreißkontakt *m* ‖ ~ **de ruptura brusca** / Sprungkontakt *m* ‖ ~ **de segurança** / Schutzkontakt *m* ‖ ~ **de sincronização F** (técn. fotogr.) / F-Kontakt *m* ‖ ~ **de trabalho** (relé) / Schließer *m*, Arbeitskontakt *m*, Schließkontakt *m* ‖ ~ **do emissor** (transistor) / Emitteranschluß *m* ‖ ~ **do relé** / Relaiskontakt *m* ‖ ~ **duplo** / Doppelkontakt *m* ‖ ~ **duplo de fecho** / Doppelarbeitskontakt *m* ‖ ~ **elástico** (instr.) / federnder Anschlag ‖ ~ **entre fios do mesmo circuito** (telecom.) / Schleifenberührung *f* ‖ ~ **fixo** (electr.) / feststehender Kontakt, fester Kontakt ‖ ~ **fixo de um instrumento** / fester Anschlag ‖ ~ **individual** / Einzelkontakt *m* ‖ ~ **intermitente** (electr.) / Wackelkontakt *m* ‖ ~ **maciço** (electr.) / Klotzkontakt *m* ‖ ~ **móvel** (electr.) / beweglicher Kontakt ‖ ~ **no flanco** / Zahnflankenberührung *f* nur im Grunde ‖ ~ **oscilante à terra** / Erdschluß *m* durch schwingende Drähte ‖ ~ **parcial à terra** / zeitweiser Erdkontakt ‖ ~ **pontual** / Punktberührung *f*, punktweise Berührung ‖ ~ **por engate** (electr.) / Dauerkontaktgabe *f* ‖ ~ **por fricção** / Schleifkontakt *m* ‖ ~ **sequencial** (relé) / Folgekontakt *m* ‖ ~ **superior** / Kopfkontakt *m* ‖ ~ **total à terra** / voller Erdschluß ‖ ~ **visual** / Sichtverbindung *f*
contactor *m* (electr.) / Schütz *n*, Schaltschütz *n*, Relaisschalter *m*, Kontaktgeber *m* ‖ ~ **de ar** (electr.) / Luftschütz *n* ‖ ~ **de comando** / Steuerschütz *n* ‖ ~ **inversor** (electr.) / Umschaltschütz *n* ‖ ~ **pneumático** (electr.) / Druckluftschütz *n*
contador *m* / Zähler *m*, Zählapparat *m*, -einrichtung *f*, -vorrichtung *f*, Meßwerk, -gerät *n*, -uhr *f*, Messer *m*, Zählwerk *n* ‖ ~ **a corrente gasosa** (técn. nucl.) / Gaszähler *m*, gasgefüllter Geigerzähler ‖ ~ **binário** / Binärzähler *m* ‖ ~ **da luz** (electr.) / Lichtzähler *m* ‖ ~ **de água** / Wassermesser, -zähler *m* ‖ ~ **de água de um jacto** / Einstrahlwassermesser *m* ‖ ~ **de alimentação** (têxtil) / Vorgarnzähler *m* ‖ ~ **de anticoincidência** (técn. nucl.) / Antikoinzidenzzähler *m* ‖ ~ **de chamadas cíclicas** (telecom.) / Aufrufzähler *m* ‖ ~ **de ciclos** (informática) / Schleifenzähler *m* ‖ ~ **de corpo inteiro** (técn. nucl.) / Ganzkörperzähler *m* ‖ ~ **de corrente reactiva** / Blindstromzähler *m* ‖ ~ **de cursos** / Hubzähler *m* ‖ ~ **de débito de gás** / Gasdurchflußzähler *m* ‖ ~ **de electricidade** / Elektrizitätszähler *m* ‖ ~ **de energia reactiva** / Blindleistungszähler *m* ‖ ~ **de exposições** / Aufnahmezähler *m* ‖ ~ **de folhas** (artes gráf.) / Bogenzählwerk *n* ‖ ~ **de frequências** (electr.) / Frequenzzähler *m* ‖ ~ **de gás** / Gasmesser, -zähler *m* ‖ ~ **de horas de funcionamento** (máq., tecnol.) / Betriebsstundenzähler *m* ‖ ~ **de imagens** / Bildzähler *m* ‖ ~ **de impulsos ou pulsos** / Impulszähler *m* ‖ ~ **de indução** / Induktionszähler *m* ‖ ~ **de instruções** / Befehlszähler *m* ‖ ~ **de janela** / Fensterzählrohr *n* ‖ ~ **de líquido com turbina [de palhetas]** / Flügelradflüssigkeitsmesser *m* ‖ ~ **de localização** (informática) / Adressenzähler, Zuordnungszähler *m* ‖ ~ **de metragem** / Filmzähler *m* ‖ ~ **de posição** (telecom.) / Belegungszähler *m* ‖ ~ **de taxas** (telecom.) / Gebührenzähler *m* ‖ ~ **de tempo de conversação** (telecom.) / Gesprächszeitmesser *m* ‖ ~ **de vapor** / Dampfzähler *m*, -mengenmesser *m*, -verbrauchsmesser *m*, Dampfmesser *m* ‖ ~ **electrolítico** (electr.) / Gas[entwicklungs]zähler *m*, elektrolytischer Zähler ‖ ~ **Geiger-Müller** / Geiger[-Müller]zähler *m* ‖ ~ **monofásico** / Einphasenzähler *m* ‖ ~ **para força motriz** / Kraftzähler *m*, Kraftstromzähler *m* ‖ ~ **volumétrico de água** / Volumenwassermesser, -zähler *m*
conta-fios *m* (tecel.) / Schußzähler *m*
contagem *f* / Zählung *f*, Zählen *n* ‖ ~ **de actividade** (informática) / Bewegungszählung *f* ‖ ~ **de blocos** (informática) / Blockzählung *f* ‖ ~ **dos fios** (tecel.) / Feststellen *n* der Fadendichte ‖ ~ **errada** / falsche Zählung ‖ ~ **progressiva** / fortlaufende Zählung ‖ ~ **regressiva** / Rückwärtszählen *n* ‖ ~ **repetida** (telecom.) / Mehrfachzählung *f*
conta-gotas *m* / Tropfenzähler *m*
container *m* vide contentor
contaminação *f* / Verschmutzung *f*, Kontamination *f* ‖ ~ (técn. nucl.) / Verseuchung *f*, Kontamination *f* ‖ ~ **das cores** (tv) / Farbwertverschiebung *f*
contaminado (técn. nucl.) / verseucht
contaminador *m* (técn. nucl.) / Verseuchungsstoff *m*
contaminar (técn. nucl.) / verseuchen
conta-quilómetros *m* (autom.) / Wegstreckenzähler *m*, Kilometerzähler *m* ‖ ~ **parcial** / Tageskilometerzähler *m*
contar / zählen
conta-rotações *m* / Umdrehungszähler *m*, Drehzahlmesser *m*, Drehzähler *m*, Tourenzähler *m* ‖ ~ **de leitura directa** / Nahdrehzahlmesser *m* ‖ ~ **de pêndulo centrífugo** / Fliehpendeldrehzahlmesser *m*

contato vide contacto ‖ ~ **óhmico** / leitende Verbindung
contendo gás / gashaltig ‖ ~ **pasta mecânica** (papel) / holzhaltig
contentor *m* / Behälter *m* (für Versand), Container *m*, Transportbehälter *m* ‖ **~-cisterna** *m* / Flüssigkeits-Container *m* ‖ ~ **de congelação** / Gefrier-Container *m* ‖ ~ **de mercadorias** / Frachtbehälter *m*, -container *m* ‖ ~ **em forma de iglu** (aeronáut.) / Iglu-Container *m* ‖ ~ **frigorífico** (técn. ferrov., autom.) / Kühl[maschinen]-Container *m* ‖ ~ **isolado** / Isolier-Container *m* ‖ ~ **isotérmico** / Isolier-Container *m* ‖ ~ **para frete ISO** / ISO-Container *m* ‖ ~ **para serviço nacional** / Binnencontainer *m* ‖ ~ **para víveres** / Foodtainer *m* ‖ ~ **perdido na posse do transportador** / DC-Behälter *m*
conter / enthalten ‖ ~ (expl. minas) / führen
conteúdo *m* / Inhalt *m* ‖ ~ **da memória** (informática) / Speicherinhalt *m* ‖ ~ **de energia** / Energieinhalt *m* ‖ ~ **de informação condicional média** (informática) / bedingte Entropie ‖ ~ **de informação por símbolo** (informática) / Informationsbelag *m* ‖ ~ **de informações** / Informationsgehalt *m*
contiguidade *f* / Aneinanderstoßen *n*
contíguo / benachbart, aneinanderstoßend, Nachbar..., angrenzend
continental / kontinental
continente *m* (geogr.) / Festland *n*
contínua *f* **de aletas** / Flügelspinnmaschine *f* ‖ ~ **de anéis** / Ringspinner *m*, -spinnmaschine *f* ‖ ~ **de fiar** / Water[spinn]maschine *f*, Drosselmaschine *f* ‖ ~ **de fiar com água** / Halbnaßspinnmaschine *f* ‖ ~ **de retorcer** / Waterzwirnmaschine *f*
continuação *f* / Fortbestehen *n*, Fortgang *m*, Weiterführung *f*, Fortdauer *f* ‖ ~ **de trabalhos** / Fortführung *f* von Arbeiten
continuar / fortsetzen *vi*, sich fortsetzen, weitermachen, fortfahren, anhalten
continuidade *f* / Fortdauer *f*, Kontinuität *f* ‖ ~ (geral, matem.) / Stetigkeit *f*
contínuo (geral, matem.) / stetig ‖ ~, sem interrupção / ständig, ununterbrochen ‖ ~, progressivo, sem graduação, sem intervalo / stufenlos ‖ ~ *m* **de esporas** / Flügelzwirnmaschine *f*
continuum *m* (matem., física) / Kontinuum *n*
contornado (artes gráf.) / freistehend (Autotypie)
contornar / schweifen, ausbogen ‖ ~ (electr.) / umgehen, ausweichen (Installation)
contorno *m* / Umriß *m*, Kontur *f*, Außenlinie *f* ‖ ~ **da mancha**, contorno *m* da nódoa / Fleckenrand *m* ‖ ~ **de came** (máq., tecnol.) / Kurvenform *f*
contra-admitância *f* / Gegenadmittanz *f* (Vierpolkonstante)
contrabalançar / ausbalancieren, aufheben, aufwiegen, im Gleichgewicht halten, ausgleichen
contracarril *m* (técn. ferrov.) / Radlenker *m*, Hornschiene *f*, Fangschiene *f*, Gegenschiene *f*, Schutzschiene *f*
contracção *f* / Zusammenziehung *f*, Kontraktion *f*, Schrumpfung *f* ‖ ~ (constr. civil) / Einziehung *f* ‖ ~ **de volume** (electrón.) / Dynamikverengung *f* ‖ ~ **do diâmetro** (cilindro) / Querzusammenziehung *f* ‖ ~ **lateral**, contracção *f* transversal / Querzusammenziehung *f* ‖ ~ **por secagem** / Trockenschwund *m*, -schwindung *f* ‖ ~ **por solidificação** / Erstarrungsschwindung *f*
contrachamada *f* (telecom.) / Gegenruf *m*
contrachapa *f* (caldeira) / Hinterboden *m*, -wand *f*
contrachaveta *f* / Gegenkeil *m*, Nasenkeil *m*, Zugkeil *m*
contracilindro *m* / Gegenwalze *f*
contracorrente *f* (hidrául.) / Gegenströmung *f* ‖ ~ (electr., hidrául.) / Gegenstrom *m* ‖ ~ / Rückströmung *f* ‖ ~ **submarina** (hidrául.) / Gegenströmung *f* unter der Oberfläche
contráctil / zusammenziehbar
contractilidade *f* / Zusammenziehbarkeit *f*
contracunho *m* / Oberstempel *m*
contracurvar / kröpfen
contradiagonal *f* (carpint.) / Gegenstrebe *f*, Gegendiagonale *f*
contradopagem *f* (semicondut.) / Gegendotierung *f*
contra-eixo *m* (máq., tecnol.) / Gegenwelle *f*
contra-eléctrodo *m*, contra-eletrodo *m* / Gegenelektrode *f*
contra-electromotriz / gegenelektromotorisch
contra-elemento *m* (acumul.) / Gegenzelle *f*
contra-ensaio *m* / Gegenversuch *m*
contrafase *f* / Gegenphase *f* ‖ **em** ~ / gegenphasig
contrafileira *f* **de suspensão** (constr. civil) / Hängestrebe *f*
contrafixa *f* (constr. civil) / Druckpfosten *m* ‖ ~ **de suspensão** (constr. civil) / Hängestrebe *f* ‖ ~ **de telhado** / Bockdach *n* ‖ ~ **diagonal** / Kreuzstrebe *f*, Querstrebe *f*
contraflange *m* / Gegenflansch *m*
contrafogo *m* / Gegenfeuer *n*
contraforte *m* (constr. civil) / Gegenpfeiler *m*, Verstärkungspfeiler *m*, Strebemauer *f* ‖ ~ (sapato) / Kappe *f* ‖ ~ **de pilar** (constr. civil) / Lisene *f* ‖ ~ **do muro** / Mauerpfeiler *m*, Stütz-, Strebepfeiler *m* ‖ ~ **do pilar** *m* / Pfeilervorlage *f*
contragolpe *m* / Gegenschlag *m*, Rückschlag *m*
contraguia *f* (máq. ferram.) / Gegenführung *f*
contra-hélice *f* / gegenläufiger Propeller
contra-ião *m*, contra-íon *m* / Gegenion *n*
contraído / eingeschnürt
contra-inclinação *f* (expl. minas) / Gegeneinfallen *n*
contrair / einschnüren, zusammenziehen ‖ **~-se** / schrumpfen, schwinden
contrajanela *f* / Vorfenster *n*
contraluz *f* (constr. civil, óptica) / Gegenlicht *n* ‖ **a** ~ / gegen das Licht
contramagnetizar / gegenmagnetisieren
contramanivela *f* / Gegenkurbel *f*, Schwingenkurbel *f*
contramão *f* (constr. rodov.) / Gegenfahrbahn *f*, Gegenspur *f*
contramarca *f* / Gegenkontrollzeichen *n*
contramedidas *f pl* / Gegenmaßnahmen *f pl* ‖ ~ **de telecomunicação** / Fernmelde-Gegenmaßnahmen *f pl* ‖ ~ **electrónicas ou eletrônicas** (armamento) / elektronische Gegenmaßnahmen *f pl*
contramestre *m* / Polier *m*, Kapo *m*
contramola *f* / Gegenfeder *f*
contramolde *m* (fundição) / Gegenform *f* ‖ ~ (prensa) / Oberstempel *m*
contramontante *m* / Gegenständer *m*
contramovimento *m* / Gegenbewegung *f*
contramuro *m* / Gegenmauer *f*
contrapelo *m* / Gegenstrich *m* ‖ **a** ~ / gegen den Strich oder Faden, gegen die Faser ‖ **a** ~ / gegen den Strich ‖ **a** ~ / gegen das Haar, gegen den Strich
contraperitagem *f* / Gegenexpertise *f*
contrapeso *m* / Gegengewicht *n* ‖ ~ (técn. ferrov.) / Fallgewicht *n* ‖ ~ (navio) / Belastungsgewicht *n* ‖ ~ (embraiagem) / Fliehgewicht *n* ‖ ~ (antena) / Erdplatte *f* ‖ ~ **da válvula de segurança** / Sicherheitsventilbelastung *f*, -ventilgewicht *n*
contrapinar / versplinten
contrapino *m* (máq., tecnol.) / Splint *m*, Bolzen *m* mit Splintloch (DIN)
contraplacado *m* / Sperrholz *n* ‖ ~ **alveolar** / Hohlraum-Sperrholz *n* ‖ ~ **de juntas coladas** / fugenverleimtes Sperrholz ‖ ~ **de três camadas** / dreifaches Sperrholz ‖ ~ **moldado** /

Formsperrholz *n*
contrapolia *f* / Gegenscheibe *f*
contraponta *f* (máq. ferram.) / Körnerspitze *f*, Gegenspitze *f* ‖ ~ **do cabeçote móvel** / Reitstockspitze *f*
contraporca *f* / Gegenmutter *f*, Sicherungsmutter *f*
contrapressão *f* (turbina) / Rückstau *m* ‖ ~ (máq. vapor, máq., tecnol.) / Gegendruck *m* ‖ ~ **exterior** / Fremdgegendruck *m*
contraprojecto *m* / Gegenentwurf *m*
contraprova *f* / Gegenprobe *f*
contrapunção *m* (estamp.) / Oberstempel *m*
contra-rampa *f* (técn. ferrov.) / Gegenüberhöhung *f*
contra-rasqueta *f* (tinturaria) / Gegenrakel *f*, -schaber *m*
contrário *m* (geral) / Gegensatz *m* ‖ ~ *adj* / gegenläufig, entgegengesetzt ‖ ~ **à norma** / regelwidrig
contra-rotação *f* / Gegendrehung *f*, -lauf *m*, Gegenrotation *f* ‖ ~ **da hélice** (aeronáut.) / Gegenlauf des Propellers
contraste *m* / Kontrast *m* ‖ ~ (técn. fotogr.) / Gegensatz, Kontrast *m* ‖ **com pouco** ~ (técn. fotogr.) / kontrastarm, flach ‖ **sem** ~ (tv) / kontrastlos ‖ **sem** ~ (técn. fotogr.) / flau ‖ ~ **de interferência** (óptica) / Interferenzkontrast *m* ‖ ~ **fino** (tv) / Feinkontrast *m*
contra-superfície *f* / Gegenfläche *f*
contra-suporte *m* / Gegenlager *n*
contratalude *m* / Gegenböschung *f*
contratensão *f* / Gegenspannung *f*
contratorre *f* / Gegenturm *m*
contratrilho *m* (técn. ferrov.) / Radlenker *m*, Hornschiene *f*, Fangschiene *f*, Gegenschiene *f*, Schutzschiene *f*
contraturbilhão *m* / gegenläufiger Wirbel
contravapor *m* / Gegendampf *m*
contraveio *m* / Vorgelegewelle *f*
contraveneno *m* / Gegengift *n*
contraventamento *m* (constr. civil) / Windverband *m*, -verstrebung, -versteifung *f* ‖ ~ **anular** / Ringverspannung *f* ‖ ~ **longitudinal** / Längsverband *m* ‖ ~ **transversal** (constr. civil) / Querverband *m*
controlado / geprüft, kontrolliert, geregelt, gesteuert ‖ ~ **por cartões perfurados** / lochkartengesteuert
controlador *m* (electr.) / Steuergerät *n*, Kontroller *m* ‖ ~, combinador *m* / Fahrschalter *m* ‖ ~ (técn. ferrov.) / Steuerwalze *f* ‖ ~ **de tráfego aéreo** / Fluglotse *m* ‖ ~**-inversor** *m* / Steuerwalze *f*, [Umkehr-]Walzenanlasser *m*
controlar / kontrollieren ‖ ~, inspecionar / untersuchen, inspizieren ‖ ~ (máq., tecnol.) / bedienen, steuern
controlável / kontrollierbar, feststellbar
controle *m* vide controlo
controler *m* (electr.) / Anlaßsteuerwalze *f* ‖ ~ **de inversão** / Umkehrsteuerwalze *f*, Schaltwalzen[umkehr]anlasser *m* ‖ ~ **de tambor** / Walzenanlasser *m*
controlo *m* / Prüfung, Kontrolle *f* ‖ ~ / Bedienung *f*, Steuerung *f* ‖ ~ **aritmético** (informática) / Rechenprobe *f* ‖ ~ **automático de brilhância** (tv) / Helligkeitsautomatik *f* ‖ ~ **automático de frequência** (electrón.) / automatische Scharfabstimmung, Frequenznachsteuerung *f* ‖ ~ **automático de pitch** (aeronáut.) / Aufbäumregler *m* ‖ ~ **automático de sequência** (contr. autom.) / Folgesteuerung *f* (selbsttätig) ‖ ~ **contínuo da trajectória** (comando numér.) / Bahnsteuerung *f* ‖ ~ **da linha de montagem** (org. industr.) / Bandkontrolle *f* ‖ ~ **da poluição do ar** / Lufthygiene *f* ‖ ~ **de avarias** / Störungsüberwachung *f* ‖ ~ **de captura** (tv) / Fangprüfung *f* ‖ ~ **de carga** (aeronáut.) / Ladekontrolle *f* ‖ ~ **de deflexão** (electrón.) / Ablenksteuerung *f* ‖ ~ **de desvio** (contr. autom.) / Ausregelung *f* einer Abweichung ‖ ~ **de eficiência** / Leistungskontrolle *f* ‖ ~ **de erros** (informática) / Fehlerschutz *m*, Fehlerüberwachung *f* ‖ ~ **de identificação** (telecom.) / Fangkontrolle *f* ‖ ~ **de imagem** (tv) / Bildaussteuerung *f* ‖ ~ **de job** (informática) / Bereitstellungsprogramm *n* ‖ ~ **de laço fechado** (informática) / Closed-Loop-Steuerung Steuerung *f* ‖ ~ **de nível** / Aussteuerung *f*, Pegelregler *m* ‖ ~ **de perfuração** (cart. perf.) / Stanzprüfung *f* ‖ ~ **de potência** / Leistungssteuerung *f* ‖ ~ **de processos industriais** (informática) / Prozeßdatenverarbeitung *f* ‖ ~ **de produção** / Fertigungskontrolle *f* ‖ ~ **de qualidade** / Qualitätskontrolle *f* ‖ ~ **de recepção** / Abnahmekontrolle *f* ‖ ~ **de seguimento de antena** / Antennennachlaufsteuerung *f* ‖ ~ **de sensibilidade** / Empfindlichkeitsregelung *f* ‖ ~ **de sequência** (informática) / Folgeprüfung *f* ‖ ~ **de sincronização** (tv) / Bildfang *m* ‖ ~ **de tráfego aéreo** / Flugsicherung *f* ‖ ~ **de validade** (informática) / Genauigkeitskontrolle *f* der Zifferndarstellung ‖ ~ **de voo** / Flugregelung *f* ‖ ~ **dimensional** / Maßkontrolle *f* ‖ ~ **do espaço aéreo** (armamento) / Luftraumkontrolle *f* ‖ ~ **dos avanços** / Fortschrittsüberwachung *f* ‖ ~ **final** / Endkontrolle *f* ‖ ~ **individual por monitor** (técn. nucl.) / individuelle Überwachung ‖ ~ **inverso** (telecom.) / Rückkontrolle *f* ‖ ~ **lateral** (aeronáut.) / Quersteuerung *f* ‖ ~ **manual** (autom.) / Handverstellung *f* (Diesel) ‖ ~ **minucioso** / scharfe Kontrolle ‖ ~ **por duplicação** (informática) / Zwillingskontrolle *f*, Duplikatvergleich *m* ‖ ~ **radiológico** / Strahlenüberwachung *f* ‖ ~ **severo** / strenge Prüfung ‖ ~ **visual** / Sichtprobe, -kontrolle *f*
controlos *m pl* **de voo** (aeronáut.) / Bedienorgane *n pl*
conurbação *f* / Oberzentren-Bildung *f*, Conurbation *f*
convecção *f* / Konvektion *f*
convector *m* / Konvektor *m*
conveniente / zweckentsprechend, -dienlich, -mäßig, passend
convergência *f* / Konvergenz *f*, Zusammenlaufen *n*, Annäherung *f* ‖ ~ (autom.) / Vorspur *f* ‖ ~ (tv) / Deckungsgleichheit, Konvergenz *f* ‖ ~ (matem.) / Deckungsgleichheit, Kongruenz *f* ‖ ~ **de cores** (tv) / Farbbilddeckung *f* ‖ ~ **intertropical** / innertropische Konvergenz
convergente / konvergent, konvergierend, zusammenlaufend ‖ ~ (matem.) / deckungsgleich
convergir / konvergieren ‖ ~ (matem.) / zusammenlaufen
conversação *f* **a hora fixa** (telecom.) / Festzeitgespräch *n* ‖ ~ **de entrada** (telecom.) / ankommendes Gespräch ‖ ~ **de saída** (telecom.) / abgehendes Gespräch ‖ ~ **de serviço** (telecom.) / Dienstgespräch *n* ‖ ~ **internacional** (telecom.) / Auslandsgespräch *n*, Ferngespräch *n* mit dem Ausland ‖ ~ **interurbana** / Ferngespräch *n* im Ferndienst ‖ ~ **local** (telecom.) / Ortsgespräch *n* ‖ ~ **radiotelefónica** / Funkgespräch *n* ‖ ~ **relâmpago** (telecom.) / Blitzgespräch *n* ‖ ~ **telefónica** (telecom.) / Gespräch *n*, Ferngespräch *n*, Telefonat *n*, Telefongespräch *n* ‖ ~ **urbana** (telecom.) / Ortsgespräch *n*
conversão *f* / Verwandlung *f* ‖ ~ (electr.) / Umformung *f* ‖ ~ (química) / Umsatz *m*, Umwandlung *f*, Konversion *f* ‖ ~ (informática) / Konvertierung, Umsetzung, -wandlung *f* ‖ ~ [a] / Umstellung *f* [auf] ‖ ~ **agrupada** (tv) /

Gruppenumsetzung *f* (einer Gruppe von Kanälen in eine andere Frequenz) ‖ ~ **benzidínica** / Benzidinumlagerung *f* ‖ ~ **binário para decimal** / Binär-Dezimal-Umwandlung *f* ‖ ~ **de decimal em binário** / Dezimal-Binärumsetzung *f* ‖ ~ **de endereço** / Adressen-Umwandlung *f* ‖ ~ **de energia** / Energie[um]wandlung, -umsetzung *f* ‖ ~ **directa de energia** / Energiedirektumwandlung *f* (jede Art Energie) ‖ ~ **do ferro em aço** / Umwandlung *f* des Eisens in Stahl ‖ ~ **do ferro em aço por carbonização** / Stahlkohlen *n* ‖ ~ **interna** (técn. nucl.) / innere Konversion

conversibilidade *f* / Konvertibilität *f*

conversível / umwandelbar, konvertibel

conversor *m* (comando numér.) / Umsetzer *m* (nicht: Wandler) ‖ ~ (siderurg.) / Tiegel *m*, Konverter *m*, Birne *f* ‖ ~ **a vapor de mercúrio** / Quecksilberdampfstromrichter *m* ‖ ~ **Bessemer** (siderurg.) / Bessemerbirne *f* ‖ ~ **binário** / asynchroner Einankerumformer ‖ ~ **cartão/fita** / Lochkarten-Magnetbandumsetzer *m* ‖ ~ **catalítico** (autom.) / Katalysator *m* ‖ ~ **contínuo-contínuo** / Gleichspannungswandler *m*, Gleichumrichter *m* (DIN) ‖ ~ **de binário** / Drehmomentwandler *m* ‖ ~ **de campo magnético rotativo** / Drehfeldumformer *m* ‖ ~ **de canal** / Kanalumsetzer *m* ‖ ~ **de canal de televisão** / Fernseh[kanal]umsetzer *m* ‖ ~ **de código** (informática) / Code-Umsetzer (DIN), -[um]wandler *m* ‖ ~ **de comutação automática** / selbstgeführter Stromrichter ‖ ~ **de corrente alternada em corrente contínua** / Wechselstrom-Gleichstrom-Einankerumformer *m* ‖ ~ **de corrente contínua** [em corrente contínua] / Gleichstromumspanner *m* ‖ ~ **de corrente contínua** (electrón.) / DC-DC-Wandler *m*, Gleichstrom-Gleichstromwandler *m* ‖ ~ **de corrente trifásica em corrente contínua** / Drehstrom-Gleichstrom-Einankerumformer *m* ‖ ~ **de dados** / Datenumsetzer *m* ‖ ~ **de energia** / Energiewandler *m* ‖ ~ **de exploração** (tv) / Bildrasterwandler *m* ‖ ~ **de fase** (electr.) / Blindleistungsmaschine *f* ‖ ~ **de fita para fita** / Lochstreifen-Band-Umsetzer *m* ‖ ~ **de fita para fita** (informática) / Band-Band-Umsetzer *m* ‖ ~ **de fluxo** (técn. nucl.) / Flußwandler *m* ‖ ~ **de frequência** / Umrichter *m*, Wechselumrichter *m* ‖ ~ **de frequência-corrente** / Frequenz-Strom-Wandler *m* ‖ ~ **de imagem infravermelho** / Infrarot-Bildwandler *m* ‖ ~ **de normas de televisão** / Fernsehnormwandler *m* ‖ ~ **de ou por corrente contínua** / Gleichstromumformer *m* ‖ ~ **de potência** / Leistungswandler *m* ‖ ~ **de radical** (informática) / Basiswandler *m* ‖ ~ **de torque** / Drehmomentwandler *m* ‖ ~ **digital-analógico** / Digital-Analog-Umsetzer *m* (DIN nicht „Wandler"), DAU *m* ‖ ~ **directo de corrente contínua** (electrón.) / Gleichstromsteller *m* ‖ ~ **do binário-motor** / Drehmomentwandler *m* ‖ ~ **em cascata** (electr.) / Kaskadenumformer *m* ‖ ~ **estático** / Stromrichter *m* ‖ ~ **[estático] de frequência** / Frequenzwandler *m*, Wechselumrichter *m* ‖ ~ **fita/cartões** (cart. perf.) / Streifen-Kartenumsetzer *m* ‖ ~ **numérico-analógico** / DA-Wandler *m* ‖ ~ **paralelo-série** (informática) / Parallel-Serie-Umsetzer *m* ‖ ~ **pequeno Bessemer** / Kleinbessemerbirne *f* ‖ ~ **rotativo** (electr.) / rotierender Umformer, Motorgenerator *m*, Einankerumformer *m* ‖ ~ **rotativo** / Drehkonverter *m* ‖ ~ **rotativo de frequências** / rotierender Frequenzumformer ‖ ~ **telecomandado** / Fernwirkumsetzer *m* ‖ ~ **Thomas** / Thomasbirne *f*, -konverter *m*

converter / verwandeln, umwandeln ‖ ~ (electr.) / umformen ‖ ~ / anpassen, umwandeln ‖ ~ / umrechnen ‖ **~-se** [em] / übergehen [in] *vi* ‖ ~ **ferro gusa em aço pelo processo Bessemer** / bessemern

convés *m* **de arqueação** / Vermessungsdeck *n* ‖ ~ **de voo** / Flugdeck *n* ‖ ~ **inferior** / Unterdeck *n* ‖ ~ **principal** / Hauptdeck *n* ‖ ~ **superior** / Oberdeck *n*

convexão *f* **de calor** / Wärmemitführung *f*

convexidade *f* / konvexe Form, Wölbung *f*, Bauch *m*, Ausbauchung *f*

convexo / konvex, runderhaben, bauchig ‖ ~ (ângulo) / ausspringend ‖ ~ (óptica) / erhaben ‖ **~-côncavo** / konvex-konkav

convolução *f* (contr. autom.) / Faltung *f*

cooperante (mecân.) / zusammenwirkend

coordenada *f* (matem.) / Koordinate *f* ‖ ~ **de cromaticidade** / Farbwertanteil *m* ‖ ~ **de cromaticidade** (tv) / Farbartkoordinate *f*

coordenadas *f pl* **cilíndricas** / Zylinderkoordinaten *f pl* ‖ ~ **curvilíenas gaussianas** / Gaußsche Koordinaten *f pl* ‖ ~ **de cores** / Farbkoordinaten *f pl* ‖ ~ **de linha** / Linienkoordinaten *f pl* ‖ ~ **do terreno** / Geländekoordinaten *f pl* ‖ ~ **planas** / ebene Koordinaten *f pl*

coordenador *m* **de bloco** (central eléctr.) / Blockleitgerät *n*

coordenar / aufeinander abstimmen, gleichstellen

copal *m* / Kopal *m*, Kopalharz *n*, Dammar *n*, Dammarharz *n*

copela *f* (química) / Kupelle *f* (Glühschale aus Knochenasche), Kapelle *f*

copelação *f* (siderurg.) / Treibverfahren *n*, Kupellieren *n*

copelar (química, siderurg.) / kupellieren, treiben, abtreiben

cópia *f* / Durchschlag *m*, -schrift *f*, Kopie *f* ‖ ~ (desenho industr.) / Pause *f* (Ggs.: Original) ‖ ~ (técn. fotogr.) / Abzug *m* ‖ ~ (audio, vídeo) / Kopie *f*, Überspielung *f* ‖ **fazer ~s** / kopieren ‖ ~ **a cores** / Farbkopie *f* ‖ ~ **azul** / Cyanotypie, Blaupause *f* ‖ ~ **de distribuição** (filme) / Verleihkopie *f* ‖ ~ **de leitura directa** (informática) / Ausgabe *f* auf Datenträger, Hardcopy *f*, schriftliches Dokument, lesbarer Text ‖ ~ **de montagem** (filme) / Schnittkopie *f* ‖ ~ **de trabalho** (filme) / Arbeitskopie *f*, WP ‖ ~ **dura** (informática) / lesbarer Text, Ausgabe *f* auf Datenträger, Hardcopy *f*, schriftliches Dokument ‖ ~ **em molde** / Nachguß *m*, Abguß *m* ‖ ~ **hectográfica** / Umdruck *m* ‖ ~ **heliográfica** / Blaupause *f*, Lichtpause *f* ‖ ~ **para prova** (artes gráf.) / Andruck *m* ‖ ~ **por contacto** (mecanograf., técn. fotogr.) / Kontaktabzug *m*

copiadora *f*, copiador *m* / Kopierapparat *m*, -gerät *n*

copiar / kopieren, nachmachen, nachformen, nachbauen ‖ ~ (técn. fotogr.) / abziehen ‖ ~ (escritório) / kopieren ‖ ~ (máq. ferram.) / nachformen, kopieren ‖ ~ (desenho industr.) / abzeichnen ‖ ~ (audio, vídeo) / kopieren, überspielen

coplanar / koplanar, in derselben Ebene liegend, komplan

copo *m* / Glas *n* ‖ ~ / Becher *m*, Napf *m* ‖ ~ (granada de mão) / Gehäuse *n* ‖ ~ **de lubrificação** (máq., tecnol.) / Schmierbüchse *f*, -gefäß *n*, Öler *m* ‖ ~ **graduado** / Meßbecher *m* ‖ ~ **químico** (química) / Becherglas *n*

copolimerização *f* / Copolymerisation *f*

copolímero *m* / Copolymerisat *n* ‖ ~ **etileno/acetato de vinil** / EVA *n*, Äthylen-Vinyl-Azetat *n*

copra *f* / Kopra *f*

copraol *m* / Kopraöl *n*

copulação *f* (química) / Kopplung *f*

coque *m* / Koks *m* ‖ ~ **de alto-forno** / Hochofenkoks *m* ‖ ~ **de carbonização a baixa temperatura** / Schwelkoks *m* ‖ ~ **de fundição** / Gießereikoks *m* ‖ ~ **de gás** / Gaskoks *m* ‖ ~ **de linhita** / Grudekoks *m* ‖ ~ **de linhita de carbonização lenta** / Braunkohlenschwelkoks *m* ‖ ~ **em pó** / Lösche *f*, Kokslösche *f* ‖ ~ **magro** / Magerkoks *m* ‖ ~ **metalúrgico** / Zechenkoks *m*, Hüttenkoks *m* ‖ ~ **miúdo** / Koksgrus *m*, -klein *n*, Kleinkoks *m*, Feinkoks *m* ‖ ~ **partido** / Koksbruch *m*, Brechkoks *m*, Knabbelkoks *m* ‖ ~ **volante** (siderurg.) / Flugkoks *m*
coqueificação *f* / Verkokung *f*, Verkoken *n*, Koken *n* ‖ ~ **do carvão** / Kohleverkokung, -vergasung *f*
coqueificar / verkoken, koken
coqueificável / verkokbar
coqueiro *m* / Kokospalme *f*, -baum *m*
coqueria *f* / Kokerei *f*, -anlage, -einrichtung *f*
coquilha *f* (fundição) / Schale *f*, Kokille *f*
cor *f* / Farbe *f*, Anstrich *m*, Färbung *f*, Farbstoff *m*, Farbton *m* ‖ **da ~ da carne** / fleischfarben ‖ **da ~ do cobre** / kupferrot, -farbig ‖ **de ~** / farbig ‖ **de ~ natural** / naturfarben ‖ **de ~ terrosa** / erdfarben ‖ **de ~es sólidas** / farbecht ‖ **de ~es vivas** / farbenfreudig ‖ ~ **básica** / Grundfarbe *f*, Primärfarbe *f* ‖ ~ **berrante** / auffallende (o. grelle o. lebhafte o. schreiende) Farbe ‖ ~ **composta** / Mischfarbe *f* ‖ ~ **cromática** / bunte Farbe ‖ ~ **de base** (tinturaria) / Fond *m* ‖ ~ **de compensação** / Gegenfarbe [im engeren Sinn] (liefert Unbunt) *f* ‖ ~ **de contraste** / Gegenfarbe *f*, Kontrastfarbe *f* ‖ ~ **de couro** / lederfarben ‖ ~ **de ferrugem** / Rostfarbe *f* ‖ ~ **de fundo** / Grundierung *f* ‖ ~ **de incandescência** (forja) / Glühfarbe *f* ‖ ~ **de manteiga** / Butterfarbe *f* ‖ ~ **de recozimento**, cor *f* de têmpera / Anlaßfarbe *f*, Anlauffarbe *f* ‖ ~ **de um objecto** / Gegenstandsfarbe *f* ‖ ~ **em pó** / Farbstoffpulver *n* ‖ ~ **errada da trama** (tecel.) / Farbband *n* ‖ ~ **espectral** / Spektralfarbe *f* ‖ ~ **ferruginosa** / Eisenrostfarbe *f* ‖ ~ **fluorescente** / Fluorfarbe *f* ‖ ~ **fosforescente** / Leuchtfarbe *f* ‖ ~ **inerente** / Eigenfarbe *f* ‖ ~ **livre** (física) / freie Farbe ‖ ~ **luminosa** / Leuchtfarbe *f* ‖ ~ **mineral** / Mineralfarbe *f* ‖ ~ **natural da madeira** / Naturholzfarbe *f*, natürliche Holzfarbe ‖ ~ **opaca** / Deckfarbe *f* ‖ ~ **primária** / Urfarbe *f*, Primärfarbe *f*, Grundfarbe *f* ‖ ~ **primitiva** (tinturaria) / Grundfarbe *f* ‖ ~ **principal** / Hauptfarbe *f* ‖ ~ **prismática** (óptica) / Beugungsfarbe *f* ‖ ~ **própria** (física) / Körperfarbe *f* ‖ ~ **química** (têxtil) / Applikationsfarbe *f*, -druck *m* ‖ ~ **resistente** / beständige Farbe ‖ ~ **secundária** (tinturaria) / Mittelfarbe *f* ‖ ~ **secundária** / Mischfarbe *f* ‖ ~ **sólida** / echte Farbe ‖ ~ **sucessiva** (tecel.) / fortlaufende Farbe ‖ ~ **superficial** (física) / freie Farbe ‖ ~ **transluzente** / Lasurfarbe *f*
coração *m* (técn. ferrov.) / Herzstück *n* (der Kreuzung) ‖ ~ **da agulha** (técn. ferrov.) / Weichenherzstück *n*, -herzspitze *f* ‖ ~ **de aço fundido** (técn. ferrov.) / Stahlgußherzstück *n* ‖ ~ **do torno** / Drehherz *n* ‖ ~ **duplo** (técn. ferrov.) / Kreuzungsstück *n*
corante *m* / Färbemittel *n* ‖ ~ (tinturaria) / Farbstoff *m* ‖ ~ (alimentos) / Farbstoff *m* ‖ ~ *adj* / färbend ‖ **bem penetrado pelo ~** / durchgefärbt ‖ ~ *m* **à base de alcatrão** / Teerfarbe *f*, -farbstoff *m* ‖ ~ **ácido** / Säurefarbstoff *m* ‖ ~ **aminoazóico** / Aminoazofarbstoff *m* ‖ ~ **azóico** / Azofarbstoff *m*, -farbe *f* ‖ ~ **de anilina** / Anilinfarbstoff *m* ‖ ~ **de complexos metálicos** / Metallkomplexfarbstoff *m* ‖ ~ **de cromatagem** / Chromierfarbstoff *m* ‖ ~ **de desenvolvimento a ou por vapor** (tinturaria) / Dampfentwicklungsfarbe *f* ‖ ~ **de enxofre** (tinturaria) / Schwefelfarbstoff *m* ‖ ~ **de estampagem** / Druckfarbstoff *m* ‖ ~ **de flores** / Blütenfarbstoff *m* ‖ ~ **de mordentar** (tinturaria) / Beizenfarbstoff *m* ‖ ~ **de oxidação** / Oxydationsfarbstoff *m* ‖ ~ **de pigmento** / Pigmentfarbstoff *m* ‖ ~ **de revelação** / Entwicklungsfarbstoff *m* ‖ ~ **de tina** / Küpenfarbstoff *m* ‖ ~ **do açafrão** / Polychroit *n*, Farbstoff *m* des Safrans ‖ ~ **Duranol** / Duranolfarbstoff *m* ‖ ~ **em pó** / Farbstoffpulver *n* ‖ ~ **mineral** / Mineralfarbstoff *m* ‖ ~ **natural** / Naturfarbstoff *m* ‖ ~ **para matizar** / Abtönfarbe *f* ‖ ~ **para produtos alimentícios** / Nahrungsmittelfarbe *f*, Lebensmittelfarbe *f* ‖ ~ **simples** / Selbstfarbe *f* ‖ ~ **sólido** / Echtfarbstoff *m* ‖ ~ **solúvel** / lösliches Farbmittel ‖ ~ **solúvel em gordura** / Fettfarbstoff *m* ‖ ~ **solvente** / Lösungsmittelfarbstoff *m* ‖ ~ **tetraquisazóico** / Tetrazofarbe *f*, -farbstoff *m*
corantes *m pl* **à base de diamina** / Diamin-Farbstoffe *m pl* ‖ ~ **à base de xanteína** / Xanthenfarben *f pl* ‖ ~ **azóicos** (tinturaria) / Eisfarben *f pl* ‖ ~ **básicos** / basische Farbstoffe *m pl* ‖ ~ **de antraceno** / Anthrazenfarbstoffe *m pl* ‖ ~ **diazóicos** / Diazofarben *f pl* (mit zwei Azogruppen)
corda *f* / starke Schnur ‖ ~ (instr. musical) / Saite *f* ‖ ~ (matem.) / Sehne *f* ‖ ~ (constr. metál.) / Gurt *m*, Gurtung *f* ‖ **dar ~** (relógio) / aufziehen, aufdrehen ‖ **dar ~ demais** (relógio) / überdrehen ‖ **de ~ automática** (relógio) / selbstaufziehend ‖ ~ **de aço** / Stahlsaite *f* ‖ ~ **de arco** (matem.) / Bogensehne *f* ‖ ~ **de arrasto** / Einholleine *f* ‖ ~ **de cânhamo** / Hanfseil *n*, -tau *n* ‖ ~ **de estai** / Geitau *n* ‖ ~ **de instrumento** / Saitendraht *m* ‖ ~ **de salvamento** (expl. minas) / Fangleine *f* ‖ ~ **de suspensão do pára-quedas** (aeronáut.) / Fangleine *f* (des Fallschirms) ‖ ~ **metálica** / Drahtsaite *f*, Stahlsaite *f* ‖ ~ **poligonal** / gebrochener Gurt ‖ ~ **sujeita à compressão** / gedrückte Gurtung
cordame *m* / Tauwerk *n*, Seilwerk *n*
cordão *m* / Schnur *f* ‖ ~ (telecom.) / Litze, Litzenschnur *f* ‖ ~ **côncavo de ângulo** (sold) / [leichte] Kehlnaht ‖ ~ **convexo de ângulo** / volle Kehlnahtschweiße ‖ ~ **de algodão entrançado** / Baumwollzopf *m* ‖ ~ **de amianto** / Asbestschnur *f*, -seil *n* ‖ ~ **de ângulo** (sold) / Kehlnaht *f* ‖ ~ **de arame** / Drahtlitze *f* ‖ ~ **de disparo** / Abreißschnur *f* ‖ ~ **de solda** / Schweißnaht *f*, Lötnaht *f*, Lötfuge *f*, Schweißraupe *f* ‖ ~ **de solda de ângulo frontal** (sold) / Stirnkehlnaht *f* ‖ ~ **duplo** (electr.) / Doppeladerlitze, -aderschnur *f* ‖ ~ **flexível** (electr.) / Litze *f*, Litzenschnur *f* ‖ ~ **indicador** (máq., tecnol.) / Indikatorschnur *f* ‖ ~ **longitudinal** (sold) / Längsnaht *f* ‖ ~ **múltiplo** (sold) / Mehrlagenraupe *f* ‖ ~ **triangular** / Dreikantlitze *f* ‖ ~ **triplo** (electr.) / Dreifachschnur *f* ‖ ~ **tripolar** (electr.) / Dreifachschnur *f*
cordel *m* / Bindfaden *m*, Kordel *f*, Spagat *m*
cordierita *f* (mineralog.) / Cordierit *m*, Dichroit *m*
cordiforme / herzförmig
cordite *m* / Cordit *n*
cordoaria *f* / Seilerei *f*
cordoeiro *m* / Seiler *m*
cordões, de três ~ / dreisträhnig
cores *f pl* **Benham** (física) / Benham-Farben *f pl* ‖ ~ **complementares** / Ergänzungsfarben *f pl* ‖ ~ **RAL** / RAL-Farben *f pl* (RAL = Ausschuß für Lieferbedingungen u. Gütesicherung beim Deutschen Normenausschuß)
corindo *m* / Korund *m*
coríndon *m* / Korund *m*
córion *m* / Lederhaut *f*
cornija *f* (constr. civil) / Gesims *n* ‖ ~ **arqueada** (constr. civil) / Bogenfries *m* ‖ ~ **de base** (constr. civil) /

Fußgesims *n*, -sims *m* ‖ ~ **de porta** (constr. civil) / Türgesims *n* ‖ ~ **principal** (constr. civil) / Hauptgesims *n*
corno *m* (geral) / Horn *n*
coroa *f* (astron.) / Hof, Kranz *m* ‖ ~ (constr. civil) / Aufsatz, Kranz *m* ‖ ~ (dique) / Krone *f* ‖ ~ (óptica) / Lichthof *m* ‖ ~ (solar) (astron.) / Korona *f* (der Sonne) ‖ **de duas ~s** / zweikränzig ‖ ~ **circular** (embraiagem) / Hohlrad *n* ‖ ~ **da roda de corrente** / Kettenkranz *m*, Kranz *m* des Kettenrades ‖ ~ **de acção** / Gleichdruckrad *n* ‖ ~ **de alto-forno** / Hochofenkranz *m* ‖ ~ **de diamantes para furar** / Diamantbohrkrone *f* ‖ ~ **de fundição** / Gußkranz *m* ‖ ~ **de ganchos** (tecel.) / Platinenkranz *m* ‖ ~ **de pedra** (constr. civil) / Schlußring, Steinkranz *m* ‖ ~ **de perfuração** / Bohrkrone *f* ‖ ~ **de pilar** / Pfeileraufsatz *m* ‖ ~ **de roda** / Radkranz *m* ‖ ~ **de rolos** / Rollenkranz *m* ‖ ~ **de um dique** / Deichkappe *f* ‖ ~ **dentada** / Zahnkranz *m*, Kronenrad *n*, Triebkranz *m* ‖ ~ **dentada de aço** / Stahlkrone *f* ‖ ~ **directriz da turbina** / Leitkranz *m* ‖ ~ **do differencial** (autom.) / Tellerrad *n* ‖ ~ **do poço** / Brunneneinfassung *f* ‖ ~ **rotativa** / Drehkranz *m*
coroado de êxito / erfolgreich
coroamento *m* (constr. civil) / Deckgesims *n* ‖ ~ **do muro** / Mauerkrone *f*
corolário *m* (matem.) / Zusatz *m*, Folgesatz *m*
corona *f* (electr.) / Korona *f*, -[effekt] *m*
coronha *f* (espingarda) / Kolben *m*, Schaft *m* ‖ ~ (pistola) / Griffstück *n*
corpo *m* (química, física) / Körper *m* ‖ ~ (artes gráf.) / Schriftgröße *f*, -grad *m* ‖ ~ (geom) / Körper *m* ‖ ~ (tintas) / Füllkraft *f* ‖ ~ (mecân.) / Hauptstück *n* ‖ ~ (em pontos) / Schriftgrad *m* (in Punkten) ‖ ~ **celeste** / Himmelskörper *m* ‖ ~ **central de um edifício** (constr. civil) / Mittelbau *m*, -trakt *m* ‖ ~ **cilíndrico** (caldeira) / Mantel *m* ‖ ~ **cinzento** (física) / Graustrahler *m* ‖ ~ **colorido** / Farbkörper *m* ‖ ~ **da bomba** (geral) / Pumpengehäuse *n* ‖ ~ **da caixa de mancal do eixo** (técn. ferrov.) / Achslagergehäuse *n* ‖ ~ **da caldeira** / Kesselmantel *m* ‖ ~ **da roda** / Radkörper *m* ‖ ~ **de bombeiros privativo** [de uma empresa] / Werkfeuerwehr *f* ‖ ~ **de enchimento** (química) / Füllkörper *m* ‖ ~ **de equilíbrio** / Wuchtkörper *m* ‖ ~ **de ínfima resistência** / Körper *m* des kleinsten Widerstandes ‖ ~ **de letra** (artes gráf.) / Kegel *m*, Schriftkegel *m*, Kegelstärke *f* ‖ ~ **de liços** (tecel.) / Harnisch *m* ‖ ~ **de parafuso** / Schraubenschaft *m* ‖ ~ **de rotação** / Drehkörper *m*, Rotationskörper *m* ‖ ~ **de tipo** (artes gráf.) / Schaft *m*, Typenkörper *m* ‖ ~ **de válvula** (mot.) / Ventilkörper *m* ‖ ~ **do britador** / Brechrumpf *m* ‖ ~ **do cilindro** (máq. vapor) / Zylinderverkleidung *f*, -mantel *m* ‖ ~ **do cilindro** (mot.) / Zylindermantel *m* ‖ ~ **do dique** / Dammkörper *m* ‖ ~ **do edifício** / Gebäudekörper *m* ‖ ~ **do elevador** / Elevatorschlotte *f* ‖ ~ **do êmbolo** (mot.) / Kolbenkörper *m*, -mantel *m* ‖ ~ **do forno** / Ofenmassiv *n* ‖ ~ **do gasogénio** / Generatorschacht *m* ‖ ~ **do imóvel** / Gebäudekörper *m* ‖ ~ **do induzido** (electr.) / Ankerkörper *m*, -nabe *f* ‖ ~ **do moinho** / Mahlgehäuse *n* ‖ ~ **do prédio** / Gebäudekörper *m* ‖ ~ **do radiador** (autom.) / Kühlergehäuse *n* ‖ ~ **do rebite** / Nietschaft *m* ‖ ~ **doze** (artes gráf.) / Cicero *f*, 12 p ‖ ~ **estranho** / Fremdkörper *m*, -stoff *m* ‖ ~ **expandido** (geral) / Schaumstoff *m* ‖ ~ **flutuante** / Schwimmkörper *m*, Schwebekörper *m* ‖ ~ **luminoso** / Leuchtkörper *m* der Glühlampe ‖ ~ **m 6** (artes gráf.) / Nonpareille[schrift] *f* ‖ ~ **moldado** / Formling *m* ‖ ~ **negro** (física) / schwarzer Körper ‖ ~ **oco** / Hohlkörper *m* ‖ ~ **simples** / Urstoff, Grundstoff *m* ‖ ~ **sólido** / fester Körper, Festkörper *m*
corpuscular / korpuskular
corpúsculo *m* / Korpuskel *f*, Partikel *f*
correcção *f* / Anpassung, Korrektur *f* (z.B. von Meßwerten) ‖ ~ (artes gráf.) / Korrektur *f*, Druckberichtigung *f* ‖ ~ (telecom.) / Entzerrung *f* ‖ **com ~ auditiva** / gehörrichtig ‖ ~ **automática de fase** (electrón.) / Phasenautomatik *f* ‖ ~ **cromática** / Farbkorrektur *f* ‖ ~ **da atenuação** (telecom.) / Dämpfungsausgleich *m* ‖ ~ **da distorção de linhas** (telecom.) / Leitungsentzerrung *f* ‖ ~ **de amplitude** (telecom.) / Amplitudenentzerrung *f* ‖ ~ **de Dancoff** (técn. nucl.) / Dancoff-Korrektur *f* ‖ ~ **de graves** / Baßentzerrung *f* ‖ ~ **de impulsos** / Impulskorrektur *f* ‖ ~ **de um rio** / Flußkorrektion *f* ‖ ~ **do branco** (tv) / Weißentzerrung *f* ‖ ~ **do factor de potência** / Leistungsfaktorverbesserung *f* ‖ ~ **do gama** (tv) / Dynamikentzerrung *f* ‖ ~ **em folha** (artes gráf.) / Bogenkorrektur *f* ‖ ~ **quadrantal** / Quadrantalkorrektion *f*
correcto / fehlerfrei, richtig, korrekt
corrector *m* (artes gráf.) / Korrektor *m* ‖ ~ (electrón.) / Entzerrer *m* ‖ ~ **da atenuação** / Dämpfungsentzerrer *m* ‖ ~ **de atenuação** / Entzerreinrichtung *f* (Kabel) ‖ ~ **de distorção de linhas** / Leitungsentzerrer *m* ‖ ~ **de dureza** / Enthärter *m* ‖ ~ **de fase** / Laufzeitentzerrer *m* ‖ ~ **de gravação** / Aufsprechentzerrer *m* ‖ ~ **de impulsos** (tv) / Impulskorrektor *m* ‖ ~ **de impulsos** / Impulsentzerrer *m* ‖ ~ **de tempo** (tv) / Echoentzerrer *m*
corredeira *f* (hidrául.) / Stromschnelle *f*
corrediça *f* (máq., tecnol., máq. ferram.) / Kulisse *f* ‖ ~ / Führungsbahn *f*, Kulisse *f* ‖ ~ (mecân.) / Schieber *m*, Schleife *f* ‖ ~ (armamento) / Verschlußstück *n* ‖ ~ **da mudança de velocidades** (autom.) / Schaltkulisse *f* ‖ ~ **de tiragem** / Luftschieber *m* ‖ ~ **do diafragma** / Blendenschieber *m* ‖ ~ **lateral** / Seitenschieber *m*
corrediço / verschiebbar, Schub..., Schiebe...
corredor *m* / Gang *m*, Korridor *m*, Flurgang *m*, Flur *m*, Zwischengang *m* ‖ ~ (constr. civil) / Flur *m*, Korridor *m* ‖ ~ (técn. ferrov.) / Gang *m* ‖ ~ **aéreo** (aeronáut.) / Luftkorridor *m* ‖ ~ **central** (técn. ferrov.) / Mittelgang *m* ‖ ~ **de descolagem** / Abflugschneise *f* ‖ ~ **de entrada** (aeronáut.) / Einflugschneise *f* ‖ ~ **lateral** (constr. civil) / Seitengang *m*
correia *f* / Gurt *m* ‖ ~ [**de transmissão**] / Riemen, Treibriemen *m* ‖ ~ **abrasiva** / Schleifband *n* ‖ ~ **articulada** / Gliederriemen *m* ‖ ~ **cruzada** / Querband *n*, Querförderband *n* ‖ ~ **da escavadora** / Bechergurt *m* des Baggers ‖ ~ **de accionamento** / Antriebsriemen *m* ‖ ~ **de algodão** / Baumwollgurt *m* ‖ ~ **de alimentação** / Zubringerband *n* ‖ ~ **de borracha** / Gummigurt *m* ‖ ~ **de couro** / Lederriemen *m* ‖ ~ **de elos** / Gliederriemen *m* ‖ ~ **de elos de couro** / Ledergliederriemen *m* ‖ ~ **de esmeril** / Schmirgelband *n* ‖ ~ **de fita de seda** (máq. ferram.) / Seidenbandriemen *m* ‖ ~ **de prega simples** / Einfachriemen *m* ‖ ~ **de transmissão** / Transmissionsriemen *m*, Vorgelegeriemen *m* ‖ ~ **de transmissão** (máq., tecnol.) / Treibriemen *m* ‖ ~ **do transportador** / Fördergurt *m* ‖ ~ **limitadora de borracha** (papel) / Deckelriemen *m* ‖ ~ **plana** / Flachriemen *m* ‖ ~ **tira-tacos** / Schlagriemen *m* ‖ ~ **transportadora** / Gurtförderer *m*, Förderband *n* ‖ ~ **transportadora inclinada** / Steilförderband *n* ‖ ~ **trapezoidal** / Keilriemen *m* ‖ ~ **trapezoidal dupla** / Doppelkeilriemen *m*
correio *m* **electrónico** (informática) / elektronische Post ‖ ~ **pneumático** / Rohrpost *f*
correlação *f* / Wechselbeziehung *f*, gegenseitiges Verhältnis ‖ ~ **negativa** / gegensinniger Verlauf

correlator *m* **de informação de quadratura** (electr., tv) / Quadrikorrelator *m*
correlograma *m* / Beziehungsschaubild *n*
corrente *f* / Strömung *f*, Strom *m* ‖ ~ (tecel.) / Zettel *m*, Kette *f* ‖ ~ (electr.) / Strom *m* ‖ ~ (electr., aeronáut.) / Strömung *f* ‖ ~ (geral, máq., tecnol.) / Kette *f* ‖ ~ *adj* / fließend ‖ ~ / laufend (Monat) ‖ **ao abrigo de ~s de ar** / zugfrei ‖ **de ~ contínua** (electr.) / Gleichstrom... ‖ **de ~ forte** (electr.) / Hochstrom... ‖ **de baixo consumo de ~** / stromsparend ‖ **isento de ~s de ar** / zugfrei ‖ **ser percorrido por ~** / Strom führen ‖ ~ *f* **activa** (electr.) / Wirkstrom *m* ‖ ~ **actual** (electr.) / effektiver Strom ‖ ~ **alternada** (electr.) / Wechselstrom *m* ‖ ~ **[alternada] bifásica** (electr.) / Zweiphasen[wechsel]strom *m* ‖ ~ **[alternada] monofásica** / Einphasen[wechsel]strom *m* ‖ ~ **anódica** / Anodenstrom *m* ‖ ~ **antiderrapante** (autom.) / Schneekette *f* ‖ ~ **aparente** (electr.) / Scheinstrom *m* ‖ ~ **articulada** / Laschenkette *f*, Gelenkkette *f* ‖ ~ **circulante** / Strom *m* in einem geschlossenen Stromkreis ‖ ~ **codificada** (técn. ferrov.) / Impulsstrom *m* ‖ ~ **contínua** (electr.) / Gleichstrom *m* ‖ ~ **contínua de grade**, corrente *f* contínua de grelha (electrón.) / Gittergleichstrom *m* ‖ ~ **crítica de grade**, corrente *f* crítica de grelha (electrón.) / Gitterzündstrom *m* ‖ ~ **da rede** (electr.) / Netzstrom *m* ‖ ~ **de abertura** (electr.) / Öffnungsstrom *m* ‖ ~ **de accionamento** / Betätigungsstrom *m*, Ansprechstrom *m* ‖ ~ **de activação** / Auslösestrom *m* ‖ ~ **de alta tensão** (electr.) / Oberspannungsstrom *m* ‖ ~ **de aquecimento** (electrón.) / Heizstrom *m* ‖ ~ **de ar** (geral) / Windzug *m*, Luftströmung *f*, Luftzug *m*, Luftstrom *m*, Zug *m* ‖ ~ **de ar** (expl. minas) / Wetterzug *m*, Wetterstrom *m* ‖ ~ **de ar** (constr. civil) / Luftzug *m*, Zugluft *f* ‖ ~ **de ar ascendente** / aufsteigender Luftstrom, Steigwind *m*, Aufwind *m* ‖ ~ **de ar forçado** / Gebläsewind *m*, -luft *f* ‖ ~ **de arranque** / Anlaufstrom *m*, Anschwingstrom *m* ‖ ~ **de baixa intensidade** (electr.) / Schwachstrom *m* ‖ ~ **de campo** / Feldstrom *m* ‖ ~ **de campo oposto** / Gegenfeldstrom *m* ‖ ~ **de carga** / Ladestrom *m* ‖ ~ **de carga de compensação** / Erhaltungsladestrom *m* ‖ ~ **de chamada** / Rufstrom *m* ‖ ~ **de chamada de frequência vocal** / Rufstrom *m* (auf Sprechfrequenz) ‖ ~ **de comando** (electr.) / Steuerstrom *m* ‖ ~ **de compensação** / Ausgleichstrom *m* ‖ ~ **de condução** (semicondut.) / Leitungsstrom *m* ‖ ~ **de conexão** / Einschaltstrom *m* ‖ ~ **de conservação** / Haltestrom *m* ‖ ~ **de convecção** / Konvektionsstrom *m* ‖ ~ **de conversação** / Sprechstrom *m* ‖ ~ *m* **de correcção** (telecom.) / Gleichlaufstrom *m* ‖ ~ *f* **de crista** (electr.) / Spitzenstrom *m*, Höchststrom *m* ‖ ~ **de crista de grade**, corrente *f* de crista de grelha (electrón.) / Gitterspitzenstrom *m* ‖ ~ **de crista no estado condutor** (electrón.) / Durchlaßspitzenstrom *m* ‖ ~ **de curto-circuito** / Kurzschlußstrom *m* ‖ ~ **de curto-circuito do induzido** / Ankerkurzschlußstrom *m* ‖ ~ **de dentes** / Zahnkette *f* ‖ ~ **de desaccionamento** / Abfallstrom *m* ‖ ~ **de descarga** / Entladestrom *m* ‖ ~ **de deslocamento** / Verschiebungsstrom *m* ‖ ~ **de desoperação** / Abfallstrom *m* ‖ ~ **de dispersão** / Streustrom *m*, vagabundierender Strom ‖ ~ **de distribuição** (autom.) / Steuerkette *f* ‖ ~ **de electrões ou elétrons** / Elektronenströmung *f* ‖ ~ **de elos** / Gelenkkette *f* (DIN 686) ‖ ~ **de elos removíveis** / zerlegbare Gelenkkette ‖ ~ **de emissão** / Emissionsstrom *m* ‖ ~ **de engate** (técn. ferrov.) / Zugkette *f*, Kuppelkette *f* ‖ ~ **de escuro** / Dunkelstrom *m* ‖ ~ **de excitação** / Erregerstrom *m* ‖ ~ **de falha** / Erdschlußstrom *m*, Fehlerstrom *m* ‖ ~ **de feixe** (tv) / Strahlstrom *m* (auf dem Leuchtschirm wirkender Elektronenstrom) ‖ ~ **de filamento** (electrón.) / Heizstrom *m* ‖ ~ **de fluxo da maré** / Flutströmung *f* (Tideerscheinung) ‖ ~ **de força** (electr.) / Kraftstrom *m* ‖ ~ **de Foucault** / Wirbelstrom *m*, Foucaultscher Strom ‖ ~ **de freagem** / Bremsstrom *m* ‖ ~ **de fuga** (electr.) / Kriechstrom *m* ‖ ~ **de fuga** (válvula) / Fehlstrom *m*, vagabundierender Strom ‖ ~ **de Galle** / Gelenkkette *f* ‖ ~ **de gás** / Gasstrom *m* ‖ ~ **de grade**, corrente *f* de grelha (electrón.) / Gitterstrom *m* ‖ ~ **de gravação** (fita magn.) / Sprechstrom *m* ‖ ~ **de histerese** / Hysteresisstrom *m* ‖ ~ **de injecção** (semicondut.) / Injektionsstrom *m* ‖ ~ **de interrupção** (electr.) / Abschalt-Spitzenstrom *m* ‖ ~ **de ionização** / Ionisationsstrom *m* ‖ ~ **de manutenção** (rectif.) / Erregerstrom *m* ‖ ~ **de outra origem** (electr.) / Fremdstrom *m*, bezogener Strom ‖ ~ **de perda** / Erdstrom *m* ‖ ~ **de perda à terra** / Erdschlußstrom *m* ‖ ~ **de pico** (electr.) / Höchststrom *m* ‖ ~ **de placa** / Anodenstrom *m* ‖ ~ **de repouso** (electrón.) / Ruhestrom *m* ‖ ~ **de retenção** (telecom.) / Haltestrom *m* ‖ ~ **de retorno** (electr.) / Rückstrom *m* ‖ ~ **de rolos** / Rollenkette *f* ‖ ~ **de ruptura** (electr.) / Unterbrechungsstrom *m*, Öffnungsstrom *m* ‖ ~ **de segurança** / Sperrkette *f* ‖ ~ **de serviço** / Betriebsstrom *m* ‖ ~ **de sobretensão** (electr.) / Stoßstrom *m* ‖ ~ **de terra** / Erdstrom *m* ‖ ~ **de trabalho** / Arbeitsstrom *m* ‖ ~ **de tracção** (máq., tecnol.) / Zugkette *f* ‖ ~ **de tracção** / Fahrstrom *m* ‖ ~ **de travagem** / Bremsstrom *m* ‖ ~ **de ventilação** (expl. minas) / Wetterstrom *m* ‖ ~ **derivada** (electr.) / Zweigstrom *m* ‖ ~ **descendente** (aeronáut.) / Abwind, Fallwind *m* ‖ ~ **deswattada** / Leerlaufstrom *m* ‖ ~ **directa** (semicondut.) / Vorwärtsstrom *m* ‖ ~ **directa** (electr.) / Durchlaßstrom *m* ‖ ~ **do banho** (galvanoplast.) / Badstrom *m* ‖ ~ **do colector** (semicondut.) / Kollektorstrom *m* ‖ ~ **do estator** (electr.) / Ständerstrom *m* ‖ ~ **do induzido** (electr.) / Ankerstrom *m* ‖ ~ **do leme** (constr. naval) / Steuerkette, Ruderkette *f* ‖ ~ **do rotor** (electr.) / Läuferstrom *m* ‖ ~ **doméstica** / Haushaltstrom *m* ‖ ~ **dos chapéus** (fiação) / Deckelkette *f* ‖ ~ **eléctrica** / elektrischer Strom ‖ ~ **estranha** (electr.) / Fremdstrom *m*, bezogener Strom ‖ ~ **excessiva** (electr.) / Überstrom *m* ‖ ~ **externa** (electr.) / bezogener Strom, Fremdstrom *m* ‖ ~ **externa** (telecom.) / Außenstrom *m* ‖ ~ **forte** / Starkstrom *m* (über 42 V) ‖ ~ **fotoeléctrica** / Photostrom *m* ‖ ~ **fraca** (electr.) / Schwachstrom *m* ‖ ~ **independente da carga** (electr.) / eingeprägter (o. lastunabhängiger) Strom ‖ ~ **inductora** / Feldstrom *m* ‖ ~ **induzida ou de indução** / Induktionsstrom *m*, induzierter Strom ‖ ~ **induzida** (electr.) / Sekundärstrom *m*, Nebenstrom *m* ‖ ~ **induzida de fecho** (electr.) / Schließungsinduktionsstrom *m* ‖ ~ **instantânea** / Augenblicksstrom *m* ‖ ~ **intensa** / Starkstrom *m*, Strom hoher Stromstärke ‖ ~ **inversa** (telecom.) / Gegenstrom *m* ‖ ~ **iónica** / Ionenstrom *m* ‖ ~ **limite** / Grenzstrom *m* ‖ ~ **magnetizante** / Magnetisierungsstrom *m* ‖ ~ **marginal** (telecom.) / Grenzstrom *m* ‖ ~ **máxima** / Höchststrom *m*, höchstzulässiger Strom ‖ ~ **máxima assimétrica de curto-circuito** / Stoßkurzschlußstrom *m* ‖ ~ **microfónica** / Sprechstrom, Mikrophonstrom *m* ‖ ~ **mínima** (electr.) / Unterstrom, Minimalstrom *m* ‖ ~ **molecular** / Elementarstrom, Molekularstrom *m* ‖ ~ **necessária** (electr.) / Strombedarf *m* ‖ ~ **no estado condutor** (semicondut.) / Durchlaßstrom *m* ‖ ~ **no estado passante** (electrón.) / Strom *m* in

Durchlaßrichtung, Durchlaßstrom *m* ‖ ~ **nocturna** / Nachtstrom *m* ‖ ~ **nominal** / Nennstrom *m* ‖ ~ **ondulatória** (electr.) / Mischstrom *m*, Wellenstrom *m* ‖ ~ **para iluminação** (electr.) / Lichtstrom *m* ‖ ~ **paralela** / Gleichstrom *m* ‖ ~ **parasita** / Wirbelstrom *m*, Foucaultscher Strom, Störstrom *m* ‖ ~ **parcial** / Teilstrom *m* ‖ ~ **permanente** / Dauerstrom *m*, Ruhestrom *m* (Ggs: Impuls) ‖ ~**-piloto** *m* (contr. autom.) / Steuerstrom *m* ‖ ~ *f* **plana articulada** / Blockkette *f* ‖ ~ **portadora** (electrón.) / Trägerstrom *m* ‖ ~ **principal** (electr., hidrául.) / Hauptstrom *m* ‖ ~ **reactiva** (electr.) / Blindstrom *m* ‖ ~ **rectificada** (electr.) / Richtstrom *m* ‖ ~ **residual** / Reststrom *m*, Anlaufstrom *m* ‖ ~ **residual colector-base** / Kollektor-Basis-Reststrom *m* ‖ ~ **reversa** (semicondut.) / Sperrstrom *m* ‖ ~ **secundária** (electr.) / Sekundärstrom *m* ‖ ~ **secundária induzida** (electr.) / induzierter Sekundärstrom ‖ ~ **simples** (telecom.) / Einfachstrom *m* ‖ ~ **telefónica** / Sprechstrom *m* ‖ ~ **tensora** / Spannkette *f* ‖ ~ **termiónica** (electrón.) / Thermionenstrom *m* ‖ ~ **termoeléctrica** / Thermostrom *m* ‖ ~ **total** (célula fotoel.) / Hellstrom *m* ‖ ~ **trifásica** (electr.) / Drehstrom *m* ‖ ~ **útil** (electr.) / Nutzstrom *m* ‖ ~ **vagabunda** / vagabundierender Strom, Streustrom *m* ‖ ~ **zero** (electr.) / Nullstrom *m*

correntes *f pl* **longitudinais** (telecom.) / Längsströme *m pl* (auf beiden Leitungen in gleicher Richtung) ‖ ~ **telúricas** / Erdströme *m pl*

correr / laufen ‖ ~ / fließen ‖ ~ (líquidos) / strömen, fließen, rinnen ‖ ~ **em vazio** / leer (o. im Leerlauf) laufen

correspondência *f* (técn. ferrov.) / Anschluß [nach] *m* ‖ ~ (matem.) / Zuordnung *f*

correspondente (matem.) / zugeordnet, korrespondierend

corrida *f* (informática) / Lauf *m*, Datendurchlauf *m*

corrigir / berichtigen, richtigstellen, in Ordnung bringen ‖ ~ (artes gráf.) / korrigieren ‖ ~ (química) / mildern ‖ ~ (telecom., electrón.) / entzerren ‖ ~ (hidrául.) / ausbauen, begradigen ‖ ~ **a dureza** / enthärten

corrimão *m* / Geländer *n*, Treppengeländer *n*, Handgeländer *n*, Geländerstange *f*

corroer / angreifen, korrodieren ‖ ~ (máq., tecnol.) / auffressen, einfressen ‖ ~ (química) / fressen, durchfressen ‖ ~**-se** / korrodieren *vi*

corroído / geätzt

corrosão *f* (geral, geol) / Korrosion *f*, Angriff *m* ‖ ~ / Einfressung *f* ‖ ~ **bimetálica** / galvanische Korrosion ‖ ~ **de atrito** / Schwingungsreibverschleiß *m*, Reibkorrosion *f* ‖ ~ **destrutiva** / fortschreitende Grübchenbildung ‖ ~ **devida à soldadura** / Schweißkorrosion *f* ‖ ~ **devida ao desgaste por fricção** / Verschleißkorrosion *f* ‖ ~ **do solo** / Bodenkorrosion *f* ‖ ~ **electroquímica** / galvanische Korrosion ‖ ~ **em filigrana** / Filigrankorrosion *f* ‖ ~ **eólica** (geol) / Windschliff *m* ‖ ~ **(h)úmida** / Feuchtkorrosion *f* ‖ ~ **localizada** / Lochfraß *m*, Lokalkorrosion *f* ‖ ~ **por contacto** / Berührungskorrosion *f* ‖ ~ **sob tensão** / Spannungskorrosion *f*

corrosibilidade *f* / Korrodierbarkeit *f*, Korrosionsanfälligkeit *f* ‖ ~ / Ätzbarkeit *f*

corrosível / korrodierbar

corrosivo *m* / Korrosionsmittel *n*, -stoff *m* ‖ ~ *adj* (química) / fressend ‖ ~ / korrodierend, angreifend, zerfressend ‖ **não** ~ / rostfrei ‖ **não** ~ (petróleo, gás) / süß, mit geringem Anteil von Schwefelverbindungen

corta-cavilhas *m* / Bolzenabschneider *m*

corta-chefe *m* (ferram.) / Ziehmesser *n*, Zugmesser *n*

corta-circuito *m* **automático** (electr.) / Sicherungsautomat *m* ‖ ~ **de alta-tensão** (electr.) / Hochspannungssicherung *f* ‖ ~ **de caixa** / Dosensicherung *f* ‖ ~ **de sobretensão** / Überspannungssicherung *f* ‖ ~ **fusível** (electr.) / Schmelzdrahtsicherung *f*, Sicherung *f* ‖ ~ **miniatura** (electr.) / Mikrosicherung, Kleinstsicherung *f*, Geräteschutzsicherung *f* ‖ ~ *m pl* **para linhas aéreas** / Freileitungssicherung *f* ‖ ~ *m* **seccionador** (electr.) / Trennsicherung *f* ‖ ~ **térmico** (electr.) / thermischer Sicherungsautomat ‖ ~ **tubular** (electr.) / Röhrensicherung *f*

cortado / geschnitten ‖ ~ (açúcar) / geschnitzelt ‖ ~ **à medida exacta** / genau o. richtig zugeschnitten

cortador *m* **circular** / Rundschneidemaschine *f* ‖ ~ **longitudinal** / Längsschneider *m* ‖ ~ **para bigorna** (forja) / Abschrot *m* ‖ ~ **universal** / Allesschneider *m*

cortadora *f* **de beterraba** (açúcar) / Schnitzelmaschine *f* ‖ ~ **de disco plano** / Flachscheibenzerspaner *m* ‖ ~ **eléctrica** / Elektroschneidemaschine *f* (DIN 1858, 1859) ‖ ~ **longitudinal** / Längsschneider *m* ‖ ~ **longitudinal** (papel) / Schlitzmaschine *f* ‖ ~ **para cânhamo** / Schnippmaschine, Hanfreißmaschine *f* ‖ ~ **para ornados em ziguezague** / Zackenmuster-Schneidemaschine *f*

cortadura, fazer ~s (constr. civil) / bepicken, aufhauen

corta-ferro *m* / Schrotmeißel *m* ‖ ~ **a frio** / Aushauer, Aushiebmeißel *m*

corta-folhas *m* (artes gráf.) / Bogenschneider *m*

corta-forragem *m* **com ventilador** (agricult.) / Gebläsehäcksler *m*

corta-frio *m* / Hartmeißel *m*, Schrotmeißel *m*, Bankmeißel *m*, Kaltmeißel

cortante / schneidend, scharf

corta-palha *m* / Futterschneidemaschine *f* ‖ ~ *f* (agricult.) / Futtermesser *n*, Häckselbank *f*

corta-quente *m* (forja) / Warmmeißel *m*

cortar / schneiden ‖ ~ (agricult.) / häckseln ‖ ~ (electr., telecom.) / trennen, unterbrechen ‖ ~ (máq. ferram.) / einschneiden ‖ ~ (torno) / abstechen ‖ ~ [em pedaços] / zerschneiden ‖ ~ (navio, cabo) / kappen ‖ ~ (ignição) / unterbrechen ‖ ~ (árvores) / abschlagen, fällen ‖ ~ **a baleia em postas** / flensen ‖ ~ **à chama** / schneidbrennen ‖ ~ **à medida** / zuschneiden ‖ ~ **a oxigénio** / brennschneiden ‖ ~ **a sesgo** / keilförmig aus- o. zuschneiden ‖ ~ **ao comprimento** / ablängen ‖ ~ **com alicate** / abzwicken ‖ ~ **com corta-ferro** (forja) / abschroten ‖ ~ **com o cinzel** / abmeißeln, abstemmen ‖ ~ **com serra** / durchsägen ‖ ~ **com tesoura** / scheren ‖ ~ **em dois** / durchhauen ‖ ~ **mal** / verschneiden, fehlschneiden ‖ ~ **o som** / ausblenden ‖ ~ **pedra mediante perfuração** / Gestein (o. Gebirge) abbohren ‖ ~ **por matriz** / nach Schablone ausschneiden ‖ ~ **por soldagem** / abschweißen ‖ ~ **um dique** / einen Damm durchstechen

corta-relva *m* / Rasenmäher *m*, -mähmaschine *f*

corta-tubos *m* / Rohrabschneider *m*, Rohrschneider *m*

corta-vidro *m* (ferram.) / Glasschneider *m*

corte *m* / Verschnitt *m*, Kerbe *f*, Einschnitt *m* ‖ ~ (hidrául.) / Durchstich *m* ‖ ~ (geral) / Schnitt *m*, Schneiden *n* ‖ ~ (desenho) / Schnittzeichnung *f* ‖ ~ (árvore) / Hieb *m* ‖ **de ~ para a esquerda** (ferram.) / linksschneidend ‖ **de ~ rápido** / spanbar (Metall) ‖ **de ~s múltiplos** / mehrschnittig ‖ **fazer o primeiro** ~ / vorschneiden ‖ ~ **a acetileno** / Brennschneiden *n* mit Acetylen ‖ ~ **a gás** / Brennschnitt *m* ‖ ~ **angular** / Winkelschnitt *m* ‖ ~ **anual** (silvicult.) / Jahreseinschlag *m* ‖ ~ **autogéneo** / Gasschneiden *n*, autogenes Schneiden,

Schneidbrennen *n* ‖ ~ **bastardo** (lima) / Mittelhieb *m*, Bastardhieb *m* ‖ ~ **circular** / Rundschnitt *m* ‖ ~ **congelado** / Gefrierschnitt *m* ‖ ~ **das cores** (tv) / Farbaufbrechen *n* ‖ ~ **de acabamento** (máq. ferram.) / Schlichtspan *m* ‖ ~ **de árvores** / Holzabhieb *m*, Hieb *m*, Holzfällen *n*, Holzeinschlag *m* ‖ ~ **de corrente** (electr.) / Stromsperre *f* ‖ ~ **de Dedekind** (matem.) / Dedekindscher Schnitt ‖ ~ **de fraccionamento** / Fraktionierschnitt *m* ‖ ~ **de lima** / Feilstrich *m* ‖ ~ **de livro** / Buchschnitt *m* ‖ ~ **de ramos mortos** / Trockenästung *f* ‖ ~ **de sementeira** / Besamungshieb *m* ‖ ~ **de separação** / Trennschnitt *m* ‖ ~ **de serra** / Sägeschnitt *m* ‖ ~ **de tensão** / Spannungsunterbrechung *f* ‖ ~ **em declive** (expl. minas) / fallender Verhieb ‖ ~ **em meia-esquadria** / Gehrungsschnitt *m* ‖ ~ **enviesado** / Schrägschnitt *m* ‖ ~ **horizontal do nível de alcaravizes** (siderurg.) / Formebene *f* ‖ ~ **individual** (máq. ferram.) / Einzelschnitt *m* ‖ ~ **jardinatório** (silvicult.) / Plenterkultur *f*, -hieb *m*, Plentern *n* ‖ ~ **lateral** (constr. rodov.) / Anschnitt *m*, seitliche Abtragung, Seitenentnahme *f* ‖ ~ **livre** (estamp.) / Freischnitt *m* ‖ ~ **longitudinal** / Längsschnitt *m* ‖ ~ **no terreno** / Geländeeinschnitt *m* ‖ ~ **oblíquo** (papel) / Schrägschneiden *n* ‖ ~ **oblíquo** / Winkelschnitt *m* ‖ ~ **oxiacetilénico** / autogenes Brennschneiden ‖ ~ **para cima** (expl. minas) / Aufhau *m*, Aufhauen *n*, Aufhieb *m* ‖ ~ **pelo fogo** (expl. minas) / Brennereinbruch *m* ‖ ~ **preparatório** / Vorhieb *m* ‖ ~ **progressivo** (máq. ferram.) / Schälschnitt *m* ‖ ~ **salteado** (silvicult.) / Plenterkultur *f*, -hieb *m*, Plentern *n* ‖ ~ **tangencial** / Fladerschnitt *m* ‖ ~ **transversal** / Querschnitt *m* ‖ ~ **transversal** (expl. minas) / Querbau *m* ‖ ~ **vertical** (expl. minas) / Seigerriß *m*

corteché *m* / Ziehmesser *n*

cortes *m pl* **sucessivos por grupos** (silvicult.) / Femelschlag *m*, -hieb *m*

cortiça *f* / Kork *m* (Rohstoff u. Erzeugnis) ‖ ~ **aglomerada** / gepreßter Kork ‖ ~ **de quilaia** / Quillajarinde *f*

cortume *m* **directo** / Alleingerbung *f* ‖ ~ **encorpante** / Füllgerbung *f* ‖ ~ **final** / Ausgerbung *f* ‖ ~ *f* **inicial** / Angerbung *f* ‖ ~ *m* **simples** / Alleingerbung *f*

corundo *m* / Korund *m*

co-secante *f*, cosec (matem.) / Kosekans *m*, cosec

co-seno *m*, cos (matem.) / Kosinus *m*, cos ‖ ~ **inverso** / Arkuskosinus *m*, arc cos

co-senóide *f* / Kosinuskurve *f*

coser / nähen

cósmico / kosmisch

cosmogonia *f* / Kosmogonie *f*

cosmografia *f* / Kosmographie *f*

cosmologia *f* / Kosmologie *f*

cosmonauta *m* / Weltraumfahrer *m*, Kosmonaut *m*

cosmonáutica *f* / Weltraumfahrt *f*, Kosmonautik *f*

cossinete *m* / Schneidbacke *f*, -eisen *n*, Gewinde[schneid]backe *f*

costa *f* / Ufer *n*, Küste *f*

costado, ao ~ no navio / längsschiff ‖ ~ *m* **de navio** / Breitseite *f*

costaneira *f* / Schwarte *f*, Schwartenbrett *n*

costas *f pl* / Rücken *m*

costeiro / Küsten...

costura *f* / Fuge *f*, Naht *f* ‖ ~ (máq. cost.) / Naht *f* ‖ ~ **circular** / Rundnaht *f* ‖ ~ **da caldeira** / Kesselnaht *f* ‖ ~ **da tampa** / Deckelfalz *m* ‖ ~ **de solda** / Schweißnaht *f*, Lötnaht *f*, Lötfuge *f* ‖ ~ **de topo** (sold) / Stoßnaht *f*, -saum *m* ‖ ~ **descosida** / aufgetrennte Naht ‖ ~ **do arco [voltaico]** (sold) / Lichtbogensaum *m* ‖ ~ **do molde** / Formnaht *f*, Formgrat *m* ‖ ~ **dupla** / Deckelfalz *m* ‖ ~ **em cruz** / Kreuznaht *f* ‖ ~ **encalcada** / Stemmnaht *f* ‖ ~ **longitudinal** / Längsnaht *f* ‖ ~ **plana** (sold) / Flachnaht *f* ‖ ~ **plana de soldadura** / Flachschweißnaht *f* ‖ ~ **rebitada** / Nietnaht *f* ‖ ~ **rebitada hermética** / Dichtnaht *f*, Stemmnaht *f* ‖ ~ **reforçada** (sold) / Wulstnaht *f*

cota *f* (agrimen.) / Kote *f*, Quote *f* ‖ ~ **de altura** / Höhenkote, -quote *f* ‖ ~ **de nível** / Höhenangabe *f*, -zahl *f*, -ziffer *f*, -kote *f*, -quote *f* ‖ ~ **em relação ao zero** / Höhe über Normal-Null (o. über NN), absolute Höhe ‖ ~ **máxima** / Größtmaß *n*

co-tangente *f*, cot (matem.) / Kotangens *m*, cot ‖ ~ **inversa** / Arkuskotangens *m*

cotão *m* / Fadenwerg *n*

cotim *m* **de algodão** / Baumwolldrell *m*

cotonifício *m* / Baumwollspinnerei *f*

cotonizar / flocken, kotonisieren

cotovelo *m* / Winkelstück *n*, Knie *n*, Kniestück *n*, Krümmer *m*, GAZ-K-Stück *n*, Knierohr *n* ‖ ~ **angular** / Eckstück *n* (Rohr) ‖ ~ **de dilatação** / Dehnungsrohrkrümmer, -rohrbogen *m* ‖ ~ **de escape** (máq. vapor) / Auspuffkrümmer *m* ‖ ~ **de união** (máq. vapor) / Knieverbindung *f* ‖ ~ **E** / E-Bogen, -Krümmer *m* ‖ ~ **rugoso** / Faltenkrümmer *m*

coulomb *m*, C / Coulomb *n*, C

coulómetro *m* (electr.) / Coulo[mb]meter *n*, elektrolytischer Zähler, Gas[entwicklungs]zähler *m*

couraçado / gepanzert

couro *m* / Leder *n* ‖ **de ~** / Leder..., ledern *adj* ‖ ~ **acamurçado** / Veloursleder *n*, Rauhleder *n* ‖ ~ **artificial** / Kunstleder *n*, Lederimitation *f* ‖ ~ **artificial fibroso** / Faserkunstleder *n* ‖ ~ **baixo** / flaches Leder ‖ ~ **branco** / Alaunleder *n*, Weißleder *n* ‖ ~ **crispado** / Schrumpfleder *n* ‖ ~ **cromado** / Chromleder *n* ‖ ~ **curtido** / Garleder *n*, gegerbtes Fell ‖ ~ **curtido a óleo** / fettgares Leder ‖ ~ **da Rússia** / Juchten[leder] *n* ‖ ~ **de bezerro** / Kalbleder *n* ‖ ~ **de boi** / Rindsleder *n* ‖ ~ **de carneiro** / Schafleder *n* ‖ ~ **de flor** / Narbenleder *n*, genarbtes o. körniges Leder, Chagrin *n* ‖ ~ **de lagarto** / Eidechsenleder *n* ‖ ~ **de peixe** / Fischhaut *f* ‖ ~ **de seleiro** / Blankleder *n* ‖ ~ **de vaca** / Rindsleder *n* ‖ ~ **de veado** / Bockleder *n* ‖ ~ **de vitela** / Kalbleder *n* ‖ ~ **'ecrasé'** / Ecraséleder *n* ‖ ~ **envernizado** / Glanzleder *n*, Lackleder *n* ‖ ~ **felpudo** / Frottierleder *n* ‖ ~ **fino** / Feinleder *n* ‖ ~ **granulado** / Chagrin, Narbenleder *n*, genarbtes o. körniges Leder ‖ ~ **mineral** / Eisenleder *n* ‖ ~ **para encadernação** / Einbandleder *n* ‖ ~ **para guarnecer** / Besatzleder *n* ‖ ~ **para solas** / Sohlleder *n*, Bodenleder *n*, Unterleder *n* ‖ ~ **para vestuário** / Bekleidungsleder *n* ‖ ~ **tratado com óleo de baleia** / Tranjuchten, -leder *n* ‖ ~ **vazio** / flaches Leder ‖ ~ **verde** / Rohhaut *f*

couros *m pl* **a tingir** / Färbegut *n*

covalente (química) / kovalent, unpolar

covelina *f* (mineralog.) / Covellin, Kupferindig *m*

covolume *m* (química) / Co-Volumen *n*

coxim *m* / Kissen *n* ‖ ~ **de carril** (técn. ferrov.) / Schienenstuhl *m* (Doppelkopfschienen) ‖ ~ **de feltro** (artes gráf.) / Filzunterlage *f* ‖ ~ **de mola** / Federunterlage *f* ‖ ~ **de pé** (máq., tecnol.) / Spurplatte *f* ‖ ~ **de trilho** (técn. ferrov.) / Schienenstuhl *m* (Doppelkopfschienen)

cozedor *m* **de forragem** / Futterdämpfer *m*

cozedura *f* (cerâm.) / Brennen *n* ‖ ~ **biscuit** (cerâm.) / Biskuitbrand *m* ‖ ~ **da calda no vácuo sem cristalização** (açúcar) / Blankkochen *n* ‖ ~ **final** (cerâm.) / Garbrand *m*

cozer / auskochen, abkochen ‖ ~ (cerâm.) / brennen ‖ ~ **cal** / Kalk brennen ‖ ~ **parcialmente** / assouplieren, Seide halb entbasten ‖ ~ **tijolos** /

Ziegel brennen
cozido (cerâm.) / gebrannt
cozimento *m* (papel) / Kochen *n* ‖ **de ~ brando** (cerâm.) / Weichbrand... ‖ **~ de esmalte** / Glasurbrand *m* ‖ **~ de sulfato** (papel) / Sulfatverfahren *n*, -aufschluß *m*, -kochung *f* ‖ **~ de sulfito** (papel) / Sulfitverfahren *n*, -aufschluß *m*, -kochung *f* ‖ **~ imperfeito** (papel) / Fehlkochung *f*
cozinha *f* **de campanha** (armamento) / Feldküche *f* ‖ **~ de navio** / Kombüse *f*
cozinhador *m* (papel) / Kocher *m*, Zellstoffkocher *m*
cozinhar (papel) / kochen
CQ, chamada *f* "a todas as estações" (electrón.) / CQ, „an alle"
cracking *m* (química) / Spaltdestillation *f*, Erdölspaltung *f*, Spaltverfahren *n* ‖ **de ~**, de craqueamento, de destilação fraccionada (química) / Krack... ‖ **~ por radiação térmica** / strahlenchemische Wärmespaltung
crapaudina *f* / Spurlager *n*
craqueado (química) / gekrackt
craqueio *m* / Erdölspaltung *f* ‖ **~ a vapor** (química) / Dampfkracken *n* ‖ **~ catalítico de leito fluido** / Fließstaubverfahren *n* ‖ **~ catalítico de leito móvel** / Fließbett-Katalyse *f* ‖ **~ catalítico fluídico** / Fluidkracken *n* ‖ **~ do gás** / Gasspaltung *f*
craquelé (cerâm.) / craqueliert
cratera *f* (geol) / Krater *m* ‖ **~ líquida** / Sumpf *m*
cravação *f* **de rebites a frio** / Kaltnieten *n*
cravagem *f* (agricult.) / Brand *m* (Befall mit Claviceps purpurea)
cravamento *m* **de rebites por percussão** (máq. ferram.) / Schlagnieten *n*, -nietung *f*
cravar / einschlagen (z.B. Nägel), eintreiben ‖ **~ estacas** / einrammen ‖ **~ estacas** (hidrául.) / auspfählen ‖ **~ pregos** / nageln, vernageln ‖ **~ rebites** / Niete schlagen, ver-, zusammennieten, nieten ‖ **~ rebites a frio** / kaltnieten, kalt schlagen
cravo *m* **para tapeceiros** / Ziernagel *m*
cré *m* **preparado** / Schlämmkreide *f*
cremalheira *f* / Zahnstange *f* ‖ **~ articulada** (técn. ferrov.) / Gelenkzahnstange *f* ‖ **~ de mechas** / Dochtschraube *f* ‖ **~ geradora** / Erzeugungszahnstange *f* ‖ **~ padrão para controlo de rodas dentadas** / Lehrzahnstange *f* ‖ **~ sistema Riggenbach** (técn. ferrov.) / Leiterzahnstange *f* (System Riggenbach)
cremómetro *m* / Rahmmesser *m*, Sahnemesser *m*
cremona *f* / Baskülverschluß *m*
cremor *m* **de tártaro** (química) / Weinstein *m*
crena *f* / Zahnlücke *f*, Zahnzwischenraum *m*
creosotagem *f* **da madeira** / Holzimprägnierung, -tränkung mit Kreosot *f*
creosotar / mit Kreosot imprägnieren (o. tränken)
creosoto *m* / Teeröl *n*, Kreosot *n*
crepe *m* / Krepp *m*, Flor *m* ‖ **~ da China** / Kreppseide *f*
crepitação *f* / Prasseln, Knistern *n*
crepitar / prasseln, knattern ‖ **~** (química) / verpuffen, zerknistern
crepom *m* / Krepon *m*
crepuscular / Dämmerungs...
crescente, em forma de ~ / halbmondförmig
crescer / wachsen *vi* ‖ **~** / anwachsen, zunehmen ‖ **~** (electr.) / anschwellen
crescida *f* **das águas** (hidrául.) / Anwachsen, Anschwellen *n* des Wassers, Anstauung *f*
crescimento *m* / Wuchs *m*, Wachstum *n*, Wachsen *n* ‖ **~ em espiral** / Drehwuchs *m*
cresilol *m* / Kresol *n*, -säure *f*
cresol *m* / Kresol *n*, -säure *f*
crespão *m* / Krepon *m*
crespo / wollig, kraus
cretáceo *m* (geol) / Oberkreide *f* ‖ **~** *adj* / kreideartig, -haltig
cretone *m* (tecel.) / Cretonne[rohware] *f*
criação *f* / Design *n*, Formgestaltung *f*, Gebilde *n*
criador *m* (animais) (agricult.) / Züchter *m*
criar (animais) (agricult.) / züchten ‖ **~ bolor** / stocken, schimmeln, modern, schimmlig werden
crina *f* / Pferdehaar *n*, Polsterhaar *n*, Haar *n* zum Ausstopfen ‖ **~ de cavalo** / Roßhaar *n* ‖ **~ de enchimento** / Füllhaar *n*
criocirurgia *f* / Kryochirurgie *f*
criodecapagem *f* / Gefrierätzung *f*
criofísica *f* / Kryophysik *f*, Tieftemperaturphysik *f*
criogenia *f* / Kryogenik *f*
criogénico / kryogen
crioidrato *m* / Kryohydrat *n*
criolita *f* (mineralog.) / Kryolith *m*
crioscopia *f* / Kryoskopie *f* (Methode der Molekulargewichtsbestimmung)
crioscópico (química) / kryoskopisch
crioscópio *m* / Gefrierpunktsmesser *m*
criostato *m* / Kryostat *m*
cripto... (telecom.) / Schlüssel...
criptografar / chiffrieren, verschlüsseln
criptografia *f* / Chiffreschrift *f* als System
criptograma *m* / Chiffremitteilung *f*, Geheimtext *m*
crisalinina *f* (tinturaria) / Chrysanilin *n*
crisazina *f* / Chrysazin *n*
criseno *m* / Chrysen *n* (hochsiedender Kohlenwasserstoff)
crisoberilo *m* (mineralog.) / Chrysoberyll *m*, Cymophan *m*
crisocola *f* (mineralog.) / Chrysokoll *m*
crisoidina *f* (tinturaria) / Chrysoidin *n*
crisol *m* (fundição) / Herd *m* ‖ **~** (química, siderurg.) / Tiegel *m*, Schmelztiegel *m* ‖ **~** (açúcar) / Auflösepfanne *f*, -kasten *m*
crisolita *f* (mineralog.) / Faserserpentin *m*
crisólita *f* (mineralog.) / Chrysolith *m*
crisópraso *m* (mineralog.) / Chrysopras *m*
crisotila *f* / Chrysotil *m*
crista *f* / Spitze *f*, Scheitelwert *m* ‖ **~** (tv) / Entzerrung *f* ‖ **~** (onda) / Kamm *m*, Bergrücken *m* ‖ **~** (geol) / Grat *m*, Gebirgskamm *m*, Kamm *m* ‖ **de ~ a crista** (electrón.) / Spitze-Spitze ‖ **~ de altas pressões** (meteorol.) / Hochdruckkeil *m* ‖ **~ de atenuação** (telecom.) / Dämpfungspol *m* ‖ **~ de impulso ou pulso** / Impulsdach *n*, Impulsspitze *f* ‖ **~ de montanha** (geol) / Gebirgskamm *m* ‖ **~ de onda** / Wellenkamm *m*, Wellenberg *m* ‖ **~ do dique** (hidrául.) / Dammkrone *f* ‖ **~ do muro** / Mauerkrone *f* ‖ **~ do talude** (técn. ferrov.) / Böschungskante *f*
cristal *m* (mineralog.) / Kristall *m* ‖ **~** (ultra-som) / Schwinger *m*, Kristall *m* ‖ **~** / Kristallglas *n* ‖ **a ~ piezoeléctrico** / Kristall..., piezoelektrisch ‖ **com cristais finos** / feinkristallin[isch] ‖ **comandado ou estabilizado a ~** / quarzgesteuert ‖ **estabilizado a ~** (relógio) / kristallgesteuert ‖ **~ acicular** (cristalogrf.) / Nadelkristall *m* ‖ **~ de chumbo** / Bleikristall *n* ‖ **~ de estanho** / Zinngraupe *f*, -kristall *m* ‖ **~ de quartzo** / Quarzkristall *m* ‖ **~ de rocha** / Bergkristall *m* ‖ **~ filiforme** / Haarkristall *m* ‖ **~ filtrante** / Filterquarz *m* ‖ **~ hemiédrico** (cristalogrf.) / Hemieder *n*, Halbflächner *m* ‖ **~ ideal** / Idealkristall *m* ‖ **~ líquido** / kristalline Flüssigkeit, Flüssigkristall *m*, anisotrope Flüssigkeit ‖ **~ múltiplo** / Mehrfachschwingquarz *m* ‖ **~ oscilador** / Oszillatorquarz *m* ‖ **~ oscilante** (electrón.) / Schwingquarz *m* ‖ **~ para espelhos** / Spiegelglas *n* ‖ **~ piezoeléctrico** / Piezokristall *m* ‖ **~ rubi** / Rubinglas *n*
cristalino (geral) / kristallklar, -hell ‖ **~** / kristallin[isch]
cristalito *m* (química) / Kristallit *m*

cristalização *f* / Anschießen *n* zu Kristallen, Kristallisierung *f*, Kristallisation *f*, Kristallbildung *f*, Kristallanschuß *m* ‖ ~ **acicular** / nadelartige Kristallbildung
cristalizado / kristallisiert ‖ ~ **na fase de vapor** (cristalogrf.) / aus der Dampfphase gezüchtet
cristalizador *m* / Kristallisationsgefäß *n*, Kristallisator *m*
cristalizar / kristallisieren *vt vi* ‖ ~ (açúcar) / auskristallisieren ‖ ~**(-se)** (química) / anschießen *vi*
cristalizável / kristallisierbar
cristaloblástico (geol) / kristalloblastisch
cristalo-eléctrico / kristallelektrisch
cristalografia *f* / Kristallkunde *f*
cristalograma *m* / Kristallogramm *n*, Kristallbild *n*
cristalóide *m* / Kristalloid *n*
cristaloquímica *f* / Kristallchemie *f*
cristalose *f* (química) / Kristallose *f*
critério *m* **de desempenho** (contr. autom.) / Leistungsindex *m* ‖ ~ **de identificação** (informática) / Ordnungsbegriff *m*
crith *m* (técn. nucl.) / Crith *n* (Masse von 1 Liter Wasserstoff bei Normalbedingungen)
crítico (geral, técn. nucl.) / kritisch, bedenklich, gefährlich
crivar / durchsieben
crivo *m* / Sieb *n* ‖ ~ **de oscilação livre** / Freischwingsieb *n* ‖ ~ **de tela de arame** / Gazesieb *n* ‖ ~ **do chuveiro** / Brausesieb *n* ‖ ~ **fino** (prep.) / Waschsieb *n* ‖ ~ **horizontal** (expl. minas) / Plansichter *m* ‖ ~ **metálico** / Drahtsieb *n*
cromado duro / hartverchromt
cromagem *f* / Inchromieren *n*, Verchromung *f* ‖ ~ **dura** / Hartverchromung *f*
cromar / verchromen ‖ ~ (têxtil) / chromieren ‖ ~ (aço) / inchromieren ‖ ~ (metal) / chromatieren
cromática *f* / Chromatik *f*, Farbenlehre *f*
cromaticamente puro / farbenrein
cromaticidade *f* (cromática) / Farbart und -sättigung *f* ‖ ~ (tv) / Farbton und -sättigung *f*
cromático / chromatisch, farbig
cromatina *f* / Chromatin *n*
cromato *m* / Chromat *n*, Chromsäuresalz *n* ‖ ~ **básico de chumbo** / basisches Bleichromat, Chromrot *n* ‖ ~ **de bário** / Barytgelb *n*, Bariumchromat *n* ‖ ~ **de chumbo** / Chromgelb *n*, Bleichromat *n* ‖ ~ **de potássio** / Kaliumchromat *n* ‖ ~ **de zinco** / Zinkchromat, Zinkgelb *n* ‖ ~ **férrico** (cerâm.) / Eisen(III)-chromat, Sideringelb *n* ‖ ~ **neutro de potássio** / Chromkalium *n* (gelb)
cromatóforo *m* / Chromatophor *n*
cromatografia *f* (química) / Chromatographie *f* ‖ **por ~ em fase gasosa** / gaschromatographisch ‖ ~ **de adsorção** / Adsorptionschromatographie *f* ‖ ~ **gás-líquida** / Gas-Flüssigkeit-Chromatographie *f* ‖ ~ **gasosa**, cromatografia *f* em fase gasosa / Gas-Chromatographie *f* ‖ ~ **líquida** / Flüssigchromatographie *f*
cromatógrafo *m* **para fase gasosa** / Gaschromatograph *m*
cromatometria *f* / Chromatometrie *f*, Farbmessung *f* (durch Vergleich)
cromatoscópio *m* / Chromatoskop *n*
cromatosfera *f* / Chromatosphäre *f*
cromatrón *m* (tv) / Gitterablenkröhre *f*
cromel *m* / Chromel *n* (Legierung aus 80% Ni, 20% Cr)
cromífero / chromhaltig
crominância *f* (óptica) / Farbton *m*, Chrominanz *f* ‖ ~ (tv) / Buntinformation *f* ‖ ~ (cromática) / Farbart und -sättigung *f*
cromita *f* / Chromeisen[erz] *n*, -eisenstein *m*, Chromat(III) *n*, Chromit *m*
cromo *m*, crómio *m*, Cr / Chrom *n*, Cr ‖ ~ (produto) / Farbensteindruck *m*
cromóforo *m* / Farbträger *m*, Chromophor *m* ‖ ~ (química) / Chromophor *m*, Hypsochrom *n* ‖ ~ / farbgebend
cromofotografia *f* (artes gráf.) / Farbenphotographie *f*
cromógeno (tinturaria, fotogr.) / farbbildend, chromogen
cromoisomeria *f* / Chromoisomerie, -tropie *f*
cromoisómero *m* / Chromoisomer *n*
cromolitografia *f* / Chromolithographie *f* (Abdruck) ‖ ~ (processo) / Farbensteindruck *m*
cromómetro *m* / Chromometer *n*, Farbmesser *m*
cromona *f* (tinturaria) / Chromon *n*
cromoscópio *m* (tv) / Chromoscope *n* (Farbbildröhre)
cromosfera *f* / Chromosphäre *f* (Sonne)
cromossomo *m* / Chromosom *n*
cromotipia *f* (artes gráf.) / Buntdruck *m*, Farbendruck *m*, Farbdruck *m*, Chromotypie *f*
cromotipo *m* / Farbdruckstock *m*
cromotografia *f* **por permeação do gel** / Gelpermeations-Chromatographie *f*, GPC
cromotropia *f* / Chromotropie *f*
cronógrafo *m* / Chronograph *m*, Stoppuhr *f*
cronológico / chronologisch, zeitlich
cronometragem *f* / Zeitmessung *f* ‖ ~ (máq., tecnol.) / Zeitaufnahme *f*, -studie *f*
cronometrar / stoppen, die Zeit nehmen
cronometria *f* / Zeitmessungslehre *f*
cronómetro *m* / Zeitmesser *m*, Chronometer *n*
cronoscópio *m* / Chronoskop *n* (Kurzzeitmesser)
croquis *m* / Handskizze *f*, Entwurf *m* (Zeichnung) ‖ **fazer um ~** / skizzieren
cróssima *f* (técn. ferrov.) / Herzstück *n* (der Kreuzung)
crosta *f* / Rinde, Kruste *f* ‖ ~ (cerâm.) / Formhaut *f* ‖ ~ **de fundição** (fundição) / Gußhaut *f*, -rinde *f* ‖ ~ **de óxido de ferro** (siderurg.) / Zunder *m* ‖ ~ **dupla** (lamin.) / Blockschale *f* ‖ ~ **terrestre** / Erdkruste *f*, -rinde *f*, Lithosphäre *f*
crotonaldeído *m* / Crotonaldehyd *m*
crownglas *m* (óptica) / Kronglas *n*
cru (geral) / roh ‖ ~ (tijolo) / ungebrannt ‖ ~ (papel) / ungebleicht, roh, Roh... ‖ ~ / ungekocht (Seide) ‖ ~ (luz) / grell
cruciforme / kreuzförmig, Kreuz...
crusher-gauge *m*, instrumento *m* para medição directa da pressão em arma de fogo, quando disparada (armamento) / Gasdruckmesser *m*
cruz *f* (geral) / Kreuz *n* ‖ ~ (artes gráf.) / Kreuzzeichen *n*, Kreuz *n* ‖ ~ (tecel.) / Gelese *n*, Fadenkreuz *n*, Kreuz *n*, Spannkreuz *n* ‖ **em (forma de) ~** / kreuzweise ‖ **em forma de ~** / kreuzförmig, Kreuz... ‖ ~ **de Santo André** (carpint.) / Andreaskreuz *n*, Kreuzband *n*, Abkreuzung *f*
cruzado / überkreuz, gekreuzt, geschränkt
cruzamento *m* (tecel.) / Spannkreuz, Fadenkreuz, Kreuz *n* ‖ ~ (geral) / Kreuzung *f* ‖ ~ [de carris ou trilhos] / Schienenkreuzung *f* ‖ ~ **aéreo** (técn. ferrov.) / Oberleitungskreuzung *f*, Luftkreuzung *f* ‖ ~ **com carris móveis** / Schleppkreuzung *f* ‖ ~ **com plano inclinado** / Kletterkreuzung *f* ‖ ~ **com trilhos móveis** / Schleppkreuzung *f* ‖ ~ **de auto-estrada** / Autobahnkreuz *n* ‖ ~ **de fios** (tecel.) / Fadeneinkreuzung *f*, Fadenkreuz *n*, Fadenverkreuzung *f* ‖ ~ **de ventilação** (expl. minas) / Wetterbrücke *f*, -kreuzung *f* ‖ ~ **desnivelado** (constr. rodov.) / Straßenüberführung *f* (statt Kreuzung), Kreuzungsbauwerk *n* ‖ ~ **normal** (técn. ferrov.) / einfache Gleiskreuzung
cruzar / kreuzen, queren ‖ ~ / verschränken ‖ ~ (tecel.) / köpern
cruzeta *f* (vidro) / Quersprosse *f* ‖ ~ (máq. vapor) /

Kreuzkopf *m* ‖ ~ (cano) / Kreuzstück *n*, -stutzen *m* ‖ ~ (artes gráf.) / Aufhängekreuz *n* ‖ ~ (carpint.) / Abkreuzung *f*, Andreaskreuz *n* ‖ ~ **com quatro flanges** / Flanschstück mit 2 Flanschstutzen, TT-Stück *n* (DIN 28544) ‖ ~ **de janela** / Fensterkreuz *n* ‖ ~ **dupla** (artes gráf.) / Doppelkreuz *n*

cuba *f* / Trog *m*, Bottich *m* ‖ ~ (tinturaria) / Bütte *f* ‖ ~ (cortumes) / Faß *n*, Kübel *m* ‖ ~ **da pia** / Ausgußbecken *n* ‖ ~ **de decantação** (papel) / Klärkasten *m* ‖ ~ **de fermentação** (indústr. cervej.) / Gärbottich *m*, -bütte *f* ‖ ~ **de fermentação** (tinturaria) / Gärungsküpe *f* ‖ ~ **de fermentação sob pressão** / Gärdrucktank *m* ‖ ~ **de forquilha** (fundição) / Gabelpfanne *f* ‖ ~ **de impregnação** / Tränkbehälter *m*, -trog *m*, Imprägniertrog *m* ‖ ~ **de macerar** (indústr. cervej.) / Maischbottich *m*, -pfanne *f* ‖ ~ **de pasta** (papel) / Stoffbütte *f*, -kufe *f* ‖ ~ **de refrigeração** / Kühlwanne *f* ‖ ~ **de remolho** / Weichbütte *f* ‖ ~ **de sedimentação** / Absetzbottich, -tank *m* ‖ ~ **do alto-forno** (siderurg.) / Schacht *m* des Hochofens ‖ ~ **do forno** / Ofenschacht *m* ‖ ~ **hidropneumática** / pneumatische Wasserwanne ‖ ~ **para cerveja** / Bierbottich *m* ‖ ~ **para minério** / Erzkübel *m*

cubagem *f* / Kubikinhalt *m*, Kubikinhaltsberechnung *f* ‖ ~ (em m³) / Baumasse *f* ‖ ~ (física) / Massenberechnung *f* ‖ ~ **de água** / Wasserinhalt *m*

cubar (matem.) / kubieren, in die dritte Potenz erheben

cubatura *f* / Kubatur *f*, Raumausmittelung *f*

cubeta *f* (química) / Küvette *f* ‖ ~ (técn. fotogr.) / Küvette *f*, Schale *f* ‖ ~ (vidro) / Wanne *f*, Gießwanne *f*, -hafen *m* ‖ ~ **de evaporação** / Verdampfschale *f*, Abdampfgefäß *n* ‖ ~ **de fusão** (química) / Glühschale *f* ‖ ~ **de óleo** / Öltropfschale *f*, -tropfenfänger *m* ‖ ~ **de vaporização** / Verdampfschale *f*, Abdampfgefäß *n* ‖ ~ **de vidro** (química) / Glaswanne *f*

cúbico / Kubik..., kubisch, Würfel..., hexaedrisch, sechsflächig, würfelförmig

cubilô *m* / Kupolofen *m*

cubo *m* (roda) / Nabe *f* ‖ ~ / Kubus *m*, Hexaeder *n*, Würfel *m* ‖ **elevar ao** ~ (matem.) / kubieren, in die dritte Potenz erheben ‖ ~ **com lâmpadas de flash** (técn. fotogr.) / Blitzwürfel *m*, Blitzlichtwürfel *m* ‖ ~ **cónico** (autom.) / Kegelnabe *f* ‖ ~ **da hélice** (aeronáut.) / Schraubennabe *f*, Luftschraubennabe *f* ‖ ~ **da roda** / Radnabe *f* ‖ ~ **de bicicleta** / Fahrradnabe *f* ‖ ~ **de flange** (autom.) / Flanschnabe *f* ‖ ~ **de roda livre** / Freilaufnabe *f* ‖ ~ **do volante** (autom.) / Lenkradnabe *f* ‖ ~ **nervurado** / Keilnabe *f*

cucúrbita *f* / Destillierblase *f*

cuidados *m pl* **culturais dos povoamentos** (silvicult.) / Bestandspflege *f*, -erziehung *f*

culatra *f* (armamento) / Geschützverschluß *m*, Bodenstück *n* ‖ ~ (electr.) / Joch *n* ‖ ~ **de electroíman** / Magnetgestell *n*, -rahmen *m* ‖ ~ **de íman** / Magnetjoch *n* ‖ ~ **do transformador** / Transformatorjoch *n* ‖ ~ **incandescente** / Glühkopf *m*

culminação *f* / Gipfelpunkt *m*, Gipfelung *f* ‖ ~ (astron.) / Kulmination *f*

cultivado (agricult.) / bestellt

cultivador *m* (agricult.) / Behäufelungspflug *m*, Kultivator *m*, Grubber *m* ‖ ~ (plantas) (agricult.) / Züchter *m* ‖ ~ **de dentes elásticos** / Federgrubber *m* ‖ ~ **de dentes flexíveis** (agricult.) / Federzahngrubber *m*

cultivar / kultivieren ‖ ~ (agricult.) / bestellen, beackern, bebauen ‖ ~ (plantas) (agricult.) / züchten

cultivável (agricult.) / anbaubar

cultivo *m* (agricult.) / Kultivierung *f*, Ackerbau *m*, Anbau *m* ‖ ~ / Bodenbearbeitung *f* ‖ ~ **do algodão** / Baumwollanbau *m* ‖ ~ **dos campos** (agricult.) / Feldbestellung *f*

cultura *f* / Kultur *f*, Zucht *f* ‖ ~ (agricult.) / Anbau *m*, Ackerbau *m* ‖ ~ **bacteriana** / Bakterienkultur *f* ‖ ~ **de legumes** / Gemüseanbau *m* ‖ ~ **de tecidos** / Gewebekultur *f* ‖ ~ **vinícola** / Weinbau *m*

cumarina *f* (química) / Kumarin *n*

cume *m* / Höhepunkt *m*, Gipfelpunkt *m* ‖ ~ (geol) / Kuppe *f*, Bergspitze *f*

cumeada *f* (geol) / Kamm *m*, Gebirgskamm *m*

cumeeira *f* **de telhado** / Dachkantprisma *n*, Dachfirst *m*

cumulativo (ionização) / lawinenartig

cúmulo *m* / Haufenwolke *f*, Kumuluswolke *f* ‖ ~**-nimbo** *m* / Kumulonimbus *m*, Gewitterwolke *f*

cuneiforme / keilförmig

cunha *f* / Zwickel *m*, Keil *m* ‖ ~ (artes gráf.) / Endkeil *m* ‖ ~ (carpint.) / Unterlegklotz *m*, Keil *m* ‖ **em forma de** ~ / keilförmig ‖ ~ **abridora** / Spaltkeil *m* ‖ ~ **de aço de mineiro** (expl. minas) / Fimmel *m* ‖ ~ **de expansão** / Keilklaue *f*, Steinwolf *m* ‖ ~ **de quartzo** / Quarzkeil *m* ‖ ~ **para descarga de malha** / Abschlagkeil *m* ‖ ~ **para rachar** / Spaltkeil *m*

cunhado / gemünzt

cunhagem *f* **de moeda** / Münzprägung *f*

cunhar / ausprägen, münzen, prägen, stanzen, ausmünzen

cunhete *m* (armamento) / Munitionskiste *f*

cupal *m* / Cupal *n*, kupferplattiertes Aluminium

cupim *m* / Bohrwurm *m*

cúprico / Kupfer(II)-..., Cupri..., -ähnlich, kupferartig

cuprífero / kupferhaltig, Kupfer..., kupferführend

cuprita *f* / Cuprit *m*, Rotkupfererz *n*

cuproníquel *m* / Kupfernickel *n*

cuproso / Kupfer(I)-..., Cupro...

cúpula *f* / Haube *f* ‖ ~ (constr. civil) / Kuppel *f*, Kuppeldach *n*, Helmdach *n*, Haube *f* ‖ ~ **abatida** / Flachkuppel *f* ‖ ~ **de antena** / Antennenkuppel *f* ‖ ~ **de escape de vapores** / Dunsthaube *f* ‖ ~ **de tomada de vapor** / Dampfdom *m*, Kesseldom *m*, Dom *m*

cupular / becherförmig

curar tremoços / Lupinen entbittern

curcuma *f* / Kurkuma *f*, Gelbwurzel *f*

curcumina *f* / Kurkumagelb, Kurkumin *n*

curie *m*, Ci / Curie (veraltet), Ci *n*, (= $3{,}7 \cdot 10^{10}$ Zerfallsakte/s)

curium *m*, Cm / Curium *n*, Cm

curl *m* (electr.) / Curl *n*, Drehung *f*

curso *m* / Gang *m*, Laufen *n* ‖ ~ / Verlauf *m*, Verlaufen *n* ‖ ~ (naveg.) / Kurs *m* ‖ ~ (máq., tecnol.) / Lauf *m* ‖ ~ (êmbolo, bomba) / Hub *m* ‖ **de** ~ **longo** / langhubig, hochhübig ‖ **de pequeno** ~ / kurzhubig, Kurzhub... ‖ ~ **ascendente** / Aufwärtshub *m* ‖ ~ **contínuo** / Dauerhub *m* ‖ ~ **da árvore porta-brocas** / Bohrspindelhub *m* ‖ ~ **da mesa** (máq. ferram.) / Tischhub *m* ‖ ~ **da mola** / Federungsweg *m* ‖ ~ **da plaina** / Arbeitsgang, -hub *m* (des Hoblers) ‖ ~ **da válvula** / Ventilhub *m* ‖ ~ **de água** / Wasserlauf *m* ‖ ~ **de aspiração** / Ansaughub *m* ‖ ~ **de combustão** (mot.) / Ausdehnungshub *m* ‖ ~ **de compressão** (geral) / Druckhub *m* ‖ ~ **de compressão**, tempo *m* de compressão (mot.) / Kompressionshub *m*, -periode *f* ‖ ~ **de escape** / Auspuffhub *m* ‖ ~ **de exaustão** / Auslaßhub *m* ‖ ~ **de explosão**, curso *m* de expansão (mot.) / Explosionshub *m*, Dehnungshub *m*, Ausdehnungshub *m*, Expansionshub *m* ‖ ~ **de ida e volta do êmbolo** / Kolbenspiel *n* (Auf- und Abbewegung des Kolbens) ‖ ~ **de retorno** / Rückwärtshub *m* ‖ ~ **de retorno** (máq., tecnol.) / Rückgang *m*, Rückhub *m*,

Rücklauf *m* ‖ ~ **de trabalho** (mot.) / Arbeitshub *m* ‖ ~ **de um rio** / Flußlauf *m* ‖ ~ **descendente do êmbolo** (mot.) / abwärtsgehender Kolbenhub, Abwärtshub *m* ‖ ~ **do carro** (têxtil) / Auszug, Wagenzug *m* ‖ ~ **do distribuidor** / Schieberhub, -weg *m* ‖ ~ **do êmbolo** / Kolbenhub *m*, Kolbenbewegung *f*, Kolbenweg *m* ‖ ~ **do excêntrico** / Exzenterhub, -weg *m* ‖ ~ **duplo** / Doppelhub *m* ‖ ~ **elástico** / Federungsweg *m* ‖ ~ **em vazio** (máq. ferram.) / Leergang *m* ‖ ~ **inferior** / Unterlauf *m* ‖ ~ **inferior do rio** / stromabwärtiger Flußlauf ‖ ~ **longitudinal** (máq. ferram.) / Längshub *m*, Längsgang *m* ‖ ~ **superior do rio** / stromaufwärtiger Flußlauf

cursor *m* (electr.) / Gleitschieber *m* ‖ ~ (fiação) / Fliege *f* ‖ ~ (máq., tecnol.) / Läufer *m* ‖ ~ (têxtil) / Läufer *m* ‖ ~ (telecom., electrón.) / Schiebekontakt *m* ‖ ~ **da balança** / Laufgewicht *n* ‖ ~ **de contacto** / Kontaktschieber *m* ‖ ~ **de guia** / Führungsschlitten *m* ‖ ~ **do molde** / Formschieber *m* ‖ ~ **transversal** (torno) / Querschieber *m*

curta-metragem *f* / Kurzfilm *m*

curtido / gar, gegerbt ‖ ~ **a vegetal** / lohgar ‖ ~ **ao alume** / alaungar, weißgar

curtidor *m* / Lederzurichter *m*, Gerber *m*

curtidura *f*, curtimento *m* / Lederzurichtung *f*, Gerbung *f*

curtimento *m* **a cores** / Färbegerberei *f* ‖ ~ **a óleo** / Fettgerbung *f* ‖ ~ **ao cromo** / Chromgerbung *f* ‖ ~ **de peles de camurça** / Sämischgerberei *f*, -gerben *n* ‖ ~ **do linho** / Flachsrotte, -röste *f* ‖ ~ **no fulão** / Faßgerbung *f*

curtir / gar machen, gerben ‖ ~ **a vegetal** / lohen ‖ ~ **ao alume** / alaungerben

curto / kurz

curto-circuitado (electr.) / kurzgeschlossen

curto-circuitador *m* (electr.) / Kurzschlußvorrichtung *f*

curto-circuitagem *f* (electr.) / Kurzschließen *n*

curto-circuitar (electr.) / kurzschließen, überbrücken

curto-circuito *m* (electr.) / Kurzschluß *m* ‖ **à prova de ~s** / kurzschlußfest ‖ ~ **à massa** (electr.) / Masseschluß *m*, Gehäuseschluß *m*, Körperschluß *m* ‖ ~ **devido às oscilações** / Schwingungskurzschluß *m* ‖ ~ **permanente** / Dauerkurzschluß *m*

curtume *m* / Gerbung *f*

curva *f* (geral) / Krümmung *f*, Biegung *f* ‖ ~ (constr. rodov.) / Kurve *f* ‖ ~ / Rohrbogen *m*, Rohrkrümmer *m* ‖ ~ **abatida** / flache Kurve ‖ ~ **adiabática** / Adiabate *f*, adiabatische Kurve ‖ ~ **apertada** (constr. rodov.) / Haarnadelkurve *f*, scharfe Kurve ‖ ~ **balística** / ballistische Kurve ‖ ~ **bepp** (= binding energy per particle/energia aglutinante por partícula) / Bepp-Kurve *f* ‖ ~ **binário-velocidade** / Drehmoment-Drehzahlkurve *f* ‖ ~ **binodal** / Sättigungsisotherme *f*, Binodal-, Grenzkurve *f* ‖ ~ **binodal** (química, física) / Löslichkeitskurve *f* ‖ ~ **característica** / Kennlinie *f*, Arbeitskurve *f*, Charakteristik *f* ‖ ~ **característica** (carga-deformação) / Lastwegkurve *f* ‖ ~ **característica de molas** / Federkennlinie *f* ‖ ~ **característica de operação** / Annahmekennlinie *f* ‖ ~ **C.C.** / Dauerlastkurve *f* ‖ ~ **das dilatações** / Dehnungsverlauf *m*, -kurve *f* ‖ ~ **de absorção** / Aufziehkurve *f* ‖ ~ **de Bragg** (técn. nucl.) / Braggsche Kurve ‖ ~ **de calibração** / Eichkurve *f* ‖ ~ **de carga sazonal** (electr.) / [jahreszeitliches] Belastungsgebirge ‖ ~ **de decaimento** (técn. nucl.) / Abklingungskurve *f* ‖ ~ **de deslize** (electr.) / Schlupfkurve *f* ‖ ~ **de dilatação** / Dehnungskurve *f* ‖ ~ **de distribuição de erros de Gauss** (estatística) / Gaußsche Normalverteilungskurve, Gaußsche Häufigkeitsverteilungskurve o. Glockenkurve ‖ ~ **de energia** / Energiekurve *f* ‖ ~ **de esforço de cisalhamento** / Querkraftlinie *f* ‖ ~ **de esgotamento** / Ausziehkurve *f* ‖ ~ **de expansão** / Expansionskurve *f* (Indikator) ‖ ~ **de extinção** / Extinktionskurve *f* ‖ ~ **de fusão** / Schmelzkurve, -linie *f* ‖ ~ **de grande raio** / flache Kurve ‖ ~ **de inflexão** (matem.) / Inflexionskurve *f* ‖ ~ **de luminosidade** / Leuchtstärken-Verteilungskurve *f* ‖ ~ **de magnetização normal** / Kommutierungskurve *f* ‖ ~ **de nível** (agrimen.) / Schichtlinie *f*, Höhen[schicht]linie *f*, Niveaulinie *f*, Geländehöhenlinie *f* ‖ ~ **de polarização da luz** / Lichtverteilungskurve *f* ‖ ~ **de pontos de ebulição** / Siede[punkt]diagramm *n*, -kurve *f*, -linie *f* ‖ ~ **de potência** / Leistungskurve *f* ‖ ~ **de pressão de fusão** / Schmelzdruckkurve *f* ‖ ~ **de pressões mínimas** / Mindestdrucklinie *f*, Minimaldrucklinie *f* ‖ ~ **de probabilidade de Gauss** (estatística) / Gaußsche Normalverteilungskurve, Gaußsche Häufigkeitsverteilungskurve o. Glockenkurve ‖ ~ **de queda** / Fallkurve *f* ‖ ~ **de remonte** (hidrául.) / Staulinie, -kurve *f* ‖ ~ **de rendimento** / Wirkungsgradkurve *f* ‖ ~ **de resposta** (tv) / Durchlaßcharakteristik *f* ‖ ~ **de resposta** (rádio) / Gang *m*, Frequenzgang *m* ‖ ~ **de resposta de frequência** (electrón.) / Frequenzkurve *f*, Frequenzcharakteristik *f* ‖ ~ **de resposta de reverberação** / Frequenzgang *m* bei diffusem Schalleinfall ‖ ~ **de resposta de um amplificador** / Kennlinie *f* eines Verstärkers ‖ ~ **de sintonização** (electrón.) / Abstimmkurve *f* ‖ ~ **de solidificação** (siderurg.) / Erstarrungskurve *f* ‖ ~ **de solubilidade** (química) / Grenzkurve *f* ‖ ~ **de tensão** / Spannungskurve *f* ‖ ~ **de tensão-dilatação** / Dehnung-Spannung-Kurve *f* ‖ ~ **de um rio** / Flußbiegung, -krümmung *f* ‖ ~ **dose-efeito** / Dosiswirkungskurve *f* ‖ ~ **em asa de cesto** (geom) / Korbbogen *m* ‖ ~ **em S** (desenho industr.) / S-Kurve *f* ‖ ~ **em U** / Doppelkrümmer *m*, -kniestück *n* ‖ ~ **exponencial** / Exponentialkurve *f* ‖ ~ **fechada** (constr. rodov.) / Haarnadelkurve *f* ‖ ~ **granulométrica** / Sieblinie *f*, -kurve *f*, Siebdurchgangskurve *f* ‖ ~ **H-D** (técn. fotogr.) / Gamma-Zeitkurve *f* ‖ ~ **hidrográfica** (hidrául.) / Ganglinie *f* ‖ ~ **hipsométrica** / Höhenlinie *f*, Höhenschichtlinie *f* ‖ ~ **lobulada** / bucklige Kurve ‖ ~ **normal** (estatística) / Gaußsche Normalverteilungskurve, Gaußsche Häufigkeitsverteilungskurve o. Glockenkurve ‖ ~ **psofométrica** (acústica) / Ohrkurve *f* ‖ ~ **reversa** / Gegenkrümmung *f* ‖ ~ **sinusoidal ou senoidal** / Sinuskurve, -linie *f* ‖ ~ **torque-velocidade** / Drehmoment-Drehzahlkurve *f*

curvado / gekrümmt, gebogen

curvar / biegen, aufbiegen, abbiegen, krümmen ‖ **~-se** / sich verkrümmen, sich aufwerfen ‖ ~ **a frio** / in kaltem Zustand biegen ‖ ~ **em redondo** / rundbiegen

curvatura *f* (geral) / Krümmung *f*, Biegung *f* ‖ ~ **da imagem** / Bildwölbung *f* ‖ ~ **da Terra** / Erdkrümmung *f* ‖ ~ **de espaço** / Raumkrümmung *f* ‖ ~ **do campo de imagem** / Bildkrümmung *f* ‖ ~ **em S** (máq., tecnol.) / Kröpfung *f* ‖ ~ **gaussiana**, curvatura *f* de Gauss (matem.) / Gaußsche Krümmung ‖ ~ **principal** (matem.) / Hauptkrümmung *f*

curvígrafo *m* / Kurvenschreiber *m*

curvilíneo / kurvilinear

curvo / krumm, gekrümmt, gebogen

cúspide *f* / Gipfelpunkt *m* einer Kurve ‖ ~ (matem., agrimen.) / Rückkehrpunkt *m*

cutelaria *f* / Messerschmiedarbeit, -ware *f*
cúter *m* / Kutter *m*
CV / Pferdestärke *f*, PS *n* (1 PS = 735,5 W) (veraltet)

D

dacito *m* (geol) / Dazit *m*
dácron *m* / Dacron *n*
dactilografar / tippen, maschineschreiben
dado *m* **da corrediça** (máq., tecnol.) / Kulissenstein *m* ‖ ~ **do quadrante**, dado *m* do sector (máq. vapor) / Schwingenstein *m*
dados *m pl* (informática) / Daten *pl* ‖ ~, especificações *f pl* / Angaben *f pl* ‖ ~ (biol, meteorol) / Spiegel *m* ‖ ~ **auxiliares** / Anhaltszahlen *f pl* ‖ ~ **básicos** (informática) / Ursprungsdaten *pl* ‖ ~ **característicos** / Kenndaten *pl* ‖ ~ **codificados em binário** / Binärdaten *pl* ‖ ~ **de entrada** (informática) / Eingabedaten *pl* ‖ ~ **de linha** (informática) / Ferndaten *n pl* ‖ ~ **de voo** / Flugwerte *m pl* ‖ ~ **em massa** (informática) / Massendaten *n pl* ‖ ~ **meteorológicos** / Witterungsspiegel *m* ‖ ~ **numéricos** / Zahlenangaben *f pl* ‖ ~ **operacionais** / Betriebszahlen *f pl*, Betriebsdaten *n pl* ‖ ~ **simulados** (informática) / angenommene Daten
daltónico, daltónico / farbenblind
daltonismo *m* / Daltonismus *m*, Farbenblindheit *f*
damasco *m* / Damast *m*, Damaststoff *m* ‖ ~ **floreado** / Blumendamast *m*
damasquilho *m* / Halbdamast *m*
damasquinar / damastartig weben
danificação *f* / Beschädigung *f*
danificado / beschädigt, schadhaft, defekt
danificar / beschädigen, schädigen
dano *m* / Schaden *m*, Beschädigung *f* ‖ ~ **causado pelo incêndio** / Brandschaden *m* ‖ ~ **causado pelo raio** / Blitzschaden *m* ‖ ~ **causado por exploração mineira** (expl. minas) / Bergschaden *m* ‖ ~ **na carroçaria** (autom.) / Blechschaden *m* ‖ ~ **provocado pela geada** / Frostschaden *m*
danos *m pl* **causados nos campos** / Flurschaden *m*
dar / ergeben, liefern ‖ ~ **à manivela** (máq., tecnol.) / kurbeln ‖ ~ **a primeira demão** (tintas) / grundieren ‖ ~ **a primeira demão com leite de cal** (constr. civil) / schlämmen, mit Kalkmilch bestreichen ‖ ~ **corda** (relógio) / aufziehen, aufdrehen ‖ ~ **corda demais** (relógio) / überdrehen ‖ ~ **de si** (constr. civil) / nachgeben ‖ ~ **forma** / Form geben, formen ‖ ~ **forma** (máq. ferram.) / fertigbearbeiten ‖ ~ **lustro** / bräunen (Messing), glänzen *vt* ‖ ~ **nós** / anknüpfen ‖ ~ **sinal de fim de chamada** (telecom.) / abklingeln ‖ ~ **tinta** (artes gráf.) / schwärzen
daraf *m* (unidade de medida de elastância) / Daraf *n* (Reziprokwert der Kapazität)
dardo *m* **de chama** / Stichflamme *f*
dasimetria *f* / Luftdichtigkeitsmessung *f*
dasímetro *m* / Dasymeter *n*, Rauchgasanalysator *m*
data *f* / Datum *n* ‖ ~ (agrimen.) / Datum *n* (Angaben für das Koordinatensystem eines Landes) ‖ ~ **final** / Schlußzeitpunkt, Nulltermin *m*
datolita *f* (mineralog.) / Datolith *m*
dB / Dezibel *n*, dB
D.C.A. / Flak *f*
DDD (telecom.) / Selbstwählferndienst *m*, automatische Fernwahl, Landesfernwahl *f*
DDI (telecom.) / Selbstwählferndienst *m* nach dem Ausland, Auslandsfernselbstwahl *f*
DDR (telecom.) / Nebenstellendurchwahl *f*
D.D.T. *m*, diclorodifeniltricloroetano *m* (química) / DDT *n*, Dichlordiphenyltrichlorethan *n*
débito *m* / Durchsatz *m*, Ergiebigkeit *f*, Fördermenge *f*, Durchflußleistung *f* ‖ ~, quantidade *f* de escoamento / Ausflußmenge *f* ‖ ~ (hidrául.) / Ausström[ungs]menge *f* in einer gegebenen Zeit ‖ ~ **de ar** / geförderte Luftmenge ‖ ~ **de potência** / Leistungsabgabe *f* ‖ ~ **de uma bomba** / Förderleistung *f* einer Pumpe ‖ ~ **do ventilador** / Förderleistung *f* eines Gebläses, (jetzt:) Förderstrom *m* ‖ ~ **em excedente** (hidrául.) / Freiwasser *n* (DIN) ‖ ~ **limite** / Höchstleistung *f*, Grenzleistung *f* ‖ ~ **máximo** (electr.) / Höchstleistung *f*
debruar / einfassen
debrum *m* / Einfassung *f*
debulha *f* (agricult.) / Drusch *m*, Ausdrusch *m*
debulhadora *f* / Dreschmaschine *f*
debulhamento *m* / Entkernung *f*
debulhar (agricult.) / dreschen
debuxador *m* (tecel.) / Musterzeichner, -entwerfer *m*, -konstrukteur *m*
debuxo *m* (tecel.) / Figur *f* ‖ ~ / Handzeichnung *f*
debye *m* / Debye *n*, D (Einheit des Dipolmoments)
deca... / Deka..., Zehnfaches *n*
decaborano *m* (química) / Dekaboran *n*
década *f* (matem.) / Dekade, Zehnerstelle *f* ‖ ~ (informática) / Zehnergruppe *f*
decádico / dekadisch
decaedro *m* / Dekaeder *n* ‖ ~ *adj* / zehnflächig, zehnseitig
decagonal / zehneckig, -seitig (ebene Figur)
decágono *m* / Zehneck, -seit *n*
decagrama *m* / Dekagramm *n*, dag (10 Gramm)
decaída *f* (geral) / Abnahme *f*, Verschlechterung *f*
decaimento *m* **de impulso ou pulso** / Impulsabfall *m*, -hinterflanke *f*
decair / abfallen
decalcar / durchpausen, -zeichnen, pausen
decalcomania *f* / Schiebebild *n*, Abziehbild *n*
decalque *m* / Pause *f*, Zeichnungskopie *f*
decâmetro *m* / Dekameter *m n*
decanewton *m* / Dekanewton *n*, daN (= ca. 1.0197 kp)
decantação *f* / Reinigung [durch Absitzen o. Abgießen] *f*, Klärung *f* (durch Absitzen o. Abgießen), Schlämmen *n*, Schwemmfilterung *f*, Schlämmung *f*, Dekantieren *n*, Reinigung *f* ‖ ~ **a vapor** (açúcar) / Dampfklärung *f*
decantado (açúcar) / geklärt
decantador *m* (química) / Absitzgefäß, Abklärgefäß *n* ‖ ~ (óleo) / Schwereabscheider *m*
decantar / abfüllen, umfüllen ‖ ~ (química) / abgießen, dekantieren, klären, schlämmen, filtrieren
decapagem *f* (siderurg.) / Entzunderung *f*, Entzundern *n*, Dekapieren *n*, Beizen *n* ‖ ~ **à chama** (siderurg.) / Flammstrahlen *n*
decapante *m* / Dekapiersäure *f* ‖ ~ **para tintas** / Farbenbeize *f*
decapar (siderurg.) / blankbeizen ‖ ~ (latão) / entzundern, gelbbrennen ‖ ~ (galvanoplast.) / abbeizen
decatir *m* / Dekatiermaschine *f*
decatização *f* (têxtil) / Glänzabbau *m*, Dekatur *f*, Glanzkrumpe *f*, Dekatierung *f* ‖ ~ **a vapor** (têxtil) / Dampfkrumpe *f*, Dampfdekatur *f* ‖ ~ **finish** (têxtil) / Finger-Dekatieren *n*
decatizar (têxtil) / dekatieren, krümpen
decatron *m* / Dekatron *n*, dekadische Zählröhre
decepar / abhacken
deci... / Dezi..., Zehntel..., d
decibel *m*, dB / Dezibel *n*, dB

decíduo (bot.) / abfallend, laubwechselnd
decifrar / entschlüsseln (Geheimcode)
decilitro / Zehntelliter *m n*
decimal *f* / Stelle *f* hinter dem Komma, Dezimale *f*, Dezimalstelle, Stelle *f* hinter dem Komma ‖ ~ *adj* / Dezimal..., dezimal, Zehner... ‖ ~ **codificado** / codiert-dezimal
decimétrico / Dezimeter...
decímetro *m* / Dezimeter *m*
décimo *m* / Zehntel *n*
decineper *m* (telecom.) / Dezineper, 1/10 Neper *n*
declaração *f* **de campo** (informática) / Feldvereinbarung *f* ‖ ~ **em linguagem** (informática) / Sprachanweisung *f*
declarado / ausgeprägt, deutlich
declarador *m* **de campo** (informática) / Felderklärung *f*
declinação *f* (bússola) / Abweichung, Deklination *f*, Mißweisung *f*, Ausweichung *f*
declinar / abweichen
declínio *m* [**da oscilação**] / Ausschwingen *n* [der Schwingung]
declive *m* / Neigung *f*, Steigung *f* ‖ ~ / Gefälle *n*, Neigung *f*, Abhang *m* ‖ ~ (constr. rodov.) / Längsgefälle *n* ‖ ~ **do terreno** / Geländeneigung *f* ‖ ~ **duplo** (técn. ferrov.) / Eselsrücken *m*, doppelseitiger Ablaufberg ‖ ~ **transversal** (constr. rodov.) / Quergefälle *n*
declividade *f* / Abschüssigkeit *f*
decocção *f*, decocto *m* (química) / Absud *m*, Abkochung *f*, Dekokt *n* ‖ **fazer a** ~ (química) / auskochen, absieden
decodificação *f* (informática) / Decodierung *f*, Entschlüsselung *f*
decodificador *m* (informática) / Entschlüsseler *m*, Decodiergerät *n*, Decodierer *m* (DIN) ‖ ~ / Decoder *m* (im Stereo-Tuner) ‖ ~ **de cores** (tv) / Farbdecoder *m*
decodificar / entschlüsseln, decodieren
decolar (aeronáut.) / loskommen, abheben
decomponível (química) / zersetzbar, zerlegbar
decompor (química) / zersetzen *vt*, abbauen, auflösen, trennen, zerlegen ‖ ~**-se** / verwesen, sich zersetzen, faulen ‖ ~**-se** (geral, química) / sich spalten (o. zersetzen) ‖ ~**-se pela acção atmosférica** / verwittern ‖ ~ **forças** / Kräfte zerlegen
decomposição *f* / Fäulnis *f*, Zersetzung *f*, Auflösung *f* ‖ ~ (química) / Abbau *m*, Zersetzung *f*, Zerlegung *f* ‖ **de fácil** ~ / leicht zersetzlich ‖ ~ **das cores** (tv) / Farbenzerlegung *f* ‖ ~ **de amoníaco** / Ammoniakzerfall *m* ‖ ~ **de forças** / Kräftezerlegung, -auflösung *f* ‖ ~ **expontânea** / Selbstzersetzung *f* ‖ ~ **pela acção atmosférica** / Verwitterung *f* ‖ ~ **térmica** / thermische Zersetzung, Pyrolyse
decompositor *m* **síncrono** (contr. autom.) / Funktionsdrehmelder *m*
decomutação *f* (informática) / Dekommutation *f* (Prüfung und Entschlüsselung)
decoração *f* **de interiores** / Innenarchitektur *f* ‖ ~ **de interiores** (constr. civil) / Inneneinrichtung *f*, Innenausstattung *f*
decorador *m* / Dekorateur *m*, Dekorationsmaler *m* ‖ ~ **de interiores** / Innenarchitekt *m*
decorar / zieren
decorativo / oberflächenveredelt
decremento *m* (física) / Dekrement *n* ‖ ~ **de amortecimento** / Dämpfungsdekrement *n* ‖ ~ **de energia** (técn. nucl.) / Energiedekrement *n* ‖ ~ **logarítmico** / logarithmisches Dekrement (Konstante eines elektr. Schwingungskreises) ‖ ~ **logarítmico de energia** (técn. nucl.) / logarithmisches Energiedekrement
decrescer / sinken
decrescímetro *m* (electrón.) / Dekrementmesser *m*
decréscimo *m* / Nachlassen *n* ‖ ~ **exponencial** (técn. nucl.) / exponentieller Zerfall
decurso *m* / Ablauf, Verlauf *m*, Verlaufen *n* ‖ ~ **da pressão** / Druckverlauf *m* ‖ ~ **do funcionamento** / Funktionsverlauf *m*
dedal *m* / Fingerhut *m*
dedaleira *f* / Fingerhut *m*, Digitalis *f*
dedendo *m* / Fußhöhe *f*
dedo *m* / Finger *m*, Lochkontrollfinger *m* ‖ ~ **de contacto** (electr.) / Kontaktfinger *m* ‖ ~ **de direcção** (autom.) / Lenkfinger *m* ‖ ~ **de pressão** / Presser *m*, Preßfinger *m*
deduzir / ableiten, folgern ‖ ~ (matem.) / abziehen, wegnehmen
deêmfase *f* (acústica) / Deemphasis, Deakzentuierung *f*
defecação *f* (açúcar) / Defekation, Scheidung *f* ‖ ~ **por cal** (açúcar) / Kalkscheidung *f*
defecador *m* (açúcar) / Defekationspfanne *f*, Abklärkessel *m*, Läuterapparat *m*
defectibilidade *f* / Fehlerhaftigkeit *f*
defeito *m* / Fehler *m*, Defekt *m*, Störung *f* ‖ ~, marca *f* [do molde ou da ferramenta] (plást.) / Fehlstelle *f* ‖ ~ **cromático** / chromatischer Fehler ‖ ~ **da chama** / Flammen-Aussetzer *m* ‖ ~ **da linha** (telecom.) / Linienstörung *f* ‖ ~ **de alinhamento do dente** / Flankenrichtungsfehler *m* ‖ ~ **de cromatismo** / Farbenfehler *m* ‖ ~ **de Frenkel** (cristalogrf.) / Frenkeldefekt *m*, -fehlstelle *f* ‖ ~ **de funcionamento** / Funktionsfehler *m* ‖ ~ **de imagem** (óptica) / Abbildungsfehler *m* ‖ ~ **de imagem** (tv) / Bildfehler *m* ‖ ~ **de material** / Materialfehler *m*, Fehler *m* im Material ‖ ~ **de moldagem** (cerâm.) / Formgebungsfehler *m* ‖ ~ **de soldadura** (sold) / Fehlstelle *f* ‖ ~ **do molde** / Formfehler *m* ‖ ~ **na disposição molecular** (cristalogrf.) / Gitterfehler *m*, -störstelle *f* ‖ ~ **na tecelagem sob a forma de falha no entrelaçamento dos fios horizontais com os verticais num certo ponto do pano** (tecel.) / Flotten *n* ‖ ~ **no isolamento** / Isolationsfehler *m*
defeituoso / mangelhaft, fehlerhaft
defesa *f* (constr. naval) / Fender *m* ‖ ~ **antiaérea** / Flugabwehr *f*, Luftschutz *m*, Luftabwehr *f*, Fliegerabwehr *f*, Flak *f* ‖ ~ **das dunas** (hidrául.) / Dünenbau, -schutz *m* ‖ ~ **do ambiente** / Umweltschutz *m*
deficiência *f* (matem.) / Defizienz *f* ‖ ~ **de ar** / Luftmangel *m* ‖ ~ **de conteúdo** / Mindergehalt *m* ‖ ~ **na medida** / Fehlen an Maß
deficiente / lückenhaft
definição *f* / Definition *f*, Bestimmtheit *f* ‖ **baixa** ~ *f* (tv) / weniger als 200 Zeilen je Bild ‖ ~ **da imagem** (técn. fotogr.) / Bildfeinheit *f* ‖ ~ **da imagem** (tv) / Bildauflösung *f*, Rasterfeinheit *f* ‖ ~ **das cores** / Farbkonturschärfe *f* ‖ ~ **de um projecto** / Festlegung *f* eines Projektes ‖ ~ **horizontal** (tv) / Horizontalauflösung *f* ‖ ~ **vertical** (tv) / Vertikalauflösung *f*, Senkrechtauflösung *f*
definido / definiert ‖ ~ (matem.) / benannt
definir / definieren
definitivo / definitiv, endgültig
deflação *f* (geol) / Deflation, Windabtragung *f*
deflagração *f* (química) / Deflagration *f*, schnelle Verbrennung, Aufbrennen *n* ‖ ~ **sem detonação** (armamento) / Ausbläser *m*
deflagrar / verpuffen, verknallen *vi*
deflectir (física) / ablenken, abweichen
deflector *m* / Ablenker *m* ‖ ~ / Leitblech *n*, Umlenkplatte *f* ‖ ~ (tv) / Ablenkgerät *n* ‖ ~ (constr. civil) / Deflektor, Saugkopf *m*, Sauger *m* ‖ ~ (aeronáut.) / Störklappe *f*, Spoiler *m* ‖ ~ (autom.) /

Lenkblech *n*, Spoiler *m* ‖ ~ **de chamas** (motor reacç.) / Flammenhalter *m* ‖ ~ **de chamas** (astronáut.) / Flammendeflektor *m* ‖ ~ **de corrente** (hidrául.) / Leitwerk *n* ‖ ~ **de óleo** / Ölfangblech *n*
deflegmação *f* (química) / Konzentrierung, Entwässerung *f*
deflegmador *m* / Dephlegmator *m*
deflegmar / dephlegmieren, entwässern
deflexão *f* (tv) / Ablenkung *f* ‖ ~ / Auslenkung *f* ‖ ~ **completa** (instr.) / Endausschlag *m* ‖ ~ **das partículas acústicas** / Schallausschlag *m* ‖ ~ **do feixe** (tv) / Strahlablenkung *f* ‖ ~ **do jacto** (aeronáut.) / Strahlablenkung *f* ‖ ~ **do ponteiro** / Zeigeranschlag *m* ‖ ~ **elástica** / elastische Durchbiegung ‖ ~ **electrostática** / elektrostatische Beugung ‖ ~ **horizontal** / X-Ablenkung *f* ‖ ~ **máxima** (instr.) / Vollausschlag *m* ‖ ~ *m* **vertical** (tv) / Y-Ablenksystem *n*, Y-Ablenkung *f*, Vertikalablenkung *f*
defloculante *m* / Flockenzerstörer *m*
deflocular / sich entflocken
deformabilidade *f* / Deformierbarkeit *f*, Formänderungsvermögen *n*
deformação *f* / Formänderung *f*, Umformung *f*, Mißbildung, Mißgestaltung *f*, Verformung *f*, Deformation *f* ‖ **de** ~ / Defo..., Deformations... ‖ ~ **a quente** / Warmverformung *f* ‖ ~ **devida à têmpera** (siderurg.) / Härteverwerfung *f* ‖ ~ **[do] gama** (tv) / Gammaverzerrung *f* ‖ ~ **elástica** / elastische Formänderung ‖ ~ **elástica do quadro** / Rahmendurchfederung *f*, elastische Durchbiegung des Rahmens ‖ ~ **homogénea** / ideelle Umformung ‖ ~ **inicial** / Anfangsverformung *f* ‖ ~ **linear** / Längenänderung, -verformung *f* ‖ ~ **linear permanente** / bleibende Längenänderung ‖ ~ **linear relativa** / spezifische Formänderung ‖ ~ **longitudinal** / Längenänderung, -verformung *f* ‖ ~ **permanente** / bleibende Verformung, bleibende Formänderung, überelastische Durchbiegung, bleibende Setzung (einer Wand) ‖ ~ **plástica de pressão** / Druckumformen *n* (DIN 8583) ‖ ~ **plástica por tracção e compressão** / Zugdruckumformen *n* (DIN 8584) ‖ ~ **plástica por tracção** (máq. ferram.) / Zugumformen *n* (DIN 8585) ‖ ~ **residual sob compressão** (plást.) / Druckverformung *f* ‖ ~ **sob pressão** / Stauchung *f*, Druckverformung *f*
deformado / verbogen, verzogen, deformiert
deformar / verformen, deformieren, verspannen ‖ **~-se** / sich verbiegen, sich verziehen
deformável / verformbar, formbar
defumar / räuchern, rauchtrocknen
degelador *m* (aeronáut.) / Enteiser, Entfroster *m*
degelar / abtauen
degelo *m* / Eisaufbruch *m* (von Flüssen)
degeneração *f* / Degeneration, Entartung *f* ‖ ~ **do gás** (física) / Gasentartung *f*
degenerado (física) / entartet
degenerescência *f* / Degenerationsneigung *f*
degolar / abwürgen (Schraube) ‖ ~ (torno) / abstechen
degradação *f* (constr. civil) / Verfall *m*, Baufälligkeit *f* ‖ ~ (geol) / Abtragung *f* ‖ ~ (tintas) / Nachlassen *n* ‖ ~ **de energia** / Energieabbau *m* ‖ ~ **do amido** / Stärkeabbau *m*
degradar / degradieren, herabsetzen ‖ **~(-se)** (constr. civil) / verfallen
dégras *m* / Degras *n*
degrau *m* / Trittstufe *f*, Stufentritt *m*, Sprosse *f*, Stufe *f* ‖ ~ **de entrada** (constr. civil) / Blockstufe *f* ‖ ~ **de escada** / Treppenstufe *f*, Tritt *m*, Leitersprosse *f* ‖ ~ **final** / Austrittsstufe *f*
degressivo / absteigend
deidrase *f* / Dehydrase *f*
deidrogenase *f* / Dehydr[ogen]ase *f*
deitado / liegend ‖ **estar ~ [sobre]** / liegen [auf]
deitar / legen ‖ ~ **abaixo** (constr. civil) / einreißen, durchbrechen (Wand)
deixar a mina (expl. minas) / ausfahren *vi* ‖ ~ **aberto** / freilassen ‖ ~ **apagar o fogo** (siderurg.) / ausgehen lassen ‖ ~ **cair malhas** / Maschen abnehmen (o. fallen lassen) ‖ ~ **em branco** (artes gráf.) / aussparen ‖ ~ **entrar em reacção** (química) / einwirken lassen ‖ ~ **escapar** / ablassen, abfließen lassen ‖ ~ **fermentar** / gären, gären lassen, in Gärung bringen ‖ ~ **livre** / freilassen, loslassen ‖ ~ **livre** (artes gráf.) / aussparen ‖ ~ **passar** (física) / durchlassen ‖ ~ **passar pelo banho** / durch das Bad gehen lassen ‖ ~ **penetrar a (h)umidade** / durchfeuchten ‖ ~ **repousar** / abstehen lassen (Schmelze)
delaminação *f* (siderurg.) / Abwalzung, -blätterung *f* ‖ ~ (contraplacado) / Fehlverleimung *f*
deleatur *m* (artes gráf.) / Deleaturzeichen *n*, Weglassungszeichen *n*, Streichungszeichen *n*
delgadeza *f* / Schlankheit *f*, Dünne *f*
delgado / schlank, dünn
delimitador *m* (informática) / Begrenzer *m*, Begrenzungssymbol *n*
delimitar / abgrenzen, begrenzen
delineação *f* / zeichnerische Darstellung der Umrisse
delineado (artes gráf.) / freistehend (Autotypie)
delineamento *m* (constr. civil) / Außenlinie
delinear / anreißen, vorreißen, aufreißen, aufzeichnen, anreißen
deliquescência *f* (química) / Zerfließen *n*
deliquescente, deliqüescente (química) / von Feuchtigkeit zerfließend
deliquescer (química) / zerfließen
delta *m* (geogr.) / Delta *n* ‖ ~ **28** (técn. nucl.) / Delta 28 ‖ ~ **de Dirac** (matem.) / Delta-Funktional *n*, Diracsche Deltafunktion ‖ ~ **de um rio** / Flußdelta *n*
deltóide (cristalogrf.) / Deltoid...
demanda *f* **corrente** / laufender Bedarf
demão *f* / Schicht *f* ‖ **dar a primeira ~** (tintas) / grundieren ‖ ~ **de esmalte** / Lackierung *f* (der Überzug) ‖ ~ **de laca** / Lackanstrich *m*, Lackierung *f* (der Überzug) ‖ ~ **de pintura**, demão *f* de tinta / Farbenanstrich *m* ‖ ~ **de verniz** / Lackanstrich *m*, Lackierung *f* (der Überzug) ‖ ~ **final** / Schlußanstrich *m* ‖ ~ **superficial de pintura** / Deckanstrich *m*
demarcação *f* / Grenze, Beschränkung, Begrenzung *f*
demarcar (agrimen.) / auspflocken, abgrenzen
demolhar / weichen, einweichen
demolição *f* / Abbruch *m*, Niederreißen *n*, Demolierung *f*
demolir (constr. civil) / demolieren, abtragen, abreißen
demonstração *f* / Demonstration *f*, Nachweis *m*, Beweis *m* ‖ ~ (p.ex. do funcionamento de aparelhos) / Vorführung *f*
demonstrar / demonstrieren, beweisen ‖ ~ (p.ex. o funcionamento de aparelhos) / vorführen
dendrito *m* (mineralog.) / Dendrit *m*
dendróide / baumförmig
dendrologia *f* / Dendrologie, Gehölzkunde *f*
dendrómetro *m* / Dendrometer *n* (Baummesser)
denominação *f* (matem.) / Benennung *f*
denominador *m* (matem.) / Nenner *m* ‖ **do mesmo ~** (matem.) / gleichnamig ‖ ~ **comum** / Generalnenner *m*, Hauptnenner *m*
denominar / bezeichnen, benennen
densidade *f* (geral) / Dichte *f* ‖ ~ / volumenbezogene

Masse, Dichte *f* ‖ ~ (têxtil) / Dichtigkeit *f*, Dichtheit *f*, Festigkeit ‖ ~ (técn. fotogr.) / Schwärzungsgrad *m*, -dichte *f* ‖ ~ (tecel.) / Dichte *f* ‖ **de alta ~ molecular** / hochmolekular ‖ ~ **absoluta** / Reindichte *f* ‖ ~ **anódica** / Anodendichte *f*, spezifische Anodenstärke ‖ ~ **aparente**, peso *m* aparente / Schüttgewicht *n* ‖ ~ **aparente** (plást.) / Stoffdichte *f*, Stopfdichte *f* ‖ ~ **aparente** (metalurg. do pó) / Fülldichte *f*, Füllkonstante *f* ‖ ~ **atmosférica** / Luftdichte *f* ‖ ~ **da fonte** (técn. nucl.) / Quelldichte *f* ‖ ~ **da luz** / Beleuchtungsstärke *f* (als Meßgröße) ‖ ~ **da transmissão** (técn. fotogr.) / Durchlassungsdichte *f* ‖ ~ **de agrupamento na fita** (informática) / Banddichte *f* ‖ ~ **de armazenagem** (informática) / Aufzeichnungsdichte *f* ‖ ~ **de arquivo** (informática) / Belegungsdichte *f* einer Datei ‖ ~ **de bits** (informática) / Bitdichte *f* ‖ ~ **de campo** (electr.) / Felddichte *f* ‖ ~ **de caracteres** (informática) / Zeichendichte *f* ‖ ~ **de carga** (electr.) / Ladedichte *f* ‖ ~ **de corrente** (electr.) / Stromdichte *f* ‖ ~ **de electrões ou elétrons** / Elektronendichte, -konzentration *f* ‖ ~ **de empacotamento** (informática) / Packungsdichte, Informationsdichte *f* ‖ ~ **de enchimento** / Einfülldichte *f* ‖ ~ **de energia** / Leistungsdichte *f* ‖ ~ **de energia coesiva** (técn. nucl.) / Kohäsionsenergiedichte *f* ‖ ~ **de fluxo** / Flußdichte *f* ‖ ~ **de gás** / Gasdichte *f* ‖ ~ **de iluminação** / Leuchtdichte *f* ‖ ~ **de informação** (informática) / Packungsdichte, Informationsdichte *f* ‖ ~ **de inversão** (semicondut.) / Intrinsicdichte *f* an einer pn-Übergangsstelle, Inversionsdichte an einer pn-Übergangsstelle, Ladungsträgerdichte an einer pn-Übergangsstelle ‖ ~ **de partículas** (técn. nucl.) / Teilchendichte *f* ‖ ~ **de potência** (técn. nucl.) / Leistungsdichte *f* ‖ ~ **de potência do combustível** (técn. nucl.) / Brennstoffleistungsdichte *f* ‖ ~ **de potência nominal do combustível** (técn. nucl.) / Brennstoff-Nennleistungsdichte *f* ‖ ~ **de povoamento** (silvicult.) / Bestandsdichte *f*, -grad *m* ‖ ~ **de radiação** / Strahlungsdichte *f* ‖ ~ **de registo** / Schreibdichte *f* ‖ ~ **de registo em bytes** (fita magn.) / Bytedichte *f* ‖ ~ **de retardação** (técn. nucl.) / Bremsdichte *f* ‖ ~ **de troca de fluxo** / Flußwechseldichte *f* ‖ ~ **determinada pelos raios X** (metalurg. do pó) / Röntgendichte *f* ‖ ~ **do coberto** (silvicult.) / Beschirmungsgrad *m* ‖ ~ **do fluxo de energia** (técn. nucl.) / Energieflußdichte *f* ‖ ~ **do fluxo eléctrico** / elektrische Flußdichte, Kraftlinienzahl *f* ‖ ~ **do fluxo magnético** / Linien *f pl* der magnetischen Induktion B (gemessen in Weber/m^2 o. Vsm^{-2}, früher: in Gauß) ‖ ~ **do momentum** (técn. nucl.) / Impulsdichte *f* ‖ ~ **do som** / Schalldichte *f* ‖ ~ **do vapor** (física) / Dampfdichte *f* ‖ ~ **em volume** / Raumdichte *f* ‖ ~ **espectral** / spektrale Farbdichte ‖ ~ **limite** (física) / Gasdichte bei unendlich kleinem Druck ‖ ~ **mássica** / Massendichte *f* ‖ ~ **máxima** (técn. fotogr.) / Endschwärzung *f* ‖ ~ **óptica** / Schwärzung *f* ‖ ~ **óptica do negro** (artes gráf.) / Farbdichte *f* ‖ ~ **superficial** (electr.) / Flächendichte *f*, Oberflächendichte *f* ‖ ~ **telefónica** (de uma região) (telecom.) / Durchdringung *f*

densificação *f* / Verdichtung *f*

densímetro *m* / Densimeter *n*, Dichtemesser *m* ‖ ~ **gama** / Gammadichtemesser *m*

densitometria *f* (técn. fotogr.) / Densitometrie *f*, Schwärzungsmessung *f*

densitómetro *m* (técn. fotogr.) / Schwärzungsmesser *m*, Densitometer *n*

denso / dicht, fest, zusammengedrängt ‖ ~ (física) / dicht, schwer

dentado / zackig, sägeförmig, gezahnt

dentadura *f* (máq., tecnol.) / Verzahnung *f*, Zahnung *f* ‖ **com ~ interna** / innenverzahnt ‖ ~ **baixa** (máq., tecnol.) / Stumpfverzahnung *f* ‖ ~ **helicoidal** / Spiralverzahnung *f* ‖ ~ **interna** / Innenverzahnung *f*

dentar / verzahnen

dente *m* / Zahn *m*, Zacken *m*, Zacke *f* ‖ ~ (geol) / Zacke *f*, Felszacken *m* ‖ **de dois ~s** / zweizinkig, -zackig ‖ **em ~ de serra** (electrón.) / sägezahnförmig ‖ ~ **chanfrado** / abgeschrägter Zahn ‖ ~ **da caçamba** / Bagger[eimer]messer *n* ‖ ~ **de calibração do escariador** / Kalibrierzahn *m* der Räumnadel ‖ ~ **de debulhadora** / Dreschstift *m* ‖ ~ **de draga**, dente *m* de escavadora / Baggerzahn *m* ‖ ~ **de forquilha** / Gabelzinke *f* ‖ ~ **de impulsão** / Triebzahn *m* ‖ ~ **de lobo** / Wolfstift *m* ‖ ~ **de pente** / Zinke *f* (Kamm) ‖ ~ **de serra** / Sägezahn *m* ‖ ~ **desbastador** / Vor[schneide]zahn *m* ‖ ~ **do balde** / Bagger[eimer]messer *n* ‖ ~ **em M** / Stockzahn *m*, M-Zahn ‖ ~ **triangular** / Dreieckszahn *m*

denteado / sägeförmig

dentear / zahnen, mit Zähnen versehen, verzahnen, zacken

dentes *m pl* **finos** / Feinverzahnung *f* ‖ ~ **rectos** / Geradverzahnung *f*

dentiforme / zahnförmig

dentro da escala (instr.) / im Anzeigebereich ‖ ~ **de borda** (constr. naval) / binnenbords

denudação *f* (geol) / Denudation, Abtragung *f*

denudar (geol) / denudieren, bloßlegen

departamento *m* / Abteilung *f* einer Firma ‖ ~ **de estudos e pesquisas** (org. industr.) / Entwicklungsabteilung *f* ‖ ~ **de galvanização** / Galvanik[abteilung] *f* ‖ ~ **de provas** / Prüffeld *n*

dependência *f* (constr. civil) / Anbau *m* (pl: Anbauten) ‖ ~ **da pressão** / Druckabhängigkeit *f* ‖ ~ **do estado livre** (informática) / F-Abhängigkeit *f* ‖ ~ **linear** (matem.) / lineare Abhängigkeit

dependente [de] / abhängig [von], gebunden [an] ‖ ~ **da frequência** / frequenzabhängig ‖ ~ **da pressão** / druckabhängig ‖ ~ **linearmente** (matem.) / linear abhängig

depender [de] / abhängen, abhängig sein [von]

depilar / enthaaren

depilatório *m* / Enthaarungsmittel *n*, Haarentfernungsmittel *n*

depolarização *f* / Depolarisation *f*

depolarizador *m* / Depolarisator *m*

depolarizar / depolarisieren, die Polarisierung aufheben

depolimerização *f* / Depolymerisation *f*

depolimerizar / depolymerisieren

deposição *f* **de cristais** / Ansetzen von Kristallen *n* ‖ ~ **de metais por electrólise** / galvanische Metallabscheidung

depositado / abgesetzt ‖ ~ **por electrólise** / galvanisch gefällt ‖ ~ **por sedimentação** / sedimentiert

depositar / ablegen, absetzen, niederschlagen, sedimentieren, ablagern ‖ ~ (técn. ferrov.) / abstellen ‖ **~-se** / sich ablagern ‖ **~-se** (química) / sich abscheiden ‖ ~ **por electrólise** / galvanisch niederschlagen ‖ ~ **uma camada de chumbo por electrólise** / galvanisch verbleien

depósito *m* / Lager *n*, Lagerraum *m* ‖ ~ / Rückstand *m*, Satz *m* ‖ ~ (indústr. cervej.) / Faßgeläger *n*, -hefe *f* ‖ ~ (galvanoplast.) / Auflage *f*, Niederschlag *m* ‖ ~ (expl. minas) / Halde *f* ‖ ~ / Behälter *m* ‖ ~ (hidrául.) / Anspülung *f* ‖ ~ (radiador) / Wasserkasten *m* ‖ ~ **activo** (técn. nucl.) / aktiver Schlamm ‖ ~ **aluvial metalífero** (siderurg.) / Seife *f*, Seifenerz *n*, Wascherz *n* ‖ ~ **aquífero** / Aquifer-Speicher *m* ‖ ~ **calcário** / Kalkablagerung *f*, Kalkablagerung *f* (in Wasserrohren), Kalkniederschlag *m*, Verkrustung *f* ‖ ~ **cristalino** / Kristallabscheidung *f* ‖ ~ **de água de refrigeração** / Kühlkasten *m* ‖ ~ **de ar** / Luftbehälter *m* ‖ ~ **de carvão** / Kohlenhalde *f* ‖ ~ **de carvão** (autom.) / Kohleablagerung ‖ ~ **de chumbo** / Bleischlamm *m* ‖ ~ **de cobre** (galvanoplast.) / Kupferniederschlag *m* ‖ ~ **de combustível** / Kraftstoffbehälter *m*, -tank *m* ‖ ~ **de desperdícios ao ar livre** / Abfallhalde *f*, -platz *m* ‖ ~ **de garrafa** / Flaschenpfand *n* ‖ ~ **de impregnação** (geol) / Imprägnationslagerstätte *f* ‖ ~ **de lixo** / Deponie *f* (Müll) ‖ ~ **de lixo atómico** / Atommüll-Lager *n*, -Lagerplatz *m* ‖ ~ **de madeiras** / Holzlager *n*, -[lager]platz, -hof *m* ‖ ~ **de minério** / Erzhalde *f*, -haufen *m* ‖ ~ **de nível constante** (carburador) / Schwimmerkammer *f* ‖ ~ **de reenchimento** / Rückpumpbecken *n* ‖ ~ **de refugo** (informática) / Rückweisungsfach *n*, Fehlerfach *n* ‖ ~ **de sucata** / Altmaterialsammlung *f* ‖ ~ **final** (técn. nucl.) / Endlager *n* ‖ ~ **metalífero aluvional** / Erzseife *f* ‖ ~ **para locomotivas** / Lokomotivschuppen *m* ‖ ~ **sedimentar de coque** / Koksansatz *m* ‖ ~ **sólido** / existenter Abdampfrückstand ‖ ~ **subterrâneo de refugo** (expl. minas) / Bergeversatz *m*

depósitos *m pl* **diluviais** / diluviale Ablagerungen *f pl* ‖ ~ **ferruginosos** / abbauwürdige Eisenlager *n pl* ‖ ~ **glaciais** / Geschiebe *n* (glazial) ‖ ~ **litorâneos** / Litoralablagerungen *f pl* ‖ ~ **minerais** / bergbauliche Lagerstätten *f pl*

depressão *f* (física) / Unterdruck *m* ‖ ~ (geol) / Depression *f* (Landsenke unter Meeresspiegel) ‖ ~ (astron., física) / Depression *f* ‖ ~ (meteorol.) / Tiefdruckgebiet *n* ‖ ~ (geol) / Mulde *f* ‖ ~, força *f* negativa / Abtrieb *m*, negativer Auftrieb ‖ ~ (plást.) / Einsackung *f*, -senkung *f*, Einsackstelle *f* ‖ ~ **do solo** (geol) / Senke *f* ‖ ~ **do terreno** (geol) / Bodensenkung *f* ‖ ~ **do zero** / Depression *f* des Nullpunktes

depressurizar / auf normalen Luftdruck umstellen

deprimido / gedrückt, passiviert

depuração *f* / Läuterung *f*, Reinigung *f* ‖ ~ **da água** / Wasserreinigung *f* ‖ ~ **de esgotos** / Abwasserklärung, -reinigung *f* ‖ ~ **de gás** / Gasreinigung *f* ‖ ~ **de operação** (informática) / Funktionsprüfung *f* ‖ ~ **fina** / Feinreinigung *f* ‖ ~ **natural** / Flußklärung *f*, Selbstreinigung *f*

depurador *m* (química) / Reiniger *m* ‖ ~ **de gás** / Gasreiniger *m* ‖ ~ **de gases de combustão**, depurador *m* de gases de fumaça, depurador *m* de gases de fumo / Rauchgasreiniger *m* ‖ ~ **de óleo** / Ölreiniger *m* ‖ ~ **de vapor** / Dampfreiniger *m*

depurar / läutern, klären ‖ ~ (informática) / austesten ‖ ~ **água** / Wasser reinigen

deriva *f* (instr.) / Drift, Meßabweichung *f* ‖ ~ (aeronáut., naveg.) / Abtrieb *m*, Abdrift *m*, Abtrift *m* ‖ ~ **de imagem** (tv) / Bildschaukeln *n*

derivação *f* (electr.) / Zweigleitung *f* ‖ ~, shunt *m* (electr.) / Nebenschluß *m* ‖ ~ (geol, matem.) / Ableitung, Differentiation *f* ‖ ~ (armamento) / Derivation, Drallabweichung *f* ‖ ~ (electr.) / Feldabschwächung *f* ‖ **com ~ central** (electrón.) / mit Mittelabgriff ‖ ~ **central** (electr.) / Mittenanzapfung *f* ‖ ~ **de 8 vias** (electr.) / Achterabzweig *m* ‖ ~ **de canos** / Rohrverzweigung *f* (verzweigter Rohranschluß) ‖ ~ **de corrente** (electr.) / Stromverzweigung, -abzweigung *f*, -ableitung *f* ‖ ~ **de tubo** / Rohrabzweigung *f* ‖ ~ **de tubos** / Rohrverzweigung *f* (verzweigter Rohranschluß) ‖ ~ **domiciliária** (electr., telecom.) / Hausanschluß *m* ‖ ~ **dupla** / Doppelabzweigung *f*, -abzweig *m*, -abzweigrohr *n*

derivada *f* (matem.) / Ableitung *f*, abgeleitete Funktion

derivado *m* (química) / Derivat *n*, Abkömmling *m* ‖ ~ *adj* / abgeleitet, sekundär ‖ ~ *m* **de alcatrão** / Teerderivat *n* ‖ ~ **de amino-ácidos condensado sobre ácidos gordos** / Fettsäureamino[karbon]säurederivat *n* ‖ ~ **de benzeno** / Benzolderivat *n* ‖ ~ **do petróleo** / Erdölderivat *n*, Erdölabkömmling *m* ‖ ~ **fluorado** / Fluorderivat *n*

derivar (aeronáut., naveg.) / abtreiben, vom Kurs abkommen ‖ ~ (hidrául.) / ableiten ‖ ~ (electr.) / in Nebenschluß legen, shunten ‖ ~ (do centro neutro) / auswandern ‖ ~ **de ...** (química) / abstammen

derivómetro *m* (aeronáut.) / Abtriftmesser *m*

derme *f* / Haut *f* (unter der Oberhaut)

derramar / ausschütten, ausbreiten ‖ ~ (fundição) / vergießen *vi* ‖ **~-se** / sich ergießen, lecken, auslaufen, rinnen

derrapagem *f* (autom.) / Schleudern *n*, Rutschen *n*

derrapar (autom.) / rutschen, schleudern

derreter / flüssig machen, schmelzen, abtauen, zerlassen, einschmelzen, erschmelzen (Stahl), abschmelzen ‖ **~-se** / flüssig werden, schmelzen *vi*

derretido / geschmolzen, feuerflüssig, erschmolzen

derrick *m* **de produção** / Förderturm *m* für Erdölgewinnung

derrocada *f* (constr. civil) / Zusammensturz *m*, Einsturz *m*

derrocar / einstürzen, zusammenstürzen, -fallen, -brechen

derrubar / zusammenwerfen, zum Einsturz bringen

desabamento *m* (constr. civil) / Einsturz *m*, Zusammensturz *m*

desabar (expl. minas) / hereinbrechen, -kommen

desaccionamento *m* **retardado** / Abfallverzögerung *f*

desaceleração *f* / abnehmende Geschwindigkeit

desacelerar / langsamwerden

desacetilado / desacetyliert

desacidificar / entsäuern, -säuren

desacoplador *m* (telecom.) / Entkoppler *m*

desacoplamento *m* (electrón.) / Entkopplung *f*

desacoplar (máq., tecnol.) / auskuppeln, entkuppeln ‖ ~ (electr., electrón.) / entkoppeln ‖ ~, desengatar / loskoppeln

desactivar / desaktivieren ‖ ~ (química) / entaktivieren ‖ ~ (informática) / inaktivieren

desadaptação *f* / Fehlanpassung *f*, falsche Anpassung

desadaptado / fehlangepaßt

desadoçamento *m* (açúcar) / Absüßung *f*

desadoçar o bolo da filtração (açúcar) / den Filterkuchen absüßen

desagregação *f* / Zerfall *m*

desagregar (têxtil) / Gewebe auflockern

desaguadouro *m* / Entlastungswehr *n*

desaguar / einmünden

desajustado / dejustiert

desajustamento *m*, desajuste *m* / Dejustierung *f*

desalcatroar / entteeren

desalinhado / verlagert, versetzt

desalinhamento *m* (máq., tecnol.) / Versetzung *f* ‖ ~ (correia) / Schräglauf *m* ‖ ~ (constr. civil) / Fluchtlinienabweichung *f* ‖ ~ / Falschausrichtung *f*

desamarrar / losbinden, lösen

desamolgar / ausklopfen, ausbeulen

desandador *m* (ferram.) / Windeisen *n*

desaparafusar / ausschrauben, abschrauben, herausdrehen (Schraube), lösen, losschrauben

desapertar / aufdrehen, losbinden, aufbinden ‖ ~ **parafusos** / Schrauben lösen (o. losmachen)

desarmador *m* (armamento) / Entspannstück *n*

desarmar / abbauen ‖ ~ (p.ex. bomba) / entschärfen

desassociar / loslösen
desatar / lösen, losbinden, abschnüren, aufknoten, abbinden, losmachen
desatarraxar / losschrauben, abschrauben, lösen
desatendido / unbesetzt, ohne Bedienung
desaterrar (constr. rodov.) / ausgraben, abtragen
desaterro *m* / Abtrag *m*, Abhub *m*
desatrelar / loskoppeln
desbarbar a quente / warmabgraten
desbarbotar / ausnoppen
desbastador *m* (carpint.) / Dechsel *f*
desbastar / zurichten (glatt hobeln, behauen, befeilen, beschneiden), herausarbeiten, grob bearbeiten ‖ ~ (geral) / schruppen ‖ ~ / streckwalzen, vorwalzen ‖ ~ (siderurg.) / abschopfen ‖ ~ (carpint.) / dechseln ‖ ~ (máq. ferram.) / ausnehmen, Werkstoff entfernen, an einer Stelle dünner machen, vorarbeiten ‖ ~ (lamin.) / vorstrecken ‖ ~ (silvicult.) / durchforsten, einschlagen ‖ ~ **ao torno** / vordrehen
desbaste *m* (silvicult.) / Einschlag *m*, Durchforstung *f* ‖ ~ (espelho) / Rohschleifen *n* ‖ ~ (metalografia) / Grobschliff *m* ‖ ~ **pelo baixo** (silvicult.) / Niederdurchforstung *f* ‖ ~ **plano** (siderurg.) / Bramme *f*
desbloqueado (técn. ferrov.) / frei
desbloqueador *m* **de linho** / Flachsvorhechler *m*
desbloqueamento *m* / Freigabe *f*, Entblockung *f*
desbloquear / entriegeln ‖ ~ (técn. ferrov.) / entblocken ‖ ~ (máq., tecnol.) / entarretieren, die Arretierung lösen ‖ ~ / freigeben
desbobinar / abspulen, abhaspeln, abrollen *vt vi*, loswickeln
desborrador *m* **manual** / Handputzkarde *f*
desbotado / verschossen
desbotamento, à prova de ~ / lichtecht
desbotar / verschießen, anbluten, abfärben, ausbleichen *vi*, verblassen ‖ ~ (tinturaria) / ausbluten ‖ ~ / verfärben, schießen, abschmutzen
desbravar / für Landwirtschaft erschließen
desbromar (química) / entbromen
desbutanizador *m* / Entbutaner *m*
descair / abrutschen ‖ ~ **do rumo** / abkommen (vom Kurs)
descalcificação *f* **da água** / Wasserenthärtung *f*
descalcificante *m* (química) / Entkalkungsmittel *n*
descalcificar / entkalken, enthärten
descamação *f* / Abschuppung *f*
descansa-pé *m* (motociclo) / Fußrast[e] *f*
descansar / aufsitzen, ruhen
descanso *m* **do poço** (expl. minas) / Schachtbühne *f*
descapotado (autom.) / offen, ohne Verdeck
descarbonar, descarbonatar / Kohlensäure entziehen, entkarbonisieren
descarbonização *f* (siderurg.) / Entkohlen *n*, Entkohlung *f* von Roheisen
descarbonizar (siderurg.) / dekarbonisieren, entkohlen ‖ ~ (fundição) / dekarburieren
descarburação *f* / Kohlenstoffentziehung *f* ‖ ~ (siderurg.) / Frischen *n*
descarburar (siderurg.) / reduzieren, frischen
descarga *f* / Ausladen *n* ‖ ~ (electr.) / Entladung *f* ‖ ~ (hidrául.) / Ablauf *m*, Ausfluß *m* ‖ ~ (electr.) / Überschlag *m* ‖ ~ (navios) / Löschen *n* ‖ ~, purga *f* / Ablaß *m*, Entleerung *f* ‖ ~ (informática) / Abzug *m* ‖ **de** ~ / Entladungs... ‖ ~ **a alta intensidade** / Starkstromentladung *f* ‖ ~ *m* **atmosférica** / atmosphärische Entladung ‖ ~ *f* **da memória** (informática) / Speicherabzug *m* ‖ ~ **de alta intensidade** / Stoßentladung *f* ‖ ~ **de centelhas** / Funkenüberschlag *m* ‖ ~ **de electrões ou elétrons** / Elektronenentladung *f* ‖ ~ **de fundo** (hidrául.) / Grundablaß *m* ‖ ~ **de gás** (electr.) / Gasentladung *f* ‖ ~ **disruptiva** / Durchschlag *m* einer Entladungsstrecke ‖ ~ **do arco [voltaico]** / Lichtbogenentladung *f* ‖ ~ **do raio** / Blitzentladung *f* ‖ ~ **eléctrica** / elektrische Entladung ‖ ~ **em arco** (electr.) / Bogenentladung *f* ‖ ~ **em corona** (electr.) / Koronaentladung *f* (an Hochspann. Leitungen) ‖ ~ **estratificada** (electr.) / Streifenentladung *f* ‖ ~ **expontânea** / Selbstentladung *f* ‖ ~ **gradual** / allmähliche Entladung ‖ ~ **indirecta de raio** / induzierender Blitzschlag ‖ ~ **luminosa** / Glimmentladung *f*, Lichtbüschel *n* ‖ ~ **luminosa de um condutor com carga muito elevada** / Büschelentladung *f* ‖ ~ **oscilante** (electrón.) / Schwingentladung *f* ‖ ~ **pela ponta** (electr.) / Spitzenentladung *f* ‖ ~ **pelo fundo** / Bodenentleerung *f* ‖ ~ **permanente** (electr.) / Dauerentladung *f* ‖ ~ **secundária** (semicondut.) / Sekundärdurchbruch *m* ‖ ~ **sem eléctrodos** / Ringentladung *f*, elektrodenlose Entladung
descarnar (couro) / entfleischen ‖ ~ (encadernação) / abschärfen
descaroçador *m* / Auskernmaschine *f* ‖ ~ **de algodão** / Baumwollentkörnungsmaschine *f*
descaroçadora *f* (agricult.) / Löchtemaschine *f*
descaroçamento *m* **do linho** / Flachsentsamung *f*
descaroçar / entkörnen, auskernen, enthülsen, entkernen ‖ ~ **o algodão** / egrenieren
descarregado (autom.) / unbelastet
descarregador *m* / Ablader *m*, Entlader *m*, Auslader *m* ‖ ~ (electr.) / Funkenstrecke *f*, Überspannungsableiter *m* ‖ ~ / Ladearbeiter *m* ‖ ~ **de disco** / Scheibenfunkenstrecke *f* ‖ ~ **de eléctrodos rotativos** / Abreißfunkenstrecke *f* ‖ ~ **dentado de disco** / Scheibenfunkenstrecke *f* mit Zähnen ‖ ~ **incompleto** (hidrául.) / Grundwehr *n*
descarregadouro *m* / Abladeplatz *m*
descarregamento *m* / Ausladen *n*
descarregar / abladen, ausladen, entladen, entleeren ‖ ~ (agricult.) / abwerfen ‖ ~ (navios) / löschen ‖ ~ (bomba) / eine bestimmte Wassermenge liefern ‖ ~ (seda) / entschweren
descarrilamento *m* (técn. ferrov.) / Entgleisung *f*, Entgleisen *n*
descarrilar (técn. ferrov.) / entgleisen *vi*
descascador *m* **de cabos** (electr.) / Abisolierer *m*
descascamento *m* (tintas) / Abschälen *n*
descascar / enthülsen, schälen, abschälen, abrinden
descendente *adj* / absteigend, fallend ‖ ~ *m* **radioactivo** (técn. nucl.) / Folgenuklid *n*
descentrado / verrutscht, exzentrisch ‖ ~ (torno) / unrund
descentragem *f* / Unrundheit *f*
descentrar-se / verlaufen
descer (geral) / abwärtsgehen, abwärtsfahren ‖ ~ (expl. minas) / einfördern ‖ ~ (termómetro) / fallen, sinken ‖ ~ (siderurg.) / niedersinken ‖ ~ **ao poço** (expl. minas) / einfahren *vi*
descida *f* / Abstieg *m* ‖ ~ / Senken *n* ‖ ~ (aeronáut.) / Sinkflug *m* ‖ ~ **à mina** (expl. minas) / Einfahrt, Grubenfahrt *f* ‖ ~ **da carga** (siderurg.) / Niedersinken *n* der Gicht, Absinken *n*, Ofengang *m* ‖ ~ **da correia** / Ablaufen *n* des Riemens ‖ ~ **irregular das cargas** (siderurg.) / Rücken *n* der Gichten ‖ ~ **por cabo** (expl. minas) / Seilfahrt *f*
descimbrar (constr. civil) / ausschalen, Schalung entfernen
descoberto / frei, aufgedeckt ‖ **a** ~ / übertagig, Übertage..., freiliegend
descobrir / freilegen ‖ ~ (expl. minas) / fündig werden ‖ ~ **por meio de escavação** (expl. minas) / erschürfen ‖ ~ **por perfuração** (expl. minas) / erbohren ‖ ~ **por sondagem** (expl. minas) / erteufen
descodificação *f* (informática) / Entkodung *f*
descodificador *m* (informática) / Entkoder *m* ‖ ~ **comum** (radar) / Gemeinschaftsdecoder *m*

descofrar (constr. civil) / ausschalen, Schalung entfernen
descolagem *f* / Start *m*, Abflug *m* ‖ ~ **assistida por foguete** (aeronáut.) / Raketenstart *m* ‖ ~ **defeituosa** (aeronáut.) / Fehlstart *m* ‖ ~ **e aterragem silenciosas** / QTOL ‖ ~ **interlaminar** / Delaminierung *f*
descolamento *m* **das lonas** (autom.) / Lagenlösung *f*
descolar (aeronáut.) / starten, abfliegen, starten ‖ ~ / losleimen *vt* ‖ ~**[-se]** / losgehen, aus dem Leim gehen
descoloração *f* / Farblosigkeit *f* (Zustand der Entfärbung), Entfärben *n*, Entfärbung *f*, Ausbleichen *n*, Bleichen
descolorar (têxtil) / abziehen, entfärben
descompactar (informática) / entpaketieren, entpacken
descompressão *f* (máq., tecnol.) / Dekompression *f*, Kompressionsverminderung *f*, Druckverminderung *f*
descomprimir / dekomprimieren
desconectado (electr.) / ausgeschaltet, „aus"
desconectar / abhängen, trennen, ausrücken ‖ ~ (electr.) / abschalten, ausschalten ‖ ~ (telecom.) / trennen, unterbrechen
desconexão *f* (electr.) / Abschaltung *f*, Ausschalten *n*, Abschalten *n* ‖ ~ (telecom.) / Abschaltung *f*, Trennung *f*, Unterbrechung *f* ‖ ~ **à distância** / Fernabschaltung *f* ‖ ~ **por excesso de intensidade e mínima de tensão** (electr.) / Überstrom-Nullspannungsauslösung *f*
descongelador *m* / Entfroster *m*, Enteiser *m*
descongelar / enteisen, entfrosten, auftauen
descontaminação *f* / Dekontaminierung *f* ‖ ~ (técn. nucl.) / Entseuchung *f*
descontaminar / [Gase] entgiften, dekontaminieren ‖ ~ (técn. nucl.) / entseuchen
descontinuidade *f* (matem.) / Sprunghaftigkeit *f* ‖ ~ (física) / Diskontinuität, Unstetigkeit *f* ‖ ~ **de absorção** / Absorptionssprung *m*
descontínuo / diskontinuierlich ‖ ~ / absatzweise, intermittierend, unstetig, aussetzend ‖ ~ (matem.) / sprunghaft ‖ ~ (siderurg.) / satzweise [arbeitend]
descorado / gebleicht
descorante / bleichend
descortiçar / entrinden, schälen, abschälen, abrinden, entholzen ‖ ~ **árvores** / Bäume schälen
descoser, descosturar / auftrennen, lostrennen
descravar / abnieten ‖ ~ **rebites** / Niete herausschlagen, entnieten
descrever / beschreiben ‖ ~ (geom) / darstellen ‖ ~ **um círculo** / einen Kreis schlagen, einen Kreisbogen beschreiben ‖ ~ **uma curva** / eine Kurve fahren
descrição *f* / Beschreibung *f* ‖ ~ **da tarefa** (org. industr.) / Arbeitsbeschreibung *f* ‖ ~ **de bloco** (informática) / Datenerklärung *f* ‖ ~ **funcional** / Funktionsbeschreibung *f*
descritivo / beschreibend
descritor *m* (informática) / Deskriptor *m*
desdobar / abrollen *vt vi*, abwickeln, abhaspeln, abspulen
desdobramento *m* **de banda** (rádio) / Bandspreizung *f*
desdobrar / auseinanderfalten, zurückklappen
desemaranhar / entwirren
desembalar / auspacken
desembaraçador *m* / Abstreifer *m*
desembarcadouro *m* / Landeplatz *m*
desembocadura *f* (hidrául., constr. rodov.) / Einmündung *f*
desembocar (constr. rodov.) / einmünden
desembraiado, desembreado / ausgerückt
desembraiagem *f*, desembreagem *f* / Ausschalten *n*, Entkuppeln *n* ‖ **fazer a ~ dupla**, fazer a desembreagem dupla / Zwischengas geben
desembraiar / ausschalten, ausrücken, auskuppeln, loskuppeln
desempeno *m* (torno) / Planscheibe *f*
desempoeiramento *m* **primário** / Grobentstaubung *f*
desempoeirar / ausstäuben
desemulsibilidade *f* / Demulgierbarkeit *f*
desemulsificação *f* / Demulgierung *f*
desemulsificar / demulgieren
desenchavetar / den Keil losschlagen, loskeilen
desencrespar / entkräuseln
desencruar (têxtil) / beuchen
desenferrujante *m* / Entrostungsmittel *n*
desenferrujar / entrosten, vom Rost befreien
desenganchar / abhaken, loshaken
desengatar / ausrücken, entkuppeln, auslösen ‖ ~ (técn. ferrov.) / abkuppeln ‖ ~ (mola) / ausschnappen
desengatável (máq., tecnol.) / ausschaltbar
desengate *m* (telecom., máq., tecnol.) / Auslösung *f* ‖ **de ~ automático** / selbstausschaltend ‖ ~ **automático** / Selbstauslösung *f*, -trennung *f*
desengomagem *f* / Entschlichten *n*
desengomar / entschlichten
desengorduração *f* **da lã** / Wollentschweißung, Wollwäsche *f*, -reinigung *f*
desengorduramento *m* / Entfetten *n*
desengordurante / fettdispergierend
desengordurar / entfetten, von Fett o. Schmiere reinigen
desengraxador *m* **de vapor** / Abdampfentöler *m*
desenhador *m* / Zeichner *m* ‖ ~**-projectista** *m* / Entwurfzeichner *m*
desenhar / aufzeichnen, zeichnen ‖ ~, projectar (máq., tecnol.) / entwickeln, entwerfen ‖ ~ (têxtil) / dessinieren ‖ ~ (desenho industr.) / abzeichnen
desenhista *m* / Zeichner *m* ‖ ~**-projetista** *m* / Entwurfzeichner *m*
desenho *m* / Zeichnung *f*, Riß *m* ‖ ~ (tecel.) / Dessin *n* ‖ **com ~s** (tecel.) / gemustert ‖ **de bom ~ funcional** / formtechnisch richtig ‖ ~ **à mão livre** / Freihandzeichnung *f*, Handzeichnung *f* ‖ ~ **cotado** / Maßzeichnung *f* ‖ ~ **das linhas** / Linienriß *m* ‖ ~ **de construção** (constr. civil) / Bauzeichnung *f* ‖ ~ **de estudo** / Skizze, Entwurfszeichnung *f* ‖ ~ **de execução** / Fertigungszeichnung *f*, Werkstattzeichnung *f* ‖ ~ **de instalação** (constr. civil) / Anlageplan *m* ‖ ~ **de montagem** / Zusammenbauzeichnung, Montagezeichnung *f* ‖ ~ **de oficina** / Fertigungszeichnung *f*, Werkstattzeichnung *f* ‖ ~ **de projecto** / Skizze, Entwurfszeichnung *f* ‖ ~ **detalhado** / Teilzeichnung *f* (in größerem Maßstab), Ausführungszeichnung *f* ‖ ~ **em detalhe** / Detailzeichnung *f*, Einzelteilzeichnung *f*, Stückzeichnung *f* ‖ ~ **em espinha de peixe** / Fischgrätenmuster *n* ‖ ~ **estrutural** / Baukonstruktion *f*, bauliche Durcharbeitung ‖ ~ **industrial** / Formgestaltung *f*, Design *n*, Industrieform *f*, Formgebung *f* ‖ ~ **linear** / Strichzeichnung *f* ‖ ~ **para estampagem** / Stoffdruckmuster *n* ‖ ~ **passado à tinta** / ausgezogene Zeichnung
desenlodar / ausschlämmen, vom Schlamm reinigen
desenrolador *m* (electr.) / Drahthaspel *m f*
desenrolamento *m* / Abwicklung *f*
desenrolar / abhaspeln, aufwickeln, abwickeln, abrollen *vt vi*, abspulen, loswickeln
desenterrar / ausgraben
desentivar (expl. minas) / rauben, entzimmern
desentulhar / Schutt räumen
desenvolver (geral) / entwickeln ‖ ~ (matem.) / abwickeln, entwickeln ‖ ~ **uma equação** (matem.) / eine Gleichung entwickeln
desenvolvido / fortgeschritten

desenvolvimento *m* (geral) / Entwicklung *f* ‖ ~ (matem.) / Abwicklung *f* einer krummen Fläche, Entwicklung (z.B. einer Reihe) ‖ ~ **em série de Fourier** / Fourier-Entwicklung *f* ‖ ~ **primário** / Erstentwicklung *f*
desenvolvível (matem.) / abwickelbar
desequilibrado (geral) / aus dem Gleichgewicht, exzentrisch ‖ ~ (electr., telecom.) / einseitig [belastet] ‖ ~ (roda) / nicht ausgewuchtet, unwuchtig
desequilíbrio *m* / Exzentrizität, Unwucht *f* ‖ ~ **em relação à terra** (electrón.) / Erdunsymmetrie *f*
desestanhar / entzinnen
desetanizador *m* / Entethaner *m*
desexcitar (electr.) / aberregen
desfasado (electr.) / phasenverschoben
desfasagem *f* (electr.) / Phasenverschiebung *f*, Verschiebung *f* der Phasen
desfasar (electr.) / verschieben
desfazer·-se / auseinanderfallen ‖ ~ **uma composição** (artes gráf.) / aufschließen
desfeltrar / entfilzen
desfenolização *f* / Entphenolung *f*
desferrização *f* **da água** / Wasserenteisenung *f*
desfiar / auszupfen ‖ **~-se** / ausfransen ‖ ~ **em excesso** (papel) / totmahlen
desfibrador *m* / Defibrator *m* ‖ ~ (papel) / Holzschleifer *m*, Zerfaserer *m*, Holzschleifmaschine *f* ‖ ~ (açúcar) / Entfaserer *m*
desfibrar / abfasern *vi* ‖ ~ (papel) / schleifen ‖ ~ (açúcar) / entfasern
desflorestado / abgeholzt
desflorestar / abholzen
desfocado / nicht im Brennpunkt, unscharf
desfocagem *f* (tv) / Unschärfe *f*
desfocar / defokussieren
desfolhação *f* (açúcar) / Abblatten *n*
desfosforização *f* / Entphosphorung *f*
desgasificação *f* / Entgasung *f*, Entgasen *n*
desgasificado / entgast, entgasend, ventiliert
desgasificador *m* / Entgaser *m*
desgasificar / entgasen
desgastar / abnutzen, abnützen, abtreten, ablaufen ‖ ~ (constr. rodov.) / ausfahren *vt*, zerfurchen ‖ **~-se** / verschleißen, sich abnutzen, [sich] auslaufen ‖ ~ **por abrasão** / abreiben, abscheuern *vt* ‖ ~ **por atrito** / scheuern *vi* ‖ ~ **por fricção** / durchreiben ‖ ~ **por muito uso** / abgreifen
desgaste *m* / Abnutzung, Abnützung *f*, Verschleiß *m* durch Reibung, Abrieb *m*, Verschleiß *m* ‖ ~ **dos contactos** / Kontaktabbrand *m* ‖ ~ **dos eléctrodos** / Elektrodenabbrand *m*
desgomar / degummieren, entbasten
desidratação *f* / Wasserentziehung *f*, Dehydratisierung *f*, Wasserabspaltung *f* ‖ ~ **do óleo** / Öltrockung *f*, Ölentwässerung *f*
desidratante / wasserentziehend
desidratar (química) / entwässern, dehydratisieren ‖ ~ / dörren, Feuchtigkeit entziehen, dehydratisieren
desidrogenação *f* / Dehydrierung *f*, Entziehung *f* von Wasserstoff
desidrogenar / dehydrieren
desidrohalogenação *f* / Halogenwasserstoffabspaltung *f*
design *m* / Design *n*, Formgestaltung *f*
designação *f* / Benennung *f*, Bestimmung *f* ‖ ~ **de funções** / Funktionsbegriff *m*
designador *m* **de funções** (informática) / Funktionsbezeichner *m*
designar / bezeichnen, benennen
desigual / uneben
desigualdade *f* / Unebenheit, Ungleichheit *f* ‖ ~ **de Schwarz** (matem.) / Bunjakowskische Ungleichung
desinfecção *f* / Desinfektion *f*, Entseuchung *f*, Entkeimung *f*
desinfeccionar / desinfizieren
desinfectador *m* / Desinfektionsapparat *m*
desinfectante *m* / Desinfektionsmittel *n* ‖ ~ **para sementes** (agricult.) / Saat-Beizmittel *n*
desinfectar / entseuchen, desinfizieren ‖ ~ **as sementes por via (h)úmida** (agricult.) / naßbeizen
desinfestação *f* / Entwesung *f*, Entlausung *f*
desintegração *f* / Auflösung *f*, Zersetzung *f*, Zerfall *m* ‖ ~ (técn. nucl.) / Zerfall *m* ‖ ~ (química) / Aufschluß *m*, Aufschließung *f* ‖ ~ **alfa** (técn. nucl.) / Alpha-Zerfall *m* ‖ ~ **atómica** / Atomzerfall *m* ‖ ~ **beta** / Betazerfall *m*, Elektronenzerfall *m* ‖ ~ **beta dupla** (técn. nucl.) / doppelter Betazerfall ‖ ~ **de raios** / Strahlenzerfall *m* ‖ ~ **do campo** / Feldzerfall *m* ‖ ~ **em cadeia** (técn. nucl.) / Kettenzerfall *m* ‖ ~ **gama** / Gammazerfall *m* ‖ ~ **múltipla** (técn. nucl.) / Vielfachzerfall *m* ‖ ~ **nuclear** / Kernzerfall *m*
desintegrador *m* / Desintegrator *m*, Schleudermühle *f*
desintegrar / auflösen, aufschließen ‖ **~-se** / sich auflösen, sich zersetzen ‖ **~-se** (aço) / ausbröckeln ‖ **~-se** (técn. nucl.) / zerfallen
desintoxicação *f* / Entgiftung *f*
desintoxicar / entgiften
desionizar / entionisieren, deionisieren
deslavar (tinturaria) / verwaschen, zu sehr schwächen
desligado (electr.) / ausgeschaltet, „aus"
desligamento *m* / Abschalten *n*
desligar (electr.) / abschalten, ausschalten
deslixiviar / entlaugen
deslizamento *m* (constr. naval) / Slip *m*, Aufschleppe *f* ‖ ~ **longitudinal de cadeias de moléculas** (química) / Längsgleiten *n* von Kettenmolekülen
deslizante / gleitend
deslizar / abgleiten, abrutschen, gleiten, ausgleiten
deslize *m* / Schlupf *m* ‖ **de** ~ / Schiebe..., Schub...
deslocação *f* (geol) / Lagerungsstörung *f* ‖ ~ **de adsorção** / Adsorptionsverdrängung *f* ‖ ~ **de ar** / Luftverdrängung *f*
deslocamento *m* (geral) / Verlagerung *f*, Verschiebung *f* ‖ ~ (geol) / Verwerfung *f* ‖ ~ (informática) / Schift *m*, Verschiebung *f* ‖ ~ (mot.) / Verdrängung *f* ‖ ~ (expl. minas) / Störung *f*, Verwerfung *f* des Flözes ‖ ~ (óptica) / Bildverdrängung *f* ‖ ~ (constr. naval) / Verdrängung *f* ‖ ~ **aritmético** (informática) / Stellenverschiebung *f* ‖ ~ **atómico** / Atomverschiebung *f* ‖ ~ **cristalino** / Kristall-Dislokation *f* ‖ ~ **da disposição do fio** (têxtil) / Abrutschen *n* (Fäden von der Spule) ‖ ~ **das centelhas** (autom.) / Funkenversetzung *f* ‖ ~ **das escovas** (electr.) / Bürstenverschiebung *f* ‖ ~ **de ar** / Luftverdrängung *f* ‖ ~ **de corrente** / Stromverdrängung *f*, Skin-Effekt *m* ‖ ~ **de electrões ou elétrons** / Elektronenverschiebung *f* ‖ ~ **de linha** (espectro) / Linienverschiebung *f* ‖ ~ **do êmbolo** / Kolbenverdrängung *f* ‖ ~ **do petróleo** / Entölung *f* von Lagerstätten ‖ ~ **Einstein** (astron.) / Einsteinverschiebung *f* ‖ ~ **helicoidal** (cristalogrf.) / Schraubenversetzung *f* ‖ ~ **independente** (máq. ferram.) / Einzelverstellung *f* ‖ ~ **isotópico** / Isotopieverschiebung *f* ‖ ~ **lateral** / Seitenverschiebung *f*, -verstellung *f*, seitliche Verschiebung, Versatz *m* ‖ ~ **lento** / Feinbewegung *f* ‖ ~ **lógico** (informática) / binäres Verschieben ‖ ~ **longitudinal** / Längsverschiebung *f* ‖ ~ **manual** (máq. ferram.) / Handverstellung *f* ‖ ~ **mecânico** (máq. ferram.) / Kraftverstellung *f*, maschinelle Verstellung ‖ ~ **por combustão** (petróleo) / Feuerfluten *n* (Sekundärgewinnung) ‖ ~ **rápido** (máq. ferram.) /

Schnellverstellung *f* ‖ ~ **transversal** / Querverschiebung *f* ‖ ~ **transversal** (máq. ferram.) / Planbewegung *f*, -gang *m* ‖ ~ **vertical** (máq. ferram.) / Höhenverstellung *f*, Höhenbewegung *f* ‖ ~ **volumétrico** / Fördervolumen *n*
deslocar (geral) / verschieben, versetzen ‖ ~ / fortbewegen, verschieben, versetzen ‖ ~ (informática) / schiften, verschieben ‖ ~ (constr. naval) / verdrängen ‖ **~-se** (geol) / sich verwerfen ‖ **~-se** / wandern, sich verschieben o. verstellen
deslocável / verschiebbar, verstellbar
deslodar / entschlammen
deslustrado (metal, vidro) / blind, trübe
deslustrar / entglänzen
desmagnetização *f* / Entmagnetisierung *f*
desmagnetizar / entmagnetisieren
desmalhar / Maschen auflösen oder aufziehen
desmalhe *m* (tecel.) / Abhäkeln *n*
desmanganização *f* / Entmanganung *f*
desmantelar (constr. naval) / abwracken
desmatar (silvicult.) / lichten
desmaterialização *f* / Zerstrahlung *f* ‖ ~ (técn. nucl.) / Dematerialisation *f*
desmembrador *m* / Desintegrator, Dismembrator *m*
desmetilação *f* / Entmethylierung *f*
desmina *f* (mineralog.) / Stilbit *m*, Desmin *m*
desmineralização *f* / Demineralisation *f*
desmodulação *f* / Demodulation *f*, Entmodulation *f* ‖ ~ **da modulação de frequência** / FM-Demodulation *f* ‖ ~ **de flancos** (electrón.) / Flankengleichrichtung *f*
desmodulador *m* (telecom., electrón.) / Demodulator *m* ‖ ~ (informática) / Empfänger-Signalumsetzer *m* ‖ ~ (rádio) / Detektor *m* ‖ ~ **de crominância** (tv) / Farbdemodulator *m* ‖ ~ **de fase** / Phasengleichrichter *m* ‖ ~ **de imagem** (tv) / Bilddemodulator *m* ‖ ~ **simétrico** / Gegentakt-Demodulator, Travis-Detektor *m*
desmodular (electrón.) / demodulieren, gleichrichten
desmontado / auseinander, in Teile zerlegt
desmontagem *f* (máq., tecnol.) / Abbau *m*, Zerlegung, Demontage *f*
desmontar / demontieren, abbauen ‖ ~ (máq., tecnol.) / abmontieren, auseinandernehmen, zerlegen ‖ ~ (constr. civil) / abbauen, demontieren ‖ ~ (ferram.) / abspannen ‖ ~ (expl. minas) / aufdecken, erschürfen ‖ ~ **a caixa** / den Formkasten abheben ‖ ~ **os andaimes** / ausrüsten, Gerüste abschlagen ‖ ~ **para utilização posterior** / ausschlachten
desmontável / auswechselbar, demontierbar, abnehmbar ‖ ~ (máq., tecnol.) / zerlegbar
desmonte *m* (expl. minas) / Verhau *m*, Verhieb *m*, Abbau *m* ‖ ~ **por meio de explosivos** (expl. minas) / Sprengarbeit *f*, Sprengen *n*
desmoronamento *m* (constr. civil) / Zusammensturz *m*, Einsturz *m*
desmoronar / zusammenstürzen, einstürzen ‖ **~-se** (expl. minas) / hereinbrechen, -kommen
desmotropia *f* (química) / Desmotropie *f* (Sonderfall der Tautomerie)
desmultiplicação *f* (transmissão) / Untersetzung *f* ‖ ~ **de frequência** / Frequenzuntersetzung *f*
desmultiplicador *m* **de redução dupla** / doppeltes Untersetzungsgetriebe
desmultiplicar / ins Langsame übersetzen, untersetzen
desnatadeira *f* **centrífuga** / Milchschleuder *f*, -zentrifuge *f*
desnatar / entrahmen, abrahmen
desnaturação *f* (química, técn. nucl.) / Denaturierung *f*
desnaturante *m* / Denaturierungsmittel *n* ‖ ~ (química) / Vergällungsmittel *n* ‖ ~ (técn. nucl.) / Denaturant *m* (Bremsmittel gegen Verwendung in Nuklearwaffen)
desnaturar (álcool, víveres) / denaturieren, vergällen ‖ ~ **material físsil** (técn. nucl.) / denaturieren, unspaltbar machen
desniquelar (galvanoplast.) / entnickeln
desnitrificação *f* (agricult.) / Denitrifikation *f*
desnitrificante *m* / Denitrifikant *m*
desnitrificar / denitrieren
desníveis *m pl* **do terreno** (agrimen.) / Geländehöhenunterschiede *m pl*
desnível *m* / Höhenunterschied *m* ‖ ~ **da comporta** / Schleusenfallhöhe *f* ‖ ~ **da eclusa**, desnível *m* da esclusa / Schleusenfallhöhe *f* ‖ ~ **de um rio** / Gefälle *n* eines Flusses
desnivelado (constr. rodov.) / planfrei, nicht niveaugleich
desnudar (geol) / bloßlegen
desobstruir / wegräumen, -schaffen, leeren, ausräumen
desocupação *f* / Freiheit *f* (einer Funkstrecke)
desocupado (telecom.) / frei
desodorar / desodor[is]ieren, den Geruch entfernen
desodorização *f* (química) / Desodorisierung *f*
desodorizar / geruchlos machen, den Geruch entfernen, desodor[is]ieren
desoperar (relé) / abfallen
desoxicorticosterona *f* / Desoxycorticosteron *n*
desoxidação *f* (química) / Desoxydieren *n*, Desoxydierung *f*, Reduktion *f*, [teilweise] Entziehung des Sauerstoffes
desoxidador *m*, desoxidante *m* (siderurg.) / Desoxydator *m*
desoxidar, desoxigenar (química) / desoxydieren, reduzieren, Sauerstoff entziehen
desoxigenação *f* / Desoxydieren *n*, Desoxydierung *f*, Reduktion *f*, [teilweise] Entziehung des Sauerstoffes
despacho *m* **de mercadorias** (técn. ferrov.) / Güterabfertigung *f*
despaletizar / entpalleti[si]eren
desparafinar / entparaffinieren
desparasitado / funkentstört
desparasitagem *f* / Funkentstörung *f*
desparasitar / entstören
despedaçar / zerstückeln, [in] Stücke schneiden
despejar / leeren, ausschütten ‖ ~ / entleeren ‖ ~, vazar (fundição) / ausleeren
despejo *m* / Entleerung *f* ‖ ~ (constr. civil) / Abstellraum *m*, -kammer *f*
despejos *m pl* **industriais** / Industriemüll *m*
despenhar-se (aeronáut.) / zerschellen, abstürzen
despensa *f* (constr. civil) / Vorratskammer *f*, Speisekammer *f*
desperdício *m* **de algodão** / Baumwollabfall *m* ‖ ~ **de algodão para limpeza** / baumwollene Putzwolle ‖ ~ **de energia** / Energieverschwendung, -vergeudung *f* ‖ ~ **de linho** / Flachsabfall *m*
desperdícios *m pl* (geral) / Abfall *m* ‖ ~ (siderurg.) / Abbrand *m* ‖ ~ (cortumes) / Aas *n* ‖ ~ (carpint.) / Abschnitt *m*, Abfall *m*, Verschnitt *m* ‖ ~ **de algodão** / Abfallbaumwolle *f* ‖ ~ **de borracha** / Abfallgummi *m* ‖ ~ **de chapa** (máq., tecnol.) / Blechschrott *m*, Blechabfall *m* ‖ ~ **de chumbo** / Bleiabfälle *m pl* ‖ ~ **de madeira** / Abfallholz *n*, Holzabfälle *m pl* ‖ ~ **de minério** (expl. minas) / Haldenabfall *m* ‖ ~ **de seda** / Florettseide *f*, -masse *f*, -material *n* ‖ ~ **medidos** (técn. nucl.) / gemessener Ausschuß ‖ ~ **[de algodão] para limpeza** / Putzwolle *f* ‖ ~ **sólidos** (técn. nucl.) / Feststoff *m*
despertador *m* / Wecker *m*, Weck[er]uhr *f*
despolarização *f* / Depolarisation *f*
despolarizador *m* / Depolarisator *m*
despolarizar / depolarisieren, die Polarisierung aufheben

despolimerização *f* / Depolymerisation *f*
despolimerizar / depolymerisieren
despolir (vidro) / mattieren, matt schleifen
despolpar (açúcar) / entpülpen
despontar (siderurg.) / abschopfen
despratear / entsilbern
despregar / losnageln
desprender / losbrechen, lostrennen, aushaken, abhaken ‖ ~-**se** / losgehen, sich ablösen, ausbrechen, abspringen ‖ ~-**se do punho** / vom Heft losgehen ‖ ~ **pó** / stauben *vi*
desprendimento *m* **da armadura do relé** / Abhebung *f* des Ankers ‖ ~ **de gás** (vácuo) / Gasabgabe *f* ‖ ~ **de gás** (siderurg.) / Gasen, Ausgasen *n* ‖ ~ **de terras** (geol) / Erdrutsch *m*
despressurizar (aeronáut.) / auf Außendruck bringen
despropanizador *m* / Entpropaner *m*
desproporção *f* / Mißverhältnis *n*
despupinizado (telecom.) / entspult, entpupinisiert
dessalinização *f* **da água salgada** / Meerwasserentsalzung *f*
dessalinizar / entsalzen
dessecação *f* / Trocknen *n*, Austrocknung *f* ‖ ~ **de alcatrão** / Entwässerung von Teer
dessecador *m* (química) / Exsikkator *m* ‖ ~ **de ar** / Feuchtlufttrockner *m* ‖ ~ **de gás** / Gastrocknungsmittel *n*
dessecante / trocknend, austrocknend
dessecar / austrocknen *vt*, trocknen, austrocknen, dörren ‖ ~ **o alcatrâo** / Teer entwässern ‖ ~ **por prensagem** (papel) / trockenpressen
dessensibilização *f* (técn. fotogr.) / Desensibilisierung *f*
dessensibilizar (técn. fotogr.) / desensibilisieren, lichtunempfindlich machen
dessilificar (siderurg.) / entsilizieren
dessimetria *f* / Asymmetrie *f*
dessimétrico / asymmetrisch
dessintonização *f* (electrón.) / Frequenzwanderung *f*, Verstimmung *f* ‖ ~ **parcial** (electrón.) / Feinverstimmung *f*
dessintonizado (electrón.) / verstimmt
dessintonizar (electrón.) / verstimmen
dessoldar (electrón.) / ablöten, aus der Lötung gehen, abschweißen, auslöten, loslöten
dessulfurar (química) / entschwefeln, den Schwefel entziehen
destabilizador *m* (plást.) / Destabilisator *m*
destacado / lose, abgesondert ‖ ~ (constr. civil) / alleinstehend, einzeln stehend, freistehend
destacar / lösen, abnehmen
destacável / lösbar
destapar / abdecken, freimachen
destecer / losweben
destilação *f* (química) / Destillation *f*, Destillierung *f*, Destillieren *n* ‖ ~ (aguardente) / Brennen *n* ‖ **de** ~ **directa** / Destillations..., Straight-Run... ‖ **de** ~ **fraccionada** (química) / Krack... ‖ **de** ~ **primária** / getoppt, leicht destilliert ‖ ~ **a vapor** / Dampfdestillation *f* ‖ ~ **ascendente** / aufsteigende o. gerade Destillation ‖ ~ **de alcatrão de petróleo** / Petroleumteerdestillation *f* ‖ ~ **de cereais** / Getreidebrennerei, -destillation *f* ‖ ~ **descendente** / abwärtsgehende Destillation ‖ ~ **directa** / Straight-Run-Destillation *f* ‖ ~ **do petróleo** / Erdöldestillation *f* ‖ ~ **flash** / Kurzwegdestillation *f* (Destillation mit diskontinuierlichem Druckabfall), Flashdestillation *f* ‖ ~ **fraccionada** (química) / stufenweise Destillation, Spaltverfahren *n*, Spaltdestillation *f*, Crackingprozeß *m* ‖ ~ **hetero-azeotrópica** / Schlepperdestillation *f* ‖ ~ **lenta** / Schwelung *f*, Tieftemperaturverkokung *f* ‖ ~ **molecular** / Kurzwegdestillation, Molekulardestillation *f* ‖ ~ **no vácuo** / Vakuumdestillation *f* ‖ ~ **primária** (química) / Toppen *n*, leichte Destillation
destilado *m* / Destillat *n*, destilliert ‖ ~ **de cauda** / Nachlauf *m*
destilador *m* / Destillateur, Branntweinbrenner *m*, Destillierapparat *m* ‖ ~ **a vapor** / Dampfdestillator *m* ‖ ~ **de cadinho** (química) / Brennkolben *m*
destilar / destillieren, abziehen ‖ ~ (aguardente) / brennen ‖ ~ **a baixa temperatura** (alcatrão) / schwelen
destilaria *f* / Branntweinbrennerei *f*, Brennerei *f*, Spiritusbrennerei *f* ‖ ~ **de licores finos** / Spritbrennerei *f*
destingir (tinturaria) / ausbluten
destino *m* / Bestimmung *f*, Ziel *n*, Richtung *f* (Anzeige am Bahnsteig)
destramar / losweben
destravar / entriegeln
destreza *f* / Fingerfertigkeit *f*, Fertigkeit *f*
destroçar / zertrümmern
destroços *m pl* / Wrack *n*
destruição *f* / Zerstörung *f*, Vernichtung *f* ‖ ~ (química) / Abtöten *n* ‖ ~ **coesiva** / Kohäsionszerrüttung *f*
destruir / zerstören, vernichten ‖ ~ **a torção da fibra** (têxtil) / den Faden austordieren
destrutivo / zerstörend, vernichtend
desumidificar / entfeuchten
desvanecer (electr.) / abklingen
desvanecimento *m* (electrón.) / Schwund *m*, Schwinden *n*
desvão *m* / bewohnbare Dachkammer, Dachstube *f*, [Dach]boden *m*, Dachgeschoß *n*
desvatado / wattlos, Blindstrom...
desviabilidade *f* / Ablenkbarkeit *f*
desviador *m* **de cadeia** / Abstreifdaumen *m* (Kettenführung) ‖ ~ **de correias** / Riemenausrücker *m*
desviar (calor) / ableiten, -lenken ‖ ~ (técn. ferrov.) / ausweichen ‖ ~ (tráfego) / umleiten ‖ ~ (ponteiro) / ausschlagen *vi* ‖ ~-**se** (agulha magn.) / ausweichen
desvincar / entknittern
desvio *m* (geral) / Ablenkung *f* ‖ ~ (técn. ferrov.) / Zweiggleis *n*, Abstellgleis *n*, Seitengleis *n* ‖ ~ (constr. rodov.) / Umleitung *f* (Strecke) ‖ ~ (ponteiro) / Ausschlag *m* ‖ ~ (desenho industr.) / Maßabweichung *f*, Abmaß *n* ‖ ~ (física) / Abweichung *f* ‖ ~ (naveg.) / Deviation *f* (Fehlweisung infolge Eigenstörung) ‖ ~ (armamento) / Seitenabweichung *f* ‖ ~ (do wobulador) (electrón.) / Hub *m* (des Wobblers) ‖ ~ **da bússola** / Kompaßabweichung *f* ‖ ~ **de fase** (electrón.) / Phasenhub *m*, -abweichung *f*, -hub *m* ‖ ~ **de frequência** / Frequenzhub *m*, Frequenzauswanderung *f*, Frequenzabweichung *f*, Frequenzdrift *f*, Frequenzverschiebung *f* ‖ ~ **de oscilador** / Frequenzverlauf *m* der Oszillatorröhre ‖ ~ **de qualidade** / Qualitätsabweichung *f* ‖ ~ **do prumo** / Lotabweichung *f* ‖ ~ **em frequência** / Frequenzumtastung *f* ‖ ~ **horizontal** (tv) / Horizontalablenkung *f* ‖ ~ **intermediário** (técn. ferrov.) / Querverbindung *f* ‖ ~ **lateral** / seitliches Ausweichen (o. Nachgeben), Querabweichung *f* ‖ ~ **linear** / lineare Ablenkung ‖ ~ **magnético da agulha de marear** / mißweisende Kompaßrichtung ‖ ~ **máximo** (instr.) / Skalenendwert *m*, größter Ausschlag, Höchstausschlag *m* ‖ ~ **para a esquerda** / Linksablenkung *f* ‖ ~ **quadrantal** / Quadrantalausschlag *m* (des Kompasses) ‖ ~ **real** / Istabmaß *n* ‖ ~ **superior** / obere Abweichung
desvitrificar / entglasen

deszincificar / entzinken
detalhar / detaillieren
detalhe *m* **de uma imagem** (técn. fotogr.) / Bildfeinheit *f*
detalonar (torno) / hinterdrehen
detectar / ermitteln
detector *m* (geral) / Detektor *m*, Ortungsgerät *n*, Suchgerät *n*, Spürgerät *n* ‖ ~ **acústico** / Horchgerät *n* ‖ ~ **beta** / Betastrahlendetektor *m* ‖ ~ **de activação** (técn. nucl.) / Aktivierungsdetektor *m* ‖ ~ **de bancos de peixe** (constr. naval) / Fischlot *n*, -lupe *f*, Fischecholot *n* ‖ ~ **de corrente** / Leitungsprüfer *m* ‖ ~ **de cristal** (electrón.) / Kristalldetektor *m* ‖ ~ **de erros** / fehlererkennend ‖ ~ **de fios metálicos** (electrón.) / Drahtsuchgerät *n* ‖ ~ **de fumo**, detector *m* de fumaça / Rauchmelder *m* ‖ ~ **de galena** / Bleiglanzdetektor *m* ‖ ~ **de gás** / Gasspürer *m*, -spürgerät *n*, Gasprüfer *m* ‖ ~ **de gases** / Gasanzeiger, -detektor *m* ‖ ~ **de líquidos** (técn. nucl.) / Flüssigkeitszählrohr *n* ‖ ~ **de metais** / Metallsuchgerät *n* ‖ ~ **de ondas** (electrón.) / Wellenanzeiger *m*, -detektor *m* ‖ ~ **de oscilação eletrónica** / Bremsaudion *n* ‖ ~ **de ou a raios infravermelhos** / Infrarotdetektor *m* ‖ ~ **de óxido de carbono** / Kohlenoxidanzeiger *m* ‖ ~ **de partículas** (técn. nucl.) / Strahlenmeßgerät *n* ‖ ~ **de proximidade** (electr.) / berührungsloser Grenztaster ‖ ~ **do superheteródino** (rádio) / Demodulator *m* im Überlagerungsempfänger ‖ ~ **térmico** / Wärmemelder *m*
deter / aufhalten ‖ **~-se** / stoppen *vi*
detergente *m* / Reiniger *m*, Reinigungsmittel *n*, Waschmittel *n*, Detergens *n*, Putzmittel *n* ‖ ~ **em pó** / Waschpulver *n* ‖ ~ **industrial** / Industriereiniger *m* ‖ ~ **líquido** / flüssiges Waschmittel
detergentes *m pl* **cáusticos** / scharfe Reinigungsmittel
deterioração *f* / Verschlechterung *f* ‖ ~ **da emissão** / Emissionsrückgang *m* ‖ ~ **das fibras** / Faserabbau *m*
deteriorado (constr. civil) / baufällig
deteriorar-se / sich verschlechtern, schlecht werden
determinação *f* / Bestimmung *f*, Festsetzung *f*, Ermittlung *f* ‖ ~ (química) / Bestimmung *f*, Analyse *f* ‖ ~ **da acidez** / Säurebestimmung *f* ‖ ~ **da dureza** / Härtebestimmung *f* ‖ ~ **da (h)umidade** / Feuchtigkeitsbestimmung *f*, Naßprobe *f* ‖ ~ **da idade** / Altersbestimmung, Geochronologie *f* ‖ ~ **da órbita** / Bahnbestimmung *f* von Satelliten ‖ ~ **da posição** (naveg.) / Ortsbestimmung *f*, Ortung *f*, Standortbestimmung *f* ‖ ~ **da quantidade de gluma** / Spelzenbestimmung *f* ‖ ~ **da resistência** (electr.) / Widerstandsmessung *f* ‖ ~ **de tons** (tinturaria) / Einstellung *f* (von Tönen) ‖ ~ **de um ponto** / Punktbestimmung *f* ‖ ~ **do campo** (informática) / Feldbestimmung *f* ‖ ~ **do número de massa** (técn. nucl.) / Massenwertbestimmung *f*, -zahlbestimmung *f* ‖ ~ **do poder calorífico** / Heizwertbestimmung *f* ‖ ~ **do ponto crítico** (siderurg.) / Haltepunktbestimmung *f* ‖ ~ **do rendimento** / Wirkungsgradbestimmung *f* ‖ ~ **do teor em água** / Wasserbestimmung *f* (Öl) ‖ ~ **individual** (química) / Einzelbestimmung *f*, -nachweis *m* ‖ ~ **quantitativa** / Mengenbestimmung *f*
determinado segundo a forma / der Form nach bestimmt
determinante *f* **de eliminação** (matem.) / Eliminationsdeterminante *f* ‖ ~ **menor** (matem.) / Unterdeterminante *f*, Minor *f*
determinar / ermitteln, festsetzen, bestimmen ‖ ~ (química) / bestimmen, analysieren, untersuchen ‖ ~ **a (h)umidade** (têxtil) / konditionieren ‖ ~ **a posição** (naveg.) / den Standort bestimmen ‖ ~ **a posição por meio do radiogoniómetro** / funkpeilen ‖ ~ **quantitativamente** / mengenmäßig bestimmen
determinável (química) / bestimmbar
detonação *f* / Detonation *f*, Knall *m*, Explosion *f*, Schuß, Knall *m* ‖ ~ **do motor** / Klopfen *n* des Motors ‖ ~ **no carburador** (autom.) / Vergaserknallen *n*, -knaller *m*
detonador *m* (armamento) / Zünder *m* ‖ ~ / Sprengzünder *m* ‖ ~ (química) / Initialsprengstoff *m* ‖ ~ (expl. minas) / Initialzünder *m*, Detonator *m* ‖ ~ **antigrisu** (expl. minas) / Wetterzünder *m* ‖ ~ **de acção pouco retardada** (expl. minas) / Schnellzeitzünder *m* ‖ ~ **de aproximação** / Annäherungszünder *m* ‖ ~ **instantâneo** / Augenblickszünder *m*, Schnellzünder *m*
detonar / knallen, explodieren, zünden (Mine), detonieren ‖ ~ (mot.) / klopfen
detrição *f* (geol) / Abnutzung *f*, Abnutzen *n* ‖ ~ / Abrieb *m*, Verschleiß *m* durch Reibung
detrítico (geol) / detritisch
detrito *m*, impureza *f*, sujidade *f* / Schmutz *m* ‖ ~ (geol) / Detritus, Gesteinschutt *m*
detritos *m pl* **de crivação** / Durchfall *m* ‖ ~ **de erosão** (geol) / Erosionsprodukte *n pl*, -schutt *m* ‖ ~ **de lavagem do minério** (expl. minas) / Erzabgänge *m pl*
deutão *m*, dêuteron *m* (física) / Deuteron *n* (Deuteriumkern)
deuteranopia *f* / Grünblindheit *f*
deutério *m*, D / Deuterium *n*, D, schwerer Wasserstoff, ^{2}H
devoniano *m* / Devon *n*, Devonische Formation ‖ ~ *adj* / Devon..., devonisch
dextrina *f* / Dextrin *n*, -klebstoff *m*, Stärke[mehl]gummi *m* ‖ ~ **marginal** (química) / Grenzdextrin *n*
dextrogiro (química) / rechtsdrehend
dextrose *f* / Dextrose, Glukose *f*, Stärkezucker *m*, Traubenzucker *m*
dezena *f* (matem.) / Zehner *m*, -stelle *f*
dia *m* **solar** (astron.) / Sonnentag *m*
diábase *f* / Diabas *m*
diac *m* (electrón.) / Diac *n*, Zweirichtungsthyristordiode *f*, Zweiweg-Schaltdiode *f*
diácido (química) / zweisäurig
diáclase *f* (geol) / Ablösungsfläche *f* ‖ ~ **de estratificação** (geol) / Schichtkluft, -fuge *f*
diacústica *f* / Schallbrechungslehre *f*
díade *f* / Zweizahl *f*, Dyade *f*
diafaneidade *f* / Durchlässigkeit *f* (für Licht), Durchscheinen *n*, Transparenz *f*, Durchsichtigkeit *f*, Diaphanie *f*
diáfano / durchscheinend, lichtdurchlässig, diaphan, durchsichtig ‖ **ser** ~ / durchscheinen
diafonia *f* (telecom.) / Nebensprechen *n* ‖ ~ **entre canais** (telecom.) / Kanalnebensprechen *n* ‖ ~ **entre real e fantasma** (telecom.) / Mitsprechen *n* ‖ ~ **entre real e real** (telecom.) / Übersprechen *n* ‖ ~ **inintelegível** (telecom.) / unverständliches Nebensprechen ‖ ~ **inteligível** (telecom.) / verständliches Nebensprechen
diafragma *m* (geral) / Membran[e] *f* ‖ ~ / Federplatte *f*, Plattenventil *n* ‖ ~ (máq., tecnol.) / Diaphragma *n* ‖ ~ / Abschlußblende *f*, Blende *f* ‖ ~ (embraiagem) / Membranfeder *f* ‖ ~ **anódico** / Anodenblende *f* ‖ ~ **automático** (técn. fotogr.) / selbsteinstellende Blende ‖ ~ **cilíndrico** / Zylinderblende *f*, Walzenblende *f* ‖ ~ **circular** / Kreisblende *f* ‖ ~ **com sectores** / Sektorenblende *f* ‖ ~ **condensador da lâmpada** / Leuchtfeldblende *f* ‖ ~ **da ocular** / Okularblende *f* ‖ ~ **de abertura** / Aperturblende *f*

‖ ~ **de campo luminoso** / Leuchtfeld[iris]blende *f* ‖ ~ **de campo visual** / Sehfeldblende *f* ‖ ~ **de centragem** / Zentrierblende *f* ‖ ~ **de cinco pontos** / Fünfpunktblende *f* ‖ ~ **de couro** / Ledermembran *f* ‖ ~ *f* **de fenda** (óptica) / Spaltblende *f*, Schlitzblende *f* ‖ ~ *m* **de grande superfície** (máq., tecnol.) / Großflächenmembran *f* ‖ ~ **de lâminas** (técn. fotogr.) / Lamellenverschluß *m* ‖ ~ **íris** (técn. fotogr.) / Irisblende *f* ‖ ~ **revólver** (técn. fotogr.) / Revolverblende *f*

diafragmar / abblenden

diagnose *f* (informática) / Diagnose *f*, Fehlersuche *f* ‖ ~ **pós-morte** / Fehlersuche *f* im Defektzustand

diagnóstico / diagnostisch

diagonal *f* / Diagonale *f*, Diagonallinie *f* ‖ ~ (andaime) / Schwert *n* ‖ ~ *adj* / schräg, diagonal ‖ **em** ~ / übereck, quer durch ‖ ~ *f* **comprimida** / Druckstrebe, -diagonale *f* ‖ ~ **de superfície** (matem.) / Flächendiagonale *f* ‖ ~ **estendida** / Zugdiagonale *f* (auf Zug beanspruchte Schräge) ‖ ~ **extrema** / Enddiagonale *f* ‖ ~ **principal** / Hauptdiagonale *f* ‖ ~ **principal sem tensão** / schlaffe Hauptdiagonale ‖ ~ **secundária** / Gegendiagonale *f* ‖ ~ **secundária** (carpint.) / Gegenstrebe *f* ‖ ~ **sujeita à compressão** / gedrückte Diagonale

diagonalmente / eckweise, diagonal *adv*

diagrama *m* / Schaubild *n*, Diagramm *n* ‖ **em forma de** ~ / graphisch, in Form eines Diagramms ‖ ~ **binário-torção** / Drehmoment-Verformungs-Schaubild *n* ‖ ~ **circular** / Kreisdiagramm *n*, Diagrammscheibe *f*, Scheibendiagramm *n* ‖ ~ **das mudanças** (autom.) / Ganganordnung *f* (DIN) ‖ ~ **de Argand** (matem.) / Arganddarstellung *f* ‖ ~ **de bloco** (informática) / Blockdiagramm *n* ‖ ~ **de carga** / Belastungsdiagramm *n*, Lastverteilung *f*, Lastschema *n* ‖ ~ **de circulação** / Strömungsdiagramm *n* ‖ ~ **de cobertura** / Erfassungsdiagramm *n* ‖ ~ **de comprimentos de fibra** / Faserlängendiagramm *n* ‖ ~ **de constituição** (siderurg.) / Zustandsdiagramm, -schaubild *n* ‖ ~ **de contornos** (constr. naval) / Entwurfsdiagramm *n* ‖ ~ **de cromaticidade** / Farbtafel *f*, -dreieck *n* ‖ ~ **de distribuição** (máq. vapor) / Steuerungsdiagramm *n* ‖ ~ **de ecos fixos** (radar) / Festzeichenbild *n* ‖ ~ **de elasticidade de molas** / Federdiagramm *n* ‖ ~ **de escoamento de matéria** / Fließschema *n* ‖ ~ **de fases** (siderurg.) / Zustandsdiagramm, -schaubild *n* ‖ ~ **de ferramentas** (ferram.) / Einstellplan *m* ‖ ~ **de ferro-carbono** / Eisen-Kohlenstoffdiagramm *n*, EKD ‖ ~ **de Feynman** (técn. nucl.) / Feynmangraph *m*, -diagramm *n* ‖ ~ **de fibras** (têxtil) / Stapeldiagramm *n* ‖ ~ **de fluxo** (informática) / Flußdiagramm *n*, Flußbild *n* ‖ ~ **de fluxo de linhas** (contr. autom.) / Linienflußbild *n* ‖ ~ **de forças** (mecân.) / Kräftediagramm *n*, Kräfteplan *m* ‖ ~ **de impedância de carga** / Generatordiagramm, Riekediagramm *n* ‖ ~ **de indicação** (máq., tecnol.) / Indikatordiagramm *n* ‖ ~ **de momentos de Culmann** / Culmannsche Momentenfläche ‖ ~ **de pontos de fusão** / Schmelzdiagramm *n* ‖ ~ **de progressão de tempo** / Zeit-Weg-Diagramm *n* ‖ ~ **de progresso** (org. industr.) / Fortschrittsdiagramm *n* ‖ ~ **de propagação em espaço livre** (electrón.) / Freiraum-Ausbreitungsdiagramm *n* ‖ ~ **de radiação** / Strahlungscharakteristik *f*, -diagramm *n* ‖ ~ **de relés** (telecom.) / Erregungsdiagramm *n* ‖ ~ **de resistência à fadiga** / Dauerfestigkeitsschaubild *n* ‖ ~ **de Rieke** / Generatordiagramm, Riekediagramm *n* ‖ ~ **de sequência** (informática) / Folgediagramm *n* ‖ ~ **de Smith** / Generatordiagramm, Smithsches Leitungsdiagramm *n* ‖ ~ **de solidificação** / Erstarrungsbild *n* ‖ ~ **de tempos** / Steuerungsdiagramm *n* ‖ ~ **de trabalho** (org. industr.) / Arbeits-Schaubild *n* ‖ ~ **de trabalho** (máq., tecnol.) / Indikatordiagramm *n* ‖ ~ **de translação de Williot** (mecân.) / Williotscher Verschiebungsplan *m* ‖ ~ *f* **de velocidades** / Geschwindigkeitsplan *m*, -schaubild *n* ‖ ~ *m* **do equilíbrio térmico ferro-carbono** / Zustandsdiagramm *n* (Eisen-Kohlenstoff) ‖ ~ **em bloco** (electrón.) / Blockschaltbild *n*, -schaltplan *m* ‖ ~ **entalpia-entropia** [de Mollier] / IS-Diagramm *n* ‖ ~ **funcional** (informática) / Funktionsdiagramm *n*, -schaltbild *n*, Funktionsplan *m* ‖ ~ **Laue** / Lauediagramm *n* ‖ ~ **logarítmico** / einfachlogarithmisches Diagramm ‖ ~ **luminoso** / Leuchtbild *n* ‖ ~ **operacional** / Arbeitsdiagramm *n* ‖ ~ **tempo-carburante** (aeronáut.) / Flugverlaufkurve *f* ‖ ~ **torque-torção** / Drehmoment-Verformungs-Schaubild *n*

diagramma *m* **de Dalitz** (técn. nucl.) / Dalitz-Diagramm *n* ‖ ~ **de difracção** / Feinstrukturdiagramm *n*

dialisador *m* (química) / Dialysator *m*

dialogita *f* (mineralog.) / Manganspat *m*

diálogo *m* / Dialog *m*

diamagnético / diamagnetisch

diamagnetismo *m* / Diamagnetismus *m*

diamante *m* (mineralog.) / Diamant *m* ‖ ~ **abrasivo** / Abrichtdiamant *m* ‖ ~ **bruto** / Rohdiamant *m* ‖ ~ **de rectificar** / Abrichtdiamant *m* ‖ ~ **de tornear** (máq. ferram.) / Abdrehdiamant *m* ‖ ~ **industrial** / Industriediamant *m* ‖ ~ **não lapidado** / Rohdiamant *m* ‖ ~ **para perfurar** / Bohrdiamant *m*

diamantífero / diamanthaltig

diamantino / diamantartig, Diamant..., diamanthart

diametral / diametral, genau entgegengesetzt

diametralmente oposto / genau entgegengesetzt

diâmetro *m* / Durchmesser *m* ‖ ~ **à altura do peito** (silvicult.) / Brusthöhedurchmesser *m*, BHD ‖ ~ **admissível** (torno) / Durchlaß *m* ‖ ~ **da órbita** (técn. nucl.) / Bahndurchmesser *m* ‖ ~ **de torneamento** (torno) / Spitzenhöhe *f*, Drehdurchmesser *m* ‖ ~ **de viragem** (autom.) / Wendekreis *m* ‖ ~ **do cano** / Rohrweite *f* ‖ ~ **do furo** / Bohrungsdurchmesser *m*, Lochweite *f* ‖ ~ **do núcleo** (física) / Kerndurchmesser *m* ‖ ~ **do núcleo** / innerer Gewindedurchmesser, Kerndurchmesser *m* ‖ ~ **do tubo** / Rohrweite *f* ‖ ~ **exterior** (rosca) / Außendurchmesser *m* ‖ ~ **interior** / Durchgangsöffnung *f*, lichte Weite ‖ ~ **interior** (rosca) / Innendurchmesser *m* ‖ ~ **interior da tubeira** / Düsenbohrung *f* ‖ ~ **interior da válvula** / Ventildurchmesser *m*, -durchgang *m* ‖ ~ **[interior] do cilindro** / Zylinderbohrung *f* ‖ ~ **nominal** (rosca) / Außendurchmesser *m* ‖ ~ **nos flancos** (rosca) / Flankendurchmesser *m* ‖ ~ **perfurado** (máq. ferram.) / Bohrdurchmesser *m* ‖ ~ **transversal** / Querdurchmesser *m* ‖ ~ **útil** / Kerndurchmesser *m*

diamida *f* / Diamid, Hydrazin *n*

diamina *f* / Diamin *n*

diaminofenol *m* (técn. fotogr.) / Diaminophenol *n*

diapasão *m* / Mensur *f*, Stimmgabel *f*

diapositivo *m* (técn. fotogr.) / Dia[positiv] *n* ‖ ~ / Glasbild *n* ‖ ~ **a cores** / Farbdia[positiv] *n*

diascópio *m* / Bildschieber *m*

diástase *f* (química) / Diastase *f*

diatermanismo *m* / Wärmedurchlässigkeit *f*

diatermia *f* / Diathermie *f*

diatérmico / diatherm, Wärme durchlassend, wärmedurchlässig, diathermisch

diatomácea *f* / Kieselalge *f*

diatomáceas *f pl* / Diatomeen *f pl*

diatomito *m* / Diatomeenerde *f*, Infusorienerde *f*, Kieselgur *f*
diazoaminobenzol *m* / Diazoaminobenzol *n*
diazóico *m* (química) / Diazokörper *m*
diazotação *f* / Diazotierung *f*
diazotar / diazotieren
diazotável / diazotierbar
dibenzilamina *f* / Dibenzylamin *n*
dibenzopirona *f* / Dibenzopyron *n*
dicetona *f* / Diketon *n*
diciclopentadienilo *m* **de ferro** / Eisendicyclopentadienyl *n*
dicionário *m* (informática) / Abkürzungsverzeichnis *n* ‖ ~ **técnico** / Fachwörterbuch *n* der Technik
dicloreto *m* **de manganês** / Mangan(II)-chlorid, -dichlorid, Manganochlorid *n*
diclorobenzeno *m* / Dichlorbenzol *n*
diclorodifeniltricloroetano *m*, DDT (química) / Dichlordiphenyltrichlorethan *n*, DDT
diclorodifluorometano *m* / Freon 12, Frigen *n*
dicloroetileno *m* / Dichlorethylen *n*
dicotomia *f* (astron.) / Halbsicht[barkeit] *f*
dicotómico / dichotomisch
dicróico (mineralog.) / dichroitisch
dicroísmo *m* / Dichroismus *m*, Zwei-, Mehrfarbigkeit *f*
dicroíta *f* (mineralog.) / Dichroit *m*, Cordierit *m*
dicromático / dichrom
diedro *m* / Flächenwinkel *m*
dieléctrico *m* / Dielektrikum *n*, Nichtleiter *m* ‖ ~ / dielektrisch, nichtleitend
diergol *m* / Diergol *n*
diesel *m* / Diesel[kraftstoff] *m* ‖ **~-mecânico** / dieselmechanisch
dietilamina *f* **de ácido lisérgico**, LSD *f* / Lysergsäurediethylamid *n*, LSD
difenilamina *f* / Diphenylamin *n*
difenilmetano *m* / Diphenylmethan *n*
difenilo *m* / Diphenyl *n*
difeniureia *f* / Diphenylharnstoff *m*
diferença *f* / Differenz *f*, Unterschied *m*, Verschiedenheit *f* ‖ ~ (desenho industr.) / Maßabweichung *f*, Abmaß *n* ‖ ~ **de altura** / Höhenunterschied *m* ‖ ~ **de comprimento** / Längenunterschied *m* ‖ ~ **de cores** (tv) / Farbabstand *m* ‖ ~ **de extensão linear** / Längenunterschied *m* ‖ ~ **de potencial** / Stromspannung *f* ‖ ~ **de potencial electromotriz** / elektromotorische Potentialdifferenz ‖ ~ **de pressão** / Druckgefälle *n* ‖ ~ **em altura** / Höhenunterschied *m* ‖ ~ **entre dois pontos** (matem.) / Abszissendifferenz *f* zweier Punkte ‖ ~ **na solubilidade** / Löslichkeitsunterschied *m*
diferenciação *f* (geral, matem.) / Differenzierung *f*
diferenciador / differenzierend
diferencial *m* (autom.) / Ausgleichgetriebe *n* (DIN), Differential *n* ‖ ~ (matem.) / Differential *n*, Ableitung *f* ‖ ~ *adj* / differentiell ‖ ~ (autom.) / Ausgleichs... ‖ ~ *m* **autoblocante** (transmissão) / selbstsperrendes Ausgleichgetriebe ‖ ~ **de engrenagem cónica** / Kegelraddifferential, -ausgleichgetriebe *n* ‖ ~ **total** / vollständiges o. totales Differential
diferenciar / differenzieren ‖ ~ (matem.) / ableiten, differenzieren
difererença *f* **do potencial entre os eletrodos** / Elektrodenspannung, Potentialdifferenz *f*
diferido, em ~ (tv) / zeitversetzt
diferir / aufschieben, zeitlich verschieben
difícil / schwer, schwierig ‖ **de ~ fusão** / schwerschmelzend
dificilmente solúvel / schwerlöslich, kaum löslich
dificuldades *f pl* **iniciais de produção** / Anlaufschwierigkeiten *f pl*

difracção *f* (física) / Beugung *f*, Diffraktion *f* ‖ ~ **de electrões ou elétrons** / Elektronenbeugung *f* ‖ ~ **de Fraunhofer** / Fraunhofersche Beugungserscheinung
difractar (física) / ablenken, beugen
difractivo (física) / beugend, ablenkend
difratómetro *m* / Beugungsmesser *m*
difundir (química, física) / diffundieren *vt vi*, durchdringen ‖ ~ (electrón.) / senden
difusão *f* (física) / Ausbreitung, Diffusion *f* ‖ ~ (líquidos) / Austausch *m*, Diffusion *f* ‖ ~ **das partículas carregadas** / Ladungsträgerdiffusion *f* ‖ ~ **térmica** / Thermodiffusion *f*
difusibilidade *f* / Diffusionsvermögen *n*
difusível / diffundierbar
difusividade *f* / Diffusität *f*, Ausbreitungsvermögen *n* ‖ ~ **térmica** / Wärmeleitzahl, -leitfähigkeit *f* (Leitfähigkeit dividiert durch das Produkt von spez. Wärme mal Dichte)
difuso / diffus
difusor *m* (mot.) / Ausströmraum, Diffusor *m* ‖ ~ (farol) / Streuscheibe *f* ‖ ~ (autom.) / Düse *f* ‖ ~ **de ar** / Luftdiffusor *m*, Luftverteiler *m* ‖ ~ **de luz** / Lichtverteilungsschirm *m*
digerir / digerieren
digestão *f* / Digerieren *n*, Digestion *f* ‖ ~ (papel) / Aufschluß *m* ‖ ~ **da lama** / Schlamm[aus]faulung, -zersetzung *f*
digestor *m* / Digestor *m*, Autoklav *m*, Dampfkochtopf *m*
digital / digital ‖ **~-analógico** / digital-analog
digitalina *f* (química) / Digitalin *n*
digitização *f* / Digitalisierung *f*
digitizador *m* (informática) / A/D-Umsetzer *m*, Analog-Digitalwandler *m*
digitizar / analog-digital wandeln, in digitale Signale umwandeln, digitalisieren
dígito *m* / Ziffer *f*
digito, de um só ~ (matem.) / einstellig
dígito *m* **binário** / Binärziffer *f* (IBM), Bit *n*, Binärstelle *f* ‖ ~ **de intervalo** (informática) / Füllziffer *f*, Lückenzeichen *n* ‖ ~ **decimal codificado em binário** / binär verschlüsselte Dezimalziffer ‖ ~ **octal** / Oktalziffer *f*
digitonina *f* (química) / Digitonin *n*
dígitos *m pl* **binários equivalentes** / äquivalente Binärzeichen *n pl*, äquivalente Binärziffern *f pl*
diissocianato *m* / Diisocyanat *n*
dilatabilidade *f* (física) / Dehnbarkeit *f*, Ausdehnbarkeit *f*, Ausdehnungsfähigkeit *f*, Ausdehnungsvermögen *n*
dilatação *f* (física) / Dehnung *f*, Dilatation *f*, Volumenausdehnung *f* ‖ ~ **superficial** / Flächenausdehnung *f* ‖ ~ **térmica** (física) / Wärmeausdehnung *f*, Wärmedehnung *f*
dilatar-se / [sich] ausdehnen, sich dehnen ‖ **~-se e contrair-se** / arbeiten (Holz)
dilatómetro *m* (física) / Dilatometer *n*
diluabilidade *f* / Verdünnbarkeit *f*
diluente *m* / Verdünner *m*, Verdünnungsmittel *n* ‖ ~ (química) / Streck[ungs]mittel *n* ‖ ~ / Verschnittmittel *n* für Lösungsmittel (Farbe, lt DIN) ‖ ~ (petróleo) / Fluxmittel *n*
diluição *f* (química) / Verdünnung *f* ‖ ~ / Lösungsvolumen *n* ‖ ~ **do óleo** (autom.) / Ölverdünnung *f*
diluído / verdünnt ‖ ~ (tintas) / verschnitten
diluido, não ~ / unverdünnt
diluir / verwässern, verdünnen ‖ ~ (química) / verdünnen, strecken
diluível (química) / verdünnbar
diluvial / diluvial
dilúvio *m* / Diluvium *n*
dimensão *f* / Dimension *f*, Größe *f*, Abmessung *f* ‖

de uma ~ / eindimensional ‖ ~ **absoluta** / Effektivmaß, Istmaß *n* ‖ ~ **básica** / Grundmaß *n* ‖ ~ **da secção transversal** / Querschnittsabmessung *f* ‖ ~ **da superfície** / Flächenmaß *n*, -abmessung *f* ‖ ~ **de acabamento** / Bearbeitungsmaß *n* ‖ ~ **em estado fresco** (madeira) / Frischmaß *n* ‖ ~ **em pés** / Fußmaß *n* ‖ ~ **estrutural** (máq., tecnol.) / Baumaß *n* ‖ ~ **final** / Fertigmaß *n* ‖ ~ **interna** / Innenmaß *n*, Innenabmessung *f* ‖ ~ **limite** / Grenzmaß *n* ‖ ~ **linear** / Längenabmessung *f* ‖ ~ **modular** (constr. civil) / Baurichtmaß, Rastermaß *n* ‖ ~ **nominal** (geral) / Nennmaß *n* ‖ ~ **nominal com juntas** / Baurichtmaß *n* ‖ ~ **nominal sem juntas** / Baunennmaß *n* ‖ ~ **real** / Istmaß *n* ‖ ~ **sem tolerância** (máq., tecnol.) / Freimaß *n* ‖ ~ **teórica** (constr. civil) / Richtmaß *n* ‖ ~ **tolerada** / Grenzmaß *n*

dimensionado (comando numér.) / dimensioniert ‖ ~ / bemessen *adj* ‖ **amplamente** ~ / reichlich dimensioniert

dimensional / Dimensions..., dimensional

dimensionamento *m* / Bemessung *f*, Dimensionierung *f* ‖ ~ (desenho industr.) / Bemaßung *f*

dimensionar / dimensionieren, bemessen

dimensões *f pl* / Ausmaß *n*, Dimensionen *f pl* ‖ **de ~ exactas** / maßhaltig ‖ ~ **totais** / Außenmaß *n*, -abmessung *f*

dimetilamina *f* / Dimethylamin *n*

dimetilanilina *f* / Dimethylanilin *n*

dimetilbenzol *m* / Dimethylbenzol *n*

dimetilcetona *f* / Dimethylketon *n*

dimetilo *m* / Dimethyl *n*

diminuendo *m* (matem.) / Minuend *m*

diminuição *f* / Abnahme *f*, Verringerung *f*, Schrumpfen *n*, Schwund *m*, Verjüngung *f* ‖ ~ **da potência** / Leistungsrückgang *m*, Leistungsverminderung *f*, Leistungsabnahme *f* ‖ ~ **do comprimento de ondas** (electrón.) / Wellenverkürzung *f* ‖ ~ **do teor de carbono** (siderurg.) / Kohlenstoffabfall *m*

diminuir / abnehmen, sich vermindern ‖ ~ (constr. civil) / verjüngen, einziehen

diminuto / fein, sehr klein

dina *f* (física) / Dyn *n* ($= 1$ g cm sec^{-2}, 10^5 dyn $=$ 1N), (Kurzzeichen:) dyn

dinâmica *f* / Dynamik *f* ‖ ~ **das cores** / Farbdynamik *f* (wissenschaftlich begründete Farbgebung unter sorgfältiger Ausnutzung der Farbkontraste und Spannungen) ‖ ~ **do movimento de veículos** / Fahrdynamik *f* ‖ ~ **dos fluidos** / Strömungslehre *f*, Mechanik *f* der flüssigen und gasförmigen Körper ‖ ~ **dos fluidos compressíveis** / Gasdynamik *f*

dinâmico (electrón.) / dynamisch, Schwingspul[en]..., Tauchspul[en]...

dinamitar / mit Dynamit sprengen

dinamite *f* / Dynamit *n* ‖ ~ *m* **de segurança** / Wetterdynamit *n* ‖ **~-gelatina** *m* / Gelatinedynamit *n*

dínamo *m* / Stromerzeuger *m*, Dynamomaschine *f*, Dynamo *m* ‖ ~ (autom.) / Lichtmaschine *f* (Gleichstrom) ‖ ~ **com distribuidor para ignição por bateria** (autom.) / Lichtbatteriezünder *m* ‖ ~ **com pólos exteriores** / Außenpoldynamo *m* ‖ ~ **com retorno à massa** (autom.) / Lichtmaschine *f* mit Masserückleitung ‖ ~ **compound [de excitação] diferencial** (electr.) / Differentialverbundmaschine *f* ‖ ~ **de anel plano** / Flachringdynamo *m* ‖ ~ **de campo transversal** (electr.) / Querfeldmaschine *f* ‖ ~ **de corrente constante** / Dynamomaschine *f* für konstanten Strom ‖ ~ **de excitação** / Erregermaschine *f* ‖ ~ **de realimentador isolado** (autom.) / Lichtmaschine *f* mit isolierter Rückleitung ‖ ~ **de reforço** / Boosterdynamo *m* ‖ ~ **de tensão constante** / Dynamomaschine *f* für konstante Spannung ‖ ~ **de três escovas** (autom.) / Dreibürstenmaschine *f* ‖ ~ **em série** / Reihenschlußmaschine *f* ‖ **~-freio** *m* / Bremsdynamo *m* ‖ ~ **para bicicleta** / Fahrradlichtmaschine *f*, Radlichtmaschine *f* ‖ **~-piloto** *m* / Steuerdynamo *m* ‖ ~ **Rosenberg** (electr.) / Querfeldmaschine *f* ‖ ~ **tampão** (electr.) / Puffermaschine *f*, -dynamo *m* ‖ **~-travão** *m* / Bremsdynamo *m* ‖ ~ **unipolar** / Einzelpolmaschine *f* ‖ **~-volante** *m* **magnético** (autom.) / Schwungrad-Lichtanlaßzünder *m*

dinamoeléctrico / dynamoelektrisch

dinamógrafo *m* / registrierender Zugkraftmesser

dinamométrico / dynamometrisch, elektrodynamisch

dinamómetro *m* / Kraftmesser *m*, Dynamometer *n* ‖ ~ **de mola** / Federdynamometer *n* ‖ ~ **de tracção**, dinamômetro *m* de tração / Zugdynamometer *n*, -kraftmesser *m* ‖ ~ **de travão de Prony** / Bremsdynamometer *n*, Pronyscher Zaum ‖ ~ **eléctrico**, dinamômetro *m* elétrico (electr.) / Dynamometer *n*

dinamotor *m* / Dynamotor *m*

dinatrão *m*, dinatrônio *m* (electrón.) / Dynatron *n*

dinitrobenzol *m* / Dinitrobenzol *n*

dinitrocelulose *f* / Dinitrozellulose *f*

dinitrotolueno *m* / Dinitrotoluol *n*

dinodo *m* (electrón.) / Dynode *f*

dintel *m* (constr. civil) / Sturz *m* ‖ ~ (carpint.) / Balkensturz *m*, Rahmstück *n* ‖ ~ **de arco de meio ponto** (constr. civil) / Halbkreisbogensturz *m* ‖ ~ **de janela** / Fenstersturz *m*

díodo *m* (electrón.) / Diode *f* ‖ ~ **a quartzo** / Richtleiter *m* ‖ ~ **absorvedor de choques acústicos** (telecom.) / Gehörschutzdiode *f* ‖ ~ **de avalancha** / Avalanche-Laufzeitdiode *f* ‖ ~ **de avalanche de efeito de trânsito de tempo** (electrón.) / Impattdiode *f* ‖ ~ **de base dupla** / Doppelbasis-Diode *f*, Unijunktions-Transistor *m* ‖ ~ **de capacitância variável** / Kapazitätsdiode *f* ‖ ~ **de junção** / Flächendiode *f* ‖ ~ **de restabelecimento rápido** / schnelle Diode ‖ ~ **de roda livre** / Freilaufdiode *f* ‖ ~ **de silício** / Siliziumdiode *f* ‖ ~ **detector** / Detektordiode *f* ‖ ~ **directo** / Durchlaßdiode *f*, Stabilisatordiode *f* ‖ ~ **emissor de luz** / lichtemittierende Diode ‖ ~ **Esaki** / Esakidiode, Tunneldiode *f* ‖ ~ **gerador de harmónicas ou sub-harmónicas** / Frequenzteilerdiode *f*, Frequenzvervielfacher/teiler-Diode *f* ‖ ~ **inversor antiparasitário** (tv) / Entstördiode *f* ‖ ~ **luminescente** / Lumineszenzdiode *f* ‖ ~ **no estado de condução** / leitende Diode ‖ ~ **termoiónico** (electrón.) / heiße Diode ‖ ~ **tipo Impatt** (electrón.) / Impattdiode *f* ‖ ~ **túnel** / Tunneldiode, Esakidiode *f* ‖ ~ **varicap** / Kapazitätsdiode *f* ‖ ~ **Zener** / Zenerdiode *f*, Z-Diode *f* (DIN) ‖ ~ **zener de potência** (electrón.) / Leistungszenerdiode *f*

dioptria *f* / Dioptrie *f*, D

dióptrica *f* / Strahlenbrechungskunde *f*, Brechungslehre *f*

dióptrico / dioptrisch

diorito *m* / Diorit *m* ‖ ~ **de quartzo** / Quarzdiorit *m*

dioxana *f* / Dioxan *n*, Diethylendioxid *n*

dióxido *m* / Dioxid *n* ‖ ~ **de carbono** / Kohlendioxid *n* ‖ ~ **de cloro** / Chlordioxid *n* ‖ ~ **de silício** / Silizium[di]oxid *n*

diplex *m* (telecom.) / Diplex *n*

diplexador *m* / Diplexer *m* ‖ ~ **de recepção** (física) / Empfängerweiche *f*

diplexer *m* (electrón.) / Brückenschaltung,

Frequenzweiche *f* ‖ ~ **de televisão** / Fernsehweiche *f*
dipolo *m* (física, electrón., química) / Dipol *m* ‖ ~ / Dipolantenne *f* ‖ ~ **de antena** / Antennendipol *m* ‖ ~ **eléctrico** / elektrischer Dipol ‖ ~ **excêntrico** / Exzenterdipol *m* ‖ ~ **excitado** / Erregerdipol *m* ‖ ~ **infinitesimal** / kurzer Dipol
dique *m* / Damm *m*, Deich *m* ‖ ~ (hidrául.) / Abdämmung, Absperrung *f* ‖ ~ (constr. naval) / Dock *n* ‖ **fazer entrar no ~ ou na doca** / docken ‖ ~ **avançado** / Vordamm, -deich *m* ‖ ~ **contra as águas subterrâneas** / Schloßdeich *m*, Kuverdeich *m* ‖ ~ **de betão**, dique *m* de concreto / Beton-Staumauer *f* ‖ ~ **de construção** / Baudock *n* ‖ ~ **de retenção** / Stauwehr *n* ‖ ~ **de segurança** / Schutzdamm *m* ‖ ~ **de terra** / Erddamm, -wall *m* ‖ ~ **flutuante** / Schwimmdock *n* ‖ ~ **guia-corrente** / Leitdamm *m* ‖ ~ **insubmersível** / Winterdeich *m* ‖ ~ **interior** (hidrául.) / Binnendeich *m* ‖ ~ **móvel** (hidrául.) / bewegliches Wehr ‖ ~ **seco** / Trockendock *n* ‖ ~ **submerso** (hidrául.) / Grundschwelle *f* ‖ ~ **transversal** / Flügeldeich *m*
direcão *f* **da obra** / Bauleitung *f*
direcção *f* / Lenkung *f* ‖ ~, sentido *m* / Richtung *f*, Sinn *m* ‖ ~ (autom.) / Steuerung *f*, Lenkung *f* ‖ ~ **à direita** (autom.) / Rechtslenkung *f* ‖ ~ **à esquerda** (autom.) / Linkssteuerung *f* ‖ ~ **assistida** (autom.) / Servolenkung *f* ‖ ~ **com parafuso e porca** (autom.) / Lenkung *f* mit Schraube und Mutter ‖ ~ **com sem-fim e porca** (autom.) / Lenkung *f* mit Schnecke und Mutter ‖ ~ **com sem-fim e sector** (autom.) / Lenkung *f* mit Schnecke und Segment ‖ ~ **de cremalheira** (autom.) / Zahnstangenlenkung *f* ‖ ~ **de descida** / Senksinn *m*, -richtung *f* ‖ ~ **de obras** / Bauaufsicht *f* ‖ ~ **do feixe** (electrón.) / Abstrahlrichtung *f* ‖ ~ **do movimento** / Bewegungsrichtung *f* ‖ ~ **do passo** (fresa) / Gangrichtung, Gängigkeit *f* ‖ ~ **do vento** / Windrichtung *f* ‖ ~ **dos eixos** / Achsenrichtung *f* ‖ ~ **efectiva de corte** / Wirkrichtung *f* ‖ ~ **em que as árvores caem quando abatidas** / Fallrichtung *f* ‖ ~ **longitudinal** / Längsrichtung *f* ‖ ~ **oblíqua** / Schräge *f*, schräge Richtung, Schrägung *f* ‖ ~ **por parafuso sem-fim e segmento** (autom.) / Schneckenlenkung *f*
direccional (telecom.) / gerichtet
directo / direkt, unmittelbar, gerade ‖ ~ (tinturaria) / substantiv, Direkt...
directriz *m* (matem.) / Direktrix, Leitlinie *f*
direita, à ~ / rechts ‖ **à ~ segundo DIN** (serralhar.) / DIN-rechts
direito *m* (tecel.) / Außenseite *f* eines Stoffes, rechte Seite, Vorderseite *f* ‖ ~ *adj* / gerade ‖ ~ *m* **de mineração** / Bergfreiheit *f*, Berg[bau]berechtsame *f* (DIN)
direitos *m pl* **de prospecção** (expl. minas) / Schürfbefugnis, Konzession *f*
dirigibilidade *f* / Lenkbarkeit *f*, Lenkwilligkeit *f*
dirigido / gelenkt, geleitet
dirigir / lenken, beaufsichtigen, leiten
dirigível *m* / Luftschiff *n* ‖ ~ *adj* / lenkbar, steuerbar
discagem *f* **direta** (telecom.) / Durchwahl *f*, Selbstwahl *f* ‖ ~ **direta à distância**, DDD (telecom.) / Selbstwählferndienst *m*, automatische Fernwahl, Landesfernwahl *f* ‖ ~ **direta ao ramal**, DDR (telecom.) / Nebenstellendurchwahl *f* ‖ ~ **direta internacional**, DDI / Selbstwählferndienst *m* nach dem Ausland, Auslandsfernselbstwahl *f*
discar (telecom.) / wählen ‖ ~ **o número** (telecom.) / die Nummer wählen
disco *m* / Scheibe *f* ‖ ~ (telecom.) / Lochscheibe *f* ‖ ~ (máq., tecnol.) / Lamelle *f* ‖ ~ / Schallplatte *f* ‖ ~ (tacógrafo) / Diagrammscheibe *f* ‖ ~ **abrasivo** / mit Schmirgelpapier beklebte Schleifscheibe, Schmirgelscheibe *f* ‖ ~ **accionador da embraiagem**, disco *m* acionador da embreagem (autom.) / Kupplungstreibscheibe *f* ‖ ~ **com entalhes** / Rastenscheibe *f*, Schaltrad *n* ‖ ~ **cromático** (tv) / Farbenscheibe *f* ‖ ~ **da embraiagem**, disco *m* da embreagem / Kupplungsscheibe *f* ‖ ~ **da roda** / Radscheibe *f*, Scheibe *f* des Scheibenrades ‖ ~ **de ajuste** (máq. ferram.) / Einstellscheibe *f* ‖ ~ **de bloqueio em forma de C** / Schwenkscheibe *f* (DIN 6371) ‖ ~ **de brunir** / Läppscheibe *f* ‖ ~ **de cames** / Nockenscheibe *f*, Hubscheibe *f*, Kurvenscheibe *f* ‖ ~ **de chumbo** / Bleischeibe *f* ‖ ~ **de cobertura** / Deckscheibe *f* ‖ ~ **de comando** / Steuerscheibe *f* ‖ ~ **de controlo de frequências** / Frequenzmeßschallplatte *f* ‖ ~ **de corte** / Schneidscheibe *f* (zum Schneiden) ‖ ~ **de couro para polir** / Lederpolierscheibe *f* ‖ ~ **de cutelos** / Messerscheibe *f* ‖ ~ **de descarga** (papel) / Abführungsscheibe *f* ‖ ~ **de esmeril** / Schmirgelscheibe *f* ‖ ~ **de exploração** (tv) / Abtastscheibe *f* ‖ ~ **de feltro** / Filzscheibe *f* ‖ ~ **de feltro para polir** (galvanoplast.) / Filzpolierscheibe *f* ‖ ~ **de filtro cromático** (tv) / Farbfilter *m n* ‖ ~ **de fricção** / Reibscheibe *f* ‖ ~ **de lixar** / Schleifscheibe *f* ‖ ~ **de longa duração** / Langspielplatte *f* (33 Umdr/min), L.P. ‖ ~ **de manobra** / Steuerscheibe *f* ‖ ~ **de marcar** (coll) (telecom.) / Wählscheibe, Nummernscheibe *f* ‖ ~ **de pano para polir** (galvanoplast.) / Tuchscheibe *f*, Wabbelscheibe *f*, Schwabbelscheibe *f* ‖ ~ **de polir** (galvanoplast.) / Polierscheibe *f* ‖ ~ **de polir a fino** / Läppscheibe *f* ‖ ~ **de ressaltos** / Hubscheibe *f*, Daumenscheibe *f* ‖ ~ **de ressonância** (autom.) / Schwingungsteller *m* ‖ ~ **de ruptura** / Berstscheibe *f* ‖ ~ **de sinal** (técn. ferrov.) / Signalscheibe *f* ‖ ~ **de válvula** (mot.) / Ventilteller *m* ‖ ~ **divisor** / Teilscheibe *f* ‖ ~ **do dispositivo de sincronização** (autom.) / Synchronscheibe *f* ‖ ~ **do freio**, disco *m* do travão / Bremsscheibe *f* ‖ ~ **do telefone** (telecom.) / Wählscheibe, Nummernscheibe *f* ‖ ~ **estereofónico** / Stereoplatte *f* ‖ ~ **excêntrico** / Kurvenscheibe *f*, Hubscheibe *f*, Exzenterscheibe *f* ‖ ~ **flexível** (informática) / Floppy-Disk *n*, Diskette *f* ‖ ~ **graduado** / Skalenscheibe *f* ‖ ~ **interno do sincronizador** (autom.) / innere Gleichlaufscheibe ‖ ~ **isolante ou isolador** / Isolierscheibe *f* ‖ ~ **luminoso** / Leuchtscheibe *f* ‖ ~ **magnético** (informática) / Magnetplatte *f* ‖ ~ **marcador** (telecom.) / Fingerscheibe *f* ‖ ~ **motor** / Treibscheibe *f* ‖ ~ **redutor de pressão** / Stauscheibe *f* ‖ ~ **revestido de linho** / Leinenscheibe *f* ‖ ~ **selector** (telecom.) / Wählscheibe, Nummernscheibe *f* ‖ ~ **tensor** (máq. cost.) / Bremsscheibe *f* ‖ ~ **voador** (coll), objecto *m* voador não identificado, OVNI / fliegende Untertasse (coll), Ufo *n*
discóide / scheibenförmig
discreto (electrón., matem.) / diskret ‖ ~ (matem.) / unstetig, diskret ‖ ~ (electrón., componentes) / getrennt
discriminação *f* / Diskriminierung, Unterscheidung *f* ‖ ~ (telecom.) / Selektion *f* von Signalen (bei Trägerfrequenz) ‖ ~ (radar, raios catódicos) / Auflösungsvermögen *n* ‖ ~ **de frequência** / Frequenztrennung *f*
discriminador *m* (electrón., matem.) / Diskriminator *m* ‖ ~ **central de categorias de assinante** (telecom.) / gemeinsamer Klassenbewerter ‖ ~ **de fases**, discriminador *m* de Foster-Seely / Foster-Seely-Detektor *m* ‖ ~ **de frequências** / Frequenzdiskriminator *m* ‖ ~ **de impulsos ou pulsos** / Impulsverteiler *m*
discriminante *f* (matem.) / Diskriminante *f* ‖ ~ *adj* /

diskriminierend, unterscheidend
disjunção *f* (informática) / ODER-Funktion *f*, -Verknüpfung *f*, Disjunktion *f*
disjuntor *m* (electr.) / Schaltautomat *m*, Unterbrecher *m* ‖ ~ / Auslöseschalter *m* ‖ ~ / Überlastschalter *m* ‖ ~ **de alta velocidade** (electr.) / Schnellauslöser *m* ‖ ~ **de alto poder de corte** / Hochleistungsschalter *m* ‖ ~ **de corrente de defeito** / Fehlerstromabschalter *m* ‖ ~ **de corte no ar** (electr.) / Trockenschutzschalter *m* ‖ ~ **de excesso de intensidade e mínima de tensão** / Überstrom-Unterspannungsausschalter *m* ‖ ~ **de extinção de arco por ar comprimido** (electr.) / Druckluftschalter *m* ‖ ~ **de jacto livre** (electr.) / Freistrahlturbine *f*, -strahlschalter *m* ‖ ~ **de óleo** (electr.) / Ölschutzschalter *m* ‖ ~ **de protecção contra raios** / Blitzschutzschalter *m* ‖ ~ **de segurança para correntes de fuga** (electr.) / Kriechstrom-Sicherheitsausschalter *m* ‖ ~ **instantâneo** (electr.) / Momentausschalter *m* ‖ ~ **pneumático de alta tensão** (electr.) / Druckluftleistungsschalter *m* ‖ ~ **push-pull** (electr.) / Druck-Zug-Schalter *m*
disparador *m* (máq., tecnol., técn. fotogr.) / Auslöser *m* ‖ ~ **basculante** (informática) / Flip-Flop-Auslöser *m* ‖ ~ **de cabo** (técn. fotogr.) / Drahtauslösung *f*, -auslöser *m* ‖ ~ **de curto-circuitos à terra** / Erdschlußauslöser *m* ‖ ~ **de tensão mínima** (electr.) / Spannungsrückgangsauslöser *m* ‖ ~ **por corrente de defeito** (electr.) / Fehlerstromauslöser *m* ‖ ~ **por tensão de defeito** / Fehlerspannungsauslöser *m* ‖ ~ **rápido electromagnético** / elektromagnetischer Schnellauslöser
disparar (armamento) / feuern, schießen ‖ ~ (míssil) / abschießen ‖ ~ (máq., tecnol.) / auslösen
disparo *m* (míssil) / Abschuß, Start *m* ‖ ~ (telecom., máq., tecnol.) / Auslösung *f* ‖ ~ (geral) / Schießen *n* ‖ ~ **automático** (técn. fotogr.) / Selbstauslösung *f* ‖ ~ **livre** (electr.) / Freiauslösung *f*
dispêndio *m* **de energia**, dispêndio *m* de força / Kraftaufwand *m*
dispergente *m* (química) / Dispergens *n* (grenzflächenaktives Mittel)
dispersão *f* / Verbreitung, Verteilung *f* ‖ ~, fuga *f* (electr.) / Streuung *f*, Streuverlust *m* ‖ ~, divergência *f* / Zerstreuung *f* ‖ ~ (tv, óptica, rádio) / Streuung *f* ‖ ~ / Dispersion *f*, Fanning *n* ‖ ~ (electr.) / Streueffekt *m* ‖ ~ (de partículas) / Einstreuen *n* (z.B. von Teilchen) ‖ **em** ~ (química) / dispers, dispergiert ‖ **em** ~ **coloidal** / kolloiddispers ‖ ~ **da luz** / Lichtstreuung *f* ‖ ~ **das cores** / Farbenzerstreuung *f* ‖ ~ **de dureza** / Härtestreuung *f* ‖ ~ **de electrões ou elétrons** / Elektronenstreuung *f* ‖ ~ **dieléctrica** / Frequenzabhängigkeit *f* der Dielektrizitätskonstante ‖ ~ **do induzido** (electr.) / Ankerstreuung *f* ‖ ~ **elástica** (técn. nucl.) / elastische Streuung ‖ ~ **em frequência** / Frequenz-Streubereich *m* ‖ ~ **em largura** / Breitenstreuung *f* ‖ ~ **fina** / Feinzerteilung *f* ‖ ~ **rotativa** / Drehungsstreuung *f*
dispersar / zerstreuen, verstreuen, streuen *vt* ‖ ~ (química) / dispergieren, feinst verteilen ‖ ~**-se** (electr.) / streuen *vi*
dispersibilidade *f* / Flugfähigkeit *f* (Staub), Flugvermögen *n*
dispersível / flugfähig (Staub)
dispersividade *f* / Dispersität *f*
dispersivo / zerstreuend, streuend, Zerstreuungs..., Streu..., Dispersions...
disperso (química) / dispergiert, dispers ‖ **bem** ~ / hochdispers, -dispergiert
disponibilidade *f* / Verfügbarkeit *f*, Darbietung *f*, Dargebot *n* ‖ ~ **de blocos** (informática) / Blockverfügbarkeit *f*
disponível / verfügbar, lieferbar, dargeboten, vorrätig
dispor em camadas / schichten
disposição *f* / Anlage *f*, Anordnung *f*, Plan *m*, Gliederung *f* ‖ **de** ~ **clara** / übersichtlich ‖ ~ **atómica** / Atomanordnung *f* ‖ ~ **da estrutura** (cristalogrf.) / Gefügeanordnung *f* ‖ ~ **das alavancas** / Hebelanordnung *f* ‖ ~ **das máquinas-ferramentas segundo os produtos** (org. industr.) / Erzeugnisordnung *f* (der Werkzeugmaschinen-Gruppierung) ‖ ~ **de conjunto** / Gesamtanordnung *f* ‖ ~ **de produção** / Fertigungssteuerung *f* ‖ ~ **dos átomos nos cristais** (cristalogrf.) / Gitteranordnung *f* ‖ ~ **dos fios** (electr.) / Leitungsführung *f* ‖ ~ **em camadas** / Schichtung *f*, lagenweise Anordnung
dispositivo *m* / Vorrichtung *f* ‖ ~ **adicional de linha** / Leitungszusatz *m* ‖ ~ **alimentador** (máq., tecnol.) / Aufnehmer *m* ‖ ~ **amortecedor** (máq., tecnol., física) / Dämpfungsvorrichtung *f* ‖ ~ **antibalão** (têxtil) / Antiballonvorrichtung *f* ‖ ~ **antiderrapante** (autom.) / Gleitschutz *m* ‖ ~ **antiefeito de navalha** (autom.) / Streckbremse *f* ‖ ~ **antiencandeamento nos faróis** / Blendschutz *m* an Scheinwerfern ‖ ~ **antinévoa** / Entnebler, Demister *m* ‖ ~ **antiparalaxe** / Antiparallaxeneinrichtung *f* ‖ ~ **antiparasita** / Störunterdrücker *m* ‖ ~ **antipatinagem** (técn. ferrov.) / Gleitschutz *m* ‖ ~ **anti-retorno** (máq., tecnol.) / Rücklaufsicherung *f*, -sperre *f* ‖ ~ **anti-retrocesso da chama** / Flammenrückschlagsicherung *f* ‖ ~ **automático de controlo** (técn. ferrov.) / Sicherheitsfahrschaltung, Sifa *f*, Totmanneinrichtung *f* ‖ ~ **automático de sintonização** (rádio, tv) / Suchlauf *m* ‖ ~ **automático para cálculo do tempo de exposição** (técn. fotogr.) / Belichtungsautomatik *f* ‖ ~ **auxiliar** / Zusatzvorrichtung *f* ‖ ~ **avisador de engarrafamentos** (tráfego) / Stauwarngerät *n* ‖ ~ **basculante** (geral) / Kippe *f* ‖ ~ **colocador de lingotes** (lamin.) / Blockauflegevorrichtung *f* ‖ ~ **corrector** (telecom.) / Entzerrvorrichtung *f*, Entzerrer *m* ‖ ~ **datador** / Datiervorrichtung *f* ‖ ~ **de acoplamento** / Kuppler *m*, Kupplung *f* ‖ ~ **de activação** / Auslösevorrichtung *f* (zum Auslösen eines Vorgangs) ‖ ~ **de agitação** / Schüttelapparat *m* ‖ ~ **de ajuste** / Einstellvorrichtung *f* ‖ ~ **de alimentação** (máq. ferram.) / Teilführungseinrichtung *f* ‖ ~ **de amarração** / Festmacher *m* ‖ ~ **de aperto** (máq. ferram.) / Spannvorrichtung *f* ‖ ~ **de aperto** / Quetschvorrichtung *f*, Klemme *f* ‖ ~ **de aperto de chapa** / Blechspannvorrichtung *f* ‖ ~ **de arranque automático** / Selbstanlasser *m* ‖ ~ **de arranque de estator** (electr.) / Ständeranlasser *m* ‖ ~ **de arranque inversor** / Umkehranlasser *m* ‖ ~ **de arranque ou de partida de motor** / Motoranlasser *m* ‖ ~ **de arrastamento** (máq., tecnol.) / Mitnehmer *m* ‖ ~ **de aspiração** / Absauger *m* ‖ ~ **de atendimento** (telecom.) / Abfrageapparat *m*, Abfrageeinrichtung *f* ‖ ~ **de audiosupressão** (telecom.) / Sprachsperre *f* ‖ ~ **de auxílio de aterragem** (aeronáut.) / Landehilfe *f* ‖ ~ **de avanço** / Fortschaltvorrichtung *f* ‖ ~ **de avanço** (agricult.) / Förderwerk *n* ‖ ~ **de avanço automático** (autom.) / Selbstversteller *m* ‖ ~ **de bloqueamento** / Gesperre *n* ‖ ~ **de bloqueio de parafusos** / Schraubsicherung *f* (DIN) ‖ ~ **de carregamento** (siderurg.) / Einsetzvorrichtung *f* ‖ ~ **de comando** / Steuergerät *n*, -organ *n*, -einrichtung *f* ‖ ~ **de comando de escoamento de processos** (informática) / Ablaufsteuereinrichtung *f* ‖ ~ **de comutação** (telecom.) / Schaltmittel *n* ‖ ~ **de conexão** (telecom.) / Anschaltgerät *n* ‖ ~ **de controlo de pressão** /

Druckwächter *m* ‖ ~ **de decifração** / Dechiffriervorrichtung *f* ‖ ~ **de descarga de electricidade estática** (electr.) / Statik-Entlader *m* ‖ ~ **de desengate** / Auslösevorrichtung *f* (zur Freigabe) ‖ ~ **de desengate** (máq., tecnol.) / Ausrücker *m*, Ausrückvorrichtung *f* (zum Trennen) ‖ ~ **de desengate** (máq., tecnol.) / Ausklinkvorrichtung *f* ‖ ~ **de desengate** (máq., tecnol.) / Auslöser *m* ‖ ~ **de desligamento forçado** (telecom.) / Abwerfeinrichtung *f* ‖ ~ **de dilatação de carris soldados**, dispositivo *m* de dilatação de trilhos soldados (técn. ferrov.) / Schienenauszugsvorrichtung *f*, -ausziehstoß *m* ‖ ~ **de direcção** / Lenkeinrichtung *f* ‖ ~ **de distribuição** / Aufgabevorrichtung *f* ‖ ~ **de elevação** / Hubwerk *n*, Aufwindvorrichtung *f* ‖ ~ **de embraiar** (máq., tecnol.) / Einschaltvorrichtung *f* ‖ ~ *f* **de enchimento** / Füller *m*, Fülleinrichtung *f* ‖ ~ *m* **de enrolamento** / Aufwindvorrichtung *f* ‖ ~ **de entalhar** (máq. ferram.) / Stoßvorrichtung *f* ‖ ~ **de entrada** (informática) / Eingabewerk *n*, -einheit *f* ‖ ~ **de extracção** / Abzieher *m*, Abziehvorrichtung *f* ‖ ~ **de fixação** / Arretierung *f*, Halterung *f* ‖ ~ **de fixação** (máq. ferram.) / Spannvorrichtung *f* ‖ ~ **de fixação do fio** / Fadenkluppe *f* ‖ ~ **de fixação para fresas** / Fräsvorrichtung *f* (Einspann- o. Hilfsvorrichtung) ‖ ~ **de fresar** (torno) / Fräsvorrichtung *f* ‖ ~ **de guia** (máq. ferram.) / Leitvorrichtung *f* ‖ ~ **de homem morto** (técn. ferrov.) / Sicherheitsfahrschaltung, Sifa *f*, Totmanneinrichtung *f* ‖ ~ **de (h)umedecimento** (artes gráf.) / Feuchtwerk *n* ‖ ~ **de (h)umidificação** / Befeuchter *m*, Befeuchtungsvorrichtung *f* ‖ ~ **de identificação de chamadas anónimas** (telecom.) / Fangvorrichtung *f*, Fangeinrichtung *f* ‖ ~ **de ignição** (electr.) / Zünder *m* ‖ ~ **de indicação** (geral) / Indikator *m* ‖ ~ **de intercalação** (telecom.) / Abfrageeinrichtung *f* ‖ ~ **de inversão** (forja) / Wendevorrichtung *f*, Wender *m* ‖ ~ **de inversão de marcha por fricção** / Reibungswendegetriebe *n* ‖ ~ **de inversão do avanço** / Vorschubumschaltung, -umsteuerung *f* ‖ ~ **de leitura** (cart. perf.) / Leseeinrichtung *f* ‖ ~ **de levantamento de escovas** (electr.) / Bürstenabhebevorrichtung *f* ‖ ~ **de levantamento de precisão** / Feinhubwerk *n* ‖ ~ **de levantar e virar** (lamin.) / Brammendrehkreuz *n* ‖ ~ **de mondar à chama** (agricult.) / Flammgerät *n* zur Unkrautvernichtung ‖ ~ **de monitoração** (telecom.) / Abhöreinrichtung *f*, Mithöreinrichtung *f* ‖ ~ **de mudança** (fiação) / Absetzgerät *n* ‖ ~ **de orientação pelo solo** / Erdpeilgerät *n*, Erdrichtungssucher *m* ‖ ~ **de paragem** / Abstellvorrichtung *f* ‖ ~ **de paragem** / Stillsetzungsvorrichtung *f*, Ausrückvorrichtung *f* (zum Halten), Ausrücker *m* ‖ ~ **de paragem automática por indução** (técn. ferrov.) / induktive Zugbeeinflussung, Indusi *f* ‖ ~ **de partida automática** / Selbstanlasser *m* ‖ ~ **de partida inversor** / Umkehranlasser *m* ‖ ~ **de perfuração** / Lochvorrichtung *f* ‖ ~ **de pontaria** (armamento) / Zieleinrichtung, -vorrichtung *f*, Richtgerät *n* ‖ ~ **de pré-aquecimento** / Anwärmeeinrichtung, -vorrichtung *f* ‖ ~ **de protecção contra os choques** (electr.) / Durchschlagsicherung *f* ‖ ~ **de protecção contra arranques repetidos**, dispositivo *m* de proteção contra partidas repetidas (autom.) / Startwiederholsperre *f* ‖ ~ **de protecção do fio** / Fadenschoner *m* ‖ ~ **de protecção para os ouvidos** / Lärmschützer *m* ‖ ~ **de regulação** / Stellvorrichtung *f*, Reguliervorrichtung *f*, Regeleinrichtung *f* ‖ ~ **de regulação da carda** (fiação) / Stelleisen *n* am Krempel ‖ ~ **de retenção** / Arretierung *f* ‖ ~ **de retorno automático da mola** / Feder-Rückholeinrichtung *f* ‖ ~ **de reverberação artificial** / Echomaschine *f* ‖ ~ **de salvamento** (elevador) / Fangvorrichtung *f* ‖ ~ **de segurança** (geral) / Sicherung *f* ‖ ~ **de segurança antigás** / Gassicherung *f* ‖ ~ **de selecção de amostragem** (informática) / Auswahleinrichtung *f* ‖ ~ **de selecção de linhas** (artes gráf.) / Zeilenfindung *f* ‖ ~ **de separação de sinais** / Signalweiche *f* ‖ ~ **de sincronização** / Gleichlaufeinrichtung *f* ‖ ~ **de telealimentação** (telecom.) / Fernspeisegerät *n* ‖ ~ **de tornear cones** / Konusdrehvorrichtung *f* ‖ ~ **de tornear esferas** / Kugeldreheinrichtung *f* ‖ ~ **de transferência** (tecel.) / Aufstoßeinrichtung *f* ‖ ~ **de translação** / Fahrvorrichtung *f* ‖ ~ **de trava** (autom.) / Riegel *m* ‖ ~ **de vedação** / Absperrvorrichtung *f* ‖ ~ **de visualização** (informática) / Datensichtgerät *n* ‖ ~ **desenrolador** / Abwickelwerk *n*, -vorrichtung *f* ‖ ~ **desprendedor** / Abschlagvorrichtung *f* ‖ ~ **dióptrico para fios** / Fadendiopter *n* ‖ ~ **divisor para cremalheiras** / Zahnstangenteilvorrichtung *f* ‖ ~ **elevador** / Hebevorrichtung *f*, Hubvorrichtung *f* ‖ ~ **enrolador** / Aufrollvorrichtung *f* ‖ ~ **equalizador** (telecom.) / Entzerrvorrichtung *f*, Entzerrer *m* ‖ ~ **impressor de cartões** / Lochkartenbeschriftung[seinrichtung] *f* ‖ ~ **impulsor** / Stoßvorrichtung *f* ‖ ~ **indicador** / Anzeiger *m* ‖ ~ **Jacquard** / Jacquardeinrichtung *f* ‖ ~ **limitador de força** / Lastbegrenzer *m* ‖ ~ **multiplicador de pressão** / Druckübersetzer *m* ‖ ~ **para atar** (agricult.) / Bindevorrichtung *f* ‖ ~ **para desborrar os chapéus** (fiação) / Deckelputzvorrichtung *f* ‖ ~ **para dobrar** / Biegevorrichtung *f* ‖ ~ **para empurrar lingotes** / Blockausdrücker *m* ‖ ~ **para extrair lingotes** (lamin.) / Blockauszieher *m* ‖ ~ **para guiar uma ferramenta cortante em meia-esquadria** / Gehrungsschmiege *f* ‖ ~ **para libertar o freio ou travão** / Bremsauslösevorrichtung *f* ‖ ~ **para recolher lingotes** (lamin.) / Abschiebevorrichtung *f* ‖ ~ **para torneamento cilíndrico**, dispositivo *m* para torneamento paralelo (máq. ferram.) / Langdreheinrichtung *f* ‖ ~ **para tornear conicamente** (máq. ferram.) / Kegeldrehvorrichtung *f*, -leitapparat *m* ‖ ~ **para virar chapas** (máq. ferram.) / Blechwendevorrichtung *f* ‖ ~ **pneumático de aspiração de tiras** (máq. ferram.) / Streifenansaugevorrichtung *f* ‖ ~ **selector** / Auswahlvorrichtung *f* ‖ ~ **tensor** (funi) / Spannvorrichtung *f* ‖ ~ **tensor do fio de contacto** / Fahrdrahtabspannung *f* (Vorrichtung) ‖ ~ **tira-linhas** / Linienziehvorrichtung *f*, Liniervorrichtung *f* ‖ ~ **transportador de lingotes** (lamin.) / Blocktransportvorrichtung *f*

disprósio *m* (química) / Dysprosium *n*, Dy

disruptivo (electr.) / den Durchschlag herbeiführend, disruptiv, Durchschlag[s]..., Durchbruch[s]...

dissacarose *f* / Disaccharose *f*

dissector *m* **de imagem** (tv) / Bildsondenröhre *f*

disseminação *f* / Ausbreitung *f*, Verbreitung *f*

disseminado (expl. minas) / eingesprengt, fein verwachsen

dissilicato *m* **de chumbo** / Bleidisilikat *n*

dissimetria *f* / Asymmetrie *f*

dissimétrico / asymmetrisch

dissipação *f* / Auflösung *f* (Nebel) ‖ ~ **anódica** / Anodenverlustleistung *f* ‖ ~ **de calor** / Wärmeableitung, -abführung *f* ‖ ~ **de potência**, dissipação *f* de energia / Leistungsverlust *m*, -verschwendung *f* ‖ ~ **do emissor** / Emitter-Verlustleistung *f* ‖ ~ **do som** / Schalldämpfung, Dissipation *f*

dissipador *m* (electrón.) / Abstrahlblech *n* ‖ ~ **de calor** (electrón.) / Kühlkörper, -block *m*, -blech *n* ‖ ~ **de energia** / Energievernichter *m*
dissipar calor (electrón.) / Wärme ableiten, kühlen
dissociação *f* / Dissoziation *f*, Zerfall *m* ‖ ~ (química) / Aufspaltung *f*, Spaltung *f* ‖ ~ **de ácido** / Säurespaltung *f* ‖ ~ **de matérias gordas** / Spaltung *f* von Fettstoffen ‖ ~ **do gás** / Gasdissoziation *f* ‖ ~ **electrolítica** / elektrolytische Dissoziation
dissociar / abspalten, dissoziieren ‖ ~ (química) / spalten
dissociável / dissoziierbar
dissódico (química) / Dinatrium...
dissolução *f* (química) / Auflösung *f*, Trennung *f* durch Auflösung
dissolúvel / löslich, sich auflösend
dissolvente *m* (química) / Auflösungsmittel, Lösemittel *n*, Solvent *n*, Lösungsmittel *n* ‖ ~ **para laca**, dissolvente *m* para verniz / Lackbenzin *n*
dissolver (química) / auflösen ‖ **~-se** (química) / sich auflösen, übergehen [in]
dissolvido (química) / gelöst ‖ **não** ~ (química) / ungelöst
dissulfureto *m* **de carbono** / Kohlenstoffdisulfid *n*, Schwefelkohlenstoff *m*
distância *f* / Distanz *f*, Entfernung *f*, Abstand *m*, Wegstrecke *f* (Länge) ‖ **à** ~ / Fern..., Langstrecken... ‖ **de longa** ~ / Langstrecken... ‖ ~ **a percorrer na aterragem** (aeronáut.) / Landestrecke *f* ‖ ~ **aérea** / Flugentfernung *f* ‖ ~ **ao bordo** / Randabstand *m* ‖ ~ **de aceleração** / Beschleunigungsstrecke *f* ‖ ~ **de centelhação** / Entladeweite *f* ‖ ~ **de descarga** (electr.) / Schlagweite, Funkenlänge *f*, Funkenstrecke *f* ‖ ~ **de de(s)colagem** (aeronáut.) / Anlauflänge, -strecke *f*, Anlauf *m* ‖ ~ **de extrapolação** (técn. nucl.) / Extrapolationslänge *f*, Extrapolationsstrecke *f* ‖ ~ **de frenação** (autom.) / Fahrzeug-Bremsweg *m* ‖ ~ **de imagem** / Bildweite *f* ‖ ~ **de isolamento** / Schlagweite *f* ‖ ~ **de percussão** (máq. escrev.) / Prellabstand *m* ‖ ~ **de protecção** (técn. ferrov.) / Schutzstrecke *f* ‖ ~ **de segurança** (autom.) / Sicherheitsabstand *m* ‖ ~ **de transporte** / Förderweg *m* ‖ ~ **de travagem** (autom.) / Fahrzeug-Bremsweg *m* ‖ ~ **de través** (naveg.) / Dwarsabstand *m* ‖ ~ **disruptiva** (electrón.) / Abschaltfunkenstrecke *f* ‖ ~ **do centro do rebite à extremidade da cobrejunta** / Laschenrandentfernung *f* ‖ ~ **do movimento de terras** (constr. civil, constr. rodov.) / Förderweg *m*, -strecke *f* ‖ ~ **do rebite ao bordo da chapa** / Abstand *m* des Nietes vom Blechrand ‖ ~ **dos eléctrodos** / Elektrodenabstand *m* (der Zündkerze) ‖ ~ **entre a lente e a tela** (filme) / Bildabstand *m*, Entfernung Linse-Leinwand *f* ‖ ~ **entre apoios** / Stützweite *f*, Spannweite *f* ‖ ~ **entre apoios**, vão *m* / freitragende Länge ‖ ~ **entre as pontas** / Drehlänge *f* zwischen Spitzen ‖ ~ **entre asnas** / Binderabstand *m* ‖ ~ **entre centros** / Abstand *m* von Mitte zu Mitte, Mittenabstand *m*, Mittelpunktabstand *m* ‖ ~ **entre centros de orifícios** (máq., tecnol.) / Augabstand *m* ‖ ~ **entre chulipas adjacentes** (técn. ferrov.) / Schwellenfeld *n* ‖ ~ **entre comboios** (técn. ferrov.) / Zugabstand *m* ‖ ~ **entre dormentes adjacentes** (técn. ferrov.) / Schwellenfeld *n* ‖ ~ **entre eixos** (técn. ferrov.) / Achsabstand *m*, Radstand *m* ‖ ~ **entre eixos ou entre a coluna e a broca da furadeira radial** / Schwinghalbmesser *m* ‖ ~ **entre furos** / Lochabstand *m* ‖ ~ **entre o centro do rebite e a aresta exterior da cantoneira** / Streichmaß *n* ‖ ~ **entre o veículo e o solo** (autom.) / Bauchfreiheit *f* ‖ ~ **entre os eixos das vias** (técn. ferrov.) / Gleisentfernung *f* ‖ ~ **entre os pilares de uma ponte** / Jochweite *f* ‖ ~ **entre pontas** (torno) / Spitzenweite *f*, -abstand *m* ‖ ~ **entre rebites** / Nietteilung *f*, Nietabstand *m* bei Zickzacknietung ‖ ~ **entre tesouras** / Binderabstand *m* ‖ ~ **entre travessas adjacentes** (técn. ferrov.) / Schwellenfeld *n* ‖ ~ **entre trens** (técn. ferrov.) / Zugabstand *m* ‖ ~ **entre veículos** / Fahrzeugabstand *m* ‖ ~ **explosiva** / Funkenstrecke *f* ‖ ~ **explosiva auxiliar** / Hilfsfunkenstrecke *f* ‖ ~ **explosiva de segurança** / Sicherheitsfunkenstrecke *f* ‖ ~ **focal** / Fokaldistanz *f*, Brennweite *f*, Brennpunktsabstand *m* ‖ ~ **focal de um condensador** (óptica) / Schnittweite *f* eines Kondensors ‖ ~ **focal do ocular** (óptica) / Brennweite *f* des Okulars ‖ ~ **focal equivalente** (óptica) / Äquivalentbrennweite *f* ‖ ~ **foco-placa do aparelho de raios X** / Fokusplattenabstand *m* am Röntgenapparat ‖ ~ **interatómica** / Atomabstand *m* ‖ ~ **interocular** / Augabstand *m* ‖ ~ **medida** / Meßstrecke *f*, gemessene Strecke ‖ ~ **mínima de aproximação** / Mindestsicherheitsabstand *m* ‖ ~ **mínima entre o veículo e o solo** (autom.) / Bodenfreiheit *f* ‖ ~ **percorrida** / zurückgelegte Strecke ‖ ~ **[percorrida] por eixo** [medida] **em quilómetros** (técn. ferrov.) / Achskilometer *m*, Achs-km *m* ‖ ~ **perpendicular entre dois pontos** (expl. minas) / Seigerhöhe *f* ‖ ~ **polar** (mecân.) / Polabstand *m*, Polweite *f* ‖ ~ **polar** (astron.) / Polhöhe *f* ‖ ~ **simples de explosão** / Einzelfunkenstrecke *f* ‖ ~ **terrestre** (radar) / Horizontalentfernung, Kartenentfernung *f* ‖ ~ **visual** / Sichtweite *f*
distanciador *m* **da sapata do freio**, distanciador *m* da sapata do travão / Bremsbackenabstandsstück *n*
distanciómetro *m* / Abstandsmesser *m*
distante / entfernt, weit ‖ **estar** ~ **de ...** / abstehen
distender / ausziehen, ziehen, auseinanderziehen, expandieren ‖ **~-se** / schlaffwerden, seine Spannung verlieren
disténio *m* (mineralog.) / Disthen *m*, Kyanit *m*
distensão *f* / Expansion *f* ‖ ~ **linear**, distensão *f* longitudinal / Längsdehnung *f*
distinguir / auseinanderhalten, unterscheiden
distintivo *m* (geral) / Kennzeichnung *f*, Kennzeichen *n* ‖ ~ **dosimétrico** (técn. nucl.) / Filmplakette *f*
distinto / bestimmt, deutlich
distorção *f* / Verwindung *f* ‖ ~ (tv) / Verzerrung *f* ‖ **sem** ~ / verzerrungsfrei ‖ ~ **arrítmica** (telecom.) / Bezugs-Verzerrung, Geh-Steh-Verzerrung *f* ‖ ~ **característica** (telecom.) / Apparatverzerrung *f*, Regelverzerrung *f*, Einschwingverzerrung *f* ‖ ~ **da atenuação [em virtude da frequência]** (telecom.) / Dämpfungsverzerrung *f* ‖ ~ **da linha de base** (electrón.) / Impulsbodenverzerrung *f* ‖ ~ **de abertura** / Aperturverzerrung *f*, Auflösungsunschärfe *f* ‖ ~ **de amplitude** (tv) / Amplitudenverzerrung *f* ‖ ~ **de fase** (electrón.) / Laufzeitverzerrung *f* ‖ ~ **de frequência** (electrón.) / Frequenzverzerrung *f* ‖ ~ **de ganho diferencial** (tv) / differentieller Verstärkerfehler ‖ ~ **de imagem** (tv) / Bildverzerrung *f* ‖ ~ **de intermodulação** / Intermodulationsverzerrung *f* ‖ ~ **de linha** (telecom.) / Leitungsverzerrung *f* ‖ ~ **de quantificação** / Quantisierungsverzerrung *f* ‖ ~ **do campo** / Feldverzerrung *f* ‖ ~ **do perfil** (forja) / Formverzerrung *f* ‖ ~ **gama** (óptica) / Gammaverzeichnung *f* ‖ ~ **inerente** (electrón.) / Eigenklirrfaktor *m* ‖ ~ **polarizada** / einseitige Verzerrung ‖ ~ **por reacção** / Rückkopplungsverzerrung *f* ‖ ~ **quântica** / Quantenverzerrung *f* ‖ ~ **regenerativa** / Rückkopplungsverzerrung *f* ‖ ~ **start-stop**

(telecom.) / Geh-Steh-Verzerrung, Bezugs-Verzerrung *f* ‖ ~ **telegráfica** (telecom.) / Zeichenverzerrung *f* (IEC)
distorcer / verzerren
distorcido / verzerrt ‖ **não** ~ / unverzerrt
distorciómetro *m* (telecom.) / Verzerrungsmeßgerät *n*
distribuição *f* / Verteilung *f*, Austeilung *f* ‖ ~ (mot.) / Motorsteuerung, Ventilsteuerung *f* ‖ ~ (artes gráf.) / Ablegen *n* der Schrift ‖ ~ **assintótica** / Grenzverteilung *f* ‖ ~ **automática** (máq. vapor) / Selbststeuerung *f* ‖ ~ **binomial** / Binomialverteilung *f* ‖ ~ **da ferramenta** (tecel.) / Einteilen *n* des Werkzeugs ‖ ~ **das idades** (por classes de frequência) (madeira) / Altersklassenverteilung *f* ‖ ~ **de Bose-Einstein** (física) / Bose-Einstein-Statistik *f* ‖ ~ **de cabos** / Kabelverteilung *f* ‖ ~ **de carga** (electr.) / Lastverteilung *f* ‖ ~ **de carga** / Belastungsverteilung *f*, -ausgleich *m* ‖ ~ **de corrente** (electr.) / Stromverteilung *f* ‖ ~ **de erros de Gauss** / Gaußsche Fehlerverteilung ‖ ~ **de Fermi-Dirac** (semicondut.) / Fermi-Dirac-Verteilung *f* ‖ ~ **de Gaus** / Normalverteilung *f* ‖ ~ **de peso ou de carga** / Gewichtsverteilung *f* ‖ ~ **de quadrante**, distribuição *f* de sector (máq. vapor) / Schwingensteuerung *f* ‖ ~ **de tensões** (mecân.) / Spannungsverteilung *f* ‖ ~ **do campo** / Feldverteilung *f* ‖ ~ **do campo de abertura** (rádio) / Feldverteilung *f* der wirksamen Strahlenfläche ‖ ~ **dos tipos** (artes gráf.) / Schriftablegen *n* ‖ ~ **excêntrica** / Exzentersteuerung *f* ‖ ~ **exponencial** / Exponentialverteilung *f* ‖ ~ **Heusinger** (técn. ferrov.) / Heusingersteuerung *f* ‖ ~ **por corrediça** (máq. vapor) / Kulissensteuerung *f* ‖ ~ **radial** (telecom.) / offene Verteilung
distribuído / verteilt
distribuidor *m* (geral, mot.) / Verteiler *m* ‖ ~ / Spender *m*, Ausgabegerät *n* ‖ ~ (turbina) / Leitapparat *m* ‖ ~ (forno de vidro) / Speiserkopf *m*, Speisermundstück *n* ‖ ~ **anular** / Ringschieber *m* ‖ ~ **automático com introdução de moeda** / Münzapparat *m*, -automat *m* ‖ ~ **automático de artigos** / Automat *m*, Warenautomat *m* ‖ ~ **automático de bilhetes** / Fahrscheinspender *m*, Fahrkartenautomat *m* ‖ ~ **cilíndrico** / Kolbenschieber *m* ‖ ~ **de ar aspirado** (mot.) / Ansaugluftverteiler *m* ‖ ~ **de barras cruzadas** (electrón.) / Kreuzschienenverteiler *m* ‖ ~ **de betão ou concreto** / Betonverteiler *m* ‖ ~ **de carga** / Lastverteiler *m* ‖ ~ **de cerveja** / Bierzapfanlage *f* ‖ ~ **de chamadas** (telecom.) / Anrufordner *m*, Anrufverteiler *m* ‖ ~ **de êmbolo** / Kolbenschieber *m* ‖ ~ **de evacuação** / Auslaßschieber *m* ‖ ~ **de expansão** / Expansionsschieber *m* ‖ ~ **de fios** / Garnausgeber *m* ‖ ~ **de ignição** / Zündverstellverteiler *m* ‖ ~ **de itinerários** (técn. ferrov.) / Fahrstraßengeber *m* ‖ ~ **de movimento alternado** (geral) / Schüttelaufgeber *m* ‖ ~ **de pasta** (papel) / Zeugregler *m* ‖ ~ **de sabão** / Seifenspender *m* ‖ ~ **de vapor** (máq. vapor) / Dampfschieber *m* ‖ ~ **do ar de arranque ou de partida** / Anlaßluftsteuerung *f* ‖ ~ **helicoidal de gasolina** (mot.) / Benzinvernebler *m* ‖ ~ **múltiplo** (telecom.) / Mehrfachverteiler *m*
distribuir / verteilen ‖ ~ / austeilen, zuordnen, zuweisen ‖ ~ (artes gráf.) / ablegen ‖ ~ **os tipos** (artes gráf.) / Schrift *f* ablegen
distrito *m* **mineiro** (expl. minas) / Bergrevier *n*
ditionato *m* / Dithionat *n*
ditionito *m* / Dithionit, Hyposulfit *n*
divergência *f* / Divergenz *f*, Verschiedenheit *f* ‖ ~ (óptica) / Zerstreuung *f* ‖ ~ / Auseinandergehen *n* ‖ ~ (aeronáut.) / angefachte aperiodische Schwingung ‖ ~ (autom.) / Nachspur *f* ‖ ~ **de cor** / Farbabweichung *f* ‖ ~ **de linhas de latitude** (geogr.) / Breitenausdehnung *f* ‖ ~ **natural** / Eigenstreuung *f*
divergente / divergent, auseinandergehend ‖ ~ (óptica) / zerstreuend, Zerstreuungs...
divergir / divergieren, auseinandergehen ‖ ~ (óptica) / zerstreuen (sich)
diversidade *f* **de frequência** (rádio) / Frequenzdiversity *f*
dividendo *m* (matem.) / Dividend *m*
dividido / geteilt ‖ ~ **em dois** / halbiert
dividir / teilen, spalten ‖ ~ [por] (matem.) / dividieren [durch] ‖ ~ / aufteilen, teilen, zerteilen ‖ ~ **em dois** / halbieren ‖ ~ **exactamente** (matem.) / aufgehen (ohne Rest)
divisão *f* / Teilung *f*, Spaltung *f* ‖ ~ (matem.) / Teilung *f*, Division *f* ‖ ~ (constr. civil) / Zimmer *n* ‖ ~ **centesimal do quadrante** / Hundertteilung *f* des Bogens ‖ ~ **da célula** (biol.) / Kernteilung *f* ‖ ~ **de dados** / Datenteil *m* (COBOL) ‖ ~ **de frequência** / Frequenzteilung *f*, Frequenzuntersetzung *f* ‖ ~ **de imagem** (tv) / Teilbild *n* ‖ ~ **de impulsos ou pulsos** / Impulsuntersetzung *f* ‖ ~ **de nónio** / Nonienteilung *f* ‖ ~ **em forma de bancos** (geol) / Bankung *f* ‖ ~ **em graus** / Gradteilung *f* ‖ ~ **em traços** / Strichteilung *f* ‖ ~ **em zonas** (artes gráf.) / Feldeinteilung *f*
divisibilidade *f* / Teilbarkeit *f*
divisível / teilbar ‖ ~ **pela metade** / halbierbar
divisor *m* (matem.) / Teiler, Divisor *m* ‖ ~ *adj* / Teil..., teilend ‖ ~ *m* **binário** / Binäruntersetzer *m* ‖ ~ **comum** (matem.) / gemeinsamer Teiler ‖ ~ **de fios** (tecel.) / Fadenteiler *m* ‖ ~ **de frequência** (electr.) / Frequenzteiler *m* ‖ ~ **de frequência de impulsos ou pulsos** (electrón.) / Impulsfrequenzteiler *m* ‖ ~ **de meadas** / Fitzer *m* ‖ ~ **de tensão** (electr.) / Spannungsteiler *m* ‖ ~ **de velo** (fiação) / Florteilapparat *m*, -teiler *m*
divisória *f* **do cano de ventilação** (forno de vidro) / Brennertrennwand *f*
doador *m* (semicondut.) / Donator *m*, Donor *m*, Elektronenspender *m*
dobadora *f* **com bobinas em forma de garrafa** / Flaschenspulmaschine *f*
dobadoura *f* (fiação, têxtil) / Haspel *f m*, Fachmaschine *f*, Weife *f*, Spulmaschine *f* ‖ ~ **para fio de seda** / Kokonhaspel *m f* ‖ **~-retorcedeira** *f* / Fachzwirnmaschine *f* ‖ ~ **simples** / Einfachweife *f*
dobagem *f* / Fachzwirnen *n*
dobar / Garn zu Strähnen haspeln, aufspulen, weifen
dobra *f* / Kniff *m*, Falte *f* ‖ ~ (geol) / Falte *f* ‖ ~ (papel) / Falz *m* ‖ ~ (chapa) / Knick *m*, Umschlag *m* ‖ ~ **dupla** / Doppelfalz *m* ‖ ~ **isoclinal** (geol) / Isoklinalfalte *f* ‖ ~ **longitudinal** (papel) / Längsfalte *f* ‖ ~ **monoclinal** (geol) / Kniefalte, Flexur *f*
dobradeira *f*, máquina *f* de dobrar / Falzmaschine *f* ‖ ~ (artes gráf.) / Falzbein *n*
dobradiço / klappbar, Klapp..., aufklappbar, faltbar
dobrado / gefaltet, Falten... ‖ ~ (fiação) / gefacht ‖ ~ **em fole**, dobrado em sanfona (papel) / leporellogefalzt
dobrador *m* (têxtil) / Dublierer *m*, Doppler *m*
dobradura *f* **sanfonada** (papel) / Leporellobruchfalzung *f*
dobragem *f* (têxtil) / Dublierung *f*, Dublieren *n*, Dopplung *f* ‖ ~ (filme) / Synchronisation *f* ‖ ~ (artes gráf.) / Falzung *f* ‖ ~ **em fole** (papel) / Leporellobruchfalzung *f*
dobrar / beugen, falten, krümmen, verbiegen, zusammenfalten, klappen ‖ ~ (filme) / synchronisieren ‖ ~ (fiação) / fachen, dublieren ‖ ~ **a frio** / kalt biegen ‖ ~ **em redondo** /

rundbiegen ‖ ~ **para cima** / aufkanten, hochkant[ig] legen ‖ ~ **para fora** / ausbiegen, auswärts biegen
dobrável / zusammenklappbar, biegbar, faltbar, biegsam, zusammenlegbar ‖ ~ **para cima** / hochklappbar
dobro *m* / Doppelte *n*
doca *f* (constr. naval) / Dock *n* ‖ **fazer entrar no dique ou na** ~ / docken ‖ ~ **de construção** / Baudock *n* ‖ ~ **flutuante** / Schwimmdock *n* ‖ ~ **seca** / Trockendock *n*
doce (geral) / süß ‖ ~ (metal) / weich
documentação *f* / Schrifttum *n*
documento *m* (artes gráf.) / Beleg *m* ‖ ~ **fonte** (informática) / Urbeleg *m*
documentos *m pl* / Schriftgut *n*
dodecaedro *m* / Dodekaeder *n*, Zwölfflach *n*, sechsseitige Doppelpyramide ‖ ~ **rômbico** / Rhombendodekaeder *n*
dodecagonal / zwölfeckig
dodecágono *m* / Zwölfeck, Dodekagon *n*
dois pontos *m pl* (artes gráf.) / Doppelpunkt *m*, Kolon *n*
dolomita *f* (geol) / Dolomit *m* ‖ ~ (mineralog.) / Braunspat *m* ‖ ~ **compacta** / dichter Dolomit, Zechsteindolomit *m*, Devon *m*, Devon *m* ‖ ~ **granular** / körniger Dolomit, Dolomitmarmor *m*
dolomitização *f* / Dolomitisierung *f*
doméstico / Haushalt..., Heim...
dominância *f* (óptica) / Farbtongleichheit *f*
dominante (óptica) / farbtongleich
domínio *m* / Gebiet *n*, Domäne *f*, Bereich *m*, Sphäre *f* ‖ ~ (física) / Bereich *m* ‖ ~ **audível** / Hörbereich *m* ‖ ~ **da sensação auditiva** / Hörbereich *m* des Ohres ‖ ~ **de energia moderada** (física) / Gebiet *n* der mittleren Energie ‖ ~ **de integridade** (matem.) / Integritätsbereich *m* ‖ ~ **de tensão** (mecân.) / Spannungsbereich *m*
domo *m* / Haube *f*, Dom *m* ‖ ~ **de sal** (geol) / Salzstock, -horst *m*
dopagem *f* (semicondut.) / Dotieren *n*, Dopen *n*
dopar (semicondut.) / dopen, dotieren
dope *m* / Spannlack *m*
dormente *m* (constr. civil) / Holm *m* ‖ ~ (carpint.) / Lagerbalken *m* ‖ ~ (técn. ferrov.) / Eisenbahnschwelle *f* ‖ ~ **de junta** (técn. ferrov.) / Fugenschwelle *f* ‖ ~ **de madeira** (técn. ferrov.) / Holzschwelle *f* ‖ ~ **de porta** (marcenar.) / Kämpfer *m* ‖ ~ **do telhado** / Dachgaube *f* ‖ ~ **duplo** (técn. ferrov.) / Doppelschwelle *f* ‖ ~ **longitudinal** (técn. ferrov., constr. civil) / Langschwelle *f* ‖ ~ **sabotado** (técn. ferrov.) / gekappte Schwelle
dormitório *m* (constr. civil) / Schlafzimmer *n*
dorso *m* / Rücken *m* ‖ ~ **convexo** / gebauchter Rücken ‖ ~ **do machado** / Axtrücken *m*
dosagem *f* / Dosieren *n*, Dosierung *f* ‖ ~ (fundição) / Gattierung *f*
dosar / dosieren, zumessen
dose *f* / Dosis *f* ‖ ~ **absorvida** (técn. nucl.) / Energiedosis *f* ‖ ~ **absorvida integral** (técn. nucl.) / integrale Dosis ‖ ~ **de cloro** / Chloren *n*, Chlorgabe *f* ‖ ~ **de epilação** (raios X) / Epilationsdosis *f* ‖ ~ **de radiação** / Strahlendosis *f*, Strahlungsdosis *f* ‖ ~ **de tolerância** (técn. nucl.) / Toleranzdosis *f* ‖ ~ **equivalente** (técn. nucl.) / Äquivalentdosis *f* ‖ ~ **excessiva** / Überdosis *f* ‖ ~ **incidente** / Einfalldosis *f* ‖ ~ **integral** (técn. nucl.) / integrale Dosis ‖ ~ **máxima** / Höchstdosis *f* ‖ ~ **máxima profissionalmente admissível** (técn. nucl.) / Versetzungsdosis *f*, höchstzulässige berufsbedingte Dosis ‖ ~ **na unidade de tempo** (técn. nucl.) / Dosisleistung *f*, -rate *f* ‖ ~ **permissível** (técn. nucl.) / Toleranzdosis *f*, Gefährdungsdosis *f*
dosear / dosieren, zumessen
dosimetria *f* / Dosimetrie *f* ‖ ~ **fotográfica** (técn. nucl.) / Filmdosimetrie *f*
dosímetro *m* / Dosimeter *n*, Dosismeßgerät *n*, Dosisleistungsmesser *m* ‖ ~ **de fio de quartzo** / Quarzfaden-Dosismesser *m* ‖ ~ **fotográfico** (técn. nucl.) / Filmdosimeter *n* ‖ ~ **fotográfico pessoal** (técn. nucl.) / Filmplakette *f*, Strahlenschutzplakette *f*
dotação *f* **de combustível** (técn. nucl.) / Brennstoffeinsatz *m*, Brennstoffinventar *n*
dotado [de] / ausgerüstet [mit], ausgestattet [mit] ‖ ~ **de confiabilidade de serviço**, dotado de fiabilidade de serviço / zuverlässig, betriebssicher
douglásia *f* / Douglasie *f*
douração *f* / Vergoldung *f*, Vergolden *n* ‖ ~ **a fogo** / Feuervergoldung *f* ‖ ~ **a têmpera** / Leimvergoldung *f*
dourado / vergoldet
dourar / vergolden ‖ ~ **com ouro batido** / blattvergolden ‖ ~ **por electrólise** / galvanisch vergolden
draga *f* (hidrául.) / Naßbagger *m*, Baggergerät *n*, -maschine *f*, (unter Wasser), Baggerboot *n*, Baggerschiff *n*, Baggerprahm *m* ‖ ~ / Bagger *m* ‖ ~ **com desagregador rotativo** / Fräsbagger *m* ‖ ~ **de baldes** / Eimerkettennaßbagger *m* ‖ ~ **de cabo** / Kabelbagger *m* ‖ ~ **de colheres** / Löffelbagger *m* ‖ ~ **de maxilas** / Greifbagger *m* ‖ ~ **de pás** / Löffelbagger *m* ‖ ~ **flutuante** / Schwimmbagger *m* ‖ ~ **hidráulica** vide draga de sucção ‖ ~ **raspadeira** / Kratzer *m*, Kratzbagger *m*, Schrapper *m*
dragagem *f* / Ausbaggerung *f*
draga-minas *m* (armamento) / Minensucher *m*
dragar / ausbaggern
drenagem *f* / Entwässerung *f*, Ableitung *f* des Wassers ‖ ~ (agricult.) / Drainage, Dränung *f*, Drainieren *n* ‖ ~ (hidrául.) / Trockenlegung, Drainage *f* ‖ ~ (esmalte) / Ablaufenlassen *n* ‖ ~ **de lama**, drenagem *f* de lodo / Schlammentwässerung *f* ‖ ~ **do solo** / Bodenentwässerung *f* ‖ ~ **do tabuleiro** (ponte) / Fahrbahnentwässerung *f* ‖ ~ **eléctrica polarizada** (corrosão) / Streustromableitung *f*
drenar / ablassen, abfließen lassen ‖ ~ / trockenlegen, entwässern ‖ ~ (agricult.) / drainieren, drän[ier]en ‖ ~ (expl. minas) / sümpfen
dreno *m* / Sickerdole *f*, -wasserrohr *n* (unterird.), Abzug *m*, Abflußgraben, Ablaß *m* ‖ ~ (hidrául.) / Abzugsgraben *m* ‖ ~ (semicondut.) / Drain *m* ‖ ~ **em faxina** / Faschinendrän *m* ‖ ~ **no solo** (constr. civil) / Bodenablauf *m* ‖ ~ **para águas subterrâneas** (expl. minas) / Fangdrän *m* ‖ ~ **subterrâneo** / Erddrän *m*, Maulwurfdrän *m* ‖ ~ **transversal** (constr. rodov.) / Querrinne *f* ‖ ~ **tubular** (constr. rodov.) / Röhrendurchlaß *m*
droga *f* / Droge *f* ‖ ~ **tintorial** / Färbematerial *n*
drosómetro *m* (física) / Taumesser *m*, Drosometer *n*
drusa *f* (mineralog.) / Druse *f* ‖ ~ **de ferro** / Eisendruse *f*, drusig gewachsenes Eisenerz *n* ‖ ~ **de minério** / Erzdruse *f*
drusiforme (expl. minas) / drusenförmig, drusig
dual (informática, matem.) / dual
dualidade *f* / Dualität *f*
dualismo *m* (física) / Dualismus *m*
dublagem *f* (filme) / Synchronisation *f*
dublar (filme) / synchronisieren
dubleto *m* / Dublett *n* (gemeinsames Elektronenpaar zweier Atome) ‖ ~ (óptica) / Dublett *n*
duche *m*, ducha *f* / Brause *f*
duches *f pl* (expl. minas) / Grubenkaue *f*
dúctil / hämmerbar, plastisch verformbar, streckbar, geschmeidig, duktil
ductilidade *f* / Hämmerbarkeit *f*, Streckbarkeit *f*,

Geschmeidigkeit *f*, Duktilität *f*
ducto *m* / Dukt *m*
dulcificar (química) / mit Weingeist absüßen
dumper *m* / Muldenkipper *m*
duna *f* (geol) / Düne *f* ‖ ~ **movediça** / Wanderdüne *f*
duplamente abobadado / doppeltgewölbt ‖ ~ **composto** (máq. vapor, electr.) / Doppelverbund... ‖ ~ **enrolado** / bifilar gewickelt ‖ ~ **revestido de algodão** (electr.) / doppeltbaumwollumsponnen ‖ ~ **revestido de seda** (electr.) / doppeltseideumsponnen
dúplex *m* (telecom. electrón.) / Duplex *n*, DX
duplexor *m* (antena) / Sende-Empfang-Weiche *f*, Duplexer *m*
duplicação *f* / Dopplung *f*, Verdopplung *f* ‖ ~ (matem.) / Verdopp[e]lung *f* ‖ ~ **de cartões** / Kartenkopieren *n* ‖ ~ **de imagens** (tv) / Bildverdoppelung *f*
duplicado *m* / Duplikat *n*
duplicador *m* / Vervielfältigungsapparat *m*, -maschine *f* ‖ ~ **a álcool** / Hektograph *m* (z. B. Ormig-Vervielfältiger) ‖ ~ **de frequência** / Frequenzverdoppler, -doppler *m*
duplicar / verzweifachen, verdoppeln, vervielfältigen ‖ ~ / doppeln
duplo *m* / das Zweifache ‖ ~ *adj* / zweifach, doppelt, Doppel... ‖ ~**-diodo** *m* (electrón.) / Duodiode *f*, Binode *f*, Doppeldiode *f*
duquesa *f* (têxtil) / Duchesse *m*
durabilidade *f* / Dauerhaftigkeit *f*, Haltbarkeit *f*
duração *f* / Zeitdauer *f*, Dauer *f*, Lebensdauer *f* ‖ **com a ~ de uma hora** / einstündig ‖ **de curta ~** / kurzzeitig, Kurzzeit... ‖ ~ **da carbonização** / Garungsdauer *f* ‖ ~ **da carga** / Belastungsdauer *f* ‖ ~ **da falha** / Ausfallzeit *f* ‖ ~ **da imagem** (tv) / Bilddauer *f* ‖ ~ **da presa** / Erhärtungsdauer *f* ‖ ~ **de carga** (siderurg.) / Chargendauer *f* ‖ ~ **de colisão** (química) / Stoßdauer *f* ‖ ~ **de combustão** / Brenndauer *f* ‖ ~ **de funcionamento** / Einschaltdauer, Laufzeit *f* ‖ ~ **de ocupação** (telecom.) / Belegungsdauer *f* ‖ ~ **de resposta** (física) / Ansprechdauer *f* ‖ ~ **de um período**, duração *f* de um ciclo / Dauer *f* einer Periode ‖ ~ **de um período em segundos para uma unidade de taxação** (telecom.) / Sprechdauer *f* in s für eine Gebühreneinheit ‖ ~ **de uma oscilação** / Schwingungsdauer *f* ‖ ~ **do arco [voltaico]** / Lichtbogendauer *f* ‖ ~ **do impulso ou pulso** (electrón.) / Impulsdauer *f* ‖ ~ **do percurso** / Fahrzeit *f*, Fahrtdauer *f* ‖ ~ **do voo** (aeronáut.) / Flugzeit *f*, Flugdauer *f* ‖ ~ **máxima** / Höchstdauer *f* ‖ ~ **operacional** / Arbeitsdauer *f* ‖ ~ **taxável de uma conversação telefónica** (telecom.) / Gebührenzeitraum *m*
duradouro / dauerhaft, für die Dauer gearbeitet
duralumínio *m* / Duralumin[ium], Dural *n*
durame *m* (madeira) / Kernholz *n*
durável / haltbar, für die Dauer gearbeitet, dauerhaft
dureno *m* (química) / Durol *n*
dureza *f* / Härte *f* ‖ **de ~ média** / mittelhart, mäßig hart ‖ ~ **ao choque** / Schlaghärte *f* ‖ ~ **calcária** / Kalkhärte *f* ‖ ~ **da água** / Wasserhärte *f* ‖ ~ **de Brinell** / Kugeldruckhärte *f*, Brinellhärte *f* ‖ ~ **de cementação** / Einsatzhärte *f* ‖ ~ **de endentação** / Kugeldruckhärte *f*, -eindruckhärte *f* ‖ ~ **do aço** / Stahlhärte *f* ‖ ~ **em temperaturas elevadas** / Warmhärte *f* ‖ ~ **esclerométrica** / Ritzhärte *f*, Sklerometerhärte *f* ‖ ~ **natural** / Naturhärte *f* ‖ ~ **permanente** / bleibende Härte ‖ ~ **Rockwell** / Rockwellhärte *f* ‖ ~ **Shore** / Shorehärte *f* ‖ ~ **Vickers** / Vickershärte *f*
duro (geral) / hart ‖ ~ (rochas) / fest ‖ ~ (raios X) / hochevakuiert ‖ ~ (vidro) / hochschmelzend ‖ ~ **como diamante** / diamanthart ‖ ~ **como vidro** / glashart
durómetro *m* / Härteprüfer *m*
duroplástico *m* / Duroplast *m* ‖ ~ / wärmeaushärtend, duroplastisch

E

e *m* **comercial** (artes gráf.) / ET-Zeichen *n* (das Zeichen „&")
ebanizar / schwarz (o. wie Ebenholz) beizen
ebonite *f* / Ebonit *n*, Vulkanit, Hartgummi *m*
ebulição *f* / Sprudeln, Sieden *n* ‖ ~ (química) / Sieden *n* ‖ **com alto ponto de ~** / schwersiedend ‖ **com baixo ponto de ~** / leichtsiedend ‖ **de baixo ponto de ~** / tiefsiedend ‖ **de elevado ponto de ~** / hochsiedend ‖ **em ~** / kochend, sprudelnd ‖ ~ **incipiente** / Siedebeginn *m* (Verdampfung) ‖ ~ **pelicular** / Filmsieden *n*
ebuliente / siedend
ebuliómetro *m* / Siedeapparat *m*
ebulioscopia *f* (química) / Ebullioskopie *f*
ebulioscópio *m* / Ebullioskop *n*
ecgonina *f* (química) / Ecgonin *n*
eclipsar (astron.) / verdunkeln
eclipse *m* (astron.) / Finsternis *f*, Eklipse *f* ‖ ~ (farol) / Dunkelzeit *f*, Verdunkelung *f* ‖ ~ **solar** / Sonnenfinsternis *f*
eclíptica *f* (astron.) / Ekliptik *f*
eclusa *f* (hidrául.) / Schleuse *f*, Schütze *f*, Schütz *n* ‖ ~ **de dique** (hidrául.) / Siel *m n*, Deichschleuse *f* ‖ ~ **de poço** (hidrául.) / Schachtschleuse *f* ‖ ~ **de segurança** (hidrául.) / Sperrschleuse *f*, Schutzschleuse *f*
eco *m* / Echo *n*, Widerhall *m* ‖ ~ **de rádio** / Funkecho *n* ‖ ~ **do solo** (radar) / Bodenecho *n* ‖ ~ **do spin** (física) / Spin-Echo *n* ‖ ~ **em volta da Terra** (electrón.) / Erdumlaufecho *n* ‖ ~ **falso** (radar) / Falschecho *n* ‖ ~ **fixo** (radar) / Festzeichenecho *n*, Festecho *n* ‖ ~ **magnético parasita** (fita magn.) / Kopiereffekt *m* ‖ ~ **múltiplo** / Flatter-Echo *n* ‖ ~ **parasita** / Echo *n* durch Gerätefehler, Störecho *n* ‖ ~ **permanente** / Dauerecho *n*, Festecho *n*, Fixecho *n*
ecologia *f* / Ökologie *f*
ecológico / umweltbedingt, ökologisch
ecologista *m* / Umweltschützer *m*, Ökologe *m*
ecometria *f* / Schallhöhenmessung *f*, Echometrie *f*
ecómetro *m* / Echometer *n*
econometria / Ökonometrie *f*
economia *f* **eléctrica** / Elektrizitätswirtschaft *f* ‖ ~ **florestal** / Forstwirtschaft *f*
economizador *m* / Abgasvorwärmer *m* (für Speisewasser) ‖ ~ (máq. vapor) / Ekonomiser *m*, Rauchgasvorwärmer *m* ‖ ~ (autom.) / Spardüse *f*
ecosistema *m* / Ökosystem *n*
écran *m* (informática, radar) / Sichtanzeige *f*, -anzeigegerät *n* ‖ ~ (técn. fotogr.) / Leinwand *f*, Projektionsschirm *m* ‖ ~ (tv) / Bildschirm *m*, Leuchtschirm *m* der Bildröhre ‖ ~ **absorvente** (tv) / Dunkelschriftschirm *m* ‖ ~ **cinematográfico** / Filmleinwand *f* ‖ ~ **de campo luminoso** / Leuchtfeldblende *f*, -feldschirm *m* ‖ ~ **de vidro transparente** / Blankscheibe *f* ‖ ~ **fluorescente** / Fluoreszenzschirm *m* ‖ ~ **luminescente** (electrón.) / Leuchtschirmröhre *f* ‖ ~ **luminoso** / Leuchtschirm *m* ‖ ~ **panorâmico** / Bildschirm *m* ‖ ~ **perolado** / Perlleinwand *f*

ectoparasito *m* / Ektoparasit *m* (außensitzender Parasit)
edáfico (bot.) / edaphisch, bodenbedingt
edafologia *f* / Edaphologie *f*, Bodenkunde *f*
edição *f* (artes gráf.) / Ausgabe, Auflage *f* ‖ ~ (informática) / Aufbereitung *f* ‖ ~ **parcial** / Teilauflage *f*
edificação *f* (constr. civil) / Errichtung *f*
edificar (constr. civil) / bauen, ausführen
edifício *m* / Bau *m (pl: Bauten)*, Gebäude *n*, Baulichkeit *f*, Bauwerk *n*, Baulichkeit *f* ‖ ~ **alto** / Hochbau *m* (hoher Bau) ‖ ~ **anexo** (constr. civil) / Nebengebäude *n*, Seitengebäude *n* ‖ ~ **de extracção** / Fördergebäude *n* ‖ ~ **em construção** / Neubau *m* (während des Baus) ‖ ~ **principal** / Hauptbau *m*, -gebäude *n* ‖ ~ **residencial** / Wohngebäude *n*, Wohnhaus *n* ‖ ~ **traseiro** / Hintergebäude *n*
editar (artes gráf.) / herausgeben, -bringen, drucken lassen ‖ ~ (informática) / aufbereiten
editor *m* **de ligação** (informática) / Linkage-Editor *m*
edredão *m*, edredom *m* / Steppdecke *f*
edução *f* **de vapor** / Auspuff *m*, Auslaß *m* von Dampf
efectivo / effektiv, tatsächlich, effektiv, wirklich, wirksam
efedrina *f* / Ephedrin *n*
efeito *m* / Wirkung, Einwirkung *f*, Effekt *m* ‖ **com ~ nocivo sobre o ambiente** / umweltfeindlich ‖ **de ~ duplo** / doppeltwirkend ‖ **de ~ lento** / langsam wirkend ‖ **de ~ simples** (máq., tecnol.) / einfachwirkend ‖ **de duplo ~** (turbina) / Zweistrom... ‖ ~ **fotoemissivo** / lichtelektrische Emission ‖ **sem ~ nocivo sobre o ambiente** / umweltfreundlich ‖ ~ **à distância** / Fernwirkung *f* ‖ ~ **abrasivo** / Schmirgelwirkung *f* ‖ ~ **antibloqueio** (armamento) / Entdüppelung *f* ‖ ~ **Auger** (técn. nucl.) / Auger-Effekt *m* ‖ ~ **balístico** (instr.) / Überschwingen *n* ‖ ~ **Brown-Powder** / Brown-Powder-Effekt *m* (auf Kontakten) ‖ ~ **calórico** / Heizeffekt *m*, kalorimetrische Heizkraft ‖ ~ **calorífico** / Heizkraft *f* ‖ ~ **calorífico da corrente** / Stromwärme *f* ‖ ~ **Compton** (técn. nucl.) / Compton-Effekt *m* ‖ ~ **contrário** / Gegenwirkung *f* ‖ ~ **da cor** / Farbeindruck *m* ‖ ~ **da superfície** / Oberflächenwirkung *f*, Wirkung *f* der Oberfläche ‖ ~ **das pontas** (electr.) / Spitzenwirkung *f*, -effekt *m* ‖ ~ **de antena** / Antenneneffekt *m* ‖ ~ **de automagnetização** / Bandflußdämpfung *f*, Selbstmagnetisierungseffekt *m* ‖ ~ **de batimento** (electr.) / Flatterwirkung *f*, -effekt *m* ‖ ~ **de canalização** (técn. nucl.) / Kanalverlust *m*, -wirkung *f*, Kanaleffekt *m* ‖ ~ **de cintilação** (electrón.) / Funkeleffekt *m* ‖ ~ **de cintilação** (tv) / Flackereffekt *m* ‖ ~ **de densidade** (física) / Dichteeffekt *m* ‖ ~ **de denudação** (semicondut.) / Abtragungseffekt *m* ‖ ~ **de deposição** (química) / Depotwirkung *f* ‖ ~ **de dispersão** (óptica) / Streueffekt *m* ‖ ~ **de Esaki** / Esaki-Effekt *m* ‖ ~ **de escorrimento** (têxtil) / Abquetscheffekt *m* beim Foulardieren ‖ ~ **de frenação** / Bremswirkung *f* ‖ ~ **de Hall** / Halleffekt *m* ‖ ~ **de impacto** / Schlagwirkung *f* ‖ ~ **de Jacques** (siderurg.) / Jaques-Effekt *m* ‖ ~ **de Josephson** (física) / Josephson-Effekt *m* ‖ ~ **de Joule** / Joule-Effekt *m*, Stromwärme *f* ‖ ~ **de Joule-Thomson** / Joule-Thomson-Effekt *m* ‖ ~ **de Kelvin** (electr.) / Skineffekt *m*, Hauteffekt *m*, Stromverdrängung *f*, Hautwirkung *f* ‖ ~ **de mola** / Federkraft *f*, Federn *n* ‖ ~ **de Schottky** (electr., electrón.) / Schottky-Effekt *m* ‖ ~ **de sopro** / Blaswirkung *f* ‖ ~ **de travagem** / Bremswirkung *f* ‖ ~ **de válvula** (geral) / Ventilwirkung *f* ‖ ~ **de volante** (electrón.) / Schwungradeffekt *m* ‖ ~ **devido à depolarização ou despolarização** / Depolarisationserscheinung *f* ‖ ~ **dinâmico** / Kraftwirkung *f* ‖ ~ **direccional** / Richtwirkung *f* ‖ ~ **dissolvente** / Lösungswirkung *f* ‖ ~ **do filtro** / Filterwirkung *f* ‖ ~ **duplo** / Doppelwirkung *f* ‖ ~ **Early** (semicondut.) / Early-Effekt *m* ‖ ~ **Einstein-de Haas** / Einstein-de-Haas-Effekt *m* ‖ ~ **electrocalórico** / elektrokalorischer Effekt ‖ ~ **espessante** / Verdickung *f* ‖ ~ **estereofónico** / Raumwirkung *f* ‖ ~ **explosivo** / Sprengwirkung *f* ‖ ~ **Faraday** / Faradayeffekt *m* ‖ ~ **fotemissivo** / lichtelektrische Emission ‖ ~ **fotonegativo** / umgekehrter lichtelektrischer Effekt ‖ ~ **fotovoltaico** / Sperrschichtphotoeffekt *m* ‖ ~ **giroscópico ou girostático** / gyrostatische Wirkung, Kreiselwirkung *f* ‖ ~ **inicial** / Initialeffekt *m* ‖ ~ **limiar** / Einsatzeffekt *m* ‖ ~ **local** (telecom.) / Rückhören *n*, Eigenecho *n* ‖ ~ **microfónico** / Mikrophoneffekt *m*, Mikrophonie *f*, Klingneigung ‖ ~ **pelicular** (electr.) / Skineffekt *m*, Hauteffekt *m*, Stromverdrängung *f*, Hautwirkung *f* ‖ ~ **plástico** (tv) / Bildplastik *f* ‖ ~ **posterior** / Nachwirkung *f* ‖ ~ **pseudo-estereoscópico** / Eisenbahneffekt *m*, pseudostereoskopischer Effekt ‖ ~ **refrigerante** / Kühlwirkung *f* ‖ ~ **secundário** / Nebenwirkung *f*, -effekt *m* ‖ ~ **térmico** / Wärmewirkung *f* ‖ ~ **túnel** (física) / Tunneleffekt *m* ‖ ~ **túnel** / Esaki-Effekt *m* ‖ ~ **útil** / Nutzeffekt *m*
efeitos em série / Folge *f* von [gleichartigen] Erscheinungen
efemérides *f pl* (astron.) / Ephemeriden *pl*
efémero / kurzlebig, vergänglich
efemeróptero *m* / Eintagsfliege *f*, Ephemera
efervescência *f* / Aufwallung *f*, -sprudeln *n*, Aufbrausen *n*, Schäumen *n*
efervescente / moussierend, aufbrausend, schäumend
efervescer / aufbrausen, -sprudeln, perlen, moussieren, aufwallen
eficácia *f* / Wirksamkeit, Leistungsfähigkeit *f* ‖ ~ (mecân.) / Gütegrad *m* ‖ ~ **de iluminação** / Beleuchtungswirkungsgrad *m* ‖ ~ **de um cátodo termoelectrónico**, eficácia *f* de um catodo termoeletrônico / Heizmaß *n* ‖ ~ **de um sistema** / Systemwirksamkeit *f* ‖ ~ **no campo acústico livre** (microfone) / Feld-Leerlauf-Übertragungsfaktor *m*
eficaz / wirksam, wirkungsvoll
eficiência *f* (mecân.) / Nutzeffekt *m*, Wirkungsgrad *m* ‖ ~ (óptica) / Ausbeute *f* ‖ ~ / Leistungsfähigkeit *f* ‖ ~ **ampère-hora** / Batteriewirkungsgrad *m* in Ah ‖ ~ **de abertura** / Flächenwirkungsgrad *m* ‖ ~ **de corte** / Leistung *f* eines Schneidstahls ‖ ~ **de iluminação** / Flächenwirkungsgrad *m* ‖ ~ **de operação** / betriebliche Leistungsfähigkeit ‖ ~ **energética** / energetischer Wirkungsgrad ‖ ~ **específica** (com referência ao volume do cilindro em litros) (mot.) / Literleistung *f* ‖ ~ **induzida** (mot.) / Innenwirkungsgrad *m* ‖ ~ **isotérmica** / isothermischer Wirkungsgrad ‖ ~ **luminosa** / Lichtausbeute *f* ‖ ~ **volumétrica** (mot.) / Liefergrad *m*
eficiente / leistungsfähig, wirksam
eflorescência *f* (química, mineralog.) / Ausblühung, Effloreszenz *f*, Auskristallisation *f*, Verwitterung *f* ‖ ~ **de sal nítrico** (constr. civil) / Salpeterfraß *m*
eflorescer (química, mineralog.) / ausblühen, -schlagen, auswittern *vi*
efluente / ausfließend, -strömend
eflúvio *m* **coronário** / Sprühentladung *f*, Koronaentladung *f*
efluxo *m* / Ausströmen *n*, -strömung *f* ‖ ~ (hidrául.) / Ablauf *m*, Ausfluß *m*

efusão *f* (geol) / Effusion *f*, Lavaausfluß *m* ‖ ~ **de gases** / Effusion *f* (Durchgang von Gasen durch kleine Öffnungen) (Ggs.: Diffusion)
efusiómetro *m* (química) / Effusiometer *n*
efusivo (geol) / Erguß...
eigenvector *m* (matem.) / Eigenvektor *m*
einsteinio *m* / Einsteinium *n*, Es
eixo *m* / Mittellinie *f*, -achse *f*, Achse *f* ‖ ~ (máq., tecnol.) / Welle *f* ‖ **de ~ simples** / zweirädrig, einachsig ‖ **de dois ~s** / zweiachsig ‖ **de quatro ~s** / achträdrig, vierachsig ‖ **de um só ~** / einachsig ‖ ~ **acanalado** (máq. ferram.) / Keilwelle *f* ‖ ~ **acoplado** (técn. ferrov.) / Kuppelachse *f* ‖ ~ **antifadiga** / Dehnschaft *m* (Schraube) ‖ ~ **articulado** / Gelenkachse *f*, gegliederte (o. bewegliche) Achse ‖ ~ **articulado** (geral) / Gelenkwelle *f* ‖ ~ **através do centro de gravidade** (mecân.) / Schwerachse *f*, -linie *f* ‖ ~ **auxiliar** (máq., tecnol.) / Nebenwelle *f* ‖ ~ **básico** / Einheitswelle *f* ‖ ~ **cardânico** / Kardanwelle *f* ‖ ~ **contínuo** / durchgehende Welle ‖ ~ **cristalográfico** / Kristallachse *f* ‖ ~ **da alavanca oscilante** / Schwinghebelachse *f* ‖ ~ **[sem-fim] da direcção** / Lenkspindelstock *m* (bei ungeteilter Lenkung) ‖ ~ **da embraiagem**, eixo *m* da embreagem / Kupplungswelle *f* ‖ ~ **da forquilha da direcção** (autom.) / Gabelhebelwelle *f* ‖ ~ **das abcissas** / Abszissenachse *f*, X-Achse *f* ‖ ~ **das coordenadas** (matem.) / Koordinatenachse *f* ‖ ~ **das ordenadas** (matem.) / Y-Achse *f* ‖ ~ **de accionamento** / Antriebsachse *f* ‖ ~ **de arraste** / Schleppachse *f* ‖ ~ **de arraste** (autom.) / Nachlaufachse *f* ‖ ~ **de cames** (mot.) / Nockenwelle *f* ‖ ~ **de cames do freio**, eixo *m* de cames do travão / Bremsnockenwelle *f* ‖ ~ **de coordenadas oblíquas** / schiefwink[e]liges Koordinatenkreuz ‖ ~ **de cunha** (máq. ferram.) / Keilwelle *f* ‖ ~ **de declinação** (óptica) / Deklinationsachse *f* ‖ ~ **de deformação** (forja) / Kraftwirklinie *f* ‖ ~ **de desembraiagem**, eixo *m* de desembreagem / Kupplungsausrückwelle *f* ‖ ~ **de desengate** (máq., tecnol.) / Ausrückwelle *f* ‖ ~ **de Dion** (autom.) / De-Dion Achse *f* ‖ ~ **de distribuição** (autom.) / Steuerwelle *f* ‖ ~ **de esforços** / Spannungsachse *f* ‖ ~ **de excêntricos** (mot.) / Nockenwelle *f* ‖ ~ **de excêntricos à cabeça** / obenliegende Nockenwelle ‖ ~ **de flexão** / Biegungsachse *f* ‖ ~ **de flutuação** (hidrául.) / Schwimmachse *f* ‖ ~ **de guia** (técn. ferrov.) / Lenkachse *f*, Leitachse *f* ‖ ~ **de incidência** / Einfallslot *n* ‖ ~ **de inversão** / Umsteuerungswelle *f*, Steuerwelle *f* ‖ ~ **de manivela** (técn. ferrov., autom.) / gekröpfte Achse ‖ ~ **de manivela** (autom.) / Kurbelachse *f* (eine Achsenbauart), Kurbelwelle *f* ‖ ~ **de manivela de corpo oblíquo** / Kurbelwelle mit schrägem Mittelstück ‖ ~ **de manivela de três apoios** / dreifach gelagerte Kurbelwelle ‖ ~ **de mudança de velocidades** (autom.) / Schaltwelle *f* ‖ ~ **de referência** / Bezugsachse, -linie *f* ‖ ~ **de refracção** / Brechungsachse *f* ‖ ~ **de revolução** / Umdrehungsachse *f*, Hauptachse *f* ‖ ~ **de roda motriz** / Halbachse *f* (DIN) ‖ ~ **de rotação** (mecân.) / Drehachse *f*, Hauptachse *f*, Umdrehungsachse *f* ‖ ~ **de ruptura** (lamin.) / Brechspindel *f* ‖ ~ **de segurança do diferencial** / Ausgleichradachse *f* ‖ ~ **de simetria** / Symmetrieachse *f* ‖ ~ **de suspensão** (funi) / Gehängebolzen *m* ‖ ~ **de suspensão independente** (autom.) / Schwingachse *f* (veraltet) ‖ ~ **de sustentação** (aeronáut.) / Auftriebsachse *f* ‖ ~ **de tomada de força** (agricult.) / Zapfwelle *f* ‖ ~ **de torção** / Drillachse *f* ‖ ~ **de tracção dianteiro** / Frontantriebsachse *f* ‖ ~ **de transmissão** (autom.) / Antriebswelle *f* ‖ ~ **de transmissão de junta universal**, eixo *m* de transmissão de junta cardânica (autom.) / Kreuzgelenkwelle *f* ‖ ~ **de transmissão tubular** (autom.) / Gelenkrohrwelle *f* ‖ ~ **dianteiro** / Vorderachse *f* ‖ ~ **dianteiro** (técn. ferrov.) / Leitachse *f*, Lenkachse *f* ‖ ~ **director** (técn. ferrov.) / Führungsachse *f* ‖ ~ **do batente** (tecel.) / Ladenstock *m* ‖ ~ **do diferencial** / Ausgleichwelle *f* ‖ ~ **do rolo da direcção** (autom.) / Lenkrollenwelle *f* ‖ ~ **do sector da direcção** / Lenksegmentwelle *f* ‖ ~ **do sector do sem-fim da direcção** (autom.) / Lenkwelle, Segmentwelle *f* ‖ ~ **do ventilador** (autom.) / Lüfterachse *f* ‖ ~ **dos satélites do diferencial** (autom.) / Ausgleichstern *m*, Differentialstern *m* ‖ ~ **dos x** / X-Achse *f* ‖ ~ **dos y** (matem.) / Y-Achse *f* ‖ ~ **em forquilha** (autom.) / Gabelachse *f* ‖ ~ **excêntrico** / Exzenterwelle *f* ‖ ~ **falso** / Blindwelle *f* ‖ ~ **fixo** / feststehende Achse ‖ ~ **flexível** (autom.) / biegsame Welle ‖ ~ **flexível** (técn. ferrov.) / Einstellachse *f* ‖ ~ **flutuante** (suspensão) / Pendelachse *f* ‖ ~ **horário** (física) / Stundenachse *f* ‖ ~ **impulsor do ventilador** (autom.) / Lüfterwelle *f* ‖ ~ **instantâneo** / Schraubachse *f* ‖ ~ **intermediário** / Vorgelegewelle *f*, Zwischenwelle *f* ‖ ~ **intermediário no tecto** / Deckenvorgelegewelle *f* ‖ ~ **intermediário suspenso** / Deckenvorgelegewelle *f* ‖ ~ **lateral** (aeronáut.) / Querachse *f* ‖ ~ **livre [de rotação]** (mecân.) / freie Achse ‖ ~ **longitudinal** / Längsachse *f* ‖ ~ **longitudinal** (máq., tecnol.) / Längswelle *f* ‖ ~ **maior** / Hauptachse *f*, große Achse (der Ellipse) ‖ **~-manivela** *m* (autom.) / Kurbelachse *f* (eine Achsenbauart) ‖ ~ **médio de uma barra** / Stabachse *f*, -mittellinie *f* ‖ ~ **mestre** (máq. ferram.) / Arbeitsspindel, Hauptspindel *f* ‖ ~ **motor** / Antriebswelle *f*, Treibwelle *f* ‖ ~ **motor** (técn. ferrov.) / Triebachse *f*, Antriebsachse *f*, Treibachse *f* ‖ ~ **motriz intermédio** (técn. ferrov.) / Blindachse *f* ‖ ~ **normal** (aeronáut.) / Hochachse *f* ‖ ~ **óptico** / Sehachse *f*, optische Achse ‖ ~ **oscilante** (técn. ferrov.) / Laufachse *f* ‖ ~ **oscilante** (máq., tecnol.) / schwingende Welle, Schwingwelle *f* ‖ ~ **portador** (técn. ferrov.) / Tragachse *f* ‖ ~ **principal** / Hauptwelle *f*, Hauptantriebswelle *f* ‖ ~ **principal** (física) / Hauptachse *f* ‖ ~ **principal de inércia** / Hauptträgheitsachse *f* ‖ ~ **quadrado** / Vierkantwelle *f* ‖ ~ **reduzido** / Dehnschaft *m* (Taillenschraube) ‖ ~ **rígido** (autom.) / Starrachse *f* ‖ ~ **rotacional** / Rotationsanschriftenmaschine *f* ‖ ~ **secundário** (matem.) / Nebenachse *f* ‖ ~ **secundário** (autom.) / Hauptwelle *f* (des Getriebes) ‖ ~ **suspenso por molas** / gefederte Achse ‖ ~ **tipo banjo** (autom.) / Banjoachse *f* ‖ ~ **transversal** / Hauptachse *f* (der Hyperbel) ‖ ~ **traseiro** / Hinterachse *f* ‖ ~ **vertical** / Stehachse *f* ‖ ~ **vertical** (aeronáut.) / Hochachse *f* ‖ ~ **visual** / Gesichtsachse *f*
ejecção *f* / Ausstoßen *n*
ejectar (plást., estamp.) / auswerfen ‖ ~ / ausspritzen *vt*, -stoßen
ejector *m* / Ejektor *m*, Saugstrahlpumpe *f* ‖ ~ (máq. ferram.) / Ausstoßvorrichtung *f*, Auswerfer *m* ‖ ~ **de ar a jacto de vapor** / Dampfstrahl-Luftsauger *m* ‖ ~ **de cartuchos** / Patronenauswerfer *m* (Gewehr) ‖ ~ **de cinza** / Ascheejektor *m* ‖ ~ **de vapor** / Dampfstrahlpumpe *f*, -strahlsauger *m* ‖ ~ **hidráulico** / Druckwassersaugstrahlpumpe *f*, Druckwasserejektor *m* ‖ ~ **sob pressão de mola** / federnder Auswerfer
elaboração *f* / Ausarbeitung *f* ‖ ~ **de dados** (informática) / Datenerstellung *f* ‖ ~ **do inventário** / Bestandsaufnahme *f*
elaborar / ausarbeiten, erstellen, durcharbeiten (Projekt) ‖ ~ **um cálculo** / eine Berechnung anstellen ‖ ~ **uma lista** / auflisten
elastância *f* (electr.) / Elastanz *f* (Reziprokwert der

Kapazität)
elasticidade *f* / Elastizität *f*, Federkraft *f*, Federungsvermögen *n*, Federn *n* ‖ ~ (têxtil) / Dehnbarkeit *f* ‖ **além do limite de** ~ (mecân.) / überelastisch ‖ ~ **de compressão** / Druckelastizität *f* ‖ ~ **de extensão** / Dehnungselastizität *f* ‖ ~ **de flexão** / Biegungselastizität *f* ‖ ~ **de tracção** / Zugelastizität *f* ‖ ~ **do quadro** / Rahmendurchfederung *f*, elastische Durchbiegung des Rahmens ‖ ~ **residual** / elastische Nachwirkung ‖ ~ **transversal** / Schubelastizität *f*
elasticímetro *m* / Elastizitätsmesser *m*
elástico *m* (têxtil) / Elastic *n* ‖ ~ (artigo de escritório) / Gummiring *m* ‖ ~ *adj* (geral) / nachgiebig ‖ ~ / federnd, elastisch, dehnbar ‖ **não** ~ / inelastisch ‖ **ser** ~ / federn *vi*
elastohidrodinâmica *f* / Elastohydrodynamik *f*, EHD
elastomecânica *f* / Elastomechanik *f*
elastómero *m* (química) / Elast, Elastomer *n* ‖ ~ **alveolar** / Schaumgummi *m*
elastoplástico / elastoplastisch
elaterita *f* (mineralog.) / Elaterit *m*
electrão *m* (P), elétron *m* (B) / Elektron *n* ‖ ~ **de campo** / Feldelektron *n* ‖ ~ **de condução** (semicondut.) / Leitungselektron *n* ‖ ~ **de ligação** (física) / Bindungselektron *n* ‖ ~ **de valência** / Valenzelektron *n* ‖ ~ **interno** / kernnahes Elektron ‖ ~ **isolado** / Einzelelektron *n* ‖ ~ **L** (técn. nucl.) / Elektron *n* der L-Schale ‖ ~ **lento** / langsames Elektron ‖ ~ **livre** / freies Elektron ‖ ~ **negativo** / negatives Elektron, Negatron *n* ‖ ~ **orbitral** / Bahnelektron *n* ‖ ~ **periférico** / Randelektron *n* ‖ ~ **periférico** / kernfernes Elektron, Valenzelektron *n* ‖ ~ **pesado** / schweres Elektron ‖ ~ **positivo** (física) / Positron *n*, positives Elektron, e^+ ‖ ~ **Q** / Q-Elektron *n* ‖ ~**-voltio** *m* / Elektronenvolt *n*, eV
electreto *m* (química, electr.) / Elektret *m* (ein Dielektrikum)
electricidade *f* (P), eletricidade *f* (B) / Elektrizität *f* ‖ ~ **atmosférica** / Luftelektrizität *f* ‖ ~ **de contacto** / Kontaktelektrizität *f* ‖ ~ **de contacto** / Berührungselektrizität *f* ‖ ~ **dinâmica** / galvanische (o. strömende) Elektrizität ‖ ~ **dissimulada** / gebundene Elektrizität ‖ ~ **estática** (electr.) / statische Elektrizität ‖ ~ **latente** / latente Elektrizität, gebundene Elektrizität ‖ ~ **livre** / freie Elektrizität ‖ ~ **negativa** / Minuselektrizität *f* ‖ ~ **própria** / Eigenstrom *m*
electricista *m* / Elektriker *m* ‖ ~ (electr.) / Installateur *m*
eléctrico *m* (meio de transporte) / Straßenbahn *f* ‖ ~ *adj* / elektrisch
electridáulico / elektrohydraulisch
electrificação *f* / Elektrifizierung *f*
electrificar / elektrifizieren
electrizar / elektrisieren
electro *m* (mineralog.) / Elektrum *n*, silberlegiertes Gold (55-88% Au)
electroacústica *f* / Elektroakustik *f*
electrocalorímetro *m* / Elektrokalorimeter *n*
electrocapilar / elektrokapillar
electrocimento *m* / Elektrozement *m*
electrocinética *f* / Elektrokinetik *f*
electrocinético / elektrokinetisch
electrocoagulação *f* / Elektrokoagulation *f*
electrocoríndon *m* / Elektrokorund *m*
electrocussão *f* / tödlicher Elektroschock
electrodeposição *f* / Metallisieren *n*, galvanische Metallabscheidung
electrodesintegração *f* (técn. nucl.) / Elektrodesintegration *f*
electrodiálise *f* / Elektrodialyse *f*
electrodinâmica *f* / Elektrodynamik *f* ‖ ~ **quântica** / Quantenelektrodynamik *f*
electrodinâmico / elektrodynamisch, dynamisch
electrodinamómetro *m* (telecom.) / Elektrodynamometer *n*
electrodispersão *f* / Elektrodispersion *f*
electrodissolução *f* / elektrolytische Auflösung
eléctrodo *m* / Elektrode *f* ‖ ~ **a gás** / Gaselektrode *f* ‖ ~ **aderente** / Haftelektrode *f* ‖ ~ **anular** / Ringelektrode *f* ‖ ~ **central** (vela igni.) / Mittelelektrode *f* ‖ ~ **colector** (semicondut.) / Kollektorelektrode *f*, -anschluß *m* ‖ ~ **com alma** (sold) / Seelenelektrode *f* ‖ ~ **de aceleração** (electrón.) / Beschleunigungselektrode *f* ‖ ~ **de carvão** (electr.) / Kohlenstab, -stift *m*, -elektrode *f* ‖ ~ **de desaceleração** (geral) / Bremselektrode *f* ‖ ~ **de emissão** / Sprühelektrode *f* ‖ ~ **de imersão** / Tauchelektrode *f*, getauchte [Schweiß]elektrode ‖ ~ **de modulação** / Wehnelt-Elektrode *f*, -Zylinder *m*, Steuerelektrode *f* ‖ ~ **de núcleo de fio** / Fülldrahtelektrode *f* ‖ ~ **de soldadura** / Schweißelektrode *f*, -stab *m* ‖ ~ **de soldadura por pontos** / Punkt[schweiß]elektrode *f* ‖ ~ **de terra** (electr., telecom.) / Erder *m*, Erdungselektrode *f* ‖ ~ **emissor** / Emissionselektrode, Elektronenquelle *f* ‖ ~ **fusível** / Abschmelzelektrode *f* ‖ ~ **iniciativo** / Initialelektrode *f* ‖ ~ **negativo** (galvanoplast.) / Kathode *f* ‖ ~ **perineal** / Dammelektrode *f* ‖ ~ **permanente** (siderurg.) / Dauerelektrode *f* ‖ ~ **quinidrona** (química) / Chinhydronelektrode *f* (o. -Halbzelle) ‖ ~ **retardador** (tv) / Bremselektrode *f* ‖ ~ **reticular** / Netzelektrode *f* ‖ ~ **revestido** (sold) / Mantelelektrode *f* ‖ ~ **solúvel** / Lösungselektrode *f*
electroendosmose *f* / Elektroendosmose *f*
electroerosão *f* / Funkenerosion *f*, Elektroerosion *f*
electroerosivo / elektroerosiv
electroextracção *f* (siderurg.) / elektrolytische Extraktion
electrofísica *f* / Elektrophysik *f*
electroflúor *m* / Elektrofluor *n* (transpar. Material, das el. Energie in sichtb. Licht umwandelt)
electroforese *f* / Elektrophorese *f*
electroforético / elektrophoretisch
electroformação *f* / Elektroformung *f* ‖ ~ (galvanoplast.) / Electroforming *n* ‖ ~ / Galvanoformen *n*
electróforo *m* (física) / Elektrophor *m*
electrofotografia *f* / Elektrophotographie *f*
electrogalvânico / elektrogalvanisch
electrogalvanização *f* / Elektroplattieren *n*, galvanische Verzinkung
electrogalvanizar / galvanisch verzinken, einen galvanischen Überzug aufbringen, galvanisieren
electrogéneo / elektrizitätserzeugend
electrogenése *f* / Elektrizitätserzeugung *f*
electrografia *f* / Elektrographie *f*
electrografita *f* / Elektrographit *m*
electroíman *m* (P), eletroímã *m* (B) / Elektromagnet *m* ‖ ~ **anular** / Ring[elektro]magnet *m* ‖ ~ **blindado** / Topfmagnet *m* ‖ ~ **de bloqueio** / Sperrmagnet *m* ‖ ~ **de elevação** / Hubmagnet *m*, [Last]hebemagnet *m*, Hubmagnet *m* ‖ ~ **de sopro** (electr.) / Blasmagnet *m* ‖ ~ **inductor** (electr.) / Feldmagnet *m*
electrolisar / elektrolysieren, durch Elektrolyse zersetzen
electrólise *f* / Elektrolyse *f* ‖ ~ **cloro-alcalina** / Chlor-Alkali-Elektrolyse *f* ‖ ~ **por fusão de cálcio e sódio** / Kalziumnatriumelektrolyse *f* ‖ ~ **por via seca** / schmelzflüssige Elektrolyse, Schmelzflußelektrolyse *f*
electrólito *m* / Elektrolyt *m* ‖ ~ (galvanoplast.) / Bad

n, Badflüssigkeit *f* ‖ ~ **anfótero** / amphoterer Elektrolyt, Ampholyt *m*
electrolizar / durch Elektrolyse zersetzen, elektrolysieren
electrologia *f* / Elektrizitätslehre *f*
electroluminescência *f* / Elektrolumineszenz *f*
electromagnetismo *m* / Elektromagnetismus *m*
electromagnetização *f* / Elektromagnetisieren *n*
electromecânica *f* / Elektromechanik *f*
electromecânico / elektromechanisch
electromedicina *f* / Elektromedizin *f*
electrometalurgia *f* / Elektrometallurgie *f*
electrometria *f* / Elektrometrie *f*, elektrometrische Maßanalyse
electrométrico / elektrometrisch
electrómetro *m* (P), eletrômetro *m* (B) (instr.) / Elektrometer *n* ‖ ~ **de quadrante** / Quadrantenelektrometer *n*
electromotor *m* / Elektromotor *m*
electromotriz / elektromotorisch ‖ ~ **induzido** / induktionselektromotorisch, induziert elektromotorisch
electronegatividade *f* / Elektronegativität *f*
electronegativo / elektronegativ
electrónica *f* (P), eletrônica *f* (B) / Elektronik *f* ‖ ~ **de comunicações** / Nachrichten-Elektronik *f* ‖ ~ **de potência** / Leistungselektronik *f* ‖ ~ **molecular** (electrón.) / Festkörperschaltkreistechnik *f*, Molekularelektronik *f*, Moletronik *f* ‖ ~ **recreativa** / Unterhaltungselektronik *f*
electrónico (P), eletrônico (B) / elektronisch
electroóptica *f* / Elektrooptik *f*
electropolir / elektrolytisch polieren
electropositivo / elektropositiv
electroquímica *f* / Elektrochemie *f*
electroquímico / elektrochemisch ‖ ~ (galvanoplast.) / anodisch
electroscópio *m* / Elektroskop *n* ‖ ~ **de bolas de miolo de sabugueiro** / Holundermarkelektroskop *n* ‖ ~ **de folha de ouro** / Goldblattelektroskop *n* ‖ ~ **de lâminas** / Blättchenelektroskop *n*
electrosherardização *f* / Elektrosherardisieren *n*
electrosmose *f* / Elektroosmose *f*
electrosol *m* / Elektrosol *n*
electrosolar / sonnenelektrisch
electrostática *f* / Elektrostatik *f*
electrostático / elektrostatisch
electrostenólise *f* (química, física) / Elektrostenolyse *f*
electrostição *f* / Elektrostriktion *f*
electrotecnia *f* / Elektrotechnik *f*
electrotécnico *m* / Elektrotechniker *m* ‖ ~ *adj* / elektrotechnisch
electroterapia *f* / Elektrotherapie, -therapeutik *f*
electrotermia *f* / Elektrowärmelehre *f*, Elektrothermie *f*
electrovalência *f* / Elektrovalenz *f*, Ionenbindung *f*
elegante, [de forma] ~ / formschön
elementar / Grund..., Anfangs..., elementar ‖ ~ (química) / Elementen...
elemento *m* (química) / Element *n*, Grundstoff *m* ‖ ~ / Bauelement *n* ‖ ~ (electr.) / Element *n* ‖ ~ (telecom.) / Schritt *m* ‖ ~ (informática) / Ausdruck *m*, Glied *n* ‖ ~ (acumul.) / Batteriezelle *f* ‖ ~ (química) / Grundstoff *m* ‖ ~ **acumulador** (electr.) / Speicherelement *n*, -zelle *f* ‖ ~ **básico** (org. industr.) / Bewegungselement *n* ‖ ~ **combustível** (técn. nucl.) / Brennelement *n* ‖ ~ **combustível metálico** (técn. nucl.) / Metall-Spaltstoff-Element *n* ‖ ~ **componente** / Elementarbestandteil *m n* ‖ ~ **de acoplamento** (electr.) / Koppelglied *n* ‖ ~ **de acumulador** / Akkumulatorzelle *f* ‖ ~ **de aquecimento** (electr.) / Heizelement *n*, -draht *m* ‖ ~ **de aquecimento** / Heizkörper *m*, -element *n* ‖ ~ **de arranque** (técn. nucl.) / Stammelement *n* ‖ ~ **de bomba** (autom.) / Pumpenelement *n* ‖ ~ **de caldeira** / Kesselglied *n* ‖ ~ **de campo** (informática) / Feldelement *n* ‖ ~ **de comando** / Bedienungselement *n* ‖ ~ **de construção** (máq. ferram.) / Aufbaueinheit *f* ‖ ~ **de construção sujeito à compressão** / gedrücktes Bauglied ‖ ~ **de enchimento** (constr. civil) / Füllelement *n* ‖ ~ **de filtro** (electrón.) / Siebglied *n* ‖ ~ **de identidade** (circuit. integr.) / Identitätsglied *n* ‖ ~ **de imagem** (tv) / Bildpunkt *m* ‖ ~ **de ligação** / Verbindungsglied *n*, -stück *n* ‖ ~ **de massa** / Masseteilchen *n* ‖ ~ **de memória** (informática) / Speicherelement *n* ‖ ~ **de óxido cúprico** (electr.) / Kupronelement *n* ‖ ~ **de ponte** / Brückenglied *n* ‖ ~ **de regulação fina** (técn. nucl.) / Feinsteuerelement *n* ‖ ~ **de superfície** / Flächenelement *n*, unendlich kleines Flächenteilchen ‖ ~ **de transferência** (contr. autom.) / Wirkglied *n* ‖ ~ **de uma resistência**, elemento *m* de um resistor / Widerstandselement *n* ‖ ~ **do radiador** (autom.) / Kühlerteilblock *m* ‖ ~ **do sinal** (informática) / Schritt *m* ‖ ~ **equivalente** (informática) / Äquivalenzglied *n* ‖ ~ **falso** (técn. nucl.) / Blindelement *n* ‖ ~ **filtrante** / Filterelement *n* ‖ ~ **finito** / finites Element ‖ ~ **linear** (matem.) / Streckenelement *n* ‖ ~ **lógico** (comando numér.) / Schaltelement *n* (o. logisches Element) ‖ ~ **lógico** / boolescher Elementarausdruck ‖ ~ **NOR** (informática) / NOR-Glied *n* ‖ ~ **nutritivo** / Nährstoff *m* ‖ ~ **pára-chispas** / Funkenlöschglied *n* ‖ ~ **passivo de antena** / Sekundärstrahler *m* ‖ ~ **pré-fabricado** / Fertigbauteil *n* ‖ ~ **pré-fabricado** (constr. civil) / Fertigelement *n* ‖ ~ **químico** / chemisches Element, chemischer Grundstoff ‖ ~ **RC**, elemento *m* resistência-capacitância (rádio) / RC-Glied *n* ‖ ~ **retardador** (relé) / Verzögerungsglied, -element *n* ‖ ~ **rotativo** / Drehteil *n*, dreh-, schwenkbares Teil ‖ ~ **secundário de antena** / Sekundärstrahler *m* ‖ ~ **separador** (tecel.) / Schloß *n* ‖ ~ **térmico** / Heizkörper *m*, -element *n* ‖ ~ **0U** (informática) / ODER-Glied *n*
elementos *m pl* **de accionamento** (máq., tecnol.) / Antriebselemente *n pl* ‖ ~ **de montagem** / Fertigteile *n pl* ‖ ~ **transuranianos** (química) / Transurane *n pl*, überschwere o. Über-Elemente
elemi *m* / Elemiharz *n*, Elemi *n*
eleolita *f* (mineralog.) / Eläolith *m*
eletricidade *f* **de contato** / Kontaktelektrizität *f*
eletrodinamômetro *m* (telecom.) / Elektrodynamometer *n*
eletrodo *m* / Elektrode *f* ‖ ~ **de terra** (electr., telecom.) / Erdungselektrode *f* ‖ ~ **a gás** / Gaselektrode *f* ‖ ~ **aderente** / Haftelektrode *f* ‖ ~ **anular** / Ringelektrode *f* ‖ ~ **central** / Mittelelektrode *f* ‖ ~ **coletor** (semicondut.) / Kollektorelektrode *f*, -anschluß *m* ‖ ~ **com alma** (sold) / Seelenelektrode *f* ‖ ~ **de aceleração** (electrón.) / Beschleunigungselektrode *f* ‖ ~ **de carvão** (electr.) / Kohlenstab, -stift *m*, -elektrode *f* ‖ ~ **de desaceleração** (geral) / Bremselektrode *f* ‖ ~ **de emissão** / Sprühelektrode *f* ‖ ~ **de imersão** / Tauchelektrode *f*, getauchte [Schweiß]elektrode ‖ ~ **de modulação** / Wehnelt-Elektrode *f*, -Zylinder *m*, Steuerelektrode *f* ‖ ~ **de núcleo de fio** / Fülldrahtelektrode *f* ‖ ~ **de soldadura** / Schweißelektrode *f*, -stab *m* ‖ ~ **de soldadura por pontos** / Punkt[schweiß]elektrode *f* ‖ ~ **de terra** (electr., telecom.) / Erder *m*, Erdungselektrode *f* ‖ ~ **emissor** / Emissionselektrode, Elektronenquelle *f* ‖ ~ **fusível** / Abschmelzelektrode *f* ‖ ~ **iniciativo** / Initialelektrode *f* ‖ ~ **negativo** (galvanoplast.) / Kathode *f* ‖ ~ **perineal** / Dammelektrode *f* ‖ ~ **permanente** (siderurg.) / Dauerelektrode *f* ‖ ~ **quinidrona** (química) / Chinhydronelektrode *f* (o. -

Halbzelle) ‖ ~ **retardador** (tv) / Bremselektrode *f* ‖ ~ **reticular** / Netzelektrode *f* ‖ ~ **revestido** (sold) / Mantelelektrode *f* ‖ ~ **solúvel** / Lösungselektrode *f*
eletrogênese f. / Elektrizitätserzeugung *f*
eletroímã *m* / Elektromagnet *m* ‖ ~ **blindado** / Topfmagnet *m* ‖ ~ **de bloqueio** / Sperrmagnet *m* ‖ ~ **de elevação** / Hubmagnet *m*, Lasthebemagnet *m*, Hebemagnet *m* ‖ ~ **de sopro** (electr.) / Blasmagnet *m* ‖ ~ **indutor** (electr.) / Feldmagnet *m*
eletrômetro *m* (instr.) / Elektrometer *n* ‖ ~ **de quadrante** / Quadrantenelektrometer *n*
elétron *m* / Elektron *n* ‖ ~ **de campo** / Feldelektron *n* ‖ ~ **de condução** (semicondut.) / Leitungselektron *n* ‖ ~ **de valência** / Valenzelektron *n* ‖ ~ **interno** / kernnahes Elektron ‖ ~ **isolado** / Einzelelektron *n* ‖ ~ **L** (técn. nucl.) / Elektron *n* der L-Schale ‖ ~ **lento** / langsames Elektron ‖ ~ **ligante** / Bindungselektron *n* ‖ ~ **livre** / freies Elektron ‖ ~ **negativo** / negatives Elektron, Negatron *n* ‖ ~ **orbitral** / Bahnelektron *n* ‖ ~ **periférico** / Randelektron *n*, Valenzelektron *n*, kernfernes Elektron ‖ ~ **pesado** / schweres Elektron ‖ ~ **positivo** (física) / Positron *n*, positives Elektron, e^+ ‖ ~ **Q** / Q-Elektron *n* ‖ ~**-volt** *m* / Elektronenvolt *n*, eV
eletrônica *f* / Elektronik *f* ‖ ~ **de comunicações** / Nachrichten-Elektronik *f* ‖ ~ **de potência** / Leistungselektronik *f* ‖ ~ **molecular** (electrón.) / Festkörperschaltkreistechnik *f*, Molekularelektronik *f*, Molektronik *f* ‖ ~ **recreativa** / Unterhaltungselektronik *f*
eletrônico / elektronisch
eletrotécnico / elektrotechnisch
elevação *f* / Heben *n*, Hoch-, Anheben *n* ‖ ~ (desenho industr.) / Aufriß *m* ‖ ~ (geogr.) / Erhöhung *f*, Erhebung *f* ‖ ~ (constr. civil) / Aufhöhung, Erhöhung *f* ‖ **de** ~ / Hub..., Hebe... ‖ **em** ~ (constr. civil) / aufgehend ‖ ~ **ao quadrado** (matem.) / Erhebung *f* ins Quadrat, Quadrieren *n*, Quadratur *f* ‖ ~ **de água** (expl. minas) / Wasserförderung *f* ‖ ~ **de um dique** / Deichaufhöhung *f* ‖ ~ **em curva** (constr. civil) / Bogenschenkel *m* ‖ ~ **lateral** (desenho industr.) / Seitenriß *m* ‖ ~ **perpendicular** (expl. minas) / Seigerriß *m*
elevado / gehoben, erhöht ‖ ~ / hochliegend, hoch ‖ ~ (valor) / hoch ‖ ~ **a** (matem.) / hoch (z.B. 10 hoch 4) ‖ ~ **ao quadrado** / x hoch 2
elevador *m* (constr. civil) / Fahrstuhl *m*, Aufzug *m* ‖ ~ / Elevator *m*, Hebewerk *n* ‖ ~ (autom.) / Hebebühne *f* ‖ ~ (lã) / Ausheber *m*, Schiebeelevator *m* ‖ ~ *adj* / Hebe..., Hub... ‖ ~ *m* **contínuo** / Paternosteraufzug *m* ‖ ~ **de alcatruzes**, elevador *m* de caçambas / Schöpfwerk, Becherwerk *n*, Kettenbecherwerk *n* ‖ ~ **de correia** / Schöpfgurtförderer *m* ‖ ~ **de cozinha** / Speisenaufzug *m* ‖ ~ **de espigas** (agricult.) / Ährenheber *m* ‖ ~ **de fardos** (agricult.) / Ballen-Stapelförderer *m*
elevar, levantar / anheben, aufheben ‖ ~ (bomba) / fördern, heben ‖ ~, erigir (constr. civil) / erheben ‖ ~ (constr. civil) / erhöhen, aufstocken ‖ ~ / steigern ‖ ~**-se** [a] (matem.) / ergeben, sich belaufen [auf] ‖ ~ **à ... potência** / in die ... Potenz erheben ‖ ~ **a tensão por transformação** (electr.) / hinauftransformieren, hinaufspannen ‖ ~ **a uma potência mais alta** / potenzieren, in die höhere Potenz erheben ‖ ~ **ao cubo** (matem.) / kubieren, in die dritte Potenz erheben ‖ ~ **ao quadrado** (matem.) / quadrieren ‖ ~ **uma parede** / eine Mauer aufhöhen
elevatório / Aufzugs...
elevon *m* (aeronáut.) / Elevon *n*
eliminação *f* / Vernichtung *f*, Beseitigung *f* ‖ ~ (química, matem.) / Elimination, Eliminierung *f*, Absonderung *f*, Ausscheidung *f* ‖ ~ **de ecos fixos** (radar) / Festzeichenunterdrückung *f* ‖ ~ **de esgotos** / Abwasserbeseitigung *f* ‖ ~ **de matérias ferruginosas** / Enteisenung *f* ‖ ~ **dos produtos de fissão** / Beseitigung *f* der Spaltungsprodukte
eliminador *m* **de bateria de alta tensão** (electrón.) / Anodennetzanschluß *m* ‖ ~ **do tiossulfato** (técn. fotogr.) / Fixiernatronzerstörer *m* ‖ ~ **estático** (electrón.) / Entstörer für statische Aufladungen
eliminar / beseitigen, abscheiden, ausscheiden, vernichten ‖ ~ (química) / herauslösen ‖ ~ **erros** / Fehler beseitigen ‖ ~ **interferências** (electrón.) / entstören ‖ ~ **mediante centrifugador** / zentrifugieren, mittels Zentrifuge ausscheiden ‖ ~ **o cobre** / entkupfern ‖ ~ **o deutério** (técn. nucl.) / dedeuterieren ‖ ~ **o óleo fúsel** / entfuseln ‖ ~ **o pó ou a poeira** / entstauben, Staub entfernen, staubfrei machen ‖ ~ **o silício** (siderurg.) / desilizieren
elipse *f* / Ellipse *f* ‖ ~ **de inércia** / Trägheitsellipse *f*
elipsógrafo *m* / Ellipsenzirkel, Ellipsograph *m*
elipsóide *m* / Ellipsoid *n* ‖ ~ *adj* / ellipsenförmig ‖ ~ *m* **de revolução** / Umdrehungsellipsoid *n* ‖ ~ **oblato** / abgeplattetes Umdrehungsellipsoid
elipticidade *f* / Elliptizität, Ellipsengestalt *f* (Kugelabplattung)
elíptico / elliptisch
elo *m* / Bindeglied *n* ‖ **de** ~**s curtos** / kurzgliedrig ‖ ~ **compensador da corrente** (mot.) / Ausgleichglied *n* der Getriebekette ‖ ~ **da corrente** / Kettenglied *n* ‖ ~ **da corrente** (navio) / Schake *f* ‖ ~ **de ruptura** (máq., tecnol.) / Bruchglied *n*
elongação *f* (astron., física) / Elongation *f* ‖ ~ (astron.) / Abstand *m* ‖ ~ / Ausschlag *m* der Schwingung ‖ ~ **permanente** / bleibende Verformung (o. Dehnung)
eluente *m* (cromatogr.) / Extraktionsmittel *n*
eluição *f* (química) / Eluierung *f*, Elution *f*
eluir (química) / eluieren *vi*
elutriação *f* / Schlämmung *f*, Schlämmen *n* ‖ ~ **do ar** / Luftaufbereitung *f* für pulverisiertes Material
elutriador *m* (expl. minas) / Schlämmapparat *m* zur Gleichfälligkeitsanalyse
elutriar / schlämmen, auswaschen
eluvial (geol) / eluvial (am Entstehungsort verblieben)
eluvião *m* (geol) / Eluvium *n*
emalhetado (marcenar.) / gezinkt
emanação *f* / Ausfluß *m*, -strömen *n*, -fließen *n*, Dampf *m*, Dunst *m*
emanações *f pl* **de um forno de cozimento** / Backofenwrasen *m pl*
emanar / ausströmen
emantiomorfo (cristalogrf.) / enantiomorph
emaranhado *m* **de filme** / Filmsalat *m* (im Aufnahme- o. Vorführgerät) (coll)
emaranhar-se / [sich] verwickeln, verfitzen
embaciado *m* / Angelaufensein *n*
embaciamento *m* / Beschlagen *n* (mit Feuchtigkeit)
embaciar / anlaufen, beschlagen
embainhar / säumen
embalado, não ~ / unverpackt, lose, offen
embalagem *f* (geral) / Verpackung *f* ‖ ~ / Einpackung, Umhüllung *f*, Packung *f* (abgepackte Menge) ‖ ~ (máq., tecnol.) / Durchdrehen *n*, Durchgehen *n* ‖ ~ **blister** / Durchdrückpackung *f*, Blisterpackung *f* ‖ ~ **de lata** / Blechpackung *f* ‖ ~ **faviforme** / Blasenpackung *f* ‖ ~ **não recuperável**, embalagem *f* perdida / Wegwerfpackung *f*, verlorene Verpackung, Einwegpackung *f* ‖ ~ **transparente** / Klarsichtpackung *f*
embalar / ein-, verpacken, packen ‖ ~**(-se)** (máq.,

tecnol.) / durchgehen *vi*, durchdrehen *vi*
embarcação *f* / Wasserfahrzeug *n*, Fahrzeug *n* ‖ ~ **de pesca** / Fischereifahrzeug *n* ‖ ~ **de pesca de alto-mar** / Hochseefischereifahrzeug *n*
embarcadouro *m* / Landungsbrücke *f*
embarrilar (indústr. cervej.) / abziehen auf Fässer, Fässer füllen
embater (técn. ferrov.) / anstoßen, auffahren
embeber / imprägnieren, einträнken, tränken ‖ ~ (papel) / fließen ‖ ~ (líquidos) / einziehen, aufnehmen, einsaugen ‖ ~ (química) / aufnehmen, einsaugen
embebição *f* (química) / Einsaugen *n*, Tränkung *f*
embebido em água / wasserdurchtränkt
embocadura *f* / Ansatzrohr *n*
êmbolo *m* / Stempel *m*, Kolben *m* ‖ **de ~ de movimento alternado** / Hubkolben... ‖ **de ~ livre** / Freikolben... ‖ ~ **amortecedor do pára-choque(s)** (técn. ferrov.) / Pufferstange *f*, -stößel *m* ‖ ~ **autotérmico** (mot.) / Stahlstreifenkolben *m* ‖ ~ **auxiliar de compressão** (mot.) / Verdrängerkolben *m* ‖ ~ **com suporte de segmentos** / Kolben *m* mit Ringträger ‖ ~ **compensador** / Ausgleichkolben *m*, Entlastungskolben *m* ‖ ~ **da bomba** / Pumpenkolben *m* ‖ ~ **de alimentação** (autom.) / Förderkolben *m* ‖ ~ **de cabeça chata** / flacher Kolben ‖ ~ **de corpo fendido** / Kolben *m* mit geschlitztem Körper ‖ ~ **de disco** / Scheibenkolben *m* ‖ ~ **de distribuição** / Steuerkolben *m* ‖ ~ **de elevação hidráulica** / Hydrokolben, -zylinder *m* ‖ ~ **de fundo côncavo** / Kolben *m* mit gewölbtem Boden ‖ ~ **de liga de alumínio** / Aluminiumkolben *m* ‖ ~ **de pressão** / Druckkolben *m* ‖ ~ **de retorno** (plást.) / Rückzugkolben *m* ‖ ~ **de trabalho** / Arbeitskolben *m* ‖ ~ **de válvula** (máq., tecnol.) / Ventilkolben *m* ‖ ~ **de vapor** / Dampfkolben *m* ‖ ~ **diferencial** / Stufenkolben *m* ‖ ~ **elevador** / Hebestempel *m* ‖ ~ **elevador** (hidrául.) / Hubkolben *m* ‖ ~ **giratório** / Kreiskolben *m*, Rotationskolben *m* ‖ ~ **livre** / freifliegender Kolben ‖ ~ **mergulhador** / Preßkolben *m*, Plunger *m* ‖ ~ **mergulhador** (mot.) / Tauchkolben *m* ‖ ~ **oposto** / Gegenkolben *m* ‖ ~ **percutor** / Schlagkolben *m* ‖ ~ **rotativo** (máq., tecnol.) / Drehkolben *m* ‖ ~ **rotativo** / Rotationskolben *m* ‖ ~ **rotativo** / Kreiskolben *m* ‖ ~ **vazado** (mot.) / Leichtkolben *m* (ausgesparter Leichtmetallkolben)
embolorecer / schimmeln, schimmlig werden
êmbolos *m pl* **opostos** / gegenläufige Kolben *m pl*
embotado / stumpf
embotar (ferram.) / abstumpfen
embraiagem *f* (P), embreagem *f* (B) (máq., tecnol.) / Kupplung *f* zum Aus- und Einrücken, schaltbare Kupplung ‖ ~ **centrífuga** / Fliehkraftkupplung *f* ‖ ~ **cônica** / Konuskupplung *f* ‖ ~ **de atrito** / Rutschkupplung *f* ‖ ~ **de cones de fricção e dentes** / Kegelklauenkupplung *f* ‖ ~ **de cones de fricção** / Kegelkupplung *f*, Konuskupplung *f* ‖ ~ **de dentes** / Zahnkupplung *f* ‖ ~ **de diafragma** / Membranfederkupplung *f* ‖ ~ **de disco** / Scheibenkupplung *f* (ausrückbar) ‖ ~ **de discos [múltiplos]** / Lamellenkupplung *f* ‖ ~ **de discos múltiplos** (autom.) / Mehrscheibenkupplung *f* ‖ ~ **de fita** / Schraubenfederkupplung *f* ‖ ~ **de fricção** / Reibungskupplung *f* ‖ ~ **de monodisco** (autom.) / Einscheibenkupplung *f* ‖ ~ **de monodisco imersa em óleo** (autom.) / Einscheibenkupplung *f* in Öl laufend ‖ ~ **de monodisco seco** / Einscheiben-Trockenkupplung *f* ‖ ~ **de roda livre** / Klemmrollenkupplung *f* ‖ ~ **de roda livre do motor de arranque** / Freilaufgetriebe *n* des Anlassers ‖ ~ **hidráulica** (autom., máq., tecnol.) / Flüssigkeitskupplung *f* ‖ ~ **por pernos e cones de fricção** / Kegelriegelkupplung *f*
embraiar (máq., tecnol.) / einkuppeln, kuppeln ‖ ~ / einrücken, einschalten (Getriebe) ‖ ~ (P), embrear (B), engatar / Schalthebel umlegen
embreagem *f* (máq., tecnol.) / Kupplung *f* zum Aus- und Einrücken, schaltbare Kupplung ‖ ~ **de monodisco seco** / Einscheiben-Trockenkupplung *f* ‖ ~ **cônica** / Konuskupplung *f* ‖ ~ **de atrito** / Rutschkupplung *f* ‖ ~ **de cones de fricção e dentes** / Kegelklauenkupplung *f* ‖ ~ **de cones de fricção** / Kegelkupplung *f*, Konuskupplung *f* ‖ ~ **de dentes** / Zahnkupplung *f* ‖ ~ **de disco** / Scheibenkupplung *f* (ausrückbar) ‖ ~ **de discos [múltiplos]** / Lamellenkupplung *f* ‖ ~ **de discos múltiplos** (autom.) / Mehrscheibenkupplung *f* ‖ ~ **de fita** / Schraubenfederkupplung *f* ‖ ~ **de fricção** / Reibungskupplung *f* ‖ ~ **de monodisco** (autom.) / Einscheibenkupplung *f* ‖ ~ **de monodisco imersa em óleo** (autom.) / Einscheibenkupplung *f* in Öl laufend ‖ ~ **de roda livre** / Klemmrollenkupplung *f* ‖ ~ **de roda livre do motor de partida** / Freilaufgetriebe *n* des Anlassers ‖ ~ **hidráulica** (autom., máq., tecnol.) / Flüssigkeitskupplung *f* ‖ ~ **por pernos e cones de fricção** / Kegelriegelkupplung *f*
embrear / Schalthebel umlegen ‖ ~ (máq., tecnol.) / einkuppeln, kuppeln ‖ ~ / einrücken, einschalten (Getriebe)
embuchar / ausbüchsen, -buchsen
embutideira *f* / Schellhammer *m*, Nietstempel *m*, Döpper *m*, Schelleisen *n*, Nietdöpper *m*
embutido *m* / Einlegearbeit *f* ‖ ~ *adj* (máq., tecnol.) / gekümpelt ‖ ~ (instal.) / Unterputz..., vertieft, eingelassen, Einbau..., eingebaut, bündig eingelassen, versenkt, eingebettet ‖ ~ **na parede** / eingemauert ‖ ~ **na parede** (electr.) / unter Putz
embutir / einlassen, einlegen, versenken, tiefen ‖ ~ **[ao torno]** (torno) / drücken ‖ ~ **pouco profundamente** (estamp.) / flachziehen ‖ ~ **previamente** / vorziehen
embutível / versenkbar
emergência *f* / Notstand *m*, -lage *f* ‖ **de ~** / Not..., Behelfs... ‖ **de ~** / Hilfs..., Not...
emergente / ausfallend, -tretend
emergir / auftauchen, herauskommen, austreten
emetrope *f* / Emmetropie, Normalsichtigkeit *f*
emissão *f* (física) / Ausfluß, -strahlung *f*, Emission *f*, Ausströmung *f* ‖ ~, transmissão *f* (electrón.) / Ausstrahlung *f*, Sendung *f* ‖ ~ / Luftverunreinigung *f* (in g je m³), Emission *f* ‖ **de ~** (electrón.) / Sende... ‖ ~ **com ausência de campo aplicado** (electrón.) / feldfreie Emission ‖ ~ **da grade**, emissão *f* da grelha (electrón.) / Gitteremission *f* ‖ ~ **de calor** / Wärmeabgabe *f* ‖ ~ **de campo sem excitação exterior** / eigentliche Feld-Elektronenemission ‖ ~ **de electrões ou elétrons** / Elektronenabgabe *f*, -aussendung *f*, Elektronenaussendung, Elektronenemission *f* ‖ ~ **[de electrões] por efeito de campo**, emissão *f* [de elétrons] por efeito de campo (electrón.) / Feld[elektronen-]Emission *f* ‖ ~ **de televisão** / Fernsehsendung *f* ‖ ~ **fria** / Kaltemission *f*, eigentliche Feld-Elektronenemission, Feldemission *f* ‖ ~ **por campo eléctrico** / Feldemission *f* ‖ ~ **secundária** / Sekundäremission *f* ‖ ~ **termiónica** (electrón.) / Thermionenaussendung, -emission *f*, thermische Elektronenemission, Glühemission *f*
emissário *m* (esgotos) / Vorfluter *m*, Hauptsammler *m*
emissividade *f* (física) / [spezifisches] Emissionsvermögen ‖ ~ (técn. nucl.) / Emissionsgrad *m*

emissivo / aussendend, -strömend, -strahlend
emissões *f pl* (siderurg.) / Ofenabgänge *m pl*
emissor *m* (electrón.) / Sendeapparat *m*, Sender *m* ‖ ~ (cart. perf.) / Geber *m* ‖ ~ (técn. nucl.) / Strahler *m* ‖ ~ (transistor) / Emitter *m*, Steuerelektrode *f* ‖ ~ *adj* (electrón.) / Sende... ‖ ~ (técn. nucl.) / ausstrahlend ‖ **do lado** ~, do lado transmissor / senderseitig ‖ ~ *m* **de acoplamento** [indutivo] / [induktiv] gekoppelter Sender ‖ ~ **de alternâncias** (telecom.) / Wechselsender *m* ‖ ~ **de cinco teclas** (telecom.) / Fünftastengeber *m* ‖ ~ **de comando** (electrón.) / Steuergeber *m* ‖ ~ **de electrões ou elétrons** / Elektronenquelle *f* ‖ ~ **de fac-símile** / Funkbildgerät *n* ‖ ~ **de fraca potência** (electrón.) / Kleinsender *m* ‖ ~ **de sinais** / Signalgeber *m* ‖ ~ **de sinais calibrados para fins de medição** (telecom.) / Meßverzerrer *m* ‖ ~ **de televisão** / Fernsehsender *m* ‖ ~ **ligado à terra** (semicondut.) / festgelegter Emitter ‖ ~ **local** (rádio) / Nahsender *m* ‖ ~ **mestre** / Leitsender *m* ‖ ~ **não selado** (técn. nucl.) / offener Strahler ‖ ~ **pirata** (electrón.) / Schwarzsender *m* ‖ ~ **principal** (tv, electrón.) / Hauptsender *m* ‖ ~ **radioeléctrico** / Funksender *m* ‖ ~ **radiofónico** / Rundfunksender *m*, -sendestelle, -station *f* ‖ ~ **radiotelefónico** (electrón.) / Telephoniesender *m* ‖ **~-receptor** *m* / Funksprechgerät *n* ‖ **~-receptor** *m* **portátil** / tragbares Funksprechgerät ‖ ~ **satélite** (tv) / Füllsender *m*
emitância *f* **luminosa** / spezifische Lichtausstrahlung
emitir / emittieren, aussenden ‖ ~, transmitir (telecom.) / geben, senden ‖ ~ (electrón.) / senden ‖ ~ **luz intermitente** / blinken ‖ ~ **sinais pisca-pisca** / flickern
emoldurar / einrahmen
emoliente *m* / erweichendes Mittel ‖ ~ *adj* / weichmachend
emolir / erweichen
empacotar / bündeln, ein-, verpacken, packen
empalmar (marcenar.) / einfalzen, einlassen
empalme *m* **vertical** (carpint.) / Anpfropfung *f*
empancar (máq., tecnol.) / abdichten
empanque *m* (máq., tecnol.) / Dichtung *f*, Abdichtung *f* ‖ ~ **de amianto** / Asbestdichtung, -packung *f* ‖ ~ **de cânhamo** / Hanfdichtung, -liderung *f* ‖ ~ **de cordão** (máq., tecnol.) / Schnurpackung, -dichtung *f*
emparedar / einmauern
emparelhamento *m* / Paarung *f*
empastagem *f* (indústr. cervej.) / Einmaischen *n*
empastamento *m* / Impastierung *f*
empastar / pastieren, pasten
empedrado *m* (constr. rodov.) / Packlage *f*, Steinvorlage *f*
empena *f* (constr. civil) / Giebel *m* ‖ ~ / Dachfläche *f*
empenagem *f* (aeronáut.) / Leitwerk *n*
empenamento *m* (madeira) / Verwerfung *f*
empenar (madeira, metal) / sich krümmen, sich verwerfen, sich werfen, sich verziehen
emperolamento *m* **do fio** (têxtil) / Ballonbildung *f*
emperramento *m* **do induzido** (electr.) / Hängenbleiben *n* des Ankers
emperrar / klemmen *vi*, verklemmen, verkanten, hängenbleiben
empilhadeira *f* **de forquilha** / Gabelstapler *m*, Gabelhubwagen *m* ‖ ~ **de forquilha operada por pessoa a pé** / Geh-Gabelstapler *m* ‖ ~ **eléctrica** / Elektrostapler *m* ‖ ~ **manual** / Hand-Stapler *m*
empilhado / geschichtet, gehäuft, gestapelt
empilhador *m* / Stapelkarre *f*, Stapelkarren *m*, Stapler *m*
empilhamento *m* / Stapeln *n*, Stapelung *f*
empilhar / anschichten, aufschichten, aufstapeln, aufeinander schichten (o. lagern), stapeln ‖ ~ **troncos** / gantern (Langholz)
empilhável / stapelbar, -fähig
empireuma *m* / brenzliger Ölgeruch (o. -geschmack)
empireumático / empyreumatisch
empírico / empirisch, Erfahrungs...
empirismo *m* / Erfahrungsmethode *f*, Empirismus *m*
emplastro *m* **adesivo** / Klebepflaster *n*
empoar / aufstäuben
empobrecimento *m* **químico** (geol) / chemische Verwitterung
empranchar / dielen
empregar / anwenden, gebrauchen ‖ ~ (recursos humanos) / einstellen
emprego *m* / Gebrauch *m*
empreitada *f* (geral) / Gedinge *n*
empreiteiro *m* / Bauunternehmer *m*
empresa *f* **armadora** / Reederei *f* ‖ ~ **de construção** / Bauunternehmen *n* ‖ ~ **de transportes rodoviários** / Fuhrunternehmen *n* ‖ ~ **importante** / Großbetrieb *m* ‖ ~ **mineira** / Bergbau-Unternehmen *n*
empurra-lançadeira *m* (tecel.) / Schützentreiber *m*
empurrar / stoßen *vt vi*, schieben ‖ ~ **contra** / anstoßen
empurra-vagonetas *m* (expl. minas) / Abdrücker *m*
empuxo *m* (astronáut.) / Schub *m* ‖ ~ / Schubwirkung *f* ‖ ~ **activo das terras** / aktiver Erddruck ‖ ~ **da hélice** (aeronáut., constr. naval) / Schraubenschub *m* ‖ ~ **de lançamento** (aeronáut.) / Startschub *m* ‖ ~ **do jato** (aeronáut.) / Schubkraft *f* ‖ ~ **horizontal** (constr. civil) / Seitenschub *m* ‖ ~ [**horizontal ou tangencial**] **do arco** (constr. civil) / Bogenschub *m* ‖ ~ **lateral** (constr. civil) / Schub *m* ‖ ~ **ou impulso axial** / Axialschub *m*
emsambladura *f* **a meia-madeira com corte recto** (marcenar., carpint.) / gerades Blatt
emulação *f* (informática) / Emulation *f*
emulsão *f* / Emulsion *f* ‖ ~ **aglutinante** / Bindemittelemulsion *f* ‖ ~ **betuminosa** (constr. rodov.) / Bitumenemulsion *f* ‖ ~ **de brometo de prata** (técn. fotogr.) / Bromsilbergelatine *f* ‖ ~ **isoladora** / Sperrschicht *f* ‖ ~ **sensível a raios infravermelhos** / infrarotempfindliche Emulsion
emulsificação *f* / Emulgierung *f*
emulsificador *m* / Emulgator *m*, Emulgierungsmittel *n*
emulsina *f* (química) / Emulsin *n*
emulsionado / emulgiert
emulsionadora *f* (margarina) / Kirne *f*
emulsionante da gordura / fettemulgierend
emulsionar (química) / emulgieren, emulsionieren ‖ ~ (margarina) / kirnen
emulsivo / emulgierbar, emulsiv
emulsóide *m* / Emulsoid *n*, lyophiles Kolloid
enantiomérico (química) / enantiomer
enantiómero *m* (química) / Enantiomer *n*
enantiomorfia *f* / Enantiomorphie *f*
enantiotropia *f* (química) / Enantiotropie *f*
encadeado (informática) / verknüpft
encadeamento *m* / Verkettung *f*, Ineinandergreifen *n* ‖ ~ (informática) / Verknüpfung *f* ‖ ~ **do fluxo** / Fluß-Verkettung *f* (z.B. beim Transformator)
encadear / verketten, aneinanderhängen, anketten ‖ ~ (química) / ketten
encadernação *f* (artes gráf.) / Einband *m* ‖ ~ **com lombada e cantos de couro** (artes gráf.) / Halbband *m* (Rücken und Ecken) ‖ ~ **em couro** (artes gráf.) / Ledereinband *m* ‖ ~ **em couro de bezerro** (artes gráf.) / Franzeinband *m* ‖ ~ **meia-carneira** (artes gráf.) / Halblederband *m* (nur Rücken)
encadernado / gebunden ‖ ~ **a papel telado** (artes gráf.) / ganzleinen
encadernador *m* / Buchbinder *m*

encadernar (artes gráf.) / einbinden, binden
encaixado / ineinandergeschachtelt
encaixar / ineinanderschachteln, ineinanderstecken ‖ ~ / einspringen, einschnappen ‖ ~ (carpint.) / einstemmen ‖ ~ **a quente** / warmaufziehen, aufschrumpfen ‖ ~ **sob pressão** / ineinanderpressen
encaixável / steckbar, ansteckbar, anfügbar, aufsteckbar
encaixe *m* (carpint.) / Einschnitt, Ausschnitt *m* ‖ ~, fixação *f* rígida (mecân.) / feste Einspannung ‖ ~, rebaixo *m* (carpint.) / Falz *m* ‖ **de** ~ (electr.) / Einsteck..., Steck... ‖ **fazer ~s** (carpint.) / einzapfen ‖ ~ **em cruz** (carpint.) / Kreuzkamm *m* ‖ ~ **em luva** / Einsteckstoß *m* ‖ ~ **folgado** / leichtes Einpassen ‖ ~ **frouxo** / loser Sitz
encaixilhar / einrahmen
encalagem *f* (cortumes) / Äscher *m*, Äscherbad *n*, Entkälkung *f* ‖ ~ **com rosalgar** (cortumes) / Giftschwöde, Realgarschwöde *f*
encalar (cortumes) / einkalken, -kälken, äschern
encalcar / stemmen, verstemmen
encanador *m* / Installateur *m*, Rohrleger *m*
encanamento *m* / Leitungsanlage *f*, Röhrensystem *n*, Leitung *f*
encandeamento *m* / Blendung *f* ‖ ~ (autom.) / Blenden *n* der Scheinwerfer
encandeante / blendend
encandear / blenden *vt*
encapsulação *f* / Einkapselung *f*
encapsulado / gekapselt, eingekapselt ‖ ~ **por chapa** / blechgekapselt
encapsular / einkapseln
encarnado *m* / Rot *n*, rote Farbe ‖ ~ *adj* / rot
encarrilhar (técn. ferrov.) / eingleisen, aufgleisen
encascar (indústr. cervej.) / Abziehen *n* auf Fässer
encastrar em betão ou concreto / einbetonieren
encasular / sich einspinnen (o. verpuppen)
encáustico (cerâm.) / enkaustisch, eingebrannt
encavilhar / verbolzen
encerado *m* / Wachstuch *n*, -leinwand *f* ‖ ~ (camião) / Plane *f*, Wagendecke *f*
enceramento *m* / Einwachsen *n*
encerar / wachsen *vt*, mit Wachs einreiben o. überziehen, bohnern
encher (recipiente) / füllen ‖ ~ / beschicken, füllen, auskitten (Ritzen), ausstreichen ‖ ~ (constr. civil) / aufschütten, -füllen ‖ ~ / eingießen ‖ ~ (máq., tecnol.) / vergießen, eingießen ‖ ~ (pneu) / aufblasen, aufpumpen ‖ ~ **as juntas** / auszwicke[l]n, Fugen verstreichen ‖ ~ **demais** / überfüllen ‖ ~ **o depósito** (autom.) / auftanken ‖ ~ **o interior da abóbada** / hintermauern ‖ ~ **orifícios de dinamitar** (expl. minas) / Bohrlöcher besetzen
enchimento *m* / Füllung *f*, Füllen *n* ‖ **com** ~ **de gás** / gasgefüllt ‖ ~ **de gás** / Gasfüllung *f* ‖ ~ **escamoso**, enchimento *m* laminoso (borracha) / lamellenartiger Füllstoff ‖ ~ **por contrapressão** / Gegendruckfüllung *f*
encofrar (constr. civil) / einschalen
encolador *m* **à máquina** (têxtil) / Maschinenschlichter *m*
encolher (têxtil) / krimpen, krumpfen, eingehen
encolhido / geschrumpft, eingegangen
encolhimento *m* (têxtil) / Schrumpf *m*, Schrumpfung *f*, Krumpfen *n* ‖ ~ **de feltragem** / Filzschrumpfung *f* ‖ ~ **na largura** (tecel.) / Breiteneingang *m* ‖ ~ **no comprimento** (tecel.) / Längeneingang *m*
encomenda, feito por ~ / auf Bestellung angefertigt
encompridar / längen
encontro *m* (ponte) / Widerlager *n* ‖ ~ **do arco** (constr. metál.) / Bogenwiderlager *n*
encorpante *m* / Füllungsmittel *n*
encosta *f* / Hang *m*
encostar (rebites) / gegenhalten ‖ **~-se** [contra] / sich anlehnen [an], sich stützen [auf]
encosto *m* (cadeira) / Lehne *f* ‖ ~ (máq., tecnol.) / Backe *f* ‖ ~ **da régua** / Backe *f* der Reißschiene ‖ ~ **de cabeça** (autom.) / Kopfstütze *f* ‖ ~ **de reboque** (autom.) / Anhängerdrehgestell *n* für Sattelschlepper ‖ ~ **do parafuso** / Nietwinde *f*
encravado, estar ~ / festsitzen, klemmen *vi*
encravamento *m* (arma) / Ladehemmung *f*, Hemmung *f*
encravar-se / sich verklemmen
encrespado / gekräuselt, grob, struppig
encrespamento *m* (fio) / Einkräuselung *f*
encrespar (tecel.) / einrollen, kräuseln, flammen, wässern
encurtado / verkürzt
encurtar / verkürzen, kürzer machen, abkürzen ‖ ~ / zusammenschrumpfen *vt* ‖ ~ (técn. ferrov.) / anschneiden
endentação *f* / Auszackung *f* ‖ **de** ~ **permanente** / in Dauereingriff ‖ ~ **da esfera** / Kugeleindrückung *f*
endentar / auszacken, ineinandergreifen, einkuppeln, einklinken
endereçamento *m* (informática) / Adressierung *f* ‖ ~ **de progressão automática** (informática) / Fortschaltungsadressierung *f* ‖ ~ **em difusão** (informática) / allgemeine Adressierung ‖ ~ **múltiplo** (telecom.) / Mehrfachadressierung *f* ‖ ~ **randómico** / Adressierung *f* für direkten Zugriff, Einzeladressierung *f*
endereçável (informática) / zugänglich ‖ ~ / aufrufbar ‖ **não** ~ (informática) / gesperrt
endereço *m* (geral, informática) / Adresse *f* ‖ **de** ~ **simples** / Ein-Adreß... ‖ **de** ~ **zero** / adressenfrei ‖ **sem** ~ / Nulladress..., Keinadress... ‖ ~ **absoluto** / echte Adresse, tatsächliche Adresse, spezifische Adresse ‖ ~ **base** / Basisadresse *f* ‖ ~ **da unidade** / Adresse *f* der Einheit ‖ ~ **de bloco** / Blockadresse *f* ‖ ~ **de continuação** / Fortsetzungsadresse *f* ‖ ~ **de encadeamento** / Folgeadresse *f* ‖ ~ **de instrução** / Befehlsadresse *f*, Instruktionsadresse *f* ‖ ~ **de máquina** / Maschinenadresse *f* ‖ ~ **de referência** / Bezugsadresse *f* ‖ ~ **de registo** / Satzadresse *f* ‖ ~ **de transferência** / Sprungadresse *f* ‖ ~ **de unidade física** / echte Einheitsadresse ‖ ~ **diferencial** / eigenrelative Adresse ‖ ~ **efectivo** / effektive Adresse, tatsächliche Adresse ‖ ~ **em branco** / Leeradresse *f* ‖ ~ **específico** / absolute Adresse ‖ ~ **externo** / äußere Adresse ‖ ~ **final** / Endadresse *f* ‖ ~ **indirecto** / indirekte Adresse ‖ ~ **interrelacionado** / Anschlußadresse *f* ‖ ~ **residente** / Hausadresse *f* ‖ ~ **virtual** / virtuelle Adresse
endireitador *m* (lamin.) / Strecker, Richtapparat *m*
endireitamento *m* **a quente** / Heißrichten *n*
endireitar / richten (in eine gerade Linie bringen), geraderichten, ausbeulen ‖ ~ **a frio** / kaltrichten ‖ ~ **a martelo** / hammerrichten ‖ ~ **o avesso do tecido** / abrechten, links noppen
endogás *m* / Endogas *n*
endogénico, endógeno / endogen
endoparasito *m* / Entoparasit *m*, Endoparasit *m*
endoscópio *m* / Endoskop *n*
endosmose *f* / Endosmose *f*
endosperma *f* / Mehlkörper *n* im Getreide
endotérmico / endotherm, Wärme verzehrend (o. aufnehmend)
endrina *f* (química) / Endrin *n*
endurecer / härten, hart werden, verhärten *vi*, erhärten ‖ ~ / aushalten ‖ ~ **por precipitação** / vergüten (natürlich o. künstlich altern)
endurecido a martelo / hammerhart
endurecimento *m* / Härten *n*, Härtung *f* ‖ **de** ~ **a frio**

(plást.) / kaltaushärtend ‖ ~ **das gorduras** / Fetthärtung *f* ‖ ~ **de escoamento** (plást.) / Fließhärten *n*, Fließverfestigung *f* ‖ ~ **do espectro** / spektrale Härtung ‖ ~ **do espectro de neutrões** (técn. nucl.) / Härtung *f* des Neutronenspektrums ‖ ~ **neutrónico** / Erhöhung *f* der mittleren Neutronenenergie ‖ ~ **por precipitação** / Vergütung *f* (Leichtmetall, Sammelbegriff) ‖ ~ **secundário** (siderurg.) / Sekundärhärtung *f*
endurecível (geral) / härtbar ‖ ~ **por ácidos** (plást.) / säurehärtend
eneagonal / neuneckig
eneágono *m* / Neuneck *n*
enegrecer (geral, fundição) / schwärzen ‖ ~ / anschwärzen
enegrecido / schwärzlich, geschwärzt
enegrecimento *m* / Schwärzung *f*, Schwärzen *n*, Schwarzfärbung *f*
energética *f* (química, física) / Energetik *f*
energia *f* (física) / Energie *f* ‖ ~ (electr.) / Kraft *f*, Energie *f* ‖ **de elevada** ~ (radiação) / energiereich ‖ ~ **absorvida** / aufgenommene Leistung ‖ ~ **armazenada** (técn. nucl.) / gespeicherte Energie ‖ ~ **atómica** / Atomenergie *f*, (besser:) Kernenergie *f* ‖ ~ **cinética** / Wucht *f*, Bewegungsenergie *f*, kinetische Energie ‖ ~ **consumida** / Kraftbedarf, -verbrauch *m*, -aufnahme *f* ‖ ~ **coulomb** / Coulomb-Energie *f* ‖ ~ **da ligação cristalina** (cristalogrf.) / Gitterenergie *f* ‖ ~ **de activação** (química) / Aktivierungsenergie *f* ‖ ~ **de choque** / Stoßenergie *f* ‖ ~ **de coesão** (técn. nucl.) / Bindungsenergie *f* ‖ ~ **de fissão** / Spaltungsenergie *f* ‖ ~ **de formação** / Bildungsenergie *f* ‖ ~ **de frenação** / Bremsarbeit *f* ‖ ~ **de fusão** (técn. nucl.) / Fusionsenergie *f* ‖ ~ **de ligação** (física) / Bindungsenergie *f* ‖ ~ **de permuta** (técn. nucl.) / Austauschenergie *f* ‖ ~ **de radiação** / Strahlungsenergie *f* ‖ ~ **de travagem** / Bremsarbeit *f* ‖ ~ **de turbulência** / Turbulenzenergie *f*, Wirbelenergie *f* ‖ ~ **debitada** / Kraftabgabe *f* ‖ ~ **eléctrica** / elektrische Energie, Elektroenergie *f* ‖ ~ **eólica** / Windkraft *f*, -energie *f* ‖ ~ **interna**, energia *f* intrínseca / innere Energie ‖ ~ **latente** / latente Energie ‖ ~ **limiar** (técn. nucl.) / Schwellenenergie *f* ‖ ~ **livre** / freie Energie ‖ ~ **necessária** / Kraftbedarf *m*, Energiebedarf *m* ‖ ~ **nuclear** / Kernenergie *f*, Atombindungsenergie *f*, Kernkraft *f* ‖ ~ **para a antena** / Antennenenergie *f* ‖ ~ **perdida** / Leerlaufenergie *f* ‖ ~ **potencial** / Lageenergie *f* ‖ ~ **primária** / Rohenergie *f* ‖ ~ **própria** (técn. nucl.) / Selbstenergie *f* ‖ ~ **quando da ruptura** / Bruchenergie *f* ‖ ~ **radiada pela antena** / Antennenstrahlung *f* ‖ ~ **requerida** / Energiebedarf *m* ‖ ~ **solar** / Sonnen-Energie, -Kraft *f* ‖ ~ **térmica** / Wärmeenergie *f* ‖ ~ **vibratória** / Schwingungsenergie *f*
enevoar / einnebeln
enfardadeira *f* **de feno** / Heubinder *m*
enfardar / ballen , in Ballen verpacken
enfeixar / bündeln
enferrujado / verrostet
enferrujamento *m* / Verrosten *n*, Rosten *n*, Rostbildung *f*
enferrujar / einrosten, rostig werden, rosten, verrosten
enfiada *f* / Flucht *f*, Reihe *f* ‖ ~ **de quartos**, enfiada *f* de salas / Zimmerflucht, -reihe *f*
enfiar / Fäden durchziehen, einfädeln, aufreihen, fädeln ‖ ~ **por um orifício** / durch ein Loch ziehen o. fädeln ‖ ~ **um no otro** / ineinanderstecken
enfichável (electr.) / steckbar, Einsteck..., Steck...
enfileirar / aufreihen
enfraquecer / schächen, abschwächen ‖ ~ / nachlassen *vi*, schwächer werden ‖ ~ (electrón.) / schwinden
enfraquecimento *m* / Schwächung *f*, Abschwächung *f*, Nachlassen *n* ‖ ~ (telecom.) / Dämpfung *f*, Dämpfung *f* aus räumlichen Gründen ‖ ~ (rádio) / Schwinden *n*, Schwunderscheinung *f* ‖ ~ **das correntes de eco** (telecom.) / Dämpfung *f* der Echoströme ‖ ~ **dos agudos** (acústica) / Höhenabschwächung *f*
enganar-se (artes gráf.) / fehlgreifen
enganchar / anhaken, haken
engarrafamento *m* / Flaschenfüllen *n* ‖ ~ (trânsito) / Stau *m*, Rückstau *m*
engarrafar / auf, in Flaschen abfüllen
engastado nas duas extremidades (mecân.) / beiderseitig eingespannt
engastar (pedras precios.) / einfassen
engaste *m* / Einfassung *f*
engatado / eingerastet
engatar / einrasten, einschnappen, einrücken, einklinken, einspringen ‖ ~ (técn. ferrov.) / einkuppeln
engate *m* (técn. ferrov.) / Kupplung *f* ‖ ~ **das arestas dos dentes** / Kanteneingriff *m* ‖ ~ **de garra** / Klauenkupplung *f* ‖ ~ **de parafuso** (técn. ferrov.) / Schraubenkupplung *f* ‖ ~ **de unha** / Klauenkupplung *f* ‖ ~ **por trinquete** (máq. ferram.) / Klinkschaltung *f*
engavetamento *m* (autom.) / Massen-Auffahrunfall *m*
engenharia *f* / Ingenieurwesen *n* ‖ ~ **aeronáutica** / Luftfahrttechnik *f* ‖ ~ **agrónoma** / Landbautechnik *f* ‖ ~ **civil** / Ingenieurbauten *plt* ‖ ~ **civil e actividades construtoras** / Bauwesen *n* ‖ ~ **de aparelhos** / Apparatebau *m* ‖ ~ **de caldeiras** / Dampfkesselwesen *n* ‖ ~ **de processos** / Fertigungsvorbereitung *f* ‖ ~ **de processos** / Technologie *f* ‖ ~ **industrial** / Anlagentechnik *f* ‖ ~ **química** / Verfahrenstechnik *f* (Entwurf, Bau u. Betrieb chemischer Werke), Chemie-Ingenieurwesen *n* ‖ ~ **técnica** / Ingenieurtechnik *f*
engenheiro *m* (geral) / Ingenieur *m* ‖ ~ **aerodinâmico** / Aerodynamiker *m* ‖ ~ **aeronáutico** / Luftfahrtingenieur *m* ‖ ~ **agrónomo** / Landbauingenieur *m* ‖ **~-chefe** *m* / Oberingenieur *m* ‖ ~ **civil** / Bauingenieur *m* ‖ ~ **consultor** / beratender Ingenieur ‖ ~ **de estudos e projectos** / Konstrukteur *m* ‖ ~ **de iluminação** / Beleuchtungsingenieur *m*, Lichttechniker *m* ‖ ~ **de métodos** / Fertigungsorganisator *m* ‖ ~ **de métodos de produção** / Arbeitsplaner *m* ‖ ~ **de minas** / Bergingenieur *m* ‖ ~ **de produção** / Betriebsingenieur *m* ‖ ~ **de projectos** / Ingenieur *m* für Projektierungsarbeiten ‖ ~ **de vídeo** (tv) / Bildingenieur *m* ‖ ~ **especializado** / Fachingenieur *m* ‖ ~ **hidráulico** / Wasserbautechniker *m*, -bauingenieur *m* ‖ ~ **mecânico** / Maschinen[bau]ingenieur *m* ‖ ~ **químico** / Chemieingenieur *m* ‖ ~ **químico [industrial]** / Ingenieurchemiker *m*
engenho *m* **de açúcar** / Zuckermühle *f*, Zuckerfabrik *f* ‖ ~ **de propulsão** / Antriebsmaschine *f*, -motor *m*
engessar / vergipsen, gipsen
engobo *m* (cerâm.) / Engobe *f*
engomar / stärken, steifen
engordurado / ölgar, verölt
engorduramento *m* / Batschen *n*, Schmälzen *n*, Fettung *f*
engordurar / fetten ‖ **~-se** / verschmieren *vi* (Feile)
engradado *m* / Lattenverschlag *m*, Lattenkiste *f*
engradar / übergittern
engraxadora *f* **do eixo** / Achsschmierbüchse *f*
engraxar / abschmieren, ölen, fetten ‖ ~ **levemente** / anfetten

engraxe *m* / Fettung *f*
engrenado / im Eingriff
engrenagem *f* (máq., tecnol.) / Eingriff *m*, Getriebe *n*, Triebwerk *n* ‖ ~ / Radumformer *m* (DIN) ‖ **de ~ permanente** / in Dauereingriff ‖ ~ **angular** / Winkelgetriebe *n* ‖ ~ **catraca** / Klinkwerk *n* ‖ ~ **central de sistema planetário** (máq., tecnol.) / Sonnenrad *n* ‖ ~ **cilíndrica** / Stirnradpaar *n* ‖ ~ **cilíndrica direita de evolvente** / Evolventen-Geradstirnpaar *n* ‖ ~ **compensadora** (têxtil) / Ausgleichgetriebe *n* ‖ ~ **cónica** / Kegelradgetriebe *n*, Kegeltrieb *m*, Winkelgetriebe *n* ‖ ~ **cónica de dentes helicoidais** / Spiralkegelrad *n* ‖ ~ **cónica e planetária** / Kegelradumlaufgetriebe *n* ‖ ~ **da embraiagem**, engrenagem *f* da embreagem (autom.) / Kupplungsgestänge *n* ‖ ~ **de arranque ou de partida** / Anlasserritzel, -getriebe *n* ‖ ~ **de avanço** / Vorschubgetriebe *n* ‖ ~ **de avanço com rodas corrediças** (máq. ferram.) / Vorschubgetriebe *n* mit Schieberädern ‖ ~ **de câmbio de velocidades** / Wechselrädergetriebe *n* ‖ ~ **de coroa** / Kronenrad *n* ‖ ~ **de corrente** / Kettengetriebe *n* ‖ ~ **de cremalheira** (técn. ferrov.) / Zahnstangengetriebe, -triebwerk *n* ‖ ~ **de dentes rectos** / Stirnrädergetriebe, -radgetriebe, -rädervorgelege *n* ‖ ~ **de evolvente** / Evolventenverzahnung *f* ‖ ~ **de fricção** / Reib[rad]getriebe *n*, Reibungsgetriebe *n* ‖ ~ **de fricção por rodas de cunha** / Keilrädergetriebe *n* ‖ ~ **de mudança de velocidades** / Wechselrädergetriebe *n* ‖ ~ **de parafuso sem-fim** / Schneckengetriebe *n* ‖ ~ **de redução** / Reduktionsgetriebe *n* ‖ ~ **de roquete** / Sperrgetriebe *n* ‖ ~ **de transmissão** / Getriebeteil *m* (eines Apparates) ‖ ~ **desmultiplicadora** / Untersetzungsgetriebe *n*, Reduktionsgetriebe *n* ‖ ~ **diferencial** (autom.) / Differentialgetriebe *n* ‖ ~ **em espinha de peixe** / Pfeilverzahnung *f*, Pfeilrädergetriebe *n* ‖ ~ **epicicloidal** / Epizykloidengetriebe *n* ‖ ~ **externa** / Außenverzahnung *f* ‖ ~ **helicoidal** / Schraubenverzahnung *f* ‖ ~ **helicoidal** / Schraubgetriebe (DIN), Schrägverzahnungsgetriebe *n* ‖ ~ **helicoidal** (autom.) / Schrägrad *n* (im Getriebe) (DIN) ‖ ~ **helicoidal dupla** / Pfeilverzahnung *f*, Pfeilrädergetriebe *n* ‖ ~ **hipóide** / Kegelschraubgetriebe *n* ‖ ~ **intermediária** (máq., tecnol.) / Zwischenvorgelege *n*, -getriebe *n*, Vorgelege *n* ‖ ~ **interna** / innenverzahntes Getriebe, Innengetriebe *n* ‖ ~ **inversora** / Zahnradwendegetriebe *n* ‖ ~ **lanterna** (máq., tecnol.) / Stockgetriebe *n*, Triebstockgetriebe *n* ‖ ~ **planetária** / Umlaufgetriebe *n*, Planetengetriebe *n*, -rädergetriebe *n*, Epizykloidengetriebe *n* ‖ ~ **propulsora** / Getriebeteil *m* (eines Apparates) ‖ ~ **redutora** / Untersetzungsgetriebe *n*, Reduktionsgetriebe *n* ‖ ~ **redutora escalonada** / Stufengetriebe *n* ‖ ~ **sem-fim** (máq., tecnol.) / Schneckenradgetriebe *n*, -radsatz *m* ‖ ~ **sem-fim da direcção** (autom.) / Lenkschneckenrad *n*
engrenar (rodas) / eingreifen *vi* ‖ ~ (máq., tecnol.) / übersetzen, mit Getriebe versehen ‖ ~ / ineinandergreifen, in Eingriff bringen ‖ ~ / einfallen (Raste) ‖ [**fazer**] ~ / ineinandergreifen lassen
engrossar / verdicken, eindicken ‖ ~ (hidrául.) / schwellen
enlaçado / verknüpft, verbunden
enlaçar / verknüpfen, abschnüren
enlace *m* (telecom.) / Strecke *f* ‖ ~ **de cartões** (tecel.) / Kartenbinden *n* ‖ ~ **hertziano** / Funkübertragungsweg *f* mit Trägerfrequenz ‖ ~ **radioeléctrico** / Funkübertragungsweg *m* ‖ ~ **televisivo** / Fernsehstrecke *f*
enlameado / verschlammt
enlamear(-se) (hidrául.) / verschlammen
enlatado *m* (coll) (rádio, tv) / Konserve *f* ‖ ~ *adj* / Büchsen...
enlatar / konservieren, eindosen
enobrecimento *m* / Veredlung *f*
enologia *f* / Wein[bau]kunde, Önologie *f*
enometria *f* (química) / Enometrie *f*
enómetro *m* (indústr. cervej.) / Enometer *m n*, Würzemesser *m*
enovelar / aufwickeln, knäueln, zu Knäueln wickeln ‖ ~ (tecel.) / winden, haspeln, aufwinden
enquadramento *m* **de formulários** (informática) / Formularausrichten *n*
enrijar (geral) / versteifen, steifen
enrijecimento *m* / Versteifung *f*
enriquecer (química) / anreichern ‖ ~ (minério) / veredeln ‖ ~ (técn. nucl.) / anreichern
enriquecido / angereichert
enriquecimento *m* (química) / Anreicherung *f* ‖ ~ (expl. minas) / Aufbereitung, Anreicherung *f* ‖ ~ (técn. nucl.) / Anreicherung *f*
enrocamento *m* / Steinschüttung, -packlage *f* ‖ ~ (constr. rodov.) / Koffer *m*
enrolado (geral) / gewickelt ‖ ~ **à esquerda** / linksgezwirnt ‖ ~ **em sentido oposto** (electr.) / gegenläufig gewickelt
enrolador *m* (tecel.) / Roller *m* ‖ ~ (fiação) / Abzugswalze *f* ‖ ~ **de cordão** (telecom.) / Schnurrolle *f* ‖ ~ **tipo barril** / Faßwickler *m*
enrolamento *m* (electr.) / Wicklung *f*, Windung *f* ‖ **de ~ automático** / selbstaufrollend ‖ ~ **aberto** / offene Wicklung ‖ ~ **amortecedor** (electr.) / Dämpfungswicklung *f*, Dämpferwicklung *f* ‖ ~ **anticompound** / Gegenkompoundwicklung *f* ‖ ~ **anular** (electr.) / Ringwicklung, Grammewicklung *f* ‖ ~ **auxiliar de arranque ou de partida** (electr.) / Anlaß-Hilfswicklung *f* ‖ ~ **bifilar** (electr.) / Doppelfadenwicklung *f*, bifilare Wicklung ‖ ~ **composto** (electr.) / Verbundwicklung *f* ‖ ~ **concêntrico** (electr.) / Röhrenwicklung *f*, Zylinderwicklung *f* ‖ ~ **cruzado** / Kreuzwicklung *f* ‖ ~ **de arranque** (electr.) / Anlaßwicklung *f* ‖ ~ **de barras** (electr.) / Stabwicklung *f* ‖ ~ **de bobina** (electr.) / Spulenwicklung *f* ‖ ~ **de camada única** / Einlagenwicklung *f* ‖ ~ **de campo** / Feldwicklung *f* ‖ ~ **de captação** [do sinal] (informática) / Geberwicklung *f* ‖ ~ **de contramagnetização** / Gegenmagnetisierungswicklung *f* ‖ ~ **de electroíman**, enrolamento *m* de eletroímã / Magnetwicklung *f* ‖ ~ **de excitação** / Erregerwicklung *f*, Feldwicklung *f* ‖ ~ **de passo fraccionário** (electr.) / Sehnenwicklung *f* ‖ ~ **de retenção** (electr.) / Haltewicklung *f* ‖ ~ **de três ranhuras** (electr.) / Dreilochwicklung *f* ‖ ~ **de uma só ranhura** (electr.) / Einlochwicklung *f* ‖ ~ **diametral** (electr.) / Durchmesserwicklung *f* ‖ ~ **distribuído** (mot.) / umlaufende Wicklung ‖ ~ **do anel de Gramme** (electr.) / Grammewicklung *f* ‖ ~ **do estator** / Ständerwicklung *f*, Statorwicklung *f* ‖ ~ **do induzido** (electr.) / Ankerwicklung *f* ‖ ~ **do primário** (electr.) / Primärwicklung *f* ‖ ~ **do rotor** (electr.) / Läuferwicklung *f* ‖ ~ **em derivação** (electr.) / Nebenschlußwicklung *f* ‖ ~ **em discos duplos** (electr.) / Doppelscheibenwicklung *f* ‖ ~ **em espiral** / Schneckenwindung *f* ‖ ~ **em folha** (electr.) / Folienwicklung *f* ‖ ~ **em losango** (electr.) / Gleichspulenwicklung *f* ‖ ~ **em patas de rã** (electr.) / Froschbeinwicklung *f* ‖ ~ **em tambor** (electr.) / Trommelwicklung *f* ‖ ~ **enfiado** (electr.) / Fädelwicklung *f* ‖ ~ **polar** (electr.) / Polwicklung *f* ‖ ~ **por dobra** / Biegewalzen *n* ‖ ~ **pré-formado**

(electr.) / Schablonenwicklung *f* ‖ ~ **secundário** (electr.) / Sekundärwicklung *f* ‖ ~ **simples** (electr.) / Einfachwicklung *f*
enrolar / einrollen, aufwickeln, wickeln, abwickeln, -winden ‖ ~ **a teia** (tecel.) / aufbäumen, bäumen
enroscar-se / ringeln, sich schlingen
enrugado / faltig
enrugamento *m* (geol) / Faltung *f*
enrugar(-se) / sich falten, knittern *vt vi*
ensaboar / einseifen, mit Schaum bedecken, seifen
ensacamento *m* / Einsacken *n*
ensacar / absacken, in Säcke füllen, in Säcke abfüllen, Säcke füllen, einsacken
ensaiado / erprobt
ensaiador *m* / Prüfeinrichtung *f*
ensaiar / ausprobieren, probieren, erproben, versuchen ‖ ~ (química, siderurg.) / probieren, untersuchen ‖ ~ **com o densímetro** (química, açúcar) / spindeln ‖ ~ **em voo** / im Fluge erproben ‖ ~ **o motor** / den Motor abbremsen ‖ ~ **por via (h) úmida** / auf nassem Wege probieren
ensaio *m* / Versuch *m*, Probe *f*, Prüfung *f*, Untersuchung *f*, Test *m*, Erprobung *f* ‖ ~ **à chama** (química, geol) / Flammenprobe *f* ‖ ~ **à unha** (açúcar) / Fingerprobe *f* ‖ ~ **acelerado de resistência à intempérie** / Schnellbewitterung *f* ‖ ~ **alternado congelamento/degelo** (constr. rodov.) / Frost-Tau-Wechselversuch *m* ‖ ~ **ao choque** / Stoßprüfung *f*, Schocken *n* ‖ ~ **ao cisalhamento** / Scherversuch *m* ‖ ~ **ao fogo sob carga** (cerâm.) / Druckfeuerbeständigkeitsprüfung, DFB-Prüfung *f* ‖ ~ **climático** / Klimaversuch *m* ‖ ~ **com massa cadente** / Fallhammerversuch *m* ‖ ~ **com o maçarico** / Lötrohrprobe *f* ‖ ~ **com proveta de decantação** / Standglasversuch *m* ‖ ~ **comparativo** / Vergleichsversuch *m* ‖ ~ **comparativo de produtos** / Warentest *m* ‖ ~ **continuado** / Dauerversuch *m* ‖ ~ **da carga de soldadura dos lubrificantes líquidos** / Schweißkraftprüfung *f* von Schmierstoffen (DIN 51350) ‖ ~ **das vibrações de flexão** / Biegeschwingungsprüfung *f* ‖ ~ **de alargamento** / Aufweiteprobe *f* ‖ ~ **de alargamento do cubo** / Nabenaufweiteprobe *f* ‖ ~ **de amolecimento** / Erweichungsprobe *f* ‖ ~ **de amortecimento** / „Bumsen"-Prüfung *f* ‖ ~ **de Avery** / Erichsen-Tiefziehversuch *m*, Einbeulversuch *m* (Blech) ‖ ~ **de Brinell** / Kugeldruckprüfung *f*, Brinellprobe *f* ‖ ~ **de calcinação** (química) / Röstprobe *f* ‖ ~ **de campo** / Feldversuch *m* ‖ ~ **de campo** (agricult.) / Freilandversuch *m* ‖ ~ **de carga** / Belastungsprobe *f*, Belastungsprüfung *f* ‖ ~ **de choque** / Schlagversuch *m* ‖ ~ **de choque em barras entalhadas** / Kerbschlagprobe *f* ‖ ~ **de cisalhamento** / Scherversuch *m* ‖ ~ **de compressão** / Druckversuch *m* (durch Zusammendrücken) ‖ ~ **de compressão** (máq., tecnol.) / Druckprobe *f* ‖ ~ **de copela** / Kapellenprobe *f* ‖ ~ **de curta duração** / Kurz[zeit]versuch *m* ‖ ~ **de deflexão** / Biegeprüfung *f* ‖ ~ **de dobragem** / Faltversuch *m* ‖ ~ **de duração** / Dauerversuch *m* ‖ ~ **de duração útil a temperaturas elevadas** (ferram.) / Temperatur-Standzeit-Versuch *m* ‖ ~ **de dureza** / Härteprüfung *f* ‖ ~ **de dureza por esfera de impacto** / Fallhärteprüfung *f* ‖ ~ **de encurvadura repetida** / Dauerknickversuch *m* (DIN 53522) ‖ ~ **de entrada em serviço** (telecom.) / Einschaltungsprüfung *f* ‖ ~ **de Erichsen** / Erichsen-Tiefziehversuch *m*, Einbeulversuch *m* (Blech) ‖ ~ **de esforço-ruptura** / Bruchbelastungsprobe *f* ‖ ~ **de esmagamento** / Quetschversuch *m* ‖ ~ **de fadiga** / Dauerprüfung, -probe *f*, Ermüdungsversuch *m*, Langzeitversuch *m*, Dauerversuch *m* ‖ ~ **de fadiga à flexão** / Schwingungsversuch *m*, Dauerbiegeversuch *m* ‖ ~ **de fadiga por tracção** / Dauerzugversuch *m* ‖ ~ **de flambagem** / Knickversuch *m* ‖ ~ **de flambagem repetida** / Dauerknickversuch *m* (DIN 53522) ‖ ~ **de flexão** / Biegeprüfung *f*, Biegeversuch *m* ‖ ~ **de flexão a frio** / Kaltbiegeprobe *f* ‖ ~ **de flexão alternada** / Hin- und Herbiegeversuch *m* ‖ ~ **de flexão por choque** / Schlagbiegeversuch *m* ‖ ~ **de flexão por choque em barras entalhadas** / Kerbschlagbiegeprobe *f* ‖ ~ **de flexão repetida por choque em peças entalhadas** / Dauerkerbschlagversuch *m* ‖ ~ **de flexibilidade de chapa** / Blechbiegeprobe *f* ‖ ~ **de forjadura** / Schmiedeprobe *f*, -versuch *m* ‖ ~ **de friabilidade** (constr. rodov.) / Bindigkeitsprüfung *f* ‖ ~ **de funcionamento** / Funktionsprobelauf *m*, -prüfung *f* ‖ ~ **de FZG** (óleo) / FZG-Test *m* (für Getriebeöl) ‖ ~ **de Gutzeit** (química) / Gutzeitprobe *f* (auf Arsen) ‖ ~ **de imersão contínua** (corrosão) / Dauertauchversuch *m*, Tauchstandversuch *m* ‖ ~ **de inchamento** / Quellversuch *m* ‖ ~ **de materais** (geral) / Materialprüfung, -untersuchung *f* ‖ ~ **de oscilação contínua** / Dauerschwingversuch *m* (DIN 53574) ‖ ~ **de penetração do corante** / Farbeindringprüfung *f* ‖ ~ **de perfuração** (expl. minas) / Bohrversuch *m* ‖ ~ **de perfuração** (papel) / Durchschlagprüfung *f* ‖ ~ **de pressão** / Druckversuch *m*, -probe *f* ‖ ~ **de queda** / Fallversuch *m* ‖ ~ **de refinação** / Garprobe *f* ‖ ~ **de relaxação** / Entspannungsversuch *m* ‖ ~ **de resistência** / Festigkeitsprüfung *f* ‖ ~ **de resistência a choques repetidos** / Dauerschlagprüfung *f* ‖ ~ **de resistência à fragmentação** / Fallprobe *f* ‖ ~ **de retardação** / Auslaufversuch [zur Bestimmung der Widerstände] *m* ‖ ~ **de reviramento** / Bördelversuch *m* ‖ ~ **de ruptura** / Zerreißprobe *f*, Bruchprobe *f* ‖ ~ **de ruptura por choque** / Schlagzerreiß-Versuch *m*, -zugversuch *m* ‖ ~ **de solidez da tinta** / Farbfestigkeitsprüfung *f* ‖ ~ **de torção** / Torsionsversuch *m*, Verdrehungsversuch *m* ‖ ~ **de torção ao choque** / Schlag-Drehversuch *m* ‖ ~ **de tracção** / Zugversuch *m*, Zerreißversuch *m* ‖ ~ **do ferro** / Eisenprobe *f* ‖ ~ **do ponto de congelação** (petróleo) / Erstarrungspunktprobe *f*, galizische Probe *f*, Erstarrungspunktmessung *f* nach Shukoff ‖ ~ **em branco** (química) / Blindprobe *f*, Blindversuch *m* ‖ ~ **em grande escala** / Großversuch *m* ‖ ~ **em ponto fixo** (aeronáut.) / Standlauf *m* ‖ ~ **esclerométrico** / Ritzversuch *m* ‖ ~ **estático** / Belastungsprüfung *f* ‖ ~ **galiciano** / Erstarrungspunktprobe *f*, galizische Probe *f*, Erstarrungspunktmessung *f* nach Shukoff ‖ ~ **gelo-degelo** (constr. civil) / Gefrier-Auftauprüfung *f* ‖ ~ **individual** / Einzelprüfung *f* ‖ ~ **Izod** / Izod-Prüfung *f* ‖ ~ **marginal** / Grenzprüfung *f*, Prüfen unter verschärften Bedingungen ‖ ~ **preliminar** / Vorversuch *m* ‖ ~ **sensorial em triângulo** / Dreiecksprüfung *f* (DIN 10951)
ensaios *m pl* **sistemáticos** / Reihenversuche *m pl* ‖ ~ **sob cargas progressivas** / Stufenversuche *m pl*
ensambladura *f* (marcenar., carpint.) / Blatt *n* ‖ ~ **a meia-madeira com espigão** (marcenar., carpint.) / gerades Blatt mit Grat ‖ ~ **de meia-esquadria** (carpint.) / Verblattung *f*, gerades, einfaches Blatt, Über-, Aufblatten *n* ‖ ~ **em cremalheira** (carpint.) / Verschränkung *f* ‖ ~ **em cruz** (carpint.) / Kreuzverband, -rahmen *m* ‖ ~ **em forma de cauda de andorinha** (marcenar.) / Schwalbenschwanzverbindung *f*, -zinkung *f* ‖ ~

em madeira / Holzverband *m*, -verbindung *f* ‖ ~ **fendida com corte oblíquo** (marcenar., carpint.) / geschnittenes Blatt ‖ ~ *m* **por espiga e encaixe** (carpint.) / Verzapfung *f*
ensamblar (máq., tecnol.) / zusammenfügen ‖ ~ (carpint.) / anblatten ‖ ~ **a meia esquadria** (carpint.) / überblatten, zusammenblatten ‖ ~ **com espiga e mecha** (carpint.) / verkämmen ‖ ~ **em cauda de andorinha** (marcenar.) / verzinken, [ver]schwalben ‖ ~ **por espiga e encaixe** (carpint.) / verzapfen
ensecadeira *f* (hidrául.) / Kasten[fang]damm *m*, Kofferdamm *m*
ensilagem *f* (agricult.) / Einsäuern, Silieren *n* ‖ ~ **verde** (agricult.) / Frischsilage *f*
ensilar (agricult.) / einsäuern, silieren
enstatito *m* (mineralog.) / Enstatit *m*
entabuado / gedielt
entabuamento *m* / Balkengerüst *n*, Bretterschalung *f*, Bohlenbelag *m* ‖ ~ **do poço** (expl. minas) / Schachtzimmerung *f*
entabuar / beplanken, dielen
entalamento *m* / Laschenverbindung *f*
entalar / festklemmen, quetschen, einklemmen
entalhado / gekerbt
entalhador *m* / Gargelkamm *m*, -reißer *m*
entalhadura *f* / Zahneinschnitt *m*
entalhar / kerben, Kerben machen, einkerben ‖ ~ / einschneiden ‖ ~ (expl. minas) / schlitzen, kerben ‖ ~ (carpint.) / stemmen, einstemmen ‖ ~ (mecân.) / aussparen ‖ ~ (marcenar.) / fugen
entalhe *m* (carpint.) / Einkerbung *f*, Einschnitt *m*, Marke *f*, Kerbe *f* ‖ ~ / Kerbschnitt *m*, Kerbe *f*, Vertiefung *f*, Eindruck *m* ‖ ~ (marcenar.) / Ausschnitt *m*, gestemmter Einschnitt für Zapfen ‖ ~ (carpint.) / Marke, Kerbe *f* ‖ ~, rebaixo *m* (máq., tecnol.) / Kerbe *f*, Aussparung *f* ‖ ~ (máq. ferram.) / Freistich *m* ‖ ~ (expl. minas) / Schlitz *m*, Kerb *m* ‖ ~ (marcenar., carpint.) / Stich *m* ‖ ~ **da chulipa**, entalhe *m* do dormente (técn. ferrov.) / Kappung *f* ‖ ~ **em cauda de andorinha** / Schwalbenschwanzeinschnitt *m* ‖ ~ **em pedra** (constr. civil) / Steinschnitt *m*, -fugenschnitt *m* ‖ ~ **triangular** / Spitzkerbe *f*
entalpia *f* / Enthalpie *f*, Gibbssche Wärmefunktion ‖ ~ **de formação** / Bildungsenthalpie *f* ‖ ~ **de sublimação** / isobarische Verdampfungswärme ‖ ~ **total** (física) / Ruheenthalpie *f*
enterrado / unter der Erde, erdverlegt, unterirdisch
enterrar / eingraben ‖ ~ (electr.) / in der Erde verlegen
entesar (geral) / steifen
entintamento *m* (artes gráf.) / Einfärben *n*
entintar (artes gráf.) / einfärben
entivação *f* (expl. minas) / Zimmerung, Verbauung *f* ‖ ~ **de galerias** (expl. minas) / Streckenzimmerung *f* ‖ ~ **hidráulica** (expl. minas) / Spülversatz *m*
entrada *f* / Einlaß *m*, Einführungsöffnung *f* ‖ ~ (constr. civil) / Zugang *m*, Eingang *m*, Eintritt *m* ‖ ~ (constr. rodov.) / Einfahrt *f* ‖ ~ (garagem) / Einfahrt *f* ‖ ~ (electr.) / Einführung *f*, Eintritt *m* (von Kabeln) ‖ ~ (artes gráf.) / Einzug *m* ‖ ~ (hidrául.) / Einlauf *m* ‖ ~ (expl. minas) / Einfahrt *f* ‖ ~ (técn. ferrov.) / Einfahrt *f* ‖ **de** ~ (electrón., telecom.) / Eingangs... ‖ **de** ~ / ankommend ‖ **de** ~ **limitada** (informática) / eingabelimitiert ‖ **para** ~ **imediata** (constr. civil) / sofort beziehbar ‖ ~ **analógica** / Analogeingabe *f* ‖ ~ **bipolar** (informática) / Eingang *m* für positive und negative Signale ‖ ~ **da bacia de vazamento** / Eingußtrichter *m* ‖ ~ **da galeria** (expl. minas) / Stollenmund *m*, -mundloch *n* ‖ ~ **de antena** / Antenneneingang *m* ‖ ~ **de dados** (informática) / Dateneingabe *f* ‖ ~ **de inspecção** / Fahrloch *n* ‖ ~ **de inspecção** (telecom.) / Brunnen *m* ‖ ~ **de inspecção** (máq., tecnol.) / Mannloch *n* ‖ ~ **de vapor** / Dampfzufluß *m*, -zutritt *m*, -zuführung *f* ‖ ~ **descritiva** (programação) / Erklärung *f* ‖ ~ **do ar** / Lufteintritt *m* ‖ ~ **do arame** / Drahteinführung *f* ‖ ~ **do fio** / Drahteinführung *f* ‖ ~ **do fio** (tecel.) / Fadeneinzug *m* ‖ ~ **do gás** / Gaszufuhr *f*, -zuführung *f* ‖ ~ **do vapor** / Dampfeintritt, -zutritt *m*, -zuführung *f*, Dampfeinlaß *m* ‖ ~ **e saída de dados** / Daten-Ein/ Ausgabe *f* ‖ ~ **em programa** (informática) / Eingang *m* in Programm ‖ ~ **livre** (informática) / F-Eingang *m* ‖ ~ **principal de ar** (expl. minas) / Haupteinziehstrom *m* ‖ ~ **simétrica**, entrada *f* push-pull (informática) / Gegentakteingang *m* ‖ **~/ saída** *f* (informática) / Ein-Ausgabe *f*
entrançado *m* / Flechtarbeit *f* ‖ ~ (electr.) / Beflechtung *f*
entrançadura *f* / Spleißstelle, Spleiße, Spleißung *f*
entrançamento *m* **de cabos** / Kabelumklöppelung *f* ‖ ~ **de vias** (técn. ferrov.) / Gleisverschlingung *f*
entrançar / spleißen, an-, ver-, zusammenspleißen, flechten ‖ ~ / umflechten ‖ ~ (electr.) / beflechten
entrar / einlaufen, ankommen, einfahren ‖ ~ (técn. ferrov.) / einfahren ‖ ~ (astronáut.) / eintauchen ‖ ~ (expl. minas) / einfördern ‖ ~ **em acção** / in Aktion treten ‖ ~ **em acção** (electr.) / ansprechen ‖ ~ **em ebulição** / zum Sieden kommen, kochen *vi*, sieden ‖ ~ **em funcionamento** / anlaufen, anfahren ‖ ~ **em fusão** / in Fluß geraten, flüssigwerden ‖ ~ **em fusão** (siderurg.) / schweißen *vi* ‖ ~ **em parafuso** (aeronáut.) / trudeln, sich abtrudeln lassen ‖ ~ **na fila** / sich einfädeln
entreaberto / halb offen, halb geschlossen
entreferro *m* (electr.) / Eisenspalt *m*, Luftspalt *m*
entrefolha *f* (artes gráf.) / Einschießbogen *m*
entrega *f* / Ablieferung *f*, Lieferung *f*, Abgabe *f*, Zustellung *f*, Anlieferung *f* ‖ ~ **da viga** / Balkenauflage *f*
entregar / zustellen, anliefern, abgeben, liefern
entrelaçado / verschlungen
entrelaçamento *m* **de frequências** / Frequenzverkettung, -verkämmung *f*
entrelaçar / verflechten, ineinanderflechten ‖ ~ (informática) / verzahnen ‖ **~-se** / sich verschlingen, sich kreuzen
entrelinha *f* (artes gráf.) / Durchschuß *m*, -schußlinie *f*, Reglette *f*, Zwischenzeile *f* ‖ ~, intervalo *m* entre linhas / Zeilenabstand *m*
entrelinhado (artes gráf.) / durchschossen ‖ **não** ~ (artes gráf.) / undurchschossen
entreplano *m* (aeronáut.) / Flügelabstand *m*
entressola *f* / Brandsohle *f*
entretecer / verweben, ineinanderweben ‖ ~ (tecel.) / durchweben, einwirken, einweben
entretecido / eingewebt
entretela *f* / Einlagefutterstoff *m*, Gewebeeinlage *f* ‖ ~ (tecel.) / Versteifungsstoff *m* ‖ ~ (têxtil) / Steifleinen *n*, -leinwand *f* ‖ ~ (artes gráf.) / Buckram *m* ‖ ~ **de algodão** (borracha) / Baumwollgewebeeinlage *f*
entrevia *f* / Schienenzwischenraum *m*
entroncamento *m* (técn. ferrov.) / Knotenpunkt *m*
entropia *f* (física) / Entropie *f*
entulho *m* (constr. civil) / Schutt *m* ‖ ~ / Bauschutt *m* ‖ ~ / Abraum *m*
entumescimento *m* **ácido** / Säureschwellung *f*
entupido / verstopft
entupimento *m* / Verstopfung *f*
entupir / verstopfen, zustopfen
enumeração *f* / Aufzählung *f*
enumerar / zählen, aufzählen
envelhecer / altern ‖ ~ (metal leve) / tempern ‖ ~ (cerâm.) / sumpfen, mauken ‖ ~ **artificialmente** (metal leve) / warmaushärten
envelhecido / gealtert, abgelagert

envelhecimento *m* / Altern *n*, Alterung *f* ‖ ~ **artificial** (metal leve) / Aushärtung *f* bei erhöhter Temperatur ‖ ~ **por esforço de recalcamento** / Stauchalterung *f*, Reckalterung *f*
envelope *m* **de janela** / Fensterbriefumschlag *m*
envenenamento *m* **por solventes** (química) / Lösemittelvergiftung *f*
envergadura *f* / Größe *f*, Umfang *m* ‖ ~ **da asa** (aeronáut.) / Flügelspannweite *f*
envernizado / glasiert, gefirnißt, lackiert
envernizador *m* / Lackierer *m*
envernizar / lackieren, firnissen ‖ ~ (cerâm.) / glasieren ‖ ~ **por imersão** / tauchlackieren
enviar / senden, schicken
envidraçado / verglast
envidraçamento *m* / Verglasung *f*
envidraçar janelas / Fenster verglasen
enviezado / abgeschrägt
envolto / umhüllt
envoltória *f* (matem.) / Einhüllende *f*, Einhüllungskurve *f*, Umhüllende *f*, Hüllkurve *f*
envoltório *m* **de gás** / Gasmantel *m* ‖ ~ **de treliça** (constr. civil) / Flechtwerkmantel *m* ‖ ~ **do átomo** / Atomhülle *f* ‖ ~ **do gasogénio** / Generatormantel *m* ‖ ~ **duplo** / Doppelmantel *m* ‖ ~ **electrónico ou eletrônico** / Elektronenhülle *f* ‖ ~ **luminoso** (electr.) / Lichthülle *f*
envolver / ummanteln, umgeben, umwickeln, umhüllen, einhüllen
enxada *f*, enxadão *m* (expl. minas) / Erdhaue *f*, Breithaue *f*, Karst *m* ‖ ~ (agricult.) / Hacke *f* ‖ ~ **mecânica** (agricult.) / Hackmaschine *f* ‖ ~ **rotativa** (agricult.) / Hackfräse *f*
enxaguadura *f* / Ausspülung *f*, Ausspülen *n*, Spülung *f*
enxaguar / spülen, ab-, auswaschen, wässern, abspülen ‖ ~ (química) / auswaschen
enxárcia *f* / Schiffstakelung *f*, -ausrüstung *f*
enxó *m* / Dechsel *f*, Dachsbeil *n*
enxoframento *m* (geral) / Schwefeln *n*
enxofrar / ausräuchern, ausschwefeln, einschwefeln, schwefeln, mit Schwefel[-dämpfen] behandeln
enxofre *m*, S / Schwefel *m*, S ‖ ~ **amorfo** / amorpher Schwefel ‖ ~ **cristalino**, enxofre *m* cristalizado / kristallinischer Schwefel ‖ ~ **monoclínico** / β-Schwefel ‖ ~ **sublimado** / Schwefelblumen *f pl*, -blüte *f*
enxofreira / Schwefelgrube *f*
enxurrada *f* / Sturzbach *m*
enzima *f* (química) / Enzym *n* ‖ ~ / Gärungsmittel *n*, Gär[ungs]stoff *m* ‖ ~ *m* **de filtração** / Filtrationsenzym *n*
enzimador *m* (tecel.) / Schmälzwolf *m*
enzimar (juta, lã) / schmälzen, spicken
enzimático / enzymatisch
eocénico *m* (geol) / Eozän *n*
eólico (geol) / äolisch
eosina *f* (tinturaria) / Eosin *n*
eosinófilo / eosinophil, mit Eosin färbbar
epicentro *m* (geol) / Epizentrum *n*, Erdbebenherd *m*
epiciclóide *f* (matem.) / Epizykloide *f*
epicloridrina *f* / Epichlorhydrin *n*
epiderme *f* (zool.) / Haut *f* ‖ ~ (couro) / Oberhaut *f*, Epidermis *f*
epidiascópio *m* / Epidiaskop *n*
epídoto *m* (mineralog.) / Epidot *m*, Pistazit *m*
epigenético (mineralog.) / epigenetisch
epilação *f* (técn. nucl.) / Epilation *f* (völliger Haarverlust z.B. durch Strahlen)
epimerisação *f* (química) / Epimerisierung *f*
epimorfose *f* (mineralog.) / Epimorphose *f*
epirogénese *f* (geol) / Epirogenese *f*, epirogenetische Bewegungen *f pl*
episcópio *m* / Episkop *n*
epitaxia *f* (cristalogrf.) / Epitaxie *f*, Aufwachsen *n*
epitérmico (técn. nucl.) / epithermisch
epitrocóide *f* (matem.) / Epitrochoide *f*
época *f* **glacial** (geol) / Glazial *n* ‖ ~ **holocena** (geol) / Holozän *n*, Alluvium *n*
epóxido *m*, epoxi *m* / Epoxid *n*, Epoxidharz *n*
epsomita *f* (mineralog.) / Epsomsalz *n*, Epsomit *m*
equação *f* (matem.) / Gleichung *f* ‖ ~ **algébrica** / algebraische Gleichung, Buchstabengleichung *f* ‖ ~ **binómica** / binomische Gleichung ‖ ~ **biquadrada** / Gleichung *f* 4. Grades ‖ ~ **característica** / Zustandsgleichung *f* ‖ ~ **cinética** / Arbeitsgleichung *f* ‖ ~ **condicional** (matem.) / Bestimmungsgleichung *f* ‖ ~ **cúbica** / Gleichung *f* 3. Grades ‖ ~ **da idade de Fermi** (técn. nucl.) / Fermi-Alter-Gleichung *f* ‖ ~ **de Bernoulli** / Bernoullische Gleichung ‖ ~ **de Claperyon** (mecân.) / Dreimomenten-Gleichung *f*, Clapeyronsche Gleichung ‖ ~ **de condição** (matem.) / Bedingungsgleichung *f* ‖ ~ **de elasticidade** / Elastizitätsgleichung *f* ‖ ~ **de estado** / Zustandsgleichung *f* ‖ ~ **de movimento** (matem.) / Bewegungsgleichung *f* ‖ ~ **de onda** / Wellengleichung *f* ‖ ~ **diferencial** / Differentialgleichung *f* ‖ ~ **do centro** (matem.) / Mittelpunktsgleichung *f* ‖ ~ **do ou de campo** (electr.) / Feldgleichung *f* ‖ ~ **do primeiro grau** / Gleichung *f* 1. Grades ‖ ~ **do quarto grau** / Gleichung *f* 4. Grades ‖ ~ **do segundo grau** / Gleichung *f* 2. Grades, quadratische Gleichung ‖ ~ **do terceiro grau** / Gleichung *f* 3. Grades ‖ ~ **dos gases** / Gasgleichung *f* ‖ ~ **dos três momentos** (mecân.) / Clapeyronsche Gleichung, Dreimomenten-Gleichung *f* ‖ ~ **exponencial** / Exponentialgleichung *f* ‖ ~ **fundamental** (matem.) / Fundamentalgleichung *f*, Grundgleichung *f* ‖ ~ **integral** (matem.) / Integralgleichung *f* ‖ ~ **laplaciana** (electr.) / Laplacesche Gleichung ‖ ~ **linear** / Gleichung *f* 1. Grades ‖ ~ **quadrática** / Gleichung *f* 2. Grades ‖ ~ **química** / chemische Gleichung
equações *f pl* **Cauchy-Riemann** / Cauchy-Riemannsche Differentialgleichungen *f pl*
equador *m* (astron., geogr.) / Äquator *m* ‖ ~ **da Terra** / Erdäquator *m* ‖ ~ **magnético** / Indifferenzzone *f*
equalização *f* (electrón.) / Abgleich *m*, Abgleichung *f* ‖ ~ (telecom.) / Entzerrung *f* ‖ ~ **de amplitude** (telecom.) / Amplitudenentzerrung *f* ‖ ~ **em compensação** (electrón.) / Querentzerrung *f*
equalizador *m* / Entzerrer *m* ‖ ~ **de gravação** / Aufsprechentzerrer *m* ‖ ~ **de impulsos ou pulsos** / Impulsentzerrer *m* ‖ ~ **de impulsos ou pulsos** (tv) / Impulskorrektor *m* ‖ ~ **de quadratura** (electr.) / Quadraturentzerrer *m* ‖ ~ **de tempo** (tv) / Echoentzerrer *m*
equalizar / abgleichen ‖ ~ (electrón., telecom.) / entzerren
equatorial *m* / Äquatorial *n*, Äquatoreal *n*
equiângulo / gleichwink[e]lig
equidistância *f* / gleicher Abstand
equidistante / in gleichem Abstand, gleichweit entfernt ‖ ~ (matem., geogr, telecom.) / abstandsgetreu, äquidistant
equilátero (matem.) / gleichseitig
equilibração *f* (electrón.) / Abgleich *m*, Abgleichung *f* ‖ ~ (rodas) / Auswuchten *n* ‖ ~ **da válvula** / Ventilentlastung *f*
equilibrado (electr.) / symmetrisch ‖ ~ (máq., tecnol.) / entlastet ‖ ~ (cabo) / drehungsfrei
equilibrador *m* (telecom.) / Nachbildung *f*
equilibragem *f* **por capacitor ou condensador** (electrón.) / Kondensatorabgleich *m*
equilibrar / balancieren, im Gleichgewicht halten ‖

~ (aeronáut.) / beruhigen, auf Kurs halten, trimmen ‖ ~ (rodas) / wuchten, auswuchten ‖ **~-se** (balança) / einspielen, ruhig stehen
equilíbrio *m* / Gleichgewicht *n*, Gewichtsausgleich *m*, Ausgeglichenheit *f*, Balance *f* ‖ **de ~ neutro** (mecân.) / indifferent ‖ **em ~** / im Gleichgewicht ‖ **em ~** / in Beharrungszustand
equilíbrio, estar em ~ / im Gleichgewicht sein (o. stehen)
equilíbrio *m* **colorimétrico** (tv) / Farbanpassung *f* ‖ **~ da (h)umidade** / Feuchtigkeitsausgleich *m* ‖ **~ das massas** / Massenausgleich *m* ‖ **~ de capacitância** (telecom.) / Querausgleich *m*, Kapazitätsausgleich *m*, Kapazitätssymmetrie *f* ‖ **~ de circuitos** (telecom.) / Symmetrierung *f* ‖ **~ de cores** (tv) / Farbabgleich *m*, Farbbalance *f* ‖ **~ de escoamento** (química) / Fließgleichgewicht *n* ‖ **~ de forças** / Kräftegleichgewicht *n* ‖ **~ de partículas carregadas** (técn. nucl.) / Sekundärteilchen-Gleichgewicht *n* ‖ **~ dos cabos** / Seilausgleich *m* ‖ **~ dos gases** / Gasgleichgewicht *n* ‖ **~ ecológico** / ökologisches Gleichgewicht ‖ **~ híbrido** (telecom.) / Gabelabgleich *m* ‖ **~ indiferente** / indifferentes Gleichgewicht ‖ **~ instável** / labiles Gleichgewicht ‖ **~ lateral** (aeronáut.) / Seitenlastigkeit *f* ‖ **~ móvel** / bewegliches Gleichgewicht ‖ **~ radioactivo de transição** / laufendes radioaktives Gleichgewicht ‖ **~ radioactivo secular** / dauerndes radioaktives Gleichgewicht ‖ **~ secular** (técn. nucl.) / Dauergleichgewicht *n* ‖ **~ tintorial** (tinturaria) / Färbegleichgewicht *n* ‖ **~ transiente** (técn. nucl.) / laufendes Gleichgewicht ‖ **~ vapor-líquido** / Dampf-Flüssigkeitsgleichgewicht *n*
equimúltiplo *m* (matem.) / gleichvielfache Größe
equinócio *m* / Tagundnachtgleiche *f*, Äquinoktium *n*
equipação *f* / Bestückung *f*
equipado [com ou de] / versehen [mit] *adj*, ausgerüstet [mit], ausgestattet [mit] ‖ **~ de transistores** / transistorbestückt
equipagem *f* / Bemannung *f*
equipamento *m* / Ausrüstung *f*, Einrichtung *f*, Bestückung *f*, Ausstattung *f* ‖ **~ básico** / Grundausstattung *f* ‖ **~ bilhetador** (telecom.) / Gebührenverrechnungseinrichtung *f* ‖ **~ codificador** (informática) / Codierer *m*, Codiergerät *n* ‖ **~ de alimentação a partir da rede** (electrón.) / Netzteil *n* ‖ **~ de âncora** (navio) / Ankergeschirr *n* ‖ **~ de bombeiros** / Feuerwehrgerät *n* ‖ **~ de comando** / Steuergerät *n*, -organ *n*, -einrichtung *f* ‖ **~ de entintamento** / Einfärbegerät *n* ‖ **~ de fábricas** / Fabrikeinrichtung *f* ‖ **~ de medição de interferências** (telecom.) / Funkstörmeßplatz *m* ‖ **~ de medição para teleimpressores** / Fernschreib-Meßeinrichtung *f* ‖ **~ de monitoração** (telecom.) / Überwachungseinrichtung *f* ‖ **~ de observação a raios infravermelhos** (armamento) / Infrarot-Beobachtungsgeräte *n pl* ‖ **~ de ou para barcos** / Bootsausrüstung *f* ‖ **~ de processamento electrónico ou eletrônico de dados** / elektronische Datenverarbeitungsanlage ‖ **~ de processamento de documentos** / Belegverarbeitungsanlage *f* ‖ **~ de produção** / Fertigungseinrichtung *f* ‖ **~ de recuperação de solventes** / Lösungsmittel-Rückgewinnungsanlage *f* ‖ **~ de saída** (electrón.) / Ausgabegerät *n* ‖ **~ de supervisão** (telecom.) / Überwachungseinrichtung *f* ‖ **~ de telecomunicação** / Fernmeldeeinrichtung *f* ‖ **~ de telegrafia harmónica monocanal** (telecom.) / Einkanal-Wechselstrom-Telegrafiergerät *n* ‖ **~ desmontável** / Anbaugerät *n* ‖ **~ Diesel-eléctrico** / Dieselausrüstung *f* ‖ **~ do veículo** / Fahrzeugausrüstung *f* ‖ **~ eléctrico aeronáutico** / Bordelektrik *f* ‖ **~ especial** / Sonderausrüstung *f* ‖ **~ fabril** / Betriebseinrichtung *f* ‖ **~ ferroviário** / Bahnausrüstung *f*, -material *n* ‖ **~ interior** (autom.) / Innenausstattung *f* (einschl. Sitzen) ‖ **~ mecânico** / Maschinenanlage *f* ‖ **~ para alimentação a partir da rede** / Netzgerät *n* (Gerät für Netzanschluß) ‖ **~ para fazer explodir com ar líquido** / Sprengluftanlage *f* (Anlage für flüssige Luft zum Sprengen) ‖ **~ para medição e controlo de processos** / MSR-Einrichtung *f* (= Meßsteuerungs- u. Regel) (DIN 19217) ‖ **~ para ou de instalação** / Installationsgerät *n* ‖ **~ periférico** (informática) / Anschlußgerät *n* ‖ **~ respiratório com máscara** / Atemschutzgeräte *n pl* ‖ **~ semiprofissional** (electrón. recreat.) / Heimstudioanlage *f* ‖ **~ terminal** (telecom.) / Endapparatur, -einrichtung *f*
equipar [com ou de] / versehen [mit] *vt*, ausstatten [mit], ausrüsten [mit] ‖ ~ / bestücken, beschicken, aufgeben *vt* ‖ **~ com molas** / abfedern
equipartição *f* / Gleichverteilung *f*
equipotencial / äquipotential
equivalência *f* / Gleichwertigkeit, Entsprechung *f* ‖ ~ (informática) / Äquivalenz *f* ‖ **~ de energia** / Energieäquivalenz *f*
equivalente *m* / Gegenwert *m* ‖ ~ [a] *adj* / gleichwertig [mit] ‖ ~ [a] / äquivalent [zu] ‖ ~ (electr., telecom.) / Ersatz..., künstlich ‖ ~ *m* **de amido** / Stärkewert *m* ‖ **~ de ar** (técn. nucl.) / Luftäquivalent *n* ‖ **~ de atenuação de equilibração** (telecom.) / Fehlerdämpfungsmaß *n* ‖ **~ de carvão** / Steinkohleneinheit *f*, SKE ‖ **~ de chumbo** (técn. nucl.) / Bleiäquivalent *n* ‖ **~ de chumbo** (raios X) / Bleigleichwert *m* ‖ **~ de Faraday** / elektrochemisches Äquivalent, Faraday-Äquivalent *n*, Faraday-Äquivalent *n* ‖ **~ de referência** (telecom.) / Nutzdämpfung *f*, Bezugsdämpfung *f* ‖ **~ de referência de recepção** (telecom.) / Empfangsbezugsdämpfung *f* ‖ **~ de referência de emissão ou transmissão** (telecom.) / Sendebezugsdämpfung *f* ‖ **~ de repetição** (telecom.) / Verkehrsgüte *f* ‖ **~ de transmissão efectiva** (telecom.) / Ersatzdämpfung *f* auf Basis der Rückfragehäufigkeit ‖ **~ do cone pirométrico** / Kegel-Fallpunkt *m*, KFP ‖ **~ do cone pirométrico** (cerâm.) / Erweichungspunkt *m* ‖ **~-grama** *m* / Grammäquivalent *n* ‖ **~ mecânico de calor** / [mechanisches] Wärmeäquivalent ‖ **~ mecânico de luz** / mechanisches Lichtäquivalent (= 0,00147 W/lm)
érbio *m*, Er (química) / Erbium *n*, Er
erecção *f* / Montage *f*, Aufbau *m*
erecto / aufrecht
ergobasina *f* (química) / Ergobasin, -metrin *n*
ergódico / ergodisch (der Ergodenhypothese entsprechend)
ergodismo *m* (matem.) / Ergodenprobleme *n pl*
ergómetro *m* / Ergmesser *m*
ergónio *m* / Ergon *n* (Energiequantum eines Oszillators)
ergonomia *f* / Ergonomie *f*, Arbeitswissenschaft *f*
ergonómico / ergonomisch
ergosterol *m* / Ergosterin *n*
ergotina *f* / Ergotin *n*
ergotoxina *f* / Ergotoxin *n*
eriçado (lã) / struppig, grob
erigir / montieren, errichten, hoch-, aufrichten
eritreno *m* / Erythren, Butadien *n*
eritrite *f* (mineralog.) / Kobaltblüte *f*, Erythrin *m*
eritrol *m* (química) / Erythrit *m* (ein vierwertiger Alkohol)
eritrose *f* (química) / Erythrose *f*

eritrosina *f* (tinturaria) / Erythrosin *n*
erlang *m* (telecom.) / Erlang *n*, (Produkt aus Belegungszahl (=call) und -dauer (=time)), ct-Wert *m*
erlangmetro *m* (telecom.) / Erlangmeter *n*
Erlenmeyer *m* / Erlenmeyerkolben *m*
erodir / erodieren
eroer / abnutzen, abnützen
erosão *f* (geol) / Abtragung *f*, Erosion *f* ‖ ~ (hidrául.) / Auskolkung *f* ‖ ~ **do solo** / Bodenveheerung *f* ‖ ~ **eólica** (geol) / Windabtragung, Deflation *f* ‖ ~ **pelas escórias** (siderurg.) / Schlackenangriff *m*
errar (artes gráf.) / fehlgreifen
errata *f* / Druckfehlerverzeichnis *n*
errático / sprunghaft, regellos, erratisch
erro *m* / Fehler, Irrtum *m* ‖ **com ~ de codificação** / fehlerhaft codiert ‖ ~ **admissível** / Fehlergrenze *f* ‖ ~ **de aceleração** (aeronáut.) / Beschleunigungsfehler *m* ‖ ~ **de adição** / Additionsfehler *m* ‖ ~ **de amplitude de sinal** (tv) / Landing *n*, Signalamplitudenfehler *m* ‖ ~ **de arredondamento** / Abrundungsfehler *m* ‖ ~ **de bússola** / Kompaßfehler *m* ‖ ~ **de cálculo** / Falschrechnung *f* ‖ ~ **de comunicação** / falsche Verbindung ‖ ~ **de conexão** (electr.) / Fehlschaltung *f* ‖ ~ **de convergência** / Deckungsfehler *m* (Raster) ‖ ~ **de dimensão** / Maßfehler *m* ‖ ~ **de divisão** / Teilungsfehler *m* ‖ ~ **de equilibração** / Abgleichfehler *m* ‖ ~ **de excentricidade** / Exzentrizitätsfehler *m* ‖ ~ **de formato** (informática) / Formatfehler *m* ‖ ~ **de frequência central** (emissor de FM) / Frequenzablage *f* ‖ ~ **de indicação** / Anzeigefehler *m* ‖ ~ **de latitude** / Breitenfehler *m* ‖ ~ **de leitura** / Lesefehler *m*, Ablesefehler *m* ‖ ~ **de manobra** / Fehlbedienung *f* ‖ ~ **de medição** / Fehlmessung *f* ‖ ~ **de montagem** / Einbaufehler *m* ‖ ~ **de operação** / Bedienungsfehler *m* ‖ ~ **de passo** (roda dentada) / Teilungsfehler *m* ‖ ~ **de perfuração** (cart. perf.) / Falschlochung *f* ‖ ~ **de posição** (aeronáut.) / Einbaufehler *m* ‖ ~ **de protecção** (informática) / Bereichsschutz-Fehler *m* ‖ ~ **de quadratura** (electrón.) / Quadraturfehler *m* ‖ ~ **de registo** / Deckungsfehler *m* (Raster) ‖ ~ **de sincronização** (tv) / Bildgleichlauffehler *m* ‖ ~ **de truncamento** (informática) / Abbrechfehler *m* ‖ ~ **devido à deriva** / Driftfehler *m* ‖ ~ **devido à deriva do zero** / Fehler *m* infolge Nullpunktsungenauigkeit ‖ ~ **devido à histerese** (instr.) / Hysteresefehler *m* ‖ ~ **devido à polarização** / Dämmerungseffekt *m* ‖ ~ **do ângulo de fase** (transform.) / Fehlwinkel *m* ‖ ~ **inerente** (informática) / Dauerfehler, Eigenfehler *m* ‖ ~ **instrumental** (instr.) / Indexfehler *m* ‖ ~ **intrínseco** / Eigenfehler *m*, Grundfehler *m* ‖ ~ **isolado** / Einzelfehler *m* ‖ ~ **quadrantal** / Funkfehlweisung *f* ‖ ~ **sistemático** / systemabhängiger Fehler
erróneo / fälschlich
erros *m pl* **acidentais** / sich aufhebende o. zufällige Fehler ‖ ~ **acumulados** / aufgelaufene Fehler *m pl* ‖ ~ **compensativos** / sich aufhebende o. zufällige Fehler ‖ ~ **cumulativos** / sich addierende Fehler ‖ ~ **de distorção** / Flankenlinienabweichung *f* ‖ ~ **na grandeza x** / Fehler *m pl* der Größe x ‖ ~ **sistemáticos** / sich addierende Fehler
ERTS / Erderkundungs- u. -erforschungssatellit *m*
erubescita *f* / Buntkupfererz *n*
erupção *f* / Eruption *f*, Ausbruch *m* ‖ ~ **de gás** / Gasausbruch *m* ‖ ~ **de petróleo** / Ölausbruch *m*
erva *f* (geral) / Kraut *n*
ervas *f pl* **daninhas** / Unkraut *n*
esbarrar / abschlagen
esbarro *m* / Stopper *m*, Anschlag *m*, Arretierung *f* ‖ ~ (lamin.) / Vorstoß *m* ‖ ~ **central** (máq., tecnol.) / Mittenanschlag *m* ‖ ~ **da direcção** / Lenkanschlag *m*, Lenkungsanschlag *m* ‖ ~ **do movimento transversal** (máq. ferram.) / Queranschlag *m* ‖ ~ **em cruzeta** (máq. ferram.) / Anschlagkreuz *n* ‖ ~ **intermediário** (máq. ferram.) / Zwischenanschlag *m* ‖ ~ **longitudinal** (máq. ferram.) / Längsbegrenzung *f*, Längenanschlag *m*
esboçar *m* / skizzieren, umreißen
esboço *m* / Entwurfszeichnung *f*, Handskizze *f*, flüchtiger Entwurf, Skizze *f* ‖ ~ **cotado** / Maßskizze *f*
esboroar / abbröckeln ‖ ~**(-se)** / zerbröckeln
esborralhadouro *m* (siderurg.) / Kratze *f*
esburacado (siderurg.) / luckig
escada *f* / Treppe *f* ‖ ~ **apoiada sobre abóbada** / unterwölbte Treppe ‖ ~ **com degraus sobrepostos** / aufgesattelte Treppe ‖ ~ **de bombeiros** / Feuer[wehr]leiter *f* ‖ ~ **de caracol** / Schneckentreppe *f* ‖ ~ **de corda** / Strickleiter *f* ‖ ~ **de emergência** (constr. civil) / Feuerleiter *f* ‖ ~ **de ganchos** (bombeiros) / Hakenleiter *f* ‖ ~ **de incêndio** / Feuertreppe *f* ‖ ~ **de incêndio** / Feuerleiter *f* ‖ ~ **de mão** / Klappleiter *f* ‖ ~ **de portaló** (navio) / Fallreepstreppe *f* ‖ ~ **de salvação** / Nottreppe *f*, Feuertreppe *f* ‖ ~ **de serviço** / Hintertreppe *f*, Nebentreppe *f* ‖ ~ **dupla** / Stehleiter *f*, Laufleiter *f* ‖ ~ **em caracol** / Wendeltreppe *f* ‖ ~ **extensível** (bombeiros) / Ausziehleiter *f*, Schiebeleiter *f* ‖ ~ **giratória** (bombeiros) / Drehleiter *f* ‖ ~ **integrada** (aeronáut.) / Falltreppe *f* ‖ ~ **interior** / Haustreppe *f* ‖ ~ **mecânica** (bombeiros) / Drehleiter *f* ‖ ~ **para passagem de peixes** (hidrául.) / Fischleiter *f* ‖ ~ **rolante** / Rolltreppe *f* ‖ ~ **suspensa** / freitragende Treppe ‖ ~ **truncada** / gebrochene Treppe
escadaria *f* / Freitreppe *f*, Außentreppe *f*
escadote *m* / Klappleiter *f*
escafandro *m* / Taucheranzug *m* ‖ ~ **autónomo** / Unterwasser-Atemgerät *n*
escala *f* (geral) / Skala *f* ‖ ~ / Maß[ein]teilung *f* ‖ ~ (desenho industr., mapa) / Maßstab *m* ‖ ~ (aeronáut.) / Zwischenlandung *f* ‖ **à ~** / maßstäblich, maßstabgerecht, maßgerecht ‖ **à ~ industrial** / großtechnisch ‖ **fazer ~** / zwischenlanden, anlaufen ‖ **fora da ~** (instr.) / über den Endwert hinaus ‖ **sem ~s** / ohne Zwischenlandung ‖ ~ **Baumé** / Baumé-Skala *f* ‖ ~ **Beaufort** / Beaufort-Skala *f* ‖ ~ **centesimal**, escala *f* centígrada / Zentesimalteilung *f*, Celsiusskala *f* ‖ ~ **circular** / Kreisskala *f* ‖ ~ **da gama de frequências** / Frequenzbereicheinstellskala *f* ‖ ~ **de alinhamento** / Ausrichtskala *f* ‖ ~ **de alturas** / Höhenmaßstab *m* ‖ ~ **de Celsius** / Celsiusskala *f* ‖ ~ **de dureza** / Härtereihe *f* ‖ ~ **de focagem** (técn. fotogr.) / Entfernungsskala *f* ‖ ~ **de frequências** / Frequenzskala *f* ‖ ~ **de Kelvin** / absolute Temperatur-Skala (in K) ‖ ~ **de redução** / Verkleinerungsmaßstab *m* ‖ ~ **de reprodução** / Abbildungsmaßstab *m*, Lateralvergrößerung *f* ‖ ~ **de resistência** (electr.) / Widerstandsstufe *f* ‖ ~ **deslizante** / bewegliche Skala ‖ ~ **do instrumento** / Instrumentenskala *f* ‖ ~ **europeia de cores** (artes gráf.) / Europäische Farbskala ‖ ~ **Fahrenheit** / Fahrenheitskala *f* ‖ ~ **geométrica** / Längenmaßstab *m* ‖ ~ **graduada** / Bogenskala *f* ‖ ~ **industrial** / technischer Maßstab ‖ ~ **micrométrica** / Feintriebskala *f* ‖ ~ **móvel** / Gleitskala *f* ‖ ~ **reduzida** / verkleinerter Maßstab ‖ ~ **técnica** (aeronáut.) / technische Zwischenlandung ‖ ~ **termométrica** / Thermometerteilung, -skala *f*
escalão *m* (geral) / Staffel *f* ‖ ~ / Grad *m*, Stufe *f* ‖ ~ (máq., tecnol.) / Absatz *m*, Stufe *f* ‖ ~ **de cabo**

(informática) / Kabelsprosse *f*
escalar *v* / steigen, klettern
escalar *f* / Skalar *m*, Tensor *m* nullter Stufe
escalar *adj* (matem.) / skalar, Skalar...
escaldar / abbrühen, brühen, auskochen
escaleira *f* / Laufleiter *f*, Leitersprosse *f*
escaleno / ungleichschenklig, schiefwink[e]lig (Dreieck) ‖ ~ (geom) / schief (Dreieck)
escaler *m* / Jolle *f*
escalonado (geral) / gestuft ‖ ~ / abgestuft, stufenweise, gestaffelt
escalonamento *m* / Abstufung *f* ‖ ~ **de diâmetros** / Durchmesserabstufung *f* ‖ ~ **por décadas** (física) / Dekadenabstufung *f*
escalonar / staffeln, abstufen ‖ ~ / ausstufen ‖ ~ (constr. civil) / abtreppen ‖ ~ (cores) / abtönen, schattieren
escama *f* **de laminação** (lamin.) / Walzhaut *f*
escamar / abschuppen ‖ **~-se** / sich schuppen, abblättern
escamas *f pl* **de cobre** / Kupferhammerschlag *m* ‖ ~ **de ferro** (forja) / Hammerschlag *m*
escamoso / schuppig
escândio *m*, Sc (química) / Scandium *n*, Sc
escaninho *m* (cart. perf.) / Ablagefach *n*, Ablage *f* ‖ ~ **da classificadora** / Ablegefach *n* der Sortiermaschine ‖ ~ **de documentos** / Belegstapelvorrichtung *f*
escantilhão *m* / Schablone *f* ‖ ~ (fundição) / Formbrett *n*
escapar (fumo, vapor) / abziehen *vi*, auspuffen, ausströmen
escape *m* / Auspuff, Abzug *m*, Ausströmen *n* ‖ ~ (máq. escrev.) / Schaltschloß *n* ‖ ~ **do ar** / Luftauslaß *m* ‖ ~ **do vapor** / Dampfaustritt *m* ‖ ~ **em cauda de peixe** / Fischschwanz *m* ‖ ~ **livre** / Auspuff *m* ins Freie, freier Auspuff
escapo *m* **cronométrico** / Chronometergang *m* ‖ ~ **de cilindro** / Zylinderhemmung *f*, -gang *m*
escápula *f* / Wandhahn *m*, Hakennagel *m* ‖ ~ **de ancoragem do poste** / Ankerhaken *m*
escarcha *f* (técn. do frio) / Flockeneis *n*
escardear / entkletten
escarduçar / kletten (Wolle)
escareador *m* (máq. ferram.) / Räumnadel *f*, -werkzeug *n* ‖ ~ / Kegelsenker *m* (DIN), Entgrater *m*, Spitzsenker *m* ‖ ~ (máq. ferram.) / Reibahle *f* ‖ ~ **mecânico** / Maschinenreibahle *f*
escareamento *m* / Spitzsenken *n*, Senkung (z.B. für Schraubenköpfe) ‖ ~ (óptica) / Einschliff *m*
escarear (máq. ferram.) / räumen
escarificador *m* (constr. rodov.) / Aufreißer *m*, Straßenaufreißmaschine *f*
escarificar (constr. rodov.) / den Boden aufreißen
escarlate *m* / Scharlach *m*, -farbe *f*
escarpa *f* / Steilhang *m*, Dammböschung *f*
escarpado / schroff, steil
escarpar / abböschen
escavação *f* / Aushöhlung *f* (z.B. von Steinen) ‖ ~ (arqueol.) / Ausgrabung *f* ‖ ~ (túnel) / Ausbruch *m* ‖ ~ (em seco) / Baggern *n* ‖ ~ **para obtenção de material de aterro** (constr. civil) / Ausschachtung *f* zur Gewinnung von Auffüllmaterial ‖ ~ **para os alicerces** / Baugrube *f* ‖ ~ **subterrânea** (expl. minas) / Grubenbau *m*
escavadora *f* / Trockenbagger *m* ‖ ~ (em seco) / Bagger *m* ‖ ~ **de alcatruzes** / Eimerkettenbagger *m*, -leiterbagger *m* ‖ ~ **de arrasto** / Eimerseilbagger *m* ‖ ~ **de desmonte** / Hochbagger *m* ‖ ~ **de mandíbulas** / Greifbagger *m*
escavar / ausbaggern, graben ‖ ~ / ausgraben, abtragen ‖ ~ (constr. civil) / den Boden ausheben ‖ ~ (expl. minas) / absenken (Schacht) ‖ ~ / ausschwemmen, unterspülen ‖ ~ (constr. rodov.) / aufwerfen, ausgraben, abtragen ‖ ~ (expl. minas) / ausfördern, -spitzen, aushauen ‖ ~ (constr. civil) / bloßlegen ‖ ~ (em seco) / baggern ‖ ~ **em degraus** (expl. minas) / abstrossen, abstufen
esclerómetro *m* (mineralog.) / Sklerometer *n*, Ritzhärtemesser, -prüfer *m*, Härteprüfer *m* ‖ ~ **de esferas** / Kugelschlaghärteprüfer *m*
escleroproteína *f* / Gerüsteiweiß *n*
escleroscópio *m* **Shore** / Fallhärteprüfer *m*
esclusa *f* (hidrául.) / Schleuse *f*, Schütze *f*, Schütz *n* ‖ ~ **de dique** (hidrául.) / Siel *m n*, Deichschleuse *f* ‖ ~ **de poço** (hidrául.) / Schachtschleuse *f* ‖ ~ **de segurança** (hidrául.) / Sperrschleuse *f*, Schutzschleuse *f*
escoadouro *m* (constr. rodov.) / Böschungsdrainage *f* ‖ ~ **lateral** / Streichwehr *n* (parallel zur Fließrichtung)
escoamento *m* / Abfluß *m*, Fließen *n* von Material ‖ ~ (tixotropia) / Fließverhalten *n* ‖ ~ (trânsito) / Abwicklung *f* ‖ **de ~ livre** / freifließend ‖ ~ **de água** / Wasserabfluß *m*, -ablaufen *n* ‖ ~ **de tráfego** (telecom.) / Verkehrsabwicklung *f* ‖ ~ **de vapor** / Dampfentspannung *f* ‖ ~ **no mesmo sentido** / Gleichstrom *m*, -strömung *f*
escoar / ablaufen, -fließen ‖ ~, drenar (agricult.) / entwässern, trockenlegen ‖ ~ [através de] / durchfluten, -strömen, -fließen
escola *f* **de aviação**, escola *f* de pilotagem / Fliegerschule *f* ‖ ~ **florestal** / Forstschule *f* ‖ ~ **profissional** / Berufsschule *f*
escolha *f* / Auswahl *f*
escolher / auswählen, auslesen, aussuchen
escolhido / ausgelesen, sortiert
escolho *m* / Felsklippe *f*
escombros *m pl* / Trümmer *pl*, Bruchstücke *n pl*, Abraum *m*
esconso / einhüftig (Gewölbe)
escopro *m* / Steinmeißel *m* ‖ ~ **para rochas** (expl. minas) / Felsmeißel *m*
escora *f* / Strebe *f* ‖ ~ (carpint.) / Steife *f*, Stempel *m* ‖ ~ (expl. minas) / First[en]stempel *m* ‖ ~ (constr. civil) / Spreize *f*, Strebe *f* ‖ **de ~ simples** / einseitig [wirkend] ‖ ~ **de pórtico** / Rahmenstiel *m*
escoramento *m* / Verstrebung *f*, Abspannung *f*, Abstützung *f*, Aussteifung, Versteifung, Absteifung *f* ‖ ~ **de galerias** (expl. minas) / Streckenausbau *m* ‖ ~ **em ferro** (expl. minas) / Eisenausbau *m*, Stahlausbau *m* ‖ ~ **metálico** (expl. minas) / Eisenrüstung *f*, -ausbau *m* ‖ ~ **transversal** / Querverstrebung *f*
escorar / ausstreben, -steifen, abspannen, verspannen, verstreben ‖ ~ / abstützen, abfangen, versteifen ‖ ~ (carpint.) / abspreizen, absteifen ‖ ~ (expl. minas) / auszimmern ‖ ~ (expl. minas) / verspreizen ‖ ~ (constr. civil) / unterstützen, abstreben
escória *f* (geral) / Schlacke *f* ‖ ~ (siderurg.) / Krätze *f* ‖ **livre de ~s** / schlackenrein ‖ ~ **básica** (siderurg.) / basische Schlacke ‖ ~ **com conteúdo de ferro** (siderurg.) / Ziehschlacke *f* ‖ ~ **de afinação** (siderurg.) / Frischschlacke *f* ‖ ~ **de alto-forno** / Hochofenschlacke *f* ‖ ~ **de alto-forno pulverizada** / gemahlene Hochofenschlacke ‖ ~ **de calcinação** (siderurg.) / Röstschlacke *f* ‖ ~ **de chumbo** / Bleischlacke *f* ‖ ~ **de desoxidação** / Feinungsschlacke *f* ‖ ~ **de entrada** / Einlaufschlacke *f* ‖ ~ **de ferro** (siderurg.) / Sinter *m* ‖ ~ **de fundição bruta** (siderurg.) / Rohschlacke *f*, rohe Frischschlacke ‖ ~ **de liquação** / Seigerschlacke *f* ‖ ~ **fina** / Schlackensand *m* ‖ ~ **final** (siderurg.) / Fertigschlacke *f* ‖ ~ **fluidificada** / Fließschlacke *f* ‖ ~ **granulada de alto-forno** / Schlackensand *m*, granulierte Hochofenschlacke ‖ ~ **oxidante** (siderurg.) / Frischschlacke *f* ‖ ~

Thomas (siderurg.) / Thomasschlacke *f* ‖ ~ **Thomas** (agricult.) / Thomasmehl *n*, -phosphat *n*
escórias *f pl* **aglutinadas** / Schlackenkuchen *m*
escorificação *f* / Verschlackung *f*
escorificar / verschlacken *vt*
escorredor *m* / Abtropfgestell *n*
escorregadio / schlüpfrig, glatt, rutschig
escorregamento *m* **da correia** / Riemenschlupf *m*, -rutschen *n*, (infolge ungenügender Reibung)
escorregar / rutschen, gleiten, ausrutschen, abrutschen
escorrer / ausfließen
escorva *f* (expl. minas, armamento) / Initialzünder *m*
escorvamento *m* (expl. minas, armamento) / Initialzündung *f*
escotilha *f* (constr. nav., astronáut.) / Luke *f* ‖ ~ **de acesso** (astronáut.) / Einstiegluke *f* ‖ ~ **de carga** / Ladeluke *f*, Ladepforte *f* ‖ ~ **de popa** / Hinterluke *f*
escova *f* (geral) / Bürste *f* ‖ ~ **cilíndrica** / Walzenbürste *f*, Bürstenwalze *f*, Zylinderbürste *f* ‖ ~ **circular de polir** / Bürstenscheibe *f* ‖ ~ **colectora** (electr.) / Stromabnehmer *m* ‖ ~ **de carvão** (electr.) / Kohlenbürste *f*, Kohlebürste *f* ‖ ~ **de contacto** (electr.) / Schleifbürste *f* ‖ ~ **de esfregar** / Schrubber *m*, Schrubbürste *f* ‖ ~ **de leitura** (cart. perf.) / Abfühlbürste *f* ‖ ~ **de polir** (galvanoplast.) / Glanzbürste, Schleifbürste *f* ‖ ~ **de raspar** / Kratzbürste *f* ‖ ~ **do limpa-vidros** (autom.) / Wischgummi *m n*, Wischblatt *n* ‖ ~ **lamelar** (electr.) / lamellierte Bürste ‖ ~ **laminar** (electr.) / Blätterbürste *f* ‖ ~ **metálica** / Drahtbürste *f* ‖ ~ **para dar lustro** / Glanzbürste *f* ‖ ~ **para garrafas** / Flaschenbürste *f* ‖ ~ **para limas** / Feilenbürste *f*, Drahtbürste *f* ‖ ~ **para limpeza de tubos** / Rohrbürste *f* ‖ ~ **rotativa** (constr. rodov.) / Bürstenwalze *f*
escovação *f* **a vapor** (têxtil) / Dampfbürsten *n*
escovador *m* **sem-fim** / Bürstenschnecke *f*
escovar / bürsten
escovas *f pl* **primárias** (cart. perf.) / Erstkartenbürsten *f pl*
escóvem *m* (constr. naval) / Ankerklüse *f*
escovilhão *m* / Molch *m*, Reinigungsbürste *f*
escpaço *m* **livre** / lichte Weite, Lichtraum *m*, Freifläche *f*
escrever (geral) / schreiben ‖ ~ / beschreiben, beschriften ‖ ~ **à máquina** / tippen, maschinenschreiben, mit der Maschine schreiben
escrita *f* (geral) / Schreiben *n*, Schrift *f* ‖ **de** ~ / Schrift... ‖ ~ **Braille** / Brailleschrift *f* ‖ ~ **com espaços duplos** / Sperrschrift *f* ‖ ~ **de máquina** / Maschinenschrift *f* ‖ ~ **em relevo** (fundição) / erhabene Schrift
escritório *m* **no canteiro ou no estaleiro** / Baubüro *n*
escudo *m* / Schild *m*, Schutzschild *m* ‖ ~ **de ablação** (astronáut.) / Abbrennschutzschild *m* ‖ ~ **de protecção contra a ablação** (astronáut.) / Hitze-Schutzschild *m* ‖ ~ **térmico** (astronáut.) / Wärmeschild *m*
escuma *f* (açúcar) / Filterschlamm *m* ‖ ~ **de vidro** / Glasgalle *f*
escumadeira *f* (expl. minas) / Bohrlöffel *m*
escurecer / verdunkeln, dunkel machen, nachdunkeln *vi* ‖ ~ (tinturaria) / abdunkeln ‖ ~ **a imagem até desaparecer** / ausblenden
escuro / dunkel
escutar / horchen, mithören, abhören, hören ‖ ~ (telecom., tv, electrón.) / abhören, mithören
eserina *f* / Eserin *n*
esfarelita *f* / Sphalerit *m*, Zinkblende *f*
esfarrapadeira *f* (têxtil) / Lumpenreißer *m*, Reißwolf *m*
esfarrapar / zerfetzen
esfera *f* / Ball *m*, Kugel *f* ‖ ~ *f* (matem.) / Kugel *f*, Sphäre *f* ‖ ~ *f*, domínio *m* / Sphäre *f*, Bereich *m* ‖ ~ **de contenção** (técn. nucl.) / Sicherheitshülle *f*, Containment *n* ‖ ~ **de pressão** / Druckkugel *f* ‖ ~ **de trepidação** / Erschütterungssphäre *f* ‖ ~ **do regulador** / Schwungkugel *f* ‖ ~ **oca** / Hohlkugel *f*
esfericidade *f* / sphärische Gestalt
esférico / kugelig, kugelförmig ‖ ~ (ondas) / ungerichtet ‖ **não** ~ / asphärisch
esferográfica / Kugelschreiber *m* ‖ ~ **de ponta de feltro** / Filzschreiber, -stift *m*
esferoidal / sphäroidisch, rundlich
esferóide *m* / Sphäroid *n*
esferómetro *m* / Sphärometer *n*
esfolar (curtumes) / ausschaben, die Haut abziehen, abhäuten, abdecken
esfoliação *f* / Abschieferung *f*, Abschuppung *f* ‖ ~ (siderurg.) / Abblätterung, -walzung *f*
esfoliar / abschiefern, sich schiefern ‖ ~ (siderurg.) / abblättern
esforço *m* (mecân.) / Beanspruchung *f*, Anstrengung *f*, Spannung *f* ‖ ~ **alternado** / Wechselbeanspruchung *f* ‖ ~ **cíclico** / Schwingungs-Wechselbeanspruchung *f* ‖ ~ **combinado** / zusammengesetzte Beanspruchung ‖ ~ **contínuo por oscilações** / Dauerschwingbeanspruchung *f* ‖ ~ **de cisalhamento** / Scherbeanspruchung *f*, Schubspannung *f*, Schubbeanspruchung *f* ‖ ~ **de compressão** / Druckbeanspruchung *f*, Beanspruchung *f* auf Druck ‖ ~ **de elevação** / Windekraft *f* ‖ ~ **de esmagamento dos carris ou trilhos** (técn. ferrov.) / Quetschbeanspruchung *f* der Schienen ‖ ~ **de flexão** / Biegungsbeanspruchung *f* ‖ ~ **de flexão por compressão axial** / Knickbeanspruchung *f* ‖ ~ **de pressão** / Druckkraft *f* ‖ ~ **de rotação** / Drehbestreben *n* ‖ ~ **de ruptura** / Bruchbeanspruchung *f* ‖ ~ **de soldadura** (mecân.) / Schweißspannung *f* ‖ ~ **de tensão** / Zugspannung *f*, innere Zugbeanspruchung ‖ ~ **de tensão** (lamin.) / Streckspannung *f* ‖ ~ **de torção** / Drehbeanspruchung *f*, Verdrehungsbeanspruchung *f*, Drehungsbeanspruchung *f*, Torsionsbeanspruchung *f* ‖ ~ **de tracção** (técn. ferrov., autom.) / Zugkraft *f* ‖ ~ **de tracção** / Zugspannung *f*, innere Zugbeanspruchung, Zugbeanspruchung *f* ‖ ~ **dinâmico** / Schwingungsbeanspruchung *f*, dynamische Beanspruchung ‖ ~ **do material** / Materialbeanspruchung *f* ‖ ~ **do rebite** / Nietbeanspruchung *f* ‖ ~ **excessivo** / zu hohe Beanspruchung, Überbeanspruchung *f*, -belastung *f* ‖ ~ **interno** / innere Beanspruchung ‖ ~ **interno** (mecân.) / Eigenspannung *f* ‖ ~ **máximo** / Höchstbeanspruchung *f* ‖ ~ **máximo admissível** / Grenzbeanspruchung *f* (zulässig) ‖ ~ **na barra** / Stabkraft, -spannung *f* ‖ ~ **permanente** / Dauerbeanspruchung *f* ‖ ~ **prévio** (mecân.) / Vorspannung *f* ‖ ~ **residual** (mecân.) / Restspannung *f* ‖ ~ **total** / Gesamtbeanspruchung *f* ‖ ~ **vibratório** / Schwingungsbeanspruchung *f*
esfregão *m* / Scheuertuch *n*
esfregar / scheuern, schrubben, abreiben, reiben ‖ ~ **com escova** / schrubben
esfriamento *m* / Abkühlung, Kühlung *f*, Kühlen *n*
esfriar / abkühlen, kühlen, kaltwerden
esgarçar (têxtil) / ausfasern *vi*
esgotado / verbraucht, erschöpft
esgotamento *m* / Erschöpfung *f* ‖ ~ **de água** (expl. minas) / Wasserhaltung *f*, -wältigung *f*
esgotar / ausschöpfen (Gefäß), erschöpfen ‖ **~-se** / ausgehen, zu Ende gehen ‖ ~ **a água do porão por meio de bombas** (navio) / lenzen ‖ ~ **por meio de**

bomba / auspumpen
esgotos *m pl* / Abwasser *n* ‖ ~ **domésticos** / Haushaltsabwässer *n pl* ‖ ~ **municipais** / städtische Abwässer *n pl*
eslinga *f* (navio) / Stropp *m*, Schlinge *f*
esmagamento *m* / Quetschung *f*
esmagar / quetschen, zerquetschen
esmaltação *f* / Lackierung *f* (Tätigkeit)
esmaltado / lackiert (einbrennlackiert), glasiert, emailliert
esmaltador *m* / Emaillierbetrieb *m*
esmaltagem *f* / Emaillieren *n*, Lackierung *f* (Tätigkeit) ‖ ~ **electroforética** / Elektrotauchlackieren *n* ‖ ~ **electrostática** / elektrostatisches Lackieren ‖ ~ **em estufa** / Einbrennlackierung *f*
esmaltar / emaillieren, mit Email überziehen, einbrennlackieren ‖ ~ (cerâm.) / glasieren ‖ ~ **ao fogo** / feueremaillieren ‖ ~ **em estufa** / einbrennen (Email)
esmalte *m* / Email *n* ‖ ~ / Glasur *f* ‖ ~ (vidro) / Smalte *f* ‖ ~ (tintas) / Einbrennlack *m* ‖ ~ **de acabamento** / Decklack *m* ‖ ~ **de alumínio** / Aluminiumemail *n* ‖ ~ **de chumbo** (cerâm.) / Bleiglasur *f* ‖ ~ **de cobertura** / Deckemailschicht *f*, Decklack *m* ‖ ~ **de porcelana** / Emaille *f* ‖ ~ **de reverso de chapa** / Gegenemail *n* ‖ ~ **fosforescente** / Leuchtemail *n* ‖ ~ **luminoso** / Leuchtemail *n* ‖ ~ **para chapa** / Blechemail *n* ‖ ~ **vítreo** / Glasemail *n*
esmaltina *f*, esmaltite *f* / Speiskobalt, Smaltin *m*
esmeril *m* / Schmirgel *m* (Schleifmittel)
esmeriladeira *f* **de vibração** / Sander *m*, Vibrationsschleifer *m*
esmerilamento *m* / Schmirgeln *n*
esmerilar, esmerilhar / abschmirgeln, schmirgeln, glätten, polieren, abschleifen, schleifen, mit Sandpapier glätten ‖ ~ **interiormente** / ausschleifen
esmigalhar / zermalmen, kleinhauen
esmiuçar (informática, programa) / austesten
espaçamento *m* **de identidade** (matem.) / Identitätsabstand *m*
espacejado (artes gráf.) / gesperrt
espacejador *m* / Einlegering *m*
espacejamento *m* (artes gráf.) / Ausschluß *m*, [breites] Spatium, Ausschluß *m*, Sperren *n* ‖ ~ (máq. escrev.) / Leerschritt *m* ‖ ~ **de identidade** (matem.) / Identitätsabstand *m* ‖ ~ **vertical** (máq. escrev.) / Zeilenschaltung *f*
espacejar (artes gráf.) / gesperrt setzen, spatiieren, spationieren, Spatien einsetzen, abrücken, durchschießen, sperren, Spatien einfügen
espacial / räumlich, Raum...
espaço *m* / Raum *m*, Platz *m* ‖ ~, distância *f* / Abstand *m*, Entfernung *f* ‖ ~ (artes gráf.) / Spatium *n* (pl: Spatien), Ausschlußstück *n*, Füllstift *m* ‖ ~ (astron.) / Raum *m* ‖ ~ [cósmico] / Weltraum *m* ‖ ~ **aéreo** / Luftraum *m* ‖ ~ **ambiente** (astronáut.) / Umraum *m* ‖ ~ **com ar rarefeito** / luftverdünnter Raum ‖ ~ **da caldeira reservado para o vapor** / Dampfraum *m* im Kessel ‖ ~ **de cores** (física) / Farbenraum *m* ‖ ~ **de enchimento** / Füllraum *m* ‖ ~ **de gravidade zero** / schwereloser Raum ‖ ~ **do pente** (tecel.) / Blattbreite *f* ‖ ~ **em branco** (informática) / Leerstelle *f* ‖ ~ **em redor do cátodo** (electrón.) / Kathodenraum *m* ‖ ~ **entre caracteres** (informática) / Typenabstand *m* ‖ ~ **entre cilindros** (lamin.) / Walzenspalt *m* ‖ ~ **entre tipos** (máq. escrev.) / Schreibschritt *m* ‖ ~ **escuro** / Dunkelraum *m* ‖ ~ **escuro de Faraday** / Faradayscher Dunkelraum *m* ‖ ~ **extra-atmosférico** / erdnaher Weltraum ‖ ~ **fino** (artes gráf.) / Haarspatium *n* (1 p. dick), Fünftelgeviert *n* ‖ ~ **gama** (física) / Gammaraum *m*, Gasraum *m* ‖ ~ **inercial** / Inertialraum *m* ‖ ~ **interior** / Innenraum *m* ‖ ~ **livre** (electrón.) / Freiraum *m* ‖ ~ **longínquo** / ferner Weltraum ‖ ~ **necessário** / Flächenbedarf *m* ‖ ~ **oco** / Hohlraum *m* ‖ ~ **para as pernas** (autom.) / Beinraum *m* ‖ ~ **requerido** (máq., tecnol.) / Baumaß *n* ‖ ~ **vazio** / leerer Raum ‖ ~ **vazio sobre o mosto** (indústr. cervej.) / Steigraum *m* ‖ ~ **verde** / Grünfläche *f*
espaçoso / weit, geräumig
espadeladeira *f* **mecânica** / Flachsschwingmaschine *f*
espadelar / Flachs brechen, schwingen
espaldar *m* / Lehne *f*, Rückenlehne *f*
espalhador *m* **de estrume líquido** / Jauchespritze *f*, -verteiler *m*
espalhamento *m* (técn. nucl.) / Spallation *f*, Kernzertrümmerung *f*, Scattering *n*, Streueffekt *m*, Streuung *f* ‖ ~ **de longa distância** (física) / Entfernungs-Streuung *f* ‖ ~ **elástico** (técn. nucl.) / Aufwärtsstreuung *f* ‖ ~ **incoerente** (técn. nucl.) / inkohärente Streuung ‖ ~ **múltiplo** (técn. nucl.) / Mehrfachstreuung *f*
espalhar / streuen *vt* ‖ ~ **a chama** / flammspritzen ‖ ~ **cascalho** / absplitten, Splitt ausbreiten
espardeque *m* (constr. naval) / Spardeck *n*
esparteína *m* / Lupinidin *n*
esparto *m* / Spartgras *n*, Alfa *n*, Stipa tenacissima, Halfa *f*, Esparto *m*
espático / spat[halt]ig, Spat...
espato *m* (mineralog.) / Spat *m* ‖ ~ **branco de chumbo** / Bleispat *m* ‖ ~ **calcário** (mineralog.) / Kalkspat, Kalzit *m*, Calcit *m* ‖ ~ **cúbico** / Würfelspat *m*, Anhydritspat *m* ‖ ~ **de ferro** / Siderit *m*, Eisenspat *m* ‖ ~**-de-Islândia** *m* (mineralog.) / Islandspat *m* ‖ ~ **gípsio** / Gipsspat *m* ‖ ~ **pesado** (mineralog.) / Baryt, Schwerspat *m*
espatoflúor *m* (mineralog.) / Flußspat, Fluorit *m* ‖ ~ **de bário** / Flußschwerspat *m* ‖ ~ **fétido** / Stinkfluß[spat] *m*
espátula *f* / Spachtel *m f*, Spatel *m f*, Spachtelmesser *n*, Streichmesser *n* ‖ ~ **de vidraceiro** / Kittmesser *n*
espatular (constr. civil) / ausspachteln
especial / Spezial..., Sonder...
especialidade *f* / Fachgebiet *n* ‖ **de** ~ **técnica** / fachgemäß
especialista *m* / Facharbeiter *m*, Fachmann *m* ‖ ~ **em estática** / Statiker *m*
especializado / fachkundig
espécie *f* / Art *f*, Sorte *f*, Gattung *f* ‖ **da mesma natureza ou** ~ / gleichartig ‖ ~ **de ligação** (física) / Bindungsart *f* ‖ ~ **de minério** / Erzart *f* ‖ ~ **de tipos** (artes gráf.) / Schriftart *f*
especificação *f* / Spezifikation *f*, Leistungsbeschreibung *f*, Bestimmung *f* ‖ ~ **de qualidade** / Gütevorschrift *f* ‖ ~ **de um estímulo de cores** / Farbvalenz *f* ‖ ~ **genérica** / Fachgrundspezifikation *f* ‖ ~ **para recepção** / Abnahmevorschrift, -bestimmung *f*
especificações *f pl* / Angaben *f pl* ‖ ~ **de segurança** / sicherheitstechnische Anforderungen *f pl*
especificar / spezifizieren
especificidade *f* / Spezifität *f*
específico / Einheits..., spezifisch ‖ ~ (mecân.) / bezogen
espectógrafo *m* **de campo magnético** / Geschwindigkeitsspektrograph *m*
espectómetro *m* **de tempo de retardação** (técn. nucl.) / Bremszeitspektrometer *n*
espectral / spektral
espectro *m* (matem., física) / Spektrum *n* ‖ ~ (óptica) / Spektralfarben *f pl*, Farbenspektrum *n* ‖ ~ **atómico** / Atomspektrum *n* ‖ ~ **biológico** /

biologisches Spektrum || ~ **da chama** / Flammenspektrum *n* || ~ **da fissão** / Energieverteilung *f* der Neutronen im Reaktor || ~ **de absorção** / Absorptionsspektrum *n* || ~ **de centelhas** / Funkenspektrum *n* || ~ **de difracção** (óptica) / Gitterspektrum *n* || ~ **de emissão** / Emissionsspektrum *n* || ~ **de fluorescência** / Fluoreszenzspektrum *n* || ~ **de frequências** / Frequenzspektrum *n*, Frequenzgemisch *n* || ~ **de massa** / Massenspektrum *n* || ~ **de retícula** (óptica) / Gitterspektrum *n* || ~ **descontínuo** / Linienspektrum *n* || ~ **solar** / Sonnenspektrum *n*

espectrofotometria *f* / Spektralphotometrie *f*

espectrofotométrico / spektralphotometrisch

espectrofotómetro *m* / Spektralphotometer *n*

espectrógrafo *m* / Spektrograph *m* || ~ **de frequências** (electrón.) / Frequenzspektrograph *m* || ~ **de massa** / Massenspektrograph *m*

espectrometria *f* / Spektrometrie *f* || ~ **de massa** / Massenspektrometrie *f*

espectrométrico / spektrometrisch

espectrómetro *m* / Spektrometer *n* || ~ **beta** / Betaspektrometer *n* || ~ **de difração**, espectrômetro *m* de difracção / Gitterspektrometer *n* || ~ **de massa** / Massenspektrometer *n* || ~ **de radiofrequência**, espectrômetro *m* de radiofrequência / Hochfrequenzspektrometer *n* || ~ **de raios gama** / Gamma[strahl]spektrometer *n* || ~ **de retícula** / Gitterspektrometer *n*

espectroscopia *f* / Spektroskopie *f* || ~ **da chama** / Flammenspektroskopie *f* || ~ **de Fourier** / Fourier-Spektroskopie *f* || ~ **de massa** / Massenspektroskopie *f* || ~ **de raios infravermelhos** / IR-Spektroskopie *f* || ~ **de ressonância electrónica ou eletrônica** / Elektronenresonanzspektroskopie *f* || ~ **electrónica ou eletrônica** / Elektronenspektroskopie *f* || ~ **por ressonância magnética nuclear** / Hochfrequenzspektroskopie *f* (1 - 500 MHz)

espectroscópico / spektroskopisch, spektralanalytisch

espectroscópio *m* / Spektroskop *n*, Spektralapparat *m* || ~ **de interferência** / Interferenzspektroskop *n*

especular / spiegelnd, spiegel[art]ig

espelho *m* / Spiegel *m* || ~ **côncavo** / Sammelspiegel *m*, Hohlspiegel *m* || ~ **da fechadura** / Schlüssellochdeckel *m*, -lochschild *n*, Schlüsselschild *n* || ~ **da válvula distribuidora** (máq. vapor) / Schiebefläche *f* || ~ **de concentração** / Strahlungsbündler *m* || ~ **de iluminação** / Beleuchtungsspiegel *m* || ~ **de observação** / Beobachtungsspiegel *m* || ~ **do degrau** (da escada) / Futterstufe *f* || ~ **do sextante** / Kimmspiegel *m* am Sextant || ~ **móvel** / drehbarer Spiegel || ~ **plano** / Planspiegel *m* || ~ **retrovisor** (autom.) / Rückblickspiegel *m* || ~ **triplo** (agrimen.) / Tripelspiegel *m* || ~ **ustório** / Brennspiegel *m*

espelhos *m pl* **de Fresnel** / Fresnelscher Doppelspiegel

espelta *f* / Spelz *m*

espeque *m* / Hebebaum *m*

espermacete *m* / Walrat *m n*, Spermazet *n*

espessamento *m* / Dickwerden *n*, Verdickung *f* || ~ **do óleo** / Ölverdickung *f*

espessar / verdicken || ~ **por fervura** / eindicken

espesso / stark, dick || ~ / dickflüssig || ~ (expl. minas) / mächtig, dick

espessura *f* / Dicke, Stärke *f* || ~ (artes gráf.) / Dickte *f* || **de** ~ **de meio-ladrilho** (constr. civil) / halbsteinstark || **de** ~ **uniforme** / gleichdick *adj* || ~ **da linha** / Linienstärke *f* || ~ **de corte** / Spanungsdicke *f* || ~ **do dente** / Zahndicke *f* im Teilkreis || ~ **do estrato** / Flözmächtigkeit *f* || ~ **do muro** / Mauerstärke, -dicke *f* || ~ **normal do dente** / Zahndicke *f* im Normalschnitt || ~ **transversal do dente** / Zahndicke *f* im Stirnschnitt

espeto *m* **de sangria** (siderurg.) / Abstichspieß *m*, -stange *f*

espia-maré *m* / Flutschreiber *m*, -zeiger *m*

espichar / anzapfen, anstechen

espicho *m* / Faßzapfen *m*, Faßhahn *m*, Zapfen, Spundzapfen *m*

espiciforme / ährenförmig

espiga *f* (máq., tecnol.) / Daumen, Zapfen *m* || ~ (agricult.) / Ähre *f*, Getreideähre *f* || ~ (carpint.) / Fußzapfen *m* || ~ (bigorna, ferramenta) / Angel *f* || **~-calibre** *f* / Meßdorn *m* || ~ **com reforço** (carpint.) / Brustzapfen *m* || ~ **de bigorna** / Amboßangel *f* || ~ **de cepo** (carpint.) / Achsel[ung] *f* || ~ **de guia para copiar** (máq. ferram.) / Kopierfinger *m* || ~ **de madeira** (carpint.) / Einlaßzapfen *m* || ~ **de reforço** (carpint.) / geächselter Zapfen

espigado (marcenar.) / gezinkt

espigão *m* (hidrául.) / Buhne *f* || ~ **aparafusado** / Einschraubzapfen *m* || ~ **de guia** (ferram.) / Führungszapfen *m* || ~ **elástico** / Federstift *m*

espinçar (lã) / zupfen, verlesen

espinela *f*, espinélio *m* (mineralog.) / Spinell *m*

espingarda *f*, fuzil *m* / Gewehr *n* || ~ **de ar comprimido** / Luftgewehr *n* || ~ **de caça** / Flinte *f*, Jagdgewehr *n* || ~ **de repetição** / Mehrladegewehr, Repetiergewehr *n*

espinho *m* / Dorn *m*

espira *f* / Schraubenwindung *f*, -gang *m* || **de uma só** ~ (electr.) / Einwindungs... || ~ **final** (electr.) / Schlußwindung *f*

espiral *f* / Spirale *f*, Spirallinie *f* || ~ (constr. civil) / Wendel *f* || ~ *adj* / spiralförmig || ~ *f* **Bowden** / Bowdenspirale *f* || ~ **de aquecimento** (electr.) / Heizspirale, -wendel *f* || ~ **de Euler**, espiral *f* de Cornu, clotóide *f* / Eulersche Spirale || ~ **de fio** / Fadenwindung *f* || ~ **de saída** (têxtil) / Auszugschnecke *f* || ~ **inactiva** / Leerwindung *f* || ~ **logarítmica** / logarithmische Spirale

espiras *f pl* **inductoras** / Feldwindungen *f pl* || ~ **iniciais** (têxtil) / Anfangsbund *m*

espírito *m* **de cana de açúcar** / Zuckerrohrsprit *m* || ~ **de vinho** / Weingeist *m*, Sprit *m*, Spiritus *m* || ~ **de vinho gálico** / Franzbrandwein *m*

espirituoso / alkoholisch, Alkohol...

espódio *m* (química) / Spodium *n*

espoduménio *m* (mineralog.) / Spodumen *m*

espoleta *f* (expl. minas, armamento) / Zünder *m* || ~ **com mecanismo de relógio** / Uhrwerk[zeit]zünder *m* || ~ **de alta tensão** (expl. minas) / Funkenzünder *m* || ~ **de efeito duplo** / Doppelzünder *m*, kombinierter Zeit-Aufschlagzünder || ~ **de percussão** / Aufschlagzünder *m* || ~ **de tempo** / Zeitzünder *m* || ~ **regulada** (expl. minas) / Brennzünder *m*

esponja *f* / Schwamm *m* || ~ **anódica** / Anodenschwamm *m* || ~ **de ferro** / Eisenschwamm *m* || ~ **de platina** / Platinschwamm *m*

esponjosidade *f* (fundição) / Graphitierung *f*

esponjoso / schwammig, schwammförmig, weich, porös, locker

espremedor *m* / Quetscher *m*

espremer / ausquetschen, -pressen

espula *f* **de teia** (fiação) / Abschweifrolle *f*

espular / aufspulen

espuma *f* / Schaum *m* || ~ **de descarga** / Abschaum *m* || ~ **de flotação** / Flotationsschaum *m* || ~ **de plástico** / Schaumkunststoff *m* || ~ **de vidro** / Glasgalle *f* || ~ **gasosa** / Gasschaum *m* || ~ **plástica** / Kunstharzschaum *m*

espumadeira *f* / Schaumlöffel *m*, -kelle *f*
espumar / schäumen *vi*, aufschäumen, gären ‖ ~ (plást.) / aufschäumen
espumoso / geschäumt, Schaum..., schaumbedeckt, schaumig
espúrio (electrón.) / Nebenwellen...
esquadria *f* (expl. minas) / Geviert *n* ‖ ~ **de janela** / Fensterschmiege *f*
esquadriar (geral) / vierkantig machen (o. zurichten o. behauen o. bearbeiten) ‖ ~, chanfrar, rebordar / ausquadrieren, einwinkeln, abkanten, auswinkeln
esquadrilha *f* (aeronáut.) / Staffel *f*
esquadro *m* (desenho industr.) / Winkel *m*, Dreieck *n* ‖ ~ (máq., tecnol.) / Lineal *n* ‖ ~ / Winkelmaß *n* ‖ ~ **de agrimensor** (agrimen.) / Kreuzscheibe *f*, Winkelkopf *m*, trommel *f* ‖ ~ **de apoio** (autom.) / Stützwinkel *m* ‖ ~ **de encosto** (marcenar.) / Anschlagwinkel *m* ‖ ~ **falso** / Scheinecke *f* ‖ ~ **prismático** / Winkelprisma *n*, rechtwinkliges Prisma ‖ ~ **regulável** (desenho industr.) / Stellwinkel *m*
esqueleto *m* / Skelett *n*, Gerippe *n*, Baugerippe *n* ‖ ~ **do tabuleiro** (ponte) / Fahrbahnrost *m*
esquema *m* / Schema *n*, Bild *n* ‖ ~ *f* **de circuitos** (electrón.) / Schaltbild *n*, Schalt[ungs]schema *n*, Schaltplan *m*, Stromlaufplan *m* ‖ ~ *m* **de circuitos luminosos** / Leuchtschaltbild *n* ‖ ~ **de conexões** (electrón.) / Verlegungsplan *m*, Bauteileschaltplan *m* ‖ ~ *f* **de estratificação do solo** (constr. civil) / Schichtenverzeichnis *n* ‖ ~ *m* **de Fermi** (técn. nucl.) / Fermi-Diagramm *n* ‖ ~ **de princípio** / Prinzipschaltbild *n* ‖ ~ **de pupinização** (telecom.) / Spulenplan *m* ‖ ~ *f* **de repartição de frequências** / Frequenzraster *m* ‖ ~ *m* **de vias** (técn. ferrov.) / Gleisbild *n* ‖ ~ **em bloco** (electrón.) / Blockschaltbild *n*, -schaltplan *m* ‖ ~ **equivalente** / Ersatzschaltbild *n* ‖ ~ **funcional** (informática) / Funktionsplan *m*, -schaltbild *n*
esquemático / schematisch
esquentador *m* / Heißwasserbereiter, Boiler *m*, Warmwasserbereiter *m* ‖ ~ **a gás para água corrente** / Gasdurchlauferhitzer *m* ‖ ~ **de água corrente** / Durchlauferhitzer *m*
esquentar / erhitzen, heizen
esquerda, à ~ / link, linksseitig ‖ **à** ~ **segundo DIN** (serralhar.) / DIN-links ‖ **de corte para a** ~ (ferram.) / linksschneidend
esquerdo / links *adv* ‖ **do lado** ~ / link, linksseitig
esqui *m* **de aterragem**, esqui *m* de aterrisagem (aeronáut.) / Schneekufe *f*
esquina *f* / Ecke *f* (Treffpunkt zweier Seiten)
esquinado / kantig
essência *f* / Essenz *f* ‖ ~ **de absinto** / Wermutöl *n* ‖ ~ **de agulhas de abeto** / Fichtennadelöl *n* ‖ ~ **de ambreta** / Ambretteöl *n* ‖ ~ **de anis** / Anisöl *n* ‖ ~ **de citronela** / Zitronellöl *n* ‖ ~ **de coníferas** / Koniferenöl *n* ‖ ~ **de flores** / Blütenöl *n* ‖ ~ **de frutos** / Fruchtessenz *f*, -öl *n* (künstlich), Fruchtether *m* ‖ ~ **de funcho** / Fenchelöl *n* ‖ ~ **de gás natural** / Gasbenzin *n* (Leichtbenzin aus Erdölgasen) ‖ ~ **de gerânio** / Geraniumöl *n* ‖ ~ **de grainhas de uva** / Weinkernöl *n*, Traubenkernöl *n*
essencia *f* **de ilangue-ilangue** / Ylang-Ylangöl *n*
essência *f* **de mierbana** / Mirbanöl *n*, Nitrobenzol *n* ‖ ~ **de mil-folhas** / Schafgarbenöl *n* ‖ ~ **de mostarda alílica** / Allylisothiozyanat, [Allyl]senföl *n* ‖ ~ **de pinheiro** / Kienöl *n* ‖ ~ **de rosas** / Rosenessenz *f*, -öl *n* ‖ ~ **de sabina** / Sadebaumöl *n* ‖ ~ **de salva** / Salbeiöl *n* ‖ ~ **de sementes de ambreta** / Moschuskörneröl *n* ‖ ~ **de terebintina** / Terpentinöl *n*
essencial, vital / lebenswichtig ‖ ~ (química) / essentiell, Essenz...
estabelecer / errichten, bestimmen, festsetzen ‖ ~**-se** (instr. medição) / sich beruhigen, ausschwingen ‖ ~ **a comunicação** (telecom.) / Verbindung herstellen ‖ ~ **contacto** / Kontakt herstellen ‖ ~ **um itinerário** (técn. ferrov.) / eine Fahrstraße festlegen (o. einstellen)
estabelecimento *m* / Errichtung *f*, Etablierung *f* ‖ ~ **da comunicação** (telecom.) / Verbindungsaufbau *m*, Verbindungsherstellung *f* ‖ ~ **da pressão** / Druckaufbau *m*
estabilidade *f* / Festigkeit *f*, Stabilität *f*, Standfestigkeit *f* ‖ ~ / Dauerhaftigkeit *f* ‖ ~ (mecân.) / Festigkeit *f*, Stabilität *f* ‖ ~ (autom.) / Straßenlage *f* ‖ ~ **à floculação** (tinturaria) / Flockungsstabilität *f* ‖ ~ **à oxidação** / Oxydationsbeständigkeit *f* ‖ ~ **assintótica** (contr. autom.) / Lyapunow-Stabilität *f* ‖ ~ **da direcção** / Lenkstabilität *f* ‖ ~ **da estrutura** / Gefügebeständigkeit *f* ‖ ~ **da superfície** / Oberflächenruhe *f* ‖ ~ **das cores** / Dauerhaftigkeit *f* von Farben ‖ ~ **das pregas** (têxtil) / Faltenbeständigkeit *f* ‖ ~ **de direcção** (aeronáut.) / Seitenstabilität *f* ‖ ~ **de frequência** / Frequenzkonstanz *f*, Frequenzstabilität *f* ‖ ~ **dimensional** / Formbeständigkeit *f*, Maßhaltigkeit *f* ‖ ~ **dimensional em presença do calor** (plást.) / Formbeständigkeit *f* in der Wärme ‖ ~ **do isolador** / [mechanische und/oder elektrische] Festigkeit des Isolators ‖ ~ **em temperatura** / Temperaturstabilität *f*, -standfestigkeit *f* ‖ ~ **estática** / Standsicherheit *f*, -festigkeit *f*, Stabilität *f* ‖ ~ **inerente** (mecân.) / Eigenstabilität *f*, -steifigkeit *f*, Eigenfestigkeit *f* ‖ ~ **lateral** (autom.) / Seitenstabilität *f*, -führungskraft *f* ‖ ~ **limitada** (telecom.) / begrenzte Stabilität ‖ ~ **longitudinal** (aeronáut.) / Längsstabilität *f* ‖ ~ **orbital** / Bahnkonstanz *f* ‖ ~ **sob carga** (mecân.) / Belastbarkeit *f*, Standfestigkeit *f* ‖ ~ **térmica** / Wärmestabilität *f*, -beständigkeit *f*
estabilização *f* / Stabilisierung *f* ‖ ~ (química) / Beständigmachen einer Bindung ‖ **de** ~ **giroscópica** / drallstabilisiert ‖ ~ **das frequências em função da potência** (electr.) / Frequenz-Leistungsregelung *f* ‖ ~ **de bancos e diques por plantação** / Lebendverbauung *f* ‖ ~ **de frequência** / Frequenzstabilisierung *f* ‖ ~ **de linhas** (telecom.) / Leitungsstabilisierung *f* ‖ ~ **do solo** (constr. rodov.) / Bodenvermörtelung *f* ‖ ~ **do solo** / Bodenverbesserung *f* ‖ ~ **horizontal** (tv) / Horizontalsteuerung *f*
estabilizado a cristal (relógio) / kristallgesteuert ‖ ~ **em corrente** (electrón.) / stromstabilisiert ‖ ~ **em tensão** (electrón.) / spannungsstabilisiert
estabilizador *m* (química) / Stabilisator *m*, Stabilisierungsmittel *n* ‖ ~ (autom.) / Stabilisator *m* ‖ ~ (aeronáut.) / Dämpfungsfläche *f*, -flosse *f*, Flosse *f*, Leitwerk *n* ‖ ~ **de potencial** (electrón.) / Konstanthalter, Konstanter *m* (coll) ‖ ~ **de rede** (electr.) / Netzkonstanter *m* ‖ ~ **de tensão** (electrón.) / Spannungskonstanthalter, -konstanter *m* ‖ ~ **horizontal** (aeronáut.) / Höhenflosse *f*, Höhenfläche *f* ‖ ~ **lateral** (constr. naval) / Flossenstabilisator *m* ‖ ~ **lateral** (aeronáut.) / Stummel *m*, Stützflosse *f* ‖ ~ **magnético de tensão** (electrón.) / Magnetkonstanter *m* ‖ ~ **para cerveja** / Bierstabilisator *m* ‖ ~ **vertical** (aeronáut.) / Seitenflosse *f*, Stützflosse *f*
estabilizar / stabilisieren, stetigen ‖ ~, tornar estável / lagefest machen ‖ ~ (química) / puffern ‖ ~ **na horizontal** (aeronáut.) / das Flugzeug abfangen
estaca *f* / Rammpfahl *m*, Absteckpfahl *m*, Fallstütze *f*, Pfahl *m* ‖ ~ **cantoneira** / Eckbohle *f* ‖ ~ **de alicerce** / Rostpfahl *m* ‖ ~ **de betão**, estaca *f* de concreto / Betonpfahl *m* ‖ ~ **de referência** (agrimen.) / fester Bezugspflock ‖ ~ **falsa** (constr.

civil) / Jungfer *f* ‖ ~ **secundária** (agrimen.) / Beipfahl *m*
estacada *f* / Staket *n*, Lattenzaun *m*
estação *f* (geral) / Station *f* ‖ ~ / Jahreszeit *f* ‖ ~ (de uma linha de montagem) / Platz *m* (am Band) ‖ ~ **central** (rádio) / Leitfunkstelle *f* ‖ ~ **central** (técn. ferrov.) / Hauptbahnhof *m* ‖ ~ **central interurbana** (telecom.) / Hauptvermittlungsstelle *f* ‖ ~ **de abastecimento** (autom.) / Zapfstelle *f*, Tankstelle *f* ‖ ~ **de bombagem** / Pumpstation *f*, Pumpwerk *n*, Pumpanlage *f* ‖ ~ **de carregamento de baterias** / Batterieladestation *f* ‖ ~ **de consulta** (telecom.) / Anfragestation *f* ‖ ~ **de controlo** (rádio) / Leitstation *f* ‖ ~ **de controlo da rede** (electr.) / Leitstation *f* ‖ ~ **de conversão** (electr.) / Umformerstation *f* ‖ ~ **de corte** (silvicult.) / Fällungszeit *f* ‖ ~ **de dados** / Datenstation *f* ‖ ~ **de depósito** (técn. ferrov.) / Heimatbahnhof *m* ‖ ~ **de fim de bloco** (técn. ferrov.) / Block-Endstelle *f* ‖ ~ **de intercepção** / Funkhorchstelle *f* ‖ ~ **de leitura** (cart. perf.) / Abfühlstation *f* ‖ ~ **de manobras** (técn. ferrov.) / Rangierbahnhof *m* ‖ ~ **de mercadorias** (técn. ferrov.) / Güterbahnhof *m* ‖ ~ **de montanha** / Bergstation *f* ‖ ~ **de rádio** / Funkstation *f* ‖ ~ **de rádio costeira** / Küstenfunkstelle *f* ‖ ~ **de rádio de grande potência** / Großfunkstation *f* ‖ ~ **de radiodifusão** / Rundfunkstation *f* ‖ ~ **de ramificação** (técn. ferrov.) / Anschlußstation *f* ‖ ~ **de rastreio** / Beobachtungsstation *f* (z.B. f. Satelliten) ‖ ~ **de [re]carga** / Füllstation *f* ‖ ~ **de retorno com dispositivo tensor** (correia transport.) / Spannkopf *m* ‖ ~ **de retransmissão de televisão** / Fernsehumsetzer *m* ‖ ~ **de saída** (técn. ferrov.) / Abgangsbahnhof *m* (Personenverkehr) ‖ ~ **de saída** (telecom.) / Ausgangsstation *f* ‖ ~ **de serviço** (autom.) / Tankstelle *f* ‖ ~ **de televisão** / Fernsehanstalt *f*, Fernsehstation *f* ‖ ~ **de término** (técn. ferrov.) / Endstation *f* ‖ ~ **de transformação** / Umspannanlage, -station *f*, -werk *n*, Transformatorenanlage *f* ‖ ~ **de tratamento de esgotos** / Kläranlage *f*, Abwasserkläranlage *f* ‖ ~ **de triagem** (técn. ferrov.) / Rangierbahnhof *m* ‖ ~ **de triagem com declive** (técn. ferrov.) / Gefällebahnhof *m* (Rangierbahnhof) ‖ ~ **elevatória de águas** / Wasserhebewerk *n*, Wasserpumpstation *f* ‖ ~ **emissora** (tv, rádio) / Sendestelle *f*, Sender *m*, Sendestation *f*, Sendeanlage *f* ‖ ~ **escrava** / Tochterstation *f* ‖ ~ **experimental** / Versuchsanstalt *f* ‖ ~ **experimental para preparação de minérios**, estação *f* experimental para separação de minérios (expl. minas) / Aufbereitungs-Versuchsanstalt *f* ‖ ~ **ferroviária** (técn. ferrov.) / Bahnhof *m* ‖ ~ **meteorológica** / Wetterwarte *f*, Wetterstation *f* ‖ ~ **metereológica aeronáutica** / Flugwetterwarte, -station *f* ‖ ~ **móvel** (rádio) / bewegliche Funkstation, -stelle *f* ‖ ~ **oposta** (telecom.) / Gegenamt *n* ‖ ~ **radiogoniométrica** / Funkpeilstelle *f*, -station *f*, Ortungsfunkstelle *f*, Peilfunkstelle *f* ‖ ~ **radiogonométrica terrestre** (aeronáut.) / Bodenpeilfunkstelle *f* ‖ ~ **rectificadora** (electr.) / Gleichrichterstation *f*, -werk *n* ‖ ~ **relé**, estação *f* repetidora, estação *f* retransmissora (electrón., rádio, telecom.) / Nebensender *m*, Relaissender *m*, Zwischensender *m*, Ballsender *m* ‖ ~ **rodoviária** / Omnibusbahnhof *m* ‖ ~ **telefónica emissora** / Fernsprechausgangsstation *f* ‖ ~ **tensora** (funi) / Spannstation *f* ‖ ~ **terminal** (informática) / Endgerät, Terminal *n* ‖ ~ **terminal** (telecom.) / Endstelle *f* ‖ ~ **terrena de satélites** (tv) / Satelliten-Erdstation *f* ‖ ~ **terrena ou terrestre** (astronáut.) / Erdstation *f*, -stelle *f* ‖ ~ **terrena para satélites de telecomunicações** / Fernmeldesatelliten-Bodenfunkstelle *f* ‖ ~ **terrestre** / Bodenstation *f* ‖ ~ **terrestre de rádio** / Bodenfunkstelle *f* ‖ ~ **terrestre de satélites** (tv) / Satelliten-Erdstation *f* ‖ ~ **terrestre para satélites de telecomunicações** / Fernmeldesatelliten-Bodenfunkstelle *f* ‖ ~ **transmissora** (tv, rádio, electrón.) / Sendestelle *f*, Sender *m*, Sendeanlage *f*, Sendestation *f*
estacaria *f* **de ponte** / Brückenjoch *n* ‖ ~ **extrema** / Endjoch *n* (Brücke)
estacarica *f* / Pfahlwand *f*
estacionamento *m* (autom.) / Parken *n*
estacionar (autom.) / einstellen, parken
estacionário / standfest, ortsfest, stationär ‖ ~ (máq., tecnol.) / feststehend, stationär
estado *m* / Stand *m*, Zustand *m*, Stadium *n* ‖ **em ~ de vapor** / dampfförmig ‖ **em ~ de voo** / flugfähig ‖ ~ **bloqueado** (semicondut.) / Sperrzustand *m* ‖ ~ **condutor** (electrón.) / Durchlaßzustand *m* ‖ ~ **cristalino** / kristallförmiger Zustand ‖ ~ **d** (técn. nucl.) / d-Zustand *m* ‖ ~ **de agregação** / Aggregatzustand *m* ‖ ~ **de conservação** / Erhaltungszustand *m* ‖ ~ **de corrente residual** / Anlaufzustand *m* ‖ ~ **de decomposição** / Auflösungszustand *m* ‖ ~ **de equilíbrio** / Gleichgewichtslage *f* ‖ ~ **de formação** / Entstehungszustand *m* ‖ ~ **de funcionamento** / Zustand *m* der Betriebsfähigkeit ‖ ~ **de montagem experimental** (electrón.) / Entwicklungsstand *m* des Laboraufbaus ‖ ~ **de prontidão para entrar em serviço** / Betriebsbereitschaft *f* ‖ ~ **de supensão** / Schwebezustand *m* ‖ ~ **de vapor** / dampfförmiger Zustand ‖ ~ **do gasoso** / Gasförmigkeit *f* ‖ ~ **final** / Endzustand *m* ‖ ~ **forçado** (física) / erzwungener Zustand ‖ ~ **funcional** (informática) / Funktionszustand *m* ‖ ~ **fundamental** (técn. nucl.) / Grundzustand *m* ‖ ~ **fundamental** / Grundzustand *m* ‖ ~ **gasoso** / gasförmiger Aggregatzustand ‖ ~ **inicial** / Grundzustand, Ausgangszustand *m* ‖ ~ **intermediário** / Zwischenstufe *f*, -stadium *n* ‖ ~ **invariável** (electr.) / eingeschwungener Zustand ‖ ~ **líquido** / Liquidität *f*, flüssiger Zustand ‖ ~ **normal de energia** (técn. nucl.) / Grundzustand *m* ‖ ~ **quando do fornecimento** / Anlieferungszustand *m* ‖ ~ **quântico** / Quantenzustand *m* ‖ ~ **sólido** / fester Aggregatzustand ‖ ~ **transitório** / Übergangsstadium *n* ‖ ~ **transitório** (electr.) / Einschwingzustand *m*
estafe *m* (constr. civil) / Gips-Faser-Mischung *f*
estágio *m* (electrón., telecom.) / Stufe *f* ‖ ~ (míssil) / Stufe *f*, Brennstufe *f* ‖ **de ~s múltiplos** / mehrstufig, Mehrstufen... ‖ **de dois ~s** / zweistufig ‖ **de três ~s** / dreistufig, Dreistufen... ‖ **de um só ~** / einstufig, Einstufen... ‖ ~ **conversor de imagem** / Bildwandlerstufe *f* ‖ ~ **de amplificação** / Verstärkerstufe *f* ‖ ~ **de entrada** (electrón.) / Vorstufe *f* ‖ ~ **de fabricação** / Fertigungsreife *f* (Neuentwicklung) ‖ ~ **de potência** (electrón.) / Leistungsstufe *f* ‖ ~ **de pressão** / Druckstufe *f* ‖ ~ **de selecção de grupo** (telecom.) / Gruppenwahlstufe *f* ‖ ~ **desmodulador** / Demodulationsstufe *f* ‖ ~ **excitador** (electrón.) / Treibstufe *f*, Treiber *m* ‖ ~ **final** (electrón.) / Endstufe *f* ‖ ~ **final de cor** (tv) / Farbendstufe *f* ‖ ~ **final simétrico** / Gegentakt-Endstufe *f* ‖ ~ **intermediário** / Zwischenstufe *f* ‖ ~ **misturador** (tv) / Summierstufe *f* ‖ ~ **misturador simétrico**, estágio *m* misturador push-pull (electrón.) / Gegentakt-Mischstufe *f* ‖ ~ **multivibrador** (electrón.) / bistabile Kippstufe, Kippschaltung *f* ‖ ~ **push-pull** (electrón.) / Gegentaktstufe *f* ‖ ~ **simétrico** (electrón.) / Gegentaktstufe *f* ‖ ~ **tampão** (electrón.) / Pufferstufe *f* ‖ ~ **transformador de**

impedância / Impedanz-Wandlerstufe *f*
estagnado (água) / stillstehend, stagnierend, still
estai *m* (navio) / Abspanndraht *m*, -seil *n*, Stag *n*
estaiagem *f* / Absteifung *f*, Abstützung *f*
estaiar / abspannen, verankern ‖ ~ (expl. minas) / verspreizen, auszimmern ‖ ~ (carpint.) / abspreizen, absteifen
estalactite *f* (geol) / Stalaktit *m* (herabhängender Tropfstein), Deckenzapfen *m*
estalagmite *f* (geol) / Stalagmit *m* (nach oben wachsender Tropfstein), Bodenzapfen *m*
estalagmometria *f* / Stalagmometrie, Oberflächenspannungsanalyse *f*
estalagmómetro *m* / Stalagmometer *n*
estalão *m* / Eichmaß *n* ‖ ~ **de saída em Ge** (laser) / Ge-Auskoppeletalon *m*
estalar / bersten, aufplatzen ‖ ~ (vidro) / zerspringen ‖ ~ (tinta) / abplatzen
estaleiro *m* / Werft *f* ‖ ~ / Baustelle *f*, Bauhof *m* ‖ ~ (constr. civil) / Ort *m* ‖ ~ **de mina** (expl. minas) / Grubenbauhof *m* ‖ ~ **[de construção] naval** / Schiffs[bau]werft *f*
estambre *m*, estame *m* / Kammgarn *n*, Kammwolle *f*, Zettel *m*, Wollgarn *n* ‖ ~ **de algodão** / Baumwollkammgarn *n*
estampa *f* (máq. ferram.) / Lochplatte *f* ‖ ~ (estamp.) / Stanzstempel *m* ‖ ~, matriz *m* (rebites) / Schließkopfgesenk *n*, Gesenk *n* ‖ ~ (tecel.) / Dessin *n* ‖ ~ **inferior** (forja) / Matrize *f*, Untergesenk *n*
estampado (chapa, têxtil) / gestanzt ‖ ~ (papel) / dessiniert
estampador *m* / Stanzer *m*
estampagem *f* / Prägedruck *m*, Pressen *n* ‖ ~ / Gesenkformen *n* (DIN 8583), Gesenkschmieden *n* ‖ ~ **a álcool** / Spritdrucken *n*, Zinnbeizendruck *m* ‖ ~ **a cores** / Farbendruck *m* ‖ ~ **à lionesa** / Filmdruck *m* ‖ ~ **a quente** / Heißsiegeln *n*, Warmprägen *n* [von Folien] ‖ ~ **à superfície** / Hautwalzendruck *m* ‖ ~ **com reserva** / Reservedruck *m*, Schutz[beiz]druck *m* ‖ ~ **com roentes** / Ätz[beiz]druck *m* (Mustern durch örtliches Entfärben) ‖ ~ **de precisão** (estamp.) / Feinschneiden, -stanzen *n* ‖ ~ **de tecidos** / Zeugdruck *m*, Stoffdruck *m* ‖ ~ **manual** / Handdruck *m* ‖ ~ **plana** / Flachdruck *m* ‖ ~ **por placagem** / Pflatschdruck *m* ‖ ~ **por prancha** / Blockdruck *m* ‖ ~ **por pulverização** / Spritzdruck *m* ‖ ~ **sem produção de aparas** (estamp.) / Flächenschluß *m*, abfalloses Stanzen ‖ ~ **têxtil** / Textildruck *m*
estampar (forja) / im Gesenk schmieden, gesenkschmieden ‖ ~ (estamp.) / prägen, hohlprägen ‖ ~ (têxtil) / dessinieren, bedrucken ‖ ~ (artes gráf.) / bunt bedrucken ‖ ~ **em relevo** (estamp.) / formstanzen ‖ ~ **tecidos** / Stoffe drucken
estamparia *f* **de tecidos de lã** / Wolldruckerei *f*
estanato *m* / Stannat *n*
estância *f* **de madeiras** / Holzlager *n*, -[lager]platz, -hof *m*
estandardização *f* / Standardisierung *f*
estandardizado / Standard...
estandardizar / standardisieren
estanhagem *f* / Verzinnen *n*
estanhamento *m* **a fogo** / Feuerverzinnung *f* ‖ ~ **a quente** / Feuerverzinnung *f*
estanhar / verzinnen ‖ ~ **por electrólise** / galvanisch verzinnen
estanho *m*, Sn (química) / Zinn *n*, Sn ‖ **de** ~ / zinnern ‖ ~ **aluvial** / Stromzinn *m* ‖ ~ **bruto** / Rohzinn *n* ‖ ~ **de aluvião** / Seifenzinn *n* ‖ ~ **de malaca** / Malakkazinn *n* ‖ ~ **em fardos** / Ballenzinn *n* ‖ ~ **em folha** / Blattzinn *n* ‖ ~ **em folhas** / Zinnblech *n* ‖ ~ **em lingotes** / Blockzinn *n* ‖ ~ **fino** / Feinzinn *n* ‖ ~ **laminado** / Walzzinn *n*, gewalztes Zinn ‖ ~ **para soldar** / Schnelllot *n* ‖ ~ **sonante** / Feinzinn, Klangzinn *n*
estânico / Stanni..., Zinn(IV)-...
estanífero / zinnführend, -haltig
estanita *f*, estanite *f* (mineralog.) / Zinnkies *m*, Stannit *m*
estanoso / Stanno..., Zinn(II)-...
estanque / dicht verschlossen, dicht ‖ ~ **ao vácuo** / vakuumdicht, -fest ‖ ~ **aos gases** / gasdicht
estanqueidade *f* / Dichtigkeit *f*, Dichtheit *f* ‖ ~ **à água** / Wasserdichtigkeit *f* ‖ ~ **ao gás** / Gasdichtigkeit *f*
estante *f* / Fachregal *n*, Regal *n* ‖ ~ **desenroladora** / Abrollgestell *n*
estática *f* / Statik *f*, Gleichgewichtslehre *f* ‖ ~ **gráfica** / graphische Statik
estaticização *f* (informática) / Befehlsübernahme *f*
estático / ruhend, statisch
estatística *f* / Statistik *f* (statistische Wissenschaft und Zahlenaufstellung) ‖ ~ **de Fermi[-Dirac]** / Fermi-[Dirac-]Statistik *f* ‖ ~ **quântica** / Quantenstatistik *f*
estatístico / statistisch
estator *m* (electr.) / Stator *m*, Ständer *m* ‖ ~ (acoplam.) / Leitrad *n*
estatoscópio *m* (aeronáut.) / Statoskop *n*, Feinhöhenmesser *m*
estável / stetig, stabil, beständig ‖ ~ (química) / beständig, stabil ‖ ~ (meteorol.) / beständig ‖ ~ (constr. civil) / gut, tragfähig
este lado para cima ! / diese Seite nach oben !
estearato *m* / Stearat *n*
estearina *f* / Stearin *n*
esteatita *f*, esteatite *f* / Steatit, Speckstein *m*, Saponit *m*, Seifenstein *m*
esteio *m* **laminar** (expl. minas) / Lamellenstempel *m*
esteira *f* / Matte *f* ‖ ~ (cabo) / Flächenrost *m* ‖ ~ (autom.) / Kette *f*, Raupe *f* ‖ ~ (navio) / Kielwasser *n* ‖ **de** ~ (autom.) / Raupen..., Ketten... ‖ ~ **de junco** / Schilfmatte *f* ‖ ~ **descarregadora** / Abstreiflattentuch *n* ‖ ~ **isolante** / Isoliermatte *f* ‖ ~ **isolante de vidro fibroso** / Faserdämmplatte *f* (aus Glasfasern) ‖ ~ **transportadora** / laufendes Band, Förderband *n*
estêncil *m* / Vervielfältigungsmatrize *f*
estender (couro) / stollen (Leder)
estenotipia *f* / Stenotypie *f*
estenótipo *m* / Kurzschriftmaschine *f*, Stenographiermaschine *f*
estequiometria *f* (química) / Stöchiometrie *f*
estequiométrico (química) / stöchiometrisch
éster *m* (química) / Ester *m* ‖ ~ **de ácido clorofórmico** / Chlorameisensäureester *m* ‖ ~ **acetacético** / Azetessig[säureethyl]ester *m* ‖ ~ **acético** / Essigsäureethylester *m*, Ethylacetat *n*, Essigester *m* ‖ ~ **benzóico** / Benzoesäureester *m* ‖ ~ **cloracético** / Chloressigester *m* ‖ ~ **de cloro** / Chlorester *m* ‖ ~ **de colofónio** / Harzester *m* ‖ ~ **metilacético** / Essigsäuremethylester *m*, Methylacetat *n*
esterase *f* (química) / Esterase *f*
estéreo *m* (madeira) / Ster, Raummeter *m*
estereocomparador *m* (óptica) / Stereokomparator *m*
estereoespecífico (química) / stereospezifisch
estereofonia *f* / Stereophonie *f*, plastisches Hören, Stereoakustik *f*
estereofónico, estéreo / stereoakustisch, räumlich, 3-D..., stereophonisch
estereofotografia *f* / Stereoaufnahme *f*, -bild *n*
estereografia *f* (desenho industr.) / Stereographie *f*, perspektivische Darstellung
estereográfico / stereographisch
estereoisomeria *f* / Stereoisomerie *f*

estereoisómero *m* (química) / Stereoisomer *n*
estereometria *f* / Stereometrie *f*, Geometrie der räumlichen Gebilde
estereométrico / stereometrisch
estereómetro *m* / Stereometer *n*
estereomicrómetro *m* (agrimen.) / Stereomikrometer *n*
estereoplanígrafo *m* / Stereoplanigraph *m*
estereoquímica *f* / Stereochemie *f*
estereoscópico (óptica) / räumlich, stereoskopisch
estereoscópio *m* / Stereoskop *n*
estereotipado / stereotyp
estereotipagem *f* / Stereogießerei *f*, Stereotypdruck *m*
estereotipar / stereotypieren, in Stereotyp drucken
estereotipia *f* (artes gráf.) / Stereotypie *f* ‖ ~ (artes gráf.) / Stereotypdruck *m*, Plattendruck *m*
estereotipista *m* / Stereotypeur *m*
estereótipo *m* (artes gráf.) / Stereo *n*, Stereotypplatte *f* ‖ ~ (produto) / Stereotypdruck *m*
esterificação *f* / Veresterung *f*
esterificar (química) / verestern ‖ ~ / esterifizieren
estéril / steril, unfruchtbar ‖ ~, esterilizado / keimfrei, steril[isiert] ‖ ~ (expl. minas, agricult.) / tot ‖ ~ (expl. minas) / taub
esterilização *f* / Sterilisation *f*, Sterilisierung *f*, Entkeimung *f*
esterilizado / steril[isiert], keimfrei
esterilizador *m* / Sterilisiergerät *n*, Sterilisator *m*
esterilizar / entkeimen, keimfrei machen, sterilisieren
esteróide *m* (química) / Steroid *n*
esterol *m* (plást.) / Sterol *n*
estética *f* **industrial** / Design *n*, Formgestaltung *f*
esteva *f* (agricult.) / Sterz *m*, Sterze *f*
estibina *f* (química) / Stibin *n*, Antimonwasserstoff *m* ‖ ~ (mineralog.) / Antimonglanz, Antimonit *m*
estibordo *m* / Steuerbord *n*, -bordseite *f*
esticado, não ~ / unverspannt
esticador *m* **de linhas** (electr.) / Leitungsspanner *m* ‖ ~ **do anel de segmento** / Kolbenringspanner *m*
esticadora *f* **de algodão** / Baumwollstreckmaschine *f*
esticar / straff anspannen (o. anziehen) ‖ ~ **demasiado** / überspannen, zu stark spannen
estigmático / stigmatisch
estilbeno *m* (química) / Stilben *n*
estilbita *f* (mineralog.) / Stilbit *m*, Desmin *m*
estilete *m* **gravador** / Schneidstichel *m*, -stift *m* ‖ ~ **registador** / Schreibstift *m*
estilhaçar / splittern, absplittern *vi* ‖ ~**-se** / zersplittern *vi*
estilhaço *m* / Splitter, Span *m*
estilo *m* / Stilart *f*, Stil *m* ‖ ~ **arquitetónico** / Baustil *m*, Bauweise *f*
estima *f* (naveg.) / Besteck *n*, Standortbestimmung *f*, Koppeln *n*
estimar / schätzen, einschätzen, bewerten
estimativa *f* **a olho** / Augenmaß *n*
estimulação *f* / Anregung *f*
estimulante *m* / Reizmittel *n*, Stimulans *n*
estimular / anregen
estímulo *m* **de oscilações** / Schwingungsanfachung *f* ‖ ~ **visual** / Sehreiz *m*
estímulos *m pl* **cardinais** (luz) / Definitionsvalenzen *f pl*
estiradeira *f* / Bandmaschine *f*
estirado (mecân.) / gezogen ‖ ~ (plást.) / gereckt, verstreckt ‖ ~ **a frio** / kalt gezogen, hartgezogen ‖ ~ **sem costura** / nahtlos gezogen
estirador *m* / Reißbrett *n* ‖ ~ **fino** (fiação) / Feinstrecker *m*
estiradora *f* **em grosso** (fiação) / Grobstrecke *f* ‖ ~ **preliminar** (fiação) / Vorstrecke *f*
estiragem *f* / Recken *n*, Reckschmieden *n* ‖ ~ (fiação) / Verstrecken *n*, Verzug *m* ‖ ~ (trefil.) / Zug *m*, Drahtzug *m* ‖ ~ **a frio** / Kaltbeanspruchung *f*, -recken *n* ‖ ~ **a frio de folhas** (plást.) / Kaltrecken *n* von Folien ‖ ~ **a frio de tubos** / kaltes Rohrziehen ‖ ~ **de tubos** / Rohrziehen *n* ‖ ~ **fina** / Nachzug *m*
estirar / recken, strecken ‖ ~ (têxtil) / strecken, ausziehen ‖ ~ (chapa) / streckziehen ‖ ~ **a flor** / abnarben, schlichten, schlichten ‖ ~ **a frio** / kaltziehen, kaltrecken
estireno *m* / Styrol *n*
estiva e desestiva *f* / Ladearbeit *f*
estivador *m* / Hafenarbeiter *m*, Ladearbeiter *m*
estivagem *f* / Laden *n* u. Löschen
estivar / stauen, laden, verstauen
estocagem *f* / Lagerung *f* (von Gütern)
estocar / lagern
estofador *m* / Polsterer *m*
estofamento *m* / Polsterung *f*
estofar / polstern, aus-, aufpolstern
estofo *m* (autom.) / Polster *n* ‖ ~ **de assento** (autom.) / Sitzpolster *n* ‖ ~ **de crina** (têxtil) / Haartuch *n*
estojo *m* / Futteral *n* ‖ ~ **de ferramentas** / Werkzeugtasche *f* ‖ ~ **para reparações** (autom.) / Flickkasten *m*
estolzita *f* (mineralog.) / Stolzit *m*
estopa *f* / Hede *f*, Werg *n*, Stopfwerg *n* ‖ ~ **de cânhamo** / Hanfhede *f*, -werg *n* ‖ ~ **de lã** / Flockwolle *f* ‖ ~ **de linho** / Flachswerg *n* ‖ ~ **de seda** / Seidenwerg *n* ‖ ~ **para calafetar** / Kalfaterwerg *n*
estopar / mit Werg stopfen
estoque *m* / Bestand *m*, Lagervorrat *m* ‖ **em** ~ / vorrätig, lieferbar ‖ ~ **de produtos acabados** / Fertig[waren]bestand *m*
estoquista *m* / Lageraufseher *m*
estoraque *m* / Storax *m*
estore *m* (constr. civil) / Rollo, Rouleau *n*
estourar (geral) / platzen ‖ ~ (informática) / überlaufen
estouro *m* (informática) / Überlauf *m* ‖ ~ **da capacidade da memória** (informática) / Speicherüberlauf *m* ‖ ~ **negativo** (informática) / Unterlauf *m*, Bereichsunterschreitung *f*
estrada *f* (de rodagem) / Straße *f*, Land-, Fahrstraße *f* ‖ ~ **a nível superior** / Hochstraße *f* ‖ ~ **a peagem** / Mautstraße *f* ‖ ~ **de betão**, estrada *f* de concreto / Betonstraße *f* ‖ ~ **de descongestionamento** / Entlastungsstraße *f* ‖ ~ **de ferro** (técn. ferrov.) / Bahn *f*, Eisenbahn *f* ‖ ~ **de ferro aérea** (técn. ferrov.) / Hochbahn *f* ‖ ~ **de ferro aérea** / Schwebebahn *f* (auf Schienen) ‖ ~ **de ferro de bitola estreita** / Schmalspurbahn *f* ‖ ~ **de ferro de cintura** (técn. ferrov.) / Ringbahn *f*, Gürtelbahn *f* ‖ ~ **de ferro de cremalheira** / Zahnradbahn *f* ‖ ~ **de ferro de montanha** / Gebirgsbahn *f* ‖ ~ **de ferro de via reduzida** / Schmalspurbahn *f* ‖ ~ **de ferro industrial** / Industriebahn *f* ‖ ~ **de ferro por aderência** (técn. ferrov.) / Reibungsbahn *f*, Adhäsionseisenbahn *f* ‖ ~ **de ferro suspensa** / Schwebebahn *f* (auf Schienen), Hängebahn *f* ‖ ~ **de ferro urbana** / Stadtbahn *f* ‖ ~ **de montanha** / Gebirgsstraße, Bergstraße *f* ‖ ~ **de serviço** (constr. rodov.) / Begleitstraße *f* ‖ ~ **de toros de madeira** / Knüppeldamm *m* ‖ ~ **federal com características de auto-estrada** / autobahnähnliche Bundesstraße ‖ ~ **florestal** / Forstabfuhrstraße *f*
estrado *m* / Estrade *f*, Laufbrett *n* ‖ ~ **para piso**, estrado *m* para soalho / Rostfußboden *m*
estragão *m* / Estragon *m*
estrangulado / gedrosselt
estrangulador *m* (autom.) / Choke *m*
estrangulamento *m* (máq., tecnol.) / Drosselung *f*, Drosseln *n*
estrangular (máq., tecnol., mot.) / abdrosseln, drosseln

estrangulável / drosselbar
estranheza *f* (técn. nucl.) / Fremdheitsquantenzahl *f*
estranho (geral, química) / fremd
estratifação *f* (geol) / Stratifikation *f*, Schichtung *f*, Lagerung *f*, Schichtenbildung *f*
estratificação *f* (expl. minas) / Flözschichtung *f* ‖ ~ (sinter.) / Schieferung *f* ‖ ~ **entrecruzada** (geol) / Kreuzschichtung *f*
estratificado / schichtenweise, geschichtet ‖ ~ (geol) / geschichtet ‖ ~ *m* **moldado** (plást.) / Formpreßling *m*
estratiforme (expl. minas) / flözführend, -artig, schicht[förm]ig
estratigrafia *f* (geol) / Stratigraphie *f*, Schichtenkunde *f*, Formationskunde *f*
estratigráfico / schichtenkundlich, stratigraphisch
estrato *m* (geol) / Lage, Schichtung, Lagerung *f*, Schicht *f* ‖ ~ (expl. minas) / Flöz *n*, Flözschicht *f* ‖ ~ (meteorol.) / Stratus *m*, Schichtwolke *f* ‖ **em ~s** (expl. minas) / flözweise, in Flözen ‖ **~-cúmulo** *m* (meteorol.) / Stratokumulus *m*, Haufenschichtwolke *f*
estratosfera *f* / Stratosphäre *f* (10-50 km Höhe)
estreitamento *m* / Verengung *f* ‖ ~ **da via** (técn. ferrov.) / Spurverengerung, -zusammenziehung *f*
estreitar / verenge[r]n, einengen
estreiteza *f* / Knappheit *f*, Enge *f*
estreito *m* (geogr.) / Meerenge *f* ‖ ~ *adj* / knapp, eng, schmal, verengt
estrela *f* / Stern *m* ‖ **em forma de** ~ / sternförmig, -artig, Stern... ‖ ~ **de carbono** / Kohlenstoffstern, C-Stern *m* ‖ ~ **dupla espectroscópica** (astron.) / spektroskopischer Doppelstern ‖ ~ **fixa** / Fixstern *m* ‖ ~ **lionesa de tingidura** (têxtil) / Färbestern *m*
estrelado / sternförmig, -artig, Stern...
estria *f* (máq., tecnol.) / Auskehlung, Rille *f* ‖ ~ (geol, física) / Schliere *f* ‖ ~ (lamin.) / Riffel *f* ‖ ~ (arma) / Drall *m*, Führungsrille *f* ‖ ~ **alveolar** / Schliere *f* ‖ ~ **concêntrica** / Endrille *f* (o. unmodulierte Rille) ‖ ~ **filiforme** / Fadenschliere *f*
estriado / gezogen, gerifft
estriamento *m* / Riefelung *f* ‖ ~ (máq., tecnol.) / Streifenbildung *f*, Riefenbildung *f* ‖ ~ **vertical** (tv) / Gardinenbildung *f*
estriar / riefeln, rillen
estrias *f pl* (cristalogrf.) / Rillen *f pl*, Schrammen *f pl*
estribo *m* / Bügel *m* ‖ ~ / Trittbrett *n* ‖ ~ (motocicleta) / Fußraste *f* ‖ ~ **da cunha de aperto** (técn. ferrov.) / Keilklemme *f* ‖ ~ **de fixação** (máq., tecnol.) / Spannbügel *m* ‖ ~ **de fixação** / Haltebügel *m* ‖ ~ **de fluxo** / Flußbügel *m* ‖ ~ **de mola** (autom.) / Federbügel *m* (DIN) ‖ ~ **de protecção** / Schutzbügel *m* ‖ ~ **de retenção** (electr.) / Abspannbügel *m* ‖ ~ **de segurança** / Fangbügel *m* ‖ ~ **do mancal do eixo** (técn. ferrov.) / Achslagerbügel *m* ‖ ~ **móvel** / Fallbügel *m* ‖ ~ **triangular** / Dreieckbügel *m*
estricnina *f* / Strychnin *n*
estridente (acústica) / gellend, schrill, scharf, grell
estroboscópico / stroboskopisch
estroboscópio *m* / Stroboskop *n* ‖ ~ **de flash** / Lichtblitzstroboskop *n*
estronciana *f* / Strontian *m*, Strontiumoxid *n*
estroncianita *f* (mineralog.) / Strontianit *m*
estrôncio *m*, Sr (química) / Strontium *n*, Sr
estrumar (agricult.) / düngen
estrume *m* (agricult.) / Dung *m*, Stallmist *m*, Mist *m* ‖ ~ **líquido** (agricult.) / Jauche, Gülle *f*
estrutura *f* / Zusammensetzung *f*, Gefüge *n*, Struktur *f*, Anordnung *f*, innerer Aufbau (o. Bau) ‖ ~ (siderurg.) / Gefüge *n*, Bruchaussehen *n* ‖ ~ **atómica** / Atombau *m*, -struktur *f* ‖ ~ **cristalina** / Kristallstruktur *f* ‖ ~ **da antena** / Antennenaufbau *m* ‖ ~ **da matéria** (química) / Aufbau *m* der Materie ‖ ~ **das proteínas** / Eiweißgefüge *n* ‖ ~ **de aeronave** / Luftschiffsgerippe *n* ‖ ~ **de bytes gémeos** (informática) / Doppelbytestruktur *f* ‖ ~ **de confinamento exterior** (reactor) / Betonpanzer *m* ‖ ~ **de dados** (informática) / Datenstruktur *f* ‖ ~ **de ferro** / Eisenkonstruktion *f*, Stahlkonstruktion *f*, Stahlbau *m* ‖ ~ **defeituosa** (cristalogrf.) / Defektstruktur *f* ‖ ~ **do cristal** / Kristallbau *m*, -struktur *f* ‖ ~ **elementar da matéria** (física) / elementarer Aufbau der Materie ‖ ~ **em betão simples**, estrutura *f* em concreto simples / Betonbau *m* (nicht armiert) ‖ ~ **em pórtico** / Bockkonstruktion *f* ‖ ~ **em treliça** / Flechtwerk *n* ‖ ~ *m* **enrugada** (constr. civil) / Faltwerk *n* ‖ ~ *f* **fibrosa** / Faserstruktur *f*, Fasergefüge *n* ‖ ~ **fibrosa** (siderurg.) / Schiefergefüge *n* ‖ ~ **fina** / Feinbau *m* ‖ ~ **fina** (técn. nucl., física) / Feinstruktur *f* ‖ ~ **folheada** / Blättrigkeit *f* ‖ ~ **granular** (siderurg.) / Kornstruktur *f* ‖ ~ **imbricada** (geol) / dachziegelförmige Struktur ‖ ~ **lamelar**, estrutura *f* lamelosa / Schichtgefüge *n*, Lamellenstruktur *f*, Blättchengefüge *n*, Streifengefüge *n* ‖ ~ **metálica** / Verband *m*, Stahlkonstruktion *f*, Stahlbau *m*, Eisenkonstruktion *f* ‖ ~ **nuclear** / Kernaufbau *m* ‖ ~ **portadora plana** (constr. civil) / Flächentragwerk *n* ‖ ~ **vesicular** (geol) / Blasenstruktur *f*
estrutural / Struktur..., strukturell
estruturar / strukturieren, durchbilden
estuário *m* (geogr.) / Schlauchmündung *f*
estucador *m* / Gipser *m*, Stuckarbeiter *m*, Stukkateur *m*, Gipsarbeiter *m*
estucar / stuckieren, gipsen
estudar / erforschen
estúdio *m* (constr. civil) / Arbeitszimmer *n*, -raum *m* ‖ ~ (tv, rádio) / Studio *n* ‖ ~ / Atelier *n* ‖ ~ **cinematográfico** / Aufnahmeatelier *n*, Filmatelier *n*, Filmstudio *n* ‖ ~ **de gravação** / Aufnahmeraum *m* ‖ ~ **de radiodifusão** / Funkstudio *n*
estudo *m*, investigação *f*, pesquisa *f* / Erforschung *f* ‖ ~ **de ampliação de uma rede** (electr.) / Bauplan *m* für die Erweiterung eines Netzes ‖ ~ **de produção** (org. industr.) / Fertigungsablaufstudie *f* ‖ ~ **do terreno** / Geländeuntersuchung *f* ‖ ~ **e aplicação de métodos** (máq., tecnol.) / Systementwicklung, Methodik *f*
estudos *m pl* / Entwicklung, Planung *f*
estufa *f* (agricult.) / Gewächshaus *n*, Treibhaus *n* ‖ ~ (agricult.) / Dämpfer *m* ‖ ~ / Wärmeschrank *m* ‖ ~ (química) / Heizschrank *m* ‖ ~ (açúcar) / Darre *f* ‖ ~ **a gás** / Gasheizofen *m* ‖ ~ **de condicionamento** / Feuchtigkeitsprüfer *m* ‖ ~ **de Cowper** / Winderhitzer, Cowper[apparat] *m* ‖ ~ **de esmaltagem** / Einbrennofen *m* ‖ ~ **de secagem** / Trockenschrank *m*, Trockenofen *m*, Trockenkammer *f* ‖ ~ **de secagem a vapor** (química) / Dampftrockenschrank *m* ‖ ~ **de secar machos** (fundição) / Kern[trocken]ofen *m* ‖ ~ **de secar malte** (indústr. cervej.) / Malzdarre *f*, -haus *n*
estufagem *f* **de forragem** (agricult.) / Futterdämpfen *n*
estufamento *m* (conservas) / Bombage *f*
estufar (agricult.) / Kartoffeln, Holz, Obst dämpfen
estufeiro *m* / Ofensetzer *m*
estuque *m* / Stuck *m*, Gipsarbeit *f*, Gipsstuck *m*
esvaziamento *m* / Leeren *n*, Entleerung *f*
esvaziar / ablassen (Behälterinhalt), leeren, entleeren, leermachen ‖ ~ **os pneus** / Luft ablassen ‖ ~ **por meio de bomba** / auspumpen ‖ ~ **um saco** / aussacken
eta *m* / Eta *n*, η

etalage *f* / Rast *f* (Hochofen) ‖ ~ **de alto-forno** / Hochofenrast *f*
etamina *f* / Etamin *m*
etana *f* / Ethan *n*, Dimethyl *n*, Ethylwasserstoff *m*
etanol *m* / Ethylalkohol *m*, Weingeist *m*, Ethanol *n*
etapa, de uma só ~ / einstufig, Einstufen... ‖ ~ *f* **de potência** (electrón.) / Leistungsstufe *f* ‖ ~ **de produção** / Fertigungsstufe *f*
eteno *m* / Ethylen *n*, schweres Kohlenwasserstoffgas
éter *m* / Ether *m* ‖ ~ **acético** / Essigether *m*, Essigsäureethylester *m* ‖ ~ **alquídico** / Alkylether *m* ‖ ~ **clorídrico** / Chlorwasserstoffether *m* ‖ ~ **de iodo** / Jodether *m* ‖ ~ **de petróleo** / Ligroin *n* (Leichtöl), Gasolin für chem. Zwecke (Siedebereich 30-80°C), Benzin, Petrolether *m* ‖ ~ **dibutílico** / Dibuthylether *m* ‖ ~ **dietílico** / Diethylether *m* ‖ ~ **difenílico** / Diphenylether *m* ‖ ~ **dimetílico** / Dimethylether *m* ‖ ~ **metílico** / Methylether *m* ‖ ~ **sulfúrico** / Ethylether *m*, Schwefelether *m*
etéreo / etherisch
eterificação *f* (química) / Veretherung *f*
eterificar / verethern
etileno *m* / Ethylen *n*, schweres Kohlenwasserstoffgas ‖ **~-propileno** *m* **fluorado** (plást.) / Fluorethylenpropylen *n*
etilfeniluretano *m* / Ethylphenylurethan *n*
etílico / Ethyl...
etilo *m* / Ethyl *n*
etiloclorhidrina *f* / Ethylenchlorhydrin *n*
etilo-halógeno *m* / Ethylhalogenid *n*
etino *m* / Azetylen *n*, Äthin *n*
etiqueta *f* / Anhänger *m*, Etikett *n* ‖ ~ (informática) / Marke *f*, Markierung *f*, Kennsatz *m* ‖ ~ **auto-adesiva** / Haftetikett *n* ‖ ~ **de fim de fita** (informática) / Spulennachsatz *m* ‖ ~ **de gargalo** / Brustetikett *n* (von Flaschen) ‖ ~ **de início de fita** (informática) / Spulenvorsatz *m*
etiquetar / beschriften, kenntlich machen, etikettieren
eucalipto *m* / Eukalyptusbaum *m*
eucaliptol *m* / Eukalyptol *n* ‖ ~ (química) / Cineol *n*
euclidiano (matem.) / euklidisch
euclorina *f* (química) / Euchlorin *n*
eucolóide *m* / Eukolloid *n*
eudiómetro *m* / Eudiometer *n*, Gasprüfer *m*
eufórbio *m* / Euphorbium *n*
eugenol *m* (química) / Eugenol *n*
eulite *f* (mineralog.) / Eulit *m* (im Orthoferrosilit)
eulitina *f* (mineralog.) / Eulytin *m*, Kieselwismut *m*
Euratom / EURATOM, Europäische Atomgemeinschaft
euribático / eurybatisch (in allen Wassertiefen lebend)
euroforma *f* (garrafas) / Euroform *f*
europalete *f* / Europalette *f*
európio *m* (química) / Europium *n*, Eu
Eurovisão *f* (tv) / Eurovision *f*
eutéctico *m* (química) / Eutektikum *n* ‖ ~ *adj* / eutektisch
eutectóide *m* / Eutektoid *n* ‖ ~ *adj* / eutektoid
eutexia *f* / Bildung der eutektischen Lösung
eutrofia *f* / Eutrophie *f*
eutrófico / eutroph
eutrofização *f* / Eutrophierung *f*
eutropia *f* (química) / Eutropie *f*
eutrópico (cristalogrf.) / eutropisch
evacuação *f* / Ausleerung *f*, Entleerung *f*, Leeren *n*, Evakuation *f* ‖ ~ **da eclusa**, evacuação *f* da esclusa, evacuação *f* da comporta / Schleusenentleerung *f* ‖ ~ **de terras** (expl. minas) / Bergeaustrag *m* ‖ ~ **do ar** / Luftabzug *m*, Entlüftung *f* ‖ ~ **sob pressão** / Druckentleerung *f*
evacuar / ablassen, evakuieren, entleeren
evaporação *f* / Evaporation *f*, Verdampfung *f*, Verdunstung *f* ‖ ~ **por m² de superfície de aquecimento** (máq., tecnol.) / Heizflächenbeanspruchung *f*
evaporador *m* / Eindampfgerät *n*, Evaporator *m* ‖ ~ **a vácuo** / Vakuumverdampfer *m* ‖ ~ **de efeito quíntuplo** (açúcar) / Fünfkörper-Verdampfapparat *m* ‖ ~ **de efeito triplo** (açúcar) / Dreikörper-Verdampfer *m* ‖ ~ **de preparação** / Aufbereitungsverdampfer *m* ‖ ~ **de queda livre** / Freifallverdampfer *m* ‖ ~ **pelicular** (química) / Filmverdampfer *m*
evaporar / evaporieren, eindampfen ‖ **~-se**, volatilizar-se / verdampfen *vi*, sich verflüchtigen, verdunsten *vi*
evaporável / verdampfbar
evaporografia *f* / Evaporographie *f* (Infrarotphotographie)
evaporómetro *m* / Verdunstungsmesser *m*, Evaporimeter *n*
evecção *f* (astron.) / Evektion *f*
evento *m* / Ereignis *n* ‖ ~ **inicial** / Anfangsereignis *n* der Tätigkeit ‖ ~ **transitório** (telecom.) / Ausgleichvorgang *m*
evolução *f* / Evolution, Entwicklung *f* ‖ ~ **de hidrogénio** / Wasserstoffentwicklung *f* ‖ ~ **de luz** / Lichtentwicklung *f* ‖ ~ **de oxigénio** / Sauerstoffentwicklung *f* ‖ ~ **provável** (meteorol.) / weitere Aussichten *f pl*
evoluir regressivamente (química) / rückbilden
evoluta *f* (geom) / Evolute *f*
evolvente *f* (geom) / Evolvente *f*, Involute *f*
exactidão *f* / Genauigkeit *f*, Exaktheit *f*, Präzision *f*
exacto / genau, exakt
exalação *f* / Exhalation, Ausdünstung *f*, Dampf *m*, Dunst *m*
exalar fumo ou vapor / dampfen
exaltação *f* **da ressonância** (electr.) / Resonanzüberhöhung *f*, -verstärkung
exaltona *f* (química) / Exalton *n*
exame *m* / Prüfung *f*, Untersuchung *f* ‖ ~ **ao microscópio** / Mikroskopieren *n* ‖ ~ **de condução** (autom.) / Fahrprüfung *f* ‖ ~ **de cores** (tinturaria) / Abmustern *n* ‖ ~ **de propriedades de uso** / Gebrauchswertprüfung *f*
examinar, testar / prüfen, untersuchen ‖ ~ / befahren, besichtigen ‖ ~, verificar (máq., tecnol.) / nachsehen, durchsehen ‖ ~ (informática) / abtasten ‖ ~ **ao microscópio** / mikroskopieren ‖ ~ **mediante corte** (expl. minas) / anhauen ‖ ~ **por meio de corte** (expl. minas) / auffinden, anhauen ‖ ~ **por radioscopia** / durchleuchten, durchstrahlen *vt*
exaustão *f* / Ausleerung *f* ‖ ~ **do ar** (geral) / Luftabzug *m*, Luftleermachen *n*
exaustor *m* / Saugventilator *m*, Entlüftungseinrichtung *f*, Absauger *m*, Exhaustor *m*, Sauglüfter *m*, Luftabsauger *m* ‖ ~ **de gás** / Gassauger *m* ‖ ~ **de gás de alta pressão** / Gasgebläse *n*, Hochdruckexhaustor *m*, Hochdruckexhaustor *m*
excavação *f* (geral) / Erdaushub *m* ‖ ~, dragagem *f* / Ausschachtung *f*, Abtrag *m*, Ausbaggerung *f*, Abtragung *f* ‖ ~ **do solo** / Erdarbeit *f* ‖ ~ **primária** (constr. civil) / Abtragung gewachsenen Bodens
excavar / ausschachten, ausheben ‖ ~ (expl. minas) / ausweiten
excedente / überschüssig ‖ ~ *m* **de energia** / Kraftüberschuß *m* ‖ ~ **de força** / Kraftüberschuß *m*
excentricidade *f* / Schlag *m*, Außermittigkeit *f* (Fehler), Radialschlag *m*, Rundlauffehler *m*, -abweichung *f* (DIN), Exzentrizität *f*
excêntrico *m* / Exzenter *m*, Nocken *m*, Nocke *f* ‖ ~

adj / exzentrisch, außermittig ‖ ~ *m* **cordiforme** (máq., tecnol.) / Herzscheibe *f* ‖ ~ **de desponte** / Abschlagexcenter *m* ‖ ~ **de exaustão** (máq. vapor) / Auslaßexzenter *m* ‖ ~ **do freio**, excêntrico *m* do travão / Bremsexzenter *m*
excesso *m* / Überschuß *m* ‖ ~ **de ar** / Luftüberschuß *m* ‖ ~ **de capacidade dos exponentes** (informática) / Exponentenüberlauf *m* ‖ ~ **de capacidade negativa dos exponentes** (informática) / Exponentenunterlauf *m* ‖ ~ **de carga** / Überlast *f*, Mehrgewicht *n* ‖ ~ **de consumo** / Mehrverbrauch *m* ‖ ~ **de força ascensional** / Auftriebsüberschuß *m* ‖ ~ **de (h)umidade** / Feuchtigkeitsüberschuß *m* ‖ ~ **de peso** / Überlast *f*, Mehrgewicht *n*, Übergewicht *n* ‖ ~ **de pressão** (geral) / Überdruck *m* ‖ ~ **de solda** / Schweißbart *m* ‖ ~ **de sustentação** / freier Auftrieb ‖ ~ **de temperatura** / Übertemperatur *f*
excitação *f* / Erregung *f* ‖ **com ~ independente** (electr.) / fremderregt ‖ ~ **atómica** / Atomerregung *f* ‖ ~ **composta** (electr.) / Kompounderregung *f*, Doppelschlußerregung *f*, Verbunderregung *f* ‖ ~ **cromática** / Farbreiz *m* ‖ ~ **da grade**, excitação *f* da grelha (electrón.) / Gitteransteuerung *f* ‖ ~ **de campo** (electr.) / Felderregung *f* ‖ ~ **de impulso ou pulso** / Impulsanregung *f* ‖ ~ **de oscilação** / Schwingungserregung *f* ‖ ~ **de oscilações** / Erregung *f* von Schwingungen ‖ ~ **derivada** (electr.) / Nebenschlußerregung *f* ‖ ~ **diferencial** / Gegenverbunderregung *f* ‖ ~ **electrónica ou eletrônica** / Elektronenanregung *f* ‖ ~ **em série** (electr.) / Hauptstromerregung *f* ‖ ~ **exterior** (electrón.) / Fremdansteuerung *f* ‖ ~ **harmónica** / Oberwellenerregung *f* ‖ ~ **independente** (electr.) / Fremderregung *f* ‖ ~ **instantânea** / Kurzzeit-Anregung *f* ‖ ~ **luminosa** / Lichtreiz *m* ‖ ~ **máxima** / volle Erregung ‖ ~ **por choque** (electrón.) / Stoßerregung *f* ‖ ~ **por corrente contínua** / Gleichstromerregung *f* ‖ ~ **por corrente de fonte** (semicondut.) / Stromsteuerung *f*
excitado (electr.) / erregt ‖ ~ (técn. nucl., física) / angeregt
excitador *m* (antena) / Erreger *m*, Erregermaschine *f* ‖ ~ **de centelhas** (electr.) / Funkenzieher *m* ‖ ~ **principal** (electr.) / Haupterregermaschine *f*
excitantes *m pl* (química) / Excitantia *pl*, anregende Mittel *n pl*
excitar (geral) / erregen ‖ ~ (electr.) / erregen ‖ ~ (electrón., informática) / treiben *vt* ‖ ~ (técn. nucl., física) / anregen ‖ ~ (electrón.) / ansteuern
éxciton *m* (técn. nucl.) / Exciton, Exziton *n*
excítron *m* (electrón.) / Excitron *n*
exclusão *f* (informática) / Inhibition *f* (DIN) ‖ ~ **de luz** / Lichtabschluß *m*
exclusivo (informática) / exklusiv, ausschließend
excrementos *m pl* / Abfallstoffe *m pl*, Fäkalien *f pl*
excrescência *f* / Auswuchs *m* (auf Holz) ‖ ~ **do tronco** / Holzkropf *m*
excursão *f* (do wobulador) (electrón.) / Hub *m* (des Wobblers) ‖ ~ **do sinal** (electrón.) / Signalhub *m*
execução *f* / Ausführung *f*, Durchführung *f* ‖ **de ~ cuidada** / gut ausgeführt ‖ ~ **antideflagrante** (electr.) / Exschutz *m* ‖ ~ **da obra** / Bauausführung *f* ‖ ~ **individual** / Einzelanfertigung *f*
executar / ausführen, durchführen, ausüben
executável / ausführbar, durchführbar
exemplar *m* (artes gráf.) / Exemplar *n* ‖ ~ **de prova** (artes gráf.) / Aushängebogen *m*
exemplo *m* **de aplicação** / Anwendungsbeispiel *n*
exequibilidade *f*, exequibilidade *f* / Ausführbarkeit *f*
exercer / betreiben, ausüben ‖ ~ **pressão** (expl. minas) / druckhaft sein
exfoliação *f* (cerâm.) / Blähung *f*
exfoliado / abgeschiefert
exibição *f* / Vorführung *f* ‖ ~ **cinematográfica** / Filmvorführung, -vorstellung *f*
exibir / ausstellen, eine Ausstellung beschicken
exigências *f pl* **de precisão** / Genauigkeitsanforderungen *f pl*
exina *f* (bot.) / Exine *f*
exinita *f* / Exinit *m* (Gefügebestandteil der Steinkohle)
existência *f pl* / Vorrat *m*, Bestand *m*
existências *f pl* **de produtos acabados** / Fertig[waren]bestand *m*
exoatmosférico / außeratmosphärisch
exobiologia *f* (astronáut.) / Exobiologie *f*
exoelectrão *m*, exoelétron *m* / Exoelektron *n*
exofilia *f* / Exophilie *f*
exogás *m* / Exogas *n*
exógeno (geol) / exogen
exortérmico / Wärme abgebend, exotherm
exosfera *f* (aeronáut.) / Lebenssphäre *f* (bis 13000 ft), Exosphäre *f*
exosmose *f* / auswärts verlaufende Osmose, Exosmose *f*
exotérmico / wärmegebend, exotherm[isch]
exotoxina *f* / Exotoxin *n*
expandido (cortiça) / expandiert ‖ ~ (plást.) / porigzellig, leicht
expandir / ausdehnen, expandieren ‖ ~ (tubos) / aufwalzen, aushämmern ‖ **~-se** / sich ausbreiten
expansão *f* / Expansion *f* ‖ ~ / Aufweitung *f* ‖ ~ (física) / Ausdehnung *f*, -breitung *f* (räumlich) ‖ ~ (mot.) / Dehnung, Expansion *f* ‖ ~ (tv) / Bildexpansion *f* ‖ ~ **da banda** (electrón.) / Banddehnung *f* ‖ ~ **da (h)umidade** / Feuchtigkeitsausdehnung *f* ‖ ~ **de linhas** (informática) / Leitungserweiterung *f* ‖ ~ **de volume** (electrón.) / Dynamikdehnung, -steigerung *f* ‖ ~ **lateral** / Austrieb *m* ‖ ~ **longitudinal**, expansão *f* linear / Längsdehnung *f* ‖ ~ **simples** / einstufige Dampfdehnung
expansibilidade *f* (física) / Dehnbarkeit *f*, Ausdehnbarkeit *f* ‖ ~ **do vapor** / Spannkraft *f* des Dampfes ‖ ~ **dos gases** / Elastizität *f* der Gase
expansível (gás) / dehnbar ‖ ~ (plást.) / schäumbar
expansivo / expansiv
expansor *m* **de volume** (electrón.) / Dynamikdehner *m*, Expander *m*
expedição *f* / Beförderung, Versendung *f*
expediente *m* (geral) / Hilfsmittel *n*
expedir / absenden, befördern
expelir / austreiben, -stoßen, -spritzen, herausschleudern
experiência *f*, prática *f* / Erfahrung, Praxis *f* ‖ ~, teste *m* / Experiment *n*, Versuch *m*, Erprobung *f* ‖ ~ **exponencial** (técn. nucl.) / Exponentialexperiment *n* ‖ ~ **nuclear** (armamento) / Atomwaffenversuch *m*
experimentado / erfahren *adj*
experimentador *m* (arma) / Beschießmeister *m*
experimental / versuchend, Versuchs..., experimentell ‖ **a título ~** / versuchsweise, zur Probe
experimentar, testar / experimentieren, versuchen, erproben ‖ ~ / erfahren *vt* ‖ ~ **sucessivamente** / durchprobieren
experto *m* / Fachmann *m*
expiração *f* **da patente de invenção** / Ablaufen *n* des Patents
expirar (patente) / erlöschen
explícito (informática, matem.) / explizit
explodir / explodieren, in die Luft fliegen, losplatzen, zerknallen *vi* ‖ **fazer ~** / absprengen, [durch Sprengmittel] explodieren lassen, sprengen

exploraçaão, estar em ~ (expl. minas) / befahren werden
exploração *f* / Erschließung *f* ‖ ~ (expl. minas) / Abbau *m*, Gewinnung *f*, Ausbeutung *f* ‖ ~, prospecção (expl. minas) / Ausrichten, Schürfen *n* ‖ ~, prospecção (petróleo) / Exploration, Erdölsuche *f* ‖ ~ (tv) / Bildzusammensetzung *f* (bei Wiedergabe), Bildzerlegung *f* (bei Aufnahme) ‖ ~ (tv) / Abtastung *f* ‖ ~ **a céu aberto** (geral) / Tagebau *m* ‖ ~ **abandonada** (expl. minas) / Alter Mann *m* ‖ ~ **agrícola** / landwirtschaftlicher Betrieb ‖ ~ **antiga** (expl. minas) / Alter Mann *m* ‖ ~ **aproximada** (tv) / Grobabtastung *f* ‖ ~ **com velocidade variável** (tv) / Abtastung *f* mit veränderlicher Geschwindigkeit ‖ ~ **de alta precisão** (tv) / Feinabtastung *f* ‖ ~ **de alta tensão** (electrón.) / hochenergetische Abtastung ‖ ~ **de dados** / Datenauswertung *f* ‖ ~ **de escombros** (expl. minas) / Bruchbau *m* ‖ ~ **de hulha** / Kohlenabbau *m* ‖ ~ **de linhas** (tv) / Zeilenabtasten *n* ‖ ~ **de linhita a céu aberto** / Braunkohlentagebau *m* ‖ ~ **de mina** (expl. minas) / Grubenbetrieb *m* ‖ ~ **de minas** / Bergbau *m* ‖ ~ **de minério** / Erzbergbau *m*, -gewinnung *f* ‖ ~ **de minério a céu aberto** / Erztagebau *m* ‖ ~ **de minério aluvial** (expl. minas) / Seifenbau *m* ‖ ~ **de um filão** / Flöz[ab]bau *m* ‖ ~ **de uma pedreira** / Steinbruchbetrieb *m* ‖ ~ **do ficheiro** (informática) / Datensuchen *n* ‖ ~ **em andares** (expl. minas) / Stockwerksbau *m* ‖ ~ **em bancos** (expl. minas) / Stufenbau *m*, Strossenbau *m* ‖ ~ **em grande escala** / Großbetrieb *m* (Tätigkeit) ‖ ~ **em tempo compartilhado**, exploração *f* em tempo dividido (informática) / Time-Sharing *n*, Teilnehmerverkehr *m* ‖ ~ **entrelaçada** (tv) / Zwischenzeilenabtastung *f* ‖ ~ **exaustiva** (expl. minas) / Raubbau *m* ‖ ~ **ferroviária** / Eisenbahnbetrieb *m* ‖ ~ **florestal** / Forstwirtschaft *f* ‖ ~ **hidráulica** (expl. minas) / Schwemmabbau *m* ‖ ~ **horizontal** (tv) / Zeilenabtastung *f* ‖ ~ **manual** (telecom.) / Handbetrieb *m* ‖ ~ **mineira** / Bergwerksbetrieb *m* ‖ ~ **mineira de jazigos petrolíferos** / Erdölbergbau *m* ‖ ~ **mineira em grande escala** (expl. minas) / Großabbaubetrieb *m* ‖ ~ **multiplex** (telecom.) / Mehrfachbetrieb *m* ‖ ~ **por câmaras ascendentes** (expl. minas) / Firstenkammerbau *m* ‖ ~ **por compartimentos**, exploração *f* por câmaras isoladas (expl. minas) / Strecken- und Pfeilerabbau in [geschlossenen Bau]abteilungen ‖ ~ **por feixe** (electrón.) / Strahlabtastung *f* ‖ ~ **por galerias** (expl. minas) / Stollenbau, -trieb *m*, -arbeit *f* ‖ ~ **por galerias e pilares** (expl. minas) / Strecken- und Pfeilerabbau *m* ‖ ~ **por pisos** (expl. minas) / Etagenbau *m* ‖ ~ **rectilínea** (tv) / Streifenabtastung *f* ‖ ~ **simétrica** (contr. autom.) / Gegentaktbetrieb, Zweirichtungsbetrieb *m* ‖ ~ **subterrânea** (expl. minas) / Untertagbetrieb *m*, Untertagbau *m*, Tiefbau *m*, Grubenbetrieb *m*
explorado (tv) / abgetastet ‖ **ser ~ a uma certa profundidade** (expl. minas) / stehen (Grubenbau)
explorador *m* **de ponto móvel** / Flying-Spot-Scanner *m* ‖ ~ **luminoso** (contr. autom.) / Lichttaster *m*
explorar / auswerten ‖ ~ (expl. minas) / ausfördern, fördern, gewinnen, abbauen ‖ ~ (tv) / abtasten ‖ ~ **minérios** / Erze gewinnen, Erze abbauen ‖ ~ **o disco** (informática) / Daten suchen (im Plattenspeicher) ‖ ~ **um terreno mediante perfuração** / ein Gelände abbohren ‖ ~ **uma fonte** / eine Quelle erschließen ‖ ~ **uma mina** / ein Bergwerk betreiben ‖ ~ **uma patente de invenção** / ein Patent ausüben ‖ ~ **uma pedreira** / Steine brechen (o. gewinnen)
explorável (expl. minas) / abbauwürdig, bauwürdig ‖ ~ (madeira) / schlagbar
explosão *f* / Sprengung *f*, Explosion *f* ‖ **à prova de ~** / explosionssicher ‖ **sob forma de ~** / explosionsartig ‖ ~ **de pó** / Staubexplosion *f* ‖ ~ **no cárter** (autom.) / Kurbelkastenexplosion *f*
explosibilidade *f* / Explodierbarkeit, Explosivität *f*, Explosionsneigung *f*
explosímetro *m* / Explosimeter *n* (für Explosionsneigungsmessung von Gas-Luftgemisch)
explosível / explosionsgefährlich, explosiv, explosibel
explosivo *m* / Sprengstoff *m*, -mittel *n*, Explosivstoff *m* ‖ ~ *adj* / explosiv ‖ **altamente ~** / hochbrisant ‖ ~ *m* **à base de nitroglicerina** / Nitrosprengstoff *m* ‖ ~ **brisante** / brisanter Sprengstoff ‖ ~ **D** / Ammoniumpikrat *n* ‖ ~ **de clorato** (expl. minas) / Chloratsprengstoff *m* ‖ ~ **de oxigénio líquido** / Flüssigluftsprengstoff *m* ‖ ~ **de segurança** (expl. minas) / Sicherheitssprengstoff *m*, Sprengstoff *m* des Sprengeltyps, Wettersprengstoff *m* ‖ ~ **forte** / kräftiger Sprengstoff ‖ ~ **gelatinizado** / gelatinöser Sprengstoff ‖ ~ **lento** / Schießstoff *m*, schiebender Sprengstoff
explosivos *m pl* / Sprengmittel *n pl* ‖ ~ (expl. minas) / Sprengbedarf *m*
expoente *m* (matem.) / oberer Zeiger o. Index (z.B. H^1), Exponent *m* ‖ ~ **de enfraquecimento [característico]** (telecom.) / Dämpfungsmaß *n* ‖ ~ **fraccionário** (matem.) / gebrochener Exponent
exponencial / exponentiell, exponential
exponente *m* (matem.) / Exponent *m*, oberer Zeiger o. Index (z.B. H^1) ‖ ~ **de campo** / Feldindex, -exponent *m*
expor / ausstellen ‖ ~ (técn. fotogr.) / exponieren, belichten ‖ ~ **à intempérie** / auswittern, -wettern, der Witterung aussetzen ‖ ~ **à irradiação** / bestrahlen ‖ ~ **a ondas ultra-sónicas** / [mit Ultraschall] beschallen ‖ ~ **ao ar** / der freien Luft aussetzen
exposição *f* / Ausstellung *f* ‖ ~ (técn. fotogr.) / Exposition, Belichtung *f*, Belichten *n* ‖ ~ / Gleichgewichtsionendosis *f* (Photonenstrahlung) ‖ ~ (técn. nucl.) / Exposure *f* ‖ ~ **à intempérie** / Freibewitterung *f* ‖ ~ **a ondas sónicas** / Beschallung *f* ‖ ~ **à radiação** / Strahlenbelastung *f* ‖ ~ **aos raios** / Bestrahlung *f* ‖ ~ **de curta duração** (técn. fotogr.) / Kurzzeitbelichtung *f*
exposímetro *m* **fotoeléctrico** / [photo]elektrischer Belichtungsmesser
exposto à chama (caldeira) / feuerseitig beaufschlagt ‖ ~ **à irradiação** / bestrahlt
expressão *f* (matem.) / Ausdruck, Terminus *m* ‖ ~ **algébrica** / arithmetischer Ausdruck ‖ ~ **booleana** (matem.) / boolescher Ausdruck
expressar em números redondos / eine Zahl abrunden
expulsão *f* **da lançadeira** (tecel.) / Auswurf *m* des Schützen ‖ ~ **de gases** (mot.) / Spülung *f*, Spülverfahren *n*
expulsar / ausstoßen ‖ ~ **o ar** / Luft austreiben, entlüften
expulsor *m* **de machos** (fundição) / Kernausstoßer *m*
exsicação *f* / Abtrocknen *n*, -trocknung *f*
exsudação *f* / Schwitzen *n* ‖ ~ **da gordura** / Fettausschlag *m*
exsudar / ausschwitzen, -scheiden, schwitzen
exsudato *m* / Exsudat *n*
extensão *f* / Streckung *f*, Ausdehnung *f* ‖ ~ (mecân.) / Dehnung *f* ‖ ~ (telecom.) / Nebenstelle *f* ‖ ~ **de um erro** / Fehlerbereich *m* ‖ ~ **do quadro** (constr. civil) / Feldteilung, -weite *f* ‖ ~ **em comprimento** / Längenausdehnung *f*
extensibilidade *f* / Dehnbarkeit, Streckbarkeit *f* ‖ **de**

~ **reduzida** / dehnungsarm
extensível / streckbar, dehnbar
extenso / groß, ausgedehnt, weit
extensómetro *m* / Extensometer *n* (Dehnungsmesser)
extensor *m* **de linha** / Wellenstrecker *m*
exterior / äußerer, äußerlich, Außen..., außen befindlich
exteriores *m pl* (tv, filme) / Außenaufnahmen *f pl*
exteriormente / außerhalb *adv*
exterminar / ausrotten, vertilgen
externo / Fremd..., äußerer, äußerlich, Außen..., außen befindlich, extern
extinção *f* / Extinktion *f*, Löschung *f* ‖ ~ (química) / Abtöten *n* ‖ ~ **de arco [voltaico]** / Lichtbogenlöschung *f* ‖ ~ **do coque** / Kokslöschen *n* ‖ ~ **expontânea** / Selbstlöschung *f*
extinguir (geral) / auslöschen, löschen ‖ ~**-se** / verlöschen, ausgehen ‖ ~**-se** (expl. minas, geol) / auskeilen *vi* ‖ ~**-se** (tinta) / absterben ‖ ~ **a cal** / Kalk löschen
extinto / erloschen, gelöscht (z.B. Kalk, Feuer)
extintor *m* **de arco [voltaico]** / Lichtbogenlöscher *m* ‖ ~ **de espuma** / Schaum[feuer]löscher *m* ‖ ~ **de incêndio** / Feuerlöschapparat, -löscher *m*, Löschgerät *n* ‖ ~ **de incêndio de brometo** / Bromlöscher *m* ‖ ~ **de neve carbónica** (bombeiros) / Kohlensäurelöscher *m* ‖ ~ **de pó** (bombeiros) / Trockenlöscher *m*
extra... / Extra..., zusätzlich, Sonder...
extracção *f* (expl. minas) / Ausbeutung, Förderung *f* ‖ ~ (química) / Ausziehung *f*, -laugung *f*, Extraktion *f* ‖ ~ **da gordura** / Fettentziehung *f* ‖ ~ **de cinzas fundidas** / flüssiger Aschenabzug ‖ ~ **de metais** / Metallgewinnung *f* ‖ ~ **de óleo** / Ölgewinnung *f* (pflanzl. u. tierische Öle) ‖ ~ **de petróleo** / Ölextraktion *f* ‖ ~ **de suco de frutos**, extracção *f* de sumo de frutos / Fruchtsaftgewinnung *f* ‖ ~ **dos produtos florestais** / Rücken *n* ‖ ~ **líquida** / Flüssig-Extraktion *f* ‖ ~ **líquido/líquido** / Extraktion *f* flüssig/flüssig ‖ ~ **por cabo** (expl. minas) / Seilförderung *f* ‖ ~ **por cabo aberto** / Seilförderung *f* mit offenem Seil ‖ ~ **por cabo anterior e cabo posterior** / Seilförderung *f* mit Vorder- und Hinterseil ‖ ~ **por cabo de arrasto** / Seilförderung *f* mit untenlaufendem o. Schleppseil ‖ ~ **por cabo flutuante** / Seilförderung *f* mit schwebendem Seil ‖ ~ **por cabo sem-fim** / Seilförderung *f* mit geschlossenem Seil ‖ ~ **por gaiola** (expl. minas) / Gestellförderung *f* ‖ ~ **por poço** (expl. minas) / Schachtförderung *f* ‖ ~ **por skips** (expl. minas) / Gefäßförderung *f* ‖ ~ **sólida-líquida** / Fest-Flüssig-Extraktion *f*
extracorrente *f* (electr.) / Extrastrom *m*
extractivo / Extraktiv...
extracto *m* / Auszug *m*, Extrakt, Extraktivstoff *m* ‖ ~ **de quebracho** / Quebracho *n* ‖ ~ **fluido** / Fluidextrakt *m* ‖ ~ **perfumado** / Duftauszug *m* ‖ ~ **seco** (química) / Trockenauszug *m*, -extrakt *m*
extractor *m* / Abzieher *m*, Abziehvorrichtung *f* ‖ ~ (forno coque) / Ausscheider *m* ‖ ~ (química) / Extraktor *m* ‖ ~ **centrífugo de ácido** / Säureschleuder, -zentrifuge *f* ‖ ~ **de amostras** / Musterzieher *m* ‖ ~ **de buchas** / Buchsenzieher *m* ‖ ~ **de cores** / Farbenauszieher *m* ‖ ~ **de gicleurs**, extractor *m* de pulverizadores (carburador) / Düsenauszieher *m* ‖ ~ **de parafusos** / Schraubenausdreher *m* ‖ ~ **de suco ou sumo** / Entsafter *m*
extradorso *m* (constr. civil) / äußere Leibung, Bogenrücken *m* ‖ ~ **da abóbada** / äußere Gewölbefläche, Gewölberücken *m*
extraduro / extrahart
extragaláctico / extragalaktisch, anagalaktisch
extraído / extrahiert, durch Extraktion gewonnen ‖ ~ (expl. minas) / gefördert
extrair / extrahieren, herausziehen, ausziehen ‖ ~ (expl. minas) / ausfördern, fördern, gewinnen, abbauen ‖ ~ (informática) / ausblenden, herausziehen, extrahieren, aussortieren ‖ ~, retirar / entziehen ‖ ~ (química) / entziehen ‖ ~ **da tubagem** / die Leitung anzapfen ‖ ~ **o açúcar** / entzuckern ‖ ~ **óleo** / Öl schlagen ‖ ~ **por cozedura** (química) / auskochen, durch Kochen extrahieren ‖ ~ **por destilação** / herausdestillieren ‖ ~ **por sucção** / absaugen ‖ ~ **turfa** / Torf stechen ‖ ~ **uma raiz** (matem.) / wurzelziehen, radizieren
extraível / ausziehbar, extrahierbar, ausfahrbar
extranuclear (física) / außerhalb des Kerns befindlich
extrapesado / extraschwer
extrapolação *f* / Extrapolation *f*, Hochrechnung *f*
extrapolar / extrapolieren
extraterreno, extraterreste / extraterrestrisch, außerirdisch, außerterrestrisch
extremamente fino / hauchdünn (z.B. Schicht)
extremidade *f* / Ende *n* (Gegenstand) ‖ ~, retorno *m* (tecel.) / Wiederkehr *f* ‖ **com duas ~s** / doppelendig ‖ ~ **de uma galeria abandonada** (expl. minas) / Stollenort *n* ‖ ~ **fechada** / totes Ende
extremo *m* / Extrem *n*, Ende *n* ‖ ~ *adj* / extrem, äußerst, Höchst... ‖ ~ *m* **de galeria** (expl. minas) / Feldort *n* ‖ ~ **de ruptura** / Abreißende *n* (Garnfeinheitsbestimmung) ‖ ~ **do eixo** / Achszapfen, -schenkel *m* ‖ ~ **do fio** (tecel.) / Fluse *f* ‖ ~ **embotado** / Linsenkuppe *f* (Schraube, DIN 78)
extrudar / fließpressen
extrusado (plást.) / gespritzt
extrusão *f* / Strangpressen *n*, Extrudieren *n*, Durchdrücken *n* (DIN 8583)
extrusar (plást.) / extrudieren
extrusor *m* (plást.) / Extruder *m* ‖ ~ **de uma só rosca** / Einschnecken-Extruder *m*

F

fábrica *f* / Fabrik *f*, Werk *n* ‖ **a partir da** ~ / ab Werk ‖ ~ **de açúcar** / Zuckerfabrik *f* ‖ ~ **de alquilação** / Alkylierungsanlage *f* ‖ ~ **de betão preparado** / Fertigbetonwerk *n* ‖ ~ **de cal** / Kalkbrennerei *f* ‖ ~ **de cerveja** / Brauerei *f*, Bierbrauerei *f* ‖ ~ **de curtumes** / Gerberei *f* ‖ ~ **de esmaltagem** / Emaillierwerk *n* ‖ ~ **de fiação** / Spinnerei *f* ‖ ~ **de fiação de seda** / Seidenspinnerei, -fabrik *f* ‖ ~ **de fio de algodão** / Baumwollzwirnerei *f* ‖ ~ **de gás** / Gaswerk *n*, Gasanstalt *f* ‖ ~ **de gelo** / Eisfabrik *f* ‖ ~ **de malte** / Mälzerei *f* ‖ ~ **de passamanaria** / Bandweberei *f* ‖ ~ **de pasta de papel** / Holzschleiferei, -schliffabrik *f* ‖ ~ **de potassa** / Kaliwerk *n* ‖ ~ **de tecidos** / Weberei *f* (Fabrik) ‖ ~ **de tecidos de linho** / Leinweberei *f* ‖ ~ **de tela metálica** / Drahtweberei *f* ‖ ~ **de tijolos** / Ziegelei *f* ‖ ~ **de vidro** / Glashütte *f* ‖ ~ **metalúrgica** / Hüttenwerk *n*, Metallhütte *f*, Hütte *f* ‖ ~ **para a sublimação de arsénio** / Gifthütte *f* ‖ ~ **siderúrgica** / Eisenhütte *f*, -hüttenwerk *n*, Stahlwerk *n*, Hüttenwerk *n*, Hütte *n* ‖ ~ **siderúrgica integrada** / gemischtes Hüttenwerk
fabricação *f* / Herstellung *f*, Fabrikation *f*, Fertigung *f*, Erzeugung *f*, Anfertigung *f* ‖ ~ **com**

peças intercambiáveis / Austauschbau *m* ‖ ~ **de bebidas por fermentação** / Gebräu *n* ‖ ~ **de cerveja** / Bierbrauen *n* ‖ ~ **de ferramentas** / Werkzeugbau *m*, -herstellung, -macherei *f* ‖ ~ **em grande escala** / Großfabrikation *f* ‖ ~ **em grandes séries** / Großreihenfertigung *f* ‖ ~ **em massa** / Massenerzeugung, -fabrikation, -fertigung *f* ‖ ~ **em série** / Reihenherstellung, -fabrikation, -fertigung *f*

fabricado / hergestellt ‖ ~ **por electroformação** / galvanogeformt

fabricante *m* / Erzeuger *m*, Hersteller *m* ‖ ~ **de cerveja** / Bierbrauer *m* ‖ ~ **de instrumentos** (máq., tecnol.) / Instrumentenmacher *m* ‖ ~ **de produtos químicos** / chemischer Fabrikant

fabricar / fertigen, fabrizieren, herstellen, erzeugen, anfertigen ‖ ~ **cerveja** / brauen ‖ ~ **em massa** / massenfertigen ‖ ~ **em série** / in Reihen[fertigung] herstellen

fabrico *m* / Anfertigung *f*, Herstellung *f*, Fabrikation *f*, Fertigung *f*, Erzeugung *f* ‖ **de** ~ / Fabrikations... ‖ ~ **em série** / Reihenherstellung, -fabrikation, -fertigung *f*

faca *f* (geral) / Messer *n* ‖ ~ (electr.) / Messerkontakt *m* ‖ ~ **circular** / Messerscheibe *f*, Scheibenmesser *n* ‖ ~ **cortadora** / Schneidemesser *n* ‖ ~ **de interruptor** (electr.) / Messer *n* ‖ ~ **de retalhar** / Hackmesser *n* ‖ ~ **de terra** (electr.) / Messerkontakt *m* für Erdtrennung ‖ ~ **descortiçadora** / Schälmesser, -eisen *n* ‖ ~ **do arado**, relha *f*, sega *f* do arado (agricult.) / Sech *n*, Pflugmesser *n*, Kolter *n* ‖ ~ **fixa** / Gegenmesser *n* ‖ ~ **para descarnar** / Fleischmesser *n*

face *f* / Fläche *f* ‖ ~ (cart. perf., máq., tecnol.) / Vorderseite *f* ‖ ~ (bigorna, martelo) / Bahn *f* ‖ ~ (pedra) / Stirnfläche *f* ‖ ~ (tipos) / Gesicht *n*, Kopf *m* ‖ **de ~s centradas** (cristalogrf.) / flächenzentriert ‖ ~ **cortante** (máq. ferram.) / Schneidbrust *f* ‖ ~ **da válvula** / Schieberfläche *f* ‖ ~ **de bigorna** / Amboßbahn *f* ‖ ~ **de celulose do filme** (técn. fotogr.) / Blankseite des Films ‖ ~ **de clivagem** (cristalogrf.) / Ablösungsrichtung *f* ‖ ~ **de corte** (torno) / Spanfläche *f* ‖ ~ **de manipulação** / Grifffläche *f* ‖ ~ **de paragem** / Anlauffläche *f* ‖ ~ **de pressão** / Blattdruckseite *f* ‖ ~ **do dente** / Stirnfläche *f* ‖ ~ **do flange** (máq., tecnol.) / Flanschfläche *f* ‖ ~ **do martelo** / Hammerbahn *f* ‖ ~ **do olho de tipo** (artes gráf.) / Buchstabenbild *n* ‖ ~ **emulsionada** (filme) / Emulsionsebene *f* ‖ ~ **exterior de um dique** (hidrául.) / Dammbrust, Flutseite *f* ‖ ~ **inferior** / Unterseite *f* ‖ ~ **lateral** (geral) / Seitenwand *f*, Seitenfläche *f* ‖ ~ **lateral** (cristalogrf.) / Randfläche *f* ‖ ~ **posterior do dente** / Zahnrücken *m* ‖ ~ **sensibilizada** (técn. fotogr.) / lichtempfindliche Seite ‖ ~ **superior** / Oberseite *f*, Oberteil *m n* ‖ ~ **superior da ferramenta de corte** (ferram.) / Schneid[kanten]rücken *m* ‖ ~ **superior do carril**, face *f* superior do trilho / Schienenoberkante *f*

facear (torno) / plandrehen, die Stirnfläche bearbeiten

faceta *f* / Facette *f* ‖ ~ (mineralog.) / Schlifffläche *f* ‖ ~ **de um cristal** / Kristallfläche *f*

facetar / facettieren, schleifen

fachada *f* (constr. civil) / Vorderseite *f*, Fassade *f*, Stirnseite *f*, Hauptseite *f*, Außenseite *f*, Straßenfront *f*, Front *f*, Frontmauer *f* ‖ ~ **lateral** / Seitenfront *f* ‖ ~ **posterior** (constr. civil) / Hinterseite, -front *f*

facho *m* (petróleo) / Fackel *f*, Gasfackel *f*

facies *m* (geol) / Fazies *f*

fácil / leicht, nicht schwierig ‖ ~ **manejo** / leichte Handhabung

facilidade *f* / Leichtigkeit *f*

facilmente físsil / leicht spaltbar ‖ ~ **fluidificável** / leichtflüssig ‖ ~ **fusível** / leichtschmelzend ‖ ~ **(h) umectável** / leicht benetzbar ‖ ~ **inflamável** / zur Gefahrenklasse AI gehörig ‖ ~ **manobrável** (autom.) / wendig ‖ ~ **solúvel** / leichtlöslich, gut löslich

facóide (geol) / linsenförmig

fac-símile *m* (artes gráf.) / Faksimile *n*

factis *m* / Faktis *m*, Ölkautschuk *m*

facto *m* **experimental** / Erfahrungstatsache *f*

factor *m* / Faktor *m* (allg: maßgebliche Größe, Masch, Phys: Zahl mal Größe, Math: zu multiplizierende Größe) ‖ ~ **alcoólico** / Alkoholfaktor *m* ‖ ~ **biótico** / biotischer Faktor ‖ ~ **campo/forma** (electr.) / Feld-Formfaktor *m* (Verhältnis der mittleren zur höchsten Felddichte im Luftspalt) ‖ ~ **de adaptação** / Anpassungsfaktor *m* ‖ ~ **de amortecimento** (máq., tecnol.) / Dämpfungsfaktor *m* ‖ ~ **de amplitude** (electr.) / Scheitelfaktor *m* ‖ ~ **de atenuação** (telecom.) / Verlustkonstante *f*, spezifische Dämpfung [je Längeneinheit] ‖ ~ **de canalização** (técn. nucl.) / Kanalverlustfaktor *m* ‖ ~ **de carga** (electr.) / Belastungsfaktor *m*, Lastfaktor *m* ‖ ~ **de concentração de esforço** / Formzahl *f* (Dauerversuch) ‖ ~ **de contracção** (plást.) / Füllfaktor *m* ‖ ~ **de conversão** / Stromrichtgrad *m* ‖ ~ **de crista** (electr.) / Spitzenfaktor *m* ‖ ~ **de deflexão** (raio catód.) / Reziprokwert der Ablenkempfindlichkeit, Ablenkungsfaktor *m* ‖ ~ **de descontaminação** (técn. nucl.) / Dekontaminationsfaktor *m* ‖ ~ **de desmagnetização** / Entmagnetisierungsfaktor *m* ‖ ~ **de desvio** / Hubverhältnis *n*, Abstand *m* ‖ ~ **de dissipação** / Verlustfaktor *m*, -zahl *f*, tan δ ‖ ~ **de dopagem** / Dopefaktor, Dotierungsfaktor *m* ‖ ~ **de enriquecimento** (técn. nucl.) / Anreicherungsfaktor *m* ‖ ~ **de especificação** / Bestimmungsgröße *f* ‖ ~ **de expansão da banda** (telecom.) / Banddehnungsfaktor *m* ‖ ~ **de fissão rápida** (técn. nucl.) / Schnellspaltfaktor *m* ‖ ~ **de fissão térmica** / Spaltfaktor *m*, thermische Spaltneutronenausbeute ‖ ~ **de forma** (electr.) / Formzahl *f* ‖ ~ **de forma** (electr., máq., tecnol.) / Formfaktor *m* ‖ ~ **de forma** (madeira) / Form *f*, Formzahl *f* ‖ ~ **de forma de partícula** (sinter.) / Formfaktor *m* ‖ ~ **de influência** / Einflußgröße *f* ‖ ~ **de integração** / Integrationsbeiwert *m* ‖ ~ **de interferência telefónica** / Fernsprechfaktor *m* ‖ ~ **de iteração** (informática) / Wiederholungsfaktor *m* ‖ ~ **de luminância** / Remissionsgrad *m* ‖ ~ **de mérito** (electrón.) / Güteziffer *f* ‖ ~ **de multiplicação** (técn. nucl.) / Verstärkungsfaktor *m* ‖ ~ **de penetração da grelha**, fator de penetração da grade (electrón.) / Gitterdurchgriff *m* ‖ ~ **de perda dieléctrica** / Verlustfaktor *m*, -zahl *f*, tan δ ‖ ~ **de potência** / Leistungsfaktor *m* ‖ ~ **de potência** (electr.) / Kosinus φ *m* ‖ ~ **de potência inverso** / Leistungsfaktorkehrwert *m* ‖ ~ **de protecção contra a precipitação radioactiva** (técn. nucl.) / Strahlungsschutzwert *m* ‖ ~ **de pureza colorimétrica** / spektrale Farbdichte ‖ ~ **de pureza colorimétrica** (tv) / Farbdichte *f* ‖ ~ **de pureza de excitação** (tv) / spektraler Farbanteil ‖ ~ **de qualidade** (electrón.) / Gütefaktor *m*, Q-Faktor *m*, Qualitätsfaktor *m*, Güte *f* (Produkt aus Leistungsgewinn u. Bandbreite) ‖ ~ **de qualidade** (cristalogrf.) / Parallelgüte *f* ‖ ~ **de qualidade** (antena) / Kreisgüte *f* ‖ ~ **de qualidade de vibração** (máq., tecnol.) / Schwinggüte *f* ‖ ~ **de redução de ruído** / Schwächungsfaktor *m* ‖ ~ **de reflectância luminosa** / Lichtremissionsgrad *m* (DIN) ‖ ~ **de rendimento** / Leistungsfaktor *m* ‖ ~ **de transmissão acústica** / Schalldurchlaßgrad, -transmissionsgrad *m* ‖ ~ **do filtro** / Filterfaktor *m*

|| ~ **eta** (técn. nucl.) / Etafaktor *m* || ~ **forma** / Querschnittsformbeiwert *m* || ~ **geométrico** [ao ponto primitivo] / Flankenformfaktor *m* || ~ **geométrico em relação às contraentes de flancos** / Flankenformfaktor *m* für Flankenbeanspruchung || ~ **integrante** / Integrationsbeiwert *m* || ~ **limite** (aeronáut.) / Bruchfaktor *m* || ~ **lógico** (informática) / boolescher Faktor || ~ **mínimo de aquecimento crítico** / Durchbrennsicherheit *f* || ~ **operacional** (electr.) / Einschaltdauer *f*, ED || ~ **Q** (antena) / Kreisgüte *f* || ~ **reactivo** (electr.) / Blindleistungsfaktor *m*

factorial *m* (matem.) / Faktorielle *f* || ~ *adj* / faktoriell

factorização *f* (matem.) / Faktorisierung *f*

factorizável (matem.) / faktorisierbar, in Faktoren zerlegbar

factura *f* **de serviços de telecomunicação** / Fernmelderechnung *f*

facturação *f* / Fakturierung *f*

fácula *f* / Fackelfeld *n* (Sonne)

faculdade *f* **de ser substituível** (química) / Ersetzbarkeit *f* || ~ **visual** / Sehkraft *f*, -vermögen *n*, -kraft *f*

facultativo / wahlweise

fadeómetro *m* / Farbfestigkeitsprüfer *m*, Fadeometer *n*

fadiga *f* (máq., tecnol.) / Ermüdung *f* || **de elevada resistência à** ~ / hochdauerfest || ~ **auditiva** / Gehörermüdung *f* || ~ **da substância luminescente** / Ermüdung *f* || ~ **devida à corrosão** / Korrosionsermüdung *f* || ~ **devida a flexões repetidas ou alternadas** / Dauerbiegeermüdung *f* || ~ **elástica** / elastische Ermüdung

fading *m* (electrón., rádio) / Fading *n*, Schwinden *n*, Schwunderscheinung *f*, Schwund *m* || ~ **de interferência** (radar) / Interferenzschwund *m* || ~ **prolongado** / Langzeitfading *n*

faia *f* / Buche *f* || ~ **branca** / Weißbuche, Hain-, Hagebuche *f* || ~ **comum** / Rotbuche *f*, Gemeine Buche

faialita *f* (mineralog.) / Fayalit *m*

faiança *f* / Steingut *n*, -geschirr *n*, -zeug *n*, Fayence *f* || ~ **fina** / Hartsteingut *n*

faísca *f* / Funke *m* || ~ **amortecida** / Löschfunke *m* || ~ **de abertura** / Öffnungsfunke[n] *m* || ~ **de ignição** / Zündfunke *m* || ~ **de interrupção** (electr.) / Abschaltfunke[n] *m* || ~ **de ruptura** / Öffnungsfunke[n] *m* || ~ **soprada** / Löschfunke *m*

faiscamento *m* **do comutador** / Bürstenfeuer *n*

faiscar / funken, Funken sprühen

faixa *f* (electrón.) / Wellenkanal *m*, Bereich *m*, Band *n* || **de ~ estreita** (electrón.) / schmalbandig || ~ **de aterragem**, faixa *f* de aterrissagem (aeronáut.) / Landestreifen *m*, Landepfad *m* || ~ **de frequência** / Frequenzband *n* || ~ **de fundo de jante** (autom.) / Felgenband *n* || ~ **de interferências** / Interferenzstreifen *m* || ~ **de luz** / Lichtstreifen *m* || ~ **de ondas** (electrón.) / Wellenbereich *m* || ~ **de paragem de emergência** (constr. rodov.) / Standspur *f* || ~ **de pouso** (aeronáut.) / Landepfad *m*, Landestreifen *m* || ~ **de protecção** (constr. rodov.) / Schutzstreifen *m* || ~ **de rodagem** (constr. rodov.) / Fahrbahn *f* || ~ **de rolamento do pneu** / Reifenlauffläche *f* || ~ **diagonal** / Querstreifen *m* || ~ **estreita** (electrón.) / schmales Band *n* (< 300 kHz) || ~ **larga** (electrón.) / Breitband *n* || ~ **lateral** (electrón., tv) / Seitenband *n* || ~ **lateral inferior** (tv) / unteres Seitenband || ~ **luminosa** / Leuchtband *n* || ~ **Q** / Q-Band *n*

falena *m* (zool.) / Falter *m* || ~ *f* **hienal** / Frostspanner *m*

falésia *f* / Klippe *f*, steile Felswand

falha *f* / Fehler *m* || ~ / Defekt *m*, Fehler *m*, Versagen *n* || ~ / Versagen *n*, Ausfall *m* || ~ (informática) / Stillstand *m*, Ausfall *m* || ~ (geol) / Sprung, Bruch *m* || ~ (madeira) / Fehlkante *f* || ~ (geol) / Graben *m* || **à prova de ~s** / folgeschadensicher || **com** ~ / defekt || **não atreito a ~s** / ausfallsicher || **sem ~s** / lückenlos || ~ **da ferramenta** (máq. ferram.) / Erliegen *n* || ~ **da tensão de rede** (electr.) / Netzausfall *m* || ~ **de corrente** (electr.) / Stromausfall *m* || ~ **de funcionamento** / Funktionsstörung *f* || ~ **de ignição** (mot.) / Aussetzer *m*, Zündungsaussetzer *m*, Fehlzündung *f* || ~ **de tensão** (electr.) / Spannungsausfall *m* || ~ **de terra** (telecom.) / Erdfehler *m* || ~ **do sinal** (electrón.) / Signalausfall *m* || ~ **no elemento combustível** (técn. nucl.) / Brennelementleck *n* || ~ **no isolamento** / Isolationsfehler *m* || ~ **no tecido** / Webfehler *m* || ~ **operacional** / Betriebsausfall *m*, Störung *f*

falhar / ausfallen, versagen, wegbleiben (Strom) || ~ (mot.) / aussetzen *vi*

falhas *f pl* **precoces** (informática) / Frühausfälle *m pl*

falore *m* / Fahlerz *n*

falsa *f* **abóbada** / Scheingewölbe *n* || ~ **esquadria** (carpint.) / Scherzapfen *m* (offene Zapfen- und Schlitzverbindung)

falsificação *f* / Fälschung *f*

falsificar (geral, química) / fälschen

falso, incorrecto / falsch || ~, simulado (constr. civil) / blind, falsch || ~, postiço / künstlich || **~-soalho** *m* (constr. civil) / Blendboden *m* || ~ **topázio** / Topasfluß *m* || ~ **topázio** (mineralog.) / Citrin *m*

falta, em ~ / fehlend || ~ *f* **de ar** / Luftmangel *m* || ~ **de contraste** (técn. fotogr.) / Flachheit *f*, Kontrastmangel *m* || ~ **de corrente** (electr.) / Stromausfall *m* || ~ **de nitidez** (técn. fotogr.) / Unschärfe *f* || ~ **de peso** / Untergewicht *n*, Fehlgewicht *n*, Mindergewicht *n*, Gewichtsabgang *m* || ~ **de saturação** / Untersättigung *f*

falunite *f* (mineralog.) / Falunit *m*

famatinita *f* (mineralog.) / Famatinit *m*

família *f* (zool.) / Klasse *f* || ~ **de curvas** (matem.) / Kurvenschar *f* || ~ **de gases** / Gasfamilie *f*

familiarizar-se / sich einarbeiten

farad *m* (electr.) / Farad *n*

faraday *m* (química, electr.) / Faraday *n*

farádio *m* (electr.) / Farad *n*

faradização *f* / Faradisation *f*

fardo *m* / Ballen, Packen *m*, Gebund *n*, Bündel *n* || ~ **de algodão** / Baumwollballen *m* || ~ **de fazenda** / Stoffballen *m* || ~ **de feno** / Bund *n* Stroh o. Heu

farelo *m* / Kleie *f*

farináceo / mehlig, mehlhaltig

farinha *f* / Mehl *n* || ~ **de carne** / Fleischmehl *n* || ~ **de madeira** / Holzmehl *n*, Holzfüller *m* || ~ **de malte** / Darrstaub *m* (trockene Malzkeime) || ~ **de peixe** / Fischmehl *n* || ~ **fina** / Weißmehl *n* || **~-fóssil** *f* / Infusorienerde *f*

farinhento / mehlig, mehlartig

farmácia *f* / Pharmazie *f*, Arzneimittellehre *f*

farmacologia *f* / Arzneimittellehre, Pharmakologie *f*

farmacopeia *f*, farmacopeia *f* / Pharmakopöe *f*

faróis *m pl* **de posicionamento** (aeronáut.) / Lichter *n pl*

farol *m* (naveg.) / Leuchtturm *m*, Leuchtfeuer *n* || ~ (autom.) / Scheinwerfer *m* || ~ **de aeroporto** / Flughafen-Leuchtfeuer *n* || ~ **de feixe largo** (autom.) / Breitstrahler *m* || ~ **[de lâmpada] de halogéneo** (autom.) / Halogenscheinwerfer *m* || ~ **de nevoeiro** (autom.) / Nebelscheinwerfer *m* || ~ **rotativo** (aeronáut.) / Drehfeuer *n* || ~ **traseiro de nevoeiro** (autom.) / Nebelrückscheinwerfer *m*

farolim *m* **combinado de posição e frenação** (autom.)

/ Bremsschlußleuchte *f* ‖ ~ **de posicionamento traseiro** (autom.) / Schlußleuchte *f* ‖ ~ **de travagem** (autom.) / Bremsleuchte *f* ‖ ~ **lateral** (autom.) / Seitenleuchte *f*

farpa *f* **de madeira** / Holzsplitter *m*

farrapo *m* / Lumpen *m*

fascículo *m* (artes gráf.) / Heft *n*

fase *f* (técn. ferrov., electr.) / Phase *f* ‖ ~ / Stadium *n*, Stand *m* ‖ ~ (org. industr.) / Gang *m*, Operation *f* ‖ **da mesma** ~ / gleichphasig ‖ **em** ~ / Gleichtakt..., richtigphasig ‖ **em oposição de** ~ / gegenphasig ‖ **estar em** ~ / in gleicher Phase sein, in Phase übereinstimmen ‖ **estar em retardamento de** ~ / in Phase nacheilen ‖ **estar na** ~ **oposta** / in entgegengesetzter Phase [sein], entgegengesetzte Phase haben ‖ ~ **de construção** / Bauabschnitt *m* ‖ ~ **de dilatação** / Dehnungsstufe *f* ‖ ~ **de estudos e plane(j)amento** (org. industr.) / Entwicklungs- und Produktionsplanungsphase *f* ‖ ~ **de execução** / Ausführungsphase *f* ‖ ~ **de inibição** / Inhibitionsphase *f* ‖ ~ **de operação** / Arbeitsgang *m* in der Herstellung, Bearbeitungsgang *m* ‖ ~ **de vapor** / Dampfphase *f* ‖ ~ **dispersa** (química) / disperse Phase ‖ ~ **gasosa** / Gasphase *f* ‖ ~ **limite sólido-líquido** (siderurg.) / Erstarrungsfront *f*, Fest-Flüssig-Trennfläche *f* ‖ ~ **líquida** (química) / flüssige Phase, Flüssigphase *f* ‖ ~ **líquida e gasosa** / Flüssig-Gasphase *f* ‖ ~ **líquida e sólida** (uma em presença da outra) / Feststoff-Flüssigkeitsphase *f* ‖ ~ **mesomórfica** (cristalogrf.) / Flüssigkristallphase *f* ‖ ~ **oposta** / Gegenphase *f* ‖ ~ **para peões**, fase *f* para pedestres (trânsito) / Fußgängerphase *f* ‖ ~ **principal** (electr.) / Hauptphase *f* ‖ ~ **sólida** / Feststoff-Phase *f* ‖ ~ **sólida e gasosa** / Feststoff-Gasphase *f* ‖ ~ **verde** (trânsito) / Grünphase *f*

fases *f pl* **de ebulição** / Siedeverlauf *m*

fasímetro *m* (electr.) / Phasenmesser *m*

fasquia *f* (constr. civil) / Leiste *f*

fatigado (mancal) / ausgelaufen

fatigar / ermüden

fato *m* **anti-g**, roupa *f* anti-g (aeronáut., astronáut.) / Druckanzug *m*, Anti-g Anzug *m* ‖ ~ **espacial** (astronáut.) / Raumanzug *m* ‖ ~**-macaco** *m* / Arbeitsanzug *m*

fator *m* vide factor

faúlhas *f pl* / Flugfeuer *n*

fauna *f* **pelágica** / Hochseefauna *f*

favo *m* (agricult.) / Honigwabe *f*, Wabe *f* ‖ ~ **de mel** / Bienenwabe *f*

faxina *f* (hidrául.) / Faschine *f*

fazer a decocção (química) / auskochen, absieden ‖ ~ **a desembraiagem dupla**, fazer a desembreagem dupla / Zwischengas geben ‖ ~ **briquetes** / brikettieren ‖ ~ **carvão de madeira** / Holzkohle brennen ‖ ~ **cava** / kröpfen ‖ ~ **circular** / umwälzen *vt* ‖ ~ **cópias** / kopieren ‖ ~ **cortaduras** (constr. civil) / bepicken, aufhauen ‖ ~ **encaixes** (carpint.) / einzapfen ‖ ~ **entrar no dique ou na doca** / docken ‖ ~ **escala** / zwischenlanden, anlaufen ‖ ~ **explodir** / absprengen, [durch Sprengmittel] explodieren lassen, sprengen ‖ ~ **ferver** / sieden *vt*, kochen *vt*, abkochen, auskochen, absieden ‖ ~ **flutuar** (madeira) / triften ‖ ~ **fogo** (armamento) / feuern ‖ ~ **levantamento topográfico** (agrimen.) / vermessen, aufnehmen ‖ ~ **malha** / stricken, wirken ‖ ~ **o acabamento do perfil** / formschlichten ‖ ~ **o primeiro corte** / vorschneiden ‖ ~ **o provisionamento** / den Bedarf decken ‖ ~ **o shimmy** (autom.) / flattern ‖ ~ **oscilar** / in Schwingungen versetzen, in schwingende Bewegung versetzen ‖ ~ **parar** / stoppen *vt*, anhalten *vt* ‖ ~ **pendant** [com] / das Gegenstück bilden ‖ ~ **perigar** / beeinträchtigen, gefährden ‖ ~ **pontaria** (armamento) / anvisieren, zielen [auf] ‖ ~ **ponte** (electr.) / überbrücken ‖ ~ **presa** / abbinden *vi* (Zement), anziehen ‖ ~ **rebentar** / zersprengen *vt* ‖ ~ **ricochete** (armamento) / abprallen ‖ ~ **sabão** / Seife sieden ‖ ~ **saltar** / absprengen, [durch Sprengmittel] explodieren lassen, sprengen ‖ ~ **saltar** (expl. minas) / schießen ‖ ~ **saltar os fusíveis** / die Sicherungen auslösen ‖ ~ **um croquis** / skizzieren ‖ ~ **um muro** / eine Mauer ziehen ‖ ~ **uma incisão** / ritzen, einschneiden ‖ ~ **uma leitura** (física) / ablesen, eine Ablesung vornehmen ‖ ~ **uma prega** (máq. cost.) / einschlagen ‖ ~ **uma sondagem preliminar** (expl. minas) / vorbohren ‖ ~ **vibrar** / in Schwingungen versetzen, in schwingende Bewegung versetzen

f.c.e.m. (electr.) / gegenelektromotorische Kraft, Gegen-EMK *f*

fechado / gesperrt ‖ ~ / abgeschlossen ‖ ~ (electr., matem., mecân.) / geschlossen ‖ ~ (acumul.) / gasdicht ‖ ~ (técn. ferrov.) / anliegend (Weichenzunge) ‖ ~ **à chave** / verschlossen

"fechado" / „Zu" (Schließstellung)

fechadura *f* / Schloß *n*, Verschluß *m* ‖ ~ **anti-roubo para bicicleta** / Fahrradschloß *n* ‖ ~ **de bloqueio da direcção** / Lenkschloß *n* ‖ ~ **de cilindro** / Zylinderschloß *n* ‖ ~ **de duas voltas** / zweimal schließendes, zweitouriges Schloß ‖ ~ **de embutir** / Einstemmschloß *n*, Blindschloß *n*, Einsteckschloß *n* ‖ ~ **de meia-volta** / Halbtourschloß *n* ‖ ~ **de mola** / Schnappschloß *n* (z.B. für Kofferdeckel), Federschloß *n* ‖ ~ **de segredo** / Geheimschloß *n*, Kombinationsschloß *n* ‖ ~ **de segurança** / Sicherheitsschloß *n* ‖ ~ **de trinco** / Springschloß *n*, Fallenschloß *n* ‖ ~ **embutida** / Einsenkschloß *n*

fechar [à chave] / schließen, ein-, ab-, ver-, zuschließen ‖ ~ (torneira) / abdrehen ‖ ~ (mola) / schnappen ‖ ~ **à chave** / zuschließen ‖ ~ **a forma**, fechar a fôrma (artes gráf.) / die Form schließen, Formschließen *n* ‖ ~ **apertando** / zudrücken ‖ ~ **com batoque** / verspunden ‖ ~ **com pregos** / vernageln, zunageln ‖ ~ **girando** / zudrehen ‖ ~ **hermeticamente** / luftdicht machen ‖ ~ **hermeticamente** [por fusão] / zuschmelzen ‖ ~ **mediante soldadura** / zulöten, verlöten ‖ ~ **o vapor** / den Dampf absperren ‖ ~ **rodando** / zudrehen

fechável / verschließbar

fecho *m* / Verschluß *m* ‖ ~ / Riegel *m* ‖ **de** ~ **automático** / selbstschließend ‖ **de** ~ **hermético** / dichtschließend ‖ ~ **da capota** (autom.) / Haubenverschluß *m* ‖ ~ **de admissão** (mot.) / Förderende *n* ‖ ~ **de alavanca** / Hebelverschluß *m* (für Flaschen) ‖ ~ **de baioneta** / Bajonettverschluß *m* ‖ ~ **de correr** (serralhar.) / Schubriegel *m* ‖ ~ **de cunha** (artes gráf.) / Keilverschluß *m* ‖ ~ **de dobradiça** / Klappenverschluß *m* ‖ ~ **de gancho** / Hakenschloß *n* ‖ ~ **de janela** / Fensterriegel *m* ‖ ~ **de mola** / Patentverschluß *m* ‖ ~ **de segurança** / Sicherheitsverschluß *m* ‖ ~ **de tampa** / Deckelverschluß *m*, -verriegelung *f* ‖ ~ **do molde** / Formschluß *m* ‖ ~ **do passo** (tecel.) / Fachschluß *m* ‖ ~ **do poço** / Schachtsperre *f* ‖ ~ **duplo** (serralhar.) / Doppelriegel *m* ‖ ~ **éclair** / Reißverschluß *m* ‖ ~ **excêntrico** / Exzenterverschluß *m* ‖ ~ **hidráulico** (sold) / Wasserverschluß *m*

fécula *f* **de batata** / Kartoffelmehl *n*, -stärkemehl *n*, Kartoffelstärke *f*

feder / stinken

fedor *m* / übler o. schlechter Geruch

feito [de] / bestehend [aus] ‖ ~ **por encomenda** / auf Bestellung angefertigt

feitura *f* (têxtil) / Aufmachung *f*

feixe *m* / Bündel *n* ‖ ~ / Büschel *n* ‖ ~ (tv) / Strahl *m* ‖ ~ (agricult.) / Garbe *f* ‖ ~ / Gebund *n* ‖ **de ~ transversal** (electrón.) / Querstrahl... ‖ **de ~ único** (electrón.) / Einstrahl... ‖ **de dois ~s** / Zweistrahl... ‖ **em ~** (raios) / gebündelt, gerichtet ‖ ~ **atómico** / Atomstrahl *m* ‖ ~ **de cabos** / Kabelsatz *m*, -bündel *n* ‖ ~ **de círculos** / Kreisbüschel *n* ‖ ~ **de comando** (aeronáut.) / Leitstrahl *m* ‖ ~ **de electrões ou elétrons** / Elektronenstrahl *m*, Elektronenbündel *n* ‖ ~ **de elementos combustíveis** (técn. nucl.) / Brennelementenbündel *n* ‖ ~ **de estratos** / Flözgruppe *f*, -zug *m* ‖ ~ **de exploração** (tv) / Abtaststrahl *m* ‖ ~ **de faíscas** / Funkengarbe *f* ‖ ~ **de fibras** (algodão) / Faserbündel *n*, -büschel *n* ‖ ~ **de linhas** (telecom.) / Leitungsbündel *n* ‖ ~ **de linhas** (matem.) / Linienbüschel *n* ‖ ~ **de luz** / Lichtbündel *n* ‖ ~ **de molas** / Blattfeder *f* ‖ ~ **de objecto** (laser) / Gegenstandsstrahl *m*, Objektstrahl *m* ‖ ~ **de ondas electromagnéticas** (electrón.) / Richtstrahl *m* ‖ ~ **de referência** (laser) / Vergleichsstrahl *m*, Referenzstrahl *m* ‖ ~ **de três condutores** / Dreierbündel *n* ‖ ~ **de tubos** / Rohrbündel *n* ‖ ~ **electrónico com gás concentrado**, feixe *m* electrónico com gás concentrado / Fadenstrahl *m* ‖ ~ **iónico** / Ionenstrahlung *f* ‖ ~ **luminoso** / Strahlenbündel *n*, Lichtstrahlenbündel *n*, Lichtbündel *n* ‖ ~ **radioeléctrico** (aeronáut.) / Funkleitstrahl *m*

feldspático / feldspathaltig

feldspato *m* / Feldspat *m* ‖ ~ **compacto** / dichter Feldspat ‖ ~ **comum** / gemeiner Feldspat ‖ ~ **potássico** (mineralog.) / Kalifeldspat, Orthoklas *m* ‖ ~ **vítreo** / Eisspat *m*

felpa *f* **de algodão** / Baumwollplüsch *m*

felpar / frottieren

felpudo / flaumig

felsite *f* (mineralog.) / Felsit *m*

feltrabilidade *f* / Krimpfähigkeit *f*

feltrado / filzig, filzartig

feltragem *f* / Filzen *n*, Filzarbeit *f*

feltrante / filzbildend

feltrar / verfilzen, filzen

feltrável / filzfähig

feltro *m* / Filz *m* ‖ **com a aparência de ~** / filzartig ‖ ~ **asfaltado** / Asphaltfilz *m* ‖ ~ **comprimido** / Preßfilz *m* ‖ ~ **de lã** / Wollfilz *m* ‖ ~ **de pêlo** / Haarfilz *m* ‖ ~ **gordo** / Schweißfilz *m* ‖ ~ **lubrificador** / Ölfilz *m* ‖ ~ **lubrificante** / Schmierfilz *m* ‖ ~**-pergamóide** *m* / Steinfilz *m* ‖ ~ **secador** (papel) / Trockenfilz *m* ‖ ~ **tufting** / Nadelfilz *m*

femto / Femto..., 10^{-15} (von Schwedisch femton = 15)

fenacetina *f* (química) / Phenacetin *n*

fenda *f* / Schlitz *m*, Spalt *m*, Spalte *f*, Riß *m* ‖ ~ (geol) / Kluft *f*, Spalte *f* ‖ ~ (óptica) / Spalt *m* ‖ **com ~ no cerne** / kernrissig ‖ ~ **aberta por dobra** (siderurg.) / Faltungsriß *m* ‖ ~ **anular** / Ringkluft *f* ‖ ~ **capilar** (máq., tecnol.) / Haarriß *m* ‖ ~ **causada pelo gelo** / Eiskluft *f* ‖ ~ **de corte a gás** (sold) / Brennschnittspalt *m* ‖ ~ **de dilatação** / Dehnungsriß *m* ‖ ~ **de guia** / Führungsschlitz *m* ‖ ~ **de luz** / Lichtspalt *m* ‖ ~ **de parafuso** / Schraubenschlitz *m* ‖ ~ **de têmpera** (siderurg.) / Härteriß *m* ‖ ~ **de ventilação** / Entlüftungsschlitz *m* ‖ ~ **devida à contracção** / Schwindriß *m* ‖ ~ **devida à tensão** (geral) / Spannungsriß *m* ‖ ~ **do anel de segmento** / Kolbenringspalt *m* ‖ ~ **do cerne** / Kernriß *m* ‖ ~ **do filão** (expl. minas) / Gangspalte, Kluft *f* ‖ ~ **em cruz** / Kreuzschlitz *m* ‖ ~ **interna** / Innenriß *m* ‖ ~ **interna anular** / Kernschäle, Ringschäle *f* ‖ ~ **longitudinal do material** / Längsriß *m* im Werkstoff ‖ ~ **natural** (madeira) / Luftriß *m* ‖ ~ **no dique** / Lücke *f* im Deich ‖ ~ **por fadiga** / Ermüdungsanriß *m* ‖ ~ **provocada pelo gelo** / Frostriß *m* ‖ ~ **provocada pelo sol** / Lichtriß *m* ‖ ~ **radial** (madeira) / Sternriß *m*, Strahlenriß *m* ‖ ~ **superficial** / Anbruch *m*, Oberflächenriß *m*, Anriß *m* ‖ ~ **transversal** (expl. minas, geol) / Querriß *m* ‖ ~ **transversal de face** / Flächenquerriß *m*

fendar / spalten, ab-, aufspalten

fender / einschlitzen, sich spalten, spleißen *vi*, reißen, schlitzen, aufschlitzen ‖ ~**-se** / sich spalten ‖ ~ **ao meio** / durchspalten ‖ ~ **com a serra** / einsägen

fendido / gesprungen, voller Risse, gerissen, gespalten, geschlitzt, rissig ‖ ~ **ao comprido** / langrissig

fendimento *m* / Rißbildung *f*

fenestragem *f* (constr. civil) / Fensteranordnung *f*

fenilamina *f* / Phenylamin *n*

fenilo *m* / Phenyl *n*

feno *m* (agricult.) / Heu *n*

fenol *m* / Phenol *n*, Karbolsäure *f*

fenolato *m* **potássico** / Phenolkalium *n*

fenolftaleína *f* / Phenolphthalein *n*

fenólico / Phenol...

fenómeno *m* / Erscheinung *f*, Phänomen *n* ‖ ~ [**natural**] / Naturerscheinung *f* ‖ ~ **de coloração** / Farberscheinung *f* ‖ ~ **de interferência** / Interferenzerscheinung *f* ‖ ~ **luminoso** / Leuchterscheinung *f*, Lichterscheinung *f* ‖ ~ **transitório** (telecom.) / Einschwingvorgang *m*, Einschwingen *n*

fenómenos *m pl* **de instabilidade** / Instabilitätserscheinungen *f pl* ‖ ~ **de oscilação** / Schwingungserscheinungen *f pl*

fenótipo *m* (biol.) / Erscheinungsform *f* (umweltbedingt)

fermentação *f*, processo *m* de fermentação / Gären *n*, Gärverfahren *n*, -vorgang *m*, -prozeß *m* ‖ ~ (química) / Gärung *f* ‖ ~ (indústr. cervej.) / Anstellen *n*, Fermentation *f* ‖ **alta ~** / Obergärung *f* ‖ **de ~** / Gärungs... ‖ **de alta ~** / obergärig ‖ **de baixa ~** / untergärig ‖ ~ **acética** / Essiggärung *f* ‖ ~ **alcoólica** / Alkoholgärung *f* ‖ ~ **butírica** / Buttersäuregärung *f* ‖ ~ **da levedura** / Hefetrieb *m*, -gärung *f* ‖ ~ **do solo** (agricult.) / Bodengare *f* ‖ ~ **em barril** / Faßgärung *f* ‖ ~ **em cubas**, fermentação *f* em tinas / Bottichgärung *f* ‖ ~ **láctica** / Milchsäuregärung *f* ‖ ~ **pútrida** / faulende Gärung, Fäulnisgärung *f* ‖ ~ **secundária** / Nachgärung *f* ‖ ~ **sedimentária** / Kräusengärung *f* ‖ ~ **sob pressão** / Druckgärung *f* ‖ ~ **viscosa** / Schleimgärung *f* ‖ ~ **viva** / Schnellgärung *f*

fermentado / fermentiert ‖ **não ~** / ungegoren

fermentar (massas) / vergären, treiben, gehen ‖ ~ (química) / arbeiten, gären ‖ ~ (indústr. cervej.) / anstellen, ausgären, gären *vi* ‖ ~ (cerâm.) / faulen

fermentativo / fermentativ, Gärungs..., gärend machend

fermentável / Gärungs..., gärbar, gärfähig, gärungsfähig

fermentescível / gärungsfähig

fermento *m* / Gärungsmittel *n*, Gär[ungs]stoff *m*, Ferment *n*, Treibmittel *n*, Hefe *f*, Gärungserreger *m*, Gärmittel *n* ‖ ~ **acetoso** / Essigmutter *f*, -ferment *n* ‖ ~ **respiratório** / Atmungsferment *n*

férmio *m*, Fm / Fermium *n* (OZ = 100), Fm

férmion *m* (física) / Fermion *n*

ferradura *f* (geral) / Hufeisen *n*

ferragem *f* (lamin.) / Einbaustück *n* ‖ ~ **para portas** (constr. civil) / Türbeschlag *m*

ferragens *f pl* (constr. civil) / Beschlagteile *n pl m pl*, Beschläge *m pl*, Eisenwaren *f pl* ‖ ~ **de janela** / Fensterbeschläge *m pl* ‖ ~ **miúdas** / Kleineisen *n*

ferramenta *f* / Werkzeug *n* ‖ ~ **activa** (comando

numér.) / wirksames Werkzeug || ~ **circular de perfilar** (máq. ferram.) / Formscheibenmeißel *m* || ~ **com ponta de carboneto de metal duro** (máq. ferram.) / hartmetallbestückter Meißel || ~ **de abrir entalhes** (cerâm.) / Strukturzerstörer *m* || ~ **de abrir roscas** (máq., tecnol.) / Gewindeschneider *m* || ~ **de aperto** / Spann[werk]zeug, Ein-, Aufspannwerkzeug *n* || ~ **de chamejar tubos** / Bördelgerät *n* für Rohre || ~ **de corte** / Schneidstahl *m*, Schneidwerkzeug *n* || ~ **de corte rápido** / Schnelldrehmeißel *m* || ~ **de corte sucessivo** (estamp.) / Folgeschnitt *m*, -werkzeug *n* || ~ **de embutir** / Drückstahl *m* || ~ **de entalhar** (máq. ferram.) / Stoßstahl *m* || ~ **de formar** / Formwerkzeug *n* || ~ **de formar e cortar** (ferram.) / Formschnitt *m* || ~ **de frequência elevada** (electr.) / Schnellfrequenzwerkzeug *n* (z.B. 200 o. 360 Hz) || ~ **de fresar** / Fräswerkzeug *n* || ~ **de maquinagem** / spanendes Werkzeug || ~ **de moldar** / Formwerkzeug *n* || ~ **de percussão** / Schlagwerkzeug *n* || ~ **de perfilar** (torno) / Formmeißel *m* || ~ *m* **de perfuração** (máq. ferram.) / Ausdrehmeißel *m* || ~ *f* **de serilhar** / Rändelrad *n*, -werkzeug *n* || ~ **de tornear** (torno) / Drehmeißel, -stahl *m*, Stichel *m* || ~ **de tornear cantos internos** / Innen-Eckdrehmeißel *m* || ~ **de tornear faces internas** (torno) / Innendrehmeißel *m* || ~ **de torno** / Drehzahn *m*, Einsatzmeißel *m* || ~ **de uma só ponta** / Einstahlwerkzeug *n* || ~ **de usinagem** / spanendes Werkzeug || ~ **em forma de pente** (máq. ferram.) / Kammstahl *m* || ~ **múltipla** / Vielstahlwerkzeug *n* || ~ **para dobrar** / Biegeeisen *n* || ~ **para estampar e puncionar** (geral) / Stanzwerkzeug *n* || ~ **para furar** (máq. ferram.) / Bohrgerät *n* || ~ **para juntas** / Fugenwerkzeug *n* || ~ **para puncionar** (estamp.) / Lochwerkzeug *n* || ~ **para rectificar** / Abziehwerkzeug *n* (für Schleifscheiben) || ~ **para tornear** (torno) / Aufbauwerkzeug *n* || ~ **pontiaguda** (torno) / Spitzmeißel *m*

ferramentas *f pl* **de bordo** (autom.) / Bordwerkzeuge *n pl* || ~ **de mineiro** (expl. minas) / Gezäh[e] *n*, Grubengezähe *n* || ~ **[profissionais]** / Handwerkszeug *n*

ferramenteiro *m* / Werkzeugmacher *m*

ferrar / anschuhen

ferrato *m* (química) / Ferrat *n*

ferreiro *m* / Schmied *m*, Hammerschmied *m*

ferrete *m* / Brandeisen *n*

ferri... / Ferri..., Eisen(III)-...

ferricianeto *m* / Eisen(III)-cyanid, Ferricyanid *n* || ~ **de ferro** / Ferroferricyanid, Turnbulls Blau *n* || ~ **de potássio** / Ferricyankalium *n*, rotes Blutlaugensalz

férrico / Eisen(III)-..., Ferri...

ferrífero / eisenhaltig, -führend || ~ (expl. minas) / eisenschüssig

ferrimagnetismo *m* / Ferrimagnetismus *m*

ferrimolibdita *f* (mineralog.) / Ferrimolybdit *m*

ferrita *m* (química) / Ferrit *n* || ~ (metal) / Ferrit *m* || ~ *f* **dura** / hartmagnetischer Ferrit

ferrítico / ferritisch

ferritina *f* / Ferritin *n* (eisenhaltiges Protein)

ferro *m*, Fe / Eisen *n*, Fe || ~... (química) / Ferro..., Eisen(II)-... || **de** ~ / eisern || **de** ~ **forjado** / schmiedeeisern || **de** ~ **fundido** / gußeisern || **de** ~ **móvel** (instr.) / Dreheisen... || **de** ~ **móvel** / Freischwinger... || **que dispensa o** ~ (têxtil) / pflegeleicht, bügelfrei || **que só necessita de breve passagem a** ~ / bügelarm || ~ **afinado** / Frischeisen *n* || ~ **alfa** / Alphaeisen *n* || ~ **amoniacal** / Eisenammoniak *m* || ~ **angular** / Winkelstahl *m*, Winkelprofil *n* || ~ **Armco** / Armcoeisen *n* || ~ **beta** / Beta-Eisen *n* || ~ **carbonado litóide** / Kohleneisenstein *m* || ~ **carburado** (siderurg.) / Kohlenstoffeisen *n*, gekohltes Eisen || ~**-colúmbio** *m* / Columbiteisen *n* || ~**-coque** *m* (siderurg.) / Eisenkoks *m* || ~ **de alisar** / Glätteisen *n* || ~ **de engomar** / Bügeleisen *n*, Plätteisen *n* || ~ **de grão fino** / Feinkorneisen *n* || ~ **de luva** / Keilklaue *f*, Steinwolf *m* || ~ **de marcar** / Brenneisen *n* || ~ **de passar** / Bügeleisen *n* || ~ **de plaina** / Hobelbankeisen *n* || ~ **de plaina em forma de pente** (máq. ferram.) / Hobelkamm, Kammstahl *m* || ~ **de soldar** / Lötkolben *m* || ~ **de soldar com cabeça quadrada** / Hammerlötkolben *m* || ~ **de soldar de ponta** / Spitzkolben *m* || ~ **de suspensão** / Hängeeisen *n* || ~ **de tupia** / Fräsmesser *n* || ~ **delta** / Delta-Eisen, δ-Eisen *n* || ~ **doce** / Weicheisen *n*, Flußeisen *n* || ~ **em L** / Eckeisen *n*, Winkelprofil *n*, Winkelstahl *m*, L-Eisen *n* || ~ **em T com verdugo** / Flanschwulsteisen *n* || ~ **espático** / Spateisenstein *m*, [Sphäro]siderit *m* || ~ **especular** / [eigentlicher] Eisenglanz (metallisch glänzender Hämatit), Eisenspiegel *m*, Spiegeleisen *n* || ~ **fino** / Feineisen *n* || ~ **forjado** / Schmiedeeisen *n* || ~ **fundido** / Gußeisen *n*, Eisenguß *m*, Guß *m* || ~ **fundido maleável** / Temperguß *m* || ~ **gama** / Gammaeisen *n* || ~ **granulado** / körniges Eisen, Eisengraupe *f* || ~ **gusa** / Roheisen *n*, Masseleisen *n* || ~ **gusa ao carvão vegetal** / Holzkohleneisen, HK-Eisen *n* || ~ **gusa ao coque** / Koksroheisen *n* || ~ **gusa básico** / basisches Roheisen || ~ **gusa Bessemer** / Bessemerroheisen *n* || ~ **gusa branco** / Weißeisen *n*, weißes Gußeisen, Weißguß *m* || ~ *f* **gusa de fundição** / Gießereiroheisen *n*, Gußroheisen *n* || ~ *m* **gusa eléctrico** / Elektroroheisen *n* || ~ **gusa maleável** / Temperroheisen *n* || ~ **gusa Thomas** / Thomasroheisen *n* || ~ **meteórico** / Meteoreisen *n* || ~ **micáceo** / Eisenglimmer *m* || ~ **oligisto** (mineralog.) / Hämatiteisen *n*, Eisenglanz *m* || ~ **oligisto concrecionado** (mineralog.) / Eisenniere *f* || ~ **para arame** / Drahteisen *n*, Zieheisen *n* || ~ **pardo oolítico** / Brauneisenoolith *m* || ~ **perfilado** / Profileisen *n*, -stahl *m*, Formstahl *m*, Formeisen *n*, Fassoneisen *n* || ~ **poroso** / Weißfloß *m*, lückiges, löcheriges Eisen || ~ **quebradiço** / brüchiges Eisen || ~ **redondo** / Rundeisen *n* || ~ **refinado** / Frischeisen *n* || ~ **silicioso carburado** / gekohltes Kieseleisen || ~ **sinterizado** (mineralog.) / Sintereisen *n*, Eisensinter *m* || ~ **spiegel** / Spiegeleisen *n* || ~ **suspenso** (expl. minas) / Unterhängeeisen *n* || ~ **T de abas largas** / breitfüßiger T-Stahl || ~ **xistoso** / blättriges Eisen

ferroboro *m* / Ferrobor *n*

ferrocianeto *m* / Ferrocyanid *n*, Cyaneisen *n*, Eisen(II)-cyanid *n* || ~ **cúprico** / Ferrocyankupfer *n* || ~ **de amoníaco** / Eisenoxidulammoniak *m* || ~ **de cobre** / Ferrocyankupfer *n* || ~ **de potássio** / gelbes Blutlaugensalz, Ferrocyankalium *n* || ~ **férrico** / Ferriferrocyanid *n*

ferrocromo *m* / Ferrochrom *n*

ferrodinâmico / ferrodynamisch

ferroelectricidade *f* / Ferro-Elektrizität *f*

ferroeléctrico *m* / Ferroelektrikum *n* || ~ / ferroelektrisch

ferrofósforo *m* / Ferrophosphor *m*, Eisenphosphor *m*

ferrohidrodinâmico / ferrohydrodynamisch

ferrolho *m* / Schieber *m*, Bolzen *m*, Riegel *m* || ~ **de janela** / Fensterreiber *m* || ~ **do molde** / Formschluß *m*

ferromagnético / ferromagnetisch

ferromagnetismo *m* / Ferromagnetismus *m*

ferromanganês *m* / Ferromangan *n*, Manganeisen *n*

ferrómetro *m* / Ferrometer *n* (für Elektroblech-Messung)

ferromolibdeno *m* / Ferromolybdän *n*
ferronióbio *m* / Ferroniob *n*
ferroníquel *m* / Ferronickel *n*
ferroprussiato *m* / Ferroprussiat *n*
ferrorreceptor *m* (electrón., antena) / Ferroreceptor *m*
ferrorressonância *f* / Ferroresonanz *f*
ferrorressonante (electrón.) / ferroresonant
ferroso / eisenhaltig, -führend ‖ ~ (química) / Eisen(II)-..., Ferro... ‖ **não** ~, não ferruginoso / eisenfrei
ferrosoférrico (química) / ferroferri
ferrossilício *m* (química, siderurg.) / Ferrosilizium, Fesi *n*, Siliziumeisen *n*
ferrotipia *f* (técn. fotogr.) / Ferrotypie *f*
ferrotitânio *m* / Ferrotitan *n*
ferrotungsténio *m* / Ferrowolfram *n*
ferrovanádio *m* / Ferrovanadium *n*
ferrovia *f* / Eisenbahn *f* ‖ ~ **de aderência** / Adhäsionseisenbahn *f* ‖ ~ **de montanha** / Bergbahn *f* ‖ ~ **fabril** / Industriebahn *f*
ferroviário *adj* / Eisenbahn...
ferrovolfrâmio *m* / Ferrowolfram *n*
ferrozircónio *m* / Ferrozirkon *n*
ferrugem *f* (ferro) / Eisenrost *m*, Eisenoxidhydrat *n*, Rost *m* ‖ ~ (bot.) / Rost *m*
ferrugento / rostig, verrostet
ferruginoso / eisenartig, -führend, eisern, eisenhaltig ‖ **não** ~ / eisenfrei
ferry-boat *m* / Autofähre *f*, Fährboot *n* ‖ ~ **ferroviário** / Eisenbahnfähre *f*, Trajekt *m n*
fértil (solo) / reich, fruchtbar ‖ ~ (técn. nucl.) / brütbar
fertilidade *f* / Fruchtbarkeit *f*, Ergiebigkeit *f*
fertilização *f* / Fruchtbarmachung *f*
fertilizante *m* / Düngemittel *n*, Dünger *m* ‖ ~ **amoniacal** / Ammoniakdünger, Ammondünger *m* ‖ ~ **azotado** / Salpeterdünger *m* ‖ ~ **cálcico** / Kalkdünger *m* ‖ ~ **composto** / Kompost *m* ‖ ~ **composto à base de lixos domésticos** / Müllkompost *m* ‖ ~ **nitrogenado** / Stickstoffdünger *m* ‖ ~ **potássico** / Kalidünger *m*, Kalidüngesalz *n* ‖ ~ **químico** / Kunstdünger *m* ‖ ~ **vegetal** (agricult.) / Gründünger *m*
fertilizar (agricult.) / düngen
fervedor *m* / Kocher *m*
fervente / kochend, siedend
ferver / kochen *vt vi* ‖ ~, entrar em ebulição / sieden, kochen *vi* ‖ ~ (siderurg.) / wallen, kochen ‖ **fazer** ~ / sieden *vt*, kochen *vt*, abkochen, auskochen, absieden ‖ ~ **em excesso** / totkochen ‖ ~ **em lume brando** / gelinde kochen *vi* ‖ ~ **o linho** / buken
fervido / abgekocht
fervura *f* / Kochen *n* ‖ ~ **final** (açúcar) / Endsud *m*
festa *f* **do pau de fileira** (constr. civil) / Richtfest *n*
fetidez *f* / übler o. schlechter Geruch
fétido / übelriechend
fezes *f pl* **de vinho** / Weinhefe *f*, -niederschlag *m*
FI, frequência *f* intermediária / ZF, Zwischenfrequenz *f*
fiabilidade, com ~ **de serviço** (electrón.) / failsafe ‖ ~ *f* **de serviço** / Zuverlässigkeit *f*, Betriebssicherheit *f* ‖ ~ **inerente** (electr.) / Entwurfszuverlässigkeit *f*
fiação *f* / Spinnen *n* ‖ ~ (de seda) / Filieren *n* ‖ ~ **a água quente** / Heißwasserspinnen *n* ‖ ~ **centrífuga** / Topfspinnen *n* ‖ ~ **de algodão** / Baumwollspinnerei *f* ‖ ~ **de desperdícios de seda** / Florettspinnerei *f* ‖ ~ **de fio de pêlo** / Haargarnspinnerei *f* ‖ ~ **de fios coloridos** / Buntspinnerei *f* ‖ ~ **de lã** / Wollspinnerei *f* ‖ ~ **de lã de segunda** / Shoddyspinnerei *f* ‖ ~ **de seda** / Seidenspinnerei *f* ‖ ~ **de vidro** / Glasspinnen *n* ‖ ~ **dos blocos de terminais** (telecom.) / Belegung *f* der Lötösenstreifen ‖ ~ **em fino** / Feinspinnen *n* ‖ ~ **em molhado** / Naßspinnen *n* ‖ ~ **flexível** / Litzenverdrahtung *f* ‖ ~ **mecânica** / Maschinenspinnerei *f* ‖ ~ **por estiragem** / Streckspinnen *n*
fiada *f* **de juntouras** (constr. civil) / Bindeschicht *f* ‖ ~ **de tijolos** / Schicht *f* Ziegel
fiadeira *f* / Spinnerin *f* ‖ ~ **automática** / Selfaktor *m*, Selbstspinner *m*
fiadeiro *m* / Spinner *m*
fiado *m* / Gespinst *n* ‖ ~ **fino** / Feingarn *n*, Feingespinst *n* ‖ ~ **grosseiro** / Grobgarn *n*, Grobgespinst *n*
fiandeira *f* / Spinnerin *f* ‖ ~ **Jenny** / Jennymaschine *f* ‖ ~ **para mecha de algodão** / Baumwollvorgarnspinnmaschine *f*
fiandeiro *m* / Spinner *m*
fiar / spinnen, verspinnen ‖ ~ **em fino** / fertigspinnen ‖ ~ **em grosso** / vorspinnen
fiável / spinnfähig, spinnbar
fibra *f* / Faden *m*, Faser *f* ‖ ~ (siderurg.) / Sehne *f* ‖ **de** ~ **curta** / kurzstaplig, -faserig, kurz ‖ **de** ~ **fina** / feinfaserig ‖ **de** ~ **grosseira** / grobfaserig ‖ **de** ~ **longa** / langfaserig ‖ **de** ~ **sinuosa** / krummfaserig ‖ **no sentido da** ~ / mit der Faser ‖ **no sentido transversal à** ~ / quer zur Faser ‖ ~ **acrílica** / Acrylfaser *f* ‖ ~ **acrilonitrílica** / Acrylnitrilfaser *f* ‖ ~ **artificial** (geral) / Kunstfaser *f* ‖ ~ **bicomponente** / Bikomponentenfaser *f* ‖ ~ **cortada** (de dimensão definida) / Stapelfaser *f* ‖ ~ **cuproamoniacal** / Cuprofaser *f* ‖ ~ **de algodão** / Baumwollfaser *f* ‖ ~ **de aloés** / Aloefaser *f* ‖ ~ **de amianto** / Asbestfaser *f* ‖ ~ **de carbono** / Kohlenstoff-Faser *f*, C-Faser *f*, Carbonfaser *f* ‖ ~ **de coco** / technisch verarbeitbare Kokosfaser, Coir *n*, Kokosbast *m*, Bast *m* der Kokosnuß ‖ ~ **de iucá** / Yuccafaser *f* ‖ ~ **de jaqueira** / Yaquillafaser *f* ‖ ~ **de juta** / Jutefaser *f* ‖ ~ **de lã** / Wollhaar *n*, -faser *f* ‖ ~ **de laminação** / Walzfaser *f* ‖ ~ **de pasta** / Zellstofffaser *f* ‖ ~ **de quartzo** / Quarzfaser *f* ‖ ~ **de ráfia** / Bastfaser *f* ‖ ~ **de rami** / Ramie[faser] *f* ‖ ~ **de sisal** / Sisal *m* ‖ ~ **de talo** / Stengelfaser *f* ‖ ~ **de urtiga** / Nesselfaser *f* ‖ ~ **de vidro** / Glasfaser *f* ‖ ~ **lenhosa** / Holzfaser *f* ‖ ~ **nitrocelulósica** / Nitratfaser *f* ‖ ~ **óptica** (telecom.) / Glasfaser *f* ‖ ~ **para fiação** / Spinnfaser *f* ‖ ~ **perfilada** / Profilfaser *f* ‖ ~ **química** / Chemiefaser *f* ‖ ~ **sintética** / Chemiefaser *f*, Kunstfaser *f* ‖ ~ **submetida à tracção** (mecân.) / gedehnte Faser, Zugfaser *f* ‖ ~ **sujeita à compressão** (mecân.) / gedrückte Faser ‖ ~ **têxtil** / Textilfaser *f*, Spinnfaser *f*, Gespinstfaser *f* ‖ ~ **transversal** / Querfaser *f* ‖ ~ **volante** / Flugfaser *f* ‖ ~ **vulcanizada** / Vulkanfiber *f*
fibrana *f* / Zellwolle *f*
fibras *f pl* / Faserung *f*
fibrila *f* / Fibrille *f*, Feinstoff *m*, Fäserchen *n* ‖ ~ **elementar** (papel) / Elementarfibrille *f*
fibrilar *v* (papel) / fibrillieren ‖ ~ *adj* / feinfaserig, fibrillär
fibrina *f* / Fibrin *n*
fibrino-celular / faserig-zellig
fibrocimento *m* / Faserzement *m*, Zementasbest *m*, Asbestzement *m*
fibroferrita *f* (cristalogrf.) / Fibriferrit *m*
fibroína *f* / Fibroin *n*
fibrolita *f* (mineralog.) / Fibrilith *m*
fibroso / faserig, faserstoffhaltig, faserstoffartig ‖ ~ (siderurg.) / sehnig
ficar pendurado / hängenbleiben ‖ ~ **suspenso** / hängenbleiben
ficha *f* / Karteikarte *f* ‖ ~ (electr.) / Stecker *m* ‖ ~ / Münze *f* für Automaten ‖ ~ **antiparasitária** (autom.) / Entstörstecker *m* ‖ ~ **chata** (electr.) / Flachstecker *m* ‖ ~ **de 80 colunas** / 80-stellige Lochkarte ‖ ~ **de adaptação** (electr.) /

Übergangsstecker *m* (zwischen unterschiedlichen Leitungen), Zwischenstecker *m* ‖ ~ **de conexão** / Verbindungsstecker *m* ‖ ~ **de contacto de segurança** (electr.) / Schutzkontaktstecker, Schukostecker *m* ‖ ~ **de guia** (ficheiro) / Leitkarte *f* ‖ ~ **de marcar o ponto** (org. industr.) / Stempelkarte *f* ‖ ~ **de rede** (electr.) / Netzstecker *m* ‖ ~ **dupla** (electr.) / Doppelstecker *m* ‖ ~ **múltipla** / Vielfachstecker *m* ‖ ~ **para distribuidor automático** / Automatenmünze *f* ‖ ~ **para telefones públicos** / Fernsprechmünze *f* ‖ ~ **perfurada** / Lochkarte *f* ‖ ~ **supressora de interferências** (autom.) / Entstörstecker *m* ‖ ~ **técnica** / Datenblatt *n* ‖ ~ **tipo banana** (electrón.) / Bananenstecker *m* ‖ ~ **tripolar** (electr.) / dreipoliger Stecker, Dreifachstecker *m*

ficheiro *m*, fichário *m* / Kartei *f* ‖ ~, fichário *m* (informática) / Datei *f* ‖ ~ **de cartões primários** (cart. perf.) / Erstkartendatei *f* ‖ ~ **de cartões primários** (cart. perf.) / Erstkartendatei *f* ‖ ~ **mestre** (informática) / Stammdatei *f*

fictício / fiktiv

fidelidade *f*, **alta** ~ / hohe Wiedergabetreue, Hi-Fi *n* ‖ ~ **das cores** / Farbtreue *f*

fieira *f* (fios) / Ziehstein *m*, Ziehring *m*, Zieheisen *n*, Ziehdüse *f* ‖ ~ (fiação) / Düse *f*, Spinndüse *f*

fiel *m* **da balança** / Zunge *f* der Waage ‖ ~ **de armazém** / Lageraufseher *m* ‖ ~ **na reprodução das cores** / farbtonrichtig

fígado *m* **de enxofre** / Schwefelleber *f*

figulino (cerâm.) / knetbar, plastisch

figura *f* / Bild *n*, Abbildung *f*, Figur *f* ‖ ~ **de corrosão** / Ätzfigur *f* ‖ ~ **de mérito do sistema** / Systemwert *m* ‖ ~ **de ruído** (electrón.) / Rauschzahl *f* ‖ ~ **oito** (matem.) / Achter *m* ‖ ~ **plana** / ebene Figur

figurado / figürlich

figuras *f pl* **anaglíficas** / Anaglyphenbilder *n pl* ‖ ~ **sonoras de Chladni** (física) / Chladnische Klangfiguren *f pl*

fila *f* / Reihe *f*, Flucht *f* ‖ **de duas ~s** / zweireihig ‖ **de três ~s** / dreireihig ‖ **de uma só ~** / einreihig ‖ ~ **de carris** / Schienenstrang *m* ‖ ~ **de contactos** (telecom., electrón.) / Kontaktreihe *f* ‖ ~ **de saída de trabalho** (informática) / Ausgangswarteschlange *f*, Ausgabe-Warteschlange *f* ‖ ~ **de tijolos colocados em espelho** (constr. civil) / Rollage *f*, Rollschicht *f* ‖ ~ **de tijolos deitados** (constr. civil) / Flachschicht *f* ‖ ~ **de trilhos** / Schienenstrang *m* ‖ ~ **de viaturas** (autom.) / Schlange *f* (coll), Autokolonne *f*

filaça *f* / Herder *m*, Bast *m*

filácea *f* / Wattseide *f*

filamento *m* (têxtil) / Filament *n* ‖ ~ (tecel.) / Faser *f*, Fäserchen *n* ‖ ~ (astron.) / Filament *n* ‖ ~ **de aquecimento** (válvula electr.) / Heizdraht *m*, Heizer *m* ‖ ~ **de aquecimento** (electr.) / Heizelement *n*, -draht *m* ‖ ~ **de aquecimento** (rádio) / Heizfaden *m*, Glühdraht *m*, -kathode *f* ‖ ~ **de boro** / Borfaden *m* ‖ ~ *f* **de cupramónio** / Chemiekupferfaser *f* ‖ ~ *m* **de erupção** [solar] / Eruptionsfilament *n* ‖ ~ **de lâmpada incandescente** / Leuchtdraht *m* ‖ ~ **de núcleo plano** / Flachkernwendel *f* ‖ ~ **de tungsténio** / Wolframglühdraht, -faden *m* ‖ ~ **de um só enrolamento** / Einfachwendel *f* ‖ ~ **de vidro** / Glasfaden *m* ‖ ~ **incandescente** (lâmpada) / Glühfaden *m* ‖ ~ **incandescente** (electr.) / Glühdraht *m* ‖ ~ **incandescente** (rádio) / Heizfaden *m*, Glühdraht *m*, -kathode *f* ‖ ~ **longitudinal** / Axial-Leuchtkörper *m* ‖ ~ **metálico** / Metallfaden *m*, Metalldraht *m* ‖ ~ **quente** / Heizfaden *m*, Glühdraht *m*, -kathode *f* ‖ ~ **vorticoso anular** (electr.) / Wirbelring *m*

filamentoso / faserig

filão *m* (expl. minas) / Flöz *n*, Gang *m*, Ader *f* ‖ ~ **de hulha** (expl. minas) / Kohlenflöz *n* ‖ ~ **de mineral** / Mineralgang *m* ‖ ~ **de minério de ferro** / Eisengang *m*, -ader *f* ‖ ~ **de quartzo** / Quarzgang *m* ‖ ~ **intrelaçado** (expl. minas) / Durchwachsenes *n* ‖ ~ **metalífero** (expl. minas) / Erzgang *m*

filé *m* / Bob[b]inet *m*

fileira *f* **de bastidores** (telecom.) / Gestellreihe *f* ‖ ~ **de equipamentos** (telecom.) / Gerätereihe *f* ‖ ~ **de janelas** (constr. civil) / Lichtband *n*

filetar (artes gráf.) / filettieren, mit Goldstreifen verzieren

filete *m* (pintura) / Absetzstreifen *m* ‖ ~ (artes gráf.) / Formatsteg *m* ‖ ~ (constr. civil) / Saum *m* ‖ ~ **das caneluras** (constr. civil) / Steg *m* der Kannelierung ‖ ~ **entre duas colunas** (artes gráf.) / Spaltenlinie *f*, Scheidestrich *m* ‖ ~ **meia-cana** (constr. civil) / Eierstab *m* ‖ ~ **ondulado** (artes gráf.) / Schlangenlinie *f*

filiforme / fadenförmig, drahtförmig

filigrana *f* / Filigran *n* ‖ ~ (papel) / Wasserlinie *f*, Egoutteurrippe *f*, -marke *f*, Wasserzeichen *n*

filmar / filmen

filme *m* / Überzug *m*, Film *m*, dünne Schicht ‖ ~ (técn. fotogr.) / Film *m* ‖ ~ **a cores** / Farbfilm *m* ‖ ~ **a cores reversível** / Farbumkehrfilm *m* ‖ ~ **acelerado** / Zeitraffer *m* ‖ ~ **autográfico** / Autographenfilm *m* ‖ ~ **de cores falsas** / Falschfarbenfilm *m* ‖ ~ **de curta metragem** / Kurzfilm *m* ‖ ~ *f* **de desenhos animados** / Trickfilm, Zeichentrickfilm *m* ‖ ~ *m* **de filtração** (esgotos) / biologischer Rasen ‖ ~ **de grão fino** (técn. fotogr.) / Feinkornfilm *m* ‖ ~ **de imagem negativa a cores** / Farbnegativfilm *m* ‖ ~ **de longa metragem** / Spielfilm *m* ‖ ~ **de óleo** / Ölhaut *f* (auf Flüssigkeiten) ‖ ~ **de pequeno formato** / Kleinbildfilm *m* ‖ ~ **educativo** / Lehrfilm *m* ‖ ~ **em cassete** / Cassettenfilm *m* ‖ ~ **em rolo** (técn. fotogr.) / Rollfilm *m* ‖ ~ **gasoso** / Gasfilm *m* ‖ ~ **instrutivo** / Lehrfilm *m* ‖ ~ **mudo** / Stummfilm *m* ‖ ~ **pancromático** (técn. fotogr.) / Panfilm *m* ‖ ~ **para luz natural** / Tageslichtfilm *m* ‖ ~ **positivo** / Positivfilm *m* ‖ ~ **reversível** / Umkehrfilm *m* ‖ ~ **sonoro** / Tonfilm *m*, Klangfilm *m*, Sprechfilm *m* ‖ ~ **televisivo** / Fernsehfilm *m* ‖ ~ **tridimensional** / 3D-Film ‖ ~ **tripack** (técn. fotogr.) / Dreischichtenfilm *m*

filmes e folhas *pl* (plást.) / Folienware *f*

filmógeno / filmbildend

filmoteca *f* / Filmothek *f*

filo *m* / Stamm *m*

filoxera *f* / Blattlaus *f*, Reblaus *f*

filtrabilidade *f* **segundo H. e H.** / Filtrierbarkeit *f* nach Hagemann u. Hammrich (DIN 51770)

filtração *f*, filtragem *f*, filtramento *m* / Filtern *n*, Filtration *f*, Filtrieren *n* ‖ ~ **de frequências** / Frequenzaussiebung *f*

filtrado *m* / Filtrat *n* ‖ ~ *adj* / gefiltert

filtragem *f* (electrón.) / Siebung *f*, Glättung *f* ‖ **de** ~ (electrón.) / Glättungs... ‖ ~ **por aspiração**, filtragem *f* por sucção / Saugfiltration *f*

filtramento *m* / Filtrieren *n*, Filtration *f*

filtrante / filtrierend

filtrar / filtrieren, abklären ‖ ~ (electrón.) / glätten, aussieben ‖ ~ **por sucção** (química) / nutschen

filtrável / filtrierbar

filtro *m* / Filter *m n*, Sieb *n* ‖ ~ (electrón.) / Filter *n* ‖ ~ (telecom.) / Weiche *f* ‖ ~ **a cristal de quartzo** / Quarzfilter *n* ‖ ~ **acabador** / Feinfilter *n* ‖ ~ **acústico** / Tonfilter *n*, akustisches Filter ‖ ~ **antiparasitário** / Entstörfilter *n* ‖ ~ **Berkefeld** / Berkefeld-Filter *n* ‖ ~ **celular** / Zellenfilter *n* ‖ ~ **celular de tambor** / Trommelzellenfilter *n* ‖ ~ **colorido** / Farbenfilter *n*, Farbfilter *n* ‖ ~

colorimétrico / Farbmeßfilter *n* ‖ ~ **da máscara contra gases** / Gasmaskeneinsatz *m* ‖ ~ **de absorção** / Absorptionsfilter *n* ‖ ~ **de acção rápida** / Schnellfilter *m n* ‖ ~ **de alimentação lateral** / Seitentrogfilter *n* ‖ ~ **de amplitude** (tv) / Amplitudensieb *n* ‖ ~ **de amplitude** (electr.) / Amplitudenbegrenzer *m* ‖ ~ **de ar** / Luftfilter *n*, Luftreiniger *m* ‖ ~ **de ar** (autom.) / Luftfilter *n* ‖ ~ **de ar em banho de óleo** (autom.) / Ölbadluftfilter *n* ‖ ~ **de aspiração** / Ansaugfilter *n*, Saugfilter *n* ‖ ~ **de banda** (electrón.) / Bandfilter *n* ‖ ~ **de carvão vegetal** / Holzkohlenfilter *n* ‖ ~ **de células de aspiração** / Saugzellenfilter *n* ‖ ~ **de células de sucção** / Saugzellenfilter *n* ‖ ~ **de clarificação** (esgotos) / Klärfilter, -becken *n* ‖ ~ **de compensação** (rádio) / Abgleichfilter *n* ‖ ~ **de cor** / Farbfilter *n* ‖ ~ **de correcção** (electrón.) / Entzerrfilter *n* ‖ ~ **de desacoplamento** (electrón.) / Entkopplungsfilter *n* ‖ ~ **de discos** / Spaltölfilter *n*, Spaltfilter *n*, Scheibenfilter *n* ‖ ~ **de discos** (mot.) / Spaltfilter *m* ‖ ~ **de entrada** / Vorfilter *n* ‖ ~ **de equalização** (electrón.) / Entzerrfilter *n* ‖ ~ **de excitação** (óptica) / Erregerlichtfilter *n*, Erregerfilter *n* ‖ ~ **de fibras** / Faserfilter *n* ‖ ~ **de gelatina** (técn. fotogr.) / Gelatinefilter *n* ‖ ~ **de harmónicas** / Oberwellenfilter *n*, -sieb *n*, -sperrkreis *m* ‖ ~ **de interferência** / Interferenzfilter *n* ‖ ~ **de luz** / Lichtfilter *n* ‖ ~ **de óleo** / Ölfilter *n* ‖ ~ **de onda** (electrón.) / Wellenfilter *n* ‖ ~ **de onda eléctrica** / Frequenzsiebfilter *n* ‖ ~ **de passagem de baixas frequências** (electrón.) / Niederfrequenzsiebkette *f* ‖ ~ **de polaróide** (óptica) / Polarisationsfilter *n* ‖ ~ **de ponderação de ruído** (tv) / Rauschbewertungsfilter *n* ‖ ~ **de pregas** / Faltenfilter *n* ‖ ~ **de purificação** (esgotos) / Klärfilter *n*, -becken *n* ‖ ~ **de rastreio** (electrón., agrimen.) / Nachlauffilter *n* ‖ ~ **de reflexão** (electrón.) / Fallenfilter *n* ‖ ~ **de saco** / Beutelfilter *n*, Sackfilter *n* ‖ ~ **de sucção** / Saugfilter *m n* ‖ ~ **de sucção** (química) / Nutsche *f*, Saugfilter *n* ‖ ~ **de supressão** (electrón.) / Sperrkette *f*, -filter *n* ‖ ~ **de supressão de ecos fixos** (radar) / Selektivfilter *n* ‖ ~ **de supressão de interferências** / Entstörfilter *n* ‖ ~ **de tela** / Tuchfilter *n* ‖ ~ **de transformação de impedância** (electr.) / Anpassungsfilter *n* ‖ ~ **de vácuo** / Vakuumfilter *n* ‖ ~ **de velocidade** (radar) / Geschwindigkeitstor *n* ‖ ~ **de zumbido** (electrón.) / Brummfilter *n* ‖ ~ **direccional** (telecom.) / Richtungsweiche *f* ‖ ~ **electrostático** / Elektrofilter *n* ‖ ~ **encaixável** (técn. fotogr.) / Aufsteckfilter *n* ‖ ~ **fino** / Feinfilter *n* ‖ ~ **isento de vermelho** / rotfreies Filter, Rotfreifilter *n* ‖ ~ **para matérias suspensas no ar** / Schwebstoffilter *n* ‖ ~ **passa-alto** (electrón.) / Hochpaßfilter *n*, Hochfrequenzsiebkette *f* ‖ ~ **passa-baixo** (electrón.) / Tiefpaß *m*, -paßfilter *n*, Drosselkette *f* ‖ ~ **passa-banda** (electrón.) / Bandpaß *m*, -paßfilter *n* ‖ ~ **percolador** (esgotos) / Tropfkörper *m* ‖ **~-prensa** *m* / Preßfilter *n*, Filterpresse *f*, Druckfilter *n* ‖ **~-prensa** *m* **de vários compartimentos** / Kammer[filter]presse *f* ‖ ~ **separador** (telecom.) / Filterweiche *f* ‖ ~ **separador** (electrón.) / Weiche *f*, Gabelfilter *n* ‖ ~ **separador de antena** / Antennenweiche *f* ‖ ~ **separador de canais** / Kanalweiche *f* ‖ ~ **separador de linha** (telecom.) / Leitungsweiche *f* ‖ ~ **separador imagem/som** / Bild-Ton-Weiche *f* ‖ ~ **supressor** (electrón.) / Sperre *f*, Sperrfilter *n*, -kreis *m* ‖ ~ **supressor de banda** (electrón.) / Bandsperrefilter *m n* ‖ ~ **supressor de piloto** (telecom.) / Pilotsperre *f* ‖ ~ **supressor de ruído** (electrón.) / Rauschsperre *f*

fim *m* / Schluß *m*, Ende *n*, Abschluß *m*, Ende *n* (örtlich u. zeitlich) ‖ **de duplo** ~ / Doppelzweck... ‖ **para um só** ~ (máq., tecnol.) / Einzweck..., Spezial... ‖ **sem** ~ / endlos ‖ ~ **da ebulição** / Siedeende *n*, -schluß *m* ‖ ~ **da transmissão** (electrón.) / Ende Übertragung ‖ ~ **de bloco** (informática) / Blockende *n* ‖ ~ **de ficheiro** / Dateiende *n* ‖ ~ **de mensagem** (informática) / Ende Nachricht ‖ ~ **de uma correia** / Bandtrumm *n* ‖ ~ **do JOB** (informática) / Ende *n* der Arbeit ‖ ~ **do veículo** (informática) / Aufzeichnungsende *n*, Ende *n* der Aufzeichnung

fin, para todos os ~s / Allzweck...

final *m* / Schluß *m*, Ende *n* ‖ ~ *adj* / End...

finamente disperso / feinstverteilt ‖ ~ **granulado** (siderurg.) / feinkristallin[isch] ‖ ~ **moído** / feinvermahlen

fineza *f* / Feinheit *f* ‖ ~ (metal) / Feine *f*, Feingehalt *m* ‖ ~ **do grão** / Kornfeinheit *f*

finito (matem.) / endlich, begrenzt ‖ ~ (mecân.) / finit

fino / dünn, fein

finura *f* / Dünne *f* ‖ ~ **da moagem** / Mahlfeinheit *f*

fio *m* (têxtil) / Faden *m*, Garn *n* ‖ ~ (electr., telecom.) / Ader *f*, Draht *m* ‖ ~, gume *m* / Schneide *f*, Schneidkante *f* ‖ **com ~s de pequeno diâmetro** / feindrähtig ‖ **de ~ duplo** (electr.) / doppeladrig ‖ **de ~ grosseiro** (tecel.) / grobfädig ‖ **de ~s grossos** / dickdrähtig ‖ **de dois ~s** / zweidrähtig, zweifädig ‖ **de três ~s** (electr.) / dreiadrig ‖ **de três ~s** (fiação) / dreibindig, dreifädig, dreischäftig ‖ **de um só ~** / einfädig ‖ ~ **acetinado** (têxtil) / Glanzgarn *n*, Eisengarn *n* ‖ ~ **aéreo** (telecom.) / Luftdraht *m*, Freileitungsdraht *m* ‖ ~ **armado** (electr.) / Panzerader *f* ‖ ~ **auxiliar** / Zusatzdraht *m* ‖ ~ **auxillar** (tecel.) / Nebenfaden *m* ‖ ~ **B** (telecom.) / b-Ader *f* ‖ ~ **bicomponente** / Bikomponentengarn *n* ‖ ~ **brilhante** (têxtil) / Brillantgarn *n* ‖ ~ **'C'** (telecom.) / c-Ader, -Leitung *f*, -Draht *m* ‖ ~ **capilar** / Haardraht *m* ‖ ~ **cardado de algodão** / Baumwollstreichgarn *n* ‖ ~ **chato** (fiação) / Flachgarn *n*, Lahn *m* ‖ ~ **cochado** / Litzendraht *m* ‖ ~ **colector** (telecom.) / Omnibusleitung *f* ‖ ~ **com isolamento de borracha** / Gummiader *f* ‖ ~ **condutor** / Leitungsdraht *m*, Drahtleitung *f* ‖ ~ **condutor** (electr.) / stromführender Leiter ‖ ~ **da contínua de anéis** / Ringgarn *n* ‖ ~ **da forma**, fio *m* da fôrma (papel) / Formdraht *m* ‖ ~ **da Pérsia** / Moosgarn *n* ‖ ~ **da trama** (tecel.) / Einschußfaden *m*, Einschlagfaden *m* ‖ ~ **de aço** / Draht *m* ‖ ~ **de algodão** / Baumwollfaden *m*, Baumwollgarn *n*, baumwollenes Webgarn, Baumwollzwirn *m* ‖ ~ **de algodão gazeado** / Florgarn *n*, gasiertes Baumwollgarn ‖ ~ **de alpaca** / Alpakagarn *n*, Extraktgarn *n* ‖ ~ **de amianto** / Asbestfaden *m* ‖ ~ **de antena** / Antennenlitze *f* ‖ ~ **de aquecimento** / Heizdraht *m* ‖ ~ **de casulo** / Kokonfaden *m* ‖ ~ **de celulose** / Zellulosegarn *n* ‖ ~ **de cobre** / Kupferdraht *m* ‖ ~ **de cobre esmaltado** / Kupferlackdraht *m* ‖ ~ **de cobrir** (tecel.) / Deckfaden *m* ‖ ~ **de contacto** (técn. ferrov.) / Fahrdraht *m* ‖ ~ **de cruzamento** (telecom.) / Rangierdraht *m* ‖ ~ **de eléctrodo** / Poldraht *m* ‖ ~ **de encadernar** / Heftdraht *m* ‖ ~ **de enchimento** / Füllfaden *m* ‖ ~ **de estambre cardado** / Sayettegarn *n* ‖ ~ **de extensão** (electr.) / Verlängerungsschnur *f* ‖ ~ **de faca** / Messerschneide *f* ‖ ~ **de fantasia** / Zierfaden *m*, -garn *n*, Phantasiezwirn *m*, Effektzwirn *m* ‖ ~ **de ferro** / Draht *m* ‖ ~ **de fibra de vidro** / Glasgarn *n* ‖ ~ **de fibras duras** / Hartfasergarn *n* ‖ ~ **de fundo** (fiação) / Kernfaden, Seelenfaden *m* ‖ ~ **de fustão** / Barchentgarn *n* ‖ ~ **de identificação** (cabo) / Kennfaden *m* ‖ ~ **de lã** / Wollgarn *n* ‖ ~ **de lã cardada** / Streichgarn *n*, Streichwolle *f* ‖ ~ **de lã penteada** / Kammgarn *n* ‖ ~ **de Lecher** (electr.) / Lecherleitung *f* ‖ ~ **de ligação à terra** (electr.) /

Erdungsdraht *m*, Blitzerdung *f* ‖ ~ **de linha** (telecom.) / Leitungsdraht *m* ‖ ~ **de linho** / Leinengarn *n*, Flachsgarn *n* ‖ ~ **de mescla** / Mischgarn *n* ‖ ~ **de ouro falso** / leonischer Draht ‖ ~ **de pêlo** / Haargarn *n*, Polfaden *m* ‖ ~ **de pêlo** (tecel.) / Flor[faden] *m* ‖ ~ **de potenciómetro** / Meßdraht *m* ‖ ~ **de prata falsa** / leonischer Draht ‖ ~ **de prova** (electr.) / Prüfleitung *f*, -draht *m* ‖ ~ **de prumo** / Schnurlot *n* ‖ ~ **de prumo**, prumo *m* (constr. civil) / Schnurlot, Bleilot *n* ‖ ~ **de quartzo** / Quarzfaden *m* ‖ ~ **de retrós** / gezwirntes Garn, Zwirn *m* ‖ ~ **de seda** / Seidenfaden *m*, -garn *n* ‖ ~ **de segunda qualidade** / Sekundagarn *n* ‖ ~ **de solda para soldadura autogénea**, fio *m* de solda para soldadura a gás / Gasschweißdraht *m* ‖ ~ **de suspensão** / Tragdraht *m* (Fahrleitung) ‖ ~ **de suspensão de cabo** / Kabeltragdraht *m* ‖ ~ **de terra** (electr.) / Erdleitung *f* ‖ ~ **de teste** (telecom.) / c-Ader, -Leitung *f*, -Draht *m* ‖ ~ **de textilose** / Textilosegarn *n* ‖ ~ **de torção** / Torsionsfaden *m* ‖ ~ **de trama** / Schußfaden *m*, Schußgarn *n* ‖ ~ **de trama defeituoso** / fehlerhafter Schuß ‖ ~ **de tricotar** / Garn *n* für Wirkwaren, Strickgarn *n*, Wirkgarn *n* ‖ ~ **de tripa** / Darmsaite *f* ‖ ~ **de união** (electr.) / Bandagendraht *m* (für Ankerbandagen) ‖ ~ **de urdume** / Kettfaden *m*, Kettgarn *n*, Watergarn *n* (als Kettgarn) ‖ ~ **distintivo do fornecedor** (cabo) / Firmenkennfaden *m* ‖ ~ **do cabo** / Kabelader *f* ‖ ~ **dobado** / gehaspeltes Garn ‖ ~ **duplo** (têxtil) / Grobfaden, Doppelfaden *m* ‖ ~ **duplo** (telecom.) / Doppelader *f* ‖ ~ **em derivação** (electr.) / Zweigdraht *m* ‖ ~ **em meada** / Stranggarn *n*, Bündelgarn *n* ‖ ~ **esmaltado**, fio *m* envernizado / Lackdraht *m*, Emaildraht *m*, Lackkabel *n* ‖ ~ **esmaltado com isolante de papel** / Lackpapierdraht *m* ‖ ~ **fiado à mão** / Handgarn *n* ‖ ~ **flexível** (electr.) / Leitungsschnur *f* ‖ ~ **fusível** (electr.) / Abschmelzdraht *m*, Schmelzdraht *m* ‖ ~ **genappe** / Genappe[garn] *n* ‖ ~ **glacé** / Glanzzwirn *m*, Glanzgarn *n*, Glacégarn *n*, Eisengarn *n* ‖ ~ **gomado** / Leimfaden *m* ‖ ~ **grosseiro** (tecel.) / Grobfaden *m* ‖ ~ **I** (cabo) / I-Draht *m* ‖ ~ **inibidor** (electrón.) / Z-Draht *m* ‖ ~ **intersticial** (telecom.) / Beipackader *f* ‖ ~ **isolante** / Isolierfaden *m* ‖ ~ **jaspeado** / Jaspégarn *n* ‖ ~ **jumper** (telecom.) / Rangierdraht *m* ‖ ~ **laminado** / Lahn *m* ‖ ~ **mecânico** / Maschinengarn *n* ‖ ~ **meio cardado e penteado** / Halbgarn *n* ‖ ~ **meio-penteado** / Halb[kamm]garn *n* ‖ ~ **meio-urdume** / Halbkettgarn *n* ‖ ~ **metálico** / Metalldraht *m*, Draht *m* ‖ ~ **metálico de enchimento** (geral) / Fülldraht *m* ‖ ~ **metálico de secção troncónica**, fio *m* metálico de seção troncônica / Keildraht *m* ‖ ~ **misturado** / meliertes (o. plattiertes) Garn ‖ ~ **mohair** / Mohärgarn *n* ‖ ~ **mungo de torção forte** / Azurgarn *n* ‖ ~ **nodoso** / Noppengarn *n* ‖ ~ **nu** (electr.) / blanke Leitung ‖ ~ **para amarrar** / Bindedraht *m* ‖ ~ **para bordar em tambor** / Rahmengarn *n* ‖ ~ **para brochar** / Heftfaden *m* ‖ ~ **para cambraia** / Batistgarn *n* ‖ ~ **para crochet** / Häkelgarn *n* ‖ ~ **para enfiar** / Einziehdraht *m* ‖ ~ **para galão** / Litzengarn *n* ‖ ~ **para ourelas** / Leistengarn *n* ‖ ~ **para pontes** (electr.) / Brückendraht *m* ‖ ~ **para treliça metálica** / Maschendraht *m* ‖ ~ **para tricotar** / Trikotgarn *n* ‖ ~ **partido** (tecel.) / Fadenbruch *m* ‖ ~ **perfilado** / Formdraht *m* ‖ ~ **perolado** / Perlgarn *n*, -faden *m* ‖ ~ **persa** / Moosgarn *n* ‖ ~ **piloto** (telecom.) / Meßdraht *m*, -ader *f* (im Kabel), Prüfdraht *m* ‖ ~ **refractário** (têxtil) / Immungarn *n* ‖ ~ **retorcido** / Kabelfaden *m*, Doppelzwirn *n*, Zwirn *m*, Zwirnfaden *m* ‖ ~ **revestido** / Manteldraht *m* ‖ ~ **revestido de amianto** / Asbestdraht *m* ‖ ~ **superfino** / Feinstdraht *m* ‖ ~ **tecido** / Bauschgarn *n*, texturiertes Garn ‖ ~ **telefónico** (telecom.) / Telefonleitung *f* ‖ ~ **telefónico** (técn. ferrov.) / Sprechleitung *f* ‖ ~ **tensor** (têxtil) / Einflechtfaden, Spannfaden *m* ‖ ~ **texturado** / texturiertes Garn, Bauschgarn *n* ‖ ~ **tinto misto de cheviote** / Cheviotfarbmischgarn *n* ‖ ~ **torcido para a esquerda** / Linkszwirn *m* ‖ ~ **tubular** (electr.) / Rohrdraht *m*

fios *m pl* **colados** (tecel.) / Schlichtstelle *f* ‖ ~ **de fibra de linho** (geral) / Leinengarne *pl* ‖ ~ **misturados** (tecel.) / falsches Garn ‖ ~ **taqueométricos** (agrimen.) / Distanz-Fäden *m pl*

firme / fest ‖ ~ / fest gebaut ‖ ~ (solo) / tragfähig

firmemente combinado (química) / fest gebunden

firmeza *f* / Festigkeit *f* ‖ ~ **da cor** / Farbbeständigkeit *f*

firmware *m* (informática) / Firmware *f*

fiscalização *f* **de obras** / Bauaufsicht *f*

física *f* / Physik *f* ‖ ~ **atómica** / Atomphysik *f* ‖ ~ **da radiação** / Strahlenphysik *f* ‖ ~ **das altas energias** / Hochenergiephysik *f* ‖ ~ **das altas pressões** / Hochdruckphysik *f* ‖ ~ **das altas velocidades** / Hochgeschwindigkeitsphysik *f* ‖ ~ **das radiações** / Strahlungsphysik *f* ‖ ~ **de sólidos** / Festkörperphysik *f* ‖ ~ **dos raios X** / Röntgenphysik *f* ‖ ~ **experimental** / Experimentalphysik *f* ‖ ~ **nuclear** / Kernphysik *f*

físico / physisch ‖ ~ (física) / physikalisch, naturgesetzlich

físico-química *f* / Physikochemie *f*

físico-químico / chemisch-physikalisch, physikochemisch

fisiologia *f* / Physiologie *f*

fisiológico / physiologisch

fissão *f* / Fission *f*, Spalten *n*, Spaltung *f* ‖ ~ (física, biol.) / Spaltung *f* ‖ ~ (técn. nucl.) / Spaltung *f* ‖ ~ **atómica** / Atomzertrümmerung, Atomspaltung *f* ‖ ~ **explosiva** (técn. nucl.) / explosive Spaltung ‖ ~ **nuclear** / Kernspaltung *f* ‖ ~ **rápida**, fissão *f* por neutrões rápidos, fissão *f* por neutrons rápidos (técn. nucl.) / Schnellspaltung *f* ‖ ~ **térmica** / Spaltung *f* mit thermischen Neutronen

físsil (técn. nucl.) / spaltbar ‖ **facilmente** ~ / leicht spaltbar ‖ **não** ~ (técn. nucl.) / unspaltbar

fissilidade *f* (técn. nucl.) / Spaltbarkeit *f*

físsio *m* (técn. nucl.) / Fissium *n* ‖ ~ **simulado** (técn. nucl.) / simuliertes Fissium

fissura *f* **de fadiga** / Daueranriß *m* ‖ ~ **de retracção** (máq., tecnol.) / Schrumpfriß *m* ‖ ~ **de soldadura** / Schweißriß *m*

fita *f* / Streifen *m*, schmales Band, Band *n* ‖ ~ **[de cor] para máquina de escrever** / Schreibmaschinen[farb]band *n* ‖ ~ **adesiva** / Klebeband *n*, Klebestreifen *m* ‖ ~ **carregadora** ((arma)) / Gurt *m* ‖ ~ **cinematográfica** / Filmstreifen *m* ‖ ~ **com dados simulados** (informática) / Band *n* mit simulierten Daten ‖ ~ **condutora** / Leitungsband *n* ‖ ~ **de aço** / Stahlband *n* ‖ ~ **de aço** (siderurg.) / Bandstahl *m* ‖ ~ **de actualização** (informática) / Änderungsband *n* ‖ ~ **de algodão** / Baumwollband *n* ‖ ~ **de aquecimento** / Heizband *n* ‖ ~ **de borracha** / Gummiband *n* ‖ ~ **de carbono** / Karbonfarbband *n* ‖ ~ **de cetim** / Atlasband *n* ‖ ~ **de cor para impressão** (máq. escrev.) / Farbband *n* ‖ ~ **de ferro** / Bandeisen *n*, Eisenband *n* ‖ ~ **de fibras** / Faserband *n* ‖ ~ **de filosela** / Frisolettband *n*, Florettband *n* ‖ ~ **de folha-de-flandres** (siderurg.) / Weißband[blech] *n* ‖ ~ **de ligação à massa** (autom.) / Masseband *n* ‖ ~ **de longa duração** / Langspielband *n* ‖ ~ **de mudança** (informática) / Änderungsband *n* ‖ ~ **de película** (plást.) / Folienband *n* ‖ ~ **de referência** (fita magn.) / Bezugsband *n* ‖ ~ **de saída** (informática) /

Ausgabeband *n*, Ergebnisband *n* ‖ ~ **de suspensão** / Hängeband *n* ‖ ~ **de velo** (fiação) / Florstreifen *m* ‖ ~ **de vídeo** (tv) / Video[magnet]band *n* ‖ ~ **elástica** / elastisches Band, Gummiband *n* ‖ ~ **em branco** (fita magn.) / Leerband *n* ‖ ~ **esmaltada**, fita *f* envernizada (electr.) / Lackband *n* ‖ ~ **homogénea** (fita magn.) / Masseband *n* ‖ ~ **isolante** / Isolierband *n* ‖ ~ **laminada a frio** (lamin.) / Kaltband *n* ‖ ~ **magnética** / Magnetband *n*, Tonband *n* ‖ ~ **[magnética] de baixo ruído** (electrón.) / Low-Noise-Band *n* ‖ ~ **magnética virgem** (fita magn.) / Frischband *n* ‖ ~ **magnetoscópia** / Magnetbildband *n*, Videoband *n* ‖ ~ **mestre** (informática) / Bestandsband *n*, Stammband *n*, Hauptband *n* ‖ ~ **métrica** / Rollbandmaß *n*, Zentimetermaß *n*,

fitas *f pl* **à jour**, fitas *f pl* de ponto aberto (têxtil) / Ajourstreifen *m pl*

fitoalbumina *f* / Pflanzeneiweißstoff *m*

fitoquímica *f* / Pflanzenchemie *f*

fitting *m* / Formstück *n*, Fitting *n*

fivela *f* / Schnalle *f*

fixação *f* / Befestigung *f*, Befestigen *n*, Festspannen *n* ‖ ~ (máq. ferram.) / Aufspannung *f*, -spannen *n* ‖ ~ (técn. fotogr.) / Fixieren *n*, Fixage *f* ‖ ~ (constr. civil) / Einbindung *f*, Einbinden *n* ‖ ~ (esqui) / Bindung *f* ‖ **de** ~ / Befestigungs... ‖ **de** ~ **a frio** / kaltabbindend ‖ ~ **ao tecto** / Deckenmontage, -befestigung *f* ‖ ~ **da asa à fuselagem** (aeronáut.) / Flügelanschluß *m* ‖ ~ **da ferramenta** (máq. ferram.) / Werkzeugaufnahme *f* ‖ ~ **do nitrogénio atmosférico** / Stickstoffgewinnung *f* aus Luft ‖ ~ **do pêlo** (tecel.) / Florfestmachen *n* ‖ ~ **final** (funi) / Endverankerung *f* ‖ ~ **mural** / Wandbefestigung *f* ‖ ~ **permanente** / Dauerfixierung *f* ‖ ~ **pneumática** (máq. ferram.) / Druckluftspannung *f* ‖ ~ **por aperto** / Klemmfeststellung *f*, Klemmung *f* ‖ ~ **por excêntrico** (máq. ferram.) / Exzenterspannung *f* ‖ ~ **por um só orifício** / Einlochbefestigung *f* ‖ ~ **rígida** (mecân.) / feste Einspannung

fixado (técn. ferrov.) / aufgezogen ‖ **estar** ~ [a] / stecken *vi*, festsitzen ‖ ~ **a mordente** (tinturaria) / mit Beizmittel fixiert ‖ ~ **numa extremidade** (mecân.) / einseitig eingespannt (am andern Ende aufliegend) ‖ ~ **por cunha** / festgekeilt

fixador *m* (estamp.) / Niederhalter *m* ‖ ~ (filme, desenho) / Fixativ *n* ‖ ~ (tinturaria) / Fixiermittel *n* ‖ ~ **de chapas** (máq. ferram.) / Blechfesthaltung *f* ‖ ~ **para batentes** (constr. civil) / Flügelfeststeller *m*

fixar / befestigen, festhalten, sichern ‖ ~ (máq. ferram.) / einspannen, einrichten, aufspannen ‖ ~ (técn. fotogr., tinturaria) / fixieren ‖ ~ **buchas** / dübeln ‖ ~ **mediante cunhas** / festkeilen, durch Keilwirkung festsetzen, aufkeilen ‖ ~ **mediante ganchos** / festhaken, anhaken ‖ ~ **mediante grampos** / festklammern, anklammern, mit Klammern befestigen, verklammern ‖ ~ **mediante parafusos** / festschrauben

fixável / fixierbar, feststellbar

fixidez *f* (química) / Feuerbeständigkeit *f*

fixo, não amovível / befestigt, fest (Ggs: auswechselbar), ortsfest ‖ ~ (máq., tecnol.) / feststehend, stationär

flã *m* (artes gráf.) / Matrize *f*, Mater *f* ‖ ~ **estereotípico** (artes gráf.) / Stereomater *f*, Stereotypiepappe *f*

flacidez *f* / Schlaffheit *f*

flácido / schlaff, lappig

flag *m* (informática) / Markierung *f* ‖ ~ **de erro** (informática) / Fehlerkennzeichen *n*, Fehleranzeige *f*

flambagem *f* / Knicken *n*, Knickung *f* ‖ **à prova de** ~ (mecân.) / knickfest

flambar / knicken *vi*

flamejante / flammend

flanco *m* (máq., tecnol., impulso) / Flanke *f* ‖ ~ (geol) / Flügel *m* ‖ ~ **conjugado** / Gegenflanke *f* ‖ ~ **da cabeça do dente** / Kopfflanke *f* ‖ ~ **da rosca** / Gewindeflanke *f* ‖ ~ **de dente** / Flanke *f* zwischen Teilkreis und Fuß ‖ ~ **de impulso** / Impulsflanke *f* ‖ ~ **definido em perfil axial** / Flankenform A *f* ‖ ~ **definido em perfil normal** / Flankenform N *f* ‖ ~ **do dente** / Fußflanke *f* ‖ ~ **em helicóide desenvolvível** / Flankenform *f* I ‖ ~ **posterior** (impulso) / Rückfront *f*, -flanke *f*, hintere Flanke

flanela *f* / Flanell *m*

flange *m* / Flansch *m* ‖ ~ **angular** / Eckflansch *m* ‖ ~ **cego** / Blindflansch *m* (DIN 28546), Abschlußflansch *m*, Deckelflansch *m*, X-Stück *n* ‖ ~ **com encaixe fêmeo** / Flansch *m* mit Nut ‖ ~ **com encaixe macho** / Flansch *m* mit Feder ‖ ~ **com encaixe macho e fêmeo** / Flansch *m* mit Feder u. Nut ‖ ~ **de acoplamento** / Kupplungsflansch *m* ‖ ~ **de escape** (autom.) / Auspuffkrümmer *m* ‖ ~ **de junção** / Anschlußflansch *m* ‖ ~ **de orifício** / Meßflansch *m* ‖ ~ **de paragem** / Anlaufflansch *m* ‖ ~ **de pressão** / Druckflansch *m* ‖ ~ **do induzido** (electr.) / Ankerflansch *m* ‖ ~ **do mandril** (máq. ferram.) / Futterflansch *m* ‖ ~ **expandido** / Aufwalzflansch *m* ‖ ~ **falso** / Deckelflansch *m*, Blind-, Abschlußflansch *m* ‖ ~ **fêmeo** / Flansch *m* mit Rücksprung ‖ ~ **fixo** / fester Flansch ‖ ~ **inferior** / Fußflansch *m* ‖ ~ **louco**, flange *m* livre / Blockflansch *m*, Losflansch *m*, loser Flansch ‖ ~ **macho** / Flansch *m* mit Vorsprung ‖ ~ **plano** (máq., tecnol.) / Flachflansch *m*, glatter Flansch ‖ ~ **roscado** / Gewindeflansch *m* ‖ ~ **soldado** / Lötflansch *m*

flap *m* **articulado** (aeronáut.) / Flügelklappe *f* ‖ ~ **de aterragem** (aeronáut.) / Landeklappe *f* ‖ ~ **de recuperação** (aeronáut.) / Abfangklappe *f* ‖ ~ *f* **de sustentação** (aeronáut.) / Auftriebsklappe *f*

flash *m* (técn. fotogr.) / Blitzgerät *n*, Blitzlicht *n* ‖ ~ **de lâmpada azul** (técn. fotogr.) / Blaukolbenblitz *m* ‖ ~ **de ou a raios infravermelhos** / Infrarotblitzlampe *f* ‖ ~ **electrónico ou eletrônico** / Elektronenblitz *m*

flavina *f* / Flavin *n*

flavona *f* / Flavon *n* (gelber Blütenfarbstoff)

flecha *f* (constr. civil) / Stichhöhe *f* ‖ ~ / Spitze *f*, Turmspitze *f* ‖ ~ / Durchhang *m* ‖ ~ **de arco** (constr. civil) / Bogenstich *m* ‖ ~ **de um arco** (constr. civil) / Pfeilhöhe *f*, Pfeil *m*, Bogenstich *m* ‖ ~ **de uma torre** (constr. civil) / Turmspitze *f* ‖ ~ **do arco** (constr. civil) / Bogenhöhe *f* ‖ ~ **funcional** / Funktionspfeil *m*

flectido / durchgebogen

flectir / durchfedern, durchbiegen ‖ ~ (física) / beugen, biegen

flexão *f* (geral) / Biegung *f* ‖ ~, elasticidade *f* / Durchfederung *f*, Durchbiegung *f* ‖ ~ **alternada** / Wechselbiegen *n*, Gegenbiegewechsel *m* ‖ ~ **elástica** / federnde Durchbiegung ‖ ~ **permanente** (plást.) / Durchbiegung *f*

flexibilidade *f* / Schmiegsamkeit *f*, Biegsamkeit *f*, Flexibilität *f*

flexígrafo *m* / Flexigraph *m*

flexível (geral) / nachgiebig ‖ ~ / biegbar, biegsam

flexografia *f* / Flexodruck *m*, -graphie *f*

flexura *f* (geol) / Flexur *f*

flint-glas *m* / Flintglas *n*

flip-chart *m* (informática) / Flip-Chart *f n*

flip-chip *m* (semicondut.) / Flip-Chip *n*

flip-flop *m* (electrón.) / Flip-Flop *m n*, bistabiles Kippglied

flobafeno *m* / Phlobaphen *n*, Gerberrot *n*

floco *m* / Flocke *f* ‖ **em** ~**s finos** / feinflockig ‖ **sem** ~**s** / flockenfrei

flocos *m pl* **de algodão** / Baumwollflocken *f pl* ‖ ~ **de sabão** / Seifenflocken *f pl*
flocosidade *f* (química) / Flockigkeit *f*
flocoso / flockig
floculação *f* (química) / Ausflockung *f*, Flocken *n*, Flockung *f*
floculado / geflockt, Flocken...
floculante *m* / Flockungsmittel *n*
flocular / ausflocken, flocken
flóculos *m pl* (astron.) / Flocculi *pl* ‖ ~ **de lodo activado** / Belebtschlammflocken *f pl*
flor *f* (geral, constr. civil, tinturaria) / Blume *f* ‖ ~ (cortumes) / Blumenseite *f*, Narbe *f* ‖ ~ (em tapetes) (tecel.) / Flor *m* ‖ **à ~ da água** / auf der Oberfläche des Wassers ‖ ~ **de antimónio** (mineralog.) / Antimonblüte *f* ‖ ~ **de farinha** / Staubmehl *n*, Mühlenstaub *m*, feinstes Mehl ‖ ~ **de gesso** / Gipsmehl *n* ‖ ~ **firme** (cortumes) / fester Narben
floração *f* (bot.) / Blühen *n*, Blüte *f*
floreado (têxtil) / geblümt
florença *f* (tecel.) / Florence *m* (ein Futtertaffet)
florentina *f* / Florentine *f* (geköperte Baumwolle)
flores *f pl* **de enxofre** / Schwefelblumen *f pl*, -blüte *f* ‖ ~ **de zinco** (siderurg.) / Zinkblumen *f pl*, Zinkweiß *n*
floresta *f* / Wald *m*, Waldgebiet *n*, Forst *m* ‖ ~ **comunal** / Allmende *f* ‖ ~ **de coníferas** / Nadelwald *m* ‖ ~ **de montanha** / Bergwald *m* ‖ ~ **de resinosas** / Nadelwald *m* ‖ ~ **equatorial densa** / Regenwald *m* ‖ ~ **mista** / Mischwald *m*
florestação *f* / Forstkultur *f*
flotação *f* / Flotierung *f*, Schwimmaufbereitung *f*, Flotation *f*, Schwimmverfahren *n* ‖ ~ **de iões** / Ionenflotation *f* ‖ ~ **gravimétrica** (expl. minas) / Schwerflüssigkeits-Sinkscheidung, Sinkscheidung *f* ‖ ~ **gravimétrica** (prep.) / Schwimm-Sinkverfahren *n*
flotar / flotieren
flox *m* (míssil) / Flox *n* (Gemisch von Flüssigsauerstoff u. Flüssigfluor)
fluato *m* / Fluat *n*
fluência *f* / Kriechen *n*, plastisches Fließen ‖ ~ / Fließen *n* von Material ‖ ~ (técn. nucl.) / Fluenz *f* ‖ ~ **de energia** (técn. nucl.) / Energiefluenz *f* ‖ ~ **de partículas** (técn. nucl.) / Teilchenfluß *m*, -fluenz *f*
fluente / fließend
fluidez *f* / Fließfähigkeit *f*, Leichtflüssigkeit *f*, Fließeigenschaft *f* ‖ ~ / Dünnflüssigkeit *f* ‖ ~ (inverso da viscosidade) / Fluidität *f* (Ggs: Viskosität)
fluídica *f* / Fluidik *f* (Art Steuertechnik), Fluidtechnik *f*
fluídico / strömungstechnisch
fluidificação *f* / Fließbettmethode *f* ‖ **de fácil ~** / leichtflüssig
fluidificado / fluidisiert ‖ ~ (constr. rodov.) / gefluxt
fluidificar / flüssig machen, zum Fließen bringen
fluidificável, facilmente ~ / leichtflüssig
fluidização *f* (silo) / Auflockerung *f*
fluidizar (silo) / auflockern
fluido *m* / Fluid *n* (flüssiges oder gasförmiges Medium) ‖ ~ *adj* / flüssig, dünnflüssig ‖ ~ *m* **de Bose** / Boseflüssigkeit *f* ‖ ~ **de lavagem** (petróleo) / Spülmittel *n* ‖ ~ **de refrigeração** / flüssiges Kühlmittel ‖ ~ **de silicone** / Silikonöl *n* ‖ ~ **indicador** (química) / Indikatorflüssigkeit *f* ‖ ~ **para freios** / Bremsflüssigkeit *f* ‖ ~ **para soldar** / Lötwasser *n* ‖ ~ **sob pressão** / Druckflüssigkeit *f* ‖ ~ **traçador** (química) / Nachweisflüssigkeit *f* ‖ ~ **viscoso** / Schleim *m*
fluidómetro *m* / Flüssigkeitsmesser *m*
fluir (plást.) / fließen
fluoborato *m* / Fluorborsäuresalz *n*, Fluor[o]borat *n*
fluocerita *f* (mineralog.) / Fluocerit *m*
flúor *m*, F / Fluor *n*, F ‖ ~ **cérico** / Zerfluor *n*
fluoração *f* / Fluoridierung *f*
fluorar / fluorieren, mit Fluorid behandeln
fluoreno *m* / Fluoren *n*
fluoresceína *f* / Fluoreszein *n*
fluorescência *f* (física) / Fluoreszenz *f* ‖ **estar em estado de ~** / fluoreszieren
fluorescente / fluoreszierend
fluorescer / fluoreszieren
fluoreto *m* / Fluorid *n*, Fluorverbindung *f*, Fluor..., Fluorsalz *n* ‖ ~ **de amónio** / Fluorammonium *n* ‖ ~ **de antimónio** / Fluorantimon *n* ‖ ~ **de boro** / Borfluorid *n*, Fluorbor *n* ‖ ~ **de cálcio** (química) / Fluorkalzium *n* ‖ ~ **de cromo** / Chromfluorid *n* ‖ ~ **de ferro** / Eisenfluorid *n* ‖ ~ **de hidrogénio** / Fluorwasserstoff *m* ‖ ~ **de lítio** / Lithiumfluorid *n* ‖ ~ **de potássio** / Fluorkalium *n* ‖ ~ **de sódio** / Natriumfluorid *n*, Fluornatrium *n* ‖ ~ **silícico** / Fluorsilizium *n*
fluorimetria *f* / Fluoreszenzanalyse, Fluorimetrie *f*
fluorimétrico (química) / fluorometrisch
fluorímetro *m* / Fluorometer, Fluorimeter *n*
fluorinação *f* (explor. urânio) / Fluorination *f*, Fluorieren *n*
fluorita *f* (mineralog.) / Flußspat, Fluorit *m*
fluorítico / fluorhaltig
fluorocarbono *m* / Fluorkohlenstoff *m*, Fluorkohlenwasserstoff *m*, Fluorcarbon *m n*
fluorocrómio *m* / Fluorochrom *n* (fluoreszierendes Material)
fluorofibra *f* / Fluorofaser *f*
fluoróforo *m* / Leuchtstoff *m* ‖ ~ / fluorophor, fluorogen (Fluoreszenz verursachend)
fluorografia *f* / Fluorographie *f*
fluoroscopia *f* / Fluoroskopie *f*
fluoroscópio *m* / Röntgenbildschirm *m*, Fluoroskop *n*
fluorose *f* / Fluorose *f*, chronische Fluorvergiftung
fluossilicato *m* / Fluorsilikat *n*, Siliziumfluorid *n*
flutuabilidade *f* (física) / Schwimmfähigkeit *f* ‖ ~ (siderurg.) / Flotierbarkeit *f*
flutuação *f* / Fluktuation *f*, Schwankung *f* ‖ ~ (madeira) / Flößen *n* ‖ ~ **da frequência** / Frequenzschwankung *f* ‖ ~ **da intensidade da corrente** (electr.) / Stromschwankung *f* ‖ ~ **de pessoal** (org. industr.) / Fluktuation *f* ‖ ~ **de pressão** / Druckschwankung *f* ‖ ~ **de tensão** / Spannungsschwankung *f* ‖ ~ **de velocidade** / Geschwindigkeitsschwankung *f* ‖ ~ **do nível de imagem** / Bildpegelschwankung *f*
flutuador *m* / Schwimmer *m* ‖ ~ **basculante** (mot.) / Kippschwimmer *m* ‖ ~ **de alarme** / Alarmschwimmer *m* ‖ ~ **de pressão** (mot.) / Druckschwimmer *m* ‖ ~ **do carburador** / Vergaserschwimmer *m* ‖ ~ **esférico** / Schwimmerkugel *f*, Kugelschwimmer *m*
flutuadores *m pl* (aeronáut.) / Schwimmwerk *n*
flutuante / schwimmend, beweglich eingehängt
flutuar / schwanken, fluktuieren ‖ ~ (hidrául.) / treiben, schwimmen ‖ **fazer ~** (madeira) / triften
flutuável / schwimmfähig ‖ ~ (siderurg.) / flotierbar
fluvial / fluvial
fluviómetro *m* / Fluviometer *n*
fluxímetro *m* / Flußmesser *m*
fluxo *m* / Lauf *m*, Fluß *m* ‖ ~ (física) / Fluß *m* ‖ ~ (vidro) / Glasfluß *m* ‖ ~ (técn. nucl.) / Teilchendichte *f* ‖ **de ~ duplo** (turbina) / doppelflutig, zweiflutig ‖ **de ~ livre** / Freifluß... ‖ **de livre ~** / fließfähig ‖ **de um só ~** / einflutig ‖ ~ **da água** / Laufen *n* des Wassers ‖ ~ **de dados** / Datenfluß *m* ‖ ~ **de dispersão** (electr.) / Streufluß *m* ‖ ~ **de dispersão do induzido** (electr.) / Ankerstreufluß *m* ‖ ~ **de electrões ou elétrons** / Elektronenfluß *m* ‖ ~ **de esgotos** /

Abwasserzufluß *m* ‖ ~ **de excitação** (electr.) / Erregerdurchflutung *f* ‖ ~ **de excitação** / Erregungsfluß *m* ‖ ~ **de fuga** (electr.) / Streufluß *m* ‖ ~ **de fuga magnética** / magnetischer Streufluß ‖ ~ **de gás** / Gasstrom *m* ‖ ~ **de informações** / Informationsfluß *m* ‖ ~ **de luz** (física) / Lichtstrom *m* ‖ ~ **de materiais a serem transportados** / Fördergutstrom *m* ‖ ~ **de neutrões**, fluxo *m* de nêutrons / Flux *m*, Neutronenfluß *m* ‖ ~ **de potência** / Leistungsfluß *m* ‖ ~ **de produção** / Fertigungsfluß *m* ‖ ~ **diurno de esgotos** / Abwasserzufluß *m* während des Tages ‖ ~ **do induzido** / Anker[kraft]fluß *m* ‖ ~ **induzido** / Induktionsfluß *m* ‖ ~ **laminar** / laminare Strömung ‖ ~ **luminoso** (física) / Lichtstrom *m* ‖ ~ **luminoso por unidade de tempo** / Lichtmenge *f* (in der Zeiteinheit) ‖ ~ **magnético** / Magnetfluß *m* ‖ ~ **mássico** / Mengenfluß *m* ‖ ~ **para soldar** / Schweißpulver *n*, -mittel *n* ‖ ~ **paralelo** (vapor, água) / Gleichstrom *m*

fluxograma *m* (org. industr.) / Fließbild *n*, Fließdiagramm *n* ‖ ~ (informática) / Flußdiagramm *n*, Ablaufdiagramm *n* ‖ ~ **de dados** (informática) / Datenflußplan *m* ‖ ~ **de energia** / Energieflußbild *n*, Sankeydiagramm *n* ‖ ~ **de fabricação** / Fertigungsablaufdiagramm *n* ‖ ~ **de programa** (informática) / Programmablaufplan *m* ‖ ~ **de trabalhos** (org. industr.) / Arbeitsablaufplan, -bogen *m*

F.M. (= modulação de frequência) / FM

focado (técn. fotogr.) / scharf eingestellt

focagem *f* / Scharfeinstellung *f* ‖ ~ (técn. fotogr.) / Entfernungseinstellung *f* ‖ ~ **da ocular** / Okulareinstellung *f* ‖ ~ **dos faróis** (autom.) / Scheinwerfereinstellung *f*

focal / fokal, Fokal..., den Brennpunkt betreffend

focalização *f* (óptica) / Fokussieren *n*, Fokussierung *f*, Einstellung *f* ‖ ~ **a gás** / Gasfokussierung, -konzentrierung *f*

focalizar (óptica) / fokussieren, einstellen, in den Brennpunkt bringen

focar (óptica) / scharfeinstellen

foco *m* (óptica) / Fokus *m*, Brennpunkt *m* ‖ **de ~ fixo** / mit konstanter Brennweite, Fixfokus... ‖ ~ **de incêndio** / Brandherd *m* ‖ ~ **de incêndio residual** / Brandnest *n* ‖ ~ **equivalente** (óptica) / Äquivalenzbrennpunkt *m* ‖ ~ **virtual** (óptica) / gedachter o. virtueller Brennpunkt, Zerstreuungspunkt *m*

focómetro *m* / Fokometer *n*

focos *m pl* **da elipse** / Ellipsenbrennpunkte *m pl*

fofo / locker, weich

fogão *m* (constr. civil) / Ofen *m* ‖ ~ **a gás** / Gasherd, -kochherd *m* ‖ ~ **a óleo** / Ölofen *m* ‖ ~ **de aquecimento com revestimento de azulejos** / Kachelofen *m* ‖ ~ **de aquecimento para casas em construção** / Bauaustrockner *m* ‖ ~ **de cozinha** / Küchenherd *m*, Kochherd *m*

fogareiro *m* **a álcool** / Spirituskocher, -brenner *m*

fogo *m* / Feuer *n*, Brand *m* ‖ ~ (constr. civil) / Wohneinheit *f* ‖ **à prova de ~** / feuerfest, -sicher ‖ **fazer ~** (armamento) / feuern ‖ ~ **aberto** / offenes Feuer ‖ ~ **crescente** (bombeiros) / Lauffeuer *n* ‖ ~ **de artifício** / Feuerwerk *n* ‖ ~ **de combustão lenta** (bombeiros) / Schwelbrand *m* ‖ ~ **de forja** / Schmiedefeuer *n* ‖ ~ **de forno de revérbero** (siderurg.) / Streichfeuer *n* ‖ ~ **incipiente** (bombeiros) / Entstehungsfeuer *n* ‖ ~ **tiro a tiro** (armamento) / Einzelfeuer *n* ‖ ~ **vivo** (cerâm.) / Scharffeuer *n*, Scharffeuerbrand, Glattbrand *m*

fogueiro *m* (máq. vapor) / Heizer *m*

foguete *m* / Rakete *f* ‖ ~ **a monopropelente** / Einstoffrakete *f* ‖ ~ **a propelente sólido** / Feststoffrakete *f* ‖ ~ **a propelentes sólidos e líquidos** / Feststoff-Flüssigkeitsrakete *f* ‖ ~ **antiaéreo** / Fla-Rakete *f*, Flakrakete *f* ‖ ~ **de andares múltiplos**, foguete *m* de estágios múltiplos / Stufenrakete *f* ‖ ~ **de lançamento** (astronáut.) / Trägerrakete *f* ‖ ~ **de um só andar** (astronáut.) / einstufige Rakete ‖ ~ **luminoso** / Leuchtrakete *f*, Signalrakete *f* ‖ ~ **vernier** (astronáut.) / Feinsteuer-Rakete *f*

foguista *m* (máq. vapor) / Heizer *m*

folar *m* (têxtil) / Klotzmaschine *f*

fole *m* / Blasebalg *m*, Balg *m* ‖ ~ (autom.) / Schutzkappe *f* (Lenkgestänge) ‖ ~ **de passagem** (técn. ferrov.) / Faltenbalg *m*

folga *f* (máq., tecnol.) / Luftzwischenraum *m*, Spiel *n*, Spielraum *m*, Luft *f* ‖ **com ~ axial** / leergehend ‖ **ter ~** (máq., tecnol.) / Spiel haben, Lose haben ‖ **ter demasiada ~** / schütteln *vi* (zu viel Spiel haben) ‖ ~ **axial** (rosca) / Längsspiel *n*, Leerlauf *m* ‖ ~ **axial do anel de segmento** / Kolbenringlängsspiel *n* ‖ ~ **da junta** / Stoßfuge *f*, Zwischenraum *m* ‖ ~ **da raiz** (roda dentada) / Fußspiel *n* ‖ ~ **da rosca**, folga *f* das rodas dentadas / Gewindespiel *n*, Spiel *n* im Gewinde, an Zahnrädern, Flankenspielraum *m* ‖ ~ **de funcionamento** (mot.) / Betriebsspiel *n* ‖ ~ **do êmbolo** / Kolbenspiel *n*, -luft *f* ‖ ~ **do freio ou travão** / Bremsspiel *n* ‖ ~ **entre válvulas** (mot.) / Ventilspiel *n* ‖ ~ **lateral** (máq., tecnol.) / Seitenspiel *n* ‖ ~ **longitudinal** / Längsspiel *n* ‖ ~ **máxima** / Größtspiel *n* ‖ ~ **na base do dente** / radiales Kopfspiel ‖ ~ **no mancal** (máq., tecnol.) / Lagerluft *f* ‖ ~ **radial do anel de segmento** / Kolbenringspiel *n*, Radialspiel *n*

folha *f* (artes gráf.) / Blatt *n* ‖ ~ (papel) / Bogen *m*, Blatt *n* ‖ ~ (plást.) / Folie *f* ‖ **em ~** / flächig ‖ **em ~s** (artes gráf.) / in Bogen ‖ ~ **adesiva** / Klebefolie *f* ‖ ~ **contínua** (papel) / Faserstoff-Lage *f* ‖ ~ **da mola** / Federblatt *n* ‖ ~ **de aço para tanques** / Behälterblech *n* ‖ ~ **de alta qualidade** (siderurg.) / Qualitätsblech *n* ‖ ~ **de alumínio** / Alufolie *f* ‖ ~ **de cobertura** (artes gráf.) / Deckbogen *m* ‖ ~ **de cobre** / Blattkupfer *n* ‖ ~ **de correcção** (artes gráf.) / Deckblatt *n* ‖ ~ **de estanho** / Stanniol *n*, Zinnfolie *f* ‖ ~ **de gabarito para formulários** / Entwurfsblatt *n* für Vordrucke ‖ ~ **de gelatina** / Gelatinefolie *f*, -blatt *n* ‖ ~ **de impressão** (artes gráf.) / Druckbogen *m* ‖ ~ **de metal** / Blechtafel *f*, Metallfolie *f* ‖ ~ **de normas** / Normenblatt *n* ‖ ~ **de normas DIN** / DIN-[Norm]blatt *n* ‖ ~ **de ouro** / Goldblatt *n* ‖ ~ **de pá** / Schaufelblatt *n* ‖ ~ **de papel** / Papierbogen *m* ‖ ~ **de papel impressa de um só lado** / breite Seite ‖ ~ **de prata** / Silberfolie *f*, Blattsilber *n* ‖ ~ **de segunda qualidade** (plást.) / Flecht- und Schindelfolie *f* ‖ ~ **de serra** / Sägeblatt *n* ‖ ~ **de serra de segmentos** / Segmentsägeblatt *n* ‖ ~ **de tesoura** / Scherenblatt *n* ‖ ~ **de zinco** / Zinkblech *n* ‖ ~ **decorativa** (plást.) / Dekorationsfolie, -platte *f* ‖ **~-de-flandres** *f* / Blechtafel *f* (dünn), Weißblech *n* ‖ ~ **delgada** / dünne Folie ‖ ~ **em branco** (artes gráf.) / Schimmelbogen *m* ‖ ~ **esquineira** (constr. civil) / Eckblatt *n* ‖ ~ **intercalada** (artes gráf.) / Durchschußblatt *n*, Vakat *n* ‖ ~ **interna** / Innenflügel *m* ‖ ~ **laminada** (plást.) / Walzfolie *f* ‖ ~ **larga** (siderurg.) / Breitband *n* ‖ ~ **mal impressa** (artes gráf.) / Fehldruck *m* ‖ ~ **morta** (aeronáut.) / fallendes Blatt ‖ ~ **para provas** (artes gráf.) / Abziehbogen *m*, Einstechbogen *m* ‖ ~ **pós-formável** (plást.) / formbare Tafel o. Folie ‖ ~ **pré-impregnada** (plást.) / Prepreg *n* ‖ ~ **soprada** (plást.) / Blasfolie *f* ‖ ~ **transparente** / Klarfolie *f* ‖ ~ **transparente** (plást.) / Klarsichtfolie *f*, Zellglas *n* ‖ ~ **volante** / Flugblatt *n*

folhagem *f* (bot.) / Blätter *n pl*, Laubwerk *n*, Laub *n*

folhas, em ~ (electr.) / geblecht

folheado *m* / Furnierarbeit *f* ‖ ~ *adj* / blättrig ‖ ~

(química) / geblättert ‖ ~ *m* **de madeira** / Furnier *n* ‖ ~ **de ouro** / Lahngold *n*
folhear / furnieren
folheto *m* / Broschüre *f*
foliação *f* (geol) / Schieferung *f*, Schiefrigkeit *f* (Planargefüge in metamorphem Gestein)
foliáceo / blättertragend
fólio *m* / Kolumnenzahl *f* ‖ ~ (artes gráf.) / Hälfte *f* eines Papierformats, Folio *n*
fomar bojo / ausbauchen, beulen
fon *m* / Phon *n*
fonão *m* / Phonon *m*, Schallquant *m*
fone *m* / Telephon *n* ‖ ~ **de ouvido** / Kopfhörer *m*
fonia *f* / Telephonie *f*, Telefonie *f*
fonocaptor *m* **electromagnético** / elektromagnetischer Tonabnehmer
fonograma *m* / Phonogramm *n*, Tonaufzeichnung *f*, Tonaufnahme *f*
fonólito *m* (geol) / Klingstein, Phonolith *m*
fonómetro *m* / Geräuschmesser *m*, Phon[o]meter *n*, Schallpegelmesser *m*, Lautstärkemesser *m*, Schallstärkenmesser *m*
fônon *m* (física) / Schallquant *n*, Phonon *n*
fonoquímica *f* / Ultraschallchemie *f*
fonte *f* (geral, informática, hidrául.) / Quelle *f* ‖ ~ (MOS-FET) / Kathode *f*, Senke *f* ‖ ~ (técn. nucl.) / Quelle *f* ‖ ~ **abundante** / ergiebige Quelle ‖ ~ **de calibração** (instr.) / Eichquelle *f* ‖ ~ **de calor** / Wärmequelle *f* ‖ ~ **de corrente** (electr.) / Stromquelle *f* ‖ ~ **de dados** / Datenquelle *f* ‖ ~ **de energia** / Energiequelle *f* ‖ ~ **de Farrington** (informática) / Farringtonschrift *f* ‖ ~ **de interferências** / Störquelle *f* ‖ ~ **de iões ou íons** / Ionenquelle *f* ‖ ~ **de luz pontual** / Punktlichtquelle *f* ‖ ~ **de luz secundária** (física) / Fremdleuchter *m* ‖ ~ **de parasitas** / Störquelle *f* ‖ ~ **de perdas** / Verlustquelle *f* ‖ ~ **de poluição** / Emittent *m* ‖ ~ **de radiação** (técn. nucl.) / Strahler *m*, Strahlungsquelle *f* ‖ ~ **de radiação de grande capacidade** (técn. nucl.) / Großstrahler *m* ‖ ~ **de [ondas de] rádio** / Radiostern *m* ‖ ~ **de tensão** (electrón.) / Spannungsquelle *f* ‖ ~ **estranha** (electr.) / Fremdquelle *f* ‖ **~-hematita** *f* / Hämatitroheisen *n* ‖ ~ **luminosa** / Lichtquelle *f* ‖ ~ **negativa do campo** (física) / Senke *f* ‖ ~ **primária de luz** / Selbstleuchter *m*, Primärlichtquelle *f* ‖ ~ **quente**, fonte *f* radioactiva (técn. nucl.) / heiße Quelle ‖ ~ **rica** / ergiebige Quelle ‖ ~ **salina** / Solquelle *f* ‖ ~ **sonora** / Schallquelle *f*, Schallgeber *m* ‖ ~ **termal** / Thermalquelle *f*, warme [Heil]quelle, Therme ‖ ~ **termal** (geol) / heiße Quelle
fora, no lado ~ / außen, außerhalb ‖ ~ **da escala** (instr.) / über den Endwert hinaus ‖ ~ **de** / außerhalb *adv* ‖ ~ **de borda** / außenbords, Außenbord... ‖ ~ **de linha** (telecom.) / leitungsgetrennt ‖ ~ **de prumo** / aus dem Lot ‖ ~ **de serviço** / außer Betrieb
força *f* (física) / Kraft *f* ‖ ~ (mecân.) / Stärke, [mechanische] Kraft *f* ‖ ~ **actuadora** / Stellkraft *f* ‖ ~ **adesiva** / Klebekraft *f* ‖ ~ **aérea** / Luftstreitkräfte *f pl*, Luftwaffe *f* ‖ ~ **antagonista** / Gegenkraft *f* ‖ ~ **ascencional estática** / statischer Auftrieb ‖ ~ **ascensional** (aeronáut.) / Auftrieb *m* ‖ ~ **axial** / Längskraft *f* ‖ ~ **Bartlett** (técn. nucl.) / Bartlett-Kraft *f* ‖ ~ **central** (mecân.) / Zentralkraft *f* ‖ ~ **centrífuga** (física) / Zentrifugalkraft *f*, Fliehkraft *f*, Schleuderkraft *f*, Schwungkraft *f* ‖ ~ **centrípeta** / Zentripetalkraft *f*, Anstrebekraft *f*, Strebekraft *f* ‖ ~ **coerciva** / Koerzitivkraft *f* ‖ ~ **componente** / Teilkraft *f*, Komponente *f* ‖ ~ **consumida** / Kraftbedarf *m*, -verbrauch *m*, -aufnahme *f* ‖ ~ **contra-electromotriz** (electr.) / gegenelektromotorische Kraft, Gegen-EMK *f*, elektromotorische Gegenkraft ‖ ~ **coulomb** / Coulomb-Kraft *f* ‖ ~ **da gravidade** / Erdanziehungskraft *f* ‖ ~ **da máquina** / Maschinenkraft *f* ‖ ~ **de aceleração** / Beschleunigungskraft *f* ‖ ~ **de aderência** / Haftfestigkeit *f* ‖ ~ **de aderência** (geral, cola) / Bindekraft *f*, Klebkraft *f* ‖ ~ **de alavanca** / Hebelkraft *f*, -moment *n* ‖ ~ **de amortecimento** / Dämpfungskraft *f* ‖ ~ **de aperto** / Klemmkraft *f* ‖ ~ **de apoio** / Auflagekraft *f* (Tonarm) ‖ ~ **de arranque** (máq., tecnol.) / Anzugskraft *f* ‖ ~ **de atracção** / Anziehungskraft *f* ‖ ~ **de atrito** / Reibungskraft *f* ‖ ~ **de cisalhamento** / Scherkraft *f* ‖ ~ **de cisalhamento** (mecân.) / Schub *m*, Scherkraft *f* ‖ ~ **de coesão** / Kohäsion[skraft] *f*, Kohäsion *f*, Bindekraft *f* ‖ ~ **de colisão de electrões ou elétrons** / Elektronenwucht *f* ‖ ~ **de compressão** / Schließdruck *m*, Druckkraft *f* ‖ ~ **de curvatura** / Biegungskraft *f* ‖ ~ **de deformação** (forja) / Umformkraft *f* ‖ ~ **de descida** / Sinkkraft *f* ‖ ~ **de expansão** / Druckkraft *f* von Gasen, Expansionskraft *f*, Ausdehnungskraft *f* ‖ ~ **de fecho** / Schließkraft *f* ‖ ~ **de fecho do molde** / Formschließkraft *f* ‖ ~ **de flambagem** / Knickkraft *f* ‖ ~ **de fricção de deslize** / Gleitreibungskraft *f* ‖ ~ **de gravidade** / Schwerkraft *f*, Schwere *f* ‖ ~ **de guiamento lateral** (autom.) / Seitenführung[skraft] *f* ‖ ~ **de inchação** (couro) / Schwellkraft *f* ‖ ~ **de inércia** / Trägheit *f*, Trägheitskraft *f* ‖ ~ **de levantamento** / Tragfähigkeit *f*, -kraft, Belastbarkeit *f* ‖ ~ **de levitação** / Levitationskraft *f* ‖ ~ **de ligação** (química) / Bindungskraft *f* ‖ ~ **de pega** (tinta, cimento) / Bindekraft *f* ‖ ~ **de penetração** / Durchschlagskraft *f* ‖ ~ **de percussão** (máq., tecnol.) / Schlagkraft *f* ‖ ~ **de popa a proa** (navio) / Längsschiffkraft *f* ‖ ~ **de preensão** / Greifkraft *f* ‖ ~ **de pressão** / Anpreßdruck *m* ‖ ~ **de reacção** / Reaktionskraft *f* ‖ ~ **de reacção** / Rückstoßkraft *f* ‖ ~ **de reacção** (máq. ferram.) / Abdrängkraft *f* ‖ ~ **de reboque** / Schleppkraft *f* ‖ ~ **de recuo** / Rückstoßkraft *f* ‖ ~ **de reposição** / Rückstellkraft *f* ‖ ~ **de resistência** / Widerstandskraft *f*, Widerstandsfähigkeit *f* ‖ ~ **de sustentação** / Auftriebskraft *f* ‖ ~ **de tensão** / Federkraft *f*, Spannkraft *f* ‖ ~ **de torção** / Drehkraft *f*, Verdrehungskraft *f* ‖ ~ **de tracção** (mecân.) / Zugkraft *f* ‖ ~ **de tracção em regime contínuo** (autom.) / Dauerzugkraft *f* ‖ ~ **de vento cruzado** (aeronáut.) / Querkraft *f* ‖ ~ **desmagnetizante** / Entmagnetisierungskraft *f* ‖ ~ **devida à massa** (física) / Massenkraft *f* ‖ ~ **dipolar** (química) / Dipolkraft *f* ‖ ~ **directriz** (electr., máq., tecnol.) / Richtkraft *f*, -vermögen *n* ‖ ~ **do sistema amortecedor** / Federungsvermögen *n*, Federkraft *f* ‖ ~ **do vento** (meteorol.) / Windstärke *f* ‖ ~ **efectiva radiada** / effektive Strahlungsleistung ‖ ~ **elástica** / Spannkraft *f*, Schnellkraft *f* ‖ ~ **electromotriz** / elektromotorische Kraft, EMK *f* ‖ ~ **electromotriz de contacto**, força *f* eletromotriz de contato (electr.) / Kontakt-EMK *f* ‖ ~ **electromotriz efectiva** / wirksame o. effektive elektromotorische Kraft ‖ ~ **electromotriz induzida** / induzierte elektromotorische Kraft ‖ ~ **electromotriz psofométrica** / Geräusch-EMK *f*, Geräuschquellenspannung *f* ‖ ~ **electromotriz útil** / effektive elektromotorische Kraft ‖ ~ **expansiva** / Expansionskraft *f*, Expansivkraft *f* ‖ ~ **explosiva** / Detonationswert *m* (in kT o. MT), Brisanz *f*, Sprengkraft *f* ‖ ~ **externa** / äußere Kraft ‖ ~ **hidráulica** / Wasserkraft *f* ‖ ~ **impulsiva** / Stoßkraft *f* ‖ ~ **iónica** (química) / Ionenstärke *f* ‖ ~ **lateral** / Biegekraft *f*, Seitenkraft *f* ‖ ~ **lateral** (mecân., física) / seitlicher Zug, Seitenzug *m* ‖ ~ **longitudinal** / Längskraft *f* ‖ ~ **magnética** / Magnetkraft *f* ‖ ~ **motora** / bewegende Kraft ‖ ~

motriz / Bewegkraft, Betriebskraft *f*, Triebkraft *f*, Antriebskraft *f*, Treibkraft *f* ‖ ~ **motriz** (electr.) / Kraftstrom *m*, Energie *f*, Kraft *f* ‖ ~ **motriz a vapor** / Dampfkraft *f* ‖ ~ **natural** / Naturkraft *f* ‖ ~ **necessária** / Kraftbedarf *m* ‖ ~ **negativa** / Abtrieb *m*, negativer Auftrieb ‖ ~ **nuclear** (física) / Kernkraft *f* ‖ ~ **periférica** / Umfangskraft *f* ‖ ~ **propulsora** / Treibkraft *f*, Vortriebskraft *f*, Propulsionskraft *f* ‖ ~ **quadrupolar** / Quadrupolkraft *f* ‖ ~ **reactiva** / Reaktionskraft *f* ‖ ~ **requerida** / Leistungsbedarf *m* (eines Verbrauchers) ‖ ~ **resultante** / Ersatzkraft *f*, Resultierende *f* ‖ ~ **rotativa** / Drehkraft *f* ‖ ~ **tangencial** / Schwungkraft *f*, Tangentialkraft *f* ‖ ~ **termoeléctrica** / Thermokraft, Thermo-E.M.K. *f* ‖ ~ **transversal** (mecân.) / Querkraft *f* ‖ ~ **viva** / Wucht *f*, lebendige Kraft, Schwung *m*, Schwungkraft *f*

forçado / zwangsschlüssig, erzwungen, Zwangs...

forçar / aufbrechen ‖ ~ **parafusos** / Schraube[n] überdrehen ‖ ~ **uma rosca** (mecân.) / ein Gewinde überdrehen o. abwürgen

forças *f pl* **de gravidade** (mecân., física) / Massenkräfte *f pl*

forja *f* / Schmiede *f* ‖ ~ **catalã** (siderurg.) / Rennherd *m*, -ofen *m* ‖ ~ **de martinete** / Hammerwerk *n*, Hammerschmiede *f*

forjabilidade *f* / Warmbildsamkeit *f*, Hämmerbarkeit *f*, Schmiedbarkeit *f*

forjado / gehämmert, geschmiedet ‖ ~ **a martelo** / freiformgeschmiedet

forjador *m* / Hammerschmied *m*

forjadura *f* / Schmieden *n* ‖ ~ **com matriz fechada** / Formpressen *n* mit Grat ‖ ~ **de precisão** / Formschmieden *n*

forjamento *m* **livre** / Freiformschmieden *n*

forjar / schmieden, hämmern, ausschmieden, anschmieden ‖ ~ **homogeneamente** / durchschmieden ‖ ~ **na bigorna** / auf dem Amboß schmieden ‖ ~ **por choque** / schlagschmieden

forjável / schmiedbar, hämmerbar

forma *f* / Form *f*, Gestalt *f*, Art *f* ‖ ~, fôrma *f*, molde *m* (plást.) / Werkzeug *n* ‖ ~, fôrma *f* (sapato) / Leisten *m* ‖ ~, fôrma *f* (artes gráf.) / Form *f* ‖ **dar** ~ / Form geben, formen ‖ **dar** ~ (máq. ferram.) / fertigbearbeiten ‖ ~ **angular** (electrón.) / Eckform *f* (Röhre) ‖ ~ **básica** / Ausgangsform *f* ‖ ~ **característica do cristal** / Kristallhabitus *m* ‖ ~ **circular** / Kreisform *f* ‖ ~ **cis** (química) / Cis-Form *f* ‖ ~ **cristalina** / Kristallform *f* ‖ ~ **da fenda** (sold) / Fugenform *f* ‖ ~ **de caixa**, fôrma *f* de caixa (máq., tecnol.) / Kastenform *f* ‖ ~ **de desmoldar**, fôrma *f* de desmoldar (plást.) / Abstreiferform *f* ‖ ~ **de esfera** / Kugelform *f* ‖ ~ **fundamental** / Grundform *f* ‖ ~ **padronizada** / Gebrauchsform *f* (DIN)

formação *f* / Bildung *f* ‖ ~ (gás, vapor) / Entstehung *f*, Entwicklung *f* ‖ ~ (geol) / Formation *f*, Gruppe *f* ‖ ~ (acumul.) / Formieren *n*, Formierung *f* ‖ ~ (impulsos) / Formen *n* ‖ ~ **a frio** / Kaltformung *f*, -formgebung *f* ‖ ~ **da folha** (papel) / Blattbildung *f* ‖ ~ **de acabamento fosco** (plást., verniz) / Eisblumenbildung *f* ‖ ~ **de água de condensação** / Kondenswasserbildung *f* ‖ ~ **de base** (química) / Basenbildung *f* ‖ ~ **de bolhas** (acumul.) / Blasenbildung *f*, Gasen *n* ‖ ~ **de cabeças a frio** / Kaltanstauchen *n* von Köpfen ‖ ~ **de cadeias** (química) / Verkettung *f* ‖ ~ **de cavidades** / Hohlraumbildung *f* ‖ ~ **de cavidades arqueadas dentro de um bloco de pó comprimido** (metalurg. do pó) / Brückenbildung *f* ‖ ~ **de coque** / Koksablagerung *f* ‖ ~ **de cristais por crescimento de monocristais** / Kristallziehen *n* ‖ ~ **de escórias** / Schlackenbildung *f* ‖ ~ **de espuma** / Schaumbildung *f* ‖ ~ **de faíscas** (electr.) / Funkenbildung *f* ‖ ~ **de faixas em cor** (tv) / Farbbänder *n pl* ‖ ~ **de ferrugem** / Rostbildung *f*, Verrosten *n* ‖ ~ **de gás** / Gasentwicklung *f* ‖ ~ **de gelo** / Eisansatz *m*, -bildung *f*, Vereisung *f* ‖ ~ **de grãos** / Kornbildung *f*, Körnung *f* ‖ ~ **de halo** (técn. fotogr.) / Lichthofbildung *f* ‖ ~ **de laços** (informática) / Schleifenbildung *f* ‖ ~ **de malhas** / Maschenbildung *f* ‖ ~ **de manchas** / Fleckenbildung *f* ‖ ~ **de núcleo** (física) / Kernbildung *f* ‖ ~ **de quelato** (química) / Chelation, Chelatbildung *f* ‖ ~ **de sinais** (telecom.) / Signalformung *f* ‖ ~ **de sol** (química) / Solbildung *f* ‖ ~ **de uma crosta** / Deckelbildung *f* ‖ ~ **de unhadas** (esmalte) / Fischschuppenbildung *f* ‖ ~ **de vapor** / Dampfbildung *f*, Dampfentwicklung *f*, Dampferzeugung *f* ‖ ~ **do campo magnético** / Aufbau *m* des magnetischen Feldes ‖ ~ **do passo** (tecel.) / Fachbildung *f* ‖ ~ **do solo** / Bodenformation *f* ‖ ~ **e dobradura** (estamp.) / Formbiegen *n* ‖ ~ **gasógena** (expl. minas) / Gaslagerstätte, -formation *f* ‖ ~ **geológica** / geologische Formation ‖ ~ **livre** / Freiformen *n* (DIN 8583) ‖ ~ **permiana** / Perm *n*, Permische Formation ‖ ~ **por distensão** / Streckformen *n* ‖ ~ **por explosão** / Explosionsform[geb]ung *f* ‖ ~ **por extrusão** / Extrusionsformen *n* ‖ ~ **profissional** / Berufsausbildung *f*, Fachausbildung *f* ‖ ~ **quaternária** (geol) / Quartärformation *f* ‖ ~ **rochosa** / Gesteinsformation *f* ‖ ~ **técnica** / Fachausbildung *f*

formado (máq., tecnol.) / bearbeitet, geformt ‖ ~ **a frio** / kaltgeformt

formador *m* (informática) / Formatbildner *m*

formal *m* / Formal *n*, Methylal *n* ‖ ~ *adj* / formal

formaldeído *m* / Formaldehyd *m*

formalina *f* / Formalin *n*

formalizado (informática) / formalisiert

formamida *f* / Formamid *n*

formanilida *f* / Formanilid *n*

formante *m* (telecom.) / Formant *m*

formão *m* / Stechbeitel *m*, Beitel *m* ‖ ~ (carpint.) / Stemmeisen *n* ‖ ~ (marcenar.) / Lochbeitel *m*

formar / bilden, formen, abgestalten ‖ ~ (acumul.) / formieren ‖ ~ (tecel.) / broschieren ‖ **~-se** / [sich] bilden, sich entwickeln, entstehen ‖ ~ **a cabeça** (máq., tecnol.) / anköpfen, Köpfe anstauchen ‖ ~ **a frio** / kaltformen ‖ ~ **bolhas** / Blasen bilden ‖ ~ **depósito** / Ansatz bilden ‖ ~ **escórias** / schlacken *vi* ‖ ~ **espuma** / schäumen *vi* ‖ ~ **flecha** / durchhängen ‖ ~ **gases** / gasen, kochen ‖ ~ **mediante flexão** / Biegeumformen *n* ‖ ~ **talude** / abdachen, abböschen ‖ ~ **um círculo** / einen Kreis schließen

formatação *f* (informática) / Formatierung *f*

formatar (informática) / formatieren

formativo / formativ

formato *m* / Größe *f*, Format *n* ‖ ~ (geral, informática, papel) / Format *n* ‖ ~ (informática) / festgelegte Anordnung von Buchstaben, Feld, Format *n* ‖ ~ (papel) / Format *n* ‖ ~ **da composição** (artes gráf.) / Satzformat *n* ‖ ~ **de dados** / Datenformat *n* ‖ ~ **de instrução** (informática) / Befehlsstruktur *f* ‖ ~ **de registo** / Satzaufbau *m* ‖ ~ **DIN A4** / DIN-A4-Format *n* ‖ ~ **do ficheiro** / Dateiaufbau *m* ‖ ~ **em 18** (artes gráf.) / Achtzehnerformat *n* ‖ ~ **em doze** (artes gráf.) / Duodezformat *n* ‖ ~ **normalizado** (papel) / Normalformat *n* ‖ ~ **oblongo** / Langform *f*, Querformat *n* ‖ ~ **vertical** (artes gráf.) / Hochformat *n*

formiato *m* / Formiat *n*

fórmico / Ameisen..., Formyl...

formilação *f* / Formylierung *f*

fórmula *f* / Formel *f* ‖ ~ **aproximativa** /

Annäherungsformel *f* ‖ ~ **da solução** (galvanoplast.) / Badrezept *n* ‖ ~ **de constituição** (química) / Formelbild *n* ‖ ~ **de corante** / Farbstoffrezept *n* ‖ ~ **de enrolamento** (electr.) / Wicklungsformel *f* ‖ ~ **de estrutura** (química) / Formelbild *n* ‖ ~ **de Euler** (mecân.) / Eulersche Knickformel ‖ ~ **empírica** (geral) / Erfahrungsformel *f* ‖ ~ **gráfica** (química) / Formelbild *n* ‖ ~ **molecular** (química) / Bruttoformel *f* ‖ ~ **nuclear** / Kernregel *f*

formulação *f* (geral, química, galvanoplast.) / Formulierung *f*

formulário *m* / Formular *n*, Formblatt *n*, Vordruck *m* ‖ ~ **contínuo** (informática) / Leporelloformular *n*, Endlosformular *n* ‖ ~ **em branco** / leeres Formular

fórmulas *f pl* **hertzianas** / Hertzsche Formeln *f pl*

fornada *f* / Ofendurchsatz *m*, Ofenfüllung *f* ‖ ~ (siderurg.) / Gicht *f*, Einsatz *m*, Durchsatz *m* ‖ ~ (fundição) / Satz *m*, Beschickungsschicht *f* ‖ **por ~s** (siderurg.) / satzweise [arbeitend] ‖ ~ **de coque** / Koksofendurchsatz *m*

fornalha *f* / Feuerraum *m*, Ofen *m* ‖ **de ~ interna** / Innenheiz... ‖ ~ **a gás** / Gasfeuerung *f*, Ofen mit Gasbrenner *m* ‖ ~ **a óleo** / Ölfeuerung *f* ‖ ~ **com alimentação inferior** / Unterschubfeuerung *f* ‖ ~ **de alimentação superior contínua** / Schüttfeuerung *f* ‖ ~ **de grelha** / Rostfeuerung *f* ‖ ~ **de uma caldeira** / Kesselfeuerung *f* ‖ ~ **inferior** / Unterfeuerung *f* ‖ ~ **interna** / Innenfeuerung *f*

fornecedor *m* / Lieferant *m* ‖ ~ **de fio** / Fadenzubringer *m*

fornecer / liefern ‖ ~ **amostras** / bemustern ‖ ~ **corrente** (electr.) / Strom liefern o. abgeben

fornecimento *m* / Liefermenge *f*, Lieferung *f*, Anlieferung *f* ‖ ~ **de corrente** / Stromabgabe *f*

forno *m* (tecnol.) / Ofen *m* ‖ ~ (vidro) / Brennofen *m* ‖ ~ (cozinha) / Backofen *m* ‖ ~ **a gás de laboratório** / Gasgebläseofen *m* ‖ ~ **ADS** (siderurg.) / ADS-Ofen *m* (futterloser Ofen nach Albert De Sy) ‖ ~ **alimentado por coque** / Koksofen *m*, koksgefeuerter Ofen ‖ ~ **anular** / Ringofen *m* ‖ ~ **blindado** / Mantelofen *m* ‖ ~ **centrífugo** / Schmelzzentrifuge *f* ‖ ~ **circular** / Ringofen *m* ‖ ~ **com diversas prateleiras** (panificação) / Etagenofen *m* ‖ ~ **com duas fornalhas** (siderurg.) / Brillenofen *m* ‖ ~ **contínuo** / Fließofen *m* ‖ ~ **contínuo de recozer** / Durchlaufglühofen *m*, Durchziehglühofen *m* ‖ ~ **contínuo de temperar** / Durchlaufhärteofen *m* ‖ ~ **de afinar** / Raffinierofen *m* ‖ ~ **de aquecer rebites** / Nietwärmeofen, -glühofen *m* ‖ ~ **de arco [voltaico]** / Lichtbogenofen *m* ‖ ~ **de arco de chama** (siderurg.) / Flammbogenofen *m* ‖ ~ **de arco [voltaico] directo** / unmittelbarer o. direkter Lichtbogenofen (Stromdurchgang durch den Einsatz) ‖ ~ **de asfalto** / Asphaltofen *m* ‖ ~ **de biscuit** (cerâm.) / Vorglühofen *m* ‖ ~ **de cadinho** (vidro) / Hafenofen *m*, Tiegelofen *m* ‖ ~ **de cal** / Kalkofen *m* ‖ ~ **de calcinação** (siderurg.) / Röstofen *m* ‖ ~ **de calcinar** / Brennofen *m* (Steine u. Erden) ‖ ~ **de calcinar** (química) / Glühofen *m* ‖ ~ **de câmaras verticais** / Vertikalkammerofen *m* ‖ ~ **de campânula** / Haubenofen *m* ‖ ~ **de carbonização** (fiação) / Karbonisierofen *m* ‖ ~ **de carburação** (siderurg.) / Karbonisierofen *m* ‖ ~ **de cementação** / Einsatzofen *m* ‖ ~ **de cementar** (siderurg.) / Zementierofen *m* ‖ ~ **de cerâmica** (cerâm.) / Brennofen *m* ‖ ~ **de cerâmica** / Keramikofen *m* ‖ ~ **de chumbo** / Bleiofen *m* ‖ ~ **de cimento** / Zementofen *m* ‖ ~ **de cinza** (vidro) / Aschenofen *m* ‖ ~ **de circulação uniforme** / Einwegofen *m* ‖ ~ **de colmeia** / Bienenkorb[koks]ofen *m* ‖ ~ **de condicionamento** (seda) / Feuchtigkeitsprüfer *m* ‖ ~ **de coque com canais verticais de tiragem** / Koksofen *m* mit senkrechten Zügen ‖ ~ **de coque com recuperação dos subprodutos** / Koksofen *m* mit Beiproduktgewinnung, Destillationsofen *m* ‖ ~ **de cozer tijolos** / Ziegelofen *m* ‖ ~ **de cozimento** / Backofen *m* ‖ ~ **de cuba** / Schachtofen *m*, Wannenofen *m* ‖ ~ **de cúpula** / Kupolofen *m*, Gießereischachtofen *m* ‖ ~ **de curto-circuito** (electr.) / Kurzschlußofen *m* ‖ ~ **de destilação lenta** / Schwelofen *m* ‖ ~ **de duas fornalhas** / Zweizonenofen *m* ‖ ~ **de esmaltar** / Emaillierofen *m* ‖ ~ **de fábrica de vidro** / Glasofen *m* ‖ ~ **de fossa para lingotes** / Blocktiefofen *m* ‖ ~ **de fritar** / Frittofen *m* ‖ ~ **de fundição** (fundição) / Schmelzofen *m* ‖ ~ **de fundir escórias** / Schlackenofen *m* ‖ ~ **de fusão** / Schmelzherd *m* ‖ ~ **de Girod** / Girodofen *m* (unmittelbarer Lichtbogenofen) ‖ ~ **de impulsão** (lamin.) / Durchstoßofen *m* ‖ ~ **de impulsão** (siderurg.) / Stoßofen *m* ‖ ~ **de indução** / Induktionsofen *m* ‖ ~ **de indução com alma de ferro** / Induktionsofen mit Eisenkern ‖ ~ **de Lepol** (cimento) / Lepolofen *m* ‖ ~ **de liquação** / Seigerherd *m* ‖ ~ **de mufla** / Muffelofen *m* ‖ ~ **de nituração** / Nitrierofen *m* ‖ ~ **de perfilar** (siderurg.) / Abstrichofen *m* ‖ ~ **de radiação** (siderurg.) / Strahlungsofen *m* ‖ ~ **de reaquecer** (siderurg.) / Schweißofen *m* ‖ ~ **de reaquecimento de lingotes** / Blocknachwärmeofen *m*, Blockwärmeofen *m* ‖ ~ **de recozer** (siderurg.) / Glühofen *m* ‖ ~ **de recozer chapas** / Flammofen *m* zum Glühen von Blechtafeln ‖ ~ **de recozer em caixa** / Kistenglühofen *m* ‖ ~ **de recozer sem oxidação** (siderurg.) / Blankglühofen *m* ‖ ~ **de recozimento** (vidro) / Kühlofen *m*, Auflegeofen *m* ‖ ~ **de recozimento de leito fluido** / Schwebesandglühofen *m* ‖ ~ **de refrigeração por tiragem** (vidro) / Zugkühlofen *m* ‖ ~ **de resistência** / Widerstandsofen *m* ‖ ~ **de resistência por arco [voltaico]** / Lichtbogenwiderstandsofen *m* ‖ ~ **de retortas** / Retortenofen *m* ‖ ~ **de reverberação de gás** / Gasflammofen *m* ‖ ~ **de revérbero** / Streichofen *m* ‖ ~ **de revérbero** (siderurg.) / Flammofen *m* ‖ ~ **de revérbero para temperar** / Härteflammofen *m* ‖ ~ **de rolos** (siderurg.) / Rollofen *m* ‖ ~ **de sangria** / Stichofen *m* ‖ ~ **de secar lúpulo** / Hopfendarre *f* ‖ ~ **de sinterizar** / Sinterofen *m* ‖ ~ **de sublimação** / Sublimierofen *m* ‖ ~ **de têmpera a gás** / Gashärteofen *m* ‖ ~ **de temperar** (siderurg.) / Temperofen *m*, Härteofen *m*, Anlaßofen *m* ‖ ~ **de tijolos horizontal** / Flurofen *m* ‖ ~ **de tubos radiantes** / Strahlungsrohrofen *m* ‖ ~ **de túnel** / Tunnelofen *m* ‖ ~ **de uma caldeira** / Kesselfeuerung *f* ‖ ~ **de vácuo** / Vakuumofen *m* ‖ ~ **de vácuo a alta frequência** / Hochfrequenzvakuumofen *m* ‖ ~ **de ventilação** (expl. minas) / Wetterofen *m* ‖ ~ **de zinco** / Zink[röst]ofen *m* ‖ ~ **eléctrico** / Elektroofen *m* ‖ ~ **eléctrico de cuba baixa** / Elektro-Niederschachtofen *m* ‖ ~ **giratório** / Trommelofen *m* ‖ ~ **industrial** / Industrieofen *m* ‖ ~ **para aço eléctrico** / Elektrostahlofen *m* ‖ ~ **para biscuit** (cerâm.) / Biskuitofen *m* ‖ ~ **para cadinhos** / Schmelztiegelofen *m* ‖ ~ **para cementar** / Stahlofen *m*, Zementierofen *m* ‖ ~ **para coque de linhita** / Grudeofen *m*, Grude *f* ‖ ~ **para crisóis** / Schmelztiegelofen *m* ‖ ~ **para esmaltar ou vidrar** / Glasurofen *m* ‖ ~ **para refinação** / Läuterofen *m* ‖ ~ **para secar moldes** / Formenofen *m* ‖ ~ **para soda** (química) / Soda[schmelz]ofen *m* ‖ ~ **para vidrar** (cerâm.) / Glattbrennofen *m* ‖ ~ **profundo** / Tiefofen *m* ‖ ~ **rolante** (siderurg.) / Rollofen *m* ‖ ~ **rotativo** / Drehofen *m*, Trommelofen *m* ‖ ~ **rotativo** (lamin.)

/ Drehherdofen *m* ‖ ~ **Siemens-Martin** / Siemens-Martinofen *m* ‖ ~ **solar** / Sonnenofen *m* ‖ ~ **tubular** / Tunnelofen *m* ‖ ~ **tubular rotativo** / Drehrohrofen *m*
forqueta *f* **de bicicleta** / Fahrradgabel *f*
forquilha *f* (agricult.) / Gabel *f* ‖ ~ **articulada** (suspensão) / Dreiecksquerlenker *m* ‖ ~ **da caixa de velocidades**, forquilha *f* da caixa de câmbio (autom.) / Schaltgabel *f* ‖ ~ **da correia** / Riemengabel *f*, -führer *m* ‖ ~ **da direcção** (autom.) / Gabelhebel *m* ‖ ~ **da embraiagem** / Ausrücker *m* ‖ ~ **da embraiagem**, forquilha *f* da embreagem (máq. ferram.) / Schaltgabel *f* ‖ ~ **de desengate** (máq., tecnol.) / Ausrückgabel *f* ‖ ~ **de mola** (autom.) / Federgabel *f* ‖ ~ **de reboque** (autom.) / Zuggabel *f* ‖ ~ **do freio** / Bremsgabel *f* ‖ ~ **do quebra-trama** / Schußwächtergabel *f* ‖ ~ **do travão** / Bremsgabel *f* ‖ ~ **para fardos** (agricult.) / Ballengabel *f* (Handgerät)
forrageira *f* / Futterpflanze *f*
forragem *f* (agricult.) / Futter *n*, Viehfutter *n* ‖ ~ **ensilada** (agricult.) / Silofutter *n*, Silage *f*, Gärfutter *n* ‖ ~ **mista** (agricult.) / Mischfutter *n*, Kraftfutter *n* ‖ ~ **seca** (agricult.) / Trockenfutter *n* ‖ ~ **verde** (agricult.) / Grünfutter *n*
forrar / überziehen, auslegen ‖ ~ (vestuário) / füttern ‖ ~ (papel) / kaschieren ‖ ~ **com algodão** / wattieren, mit Watte auslegen ‖ ~ **com calandra** / aufkalandrieren ‖ ~ **com papel de parede**, forrar com papel pintado / tapezieren
forro *m* (vestuário) / Futter *n* ‖ ~ **de vigamento** / Balkenschalung *f* ‖ ~ **exterior de um navio** / Außenhaut *f* ‖ ~ **falso** (constr. civil) / Fehlboden *m* ‖ ~ **interno** / Innenfutter *n*
forsterita *f* (mineralog.) / Forsterit *m*
forte / fest, stark ‖ ~ **concentração demográfica** / hohe Bevölkerungsdichte
fortemente ácido / starksauer ‖ ~ **básico** / starkbasisch ‖ ~ **dispersivo** / stark fächernd ‖ ~ **torcido** (fio) / fest gedreht
fortificação *f* (constr. civil, constr. rodov.) / Befestigung *f*, Verstärkung *f*
fortificar / befestigen, stärken
fortuito / zufällig
foscado no interior (lâmpada) / innenmattiert
fosco / matt, mattgeschliffen (Glas)
fosfatagem *f* / Phosphatschutz *m*, Posphatierung *f*
fosfatar / phosphatieren
fosfático / phosphatisch
fosfatização *f* **electrolítica** / Elektrophosphatieren *n*
fosfato *m* / Phosphat *n* ‖ ~ **calcinado** / Glühphosphat *n* ‖ ~ **de ferro** / Eisenphosphat *n* ‖ ~ **de ítrio** (mineralog.) / Ytterspat *m* ‖ ~ **de trifenilo** / Triphenylphosphat *n* ‖ ~ **férrico** / Eisen(III)-phosphat, Ferriphosphat *n* ‖ ~ **trissódico** / Trinatriumphosphat *n*
fosfeto *m* **de ferro** (química, siderurg.) / Eisenphosphid, Phosphoreisen *n* ‖ ~ **de gálio** / Galliumphosphid *n* ‖ ~ **de índio** / Indiumphosphid *n*
fosfina *f* (tinturaria) / Phosphin *n*, Chrysanilin *n*, Ledergelb *n*
fosforado / phosphoriert, mit Phosphor behandelt o. verbunden
fosforar / mit Phosphor verbinden o. behandeln
fosforescência *f* / Phosphoreszenz *f*
fosforescente / selbstleuchtend, phosphoreszierend
fosforescer / phosphoreszieren, leuchten
fosfórico / Phosphor(V)...
fosforilação *f* / Phosphorylierung *f*
fosforilar / phosphorylieren
fósforo *m*, P (química) / Phosphor *m*, P ‖ ~ / Zündholz *n*, Streichholz *n* ‖ ~ / Leuchtstoff *m* für Kathodenstrahlröhren ‖ ~ **branco** / farbloser Phosphor ‖ ~ **de enxofre** / Schwefelphosphor *m* ‖ ~ **de segurança** / Sicherheitsstreichholz, -zündholz *n*
fosforoso / Phosphor(III)..., phosphorig
fosfotungstato *m* / Phosphorwolframat *n*
fosgénio *m* / Phosgen[gas] *n*, Chlorkohlenoxidgas *n*, Kohlenoxychlorid *n*
fossa *f* / Graben *m*, Grube *f*, Ausschachtung *f* ‖ ~ **de corrida** (fundição) / Dammgrube *f* ‖ ~ **de decantação** / Klärgrube *f*, -becken *n* ‖ ~ **de dragagem** / Baggergrube *f* (naß) ‖ ~ **de escavação** / Baggergrube *f* (trocken) ‖ ~ **de estrume líquido** / Jauchegrube *f* ‖ ~ **de fundição** (fundição) / Dammgrube *f* ‖ ~ **de inspecção** / Besichtigungsgrube *f* ‖ ~ **de moldagem** (fundição) / Formgrube *f*, Dammgrube *f* ‖ ~ **de reparação** (autom.) / Abschmiergrube *f* ‖ ~ **de sedimentação** (esgotos) / Versitzgrube *f*, Absitzgrube *f* ‖ ~ **de vazamento** (fundição) / Dammgrube *f* ‖ ~ **de vistoria** (autom.) / Arbeitsgrube *f* ‖ ~ **séptica** (esgotos) / biologische Klärgrube
fósseis *m pl* **índice**, fósseis *m pl* característicos (geol) / Leitfossilien *n pl*
fóssil *m* / Fossil *n*, Petrefakt *n*, Versteinerung *f* ‖ ~ *adj* / fossil
fosso *m* / Grube *f* ‖ ~ **para cabos** / Kabelgraben *m*, -grube *f*
fotão *m* (física) / Photon *n*, Lichtquant *n*
fotelasticidade *f* / Spannungsoptik *f*
fotelástico / spannungsoptisch
foteletricidade *f* / Photoelektrizität *f*
fotelétrico / photoelektrisch ‖ ~ / lichtelektrisch
fotelétron *m* / Photoelektron *n*, Lichtelektron *n*
fotemissão *f* / lichtelektrische Emission
fotemissivo, fotemissor / lichtaussendend
foto *m* / Photo *n*, Foto *n*
fotoclima *m* / Lichtklima *n* (Beleuchtung der Erde)
fotocomposição *f* (artes gráf.) / Lichtsatz *m*, Photosatz *m*
fotocompositora *f* / Lichtsetzmaschine *f*
fotocondutividade *f* / Photoleitung *f*
fotocondutivo / photoleitfähig
fotocondutor *m* **electroluminescente** / Leucht-Photoleiter *m*
fotocópia *f* / Ablichtung *f*, Photokopie *f* (Methode), Photokopie *f* (Erzeugnis), reprographische Kopie
fotocopiadora *f*, fotocopiador *m* / Photokopiergerät *n*
fotocopiar / ablichten, photokopieren
fotocromático / photochromatisch
fotocromia *f* / Photochromie *f*
fotodíodo *m* / Photodiode *f*
fotoelasticidade *f* / Spannungsoptik *f*
fotoelástico / spannungsoptisch
fotoelectrão *m* / Lichtelektron *n* ‖ ~ / Photoelektron *n*
fotoelectricidade *f* / Photoelektrizität *f*
fotoeléctrico / lichtelektrisch
fotoelétrico / photoelektrisch
fotoemissão *f* / lichtelektrische Emission
fotoemissivo, fotoemissor / lichtaussendend
fotofissão *f* / Photospaltung *f* (durch γ-Strahlen)
fotografar (técn. fotogr.) / photographieren
fotografia *f*, arte *f* fotográfica / Lichtbildkunst *f*, Photographie *f* ‖ ~, imagem *f* fotográfica / Photographie *f* ‖ ~, imagem *f* fotográfica / Bild *n*, Lichtbild *n* ‖ ~ **a cores** / Farbphotographie *f*, Farbbild *n* ‖ ~ **a cores** / Farbbild *n* ‖ ~ **a grande distância por raios infravermelhos** / Fernphotographie *f* (ultrarot) ‖ ~ **aérea** / Luftbild *n*, Luftaufnahme *f* ‖ ~ **feita com flash** / Blitzlichtaufnahme *f* ‖ ~ **feita em contraluz** (técn. fotogr.) / Gegenlichtaufnahme *f* ‖ ~ **tricromática** / Dreifarbenphotographie *f*

fotográfico / photographisch
fotograma *m* / Streifenbild *n*, einzelnes Filmbild
fotogrametria *f* (agrimen.) / Photogrammetrie *f*, Luftbildmessung *f* ‖ ~ **de plano** / Einschneidephotogrammetrie *f* ‖ ~ **estereoscópica** / Raumbildmessung *f*, Stereophotogrammetrie *f* ‖ ~ **terrestre** / Erdbildmessung *f*, terrestrische Photogrammetrie
fotólise *f* / Photolyse *f*
fotolitografia *f* (artes gráf.) / Photolithographie *f*
fotomagnetismo *m* / Photomagnetismus *m*
fotomecânico / photomechanisch
fotometria *f* / Photometrie *f*, Lichtmessung *f* ‖ ~ **de chama** / Flammenphotometrie *f*
fotométrico / photometrisch, Lichtmessungs...
fotómetro *m* / Photometer *n*, Lichtmesser *m*, [photo]elektrischer Belichtungsmesser ‖ ~ **de Bunsen** / Fettfleckphotometer *n*, Bunsenphotometer *n* ‖ ~ **de cintilação** / Flimmerphotometer *n* ‖ ~ **de enegrecimento** / Schwärzungsphotometer *n* ‖ ~ **de interferência** / Interferenzphotometer *n* ‖ ~ **de nódoa de gordura** / Fettfleckphotometer *n*, Bunsenphotometer *n*
fotomicroscópico / lichtmikroskopisch
fotomicroscópio *m* / Lichtmikroskop *n*
fóton *m* (física) / Photon *n*, Lichtquant *n*
fotoquímico / lichtchemisch, photochemisch
fotorresistência *f* (fotodiodo) / Hellwiderstand *m*
fotorresistor *m*, fotorresistência *f* / Photoleiter *m*
fotoscópio *m* (física) / Photoskop *n*
fotossensibilidade *f* / Lichtempfindlichkeit *f*
fotossensível / empfindlich gegen Licht, lichtempfindlich
fotossíntese *f* / Photosynthese *f*
fototaxia *f* / Phototaxis *f*
fototelegrafia *f* / Bildtelegraphie *f*
fototerapia *f* / Lichttherapie *f*
fototipia *f* (artes gráf.) / Phototypie, Kollotypie *f*, Lichtdruck *m*
foulard *m* (tecel.) / Foulard *m* (Stoff) ‖ ~ **de acabamento** (tinturaria) / Foulard *m (pl: Foulards)* ‖ ~ **de tintura** / Färbefoulard *m*
foulardar sobre (tinturaria) / überklotzen
foz *f* (geogr.) / Flußmündung *f*, Mündung *f* ‖ ~ (hidrául.) / Einmündung *f*
fracção *f* (matem.) / Bruch *m*, gebrochene Zahl ‖ ~ / Bruchteil *m* ‖ ~ (química) / Fraktion *f* ‖ ~ **composta** (matem.) / Doppelbruch *m* ‖ ~ **contínua** (matem.) / Kettenbruch *m* ‖ ~ **de mol** (química) / Molenbruch *m* ‖ ~ **decimal** / Dezimalbruch *m* ‖ ~ **decimal exacta** (matem.) / endlicher Dezimalbruch ‖ ~ **do petróleo** / Erdölfraktion *f* ‖ ~ **granulométrica** / Korngrößenbereich *m*, Siebfraktion *f* ‖ ~ **mista** (matem.) / gemischter Bruch ‖ ~ **ordinária** (matem.) / gemeiner Bruch ‖ ~ **própria** / echter Bruch
fraccionado / fraktioniert
fraccionamento *m* / Fraktionierverlauf *m*, Fraktionieren *n*
fraccionar (química) / fraktionieren, stufenweise destillieren ‖ ~ **uma segunda vez** (química) / feinfraktionieren
fraco / schwach ‖ ~ (técn. fotogr.) / dünn
fracto-cúmulo *m* (meteorol.) / Fraktokumuluswolke *f* ‖ **~-estrato** *m* (meteorol.) / Fraktostratuswolke *f*
fractura *f* / Brechen *n*, Bruch *m* ‖ ~ (expl. minas, geol) / Bruch *m* ‖ ~ / Durchbruch *m* ‖ ~ (expl. minas, geol) / Abbruchstelle, Spaltenbildung *f*, Spaltenbildung *f* ‖ ~ (mineralog.) / Bruchstelle *f* ‖ ~ **concoidal** / muscheliger Bruch ‖ ~ **do eixo dianteiro** (autom.) / Achsschenkelbruch *m* ‖ ~ **fibrosa** / sehniger Bruch ‖ ~ **granulosa** / körniger Bruch ‖ ~ **incipiente** / Anbruch *m*
fragata *f* (armamento) / Fregatte *f* ‖ ~ **de escolta** (armamento) / Geleitfregatte *f*
frágil / zerbrechlich, brüchig ‖ ~ (siderurg.) / spröde ‖ ~ **a frio** / kaltbrüchig ‖ ~ **a quente** / heißbrüchig
fragilidade *f* / Zerbrechlichkeit, Brüchigkeit *f* ‖ ~ (siderurg.) / Sprödigkeit *f* ‖ ~ **ao calor azul** / Blaubrüchigkeit *f* ‖ ~ **de têmpera** / Anlaßsprödigkeit *f* ‖ ~ **por decapagem** (siderurg.) / Beizsprödigkeit *f*
fragmentação *f* / Brucherscheinungen *f pl*, Zerkleinerung *f*
fragmentar / zerkleinern
fragmento *m* / Fragment *n*, Bruchstück *n*
frâncio *m*, Fr / Francium, Fr
franja *f* (têxtil) / Franse *f* ‖ ~ **de cores** (tv) / Farbsaum *m*, Fransen *n*, Farbensaum *m*
franjar / fransen
franklin *m* / Franklin *n*, Fr (Einheit der elektr. Ladung) (1 Fr = 1/3 x 10^{-9}C) (veraltet)
franklinita *f* (mineralog.) / Franklinit *m*
franqueado / freigemacht
franquear / freimachen, frankieren
franzir (máq. cost.) / kräuseln
fraqueza *f* (geral) / Schwäche *f*
frasco *m* / Flakon *n*, kleine Flasche ‖ ~ **de tampa roscada** / Deckelglas *n*, Schraubglas *n* ‖ ~ **graduado** / Meßflasche *f*
frear / bremsen, abbremsen
freático (geol) / phreatisch, frei beweglich o. wandernd
freezer *m* / Gefrierschrank *m*
freibergita *f* (mineralog.) / Freibergit *m*
freio *m* / Bremse *f* ‖ ~ (autom.) / Bremse *f* ‖ ~ **a óleo** / Ölbremse *f* ‖ ~ **acionado por força exterior** (autom.) / Fremdkraft-Bremsanlage *f* ‖ ~ **actuando sobre os carris** (técn. ferrov.) / Schienenbremse *f* ‖ ~ **aerodinâmico** (aeronáut.) / Bremsklappe *f*, Luftbremse *f* ‖ ~ **aerodinâmico na asa** (aeronáut.) / Flügelbremse *f* ‖ ~ **assistido** / Servobremse *f* ‖ ~ **atuando sobre os trilhos** (técn. ferrov.) / Schienenbremse *f* ‖ ~ **auxiliar** / Hilfsbremse *f* ‖ ~ **auxiliar** (autom.) / Zusatzbremse *f* ‖ ~ **centrífugo** / Fliehkraftbremse *f* ‖ ~ **contínuo** (autom.) / Dauerbremse *f* ‖ ~ **contínuo** (técn. ferrov.) / durchgehende Bremse ‖ ~ **da cavilha do êmbolo** / Kolbenbolzensicherung *f* ‖ ~ **de ação rápida** / Schnellbremse *f* ‖ ~ **de alavanca** / Handbremse *f*, Hebelbremse *f* ‖ ~ **de ar comprimido** / Luftdruckbremse *f* ‖ ~ **de atuação sobre a jante** (autom.) / Felgenbremse *f* ‖ ~ **de cabo** / Seilbremse *f*, Seilzugbremse *f* ‖ ~ **de cinta** / Bandbremse *f* ‖ ~ **de cinta exterior** (autom.) / Außenbandbremse *f* ‖ ~ **de cones** / Kegelbremse *f* ‖ ~ **de contrapedal** / Rücktrittbremse *f* ‖ ~ **de contrapeso** / Gewichtsbremse *f* ‖ ~ **de corrente de Foucault** / Wirbelstrombremse *f* ‖ ~ **de corrente parasita** / Wirbelstrombremse *f* ‖ ~ **de cubo** / Nabenbremse *f* ‖ ~ **de curto-circuito** (técn. ferrov.) / Kurzschlußstrombremse *f*, Kurzschlußbremse *f* ‖ ~ **de disco** / Scheibenbremse *f* ‖ ~ **de disco de estribo fixo** / Festsattel-Scheibenbremse *f* ‖ ~ **de emergência** / Notbremse *f*, Hilfsbremse *f* ‖ ~ **de estacionamento** (autom.) / feststellbare Bremse, Standbremse *f*, Handbremse *f* ‖ ~ **de expansão interna** / Innenausdehnungsbremse *f* ‖ ~ **de fricção** / Reibungsbremse *f* ‖ ~ **de imobilização** (técn. ferrov.) / Feststellbremse *f* ‖ ~ **de inércia** (autom.) / Auflaufbremse *f* ‖ ~ **de libertação direta** (técn. ferrov.) / einlösige Bremse ‖ ~ **de mão** / Handbremse *f* ‖ ~ **de marcha** / Fahrbremse *f* ‖ ~ **de mola acumuladora** / Federspeicherbremse *f* ‖ ~ **de monodisco** / Einscheibenbremse *f* ‖ ~ **de mordaça** (técn. ferrov.) / Zangenbremse *f* ‖ ~ **de palhetas** (mecân.) / Flügelbremse *f* ‖ ~ **de pé** / Fußbremse *f* ‖ ~ **de pinça controlada**, freio *m* de pinça pilotada (autom.) / Faustsattel-Scheibenbremse *f* ‖ ~ **de**

pressão de óleo / Öldruckbremse *f* ‖ ~ **de Proude** / Flüssigkeitsbremse *f* ‖ ~ **de reboque** / Anhängerbremse *f* ‖ ~ **de recuo** (máq., tecnol.) / Rücklaufbremse *f* ‖ ~ **de roda** / Radbremse *f* ‖ ~ **de roda dianteira** / Vorderradbremse *f* ‖ ~ **de sapata** / Backenbremse *f*, Klotzbremse *f* ‖ ~ **de sapatas exteriores** / Außenbackenbremse *f* ‖ ~ **de serviço** (autom.) / Betriebsbremse *f* ‖ ~ **de tambor** / Trommelbremse *f* ‖ ~ **de transmissão** / Getriebebremse *f* ‖ ~ **de trinquete** / Schnappbremse *f* ‖ ~ **de vácuo** (técn. ferrov.) / Vakuumbremse, Saugluftbremse *f* (DIN) ‖ ~ **desprendedor** / Abschlagbremse *f* ‖ ~ **diferencial** / Differentialbremse *f* ‖ ~ **dinamométrico** / Leistungsbremse *f* ‖ ~ **directo** (técn. ferrov.) / Zusatzbremse *f*, Regulierbremse *f* ‖ ~ **elétrico** / Wirbelstrombremse *f* ‖ ~ **em derivação** / Nebenschlußbremse *f* ‖ ~ **exterior** / Außenbremse *f* ‖ ~ **hidráulico** / Flüssigkeitsbremse *f*, hydraulische Bremse ‖ ~ **[hidráulico] de Froude** / Froudescher Zaum, Froudesche Bremse ‖ ~ **hidrodinâmico** (autom.) / Strömungsbremse *f* ‖ ~ **interno** / Innenbremse *f* ‖ ~ **magnético** / Magnetbremse *f* ‖ ~ **mecânico** / Kraftbremse *f* ‖ ~ **mecânico automático** / Lastdruckbremse *f* ‖ ~ **mecânico automático do reboque** (autom.) / Fallbremsanlage *f* ‖ ~ **no eixo de transmissão** / Vorgelegebremse *f* ‖ ~ **ou travão assistido** (autom.) / Bremskraftverstärker *m* ‖ ~ **pneumático** / Druckluftbremse *f*, Luftdruckbremse *f* ‖ ~ **por curto-circuito do induzido** / Ankerkurzschlußbremse *f* ‖ ~ **por embreagem** / Kupplungsbremse *f* ‖ ~ **regenerativo** (técn. ferrov., electr.) / Rückgewinnungsbremse *f*, Strombremse *f*, Nutzbremse *f*, Widerstandsbremse *f* ‖ ~ **secundário** / Hilfsbremse *f* ‖ ~ **sobre o pneu** / Reifenbremse *f*

freixo *m* / Esche *f*

frenação *f* / Bremsen *n* ‖ ~ **a fundo** (autom.) / Vollbremsung *f* ‖ ~ **de contenção** (técn. ferrov.) / Gefällebremsung *f* ‖ ~ **regenerativa** / Rückarbeitsbremsung *f* ‖ ~ **reostática** (electr.) / Widerstandsbremsung *f*

frente *f* / Stirn *f*, Vorderfläche *f*, Kopfseite *f*, Vorderseite *f* ‖ ~ (constr. civil) / Front *f* ‖ ~ **da cantaria** / Haupt *n*, Stirn *f* eines Quaders ‖ ~ **da galeria** (expl. minas) / Stoß *m* ‖ ~ **de chamas** / Flammenfront *f* ‖ ~ **de difusão**, frente *f* de dopagem (semicondut.) / Diffusionsfront, Dotierungsfront *f* ‖ ~ **de onda** (electr.) / Wellenfront *f* ‖ ~ **fria** (meteorol.) / Kaltfront *f* ‖ ~ **polar** (meteorol.) / Polarfront *f* ‖ ~ **quente** (meteorol.) / Warmfront *f*

Freon 12 *m* (técnica do frio) / Freon 12 *m*, Frigen *n*

frequência *f* / Häufigkeit *f* ‖ ~ (electr.) / Frequenz *f*, Schwingungszahl *f*, Periodenzahl *f*, Wechselzahl *f* ‖ **alta** ~ (geral) / Hochfrequenz *f*, HF ‖ **baixa** ~ (geral) / Niederfrequenz *f* ‖ **de ~ modulada** / frequenzmoduliert ‖ **de ~ única** / mit [nur] einer Frequenz ‖ **de alta** ~ / hochfrequent, Hochfrequenz... ‖ ~ **acústica** / Hörfrequenz *f* ‖ ~ **acústica intermediária** (tv) / Tonzwischenfrequenz *f* ‖ ~ **angular** (electr.) / Kreisfrequenz *f*, Winkelfrequenz *f*, elektrische Winkelgeschwindigkeit ‖ ~ **ao máximo de impedância** / Maximalimpedanzfrequenz *f* ‖ ~ **atómica** / Atom-Eigenfrequenz *f* ‖ ~ **atribuída** / zugeteilte Frequenz ‖ ~ **atual** / Effektivfrequenz *f* ‖ ~ **básica** (electrón.) / Basisfrequenz *f*, Grundfrequenz *f* ‖ ~ **central** / Mittenfrequenz *f* ‖ ~ **crítica** (constr. civil) / Grenzfrequenz *f* ‖ ~ **da corrente alternada da rede** / Frequenz *f* von 50 (o. 60) Hz ‖ ~ **da rede** (electr.) / Netzfrequenz *f* (50 o. 60 Hz) ‖ ~ **de alimentação** / Eingangsfrequenz *f* ‖ ~ **de amostragem** / Abtastfrequenz *f* ‖ ~ **de ataque** / Steuerfrequenz *f* ‖ ~ **de batimento** (electrón.) / Schwebungsfrequenz *f* ‖ ~ **de calibração** (electrón.) / Eichfrequenz *f* ‖ ~ **de corte** / Eckfrequenz *f*, Grenzfrequenz *f* ‖ ~ **de corte do factor Q**, freqüência *f* de corte do fator Q (semicondut.) / Gütegrenzfrequenz *f* ‖ ~ **de difusão** / Streufrequenz *f* ‖ ~ **de emissão** / Sendefrequenz *f* ‖ ~ **de emissão espectral** (técn. nucl.) / spektrale Emissionsrate *f* ‖ ~ **de graves** / Baßfrequenz *f* ‖ ~ **de imagem** (tv) / Bildfrequenz *f* (25 bzw. 30/s), Bildwechselfrequenz *f* ‖ ~ **de impulsos** (electrón.) / Grundfrequenz *f*, Impulsfrequenz *f* ‖ ~ **de linha** (tv) / Horizontalfrequenz *f* ‖ ~ **de linhas** (tv) / Zeilenfrequenz *f* ‖ ~ **de obturação** / Abdeckfrequenz *f* ‖ ~ **de ondas** / Wellenfrequenz *f* ‖ ~ **de oscilações** / Schwingungsfrequenz *f* ‖ ~ **de piloto** (telecom.) / Pilotfrequenz *f*

freqüência *f* **de pulsos** (electrón.) / Grundfrequenz *f*, Impulsfrequenz *f*

frequência *f* **de referência** / Bezugsfrequenz *f* ‖ ~ **de repetição** (informática) / Folgefrequenz *f* ‖ ~ **de repetição de imagens** (tv) / Bildfolgefrequenz *f* ‖ ~ **de repetição de impulsos**, freqüência *f* de repetição de pulsos / Impulsfolgefrequenz *f* ‖ ~ **de ressonância** (tv, técn. nucl.) / Resonanzfrequenz *f* ‖ ~ **de rotação** / Drehfrequenz, -zahl *f* ‖ ~ **de transmissão** / Sendefrequenz *f* ‖ ~ **de varredura** / Kippfrequenz *f* ‖ ~ **de vobulação** / Wobbelfrequenz *f*, Heulfrequenz *f* ‖ ~ **de zumbido** / Brummfrequenz *f* ‖ ~ **do choque de superfície** / Flächenstoßhäufigkeit *f* ‖ ~ **dupla** / Doppelfrequenz *f* ‖ ~ **elementar** (informática) / Taktfrequenz *f* ‖ ~ **extremamente alta** / Höchstfrequenz *f* (Dtschld: > $3\cdot10^2$ MHz, USA, Engl: $3\cdot10^4$ bis $3\cdot10^5$ MHz) ‖ ~ **fixa** / Festfrequenz *f* ‖ ~ **harmónica** / Oberschwingungsfrequenz *f* ‖ ~ **heteródina** (electrón.) / Überlagerungsfrequenz *f* ‖ **~-imagem** *f* (electrón.) / Spiegelfrequenz, -welle *f* ‖ ~ **intermediária**, FI / Zwischenfrequenz *f*, ZF ‖ ~ **lateral** (electrón.) / Seitenfrequenz *f* ‖ ~ **limiar** / untere Grenzfrequenz ‖ ~ **limite** / Bandgrenze *f* eines Bandes, Grenzfrequenz *f* ‖ ~ **limite superior** / obere Grenzfrequenz ‖ ~ **máxima** / Höchstfrequenz *f*, höchste Frequenz ‖ ~ **máxima de utilização** / höchste Nutz- o. höchste brauchbare [Übertragungs-]Frequenz (bei ionosphärischer Wellenausbreitung) ‖ ~ **média** (electr.) / Mittelfrequenz *f* ‖ ~ **mínima** / untere Grenzfrequenz ‖ ~ **mínima de utilização** / niedrigste brauchbare Frequenz (bei ionosphärischer Wellenausbreitung) ‖ ~ **mínima utilizável** / Dämpfungsfrequenz *f* ‖ ~ **muito baixa** (electrón.) / Frequenz *f* von 10-30 kHz ‖ ~ **muito elevada** (electr.) / Hochfrequenz *f*, HF (30-300 MHz) ‖ ~ **musical** / Musikfrequenz *f* ‖ ~ **operacional** / Betriebsfrequenz *f* ‖ **~-piloto** *f* (telecom.) / Steuerfrequenz *f* ‖ ~ **portadora** / Trägerfrequenz *f*, TF ‖ ~ **portadora da imagem de televisão** / Fernsehträgerfrequenz *f* ‖ ~ **primária** (telecom.) / Hauptfrequenz *f* ‖ ~ **própria** / Eigenfrequenz *f* ‖ ~ **secundária** / Nebenfrequenz *f* ‖ ~ **superelevada** / suprahohe Frequenz (3000 bis 30 000 MHz, 10 bis 1 cm) ‖ ~ **ultra-alta** / Ultrahochfrequenz *f*, Höchstfrequenz *f*, UHF, HHF (Elektronik: 300-3000 MHz) ‖ ~ **ultra-sonora** / Überhörfrequenz (> 20 kHz) ‖ ~ **variável** (electrón.) / durchstimmbare Frequenz ‖ ~ **vertical** (tv) / Teilbildfrequenz *f* ‖ ~ **vocal** (telecom.) / Tonfrequenz *f* (ca. 16 bis 20000 Hz, Hauptgebiet 300-3500 Hz, in USA 100-2000 Hz), Sprachfrequenz *f* ‖ ~ **zero** (tv) / Gleichstromkomponente *f*, Nullfrequenz *f*

frequências *f pl* **alternativas** / Ausweichfrequenzen

f pl
frequencímetro *m* / Frequenzmesser *m*, Frequenzanzeiger *m* ‖ ~ **de lâminas vibrantes** / Zungenfrequenzmesser *m* ‖ ~ **heteródino** / Interferenz-Frequenzmesser *m* ‖ ~ **registador**, freqüencímetro *m* registrador / Frequenzschreiber *m*
frequente / häufig
fresa *f* (máq. ferram.) / Fräser *m* ‖ ~ **agrícola** / Ackerfräse *f* ‖ ~ **angular** / Winkelfräser *m*, Lückenfräser *m* ‖ ~ **axial** / Axialfräser *m* ‖ ~ **caracol de envolvente** / Abwälzfräser *m* ‖ ~ **cilíndrica** / Walzenfräser *m* ‖ ~ **cilíndrica frontal** / Walzenstirnfräser *m* ‖ ~ **cónica** / Winkelfräser *m* ‖ ~ **cónica** (máq. ferram.) / Senker *m* ‖ ~ **cónica** (máq., tecnol.) / Krauskopf *m* ‖ ~ **convexa semicircular** / Halbrund-Formfräser *m* ‖ ~ **de acabamento** / Schlichtfräser *m*, Nachfräser *m* ‖ ~ **de arredondar** / Arrondierfräse *f* ‖ ~ **de cabo** / Fingerfräser *m* ‖ ~ **de cantos de acabamento** (lamin.) / Fertigstaucher *m* ‖ ~ **de corte múltiplo** (máq. ferram.) / Kammfräser *m* ‖ ~ **de corte rápido** / Hochleistungsfräser *m* ‖ ~ **de facear** / Planfräser *m* ‖ ~ **de lavoura** (agricult.) / Bodenfräse *f* ‖ ~ **de perfilar** / Profilfräser *m*, Formfräser *m* ‖ ~ **de ranhurar** / Schlitzfräser *m* ‖ ~ **de roscar** / Gewindefräser *m* ‖ ~ **em disco** / Scheibenfräser *m* ‖ ~ **esférica** (máq. ferram.) / Kugelfräser *m*, Kugelsenker *m* ‖ ~ **helicoidal** / Schneckenfräser *m* ‖ ~ **oscilante** / bewegliche Fräswalze ‖ ~ **para abrir dentes de engrenagens** / Zahnradfräser *m*, Zahnfräser *m* ‖ ~ **para abrir fendas nas cabeças de parafusos** / Schraubenkopfschlitzfräser *m* ‖ ~ **para abrir ranhuras** / Nutenfräser *m* ‖ ~ **para cames cilíndricos** / Zylinderkurvenfräsapparat *m* ‖ ~ **para desbastar** / Vorfräser *m* ‖ ~ **para ensambladuras** (marcenar.) / Falzfräser *m* ‖ ~ **perfiladora** / Fassonfräser *m* ‖ ~ **perfuradora** / Bohrfräse *f* ‖ ~ **postiça** / Aufsteckfräser *m*
fresador *m* (máq. ferram.) / Fräser *m* (Arbeiter)
fresadora *f* / Fräsmaschine *f* ‖ ~ **acabadora** / Endfräsmaschine *f* ‖ ~ **automática** / Fräsautomat *m* ‖ **~-carregadora** *f* (constr. civil) / Fräslader *m* ‖ ~ **circular** / Drehtischfräsmaschine *f* ‖ ~ **com montante** / Ständerfräsmaschine *f* ‖ ~ **conjugada** (máq. ferram.) / Satzfräser *m* ‖ **~-copiadora** *f* / Nachformfräsmaschine *f*, Schablonenfräsmaschine *f*, Kopierfräsmaschine *f* ‖ ~ **de corrente** / Kettenfräsmaschine *f* ‖ ~ **de curvas** / Kurvenfräsmaschine *f* ‖ ~ **de engrenagens cónicas** / Kegelradfräsmaschine *f* ‖ ~ **de engrenagens por rolamento** / Zahnrad[ab]wälzfräsmaschine *f* ‖ ~ **de facear** / Flächenfräsmaschine *f* ‖ ~ **de matrizes** / Gesenkfräsmaschine *f* ‖ ~ **de parafusos sem-fim** / Schneckenfräsmaschine *f* ‖ ~ **de porcas** / Mutternfräsmaschine *f* ‖ ~ **de rodas sem-fim**, fresadora *f* de rodas helicoidais / Schneckenräderfräsmaschine *f* ‖ ~ **de roscas** / Gewindefräsmaschine *f* ‖ ~ **de roscas curtas** / Kurzgewindefräsmaschine *f* ‖ ~ **de sistema envolvente** / Abwälzfräsmaschine *f* ‖ ~ **de superfície** / Flächenfräsmaschine *f* ‖ ~ **de topo** / Schaftfräser *m*, Stirnfräser *m* ‖ **~-furadeira** *f* / Fräs- und Bohrmaschine *f* ‖ ~ **horizontal** / Horizontalfräsmaschine *f*, Waagerechtfräsmaschine *f* ‖ ~ **horizontal simples** (máq. ferram.) / Einfachwaagerechtfräsmaschine *f* ‖ ~ **manual** / Handfräsmaschine *f* ‖ ~ **para ferramentas** / Werkzeugfräsmaschine *f* ‖ ~ **rotativa** / Rundlauf-Fräsmaschine *f*
fresagem *f* (máq. ferram.) / Fräsen *n* ‖ ~ / Fräsarbeit *f* ‖ ~ **com jogo de fresas combinadas** / Fräsen *n* mit Satzfräsern ‖ ~ **combinada** / Fräsen *n* zweier Seitenflächen ‖ ~ **de engrenagens** / Verzahnung *f*, Verzahnen *n* ‖ ~ **em sentido directo ou no sentido de avanço** (máq. ferram.) / Gleichlauffräsen *n* ‖ ~ **normal**, fresagem *f* oposta, fresagem *f* em sentido oposto (máq. ferram.) / Gegenlauffräsen *n* ‖ ~ **por imersão** / Tauchfräsen *n* ‖ ~ **química** (máq. ferram.) / chemisches Fräsen
fresar (máq. ferram.) / fräsen ‖ ~ **os dentes a perfil de envolvente** / abwälzfräsen
fresco *m* / Freske *f*, Freskobild *n* ‖ ~ *adj* (geral) / frisch ‖ ~ (betão) / frisch
fretar (transportes) / chartern
frete *m* (transportes) / Ladung *f*, Fracht *f*
friabilidade *f* / Bröckligkeit *f*
friável / zerbröckelnd, bröcklig ‖ ~ (mineralog.) / mulmig ‖ ~ (constr. rodov.) / rollig, nichtbindig ‖ ~ (expl. minas) / gebräch ‖ ~ (madeira, pedra) / mürbe
fricção *f* (geral) / Reibung *f* ‖ ~ (têxtil) / Bremse *f*, Friktion *f* ‖ **de** ~ / Friktions... ‖ **por** ~ / Friktions... ‖ ~ **a seco** / Festkörperreibung *f* ‖ ~ **de arranque ou de partida** / Anlaufreibung *f* ‖ ~ **de deslize** / Gleitreibung *f* ‖ ~ **do ar** / Luftreibung *f* ‖ ~ **estática** / Haftreibung *f* ‖ ~ **fluida** / Flüssigkeitsreibung *f* ‖ ~ **interna** (mecân.) / innere Dämpfung ‖ ~ **iónica** / Ionenreibung *f* ‖ ~ **limite** / höchster Reibwert, Reibungshöchstwert *m* ‖ ~ **líquida** / flüssige Reibung ‖ ~ **mista** / halbflüssige Reibung ‖ ~ **por contacto próximo** (siderurg.) / Epilamenreibung *f* ‖ ~ **por deslize** / gleitende Reibung ‖ ~ **rolante** / rollende Reibung ‖ ~ **seca** / Trockenreibung *f* ‖ ~ **viscosa** / Flüssigkeitsreibung *f*
friccionado numa só face (papel) / einseitig glatt
friccionador *m* (tecel.) / Reiber *m*
friccionar / abreiben, reiben ‖ ~ (têxtil) / nitscheln ‖ ~ (papel) / friktionieren
frigideira *f* **mergulhante** / Friteuse *f*
frigoria *f* / Kilokalorie *f*
frigorífico *m* / Kühlschrank *m*, Eisschrank *m* ‖ ~ (armazém) / Kühlhaus *n*, -halle *f* ‖ ~ *adj* / kälteerzeugend, -erregend, Kälte..., Gefrier...
frincha *f* / Lücke *f*, kleiner Zwischenraum
frio *m* / Kälte *f* ‖ ~ *adj* (geral) / kalt, Kalt... ‖ ~ (técn. nucl.) / inaktiv
frisa *f* / Fries *m*
friso *m* (constr. civil) / Fries *m* ‖ ~ (autom.) / Zierleiste *f* ‖ ~ (constr. civil) / Latte *f*, Leiste *f* ‖ ~ **da roda** (técn. ferrov.) / Spurkranz *m* ‖ ~ **de resguardo** (autom.) / Schutzleiste *f* ‖ ~ **do pneu** (autom.) / Deckenwulst *m f* ‖ ~ **do tejadilho** (autom.) / Dachleiste *f* ‖ ~ **dourado** / Goldleiste *f* ‖ ~ **transversal** (constr. civil) / Quergurt *m*
frita *f* (vidro) / Fritte *f*, Glasmasse *f*, Schmelze *f* ‖ ~ **de chumbo** / Bleifritte *f* ‖ ~ **de esmalte** / Glasurfritte *f* ‖ ~ **para chapa** / Blechfritte *f* ‖ ~ **para fundição** / Gußfritte *f*
fritadeira *f* / Friteuse *f*
fritar (vidro) / fritten
frontal / Stirn..., stirnseitig, frontal
frontão *m* (constr. civil) / Frontseite *f*, Giebelseite *f* ‖ ~ / Giebel *m* über Türen, Fenstern, Ziergiebel *m*
fronte *f* / Stirn[seite] *f*, Front *f*, Vorderfläche *f*
frontispício *m* (constr. civil) / Frontispiz *n*
frontofocómetro *m* / Scheitelbrechwertmesser *m*
frontogénese *f* (meteorol.) / Frontogenesis *f*
frontólise *f* (meteorol.) / Frontolysis *f*
frota *f* (aeronáut., navio) / Flotte *f* ‖ ~ **mercante** / Handelsflotte *f*
frouxidão *f* / Schlaffheit *f*
frouxo / locker, lose, schlaff, spannungslos (Seil)
frue vanner *m* (prep.) / Frue-Vanner *m*
fruta *f* **de conserva** / Büchsenobst *n* ‖ ~ **derrubada**, fruta *f* do chão / Fallobst *n*
fruticultor *m* / Obstbauer *m*

fruticultura *f* / Obstbau *m*
frutificação *f* / Fruchtbildung *f*
fruto *m* / Frucht *f*
frutos *m pl* **mediterrânicos e tropicais** / Südfrüchte *f pl*
frutose *f* / Fruchtzucker *m* ‖ ~ **DL** / Methose *f*
ftalato *m* / Phthalat *n*
ftálico / Phthal...
fuco *m* **vesiculoso** / Blasentang *m*
fucsina *f* / Fuchsin *n*
fueiro *m* (técn. ferrov., autom.) / Runge *f* ‖ ~ **removível** (técn. ferrov.) / Einsteckrunge *f*
fuel-oil *m* / Heizöl *n*
fuga *f* (electr.) / Streuung *f* ‖ ~ / Undichtheit *f*, Undichtigkeit *f*, Leck *n* ‖ **à prova de ~s** / lecksicher ‖ **ter ~** / undicht sein, leck sein ‖ ~ **de dilatação** (técn. ferrov.) / Stoßlücke *f* ‖ ~ **de radiação** / Leckstrahlung *f* ‖ ~ **dieléctrica** / dielektrische Ableitung ‖ ~ **secundária** (electr.) / Sekundärstreuung *f* ‖ ~ **superficial** (electr.) / Oberflächenableitung *f*
fugacidade *f* / Ausdehnungsvermögen *n* (von Gasen), Fugazität *f*
fugir (autom.) / ausbrechen
fulgurito *m* / Fulgurit *m* ‖ ~ (geol) / Blitzröhre *f*
fuligem *f* / Ruß *m*
fuliginoso / rußartig, rußig
fulminato *m* / Fulminat *n* ‖ ~ **de mercúrio** / Knallquecksilber *n*, Quecksilberfulminat *n* ‖ ~ **de prata** / Silberfulminat *n*, Knallsilber *n*
fulonado, não ~ / ungewalkt
fulonar / walken
fumaça *f* / Rauch, Qualm *m* ‖ ~ (armamento) / Nebel, Rauch *m* ‖ ~ **tóxica** / Giftnebel *m* ‖ ~ **venenosa** / Giftnebel *m*
fumar (alimentos) / räuchern, rauchtrocknen
fumarina (química) / Fumarin *n*
fumarola *f* (geol) / Fumarole *f*
fumegar / rauchen, qualmen
fumigação *f* / Entwesung *f* durch Räuchern
fumigar / ausschwefeln, -brennen, desinfizieren, gasen, räuchern
fumivoridade *f* / Rauchverbrennung, -verzehrung *f*
fumívoro / rauchverzehrend
fumo *m* / Qualm *m*, Rauch *m* ‖ ~ (armamento) / Nebel, Rauch *m* ‖ ~ **asfixiante** / erstickender Qualm o. Rauch
função *f* (geral, química, matem., física) / Funktion *f* ‖ ~ (máq., tecnol.) / Gangart *f* ‖ **em ~ [de]** / gebunden [an], abhängig [von] ‖ ~ **aleatória gaussiana** / Gaußsche Zufallsfunktion ‖ ~ **algébrica** / algebraische Funktion ‖ ~ **booleana [lógica, variável]** / boolesche Funktion [Logik, Variable] ‖ ~ **característica** / Eigenfunktion *f* ‖ ~ **característica de Heaviside** (telecom.) / Stammgleichung, -funktion *f* ‖ ~ **circular** (matem.) / Kreisfunktion *f* ‖ ~ **das coordenadas** / Funktion *f* des Ortes ‖ ~ **de arco** / Arkusfunktion *f* ‖ ~ **de Bessel** (matem.) / Besselfunktion *f* ‖ ~ **de campo** (física) / Feldfunktion *f* ‖ ~ **de distribuição** / Spektralwertkurve *f* ‖ ~ **de Fermi** / Fermi-Funktion *f* ‖ ~ **de funções** / Funktion *f* von Funktionen ‖ ~ **de importância** (técn. nucl.) / Einflußfunktion *f* ‖ ~ **de posição** / Funktion *f* des Ortes ‖ ~ **de representação** (matem.) / Abbildungsfunktion *f* ‖ ~ **do segundo grau** (matem.) / Funktion 2. Grades ‖ ~ **dos pontos** (matem.) / Ortsfunktion *f* ‖ ~ **explícita** / entwickelte Funktion, explizite Funktion ‖ ~ **exponencial** / Exponentialfunktion *f* ‖ ~ **hertziana** / Hertzsche Funktion ‖ ~ **hiperbólica** / Hyperbelfunktion *f*, hyperbolische Funktion ‖ ~ **inversa** / inverse Funktion ‖ ~ **lógica** (informática) / Schaltfunktion *f*, logische Schaltung, Verknüpfung *f* ‖ ~ **NAND** / NAND-Funktion o. Verknüpfung *f*, Sheffer-Funktion *f*
funcional *adj* / zweckmäßig, funktionell, funktionsbeteiligt, Funktions... ‖ ~ *m* **de Dirac** (matem.) / Delta-Funktional *n*, Diracsche Deltafunktion
funcionalidade *f* / Funktionalität *f*
funcionamento *m* / Wirken *n*, Funktionieren *n*, Betrieb *m*, Funktion *f*, Wirkungsweise *f* ‖ **colocar em ~** / ingangsetzen ‖ **de ~ independente** / selbstbetätigt, ohne Hilfsenergie ‖ **de ~ seguro** / betriebssicher ‖ **em ~** / in Betrieb, in Gang ‖ ~ **contínuo** / Dauerbetrieb *m* ‖ ~ **defeituoso** / fehlerhaftes Funktionieren ‖ ~ **em curto-circuito** / Kurzschlußbetrieb *m* ‖ ~ **em multiprogramação** (informática) / Mehrprogrammbetrieb *m* (DIN) ‖ ~ **[em regime] permanente** / Dauerleistung *f*, -betrieb *m* ‖ ~ **em tampão** / Pufferbetrieb *m*
funcionar (máq., tecnol., mot.) / laufen, funktionieren, arbeiten ‖ ~ (máq., tecnol., mot.) / arbeiten, funktionieren ‖ ~ (máq., tecnol.) / gehen, arbeiten, in Gang sein ‖ **que funciona bem** (máq., tecnol.) / gängig, leicht laufend ‖ ~ **com dificuldade** (mot.) / hart arbeiten ‖ ~ **demasiado duro** (máq., tecnol.) / zu schwer, zu hart gehen ‖ ~ **em vazio** / leerlaufen ‖ ~ **por inércia** / nachlaufen, auslaufen
funções *f pl* **trigonométricas** / Winkelfunktionen *f pl*
functor *m* (informática) / logisches Verbindungselement zwischen Variablen
fundação *f* / Fundamentierung *f*, Fundament *n* ‖ ~ / Fundierung *f* ‖ ~ (constr. civil) / Unterbau *m*, Gründung *f* ‖ ~ **de máquina** / Maschinenbett *n*, Maschingengründung *f*, Maschinenfundament *n* ‖ ~ **de poço** (constr. civil) / Brunnengründung *f* ‖ ~ **em rocha** / Felsgründung *f* ‖ ~ **pneumática** / Druckluftgründung *f* ‖ ~ **por ar comprimido** / Druckluftgründung *f* ‖ ~ **por congelação** / Gefriergründung *f* ‖ ~ **por encaixe** / Mantelgründung *f* ‖ ~ **por grade** / Rostgründung *f* ‖ ~ **sobre estacas** / Pfahlgründung *f*, -fundament *n* ‖ ~ **subaquática** / Unterwassergründung *f*
fundamental / Grund..., fundamental
fundamentar / fundamentieren, fundieren
fundamento *m* / Fundament *n*, Grundlage *f* ‖ ~ (constr. civil) / Basis *f*, Fuß *m*, Gründung *f*
fundar / gründen, errichten, mit Zement ausgießen
fundeadouro *m* (navio) / Reede *f*
fundente *m* (siderurg.) / Flußmittel *n*, Zuschlag *m*, Speise *f* ‖ ~ **calcário** (siderurg.) / Zuschlagkalkstein *m* ‖ ~ **de cobre** (fundição) / Kupferzuschlag *m*
fundentes *m pl* / Schmelzmittel *n pl*
fundição *f* / Gießerei *f*, Schmelzgießerei *f* ‖ ~ (esmalte) / Angießen *n* ‖ ~ (siderurg.) / Schmelze *f* (Schmelzvorgang) ‖ ~ (actividade) / Gießen *n*, Guß *m* ‖ ~ **a descoberto** (fundição) / Herdguß *m* ‖ ~ **a frio** / Kaltguß *m* ‖ ~ **a vácuo** (siderurg.) / Vakuumschmelzen *n* ‖ ~ **artística** / Kunstgießerei *f* ‖ ~ **centrífuga** (fundição) / Schleuderguß *m* ‖ ~ **cinzenta** / Grauguß *m*, graues Gußeisen ‖ ~ **com inversão** (fundição) / Sturzguß *m* ‖ ~ **com macho** (fundição) / Kernguß *m*, Hohlguß *m*, Hohlgießen *n* ‖ ~ **com molde perdido** (fundição) / Guß *m* mit verlorener Form ‖ ~ **composta** (fundição) / Verbundguß *m* (Tätigkeit) ‖ ~ **contínua** (siderurg.) / Stranggießen *n*, -guß *m* ‖ ~ **de acabamento** (fundição) / Fertigguß *m* ‖ ~ **de aço** (local) / Stahlgießerei *f* ‖ ~ **de aço** (actividade) / Stahl[form]guß *m* ‖ ~ **de alta resistência mecânica** / Festigkeitsguß *m* ‖ ~ **de alumínio em coquilhas** / Aluminiumkokillenguß *m* ‖ ~ **de alumínio sob pressão** / Aluminiumdruckguß *m* ‖ ~ **de chumbo** / Bleiguß *m*, Bleihütte *f* ‖ ~ **de cobre** / Kupferhütte *f* ‖ ~ **de ferro** / Eisengießerei *f* ‖ ~ **de grão fino** /

Feinkornguß *m* ‖ ~ **de latão** / Messinggießerei *f*, Gelbgießerei *f* ‖ ~ **de latão sob pressão** / Messingdruckguß *m* ‖ ~ **de lingotes** / Blockguß *m* ‖ ~ **de magnésio** / Magnesiumguß *m* ‖ ~ **de metais** / Metallguß *m*, -gießen *n* ‖ ~ **de minérios** (local) / Erzhütte *f* ‖ ~ **de prata** (local) / Silberhütte *f* ‖ ~ **de precisão** (fundição) / Investmentguß *m*, genauer Guß ‖ ~ **de sucata** (siderurg.) / Schrottverwertung *f* ‖ ~ **de tipos** (artes gráf.) / Gießen der Buchstaben (o. Zeilen), Schriftguß *m* ‖ ~ **de zinco sob pressão** / Zinkdruckguß *m* ‖ ~ **defeituosa** / Fehlschmelze *f* ‖ ~ **dura** / Hartguß *m* (Verfahren und Erzeugnis), -gießen *n*, Schalenguß (Vorgang) ‖ ~ **dura indefinida** / Indefinite-Hartguß *m* ‖ ~ **em aço para dínamos** / Dynamostahlguß *m* ‖ ~ **em bruto** / Rohguß *m* ‖ ~ **em coquilha** / Hartguß *m*, -gießen *n*, Schalenguß *m* (Vorgang) ‖ ~ **em coquilha** (fundição) / Kokillenguß *m* ‖ ~ **em molde** (fundição) / Formguß *m*, Guß mit verlorener Form ‖ ~ **em molde de areia** / Sandguß *m* (Tätigkeit) ‖ ~ **em molde de barro** / Lehmformguß *m* ‖ ~ **em moldes permanentes** / Dauerformguß *m* ‖ ~ **em placas** (fundição) / Plattenguß *m* ‖ ~ **maleável negra** / Schwarzguß *m* ‖ ~ **mecânica** / Maschinenguß *m* ‖ ~ **monobloco** / Blockgußstück *n* ‖ ~ **nodular** / Kugelgraphitgußeisen *n* ‖ ~ **numa só peça** (fundição) / Guß *m* aus einem Stück ‖ ~ **por imersão** (electrón.) / Eintauchgießverfahren *n* ‖ ~ **porosa** / Weichfloß *n*, poröses Eisen ‖ ~ **sob pressão** / Preßguß *m*

fundido / gegossen ‖ ~ / geschmolzen ‖ ~ (fusível) / durchgebrannt ‖ ~ (siderurg.) / verschmolzen ‖ ~ (lâmpada) / durchgebrannt ‖ ~ **conjuntamente** / angegossen ‖ ~ **em bloco**, fundido numa só peça / im Block gegossen, im Block, in einem Stück gegossen

fundidor *m* / Gießer *m*, Gießereiarbeiter *m*, Schmelzer *m* ‖ ~ **de chumbo** / Bleigießer *m* ‖ ~ **de latão** / Gelbgießer *m* ‖ ~ **de tipos** / Schriftgießer *m*

fundir, levar à fusão / durchschmelzen, zum Schmelzen oder Fließen bringen, schmelzen ‖ ~ (fundição) / gießen ‖ ~ (siderurg.) / ausschmelzen ‖ ~, unir por fusão / zusammenschmelzen, verschmelzen ‖ ~ (açúcar) / auflösen ‖ **~-se** (fusível, lâmpada) / durchbrennen *vi* ‖ ~ **a gordura** / Fett auslassen (o. schmelzen) ‖ ~ **em barras ou lingotes** / Barren gießen ‖ ~ **em molde** (fundição) / abgießen ‖ ~ **o esmalte** / Email aufbrennen (o. -schmelzen) ‖ ~ **por injecção** / spritzen, spritzgießen

fundível (fundição) / gießbar

fundo *m* (tinturaria) / Untergrund *m* ‖ ~ (recipiente) / Boden *m* ‖ ~ (expl. minas) / Unterstes *n*, Tiefstes *n* ‖ ~ (hidrául.) / Grund *m* ‖ ~ (geogr.) / Sohle *f* ‖ ~ **basculante** / Klappboden *m* ‖ ~ **cónico** / Trichterboden *m* ‖ ~ **da caldeira** / Kesselboden *m* ‖ ~ **da garrafa** / Flaschenboden *m* ‖ ~ **da jante** (autom.) / Grundfelge *f* ‖ ~ **de barril** / Faßboden *m* ‖ ~ **de braseiro** (siderurg.) / Löschboden *m* ‖ ~ **de charneira** / Klappboden *m* ‖ ~ **de película** (química) / Filmboden *m* ‖ ~ **de tubeira** / Düsenboden *m* ‖ ~ **de um rio** / Flußsohle *f* ‖ ~ *f* **destacável** (siderurg.) / Losboden *m* des Tiegels ‖ ~ *m* **do canal** (hidrául.) / Kanalsohle *f* ‖ ~ **do êmbolo** / Kolbenboden *m* ‖ ~ **do leito** (hidrául.) / Grundbett *n* ‖ ~ **do mar** / Meeresboden, -grund *m* ‖ ~ **do poço** (expl. minas) / Schachtsohle *f*, -tiefstes *n* ‖ ~ **do tanque** / Behälterboden *m* ‖ ~ **do vale** / Talsohle *f* ‖ ~ **duplo** / falscher Boden ‖ ~ **em forma de funil** (técn. ferrov.) / Bodentrichter *m* ‖ ~ **falso** (recipiente) / falscher Boden ‖ ~ **falso** (constr. civil) / Zwischenboden *m* ‖ ~ **intermediário** (constr. civil) / Zwischenboden *m* ‖ ~ **para polir** / Schleifgrund *m*, magerer Grund ‖ ~ **perfurado** / Siebboden *m* ‖ ~ **perfurado com varetas** (siderurg.) / Nadelboden *m* ‖ ~ **permutável** (química) / Austauschboden *m* ‖ ~ **plano de navio** / Kielraum *m*

fungicida *m* / Fungizid *n*, Pilzschutzmittel *n* ‖ ~ *adj* / fungizid

fungiforme / pilzförmig, -artig

fungo *m* / Schwamm *m*, Pilz *m* ‖ ~ **da madeira** / Holzschwamm *m*, Hausschwamm *m*, trockene Fäulnis ‖ ~ **de quefir** / Kefirpilz *m* ‖ ~ **de vinagre** / Essigkahm *m*

fungoso / schwammig, pilzig, Pilz...

funicular *m* / Standseilbahn *f*, Seilbahn *f* ‖ ~ **de tracção por cabo** / Kabelbahn *f*

funil *m* / Trichter *m* ‖ ~ (siderurg.) / Einguß *m*, Gußtrichter *m* (der Kokille) ‖ ~ / Auslauf, Trichter *m* ‖ **em forma de** ~ / trichterförmig ‖ ~ **Büchner** (química) / Büchnertrichter *m* ‖ ~ **coador** / Siebtrichter *m* ‖ ~ **colector** / Auffangtrichter *m* ‖ ~ **de admissão** / Einlauftrichter *m* ‖ ~ **de alimentação** / Aufgabetrichter *m*, Aufgaberumpf *m* ‖ ~ **de alimentação** (química) / Fülltrichter *m* ‖ ~ **de descarga** / Auslauftrichter *m* ‖ ~ **de elutriação** / Schlämmtrichter *m* ‖ ~ **de enchimento** / Einfülltrichter *m* ‖ ~ **de escape** (técn. ferrov.) / Fangtrichter *m* ‖ ~ **de inserção** / Einsatztrichter *m* ‖ ~ **de mistura** (expl. minas) / Spültrichter *m* ‖ ~ **filtrador de sucção** / Filternutsche *f* ‖ ~ **para o reabastecimento em voo** (aeronáut.) / Fangtrichter *m*

furacão *m* / Orkan *m* (Windstärke 12)

furadeira *f* / Bohrmaschine *f* ‖ ~ **angular** / Eckenbohrer *m* ‖ ~ **com pontas de diamante** (expl. minas) / Diamantbohrmaschine *f* ‖ ~ **de bancada** / Tischbohrmaschine *f* ‖ ~ **de coluna** (máq. ferram.) / Säulenbohrmaschine *f*, Ständerbohrmaschine *f* ‖ ~ **de coroa** / Kronenbohrer *m* ‖ ~ **de fusos múltiplos** / Mehrspindelbohrmaschine *f* ‖ ~ **horizontal** (máq. ferram.) / Horizontalbohrmaschine *f*, -bohrwerk *n* ‖ ~ **para buchas** / Dübelbohrer *m* ‖ ~ **para cilindros** / Zylinderbohrmaschine *f* ‖ ~ **por coordenadas** (máq. ferram.) / Koordinatenbohrmaschine *f* ‖ ~ **radial** / Auslegerbohrmaschine *f*, Radialbohrmaschine *f*, Schwenkbohrmaschine *f* ‖ ~ **vertical** / Senkrechtbohrmaschine *f*

furador *m* / Bohrer *m* (Arbeiter)

furano *m* (química) / Furan *n*

furar / bohren, lochen ‖ ~ (máq., tecnol.) / anbohren ‖ ~ **com limitador de curso** / anschlagbohren ‖ ~ **com punção** / lochen ‖ ~ **fora do centro** / verbohren, falsch bohren ‖ ~ **um poço** (expl. minas) / abteufen

furfuramida *f* / Furfuramid *n*

furfurol *m* / Furfural *n*, Fural *n*

furgão *m* (autom.) / Lieferwagen *m*, Kasten[liefer]wagen *m* ‖ ~ **de caixa aberta** / Lieferwagen *m* mit offenem Kasten

furgoneta *f* (autom.) / Lieferwagen *m* ‖ ~ **de caixa aberta** / Lieferwagen *m* mit offenem Kasten ‖ ~ **de caixa fechada** / Kasten[liefer]wagen *m*

furo *m* / Loch *n* ‖ ~ **aberto** (petróleo) / unverschaltes Bohrloch ‖ ~ **cego** / Sackloch *n* ‖ ~ **de cavilha** (máq., tecnol.) / Stiftloch *n* ‖ ~ **de mina** (expl. minas) / Sprengloch *n* ‖ ~ **de pino** (máq., tecnol.) / Stiftloch *n* ‖ ~ **de prospecção** (petróleo) / Explorationsbohrung *f*, Schürfbohrloch *n* ‖ ~ **de sondagem** (expl. minas) / Bohrloch *n*, Bohrung *f* ‖ ~ **oblongo** / Langloch *n*, längliches Loch ‖ ~ **para puncionar** / Amboßloch *n*

furoína *f* / Furoin *n*

fusain *m* (expl. minas) / Fusit *m* (eine Streifenkohle) ‖ ~ (espécie de carvão vegetal) (expl. minas) / Fusain *m*

fusão *f* / Fusion *f* ‖ ~ / Verschmelzung *f* ‖ ~ (siderurg.) / Schmelzen *n*, Schmelze *f*, Fluß *m* ‖ ~ (técn.

fotogr.) / Verschmelzung *f* ‖ **de ~** / Schmelz... ‖ **de difícil ~** / schwerschmelzend ‖ **de elevado ponto de ~** / hochschmelzend, mit hohem Schmelzpunkt ‖ **de fácil ~** / leichtflüssig, -schmelzend ‖ **~ completa** (vidro) / Durchschmelzung *f*, innere Verschmelzung ‖ **~ do ferro** (siderurg.) / Eisenschmelze *f* ‖ **~ efervescente** (siderurg.) / unruhige Schmelze ‖ **~ em suspensão** (siderurg.) / Schwebeschmelzen *n* ‖ **~ nuclear** / Kernverschmelzung *f*, Kernfusion *f* ‖ **~ por feixe de electrões ou elétrons** / Elektronenstrahlschmelzen *n*

fusario *m* / Fusariumpilz *m*

fusariose *f* / Fusariose *f*, Fusarium- o. Fruchtfäule *f*

fuscina *f* / Fuscin *n*

fuselagem *f* (aeronáut.) / Rumpf *m*, Flugzeugrumpf *m*, Flugwerk *n* ‖ **~ monocoque** (aeronáut.) / Schalenrumpf *m*

fusibilidade *f* / Schmelzbarkeit *f*

fusiforme / spindelförmig

fusilhão *m* / Schnallendorn *m*

fusita *f* (expl. minas) / Fusit *m* (eine Streifenkohle)

fusível *m* (electr.) / Schmelzsicherung *f*, Sicherung *f* ‖ **~** *adj* / leichtflüssig, -schmelzend, schmelzbar ‖ **facilmente ~** / leichtschmelzend ‖ **~** *m* **de alarme** / Alarmsicherung *f* ‖ **~ de alta tensão** / Grobsicherung *f* ‖ **~ de alta voltagem** (electr.) / Blitzschutz *m* ‖ **~ de antena** / Blitzschutzautomat *m* ‖ **~** *f* **de caixa** / Dosensicherung *f* ‖ **~** *m* **de cartucho** (electr.) / Patronensicherung *f* ‖ **~ de chumbo** / Bleisicherung *f* ‖ **~ de expulsão** (electr.) / Löschrohrsicherung *f* ‖ **~ de lamelas** / Lamellensicherung *f* ‖ **~ de lâmina** / Streifensicherung *f* ‖ **~ de lâmina de prata** / Silberstreifensicherung *f* ‖ **~ de linha** / Leitungs-Blitzsicherung *f* ‖ **~ de luz** (electr.) / Lichtsicherung *f* ‖ **~ de protecção contra raios** (electrón.) / Blitzschutzsicherung *f* ‖ **~ de segurança** (electr.) / Sicherung *f* ‖ **~ de vidro** (electr.) / Glassicherung *f* ‖ **~ descoberto** / offene Sicherung ‖ **~ em banho de óleo** / Ölsicherung *f* ‖ **~ em ponte** (electr.) / Brückensicherung *f* ‖ **~ falso** (electr.) / Blindsicherung *f* ‖ **~ para fraca intensidade** / Feinsicherung *f* ‖ **~ principal** / Hauptsicherung *f* ‖ **~ protegido** (electr.) / berührungsgeschützte Sicherung ‖ **~ roscado** (electr.) / Schraub[sicherungs]stöpsel *m* ‖ **~ térmico** (telecom.) / Feinsicherung *f* ‖ **~ transparente** (electr.) / Glassicherung *f* ‖ **~ tubular** (electr.) / Röhrensicherung *f*

fuso *m* / Schnecke *f*, Spindel *f* ‖ **~** (máq., tecnol.) / Spindel *f* ‖ **de um só ~** / einspindlig, Einspindel... ‖ **~ de aleta** / Flügelspindel *f*, Waterspindel *f* ‖ **~ de avanço** (torno) / Zugspindel *f* ‖ **~ de diminuição** / Deckspindel *f* ‖ **~ de elevação** / Hubspindel *f* ‖ **~ de guia** (torno) / Leitspindel *f* ‖ **~ do torno** / Drehmaschinenspindel *f* ‖ **~ do torno** (torno) / Drehspindel *f* ‖ **~ horário** (geogr.) / Zeitzone *f* ‖ **~ mestre** (máq. ferram.) / Laufspindel *f* ‖ **~ oco** / Hohlspindel *f* ‖ **~ para contínua de anéis** / Ringspindel *f* ‖ **~ porta-fresa principal** / Hauptfräsespindel *f* ‖ **~ roscado** / Schraubenspindel *f*, Gewindespindel *f*

fustão *m* / geköperter Barchent, Fustian *m*, Barchent *m*

fuste *m* (geral) / Schaft *m* ‖ **~ da coluna** / Säulenschaft *m* ‖ **~ de parafuso** / Schraubenschaft *m* ‖ **~ do poste** (electr.) / Mastschaft *m*

fustete *m* / Gelbholz *n*, Visetholz *n*

futura meio-média (artes gráf.) / halbfett

fuzil *m* / Gewehr *n* ‖ **~ de caça** / Jagdgewehr *n* ‖ **~ de repetição** / Mehrladegewehr, Repetiergewehr *n* ‖ **~ semiautomático** / Selbstladegewehr *n*

G

gabarito *m* / Schablone *f* ‖ **~** (máq., tecnol.) / Lehre *f* ‖ **~** (máq. ferram.) / Leitlineal *n* ‖ **~** (constr. civil) / Formbrett *n* ‖ **~** (fundição) / Formbrett *n* ‖ **~ de carga** (técn. ferrov.) / Ladeprofil *n* ‖ **~ de copiar** (máq. ferram.) / Kopierlineal *n* ‖ **~ de enrolamento** (electr.) / Wicklungsschablone *f* ‖ **~ de ou para veículos** (técn. ferrov.) / Fahrzeugbegrenzungslinie *f* ‖ **~ de passagem** (técn. ferrov.) / Durchgangsprofil *n* ‖ **~ de passagem livre** / Durchfahrtsprofil *n* ‖ **~ de tornear conicamente** (máq. ferram.) / Konuslineal *n*

gabinete *m* **de engenharia** / Ingenieurbüro *n* ‖ **~ de engenharia e projectos** / Konstruktionsbüro *n* ‖ **~ de estudos** / Entwicklungs- und Konstruktionsbüro *n*

gadanha *f* (agricult.) / Sense *f*

gadanho *m* (agricult.) / Jätegabel *f*

gadolínio *m*, Gd / Gadolinium *n*, Gd

gadolinita *f* (mineralog.) / Gadolinit *m*, Ytterbit *m*

gagata *f* (expl. minas) / Gagat, Jet *m*

gailussita *f* (mineralog.) / Gaylussit *m*

gaio *m* / Davit *m*

gaiola *f* / Käfig *m* ‖ **~** / Lattenkiste *f* ‖ **~** (expl. minas) / Gestell *n* ‖ **~ de amortecimento** / Dämpferkäfig *m* ‖ **~ de extracção** (expl. minas) / Förderkorb *m* ‖ **~ de Faraday** / Faradayscher Käfig

galactana *f* (química) / Galaktan *n*

galáctico / galaktisch

galactómetro *m* / Galaktometer *n*, -spindel *f*, -gütemesser *m*, -prüfer *m*, Milchmesser *m*, Laktometer *n*, Milchwaage *f*

galactoscópio *m* / Galaktoskop *n*

galalite *f* / Galalith *n*

galanga *f* / Galgant *m*

galão *m* / Borte, Tresse *f* ‖ **~** / Litze *f*, Tresse *f*, Gallone *f*, Bandtresse *f* ‖ **~** (tira trançada) / Besatzschnur *f* ‖ **~ americano** / amerikanische Gallone (= 3,785332 Liter) ‖ **~ de ourela** / Bortenvorstoß *m* ‖ **~ imperial** / englische Gallone (= 4,5459631 Liter)

galato *m* **de éter metílico** / Gallicin *n*, Gallussäure-Methylester *m*

galáxia *f* (astron.) / Galaxis *f* (Milchstraße), Sternsystem *n* ‖ **~ quase-estelar** / quasistellare Galaxis

galbano *m* / Galbanum *n*

galé *f* (artes gráf.) / Setzschiff *n*, Satzschiff *n*

galena *f*, galenite *f*, galenita *f* (mineralog.) / Bleiglanz, Galenit *m*, Würfelerz *n*

galeria *f* / Laufgang *m*, Korridor *m*, Laufbühne *f*, Gang *m* ‖ **~** (constr. rodov.) / Galerie *f*, Lawinenwehr *f* ‖ **~** (constr. civil) / Galerie *f* ‖ **~** (expl. minas) / Galerie *f*, Strecke *f* ‖ **~** (máq., tecnol.) / Bedienungsgang *m* ‖ **~** (marcenar.) / Randleiste *f* ‖ **~ aberta** (constr. civil) / Loggia *f* ‖ **~ colectora de águas** (expl. minas) / Sumpfstrecke *f* ‖ **~ de acesso** (expl. minas) / Zufuhrstrecke *f* ‖ **~ de aterro** (expl. minas) / Bergerolle *f*, -rolloch *n* ‖ **~ de avanço** (expl. minas) / Vortriebsstrecke *f* ‖ **~ de circulação do pessoal** (expl. minas) / Fahrstrecke *f* ‖ **~ de comunicação** / Verbindungsgang *m* ‖ **~ de escoamento** (expl. minas) / Wasserhaltungsstollen, -losungsstollen *m* ‖ **~ de escoamento** (constr. rodov.) / Entwässerungsstollen *m* ‖ **~ de exploração** (expl. minas) / Abbausohle *f* (tonnlägig) ‖ **~ de serviço** /

Bedienungsgang *m*, Laufbühne *f* ‖ ~ **de transporte** (expl. minas) / Ladestrecke *f* ‖ ~ **de ventilação** (expl. minas) / Wetterstrecke *f*, Wetterkanal *m* ‖ ~ **em estrato** / Flözstrecke *f* ‖ ~ **falsa** (expl. minas) / Blindort *n* ‖ ~ **montante** (expl. minas) / schwebende Strecke, Schwebende *f* ‖ ~ **paralela** (expl. minas) / Begleitort *n* ‖ ~ **principal** (expl. minas) / Erbstollen *m*, Querschlag *m*, Felderstrecke *f*, Hauptstollen *m* ‖ ~ **rochosa** (expl. minas) / Gesteinsstrecke *f*

galga *f* **misturadora** / Mischkollergang *m*

gálico (química) / Gall...

gálio *m* / Gallium *n*, Ga

galipote *m* / Galipot *n*, weißes Fichtenharz, Schellharz *n*

galpão *m* / Schuppen *m* ‖ ~ **para locomotivas** / Lokomotivschuppen *m*

galvânica *f* / Galvanik[abteilung] *f*

galvânico / galvanisch, Galvanisier...

galvanização *f* / Galvanisation *f* ‖ ~ **à chama** / Flammplattieren *n* ‖ ~ **a fogo** / Feuerverzinkung *f* ‖ ~ **a quente**, galvanização *f* em banho de fusão (galvanoplast.) / Schmelztauchverfahren *n*, Verzinken *n* im Schmelzbad, Verzinkung *f*, Feuerverzinkung *f* ‖ ~ **de liga** (galvanoplast.) / Legierungsabscheidung *f* ‖ ~ **por electrólise** / galvanische Verzinkung

galvanizado / verzinkt, galvanisch verzinkt

galvanizador *m* / Galvaniseur, -isierer *m*, Verzinker *m*

galvanizar / verzinken (jeder Art), galvanisieren ‖ ~ **por electrólise** / galvanisch verzinken

galvano *m* / Galvano *m*, Druckstock *m*, Druckplatte *f*

galvanocromia *f* / Galvanochromie *f*, elektrochemische Metallfärbung

galvanografia *f* / Galvanographie *f*

galvanométrico / galvanometrisch

galvanómetro *m* / Galvanometer *n* ‖ ~ **de agulha móvel** / Nadelgalvanometer *n* ‖ ~ **de corda** / Saitengalvanometer *n*

galvanômetro *m* **senoidal**, galvanómetro *m* sinusoidal / Sinusgalvanometer *n*, -bussole *f*

galvanónetro *m* **astático** / astatisches Galvanometer

galvanoplastia *f* (artes gráf.) / Galvanoplastik *f*

galvanoplástico / galvanoplastisch

galvanoscópio *m* / Galvanoskop *n*, Leitungsprüfer *m*

galvanostegia *f* / Galvanostegie *f*

galvanotecnia *f* / Galvanotechnik *f*

galvanotipia *f* / Galvanotypie *f*, Elektrotypie *f*

galvanótipo *m* (artes gráf.) / Galvano *n*, Druckplatte *f*, Druckstock *m*

galvanotropismo *m* / Galvanotropie *f*

gama *m* (tv) / Gamma *n*

gama *f* / Bereich *m* ‖ **de** ~ **elevado** (electrón.) / mit hochwertiger Gradation ‖ ~ **de ajuste** / Einstellbereich *m* ‖ ~ **de captura** (tv) / Fangbereich *m* ‖ ~ **de corantes** / Farbplatte, -palette *f* ‖ ~ **de dispersão de fabricação** / Fertigungsstreubereich *m* ‖ ~ **de fabrico** / Fabrikationsprogramm *n* ‖ ~ **de frequências** / Frequenzbereich *m*, -gebiet *n* ‖ ~ **de ondas** (electrón.) / Wellenbereich *m* ‖ ~ **de ondas decimétricas** / Dezimeterwellenbereich *m* ‖ ~ **de perturbação** (contr. autom.) / Störbereich *m* ‖ ~ **de produtos** / Erzeugnisprogramm *n* ‖ ~ **de produtos vasta** / breites Fabrikatsspektrum ‖ ~ **de recepção** / Empfangsbereich *m* ‖ ~ **UHF** / Dezimeterwellenbereich *m*

gama-celulose *f* / Gammazellulose *f*

gamagrafia *f* / Gammagraphie, -radiographie *f*, -strahlverfahren *n*, Gammastrahlenphotographie *f*

gambir *m* / Gambir *m*, Terra japonica *f*

gancho *m* / Haken *m* ‖ ~ (tecel.) / Platine *f*, Hebehaken *m* ‖ ~ (betão) / Bügel *m*, Greifhaken *m* ‖ ~ **de desengate** / Auslösehaken *m* ‖ ~ **de engate** (técn. ferrov.) / Kupplungshaken *m* ‖ ~ **de engate para o reboque** / Anhänger-Zughaken *m* ‖ ~ **de escapo** / Schlipphaken *m* ‖ ~ **de fecho** (serralhar.) / Auswurfhaken *m* ‖ ~ **de reboque** / Schlepphaken *m* ‖ ~ **de remalhar** (máq. tricot.) / Kettelhaken *m* ‖ ~ **de retenção** (aeronáut.) / Fanghaken *m* ‖ ~ **de suspensão** / Aufhängehaken *m* ‖ ~ **de tracção** (técn. ferrov., autom.) / Zughaken *m* ‖ ~ **para muro** / Mauerhaken *m* ‖ ~ **passador** (tecel.) / Blattmesser *n* ‖ ~ **passador** (têxtil) / Einziehhaken *m* ‖ ~ **penteador** (tecel.) / Blattstecher *m* ‖ ~ **principal** (tecel.) / Hauptplatine *f*

ganchos *m pl* **de subir a postes** (telecom.) / Steigeisen *n pl*

ganga *f* (expl. minas) / Gangart, -masse *f*, taubes Gestein ‖ ~ / [wertloses] Gangerz ‖ ~ (geol) / Nebengestein *n* ‖ ~ *m* **bruta** (expl. minas) / Fördergrus *m*

gangrena *f* / Holzbrand *m*

ganhar / gewinnen ‖ ~ **altura** (aeronáut.) / Höhe gewinnen

ganho *m* (contr. autom.) / Stellfaktor, Verstärkungsfaktor *m* ‖ ~ (electrón.) / Gewinn *m*, Verstärkung *f* ‖ **de alto** ~ (electrón.) / hochverstärkt ‖ **de elevado** ~ (electrón.) / Hochgewinn..., hochverstärkt ‖ ~ **de antena** / Antennengewinn *m* ‖ ~ **de inserção** (telecom.) / Einfügungsgewinn *m* ‖ ~ **de potência** (electrón.) / Endverstärkung *f*, Leistungsgewinn *m* ‖ ~ **de sobre-regeneração** (técn. nucl.) / Brutgewinn *m* ‖ ~ **direccional** (electrón.) / Richtfunktion *f* (DIN) ‖ ~ **efectivo** (telecom.) / Betriebsverstärkung *f* ‖ ~ **em frequências** / Frequenzentdämpfung *f*

gânistro *m* (geol) / Ganister *m*

ganita *f* (mineralog.) / Zinkspinell, Gahnit *m*

garagem *f* **subterrânea** / Tiefgarage *f*

garança *f* (botân.) / Färberröte *f*, Rubia *f* tinctorum ‖ ~ (tinturaria) / Krapp *m*

garantia *f* / Garantie *f*, Gewähr[leistung] *f*

garantir / garantieren, gewährleisten

garfo *m* / Gabel *f*

gargalo *m* / Hals *m* ‖ ~ **de garrafa** / Flaschenhals *m*

garganta *f* / Hals *m*, Kehle *f* ‖ ~ / Hohlkehle *f*, enge Stelle, Einschnürung *f* ‖ ~ (máq. ferram.) / Ausladung *f* ‖ ~ **da rosca** / Gewinderille *f* ‖ ~ **de polia** / Scheibenrille *f*, Seilrille *f*

gárgula *f* (constr. civil) / Wasserspeier *m*

garnierita *f* (mineralog.) / Garnierit *m*

garoa *f* / Sprühnebel, -regen *m*

garra *f* / Pratze *f*, Klaue *f*, Kralle *f*, Greifer *m* ‖ ~ (artes gráf.) / Abstoßgreifer *m* ‖ ~ **accionada por motor** / Greifer *m* mit Motorantrieb ‖ ~ **automática** / Selbstgreifer *m* ‖ ~ **da broca** / Bohrgreifer *m* ‖ ~ **de engate** (técn. ferrov.) / Kuppelklaue *f*

garrafa *f* / Flasche *f* ‖ ~ **com tampa de rosca** / Flasche *f* mit Schraubverschluß ‖ ~ **de Leiden** / Leidener Flasche *f* ‖ ~ **de tampa roscada** / Schraubflasche *f* ‖ ~ **de vidro delgado** / Blaseflasche *f* ‖ ~ **'Euro"** / Euroflasche *f* ‖ ~ **isolante** / Isolierflasche *f* ‖ ~ **não recuperável**, garrafa *f* perdida / Einwegflasche *f* ‖ ~ **térmica** / Thermosflasche, Isolierflasche *f*, Thermosflasche *f*

garrafão *m* / Glasballon *m* ‖ ~ **empalhado** / Korbflasche *f*, Demijon *m* ‖ ~ **para ácidos** / Säureballon *m*

gás *m* / Gas *n* ‖ **à prova de** ~ / gasbeständig ‖ **a todo o** ~ / mit Vollgas ‖ ~ **acetilénico** / Acetylengas *n* ‖ ~ **amoníaco** / Ammoniakgas *n* ‖ ~ **asfixiante** (expl. minas) / Stickgas *n* ‖ ~ **atmosférico** / Luftgas *n* ‖ ~ **Blau** / Blaugas *n*, flüssiges Gas ‖ ~ **bruto** /

Rohgas *n* ‖ ~ **butano** / Butangas *n* ‖ ~ **carbónico** / Kohlendioxid *n* ‖ ~ **clorídrico** / Chlorwasserstoffgas *n* ‖ ~ **cloro** / Chlorgas *n* ‖ ~ **combustível** / Kraftgas *n*, Heizgas *n*, Brenngas *n*, brennbares technisches Gas ‖ ~ **comprimido** / Druckgas *n*, Hochdruckgas *n*, Preßgas *n* ‖ ~ **da cidade** / Stadtgas *n* ‖ ~ **de afinação** (siderurg.) / Frischgas *n* ‖ ~ **de água** / Wassergas *n* ‖ ~ **de água carbonada** / Kohlenwassergas *n* ‖ ~ **de alto-forno** (siderurg.) / Schwachgas, Hochofengas *n*, Gichtgas *n* ‖ ~ **de aquecimento** / Feuerungsgas *n*, Heizgas *n* ‖ ~ **de calcinação** / Röstgas *n* ‖ ~ **de carvão** / Steinkohlengas *n* ‖ ~ **de circulação** (siderurg.) / Spülgas *n* ‖ ~ **de combustão** / Feuergas *n*, Abgas *n*, Rauchgas *n*, Feuerungsgas *n* ‖ ~ **de cracking**, gás *m* de destilação fraccionada / Spaltgas *n* ‖ ~ **de destilação lenta** / Schwelgas *n* ‖ ~ **de digestão** / Faulgas *n* ‖ ~ **de escape** / Abgas *n* ‖ ~ **de escape** (autom.) / Auspuffgas *n* ‖ ~ **de esgotos** / Klärgas *n* ‖ ~ **de fermentação** / Biogas *n* ‖ ~ **de Fermi** / Fermi-Gas *n* ‖ ~ **de fissão** (técn. nucl.) / Spaltgas *n* ‖ ~ **de fornos de coque** / Kokereigas *n* ‖ ~ **de fumaça**, gás *m* de fumo / Rauchgas *n*, Abgas *n* ‖ ~ **de gasogénio** / Generatorgas *n*, Erzeugergas *n* ‖ ~ **de iluminação**, gás *m* de hulha / Leuchtgas *n* ‖ ~ **de iodo** / Jodgas *n* ‖ ~ **de linhita** / Braunkohlengas *n* ‖ ~ **de madeira** / Holzgas *n* ‖ ~ **de mostarda** (química) / Senfgas *n*, Lostgas *n*, Yperit *n* ‖ ~ **de óleo** / Fettgas *n*, Ölgas *n* ‖ ~ **de óleo** (autom.) / Öldampf *m* ‖ ~ **de petróleo** / Erdölgas *n* ‖ ~ **de protecção** / Schutzgas *n* ‖ ~ **de reciclagem** / Kreislaufgas *n* ‖ ~ **de sustentação** / Traggas *n* ‖ ~ **detonante** / Knallgas *n* ‖ ~ **detonante de cloro** / Chlorknallgas *n* ‖ ~ **distribuído a longa distância por meio de condutos** / Ferngas *n* ‖ ~ **dos esgotos** / Kanalgas *n* ‖ ~ **dos pântanos** (química) / Grubengas *n*, Sumpfgas *n* ‖ ~ **electrónico ou eletrônico** / Elektronengas *n* ‖ ~ **em botijas**, gás *m* em botijões / Flaschengas *n* ‖ ~ **estranho** / Fremdgas *n* ‖ ~ **fosgénio** / Phosgen[gas] *n* ‖ ~ **hidrogénio** / Wasserstoffgas *n* ‖ ~ **hilariante** / Lachgas *n*, Distickstoff-Monoxid *n*, Stickoxydul *n*, Stickstoffoxid *n* ‖ ~ **ideal** / ideales Gas ‖ ~ **inerte** (sold) / Schutzgas *n*, Inertgas *n* ‖ ~ **injectado** / Einpreßgas *n* ‖ ~ **lacrimogéneo** / Tränengas *n*, Reizgas *n* ‖ ~ **líquido**, gás *m* liquefeito / Flüssiggas *n* ‖ ~ **natural** / Erdgas *n*, Naturgas *n* ‖ ~ **natural liquefeito** / Flüssignaturgas *n* ‖ ~ **natural líquido** / LNG, Flüssig-Erdgas *n*, Flüssignaturgas *n* ‖ ~ **natural sintético** / Ersatzgas *n* für Erdgas (USA) ‖ ~ **nobre** / Edelgas *n* ‖ ~ **oxídrico** / Knallgas *n* ‖ ~ **perfeito** / ideales Gas ‖ ~ **pobre** / Mischgas *n*, Armgas *n*, Generatorgas *n*, Sauggas *n*, Schwachgas ‖ ~ **propano** / Propan[gas] *n* ‖ ~ **propulsor** (geral) / Treibgas *n* ‖ ~ **"Q"** / Gasgemisch *n* mit 98,7% He und 1,3% Butan ‖ ~ **raro** / Edelgas *n* ‖ ~ **residual** / Gasrückstand *m*, Restgas *n*, Armgas *n* ‖ ~ **rico** / Starkgas *n* ‖ ~ **tóxico** / Giftgas *n* ‖ ~ **traçador** / Testgas *n*, Spürgas *n* ‖ ~ **urbano** / Stadtgas *n* ‖ ~ **venenoso** / Giftgas *n* ‖ ~ **vesicante** / blasenziehender Kampfstoff

gasdrive *m* / Gasdrive *m*

gasear (tecel.) / gasieren, sengen

gaseificação *f* / Vergasung *f*, Vergasen *n*

gaseificador *m* (química) / Vergaser, Vergasungsapparat *m*

gaseifição *f* (tecel.) / Gasieren *n*

gaseificar / vergasen

gaseificável / vergasbar

gaseiforme / gasartig, -förmig, Gas...

gases *m pl* **asfixiantes** (expl. minas) / Stickwetter *n pl* ‖ ~ **de fornalha** (caldeira) / Verbrennungsgase *n pl*

gasfading *m* / Gasfading *n*

gash *m* / Gash *n* (Ferroelektrikum)

gasista *m* / Gas-Rohrleger *m*

gaslift *m* / Gaslift *m*

gasoduto *m* / Ferngasleitung *f*, Gasfernleitung *f*, Gas-Pipeline *f*

gasogénio *m* / Gasentwickler, -erzeuger *m*, -generator *m*

gasóleo *m* / Gasöl *n* ‖ ~ **pesado** / schweres Heizöl

gasolina *f* / Benzin, Motorenbenzin *n*, Gasolin *n* für chem. Zwecke (Siedebereich 30-80°C), Fahrbenzin *n*, Sprit *m* (coll) ‖ ~ **de absorção** / Absorptionsbenzin *n* ‖ ~ **de aviação** / Flugbenzin *n* ‖ ~ **de cracking** / Spaltbenzin *n* ‖ ~ **de densidade média** / Mittelbenzin *n* ‖ ~ **de destilação directa** / Destillations-Benzin, Roh-Benzin *n* ‖ ~ **de destilação fraccionada** / Spaltbenzin *n* ‖ ~ **de extracção** / Extraktionsbenzin *n* ‖ ~ **de hidrogenação** / Hydrierbenzin *n* ‖ ~ **de limite definido de ebulição** / Siedegrenzenbenzin *n* ‖ ~ **de petróleo** / Erdöl-Benzin *n*, -Kraftstoff *m* ‖ ~ **leve** / Leichtbenzin *n* ‖ ~ **normal** / Normalbenzin *n* ‖ ~ **normal FAM** / FAM-Normalbenzin *n* (FAM = Fachausschuß Mineralöl- u. Brennstoffnormung) ‖ ~ **para a aviação** / Avgas *n* (Fliegerbenzin) ‖ ~ **pesada** / Schwerbenzin *n* ‖ ~ **sintética** / Synthesebenzin *n* ‖ ~ **sob pressão** / Druckbenzin *n* ‖ ~ **sólida** / Hartbenzin *n* ‖ ~ **super** / Super[benzin] *n*, Superkraftstoff *m*

gasometria *f* / Gasvermessung, Gasometrie *f*

gasométrico (química) / gasvolumetrisch

gasómetro *m* / Gasometer *m*, Gasbehälter *m* ‖ ~ (sold) / Gasglocke *f*

gasoscópio *m* (expl. minas) / Wetterzeiger, Schwadenzeiger *m*

gasoso (expl. minas) / gasführend, gashaltig, gasreich

gastalho *m* (ferram.) / Eisenzwinge *f* ‖ ~ / Fugenzwinge *f* ‖ ~ / Leimzwinge *f* ‖ ~ (marcenar.) / Balkhaken *m* ‖ ~ (máq., tecnol.) / Feilkluppe *f* ‖ ~ **de pé** / Fußkloben *m*

gastar / aufbrauchen ‖ ~ **por uso** / abtragen, abnützen

gasto / verbraucht, abgenutzt ‖ ~ (autom.) / abgefahren (Reifen)

gateira *f* **de cumeeira** (constr. civil) / Firstluke *f*

gatilho *m* / Abzug, Drücker *m*, Auslöser *m*

gato *m* / Bandhaken *m*, Haken *m*, Falz *m*

gauss *m* (física) / Gauß *n*, g, gs (CGS-Einheit der magnet. Induktion = 10^{-4} Tesla) (veraltet)

gaveta *f* (electrón.) / Steckeinheit *f*, Einschub *m* ‖ ~ **de circuito híbrido** (telecom.) / Gabeleinschub *m* ‖ ~ **de expansão** / Expansionsschieber *m* ‖ ~ **em concha**, gaveta *f* de três orifícios (máq. vapor) / Muschelschieber *m*

gaxeta *f* **da cabeça do cilindro** / Zylinderkopfdichtung *f* ‖ ~ **de couro** / Lederdichtung *f* ‖ ~ **de vedação** (aeronáut.) / gasdichte Rohrdurchführung ‖ ~ **lenticular** / Linsendichtung *f*

gazão *m* / Stechrasen *m*

gaze *f* (tecel.) / Gaze *f* ‖ **como** ~ / gazeartig, von Gaze ‖ **de** ~ / gazeartig, von Gaze ‖ ~ **de seda** / Seidenflor *m* ‖ ~ **hidrófila** / Verbandmull *m* ‖ ~ **metálica** / Drahtgaze *f*, Metallgaze *f*, Drahtgewebe *n*

gazua *f* / Sperrhaken *m*, Dietrich *m*

geada *f* / Reif *m*, Frost *m* ‖ ~ **branca** / Flockeneis *n* ‖ ~ **no solo** / Bodenfrost *m*

Gee *m* (radar) / Gee-Gerät *n*, Weitstreckenradar *m*, *n* (20-80 MHz) ‖ ≗ **H** (aeronáut.) / Gee H *n*

gehlenita *f* (mineralog.) / Gehlenit *m*

gel *m* / Gel *n* ‖ **como um** ~ / gel-artig ‖ ~ **azul** (química) / Blaugel *n* ‖ ~ **coerente** / zusammenhängendes (o. kohärentes) Gel ‖ ~ **de sílica** / Silikagel *n*, Kieselkegel *n*

geladeira *f* / Kühlschrank *m*, Eisschrank *m*
gelar / vereisen *vi* ‖ ~**(-se)** / gefrieren
gelatina *f* / Gelatine *f*, Gallert ‖ ~ **bicromatada** / Chromgelatine *f* ‖ ~ **explosiva** / Gelatinedynamit *n*
gelatiniforme / gelatineartig, gelatinös
gelatinização *f* / Gel[atinis]ierung *f*, Gelbildung *f*
gelatinizar / in Gallert verwandeln, gelatinieren [lassen]
gelatinóide / gallertartig
gelatinoso / gelatineartig, gelatinös
geleia *f* / Gallert *m* (aus Säften), Gelee *n*
geleira *f* (geol) / Gletscher *m*
gelificação *f* / Gelierung *f* ‖ ~ **final** / Ausgelieren *n*
gelificar / gelieren
gelo *m* / Eis *n* ‖ ~ (constr. rodov.) / Glatteis *n* ‖ ~ **artificial** / Kunsteis *n* ‖ ~ **cristalino** / Kristalleis *n* ‖ ~ **de água destilada** / Destillateis *n* ‖ ~ **em flocos** / Scherbeneis *n* ‖ ~ **flutuante** / Treibeis *n* ‖ ~ **fóssil** (geol) / Grundeis *n* ‖ ~ **laminar** / Blättcheneis *n* ‖ ~ **opaco** / Matteis *n* ‖ ~ **transparente** / Klareis *n* ‖ ~ **transparente agitado** / Schütteleis *n*
gelosia *f* / Fensterjalousie *f*, Jalousie *f*
gema *f* **de ovo** / Eigelb *n*, -dotter *m n*
gémeo *m* / Zwilling *m*
geminado / Zwillings..., Doppel...
gemologia *f* / Gemmologie, Edelsteinkunde *f*
gene *m* (biol.) / Gen *n*
genérico / generisch
género *m* / Gattung *f*
géneros *m pl* **alimentícios** / Lebensmittel *n pl*
genético / genetisch
geno *m* (biol.) / Gen *n*
geobotânica *f* / Geobotanik *f*
geocêntrico / geozentrisch
geociências *f pl* / Geowissenschaft *f*
geocorona *f* (astronáut.) / Geocorona *f*
geocronologia *f* / Geochronologie *f*, Altersbestimmung *f*
geodesia *f* / Feldmeßkunst *f*, [höhere] Geodäsie, Vermessungskunde *f*
geodésico / geodätisch
geodeta *m* / Geodät *m* (akademisch ausgebildeter Vermessungsingenieur)
geodímetro *m* (agrimen.) / Geodimeter *n* (für elektronisch-optische Distanzmessung)
geodinâmica *f* / Geodynamik *f*
geodinâmico / geodynamisch
geodo *m* (geol) / Geode *f*
geoelectricidade *f* / Geoelektrik *f*
geoestacionário / geostationär, geosynchron
geofísica *f* / Geophysik *f*
geofísico / geophysikalisch
geofone *m* (expl. minas) / Geophon *n*, Erdhörer *m*
geográfico / geographisch
geóide *m* / Geoid *n* (theor. Form der Erde)
geoisoterma *f* / Geoisotherme *f* (Fläche gleicher Temperatur im Erdinnern)
geologia *f* / Geologie *f*
geológico / geologisch
geólogo *m* / Geologe *m*
geomagnético / geomagnetisch
geomagnetismo *m* / Geomagnetik *f*, Erdmagnetismus *m*, Geoelektrodynamik *f*
geómetra *m* / Geometer *m*
geometria *f* / Geometrie *f* ‖ ~ **analítica** / analytische Geometrie ‖ ~ **descritiva** / darstellende Geometrie ‖ ~ **euclidiana** / euklidische Geometrie ‖ ~ **plana** / ebene Geometrie, Planimetrie *f* ‖ ~ **superior** / höhere Geometrie
geométrico / geometrisch
geomorfologia *f* / Geomorphologie *f*
geopotencial *m* / Geopotential *n*
geoquímica *f* / Geochemie *f*
geoquímico / geochemisch
geosfera *f* / Geosphäre, Erdhülle *f*
geossinclinal *m* (geol) / Geosynklinale *f* (Senkungstrog)
geotécnica *f* / Geotechnik *f*, Ingenieurgeologie *f*
geotectónica *f* / Geotektonik *f*
geotermia *f* / Geothermik *f*
geotérmico / geothermisch, Erdwärme...
geração *f* (geral, informática, física) / Generation *f* ‖ ~ / Erzeugung *f* ‖ ~ **de calor** / Wärmeentwicklung *f* ‖ ~ **de corrente** / Stromerzeugung *f*, Erzeugung *f* von Strom ‖ ~ **de gás** / Gaserzeugung, -herstellung *f* ‖ ~ **de portadora** (electrón.) / Trägerversorgung *f* ‖ ~ **de pressão** / Druckerzeugung *f* ‖ ~ **de vácuo** / Erzeugung *f* von Vakuum ‖ ~ **de vapor** / Dampfbildung *f* ‖ ~ **expontânea** / Urzeugung *f* ‖ ~ **termoeléctrica**, geração *f* termelétrica / Wärmekrafterzeugung *f*
gerador *m* / Erzeuger *m* ‖ ~ (informática) / Code-Erzeuger *m* ‖ ~ (electr.) / Generator *m* ‖ ~ (química) / Entwicklungsgefäß *n*, Entwicklerflasche *f* ‖ ~ *adj* / erzeugend ‖ ~ *m* **a cristal** / Quarzgenerator *m* ‖ ~ **alternador** / Induktormaschine *f* ‖ ~ **assíncrono trifásico** / Asynchron-Drehstromgenerator *m* ‖ ~ **com pólos internos** / Innenpolgenerator *m* ‖ ~ **de ácido carbónico** / Kohlensäureerzeuger *m* ‖ ~ **de alta frequência** / Hochfrequenzmaschine *f*, -stromerzeuger *m* ‖ ~ **de arco [voltaico]** / Lichtbogengenerator *m* ‖ ~ **de baixa pressão** (sold) / Niederdruckentwickler *m* ‖ ~ **de barras de cor** (tv) / Farbbalkengenerator *m* ‖ ~ **de base de tempo** (tv) / zeitabhängiger Kippgenerator ‖ ~ **de batimento** (electrón.) / Schwebungssummer *m* ‖ ~ **de cadências de impulso**, gerador *m* de cadências de pulso (electrón.) / Zeitgeber *m* ‖ ~ **de calibração** (electr.) / Eichgenerator *m* ‖ ~ **de campo** (electr.) / felderzeugend ‖ ~ **de carga** (electr.) / Lademaschine *f*, Ladegenerator *m* ‖ ~ **de contacto** (sold) / Berührungssystem-Entwickler *m* ‖ ~ **de corrente** (electr.) / Stromerzeuger *m* ‖ ~ **de corrente à base de tempo** / Generator *m* für zeitproportionalen Stromanstieg ‖ ~ **de corrente alternada** / Wechselstromgenerator, -erzeuger *m* ‖ ~ **de corrente contínua** / Gleichstrommaschine *f* ‖ ~ **de duas correntes** / Doppelstromerzeuger *m*, Doppeldynamo *m* ‖ ~ **de faíscas** / Funkensender *m* ‖ ~ **de frequência de linha** / Zeilenkippgenerator *m* ‖ ~ **de funções** (informática) / Funktionsgeber *m* ‖ ~ **de gás** / Gasentwickler, -erzeuger, -generator *m* ‖ ~ **de gelo** / Eiserzeuger, -generator *m*, -maschine *f* ‖ ~ **de Hall** / Hallgenerator *m* ‖ ~ **de harmónicas** (electrón.) / Frequenzvervielfacher, Eichverzerrer *m* ‖ ~ **de harmónicas** (telecom.) / Verzerrer *m* ‖ ~ **de impulsos**, gerador *m* de pulsos (tv) / Taktgeber, TG *m* ‖ ~ **de impulsos ou pulsos** (electrón.) / Impulsgenerator *m*, Impulsgeber *m* ‖ ~ **de impulsos para selectores rotativos**, gerador *m* de pulsos para seletores rotativos (telecom.) / Drehwählerzahlengeber *m* ‖ ~ **de indução** (electr.) / Drehfeldmaschine *f*, Asynchrongenerator *m* ‖ ~ **de mira** (tv) / Bildmustergenerator *m* ‖ ~ **de número** (telecom.) / Zahlengeber *m* ‖ ~ **de ondas senoidais**, gerador *m* de ondas sinusoidais (electrón.) / Sinusgenerator *m* ‖ ~ **de oscilações** (electrón.) / Schwingungserzeuger, -erreger *m* ‖ ~ **de programas de relatórios** (informática) / Listenprogrammgenerator *m* ‖ ~ **de sinais calibrados para fins de medição** / Fernschreib-Meßverzerrer *m* ‖ ~ **de sinais de medição** / Meßsender *m*, Meßgenerator *m* ‖ ~ **de sinais de medição para teleimpressores** / Fernschreib-Meßsender *m* ‖ ~ **de sinais telegráficos** / Fernschreibzeichengeber *m* ‖ ~ **de sinais**

telegráficos distorcidos para fins de medição / Fernschreib-Meßverzerrer *m* ‖ ~ **de tensão escalonada** (electr.) / Treppengenerator *m* ‖ ~ **de terra** (aeronáut.) / Bodenversorgungs-Aggregat *n* ‖ ~ **de tracção** / Bahngenerator *m* ‖ ~ **de três fios** / Spannungsteilermaschine, Dreileitermaschine *f* ‖ ~ **de turbilhões** / Wirbelerzeuger *m* ‖ ~ **de vapor** / Dampferzeuger *m*, -generator *m*, Dampfkessel *m* ‖ ~ **de vapor** (reactor) / Verdampfer *m* ‖ ~ **de varredura** (tv) / Bildablenkgenerator *m* ‖ ~ **de volante** (electr.) / Schwungradgenerator *m* ‖ ~ **dente de serra** (electrón.) / Sägezahngenerator *m*, Kippgenerator *m* ‖ ~ **dente serra vertical** (tv) / Bildkippgenerator *m* ‖ ~ **electro-hidrodinâmico** (electr.) / EHD-Generator *m*, elektrohydrodynamischer Stromerzeuger ‖ ~ **electrostático** / elektrostatische Maschine ‖ ~ **em derivação** (electr.) / Nebenschlußmaschine *f* ‖ ~ **em série** / Hauptschlußgenerator *m* ‖ ~ **galvânico** (galvanoplast.) / Badgenerator *m* ‖ ~ **heteropolar** / Wechselpolgenerator *m* ‖ ~ **homopolar** / Gleichpolgenerator *m* ‖ ~ **indutor** / Induktormaschine *f* ‖ ~ **isotópico** / Isotopengenerator *m* ‖ ~ **magnético do dínamo** (autom.) / Lichtmagnetzünder *m* ‖ ~ **monofásico de corrente alternada** / Einphasen[wechselstrom]generator *m* ‖ ~ **movido por força eólica** (electr.) / Windgenerator *m* ‖ ~ **petróleo-eléctrico** / benzinelektrischer Stromerzeuger ‖ ~ **tacométrico** / Drehzahlgeber *m* ‖ ~ **Van-de-Graaff** / Bandgenerator, Van-de-Graaff-Generator *m*

geralmente válido / allgemeingültig

geraniol *m* (química) / Geraniol *n*

gerar / erzeugen ‖ ~ (informática) / generieren

geratriz *f* (informática, matem.) / Erzeugende, Generatrix *f*

germânio *m*, Ge / Germanium *n*, Ge *n*

germe *m*, gérmen *m* / Keim *m*, Impfkristall *m* ‖ ~ **cristalino**, gérmen *m* cristalino / Kristallkeim *m*

germicida *m* / Desinfektionsmittel, Germizid *n*, Mikrobicid *n* ‖ ~ *adj* / keimtötend

germinação *f* / Keimbildung, Keimung *f*, Keimen *n*

germinador *m* / Keimapparat *m*

germinar / keimen

gesso *m* / Gips *m* ‖ ~ **alumínico** / Alaungips *m* ‖ ~ **calcinado** / Gipskalk *m*, gebrannter Gips ‖ ~ **de escultor**, gesso *m* de estucar (constr. civil) / Stuckgips *m* ‖ ~ **espático** / Blättergips *m* ‖ ~ **fibroso** / Fasergips *m* ‖ ~ **folheado** / blättriger Gips ‖ ~ **moído** / Gipsmehl *n* ‖ ~ **para moldes** / Formgips *m* ‖ ~ **pulverizado** / gemahlener Gips

gestão *f* **de dados** (informática) / Datenmanagement *n* ‖ ~ **de recursos hídricos** / Wasserwirtschaft *f* ‖ ~ **de unidades periféricas** (informática) / Geräteverwaltung *f*

gibbsita *f* (mineralog.) / Gibbsit, Hydrargillit *m*

gicleur *m* / Düse *f* ‖ ~ **de alta velocidade** / Hauptdüse *f*

giga / Giga..., G, 10^9

gigahertz *m* / Gigahertz *n*

gigavátio-hora *m* (electr.) / Gigawattstunde *f*, GWh

gilbert *m* (física) / Gilbert, Gb *n* (1 Gb = 1 Oerstedt x 1 cm)

gill-box *m* **de estiragem** (têxtil) / Streckwerk *n*

gipsífero / gipshaltig

giração *f* / Umdrehung *f*

gira-discos *m* **estereofónico** / Stereo-Plattenspieler *m*

girafa *f* / Galgen *m*, Giraffe *f*

girando por uma articulação / um ein Gelenk drehbar

girar / abschwenken, drehen, rotieren, umlaufen, sich drehen, rotieren, umdrehen ‖ ~ (guindaste) / schwenken *vi*, schwenken *vt*, ausschwenken ‖ ~ (mecân.) / drehen ‖ **che gira da direita para a esquerda**, que gira em sentido inverso aos ponteiros do relógio / linksdrehend ‖ ~ **à mercê do vento** (aeronáut.) / leerlaufen

giratório / rotierend, drehbar, kreisend, Dreh..., umlaufend, drehend, schwenkbar

giro *m* / Schwenkung *f*, Rotation *f*, Umdrehung *f*

girofrequência *f* (física) / Gyrofrequenz *f*, Eigenfrequenz *f* der Ionendrehung

giromagnético (física) / giromagnetisch

girómetro *m* (física) / Gyrometer *n*

giroscópico / gyroskopisch

giroscópio *m* / Kreisel *m*, Kreiselgerät, Gyroskop *n* (ein physikalisches Vorführgerät) ‖ ~ **azimutal** / Azimutkreisel *m* ‖ ~ **de atitude** / Fluglagenkreisel *m* ‖ ~ **direccional** (aeronáut.) / Kurskreisel *m* ‖ ~ **laser** / Laserkreisel *m* ‖ ~ **livre** / kräftefreier Kreisel ‖ ~ **meridiano** / Meridiankreisel *m*

girostático / gyrostatisch

giz *m* / Kreide *f*

gizar (constr. civil) / abkreiden

glacial (geol) / glazial

glaciar *m* (geol) / Gletscher *m*

glaciologia *f* / Gletscherkunde *f*

glauberita *f* (mineralog.) / Glauberit *m*

gleba *f* (agricult.) / Scholle *f* ‖ ~ **metalífera** (expl. minas) / Erzstufe *f*

glicérido *m* / Glyzerid *n*

glicerina *f* / Glyzerin *n* ‖ ~ **de ácido bórico** / Borglyzerin *n*

glicina *f*, glicocola *f* / Glycin *n*, Leimzucker *m*

glicogénio *m* / Glykogen *n*, Leberstärke *f*

glicóis *m pl* / Glykole *n pl* (Sammelbezeichnung für zweiwertige Alkohole)

glicólise *f* / Glykolyse *f*

glicose *f* / Glukose *f*, Traubenzucker *m*, Dextrose, Glykose *f*

glicosido *m* / Glucosid *n*

glioxal *m* / Glyoxal *n*

globo *m* (matem.) / Kugel *f*, Sphäre *f* ‖ ~ (física) / Ball *m* ‖ ~ / Lampenglocke *f* ‖ ~ **protector** / Schutzglocke *f*

globulina *f* (química) / Globulin *n* (Eiweiß)

globulito *m* (geol) / Globulit *m*

glóbulo *m* / Kügelchen *n*

glucídio *m* / Kohlenhydrat *n*, Kohlehydrat *n*

glucina *f* / Berylliumoxid *n*

glucose *f* / Glukose *f*, Traubenzucker *m*, Dextrose *f*

gluma *f* (botân.) / Spelze *f*

glutamato *m* / Glutam[in]at *n*

glutamina *f* / Glutamin *n*

glute *m* / Gluten *n*

glutina *f* / Glutin *n*

glutinoso / leimartig

gneisse *m* / Gneis *m* ‖ ~ **ocelado** (geol) / Augengneis *m* ‖ ~ **primitivo** (geol) / Urgneis *m*

godé *m*, godê *m* / Näpfchen *n*, kleiner Napf

gofrado (papel) / gehämmert

gofragem *f* / Gaufrieren *n* ‖ ~ (artes gráf.) / Prägedruck *m*, Blinddruck *m* ‖ ~ **a cores** / Farbprägung *f*

gofrar / pressen, gaufrieren ‖ ~ (artes gráf.) / prägen

goiva *f* / Hohlmeißel *m*, -beitel *m*, Hohlstahl *m* ‖ ~ **de trado** (expl. minas) / Stangenbohrer *m* ‖ ~ **de trado manual** / Stangen-Schlangenbohrer *m* (DIN 6449)

goivete *m* (marcenar.) / Nuthobel *m*, Leistenhobel *m* ‖ ~ **macho** / Federhobel *m*

golpe *m* / Schlag *m*, Stoß *m*, Hieb *m* ‖ ~ **de aríete** (hidrául.) / Wasserstoß *m*, Wasserschlag *m* (in Rohrleitungen) ‖ ~ **de aríete** / Widderstoß *m* ‖ ~ **de carga** / Belastungsstoß *m* ‖ ~ **de freio**, golpe *m* de travão / Bremsstoß *m* ‖ ~ **de lançadeira** (tecel.) /

Schützenwurf, Schlag *m* ‖ ~ **de lima** / Feilstrich *m* ‖ ~ **de martelo** / Hammerschlag *m* ‖ ~ **forte** (forja) / Setzschlag *m*
golpes *m pl* **espúrios** (técn. nucl.) / Fehlstöße *m pl*
goma *f* (têxtil) / Schlichte *f*, Wäschestärke *f*, Stärke *f* ‖ ~ **adraganta** / Tragant[gummi] *m* ‖ ~**-arábica** *f* / Gummi arabicum (o. africanum), Arabisches Gummi, Sudangummi *n* ‖ ~ **arábica pura** / Akaziengummi, Akazin *n* ‖ ~ **de seda** / Seidenleim *m*, Serizin *n* ‖ ~ **elástica** / Gummielastikum *n* ‖ ~ **éster** / Lackester *m* ‖ ~**-guta** *f* / Gummigutt *n* ‖ ~**-laca** *f* / Schellack *m*, Gummilack *m* ‖ ~**-laca** *f* **em grãos** / Stocklack *m* ‖ ~**-resina** *f* / Schleimharz, Gummiharz *n* ‖ ~ **vegetal** / Pflanzengummi, Gummiharz *n*
gomado / gummiert
gomar (têxtil) / gummieren ‖ ~ (tecel.) / schlichten
gomoso / gummiartig
gôndola *f* / Gondel *f*
goniometria *f* / Goniometrie *f*, Winkelmessen *n*
goniométrico / goniometrisch
goniómetro *m* (geral) / Goniometer *n* ‖ ~ (agrimen.) / Winkelinstrument *n*, Winkelmesser *m* ‖ ~ **de espelho** (agrimen.) / Winkelspiegel *m*, Spiegelkreuz *n*
gonzo *m* (constr. civil) / Haspe *f* ‖ ~ (serralhar.) / Kloben *m* ‖ ~ (porta) / Angel *f* ‖ ~ **duplo** (serralhar.) / gebrochenes Band
gordo / fett ‖ **de acido** ~ / fettsauer
gordura *f* / Fett *n* ‖ **que desdobra as ~s** (química) / fettspaltend ‖ ~ **alimentar** / Speisefett *n* ‖ ~ **animal** / animalisches o. tierisches Fett ‖ ~ *m* **comestível artificial** / Kunstspeisefett *n* ‖ ~ *f* **das águas de feltragem** / Extraktöl *n* ‖ ~ **fibrosa** / Faserfett *n* ‖ ~ **vegetal** / pflanzliches Fett
gorduroso / schmierig, fettig
gossypium *m* **herbaceum** / Baumwollpflanze *f*, Gossypium *n*
gota *f* / Tropfen *m* ‖ **em forma de** ~ / tropfenförmig ‖ ~ **a gota** / tropfenweise ‖ ~ **de metal** / Metalltropfen *m* ‖ ~ **de solda** / Schmelzperle *f*, -tropfen *m*
goteira *f* (constr. civil) / Wasserablaufrinne, -ablaufnase, Hohlkehle *f*, Dachrinne *f*, Wasserrinne *f*, Regenrinne *f* ‖ ~ **para água de condensação** (constr. civil) / Schwitzwasserrinne *f*
gotejar / abtropfen, -tröpfeln, tröpfeln, triefen, tropfen
governar / steuern
governo *m* (aeronáut.) / Steuerung *f*, Steuer *n*
gradação *f* (técn. fotogr.) / Lichtbestimmung *f* ‖ ~ (tv, técn. fotogr.) / Gradation *f*
gradar / eggen
grade *f* / Rost *m*, Feuerrost *m*, Gitter *n* ‖ ~ / Gatter *n*, Gitter *n* ‖ ~ (electrón.) / Gitter *n* ‖ ~ (agricult.) / Egge *f* ‖ ~ (semicondut.) / Gatt, Gate *n*, Tor *n* ‖ ~ (embalagem) / Verschlag *m* ‖ **em forma de** ~ / rostartig, -förmig, in Rostform ‖ ~ **articulada** / Gelenkegge *f* ‖ ~ **colectora** (siderurg.) / Auffanggitter *n* ‖ ~ **de arame** / Drahtgitter *n* ‖ ~ **de blindagem** (electrón.) / Schirmgitter *n* ‖ ~ **de carga espacial** / Raumladungsgitter *n* ‖ ~ **de chumbo** / Bleigitter *n* ‖ ~ **de comando** (electrón.) / Steuergitter *n* ‖ ~ **de garrafas** / Flaschenkasten *m* ‖ ~ **de janela** / Fenstergitter *n* ‖ ~ **de madeira** (constr. civil) / Holzrost *m* ‖ ~ **de madeira** / Haraß *m* ‖ ~ **de pranchas** (constr. civil) / Bohlenrost *m* ‖ ~ **de protecção** / Abdeckgitter *n* ‖ ~ **de retenção** (hidrául.) / Fangrechen *m* ‖ ~ **elementar** (cristalogrf.) / einfaches Gitter, Translationsgitter *n* ‖ ~ **fina** (hidrául.) / Feinrechen *m* ‖ ~ **para reter madeira flutuante** / Floßrechen *m* ‖ ~ **pára-chispas** / Funkenrechen *m* ‖ ~ **pára-neve** / Schnee[fang]gitter *n* ‖ ~ **protectora** / Schutzgitter *n* ‖ ~ **supressora** (electrón.) / Schutzgitter *n*, Bremsgitter *n*
gradeado *m* (constr. civil) / Gitterwerk *n* ‖ ~ / Lattengestell *n*, Lattenwerk *n*
gradeamento *m* / Gitter *n*, Gatter *n* ‖ ~ **para telhado envidraçado** / Dachsprossen *f pl* für Glasdächer
gradear / vergittern
gradiente *m* / Gefälle *n* ‖ ~ (matem., física) / Gradient *m* ‖ ~ **adiabático saturado** / feuchtadiabatischer Temperaturgradient ‖ ~ **da pressão atmosférica** / Luftdruckgradient *m* ‖ ~ **de contorno** (agrimen.) / Falllinie *f* ‖ ~ **de potencial** / Potentialgefälle *n*, -gradient *m* ‖ ~ **hidráulico** / Gefälle *n* des Wasserspiegels (o. des hydrostatischen Drucks) ‖ ~ **máximo de frenação** / Bremsgrenzneigung *f* ‖ ~ **máximo de travagem** / Bremsgrenzneigung *f* ‖ ~ **pseudo-adiabático** / feuchtadiabatischer Temperaturgradient ‖ ~ **térmico** / Wärmegefälle *n*
gradil *m* / Lattenwerk *n*
gradímetro *m* / Gradmesser *m*
graduação *f* / Teilung *f*, Gradleiter *f*, Maß[ein]teilung *f*, Einteilung *f* (in Grade), Gradteilung *f*, Stufenleiter *f*, Stufenfolge, Graduierung *f*, Strich[ein]teilung *f* ‖ **sem** ~ / stufenlos ‖ ~ **alcoólica** / Alkoholgehalt *m* ‖ ~ **circular** / Kreis[ein]teilung *f* ‖ ~ **da escala** / Skalenteilung *f* ‖ ~ **da velocidade** / Geschwindigkeitsabstufung *f* ‖ ~ **da velocidade** / Drehzahlstufung *f* ‖ ~ **das cores** / Farbenabstufung *f*, Farbstufung *f* ‖ ~ **de dez em dez graus** / Zehngradteilung *f* ‖ ~ **do número de rotações** / Drehzahlstufung *f* ‖ ~ **em polegadas** / Zollteilung *f*
graduado / mit Gradteilung [versehen], abgestuft, graduiert, Skalen...
graduador *m* (electr.) / Dämpfungsschalter *m* ‖ ~ **de iluminação** / Dämpfer *m*
gradual / gradual, stufenweise, stufbar, graduell
gradualmente / gradweise, nach und nach, schrittweise, allmählich
graduar / graduieren, in Grade einteilen ‖ ~ / eichen ‖ ~ / abstufen, schattieren, abtönen ‖ ~ (química) / kalibrieren, graduieren
gráfica *f* / Graphik *f* ‖ ~ **publicitária** / Gebrauchsgraphik *f*
gráfico *m* (informática, matem.) / Graph *m* ‖ ~ / Kurvenbild *n*, graphische Darstellung ‖ ~ *adj* / graphisch, zeichnerisch ‖ ~ *m* **de funcionamento do êmbolo** / Kolbenlaufbild *n* ‖ ~ **real do tráfego ferroviário** (técn. ferrov.) / Istfahrplan, graphischer
grafita *f* / Eisenschwärze *f* ‖ ~ (mineralog.) / Graphit *m* ‖ ~ **Acheson** / Achesongraphit *m* ‖ ~ **em flocos** / Flockengraphit *m* ‖ ~ **para lápis** / Bleistiftgraphit *m* ‖ ~ **primária** (siderurg.) / Garschaum *m*, -schaumgraphit *m*
grafitado / graphitiert
grafitar / graphitglühen, graphitieren
grafítico / graphithaltig
grafitização *f* (siderurg.) / Graphitisation *f*
gralha *f* (artes gráf.) / Druckfehler *m*
grama *m* / Gramm *n*, g
grama *f* / Gras *n*, Graspflanze *f*, Rasen *m*
gramadeira *f* / Flachsbrech- und Abbastmaschine *f* ‖ ~ **para linho** / Flachshechler *m*
gramar / berasen
gramatura *f* (papel) / Flächenmasse *f* (in g/m^2), flächenbezogene Masse ‖ ~ (de uma resma) (papel) / Flächengewicht *n* (bezogen auf 1 Ries)
graminho *m* (máq., tecnol.) / Parallelreißer *m* ‖ ~ **de esquadro** / Winkelstreichmaß *n* ‖ ~ **de riscar** / Streichmaß *n*
grampagem *f* **de pedras** (constr. civil) / Steinverklammerung *f*

grampeadora *f* / Heftmaschine *f* für Drahtheftung
grampear / klammern, mit Klammern verbinden
grampo *m* / Klammer *f*, Krampe *f* ‖ ~ (constr. civil) / Bauklammer *f* ‖ ~ (bate-chapa) / Falz *m* ‖ ~ **angular** / Eckklammer *f* ‖ ~ **C** / Leimzwinge *f* ‖ ~ **da cunha de aperto** (técn. ferrov.) / Keilklemme *f* ‖ ~ **de arame** / Drahtheftklammer *f* ‖ ~ **de dobradiça** / Spannkluppe *f* ‖ ~ **de fixação ao carril**, grampo *m* de fixação ao trilho / Schienenklammer *f*, -nagel *m* ‖ ~ **de mola** / Spannkluppe *f* ‖ ~ **elástico** (técn. ferrov.) / Federnagel *m* ‖ ~ **elástico** (autom.) / Federklammer *f* (DIN) ‖ ~ **excêntrico** / Exzenterklemme *f*
granada *f* (mineralog.) / Granat *m* ‖ ~ (armamento) / Granate *f* ‖ ~ **de gás** / Gasgranate *f* ‖ ~ **de mão** / Handgranate *f* ‖ ~ **de mão de forma ovóide** / Eierhandgranate *f* ‖ ~ **explosiva** / Brisanzgranate *f*
granalha *f* **de aço** / Stahlsand *m*, Stahlkies *m*
granar / körnen, gränieren
grande / hoch, groß ‖ **de** ~ **rendimento** (máq. ferram.) / Schwer... ‖ ~**-angular** *f* (técn. fotogr.) / Weitwinkelobjektiv *n* ‖ ~**-angular** *f* **extrema** (180°) (técn. fotogr.) / Fischauge *n* ‖ ~ **durabilidade** / lange Lebensdauer ‖ ~ **indústria** / Großindustrie *f* ‖ ~**-plano** *m* (tv, film) / Close-up *n*, Großaufnahme *f*
grandeza *f* (matem.) / Größe *f* ‖ ~ **de referência**, grandeza *f* de comando (contr. autom.) / Führungsgröße *f* ‖ ~ **exponencial** (matem.) / Exponentialgröße *f* ‖ ~ **observável** (técn. nucl.) / Observable *f* ‖ ~ **perturbadora** (contr. autom.) / Störgröße *f* ‖ ~ **quantitativa** (matem.) / quantitative Größe ‖ ~ **vectorial** / Vektorgröße *f*
granear / chagrinieren, narben
granel *m* (artes gráf.) / Fahnenabzug *m* ‖ **a** ~ / unverpackt (von größeren Mengen), lose, offen ‖ **a** ~ / in loser Schüttung
graneleiro *m* / Massengutfrachtschiff *n* ‖ ~ **com dispositivo automático de estabilização** / Selbsttrimmer *m*
granido *m* / Dekorbrand *m*
granítico / granitartig, granitisch
granitização *f* (geol) / Granitisation *f*
granito *m* (geol) / Granit *m* ‖ ~ **primitivo** (geol) / Urgranit *m*
granizo *m* (meteorol.) / Hagel *m* ‖ ~ **miúdo** (meteorol.) / Graupeln *f pl*
granodiorito *m* (geol) / Granodiorit *m*
granulação *f* / Granulation *f* ‖ ~ / Kornbildung *f*, Körnung *f* ‖ ~ (técn. fotogr.) / Körnigkeit *f* ‖ ~ (açúcar) / Kristallbildung *f* ‖ **de** ~ **fina** / feinkörnig ‖ ~ **secundária** (açúcar) / falsches Korn
granulado *m* / Granulat *n* ‖ ~ *adj* / granuliert ‖ ~ (couro) / genarbt ‖ ~ **de minério** *m* / Erzgranulat *n*
granulador *m* / Granulator *m*
granular *v* / körnen, granulieren ‖ ~ **o reboco** (constr. civil) / Putz aufrauhen
granular *adj* / granuliert, körnig
granuliforme / körnchenförmig
granulito *m* (geol) / Granulit *m*
grânulo *m* / Körnchen *n*, Granül *n* ‖ **de** ~**s grossos** / Grobstaub... ‖ ~ **[solar]** (astron.) / Granulum *n* (Sonne)
granulometria *f* / Korngrößenbestimmung *f*
granulómetro *m* / Korngrößen-Bestimmungsgerät *n*
granulose *f* (química) / Granulose *f*
granuloso / körnig
grão *m* (geral, química) / Korn *n* ‖ ~ (couro) / Narben *m* ‖ **de** ~ **fino** / feinkörnig ‖ ~ **abrasivo** / Schleifkorn *n* ‖ ~ **artificial** / Reißkorn *n* ‖ ~ **de amido** / Stärkekorn, -körnchen *n* ‖ ~ **de cereal** / Getreidekorn *n* ‖ ~ **de chumbo** / Schrotkugel *f*, -korn *n* ‖ ~ **de pó** / Staubkorn *n*, Stäubchen *n* ‖ ~ **finíssimo** / Feinstkorn *n* ‖ ~ **fino** / Feinkorn *n* ‖ ~ **fora dos limites** / Fehlkorn *n* ‖ ~ **grosso** / Grobkorn *n*
grãos, de ~ **grossos** / grobkörnig
grau *m* (geral, matem.) / Rang *m* ‖ ~ / Stufe *f* ‖ ~ (matem., física) / Grad *m* ‖ **de elevado** ~ / hochgradig ‖ **em** ~**s** / graduell ‖ ~ **abaixo de zero** / Kältegrad *m* ‖ ~ **alcoólico** / Alkoholgehalt *m* ‖ ~ **Brix** (açúcar) / Brixgrad *m* (1°Brix = 1 Gew.% Saccharose) ‖ ~ **centígrado** / Grad *m* Celsius ‖ ~ **ciclométrico** (matem.) / Bogenmaß *n* ‖ ~ **Clarck** / englischer Härtegrad ‖ ~ **de absorção** / Absorptionsgrad *m* ‖ ~ **de acidez** / Säuregrad *m* (1/10 n Lauge je 1 g Fett im cm³), Säuregehalt *m*, Säureverhalten *n* ‖ ~ **de admissão** (máq. vapor) / Füllungsgrad *m* ‖ ~ **de amarelecimento** (papel) / Gelbton *m* ‖ ~ **de amplificação** (electrón.) / Verstärkungsgrad *m*, -faktor *m* ‖ ~ **de amplificação** (contr. autom.) / Stellfaktor, Verstärkungsfaktor *m* ‖ ~ **de ângulo** / Winkelgrad *m* ‖ ~ **de aproveitamento** (informática) / Auslastung *f*, Ausnutzungsgrad *m* ‖ ~ **de aproximação** / Annäherungsgrad *m* ‖ ~ **de arranque** (electr.) / Anlaßstufe *f* ‖ ~ **de calor** / Wärmegrad *m* ‖ ~ **de deformação** (forja) / bezogene Formänderung ‖ ~ **de densidade** / Dichtigkeitsgrad *m* ‖ ~ **de desempenho** (org. industr.) / Leistungsgrad *m* ‖ ~ **de digestão** (papel) / Aufschlußgrad *m* ‖ ~ **de distorção arrítmica** (telecom.) / Bezugsverzerrungsgrad *m* ‖ ~ **de distorção em serviço** (telecom.) / Betriebsverzerrungsgrad *m* ‖ ~ **de distorção inerente** (telecom.) / Eigenverzerrungsgrad *m* ‖ ~ **de dureza** / Härtegrad *m*, Härtestufe *f* ‖ ~ **de eficiência anódico** / Anodenwirkungsgrad *m* ‖ ~ **de emergência** / Alarmstufe *f* ‖ ~ **de enchimento** / Füllungsgrad *m* ‖ ~ **de escuro** / Dunkelstufe *f* (DIN Farbsystem) ‖ ~ **de expansão** / Expansionsgrad *m* ‖ ~ **de (h)umidade** / Feuchtigkeitsgehalt *m*, -grad *m* ‖ ~ **de iluminação** / Ausleuchtungsgrad *m* ‖ ~ **de latitude** / Breitengrad *m* ‖ ~ **de liberdade** (mecân.) / Freiheitsgrad *m* ‖ ~ **de longitude** / Längengrad *m* ‖ ~ **de moagem** / Mahlgrad *m* ‖ ~ **de oxidação** / Oxydationsstufe *f*, -zahl *f*, -wert *m* (z.B. +2) ‖ ~ **de precisão** / Genauigkeitsgrad *m* ‖ ~ **de protecção antiparasitária** / Entstörungsgrad *m* ‖ ~ **de pureza** / Reinheitsgrad *m* ‖ ~ **de pureza da cor** (tv) / Farbreinheitsgrad *m* ‖ ~ **de qualidade** (geral) / Güteklasse *f* ‖ ~ **de reacção** / Reaktionsstufe *f* ‖ ~ **de retenção de pó ou poeiras** / Entstaubungsgrad *m* ‖ ~ **de supressão de interferências** / Entstörungsgrad *m* ‖ ~ **de têmpera** (aço) / Härtegrad *m*, Härtestufe *f* ‖ ~ **de temperatura** / Temperaturgrad *m* ‖ ~ **de transparência**, grau *m* de transmissão / Durchlaßgrad *m*, Transmissionsgrad *m* ‖ ~ **elevado de definição** / erhöhte Auflösung ‖ ~ **Engler** / Englergrad *m* ‖ ~ **hidrométrico** / Härtegrad *m* ‖ ~ **higrométrico** / Feuchtigkeitsgehalt *m* der Luft ‖ ~ **öchsle** / Öchslegrad *m*
grauvaque *f* (geol) / Grauwacke *f*
gravação *f* (tv, audio) / Aufzeichnung *f*, Aufnahme *f* ‖ ~ **ao traço** (artes gráf.) / Strichätzung *f* ‖ ~ **com amplitude constante** / Aufzeichnung *f* mit konstanter Amplitude ‖ ~ **em fita** / Bandaufnahme *f* ‖ ~ **em vídeo-tape** (tv) / MAZ, Magnetbildaufzeichnung *f* ‖ ~ **estereofónica** / Stereoaufzeichnung *f* ‖ ~ **magnetoscópica** (tv) / Mägnetbildaufzeichnung *f*, MAZ ‖ ~ **vídeo-electrónica** (tv) / EVR-Verfahren *n*
gravador *m* / Graveur *m* ‖ ~ **de cassetes** / Kassettenrekorder *m* ‖ ~ **de fita magnética** / Tonbandgerät *n* ‖ ~ **de punções** / Stempelschneider *m* ‖ ~ **de rosca de duas pontas**

(ferram.) / Gabelstahl *m* ‖ ~ **de vídeo**, vídeo-gravador *m*, gravador *m* magnetoscópico / Videorekorder *m* ‖ ~ **vídeo-cassete** / Video-Cassetten-Recorder *m*, VCR *m*
gravar / stechen, gravieren, ziselieren, einprägen ‖ ~ (audio, vídeo) / aufnehmen ‖ ~ **uma matriz** / eine Matrize einsenken
grave *m* / Baß *m* (Ton) ‖ ~ *adj* (audio) / tief
graves *m pl* (electrón.) / Tiefen *f pl*
gravidade *f* / Schwere *f*, Schwerkraft *f* ‖ ~ **zero** / Schwerelosigkeit *f*
gravilha *f* (técn. ferrov.) / Feinschlag *m* ‖ ~ **fina** (constr. rodov.) / Feinsplitt *m* (Siebweite 1/3") ‖ ~ **que atenua os efeitos da geada** (constr. rodov.) / Frostschutzkies *m* ‖ ~ **solta** (constr. rodov.) / Rollsplitt *m*
gravimetria *f* (física) / Gravimetrie *f*
gravimétrico / gravimetrisch, gewichtsanalytisch
gravímetro *m* / Gravimeter *n*
gravitação *f* / Gravitation *f*, Massenanziehung *f*
gravitacional / Schwere..., Gravitations...
gravitativo / Gravitation verursachend
gráviton *m* / Gravitationsquantum *n*
gravura *f* (artes gráf.) / Gravüre *f*, Gravur *f* ‖ ~ **a água-forte** / Ätzdruck *m*, Ätze *f* ‖ ~ **a água-forte sobre vidro** / Glasätzung *f* ‖ ~ **a talhe-doce**, gravura *f* a talho-doce / Kupferstich *m* ‖ ~ **em relevo** / Hochätzung, Reliefgravierung *f*
graxa *f* / Schmiere *f*, Fett *n* ‖ ~ **consistente** / Starrfett *n* ‖ ~ **para couro** / Lederfett[öl] *n*
greda *f* / Kreide *f* ‖ ~ **branca** / Schlämmkreide *f* ‖ ~ **de pisoeiro** / Fullererde *f* ‖ ~ **siliciosa** / Kieselkreide *f*
gredoso / kreideartig, -haltig
grelha *f* / Feuerrost *m*, Gitter *n*, Rost *m* ‖ ~ (electrón.) / Gitter *n* ‖ ~ (semicondut.) / Gatt, Gate *n*, Tor *n* ‖ **em forma de** ~ / rostartig, -förmig, in Rostform ‖ ~ **basculante** / Kipprost *m* ‖ ~ **blindada anódica** / Anodenschutzgitter, -schutznetz *n* ‖ ~ **de barras** / Stabrost *m* ‖ ~ **de barras oscilantes** / Schwingrost *m* ‖ ~ **de blindagem** (electrón.) / Schirmgitter *n* ‖ ~ **de carga espacial** / Raumladungsgitter *n* ‖ ~ **de comando** (electrón.) / Steuergitter *n* ‖ ~ **de corrente** / Kettenrost *m* ‖ ~ **de crivo** / Siebrost *m* ‖ ~ **de fundação** / Fundamentrost *m* ‖ ~ **de fundamento** (constr. civil) / Schwellrost *m* ‖ ~ **de retícula** / Einfanggitter *n* der Strichplatte ‖ ~ **de secagem** / Horde *f* ‖ ~ **de vigamento** (constr. civil) / Balkenrost *m* ‖ ~ **escalonada** / Stockwerkrost *m*, Etagenrost *m*, Treppenrost *m* ‖ ~ **exterior** (electrón.) / Außengitter *n* ‖ ~ **para cabos** (informática) / Kabelrost *m* ‖ ~ **rotativa** / Drehrost *m* ‖ ~ **supressora** (electrón.) / Bremsgitter *n*, Schutzgitter *n* ‖ ~ **supressora** (electrón.) / Fanggitter *n* ‖ ~ **vibradora** / Schüttelrost *m*
grés *m* / Steingut *n*, Steinzeug *n* ‖ ~ **argiloso** / Tonsandstein *m* ‖ ~ **artificial**, grés *m* hidráulico / Kunstsandstein *m*, Hydrosandstein *m* ‖ ~ **silícico** / Kieselkalkstein, Granitmarmor *m*
greta *f* / Riß, Sprung *m*, Öffnung *f*, Spalte *f*, Spalt *m* ‖ ~ **de têmpera** (siderurg.) / Härteriß *m*
gretado / klüftig ‖ ~ **por efeito da geada** / frostrissig
grinalda *f* (constr. civil) / Girlande *f*
gripado / festgefressen
gripagem *f* (máq., tecnol.) / Fressen *n*, Festfressen *n* ‖ ~ **do êmbolo** / Kolbenfresser *m*
gripar (máq., tecnol.) / sich festfressen, fressen
gris *m* / Grau *n*, graue Farbe ‖ ~ *adj* (geral, técn. nucl.) / grau ‖ ~**-ardósia** / schiefergrau (RAL 7015)
grisu *m* (expl. minas) / Grubengas *n*, Schlagwetter *n*
grisúmetro *m* **interferencial** (expl. minas) / Grubengasinterferometer *n*
grosa *f* / Raspel *f* ‖ ~ **para madeira** / Holzraspel *f*
grosar / raspeln
grua *f* / Kran *m* ‖ ~ **de cabo** / Kabelkran *m* ‖ ~ **de pórtico** / Portalkran *m*, Torkran *m* ‖ ~ **Derrick** (constr. civil) / Derrickkran *m* ‖ ~**-martinete** *f* (siderurg.) / Fallwerkskran *m* ‖ ~ **para lingotes** (lamin.) / Blockkran *m* ‖ ~ **voadora** / fliegender Kran, Schwerlasthubschrauber *m*
grudado / gummiert (mit Leim)
grudar / leimen, einkleben, zusammenkleben ‖ ~ (curtumes) / zusammenleimen ‖ ~ (marcenar.) / aufleimen
grude *f* / Leim *m*, Kleister *m*, Tischlerleim *m*
grumo *m* (geral) / Klumpen *m*, Klümpchen *n*
grumoso / klumpig, in Klumpen
grupagem *f* (técn. ferrov.) / Sammelgutverkehr *m*
grupo *m* (geral) / Gruppe *f* ‖ ~ (máq., tecnol.) / Aggregat *n* ‖ ~ (informática) / Stapel *m* ‖ ~ **abeliano** (matem.) / abelsche Gruppe, kommutative Gruppe ‖ ~ **acabador** (lamin.) / Fertigstaffel *f* ‖ ~ **alfabético** (informática) / Buchstabenkette *f* ‖ ~ **alílico** / Allylgruppe *f* ‖ ~ **amido** / Amidogruppe *f* ‖ ~ **amino** / Aminogruppe *f* ‖ ~ **butílico** / Butylgruppe *f* ‖ ~ **cilíndrico de redução** (autom.) / Achsantrieb *m* ‖ ~ **compressor** / Kompressorsatz *m* ‖ ~ **construtivo** (aeronáut., máq., tecnol.) / Baugruppe *f* ‖ ~ **conversor** / Umformer[satz] *m*, -aggregat *n* ‖ ~ **de acetilo** / Acetylgruppe *f* ‖ ~ **de aparelhos de uma linha em duplex** (telecom.) / Gegensprechschaltsatz *m* ‖ ~ **de bombas** / Pumpensatz *m* ‖ ~ **de carga** (electr.) / Ladeaggregat *n* ‖ ~ **de compensação** / Ausgleichaggregat *n*, -satz *m* ‖ ~ **de contactos** (electrón.) / Schaltersatz *m* ‖ ~ **de dois dígitos** (informática) / Begramm *n* ‖ ~ **de elementos rectificadores** / Gleichrichtersatz *m* ‖ ~ **de excitação** / Erreger[maschinen]satz *m* ‖ ~ **de impulsos ou pulsos** / Impulszug *m*, Impulsgruppe *f* ‖ ~ **de máquinas** / Batterie *f* (o. Gruppe) von Maschinen, Maschinensatz *m*, Maschinenaggregat *n* ‖ ~ **de redes** (telecom.) / Netzgruppe *f* ‖ ~ **de relatório** / Leiste *f* ‖ ~ **dos piroxénios** (mineralog.) / Augite *m pl*, Pyroxene *m pl* ‖ ~ **electrogéneo** (electr.) / Lichtmaschinensatz *m* ‖ ~ **electrogéneo Diesel** / Dieselgenerator, -stromerzeuger *m* ‖ ~ **electrogéneo exterior** (aeronáut.) / Außenstromaggregat *n* ‖ ~ **frigorífico** / Kühlaggregat *n* ‖ ~ **funcional** / funktionelle Gruppe ‖ ~ **fundamental** / Fundamentalgruppe *f* ‖ ~ **gerador** (electr.) / Generatormaschinensatz *m*, -satz *m* ‖ ~ **gerador de emergência** (electr.) / Notstrom-Aggregat *n* ‖ ~ **gerador eléctrico a gás** (electr.) / Gasstromerzeuger *m*, gaselektrischer Stromerzeuger ‖ ~ **imido** (química) / Imidogruppe *f* ‖ ~ **imino** (química) / Iminogruppe *f* ‖ ~ **local** (astron.) / lokale Gruppe (näher als 1 Mpc) ‖ ~ **motopropulsor** (aeronáut.) / Maschinenanlage *f*, -satz *m*, Motorenanlage *f* ‖ ~ **primário de base** (telecom.) / Grundgruppe *f* ‖ ~ **propulsor** (aeronáut.) / Triebwerk *n* ‖ ~ **sulfónico** / Sulfogruppe *f*
guáiaco *m* / Pockholz *n*, Guaiacum guatemalense, Lignum vitae *n*, Gaiac *n*
guano *m* / Guano *m*
guarda *f* / Abweiser *m*, Ablenker *m* ‖ **sem** ~ (técn. ferrov.) / unbewacht ‖ ~ **lateral** (constr. rodov.) / Leitplanke *f*
guarda-correia *m* / Riemenschutz *m*
guarda-dedo *m* / Fingerschutz *m*
guarda-fogo *m* / Feuerschirm *m*
guarda-lamas *m* (autom.) / Kotflügel *m* ‖ ~ (bicicleta) / Schutzblech *n*
guarda-lançadeiras *m* (tecel.) / Schützenfänger *m*
guarda-malas *m* **automático** / Schließfach *n* für Gepäckstücke
guarda-mão *m* / Handschutz *m* ‖ ~ (máq. ferram.) / Handabweiser *m*
guarda-mato *m* (armamento) / Abzugsbügel *m*

guardar em lugar fresco ! / kühl aufbewahren!
guarda-rodas *m* / Radabweiser *m*
guarda-vento *m* / Schirmwand *f* ‖ ~ (constr. civil) / Windfang *m* an Türen
guarnecer (máq., tecnol.) / füttern ‖ ~ (têxtil) / einfassen ‖ ~ (com fita etc) / besetzen (mit Band usw) ‖ ~ **a forma** (artes gráf.) / die Form zurichten ‖ ~ **com liga antifricção** / mit Weißmetall ausgießen (Lager) ‖ ~ **com nervuras** / rippen, mit Rippen versehen ‖ ~ **com pregos** / mit Nägeln beschlagen
guarnição *f* / Dichtung *f*, Packung *f*, Manschette *f* ‖ ~ (autom.) / Formleiste *f* ‖ ~ (siderurg.) / Futter *n* ‖ ~ (máq. cost.) / Besatz *m* ‖ ~ (serralhar.) / Armatur *f*, Beschlag *m* ‖ ~ (têxtil) / Bordüre *f* ‖ ~ **à prova de pó** / Staubdichtung *f* ‖ ~ **anular** / Ringeinlage *f* (für Seilrolle) ‖ ~ **cilíndrica** / Dichtungsmanschette *f* ‖ ~ **da embraiagem** / Kupplungsbelag *m* ‖ ~ **de adorno** / Zierband *n* ‖ ~ **de amianto** (electr.) / Asbestumhüllung *f* ‖ ~ **de carda** / Kratzenbeschlag, -belag *m*, -garnitur *f* ‖ ~ **de chuveiro** (constr. civil) / Brausegarnitur *f* ‖ ~ **de couro** / Ledermanschette *f* ‖ ~ **de estanquidade do flange** / Flanschdichtung *f* ‖ ~ **de luva** / Stulpe *f*, Stulp *m*, Stulpmanschette *f* ‖ ~ **de operadora** (telecom.) / Kopfsprechgarnitur *f* ‖ ~ **de prata** / Silberbeschlag *m* ‖ ~ **de rede** / Siebeinsatz *m* ‖ ~ **do êmbolo** / Kolbendichtung *f* ‖ ~ **do forno** (siderurg.) / Futtermauer *f* ‖ ~ **metálica** (máq. vapor) / Metallpackung *f* ‖ ~ **para lâmpada** / Lampenarmatur *f* ‖ ~ **para tubos** / Rohrformstück, Fitting *n*
guarnições *f pl* / Beschlagteile *n pl m pl*, Armaturen *f pl*
gucé *m* / Knotenblech *n*, Eckblech
guerra *f* **bacteriológica** / Bakterienkrieg *m* ‖ ~ **nuclear** / Atomkriegführung *f* ‖ ~ **química** / chemische Kriegführung
guia *f* (máq., tecnol.) / Führung *f* ‖ ~ (máq. cost.) / Führer *m* ‖ ~ (máq., tecnol.) / Lineal *n* ‖ ~ / Gleitbahn *f* ‖ **de** ~ / leitend ‖ ~ **curvada** (máq., tecnol.) / Bogenführung *f* ‖ ~ **da cadeia de alcatruzes** / Eimerleiter *f* ‖ ~ **da corrediça** / Kulissenführung *f* ‖ ~ *m* **da lente** / Linsenleiter *m* ‖ ~ *f* **de aparas** / Spanführung *f*, -lenker *m* ‖ ~ **de debrum** (máq. cost.) / Bordenführer *m* ‖ ~ **de deslize** (mecân.) / Gleitschiene *f* ‖ ~ **de entrega** (lamin.) / Austrittsmeißel, -hund *m* ‖ ~ **de fita** (máq. escrev., gravador) / Bandführung *f* ‖ ~ *m* **de onda** / Hohlleiter *m*, Wellenleiter *m* ‖ ~ **de onda articulado** (electrón.) / Gliederhohlleiter *m* ‖ ~ **de onda [de secção] circular** / Rundhohlleiter *m* ‖ ~ *f* **de onda comprimível** / Quetschhohlleiter *m* ‖ ~ **de válvula** / Ventilführung *f* ‖ ~ **desprendedora** / Abschlagblech *n* ‖ ~ **do cabo** / Seilführung *f* ‖ ~ **do carro** (máq. escrev.) / Gleitschiene *f* ‖ ~ **do filme** / Filmführung *f* ‖ ~ **do freio** / Bremsführung *f* ‖ ~ **do mancal do eixo** (técn. ferrov.) / Achslagerführung *f* ‖ ~ **do papel** (artes gráf.) / Papierführung *f* ‖ ~ **do quadro** / Gatterführung *f*, -schenkel *m*, -stock *m* ‖ ~ **do travão** / Bremsführung *f* ‖ ~ **do urdidor** (tecel.) / Gangaufnehmer *m*, -führer *m* ‖ ~ **elíptica** / Ellipsenführung *f* ‖ ~ **em V invertido** (máq. ferram.) / Führungsprisma *n* ‖ ~ *m* **ferroviário** (técn. ferrov.) / Kursbuch *n* ‖ ~ *f* **para mecha** / Bandfänger *m* ‖ ~ **prismática** (máq. ferram.) / Führungsprisma *n* ‖ ~ **prismática dupla** / Doppelprismaführung *f* ‖ ~ **rectilínea** / Geradführung *f*
guiado / geleitet, gelenkt, geführt
guiador *m* (moto) / Lenker *m* ‖ ~ (bicicleta) / Lenkstange *f*
guia-fio *m* / Garnführer *m* ‖ ~ *f* **metálica** / Drahtöse *f*
guia-fios *m* / Fadenleiter *m*, Fadenführer *m*
guia-mecha *m* / Luntenführer *m*
guiamento *m* / Lenkung *f* ‖ ~ **de mísseis** / Lenkung *f* von Flugkörpern
guiar / leiten, lenken ‖ ~ (autom.) / führen, steuern
guias *f pl* **do torno** / Drehmaschinenführungen *f pl*, -[führungs]bahn *f*
guichet *m* (constr. civil) / Schalter *m*
guidão *m* (bicicleta) / Lenkstange *f* ‖ ~ (moto) / Lenker *m*
guilherme *m* (marcenar.) / Simshobel *m*
guilhotina *f* **para colagem de folheado** / Furnierfügeschere *f* ‖ ~ **para cortar papel** (papel) / Beschneidemaschine *f*
guinada *f* (aeronáut.) / Gieren *n*
guinar (aeronáut.) / scheren, gieren *vi*
guincho *m* / Winde *f*, Ladewinde *f* ‖ ~ **de cavalete** / Bockwinde *f* ‖ ~ **de deslocamento** / Fahrwinde *f* ‖ ~ **de extracção** (expl. minas) / Förderwinde *f*, Förderhaspel *m f* ‖ ~ **de manobra** / Verschiebewinde *f* ‖ ~ **de suspensão** (funi) / Gehänge *n* ‖ ~ **manual** / Handwinde *f*
guindar / winden, aufwinden
guindaste *m* / Kran *m* ‖ ~ **ascensional** / Kletterkran *m* ‖ ~ **cantilever** / Auslegerkran *m* ‖ ~ **com conexão giratória na parte inferior** / Unterdrehkran *m* ‖ ~ **com conexão giratória na parte superior** / Obendreherkran *m* ‖ ~ **com lança horizontal** / Katzauslegerkran *m* ‖ ~ **com lança móvel** / Nadelauslegerkran *m* ‖ ~ **de alcance variável** / Wippkran *m* ‖ ~ **de balanceiro** / Schwingenwippkran *m* ‖ ~ **de braço variável** / Einziehkran *m* ‖ ~ **de braços horizontais** / Cantileverkran *m* ‖ ~ **de cabo** / Kabelkran *m* ‖ ~ **de coluna fixa** / Kran *m* mit feststehender Säule ‖ ~ **de lança articulada** / Kran *m* mit Klappausleger ‖ ~ **de montagem rápida** / Schnelleinsatzkran *m* ‖ ~ **de ponte**, guindaste *m* de pórtico / Brückenkran *m* ‖ ~ **de salvamento** / Bergungskran *m* ‖ ~ **de torre** / Turmkran *m* ‖ ~ **Derrick** (constr. civil) / Derrickkran *m* ‖ ~ **em T** / Hammerkran *m* ‖ ~ **em via elevada** / Hochbahnkran *m* ‖ ~ **flutuante** / Schwimmkran *m* ‖ ~ **giratório** / Schwenkkran *m*, Drehkran *m* ‖ ~ **giratório de torre** / Turmdrehkran *m* ‖ ~ **magnético** / Magnetkran *m* ‖ ~ **móvel** / Wandlaufkran *m* ‖ ~ **orientável** / Schwenkkran *m*, Drehkran *m* ‖ ~ **para demolição** / Abstreiferkran *m* ‖ ~ **para sacar lingotes** (siderurg.) / Stripper[kran], Zangenkran *m* ‖ ~ **rolante** / Laufkran *m*, Rollkran *m* ‖ ~ **rolante suspenso** / Hängekran *m*, Deckenlaufkatze *f* ‖ ~ **titan** / Schwerlastkran *m*
guingão *m* (tecel.) / Gingham, Gingan *m*
gume *m* / Schneidkante *f*, Schneide *f* ‖ **de dois ~s** / zweischneidig ‖ **de três ~s** / dreischneidig ‖ **de um só** ~ (ferram.) / einschneidig ‖ ~ **da broca** / Bohrerschneide *f* ‖ ~ **de diamante** / Diamantschneide *f* ‖ ~ **de faca** / Messerschneide *f* ‖ ~ **embotado** / stumpfe Schneide ‖ ~ **fino** / scharfe Schneide ‖ ~ **principal** (ferram.) / Hauptschneide *f*
gumita *f* / Gummit *m* (uranhalt.Min)
gurupés *m* / Bugspriet *n*
gusa *f* / Massel *f*, Roheisenmassel *f*
guta-percha *f* / Guttapercha *f*

H

habitação *f* / Wohnung *f*
habitáculo *m* (autom.) / Fahrgastraum *m*
habitável / bewohnbar, beziehbar
hachura *f* (cartograf.) / Fallstrich *m*
hadron *m* (física) / Hadron *f (pl: Hadronen)*
háfnio *m*, Hf / Hafnium *n*, Hf
hâhnio *m* / Hahnium *n* (OZ 105)
halimetria *f* / Halometrie *f*
halo *m* (astron.) / Halo *m* ‖ ~ (tv, técn. fotogr.) / Lichthof *m* ‖ **sem** ~ (técn. fotogr.) / lichthoffrei
halocromia *f* (tinturaria) / Halochromie *f*
halófilo / halophil
halogenação *f* / Halogen[is]ierung *f*
halogenado / halogenhaltig
halogenar / halogenisieren
halogéneo *m*, halogéneo *m* / Halogen *n*
halogeneto *m* / Haloid *n* ‖ ~ **de hidrogénio** / Halogenwasserstoffsäure *f*
halóide *m* / Halogenid *n* (Metallverbindung des Halogens) ‖ ~ *adj* / halogensubstituiert ‖ ~ *m* **alcalino** / Alkalihalogenid *n*
halometria *f* / Salzgehaltsmessung, Halometrie *f*
halómetro *m* / Halometer *n*
haloquímica *f* / Halochemie *f*
haltere, em forma de ~ / hantelförmig
hangar *m* (aeronáut.) / Schuppen *m* ‖ ~ **para aviões** / Flugzeughalle *f*
haplito *m* (geol) / Aplit *m*
hardware *f* (informática) / Hardware *f* (alle körperlichen Bestandteile eines Rechners)
harmonia *f* / Harmonie *f*
harmónica *f* / Harmonische *f* ‖ ~ **fundamental** / erste Harmonische
harmónico / harmonisch
harmonização *f* / Harmonisierung *f*
harmonizado / harmonisiert
haste *f* / Schaft *m*, Stengel *m* ‖ ~ **da agulha** / Nadelschaft *m* ‖ ~ **de âncora** / Ankerschaft *m* ‖ ~ **de ancoragem** (electr.) / Abspanngestänge *n* ‖ ~ **de broca** / Einsteckende *n* ‖ ~ **de expansão** / Expansionsstange *f* ‖ ~ **de fixação** / Einspannschaft *m* ‖ ~ **de óculos** / Brillenbügel *m* ‖ ~ **de válvula** (mot.) / Ventilspindel, -stange *f*, -schaft *m* ‖ ~ **do distribuidor** (máq. vapor) / Schieberstange *f* ‖ ~ **elástica** (mecân.) / federnder Stab ‖ ~ **porta-tipo** (máq. escrev.) / Typenhebel *m*
hastes *f pl* (máq., tecnol.) / Gestänge *n*
hectare *m*, ha / Hektar *m n*, ha (= 10000 m^2)
hectografar / hektographieren, vervielfältigen
hectolitro *m*, hl / Hektoliter *m n*
hectómetro *m*, hm / Hektometer *n*, hm (= 100 m)
hélice *f* (matem.) / Schnecke *f*, Schneckenlinie *f* ‖ ~ (constr. naval) / Schiffsschraube *f*, Antriebsschraube *f* ‖ ~ (aeronáut.) / Propeller *m*, Luftschraube *f* ‖ ~ (roda dentada) / Flankenlinie *f* ‖ **com duas** ~**s** / Doppelschrauben... ‖ **de três** ~**s** / Dreischrauben... ‖ ~ **contínua** (siderurg.) / laufende Schnecke ‖ ~ **contra-rotativa** (aeronáut.) / gegenläufiger Propeller ‖ ~ **de pás largas** (aeronáut.) / Breitblattluftschraube *f* ‖ ~ **de passo invariável** / Festpropeller *m* ‖ ~ **de passo variável** (aeronáut.) / Verstellpropeller *m* ‖ ~ **de quatro pás** (aeronáut.) / Kreuzpropeller *m* ‖ ~ **de tracção** (aeronáut.) / Zugschraube *f* ‖ ~ **propulsora** (aeronáut.) / Druckschraube *f* ‖ ~ **propulsora** (constr. naval) / Schraubenpropeller *m* ‖ ~ **reversível** (aeronáut.) / Bremsluftschraube *f* ‖ ~ **reversível** (constr. naval) / Umkehrschraube *f* ‖ ~ **reversível calibrada** (aeronáut.) / geeichte Bremsluftschraube ‖ ~ **sustentadora** / Tragschraube *f*, nicht angetriebene Hubschraube ‖ ~ **transportadora** / Förderschnecke *f* ‖ ~ **traseira** (aeronáut.) / Hinterschraube *f*, hinter den Tragflügeln liegende Luftschraube
helicoidal / schraubenförmig, spiralförmig, schneckenförmig
helicóide *m* / Helikoid *n*, Schraubenfläche *f* ‖ ~ **de evolvente esférico** / Evolventen-Kegelschraubenfläche *f* ‖ ~ **evolvente** / Evolventen-Schraubenfläche *f*
helicóptero *m* / Hubschrauber, Helikopter *m* ‖ ~ **de busca e salvamento**, helicóptero *m* SAR / Seenothubschrauber *m* ‖ ~ **de grande capacidade de carga que serve de grua** / fliegender Kran, Schwerlasthubschrauber *m*
hélio *m*, He / Helium, He *n*
heliográfico / heliographisch
heliógrafo *m* (astron.) / Heliograph *m* (eine Sonnenkamera)
heliogravura *f* / Heliogravüre *f*
heliómetro *m* / Heliometer *n*, Objektivmikrometer *n*
helioscópio *m* / Helioskop *n*
helióstato *m* / Heliostat *m*
heliotropina *f* / Heliotropin *n*
heliotrópio *m* (agrimen.) / Heliotrop, Sonnenwendespiegel *m*
heliporto *m* / Hubschrauberflughafen *m*, Heliport *m*
helitransportado / durch Hubschrauber befördert
hematina *f* / Hämatin *n*
hematita *f* (mineralog.) / Hämatit *m*, Blutstein *m* ‖ ~ **concrecionada** / gemeiner Brauneisenstein ‖ ~ **parda** (mineralog.) / Limonit *m*, brauner Glaskopf ‖ ~ **vermelha** / roter Glaskopf
hemeralopia *f* / Dämmerungsblindheit, Hemeralopie *f*
hemicelulose *f* / Hemicellulose *f*
hemiciclo *m* (constr. civil) / Halbkreis *m*
hemiedria *f* (cristalogrf.) / Hemiedrie *f*, hemiedrische Formen *f pl*
hemimorfismo *m* (cristalogrf.) / Hemimorphie *f*
hemimorfita *f* (mineralog.) / Kieselzinkerz *n*, Hemimorphit *m*
hemina *f* (química) / Hämin *n*
hemisférico / Halbkugel...
hemisfério *m* (geogr.) / Hemisphäre, Erd-, Himmelshalbkugel *f*, Halbkugel *f*
hemiterpeno *m* (química) / Halbterpen *n*
hemoglobina *f* / Blutpigment *n*, Hämoglobin *n*
hemossedimentação *f* / Blutsenkung *f*
hemóstase *f* / Blutstillung *f*
hemostático / blutstillend
hena *f* (tinturaria) / Henna *f*, Alhenna *f*
hendecágono *m* / Elfeck *n*
henry *m*, H (física) / Henry *n* (Einheit der Induktivität, 1 H = 1 Voltsekunde/Ampere)
hepatita *f* / Hepatit *m*
heptagonal / siebeneckig
heptano *m* (química) / Heptan *n*
heptavalente / siebenwertig
heptose *f* (química) / Heptose *f*
herbicida *m* / Unkrautbekämpfungsmittel, -vertilgungsmittel *n*
hermético / luftdicht, dicht verschlossen
hermetismo *m* / Luftundurchlässigkeit *f*
hertz *m* / Hertz *n*, Hz
hessita *f* (mineralog.) / Tellursilber *n*, Hessit *m*
heterodinâmico / heterodynamisch

heteródino *m* (rádio) / Überlagerer *m*
heterogéneo / heterogen, ungleich[artig], ungleichartig, inhomogen
heterogenidade *f* / Ungleichartigkeit *f*, Andersartigkeit *f*
heterometria *f* (química) / Heterometrie, nephelometrische Titration *f*
heteromorfia *f*, heteromorfismo *m* / Heteromorphie, Vielgestaltigkeit *f*
heteromorfo (geol, cristalogrf.) / heteromorph
heterónomo / heteronom
heteropolar / heteropolar
heurística *f* / Heuristik *f* (methodisches Probieren)
heurístico / heuristisch
hexacloretano *m* / Hexachlorethan *n*
hexacloreto *m* **de benzeno** / Benzolhexachlorid *n* ‖ ~ **de benzol** / Hexachlorbenzol *n*
hexaclorociclohexano *m* / Hexachlorcyclohexan, HCCH, 666-Präparat *n*
hexadecano *m* / Hexadekan *n*
hexadecimal (matem.) / hexadezimal, sedezimal, hexadezimal
hexaédrico / sechsflächig, hexaedrisch, kubisch, sechsflächig
hexaedro *m* / Hexaeder *n*, Sechsflach *n*
hexafásico (electr.) / Sechsphasen...
hexagonal / sechseckig, hexagonal
hexágono *m* / Hexagon *n*, Sechseck *n*, Sechskant *m*
hexametilenotetramina *f* / Hexamethylentetramin *n*, Hexamin *n*
hexano *m* / Hexan *n*
hexavalente (química) / sechswertig
hexílico / Hexyl...
hexodo *m* (electrón.) / Hexode *f*, Sechselektrodenröhre *f*, Sechspolröhre *f*
hexógeno *m* / Hexogen *n*
hexose *f* (química) / Hexose *f*
hialino (geol) / hyalin ‖ ~ / glasartig, glasig
hialita *f* (mineralog.) / Hyalit *m*
hialotecnia *f* / Glasbearbeitung *f*
hialotipia *f* (artes gráf.) / Glasdruck *m*
híbrido (informática) / hybrid, Hybrid... ‖ ~ (botân.) / Bastard...
hidantoína *f* / Hydantoin *n*, Glykolharnstoff *m*
hidrácido *m* / Wasserstoffsäure *f*
hidrante *m* / Hydrant *m*, Feuerlöschwasserständer *m* (DIN), Feuerhydrant *m* ‖ ~ **de parede** / Feuerhahn *m*
hidrargilita *f* (mineralog.) / Hydrargillit, Gibbsit *m*
hidratação *f* / Hydration *f*, Hydratisierung *f*, Hydration *f*
hidratado / hydriert, verflüssigt, wässerig ‖ ~ (química) / wasserhaltig
hidratante (química) / wasseranlagernd
hidratar / hydratisieren, Wasser anlagern ‖ ~ (química) / hydrieren, mit Wasser verbinden
hidratável / hydratierbar
hidrato *m* / Hydrat *n* ‖ ~ **de alumínio** / Tonerdehydrat, -oxidhydrat, -hydroxid *n*, -brei *m*, Aluminiumhydroxid *n* ‖ ~ **de amónio** / Ammoniakflüssigkeit *f* ‖ ~ **de carbono** / Kohlenhydrat *n*, Kohlehydrat *n* ‖ ~ **de clor** / Chlorhydrat *n* ‖ ~ **de gás** / Gashydrat *n* (ein Clathrat) ‖ ~ **de sódio** / Natriumhydroxid *n* ‖ ~ **ferroso** / Eisenoxidulhydrat *n* ‖ ~ **ou hidróxido de sódio** / Ätznatron, Natriumhydroxid *n*
hidráulica *f* / Hydraulik *f*, Hydromechanik *f*, Mechanik *f* der flüssigen Körper
hidraulicidade *f* / unterwasserhärtende Eigenschaften *f pl*
hidráulico / hydraulisch ‖ ~ (máq., tecnol.) / Hydro... ‖ ~ / unterwasserhärtend, hydraulisch ‖ ~ **a vapor** / dampfhydraulisch
hidrazido *m* (química) / Hydrazid *n*
hidrazina *f* / Hydrazin, Diamid *n*
hidrazobenzol *m* / Hydrazobenzol *n*
hidrazona *f* (química) / Hydrazon *n*
hidreto *m* / Hydrid *n* ‖ ~ **de potássio** / Kaliumhydrid *n* ‖ ~ **de zircónio** / Zirkoniumhydrid *n*, Zirkonwasserstoff *m*
hidroboracita *f* / Hydroborazit *m*
hidroboro *m* / Borhydrid *n*
hidrocarboneto *m* / Kohlenwasserstoff *m*, KW-Stoff *m*, -wasserstoffverbindung *f* ‖ ~ **de iodino** / Jodinkohlenwasserstoff *m* ‖ ~ **de óleo mineral** / Mineralöl-Kohlenwasserstoff *m* ‖ ~ **halogenado** / Halogenkohlenwasserstoff *m* ‖ ~ **insaturado**, hidrocarboneto etilénico, .m., olefina *f*, alqueno *m* / ungesättigtes Kohlenwasserstoffgas, Ethylen *n* ‖ ~ **saturado** / Grenzkohlenwasserstoff *m*
hidrocarbonetos *m pl* **alifáticos** / Benzinkohlenwasserstoffe *m pl* ‖ ~ **aromáticos** / aromatische Kohlenwasserstoffe *m pl* ‖ ~ **de petróleo** / Ölkohlenwasserstoffe *m pl*
hidrocloreto *m* / Hydrochlorid *n*, salzsaures Salz
hidrodinâmica *f* / Hydrodynamik *f*, Dynamik *f* flüssiger Körper
hidrodinâmico / hydrodynamisch
hidroeléctrico / hydroelektrisch
hidroextractor *m* (alcatrão) / Dekantierständer, Entwässerungsapparat *m* ‖ ~ / Trockenschleuder, -zentrifuge *f* ‖ ~ **centrífugo** / Schleudertrockner *m*
hidrofilização *f* / Netzfähigmachen *n*
hidrófilo (química) / hydrophil, wasseranziehend, wasseraufsaugend
hidrófobo / wasserabweisend, -abstoßend
hidrofone *m* / Hydrophon *n*, Unterwasserschallempfänger *m*, -horchgerät *n*
hidrófugo / Feuchtigkeit abweisend, -abstoßend, wasserabweisend
hidrogenação *f* / Hydrierung *f* ‖ ~ **aromática** / aromatische Hydrierung ‖ ~ **das gorduras** / Fetthydrierungsverfahren *n*, Härtung *f* von Ölen o. Fetten ‖ ~ **do carvão** / Kohlehydrierung *f*, Kohleverflüssigung *f* ‖ ~ **em fase líquida** / Sumpfphasenhydrierung *f*
hidrogenado (química) / hydriert ‖ ~ / wasserstoffhaltig, -reich
hidrogenante / hydrierend
hidrogenar / hydrieren, Wasserstoff anlagern, mit Wasserstoff verbinden o. zusammensetzen, in Wasserstoff verwandeln
hidrogenável / hydrierbar
hidrogénio *m*, H / Wasserstoff *m*, Hydrogen *n* ‖ ~ **arseniado** / Arsenwasserstoff *m* ‖ ~ **atómico** / atomarer Wasserstoff ‖ ~ **carbonado** / Kohlenwasserstoffgas *n* ‖ ~ **fosforado** / Phosphorwasserstoff *m* ‖ ~ **líquido** / Flüssigwasserstoff *m* ‖ ~ **pesado** / schwerer Wasserstoff, Deuterium *n*, D. 2/1 H ‖ ~ **sulfuroso** / Schwefelwasserstoff *m*
hidrogeologia *f* / Geohydrologie *f*, Hydrogeologie *f*
hidrografia *f* / Hydrographie, Gewässerkunde *f*
hidrográfico / hydrographisch
hidrolisar / hydrolysieren
hidrólise *f* / Hydrolyse *f*
hidrolítico / hydrolytisch
hidrólito *m* / Hydrolith *m*
hidromagnético / hydromagnetisch
hidromecânica *f* / Hydromechanik *f*, Mechanik flüssiger Körper, Flüssigkeitsmechanik *f*
hidromecânico / hydromechanisch
hidrometalurgia *f* (siderurg.) / Naßmetallurgie *f*
hidrometeoro *m* / Hydrometeor *m*
hidrometria *f* / Hydrometrie, Wassermessung *f*, Wassermeßwesen *n*
hidrométrico / hydrometrisch, Wassermeß...
hidrómetro *m* / Hydrometer *n*, Wasserzähler *m*,

Wassermesser *m* ‖ ~ **verificador** (química) / Suchspindel *f*
hidroplanagem *f* (autom., aeronáut.) / Wasserglätte *f*, Aquaplaning *n*
hidropónico / erdelos, hydroponisch
hidroquinona *f* / Hydrochinon *n*
hidrosfera *f* / Hydrosphäre *f* (Wasserhülle der Erde)
hidrossolúvel / wasserlöslich
hidrossulfureto *m* / Schwefelwasserstoffverbindung *f* ‖ ~ **de amónio** / Ammoniumhydrosulfid *n*
hidrostática *f* / Hydrostatik *f*
hidrostático / hydrostatisch
hidrotecnia *f* / Hydrotechnik *f*, Wasserbau *m*
hidrovia *f* / Wasserstraße *f*
hidróxido *m* / Hydroxid *n* ‖ ~ **áurico** / Gold(III)-hydroxid *n* ‖ ~ **cúprico** / Kupferoxidhydrat *n*, Cuprihydroxid *n*, Kupfer(II)-hydroxid *n* ‖ ~ **de alumínio** / Aluminiumhydroxid *n*, -oxidhydrat *n*, -brei *m*, Tonerdehydrat *n* ‖ ~ **de amónio** / Salmiakgeist *m* ‖ ~ **de bário** / Bariumhydroxid *n*, Barythydrat *n*, Ätzbaryt *m* ‖ ~ **de chumbo** / Bleihydroxid *n* ‖ ~ **de lítio** / Lithiumhydroxid *n* ‖ ~ **de potássio** / Ätzkali *n*, Kaliumhydroxid *n* ‖ ~ **de sódio** / Natriumhydroxid *n* ‖ ~ **férrico** / Eisen(III)-hydroxid *n* ‖ ~ **ferroso** / Eisen(II)-hydroxid, Ferrohydroxid *n*
hidroxidoácido *m* / Hydroxysäure *f*
hidroxila *f* / Hydroxylgruppe *f*, Hydroxyl *n*
hidroxilamina *f* / Hydroxylamin *n*
hidrozincita *f* (mineralog.) / Zinkblüte *f*, Hydrozinkit *m*
hietógrafo *m* / Hyetograph, Niederschlagsschreiber *m*
hífen *m* / Bindestrich *m* ‖ ~ (artes gráf.) / Gedankenstrich *m* ‖ ~ (artes gráf.) / Trennungszeichen *n*, Teilungsstrich *m* ‖ ~ (mecanograf., matem.) / Trennstrich *m*, Trennungszeichen *n*
higro-expansímetro *m* (papel) / Feuchtdehnungsmesser *m*
higrógrafo *m* / Hygrograph *m*
higrómetro *m* / Hygrometer *n*, Luftmesser *m*
higrômetro *m* / Feuchtigkeitsmesser *m* für Luftfeuchtigkeit
higrómetro *m* **capilar** / Fadenhygrometer *n*, Haarhygrometer *n*
higroscopicidade *f* / hygroskopisches Verhalten, Hygroskopizität *f*, Aufnahmefähigkeit *f* für Feuchtigkeit
higroscópico / hygroskopisch, Feuchtigkeit anziehend
higroscópio *m* / Hygroskop *n* (ungenaues Luftfeuchtigkeits-Anzeigegerät)
higróstato *m* / Hygrostat, Feuchtigkeitsregler *m*
hiperacidificação *f* / Übersäuerung, Superazidität *f*
hipérbole *f* / Hyperbel *f*
hiperbólico / hyperbolisch
hiperbolóide *m* / Hyperboloid *n*
hipercomposto (electr.) / Überverbund..., Überkompound...
hiperestática *f* / statische Überbestimmtheit
hiperfluorescência *f* **da imagem** (tv) / Blooming *n*
hiperforia *f* (óptica) / Anopsie *f*
hiperfrequência *f* / Höchstfrequenz *f* (3 bis 30 GHz)
hipergol *m* / hypergol[isch]er Treibstoff
hipergólico / hypergol[isch]
hipernúcleo *m* (técn. nucl.) / Hyperfragment, Hypernukleon *n*
híperon *m* (técn. nucl.) / Hyperon *n*
hiperstênio *m* / Hypersthen *m*
hipersustentador *m* (aeronáut.) / Vorflügel *m*
hipociclóide *f* (matem.) / Hypozykloide *f*
hipoclorito *m* / Hypochlorit *n* ‖ ~ **de cálcio** / Bleichkalk *m* ‖ ~ **de sódio** / Natronbleichlauge *f* ‖ ~ **sódico** / Chlornatron *n*
hipofosfito *m* / Hypophosphit *n*
hipofosforoso / unterphosphorig
hipóide (matem.) / hypoid
hiposulfito *m* / Hyposulfit, Dithionit *n*
hipotenusa *f* / Hypotenuse *f*
hipótese *f* **de carga** / Belastungsannahme *f* ‖ ~ **ergódica** (física) / Ergodentheorie *f*
hipsógrafo *m* (telecom.) / Pegelbildgerät *n*
hipsometria *f* / Hypsometrie *f*, Höhenmessung *f*, Höhenbestimmung *f* durch Höhenmessung
hipsómetro *m* / Hypsometer, Siedebarometer *n*, Dämpfungsmesser *m* ‖ ~ (telecom.) / Pegelmesser *m*, -meßeinrichtung *f*
hipsotermómetro *m* / Höhenthermometer *n*
histamina *f* / Histamin *n*
histerese *f* (contr. autom.) / Schaltunempfindlichkeit *f* ‖ ~ (electr.) / Hysterese, Hysteresis *f* ‖ ~ **elástica** / Elastizitätshysteresis *f*, Nachfederung *f*
histidina *f* / Histidin *n*
histograma *m* / Histogramm *n*, Treppenpolygon *n*, Flächenschaubild *n*
histoquímica *f* / Histochemie *f*
hl / Hektoliter *m n*
hodógrafo *m* (física) / Hodograph *m* (eine Kurve)
hodômetro *m* (autom.) / Tachometerzähler *m*, Wegstrecken-, Kilometerzähler *m* ‖ ~ **parcial** / Tageskilometerzähler *m*
holandês *m* (papel) / Holländer *m*, Stoffmühle *f* ‖ ~ **para pasta de papel** (papel) / Ganzzeugholländer, Ganz[stoff]holländer *m*
holandesa *f* (papel) / Holländer *m*
hólmio *m*, Ho (química) / Holmium *n*, Ho
holocristalino (geol) / holokristallin, ganzkristallin
holoédrico (cristalogrf.) / homoedrisch
holofote *m* / Scheinwerfer *m* ‖ ~ / Suchscheinwerfer *m* ‖ ~ **manual** / Handscheinwerfer *m*
holografia *f* (física) / Holographie *f*
holograma *m* (física) / Hologramm *n*
holomórfico (matem.) / holomorph
homem·-dia *m* / Arbeitstag *m* ‖ ~**-hora** *f* / Arbeitsstunde *f* ‖ ~**-minuto** *m* / Arbeits-Minute *f* ‖ ~**-rã** *m* / Froschmann *m*
homocromático / gleichfarbig
homogeneidade *f* / Gleichförmigkeit *f*, Gleichmäßigkeit *f*, Homogenität *f*
homogeneização *f* / Homogenisierung, -genisation *f*
homogeneizar (química) / homogenisieren
homogéneo / homogen ‖ **não** ~ / inhomogen
homologação *f* / Genehmigung *f*
homologar / genehmigen (durch Behörde)
homólogo (química, matem.) / homolog
homopolar (química) / homöopolar, unpolar ‖ ~ (electr.) / gleichpolig, elektrisch symmetrisch
homopolímero *m* / Homopolymerisat *n*
homotético (geom) / gleichgestreut
hora *f* / Stunde *f*, h, Uhrzeit *f* ‖ ~ **de combustão** / Brennstunde *f* ‖ ~ **de efemérides** / Ephemeridenzeit *f* ‖ ~ **de iluminação** / Brennstunde *f* ‖ ~ **de luz** / Beleuchtungsstunde *f* ‖ ~ **de ponta** (tráfego) / Stoßverkehrszeit *f*, Hauptverkehrszeit *f* ‖ ~ **de ponta** (electr.) / Spitzenstunde *f* ‖ ~ **do pedido de chamada** (telecom.) / Anmeldezeit *f* ‖ ~ **exacta** / genaue Zeit ‖ ~ **legal** (geral) / Normalzeit *f* ‖ ~ **legal** / gesetzliche [Uhr]zeit ‖ ~ **legal** / Einheitszeit, Zonenzeit *f* ‖ ~ **local** / Ortszeit *f* ‖ ~ **padrão** / Einheitszeit, Zonenzeit *f*
horário *m* / Fahrplan *m* ‖ ~ *adj* / stündlich, Stunden... ‖ **não previsto no** ~ / außerplanmäßig ‖ ~ *m* **flexível** (org. industr.) / Gleitzeit *f*
horas *f pl* **de ponta** (geral) / Hauptbetriebszeit *f*,

Hauptverkehrszeit *f*
hordenina *f* (química) / Hordenin *n*
horizontal *f* / Horizontale *f*, Waagerechte *f* ‖ ~ *adj* / horizontal, waagerecht, liegend ‖ ~ (tv) / Zeilen..., Horizontal... ‖ ~ (expl. minas) / söhlig, waagerecht
horizonte *m* / Sehkreis *m*, Horizont *m* ‖ ~ **aparente** / Kimm *f*, sichtbarer Horizont, Gesichtskreis *m* ‖ ~ **artificial** / Kreiselhorizont *m*, künstlicher Horizont, Horizontkreisel *m* ‖ ~ **astronómico** / wahrer Horizont ‖ ~ **de radiodifusão** / Funkhorizont *m* ‖ ~ **geológico** (geol) / Leithorizont *m* ‖ ~ **racional** / wahrer Horizont, wahrer Gesichtskreis ‖ ~ **sensível** / Kimm *f*, scheinbarer, sichtbarer Horizont ‖ ~ **verdadeiro** / wahrer Horizont o. Gesichtskreis ‖ ~ **visível** / sichtbarer Horizont, Kimm *f*, scheinbarer Horizont ‖ ~ **visual** / scheinbarer, sichtbarer Horizont
hornblende *f* (mineralog.) / Hornblende *f*
hovercraft *m* / Luftkissenboot *n*
hulha *f* / Steinkohle *f* ‖ ~ **bacilar** / Stangenkohle *f*, -anthrazit *m* ‖ ~ **branca** / Kraftwasser *n* ‖ ~ **fétida** / Stinkkohle *f* ‖ ~ **fuliginosa** / Rußkohle *f* ‖ ~ **gorda** / Cannelkohle *f* ‖ ~ **sulfurosa** / Stinkkohle *f*
hulheira *f* / Steinkohlengrube, -zeche *f*, -bergwerk *n*, -schacht *m*
humectação *f* **com óleo** / Ölbefeuchtung *f* ‖ ~ **do ar** / Luftanfeuchtung *f*
humectar / feuchten, anfeuchten, benetzen
humectável / benetzbar ‖ **facilmente** ~ / leicht benetzbar
humedecedor *m* / Anfeuchter *m*
humedecer / befeuchten, anfeuchten, feuchten ‖ ~ **com água quente** (cerâm.) / bähen
humidade *f* / Feuchtigkeit, Klammheit *f* ‖ **à prova de** ~ / isoliert gegen Feuchtigkeit ‖ ~ **absoluta** / absolute Luftfeuchtigkeit (Gramm Wasserdampf auf 1m³ Luft) ‖ ~ **admissível** (fiação) / Reprise *f*, zulässige Feuchtigkeit ‖ ~ **atmosférica** / Feuchtigkeitsgehalt *m* der Luft, Luftfeuchtigkeit *f* ‖ ~ **atmosférica relativa** / Feuchtigkeitsgrad *m*, relative Luftfeuchtigkeit ‖ ~ **cristalina** (cristalograf.) / Kristallfeuchtigkeit *f* ‖ ~ **do ar** / Feuchtigkeitsgehalt *m* der Luft, Luftfeuchtigkeit *f* ‖ ~ **relativa do ar** / relative Luftfeuchtigkeit
humidificação *f* / Anfeuchtung *f*, Befeuchtung *f* ‖ ~ **do ar** / Luftanfeuchtung *f*
húmido / klamm, benetzt, feucht ‖ ~ **e frio** / feuchtkalt
humificação *f* / Humifizierung *f*, Umwandlung *f* in Humus
humita *f* (mineralog.) / Humit *m*
humo *m*, húmus *m* / Humus *m*, Pflanzenerde *f*
humuleno *m* / Humulon *n*, α-Bittersäure *f*
húmus *m* **bruto** / Rohhumus *m*

I

ião *m* / Ion *n* ‖ ~ **adsorvido** / Haftion *n* ‖ ~ **afótero** / Zwitterion *n* (Ion mit positiver und negativer Ladung) ‖ ~ **complexo de metal** / Metall-Komplexion *n* ‖ ~ **de hidrogénio** / Wasserstoffion *n* ‖ ~ **fixo** / Festion *n* ‖ ~**-grama** *m* (física) / Grammion *n*
iate *m* / Jacht *f*, Yacht *f*
iceberg *m* / Eisberg *m*
iconoscópio *m* (tv) / Bildspeicherröhre *f* ‖ ~ (electrón.) / Fernsehsenderöhre *f*, Ikonoskop *n*
icosaedro *m* / Zwanzigflächner *m*, Ikosaeder *n*
ictiocola *f* / Fischleim *m*, Hausenblase *f*
ictiol *m* / Ichthyol *n*
ida *f* / Hinfahrt *f* (Ggs.: Rückfahrt)
idade *f* / Alter *n* ‖ ~ **de Fermi** (técn. nucl.) / Fermialter *n* ‖ ~ **do povoamento** / Bestandsalter *n* von Holz
ideal (geral, matem.) / ideal
idempotente *m* (matem.) / Idempotent *n*
idêntico / identisch ‖ ~ [a] (matem.) / identisch gleich
identidade *f* / Identität *f*, Gleichheit *f*
identificação *f* / Identifikation *f* ‖ **de** ~ / Kenn... ‖ ~ **amigo-inimigo** / Freund-Feindkennung *f*, IFF ‖ ~ **de área** (informática) / Bereichsbezeichnung *f* ‖ ~ **de chamadas cíclicas** (telecom.) / Aufrufbewertung *f* ‖ ~ **de ficheiro** / Dateibezeichnung *f*, -identifikation *f* ‖ ~ **de informações** / Informationskennzeichnung *f*
identificador *m* (informática) / Identifizierer *m* ‖ ~ **reservado** (informática) / fester Name
identificar / kennzeichnen ‖ ~ **chamadas anónimas** (telecom.) / fangen
identificativo *adj* / Kenn... ‖ ~ *m* **externo** (informática) / externer Name
ideograma *m* / Ideogramm *n* (Schriftzeichen der Bilderschrift)
idioblástico (geol) / idioblastisch
idiocromático (mineralog.) / idiochromatisch
idiomórfico (mineralog.) / idiomorph
idocrásio *m* (mineralog.) / Idokras *m*
ignição *f* (autom., armamento) / Zündung *f* ‖ ~ / Verbrennung *f* mit Lichterscheinung ‖ ~ **a alta-tensão** / Hochspannungszündung *f* ‖ ~ **a centelhas** (mot.) / Fremdzündung *f* ‖ ~ **adiantada**, ignição *f* antecipada (mot.) / Frühzündung *f* ‖ ~ **avançada** (mot.) / Vorzündung *f* ‖ ~ **dupla** (autom.) / Doppelzündung *f* (Batterie- und Magnetzündung) ‖ ~ **expontânea** / Selbstzündung *f* ‖ ~ **intempestiva** (electrón.) / Falschzündung *f* ‖ ~ **lenta** / Langsamzündung *f* ‖ ~ **por arco [voltaico]** / Lichtbogenzündung *f* ‖ ~ **por bateria** (autom.) / Batteriezündung *f* ‖ ~ **por compressão** / Verdichtungszündung *f* ‖ ~ **por faíscas** (mot.) / Funkenzündung *f* ‖ ~ **por incandescência** (mot.) / Glühzündung *f* ‖ ~ **por magneto** (autom.) / Magnetzündung *f* ‖ ~ **por magneto-interruptor** (mot.) / Abreißzündung *f* ‖ ~ **por transistores** (autom.) / Transistorzündung *f* ‖ ~ **por uma só centelha** (autom.) / Einfunkenzündung *f* ‖ ~ **prematura** / Frühzündung *f* (Fehler) ‖ ~ **progressiva** / Langsamzündung *f* ‖ ~ **retardada** (autom.) / Spätzündung *f*, Nachzündung *f*
ignífugo / flammwidrig, feuerfest, -sicher, flammensicher, flammenhemmend, feuerfest imprägniert
ignitrão *m*, ignitron *m*, ignitrônio *m* / Ignitron *n*
ignore *m* (informática) / Leerzeichen *n*
igual (geral, matem.) / gleich
igualar / gleichmachen ‖ ~ (tinturaria) / abstimmen
igualdade *f* (matem.) / Gleichheit *f*, Gleichwertigkeit *f*
igualização *f* **por difusão** / Diffusionsausgleich *m*
igualizante *m* (tinturaria) / Egalisiermittel *n*
ilha *f* **para peões**, ilha *f* para pedestres / Fußgängerinsel *f*
ilhó *m* / Öhr *n* (Nadel) ‖ ~ *m f* **do fio** (tecel.) / Fadenauge *n*
ilhós *f* / Öse *f*
ilmenita *f* (mineralog.) / Ilmenit *m*, Titaneisen[erz] *n*
iluminação *f* / Beleuchtung *f*, Ausleuchtung *f*, Lichtart *f* (DIN 5031), Illumination *f* ‖ ~ **ambiente** (tv) / Raumbeleuchtung *f*, -helligkeit *f* ‖ ~ **cénica** / Bühnenbeleuchtung *f* ‖ ~ **de campo claro** / Hellfeldbeleuchtung *f* ‖ ~ **de emergência** /

Notbeleuchtung *f*, Behelfsbeleuchtung *f* ‖ ~ **decorativa** / Effektbeleuchtung *f* ‖ ~ **do tecto** / Deckenbeleuchtung *f* ‖ ~ **eléctrica** / elektrische Beleuchtung ‖ ~ **electro-pneumática** / Druckluftbeleuchtung *f* ‖ ~ **indirecta** / indirektes Licht, indirekte Beleuchtung ‖ ~ **oblíqua** / Schräglichtbeleuchtung *f* ‖ ~ **[da via] pública** / Straßenbeleuchtung *f* ‖ ~ **relampejante** (aeronáut.) / Blitzbefeuerung *f*
iluminado / angestrahlt, erleuchtet
iluminância *f*, iluminamento *m* (física) / Beleuchtungsstärke *f* in Lux
iluminar / beleuchten, erleuchten
ilustração *f* (artes gráf.) / Bild, Abbildung *f*, Figur *f*
ilustrar / mit Abbildungen versehen, abbilden
ilvaíta *f* (mineralog.) / Lievrit *m*, Ilvait *m*
ímã *m* vide íman
imagem *f* (óptica) / Bild *n* ‖ ~ (tv) / Bild *n* ‖ ~ (artes gráf.) / Bild, Abbildung *f* ‖ **de ~ reflectida**, de imagem simétrica / spiegelbildlich ‖ ~ **a preto e branco** (tv) / Schwarzweißbild *n* ‖ ~ **cinematográfica** / Laufbild *n* ‖ ~ **com efeito de profundidade** (tv) / Durchzeichnung *f* ‖ ~ **com pouco contraste** (técn. fotogr.) / flaches Bild ‖ ~ **da lamínula** / Schliffbild *n* ‖ ~ **de filme** / [das einzelne] Filmbild ‖ ~ **de interferência** / Interferenzbild *n* ‖ ~ **de memória** (informática) / Speicherabbild *n* ‖ ~ **de televisão** / Fernsehbild *n* ‖ ~ **dupla** (tv) / Doppelbild, Geisterbild *n* ‖ ~ **eléctrica de Lichtenberg** / elektrisches Staubbild ‖ ~ **electrónica** / Elektronenabbildung *f* ‖ ~ **escotópica** (técn. fotogr.) / Dunkelleuchtbild *n* ‖ ~ **estereoscópica** / Raumbild *n*, räumliches o. stereoskopisches Bild, Stereo[bild] *n* ‖ ~ **fantasma** (tv) / Geisterbild, Doppelbild *n* ‖ ~ **fantasma** (radar) / Geisterecho *n*, Geist *m* ‖ ~ **fixa** (técn. fotogr.) / Stehbild *n* ‖ ~ **fotográfica** / Bild, Lichtbild *n* ‖ ~ **imóvel** (técn. fotogr.) / Standbild *n* ‖ ~ **individual** / Einzelbild *n* ‖ ~ **inversa** / Gegenbild *n*, Kehrbild *n* ‖ ~ **invertida** / Kehrbild *n* ‖ ~ **latente** / latentes (o. gespeichertes) Bild ‖ ~ **luminosa** / Leuchtbild *n* ‖ ~ **monocrómica** (tv) / Schwarzweißbild *n* ‖ ~ **na imagem** (tv) / Vollbild im Bild ‖ ~ **negativa** / umgekehrtes Bild, Negativbild *n* ‖ ~ **por radiação gama** / Gammastrahlenbild *n* ‖ ~ **reflectida** / Spiegelbild *n* ‖ ~ **reproduzida no écran**, imagem *f* reproduzida na tela (tv) / Schirmbild *n* ‖ ~ **residual** / Störbild *n* ‖ ~ **retida** / festgehaltenes Bild ‖ ~ **sem relevo** (técn. fotogr.) / flaches Bild ‖ ~ **simétrica** / Spiegelbild *n* ‖ ~ **televisiva** / Fernsehbild *n* ‖ ~ **transparente** / Leuchtbild *n* ‖ ~ **truncada** (tv) / [oben o. unten] abgehacktes Bild
imaginário / imaginär, ideell, gedacht
íman *m* / Magnet *m* ‖ ~ **aderente** / Haftmagnet *m* ‖ ~ **de convergência** (tv) / Bündelungsmagnet *m* ‖ ~ **de focalização** / Fokussiermagnet *m* ‖ ~ **de focalização** / Abbildungsmagnet *m*, Fokussiermagnet *m* ‖ ~ **de impressão** / Druckmagnet *m* ‖ ~ **desviador** / Ablenkungsmagnet, Deviationsmagnet *m* ‖ ~ **elementar** / Elementarmagnet *m* ‖ ~ **em forma de campânula** / Glockenmagnet *m* ‖ ~ **em forma de ferradura** / Hufeisenmagnet *m* ‖ ~ **ferromagnético** / Ferromagnet *m* ‖ ~ **lamelar** / Blättermagnet *m* ‖ ~ **laminar**, íman *m* laminado / Lamellenmagnet *m* ‖ ~ **livrador** / Auslösemagnet *m* ‖ ~ **molecular** / Elementarmagnet *m* ‖ ~ **natural** / natürlicher Magnet ‖ ~ **permanente** / Dauermagnet *m* ‖ ~ **registador** (telecom.) / Schreibmagnet *m* ‖ ~ **rotativo** / Drehmagnet *m* ‖ ~ **sinterizado** / Sintermagnet *m*
imanente / immanent, innewohnend
imaterial / stofflos, immateriell

imbibição *f* / Imbibition *f*
imbricação *f* (constr. civil) / Dachziegelverband *m*
imbricado / schuppenförmig [übereinanderliegend], dachziegelartig
imbricar (máq. ferram.) / feinschleifen
imediato / unmittelbar, direkt
imergido (química) / immergiert
imergir / untertauchen *vt*, eintauchen, tauchen *vt*, versenken
imersão *f* / Versenkung *f*, Untertauchen *n* ‖ ~ **em óleo** / Ölkapselung *f*
imerso / versenkt [liegend] ‖ ~ (química) / immergiert ‖ ~ / getaucht ‖ ~ **em óleo** (electr.) / ölgekapselt
ímeto *m* / Schwung *m*
imido *m* (química) / Imid *n*
imino *m* (química) / Iminogruppe *f*
imissão *f* / Immission *f*
imitação *f* **de couro** / Lederimitation *f*
imitado / nachgemacht, -geahmt, künstlich, unecht
imitância *f* (electr.) / Immitanz *f*
imitar / nachbilden, imitieren, nachbauen
imobilização *f* (máq., tecnol.) / Stillstand *m* ‖ ~ **de parafusos** / Schraubensicherung *f*
imobilizado, estar ~ / steckenbleiben, festsitzen
imobilizar / festhalten, anhalten, sperren
imóvel *m* (constr. civil) / Gebäude *n* ‖ ~ *adj* / still, bewegungslos, feststehend
impacto *m* / Aufschlag *m*, Stoß *m*, Rückprall *m*, Prall *m*, Einschlag *m* (Geschoß), Auftreffen *n*, Schlag *m*, Impakt *m* ‖ ~ **de electrões ou elétrons** (astronáut.) / Elektronenstoß *m* ‖ ~ **de íons ou iões** / Ionenhagel *m*
ímpar (matem.) / ungerade
impedância *f* (electr.) / Impedanz *f*, Scheinwiderstand *m*, Wechselstromwiderstand *m* (absoluter Betrag) ‖ **de alta** ~ / hochohmig ‖ **de baixa** ~ (electrón.) / niederohmig ‖ ~ **acústica** / Schallimpedanz *f*, akustische Impedanz ‖ ~ **acústica característica** / Schallwellenwiderstand *m* ‖ ~ **característica** (telecom.) / Wellenwiderstand *m* ‖ ~ **cíclica** / Drehfeldimpedanz *f* ‖ ~ **de base** (electrón.) / Fußpunktwiderstand *m* ‖ ~ **de campo característica** / Feldwellenwiderstand *m* (Wellenwiderstand des Vakuums) ‖ ~ **de circuito aberto** / Leerlaufimpedanz *f* ‖ ~ **de conversão** / Innenwiderstand *m* ‖ ~ **de entrada** (electrón.) / Eingangsscheinwiderstand *m*, Eingangsimpedanz *f* ‖ ~ **de entrada com saída em curto-circuito** (semicondut.) / Kurzschluß-Eingangs-Impedanz *f* ‖ ~ **de fonte** / Quellimpedanz *f* ‖ ~ **de onda característica** / Feldwellenwiderstand *m* des freien Raumes ‖ ~ **de saída** / Ausgangsimpedanz *f* ‖ ~ **de terminação** / Abschlußimpedanz *f* ‖ ~ **do eléctrodo** / Elektroden-Scheinwiderstand *m*, Elektroden-Impedanz *f* ‖ ~ **em curto-circuito** (electrón.) / Kurzschlußwiderstand *m* ‖ ~ **em relação à terra** / Impedanz *f* gegen Erde ‖ ~ **em série** (electr.) / Längsableitung *f*, Längsimpedanz *f* ‖ ~ **interactiva** (telecom.) / Kettenwiderstand *m* (Vierpol) ‖ ~ **interna** (electrón.) / Innenimpedanz *f* ‖ ~ **intrínseca** / innerer Widerstand (des freien Raums) ‖ ~ **nominal** (transform.) / Nennbürde *f* ‖ ~ **reactiva** (electr.) / Blindwiderstand *m*
impedândia *f* **homopolar** / Nullimpedanz *f*
impedido (geral) / besetzt ‖ ~ (telecom.) / belegt, besetzt
impedor *m* / Impedanzglied *n*
impelente *m* (máq., tecnol.) / Drücker *m*
impelir / drücken
impenetrabilidade *f* / Undurchdringlichkeit *f*
impenetrável / undurchdringlich, undurchlässig
imperfeição *f* (cristalogrf.) / Fehlordnung *f* ‖ ~ (artes gráf.) / Defekt *m*

imperfeito / mangelhaft, unvollkommen
impermeabilidade *f* / Undurchlässigkeit, Dichtheit *f* ‖ ~ **do papel devida à colagem** / Leimfestigkeit *f* von Papier
impermeabilização *f* / Hydrophobierung *f*, Imprägnierung *f* ‖ ~ **da costura** / Nahtdichtung *f*
impermeabilizado / imprägniert
impermeabilizante *m* / Imprägniermasse *f*
impermeabilizar / undurchdringlich machen, dichten
impermeável / undurchdringlich, undurchlässig, dicht ‖ ~ **à água** / wasserdicht ‖ ~ **à luz** / lichtdicht, lichtundurchlässig ‖ ~ **ao ar** / luftdicht ‖ ~ **ao óleo** / öldicht ‖ ~ **ao vapor** / dampfdicht ‖ ~ **aos gases** / gasdicht
implantação *f* / Implantation *f*, Anbringung *f*, Montage *f* ‖ ~ **de iões** (semicondut.) / Ionen-Einpflanzung *f* ‖ ~ **de uma fábrica** / Errichtung *f* einer Fabrik
implantar / errichten
implementação *f* (máq., tecnol.) / Einlaufzeit *f* (einer Arbeitsweise) ‖ ~ (informática) / Implementierung *f*
implemento *m* / Instrument, Werkzeug *n*
implicado (informática) / impliziert
implícito (matem.) / unentwickelt, implizit
implosão *f* / Implosion *f*
impor (artes gráf.) / ausschießen ‖ ~ **um formato** (artes gráf.) / ein Format festlegen (o. bilden)
imposição *f* (artes gráf.) / Ausschießen *n* ‖ ~ **de formato** (artes gráf.) / Formatbildung *f* ‖ ~ **de páginas** (artes gráf.) / Seitenumbruch *m*
imposta *f* (constr. civil) / Kämpfer *m*, Bogenanfänger *m* ‖ ~ / Oberlicht *n* an Türen o. Fenstern
impraticável (constr. rodov.) / unbefahrbar
impregnação *f* / Imprägnierung *f*, Imprägnieren *n* ‖ ~ **a vácuo** (electr.) / Vakuumtränkung *f* ‖ ~ **da madeira** / Holzimprägnierung *f* ‖ ~ **por difusão** / Diffusionstränkung *f*
impregnado / getränkt, imprägniert ‖ ~ **até à saturação** / sattgetränkt ‖ ~ **de borracha** / gummiert, gummi-imprägniert ‖ ~ **em óleo** / ölgetränkt, ölimprägniert
impregnar (tinturaria) / aufklotzen, klotzen ‖ ~, embeber / tränken, imprägnieren ‖ ~, saturar (química) / schwängern ‖ ~ **com óleo** / ölen, mit Öl imprägnieren
impressão *f* (artes gráf.) / Abdruck *m*, gedrucktes Exemplar ‖ ~ / Drucklegung *f* ‖ ~ (informática) / Ausdrucken *n*, Drucken *n*, Druck *m* ‖ ~ / Eindruck *m*, Vertiefung *f* ‖ ~ **a cores** (artes gráf.) / Farbendruck *m*, Farbdruck *m*, Buntdruck *m* ‖ ~ **a duas cores** / Zweifarbendruck *m* ‖ ~ **a ferroprussiato** / Eisenblaudruck *m* ‖ ~ **anastática** (artes gráf.) / anastatischer Druck, anastatisches Druckverfahren *n* ‖ ~ **ao carvão** (artes gráf.) / Pigmentdruck *m* ‖ ~ **artística** (artes gráf.) / Kunstdruck *m* ‖ ~ **chintz** / Chintzverfahren *n* ‖ ~ **da data** / Datumsdruck *m* ‖ ~ **da tiragem** (artes gráf.) / Fortdruck *m* ‖ ~ **dactilográfica** (artes gráf.) / Schreibmaschinendruck *m*, -schrift *f* ‖ ~ **de folhas** (artes gráf.) / Bogendruck *m* ‖ ~ **de folhas volantes** (artes gráf.) / Akzidenzarbeit *f*, -druck *m* ‖ ~ **de ilustrações** / Illustrationsdruck *m* ‖ ~ **digital** / Fingerabdruck *m* ‖ ~ **electrostática** (artes gráf.) / Xerodruck *m* ‖ ~ **em cores luminosas** / Leuchtfarbendruck *m* ‖ ~ **em negrito**, impressão *f* em normando (artes gráf.) / Fettdruck *m* ‖ ~ **em papel contínuo** (artes gráf.) / Rollendruck *m* ‖ ~ **em relevo** (artes gráf.) / Prägedruck *m*, Stahlstich *m*, Reliefdruck *m* ‖ ~ **em tintas a vapor** / Dampffarbendruck *m* ‖ ~ **espacejada** (artes gráf.) / Sperrdruck *m* ‖ ~ **fantasma** (artes gráf.) / Geistereffekt *m* ‖ ~ **figurada** (têxtil) / Figurendruck *m* ‖ ~ **hectográfica** / Hektographie *f* ‖ ~ **irisada** (têxtil) / Irisdruck *m* ‖ ~ **multicolor** / Mehrfarbendruck *m* ‖ ~ **offset**, impressão *f* ofsete (artes gráf.) / Gummidruck *m*, Offsetdruck *m* ‖ ~ **permanente** / Dauerprägung *f* ‖ ~ **plana**, impressão *f* planográfica / Flachdruck *m*, Flachformdruck *m* ‖ ~ **por cilindros** / Walzendruck, Zylinderdruck *m* ‖ ~ **positiva** / Positivdruck, -abzug *m* ‖ ~ **rotativa** / Rotationsdruck *m* ‖ ~ **suja** (artes gráf.) / Fehldruck *m* ‖ ~ **tipográfica** / Hochdruck, Buchdruck *m* ‖ ~ **tipográfica** (artes gráf.) / Typendruck *m*
impresso *m* / Formular *n*, Formblatt *n*, Vordruck *m* ‖ ~ *adj* (artes gráf.) / gedruckt
impressor *m*, tipógrafo *m* / Drucker, Buchdrucker *m* ‖ ~ **de documentos** / Belegdrucker *m* ‖ ~ **de facsímile** / Bildschreiber *m*
impressora *f* (informática) / Drucker *m*, Druckeinheit *f* ‖ ~ **auxiliar** (informática) / Zwillingsdrucker *m* ‖ ~ **de alta velocidade** (artes gráf.) / Schnellpresse *f* ‖ ~ **de bilhetes** / Fahrscheindrucker *m* ‖ ~ **de caracteres** (informática) / Buchstabendrucker *m* ‖ ~ **de folhas volantes** (artes gráf.) / Akzidenzpresse *f* ‖ ~ **de formulários** (artes gráf.) / Formulardruckmaschine *f* ‖ ~ **de página** (informática) / Blattschreiber *m*, Formulardrucker *m*, Seitendrucker *m* ‖ ~ **de saída** (informática) / Ausgabedrucker *m* ‖ ~ **de taxas** (telecom.) / Gebührendrucker *m* ‖ ~ **horária** / Zeitdrucker *m* ‖ ~ **linha por linha** / Zeilendrucker *m* ‖ ~ **por pontos** (informática) / Rasterdrucker *m* ‖ ~ **rápida** (informática) / Schnelldrucker *m* ‖ ~ **rotativa** / Rotations[druck]maschine, Rotationspresse *f*
imprimatur *m* (artes gráf.) / Imprimatur *n*
imprimibilidade *f* (papel) / Druckeignung *f*, Bedruckbarkeit *f*
imprimir (artes gráf.) / drucken, bedrucken, abziehen ‖ ~ **um movimento** / eine Bewegung erteilen (o. mitteilen)
imprimível / druckbar
impulsão *f* / Impuls, Antrieb *m* ‖ ~ (hidrául.) / Auftrieb *m*
impulso *m* (física) / Impuls *m* ‖ ~ (electr., electrón.) / Impuls *m* ‖ ~ (telecom.) / Impuls *m*, Impulsstufe *f* ‖ ~ (astronáut.) / Schub *m* ‖ ~ / Impuls *m*, Antrieb *m* ‖ **por ~s ou pulsos** / impulsweise ‖ ~ **adicional** (informática) / Ergänzungsimpuls *m* ‖ ~ **da hélice** (aeronáut.) / Schraubenschub *m* ‖ ~ **da lançadeira** (tecel.) / Eintragen *n* ‖ ~ **de activação** (tv) / Aktivierungsimpuls *m* ‖ ~ **de activação** (electrón.) / Triggerimpuls *m*, Auflöseimpuls *m*, Anreizimpuls *m* ‖ ~ **de arranque** (telecom.) / Anlaufschritt *m* ‖ ~ **de calibração** / Eichimpuls *m* ‖ ~ **de carga reactiva** (electr.) / Blindlaststoß *m* ‖ ~ **de chamada cíclica** (telecom.) / Aufrufimpuls *m* ‖ ~ **de compensação** / Ausgleichsimpuls *m* ‖ ~ **de conexão** (electr.) / Einschaltstoß *m* ‖ ~ **de contagem** / Zählimpuls *m* ‖ ~ **de correcção** (telecom.) / Gleichlaufimpuls *m* ‖ ~ **de corrente** (telecom.) / Stromstoß *m* ‖ ~ **de equalização** (tv) / Halbzeilenimpuls *m* ‖ ~ **de exploração** / Abtastimpuls *m* ‖ ~ **de inibição** / Blockierimpuls *m* ‖ ~ **de iniciação** (electrón.) / Triggerimpuls, Auslöseimpuls *m* ‖ ~ **de invalidação** (informática) / Sperrimpuls *m* ‖ ~ **de lançamento** (aeronáut.) / Startschub *m* ‖ ~ **de paragem** (telecom.) / Sperrschritt *f* ‖ ~ **de relógio** (informática) / Schrittpuls *m* ‖ ~ **de resposta** (telecom.) / Antwortimpuls *m* ‖ ~ **de retorno horizontal** (tv) / Rücklaufimpuls *m* ‖ ~ **de ruptura** / Unterbrechungsimpuls *m* ‖ ~ **de sensibilização** / Hellsteuerimpuls *m* ‖ ~ **de sincronização** (electrón.) / Taktimpuls *m* ‖ ~ **de sincronização** (tv) / Synchronisierimpuls *m*, Bildgleichlaufimpuls *m*

‖ ~ **de sincronização de linha** (tv) / Zeilenimpuls *m*, Horizontalimpuls *m* ‖ ~ **de supressão** (tv) / Austastgemisch *n*, -impuls *m* ‖ ~ **de taxação** (telecom.) / Gebührenimpuls *m* ‖ ~ **de validação** (informática) / Freigabeimpuls *m*, Stellenschreibimpuls *m* ‖ ~ **do jacto** (aeronáut.) / Schubkraft *f* ‖ ~ **fundamental** (electrón.) / Einheitsschritt *m* ‖ ~ **horizontal** (constr. civil) / Seitenschub *m* ‖ ~ **lateral** (constr. civil) / Schub *m* ‖ ~ **não-corrente** (telecom.) / Pausenschritt *m* ‖ ~ **parasita** (electrón.) / Störimpuls *m* ‖ ~ **rectangular** (electrón.) / Rechteckimpuls *m* ‖ ~ **reflectido** / Echoimpuls *m* ‖ ~ **residual** (telecom.) / Reststromstoß *m* ‖ ~ **trigger** (electrón.) / Auslöseimpuls *m*, Anstoßimpuls *m*

impulsor *m* (ventilador) / Laufrad *n*

impureza *f* / Verunreinigung *f*, Schmutz *m* ‖ ~ (química) / Fremdstoff *m*, Verunreinigung *f* ‖ ~ (semicondut.) / Störstelle *f* ‖ ~ (siderurg.) / Unreinheit *f*, Verunreinigung *f* ‖ ~ **de tipo doador** (semicondut.) / Donator-Verunreinigung *f*

impurezas *f pl* **nas fibras** / Faserbegleitstoffe *m pl*

impuro / unrein, schmutzig

imune / immun

imunidade *f* **aos parasitas**, imunidade *f* às perturbações / Funkstörfestigkeit *f* (Empfänger)

imunológico / Immunisier..., immunologisch

inactivar / inaktivieren

inactivo (química, física) / unwirksam

inadmissível / unzulässig, nicht mehr akzeptabel

inatacável à lima / feilenhart

incandescência *f* / Glühen *n* (Zustand), Weißglut, Glut *f*

incandescente / glühend, weißglühend ‖ **estar** ~ / glimmen, glühen *vi*

incapacidade *f* **funcional** / Gebrauchsunfähigkeit *f*

incendiar-se / anbrennen *vi*, zu brennen beginnen

incêndio *m* / Feuer *n*, Brand *m* ‖ ~ **controlado** (bombeiros) / Buk *m*, Brand *m* unter Kontrolle

inchação *f* / Schwellung *f*

inchado / gequollen, geschwollen

inchar / sich bauschen, anschwellen, anquellen, blähen, quellen, aufblähen

incidência *f* (luz) / Einfall *m* ‖ ~ (hélice) / Anstellung *f* ‖ ~ **de luz** / Lichteinstrahlung *f* ‖ ~ **do fuso** (lamin.) / Spindelanstellung *f* ‖ ~ **oblíqua das ondas** / schräger Welleneinfall

incidente / eintretend, -fallend ‖ ~ **num pequeno ângulo** / flach einfallend

incidir / einfallen

incineração *f* **de lixo** / Müllverbrennung *f*

incinerar (química) / veraschen

incipiente / beginnend, Anfangs..., anfänglich

incisão *f* / Einschnitt *m* ‖ **fazer uma** ~ / ritzen, einschneiden

inclinação *f* / Schrägstellung, Schräge *f* ‖ ~ / Schiefe, Schiefstellung *f*, -stehen *n* ‖ ~ (astron.) / Inklination *f* ‖ ~ (autom.) / Sturz *m* ‖ ~ / Ausschlag *m* der Waage ‖ ~ (constr. civil) / Anlauf *m* ‖ ~ (expl. minas) / Einfallen *n*, Fallen *n* ‖ ~ / Neigung *f*, Hang *m*, Geländeabfall *m*, Gefälle *n* ‖ **de fraca** ~ (expl. minas) / flach einfallend ‖ ~ **da camada** / Fallen *n* der Schicht ‖ ~ **da cunha** / Keilneigung *f* ‖ ~ **da espira** / Federsteigung *f* ‖ ~ **da face interna da aba de um perfilado** / Fußneigung *f* von Profileisen ‖ ~ **da roda** (autom.) / Radsturz *m* ‖ ~ **das abas** / Flanschneigung *f* ‖ ~ **das estrias** / Drallwinkel *m* (Feuerwaffe) ‖ ~ **de uma parede** (constr. civil) / Abdachung *f* (einer Mauer) ‖ ~ **do algaraviz** (siderurg.) / Stechen *n* der Form ‖ ~ **do calço** / Keilneigung *f* ‖ ~ **do eixo** (autom.) / Achssturz *m* ‖ ~ **do flanco** (electrón.) / Flankensteilheit *f* ‖ ~ **do impulso ou do pulso** / Dachschräge *f*, Impulsabfall *m* ‖ ~ **do passo** (aeronáut., máq., tecnol.) / Ganghöhe, Gewindesteigung *f* ‖ ~ **do peitoril** (constr. civil) / Wasserschräge *f* ‖ ~ **do telhado** (constr. civil) / Dachschräge *f* ‖ ~ **dos pivôs das rodas dianteiras** (autom.) / Spreizung *f* der Vorderräder ‖ ~ **lateral** (aeronáut.) / Schräglage *f*, Querneigung *f* ‖ ~ **superável** (autom.) / Steigvermögen *n*

inclinado / geneigt, abfallend, schräg, schief ‖ ~ (expl. minas) / einfallend ‖ **estar** ~ **mais de 45°** (expl. minas) / stehen (Schichten)

inclinar / schrägstellen, neigen *vt* ‖ ~**-se** (constr. naval) / krängen, überholen *vi* ‖ ~**-se** (expl. minas) / einfallen, streichen ‖ ~**-se** (balança) / ausschlagen ‖ ~ **lateralmente** (aeronáut.) / Querneigung einnehmen ‖ ~ **para facilitar o escoamento das águas** (hidrául.) / Gefälle geben, abschüssig machen

inclinável / schrägstellbar, neigbar

inclinómetro *m* / Inklinometer *n*, Querneigungsanzeiger *m*

incluído (geral, matem., agrimen.) / eingeschlossen

incluir / einschließen, enthalten

inclusão *f* / Inklusion *f* ‖ ~ (informática) / Implikation *f* (DIN) ‖ ~ *m* **de ar** / Lufteinschluß *m* ‖ ~ *f* **de escórias** (siderurg.) / Schlackeneinschluß *m* ‖ ~ **de gás** (sold) / Gaseinschluß *m* ‖ ~ **de óxido** (siderurg.) / Oxydeinschluß *m* ‖ ~ **líquida** (mineralog.) / Flüssigkeitseinschluß *m*

incoerente (física) / inkohärent

incolor / farblos

incombustível / unverbrennbar, -brennlich, feuerbeständig, feuerfest

incomensurável / unmeßbar, unausmeßbar

incompatibilidade *f* / fehlende Kompatibilität ‖ ~ **entre itinerários** (técn. ferrov.) / Fahrstraßenausschluß *m*

incompatível / unvereinbar, unverträglich, nicht kompatibel

incompleto / unvollständig, lückenhaft

incondicional (informática) / unbedingt, unabhängig

Inconel *m* / Inconel *n* (Ni-Legierung)

inconstância *f* **de frequências** / Umspringen *n* der Frequenzen

inconstante / unbeständig, inkonstant

incorporado / eingebaut, Einbau...

incorporar / einarbeiten, einbetten

incorrecto / fehlerhaft, unrichtig, falsch

incrementador / Inkremental...

incremento *m* (matem.) / Inkrement *n* ‖ ~ **de frequência** / Frequenzverstimmung *f* (relativ zur Grobabstimmung)

incrustação *f* / Inkrustation *f*, Kruste *f*, Kalkablagerung *f* (in Wasserrohren), Verkrustung *f*, Ansatz *m* ‖ ~, revestimento *m* (constr. civil) / Bekleidung *f*, Verblendung *f* ‖ ~ **calcária** / Wasserstein *m*, Kalksinter *m* ‖ ~ **de caldeira** / Kesselstein *m* ‖ ~ **de corpos estranhos** / Bewuchs *m* ‖ ~ **de matéria estranha** / Anwuchs *m*

incrustar / inkrustieren ‖ ~**-se** / verkrusten *vi*

incubação *f* (química) / Inkubation *f*

incubadora *f* / Brutapparat *m*

indamina *f* / Indamin *n*

indantrena *f* (tinturaria) / Indanthren *n*

indecomponível (química) / unzerlegbar

indeformável / formstabil, formsteif

indelével / unlöschbar, dokumentenecht

indeno *m* / Inden *n*

independente da rede (electr.) / fremdbetrieben, netzunabhängig

indesmalhável / laufmaschenfest, maschenfest

indeterminismo *m* (física) / Indeterminismus *m*

indexação *f* / Indizierung *f*

indexado (matem., informática) / indiziert

indexar (matem.) / mit einem Index versehen,

indizieren, indexieren
indicação *f* / Anzeige *f* ‖ ~ **da data** / Datumsanzeige *f* ‖ ~ **da presença de gases** / Gasanzeige *f* ‖ ~ **de atitude de um avião** (aeronáut.) / Flugzustandsanzeige *f* ‖ ~ **de definição de dados** (informática) / Daten-Neubenennungsklausel *f* ‖ ~ **de posição** / Stellungsanzeige *f* ‖ ~ **de reposição a zero** / Löschklausel *f* ‖ ~ **de último cartão** (cart. perf.) / Anzeige *f* „letzte Karte" ‖ ~ **digital** / digitale Anzeige ‖ ~ **do número da ferramenta** (comando numér.) / Werkzeuganzeige *f* ‖ ~ **errada** / Fehlweisung *f* ‖ ~ **falsa** (instr.) / Fehlanzeige *f*, Falschweisung *f* ‖ ~ **horária** (telecom.) / Zeitansage *f*, Zeitangabe *f* ‖ ~ **numérica** / Ziffernanzeige *f* ‖ ~ **visual** / Sichtanzeige *f*
indicado / indiziert
indicador *m* (química) / Indikator *m* ‖ ~ / Anzeigegerät *n* ‖ ~ (matem.) / Index *m* (tiefgesetzt) ‖ ~ **(do nível) de combustível** (autom.) / Benzinuhr *f* (coll), Kraftstoff-Vorratszeiger *m* (DIN) ‖ ~ **azimutal** / Azimutzeiger *m* ‖ ~ **colorido** / Farbindikator *m* ‖ ~ **da cor a entrar** / Farbenangeber *m* ‖ ~ **da posição do leme** (aeronáut.) / Steuerlagenanzeiger *m* ‖ ~ **da presença de gases** (expl. minas) / Gasanzeiger *m* ‖ ~ **da velocidade do ar** (aeronáut.) / Fahrtmesser *m* ‖ ~ **de altidude e posição** (aeronáut.) / Entfernungs- und Höhensichtgerat *n* ‖ ~ **de altitude** (aeronáut.) / Höhenanzeiger *m* ‖ ~ **de altura do líquido** / Flüssigkeitsstandanzeiger *m* ‖ ~ **de atitude** (aeronáut.) / Fluglagenanzeiger *m* ‖ ~ **de avarias** (electr.) / Störungsmelder *m* ‖ ~ **de baixa pressão** (travão) / Warndruckzeiger *m* ‖ ~ **de cabeceio** (aeronáut.) / Längsneigungsmesser *m* ‖ ~ **de contacto à terra** (electr.) / Erdschlußanzeiger *m* ‖ ~ **de contacto com a terra** (electr.) / Ableitungsmesser *m* ‖ ~ **de cristas** / Spitzenanzeiger *m* ‖ ~ **de curso** (máq. ferram.) / Hubanzeiger *m*, Hublängenskala *f* ‖ ~ **de débito** / Mengenmesser *m* ‖ ~ **de declividade** (técn. ferrov.) / Neigungszeiger *m* ‖ ~ **de defeitos de isolamento** (electr.) / Isolationsprüfer *m* ‖ ~ **de deriva** / Abtriftanzeiger *m* ‖ ~ **de descida de carga** (siderurg.) / Gichtsonde *f* ‖ ~ **de direcção** (autom.) / Fahrtrichtungsanzeiger *m* ‖ ~ **de direcção** (informática) / Leitweganzeiger *m* ‖ ~ **de disponibilidade** (informática) / Belegungszeichen *n* ‖ ~ **de frequência** / Frequenzanzeiger *m* ‖ ~ **de fuga** / Leckanzeiger *m*, Lecksucher *m* ‖ ~ **de glissagem** (aeronáut.) / Schiebefluganzeiger *m* ‖ ~ **de impedido** (telecom.) / Besetztschauzeichen *n* ‖ ~ **de lâmpada** (telecom.) / Lampensignal *n* ‖ ~ **de linha de corte** (máq. ferram.) / Schnittlinienanzeiger *m* ‖ ~ **de modulação** / Aussteuerungsanzeiger *m* ‖ ~ **de modulação** (tv) / Aussteuerungsgerät *n* ‖ ~ **de nível** / Füllstandsanzeiger *m*, -melder *m* ‖ ~ **de nível da água** (hidrául.) / Wasserstandsmarke *f*, -anzeiger, Peil *m* ‖ ~ **de nível de água** (máq., tecnol.) / Wasserglas *n*, Wasserstandszeiger *m* ‖ ~ **de nível de combustível** (autom.) / Tankuhr *f*, Kraftstoff-Vorratsanzeiger *m* ‖ ~ **de nível de gravação** (gravador) / Aussteuerungsanzeiger *m* ‖ ~ **de nível do líquido** / Flüssigkeitsstandanzeiger *m* ‖ ~ **de pentes** (tecel.) / Blattuhr *f* ‖ ~ **de posição** (geral) / Stellungsanzeiger *m* ‖ ~ **de posição da cabina** (funi) / Fahrbildanzeiger *m* ‖ ~ **de precisão** / Feintaster *m*, Feinmeßuhr *f*, Feinzeiger *m* ‖ ~ **de profundidade** / Tiefenlot *n*, -lotapparat *m* ‖ ~ **de rajadas** / Windfühler *m*, Böensichter *m* ‖ ~ **de rumo** / Ablageinstrument *n*, Kursanzeiger *m* ‖ ~ **de sincronismo** / Synchronismusanzeiger *m*, Synchronoskop *n* ‖ ~ **de sustentação** (aeronáut.) / Auftriebsanzeiger *m* ‖ ~ **de taxas** (telecom.) / Gebührenmelder *m* ‖ ~ **de tiragem** / Zugmesser *m* für Feuerungen ‖ ~ **de velocidade** (aeronáut.) / Fahrtanzeiger *m* ‖ ~ **do ângulo de aproximação** (aeronáut.) / Gefällanzeiger *m* ‖ ~ **do ângulo de ataque** (aeronáut.) / Anstellwinkelanzeiger *m* ‖ ~ **do nível de óleo** / Ölstandsglas *n*, -schauglas *n* ‖ ~ **isotópico** / Isotopenindikator *m* ‖ ~ **óptico** / Schauzeichen *n* ‖ ~ **velocidade-binário**, indicador *m* velocidade-torque / Drehzahl-Drehmoment-Anzeiger *m*
indicana *f* (química) / Indican *n*
indicar / angeben ‖ ~ (instr.) / anzeigen
indicativo *m* (telecom.) / Vorwahlnummer, Ortsnetzkennzahl *f*, ONKz ‖ ~ (rádio) / Stationszeichen, Pausenzeichen *n*
indicatriz *f* (matem., agrimen.) / Indikatrix *f*
índice *m* / Inhaltsverzeichnis *n*, Inhaltsangabe *f* ‖ ~ / Liste *f*, Verzeichnis *n* ‖ ~ (matem.) / Kennziffer *f*, Index *m* ‖ ~ [de um livro] / Index *m*, Inhaltsverzeichnis *n* ‖ ~ **AGV** / VFA-Zahl *f* (Latex) ‖ ~ **colorimétrico** / Farbzahl *f* ‖ ~ **de acidez** / Säurezahl, Neutralisationszahl *f*, Nz ‖ ~ **de ácido** / Säurewert *m* ‖ ~ **de ácido forte** / SAN *f* (Menge der starken Säure, in 1 g Substanz gemessen, als mg KOH) ‖ ~ **de ácidos gordos voláteis** / VFA-Zahl *f* (Latex) ‖ ~ **de aglutinação** / Backzahl *f* ‖ ~ **de amortecimento** (máq., tecnol., electrón.) / Dämpfungszahl *f* ‖ ~ **de basidade da escória** / Schlackenzahl *f* ‖ ~ **de campo** / Feldindex, -exponent *m* ‖ ~ **de cetano** (mot.) / Cetanzahl *f* ‖ ~ **de ceteno** / Cetenzahl *f* ‖ ~ **de cobre** (química) / Kupferzahl *f* ‖ ~ **de coloração** / Farbzahl *f* ‖ ~ **de coloração em unidades Gardner** / Gardner-Farbzahl *f* ‖ ~ **de combustão** / Verbrennungszahl *f* (Verhältnis CO zu CO_2 im Abgas) ‖ ~ **de coqueificação** / Verkokungszahl *f* ‖ ~ **de cores** (astron.) / Farbenindex *m* ‖ ~ **de desemulsificação** / Demulgierungszahl *f* ‖ ~ **de detonação** / Detonationszahl *f* ‖ ~ **de emissão** (técn. nucl.) / Quellstärke *f* ‖ ~ **de éster** / Esterzahl *f*, EZ ‖ ~ **de Froude** / Froudezahl *f* ‖ ~ **de germinação da superfície** (papel) / Oberflächenkolonnenzahl *f* ‖ ~ **de heptano** / Heptanzahl *f* ‖ ~ **de inchamento** (carvão) / Blähzahl *f* ‖ ~ **de iteração** (informática) / Iterationsindex *m* ‖ ~ **de medição** / Meßziffer *f* ‖ ~ **de octanas** / Oktanzahl *f* ‖ ~ **de proporcionalidade** / Anteilzahl *f* ‖ ~ **de resistência** / Lastwechselzahl *f*, Zahl *f* der ertragenen Lastwechsel ‖ ~ **de saponificação** / Verseifungszahl *f*, VZ ‖ ~ **de tiocianogénio** / Rhodanzahl *f*, RhZ ‖ ~ **de transmissão de vapor** / Dampfdurchlässigkeitszahl *f* ‖ ~ **Deborah** / Deborahzahl *f* ‖ ~ **do ficheiro** / Dateiverzeichnis *n* ‖ ~ **limite de viscosidade** / Staudingerzahl, -größe *f* (in Gramm je Milliliter)
indiferença *f* / Indifferenz *f*
indiferente (química, física) / indifferent, neutral, träge
índigo *m* / Indigoblau *n*, Indigo *m*
indigófera *f* / Indigopflanze *f*
índio *m* / Indium *n*, In
individual / einzeln, Einzel...
indofenol *m* (tinturaria) / Indophenol *n*
indol *m* (química) / Indol *n*
indonafteno *m* / Inden *n*
indoxil *m* / Indoxyl *n*
indução *f* (electr., matem.) / Induktion *f* ‖ ~ **cruzada** (electr.) / Ankerquerfeld *n* ‖ ~ **electrostática** / Influenz *f* ‖ ~ **externa** / Fremdinduktion *f* ‖ ~ **magnética terrestre** / Erdinduktion *f* ‖ ~ **mútua** / gegenseitige Induktion ‖ ~ **mútua de linhas de alta e de baixa tensão** / gegenseitige Beeinflussung von Stark- und

Schwachstromleitungen ‖ ~ **remanente** (física) / Remanenz *f*
inductância *f* **de derivação** / Querinduktivität *f* ‖ ~ **em série** / Längsinduktivität *f*
inductividade *f* **de serviço** (electr.) / Betriebsinduktivität *f*
inductor *m* (electr.) / Feldsystem *n*
indulina *f* (tinturaria) / Indulin *n*
indústria *f* / Industrie *f* ‖ ~ **açucareira** / Zuckerindustrie *f* ‖ ~ **aeroespacial** / Luft- und Raumfahrtindustrie *f* ‖ ~ **aeronáutica** / Luftfahrtindustrie *f*, Flugzeugindustrie *f* ‖ ~ **algodoeira** / Baumwollindustrie *f* ‖ ~ **básica** / Grundstoffindustrie *f* ‖ ~ **cerâmica** / Tonindustrie *f*, Industrie *f* der Tone und Erden ‖ ~ **cervejeira** / Brau[erei]wesen *n* ‖ ~ **conserveira** / Konservenindustrie *f* ‖ ~ **da mecânica de precisão** / Feinwerk-Industrie *f* ‖ ~ **de base** / Grundindustrie *f* ‖ ~ **de calçado(s)** / Schuhindustrie *f* ‖ ~ **de construção civil** / Bauindustrie *f*, Baugewerbe *n* ‖ ~ **de construção naval** / Werftindustrie *f*, Schiffbau *m* ‖ ~ **de corantes** / Farbenindustrie *f* ‖ ~ **de lanifícios** / Wollindustrie *f* ‖ ~ **de malhas** / Strickindustrie *f* ‖ ~ **de máquinas agrícolas**, indústria *f* de maquinário agrícola / Landmaschinenbau *m* ‖ ~ **de mecânica de precisão** / feinmechanische Industrie ‖ ~ **de metais não-ferrosos** / Buntmetallindustrie *f* ‖ ~ **de minerais não-metálicos** / Industrie *f* der Steine u. Erden ‖ ~ **de produtos acabados** / Fertigindustrie *f* ‖ ~ **de produtos alimentícios** / Nahrungsmittelindustrie *f* ‖ ~ **de serviços** / Dienstleistungsindustrie *f* ‖ ~ **de tintas** / Farbenindustrie *f* ‖ ~ **de transformação** / Veredlungsindustrie, -wirtschaft *f* ‖ ~ **de transformação de madeiras** / holzverarbeitende Industrie ‖ ~ **de transportes rodoviários** / Straßentransportgewerbe *n* ‖ ~ **de vestuário** / Bekleidungsindustrie *f* ‖ ~ **do frio** / Kälteindustrie *f* ‖ ~ **doméstica** / Heimindustrie *f* ‖ ~ **dos gases** / Gasindustrie *f* ‖ ~ **dos lacticínios** (geral) / Milchwirtschaft *f* ‖ ~ **dos refractários** / Feuerfest-Industrie *f* ‖ ~ **extractiva** / Rohstoffindustrie *f* (der natürlichen Rohstoffe) ‖ ~ **galvanoplástica** / galvanotechnische Industrie ‖ ~ **mecânica** / Maschinenindustrie *f* ‖ ~ **metalúrgica** / Hüttenindustrie *f* (Metall), Metallindustrie *f* ‖ ~ **mineira** / Bergbau *m*, Montanindustrie *f* ‖ ~ **pesada** / Schwerindustrie *f* ‖ ~ **petrolífera** / Erdölindustrie *f* ‖ ~ **petroquímica** / erdölchemische Industrie ‖ ~ **química** / chemische Industrie ‖ ~ **químico-farmacêutica** / chemisch-pharmazeutische Industrie ‖ ~ **siderúrgica** / Eisen- und Stahlindustrie *f*, Hüttenindustrie *f* (Eisen) ‖ ~ **subsidiária** / Hilfsindustrie *f* ‖ ~ **terciária** / Dienstleistungsindustrie *f* ‖ ~ **têxtil** / Webindustrie *f* ‖ ~ **transformadora** / verarbeitende Industrie ‖ ~ **transformadora de metais** / metallverarbeitende Industrie
industrial / industriell, Industrie..., Betriebs...
industrializar / industrialisieren
industrialmente / fabrikmäßig
indutância *f* / Induktanz *f*, induktiver Blindwiderstand, Induktivität *f* ‖ ~ **de antena** / Antenneninduktivität *f* ‖ ~ **mútua** (electr.) / gegenseitige Induktivität, Gegeninduktivität *f* ‖ ~ **mútua por unidade de comprimento** / Gegeninduktivitätsbelag *m* ‖ ~ **por unidade de comprimento** / Induktivitätsbelag *m*
indutivo / induktiv, primär, induzierend ‖ **não-~** / induktionsfrei
indutómetro *m* / Induktionsmeßinstrument *n*
indutor *m* (telecom.) / Induktor *m* ‖ ~ / Induktanzrolle *f* ‖ ~ **de chamada** (telecom.) / Anrufinduktor *m* ‖ ~ **de manivela** (telecom.) / Kurbelinduktor *m* ‖ ~ **terrestre** / Erdinduktor *m*
induzido *m* (electr.) / Anker *m*, Läufer *m* ‖ ~ *adj* (electr.) / induziert, sekundär ‖ ~ **a luz**, induzido por luz / lichtinduziert ‖ ~ *m* **anular** (electr.) / Ringanker *m* ‖ ~ **com enrolamento fechado** (electr.) / Anker *m* mit geschlossener Wicklung ‖ ~ **com ranhuras fechadas** (electr.) / Anker mit geschlossenen Nuten ‖ ~ **corrediço** (electr.) / Schiebeanker *m* ‖ ~ **de barras** (electr.) / Stabanker, Stabläufer *m* ‖ ~ **de dentes** (electr.) / Zahnanker *m* ‖ ~ **de disco** (electr.) / Scheibenanker *m* ‖ ~ **de estrela** / Sternanker *m* ‖ ~ **de magneto** (autom.) / Magnet[zünder]anker *m* ‖ ~ **de reserva** (electr.) / Ersatzanker *m* ‖ ~ **de tambor** (electr.) / Trommelanker *m* ‖ ~ **do motor** (electr.) / Motoranker *m* ‖ ~ **em curto-circuito**, induzido *m* em gaiola de esquilo (electr.) / Kurzschlußanker, -läufer *m* ‖ ~ **em duplo T** (electr.) / Doppel-T-Anker *m* ‖ ~ **escalonado** (electr.) / Stufenanker *m* ‖ ~ **fixo** (electr.) / feststehender Anker ‖ ~ **rotativo** (electr.) / Drehanker *m*, umlaufender Anker
induzir / induzieren
ineficaz / unwirksam, wirkungslos
inércia *f* (mecân., física) / Trägheit *f*, Beharrungsvermögen *n* ‖ ~ (química) / Indifferenz *f*, Inertanz *f* ‖ ~ **acústica** / Schallhärte *f* ‖ ~ **do induzido** (electr.) / Ankermasse *f* ‖ ~ **do rotor** (electr.) / Läuferschwungmasse *f* ‖ ~ **indicativa** / Anzeigeträgheit *f* ‖ ~ **virtual** (hidrául.) / Trägheitsmoment *n* der hydrodynamischen Massen ‖ ~ **virtual** (mecân.) / scheinbare Trägheit
inerente / inhärent, innewohnend
inerte (química, física) / inert, neutral, indifferent, träge
inexplorado (expl. minas) / unverritzt
inexplorável (expl. minas) / unbauwürdig
inferior (artes gráf.) / tiefstehend
infiltração *f* (hidrául.) / Versickerung *f*, Einsickern, Infiltration
infiltrar-se / einsickern, -dringen, sickern, versickern
ínfimo *m* / Infimum *n*
infinitésima *f* / Infinitesimalgröße *f*
infinitesimal / infinitesimal
infinito / unendlich
inflação *f* **de gás** / Gasfüllung *f*
inflado / luftgefüllt
inflamabilidade *f* / Entzündlichkeit *f*, Entflambarkeit *f*, Flammbarkeit *f*, Brennbarkeit *f*
inflamação *f* / Entzündung *f* ‖ ~ (química, física) / Aufflammen *n* ‖ **de ~ expontânea** / selbstentzündlich
inflamador *m* / Zündstift *m*
inflamar·-se / entzünden (sich) ‖ ~ / anzünden, anstecken
inflamável / entzündbar, zündfähig, entflammbar, feuergefährlich ‖ **altamente** ~ / leicht entzündlich ‖ **facilmente** ~ / zur Gefahrenklasse AI gehörig ‖ **não** ~ / flammwidrig
inflar / aufblähen
inflexível / starr, unbiegsam, stabil, steif
inflorescência *f* / Blütenstand *m*
influência *f* / Einfluß *m*, Einwirkung *f*, Wirkung *f* ‖ **à prova de ~s atmosféricas** / luftecht, luftfest ‖ ~ **deformadora** / deformierende Wirkung ‖ ~ **sobre a superfície** / Oberflächenwirkung *f*, Einwirkung *f* auf die Oberfläche
influenciar / beeinflussen ‖ **~-se mutuamente** / sich gegenseitig beeinflussen
in-fólio *m* (artes gráf.) / Folioformat *n*
informação *f* / Nachricht *f*, Information *f* ‖ ~ (cibernética) / Aussage *f* ‖ ~ **de cor** (tv) /

Farbinformation *f*, Chrominanzinformation *f* ‖ ~ **sim ou não** (informática) / Ja-Nein-Aussage *f*
informações *f pl* (p. ex. números de assinantes não constantes da lista telefónica) / Fernsprechauskunft *f*
informar / berichten, benachrichtigen, informieren
informática *f* / Informatik *f*, Datentechnik *f* ‖ ~ **de gestão** (informática) / Führungsinformatik *f*
informativo / informatorisch
infra·-acústico / infraakustisch ‖ **~-estrutura** *f* (geral) / Infrastruktur *f* ‖ **~-estrutura** *f* **da via** (técn. ferrov.) / Unterbau *m* ‖ **~-som** *m* / Infraschall *m* (< 16 Hz) ‖ **~-sónico** / Infraschall...
infravermelho *m* / Infrarot *n* ‖ ~ *adj* / infrarot, Infrarot...
infringir uma patente / ein Patent verletzen
infusão *f* (química) / Infusion *f*
ingrediente *m* / Bestandteil *m*, Zutat *f*, Ingrediens *n*
íngreme / steil, abschüssig
ingresso *m* (expl. minas) / Einziehstrecke *f*, -strom *m*
inibição *f* (química) / Hemmung *f* ‖ **de** ~ (informática) / Blockier... ‖ ~ **lateral** (informática) / laterale Hemmung
inibido (transistor) / gesperrt
inibidor *m* (química) / Hemmstoff, Inhibitor *m* ‖ ~ / Schutzstoff *m* ‖ ~ *adj* (química) / hemmend, inhibierend ‖ ~ *m* [de decapagem] (galvanoplast.) / Sparbeize *f*
inibir / verzögern, hemmen ‖ ~ (informática) / sperren
inibitório / inhibitorisch
iniciador *m* (química) / Initiator *m* (Reaktion) ‖ ~ (informática) / Initiator *m*
inicial / anfänglich, Anfangs...
iniciar (electrón.) / anstoßen, einleiten ‖ ~ (informática) / initialisieren
início *m* / Anfang *m*, Beginn *m* ‖ ~ (informática) / Initialisierung *f* ‖ ~ **de bloco** (informática) / Blockvorspann *m* ‖ ~ **de um ciclo de trabalho** / Einleitung *f* eines Arbeitsspiels
ininterrupto / durchgezogen (Linie)
injecção *f* (constr. civil) / Einspritzung *f* ‖ ~ (geol) / Injektion *f* ‖ ~ (semicondut.) / Injektion *f* ‖ ~ (mot.) / Einspritzung *f* ‖ ~ **à chama** (plást.) / Flammspritzen *n* ‖ ~ **de ar** / Lufteinspritzung *f* ‖ ~ **de gasolina** / Benzineinspritzung *f* ‖ ~ **de partículas carregadas** (semicondut.) / Ladungsträgerinjektion *f* ‖ ~ **directa** (mot.) / Direkteinspritzung *f* ‖ ~ **sob pressão** (mot.) / Druckeinspritzung *f*
injectar / einspritzen ‖ ~ (plást.) / spritzen ‖ ~ (cimento) / einpressen
injector *m* (diesel) / Düse *f* ‖ ~ (máq. vapor) / Injektor *m* ‖ ~ / Dampfstrahlpumpe *f*, Injektor *m* ‖ ~ **a vapor** / Dampfstrahlejektorpumpe *f*
inoculação *f* / Impfen *n*
inocular / impfen
inodoro / geruchlos
in-oitavo *m* / Oktav *n* (Achtel eines Papierformats, ergibt 16 Seiten)
inoperável / inoperabel
inorgânico (química) / anorganisch
inositol *m* / Inosit *n*
inoxidabilidade *f* / Rostsicherheit, -festigkeit, -freiheit *f*
inoxidação *f* / Inoxydation *f*
inoxidável / rostfrei, rostbeständig, rostsicher, nicht oxidierbar
inquartação *f* (siderurg.) / Quartierung *f*
inquebrável / unzerbrechlich
inrugável / knitterfrei, -fest, -arm
inscrever (matem.) / einbeschreiben ‖ ~ / beschreiben, beschriften ‖ ~ **as dimensões num desenho** (desenho industr.) / Maße einschreiben
inscrição *f* / Beschriftung, Aufschrift *f*
inscrito (informática) / festgehalten
insecticida *m* / Insektizid *n* ‖ ~ **de ingestão** / Freßgift *n*, durch den Magen wirkendes Insektizid
insecto *m* / Insekt *n* ‖ ~ **daninho** (agricult.) / Ackerschädling *m*
insensibilidade *f* **à luz** / Lichtunempfindlichkeit *f* ‖ ~ **à microfonia** (electrón.) / Klingfestigkeit *f* ‖ ~ **de regulação** (contr. autom.) / Ansprechwert *m*
insensível à luz / lichtunempfindlich
inserção *f* / Einlage *f*, eingelegtes Stück, Einschaltung ‖ ~ (informática) / Einschiebung *f* ‖ ~ (geol) / Einlagerung *f* ‖ ~ / Insertion *f* ‖ **de** ~ (electr.) / einschiebbar, Einschiebe...
inserir / einfügen, -schieben, einbauen, stecken *vt* ‖ ~ (electr.) / einschleifen ‖ ~ **traços e pontos** / strichpunktieren
insípido (química) / geschmacklos
insistente / beharrlich, nachdrucksvoll
insolação *f* (física) / Sonneneinstrahlung *f* auf die Erde, Insolation *f*
insolúvel (química, matem.) / unlöslich, unlösbar
insonorização *f* / Geräuschdämpfung *f*
insonorizar / schalldicht machen
insonoro / schalltot, -sicher, -dämpfend, schalldämmend, schalldicht
inspecção *f* / Inspektion *f* ‖ ~ / Untersuchung, Kontrolle *f* ‖ ~ **da via** (técn. ferrov.) / Bahnbegehung *f*
inspeccionar / besichtigen, inspizieren, untersuchen
inspissado / eingedampft
instabilidade *f* / Instabilität *f*, Labilität *f*, Unstabilität *f* ‖ ~ **da imagem** (tv) / Bildtanzen *n* ‖ ~ **de imagem** (tv) / Bildverzerrung *f* (infolge schlechter Synchronisierung) ‖ ~ **devida à corrente** (electrón.) / Stromverstimmung *f* ‖ ~ **inerente** (geral) / Schwingneigung *f* ‖ ~ **irregular da frequência** (electrón.) / Frequenzumspringen *n* ‖ ~ **lateral** (aeronáut.) / Querinstabilität *f* ‖ ~ **longitudinal** (aeronáut.) / Längsinstabilität *f* ‖ ~ **vertical** (tv) / senkrechte Lageabweichung, -schwankung, Tanzeffekt *m*
instabilidades *f pl* **de imagem** (tv) / Bildstandsschwankungen *f pl*
instalação *f* (máq., tecnol.) / Montage, Aufstellung *f*, Installation *f* ‖ ~ / Einrichtung *f*, Anlage *f*, Apparatur *f*, Installation *f* ‖ ~ **a céu aberto** / Freianlage *f* ‖ ~ **condicionadora de ar** / Klimaanlage *f* ‖ ~ **de abastecimento de carvão** / Bekohlungsanlage *f* ‖ ~ **de altos-fornos** / Hochofenwerk *n*, -anlage *f* ‖ ~ **de aquecimento** / Heizung, Heizungsanlage *f* ‖ ~ **de ar condicionado** / Klimaanlage *f* ‖ ~ **de briquetar minério** / Erzbrikettieranlage *f* ‖ ~ **de britagem** / Brechanlage *f* ‖ ~ **de caldeiras** / Kesselanlage *f* ‖ ~ **de caldeiras a ou de vapor** / Dampfkesselanlage *f* ‖ ~ **de carga** / Ladeeinrichtung *f* ‖ ~ **de carregamento** / Verladeanlage, Ladeanlage *f* ‖ ~ **de classificação** / Sortieranlage *f*, Sichtanlage *f* ‖ ~ **de classificação ou de separação de carvão** / Kohlenscheider *m*, Sichtungsanlage *f* ‖ ~ **de condutores** (electr., electrón.) / Leitungsverlegung *f* ‖ ~ **de corte por chama** / autogene Schneidanlage ‖ ~ **de decapagem** (siderurg.) / Beizanlage *f* ‖ ~ **de depuração de gás de escape** / Abgasreinigungsanlage *f* ‖ ~ **de descarga de navios** / Schiffslöschanlage *f* ‖ ~ **de dessalinização** / Entsalzungsanlage *f*, Süßwassergewinnungsanlage *f* ‖ ~ **de distribuição eléctrica** / Schaltanlage *f* ‖ ~ **de escolha** (expl. minas) / Aufbereitungsanlage *f* ‖ ~ **de esgoto** / Entwässerungsanlagen *f pl*, -werke *n pl* ‖ ~ **de estripagem** / Ausstoßanlage *f* ‖ ~ **de extinção de incêndios** / Feuerlöschanlage *f* ‖ ~ **de extinção do**

coque / Kokslöschanlage *f* ‖ ~ **de extracção** / Extraktionsanlage *f* ‖ ~ **de extracção** (expl. minas) / Förderanlage *f*, -maschine *f* ‖ ~ **de fabricar coque** / Kokerei *f*, -anlage, -einrichtung *f* ‖ ~ **de feltragem para encolhimento** / Filzkrumpfanlage *f* ‖ ~ **de fermentação** / Gäranlage *f* ‖ ~ **de filtração** / Filteranlage *f* ‖ ~ **de fraccionamento de gases** / Zerlegungsanlage *f* ‖ ~ **de fundição** / Schmelzanlage *f* ‖ ~ **de injecção** / Spritzanlage *f*, Einspritzanlage *f* ‖ ~ **de irrigação** (agricult.) / Berieselungsanlage *f*, Rieselanlage *f* ‖ ~ **de lavagem mecânica de carros** / Wagenwaschanlage *f* ‖ ~ **de linhas** (electr., telecom.) / Leitungsbau *m*, Leitungsverlegung *f* ‖ ~ **de manutenção de vácuo** / Evakuiereinrichtung *f* ‖ ~ **de moagem com separação por corrente de ar** / Luftstrommahlanlage *f* ‖ ~ **de moldagem a sopro-extrusão** (plást.) / Extrusionsblasanlage *f* ‖ ~ **de perfuração** / Bohrgerät *n* ‖ ~ **de preparação** (expl. minas) / Aufbereitungsanlage *f* ‖ ~ **de produção de amoníaco** / Ammoniakgewinnungsanlage *f* ‖ ~ **de pulverização** / Spritzanlage *f* ‖ ~ **de recozer** (siderurg.) / Glüherei *f*, Glüheinrichtung *f* ‖ ~ **de recuperação de amoníaco** / Ammoniakgewinnungsanlage *f* ‖ ~ **de refinação** (sal) / Gradierwerk *n* ‖ ~ **de refrigeração** / Kühlanlage *f* ‖ ~ **de rega por aspersão** / Beregnungsanlage *f* ‖ ~ **de relógios eléctricos** / elektrische Uhrenanlage ‖ ~ **de separação** / Sichtanlage *f*, Sortieranlage *f* ‖ ~ **de separação** (expl. minas) / Aufbereitungsanlage *f* ‖ ~ **de sinalização** (geral) / Signalanlage *f* ‖ ~ **de telecomando** / Fernwirkanlage *f* ‖ ~ **de telecomunicação** (telecom.) / Fernmeldeanlage *f* ‖ ~ **de telelocalização de pessoas** / drahtlose Personensuchanlage ‖ ~ **de telemecânica** / [mechanische] Fernwirkanlage ‖ ~ **de têmpera** / Härteanlage *f* (Stahl) ‖ ~ **de transporte** / Förderanlage, -einrichtung *f* ‖ ~ **de trituração** / Brechanlage *f* ‖ ~ **de um poço** (expl. minas) / Schachtanlage *f* ‖ ~ **de vaporização** / Bedampfungsanlage *f* ‖ ~ **de ventilação** / Entlüftungseinrichtung *f* ‖ ~ **eléctrica** / elektrische Anlage ‖ ~ **fabril** / Betrieb *m*, Werk *n*, Fabrik *f* ‖ ~ **flexível** / Litzenverdrahtung *f* ‖ ~ **frigorífica** / Kühlanlage *f*, Kälteanlage *f* ‖ ~ **galvanoplástica** / Galvanisieranlage *f* ‖ ~ **hidráulica com bombas prementes** / Druckwasseranlage *f* mit Druckpumpen ‖ ~ **hidropneumática** / Druckwasser-Druckluftanlage *f* ‖ ~ **incineradora de lixo** / Müllverbrennungsanlage *f* ‖ ~ **industrial** / Betriebsanlage *f* ‖ ~ **inteiramente blindada** / Hochschutzeinrichtung *f* ‖ ~ **interior** / Hausinstallation *f* ‖ ~ **mineira** (expl. minas) / Grubenanlage *f* ‖ ~ **onde se provocam choques de veículos com fins de pesquisa** (autom.) / Bopper *m* ‖ ~ **para a preparação de linhita** / Braunkohlenaufbereitungsanlage *f* ‖ ~ **para cloração** / Chlorieranlage *f* ‖ ~ **para creosotar** / Kreosottränkanlage *f* ‖ ~ **para destilação a baixa temperatura** / Schwelanlage *f*, Tieftemperaturkoksanlage *f* ‖ ~ **para lixiviação** / Laugerei *f* ‖ ~ **permanente** / feste Verlegung ‖ ~ **piloto** / Versuchsanlage *f*, -betrieb *m*, Pilotanlage *f* ‖ ~ **radioeléctrica** / Funkanlage *f* ‖ ~ **radiotelefónica** / Funksprechanlage *f* ‖ ~ **recuperadora de óleo** / Ölrückgewinnungsanlage *f* ‖ ~ **separadora** / Scheideanlage *f* ‖ ~ **sonora** / Tonanlage *f* ‖ ~ **sprinkler** / Beregnungsanlage *f* ‖ ~ **telefónica** / Fernsprechanlage *f* ‖ ~ **vertical** (cabo) / Hochführung *f*

instalações *f pl* **de drenagem** / Entwässerungsanlagen *f pl*, -werke *n pl* ‖ ~ **de teste em terra** (astronáut.) / Bodenprüfeinrichtungen *f pl* ‖ ~ **portuárias** / Hafenanlagen *f pl*

instalador *m* / Leitungsleger *m*, Installateur *m* ‖ ~ **de gás** / Gas-Rohrleger *m*

instalar / einrichten, einbauen, aufstellen, installieren ‖ ~ **condutores** / Leitungen einziehen ‖ ~ **esgotos** / kanalisieren, Abwasserleitungen legen ‖ ~ **uma cerca** / einzäunen

instalável / einbaubar

instantâneo *m* (técn. fotogr.) / Schnappschuß *m* (coll), Momentphoto *n*, -aufnahme *f* ‖ ~ *adj* / Augenblicks..., augenblicklich

instável / unbeständig, schwankend, labil, instabil ‖ ~ (constr. civil) / labil, statisch unstabil ‖ ~ (mecân.) / unsicher, labil

instilação *f* / Eintröpfelung *f*

instrução *f* (informática) / Instruktion *f*, Befehl *m* ‖ ~ **absoluta** (informática) / endgültiger Maschinenbefehl ‖ ~ **aritmética** (informática) / arithmetische Anweisung ‖ ~ **artificial** (informática) / Leeranweisung *f* ‖ ~ **auxiliar de entrada/saída** (informática) / ergänzende Ein-Ausgabe-Anweisung ‖ ~ **de adição** (informática) / Additionsbefehl *m*, Additionsanweisung *f* ‖ ~ **de chamada** (informática) / Befehl *m* zum Übergang in ein Unterprogramm ‖ ~ **de decisão** (informática) / Entscheidungsbefehl *m* ‖ ~ **de dimensão** (informática) / Feldanweisung *f* ‖ ~ **de direcção** (informática) / Leitbefehl *m* ‖ ~ **de endereço um mais um** (informática) / Eins-Plus-Eins-Adreßbefehl *m* ‖ ~ **de entrada** (informática) / Eingangsbefehl *m* ‖ ~ **de fim de relatório** (informática) / Listenendbefehl *m* ‖ ~ **de formato** / Formatanweisung *f* (FORTRAN) ‖ ~ **de geração** (informática) / Erzeugungsanweisung *f* ‖ ~ **de impressão** (informática) / Schreibbefehl *m* ‖ ~ **de indexação** (informática) / Indexbefehl *m* ‖ ~ **de indicação** (informática) / Anzeigebefehl *m* ‖ ~ **de início** (informática) / Eröffnungsbefehl *m*, -anweisung *f* ‖ ~ **de início de relatório** (informática) / Listenanfangsbefehl *m* ‖ ~ **de leitura** (informática) / Leseanweisung *f* ‖ ~ **de máquina** (informática) / Maschinenbefehl *m*, -instruktion *f* ‖ ~ **de ponto de paragem condicional** (informática) / bedingter Haltbefehl (o. Stopp) ‖ ~ **de ramificação** (informática) / Abzweigbefehl *m* ‖ ~ **de salto condicional** / bedingter Sprungbefehl ‖ ~ **de selecção** (cart. perf.) / Aussteuerungsbefehl *m* ‖ ~ **de tráfego aéreo** / Flugsicherungsanweisung, FS-Anweisung *f* ‖ ~ **de transferência** (informática) / Sprungbefehl *m*, Übertragungsbefehl *m* ‖ ~ **de três mais um endereços** (informática) / Drei-Plus-Eins-Adreßbefehl *m* ‖ ~ **em branco** (informática) / Leerbefehl *m* ‖ ~ **executiva** (informática) / Ausführungsbefehl *m* ‖ ~ **extracto** (informática) / Ausblendebefehl *m* ‖ ~ **fictícia** (informática) / Scheinbefehl *m* ‖ ~ **lógica** (informática) / logischer Befehl ‖ ~ **não operável** (informática) / Leerbefehl *m*, Instruktion „Weitergehen" (im Programm) ‖ ~ **sem endereço** (informática) / Nulladreßbefehl *m* ‖ ~ **simples** / Einzelanweisung *f* ‖ ~ **simulada** (informática) / Füllbefehl *m*, Leeranweisung *f*, Blindbefehl *m*

instruções *f pl* **de manejo** / Bedienungsanleitung *f*, Gebrauchsanweisung *f*

instrumentação *f* / Bestückung *f*

instrumental / instrumental

instrumentar / instrumentieren, bestücken

instrumento *m* / Instrument *n* ‖ ~ **aerogeodésico** / aerogeodätisches Gerät ‖ ~ **auxiliar** / Zusatzgerät *n*, -instrument *n*, -einrichtung *f* ‖ ~ **com espelho** / Spiegelapparat *m*, -instrument *n* ‖ ~ **de calibração** (electr.) / Eichinstrument *n* (z.B. Potentiometer) ‖

~ **de campo magnético rotativo** / Drehfeldinstrument, Ferrarisinstrument *n* ‖ ~ **de controlo de voo** / Flugüberwachungsinstrument *n* ‖ ~ **de ferro móvel** (electr.) / Weicheiseninstrument *n* ‖ ~ **de furar** (máq. ferram.) / Bohrmeißel *m* ‖ ~ **de leitura directa** / Zeigerinstrument, -gerät *n*, -apparat *m* ‖ ~ **de medição** / Meßgerät *n*, -instrument *n* ‖ ~ **de medição com rectificador** [incorporado] / Gleichrichterinstrument *n* (Gleichstrom-Meßinstrument für Wechselstrom) ‖ ~ **de medição da indução** / Induktionsmeßinstrument *n* ‖ ~ **de medição de dilatação**, instrumento *m* de medição de fio quente, instrumento *m* térmico de medição / Hitzdrahtinstrument, -meßgerät *n* ‖ ~ **de medição de precisão** / Feinmeßgerät *n* ‖ ~ **de medição de vibrações** / Erschütterungsmesser *m* ‖ ~ **de medição para corrente contínua e alternada** (electr.) / frequenzunabhängiges Meßgerät (für Gleich- u. Wechselstrom) ‖ ~ **de medição térmico** / Hitzdrahtinstrument, -meßgerät *n* ‖ ~ **de percussão** / Schlaginstrument *n* ‖ ~ **de precisão** / Feininstrument *n* ‖ ~ **de sopro** / Blasinstrument *n* ‖ ~ **ferromagnético** / eisengeschlossenes Instrument ‖ ~ **giroscópico** / Kreiselgerät *n* ‖ ~ **integrante** / integrierendes Instrument, Integriergerät ‖ ~ **padrão** (electr.) / Eichinstrument *n* (z.B. Potentiometer) ‖ ~ **para a medição de correntes** (hidrául.) / Strömungsmesser, Stromgeschwindigkeitsmesser *m* ‖ ~ **para medição directa da pressão em arma de fogo, quando disparada** (armamento) / Gasdruckmesser *m* ‖ ~ **para medições internas** / Innenmeßgerät *n*

instrumentos *m pl* **de medição** / Meßzeuge *n pl* ‖ ~ *m pl* **industriais** / apparative Anlagen *f pl*

insuficiência *f* / Unzulänglichkeit *f*

insuficiente / mangelhaft, ungenügend, fehlend, unzugänglich

insuflar / einblasen (z.B. Gas), aufblasen, füllen

insuflável / aufblasbar

insulina *f* / Insulin *n*

intacto / unbeschädigt, unversehrt, heil, ganz

integração *f* / Integration *f* ‖ ~ **em alta escala** (electrón.) / hoher Integrationsgrad ‖ ~ **em média escala** / mittlerer Integrationsgrad

integrado / ganzheitlich, integriert

integrador *m* / Integrator *m*, integrierendes Netzwerk, Integriergerät *n*, Integrierglied *n*, Integrationskreis *m* ‖ ~ **incremental** (informática) / Servo-Integrierer *m*

intégrafo *m* / Integriergerät *n* (zeichnend), Integraph *m*

integral *f* (matem.) / Integral *n* ‖ ~ *adj* / integrierend, integriert ‖ ~ (matem.) / Integral... ‖ ~ *f* **abeliana** / Abelsches Integral ‖ ~ **curvilínea** (matem.) / Linienintegral *n* ‖ ~ **de convolução** (matem.) / Faltungsintegral *n* ‖ ~ **de Fourier** / Fouriersches Integral *n* ‖ ~ **de Laplace** / Fehlerintegral *n* ‖ ~ **de linha** (matem.) / Linienintegral *n* ‖ ~ **de permuta** (matem.) / Austauschintegral *n* ‖ ~ **de ressonância epicádmica** / Epicadmium-Resonanzintegral *n* ‖ ~ **de superfície** (matem.) / Flächenintegral *n* ‖ ~ **definida** / bestimmtes Integral ‖ ~ **dupla** / Doppelintegral *n* ‖ ~ **euleriana** / Eulersches Integral ‖ ~ **múltipla** (matem.) / mehrfaches Integral ‖ ~ **no que respeita ao tempo** / Integral *n* nach der Zeit

integrando *m* (matem.) / Integrand *m*

integrante / integrierend

integrar / integrieren

integrável / integrierbar

integridade *f* (matem.) / Ganzzahligkeit, Integrität *f*

inteiramente automático / vollautomatisch ‖ ~ **básico** (siderurg.) / ganzbasisch ‖ ~ **de aço** / Ganzstahl... ‖ ~ **de madeira** / Ganzholz... ‖ ~ **metálico** / Ganzmetall... ‖ ~ **soldado** / ganzgeschweißt

inteiriço / aus einem Stück, einteilig

inteiro *m* (matem.) / ganze Zahl, Ganzzahl *f* ‖ ~ *adj* / voll, ganz ‖ ~ (matem.) / ganz[zahlig]

inteligibilidade *f* (telecom.) / Sprechverständigung *f*, Lautverständlichkeit *f*, Gesprächsverständlichkeit *f*, Verständlichkeit *f* ‖ ~ **para a banda de frequência vocal** (telecom.) / Bandverständlichkeit *f*

inteligível (telecom.) / verständlich

intensidade *f* / Stärkegrad *m*, Intensität *f* ‖ **de ~ luminosa elevada** / hochkerzig ‖ **de baixa ~ luminosa** / lichtschwach (Erscheinung) ‖ **de fraca ~** (electr.) / schwach ‖ ~ **da cor** / Farbtiefe *f* ‖ ~ **da corrente** (electr.) / Stromstärke *f* ‖ ~ **da corrente de fusão** / Abschmelzstromstärke *f* ‖ ~ **da oscilação** / Schwingstärke *f* ‖ ~ **da tinta** / Farbstärke *f*, -intensität *f* ‖ ~ **da vibração** / Schwingstärke *f* ‖ ~ **de batimento** (máq. escrev.) / Anschlagstärke *f* ‖ ~ **de campo** (electr.) / Feldstärke *f* ‖ ~ **de corrente de ruptura** / Abschaltstromstärke *f* ‖ ~ **de corrente máxima admissível** / Strombelastbarkeit *f* ‖ ~ **de irradiação** / Bestrahlungsstärke *f* ‖ ~ **de trabalho** / Arbeitsintensität, -kraft *f* ‖ ~ **do campo eléctrico** / elektrische Feldstärke ‖ ~ **do campo magnético** / magnetische Feldstärke ‖ ~ **do corante** / Farbstärke *f*, -intensität *f* ‖ ~ **do vento** / Windstärke *f* ‖ ~ **limite dinâmica** / dynamischer Grenzstrom ‖ ~ **luminosa** / Lichtintensität *f*, Beleuchtungsstärke *f* ‖ ~ **luminosa por unidade de superfície** (óptica) / Leuchtdichte *f* ‖ ~ **polar** (física) / Polstärke *f* ‖ ~ **sonora** / Schallintensität, Schallstärke *f*

intensificação *f* (electr.) / Verstärkung *f*

intensificador *m* **da pressão hidráulica** / hydraulischer Übersetzer ‖ ~ **de mercúrio** (técn. fotogr.) / Quecksilberverstärker *m*

intensificar / verstärken

intensivo / intensiv

intenso / satt, intensiv

interacção *f* / Zusammenwirken *n*

interactuar (técn. nucl.) / aufeinander einwirken

interbloqueamento *m* / gegenseitige Sperre o. Verriegelung

intercalação *f* (telecom.) / Zwischenschaltung *f*, Aufschaltung *f* ‖ ~ **de impulsos ou pulsos** (informática) / Impulsverschachtelung *f*

intercalado (electr.) / zwischengeschaltet, eingeschaltet

intercalar (cart. perf.) / einordnen ‖ ~ (informática, cart. perf.) / einmischen, mischen ‖ ~ (electr.) / zwischenschalten ‖ ~ / vorschalten ‖ ~ **no circuito** / in den Stromkreis einschalten

intercâmbio *m* / Austausch *m*

intercepção *f* **de eixos** (matem.) / Achsenabschnitt *m*

interceptar / auffangen (Funkspruch) ‖ ~ (armamento) / abfangen ‖ ~ **uma comunicação** (telecom.) / eine Nachricht abfangen

intercombinação *f* (técn. nucl.) / Interkombination *f*

intercomunicação *f* (electrón.) / Wechselverkehr *m* ‖ ~ (telecom.) / Zwischenverkehr *m* ‖ ~ **mista** (telecom.) / gemischtes Wechselsprechen ‖ ~ **telefónica** / wechselseitiger Sprechverkehr

interconectado / zusammengeschaltet

interconectar (electr.) / vermaschen

interconexão *f* / Zusammenschaltung *f* ‖ ~ (electr.) / Verkettung *f* ‖ ~ **de fases** / Phasenverkettung *f*

intercristalino / interkristallin

interdependente / gegenseitig abhängig

interdigitação *f* (semicondut.) / Interdigitation *f* (Parallelschaltung)

interespaço *m* **atómico** / atomarer Zwischenraum
interestratificação *f* (geol) / Verwachsung *f*
interface *f* (informática) / Schnittstelle *f* ‖ ~ (física) / [scharfe] Grenzfläche, Grenzschicht *f* ‖ ~ **de canal** (informática) / Kanalanschluß *m*
interferência *f* (electrón., rádio) / Störung *f*, Interferenz *f* ‖ **livre de ~s**, livre de parasitas (electrón.) / störfrei, störungsfrei ‖ ~ **causada por uma linha de tensão através de acoplamento** (telecom.) / Beeinflussung *f* (VDE) ‖ ~ **contínua** (electrón.) / Dauerstörung *f* ‖ ~ **de corte** / Unterschnitt *m* ‖ ~ **de radiofrequência** (electrón.) / Hochfrequenzstörung *f* ‖ ~ **electromagnética** / elektromagnetischer Brumm ‖ ~ **heteródina** (electrón.) / Überlagerung *f*, Interferenz *f* ‖ ~ **indutiva** (telecom.) / Induktionsstörung *f* ‖ ~ **intencional** / Jamming *n* (Radio) ‖ ~ **mútua** (electrón.) / gegenseitige Beeinflussung (o. Störung) ‖ ~ **na imagem** (tv) / Bildstörung *f* ‖ ~ **por radiação externa** / Fremdeinstrahlung *f* ‖ ~ **radiofónica** / Rundfunkstörung *f*
interferir (electrón.) / überlagern, Interferenz erzeugen, störend eingreifen, stören
interferometria *f* / Interferenzmeßverfahren *n*
interferómetro *m* / Interferometer *n* ‖ ~ **a gás** (expl. minas) / Gas-Interferometer *n* ‖ ~ **laser** / Laser-Interferometer *n*
interfoliar / mit Papier durchschießen
interfone *m* / Interfonanlage *f*
intergaláctico / intergalaktisch
intergranular (geol) / intergranular
interindependência *f* / gegenseitige Unabhängigkeit
interindependente / gegenseitig unabhängig
interior *m* / Innenseite *f* ‖ ~ *adj* / innen... ‖ **de ~ fosco** / innenmattiert ‖ **no ~** / innen
interlaçar / ineinanderflechten
interlaminar / interlaminar
interligação *f* (telecom.) / Leitungsführung *f* ‖ ~ / Durchschalten *n* ‖ ~ **das fibras** (papel) / Faser-zu-Faser-Bindung *f* ‖ ~ **de grupos** (telecom.) / Gruppendurchschaltung *f*
interligar (telecom.) / durchschalten
intermediário / dazwischenliegend, Zwischen... ‖ ~ (química) / intermediär
intermitência *f* / Aussetzen *n*, Nachlassen *n*, Unterbrechung *f* ‖ ~ **cromática** (tv) / Farbflimmern *n*, Farbenflimmern *n*, Farbartflimmern *n* ‖ ~ **de cores** (tv) / Farbvalenzflimmern *n*
intermitente / aussetzend, Aussetz..., intermittierend
intermitir / [periodisch] aussetzen *vi*, intermittieren
intermodulação *f* (electrón.) / Kreuzmodulation, Intermodulation *f*, Zwischenmodulation *f*
intermolecular / zwischenmolekular, intermolekular
intermutável / untereinander auswechselbar, gegenseitig austauschbar
interno / inner..., inwendig, innenliegend, intern ‖ ~ (informática) / eingebaut ‖ ~ / Selbst..., [betriebs]eigen ‖ **de uso ~** (electr.) / Innenraum...
internucleónico (técn. nucl.) / internukleonisch
interpenetração *f* / gegenseitige Durchdringung ‖ ~ (cristalogrf.) / Durchwachsung, -kreuzung *f*
interpermutabilidade *f* / gegenseitige Austauschbarkeit
interpermutável / gegenseitig ersetzbar
interpolação *f* / Interpolation *f*
interpolador *m* (comando numér., contr. autom.) / Interpolator *m*
interpolar *v* / einschalten, dazwischenschalten ‖ ~ (matem.) / interpolieren
interpolar *adj* / zwischen den Polen liegend
interpor (óptica) / einschalten (Linse)
interpretação *f* / Auswertung *f* ‖ ~ **fotográfica** / Bildauswertung *f*
interpretador *m* **alfabético** (cart. perf.) / Alphabet-Lochschriftübersetzer *m*, Alphakartenleser *m*
interpretar / auswerten
interrogação *f* (informática) / Abfrage *f*
interrogador *m* (informática) / Abfragevorrichtung *f*
interrogar / abfragen
interromper / unterbrechen ‖ ~ (expl. minas) / sich verschieben
interrompido / unterbrochen
interrupção *f* / Pause *f*, Unterbrechung *f*, Betriebsstockung *f*, Aussetzen *n*, Ausfall *m* ‖ **sem ~** / zügig, in einem Zug, ohne Unterbrechung ‖ ~ **das linhas de força** (electr.) / Abreißen der Kraftlinien ‖ ~ **de imagem** / Bildausfall *m* ‖ ~ **de programa** (informática) / Unterbrecher *m*
interruptor *m* (electr.) / Ausschalter *m*, Unterbrecher *m*, Abschalter *m* ‖ ~ / Abreißhebel *m* (Zündmagnet), Einschalter *m* (Elektr) ‖ ~ **a jacto de mercúrio** (electr.) / Quecksilberstrahlunterbrecher *m* ‖ ~ **accionado a ar** (electr.) / Luftschalter *m* ‖ ~ **automático** (electr.) / Leitungsschutzschalter *m* ‖ ~ **automático** [de segurança] (electr.) / Automat, Selbstausschalter *m* ‖ ~ **automático** / Selbstschalter *m* ‖ ~ **auxiliar manual** (electr.) / Drucktaster *m* (am Schaltgerät) ‖ ~ **centrífugo** (electr.) / Fliehkraftschalter *m* ‖ ~ **com pés** (electr.) / Fußschalter *m*, Schalter mit Füßen ‖ ~ **comandado por pressão de ar** / Luftdruckschalter *m* ‖ ~ **de alavanca** (electr.) / Hebelschalter *m* ‖ ~ **de aproximação** / Initiator *m*, Näherungsschalter *m* ‖ ~ **de arranque ou de partida** / Anlaßschalter *m* ‖ ~ **de banda** (electrón.) / Bereichsschalter *m* ‖ ~ **de bateria** / Zellenschalter *m* ‖ ~ **de carga** / Ladeschalter *m* ‖ ~ **de circuito para cos ω < 0,71** (electr.) / Lastschalter *m* ‖ ~ **de comando por pé** (electr.) / Fußkontakt, -schalter *m*, Fußbodenkontakt *m* ‖ ~ **de compensação** / Ausgleichschalter *m* (am Generator) ‖ ~ **de contacto por toque** / Tastschalter *m* ‖ ~ **de controlo de indicação** (electr.) / Quittungssteuerschalter *m* ‖ ~ **de corrediça** (electr.) / Schiebeschalter *m* ‖ ~ **de desionização** / Deionisationsschalter *m* ‖ ~ **de duas direcções** / Doppelunterbrecher *m* ‖ ~ **de emergência** (electr.) / Notausschalter *m* ‖ ~ **de escova laminada** / Bürstenschalter *m* ‖ ~ **de expansão** (electr.) / Expansionsschalter *m* ‖ ~ **de fecho rápido** (electr.) / Sprungschalter *m* ‖ ~ **de fim de curso** (electr.) / End[aus]schalter, Grenzschalter *m*, Grenzlagenschalter *m* ‖ ~ **de fim de curso de alavanca** / Hebelendschalter *m* ‖ ~ **de fim de curso de segurança** / Sicherheits-Endausschalter *m* ‖ ~ **de flutuador** (electr.) / Schwimmerschalter *m* ‖ ~ **de grupo** / Gruppenschalter *m* ‖ ~ **de ignição** (autom.) / Zündschalter *m* ‖ ~ **de incandescência e partida** (autom.) / Glühanlaßschalter *m* ‖ ~ **de ligação à terra** / Erdleitungsunterbrecher *m*, Erdungsschalter *m* ‖ ~ **de limite de carga** (electr.) / Grenztaster *m* ‖ ~ **de luz** / Lichtschalter *m* ‖ ~ **de manobra** / Betätigungsschalter *m* ‖ ~ **de martelo** (electr.) / Hammerunterbrecher *m*, Neefscher Hammer ‖ ~ **de máxima** / Maximal[aus]schalter *m* ‖ ~ **de máxima a tensão mínima** / Maximalnullspannungsschalter *m* ‖ ~ **de mercúrio** (electr.) / Quecksilberausschalter *m*, Quecksilberschalter *m* ‖ ~ **de mínima** (electr.) / Minimalschalter *m* ‖ ~ **de mola** / Federschalter *m* ‖ ~ **de óleo sob pressão** / Drucköl-Löschkammerschalter *m* ‖ ~ **de pé** / Fußschalter *m* ‖ ~ **de pêra** (electr.) / Hängeschalter *m* (birnenförmig), Birntaster *m* ‖ ~ **de poste** (electr.) / Mastschalter *m* ‖ ~ **de potência** (electr.) /

Leistungsschalter *m* ‖ ~ **de premir** / Druckschalter *m* (zum Drücken) ‖ ~ **de pressão** / Druckschalter *m* (auf Druck reagierend) ‖ ~ **de pressão de óleo** (autom.) / Öldruckschalter *m* ‖ ~ **de protecção** (electr.) / Schutzschalter *m* ‖ ~ **de rede** (electr.) / Netzschalter *m* ‖ ~ **de resistência progressiva** / Dunkelschalter *m* ‖ ~ **de ruptura brusca** (electr.) / Schnappschalter *m* ‖ ~ **de secção** (electr.) / Streckenschalter *m*, -unterbrecher *m* ‖ ~ **de segurança** (electr.) / Schutzschalter *m* ‖ ~ **de segurança com resistência** (electr.) / Vorstufen[schutz]schalter *m*, Widerstandsschutzschalter *m* ‖ ~ **de serviço** (electr.) / Betriebsschalter *m* ‖ ~ **de sobrecarga** / Überlastschalter *m* ‖ ~ **de três vias** / Wechselschalter *m* ‖ ~ **de vareta** (electr.) / Stangenschalter *m* ‖ ~ **do campo magnético** / Magnetausschalter *m* ‖ ~ **[em banho] de óleo** (electr.) / Ölschalter *m* ‖ ~ **em série** (electr.) / Serienschalter *m* (DIN), Reihenschalter *m* ‖ ~ **estrela-triângulo** / Sterndreieckschalter *m* ‖ ~ **gradual** (electr.) / Stufenschalter *m* ‖ ~ **individual** / Einzelschalter *m* ‖ ~ **inversor** (electr.) / Umkehrschalter *m*, Kreuzschalter *m* ‖ ~ **Janus** (telecom.) / Janusschalter *m* ‖ ~ **manométrico** / Druckschalter *m* (auf Druck reagierend) ‖ ~ **miniaturizado** / Kleinschalter *m* ‖ ~ **monopolar** (electr.) / einfacher Schalter ‖ ~ **na coluna da direcção** (autom.) / Lenkstockschalter *m* ‖ ~ **pneumático** (electr.) / Druckluftschalter *m* (druckluftbetätigt) ‖ ~ **principal** / Hauptschalter *m* ‖ ~ **rápido** (electr.) / Schnellunterbrecher *m* ‖ ~ **rotativo** (electr.) / Dosenschalter *m*, Drehschalter *m* ‖ ~ **simples de bateria** / Einfachzellenschalter *m* ‖ ~ **suspenso** (electr.) / Hängeschalter *m* ‖ ~ **tropical** (electr.) / Fußschalter *m*, Schalter mit Füßen

intersecção *f* (matem.) / Schnitt *m* zweier Ebenen ‖ ~ (geom) / Überschneidung *f* ‖ **de** ~ (matem.) / schneidend ‖ ~ **de dois planos** (geom) / Durchschnitt *m*, Durchschneidung *f* ‖ ~ **de filões** (expl. minas) / Gangkreuz, Scharkreuz *n*

intersectar / überschneiden, sich schneiden ‖ ~ (agrimen.) / einschneiden

interstelar / interstellar

intersticial / interstitiell

interstício *m* / Zwischenraum, Spalt *m* ‖ ~ **entre grades**, interstício *m* entre grelhas / Rostspalte *f*, -spalt *m*

intertecer / ineinanderweben

intervalo *m* / Zwischenraum *m*, Freiraum *m*, Abstand *m* ‖ ~ (artes gráf.) / Ausgang *m* ‖ **sem** ~ / stufenlos ‖ ~ **da graduação** / Skalenintervall *n*, Teilstrichabstand *m* ‖ ~ **de amolecimento** (siderurg.) / Erweichungsintervall *n* ‖ ~ **de condução** (electr.) / Stromflußzeit *f* ‖ ~ **de destilação** / Siedelücke *f* (schärferer Schnitt der Groß- als der DIN-Destillation) ‖ ~ **de registo** (informática) / Satzzwischenraum *m* ‖ ~ **de repouso** (electrón.) / stromlose Zeit ‖ ~ **de supressão** (tv) / Austastlücke *f* ‖ ~ **de supressão** (electrón.) / Schonzeit *f* ‖ ~ **de supressão de linhas** (tv) / Zeilenaustastlücke *f* ‖ ~ **entre comboios** (técn. ferrov.) / Zugfolge, -pause *f*, -abstand *m* ‖ ~ **entre flancos** / Flankenabstand *m* ‖ ~ **entre linhas** (dactilograf.) / Zeilenabstand *m* ‖ ~ **entre os liços** (tecel.) / Litzenöffnung *f* ‖ ~ **entre trens** (técn. ferrov.) / Zugfolge, -pause *f*, -abstand *m* ‖ ~ **interbloco** (informática) / Blocklücke *f*, Blockzwischenraum *m* ‖ ~ **significativo** (informática) / Kennintervall *n*

intestino *m* / Darm *m*, Darmschlauch *m*

intoxicação *f* **pelo bromo** / Bromvergiftung *f* ‖ ~ **por anilina** / Anilinvergiftung *f*

intracelular / intrazellulär

intracristalino / intrakristallin

intradorso *m* (constr. civil) / Leibung *f* ‖ ~ **da abóbada** / innere Gewölbefläche, Gewölbeleibung *f* ‖ ~ **da janela** / Fensterleibung *f*

intramolecular / intramolekular

intramuros / innerhalb der Mauer

intransitável (constr. rodov.) / unbefahrbar

intranuclear / innernuklear, intranuklear

intrínseco / innerlich, wirklich ‖ ~ (semicondut.) / eigenleitend, Eigen[leitungs]..., Intrinsic...

introdução *f* / Einleitung, -führung *f*, Antext *m* ‖ ~ **de bloco** (informática) / Blockschachtelung *f* ‖ ~ **de folhas** (artes gráf.) / Bogenzuführung *f* ‖ ~ **de uma grandeza perturbadora** (contr. autom.) / Störgrößenaufschaltung *f* ‖ ~ **manual**, introdução *f* por teclado (informática) / Handeingabe *f*

introdutor *m* (armamento) / Einführungsstück *n* ‖ ~ **de papel** / Papiereinziehvorrichtung *f*

introduzir / einführen, einschieben, stecken *vt* ‖ ~ (informática) / eingeben ‖ ~ (artes gráf.) / einbringen, im Satz einlaufen lassen ‖ ~ **à força** / einzwängen ‖ ~ **ar** / Luft zuführen ‖ ~ **dados por meio do teclado** (informática) / eintasten

intrusão *f* (geol) / Intrusion *f*

intumescer / schwellen *vi*, anschwellen

inulina *f* / Alantstärke *f*, Inulin *n*, Kompositenstärke *f*

inundação *f* / Überschwemmung *f*, Überflutung *f* ‖ ~ (hidrául.) / Hochwasser *n*, Flut *f* ‖ ~ **de óleo** / Ölspülung, -überflutung *f*

inundado (química) / geflutet

inundar / überschwemmen, überfluten ‖ ~ / fluten *vt* ‖ ~ (expl. minas) / ersäufen, ertränken

inválido (expl. minas) / bergfertig

invar *m* / Invar *n* (Metall)

invariância *f* (matem.) / Invarianz *f*

invariante *m* (matem., física) / Invariante *f*, invariant

invariável / gleichbleibend ‖ ~ (matem.) / invariabel

invenção *f* / Erfindung *f*

inventar / erfinden

inventário *m* / Bestandsliste *f* ‖ ~ **dos povoamentos em pé** (silvicult.) / Forsttaxation *f*, Forstinventur *f*

inventivo / erfinderisch

inventor *m* / Erfinder *m*

inversão *f* / Umkehrung, Inversion *f* ‖ ~ **da imagem** (tv) / [elektronische] Bildumkehrung ‖ ~ **de carga** (física) / Ladungsumkehr *f*, Umladung *f* ‖ ~ **de corrente** (electr.) / Stromumkehrung *f* ‖ ~ **de fase** (telecom.) / Phasenumkehr *f* ‖ ~ **de frequência** / Gruppentausch *m* ‖ ~ **de movimento** / Bewegungsumkehr *f* ‖ ~ **do jacto** (aeronáut.) / Schubumlenkung *f* ‖ ~ **do sentido de rotação** / Umkehrung *f* der Drehrichtung ‖ ~ **geral** (artes gráf.) / Generalumkehr *f* ‖ ~ **magnética** / Ummagnetisierung *f*

inversivo / invertierend

inverso / umgekehrt ‖ ~ *m* **do coeficiente de redução** (electrón.) / Siebfaktor *m* ‖ ~ **do coeficiente de rigidez** (mecân.) / Schubzahl *f* (cm^2 kg^{-1}) ‖ ~ **do módulo de elasticidade ao cisalhamento** (mecân.) / Schubkoeffizient *m*, -größe *f*

inversor *m* / Wendegetriebe *n*, Umkehrgetriebe *n* ‖ ~ (electr.) / Wender *m* ‖ ~ (informática) / Inverter *m* ‖ ~ **a vapor de mercúrio** / Quecksilberdampfwechselrichter *m* ‖ ~ **de fase** / Phasenumkehrstufe *f*, -wender *m* ‖ ~ **do sentido da marcha** (técn. ferrov.) / Fahrtwender *m*

inverter / umkehren *vt* ‖ ~ (electr.) / [Strom] wenden, umpolen ‖ ~ (lamin.) / reversieren ‖ ~ (artes gráf.) / stülpen, umstülpen (Seitenmarke bleibt, Vordermarke wechselt) ‖ ~ **a polaridade** (electr.) / umpolen

invertido / verkehrt, hängend, seitenverkehrt ‖ ~

(mot.) / hängend
invertina *f* / Invertase *f*
investigação *f* / Untersuchung, Erforschung *f*, Forschung *f*
investigador *m* / Forscher *m*
investigar / untersuchen, forschen, erforschen
in vitro (química) / im Glas, in vitro
involução *f* (matem.) / Involution *f*
invólucro *m* / Einschlag *m*, Umschlag *m* ‖ ~ (máq., tecnol.) / Gehäuse *n* ‖ ~ (máq., tecnol.) / Ummantelung *f*, Mantel *m* ‖ ~ (autom.) / Laufdecke *f*, Decke *f* ‖ ~ (cabo) / Mantel *m* ‖ ~ **de alto-forno** / Hochofenpanzer *m* ‖ ~ **de cabo** / Kabelmantel *m* ‖ ~ **de cartucho** (armamento) / Patronenhülse *f* ‖ ~ **de cerâmica** (electrón.) / Keramikgehäuse *n* ‖ ~ **de chapa** / Blechhülse *f* ‖ ~ **de protecção** / Schutzhülle *f*, Schutzmantel *m* ‖ ~ **do elemento combustível** (técn. nucl.) / Brennelementhülse *f* ‖ ~ **luminoso** (electr.) / Lichthülle *f* ‖ ~ **refrigerante** / Mantelkühler *m*
involuta *f* (geom) / Abwicklungskurve, Involute *f*
iodado / jodhaltig, mit Jod vermischt, Jod enthaltend
iodargirite *f* / Jodsilber *n*
iodato *m* / Jodat *n*, jodsaures Salz
iodeto *m* / Jodid *n*, Jodverbindung *f*, Jodür *n* ‖ ~ **cuproso** / Kupfer(I)-jodid *n* ‖ ~ **de amido** / Jodstärkemehl *n* ‖ ~ **de amónio** / Ammoniumjodid *n* ‖ ~ **de azoto** / Jodstickstoff *m* ‖ ~ **de cobre** / Kupferjodid *n* ‖ ~ **de enxofre antimónico** / Jodschwefelantimon *n* ‖ ~ **de etilo** / Jodethyl *n* ‖ ~ **de ferro** / Jodeisen *n* ‖ ~ **de mercúrio** / Quecksilberjodid *n* ‖ ~ **de potássio** / Jodkali[um] *n*, Kaliumjodid *n* ‖ ~ **de prata** / Silberjodid *n*, Jodsilber *n* ‖ ~ **de sódio** / Jodnatrium *n* ‖ ~ **de toluol** / Jodtoluol *n* ‖ ~ **férrico** / Eisenjodid *n* ‖ ~ **ferroso** / Eisenjodür *n* ‖ ~ **mercurial** / Jodzinnober *m* ‖ ~ **mercúrico** / Jodquecksilber *n*
iodetos *m pl* **metálicos** / Jodmetalle *n pl*
iódico / jodhaltig, mit Jod vermischt, Jod enthaltend
iodo *m* / Jod *n*
iodofórmio *m* / Jodoform *n*
iodopsina *f* / Sehviolett *n*
iodurar / jodieren
iões *m pl* **pesados** / Schwerionen *n pl*
iole *f* / Jolle *f*
iolita *f* (mineralog.) / Cordierit, Dichroit *m*
íon *m* vide ião
iónico (física) / Ionen..., ional
iónio *m* / Ionium *n*, Io (OZ = 90)
ionização *f* / Ionisation *f* ‖ **de** ~ / Ionisierungs... ‖ ~ **por choque** / Stoßionisation *f*
ionizado / ionisiert
ionizador *m* / Ionisator *m*
ionizante / ionisierend
ionizar / ionisieren
ionogénico / ionogen
ionona *f* (química) / Ionon *n*
ionosfera *f* / Ionosphäre *f*
ionosférico / ionosphärisch
íons *m pl* **pesados** / Schwerionen *n pl*
iontoforese *f* / Iontophorese *f*
iperita *f* (química) / Yperit *n* (Senfgas)
Ir / Iridium *n*, Ir
ir·-se abaixo (mot.) / absterben ‖ ~**-se abaixo** (autom.) / abwürgen ‖ ~ **a pique** / versinken ‖ ~ **pelos ares** / in die Luft fliegen ‖ ~ **por fora ao ferver** / überkochen *vi*
iraser *m* / Iraser *m*
iriar / irisieren
iridescência *f* / Irisieren *n*
iridescente (têxtil) / schillernd, regenbogenfarbig, irisierend
irídio *m*, Ir / Iridium *n*, Ir
íris *m* (técn. fotogr.) / Irisblende *f*
irisação *f* / Regenbogenfarbenspiel *n*, Irisieren *n*, Schillern
irisado (tinturaria) / geflammt ‖ ~ (têxtil) / irisierend
irisar / irisieren, schillern
irona *f* (química) / Iron *n*
irracional (matem.) / irrational
irradiação *f* / Bestrahlung *f* ‖ ~ (óptica) / Leuchten *n*, Strahlen *n*, Irradiation *f* ‖ ~ (óptica) / Lichthofbildung *f* ‖ ~ (técn. nucl.) / Einstrahlung *f* ‖ ~ (técn. nucl.) / Bestrahlen *n* ‖ ~ **acústica** / Beschallung *f* ‖ ~ **global** (técn. nucl.) / Ganzkörperbestrahlung *f* ‖ ~ **luminosa** / Lichtstrahlung *f*
irradiar / strahlen, leuchten, bestrahlen, ausstrahlen, aussenden (Strahlen), scheinen
irreduzível / irreduzibel
irrelevante / irrelevant
irreversível / nichtumkehrbar, irreversibel
irrigação *f* (agricult.) / Bewässerung *f*, Irrigation *f* ‖ ~ / Berieselung *f* ‖ ~ **de campos** (agricult.) / Feldberegnung *f*
irrigado / gewässert
irrigar / berieseln, künstlich [be]wässern, besprengen, sprengen
irritante *m* / Reizmittel *n*
irrupção *f* / Durchbruch *m* (z.B. Wasser) ‖ ~ **de gás** (expl. minas) / Gasdurchbruch *m*, Gaseinbruch *m*
isentálpico / mit konstanter Enthalpie
isento [de] / frei [von] ‖ ~ **de álcool** / alkoholfrei ‖ ~ **de ar** / luftlos (z.B. Einspritzung) ‖ ~ **de carbono** / kohlenstofffrei ‖ ~ **de chumbo** (autom.) / bleifrei ‖ ~ **de cloro** / chlorfrei ‖ ~ **de correntes de ar** / zugfrei ‖ ~ **de defeitos**, isento de erros / fehlerfrei, -los ‖ ~ **de faíscas** / funkenfrei ‖ ~ **de pressão** / drucklos ‖ ~ **de rebarba** (máq., tecnol.) / gratfrei, -los ‖ ~ **de solventes** / lösungsmittelfrei ‖ ~ **de tensões** (mecân.) / spannungsfrei ‖ ~ **de vibrações** / schüttelfest, nicht vibrierend, schwingungsfrei
isentrópico / isentropisch
isóbara *f* (meteorol.) / Isobare *f* ‖ ~ *adj* (meteorol.) / isobar
isobarométrico / isobarometrisch
isóbata *f* / Isobathe *f*
isobutano *m* / Isobutan *n*
isocíclico / isocyclisch
isóclina *f* (magn.) / Isokline *f*
isoclinal (geol) / isoklin
isóclino (magn.) / isoklin
isócora *f* / Isochore *f*
isocronismo *m* / Gleichzeitigkeit *f* der Bewegung, Isochronismus *m*
isócrono / isochron, von gleicher Dauer, gleichzeitig
isodiáfero *m* (técn. nucl.) / Isodiapher *n*
isodinâmico / isodynam
isoédrico / gleichflächig
isoeléctrico / isoelektrisch
isoelectrónico / gleichelektronisch
isófono, isofono / isophon
isófota *f* / Isophote *f*
isogónica *f* / Isogone *f*
isógono / mit gleicher Neigung, isogonal, gleichwink[e]lig winkeltreu
isograma *m* (matem.) / Isarithme *f*
isoídrico (química) / von gleichem pH-Wert
isolado / einzeln, Einzel... ‖ ~ / abgesondert ‖ ~ (electr., física) / isoliert ‖ ~ (constr. civil) / freistehend, einzeln stehend, alleinstehend ‖ ~ (máq., tecnol.) / freistehend ‖ ~ **a ar** / luftisoliert ‖ ~ **da terra** (electr.) / von Erde isoliert, erdfrei, nicht geerdet ‖ ~ **electricamente** / galvanisch isoliert ‖ ~ **por ar** / hohlraumisoliert
isolador *m* (electr.) / Nichtleiter, Isolator *m* ‖ ~ /

Isolator *m* (isolierende Befestigung) ‖ ~ / Isolierkörper *m* ‖ ~ **a óleo** (electr.) / Ölisolator *m* ‖ ~ **armado** / geschützter Isolator ‖ ~ **cerâmico da vela** (autom.) / Kerzenstein *m* ‖ ~ **de ancoragem** / Verankerungsisolator *m* ‖ ~ **de bobina** (electr.) / Isolierrolle *f* ‖ ~ **de braçadeira** / Klemmisolator *m* ‖ ~ **de campânula dupla** (electr.) / Doppelglockenisolator *m* ‖ ~ **de campânula em delta** / Deltaisolator *m* ‖ ~ **de capacete duplo** / Doppelkappenisolator *m* ‖ ~ **de ferrita** / Ferrit-Richtungsisolator *m* ‖ ~ **de linha** (electr.) / Krückenisolator *m* ‖ ~ **de pino** (electr.) / Stützenisolator *m*, Stützisolator *m*, Stützer *m* ‖ ~ **de protecção contra eflúvios** / Sprühschutzisolator *m* ‖ ~ **de secção** (electr.) / Streckentrenner, -isolator *m* ‖ ~ **de seccionamento** / Unterbrechungsisolator *m*, Trennisolator m. ‖ ~ **de solo** (electr.) / Bodenisolator *m* ‖ ~ **de transposição** (telecom.) / Kreuzungsisolator, Doppelisolator *m* ‖ ~ **em forma de campânula** (electr.) / Glockenisolator *m* ‖ ~ **estriado** (electr.) / Rillenisolator *m* ‖ ~ **inteiriço** / einteiliger Isolator ‖ ~ **passa-muro** (electr.) / Durchführungsglocke *f*, -isolator *m* ‖ ~ **pêncil** / Pendelisolator *m* ‖ ~ **seccionador** / Trennisolator *m* ‖ ~ **simples de campânula** / Einfachglockenisolator *m* ‖ ~ **terminal** (electr.) / Abspannisolator *m*

isolamento *m* / Trennung, Isolierung *f*, Isolation *f* ‖ **de ~ duplo** (electr.) / schutzisoliert ‖ ~ **a óleo** / Ölisolierung *f*, -isolation *f* ‖ ~ **acústico** / Schalldämmung *f*, Schallschutz *m* ‖ ~ **calorífugo** / Wärmeschutz *m* (Sammelbegriff) ‖ ~ **da caldeira** / Kesselwärmeschutz *m*, -isolierung *f* ‖ ~ **de edifícios contra a penetração de águas** / Bautenabdichtung *f* ‖ ~ **de papel com espaço de ar** / Papier-Luftraum-Isolierung *f* ‖ ~ **defeituoso** / Isolationsfehler *m* ‖ ~ **do colector por difusão** (semicondut.) / Kollektor-Diffusionsisolation *f* ‖ ~ **duplo** / Schutzisolierung *f* ‖ ~ **fibroso** / Faserstoffisolierung *f* ‖ ~ **por ar** / Luftisolation *f*, Isolierung *f* durch Luft ‖ ~ **térmico** / Wärmeisolation *f*, -dämmung *f*, -schutz *m* ‖ ~ **térmico para baixas temperaturas** / Kältedämmung, -isolierung *f*

isolante *m* / Isolator, Nichtleiter *m*, Isolationsmaterial *n*, Isoliermaterial *n* ‖ ~ *adj* / isolierend ‖ ~ (electr.) / nichtleitend

isolantes *m pl* / Isolierstoffe *m pl*

isolar / absondern, isolieren, trennen, dämmen

isómere / isomer

isomeria *f* / Isomerie *f* ‖ ~ **cis-trans** (química) / Cis-Trans-Isomerie *f* ‖ ~ **de posição** (química) / Stellungsisomerie *f* ‖ ~ **em cadeia** (química) / Kettenisomerie *f*

isomérico (química) / isomer

isomerismo *m* / Isomerie *f* ‖ ~ **geométrico** (química) / geometrische Isomerie, Ethylen-Isomerie *f*

isómero *m* (química, técn. nucl.) / Isomer *n*, Isomere *f*

isometria *f* / Isometrie *f*

isométrico / isometrisch

isomórfico / isomorph

isomorfismo *m* (matem.) / Isomorphismus *m* ‖ ~ (química) / Isomorphie *f*

isomorfo / isomorph

isooctano *m* (química) / Isooktan *n*

isopentano *m* (química) / Isopentan *n*

isopicnoscopia *f* (química) / Endpunktsbestimmung *f* der volumetrischen Titration nach dem spez. Gewicht

isopiézico (química) / isopiestisch

isopleta *f* (matem.) / Isoplethe *f*

isopolimerização *f* / Isopolymerisation *f*

isopreno *m* (química) / Isopren *n*

isopropanol *m* / Isopropanol *n*

isopropilbenzeno *m* / Isopropylbenzol *n*

isoquinolina *f* (química) / Isochinolin *n*

isóscele (geom) / gleichschenkelig, schenkelgleich

isossísmico / isoseismisch

isostasia *f* (geol) / Isostasie *f*

isostático (geol) / isostatisch

isoterma *f* / Isotherme *f* ‖ ~ **de adsorção** / Adsorptionsisotherme *f*

isotérmico / isothermisch

isotónico (química) / isoosmotisch, isoton

isótono *m* (técn. nucl.) / Isoton *n*

isotopia *f* / Isotopie *f*

isotópico / isotop

isótopo *m* / Isotop *n* ‖ ~ **radioactivo** / radioaktives Isotop, Radioisotop *n*

isotrão *m*, isotron *m* (física) / Isotron *n* (elektromagnetischer Isotopentrenner)

isotropia *f* / Isotropie *f*

isótropo, isotrópico / isotrop

isqueiro *m* / Feuerzeug *n*

itabirítico (siderurg.) / itabiritisch

itabirito *m* (mineralog.) / Itabirit *m*

itacolomito *m* / Gelenkquarz, Itakolumit *m* ‖ ~ (mineralog.) / Itakolumit *m*

itálico *m* (artes gráf.) / Kursivschrift, Schrägschrift *f*

item *m* / Position *f* (z.B. in einer Liste), Artikel *m* ‖ ~ **de relatório** (informática) / Listen[daten]wort *n*

iteração *f* (matem.) / Iteration *f*

iterativo / wiederholend, iterativ

itérbio *m* (química) / Ytterbium *n*, Yb

itinerário *m* (técn. ferrov.) / Weichenstraße, Fahrstraße *f*, -strecke *f*

ítrio *m*, Y (química) / Yttrium *n*, Y

itrocerita *f* (mineralog.) / Yttrocerit *m*, Ytterflußspat *m*

J

jacarandá *m* / Jacaranda *n*

jack *m* (telecom.) / Klinke *f* ‖ ~ **de desconexão** (telecom.) / Abschaltklinke *f* ‖ ~ **de intercalação** / Mithörklinke *f* ‖ ~ **de mola** (telecom.) / Federklinke *f* ‖ ~ **de operadora** (telecom.) / Anschaltklinke *f* ‖ ~ **de resposta** (telecom.) / Antwortklinke *f*

jacobiano *m* (matem.) / Funktionaldeterminante *f*

jacto *m* / Strahl *m* ‖ ~ **de água** / Wasserstrahl *m* ‖ ~ **de ar** / Luftstrahl *m* ‖ ~ **de electrões**, jato *m* de elétrons / [nicht fokussierter] Elektronenstrahl ‖ ~ **de secção circular** / Rundstrahl *m* ‖ ~ **de vapor** / Dampfstrahl *m* ‖ ~ **eléctrico** / äquatorialer Elektrojet ‖ ~ **livre** / Freistrahl *m* ‖ ~ **plano** / Flachstrahl *m*

jade *m* (mineralog.) / Jade *f*

jadeíta *f* (mineralog.) / Jadeit *m*

jalão *m* (agrimen.) / Bake *f*, Fluchtstab *m*

janela *f* (constr. civil) / Fenster *n* ‖ ~ (propriamente dita) / Fensterausschnitt *m*, -öffnung *f* ‖ ~ **basculante** / Kippfenster *n*, -flügelfenster *n* ‖ ~ **circular** / Rundfenster *n* ‖ ~ **com coluna central** / Fenster *n* mit Zwischenpfosten ‖ ~ **corrediça** / Schiebefenster *n* ‖ ~ **da máscara** / Filmfenster *n* der Maske ‖ ~ **de arco de meio ponto** (constr. civil) / Halbkreisbogenfenster *n* ‖ ~ **de batentes** / Flügelfenster *n* ‖ ~ **de charneira** / Drehfenster *n* ‖ ~ **de dintel recto** / gerade abgeschlossenes Fenster ‖ ~ **de esquina** / Eckfenster *n* ‖ ~ **de exposição** (célula fotogr.) / Belichtungsfenster *n* ‖ ~

de exposição (técn. fotogr.) / Filmfenster *n* ‖ ~ **de guilhotina** / herablaßbares o. versenkbares Fenster, vertikales Schiebefenster, Fallfenster *n* ‖ ~ **de mainel** / gekuppeltes Fenster ‖ ~ **de um batente** / einflügeliges Fenster ‖ ~ **de vidro fixo** / festes Fenster ‖ ~ **dupla** / Kastenfenster *n*, Winterfenster *n* ‖ ~ **em leque** / Fächerfenster *n*, halbrundes Fenster ‖ ~ **falsa** / Blende *f*, blindes Fenster ‖ ~ **geminada** / Zwillingsfenster *n* ‖ ~ **rústica** / Bossenwerkfenster *n* ‖ ~ **sacada** / Erkerfenster *n* ‖ ~ **semicircular** / Rundbogenfenster *n* ‖ ~ **traseira** (autom.) / Rückwandfenster *n* ‖ ~ **trigeminada** (constr. civil) / Fenster *n* mit drei Doppellichtern

jangada *f* / Floß *n* ‖ ~ **pneumática** (aeronáut.) / Floßsack *m*, Schlauchfloß *n* ‖ ~ **salva-vidas** / Rettungsinsel *f*

jante *f* / Felge *f*, Kranz *m* ‖ ~ **de base plana** (autom.) / Flachbettfelge *f* ‖ ~ **de borda recta** / Geradseitfelge *f* ‖ ~ **de polia** / Scheibenkranz *m* ‖ ~ **de roda** / Radkranz *m* ‖ ~ **de roda de cubos** / Nabenkranz *m* ‖ ~ **fixa** (autom.) / feste Felge

japonizar (cerâm.) / japanieren

jaque *m* (electr.) / Buchse *f* ‖ ~ (telecom.) / Klinke *f*

jarda *f* / Yard *n* (= 0,9144 m = 36 in.)

jardim-terraço *m* / Dachgarten *m*

jardinagem *f* / Gartenbau *m*, Gärtnerei *f*

jardineiro *m* **paisagista** / Gartengestalter *m*, Landschaftsgärtner *m*

jardins *m pl* **públicos**, jardins *m pl* ornamentais / Gartenanlagen *f pl*

jargão *m* (mineralog.) / Jargon *m*

jarina *f* / Steinnuß *f*, Elfenbeinnuß *f*

jarovizar (agricult.) / jarowisieren, vernalisieren

jarra *f*, jarro *m* / Kanne *f*

jarro *m* **de estiragem** (têxtil) / Ansatzkanne *f* ‖ ~ **de fibra** (fiação) / Fiberkanne *f*

jaspe *m* (mineralog.) / Jaspis *m* ‖ ~ **florido** / bunter Jaspis ‖ ~ **preto** / schwarzer Jaspis

jaspeado / jaspiert, feinflammig meliert

jataí *m*, jatobá *m* / Courbaril, Jatoba *n*

jato *m* vide jacto

javradeira *f* / Kimmhobel *m*, Kröse *f*

javre *m* / Kimme *f*

jazida *f* (expl. minas) / Vorkommen *n*, Fundort *m*, Lager *n*, Lagerstätte *f*

jazigo *m* (expl. minas, geol) / Vorkommen *n*, Fundort *m*, Lagerstätte *f*, Lager *n* ‖ ~ **de aluvião** (mineralog.) / Goldseife *f* ‖ ~ **de amianto** / Asbestgrube *f* ‖ ~ **de carvão** (geol) / Kohlenbett *n* ‖ ~ **de gás** / Gasvorkommen *n* ‖ ~ **de minério** / Erzvorkommen *n*, Erzlager *n* ‖ ~ **petrolífero** / Erdöllagerstätte *f*, -lager *n*

jenny *f* / Feinspinnmaschine *f*

jérsei *m* / Jersey *m*

jetway *m* (aeronáut.) / Fahrgastbrücke *f*

jigger *m* (electrón.) / Jigger *m* ‖ ~ **de tintura** (têxtil) / Färbefoulard *m*

jito *m* (fundição) / Anguß *m*, Gußzapfen *m*, Einlauf *m* (in der Form), Eingußkanal, Gußloch *n*

joalheira *f* / Knieleder *n*, -schützer *m*

job *m* (informática) / Aufgabe *f*, Job *m* ‖ ~ **de baixa prioridade** (informática) / Hintergrundarbeit *f*

joelho *m* / Winkelstück *n*, Knie *n*

jogo *m* / Garnitur *f*, Satz *m*, Gruppe *f* ‖ ~ **de bobinas** (electr.) / Spulensatz *m* ‖ ~ **de engrenagens** (máq., tecnol.) / Getriebezug *m*, Getriebe *n* ‖ ~ **de ferramentas** (máq. ferram.) / Werkzeugausrüstung, -ausstattung *f*, -satz *m*, -garnitur *f* ‖ ~ **de formulários** / Formularsatz *m* ‖ ~ **de fresas combinadas** / Fräsersatz *m* ‖ ~ **de lâminas** (telecom.) / Lamellensatz *m* ‖ ~ **de lâminas de contacto** / Kontaktfedersatz *m* ‖ ~ **de molas** / Federsatz *m* ‖ ~ **de mós** / Mahlgang *m* ‖ ~ **de peças para montagem posterior** / Einbausatz *m* für nachträglichen Einbau ‖ ~ **de rodas** (técn. ferrov.) / Radsatz *m* ‖ ~ **de tratamento** (técn. fotogr.) / Entwicklungssatz *m* ‖ ~ **de três cardas** / Dreikrempelsatz *m* ‖ ~ **debulhador** / Dreschsatz *m*

jogos *m pl* **de caracteres** (informática) / Zeichensätze *m pl*

joule *m* (electr.) / Joule *n*, Wattsekunde *f* (= 10^7 erg = 1 Nm)

jugo *m* (geral) / Joch *n*

junça *f* / Erdmandel *f*

junção *f* / Verbindung *f*, Zusammenfügung *f* ‖ ~ (técn. ferrov.) / Anschluß *m*, Verzweigung *f* ‖ ~ (semicondut.) / Zonenübergang *m*, Übergang *m*, Grenzschicht *f* ‖ ~ (constr. rodov.) / Spange *f* ‖ ~ (relé) / Strecke *f*, Zusammenfügung *f* ‖ ~ **angular** (constr. metálica) / Eckanschluß *m* ‖ ~ **angular** (constr. civil) / Eckverband *m* ‖ ~ **base-emissor** / Basis-Emitter-Strecke *f* ‖ ~ **com cobrejunta** / Laschenverbindung *f*, Laschengelenk *n* ‖ ~ **das fitas** / Anstückeln *n* der Züge ‖ ~ **do emissor** / Emitter-Basisstrecke *f* ‖ ~ **dupla em cruz** / Kreuz *n* (Fitting nach DIN 2950) ‖ ~ **pn** / pn-Übergang *m* ‖ ~ **semicondutora** / Halbleiterzone *f*

junco *m* / Schilfrohr *n*, Binse *f*

jundo *m* / Stuhlrohr *n*

junta *f* / Stoß *m*, Verbindungsstelle *f*, Dichtung *f*, Packung *f*, Fuge *f*, Stoßstelle *f* ‖ **sem ~s** / fugenlos ‖ ~ **aberta** (constr. civil) / hohle o. offene Fuge ‖ ~ **apoiada** / ruhender o. aufliegender Schienenstoß ‖ ~ **articulada** / Gelenkstoß *m*, Gelenk *n* ‖ ~ **cardânica** / Kreuzgelenk *n* ‖ ~ **cardânica** (autom.) / Kardangelenk *n* ‖ ~ **cardânica de rótula** / Kugelkardankopf *m* ‖ ~ **colada** / Leimverband *m* ‖ ~ **da cabeça do motor** / Zylinderkopfdichtung *f* ‖ ~ **da chapa de alma** / Stehblechstoß *m* ‖ ~ **de cardan** / Wellengelenk *n* (DIN 808) ‖ ~ **de carris** / Schienenstoß *m* ‖ ~ **de chaveta** / Keilschloß *n*, Stangenschloß *n* mit Keilen ‖ ~ **de cobertura** (constr. civil) / Deckfuge *f*, Überdeckungsfuge *f* ‖ ~ **de cobre-amianto** / Kupferasbestdichtung *f* ‖ ~ **de compensação** / Ausdehnungsrohrverbindung *f*, Dehnungsverbindung *f* ‖ ~ **de construção** (constr. civil) / Arbeitsfuge *f* ‖ ~ **de descarga** / Entlastungsfuge *f* ‖ ~ **de dilatação** (constr. civil) / Bewegungsfuge *f* ‖ ~ **de dilatação** (constr. rodov.) / Dehnungsfuge *f* ‖ ~ **de dilatação** / Ausdehnungsfuge *f* ‖ ~ **de esfera e soquete** / Kugelgelenk *n* ‖ ~ **de expansão** / Ausdehnungsrohrverbindung *f* ‖ ~ **de expansão betumada** / bituminierte Dehnungsfuge ‖ ~ **de expansão para tubos** / Expansionsröhrenverbindung *f* ‖ ~ **de feltro** / Filzdichtung *f* ‖ ~ **de fibra** / Fiberdichtung *f* ‖ ~ **de flanges** / Flanschverbindung *f* ‖ ~ **de leito** (constr. civil) / Lagerfuge *f* ‖ ~ **de meia-esquadria** / Gehrungsfuge *f*, -stoß *m*, -verbindung *f*, Stoß *m* auf Gehrung ‖ ~ **de muro** / Mauerfuge *f* ‖ ~ **de solda** / Lötfuge *f*, Lötnaht *f* ‖ ~ **de soldadura em X** (sold) / X-Stoß *m* ‖ ~ **de talas** / Laschengelenk *n* ‖ ~ **de tijolos** / Lage *f* Mauersteine ‖ ~ **de topo** / Stumpfstoß *m*, stumpfer Stoß ‖ ~ **de trilhos** / Schienenstoß *m* ‖ ~ **direita em T** (sold) / T-Stoß *m* ‖ ~ **em balanço** / schwebender Schienenstoß ‖ ~ **em cruz** / Kreuzstoß *m* ‖ ~ **em V** (sold) / V-Stoß *m* ‖ ~ **encalcada** / Stemmfuge *f* ‖ ~ **homocinética** (autom.) / Gleichlaufgelenk *n* ‖ ~ **longitudinal** / Längsfuge *f* ‖ ~ **oca** (constr. civil) / hohle o. offene Fuge ‖ ~ **roscada para tubo** / Rohrverschraubung *f* ‖ ~ **soldada** / Schweißverbindung *f*, Lötverbindung *f* ‖ ~ **topada** / gerader (o. stumpfer) Stoß ‖ ~ **universal** / Gelenkkreuz *n*, Kreuzgelenk *n* ‖ ~ **universal de discos** (autom.) / Gelenkscheibe *f*, Scheibengelenk *n*

juntar / aneinanderfügen, zusammenbauen, verbinden, fügen, stoßen *vt*, ansetzen, zusammenstellen ‖ ~ [uma peça] / anstückeln ‖ ~ (marcenar.) / einfalzen, einlassen ‖ ~ **(fios) por torção** (fiação) / andrehen ‖ ~ **malhas** / anstricken ‖ ~ **topo a topo** / stumpf stoßen *vt* ‖ ~ **um fio** / einen Faden anspinnen
juntoura *f* (constr. civil) / Binder *m* (Stein), Binderstein *m*
jusante *m* (hidrául.) / Unterwasser *n*, unterstromige Strecke ‖ **a** ~ (hidrául.) / abwärts, unterstromig, stromabwärts
justaposição *f* (geol) / Anlagerung *f*
justificação *f* (artes gráf.) / Satzspiegel *m*, Ausschließen *n*, Randausgleich *m* ‖ ~ (informática) / Ziffernanordnung *f*
justificador *m* / Ausschließwalze *f*
justificar (artes gráf.) / ausschließen
juta *f* / Jute *f* ‖ ~ **batida** / gebrochene Jute ‖ ~ **espadelada** / gebrochene Jute

K

káon *m* (técn. nucl.) / Kaon, K-Meson *n*
kilobyte *m* (informática) / Kilobyte *n*, KB(= 1024 Byte) *n*
kimberlito *m* **decomposto** (geol) / Gelber Grund (verwitterter Kimberlit)
kit *m* / Bausatz *m*, Nachbau-, Einbausatz *m*, Satz *m*
kitchenette *f* / Kochnische *f*
kombi *f* (autom.) / Kombiwagen *m*, Kombi *m*
krarupizar, carregar continuamente (telecom.) / krarupisieren

L

lã *f* / Wolle *f* ‖ **de** ~ / wollen, aus Wolle, wollig ‖ **de** ~ **pura** / reinwollen ‖ ~ **artificial** / Kunstwolle *f* ‖ ~ **cardada** / Streichwolle *f* ‖ ~ **carregada** / Wolle *f* im Schweiß, Schweißwolle *f* ‖ ~ **celulósica** / Zellwolle *f* ‖ ~ **churda** / Schmutzwolle *f* ‖ ~ **com sugo** / Schweißwolle *f* ‖ ~ **de alpaca** / Alpakawolle *f* ‖ ~ **de Angorá** / Angorawolle *f* ‖ ~ **de cabeça** / Kopfwolle *f* ‖ ~ **de carda** / Kratzwolle *f* ‖ ~ **de carneiro** / Schafwolle *f* ‖ ~ **de cordeiro** / Lammwolle *f* ‖ ~ **de curtidor** / Blutwolle *f* ‖ ~ **de depilação enzimática** / Enzymwolle *f* ‖ ~ **de duas tosquias** / zweischürige Wolle, Zweischurwolle *f* ‖ ~ **de escórias** / Schlackenwolle *f* ‖ ~ **de feltro** / Filzwolle *f* ‖ ~ **de madeira** / Holzwolle *f* ‖ ~ **de ou para pentear** / Kammwolle *f* ‖ ~ **de ovelha** / Schafwolle *f* ‖ ~ **de pele** / Hautwolle *f*, Blutwolle *f* ‖ ~ **de primavera** / Winterwolle *f* ‖ ~ **de segunda** / Shoddy *n* ‖ ~ **de segunda tosquia** / Sommerwolle *f* ‖ ~ **de silício** / Silikawolle *f* ‖ ~ **de vidro** / Glaswolle *f* ‖ ~ **em pedaços** / Stückwolle, Lockenwolle *f* ‖ ~ **escarduçada** / Klettenwolle *f* ‖ ~ **gorda** / Wolle *f* im Schweiß, Schweißwolle *f* ‖ ~ **grosseira** / grobe Wolle ‖ ~ **mineral** / Steinwolle *f*, Schlackenwolle *f*, Gesteinsfaser *f*, Mineralwolle *f* ‖ ~ **mista** / Mischwolle *f* ‖ ~ **suada** / Schweißwolle *f* ‖ ~ **surra** / Fettwolle *f* ‖ ~ **tosquiada** / Scherwolle *f* ‖ ~ **vegetal** / Holzwolle *f* ‖ ~ **virgem** / Schurwolle *f*
lábil (geral, química) / unstabil, instabil, labil ‖ ~ (química) / labil, unbeständig ‖ ~ (geol) / labil, unstabil
labirinto *m* **deflector** / Leitfläche *f*
laboratório *m* (química) / Labor *n* ‖ ~ / Labor[atorium] *n*, Brennraum *m* (des Töpferofens) ‖ ~ **de alta actividade** / heiße Zelle (Labor für hochaktives Material) ‖ ~ **de formulação** / Formulierlabor *n* ‖ ~ **de línguas** / Sprachlabor *n* ‖ ~ **de pesquisa** / Entwicklungslabor *n* ‖ ~ **de pesquisas** / Untersuchungslabor *n*, Forschungsanstalt *f* ‖ ~ **espacial tripulado** / bemannte Raumstation, bemanntes Raumlabor ‖ ~ **fotográfico** (técn. fotogr.) / Entwicklungsanstalt *f*, Photolabor *n* ‖ ~ **industrial** / Betriebslabor *n*
labradorita *f* (mineralog.) / Labradorit *m* (Plagioklas)
laca *f* / Lack *m*, Lackharz *n* (der Lackschildlaus) ‖ ~ **corante** / Farblack *m* ‖ ~ **em grãos** / Körnerlack *m* ‖ ~ **negra** / Schwarzlack *m*
lacete *m* (electr.) / Schleife *f*
laço *m* (geral) / Schlinge *f* ‖ ~ / Schlaufe *f* ‖ ~ (informática) / Schleife *f*, Zyklus *m* (DIN) ‖ ~ (constr. rodov.) / Schleife *f* ‖ ~ **aberto** (comando numér.) / offener Wirkungsweg ‖ ~ **de arame** / Drahtschlinge, -schlaufe *f* ‖ ~ **de fio** (electr.) / Drahtschleife *f* ‖ ~ **de fita** / Bandschleife *f* ‖ ~ **de um cabo** / Seilschlinge *f* ‖ ~ **fechado** (informática) / endlose Schleife (Programm)
lacolito *m* (geol) / Lakkolith *m*
lactato *m* (química) / Lactat *n* ‖ ~ **triplo de antimónio de sódio e potássio** / Antimonin *n*
lacticínio *m* / Milchprodukt *n*
láctico / Milch..., milchig
lactodensímetro *m* / Laktodensimeter *n*
lactómetro *m* / Laktometer *n*, Milchwaage *f*, -spindel *f*, -gütemesser *m*, -prüfer *m*, -messer *m*, Galaktometer *n*
lactose *f* / Lactose *f*, Milchzucker *m*
lacuna *f* (geral) / Fehlstelle *f*, Lücke *f* ‖ ~ (artes gráf.) / Ausgang *m* ‖ ~ **de electrões ou elétrons** / Elektronendefektstelle *f*, Elektronenloch *n* ‖ ~ **de frequência** / Frequenzlücke *f* ‖ ~ **na disposição molecular** (cristalogrf.) / Gitterfehlstelle *f*, -loch *n* ‖ ~ **tripla** (semicondut.) / Dreifachleerstelle *f*
lacustre / Binnensee...
lado *m* (geral) / Seite *f* ‖ ~ (ângulo) / Schenkel *m* ‖ **do** ~ / seitwärts, von o. nach der Seite ‖ **dos dois** ~**s** / beiderseitig, zweiseitig ‖ **para o** ~ / seitwärts, von o. nach der Seite ‖ ~ **a lado** (naveg.) / Bord an Bord (in gleicher Fahrtrichtung) ‖ ~ **da cabeça** / Kopfseite *f* ‖ ~ **da carga** / Lastseite *f* ‖ ~ **da sangria** (fundição) / Stichseite *f* ‖ ~ **da terra** (agricult.) / Landseite *f* ‖ ~ **de accionamento** (electr.) / Antriebsseite *f* ‖ ~ **de admissão** (mot.) / Ansaugseite *f*, Saugseite *f*, Einlaßseite *f* ‖ ~ **de alta tensão** (electr.) / Oberspannungsseite *f* ‖ ~ **de carga** (forno) / Einfahrseite *f* ‖ ~ **de descarga** (bomba) / Ausflußseite *f* ‖ ~ **de enfiamento** / Einfädelseite *f* ‖ ~ **de entrada** (lamin.) / Einsteckseite *f* ‖ ~ **de lima não picado** / Feilenseite *f* ohne Hieb ‖ ~ **de linha interurbana** (telecom.) / Fernleitungsseite *f* ‖ ~ **de pressão** (bomba) / Förderseite *f* ‖ ~ **de sangria** (siderurg.) / Abstichbrust *f* ‖ ~ **de sangria para escórias** (siderurg.) / Abstichseite *f* für Schlacken ‖ ~ **de trabalho** / Arbeitsseite *f* ‖ ~ **de uma correia** / Bandtrumm *n* ‖ ~ **do carburador** (mot.) / Vergaserseite *f* ‖ ~ **do carnaz** / Aasseite *f* ‖ ~ **do feltro** (papel) / Filzseite *f* ‖ ~ **do pêlo** / Haarseite *f* ‖ ~ **do volante** (mot.) / Schwungradseite *f* ‖ ~ **dos componentes** (circuit. impr., electrón.) / Bestückungsseite *f*, Bauteileseite *f* ‖ ~ **emulsionado** (técn. fotogr.) / Schichtseite *f* ‖ ~

exposto à chuva (constr. civil) / Wetterseite f ‖ ~ exposto ao sol / Sonnenseite f ‖ ~ exposto ao vento / Windseite f, -angriffsfläche f ‖ ~ exterior / Außenseite f ‖ ~ exterior de um dique / Deichbrust f ‖ ~ frontal / Stirn[seite], Front f, Kopfseite f ‖ ~ frontal do dente (ferram.) / Zahnbrust f ‖ ~ frouxo de uma correia de transmissão / ablaufendes Riementrumm ‖ ~ frouxo [de uma correia de transmissão] / loses Trumm ‖ ~ interno / Innenseite f ‖ ~ motor da correia / Laufseite f (Transportband) ‖ ~ PASSA / Gutseite f ‖ ~ plano / Fläche f, flache Seite ‖ ~ posterior / Rückseite f, Hintenliegendes n ‖ ~ premente / Druckseite f ‖ ~ sensibilizado (técn. fotogr.) / lichtempfindliche Seite ‖ ~ superior / Oberseite f, Oberteil m n ‖ ~ tenso de uma correia de transmissão / auflaufendes Riementrumm ‖ ~ traseiro / Rückseite f, Hintenliegendes n

ladrão m / Überströmrohr n, -stutzen m, Überlaufrohr n

ladrilhador m / Plattenleger m, Fliesenleger m, -setzer m

ladrilhagem f / Fliesen n

ladrilhar / fliesen, mit Fliesen belegen oder auslegen

ladrilho m / Fliesenpflaster n, Bodenfliese f, Fliese f ‖ ~ **asfáltico** / Asphaltfliese f ‖ ~ **de cromita** / Chromitziegel m ‖ ~ **de pedra-pomes de alto-forno** (constr. civil) / Schwemmstein m ‖ ~ **de terra de infusórios** / Kieselgurstein m ‖ ~ **em tijolo** / Ziegelplatte, -fliese f

lagar m / Kelterei f ‖ ~ **de azeite** / Ölmühle f

lagarta f (autom.) / Kette f ‖ **de** ~ (autom.) / Raupen... ‖ ~ **da cápsula do algodão** / Bollenwurm m

lago m (geogr.) / Binnensee m ‖ ~ **salgado**, lago m salino / Salzsee m

lágrima f **do vidro** / Träne f, Tropfen m

laguna f (geogr.) / Lagune f

laje f / Fußbodenplatte f, Bodenfliese f, Fliese f ‖ ~ **de betão**, laje f de concreto / Betondecke f ‖ ~ **de gesso endurecido** (constr. civil) / Hartgipsdiele f ‖ ~ **de pedra** / Steinfliese f, Steinplatte f ‖ ~ **flutuante** (constr. civil) / schwimmender Estrich ‖ ~ **oca de gesso** / Hohlgipsdiele f

lajeado m / Plattenbelag m, -abdeckung f

lajear / ausplatten

lama f (geral) / Schlamm m ‖ ~ / Morast, Schlamm m ‖ ~ (expl. minas) / Schlich m, Schlamm m ‖ ~ (hidrául.) / Schlick m ‖ ~ **de carvão** / Kohlenschlamm m ‖ ~ **de diatomáceas** / Diatomeenschlamm m ‖ ~ **de lubrificação de brocas** / Bohrschmant m ‖ ~ **de reciclagem** / Rücklaufschlamm m ‖ ~ **electrolítica** / Elektrolyseschlamm m ‖ ~ **espessa** / Schlammsuppe f, -brühe f, eingedickter Schlamm ‖ ~ **formada por neve, areia e sal** / Schneematsch m ‖ ~ **fresca** / Frischschlamm m ‖ ~ **residual de flotação** / Flotationsschlamm m

lamaçal m / Schlammgrube f

lamacento / schlammig

lambda... (física) / Lambda...

lambert m / Lambert n (= 1/π sb) (Einheit der Leuchtdichte, US)

lambrequim m (constr. civil) / Behänge n, ausgeschnittene Holz- o. Blecharbeit

lambril m, lambrim m, lambris m pl / Lambris m, Sockeltäfelung f (aus Holz, Marmor, Fliesen usw.) ‖ ~ **do tecto**, lambrim m do tecto, lambris m pl do tecto / Deckentäfelung f

lamela f / Lamelle f, Blättchen n ‖ ~ **cobre-objecto** / Deckglas n, -gläschen n ‖ ~ **do diafragma** / Blendenlamelle f

lamelado / laminiert

lamelar, lameloso / lamellar, lamelliert, lamellenförmig, in Lamellenform, Lamellen..., Blätter..., blätterförmig, flittrig

lâmina f / Blättchen n, dünne Schicht ‖ ~ / Plättchen n, Blechplättchen n ‖ ~ / Blatt n (Axt, Säge, Schaufel, Schere), Klinge f ‖ ~ (electr.) / Lamelle f des Kollektors ‖ ~ (electr.) / Feder f ‖ ~ (máq. ferram.) / Messer n, Klinge f ‖ ~ (niveladora) / Schar f (Planierraupe) ‖ ~ **da mola** / Federblatt n ‖ ~ **de agulha** (técn. ferrov.) / Weichenzunge f ‖ ~ **de cobre** / Kupferstreifen m ‖ ~ **de contacto** (telecom.) / Kontaktfeder f (Relais) ‖ ~ **de faca** / Messerklinge f ‖ ~ **de gesso** / Gipsplättchen n ‖ ~ **de mica** / Glimmerplättchen n ‖ ~ **de movimento alternado** / Schwingmesser n ‖ ~ **de ouro** / Goldblatt n ‖ ~ **de pente** (tecel.) / Blattstab m ‖ ~ **de plástico** (plást.) / Laminat n ‖ ~ **de platina** / Platinblech n ‖ ~ **de serra** / Sägeblatt n ‖ ~ **de tesoura** / Scherblatt n, -klinge f ‖ ~ **de vidro para cobertura** (óptica) / Deckplättchen n, -gläschen n, Deckglas n ‖ ~ **do colector** (electr.) / Kollektorlamelle f ‖ ~ **do induzido** / Ankerfeder f ‖ ~ **do pente descardador** / Hackerschiene f ‖ ~ **inferior** / Untermesser n ‖ ~ **recortadora** (papel) / Beschneidemesser n ‖ ~ **superior da tesoura** / Oberbeck n (Schere)

laminabilidade f (siderurg.) / Walzbarkeit f

laminação f / dünne Lage, Schicht f ‖ ~ (lamin.) / Dopplung f ‖ ~ **de acabamento** (rosca) / Feinwalzen n, Glattwalzen n ‖ ~ **de acabamento** (lamin.) / Dressieren n ‖ ~ **de perfis** / Formwalzen n ‖ ~ **de roscas** / Gewindewalzen n ‖ ~ **defeituosa** / Fehlwalzung f

laminado / lamelliert, lamellenförmig ‖ ~ (plást.) / laminiert ‖ ~ (electr.) / geblättert ‖ ~ (metal) / gewalzt ‖ ~ **a frio** / kaltgewalzt ‖ ~ m **de algodão** (plást.) / Hartgewebe n (z.B. Novotext, Resitex) ‖ ~ **de madeira** / Furnier[holz] n ‖ ~ **decorativo** / dekorativer Schichtpreßstoff

laminador m / Walzmaschine f, Walzwerk n, Walzenstraße f ‖ ~ (plást.) / Laminiermaschine f ‖ ~ **a frio para fios metálicos** / Drahtkaltwalzwerk n ‖ ~ **a quente** / Warmwalzwerk n ‖ ~ **acabador** / Fertigwalzwerk n ‖ ~**calibrador** m / Maßwalzwerk n ‖ ~ **com dois jogos de cilindros sobrepostos** / Doppelduowalzwerk n ‖ ~ **de acabamento** / Dressierwalzwerk n ‖ ~ **de alumínio** / Aluminiumwalzwerk n ‖ ~ **de arame** / Drahtwalzwerk n, Draht[walzen]straße f ‖ ~ **de bandagens** / Bandagenwalzwerk n ‖ ~ **de biletes** / Knüppelwalzwerk n ‖ ~ **de centros de rodas** / Radscheiben-Walzwerk n ‖ ~ **de cilindros oblíquos** / Schrägwalzwerk n ‖ ~ **de desbastar** (siderurg.) / Brammenblockstraße f ‖ ~ **de estiragem e redução** / Streckreduzier-Walzwerk n ‖ ~ **de ferros perfilados** / Formstahlwalzwerk n ‖ ~ **de folhas delgadas** / Folienwalzwerk n ‖ ~ **de lingotes de aço** (siderurg.) / Stahlblockwalzwerk n ‖ ~ **de metais não-ferrosos** / Buntmetallwalzwerk n ‖ ~ **de perfilados** / Profilwalzwerk n ‖ ~ **de três jogos de cilindros sobrepostos** / Doppeltriowalzwerk n ‖ ~ **de tubos** / Röhrenwalzwerk n ‖ ~ **desbastador** / Grobwalzwerk n, Vorwalzwerk n ‖ ~ **desbastador com cilindros oblíquos** / Streck-Schrägwalzwerk n ‖ ~ **duo** / Zwillingswalzwerk n, Duowalzwerk n ‖ ~ **para aço plano** / Flachwalzwerk n für Flachstahl ‖ ~ **para biletes** / Vorwalzwerk n (für anderes als Tafel- o. Bandmaterial) ‖ ~ **para combinar folhas** / Lagenschichtwalze f ‖ ~ **para ferro fino** / Feineisenwalzwerk n ‖ ~ **para polir tubos** / Röhrenglättwalzwerk n ‖ ~ **reversível** / Umkehrwalzwerk n, Reversierwalzwerk m ‖ ~ **transversal** / Friemelwalzwerk n ‖ ~ **trio** / Triowalzwerk n, Drillingswalzwerk n ‖ ~ **trio**

reversível / Triorevesierwalzwerk *n*
laminagem *f* (lamin.) / Walzen *n* ‖ ~ (geol) / Lamellierung *f* ‖ ~ **a frio a passo de peregrino** / Kaltpilgern *n*
laminar *adj* / lamellenförmig, lamellar ‖ ~ (corrente) / laminar
laminar *v* (lamin.) / doppeln, walzen ‖ ~ (siderurg.) / auswalzen ‖ ~ (papel) / laminieren ‖ ~ (plást.) / laminieren, Schichtstoff herstellen ‖ ~ (arame) / lahnen ‖ ~ **a frio** / kaltwalzen ‖ ~ **a quente** / warmwalzen ‖ ~ **em plano** (siderurg.) / flachwalzen ‖ ~ **previamente a passo de peregrino** (lamin.) / vorpilgern ‖ ~ **roscas** / Gewinde drücken ‖ ~ **transversalmente** (lamin.) / friemeln
laminoso / blätterförmig, Blätter...
lamínula *f* / Dünnschliff *m* ‖ ~ **de meia onda** / Lambda-Halbe-Blättchen *n*
lâmpada *f* / Leuchtkörper *m*, -gerät *n*, Beleuchtungskörper *m*, Leuchte *f*, Lampe *f*, Ampel *f* ‖ ~ (electr.) / Birne *f* ‖ ~ **a álcool** / Spirituslampe *f* ‖ ~ **a vapor** (electr.) / Dampflampe *f*, -entladungslampe *f* ‖ ~ **anti-encandeamento** / Blendschutzleuchte *f* ‖ ~ **de acetileno** / Karbidlampe *f* ‖ ~ **de advertência** / Erinnerungslampe *f* ‖ ~ **de arco de carvão** / Kohlenbogenlampe *f* ‖ ~ **de arco de mercúrio** / Quecksilberlampe *f*, Quecksilberdampflampe *f* ‖ ~ **de arco e de foco fixo** / Fixpunktbogenlampe *f* ‖ ~ **de arco voltaico** / Bogenlampe *f* ‖ ~ **de atmosfera gasosa** / gasgefüllte [Glüh]lampe ‖ ~ **de carga** (telecom.) / Belastungslampe *f* ‖ ~ **de chamada** (telecom.) / Anruflampe *f* ‖ ~ **de controlo do sinal de pisca-pisca** / Blinkerkontrolleuchte *f* ‖ ~ **de descarga gasosa** / Gasentladungslampe *f* ‖ ~ **[que indica o estado] de desocupação** / „Frei“-Lampe *f* ‖ ~ **de ensaio** / Prüflampe *f*, -leuchte *f* ‖ ~ **de filamento de carvão** / Kohlenfadenlampe *f* ‖ ~ **de filamento simples** / Einfadenlampe *f* ‖ ~ **de fim de conversação** (telecom.) / Schlußlampe *f* ‖ ~ **de flash** (técn. fotogr.) / Birnenblitz *m* (einmal verwendbar) ‖ ~ **de foco fixo** (autom.) / fokussierte Glühlampe ‖ ~ **de gás** / Gaslampe *f* ‖ ~ **de imersão para laboratório** / Labor[atoriums]tauchlampe *f* ‖ ~ **de incandescência para veículos** / Fahrzeugglühlampe *f* (DIN) ‖ ~ **de incandescência para veículos electromóveis e embarcações** / Fahrzeuglampe *f* (DIN) ‖ ~ **de inspecção** / Ausleuchtlampe *f* ‖ ~ **de mineiro** (expl. minas) / Geleucht *n* ‖ ~ **de ocupado** (telecom.) / Besetztlampe *f*, Belegtlampe *f* ‖ ~ **de pisca-pisca** (autom.) / Blinkleuchte *f* ‖ ~ **de projecção** / Lichtwurflampe *f* ‖ ~ **de quartzo** / Quarzlampe *f* ‖ ~ **de sinalização** / Anzeigelampe, -leuchte *f* ‖ ~ **de sinalização** / Signallampe *f*, -leuchte *f* ‖ ~ **de sinalização** (electr.) / Leuchtmelder *m* ‖ ~ **de sintonização** / Abstimmlampe *f* ‖ ~ **de soldar** / Gebläselampe *f* ‖ ~ **de tecto** / Deckenbeleuchtung *f*, -beleuchtungskörper *m* ‖ ~ **de vácuo** (electr.) / Vakuumlampe *f* ‖ ~ **de Wood** / Schwarzglaslampe *f* ‖ ~ **decorativa** / Illu-Kleinlampe *f* ‖ ~ **detectora** (electr.) / Lampensucher *m* ‖ ~ **do excitador** / Lichttonlampe *f*, Erregerlampe *f* ‖ ~ **do painel de instrumentos** (autom.) / Instrumentenleuchte *f* ‖ ~ **do tecto** (autom.) / Deckenleuchte *f* ‖ ~ **encaixada no tecto** / Deckeneinbauleuchte *f* ‖ ~ **fluorescente** / Fluoreszenzlampe *f*, -röhre *f*, Leuchtstofflampe *f* ‖ ~ **incandescente** (electr.) / Glühlampe *f* ‖ ~ **incandescente de três filamentos** (electr.) / Dreifadenlampe *f* (für Drehstrom) ‖ ~ **indicadora de mudança de direcção** (autom.) / Blinkleuchte *f* ‖ ~ **luminescente** / Glimmlampe *f* ‖ ~ **piloto**, lâmpada *f* de sinalização / Anzeigelampe, -leuchte *f* ‖ ~ **piloto** / Prüflampe *f*, -leuchte *f* ‖ ~ **piloto** (telecom.) / Platzlampe *f* ‖ ~ **portátil** / Handlampe *f*, -leuchte *f* ‖ ~ **tubular** / Soffittenlampe, Röhrenlampe *f*
lamparina *f* **[de soldar]** / Lötlampe *f*
lamprófiro *m* (geol) / Lamprophyr *m*
lamugem *f* (tecel.) / Fluse *f*
lança *f* (guindaste) / Ausleger *m*, Deichsel *f*, Lanze *f* ‖ ~ **articulada** / Gelenkausleger *m*, Wippausleger *m* ‖ ~ **em treliça** / Fachwerkausleger *m*
lança-arpões *m* / Harpunengeschütz *n*
lança-chamas *m* (armamento) / Flammenwerfer *m*
lançadeira *f* (tecel.) / Weberschiff *n*, -schützen *m* ‖ ~ (máq. cost.) / Schiffchen *n* ‖ ~ **de cardação** / Igel *m*
lançamento *m* (geral) / Wurf *m*, Werfen *n* ‖ ~ (foguete) / Start *m*, Abschuß *m* ‖ ~ (lamin.) / Anstellung *f* ‖ ~ (das canelas) / Abschleudern *n* (der Schußspulen) ‖ **de** ~ **à largura** (agricult.) / breitwürfig ‖ ~ **à água** / Stapellauf *m* ‖ ~ **de cabos** / Kabellegung *f* zur See ‖ ~ **de foguete** / Raketenstart *m*
lançar (geral) / werfen ‖ ~ / auswerfen, werfen ‖ ~ (tecel.) / eintragen, abschnellen ‖ ~ (lamin.) / anstellen ‖ ~ (bombas, armamento) / abwerfen ‖ ~ **à água** (constr. naval) / vom Stapel laufen lassen ‖ ~ **fumo ou vapor** / dampfen ‖ ~ **uma ponte** / eine Brücke schlagen
lanceolado, lanceolar / lanzettenförmig
lanço *m* (cosntr. rodov.) / Abschnitt *m* ‖ ~ / Teilabschnitt *m* ‖ ~ **de escada** (constr. civil) / Treppenlauf *m*, -arm *m*
lanifício *m* / Wollstoff *m*
lanifícios *m pl* / Wollwaren *f pl*
lanolina *f* / Wollfett *n*, -schweiß *m*, Lanolin *n*
lanoso / wollig
lantanídios *m pl* / Lanthanoide *n pl*
lantânio *m*, La (química) / Lanthan *n*, La
lantejoula *f* / Flitter *m*
lanterna *f* / Laterne *f* ‖ ~, lanternim *m* (constr. civil) / Dachlaterne *f*, Dachaufsatz *m*, Haube *f*, Laterne *f* ‖ ~ / Handlampe *f*, -leuchte *f* ‖ ~ **de bolso** / Taschenlampe *f*
lanugem *f* / Faserflug *m*
lapidação *f* **de vidro** / Glasschliff *m*
lapidador *m* **de diamantes** / Diamantschleifer, -schneider, -reiber, -säger *m* ‖ ~ **de vidro** / Glasschleifer *m*
lapidar / ausbröseln *vt*, schleifen ‖ ~ **o vidro** / glasschleifen
lapidário *m* / Schleifer *m*
lapíli *m pl* (geol) / Lapilli *pl*
lápis *m* / Bleistift *m* ‖ ~ **de cor** / Buntstift *m*, Farbstift *m* ‖ ~ **de grafita** / Graphitstift *m* ‖ ~ **de iodo** / Jodstift *m* ‖ ~ **de sebo** / Fettstift *m* ‖ ~ **hemostático** / Blutstillstift *m* ‖ ~ **luminoso** (informática) / Lichtstift *m*, Leuchtstift *m*, Lichtstrahlschreiber *m*, Lichtgriffel *m*
lapiseira *f* / Drehbleistift *m*, Füllbleistift *m* ‖ ~ **de sinais e cargas luminosas** (armamento) / Leuchtsignalgerät *n* in Drehstiftausführung
laplaciano *m* (matem.) / Laplace-Operator *m* ‖ ~ (técn. nucl.) / Flußdichtewölbung *f* ‖ ~ **geométrico** (técn. nucl.) / geometrische Flußdichtewölbung
laqueação *f* / Lackierung *f* (Tätigkeit)
laqueado / lackiert
laqueador *m* (marcenar.) / Lackierer *m*
laquear / lackieren
lar *m* / Feuerstelle *f*, -stätte *f*, Feuerung *f*
laranja *m* (cor) / Orange *n*, Orangefarbe *f* ‖ ~ *f* **amarga** / Pomeranze *f* ‖ ~ *adj* **puro** / reinorange (RAL 2004)
lareira *f* / Feuerstelle *f*, -stätte *f*, Feuerung *f*
largada *f* **por cabo** (aeronáut.) / Seilstart *m*, Zugstart *m*
largo / breit
largura *f* / Breite *f*, Weite *f* ‖ ~ (pano, papel de parede) /

Bahn *f* ‖ **de duas ~s** (pano) / zweibahnig ‖ ~ **da banda** (electrón.) / Bandbreite *f* ‖ ~ **da banda de frequência** (electrón.) / Bandbreite *f* der Frequenz ‖ ~ **da graduação** (instr.) / Schreibbreite *f* ‖ ~ **da linha de impressão** / Schreibbreite *f* ‖ ~ **da ponte** (constr. naval) / Decksweite *f* ‖ ~ **da secção** / Fonturenbreite *f* ‖ ~ **das malhas** / Maschengröße *f*, -weite *f* ‖ ~ **de corte** / Spanungsbreite *f* ‖ ~ **de escoamento** / Durchflußweite *f*, Lichtweite *f*, Durchflußquerschnitt *m* ‖ ~ **do convés** / Decksweite *f* ‖ ~ **do dente** / Zahnbreite *f* ‖ ~ **do flange** / Fußbreite, Flanschbreite *f* ‖ ~ **do fundo de um navio** / Bilge *f* ‖ ~ **do leito** (canal) / Sohlbreite *f* ‖ ~ **do lóbulo** (antena) / Halbwertsbreite *f* ‖ ~ **efectiva** (escada) / Laufbreite *f* ‖ ~ **equivalente de mina** (expl. minas) / äquivalente Grubenweite, -öffnung *f* ‖ ~ **final** / Fertigbreite *f* ‖ ~ **interna** / Innenweite *f* ‖ ~ **máxima de um navio** / [größte] Breite eines Schiffs ‖ ~ **máxima do pente** / Blattweite *f* ‖ ~ **total** / Baubreite *f*, Gesamtbreite *f* ‖ ~ **total de banda** (tv) / Gesamtbandbreite *f* ‖ ~ **útil** / Nutzbreite *f* ‖ ~ **útil de trabalho** / Arbeitsbreite *f*
laringofónio *m* / Kehlkopfmikrophon *n*
laro *m* / Dachkehle *f*
laroz *m* (carpint.) / Schifter *m*
larva *f* (zool.) / Larve *f* ‖ ~ (agricult.) / Engerling *m* ‖ ~ (borboleta, zool.) / Raupe *f* ‖ ~ (mosca, zool.) / Made *f*
larvicida *m* (agricult.) / Larvizid *n*
lasca *f* / Schiefer *m* (Holz), abgesprungenes Stück *Span m*, Schnitzel *n m*, Splitter *m*, Abgesprungenes *n* ‖ ~ **de pedra** / Steinsplitter *m* ‖ ~ **devida aos flocos** (siderurg.) / Flockenriß *m*
lascar / splittern ‖ **~-se** / sich aufschiefern
laser *m* / Laser *m* ‖ ~ **a arsenieto de gálio** / Galliumarsenid-Laser, GaAs-Laser *m* ‖ ~ **a CO_2 com circulação de gás** / Gastransportlaser *m* ‖ ~ **a érbio** / Erbiumlaser *m* ‖ ~ **a gás** / Gaslaser *m* ‖ ~ **a selenieto de gálio** / GaSe-Laser *m* ‖ ~ **de corantes orgânicos compatíveis** / Farbstofflaser *m* ‖ ~ **exciplex** / Exciplex-Laser *m* (excited state complex)
lastex *m* / Lastexgewebe *n*
lastrar / Ballast laden (o. an Bord nehmen)
lastro *m* / Ballast *m*
lata *f* / Blechkanne *f*, Blechbüchse *f*, Dose *f* (Konserve), Kanister *m* ‖ ~ **de conservas** / Konservenbüchse, -dose *f*
latão *m* / Messing *n*, Gelbkupfer *n*, Gelbguß *m* ‖ ~ **alfa** / Alphamessing *n* ‖ ~ **beta** / Betamessing *n* ‖ ~ **branco** / Weißmessing *n* ‖ ~ **bruto** / Arko *n* ‖ ~ **de sucata** / Bruchmessing *n* ‖ ~ **em lingotes** / Blockmessing *n* ‖ ~ **fundido** / Messingguß *m* ‖ ~ **gama** / Gammamessing *n* ‖ ~ **sinterizado** / Sintermessing *m*, Sinter-Cu Zn *n*
latência *f* (biol.) / Latenzzeit *f* ‖ ~ **mínima** (informática) / Mindestlatenz, Minimalsuchzeit *f*
latente / gebunden, latent ‖ ~ (tv) / gespeichert
lateral / Seiten..., seitlich ‖ ~ (aeronáut.) / Quer...
laterita *f* (geol) / Laterit *m*
laterítico (mecânica dos solos) / lateritisch
látex *m*, látice *m* / Kautschukmilch *f*, Latex *m*
latitude *f* / Breite *f* ‖ ~ **celeste** / Himmelsbreite *f* ‖ ~ **terrestre** / geographische Breite
latoeiro *m* / Spengler *m*, Flaschner *m*, Klempner *m*
latrina *f* / Klosett *n*, Wasserklosett *n*
laurêncio *m*, Lr / Lawrencium *n*, -tium *n*, Lr (OZ = 103)
láurico / Laurin...
lava *f* (geol) / Lava *f* ‖ ~ **basáltica** / Basaltlava *f* ‖ ~ **traquítica** / Trachytlava *f*
lavabilidade *f* / Auswaschbarkeit *f*
lavabo *m* (constr. civil) / Waschraum *m*
lavador *m* (expl. minas) / Läuterapparat *m*
lavadora *f* / Waschmaschine *f* ‖ ~ **para grão fino** / Feinkornsetzmaschine *f*
lavagem *f* / Waschen *n* ‖ ~ (química) / Abspülung *f*, Auswaschen *n*, Abwaschung *f* ‖ ~ (mot.) / Spülung *f*, Spülverfahren *n* ‖ ~ / Schlämmung *f*, Schlämmen *n* ‖ ~ (química) / Auswaschen *n* ‖ ~ (prospecção de petróleo) / Spülung *f* ‖ ~ **da lã** / Wollwäsche *f*, -reinigung *f* ‖ ~ **de granalha** / Feinkornwäsche *f* ‖ ~ **de minério** / Erzwäsche *f* ‖ ~ **do gás** / Gaswaschen *n* ‖ ~ **do minério** / Erzschlämmen *n* ‖ ~ **do ouro** / Goldwäscherei *f*, -waschen *n* ‖ ~ **por peneira** / Siebwäsche *f*
lava-louça *m*, lavalouça *m* (constr. civil) / Spültisch *m*, Geschirrspültisch *m*, Abwaschtisch *m*, Spüle *f*
lavandaria *f*, lavanderia *f* / Wäscherei *f* ‖ ~ **a vapor**, lavanderia *f* a vapor / Dampfwäscherei *f*
lava-pára-brisas *m* (autom.) / Scheibenwascher *m*
lavar / waschen, auswaschen, abwaschen ‖ ~ (expl. minas) / läutern, klären, seifen ‖ ~ (química, técn. fotogr.) / wässern, waschen ‖ ~ (prep.) / setzen, waschen ‖ ~ / schlämmen
lavatório *m* / Waschbecken *n* ‖ ~ (B) (constr. civil) / Waschraum *m* ‖ ~ **de mãos** / Handwaschbecken *n*
lavável / waschbar
lava-vidros *m* (autom.) / Scheibenwascher *m*
lavoura *f* / Landbau *m*, Bodenbearbeitung *f*
lavrado / getrieben, geprägt ‖ **não** ~ / unbehauen
lavradorita *f* (mineralog.) / Labradorit *m* (Plagioklas)
lavrar / pflügen
layout *m* (artes gráf.) / Layout *n* ‖ ~ **de impressora** (informática) / Listenbild *n* ‖ ~ **de registo** (informática) / Satzstruktur *f*
lazulita *f* (geol) / Lazulith *n*
legenda *f* / Legende *f*, Bildunterschrift *f* ‖ ~ (desenho industr.) / Beschriftung *f*, Erläuterung *f*
legendar (desenho industr.) / beschriften
legibilidade *f* / Leserlichkeit *f*
legível / ablesbar, leserlich ‖ ~ **com a exactidão de um minuto de arco** / auf eine Bogenminute genau ablesbar ‖ ~ **por máquina** (informática) / maschinenlesbar
legra *f* (constr. civil) / Fugenkelle *f*
legumes *m pl* **desidratados** / Dörrgemüse *n*
legumina *f* / Legumin *n*, pflanzliches Kasein
leguminosa *f* (bot.) / Leguminose *f*, Hülsenfrüchtler *m*
lehr *m* (vidro) / Kühlofen *m*
lei *f* (matem., mecân., física) / Gesetz *n*, Lehrsatz *m* ‖ ~ **da conservação de energia** / Energieerhaltungsgesetz *n* ‖ ~ **da difusão gasosa** / Gasdiffusionsgesetz *n* ‖ ~ **da dilatação** / Dehnungsgesetz *n* ‖ ~ **da distribuição das velocidades de Fermi- Dirac-Sommerfeld** (física) / Fermi-Dirac-Sommerfeld-[Geschwindigkeitsverteilungs-]Gesetz *n* ‖ ~ **da gravitação** / Gravitationsgesetz *n* ‖ ~ **da indução de Faraday** / Faradaysches Induktionsgesetz *n* ‖ ~ **da natureza** / Naturgesetz *n* ‖ ~ **da propagação dos erros** (matem.) / Fehlerfortpflanzungsgesetz *n* ‖ ~ **da queda dos corpos** / Fallgesetz *n* ‖ ~ **da refracção** / Brechungsgesetz *n* ‖ ~ **da semelhança** / Ähnlichkeitsgesetz *n* ‖ ~ **das pressões parciais** / Daltonsches Gesetz, Partialdruckgesetz *n* ‖ ~ **das relações das superfícies** / Flächenbeziehungsgesetz *n* ‖ ~ **de Beer** (física) / Beersches Gesetz ‖ ~ **de Boyle-Mariotte** / Boyle-Mariottesches Gesetz ‖ ~ **de Bragg** / Braggsche Gleichung ‖ ~ **de Buys-Ballot** (física) / Buys-Ballotsches Gesetz ‖ ~ **de Coulomb** / Coulombsches Gesetz ‖ ~ **de Dalton** / Daltonsches Gesetz, Partialdruckgesetz *n* ‖ ~ **de equipartição de energia** / Gleichverteilungsgesetz *n* der Energie ‖ ~ **de Fick** (física) / Ficksches Gesetz *n* (Diffusion,

Isotopentrennung) ‖ ~ **de Gay-Lussac** / Gay-Lussac-Gesetz *n* ‖ ~ **de gravitação de Newton** / Beharrungsgesetz *n* ‖ ~ **de Hooke** / Dehnungsgesetz *n* ‖ ~ **de Lambert** / Lambertsches Gesetz ‖ ~ **de Lenz** (electr.) / Lenzsche Regel *f* ‖ ~ **de Newton** / Gravitationsgesetz *n* ‖ ~ **de Ohm** (electr.) / Ohmsches Gesetz ‖ ~ **de projecção de Abbe** / Abbildungsgesetz *n* nach Abbe ‖ ~ **de Snell** (óptica) / Brechungsgesetz *n* ‖ ~ **dos senos** (matem.) / Sinussatz *m* ‖ ~ **exponencial** / Exponentialgesetz *n* ‖ ~ **fundamental** (física) / Grundgesetz *n* ‖ ~ **principal** (matem., física) / Hauptsatz *m* ‖ ~ **sobre a protecção de dados** / Datenschutzgesetz *n*

leis *f pl* **cinemáticas** / Bewegungsgesetze *n pl* ‖ ~ **de Faraday** / Faradaysche Gesetze *n pl* ‖ ~ **dos gases** / Gasgesetze *n pl*

leitaria *f* / Molkerei *f*

leite *m* / Milch *f* ‖ **dar a primeira demão com ~ de cal** (constr. civil) / schlämmen, mit Kalkmilch bestreichen ‖ ~ **condensado** / Büchsenmilch *f*, Kondensmilch *f*, Dosenmilch *f* ‖ ~ **de amido** / Stärkemilch *f* ‖ ~ **de borracha** / Kautschukmilch *f*, Latex *m* ‖ ~ **de cal** (constr. civil) / Tünche *f*, Kalk[anstrich]farbe *f*, -brühe *f*, Kalkmilch, Kalkanstrich *m* ‖ ~ **de cimento** / Zementmilch *f* ‖ ~ **desnatado** / Magermilch *f* ‖ ~ **em pó** / Trockenmilch *f*, pulverisierte Milch, Milchpulver *n* ‖ ~ **magro** / Magermilch *f* ‖ ~ **não desnatado** / Vollmilch *f*

leitelho *m* / Buttermilch *f*

leiteria *f* / Molkerei *f*

leito *m* (geral, hidrául., máq. ferram.) / Bett *n* ‖ ~ (expl. minas) / Liegendes *n* ‖ ~ (constr. civil) / Lagerfuge *f* (zum Ausstreichen) ‖ ~ (canal) / Sohle *f* ‖ ~ (constr. civil) / Lagerfuge *f* (im Mauerwerk) ‖ ~ (geol) / Lage, Schichtung, Lagerung *f* ‖ ~ **da fossa**, leito *m* da trincheira, leito *m* da vala / Grabensohle *f* ‖ ~ **de areia** (constr. rodov.) / Sandbett *n* ‖ ~ **de areia** / Sandschüttung, -bettung *f* ‖ ~ **de betão**, leito *m* de concreto / Betonunterlage *f*, Betonschüttung *f*, Betonbett *n* ‖ ~ **de bigorna** / Amboßstock *m*, Schabotte *f* ‖ ~ **de calcinação** (siderurg.) / Röstbett *n* ‖ ~ **de escórias** / Schlackenbett *n* ‖ ~ **de fundição** (fundição) / Gießbett *n* ‖ ~ **de fundição** (siderurg.) / Flossenbett *n* ‖ ~ **de fusão** / Schmelzbett *n*, Masselbett *n* ‖ ~ **de fusão** (siderurg.) / Möller *m* ‖ ~ **de fusão de minério** / Erzmöller *m* ‖ ~ **de pedra** (hidrául.) / Steinbettung *f*, -packung *f* ‖ ~ **de tijolos** / Lage *f* Mauersteine ‖ ~ **de um rio** / Flußbett *n* ‖ ~ **filtrante** / Filterbett *n* ‖ ~ **filtrante** (prep.) / Graupenbett *n* ‖ ~ **fixo** (química) / Festbett *n* ‖ ~ **fixo** (permut. de iões) / Fließbett *n*, jetzt: Festbett *n* ‖ ~ **fluidificado** (química) / Wirbelschicht *f*, Flüssigbett *n*, Fließbett *n* ‖ ~ **fluidificado agitado** / mit Rührern versehenes Fließbett ‖ ~ **fluidificado por líquido** (química) / flüssigkeitsdurchströmte Wirbelschicht ‖ ~ **maior** / Hochwasserbett *n* ‖ ~ **móvel a gás** / gasdurchströmte Wirbelschicht ‖ ~ **natural da pedra** / Bruchlager *n*

leitor *m* **de cassetes** (electrón.) / Cassettenleser *m*, Kassettenleser *m* ‖ ~ **de curvas** (informática) / Kurvenleser *m* ‖ ~ **de etiquetas** (informática) / Etikettenleser *m*

leitora *f* (informática) / Leser *m* (für maschinenlesbare Schrift) ‖ **~-classificadora** *f* (cart. perf.) / Sortierleser *m* ‖ **~-classificadora** *f* **de documentos** / Belegsortierleser *m* ‖ ~ **de caracteres** (informática) / Belegleser *m* ‖ ~ **de caracteres ópticos** (informática) / Klarschriftleser *m* ‖ ~ **de cartões** / Lochkartenabfühler *m*, Lochkartenleser *m*, Lochkartenabtaster *m* ‖ ~ **de documentos** (informática) / Belegleser *m* ‖ ~ **de fita perfurada** / Streifenleser *m*, Lochstreifentaster *m* ‖ ~ **de página** (informática) / Blattleser *m*, Seitenleser *m* ‖ **~-impressora** *f* (informática) / [kombinierter] Leser-Drucker ‖ **~-impressora** *f* (microfilme) / Lese- und Rückvergrößerungsgerät *n* ‖ ~ **óptica de filmes** (informática) / Filmleseeinheit *f* ‖ **~-perfuradora** *f* **de cartões** (cart. perf.) / Kartenleser und -locher, -lese- und -lochgerät *n*, -lese-Stanzeinheit *f*

leitura *f* / Ablesen *n*, Ablesung *f* ‖ ~ (instr.) / Ablesung *f* ‖ ~ / Anzeige *f*, Stand *m* (des Zeigers, Thermometers usw) ‖ ~ (informmática) / Lesen *n* ‖ **de** ~ (cart. perf.) / Abfühl... ‖ **de ~ directa** / mit direkter Ablesung (Instrument) ‖ **de ~ fácil** (instr.) / gut lesbar ‖ **fazer uma** ~ (física) / ablesen, eine Ablesung vornehmen ‖ ~ **à distância** / Fernablesung *f* ‖ ~ **da escala** / Skalenablesung *f* ‖ ~ **da indicação do ponteiro** (instr.) / Zeigerstand *m*, -ablesung *f* ‖ ~ **de caracteres** (informática) / Schriftlesen *n* ‖ ~ **destrutiva** (informática) / Lesen *n* mit Löschen, zerstörendes Lesen ‖ ~ **directa** / Vorwärtslesen *n* ‖ ~ **do contador** / Zählerablesung *f* ‖ ~ **em um armazenamento** (informática) / Auslesen *n* (aus dem Speicher) ‖ ~ **em V** (de escalas binárias) / Doppelabtastung *f*, V-Abtastung *f* (von Binärskalen) ‖ ~ **estática** (cart. perf.) / Abfühlung *f* bei ruhender Karte ‖ ~ **neutralizante** (informática) / löschendes Lesen ‖ ~ **óptica de filme** (informática) / Filmeingabe *f* ‖ ~ **por espelho** / Spiegelablesung *f* ‖ ~ **precisa** / Feinablesung *f* ‖ ~ **primária** (cart. perf.) / Erstkartenabfühlung *f*

leme *m* (aeronáut., constr. naval) / Ruder *n* ‖ ~ **activo** (constr. naval) / Pleuger *m*, Aktivruder *n* ‖ ~ **compensado** (constr. naval) / Balanceruder *n* ‖ ~ **de cauda** (aeronáut.) / Schwanzruder *n* ‖ ~ **de compensação** (aeronáut.) / Ausgleichruder *n* ‖ ~ **de direcção** (aeronáut.) / Seitenruder *n* ‖ ~ **de direcção compensado** (aeronáut.) / Seitenruder *n* mit Ausgleichfläche ‖ ~ **de Flettner** / Flettnerruder *n* ‖ ~ **de inclinação lateral** (aeronáut.) / Querruder *n* ‖ ~ **de profundidade** (aeronáut.) / Höhenruder *n*, Höhenleitwerk *n* ‖ ~ **lateral** (constr. naval) / Flankenruder *n*

lemniscata *f* (matem.) / Lemniskate *f* ‖ ~ **de Cassini** (matem.) / Cassinische Kurve

lençol *m* **freático** / Grundwasser *n* ‖ ~ **freático abaixado** / abgesenkter Grundwasserspiegel ‖ ~ **freático livre** / freies Wasser ‖ ~ **intrusivo** (geol) / Intrusivlager *n*

lenha *f* / Brennholz *n*

lenhador *m* / Holzhauer, -fäller *m*

lenhina *f* / Lignin *n*

lenho *m* **de primavera** (agricult.) / Frühholz *n*

lenhoso / holzig, holzartig

lente *f* / Linse *f*, Linsenglas *n* ‖ **de várias ~s** / mehrlinsig ‖ ~ **acromática** / Achromat *m* ‖ ~ **adicional** / Vorsatzlinse *f*, Zusatzlinse *f* ‖ ~ **anamorfótica** / Anamorphot *m* ‖ ~ **aplanética** / Aplanat *m* ‖ ~ *m* **apocromática** / Apochromat *m* ‖ ~ *f* **bifocal** / Zweistärkenglas *n* ‖ ~ **cilíndrica** / Zylinderlinse *f* ‖ ~ **cilíndrica de Fresnel** / Fresnellinse, Gürtellinse *f* ‖ ~ **côncava** / Hohllinse *f* ‖ ~ **convexa ou convergente** / Positivlinse, Sammellinse *f*, Kollektivlinse *f*, Feldlinse *f* ‖ ~ **cromática** / Chromat *m* ‖ ~ **cromática de quartzo** / Quarzchromatlinse *f* ‖ ~ **de alta definição** (técn. fotogr.) / Hartzeichner *m* ‖ ~ **de aumento** / Vergrößerungslinse *f*, Lupe *f* ‖ ~ **de campo** / Feldlinse *f* ‖ ~ **de contacto** / Haftschale *f*, -glas *n*, Kontaktlinse *f* ‖ ~ **de focalização** / Einstelllupe *f* ‖ ~ **de foco variável** / Vario[fokal]objektiv *n* ‖ ~ **de Fresnel** / Fresnelsche Zonenplatte, Stufenlinse *f* ‖ ~ **de gás** / Gaslinse *f* ‖ ~ **de imersão** / Immersionsobjektiv *n*

‖ ~ **de objectiva** / Objektivlinse *f* ‖ ~ **de projecção** / Projektiv *n* ‖ ~ **de rectificação** / Entzerrlinse *f* ‖ ~ **divergente** / Zerstreuungslinse *f* ‖ ~ **dupla** / Zwillingslinse *f* ‖ ~ **electrónica ou eletrônica** / Elektronenlinse *f* ‖ ~ **electrostática** (electrón.) / elektrostatische Linse ‖ ~ **escalonada de Fresnel** / Fresnellinse *f*, Ringlinse *f* ‖ ~ **frontal** / Frontlinse *f* ‖ ~ **monocromática** / Monochromat *m* ‖ ~ **nuclear** / Kernlinse *f* ‖ ~ **ocular** / Augenlinse *f* ‖ ~ **para óculos** / Brillenglas *n* ‖ ~ **posterior** / Hinterlinse *f* ‖ ~ **semicircular** / Halbkugellinse *f* ‖ ~ **suavizadora** (técn. fotogr.) / Weichzeichner *m*

lenticular / linsenförmig, Linsen... ‖ ~ (geol) / linsenförmig

lentiforme / linsenförmig, Linsen...

lentilha *f* (geol) / linsenförmige Einlagerung, Linse *f* ‖ ~ **petrolífera** (geol) / ölhaltige Linse, Öl-Linse *f*

lento / träge, langsam ‖ ~ (explosivos) / schiebend

lepidocrocoíta (mineralog.) / Lepidokrokit *m*

lepidolita *f* (mineralog.) / Lepidolith *m*, Lithionglimmer *m*

lépton *m* (técn. nucl.) / Lepton *n*

leque *m* / Fächer *m* ‖ **em** ~ / fächerförmig ‖ ~ **de entrada** (electrón., informática) / Fan-In *n* ‖ ~ **de saída** (informática, electrón.) / Verzweigung *f*, Fan-Out *n*, Ausgangsfächerung *f*, Ausgangsbelastung *f*

ler / lesen *vt vi* ‖ ~ (informática) / abfühlen, abtasten ‖ ~ **para a memória** (informática) / einlesen, einspeichern ‖ ~ **para fins de controlo** (telecom.) / mitlesen ‖ ~ **provas tipográficas** (artes gráf.) / korrigieren

letal / letal

letargia *f* (técn. nucl.) / Lethargie *f*

letra *f* (artes gráf.) / Buchstabe *m*, Letter *f* ‖ ~ **bastarda** (artes gráf.) / Bastardschrift *f* ‖ ~ **cursiva** (artes gráf.) / Kurrentschrift *f* ‖ ~ **de imprensa** (desenho industr.) / Druckschrift *f*, Blockschrift *f* ‖ ~ **entrelaçada com rubrica** / Buchstabe *m* mit Signatur ‖ ~ **gótica** (artes gráf.) / Fraktur[schrift] *f* ‖ ~ **larga** / Breitschrift *f* ‖ ~ **maiúscula** (artes gráf.) / Versalie *f*, Großbuchstabe *m* ‖ ~ **minúscula** / Kleinbuchstabe *m*, Minuskel *f* ‖ ~ **para marcar fardos** / Buchstabenmodel *m* (zum Zeichnen der Ballen) ‖ ~ **redonda** (artes gráf.) / Rundschrift *f* ‖ ~ **simulada** (informática) / Füllbuchstabe *m* ‖ ~ **travada** (artes gráf.) / Ligatur *f* ‖ ~ **versal** (artes gráf.) / Versalie *f*, Großbuchstabe *m*

letras *f pl* **abertas** (artes gráf.) / lichte Schrift ‖ ~ **de fantasia** (artes gráf.) / Zierschrift *f* ‖ ~ **vazadas** (artes gráf.) / lichte Schrift ‖ ~ **viradas** (artes gráf.) / Fliegenköpfe *m pl*

letreiro *m* / großes Schild

leucina *f* / Aminocapronsäure *f*, Leucin *n*

leucita *f* (mineralog.) / Leucit *m*

leuc[o]... / Leuko..., Leuco...

levadiço / aufklappbar

levado ao rubro / glühend ‖ ~ **ao vermelho vivo** / hellrotglühend

levantamento *m* (estatística) / Erhebung *f* ‖ ~ (topografia) / Aufnahme *f* ‖ **fazer** ~ **topográfico** (agrimen.) / vermessen, aufnehmen ‖ ~ **da mina** (expl. minas) / Grubenzug *m* ‖ ~ **de aparas** (máq. ferram.) / Zerspanung *f* ‖ ~ **dos estratos** (geol) / Aufrichtung *f* der Schichten ‖ ~ **inicial** / Anhub *m*, Anheben *n* ‖ ~ **topográfico** (agrimen.) / Vermessung, Geländeaufnahme *f* ‖ ~ **[topográfico] aéreo** / Luftvermessung *f*

levantar / aufheben, anheben, aufbocken ‖ ~, fazer levantamento topográfico (agrimen.) / vermessen, aufnehmen ‖ ~ **âncora** / den Anker lichten ‖ ~ **aparas** (máq. ferram.) / zerspanen ‖ ~ **dos gonzos** / aushängen ‖ ~ **ferro** / den Anker lichten ‖ ~ **mediante alavanca** / wuchten, heben ‖ ~ **o auscultador**, levantar o fone / den Hörer abnehmen ‖ ~ **voo** (aeronáut.) / abheben, starten

levar / führen, leiten ‖ ~ **à ebulição** / aufkochen lassen, abkochen, zum Sieden bringen ‖ ~ **à fusão** / schmelzen, zum Schmelzen oder Fließen bringen ‖ ~ **ao rubro** / glühen[d machen], zum Glühen bringen, glühen *vt*

leve / leicht, leichtgebaut, Leicht...

lêvedo *m* / Ferment *n*, Treibmittel *n*, Hefe *f* ‖ ~ **de panificação** / Backhefe *f* ‖ ~ **em pó** / Backpulver *n* ‖ ~ **seco** / Trockenhefe *f*

levedura *f* / Ferment *n*, Treibmittel *n*, Hefe *f* ‖ ~ *m* **de baixa fermentação** / Unterhefe *f*, Bodenhefe *f* ‖ ~ **de cerveja** / Bierhefe *f* ‖ ~ **de fermentação alta** / Oberhefe *f* ‖ ~ *f* **seca** / Trockenhefe *f*

leveza *f* / Leichtheit *f*

levigação *f* / Schlämmen *n* (Trennvorgang), Schlämmung *f*, Strömungssichten *n*

levisita *f* (química, armamento) / Lewisit *n*, Chlorvinyldichlorasin *n*

levo... (química) / Links...

levogiro (química) / linksdrehend ‖ ~ (óptica) / lävogyr, L, linksablenkend

levulose *f* / Lävulose *f*, Fruchtzucker *m*

lexema *m* (informática) / die Bedeutung gebender Wortstamm

lias *m*, lia *m*, conjunto *m* liássico (geol) / Liasbildung *f*

líber *m* **flocado** / Flockenbast *m*

liberação *f* / Freigabe *f*, Freisetzung *f*

liberar / freisetzen, befreien, freimachen ‖ ~ (telecom.) / freischalten

liberdade *f* / Freiheit *f* ‖ **com dois graus de** ~ (química) / mit zwei Freiheitsgraden ‖ ~ **de movimento** / Bewegungsfreiheit *f*

libertação *f* / Freisetzung *f* ‖ ~ **de energia** / Energiefreisetzung *f*

libertar / freigeben, befreien, freimachen, freisetzen ‖ ~ (telecom.) / freischalten ‖ ~ **pó** / stauben *vi* ‖ ~ **por corte** / freischneiden

libra *f* / Pfund *n* als Einheit der Kraft (veraltet)

libração *f* (astron.) / Libration *f*, Schwankung *f* ‖ ~ **diurna** / tägliche o. parallaktische Libration

licença *f* / Lizenz *f* ‖ ~ **de modificação** (máq., tecnol.) / Änderungs-Genehmigung *f*

licenciado *m* / Lizenznehmer *m*

licenciamento *m* / Genehmigung *f*

liço *m* (tecel.) / Litze *f*, Helfe *f* ‖ **de ~s altos** (tecel.) / hochschäftig ‖ ~ **superior** (tecel.) / Oberlitze *f*

licor *m* (tinturaria) / Brühe *f*

liços *m pl* **de subida** / Hebeschäfte *m pl* ‖ ~ **deslizantes** (tecel.) / Schiebelitzen *f pl*

lidita *f* (mineralog.) / Lydit *m*

lidite *f* (explosivo) / Lyddit *n*

liga *f* / Legierung *f* ‖ **de baixa** ~, de liga inferior / schwachlegiert, niedriglegiert ‖ ~ **binária** / binäre Legierung, Legierung *f* aus zwei Bestandteilen ‖ ~ **de 60% de chumbo com 40% de estanho** / Fahlunmetall *n* ‖ ~ **de alumínio** / Aluminiumlegierung *f* ‖ ~ **de chumbo** / Bleilegierung *f* ‖ ~ **de chumbo e antimónio** / Blei-Antimon-Legierung *f* ‖ ~ **de cobre batido** / Kupferknetlegierung *f* ‖ ~ **de dois componentes** / Legierung *f* aus zwei Bestandteilen ‖ ~ **de ferro** / Eisenlegierung *f* ‖ ~ **de ferro-carbono** / Eisenkohlenstofflegierung *f* ‖ ~ **de metal leve** / Leichtmetall-Legierung *f* ‖ ~ **de prata e bismuto** / Wismutsilber *n* ‖ ~ **elinvar** (= elasticidade invariável) / Elinvarlegierung *f* ‖ ~ **ferrosa** / Ferrolegierung *f* ‖ ~ **formada por: 52 % Cu, 25 % Ni, 23 % Zn** / Elektrum *n* (Neusilberlegierung) ‖ ~ **fundida** / Gußlegierung *f* ‖ ~ **fundida não ferrosa e refractária** / feuerfeste NE-Gußlegierung ‖ ~ **fusível** / Schmelzlegierung *f* ‖ ~ **intermetálica** (semicondut.) / intermetallische

Verbindung ‖ ~ **leve** / Leichtmetall-Legierung *f* ‖ ~ **organometálica** / Organometall *n*, metallorganische Verbindung *f*
ligação *f* / Bindung *f*, Verbindung *f* ‖ ~ (telecom.) / Verbindung *f* ‖ ~ (química, física) / Bindung *f* ‖ ~ (electr.) / Verbindung *f* ‖ ~ (constr. civil) / Gebinde *n* ‖ **com ~ bilateral** (telecom.) / gegabelt ‖ ~ **à rede** (electr.) / Netzanschluß *m* ‖ ~ **à terra** (electr.) / Erdung *f*, Erde *f*, Erden *n*, Erdanschluß *m*, Erd[verbind]ung *f* ‖ ~ **à terra de uma fase** (electr.) / Phasenerdung *f*, einphasige Erdung ‖ ~ **à terra permanente** (electr.) / Dauererdschluß *m* ‖ ~ **covalente** (química) / kovalente Bindung, unpolare Bindung ‖ ~ **cruzada** (electr.) / Querschaltung *f* ‖ ~ **de barras articulada** / gelenkiger [Stab]anschluß *m* ‖ ~ **de esgoto** / Kanalanschluß *m* ‖ ~ **de feixe hertziano por satélite** / Satelliten-Richtfunkverbindung *f* ‖ ~ **directa** (telecom.) / Dauerverbindung *f*, Direktverbindung *f* ‖ ~ **em meadas** (fiação) / Fitzen *n* ‖ ~ **errada** (telecom.) / Fehlverbindung *f* ‖ ~ **fixa** (telecom.) / Standverbindung *f* ‖ ~ **homopolar** (química) / homöopolare Bindung ‖ ~ **lateral** (electr.) / Halsbindung *f* ‖ ~ **permanente** (telecom.) / Dauerverbindung *f*, Direktverbindung *f* ‖ ~ **por arestas** / Bördelverbindung *f* ‖ ~ **por rádio** / Funkverbindung *f* ‖ ~ **radiotelefónica ferroviária** / Zugfunkverbindung *f* ‖ ~ **simples à terra** / Einzelerdschluß *m*, Einfacherdschluß *m* ‖ ~ **telegráfica** / Fernschreibanschluß *m*
ligado / verknüpft, verbunden ‖ ~ (electrón.) / eingeschaltet, gebunden ‖ ~ (electr., electrón.) / geschaltet ‖ ~ (metal) / legiert ‖ **estar ~ à terra** (electr.) / an Erde liegen ‖ **não ~ à terra** (electr.) / ungeerdet ‖ ~ **à massa** / kalt, an Masse ‖ ~ **à terra** / geerdet ‖ ~ **ao avião** (aeronáut.) / flugzeugfest ‖ ~ **electricamente** / leitend verbunden
ligador *m* (electr.) / Verbinder *m*
ligadura *f* / Bund *m* ‖ ~ **superior** / Oberbund *m* ‖ ~ **terminal do cabo** (electr.) / Abspannbund *m*, Abspannung *f*
ligamento *m* (tecel.) / Bindung *f*
ligante *m* / Ligand *m* (ein Ion)
ligar (metal) / legieren ‖ ~ [com] (telecom.) / verbinden [mit] ‖ ~ (química) / ketten ‖ ~ (electr.) / einschalten, schalten ‖ ~ (tecel.) / anschnüren, ansetzen ‖ ~ **à terra** (electr.) / erden, an Erde legen ‖ ~ **ao neutro** (electr.) / nullen, an den Nulleiter anschließen ‖ ~ **com grampos** / anklammern, mit Klammern verbinden ‖ ~ **em paralelo** (electr.) / nebeneinanderschalten
ligas *f pl* **de berílio** / Berylliumlegierungen *f pl*
ligatura *f* (artes gráf.) / Doppelbuchstabe *m*, Ligatur *f*
ligável / legierbar
ligeiramente oxidado / angerostet
lignina *f* / Lignin *n*
lignita *f* / Lignit *m*
lila *f* (têxtil) / Flor *m*, Florware *f*
lima *f* (agricult.) / süße Limone
lima *f* / Feile *f* ‖ ~ **bastarda** / Grobfeile *f*, grobe Feile (12 Zähne je Zoll) ‖ ~ **chata** / Flachfeile *f* ‖ ~ **chata de dois gumes** / Barettfeile *f* ‖ ~ **cortante** / Schneidfeile *f* ‖ ~ **de escapos** / Hemmungsfeile *f* ‖ ~ **de esmeril** / Schmirgelfeile *f* ‖ ~ **de mão** / Handfeile *f* ‖ ~ **de meia-cana** / halbrunde Feile ‖ ~ **de picado simples** / einhiebige Feile ‖ ~ **de torno** / Feile *f* für Drehbankarbeiten ‖ ~ **de três faces** / Sägefeile *f* ‖ ~ **em losango** / Einstreichfeile *f*, Schraubenkopffeile *f*, Schwertfeile *f* ‖ ~ **grossa** / Armfeile *f*, Packfeile *f* ‖ ~ **lanceteira** / Zungenfeile *f*, Spitzfeile *f* ‖ ~ **meia-murça** / Halbschlichtfeile *f* ‖ ~ **murça** / Schlichtfeile *f*, Abgleichfeile *f*, Abziehfeile *f* ‖ ~ **murça dupla** / Doppelschlichtfeile *f* ‖ ~ **murça fina** / Feinschlichtfeile *f* ‖ ~ **para contactos** / Kontaktfeile *f* ‖ ~ **para furos** / Lochfeile *f* ‖ ~ **paralela** / Feile *f* von gleichbleibender Breite und Dicke ‖ ~ **plana** / Flachfeile *f* ‖ ~ **plana paralela** / flachstumpfe Feile ‖ ~ **plana pontiaguda** / Flachstumpf-Bezugfeile *f* (DIN 5197), flachspitze Feile ‖ ~ **ponta de agulha** / Nadelfeile *f* ‖ ~ **pontiaguda** / Spitzfeile *f* ‖ ~ **triangular** / Sägefeile *f*, Dreikantfeile *f* ‖ ~ **uniforme** / Feile *f* von gleichbleibender Breite und Dicke
limadura *f* / Feilen *n*, Feilarbeit *f* ‖ ~ **por gabarito** / Feilen *n* nach Lehre
limalha *f* / Feilspäne *m pl*, Feilspan *m*, Span *m*
limalhas *f pl* **de ferro** / Eisenfeilspäne *m pl* ‖ ~ *f pl* **metálicas** (torno) / Metallspäne *m pl*
limar / feilen
limatão *m* **fino** / Feinraspel *f*
limbo *m* (agrimen.) / Kreisskala *f*, Limbus *m*
limiar *m* (contr. autom.) / Vorlast *f* ‖ ~ (constr. civil) / Schwelle *f* ‖ ~ **de fissão** / Energieschwelle *f* der Spaltung
limitação *f* / Begrenzung *f*, Beschränkung *f* ‖ ~ **de carga** / Druckbegrenzung *f* ‖ ~ **de formatos** / Formatbeschränkung *f* ‖ ~ **de impulso ou pulso** / Impulsabtrennung *f* ‖ ~ **de pressão** / Druckbegrenzung *f*
limitado / begrenzt, beschränkt
limitador *m* (tv) / Begrenzungsröhre *f* ‖ ~ *adj* / begrenzend, Begrenzungs-, Grenz... ‖ ~ *m* **automático de ruído** / automatischer Rauschbegrenzer ‖ ~ **de corrente** / Strombegrenzer *m* ‖ ~ **de cristas** (electrón.) / Spitzenbegrenzer *m* ‖ ~ **de curso** / Hubbegrenzer *m* ‖ ~ **de impulso ou pulso** / Impulsbegrenzer *m* ‖ ~ **de parasitas** / Störbegrenzer *m* ‖ ~ **de pressão de admissão** (aeronáut.) / Ladedruckregler *m* ‖ ~ **de pressão do freio ou do travão** (autom.) / Bremskraftbegrenzer *m* ‖ ~ **de tensão** (electr.) / Spannungssicherung *f*, -begrenzer *m* ‖ ~ **de volume** (electrón.) / Signalbegrenzer *m* ‖ ~ **duplo** (radar) / Ausblendstufe *f* (im Einfallsfeld)
limitadora *f* (tv) / Begrenzer *m*
limitar / einschränken [auf], abgrenzen, begrenzen, eingrenzen, beschränken
limite *m* / Höchstgrenze *f*, Limit *n*, obere Grenze ‖ ~ (matem.) / Limes *m* ‖ ~ *adj* / Grenz..., Höchst... ‖ ~ *m* **aparente de elasticidade** / Fließgrenze *f*, Elastizitätsgrenze *f*, Ersatzstreckgrenze *f* ‖ ~ **convencional de elasticidade** / garantierte Dehngrenze ‖ ~ **da cheia** / Hochwasserbett *n*, -begrenzung *f* ‖ ~ **da maré alta** / Flutgrenze *f* ‖ ~ **da parede** (expl. minas) / Stoßfirste *f* ‖ ~ **da zona arborizada** / Baumgrenze *f* ‖ ~ **de aderência** / Adhäsionsgrenze *f* ‖ ~ **de aderência** (técn. ferrov.) / Reibungsgrenze *f* ‖ ~ **de alongamento** (mecân.) / Dehngrenze *f* ‖ ~ **de arraste de relaxação** / Entspannungskriechgrenze *f* ‖ ~ **de audibilidade** / Hörbarkeitsgrenze, Hörsamkeitsgrenze *f* ‖ ~ **de bytes** / Byte-Grenze *f* ‖ ~ **de carga** / Belastungsgrenze *f* ‖ ~ **de concessão** (expl. minas) / Markscheide *f* ‖ ~ **de cor** / Farbgrenze *f* ‖ ~ **de corrente** / Höchststrom *m*, höchstzulässiger Strom ‖ ~ **de dilatação** / Dehnungsgrenze *f* ‖ ~ **de elasticidade** / Elastizitätsgrenze *f* ‖ ~ **de elasticidade 0,2** / 0,2% Dehngrenze *f*, konventionelle o. technische Streckgrenze ‖ ~ **de elasticidade aparente** / Dehnungsgrenze *f*, Streckgrenze *f* ‖ ~ **de erro** / Fehlergrenze *f* ‖ ~ **de escoamento** (constr. civil) / Fließgrenze *f*, unterer Plastizitätszustand *m*, W_f ‖ ~ **de escoamento** (mecân.) / Formänderungsfestigkeit *f* ‖ ~ **de escoamento** / Streckgrenze *f* ‖ ~ **de esmagamento** / Quetschgrenze *f* ‖ ~ **de explosibilidade** (química) / Explosionsgrenze *f* ‖ ~ **de fadiga** /

Ermüdungsgrenze *f* ‖ ~ **de fadiga em função da forma** / Dauer-Formfestigkeit *f* ‖ ~ **de filtrabilidade** / Filtrierbarkeits-Grenzwert *m* ‖ ~ **de fricção** / Reibungsgrenze *f* ‖ ~ **de iluminação** (astron.) / Beleuchtungsgrenze *f* ‖ ~ **de plasticidade** (solos) / Ausrollgrenze, Plastizitätsgrenze *f* ‖ ~ **de plasticidade** (mecân.) / Formänderungsfestigkeit *f* ‖ ~ **de pressão** / Höchstdruck *m*, höchstzulässiger Druck ‖ ~ **de rejeição** / Ausschußgrenze *f* ‖ ~ **de resistência à fadiga por esforços alternados** / Dauer[schwing]festigkeit *f*, -festigkeitsbereich *m* (beiderseits der Nullinie) ‖ ~ *f* **de resistência à fluência** / Dauer[stand]kriechgrenze *f* ‖ ~ *m* **de ruptura** (geral) / Bruchgrenze *f* ‖ ~ **de ruptura** / Zerreißgrenze *f*, Festigkeitsgrenze *f* ‖ ~ **de sensibilidade** (electrón.) / Grenzempfindlichkeit *f* ‖ ~ **de tolerância** / Toleranzgrenze *f* ‖ ~ **de velocidade** / [zulässige] Höchstgeschwindigkeit ‖ ~ **do curso** / Endstellung, -lage *f* ‖ ~ **do efeito da mola** / Federungsgrenze *f* ‖ ~ **elástico de fadiga** / Dauerdehngrenze *f* ‖ ~ **elástico de flexão** / Federbiegegrenze *f* ‖ ~ **extrapolado** (técn. nucl.) / extrapolierte Grenze ‖ ~ **inferior** (matem.) / unterer Grenzwert ‖ ~ **inferior** (ajuste) / Kleinstmaß *n* ‖ ~ **inferior** / Infimum *n* ‖ ~ **magnético** / Temperaturgrenze *f* der Magnetisierungsfähigkeit ‖ ~ **máximo** (ajuste) / Größtmaß *n* ‖ ~ **meteorológico** / Wetterscheide *f* ‖ ~ **resolutivo** (óptica) / Auflösungsgrenze *f* ‖ ~ **superior** / obere Grenze ‖ ~ **superior** (org. industr.) / obere Schranke ‖ ~ **superior de tolerância** / oberes Abmaß ‖ ~ **superior do espaço atmosférico** / oberster Luftraum ‖ ~ *f* **superior, [inferior] de tolerância** / oberes, [unteres] Abmaß ‖ ~ *m* **térmico** (electr.) / Erwärmungsgrenze *f*, thermische Leistungsgrenze, Temperaturgrenze *f*

limites *m pl* **de audição** / Hörbereichsgrenzen *f pl*, Lautstärkegrenzen *f pl* (für das Ohr) ‖ ~ **de ebulição** / Siedegrenzen *f pl* ‖ ~ **de inflamabilidade** / Zündgrenzen *f pl*

límnico / limnisch (im Süßwasserbereich vorkommend)

limnímetro *m* **por radiação ionizante** (técn. nucl.) / Füllstandsmeßgerät *n* mit eigener Strahlungsquelle

limnologia *f* / Limnologie *f*

limnómetro *m* / Flüssigkeitsstandanzeiger *m*

limoneno *m* (química) / Limonen *n*

limonita *f*, limonite *f*, limonito *m* (mineralog.) / Limonit *m*, Sumpferz *n*

limonite *f* / Raseneisenerz *n*, Sumpf-, Wiesenerz *n*

limonito *m* (mineralog.) / Limonit *m* ‖ ~ **amarelo** (mineralog.) / gelber Limonit, Xanthosiderit *m*

limpa pára-brisas *m* (autom.) / Wischer *m*, Scheibenwischer *m*

limpa-brisas *m* **do vidro traseiro** / Heckscheibenwischer *m*

limpa-carris *m* (técn. ferrov.) / Schienenräumer *m*

limpador *m* / Reiniger *m* ‖ ~ **horizontal** (fiação) / Stufenreiniger *m*

limpa-neves *m* / Schneepflug *m*, -räumer *m* ‖ ~ **com fresa** / Schneefräse *f*

limpar / reinigen, abwischen, wischen, putzen, säubern ‖ ~ **à chama** / flämmputzen ‖ ~ **por jacto de areia** / sandstrahlen

limpa-trilhos *m* (técn. ferrov.) / Schienenräumer *m*

limpa-vias *m* (técn. ferrov.) / Bahnräumer *m*

limpa-vidros *m* (autom.) / Scheibenwischer *m*

limpeza *f* / Reinigung *f*, Reinigen *n* ‖ ~, asseio *m* / Reinheit *f*, Sauberkeit *f* ‖ **de ~ automática** / selbstreinigend ‖ ~ **a seco** / Trockenreinigung *f*, Textilreinigung *f* (früher: Chemischreinigung) ‖ ~ **automática** (geral) / Selbstreinigung *f* ‖ ~ **mecânica** / Maschinenputzerei *f* ‖ ~ **por jacto de areia** (máq. ferram.) / Sandstrahlen *n*, -strahlreinigung *f*, Freistrahlen *n* ‖ ~ **por via (h) úmida** / Naßreinigung *f* ‖ ~ **química** (geral) / chemische Reinigung

límpido (meteorol.) / klar, sichtig

limpo (geral) / sauber, rein ‖ ~, sem nós (madeira) / astfrei

lineal *m* (artes gráf.) / Grotesk *f* ‖ ~ *adj* / in direkter Linie

linear / linear, in direkter Linie

linga *f* (constr. naval) / Stropp *m*, Schlinge *f*

lingote *m* (siderurg.) / Eisensau *f*, Knüppel *m* (quadratischer Barren), Barren *m*, Block *m* ‖ ~ **de chumbo** / Blockblei *n*, Bleimulde *f*, Bleibarren *m* ‖ ~ **de ferro para lastrar** / Ballasteisen *n* ‖ ~ **desbastado** (siderurg.) / vorgewalzter Block ‖ ~ **para desbaste plano** / Brammenblock *m* ‖ ~ **plano** / Flachknüppel *m* ‖ ~ **quadrado** (siderurg.) / Quadratblock *m*

lingoteira *f* (siderurg.) / Form *f*, Kokille *f* ‖ ~ **em forma de garrafa** (siderurg.) / Flaschenhalskokille *f*

língua *f* / Zunge *f* ‖ ~ **de terra** / Landzunge *f*

linguagem *f* / Sprache *f* ‖ ~ **absoluta** (informática) / Maschinensprache *f* ‖ ~ **algorítmica** (informática) / Algol *n* ‖ ~ **de fórmulas** (informática) / Formelsprache *f* ‖ ~ **de máquina** (informática) / Maschinensprache *f* ‖ ~ **de máquina comum** (informática) / gemeinsame Maschinensprache ‖ ~ **de programação EXAPT** (máq. ferram.) / EXAPT-Programmiersprache *f* ‖ ~ **de referência** (informática) / Bezugssprache *f* ‖ ~ **evoluída** (informática) / höhere Computersprache ‖ ~ **final** (informática) / Zielsprache *f* ‖ ~ **fonte** (informática) / Ausgangssprache *f*, Quellensprache *f*, Ursprungssprache *f* ‖ ~ **FORTRAN** (informática) / FORTRAN *n* ‖ ~ **montadora** (informática) / Hilfssprache *f* (zwischen Klartext und Maschinensprache), Assemblersprache *f* ‖ ~ **objectiva** (informática) / Zielsprache *f* ‖ ~ **operacional** (informática) / Betriebssprache *f*

lingueta *f* / Sperrklinke *f* ‖ ~ (marcenar., carpint.) / Feder *f*, Führungsfeder *f* ‖ **com ~** (marcenar.) / gefedert ‖ ~ **a mola** / federnde Sperrklinke ‖ ~ **de chaminé** / Essenzunge *f* ‖ ~ **de desengate** / Auslöseklinke *f* ‖ ~ **de ranhura** (marcenar.) / Federkeil *m* ‖ ~ **de vedação** / Absperrklappe *f* ‖ ~ **deslizante** (autom.) / Gleitfeder *f* des Getriebes ‖ ~ **do cão** (arma) / Hahnklappe *f* ‖ ~ **e ranhura** (marcenar.) / Feder *f* und Nut

linha *f* / Linie *f*, Strich *m* ‖ ~ (artes gráf., tv) / Zeile *f* ‖ ~ (técn. ferrov.) / Eisenbahngleis, -geleise *n* ‖ ~ (electr.) / Leitung *f*, Zuleitung *f* ‖ ~ (de produtos) / Baureihe *f* (von Erzeugnissen) ‖ **a duas ~s** (artes gráf.) / zweizeilig ‖ **com grande número de ~s espectrais** / linienreich ‖ **de ~s** (tv) / Horizontal..., Zeilen... ‖ **de três ~s** / dreizeilig ‖ **em ~** (informática) / On-line... ‖ **em ~ recta** / schnurgerade ‖ **fora de ~** (telecom.) / leitungsgetrennt ‖ **sem ~s à disposição** (telecom.) / gassenbesetzt ‖ ~ **a imprimir** / Druckzeile *f* ‖ ~ **aclínica** / Akline *f* ‖ ~ **activa** / Abtastlinie *f* ‖ ~ **adutora** (electr.) / Zuleitung *f* ‖ ~ **aérea** (aeronáut.) / Fluglinie *f* ‖ ~ **aérea** (electr.) / oberirdische Leitung, Freileitung *f*, Fernleitung *f* ‖ ~ **aérea** (técn. ferrov.) / Oberleitung *f*, Fahrleitung *f* ‖ ~ **aérea** (electr., telecom.) / Freileitung *f* ‖ ~ **aérea de serviço** / Betriebsfreileitung *f* ‖ ~ **aérea de telecomunicação** / Fernmeldefreileitung *f* ‖ ~ **aérea pupinizada** / Pupinfreileitung *f* ‖ ~ **aerodinâmica** / Stromlinie *f* ‖ ~ **agónica** (física) / Agone *f* ‖ ~ **alugada** (telecom.) / angemietete Leitung ‖ ~ **alugada** (informática) / Standleitung *f* ‖ ~ **artificial** (telecom.) / Kunstleitung *f*, künstliche Leitung ‖ ~ **Becke** (cristalogrf.) / Beckesche Linie *f* ‖ ~ **bifilar** (electr.) / Doppelleitung *f* ‖ **~-bloco** *f* (artes gráf.) / Linotypezeile *f* ‖ ~ **cáustica** (óptica) / Brennlinie *f* (Spiegel) ‖ ~ **colectiva** (telecom.) / Sammelanschluß *m* ‖ ~ **com retorno à terra** / Erdrückleitung *f* ‖ ~ **comum** / gemeinsame Leitung, Gemeinschaftsleitung *f* ‖ ~ **comum** / Zweierleitung *f* ‖ ~ **contínua** / Linienzug *m* ‖ ~ **cruzada** / Querdraht *m* ‖ ~ **das pressões** (mecân.) / Stützlinie *f*, Drucklinie *f* ‖ ~ **das pressões máximas** (mecân.) / Höchstdrucklinie, Maximaldrucklinie *f* ‖ ~ **de acção** (mecân.) / Wirkungslinie *f*, Drucklinie *f* ‖ ~ **de água** (papel) / Linienwasserzeichen *n* ‖ ~ **de alimentação** (electr.) / Speiseleitung *f* ‖ ~ **de alimentação** (antena) / Antennenzug *m* (Hohlleiter), feeder *m* ‖ ~ **de alimentação de bloco de sinalização** (técn. ferrov.) / Blockspeiseleitung *f* ‖ ~ **de alimentação de corrente** / Stromzuleitung *f* ‖ ~ **de alta-tensão** (electr.) / Hochspannungsleitung *f*, Hochspannungsfreileitung *f*, Fernleitung *f* ‖ ~ **de assinante** (telecom.) / Teilnehmerleitung *f* ‖ ~ **de aviso** (telecom.) / Meldeleitung *f* ‖ ~ **de base** (raios catód.) / Impulsboden *m* ‖ ~ **de base** (matem.) / Grundlinie *f* ‖ ~ **de base** (agrimen.) / Standlinie *f*, Basis *f* ‖ ~ **de bateria** / Batterieleitung *f* ‖ ~ **de campo** / Feldlinie *f* ‖ ~ **de carga** (mecân.) / Belastungslinie *f* ‖ ~ **de carga** (semicondut.) / Lastlinie *f* ‖ ~ **de carga** (electrón.) / Belastungskurve *f* ‖ ~ **de chegada** / ankommende Leitung ‖ ~ **de codificação** (informática) / Befehlzeile *f* ‖ ~ **de colimação** (óptica) / Gesichtslinie *f*, Kollimationslinie *f*, Sehlinie *f*, Ziellinie *f*, Augenachse *f* ‖ ~ **de compensação** (electr.) / Ausgleichleitung *f* ‖ ~ **de conexão** (electr.) / Verbindungsleitung *f* ‖ ~ **de consumidor** / Verbraucherleitung *f* ‖ ~ **de contacto** / Eingriffslinie *f* ‖ ~ **de contacto** (técn. ferrov.) / Fahrleitung *f* ‖ ~ **de corte** (artes gráf.) / Schnittlinie *f* ‖ ~ **de demarcação** / Grenzlinie *f* ‖ ~ **de derivação** / Abzweigleitung *f* ‖ ~ **de dispersão** (magnetismo) / Streulinie *f* ‖ ~ **de dois assinantes** (telecom.) / Zweierleitung *f* ‖ ~ **de dois fios** (têxtil) / Doppelzwirn *m* ‖ ~ **de edificação** / Baulinie *f* ‖ ~ **de eixos** (máq., tecnol.) / Wellenstrang *m* ‖ ~ **de emissão** (óptica) / Emissionslinie *f* ‖ ~ **de entrada** / ankommende (o. hereinkommende) Leitung ‖ ~ **de expansão** / Expansionskurve *f* (Indikator) ‖ ~ **de exploração** / Abtastlinie *f* ‖ ~ **de exploração** (tv) / Bildzeile *f* ‖ ~ **de falha** (geol) / Bruchlinie *f* ‖ ~ **de fantasia** / Zierlinie *f* ‖ ~ **de fé** / Kompaßstrich *m* ‖ ~ **de flanco** / Flankenlinie *f* ‖ ~ **de flutuação** (constr. naval) / Wasserlinie *f*, Leichtladelinie *f* ‖ ~ **de flutuação com carga** (constr. naval) / Tiefladelinie *f*, Ladewasserlinie, Lademarke *f* ‖ ~ **de flutuação normal** (constr. naval) / Konstruktionswasserlinie *f*, KWL *f* ‖ ~ **de fluxo** / Lüderssche Linie *f*, Feldlinie *f* ‖ ~ **de fluxo magnético** / magnetische Feldlinie ‖ ~ **de força** (física) / Kraftlinie *f* ‖ ~ **de força do induzido** / Ankerkraftlinie *f* ‖ ~ **de força magnética** / magnetische Kraftlinie ‖ ~ **de frequência vocal** / Fernsprechleitung *f* (Ggs.: Telegraphenleitung) ‖ ~ **de fuga** (óptica) / Fluchtlinie *f* ‖ ~ **de fuga** (electr.) / Kriechstrecke *f*, -weg *m* ‖ ~ **de horizonte** / Gesichtskreis *m* ‖ ~ **de impressão** / Druckzeile *f* ‖ ~ **de inclinação** (geol) / Falllinie *f* ‖ ~ **de influência** / Wirkungslinie, Einflußlinie *f* ‖ ~ **de interconexão** (electr.) / Kupplungsleitung *f* ‖ ~ **de intersecção** (matem.) / Schnittlinie *f* ‖ ~ **de junção** (telecom.) / Verbindungsleitung *f* ‖ ~ **de junção comum** (telecom.) / gemeinsame Abnehmerleitung ‖ ~ **de leitura** / Ablesestrich *m* ‖ ~ **de limite de escoamento** (lamin.) / Fließscheide *f* ‖ ~ **de maior declive** (geol) / Gefällinie *f* ‖ ~ **de mira** (armamento) / Ziellinie, Visierlinie *f* ‖ ~ **de montagem** / Fließband *n* ‖ ~ **de montanha** (técn. ferrov.) / Gebirgsstrecke *f* ‖ ~ **de nível da água** / Wasserstandslinie *f* ‖ ~ **de observação** (telecom.) / Beobachtungsleitung *f* ‖ ~ **de posição** (aeronáut.) / Standlinie *f* ‖ ~ **de produção** / Fertigungsstraße *f* ‖ ~ **de produtos** / Erzeugnisprogramm *n* ‖ ~ **de prumo** / Senkrechte *f*, senkrechte Linie ‖ ~ **de ramal** (técn. ferrov.) / abzweigendes Gleis, krummer Strang ‖ ~ **de rebentação** / Brandungslinie *f* ‖ ~ **de rede** / Netzleitung *f* ‖ ~ **de referência** (radar) / Basislinie *f* ‖ ~ **de referência** (agrimen.) / Grundlinie *f* ‖ ~ **de referência** (técn. de medição) / Bezugslinie *f*, Null-Linie *f* ‖ ~ **de referência** (engrenagem) / Profil-Bezugslinie *f* ‖ ~ **de reserva** (telecom.) / Leitungsersatz *m* ‖ ~ **de resistência** (mecân.) / Widerstandslinie *f* ‖ ~ **de retardação** / Laufzeitglied *n* ‖ ~ **de retardo acústica** (informática) / akustischer Speicher, akustische Laufzeitkette, akustische Verzögerungsstrecke ‖ ~ **de retardo de mercúrio** (informática) / Quecksilbertank *m* ‖ ~ **de retardo ultra-sónica** (informática) / Ultraschallspeicher *m* ‖ ~ **de retorno pelos carris**, linha *f* de retorno pelos trilhos (electr.) / Schienenrückleitung *f* ‖ ~ **de ruptura** (constr. civil) / Bruchlinie *f* ‖ ~ **de saída** (electr.) / ausgehende Leitung ‖ ~ **de separação** / Trennlinie *f*, Trennfuge *f*, Grenzlinie *f* ‖ ~ **de separação de imagens** (filme) / Bildstrich, -steg *m* ‖ ~ **de serviço** (telecom.) / Dienstleitung *f* ‖ ~ **de telecomunicações** / Fernmeldeleitung *f* ‖ ~ **de televisão a grande distância** / Fernseh-Fernleitung *f* ‖ ~ **de transferência** (máq. ferram.) / Transferstraße *f* ‖ ~ **de transmissão Blumlein** (técn. nucl.) / Blumlein-Übertragungslinie *f* ‖ ~ **de transporte de corrente** (electr.) / Fernleitung *f* ‖ ~ **de transporte de energia a grandes distâncias** (electr.) / Überlandleitung *f* ‖ ~ **de transporte de força motriz** (electr.) / Kraftleitung *f*, Starkstromleitung *f* ‖ ~ **de via dupla** (técn. ferrov.) / doppelspurige Strecke ‖ ~ **de voo** / Flugbahn *f* ‖ ~ **de zero** / Nulllinie *f* ‖ ~ **decorativa** / Zierlinie *f* ‖ ~ **directa** / Luftlinie *f* ‖ ~ **disponível** (telecom.) / freie Leitung ‖ ~ **divisória hidrográfica** (geol) / Wasserscheide *f* ‖ ~ **do curso** / Kurslinie *f* ‖ ~ **do vértice** / Scheitellinie *f* ‖ ~ **dos eixos dos rebites** / Wurzellinie *f* ‖ ~ **dupla** (artes gráf.) / Doppellinie *f* ‖ ~ **duplex** (telecom.) / Gegenverkehrsleitung, -verbindung *f* ‖ ~ **elástica** / elastische Linie, Durchbiegungslinie *f*, Biegungslinie *f*, Biegelinie *f* ‖ ~ **em declive** (técn. ferrov.) / Gefällstrecke *f* ‖ ~ **equipotencial** (electr.) / Äquipotentialkurve *f* ‖ ~ **equissinal** (radar) / Leitstrahllinie *f* ‖ ~ **espectral** / Spektrallinie *f* ‖ ~ **ferroviária** / Bahnstrecke *f* ‖ ~ **focal** (óptica) / Brennlinie *f* ‖ ~ **funcional** / Flußlinie *f* im Ablaufplan ‖ ~ **fundida** (artes gráf.) / gegossene Schriftzeile ‖ ~ **helicoidal** (matem.) / Schraubenlinie, Wendel *f* ‖ ~ **horizontal** / Waagerechte *f*, Horizontale *f* ‖ ~ **inactiva** (electr., telecom.) / tote Leitung ‖ ~ **índice** / Index[strich] *m* ‖ ~ **inicial** (informática) / Anschriftzeile *f* ‖ ~ **ininterrupta** (desenho industr.) / Dauerlinie *f*, durchgezogene Linie ‖ ~ **intermediária** (telecom.) / Zwischenleitung *f* ‖ ~ **interna** (telecom.) / Hausleitung *f* ‖ ~ **interurbana** (telecom.) / Hauptlinie *f*, Fernleitung *f* ‖ ~ **interurbana de trânsito** (telecom.) / Durchgangsfernleitung *f* ‖ ~ **isogónica** / Isogone *f* ‖ ~ **isográfica** (matem.) / Isolinie *f*, Isarithme *f* ‖ ~ **isohélica** / Isohelie *f* ‖ ~ **livre** (telecom.) / freie Leitung, freie Leitung ‖ ~ **local** (telecom.) / Ortsleitung *f* ‖ ~ **local de televisão** / Fernseh-Ortsleitung *f* ‖ ~ **mista** / strichpunktierte Linie ‖ ~ **não pupinizada** (telecom.) / U-Leitung *f*, unbespulte Leitung ‖ ~ **neutra** / neutrale Leitung ‖ ~ **neutra** (física) /

Indifferenzlinie *f* ‖ ~ **ondulada** (física) / Wellenlinie *f* ‖ ~ **padrão** (técn. de medição) / Bezugslinie *f*, Nulllinie *f* ‖ ~ **para cerzir** / Stopfgarn *n* ‖ ~ **para coser** / Nähgarn *n* ‖ ~ **para serviço repartido** (telecom.) / Gemeinschaftsleitung *f* ‖ ~ **particular** (telecom.) / festgeschaltete Leitung, gemietete Leitung ‖ ~ **perpendicular** (expl. minas) / Seigerlinie *f* ‖ ~ **principal** (telecom.) / Stammlinie *f* ‖ ~ **principal** (electr.) / Hauptleitung *f* ‖ ~ **principal** (técn. ferrov.) / Hauptlinie *f*, Hauptstrecke *f* ‖ ~ **principal de transmissão** (electr.) / Schiene *f* (Hauptübertragungsleitung) ‖ ~ **recta** (técn. ferrov., matem.) / Gerade *f* ‖ ~ **referencial** (constr. civil) / Abgleichreihe *f* ‖ ~ **retardadora** (electrón.) / Verzögerungskette, -leitung *f* ‖ ~ **satélite** (espectro) / Begleitlinie *f* ‖ ~ **secundária** (técn. ferrov.) / Nebenlinie *f*, Nebenstrecke *f* ‖ ~ **simples** (electr.) / Einzelleitung *f* ‖ ~ **simples** (telecom.) / Einfachleitung *f*, -leiter *m* ‖ ~ **sobre postes** (telecom.) / Stangenlinie *f*, -leitung *f* ‖ ~ **subterrânea** / unterirdische Leitung ‖ ~ **suburbana** / Vorortstrecke *f*, -ortbahn *f* ‖ ~ **telefónica** / Fernsprechleitung *f* ‖ ~ **telegráfica**, linha *f* teleimpressora / Fernschreibleitung *f* ‖ ~ **tracejada** / Strichlinie *f* ‖ ~ **tronco** (telecom.) / Amtsleitung *f* ‖ ~ **tronco transversal** (telecom.) / Querverbindung *f* ‖ ~ **urbana** (telecom.) / Ortsleitung *f* ‖ ~ **vertical** / Vertikale *f*, Senkrechte *f* ‖ ~ **visual** / Sichtlinie, Sehlinie *f*, Sehstrahl *m*, Gesichtslinie *f* ‖ ~ **zero** (antena) / Bezugsrichtung *f*

linhaça *f* / Leinsamen *m*

linhas *f pl* **de escoamento**, linhas *f pl* de Lüders / Fließfiguren *f pl*, Lüderssche Linien *f pl* ‖ ~ **de Fraunhofer** / Fraunhofersche Linien *f pl* ‖ ~ **isodinâmicas** / Isodynen *f pl* ‖ ~ **para atar** / Bindefäden *m pl*

linhita *f* / Braunkohle *f*, Lignit *m* ‖ ~ **de extracção** / Extraktionskohle *f* ‖ ~ **terrosa** / erdige (o. mulmige) Braunkohle

linho *m* / [echter] Flachs, Linnen *n*, Lein *m* ‖ **de** ~ / leinen ‖ ~ **adamascado** / Damastleinwand *f*, Leinendamast *m* ‖ ~ **cru** / Rohleinen *n*, roher Flachs ‖ ~ **em palha** / Strohflachs *m* ‖ ~ **penteado** / Reinflachs, Hechelflachs *m* ‖ ~ **puro** / Ganzleinen *n*

linhoso / leinartig

linoleato *m* **de chumbo** / Bleilinoleat *n*

linóleo *m* / Linoleum *n* ‖ ~ **marchetado** / Inlaidlinoleum *n*

linótipo *m*, linotipo *m* (artes gráf.) / Linotypemaschine *f*, Setz- und Gießmaschine für Zeilen

lintel *m* (constr. civil) / Bogensturz *m*, Sturz *m* ‖ ~ (carpint.) / Balkensturz *m*, Rahmstück *n*

linters *m pl* **de algodão** / Baumwolllinters *pl*

liofilização *f* / Gefriertrocknung *f*, Lyophilisation *f*

liofilizado / durch Gefrieren getrocknet

liofilizar / gefriertrocknen

liófobo / lyophob (Kolloid)

liólise *f* (química) / Lyolysis *f*

liparito *m* / Liparit *m*

lipase *f* (química) / Lipase *f*, Fettspalter *m*

lipídio *m*, lípide *m* (química) / Lipid *n*, Lipoid *n*

lipocromo *m* (química) / Lipochromfarbstoff *m*

lipóide / fett[art]ig, fettähnlich

lipólise *f* / Fettspaltung *f*, Lipolyse *f*

lipossolubilidade *f* / Fettlöslichkeit *f*

lipossolúvel / fettlöslich, im Fett löslich

liquação *f* / Flüssigmachen *n* nur eines von mehreren Legierungsbestandteilen, Seigern *n*, Seigerung *f*

liquefação *f* **do carvão** / Kohleverflüssigung *f*

liquefacção *f* / Flüssigmachung *f*, Verflüssigung *f* ‖ ~ **do ar** / Luftverflüssigung *f* ‖ ~ **do gás** / Gasverflüssigung *f*

liquefactor *m* / Verflüssiger *m*

liquefazer / verflüssigen, zum Schmelzen o. Fließen bringen, flüssig machen ‖ ~**-se** / schmelzen, flüssig werden, zerfließen

liquefeito / flüssig

líquen *m* / Flechte *f* ‖ ~ **dos tintureiros** / Färberflechte *f*

liquescente / schmelzend, flüssig werdend

liquidez *f* / Liquidität *f*, flüssiger Zustand

líquido *m* / Flüssigkeit *f*, Flüssiges *n* ‖ ~ *adj* / flüssig ‖ ~ (peso) / netto, rein ‖ ~ *m* **anisotrópico** / anisotrope Flüssigkeit, Flüssigkristall *m* ‖ ~ **corante** / Färbelösung *f* ‖ ~ **de coagulação** (química) / Koagulierungsflüssigkeit *f* ‖ ~ **de excitação** / Erregerflüssigkeit *f* ‖ ~ **de flotação** / Flotationstrübe *f* ‖ ~ **de refrigeração** / Kühlflüssigkeit *f*, -mittel *n* ‖ ~ **de têmpera** (siderurg.) / Härtemittel *n*, Abschreckmittel *n* ‖ ~ **denso** (prep.) / Schwerflüssigkeit *f* ‖ ~ **elevado** (bomba) / Fördermedium *n* ‖ ~ **ferrohidrodinâmico** / magnetische Flüssigkeit ‖ ~ **frigorífico** / Kühlflüssigkeit *f* ‖ ~**-líquido** / flüssig-flüssig ‖ ~ **obturador** / Sperrflüssigkeit *f* ‖ ~ **para travões** / Bremsflüssigkeit *f* ‖ ~ **sobrenadante** (esgotos) / Faul[raum]wasser *n* ‖ ~**-sólido** / flüssig-fest ‖ ~ **tintorial** / Färbeflüssigkeit *f*

lise *f* (química) / Lyse *f*

lisímetro *m* (agricult.) / Lysimeter *n*

lisina *f* (química) / Lysin *n*

liso (pano) / ungenoppt, glatt ‖ ~ (pneu) / glatt, ohne Profil ‖ ~ (fio) / knotenlos, glatt

lisol *m* (química) / Lysol *n*

lista *f* / Liste *f* ‖ ~ **classificada** / Branchen-Fernsprechbuch *n* ‖ ~ **de abate de árvores**, lista *f* de corte de árvores / Holzliste *f* ‖ ~ **de instrução** (informática) / Befehlsliste *f* ‖ ~ **de peças** / Stückliste *f* ‖ ~ **de reposição** (informática) / Ablage *f* nach dem Kellerungsprinzip ‖ ~ **discriminativa** / Bestückungsliste *f* ‖ ~ **telefónica** (telecom.) / Fernsprechbuch *n*, Teilnehmerverzeichnis *n*, Fernsprechverzeichnis *n*

listado / streifig

listagem *f* (informática) / Listenschreibung *f*, Auflisten *n*

listão *m* (constr. civil) / Aufschiebling *m*

listel *m* (carpint.) / Brustriegel *m* ‖ ~ **cobrejunta** (carpint.) / Deckleiste *f*, Fugen[deck]leiste *f*

listrado / gestreift, streifig

lisura *f* / Glätte *f*, Flachheit *f*

litargírio *m* / Glätte *f*, Bleiglätte *f* ‖ ~ **amarelo** / gelbe Glätte, Silberglätte *f* ‖ ~ **de ouro** / Goldglätte *f* ‖ ~ **de prata** / Silberglätte *f* ‖ ~ **fresco** / Fließglätte *f* ‖ ~ **reavivado** / Frischglätte *f*

literal *m* (informática) / Literal *n* ‖ ~ *adj* (informática, matem.) / Buchstaben...

literatura *f* / Schrifttum *n*

lítio *m* (química) / Lithium *n*

litocola *f* / Steinkitt *m*

litografia *f* / Lithographie *f* (Verfahren), Lithographie *f*, Steindruck *m* ‖ ~ **offset** / Offset-Lithographie *f*

litográfico / lithographisch

litógrafo *m* / Litograph *m*

litogravura *f* / Lithographie *f*

litologia *f* / Gesteinskunde, -beschreibung *f*

litopónio *m* / Emailweiß *n*, Lithopon *n*, Lithopone *f*, Zink[sulfid]weiß *n*

litopono *m* / Schwefelzinkweiß *n*, Lithopone *f*

litoral *m* / Litoral *n* ‖ ~ *adj* / an der Küste liegend, Küsten..., litoral ‖ ~ *m* **marítimo** / Meeresküste *f*

litorâneo / litoral, Ufer...

litorina *f* (técn. ferrov.) / Motortriebwagen *m*,

Schienenbus *m*
litosfera *f* / Lithosphäre *f*
litro *m* / Liter *m n*
living *m* (constr. civil) / Wohnzimmer *n*
livre (telecom.) / frei ‖ ~ (química) / ungebunden ‖ ~ (raio catód.) / selbstschwingend ‖ ~ **de álcool** / alkoholfrei ‖ ~ **de choques** / stoßfrei ‖ ~ **de escórias** / schlackenrein ‖ ~ **de interferências**, livre de parasitas (electrón.) / störfrei, störungsfrei ‖ ~ **de perturbações** (electrón.) / störungsfrei ‖ ~ **de rebarba** (máq., tecnol.) / gratfrei, -los ‖ ~ **de ruídos** (electrón.) / störungsfrei ‖ ~ **de vibrações** / stoßfrei
livremente programável / frei programmierbar
livrete *m* **de circulação de veículo** / Kraftfahrzeugschein *m*
livro *m* / Buch *n* ‖ ~ **brochado** / ungebundenes Buch ‖ ~ **de bordo** / Bordbuch *n* ‖ ~ **de registo de viagens** (autom.) / Fahrtenbuch *n* ‖ ~ **não encadernado** (artes gráf.) / Broschur *f*
lixa *f* / Schleifpapier, Schmirgelpapier *n*, Sandpapier *n*, Glaspapier *n* (zum Schleifen) ‖ ~ **de esmeril** / Schmirgelpapier *n* ‖ ~ **de vidro** / Glasleinwand *f* (zum Schleifen)
lixação *f* **de acabamento** / Feinschliff *m*
lixadeira *f* / Holzschleifmaschine *f*, Sandpapierschleifmaschine *f*, Sandpapiermaschine *f*, Schleifmaschine *f* für Holz ‖ ~ **de discos** / Scheibenschleifmaschine *f* ‖ ~ **orbital** (máq. ferram.) / Schwingschleifer *m* ‖ ~ **para cilindros** / Zylinderschleifmaschine *f* ‖ ~ **para soalhos** / Fußbodenschleifmaschine *f* ‖ **~-rebaixadora** *f* (marcenar.) / Falzschleifmaschine *f*
lixar / sandeln, schleifen
lixívia *f* / Lauge *f* ‖ ~ **cáustica** / Ätzalkalilauge *f* ‖ ~ **da coluna** (papel) / Turmlauge *f* ‖ ~ **de branquear** / Chlorbleichlauge *f* ‖ ~ **de cloro** (papel) / Chlorlauge *f* ‖ ~ **de sabão** / Seifenlauge *f* ‖ ~ **de salitre** / Salpeterlauge *f* ‖ ~ **de soda cáustica** / Ätznatronlauge *f*, Natronlauge *f* ‖ ~ **de sulfito** / Sulfitlauge *f* ‖ ~ **de sulfito residual** (papel) / Sulfitablauge *f* ‖ ~ **fresca** (papel) / Frischlauge *f*
lixiviação *f* / Auslaugen *n*, -laugung *f* ‖ ~ **de minério** / Erzlaugung, -laugerei *f* ‖ ~ **do solo** (silvicult.) / Auswaschung *f*
lixiviador *m* (papel) / Druckkocher *m* ‖ ~ **para pasta semiquímica** (papel) / Halbzellstoffkocher *m* ‖ ~ **rotativo** (papel) / Drehkocher *m*
lixiviar / extrahieren, laugen, auskochen, auslaugen, herauslösen (Paraffinentölung)
lixo *m* / Müll *m*, Kehricht *m* ‖ ~ **atómico** / Atommüll *m* ‖ ~ **atómico líquido** (técn. nucl.) / flüssiger Atommüll ‖ ~ **doméstico** / Hausmüll *m* ‖ ~ **radioactivo** (coll) / radioaktiver Abfall
lobado / lappig, gelappt
lobelina *f* (química) / Lobelin *n*
lobulado / gelappt, lappig
lóbulo *m* (antena) / Keule *f*, Lappen *m*, Strahlungskeule *f*, Schleife *f*, Zipfel *m* ‖ ~ **lateral** (antena) / Seitenzipfel *m*, -keule *f*, Nebenkeule *f* ‖ ~ **principal** (telecom.) / Hauptkeule *f*
locais, para ~ (h)úmidos (electr.) / Feuchtraum...
local *m* / Stelle *f*, Platz *m*, Ort *m*, Standort *m* ‖ ~ *adj* / lokal, Lokal..., örtlich ‖ ~ *m* **da obra** (constr. civil) / Ort *m* ‖ ~ **de descarga de terras** / Erdkippe *f* ‖ ~ **de estacionamento** (autom.) / Stellplatz *m*, Einstellplatz *m* ‖ ~ **de implantação de uma fábrica**, local *m* de implantação de uma usina / Standort *m* eines Werkes ‖ ~ **do incêndio** / Brandstelle *f*
localização *f* / Lokalisierung *f*, Ortsbestimmung *f*, Ortung *f* ‖ ~ **da cor no diagrama cromático** / Farbort *m* ‖ ~ **da fábrica ou usina** / Fabrikstandort *m* ‖ ~ **da trajectória de voo pelo radar** (aeronáut.) / Flugwegzeichen *n* ‖ ~ **de erros**, localização *f* de defeitos / Fehlerortsbestimmung *f*, Fehlersuche *f*, Fehlereingrenzung *f* ‖ ~ **por radar de precisão** / Feinortung *f*
localizador *m* **de linha** (telecom.) / Leitungssucher *m* ‖ ~ **do feixe de luz** / Lichtvisier *n*
localizar / lokalisieren ‖ ~ **uma avaria** / eine Störung eingrenzen
locar (matem., agrimen.) / auftragen (maßstäblich)
lock-out *m* (org. industr.) / Aussperrung *f*
locomoção *f* / Ortsveränderung *f*, Fortbewegung *f*
locomotiva *f* (técn. ferrov.) / Lokomotive *f*, Lok *f* ‖ ~ **a vapor** / Dampflok[omotive] *f* ‖ ~ **de cauda** (técn. ferrov.) / Leerlokomotive *f* (die einen Zug schiebt) ‖ ~ **de grupo conversor** / Umformer-Lokomotive *f* ‖ ~ **de remoção** (expl. minas) / Abraumlokomotive *f* ‖ ~ **Diesel** / Brennkraftlokomotive *f*, Diesellokomotive *f* ‖ ~ **eléctrica** / Elektrolokomotive *f*, elektrische Lokomotive ‖ ~ **para tráfego misto** (técn. ferrov.) / Lokomotive *f* für gemischten Dienst
locomóvel *f* / Lokomobile *f*
locutor *m* (tv, rádio) / Ansager *m*
lodo *m* (geral) / Schlamm *m* ‖ ~ (hidrául.) / Schlick *m* ‖ ~ **activado** / Belebtschlamm *m* ‖ ~ **anódico** / Anodenschlamm *m* ‖ ~ **costeiro** / Küstenschlick, -schlamm *m* ‖ ~ **de carvão** / Kohlenschlamm *m* ‖ ~ **de clarificação** / Klärschlamm *m* ‖ ~ **de perfuração** (expl. minas) / Bohrschlamm *m* ‖ ~ **de selénio** / Selenschlamm *m* ‖ ~ **putrificado** (esgotos) / Faulschlamm *m*
lodoso / schlammig
loess *m*, loesse *m* (geol) / Löß *m*
logarítmico / logarithmisch
logaritmo *m* (matem.) / Logarithmus *m* ‖ ~ **decimal**, logaritmo *m* de Briggs / Briggsscher Logarithmus, gemeiner [o. gewöhlicher o. dekadischer] Logarithmus, Zehnerlogarithmus ‖ ~ **natural**, logaritmo *m* hiperbólico, logaritmo *m* neperiano / Logarithmus naturalis *m*, ln
'logger' *m* / Datenlogger *m*, Meßwerterfasser *m*
loggia *f* (constr. civil) / Loggia *f*
lógica *f* **de circuitos** / Schaltkreislogik *f* ‖ ~ **de partição** (informática) / gemeinsame Logik ‖ ~ **de reconhecimento** / Erkennungslogik *f* (OCR) ‖ ~ **díodo-transistor** / Dioden-Transistor-Logik, DTL-Technik *f* ‖ ~ **matemática** (matem.) / Logistik *f*, symbolische o. mathematische Logik ‖ ~ **não saturada** (informática) / Logik *f* mit nicht gesättigten Transistoren ‖ ~ **saturada** (informática) / Logik *f* mit gesättigten Transistoren
lógico / logisch
logística *f* (armamento) / Versorgungswesen *n*, Logistik *f* ‖ ~ (matem.) / symbolische [o. mathematische] Logik
logístico (armamento) / logistisch, Nachschub...
logotipo *m* (geral) / Typenschild *n*, Typschild *n* ‖ ~ (artes gráf.) / Logotype *f*
logro *m* **radioeléctrico** / Funktäuschung *f*
lomba *f* **de um dique** (hidrául.) / Eselsrücken *m*
lombada *f* (artes gráf.) / Buchrücken *m*, Rücken *m* ‖ ~ **de couro** (artes gráf.) / Lederrücken *m* ‖ ~ **de tela** (artes gráf.) / Leinenrücken *m*
lona *f* **para pneus** / Reifengewebe *n*
longarina *f* (ponte) / Längsträger *m* ‖ ~ (aeronáut.) / Längsträger *m*, Holm *m* ‖ ~ (autom.) / Bodenlängsträger *m* ‖ ~ (constr. civil) / Dachlängsträger *m* ‖ ~ (expl. minas) / Läufer *m*, Längsträger *m* ‖ **de uma** ~ (aeronáut.) / einstielig ‖ **de uma só** ~ (aeronáut.) / einholmig ‖ ~ **amortecedora** (aeronáut.) / Federstrebe *f* ‖ ~ **articulada** (ponte) / Gelenkholm *m* ‖ ~ **da asa** (aeronáut.) / Flügelholm *m* ‖ ~ **de apoio das travessas** (ponte) / Schwellenträger *m* ‖ ~ **transversal** (constr. metál.) / Querträger *m*

longerão *m* (técn. ferrov.) / Längsträger *m*
longitude *f* (geogr.) / Länge *f* ‖ ~ **celeste** / Himmelslänge *f* ‖ ~ **terrestre** / geographische Länge
longitudinal / der Länge nach, longitudinal, Längs...
longo / lang ‖ **ao ~ de** / längs
loop *m* (electr.) / Schleife *f* ‖ ~ **de ligação à terra** (telecom.) / Erdfehlerschleife *f* ‖ ~ **iterativo** (informática) / Iterationsschleife *f*
looping *m* (aeronáut.) / Looping *m n*
losango *m* (matem.) / Raute *f*, Rhombus *m*
lote *m* (geral) / Partie *f*, Posten *m*, abgeteilte Menge ‖ ~, terreno *m* para construção (constr. civil) / Grund *m* ‖ ~ (constr. civil) / Los *n*, Baulos *n* ‖ ~ (informática) / Stapel *m* ‖ ~ **de produção** / Fertigungslos *n* ‖ ~ **de terreno** / Parzelle *f*
loteamento *m* / Verschnitt *m* (Wein)
lotear / verschneiden (Wein)
louça *f* (cerâm.) / Geschirr *n* (Ton-, Steingut, Porzellan) ‖ **de ~** / irden ‖ ~ **de barro** / Töpfergut, -geschirr *n* ‖ ~ **de uso corrente** / Gebrauchsgeschirr *n* ‖ ~ **sanitária** (cerâm.) / sanitäres Steinzeug (o. Steingut)
lousa *f* / Dachschiefer *m* ‖ ~ **de cobertura** / Deckstein *m*, -platte *f*
loxodroma *f* / Loxodrome *f*, Kursgleiche *f*
loxodrómico / loxodromisch
LSD *f*, dietilamina *f* de ácido lisérgico / LSD *n*, Lysergsäurediethylamid
lubricidade *f* / Lubrizität *f*
lubrificação *f* / Schmierung *f*, Schmieren *n*, Ölung *f*, Ölen *n* ‖ ~ (têxtil) / Einschmälzen *n* ‖ **de ~ automática** / selbstschmierend ‖ ~ **a anel** / Ringschmierung *f* ‖ ~ **a gás** / Gasschmierung *f* ‖ ~ **a óleo** / Ölschmierung *f* ‖ ~ **a óleo sob pressão** / Öldruckschmierung *f* ‖ ~ **automática** / Selbstschmierung *f* ‖ ~ **com fluido ideal** / ideale Schmierung ‖ ~ **com gordura** / Fettschmierung *f* ‖ ~ **hidrodinâmica** / reine Flüssigkeitsschmierung, Vollschmierung *f* ‖ ~ **por anéis recolhedores** / Abstreifschmierung *f* ‖ ~ **por banho** (mot.) / Badschmierung *f* ‖ ~ **por cárter seco** (mot.) / Trockensumpfschmierung *f* ‖ ~ **por circulação de óleo** / Ölumlaufschmierung *f* ‖ ~ **por contacto próximo** / Epilamenschmierung *f*, Grenzschmierung *f* ‖ ~ **por imersão** / Eintauchschmierung *f*, Tauchschmierung *f*, Tauchbadschmierung *f* ‖ ~ **por líquido** / Flüssigkeitsschmierung *f* ‖ ~ **por mistura de óleo e gasolina** (mot.) / Gemischschmierung *f* ‖ ~ **por ou sob pressão** (autom.) / Druckschmierung *f* ‖ ~ **por pressão única** / Eindruckschmierung *f* ‖ ~ **por salpicos de óleo** / Ölspritzschmierung *f*, -schleuderschmierung *f* ‖ ~ **prevista na origem** / Erstschmierung *f* ‖ ~ **sob pressão** / Druckölung *f* ‖ ~ **sob pressão em circuito fechado** / Druckumlaufschmierung *f*
lubrificador *m* / Schmierapparat *m*, Öler *m* ‖ ~ **angular** / Winkelschmierbüchse *f* ‖ ~ **com conta-gotas** / Tropföler *m*, Öltropfapparat *m* ‖ ~ **com fecho telescópico** / Schnappöler *m* ‖ ~ **com tampa de charneira** / Klappöler *m* ‖ ~ **de chapeleta** / Helmöler *m* ‖ ~ **de mecha** / Dochtöler *m* ‖ ~ **de óleo sob pressão** / Drucköler *m* ‖ ~ **mecânico** / Selbstöler *m* ‖ ~ **Stauffer** / Staufferbuchse *f*
lubrificante *m* (autom.) / Schmiermittel *n*, Schmierstoff *m* ‖ ~ (máq., tecnol.) / Abschmierfett *n* ‖ ~ **consistente** / Feststoffschmiermittel *n* ‖ ~ **de extrema pressão** / EP-Schmiermittel *n*, Hochdruck-Schmiermittel *n* ‖ ~ **de trefilar** / Ziehfett *n* ‖ ~ **grafítico** / Graphitschmiere *f*, -schmiermittel *n* ‖ ~ **para laminagem a quente** / Heißwalzenschmiere *f* ‖ ~ **para separação do molde** (plást.) / Formentrennmittel *n* ‖ ~ **refrigerador** / Kühlschmierstoff *m* ‖ ~ **sólido** / Feststoffschmiermittel *n*, Festschmierstoff *m*
lubrificantes *m pl* / Schmierstoffe *m pl*
lubrificar (máq., tecnol.) / schmieren, ölen, fetten, abschmieren
lucarna *f* (constr. civil) / Dachluke *f*, -fenster *n*, Gaube *f*
lugar *m* / Ort *m*, Platz *m*, Stelle *f* ‖ **de um ~** / einsitzig, Einsitzer...
lumeeira *f* (constr. civil) / Luke *f*
lúmen *m* / Lumen *n*, lm ‖ **~-hora** *m* / Lumenstunde *f*
luminância *f* / Helligkeit *f*, Lichtstärke *f* (Leuchtdichte x Fläche), Leuchtdichte *f*, Luminanz *f* ‖ ~ **para a visão escotópica** / Dunkelleuchtdichte *f*
luminancímetro *m* / Luminanzmesser *m*
luminar / lichterzeugend
luminária *f* / leuchtender Körper, Leuchte *f*, Illu-Kleinlampe *f*
luminescência *f* / Leuchtanregung *f*, Leuchten *n* ‖ ~ (física) / Lumineszenz *f* ‖ ~ (electr.) / Nachleuchten *n* ‖ ~ **azul** (tv) / Blaulicht *n* ‖ ~ **de recombinação** (técn. nucl.) / Wiedervereinigungsleuchten *n*
luminescente / lumineszierend, lichterzeugend, selbstleuchtend
luminóforo *m* / Luminophor *m*, Leuchtstoff *m*
luminosidade *f* (geral) / Leuchtkraft *f* ‖ ~ (geral, tv) / Helligkeit *f* ‖ **de baixa ~** (tv) / lichtschwach ‖ ~ **da Terra** / Erdschein *m* ‖ ~ **de referência** / Bezugshelligkeit *f* ‖ ~ **de um instrumento** / Helligkeit *f*, Lichtstärke *f* eines Instruments
luminoso *m* / Leuchtreklame *f* ‖ ~ *adj* / leuchtend, lichterzeugend, Leucht...
luminotécnica *f* / Lichttechnik im Theater, Beleuchtungstechnik *f*
lunar / lunar, Mond...
luneta *f* / Lünette *f* ‖ ~ (torno) / Setzstock *m* ‖ ~ (constr. civil) / Stichkappe *f*
lupa *f* / Vergrößerungsglas *n*, Lupe *f* ‖ ~ **com armação de óculos** / Brillenlupe *f* ‖ ~ **de ferro** (siderurg.) / Eisenluppe *f* ‖ ~ **fotoscópica** / Bildlupe *f*
lupinidina *f* / Lupinidin *n*
lupinus *m* (agricult.) / Lupine *f*
lupulina *f* / Hopfenbitter *n*, -bittersäure *f*, -bitterstoff *m*, Lupulin *n*
lúpulo *m* / Hopfen *m*, Humulus lupulus *m*
lustrar / blankziehen
lustre *m* (geral) / Glanz *m*, Leuchtkraft, Helligkeit *f* ‖ ~ / Glanz *m*, Politur *f*, Feuer *n*, Oberflächenglanz *m* ‖ ~ / Lüster *m*, Deckenleuchte *f*, -beleuchtungskörper *m*, Kronleuchter *m*
lustrina *f*, lustrilho *m* (têxtil) / Lüster[stoff] *m*, Lustrin *m*, Glanzkattun *m*
lustrino (têxtil) / lüstern
lustro *m* / Politur *f*, Glanz *m*, Oberflächenglanz *m* ‖ **dar ~** / bräunen (Messing), glänzen *vt* ‖ ~ **cintilante** / Schillerglanz *m*
lustroso / lüstern, glänzend
luta *f* **contra a poluição sonora** / Geräuschbekämpfung *f* (Umweltschutz) ‖ ~ **contra incêndios** / Feuerbekämpfung *f* ‖ ~ **contra o fogo** / Feuerbekämpfung *f*
lutécio *m*, Lu / Lutetium *n*, Lu, Cassiopeium *n*
luteína *f* (química) / Lipochromfarbstoff *m*
luva *f* / Überschiebmuffe *f*, Büchse *f*, Muffe *f*, Stutzen *m* ‖ ~ **de aperto** / Klemmhülse *f* ‖ ~ **de cabo** / Seilkupplung *f*, -muffe *f*, -hülse,f., Kabeltülle *f* ‖ ~ **de conexão de tubo** / Rohrmuffe *f* ‖ ~ **de couro** / Ledermanschette *f* ‖ ~ **de cruzamento** (electr.) / Kreuzungsmuffe *f* ‖ ~ **de dilatação** / Dehnungszwischenstück *n*, -muffe *f* ‖ ~ **de flange** (tubagem) / E-Stück *n*,

Flanschmuffenstück *n* ‖ ~ **de fricção** (têxtil) / Nitschelhose *f*, Reibband *n* ‖ ~ **de redução** / Absatzmuffe *f*, verjüngte Muffe, Übergangsmuffe *f* ‖ ~ **de união roscada** / Verbindungsmuffe *f* für Rohrverschraubungen ‖ ~ **dupla** (máq., tecnol.) / Doppelmuffe *f* ‖ ~ **redutora** (máq. ferram.) / Reduziereinsatz *m*, -futter *n* ‖ ~ **resiliente** / Dehnhülse *f* ‖ ~ **roscada** / Schraubmuffe *f* ‖ ~ **terminal** / Abschlußhülse *f*

lux *m*, lx / Lux *n*, lx (lm/m^2)

luxímetro *m* / Belichtungsmesser *m*, Luxmeter *n*, Beleuchtungsmesser *m*

luz *f* / Licht *n* ‖ ~ / Leuchte *f* ‖ ~ (constr. civil) / Spannweite *f*, lichte Weite, Lichte *f* ‖ ~ / Luftraum innerhalb eines Gebäudes ‖ **à prova de** ~ / lichtdicht ‖ **que absorve a** ~ / lichtschluckend ‖ ~ **a incandescência de gás** / Gaslicht, Auerlicht *n* ‖ ~ **amarela** (tráfego) / Gelblicht *n* ‖ ~ **ambiente** / Raumlicht *n* ‖ ~ **anti-solar** (astron.) / Gegenschein *m* ‖ ~ **artificial** / Kunstlicht *n* ‖ ~ **avisadora** / Warnlicht *n* ‖ ~ **cintilante** (naveg.) / Funkelfeuer *n* ‖ ~ **constante** / Gleichlicht *n* ‖ ~ **de cauda** (aeronáut.) / Hecklicht *n* ‖ ~ **de delimitação** (aeronáut.) / Umrandungsfeuer *n* ‖ ~ **de demarcação** (aeródromo) / Grenzlicht *n* ‖ ~ **de estacionamento** (autom.) / Parklicht *n*, -leuchte *f* ‖ ~ **de gás incandescente** / Gasglühlicht *n* ‖ ~ **de perigo** (aeronáut.) / Gefahrenfeuer *n* ‖ ~ **de popa** / Hecklicht *n*, -laterne *f* ‖ ~ **de posição** (autom.) / Begrenzungsleuchte *f*, Standlicht *n* ‖ ~ **de posição** (aeronáut., navio) / Positionslicht *n* ‖ ~ **de sinalização** / Blickfeuer *n* ‖ ~ **de sinalização de paragem** (autom.) / Stopplicht *n*, Bremsleuchte *f* ‖ ~ **de tubos fluorescentes** / Röhrenlicht *n* ‖ ~ **de Wood** / Schwarzlicht *n* ‖ ~ **difusa** / Streulicht *n* ‖ ~ **do arco voltaico** / Bogenlicht *n* ‖ ~ **do dia** / Tageslicht *n* ‖ ~ **eléctrica** / elektrisches Licht ‖ ~ **fria** / kaltes Licht ‖ ~ **gerada por descarga luminosa** / Glimmlicht *n* ‖ ~ **incandescente ou de incandescência** / Glühlicht *n* ‖ ~ **incidente** (óptica) / Auflicht *n*, einfallendes Licht ‖ ~ **indirecta** (constr. civil) / indirektes Licht ‖ ~ **intermitente em série** (aeronáut.) / Gruppenblitzfeuer *n* ‖ ~ **monocromática** / einwelliges Licht ‖ ~ **natural** / Tageslicht *n* ‖ ~ **negra** / Schwarzlicht *n* ‖ ~ **parasita** (técn. fotogr.) / Nebenlicht *n*, Falschlicht *n* ‖ ~ **profusa** / Flutlicht *n* ‖ ~ **sinalizadora de aproximação** (aeronáut.) / Anschwebelicht *n* ‖ ~ **solar** / Tageslicht *n* ‖ ~ **transmitida** / Durchlicht *n*

luzerna *f* (agricult.) / Alfalfa *f*, Medicago sativa *f*, Luzerne *f*

luzes *f pl* **de aproximação** (aeronáut.) / Anflugbefeuerung *f*

M

macacão *m* / Arbeitsanzug *m* ‖ ~ **espacial** (astronáut.) / Raumanzug *m*

macaco *m* (autom.) / Wagenheber *m* ‖ ~ **de rosca** / Hebeschraube *f*, Schraubenwinde *f* ‖ ~ **do bate-estacas** (constr. civil) / Bär *m*, Fallbär *m* ‖ ~ **manual** (autom.) / Handwinde *f* ‖ ~ **para carris**, macaco *m* para trilhos / Schienenheber *m*, -hebewinde *f*

macadame *m* / Makadam *m n* ‖ ~ **alcatroado** (constr. rodov.) / Teermakadam *m* ‖ ~ **de asfalto** (constr. rodov.) / Asphaltmakadam *m n* ‖ ~ **impregnado de asfalto** (constr. rodov.) / Asphalttränkmakadam *m n*

macadamização *f* / Makadamisierung *f*

macadamizar / makadamisieren

maçaneta *f* / Klinke *f* ‖ ~ **de porta** / Türklinke *f*, Türgriff *m*

macaréu *m* / Sturmflut *f* ‖ ~ (hidrául.) / Bore *f*

maçarico *m* / Lötbrenner *m* ‖ ~ **a gás oxídrico** / Wasserstoff-Sauerstoff-Brenner *m* ‖ ~ **a óleo** / Ölbrenner *m* ‖ ~ **a oxigénio** / Brennschneidemaschine *f* ‖ ~ **atmosférico** / gebläseloser Brenner ‖ ~ **"cauda de peixe"** / Fischschwanz *m*, Fischschwanzbrenner *m* ‖ ~ **chato** / Flach-Schlitzbrenner *m* ‖ ~ **de baixa pressão** (sold) / Injektorbrenner *m* ‖ ~ **de bico invariável** (sold) / Einzelbrenner *m* ‖ ~ **de chama laminar** / Flach-Schlitzbrenner *m* ‖ ~ **de corte** / Schneidapparat *m*, Schneidbrenner *m* ‖ ~ **de corte autogéneo** / Gasschneidbrenner *m* ‖ ~ **de gás** / Gasbrenner *m* ‖ ~ **de soldar e cortar** / Schweiß- und Schneidbrenner *m* ‖ ~ **[de sopro]** / Lötrohr *n* ‖ ~ **de temperar à chama** / Härtebrenner *m* ‖ ~ **em forma de rabo de peixe** / Flachbrenner *m* ‖ ~ **oxiacetilénico** / Autogen-Schneidbrenner *m*, Schweißbrenner *m*, -apparat *m* ‖ ~ **para desenferrujar** / Entrostungsbrenner *m* ‖ ~ **para soldadura autogénea**, maçarico *m* para soldadura a gás / Gasschweißbrenner *m* ‖ ~ **para soldadura subaquática** (sold) / Unterwasserbrenner *m* ‖ ~ **plano** / Flachbrenner *m*

maçaroca *f* (tecel.) / Fadenverdickung *f*

maceração *f* / Rotten *n*, Rotte *f*, Mazeration *f*, Mazerierung *f*

macerar / abweichen, losweichen ‖ ~ (química) / mazerieren, auslaugen ‖ ~ (indústr. cervej.) / maischen, einmaischen ‖ ~ (madeira) / beizen, färben ‖ ~ (linho) / rotten, rösten

macéria *f* / Steinpackung *f*, trockene Futtermauer

macete *m* / Handfäustel *m* ‖ ~ (expl. minas) / Schlägel *m*

machado *m* / Axt *f*, Handbeil *n*, Beil *n* ‖ ~ **com martelo** (expl. minas) / Axthammer *m* ‖ ~ **de carpinteiro** / Lenkbeil *n* ‖ ~ **de lâmina larga** / Breitbeil *n* ‖ ~ **de lenhador** / Baumaxt *f*, Holzhaueraxt *f*, Holzaxt *f*, Fällaxt *f*

macho *m* (máq., tecnol.) / Seele *f*, Kern *m* ‖ ~ (fundição) / Kern *m* ‖ **de** ~ / hohl (z.B. Kernguß) ‖ ~ **calibrador** / Bohrlehre *f* ‖ ~ **calibrador para roscas** / Gewindelehrdorn *m* ‖ ~ **cónico** / Gewindevorschneider *m*, Vorschneider *m* ‖ ~ **de abrir roscas** / Gewindebohrer *m* ‖ ~ **de acabamento** / Gewindenachschneider *m* ‖ ~ **de máquina de abrir roscas** / Maschinengewindebohrer *m* ‖ ~ **de meia-esquadria** / Gehrungszinken *m* ‖ ~ **de tarraxa** / Schneidbohrer *m* ‖ ~ **de torneira** / Küken, Hahnküken *n*, Hahnkegel *m* ‖ ~ **e fêmea** (marcenar.) / Nut und Feder, Spundung *f* ‖ ~ **e fêmea** (flange) / Nut und Feder *f* ‖ ~ **manual** / Handgewindebohrer *m*

maciço *m* (geol) / Massiv *n* ‖ ~ *adj* / gediegen, massig, massiv, vollwandig ‖ ~ *m* **de minério** (expl. minas) / Erzpfeiler *m* ‖ ~ **de terreno** (expl. minas) / Gebirgsmassiv *n* ‖ ~ **orográfico** (geol) / Gebirgsmassiv *n* ‖ ~ **rochoso** (expl. minas) / Gebirge *n*, Gebirgsart *f*

macieza *f* / Weichheit *f*

macio / wollig, weich, milde, sanft

macla *f* / Zwillingskristall *m*

maço *m* / großer Hammer ‖ ~ (expl. minas) / Treibfäustel *m*, Schlägel *m* ‖ ~ **de calafate** / Dichthammer *m*, Kitthammer *m* ‖ ~ **de calceteiro** (constr. rodov.) / Ramme *f*, Handramme *f* ‖ ~ **do bate-estacas** / Fallbär *m* ‖ ~ **tombante de martinete** / Hammerbär *m*

macro... / Makro...

macroclima *m* / Großklima *n*
macroestrutura *f* / Grobgefüge *n*, Grobstruktur *f*
macrografia *f* / Grobgefügebild *n*
macroinstrução *f* (informática) / Makrobefehl *m* ‖ ~ **externa** / äußerer Makrobefehl ‖ ~ **interna** / innerer Makrobefehl
macromolécula *f* / Makromolekül *n*, -molekel *f*
macroprograma *m* (informática) / Anwenderprogramm, Makroprogramm *n*
macroscópico / makroskopisch, mit bloßem Auge sichtbar
macular (artes gráf.) / abschmutzen
maculatura *f* (artes gráf.) / Schmitz *m*, Schmutzbogen *m*, Abschmutzbogen *m*, Makulatur *f*, Abfallpapier *n*
madeira *f* / Holz *n* ‖ **de** ~ / hölzern, Holz... ‖ **sem [pasta de]** ~ (papel) / holzfrei ‖ ~ **aglomerada** / verdichtetes Holz, Kunstholz *n* ‖ ~ **branca**, madeira *f* branda / Weichholz *n* ‖ ~ **canforada** / Kampferholz *n* ‖ ~ **compensada** / Sperrholz *n* ‖ ~ **cortada de comprido** / Langholz *n* ‖ ~ **cortada em cruz** (carpint.) / Kreuzholz *n* ‖ ~ **curva** (carpint.) / Krummholz *n* ‖ ~ **de abeto** / Fichtenholz *n* ‖ ~ **de álamo** / Espenholz *n* ‖ ~ **de álamo negro** / Schwarzpappelholz *n* ‖ ~ **de aloés** / Calambakholz *n* ‖ ~ **de árvores caducifólias**, madeira *f* de árvores deciduifólias / Laubholz *n* ‖ ~ **de balsa** / Balsaholz *n* ‖ ~ **de campeche** / Blauholz *n* ‖ ~ **de carpintaria** / Stapelholz *n* ‖ ~ **de coníferas** / Nadelholz *n* ‖ ~ **de construção** / Bauholz *n*, Zimmerholz *n* ‖ ~ **de corte radial** / Spiegelholz *n* ‖ ~ **de descasque** / Furnierschälholz *n* ‖ ~ **de ébano** / Ebenholz *n* ‖ ~ **de enchimento** / Füllholz *n* ‖ ~ **de eucalipto** / Eukalyptusholz *n* ‖ ~ **de fustete** (tinturaria) / Fustikholz *n* ‖ ~ **de lariço** / Lärchenholz *n* ‖ ~ **de meia secção** / Halbholz *n* ‖ ~ **de mina** / Grubenholz *n* ‖ ~ **de outono** / Herbstholz *n* ‖ ~ **de pereira** / Birnbaumholz *n* ‖ ~ **de quebracho** / Quebrachoholz *n* ‖ ~ **de raiz** / Wurzelholz *n* ‖ ~ **de resinosas** / Nadelholz *n* ‖ ~ **de sândalo** / Sandelholz *n* ‖ ~ **de teca** / Teakholz *n* ‖ ~ **de teixo** / Taxusholz *n*, Eibenholz *n* ‖ ~ **de testa** / Hirnholz *n* ‖ ~ **de tronco** / Stockholz *n* ‖ ~ **do tronco** (geral) / Stammholz *n* ‖ ~ **em bruto** / Ganzholz *n* ‖ ~ **esquadriada** / Kantholz *n* ‖ ~ **estratificada** / Schichtholz *n*, Lagenholz *n* ‖ ~ **flutuante** / Treibholz *n* ‖ ~ **folheada** / Furnierholz *n*, furniertes Holz ‖ ~ **macia** / Weichholz *n* ‖ ~ **maciça** / Vollholz *n* ‖ ~ **maleável** / Formvollholz *n* ‖ ~ **morta** / abgestorbenes Holz ‖ ~ **nodosa** / Knorrenholz *n*, Maserholz *n* ‖ ~ **para faxina** / Faschinenholz *n* ‖ ~ **para guarnecer interiormente** / Einlageholz *n*, -klotz *m* ‖ ~ **para pasta** (papel) / Zellstoffholz *n*, Faserholz *n* ‖ ~ **para tanoaria** / Faßholz *n* ‖ ~ **prensada** / Preßholz *n* ‖ ~ **raiada** / Maserholz *n* ‖ ~ **redonda** / Rundholz *n* ‖ ~ **resinosa** / Kienholz *n* ‖ ~ **serrada** / Schnittholz *n* ‖ ~ **tintória** / Farbholz *n* ‖ ~ **tratada quimicamente** / Chemieholz *n* ‖ ~ **verde** / frisches Holz
madeiramento *m* **do telhado** / Dachstuhl *m*
madeixa *f* (fiação) / Strähne *f* ‖ ~ (tecel.) / Schneller *m*
madrepérola *f* / Perlmutter *f*, Perlmutt *n*
maduro / reif (Frucht)
magma *f* (geol) / Magma *n* ‖ ~ **ígnea** / feuerflüssiges Magma
magmático / magmatisch
magnésia *f* / Talkerde *f*, Bittererde *f*, Magnesia *f*, Magnesiumoxid *n* ‖ ~ **calcinada** / gebrannte Magnesia, Magnesia *f* usta
magnésio *m*, Mg / Magnesium *n*, Mg
magnetão *m* (física) / Magneton *n*
magnete *m* (física) / Magnet *m*
magnetelectricidade / Magnetelektrizität *f*
magneteléctrico / magnetelektrisch, Drehspul...
magnético / magnetisch, Magnet... ‖ ~ (naveg.) / mißweisend
magnetismo *m* / Magnetismus *m* ‖ **de** ~ **permanente** / dauermagnetisch ‖ ~ **do pólo sul** / Südmagnetismus *m* ‖ ~ **livre** / freier Magnetismus ‖ ~ **natural** / freier Magnetismus
magnetita *f*, magnetite *f* (mineralog.) / Magnetit *m*, Magneteisenstein *m*
magnetizabilidade *f* / Magnetisierbarkeit, -fähigkeit *f*
magnetização *f* / Magnetisierung *f* ‖ ~ **latente** (física) / latente Magnetisierungsfähigkeit ‖ ~ **normal** / Höchstmagnetisierung *f* bei reiner Wechselmagnetisierung ‖ ~ **oblíqua** / Schrägmagnetisierung *f* ‖ ~ **transversal** / Quermagnetisierung *f*
magnetizar / aufmagnetisieren, mit dem Magnet bestreichen, magnetisieren ‖ ~ **até à saturação** / magnetisch sättigen
magnetizável / magnetisierbar
magneto *m* / Magnet *m*, magnetelektrische Maschine *f* ‖ ~ (autom.) / Magnetzünder, -apparat *m* ‖ ~ **com induzido fixo** (autom.) / Magnetzünder *m* mit feststehendem Anker ‖ ~ **com induzido rotativo** (autom.) / Magnetzünder mit umlaufendem [Hochspannungs-]Anker
magnetoeléctrico / Drehspul..., magnetelektrisch
magnetómetro *m* / Magnetometer *n*, erdmagnetisches Instrument
magnetomotriz / magnetomotorisch
magnéton *m* (física) / Magneton *n*
magnetopirita *f*, magnetopirite *f* (mineralog.) / Magnetkies *m*
magnetóptica *f* / Magnetooptik *f*
magnetóptico / magnetooptisch
magnetorresistência *f*, magnetorresistor *m* / Feldplatte *f*
magnetoscópico / magnetoskopisch
magnetoscópio *m* / Magnetoskop *n*
magnetostricção *f* / Magnetostriktion *f* ‖ ~ **longitudinal** / Längsmagnetostriktion *f*
magnetrão *m* / Magnetron *n* ‖ ~ **de alheta**, magnétron *m* de alheta / Fahnenmagnetron *n* ‖ ~ **de ondas de propagação**, magnétron *m* de ondas progressivas / Magnetfeldröhre *f*, Laufzeitröhre *f* mit gekreuzten Feldern
magnificação *f* / Lupenvergrößerung *f* ‖ ~ **lateral** (óptica) / Quervergrößerung *f* ‖ ~ **longitudinal** (óptica) / Achsenvergrößerung *f*, Längsvergrößerung *f*
magnitude *f* (astron.) / Magnitudo *f* *(pl: -tudines)*, mag, Leuchtkraftklasse *f* ‖ ~ **da corrente alternada** / Wechselstromgröße *f* ‖ ~ **estelar** (astron.) / Größenklasse *f*
maiólica *f* / Majolika *f*
maior / größer
mais recente / letzt, neuest
maiúscula *f* (artes gráf.) / Großbuchstabe *m*, Majuskel *f*, Versalie *f*
majólica *f* / Majolika *f*
mal *m* **dos mergulhadores** / Caissonkrankheit *f* ‖ ~ **vedado** / undicht, leck
mala *f* **directa** (informática) / elektronische Post
malaquita *f* (mineralog.) / natürliches Kupfergrün, Malachit *m*
malato *m* (química) / Malat *n*
malaxar argila / Lehm stampfen
maleabilidade *f* / Streckbarkeit *f*, Hämmerbarkeit *f*, Dehnbarkeit *f*, Verformbarkeit *f*, Schmiedbarkeit *f* ‖ ~ **a quente** / Warmverformbarkeit *f*
maleabilização *f* **por descarburação** / Glühfrischen *n* ‖ ~ **por grafitização** (siderurg.) / Graphitisieren *n*
maleabilizar / tempern ‖ ~ **por descarburação** / glühfrischen

maleato *m* (química) / Maleat *n*
maleável / streckbar, plastisch verformbar, hämmerbar, schmiedbar, dehnbar
malha *f* / Masche *f* ‖ **de ~ firme** / maschenfest, laufmaschenfest ‖ **de ~s apertadas** / engmaschig ‖ **de ~s estreitas** / feinmaschig ‖ **de ~s grandes ou largas** / großmaschig, weitmaschig ‖ **de pequenas ~s** / feinmaschig ‖ **fazer ~** / stricken, wirken ‖ **~ caída** / Fallmasche *f*, Laufmasche *f*, Fallzug *m* ‖ **~ dupla** / Fangmasche *f*
malharia *f* / Wirkartikel *m pl*, Wirkerei *f*, Strickwaren *f pl*, Wirkwaren *f pl*
malhas *f pl* **do corpo de liços** (tecel.) / Harnischlitzen *f pl*
malha-sol *f* (constr. civil) / Bewehrungsmatte *f*, Baustahlgewebe *n* ‖ **~ para betão**, malha-sol *f* para concreto / Betonstahlmatte *f*
malhete *m* **em meia-esquadria** (marcenar.) / Anblattung auf Gehrung
malho *m* (expl. minas) / Fäustel *m*, Schlägel *m* ‖ **~ para forja** / Bankhammer *m*
malogro *m* **da missão** (astronáut.) / Einsatzabbruch *m*
malonato *m* (química) / Malonat *n*
maltagem *f* / Mälzerei *f* (Tätigkeit)
maltar / malzen
malte *m* / Malz *n* ‖ **~ amarelo** / Welkmalz *n* ‖ **~ corante** / Farbmalz *n* ‖ **~ para a indústria cervejeira** / Braumalz *n* ‖ **~ partido** / Malzschrot *n* ‖ **~ seco ao ar** / Schwelkmalz *n*, abgeschwelktes Malz ‖ **~ seco na estufa ou no forno**, malte *m* torrefeito, malte *m* torrificado / Darrmalz *n* ‖ **~ triturado** / Schrot *m n* ‖ **~ verde** / Grünmalz *n* ‖ **~ vítreo** / Glasmalz *n*
maltina *f* / Maltin *n*
maltose *f* / Maltose *f*, Malzzucker *m*
mancal *m* (máq., tecnol.) / Lager *n* ‖ **~ articulado** / Drehlager *n* ‖ **~ axial** (máq., tecnol.) / Axial[druck]lager *n*, Drucklager *n* ‖ **~ axial duplo** / Doppeldrucklager *n* ‖ **~ basculante** / Kipplager *n* ‖ **~ cónico** (máq., tecnol., máq. ferram.) / Kegellager *n* ‖ **~ corrediço** / Gleitlager *n* ‖ **~ da manivela** / Kurbellager *n* ‖ **~ da mola** (autom.) / Federlager *n* ‖ **~ de bronze** (máq., tecnol.) / Bronzelager *n* ‖ **~ de cavalete** / Bocklager *n* ‖ **~ de colar** (máq., tecnol.) / Halslager *n* ‖ **~ de coquilhas** / Schalenlager *n* ‖ **~ de coroa de rolos** / Rollenkranzlagerung *f* ‖ **~ de deslize** / Gleitlager *n* ‖ **~ de encosto com colares múltiplos** / Kammlager *n* ‖ **~ de lubrificação** / Schmierlager *n* ‖ **~ de mola** / gefedertes Lager, federndes Lager ‖ **~ de pressão da embraiagem**, mancal *m* de pressão da embreagem (autom.) / Kupplungsdrucklager *n* ‖ **~ de resina sintética** (lamin.) / Kunstharzlager *n* ‖ **~ de rolamento** (geral) / Wälzlager *n* ‖ **~ de roletes de dilatação** / Dehnungsrollenlager *n* ‖ **~ de rolos** / Rollenlager *n* ‖ **~ de rolos elásticos** / Federrollenlager *n* ‖ **~ de rótula** / Kipplager *n* ‖ **~ de tecto** / Deckenlager *n*, Hängelager *n* ‖ **~ do eixo** / Achslager *n* ‖ **~ do eixo excêntrico** / Exzenterwellenlager *n* ‖ **~ do moente**, mancal *m* do munhão (máq., tecnol.) / Zapfenlager *n* ‖ **~ do pé da biela** (mot.) / Kolbenbolzenlager *n* der Pleuelstange ‖ **~ duplo** (máq., tecnol.) / Deckellager *n* ‖ **~ escalonado** / Fußlager *n* ‖ **~ escalonado anular** / Ringspurlager *n* ‖ **~ externo** / Außenlager *n* ‖ **~ extremo** (mot.) / Endlager *n*, Stirnlager *n* ‖ **~ fendido** (máq., tecnol.) / Deckellager *n* ‖ **~ flutuante** (máq., tecnol.) / freibewegliches Lager ‖ **~ gasoso** (máq., tecnol.) / Gaslager *n* ‖ **~ inteiriço** (máq., tecnol.) / Augenlager *n* ‖ **~ inteiriço** / einteiliges Lager ‖ **~ interno** / Innenlager *n* ‖ **~ lubrificado a anel** / Ringschmierlager *n* ‖ **~ móvel** (máq., tecnol.) / einstellbares Lager, Loslager *n*, Luftlager *n* ‖ **~ oscilante** / Pendellager *n* ‖ **~ pendente** / Deckenlager *n*, Hängelager *n* ‖ **~ plano** / Radiallager *n* ‖ **~ principal** / Grundlager *n* ‖ **~ radial** / Radial[kugel]lager *n*, Traglager *n* ‖ **~ recto** (máq., tecnol.) / Stehlager *n* ‖ **~ superior de um eixo vertical** / oberes Lager einer stehenden Welle ‖ **~ suspenso** (máq., tecnol.) / Hängelager *n* ‖ **~ vertical** / Spurlager *n*
mancha *f* (tecel.) / Schmutzstelle *f* ‖ **~**, nódoa *f* / Fleck *m* ‖ **à prova de ~s** (plást.) / fleckenfest ‖ **~ colorida** / Farbfleck *m* ‖ **~ de água** (papel) / Wasserfleck *m* ‖ **~ de bolor** / Stockfleck *m* ‖ **~ de corante** / Farbfleck *m* ‖ **~ ferruginosa** / Eisenfleck *m*, Rostfleck *m* ‖ **~ solar** (astron.) / Sonnenfleck *m*
manchado / gesprenkelt, fleckig
manchar / beflecken ‖ **~** (artes gráf.) / schmieren, verschwärzen ‖ **~**, salpicar / schmieren *vi*, flecken, sprenkeln ‖ **~** / abschmutzen ‖ **~-se** / fleckig werden
manchas *m pl* **de corrosão** / Korrosionsfraß *m*
manche *m* (aeronáut.) / Steuerknüppel *m*
manchete *f* (artes gráf.) / Schlagzeile *f* ‖ **~** / Kolumnentitel *m*
mandíbula *f* / Greifbacke *f* ‖ **de duas ~s** / zweischalig ‖ **~ do britador** / Brecherbacke *f* ‖ **~ móvel** / bewegliche Brecherbacke
mandioca *f* / Maniok *m*, Manioka *f*, Mandioka *f*, Kassave *f*
mandril *m* (máq. ferram.) / Spannfutter *n* ‖ **~** / Drehmaschinenfutter *n*, Gewindepatrone *f* ‖ **~** (torno) / Drehdorn *m*, Dorn *m* ‖ **~ [do cabeçote móvel de um torno]** (torno) / Pinole *f* ‖ **~ [de aperto]** (torno) / Futter *n* ‖ **~ [de aperto] escalonado** (torno) / Stufenspannfutter *n* ‖ **~ de aperto manual** / Handspannfutter *n* ‖ **~ de aperto por alavanca** (máq. ferram.) / Hebelspannfutter *n* ‖ **~ de aperto rápido** (torno) / Schnellspannfutter *n* ‖ **~ de brocas** / Bohrfutter *n* (Spannfutter) ‖ **~ de disco** (máq. ferram.) / Scheibenfutter *n* ‖ **~ de dois mordentes** / Zweibackenfutter *n* ‖ **~ de fecho pneumático** (máq. ferram.) / Druckluftfutter *n* ‖ **~ de fixação** / Spanndorn *m*, Aufspannbolzen *m* ‖ **~ de fresagem** / Fräsdorn *m* ‖ **~ de garras** / Klemmfutter *n* ‖ **~ de mordentes em forma de cunha** / Keilspannfutter *n* ‖ **~ de mudança rápida** (máq. ferram.) / Schnellwechselbohrfutter *n* ‖ **~ de pinça de mola** (torno) / Zangenspannfutter *n* ‖ **~ de três mordaças** / Dreibackenfutter *n* ‖ **~ electromagnético** / Elektromagnetfutter *n*, Elektromagnet-Spannvorrichtung *f* ‖ **~ escalonado** (torno) / Stufenfutter *n* ‖ **~ interno** / Innenspannfutter *n* ‖ **~ magnético** (máq. ferram.) / Magnetspannfutter *n* ‖ **~ oco** / Hohldorn *m* ‖ **~ para a broca helicoidal** / Drilldocke *f* ‖ **~ para dobrar** / Biegedorn *m* ‖ **~ porta-ferramenta** (máq. ferram.) / Aufnahmedorn *m* ‖ **~ porta-fresa** / Fräsdorn *m* ‖ **~ quadrado** / viereckiges Locheisen
mandrilador *m* **em linha** (máq. ferram.) / Flucht-Räumnadel *f* (um mehrere Kurbelwellenlager zugleich zu bearbeiten)
mandrilar / bohren (auf der Drehbank) ‖ **~** (máq. ferram.) / aufweiten ‖ **~ com precisão** / feinbohren ‖ **~ interiores** / innenräumen ‖ **~ um orifício** / dornen, aufdornen
maneabilidade *f* / Handlichkeit *f*, Hantierbarkeit *f*
manejar (máq., tecnol.) / behandeln, betreiben, bedienen, handhaben ‖ **~** / hantieren
manejável (ferram.) / griffig, handlich
manejo *m* / Bedienung *f*, Betreiben *n*, Handhabung *f* ‖ **~ por um único homem** (máq. ferram.) / Einmannbedienung *f*
manete *f* (aeronáut.) / Hebel *m*
manga *f* / Stutzen *m*, Muffe *f*, Büchse *f*, Hülse *f* ‖ **~ de cabo** / Kabeltülle *f* ‖ **~ de candeeiro** /

Lampenzylinder *m* ‖ ~ **de chumbo** / Bleimuffe *f* ‖ ~ **de eixo** / Achsschenkel *m* ‖ ~ **de enchimento** / Füllansatz *m* ‖ ~ **de junção** / Gelenkstulpe *f* ‖ ~ **de lamparina** / Lampenzylinder *m* ‖ ~ **de redução** / verjüngte Muffe ‖ ~ **de revestimento** / Futterrohr *n*, -röhre *f* ‖ ~ **distanciadora** / Abstandshülse *f* ‖ ~ **porta-broca** / Bohrhülse *f* ‖ ~ **roscada** / Schraubmuffe *f* ‖ ~ **terminal** / Abschlußmuffe *f*
manganato *m* / Manganat *n*
manganês *m*, Mn / Mangan *n*, Mn ‖ ~ **cúprico** / Kupfermanganerz *n*, Kupfer[mangan]schwärze *f* ‖ ~ **metálico** / Manganmetall *n*, metallisches Mangan *n*
mangânico / Mangan(III)-..., Mangani...
manganífero / manganhaltig
manganina *f* / Manganin *n*
manganita *f* (mineralog.) / Manganit *m*
manganoso / Mangan(II)-..., Mangano...
mangedoura *f* **automática** (agricult.) / Futterbank *f*
mangueira *f* / Schlauch *m* ‖ ~ **de ar** / Luftschlauch *m* ‖ ~ **de borracha com espiral de arame** / Gummischlauch *m* mit Spiraldrahteinlage ‖ ~ **de enchimento** / Füllschlauch *m* (Flüssigkeit) ‖ ~ **do radiador** (autom.) / Kühlwasserschlauch *m* ‖ ~ **em espiral** / Spiralschlauch *m* ‖ ~ **[flexível] para água** / Wasserschlauch *m*
manguito *m* / Muffe *f* ‖ ~ **de protecção para cabos** / Schutzmuffe für Kabel *f* ‖ ~ **de redução** / verjüngte Muffe ‖ ~ **roscado** / Schraubstutzen *m*, Gewindemuffe *f*
manilha *f* (constr. naval) / Schäkel *m* ‖ ~ **para esgotos** / Kanalisationsröhre *f* ‖ ~ **para vigas** / Trägerbügel *m*
manipulação *f* / Behandlung *f*, Handhabung *f*, Umgang *m* [mit], Bedienung *f* ‖ ~ (telecom., electrón.) / Tastung *f*, Umtastung *f* ‖ ~ **à distância** / Fernbedienung *f* ‖ ~ **de amplitude** / Amplitudentastung *f*
manipulador *m* **de forquilha** (siderurg.) / Gabelkanter *m* ‖ ~ **de lingotes** (lamin.) / Kantvorrichtung *f*, Kanter *m*
manipular / umgehen [mit], handhaben, behandeln ‖ ~ **um transmissor** / einen Sender tasten
manipulável (tinta) / griffest
manípulo *m* (máq., tecnol.) / Handgriff *m*, Knebel *m* ‖ ~ **em cruz** (máq. ferram.) / Kreuzgriff *m* (DIN 6335), (nicht Sterngriff)
manitol *m* / Mannit *m*, Mannazucker *m*
manivela *f* / Kurbel *f*, Handkurbel *f* ‖ **de duas ~s** / doppeltgekröpft ‖ ~ **com contrapeso** / Gegengewichtskurbel *f* ‖ ~ **da janela** (autom.) / Fensterheber *m* ‖ ~ **de arranque** (autom.) / Andrehkurbel *f* ‖ ~ **de manobra** / Schaltkurbel *f*, Fahrkurbel *f* ‖ ~ **de um só braço** / Stirnkurbel *f* ‖ ~ **do vidro** (autom.) / Fensterkurbel *f* ‖ ~ **externa** / einseitig gelagerte Kurbel
manivelas *f pl* **opostas** / gegenläufige Kurbeln *f pl*
manobra *f* / Manöver *n* ‖ ~ **de acoplamento** (astronáut.) / Ankopplungsmanöver *n* ‖ ~ **errada** / Fehlbedienung *f*, falscher Handgriff, Fehlschaltung *f*
manobrabilidade *f* / Wendigkeit, Manövrierbarkeit *f*, Lenkbarkeit *f*
manobrar / manövrieren ‖ ~ (técn. ferrov.) / rangieren, verschieben
manobrável / wendig, manövrierbar, lenkbar ‖ **facilmente** ~ (autom.) / wendig ‖ ~ **em carga** / unter Last schaltend
manométrico / manometrisch
manómetro *m* / Druckmesser *m*, Manometer *n*, Dampfdruckmesser *m* ‖ ~ **de calibração** / Eichdruckmesser *m* ‖ ~ **de combustível** (aeronáut.) / Kraftstoffdruckmesser *m* ‖ ~ **de diafragma ondulado** / Plattenfedermanometer *n* ‖ ~ **de ionização** / Ionisationsmanometer *n* ‖ ~ **de mola** / Federmanometer *n*, Federdruckmesser *m* ‖ ~ **de pneumáticos** / Luftdruckprüfer *m* (DIN) ‖ ~ **de pressão do óleo** (autom.) / Öldruckanzeiger *m*, Öldruckmesser *m* ‖ ~ **de sobrepressão** / Ladedruckmesser *m* ‖ ~ **de vapor** / Dampfdruckanzeiger *m* ‖ ~ **diferencial** (mot.) / Differentialdruckmesser *m*, -manometer *n* ‖ ~ **luminoso** / Leuchtmanometer *n* ‖ ~ **registador**, manômetro *m* registrador / Druckschreiber *m*
manoscopia *f* / Gasdichtemessung *f*
manóstato *m* / Manostat *m* (zum Konstanthalten von Druck)
mansarda *f* / Mansarde *f*, bewohnbare Dachkammer, Dachstube *f*, [Dach]boden *m*, Dachgeschoß *n*
manta *f* **morta** (silvicult.) / Bodenstreu *f*
manteiga *f* **de zinco** / Chlorzink *n*
manter / unterhalten, warten, erhalten, instandhalten, einhalten (konstant halten), aufrechterhalten, halten ‖ ~ (ficheiro) / verwalten ‖ ~ **a pressão do vapor** / dampfhalten ‖ ~ **aberto** / aufhalten, offen halten ‖ ~ **o curso, a rota, o rumo** / Kurs halten
mantimentos *m pl* / Bordvorräte *m pl*
mantissa *f* (matem.) / Mantisse *f*
manto *m* (geol) / Lage, Schichtung, Lagerung *f* ‖ ~ **de chumbo** (cabo) / Bleimantel *m* ‖ ~ **de um furo** / Leibung *f* eines Loches
manual *m* / Handbuch *n* ‖ ~ *adj* / Hand..., manuell ‖ ~ *m* **de operador** (informática) / Bedienungsanleitung *f* ‖ ~ **de serviço** / Betriebsbuch *n* ‖ ~ **de voo** / Flughandbuch *n*
manufacturar / fertigen, fabrizieren
manufacturável / bearbeitbar
manutenção *f* / Wartung *f*, Instandhaltung *f* ‖ ~ (informática) / Bestandsführung *f* (Zu-, Abgänge usw) ‖ ~ (reactor) / Handhabung *f* ‖ ~ / Erhaltung *f* ‖ ~ (p.ex. equilíbrio) / Halten *n* (z.B. Gleichgewicht) ‖ **de fácil** ~ / wartungsgerecht ‖ ~ **da pressão** / Druckhalten *n* ‖ ~ **em dia de ficheiro** / Datei-Fortschreibung *f* ‖ ~ **suplementar** / außerplanmäßige Wartung
mão *f* / Buch *n* ‖ **à ~ livre** / freihändig ‖ **em segunda** ~ / gebraucht, Alt...
mão-de-obra *f* / Arbeiter *m pl*, Arbeitskräfte *f pl* ‖ ~ **especializada** / Fachkräfte *f pl* ‖ ~ **qualificada** / gelernte Arbeitskräfte *f pl*
mapa *m* / Karte *f* ‖ ~ **aéreo** (aeronáut.) / Bildplan *m*, Luftbildplan *m* ‖ ~ **aerofotogramétrico** / Luftbildkarte *f* ‖ ~ **de curvas de nível** / Höhenschichtenkarte *f* ‖ ~ **de estado-maior** / Generalstabskarte *f* ‖ ~ **de fotografias aéreas** / Luftbildkarte *f* ‖ ~ **geográfico** (geol) / Landkarte *f* ‖ ~ **rodoviário** / Straßenkarte *f* ‖ ~ **sinóptico** / Übersichtskarte *f*
mapeamento *m* (informática) / Abbilden *n* des Speicherinhalts
maqueta *f* **em gesso** (constr. civil) / Gipsmodell *n*
maquímetro *m* (aeronáut.) / Machmeter *n*
máquina *f* / Maschine *f* ‖ ~ (técn. ferrov.) / Lokomotive *f* ‖ **de** ~ (informática) / festverdrahtet ‖ ~ **a gás de grande potência** / Großgasmaschine *f* ‖ ~ **a vapor** / Dampfmaschine *f* ‖ ~ **a vapor com expansão** / Expansionsdampfmaschine *f* ‖ ~ **a vapor de êmbolo** / Kolbendampfmaschine *f* ‖ ~ **a vapor de expansão tripla** / Dreifachexpansionsmaschine *f* ‖ ~ **acabadora** (têxtil) / Appreturmaschine *f* ‖ ~ **acabadora** (papel) / Feinmühle *f* ‖ ~ **acabadora** (tecel.) / Finishmaschine *f* ‖ ~ **acabadora de pavimentos betuminosos** (constr. rodov.) / Schwarzdeckenfertiger *m* ‖ ~ **agrícola** / Landmaschine *f*, landwirtschaftliche Maschine ‖

~ **automática** / Automat *m* ‖ ~ **automática de afiar fresas** (máq. ferram.) / Fräserschleifautomat, -schärfautomat *m* ‖ ~ **automática de perfurar** (máq. ferram.) / Bohrautomat *m* ‖ ~ **automática de soldadura a arco [voltaico]** / Lichtbogenschweißautomat *m* ‖ ~ **automática para trocar dinheiro** / Geldwechselautomat *m* ‖ ~ **batedeira** / Schlagmaschine *f* ‖ ~ **caneleira para camadas cruzadas** / Kreuzkötzerspulmaschine *f* ‖ ~ **carregadora de coque** (siderurg.) / Kokseinsetzer *m*, -einsetzmaschine *f* ‖ ~ **ceifeira** (agricult.) / Ährenköpfer *m*, -mähmaschine *f* ‖ ~ **centrífuga** / Schwungmaschine *f*, Zentrifugalmaschine *f* ‖ ~ **centrifugadora** / Fliehkraftmaschine *f* ‖ ~ **centrifugadora de gás** / Gaszentrifuge *f* ‖ ~ **circular para tricotar** / Rundstrickmaschine *f* ‖ ~ **combinada para exploração florestal** / Forstaggregat *n* ‖ ~ **compensadora** / Ausgleicher *m*, Ausgleicheinrichtung, -maschine *f* ‖ ~ **compositora** (artes gráf.) / Setzmaschine *f* ‖ ~ **de abrir entalhes** (carpint.) / Fräse *f* ‖ ~ **de acabamento** (calçado) / Ausputzmaschine *f* ‖ ~ **de acabamento** (têxtil) / Ausrüstungsmaschine *f* ‖ ~ **de açougue** / Fleischereimaschine *f* ‖ ~ **de afiar** / Honmaschine *f*, Schärfmaschine *f* ‖ ~ **de afiar cardas** / Kardenschleifmaschine *f*, -schleifer, -nadelrichter *m* ‖ ~ **de alargamento** (máq. ferram.) / Aufweitmaschine *f* ‖ ~ **de alcatroar barris** / Faßpichmaschine *f* ‖ ~ **de alto rendimento** / Hochleistungsmaschine *f* ‖ ~ **de amassar** / Teig-Knetmaschine *f*, -Knetwerk *n* ‖ ~ **de aplainar** / Abrichthobelmaschine *f* ‖ ~ **de aplainar e machear** / Hobel- und Ausspaarmaschine *f* für Faßdauben ‖ ~ **de aplainar e samblar** / Hobel- und Fügemaschine *f* ‖ ~ **de aplainar ripas** / Leistenhobelmaschine *f* ‖ ~ **de aplainar soalhos** / Bodenhobelmaschine *f* ‖ ~ **de ar quente** / kalorische Maschine ‖ ~ **de assentar carris**, máquina *f* de assentar trilhos (técn. ferrov.) / Schienenlegemaschine *f* ‖ ~ **de atar** (tecel.) / Knotmaschine *f*, Anknüpfmaschine *f* ‖ ~ **de Atwood** (física) / Fallmaschine *f* ‖ ~ **de balanceiro** / Balancierdampfmaschine *f* ‖ ~ **de bater travessas** (técn. ferrov.) / Gleisstopfmaschine *f* ‖ ~ **de brunir** (máq. ferram.) / Läppmaschine *f* ‖ ~ **de capsular** / Kapselmaschine *f*, Verschlußmaschine *f* ‖ ~ **de capsular garrafas** / Flaschenkapselmaschine *f* ‖ ~ **de cardar** / Streichmaschine *f*, Krempel *f* ‖ ~ **de carniçaria** / Fleischereimaschine *f* ‖ ~ **de carregamento** / Einsetzmaschine *f* ‖ ~ **de casear** / Knopfloch[näh]maschine *f* ‖ ~ **de centrar** (máq. ferram.) / Ankörnmaschine *f* ‖ ~ **de centrar e perfurar** (máq. ferram.) / Anbohrmaschine *f* ‖ ~ **de chamuscar** / Sengmaschine *f* (für Gewebe) ‖ ~ **de chanfrar** / Schmiegemaschine *f*, Abkantmaschine *f* ‖ ~ **de chanfrar dentes** / Zahnabrund[fräs]maschine *f* ‖ ~ **de chanfrar madeira** / Holzkantenbestoßmaschine *f* ‖ ~ **de chanfrar porcas** / Mutternabkantmaschine *f* ‖ ~ **de cifrar** / Chiffriermaschine *f* ‖ ~ **de cisalhamento transversal** / Querschermaschine *f* ‖ ~ **de codificar** / Chiffriermaschine *f* ‖ ~ **de colar** / Leimmaschine *f* ‖ ~ **de colar etiquetas ou rótulos** / Etikettiermaschine *f* ‖ ~ **de colocar ilhoses** (calçado) / Ösenmaschine *f* ‖ ~ **de compactação de solos** / Erdrammer, Bodenverfestiger *m* ‖ ~ **de compor com dois carregadores** (artes gráf.) / Doppelmagazinsetzmaschine *f* ‖ ~ **de compor tipos** (artes gráf.) / Buchstabensetzmaschine *f* ‖ ~ **de construção** / Baumaschine *f* ‖ ~ **de corrente para fazer encaixes** / Kettenstemm-Maschine *f* ‖ ~ **de cortar folheado** / Spanhobelmaschine, Spanschneidmaschine *f*, Furnier[schneid]maschine *f* ‖ ~ **de cortar juntas** (constr. rodov.) / Fugenschneider *m* ‖ ~ **de corte** (fósforos) / Abschlagmaschine *f* ‖ ~ **de coser com arame** / Drahthefter *m* ‖ ~ **de coser solas com ponto em cadeia** (calçado) / Kettenstichdurchnähmaschine *f* ‖ ~ **de costura** / Nähmaschine *f* ‖ ~ **de costura com ponto escondido** / Blindstichnähmaschine *f* ‖ ~ **de costura de braço livre** (máq. cost.) / Freiarmmaschine *f* ‖ ~ **de criptografar** / Chiffriermaschine *f* ‖ ~ **de curvar** (lamin.) / Einrollmaschine *f* ‖ ~ **de decantação** / Schlämm-Maschine *f* ‖ ~ **de decatização** / Dekatiermaschine *f* ‖ ~ **de decatizar em molhado** / Naßdekatiermaschine *f* ‖ ~ **de desbastar** / Walzenhobelmaschine *f*, Dickenhobelmaschine *f* ‖ ~ **de descarga** (siderurg.) / Ausstoßmaschine *f* ‖ ~ **de descascar** / Schälmaschine *f* ‖ ~ **de desempenar** / Richtmaschine *f* ‖ ~ **de desempenar com rolos** / Rollenrichtmaschine *f* ‖ ~ **de desfibrar forragem** (agricult.) / Futterzerreißer *m* ‖ ~ **de deslocar carris** , máquina *f* de deslocar trilhos (técn. ferrov.) / Gleisrückmaschine *f* ‖ ~ **de dividir círculos** / Kreisteilmaschine *f* ‖ ~ **de dividir rectas** / Längenteilmaschine *f* ‖ ~ **de dobrar** (máq. ferram.) / Biegebank [für Blech] *f* ‖ ~ **de dobrar** (têxtil) / Legemaschine *f*, Falzmaschine *f* ‖ ~ **de dobrar** (encadernador) / Falzmaschine *f* ‖ ~ **de dobrar tecidos** / Gewebelegemaschine *f* ‖ ~ **de elutriação** / Schlämm-Maschine *f* ‖ ~ **de êmbolo anular** (máq. vapor) / Ringkolbenmaschine, -zylindermaschine *f* ‖ ~ **de empacotar de tipo blister** / Blisterpackautomat *m* ‖ ~ **de encher garrafas** / Flaschenabfüllapparat *m* ‖ ~ **de encordar** / Cordonniermaschine *f* ‖ ~ **de endereçar** / Adressiermaschine *f*, Anschriftenmaschine *f* ‖ ~ **de endereçar e franquear** / Adressier- und Frankiermaschine *f* ‖ ~ **de endireitar** / Spannmaschine *f*, Richtmaschine *f* ‖ ~ **de endireitar arame** / Drahtrichtmaschine *f* ‖ ~ **de endireitar carris** / Schienenrichtmaschine, -presse *f* ‖ ~ **de endireitar com rolos** / Rollenrichtmaschine *f* ‖ ~ **de endireitar trilhos** / Schienenrichtmaschine, -presse *f* ‖ ~ **de endurecer** / Härtemaschine *f* ‖ ~ **de enfelpar fustão** (tecel.) / Barchentrauhmaschine *f* ‖ ~ **de enfiar** / Fädelmaschine *f* ‖ ~ **de engarrafar** / Abziehapparat *m* ‖ ~ **de engomar** (ou passar a ferro) / Bügelpresse *f*, Plättmaschine *f* ‖ ~ **de engordurar** / Batschmaschine *f* ‖ ~ **de enlaçar** (tecel.) / Knotmaschine *f* ‖ ~ **de enrolar** / Aufbreitmaschine *f* ‖ ~ **de enrolar bobinas** / Spulenwickelmaschine *f* ‖ ~ **de enrolar carda** / Garnaufkarter *m* ‖ ~ **de ensacar e pesar** / Absackwaage *f* ‖ ~ **de ensaio de fadiga** / Schwingprüfmaschine *f* ‖ ~ **de ensaios estacionários de fadiga ou em função do tempo** / Zeitstandprüfmaschine *f* ‖ ~ **de ensamblar** / Fügemaschine *f* ‖ ~ **de ensamblar em cauda de andorinha** / Zinkenmaschine *f*, -fräse *f* ‖ ~ **de entalhar** (carpint.) / Zapfenlochmaschine *f* ‖ ~ **de entrançar** / Flechtmaschine *f*, Flechter *m* ‖ ~ **de entrançar e debruar** (têxtil) / Flecht- und Klöppelmaschine *f* ‖ ~ **de envernizar papel** (papel) / Imprägniermaschine *f* ‖ ~ **de erosão** (máq. ferram.) / Erodiermaschine, Erosionsmaschine *f* ‖ ~ **de escarduçar** (têxtil) / Klettenwolf *m* ‖ ~ **de escatelar** (máq., tecnol.) / Ausklinkmaschine *f* ‖ ~ **de escovar o pêlo** / Florbürstmaschine *f* ‖ ~ **de escrever** / Schreibmaschine *f* ‖ ~ **de escrever portátil** / Kofferschreibmaschine *f*, Reiseschreibmaschine *f* ‖ ~ **de esfiar trapos em molhado** / Naßreißer *m*, -reißmaschine *f* ‖ ~ **de espadelar cânhamo** / Hanfbreche *f*, -brechmaschine *f* ‖ ~ **de espalhar** (geral) / Streichmaschine *f* ‖ ~ **de estampagem à lionesa** (têxtil) / Filmdruckmaschine *f* ‖ ~ **de estampagem de floculação** (tinturaria) / Flockdruckmaschine *f* ‖ ~ **de estampar ao rolo** / Walzendruckmaschine *f* ‖ ~ **de estender** / Anlegemaschine *f* ‖ ~ **de estender couro** / Stollmaschine *f* ‖ ~ **de esticar fios** / Garnstreckmaschine *f* ‖ ~ **de estiragem** / Streckmaschine *f*, Spannwerk *n* ‖ ~ **de estirar** (máq. ferram.) / Ziehmaschine *f* ‖ ~ **de estirar arame** / Drahtstreckmaschine *f* ‖ ~ **de etiquetar** / Banderoliermaschine *f* ‖ ~ **de expansão** / Expansionsmaschine *f* ‖ ~ **de extracção** (expl. minas) / Fördermaschine *f* ‖ ~ **de extracção instalada na torre** (expl. minas) / Turmfördermaschine *f* ‖ ~ **de extrusão de folhas** (plást.) / Folien-Extrudiermaschine *f* ‖ ~ **de fabricar feltro** / Filzmaschine *f* ‖ ~ **de fabricar gelo** / Eismaschine *f* ‖ ~ **de fazer cabos** / Kabelmaschine *f* ‖ ~ **de fazer cruzamentos** (têxtil) / Fadenkreuzeinlesemaschine *f* ‖ ~ **de fazer franjas** / Fransenknüpfmaschine *f* ‖ ~ **de fazer malha** / Strickmaschine *f*, Wirkmaschine ‖ ~ **de fiar em fino** / Feinspinnmaschine *f* ‖ ~ **de filtragem de cores** / Farbenpassiermaschine *f* ‖ ~ **de formar cantos** / Eckenbiegemaschine *f* ‖ ~ **de formar olhais de mola** / Federaugerollmaschine *f* ‖ ~ **de fotocomposição** (artes gráf.) / Filmsetzmaschine *f* ‖ ~ **de franquear** / Barfreimachungsmaschine *f*, Freistempler *m*, Frankiermaschine *f* ‖ ~ **de fresar** / Fräsmaschine *f* ‖ ~ **de fresar e perfilar cames planos** / Plankurvenfräsmaschine *f* ‖ ~ **de fresar paralela** / Langtischfräsmaschine *f* ‖ ~ **de fresar paralela e vertical** / Lang- und Senkrechtfräsmaschine *f* ‖ ~ **de fresar por reprodução** (máq. ferram.) / Gesenkkopierfräsmaschine *f* ‖ ~ **de fresar ranhuras** (máq. ferram.) / Langlochfräser *m* ‖ ~ **de furar e cisalhar** / Loch- und Schermaschine *f* ‖ ~ **de furar e entalhar** / Loch- und Ausklinkmaschine *f* ‖ ~ **de furar e fresar** / Bohr- und Fräsmaschine *f* ‖ ~ **de gasear** / Sengmaschine *f* ‖ ~ **de granear** / Krispelmaschine *f* ‖ ~ **de gravar moldes** / Formengraviermaschine *f* ‖ ~ **de (h) umedecer** / Feuchtmaschine *f*, Netzmaschine *f* ‖ ~ **de impregnar** / Imprägniermaschine *f* ‖ ~ **de impressão** (artes gráf.) / Druckmaschine *f* ‖ ~ **de impressão plana** / Flachdruckmaschine *f* ‖ ~ **de imprimir** / Buchdruckpresse *f* ‖ ~ **de imprimir de alta velocidade** / Buchdruckschnellpresse *f* ‖ ~ **de imprimir e compor** / Druck- und Setzmaschine *f* ‖ ~ **de inserção de componentes** (electrón.) / Bestückungsmaschine *f* ‖ ~ **de juntar** (têxtil) / Anstückelmaschine *f* ‖ ~ **de laminação de folhas** (madeira) / Folienrollenkaschiermaschine *f* ‖ ~ **de laminar** / Walzmaschine *f*, Walzwerk *n* ‖ ~ **de laminar a frio roscas de parafusos** / Kaltgewindewalzmaschine *f* ‖ ~ **de laminar e polir arame** (lamin.) / Drahtroll- und -poliermaschine *f* ‖ ~ **de lavar à largura** / Breitwaschmaschine *f* ‖ ~ **de lavar garrafas** / Flaschenspülmaschine *f* ‖ ~ **de lavar louça** / Geschirrspülmaschine *f* ‖ ~ **de lavar roupa** / Waschmaschine *f* ‖ ~ **de leme de quadrante** (constr. naval) / Quadranten-Rudermaschine *f* ‖ ~ **de limpar soalhos** / Bodenreinigungsmaschine *f* ‖ ~ **de limpeza a seco** / Chemischreinigungsmaschine *f* ‖ ~ **de mineração** / Bergwerksmaschine *f* ‖ ~ **de moldar de abaixamento** (fundição) / Absenkformmaschine *f* ‖ ~ **de moldar de chapa-pentes** / Durchziehformmaschine *f* ‖ ~ **de moldar engrenagens** (fundição) / Zahnradformmaschine *f* ‖ ~ **de moldar por compressão** (plást.) / Formteilpresse *f* ‖ ~ **de moldar por projecção de areia** (fundição) / Sandschleuder[formmaschine] *f*, Sandslinger *m* ‖ ~ **de moldar por sopro** (plást.) / Blasformmaschine *f* ‖ ~ **de moldes permanentes** / Dauerformmaschine *f* ‖ ~ **de moldurar** (marcenar.) / Leistenmodelliermaschine *f* ‖ ~ **de molhar** / Netzapparat *m*, -maschine *f* ‖ ~ **de montagem de componentes** (electrón.) / Leiterplatten-Bestückungsmaschine *f* ‖ ~ **de movimento alternativo** / Kolbenmaschine *f*, Maschine *f* mit hin- und hergehender Bewegung ‖ ~ **de ondular arame** / Drahtkrippmaschine *f* ‖ ~ **de panificação** / Bäckereimaschine *f* ‖ ~ **de passar a ferro** / Bügelmaschine *f* ‖ ~ **de passar carne** / Fleischwolf *m*, -hackmaschine *f* ‖ ~ **de pautar** / Liniermaschine *f* ‖ ~ **de perfurar** / Bohrwerk *n* ‖ ~ **de picar** / Wolf *m* (für Lebensmittel) ‖ ~ **de picar carne** / Fleischwolf *m*, -hackmaschine *f* ‖ ~ **de picar madeira** (papel) / Holzhackmaschine *f* ‖ ~ **de plissar** (têxtil) / Faltmaschine *f* ‖ ~ **de polir a fino** (máq. ferram.) / Läppmaschine *f* ‖ ~ **de pratos para fiar fio de papel** / Papiergarntellerspinnmaschine *f* ‖ ~ **de prensagem a quente** / Dekatiermaschine *f* (trocken) ‖ ~ **de prensar roscas** (máq., tecnol.) / Gewindedrückmaschine *f* ‖ ~ **de puncionar** / Stanzmaschine *f*, Lochstanze *f*, Lochapparat *m*, Lochmaschine *f*, Stanze *f* ‖ ~ **de rachar lenha** / Spaltmaschine *f* ‖ ~ **de rebitar** / Nietmaschine *f* ‖ ~ **de rebordar** / Abkantmaschine *f* ‖ ~ **de rebordear** / Bördelmaschine *f* ‖ ~ **de recalcar cabeças de cavilhas** / Bolzenkopfanstauchmaschine *f* ‖ ~ **de recalcar cabeças de rebites** / Nietkopf-Anstauchmaschine *f*, -Setzer *m* ‖ ~ **de recortar** / Besäummaschine *f* ‖ ~ **de rectificar buchas** / Innenschleifmaschine *f* (für Buchsen) ‖ ~ **de rectificar superfícies cilíndricas** (máq. ferram.) / Rundschleifmaschine *f* ‖ ~ **de refrigeração de absorção** / Absorptionskältemaschine, -kühlmaschine *f* ‖ ~ **de remalhar circular** / Rundkettelmaschine *f* ‖ ~ **de rendimento máximo** / Höchstleistungsmaschine *f* ‖ ~ **de reserva** / Ersatzmaschine *f* ‖ ~ **de respigar** / Zapfenschneidemaschine *f* ‖ ~ **de retorcer juta** / Jutezwirnmaschine *f* ‖ ~ **de reunir fitas** (têxtil) / Bandleitungsmaschine, Bandvereinigungsmaschine *f* ‖ ~ **de revestimento para cabos** / Bespinnmaschine *f* ‖ ~ **de revirar** / Einlegemaschine *f*, Sickenmaschine *f* ‖ ~ **de roçar** / Rodemaschine *f* ‖ ~ **de rolhar garrafas** / Korkmaschine *f* für Flaschen ‖ ~ **de rolos para fazer meias** / Kopenstuhl *m* ‖ ~ **de rolos para impressão de alto-relevo** / Hochrelief-Walzendruckmaschine *f* ‖ ~ **de roscar porcas** / Mutterngewindebohrmaschine *f* ‖ ~ **de rotular** / Bezettelungsmaschine *f* ‖ ~ **de sacos de papel** / Beutelmaschine *f* ‖ ~ **de separação de lingotes** (siderurg.) / Blockabstechmaschine *f* ‖ ~ **de separação e classificação** / Auslese- und Sortiermaschine *f* ‖ ~ **de sinalização** (telecom.) / Rufmaschine *f*, RSM, Ruf- und Signalmaschine *f* ‖ ~ **de socar dormentes** (técn. ferrov.) / Gleisstopfmaschine *f* ‖ ~ **de soldar com mesa rotativa** / Drehtischschweißmaschine *f* ‖ ~ **de soprar garrafas** / Flaschenblasmaschine *f* ‖ ~ **de talho** / Fleischereimaschine *f* ‖ ~ **de tanoaria** / Faßbindemaschine *f* ‖ ~ **de temperar** / Härtemaschine *f* ‖ ~ **de terraplenagem** / Erdbaumaschine *f* ‖ ~ **de tingir** / Färbemaschine *f* ‖ ~ **de traçar linhas** / Liniermaschine *f* ‖ ~ **de trançar cordas** / Seilflechtmaschine *f* ‖ ~ **de tricotar** / Strickmaschine *f*, Wirkmaschine *f* ‖ ~ **de tricotar de urdidura plana** / Flachkettenwirkmaschine *f* ‖ ~ **de tricotar dedos** / Fingerstrickmaschine *f* ‖ ~ **de tricotar rectilínea** / Flachstrickmaschine *f*, Flachwirkmaschine *f* ‖ ~

de vapor com condensação / Kondensationsdampfmaschine *f* ‖ ~ **de vapor sem condensação** / Auspuffdampfmaschine *f* ‖ ~ **de vaporização**, máquina *f* de vaporizar / Dämpfmaschine *f* ‖ ~ **de vaporizar e fixar a quente** (tinturaria) / Dämpf- und Fixiermaschine *f* ‖ ~ **descascadeira para folheado** / Furnierschälmaschine *f* ‖ ~ **dosificadora** / Abwiegemaschine, Dosiermaschine *f* ‖ ~ **eléctrica** / Elektromaschine *f* ‖ ~ **electrostática** (electr.) / elektrostatische Maschine, Influenzmaschine *f*, Elektrisiermaschine *f*, Induktionsmaschine *f* ‖ ~ **empilhadeira de chapa** / Blechstapler *m* ‖ ~ **enroladora de teia** / Bäummaschine *f* ‖ ~ **espremedora** / Quetschmaschine *f* ‖ ~ **frigorífica** / Kühlmaschine *f*, Kältemaschine *f* ‖ ~ **frigorífica a jacto de vapor** / Dampfstrahlkältemaschine *f* ‖ ~ **frigorífica com compressor de amoníaco** / Ammoniakkältemaschine *f* ‖ ~ **frigorífica por compressão** / Kompressionskältemaschine *f* ‖ ~ **garnett** (fiação) / Fadenöffner *m* ‖ ~ **(h) umedecedora** / Anfeuchtmaschine *f* ‖ ~ **impressora de bilhetes** (geral) / Belegdrucker *m* ‖ ~ **Jacquard manual** / Jacquardhandstrickmaschine *f* ‖ ~ **larga de tingir** / Breitfärbemaschine *f* ‖ ~ **magneteléctrica** / magnetelektrische Maschine ‖ ~ **moldadora por pressão pneumática** (fundição) / Druckluft-Preßformmaschine *f* ‖ ~ **mondadeira** (agricult.) / Jätemaschine *f* ‖ ~ **montadora** / Aufziehmaschine *f* ‖ ~ **motriz** (geral) / Kraftmaschine *f* ‖ ~ **[movida] a vapor** / Dampfkraftmaschine *f* ‖ ~ **niveladora** (constr. civil) / Erdhobel *m*, Grader *m*, Flachbagger *m* ‖ ~ **Owen** / Flaschenblasmaschine *f* ‖ ~ **para a maquinagem ou usinagem** [de] / Maschine *f* für die Bearbeitung [von] ‖ ~ **para acabamento em molhado** (têxtil) / Naßappreturmaschine *f* ‖ ~ **para acetinar** (papel) / Glättmaschine *f* ‖ ~ **para alisar** / Glättmaschine *f* ‖ ~ **para amaciar juta** / Jutequetschmaschine *f* ‖ ~ **para aplainar os bordos das chapas** / Blechkantenhobelmaschine *f* ‖ ~ **para aplicação do betão a jacto**, máquina *f* para aplicação do concreto a jato / Betonspritzmaschine *f* ‖ ~ **para apontar arame** / Drahtanspitzmaschine *f* ‖ ~ **para branqueio por cloro** / Chlormaschine *f* ‖ ~ **para brochar** (artes gráf.) / Blockheftmaschine *f*, Broschiermaschine *f* ‖ ~ **para brunir anéis de segmento** / Kolbenringläppmaschine *f* ‖ ~ **para calcar fundos** (siderurg.) / Bodenstampfmaschine *f* ‖ ~ **para carregar** / Ladegerät *n* ‖ ~ **para centrar lingotes** / Blockzentrierbank *f* ‖ ~ **para cobertura longitudinal de cabos** / Längsbedeckungsmaschine *f* ‖ ~ **para cobrir cabos com algodão** / Baumwollspinnmaschine *f* für Kabel ‖ ~ **para colar cartão** / Pappengießmaschine *f* ‖ ~ **para construção da via permanente** (técn. ferrov.) / Oberbaumaschine *f* ‖ ~ **para cortar** (máq. ferram.) / Abstechmaschine *f* ‖ ~ **para cortar chenille** / Chenille-Schneidmaschine *f* ‖ ~ **para cortar folheado** / Furniermessermaschine *f* ‖ ~ **para curvar chapa** / Blechbiegemaschine *f* ‖ ~ **para curvar e endireitar vigas** / Träger-Biege- und Richtmaschine *f* ‖ ~ **para degolar** (máq. ferram.) / Abstechmaschine *f* ‖ ~ **para dividir lingotes** (siderurg.) / Blocktrennmaschine *f* ‖ ~ **para dobrar** / Biegemaschine *f* ‖ ~ **para dobrar chapa** / Blechdoppler *m* ‖ ~ **para endireitar chapa** / Blechrichtmaschine *f* ‖ ~ **para endireitar folheado** / Furnierglättmaschine *f* ‖ ~ **para enrolar chapas** / Biegewalzwerk *n*, -walze *f* ‖ ~ **para ensaiar a dureza das molas** / Federn-Schwingprüfmaschine *f* ‖ ~ **para ensaios de fadiga por impacto** / Dauerprüfschlagwerk *n* ‖ ~ **para ensaios de queda** / Fallwerk *n* ‖ ~ **para esmerilar ouro batido** / Blattgoldreibemaschine *f* ‖ ~ **para estampagem a cores** / Farbendruckmaschine *f* ‖ ~ **para estirar linho** / Flachsbundmaschine *f* ‖ ~ **para fazer macho e fêmea** (carpint.) / Spundmaschine *f* ‖ ~ **para fiar algodão** / Baumwollspinnmaschine *f* ‖ ~ **para fiar amianto** / Asbestspinnmaschine *f* ‖ ~ **para fresar canais nos cilindros** (lamin.) / Kaliberfräsmaschine *f* ‖ ~ **para fresar perfis** / Formenfräsmaschine *f* ‖ ~ **para fresar ranhuras** / Nutenfräsmaschine *f* ‖ ~ **para fundir velas** / Kerzengießmaschine *f* ‖ ~ **para impressão a cores** / Farbendruckmaschine *f* ‖ ~ **para impressão metalográfica** / Metalldruckmaschine *f* ‖ ~ **para imprimir simultaneamente dos dois lados** (artes gráf.) / Doppeldruckmaschine *f* ‖ ~ **para juntar brochuras** (artes gráf.) / Broschurenmaschine *f* ‖ ~ **para lavoura** / Landmaschine *f* ‖ ~ **para lustrar** / Glättmaschine *f* ‖ ~ **para machear fundos** / Bodenfalzmaschine *f* ‖ ~ **para malhas de algodão** / Cottonmaschine *f* ‖ ~ **para moer tintas** / Farbenreiber *m*, -reibmaschine *f* ‖ ~ **para moldurar** / Kehlhobelmaschine *f* ‖ ~ **para perfurar tubos** / Röhrenbohrmaschine *f* ‖ ~ **para picar carne** / Hackmaschine *f* ‖ ~ **para preparar amostras** (têxtil) / Mustermaschine *f* ‖ ~ **para rebordar chapa** / Blechbördelmaschine *f* ‖ ~ **para rebordar chapas** / Kümpelpresse *f* ‖ ~ **para rectificações internas de movimento circular** / Innenrundschleifmaschine *f* ‖ ~ **para reunir fita** / Bandwickelmaschine *f* ‖ ~ **para revestir com fita** (cabo) / Bandwickelmaschine *f* ‖ ~ **para rolhar garrafas** / Flaschenkorkmaschine *f* ‖ ~ **para talcar** / Talkumiermaschine *f* ‖ ~ **para tapar o sangrador** (siderurg.) / Stichlochstopfmaschine *f* ‖ ~ **para tecidos tubulares** (máq. tricot.) / Schlauchmaschine *f* ‖ ~ **para tornear e rectificar mangas de eixos** / Achsschenkeldreh- und Schleifmaschine *f* ‖ ~ **para tornear, furar e traçar** (máq. ferram.) / Dreh-, Bohr- und Abstechmaschine *f* ‖ ~ **para trabalhar chapa** / Blechbearbeitungsmaschine *f* ‖ ~ **penteadeira de dois cilindros** / Doppelkammwalzmaschine *f*, Walzenstreckwerk *n* ‖ ~ **perfuradora** / Ausschlagmaschine *f* ‖ ~ **pneumática** / Luftmaschine *f* ‖ ~ **pulverizadora** / Bestäubungswagen *m*, -maschine *f* ‖ ~ **raspadora de peles** / Lederspaltmaschine *f* ‖ ~ **rotativa trimonofásica de soldar** / Schweißumformer *m*, -maschine *f* ‖ ~ **sem expansão** (vapor) / Volldruckmaschine *f* ‖ ~ **semi-automática** / Halbautomat *m* ‖ ~ **separadora de formatos** (cartas) / Formattrennmaschine *f* ‖ ~ **traçadeira** (máq. ferram.) / Trennmaschine *f* ‖ ~ **tufting** (têxtil) / Nadelflormaschine *f*, Tufting-Maschine *f* ‖ ~ **vertical de furar e de tornear** / Senkrecht-Bohr[- und Dreh]werk *n*, Karusselldrehmaschine *f* (DIN)

maquinado, não ~ (máq., tecnol.) / unbearbeitet

máquina-ferramenta *f* / Werkzeugmaschine *f* ‖ ~ **de controlo numérico** / numerisch gesteuerte Werkzeugmaschine ‖ ~ **repetidora** / Kopierwerkzeugmaschine *f*

maquinagem *f* **de metais** / spanabhebende Metallbearbeitung ‖ ~ **electrólica** / Elysieren *n* ‖ ~ **fina** / Feinbearbeitung *f* ‖ ~ **sem arranque de aparas** / spanlose Formgebung o. Verformung

maquinar / [maschinell] bearbeiten

maquinaria *f* / Maschinerie *f* ‖ ~ **pesada** (máq. ferram.) / Schwermaschinen *f pl*

máquinas *f pl* (informática) / Gerät *n* ‖ ~ **de construção** / Baugeräte *n pl* ‖ ~ **de precisão** (máq.

ferram.) / Genauigkeitsmaschinen *f pl*
maquineta *f* **para liços** / Schaftmaschine *f*
maquinista *m* (geral) / Maschinist *m* ‖ ~ (guindaste, locomotiva) / Führer *m* ‖ ~ *f* **de guindaste** / Kranführer *m* ‖ ~ *m* **[de locomotiva]** (técn. ferrov.) / Lokomotivführer *m*
mar *m* / See *f*, Meer *n* ‖ **alto** ~ *m* / offenes Meer, hohe See ‖ ~ **aberto** / offenes Meer, hohe See
marca *f* (geral) / Kennzeichnung *f*, Kennzeichen *n* ‖ ~ / Marke *f* ‖ ~ / Zeichen *n*, Marke *f* ‖ ~ (tecel.) / Gräte *f* ‖ ~ (joalharia) / Feingehaltsstempel *m* ‖ ~ **da ferramenta** / Bearbeitungsspur *f* ‖ ~ **das linhas de escoamento** (plást.) / Fließlinienmarkierung *f* ‖ ~ **de ajuste** / Einstellmarke *f* ‖ ~ **de alçamento** (artes gráf.) / Flattermarke *f* ‖ ~ **de blanqueta** (artes gráf.) / Filzmarke *f* ‖ ~ **de calibração** / Frequenzmarkierung *f* ‖ ~ **de controlo** / Prüfzeichen *n* ‖ ~ **de correcção** / Berichtigungsmarke *f* ‖ ~ **de enchimento** / Füllmarke *f* ‖ ~ **de enchimento** (constr. civil) / Füllstrich *m* ‖ ~ **de fábrica** / Fabrikmarke *f*, Warenzeichen *n*, Firmenzeichen *n* ‖ ~ **de feltro** (papel) / Filzfehler *m* ‖ ~ **de ferro em brasa** / Brandmarke *f* ‖ ~ **de fim** (informática) / Endezeichen *n* ‖ ~ **de fim da fita** / Bandendemarke *f* ‖ ~ **de início de fita** (fita magn.) / Bandanfangsmarke *f* ‖ ~ **de palavra** (informática) / Wortmarke *f* ‖ ~ **de palavra definidora** (informática) / begrenzende Wortmarke ‖ ~ **de ponteiro** / Körnermarke *f*, Körner[punkt] *m* ‖ ~ **de pouso iluminada** (aeronáut.) / erleuchtetes Landezeichen ‖ ~ **de pressão** / Druckstelle *f* ‖ ~ **de punção** / Körnermarke *f*, Körner[punkt] *m* ‖ ~ **de qualidade** / Gütezeichen *n* ‖ ~ **de referência** (agrimen.) / Bezugspunkt *m* ‖ ~ **do feltro** (papel) / Filzmarkierung *f* ‖ ~ **[do molde ou da ferramenta]** (plást.) / Fehlstelle *f* ‖ ~ **geométrica** (agrimen.) / Richtpunkt, Festpunkt *m* ‖ ~ **passadora** (tecel.) / Blattmarke *f* ‖ ~ **registada** / eingetragene Schutzmarke, Schutzmarke *f*, Warenzeichen *n* ‖ ~ **terrestre** (naveg.) / landfestes Seezeichen
marcação *f* / Bezeichnung, Markierung *f*, Kennzeichnung *f* ‖ ~ **de corte** (artes gráf.) / Schnittlinie *f* ‖ ~ **dos terminais** (electr.) / Anschlußbezeichnung *f* ‖ ~ **pela bússola** / Kompaßpeilung *f*
marcado (geral) / markiert
marcador *m* (artes gráf.) / Einleger *m*, Anleger *m* ‖ ~ **de estações** (rádio) / Skalenreiter *m*
marcar, reservar (geral) / buchen ‖ ~ / markieren, anzeichnen, mit einem Zeichen versehen, kennzeichnen, kenntlich machen ‖ ~ (agrimen.) / abstecken, markieren ‖ ~ (instr.) / anzeigen ‖ ~ (coll) (telecom.) / wählen ‖ ~ **com bóias** / abbaken ‖ ~ **com estacas** (agrimen.) / verpflocken ‖ ~ **com o compasso** / abzirkeln, abmessen ‖ ~ **curvas** (agrimen.) / Kurven abstecken ‖ ~ **distâncias** (matem.) / Strecken abtragen ‖ ~ **os cortes** / ablängen, aushalten ‖ ~ **um furo** / vorbohren (Loch)
marcassita *f* **radiada** (mineralog.) / strahliger Quarz
marcassite *f* / Leberkies *m* ‖ ~ / Wasserkies, Markasit *m*
marcenaria *f* / Tischlerei *f*, Tischlerwerkstatt *f*, Schreinerwerkstatt *f*, Möbelschreinerei *f*, -tischlerei *f*, Schreinerei *f* ‖ ~ **de construção civil** / Bautischlerei, (Südd.:) -schreinerei *f*
marceneiro *m* / Möbeltischler, (Südd.:) -schreiner *m*, Tischler *m*, Schreiner *m* (süddeutsch) ‖ ~ **de construção civil** / Bautischler, (Südd.:) -schreiner *m*
marcha *f* / Lauf *m*, Gang *m*, Betrieb *m* ‖ **de** ~ **suave**, de marcha fácil / leichtgängig ‖ **em plena** ~ / in vollem Betrieb ‖ ~ **à esquerda** / Linksgang *m* ‖ ~ **à ré** (autom.) / Rückwärtsgang *m* ‖ ~ **à ré** (navio) / Rücklauf *m*, Rückwärtslauf *m* der Schraube ‖ ~ **atrás**, marcha *f* à ré (autom.) / Rückwärtsgang *m* ‖ ~ **com o motor em ponto morto** (autom.) / Fahren *n* im Leerlauf ‖ ~ **contínua** / Dauerlauf *m*, -fahrt *f* ‖ ~ **das fibras** / Faserdurchlauf *m* ‖ ~ **de ensaio** (máq., tecnol.) / Probelauf *m* ‖ ~ **do forno** / Ofenbetrieb *m*, Ofengang *m* ‖ ~ **dos raios** (óptica) / Strahlengang *m* ‖ ~ **económica** (técn. ferrov.) / Dauerfahrstufe *f* ‖ ~ **em vazio** / Leerlauf *m* ‖ ~ **lenta** / Langsamlauf *m* ‖ ~ **na contra-via** (técn. ferrov.) / Falschfahrt *f* ‖ ~ **para a frente** (autom.) / Vorwärtsgang *m* ‖ ~ **por inércia** (física) / Auslauf *m* ‖ ~ **regular** (mot.) / gleichförmiger Gang ‖ ~ **reversível** / Umkehrbetrieb *m* ‖ ~ **suave** / leichter Gang
marchar / laufen, funktionieren
marchetar / inkrustieren, einlegen
marchetaria *f* / Holzeinlegearbeit, Intarsie *f*, furnierte ausgelegte Arbeit
marco *m* / Zarge *f*, Blendrahmen *m* ‖ ~ **de porta** (constr. civil) / Türstock *m*, -zarge *f*, -futter *n*, -einfassung *f* ‖ ~ **fronteiriço** / Grenzstein *m*
maré *f* / Tide *f*, Gezeit *f* ‖ ~ **alta** / Flut *f* ‖ ~ **baixa** / Ebbe *f* ‖ **~-cheia** *f* / Flut *f* ‖ ~ **de águas vivas** (hidrául.) / Springflut *f*, -tide *f* ‖ ~ **de tempestade** / Sturmflut *f* ‖ ~ **negra** / Ölfleck *m* auf dem Meer ‖ ~ **vazia** / Ebbe *f*
marégrafo *m* / Flutschreiber *m*, -zeiger *m*
maremoto *m* / Seebeben *n*
marés *f pl* **atmosféricas** / atmosphärische Gezeiten *f pl* ‖ ~ **terrestres** / Erdgezeiten *f pl*
marfim *m* / Elfenbein *n* ‖ **de cor de** ~ / elfenbeinfarbig ‖ ~ **vegetal** / Steinnuß *f*, Elfenbeinnuß *f*
marga *f* (geol) / Mergel *m* ‖ ~ **arenosa** / Sandmergel *m* ‖ ~ **argilosa** / Tonmergel *m* ‖ ~ **fétida** / Stinkmergel *m* ‖ ~ **xistosa** / Schiefermergel *m*
margarida *f* **de tipos** (impressora) / Typenrad *n*
margarina *f* / Margarine *f* ‖ ~ **fabricada em tambor de refrigeração** / Kühltrommelmargarine *f*
margem *f* / Bereich *m*, Spielraum *m* ‖ ~ (artes gráf.) / Rand *m* ‖ ~, tolerância *f* (máq. ferram.) / Bearbeitungszugabe *f* ‖ ~ (hidrául.) / Ufer *n* ‖ ~ **de dispersão** (comando numér.) / Streubereich *m* ‖ ~ **de frequências** / Frequenzumfang *m* ‖ ~ *m* **de medição** (instr.) / Meßbereich *m* ‖ ~ *f* **de operação** / Ansprechgrenze *f* ‖ ~ **de regulação** / Regelbereich *m*, Steuerbereich *m* ‖ ~ **de segurança** / Sicherheitsfaktor *m*, Sicherheitsabstand *m* ‖ ~ **de tolerância** / Toleranzbereich *m* ‖ ~ **direita** (máq. escrev.) / Endrand *m* ‖ ~ **efectiva** (geral) / Effektivspielraum *m* ‖ ~ **esquerda** (máq. escrev.) / Anfangsrand *m* ‖ ~ **recortada** (papel) / Büttenrand *m*
marginador *m* (máq. escrev.) / Randsteller *m* ‖ ~ (artes gráf.) / Einleger *m*, Anleger *m*
marginal / Ufer..., Küsten..., litoral
margoso (geol) / mergelhaltig
marinha *f* / Marine *f* ‖ **de** ~ / Marine... ‖ ~ **mercante** / Handelsmarine *f*
marinho / marin, Meeres...
marítimo / Schiffs..., See...
mármore *m* / Marmor *m* ‖ **de** ~ / marmorn, Marmor... ‖ ~ **artificial** / Stuck-Marmor *m* ‖ ~ **artificial feito de cimento** / Betonmarmor *m* ‖ ~ **artificial feito de gesso** / Gipsmarmor *m* ‖ ~ **de Carrara** / carrarischer Marmor ‖ ~ **granítico** / Granitmarmor *m*, Kieselkalkstein *m* ‖ ~ **variegado** / buntfarbiger Marmor
marmoreação *f* (papel) / Marmorieren *n*
marmoreado (papel) / geädert, marmoriert
marmorear / marmorieren, ädern, sprenkeln
marmóreo / Marmor..., marmorn

marquise *f* (constr. civil) / Sonnendach *n*
marreta *f* (expl. minas) / Bohrschlägel *m*, Handhammer *m* ‖ ~ **de pedreiro** / Steinhammer *m*, -schlägel *m* ‖ ~ **para furos** (expl. minas) / Bohrfäustel *m*
marron *m* / Braun *n* ‖ ~ *adj* / braun
marroquim *m* (couro) / Saffian *m*, Maroquin *m*
martelada *f* / Klopfen *n*, Schlagen *n* (z.B. Rohrleitung)
martelado / gehämmert
martelagem *f* **a frio** / Kalthämmern *n*, -schmieden *n*
martelar / hämmern ‖ ~ **a frio** / kalthämmern
martelo *m* / Hammer *m* ‖ ~ **britador** / Brechhammer *m* ‖ ~ **com pena cruzada** / Zuschlaghammer *m* ‖ ~ **com unha** / Hammer *m* mit gespaltener Finne ‖ ~ **de alisar** / Abfinnhammer *m* ‖ ~ **de alisar** (expl. minas) / Bahnschlägel *m* ‖ ~ **de aplainar** / Schlichthammer *m* (DIN 5106) ‖ ~ **de bate-estacas** / Schlagwerk *n* der Ramme, Rammbär *m*, -klotz *m*, Bär *m* ‖ ~ **de cabo** / Stielhammer *m* ‖ ~ **de demolição** / Schlaghammer *m*, Druckluftmeißel *m* ‖ ~ **de embutir** / Treibhammer *m* ‖ ~ **de endireitar** / Abrichthammer *m* ‖ ~ **de estender** / Spannhammer *m* ‖ ~ **de forjar** / Schmiedehammer *m* ‖ ~ **de marcar** (máq., tecnol.) / Stempelhammer *m* ‖ ~ **de mineiro** (expl. minas) / Abbauhammer *m*, Erzfäustel *m* ‖ ~ **de mola** (forja) / Federhammer *m* ‖ ~ **de pena cruzada** / Vorschlaghammer *m* ‖ ~ **de pena cruzada de duas faces** (máq., tecnol.) / Fäustel *m* (DIN 6475) ‖ ~ **de pena longitudinal** / Kreuzschlaghammer *m* ‖ ~ **de pêndulo** / Pendelhammer *m* ‖ ~ **de perfuração** (expl. minas) / Bohrhammer *m* ‖ ~ **de pontas** (carpint.) / Latthammer *m* ‖ ~ **de queda livre** (forja) / Freifallhammer *m* ‖ ~ **de rebitar** / Niethammer *m* ‖ ~ **de unha** / Klauenhammer *m* ‖ ~ **desincrustador** / Abklopfhammer *m*, Kesselsteinhammer *m* ‖ ~ **impressor** (máq. escrev.) / Typenhammer *m* ‖ ~ **para afiar foices ou gadanhos** / Dengelhammer *m* ‖ ~ **para granular** / Kraushammer *m*, Stockhammer *m* ‖ ~ **para marcar** (máq., tecnol.) / Zeichenhammer *m* ‖ ~ **para rebitar cantos** / Eckniethammer *m* ‖ ~ **para trabalhos de pontoneiro** / Brückenhammer *m* ‖ ~ **perfurador para rochas** / Gesteinsbohrhammer *m* ‖ ~**-pilão** *m* / Fallhammer *m* ‖ ~ **pneumático** / Drucklufthammer *m* ‖ ~ **pneumático com mola** / Luftfederhammer *m* ‖ ~ **pneumático para rebitar** / Druckluftniethammer *m*
martinete *m* **esférico** / Kugelfallhammer *m*
máscara *f* (geral) / Maske *f* ‖ ~ (informática) / feste Bitgruppe, Maske *f* ‖ ~ / Abdeckmaske, -vorrichtung *f* ‖ ~ **antigás** / Gas[schutz]gerät *n*, Atemschutzgerät *n*, Gasmaske *f*, Gasatemgerät *n* ‖ ~ **de cor** (tv) / Farbmaske *f* ‖ ~ **de correcção cromática** / Farbkorrekturmaske *f* ‖ ~ **de difusão** (semicondut.) / Abdeckmaske *f* ‖ ~ **de moldagem** (fundição) / Formmaske *f* ‖ ~ **perfurada** (tv) / Lochmaske *f* ‖ ~ **respiratória** / Atemmaske *f*
mascarar (química) / maskieren
maser *m* (física) / Maser *m* ‖ ~ **de amoníaco** / Ammoniakmaser *m* ‖ ~ **sólido** / Festkörpermaser *m* ‖ ~ [**sólido**] **de três níveis** / Dreiniveau-Maser *m*
massa *f* (física) / Masse *f* ‖ ~ / Masse *f*, Ansammlung *f* ‖ ~ (geol) / Stock *m* ‖ ~ (panificação) / Teig *m* ‖ ~ (electr.) / Erde *f* ‖ ~ (autom.) / Masse *f* ‖ ~, aglutinante / Leim *m*, Kitt *m* ‖ ~ **activa** (química) / aktive Masse (Gramm-Moleküle je Liter) ‖ ~ **asfáltica para enchimento** / Asphaltkompoundmasse *f* ‖ ~ **atómica** / Atommasse *f* ‖ ~ **atómica** (técn. nucl.) / Massenwert *m* ‖ ~ **betuminosa** / Bitumenkitt *m* ‖ ~ **biscuit** / Frittegrund *m* ‖ ~ **centrífuga** / Schwungmasse *f* ‖ ~ **Chatterton** / Chatterton-Compound *n* (Isoliermasse) ‖ ~ **consistente** / Schmierfett *n*, Starrfett *n*, Schmiere *f* ‖ ~ **cozida** (açúcar) / Füllmasse *f* ‖ ~ **de aparelhar** (tintas) / Verdickungsmittel *n* ‖ ~ **de aparelhar** (tintas) / Spachtelmasse *f* (DIN 55945) ‖ ~ **de asfalto** / Asphaltkitt *m* ‖ ~ **de enchimento** / Ausgußmasse *f*, Füllmasse *f* ‖ ~ **de enchimento** (geral) / Füllstoff *m*, -mittel *n* ‖ ~ **de enchimento** (sinteriz.) / Füllgewicht *n* ‖ ~ **de enchimento** (química, papel) / Füllstoff *m*, -masse *f*, -material, -mittel *n* ‖ ~ **de impressão** / Abdruckmasse, plastische Masse *f* ‖ ~ **de óleo de linhaça** / Leinölkitt *m* ‖ ~ **de reacção** / Reaktionsmasse *f* ‖ ~ **de vidraceiro** / Fensterkitt *m*, Glaserkitt *m* ‖ ~ **depuradora** (gás) / Reinigungsmasse *f* ‖ ~ **do corpo** (constr. civil) / Grundmasse *f* ‖ ~ **do volante** / Schwungmasse *f* ‖ ~ **efectiva** (técn. nucl.) / effektive Masse ‖ ~ **elementar** (biol.) / Grundmasse *f* ‖ ~ **equivalente** (mecân.) / Ersatzmasse *f* ‖ ~ **filtrante** / Filtriermasse *f* ‖ ~ **fritada** / Frittegrund *m* ‖ ~ **fritada para fundição** / Gußfrittegrund *m* ‖ ~ **fundida** / Schmelzfluß *m*, Schmelze *f* (geschmolzene Masse) ‖ ~ **isolante** / Isoliermasse *f*, Füllmasse *f* ‖ ~ **isolante para cabos** / Kabelmasse *f*, Kabelvergußmasse *f* ‖ ~ **lubrificante para eixos quentes** / Heißachsenschmiere *f* ‖ ~ **mineral** (expl. minas) / Mittel *n* ‖ ~ **para moldar por injecção** / Spritz[guß]masse *f* ‖ ~ **para pedra** / Steinkitt *m* ‖ ~ **para vedações** / Dichtungsmasse *f* ‖ ~ **própria** / Eigenmasse *f* ‖ ~ **refractária** (fundição) / feuerfeste Masse, Formmasse *f* ‖ ~ **socada** / Stampfmasse *f* ‖ ~ **suspensa por molas** / gefederte Masse ‖ ~ **volumétrica** / Dichte *f* (Quotient aus Masse und Volumen), volumenbezogene Masse
massas *f pl* **alimentares** / Teigwaren *f pl* ‖ ~ **de terra** / Erdmassen *f pl*
mássico (técn. nucl., física) / Massen...
massicote *m* / Bleigelb *n* (Farbe)
mastique *m* (P), **mástique** *m* (B) / Mastix *m*, Mastixharz *n*, Dichtungs-, Glaserkitt *m*, Kitt *m* ‖ ~ **asfáltico** / Asphaltmastix *m* ‖ ~ **de cautchu** / Kautschukkitt, Gummikitt *m* ‖ ~ **de ferro** / Rostkitt *m* ‖ ~ **de resina** / Harzkitt *m*
mastro *m* / Mast *m* ‖ ~ **de antena** / Antennenmast *m*, Funkmast *m* ‖ ~ **de carga** (constr. naval) / Derrick *m* ‖ ~ **tipo A** (telecom.) / A-Mast *m*
mata-borrão *m* / Löschpapier *n*, Löschblatt *n*
matacão *m* / Feldstein *m* (über 100 mm Größe) ‖ ~ **errático** (geol) / erratisches Geschiebe
matadouro *m* / Schlachthof *m*, -haus *n*
matar o fogo (siderurg.) / ausblasen, niederblasen
mate / glanzlos, matt ‖ ~ **de cobre** / Kupferstein *m*, -rohstein *m*, Rohlech *m* ‖ ~ **fino** / Feinstein *m* (Nickel)
matear / mattieren, matt machen
matemática *f* / Mathematik *f* ‖ ~ **elementar** / elementare Mathematik ‖ ~ **superior** / höhere Mathematik
matemático / mathematisch
matéria *f* / Materie *f*, Substanz *f* ‖ ~ (física) / Stoff *m*, Materie *f* ‖ **de alto teor em ~s voláteis** / hochbituminös ‖ ~ **activa** (acumul.) / Füllmasse *f* ‖ ~ **consistente** / Dickstoff *m* ‖ ~ **corante** (tinturaria) / Färbmasse *f*, Farbstoff *m*, Färbemittel *n*, Farbmittel *n*, Farbe *f* ‖ ~ **de constante dieléctrica elevada** / HDK-Material *n* (z.B. Barium- o. Strontiumtitanat) ‖ ~ **em suspensão** / Sinkstoff *m* ‖ ~ **em suspensão** [no ar] / Schweb *m*, Schwebstoff *m* ‖ ~ **em suspensão** (prep.) / Schwebegut *n* ‖ ~ **estranha** / Fremdstoff *m* ‖ ~ **fértil** (técn. nucl.) / Spaltstoff, Brutstoff *m* ‖ ~ **fluorescente** / Fluoreszenzstoff *m* ‖ ~ **flutuante** / Schwimmstoff

m ‖ ~ **fotocrómica** (física) / lichtempfindlicher Stoff ‖ ~ **incendiária** / Brandsatz *m* ‖ ~ **inflamável** / Zündstoff *m* ‖ ~ **interplanetária** / interplanetare Materie ‖ ~ **interstelar** / interstellare Materie ‖ ~ **luminosa** / Leuchtstoff *m* ‖ ~ **plástica** / Plast *m*, Plastwerkstoff *m* ‖ ~ **plástica de moldar** / Formpreßstoff *m* ‖ ~ **plástica reforçada por fibra de carbono** / kohlenstofffaserverstärkter Kunststoff, KFK ‖ ~ **poluente** / Schmutzstoff *m*, Verschmutzungsstoff *m* ‖ ~**-prima** *f* / Rohstoff *m*, Rohmaterial *n* ‖ ~ **residual** (química) / Residuum *n*, Rückstand *m* ‖ ~ **seca não gorda** / Trockenmasse [von Butter] *f* ‖ ~ **sintética de moldagem por compressão** / Kunstharzpreßmasse *f*, -preßmischung *f* ‖ ~ **sólida** / Feststoff *m* ‖ ~ **suspensa** [no ar] / Schweb *m*, Schwebstoff *m* ‖ ~ **têxtil em bruto** / Faserrohstoff *m* ‖ ~ **tintorial** (tinturaria) / Farbstoff *m*, Färbungsmittel *n*, Farbe *f* ‖ ~ **volátil** (química) / flüchtiger Bestandteil, Flüchtiges *n*

materiais *m pl* **de enchimento** / Füllstoffe *m pl* ‖ ~ **directos** (org. industr.) / Fertigungsmaterial *n* ‖ ~ **isolantes** / Isolierstoffe *m pl* ‖ ~ **plásticos** / Kunststoffe *m pl*, Kunstharzstoffe *m pl*, Polyplaste *n pl* ‖ ~ **termoeléctricos** (física) / Thermoelektrika *n pl*

material *m* / Material *n*, Stoff *m*, Gut *n*, Werkstoff *m* ‖ ~ (informática) / Gerät *n* ‖ ~ *adj* / materiell, stofflich ‖ ~ *m* **a granel** / Schüttgut *n* ‖ ~ **a laminar** (lamin.) / Walzgut *n* ‖ ~ **a moldar** [por compressão] / Preßmasse, -mischung *f* ‖ ~ **a refrigerar** / Kühlgut *n* ‖ ~ **a ser extraido** / Fördergut *n* ‖ ~ **a ser moído** / Mahlgut *n*, zu mahlendes Gut ‖ ~ **a ser penteado** / Kämmgut *n* ‖ ~ **a ser separado** / Sichtgut *n* ‖ ~ **a ser torrado** / Röstgut, Geröstetes *n* ‖ ~ **a ser transportado** / Fördergut *n* ‖ ~ **activo** (raios catód.) / Emissionssubstanz *f* ‖ ~ **alveolar** (geral) / Schaumstoff *m* ‖ ~ **básico** / Grundstoff, Ausgangsstoff *m*, Ausgangsmaterial *n*, Grundwerkstoff *m* ‖ ~ **branco** (artes gráf.) / Füllmaterial *n* ‖ ~ **calorífugo** / Isolierstoff *m* ‖ ~ **celular** (geral) / Schaumstoff *m* ‖ ~ **cerâmico fino** / feinkeramischer Werkstoff ‖ ~ **cinematográfico** / Filmmaterial *n* ‖ ~ **composto** / Verbundwerkstoff *m* ‖ ~ **composto infiltrado** / Durchdringungsverbundwerkstoff *m* ‖ ~ **composto reforçado por fibras** / Faserverbundwerkstoff *m* ‖ ~ **condutor** / Leitungsmaterial *n* ‖ ~ **de ancoragem** / Abspannmaterial *n* ‖ ~ **de aplicação** (galvanoplast.) / Auftragsmetall *n* ‖ ~ **de baixa densidade** / Leichtstoff *m* ‖ ~ **de carga** (química, papel) / Füllstoff *m*, -masse *f*, -material, -mittel *n* ‖ ~ **de cerâmica oxidada** / oxidkeramischer Werkstoff ‖ ~ **de construção** / Baumaterial *n*, Baustoff *m*, Baubedarf *m* ‖ ~ **de elevada resistência mecânica** (cerâm.) / Hartstoff *m* ‖ ~ **de embalagem**, material *m* de embrulho / Packmaterial *n* ‖ ~ **de enchimento** (geral) / Füllstoff *m*, -mittel *n* ‖ ~ **de enchimento** (constr. civil) / Füllmaterial *n* ‖ ~ **de enchimento** (química, papel) / Füllstoff *m*, -masse *f*, -material, -mittel *n* ‖ ~ **de ensino** / Lehrmittel *n* ‖ ~ **de escavação** / Erdaushub *m*, Baggergut *n* ‖ ~ **de exploração** / Betriebsmaterial *n* ‖ ~ **de ferro** (telecom.) / Bauzeug *n* ‖ ~ **de incêndio** / Feuerwehrgerät *n* ‖ ~ **de instrução** / Lehrmittel *n* ‖ ~ **de isolamento** / Isolationsmaterial *n* ‖ ~ **de perfuração de poços profundos** / Tiefbohrgerät *n*, -bohrwerkzeuge *n pl* ‖ ~ **de revestimento** (expl. minas) / Ausbaumaterial *n* ‖ ~ **de sondagem de poços profundos** / Tiefbohrgerät *n*, -bohrwerkzeuge *n pl* ‖ ~ **de substituição** / Austauschstoff *m* ‖ ~ **de torrefacção** / Röstgut *n* ‖ ~ **em barras** (máq. ferram.) / Stangenmaterial *n* ‖ ~ **escavado** / Aushub *m* ‖ ~ **fértil** / Brutstoff *m* ‖ ~ **fibroso**, material *m* fiável, material *m* têxtil / Faserstoff *m*, Fasergut *n*, Spinnstoff *m* ‖ ~ **físsil** (técn. nucl.) / Spaltmaterial *n*, Spaltstoff *m* ‖ ~ **isolante** / Dämmstoff *m*, Isolationsmaterial *n*, Isoliermaterial *n* ‖ ~ **isolante** (constr. civil) / Sperrstoff *m* ‖ ~ **isolante fibroso** / Faserdämmstoff *m* ‖ ~ **leve** / Leicht[bau]stoff *m* ‖ ~ **magnético** / Magnetwerkstoff *m* ‖ ~ **magnético duro** / hartmagnetischer Werkstoff ‖ ~ **moído** / Mahlgut *n*, gemahlenes Gut ‖ ~ **necessário para reparações** (autom.) / Flickzeug *n* ‖ ~ **para fiar** / Spinngut *n* ‖ ~ **plástico moldado** / Kunstharzpreßstoff, Plast *m* ‖ ~ **plástico refractário** (siderurg.) / feuerfeste Plastmasse ‖ ~ **prensado** (geral) / Preßstoff *m* ‖ ~ **reforçado por fibras** / Faserwerkstoff *m* ‖ ~ *f* **refractário** / feuerfestes Material ‖ ~ *m* **rolante** (técn. ferrov.) / Eisenbahnfahrzeuge *n pl*, rollendes Material ‖ ~ **sinterizado** / Sinterwerkstoff *m* ‖ ~ **sintético** / Kunststoff *m* ‖ ~ **têxtil** / Spinnstoff *m*, -gut *n*, Fasergut *n*, Faserstoff *m* ‖ ~ **velho** / Altmaterial *n*

matérias *f pl* **albuminóides** / Eiweißkörper *m pl* ‖ ~ **em suspensão** / Schwebestoffe *m pl* ‖ ~ **fecais** / Fäkalien *f pl* ‖ ~ **fundidas** (papel) / Heißschmelzmassen *f pl* ‖ ~ **não voláteis em tintas** / Festkörper *m pl* in Farben ‖ ~ **proteicas** / Eiweißkörper *m pl* ‖ ~ **suspensas** / Schwebestoffe *m pl* ‖ ~ **tintoriais** / Färbematerial *n* ‖ ~ **voláteis** / Bestandteile *m pl* (beim Glühen flüchtig) ‖ ~ **voláteis por aquecimento** / beim Glühen flüchtige Bestandteile

matiz *m* (tinturaria) / Tönung *f*, Nuancierung *f*, Schattierung *f*, Farbton *m*, Stich *m*

matizar / tönen *vt*, leicht färben, beizen (Holz), schattieren, abtönen ‖ ~ (tinturaria) / abstufen, schattieren

mato *m* / Buschwerk *n*

matraz *m* (química) / Kochbecher *m*, Glaskolben *m* ‖ ~ **de extracção** (química) / Extraktionskolben *m* ‖ ~ **de um litro** (química) / Literkolben *m*

matriz *f* (informática, tv, matem.) / Matrix *f (pl: Matrizen, Matrices)* ‖ ~ (forja) / Matrize *f*, Untergesenk *n* ‖ ~ (prensa) / Unterstempel *m* ‖ ~ / einfache Farbe ‖ ~ (máq., tecnol.) / Preßform *f* ‖ ~ (fabric. de tubos) / Preßring *m* ‖ ~ (máq. ferram.) / Leitlineal *n* ‖ ~ / Lehre *f*, Schablone *f* ‖ ~ / Gesenk *n* ‖ ~ **combinada** (estamp.) / Verbundschnitt *m* ‖ ~ **condutora** / Leiterbild *n* ‖ ~ **de chapa** / Blechschablone *f* ‖ ~ **de corte** (máq. ferram.) / Abkneifer *m*, Abschneidegesenk *n* ‖ ~ **de corte** (estamp.) / Schnittplatte, Matrize *f* ‖ ~ **de estampar** (estamp.) / Schneidplatte *f* ‖ ~ **de estiragem** (estamp.) / Ziehring *m* ‖ ~ **de estirar** (siderurg.) / Ziehlochplatte *f* ‖ ~ **de extrusão** / Strangpreßform *f*, Düse *f*, Strangpreßwerkzeug *n*, Preßstempel *m*, -matrize *f* ‖ ~ **de forjar** / Schmiedegesenk *n* ‖ ~ **de perfuração** (cart. perf.) / Lochermatrize *f* ‖ ~ **de trabalho** / Arbeitsmatrix *f* ‖ ~ **do macho** (fundição) / Kernbrett *n*, -schablone *f* ‖ ~ **examinadora** (informática) / Abtastmatrix *f* ‖ ~ **identidade** (matem.) / Einheitsmatrix *f* ‖ ~ **para embutir** / Drückform *f* ‖ ~ **superior** (forja) / Obergesenk *n* ‖ ~ **superior** (estamp.) / Stempel *m* ‖ ~ **superior e inferior** / Ober- und Unterstempel *m* ‖ ~ **unidade** (matem.) / Einheitsmatrix *f*

matrizagem *f* (forja) / Gesenkformen *n* (DIN 8583), Gesenkschmieden *n*

matrizar (forja) / gesenkschmieden

maturação *f* / Reife, Reifung *f*, Alterung *f*, Altern *n* ‖ ~ **por resfriamento brusco** / Abschreckalterung *f*

maturar / ausreifen lassen, alt werden *vi*, durch Altern besser werden, altern

mau / schlecht ‖ ~ **contacto** *m* (electr.) /

Wackelkontakt *m*
maxila *f* **do travão** / Bremsbacke *f*
máxima *f* / Grundsatz *m*
máximo *m* / Maximum *n*, Höhepunkt *m* ‖ ~ *adj* / maximal, Höchst..., größt ‖ ~ **admissível** / höchstzulässig ‖ ~ *m* **de rendimento** / Höchstleistung *f*
máximos *m pl* (autom.) / Fernlicht *n*
MAYDAY *m* (aeronáut.) / Funknotsignal *n*
meada *f* / Strang *m*, Pack *m* (Garn), Fitze *f*, Gebinde *n* ‖ ~ **de algodão** / Bund Baumwolle ‖ ~ **de fio** / Garnsträhne *f* ‖ ~ **de preparação de linho** / Flachsvorgarn *n*
meandro *m* (hidrául.) / Mäander *m*
mecânica *f* / Mechanik *f*, Maschinenbau *m*, -wesen *n*, -kunde *f* ‖ ~ **celeste** / Himmelsmechanik *f* ‖ ~ **das rochas** (expl. minas) / Gebirgsmechanik *f* ‖ ~ **das rochas** / Gesteinsmechanik *f*, Felsmechanik *f* ‖ ~ **de fractura** / Bruchmechanik *f* ‖ ~ **de precisão** / Feinmechanik *f*, Feinwerktechnik *f* ‖ ~ **dos corpos fluidos** / Mechanik flüssiger Körper, Hydromechanik *f* ‖ ~ **dos corpos sólidos** / Mechanik *f* fester Körper ‖ ~ **dos fluidos** / Strömungsmechanik *f* ‖ ~ **dos fluídos** / Hydraulik *f*, Hydromechanik *f*, Mechanik *f* der flüssigen Körper ‖ ~ **dos solos** / Bodenmechanik *f*, Erdbaumechanik *f* ‖ ~ **quântica** / Quantenmechanik *f*
mecânico *m* / Mechaniker *m* ‖ ~ (máq., tecnol.) / Maschinist, Mechaniker *m* ‖ ~ *adj* / maschinenmäßig, Motor..., Maschinen..., mechanisch, maschinell ‖ ~ *m* **de bordo** (aeronáut.) / Bordmechaniker *m* ‖ ~ **de precisão** / Feinmechaniker *m*
mecanismo *m* / Werk *n*, Mechanismus *m*, Ein-, Vorrichtung *f* ‖ ~ (mecân.) / Getriebe *n* ‖ ~ (relógio) / Gangwerk *n* ‖ ~ **articulado** (mecân.) / Gelenkgetriebe *n* ‖ ~ **cognitivo** / Erkennungsmechanismus *m* ‖ ~ **de ajuste** / Einstellwerk *n* ‖ ~ **de alimentação** (máq., tecnol.) / Zuführapparat *m*, -einrichtung *f* ‖ ~ **de alimentação do fio** / Fadenzuführungsgetriebe *n* ‖ ~ **de avanço** / Schaltwerk *n*, Vorschub *m*, Nachschubvorrichtung *f* ‖ ~ **de avanço gradual** / Schrittschaltwerk *n* ‖ ~ **de biela** / Koppelgetriebe *n* ‖ ~ **de carga** (ensaio de mater.) / Belastungseinrichtung *f* ‖ ~ **de catraca** / Schaltwerk *n* ‖ ~ **de cinco elementos** (mecân.) / fünfgliedriges Getriebe ‖ ~ **de comando** / Steuerantrieb *m*, Betätigungsgetriebe *n* ‖ ~ **de combustão** (foguete) / Abbrandmechanismus *m* ‖ ~ **de comutação** (telecom.) / Schaltwerk *n* ‖ ~ **de conexão** (telecom.) / Schaltwerk *n* ‖ ~ **de contagem** / Zählwerk *n*, Meßwerk, -gerät *n*, -uhr *f* ‖ ~ **de corda** (relógio) / Aufziehvorrichtung *f* ‖ ~ **de deslocamento** / Fahrwerk *n* ‖ ~ **de direcção** (autom.) / Lenkung *f* ‖ ~ **de engrenagens deslocáveis** (máq. ferram.) / Schieberädergetriebe *n* ‖ ~ **de guia** (máq. ferram.) / Leitvorrichtung *f* ‖ ~ **de impressão** / Schreibwerk *n* ‖ ~ **de inversão** / Wendegetriebe *n*, Umkehrgetriebe *n* ‖ ~ **de inversão de marcha** / Vorschubwechselgetriebe *n* ‖ ~ **de manivela** / Kurbeltrieb *m*, Kurbelgetriebe *n* ‖ ~ **de manivela e biela oscilante** / Kurbelschwinge *f* ‖ ~ **de manobra** (máq. ferram.) / Schaltantrieb *m* ‖ ~ **de marcha exterior** (tecel.) / Außentrittvorrichtung *f* ‖ ~ **de moer** / Mahlwerk *n* ‖ ~ **de mola** (mecân.) / Federgetriebe *n* ‖ ~ **de molas** / Federwerk *n* ‖ ~ **de movimentação** / Fahrwerk *n* ‖ ~ **de movimento** (máq., tecnol.) / Laufwerk *n* ‖ ~ **de mudança de marcha por engrenagens cónicas** / Kegelradwendegetriebe *n* ‖ ~ **de passagem brusca** / Sprungwerk *n* ‖ ~ **de registo** / Schreibwerk *n* ‖ ~ **de relógio** / Laufwerk *n*, Uhrwerk *n* ‖ ~ **de roda livre com freio contrapedal**, mecanismo *m* de roda livre com travão contrapedal (bicicleta) / Freilauf *m* mit Rücktrittbremse ‖ ~ **de roda livre com rolamentos de esferas ou rolimãs** / Kugellagerfreilauf *m* ‖ ~ **de tracção** / Zugmittel *n* ‖ ~ **de translação** / Fahrantrieb *m*, Fahrwerk *n* ‖ ~ **de translação do guindaste** / Kranfahrwerk *n* ‖ ~ **de transmissão** (mecân.) / Kraftübertragung *f* ‖ ~ **diferencial .m.** / Differentialgetriebe *n* ‖ ~ **divisor** (máq. ferram.) / Teilvorrichtung *f* ‖ ~ **elevador eléctrico** / Elektrohubwerk *n* ‖ ~ **hidráulico frontal** / Fronthydraulik *f* ‖ ~ **impressor** / Druckwerk *n* ‖ ~ **lanterna** / Laternengetriebe *n* ‖ ~ **regulador de velocidade** / Regelantrieb *m* ‖ ~ **somador** / Addierwerk *n*, Additionseinrichtung *f* ‖ ~ **transformador do número de rotações** / Drehzahlwandler *m* ‖ ~ **transportador da película** / Filmlaufwerk *n*
mecanização *f* / Mechanisierung *f*
mecanizar / mechanisieren
mecanoquímico / mechanochemisch
mecha *f* (fiação) / Vorgespinst *n*, Lunte *f*, Vorgarn *n*, Kammbart *m* ‖ ~ (expl. minas) / Zündlunte *f* ‖ ~ (têxtil) / Lunte *f* ‖ ~ **circular** / Hohldocht *m*, kreisförmiger Docht ‖ ~ **de carda** (fiação) / Faserband *n*, Krempelband *n* ‖ ~ **de lã penteada** / Kammzug *m*, Zug *m* ‖ ~ **de lubrificação** / Schmierdocht *m* ‖ ~ **de segurança** (expl. minas) / Zündschnur *f*, Sicherheitszünder *m* ‖ ~ **detonante** / detonierende Zündschnur ‖ ~ **enxofrada** / Schwefelfaden *m* ‖ ~ **extrafina** / Extrafeinfleier *m*
meda *f* / Schober *m*
média *f* / Durchschnitt *m*, Mittelwert *m* ‖ **em** ~ / durchschnittlich, im Durchschnitt
mediador *m* (química) / Vermittler, Beschleuniger *m*
mediana *f* (geom) / Seitenhalbierende *f*
medianiz *f* (artes gráf.) / Gasse, Straße *f*, Bundsteg *m*
medicamento *m* / Arzneimittel *n*
medição *f* / Messung *f*, Messen *n* ‖ ~ (geral) / Vermessung *f*, Ausmessung *f* ‖ ~ **barométrica** / barometrische Höhenbestimmung ‖ ~ **com diafragma aberto** (técn. fotogr.) / Offenblendenmessung *f* ‖ ~ **comparativa** / Vergleichsmessung *f* ‖ ~ **da altitude barométrica** / barometrische Höhenmessung ‖ ~ **da condutividade** / Leitfähigkeitsmessung *f* ‖ ~ **da constante dieléctrica** / Dekametrie *f* ‖ ~ **da densidade do gás** / Gasdichtemessung *f* ‖ ~ **da gravidade** (física) / Schweremessung *f* ‖ ~ **da resistência de terra** (electr.) / Erdleitungsmessung *f* ‖ ~ **de altitude** / Höhenbestimmung *f*, -messung *f* ‖ ~ **de atenuação em radiocomunicações** / Funkdämpfungsmessung *f* ‖ ~ **de comprimentos** / Längenmessung *f* ‖ ~ **de elongação por meio do extensómetro** / Feindehnungsmessung *f* ‖ ~ **de nível** / Füllstandsmessung *f* (im Behälter) ‖ ~ **de potência** / Leistungsmessung *f* ‖ ~ **de precisão** / Feinmessung *f* ‖ ~ **exacta** / Feinmessung *f* ‖ ~ **interna** / Innenmessung *f*
medicina *f* **aeroespacial** / Luft- und Raumfahrtmedizin *f* ‖ ~ **aeronáutica** / Flugmedizin, (bisher:) Luft- und Raumfahrtmedizin *f*
medida *f* / Ausmaß *n*, Maß *n*, Abmaß *n*, Abmessung *f* ‖ ~ **colorimétrica** / Farbmaßzahl *f* ‖ ~ **de capacidade** / Hohlmaß *n*, Raummaß *n* ‖ ~ **de comprimento** / Längenmaß *n* ‖ ~ **de contracção**, medida *f* de encolhimento / Schwindmaß *n* ‖ ~ **de extremos** (torno) / Endmaß *n* ‖ ~ **de líquidos** / Flüssigkeitsmaß *n* ‖ ~ **de volume** / Körpermaß *n* ‖ ~ **efectiva** / Istmaß *n* ‖ ~ **em polegadas** / Zollmaß *n* ‖ ~ **exacta** / genaues Maß ‖ ~ **excedente** / Aufmaß *n* ‖ ~ **interior**, medida *f* interna / lichte

Weite ‖ ~ **linear** / Längenmaß *n* ‖ ~ *m* **mínima** / Kleinstmaß *n* ‖ ~ *f* **padrão** / Normalmaß *n* ‖ ~ **para corpos sólidos** / Festmaß *n* ‖ ~ **unitária** / Einheitsmaß *n*
medido / gemessen ‖ ~ **no interior** / im Lichten gemessen
medidor *m* / Messer *m*, Meßgerät *n* ‖ ~ **com mostrador** / Meßuhr *f* ‖ ~ **da duração de impulsos ou pulsos** / Impulszeitmesser *m* ‖ ~ **da temperatura das cores** / Lichtfarbmeßgerät *n* ‖ ~ **de ampères-hora** / Amperestundenzähler *m* ‖ ~ **de contaminação** (técn. nucl.) / Strahlenzähler *m*, Verseuchungsmeßgerät *n*, Strahlungsmeßgerät *n* ‖ ~ **de distorção arrítmica** / Bezugsverzerrungsmesser *m* ‖ ~ **de fluxo magnético** / induktive Meßsonde ‖ ~ **de inductividade** / L-Meßgerät *n* ‖ ~ **de pó** / Staubzähler *m* ‖ ~ **de porosidade** (papel) / Luftdurchlässigkeitsprüfer *m* ‖ ~ **de rajadas de vento** / Böenmesser *m* ‖ ~ **de terra** / Erdschlußmeßgerät *n* ‖ ~ **de watts-hora** (electr.) / Wattstundenzähler *m* ‖ ~ **gama** / Gammameter *n* ‖ ~ **para transmissores de teleimpressores** / Fernschreibsendermesser *m*
médio / mittlerer, Durchschnitts..., im Durchschnitt, mittel, durchschnittlich
médios *m pl* (autom.) / Abblendlicht *n* ‖ ~ **assimétricos** (autom.) / asymmetrisches Abblendlicht
medir / vermessen, ausmessen, abmessen, messen ‖ ~ **com o compasso** / mit dem Zirkel abgreifen
medula *f* (madeira) / Kern *m*, Mark *n*
mega / Mega..., 10^6
megabyte *m* (informática) / Megabyte *n*
megadínio *m* / Megadyn *n*
megafone *m* / Megaphon *n*
megahertz *m* / Megahertz *n*, MHz
megaohm *m* / Megaohm *n*, Megohm *n*, MO
megaton *m* (técn. nucl.) / Megatonne *f* (Sprengwirkung)
megavolt *m* / Megavolt *n*
megawatt *m*, MW / Megawatt *n*, MW
megohm *m* / Megaohm *n*, Megohm *n*, MO
meia *f* / Strumpf *m*
meia-calça *f* / Strumpfhose *f*
meia-cana *f* / Bohreraufnahme *f* der Bohrwinde
meia-carga *f* / Halblast *f*
meia-encadernação *f* (artes gráf.) / Halbband *m* (Rücken und Ecken)
meia-esquadria *f* (desenho industr.) / Gehrdreieck *n*, [festes] Gehrmaß zu 45°
meia-lã *f* / Halbwolle *f*
meia-linha *f* (tv) / Halbzeile *f*
meia-lua *f* (máq., tecnol.) / Halbmond *m* ‖ **em forma de** ~ / halbmondförmig
meia-luva *f* / Fausthandschuh *m*
meia-nau, a ~ / mittschiffs
meia-onda *f* / Halbwelle *f*
meia-palavra *f* (informática) / Teilwort *n*
meia-pista *f* (fita magn.) / Halbspur *f*
meia-porcelana *f* / Halbporzellan *n*
meia-seda *f* / Halbseide *f*
meia-tinta *f* (artes gráf.) / Halbton *m* ‖ ~ / gebrochene Farbe
meio *m*, via *f* / Mittel *n*, Weg *m* ‖ ~ (máq., tecnol.) / Mittel *n* ‖ ~, centro *m* / Mitte *f* ‖ ~ *adj* / halb ‖ **no** ~ [de] / inmitten [von] ‖ ~ *m* **ambiente** / Umwelt *f*, Umgebung *f* ‖ ~ **de exploração** (expl. minas) / Abbaufördermittel *n* ‖ ~ **de filtração** / Filtrationsmittel *n* ‖ ~ **de produção** / Betriebsmittel *n* ‖ ~ **de transporte** / Beförderungsmittel *n*, Fördermittel *n*, Transportmittel *n*, Verkehrsmittel *n* ‖ ~ **denso** (expl. minas) / Schwertrübe *f* ‖ ~ **portador da informação** (informática) / Informationsträger *m* ‖ ~ **provisório** / Behelfsmittel *n*
meio-fio *m* (constr. rodov.) / Randstein *m*
meio-gás *m* (mot.) / Halbgas *n* ‖ **a** ~ / mit Halbgas
meio-ladrilho, de espessura de ~ (constr. civil) / halbsteinstark
meio-linho *m* (tecel.) / Halbleinen *n*
meio-pano, em ~ (artes gráf.) / halbleinen
meio-quadrantim *m* (artes gráf.) / durchschnittliche Buchstabenbreite
meios *m pl* **de fixação**, meios *m pl* de ligação / Verbindungsmittel *n pl*
meio-tijolo *m* (constr. civil) / Zweiquartier *n*, halber Stein
meio-tom *m* (acústica) / Halbton *m*
meio-trilho *m* (fita magn.) / Halbspur *f*
meio-valor *m* / Halbwert *m*
melaço *m* (açúcar) / Rückstand *m*, Melasse *f*, Dicksaft *m*, Sirup *m* ‖ ~ **final** (açúcar) / Endmelasse *f* ‖ ~ **refundido** / Einschmelzsirup *m*
melamina *f* (química) / Melamin *n*
melanina *f* / Melanin *n*
melanita *f* (mineralog.) / Melanit *m* ‖ ~ (explosivo) / Lyddit *n*
melanite *f* (mineralog.) / Melanit *m*
melhoramento *m* / Verbesserung *f* ‖ ~ (aço) / Vergütung *f*
melhorar / verbessern ‖ ~ (aço) / vergüten ‖ ~ **a cor** (tinturaria) / schönen
melhoria *f* **de qualidade** / Qualitätsverbesserung *f*
melite *f* (mineralog.) / Honigstein, Mellit *m*
melitose *f* / Raffinose, Melitose *f*
membrana *f* (geral) / Membran[e] *f* ‖ ~ / Federplatte *f*, Plattenventil *n* ‖ ~ **de célula** / Zellwand *f* ‖ ~ **do alto-falante para agudos** / Hochtonkegel *m* ‖ ~ **do tweeter** / Hochtonkegel *m*
membro *m* (constr. civil) / Glied *n* ‖ ~ / Bauelement *n* ‖ **de três ~s** / dreigliedrig ‖ ~ **accionado** / angetriebenes Organ ‖ ~ **de pressão** / Druckstück *n* ‖ ~ **de uma equação** (matem.) / Seite *f* einer Gleichung
memória *f* (informática) / Speicher *m* ‖ **de** ~ **permanente** (contr. autom., electrón.) / nullspannungsgesichert ‖ **sem** ~ (informática) / speicherlos ‖ ~ **alfanumérica** (informática) / Textspeicher *m*, alphanumerischer Speicher ‖ ~ **associativa** (informática) / CAM, Assoziativspeicher *m* ‖ ~ **auxiliar** (informática) / Ergänzungsspeicher *m*, Fremdspeicherung *f*, Hilfsspeicher *m*, Zusatzspeicher *m* ‖ ~ **criogénica** (informática) / Supraleitungsspeicher *m* ‖ ~ **de acesso randómico** / RAM-Speicher *m* (= random access) ‖ ~ **de acesso rápido** (informática) / Schnellspeicher *m* ‖ ~ **de baixa prioridade** (informática) / Massenspeicher *m* ‖ ~ **de borbulha magnética** (informática) / Magnetblasenspeicher *m*, Domänentransportspeicher *m*, Blasenspeicher *m* ‖ ~ **de capacitor ou condensador** (informática) / kapazitiver Speicher ‖ ~ **de circulação** (informática) / Umlaufspeicher *m* ‖ ~ **de dados** (informática) / Datenspeicher *m* ‖ ~ **de disco simples** (informática) / Einplatten-Speicher *m* ‖ ~ **de discos** (informática) / Plattenspeicher *m* ‖ ~ **de disquetes** (informática) / Disketten-Speicher *m* ‖ ~ **de entrada** (informática) / Eingabespeicher, Eingangsspeicher *m*, Einlesespeicher *m* ‖ ~ **de factores** (informática) / Faktorenspeicher *m* ‖ ~ **de fita** / Bandspeicher *m* ‖ ~ **de grande capacidade** (informática) / Großspeicher *m* ‖ ~ **de impressão** (informática) / Druckspeicher *m* ‖ ~ **de leitura e gravação** (informática) / Lebendspeicher *m* ‖ ~ **de leitura sem alteração** / Nurlesespeicher *m* ‖ ~ **de linha de retardo** (electrón.) / Laufzeitspeicher *m* ‖ ~ **de mercúrio** (informática) / Quecksilbertank *m* ‖ ~

de núcleos (informática) / Kernspeicher *m* ‖ ~ **de núcleos de ferrita** / Ferritkernspeicher *m* ‖ ~ **de páginas auxiliar** (informática) / Seitenspeicher *m* ‖ ~ **de película magnética** (informática) / Magnetfilmspeicher *m* ‖ ~ **de perfuradora** (cart. perf.) / Stanzspeicher *m* ‖ ~ **de plásticos** / Gedächtnis *n* von Kunststoffen ‖ ~ **de propagação** (informática) / Schleifenspeicher *m*, Tank *m*, Speichertank *m* ‖ ~ **de repetição de impulsos de activação**, memória *f* de repetição de pulsos de ativação / Anreizwiederholspeicher *m* ‖ ~ **de taxas** (telecom.) / Gebührenspeicher *m* ‖ ~ **descritiva** / Erläuterungsbericht *m* ‖ ~ **descritiva da invenção** / Erfindungsbeschreibung *f* ‖ ~ **dinâmica** (informática) / dynamischer Speicher, Laufzeitspeicher *m* ‖ ~ **electrostática** (informática) / elektrostatischer Speicher ‖ ~ **externa** (informática) / äußerer Speicher, Außenspeicher *m*, Zubringerspeicher *m*, externer Speicher ‖ ~ **fotoóptica** (informática) / Filmspeicher *m* ‖ ~ **interna** (informática) / Zentralspeicher *m*, interner Speicher, innerer Speicher ‖ ~ **magnética** / Magnetspeicher *m* ‖ ~ **neutralizável** (informática) / löschbarer Speicher ‖ ~ **permanente** (informática) / Totspeicher *m*, Festspeicher *m* (DIN), Lesespeicher *m* ‖ ~ **principal** (informática) / Innenspeicher *m*, Hauptspeicher *m*, Arbeitsspeicher *m* ‖ ~ **RAM** / RAM-Speicher *m* (= random access) ‖ ~ **rápida** (informática) / Speicher *m* mit schnellem Zugriff ‖ ~ **temporária** (informática) / Puffer[speicher] *m*, Zwischen[ergebnis]speicher *m*

memorização *f* (informática) / Speichern *n* ‖ ~ **de dados** (informática) / Datenspeicherung *f* ‖ ~ **não volátil** (informática) / leistungslose Speicherung (durch Stromausfall unbeeinflußt) ‖ ~ **repartida** / gemeinsame Speicherbenutzung ‖ ~ **secundária** (informática) / Zweitspeicherung *f*

memorizado (informática, electrón.) / gespeichert

memorizar (informática) / speichern, einlesen, einspeichern

mendelismo *m* / Mendelismus *m*, Mendeln *n*

menilita *f* (mineralog.) / Leberopal *m*

menisco *m* (óptica) / Meniskus *m*, Meniskenglas *n*, Halbmuschelglas *n* ‖ ~ **de mercúrio** / Quecksilbermeniskus *m*

menos (matem.) / minus

mensagem *f* / Meldung *f*, Nachricht *f* ‖ ~ **de erro** (informática) / Fehlermeldung *f* ‖ ~ **"fox"** (destinada a verificar o bom funcionamento de um teleimpressor e dos seus circuitos): (the quick brown fox jumped over the lazy dog's back 0123456789) (telecom.) / Fox-Message *f*

mensurável / ausmeßbar, meßbar

mercadoria *f* / Ware *f* ‖ ~ **despachada em grande velocidade** / Eilgut *n* ‖ ~ **em volumes** (geral) / Stückgut *n* ‖ ~ **volumosa** / Sperrgut *n*

mercadorias *m* (coll) (técn. ferrov.) / Güterzug *m* ‖ ~ *f pl* / Güter *n pl* ‖ ~ **a granel** / Massengüter *n pl* ‖ ~ **de grupagem** / Sammelgut *n*, -ladung *f* ‖ ~ **de pequena velocidade** (técn. ferrov.) / Frachtgut *n*

mercaptã *m*, mercaptan *m*, mercaptano *m* / Merkaptan *n*

mercaptal *m* / Merkaptal *n*

mercaptano *m* **etílico** / Ethylmerkaptan *n*

mercerização *f* / Merzerisieren *n*, -ierung *f* ‖ ~ **do fio** / Garnmerzerisierung *f*

mercerizar / merzerisieren

mercurial / quecksilberhaltig

mercurialismo *m* / Quecksilbervergiftung *f*

mercúrico (química) / Quecksilber(II)-..., Merkuri...

mercúrio *m* / Quecksilber *n*

mercuroso (química) / Quecksilber(I)-..., Merkuro...

mergulhador *m* / Taucher *m*

mergulhar / tauchen *vt*, ein-, untertauchen ‖ ~ **de nariz** (aeronáut.) / abschmieren

meridiano *m* / Meridian *m* ‖ ~ (astron.) / Mittagskreis *m* ‖ ~ (geogr.) / Längenkreis *m* ‖ ~ (astron.) / Meridian..., meridional ‖ ~ **terrestre** / Erdmeridian *m*

meridional (geogr.) / südlich, südländisch

merino *m* (tecel.) / Merino *m*

merma *f* **de seda** / Bouretteseide *m*

mesa *f* / Tisch *m* ‖ ~ **alimentadora** / Zuführtisch *m* ‖ ~ **basculante** (expl. minas) / Wipptisch *m* ‖ ~ **circular** (máq. ferram.) / Rundtisch *m* ‖ ~ **composta** (máq. ferram.) / Kreuztisch, -supporttisch *m* ‖ ~ **cúbica de aperto** (máq. ferram.) / Kastentisch *m*, -aufspanntisch *m* ‖ ~ **de alimentação** (artes gráf.) / Einlegetisch *m* ‖ ~ **de alimentação** (têxtil) / Auflegetisch *m* ‖ ~ **de aplainar** (máq. ferram.) / Hobeltisch *m* ‖ ~ **de chamada** (telecom.) / Anruftisch *m* ‖ ~ **de classificação** (expl. minas) / Verteilungstisch *m* ‖ ~ **de composição** (artes gráf.) / Setztisch *m* ‖ ~ **de distribuição** / Aufgabetisch *m*, Verteiltisch *m* ‖ ~ **de dosear** / Abstreichteller, -tisch *m* ‖ ~ **de elevação** (lamin.) / Überhebetisch *m* ‖ ~ **de entrada** (fundição) / Einlauftisch *m* ‖ ~ **de entrega** (artes gráf.) / Auslegetisch *m* ‖ ~ **de furadeira** (máq. ferram.) / Bohrtisch *m* ‖ ~ **de guia** (lamin.) / Führungstisch *m* ‖ ~ **de informações** (telecom.) / Auskunft *f*, Auskunftsstelle *f*, -platz *m*, -tisch *m* ‖ ~ **de medição** / Meßtisch *m* ‖ ~ **de montagem** (máq. ferram.) / Aufspannfläche *f*, Aufspanntisch *m* ‖ ~ **de montagem** (filme) / Filmschneidetisch *m* ‖ ~ **de movimentos cruzados** (geral) / Kreuztisch *m* ‖ ~ **de supervisão** (telecom.) / Aufsichtsplatz, -tisch *m* ‖ ~ **de suporte** (máq. ferram.) / Auflagetisch *m* ‖ ~ **de suporte da chapa** (máq. ferram.) / Blechauflagetisch *m* ‖ ~ **de tampo abatível** / Klapptisch *m* ‖ ~ **de trabalho** / Werktisch *m*, Arbeitstisch *m* ‖ ~ **de trabalho da fresa** / Frästisch *m* ‖ ~ **de vaporização** / Dämpftisch *m* ‖ ~ **do cilindro** / Walzenballen *m* ‖ ~ **giratória** (máq. ferram.) / Schwenktisch *m*, Drehtisch *m* ‖ ~ **móvel** / Lauftisch *m* ‖ ~ **plotadora** (informática) / Funktionstisch *m* ‖ ~ **reversível** / Wendetisch *m*, umkehrbarer Tisch ‖ ~ **rotativa** (petróleo) / Bohrtisch *m* ‖ ~ **rotativa** (máq. ferram.) / Drehtisch *m*, Schwenktisch *m* ‖ ~ **traçadora** (informática) / Funktionstisch *m* ‖ ~ **transportadora** / Fördertisch *m* ‖ ~ **vibratória** / Rütteltisch *m*

mesão *m* (técn. nucl.) / Meson *n* ‖ ~ **eta** (técn. nucl.) / Eta-Meson *n* ‖ ~ **F** (técn. nucl.) / F-Meson *n*

mesobentos *m* / Fauna *f* u. Flora des Meeresbodens in 200-800 m Tiefe

mesoclima *m* / Kleinklima *n*, Mesoklima *n*

mesomerismo *m* (técn. nucl.) / Mesomerie, Resonanz *f*

méson *m* (física) / Meson *n* ‖ ~ **chi** / Chi-Meson *n* ‖ ~ **eta** (técn. nucl.) / Eta-Meson *n* ‖ ~ **F** (técn. nucl.) / F-Meson *n* ‖ ~ **K** (técn. nucl.) / Kaon *n*, K-Meson *n*

mesozóico *m* / Mesozoikum *n*

mestre *m* (informática) / Stammdatei *f* ‖ ~ *adj* (electrón.) / Haupt...

...-mestre / Ober..., Haupt...

mestre *m* **cervejeiro** / Braumeister *m*

metabissulfito *m* **de potássio** (técn. fotogr.) / Kaliummetabisulfit *n*, Kaliumpyrosulfit *n*

metabolismo *m* / Stoffwechsel *m*

metacentro *m* **latitudinal** (constr. naval) / Quermetazentrum *n* ‖ ~ **transversal** / Breitenmetazentrum *n*

metade *f* / Hälfte *f* ‖ ~ **superior da caixa** (fundição) / obere Kastenhälfte

metaformose *f* / Gestaltwandel *m*

metais *m pl* **alcalinos** / Alkalimetalle *n pl* ‖ ~ **de**

terras raras / seltene Erdmetalle, Seltenerdmetalle *n pl* || ~ **não-ferrosos** / NE-Metalle *n pl*
metal *m* / Metall *n* || ~ **amoedado** / Bullion *n* || ~ **antifricção** / Lagermetall *n* || ~ **antifricção à base de chumbo** / Bleilagermetall *n* || ~ **antifricção sem estanho para vias ferroviárias** / BN-Metall *n* || ~ **auxiliar** (metalurg. do pó) / Bindemetall *n* || ~ **Babbit** / Babbittmetall *n* (Lagermetall) || ~ **base** / unedles Metall || ~ **branco** / Weißguß *m*, Bahnmetall *n*, Weißmetall *n* || ~ **bretanha** / Britanniametall *n* || ~ **comum** / unedles Metall || ~ **de antifricção** / Weißmetall *n* || ~ **de base** (sold) / Grundmetall *n*, Grundwerkstoff *m* || ~ **de Bath** / Bathmetall *n* || ~ **de eletrodo** (sold) / Elektrodenmetall *n* || ~ **de resistência elevada** / Widerstandsmetall *n* || ~ **de sinos** / Glockengut *n* (Bronze mit bis 30 % Sn) || ~ **delta** / Deltametall *n* || ~ **do grupo da platina** / Platinmetall *n*, Metall *n* der Platingruppe || ~ **doce** / Weichmetall *n* || ~ **duro** / Hartmetall *n* || ~ **em fibras** / Fasermetall *n* || ~ **em folha** / Blattmetall *n* || ~ **estereotípico** (artes gráf.) / Stereometall *n* (Pb-Sb-Sn-Legierung) || ~ **expandido** / Streckmetall *n*, Streckgitter *n* (DIN 791) || ~ **fahlum** / Fahlunmetall *n* || ~ **férrico** / Eisenmetall *n* || ~ **fundido** (fundição) / Schmelzgut *n* || ~ **leve** / Leichtmetall *n* || ~ **não-ferroso** / Buntmetall *n*, Nichteisen-Metall *n* || ~ **nobre** / Edelmetall *n* || ~ **para ferramentas de corte** / Schneidmetall *n* || ~ **para linótipo** (artes gráf.) / Linometall *n* || ~ **para tipos**, metal *m* para tipografia (artes gráf.) / Letternmetall *n*, Schriftmetall *n* || ~ **pesado** / Schwermetall *n* || ~ **precioso** / Edelmetall *n*, edles Metall || ~ **pulverizado** / Metallpulver *n*, Pulvermetall *n* || ~ **sinterizado** / Sintermetall *n* || ~ **terroso** / Erdmetall *n* || ~ *f* **vaporizado** / Metallbedampfungsschicht *f*
metálico / metallähnlich, -artig
metalífero / trächtig, metallführend, metallhaltig, erzhaltig, erzführend
metalização *f* / Galvanisierung *f* nichtmetallischer Gegenstände || ~ / Metallisieren *n*, Metallbedampfung *f* || ~ (aeronáut.) / galvanische feste Verbindung || ~ *m* **à pistola** / Metallspritzverfahren *n*, Metallaufspritzen *n* (mit Pistole) || ~ *f* **ao vácuo** / Gasplattieren *n* || ~ **de orifícios** / Durchkontaktierung *f* || ~ **por contacto** (galvanoplast.) / [elektrochemischer] Kontaktüberzug || ~ [**por electrólise**] / Galvanostegie *f* (galvanische Oberflächenbehandlung o. Metallabscheidung) || ~ **por vácuo** / Aufdampfen *n* (im Vakuum)
metalizado / metallisiert, mit Metall bedeckt o. bespritzt o. bedampft
metalizar / metallisieren || ~ (autom.) / verspiegeln || ~ (química) / mit Metallsalzen imprägnieren || ~ **orifícios** / durchkontaktieren
metalocromia *f* / Metallochromfärbung *f*
metalografia *f* / Metallographie, [theoretische] Metallkunde *f*
metalográfico / metallkundlich, metallographisch
metalógrafo *m* / Metallograph *m*
metalóide *m* / Nichtmetall *n*, Metalloid *n*, Halbmetall *n*
metalurgia *f* / Metallurgie, [praktische] Metallkunde *f*, Metallhüttenkunde *f*, Hüttenkunde *f* || ~ **cerâmica** / Metallkeramik *f* || ~ **das fibras** / Fasermetallurgie *f* || ~ **do ferro** / Eisenhüttenkunde *f*, Eisenmetallurgie *f* || ~ **dos pós** / Pulvermetallurgie *f*, Sintermetallurgie *f*
metalúrgico *m* / Metallurge *m* || ~ *adj* / metallurgisch
metameria *f* (química) / Metamerie *f* (eine Isomerie)
metaneiro *m* (constr. naval) / Flüssigmethan-Tanker *m*
metano *m* / Sumpfgas *n* || ~ (química) / Grubengas *n* || ~ (expl. minas) / Methan *n* || ~ **triiodado** / Trijodmethan *n*, Jodoform *n*
metanol *m* / Methanol *n*, Holzgeist *m*, Methylalkohol *m*
metaproteína *f* / Infraprotein *n*
metastável / metastabil
meteorito *m* / Meteorit *m*
meteoro *m* / Meteor *m*, Feuerkugel *f*, Sternschnuppe *f*
meteorologia *f* / Meteorologie *f*
meteorologista *m* / Meteorologe *m*
meter / stecken *vt* || ~ **a primeira** [velocidade] (autom.) / den ersten Gang einschalten || ~ **água** (navio) / leck sein || ~ **calços ou cunhas** (máq., tecnol.) / keilen, fest-, auf-, verkeilen, mit Keilen befestigen
metereológico / meteorologisch
metilação *f* / Methylierung *f* || ~ **total** (química) / erschöpfende Methylierung
metilal *m* / Methylal *n*, Formal *n*
metilar / methylieren
metilato *m* / Methylat *n*
metilbenzeno *m* / Methylbenzol, Toluol *n*
metileno *m* / Methylen, Methen *n*
metiletilcetona *f* / Methylethylketon *n*, Butanon *n*
metílico / Methyl...
metilo *m* (química) / Methyl *n*
metilorange *m* / Orange *n* III
metilsalicilato *m* / Methylsalicylat *n*
metódico / methodisch, systematisch
método *m* / Art und Weise, Methode *f*, Verfahren *n* || ~ **aproximativo** / Näherungsverfahren *n*, -methode *f* || ~ **balístico** / ballistische Methode || ~ **Bragg** (física) / Drehkristallmethode *f* || ~ **crioscópico** (química) / Gefrierpunktsmethode *f* || ~ **da fractura** / Bruchart *f* || ~ **das campânulas de vapor** / Dampfglockenverfahren *n* || ~ **das duplas harmónicas esféricas** (técn. nucl.) / Doppel-P_N-Methode *f* || ~ **das harmónicas esféricas** (técn. nucl.) / Kugelfunktionsmethode *f* || ~ **das imagens eléctricas** (electr.) / Spiegelbildverfahren *n* || ~ **de adsorção por indicador fluorescente** (petróleo) / Fluoreszenz-Indikator-Adsorptionsmethode *f*, FIA-Verfahren *n* (DIN 51791) || ~ **de areia fluidificada** (fundição) / Fließsandverfahren *n* || ~ **de Borderline** / Borderline-Methode *f* (Oktanbestimmung) || ~ **de cálculo** / Berechnungsweise *f* || ~ **de chamada directa** (telecom.) / Anrufbetrieb, -verkehr *m* || ~ **de chumbo para determinação da idade** / Bleimethode *f* || ~ **de decocção** / Dekoktionsverfahren *n* || ~ **de deformação** (estática) / Deformationsmethode *f* || ~ **de derivação** / Abzweigmethode *f* || ~ **de desvio** / Ablenkungsmethode *f* || ~ **de emulsão** (técn. nucl.) / Emulsionsmethode *f* || ~ **de fabrico de cerveja** / Braumethode *f* || ~ **de gravação por iões** / Ionenätzverfahren *n* || ~ **de intrusão** (plást.) / Intrusionsverfahren *n* || ~ **de iteração** / Iterationsverfahren *n* || ~ **de marca de saída** (informática) / Benchmark-Methode *f* (für den Vergleich von Rechnern) || ~ **de medição a nível baixo** (técn. nucl.) / Low-Level-Meßtechnik *f* || ~ **de medição com iluminação monocelular** (óptica) / Einzelwechsellichtverfahren *n* || ~ **de medição da microdureza** / Kleinlasthärteprüfung *f* || ~ **de modulação de amplitude** / Amplitudenverfahren *n* || ~ **de operação** / Betriebsart *f* || ~ **de oposição** / Gegenschaltungs-Methode *f* || ~ **de preparação** (química) / Darstellungsverfahren *n* || ~ **de primeira entrada/primeira saída** (armazém) / Fifo-

Methode *f* ‖ ~ **de suspensão** (química) / Schwebemethode *f* ‖ ~ **de teledetecção** / Fernspürmethode *f* ‖ ~ **de trabalho** / Arbeitsverfahren *n*, -vorgang *m* ‖ ~ **de Yvon** (técn. nucl.) / Doppel-P_N-Methode *f* ‖ ~ **do choque por vapor** / Dampfstoßverfahren *n* ‖ ~ **do cristal rotativo** (física) / Drehkristallmethode *f* ‖ ~ **do tempo de vôo** (técn. nucl.) / Flugzeitmethode *f* ‖ ~ **dos campos opostos** / Gegenfeldmethode *f* ‖ ~ **dos elementos finitos** / finite Elementemethode, FEM ‖ ~ **dos mínimos quadrados** / Verfahren der kleinsten Quadrate ‖ ~ **dos raios gama** / Gammastrahlverfahren *n* ‖ ~ **espectrofotométrico** / Spektralverfahren *n* ‖ ~ **FIA** (petróleo) / Fluoreszenz-Indikator-Adsorptionsmethode *f*, FIA-Verfahren *n* (DIN 51791) ‖ ~ **"flux backing"** (sold) / FB-Verfahren *n* ‖ ~ **intermitente de rectificação** / Durchschiebeverfahren *n* beim Schleifen ‖ ~ **operacional** / Betriebsweise *f* ‖ ~ **Pressley** / Flachbündelverfahren *n* nach Pressley ‖ ~ **rápido de teste** / Abkürzungsverfahren *n* ‖ ~ **traçador** (técn. nucl.) / Indikatormethode *f*

metodologia *f* **da pesquisa** / Forschungslehre *f*

métodos *m pl* **de protecção de dados armazenados** (informática) / Datensicherung *f*

metragem *f* / Filmlänge *f*

metralhadora *f* / Maschinengewehr, MG *n*

métrica *f* **de cores** / Farbmetrik *f*

métrico / metrisch

metro *m* / Meter *n (Schweiz: m)* (1 m = 39,370") ‖ ~ / Maßstab *m*, Zollstock *m*

metro *m*, metrô (B), metropolitano / Untergrundbahn *f*, U-Bahn *f*

metro *m* **aéreo**, metropolitano *m* aéreo / Hochbahn *f* (Ggs.: U-Bahn) ‖ ~ **articulado** / Zollstock *m*, Gliedermaßstab *m* ‖ ~ **corrente** / laufendes Meter ‖ ~ **cúbico** / Kubikmeter *m* ‖ ~ **cúbico** (do volume real) / Festmeter *m n* ‖ ~ **de duas escalas** / Doppelmaßstab *m* ‖ ~ **geodinâmico** / geodynamisches Meter (1 gdm = 10 m^2/sec^2) ‖ ~ **quadrado**, m^2 / Quadratmeter *m*, qm

metrologia *f* / Metrologie *f*, Lehre *f* der Maße u. Gewichte, Messen *n*, Meßwesen *n*, Meßtechnik *f*, Meßkunde *f* ‖ ~ **directa** / Fertigungsmeßtechnik *f*

metrónomo *m* (música) / Metronom *n*, Taktmesser *m*

mexer / umrühren, rühren

mica *f* / Glimmer *m* ‖ ~ **em blocos** / Blockglimmer *m* ‖ ~ **em flocos** / Flockenglimmer *m* ‖ ~ **estriada** / Strahlenglimmer *m* ‖ ~ **potássica** / Kaliglimmer *m*, Muskovit *m* ‖ ~ **preta** (mineralog.) / Biotit *m*

micáceo / Glimmer..., glimmerschiefrig, -haltig

micaxisto *m* / Glimmerschiefer *m*

micetozoário *m* / Schleimpilz *m*

micoderma *f* / Kahmhefe *f*

micro *m* / Mikrometer *n* ‖ ~ *adj* / Mikro...

microbar *m* (física) / Mikrobar *n*, μbar

microbiano / Mikroben..., mikrobiell

microbicida *m* / Mikrobicid *n*

micróbio *m* / Mikrobe *f*

microcápsula *f* / Mikrokapsel *f*

microcronómetro *m* / Kurzzeitmesser *m*

microdifracção *f* / Feinbereichsbeugung *f*

microestrutura *f* / Feingefüge *n*, Kleinstgefüge *n*

microfilmar / auf Mikrofilme aufnehmen

microfilme *m* / Mikrofilm *m*

microfone *m* / Mikrophon *n* ‖ ~ **alto-falante** / Lautsprechermikrophon *n* ‖ ~ **de capacitor ou de condensador** / elektrostatisches Mikrophon ‖ ~ **de corrente transversal** / Querstrommikrophon *n* ‖ ~ **de fita** / Bandmikrophon *n* ‖ ~ **de gradiente de pressão** (electrón.) / Schnelle-Empfänger *m*, Druckgradienten-Empfänger *m* ‖ ~ **de gravação** / Aufnahmemikrophon *n* ‖ ~ **de resposta em banda larga**, microfone *m* de resposta em faixa larga / Breitbandmikrophon *n* ‖ ~ **direccional** / Richtmikrophon *n* ‖ ~ **estereofónico** / Stereomikrophon *n* ‖ ~ **omnidireccional** / Kugelmikrophon *n* ‖ ~ **padrão** / Eichmikrophon *n* ‖ ~ **simétrico** / Gegentaktmikrophon *n*

microfonia *f* / Klingneigung *f*, Mikrophonie *f* ‖ **sem** ~ (electrón.) / klingfrei

microfónico / Mikrophon...

micrografia *f* (siderurg.) / Gefügebild *n*

micromecânica *f* / Feinstmechanik *f*

micrométrico / Mikrometer..., mikrometrisch

micrómetro *m* (máq., tecnol.) / Mikrometer *n*, [Bügel]meßschraube *f* (DIN) ‖ ~ **a fio** / Fadenmikrometer *n* ‖ ~ **de retícula** / Netzmikrometer *n*, -bügelmeßschraube *f* ‖ ~ **externo** / Außenmikrometer *n* ‖ ~ **para medições internas** / Innenmikrometer *n*

micro-onda *f* / Mikrowelle *f* (Dtschld: 1 mm-30 cm)

micróporo *m* / Feinpore *f* ‖ **de ~s** / feinporig

microporosidade *f* (siderurg.) / Feinporigkeit *f*

microprocessador *m* (informática) / Mikroprozessor *m* (ein LSI-Bauelement)

microprograma *m* (informática) / Mikroprogramm *n*

microprogramação *f* (informática) / Firmware *f*

microquímica *f* / Mikrochemie *f*

microquímico / mikrochemisch

microscopia *f* / Mikroskopie *f* ‖ ~ **de fluorescência** / Fluoreszenzmikroskopie *f* ‖ ~ **dos minérios** / Erzmikroskopie *f* ‖ ~ **electrónica ou eletrônica** / Elektronenmikroskopie *f*

microscópico / mikroskopisch

microscópio *m* / Mikroskop *n* ‖ ~ **de emissão [termiónica]** / Emissionsmikroskop *n* ‖ ~ **de exploração** / Abtastmikroskop *n* (nach dem Fernsehprinzip) ‖ ~ **de fio** / Fadenmikroskop *n* ‖ ~ **de fluorescência** / Fluoreszenzmikroskop *n* ‖ ~ **de interferência** / Interferenzmikroskop *n* ‖ ~ **de leitura** / Ablesemikroskop *n*, -lupe *f* ‖ ~ **de luz reflectida** / Auflichtmikroskop *n* ‖ ~ **de reflexão** / Spiegelmikroskop *n* ‖ ~ **de secção luminosa** / Lichtschnittmikroskop *n* ‖ ~ **electrónico de emissão de campo**, microscópio *m* eletrônico de emissão de campo / Feldelektronenmikroskop, -emissionsmikroskop *n* ‖ ~ **electrónico de exploração**, microscópio *m* eletrônico de exploração / Rasterelektronenmikroskop *n* ‖ ~ **electrónico de fotoemissão**, microscópio *m* eletrônico de fotemissão / Emissions-Elektronenmikroskop *n* ‖ ~ **electrónico ou eletrônico** / Elektronenmikroskop *n* ‖ ~ **iónico de emissão de campo**, microscópio *m* iônico de emissão de campo / Feldionenmikroskop *n*

microsegregação *f* (siderurg.) / Feinseigerung *f*

microspectroscópio / Mikrospektroskop *n*

microtelefone *m* (telecom.) / Fernsprech-Handapparat *m*, Handapparat *m*

micrótomo *m* / Mikrotom *n* ‖ ~ **de corrediça** / Schlittenmikrotom *n* ‖ ~ **para cortes congelados** / Gefriermikrotom *n*

microvolt *m* / Mikrovolt *n*

microwatt *m* / Mikrowatt *n*, μW

micuim *m* (agricult.) / Laufmilbe *f*

migração *f* / Wanderung, Migration *f* ‖ ~ **de electrões ou elétrons** / Elektronenübergang *m*, -wanderung *f* ‖ ~ **iónica** / Ionenwanderung *f*

migratório / wandernd, migrierend

mil *m* **circular** / runder Querschnitt von 1/1000 Zoll Durchmesser ‖ ~ **quadrado** (electr.) / [quadratischer] Querschnitt von 1/1000 Zoll Seitenlänge (= 0.0006452 mm^2), Quadratfläche *f* von 1/1000 Zoll Seitenlänge (= 0,0006452 mm^2)

míldio *m* **da batata** / Krautfäule *f* der Kartoffel ‖ ~ **da vinha** / Traubenfäule *f*

milerita *f* (mineralog.) / Haarkies *m*, Nickelkies *m*,

Gelbnickelkies *m*
milha *f* / Landmeile *f*, Meile *f* (USA, Canada, 5280 ft = 1609.34 m) ‖ ~ **brasileira** (2200 m) / brasilianische Landmeile ‖ ~ **marítima** / offizielle nautische Meile (= 1,852 km), sm, Seemeile *f* (GB: = 6000 ft = 1,8282 km, Admiralty measured mile = 6080 ft = 1,853181 km, international mile = 1,852 km, US = 6080,27 ft = 1,85329 km) ‖ ~ **quadrada** / Quadratmeile *f* (= 2,589998 km^2)
milhão *m* / Million *f*, 10^6
milho *m* / Mais *m* ‖ **~-miúdo** *m* (agricult.) / Hirse *f*
mili... / Milli..., m, ein Tausendstel *n*, 10^{-3}
milibar *m* / Millibar *n*, mb *n*
milímetro *m* / Millimeter *m*, mm
milivoltímetro *m* / Millivoltmeter *n*
mina *f* (expl. minas) / Mine *f*, Bergwerk *n*, Grube *f*, Zeche ‖ ~ (armamento) / Mine *f*, Sprengmine *f* ‖ ~ / Mine *f* (Bleistift) ‖ ~ **de carvão** / Kohlenbergwerk *n*, -grube *f* ‖ ~ **de diamantes** / Diamantgrube *f*, -mine *f* ‖ ~ **de ferro** / Eisenbergwerk *n* ‖ ~ **de hulha** / Kohlenbergwerk *n*, -grube *f* ‖ ~ **de mercúrio** / Quecksilberbergwerk *n* ‖ ~ **de metal** / Metallbergwerk *n*, -mine *f* ‖ ~ **de potássio** / Kalibergwerk *n*, -grube *f* ‖ ~ **de recarga** / Ersatzmine *f* ‖ ~ **de sal-gema** / Salzbergwerk *n* ‖ ~ **metalífera** / Erzgrube *f* ‖ ~ **produtiva** (expl. minas) / Ausbeutezeche, -grube *f* ‖ ~ **substituível** (desenho industr.) / Füllmine *f*
mineiro *m* (expl. minas) / Bergmann, -arbeiter *m*, Grubenarbeiter *m*, Knappe *m* ‖ ~ **de empreitada** (expl. minas) / Gedingehauer *m*
mineração *f* / Bergbau *m* ‖ ~ **hidráulica** (expl. minas) / Hydroabbau *m* ‖ ~ **industrial** / Bergwesen *n*
minerais *m pl* **metalíferos** / Erzarten *f pl* (Gegensatz: Gangarten) ‖ ~ **não-metálicos** / Steine u. Erden *pl*
mineral *m* / Mineral *n* ‖ ~ *adj* / mineralisch ‖ ~ *m* **acessório** / Begleitmineral *n* ‖ ~ **em filões** / Gangerz *n* ‖ ~ **explorado** (expl. minas) / Haufwerk *n* ‖ ~ **misturado com rocha** (expl. minas) / Bergstufe *f*, Stufe *f*
mineralizador / mineralbildend
mineralizar / mit Metallsalzen imprägnieren
mineralogia *f* / Mineralogie *f*, Steinkunde *f*
minerar (expl. minas) / ausbeuten
minério *m* / Erz *n*, Erzmineral *n* ‖ ~ **aluvial** / Seifenerz *n*, Wascherz *n* ‖ ~ **bruto** / Roherz *n* (ungeröstet), Rohhaufwerk *n* ‖ ~ **de baixa qualidade** / armes (o. taubes o. geringwertiges) Erz ‖ ~ **de chumbo** / Bleierz *n* ‖ ~ **de cobre** / Kupfererz *n* ‖ ~ **de depósito** / Haldenerz *n* ‖ ~ **de estanho** / Zinnerz *n*, Zwitter *m* ‖ ~ **de estanho em grãos obtido pela lavagem** / Seifengraupe *f* ‖ ~ **de ferro** / Eisenerz *n* ‖ ~ **de ferro fibroso** / faseriges Eisenerz ‖ ~ **de ferro nodular** / Knoteneisenerz *n* ‖ ~ **de ferro terroso ou arenoso** / erdiges o. sandiges Eisenerz ‖ ~ **de ferro titanífero** (mineralog.) / Titaneisen[erz] *n*, Ilmenit *m* ‖ ~ **de níquel** / Nickelerz *n* ‖ ~ **de ouro** / Golderz *n* ‖ ~ **de qualidade superior** / hochwertiges, hochhaltiges Erz ‖ ~ **de zinco** / Zinkerz *n* ‖ ~ **em bruto** / Fördererz *n* ‖ ~ **em grãos** / Graupenerz *n* ‖ ~ **em pedaços** / Stückerz *n* ‖ ~ **fino** / Feinerz *n* ‖ ~ **fusível** / leichtflüssiges Erz ‖ ~ **maciço** (expl. minas) / Derberz *n* ‖ ~ **mercurial** / Quecksilbererz *n* ‖ ~ **nodular** / Nierenerz *n* ‖ ~ **pisolítico** / Bohnerz *n* ‖ ~ **positivo** / sicheres Erz ‖ ~ **possível** / mögliches Erz ‖ ~ **puro**, minério *m* rico / Stufferz *n* (direkt verkäufliches Erz) ‖ ~ **separado** / Scheideerz *n*, Klauberz *n*
minerva *f* (artes gráf.) / Drucktiegel *m*
miniatura / Zwerg...
miniaturização *f* / Miniaturisierung *f*
miniaturizar (electrón.) / miniaturisieren
minicalculadora *f* / Taschenrechner *m*
minimalizar / auf ein Minimum zurückführen
mínimo *m* / Geringstmaß *n*, Mindestmaß *n* ‖ ~ (matem.) / Minimum *n* ‖ ~ *adj* / Mindest..., minimal, kleinst
mínio *m* / Mennige *f*, Bleirot *n*, Bleimennige *f*, Minium *n* ‖ ~ **de ferro** / Eisenmennige *f* ‖ **~-laranja** *m* / Orangemennige *f*
minuendo *m* (matem.) / Minuend *m*
minuta *f* / schriftlicher Entwurf, Konzept *n*
minuto *m* (matem.) / Minute *f* ‖ ~ **angular** / Winkelminute *f* ‖ ~ **de arco** / Bogenminute *f* ‖ ~ **taxado** (telecom.) / Gebührenminute *f*
miolo *m* (madeira) / Kern *m*
mira *f* (tv) / Testbild *n*, Probebild *n*, Bildmuster *n* ‖ ~ **de barras** (tv) / Streifenmuster *n* ‖ ~ **de barras de cor** (tv) / Farbbalkentestbild *n* ‖ ~ **de nivelação**, mira *m* de nivelamento / Nivellierlatte *f* ‖ ~ **de teste** (tv) / Prüfbild *n* ‖ ~ **niveladora de precisão** / Feinnivellierlatte *f*
miragem *f* / Luftspiegelung *f*, Kimmung *f*
miricina *f* (química) / Myricin *n*
miscibilidade *f* / Mischbarkeit *f*
miscível / mischbar
missão *f*, tarefa *f* / Aufgabe *f* ‖ ~ (aeronáut., armamento) / Einsatz *m*
míssil *m* (armamento) / Lenkwaffe *f*, Flugkörper *m*, Rakete *f* ‖ ~ **antibalístico** / Antiballistik-Rakete *f*, Antiraketenrakete *f*, ABM-Flugkörper *m* ‖ ~ **antimíssil** / Antirakete *f*, Raketenabwehrgeschoß *n* ‖ ~ **antiradar** / Antiradar-Flugkörper *m* ‖ ~ **ar-solo** (aeronáut.) / Bord-Boden-Rakete *f* ‖ ~ **balístico** / ballistischer Flugkörper ‖ ~ **balístico de alcance intermédio** / ballistische Mittelstrecken-Rakete ‖ ~ **balístico intercontinental** / ballistische interkontinentale Rakete ‖ ~ **espacial** / Raumflugkörper *m*, RFK ‖ ~ **guiado** / Lenkflugkörper *m* ‖ ~ **guiado ar-ar** / Flugzeug-Lenkflugkörper *m* ‖ ~ **intercontinental [tele] guiado** / gelenkte Interkontinentalrakete ‖ ~ **orientado por feixe de comando** / Leitstrahlreiter *m* ‖ ~ **solo-ar** / Fla-Flugkörper *m*, Boden-Luft-Rakete *f* ‖ ~ **solo-solo** / Boden-Boden-Flugkörper *m* ‖ ~ **teleguiado** (armamento) / Fernlenkgeschoß *n* ‖ ~ **teleguiado disparado de bordo** (aeronáut.) / Bordfernlenkgeschoß *n*
misto / gemischt
mistos *m pl* (expl. minas) / Zwischenprodukt *n*, Zwischengut *n*
mistura *f* / Gemisch *n*, Mengung *f*, Mischung *f*, Mischen *n* ‖ ~ (química) / Gemenge *n*, Gemisch *n* ‖ ~ (tv) / Einblendung *f* ‖ **de** ~ / Misch... ‖ ~ **de ar e de combustível** / Kraftstoff-Luftgemisch *n* ‖ ~ **de cimento e de cal** / Zementkalk *m* ‖ ~ **de cores** / Farbenmischung *f*, Farbmischung *f* ‖ ~ **de equilíbrio** (química) / Gleichgewichtsmischung *f* ‖ ~ **de gás e ar** / Gas-Luftgemisch *n* ‖ ~ **de líquidos** / Flüssigkeitsgemisch *n* ‖ ~ **de queda livre** / Freifallmischen *n* ‖ ~ **de sinais** (tv) / Signalmischung *f* ‖ ~ **explosiva** / explosives Gemisch, Explosionsgemisch *n* ‖ ~ **frigorífica** (física) / Kältemischung *f* ‖ ~ **gasosa** / Gasgemisch, -gemenge *n* ‖ ~ **gasosa demasiado rica** / gasreiches Gemisch, fettes Gemisch ‖ ~ **íntima** / inniges Gemisch ‖ ~ **para motores a dois tempos** (autom.) / Zweitaktgemisch *n* ‖ ~ **pobre** (mot.) / gasarmes Gemisch, armes Gemisch ‖ ~ **por queda livre** (expl. minas) / Freifallmischung *f* ‖ ~ **pronta para usar** / Fertiggemisch *n* ‖ ~ **reactiva** / Reaktionsgemisch *n* ‖ ~ **rica em gás** (mot.) / reiches Brennstoffluftgemisch
misturado / vermischt, gemischt ‖ **estar** ~ [com] / durchsetzt sein [mit]

misturador *m* (geral, siderurg.) / Mischer *m* ‖ ~ / Wendevorrichtung *f* ‖ ~ (fundição) / Quirl *m* ‖ ~ / Misch... ‖ ~ **centrífugo** / Kreiselmischer *m* ‖ ~ **de cinta** (plást.) / Bandmischer *m* ‖ ~ **de cola** / Leimmischer *m* ‖ ~ **de forragem** (agricult.) / Futtermehlmischer *m* ‖ ~ **de queda livre** / Freifallmischer *m*
misturar / mengen, mischen ‖ ~ / zumischen ‖ ~ [com] / durchsetzen [mit] ‖ ~ (química) / anrühren, versetzen ‖ ~ (argamassa, cimento) / einrühren, anmachen, vermischen ‖ ~ (tecel.) / melieren ‖ ~ **intimamente** / durchmischen, innig mischen, durchmengen ‖ ~ **os minerais** (fundição, siderurg.) / gattieren
misturável / mengbar, mischbar
mitene *f* / Fausthandschuh *m*
mixomiceto *m* / Schleimpilz *m*
mnemómnico / mnemo[tech]nisch
mó *f* / Läufer (im Kollergang), Mühlstein *m*, Mahlstein *m*, Kollerstein *m*
moagem *f* / Mahlart *f*, Mahlen *n*
mobilar / einrichten (Wohnung)
mobiliário *m* / Einrichtung *f*, Möbel *n pl* ‖ ~ **embutido** / Einbaumöbel *n (pl)*
mobilidade *f* / Beweglichkeit *f*, Verschiebbarkeit *f*, Bewegungsfähigkeit *f* ‖ ~ **de Hall** / Hallbeweglichkeit *f* ‖ ~ **dos iões ou íons** (química) / Ionenbeweglichkeit *f* ‖ ~ **intrínseca** (semicondut.) / Eigenbeweglichkeit *f*
modelagem *f* **a frio** / Kaltformung *f*, -formgebung *f* ‖ ~ **livre** / Freiformen *n* (DIN 8583)
modelar / modellieren, Form geben, formgeben ‖ ~ **a frio** / kaltformen
modelista *m* / Formgestalter *m*
modelo *m* / Modell *n*, Muster *n* ‖ ~ / Bauform *f* ‖ ~ **1978** (autom.) / Baujahr 1978 ‖ ~ **corrente** (autom.) / laufendes Modell ‖ ~ **de bancada** / Tischbauart *f*, Tisch... ‖ ~ **de bits** / Bitmuster *n* ‖ ~ **de estampagem** / Druckmodell *n* ‖ ~ **de exposição** / Ausstellungsmodell *n* ‖ ~ **de instrução** / Lehrmodell *n* ‖ ~ **de mesa** (tv) / Tischgerät *n* ‖ ~ **de partículas independentes**, modelo *m* de partículas individuais (física) / Schalenmodell *n* ‖ ~ **de trabalho** / Arbeitsmodell *n* ‖ ~ **de transição** / Übergangsmuster *n* ‖ ~ **de um grupo** (técn. nucl.) / Eingruppenmodell *n* ‖ ~ **em plástico alveolar**, modelo *m* em plástico celular (fundição) / Schaumstoffmodell *n* ‖ ~ **haltere** (molícula) / Hantelmodell *n* ‖ ~ **para demonstração** / Demonstrationsmodell *n* ‖ ~ **perfeito** / ausgereifte Konstruktion ‖ ~ **registado** / Gebrauchsmuster *n*, Gbm ‖ ~ **registado de apresentação** / Geschmacksmuster *n* ‖ ~ **tropicalizado** / Tropenausführung *f* ‖ ~ **unificado** (técn. nucl.) / kombiniertes Modell, Kollektivmodell *n* ‖ ~ **unificado do núcleo** (técn. nucl.) / Kombinationsmodell *n*
modem *m* (telecom.) / Modem *n* (Modulator und Demodulator) ‖ ~ (informática) / Signalumsetzer *m*, Modem *n* ‖ ~ **de dados** / Daten-Modem *n*
moder *m* / Rohhumus *m*
moderação *f* (técn. nucl.) / Moderierung *f*, Bremsung *f* ‖ ~ **dos ruídos** / Dämpfung *f* von Geräuschen
moderado / gemäßigt, gelinde ‖ ~ (técn. nucl.) / moderiert ‖ ~ **a água leve** (técn. nucl.) / leichtwassermoderiert ‖ ~ **a grafita** (técn. nucl.) / graphitmoderiert
moderador *m* (técn. nucl.) / Moderator *m*, Bremsmedium *n* ‖ ~ / Dämpfer *m* ‖ ~ **de berílio** (técn. nucl.) / Beryllium-Moderator *m* ‖ ~ **de grafita** (técn. nucl.) / Graphitmoderator *m*
moderar (técn. nucl.) / abbremsen, moderieren ‖ ~ (acústica) / dämpfen
modificação *f* (máq., tecnol.) / Änderung *f* ‖ ~ (bot.) / Anpassungsreaktion *f* ‖ ~ **da cor** / Farbumschlag *m*, Farbenwandlung *f* ‖ ~ **da forma do flanco** / Flankenkorrektur *f* ‖ ~ **de endereço** / Adressenmodifikation, -umrechnung *f*
modificador *m* **de exponente** (informática) / Exponentfaktor *m*
modificar / abändern, ändern
modo *m* (informática) / Betrieb *m*, Betriebsart *f* ‖ ~ (electrón.) / Schwingbereich *m* ‖ ~ [de onda] / Wellentyp *m* ‖ **de ~ competente** / fachmännisch ‖ ~ **comum** (electrón.) / Gleichtakt *m* ‖ ~ **de acção** / Wirkungsweise, Funktion *f* ‖ ~ **de emprego** / Gebrauchsanweisung *f* ‖ ~ **de entrançado** / Flechtart *f* ‖ ~ **de funcionamento** / Funktionsart *f* ‖ ~ **de operação** / Betriebsart *f* ‖ ~ **de oscilação** (mecân.) / Schwingungsart *f*, -typ *m* ‖ ~ **de propagação** / Ausbreitungsart *f* ‖ ~ **de registo** (fita magn.) / Schreibart *f* ‖ ~ **de ruptura** (informática) / Burst-Mode *f*, Einpunktbetrieb *m* ‖ ~ **de vibração de cisalhamento** (electrón.) / Schubschwingungsart *f* ‖ ~ **E** / E-Typ *m* ‖ ~ **fundamental** / Grundschwingung *f*, -mode *f*
modulação *f* (electrón.) / Modulation *f*, Modulierung *f*, Aussteuerung *f* ‖ ~ (antena) / Abstimmung *f* ‖ ~ **absortiva** (electrón.) / Absorptionsmodulation *f* ‖ ~ **anódica** / Anodenmodulation *f* ‖ ~ **Chireix** (electrón.) / Chireix-Modulation *f* ‖ ~ **chirp** (electrón.) / Chirp-Modulation *f*, Pulskompressionsverfahren *n*, zeitproportionale Frequenzmodulation ‖ ~ **cruzada** (electrón.) / Kreuzmodulation, Intermodulation *f* ‖ ~ **da amplitude do impulso ou pulso** / Impuls-Amplitudenmodulation *f* ‖ ~ **da condutividade** / Leitfähigkeitsänderung *f* ‖ ~ **da frequência de impulsos ou pulsos** / Impulsfrequenzmodulation, IFM *f* ‖ ~ **da tensão de grade**, modulação *f* da tensão de grelha (electrón.) / Gitteraussteuerung *f* ‖ ~ **de alto nível** / Endstufenmodulation *f* ‖ ~ **de amplitude** / Amplitudenmodulation *f*, AM ‖ ~ **de fac-símile** / Faksimilemodulation *f* ‖ ~ **de frequência** / Frequenzmodulation *f*, FM ‖ ~ **de frequência e de amplitude** / Frequenz-Amplituden-Modulation *f* ‖ ~ **de frequência e de tempo** / Frequenz-Zeit-Modulation *f* ‖ ~ **de frequência perturbadora** / Störfrequenzmodulation *f* ‖ ~ **de grupo** (telecom.) / Gruppenumsetzung *f* ‖ ~ **de impulsos em duração**, modulação *f* de pulsos em duração / Pulslängen-Modulation *f*, PLM *f* ‖ ~ **de impulsos em fase**, modulação *f* de pulsos em fase (electrón.) / Puls-Phasenmodulation, -lagenmodulation *f*, PPM ‖ ~ **de impulsos em frequência**, modulação *f* de pulsos em freqüência (electrón.) / Pulsfrequenz-Modulation *f*, PFM *f* ‖ ~ **de quadratura** / Quadraturmodulation *f* ‖ ~ **de velocidade** (electrón.) / Geschwindigkeitsmodulation *f* ‖ ~ **de zumbido** / Brumm-Modulation *f* ‖ ~ **delta** (tv) / Deltamodulation *f*, DM ‖ ~ **exterior de frequência** / Frequenzmodulation *f* fremd ‖ ~ **externa** / Fremdmodulation *f* ‖ ~ **inversa** / Gegenmodulation *f* ‖ ~ **iónica** / Ionenmodulation *f* ‖ ~ **pela corrente de grade**, modulação *f* pela corrente de grelha / Gitterstrommodulation *f* ‖ ~ **por corrente constante** / Drosselmodulation *f* ‖ ~ **por curto-circuito** (electrón.) / Kurzschlußtastung *f* ‖ ~ **por deslocamento de frequência** / Frequenzmodulation *f* mit Frequenzumtastung ‖ ~ **por variação da polarização de grade**, modulação *f* por variação da polarização de grelha (electrón.) / Gitterspannungsmodulation *f* ‖ ~ **simétrica** (electrón.) / Gegentaktmodulation *f* ‖ ~ **total** (electrón.) / [100%ige] Durchmodulation
modulado (electrón.) / moduliert, Modulations... ‖ ~ **em velocidade** (electrón.) /

geschwindigkeitsmoduliert ‖ ~ **pela voz** / sprachmoduliert
modulador *m* (geral) / Modulator *m* ‖ ~ (ultra-som) / Leitstück *n* ‖ ~ **de crominância** (tv) / Farbmodulator *m* ‖ ~ **de grupo** (electrón.) / Gruppenumsetzer *m* ‖ ~ **de luz** (electrón.) / Lichtmodulator *m* ‖ ~ **de reactância** / Blindmodulator *m* ‖ ~ **de tubo de reactância** / Blindröhrenmodulator *m* ‖ ~ **final** / Endumsetzer *m* ‖ ~ **simétrico** (telecom.) / Gegentaktmodulator *m* ‖ ~ **sólido** / Festkörpermodulator *m*
modular / bausteinartig [erweiterbar], Modul...
modularidade *f* (informática) / Baukastenprinzip *n*
módulo *m*, unidade *f* (electrón.) / Baustein *m* ‖ ~ (máq., tecnol., astronáut., máq. ferram.) / Modul *m*, Baugruppe *f* ‖ ~ (electrón.) / Einschub *m*, Steckeinheit *f* ‖ ~ **aparente** / Stirnmodul *m* (Schrägverzahnung) ‖ ~ **chato** (electrón.) / Flachbaugruppe *f* ‖ ~ **da hélice** / Fortschrittsgrad *m* (Luftschraube) ‖ ~ **de avaliação** (telecom.) / Bewerterbaugruppe *f* ‖ ~ **de comando** (astronáut.) / Steuerkapsel *f*, -einheit *f* ‖ ~ **de elasticidade** (mecân.) / Dehnungsmodul *m*, Elastizitätsmodul *m* ‖ ~ **de elasticidade ao cisalhamento** / Gleitmaß *n* ‖ ~ **de elasticidade transversal** / Schermodul *m*, Gleitmodul *m*, Gleitmaß *n*, Schubmaß *n* ‖ ~ **de excursão lunar** (astronáut.) / LM, Mondlandeeinheit ‖ ~ **de fineza** / Feinheit *f* (Maß für die Korngrößenverteilung) ‖ ~ **de passo oblíquo** / Stirnmodul *m* (Schrägverzahnung) ‖ ~ **de reentrada** (astronáut.) / Eintrittsmodul *m* ‖ ~ **de ruptura de um cabo** (telecom.) / Bruchmodul *m* eines Kabels ‖ ~ **de serviço** (astronáut.) / Ausrüstungskapsel *f*, Bedienungseinheit *f*, Betriebskapsel *f* ‖ ~ **encaixável** / Steckbaugruppe *f* ‖ ~ **funcional** / Funktionsbaugruppe *f* ‖ ~ **habitacional** / Wohneinheit *f* ‖ ~ **normalizado** / Einheitsbaustein *m* ‖ ~ **para instrumentos científicos** (astronáut.) / Trägerstufe *f* für wissenschaftliche Instrumente ‖ ~ **real** / Stirnmodul *m*
moenda *f* / Mahlgut *n*
moente *m* (mecân.) / Zapfen *m*, Lagerzapfen *m* ‖ ~ **da biela** / Kurbelzapfen *m* ‖ ~ **da cambota** / Wellenzapfen *m* ‖ ~ **da manivela** / Kurbelzapfen *m*
moer / mahlen, brechen (zerkleinern) ‖ ~ (tintas) / anreiben ‖ ~ **a pó** (papel) / feinmahlen ‖ ~ **em excesso** / totmahlen ‖ ~ **finamente** (papel) / feinmahlen
mogno *m* / Mahagoniholz *n* ‖ ~ **australiano** / Jarraholz *n*
moído / gemahlen ‖ ~ (expl. minas) / gebrochen
moinho *m* / Mühle *f* ‖ ~ **centrífugo** / Schleudermühle *f* ‖ ~ **cónico** / Glockenmühle *f* ‖ ~ **de argila** (cerâm.) / Tonmühle, Ton[reinigungs]maschine *f*, Lehmmühle *f* ‖ ~ **de cereais** / Getreidemühle *f*, Mahlmühle *f*, Schrotmühle *f* ‖ ~ **de cilindros** / Walzenstuhl *m*, Walzenmühle *f* ‖ ~ **de cone** / Trichtermühle *f* ‖ ~ **de discos** / Scheibenmühle *f* ‖ ~ **de esferas** / Kugelmühle *f* ‖ ~ **de esferas vibratórias** / Schwingkugelmühle *f* ‖ ~ **de Jokro** (papel) / Jokromühle *f* ‖ ~ **de Jordan** (papel) / Jordan *m*, Hydromühle *f* ‖ ~ **de martelos** / Hammermühle *f* ‖ ~ **de martelos fixos em cruz** / Schlagkreuzmühle *f* ‖ ~ **de mós verticais** / Kollergang *m*, -mühle *f* ‖ ~ **de mós verticais por via (h)úmida** / Naßkollergang *m* ‖ ~ **de percussão** / Schlagmühle *f* ‖ ~ **de pilões** / Pochwerk *n*, Stampfwerk *n* ‖ ~ **de Voltmann** / Woltmannscher Flügel *m* ‖ ~ **fino** / Feinmahlapparat *m* ‖ ~ **fino de impacto** / Feinprallmühle *f* ‖ ~ **Fuller-Bonnot** (expl. minas) / Fuller-Bonnot-Luftstrom-Kugelmühle *f* ‖ ~ **para corantes** / Farbmühle *f* ‖ ~ **para flocos de milho** / Maisflockenstuhl *m* ‖ ~ **para trituração plana** / Flachmahlstuhl *m* ‖ ~ **por impacto** / Prallmühle *f* ‖ ~ **soprador para pó de carvão** / Einblasmühle *f* (für Kohlenstaub) ‖ ~ **triturador** / Quetschmühle *f* ‖ ~ **triturador** (siderurg.) / Brechanlage *f* ‖ ~ **vertical para minério** (expl. minas) / Erzmühle, Läufermühle *f* ‖ ~ **vibratório** / Schwing[kraft]mühle *f*
moiré *m* (têxtil) / Moiré *m n*, moirierter Stoff ‖ ~ **de seda** / Seidenmoiré *m*
mol *m* (química, física) / Mol *n*, Grammolekül *n*
mola *f* (máq., tecnol.) / Feder *f* ‖ **com ~s** / gefedert ‖ **sem ~s** / ungefedert ‖ ~ **acumuladora** / Speicherfeder *f* ‖ ~ **amortecedora** / Pufferfeder *f*, Dämpfungsfeder *f* ‖ ~ **antagonista** / Abreißfeder *f*, Gegenfeder *f* ‖ ~ **anular** / Ringfeder *f* ‖ ~ **Belleville** / Tellerfeder *f* ‖ ~ **cantilever** (autom.) / Auslegerfeder *f* ‖ ~ **compensadora** / Ausgleichfeder *f*, Entlastungsfeder *f* ‖ ~ **cónica em fio metálico** / Kegelfeder *f*, konische Schraubenfeder (aus Draht) ‖ ~ **da escova** (electr.) / Bürstenfeder *f* ‖ ~ **de accionamento** / Antriebsfeder *f* ‖ ~ **de aço** / Stahlfeder *f* ‖ ~ **de ajuste** / Paßfeder *f*, Justierfeder *f* ‖ ~ **de amortecimento** / Dämpfungsfeder *f* ‖ ~ **de arame** / Drahtfeder *f* ‖ ~ **de arco** / Bügelfeder *f* ‖ ~ **de arco** (autom.) / Bogenfeder *f* ‖ ~ **de borracha** / Gummifeder *f* ‖ ~ **de contacto** / Kontaktfeder *f* ‖ ~ **de contacto** (electr.) / Schleiffeder *f* ‖ ~ **de contacto de encontro** / Gegenkontaktfeder *f* ‖ ~ **de descarga** / Entlastungsfeder *f* ‖ ~ **de disco** / Tellerfeder *f* ‖ ~ **de duas lâminas** / Zweiblattfeder *f* ‖ ~ **de efeito progressivo** (autom.) / Spreiz-Blattfeder *f* ‖ ~ **de eixo** / Achsfeder *f* ‖ ~ **de encosto** / Anschlagfeder *f* ‖ ~ **de encosto da embraiagem** / Kupplungsdruckfeder *f* ‖ ~ **de engate** / Schnappfeder *f* ‖ ~ **de equilíbrio** / Balancierfeder *f*, Entlastungsfeder *f* ‖ ~ **de extensão** / Zugfeder *f* ‖ ~ **de folhas** / Blattfeder *f* ‖ ~ **de lâmina** / Blattfeder *f* ‖ ~ **[de lâmina] triangular** / Dreieckfeder *f* ‖ ~ **de lâminas** / Flachfeder *f* ‖ ~ **de lançamento** / Abschnellfeder *f* ‖ ~ **de pressão** (máq., tecnol.) / Druckfeder *f* ‖ ~ **de recuo** / Rückschnellfeder *f* ‖ ~ **de relógio** / Uhrfeder *f* ‖ ~ **de reposição** / Rückzugfeder *f*, Rückstellfeder *f* ‖ ~ **de retenção para portas** / Hakenklemme *f* (DIN 81404) ‖ ~ **de retroacção** / Abreißfeder, Gegenfeder *f* ‖ ~ **de separação do induzido** / Ankerabreißfeder *f* ‖ ~ **de suspensão** / Tragfeder *f* ‖ ~ **de torção** (máq., tecnol.) / Torsionsfeder *f*, Drehfeder *f* ‖ ~ **de tracção** / Zugfeder *f* ‖ ~ **de tracção e de choque** (técn. ferrov.) / Zugfeder *f* und Stoßfeder ‖ ~ **de válvula** (mot.) / Ventilfeder *f* ‖ ~ **do freio**, mola *f* do travão / Bremsfeder *f* ‖ ~ **elástica** / Sprungfeder *f* ‖ ~ **elíptica** / Elliptikfeder *f* ‖ ~ **elíptica** (técn. ferrov.) / Doppelfeder *f* (für Drehgestelle) ‖ ~ **elíptica a três quartos** (autom.) / Dreiviertel[elliptik]feder *f* ‖ ~ **em C** / Bügelfeder *f* ‖ ~ **espiral** / Spiralfeder *f*, Schneckenfeder *f* ‖ ~ **espiral** (instr.) / Biegefeder *f* ‖ ~ **espiral chata** (serralhar.) / Bandfeder, Wickelfeder *f* ‖ ~ **espiral de torção** / gewundene Biegefeder ‖ ~ **helicoidal** / Schraubenfeder *f* (zylindrisch) ‖ ~ **helicoidal de arame** / Drahtschraubenfeder *f* ‖ ~ **hidráulica** / Hydrofeder *f* ‖ ~ **hidráulica** (autom.) / Ölfeder *f* ‖ ~ **lamelar** / Flachfeder *f* ‖ ~ **pneumática** / Luftfeder *f* ‖ ~ **principal** / Aufzugsfeder *f* ‖ ~ **propulsora** (relógio) / Triebfeder *f*, Gangfeder *f* ‖ ~ **recuperadora** / Rückschnellfeder *f* ‖ ~ **recuperadora** (armamento) / Schließfeder *f* ‖ ~ **reguladora de tensão** (máq., tecnol.) / Spannungsregler *m* ‖ ~ **restabelecedora** / Rückholfeder *f* ‖ ~ **semi-elíptica** / Halbfeder *f* ‖ ~

~ **tensora** (geral, máq. cost.) / Spannfeder *f* ‖ ~ **transversal** (autom.) / Querfeder *f* ‖ ~ **voluta** / Schloßfeder *f*, Evolutfeder *f* ‖ ~ **voluta** (técn. ferrov.) / Kegelfeder *f* (aus Band)

molalidade *f* (química) / Molalität *f* (Zahl der gelösten Grammole je 1000 g Lösungsmittel), Kilogrammolarität

molar / Grammmolekül..., Mol..., molar

molaridade *f* (química) / Molarität *f*

molas *f pl* / Federung *f*

moldado / geformt, in Form hergestellt ‖ ~ **a frio** / kaltgeformt ‖ ~ **in situ** / formgeschäumt ‖ ~ **por compressão** (plást.) / formgepreßt ‖ ~ **por expansão** (plást.) / formverschäumt, formgeschäumt

moldador *m* (plást., forja) / Formenmacher *m*, Former *m* ‖ ~ **de fossas** / Dammgrubenformer *m*

moldadora *f* **pneumática** (fundição) / Druckluftformmaschine *f*

moldagem *f* (fundição) / Formen *n*, Lehrenformerei *f* ‖ ~ (actividade) / Formerei *f*, Formen *n*, Formgebung *f* ‖ ~ (plást.) / Ziehen *n* über Formen ‖ ~ **a descoberto** (fundição) / Herdformerei *f* ‖ ~ **à máquina** (fundição) / Formen *n* mit Maschinen ‖ ~ **a quente** / Warmverformung *f*, -bearbeitung *f* ‖ ~ **de roscas** / Gewindeformen *n*, -pressen *n* ‖ ~ **de tijolos** / Ziegelstreichen, -formen *n* ‖ ~ **electromagnética** / Formen *n* mit Magnetkraft ‖ ~ **em areia** / Sandformerei *f*, Formen *n* in Sand ‖ ~ **em barro** / Lehmformerei *f* ‖ ~ **em cera perdida** (fundição) / Feinguß *m* ‖ ~ **mecânica** (fundição) / Maschinenformerei *f*, -formen *n* ‖ ~ *m* **pelo vácuo** (plást.) / Vakuumformen *n* ‖ ~ *f* **por compressão** (plást.) / Formpressen *n* ‖ ~ **por explosão** / Formen *n* durch Stoßwellen ‖ ~ **por injecção** (plást.) / Spritzen *n*, Spritzguß *m* ‖ ~ **por injecção de material duroplástico** / Spritzgießverfahren *n*, -preßverfahren *n* ‖ ~ **por intrusão** (plást.) / Fließgußverfahren *n* ‖ ~ **sob pressão** / Druckgießen *n* (von Metallen), Druckguß *m* ‖ ~ **sob pressão** (fundição) / Preßformerei *f*

moldar / modellieren, formgeben ‖ ~ (fundição) / abformen, [zum Guß] formen ‖ ~ (siderurg.) / einformen ‖ ~ **a frio** (plást.) / kaltpressen ‖ ~ **em cera** / auf Wachs abdrücken ‖ ~ **por injecção** (plást.) / verspritzen ‖ ~ **sob pressão** / [Metall] druckgießen ‖ ~ **sob pressão** (fundição) / preßformen

moldável (cerâm.) / verformbar, modellierbar

molde *m* / Schablone *f*, Patrone *f*, Muster *n* ‖ ~ / Form *f*, Gießform *f* ‖ ~ (plást.) / Werkzeug *n*, Spritzform *f* ‖ ~ (máq., tecnol.) / Preßform *f* ‖ ~ (artes gráf.) / Rahmen *m* ‖ ~ **acabador** (forja) / Fertiggesenk *n* ‖ ~ **basculante** / Klappform *f* ‖ ~ **curvado** / gebogene Kokille ‖ ~ **de areia** / Sandform *f* ‖ ~ **de areia seca** (fundição) / Masseform *f* ‖ ~ **de caixa** (fundição) / Kastenform *f* ‖ ~ **de duas cavidades** / Zweifachwerkzeug *n* ‖ ~ **de fundição** (fundição) / Gußform *f*, Gießform *f* ‖ ~ **de impressão simples** (plást.) / Einfachwerkzeug *n* ‖ ~ **de injecção** (plást.) / Spritzform *f* ‖ ~ **de letra** / Buchstabenform *f* ‖ ~ **de madeira** / Brettung *f* ‖ ~ **de mesa** (fundição) / Gießtisch *m* ‖ ~ **de roscas** (ferram.) / Gewindeformer *m* ‖ ~ **macho** (plást.) / Stempel *m*, Patrize *f* ‖ ~ **para escórias** / Schlackenform *f* ‖ ~ **para fundição de aço** / Stahlgußform *f* ‖ ~ **para gelo** / Eiszelle *f* ‖ ~ **para lingotes** / Blockform *f* ‖ ~ **para moldagem por injecção** / Spritzgußform *f* ‖ ~ **para vidro** / Glaspreßform *f* ‖ ~ **permanente** (fundição) / Dauerform, Kokille *f* ‖ ~ **positivo** (plást.) / Füllform *f*, Füllraumform *f*

moldura *f* (geral) / Bilderrahmen *m* ‖ ~ / Deckleiste *f* ‖ ~ (constr. civil) / Rahmen *m* ‖ ~ (autom.) / Formleiste *f* ‖ ~ (constr. civil) / Sims *m n* ‖ ~ **de coroação** (constr. civil) / Deckgesims *n* ‖ ~ **de máquina** / Maschinengestell *n*, -rahmen *m* ‖ ~ **do pedestal** / Sockelgesims *n*, -sims *m*, -gliederung *f* ‖ ~ **do tecto** (constr. civil) / Deckenkehlung *f* ‖ ~ **intermutável** / Wechselrahmen *m*

mole (têxtil) / lappig ‖ ~ (água) / weich

molécula *f* / Molekül *n*, Molekel *f* ‖ ~ **dupla** / Doppelmolekül *n* ‖ ~ **filiforme** / Fadenmolekül *n* ‖ **~-grama** *f* / Grammmolekül, Mol, mol *n* ‖ ~ **linear** / Kettenmolekül *n* ‖ ~ **tripla** / Dreifachmolekül *n*

molecular / molekular, Molekular..., Molekel...

moleta *f* (artes gráf.) / Reibstein *m*

molhado / benetzt, naß

molhagem *f* / Benetzung *f*

molhar / einwässern, nässen, durchfeuchten ‖ ~ **levemente** / anfeuchten ‖ ~ **os casulos em água quente** (seda) / abschweifen

molhe *m* (hidrául.) / Mole *f*, Hafendamm *m*

molho *m* **pútrido** / Faulweiche *f*

molibdato *m* / Molybdat *n* ‖ ~ **de chumbo** (mineralog.) / Gelbbleierz *n*, Wulfenit *m*

molibdénio *m*, molibdênio *m*, molibdeno *m* / Molybdän, Mo *n*

molibdenita *f*, molibdenite *f* (mineralog.) / Molybdänglanz *m*, Molybdänit *m*

molinete *m* / Drehkreuz *n*, Handhaspel *m f* ‖ ~ (expl. minas) / Berghaspel *m f*

momento *m* / Moment *m*, Augenblick *m* ‖ ~ (técn. nucl.) / Impuls *m* ‖ ~ (física) / Impuls *m* ‖ ~ **actuante** / Angriffsmoment *n* ‖ ~ **angular** / Drehmoment *n*, -impuls *m* ‖ ~ **angular** / Drehimpuls *m* der Bewegung, Massenträgheitsmoment *n* ‖ ~ **angular** (física) / Drall *m*, Impulsmoment *n* ‖ ~ **angular intrínseco** (física) / Eigendrehmoment *n* ‖ ~ **angular orbitral** (técn. nucl.) / Bahndrehimpuls *m* ‖ ~ **angular total** (física) / Gesamtdrehimpuls, Gesamtdrall, -spin *m* ‖ ~ **axial** (mecân.) / Achsenmoment *n* ‖ ~ **de alavanca** / Hebelkraft *f*, -moment *n* ‖ ~ **de cabeceio** (aeronáut.) / Längsmoment *n* ‖ ~ **de carga** / Belastungsmoment *n*, Lastmoment *n* ‖ ~ **de choque** / Schlagmoment *n* ‖ ~ **de derrubamento** / Kippmoment *n* ‖ ~ **de fixação** / Einspannmoment *n* ‖ ~ **de flexão** / Biegungsmoment *n* ‖ ~ **de grupo** (telecom.) / Gruppenschritt *m* ‖ ~ **de impacto** / Schlagmoment *n* ‖ ~ **de inércia de massa** / Massenträgheitsmoment *n* ($J = 1/8\ md^2$) ‖ ~ **de inércia [equatorial ou axial]** [em relação a] (mecân.) / [axiales o. äquatoriales] Trägheitsmoment [bezogen auf] ‖ ~ **de inércia equivalente** / Ersatzträgheitsmoment *n* ‖ ~ **de inércia geométrica** / Flächenträgheitsmoment *n* ‖ ~ **de oscilação** / Schwingungsmoment *n* ‖ ~ **de resistência** (mecân.) / Widerstandsmoment *n* ‖ ~ **de rolamento** (aeronáut.) / Quermoment *n* ‖ ~ **de torção** / Verdrehmoment *n* ‖ ~ **de uma força** / Kraftmoment *n* ‖ ~ **de uma força** (mecân.) / Moment *n* ‖ ~ **do momentum** / Drehmoment *n*, -impuls *m* ‖ ~ **eléctrico** / elektrisches Moment ‖ ~ **electromagnético** / elektromagnetische Bewegungsgröße ‖ ~ **linear** / lineares Moment ‖ ~ **linear** / Bewegungsgröße *f* ‖ ~ **no vão** / Feldmoment *n* ‖ ~ **nos apoios** / Stützenmoment *n* ‖ ~ **orbital** / Bahnmoment *n* ‖ ~ **orbital magnético** / magnetisches Bahnmoment ‖ ~ **ou momentum angular** . (física) / Impulsmoment *n* ‖ ~ **principal de inércia** (mecân.) / Hauptträgheitsmoment *n* ‖ ~ **quadrupolar** (técn. nucl.) / Quadrupolmoment *n* ‖ ~ **resistente** (mecân.) / Widerstandsmoment *n* ‖ ~ **resistente** / Gegenmoment *n* ‖ ~ **significativo** (informática) / Kennzeitpunkt *m*

momentum *m* (técn. nucl.) / Impuls *m* ‖ ~ (física) /

Impuls *m* ‖ ~ **angular** (física) / Drall *m*, Impulsmoment *n*
mondado quimicamente (fruta) / gespritzt
mondar (agricult.) / jäten
monitor *m* (tv) / Monitor *m* ‖ ~ (radar) / Betriebskontrollgerät *n* ‖ ~ (informática) / Sichtanzeige *f*, -anzeigegerät *n* ‖ ~ (telecom.) / Abhorchgerät, Horchgerät *n* ‖ ~ **de contaminação de água** (técn. nucl.) / Wassermonitor *m* ‖ ~ **de controlo** / Bildkontrollempfänger *m* ‖ ~ **de cores** (tv) / Farbbild-Kontrollempfänger *m* ‖ ~ **de linhas** / Leitungsüberwachungsgerät *n* ‖ ~ **de saída** (electrón., tv) / Ausgangsmonitor *m*, -kontrollgerät *n* ‖ ~ **de sinais primários** (tv) / Farbwertkontrollgerät *n* ‖ ~ **do funcionamento** (informática) / Funktionswächter *m*
monitoração *f* / Betriebsüberwachung *f*, Überwachung *f* ‖ ~ **de saída** / Endabhörkontrolle *f*
monitorar (telecom., tv, electrón.) / überwachen, mithören, abhören, sich einschalten
monitorização *f* **individual** (técn. nucl.) / individuelle Überwachung
monoácido *m* / Monosäure *f* ‖ ~ *adj* / einsäurig
monoatómico / einatomig, einatomar
monobásico / einbasisch, -basig
monobloco *adj* / aus einem Gußstück bestehend, aus einem Stück ‖ ~ *m* **de dois cilindros** / Zweizylinderblock *m*
monocabo / Einseil...
monocanal / Einkanal...
monocarril / Einschienen...
monociclo *m* / Einzelgang *m*
monocilíndrico (mot.) / Einzylinder... ‖ ~ (papel) / Einwalzen...
monoclinal (geol) / monoklin, mit nur einer Neigungsfläche
monoclínico (cristalogrf.) / monoklin (mit 3 ungleichwertigen Achsen)
monocloreto *m* **de enxofre** / Chlorschwefel *m*, Schwefelmonochlorid *n* ‖ ~ **de iodo** / Jodchlorür *n*
monoclorometano *m* / Chlormethyl *n*, Methylchlorid *n*
monocristal *m* / Einkristall *m*
monocromático (óptica) / monochromatisch ‖ ~ (raios X) / homogen
monocromatizador *m* (tv) / Farbsperre *f*
monocromo / einfarbig, Einfarben...
monocular / einäugig, monokular
monoenergético (técn. nucl.) / von gleichem Energieniveau
monofásico (electr.) / einphasig
monofilar / eindrähtig, Eindraht...
monofónico / monophon, Mono...
monohidrato *m* / Hydrat *n* mit einem Mischungsgewicht Wasser
monóide *m* (matem.) / Halbgruppe *f*
monolítico (constr. civil) / monolith[isch] ‖ ~ (electrón.) / Festkörper..., monolithisch
monólito *m* (constr. civil, electrón.) / Monolith *m*
monómero *m* (química) / Monomer *n*
monomotor / einmotorig
monopropelente *m* / Einfachtreibstoff *m*
monótipo *m*, monotipo *m* (artes gráf.) / Monotype *f*, Monotypesetzmaschine *f*, Monotypemaschine *f*, Setz- und Gießmaschine für Einzelbuchstaben
monótono / gleichförmig, einförmig
monotrilho / Einschienen...
monovalência *f* (química) / Einwertigkeit *f*
monovalente (química) / einwertig
monóxido *m* **de carbono** / Kohlenmonoxid *n* ‖ ~ **de chumbo** / Blei(II)-oxid *n*, Bleiglätte *f* ‖ ~ **de cloro** / Chlormonoxid, Dichlor[mon]oxid *n* ‖ ~ **de nitrogénio** / Stickstoffmonoxid *n*
monta-cargas *m* / Lastenaufzug *m*, Frachtaufzug *m*, Warenaufzug *m* ‖ ~ **de alto-forno** (siderurg.) / Gichtaufzug *m* ‖ ~ **inclinado** (siderurg.) / Schrägaufzug *m* ‖ ~ **para obras** / Bauaufzug *m*
monta-cinzas *m* / Aschenaufzug *m*
monta-correias *m* / Riemenaufleger *m*
montado / eingebaut, Einbau... ‖ ~ **excentricamente** / exzentrisch gelagert ‖ ~ **louco** / lose aufgesetzt ‖ ~ **na fábrica** / fabrikfertig ‖ ~ **sobre molas** / federnd angebracht, auf Federn ‖ ~ **sobre molas de borracha** / gummigefedert
montador *m* / Aufsteller *m*, Monteur *m* ‖ ~ (informática) / Assemblierer *m* ‖ ~ (máq. ferram.) / Einsteller *m* (Person) ‖ ~**-chefe** *m* / Obermonteur *m* ‖ ~ **electricista** / Elektromonteur *m*
montagem *f* / Zusammenbau *m*, -bauen *n*, Montage *f*, Aufbau *m*, Aufstellung *f*, Einbau *m* ‖ ~ (máq., tecnol.) / Installation, Montage *f* ‖ ~ (tv, filme) / Schnitt *m*, Bildschnitt *m* ‖ **em ~ saliente** / aufgebaut, Aufbau... (Ggs: Einbau) ‖ ~ **ao ar livre** / Freiluftaufstellung *f* ‖ ~ **de linhas aéreas** / Freileitungsbau *m* ‖ ~ **em linha** / Bandmontage *f* ‖ ~ **experimental** (electrón.) / Brettaufbau *m* (Labor), Lochrasterplatte *f* ‖ ~ **final** / Fertigmontage *f* ‖ ~ **fixa** / feste Anbringung ‖ ~ **no solo** / Bodenmontage *f* ‖ ~ **no tecto** / Deckenmontage, -befestigung *f* ‖ ~ **rígida** / feste Anbringung
montanha *f* / Gebirge *n*, Berg *m* ‖ ~ **rugosa** (geol) / Faltengebirge *n*
montante *m* (aeronáut.) / Strebe *f* ‖ ~ (máq. ferram.) / Bohrständer *m*, Kastenständer *m*, Ständer *m* ‖ ~ (autom.) / Dämpfungsbein *n* ‖ ~ *adj* (constr. civil) / aufgehend ‖ **a** ~ / stromaufwärts, oberstromig ‖ **a** ~ / talaufwärts, oberstromig ‖ **de dois ~s** / doppelwandig ‖ **de dois ~s** (máq. ferram.) / Zweisäulen..., Zweiständer..., Doppelsäulen..., Doppelständer... ‖ **de quatro ~s** (máq. ferram.) / Viersäulen... ‖ **de três ~s** / dreibeinig, Dreibein... ‖ ~ *m* **da broca porta-fresa** / Frässpindelständer *m* ‖ ~ **de canto** / Eckpfosten, -ständer, -stiel *m* ‖ ~ **de cilindros** (lamin.) / Walzenständer *m*, -gerüst *n* ‖ ~ **de janela** / Fensterpfosten *m*, -säule *f* ‖ ~ **de máquina** / Maschinenständer *m* ‖ ~ **de parede** (carpint.) / Klebpfosten *m*, Wandsäule *f* ‖ ~ **do telhado** (electr.) / Dachgestänge *n*, -ständer *m* ‖ ~ **em forma de forquilha ou de Y** / Y-Stiel *m*, Y-Strebe *f* ‖ ~ **principal** (carpint.) / Bundsäule *f*
montantes *m pl* (lamin.) / Ständergerüst *n*
montão *m* / Haufen *m* ‖ ~ **de carvão** / Kohlenhalde *f* ‖ ~ *f* **de desperdícios** / Bergehalde *f*
monta-pratos *m* / Speisenaufzug *m*
montar / errichten, montieren, anbringen, befestigen, zusammenbauen, -setzen, einbauen ‖ ~ (artes gráf.) / aufklotzen (Druckstöcke) ‖ ~ (máq., tecnol.) / zusammensetzen, -fügen, -bauen ‖ ~ (informática) / assemblieren ‖ ~ (máq., tecnol.) / anbringen ‖ ~ **a cofragem**, montar o cimbre (constr. civil) / ausschalen, Schalung erstellen ‖ ~ **o andaime** (constr. civil) / einrüsten, das Gerüst errichten, das Gerüst aufschlagen ‖ ~ **pneus** (autom.) / bereifen ‖ ~ **quadros** / Bilder aufziehen ‖ ~ **sob pressão** / aufpressen
montável / einbaubar
monte *m* (expl. minas) / Halde *f*
monturo *m* (expl. minas) / Absturzhalde *f*
moradia *f* (constr. civil) / Einfamilienhaus *n*
mordaça *f* / Backenfutter *n*, Maul *n*
mordedura *f* / gefressene Stelle
mordentar (geral, tinturaria) / beizen ‖ ~ (têxtil) / ätzen, beizen ‖ ~ (tinturaria) / abbeizen
mordente *m* / Spannbacke *f* ‖ ~ (máq. ferram.) / Backe *f*, Spannbacke *f* ‖ ~ (tinturaria) / Sud *m*, Beizmittel *n*, Beize *f* ‖ ~ (química) / Beize *f*, Beizmittel *n* ‖ ~ *adj* / beizend, Beiz... ‖ ~ *m* **à base de álcool** /

Spiritusbeize *f* ‖ ~ **à base de estanho** (tinturaria) / Zinnbeize *f* ‖ ~ **à base de óleo** (tinturaria) / Ölbeize *f* ‖ ~ **à base de terebintina** / Terpentinbeize *f* ‖ ~ **auxiliar** (tinturaria) / Hilfsbeize *f* ‖ ~ **de alume** / Alaunbeize *f* ‖ ~ **de aperto** / Klemmbacke *f* ‖ ~ **de catechu** / Catechubeize *f* ‖ ~ **de chumbo** / Bleibacke *f* am Schraubstock ‖ ~ **de contacto** (sold) / Einspannbacke *f* ‖ ~ **de ferro** / Eisenbeize, -schwärze *f* ‖ ~ **de fixação** (máq. ferram.) / Einspannbacke *f* ‖ ~ **de tripa** / Darmbeize *f* ‖ ~ **fraco** (tinturaria) / Vorbeize *f* ‖ ~ **intermutável** (máq. ferram.) / Aufsatzbacke *f* ‖ ~ **para madeira** / Holzbeize *f* ‖ ~ **sólido** / Echtbeizenfarbstoff *m* ‖ ~ **vermelho** (tinturaria) / Rotbeize *f*

morena *f* (geol) / Moräne *f*, Gletschermoräne *f* ‖ ~ **lateral** (geol) / Randmoräne *f*

morfina *f* / Morphin *n*, Morphium *n* ‖ ~ **etílica** / Ethylmorphin *n*

morno / handwarm, lauwarm

morsa *f* (máq., tecnol.) / Schraubstock *m*

mortagem *f* (carpint.) / Kamm *m*, Verkämmung *f*, Zapfenloch *n* ‖ ~ (marcenar.) / Stemmloch *n*

mortalidade *f* (silvicult.) / Abgang *m*

morteiro *m* (armamento) / Mörser *m* (Granatwerfer)

morto / leblos

MOS *m* (electrón.) / MOS *m*

mosaico *m* / Mosaik *n*

mosca-do-vinagre *f* / Essigfliege *f*

moscóvia *f* / Juchten[leder] *n*

moscovita *f* **de ferro** (mineralog.) / Lepidomelan *m*

mosquetão *m* / Karabinerhaken *m*, Schnappring *m*

mossa *f* (ferram.) / Scharte *f*

mosto *m* / Würze *f*, Bierwürze *f*, Maischmasse *f*, Maische *f* ‖ ~ **original** / Stammwürze *f*

mostrador *m* (relógio) / Zifferblatt *n* ‖ ~ **com descarga de gás** / Gasentladungs-Display *n* ‖ ~ **de cristal líquido** / Flüssigkristall-Sichtanzeige *f* ‖ ~ **de janela** (instr.) / Fensterskala *f* ‖ ~ **luminoso** / Leuchtzifferblatt *n*

mostrar / ausstellen, auslegen

mostruário *m* / Musterkarte *f*, Schaukasten *m*

motilidade *f* / Bewegungskraft *f*

moto *f* / Motorrad *n*, Kraftrad *n*

motobomba *f* / Motorpumpe *f*

motocicleta *f* **com sidecar** / Beiwagenmaschine *f* ‖ ~ **ligeira** / Leichtkraftrad *n*

motociclista *m* / Motorradfahrer *m*

motociclo *m* (com cilindrada superior a 50 cc) / Kraftrad *n*

motocultivador *m* / Gartenfräse *f*, Bodenfräse *f*

motocultor *f* / Ackerbaumaschine *f*

motor *m* / Motor *m*, Kraftmaschine *f*, Maschine *f*, Triebwerk *n* ‖ ~ *adj* / bewegend, motorisch, antreibend ‖ ~ / motorisch, antreibend ‖ ~ *m* **de injecção directa** / Direkteinspritzer *m* ‖ ~ **a dois tempos** / Zweitaktmotor *m* ‖ ~ **a gás de ignição por centelha** / Gas-Ottomotor *m* ‖ ~ **a gasolina** / Benzinmotor, Ottomotor *m* (DIN) ‖ ~ **a jacto** (aeronáut.) / Düsentriebwerk *n*, Strahltriebwerk *n* ‖ ~ **a óleo** / Ölmotor *m* ‖ ~ **a reacção** / Düsentriebwerk *n* ‖ ~ **a vapor** / Dampfmotor *m* ‖ ~ **anticompound** (electr.) / Gegenkompoundmotor *m*, -verbundmotor *m* ‖ ~ **auto-refrigerado** / eigenbelüfteter Motor ‖ ~ **auxiliar** / Hilfsmotor *m* ‖ ~ **auxiliar** (astronáut.) / Booster *m* ‖ ~ **blindado** (electr.) / Kapselmotor *m* ‖ ~ **blindado ventilado** / Durchzugsmotor *m* ‖ ~ **CFR** / CFR-Motor *m* ‖ ~ **com anéis colectores** / Schleifring[läufer]motor *m* ‖ ~ **com cilindros em linha** / Motor *m* mit hintereinander angeordneten Zylindern ‖ ~ **com excitação em série** (electr.) / Reihenschlußmotor *m* ‖ ~ **com válvulas comandadas por baixo** (mot.) / Motor *m* mit stehenden o. unten gesteuerten Ventilen ‖ ~ **com válvulas na cabeça** / Motor *m* mit hängenden (o. obengesteuerten) Ventilen ‖ ~ **com válvulas sobrepostas** (mot.) / Motor *m* mit übereinander angeordneten Ventilen ‖ ~ **compound** (aeronáut.) / Compound-Triebwerk *n* (Ottomotor kombiniert mit leistungsabgebendem Abgasgebläse) ‖ ~ **compound** (electr.) / Doppelschlußmotor *m* ‖ ~ **convencional** (electr.) / Fußmotor *m* ‖ ~ **de actuação sobre o eixo** (técn. ferrov.) / Achsmotor *m* ‖ ~ **de alta compressão** / hochverdichtender Motor, hochkomprimierter Motor ‖ ~ **de alta potência** / Hochleistungsmotor *m* ‖ ~ **de arranque** / Anfahrmotor *m* ‖ ~ **de arranque** (autom.) / Starter *m*, Anlasser *m* ‖ ~ **de arranque de comando positivo electromagnético** (autom.) / Schubschraubtriebanlasser *m*, -starter *m*, Bosch-E-Anlasser *m* ‖ ~ **de arranque ou de partida** / Anwerfmotor *m* ‖ ~ **de arranque ou de partida de tipo Bendix** (autom.) / Schraubtriebanlasser *m*, -starter *m* ‖ ~ **de arranque ou de partida** (mot.) / Anlaßmotor *m* ‖ ~ **de arranque ou de partida** (autom.) / Anlasser *m* ‖ ~ **de arranque ou de partida auxiliar** / Hilfsanlasser *m* ‖ ~ **de arranque ou de partida de volante** (autom.) / Schwungradanlasser *m* ‖ ~ **de arranque ou de partida por inércia** (autom.) / Schwungkraftanlasser *m* ‖ ~ **de arranque ou de partida com retardador** (electr.) / Anlasser *m* mit Langsamschaltvorrichtung ‖ ~ **de arranque ou de partida** (electr.) / Anlassermotor *m*, Einschaltmotor *m* ‖ ~ **de arranque ou de partida de tambor** / Schaltwalzenanlasser *m* ‖ ~ **de arranque ou de partida por rotor** / Läuferanlasser *m* ‖ ~ **de arranque tipo Bendix** (autom.) / A-Anlasser *m* (Bosch) ‖ ~ **de árvore vertical** (electr.) / [senkrecht] stehender Motor ‖ ~ **de avião** / Flugtriebwerk *n*, Flugzeugmotor *m* ‖ ~ **de balanceiro** (electr.) / Pendelmotor *m* ‖ ~ **de binário** (electr.) / Drehmomentmotor *m* ‖ ~ **de binário constante** / Drehmomentantrieb *m*, Motor mit konstantem Drehmoment *m* ‖ ~ **de binário elevado** / Hochmomentmotor *m* ‖ ~ **de carburador** / Vergasermotor *m*, Vergaser-Ottomotor *m* (DIN) ‖ ~ **de cilindro axial** / Trommelmotor *m* ‖ ~ **de cilindros antagónicos** / Boxermotor *m* ‖ ~ **de cilindros dispostos em H** / H-Motor *m* ‖ ~ **de colector** / Kollektormotor *m* ‖ ~ **de combustão de pressão constante** / Gleichdruckmotor *m* ‖ ~ **de combustão interna** / Verbrennungsmotor *m*, -kraftmaschine *f*, Explosionsmotor *m*, Brennkraftmaschine *f* ‖ ~ **de compressão** / Motor *m* mit Vorverdichtung, Kompressormotor *m* ‖ ~ **de comutação das escovas** / Bürstenverstellmotor *m* ‖ ~ **de corrente alternada** (electr.) / Wechselstrommotor *m* ‖ ~ **de corrente alternada de colector** / Wechselstromkommutatormotor *m* ‖ ~ **de corrente alternada em derivação** / Wechselstromnebenschlußmotor *m* ‖ ~ **de corrente contínua de velocidade variável** / Gleichstromregelmotor *m* ‖ ~ **de corrente contínua reversível e regulável** / umkehrbarer Gleichstromregelmotor ‖ ~ **de corrente ondulada**, motor *m* de corrente pulsante (técn. ferrov.) / Fahrmotor *m* für welligen Gleichstrom ‖ ~ **de culatra incandescente** / Glühkopfmotor *m* ‖ ~ **de dois cilindros** (mot.) / Zweizylindermotor *m* ‖ ~ **de dois cilindros [horizontais] opostos** / Zweizylinder-Boxermotor *m* ‖ ~ **de dois êmbolos opostos** / Motor *m* mit gegenläufigen Kolben ‖ ~ **de elevação** / Hubmotor *m* ‖ ~ **de êmbolo duplo** / Doppelkolbenmotor *m* ‖ ~ **de êmbolo rotativo Wankel** / Wankelmotor *m* ‖ ~ **de êmbolos** / Kolben[kraft]maschine *f* ‖ ~ **de êmbolos opostos** / gegenläufiger Motor ‖ ~ **de engrenagem** (electr.) /

Vorgelegemotor *m*, Getriebemotor *m* ‖ ~ **de engrenagens rectas** (expl. minas) / Geradzahnmotor *m* ‖ ~ **de excitação composta** (electr.) / Doppelschlußmotor *m* ‖ ~ **de excitação em série** / Hauptschlußmotor *m* ‖ ~ **de explosão** / Explosionsmotor *m*, Verbrennungsmotor *m* ‖ ~ **de flange** (electr.) / Flanschmotor *m* ‖ ~ **de flúor e hidrogénio** (astronáut.) / Fluor-Wasserstofftriebwerk *n* ‖ ~ **de foguete** / Raketenantrieb *m*, -triebwerk *n* ‖ ~ **de fraca potência** (electr.) / Kleinmotor *m* ‖ ~ **de gasolina a injecção** / Einspritz-Ottomotor *m* (DIN) ‖ ~ **de indução** (electr.) / Asynchronmotor *m* ‖ ~ **de indução monofásico** / Einphasen-Induktionsmotor *m* ‖ ~ **de induzido corrediço** (electr.) / Verschiebeankermotor *m* ‖ ~ **de induzido duplo de curto-circuito** / Doppelkurzschlußankermotor *m*, Dokamotor *m* ‖ ~ **de mola** / Federmotor *m*, Federlaufwerk *n* ‖ ~ **de oito cilindros** / Achtzylindermotor *m* ‖ ~ **de óleo sob pressão** / Druckölmotor *m* ‖ ~ **de partida** / Anfahrmotor *m* ‖ ~ **de partida** (autom.) / Starter *m*, Anlasser *m* ‖ ~ **de partida de comando positivo eletromagnético** (autom.) / Schubschraubtriebanlasser *m*, -starter *m*, Bosch-E-Anlasser *m* ‖ ~ **de partida tipo Bendix** (autom.) / A-Anlasser *m* (Bosch) ‖ ~ **de popa** / Außenbordmotor *m*, Außenborder *m* ‖ ~ **de propulsão** / Antriebsmaschine *f*, -motor *m* ‖ ~ **de quatro tempos** / Viertaktmotor *m* ‖ ~ **de ranhuras duplas** / Doppelnutmotor *m* ‖ ~ **de reacção a ar forçado** (aeronáut.) / Lorin-Triebwerk *n* ‖ ~ **de relutância** / Magnetmotor *m* ‖ ~ **de repulsão** (electr.) / Repulsionsmotor *m*, Wechselstromkommutatormotor *m* mit Bürstenverstellung ‖ ~ **de repulsão compensado** (electr.) / kompensierter Repulsionsmotor, Winter-Eichberg-Latourmotor *m*, Reihenschlußkurzschlußmotor *m* ‖ ~ **de sobrealimentação** / Kompressormotor *m* ‖ ~ **de suspensão pelo nariz** (técn. ferrov.) / Achslagermotor *m* ‖ ~ **de torque** (electr.) / Drehmomentmotor *m* ‖ ~ **de torque constante** / Drehmomentantrieb *m*, Motor mit konstantem Drehmoment *m* ‖ ~ **de torque elevado** / Hochmomentmotor *m* ‖ ~ **de tracção** (técn. ferrov.) / Fahrmotor *m* ‖ ~ **de translação** (guindaste) / Fahrmotor *m* ‖ ~ **de três cilindros** / Dreizylindermotor *m* ‖ ~ **de três velocidades** (electr.) / Dreistufenmotor *m* ‖ ~ **de troca** (autom.) / Austauschmotor *m* ‖ ~ **de válvulas de distribuição rotativas** / Drehschiebermotor *m* ‖ ~ **de veículo** / Fahrzeugmotor *m* ‖ ~ **de velocidade regulável**, motor *m* de velocidade variável (electr.) / Regelmotor *m* ‖ ~ **de vida limitada** / Einmal-Antrieb *m* ‖ ~ **Diesel** / Dieselmotor *m*, -maschine *f* ‖ ~ **Diesel com injecção directa** / Diesel[motor] mit *m* direkter Strahleinspritzung ‖ ~ **Diesel com injecção pneumática** / Diesel[motor] mit *m* Drucklufteinspritzung ‖ ~ **Diesel marítimo** / Schiffsdieselmaschine *f* ‖ ~ **Diesel sem compressor** , motor *m* Diesel de injecção mecânica / Einspritzmaschine *f*, kompressorlose Dieselmaschine ‖ ~ **direito** / Standmotor *m*, aufrechtstehender Motor ‖ ~ **do cabrestante** / Bandantriebsmotor *m* ‖ ~ **do ventilador** / Gebläsemotor, -antrieb *m*, Lüftermotor *m* ‖ ~ **eléctrico** / Elektromotor *m* ‖ ~ **em derivação** (electr.) / Nebenschlußmotor *m* ‖ ~ **em estrela** / Sternmotor *m* ‖ ~ **em estrela de duas filas de cilindros** / Zweisternmotor *m* ‖ ~ **em estrela dupla** / Doppelsternmotor *m* ‖ ~ **em flecha** / W-Motor *m*, Fächermotor *m* ‖ ~ **em série de corrente contínua** / Gleichstromhauptschlußmotor *m*, -reihenschlußmotor *m* ‖ ~ **em V** / V-Motor *m*, Motor *m* mit V-förmig angeordneten Zylindern, Motor *m* in V-Anordnung, Gabelmotor *m* ‖ ~ **em W** / Dreireihenstandmotor *m*, W-Motor *m*, Fächermotor *m* ‖ ~ **em X** (aeronáut.) / X-Motor *m* ‖ ~ **eólico** / Windmotor *m*, -rad *n*, -turbine *f* ‖ ~ **epitrocoidal** / Epitrochoidenmotor *m* ‖ ~ **estacionário** / Standmotor *m* ‖ ~ **estanque com envoltório refrigerante** / Doppelmantelmotor *m* (mit Mantelkühlung) ‖ ~ **fechado blindado** / gekapselter Elektromotor ‖ ~ **fixo** / Standmotor *m* ‖ ~ **fora de borda** / Außenbordmotor *m*, Außenborder *m* ‖ ~**-gerador** *m* / Motorgenerator *m* ‖ ~**-gerador** *m* (electr.) / rotierender Umformer, Motorgenerator *m* ‖ ~**-gerador** *m* (autom.) / Lichtanlasser *m* ‖ ~ **heteropolar** (electr.) / Heteropolarmotor *m* ‖ ~ **hidráulico** / Wasserkraftmaschine *f*, Hydromotor *m*, Wassermotor *m* ‖ ~ **incorporado** (máq. ferram.) / Einbaumotor *m* ‖ ~ **interno** / Innenbordmotor *m* ‖ ~ **monobloco** / Blockmotor *m* ‖ ~ **monofásico** / Einphasen[wechselstrom]motor *m* ‖ ~ **multicarburante** / Vielstoffmotor *m* ‖ ~ **multicombustível** / Wechselmotor *m* ‖ ~ **oscilante** (hidrául.) / Schwenkmotor *m* ‖ ~ **Otto** / Ottomotor *m* ‖ ~ **para transmissão independente** (máq. ferram.) / Einzelantriebsmotor *m* ‖ ~ **radial** / Sternmotor *m* ‖ ~ **redutor** (electr.) / Getriebemotor *m* ‖ ~ **reversível** / Reversiermotor *m*, Umkehrmotor *m* ‖ ~ **rotativo** / Rotationsmotor *m*, Umlaufmotor *m* ‖ ~ **sem escovas** / Stromrichtermotor *m* ‖ ~ **semi-Diesel** / Halbdieselmaschine *f*, Glühkopfmotor *m* ‖ ~ **síncrono** / Synchronmotor *m* ‖ ~ **Stirling** / Heißgasmotor *m* ‖ ~ **superalimentado** / Gebläsemotor *m*, Auflademotor *m* ‖ ~**-tambor** *m* / Axialzylindermotor *m* ‖ ~ **térmico** / Wärmekraftmaschine *f*, -motor *m* ‖ ~ **traseiro** (autom.) / Heckmotor *m* ‖ ~ **trifásico de colector** / Drehstromkommutatormotor *m*, -kollektormotor *m* ‖ ~ **trifásico [de corrente alternada]** / Drehstrommotor *m* ‖ ~ **trifásio** (electr.) / Ds-Motor *m* ‖ ~ **universal** (electr.) / Allstrommotor *m* ‖ ~ **V-8** / Achtzylindermotor *m* in V-Anordnung, 8-Zylinder V-Motor *m* ‖ ~ **ventilado** (electr.) / Lüftermotor *m* (Bauart) ‖ ~ **vertical de cilindros em linha** / Reihen[stand]motor *m*

motorista *m* (autom.) / Führer *m*, Fahrer *m*

motorizada *f* (coll) / Kraftrad *n*

motorizado / motorisiert

moto-serra *f* / Motorsäge *f*

motriz / bewegend

móvel *m* / Möbel *n* ‖ ~ *adj* / beweglich, fahrbar, bewegungsfähig ‖ ~ **à volta de um eixo** / drehbar ‖ ~ *m* **estofado** / Polstermöbel *n*

mover / bewegen, rücken

movido / angetrieben

movimentação *f* **de terras** / Bodenbewegung *f*

movimentar / bewegen ‖ ~**-se em círculo** / kreisen, sich im Kreis bewegen

movimento *m* / Bewegung *f* ‖ ~ (máq., tecnol.) / Lauf *m* ‖ **de** ~ / Bewegungs... ‖ **de** ~ **livre** / frei beweglich ‖ **pôr em** ~ (máq., tecnol., mot.) / ingangsetzen, anlassen ‖ ~ **à ré** / Rücklauf *m* ‖ ~ **a vapor** / Dampfbetrieb *m* ‖ ~ **angular** (mecân.) / Winkelbewegung *f* ‖ ~ **axial dos eixos** (técn. ferrov.) / Seitenverschieblichkeit, Kurvenbeweglichkeit *f* ‖ ~ **browniano** / Brownsche Molekularbewegung (o. Wärmebewegung) ‖ ~ **circular** / Kreisbewegung *f*, Rundbewegung *f* ‖ ~ **cruzado** / Kreuzbewegung *f* ‖ ~ **de avanço** (máq. ferram.) / Schaltung *f* des Vorschubes ‖ ~ **de balanço**, movimento *m* de jogo (navio) / Rollbewegung *f* ‖ ~ **de estratos** / Gebirgsbewegung *f* ‖ ~ **de liços** (tecel.)

/ Litzenzug *m* ‖ ~ **de manobra** (máq. ferram.) / Schaltbewegung *f* ‖ ~ **de recuo**, movimento *m* de retrocesso / Rückwärtsbewegung *f* ‖ ~ **de rotação** / Rotationsbewegung *f* ‖ ~ **de subida** (máq. ferram.) / Hochgang *m* ‖ ~ **de terras** / Förderung *f*, Erdbewegung *f* ‖ ~ **de translação** / Fahrbewegung *f*, fortschreitende Bewegung ‖ ~ **de traslação** (cinemática) / Schiebung *f* ‖ ~ **de vaivém** (máq., tecnol.) / Hin- und Herbewegung *f*, Gestängebewegung *f* ‖ ~ **do gelo** / Eisgang *m* ‖ ~ **em hélice** / Schraubenbewegung *f*, Schraubung *f* (DIN) ‖ ~ **em sentido inverso aos ponteiros do relógio** / Linksbewegung *f* ‖ ~ **excêntrico** / Exzenterbewegung *f* ‖ ~ **giratório** / Drehbewegung *f*, Schwenkbewegung *f*, Rotationsbewegung *f*, Schwungbewegung *f* ‖ ~ **harmónico simples** / einfache Sinusschwingung ‖ ~ **helicoidal instantâneo** (mecân.) / Schrotung *f* ‖ ~ **hipocicloidal** / Hypozykloidalbewegung *f* ‖ ~ **intermitente do filme** / Filmfortschaltung *f* ‖ ~ **lento** / Feinbewegung *f* ‖ ~ **lento horizontal** (máq. ferram.) / Horizontalfeinbewegung *f* ‖ ~ **lento vertical** (máq. ferram.) / Höhenfeinbewegung *f* ‖ ~ **longitudinal** / Längsbewegung *f*, Längsverschiebung *f* ‖ ~ **ondulatório** / Wellenbewegung *f* ‖ ~ **oscilante** / Schwenkbewegung *f* ‖ ~ **para a esquerda** / Linksbewegung *f* ‖ ~ **para trás** / Rücklauf *m* ‖ ~ **pendular** / Pendelbewegung *f*, Pendeln *n* ‖ ~ **perdido** (máq. ferram.) / Überlauf *m* des Hobelstahls ‖ ~ **planetário** (máq., tecnol.) / Planetenbewegung *f* ‖ ~ **preciso** / Feingang *m* ‖ ~ **progressivo** / Bewegung *f* nach vorn ‖ ~ **próprio** / Eigenbewegung *f* ‖ ~ **radial dos eixos** (técn. ferrov.) / Kurvenbeweglichkeit *f* ‖ ~ **rápido** (máq. ferram.) / Eilgang, Schnellgang *m* ‖ ~ **retrógrado** / Rückwärtsbewegung *f*, rückschreitende Bewegung ‖ ~ **rolante** (navio) / Schlingerbewegung *f*, Schlingern *n* ‖ ~ **rotativo** / Kreisbahnbewegung *f*, Schwenkbewegung *f*, Schwungbewegung *f*, Drehbewegung *f* ‖ ~ **silencioso** / Laufruhe *f* ‖ ~ **turbulento** / Wirbelbewegung *f*, Wirbeln *n*

movimentos *m pl* **eustáticos** (geol) / eustatische Schwankungen *f pl*

mucilagem *f* / Gerstenschleim *m*, Pflanzenschleim *m*

mucilaginoso / schleim[art]ig, seimig

muco *m* / Schleim *m*

mucocelulose *f* / Schleimzellstoff *m*, -zellulose *f*

mucoso / schleim[art]ig

mudança *f* / Änderung *f*, Veränderung *f* ‖ ~ *m* **com dispositivo de roda livre** (autom.) / Freilaufschaltung *f* ‖ ~ *f* **de curso** / Hubwechsel *m* ‖ ~ **de lançadeiras** (tecel.) / Schützenwechsel *m* ‖ ~ **de linha** (artes gráf.) / Zeilenvorschub *m* ‖ ~ **de lugar** / Ortsveränderung *f* ‖ ~ **de margem por parafuso** / Schrauben[um]steuerung *f* ‖ ~ **de óleo** / Ölwechsel *m* ‖ ~ **de velocidade** / Gangschaltung *f*, Getriebeschaltung *f* ‖ ~ **de velocidade manual** (autom.) / Handschaltung *f* ‖ ~ **de velocidade por corrediça** (autom.) / Kulissenschaltung *f* ‖ ~ **de velocidades na coluna da direcção** (autom.) / Lenkradschaltung *f*, Lenkstockschaltung *f* ‖ ~ **gradual de uma imagem para outra** (filme) / Überblenden *n* ‖ ~ **para uma velocidade mais alta** (autom.) / Hochschalten *n*

mudar / wechseln *vt* ‖ ~ **a direcção** (expl. minas) / den Gang absetzen ‖ ~ **bruscamente de direcção** (vento) / umspringen ‖ ~ **de cor** / verfärben ‖ ~ **de direcção** / umsteuern, umlenken *vi* ‖ ~ **de lugar** / versetzen, umsetzen ‖ ~ **de velocidade** / umschalten ‖ ~ **o óleo** / Öl wechseln o. erneuern ‖ ~ **subitamente** (tempo) / umschlagen *vi*

mudo (geral) / stumm

mufla *f* (siderurg.) / Muffel *f* ‖ ~ **contínua** (cerâm.) / Zugmuffel *f* ‖ ~ **de cozimento** / Backmuffel *f*

muito líquido / dünnflüssig ‖ ~ **rápido** (técn. fotogr.) / hochempfindlich, schnell ‖ ~ **resistente ao uso** / hochverschleißfest

mulljenny *m* / Mule[spinn]maschine *f*

multi.... / Mehr..., mehrfach

multicanal (electrón.) / mehrwegig, Vielkanal...

multicarburante (mot.) / Mehrstoff...

multicolor / bunt, mehrfarbig, Mehrfarben...

multifilar (electr.) / mehradrig ‖ ~ / Mehrleiter...

multímetro *m* (electr.) / Vielfachmeßgerät *n*, -instrument *n*

multipleto *m* (espectro) / Linienkomplex *m*

multiplex / vielfach, multiplex ‖ ~ (telecom.) / Mehrkanal..., Multiplex... ‖ ~ **de divisão de frequência** / Frequenzmultiplex *n*

multiplexador *m* (informática) / Multiplexer *m*, Datenmultiplexer *m*

multiplexar (informática) / multiplexen, Übertragungskanäle bündeln o. vielfach ausnutzen, multiplexen

multiplicação *f* (matem.) / Multiplikation *f* ‖ ~ (mecân.) / Übersetzung *f* (im Getriebe) ‖ ~ **contínua** / fortgesetzte Multiplikation ‖ ~ **de Ferrol** / Ferrolsche Multiplikation *f* ‖ ~ **de frequências** / Frequenzvervielfachung *f* ‖ ~ **de neutrões**, multiplicação *f* de nêutrons (técn. nucl.) / Verstärkung *f* ‖ ~ **em cadeia** / fortgesetzte Multiplikation ‖ ~ **lógica** / boolesche Multiplikation

multiplicador *m* / Übersetzungsgetriebe *n* (ins Schnelle) ‖ ~ (matem.) / Multiplikator *m* ‖ ~ (tv) / Vervielfacher *m* ‖ ~ **de cátodo frontal** / Frontkathodenmultiplier *m* ‖ ~ **de dois canais** / gekoppelter Multiplizierer ‖ ~ **de electrões ou elétrons** (tv) / Elektronenvervielfacher *m*, SEV *m* ‖ ~ **de frequência** / Frequenzvervielfacher *m*, Frequenzsteigerungstransformator *m*

multiplicando *m* (matem.) / Multiplikand *m*, Faktor *m* (multiplizierende Größe)

multiplicar (mecân.) / ins Schnelle übersetzen ‖ ~ (matem.) / multiplizieren

multiplicativo (matem., tv, electrón.) / multiplikativ

multiplicidade *f* / Vielfältigkeit *f*

múltiplo *m* (matem.) / Vielfaches *n* ‖ ~ *adj* / vielfach *adj*, vielfältig, Mehrfach..., mehrfach ‖ ~ *m* **comum** (matem.) / gemeinsames Vielfaches ‖ ~ **de acoplamento** (telecom.) / Koppelvielfach *n* ‖ ~ **de faixa** (telecom.) / Bandvielfach *n* ‖ ~ **inteiro** (matem.) / ganzzahliges Vielfaches

multipolar (electr.) / vielpolig, Vielpol..., mehrpolig

multiprogramação *f* (informática) / Mehrprogrammbetrieb *m* (DIN)

multivalente (matem.) / vielwertig, mehrwertig

multivibrador *m* (tv) / Vervielfacherstufe *f* ‖ ~ (electrón.) / Kippschaltung *f* ‖ ~ **biestável** (electrón.) / bistabiler Multivibrator, bistabiles Kippglied, Flip-Flop *m n*, bistabile Triggerschaltung ‖ ~ **de diapasão** / Stimmgabelfrequenzprüfer *m* ‖ ~ **livre** / freischwingender Multivibrator ‖ ~ **monostável** (electrón.) / Flip-Flop-Generator *m*

mumetal *m* (electrón.) / Mumetall *n*

mungo *m* / Mungo *m*

munhão *m* (mecân.) / Zapfen *m* ‖ ~ (máq., tecnol.) / Bolzen, Drehbolzen *m* ‖ ~ / Schildzapfen *m* ‖ ~ **do eixo** / Achsstummel *m*, Achshals *m* ‖ ~ **do eixo** (máq., tecnol.) / Wellenstumpf *m* ‖ ~ **do eixo** / Wellenzapfen *m*

munição *f* / Munition *f* ‖ ~ **brisante** / Brisanzmunition *f* ‖ ~ **de calibre reduzido** (armamento) / Abkommenmunition *f* ‖ ~ **incendiária** / Brandmunition *f* ‖ ~ **traçante**

(armamento) / Leuchtspurmunition *f*
múon *m* / Myon *n*
muralha *f* **de represa** (hidrául.) / Fangdamm *m* ‖ ~ **em talude** / Böschmauer *f*
muramento *m* / Mauerwerk *n*, Gemäuer *n*, Maurerarbeit *f*
murar / ummauern, einfriedigen
murchar (tinta) / absterben
murmúrio *m* **confuso** (telecom.) / Babbeln *n*
muro *m* / Mauer *f*, Einfriedigung *f* ‖ **fazer um** ~ / eine Mauer ziehen ‖ ~ **contra incêndios** (expl. minas) / Branddamm *m* ‖ ~ **corta-fogo** (constr. civil) / Feuermauer *f* ‖ ~ **de acompanhamento** / Flügelmauer *f* ‖ ~ **de ala** (hidrául.) / Flügel *m*, Flügelmauer *f* ‖ ~ **de alicerce** (constr. civil) / Fundamentmauer *f*, Grundmauer *f* ‖ ~ **de ancoragem** / Ankermauer *f* ‖ ~ **de apoio** / Futtermauer *f* unter dem Fenster, Gegenstützmauer ‖ ~ **de base** / Ofenstock *m* ‖ ~ **de cintura** / Einfriedungsmauer *f* ‖ ~ **de (re) enchimento** / Füllmauer *f*, Bruchsteinmauerwerk *n* zwischen Ziegelhäuptern ‖ ~ **de espessura de um tijolo** / ein Stein starke Mauer ‖ ~ **de frontispício** (constr. civil) / Giebelmauer *f* ‖ ~ **de fundação** (constr. civil) / Fundamentmauer *f*, Grundmauer *f* ‖ ~ **de paramento** (constr. civil) / Schildmauer *f* ‖ ~ **de pedra de cantaria** / Bruchsteinmauer *f* ‖ ~ **de pilares** / Pfeilermauer *f* ‖ ~ **de retenção** / Böschungsmauer *f* ‖ ~ **de revestimento** / Futtermauer *f* ‖ ~ **de revestimento aliviado** / Breschmauer *f* ‖ ~ **de suporte** / Stützmauer *f* ‖ ~ **divisório** / Zwischenmauer *f* ‖ ~ **exterior** (constr. civil) / Umfassungsmauer *f*, Außenmauer *f* ‖ ~ **frontal** (constr. civil) / Vorderwand *f*, Stirnmauer *f*, Schildmauer *f*, Stirnwand ‖ ~ **interior** / Mittelmauer *f* ‖ ~ **interno** / Innenmauer *f*
muscovita *f* / Muskovit *m*, Kaliglimmer *m*, Muskovit *m*
musgo *m* / Moos *n*
musselina *f* (têxtil) / Musselin *m*, Mull *m* ‖ ~ **de algodão** / Baumwollmusselin *m* ‖ ~ **de lã** / Wollmusselin *m* ‖ ~ **de seda** / Seidenmusselin *m*
mútuo / gegenseitig

N

nacarado / perlmutt[er]artig, -glänzend
nacela *f* (balão) / Korb *m*
nadir *m* (astron.) / Fußpunkt *m*, Nadir *m*
nafta *f* / Naphtha *f*, Leichtbenzin *n* (DIN 51630), Benzin (als Lösungsmittel) ‖ ~ **de baixo grau de ebulição** / leichtflüssiges Öl
naftaleno *m*, naftalina *f* (designação comercial) / Naphthalin *n*
nafténico (química) / naphthenisch
naftil *m* / Naphthyl *n*
naftol *m* / Naphthol *n*, Hydroxynaphtalin *n*
naílon *m* (plást.) / Nylon *n*
nano... / Nano... (10^{-9})
nanómetro *m* **Bourdon** / Bourdondruckmesser *m*
Nanquim *m* / chinesische Tusche, Tusche *f*, Ausziehtusche *f*
não amortecido / ungedämpft ‖ ~ **amovível** / fest ‖ ~ **apagável** (informática) / unlöschbar ‖ ~ **atreito a falhas** / ausfallsicher ‖ ~ **circular** / unrund ‖ ~ **codificado** / offen, unverschlüsselt ‖ ~ **colorido** / farblos, durchsichtig ‖ ~ **condutor** (electr.) / nichtleitend, isolierend ‖ ~ **congelável** / kältebeständig, gefrierfest ‖ ~ **construído** (terreno) / unbebaut ‖ ~ **corrosivo** / rostfrei ‖ ~ **corrosivo** (petróleo, gás) / süß, mit geringem Anteil von Schwefelverbindungen ‖ ~ **diluido** / unverdünnt ‖ ~ **dissolvido** (química) / ungelöst ‖ ~ **distorcido** / unverzerrt ‖ ~ **elástico** / inelastisch ‖ ~ **embalado** / unverpackt, lose, offen ‖ ~ **endereçável** (informática) / gesperrt ‖ ~ **entrelinhado** (artes gráf.) / undurchschossen ‖ ~ **esférico** / asphärisch ‖ ~ **esticado** / unverspannt ‖ ~ **fermentado** / ungegoren ‖ ~ **ferroso**, não ferruginoso / eisenfrei ‖ ~ **ferruginoso** / eisenfrei ‖ ~ **físsil** (técn. nucl.) / unspaltbar ‖ ~ **fulonado** / ungewalkt ‖ ~ **homogéneo** / inhomogen ‖ ~ **inflamável** / flammwidrig ‖ ~ **lavrado** / unbehauen ‖ ~ **ligado à terra** (electr.) / ungeerdet ‖ ~ **maquinado** (máq., tecnol.) / unbearbeitet ‖ ~ **nítido** (técn. fotogr.) / unscharf ‖ ~ **oxidante** / oxydationsfrei, nicht oxydierend ‖ ~ **polar** / pollos, nichtpolar ‖ ~ **polarizado** / ungepolt ‖ ~ **poroso** (sold) / blasenfrei ‖ ~ **positivo** / kraftschlüssig ‖ ~ **praticável** / inoperabel ‖ ~ **previsto no horário** / außerplanmäßig ‖ ~ **recuperável** (embalagem) / Einweg..., Wegwerf... ‖ ~ **reforçado** / unversteift ‖ ~ **reversível** (lamin.) / durchlaufend ‖ ~ **saturado** (física) / ungesättigt ‖ ~ **selado** / offen ‖ ~ **soldado** / lötlos ‖ ~ **sólido** (tintas) / unecht, unbeständig ‖ ~ **submetido a tensões** / unverspannt, ohne Spannungen ‖ ~ **suportado** / freitragend, nicht o. ungelagert ‖ ~ **taxado** (telecom.) / gebührenfrei ‖ ~ **temperado** / weich, ungehärtet ‖ ~ **tingido** / ungefärbt ‖ ~ **tóxico** / ungiftig ‖ ~ **transitório** (informática) / permanent, nicht löschbar ‖ ~ **tripulado** (aeronáut., astronáut.) / unbemannt ‖ ~ **usinado** (máq., tecnol.) / unbearbeitet ‖ ~ **venenoso** / giftfrei ‖ ~ **vidrado** (cerâm.) / unglasiert ‖ ~ **volátil** (informática) / energieunabhängig
não-equivalência *f* (informática) / Antivalenz *f* (DIN)
não-ferroso / Nichteisen..., NE...
não-gasoso (bebidas) / still, nicht schäumend o. moussierend
não-indutivo / induktionsfrei
não-linear / spannungsabhängig (Widerstand)
não-linearidade *f* **do branco** (tv) / Weißkrümmung *f* ‖ ~ **do negro** (tv) / Schwarzkrümmung *f*
não-tecido *m* (papel) / Vlies *n* ‖ ~ (têxtil) / Nonwoven *n*, Faservliesstoff *m*, Vlies *n*
napa *f* / Nappaleder *n*
narcotina *f* (química) / Narkotin *n*
nariz *m* (máq., tecnol.) / Nase *f* (an bewegten Teilen), Ansatz *m* ‖ ~ (aeronáut.) / Bug *m*, Nase *f* ‖ ~ **de uma chaveta** (máq., tecnol.) / Keilnase *f*
nascente *f* / Quelle *f* (Fluß) ‖ ~ *adj* (química) / naszierend, freiwerdend, im Status nascendi
nassa *f* / Fischreuse *f*
nata *f* / Rahm *m*, Sahne *f*
nativo (expl. minas) / gediegen, bergfein, jungfräulich, natürlich [vorkommend]
natrão *m* (mineralog.) / Natron *n*
natural / natürlich, Natur...
natureza *f* / Art, Natur, Güte *f*, Beschaffenheit *f* ‖ **da mesma** ~ **ou espécie** / gleichartig ‖ ~ **da carga** / Belastungsart *f* ‖ ~ **da superfície** / Oberflächenbeschaffenheit *f* ‖ ~ **do solo** / Bodenbeschaffenheit *f* ‖ ~ **dualista** (física) / Doppelnatur *f* ‖ ~ **par** / Geradzahligkeit *f*
naufrágio *m* / Schiffbruch *m*
náutica *f* / Nautik *f*, Schiffahrtskunde *f*
náutico / nautisch, Schiffs..., Marine...
naval / Schiffs..., Marine...
navalha *f* (máq. ferram.) / Messer *n*, Klinge *f* ‖ ~ **circular** / Messerscheibe *f* ‖ ~ **de máquina** /

Maschinenmesser *n*
nave *f* (constr. civil) / Schiff *n* ‖ **de duas ~s** (constr. civil) / zweischiffig ‖ **de uma ~** (constr. civil) / einschiffig ‖ **~ central** (constr. civil) / Mittelschiff *n* ‖ **~ espacial** / Raumschiff *n* ‖ **~ fabril** / Schiff *n* einer Fabrikhalle, Halle *f* ‖ **~ lateral** (constr. civil) / Seitenschiff *n* ‖ **~ transversal** (constr. civil) / Querschiff *n*
navegabilidade *f* / Seetüchtigkeit *f* ‖ **em condições de ~** / seetüchtig ‖ **~ aérea** / Lufttüchtigkeit *f* ‖ **~ de alto-mar**, navegabilidade *f* em alto-mar / Hochseetüchtigkeit, -seefähigkeit *f*
navegação *f* / Navigation *f*, Schiffahrt *f* ‖ **~ aérea** / Luftfahrtnavigation *f*, Luftfahrt *f*, Luftschiffahrt *f*, Flugnavigation *f* ‖ **~ de alto mar** / Seeschiffahrt *f* ‖ **~ de cabotagem** / Küstenschiffahrt *f* ‖ **~ espacial** / Raumfahrt *f* ‖ **~ fluvial** / Flußschiffahrt *f* ‖ **~ horizontal** (aeronáut.) / Flächennavigation *f* ‖ **~ inercial** (aeronáut.) / Trägheitsnavigation, Inertialnavigation *f* ‖ **~ interior** / Binnenschiffahrt *f* ‖ **~ marítima** / Seeschiffahrt *f* ‖ **~ submersa** / Unterwasserfahrt *f* ‖ **~ vertical** (aeronáut.) / dreidimensionale Navigation
navegar (aeronáut.) / befliegen, fliegen ‖ ~ (navio) / navigieren, befahren, fahren
navegável / schiffbar, befahrbar
naveta *f* (máq. cost.) / Langschiffchen *n* ‖ **~ com tampa** (tecel.) / Deckelschützen *m*
navio *m* / Schiff *n* ‖ **ao costado no ~** / längsschiff ‖ **~ a vapor** / Dampfer *m* ‖ **~-almirante** *m* / Flaggschiff *n* ‖ **~ cargueiro de frutas** / Obstschiff *n* ‖ **~ de cabotagem** / Küstenschiff *n*, -fahrer *m*, Küstenmotorschiff *n*, Kümo ‖ **~ de carga** (geral) / Frachtschiff *n* ‖ **~ de passageiros** / Fahrgastschiff *n* ‖ **~-depósito** *m* / Depotschiff *n* ‖ **~-escola** *m* / Schulschiff *n* ‖ **~-fábrica** *m* / Fabrikschiff *n*, Fangverarbeitungsschiff *n* ‖ **~-farol** *m* / Feuerschiff *n* ‖ **~ frigorífico** / Kühlschiff *n* ‖ **~ graneleiro para minério** / Erzfrachter *m* ‖ **~ hidrográfico** / Vermessungsschiff *n* ‖ **~-hospital** *m* / Lazarettschiff *n* ‖ **~ lança-cabos** / Kabelleger *m*, -legeschiff *n* ‖ **~ mercante** / Handelsschiff *n*, Kauffahrteischiff *n* (amtlich) ‖ **~-motor** *m*, NM / Motorschiff *n* ‖ **~ oceanográfico** / Forschungsschiff *n* ‖ **~ para containers**, navio *m* para contentores / Behälterschiff *n* ‖ **~ para fiscalização da pesca** / Fischereischutzboot *n* ‖ **~ para pesquisas científicas** / Forschungsschiff *n* ‖ **~-petroleiro** *m* / Öltanker *m*, Tanker *m* ‖ **~-tanque** *m* **para gás líquido** / Gastanker *m*
nebelina *f* **matinal** (meteorol.) / Frühnebel *m*
nebulosa *f* **de Crab** (astron.) / Crab-Nebel *m* ‖ **~ helicoidal** (astron.) / Spiralnebel *m*
nebulosidade *f* (meteorol.) / Bewölkung *f*
necessário / gebraucht, nötig, notwendig, erforderlich
necessidade *f* / Bedarf *m* ‖ **em caso de ~** / bei Bedarf, Bedarfs..., im Bedarfsfall
necessidades *f pl* **energéticas** / Energiebedarf *m*
nefelometria *f* (química) / Nephelometrie *f*
nefoscópio *m* (meteorol.) / Bewölkungsmesser *m*, Nephoskop *n*
negação *f* (informática) / Negation *f*, boolesche Komplementierung *f*
negatividade *f* (electr.) / Negativität *f*
negativo *m* (técn. fotogr.) / Negativ *n*, negatives Bild ‖ ~ *adj* / negativ ‖ ~ (electr.) / minus ‖ **~ *m* a cores** / Farbnegativ *n*
negatrão *m*, negatron *m* / Negatron *n*, negatives Elektron
negrito (artes gráf.) / fett ‖ **em ~** (artes gráf.) / fett
negro *m* / Schwärze *f*, schwarz ‖ ~ *adj* / schwarz ‖ ~ (artes gráf.) / fett ‖ **~ aveludado** / Samtschwarz *n* ‖ **~ *m* azeviche** / Pechschwarz *n* ‖ **~-da-Alemanha** *m* / Frankfurterschwarz *n* ‖ **~ de ferrocianeto de potássio** (tinturaria) / Ferrocyankaliumschwarz *n* ‖ **~ de fornalha** / Furnaceruß *m* ‖ **~ de fumo** / Gasruß *m*, Lampenruß *m*, Flammruß *m* ‖ **~ [de fumo] para fundições** / Formschlichte *f* ‖ **~ de fundição** (fundição) / Gießereischwärze *f* ‖ **~ de gás** / Gasruß *m* ‖ **~ de imagem** (tv) / Bildschwarz *n* ‖ **~ de impressão** (artes gráf.) / Druckerschwärze *f* ‖ **~ de marfim** / Elfenbeinschwarz *n* ‖ **~ de moldar** / Formschwärze *f* ‖ **~ de oxidação** / Hängeschwarz *n* ‖ **~ de platina** / Platinmohr *m*, -schwarz *n* ‖ **~-de-Francoforte** *m* / Frankfurterschwarz *n* ‖ **~-de-fumo** *m* / Rußschwarz *n* ‖ **~-diamante** *m* / Brillantschwarz *n* ‖ **~ EPC** (borracha) / EPC-Ruß *m* (= easy-processing channel) ‖ **~ grafita** / graphitschwarz (RAL 9011) ‖ **~-oliva** / schwarzoliv (RAL 6015)
negrura *f* / Schwärze *f*
néon *m*, neônio *m* (química) / Neon *n*
neopreno *m* / Neopren *n*
néper *m* (telecom.) / Neper *n*, Np, (früher:) N (= 8,686 dB)
nervo *m* **de alma cheia** / Stegrippe *f* ‖ **~ óptico** / Sehnerv *m*
nervura *f* (geral) / Rippe *f*, Steg *m* ‖ ~ (artes gráf.) / Rippe, Schnur *f* ‖ ~ (constr. civil) / Bogenrippe *f* ‖ **com ~s** / gerippt ‖ **com ~s transversais** / quergerippt ‖ **~ de apoio** (mot.) / Stützrippe *f* ‖ **~ de lubrificação** / Ölnase *f* am Kolben ‖ **~ de reforço** (constr. civil) / Verstärkungsrippe *f*, -gurt *m* ‖ **~ do pneu** (autom.) / Deckenwulst *m f* ‖ **~ principal** (aeronáut.) / Hauptrippe *f*
nervurado / gerippt
neutralidade *f* (química) / Neutralität *f*
neutralização *f* / Neutralisation *f* ‖ ~ / Aufhebung *f*, Ausgleich *m* (durch gegenseitiges Unwirksammachen) ‖ **~ anódica** / Anodenneutralisation *f* ‖ **~ simétrica** (electrón.) / Gegentaktneutralisation *f*
neutralizante (informática) / löschend, unter Vernichtung des Inhaltes
neutralizar (geral) / neutralisieren ‖ ~ (química, galvanoplast.) / abstumpfen, Säure binden, entsäuern ‖ ~ (informática) / löschen
neutrão *m* (física) / Neutron *n* ‖ **~ epitérmico** (técn. nucl.) / energiereiches Neutron (bis 100 eV) ‖ **~ intermediário** / mittelschnelles Neutron ‖ **~ lento** / langsames Neutron ‖ **~ virgem** (técn. nucl.) / jungfräuliches Neutron
neutrino *m* (física) / Neutrino *n*
neutro *m* (corrente trifásica) / Nullleiter *m*, Mittelpunkts-, Mp-Leiter *m*, Mittelleiter *m* ‖ ~ *adj* / neutral ‖ ~ (técn. fotogr.) / grau, neutral, achromatisch ‖ ~ (química, física) / indifferent, neutral ‖ **~ *m* isolado** / isolierter Null- o. Mittelleiter ‖ **~ ligado à terra** / geerdeter Nulleiter
neutródino *m* (electrón.) / Neutrodyn *n*
neutrões *m pl* **epicádmicos** / Epicadmium-Neutronen *n pl*
nêutron *m* (física) / Neutron *n* ‖ **~ epitérmico** (técn. nucl.) / energiereiches Neutron (bis 100 eV) ‖ **~ intermediário** / mittelschnelles Neutron ‖ **~ virgem** (técn. nucl.) / jungfräuliches Neutron
nêutrons *m pl* **epicádmicos** / Epicadmium-Neutronen *n pl*
neve *f* / Schnee *m* ‖ **~ carbónica** / feste Kohlensäure, Kohlensäureschnee *m*, Trockeneis *n*, Feuerlösch-Schaum *m* ‖ **~ granulada** / Firnschnee *m*
névoa *f* **de óleo** / Ölnebel *m* ‖ **~ salina** / Salzsprühnebel *m*
nevoeiro *m* / Nebel *m* ‖ **~ de tinta** / Farbnebel *m*
newton *m* (física) / Newton *n*, N (Einheit der Kraft, 1 N = 10^5 dyn = 1 mkg s^{-2}, 1 kp = 9,80665 N)
nicho *m* (constr. civil) / Nische *f* ‖ **~ de janela** /

Fensternische *f*
nicolita *f*, nicolite *f* (mineralog.) / Nickelin *m*, Kupfernickel *n*
nicotina *f* / Nikotin *n*
nife *m* (geol) / Barysphäre *f*
nigelar / niellieren
nigelo *m* / Niello *n*, Schwarzschmelz *m*
nimbo-estrato *m* (meteorol.) / Nimbostratuswolke *f*, Regenwolke *f*
ninho *m* **de minério** / Erznest *n* ‖ ~ **do radiador** / Kühlnetz *n*
nióbio *m*, Nb / Niob[ium] *n*, Nb
niple *m* / Nippel *m*, Anschlußstück *n* ‖ ~ **de lubrificação** / Öler *m*, Schmiernippel *m* ‖ ~ **hexagonal** / Übergangs-Einschraubstutzen *m* (DIN 7631)
níquel *m*, Ni / Nickel *n*, Ni ‖ ~ **arsenical** / Nickelblüte *f*, Annabergit *m* ‖ ~**-carbonila** *m* / Kohlenoxidnickel *n*, Nickel[tetra]carbonyl *n* ‖ ~ **duro** / Hartnickel *n* ‖ ~ **esponjoso** / Nickelschwamm *m* ‖ ~ **puro temperado** / Hartnickel *n* ‖ ~ **sulfuroso** / Schwefelnickel *n*
niquelador *m* / Vernickler *m*
niquelagem *f* (galvanoplast.) / Vernickeln *n* ‖ ~ **por imersão** / Sudvernickelung *f*
niquelar / vernickeln
niquélico / Nickel(III)-...
niquelífero / nickelhaltig
niqueloso / Nickel(II)-...
nitidez *f* (óptica) / Schärfe *f*, Klarheit *f* ‖ ~ (tom) / Klarheit *f* ‖ ~ **de imagem** / Bildschärfe *f* ‖ ~ **de sintonização** (electrón.) / Abstimmschärfe *f* ‖ ~ **do som** / Tonschärfe *f*, Klangreinheit *f* ‖ ~ **marginal** / Randschärfe *f* ‖ ~ **nos ângulos** (tv) / Eckenschärfe *f*
nítido (óptica) / klar, scharf, deutlich ‖ ~ (técn. fotogr.) / scharf ‖ ~ (tom) / klangrein ‖ **não** ~ (técn. fotogr.) / unscharf
nitração *f* (química) / Nitrierung *f*, Nitrieren *n* (Einführung der NO_2-Gruppe) ‖ ~ **na fase de vapor** / Dampfphasennitrierung *f*
nitrar (química) / nitrieren (NO_2-Gruppe einführen)
nitrato *m* / Nitrat *n* (Salz der Salpetersäure) ‖ ~ **de amónio** / Ammonsalpeter *m*, Ammoniumnitrat *n*, Ammoniaksalpeter *m* ‖ ~ **de cálcio** / Kalksalpeter *m* ‖ ~ **de celulose** / Nitrozellulose *f*, -zellstoff *m*, (besser): Zellulosenitrat *n* ‖ ~ **de chumbo** / Bleinitrat *n* ‖ ~ **de cobre** / Kupfernitrat *n* ‖ ~ **de potássio** / Kaliumnitrat *n*, Kalisalpeter *m*, Salpeter *m* (im engeren Sinne), Konversionssalpeter *m* ‖ ~ **de prata** / Höllenstein *m*, Silbernitrat *n* ‖ ~ **de sódio** / Natronsalpeter *m* ‖ ~ **do Chile** / Chilesalpeter *m* (Natriumnitrat), Natronsalpeter *m* ‖ ~ **etílico** / Ethylnitrat *n* ‖ ~ **férrico** / Eisen(III)-nitrat, Ferrinitrat *n* ‖ ~ **ferroso** / Eisen(II)-nitrat *n*
nitreira *f* / Salpetergrube *f*, -bergwerk *n*
nitreto / Nitrid *n* ‖ ~ *m* **de boro** / Bornitrid *n* ‖ ~ **de ferro** / Eisennitrid *n* ‖ ~ **de magnésio** / Magnesiumnitrid *n*
nítrico / Stickstoff... (3- o. 5-wertig)
nitrificação *f* / Nitrifikation *f* (Bakterien), Salpeterbildung, entstehung *f*, -erzeugung *f*
nitrificador / nitrifizierend (Bakterien)
nitrificar (química) / nitrieren ‖ ~ (biol.) / nitrifizieren
nitrila *f* (química) / Nitril *n*
nitrito *m* / Nitrit *n*, salpetrigsaures Salz *n* ‖ ~ **de amónio** / Ammoniumnitrit *n* ‖ ~ **de potássio** / Kaliumnitrit *n* ‖ ~ **etílico** / Ethylnitrit *n*, Salpetrigsäureethylester *m*
nitroamido *m* / Stärkenitrat *n*
nitrobactereáceas *f pl* / Nitrifikationsbakterien, nitrifizierende Bakterien *f pl*
nitrobenzeno *m* / Nitrobenzol *n*, Mirbanöl *n*
nitrocelulose *f* / Zellulosenitrat *n*, Nitrozellulose *f*
nitrocorante *m* / Nitrofarbstoff *m*
nitroderivado *m* / Nitroabkömmling *m*
nitrófilo (bot.) / nitrophil
nitrogenado / stickstoffhaltig, Stickstoff...
nitrogenar / aufsticken, nitrieren
nitrogénio *m*, N / Stickstoff *m*, N ‖ ~ **atmosférico** / Luftstickstoff *m*
nitroglicerina *f* / Nitroglyzerin *n* ‖ ~ **gelatinizada** / Sprenggelatine, -gallerte *f*
nitrómetro *m* (química) / Nitrometer *n*
nitroso / nitros, Stick..., salpetrig, salpeterhaltig, Stickstoff... (2-wertig)
nitruração *f* (aço) / Nitrierung *f* ‖ ~ **em fase gasosa** / Gasnitrieren *n*
nitrurado em fase gasosa / gasnitriert
nitrurar / nitrieren
níveis *m pl* **de bolha de ar cruzados** / Kreuzlibelle *f*, -wasserwaage *f*
nível *m* / Niveau *n* ‖ ~ / Höhenlage *f* ‖ ~ (informática) / Stufe *f*, Ordnung *f* ‖ ~ (agrimen.) / Horizont *m* ‖ ~ (recipiente) / Stand *m*, Füllstand *m* ‖ ~ (electrón., hidrául., física) / Pegel *m* ‖ ~ (de líquido) / Spiegel *m*, Flüssigkeitsspiegel *m* ‖ **a** ~ **alto** (telecom.) / Hochpegel... ‖ **ao** ~ **do solo** / auf Erdgleiche ‖ **de baixo** ~ (electr.) / schwach ‖ ~ **absoluto** (telecom.) / absoluter Pegel ‖ ~ **aceitador** (electrón.) / Akzeptorniveau *n*, Durchlaßpegel *m* ‖ ~ **baixo** (electrón.) / Tiefpegel *m* ‖ ~ **da água** (hidrául.) / Wasserstand, Pegel[stand] *m*, -höhe *f*, Wasserspiegel *m* ‖ ~ **da água de aspiração**, nível *m* da água de sucção / Saugwasserspiegel *m* ‖ ~ **da cheia** / Hochwasserstand HW *m* (DIN), -spiegel *m*, -linie *f* ‖ ~ **das águas** (hidrául.) / Pegel[stand] *m*, -höhe *f* ‖ ~ **das águas** (expl. minas) / Wasserhorizont *m* ‖ ~ **de água** / Wassermarke *f* ‖ ~ **de arsénio** / Arsenspiegel *m* ‖ ~ **de bits** (informática) / Bitebene *f* ‖ ~ **de bolha [de ar]** (instr.) / Libelle *f* ‖ ~ **de bolha de ar** / Röhrenlibelle *f*, Wasserwaage *f*, Richtwaage *f* ‖ ~ **de bolha de ar** (agrimen.) / Kanalwaage *f* ‖ ~ **de combustão** (técn. nucl.) / Abbrandziffer *f*
nivel *m* **de conexão** (telecom.) / Anschaltpegel *m*
nível *m* **de confiança** (contr.qualid.) / Aussagewahrscheinlichkeit *f* ‖ ~ **de construção** (expl. minas) / Bauebene *f* ‖ ~ **de desempenho** (org. industr.) / Leistungsgrad *m* ‖ ~ **de energia** / Energieniveau *n*, Term *m*, Energieterm *m* ‖ ~ **de energia inferior** (técn. nucl.) / Grundniveau *n* ‖ ~ **de entrada** (electrón.) / Eingangspegel *m* ‖ ~ **de exploração**, nível *m* de extracção (expl. minas) / Fördersohle *f* ‖ ~ **de Fermi** / Ferminiveau *n* ‖ ~ **de intensidade sonora** / Lautstärkepegel *m* (in phon gemessen) ‖ ~ **de medição** (electr.) / Meßpegel *m* ‖ ~ **de negro** (tv) / Schwarzpegel *m*, -wert *m* ‖ ~ **de óleo** / Ölstand *m* ‖ ~ **de pedreiro** / Setzwaage *f* ‖ ~ **de potência** (telecom.) / Leistungspegel *m* ‖ ~ **de potência do canal** (telecom.) / Kanalleistungspegel *m* ‖ ~ **de prumo** (constr. civil) / Bleilot *n*, Schnurlot *n* ‖ ~ **de qualidade aceitável** / annehmbare Qualitätslage, AQL ‖ ~ **de referência** (agrimen.) / Normalnull *n*, -horizont *m* ‖ ~ **de rejeição** (informática) / Abweisungsmaßzahl *f* ‖ ~ **de reprodução** (tv) / Abhörpegel *m* ‖ ~ **de resposta** / Ansprechschwelle *f* ‖ ~ **de retenção** / Stau *m*, gestauter Wasserspiegel ‖ ~ **de retorno de ar** (expl. minas) / Wettersohle *f* ‖ ~ **de ruído** / Geräuschpegel *m*, Lärmpegel *m*, Lärmstärke *f* ‖ ~ **de ruído** (electrón.) / Störpegel *m*, Rauschpegel *m* ‖ ~ **de ruído avaliado** / bewerteter Lärmpegel ‖ ~ **de ruído fotoeléctrico**, nível *m* de ruído fotelétrico (tv) / Rauschanteil *m* ‖ ~ **de ruído permanente** / Dauerschallpegel *m* ‖ ~ **de saída** (electrón.) / Ausgangspegel *m* ‖ ~ **de saída** (microfone) / Empfindlichkeit *f* ‖ ~ **de saturação**

(hidrául.) / Sickerebene *f*, Sättigungsebene *f* ‖ ~ **de sinal de crista** (tv) / Maximalsignalpegel *m* ‖ ~ **de supressão** (tv) / Austastwert *m*, Austastpegel *m* ‖ ~ **de tensão** (electr.) / Spannungspegel *m* ‖ ~ **de transmissão** (telecom.) / Übertragungspegel *m* ‖ ~ **de volume** / Lautstärkepegel *m* ‖ ~ **de voo** / Flugfläche *f* (konstanten Luftdrucks) ‖ ~ **do branco** (tv) / Weißpegel *m*, Weißwert *m* ‖ ~ **do branco de referência** (tv) / Bezugsweißpegel *m* ‖ ~ **do flutuador** / Schwimmerstand *m* ‖ ~ **do lençol freático** / Grundwasserspiegel *m* ‖ ~ **do líquido** / Flüssigkeitsspiegel *m*, -pegel *m*, -stand *m* ‖ ~ **do mar** / Meereshöhe *f* ‖ ~ **do negro** (tv) / Schwarzaussteuerung *f*, Schwarz *n*, Schwarzwert *m* ‖ ~ **do rés-do-chão** (constr. civil) / Flurhöhe *f*, -ebene *f* ‖ ~ **do solo** (constr. civil) / Bodengleiche *f* ‖ ~ **do solo da instalação metalúrgica** / Hüttensohle *f* ‖ ~ **energético definido** / definiertes Energieniveau ‖ ~ **equivalente de ruído** / Ersatzstörlautstärke *f* ‖ ~ **esférico de bolha de ar** / Dosenlibelle *f* ‖ ~ **insuficiente** (electrón.) / Unterpegel *m* ‖ ~ **máximo de registo** / Vollaussteuerung *f* ‖ ~ **máximo de retenção** (hidrául.) / Stauziel *n* ‖ ~ **médio do mar** / Normalnull *n*, Seehöhe *f*, NN ‖ ~ **perturbador** (electrón.) / Störpegel *m* ‖ ~ **relativo** (telecom.) / Bezugspegel *m* ‖ ~ **reversível** / Wendelibelle *f* ‖ ~ **sonoro** / Schallpegel *m* (in Phon), Tonpegel *m* ‖ ~ **trigger** (radar) / Anstoßpegel *m*

nivelação *f* (agrimen.) / Nivellieren *n*, Nivellierung *f* ‖ ~ **longitudinal** / Längennivellierung *f*, Trassennivellierung *f*

nivelado / bündig, eben

nivelador *m* (constr. civil) / Planierer *m*, Chausseewalze *f* ‖ ~ *f* **em fino** (constr. rodov.) / Fein-Grader *m*

niveladora *f* (constr. rodov.) / Abgleicher *m*, Grader *m*, Straßenplanierer *m*, Straßenhobel *m* ‖ ~ **elevadora** (constr. rodov.) / Förderlader *m*, Elevating Grader *m*

nivelamento *m* (agrimen.) / Nivellieren *n*, Nivellierung *f* ‖ ~ **barométrico** / barometrische Höhenbestimmung ‖ ~ **de precisão** / Feinnivellierung *f* ‖ ~ **longitudinal** / Längennivellierung *f*, Trassennivellierung *f* ‖ ~ **recíproco** (agrimen.) / Höhenbestimmung *f* durch Differenz

nivelar / einebnen, planieren, ausgleichen, nivellieren ‖ ~ (contr. autom.) / ausregeln ‖ ~ (agrimen.) / einnivellieren

níveo / schneeweiß

No / Nobelium *n*, No (OZ 102)

nó *m* (geral) / Knoten *m* ‖ ~ (navio) / Knoten *m* (international = 1852 m/h, Engl. = 1853,181 m/h), Seemeile *f* je Stunde ‖ ~ (matem.) / Knotenpunkt *m* ‖ ~ (auto-estrada) / Anschlußstelle *f* ‖ ~ (madeira) / Astknorren *m*, Knorren *m* ‖ ~ (fiação) / Noppe *f* ‖ **sem ~s** / knotenlos, glatt, astfrei, knotenfrei (Papier), knorrenlos ‖ ~ **corrediço**, nó *m* corredio / Laufknoten *m*, Schiebeknoten *m* (einer Schlaufe) ‖ ~ **de articulação** (constr. civil) / Knotengelenk *n* ‖ ~ **de articulação de rótula** / Gelenkknoten[punkt] *m*, gelenkiger Knoten ‖ ~ **de marinheiro** / Schifferknoten *m* ‖ ~ **de oscilação** / Schwingungsknoten[punkt] *m* ‖ ~ **de tecelão** / Weberknoten *m* ‖ ~ **de tensão** / Spannungsknoten *m* ‖ ~ **de vibração** / Schwingungsknoten[punkt] *m* ‖ ~ **direito** / Schifferknoten *m* ‖ ~ **rodoviário em forma de trevo** (constr. rodov.) / Kleeblatt *n*

nobélio *m*, No / Nobelium *n*, No (OZ 102)

nobre (metal, gás) / edel

nódoa *f* / Fleck *m* ‖ **com ~s** / fleckig

nodoso (geol) / knollenförmig ‖ ~ (madeira) / knollig, knotig

nodular (fundição) / kugelig, nodular, sphärolithisch

nódulo *m* **de minério** (geol) / Erzniere *f*, Niere *f*

nogueira *f* / Nuß[baum]holz *n*

nome *m* (geral, informática) / Name *m* ‖ ~ **de ficheiro** / Dateiname *m* ‖ ~ **de registo** (informática) / Datensatzname *m* ‖ ~ **genérico** / Gattungsbezeichnung *f*, -name *m*

nomenclatura *f* / Benennungssystem *n*

nominal / Nominal..., nominell, Soll..., Nenn...

nomograma *m* **de alinhamento** / Fluchtlinientafel *f*

nonano *m* (química) / Nonan *n*

nónio *m* / Nonius *m*, Vernier *m* ‖ ~ **de leitura em décimos de milímetro** / auf Zehntelmillimeter ablesbarer Nonius

non-woven *m* (papel) / Vlies *n* ‖ ~ (têxtil) / Nonwoven *n*, Faservliesstoff *m*, Vlies *n*

nora *f* **de alcatruzes descarregadores** / Entladebecherwerk *n*

norma *f* / Norm *f* (DIN) ‖ **ser regido por um determinada ~** / zum Geltungsbereich einer Norm gehören ‖ ~ **de qualidade** / Gütenorm *f* ‖ ~ **de televisão** / Fernsehnorm *f*

normal / durchschnittlich, normal, üblich, gewöhnlich

normalidade *f* (química) / Normalität *f*, Äquivalenz-Konzentration *f*

normalização *f* / Normung *f*, Standardisierung *f* ‖ ~ **de tipos** / Typ[norm]ung *f* (DIN)

normalizado / genormt, Normal..., Standard..., Einheits..., normal

normalizar (siderurg.) / normalglühen ‖ ~ / normen, standardisieren

normando *adj* (artes gráf.) / fett

norte *m* **geográfico**, norte *m* real (naveg.) / geographische Nordrichtung

nota *f* **de falta** (org. industr.) / Fehlanzeige *f*, -meldung *f* ‖ ~ **de quantidade em falta** (org. industr.) / Fehlmengenanzeige *f*

notação *f* (geral, programa) / Aufzeichnung *f*, Notation *f* ‖ ~ (informática, matem.) / Bezeichnung *f*, Darstellung *f*, Schreibweise *f* ‖ ~ (química) / Definitionsweise *f* ‖ ~ **decimal** / dekadische Schreibweise, Zehnerschreibweise *f* ‖ ~ **decimal codificada em binário** / binär gesetzte Dezimalschreibweise ‖ ~ **externa** (FORTRAN) / externe Schreibweise ‖ ~ **factorial** (informática) / Fakultätsschreibweise *f* ‖ ~ **radical** (informática) / Stellenwertschreibung *f* (DIN) ‖ ~ **usando radical** (informática) / Radixschreibweise *f* (DIN)

notas *f pl* **marginais** (artes gráf.) / Marginalien *pl*

notificação *f* / Meldung *f*, Ankündigung *f* ‖ ~ **da taxa** (telecom.) / Gebührenansage *f*

novelo *m* / Garnknäuel *m n*, Garnwickel *m*, Wickel *m*, Knäuel *m n*

noz *f* **de caju** / Akajounuß *f*

nóz *f* **de coco** / Kokosnuß *f*

noz-de-galha *f* / Gallapfel *m*, Galle *f*, Cecidie *f*

nu (electr., fio) / nackt, blank ‖ ~ (electr., mot.) / offen, ungeschützt ‖ ~ (óptica) / bloß (Auge)

nuança *f* **de cor** / Farbtönung *f*, Nuance *f*

nuançar (tinturaria) / abstufen, schattieren, abtönen

nublado (meteorol.) / wolkig

nucleão *m* (técn. nucl.) / Nukleon (Proton + Neutron)

nuclear (física) / nuklear, Kern...

núcleo *m* / Inneres *n*, Kern *m* ‖ ~ (física) / Kern *m* ‖ **de ~ de aço** / Stahlkern... ‖ **de ~ de ar** (electr.) / eisenkernlos, ohne Eisenkern ‖ **de três ~s** (química) / dreikernig ‖ **sem ~** (electr.) / eisenlos (Spule) ‖ **~-alvo** *m* / Zielkern *m* ‖ ~ **atómico** / Atomkern *m* ‖ ~ **da bobina** (electrón.) / Spulenkern *m*, Spulenwickel *m* ‖ ~ **da chama** / Flammenkern *m* ‖ ~ **da escada de caracol** (constr. civil) / hohle

Spindel der Wendeltreppe ‖ ~ **de alta frequência** / Hochfrequenzkern *m*, HF-Kern *m* ‖ ~ **de ar** / Luftkern *m* ‖ ~ **de benzeno** / Benzolkern *m* ‖ ~ **de betão armado**, núcleo *m* de concreto armado (hidrául.) / Eisenbetonkern *m* ‖ ~ **de chumbo** / Bleikern *m* ‖ ~ **de condensação** / Kondensationskern *m* ‖ ~ **de electroíman** (electr.) / Magnetkern *m* ‖ ~ **de ferrita** / Ferritkern *m* ‖ ~ **de ferro** / Eisenkern *m* ‖ ~ **de ferro doce** / Weicheisenkern *m* ‖ ~ **de fio** (electr.) / Drahtkern *m* ‖ ~ **de perfuração** (expl. minas) / Bohrkern *m* ‖ ~ **de recuo** (técn. nucl.) / Rückstoßkern *m* ‖ ~ **de retardação** (técn. nucl.) / Bremskern *m* ‖ ~ **de um íon ou ião** / Ionenrumpf *m* ‖ ~ **do induzido** (electr.) / Ankerkern *m*, Ankereisen *n* ‖ ~ **do molde** / Formkern *m* ‖ ~ **do reactor** (técn. nucl.) / Spaltraum *m* ‖ ~ **do transformador** / Transformatorkern *m* ‖ ~ **em ferrita** / Hochfrequenzkern *m*, HF-Kern *m* ‖ ~ **em pó de ferro** / Hochfrequenzkern *m*, HF-Kern *m* ‖ ~ **inicial** (química) / Ansatzkern *m* ‖ ~ **laminado** (electr.) / Blechkern *m* ‖ ~ **par-par** (física, técn. nucl.) / Gerade-gerade-Kern *m* (Kerne mit derselben Protonen- u. derselben Neutronenzahl), gg-Kern *m* ‖ ~ **primário** (técn. nucl.) / Erstkern *m* ‖ ~ **toroidal** (informática) / Ringkern *m*

nucléolo *m* (biol.) / Kernkörper *m*, Nukleolus *m*

nucléon *m* (técn. nucl.) / Nukleon (Proton + Neutron)

nuclídeo *m* / Nuklid *n* (eine Atomkernart) ‖ ~ **isómero** (técn. nucl.) / Isomere *f*

nuclídeos *m pl* **de Wigner** (técn. nucl.) / Spiegelnuklide *n pl*, Wignernuklide *n pl* ‖ ~ **isóbaros** / Isobare *n pl*

numeração *f* / Numerieren *n*, Numerierung *f* ‖ ~ **de base múltipla** (informática) / Gemischtbasis-Schreibweise *f* ‖ ~ **do fio** / Drahtnummerung *f*

numerador *m* (matem.) / Zähler *m*

numerar / numerieren ‖ ~ **progressivamente** / fortlaufend numerieren

numérico / numerisch, rechnerisch, zahlenmäßig, Ziffern..., Zahlen...

número *m* / Nummer *f*, Zahl *f*, Anzahl *f* ‖ ~ (fio) / Nummer *f*, Titer *m*, Feinheit *f* ‖ **de ~ par** / geradzahlig ‖ **do mesmo ~ cardeal** (matem.) / gleichmächtig ‖ ~ **abreviado** (telecom.) / Kurzrufnummer *f* ‖ ~ **aleatório** / beliebige Zahl ‖ ~ **atómico** (técn. nucl.) / Kernladungszahl *f*, Atomzahl *f*, OZ, Ordnungszahl *f* ‖ ~ **atómico composto** (química) / effektive Ordnungszahl ‖ ~ **bariónico** (técn. nucl.) / Baryonenzahl *f* ‖ ~ **binário** / Binärzahl *f* ‖ ~ **característico** / Kennzahl *f* ‖ ~ **cardinal** / Kardinalzahl *f*, Grundzahl *f* ‖ ~ **colectivo** (telecom.) / Sammelnummer *f* ‖ ~ **confidencial** (telecom.) / Geheimnummer *f* ‖ ~ **da rosca** / Feinheit *f* ‖ ~ **de agulhas por polegada e meia** (meia) / Gauge *n* (Nadeln je 1 1/2"), Feinheit *f* ‖ ~ **de ampères-espiras**, número *m* de ampères-voltas (electr.) / Durchflutung *f*, Amperewindungszahl *f* ‖ ~ **de assinante** (telecom.) / Teilnehmernummer *f* ‖ ~ **de Avogadro** (física) / Loschmidtsche Zahl ‖ ~ **de cargas iónicas** / Ionenladungszahl *f* ‖ ~ **de ciclos** (electr.) / Periodenzahl *f*, Frequenz *f*, Schwingungszahl *f*, Wechselzahl *f* ‖ ~ **de ciclos** (açúcar) / Chargenzahl *f* ‖ ~ **de cinco algarismos** / fünfstellige Zahl ‖ ~ **de colisões** (técn. nucl.) / Stoßzahl *f* ‖ ~ **de construção** / Werknummer *f* ‖ ~ **de cor ASTM** / ASTM-Farbzahl *f* (für Öl) (ASTM = Am. Society for Testing Materials) ‖ ~ **de cursos por minuto** / Hubzahl *f* je min. ‖ ~ **de diafragma** (técn. fotogr.) / Blendenzahl *f* ‖ ~ **de dobras** (papel) / Falzzahl *f* ‖ ~ **de endereço de referência** / Adressenschlüssel *m* ‖ ~ **de espiras** (rosca, fresa) / Gangzahl *f* ‖ ~ **de estágios** / Stufenzahl *f* ‖ ~ **de fabrico** / Baunummer *f*, Fabriknummer *f* ‖ ~ **de fibras** / Faserzahl *f* ‖ ~ **de fios** (têxtil) / Fadenzahl *f*, Dichtheit *f*, Festigkeit *f* ‖ ~ **de fios** (tecel.) / Dichte *f* ‖ ~ **de fios partidos** (têxtil) / Fadenbruchzahl *f* ‖ ~ **de fluxo** (turbina a vapor) / Flutenzahl *f* ‖ ~ **de guia de uma fonte luminosa** (técn. fotogr.) / Leitzahl *f* einer Lichtquelle ‖ ~ **de imagens por segundo** (filme) / Bildzahl *f*, Bild[wechsel]zahl *f* ‖ ~ **de indicativo** (telecom.) / Kennziffer *f* ‖ ~ **de índice** / Indexziffer *f* ‖ ~ **de licença** (autom.) / polizeiliches Kennzeichen ‖ ~ **de Loschmidt** (física) / Loschmidtsche Zahl ‖ ~ **de Mach** / Machzahl *f*, Machsche Zahl, M, Ma (veraltet) ‖ ~ **de Mach crítico** (aeronáut.) / Grenz-Machzahl *f* ‖ ~ **de massa** (física) / Massenzahl *f* ‖ ~ **de massa total** / absolute Massenzahl ‖ ~ **de matrícula** (autom.) / polizeiliches Kennzeichen ‖ ~ **de operação** (informática) / Befehlsnummer *f*, Operations-Ordnungszahl *f* ‖ ~ **de ordem** / laufende Nummer ‖ ~ **de oscilações** / Schwingungszahl *f* ‖ ~ **de oscilações naturais** / Eigenschwingungszahl *f*, -frequenz *f* ‖ ~ **de ouro** / Goldzahl *f* ‖ ~ **de página** (artes gráf.) / Seitenzahl *f* ‖ ~ **de pares de pólos** (electr.) / Polpaarzahl *f* ‖ ~ **de peça** (máq., tecnol.) / Teilenummer *f*, Positionsnummer *f* ‖ ~ **de peças** / Stückzahl *f* ‖ ~ **de rotações** / Umlaufzahl *f*, Drehzahl *f*, Umdrehungszahl *f*, Umdrehungen *f pl* je min, min^{-1}, Tourenzahl *f* ‖ ~ **de rotações de accionamento** / Antriebsdrehzahl *f* ‖ ~ **de rotações de arranque ou de partida** (mot.) / Anlaßdrehzahl *f* ‖ ~ **de rotações para conexão** (autom.) / Einschaltdrehzahl *f* ‖ ~ **de sequência** (informática) / Laufnummer *f* ‖ ~ **de série** / Fabriknummer *f* ‖ ~ **de um só algarismo** (matem.) / einstellige Zahl ‖ ~ **de valência** / Valenzzahl *f* ‖ ~ **de voltas de desponte** / Abschlagdrehzahl *f* ‖ ~ **decimal** / Dezimalzahl *f* ‖ ~ **deficiente** (matem.) / defiziente Zahl ‖ ~ **do chassi** (autom.) / Fahrgestellnummer *f* ‖ ~ **do fio** / Garnnummer *f*, Feinheit *f* von Garn, Feinheitsnummer *f* ‖ ~ **dos fios** / Fachung *f* ‖ ~ **elevado** / feine o. hohe Garnnummer ‖ ~ **errado** (telecom.) / falsche Nummer ‖ ~ **final de rotações** / Enddrehzahl *f* ‖ ~ **finito** (matem.) / endliche Zahl ‖ ~ **fraccional** (matem.) / Bruchzahl *f* ‖ ~ **fraccionário** / gebrochene Zahl ‖ ~ **global** (telecom.) / Folgenummer *f* ‖ ~ **granulométrico** / Korngrößennummer *f* ‖ ~ **guia para exposição com flash** (técn. fotogr.) / Blitzlichtleitzahl *f* ‖ ~ **inteiro** (matem.) / ganze Zahl, Ganzzahl *f* ‖ ~ **inteiro binário** / ganze Dualzahl ‖ ~ **isotópico** / Isotopennummer *f* ‖ ~ **leptónico** (física) / Leptonenzahl *f* ‖ ~ **máximo de rotações** / Höchstdrehzahl *f* ‖ ~ **misto** (matem.) / gemischte Zahl ‖ ~ **ordinal** (matem.) / Ordnungszahl *f*, Ordinalzahl *f* ‖ ~ κ, pi *m* / Ludolfsche Zahl, π ‖ ~ **par** / gerade Zahl ‖ ~ **primo** (matem.) / Primzahl *f* ‖ ~ **quadrado** / Quadratzahl *f* ‖ ~ **quântico** / Quantenzahl *f* ‖ ~ **quântico azimutal ou secundário** / Impulsquantenzahl *f* ‖ ~ **quântico do spin isotópico** / Kernspin-Quantenzahl *f* ‖ ~ **quântico rotacional** (técn. nucl.) / Rotationsquantenzahl *f* ‖ ~ **quaternário** (matem.) / quaternäre Zahl ‖ ~ **quinário** / quinäre Zahl ‖ ~ **redundante** (informática) / abundante Zahl

números *m pl* **amigos** (matem.) / befreundete Zahlen *f pl* ‖ ~ **de referência** / Anhaltszahlen *f pl* ‖ ~ **octais** / Oktalzahlen *f pl* ‖ ~ **sucessivos** / laufende Nummern *f pl*

numeroso / häufig, zahlreich

nutrição *f* / Ernährung *f*

nutritivo / nahrhaft

nuvem *f* / Wolke *f* ‖ ~ **de electrões ou elétrons** /

Elektronenwolke *f*, -schwarm *m* ‖ ~ **iónica** / Ionenwolke *f*
nylon *m* (plást.) / Nylon *n*

O

obelisco *m* (constr. civil) / Obelisk *m*
objectiva *f* (óptica) / Objektiv *n* ‖ ~ **de alcance focal variável** / Objektiv *n* mit veränderlicher Brennweite ‖ ~ **de baixo poder de transmissão de luz** / lichtschwaches Objektiv ‖ ~ **de curta distância focal** / kurzbrennweitiges Objektiv ‖ ~ **de Gauss** / Gauß-Objektiv *n* ‖ ~ **de grande poder de transmissão de luz** / lichtstarkes Objektiv ‖ ~ **de imersão** / Immersionsobjektiv *n* ‖ ~ **Epiplan** / Epiplan-Objektiv *n* ‖ ~ **grande-angular** (técn. fotogr.) / Weitwinkelobjektiv *n* ‖ ~ **intermutável** / Wechselobjektiv *n* ‖ ~ **mergulhada em óleo** / Flüssigkeitslinse *f* ‖ ~ **zoom** / Gummilinse *f*
objectivo *m* / Zweck *m*, Ziel *n*
objecto *m* / Objekt *n*, Gegenstand *m* ‖ ~ **da invenção** / Gegenstand *m* der Erfindung ‖ ~ **de transferência** (informática) / Ansprungziel *n* ‖ ~ **de uso** / Gebrauchsgegenstand *m* ‖ ~ **moldado** (plást.) / Formstück *n*, Formpreßteil *n* ‖ ~ **pós-formado** (plást.) / nachgeformtes Formstück ‖ ~ **voador não identificado** / fliegende Untertasse (coll), unbekanntes fliegendes Objekt, UFO
oblato *m* / Abplattung *f* (Ellipsoid)
obliquamente, [disposto] ~ / schräg *adv*, schief [liegend]
obliquângulo / schiefwink[e]lig
obliquidade *f*, obliquidade *f* (geral) / Schiefe *f* ‖ ~ **de eixos** (matem.) / Achsenneigung *f* ‖ ~ **do corte** / Kegelsteigung *f* ‖ ~ **estática** (fita magn.) / statischer Schräglauf des Bandes
oblíquo (geral, matem.) / schief, quer *adj*, schräg *adj*
obliterador *m* / Entwerter *m* (für Fahrausweise)
obliterar / auslöschen, vernichten, entwerten (Fahrausweis)
oblongo / länglich, mehr lang als breit
obra *f* / Werkstück *n*, Arbeitsstück *n* ‖ ~ (artes gráf.) / Werk *n* ‖ ~ / Bau *m*, Aufbau *m*, Bauen *n*, Bauwerk *n* ‖ ~ **de pedreiro** / Gemäuer *n*, Mauerarbeit *f*, Mauerwerk *n* ‖ ~ **de talha** / Holzschnitzerei *f* ‖ ~ **embutida** (marcenar.) / Einlegearbeit *f*, eingelegte Arbeit ‖ ~ **imperfeita** / Stückwerk *n*, schlechte Arbeit
obras *f pl* **de arte** (técn. ferrov., constr. rodov.) / Kunstbauten *f pl* ‖ ~ **mortas** (constr. naval) / Oberwerk, -schiff *n*, totes Werk ‖ ~ **públicas** / öffentliche Bauten *pl* ‖ ~ **rodoviárias** / Wegebauten *m pl* ‖ ~ **vivas** (constr. naval) / Schiffskörper *m* unter der Wasserlinie
obrigatório / Zwangs..., obligatorisch
obscurecer / dunkeln, dunkel o. dunkler werden
observação *f* (geral, astron.) / Beobachtung *f* ‖ ~ **de campo** (agrimen.) / Ablesung *f*
observador *m* / Beobachter *m*
observar / einhalten (Vorschriften), beobachten
observatório *m* **astronómico** / Sternwarte *f*, Observatorium *n* ‖ ~ **marítimo** / Seewarte *f*
observável / beobachtbar
obsidiana *f* / Obsidian *m*
obstrução *f* (geral) / Versperrung *f*, Hinderung *f* ‖ ~ (hidrául.) / Versetzung, Verstopfung *f*, Stockung *f*
obstruído / versetzt, verstopft
obstruir / versperren, verstopfen ‖ ~ / hindern, hemmen ‖ **~-se** / sich versetzen
obtenção *f* / Gewinnung *f*, Fabrikation *f* ‖ ~ **de vácuo** / Evakuation *f*
obter / gewinnen, erzielen, erreichen ‖ **que se pode** ~ / erhältlich
obtível / beziehbar, zu beziehen, erhältlich
obturador *m* (armamento) / Schließvorrichtung, Abdichtung *f*, Obturateur *m* ‖ ~ (técn. fotogr.) / Verschluß *m* ‖ ~ **compur** (técn. fotogr.) / Compurverschluß *m* ‖ ~ **de cortina** (técn. fotogr.) / Schlitzverschluß *m* ‖ ~ **de explosão** (técn. fotogr.) / Explosionsblende *f* ‖ ~ **de guilhotina simples circular** (técn. fotogr.) / Scheibenverschluß *m*, -blende *f* ‖ ~ **de lâminas** (técn. fotogr.) / Lamellenverschluß *m* ‖ ~ **de leque** / Fächerblende *f* ‖ ~ **instantâneo** (técn. fotogr.) / Momentverschluß *m*
obturar / abdichten, verschließen
obturável / verschließbar
obtusângulo / stumpfwink[e]lig
obtuso (matem.) / abgestumpft, stumpf
ocasião, de ~ / Gelegenheits...
oceanografia *f* / Meereskunde *f*
oclusão *f* / Abschließung *f* ‖ ~ (química, sold.) / Einschluß *m*, Einschließung *f* ‖ ~ (meteorol.) / Okklusion *f* ‖ ~ (de gases) / Okklusion *f* (von Gasen)
oco / hohl
ocorrência *f* (p.ex. de avarias) / Auftreten *n* (z.B. von Störungen)
ocra *f*, ocre *m* / Ocker *m n*, -farbe *f* ‖ ~ **amarela** / Gelberde *f* ‖ ~ **de ferro** / Eisenocker *m*, ockriger Brauneisenstein
ocreáceo, ocreado / ockerfarben
octaédrico / achtseitig, achtflächig
octaedrita *f* (mineralog.) / [bipyramidaler] Anatas
octaedro *m* / Achtflach *n*, vierseitige Doppelpyramide, Oktaeder *m*
octal (informática) / oktal, Oktal..., auf Basis 8
octana *f*, octano *m* (química) / Oktan *n*
octante *m* / Achtelkreis *m*
octeto *m* (informática) / 8-Bit-Byte ‖ ~ **de electrões ou elétrons** / Elektronenoktett *n*
octodo *m* (electrón.) / Oktode *f*
octogonal / achteckig, achtkantig
octógono *m* / Achteck *n*, Oktogon *n*
óctuplo / achtfach, -fältig
ocular *f* / Okular *n* ‖ ~ **com graduação em dioptrias** / Okular *n* mit Dioptrieneinstellung ‖ ~ **de Gauss** / Gauß-Okular *n* ‖ ~ *m* **micrométrico** / Meßokular *n*
óculo *m* (constr. civil) / Lichtloch *n*, Fensteröffnung *f*, Licht *n* ‖ ~ / Luke *f* ‖ ~ **de inspecção** (máq., tecnol.) / Schauglas *n* ‖ ~ **telescópico** / Lupenbrille *f*
óculos *m pl* / Augenglas *n*, Brille *f* ‖ ~ **bifocais** / Bifokalbrille *f* ‖ ~ **contra radiação laser** / Laserschutzbrille *f* ‖ ~ **de hastes** / Bügelbrille *f* ‖ ~ **de protecção**, óculos *m pl* de segurança / Schutzbrille *f* ‖ ~ **de protecção contra o pó** / Staubbrille *f* ‖ ~ **para ler** / Lesebrille *f*
ocupação *f* (telecom.) / Belegung *f* ‖ ~ **por uma comunicação de entrada** (telecom.) / Eingangsbelegung *f*
ocupado (geral, telecom.) / belegt, besetzt
ocupar / [mit Personal] besetzen ‖ ~ **uma linha** (telecom.) / eine Leitung belegen
odometria *f* / Wegmessung *f*, Schrittzählung *f*
odômetro *m* (autom.) / Kilometerzähler *m*, Tachometerzähler *m* ‖ ~ **parcial** / Tageskilometerzähler *m*
odor *m* / Duft *m*
odulação *f* / Schwingung *f*, Wellenbewegung *f*
ofensivo (armamento) / Angriffs...
offset *m* **seco** (artes gráf.) / Letterset *m*,

Hochoffsetdruck *m*
oficina *f* / Betrieb *m*, Werkstatt *f* ‖ ~ **de aprendizagem** / Lehrwerkstatt *f* ‖ ~ **de cardar lã** / Wollkämmerei *f* ‖ ~ **de encadernação** / Buchbinderei *f* ‖ ~ **de estampagem** (forja) / Stanzerei *f*, Gesenkschmiede *f* ‖ ~ **de estampagem de metal** / Metallprägeanstalt *f*, -prägerei *f* ‖ ~ **de fresagem** / Fräserei *f* ‖ ~ **de galvanização** / Galvanisierwerkstatt *f*, Galvanik *f* ‖ ~ **de gravador** / Gravieranstalt *f* ‖ ~ **de litografia** / lithographische Anstalt ‖ ~ **de litogravura** / lithographische Anstalt ‖ ~ **de moldagem** / Formerei *f* ‖ ~ **de moldagem em areia** / Sandformerei *f*, -formerwerkstätte *f* ‖ ~ **de preparar lingotes** / Blockzurichterei *f* ‖ ~ **de rebarbagem de peças fundidas** / Gußputzerei *f* ‖ ~ **de reparações ferroviárias** / Bahnbetriebswerkstatt *f* ‖ ~ **de soldadura** / Schweißerei *f*, Schweißerwerkstatt *f* ‖ ~ **de temperar** / Härterei *f* ‖ ~ **para pintura** / Lackiererei *f* ‖ ~ **tipográfica** / Druckerei *f*
ofício *m* / Handwerk *n*
ofsete *m* **seco** (artes gráf.) / Letterset *m*
ofsetista *m* (artes gráf.) / Offsetdrucker *m*
ofuscamento *m* (autom.) / Blenden *n* der Scheinwerfer
ofuscante / blendend
ofuscar / blenden *vt*
ogiva *f* (armamento) / Geschoßspitze *f* ‖ ~ **a raios infravermelhos** / Infrarot-Zielsuchkopf *m* ‖ ~ **atómica** / Atomgefechtskopf *m* ‖ ~ **nuclear** / Kernsprengkopf *m*, Atomsprengkopf *m*
ohm *m* (electr.) / Ohm *n*, O
óhmico / ohmsch, ohmisch
ohmímetro *m* / Widerstandsmesser *m*, Ohmmeter *n* ‖ ~ **em ponte** / Brückenohmmeter *n*
ohms *m pl* **por volts** / Ohm pro Volt *npl*
oitante *m* (matem.) / Oktant *m*
oitava *f* (física) / Oktave *f*
ojiva *f* (constr. civil) / Spitzbogen *m*
ojival / spitzbogenförmig
olaria *f* / Ziegelei *f*, Töpferei *f* ‖ ~ **de argila refractária** / Brauntöpferei *f*
oleáceas *f pl* / Ölbaumgewächse *n pl*
oleado *m* / Ölhaut *f*, Ölzeug *n*, Wachstuch *n*, -leinwand *f* ‖ ~ *adj* / geölt
oleaginoso / ölhaltig, -ähnlich, ölartig
olear / ausschmieren, schmieren, einfetten, einölen
oleato *m* **de chumbo** / Bleioleat *n*
olefina *f* / Olefin *n*
olei... / Öl...
oleicultura *f* / Ölanbau *m*
oleífero / ölgebend, ölhaltig
oleificante / ölgebend
oleígeno / ölbildend
oleína *f* / Specköl *n*, Olein *n*
oleiro *m* / Töpfer *m*
óleo *m* / Öl *n*
oleo, à prova de ~ / öldicht
óleo *m* **ácido** / Saueröl *n* (vom Kracken), saures Öl ‖ ~ **aglutinante de pó** / Stauböl *n*, staubbindendes Öl ‖ ~ **alimentar** / Speiseöl *n* ‖ ~ **amílico de fermentação** / Fuselöl *n*, Gärungsamylalkohol *m* ‖ ~ **animal** / Knochenöl *n* ‖ ~ **anticorrosivo** / KS-Öl *n*, Korrosionsschutzöl *n* ‖ ~ **canforado** / Kampferöl *n* ‖ ~ **carbonizado** (mot.) / Ölkohle *f* ‖ ~ **combustível** / Brennöl *n*, Heizöl *n* ‖ ~ **compound** / compoundiertes Öl, Compoundöl *n* ‖ ~ **cru** / Rohöl *n* ‖ ~ **de alcatrão** / Gelböl *n* ‖ ~ **de alcatrão de bétula branca** / brenzliges Birkenteeröl ‖ ~ **de alfazema** / Lavendelöl *n* ‖ ~ **de amêndoas amargas** / Bittermandelöl *n* ‖ ~ **de anilina** / Anilinöl *n* ‖ ~ **de antraceno** (constr. rodov.) / Anthrazenöl *n* ‖ ~ **de baleia** / Walratöl, Spermöl *n*, Fischtran *m* ‖ ~ **de batatas** / Fuselöl *n*, Gärungsamylalkohol *m* ‖ ~ **de bergamota** / Bergamottöl *n* ‖ ~ **de broquear** (máq., tecnol.) / Bohröl *n* ‖ ~ **de brunimento** / Brünieröl *n* ‖ ~ **de [caixas de] câmbio** (autom.) / Getriebeöl *n* ‖ ~ **de camelina** (têxtil) / Flachsdotter *m n* ‖ ~ **de camelina** (seda artificial) / Dotteröl *n* ‖ ~ **de carapa** / Carapafett *n* ‖ ~ **de caroço de alperche** / Aprikosenöl *n* ‖ ~ **de cássia** / Cassiaöl *n* ‖ ~ **de castanha do Pará** / Paranußöl *n* ‖ ~ **de citronela** / Lemongrasöl *n* ‖ ~ **de coco** / Kokosfett, -öl *n* ‖ ~ **de colza** / Colzaöl *n*, Kohlsaatöl *n* (von Brassica campestris), Rübsenöl *n*, Rüböl *n* ‖ ~ **de copra** / Kopraöl *n* ‖ ~ **de corte** (máq. ferram.) / Schneidflüssigkeit *f*, Kühlöl *n*, Schneidöl *n* ‖ ~ **de creosoto** / Kreosotöl *n* ‖ ~ **de descofragem** (constr. civil) / Trennöl *n* ‖ ~ **de enzimagem** / Schmalzöl *n* ‖ ~ **de espermacete** / Walratöl *n*, Spermöl *n* ‖ ~ **de eucalipto** / Eukalyptusöl *n* ‖ ~ **de faia** / Bucheckernöl *n* ‖ ~ **de fígado de bacalhau** / Dorschtran *m*, [Kabeljau]lebertran *m*, Lebertran *m*, Fischtran *m* ‖ ~ **de flotação** / Flotationsöl *n* ‖ ~ **de funcho** / Fenchelöl *n* ‖ ~ **de furar** / Schmierflüssigkeit *f*, Bohrwasser *n* ‖ ~ **de fúsel** / Fuselöl *n* ‖ ~ **de gema de ovo** / Eieröl *n* ‖ ~ **de lavagem** / Spülöl *n*, Waschöl *n* ‖ ~ **de lavanda** / Lavendelöl *n* ‖ ~ **de linhaça** / Leinöl *n* ‖ ~ **de linhaça refinado** / Standöl *n* ‖ ~ **de lubrificação** / Schmieröl *n* ‖ ~ **de madeira** / Holzöl *n* ‖ ~ **de madeiras resinosas** / Kienöl *n* ‖ ~ **de mocotó** / Klauenfett *n*, -öl *n* ‖ ~ **de mostarda** / Senföl *n* ‖ ~ **de oiticica** / Oiticika-Öl *n* ‖ ~ **de olibano** / Olibanumöl *n* ‖ ~ **de ossos** / Knochenöl *n* ‖ ~ **de palma** / Palmfett, -öl *n*, -butter *f* ‖ ~ **de palmiste** / Palmkernöl *n* ‖ ~ **de pé de boi** / Klauenfett *n*, -öl *n* ‖ ~ **de peixe** / Tran *m*, Fischtran *m*, Fischöl *n* ‖ ~ **de pinheiro** / Kienöl *n* ‖ ~ **de pulverização** / Sprühöl *n* ‖ ~ **de raízes de bardana** / Klettenwurzelöl *n* ‖ ~ **de recozer sem oxidação** / Blankhärteöl *n* ‖ ~ **de recozimento** (siderurg.) / Anlaßöl *n* ‖ ~ **de resina** / Harzöl *n* ‖ ~ **de rícino** / Rizinusöl *n* ‖ ~ **de rosas** / Rosenessenz *f*, -öl *n* ‖ ~ **de semente de algodoeiro** / Baumwollsamenöl *n* ‖ ~ **de semente de maçã** / Apfelkernöl *n* ‖ ~ **de semente de papoula** / Mohnöl *n* ‖ ~ **de temperar** / Härteöl *n* ‖ ~ **de tungue** / chinesisches Holzöl ‖ ~ **de xisto** / Schieferöl *n* ‖ ~ **depurado no vácuo** / Vakuumöl *n* ‖ ~ **destilado** / geblasenes Öl (Zusatz zu Marineölen) ‖ ~ **diéster** / Esteröl *n* (synthetisches Schmieröl) ‖ ~ **empireumático de batatas** / Kartoffelfuselöl *n* ‖ ~ **espesso** / Dicköl *n* ‖ ~ **essencial** / etherisches Öl (natürlich), Essenz *f*, Fruchtether *m* ‖ ~ **fresco** / Frischöl *n* ‖ ~ **gordo** / Fettschmiere *f*, fettes Öl, Fettlicker *m* ‖ ~ **isoamílico** / Fuselöl *n*, Gärungsamylalkohol *m* ‖ ~ **isolante para transformadores** / Transformatorenöl *n* ‖ ~ **leve** / Leichtöl *n*, leichtflüssiges Öl ‖ ~ **lubrificante** / Schmieröl *n* ‖ ~ **médio** / Mittelöl *n* ‖ ~ **mineral** / Mineralöl *n*, Erdöl *n*, Steinöl *n* ‖ ~ **multigrado** / Mehrbereichsöl *n* ‖ ~ **negro** / Schwarzöl *n* (Bindemittel) ‖ ~ **negro de colza** / Schwarzöl *n* ‖ ~ **novo** / Frischöl *n* ‖ ~ **para caixas de velocidades** (autom.) / Getriebeöl *n* ‖ ~ **para disjuntores** (electr.) / Schalteröl *n* ‖ ~ **para engrenagens** (geral) / Getriebeöl *n* ‖ ~ **para machos** (fundição) / Kernöl *n* ‖ ~ **para máquinas** / Maschinenöl *n* ‖ ~ **para parquete** / Fußbodenöl *n* ‖ ~ **para trabalhos pesados** / HD-Öl *n*, Heavy-Duty-Öl *n* ‖ ~ **para transformadores de medição** / Wandleröl *n* ‖ ~ **pesado** / Destillatöl *n*, Rohöl *n*, Masut *n*, Schweröl *n* (aus Erdöl o. Teer, Fraktion zw. 230 u. 270 °C) ‖ ~ **pouco viscoso** / dünnflüssiges Öl ‖ ~ **refrigerante** (máq. ferram.) / Schneidflüssigkeit

f, Schneidöl *n* ‖ ~ **sicativo** / Trockenöl *n* ‖ ~ **sintético** / künstliches Öl ‖ ~ **sob pressão** / Drucköl *n*, Preßöl *n* ‖ ~ **soprado** / geblasenes Öl (Zusatz zu Marineölen) ‖ ~ **tratado com ácido** / Saueröl *n* (nach Säureraffination) ‖ ~ **usado** / Altöl *n*, Abfallöl *n* ‖ ~ **vegetal** / Pflanzenöl *n* ‖ ~ **volátil** / leicht flüchtiges Öl, etherisches Öl

oleoduto *m* / Öl-Pipeline *f*, Pipline *f*, Öl[fern]leitung *f*

oleografia *f* / Öldruck *m*, -druckverfahren *n*

oleogravura *f* (artes gráf.) / Öldruck *m*, -druckbild *n*

oleoidráulico / Öldruck...

oleolato *m* / Oleat *n*

oleómetro *m* / Ölaräometer *n*, Ölwaage *f*

oleopneumático / Öl-Druckluft...

oleorresina *f* / Fettharz *n*

óleos *m pl* **destilados** / etherische Öle *n pl* ‖ ~ **para fusos** / Spindelöle *n pl*

oleosidade *f* / Schmierfähigkeit *f*

oleoso / ölig, verölt

olhal *m* / Ohr *n*, Öse *f*, Auge *n*, Öhr *n*, Ring *m*, Mundloch *n* ‖ ~ (tecel.) / Häuschen *n*, Litzenhäuschen *n*, Auge *n*, Litzenauge *n* ‖ ~ / Lastöse *f*, Öse *f* ‖ ~ **de ligação à terra** / Erdungsöse *f* ‖ ~ **de mola** / Federauge *n* ‖ ~ **do cabo** / Stielloch *n* ‖ ~ **do martelo** / Hammerloch *n*

olhar / sehen, blicken

olho *m* / Ohr *n*, Öse *f*, Auge *n* ‖ ~ **de gato** (coll) (autom.) / Rückstrahler *m* ‖ ~ **de nó** (madeira) / Astloch *n* ‖ ~ **do tipo** (artes gráf.) / Schriftbild *n*

olho-de-boi *m* (constr. civil) / Ochsenauge *n*, Rundfenster *n* ‖ ~ (constr. naval) / Deckfenster *n*

olho-de-gato *m* (mineralog.) / grünlichgrauer Faserquarz

oligoceno *m* (geol) / Oligozän *n*

oligoclásio *m* (geol) / Oligoklas *m*

oligodinâmico (química) / oligodynamisch

oligoelemento *m* (química) / Spurenelement *n*

oliva-pardo / braunoliv (RAL 6022)

oliveira *f* / Ölbaum *m*

ombreira *f* / Pfosten *m* (Fenster, Tür) ‖ ~ (constr. civil) / Gewände *n*

ombrógrafo *m* (meteorol.) / Ombrograph, registrierender Niederschlagsmesser *m*

ómega-menos *m* / Omega[-Minus]-Teilchen (o. -Hyperon), ε-Teilchen *n*, ε-Resonanz *f*

ómio *m* (electr.) / Ohm *n*, O

ómios *m pl* **por volts** / Ohm pro Volt *npl*

omissão *f* / Weglassung *f*, Auslassung *f*

omitir / weglassen, auslassen

omnidireccional (antena) / ungerichtet ‖ ~ (radar, rádio) / Rundstrahl..., allseitig, Rund...

omnidirecional, de característica ~ / Allrichtungs...

onça *f* / Unze *f*

onda *f* / Woge, Welle *f* ‖ ~ (electr., hydrául., física) / Welle *f* ‖ **de** ~ **completa** / Ganzwellen..., Vollwellen... ‖ **de** ~ **curta** / kurzwellig, Kurzwellen... ‖ ~ **associada** (técn. nucl.) / Begleitwelle *f* ‖ ~ **centrimétrica** / Zentimeterwelle *f* ‖ ~ **completa** / Ganzwelle *f*, volle Schwingung, Vollwelle *f* ‖ ~ **complexa** (física) / zusammengesetzte Welle ‖ ~ **comum** (rádio) / Gemeinschaftswelle *f* ‖ ~ **comum** (electrón.) / Gleichwelle *f* ‖ ~ **contínua** / Dauerstrich *m* ‖ ~ **curta** (electrón.) / Kurzwelle *f* (GB: 15 bis 100 m, US: unter 60 m, Dtschld: 10 bis 100 m o. Frequenzbereich 7) ‖ ~ **de chamada** / Anrufwelle *f* ‖ ~ **de choque** / Stoßwelle *f*, Schockwelle *f* ‖ ~ **de choque adiabático** (astronáut.) / Gasverdichtungswelle *f* ‖ ~ **de choque de compressão** / Verdichtungs[stoß]welle *f* ‖ ~ **de compressão** / Druckwelle *f* ‖ ~ **de deflagração** / Druckwelle *f* (Explosion) ‖ ~ **de dilatação** (física) / Dehnungswelle *f* ‖ ~ **de emissão** / Sendewelle *f* ‖ ~ **de interferência** / Störwelle *f* ‖ ~ **de maré** / Flutwelle *f* ‖ ~ **de origem externa** (hidrául.) / freie Welle, Fernwelle *f* ‖ ~ **de pressão** / Druckwelle *f* ‖ ~ **de proa** (navio) / Bugwelle *f* ‖ ~ **de radiodifusão** / Rundfunkwelle *f* ‖ ~ **de sinais** (telecom.) / Zeichenwelle *f* (für Zeichen geeignete Welle), Betriebswelle *f* ‖ ~ **de sobretensão** (electr.) / Sprungwelle *f* ‖ ~ **de superfície** (electrón.) / direkte Welle, Bodenwelle *f* ‖ ~ **de transmissão** (electrón.) / Arbeitswelle *f*, Sendewelle *f* ‖ ~ **decimétrica** / Dezimeterwelle *f* ‖ ~ **devida a uma explosão nuclear** (técn. nucl.) / Expansionswelle *f* ‖ ~ **difractada** (acústica) / Beugungswelle *f* ‖ ~ **directa** (electrón.) / Grundwelle *f*, direkte Welle ‖ ~ **eléctrica** / elektrische Welle ‖ ~ **electromagnética** / elektromagnetische Welle ‖ ~ **electromagnética híbrida** / gemischte elektromagnetische Welle ‖ ~ **esférica** (física) / Kugelwelle *f* ‖ ~ **estacionária** (física) / stehende Welle, Stehwelle *f* ‖ ~ **explosiva** / Explosionsdruckwelle *f*, Explosionswelle *f* ‖ ~ **fundamental** / Grundwelle *f* ‖ ~ **harmónica** / Oberwelle *f* ‖ ~ **interna** / innere Welle ‖ ~ **inversa** (electrón.) / Rückwärtswelle *f* ‖ ~ **lateral** (tv) / Seiten[band]welle *f* ‖ ~ **livre** (física) / freie Welle ‖ ~ **livre de carga de espaço** / freie Raumladungswelle ‖ ~ **longa** (electr.) / Langwelle *f* (über 100 m) ‖ ~ **longitudinal** / Längswelle *f* ‖ ~ **luminosa** / Lichtwelle *f* ‖ ~ **média** (electrón.) / Mittelwelle *f* (100-1000 m) ‖ ~ **miriamétrica** (electrón.) / Längstwelle *f*, LstW (über 10 km) ‖ ~ **natural** (electrón.) / Eigenwelle *f* ‖ ~ **perturbadora** / Störwelle *f* ‖ ~**-piloto** *m* (telecom.) / Steuerwelle *f* ‖ ~ *f* **portadora** (electrón.) / Grundwelle *f*, Trägerwelle *f*, TF, Träger *m* ‖ ~ **portadora de imagem** (tv) / Bildträger *m* ‖ ~ **portadora do som** / Tonträger *m*, -trägerwelle *f* ‖ ~ **portadora secundária** (tv) / Sekundärträger *m*, -trägerwelle *f* ‖ ~ **progressiva** (física) / fortschreitende Welle ‖ ~ **progressiva** (electr., electrón.) / Wanderwelle *f* ‖ ~ **quase-óptica** / quasioptische Welle ‖ ~ **quilométrica** (electr.) / Kilometerwelle *f* (über 1000 m) ‖ ~ **reflectida** (electrón.) / Echowelle *f* ‖ ~ **regressiva** (electrón.) / Rückwärtswelle *f* ‖ ~ **senoidal**, onda *f* sinusoidal / Sinuswelle *f* ‖ ~ **solitária** (geol) / Flutwelle *f* ‖ ~ **sonora** (física) / Schallwelle *f* ‖ ~ **superficial** (electrón.) / Oberflächenwelle *f*, Bodenwelle *f* ‖ ~ **terrestre** (electrón.) / Grundwelle *f*, Bodenwelle *f* ‖ ~ **transversal** (física) / Querwelle *f* ‖ ~ **transversal magnética** (guia de ondas) / E-Welle *f* ‖ ~ **ultracurta** (electrón.) / Ultrakurzwelle *f*, (UKW (1 bis 10m) ‖ ~ **verde** (tráfego) / grüne Welle

ondas *f pl* **De Broglie** / De-Broglie-Wellen *f pl* ‖ ~ **de gravidade** (física) / Schwerewellen *f pl* ‖ ~ **decamétricas** / Dekameterwellen *f pl* (10 - 100 m) ‖ ~ **gravitacionais** (física) / Schwerewellen *f pl* ‖ ~ **hectométricas** / Hektometerwellen *f pl* (100 m bis 1000 m) ‖ ~ **hertzianas** / Hertzsche Wellen *f pl* ‖ ~ **intermediárias** (electrón.) / Grenzwellen *f pl* (50-200 m) ‖ ~ **métricas** (electrón.) / Meterwellen *f pl*, VHF-Wellen *f pl*

ondeado (tinturaria) / geflammt

ondómetro *m* / Wellenmesser *m* ‖ ~ **heteródino** / Interferenz-Wellenmesser *m*

ondoscópio *m* (electrón.) / Signalverfolger *m*, Glimmoszilloskop *n*

ondulação *f* / Welligkeit *f*, Wellenbewegung *f* ‖ ~ **do flanco do dente** / Flankenwelligkeit *f* ‖ ~ **do terreno** / Bodenerhebung *f*

ondulado / gewellt, wellig, Wellen..., wellenförmig

ondulador *m* (electr.) / Wechselrichter *m*, WR

ondular / wellen, flattern

ônibus *m* (autom.) / Kraftomnibus *m*, Omnibus *m*, Bus *m*, Autobus *m* ‖ ~ **articulado** / Gelenkbus *m*

‖ ~ **de dois andares** / Doppeldeckomnibus *m*, Oberdeckomnibus *m* ‖ ~ **elétrico** / Oberleitungsomnibus *m*, Obus *m* ‖ ~ **espacial** (astronáut.) / Space Shuttle *n* ‖ ~ **interurbano** / Überlandomnibus *m*
onshore / Festlands..., Onshore...
oolítico / oolithisch
oólito *m* / Kalkoolith *n*, Rogenstein *m*, Oolith *m* ‖ ~ **ferruginoso** / Eisenoolith, -rogenstein *m*
OP (electrón.) / Trägerwelle *f*, Trägerfrequenz *f*, TF
opacidade *f* (geral, papel) / Opazität *f* (Kehrwert des Durchlaßgrades)
opaco / undurchsichtig, lichtdicht, lichtundurchlässig
opala *f* (mineralog.) / Opal *m*
opalescência *f* / Opalisieren *n*, Opaleszenz *f*
opalizar / opalisieren, opaleszieren, [opalartig] schimmern
opcional / wahlweise ‖ ~ (comando numér.) / wahlfrei
operação *m* / Betrieb *m* (einer Maschine) ‖ ~ *f* / Arbeitsbetrieb *m*, Betreiben *n*, Bedienung *f*, Betrieb *m*, Betätigung *f* ‖ ~ (org. industr.) / Gang *m*, Operation *f* ‖ ~ (máq., tecnol.) / Gangart *f* ‖ ~ (informática) / Betrieb *m*, Betriebsart *f*, Operation *f* ‖ ~ (matem.) / Operation *f* ‖ **colocar em** ~ / ingangsetzen ‖ ~ **a vapor** / Dampfbetrieb *m* ‖ ~ **aritmética** / Rechenoperation *f* ‖ ~ **arrítmica** / Start-Stop-Betrieb *m* ‖ ~ **composta** / Verbundbetrieb *m* ‖ ~ **contínua** (electr.) / 100 % Einschaltdauer *f* (o. ED) ‖ ~ **de ciclo fixo** (informática) / Taktgeberbetrieb *m*, Arbeitsweise *f* mit festem Takt o. Zyklus ‖ ~ **de classe A** / A-Betrieb *m* ‖ ~ **de classe B** / B-Betrieb *m* ‖ ~ **de dragagem** / Baggerbetrieb *m*, Baggern *n* ‖ ~ **de extracção** (máq. vapor) / Entnahmebetrieb *m* ‖ ~ **de fabrico** / Fabrikationsstufe *f* ‖ ~ **de injecção** / Spritzung *f*, Spritzvorgang *m* ‖ ~ **de passo simples** (informática) / Einzelschrittbetrieb *m* ‖ ~ **de telecomando** / Fernantrieb *m* ‖ ~ **direccional** (telecom.) / Richtungsbetrieb *m* ‖ ~ **do forno** / Ofenführung *f* ‖ ~ **elementar** (informática) / Elementaroperation *f* ‖ ~ **em canal comum** (telecom., electrón.) / Gleichkanalbetrieb *m* ‖ ~ **inicial** / Inbetriebnahme *f*, erste Tätigkeit ‖ ~ **inversa** (semicondut.) / inverser Betrieb ‖ ~ **lógica** (informática) / funktionelle Operation ‖ ~ **NOT** (informática) / boolesche Komplemetierung ‖ ~ **passo a passo** (informática) / Einzelschrittbetrieb *m* ‖ ~ **por impulsos ou pulsos** / Impulsbetrieb *m*
operacional / betrieblich, Betriebs..., funktionsfähig, Arbeits..., Funktions...
operações, de três ~ (matem.) / Dreispezies... ‖ ~ *f pl* **aritméticas** / Rechnungsarten *n pl* ‖ ~ **de transporte** (expl. minas) / Grubenförderung *f*
operado / betätigt, gesteuert ‖ ~ **por fita perfurada** / lochstreifengesteuert
operador *m* (filme) / Operateur *m* ‖ ~ (informática) / Operator *m* ‖ ~ **booleano** (informática) / boolescher Operator ‖ ~ **de grupos de bits** / Bitketten-Operator *m* ‖ ~ **de radar** / Radar-Operator *m*, -Mann *m* ‖ ~ **de rádio** (electrón.) / Funker *m* ‖ ~ **do número de partícula** (técn. nucl.) / Besetzungszahl-Operator *m* ‖ ~ **hamiltoniano** (técn. nucl.) / Hamilton-Operator *m* ‖ ~ **lógico** (informática) / Verknüpfung *f*, logische Schaltung, logischer Operator ‖ ~ **'ou'** / logisches ODER
operadora *f* **de perfuradora** / Datentypistin *f*
operando *m* (matem.) / Rechengröße *f* ‖ ~ (informática) / Datenteil *m*, Operand *m*
operar / betreiben, funktionieren, laufen, handhaben ‖ ~ (máq., tecnol.) / bedienen, betreiben ‖ ~ (relé) / ansprechen ‖ ~ **a fusão** (siderurg.) / die Schmelze führen
operário *m* **de construção civil** / Bauarbeiter *m* ‖ ~ **especializado** / Facharbeiter *m* ‖ ~ **industrial** / Fabrikarbeiter *m* ‖ ~ **metalúrgico** / Metallarbeiter *m* ‖ ~ **não qualificado** / ungelernter Arbeiter ‖ ~ **qualificado** / gelernter Arbeiter, Facharbeiter *m*
oposição *f* (astron.) / Gegenstellung *f*, -schein *m* ‖ **em ~ de fase** / gegenphasig ‖ ~ **de fase** / Gegenphasigkeit, -phase *f*
oposto *m* (matem.) / Gegenteil *n* ‖ ~ *adj* / gegenläufig, entgegengesetzt ‖ ~ **em série** / gegeneinander in Reihe
óptica *f* / Optik *f*, Lichtlehre *f* ‖ ~ **de alta precisão** / Feinoptik *f* ‖ ~ **de fibras** / Faseroptik *f* ‖ ~ **electrónica ou eletrônica** / Elektronenoptik *f*, Optronik *f* ‖ ~ **física** / Wellenoptik *f* (Ggs.: Strahlenoptik), Lichtwellenlehre *f* ‖ ~ **geométrica** / Strahlenoptik *f* (Ggs.: Wellenoptik), technische Strahlenoptik ‖ ~ **oftalmológica** / Brillenoptik *f*
opticamente isómero / antimer, optisch isomer
óptico *m* / Optiker *m* ‖ ~ *adj* / optisch, Seh..., Augen...
optímetro *m* / Optimeter *n*, optischer Fühlhebel
optimização *f* / Optimierung *f*
optimizar / optimieren
optimo / optimal
optoelectrónico, optoeletrônico / elektronenoptisch, optoelektronisch
orbicular / kreisrund
órbita *f* (astron., técn. nucl.) / Bahn *f* ‖ ~ (astron.) / Umlaufbahn *f* ‖ ~ / Orbit *m* ‖ ~ **circular** / Kreisbahn *f* ‖ ~ **de electrões ou elétrons** / Elektronenbahn *f* ‖ ~ **de espera** (astronáut.) / Parkbahn *f* ‖ ~ **de espera na proximidade da Terra** / erdnahe Parkbahn ‖ ~ **de expansão** (electrón.) / Auslaufbahn *f* ‖ ~ **elíptica** / Ellipsenbahn *f* ‖ ~ **equatorial** / äquatoriale Umlaufbahn ‖ ~ **terrestre** / Erdumlaufbahn *f*
orbital *m* (técn. nucl.) / Orbital *n* ‖ ~ **híbrido** (física, técn. nucl.) / bastardisierter Zustand, hybride Bahn
orça *f* (constr. naval) / Schwert *n*
ordem *f* / Ordnung *f*, Reihenfolge *f*, Folge *f* ‖ ~ (matem.) / Grad *m* ‖ ~, pedido *m* / Auftrag *m*, Bestellung *f* ‖ ~ **ascendente** / aufsteigende Reihenfolge ‖ ~ **de grandeza** (matem.) / Größenordnung *f* ‖ ~ **de ignição** (mot.) / Zündzeitfolge *f* ‖ ~ **descendente** / fallende Ordnung
ordenada *f* (matem.) / Ordinate *f*
ordenado (informática) / geordnet
ordenador *m* / Rechner *m*, Datenverarbeitungsanlage *f* (DIN)
ordenamento *m* **dos povoamentos florestais** / Forsteinrichtung *f*
ordenar / ordnen, in ein System bringen
ordinário / durchschnittlich, normal
orelha *f* (arado) / Horn *n*
organdi *m* (tecel.) / Organdin *m*, -dis *m*, -dy *m*, Glasbatist *m*
orgânico / organisch
organigrama *m* **de produção** (org. industr.) / Fertigungs-Schaubild *n*
organismos *m pl* **anaeróbios** / Anaeroben *m pl*, Anaerobionten *m pl*
organização *f* **fabril** / Fabrikorganisation *f* ‖ ~ **industrial** / Fertigungsorganisation *f* ‖ ~ **randómica** (informática) / gestreute Speicherungsform
organizar / ordnen, organisieren
organometálico / metallorganisch
organsim *m* / Kettseide *f*, Organsinseide *f*
órgão *m* (biol.) / Organ *n* ‖ ~ (máq., tecnol.) / Mittel *n* ‖ ~ **de accionamento** / Betätigungsorgan *n* ‖ ~ **de ajuste** / Einstellglied *n* ‖ ~ **de comando** / Stellteil *n*, -organ *n*, -einrichtung *f*, Steuergerät *n* ‖ ~ **de enrolamento** (tecel.) / Aufschlagbaum *m* ‖ ~ **de**

urdume (tecel.) / Kettbaum *m* ‖ ~ **director** (contr. autom.) / Führungsregler *m* ‖ ~ **temporizador** (contr. autom.) / Zeitglied *n*
órgãos *m pl* **de transmissão** (autom.) / Organe der Kraftübertragung *n pl*
orientabilidade *f* / Schwenkbarkeit *f*
orientação *f* / Orientierung *f* ‖ ~ (geol) / Streichen *n* ‖ ~ **das fibras** (forja) / Faserverlauf *m* ‖ ~ **longitudinal das fibras** / Faserorientierung *f* in der Längsrichtung ‖ ~ **molecular** / Ausrichtung *f* (von Molekülen) ‖ ~ **preferencial** / Textur, Vorzugsorientierung *f* ‖ ~ **profissional** / Berufsberatung *f*
orientado / orientiert ‖ **estar** ~ (geol) / streichen *vi* ‖ ~ **em relação à linha de fé** (radar) / schiffsvorausorientiert ‖ ~ **para máquina** (informática) / maschinenorientiert ‖ ~ **para o problema** (informática) / problemorientiert ‖ ~ **para um job** (informática) / aufgabenorientiert
orientar / orientieren
orientável / verstellbar, lenkbar, drehbar
orifício *m* / Loch *n*, Öffnung *f* ‖ **de ~s metalizados** / durchkontaktiert ‖ ~ **básico** (máq., tecnol.) / Einheitsbohrung *f* ‖ ~ **cego** / blindes Loch ‖ ~ **com folga** / Freibohrung *f* (Durchm. größer als der des Bolzens) ‖ ~ **da chaveta** (máq., tecnol.) / Keilloch *n* ‖ ~ **de admissão** (máq. vapor) / Eintrittsöffnung *f*, -schlitz *m* ‖ ~ **de admissão** / Einflußöffnung *f* ‖ ~ **de ajuste** / Fixierloch *n* ‖ ~ **de alívio** (estamp.) / Erleichterungsloch *n* ‖ ~ **de carga** / Füllöffnung *f* ‖ ~ **de centrar** / Körnerbohrung *f* ‖ ~ **de descarga** / Ausflußöffnung *f*, Auslauföffnung *f*, Auslaßloch *n* ‖ ~ **de enchimento** / Einfüllöffnung *f* ‖ ~ **de entrada** (máq. vapor) / Eintrittsöffnung *f*, -schlitz *m* ‖ ~ **de escape** (siderurg.) / Brennermaul *n* ‖ ~ **de escape de gás** (forno industr.) / Brennerkopf *m* ‖ ~ **de escape do queimador** / Brennerstein *m* ‖ ~ **de escoamento** (fundição) / Lunker *m*, Einsinkung *f* ‖ ~ **de escoamento** (geral) / Ausflußöffnung *f* ‖ ~ **de guia** / Führungsloch *n* ‖ ~ **de inspecção** / Handloch *n*, -öffnung *f*, Schauloch *n* ‖ ~ **de introducção do objecto** (microscópio) / Objektschleuse *f* ‖ ~ **de limpeza** (máq. vapor) / Schlammloch, Mannloch *n* ‖ ~ **de limpeza** (técn. ferrov.) / Ausputzloch *n* ‖ ~ **de lubrificação** / Schmierloch *n*, Ölloch *n* ‖ ~ **de medição calibrado** / geeichte Meßblende ‖ ~ **de observação** / Sehloch *n*, Visierloch *n* ‖ ~ **de passagem do óleo** (máq., tecnol.) / Ölbohrung *f* ‖ ~ **de posicionamento** (estamp.) / Fangloch *n*, Führungsloch *n* ‖ ~ **de referência** (circuit. integr.) / Bezugsloch *n* ‖ ~ **de saída** / Auslauf *m*, Ausmündung *f* ‖ ~ **de saída de gases** / Gasabzug *m*, -entlüftungsöffnung *f* ‖ ~ **de saída de gases** (fundição) / Windpfeife *f* ‖ ~ **de ventilação** (expl. minas) / Wetterloch *n*, Luftableitung *f*, Luftloch *n* ‖ ~ **do alcaraviz** (siderurg.) / Formauge *n*, Formdüse *f*, Formöffnung *f* der Windform ‖ ~ **limitador de débito** / Mengenbegrenzungsblende *f* ‖ ~ **metalizado** (circ. impresso) / durchmetallisiertes Loch ‖ ~ **para a introdução de moedas** / Geldeinwurföffnung *f*
orifício *m* **para buchas** / Dübelloch *n*
orifício *m* **roscado** / Gewindeloch *n*
orifício *m* **sangrador** (siderurg.) / Abstichloch *n*, Stichloch *n*
orifícios *m pl* **do disco** (telecom.) / Lochkranz *m* der Nummernscheibe
origem *f* / Ursprung *m*, Herkunft *f*, Entstehung *f*, Quelle *f* ‖ ~ **das coordenadas** / Koordinatennullpunkt, -anfang[spunkt] *m* ‖ ~ **de dados** / Datenursprung *m*
original *m* (máq. ferram.) / Bezugsformstück *n* ‖ ~ / Erstausfertigung *f*, -exemplar *n* ‖ ~ *adj* / Ausgangs..., ursprünglich, original
originar-se / entstehen, sich entwickeln
orla *f* (tecel., silvicult.) / Rand *m* ‖ ~ / Umrandung *f*, Rand *m*
orlar (forja) / bördeln ‖ ~ (têxtil) / fassen
orleana *f* (tinturaria) / Bixin *n*
ornado com tachões / mit Bossen verziert
ornamentar / verzieren, zieren ‖ ~ **com nervuras** (constr. civil) / abrippen
ornamento *m* (constr. civil) / Zierleiste *f*
ornamentos *m pl* (constr. civil) / Bauornamente *n pl*
orogenia *f* (geol) / Gebirgsbildung *f*, Orogenese *f*
orogénico (geol) / gebirgsbildend
ortita *f*, ortite *f* (mineralog.) / Allanit *m*, Orthit *m*
ortocentro *m* (matem.) / Schnittpunkt *m* der Höhen eines Dreiecks, Höhenschnittpunkt *m*
ortocinético (química) / in gleicher Richtung wandernd
ortoclásio *m* / Alkalifeldspat *m*, Orthoklas *m*, gemeiner Feldspat
ortocromático (técn. fotogr.) / farbrichtig, farbenempfindlich, orthochromatisch
ortodiágrafo *m* / Orthodiagraph *m*
ortodromia *f* (naveg.) / Orthodrome *f*
ortodrómico / orthodromisch
ortogonal / orthogonal
ortorrômbico / orthorhombisch
ortoscópico / verzerrungsfrei, orthoskopisch
orvalho *m* / Tau *m*
oscilação *f* / Oszillation *f* ‖ ~ (electr.) / Schwingung *f* ‖ ~ / Schwanken *n*, Schwankung *f*, schwankende Bewegung ‖ ~ **amortecida** / gedämpfte Schwingung ‖ ~ **da ponte** / Flattern *n* der Brücke ‖ ~ **das asas** (aeronáut.) / Flattern *n* der Flügel ‖ ~ **das serras** / Flattern *n* von Sägen ‖ ~ **de fase** (tv) / Außertrittfallen *n* ‖ ~ **de torção** / Torsionsschwingung *f* ‖ ~ **do pêndulo** / Pendelschlag *m*, -schwingung *f*, -bewegung *f* ‖ ~ **em circuitos acoplados** / Kopplungsschwingung *f* ‖ ~ **forçada** / erzwungene Schwingung (o. Wellenbewegung) ‖ ~ **giroscópica** / Kreiselschwingung *f* ‖ ~ **harmónica** / Oberschwingung *f* ‖ ~ **lateral** (aeronáut.) / Querschwingung *f* ‖ ~ **livre** / freie Schwingung ‖ ~ **longitudinal** / Längsschwingung *f* ‖ ~ **pendular** / Pendelschlag *m*, -schwingung *f*, -bewegung *f* ‖ ~ **relaxante ou de relaxação** / gedämpfte Schwingung ‖ ~ **senoidal**, oscilação *f* sinusoidal / Sinusschwingung *f* ‖ ~ **transversal** (física) / Querschwingung *f* ‖ ~ **vocal** / Sprachschwingung *f*
oscilações *f pl* **acopladas** / gekoppelte Schwingungen *f pl*
oscilador *m* (electrón., acústica) / Schwinger, Schwingkreis *m*, Oszillator *m*, Summer *m* ‖ ~ (electrón.) / Schwingungserzeuger *m*, Schwingungserreger *m* ‖ ~ **a quartzo** / Quarzoszillator *m* ‖ ~ **a tubo** (electrón.) / Röhrensummer *m* ‖ ~ **Colpitts** (electrón.) / Colpitts-Oszillator *m* ‖ ~ **de campo retardador** (electrón.) / Bremsfeldgenerator *m* ‖ ~ **de comando de frequências decádicas** (electrón.) / dekadische Steuerstufe ‖ ~ **de deflexão horizontal** (raios catód.) / Horizontalkippgerät *n* ‖ ~ **de frequência de batimento** / Superhetoszillator *m* ‖ ~ **de radiofrequência** (tv) / Kanaloszillator *m* ‖ ~ **de tubo electrónico**, oscilador *m* de tubo eletrônico / Röhrenoszillator *m* ‖ ~ **decádico** / dekadischer LC-Oszillator (LC = Induktivität-Kapazität) ‖ ~ **Hartley** / induktive Dreipunktschaltung ‖ **~-mestre** *m* (electrón.) / Steuerstufe *f* ‖ ~ **Pierce** / Quarzoszillator *m* in Pierce-Schaltung ‖ ~ **simétrico**, oscilador *m* push-pull / Gegentaktoszillator *m*

oscilante / schwingend, Schwing..., schwenkbar ‖ ~ **livremente** (electrón.) / frei schwingend
oscilar / oszillieren, flattern ‖ ~ / schwanken ‖ ~ (máq., electrón., física) / schwingen *vi* ‖ ~ (máq., tecnol.) / taumeln ‖ **fazer** ~ / in Schwingungen versetzen, in schwingende Bewegung versetzen ‖ ~ **com movimento pendular** / pendeln ‖ ~ **livremente** (electrón.) / freischwingen
oscilatório / oszillierend
oscilógrafo *m* / Oszillograph *m* (Lichtstrahl-) ‖ ~ **de Duddel** / Lichtstrahloszillograph *m* ‖ ~ **electrostático** / elektrostatischer Oszillograph
oscilograma *m* / Oszillogramm *n*, Oszillographenanzeige *f*
osciloscópio *m* / Oszillograph *m* (Kathodenstrahl-) ‖ ~ **catódico** / Kathodenstrahloszillograph *m* ‖ ~ **de amostragem** / Abtast-Oszillograph *m* ‖ ~ **de observação** / Beobachtungsoszillograph *m* ‖ ~ [**de raios catódicos**] (ultra-som) / Leuchtschirm *m* ‖ ~ **de raios catódicos** / Elektronenstrahloszillograph *m* ‖ ~ **Skiatron** / Blauschreiber *m*
osculação *f* (matem.) / Schmiegung *f*, Oskulation *f*
osculador (matem.) / Oskulations..., Schmiegungs...
ósmico (química) / Osmium...
osmieto *m* / Osmiumlegierung *f*
ósmio *m*, Os / Osmium *n*, Os *n*
osmométrico / osmometrisch
osmómetro *m* / Osmometer *n* (für Messung osmotischer Drücke)
osmose *f* / Osmose *f*
osmótico / osmotisch
osona *f* (química) / Oson *n*
ossatura *f* / Gerippe *n*, Skelett *n*
osseína *f* / Knochenleim *m*
OU *m* **exclusivo** (informática) / exklusives ODER ‖ ~ **inclusivo** (informática) / einschließliches ODER, inklusives ODER
OU-OU *m* (comando numér.) / ENTWEDER-ODER *n*
ourela *f* (tecel.) / Leiste *f*, Salband *n*, Kante *f* ‖ ~ / Borte *f* ‖ ~ **da dobra** / Bruchkante *f*
ourives *m* / Goldschmied *m*
ouro *m* / Gold *n* ‖ **de** ~ / golden, von Gold, Gold... ‖ ~ **aluvial** / Alluvialgold *n*, Flußgold *n*, Seifengold *n* ‖ ~ **batido** / echtes Blattgold ‖ ~ **branco** / Weißgold *n* ‖ ~ **chapeado** / Dubleegold, Golddublee *n* ‖ ~ **de aluvião** / Seifengold *n* ‖ ~ **de lei** / Karatgold *n* ‖ ~ **de rio** / Flußgold *n* ‖ ~ **em barra** / Barrengold *n* ‖ ~ **em folha** / echtes Blattgold ‖ ~ **em folha para encadernador** / Buchbindergold *n* ‖ ~ **em lâminas** / Lahngold *n* ‖ ~ **em pó** / Goldstaub *m* ‖ ~ **fino** / Feingold *n* ‖ ~ **fulminante** / Knallgold *n* ‖ ~ **laminado** / Lahngold *n* ‖ ~ **maciço** / gediegenes Gold, massives Gold ‖ ~ **mate** / Mattgold *n* ‖ ~ **moído** / Muschelgold, Malergold *n* ‖ ~ **mussivo** / Musivgold *n* ‖ ~ **nativo** (expl. minas) / gediegenes Gold ‖ ~ **nativo** / Berggold *n* ‖ ~**-pigmento** *m* (mineralog.) / Auripigment *n*, Rauschgelb *n*, Arsentrisulfid *n* ‖ ~ **puro** / Feingold *n*
ouropel *m*, ouro-de-flandres *m* / Rauschgold *n*, Flittergold *n*
ouvinte *m* / Hörer *m*, Radiohörer *m*, Zuhörer *m*
ouvir / hören
oval *f* / Oval *n*, Eilinie *f*, Oval *n* ‖ ~ *adj* / oval, eiförmig
overdrive *m* (autom.) / Overdrive *m*
oviforme / eiförmig, eirund
OVNI *m* (objecto voador não identificado) / UFO (unbekanntes fliegendes Objekt), fliegende Untertasse (coll) *f*
ovo *m* **cósmico** / Ausgangsatom *n*
ovóide / eiförmig, eirund
oxalato *m* (química) / Oxalat *n*, Oxalsalz *n* ‖ ~ [de] / oxalsauer ‖ ~ **férrico** / Eisen(III)-oxalat *n* ‖ ~ **ferroso** / Eisen(II)-oxalat *n* ‖ ~ **ferroso amoniacal** / Eisen(II)-ammoniumoxalat *n*
oxálico / Oxal...
oxamida *f* (química) / Oxamid *n*
oxazina *f* / Oxazin *n*, Phenoxazin *n*
oxiacetileno *m* / Acetylensauerstoffgas *n*
oxiácido *m* / Oxysäure, Oxosäure *f*, Sauerstoffsäure *f*
oxicelulose *f* / Oxycellulose *f*
oxicloreto *m* / Oxychlorid *n* ‖ ~ **de carbono** / Chlorkohlenoxidgas *n*
oxidabilidade *f* / Oxydierbarkeit *f*
oxidação *f* / Oxydation *f*, Oxydationsvorgang *m*, Oxydieren *n*, Oxydierung *f* ‖ ~ **anódica** / anodische Oxydation, Eloxalverfahren *n*, Anodisieren, Eloxieren *n*
oxidado / oxydiert
oxidante *m* / Oxydationsmittel *n*, Oxydierungsmittel *n* ‖ ~ *adj* / oxidierend ‖ **naõ** ~ / oxydationsfrei, nicht oxydierend
oxidar / oxydieren ‖ ~**-se** / oxydiert werden, oxydieren *vi*, anlaufen
oxídase *f* / Oxydase *f*
oxidável / oxydierbar
oxidimetria *f* / Oxydimetrie *f*
oxidimétrico / oxydimetrisch
óxido *m* / Oxid *n* ‖ ~ **argentoso** / Silberoxid *n*, Ag_2O ‖ ~ **áurico** / Gold(III)-oxid *n*, Aurioxid *n* ‖ ~ **básico** / basisches Oxid ‖ ~ **branco de arsénio** / Hüttenrauch *m*, Giftmehl *n* ‖ ~ **calcinado** / geglühtes Oxid ‖ ~ **cúprico** / Kupfer(II)-oxid *n*, Cuprioxyd *n* ‖ ~ **cuproso** / Kupfer(I)-oxid *n*, Cuprooxid *n* ‖ ~ **de alumínio** (mineralog.) / Tonerde *f* ‖ ~ **de antimónio** / Antimonoxyd *n* ‖ ~ **de bário** / Bariumoxid *n*, Baryterde *f* ‖ ~ **de berílio** / Berylliumoxid *n* ‖ ~ **de cálcio** / Ätzkalk *m*, ungelöschter o. gebrannter Kalk ‖ ~ **de cobre** / Kupferoxid *n* ‖ ~ **de cobre amoniacal** / Kupferoxidammoniak, Schweitzers Reagens *n* ‖ ~ **de cromo** / Chromgrün *n*, Chromoxid *n* ‖ ~ **de dinitrogénio** / Lachgas *n*, Distickstoff-Monoxid *n* ‖ ~ **de érbio** / Erbiumoxid *n*, Erbinerde *f* ‖ ~ **de etileno** / Ethylenoxid *n*, Oxiran *n* ‖ ~ **de ferro** / Eisenoxid *n* ‖ ~ **de ferro hidratado** / Eisenoxidhydrat *n* ‖ ~ **de ferro ocroso** / Brauneisenocker *m* ‖ ~ **de índio** / Indium(III)-oxid *n* ‖ ~ **de itérbio** / Ytterbinerde *f*, Ytterbin *n* ‖ ~ **de ítrio** / Yttererde *f*, Ytterit *m* ‖ ~ **de lítio** / Lithiumoxid *n* ‖ ~ **de magnésio** / Bittererde *f*, Magnesiumoxid *n*, Magnesia *f* ‖ ~ **de nitrogénio** / Stickstoffoxid *n* ‖ ~ **de prata** (geral) / Silberoxid *n* ‖ ~ **de tório** / Thoriumoxid *n*, Thorerde *f* ‖ ~ **de zinco** / Zinkoxid *n*, -weiß *n* ‖ ~ **de zinco** [para o fabrico de cores] / Farbenzinkoxid *n*, Farboxid *n* ‖ ~ **de zinco plumbífero** / Mischoxid *n* ‖ ~ **emissivo** / Emissionsoxid *n* ‖ ~ **estânico** (química) / Zinn(IV)oxid, Zinndioxid *n* ‖ ~ **európico** / Europiumoxid *n* ‖ ~ **férrico** / Eisen(III)-oxid, Ferrioxid *n*, feinpulvriges Eisen(III)-oxid *n*, Caput mortuum ‖ ~ **ferroso** / Eisen(II)-oxid, -monoxid, Eisenoxydul *n* ‖ ~ **ferroso-férrico** / Eisen(II,III)-oxid *n*, Eisenoxiduloxid *n* ‖ ~ **manganoso** / Mangan(II)-oxid, Manganooxid *n*, Manganmonooxid *n*, MnO ‖ ~ **metálico** / Metalloxid *n* ‖ ~ **nítrico** / Stickoxid *n*, Stickstoffmonoxid *n* ‖ ~ **nitroso** / Stickstoffoxid *n*, Stickoxydul *n*, Lachgas *n* ‖ ~ **plúmbico** / Blei(IV)-oxid *n* ‖ ~ **urânico** / Urantrioxid, Uran(VI)-oxid *n* ‖ ~ **uranoso** / Urandioxid, -(IV)-oxid *n*
oxidrila *f* / Hydroxylgruppe *f*, Hydroxyl *n*
oxídulo *m* **de ferro** / Eisenoxidul *n*
oxigenação *f* / Sauerstoffanlagerung *f*, Oxydieren *n*

oxigenar / oxydieren, mit Sauerstoff verbinden o. anreichern
oxigenável / oxydierbar
oxigenífero / sauerstoffhaltig
oxigénio *m*, O / Sauerstoff *m*, O, Oxygen *n* ‖ ~ **atmosférico** / Luftsauerstoff *m* ‖ ~ **líquido** (foguete) / Flüssigsauerstoff *m*, LOX *n*
oxiquinolina *f* (química) / Oxychinolin *n*
oxi-redução, de ~ (química) / Redox...
ozocerita *f* / Erdwachs *n*
ozonífero / ozonhaltig, Ozon...
ozónio *m* / aktiver Sauerstoff, Ozon *n*, Trisauerstoff *m*
ozonização *f* / Ozonisierung, Ozonisation *f*, Ozonung *f*
ozonizador *m* / Ozonisierungsapparat *m*, Ozonisator *m*
ozonizar / ozonisieren, in Ozon verwandeln, mit Ozon behandeln
ozono *m* / Ozon *n*
ozonógrafo *m* / Ozonograph *m*, registrierendes Ozonoskop
ozonólise *f* / Ozonspaltung *f*, Ozonolyse *f*, Ozonabbau *m*
ozonómetro *m* / Ozonmesser *m*

P

P (artes gráf.) / Abschnittzeichen *n*, Paragraph *m*
pá *f* / Schaufel *f*, Spaten *m* ‖ **de quatro ~s** / vierflügelig ‖ **de três ~s** / dreiflügelig, Dreiblatt... ‖ ~ **carregadora** (constr. rodov.) / Frontlader *m*, Ladeschaufel *f* ‖ ~ **da hélice** / Propellerblatt *n*, -flügel *m*, Luftschraubenblatt *n*, Flügel *m* ‖ ~ **da hélice** (constr. naval) / Schraubenblatt *f* ‖ ~ **de draga** / Baggerschaufel *f* ‖ ~ **de guia** (máq., tecnol.) / Leitflügel *m* ‖ ~ **de turbina** / Turbinenschaufel *f* ‖ ~ **de ventilador** / Gebläseflügel *m* ‖ ~ **directriz**, pá *f* fixa (turbina) / Leitschaufel *f* ‖ ~ **do remo** / Ruderblatt *n* ‖ ~ **mecânica** (constr. civil) / Schaufellader, -dozer *m* ‖ ~ **mecânica** (constr. rodov.) / Lader *m*, Pflugbagger *m* ‖ ~ **móvel** (turbina) / Laufschaufel *f* ‖ ~ **pneumática** / Spatenhammer *m*
pacote *m* / Pack *m n*, Packen *m*, Ballen *m*, Paket *n* ‖ ~ **de lâminas** (electr.) / Blechpaket *n*, Ankerpaket *n*
padieira *f* (constr. civil) / Türsturz *m*
padrão *m* (geral) / Muster *n*, Vorbild *n* ‖ ~ (máq. ferram.) / Leitlineal *n* ‖ ~ / Eichmaß *n* ‖ ~ **de comparação da rugosidade** / Oberflächen-Vergleichsmuster *n* (DIN 4769) ‖ ~ **de frequência** / Frequenznormal *n* ‖ ~ **de intensidade da cor** / Farbtiefestandard *m* ‖ ~ **de resistência** / Widerstandsnormal *n* ‖ ~ **de tempo** / Zeitraster *m* (Drucker) ‖ ~ **graduado** / Teilschablone *f* ‖ ~ **industrial** / Industrienorm *f* ‖ ~ **operacional** (máq., tecnol.) / Arbeitslehre *f*
padronização *f* / Standardisierung *f*, Normung *f*
padronizado / genormt, Standard...
padronizar / standardisieren
página *f* (artes gráf.) / Seite *f* ‖ **numa ~ inteira** (artes gráf.) / ganzseitig ‖ ~ **de prova** (artes gráf.) / Probeseite *f* ‖ ~ **de rosto** (artes gráf.) / Titelblatt *n*, -seite *f* ‖ ~ **direita de livro aberto** (artes gráf.) / Schöndruckbogen *m* ‖ ~ **em branco** (artes gráf.) / erste Seite ‖ ~ **ímpar** (artes gráf.) / Schöndruckseite *f* ‖ ~ **impressa** (artes gráf.) / Druckseite *f* ‖ ~ **par** (artes gráf.) / Widerdruckseite, Rückseite *f*
paginação *f* (artes gráf.) / Umbruch *m*, Paginieren *n* ‖ ~ (informática) / Seitenadressierung *f*, Paging *n* (Programm-Umbruch in Seiten zu je 1024 Wörtern) ‖ ~ (artes gráf.) / Seitennummer *f*
paginar (artes gráf.) / zu Seiten umbrechen, paginieren
paina *f* / Bombaxwolle *f*
painço *m* (agricult.) / Hirse *f*
painel *m* (marcenar.) / Füllung *f* ‖ ~ (constr. civil) / Feld *n* ‖ ~ / Füllwand *f*, [Wand]Tafel *f* ‖ **em painéis** (marcenar.) / in Füllungen eingeteilt ‖ ~ **central** / Mittelfeld *n* ‖ ~ **de bateria** (telecom.) / Batteriefeld *n* ‖ ~ **de comando** (informática) / Schaltfeld *n*, -tafel *f*, Bedienungfeld *n* ‖ ~ **de comando** (técn. ferrov.) / Stelltafel *f* ‖ ~ **de comando centralizado** (técn. ferrov.) / Streckenstelltafel *f* ‖ ~ **de conexões** (informática) / Stecktafel *f*, -brett *n*, Schalttafel *f* ‖ ~ **de conexões** (electrón.) / Steckbrett *n* ‖ ~ **de contactos** (telecom., electrón.) / Kontaktfeld *n* ‖ ~ **de controlo** / Apparatetisch *m* ‖ ~ **de controlo** (informática) / Bedienungspult *n*, -tisch *m* ‖ ~ **de controlo de operador** (informática) / Bedienungssteuerpult *n* (IBM) ‖ ~ **de correcção** (informática) / Steckpult *n*, Bedienungspult *n* ‖ ~ **de distribuição** (electr.) / Schalttafel *f* ‖ ~ **de distribuição de carga** (electr.) / Ladeschalttafel *f* ‖ ~ **de instrumentos** (autom.) / Armaturenbrett *n*, Instrumentenbrett *n* (DIN) ‖ ~ **de jacks**, painel *m* de jaques (telecom.) / Klinkenfeld *n* ‖ ~ **de lâmpadas** / Lampenfeld *n* [für Nummernanzeige] ‖ ~ **de ligações** (electr.) / Schaltfeld *n* ‖ ~ **de ligações** (electrón.) / Schaltbrett *n* ‖ ~ **de porta** / Türfüllung *f*, Fach, Feld *n*, (der gestemmten Tür) ‖ ~ **de terminais** (electr.) / Anschlußfeld *n* ‖ ~ **distribuidor de bateria** / Batterieschalttafel *f* ‖ ~ **indicador** / Anzeigetafel *f* ‖ ~ **luminoso** / Leuchtenfeld *n* ‖ ~ **posterior**, painel *m* traseiro / Rückwand *f* eines Gehäuses
paiol *m* (expl. minas) / Sprengstofflager *n*, -stoffmagazin *n* ‖ ~ **de amarras** / Kabelgatt *n* ‖ ~ **de minério** / Erzbunker *m*, Erztasche *f*
pairador, pairante / schwebend (in der Luft)
pairar / schweben
paisagista *m f* / Landschaftsarchitekt *m*
pala *f* / Mützenschirm *m* ‖ ~ (técn. ferrov.) / Abdeckschirm *m* an Signalleuchten ‖ ~ (calçado) / Lasche *f* ‖ ~ **de obturação** / Flügelblende *f* ‖ ~ **de sol** (autom.) / Sonnenblende *f* ‖ ~ **pára-lamas** (autom.) / Schmutzfänger *m*
paládico / Palladium(IV)-...
paládio *m*, Pd (química) / Palladium *n*, Pd
paladoso / Palladium(II)-...
palavra *f* (geral, informática) / Wort *n* ‖ ~ **chave** (informática) / Schlüsselwort *n* ‖ ~ **de código** / Schlüsselwort *n*, Codewort *n* ‖ ~ **de comprimento fixo** (informática) / Festwort *n*, Wort *n* fester Länge (z.B. 4 Bytes) ‖ ~ **de controlo** (informática) / Leitzelle *f* ‖ ~ **de instrução** (informática) / Befehlswort *n* ‖ ~ **de máquina** (informática) / Maschinenwort *n* ‖ ~ **de memória** (informática) / Speicherwort *n* ‖ ~ **dupla** (informática) / Doppelwort *n* ‖ ~ **índice** (informática) / Indexwort *n* ‖ ~ **telegráfica** / Telegrammwort *n*
palco *m* / Bühne *f*, Bühnenhaus *n* ‖ ~ **giratório** / Drehbühne *f*
paleolítico *m* / Paläolithikum *n*, Altsteinzeit *f*
paleta *f* / Palette *f*, Stapelplatte *f* ‖ ~ (porcelana) / Farbenplatte *f* ‖ ~ **reutilizável** / Dauerpalette *f*
paletização *f* / Palettieren *n*
paletizar / auf Paletten stapeln
palha *f* / Stroh *n* ‖ ~ **de aço** / Stahlwolle *f* ‖ ~ **de linho** / Strohflachs *m*
palheta *f* / Lüfterflügel *m* ‖ ~ **amortecedora** (instr.

medição) / Dämpferflügel *m* ‖ ~ **de difusor** / Diffusorschaufel *f* ‖ ~ **directriz de entrada** / Eintrittsleitschaufel, Dralldrossel *f*
palhetão *m* (serralhar.) / Bart *m*, Angriff *m* am Riegel, Schlüsselbart *m*
paliçada *f* / Staket *n*, Lattenzaun *m*
pálido / blaß, bleich
palissandra *f* / Palisanderholz *n*
palmela *f* (serralhar.) / Fischband *n*
pálmer *m* / Schraubenlehre *f*
palmitina *f* / Palmitin *n*
palmo *m* / Spanne *f* der Hand
palpável / greifbar
p-aminoazobenzeno *m* / p-Aminoazobenzol *n*
panabásio *m* (mineralog.) / Antimonfahlerz *n*, Tetraedrit *m*
pancada *f* / Schlag *m*, Stoß *m*, Aufschlag *m*
pancromático / panchromatisch
panela *f* / Topf *m* ‖ ~ **de escape com difusor** / Düsenauspufftopf *m* ‖ ~ **de fundição** / Gießpfanne *f*, Pfanne *f* ‖ ~ **de pressão** / Dampfkochtopf *m* (Haushalt)
panfleto *m* / Flugblatt *n*
pano *m* / Tuch *n*, Stoff *m*, Gewebe *n*, Zeug *n* ‖ **~-couro** *m* / Ledertuch *n* ‖ ~ **de cadeia de algodão** / Tuch mit baumwollener Kette, halbwollenes Tuch ‖ ~ **de feltro** / Filztuch *n* ‖ ~ **de impressão** (artes gráf.) / Farbtuch *n* ‖ ~ **de lençol** / Bettuchstoff *m* ‖ ~ **filtrante** / Siebtuch *n* ‖ ~ **não pisoado** / Loden *m*
panorâmico / Panorama..., Aussichts..., Rundblick...
pântano *m* / Morast *m*, Sumpf *m*, Moor *n* ‖ ~ **salino** / Salzmarsch *f*
pantanoso / sumpfig, Moor..., moorig
pantógrafo *m* (técn. ferrov.) / Fahrdrahtbügel *m*, Stromabnehmer *m* ‖ ~ (desenho industr.) / Pantograph *m*, Storchschnabel *m* ‖ ~ **em paralelogramo articulado** (técn. ferrov.) / Scherenstromabnehmer *m*
pão *m* **de açúcar** / Zuckerhut *m*
papa *f* / Brei *m* ‖ ~ **de bário** (raios X) / Bariumbrei *m*
papel *m* / Papier *n* ‖ ~ **à prova de gordura** / fettdichtes Papier ‖ ~ **acetinado** / Atlaspapier *n*, Glanzpapier *n*, satiniertes Papier ‖ ~ **adamascado** / Damastpapier *n* ‖ ~ **albuminado** / Albuminpapier *n*, Eiweißpapier *n* ‖ ~ **alcatroado** / Teerpapier *n* ‖ ~ **almaço** / Kanzleipapier *n* ‖ ~ **amidoado com iodeto de potássio** / Jodkaliumstärkepapier *n* ‖ ~ **Aristo** (técn. fotogr.) / Aristopapier *n* ‖ ~ **asfaltado** / Asphaltpapier *n* ‖ ~ **auto-adesivo** / Haftklebepapier *n* ‖ ~ **autográfico** / Autographenpapier *n* ‖ ~ **betumado** / bituminiertes Papier ‖ **~-bíblia** *m* / Bibeldruckpapier *n* ‖ ~ **Bristol** / kartonstarkes Zeichenpapier, Bristolpapier *n* ‖ ~ **busca-pólos** (electr.) / Polreagenspapier *n*, -reagenzpapier *n* ‖ ~ **carbono** / Kohlepapier *n* ‖ ~ **chintz** / Chintzpapier *n* ‖ ~ **colorido** / Buntpapier *n* (in der Masse gefärbt) ‖ ~ **contínuo** / Rollenpapier *n* ‖ ~ **couché** / gestrichenes Papier, Kunstdruckpapier *n* ‖ ~ **crepe**, papel *m* crepom / Krepppapier *n* ‖ ~ **cromado** (artes gráf.) / Chromopapier *n* ‖ ~ **da China** / Chinapapier *n* ‖ ~ **da ndia** / Leinenpapier *n* ‖ ~ **da ndia** / Bibeldruckpapier *n* ‖ ~ **dador** / Geberpapier *n* ‖ ~ **de acetato de chumbo** / Bleiacetatpapier *n* ‖ ~ **de alfa** (papel) / Alfapapier *n* ‖ ~ **de amianto** / Asbestpapier *n* ‖ ~ **de barita** / Barytpapier *n* ‖ ~ **de brometo de prata** (técn. fotogr.) / Bromsilberpapier *n* ‖ ~ **de contacto** (técn. fotogr.) / Gaslichtpapier, Chlorbromsilberpapier *n* ‖ ~ **de contratracção** / Gegenzugpapier *n* ‖ ~ **de cópia** (papel) / Durchschlagpapier *n* ‖ ~ **de cuba** / handgeschöpftes Papier ‖ ~ **de desenho** / Zeichenpapier *n* ‖ ~ **de embalagem** (papel) / Einschlagpapier *n* ‖ ~ **de embrulho** / Packpapier *n* ‖ ~ **de estanho** (papel) / Silberpackpapier *n* ‖ ~ **de feltro** / Filzpapier *n* ‖ ~ **de ferroprussiato** / Blaudruckpapier *n* ‖ ~ **de filtro** / Filterpapier *n*, Filtrierpapier *n* ‖ ~ **de gaze** / Gazepapier *n* ‖ ~ **de guarda** (papel) / Vorsatzpapier *n* ‖ ~ **de impressão** / Druckpapier *n* ‖ ~ **de intercalação** (encadernação) / Durchschußpapier *n* ‖ ~ **de linho** / Leinenpapier *n* ‖ ~ **de minuta** / Konzeptpapier *n* ‖ ~ **de nitrificação** / Nitrierpapier *n*, -rohstoff *m* ‖ ~ **de palha** / Strohpapier *n* ‖ ~ **de palha lixiviada ou macerada** / Gelbstrohpapier *n* ‖ ~ **de parede** / Tapete *f*, Papiertapete *f* ‖ ~ **de parede lavável** / abwaschbare Tapete ‖ ~ **de pasta mecânica** / Holz[stoff]papier *n*, Holzschliffpapier *n*, holzhaltiges Papier ‖ ~ **de pedra-pomes** / Bimssteinpapier *n* ‖ ~ **de prata** (papel) / Silberpackpapier *n* ‖ ~ **de ráfia** / Bastpapier *n* ‖ ~ **de rascunho** / Entwurfpapier *n*, Konzeptpapier *n* ‖ ~ **de reacção química** / Reaktionsdurchschreibepapier *n* ‖ ~ **de revelação** (técn. fotogr.) / Entwicklungspapier *n* ‖ ~ **de seda** / Seidenpapier *n* ‖ ~ **de tina** / handgeschöpftes Papier ‖ ~ **de trapos** / Hadernpapier *n* ‖ ~ **diáfano** / Buntglaspapier *n* ‖ ~ **do Japão** / Japanpapier *n* ‖ ~ **duplicador** / Abzugpapier *n* ‖ ~ **duro** / Hartpapier *n* ‖ ~ **em bobinas** / Rollenpapier *n* ‖ ~ **emporético** / Filterpapier *n* ‖ ~ **encerado** / Ölpapier *n* ‖ ~ **endurecido** / Hartpapier *n* ‖ ~ **envernizado** / Lackpapier *n*, Firnispapier *n* ‖ ~ **epoxi** / Epoxypapier *n* ‖ ~ *f* **feito à mão** / Büttenpapier *n* ‖ ~ *m* **filigranado** / Filigranpapier *n* (Papier mit Wasserzeichen) ‖ ~ **fino** / Feinpapier *n* ‖ ~ **fino para impressão** / Dünndruckpapier *n* ‖ ~ **florpost** / Florpost *f* ‖ ~ **fotográfico** / lichtempfindliches Papier ‖ ~ **fotográfico preto** / schwarzes Lichtschutzpapier ‖ ~ **"gaslight"** (técn. fotogr.) / Gaslichtpapier, Chlorbromsilberpapier *n* ‖ ~ **glacé** (artes gráf.) / Hochglanzpapier *n*, Glacé-Papier *n* ‖ ~ **hectográfico** / Hektographenpapier, -blatt *n*, Umdruckpapier *n* ‖ ~ **heliográfico** / Blaupauspapier *n*, Pauspapier *n* ‖ ~ **indicador** / Indikatorpapier *n* ‖ ~ **iodoamidoado** / Jodkaliumstärkepapier *n* ‖ ~ **isento de pasta mecânica** (artes gráf.) / holzschlifffreies Papier ‖ ~ **Kraft** / Kraftpapier *n* ‖ ~ **Kraft para sacos** / Kraftsackpapier *n* ‖ ~ **laminado** (plást.) / geschichtetes Hartpapier (z.B. Pertinax) ‖ ~ **litográfico** / Lithographenpapier *n* ‖ ~ **logarítmico** / einfachlogarithmisches Diagrammpapier, Exponentialpapier *n* ‖ ~ **lustroso** / Hochglanzpapier *n* ‖ ~ **marmoreado** / marmoriertes Papier, Marmorpapier *n* ‖ ~ **mascado** / Papiermaché *n* ‖ ~ **mata-borrão** / Löschpapier *n*, Löschblatt *n*, Fließpapier *n* ‖ ~ **mate** (técn. fotogr.) / Mattpapier *n* ‖ ~ **metalizado** / Metallpapier *n* ‖ ~ **milimétrico** / Millimeterpapier *n* ‖ ~ **nitrado** / Salpeterpapier *n* ‖ ~ **offset** / Offsetpapier *n* ‖ ~ **oleado** / Ölpapier *n* ‖ ~ **ondulado** / Wellpapier *n* ‖ ~ **ondulado para decoração** / Dekorationswellpapier *n* ‖ ~ **ozonoscópico** / Ozon[reagens]papier *n* ‖ ~ **para cópias** / Kopierpapier *n* ‖ ~ **para cópias directas** (técn. fotogr.) / Auskopierpapier *n* ‖ ~ **para decoração** / Dekorationspapier *n* ‖ ~ **para duplicador de estêncil**, papel *m* para duplicador de stencil / Saugpostpapier *n* ‖ ~ **para impregnação com resinas sintéticas** / Dekorpapier *n* ‖ ~ **para livros** / Buchdruckpapier *n* ‖ ~ **para provas** (artes gráf.) / Abziehpapier *n* ‖ ~ **para tipografia** (artes gráf.) / Hochdruckpapier *n* ‖ ~ **pardo** / Braunholzpapier *n* ‖ ~ **pardo de embrulho** / Schrenzpapier *n* ‖ ~ **pautado** / Linienpapier *n*,

liniertes Papier ‖ ~ **pintado** / Papiertapete *f*, Tapete *f* ‖ ~ **quadriculado** / kariertes Papier ‖ ~ **quadriculado** (tecel.) / Linienpapier *n*, Patronenpapier *n* ‖ ~ **químico** / Kohlepapier *n*, NCR-Papier *n*, Durchschreibpapier, Karbonpapier *n* ‖ ~ **reactivo** / Reagenzpapier *n* ‖ ~ **reagente** (química) / Probierpapier *n*, Reagenzpapier *n* ‖ ~ **recebedor** / Nehmerpapier *n* ‖ ~ **reversível** (técn. fotogr.) / Umkehrpapier *n* ‖ ~ **self-contained**, papel *m* sc / SC-Papier *n* ‖ ~ **semi-log** / halblogarithmisches Papier ‖ ~ **sensibilizado**, papel *m* sensível / lichtempfindliches Papier ‖ ~ **sintético** / Kunststoffpapier *n* ‖ ~ **superfino** / Feinstpapier *n* ‖ ~**-tela** *m* / Leinwandpapier *n* ‖ ~ **termocolante** / Heißklebepapier *n* ‖ ~ **tornassol** / Lackmuspapier *n* ‖ ~ **usado** / Altpapier *n* ‖ ~ **vegetal** / Pauspapier (durchscheinend), Butterbrotpapier *n* ‖ ~ **velho** / Altpapier *n* ‖ ~ **velino** / Velinpapier *n* (vegetabilisch) ‖ ~**-veludo** *m* / Flocktapete *f* ‖ ~ **vergê** / Papier mit Egoutteurrippung

papelão *m* / Hartpappe, Graupappe *f*, Kartonpapier *n*, Pappe *f*, Karton *m*, Einlagenkarton *m* ‖ ~ **alcatroado**, papelão *m* asfaltado / Dachpappe *f* ‖ ~ *f* **asfaltado para telhados** / Asphaltpappe *f* ‖ ~ *m* **betuminado** / Bitumenpappe *f*, Dachpappe *f* ‖ ~ **betuminado para revestimento de telhados** / Bitumendachpappe *f* ‖ ~ **de amianto** / Asbestpappe *f* ‖ ~ **envernizado** / Elektrolackpappe *f* ‖ ~ **feltrado** (constr. civil) / Filzpappe *f* ‖ ~ **isolante** / Dämmpappe *f* ‖ ~ **isolante asfaltado** / Asphaltisolierpappe *f* ‖ ~ **para isolamentos** / Baupappe *f*

papiráceo / papierartig

paquete *m* / Fahrgastschiff *n*

paquímetro *m* / Meßkluppe *f* ‖ ~ **de nónio** / Noniusschublehre *f*

par *m* / Paar *n* ‖ **aos ~es** / gepaart, paarweise ‖ ~ **de engrenagens cónicas** / Kegelräderpaar *n* ‖ ~ **de fios** / Adernpaar *n* ‖ ~ **de impulsos ou pulsos de interrogação** / Abfrageimpulspaar *n* ‖ ~ **electrónico ou eletrônico** / Elektronenpaar *n* ‖ ~ **térmico** (electr.) / Thermoelement *n*

pára-balas *m* (armamento) / Kugelfang *m*

parábola *f* / Parabel *f*

parabólico / parabolisch, Parabel...

paraboloidal / paraboloidisch

parabolóide *m* / Paraboloid *n* ‖ ~ **de revolução** / Drehparaboloid *n*, Umdrehungsparaboloid *n*

pára-brisas *m*, pára-brisa *m* (autom.) / Windschutzscheibe *f* ‖ ~ **curvo** (autom.) / gebogene Windschutzscheibe

pára-chamas *m* (aeronáut.) / Flammendämpfer *m*, Flammensperre *f*, Flammenschutz *m*

pára-chispas *m* (electr.) / Funkenlöscher *m*

pára-choque(s) *m* (técn. ferrov.) / Puffer *m*, Prellbock *m*

pára-choques *m* / Stoßvorrichtung *f*, Puffer *m* ‖ ~ (autom.) / Stoßfänger *m* (DIN), Stoßstange *f* ‖ ~ **angular** (autom.) / Eckenstoßfänger *m* ‖ ~ **de mola** / Federpuffer *m* ‖ ~ **em borracha** (autom.) / Gummistoßdämpfer *m*, -stoßfänger *m*

parácora *f* (química, física) / Parachor *m*

parada *f* (máq., tecnol.) / Stillstand *m* ‖ ~ (transp. públicos) / Haltestelle *f* ‖ ~ **[automática] de trens** (técn. ferrov.) / Fahrsperre *f*

paradiafonia *f* (telecom.) / Gegennebensprechen *n*, Nahnebensprechen *n*

parado (máq., tecnol.) / außer Gang, außer Betrieb ‖ **estar ~** / stillstehen, -liegen

parafina *f* / Paraffin *n*, Grenzkohlenwasserstoff *m* ‖ ~ **líquida** / flüssiges Paraffin ‖ ~ **mole** / Weichparaffin *n*

parafinar / paraffinieren, mit Paraffin tränken o. überziehen o. behandeln

parafínico / paraffinisch, paraffinhaltig

pára-fogo *m* (técn. ferrov.) / Feuerschutz *m* ‖ ~ / Feuerschirm *m*

parafuso *m* / Schraube *f* (ohne Mutter) ‖ ~ (aeronáut.) / Trudeln *n* ‖ ~ **auto-atarraxador** / Schneidschraube *f* (DIN), selbstschneidende Gewindeschraube ‖ ~ **centralizador** (autom.) / Federschraube *f* ‖ ~ **com cabeça e porca** / Mutterschraube *f* ‖ ~ **com cabeça lenticular** / Linsenkopfschraube *f* ‖ ~ **com chaveta** / Keilschraube *f* ‖ ~ **com cunha** / Keilschraube *f* ‖ ~ **com mola** (autom.) / Federschraube *f* ‖ ~ **com olhal** / Ösenschraube *f* ‖ ~ **com porca** / Schraube *f* mit Mutter ‖ ~ **com rosca à esquerda** / linksgängige Schraube ‖ ~ **da direcção** / Lenkschraube *f* ‖ ~ **de ajuste** / Verstellschraube *f*, Einstellschraube *f*, Justierschraube *f*, Paßschraube *f*, Stellschraube *f* ‖ ~ **de ajuste da caixa de mancal do eixo** (técn. ferrov.) / Achslagerschraube *f* ‖ ~ **de ajuste da marcha em vazio** / Leerlaufbegrenzungsschraube *f* ‖ ~ **de ajuste do freio**, parafuso *m* de ajuste do travão / Bremseinstellschraube *f* ‖ ~ *f* **[de ajuste] micrométrico** (instr.) / Feineinstellschraube *f* ‖ ~ *m* **de alimentação** / Schneckenförderer *m*, Zuführschnecke *f* ‖ ~ **de ancoragem** (constr. civil) / Ankerschraube *f* ‖ ~ **de aperto** (mecân.) / Klemmschraube *f* ‖ ~ **de aperto da fresa** / Fräseranzugschraube *f* ‖ ~ **de aperto manual** / Handschraube *f* ‖ ~ **de Arquimedes** / archimedische Schraube ‖ ~ **de Arquimedes** (hidrául.) / archimedische Wasserschraube, -schnecke *f* ‖ ~ **de avanço** / Schaltschraube *f* ‖ ~ **de avanço** (torno) / Leitspindel *f* ‖ ~ **de cabeça** (máq., tecnol.) / Kopfschraube *f* ‖ ~ **de cabeça boleada e colo quadrado** / Flachrundschraube *f* mit Vierkantansatz (DIN 603) ‖ ~ **de cabeça chata** / Flachkopfschraube *f* ‖ ~ **de cabeça cilíndrica** / Zylinderschraube *f* ‖ ~ **de cabeça de tremoço** / Halbrundkopfschraube *f* ‖ ~ **de cabeça escareada** / Senkschraube *f*, Kegelsenkschraube *f* ‖ ~ **de cabeça fendida** / Schlitzkopfschraube *f* ‖ ~ **de cabeça lenticular** / Linsenschraube *f* (DIN 85) ‖ ~ **de cabeça lobulada** / Lappenschraube *f* ‖ ~ **de cabeça polida** / Schraube mit blankem Kopf ‖ ~ **de cabeça quadrada** / Vierkantschraube *f* ‖ ~ **de cabeça rectangular** / Hammerschraube *f*, Hammer[kopf]schraube *f* ‖ ~ **de cabeça semi-redonda** / Halbrundschraube *f* ‖ ~ **de cabeça sextavada** / Sechskantschraube *f* (DIN 931) ‖ ~ **de catraca** / Gefühlschraube *f* ‖ ~ **de cobertura** / Hutschraube *f* (DIN 25197) ‖ ~ **de colar** / Bundschraube *f* (DIN 173) ‖ ~ **de comando do avanço** (máq. ferram.) / Vorschubspindel *f* ‖ ~ **de contrapressão** (máq., tecnol.) / Gegendruckschraube *f* ‖ ~ **de descarga** / Ablaßschraube *f*, -stopfen *m*, Entleerungsschraube *f* ‖ ~ **de dreno** / Ablaufschraube *f* ‖ ~ **de eixo reduzido** / Dehnschaftschraube *f* ‖ ~ **de engate** (técn. ferrov.) / Kuppelschraube *f* ‖ ~ **de extrusor** / Extruderschnecke *f* ‖ ~ **de fendas em cruz** / Kreuzschlitzschraube *f* ‖ ~ **de fixação** / Stellschraube *f*, Klemmschraube *f*, Sicherungsschraube *f*, Halteschraube *f* ‖ ~ **de folha metálica** / Blechschraube *f* ‖ ~ **de furos cruzados** / Kreuzlochschraube *f* ‖ ~ **de guia** / Führungsschraube *f* ‖ ~ **de ligação** / Verbindungsschraube *f* ‖ ~ **de ligação à terra** / Erdungsschraube *f* ‖ ~ **de madeira** / Holzschraube *f*, hölzerne Schraube ‖ ~ **de máquina** / Maschinenschraube *f* ‖ ~ *f* **de nivelamento** / Einstellschraube *f* (Nivellierung) ‖ ~ *m* **de nivelar** (balança) / Fußschraube *f* ‖ ~ *f* **de orelhas** /

Flügelschraube *f* ‖ ~ *m* **de passo diferencial** / Differentialschraube *f* ‖ ~ **de percussão** / Schlagschraube *f* ‖ ~ **de pressão** / Preßschraube *f*, Druckschraube *f* ‖ ~ **de purga** / Ablaufschraube *f* ‖ ~ **de purga do ar** / Entlüftungsschraube *f* ‖ ~ **de regulação** / Verstellschraube *f*, Einstellschraube *f*, Stellschraube *f* ‖ ~ **de reigada quadrada** / Schloßschraube *f* (DIN 603) ‖ ~ **de relevação** / Abdrückschraube *f* (für Räder) ‖ ~ **de ressalto** / Ansatzschraube *f* ‖ ~ **de retenção** / Sicherungsschraube *f* ‖ ~ **de rosca quadrada**, parafuso *m* de rosca rectangular / Schraube *f* mit Flachgewinde ‖ ~ **de rosca redonda** / Schraube *f* mit Rundgewinde ‖ ~ **de rosca triangular** / Schraube *f* mit scharfgängigem Gewinde ‖ ~ **de segurança** / Halteschraube *f* ‖ ~ **de tampa** / Hutschraube *f* (DIN 25197) ‖ ~ **de tensão** (máq., tecnol.) / Zugschraube *f* ‖ ~ **fixador** (máq., tecnol.) / Abziehschraube *f* ‖ ~ **fixador para freio**, parafuso *m* fixador para travão / Brems[anzieh]schraube *f* ‖ ~ **forjado** / geschlagene, maschinengeschmiedete Schraube ‖ ~ **graduado** / Skalenschraube *f* (DIN 58450) ‖ ~ **limitador** / Anschlagschraube *f*, Begrenzungsschraube *f*, Stellschraube *f* ‖ ~ **micrométrico** / Mikrometerschraube *f*, Feinstellschraube *f* ‖ ~ **micrométrico para interiores** / Innenmikrometerschraube *f* ‖ ~ **motor** (máq., tecnol.) / Triebschraube *f* ‖ ~ **móvel** / Bewegungsspindel, -schraube *f* ‖ ~ **para ajuste preciso** / Feinstellschraube *f* ‖ ~ **para madeira** / Holzschraube *f* (Metallschraube zum Schrauben in Holz) ‖ ~ **para metal** / Maschinenschraube *f* ‖ ~ **para talas** / Laschenschraube *f* ‖ ~ **Parker** / Blechtreibschraube *f* ‖ ~ **pela cauda** (aeronáut.) / Abstrudeln *n* ‖ ~ **Philips** / Kreuzschlitzschraube *f* ‖ ~ **polido** / blanke Schraube ‖ ~ **sem cabeça** / Gewindestift *m* (DIN) ‖ ~ **sem cabeça com fenda e pivô** / Gewindestift *m* mit Schlitz und Zapfen (DIN 417) ‖ ~ **sem cabeça parcialmente roscado** / Schaftschraube *f* (DIN 427) ‖ ~ **sem-fim** / Schraube *f* ohne Ende, Schnecke *f* ‖ ~ **sem-fim articulado** / Gliederschnecke *f* ‖ ~ **sem-fim basculante** / Fallschnecke *f* ‖ ~ **sem-fim da direcção** (autom.) / Steuerschnecke *f* ‖ ~ **sem-fim de duas roscas** / Doppelschnecke *f* ‖ ~ **sem-fim para ensacar** / Absackschnecke *f* ‖ ~ **serrilhado** / Kordelschraube *f*, gerändelte Schraube ‖ ~ **sextavado interno** / Innensechskantschraube *f* ‖ ~ **tensor** / Spannschraube *f*, Festspannschraube *f* ‖ ~ **tensor** (máq. ferram.) / Anzugsschraube *f* ‖ ~ **tensor da mola** / Federspanner *m*, -spannschraube *f*

parafusos *m pl* **antagonistas** / gegeneinander wirkende Justierschrauben *f pl*

paragem *f* / Stockung *f*, Stillstand *m*, Anhalten *n* ‖ ~ (transp. públicos) / Haltestelle *f* ‖ ~ **automática** / Selbstabstellung *f* ‖ ~ **[automática] de comboios** (técn. ferrov.) / Fahrsperre *f* ‖ ~ **breve** (fita magn.) / Schnellstopp *m* ‖ ~ **brusca** (máq., tecnol.) / Stocken *n*, plötzliches Anhalten ‖ ~ **de emergência** (técn. nucl.) / Schnellschluß *m* ‖ ~ **de operações** / Betriebseinstellung *f* ‖ ~ **não programada** (informática) / unerklärliche Blockierung

parágrafo *m* (artes gráf.) / Absatz *m*, Abschnitt *m*

paraláctico / parallaktisch

pára-lama *m* (bicicleta) / Schutzblech *n*

pára-lama(s) *m* (autom.) / Kotflügel *m*

paralaxe *f* / Parallaxe *f*

paralela *f* (matem.) / Parallele *f*

paralelepípedo *m* **rectângulo** (matem.) / Quader *m*

paralelipídedo *m* (matem.) / Spat *m*

paralelipípedo *m* (constr. rodov.) / Pflasterstein [in Würfelform] *m*

paralelismo *m* / Parallelität *f*

paralelo [a] / parallel [zu] ‖ **em** ~ (electr.) / nebeneinander, parallel ‖ ~ **ao eixo** / achsparallel ‖ ~ **de latitude** (geogr.) / Breitenkreis *m* ‖ ~ **por bit** (informática) / bitparallel

paralelogramo *m* / Parallelogramm *n*

parálico (geol) / paralisch

pára-luz *m* / Blendschirm *m*

paramagnético / paramagnetisch

paramagnetismo *m* / Paramagnetismus *m*

parâmetro *m* / Parameter *m* ‖ ~ (informática) / Ordnungsbegriff *m* ‖ ~ **arbitrário** / freier Parameter ‖ ~ **de impacto** (técn. nucl.) / Stoßparameter *m* ‖ ~ **formal** (informática) / Formalparameter *m* (ALGOL) ‖ ~ **nulo** (informática) / fehlender Parameter ‖ ~ **terminal** (FORTRAN) / Endparameter *m* einer Schleife ‖ ~ **y** (semicondut.) / y-Vierpolparameter *m*

parapeito *m* / Brüstungsmauer *f*, Fensterbrüstung *f*, Mauerbrüstung *f* ‖ ~ (siderurg.) / Vorderwand, Brust *f* ‖ ~ (constr. civil) / Balustrade *f*, Geländer *n*, Schutzgeländer *n*

pára-quedas *m* / Fallschirm *m* ‖ ~ **automático** / Fallschirm *m* mit Aufziehleine am Flugzeug ‖ ~ **com extractor** / Fallschirm *m* mit Auszieh- o. Hilfsfallschirm ‖ ~ **de desaceleração** (aeronáut., astronáut.) / Bremsfallschirm *m* ‖ ~ **de recuperação** (astronáut.) / Bergungsfallschirm *m* ‖ ~ **livre**, pára-quedas *m* sem corda de abertura / Freifallschirm *m*, Fallschirm *m* ohne Aufziehleine ‖ ~ **luminoso** / Leuchtfallschirm *m*

parar / anhalten *vt*, stillegen, arretieren, stillsetzen, aufhalten, außer Gebrauch setzen, stoppen, außer Betrieb setzen ‖ **fazer** ~ / stoppen *vt*, anhalten *vt*

pára-raios *m* / Blitzableiter *m* ‖ ~ **de disco** / Scheibenblitzableiter *m* ‖ ~ **electrolítico** / elektrolytischer Überspannungsableiter ‖ ~ **em forma de chifre** / Hörner[blitz]ableiter *m*

parasita *m* (biol.) / Schmarotzer *m*, Parasit *m*

parasitas *m pl* (electrón.) / Störgeräusche *n pl*, Störungen *f pl* ‖ ~ (agricult.) / Schädlinge *m pl*, Parasiten *m pl*

pára-sol *m* (técn. fotogr.) / Gegenlichtblende *f*, Sonnenblende *f*

pára-vento *m* / Windschirm, -schutz *m*

paraxial / achsenparallel, paraxial

parcela *f* / Parzelle *f* ‖ ~ (silvicult.) / Abteilung *f*

parcelar / aufteilen, teilen, abteilen ‖ ~ (agricult.) / zerstückeln, parzellieren

parcial / partiell, teilweise, Teil..., stellenweise

parcómetro *m* / Parkuhr *f*, Parkzeituhr *f*, Parkometer *n*

pardo / bräunlich ‖ ~ **argila** / lehmbraun (RAL 8003)

parecer *m* / Sachverständigengutachten *n*, Begutachtung *f*

paredão *m* **da barragem** / Sperrmauer *f*, Talsperre[nmauer] *f*

parede *f* / Wand *f* ‖ **de** ~ **delgada**, de parede de pouca espessura / schwachwandig, dünnwandig ‖ **de** ~ **dupla** / doppelwandig ‖ **de** ~ **espessa** / starkwandig ‖ ~ **anterior da caldeira** / Kesselstirnwand *f* ‖ ~ **corta-fogo** (constr. civil) / feuerschützende Trennwand, Feuerschutzwand *f*, Feuerwand *f* ‖ ~ **corta-fogo** (siderurg.) / Brandmauer *f* ‖ ~ **de chaminé** / Schornsteinwange *f* ‖ ~ **de estacas-pranchas** / Spundwand *f* ‖ ~ **de fechamento** / Abschlußwand *f* ‖ ~ **de ganga** (expl. minas) / Bergemauer *f* ‖ ~ **de ripas** / Lattenwand *f* ‖ ~ **de separação** (geral) / Trennwand *f* ‖ ~ **de suspensão** / Tragwand *f* ‖ ~ **de tábuas** / Bretterwand *f*, Bohlenwand *f* ‖ ~ **divisória** (constr. civil) / Zwischenwand *f*, Trennwand *f*, Scheidewand *f* ‖ ~ **divisória de vidro** /

Glasverschlag *m* ‖ ~ **do casco** (constr. naval) / Bordwand *f* ‖ ~ **do forno de liquação** (siderurg.) / Seigerwand *f* ‖ ~ **do molde** (siderurg.) / Formseite, -wand *f* ‖ ~ **do poço** (expl. minas) / Schachtstoß *m* ‖ ~ **em treliça** / Fachwand *f* ‖ ~ **externa** / Außenwand *f* ‖ ~ **frontal** / Kopfwand *f* ‖ ~ **frontal de galeria** (expl. minas) / Ortsstoß *m* ‖ ~ **interna** / Innenmauer *f* ‖ ~ **lateral** (geral) / Seitenwand *f* ‖ ~ **mestra** (constr. civil) / Brandmauer *f* ‖ ~ **perfurada** / Lückenmauerwerk *n* ‖ ~ **posterior** / Rückwand *f* ‖ ~ **simples de pranchões** (constr. civil) / Ständerwand *f*, einfache Bohlenwand ‖ ~ **sistema Larssen** / Larssenwand *f* ‖ ~ **testeira** (constr. civil) / Vorderwand *f*, -mauer *f*, Stirnwand *f* ‖ ~ **traseira** / Rückwand *f* ‖ ~ **treliçada** / Bundwand *f*

parênquima / Parenchym *n*

parêntese, pôr entre ~, pôr entre parêntesis (artes gráf., matem.) / einklammern

parêntesis *m* (artes gráf.) / Klammer *f* ‖ ~ **curvo** (artes gráf.) / runde Klammer ‖ ~ **recto** (artes gráf.) / eckige Klammer

paridade *f* / Gleichheit *f*, Parität *f*

parque *m* **de aviões** / Flugpark *m* ‖ ~ **de estacionamento** (autom.) / Parkplatz *m* ‖ ~ **de máquinas** / Maschinenpark *m* ‖ ~ **de veículos** / Fuhrpark *m* ‖ ~ **de viaturas e locomotivas** (técn. ferrov.) / Fahrzeugpark *m* ‖ ~ **EUROP** (técn. ferrov.) / EUROP-Wagenpark *m*

parquetar / täfeln, parkettieren

parquete *m* / Parkett *n* ‖ ~ **de tacos estreitos** / Bandparkett *n*

parte *f* / Teil *m n*, Bruchteil *m*, Stück *n* (als Bruchteil), Anteil *m*, Teilstück *n*, Abschnitt *m* ‖ **de diversas ~s** / mehrteilig ‖ **por ~ da empresa construtora** / bauseitig (in Verträgen usw.) ‖ ~ **de endereço** (informática) / Adressenteil *m* ‖ ~ **dianteira** / Vorderteil *m n* ‖ ~ **em peso** / Gewichtsteil *n* ‖ ~ **inferior** / Unterteil *m n*, Unterseite *f*, Bauch *m* ‖ ~ **inferior da fuselagem** (aeronáut.) / Rumpfbauch *m*, -unterseite *f* ‖ ~ **inferior do cárter** (autom.) / Kurbelwanne *f* ‖ ~ **plana da curva de pontos de ebulição** (física) / Siedefläche *f* ‖ ~ **posterior** / Hinterteil *n*, -seite *f* ‖ ~ **pré-fabricada de betão**, parte *f* pré-fabricada de concreto / Betonfertigteil *m n* ‖ ~ **superior** / Oberteil *m n* ‖ ~ **superior da caixa de moldagem** (fundição) / Oberkasten *m* ‖ ~ **traseira** / Hinterteil *n*, -seite *f*

partes *f pl* **pré-fabricadas** / Bauteile *n pl* (zum Zusammenbau)

partícula *f* / Korpuskel *f*, Partikel *f* ‖ ~ (geral) / Teilchen *n* ‖ **de uma** ~ (técn. nucl.) / Einteilchen... ‖ ~ **alfa** / Alpha-Teilchen *n* ‖ ~ **beta** / Betateilchen *n* ‖ ~ **carregada** (semicondut.) / Ladungsträger *m* ‖ ~ **carregada** (física) / geladenes Teilchen ‖ ~ **de bombardeamento atómico** / Atomgeschoßteilchen *n* ‖ ~ **de massa** / Masseteilchen *n* ‖ ~ **de matéria** / Stoffteilchen *n* ‖ ~ **de pó** / Staubkorn *n* ‖ ~ **de Yukawa** (técn. nucl.) / Yukawateilchen *n* ‖ ~ **delta** / Deltapartikel *f*, -teilchen *n*, -strahl *m* ‖ ~ **densa** / schweres Teilchen ‖ ~ **desintegrada** / Reißspan *m* ‖ ~ **elementar** / Elementarteilchen *n* ‖ ~ **em suspensão** / Schwebeteilchen *n* ‖ ~ **emitida** (técn. nucl.) / emittiertes Teilchen ‖ ~ **fina** / Feinspan *m* ‖ ~ **incandescente** / großer Funke (glühendes Teilchen) ‖ ~ **integral** / integrierender Bestandteil ‖ ~ **nuclear** (técn. nucl.) / Kernteilchen *n* ‖ ~ **pesada** / schweres Teilchen ‖ ~ **portadora de carga** (semicondut.) / Ladungsträger *m* ‖ ~ **sigma** / Sigmahyperon, -teilchen *n*, Σ ‖ ~ **suspensa** / Schwebeteilchen *n*

particular / Sonder..., gesondert

particularidade *f* / Eigenheit *f*, Besonderheit *f*

partículas *f pl* **grossas** / Grobkörniges *n*

partida *f* / Abfahrt *f* ‖ ~ (mot.) / Anlassen *n*, Starten *n*, Start *m* ‖ ~ / Anlauf *m*, Ingangsetzung *f* ‖ **de ~ automática** / selbstanlaufend, -angehend ‖ ~ **a frio** (autom.) / Kaltstart *m*

partido / gebrochen ‖ ~ (fio) / gerissen

partir (máq., tecnol., mot.) / anlaufen lassen, anlassen ‖ ~ / abfahren ‖ ~ / brechen ‖ ~**(-se)** / zerbrechen *vt vi* ‖ **~-se** / durchbrechen *vi* ‖ ~ **em pedaços** / stückeln, in Stücke teilen

pás, de duas ~ (hélice) / zweiflügelig, Zweiblatt...

pascal *m* / Pascal *n* (Einheit des Druckes, 1 Pa = 1 Nm^{-2})

passadeira *f* (tapete) / Brücke *f*, kleiner Teppich, Läufer *m* ‖ ~ **para peões**, passadeira *f* para pedestres / Zebrastreifen, Fußgängerüberweg *m*

passadiço *m* (aeronáut.) / Gangway *f*, Laufbrücke *f*, Laufsteg *m*

passa-fio *m* / Drahtdurchführung *f*

passageiro *m* / Fluggast *m*, Fahrgast *m* ‖ ~ *adj* / vorübergehend

passagem *f* (geral) / Übergang *m* ‖ ~ / Durchlaß *m*, Durchgang *m*, Passage *f*, Durchfahrt *f* ‖ ~ (constr. civil) / Durchfahrt *f* ‖ ~ (máq., tecnol.) / Durchführung *f* ‖ ~ (informática) / Arbeitsgang, Durchlauf *m* ‖ ~ (fiação) / Durchgang *m*, Durchzug *m* ‖ **de ~** / Durchgangs... ‖ ~ **além do ponto estabelecido** (comando numér.) / Überlauf *m*, Überfahren *n* der Zielposition ‖ ~ **da torneira** / Hahnöffnung *f* ‖ ~ **de corrente** (electr.) / Stromdurchfluß, -durchgang *m* ‖ ~ **de dados** (informática) / Datendurchlauf *m* ‖ ~ **de nível** (técn. ferrov.) / höhengleicher Bahnübergang, schienengleicher Bahnübergang ‖ ~ **de óleo** / Öldurchfluß *m* ‖ ~ **inferior** (constr. rodov.) / Unterführung *f* (für Fußgänger), Straßenunterführung *f*, Bahnunterführung *f* ‖ ~ **inferior ferroviária** / Eisenbahnunterführung *f* ‖ ~ **lateral** (constr. civil) / Nebengang *m*, Seitengang *m* ‖ ~ **livre** / lichter Raum ‖ ~ **livre da válvula** / Ventildurchmesser *m*, -durchgang *m* ‖ ~ **navegável** / Fahrwasser *n*, Fahrrinne *f* ‖ ~ **para a circulação do pessoal** (expl. minas) / Fahrtrum *m* (Stollen) ‖ ~ **por zero** (corrente alternada) / Nulldurchgang *m* ‖ ~ **protegida para peões**, passagem *f* protegida para pedestres (constr. rodov.) / Fußgängerüberweg *m* ‖ ~ **secundária** (lamin.) / Umführung *f* (Vorgang) ‖ ~ **subterrânea** / Bahnsteigtunnel *m* ‖ ~ **subterrânea para peões**, passagem *f* subterrânea para pedestres / Fußgängerunterführung *f* ‖ ~ **superior** (técn. ferrov.) / Straßenüberführung *f*, -brücke *f*, Wegüberführung *f* ‖ ~ **superior destinada a peões**, passagem *f* superior destinada a pedestres (constr. rodov.) / Fußgängerbrücke *f* ‖ ~ **superior ferroviária** / Eisenbahnüberführung *f*

passamanaria *f* / Posamenten *f pl*, Tresse *f*, Litze *f*

passamanes *m pl* / Litze, Tresse *f*

passa-muro *m* / Durchbruch *m* (einer Wand) ‖ ~ (electr.) / Mauerdurchführung *f*, Wanddurchführung *f*

passar (electr.) / strömen ‖ ~ [por] / durchfahren, durchschieben, durchführen ‖ ~ **a ferro** / bügeln ‖ ~ **a lançadeira** (tecel.) / durchschießen, den Schützen eintragen ‖ ~ **além do ponto estabeledido** (geral) / Überfahren ‖ ~ **ao estado de condução** (electrón.) / durchsteuern ‖ ~ **pelo crivo** / durchfallen ‖ ~ **por** / durchtreten

passarela *f* / Trittbrett *n*, Laufsteg *m* ‖ ~ (máq., tecnol.) / Galerie *f*, Bedienungsgang *m* ‖ ~ (ponte) / Steg *m*, Fußweg *m* ‖ ~ (técn. ferrov., hydrául.) / Fußgängerüberführung *f* ‖ ~ (constr. rodov.) / Fußgängerbrücke *f* ‖ ~ **telescópica** (aeronáut.) / Fluggastbrücke *f*

passeio *m* / Gehweg *m*, Bürgersteig *m*, Gehbahn *f*,

Fußweg *m*
passivar / passivieren
passividade *f* / Passivität *f*
passivo / passiv, untätig, träge
passo *m* / Steigung, Ganghöhe *f* (eines ein- o. mehrgängigen Gewindes) ‖ ~ (aeronáut., máq., tecnol.) / Schraubensteigung *f* ‖ ~ (tecel.) / Fach *n* ‖ ~ (geral, informática) / Schritt *m* ‖ ~ (lamin.) / Stich *m*, Durchgang *m* ‖ ~ (tecel.) / Fadenöffnung *f* ‖ ~ (roda dentada) / Teilung *f* ‖ **com ~ para a esquerda** / linksgängig ‖ **de ~ rápido** / steilgängig ‖ **~ à direita** / Rechtsgang *m* ‖ **~ a passo** / schrittweise ‖ **~ aberto** (tecel.) / reines offenes Fach ‖ **~ angular** / Teilungswinkel *m* ‖ **~ aparente** / Stirnteilung *f* ‖ **~ axial** / Steigung in Axialrichtung (Schraube) ‖ **~ constante** / gleichbleibende Steigung ‖ **~ cruzado** (tecel.) / Kreuzfach *n* ‖ **~ da hélice** (aeronáut., máq., tecnol.) / Propellersteigung *f*, Luftschraubensteigung *f* ‖ **~ da rosca** (máq., tecnol.) / Gewindesteigung *f* ‖ **~ das pás** (turbina) / Schaufelteilung *f* ‖ **~ de acabamento** (comando numér.) / Feinarbeitsgang *m* ‖ **~ de bandeira** / Fahnenstellung *f*, Segelstellung *f* ‖ **~ de dentes** (mecân.) / Zahnteilung *f* ‖ **~ de elevação** (telecom.) / Höhenschritt *m* (des Hebdrehwählers) ‖ **~ de enrolamento** (electr.) / Wicklungsschritt *m* ‖ **~ de filme** / Filmschritt *m* ‖ **~ de hélice** (roda helicoidal) / Zahnsteigung *f* ‖ **~ de referência** / Mittenkreisteilung *f* ‖ **~ de rosca** (máq., tecnol.) / Schraubengang *m*, Gewindegang *m* ‖ **~ de transposição** (electr., telecom.) / Kreuzungsabstand *m* ‖ **~ diametral** / Diametral Pitch *m*, Zähnezahl *f* je Zoll ‖ **~ do arco [voltaico]** / Lichtbogenschritt *m* ‖ **~ do colector** (electr.) / Kollektorschritt *m* (Teilschritt vorn o. kollektorseitig) ‖ **~ duplo** / Verbundteilung *f* ‖ **~ em canelura perfilada** (lamin.) / Formstich *m* ‖ **~ em canelura perfilada** (siderurg.) / Fertigstich *m* ‖ **~ inglês** / Zollteilung *f* ‖ **~ longitudinal** / Längsteilung *f* ‖ **~ real** (roda helicoidal) / Normalteilung *f* ‖ **~ real** (roda dentada) / Stirnteilung *f* ‖ **~ Sellers** / amerikanisches Gewinde ‖ **~ vertical** (telecom.) / Hebschritt *m*
passos, de ~ múltiplos / mehrgängig
pasta *f* (papel) / Eintrag *m*, Mahlgut *n*, Pulpe *f* ‖ ~ / Gemisch *n*, Masse *f*, Paste *f* ‖ ~ (papel) / Stoff *m*, Feinzeug *n* ‖ ~ / Teig *m*, Pasta *f*, Paste *f*, Brei *m* ‖ ~ (vidro) / Glasfluß *m* ‖ **~ cerâmica** (cerâm.) / Tonmasse *f* ‖ **~ de alto rendimento** / Ertragszellstoff *m* ‖ **~ de cal** (constr. civil) / Kalkbrei *m*, -paste *f* ‖ **~ de cementação** / Härtepaste *f* ‖ **~ de cinza** (papel) / Aschenpaste *f* ‖ **~ de extractos vegetais** / Lohballen *m* ‖ **~ de lei** / Laubholzzellstoff *m* ‖ **~ de madeira** (papel) / Holzmasse *f* ‖ **~ de madeira de abeto** / Fichtenholz-Zellstoff *m* ‖ **~ de madeira dura** / Laubholzzellstoff *m* ‖ **~ de palha** (papel) / Stroh[zell]stoff *m* ‖ **~ de palha lixiviada ou macerada** (papel) / Gelbrohstoff *m* ‖ **~ de papel** / Papiermasse *f*, Papierzellstoff *m*, Papierbrei *m* ‖ **~ de papel** (papel) / Ganzstoff *m*, Ganzzeug *n* ‖ **~ de soldar** / Lötpaste *f* ‖ **~ de trapos** (papel) / Hadernstoff *m* ‖ **~ espessa** / Dickschlamm *m* ‖ **~ filtrante** (papel) / Filterpulpe *f* ‖ **~ Kraft** / Kraft[zell]stoff *m*, Sulfatzellulose *f*, Sulfatstoff *m* ‖ **~ líquida** (papel) / Stoffsuspension *f*, -brei *m* ‖ **~ líquida de porcelana** / Porzellanbrei *m* ‖ **~ mecânica** (papel) / mechanischer Papierbrei o. -zellstoff, Holzschliff *m*, Schliff *m*, Holzstoff *m* ‖ **~ para acumuladores** / Formiermasse *f* ‖ **~ para cilindros tipográficos** (artes gráf.) / Walzenmasse *f* ‖ **~ para encher juntas** / Fugenfüllmasse *f* ‖ **~ para rectificar** / Einschleifmasse *f* ‖ **~ para rolos de impressão** (artes gráf.) / Druckwalzenmasse *f* ‖ **~ para soldar** / Lötfett *n* ‖ **~ química** (papel) / chemischer Holzstoff, Zellstoff *m*, Chemiepulpe *f* ‖ **~ [química] de alto rendimento** / Hochausbeutezellstoff *m* ‖ **~ semiquímica** (papel) / halbchemische Papiermasse, Halbzellstoff *m* ‖ **~ sulfatada** / Sulfatstoff *m*, Kraft[zell]stoff *m*, Sulfatzellulose *f* ‖ **~ tira-nódoas** / Fleckenpaste *f*
pastagem *f* (agricult.) / Weide *f*
pastel *m* (artes gráf.) / Zwiebelfisch *m*, Ablegefehler *m*
pasteurização *f* **rápida a alta temperatura** / Hocherhitzungs-Kurzzeit-Pasteurisieren *n*, Hoch-Kurz-Verfahren *n*, Hoch-Kurz-Pasteurisierung *f*
pasteurizar / pasteurisieren
pastilha *f* / Tablette, Pastille *f* ‖ ~ (travão de disco) / Bremsbelag *m* ‖ ~ (circuito integrado) / Chip *m* ‖ **~ do freio ou do travão** / Bremsbelag *m* ‖ **~ a cores** / Farb-Chip *n* ‖ **~ de afinação** (mot.) / Einstellscheibe *f* ‖ **~ de cor** / Farbenpastille *f*
pastoso / steif, pastig, pastenförmig, -artig, breiartig
pata *f* **de aranha** / Schmiernut *f* ‖ **~ de lebre** (técn. ferrov.) / Flügelschiene *f*
patamar *m* (constr. civil) / Treppenabsatz *m* (innerhalb des Treppenlaufs), Zwischenpodest *n*, Treppenvorplatz *m*, Treppenkopf *m*, Podest *m*, *n* (DIN)
patentável / patentfähig, patentierbar
patente *f* / Patent *n*
patenteado / patentamtlich geschützt, patentiert
patentear / patentieren, ein Patent nehmen, [sich etwas] patentieren lassen
patilha *f* **de conexão** (electr.) / Anschlußlasche *f*
patim *m* / Kufe *f* ‖ **~ de aterragem**, patim *m* de aterrissagem (aeronáut.) / Gleitkufe *f*, Schneekufe *f*, Landungskufe *f* ‖ **~ de guia** (máq., tecnol.) / Gleitschuh *m* ‖ **~ de mola** / Federschuh *m* ‖ **~ de transferência** (lamin.) / Querschlepper *m* ‖ **~ do carril**, patim *m* do trilho / Schienenfuß *m*
pátina *f* / Patina *f*, Edelrost *m*
patinagem *f* (autom.) / Durchdrehen *n* (der Räder) ‖ ~ (técn. ferrov.) / Schleudern *n*, Galoppieren *n* der Räder
patinar / durchdrehen, Schlupf haben, schleudern *vi* ‖ ~ (técn. ferrov.) / gleiten ‖ ~ / rutschen (Kupplung), schleifen
pátio *m* (constr. civil) / Hof *m* ‖ **~ interior** (constr. civil) / Hinterhof *m*
pau *m* / Stock *m*, Knüppel *m* ‖ **~-brasil** *m* / Rotholz *n*, Brasilienholz *n* ‖ **~-cetim** *m* / Satinholz *n* ‖ **~ da cumeeira** (constr. civil) / Firstbalken *m* ‖ **~ de retesar** (serra) / Spannholz *n* ‖ **~-de-campeche** *m* / Kampescheholz *n* ‖ **~-de-carga** *m* / Ladebaum *m* ‖ **~-ferro** *m* / Eisenholz *n* ‖ **~-rosa** *m* / Rosenholz *n* ‖ **~-santo** *m* / Lignum vitae *n*
pausa *f* / Pause *f*, Unterbrechung *f* ‖ **~ de extracção** (expl. minas) / Förderpause *f*
pautar / linieren, Linien ziehen
pavilhão *m* (constr. civil) / Halle *f* ‖ ~ (instr. musical) / Schalltrichter *m* ‖ **~ de montagem** / Fertigbauhalle *f* ‖ **~ de suporte pneumático** / Traglufthalle *f* ‖ **~ exponencial** / Exponentialtrichter *m* ‖ **~ insuflável** (constr. civil) / aufblasbare Halle
pavimentar / pflastern
pavimento *m* (constr. rodov.) / Pflasterung *f*, Straßenpflaster *n*, Straßenbelag *m*, Pflaster *n*, Straßendecke *f*, Oberbau *m* ‖ **~ betuminoso** (constr. rodov.) / Schwarzdecke *f* ‖ **~ da faixa de rodagem** / Fahrbahndecke *f* ‖ **~ de argila** (constr. civil) / Lehmestrich *m* ‖ **~ de asfalto** (constr. rodov.) / Asphaltdecke *f* ‖ **~ de betão** / Beton[straßen]decke *f* ‖ **~ de betume** (constr. rodov.) / Bitumendecke *f* ‖ **~ de cal** / Kalkestrich *m* ‖ **~ de cascalho** / Kieselpflaster *n* ‖ **~ de chapas de ferro** / Eisenbelag *m*, eiserner Bodenbelag ‖ **~ de**

cimento / Zementestrich *m*, -gußboden *m* ‖ ~ **de concreto** / Beton[straßen]decke *f* ‖ ~ **de macadame** / Schotterdecke *f*, wassergebundene Straßendecke ‖ ~ **de paralelipípedos** (constr. rodov.) / Kopfsteinpflaster *n* ‖ ~ **de pedra** (constr. rodov.) / Steinpflaster *n* ‖ ~ **diagonal** (constr. rodov.) / Querpflasterung *f* ‖ ~ **em blocos** (constr. rodov.) / Blockpflaster *n* ‖ ~ **em madeira** / Holzpflaster *n* ‖ ~ **ladrilhado** / Fliesenboden *m*, Fliesenpflaster *n* ‖ ~ **superior** / Obergeschoß *n*

pé *m* / Fuß *m* (Längenmaß: 1 ft = 12 inches = 0,3048 m) ‖ ~ (geral) / Fuß *m* ‖ ~ (vinho) / Bodensatz *m*, Satz *m* ‖ **de** ~, em pé / stehend ‖ **de três ~s** / dreibeinig, Dreibein... ‖ **sobre ~s** (máq., tecnol.) / freistehend ‖ ~ **da lâmpada** / Lampenfuß *m* ‖ ~ **da página** (artes gráf.) / Seitenfuß *m* ‖ ~ **de biela** (mot.) / [kolbenseitiger] Schubstangenkopf ‖ ~ **de bigorna** / Amboßfuß *m* ‖ ~ **de chumbo** (artes gráf.) / Bleifuß *m* ‖ ~ **de fixação para acessórios** (técn. fotogr.) / Steckfuß *m* ‖ ~ **de pontalete** (expl. minas) / Strebfuß *m* ‖ ~ **de tronco** / Wurzelende *n*, unteres Stammende ‖ ~ **de um pedestal** (constr. civil) / Fuß *m*, Unterlage *f* ‖ ~ **de uma força** / Fußpunkt *m* einer Kraft ‖ ~ **de uma vertical** / Fußpunkt *m* einer Senkrechten ‖ **~-de-cabra** *m* / Hebeeisen *n*, Brechstange *f*, Brecheisen *n*, Geißenfuß *m* ‖ ~ **direito** (constr. civil) / lichte Höhe ‖ ~ **do dente** / Zahnfuß *m* ‖ ~ **do guindaste** / Kranbein *n*, -fuß *m* ‖ ~ **do tronco** / unteres Stammende ‖ ~ **para debruar** (máq. cost.) / Biesenfuß *m* ‖ ~ **para franzidos** (máq. cost.) / Kräuselfuß *m* ‖ ~ **quadrado** / Quadratfuß *m* (= 0,092903 m^3)

peagem *f* / Straßengebühr *f*, Brückengebühr *f*

peanha *f* (tecel.) / Heber, Aufheber *m*

peão *m* / Fußgänger *m*

peça *f* (geral, tecel.) / Stück *n* ‖ ~ / Arbeitsstück *n*, Werkstück *n*, Teil *n* ‖ **de duas ~s** / zweiteilig ‖ **feito de uma só** ~ / einteilig ‖ ~ **a ser torneada** / Drehteil *n* (durch Drehen zu fertigendes Teil) ‖ ~ **a testar** / Prüfkörper *m*, -spezimen *n* ‖ ~ **a trabalhar** / Werkstück *n*, Arbeitsstück *n* ‖ ~ **adicional** / Ansatz *m*, angesetztes Stück ‖ ~ **aforquilhada** / Gabelstück *n* ‖ ~ **bruta de fundição** (siderurg.) / gegossener Rohling ‖ ~ **bruta para forjar** / Schmiederohling *m* ‖ ~ **central** / Mittelstück *n* ‖ ~ **corrediça** (máq., tecnol.) / Läufer *m* ‖ ~ **curva** / Winkelstück *n*, Knie *n* ‖ ~ **curvada** (máq., tecnol.) / Bogenstück *n*, sektorartiges Maschinenteil ‖ ~ **de aço fundido** / Stahlgußstück *n*, Stahlguß *m* ‖ ~ **de adaptação** / Paßstück, -teil *n*, Adapter *m* ‖ ~ **de afastamento** / Distanzstück *n* ‖ ~ **de artilharia** / Geschütz *n* ‖ ~ **de cruzamento** (técn. ferrov.) / Herzstück *n* (der Kreuzung), Kreuzungsstück *n* ‖ ~ **de cruzamento composto** / Schienenkreuzungsstück *n*, zusammengesetztes Kreuzungsstück ‖ ~ **de desgaste** / Verschleißteil *m n* ‖ ~ **de deslize** / Gleitstück *n* ‖ ~ **de enchimento** (técn. ferrov.) / Futterstück *n* ‖ ~ **de encosto** (rebite) / Vorhalter *m* ‖ ~ **de ensaio** (geral) / Probestück *n*, Versuchsstück *n* ‖ ~ **de ensaio** (cerâm.) / Brandprobe *f* ‖ ~ **de extensão** / Verlängerungsstück *n* ‖ ~ **de fabricação em massa**, peça *f* de fabricação em série / Massenerzeugnis *n* ‖ ~ **de fundição** / Gußstück *n*, Eisengußstück *n*, Eisenguß *m* ‖ ~ **de fundição centrífuga** (fundição) / Schleuderguß *m* (Erzeugnis) ‖ ~ **de fundição composta** / Verbundguß *m* (Gußstück) ‖ ~ **de fundição de execução cuidada** / sauberes Gußstück ‖ ~ **de fundição defeituosa** (fundição) / Fehlguß *m* ‖ ~ **de fundição em coquilha**, peça *f* de fundição dura / Schalenguß *m* (Erzeugnis) ‖ ~ **de fundição mecânica** / Maschinenguß *m* (Erzeugnis) ‖ ~ **de junção**, peça *f* de ligação / Verbindungsstück *n*, Verbindungsglied *n* ‖ ~ **de máquina** / Maschinenteil *m n* ‖ ~ **de montagem** / Einbaustück *n* ‖ ~ **de nivelamento** / Ausgleichstück *n* ‖ ~ **de redução** / Übergangs[rohr]stück *n*, konisches Rohr ‖ ~ **de reposição** (geral, autom.) / Ersatzteil *n* ‖ ~ **de separação** (constr. civil) / Zwischenstück *n*, Trennstück *n* ‖ ~ **de suporte** / Trägerteil *n* ‖ ~ **de teste** / Probestück *n*, Versuchsstück *n* ‖ ~ **de transição** (guia de ondas) / Querschnittsanpasser *m* ‖ ~ **de união** / Anschlußstück *n*, Verbindungsstück *n*, Anschlußteil *m n* ‖ ~ **distanciadora** / Zwischenlage *f*, Abstandsstück *n* ‖ ~ **do pé** / Fußstück *n* ‖ ~ **electroformada** / Galvanoform *f* ‖ ~ **em bruto** (geral) / Rohling *m* ‖ ~ **em falta** (org. industr.) / Fehlteil *n* ‖ ~ **em T** / Abzweigstück *n*, -Profil *n*, -Röhre *f*, T-Stück *n* ‖ ~ **estampada** (forja) / Preßstück, -teil *n* ‖ ~ **estampada** / Gesenkschmiedestück *n* ‖ ~ **estampada** (estamp.) / Prägeteil *n* ‖ ~ **estampada** / Stanzartikel *m*, -teil *m n* ‖ ~ **estampada a frio** / Gesenkpreßteil *n* ‖ ~ **fabricada em série** / Serienteil *m n* ‖ ~ **fabricada fora de série** / Nicht-Serienteil *m n* ‖ ~ **forjada** / Schmiedestück *n*, -teil *m n* ‖ ~ **forjada a martelo** / Freiformschmiedestück *n* ‖ ~ **forjada com tolerâncias precisas** / Genau-Schmiedestück *n* ‖ ~ **forjada sem matriz** / Freiformschmiedestück *n* ‖ ~ **fundida** / Eisenguß *m*, gegossene Arbeit *f*, gegossenes Formstück ‖ ~ **fundida em metal** / Metallguß *m* (Erzeugnis) ‖ ~ **fundida em molde de areia** / Sandguß *m* (Erzeugnis) ‖ ~ **genuína** (autom.) / Originalteil *n* ‖ ~ **inferior** / Unterstück *n*, -teil *m n* ‖ ~ **intercalada** / Einsatz *m*, Einsatzteil *n*, Zwischenstück *n*, Einlage *f*, Einsatzstück *n* ‖ ~ **intercalar** / Distanzstück *n* ‖ ~ **intermediária** / Zwischenglied *n*, -stück *n*, Einlage *f* ‖ ~ **matrizada** / Gesenkschmiedestück *n* ‖ ~ **mecânica** / Maschinenteil *m n* ‖ ~ **moldada** / Formteil *n* ‖ ~ **moldada de betão**, peça *f* moldada de concreto / Formstein *m* aus Beton ‖ ~ **moldada em borracha** / Gummiformteil *n* ‖ ~ **moldada em estratificado** (plást.) / Formpreßling *m* ‖ ~ **moldada por injecção** / Spritzguß *m*, -gußstück *n* ‖ ~ **moldada por injecção** (plást.) / Spritzteil *m* ‖ ~ **moldada sob pressão** / Druckgußstück *n* ‖ ~ **original** (autom.) / Originalteil *n* ‖ ~ **para soldar** / Schweißstück *n* ‖ ~ **perfilada** / Formstück *n* ‖ ~ **perfilada ao torno** / Formdrehteil *n*, Fasson[dreh]teil *n* ‖ ~ **por peça** / stückweise ‖ ~ **prensada** / Preßling *m*, Einpreßteil *n* ‖ ~ **prensada de chapa** / Blechpreßteil *m n* ‖ ~ **redutora** / Erweiterungsstück *n*, Reduktionsstück *n* ‖ ~ **sobressalente** (geral, autom.) / Ersatzteil *n* ‖ ~ **solta** / Einzelteil *m n* ‖ ~ **torneada** / Drehteil *n*, gedrehtes Teil, Drehling *m* ‖ ~ **trabalhada** / bearbeitetes Werkstück

peças *f pl* **agregadas** / Einbauten *m pl* ‖ ~ **de montagem** / Einbauteile *n pl* ‖ ~ **de reposição** / Zubehörteile *n pl* ‖ ~ **rejeitadas** / Ausschußware *f* ‖ ~ **soltas** / einzelne Stücke *n pl*

pechblenda *f* (mineralog.) / Pechblende *f*, Uraninit *m*

péctico / Pektin...

pectina *f* / Pektin *n*

pedaço *m* / Stück *n* (als Bruchteil) ‖ **em ~s** / stückig, in Stückform ‖ **em ~s grossos** / grobstückig ‖ **em grandes ~s** / großstückig

pedágio *m* / Straßengebühr *f*, Brückengebühr *f*

pedal *m* / Fußhebel *m*, -tritt *m*, Tritt *m* für Fußbetätigung (z.B. Fußdrehbank), Pedal *n* ‖ ~ **da embraiagem**, pedal *m* da embreagem / Kupplungspedal *n* ‖ ~ **de arranque** / Fußanlasser *m* ‖ ~ **de bicicleta** / Fahrradpedal *n* ‖ ~ **de manobra** (máq., tecnol.) / Fußsteuerhebel *m* ‖ ~ **de partida** / Fußanlasser *m* ‖ ~ **do acelerador** (autom.) /

Gaspedal, Fahrpedal *n* (DIN), Gasfußhebel *m*, Fußgashebel *m* ‖ ~ **do freio**, pedal *m* do travão / Fußbremshebel *m*
pedaleira *f* (bicicleta) / Kurbellager *n*
pederneira *f* (geol) / Feuerstein *m*, Flintstein *m*
pedestal *m* / Fußgestell *n*, Säulenfuß *m*, Ständer *m*, Sockel *m*, Untersatz *m* ‖ ~ (constr. civil) / Postament *n*, Sockel *m*, Unterlage *f* ‖ ~ **para máquina** / Maschinensockel *m*
pedestre *m* / Fußgänger *m*
pedido *m* / Bestellung *f*, Auftrag *m* ‖ ~ **de conversação** (telecom.) / Gesprächsanmeldung *f*
pedilúvio *m* (piscina) / Fußwaschgrube *f*, -becken *n*
pedir / anfordern ‖ ~ **uma chamada** (telecom.) / ein Gespräch anmelden
pedologia *f* / Bodenkunde *f*
pedómetro *m* (geral) / Schrittzähler *m*
pedra *f* / Stein *m* ‖ **de** ~ / steinern, Stein... ‖ ~ **angular** (constr. civil) / Eckstein *m* ‖ ~ **artificial** / Kunststein *m* ‖ ~ **bruta** / Feldstein *m*, unbehauener Bruchstein ‖ ~ **calcária** / Kalkstein *m* ‖ ~ **calcária indusial** (geol) / Indusienkalk *m* ‖ ~ **córnea** (geol) / Hornstein *m* (dichtes Kieselgestein) ‖ ~ **da ndia** (mineralog.) / Lydit *m* ‖ ~ **de afiar**, pedra *f* de amolar / Schleifstein *m*, Wetzstein *m*, Abziehstein *m*, Honahle *f*, Honstein *m* ‖ ~ **de afiar** [lubrificada a óleo] / Öl[wetz]stein, Wetzstein *m* ‖ ~ **de brunir** / Läppscheibe *f* ‖ ~ **de brunir** (cerâm.) / Polierstein *m*, Blutstein *m* ‖ ~ **de cantaria** / Werkstein *m*, Mauerstein *m*, Bruchstein *m*, Haustein *m* ‖ ~ **de cantaria aparelhada** / abgespitzter o. bossierter Bruchstein ‖ ~ **de cantaria aparelhada toscamente** / grob behauener Bruchstein ‖ ~ **de cantaria plana** / schlichter Bruchstein ‖ ~ **de cantaria por aparelhar** / roher, unbehauener Bruchstein ‖ ~ **de construção** / Baustein, behauener Werkstein *m* ‖ ~ **de coroa** (constr. civil) / Knauf *m* ‖ ~ **de gancho** (constr. civil) / Hakenstein *m* ‖ ~ **de guia** / Lehrstein *m* ‖ ~ **de isqueiro** / Feuerstein *m* ‖ ~ **de meio-fio** (constr. rodov.) / Bordstein *m*, Bordkante *f* ‖ ~ **de paramento** / Verblendstein, Verblender *m*, Blendstein *m* ‖ ~ **de parapeito** / Brüstungsstein *m* ‖ ~ **de pavimentação** (constr. rodov.) / Pflasterstein *m* ‖ ~ **de polir** (cerâm.) / Brünierstein *m* ‖ ~ **de polir a fino** / Läppscheibe *f* ‖ ~ **de prumo** / Ansetzer *m* ‖ ~ **de remate** (constr. civil) / Deckelstein *m*, Sattelstein *m* ‖ ~ **de toque** / Goldstreichstein *m* ‖ ~ **de toque** (mineralog.) / Lydit *m* ‖ ~ **fundamental** / Fundamentstein *m* ‖ ~ **fundamental** (constr. civil) / Grundstein *m* ‖ ~ **lavrada** / Quader *m*, Quaderstein *m*, behauener Stein, Haustein *m* ‖ ~ **lioz jurássica** / Jurasandstein *m* ‖ ~ **litográfica** / Lithographie-Schiefer *m*, lithographischer [Kalk]stein o. Schiefer ‖ ~ **meteórica** / Meteorstein *m* ‖ ~ **para tectos** / Deckenstein *m* ‖ ~ *m* **plumbífera** / Bleistein *m*, Hartblei *n* ‖ ~**-pomes** *f* / Bimsstein *m* ‖ ~ **preciosa** / Edelstein *m* ‖ ~ **preciosa artificial** / Similistein *m* ‖ ~**-sabão** *f* (mineralog.) / Seifenstein *m*, Saponit *m* ‖ ~ **semipreciosa** / Halbedelstein *m* ‖ ~ **ume** (mineralog.) / Alunit *m*, Alaunstein *m*
pedras *f pl* / Gestein *n*
pedregoso / steinig
pedregulhos *m pl* / Steinbrocken *m pl*, Gerölle *n*
pedreira *f* / Steinbruch *m* ‖ ~ *m* **de ardósia** / Schieferbruch *m*, -bergwerk *n*, -grube *f* ‖ ~ *f* **de mármore** / Marmorbruch *m*, -steinbruch *m*
pedreiro *m* / Maurer *m*
pedúnculo *m* / Blütenstiel *m*
pega *f* / Handgriff *m*, Festhaltegriff *m* ‖ **de** ~ **a frio** / kaltabbindend ‖ **de** ~ **lenta** / lagsam bindend
pegajoso / klebrig, klebend, schmierig
pegar *vi* (argamassa, cola) / fassen ‖ ~ *vt* / greifen, fassen ‖ ~ (mot.) / anspringen
peitoril *m* (tecel.) / Brustbaum *m* ‖ ~ (constr. civil) / Fensterbank *f*, Mauerbrüstung *f*
peixe *m* **de conserva** / Büchsenfisch *m*
pelar / abschälen
pele *f* (geral) / Haut *f*, Außenhaut *f* ‖ ~ (cortumes) / Haut *f*, Fell *n* ‖ ~ **de boi** / Ochsenhaut *f* ‖ ~ **de camurça** (tecel.) / Buckskin *m* ‖ ~ **de peixe** / Fischhaut *f* ‖ ~ **de porco** / Schweinsleder *n* ‖ ~ **de tinta** / Farbhaut *f* ‖ ~ **em bruto** / rohes Fell ‖ ~ **em tripa** / Blöße *f*, Fell *n*
pelete *f* (siderurg.) / Pellet *n*
pelica *f* / Glacéleder *n*
película *f* / Häutchen *n*, Film *m*, dünne Schicht, dünne Folie ‖ ~ (técn. fotogr.) / Film *m* ‖ ~ (química) / Haut *f*, Häutchen *n* ‖ ~ **de acetato** / Acetatfilm *m* ‖ ~ **de ferrugem** / Rostschicht *f* (dünne) ‖ ~ **de óleo** / Ölfilm *m*, Ölhaut *f* (auf Flüssigkeiten) ‖ ~ **de óxido** / Oxidhaut *f*, Bleihäutchen *n* ‖ ~ **de raios X** / Röntgenfilm *m* ‖ ~ **de tinta** / Farbhaut *f* ‖ ~ **estreita** / Schmalfilm *m* (8 bis 17,5 mm) ‖ ~ **fina de ferrugem** / Flugrost *m* ‖ ~ **larga** (técn. fotogr.) / Breitfilm *m* (mehr als 35 mm) ‖ ~ **lubrificante** / Schmierfilm *m* ‖ ~ **magnética** (informática) / Magnetfilm *m* ‖ ~ **para tela panorâmica** / Breitwandfilm *m* ‖ ~ **retráctil** (plást.) / Schrumpffolie *f* ‖ ~ **rígida** (técn. fotogr.) / Planfilm *m* ‖ ~ **sonora** / Lichttonfilm *m* ‖ ~ **virgem** / Rohfilm *m*
pêlo *m* / Haar *n* ‖ **de** ~ **longo** / hochflorig ‖ **sem** ~ / glatt ‖ ~ **curto e duro** / Stichelhaar *n* ‖ ~ **ondulado** / Krollhaar *n*
pelúcia *f* (tecel.) / Plüsch *m*
peludo (têxtil) / haarig, rauh
pena *f* (martelo) / Finne *f*, Pinne *f*
penacho *m* **da chama** / Flammenhülle *f*
pendant, fazer ~ [com] / das Gegenstück bilden
pendente *m* (constr. civil) / Zwickel *m*, Pendentif *n* (zwischen Kuppel u. quadratischem Sockel)
pendor *m* / Steilheit *f*
pendular / pendelartig, pendelnd
pêndulo *m* / Pendel *n* ‖ ~ **de catenária** (técn. ferrov.) / Fahrdrahthänger *m* ‖ ~ **de Foucault** / Foucaultsches Pendel *n* ‖ ~ **de mercúrio** / Quecksilberpendel *n* ‖ ~ **de torção** (física) / Drehpendel *n*, Torsionspendel *n* ‖ ~ **hidrométrico** / Stromquadrant *m*, hydrometrisches Pendel ‖ ~ **lenticular** / Linse *f* ‖ ~ **simples** / einfaches [mathematisches] Pendel
pendurado / hängend ‖ **estar** ~ / hängen *vi*
pendural *m* / Dachstuhlsäule *f*, Ständer *m* ‖ ~ (carpint.) / Hängesäule *f*
pendurar / anhängen, hängen *vt*
peneira *f* / Sieb *n* ‖ ~ **chata** / Flachsieb *n* ‖ ~ **cilíndrica** / Trommelsieb *n* ‖ ~ **classificadora** / Klassier[rüttel]sieb *n* ‖ ~ **de crina** / Haarsieb *n* ‖ ~ **de enchimento** / Füllsieb *n* ‖ ~ **de filtrar** / Siebfilter *m n* ‖ ~ **de tambor** / Siebtrommel *f*, Trommelsieb *n* ‖ ~ **em fio metálico** / Maschensieb, Drahtsieb *n* ‖ ~ **fina** / Feinsieb *n* ‖ ~ **grossa** / Grobrechen *m* ‖ ~ **hidráulica** (expl. minas) / Setzmaschine *f*, -sieb *n* ‖ ~ **metálica** / Drahtsieb *n* ‖ ~ **multiplano** (expl. minas) / Etagensieb *n* ‖ ~ **oscilante** / Schwingsieb *n*, Schüttelsieb *n* ‖ ~ **oscilante** (expl. minas) / Jigger *m* ‖ ~ **preliminar** / Vorsieb *n* ‖ ~ **sacudidora** / Rüttelsieb *n* ‖ ~ **vibratória** / Vibratorsieb *n*, Vibrosieb *n*, Schwingsieb *n*, Erzwäschesieb *n*
peneiração *f* / Siebung *f*, Sieben *n*
peneirar / sieben, durchsieben, abseihen ‖ ~ (farinha) / beuteln ‖ ~ (prata) / aussieden
peneirável / siebbar
peneplanície *f* (geol) / Fastebene *f*
penetra *m* (informática) / Hacker *m*

penetrabilidade *f* / Durchdringbarkeit *f*
penetração *f* / Durchdringen *n*, Durchdringung *f* ‖ ~ (sold) / Einbrandtiefe *f* ‖ ~ (plást.) / Erweichungstiefe *f* ‖ ~ **da cor** / Farbbluten *n* ‖ ~ **da (h)umidade** (constr. civil) / Durchfeuchtung *f*, Durchfeuchten *n*, Feuchtigkeitsdurchschlag *m* ‖ ~ **do telhado** / Dachdurchbruch *m* ‖ ~ **electrónica** (electrón.) / Durchgriff *m* ‖ ~ **oblíqua** / schiefwinklige Durchdringung
penetrado pelos raios / durchstrahlt
penetrante / durchdringend, penetrant ‖ ~ (cheiro) / beißend, stechend
penetrar / durchdringen, eindringen ‖ ~ (tinturaria) / durchschlagen ‖ ~ (tintas) / durchbluten, ausbluten ‖ ~ [em] / durchlaufen ‖ **~-se mutuamente** / sich gegenseitig durchdringen ‖ ~ **a (h)umidade** / durchfeuchten
penetrável (física) / durchdringbar, durchlässig
penicilina *f* / Penicillin *n*
penina *f* (mineralog.) / Pennin *m*
pentaborano *m* **estável** / Pentaboran, beständiges
pentacarbonilo *m* **de ferro** / Eisen[penta]carbonyl *n*
pentacloreto *m* **de arsénio** / Chlorarsen *n*
pentadecágono *m* / Fünfzehneck *n*
pentaédrico / fünfflächig
pentaedro *m* / Pentaeder *n*, Fünfflächner *m*
pentagonal / fünfkantig, fünfeckig
pentágono *m* / Pentagon *n*, Fünfeck, -seit *n*
pentagrade *f* (electrón.) / Fünfgitter-Mischröhre *f*
pentano *m* (química) / Pentan *n*
pentassulfureto *m* **de antimónio** / Goldschwefel *m*
pentavalente (química) / fünfwertig
pente *m* / Kamm *m* ‖ ~ (tecel.) / Blatt *n* ‖ ~ (lamin.) / Kamm *m* ‖ ~ (armamento) / Ladestreifen *m* ‖ ~ (fiação) / Nadelbeschlag *m*, Kamm *m* ‖ ~ **articulado** (tecel.) / Gelenkschärblatt *n* ‖ ~ **circular** (têxtil) / Kämmwalze *f*, Nadelwalze *f* ‖ ~ **com movimento acelerado** / Streichkamm *m* mit Vorrichtung ‖ ~ **de abrir roscas** / Strähler *m* ‖ ~ **de abrir roscas de um só dente** / Einzahn-Gewindesträhler *m* ‖ ~ **de abrir roscas fêmeas** / Innengewindesträhler *m* ‖ ~ **de cardar lã** / Wollkamm *m* ‖ ~ **de estripagem** / Ausstoßkamm *m* ‖ ~ **de expansão** / Expansionskamm *m* ‖ ~ **de guia** / Führungskamm *m* ‖ ~ **de marmorear** / Marmorierkamm *m* ‖ ~ **de perchagem** / Aufstreichkamm *m* ‖ ~ **de ripar o linho** / Flachsriffelkamm *m* ‖ ~ **de roscar** / Gewindestrehler *m* ‖ ~ **de tecelagem** (tecel.) / Einschließkamm *m* ‖ ~ **de tecer** (tecel.) / Riet *n* ‖ ~ **descardador** / Hacker[kamm] *m* ‖ ~ **descarregador** / Abstreichkamm *m* ‖ ~ **desprendedor** / Abschlagkamm *m* ‖ ~ **divisor** (tecel.) / Teilkamm *m* ‖ ~ **do dofer** / Abstreifkamm *m* ‖ ~ **fixo** (lã) / Füllkamm *m* ‖ ~ **fixo** (fiação) / Festkamm *m* ‖ ~ **igualizador** / Ausgleichkamm *m*, Abstreichkamm *m* ‖ ~ **rectilíneo fixo** / Fixkamm *m*
penteadeira *f* **circular** / Rundkämmer *m* ‖ ~ **de acção intermitente**, penteadeira *f* rectilínea / Flachkämmer *m*
penteado / gekämmt
penteadora *f* **de cânhamo** / Hanfhechler *m*
penteagem *f* **de algodão** / Baumwollkämmerei *f* ‖ ~ **manual** / Handzug *m*
pentear (tecel.) / kämmen ‖ ~ (lã) / auskämmen
penteno *m* / Amylen *n*, Penten *n*
pêntodo *m* (electrón.) / Fünfelektrodenröhre *f*, Fünfpolendröhre *f*, Pentode *f* ‖ ~ **de alta frequência** (electrón.) / Fünfpolschirmröhre *f* ‖ ~ **exponencial** / Bremsgitter-Regelröhre *f*
pentóxido *m* **de nitrogénio** / Stickstoffpentoxid *n*, Salpetersäureanhydrid *n*, wasserfreie Salpetersäure
penugem *f* / Flaum *m*
penumbra *f* (física) / Halbschatten *m*
pepita *f* / Nugget *n*, Goldklumpen *m*
pepsina *f* / Pepsin *n*
peptização *f* (química) / Gel-Sol-Umwandlung *f*, Peptisation, Peptisierung *f*
peptizar / auflösen, peptisieren
peptona *f* / Pepton *n*
peptonato *m* **de ferro** (química) / Eisenpeptonat *n*
peptonização *f* / Peptonisation *f*
peptonizar / peptonisieren
pequena caloria *f* / Grammkalorie *f*, cal, (früher:) kleine Kalorie
pequeno / klein
perácido *m* / Persäure *f*
perborato *m* / Perborat *n*
percal *m* (tecel.) / Perkal *m*
percalina *f* (artes gráf.) / Buchleinen *n*, Buchbinderleinwand *f*
percarburado / mit der höchsten Menge Kohlenstoff verbunden
percentagem *f* / prozentualer Gehalt (o. Satz), Gehalt *m* in Prozenten, Prozentsatz *m*, Vomhundertsatz *m*, Anteil *m* in Prozenten ausgedrückt, Prozentgehalt *m* ‖ **de elevada** ~ / hochprozentig ‖ **de elevada** ~ **alcoólica** / hochgradig, stark alkoholisch ‖ ~ **de água** / Wassergehalt in % *m* ‖ ~ **de eficiência do freio** (técn. ferrov.) / Bremshundertstel *n* ‖ ~ **de erros** / Fehlerprozentsatz *m* ‖ ~ **de falhas** / Ausfallhäufigkeit, -rate *f* ‖ ~ **de (h)umidade** / Feuchtigkeitsgehalt in % *m* ‖ ~ **de ligação à terra** (telecom.) / Erdungszeitanteil *m* ‖ ~ **de modulação** / Durchmodulierungshöhe *f* in % ‖ ~ **volumétrica** / Volumenprozent, Vol% *n* (veraltet), (jetzt:) Volumenanteil *m* φ
percentil *m* / Percentil *n* (eine von 100 Gruppen mit prozentual gleicher Häufigkeit)
percentual / prozentual
percepção *f* **da cor** / Farbeindruck *m* (eines Objektes) ‖ ~ **das cores** / Farbenwahrnehmung *f*, Farbempfinden *n*
perceptibilidade *f* / Erkennbarkeit *f*, Wahrnehmbarkeit *f*
percevejo *m* / Heftzwecke *f*, Reißnagel *m*, -stift *f*
percha *f* (pano) / Rauhmaschine *f*
perchar (pano) / aufrauhen
perclorato *m* / Perchlorat *n* ‖ ~ **de amónio** / Ammoniumperchlorat, AP *n* ‖ ~ **de potássio** / Kaliumperchlorat *n*, überchlorsaures Kalium
percloretileno *m* / Perchlorethylen *n*
percolação *f* (hidrául.) / Perkolation, Versickerung *f*
percolador *m* / Perkolator *m* (Filtersack; Kaffeemaschine), Filter *m n*
percolar / perkolieren, filtern
percorrer / durchlaufen ‖ ~ (electr.) / durchfließen, fließen
percorrido pela corrente / stromführend, stromdurchflossen
percurso *m* / Bahn *f*, Weg *m*, Fahrstrecke *f* ‖ ~ **aéreo** (aeronáut.) / Luftstraße *f* ‖ ~ **da corrente** (electr.) / Stromlauf *m* ‖ ~ **da faísca** / Funkenbahn *f* ‖ ~ **de descida** (aeronáut.) / Anschwebebahn *f* ‖ ~ **de frenação ou travagem** / Bremsweg *m* ‖ ~ **de planeio** (aeronáut.) / Gleitweg *m* ‖ ~ **de resposta** (radar) / Antwortweg *m* ‖ ~ **hertziano** (telecom.) / Funkstrecke *f* ‖ ~ **livre** [**médio**] (física) / [mittlere] freie Weglänge
percussão *f* / Lufterschütterung *f* durch den Schall, Erschütterung *f* ‖ **por** ~ / stoßend (Bohren)
percutor *m* (espingarda) / Zündnadel *f*, -stift *m*, Schlagbolzen *m* ‖ ~ (granada de mão) / Hammer *m*
perda *f* (geral) / Verlust *m* ‖ ~ (electr.) / Schwund *m*, Verlust *m* ‖ ~ (fita magn.) / Signalausfall,

Aussetzfehler *m*, Drop-out *n* ‖ ~ (informática) / Dämpfung *f* ‖ **de fracas ~s** (electr.) / mit geringem Verlustwinkel, verlustarm ‖ ~ **à terra** / Erdschluß *m*, unerwünschter Erdkontakt ‖ ~ **de ar** / Luftverlust *m* ‖ ~ **de arranque** / Anlaufverlust *m* ‖ ~ **de calor** / Wärmeabgabe *f*, -verlust *m* ‖ ~ **de capacidade** (acumul.) / Kapazitätsschwund *m* ‖ ~ **de condutividade** (electrón.) / Gleichspannungsverlust *m* ‖ ~ **de corrente** / Stromverlust *m* ‖ ~ **de corrente pelo manto de chumbo** (cabo) / Bleimantelverlust *m* ‖ ~ **de corrente por efeito de Joule** / Stromverlust *m* durch Wärme ‖ ~ **de dados** (informática) / Datenverlust *m* ‖ ~ **de dimensão ou de peso** / Abgang *m* an Maß o. Gewicht ‖ ~ **de ebulição** / Siedeverlust *m* ‖ ~ **de energia** / Energieverlust *m* ‖ ~ **de excitação** (electr.) / Erregerverlust *m* ‖ ~ **de extracção** / Förderausfall *m* ‖ ~ **de (h)umidade por sublimação** / Gefrierbrand *m* ‖ ~ **de pêlo** / Haaren *n* ‖ ~ **de peso** / fehlendes Gewicht ‖ ~ **de peso devido à lavagem** / Auswaschverlust *m* ‖ ~ **de potência** / Wattverlust *m*, Leistungsverlust *m* ‖ ~ **de potência por comutação** (semicondut.) / Schaltverlustleistung *f* ‖ ~ **de precisão** (informática) / Genauigkeitsverlust *m* ‖ ~ **de propagação** (electrón.) / Ausbreitungsverlust *m* ‖ ~ **de qualidade** / Qualitätsverschlechterung *f* ‖ ~ **de retorno** (telecom.) / Fehlerdämpfung *f* ‖ ~ **de sustentação** (aeronáut.) / Auftriebsverlust *m* ‖ ~ **de tensão** (electr.) / Spannungsverlauf *m* ‖ ~ **de tiragem** / Zugverlust *m* ‖ ~ **de transição** / Stoßdämpfung *f* ‖ ~ **devido à histerese** / Hystereseverlust *m* ‖ ~ **do bloqueio de imagem** / Bildkippen *n* ‖ ~ **eléctrica** / elektrischer Verlust ‖ ~ **induzida de potência** (aeronáut.) / induzierter Leistungsverlust ‖ ~ **magnética** / Flußschwund *m*, magnetischer Schwund ‖ ~ **na fusão** (siderurg.) / Schmelzverlust *m* ‖ ~ **na linha** / Leitungsverlust *m* ‖ ~ **na marcha em vazio** / Leerlaufverlust *m* ‖ ~ **natural** (técn. nucl.) / Eigenverlust *m* ‖ ~ **no entreferro** (fita magn.) / Spaltdämpfung *f* ‖ ~ **nos condutores** / Leitungsverlust *m* ‖ ~ **pelo entreferro** (electr.) / Spaltverlust *m* ‖ ~ **pelo ferro** (electr.) / Eisenverlust *m pl* ‖ ~ **por calcinação** (química) / Glühverlust *m* ‖ ~ **por condensação** / Kondensationsverlust *m* ‖ ~ **por conexão** (electrón.) / Einschaltverlust *m* ‖ ~ **por corrente de fuga** (electr.) / Streuverlust *m*, Kriechverlust *m* ‖ ~ **por efeito calorífico da corrente** / Stromwärmeverlust *m* ‖ ~ **por efeito de coroa** / Glimmverlust *m* ‖ ~ **por efeito de Joule** / Stromwärmeverlust *m* ‖ ~ **por fricção** / Reibungsverlust *m* ‖ ~ **por fricção do mancal** / Lagerreibungsverlust *m* ‖ ~ **por infiltração** (hidrául.) / Sickerverlust *m* ‖ ~ **[de peso] por lavagem** / Waschverlust *m* ‖ ~ **por oxidação** (siderurg.) / Abbrandverlust, Glühverlust *m* ‖ ~ **por radiação** / Strahlungsverlust *m* ‖ ~ **por recozimento** (siderurg.) / Glühverlust *m*

perdas *f pl* **por corrente de Foucault** / Wattverluste *m pl* durch Wirbelstrom ‖ ~ **por curto-circuito** (electr.) / Kurzschlußverluste *m pl* ‖ ~ **por fricção da engrenagem** / Getriebeverluste *m pl*

perder / verlieren ‖ **~-se** (hidrául.) / sich verlaufen ‖ ~ **a cor** / verblassen, anbluten, ausbleichen *vi* ‖ ~ **a forma** / aus dem Leim gehen ‖ ~ **o brilho** / [sich] beschlagen, anlaufen ‖ ~ **o fio** (ferram.) / abstumpfen

perdido / verloren, Wegwerf..., Einweg...

perfeição *f* / Vollendung *f*, Vollkommenheit *f*

perfeito / vollkommen, perfekt

perfil *m* / Außenlinie *f*, Profil *n*, Querschnitt *m* ‖ **fazer o acabamento do** ~ / formschlichten ‖ **sem** ~ / formlos ‖ ~ **aparente** (roda dentada) / Stirnprofil *n* ‖ ~ **básico** (roda dentada) / Bezugsprofil *n* ‖ ~ **curvo de fundo** / Ansatzkurve *f* ‖ ~ **da rosca** / Gewindeprofil *n* ‖ ~ **de Joukowski** (aeronáut.) / Joukowski-Profil *n* ‖ ~ **de lamelas** / Lamellenprofil *n* ‖ ~ **divergente do dente** / Flankeneintrittsform *f* ‖ ~ **do came** / Nockenform *f* ‖ ~ **do dente** / Zahnprofil *n*, Profilform *f*, Zahnform *f* ‖ ~ **do espaço livre** (técn. ferrov.) / Umgrenzung *f* des lichten Raumes ‖ ~ **do estrato** / Flözprofil *n* ‖ ~ **do terreno** / Bodenprofil *n* ‖ ~ **em duplo T** / Doppel-T-Profil *n* ‖ ~ **em forma de campânula** (lamin.) / Glockenprofil *n* ‖ ~ **em I** / Doppel-T-Profil *n* ‖ ~ **longitudinal** (agrimen.) / Höhenplan *m*, Längsprofil *n*, Längenprofil *n* ‖ ~ **oval** / Eiprofil *n* ‖ ~ **para charneiras** (lamin.) / Gelenkband-Formstahl *m* ‖ ~ **transversal** (agrimen.) / Querprofil *n*

perfilado *m* / Profileisen *n*, -stahl *m* ‖ ~ **em cruz** / Kreuzeisen *n* ‖ ~ **em U** (lamin.) / U-Profil *n* ‖ ~ **laminado** / Walzprofil *n* ‖ ~ **metálico** / Metallprofil *n* ‖ ~ **para construção naval** (lamin.) / Schiffsprofil *n*

perfilagem *f* / Formgebung *f* ‖ ~ (torno) / Fassonarbeit *f*

perfilar / stäben, fassonieren, formgebend bearbeiten, profilieren ‖ ~ **ao torno** / formdrehen

performance *f* (autom.) / Fahrleistung *f* ‖ ~ **de voo** / Flugleistung *f*

perfuração *f* / Lochung *f* ‖ ~ (autom.) / Einstich *m*, kleines Loch ‖ ~ (petróleo) / Bohren *n* ‖ ~ / Durchbohrung *f* ‖ ~ (corrosão) / Durchlöcherung *f* ‖ ~ **11** (electrón., cart. perf.) / Elferloch *n*, Überloch *n* ‖ ~ **com diamantes** (expl. minas) / Diamantbohrung *f* ‖ ~ **com injecção de água** (expl. minas) / Spülbohren *n* ‖ ~ **de controlo** (cart. perf.) / Leitlochung *f* ‖ ~ **de descarga** / Entlastungsbohrung *f* ‖ ~ **de guia** / Führungsloch *n* ‖ ~ **de petróleo** / Erdölbohrung *f* ‖ ~ **experimental** / Aufschlußbohrung *f* ‖ ~ **numérica** (cart. perf.) / Ziffernlochung *f* ‖ ~ **profunda** / Tiefbohren *n* ‖ ~ **repetitiva** (cart. perf.) / Folgekartenlochung *f* ‖ ~ **X** (electrón., cart. perf.) / Elferloch *n*, Überloch *n*

perfurado / mit Öffnungen (o. Löchern), perforiert, durchbrochen, gelocht, löcherig ‖ ~ **binariamente** / binär gelocht

perfurador *m* / Lochvorrichtung *f* ‖ ~ (papel) / Locher *m* ‖ ~ **de fita** / Streifenlocher *m*

perfuradora *f* (cart. perf.) / Locher *m* ‖ ~ **alfabética** / Alphalocher *m* ‖ ~ **de calibres** (máq. ferram.) / Lehrenbohrmaschine *f* ‖ ~ **de cartões** / Lochkartenstanzer *m* ‖ ~ **de fita** / Handlocher *m* (für Lochstreifen) ‖ ~ **de fita de papel** / Lochstreifenlocher *m* ‖ ~ **duplicadora** (cart. perf.) / Doppler *m* ‖ ~ **manual** (cart. perf.) / Handlocher *m* ‖ ~ **para rochas** / Gesteinsbohrer *m* ‖ ~ **rápida** (cart. perf.) / Schnelllocher *m* ‖ ~ **remota** (informática) / Fernlocher *m* (IBM) ‖ ~ **rolante** (expl. minas) / Bohrwagen *m* ‖ ~ **sumária** (cart. perf.) / Summenlocher *m*

perfurar / abbohren (z.B. Bolzen), durchstechen, durchlochen, lochen, durchbohren ‖ ~ (cart. perf.) / stanzen ‖ ~ (expl. minas) / durchschlagen *vt* ‖ ~ (máq., tecnol.) / anbohren ‖ ~ (túnel) / bohren ‖ ~ **com broca helicoidal** / drillbohren ‖ ~ **com precisão** / feinbohren ‖ ~ **conicamente** / kegeligbohren ‖ ~ **em série** (cart. perf.) / folgestanzen ‖ ~ **previamente** / vorlochen

pergaminho *m* / Pergament *n* ‖ ~ **autêntico** (papel) / Echtpergament *n*, Pergamentpapier *n* ‖ ~ **de linho** (papel) / Leinenpergament *n* ‖ ~ **vegetal** / Pergamentersatz *m*, -papier *n*, Pergamin,-myn *n*

pericarpo *m* / Kerngehäuse *n* (Obst)

periculosidade *f* / Gefährlichkeit *f*

peridoto *m* **do Oriente** (mineralog.) / Chrysolith *m*
periélio *m* / Perihel *n*, Sonnennähe *f*
periferia *f* / Peripherie *f*, Umkreis *m*, Begrenzungsfläche *f*, Umfang *m* ‖ ~ **de um círculo** / Kreisumfang *m*, Peripherie *f*
periférico / peripherisch, Umfangs...
perigar, fazer ~ / beeinträchtigen, gefährden
perigeu *m* / Perigäum *n*, Erdnähe *f*
perigo *m* / Gefahr *f*, Gefährdung *f* ‖ ~ **de explosão** / Explosionsgefahr *f* ‖ ~ **de fractura** / Bruchgefahr *f* ‖ ~ **de incêndio** / Feuersgefahr *f*, Brandgefahr *f*, Feuergefahr *f* ‖ ~ **de naufrágio** / Seenot *f* ‖ ~ **de radiações** / Strahlungsgefährdung *f*
perigoso / gefährlich
perímetro *m* / Umfang *m*, Länge *f* der Begrenzungslinie ‖ ~ (geom) / äußere Begrenzung ‖ ~ **do núcleo central** (mecân.) / Kernlinie *f*, -umfang *m* ‖ ~ **molhado** (hidrául.) / benetzter Umfang
periodicidade *f* / Periodizität *f*
periódico *adj* / periodisch, regelmäßig wiederkehrend
periódico *adj* (química) / Perjod...
período *m* (geral) / Periode *f* ‖ ~ / Zeitdauer *f* ‖ ~ (geol) / Zeitalter *n*, Periode *f* ‖ ~ (informática) / Abschnitt *m* ‖ ~ (telecom.) / Gebühreneinheit *f* ‖ ~ **arqueano** (geol) / Archaikum, Archäikum *n* ‖ ~ **azóico** (geol) / Azoikum *n* ‖ ~ **cambriano** (geol) / Cambrium *n* ‖ ~ **carbonífero** (geol) / Kohlenformation *f*, Karbon *n*, Karbonformation *f* ‖ ~ **completo** (electr.) / Vollperiode *f* ‖ ~ **cretáceo** (geol) / Oberkreide *f* ‖ ~ **crítico** (siderurg.) / Haltezeit *f* ‖ ~ **de abertura total** (técn. fotogr.) / Offenzeit *f* ‖ ~ **de aceleração** (turbina) / Hochlaufzeit *f* ‖ ~ **de aceleração** (mot.) / Hochlaufvorgang *m* ‖ ~ **de afinação** (siderurg.) / Frischperiode *f* ‖ ~ **de condução** / Brennzeit *f* ‖ ~ **de conservação** / Haltbarkeitsdauer *f* ‖ ~ **de contacto** (máq., tecnol.) / Eingriffsdauer *f* ‖ ~ **de frequência** (cristalogrf.) / Identitätsperiode *f* ‖ ~ **de funcionamento** / Laufzeit *f* ‖ ~ **de iluminação** / Brennzeit *f* (Licht) ‖ ~ **de imobilização** (técn. ferrov.) / Ausfallzeit *f* (Fahrzeug) ‖ ~ **de impulsos** / Impulsfolge *f* (zeitlich) ‖ ~ **de indução** (combustível) / Induktionszeit *f* ‖ ~ **de indução** (química, técn. fotogr.) / Induktionsperiode *f* ‖ ~ **de inoculação** / Infektionszeit *f* ‖ ~ **de inovação** / Innovationszeit *f* (Zeit zwischen Erfindung u. Fertigung) ‖ ~ **de latência** (técn. fotogr.) / Induktionsperiode *f* ‖ ~ **de operação** / Laufzeit *f* ‖ ~ **de passagem de carga** (siderurg.) / Durchsetzzeit *f* ‖ ~ **de pouco movimento** (técn. ferrov.) / Flautezeit *f* ‖ ~ **de produção de gás** / Gasmachen *n* ‖ ~ **de reacção** / Latenzzeit *f* ‖ ~ **de reacção** (contr. autom.) / Anlaufwert *m* ‖ ~ **de retenção na memória** (informática) / Speicherungszeitraum *m* ‖ ~ **de revolução** (astron.) / Umlaufdauer *f* ‖ ~ **de semidesintegração** (técn. nucl.) / Halbwertszeit *f*, HWZ ‖ ~ **de trabalho** / Betriebszeit *f* ‖ ~ **de uma oscilação** / Schwingungsdauer *f* ‖ ~ **elementar** (informática) / Taktperiode *f* ‖ ~ **glacial** (geol) / Eiszeit *f* ‖ ~ **limite de armazenagem**, período *m* limite de armazenamento / Lagerungsbeständigkeit *f* ‖ ~ **natural de vibrações** (física) / Eigenperiode *f* ‖ ~ **oxidante** (siderurg.) / Frischperiode *f* ‖ ~ **sideral** / Umlaufzeit *f* eines Gestirns ‖ ~ **terciário** (geol) / Tertiär *n*, Tertiärformation *f* ‖ ~ **transitório** / Übergangszeit *f* ‖ ~ **triásico** / Trias[formation] *f*
perióxido *m* **de hidrogénio** / Wasserstoffperoxid, -superoxid *n*
periscópio *m* / Sehrohr *n*, Periskop *n*
peritagem *f* / Gutachten *n* (von Sachverständigen), Expertise *f*
perito *m* / Sachverständiger *m*, Experte *m* ‖ ~ **alimentar** / Ernährungsfachmann *m*
perlita *f* (geol, fundição) / Perlit *m*
perlítico (siderurg.) / perlitisch
permanência *f* / Fortbestehen *n*, Dauer *f*, Beständigkeit *f*, Permanenz *f* ‖ ~ (electr.) / Stetigkeit *f* des Leitungsvermögens ‖ ~ / Beharrungszustand *m*
permanente / permanent, dauernd, anhaltend, Dauer-..., ständig, dauerhaft, bleibend ‖ ~ (química) / beständig, stabil ‖ ~ / ruhend (Belastung)
permanganato / Permanganat *n* ‖ ~ *m* **de potássio** / übermangansaures Kali ‖ ~ **de sódio** / Natriumpermanganat *n*, übermangansaures Natrium
permeabilidade *f* / Durchlässigkeit *f* ‖ ~ **à água** / Wasserdurchlässigkeit *f* ‖ ~ **ao ar** / Luftdurchlässigkeit *f* ‖ ~ **ao gás** / Gasdurchlässigkeit *f*, Durchlässigkeit *f* für Gas ‖ ~ **ao óleo** / Öldurchlässigkeit *f* ‖ ~ **ao vapor** / Dampfdurchlässigkeit *f* ‖ ~ **das juntas** (constr. civil) / Fugendurchlässigkeit *f* ‖ ~ **do vácuo** / [magnetische] Induktionskonstante o. Leerinduktion ‖ ~ **inicial** / Anfangspermeabilität *f*
permeância *f* / Kehrwert *m* der Reluktanz, Permeanz *f*, magnetischer Leitwert, Reziprokwert *m* der Reluktanz
permeável / durchlässig ‖ ~ (física) / durchdringlich ‖ ~ **à água** / wasser[durch]lässig
permiano / permisch, dem Perm o. Dyas zugehörig
permissividade *f* **do vácuo** / Verschiebungskonstante *f*, ε_o
permuta *f* / Auswechselung *f*, Austausch *m* ‖ ~ **térmica** / Wärmeaustausch *m*
permutabilidade *f* / Austauschbarkeit *f*
permutador *m* / Austauschmittel *n* ‖ ~ **básico** / Basenaustauscher *m* ‖ ~ **de calor** / Wärmerohr *n* (ein Wärmeaustauscher) ‖ ~ **de iões de leito fixo**, permutador *m* de íons de leito fixo / Festbett-Ionenaustauscher *m* ‖ ~ **térmico** / Wärmeaustauscher *m*, Wärmetauscher *m*
permutar / auswechseln, ersetzen, austauschen
permutável / auswechselbar, ersetzbar, austauschbar
perna *f* (compasso) / Bein *n* ‖ ~ (corda) / Litze *f* ‖ ~ (escada) / Wange *f*, Zarge *f* ‖ ~ **da meia** / Bein *n*, Stumpfform *f* ‖ ~ **de asna** (carpint.) / Bindersparren *m* ‖ ~ **de bigorna** / Amboßschenkel *m* ‖ ~ **de tesoura** (carpint.) / Bindersparren *m* ‖ ~ **exterior** / Außenwange, Wandwange *f* (Treppe)
perno *m* / Bolzen *m* ‖ ~ **de articulação** / Drehbolzen *m* ‖ ~ **de engate** (técn. ferrov.) / Kuppelbolzen *m* ‖ ~ **de engate e desengate** / Auslöseknagge *f* ‖ ~ **de fixação** / Fundamentanker *m*, -bolzen *m*, -schraube *f* ‖ ~ **em forquilha** / Gabelbolzen *m* ‖ ~ **farpado** (constr. civil) / Steinschraube *f* ‖ ~ **para sapata de freio** (técn. ferrov.) / Bremsbackendrehbolzen *m* ‖ ~ **porta-escovas** (electr.) / Bürstenbolzen *m* ‖ ~ **prisioneiro** / eingeschraubter Bolzen
pérola *f* / Perle *f* ‖ ~ **de esmalte** / Schmelzperle *f* ‖ ~ **de ferrita** / Ferritperle *f* ‖ ~ **de solda** / Schweißperle *f*
peróxido *m* / Peroxid *n*, Superoxid *n* ‖ ~ **de bário** / Bariumperoxid *n* ‖ ~ **de chumbo** / Bleisuperoxid *n* ‖ ~ **de cromo** / Chromperoxid *n*
perpendicular *f* / Senkrechte *f*, Lotrechte *f* ‖ ~ (matem.) / Lot *n* ‖ ~ *adj* / lotrecht, senkrecht ‖ ~ (expl. minas) / seiger ‖ ~ [a] / senkrecht [zu] ‖ **entre ~es** (constr. naval) / zwischen den Loten ‖ ~ **à estratificação** (expl. minas) / bankrecht ‖ ~ *f* **de uma trajectória** (armamento) / Flughöhe *f* ‖ ~ **oposta a** χ (matem.) / Gegenkathete *f* zu α
perpendicularidade *f* / senkrechte Richtung (o.

Stellung o. Haltung)
perpétuo / immerwährend
persiana *f* / Fensterjalousie *f*, Jalousie *f* || ~ **do radiador** (autom.) / Kühlerabdeckung *f* (DIN)
persistência *f* / dauerndes Vorkommen, Weiterführung *f*, Fortdauer *f* || ~ **do brilho** / Dauerhaftigkeit *f* des Glanzes
persistente (geral) / beharrend || ~ (química) / unveränderlich || ~ (visualizador) / nachleuchtend
persistir / fortdauern
perspectiva *f* / Perspektive *f*, Ansicht *f*, Fernsicht *f* || ~ **aérea** (técn. fotogr.) / Luftperspektive *f*
perspectivo / perspektivisch
persulfato *m* **de amónio** / Ammoniumpersulfat *n*
PERT *m* (program evaluation and review technique) / PERT *n*
perturbação *f* / Störung *f* || ~ **na recepção de rádio** / Funkstörung *f*
perturbado / gestört
perturbar / stören
perua *f* / Kleinlaster *m*, Lieferwagen *m* || ~ **de caixa aberta** / Lieferwagen *m* mit offenem Kasten || ~ **de caixa fechada** / Kasten[liefer]wagen *m*
pesa-álcool *m* / Alkoholwaage *f*
pesada *f* (química) / abgewogenes Quantum || ~ **dupla** (química) / Doppelwägung *f* || ~ **para análise** (química) / Einwaage *f*, eingewogene Menge
pesado (geral, técn. nucl.) / schwer || ~ **na frente** / vorderlastig
pesagem *f* / Wiegen *n*, Abwiegen *n*, Wägung *f*, Wägen *n*
pesa-leite *m* / Milchwaage *f*, -spindel *f*, -gütemesser *m*, -prüfer *m*, Milchmesser *m*, Galaktometer *n*
pesar / wiegen *vt vi*, wägen
pesca *f* / Fischfang *m*, Fischerei *f* || ~ **de alto-mar** / Hochseefischerei *f* || ~ **de arrasto** / Schleppnetzfischerei *f*
pescar / fischen || ~ **de arrasto** / mit dem Schleppnetz fischen
pescoço *m* / Hals *m* || **em forma de ~ de cisne** / schwanenhalsförmig || ~ **de cisne** / Schwanenhals *m*
peso *m* / Schwere *f*, Gewicht *n*, Last *f*, Wucht *f*, Gewichtsstück *n*, Gewichtskraft *f* (DIN 1305) || **de ~ molecular elevado** / hochmolekular || **de ~ molecular mais elevado** / höhermolekular || **de baixo ~ molecular** (química) / niedermo[leku]lar || ~ **a menos** / Fehlgewicht *n*, Mindergewicht *n* || ~ **aderente** / Reibungsgewicht *n* || ~ **aparente** / Schüttgewicht *n* || ~ **atómico** (química) / Atomgewicht *n* || ~ **bruto** / Bruttogewicht *n* || ~ **centrífugo** / Fliehgewicht *n* || ~ **constante** (química) / Gewichtskonstanz *f* || ~ **da estrutura** (constr. civil) / Leergewicht *n* || ~ **da terra com (h)umidade natural** / Frischgewicht *n* || ~ **das fitas a dobar** / Ansatzgewicht *n* || ~ **de carga** / Belastungsgewicht *n* || ~ **de combinação** (química) / Verbindungsgewicht *n* || ~ **de compensação**, peso *m* de contrabalanço / Ausgleichgewicht *n* || ~ **de descolagem** (aeronáut.) / Abflugmasse *f* || ~ **de enchimento** (geral) / Füllgewicht *n* || ~ **de queda** / Fallgewicht *n* || ~ **de tiragem** (têxtil) / Abzugsgewicht *n* || ~ **dos materiais incluindo as perdas por manufactura** / Einsatzgewicht *n* || ~ **em seco** / Trockengewicht *n* || ~ **equivalente** (química) / Äquivalentgewicht *n*, Verbindungsgewicht *n* || ~ **específico** / Wichte *f*, spezifisches Gewicht, Raumgewicht *n* || ~ **específico da terra com (h)umidade natural** / Frischraumgewicht *n* || ~ **específico do motor** (aeronáut.) / Leistungsgewicht *n* des Motors || ~ **excessivo** / Mehrgewicht, Übergewicht *n* || ~ **injectável** (plást.) / Schußgewicht *n* || ~ **isotópico** / Isotopengewicht *n* || ~ **líquido** / Reingewicht *n*, Nettogewicht *n* || ~ **líquido legal** (conservas) / Einwaage *f* || ~ **máximo** / Höchstgewicht *n* || ~ **molecular** / Molgewicht *n* || ~ **molecular extremamente elevado** / extrem hohes Molekulargewicht || ~ **morto** / Totlast *f*, Eigengewicht *n*, Totgewicht *n* || ~ **morto** (constr. naval) / Bruttotragfähigkeit *f* || ~ **móvel** / Laufgewicht *n* || ~ **operacional** (aeronáut.) / Betriebsgewicht *n* || ~ **padrão** / Eichgewicht *n* || ~ **por aro** (lamin.) / Bundgewicht *n* || ~ **por metro** / Metergewicht *n* || ~ **por metro quadrado** / Quadratmetergewicht *n* || ~ **por peça** / Stückgewicht *n* || ~ **por unidade** / Einzelgewicht *n* || ~ **por unidade de potência** / Leistungsgewicht *n* || ~ **próprio** / ruhende Last, Eigengewicht *n*, Totgewicht *n* || ~ **psofométrico** / Störgewicht *n* für Geräusche || ~ **sem carga** / Leergewicht *n* || ~ **tensor** / Spanngewicht *n* || ~ **total** (aeronáut.) / Fluggewicht *n* || ~ **total de cálculo** (aeronáut.) / Entwurfsgewicht *n* || ~ **unitário** / Einheitsgewicht *n*, Stückgewicht *n* || ~ **unitário do motor** (aeronáut.) / Leistungsgewicht *n* des Motors || ~ **volumétrico** / Raumgewicht *n*
pespontar / steppen, durchnähen, absteppen, aufsteppen
pesponto *m* / Steppnaht *f* || ~ **duplo** (máq. cost.) / Doppelsteppstich *m*
pesquis, de ~a[s] / Forschungs...
pesquisa *f* (informática) / Suche *f* || ~, investigação *f* / Forschung *f*, Erforschung *f*, Forschungsarbeit *f* || ~ **aplicada** / Zweckforschung *f* || ~ **atómica** / Atomforschung *f* || ~ **binária**, pesquisa *f* dicotomizante (informática) / binäre Suche, bisektionelles Suchen || ~ **e desenvolvimento** / Forschung u. Entwicklung, F & E || ~ **fundamental** / Grundlagenforschung *f* || ~ **nuclear** / Kernforschung *f* || ~ **operacional** / Ablauf- und Planungsforschung *f* || ~ **por métodos sísmicos** / Sprengseismik *f* || ~ **pura** / Grundlagenforschung *f*
pesquisador *m* / Forscher *m*
pesquisar / forschen, erforschen
pessoal *m* / Belegschaft *f* (einer Firma) || ~ **de manutenção da via** (técn. ferrov.) / Streckenpersonal *n* || ~ **de terra** / Bodenpersonal *n* || ~ **navegante** / fliegendes Personal
pesticída *m* / Schädlings-Vertilgungsmittel *n*
petalita *f* (mineralog.) / Petalit *m*, Kastor *m*
petardo *m* (técn. ferrov.) / Knallkapsel *f*, -signal *n* || ~ / Frosch *m* (Feuerwerkskörper)
pétreo / steinig, steinhart
petrificação *f* / Versteinerung *f*, Fossil *n*
petrificar-se / versteinern, petrifizieren
petrografia *f* / [beschreibende] Gesteinskunde, Petrographie *f*
petrolato *m* / Petrolatum *n*
petroleiro *m* / Tanker *m*, Öltanker *m* || ~ **gigante** / Großtanker *m*
petróleo *m* / Erdöl *n* || **que promete ter ~** / erdölhöffig || ~ **bruto contendo seus gases originais** / gashaltiges Öl || ~ **da plataforma continental**, petróleo *m* off shore' / Erdöl *n* in Küstengewässern || **~-eléctrico** / benzinelektrisch || ~ **em bruto**, petróleo *m* em rama / Roherdöl *n* || ~ **para iluminação** / Leuchtöl *n*
petrolífero (geol) / ölhaltig, erdölhaltig
petrologia *f* / Petrologie *f*, [physikalisch-chemische] Gesteinslehre
petroquímica *f* / Petrochemie *f*, Petrolchemie *f*, Erdölchemie *f* || ~ (geol) / Gesteinschemie *f*
pevide *f* / Kern *m*, Samenkern von Äpfeln etc.
pez / Pech *n* || ~ *m* **de cervejeiro** / Brauerpech *n* || ~ **de petróleo** / Erdölpech *n* || ~ **negro** / Schwarzpech *n* || ~ **vegetal** / Holzpech *n*

pH *m* / pH *n* (Wasserstoffexponent), pH-Wert *m*
pi *m* / Pi *n*, π, Ludolfsche Zahl
pia *f* / Spülbecken *n* ‖ ~ **de lavagem de ouro** / Goldwaschherd *m*
picado *m* (constr. civil) / Besporung *f*, Aufhauen der Lattung o. Schalung zum Putzen *n* ‖ ~ (lima) / Hieb *m* ‖ ~ **em cruz** (lima, pedra) / Kreuzhieb *m* ‖ ~ **simples** / einfacher Feilenhieb
picador *m* **de cartões** (tecel.) / Kartenschläger, -locher *m* ‖ ~ **de cartões de debuxo** (tecel.) / Musterschläger *m*, Kartenschläger *m* ‖ ~ **de limas** / Feilenhauer *m*
picadora *f* (tecel.) / Tüpfelmaschine *f*
picagem *f* **com pente** (tecel.) / Rieteinzug *m* ‖ ~ **de limas** / Feilenhauen *n*
picamento *m* **interior** (máq. ferram.) / Inneneinstechen *n*
picante / scharf
picão *m* (constr. civil) / Spitzhacke *f*, Pickel *m* (beiderseits spitz) ‖ ~ (expl. minas) / Lettenhaue *f*
picar (geral) / stechen ‖ ~ (pedreira) / behauen ‖ ~ (constr. civil) / besporen (Holz) ‖ ~ (carne) / hacken ‖ ~ (canteiro) / bossieren ‖ ~ (pano, fiação) / schießen ‖ ~ **limas** / Feilen hauen
picareta *f* / Kreuzhacke *f*, Hacke *f*, Haue *f* ‖ ~ (expl. minas) / Hammerspitzhaue *f* ‖ ~ **de uma ponta** (expl. minas) / Lettenhaue *f* ‖ ~ **para socar** (técn. ferrov.) / Stopfhacke *f*
piche *m* **vegetal** / Holzteer, Absatzteer *m*
pick-up *m* (autom.) / offener Kastenaufbau
pico *m* / Spitze *f*, Scheitelwert *m*
pico... / Pico..., 10^{-12}
pico *m* **de tensão** (electr.) / Spannungsspitze *f*
picocurie *m* **por grama de cálcio** (técn. nucl.) / Strontium-Einheit *f*
picotador *m* **de cartões** / Aufkarter *m*
picote *m* (cart. perf.) / Stanzabfall *m*
picrato *m* / Pikrat *n* ‖ ~ **de amónio** / Ammoniumpikrat *n*
piezoelectricidade *f* / Piezoelektrizität *f*
piezoeléctrico / piezoelektrisch ‖ **a cristal** ~ / Kristall..., piezoelektrisch
piezómetro *m* / Piezometer *n*
piezoquímica *f* / Hochdruckchemie *f*
pigmentar / pigmentieren *vt*
pigmento *m* / Pigment *n*, Farbkörper *m*, Pigment *n* ‖ ~ **colorido** / Farbpigment *n*, Buntpigment *n*, unlösliches Farbmittel ‖ ~ **corante** / Farbpigment *n* ‖ ~ **de argila** / Tonpigment *n* ‖ ~ **de bronze** / Bronzepigment *n*, Bronzefarbe *f* ‖ ~ **de carga** (tintas) / Füllstoff *m* (DIN), Füllpigment *n* ‖ ~ **de chumbo** / Bleipigment *n* ‖ ~ **luminescente** / Leuchtpigment *n* ‖ ~ **solvente** / Lösungsmittelfarbstoff *m*
pigmentos *m pl* **de ferro** / Eisenpigmente *n pl*
pilão *m* / Stampfer *m*, Mörserkeule *f*, Stößel *m* ‖ ~ **de moldar** (fundição) / Formstampfer *m* ‖ ~ **quebrador de gusa** / Masselbrecher *m*
pilar *m* (constr. civil) / Ständer *m*, Pfosten, Stiel *m*, Pfeiler *m* ‖ ~ (expl. minas) / Streckenpfeiler *m* ‖ ~ **barreira** (expl. minas) / Sicherheitspfeiler *m*, Wehrstoß *m* ‖ ~ **de ancoragem** (ponte) / Ankerpfeiler *m* ‖ ~ **de apoio** / Stützpfeiler *m* ‖ ~ **de betão**, pilar *m* de concreto / Betonpfeiler *m* ‖ ~ **de escada** (constr. civil) / Treppenspindel, -säule *f* ‖ ~ **de fundação** (constr. civil) / Grundpfeiler *m* ‖ ~ **de medição** (hidrául.) / Bordpfahl *m* eines Fangdammes ‖ ~ **de ponte** / Brückenpfeiler *m* ‖ ~ **em terra** (ponte) / Landpfeiler *m* ‖ ~ **extremo** (constr. civil) / Endpfeiler *m* ‖ ~ **intermediário** (ponte) / Zwischenpfeiler *m* ‖ ~ **no leito do rio** (ponte) / Strompfeiler *m*
pilastra *f* (constr. civil) / Wandpfeiler, Halbpfeiler *m* ‖ ~ **angular** / Eckpfeiler *m*
pilha *f* / Stoß *m*, Haufen *m*, Stapel *m* ‖ ~ (electr.) / Element *n*, Batterie *f*, Zelle *f* ‖ ~ [**para carbonizar madeira**] / Kohlenmeiler *m* ‖ ~ **alcalina** (electr.) / Alkalizelle *f*, Alkalielement *n* ‖ ~ **Clark** / Clarkelement *n* ‖ ~ **de algodão** / Baumwollstapel *m* ‖ ~ **de bicromato de potássio** (electr.) / Chromsäureelement *n* ‖ ~ **de Bunsen** (electr.) / Bunsenelement *n* ‖ ~ **de carvão** / Kohlenelement *n* ‖ ~ **de carvão e zinco** (electr.) / Kohlezinkelement *n* ‖ ~ **de condutividade** / Leitfähigkeitsgefäß *n* ‖ ~ **de Daniell** / Daniell-Element *n* ‖ ~ **de discos** (informática) / Plattenstapel *m* ‖ ~ **de gás** (química) / Gaskette *f*, -element *n* ‖ ~ **de Leclanché** (electr.) / Braunsteinelement *n* ‖ ~ **de mercúrio** (electr.) / Quecksilberzelle *f*, Quecksilber-Element *n* ‖ ~ **de metal líquido** (electr.) / Flüssigmetallzelle *f* ‖ ~ **(h) úmida** (electr.) / Naßelement *n* ‖ ~ **padrão** (electr.) / Normalelement *n* ‖ ~ **permanente** (electr.) / Dauerelement *n* ‖ ~ **primária** (electr.) / Primärelement *n* ‖ ~ **redonda** (electr.) / Rundzelle *f* ‖ ~ **redonda R3 DIN 40862** (electr.) / halbe Mignonzelle, Rundzelle R3 *f* ‖ ~ **redonda R03 DIN 40860** (electr.) / Mikrozelle *f*, Rundzelle R 03 *f* ‖ ~ **redonda R6 DIN 40863** (electr.) / Mignonzelle, Rundzelle R6 *f* ‖ ~ **regenerável** (electr.) / Dauerelement *n* ‖ ~ **seca** (electr.) / Trockenzelle *f*, Trockenelement *n* ‖ ~ **secundária** / Sekundärelement *n* ‖ ~ **voltaica** (electr.) / galvanische (o. Voltasche) Säule ‖ ~ **voltaica** (física) / Säule *f*
pilotagem *f* / Lotsen *n*
pilotar (navio) / lotsen ‖ ~ (aeronáut.) / führen, steuern
piloti *m* (constr. civil) / Stelze *f*
piloto *m* / Flugzeugführer *m*, Pilot *m* ‖ ~ (telecom.) / Pilot *m n* ‖ ~ (navio) / Lotse *m* ‖ ~ / Pilot... ‖ ~ **automático** / Flugregler *m*, Autopilot *m*, Selbststeuergerät *n*, Kurssteueranlage *f* ‖ ~ **automático** (navio) / Selbststeuergerät *n* ‖ ~ **comparador de frequência** / Frequenzvergleichpilot *m* ‖ ~ **de ensaio** / Einflieger *m*, Testflieger *m*, Testpilot *m* ‖ ~ **de grupo** (electrón.) / Gruppenpilotwelle *f* ‖ ~ **profissional** / Berufsflieger *m*
pílula *f* / Pille *f*
pinázio *m* (constr. civil) / Sprosse *f* ‖ ~ **de janela** / Fenstersprosse *f*
pinça *f* / Zange *f* (klein) ‖ ~ (máq. ferram.) / Spannpatrone *f*, -zangeneinsatz *m* ‖ ~ (artes gráf.) / Greifer *m* ‖ ~ (química) / Klemme *f* ‖ ~ (travão) / Sattel *m* ‖ ~ **corta-eléctrodo** (sold) / Schweißzange *f* ‖ ~ **de aperto** (máq. ferram.) / Spannzange *f* ‖ ~ **de arranque** / Reißzange *f* ‖ ~ **de folhas** (artes gráf.) / Abstoßgreifer *m* ‖ ~ **de suspensão** (técn. ferrov.) / Hängeklemme *f* ‖ ~ **do fio de contacto** / Fahrdrahtklemme *f* ‖ ~ **para ligações sem soldadura** (telecom.) / Drahtkluppe *f*
pinçar / auszupfen
pincel *m* / Pinsel *m*, Malpinsel *m*, Quast *m* ‖ ~ **de borrifar** (constr. civil) / Annetzpinsel *m* ‖ ~ **de pêlo** / Haarpinsel *m* ‖ ~ **de pelo de texugo** (desenho industr.) / Dachshaarpinsel *m* ‖ ~ **fino** / Haarpinsel *m*
pinceta *f* (serralhar.) / Federzange *f*
pingar / triefen, tröpfeln, tropfen
pingo *m* / Tropfen *m*
pinhão *m* (máq., tecnol.) / Ritzel *n*, kleines Zahnrad ‖ ~ **de ataque** / Antriebskegelrad *n* ‖ ~ **de corrente** (máq., tecnol.) / Nuß *f*, Kettennuß *f* ‖ ~ **de dentes angulares** (lamin.) / Kammwalze *f* ‖ ~ **de marcha atrás**, pinhão *m* de marcha à ré (autom.) / Rücklaufrad *n* ‖ ~ **direito**, pinhão *m* reto (autom.) / Stirnrad *n*, Stirntrieb *m*, geradzähniges Ritzel ‖ ~ **do centro do diferencial** (autom.) / großes

Differentialantriebskegelrad
pinheiro *m*, pinhora / Föhre *f*, Kiefer *f* ‖ **~-amarelo** *m* / Gelbkiefer *f*, Yellow Pine (Pinus Ponderosa) ‖ **~-montanhês** *m* / Knieholz *n*
pino *m* / Bolzen *m*, Stift *m*, Zapfen *m* ‖ **~ com olhal** (máq., tecnol.) / Augbolzen *m* ‖ **~ cónico** / Kegelstift *m* ‖ **~ da manivela** / Kurbelzapfen *m* ‖ **~ de acerto** / Führungsstift *m* ‖ **~ de adaptação** / Paßstift *m* ‖ **~ de ajuste** / Paßstift *m*, Paßdorn *m* ‖ **~ de ancoragem** / Ankerbolzen *m* ‖ **~ de anel de bloqueio** / Bajonettkorn *n* ‖ **~ de articulação** / Gelenkbolzen *m*, Gelenkzapfen *m* ‖ **~ de assento** / Lagerzapfen *m* ‖ **~ de batente** / Einsteckbolzen *m* ‖ **~ de bloqueio** / Sperrbolzen *m*, Sicherungsstift *m* ‖ **~ de cabeça esférica** / Kugelbolzen *m* ‖ **~ de cilindro** (siderurg.) / Walzenzapfen *m* ‖ **~ de cisalhamento** / Abscherbolzen *m* ‖ **~ de conexão** (electrón.) / Anschlußstift *m* (am Sockel) ‖ **~ de contacto** / Kontaktstift *m*, Steckerstift *m* ‖ **~ de corrente** / Kettenbolzen *m* ‖ **~ de detenção** / Anhaltestift *m* ‖ **~ de draga** / Baggerbolzen *m* ‖ **~ de eixo** / Achsbolzen *m* ‖ **~ de encaixe com estrias centrais** / Knebelkerbstift *m* (DIN 1475) ‖ **~ de exploração** / Abtaststift *m* ‖ **~ de ficha** / Steckerstift *m* ‖ **~ de fixação** / Spannstift *m*, -bolzen *m* ‖ **~ de guia** / Führungsstift *m* ‖ **~ de lagarta** / Kettenbolzen *m* ‖ **~ de levantamento** (fundição) / Abhebestift *m* ‖ **~ de moldador** (fundição) / Formstift *m* ‖ **~ de passagem** (electr.) / Durchführungsbolzen *m* ‖ **~ de posicionamento** / Fixierstift *m* ‖ **~ de retenção** / Haltestift *m*, Arretierstift *m* ‖ **~ de rótula** / Kugelbolzen *m* ‖ **~ de segurança** (máq., tecnol.) / Vorstecker *m*, Vorsteckstift *m*, Schnappstift *m* ‖ **~ do êmbolo** / Kolbenbolzen *m* ‖ **~ do mancal** (máq., tecnol.) / Lagerbolzen *m* ‖ **~ do olhal** / Lastösenbolzen *m* ‖ **~ elástico** / federnder Stift ‖ **~ em U** / Bügelschraube *f* ‖ **~ estriado de cabeça semi-redonda** / Halbrundkerbnagel *m* (DIN 1476) ‖ **~ excêntrico** / Exzenterbolzen *m* ‖ **~ extremo** / Stirnzapfen *m* ‖ **~ fendido** (máq., tecnol.) / Splint *m* ‖ **~ frontal** / Stirnzapfen *m* ‖ **~ giratório** / Drehzapfen *m*, Laufzapfen *m* ‖ **~ intermediário** (máq., tecnol.) / Halszapfen *m* ‖ **~ intermediário de eixo** / Wellenhals *m* ‖ **~ limitador** / Anschlagstift *m*, Anschlagbolzen *m* ‖ **~ livrador** / Auslösestift *m* ‖ **~ móvel** / Laufzapfen *m* ‖ **~ piloto** (estamp.) / Fangstift *m* ‖ **~ roscado** / Gewindebolzen *m* ‖ **~ rotativo** / Drehzapfen *m*
pintado / gestrichen, angemalt ‖ **~ à pistola** / gespritzt
pintar / streichen *vt*, anstreichen, malen, Farben auftragen ‖ **~ à pistola** / farbspritzen, spritzlackieren, spritzen
pintas, com ~ / gefleckt
pintor-decorador *m* / Dekorationsmaler *m*
pintura *f* / Anstrich *m*, Anmalen *n*, Malerei *f*, Farbauftrag *m*, Malen *n* ‖ **~ à pistola** [pulverizadora] / Spritzlackierung *f*, -lackierverfahren *n* ‖ **~ à pistola** / Farbspritzen *n*, Spritzlackieren *n*, Spritzen *n* ‖ **~ à prova de fogo** / Feuerschutzanstrich *m* ‖ **~ a pulverização electrostática** / elektrostatisches Spritzlackieren ‖ **~ betuminosa** / Asphaltfarbe *f*, -lack *m* ‖ **~ com várias demãos** / Mehrfachanstrich *m* ‖ **~ de camuflagem** / Schutzfarbenanstrich *m* gegen Sicht ‖ **~ de decoração** / Dekorationsmalerei *f* ‖ **~ de fábrica** / fabrikmäßige Lackierung ‖ **~ de fundo** / Grundierfarbe *f* ‖ **~ decorativa** / Dekorationsmalerei *f* ‖ **~ definitiva** / Fertiganstrich *m* ‖ **~ escorrida** (por excesso de aplicação de tinta) / Gardinenbildung *f* ‖ **~ hidrófuga** / Dichtungsanstrich *m* ‖ **~ ignífuga** / Flammenschutzanstrich *m*, Feuerschutzanstrich *m* ‖ **~ preliminar** / Voranstrich *m*, Grundierung *f* ‖ **~ protectora** / Schutzanstrich *m* ‖ **~ simples** / einmaliger Anstrich
pínula *f* (óptica) / Diopter *n*, Visierinstrument *n*, Sehspalte *f* ‖ **~ de amortecimento** (instr.) / Bremsflügel *m*
piolho *m* **de bugalho de abeto** / Fichtengallaus *f*
pipa *f* / Faß *n*
pipeline *m* / Rohrleitung *f*, Pipeline *f*
piperina *f* / Piperin *n*
pipeta *f* (química) / Stechheber *m*, Pipette *f* ‖ **~ graduada** (química) / Auslaufpipette *f*, Meßpipette *f*
piqué *m* (tecel.) / Pikee *m*, Piké *m*
piquelar (cortumes) / abbeizen
piqueta *f* (agrimen.) / Absteckpfahl *m*
piquetagem *f* (agrimen.) / Absteckungsarbeiten *f pl*
piquetar (agrimen.) / auspflocken
piramidal / pyramidal, pyramidenförmig
pirâmide *f* (geom) / Pyramide *f* ‖ **~** (máq. ferram.) / Pyramidenständer *m*
piranómetro *m* / Pyranometer *n* (für Globalstrahlung)
pirargirita *f* (mineralog.) / Pyrargyrit *m*, [dunkles] Rotgüldigerz
pireno *m* (química) / Pyren *n*
piridina *f* (química) / Pyridin *n*
piriforme / birnenförmig
pirita *f* (química, siderurg.) / Kies *m* ‖ **~** (mineralog.) / Eisenkies *m*, Pyrit *m*, Schwefelkies *m* ‖ **~ aurífera** / Goldkies *m* ‖ **~ branca arsenical** / Silberkies *m* ‖ **~ capilar** / Schwefelnickel *n* ‖ **~ de cobre** / Chalkopyrit, Kupferkies *m* ‖ **~ de ferro** / Eisenpyrit *m* ‖ **~ de ferro e de níquel** / Eisennickelkies, Pentlandit *m* ‖ **~ de ferro e níquel** / Pentlandit *m* ‖ **~ de ferro hepático** / Eisenlebererz *n* ‖ **~ hepática** (mineralog.) / Zinnsulfid *n* ‖ **~ magnética** (mineralog.) / Magnetkies *m* ‖ **~ tostada** / Kiesabbrand *m* ‖ **~ ustulada** / Schwefelkiesabbrand *m*
piritas *f pl* **aluminíferas** / Alaunkies *m*
pirite *f* vide pirita
piritífero, piritoso / pyrithaltig
piro... (química) / durch Erhitzen dargestellt
piroelectricidade *f* / Pyroelektrizität *f*
piroeléctrico / pyroelektrisch
piróforo *m* / Pyrophor *m*, Luftzünder *m* ‖ **~** *adj* / luftentzündlich, pyrophor
pirogalol *m* / Pyrogallol *n*, Pyrogallussäure *f*
pirogenação *f* **da madeira** / Holzverkohlung *f*, Holzdestillation *f*
pirogénico (química, geol) / pyrogen
pirogravar / einbrennen
pirogravura *f* / Brandmalerei *f*
pirólise *f* / Pyrolyse *f*, thermische Zersetzung
pirolusita *f* (mineralog.) / Braunstein *m*
pirometalurgia *f* / Schmelzflußmetallurgie, Pyrometallurgie *f*
pirometria *f* / Pyrometrie *f*
pirométrico / pyrometrisch
pirómetro *m* / Pyrometer *n* ‖ **~ cromático** / Farbpyrometer *n* ‖ **~ de escoamento gasoso** / Gaspyrometer *n* ‖ **~ de inserção** / Einstichpyrometer *n* ‖ **~ de radiação total** / Ganzstrahlungspyrometer *n* ‖ **~ óptico** / Strahlungshitzemesser *m*, Strahlungs- o. optisches Pyrometer *n*
piromorfita *f* (mineralog.) / Pyromorphit *m*, Buntbleierz *n*
piropo *m* (mineralog.) / Eisengranat, Pyrop *m*
pirotecnia *f* / Pyrotechnik *f*, Feuerwerkstechnik *f*
pirotécnico *m* / Feuerwerker *m* ‖ **~** *adj* / pyrotechnisch, feuerwerkstechnisch
piroxilina *f* / Schießbaumwolle *f*

pirrol *m* / Pyrrol *n*, Imidol *n*
pirrotina *f* (mineralog.) / Magnetkies *m*
pisão *f* **de moldar** / Bankstampfer *m*
pisca-pisca *m* (autom.) / Fahrtrichtungsanzeiger *m*
piscicultura *f* / Fischzucht *f*
piscina *f* / Schwimmbad *n*, -becken *n*, -bassin *n* ‖ ~ **ao ar livre** / Freibad *n* ‖ ~ **coberta** / gedecktes Schwimmbad, Hallenbad *n* ‖ ~ **descoberta** / Freibad *n*
pisiforme / erbsenförmig
piso *m*, soalho *m* / Fußboden *m* ‖ ~ (constr. civil) / Stockwerk *n*, Stock *m*, Geschoß *n*, Etage *f* ‖ ~ (constr. civil) / Auftritt *m* ‖ ~ (pneu) / Lauffläche *f* ‖ ~ **de gesso** / Gipsestrichboden *m*, -fußboden *m* ‖ ~ **falso** (constr. civil) / Einschub *m*, Blindboden *m*
pisoar / durchwalken ‖ ~ (constr. civil, constr. rodov.) / einstampfen, feststampfen
pisólito *m* (geol) / Erbsenstein *m*
pista *f* (fita magn.) / Spur *f* ‖ ~ (aeronáut.) / Piste *f*, Start- und Landebahn, SLB *f* ‖ **de duas ~s** (fita magn.) / Doppelspur... ‖ ~ **alternativa** (informática) / Ersatzspur *f* ‖ ~ **das esferas** / Kugelrille, -spur, -laufrille *f* ‖ ~ **de aproximação por instrumentos** (aeronáut.) / Instrumenten[anflug]piste *f* ‖ ~ **de aterragem**, pista *f* de aterrissagem (aeronáut.) / Landebahn *f* ‖ ~ **de circulação** (aeronáut.) / Rollbahn *f*, Rollfeld *n* ‖ ~ **de decolagem ou descolagem** (aeronáut.) / Startbahn *f* ‖ ~ **de ensaio** / Versuchsfeld *n*, -strecke *f*, -gelände *n* ‖ ~ **de ensaio** (autom.) / Versuchsstrecke *f* ‖ ~ **de informações** (fita magn.) / Informationsspur *f* ‖ ~ **de leitura para cartões** (cart. perf.) / Lesebahn *f* ‖ ~ **de pouso** (aeronáut.) / Landestreifen *m*, Landebahn *f* ‖ ~ **de rolamento** (constr. rodov.) / Fahrbahn *f* ‖ ~ **de sincronização** (fita magn.) / Synchronspur *f* ‖ ~ **magnética** (informática) / Magnetspur *f* ‖ ~ **para ciclistas** (constr. rodov.) / Radfahrweg *m* ‖ ~ **sonora** (vídeo) / Tonspur *f* ‖ ~ **sonora push-pull** (filme) / Gegentakttonspur *f*
pistacita *f* (mineralog.) / Pistazit *m*, Epidot *m*
pistão *m* **do freio**, pistão *m* do travão / Bremskolben *m* ‖ ~ **vazado** (mot.) / Leichtkolben *m* (ausgesparter Leichtmetallkolben)
pistola *f* **automática de lubrificação** / Fettschmierautomat *m* ‖ ~ **de fixar buchas** / Dübelschießgerät *n* ‖ ~ **de lubrificação** / Abschmierpresse *f*, Fettpresse *f*, Handschmierpresse *f*, Schmierpresse *f* ‖ ~ **de metalização** / Metallisator *m* ‖ ~ **de pulverização** (agricult.) / Sprühpistole *f* ‖ ~ **de sinalização** / Signalpistole *f* ‖ ~ **de soldar** / Schweißpistole *f*, -kolben *m* ‖ ~ **de vaporização para pintura** / Farbspritzpistole *f* ‖ **~-metralhadora** *f* / Maschinenpistole *f* ‖ ~ **para pintar com copo** / Becherspritzpistole *f* ‖ ~ **pulverizadora** / Spritzpistole *f* ‖ ~ **pulverizadora para pintar** / Farbenzerstäuber *m* ‖ ~ **sinalizadora** / Leuchtpistole *f*
pitão *m* / Ösenschraube *f*
pivô *m* / Drehzapfen *m*, Zapfen *m* ‖ ~ **central** (ponte) / Königsstuhl *m* ‖ ~ **da direcção** (autom.) / Lenkzapfen *m* ‖ ~ **de um eixo vertical** (máq., tecnol.) / Spurzapfen *m*
pivotante / schwenkbar
pivotar [à volta de] / schwenken [um]
pivote *m* / Achszapfen, -schenkel *m* ‖ ~ **do eixo dianteiro** (autom.) / Achsschenkelbolzen *m*
placa *f* (geral, técn. fotogr.) / Platte *f* ‖ ~ / Schild *n*, Tafel *f* ‖ ~ (electrón.) / Karte *f*, gedruckte Schaltung ‖ ~ (constr. civil) / Scheibe, Platte *f* ‖ ~ (válvula electrón.) / Anode *f* ‖ ~ **anódica** / Anodenklemme *f*, Anodenanschluß *m* ‖ ~ **aquecedora** / Kochplatte *f* ‖ ~ **arqueada** (constr. civil) / Bogenscheibe *f* ‖ ~ **calorífuga** / Dämmplatte *f* ‖ ~ **chanfrada** (carpint.) / Fasebrett *n* ‖ ~ **da fundação** / Fundamentabsatz *m* ‖ ~ **de acumulador** / Akkumulatorenplatte *f* ‖ ~ **de aglomerado de madeira** / Spanplatte *f* ‖ ~ **de agulha** (técn. ferrov.) / Zungenplatte *f* ‖ ~ **de alcaraviz** (siderurg.) / Formzacken *m* ‖ ~ **de amalgamação** (expl. minas) / Amalgamationsplatte *f* ‖ ~ **de ancoragem** (constr. civil) / Ankerplatte, -rosette *f* ‖ ~ **de aperto** (técn. ferrov.) / Klemmplatte *f* ‖ ~ **de apoio** / Auflagerplatte *f*, Auflageplatte *f* ‖ ~ **de apoio** (estamp.) / Druckplatte *f* ‖ ~ **de aquecimento** (electr.) / Wärmeplatte *f*, Heizplatte *f* ‖ ~ **de ardósia** / Schieferplatte *f* ‖ ~ **de assento** / Fundamentplatte *f* ‖ ~ **de assento com gancho** (técn. ferrov.) / Hakenplatte *f* ‖ ~ **de assento da agulha** (técn. ferrov.) / Grundplatte *f* ‖ ~ **de base** / Fußplatte *f* ‖ ~ **de base** (máq. tricot.) / Grundplatte *f* ‖ ~ **de betão** / Betonplatte *f* ‖ ~ **de bornes** / Klemmenbrett *n*, Klemmbrett *n*, Polbrett *n* ‖ ~ **de Brewster** (laser) / Brewsterplatte *f* ‖ ~ **de carga** (acumul.) / Ladetafel *f* ‖ ~ **de chapa** / Tafelblech *n* ‖ ~ **de chumbo** / Bleiplatte *f* ‖ ~ **de circuitos impressos** (electrón.) / Leiterplatte *f* ‖ ~ **de cisalhamento** / Brechplatte *f* ‖ ~ **de cobertura** (geral) / Deckplatte *f* ‖ ~ **de cobertura** / Abschlußdeckel *m*, Bodenabdeckplatte *f*, Abdeckplatte *f* ‖ ~ **de cobrejunta** / Deckplatte *f*, -streifen *m* ‖ ~ **de compressão** / Druckplatte *f* ‖ ~ **de concreto** / Betonplatte *f* ‖ ~ **de cortiça** (constr. civil) / Korkplatte *f* ‖ ~ **de deflecção horizontal** / X-Ablenkplatte *f* ‖ ~ **de descanso** / Abstellplatte *f* ‖ ~ **de descarga** (plást.) / Ausdrückplatte *f* ‖ ~ **de desempenar** / Richtplatte *f* ‖ ~ **de desvio horizontal** (tv) / Horizontalablenkplatte *f* ‖ ~ **de ejecção** (estamp.) / Auswerferplatte *f* ‖ ~ **de enchimento** / Füllplatte *f*, -quader *m* ‖ ~ **de endireitar** / Richtplatte *f* ‖ ~ **de Fauré** / Faureplatte *f* ‖ ~ **de fibra** (cortumes) / Faserplatte *f*, Faserstoffplatte *f* ‖ ~ **de fibra de plástico** (plást.) / Leichtbauplatte *f* ‖ ~ **de fibra de vidro epoxi** / Epoxy-Glasfaserplatte *f* ‖ ~ **de fibra leve** (constr. civil) / Leichtfaserplatte *f* ‖ ~ **de fixação** (máq. ferram.) / Spannplatte *f*, Aufspannplatte *f* ‖ ~ **de fogão** / Herdplatte *f* ‖ ~ **de fundação** / Grundplatte *f*, Fundamentplatte *f* ‖ ~ **de fundação** (constr. civil) / Sockelplatte *f* ‖ ~ **de fundação** (máq., tecnol.) / Sohlplatte *f*, Lagerplatte *f* ‖ ~ **de fundamento** / Bettplatte *f*, Bodenplatte *f* ‖ ~ **de fundo** / Bodenblech *n* ‖ ~ **de fusão** (vidro) / Gießtisch *m* ‖ ~ **de grade**, placa *f* de grelha (acumul.) / Gitterplatte *f* ‖ ~ **de grande superfície** (acumul.) / Großoberflächenplatte *f* ‖ ~ **de guia** / Führungsbacke *f* ‖ ~ **de guia** (técn. ferrov.) / Achsgabel *f*, -halter *m* ‖ ~ **de identificação da máquina** / Maschinenschild *n* ‖ ~ **de impressão fotopolimérica** (artes gráf.) / Auswaschplatte *f*, photopolymere Druckplatte ‖ ~ **de indicação** (geral) / Hinweisschild *n* ‖ ~ **de injector** (autom.) / Düsenplatte *f* ‖ ~ **de ligação** / Verbindungsblech *n* ‖ ~ **de ligação à terra** (electr.) / Erderplatte *f* ‖ ~ **de matrícula** (autom.) / Nummernschild *n* ‖ ~ **de matriz** (plást.) / Stempelplatte *f* ‖ ~ **de mola** / Federteller *m* ‖ ~ **de montagem** / Aufbauplatte *f* ‖ ~ **de partículas achatadas** / Flachpreßplatte *f* ‖ ~ **de partículas finas** / Feinspanplatte *f* ‖ ~ **de protecção** / Schutzschild *m* ‖ ~ **de punções** (estamp.) / Stempelplatte *f* ‖ ~ **de reforço** / Einlageblech *n* ‖ ~ **de refúgio** (constr. rodov.) / Schutzstreifen *m* (für Fußgänger) ‖ ~ **de retenção de imagem** (tv) / Bildspeicherplatte *f* ‖ ~ **de revestimento** / Feinputz *m* (Material) ‖ ~ **de secagem** / Horde *f* ‖ ~ **de sinalização** / Verkehrsschild *n* ‖ ~ **de suporte** (semicondut.) / Basismaterial *n*, Träger *m* ‖ ~ **de tensão de mola** /

Federspannplatte *f* ‖ ~ **de terminais** / Anschlußbrett *n*, Klemmenbrett *n* ‖ ~ **de terra** / Erdungsplatte *f* ‖ ~ **de terra** (electr.) / Erdplatte *f* ‖ ~ **de topo** (técn. ferrov.) / Kopfstück *n* ‖ ~ **de torno** (torno) / Planscheibe *f* ‖ ~ **de traçar** / Anreißplatte *f*, Reißplatte *f* ‖ ~ **de treino** (informática) / Lehrbaustein *m* ‖ ~ **de união** / Knotenblech *n*, Verbindungsplatte *f*, -streifen *m*, Eckblech *n* ‖ ~ **de vidro** / Glasscheibe *f* ‖ ~ **de zinco para impressão** (artes gráf.) / Zinkdruckplatte *f* ‖ ~ **deflectora** (tv) / Ablenkplatte *f* ‖ ~ **distanciadora** / Abstandsplatte *f*, -scheibe *f*, Zwischenplatte *f* ‖ ~ **divisória** (siderurg.) / Einhaltblech *n* ‖ ~ **do estator** (electr.) / Ständerblech *n* ‖ ~ **do fabricante** / Firmenschild *n* (des Herstellers) ‖ ~ **do mandril** (torno) / Futterplatte *f* ‖ ~ **eutética** / Speicherplatte *f* ‖ ~ **extrema** / Endplatte *f* ‖ ~ **fixa do molde** (plást.) / feststehende Formplatte ‖ ~ **frontal** / Frontplatte *f* ‖ ~ **giratória** / Schwenkplatte *f* ‖ ~ **giratória com planos inclinados de acesso** / Kletterdrehscheibe *f* ‖ ~ **giratória de semi-reboque** (autom.) / Aufsattel *m* ‖ ~ **giratória sobre rolamento de esferas ou rolimã** (técn. ferrov.) / Kugellagerdrehscheibe *f* ‖ ~ **indicadora das características** (electr.) / Typenschild *n* ‖ ~ **isolante** / Dämmplatte *f* ‖ ~ **magnética de aperto** (máq. ferram.) / Magnetspannplatte *f* ‖ ~ **mista** (constr. civil) / Verbundplatte *f* ‖ **~-modelo** *f* (fundição) / Formplatte *f* ‖ ~ **morta** (siderurg.) / Feuerplatte *f* (unten am Feuer) ‖ ~ **offset** / Offsetplatte *f* ‖ ~ **para imprimir endereços** / Adressenplatte, Adressierplatte *f* ‖ ~ **para molas laminadas** / Federgrundplatte *f* für Blattfedern ‖ ~ **para passeios** / Gehwegplatte *f* ‖ ~ **perfurada** (papel) / Filtrierstein *m* ‖ ~ **portadora de imagem** / Bildträgerplatte *f* ‖ ~ **porta-ferramenta** / Formaufspannplatte *f* ‖ ~ **posterior** (siderurg.) / Hinterzacken *m* des Frischfeuers ‖ ~ **pré-fabricada de betão leve**, placa *f* pré-fabricada de concreto leve / Leichtbaufertigplatte *f* (Beton) ‖ ~ **reverberante** (acústica) / Hallplatte *f* ‖ ~ **reversível** (torno) / Wendeplatte *f* ‖ ~ **rotativa** (óptica) / Drehtisch *m*, Drehscheibe *f* ‖ ~ **terminal** / Arretierungslamelle *f*

placada *f* (aeronáut.) / Durchsacken *n* bei der Landung

placado de alumínio / aluminiumplattiert

placar (aeronáut.) / absacken (beim Landen), durchsacken

placas *f pl* **de carena** / Kielgang *m* ‖ ~ **de deflecção vertical** (tv) / Y-Platten *f pl*

plagioclásio *m* / schiefwinkliger, schief spaltender Feldspat, Plagioklas *m*

plaina *f* / Hobel *m* ‖ ~ **de acanalar** / Fugenhobel *m*, Rinnenhobel *m*, Rillenhobel *m* ‖ ~ **de alisar** / Schlichthobel *m* ‖ ~ **de engrenagens cónicas** / Kegelradhobelmaschine *f* ‖ ~ **de engrenagens cónicas pelo processo gerador** / Kegelradhobelmaschine *f* nach dem Abwälzverfahren ‖ ~ **de mão** / Fausthobel *m* ‖ ~ **de moldurar** (marcenar.) / Filethobel *m* ‖ ~ **de rebaixar** / Falzhobel *m* ‖ ~ **de samblar** / Grathobel *m* ‖ ~ **limadora** / Shapingmaschine *f*, Schnellhobler *m* ‖ ~ **mecânica** / Hobelmaschine *f* ‖ ~ **mecânica para engrenagens** / Zahnradhobelmaschine *f* ‖ ~ **mecânica para superfícies curvas** / Bogenhobelmaschine *f* ‖ ~ **mecânica paralela** / Langhobelmaschine *f* ‖ ~ **para moldurar** / Hohlkehlhobel *m* ‖ ~ **tubular** / Fallhobelmaschine *f* ‖ ~ **vertical** (máq. ferram.) / Stoßmaschine *f*

planador *m* (aeronáut.) / Segelflugzeug *n*, Gleiter *m*

planalto *m* (geogr.) / Plateau *n*, Hochebene *f*, -fläche *f*, -plateau *n*

planar (aeronáut.) / segeln, gleiten

plâncton *m* / Plankton *n*

planeamento *m* / Planung *f*, Planarbeit *f* ‖ ~ **de produção** / Fertigungsplanung *f* ‖ ~ **de trabalho** / Arbeitsvorbereitung *f* ‖ ~ **preliminar** / Vorplanung *f*

planear / ausarbeiten, planen, entwerfen

planejamento *m* vide planeamento

planejar vide planear

planeta *m* (astron.) / Planet *m*

planetário *m* / Planetarium *n*, planetarisch ‖ ~ **do diferencial** (autom.) / Hinterachswellenrad *n*

planetóide *m* / Asteroid *m*, kleiner Planet

planície *f* (geol) / Ebene *f*

planificação *f* **da construção urbana** / Raumplanung *f*, städtebauliche Planung

planimetrar / planimetrieren

planimetria *f* / Planimetrie *f*, ebene Geometrie, Flächenmessung *f*

planímetro *m* / Planimeter *n*, Flächenmesser *m*

plano *m* / Fläche *f*, Ebene *f* ‖ ~ / Plan *m* ‖ ~ (constr. civil) / Aufnahme *f*, Planarbeit *f* ‖ ~ (geom, matem.) / Ebene *f* ‖ ~ / Gliederung *f*, Plan *m*, Zeichnung *f* ‖ ~ *adj* / eben, flächig, ebenflächig ‖ ~ / eben, glatt, flach ‖ ~ (expl. minas) / bahnig ‖ ~ (matem.) / eben ‖ ~ *m* **arquitectónico**, plano *m* arquitetônico (constr. civil) / Bauplan *m* ‖ ~ **central** / Mittelebene *f* ‖ **~-côncavo** / plankonkav ‖ **~-convexo** / plankonvex ‖ ~ **da galga** / Mahlbahn *f* des Kollergangs ‖ ~ **da mina** (expl. minas) / Grubenriß *m* ‖ ~ **da superfície** (autom.) / Formlinienplan *m* ‖ ~ **das linhas** / Linienriß *m* ‖ ~ **de ampliação** / Ausbauplan *m* ‖ ~ **de cablagem** / Kabelführungsplan *m*, Kabelplan *m* ‖ ~ **de carga da máquina** (informática) / Auslastungsplan *m* ‖ ~ **de cauda** (aeronáut.) / Schwanzfläche *f* ‖ ~ **de centros de cores** / Farbleitfläche *f* ‖ ~ **de clivagem** (cristalogrf.) / Spaltungsfläche, -ebene *f*, Spaltfläche *f* ‖ ~ **de colimação** (óptica) / Gesichtsebene *f* ‖ ~ **de conjunto** (constr. civil) / Grundriß *m*, Auslegung *f* ‖ ~ **de corte** (matem.) / Schnittebene *f* ‖ ~ **de descida** (aeronáut.) / Gleitebene *f* ‖ ~ **de deslize** / Gleitebene *f*, Führungsbahn *f* ‖ ~ **de diafragma** (óptica) / Blendenebene *f* ‖ ~ **de emergência** / Austrittsebene *f* ‖ ~ **de exploração** (expl. minas) / Betriebsplan *m* ‖ ~ **de fabricação** (circuito impresso) / Fertigungszeichnung *f* ‖ ~ **de focalização** (óptica) / Einstellebene *f* ‖ ~ **de fundação** (constr. civil) / Fundamentzeichnung *f*, -plan *m* ‖ ~ **de fundo** / Hintergrund *m* ‖ ~ **de gravitação** / Fallebene *f* ‖ ~ **de implantação de uma máquina** / Fundamentzeichnung *f* einer Maschine ‖ ~ **de inclinação** / Neigungsebene *f* ‖ ~ **de instalação** / Leitungsplan *m*, Installationsplan *m* ‖ ~ **de instalação** (constr. civil) / Anlageplan *m* ‖ ~ **de limitação** / Begrenzungsebene *f* ‖ ~ **de lubrificação** / Abschmierplan *m* ‖ ~ **de mina** / Markscheideriß *m*, Grubenriß *m* ‖ ~ **de nível** / Standebene *f* ‖ ~ **de ocupação de solos** (constr. civil) / Flächennutzungsplan *m* ‖ ~ **de ocupação dos bornes** / Klemmenbelegungsplan *m* ‖ ~ **de polarização** / Polarisationsebene *f* ‖ ~ **de polarização** (laser) / Schwingungsebene *f* ‖ ~ **de prancheta** [1:25000] / Meßtischblatt *n* ‖ ~ **de projecção** / Projektionsebene *f*, Ansichtsebene *f* ‖ ~ **de projecção vertical** / Aufrißebene *f* ‖ ~ **de referência** / Bezugsebene *f* ‖ ~ **de rotação** / Drehebene *f* ‖ ~ **de secção** (matem.) / Schnittfläche *f* ‖ ~ **de separação do molde** (fundição) / Formteilfläche *f*, -trennungsfläche *f* ‖ ~ **de simetria** / Symmetrieebene *f* ‖ ~ **de sustentação** (aeronáut.) / Tragfläche *f*, -flügel *m*, Flügel *m* ‖ ~ **de urbanização** / Stadtbauplanung *f*, -

bebauungsplan *m*, Bebauungsplan *m* ‖ ~ **director de desenvolvimento** / Flächenwidmungsplan *m* ‖ ~**-director** *m* **de urbanização** / Generalbebauungsplan *m*, Gesamtbebauungsplan *m* ‖ ~ **do diafragma de abertura** / Aperturblendenebene *f* ‖ ~ **do edifício**, plano *m* do imóvel, plano *m* do prédio / Gebäudeplan *m* ‖ ~ **do talude** / Böschungsebene *f* ‖ ~ **do traçado de linhas** / Linienplan *m* ‖ ~ **E** / E-Ebene *f* ‖ ~ **e elevação de mina** (expl. minas) / Grubenbild *n* ‖ ~ **eclíptico** (astron.) / Ekliptikebene *f* ‖ ~ **fixo** (aeronáut.) / Flosse *f* ‖ ~ **fixo** (cinemática) / Gestell *n* ‖ ~ **fixo horizontal** (aeronáut.) / Höhenflosse *f* ‖ ~ **fixo vertical** (aeronáut.) / Seitenflosse *f* ‖ ~ **focal** / Fokalebene *f*, Brennebene *f*, Bildebene *f* ‖ ~ **funcional** (máq., tecnol.) / Funktionsplan *m* ‖ ~ **geral** (constr. civil) / Gesamtübersicht *f*, Ansichtsplan *m* ‖ ~ **geral da instalação** (constr. civil) / Gesamtanlageplan *m* ‖ ~ **horizontal** / Horizontalebene *f* ‖ ~ **inclinado** / schiefe Ebene, Gleitbahn *f*, Rutsche *f* ‖ ~ **inclinado** (expl. minas) / Bremsberg *m* ‖ ~ **inclinado de transporte** / Förderrutsche *f* ‖ ~ **inclinado em V** (máq. ferram.) / V-Bahn *f* ‖ ~ **inclinado para adegar** / Schrotleiter *f* ‖ ~ **inclinado para o transporte de carvão** / Kohlensturzanlage *f* ‖ ~ **lateral** / Lateralplan *m* ‖ ~ **osculador** (matem.) / Schmiegungsebene *f* ‖ ~ **osculador** (mecân.) / Teilungsebene, Berührungsebene *f* ‖ ~ **paralelo à estratificação** (expl. minas) / Flachriß *m* ‖ ~ **tangente** (matem.) / Berührungsebene *f* ‖ ~ **transparente** (agrimen.) / durchsichtiges Deckblatt ‖ ~ **vertical principal** (matem.) / Hauptlotebene *f*

planos *m pl* **de separação** (cristalogrf.) / Trennungsflächen *f pl*

planta *f* (constr. civil) / Grundriß *m*, Bauplan *m* ‖ ~ (constr. civil) / Auslegung *f*, Planarbeit *f* ‖ ~ (biol.) / Pflanze *f*, Gewächs *n* ‖ ~ **da cidade** / Stadtplan *m* ‖ ~ **de conjunto**, planta *f* geral (constr. civil) / Übersichtsplan *m*, Situationsplan *m* ‖ ~ **forraginosa** / Futterpflanze *f* ‖ ~ **têxtil** / Faserpflanze *f*

plantação *f* **algodoeira** / Baumwollpflanzung *f*

plantar (agricult.) / anbauen, anpflanzen, bepflanzen

plantas *f pl* **leguminosas** / Gemüsepflanzen *f pl* ‖ ~ **medicinais** / Heilkräuter *n pl*

planura *f* / Flachheit *f*

plaqueta *f* **de identificação** / Identifizierungsmarke *f*

plasma *m* (física) / Plasma *n*

plasmático / Plasma..., plasmatisch

plasticidade *f* / Plastizität *f*, Bildsamkeit *f*, Formbarkeit *f*

plástico *m* / Plastik *n*, Kunststoff *m* ‖ ~ *adj* (cerâm.) / verformbar, modellierbar ‖ ~ (óptica) / plastisch, räumlich ‖ ~ / Plastik..., Kunstharz... ‖ ~ **de caseína** *m* / Caseinkunststoff *m* ‖ ~ **fenólico** / Phenolharzpreßmischung *f*, Phenoplast *m*, Phenol[formaldehyd]harz *n* ‖ ~ **laminado** / Schichtstoff *m*, -preßstoff *m* ‖ ~ **laminado** / Hartgewebe, -papier *n*

plásticos *m pl* / Kunststoffe, Plaste *m pl*, Kunstharze *n pl* ‖ ~ **alveolares**, plásticos *m pl* celulares / Schaumstoffe *m pl* auf Kunststoffbasis ‖ ~ **betuminosos** / Bitumenpreßmassen *f pl*

plastificação *f* **a quente** (plást.) / Flammspritzen *n*

plastificante *m* (plást.) / Weichmacher *m*

plastificar / plasti[fi]zieren

plataforma *f* / Laufbühne *f*, Plattform *f* ‖ ~ (constr. rodov.) / Planum *n* ‖ ~ / Brücke *f* einer Brückenwaage ‖ ~ (máq., tecnol.) / Fahrgestell *n* ‖ ~ / Estrade *f*, Bühne *f* ‖ ~ **basculante** / Kippbühne *f* ‖ ~ **coberta** / Bahnsteighalle *f* ‖ ~ **continental** (geogr.) / Kontinentalböschung *f*, Schelf *n* (0-200 m u. M), Kontinentalsockel *m* ‖ ~ **da estação** (técn. ferrov.) / Bahnsteig *m* ‖ ~ **de acesso** (técn. ferrov.) / Einstiegvorraum *m* ‖ ~ **de carga** / Ladebühne *f* ‖ ~ **de carga** (siderurg.) / Gichtbühne *f* ‖ ~ **de carregamento** / Verladebühne *f* ‖ ~ **de descarga** / Entladebühne, -plattform *f*, -flur *m* ‖ ~ **de embarque digitada** (aeronáut.) / Fingerflugsteig *m* ‖ ~ **de emergência** (técn. ferrov.) / Behelfsbahnsteig *m* ‖ ~ **de enchimento** / Füllboden *m* (Zellst. Kocher) ‖ ~ **de entrega** (expl. minas) / Abzugshängebank *f* ‖ ~ **de lançamento** (astronáut.) / Abschußrampe *f*, Startrampe *f* ‖ ~ **de mistura** / Mischbühne *f* ‖ ~ **de observação** / Beobachtungsbühne *f* ‖ ~ **de perfuração** (petróleo) / Bohrplattform *f*, Bohrinsel *f* ‖ ~ **de ponte** / Brückenfahrbahn *f* ‖ ~ **de serviço** / Bedienungsbühne *f* ‖ ~ **de sondagem** (expl. minas) / Bohrgerüst *n* ‖ ~ **de uma comporta** / Bettung *f* einer Schleuse ‖ ~ **descendente** / Senkbühne *f* ‖ ~ **elevadora** (geral) / Hebebühne *f* ‖ ~ **elevatória** / Aufzugsbühne *f* ‖ ~ **móvel** (técn. ferrov.) / Schiebebühne *f* ‖ ~ **oscilante** / Schwingbühne *f* ‖ ~ **rochosa** (geol) / Felsplatte *f* ‖ ~ **rolante** (máq., tecnol.) / Fahrbühne *f* ‖ ~ **rotativa** (geral) / Drehgestell *n* ‖ ~ **suspensa** (constr. civil) / Schwebebühne *f*

platina *f*, Pt / Platin *n*, Pt

platina *f* (pistola) / Griffschale *f* ‖ ~ (relógio) / Platine *f* ‖ ~ (óptica) / Tisch *m* ‖ ~ (artes gráf.) / Tiegel *m*, Platte *f* ‖ ~ **descendente** (tecel.) / fallende Platine ‖ ~ **laminada** / Platinblech *n* ‖ ~ **para descarga de malha** / Abschlagplatine *f* ‖ ~ **porta-objecto** / Objekttisch *m*

platinado *m* (autom.) / Unterbrecher *m* ‖ ~ **móvel** (autom.) / bewegbarer Kontakt

platinar / mit Zinnamalgam verzinnen, platinieren

platínico / Platin(IV)...

platinífero / platinhaltig

platinoirídio *m* / Platiniridium *n*

platinoso / Platin(II)-...

platinotipia *f* (artes gráf.) / Platindruck *m*, Platinotypie *f*

plena carga *f* / Volllast *f*, Vollbelastung *f*

plexiglas *m* / Plexiglas *n*, Acrylglas, -harz *n*

plinto *m* / Plinthe *f*, Säulenplatte *f*

pliotrão *m*, plíotron *m* (electrón.) / Pliotron *n*

plissado *m* / Plissee *n*

plissador *m* (máq. cost.) / Faltenleger *m*, Faltendrücker *m*

plissar / fälteln, plissieren

plombagina *f* / Schwärze *f*, Graphitschwarz *n*

plotadora *f* (informática) / Plotter, Kurvenschreiber, -zeichner *m*

plotar (matem., agrimen.) / auftragen (maßstäblich)

plug *m* (electrón.) / Stecker *m* ‖ ~ (electr.) / Lichtstecker *m* ‖ ~ **do cabo para o reboque** (autom.) / Anhängerstecker *m*

plugue *m* (electrón.) vide plug

plúmbeo / bleiartig, aus Blei, von Blei, bleiern, Blei..., bleifarbig

plúmbico / Blei(IV)-..., Plumbi...

plumbífero / bleiführend, bleihaltig

plumboso / Blei(II)-..., Plumbo-...

plutónico (geol) / plutonisch

plutónio *m*, Pu (química) / Plutonium *n*, Pu

plutonismo *m* (geol) / Plutonismus *m*

pluviógrafo *m* (meteorol.) / Regenschreiber *m*, Pluviograph *m*, Niederschlagsschreiber *m*, Hyetograph *m*

pluviómetro *m* (meteorol.) / Pluviometer *n*, Regenmesser *m*

p.m.i. / innerer o. unterer Totpunkt, UT

p.m.s. / äußerer o. oberer Totpunkt, OT

pneu *m* (autom.) / Reifen *m*, Decke *f*, Luftreifen *m* ‖ ~ **com câmara de ar** / Schlauchreifen *m* (Ggs: schlauchloser Reifen) ‖ ~ **com talão** (autom.) / Wulstreifen *m* ‖ ~ **de borracha** / Gummireifen *m* ‖ ~ **de carcassa metálica** / Stahlgürtelreifen *m* ‖ ~ **de estrutura diagonal** (autom.) / Diagonalreifen *m* ‖ ~ **para jante larga** (autom.) / Breitfelgenreifen *m* ‖ ~ **[para] todo o terreno** (autom.) / Geländereifen *m* ‖ ~ **radial** (autom.) / Gürtelreifen *m*

pneu[mático] *m* **sobressalente** (autom.) / Reservereifen *m*, Ersatzreifen *m*

pneu *m* **vulcanizado** (autom.) / aufvulkanisierter Reifen

pneumático *m* (autom.) / Decke *f*, Reifen *m*, Luftreifen *m* ‖ ~ *adj* / pneumatisch, mit Druckluft-Antrieb, Druckluft..., druckluftbetätigt, Luft... ‖ ~ *m* **balão**, pneumático *m* de baixa pressão / Ballonreifen *m* ‖ ~ **maciço** (autom.) / Vollgummireifen *m*

pneumoconiose *f* / Staublunge *f*

pneus *m pl* **duplos** (autom.) / Doppelreifen *m pl*, Zwillingsreifen *m pl* ‖ ~ **duplos de borracha maciça** / Doppel-Vollgummireifen *m pl*

pó *m* / Staub *m*, Puder *m*, Pulver *n* ‖ **à prova de** ~ / staubdicht [geschlossen] ‖ **em** ~ / pulverförmig, -artig, pulvrig ‖ ~ **abrasivo** / Scheuerpulver, -mittel *n*, Schleifpulver *n* ‖ ~ **branco de chumbo** / Bleirauch *m*, -staub *m*, Bleidämpfe *m pl* ‖ ~ **de alumínio** / Aluminiumpulver *n*, -pigment *n* ‖ ~ **de carvão** / Kohlepulver *n*, Staubkohle *f*, Kohlenstaub *m* ‖ ~ **de cementação** (siderurg.) / Einsatzpulver *n*, Härtepulver *n* ‖ ~ **de cimento** / Zementstaub *m*, -pulver *n* ‖ ~ **de diamante** / Diamantstaub *m* ‖ ~ **de esmeril** / Schmirgelpulver *n* ‖ ~ **de ferro** / Eisenpulver *n* ‖ ~ **de fibras** / Faserstaub *m* ‖ ~ **de malte** / Malzstaub *m*, trockene Malzkeime *m pl* ‖ ~ **de metal** / Metallpulver *n* ‖ ~ **de minério calcinado** / Röststaub *m* ‖ ~ **de ouro** / Goldstaub *m* ‖ ~ **de partículas uniformes** / gleichförmiges Pulver ‖ ~ **de pedra** (geol) / Gesteinsmehl *n* ‖ ~ **de pedra** (expl. minas) / Steinmehl *n* ‖ ~ **de pedra-pomes** / Bimssteinpulver *n* ‖ ~ **de perfuração** (expl. minas) / Bohrmehl *n* ‖ ~ **de polir** / Schleifpulver *n* zum Polieren ‖ ~ **de quartzo** / Quarzmehl *n* ‖ ~ **de sabão** / Seifenpulver *n* ‖ ~ **de talco** / Talcumpuder *m* ‖ ~ **de vidro** / Glasmehl *n* ‖ ~ **de zinco** (siderurg.) / Zink[ofen]staub *m*, Poussière *f* ‖ ~ **fenólico de moldagem** / Phenolharzpreßmischung *f*, Phenoplast *m* ‖ ~ **moldável** / pulverige Formmasse ‖ ~ **para soldar** / Schweißpulver *n*, -mittel *n* ‖ ~ **precipitado** / Fällungspulver *n* ‖ ~ **sinterizado** / Sinterpulver *n*

pobre / arm, ärmlich, gasarm (Gemisch), mager ‖ ~ **de ferro** / eisenarm ‖ ~ **em carbono** / kohlenstoffarm ‖ ~ **em gás** / gasarm

poço *m* (constr. civil) / Schacht *m* ‖ ~ (hidrául.) / Brunnen *m* ‖ ~ (expl. minas) / Bohrloch *n* ‖ ~ / Bohrung *f* ‖ ~ **abissínio** / Schlagbrunnen *m* ‖ ~ **artesiano** / artesischer Brunnen ‖ ~ **da bomba** (expl. minas) / Sumpf *m*, Pumpensumpf *m* ‖ ~ **da bomba** (constr. naval) / Pumpensumpf *m* ‖ ~ **de ar** (aeronáut.) / Fallbö *f*, Luftloch *n* ‖ ~ **de ascensão** (expl. minas) / Ausfahrschacht *m* ‖ ~ **de cabos** (electr., telecom.) / Kabelbrunnen *m*, Kabelschacht *m* ‖ ~ **de cabos no passeio** (electr., telecom.) / Gehbahnkabelschacht *m* ‖ ~ **de descida** (expl. minas) / Anfahrschacht *m*, Fahrschacht *m* ‖ ~ **de dois compartimentos** (expl. minas) / Zwillingsschacht *m* ‖ ~ **de drenagem** (drenagem) / Senkbrunnen *m* ‖ ~ **de drenagem** (constr. civil) / Senkgrube *f* (für Grundwasser) ‖ ~ **de emulsão** / Mischkammer *f* ‖ ~ **de entrada de ar** (expl. minas) / Gebläseschacht *m* ‖ ~ **de esgotamento** / Wasserhaltungsschacht *m* ‖ ~ **de esgoto** (constr. civil) / Schleusenschacht *m* ‖ ~ **de extracção** (expl. minas) / Ziehschacht *m*, Treibschacht *m*, Förderschacht *m* ‖ ~ **de extravasamento** (hidrául.) / Abfallschacht *m* ‖ ~ **de fluxo** (técn. nucl.) / Flußfalle *f* ‖ ~ **de inspecção** (telecom.) / Einsteigschacht *m* ‖ ~ **de mina** (expl. minas) / Bohrschacht *m* ‖ ~ **de produção** (petróleo) / Förderbohrung *f* ‖ ~ **de prospecção** (expl. minas) / Versuchsschacht *m* ‖ ~ **de sarilho** (expl. minas) / Haspelschacht *m* ‖ ~ **de túnel** (expl. minas) / Tunnelschacht *m* ‖ ~ **de uma galeria** (expl. minas) / Stollenschacht *m* ‖ ~ **de ventilação** (expl. minas) / Wetterschacht *m*, Luftschacht *m*, Ausziehschacht *m*, Entlüftungsschacht *m* ‖ ~ **de vistoria de esgotos** (constr. rodov.) / Kanalschacht *m* ‖ ~ **do reactor** (técn. nucl.) / Flutraum *m*, Reaktorraum *m* ‖ ~ **duplo** (expl. minas) / Zwillingsschacht *m* ‖ ~ **escavado por congelação** (expl. minas) / Gefrierschacht *m* ‖ ~ **etiópico** / Abessinierbrunnen, Ramm-, Schlagbrunnen *m* ‖ ~ **falso** (expl. minas) / Stapel, Blind-, Zwischenschacht *m* ‖ ~ **filtrante** / Filterbrunnen *m* ‖ ~ **gaussiano** (técn. nucl.) / Gaußscher Potentialtopf, Gaußsche Potentialmulde ‖ ~ **interior** (expl. minas) / Blindschacht *m* ‖ ~ **para a subida de cabos** / Hochführungsschacht *m* (für Kabel) ‖ ~ **para máquinas** (expl. minas) / Maschinenschacht *m* ‖ ~ **perfurado** / Bohrbrunnen *m* ‖ ~ **perpendicular** (expl. minas) / Seigerschacht *m* ‖ ~ **petrolífero** / Erdölquelle *f* ‖ ~ **principal** (expl. minas) / Förderschacht *m*, Hauptschacht *m* ‖ ~ **principal de ventilação** (expl. minas) / Hauptwetterschacht *m* ‖ ~ **profundo** / Tiefbrunnen *m* ‖ ~ **sob pressão** (hidrául.) / Fallschacht *m* ‖ ~ **tubular** / Rohrbrunnen *m*, Bohrbrunnen *m*

podadeira *f*, podão *m* / Gärtnermesser *n*, Gartenmesser *n*

podado (agricult.) / gestutzt

podar (agricult.) / ausputzen ‖ ~ (árvores) / schopfen, lichten (Bäume)

poder *m* (geral) / Fähigkeit *f*, Vermögen *n* ‖ ~ (química) / Kraft *f*, Wirksamkeit *f* ‖ ~ **abrasivo** / Schleifwirkung, -fähigkeit *f* ‖ ~ **absoluto de refracção** (óptica) / Luftbrechungsvermögen *n* ‖ ~ **absorvente** / Aufnahmefähigkeit *f*, Absorptionsvermögen *n* ‖ ~ **absorvente** (papel) / Saugfähigkeit *f* ‖ ~ **absorvente do solo** / Saugkraft *f* des Bodens ‖ ~ **adesivo** / Haftvermögen *n* ‖ ~ **aglutinante** (avrão) / Backfähigkeit *f*, Backvermögen *n* ‖ ~ **antidetonante** (combustível) / Klopffestigkeit *f* ‖ ~ **calorífico** / kalorimetrische Heizkraft, Heizwert *m* ‖ ~ **calorífico superior** / Verbrennungswärme *f*, oberer Heizwert, spezifischer Brennwert (DIN) ‖ ~ **convergente efectivo** (óptica) / Hauptpunkt-Brechwert *m* ‖ ~ **coqueificante** / Verkokungsfähigkeit *f*, Verkokbarkeit *f* ‖ ~ **corante** / Färbekraft *f*, Farbstärke *f* ‖ ~ **cortante** / Schneidfähigkeit *f* ‖ ~ **de absorção** / Absorptionsvermögen *n* ‖ ~ **de absorção** (tinturaria) / Aufziehvermögen *n* ‖ ~ **de aceleração** / Beschleunigungsvermögen *n* ‖ ~ **de aderência** / Adhäsionskraft *f*, Haftvermögen *n* ‖ ~ **de cobertura** (esmalte, tintas) / Deckfähigkeit, -kraft *f* ‖ ~ **de cobertura da superfície** (tintas) / Ergiebigkeit *f* ‖ ~ **de combinação atómico** / Atombindungsvermögen *n* ‖ ~ **de desemulsificação** / Demulgiervermögen *n* ‖ ~ **de dissolução** / Lösungsfähigkeit *f* ‖ ~ **de emissão** / Emissionsvermögen *n* ‖ ~ **de fermentação** / Gärkraft *f* ‖ ~ **de fluidez** / Fließvermögen *n* ‖ ~ **de flutuação** / Tragvermögen *n* [schwimmender Körper], Schwimmkraft *f*, -fähigkeit *f* ‖ ~ **de**

igualização / Füllvermögen *n* ‖ ~ **de iluminação** / Leuchtkraft *f* ‖ ~ **de indução** / Influenzvermögen *n* ‖ ~ **de penetração** / Durchdringungsfähigkeit *f* ‖ ~ **de penetração** (galvanoplast.) / Streufähigkeit, -kraft *f*, -vermögen *n* ‖ ~ **de penetração** (tinturaria) / Durchfärbevermögen *n* ‖ ~ **de resolução das cores** (tv) / Farbauflösungsvermögen *n* ‖ ~ **de retardamento** (técn. nucl.) / Bremsvermögen *n* ‖ ~ **de sustentação** / Auftriebskraft *f* ‖ ~ **de transmissão** / Lichtdurchlässigkeit *f* ‖ ~ **detergente** / Waschvermögen *n* ‖ ~ **dissolvente** (química) / Auflösungsvermögen *n*, Lösungsvermögen *n* ‖ ~ **evaporativo** / Verdampfungsvermögen *n* ‖ ~ **expansivo** / Ausdehnungsvermögen *n*, -kraft *f* ‖ ~ **feltrante** / Filzvermögen *n*, Filzfähigkeit *f* ‖ ~ **iluminante** / Leuchtkraft *f* ‖ ~ **isolante** / Isolierfähigkeit *f*, Isolationsvermögen *n* ‖ ~ **lubrificante** / Schmierfähigkeit *f* ‖ ~ **protector contra a floculação** (tinturaria) / Flockungsschutzvermögen *n* ‖ ~ **refrangente**, poder *m* refringente, poder *m* refractivo / Lichtbrechungsvermögen *n*, Brechkraft *f* ‖ ~ **resolutivo** (óptica) / Auflösungsvermögen *n* ‖ ~ **rotativo** / Drehvermögen *n* (Fähigkeit, das polarisierte Licht abzulenken) ‖ ~ **separador** (destilação) / Trennschärfe *f* ‖ ~ **tintorial** (tinturaria) / Färbekraft *f*, Färbevermögen *n*

podre / faul

podridão *f* / Fäulnis *f*

poeira *f* / Staub *m* ‖ ~ **de algodão** / Baumwoll[flug]staub *m* ‖ ~ **de alto-forno** (siderurg.) / Gichtstaub *m* ‖ ~ **de penteagem** (fiação) / Kammflug *m* ‖ ~ **fina**, poeira *f* volante / Flugstaub *m*

poeirento / staubig, verstaubt

poise *m* (lubrificante) / Poise *n*, P (= 10^{-1}Ns m^{-2})

polar *f* (geom) / Polare *f* ‖ ~ (química, geogr., electr.) / polar, Polar... ‖ **não** ~ / pollos, nichtpolar

polaridade *f* / Polarität *f*, Polung *f* ‖ **da mesma** ~ (electr.) / gleichnamig, gleichpolig

polarimetria *f* / Polarimetrie *f*

polarímetro *m* / Polarimeter *n*

polariscópio *m* / Spannungsprüfer *m*, Polarisationsgerät *n*

polarização *f* / Polarisation *f*, Polarisierung *f* ‖ ~ (fita magn.) / Vormagnetisierung *f* ‖ ~ **circular** / Kreispolarisierung, -polarisation *f* ‖ ~ **inversa** (electrón.) / Sperr-Vorspannung *f*

polarizado / polarisiert, polarisiert, gepolt ‖ ~ (electr.) / vorgespannt ‖ ~ (fita magn.) / vormagnetisiert ‖ **não** ~ / ungepolt ‖ ~ **duas vezes** (electr.) / doppelpolarisiert

polarizador *m* **de prismas cruzados** (óptica) / gekreuzter Polarisator

polarizar (electr., electrón.) / polarisieren, polen, vorspannen ‖ ~ (electr., electrón., máq., tecnol.) / vorbelasten

polarizável / polarisierbar

polarograma *m* (química) / Polarogramm *n*

polegada *f* / Zoll *m* (= 25,40 mm seit 1.7.59), (jetzt:) Inch *m* ‖ ~ **quadrada** / Quadratzoll *m* (= 6,451626 cm^2)

polia *f* / Rolle *f*, Antriebsscheibe *f*, Block *m*, Kloben, Scheibe *f*, Riemenscheibe *f* ‖ ~ (funi) / Laufrolle *f* ‖ ~ **com rebordo** / Flanschscheibe *f* ‖ ~ **compensadora com cabo** / Seilausgleichsrolle *f* ‖ ~ **de comando guarnecida de couro** (funi) / gelederte Antriebscheibe ‖ ~ **de compressão** / Druckrolle *f* ‖ ~ **de desvio** / Umlenkrolle, -scheibe *f* ‖ ~ **de desvio do cabo** / Seilscheibe *f*, Leit-, Umlenkscheibe *f* ‖ ~ **de fita** (máq. escrev.) / Bandrolle *f* ‖ ~ **de garganta** / Rillenscheibe *f* ‖ ~ **de garras** / Greiferscheibe *f* ‖ ~ **de guia** / Ablenkrolle *f*, Führungsrolle *f*, -scheibe *f* ‖ ~ **de inversão** / Umkehrrolle, -scheibe *f* ‖ ~ **de multiplicação dupla** / einfacher Flaschenzug ‖ ~ **de retrocesso** / Umkehrrolle *f*, -scheibe *f* ‖ ~ **do ventilador** (autom.) / Ventilatorriemenscheibe *f* ‖ ~ **eléctrica** / Elektrorolle *f* ‖ ~ **escalonada** (máq., tecnol.) / Stufenscheibe *f* ‖ ~ **escalonada** (açúcar) / Etagenscheibe *f* ‖ ~ **excêntrica** / Exzenterrolle *f* ‖ ~ **falsa** / Losscheibe *f* ‖ ~ **fixa** / Festscheibe *f* ‖ ~ **louca** / lose Riemenscheibe, lose, bewegliche Rolle, Losscheibe *f*, Losrolle *f*, Leerrolle *f*, bewegliche Rolle ‖ ~ **motriz** / Treibrolle *f*, Antriebscheibe *f* ‖ ~ **motriz de transmissão por correia** / Antriebs[riemen]scheibe *f* ‖ ~ **movida** / Abtriebscheibe *f* ‖ ~ **para cabos** / Seilrolle *f*, Seilscheibe *f* ‖ ~ **ranhurada** / Nutrolle *f*, Hakenwirtel *m*, Wirtel *m* ‖ ~ **tensora da correia** / Riemenspannrolle *f*, Spannrolle *f* für Riementriebe ‖ ~ **tensora de correia** / Bandspannvorrichtung *f*

poliácido *m* / Polysäure *f*

poliacrilnitrilo *m* / Polyacrylnitril *n*, PAC

poliálcool *m* / mehrwertiger Alkohol

polibásico (química) / mehrbasisch

policíclico (química) / polyzyklisch, mehrringig, -kernig

policondensação *f* (química) / Polykondensation *f*

policroíta *f* / Polychroit *n*, Farbstoff *m* des Safrans

policromia *f* (física) / Polychromie, Mehrfarbigkeit *f* ‖ ~ (tinturaria) / Mehrfarbigkeit *f*, Polychromie *f* ‖ ~ (artes gráf.) / Vielfarbendruck *m*, Mehrfarbendruck *m*

policromo *m* / Polychrom *n* ‖ ~ *adj* / mehrfarbig, Mehrfarben...

polido (máq., tecnol.) / blank ‖ ~ / glatt, poliert, glänzend ‖ ~ **a alto brilho** / hochglanzpoliert

poliédrico / polyedrisch, vielflächig

poliedro *m* / Polyeder *n*, körperliches Vieleck, Vielflach *n*

poliéster *m* (química) / Polyester *m*

poliestireno *m* (plást.) / Polystyrol *n*

polietileno *m* / Polyethylen *n*, PET

polifásico (electr.) / mehrphasig, Mehrphasen..., Vielphasen..., vielphasig

poligonal / vieleckig, polygonal, mehreckig

polígono *m* / Polygon *n*, Vieleck *n* ‖ ~ **de forças** (mecân.) / Krafteck *n*, -polygon *n*, Kräftezug *m* ‖ ~ **de forças de Cremona** / Cremonascher Kräfteplan ‖ ~ **de forças triangular** / dreieckiger Kräftezug ‖ ~ **funicular** (mecân.) / Seileck *n*, -polygon *n*, -zug *m* ‖ ~ **inscrito num círculo** / einbeschriebenes Vieleck

polimento *m* / Glanz *m*, Politur *f*, Schleifen *n*, Polieren *n*, Glätte *f*, Schliff *m* ‖ ~ (vidro) / Brillantschliff *m* ‖ ~ **à chama** (plást.) / Flammenpolieren *n* ‖ ~ **a fogo** (vidro) / Feuerpolitur *f* ‖ ~ **de vidro** / Glasschliff *m* ‖ ~ **eléctrico** / elektrolytisches Polieren ‖ ~ **final** / Fertigpolieren *n* ‖ ~ **galvânico** / Elektropolieren *n* ‖ ~ **para automóveis** / Autopolitur *f* ‖ ~ **por meio de líquido** (máq. ferram.) / Hydropolieren *n* ‖ ~ **por pressão** / Polierdrücken *n*

polimerização *f* / Polymerisation *f* ‖ ~ **de uma solução** / Lösungspolymerisation *f* ‖ ~ **em bloco** / Blockpolymerisation *f* ‖ ~ **em massa** / Substanzpolymerisation *f* ‖ ~ **em suspensão** (plást.) / Tauchpolymerisation *f* ‖ ~ **por adição** / Additionspolymerisation *f* ‖ ~ **por emulsão** / Emulsionspolymerisation *f*

polimerizar / polymerisieren

polímero *m* (química) / Polymer *n*, Polymerisationsprodukt *n*, Polymerisat *n* ‖ **alto** ~ *m* / Hochpolymer, Riesenmolekül *n* ‖ ~ **de condensação** (plást.) / Kondensationsprodukt *n*

polimorfismo *m* (química) / Polymorphie *f*, Polymorphismus *m*
polimorfo (química) / polymorph
polinómio *m* **inteiro** / ganzzahliges Polynom
polinuclear (química) / mehrkernig
poliolefina *f* / Polyolefin *n*
polipropileno *m* / Polypropylen *n*, PP
polir / glätten, polieren, glänzen *vt*, bräunen (Messing), blankscheuern, scheuern, aufpolieren ‖ ~ **a alto brilho** / hochglanzpolieren ‖ ~ **a fino** (máq. ferram.) / läppen ‖ ~ **à pressão** / prägepolieren, polierdrücken ‖ ~ **com disco de camurça** (galvanoplast.) / schwabbeln ‖ ~ **com disco de feltro** (galvanoplast.) / filzen ‖ ~ **com mordente** / ätzpolieren ‖ ~ **com pedra-pomes** / abbimsen, mit Bimsstein abschleifen, bimsen ‖ ~ **no laminador** / glattwalzen, feinwalzen ‖ ~ **o couro com pedra-pomes** / Leder abziehen ‖ ~ **o vidro** / glasschleifen ‖ ~ **peças em tambor rotativo** / trommeln, trommelpolieren ‖ ~ **por esferas** / kugelpolieren
polistilo (constr. civil) / vielsäulig
poliuretano *m* / Polyurethan *n*, PUR *n*
polivalência *f* (química) / Mehrwertigkeit *f*
polivalente / Vielzweck..., Mehrzweck... ‖ ~ (química) / vielwertig, mehrwertig
polível / polierbar, polierfähig
polivinilideno *m* / Polyvinyliden *n*
polivinilo *m* / Polyvinyl *n*
pólo *m* (física) / Pol *m* ‖ **de ~s comutáveis** (electr.) / polumschaltbar ‖ ~ **auxiliar** (electr.) / Hilfspol *m*, Wendepol *m* ‖ ~ **axial** / Achsenpol *m* ‖ ~ **consequente** / Folgepol *m* ‖ ~ **de inflexão** (mecân.) / Wendepol *m* ‖ ~ **de rotação** (mecân.) / Drehungsmittelpunkt *m*, Drehpol *m* ‖ ~ **magnético** / Magnetpol *m* ‖ ~ **negativo** / Minuspol *m* ‖ ~ **negativo** (semicondut.) / Senke *f* ‖ ~ **negativo** (válvula, electrólito) / Kathode *f* ‖ ~ **norte** / Nordpol *m* ‖ ~ **oposto** / Gegenpol *m* ‖ ~ **positivo** (electr.) / Pluspol *m* ‖ ~ **unitário** / Einheitspol *m*
pólos *m pl* **salientes** (electr.) / ausgeprägte Pole *m pl*
polpa *f* (açúcar) / Pulp *m*, Pulpe *f*, Pülpe *f*, ausgelaugte Diffusionsschnitzel *n pl*, Ausgelaugtes *n* ‖ ~ (frutos) / Fleisch *n* von Früchten, Mark *n*, Fruchtmark *n*, Fruchtfleisch *n* ‖ ~ **de açúcar escaldado** (açúcar) / Brühschnitzel *n pl*
poluente / verschmutzend ‖ ~ **do ambiente** / umweltverschmutzend
poluentes *m pl* **atmosféricos** / Luftschadstoffe *m pl*
poluição *f* / Verschmutzung *f*, Verunreinigung *f*, Beschmutzung *f* ‖ ~ **atmosférica** / Luftverschmutzung *f* ‖ ~ **do ambiente** / Umweltverschmutzung *f* ‖ ~ **fluvial** / Flußverschmutzung *f* ‖ ~ **sonora** / Lärmbelästigung *f* ‖ ~ **térmica** (rios) / Wärmebelastung *f*
poluído / verschmutzt
poluir / beschmutzen, verunreinigen, verschmutzen *vt*
polvilhar / stäuben, bestauben, bestäuben, einstäuben, einstauben
pólvora *f* / Schießpulver *n* ‖ ~ **à base de nitrato de sódio** / Sprengsalpeter *m* ‖ ~ **de mina** (expl. minas) / Sprengpulver *n* ‖ ~ **detonante** / Brisanzpulver *n* ‖ ~ **fulminante** / Knallpulver *n* ‖ ~ **negra** / Schwarzpulver *n*
ponderação *f* / Gewichtung *f*
ponderado (estatística) / gewichtet, gewogen ‖ ~ **em frequência** / frequenzbewertet
ponderar (estatística) / gewichten
ponta *f* (geral, torno) / Spitze *f* ‖ ~ **cortante** / Vor[schneide]zahn *m* ‖ ~ **da agulha** (técn. ferrov.) / Zungenspitze *f* ‖ ~ **da asa** (aeronáut.) / Flügelspitze *f* ‖ ~ **da lança** (guindaste) / Auslegerspitze *f* ‖ ~ **de bigorna** / Horn *n* ‖ ~ **de carga** / Belastungsspitze *f* ‖ ~ **de centragem** (máq. ferram.) / feststehende Reitstockspitze ‖ ~ **de centrar** / Mittelpunktkörner *m* ‖ ~ **de chave de parafusos adaptável à furadeira**, ponta *f* de chave de fendas adaptável à furadeira / Schraubendrehereinsatz *m* ‖ ~ **de contacto** (telecom.) / Kontaktstift *m*, -spitze *f* ‖ ~ **de descarga** (pára-raios) / Ausstrahlspitze *f* ‖ ~ **de eixo** (autom.) / Faustachse *f* ‖ ~ **de Paris** / Drahtverspannung *f*, Drahtstift *m* ‖ ~ **do maçarico** (sold) / Brennerkopf *m* ‖ ~ **do torno** / Drehmaschinenspitze *f* ‖ ~ **móvel** / mitlaufende Körnerspitze ‖ ~ **traçadora** / Reißnadel *f*
pontal *m* / Balkenträger *m*
pontalete *m* / Tragstempel *m* ‖ ~ (expl. minas) / Stempel *m* ‖ ~ (carpint.) / Steife *f*, Stempel *m* ‖ ~ (constr. civil) / Spreize *f*, Strebe *f* ‖ **sem ~s** (expl. minas) / unverbaut ‖ ~ **metálico** (expl. minas) / Stahlstempel *m* ‖ ~ **provisório** (expl. minas) / Vorbaustempel *m*
pontão *m* (constr. naval) / Hulk *m*, Ponton *m*, Brückenboot *n*
pontaria, fazer ~ (armamento) / anvisieren, zielen [auf]
ponte *f* (geral, electr.) / Brücke *f* ‖ **fazer** ~ (electr.) / überbrücken ‖ ~ **a pedágio**, ponte *f* a portagem / gebührenpflichtige Brücke ‖ ~ **aberta de tabuleiro inferior** / Trogbrücke *f* ‖ ~ **apoiada por baixo** / Stützbrücke *f* ‖ ~ **basculante** / Klappbrücke *f* ‖ ~ **basculante e rolante** / Rollklappbrücke *f* ‖ **~-canal** *f* / Kanalbrücke *f* ‖ ~ **cantilever** / Auslegerbrücke *f* ‖ ~ **de acesso ao avião** (aeronáut.) / Fahrgastbrücke *f* ‖ ~ **de água** (siderurg.) / Wasserwand *f*, Wasserbrücke *f*, hohle Feuerbrücke ‖ ~ **de alimentação** (telecom.) / Speisebrücke *f* ‖ ~ **de arcos** / Bogenbrücke *f* ‖ ~ **de arcos em treliça** / Bogenfachwerkbrücke *f* ‖ ~ **de barcas** / Pontonbrücke *f* ‖ ~ **de betão**, ponte *f* de concreto / Betonbrücke *f* ‖ ~ **de comando** / Kommandobrücke *f* ‖ ~ **de descarga** / Entladebrücke *f* ‖ ~ **de embarque** / Landungsbrücke *f* ‖ ~ **de hidrogénio** (química) / Wasserstoffbrücke *f* ‖ ~ **de jangadas** / Floßbrücke *f* ‖ ~ **de medição** (electr.) / Meßbrücke *f* ‖ ~ **de medição de indução** / Induktionsmeßbrücke *f* ‖ ~ **de protecção** (funi) / Schutzbrücke *f* ‖ ~ **de sinalização** (técn. ferrov.) / Signalbrücke *f* ‖ ~ **de solda** / Lötbrücke *f* ‖ ~ **de tabuleiro superior** / Deckbrücke *f* ‖ ~ **de transportador** (expl. minas) / Bandbrücke *f* ‖ ~ **de treliça** / Gitterbrücke *f* ‖ ~ **de vigas** / Balkenbrücke *f* ‖ ~ **de vigas com armação superior** / Brücke *f* mit Hängewerk ‖ ~ **de vigas suspensas** / Hängeträgerbrücke *f* ‖ ~ **de Wheatstone** (electr.) / Schleifdrahtbrücke *f* ‖ ~ **decádica** (electr.) / Dekadenmeßbrücke *f* ‖ ~ **do conduto de fumos** (siderurg.) / Fuchsbrücke *f* ‖ ~ **do guindaste** / Kranbrücke *f* ‖ ~ **em curva** / Kurvenbrücke *f* ‖ ~ **em leque** / Fächerbrücke *f* ‖ ~ **flutuante** / Schwimmbrücke *f* ‖ ~ **giratória** / Drehbrücke *f* ‖ ~ **levadiça vertical** / Hubbrücke *f* ‖ ~ **móvel** / bewegliche Brücke ‖ ~ **pênsil** / Kabelbrücke *f*, Hängebrücke *f* ‖ ~ **pênsil reforçada** / versteifte Hängebrücke ‖ ~ **provisória** / Behelfsbrücke *f* ‖ ~ **rodoviária** / Straßenbrücke *f* ‖ ~ **rolante** / Schiebebrücke *f* ‖ ~ **sobre cavaletes** / Bockbrücke *f* ‖ ~ **sobre estacas**, ponte *f* sobre pilares / Jochbrücke *f* ‖ ~ **sobre terrenos inundados** / Flutbrücke *f* ‖ ~ **suplementar** (torno) / Einsatzbrücke *f* ‖ ~ **suspensa** / Kabelbrücke *f*, Hängebrücke *f* ‖ ~ **suspensa por cabos** / Drahtseilbrücke *f* ‖ ~ **suspensa reforçada** / versteifte Hängebrücke ‖ ~ **transportadora** / Förderbrücke *f*, Fährbrücke *f* ‖ ~ **transportadora**

de escombros / Abraumförderbrücke *f* ‖ ~ **tubular** / Röhrenbrücke, Tunnelbrücke *f*
ponteado / punktiert ‖ ~ (tecel.) / gepunktet, punktiert
pontear / punktieren, punkten ‖ ~ (tinturaria) / stippen
ponteira *f* / Kappe *f*
ponteiro *m* (máq. ferram.) / Körner *m* ‖ ~ (instr., relógio) / Zeiger *m* ‖ **no sentido dos ~s do relógio** / mul (mit dem Uhrlauf) (DIN), mul, im Uhrzeigersinn ‖ **no sentido inverso ao dos ~s do relógio** / gegen den Uhrzeigersinn, edul ‖ ~ **da escala** (rádio) / Skalenzeiger *m* ‖ ~ **das horas** (relógio) / Stundenzeiger *m* ‖ ~ **de referência** / Indexzeiger *m* ‖ ~ **de relógio** / Uhrzeiger *m* ‖ ~ **de um instrumento** / Instrumentenzeiger *m* ‖ ~ **dos minutos** (relógio) / Minutenzeiger *m* ‖ ~ **gume de faca** (instr.) / Messerzeiger *m* ‖ ~ **luminoso** / Lichtzeiger *m*
pontel *m* (vidro) / Hefteisen *n*
pontiagudo / scharf, spitz[ig], spitzzulaufend, zugespitzt
pontilhado / punktiert
pontilhar / punktieren, punkten
ponto *m* (geral) / Punkt *m* ‖ ~ (máq. cost.) / Stich *m* ‖ ~ (malhas) / Masche *f* ‖ **com ~ de ebulição baixo** / leicht siedend ‖ **com alto ~ de ebulição** / schwersiedend ‖ **com baixo ~ de ebulição** / leichtsiedend ‖ **de baixo ~ de ebulição** / tiefsiedend ‖ **de elevado ~ de ebulição** / hochsiedend ‖ **de elevado ~ de fusão** / hochschmelzend, mit hohem Schmelzpunkt ‖ ~ **a ponto** / punktweise ‖ ~ **Ac** (siderurg.) / Acm-Punkt *m* der Schmelzkurve ‖ ~ **acidental** (óptica) / perspektivischer Einfallspunkt ‖ ~ **angular** / Scheitelhöhe *f*, -punkt *m* ‖ ~ **binário** (matem.) / Binärpunkt *m* ‖ ~ **bissector** / Halbierungspunkt *m* ‖ ~ **Burmester** / Burmesterpunkt *m* ‖ ~ **cardeal** (óptica) / Kardinalpunkt *m* ‖ ~ **cardeal** (naveg.) / Haupthimmelsrichtung *f* des Kompasses ‖ ~ **circular** / Kreisungspunkt *m* ‖ ~ **comum de soldadura** (electrón.) / gemeinsamer [Löt]anschluß ‖ ~ **crítico** (siderurg.) / Umwandlungspunkt, Haltepunkt *m* ‖ ~ **culminante** (geom) / Kulminationspunkt *m* ‖ ~ **culminante** (matem.) / Scheitelpunkt *m* ‖ ~ **culminante** / Höhepunkt *m*, Maximum *n* ‖ ~ **cuspidal** (matem., agrimen.) / Rückkehrpunkt *m* ‖ ~ **da mudança brusca da condutividade** / Sprungtemperatur *f*, -punkt *m* ‖ ~ **de ajuste** / Einstellungspunkt *m* ‖ ~ **de alimentação** (electr.) / Speisepunkt *m* ‖ ~ **de alimentação** (cinta transport.) / Übergabestelle *f* ‖ ~ **de amolecimento** / Erweichungspunkt *m* ‖ ~ **de anilina** / Anilinpunkt *m*, AP ‖ ~ **de aplicação** (mecân.) / Druckpunkt *m*, Angriffspunkt *m* ‖ ~ **de apoio** (mecân.) / Unterstützungspunkt *m* ‖ ~ **de apoio** (máq., tecnol.) / Lagerstelle *f* ‖ ~ **de apoio de uma alavanca** (mecân.) / Hebelpunkt *m*, Hebelstütze *f*, Hebelstützpunkt *m* ‖ ~ **de arranque** (constr. civil) / Kämpferpunkt *m* ‖ ~ **de articulação** / Gelenkpunkt *m* ‖ ~ **de ataque** (mecân.) / Druckpunkt *m*, Angriffspunkt *m* ‖ ~ **de carga** (telecom.) / Spulenpunkt *m* ‖ ~ **de carga** (informática) / Ladeadresse *f*, Ladepunkt *m* ‖ ~ **de cetim** / Atlas-Bindung *f* ‖ ~ **de colagem** / Klebestelle *f* ‖ ~ **de colimação** / Bildmarke *f* ‖ ~ **de combustão** / Brennpunkt *m* ‖ ~ **de congelação** (física) / Gefrierpunkt *m*, Frostpunkt *m*, Nullpunkt *m*, Schmelzpunkt *m* ‖ ~ **de congelação** (petróleo) / Erstarrungspunkt *m* ‖ ~ **de congelamento** (física) / Eispunkt *m* ‖ ~ **de contacto** / Berührungspunkt *m*, -stelle *f*, Tastpunkt *m* (o. Abnehmepunkt) bei Messungen ‖ ~ **de contacto** (aeronáut.) / Aufsetzpunkt *m* ‖ ~ **de cor** (tv) / Farbelement *n* ‖ ~ **de corte** (electrón.) / Grenzpunkt *m* ‖ ~ **de corte** (foguete) / Brennschlußpunkt *m* ‖ ~ **de crista** (díodo túnel) / Höckerpunkt *m*, Gipfelpunkt *m* ‖ ~ **de cristalização** (geral) / Kristallisationspunkt *m* ‖ ~ **de cruz** / Kreuzstich *m* ‖ ~ **de cruzamento** / Kreuzungspunkt *m*, Kreuzpunkt *m* ‖ ~ **de Curie** / Curiepunkt *m*, -temperatur *f* ‖ ~ **de descontinuidade** / Sprungstelle *f* ‖ ~ **de divergência** (óptica) / Zerstreuungspunkt *m*, gedachter o. virtueller Brennpunkt ‖ ~ **de ebulição** / Siedepunkt *m*, Kochpunkt *m* ‖ ~ **de ebulição da água** (física) / Dampfpunkt *m* ‖ ~ **de ebulição médio** (petróleo) / Siedekennziffer *f* ‖ ~ **de encontro de dois caminhos** (PERT) / Fusionspunkt *m* ‖ ~ **de entrada** (aeronáut.) / Einflugpunkt *m* ‖ ~ **de entrada** (informática) / Einsprungstelle *f* ‖ ~ **de entrada em órbita** / Bahneintauchpunkt *m* ‖ ~ **de escoamento** (gordura) / Fließpunkt *m* ‖ ~ **de estagnação** (aeronáut.) / Staupunkt *m* ‖ ~ **de exclamação** (artes gráf.) / Ausrufezeichen *n* ‖ ~ **de exploração** (tv) / Abtastpunkt *m*, Abtastfleck *m* ‖ ~ **de extracção** (expl. minas) / Erz-Abzugstelle *f* ‖ ~ **de extracção** (máq. vapor) / Anzapfung *f* ‖ ~ **de fixação** (mecân.) / Einspannstelle *f* ‖ ~ **de flexão** / Biegestelle *f* ‖ ~ **de floculação** / Flockungspunkt *m* ‖ ~ **de fricção** / Scheuerstelle *f* ‖ ~ **de fuga** (óptica) / Fluchtpunkt *m* ‖ ~ **de fusão** / Schmelzpunkt *m*, FP, Fließpunkt *m* ‖ ~ **de gelificação** (química) / Gelpunkt *m* ‖ ~ **de ignição** (química) / Zündpunkt *m*, Zündzeitpunkt *m* ‖ ~ **de impacto** / Auftreffpunkt *m*, Treffpunkt *m* ‖ ~ **de impacto** (mecân.) / Stoßstelle *f* ‖ ~ **de inflamação** / Entflammpunkt *m*, Flammpunkt *m* ‖ ~ **de inflamação elevado** / hoher Flammpunkt ‖ ~ **de inflexão** (curva) / Knickpunkt *m* ‖ ~ **de inflexão** (matem.) / Inflexionspunkt *m* ‖ ~ **de inflexão** / Azeotroppunkt *m*, Wendepunkt *m* ‖ ~ **de interrogação** (artes gráf.) / Fragezeichen *n* ‖ ~ **de interrupção** (informática) / Fixpunkt *m* ‖ ~ **de intersecção** / Schnittpunkt *m*, -stelle *f* ‖ ~ **de intersecção** (telecom.) / Abschnittpunkt *m* ‖ ~ **de junção** / Verbindungsstelle *f*, Stoßstelle *f* ‖ ~ **de junção** (constr. civil) / Knotenpunkt *m* ‖ ~ **de libração** (astronáut.) / Librationspunkt *m* ‖ ~ **de lubrificação** / Schmierstelle *f*, Ölstelle *f* ‖ ~ **de luz** / Lichtmarke *f* ‖ ~ **de medição** / Meßort, -punkt *m* ‖ ~ **de medição** / Abnehmepunkt *m* (o. Tastpunkt) bei Messungen, Meßpunkt *m* ‖ ~ **de medição** (hidrául.) / Meßstelle *f* ‖ ~ **de mira** (armamento) / Visier[korn] *n*, Haltepunkt *m*, Korn *n* ‖ ~ **de nascença** (constr. civil) / Kämpferpunkt *m* ‖ ~ **de origem** / Anfangspunkt, Ursprung *m* ‖ ~ **de orvalho** / Taupunkt *m* ‖ ~ **de ouro** (física) / Goldpunkt *m* (1063 °C) ‖ ~ **de paragem** (siderurg.) / Umkehrpunkt *m* ‖ ~ **de partida** (agrimen.) / Festpunkt, Ausgangspunkt *m* ‖ ~ **de partida** / Ansatzpunkt *m*, Ausgangspunkt *m*, Anfangspunkt *m* ‖ ~ **de pivotagem** / Angelpunkt *m* ‖ ~ **de prata** (física) / Erstarrungspunkt *m* des Silbers ‖ ~ **de prata** / Silberpunkt *m* (960,5 °C) ‖ ~ **de radiação** / Strahlungspunkt *m* ‖ ~ **de referência** (geral) / Bezugspunkt *m* ‖ ~ **de referência** (expl. minas) / Anhaltspunkt *m* ‖ ~ **de referência** (técn. ferrov.) / Festpunkt *m* ‖ ~ **de referência** (agrimen.) / Fixpunkt *m*, Höhenmarke *f*, Ausgangspunkt *m*, Richtpunkt *m*, Bezugspunkt *m* ‖ ~ **de referência normal** / Normalfixpunkt *m* ‖ ~ **de regressão** (geom) / Haltepunkt *m* ‖ ~ **de reiniciação** (informática) / Stützpunkt *m* ‖ ~ **de reversão** (matem., agrimen.) / Rückkehrpunkt *m* ‖ ~ **de ruptura** / Bruchstelle *f* ‖ ~ **de ruptura de Fraaß** / Brechpunkt *m* nach Fraaß (DIN 1995) ‖ ~ **de saída de impulso ou pulso** / Impulsausgang *m* ‖ ~

de soldadura / Anschweißstelle *f*, Schweißstelle *f*, Schweißpunkt *m*, Lötstelle *f* ‖ ~ **de solidificação** (petróleo) / Stockpunkt *m* ‖ ~ **de solidificação de parafina** / Erstarrungspunkt *m* von Paraffin ‖ ~ **de tomada** (constr. civil) / Entnahmestelle *f* ‖ ~ **de tomada** / Anzapfstelle *f* ‖ ~ **de transformação** (siderurg.) / Haltepunkt *m*, Umwandlungspunkt *m* ‖ ~ **de transição** (electrón.) / Kipppunkt *m* ‖ ~ **de união** (mecân.) / Anschlußpunkt *m* ‖ ~ **de vaporização** / Verdampfungspunkt *m* ‖ ~ **de vazamento** (plást.) / Angußstelle *f* (auf dem gespritzten Teil) ‖ ~ **do momento nulo** / Momentennullpunkt *m* ‖ ~ **[do perímetro] do núcleo central** (mecân.) / Kernpunkt *m* ‖ ~ **duplo** (matem.) / Doppelpunkt *m*, Eigenschnittpunkt *m* (einer Kurve) ‖ ~ **elevado numa curva de ascenção de potencial** / Potentialberg *m*, -hügel *m* ‖ ~ **em cadeia** (máq. cost.) / Kettenstich *m* ‖ ~ **emissor interno** (semicondut.) / innerer Emitterpunkt ‖ ~**-e-vírgula** *m* (artes gráf.) / Strichpunkt *m*, Semikolon *n* ‖ ~ **final** / Endpunkt *m* ‖ ~ **final [de uma titulação]** (química) / Umschlagpunkt *m* ‖ ~ **final de intersecção** / Endknotenpunkt *m* ‖ ~ **fixo** (agrimen.) / Fixpunkt *m*, Höhenmarke *f*, Festpunkt *m* ‖ ~ **fixo** (instrum., escala) / Festpunkt *m* ‖ ~ **fixo de uma escala de temperatura** / Fixpunkt *m* ‖ ~ **focal** (óptica) / Brennpunkt *m* ‖ ~ **focal da objectiva** / Objektivbrennpunkt *m* ‖ ~ **identificado** (aeronáut.) / Franz-Standort *m* (direkte Bodenbeobachtung) ‖ ~ **inicial** / Ausgangspunkt *m* ‖ ~ **luminoso** (tv) / Fleck *m*, Leuchtfleck *m*, Lichtfleck *m* ‖ ~ **mais afastado** (óptica) / Fernstpunkt *m* ‖ ~ **material** / Massenpunkt *m* ‖ ~ **morto** / toter Punkt, Totpunkt *m*, Leerlaufstellung *f* ‖ ~ **morto inferior**, p.m.i. / innerer o. unterer Totpunkt, UT ‖ ~ **morto superior**, p.m.s. / äußerer o. oberer Totpunkt, OT ‖ ~ **negro** (tv) / Dunkelfleck, -punkt *m* ‖ ~ **neutro** (caixa veloc.) / Leerlaufstellung *f* ‖ ~ **neutro** (electr.) / Sternpunkt, Nullpunkt *m*, Erdpunkt *m* ‖ ~ **neutro artificial** (electr.) / künstliche Erde ‖ ~ **nodal** (electr., física) / Knotenpunkt *m* ‖ ~ **nodal de uma rede** (electr.) / Netzknotenpunkt *m* ‖ ~ **onde se dividem dois declives** / Brechpunkt *m* ‖ ~ **operacional** (electrón.) / Arbeitspunkt *m*, Betriebspunkt *m* ‖ ~ **próximo** (óptica) / Nahpunkt *m* ‖ ~ **quádruplo** (química) / Quadrupelpunkt *m* ‖ ~ **quíntuplo** (química) / Quintupelpunkt *m* ‖ ~ **raso** (máq. cost.) / Flachstich *m* ‖ ~ **remoto** (óptica) / Fernpunkt *m* ‖ ~ **solsticial** (astron.) / Wendepunkt *m* der Sonne ‖ ~ **tangencial** (matem.) / Berührungspunkt *m* ‖ ~ **visual** / Augenpunkt *m*, Gesichtspunkt *m* ‖ ~ **visual** (perspectiva) / Augpunkt *m* ‖ ~ **volante** (tv) / Feinpunkt *m* ‖ ~ **zero** / Nullpunkt *m*, Anfangspunkt *m*

pontos *m pl* **equinociais** / Äquinoktialpunkte *m pl*

pontuação *f* (artes gráf.) / Interpunktion *f*

pontual / punktförmig

popa *f* / Achterschiff *n*, Heck *n* ‖ **à** ~ / hinten, achtern ‖ ~ **quadrada** / Spiegelheck *n*

popelina *f* (têxtil) / Popelin *m*, Popeline *f*

população *f* **máxima** (técn. nucl.) / Höchstbesetzung *f*

por / mal (in Abmessungen) ‖ ~ **cento** / prozent

pôr (equações) / ansetzen ‖ ~ **a descoberto** / freilegen ‖ ~ **a flutuar** (navio) / zum Schwimmen bringen, flottmachen, heben ‖ ~ **bobinas** / bespulen, mit Spulen versehen ‖ ~ **cordas** (instr.) / besaiten ‖ ~ **de molho** / einweichen ‖ ~ **de salmoura** / einsalzen, einpökeln ‖ ~ **em funcionamento** (máq., tecnol.) / einfahren, anlaufen lassen ‖ ~ **em marcha** / anstellen, einschalten ‖ ~ **em marcha** (autom.) / anwerfen ‖ ~ **em marcha mediante manivela** (autom.) / ankurbeln ‖ ~ **em movimento** / in Bewegung setzen ‖ ~ **em movimento** (máq., tecnol., mot.) / anlassen ‖ ~ **entre parêntesis** (artes gráf., matem.) / in Klammern setzen, einklammern ‖ ~ **fora de serviço** / außer Gebrauch setzen, außer Betrieb setzen, ausrangieren ‖ ~ **na sucata** / verschrotten ‖ ~ **no alinhamento** (agrimen.) / fluchten *vt* ‖ ~ **peso(s)** / beschweren ‖ ~ **uma equação** / eine Gleichung ansetzen

porão *m* (aeronáut., constr. naval) / Laderaum *m* ‖ ~ (constr. civil) / Keller *m*, Kellergeschoß *n* ‖ ~ **de popa**, porão *m* de ré / Achterraum *m* ‖ ~ **para caldeiras de aquecimento** (constr. civil) / Heizkeller *m* ‖ ~ **para peixe** / Fischraum *m*

porca *f* / Mutter *f*, Schraubenmutter *f* ‖ ~ **aparafusada** / Einschraubmutter *f* ‖ ~ **castelar** / Kronenmutter *f* ‖ ~ **cega** / Blindmutter *f* ‖ ~ **com colar** / Bundmutter *f* ‖ ~ **da direcção** / Lenkmutter *f* ‖ ~ **de aperto** / Stellmutter *f* ‖ ~ **de aperto** / Klemmmutter *f* ‖ ~ **de aperto** (torno) / Schloßmutter *f* ‖ ~ **de borboleta** / Knebelmutter *f* (DIN 80701) ‖ ~ **de capa** / Überwurfmutter *f* ‖ ~ **de cobertura** / Hutmutter *f* ‖ ~ **de colar chato** / Flachbundmutter *f* ‖ ~ **de fixação** / Stellmutter *f* ‖ ~ **de furos cruzados** / Kreuzlochmutter *f* ‖ ~ **de orelhas** / Flügelmutter *f* ‖ ~ **de parafuso** / Schraubenmutter *f* ‖ ~ **de pressão** / Druckmutter *f* ‖ ~ **de regulação** / Stellmutter *f* ‖ ~ **de roda** / Radmutter *f* ‖ ~ **de suspensão** / Bügelmutter *f* (DIN 28129) ‖ ~ **de tampa** / Hutmutter *f* ‖ ~ **do fuso de guia**, porca *f* do parafuso de avanço (torno) / Leitspindelmutter *f* ‖ ~ **e contra-porca** / Doppelmutter *f* ‖ ~ **elástica** / Federmutter *f* ‖ ~ **entalhada** / Schlitzmutter *f* (DIN 546) ‖ ~ **esférica** / Kugelmutter *f* ‖ ~ **pentagonal** / Fünfkantmutter *f* ‖ ~ **polida** / blanke Mutter ‖ ~ **quadrada** / Vierkantmutter *f* ‖ ~ **sextavada** / Sechskantmutter *f* ‖ ~ **tensora** / Spannmutter *f*, -hülse *f*, Spannschloßmutter *f* ‖ ~ **terminal** (electr.) / Anschlußmutter *f* ‖ ~ **triangular** / Dreikantmutter *f*

porção *f* / Anteil *m*

porcelana *f* / Porzellan *n* ‖ ~ **biscuit** / Biskuitporzellan *n* ‖ ~ **dura** / Hartporzellan *n*, Steinporzellan *n*, Hartfeuerporzellan *n*, Feldspatporzellan *n* ‖ ~ **electrotécnica** / Elektroporzellan *n* ‖ ~ **filigranada** / Filigranporzellan *n* ‖ ~ **fritada** / Frittenporzellan *n* ‖ ~ **jaspeada** / Jaspisporzellan *n* ‖ ~ **para fins químico-técnicos** / chemisch-technisches Porzellan ‖ ~ **vítrea** / Glasporzellan *n* ‖ ~ **vitrificada** / Frittenporzellan *n*

porcentagem *f* vide percentagem ;f.

porfírico / porphyrartig, -haltig, porphyrisch

porfirizado / feinstgepulvert

pórfiro *m* (geol) / Porphyr *m* ‖ ~ **quartzoso** / Quarzporphyr *m*

poro *m* / Pore *f*, offene Zelle (Schaumstoff) ‖ **de** ~**s finos** / feinporig ‖ ~ **da madeira** / Holzpore *f*

pororoca *f* (hidrául.) / Bore *f*

porosidade *f* / Porosität *f* ‖ ~ **axial** (siderurg.) / Fadenlunker *m* ‖ ~ **superficial** / Oberflächenporen *f pl*

poroso / porig, porös, locker, schaumig, löcherig ‖ ~ (siderurg.) / luckig ‖ **não** ~ (sold) / blasenfrei

porta *f* / Tür *f* ‖ ~ (informática) / Gate *n*, Gatt[er], Tor *n* ‖ **de** ~ **à porta** (técn. ferrov.) / Haus-Haus... ‖ ~ **apainelada** / Füllungstür *f* ‖ ~ **basculante** / Kipptor *n* ‖ ~ **basculante (de comporta)** / Klapptor *n* (Schleuse) ‖ ~ **basculante** / Schwingtor *n* (nach oben öffnend) ‖ ~ **com três almofadas** / Dreifüllungstür *f* ‖ ~ **corrediça** / Schiebetür *f* ‖ ~ **corta-fogo** / Brandschutztür *f*, Feuerschutztür *f* ‖ ~ **da fornalha** / Feuerungstür *f*, Feuertür *f* ‖ ~ **de alça** (forno) / Aufzugstür *f* ‖ ~ **de**

alimentação / Fülltür *f* ‖ ~ **de cabeça da eclusa**, porta *f* de cabeça da esclusa, porta *f* de cabeça da comporta / oberes Schleusentor, Obertor *n* ‖ ~ **de carga** (siderurg.) / Arbeitstür *f*, Füllöffnung *f* ‖ ~ **de carregamento** (siderurg.) / Einsetztür *f*, Füllöffnung *f* ‖ ~ **de comporta** / Schleusentor *n* ‖ ~ **de comunicação** / Verbindungstür *f* ‖ ~ **de descarga da eclusa**, porta *f* de descarga da esclusa, porta *f* de descarga da comporta (hidrául.) / unteres Schleusentor, Niedertor *n* ‖ ~ **de dois batentes** / Doppeltür *f*, Flügeltür *f* (zweiflügelig) ‖ ~ **de duas almofadas** / Zweifüllungstür *f* ‖ ~ **de eclusa** / Schleusentor *n* ‖ ~ **de embarque** (aeronáut.) / Flugsteig *m* ‖ ~ **de entrada da casa** / Haustür *f* ‖ ~ **de escape** / Bunkerauslauf *m* ‖ ~ **de esclusa** / Schleusentor *n* ‖ ~ **de fole** / Falttür *f* ‖ ~ **de grades** / Gatter[tor] *n* ‖ ~ **de guarda-vento** / Windfangtür *f* ‖ ~ **de jusante** (hidrául.) / Untertor *n* ‖ ~ **de persiana** / Jalousietür *f* ‖ ~ **de sanfona** / Falttür *f* ‖ ~ **de segurança contra explosões** (siderurg.) / Explosionsklappe *f* ‖ ~ **de vaivém** / Pendeltür *f* ‖ ~ **de veneziana** / Jalousietür *f* ‖ ~ **de ventilação** (expl. minas) / Wettertür *f*, [Wetter]blende *f* ‖ ~ **deslizante** / Schiebetür *f* ‖ ~ **do cinzeiro** / Aschenfalltür *f*, Asch[fall]klappe *f* ‖ ~ **do forno** / Ofentür *f*, Ofenklappe *f* ‖ ~ **do poço** (expl. minas) / Schachttor *n* ‖ ~ **do trem de aterragem** (aeronáut.) / Fahrgestellklappe *f* ‖ ~ **dobradiça** / Klapptür *f* ‖ ~ **estanque** / Schottentür *f* ‖ ~ **falsa** / blinde Tür ‖ ~ **giratória** / Drehtür *f* ‖ ~ **lateral** / Seitentür *f*, -tor *n* ‖ ~ **telescópica** / Ausziehtür *f* ‖ ~ **traseira** / Hintertor *n*, -tür *f* ‖ ~ **traseira** (autom.) / fünfte Tür

porta-anel *m* / Fassungsring *m* (Meßblende)

porta-aviões *m* / Flugzeugträger *m*

porta-bagagem *m*, porta-bagagens *m* (autom.) / Kofferraum *m* ‖ ~ **de tejadilho** (autom.) / Dachgepäckhalter *m*

porta-bobina *m* (máq. cost.) / Spuler *m*

porta-carvão *m* (electr.) / Kohlenhalter *m*

porta-chapa *m* / Blechhalter *m*

porta-cocheira *f* (constr. civil) / Durchfahrt *f*

porta-cossinetes *m* / Schneideisenhalter *m*

portador *m* **isotópico** / Isotopenträger *m*

portadora *f* (electrón.) / Träger *m*, Trägerwelle *f* ‖ ~ **auxiliar cromática** (tv) / Farbhilfsträger *m* ‖ ~ **de canal** (electrón.) / Kanalträger *m* ‖ ~ **de grupo** (telecom.) / Gruppenträger *m* ‖ ~ **do som** (electrón.) / Tonträger *m*, -trägerwelle *f* ‖ ~ **residual** (electrón.) / Trägerrest *m*

porta-eléctrodo *m*, porta-eletrode *m* (sold) / Elektrodenzange *f*, Elektrodenhalter *m*

porta-equipamentos *m* / Gabelträger *m* des Gabelstaplers

porta-escovas *m* (electr.) / Bürstenhalter *m* ‖ ~ **oscilante** / Bürstenbrille *f*

porta-espulas *m* / Aufsteckspindel *f*

porta-farolim *m* (bicicleta) / Laternenhalter *m*

porta-ferramenta *m* (máq. ferram.) / Stichelhaus *n*, -halter *m*, Stahlhalter *m* ‖ ~ (torno) / Messerhaus *n*, Meißel-, Stichelhaus *n* ‖ ~ *f* **em cotovelo** / gekröpfter Werkzeughalter

porta-ferramentas *m* / Werkzeughalter *m*, Stahlhalter *m*

porta-ferros *m* (máq. ferram.) / Halter *m* ‖ ~ (ferram.) / Handstück *n* ‖ ~ **para seis ferros** (torno) / Sechsfach-Meißelhalter *m*

porta-filtros *m* (óptica) / Filterträger *m*

porta-folhas *m* / Blatthalter, Vorlagenhalter *m*

porta-fresa *f* / Frässpindel *f*

portagem *f* (estrada, ponte) / Gebühr *f*

porta-helicópteros *m* / Hubschrauberträger *m*

porta-injector *m* (diesel) / Düsenhalter *m*

portal *m* (constr. civil) / Portal *n*

porta-lâmina *m* / Messerträger *m* ‖ ~ (serra) / Blatthalter *m*

porta-lâmpada *f* (electr.) / Glühlampenfassung *f* ‖ ~ *m* **de tecto** / Deckenfassung *f* ‖ ~ **roscado** / Gewindefassung *f*

porta-lente *m* / Linsenhalter *m*

portaló *m* (aeronáut.) / Gangway *f*

porta-luvas *m* (autom.) / Handschuhfach *n*

porta-malas *m* (autom.) / Kofferraum *m*

porta-meada *m* (fiação) / Garnwinde *f*, [Seiden]winde *f*

porta-minuta *m* (máq. escrev.) / Konzepthalter *m*

portante / tragend

portão *m* (constr. civil) / Tor *n*

porta-objectiva *m* (óptica) / Objektivträger *m*

porta-objecto *m* (óptica) / Objektträger *m*, Gegenstandsträger *m*

porta-punção *m* (estamp.) / Stempelaufnahmeplatte *f*, -halteplatte *f*

porta-rascunho *m* (máq. escrev.) / Konzepthalter *m*

portaria *f* (constr. civil) / Pforte *f*

porta-segmentos *m* (máq., tecnol.) / Segmenthalter *m*

portátil / tragbar

porta-tubeiras *m* (siderurg.) / Düsenhalter *m*

porte, de ~ livre / freigespannt

pórtico *m* (constr. civil) / Säulenvorbau *m*, Bogenhalle *f* ‖ ~ **de carregamento** / Verladebrücke *f* ‖ ~ **de carregamento com carro giratório suspenso** / Verladebrücke *f* mit untenlaufender Drehkatze

portinhola *f* **de limpeza** (forno) / Reinigungstür *f*

porto *m* / Hafen *m* ‖ ~ **de abrigo** / Schutzhafen *m* ‖ ~ **de maré** / Fluthafen *m* ‖ ~ **de pesca** / Fischereihafen *m* ‖ ~ **de registo** / Heimathafen *m* ‖ ~ **de trasbordo** / Umschlaghafen *m* ‖ ~ **exterior** / Außenhafen *m* ‖ ~ **interior** / Binnenhafen *m*, Innenhafen *m* ‖ ~ **marítimo** / Seehafen *m*

pós-combustor *m* (aeronáut.) / Nachbrenner *m* (für Zusatzschub)

pose *f* (técn. fotogr.) / Zeitaufnahme *f*

pós-formável (plást.) / formbar

posição *f* (geral, astron.) / Position *f* ‖ ~, situação / Stellung *f*, Lage *f* ‖ ~ (náutica) / Standort *m* ‖ ~ (telecom.) / Platz *m* ‖ ~ **B** (telecom.) / B-Platz *m* ‖ ~ **central** / Mittelstellung *f*, -lage *f* ‖ ~ **da caixa de câmbio ou da caixa de velocidades** (autom.) / Anordnung des Getriebegehäuses ‖ ~ **das unidades** (matem.) / Einerstelle *f* ‖ ~ **de acabamento do revólver** / Fertigstellung *f* des Revolverkopfes ‖ ~ **de atendimento** (telecom.) / Abfrageplatz *m*, -feld *n*, -amt *n* ‖ ~ **de Bragg** (cristalogrf.) / Braggstellung *f* ‖ ~ **de comutação** (telecom.) / Vermittlungsplatz *m* ‖ ~ **de conectado** (electr.) / Einschaltzustand *m*, eingeschalteter Zustand ‖ ~ **de conexão** (electr.) / Einschaltstellung, Schließstellung *f* ‖ ~ **de descarga** / Abschlagstellung *f* ‖ ~ **de elevação** / Hubstellung *f* (Kontroller, Steuerwalze) ‖ ~ **de entrada** (telecom.) / Eingangsplatz *m* ‖ ~ **de equilíbrio** / Ruhelage *f*, Gleichgewichtslage *f* ‖ ~ **de espera** / Bereitschaftsstellung *f* ‖ ~ **de impressão** (informática) / Druckposition *f*, Druckstelle *f*, Schreibstelle *f* ‖ ~ **de marcha** / Fahrtstellung *f* ‖ ~ **de memória** (informática) / Speicherstelle *f*, Speicherplatz *m* ‖ ~ **de operadora** (telecom.) / Vermittlungsplatz *m* ‖ ~ **de paragem** (telecom.) / Haltestellung *f* ‖ ~ **de partida** / Ausgangsstellung *f* ‖ ~ **de repouso** (instr.) / Ruhestellung *f*, -lage *f* ‖ ~ **de repouso** (electr.) / Ausschaltstellung *f* ‖ ~ **de repouso**, posição *f* de equilíbrio / Ruhelage, Gleichgewichtslage *f* ‖ ~ **de trabalho** (torno) / Einspannstelle *f* ‖ ~ **de trabalho** / Arbeitsstellung *f* ‖ ~ **de trânsito interurbano** (telecom.) / Ferndurchgangsplatz *m* ‖ ~ **decimal** (informática) / Ziffernstelle *f* ‖ ~ **directora** (telecom.)

/ führender Platz ‖ ~ **do contador** / Zählerstand *m* ‖ ~ **do leme** / Ruderlage *f* ‖ ~ **do navio** / Schiffsort *m*, Position *f* ‖ ~ **elevada** / Hochlage *f* ‖ ~ **em frequência** (electrón.) / Frequenzlage *f* ‖ ~ **em relação ao solo** (aeronáut.) / Standort über Grund *m* ‖ ~ **estimada** [do navio] / gegißter Schiffsort ‖ ~ **final** / Endstellung *f*, -lage *f* ‖ ~ **final do induzido** / Ankerendstellung *f* ‖ ~ **forçada** / erzwungene Lage ‖ ~ **identificada** (aeronáut.) / Franz-Standort *m* (direkte Bodenbeobachtung) ‖ ~ **inclinada** / Schräglage *f* ‖ ~ **inicial** / Anfangsstellung *f*, Ruhestellung *f*, Ausgangsstellung *f*, Grundstellung *f* ‖ ~ **inicial de carga** (informática) / Anfangsladeadresse *f* ‖ ~ **intermediária** / Zwischenlage *f*, mittlere Lage ‖ ~ **neutra** (electr.) / Anfangsstellung *f* ‖ ~ **normal** / Grundstellung *f* ‖ ~ **oblíqua** / Schräglage *f* ‖ ~ **zero** / Nullstellung *f*

posicionamento *m* / Positionieren *n* ‖ ~ **do feixe** (tv) / Strahlführung *f*, -einstellung *f* ‖ ~ **linear** (comando numér.) / Streckenpositionierung *f*

posicionar (comando numér.) / positionieren ‖ ~ (máq., tecnol.) / lokalisieren ‖ ~ (org. industr.) / in-Lage-bringen

pós-incandescência *f* (motor diesel) / Nachflammen *n*

positivo *m* (técn. fotogr.) / Positiv *n* ‖ ~ *adj* (matem.) / plus ‖ ~ (geral, física) / positiv ‖ ~ (movimento) / zwangsschlüssig, zwangsläufig ‖ ~ (electr.) / anodisch ‖ **não** ~ / kraftschlüssig ‖ ~ *m* **a cores** / Farbpositiv *n*, Farbkopie *f*

positrão *m*, posítron *m* (física) / Positron *n*, positives Elektron, e^+

pós-morte (informática) / Postmortem...

possança *f* (expl. minas) / Mächtigkeit *f*

possibilidade *f* (da ocorrência de mineral) (expl. minas) / Höffigkeit *f* ‖ ~ **de ampliação posterior** / Ausbaumöglichkeit *f* ‖ ~ **de dessintonização** (electrón.) / Verstimmbarkeit *f* ‖ ~ **de execução**, possibilidade *f* de realização / Durchführbarkeit *f* ‖ ~ **de rotação** / Drehbarkeit *f* ‖ ~ **de trabalhar (um material) por meios mecânicos** / maschinelle Bearbeitbarkeit

possível (da ocorrência de mineral) (expl. minas) / höffig

poste *m* / Pfosten *m* ‖ ~ (electr., telecom.) / Leitungsmast *m*, Mast *m* ‖ ~ (constr. civil) / Ständer, Pfosten, Stiel *m* ‖ ~ **angular** / Eckmast *m* ‖ ~ **de alta-tensão** / Hochspannungsmast *m*, Gittermast *m*, Freileitungsmast *m* ‖ ~ **de betão** / Betonmast *m* ‖ ~ **de cabos aéreos** / Oberleitungsmast *m* ‖ ~ **de catenária** (técn. ferrov.) / Oberleitungsmast *m*, Fahrleitungsmast *m* ‖ ~ **de concreto** / Betonmast *m* ‖ ~ **de iluminação** / Laternenpfahl *m*, Lichtmast *m* ‖ ~ **de retenção** (electr.) / Abspannmast *m* ‖ ~ **de sinais** (técn. ferrov.) / Signalmast *m* ‖ ~ **extremo** / Endmast *m* ‖ ~ **flexível** (técn. ferrov., electr.) / Gelenkmast *m* ‖ ~ **para linhas aéreas** (electr.) / Freileitungsmast *m* ‖ ~ **treliçado** (electr.) / Gittermast *m* ‖ ~ **tubular** / Rohrmast *m*

posterior / hinterer, Hinter...

postiço / falsch, künstlich

postigo *m* (constr. civil) / Klappladen *m*

posto *m* **avisador de incêndios** / Feuermeldestelle *f* ‖ ~**-baliza** *m* **de resposta** (radar) / Antwortbake *f* ‖ ~ **colateral**, posto *m* correspondente (telecom.) / Gegenstelle *f*, -station *f* ‖ ~ **de abastecimento para combustíveis gasosos** / Gastankstelle *f* ‖ ~ **de agulhas** (técn. ferrov.) / Weichenstellwerk *n* ‖ ~ **de assinante** / Fernsprechanschluß *m*, -gerät *n* ‖ ~ **de carga** (expl. minas) / Füllort *m*, Anschlagkammer *f* ‖ ~ **de comando centralizado** (técn. ferrov.) / Streckenstellwerk *n* ‖ ~ **de controlo de operação** (técn. ferrov.) / Betriebsstelle *f* ‖ ~ **de ensaio de freio suspenso por molas**, posto *m* de ensaio de travão suspenso por molas / federnder Bremsstand ‖ ~ **de escuta** / Horchstelle *f* ‖ ~ **de observação** / Beobachtungsstand *m* ‖ ~ **de operador** / Bedienungsstand *m* ‖ ~ **de sinalização de bloco** (técn. ferrov.) / Blockstelle *f* ‖ ~ **de transformação ao ar livre** (electr.) / Freiluftumspannstation *f*, -transformatorenanlage *f*, -umspannwerk *n* ‖ ~ **em sequência** (informática) / geordnet ‖ ~ **emissor** (electrón.) / Sendeanlage *f*, Sender *m*, Sendestelle *f* ‖ ~ **emissor para cobrir grandes distâncias** (rádio) / Großsender *m* ‖ ~ **principal de assinante** (telecom.) / Hauptanschluß *m* ‖ ~ **público automático** / Münzfernsprecher *m*, Fernsprechautomat *m* ‖ ~ **telefónico terminal** / Fernsprechendstation *f* ‖ ~ **terminal** (informática) / Gegenstelle *f*, -terminal *n* ‖ ~ **transmissor** (electrón.) / Sendeanlage *f*, Sender *m*, Sendestelle *f* ‖ ~ **transmissor para cobrir grandes distâncias** / Großsender *m*

postulado *m* **de Euclides** / euklidisches Axiom

potassa *f* / Pottasche *f*, (Handelsbezeichnung für:) Kaliumcarbonat *n*, Kali *n* ‖ ~ **cáustica** / Ätzkali *n*, Kaliumhydroxid *n*

potássico / kalihaltig, Kali[um]...

potássio *m*, K / Kalium *n*, K

potável / trinkbar

pote *m* **de cola** / Leimtiegel *m*

potência *f* (matem.) / Potenz *f* ‖ ~ (mecân., física) / Leistung *f*, Leistungsfähigkeit *f* ‖ ~ [requerida] (máq., tecnol.) / Antriebsleistung *f* ‖ **de** ~ **máxima** / Höchstleistungs... ‖ **de alta** ~ / Hochleistungs... ‖ ~ **absorvida** / aufgenommene Leistung ‖ ~ **activa** (electr.) / Wirkleistung *f* ‖ ~ **ao freio**, potência *f* ao travão / Bremsleistung *f* ‖ ~ **aparente** (electr.) / Scheinleistung *f* ‖ ~ **aparente do transformador de tensão** / Bürde *f* (Spannungswandler) ‖ ~ **calorífica** / Heizkraft *f*, Heizwert *m*, Heizleistung *f* ‖ ~ **cedida** / abgegebene Leistung, abgegebene Leistung ‖ ~ **consumida** / verbrauchte [o. aufgenommene] Leistung ‖ ~ **contínua** / Dauerleistung *f* ‖ ~ **de accionamento** (electrón.) / Erregerleistung *f* ‖ ~ **de amplificação** / Verstärkerleistung *f* ‖ ~ **de aquecimento absorvida** / Heizleistung *f* (aufgenommen) ‖ ~ **de arranque ou de partida** / Anlaufleistung *f* ‖ ~ **de comando** (electr.) / Steuerleistung *f* ‖ ~ **de corte em curto-circuito** / Kurzschlußabschaltleistung *f* ‖ ~ **de dimensionamento** (técn. ferrov.) / Entwurfsleistung *f* ‖ ~ **de elevação** / Hubkraft *f* ‖ ~ **de entrada** / Eingangsleistung *f* ‖ ~ **de excitação** (electr.) / Erregerleistung *f* ‖ ~ **de excitação** (electrón.) / Steuerleistung *f* ‖ ~ **de referência** (telecom.) / Bezugsleistung *f* ‖ ~ **de saída** (electrón.) / Ausgangsleistung *f* ‖ ~ **de tracção** / Zugleistung *f* ‖ ~ **de uma máquina** / Maschinenstärke *f* ‖ ~ **dissipada** (electrón.) / Verlustleistung *f* ‖ ~ **do combustível** (técn. nucl.) / Brennstoffleistung *f* ‖ ~ **do emissor**, potência *f* do transmissor / Senderleistung *f* ‖ ~ **do freio**, potência *f* do travão / Bremskraft *f* ‖ ~ **efectiva** (electr.) / Wirkleistung *f* ‖ ~ **eléctrica** (física) / elektrische Leistung ‖ ~ **em curto-circuito** / Kurzschlußleistung *f* ‖ ~ **específica** / Leistungskonstante *f* ‖ ~ **final** (electrón.) / Endleistung *f* ‖ ~ **fiscal** (autom.) / Steuerleistung *f*, Steuer-PS *n pl* ‖ ~ **flutuante** (electr.) / Schwingleistung *f* ‖ ~ **frigorífica** / Kühlleistung *f* ‖ ~ **gerada** / abgegebene Leistung ‖ ~ **homopolar** (electr.) / Null-Leistung *f* ‖ ~ **indicada** / indizierte Leistung ‖ ~ **induzida** (mot.) / Innenleistung *f* ‖ ~ **instalada** (electr.) / installierte Leistung ‖ ~ **instantânea** / Kurzzeitleistung *f* ‖ ~ **inversa** (electr.) / Gegenleistung *f*, Blindleistung *f* der Gegenkomponente ‖ ~ **máxima** (emissor) / Höchstleistung *f*, Leistungsspitze *f*, Oberstrichleistung *f* ‖ ~ **média** /

Durchschnittsleistung *f* ‖ ~ **necessária** / Leistungsbedarf *m* ‖ ~ **nominal** (máq., tecnol.) / Nennleistung *f* ‖ ~ **nominal** / Leistungsgröße *f* ‖ ~ **nominal contínua** (electr.) / [nominelle] Dauerleistung ‖ ~ **nominal do combustível** (técn. nucl.) / Brennstoff-Nennleistung *f* ‖ ~ **perdida** / nutzlose Leistung ‖ ~ **por unidade de superfície** / Flächenleistung *f* ‖ ~ **propulsora da hélice** (constr. naval) / Vortriebsleistung *f* ‖ ~ **psofométrica** (telecom.) / Rauschleistung *f* ‖ ~ **reactiva** (electr.) / Blindleistung *f* ‖ ~ **real** (electr.) / Wattleistung *f*, Wirkleistung *f* ‖ ~ **reduzida** / Minderleistung *f* ‖ ~ **total** / Gesamtleistung *f* ‖ ~ **vocal** / Sprechleistung *f*

potencial *m* (electr.) / Potential *n*, Spannung in Volt ‖ ~ **absoluto** (química) / absolutes Potential ‖ ~ **coulomb** / Coulomb-Potential *n* ‖ ~ **de coesão** (telecom.) / Frittpotential *n* ‖ ~ **de deformação** (electrón.) / Deformationspotential *n* ‖ ~ **de difusão** (semicondut.) / Diffusionsspannung *f* ‖ ~ **de difusão** / Flüssigkeitspotential *n* ‖ ~ **de focalização** (electrón.) / Fokussierpotential *n* ‖ ~ **de oxidação** (química) / Ladungswert *m*

potêncial *m* **de oxi-redução** / Redoxpotential *n*

potencial *m* **de paragem** (física) / Bremspotential *n* ‖ ~ **de terra** / Erdpotential *n*, -spannung *f* ‖ ~ **líquido-líquido** / Flüssigkeitspotential *n* ‖ ~ **redox** / Redoxpotential *n* ‖ ~ **zero** (electr.) / Nullpotential *n*

potencialmente explosivo / explosionsgefährdet

potenciómetro *m* (electrón.) / Potentiometer, Pot *n*, Drehwiderstand *m* ‖ ~ **a vernier** / Feinabstimmpotentiometer *n* ‖ ~ **da magnetorresistência**, potenciômetro *m* do magnetorresistor / Feldplattenpotentiometer *n* ‖ ~ **indutivo** / induktives Potentiometer

potente (mot.) / stark

pouco consistente / dünn ‖ ~ **profundo** (hidrául.) / seicht, flach ‖ ~ **rotativo** / niedertourig, niedrigtourig ‖ ~ **solúvel** / schwer löslich ‖ ~ **volátil** / schwerflüchtig

poupar (mot.) / schonen

pousar (aeronáut.) / landen *vt vi* ‖ ~ **forçadamente com impacto desastroso** (aeronáut.) / bruchlanden ‖ ~ **o auscultador**, pousar o fone (telecom.) / den Hörer einhängen (o. anhängen o. auflegen)

pouso *m* (aeronáut.) / Landung *f*

poutre *f* (aeronáut.) / Leitwerksträger *m*

povoamento *m* (silvicult.) / Bestand *m* ‖ ~ **de ensaio** (silvicult.) / Probebestand *m* ‖ ~ **misto** (silvicult.) / Mischbestand *m* ‖ ~ **puro** (silvicult.) / Reinbestand *m*

pozolana *f* (constr. civil) / Puzzolanerde *f*

praça *f* **das caldeiras** (constr. naval) / Heizraum *m* ‖ ~ **de bigorna** / Amboßbahn *f*

pragana *f* (bot.) / Granne *f*

praia *f* **elevada** (geol) / gehobene Strandlinie

prancha *f* / Planke *f*, Bohle *f*, Laufbrett *n*, Diele *f* ‖ ~ **de cofragem** (constr. civil) / Schalbrett *n* ‖ ~ **de escoramento** (constr. rodov.) / Abstreifbohle *f* ‖ ~ **de madeira** (constr. civil) / Holzdiele *f*, Holzbohle *f* ‖ ~ **de revestimento** / Futterbohlen *f pl* ‖ ~ **de trolha** (constr. civil) / Aufziehbrett *n* ‖ ~ **esmeriladora** / Schleifbrett *n* ‖ ~ **para taludar** / Böschungsbrett *n*

prancheta *f* (agrimen.) / Meßtisch *m* ‖ ~ **de desenho** / Zeichenbrett *n*, Reißbrett *n*

prata *f*, Ag / Silber *n*, Ag ‖ **de** ~ / silbern, silbergefertigt, aus Silber ‖ ~ **alemã** / Neusilber *n*, Alpaka, Argentan *n* (45-70% Cu, 8-28% Ni, 8-45% Zn) ‖ ~ **de lei** / Feinsilber *n* ‖ ~ **em barras** / Stangensilber *n* ‖ ~ **em lâminas** / Silberlahn *m* ‖ ~ **fina** / Feinsilber *n* ‖ ~ **fulminante** / Knallsilber *n*, Silberfulminat *n* ‖ ~ **mussiva** / Musivsilber *n* ‖ ~ **nativa capilar** / Bürst[en]erz *n* ‖ ~ **para soldar** / Silberlot *n* ‖ ~ **refinada** / Brandsilber *n*

prateação *f* / Versilberung *f* ‖ ~ **galvânica** / galvanische Versilberung ‖ ~ **por electrólise** / galvanische Versilberung

prateado / silbern, Silber..., silberartig, silberfarben, silberähnlich

prateamento *m* **a frio**, prateamento *m* por fricção / Reibversilberung *f*, kalte Versilberung

pratear / versilbern

prateleira *f* (armário, estante) / Fachbrett *n*, Schrankbrett *n* ‖ ~ (telecom.) / Etage *f* ‖ ~ **de cabos** / Kabelwanne *f*

prática *f* / Ausübung *f*, Praxis *f*, Erfahrung *f*

praticabilidade *f* (via rodoviária) / Befahrbarkeit *f*

praticar / ausführen, ausüben, betreiben

praticável / ausführbar ‖ ~ (via rodoviária) / befahrbar ‖ **não** ~ / inoperabel

prático / zweckmäßig, praktisch

prato *m* / Teller *m* ‖ **de** ~ **no alto** / oberschalig ‖ ~ **da balança** / Waagschale *f* ‖ ~ **de dosear** / Abstreichteller, -tisch *m* ‖ ~ **de gira-discos**, prato *m* de toca-discos / Plattenteller *m* ‖ ~ **de pressão** / Preßmulde *f* ‖ ~ **de pressão da embraiagem** / Kupplungsdruckplatte *f* ‖ ~ **de válvula** (mot.) / Ventilteller *m*

prazo, a longo ~ / auf die Dauer

pré-acentuação *f* (frequência) / Anhebung *f*, Akzentuierung *f*

pré-ajustado / voreingestellt

pré-ajustar / voreinstellen

preamar *f* / Flut *f* (Ggs.: Ebbe)

pré-amplificador *m* (electrón.) / Vorverstärker *m*

pré-aquecedor *m* / Vorwärmer *m*, Vorwärmeinrichtung *f* ‖ ~ (autom.) / Luftwärmer *m* ‖ ~ **a contracorrente** (açúcar) / Gegenstromvorwärmer *m* ‖ ~ **de ar** / Luftvorwärmer *m* ‖ ~ **de vapor** / Dampfvorwärmer *m* ‖ ~ **de vapor de escape** / Abdampfvorwärmer *m*

pré-aquecer / vorwärmen, anheizen, anwärmen

precessão *f* **de Larmor** (técn. nucl.) / Larmorpräzession *f*

precipitação *f* (química) / Trennung *f* durch Absitzen, Fällung *f*, Ausscheidung *f* ‖ ~ **atmosférica** (meteorol.) / atmosphärischer Niederschlag ‖ ~ **da cal** (tinturaria) / Kalkablagerung *f* ‖ ~ **de electrões ou elétrons** / Elektronenniederschlag *m* ‖ ~ **de pó** / Staubniederschlagung *f* ‖ ~ **electrostática** / elektrostatische Abscheidung ‖ ~ **estrutural** / Gefügeausscheidung *f* ‖ ~ **química** / chemische Fällung ‖ ~ **radioactiva** (técn. nucl.) / Fallout *m*, radioaktiver Niederschlag, radioaktiver Ausfall

precipitado *m* / Ablagerung *f* ‖ ~ (química) / Präzipitat *n*, Fällungsmittel *n*, Niederschlag *m* ‖ ~ *adj* / abgesetzt, sedimentiert ‖ ~ *m* **amarelo** / gelbes Quecksilber(II)-oxid ‖ ~ **de mercúrio** (química) / Quecksilberpräzipitat *n*

precipitador *m* **de pó** (siderurg.) / Zyklon *m*, Staubabscheider *m*

precipitante *m* (química) / Niederschlagsmittel *n*, Fällungsmittel *n*, Fällbad *n*

precipitar (química) / ausfällen, fällen ‖ **~-se** / abstürzen ‖ **~-se** (química) / sich ablagern, sich abscheiden, sich niederschlagen, sich setzen ‖ ~ **o pó** / entstauben, Staub niederschlagen

precipitável (química) / abscheidbar, niederschlagbar, fällbar

precisão *f* / Bestimmtheit *f*, Exaktheit *f*, Präzision *f*, Genauigkeit *f* ‖ ~ / Ganggenauigkeit *f* ‖ ~ (informática) / Genauigkeitsgrad *m*, Definiertheit *f* ‖ **de** ~ / Fein..., Präzisions... ‖ **de** ~ **dupla** (informática) / mit doppelter Genauigkeit ‖ **de** ~ **simples** (informática) / mit einfacher Genauigkeit ‖

de alta ~ / hochgenau ‖ ~ **de ajuste** / Einstellgenauigkeit *f* ‖ ~ **de leitura** / Ablesegenauigkeit *f* ‖ ~ **de medição** / Meßgenauigkeit *f* ‖ ~ **de trabalho** / Fertigungsgenauigkeit *f* ‖ ~ **dimensional** / Maßgenauigkeit *f* ‖ ~ **tripla** (informática) / dreifache Genauigkeit

preciso / präzis, genau, exakt, deutlich ‖ ~ (corte) / sauber

pré-combustão *f* / Vorverbrennung *f*

pré-condicionamento *m* / Vorbehandlung *f*

pré-detector *m* **de incêndios** / Frühwarnfeuermelder *m*

prédio *m* (constr. civil) / Bau *m (pl: Bauten)*, Gebäude *n* ‖ ~ **industrial** / Industriebau *m*, -gebäude *n* ‖ ~ **residencial** / Wohnhaus *n*, Wohngebäude *n*

pré-ênfase *f* (modulação) / Preemphasis *f*

pré-esforçado (mecân.) / vorgespannt

pré-fabricação *f* (constr. civil) / Vorfertigung, -fabrikation *f*, Fertigbau *m*, -bauwesen *n*

pré-fabricado (constr. civil) / Fertig..., vorfabriziert, vorgefertigt

preferencial (geral, química) / bevorzugt ‖ ~ (amostras) / fortschreitend

prefixo *m* (telecom.) / Vorwahlnummer, Ortsnetzkennzahl *f*, ONKz

prega *f* (pano) / Knitter *m*, Falte *f*, Knick *m* ‖ ~ (máq. cost.) / Einschlag *m* ‖ ~ (papel) / Bruch *m* ‖ **fazer uma** ~ (máq. cost.) / einschlagen

pregar [sobre] / aufnageln ‖ ~ / zusammennageln, vernageln, nageln, annageln ‖ ~ **o urdume** (tecel.) / aufbäumen

prego *m* / Nagel *m* ‖ **guarnecer com** ~**s** / mit Nägeln beschlagen ‖ ~ **chapeado** / Beschlagnagel *m* ‖ ~ **para carris** / Schienennagel *m* ‖ ~ **para cartão asfaltado** (constr. civil) / Pappnagel, -stift *m* ‖ ~ **para revestimento de telhados** / Dach[papp]nagel *m* ‖ ~ **para tábuas** / Brettnagel *m* ‖ ~ **para trilhos** / Schienennagel *m* ‖ ~ **roscado** / Nagelschraube *f*

pregueador *m* / Faltendrücker *m*

preguear (estamp.) / eindrücken, faltend verformen (Blech)

pré-incandescência *f* (motor diesel) / Vorglühen *n*

pré-injecção *f* (mot.) / Voreinspritzung *f*

preliminar / einleitend, vorbereitend

prelo *m* / Druckerpresse *f* ‖ **no** ~ (artes gráf.) / im Druck ‖ ~ **de provas** (artes gráf.) / Abziehapparat *m* ‖ ~ **manual** (artes gráf.) / Handpresse *f* ‖ ~ **para provas** (artes gráf.) / Fahnenpresse *f*

pré-magnetizar / vormagnetisieren

prematuro / frühzeitig

premir / drücken ‖ ~ **uma tecla** / auf eine Taste drücken

prender (cimento) / binden *vi*, erstarren

prensa *f* / Presse *f* ‖ ~ **a seco** / Trockenpresse *f* ‖ ~ **a vapor** / Dampfpresse *f* ‖ ~ **ascendente** / Unterkolbenpresse *f* ‖ ~ **automática para estampar** / Stanzautomat *m* ‖ ~ **com placas aquecidas** / Heizplattenpresse *f* ‖ ~ **de alargamento** / Aufweitepresse *f* ‖ ~ **de alavanca articulada** / Kniehebelpresse *f* ‖ ~ **de alta velocidade** (artes gráf.) / Schnellläufer *m* ‖ ~ **de cabeça inclinável** / Kipppresse *f* ‖ ~ **de chanfrar** / Abkantpresse *f* ‖ ~ **de cilindros** (tecel.) / Muldenpresse *f* ‖ ~ **de corte** / Loch[schnitt]maschine *f* ‖ ~ **de cubas** (tecel.) / Muldenpresse *f* ‖ ~ **de cunha** / Keilpresse *f* ‖ ~ **de cunhar** / Stanzpresse *f*, Prägepresse *f* ‖ ~ **de desempenar** / Richtpresse *f* ‖ ~ **de embutir** (estamp.) / Ziehpresse *f* ‖ ~ **de empacotar os fios** / Garnpresse *f* ‖ ~ **de endireitar** / Richtpresse *f* ‖ ~ **de enfeixar** / Bündelpresse *f* ‖ ~ **de estampar** / Stanze *f*, Stanzpresse *f* ‖ ~ **de estampar** (forja) / Gesenkpresse *f*, Gesenkschmiedepresse *f* ‖ ~ **de expandir tubos** / Rohraufweitepresse *f* ‖ ~ **de extrusão** / Stangenpresse *f*, Strangpresse *f*, Fließdruckpresse *f*, Spritzpresse *f* ‖ ~ **de extrusão de chumbo** / Bleistrangpresse *f* ‖ ~ **de folhear** / Furnierpresse *f*, Furnierbock *m* ‖ ~ **de forjar** / Schmiedepresse *f* ‖ ~ **de furar e estirar** / Loch- und Ziehpresse *f* ‖ ~ **de garagem** (autom.) / Abziehpresse *f* für Reparaturen ‖ ~ **de granular** (agricult.) / Futtermehlpresse *f* ‖ ~ **de gravar matrizes** (máq. ferram.) / Gesenkprägepresse *f* ‖ ~ **de injecção** (plást.) / Spritzgußmaschine *f* ‖ ~ **de lagar** / Weinpresse *f*, Kelter *f* ‖ ~ **de matrizar** / Gesenkschmiedepresse *f* ‖ ~ **de moldagem por transferência** / Transferpresse *f* ‖ ~ **de moldar** / Formpresse *f* ‖ ~ **de montagem** / Aufziehpresse *f* ‖ ~ **de parafuso** / Spindelpresse *f*, Schraubenpresse *f* ‖ ~ **de pé** (artes gráf.) / Fußpresse *f* ‖ ~ **de pedal** / Fußpendelpresse *f* ‖ ~ **de percussão** / Spindelschlagpresse *f* ‖ ~ **de platina** (artes gráf.) / Tiegel[druck]presse *f* ‖ ~ **de rebordar** / Abkantpresse *f* ‖ ~ **de rebordear** / Bördelpresse *f* ‖ ~ **de recortar** (estamp.) / Stanzpresse *f* ‖ ~ **de recortar** (artes gráf.) / Beschneidepresse *f* ‖ ~ **de repuxamento profundo** / Tiefziehpresse *f* ‖ ~ **de rosca manual** / Handspindelpresse *f* ‖ ~ **de soldadura** / Aufschweißpresse *f* ‖ ~ **de tina** (papel) / Büttenpresse *f* ‖ ~ **escalonada** / Stufenpresse *f*, Folgepresse *f* ‖ ~ **excêntrica** / Exzenterpresse *f* ‖ ~ **excêntrica para decantar** / Exzenterabkantpresse *f* ‖ ~ **hidráulica a vapor** / dampfhydraulische Presse ‖ ~ **hidráulica para cabos** / Kabelpresse *f* ‖ ~ **(h)úmida** (papel) / Naßpresse *f* ‖ ~ **mandriladora** / Dornpresse *f* ‖ ~ **múltipla** / Etagenpresse *f*, Folgepresse *f* ‖ ~ **para a fabricação de briquetes ovóides** (expl. minas) / Eiformbrikettpresse *f* ‖ ~ **para acertar arestas de lingotes** (lamin.) / Brammenpresse *f* zur Kantenbegrenzung ‖ ~ **para briquetes** / Brikettierpresse *f* ‖ ~ **para cabos** / Bleikabelpresse *f* ‖ ~ **para cartão acetinado** / Spanpresse *f*, Presse *f* zur Herstellung von Preßspan ‖ ~ **para colar filmes** / Filmklebepresse *f* ‖ ~ **para cortar e enfardar sucata** / Schrottscher- und -paketierpresse *f* ‖ ~ **para curvar** / Biegepresse *f* ‖ ~ **para dobrar e endireitar** / Biege- und Richtpresse *f* ‖ ~ **para embutir flanges** / Flanschpresse *f* ‖ ~ **para enfardar** / Ballen[pack]presse *f* ‖ ~ **para enfardar sucata** / Schrottpaketierpresse *f* ‖ ~ **para escorrer** / Abwelkpresse *f* ‖ ~ **para fazer tubos metálicos** / Metallröhrenpresse *f*, -rohrpresse *f* ‖ ~ **para fruta** / Obstfruchtpresse *f* ‖ ~ **para gravar a quente** / Heißprägepresse *f* ‖ ~ **para impressão offset** / Offset[druck]presse *f* ‖ ~ **para montar aros** / Reifenaufziehpresse *f* ‖ ~ **para montar pneus** (autom.) / Reifenaufziehpresse *f* ‖ ~ **para montar rodas** / Räder[aufzieh]presse *f*, Radpresse *f* ‖ ~ **para puncionar** / Lochpresse *f* ‖ ~ **para tirar provas** (artes gráf.) / Andruckpresse *f* ‖ ~ **punçoadora** / Schnittpresse *f* ‖ ~ **rebarbadora** / Abgratpresse *f* ‖ ~ **tipográfica** (artes gráf.) / Hochdruckmaschine *f*, Buchdruckpresse *f*

prensado / gepreßt

prensador *m* **mecânico** / Maschinenpresser *m*

prensagem *f* / Verpressen *n*, Verarbeiten *n* durch Pressen

prensar / einpressen, -drücken, pressen ‖ ~ **a frio** / kaltpressen ‖ ~ **por extrusão** / strangpressen

preparação *f* / Vorbereitung *f* ‖ ~ (química) / Gewinnung, Bereitung *f* ‖ ~ (química) / Darstellung *f* ‖ ~ (galvanoplast.) / Ansatz *m*, Ansetzen *n* ‖ ~ (tinturaria, curtidos) / Beize *f* ‖ ~ **da mistura de minério com fundentes** (siderurg.) / Beschicken, Möllern *n* ‖ ~ **da pasta** (papel) /

Stoffaufbereitung *f* ‖ ~ **de dados** / Datenaufbereitung *f* ‖ ~ **de linho** / Flachsaufbereitung, -zubereitung *f* ‖ ~ **do algodão** / Baumwollaufbereitung *f* ‖ ~ **do banho** / Einstellung *f* ‖ ~ **do leito de fusão** (siderurg.) / Gattieren *n* ‖ ~ **do relatório** (informática) / Berichterstellung, -schreibung *f* ‖ ~ **gravimétrica** / Schwerkraftaufbereitung *f* ‖ ~ **no estado de pureza** / Reindarstellung *f* ‖ ~ **por flotação** / Schwimmaufbereitung *f* ‖ ~ **por via (h)úmida** (siderurg.) / Naßaufbereitung *f* ‖ ~ **por via seca** / Trockenaufbereitung *f*

preparado *m* / Präparat *n* ‖ ~ [para] *adj* / bereit [zu] ‖ ~ (química) / präpariert

preparar / vorbereiten, präparieren, zubereiten ‖ ~ (química) / aufbereiten, anrühren ‖ ~ (química) / darstellen ‖ ~ (galvanoplast.) / ansetzen ‖ ~ (cimento, argamassa) / anmachen ‖ ~ (mot.) / frisieren ‖ ~ (tintas) / anreiben ‖ ~ **a pasta** (têxtil) / anteigen ‖ ~ **minérios** / Erze aufbereiten ‖ ~ **o alto-forno** / den Hochofen anwärmen ‖ ~ **o banho** (tinturaria) / bestellen, ansetzen ‖ ~ **o banho** (cortumes) / einstellen ‖ ~ **o leito de fusão** (siderurg.) / möllern, mischen ‖ ~ **para trabalhar sob temperaturas hibernais** (autom.) / winterfest machen ‖ ~ **um objecto para resistir a temperaturas hibernais** (constr. civil) / einwintern

preparatório / vorbereitend, als o. der Vorbereitung dienend, einleitend

pré-refrigerar / vorkühlen

pré-regulado / voreingestellt

pré-regular / voreinstellen

pré-rotação *f* / Vordrall *m*

presa *f* (cimento) / Festwerden, Steifwerden *n*, Hartwerden *n*, Erstarren *n* ‖ **de ~ lenta** / lagsam bindend ‖ **de ~ rápida** (constr. civil) / schnell[ab]bindend ‖ **fazer ~** / abbinden *vi* (Zement), anziehen

presbita (óptica) / weitsichtig, fernsichtig

presbitismo *m* (óptica) / Weitsichtigkeit *f*

pré-selecção *f* / Vorwahl *f*, -wählung *f*, -wählen *n*

pré-selector *m* (telecom.) / Vorwähler *m*

presença *f* (electrón.) / Anwesenheit *f*, Präsenz *f* ‖ ~ **de água** (expl. minas) / Wasserführung *f* ‖ ~ **de minério** (expl. minas) / Erzführung *f*

pré-sensibilizado (técn. fotogr.) / vorbeschichtet

preservação *f* / Bewahrung [vor] *f*

preservativo *m* / Schutzmittel *n*, Präservativ *n*

presilha *f* / Knopföse *f*, Knopföhr *n* ‖ ~ **de cabo** / Seilschloß *n*

pré-sintonizado / vorabgestimmt

pré-sintonizar / vorabstimmen

pressão *f* (máq., tecnol.) / Druck *m*, Pressung *f* ‖ **a alta ~** / hochgespannt, Hochdruck... ‖ **à prova de ~** / druckfest ‖ **alta ~** *f* / Hochdruck *m*, HD ‖ **baixa ~** *f* (máq., tecnol.) / Unterdruck *m*, Niederdruck *m*, niedriger Druck ‖ **de ~ hidráulica** / Druckwasser... ‖ **de alta ~** / Hochdruck... ‖ **de baixa ~** / Niederdruck..., ND... ‖ **em função da ~** / druckabhängig ‖ ~ **linear** / Längsdruck *m* ‖ **sob ~** / unter Druck ‖ **sob ~** (expl. minas) / druckhaft ‖ **sob alta ~** / hochgespannt ‖ ~ **acústica** / Schalldruck *m* ‖ ~ **atmosférica** / Luftdruck *m*, atmosphärischer Druck ‖ ~ **axial** (mecân.) / Längskraft *f*, Axialdruck *m* ‖ ~ **barométrica** / Luftdruck *m*, Barometerstand *m* ‖ ~ **cabeça/fita** (fita magn.) / Bandandruck *m* ‖ ~ **continuada da tecla** / Dauerdruck *m* ‖ ~ **da água** / Wasserdruck *m* ‖ ~ **da caldeira** / Kesseldruck *m* ‖ ~ **da explosão** / Explosionsdruck *m* ‖ ~ **da luz** / Lichtdruck *m* ‖ ~ **da mola** / Federdruck *m* ‖ ~ **da rocha** / Gebirgsdruck *m* ‖ ~ **de abertura** / Öffnungsdruck *m* ‖ ~ **de admissão** / Einlaßdruck *m* ‖ ~ **de admissão** (ar comprimido) / Primärdruck *m* ‖ ~ **de admissão** (máq. vapor) / Anfangsdruck *m* ‖ ~ **de admissão** (regulador de pressão) / Vordruck *m* ‖ ~ **de admissão do vapor** / Dampfeintrittsspannung *f* ‖ ~ **de ajuste** / Einstelldruck *m* ‖ ~ **de aperto** / Klemmdruck *m* ‖ ~ **de aspiração** / Saugdruck *m* ‖ ~ **de compressão** / Verdichtungsdruck *m*, Preßdruck *m* ‖ ~ **de conexão** (ar comprimido) / Einschaltdruck *m* ‖ ~ **de corrente máxima** / Fließdruck *m* ‖ ~ **de descarga** (vácuo) / Verdichtungsdruck *m* ‖ ~ **de distribuição** (bomba) / Förderdruck *m* ‖ ~ **de enchimento** (compressor) / Fülldruck *m* ‖ ~ **de ensaio** (máq., tecnol.) / Prüfdruck *m* ‖ ~ **de escape** (mot.) / Auspuffdruck *m* ‖ ~ **de fluxo** (lubrificante) / Fließdruck *m* ‖ ~ **de frenação** / Bremsanpreßdruck *m* ‖ ~ **de injecção** (mot.) / Einspritzdruck *m* ‖ ~ **de injecção** (plást.) / Spritzdruck *m* ‖ ~ **de purga** / Abblasedruck *m* ‖ ~ **de radiação acústica** / Schallstrahlungsdruck *m* ‖ ~ **de rebentamento** / Berstdruck *m* ‖ ~ **de rebitagem** / Nietdruck *m* ‖ ~ **de recalcamento** / Stauchdruck *m* ‖ ~ **de referência** (aeronáut.) / Bezugsdruck *m* ‖ ~ **de regime** / Betriebsdruck *m* ‖ ~ **de roda** / Raddruck *m* ‖ ~ **de serviço** / Betriebsdruck *m* ‖ ~ **de solução** / Lösungsdruck *m* ‖ ~ **de sopro** (siderurg.) / Winddruck *m* ‖ ~ **de sopro** / Gebläsedruck *m* ‖ ~ **de sucção** / Saugdruck *m* ‖ ~ **de trabalho** / Arbeitsdruck *m* ‖ ~ **de travagem** / Bremsanpreßdruck *m* ‖ ~ **de vapor segundo Reid** / absoluter Kohlenwasserstoff-Dampfdruck ‖ ~ **de vaporização da água** / Dampfdruck *m* des Wassers ‖ ~ **diferencial** / Differenzdruck *m*, Differentialdruck *m*, Wirkdruck *m* ‖ ~ **dinâmica** (aerodinâm.) / Staudruck *m* ‖ ~ **do acumulador** / Speicherdruck *m* ‖ ~ **do ar** / Luftdruck *m*, atmosphärischer Druck ‖ ~ **do ar ao nível do solo** / Bodenluftdruck *m* ‖ ~ **do cilindro superior** (siderurg.) / Oberdruck *m* ‖ ~ **do gás** / Gasdruck *m* ‖ ~ **do óleo** / Öldruck *m* ‖ ~ **do pneu** (autom.) / Reifendruck *m* ‖ ~ **do solo** (constr. civil) / Bodenpressung *f*, Bodendruck *m*, Erddruck *m* ‖ ~ **do som** / Schalldruck *m* ‖ ~ **do tecto** (expl. minas) / Firstendruck *m* ‖ ~ **do vapor** / Dampfdruck *m*, Dampfspannung *f* ‖ ~ **do vento** / Winddruck *m* ‖ ~ **e contrapressão** / Druck und Gegendruck ‖ ~ **efectiva** (física) / Überdruck *m* ‖ ~ **efectiva** / Wirkdruck *m*, Dampfüberdruck *m* ‖ ~ **em coluna de água** (hidrául.) / Gefälle *n*, Gefäll *n*, Druckhöhe *f* des Wassers ‖ ~ **específica** / Druck *m* je Flächeneinheit, bezogener Druck ‖ ~ **exterior** / Außendruck *m* ‖ ~ **extrema** / Höchstdruck *m*, E.P. ‖ ~ **final** / Enddruck *m* ‖ ~ **hidráulica** / Wasserdruck *m* ‖ ~ **hidrostática** / Flüssigkeitsdruck *m*, hydrostatischer Druck ‖ ~ **inicial** / Anfangsdruck *m* ‖ ~ **interna** / Innendruck *m* ‖ ~ **lateral** / Horizontaldruck *m*, Seitenschub *m*, Seitendruck *m* ‖ ~ **lateral do êmbolo** / seitlicher Kolbendruck ‖ ~ **limite** / Höchstdruck *m*, höchstzulässiger Druck ‖ ~ **longitudinal**, pressão *f* linear / Längsdruck *m* ‖ ~ **máxima** / Höchstdruck *m* ‖ ~ **máxima de vapor** / Siedemaximum *n* ‖ ~ **média** / Mitteldruck *m* ‖ ~ **média indicada** / indizierter mittlerer Druck ‖ ~ **mínima de vapor** (física) / Siedeminimum *n* ‖ ~ **motriz** (aeronáut.) / Steuerdruck *m* ‖ ~ **na imposta** / Kämpferdruck *m* ‖ ~ **na roda** / Raddruck *m* ‖ ~ **no apoio** / Auflagerdruck *m* ‖ ~ **no centro** / Mitteldruck *m* (Druck in der Mitte) ‖ ~ **no interior do tanque** / Behälterdruck *m* ‖ ~ **parcial** / Teildruck *m*, Partialdruck *m* ‖ ~ **por unidade de superfície** / spezifischer Flächendruck ‖ ~ **radial** / Radialdruck *m* ‖ ~ **reduzida** / verminderter Druck ‖ ~ **secundária** / Hinterdruck *m* ‖ ~ **sobre as paredes do furo** / Lochleibungsdruck *m* ‖ ~ **sobre o dente** (máq., tecnol.) / Zahndruck *m* ‖ ~

sobre o eixo / Achsdruck *m*, -last, -belastung *f* ‖ ~ **sobre o fundo** (hidrául.) / Bodendruck *m* ‖ ~ **sobre o terreno** (constr. civil) / Belastung *f* des Baugrundes ‖ ~ **superficial** (máq., tecnol.) / Flächendruck *m*, Flächenpressung *f*
pressionar / aufdrücken, -pressen
pressostato *m* / Druckwächter *m*
prestação *f* **quilométrica** (técn. ferrov.) / Fahrleistung *f*
preto *adj* / schwarz ‖ ~ *m* **acastanhado** / Biberschwarz *n* ‖ ~ **carregado** (tinturaria) / Schwerschwarz *n* ‖ ~ **de antimónio** / Antimonschwarz *n* ‖ ~ *adj* **e branco** (artes gráf.) / schwarzweiß ‖ ~ *m* **sulfuroso** / Schwefelschwarz *n*
previsão *f* **de duração** / Lebenserwartung *f* ‖ ~ **de falhas** (informática) / Ausfallvorhersage *f* ‖ ~ **meteorológica** / Wettervorhersage *f*
primário *m* (tintas) / erster Anstrich ‖ ~ (electr.) / Oberspannungsseite *f* ‖ ~ *adj* (electr.) / primär, induzierend
primeira *f* [velocidade] (autom.) / erster Gang, Erster *m* (coll) ‖ ~ **afinação** (siderurg.) / Rohfrischen *n* ‖ ~ **camada** (constr. civil) / Anfangsschicht *f* ‖ ~ **camada de pedra** / Steindecke *f*, obere Steinschicht, erste Bank von oben ‖ ~ **demão** / Primer *m*, Grundierung *f*, Grundanstrich *m*, Voranstrich *m*, erster Anstrich, Grundfarbe *f*, erster Auftrag ‖ ~ **demão de verniz** / Grundfirnis *m* ‖ ~ **edição** (artes gráf.) / Erstausgabe *f* ‖ ~ **estampagem** / Vordruck *m*, Untergrund *m* ‖ ~ **fase de acabamento** / erster Ausbau ‖ ~ **gomagem** (tecel.) / Vorschlichte *f* ‖ ~ **harmónica** (física) / erste Harmonische, Grundschwingung *f* ‖ ~ **pedra** (constr. civil) / Grundstein *m* ‖ ~ **prova** (artes gráf.) / Bürstenabzug *m* ‖ ~ **retorcedura** / Vorzwirn *m*
primeiro / erst[er] ‖ ~ **ânodo de aceleração** / Sauganode, Voranode *f* ‖ ~ **corte** / Anschnitt *m* ‖ ~ **degrau** (constr. civil) / Antrittsstufe *f* ‖ ~ **elo** / Anfangsglied *n* ‖ ~ **estado** / Frühstadium *n* ‖ ~ **óleo ligeiro** / Vorprodukt *n* ‖ ~ **plano** / Vordergrund *m* ‖ ~ **princípio da termodinâmica** / erster Hauptsatz der Wärmelehre ‖ ~ **produto** / Ersterzeugnis *n* ‖ ~ **vinho [que sai do lagar]** / Vorlauf *m*
primitivo / Ausgangs..., ursprünglich ‖ ~ (expl. minas) / gediegen, jungfräulich
principal / Ober..., Haupt..., Grund...
princípio *m* (matem.) / Maxime *f*, Grundsatz *m* ‖ ~, lei *f* / Lehrsatz *m*, Grundsatz *m*, Prinzip *n* ‖ ~ (matem., mecân., física) / Gesetz *n* ‖ ~ (geral) / Anfang *m* ‖ ~ **amargo** (química) / Bitterstoff *m* ‖ ~ **da conservação da energia** / Energieprinzip *n*, -satz *m* ‖ ~ **de Alembert** / Alembertsches Prinzip, Prinzip *n* der virtuellen Arbeit ‖ ~ **de Arquimedes** (hidrául.) / archimedisches Prinzip ‖ ~ **de equivalência de Einstein** / Einsteinsches Äquivalentgesetz *n* ‖ ~ **de segurança positiva** (técn. nucl.) / Failsafe-Prinzip *n* ‖ ~ **do campo magnético rotativo** / Drehfeldprinzip *n*
princípios *m pl* **da conservação** (química, física) / Erhaltungsgesetze *n pl*
prioridade *f* (geral, informática) / Vorrang *m*, Priorität *f*, Rangfolge *f* ‖ ~ (trânsito) / Vorfahrt *f*, -fahrtsrecht *n*
prise *f* **directa** (autom.) / direkter Gang
prisma *m* / Prisma *n* ‖ ~ **de desvio** / Ablenkungsprisma *n* ‖ ~ **de suporte de fundo** / Bodenprisma *n* ‖ ~ **duplo para ângulos de 90°** / Prismenkreuz *n* ‖ ~ **invertido** (máq. ferram.) / Dachprisma *n* ‖ ~ *f* **reflector** / Spiegelprisma *n*
prismático / prismatisch
prismatóide *m* (matem.) / Prism[at]oid *n*
privada *f* (constr. civil) / Klosett *n*, Wasserklosett *n*
privilegiado (telecom.) / amtsberechtigt
proa *f* (constr. naval) / Bug *m* ‖ **de ~ bojuda** (constr. naval) / mit vollem breiten Bug
probabilidade *f* **de colisão** (gás) / Stoßzahl *f*, -wahrscheinlichkeit *f* ‖ ~ **de fuga** (técn. nucl.) / Leckfaktor *m* ‖ ~ **de fuga de ressonância** (técn. nucl.) / Bremsnutzung *f* ‖ ~ **de ocupação** (semicondut.) / Fermi-Verteilungsfaktor *m*, Besetzungswahrscheinlichkeit *f* ‖ ~ **de primeira colisão** (técn. nucl.) / Erststoßwahrscheinlichkeit *f* ‖ ~ **empírica** / Erfahrungswahrscheinlichkeit *f*
problema *m* **de autovalor** (matem.) / Eigenwertaufgabe *f* ‖ ~ **de marca de medida** (informática) / Bewertungsaufgabe *f*
proceder / verfahren, vorgehen ‖ ~ **a voos de ensaio** / einfliegen *vt* (ein Flugzeug) ‖ ~ **ao primeiro recozimento** (arame) / schwarzglühen
procedimento *m* / Verfahren *n* (aus mehreren Operationen bestehend), Vorgehen *n*, Arbeitsablauf *m* ‖ ~ (informática) / Prozedur *f* ‖ ~ **de chamadas cíclicas** (telecom.) / Aufrufverfahren *n*
processado / verarbeitet
processador *m* (informática) / Prozessor *m* ‖ ~ *adj* **de dados** / datenverarbeitend ‖ ~ *m* **de imagem** / Bildübersetzer *m*
processamento *m* / Bearbeitung *f*, Behandlung *f*, Verarbeitung *f* ‖ ~ (informática) / Bearbeitung *f*, Verarbeitung *f* ‖ ~ **à distância** / Datenfernverarbeitung *f* ‖ ~ **aleatório** (informática) / frei wählbare Verarbeitung ‖ ~ **automático de dados** / automatische Datenverarbeitung, ADV ‖ ~ **de configurações** (informática) / Bildmusterverarbeitung *f* ‖ ~ **de controlo sequencial** (informática) / logisch fortlaufende Bearbeitung ‖ ~ **de dados** / Datenverarbeitung *f* ‖ ~ **de deformação** / Formänderungsverlauf *m* ‖ ~ **de documentos** (informática) / Belegverarbeitung *f* ‖ ~ **de informações** / Informationsverarbeitung *f* ‖ ~ **de interrogação** (informática) / Auskunftsbearbeitung *f* ‖ ~ **de rótulos** (informática) / Etikettverarbeitung *f* ‖ ~ **de textos** / Textverarbeitung (unter Einsatz eines Textverarbeitungssystems) ‖ ~ **electrónico ou eletrônico de dados** / elektronische Datenverarbeitung ‖ ~ **em linha** / Datenfernverarbeitung *f*, On-line-Verarbeitung *f* ‖ ~ **em tempo real** (informática) / Echtzeit-Betrieb *m* ‖ ~ **integrado de dados** / integrierte Datenverarbeitung ‖ ~ **local de job** (informática) / lokale Jobverarbeitung ‖ ~ **on-line** / Datenfernverarbeitung *f*, On-line-Verarbeitung *f* ‖ ~ **por grupos**, processamento *m* por lotes (informática) / Stapelbetrieb *m* ‖ ~ **randómico** (informática) / frei wählbare Verarbeitung ‖ ~ **remoto** (informática) / Fernverarbeitung *f* ‖ ~ **sequencial** (informática) / Folgeverarbeitung *f*, starre Verarbeitungsfolge
processar (geral) / bearbeiten, behandeln ‖ ~ (informática) / verarbeiten
processo *m* (geral) / Prozeß *n*, Vorgang *m* ‖ ~ (química) / Prozeß *m*, Verfahren *n*, Vorgang *m* ‖ ~, procedimento *m* / Arbeitsablauf *m* ‖ ~ (informática) / Prozeß *m* ‖ ~ **Adant para açúcar em cubos** (açúcar) / Adantverfahren *n* ‖ ~ **alfa** (manteiga) / Alfaverfahren *n* ‖ ~ **anaconda** (siderurg.) / Anaconda-Verfahren *n* ‖ ~ **Armco** (siderurg.) / Armco-Verfahren *n* (zur direkten Stahlerzeugung) ‖ ~ **arosorb** (petróleo) / Arosorbprozeß *m* ‖ ~ **[básico] Thomas** / Thomasverfahren *n* ‖ ~ **Bayer** / Bayerprozeß *m* ‖ ~ **Bessemer** / Bessemerverfahren, Bessemern *n* ‖ ~ **Bessemer de afinação** / Bessemer-Frischverfahren *n* ‖ ~ **com impregnação no foulard** / Foulardverfahren *n* ‖ ~ **cracking**

(química) / Crackingprozeß *m* ‖ ~ **crinkle** (têxtil) / Crinkle-Verfahren *n* ‖ ~ **da presa do cimento** / Erhärtungsvorgang *m* von Zement ‖ ~ **de anodização** / Eloxalverfahren, Anodisieren *n* ‖ ~ **de Bergius** (hidrogenação do carvão) (química) / Bergius-Verfahren *n* ‖ ~ **de brometo de prata** / Bromsilberverfahren *n* ‖ ~ **de Castner** / Castnersche Schmelzflußelektrolyse ‖ ~ **de catalisador fluido** / Fließkatalysatorverfahren *n* ‖ ~ **de ciclo único** / Formateverfahren *n* (Verzahnung) ‖ ~ **de clorinação** / Chlorinationsprozeß *m* ‖ ~ **de combustão** / Verbrennungsprozeß *m*, Verbrennungsvorgang *m* ‖ ~ **de contacto em retortas** / Retortenkontaktverfahren *n* ‖ ~ **de derretimento por zona** (semicondut.) / Zonenschmelzverfahren *n* ‖ ~ **de desenrolamento** / Abrollverfahren *n* ‖ ~ **de desmetalização** / Demet-Prozess *m* ‖ ~ **de divisão simples** (máq. ferram.) / Einzelteilverfahren *n* ‖ ~ **de envolvimento** / Abwälzfräsverfahren *n* ‖ ~ **de equilíbrio de circuitos** (telecom.) / Leitungsabgleichverfahren *n* ‖ ~ **de escavação por congelação** (expl. minas) / Gefrierverfahren *n* ‖ ~ **de estampagem** (têxtil) / Druckverfahren *n* ‖ ~ **de exploração** / Abbauverfahren *n* ‖ ~ **de extinção de um incêndio** / Brandverfahren *n* ‖ ~ **de extracção do cloro** / chlorierendes Auslaugen ‖ ~ **de fabricação** / Fertigungsverfahren *n*, Fabrikationverfahren *n* ‖ ~ **de fermentação** / Faulverfahren *n*, Gärverfahren *n*, -vorgang *m*, -prozeß *m*, Gären *n* ‖ ~ **de fermentação-putrefacção** / Gärfaulverfahren *n* ‖ ~ **de fibras dispostas em feixe plano** (têxtil) / Flachbündelverfahren *n* nach Pressley ‖ ~ **de flotação** / Flotationsprozeß *m* ‖ ~ **de funcionamento** / Arbeitsweise *f* ‖ ~ **de fundição** / Gießvorgang *m* ‖ ~ **de impressão** (artes gráf.) / Druckverfahren *n* ‖ ~ **de lama activada** / Schlammbelebungsverfahren *n* ‖ ~ **de liquação** / Seigerung *f*, Seigerarbeit *f*, -vorgang, -prozeß *m*, Seigern *n* ‖ ~ **de máscara de moldagem** (fundição) / Croningverfahren *n*, Form[masken]verfahren *n* ‖ ~ **de moldagem** / Formgebungsverfahren *n* ‖ ~ **de oxidação electrolítica** / Anodisieren *n*, Eloxalverfahren *n* ‖ ~ **de presa** (cimento) / Abbindeverlauf *m*, -prozeß *m* ‖ ~ **de registo helicoidal** (fita de vídeo) / Schrägspurverfahren *n* ‖ ~ **de revestimento longitudinal de cabos** / Längsbedeckungsverfahren *n* ‖ ~ **de sedimentação** / Schlammprozeß *m* ‖ ~ **de selecção** / Ausleseprozeß *m* ‖ ~ **de separação por difusão gasosa** (técn. nucl.) / Gasdiffusionsverfahren *n* ‖ ~ **de sobre-regeneração** (técn. nucl.) / Brutverfahren *n* ‖ ~ **de trabalho** / Arbeitsverfahren *n*, -vorgang *m*, Methode *f*, Verfahren *n* ‖ ~ **de tratamento por meio de lodo activado** (esgotos) / Belebungsverfahren *n* ‖ ~ **Diesel** / Dieselverfahren *n* ‖ ~ **directo** (siderurg.) / Erzfrischverfahren *n* ‖ ~ **FIOR** (siderurg.) / FIOR-Verfahren *n* (zur direkten Eisenerzeugung) ‖ ~ **flexichrome** (artes gráf.) / Flexichrom-Verfahren *n* (Eastman-Kodak Corp) ‖ ~ **(h)úmido e por lavagem** (siderurg.) / Naßverfahren *n*, Naß- und Schlämmverfahren *n* ‖ ~ **industrial** / Großverfahren *n* ‖ ~ **meio-seco** (siderurg.) / Halbnaßverfahren *n* ‖ ~ **operacional** / Betriebsabwicklung *f* ‖ ~ **por corrosão** / Ätzverfahren *n* ‖ ~ **por via (h)úmida** (siderurg.) / Schlämmverfahren *n*, Naßverfahren *n* ‖ ~ **simples** (técn. nucl.) / Einzelprozeß *m* ‖ ~ **unitário** (química) / Einheitsverfahren *n*

procura *f* (geral) / Suche *f* ‖ ~ **de equilíbrio** (informática) / Selbstregelung *f*, Nachlauf *m* ‖ ~ **dicotomizante** (informática) / binäre Suche

procurar (geral) / suchen

produção *f* / Fabrikation *f*, Herstellung *f*, Produktion *f*, Erzeugung *f* ‖ ~ (expl. minas, máq., tecnol.) / Ausbringen *n*, Ausstoß *m* ‖ ~, rendimento *m* / Leistung *f*, Ausbeute *f* ‖ ~ (gases, vapor) / Entwicklung *f* ‖ ~ **anual** / Jahreserzeugung, -leistung *f* ‖ ~ **contínua** / Bandarbeit *f* ‖ ~ **de aparas** (máq. ferram.) / Spanleistung *f* ‖ ~ **de calor** / Wärmeerzeugung *f*, -bildung *f* ‖ ~ **de corrente** / Stromerzeugung *f*, Erzeugung *f* von Strom ‖ ~ **de frio** / Kälteerzeugung *f* ‖ ~ **de gás** / Gaserzeugung, -herstellung *f* ‖ ~ **de uma mina** / Förderleistung *f*, -menge *f* eines Bergwerks ‖ ~ **de vácuo** / Erzeugung *f* von Vakuum ‖ ~ **de vapor** / Dampferzeugung *f*, Erzeugung *f* von Dampf ‖ ~ **em cadeia**, produção *f* em linha / Fließarbeit, -fertigung, -fabrikation *f* ‖ ~ **em linha de montagem** / Bandfertigung *f*, Bandarbeit *f* ‖ ~ **em série** / Reihenherstellung, -fabrikation, -fertigung *f*

productibilidade *f* (electr.) / Arbeitsdargebot *n*

produtividade *f* / Ertragsfähigkeit *f*, Produktivität *f*, Leistungsfähigkeit *f*

produtivo / produktiv, leistungsfähig, ertragreich, ergiebig, produktiv

produto *m* / Erzeugnis *n*, Produkt *n* ‖ ~ (matem.) / Produkt *n* ‖ ~ [fabricado por ou em ...] / Fabrikat *n* (Herkunftsangabe) ‖ ~ **a ser destilado** / Destillationsgut *n* ‖ ~ **abrasivo** / Schleifmittel *n*, -pulver *n*, -korn *n* ‖ ~ **acabado** / Fertigerzeugnis *n*, Ganzfabrikat *n*, Fertigprodukt *n* ‖ ~ **activante** (betão) / Haftmittel *n*, Haftfestigkeitsverbesserer *m* ‖ ~ **anticongelante** / Gefrierschutzmittel *n*, Frostschutzmittel *n* ‖ ~ **betuminoso** / Bitumenerzeugnis *n*, Asphalterzeugnis *n* ‖ ~ **cartesiano** (matem.) / Mengenprodukt *n* ‖ ~ **colante betuminoso** / Bitumenklebstoff *m* ‖ ~ **concentrado** / Konzentrat *n* ‖ ~ **congelado** / Gefriergut *n*, -produkt *n* ‖ ~ **congelado** (alimentos) / Tiefkühlkost *f* ‖ ~ **de aço semi-acabado** (lamin.) / A-Produkt *n* ‖ ~ **de condensação** (química) / Kondensat *n*, Kondensationsprodukt *n* ‖ ~ **de crómio refractário**, produto *m* de crômio refratário / feuerfestes Chromerzeugnis ‖ ~ **de debulha** / Ausdrusch *m* ‖ ~ **de decomposição** / Abbauprodukt *n*, Zerfallsprodukt *n*, Abbauerzeugnis *n* ‖ ~ **de desintegração** (técn. nucl.) / Folgeprodukt *n*, Zerfallsprodukt *n* ‖ ~ **de difusão** / Diffusat *n* ‖ ~ **de empastamento** (têxtil) / Anteigemittel *n* ‖ ~ **de enzimagem** (têxtil) / Schmälzmasse *f*, Schmälze *f* ‖ ~ **de evaporação** / Evaporat *n* ‖ ~ **de extrusão** / Extrudat *n* ‖ ~ **de filtração** / Filtrat *n* ‖ ~ **de fissão** (técn. nucl.) / Spaltungsprodukt *n*, Spaltprodukt *n* ‖ ~ **de fissão de gás nobre ou raro** / Edelgas-Spaltprodukt *n* ‖ ~ **de gelatinização** / Gelatinierungsmittel *n* ‖ ~ **de hidrólise** / Hydrolysat *n* ‖ ~ **de irradiação** / Bestrahlungsprodukt *n* ‖ ~ **de limpeza** / Reiniger *m*, Reinigungsmittel *n* ‖ ~ **de policondensação** / Polykondensat *n* ‖ ~ **de serviço** (autom.) / Betriebsstoff *m*, Betriebsmittel *n* ‖ ~ **de solidificação** / Erstarrungsprodukt, -gebilde *n* ‖ ~ **de volatilidade** / Flüchtigkeitsprodukt *n* ‖ ~ **derivado** (química) / Nebenerzeugnis *n*, Nebenprodukt *n* ‖ ~ **derivado da madeira** / Holzwerkstoff *m* ‖ ~ **derivado do álcool** / Alkoholderivat *n* ‖ ~ **doméstico** / Inlandserzeugnis *n* ‖ ~ **elastomérico** / elastisches Polymer[isationsprodukt] ‖ ~ **em bruto** (siderurg.) / Grobgut *n* ‖ ~ **emético** / Brechmittel *n* ‖ ~ **escalar** (matem.) / Skalarprodukt *n*, inneres Produkt ‖ ~ **extintor de incêndios** / Feuerlöschmittel *n* ‖ ~ **farmacêutico** / Arzneimittel *n* ‖ ~ **filho** (técn. nucl.)

/ Tochterprodukt *n* ‖ ~ **filtrado** / Filtrat *n* ‖ ~ **final** / Endprodukt *n*, Enderzeugnis *n* ‖ ~ **ignífugo** / Flammenhemmstoff *m* ‖ ~ **intermediário** / Zwischenerzeugnis *n*, Zwischenprodukt *n* ‖ ~ **intermediário** (matem.) / Zwischenprodukt *n* ‖ ~ **intermediário de fermentação** / Gärungszwischenprodukt *n* ‖ ~ **interno** (matem.) / inneres Produkt, Skalarprodukt *n* ‖ ~ **iónico** / Ionenprodukt *n* ‖ ~ **nacional** / Inlandserzeugnis *n* ‖ ~ **natural** (geral) / Naturerzeugnis *n* ‖ ~ **para a preservação de madeiras** / Holzschutzmittel *n* ‖ ~ **para encher juntas** / Fugenkitt *m* ‖ ~ **pesado** (prep.) / Schwergut *n* ‖ ~ **químico** / chemisches Präparat (o. Erzeugnis) ‖ ~ **refractário moldado em fusão** (cerâm.) / schmelzgeformtes Erzeugnis ‖ ~ **residual** / Abfallprodukt *n* (verwertbar) ‖ ~ **secundário** (química) / Nebenerzeugnis *n*, Nebenprodukt *n*, Beiprodukt *n* ‖ ~ **semi-acabado** / Halbware *f*, Halbfabrikat *n* ‖ ~ **semi-acabado de aço eléctrico** / Elektrostahlhalbzeug *n* ‖ ~ **temperado** / Härtegut *n* ‖ ~ **têxtil** / Textilerzeugnis, -fabrikat *n*, Ware *f* ‖ ~ **vectorial** (matem.) / äußeres Produkt, Vektorprodukt *n*, vektorielles Produkt, Kreuzprodukt *n*

produtor *m* / Hersteller *m*, Erzeuger *m*

produtos *m pl* **achatados** (lamin.) / Flachzeug *n* ‖ ~ **alimentares** / Nahrungsmittel *n pl*, Lebensmittel *n pl* ‖ ~ **alimentares frescos** / frisch bereitete Nahrung (Ggs: Konserve) ‖ ~ **de folha-de-flandres** / Blecherzeugnisse *n pl* ‖ ~ **farmacêuticos** / Pharmazeutika *pl* ‖ ~ **laminados planos** (lamin.) / Flacherzeugnisse *n pl* (Bleche, Bänder usw) ‖ ~ **manufacturados** / Fertigwaren *f pl* ‖ ~ **mineiros** / Montanprodukte *n pl* ‖ ~ **petrolíferos** / Erdölerzeugnisse *n pl* ‖ ~ **petroquímicos** / Erdölchemikalien *f pl*, -derivate *n pl* ‖ ~ **químicos** / Chemikalien *f pl* ‖ ~ **refractários de fundição** / SV-Material *n*, Stahlwerksverschleißmaterial *n* ‖ ~ **semi-acabados** / Halbzeug *n* ‖ ~ **tubulares** (lamin.) / runde Hohlkörper

produzido / hergestellt ‖ ~ **por co-extrusão** / gemeinsam stranggepreßt

produzir / produzieren, erzeugen, fabrizieren, herstellen, anfertigen ‖ **~-se** (gases) / entwickeln ‖ ~ **centelhas** (electr.) / feuern ‖ ~ **corrente** / Strom liefern ‖ ~ **fricção** / reiben, Reibung erzeugen ‖ ~ **fumo**, produzir fumaça / Rauch entwickeln ‖ ~ **gás** / Gas entwickeln (o. erzeugen) ‖ ~ **um vácuo** / ein Vakuum erzeugen ‖ ~ **uma detonação** / detonieren

profundidade *f* (geral) / Tiefe *f* ‖ ~ (expl. minas) / Teufe *f* ‖ ~ **da cravação** / Rammtiefe *f* ‖ ~ **da passagem navegável** (navio) / Fahrtiefe *f* ‖ ~ **da rosca** (máq., tecnol.) / Gewindetiefe *f* ‖ ~ **da têmpera** (siderurg.) / Härtetiefe *f* ‖ ~ **de água necessária** (navio) / erforderliche Wassertiefe ‖ ~ **de campo** (técn. fotogr., óptica) / Abbildungstiefe *f*, Schärfentiefe *f*, Tiefenschärfe *f* ‖ ~ **de contacto** / Eingriffstiefe *f* ‖ ~ **de imersão** (hidrául.) / Eintauchtiefe *f* ‖ ~ **de impressão** / Eindrucktiefe *f* ‖ ~ **de penetração** / Eindringtiefe *f* ‖ ~ **de perfuração** / Bohrtiefe *f* ‖ ~ **de têmpera** / Einhärtungstiefe *f*, -härtetiefe *f* ‖ ~ **de uma mina** / Förderteufe *f* ‖ ~ **do corte** (máq. ferram.) / Spandicke *f* ‖ ~ **do foco** / Fokusdifferenz *f* ‖ ~ **do perfil da asa** (aeronáut.) / Flügeltiefe *f* ‖ ~ **do poço** / Schachtteufe *f* ‖ ~ **perpendicular** (expl. minas) / Seigerteufe *f*

profundo / tief ‖ **pouco** ~ (hidrául.) / seicht, flach

programa *m* (geral, informática) / Programm *n* ‖ **de** ~ **fixo** (informática) / festprogrammiert ‖ ~ **alternativo** (informática) / Ersatzprogramm *n* ‖ ~ **carregador** (informática) / Ladeprogramm *n* ‖ ~ **chamador** (informática) / Abrufprogramm *n* ‖ ~ **de anotação** (informática) / Beschriftungsprogramm *n* ‖ ~ **de aplicação** (informática) / Anwendungsprogramm *n* ‖ ~ **de armazenamento interno** (informática) / Innenprogrammierung *f* ‖ ~ **de baixa prioridade** (informática) / Hintergrundprogramm *n* ‖ ~ **de biblioteca** (informática) / Bibliotheksprogramm *n* ‖ ~ **de carga** (informática) / Ladeprogramm *n* ‖ ~ **de chamada** (informática) / Abrufprogramm *n* ‖ ~ **de construção** / Bauprogramm *n* ‖ ~ **de descarga** (informática) / Stützpunktprogramm *n* ‖ ~ **de diagnóstico** (informática) / Fehlersuchprogramm *n*, Diagnostikprogramm *n* ‖ ~ **de entrada** / Eingabeprogramm *n* ‖ ~ *f* **de fabricação** / Fertigungsprogramm *n* ‖ ~ *m* **de fabrico** / Fabrikationsprogramm *n* ‖ ~ **de gerenciamento de execução de jobs** (informática) / Ablaufvorbereiter *m* ‖ ~ **de gestão de biblioteca** (informática) / Bibliothek-Verwaltungsprogramm *n* ‖ ~ **de interrupção** (informática) / Eingriffsprogramm *n* ‖ ~ **de lavagem** / Waschprogramm *n* ‖ ~ **de máquina** (informática) / Maschinenprogramm *n* ‖ ~ **de pesquisas** / Forschungsprogramm *n* ‖ ~ *f* **de produção** / Fertigungsprogramm *n* ‖ ~ *m* **de relatório** (informática) / List[en]programm *n* ‖ ~ **de sequência** (informática) / Folgeprogramm *n* ‖ ~ **de tradução** (informática) / Übersetzungsprogramm *n* ‖ ~ **em cadeia** / gemeinsames Programm ‖ ~ **executivo** (informática) / Exekutivprogramm *n* ‖ ~ **fonte** (informática) / Quellenprogramm *n*, Primärprogramm, Ursprungsprogramm *n* (DIN) ‖ ~ **gerador** (informática) / Generator *m*, erzeugendes Programm ‖ ~ **geral** (informática) / allgemeines Programm ‖ ~ **inicial** (informática) / Einleitungsprogramm *n* ‖ ~ **objecto** (informática) / Zielprogramm *n*, übersetztes Programm, Objektprogramm *n*, in Maschinensprache umgesetztes Programm ‖ ~ **objecto do utilizador** (informática) / Arbeitsprogramm *n*, Problemprogramm *n* ‖ ~ **o(p)timizador** (informática) / Bestzeitprogramm *n* ‖ ~ **póstumo** (informática) / Post-mortem-Programm *n* ‖ ~ **pré-cablado** (informática) / gefädeltes Programm

programação *f* / Programmierung *f* ‖ ~ **automática** (informática) / Selbstprogrammierung *f* ‖ ~ **em números inteiros** (informática) / ganzzahlige Programmierung ‖ ~ **intrínseca** / Eigenprogrammierung *f* ‖ ~ **o(p)timizada** / Bestzeitprogrammierung *f*

programado / programmiert ‖ ~ **exteriormente** / außenprogrammiert ‖ ~ **por cartão** / lochkartenprogrammiert

programador *m* / Programmierer, Programmer *m*

programar / programmieren

programável / programmierbar ‖ **livremente** ~ / frei programmierbar

progressão *f* / Folge[ordnung] *f*, Fortschritt *m* ‖ ~ (matem.) / Reihe *f* ‖ ~ **aritmética** / arithmetische Reihe ‖ ~ **escalonada** / Stufensprung *m* ‖ ~ **geométrica** (matem.) / geometrische Reihe, geometrische Abstufung

progressivo / fortschreitend, stufenlos

progresso *m* / Fortschritt *m*, Fortschreiten *n*

proibitivo (informática) / Inhibit...

projecção *f* (desenho industr.) / Darstellung, Projektion *f* ‖ ~, saliência *f* (constr. civil) / Überhang *m*, Vorsprung *m* ‖ ~ (matem., óptica) / Projektion *f* ‖ ~ / Riß *m*, Ansicht *f* ‖ **com** ~ **para dentro**, projectado para dentro / innen überstehend ‖ ~ **AP** (= anterior/posterior) (raios X) / AP-Projektion *f* ‖ ~ **azimutal** / Azimutalprojektion *f* ‖ ~ **de centelhas** / Funkensprühen *n* ‖ ~ *m* **de um filme** / Filmvorführung *f* ‖ ~ *f* **de um talude** (constr. civil) /

Ausladung *f* einer Böschung ‖ ~ **do telhado** (constr. civil) / Dachverfallung, -zerfallung *f* ‖ ~ **europeia** (desenho industr.) / europäische Darstellung ‖ ~ **lateral** (agrimen.) / Querschnitt *m* ‖ ~ **ortogonal** / Aufriß *m*, Orthogonalprojektion *f* ‖ ~ **por transparência** (tv, filme) / Durchprojektion *f*, Durchsichtsprojektion *f* ‖ ~ **sobre um plano horizontal** (desenho industr.) / Grundriß *m* ‖ ~ **vertical** / Aufriß *m*

projeccionista *m* / Filmvorführer *m*

projectar (óptica) / projizieren ‖ ~ (máq., tecnol.) / entwickeln, entwerfen, planen ‖ ~ / herausschleudern, -spritzen ‖ ~ **as lançadeiras** (tecel.) / abschießen

projéctil *m* (armamento) / Geschoß *n* ‖ **à prova de ~** / durchschlagsicher, schußfest ‖ ~ **explosivo** / Explosionsgeschoß *n*, Explosivgeschoß *n* ‖ ~ **luminoso** / Lichtspurgeschoß *n* ‖ ~ **não rebentado** (armamento) / Blindgänger *m* ‖ ~ **oco** (armamento) / Hohlgeschoß *n*

projectista *m* **industrial** / Industriedesigner *m*

projectivo (matem.) / projektiv

projecto *m* / Projekt *n*, Vorhaben *n*, Bauentwurf *m* ‖ ~ **de construção** / Bauvorhaben *n* ‖ ~ **de pesquisas** / Forschungsprojekt *n* ‖ ~ **lógico** (informática) / logischer Entwurf, funktioneller Entwurf

projector *m* / Projektionsapparat *m*, Bildwerfer *m*, Laufbildwerfer *m* (DIN) ‖ ~ (palco, estúdio) / Scheinwerfer *m* ‖ ~ **cinematográfico** / Filmvorführgerät *n*, -projektor *m*, Filmprojektionsapparat *m* ‖ ~ **de superfície** / Flächenprojektionsgerät *n* ‖ ~ **luminoso** / Lichtstrahler *m* ‖ ~ **orientável** (autom.) / Sucher *m*, (nicht: Suchscheinwerfer) ‖ ~ **para telecinema** / Fernsehfilm-Projektor *m* ‖ ~ **pontual** / Spotlight *n* ‖ ~ **sonoro** / Tonbildprojektor, -bildwerfer *m*, Tonprojektor *m*

projetar / entwerfen

projetil *m* (armamento) / Geschoß *n* ‖ ~ **explosivo** / Explosionsgeschoß *n*, Explosivgeschoß *n* ‖ ~ **luminoso** / Lichtspurgeschoß *n* ‖ ~ **não rebentado** (armamento) / Blindgänger *m* ‖ ~ **oco** (armamento) / Hohlgeschoß *n*

prolato (geom) / gestreckt, platt

prolongador *m* (técn. nucl.) / Folgestab *m*

prolongamento *m* (máq., tecnol.) / Verlängerung *f*, Fortsatz *m*, Anstück[el]ung *f* ‖ ~ (matem., agrimen.) / Verlängerung *f* ‖ ~ **de impulsos ou pulsos** / Impulsverlängerung *f* ‖ ~ **do comprimento de ondas** (electrón.) / Wellenverlängerung *f*

prolongar / verlängern, ausdehnen ‖ ~ (matem., agrimen.) / verlängern

prontidão *f* / Bereitschaft *f*

pronto / bereit, fertig ‖ ~ **para conexão** / anschlußfertig ‖ ~ **para descolar ou decolar** (aeronáut.) / flugklar, startklar ‖ ~ **para entrar em funcionamento** / betriebsbereit, betriebsfertig ‖ ~ **para iniciar a marcha** / fahrfertig ‖ ~ *m* **para o emprego com o pincel** (tintas) / streichfertig ‖ ~ **para ser carregado** (siderurg.) / chargierfähig ‖ ~ **para ser montado** / einbaufertig ‖ ~ **para utilização** / gebrauchsfertig ‖ ~ **para utilização imediata** / sofort gebrauchsfertig

pronunciado / ausgeprägt, deutlich

propagação *f* (física) / Fortpflanzung *f*, Verbreitung *f* ‖ ~ / Schüttung *f*, Ausbreiten *n* ‖ ~ **da (h)umidade** / Feuchtigkeitsausdehnung *f* ‖ ~ **da luz** / Lichtfortpflanzung *f* ‖ ~ **da onda** / Wellenfortpflanzung *f* ‖ ~ **da pressão** / Druckfortpflanzung *f* ‖ ~ **das chamas** / Flammenfortpflanzung *f* ‖ ~ **de ondas** (física) / Wellenausbreitung, -fortpflanzung *f* ‖ ~ **do som** / Schallfortpflanzung *f*, Schallausbreitung *f* ‖ ~ **por difusão** / Streufortpflanzung, -ausbreitung, -übertragung *f*

propagar-se / sich ausbreiten, übergreifen (Feuer), sich fortpflanzen

propanal *m* / Propionaldehyd *m*, Propylaldehyd *m*

propano *m* / Propan[gas] *n*

propanol *m* / Propanol *n*, Propylalkohol *m*

propelente *m* **líquido** (foguete) / Flüssigtreibstoff *m* ‖ ~ **sólido** (foguete) / Feststoff *m*, Festtreibstoff *m*

propeno *m*, propileno *m* / Propen *n*, Propylen *n*

propionaldeído *m* / Propionaldehyd *m*, Propylaldehyd *m*

proporção *f* / Größenverhältnis *n*, Proportion *f*, Verhältnis *n*, Ausmaß *n* ‖ ~ **da imagem** (tv) / Bildformat *n* (Verhältnis Bildbreite zu Bildhöhe) ‖ ~ **da mistura** / Mischungsverhältnis *n* ‖ ~ **de agente cimentador** (constr. civil) / Bindemittelgehalt *m* ‖ ~ **de água** / Wassergehalt *m*, -anteil *m* ‖ ~ **de combinação** (química) / Verbindungsverhältnis *n* ‖ ~ **de curtos-circuitos** (electr.) / Leerlauf-Kurzschlußverhältnis *n* ‖ ~ **de expansão** / Expansionsverhältnis *n* ‖ ~ **de pó** / Staubanfall *m* ‖ ~ **em volume** / Raumverhältnis *n* ‖ ~ **média** / Durchschnittsverhältnis *n*

proporcionado / im richtigen Verhältnis, angemessen

proporcional *f* (matem.) / Proportionale *f* ‖ ~ *adj* / proportional, verhältnisgleich, anteilig

proporcionalidade *f* / Proportionalität *f*

proposição *f* (matem.) / Lehrsatz *m*, Theorem *n*

propriedade *f* / Eigenschaft *f* ‖ ~ **adesiva** / Haftfähigkeit *f* ‖ ~ **aditiva** (química) / Anlagerungsfähigkeit *f*, Additivität *f* ‖ ~ **diatérmica** / Durchlässigkeit *f* für Wärme ‖ ~ **fundamental** / Ureigenschaft *f* ‖ ~ **higroscópica** / Wasseraufnahmefähigkeit *f* ‖ ~ **isolante** / Isolationsvermögen *n* ‖ ~ **mecânica** / Festigkeitseigenschaft *f* ‖ ~ **refractária** / Feuerfestigkeit *f*

propriedades *f pl* **de descontaminação** / Dekontaminierbarkeit *f* ‖ ~ **de escrita** (papel) / Beschreibbarkeit *f* ‖ ~ **de fadiga** / Dauerwechselfestigkeit *f* eines Materials ‖ ~ **de fricção** / Reibeigenschaften *f pl* ‖ ~ **químicas** / chemische Eigenschaften *f pl*

proprietário da obra *m* (constr. civil) / Bauherr *m*

próprio / eigen, zugehörig ‖ ~ (matem.) / echt

propulsão *f* / Vortrieb *m*, Antrieb *m* ‖ **de ~ nuclear** / atomgetrieben ‖ ~ **iónica** / Ionenantrieb *m* ‖ ~ **nuclear** (técn. nucl.) / Kernantrieb *m* ‖ ~ **por foguete** (geral) / Raketenantrieb *m* ‖ ~ **por jacto** (aeronáut.) / Strahlantrieb *m*, Düsenantrieb *m* ‖ ~ **por reacção** / Rückstoßantrieb *m*, Reaktionsantrieb *m*

propulsionado / angetrieben

propulsor *m* / Motor *m*, Triebwerk *n* ‖ ~ *adj* / antreibend ‖ ~ *m* **auxiliar** / Hilfsantrieb *m*

proscénio *m* / Rampe *f*

prospecção *f* / Prospektion *f*, Prospektieren *n* ‖ ~ **de petróleo** / Erdölsuche *f* ‖ ~ **eléctrica de petróleos** / Erdwiderstands-Bohrlochschürfung *f* ‖ ~ **electromagnética** / elektromagnetisches Prospektieren ‖ ~ **geotécnica** / Bodenforschung *f*

prospectar (expl. minas) / schürfen, prospektieren

prospecto *m* / Druckschrift *f* ‖ ~ **desdobrável** / Faltprospekt *m*

protão *m* (física) / Proton *n*

protecção *f* / Schutz *m* ‖ ~ **acústica** / Gehörschutz *m* ‖ ~ **antideflagrante** / Explosionsschutz *m*, Ex-Schutz *m* ‖ ~ **antiferruginosa** / Rostschutz *m* ‖ ~ **anti-indutiva** (telecom.) / Induktionsschutz *m* ‖ ~ **antiparasita** (electrón.) / Störschutz *m*, Entstörung *f* ‖ ~ **contra a putrefacção** / Fäulnisschutz *m* ‖ ~ **contra as águas** / Wasserschutz *m* ‖ ~ **contra**

contacto acidental (electr.) / Berührungsschutz *m* ‖ ~ **contra explosões** / Explosionsschutz *m*, Ex-Schutz *m* ‖ ~ **contra incêndios** / Feuerverhütung *f* ‖ ~ **contra interferências** (electrón.) / Störschutz *m* ‖ ~ **contra radiações** / Strahlungsschutz *m*, Strahlenschutz *m* ‖ ~ **contra sobrecargas** (máq., tecnol.) / Überlastungsschutz *m* ‖ ~ **contra sobretensão** / Überspannungsschutz *m* ‖ ~ **contra terra acidental** / Erdschlußschutz *m* ‖ ~ **de área** (informática) / Bereichsschutz *m* ‖ ~ **de arestas** / Kantenschutz *m* ‖ ~ **de bancos mediante grades suspensas** (hidrául.) / Gehänge *n*, Hängebau *m* ‖ ~ **de chumbo** / Bleischutz *m* ‖ ~ **de dados armazenados** (informática) / Datenschutz *m* ‖ ~ **de invenção pela patente** / Patentschutz *m* ‖ ~ **diferencial** (telecom.) / Fehlerschutz *m* ‖ ~ **do ambiente** / Umweltschutz *m* ‖ ~ **do arco [voltaico]** / Lichtbogenschutz *m* ‖ ~ **fitossanitária** / Pflanzenschutz *m* ‖ ~ **fusível** (electr.) / Absicherung *f* ‖ ~ **laboral** / Arbeitsschutz *m* ‖ ~ **por bobinas de descarga** / magnetischer Kopplungsschutz ‖ ~ **por contacto à terra** (electr.) / Sicherheitserdung *f*, Erdschlußschutz *m* ‖ ~ **por ligação à terra** (electr.) / Schutzerdung *f*, Erdungsschutz *m* ‖ ~ **por relé discriminador** (electr.) / Selektivschutz *m* ‖ ~ **sanitária de pessoas contra radiações** / Strahlenschutz *m* (für Personen) ‖ ~ **selectiva** (electr.) / Selektivschutz *m*

protector *adj* / schützend, Schutz... ‖ ~ *m* **anti-ruído** / Gehörschützer *m* ‖ ~ **de mola** (autom.) / Federgamasche *f*, -schutz *m* ‖ ~ **de ouvidos** / Gehörschutz *m*

proteger / sichern, schützen, abschirmen ‖ ~ **com diques** (hidrául.) / eindeichen ‖ ~ **por fusível** (electr.) / absichern

protegido (geral) / gesichert, geschützt ‖ **de tipo** ~ (electr.) / mit Berührungsschutz, berührungssicher, berührungssicher abgedeckt ‖ ~ **contra a (h)umidade** / feuchtigkeitsgeschützt ‖ ~ **contra as explosões** / exgeschützt, explosionsgeschützt ‖ ~ **por fusível** (electr.) / abgesichert

proteína *f* (química) / Protein *n* (Eiweißstoff) ‖ ~ **albuminóide** / Eiweißstoff *m*, Eiweiß *n* ‖ ~ **fibrosa** / Faserprotein *n*

protendido (mecân.) / vorgespannt

proteólise *f* / Eiweißabbau *m*, Proteolyse *f*

prótese *f* **auditiva** / Hörapparat *m*, -hilfe *f*

prótio *m* (química) / Protium *n* (Wasserstoffisotop ^{1}H)

protoacetato *m* **de ferro** / Schwarzbeize *f*

protocloreto *m* **de cobalto** / Chlorkobalt *m* ‖ ~ **de iodo** / Jodchlorür *n*

protocolo *m* (informática) / Protokoll *n*

protogénico (química, geol) / protogen

protolignina *f* / natives Lignin

próton *m* (física) / Proton *n*

protótipo *m* / Erstausführung *f*, Prototyp *m*, Urbaumuster *n*, Urmuster *n*

protóxido *m* / Protoxid *n*

protuberância *f* / Ausstülpung, Protuberanz *f*, erhöhte Stelle, Erhebung *f* auf einer Oberfläche, Erhöhung *f*

prova *f* / Probe *f*, Versuch *m* ‖ ~ / Beweis *m*, Nachweis *m* ‖ ~ (artes gráf.) / Belegexemplar *n*, Abzug *m*, Korrekturbogen *m* ‖ **1ª** ~ (artes gráf.) / Fahnenabzug *m* ‖ **à** ~ **d vapor** / dampfdicht ‖ **à** ~ **de ácidos** / säurefest ‖ **à** ~ **de água** / wasserdicht, -fest, [wasser]undurchlässig ‖ **à** ~ **de arrombamento** / einbruchsicher ‖ **à** ~ **de bala** / schußfest, -sicher ‖ **à** ~ **de bombas** (constr. civil) / bombensicher ‖ **à** ~ **de chama** / flammensicher ‖ **à** ~ **de curto-circuitos** / kurzschlußfest ‖ **à** ~ **de desbotamento** / lichtecht ‖ **à** ~ **de falhas** / folgeschadensicher ‖ **à** ~ **de flambagem** (mecân.) / knickfest ‖ **à** ~ **de fogo** / feuerfest, -sicher ‖ **à** ~ **de fugas** / lecksicher ‖ **à** ~ **de gás** / gasbeständig ‖ **à** ~ **de humidade** / isoliert gegen Feuchtigkeit ‖ **à** ~ **de (h)umidade** (electr.) / mit Feuchtigkeitsschutz, feuchtigkeitssicher ‖ **à** ~ **de influências atmosféricas** / luftecht, luftfest ‖ **à** ~ **de luz** / lichtdicht ‖ **à** ~ **de manchas** (plást.) / fleckenfest ‖ **à** ~ **de oleo** / öldicht ‖ **à** ~ **de pó** / staubdicht [geschlossen] ‖ **à** ~ **de pressão** / druckfest ‖ **à** ~ **de projéctil** / durchschlagsicher, schußfest ‖ **à** ~ **de ruído** / lärmfrei ‖ **à** ~ **de salpicos** (electr.) / schwallwassergeschützt ‖ **à** ~ **de solventes** / lösungsmittelecht ‖ **à** ~ **de som** / schalldicht, schallsicher ‖ **à** ~ **de trepidação** / schüttelfest ‖ **à** ~ **de uso indevido** / mißbrauchsicher, foolproof ‖ ~ **de alastramento** (betão) / Ausbreitmaßprüfung, Konsistenzprüfung *f* ‖ ~ **de escova** (artes gráf.) / Bürstenabzug *m* ‖ ~ **de fio** (açúcar) / Fadenprobe *f* ‖ ~ **de fogo** / Feuerprobe *f* ‖ ~ **de galé**, prova *f* de granel (artes gráf.) / Korrekturfahne *f*, -abzug *m* ‖ ~ **de impressão** (artes gráf.) / Druckprobe *f*, Probedruck *m*, Probeabzug *m* ‖ ~ **de maleabilidade** (lamin.) / Ausbreitprobe *f* ‖ ~ **de máquina** (artes gráf.) / Maschinenabzug *m* ‖ ~ **de qualidade** / Qualitätsprüfung *f* ‖ ~ **de soldadura** / Schweißprobe *f*, -versuch *m* ‖ ~ **de sopro** (açúcar) / Blasprobe *f* ‖ ~ **do título da prata em liquefacção** / Herdprobe *f* ‖ ~ **em cor** / Farbabzug *m* ‖ ~ **em página** (artes gráf.) / Seitenabzug *m* ‖ ~ **higrométrica** / Feuchtigkeitsprüfung *f* ‖ ~ **por via seca** / Trockenprobe *f* ‖ ~ **tipográfica** (artes gráf.) / Druckprobe *f*, Probeabzug *m* ‖ ~ **tirada à mão** (artes gráf.) / Handabzug *m*

prover [com ou de] / versehen [mit] *vt*, ausstatten [mit] ‖ ~ **de macho e fêmea** (marcenar.) / spunden, mit Nut u. Spund verbinden, verspunden

proveta *f* (química) / Reagensglas *n*, Reagensröhrchen *n* ‖ ~ **de ensaio** / Probierglas *n*, Reagensglas *n* ‖ ~ **graduada** / Meßzylinder *m*, -glas *n* ‖ ~ **graduada com bujão** (química) / Mischzylinder *m*

provido [com ou de] / versehen [mit] *adj*

provisionamento, fazer o ~ / den Bedarf decken

provisório / behelfsmäßig, Behelfs...

provocar interferência (electr., electrón., telecom.) / stören

proximidade *f* / Nähe *f*

próximo / Nah... ‖ ~ **do solo** / in Bodennähe

prumada *f* / Loten *n*, Lotung *f*, Lotrechte *f*

prumar / loten

prumo *m* / Lot *n* (am Theodolit) ‖ **a** ~ / genau lotrecht, im Lot ‖ **fora de** ~ / aus dem Lot ‖ ~ **de mão** / Lotleine *f*

prussiato *m* / Cyanid *n*, Salz *n* der Blausäure, Cyaneisen *n*

pseudo-binário (matem.) / quasibinär

pseudonitração *f* / Blindnitrieren *n*

psicrómetro *m*, psicrômetro *m* / Feuchtigkeitsmesser *m*, Psychrometer *n* ‖ ~ **de aspiração** / Aspirationspsychrometer *n*

psilomelanita *f* / Hartmanganerz *n*

psofométrico / Rauschmessungs..., psophometrisch

psofómetro *m* (telecom.) / Geräuschspannungsmesser *m*, Psophometer *n*

pua *f* / Bohrerspitze *f*, Bohreinsatz *m* ‖ ~ **para catraca** / Bohrer *m* für die Knarre

publicação *f* (artes gráf.) / Veröffentlichung *f* ‖ ~ **interna** / Firmenveröffentlichung *f*

publicar (artes gráf.) / herausgeben, -bringen, veröffentlichen

público / öffentlich

pudelagem *f* **quente** (siderurg.) / Schlackenpuddeln *n*

pudlar (siderurg.) / puddeln, im Flammofen frischen

pulgão *m* **do lúpulo** / Hopfenblattlaus *f*

pulsação *f* / Schwingung *f*, Pulsierung *f* ‖ ~ (astron.) / Pulsation *f* ‖ ~ (electr.) / Kreisfrequenz *f*, Winkelfrequenz *f*
pulsado / impulsartig
pulsante / pulsierend, schwingend
pulsar (electrón.) / pulsieren, schwingen, pulsen
pulso *m* (electr., electrón.) / Impuls *m*, Puls *m* ‖ ~ (telecom.) / Impuls *m*, Impulsstufe *f* ‖ **por impulsos ou ~s** / impulsweise ‖ ~ **adicional** (informática) / Ergänzungsimpuls *m* ‖ ~ **de arranque** (telecom.) / Anlaufschritt *m* ‖ ~ **de ativação** (tv) / Aktivierungsimpuls *m* ‖ ~ **de ativação** (electrón.) / Triggerimpuls *m*, Auslöseimpuls *m*, Anreizimpuls *m* ‖ ~ **de calibração** / Eichimpuls *m* ‖ ~ **de carga reativa** (electr.) / Blindlaststoß *m* ‖ ~ **de chamada cíclica** (telecom.) / Aufrufimpuls *m* ‖ ~ **de compensação** / Ausgleichsimpuls *m* ‖ ~ **de conexão** (electr.) / Einschaltstoß *m* ‖ ~ **de contagem** / Zählimpuls *m* ‖ ~ **de correção** (telecom.) / Gleichlaufimpuls *m* ‖ ~ **de corrente** (telecom.) / Stromstoß *m* ‖ ~ **de equalização** (tv) / Halbzeilenimpuls *m* ‖ ~ **de exploração** / Abtastimpuls *m* ‖ ~ **de inibição** / Blockierimpuls *m* ‖ ~ **de iniciação** (electrón.) / Triggerimpuls, Auslöseimpuls *m* ‖ ~ **de invalidação** (informática) / Sperrimpuls *m* ‖ ~ **de parada** (telex) / Sperrschritt *f* ‖ ~ **de relógio** (informática) / Schrittpuls *m* ‖ ~ **de resposta** (telecom.) / Antwortimpuls *m* ‖ ~ **de retorno horizontal** (tv) / Rücklaufimpuls *m* ‖ ~ **de ruptura** / Unterbrechungsimpuls *m* ‖ ~ **de sensibilização** / Hellsteuerimpuls *m* ‖ ~ **de sincronização** (electrón.) / Taktimpuls *m* ‖ ~ **de sincronização** (tv) / Synchronisierimpuls *m*, Bildgleichlaufimpuls *m* ‖ ~ **de sincronização de linha** (tv) / Zeilenimpuls *m* ‖ ~ **[de sincronização] de linha** (tv) / Horizontalimpuls *m* ‖ ~ **de supressão** (tv) / Austastgemisch *n*, -impuls *m* ‖ ~ **de taxação** (telecom.) / Gebührenimpuls *m* ‖ ~ **de validação** (informática) / Freigabeimpuls *m*, Stellenschreibimpuls *m* ‖ ~ **fundamental** (electrón.) / Einheitsschritt *m* ‖ ~ **não-corrente** (telecom.) / Pausenschritt *m* ‖ ~ **parasita** (electrón.) / Störimpuls *m* ‖ ~ **refletido** / Echoimpuls *m* ‖ ~ **residual** (telecom.) / Reststromstoß *m* ‖ ~ **retangular** (electrón.) / Rechteckimpuls *m* ‖ ~ **trigger** (electrón.) / Auslöseimpuls *m*, Anstoßimpuls *m*
pulsómetro *m* / Pulsometer *n* (kolbenlose Dampf- o. Gasdruckpumpe), Wasserheber *m*
pulsos *m pl* **parasitas** / falsche Impulse *m pl*
pulverização *f* / Zerreiben *n*, Feinstmahlung *f*, Pulverisierung *f* ‖ ~ (líquido) / Zerstäubung *f* ‖ ~ **aérea** / Bestäubung *f* mittels Flugzeug ‖ ~ **electrostática** / Elektrospray *m* ‖ ~ **em estado congelado** / Gefriermahlung *f*
pulverizado / pulverisiert, gepulvert, pulverförmig, gemahlen
pulverizador *m* / Feinstmahlanlage *f*, Pulverisiermaschine *f* ‖ ~ (indústr. cervej.) / Nebelapparat *m* ‖ ~ (líquidos) / Zerstäuber *m*, Zerstäubungsapparat *m*, Sprühapparat *m* ‖ ~ (carburador) / Düse *f* ‖ ~ **a jacto de ar** / Gasstrahlmühle *f* ‖ ~ **de alta velocidade** / Hauptdüse *f* ‖ ~ **de cera líquida** / Bohnerwachszerstäuber *m* ‖ ~ **de jacto de vapor** / Dampfstrahlzerstäuber *m* ‖ ~ **de um só orifício** (mot.) / Einlochdüse *f* ‖ ~ **Fuller-Lehigh** / Fuller-Lehigh Ring-Kugelmühle *f* ‖ ~ **para árvores frutíferas** / Obstbaumspritze *f* ‖ ~ **para culturas** (agricult.) / Feldspritze *f* ‖ ~ **principal** (carburador) / Hauptdüse *f*
pulverizar / pulverisieren, zermahlen, zerreiben ‖ ~ (papel) / feinmahlen ‖ ~ (líquidos) / versprühen, verstäuben, zerstäuben
pulverizável / pulverisierbar
pulverulência *f* / Staubigkeit *f*
pulverulento / pulverförmig, -artig *pulvrig*, staubförmig ‖ ~ (química) / feinpulverig, fein pulverisiert
púmice *m* (geol) / Bimskies, Naturbimsstein *m*
punção *m* / Lochdorn *m*, Lochstempel *m*, Stanzstempel *m*, Druckstempel *m*, Lochapparat *m* ‖ ~ (ferram.) / Durchschlag *m*, Dorn *m* ‖ ~ (máq. ferram.) / Stempel *m* ‖ ~ (fundição) / Formmesser *n* ‖ ~ (estamp.) / Locher *m* ‖ ~ **de bater pregos** / Durchtreiber *m* ‖ ~ **de bico** (máq. ferram.) / Zentrierkörner *m* ‖ ~ **de controlo** / Feingehaltsstempel *m* ‖ ~ **de corte** (forja) / Schneidstempel *m* ‖ ~ **de dobrar** / Biegestempel *m* ‖ ~ **de embutir** (estamp.) / Ziehstempel *m* ‖ ~ **de matriz de corte** (estamp.) / Schnittstempel *m* ‖ ~ **marcador** (máq. ferram.) / Zentrierkörner *m* ‖ ~ **marcador automático** (máq. ferram.) / Federdruckkörner *m* ‖ ~ **para contra-rebites** / Schelleisen *n*, Setzeisen *n* ‖ ~ **saca-bocados** / Anschneidestempel *m*
punçar / lochen
puncionar / ausschneiden, ausstanzen, stanzen, lochen, aufstechen, punzen (Metall) ‖ ~ (estamp.) / lappen
punçoador *m* **de cartões Jacquard** / Jacquardkartenschläger *m*
punçoadora *f* **automática** / Stanzautomat *m* (für Locharbeiten)
punctiforme / punktförmig
punho *m* / Halt *m*, [Hand]griff *m*, Halter *m*, Faust *f* ‖ ~ (mecân.) / Griff *m* ‖ ~ (máq., tecnol.) / Handgriff *m* ‖ ~ **articulado** (ferram.) / Gelenkgriff *m* ‖ ~ **cónico** / Kegelgriff *m* ‖ ~ **em forma de maço** / Keulengriff *m* ‖ ~ **estrelado** / Sterngriff *m* ‖ ~ **isolante ou isolador** / Isoliergriff *m* ‖ ~ **rotativo** / Drehgriff *m*
pupila *f* **de saída** (óptica) / Austrittspupille *f*
pupinizado (telecom.) / pupinisiert, bespult
pupinizar (telecom.) / pupinisieren, bespulen
púpura *f* **de bromocresol** / Brompurpur *m*
pureza *f* **colorimétrica** (tv) / Farbdichte *f* ‖ ~ **da cor** / Farbreinheit *f* ‖ ~ **da escória** / Schlackenreinheit *f* ‖ ~ **do som** / Klangreinheit *f*
purga *f* / Ablaß *m* ‖ ~ **de óleo** / Ölablaß *m*, -ablassen *n* ‖ ~ **do freio ou do travão** (autom.) / Durchspülung *f* der Bremse
purgador *m* **de fios** (fiação) / Fadenreiniger *m*
purgar / entlüften, entleeren, durchblasen, ausblasen
purificação *f* / Läuterung *f*
purificado / rein, gereinigt
purificador *m* **de ar** / Luftreiniger *m*, Luftfilter *m n* ‖ ~ **de gases** (química) / Skrubber *m*
purificar / läutern, klären ‖ ~ (química) / veredeln
puro / klar, rein, unvermischt ‖ ~ (expl. minas) / gediegen, bergfein ‖ ~ (rádio) / klangrein
púrpura *f* / Purpur *m* (heute blaustichiges Rot, früher grelles Rot) ‖ ~ **de Cassius** / Cassiusscher Purpur ‖ ~ **de ouro** / Cassiusscher Purpur
purpúreo / purpurfarbig, purpurn
purpurina *f* / Goldbronzepulver *n*
push-pull (electrón.) / Gegentakt...
putrefação *f* **úmida** / Naßfäule *f*
putrefacção *f* / Verfaulen *n*, Faulen *n*, Fäulnis *n* ‖ ~ / Fäulnisprozeß *m* ‖ ~ / Fäule *f* ‖ ~ **alcalina** / Faulgärung *f* (Fäulung durch Alkalien) ‖ ~ **húmida** / Naßfäule *f*
putrefaciente, putrefactivo / fäulniserregend
putrefacto / faul
putrefazer(-se) / faulen, in Fäulnis übergehen
putrescência *f* / Faulen *n*, Verfaulen *n*
putrescível / fäulnisfähig

pútrido / faul
puxado / gezogen
puxador *m* **de porta** / Türklinke *f*, Türgriff *m*
puxar (geral) / ziehen *vt* ‖ ~ (bomba) / fassen ‖ ~ **bem** (mot.) / durchziehen ‖ ~ **fios** / Drähte einziehen
puxavante *m* (máq. vapor) / Schubstange *f*
PVC *m* / Polyvinylchlorid *n*, PVC ‖ ≗ **rígido** (plást.) / Hart-PVC *n*

Q

quadrado *m* / Viereck *n*, Karo *n*, Vierkant *m n*, Geviert *n* ‖ ~ (matem.) / Quadrat *n*, zweite Potenz ‖ ~ (geom) / Quadrat *n* ‖ ~ *adj* / quadratisch, viereckig ‖ **aos ~s** / kariert ‖ **elevado ao** ~ (matem.) / ins Quadrat erhoben ‖ **elevar ao** ~ (matem.) / quadrieren
quadrangular / vierkantig ‖ ~ (matem.) / viereckig
quadrângulo *m* (matem.) / Viereck *n*
quadrante *m* (geral, astron.) / Quadrant *m* ‖ ~, quarto *m* de círculo / Viertelkreis[bogen] *m* ‖ ~ **dentado** / Quadrantzahnbogen *m* ‖ ~ **luminoso** / Leuchtzifferblatt *n*
quadrantim *m* (artes gráf.) / Geviert *n*
quadrático (matem.) / quadratisch, zweiten Grades
quadratim *m* (artes gráf.) / Quadrat *n*
quadratura *f* (constr. civil) / Ausvierung, Quadratur *f* ‖ ~ / Winkelhaltigkeit *f*, Rechtwinkligkeit *f*, quadratische Beschaffenheit, Flächeninhaltsbestimmung *f*, Vierung *f* ‖ **em** ~ (astron.) / in Quadratur ‖ ~ **de fase** *m* / 90°-Phasenverschiebung *f*
quadricromia *f* / Vierfarbendruck *m*
quadrícula *f* / Planquadrat *n* ‖ ~ **de referência** (constr. civil) / Bezugsraster *m*
quadriculado *m* (naveg.) / Gradnetz *n*
quadrifonia *f* / Quadrophonie *f*
quadriforme / quadratisch
quadrilateral, quadrilátero (geom) / vierseitig
quadrilátero *m* **articulado** / Gelenkviereck *n* ‖ ~ **inscrito num círculo** (matem.) / Kreisviereck *n*, einbeschriebenes Viereck
quadrilião *m* / Quadrillion *f*, 10^{24}
quadrimotor / viermotorig
quadripartido / vierteilig, Vierer...
quadripolar / vierpolig, Vierpol...
quadripolo *m* (telecom.) / Quadrupol *m* ‖ ~ **de reactância** / Blindvierpol *m*
quadrivalência *f* (química) / Vierwertigkeit *f*
quadrivalente (química) / vierwertig
quadro *m* / Rahmen *m* ‖ ~ (autom.) / Chassis *n* ‖ ~ **cromático** (tv) / Farbteilbild *n* ‖ ~ **da janela** (autom.) / Fensterlauf *m* ‖ ~ **de alimentação** (do painel) / Leitungsfeld *n* (der Schalttafel) ‖ ~ **de barras** (técn. ferrov.) / Barrenrahmen *m* ‖ ~ **de base** / Grundrahmen *m* ‖ ~ **de chapa** / Blechrahmen *m* ‖ ~ **de conexões interiores** (electr.) / Hausanschlußtafel *f* ‖ ~ **de distribuição** / Verteilertafel *f* ‖ ~ **de distribuição isolado** / freistehende Schalttafel ‖ ~ **de enchimento** (siderurg.) / Aufsetzkasten, -rahmen *m* ‖ ~ **de estampagem** / Filmschablone *f* ‖ ~ **de fundação** / Fundamentrahmen *m* ‖ ~ **de fusíveis** (electr.) / Sicherungstafel *f* ‖ ~ **de guia** / Führungsrahmen *m* ‖ ~ **de medição** (telecom.) / Prüfschrank *m* ‖ ~ **de parafuso** (artes gráf.) / Schraubrahmen *m* ‖ ~ **de prateleira** (telecom.) / Etagenrahmen *m* ‖ ~ **de serra** / Gatterrahmen *m* ‖ ~ **do chassi** (autom.) / Fahrgestellrahmen *m* ‖ ~ **do telhado** / Dachrahmen *m* ‖ ~ **em forma de forquilha** (autom.) / Gabelrahmen *m* ‖ ~ **esticador** (serra) / Spannrahmen, -bügel *m* ‖ ~ **numérico** / Zahlentafel *f*
quadruplicador *m* **de frequência** (electrón.) / Frequenzvervierfacher *m*
quádruplo / vierfach, -fältig
quadrupolo *m* (física) / Quadrupol *m*
qualidade *f* / Güte *f*, Qualität *f* ‖ ~ / Güteklasse *f* ‖ ~ / Eigenschaft *f*, Beschaffenheit *f* ‖ **de ~ inferior** / minderwertig ‖ **de alta** ~ / hochwertig ‖ ~ **comercial** / Handelsgüte *f* ‖ ~ **da água** / Wasserbeschaffenheit *f* ‖ ~ **da imagem** / Bildgüte *f* ‖ ~ **da superfície** / Oberflächengüte *f* ‖ ~ **de aço** / Stahlsorte *f* ‖ ~ **de anodização** / Eloxalqualität *f* ‖ ~ **de fabricação** / Fertigungsqualität *f* ‖ ~ **de produção** / Fertigungsgüte *f* ‖ ~ **de recepção** / Empfangsgüte *f* ‖ ~ **de reprodução** / Wiedergabeschärfe *f*, -güte *f* ‖ ~ **de serviço** (telecom.) / Dienstgüte *f* ‖ ~ **de transmissão** (telecom.) / Übertragungsgüte *f* ‖ ~ **de um ajuste** / Gütegrad *m* einer Passung ‖ ~ **do filão** (expl. minas) / Verhalten *n* des Ganges ‖ ~ **secundária** / Mindergüte *f*
qualificação *f* / Befähigung *f*, Eignung *f*, Qualifikation *f*
qualificado / befähigt ‖ ~ (geral, informática) / qualifiziert
qualificar / befähigen, geeignet machen
qualímetro *m* / Härtemesser *m* für Röntgenstrahlen, Qualimeter *n*
qualitativo / qualitativ
quandrante *m* **de círculo** / Kreisquadrant *m*
quantidade *f* / Anzahl *f*, Quantum *n*, Quantität *f*, Menge *f* ‖ ~ (matem.) / Größe *f* ‖ ~ **a ser medida** / Meßgröße *f* ‖ ~ **aceite** / Gutzahl *f* ‖ ~ **cinética** / Bewegungsgröße *f*, lineares Moment ‖ ~ **de água de refrigeração por unidade de tempo** / Kühlwasserdurchsatz *m* ‖ ~ **de ar** / Luftmenge *f* ‖ ~ **de calor** / Wärmemenge *f*, Wärmequantum *n* ‖ ~ **de carga por ciclo** (mot.) / Ladungseinsatz *m* (je Arbeitsspiel) ‖ ~ **de electricidade** (electr.) / Q, Elektrizitäts-Ladungsmenge *f* ‖ ~ **de escoamento** / Ausflußmenge *f* ‖ ~ **de (h)umidade** / Feuchtigkeitsgehalt *m*, -menge *f* ‖ ~ **de luz** / Lichtarbeit *f* (in lmh), Lichtmenge *f* (in lmh), Lichtabgabe *f* ‖ ~ **de mistura por unidade de tempo** (mot.) / Ladungsdurchsatz *m* (je Zeiteinheit) ‖ ~ **de mosto** / Würzmenge *f* ‖ ~ **de precipitação** (meteorol.) / Niederschlagshöhe, -menge *f* ‖ ~ **diferencial** / unendlich große Größe, unendliche Menge o. Zahl ‖ ~ **disponível** / Dargebot *n*, Darbietung *f* ‖ ~ **em falta** (org. industr.) / Fehlmenge *f* ‖ ~ **extraida** (expl. minas) / Fördermenge *f* ‖ ~ **fornecida** / Liefermenge *f* ‖ ~ **infinitesimal** / unendlich große Größe, unendliche Menge o. Zahl ‖ ~ **necessária de ar** / Luftbedarf *m* ‖ ~ **passada** / Durchsatz *m* ‖ ~ **pesada** (química) / Einwaage *f*, eingewogene Menge ‖ ~ **radical** (matem.) / Wurzelgröße *f* ‖ ~ **transportada** / Fördermenge *f*
quantificação *f* (matem.) / Quantifikation *f* ‖ ~ (física) / Quanteln *n* ‖ ~ **do campo** / Feldquantisierung *f*
quantificado / quantisiert ‖ ~ (informática) / quantitativ ‖ ~ (física) / gequantelt
quantificador *m* (matem.) / Quantor *m*
quantificar / quantitativ bestimmen, quantisieren
quantificável / quantitativ bestimmbar, mengenmäßig erfaßbar
quantil *m* (matem.) / Quantil *n*
quantitativo / quantitativ, mengenmäßig
quantizador *m* / Analog-Digitalwandler, Größenwerter *m*

quantizar (física) / quanteln *vi*
quantum *m* (pl.: quanta) (física) / Quant *n*, Quantum *n* ‖ ~ **de acção** / Wirkungsquant[um] *n* ‖ ~ **de campo** (física) / Feldquant *n* ‖ ~ **de energia** / Energiequantum *n*, -quant *n* ‖ ~ **efectivo elementar** / elementares Wirkungsquantum ‖ ~ **elementar** (física) / Elementarquantum *n* ‖ ~ **gama** (física) / Gammaquant *n* ‖ ~ **gravitacional** / Gravitationsquantum *n*
quarc *m* (técn. nucl.) / Quark *n*
quarta parte *f* / Viertel *n*, vierter Teil
quartel *m* **de bombeiros** / Feuerwache *f*
quartil *m* / Quartil *n*
quarto *m* / Viertel *n*, vierter Teil ‖ ~ (constr. civil) / Zimmer *n* ‖ ~ **de arrumações** (constr. civil) / Abstellraum *m*, -kammer *f* ‖ ~ **de círculo** / Viertelkreis[bogen] *m* ‖ ~ **de dormir** (constr. civil) / Schlafzimmer *n* ‖ ~ **de onda** (física) / Viertelwelle *f*, λ/4... ‖ ~ **de período** (electr.) / Viertelperiode *f* ‖ ~ **de um tronco** (carpint.) / Kreuzholz *n* ‖ ~ **de volta** / Viertelwendelung *f*
quartzífero / quarzhaltig
quartzito *m* / Quarzit *m* ‖ ~ **de linhita** (mineralog.) / Braunkohlensandstein *m* ‖ ~ **em bloco errático** (cerâm.) / Findlingsquarzit *m*
quartzo *m* / Quarz *m* ‖ ~ **alfa** / Alphaquarz *m* ‖ ~ **aurífero** / Goldquarz *m* ‖ ~ **esponjoso** (geol) / Schwimmstein *m* ‖ ~ **estabilizador de frequência** / Steuerquarz *m* ‖ ~ **ferruginoso** / eisenhaltiger Quarz, Eisenquartz *m*, Eisenkiesel *m* ‖ ~ **filtrante** / Filterquarz *m* ‖ ~ **fundido translúcido** / Quarzgut *n*, Kieselgut *n* ‖ ~ **hialino** / Bergkristall *m* ‖ ~ **hialino de cristalização transparente** / Becherdruse *f* ‖ ~ **oscilador** / Oszillatorquarz *m*
quartzoso / quarzig
quarzo *m* **flexível** / Gelenkquarz, Itakolumit *m*
quasar *m* (astron.) / Quasar *m*
quase-biestável (electrón.) / quasi-bistabil ‖ ~**-duplex** (telecom.) / quasiduplex ‖ ~**-elástico** / quasi-elastisch ‖ ~**-estacionário** / quasistationär ‖ ~**-estável** / quasistabil ‖ ~**-híbrido** / quasi-hybrid ‖ ~**-livre** (electrón.) / halbfrei ‖ ~**-óptico** / quasioptisch ‖ ~**-partícula** *f* / Quasiteilchen *n* ‖ ~**-periódico** / quasiperiodisch
quaternário (química) / quartär, quaternär
quaternião *m* (matem.) / Quaternio *m*
quatrilhão *m*, quatrilião *m* / Quadrillion *f*, 10^{24}
quebra *f* **de produção** / Fertigungseinbruch *m*
quebra-aparas *m* / Spanbrecher *m*
quebradiço / zerbrechlich, spröde, brüchig ‖ ~ **a frio** / kaltbrüchig ‖ ~ **a quente** / heißbrüchig ‖ ~ **ao calor** (siderurg.) / warmbrüchig ‖ ~ **ao rubro** / rotbrüchig
quebrado / gebrochen
quebra-fios *m* (tecel.) / Fadenwächter *m*, -fangvorrichtung *f* ‖ ~ / Fadenbrecher *m*
quebra-gelo(s) *m* / Eisbrecher *m*
quebra-gusa *m* (siderurg.) / Fallwerk *n*
quebra-lingotes *m* / Blockbrecher *m*
quebra-mar *m* / Wellenbrecher *m*, Bollwerk *n* ‖ ~ (hidrául.) / Buhne *f*, Hafendamm *m*
quebrar / brechen (zerbrechen) ‖ ~**(-se)** / zerbrechen *vt vi*
quebras *f pl* **de vidro para refundição** / Bruchglas *n*
quebra-teia *m* (tecel.) / Kettenwächter *m*
quebra-tramas *m* (tecel.) / Schußwächter *m*, Fadenwächter *m*, -fangvorrichtung *f*, Bandabsteller *m*, Fadenbrecher *m*
queda *f* (aeronáut.) / Absturz *m* ‖ ~ **anódica** / Anodenfall *m*, Anodenverlust *m* ‖ ~ **catódica** / Kathodenfall *m* ‖ ~ **da velocidade de rotação** / Drehzahlabfall *m* ‖ ~ **de água** / Wasserfall *m* ‖ ~ **de calor** / Wärmegefälle *n* ‖ ~ **de frequência** / Frequenzabfall *m* ‖ ~ **de impulso ou pulso** / Impuls-Dachschräge *f* ‖ ~ **de pressão** / Druckabfall *m*, Druckgefälle *n* ‖ ~ **de pressão** (contr. autom.) / Wirkdruck *m* ‖ ~ **de temperatura** / Temperaturabfall *m* ‖ ~ **de tensão** / Abfall *m* der Spannung, Spannungsabfall *m* ‖ ~ **de tensão do arco [voltaico]** / Lichtbogenabfall *m* ‖ ~ **do potencial térmico** / Wärmeabfall *m* ‖ ~ **indutiva de tensão** / induktiver Spannungsabfall ‖ ~ **livre** / freier Fall, Freifall *m* ‖ ~ **óhmica** / ohmscher Spannungsabfall
queima *f* **de gás** / Gasfeuerung *f* ‖ ~ **dos eletrodos** / Elektrodenabbrand *m*
queimado / verbrannt, gebrannt
queimador *m* / Brenner *m* ‖ ~ **a jacto de gás** / Strahlbrenner *m* ‖ ~ **angular tangencial** / Eckenbrenner *m* ‖ ~ **de cinzas** / Aschenbrenner *m* ‖ ~ **de coroa** (química) / Kranzbrenner *m*, Kronenbrenner *m* ‖ ~ **de jactos cruzados** / Kreuzstrombrenner *m* ‖ ~ **de turbulência** / Wirbelbrenner *m* ‖ ~ **de um só orifício** / Einlochgasbrenner *m* ‖ ~**-fita** *m* / Langschlitzbrenner *m* ‖ ~ **industrial** / Industriebrenner *m* ‖ ~ **rectilíneo** / Längsbrenner *m*
queimadura *f* (cerâm.) / Brandfleck *m* ‖ ~ (silvicult.) / Brandnarbe *f*
queimar / abbrennen *vt vi*, verbrennen *vt*, brennen *vt*, ausbrennen *vt* ‖ ~**-se** / durchbrennen *vi* ‖ ~ (petróleo) / abfackeln ‖ ~ (cabo) / durchschmoren ‖ ~ **completamente** / ausbrennen *vi* ‖ ~ **sem chama** / verglühen *vi*
quelato *m* (química) / Chelat *n*
quente / warm, heiß ‖ ~ (técn. nucl.) / schwerradioaktiv, heiß
quercite *f* / Quercit *m*
quercitina *f* / Quercitin *n*
quercitrina *f* / Quercitrin *n*
querena *f* / Schiffskörper *m* unter der Wasserlinie
querosene *m* / Kerosin *n*, Flugturbinenkraftstoff *m* ‖ ~ **para iluminação** / Leuchtöl *n* ‖ ~ **solvente** / Lösungspetroleum *n*
quilate *m* / Karat *n* (Edelsteinmasse: = 1/5 g, als Angabe für Goldlegierungen: 24 Karat = reines Gold), k
quilha *f* (constr. naval) / Kiel *m* ‖ ~ **auxiliar** / Seitenkiel *m* ‖ ~ **lateral** / Schlingerkiel *m*, Seitenkiel *m*, Flossenkiel *m* ‖ ~ **principal** / Oberkiel *m* ‖ ~ **superior** / Oberkiel *m*
quilo... / Kilo..., k (= 10^3)
quilocaloria *f* / Kilokalorie *f* (= 4186,8 J), kcal (veraltet)
quilociclos *m pl* **por segundo** (electrón.) / Kilohertz *n*, kHz
quilograma *m*, kg / Kilogramm, kg *n*
quilogrâmetro *m* / Meterkilogramm *n*, Kilogrammeter *n*
quilohertz *m* (electrón.) / Kilohertz *n*, kHz
quilojoule *m* / Kilojoule *n*
quilómetro *m*, quilômetro *m*, km / Kilometer *m*, km *m* ‖ ~ **horário** / Stundenkilometer *m* ‖ ~ **quadrado** / Quadratkilometer *m*
quiloton *m* / Kilotonne *f*
quilovar *m*, kVar / Kilovar *n* (Einheit der Blindleistung), kVar
quilovolt-ampère *m* / Kilovoltampere *n*, kVA *n*
quilovolts-ampères *m pl* **reactivos** / Blind-kVA *n pl*
quilowatt *m*, kW / Kilowatt *n*, kW *n* ‖ ~**-hora** *m*, kWh / Kilowattstunde *f*, kWh
química *f* / Chemie *f* ‖ ~ **agrária** / Bodenchemie *f* ‖ ~ **agrícola** / Agrikulturchemie *f* ‖ ~ **alimentícia** / Nahrungsmittelchemie *f* ‖ ~ **analítica** / analytische Chemie ‖ ~ **bromatológica** / Lebensmittelchemie *f* ‖ ~ **coloidal** / Kolloidchemie *f* ‖ ~ **de cores**, química *f* de

corantes / Farbenchemie *f* ‖ ~ **de superfície** / Oberflächenchemie *f* ‖ ~ **de traçadores** / Indikatorchemie *f* ‖ ~ **do alcatrão de hulha** / Kohlewertstoffchemie *f* ‖ ~ **dos cereais** / Getreidechemie *f* ‖ ~ **dos petróleos** / Petrochemie, Petrolchemie *f* ‖ ~ **experimental** / Experimental-Chemie *f* ‖ ~ **galvanoplástica** / galvanotechnische Chemie ‖ ~ **industrial** / technische Chemie, Großchemie *f* ‖ ~ **inorgânica** / anorganische Chemie ‖ ~ **legal** / Gerichtschemie *f* ‖ ~ **quente** (técn. nucl.) / heiße Chemie

quimicamente puro / chemisch rein

químico *m* / Chemiker *m*, chemisch ‖ ~ **especialista em cores**, químico *m* especialista em corantes / Farbenchemiker *m* ‖ **~-metalúrgico** *adj* / chemisch-metallurgisch

quimigrafia *f* (artes gráf.) / Chemigraphie *f*

quimiluminescência *f* / Chemolumineszenz *f*

quimiosfera *f* / Chemosphäre *f* (Atmosphäre bis 80 km)

quimioterapia *f* / Chemotherapie *f*

quimismo *m* / Chemismus *m*

quimissorção *f* / Chemisorption *f*

quimógrafo *m* (electr.) / Kymograph *m*, Schwingungsschreiber *m*

quimosina *f* / Chymosin *n*, Rennin *n*, Lab[ferment] *n*

quina *f* (carpint.) / Seite *f*, scharfe Kante

quinaldina *f* (química) / Chinaldin *n*

quinário (matem.) / quinär

quincunce *m* / Fünfpunktanordnung *f*

quinina *f* / Chinin *n*

quinolina *f*, quinoleína *f* / Leukol *n*, Chinolin *n*

quinona *f* (tinturaria) / Chinon *n*

quinquemolecular, qüinqüemolecular / fünfmolekular

quinquilharia *f* / Eisenkurzwaren *f pl*, Kleineisen *n*

quinta *f* **velocidade** (autom.) / Schongang *m*, Schnellgang *m*

quintilhão *m* / Quintillion *f*, 10^{30}

quíntuplo / fünffach

quiralidade *f* (matem., técn. nucl.) / Chiralität *f*

quitina *f* / Chitin *n*

quociente *m* / Quotient *m* ‖ ~ **diametral** / Formzahl *f* ‖ ~ **diferencial** (matem.) / Differentialquotient *m*

quota *f* / Anteil *m*

R

rabiça *f* (agricult.) / Pfluggriff *m*, Sterz *m*

rabote *m* / Schlichthobel *m*

ração *f* **compensada** (agricult.) / Mischfutter *n*, Kraftfutter *n*

racha *f* / Sprung *m*, Riß *m* ‖ ~ (expl. minas, geol) / Spalt *m* ‖ ~ **na madeira** / Holzriß *m*

rachado / gesprungen, rissig (Holz, Boden), gespalten, gerissen

rachar / springen, platzen, durchspalten, schlitzen ‖ ~ (vidro) / abspringen ‖ ~ (madeira) / hacken ‖ ~ **ligeiramente** / anritzen

racional (matem.) / rational

racle *f* (artes gráf.) / Abstreichmesser *n* ‖ ~ / Rakel *f*

radar *m* / Radar *m n* ‖ ~ **de aproximação de precisão** / Feinführungsradar *m n* ‖ ~ **de avião** / Flugzeugradar *n* ‖ ~ **de bordo** (aeronáut.) / Bordradar *m n* ‖ ~ **de bordo para detecção de navios de superfície** (aeronáut.) / Bordradar *m n* für Seezielortung ‖ ~ **de controlo de aeroporto** / Flughafen-Kontrollradar *m n* ‖ ~ **de controlo de aproximação** / Anflug-Kontrollradar *m n* ‖ ~ **de controlo de tiro** (armamento) / Feuerleitradar *m n* ‖ ~ **de impulsos ou pulsos** / Impulsradar *m n* ‖ ~ **de rastreio de mísseis** / Flugkörper-Verfolgungsradar *n* ‖ ~ **de supervisão de aeroporto** / Flughafen-Rundsichtradar *m n* ‖ ~ **Doppler de modulação de frequência** / FM-Doppler-Radar *m n* ‖ ~ **marítimo** / Schiffsradar *m n* ‖ ~ **meteorológico** / Wetterradar *m n* ‖ ~ **terrestre** / Bodenradargerät *n*

radarista *m* / Radar-Operator *m*, -Mann *m*

rad-grama *m* / Gramm-Rad *n* (= 10^2 erg)

radiação *f* / Strahlung *f*, Strahlen *n*, Strahlenemission *f* ‖ ~ **anódica** / Anodenstrahlung *f*, -strahlen *m pl* ‖ ~ **atómica** / Atomstrahlung *f* ‖ ~ **característica** / Eigenstrahlung *f* ‖ ~ **cósmica** / Ultrastrahlung *f*, kosmische Strahlung, Höhenstrahlung *f* ‖ ~ **de Cerenkov** / Čerenkov-Strahlung *f* ‖ ~ **de frenamento** (técn. nucl.) / Bremsstrahlung *f* ‖ ~ **de luz** / Lichtausstrahlung *f* ‖ ~ **de partículas beta** / Betastrahlung *f* ‖ ~ **de Roentgen** / X-Strahlung *f* ‖ ~ **difusa** / Streustrahlung *f* ‖ ~ **difusa do céu** / Himmelsstrahlung *f* ‖ ~ **do corpo negro** (física) / schwarze Strahlung *f*, Hohlraumstrahlung *f* ‖ ~ **do som** / Schallabstrahlung *f* ‖ ~ **electromagnética** / elektromagnetische Abstrahlung ‖ ~ **gama** / Gammabestrahlung *f*, Gammastrahlung *f* ‖ ~ **gama de captura** / Einfang-Gammastrahlung *f* ‖ ~ **incidente** / Lichteinstrahlung *f* ‖ ~ **infravermelha** / Infrarotstrahlung *f* ‖ ~ **ionizante** / ionisierende Strahlung ‖ ~ **laser** / Laserstrahlung *f* ‖ ~ **livre-livre** (técn. nucl.) / Frei-Frei-Strahlung *f* ‖ ~ **luminosa** / Lichtstrahlung *f* ‖ ~ **luminosa na obscuridade** / Dunkelleuchten *n* ‖ ~ **negra** / Schwarzstrahlung *f* ‖ ~ **nuclear** / Kernstrahlung *f* ‖ ~ **primária** (técn. nucl.) / Sickerstrahlung *f* ‖ ~ **quadrupolar** / Quadrupolstrahlung *f* ‖ ~ **secundária** / Sekundärstrahlung *f* ‖ ~ **solar** / Sonnenstrahlung *f* ‖ ~ **térmica** / Wärmestrahlung *f* ‖ ~ **X** / X-Strahlung *f*, Röntgen-Strahlung *f*

radiado / strahlenförmig, strahlig

radiador *m* (geral) / Strahler *m* ‖ ~ (autom.) / Kühler *m* ‖ ~ (constr. civil) / Heizkörper *m* ‖ ~ **a gás** / Gasofen *m* (für Heizung) ‖ ~ **a óleo** / Ölkühler *m* ‖ ~ **acústico** (electrón.) / Schallstrahler *m* ‖ ~ **de antena** / Antennenstrahler *m* ‖ ~ **de aquecimento** / Heizstrahler *m* ‖ ~ **de colmeia** (mot.) / Zellenkühler *m* ‖ ~ **de colmeia** (autom.) / Bienenkorbkühler *m* ‖ ~ **de difusor** (mot.) / Düsenkühler *m* ‖ ~ **de lâmpadas incandescentes** / Hellstrahler *m* ‖ ~ **de superfície** / Oberflächenkühler *m* ‖ ~ **dividido em blocos separados** (autom.) / Teilblockkühler *m* ‖ ~ **em forma de chifre** (electrón.) / Hornstrahler *m* ‖ ~ **em serpentina** / Schlangenkühler *m* ‖ ~ **frontal** / Stirnkühler *m* ‖ ~ **lamelar** (autom.) / Lamellenkühler *m* (DIN) ‖ ~ **luminoso** (física) / Hellstrahler *m* ‖ ~ **negro** / schwarzer Strahler ‖ ~ **parabólico** / Heizsonne *f* ‖ ~ **perfeito** / schwarzer Strahler ‖ ~ **secundário** (electrón.) / Sekundärstrahler *m* ‖ ~ **térmico** / Wärmestrahler *m* ‖ ~ **tubular** / Wasserröhrenkühler *m*

radial / radial, strahlenförmig

radiância *f* **luminosa** / spezifische Lichtausstrahlung

radiano *m* (matem.) / Winkel 1 im Bogenmaß, Radian[t] *m*, rad (= 57,29578° (Altgrad), = 63,66197^g (Gon))

radiante / strahlend

radiar / strahlen ‖ ~ **através de** / durchstrahlen *vi*

radiator *m* **de aletas** / Rippenheizkörper *m* ‖ ~ **isotrópico** (electrón.) / Kugelstrahler *m*

radical *m* (geral, química) / Radikal *n* ‖ ~ (informática) / Radix *f*, Basis *f*, Grundzahl *f* ‖ ~ **ácido** / Säureradikal *n*, -rest *m* ‖ ~ **de metilo** / Methylradikal *n* ‖ ~ **etílico** / Ethylradikal *n* ‖ ~ **hidroxilo** / OH-Gruppe *f* ‖ ~ **metílico** / Methylradikal *n* ‖ ~ **químico** / chemisches Radikal
rádio *m*, Ra / Radium *n*, Ra
rádio *m* / Radioapparat *m*, Rundfunkempfänger *m* ‖ ~ *f*, rádio *m* / Rundfunk *m* (als Einrichtung), Hörfunk *m*
radio... / Hörrundfunk..., Funk...
rádio *f* **escolar** / Schulfunk *m* ‖ ~ **marítima** / Seefunk *m* ‖ ~ *m* **portátil** / Batterie-Empfänger *m*
radio *m* **vector** / Radiusvektor, Ortsvektor *m*
radioactividade *f* / Radioaktivität *f* ‖ ~ **do solo** / Erd[boden]-Radioaktivität *f*
radioactivo / radioaktiv ‖ **altamente** ~ / hoch radioaktiv
rádio-ajuda *m* **de aproximação** / Funkanflughilfe *f*
rádio-ajudas *f pl* **à navegação** / Funknavigationshilfen *f pl*
radioaltímetro *m* (aeronáut.) / Funkhöhenmesser *m*
radioamador *m* / Funkamateur *m*
radiobússola *f* (aeronáut.) / Funkkompaß *m*, Radiokompaß *m*
radiocarbono *m* / Radiokohlenstoff C^{14} *m*
radiocomunicação *f* **a grande distância** / Funk-Weitverkehrsverbindung *f*
radiodifusão *f* / Hörfunk *m*, Rundfunk *m* (als Einrichtung) ‖ ~ **por onda comum** / Gleichwellenrundfunk *m*, Synchronbetrieb *m* (Sender) ‖ ~ **sonora** / Tonfunk *m*
radioelectricidade *f* / drahtlose Fernmeldetechnik
radioenlace *m* (telecom.) / Funkstrecke *f* ‖ ~ **por satélite** / Satelliten-Richtfunkverbindung *f*
radioestrela *f* / Radiostern *m*
radiofarol *m* / Funkbake *f*, Funkfeuer *n* ‖ ~ **de alinhamento audio-visual** (aeronáut.) / Vierkursfunkfeuer *n* (mit Sicht- und Höranzeige) ‖ ~ **de aproximação**, radiofarol *m* de localização, radiofarol *m* de orientação (aeronáut.) / Ansteuerungsfeuer *n* ‖ ~ **de resposta** / Bodenantwortstation *f* ‖ ~ **de rota** / Flugstreckenfeuer *n* ‖ ~ **direccional** / Leitstrahlsender *m* ‖ ~ **direccional** / Richt[funk]bake *f*, -funkfeuer *m* ‖ ~ **em leque** / Fächermarkierungsbake *f*, -funkfeuer *n* ‖ ~ **omnidireccional** / Allrichtungsfunkfeuer *n* ‖ ~ **omnidireccional VHF** (aeronáut.) / UKW-Drehfunkfeuer *n*, VOR ‖ ~ **para aproximação por instrumentos** / Leitstrahlanflug-Funkfeuersystem *n* ‖ ~ **rotativo** / Drehfunkfeuer *n*
radio[fonia] *f* / Funk *m*
radiofónico / Rundfunk...
radiofrequência *f* (electrón.) / Hochfrequenz *f* (10^4 - $3 \cdot 10^9$ Hz), Funkfrequenz *f*
radiogoniometria *f* / Radiogoniometrie *f*, Funkpeilung *f*, Funkort[bestimm]ung *f* ‖ ~ **por cintilação** / Flimmerpeilung *f*
radiogoniométrico / radiogoniometrisch
radiogoniómetro *m* / Radiogoniometer *n*, Peilempfänger *m*, Funkpeiler *m* ‖ ~ **de bordo** (aeronáut.) / Bordpeiler *m*
radiografar / röntgen *v*
radiografia *f* / Röntgenaufnahme, -photographie *f*, -bild *n*, Röntgenographie *f* ‖ ~ (ensaio de mat.) / Durchstrahlungsaufnahme *f*
radiograma *m* / Funkspruch *m*, drahtloses Telegramm, Funktelegramm *n*
rádio-gravador *m* (electrón.) / Recorder *m* ‖ ~ **de cassetes** / Cassetten-Recorder *m*
rádio-horizonte *m* / Radiohorizont *m*
radiointerferência *f* / Funkrauschen *n*
radioisótopo *m* / Radioisotop *n*, radioaktives Isotop
radiolário *m* / Strahlentierchen *n*, Radiolarium *n*
radiólise *f* (técn. nucl.) / Radiolyse *f*
radiolocalização *f* / Funkmessen *n*, -ortung *f* (nichtnavigatorisch) ‖ ~ (aeronáut.) / Ortungsfunk *m*
radiologia *f* / Röntgenologie, Röntgenkunde *f*, -lehre *f*, Radiologie *f*
radiológico / radiologisch, Strahlen...
radiometria *f* (geol) / Radiometrie *f* ‖ ~ **de ou a raios infravermelhos** / Infrarotstrahlungsmessung *f*
radiométrico (química) / radiometrisch, strahlungsphysikalisch
radiómetro *m* **de Crooke** / Lichtmühle *f*
radionavegação *f* / Funknavigation *f*
radionuclídeo *m* / Radionuklid *n*
radioquímica *f* / Strahlenchemie *f*
rádio-rastreio *m* / Funk-Bahnverfolgung *f*
rádio-relógio *m* / Uhrenradio *n*
radioscopia *f* / Röntgendurchleuchtung *f*, Durchleuchtung *f*
radiossensível / strahlungsempfindlich
rádiossonda *f* (meteorol.) / Radiosonde *f*, Funksonde *f*
radiossondagem *f* / Funkmutung *f*
radiotécnica *f* / Rundfunktechnik *f*, Radiotechnik *f*, Funkwesen *n*, Funktechnik *f*
radiotécnico *m* / Funktechniker *m*
radiotelefone *m* / Sprechfunkgerät *n*, Funkfernsprecher *m*
radiotelefonia *f* / Sprechfunk *m*, drahtloses Fernsprechwesen, Funktelephonie *f*, Funkfernsprechen *n*, drahtlose Telephonie
radiotelefónico / drahtlos, Funk...
radiotelegrafia *f* / drahtlose Telegraphie, Funkfernschreiben *n*, Funktelegraphie *f*
radiotelegráfico / radiotelegraphisch
radiotelegrafista *m* / Funker *m*
radiotelegrama *m* / Funktelegramm *n*
radiotelemetria *f* / Funkfernmessen *n*
radiotelescópio *m* / Radioteleskop *n*
radiotelevisão *f* / Fernsehrundfunk *m* (amtlich), Fernsehen *n*
radioterapia *f* / Strahlentherapie *f*, Strahlenbehandlung *f*, Radium[be]strahlung *f*, Röntgentherapie *f*
radiotransmissão *f* / Funkübertragung *f*
radiouvinte *m* / Rundfunkhörer *m*
radónio *m*, Rn (química) / Radon *n*, Rn
ráfia *f* / Bast *m*
rafinose *f* / Raffinose *f*, Melitose *f*
raia *f* (madeira) / Maser *f*, Flader *f* ‖ ~ **de absorção** (óptica) / Absorptionslinie *f* ‖ ~ **escura** / Absorptionslinie *f*
raiado *adj* (madeira) / gemasert ‖ ~ *m* **da madeira** / Holzmaserung *f*
raiar / masern, maserieren
raias *f pl* **de absorção** / Absorptionsbande *pl* ‖ ~ **de Fraunhofer** / Fraunhofersche Linien *f pl* ‖ ~ **escuras** / Absorptionsbande *pl*
raio *m* / Halbmesser *m*, Radius *m* ‖ ~ (matem.) / Strahl *m* ‖ ~ (roda) / Speiche *f* ‖ ~ (meteorol.) / Blitz *m* ‖ **em um** ~ [de] / im Umkreis [von] ‖ ~ **canal** (física) / Kanalstrahl *m* ‖ ~ **catódico** / Kathodenstrahl *m* ‖ ~ **condutor** / Leitstrahl *m* ‖ ~ **da curvatura principal** / Hauptkrümmungshalbmesser *m* ‖ ~ **de acção** (geral) / Reichweite *f* ‖ ~ **de acção** (aeronáut.) / Aktionsradius *m*, Flugweite *f*, Flugbereich *m* ‖ ~ **de acção** / Ausladung *f* (einer Radialbohrmaschine o. eines Drehkrans) ‖ ~ **de curva** (autom.) / Einschlag *m*, Lenkbarkeit *f* ‖ ~ **de curva**, raio *m* de curvatura / Krümmungsradius *m*, -halbmesser *m* ‖ ~ **de curvatura** / Abrundungshalbmesser *m* in Kurven ‖ ~ **de**

(radar) / Erfassungsreichweite *f* ‖ ~ **de flexão** / Biegungshalbmesser *m* ‖ ~ **de inércia** / Trägheitshalbmesser *m*, -radius *m* ‖ ~ **de luz** / Lichtstrahl *m* ‖ ~ **de rebordeamento** / Bördelhalbmesser *m* ‖ ~ **de rebordo** / Eckradius *m*, Bördelhalbmesser *m* eines Kessels ‖ ~ **de roda** / Radspeiche *f*, Speiche *f* ‖ ~ **de roda de bicicleta** / Fahrradspeiche *f* ‖ ~ **de viragem** (autom.) / Drehkreis *m* ‖ ~ **do núcleo central** (mecân.) / Kernhalbmesser *m*, -radius *m*, Kernweite *f* ‖ ~ **excêntrico** / Exzenterradius *m*, -halbmesser *m* ‖ ~ **focal** / Brennstrahl *m* ‖ ~ **gama** / Gammastrahl *m* ‖ ~ **hidráulico** (hidrául.) / mittlerer Profilhalbmesser ‖ ~ **incidente** / einfallender Strahl ‖ ~ **iónico** / Ionenradius *m* ‖ ~ **linear** / Linienblitz *m* ‖ ~ **luminoso** / Lichtstrahl *m* ‖ ~ **medular** (madeira) / Markstrahl *m*, -fortsatz *m* ‖ ~ **polar** / Leitstrahl *m*, Fahrstrahl *m* ‖ ~ **positivo** (física) / Kanalstrahl *m* ‖ ~ **refractado** / gebrochener Lichtstrahl ‖ ~ **vector** / Ortsvektor *m*, Radiusvektor *m*, Fahrstrahl *m*, Leitstrahl *m* ‖ ~ **verde** (meteorol.) / grüner Strahl ‖ ~ **visual** / Sehstrahl *m*

raione *m* (têxtil) / Reyon *m n*, Kunstseide *f* (auf Viskosebasis)

raios *m pl* **alfa** / Alphastrahlen *m pl* ‖ ~ **beta** / Betastrahlen *m pl* ‖ ~ **corpusculares** / Teilchenstrahlen *m pl* ‖ ~ **cósmicos** / Weltraumstrahlen *m pl*, kosmische Strahlen, Höhenstrahlen *m pl* ‖ ~ **de Röntgen**, X-Strahlen *m pl* / Röntgenstrahlen *m pl* ‖ ~ **delta** / Delta-Strahlen, δ-Strahlen *m pl* ‖ ~ **electrónicos ou eletrônicos** / Elektronenstrahlen *m pl* ‖ ~ **X** / Röntgenstrahlen *m pl* ‖ ~ **X** / X-Strahlen *m pl*

raiz *f* (geral, matem.) / Wurzel *f* ‖ ~ **adventícia** / Adventivwurzel *f* ‖ ~ **cúbica** / dritte Wurzel, Kubikwurzel *f* ‖ ~ **da asa** / Flügelwurzel *f*

raíz *f* **da saponária** / Seifenwurzel *f*

raiz *f* **da unidade** (matem.) / Einheitswurzel *f* ‖ ~ **de inhame** / Yam[s]wurzel *f* ‖ ~ **de orcaneta** / Ochsenwurzel *f* ‖ ~ **de um número** / Wurzelzahl *f* ‖ ~ **do arco** / Fußpunkt *m* des Lichtbogens ‖ ~ **quadrada** / [zweite] Wurzel, Quadratwurzel *f* ‖ ~ **quadrada do valor médio dos quadrados dos valores instantâneos tomados sobre um ciclo completo** (electr.) / Effektivwert *m*, quadratischer Mittelwert ‖ ~ **superficial** (silvicult.) / Flachwurzel *f*

raízes *f pl* (bot.) / Wurzelwerk *n*

rajada *f* (armamento) / Feuerstoß *m* ‖ ~ **de vento** / Bö *f*, Windbö *f* ‖ ~ **descendente** (aeronáut.) / Fallbö *f*, Fallwind *m* ‖ ~ **moderada** / steife Brise (Windstärke 7) ‖ ~ **vertical** / Steigbö *f*

ralentizador *m* / Wirbelstrombremse *f*

ralo *m* / Einlaufrost *m* (Gully) ‖ ~ (porta) / Spion *m* ‖ ~ **de entrada** (hidrául.) / Einlaufrechen *m*

rama *f* (tinturaria) / Flocke *f* ‖ ~ (artes gráf.) / Formrahmen *m* ‖ ~ **de estender pano com ventilação lateral** (têxtil) / Querluftspannrahmen *m* ‖ ~ **petrolífera** / Roherdöl *n*

ramal *m* / abzweigende Leitung, Leitungszweig *m* ‖ ~ (técn. ferrov.) / Anschlußbahn *f*, -linie *f*, Anschlußgleis *n* ‖ ~ (telecom.) / Nebenstelle *f* ‖ **de um só** ~ (corda) / eintrümmig ‖ ~ **industrial** (técn. ferrov.) / Fabrikanschlußgleis *n*, Industriegleis *n* ‖ ~ **mútuo** (electrón.) / gemeinsamer Zweig

rameuse *f* / Spannrahmen *m*

rami *m* / Chinagras *n*, Ramie *f*

ramificação *f* (geral) / Verzweigung *f*, Verästelung *f* ‖ ~ (informática) / Verzweigung *f* (DIN) ‖ ~ **de um cabo** / Kabelast *m*, -zweig *m* ‖ ~ **de um filão** (expl. minas) / Gangtrum *m*

ramificado / verzweigt

ramificar / verzweigen *vt*, abzweigen *vt vi* ‖ ~ (informática) / ausspringen ‖ ~ (expl. minas) / ausscharen

ramo *m* / Zweig *m*, Ast *m* ‖ **de** ~**s finos** / feinästig ‖ ~ **da curva** (matem.) / Kurvenast *m* ‖ ~ **de engenharia civil que compreende obras públicas e construções subterrâneas** / Tiefbau *m* ‖ ~ **especial** / Fachgebiet *n*

ramos *m pl* **abatidos pelo vento** / Windbruch *m*, -fall *m*

ramoso / ästig, verzweigt

rampa *f* / Auffahrt *f*, Rampe *f* ‖ ~ (técn. ferrov.) / Steigung *f* ‖ ~ (constr. rodov.) / Gefällstrecke *f* ‖ ~ **de alimentação** (queimador) / Hahngalerie *f* ‖ ~ **de carga** / Laderampe *f*, Verladerampe *f* ‖ ~ **de carga** (técn. ferrov.) / Ladebrücke *f* ‖ ~ **de lançamento** (constr. naval) / Helling *f*, Helgen *m* ‖ ~ **de ligação** / Auffahrt *f* (Autobahn) ‖ ~ **de subida** (técn. ferrov.) / Auflaufzunge *f* ‖ ~ **de topo** (técn. ferrov.) / Kopframpe *f*

râmula *f* **de tensão e secagem** (pano) / Spannrahmen *m*

ramular (pano) / aufrahmen (Appretur)

rancidez *f* / Ranzigkeit *f*

rançoso / ranzig

rangido *m* **de seda** / Seidenschrei *m*, Knirschen *n*

ranhura *f* / Rille *f*, Nute *f*, Nut *f*, Schlitz *m*, Fuge *f* ‖ ~ (constr. civil) / Falz *m* ‖ ~ (madeira, metal) / Furche *f* ‖ ~ (máq., tecnol.) / Kanal *m* ‖ ~ / Kehle *f* ‖ **de** ~ **helicoidal** / spiralgenutet ‖ **de uma só** ~ / einrillig ‖ ~ **anular do êmbolo** / Kolbenringnut *f* ‖ ~ **da via** / Spurrinne, -rille *f* ‖ ~ **de admissão** / Einlaßschlitz *m* ‖ ~ **de chaveta** (máq., tecnol.) / Keilnut *f* ‖ ~ **de enchimento** / Füllnute *f* ‖ ~ **de fixação** / Aufspannschlitz *m*, -nute *f* ‖ ~ **de guia** / Führungsnute *f* ‖ ~ **de lubrificação** / Ölnute *f*, Schmiernut *f* ‖ ~ **de polia** / Scheibenrille *f*, Seilrille *f* ‖ ~ **de torneamento** / Drehriefe *f* ‖ ~ **do fio** / Fadennut *f* ‖ ~ **do isolador** / Isolatorrille *f* ‖ ~ **do rolamento** / Laufrille *f* im Kugellager ‖ ~ **helicoidal** / Drallnut *f* ‖ ~ **longitudinal** / Längsnute *f* ‖ ~ **para a inserção de moedas** / Einwurföffnung *f*, -schlitz *m* für Münzen ‖ ~ **para aparas** / Spannute *f* ‖ ~ **para introduzir ripas** (marcenar.) / Einschiebnute *f*, Nute für Einschiebleisten *f*

ranhurado / gerillt, Rillen..., gerifft

ranhurar (máq., tecnol.) / nuten, rillen

ranhuras *f pl* **de gás** (galvanoplast.) / Gasmarken *f pl*

rapador *m* / Scherer *m*

rapar / abkratzen, abschaben

rapidez *f* / Schnelligkeit *f*

rápido *m* (hidrául.) / Stromschnelle *f* ‖ ~ (técn. ferrov.) / Schnellzug *m*, D-Zug *m* ‖ ~ *adj* / schnell ‖ ~ (informática) / Hochleistungs...

rarefacção *f* / Dünne *f*, Dünnheit *f* der Luft ‖ ~ (física) / Verdünnung *f* ‖ ~ **do ar** / Luftverdünnung *f*

rarefactível (física) / verdünnbar

rarefazer (física) / verdünnen

rarefeito (física) / verdünnt, dünn

raro / selten, rar

rasante / streifend (Einfallsrichtung)

rascador *m* / Abstreifer *m* ‖ ~ **de evacuação de depósitos** / Entspeicherungskratzer *m*

rascunho *m* / Konzept *n*

rasgar / aufschlitzen, auseinanderreißen *vt vi*, zerreißen, reißen, aufreißen ‖ ~**(-se)** / zerreißen *vt vi*, durchreißen

raso / flach

rasoura *f* / Abstreichlineal *n*

raspadeira *f* / Kratzer, Abschaber *m*, Schaber *m*, Kratzeisen *n*, Schabeisen *n* ‖ ~ (artes gráf.) / Abstreichmesser *n* ‖ ~ (cortumes) / Falzmesser *n* ‖ ~ **embotada** (máq. ferram.) / Flachschaber *m* ‖ ~ **para**

tinta / Farbkratzer *m*
raspador *m* / Schaber *m*, Rakel *f*, Schabeisen *n*, Fugenkratzer *m* ‖ ~ (expl. minas) / Bohrkratzer *m* ‖ ~ (têxtil) / Abstreichmesser *n* ‖ ~ **para rolos de impressão** / Druckwalzenstreicher *m*
raspaduras *f pl* / Abrieb *m*, Abgeriebenes *n*
raspagem *f* / Abschaben *n* ‖ ~ **do bronze** (máq., tecnol.) / Einschaben *n* des Lagers
raspagens *f pl* / Abgekratztes *n*, Abschabsel *n*
raspar / auskratzen, abschaben, kratzen, abstreichen, schaben ‖ ~ (cortumes) / ausschaben, abziehen ‖ ~ (constr. civil) / eine Wand o. Decke abstoßen (o. abkratzen) ‖ ~ **a forma**, raspar a fôrma, raspar o molde / formschruppen ‖ ~ **couro** / aasen
rasqueta *f* / Rakel *f*
rastelagem *f* / Hecheln *n*
rastelar / hecheln
rastelo *m* / Flachshechel[maschine] *f*, Hechel *f* ‖ ~ **fino** / Feinhechel *f*
rastilho *m* / Lunte *f*
rasto *m* (geral) / Spur *f* ‖ ~ (autom.) / Kette *f* ‖ **de** ~ (autom.) / Raupen... ‖ ~ **de condensação** (aeronáut.) / Kondensstreifen *m* ‖ ~ **de luz** / Schlaglicht *n*
rastreamento *m*, rastreio *m* / Spurverfolgung *f*, Folgen *n*, Flugbahnverfolgung *f*
rastreio *m* **de satélites** / Satelliten-Bahnverfolgung *f* ‖ ~ **em frequência** (astronáut.) / Frequenznachlauf *m*
raté *m* (coll) (mot.) / Aussetzer *m*, Fehlzündung *f*, Zündungsaussetzer *m*
ratina *f* (tecel.) / Ratiné *m*
ratinar / ratinieren
ratinho *m* (informática) / Maus *f*
ravina *f* (geogr.) / Klamm *f*, Schlucht *f*
razão *m* (matem.) / Quotient *m* ‖ ~ *f* **de actividade** (informática) / Bewegungshäufigkeit *f* ‖ ~ *m* **de Poisson** (mecân.) / Querzahl *f* ‖ ~ *f* **interna** (matem.) / inneres Teilverhältnis
ré *f* (constr. naval) / Achterschiff *n*, Heck *n*, Hinterschiff *n* ‖ **à** ~ / Rückwärts...
reabastecer / nachfüllen, auffüllen ‖ ~ (autom.) / nachtanken
reabastecimento *m* / Nachfüllung *f* ‖ ~ *n* (autom., aeronáut.) / Nachtanken *n*
reabsorção *f* / Resorption *f*
reabsorver / resorbieren, [wieder] aufsaugen
reacção *f* / Reaktion *f*, Gegenwirkung *f* ‖ ~ / Gegendruck *m*, Reaktion *f*, Gegenkraft *f* ‖ ~ (física, mecân.) / Reaktion *f*, Rückwirkung *f* ‖ ~ (química) / Vorgang *m*, Reaktion *f* ‖ ~ (electrón.) / Rückkopplung *f* ‖ **de** ~ **ácida** / sauer reagierend ‖ **por** ~ (electrón.) / rückgekoppelt, Rückkopplungs... ‖ ~ **à explosão** / Explosionsreaktion *f* ‖ ~ **aditiva** (química) / Anlagerungsreaktion *f* ‖ ~ **de apoio** (constr. civil) / Stützendruck *m* ‖ ~ **de Baudoin** / Baudouinsche Probe (für Speiseöl) ‖ ~ **de corrente** (electrón.) / Stromrückkopplung *f* ‖ ~ **de formação** (química) / Bildungsreaktion *f* ‖ ~ **de obscuridade** (química) / Dunkelreaktion *f* ‖ ~ **de permuta** / Austauschreaktion *f* ‖ ~ **de placa** / Anodenrückkopplung *f* ‖ ~ **de tensão** (electrón.) / Spannungsrückkopplung *f* ‖ ~ **degradativa** / Abbaureaktion *f* ‖ ~ **do induzido** (electr.) / Ankerrückwirkung *f* ‖ ~ **[electro]magnética** (electrón.) / induktive Rückkopplung ‖ ~ **em cadeia** / Kettenreaktion *f* ‖ ~ **em cadeia** (química) / Kettenfortpflanzungsreaktion *f* ‖ ~ **em cadeia controlada** / beherrschte Kettenreaktion ‖ ~ **estabilizadora** (electrón.) / stabilisierende Rückführung ‖ ~ **indutiva** (electrón.) / induktive Rückkopplung ‖ ~ **irreversível** / irreversible Reaktion ‖ ~ **lenta** (química) / Zeitreaktion *f* ‖ ~ **negativa de corrente anódica** (electrón.) / Anodenstromgegenkopplung *f* ‖ ~ **negativa de intensidade** / Stromgegenkopplung *f* ‖ ~ **parcial** / Teilreaktion *f* ‖ ~ **parcial** (química) / unvollständige (o. unvollständig verlaufende) Reaktion ‖ ~ **por gás detonante de cloro** / Chlorknallgasreaktion *f* ‖ ~ **química** / chemische Reaktion ‖ ~ **secundária** (química) / Folgereaktion *f* ‖ ~ **termonuclear** / Kernfusion *f*
reactância *f* (electr.) / Blindwiderstand *m* ‖ ~ **acústica** / akustischer Blindwiderstand ‖ ~ **capacitiva** / kapazitive Reaktanz, Kapazitanz *f* ‖ ~ **de amortecimento** / Dämpfungsdrossel *f* ‖ ~ **de fuga** (electr.) / Streureaktanz *f* ‖ ~ **do contacto à terra** (electr.) / Erdschlußreaktanz *f* ‖ ~ **do eléctrodo ou eletrodo** / Elektroden-Blindwiderstand *m*, Elektroden-Reaktanz *f* ‖ ~ **do filtro** (electrón.) / Siebdrossel *f* ‖ ~ **indutiva** / induktiver Blindwiderstand
reactivação *f* (química) / Reaktivierung *f*, Wiederbelebung *f*
reactivar / reaktivieren, wieder aktivieren
reactividade *f* / Reaktionsfähigkeit *f*, Reaktionsvermögen *n*, Reaktivität *f*
reactivo / wattlos, Blindstrom..., reaktiv, reagierend
reactor [nuclear] *m* (técn. nucl.) / Reaktor *m*, Kernreaktor *m* ‖ ~ (química) / Reaktor *m* ‖ ~ / Drosselspule *f*, Vorschaltgerät *n* (für Leuchtstoffröhren) ‖ ~ (electr.) / Reaktor *m* ‖ ~ (transmissão) / Leitrad *n* ‖ ~ (aeronáut.) / Düsentriebwerk *n* ‖ ~ **a água fervente** / Siedewasserreaktor *m* ‖ ~ **a água pressurizada** / Druckwasser-Reaktor *m* ‖ ~ **a gás em fase líquida** / Gas-Flüssigphase-Reaktor *m* ‖ ~ **a metal líquido** / Flüssigmetallreaktor *m* ‖ ~ **alto-conversor** (técn. nucl.) / Hochkonverter *m* ‖ ~ **avançado** / fortgeschrittener Reaktor ‖ ~ **avançado a água pressurizada** / fortgeschrittener Druckwasserreaktor, FDR ‖ ~ **biomedicinal** / biomedizinischer Reaktor ‖ ~ **cerâmico** (técn. nucl.) / keramischer Reaktor ‖ ~ **com arrefecimento a sódio** / Reaktor *m* mit NaK-Kühlung ‖ ~ **com núcleo de ferro** / Eisendrossel *f* ‖ ~ **conversor** (técn. nucl.) / Konverter *m* (Brüter, bei dem weniger Spaltmaterial entsteht als verbraucht wird) ‖ ~ **de água leve** (técn. nucl.) / Leichtwasserreaktor *m* ‖ ~ **de água pesada** / Schwerwasserreaktor *m*, SWR ‖ ~ **de alta temperatura com turbina de hélio em ciclo directo** / HHT, Hochtemperaturreaktor *m* mit Heliumturbine im direkten Kreislauf ‖ ~ **de alto fluxo** / Hochflußreaktor *m* ‖ ~ **de ciclo directo a difenile** (técn. nucl.) / DCDR-Reaktor *m* ‖ ~ **de ciclo indirecto** / Indirektkreisreaktor *m* ‖ ~ **de filtração** (electrón.) / Filterdrossel *f* ‖ ~ **de fluido sob pressão** / Druckreaktor *m* ‖ ~ **de fluxo duplo** (aeronáut.) / Mantelstromtriebwerk *n* ‖ ~ **de fusão** (técn. nucl.) / Fusionsreaktor *m*, Plasmareaktor *m* ‖ ~ **de irradiação** / Bestrahlungsreaktor *m* ‖ ~ **de neutrões rápidos** / schneller Reaktor ‖ ~ **de pesquisa** / Forschungsreaktor *m* ‖ ~ **de piscina** / Schwimmbadreaktor *m*, Tauchsiedereaktor *m* ‖ ~ **de potência** / Leistungsreaktor *m* ‖ ~ **de potência moderado por água pesada e refrigerado por gás** / schwerwassermoderierter gasgekühlter Leistungsreaktor ‖ ~ **de propulsão** / Antriebsreaktor *m* ‖ ~ **de reciclagem** / Speicherreaktor *m* ‖ ~ **de refrigeração por vapor sobreaquecido** (técn. nucl.) / heißdampfgekühlter Reaktor ‖ ~ **de terra** (electr.) / künstliche Erde ‖ ~ **de treino** (técn. nucl.) / Ausbildungsreaktor *m* ‖ ~ **exponencial** (técn. nucl.) / Exponentialreaktor *m* ‖ ~ **gerador de vapor** / dampferzeugender Reaktor ‖ ~ **heterogéneo** (técn. nucl.) / inhomogener

Kernreaktor ‖ ~ **integral** / Integralreaktor *m* ‖ ~ **moderado a água leve e refrigerado a gás** / gasgekühlter Leichtwasserreaktor ‖ ~ **moderado por matéria orgânica** / organisch gebremster Reaktor ‖ ~ **moderado por materiais cerâmicos** (técn. nucl.) / keramischer Reaktor ‖ ~ **nuclear** / Kernreaktor *m* ‖ ~ **para processos químicos** (química) / Chemiereaktor *m* ‖ ~ **químico-nuclear** (técn. nucl.) / Chemiereaktor *m* ‖ ~ **rápido** / schneller Reaktor ‖ ~ **refrigerado a água e moderado a grafita** / wassergekühlter Graphitreaktor ‖ ~ **refrigerado a gás e moderado a grafita** / gasgekühlter graphitmoderierter Reaktor ‖ ~ **refrigerado a líquido** / flüssiggekühlter Reaktor ‖ ~ **sobre-regenerador** / Brutreaktor *m* ‖ ~ **sobre-regenerador de potência** / Leistungsbrüter *m* ‖ ~ **sobre-regenerador experimental** / Experimental-Brutreaktor *m* ‖ ~ **sobre-regenerador rápido** / Schnellbrutreaktor *m*, schneller Brüter ‖ ~ **tanque** (técn. nucl.) / Tankreaktor *m* ‖ ~ **térmico** (técn. nucl.) / thermischer Reaktor, Thermoreaktor *m*

reagente *m* (química) / Reagens *n*, Reaktionsmittel *n* ‖ ~ *adj* / reagierend ‖ ~ *m* **de Schiff** / Dénigésches Reagens, fuchsinschweflige Säure ‖ ~ **Eschka** (química) / Eschka-Mischung *f* (65% Magnesiumoxid, 35% Natriumkarbonat)

reagir (química) / reagieren ‖ ~ (electr.) / ansprechen

reajustar / nachregeln, -regulieren, -rüsten, -richten

reajuste *m* / Wiedereinrichten *n*

real / wirklich ‖ ~ (matem., óptica) / reell ‖ ~ (electr.) / Nutz..., Watt...

realce *m* **da flor** / Festigung *f* des Narbens

realimentação *f* (informática) / Außenrücklauf *m*, Feedback *n* ‖ ~ (electrón.) / Rückkopplung *f* ‖ **de** ~ **degenerativa ou negativa** / gegengekoppelt ‖ ~ **de erros** / Fehler-Gegenkopplung *f* ‖ ~ **degenerativa ou negativa** / Gegenkopplung *f* ‖ ~ **electromagnética** (electrón.) / elektromagnetische Rückkopplung ‖ ~ **em ponte** (electrón.) / Brückenrückkopplung *f* ‖ ~ **interna** (semicondut.) / innere Rückwirkung ‖ ~ **positiva**, realimentação *f* regenerativa / Mitkopplung *f*, positive Rückkopplung

realização *f* / Ausführung *f*, Durchführung *f* ‖ ~ (filme, tv) / Regie *f* ‖ ~ **de um desenho** / Entwurfgestaltung *f*

realizar / ausführen, erzielen, durchführen

realizável / ausführbar, durchführbar

reapertar / umspannen

reaquecer / wiedererwärmen, -erhitzen

reaquecimento *m* / Wiedererwärmung *f*

reatância *f* (electr.) / Reaktanz *f*, Blindwiderstand *m*, Choke *m*

reator *m* vide reactor;m.

reavivar / auffrischen (Farbe), übermalen, -streichen ‖ ~ **o cobre**, reavivar o litargírio / Kupfer, Bleiglätte frischen

rebaixado (constr. civil) / gedrückt, flach

rebaixador *m* / Falzhobel *m*

rebaixar / senken, absenken ‖ ~ (torno) / absetzen ‖ ~ (marcenar., carpint.) / einsenken ‖ ~ (mecân.) / aussparen ‖ ~ (couro) / schärfen ‖ ~ **com a fresa** / hinterfräsen

rebaixo *m* (mecân.) / Schulter *f* ‖ ~ (máq., tecnol.) / Aussparung *f* ‖ ~ (carpint.) / Falz *m* ‖ ~ **de janela** / Fensteranschlag *m*

rebarba *f* (máq., tecnol.) / Grat *m* ‖ ~ / Formfuge *f*, -naht *f* ‖ **livre de** ~ (máq., tecnol.) / gratfrei, -los ‖ ~ **de solda** / Schweißgrat *m* ‖ ~ **residual** (forja) / Gratansatz *m*

rebarbador *m* / Entgrater *m*

rebarbadora *f* / Abgratmaschine *f*

rebarbagem *f* **de peças fundidas** / Gußputzen *n*, -putzerei *f*

rebarbar / abgraten, entgraten, abrauhen

rebate *m* (chama) / Rückschlag *m*

rebater (chama) / zurückschlagen

rebatível (assento) / umklappbar

rebentação *f* (hidrául.) / Brandung *f*

rebentar / aufplatzen, abplatzen, bersten ‖ **fazer** ~ / zersprengen *vt*

rebento *m* (agricult.) / Trieb *m*, Schößling *m*

rebitado / genietet, Niet...

rebitador *m* / Nieter *m*

rebitagem *f* / Nietung *f*, Nietverbindung *f*, Nieten *n*, Vernietung *f* ‖ ~ **a frio** / Kaltnieten *n* ‖ ~ **com rebites sem cabeça** / Stiftnietung *f* ‖ ~ **de cisalhamento simples** / einschnittige Nietung ‖ ~ **de cobrejunta** / Laschennietung *f* ‖ ~ **de cobrejunta simples** / einseitige Laschennietung ‖ ~ **de vedação** / Dichtungsnietung *f*, dichte Nietung ‖ ~ **em ziguezague** / Versatznietung *f* ‖ ~ **manual** / Handnietung *f* ‖ ~ **mecânica** / Maschinennietung *f* ‖ ~ **por transmissão de forças** , rebitagem *f* por transmissão de esforços / Kraftnietung *f* ‖ ~ **simples** / einreihige Nietung ‖ ~ **sobreposta** / Überlappungsnietung *f*

rebitar / nieten, zusammennieten, vernieten ‖ ~ **a frio** / kaltnieten, kalt schlagen ‖ ~ **a quente** / warmnieten

rebite *m* / Niet *m*, Niete *f* ‖ ~ **bipartido** / Spaltniet *m*, -niete *f* ‖ ~ **de cabeça boleada** / Flachrundniet *m* ‖ ~ **de cabeça chata** / Flachkopfniet *m* ‖ ~ **de cabeça lenticular** / Linsenniet *m* ‖ ~ **de cabeça oval** / Blechniet *m* ‖ ~ **de correia** / Riemenniet *m* ‖ ~ **provisório** / Heftniet *m* ‖ ~ **tubular de duas peças** (uma peça fêmea e outra macho) / Hohlniet *m* (zweiteilig) (DIN 7331)

rebobinadora *f* (papel) / Umrollapparat, Umroller *m*

rebobinagem *f* (fita magn.) / Rücklauf *m* ‖ ~ **rápida**, rebobinamento *m* rápido (fita magn.) / Schnellrücklauf *m*

rebobinar / umspulen ‖ ~ (fita magn.) / rückspulen

rebocador *m* / Schlepper *m* ‖ ~ **de alto-mar**, rebocador *m* oceânico / Hochseeschlepper *m*

rebocar (constr. civil) / abputzen, verputzen, putzen ‖ ~ (navio) / schleppen ‖ ~ (autom.) / abschleppen

reboco *m* (constr. civil) / Putz *m*, Oberputz *m* ‖ **sem** ~ (constr. civil) / unverputzt, unabgeputzt ‖ ~ **à brocha** (constr. civil) / Kammputz *m* ‖ ~ **aplicado à pistola** (constr. civil) / Spritzbewurf, Rohputz *m* ‖ ~ **áspero** (constr. civil) / Rauhputz *m*, Rapputz *m* ‖ ~ **de argamassa de cal** (constr. civil) / Kalkmörtelputz *m* ‖ ~ **de cal** (constr. civil) / Kalkputz *m*, Kalkanstrich *m*, Kalkbewurf *m* ‖ ~ **de gesso** (constr. civil) / Gipsputz *m*, Schlichte *f* ‖ ~ **do tecto** / Deckenputz *m*, -verputz *m* ‖ ~ **fino** (constr. civil) / Edelputz *m* ‖ ~ **grosseiro** (constr. civil) / Rohputz *m* ‖ ~ **impermeável** (constr. civil) / Feinputz *m* ‖ ~ **interior** (constr. civil) / Innenputz *m* ‖ ~ **rústico** / gefurchter Putz

rebolo *m* (máq. ferram.) / Schleifscheibe *f* ‖ ~ **em forma de copo**, rebolo *m* em forma de taça (máq. ferram.) / Topfscheibe *f*, Schleiftasse *f* ‖ ~ **para afiar** / Schleifscheibe *f* zum Schärfen ‖ ~ **para perfilar ou formar** / Schleifscheibe *f* zum Profilieren o.˚Formen ‖ ~ **perfilado** / Form[schleif]scheibe *f* ‖ ~ **rebarbador** (galvanoplast.) / Abgratscheibe, Grobschleifscheibe *f*

reboque *m* (autom.) / Anhänger *m*, Anhängefahrzeug *n* ‖ ~ (agricult.) / Anhängegerät *n* ‖ ~ **basculante** (autom.) / Kippanhänger *m* ‖ ~ **por tractor** / Schlepperantrieb *m*, -zug *m*, -betrieb *m*

rebordar / umbördeln, abkanten, bördeln, kümpeln

rebordeado / gebördelt

rebordear / besäumen, abkanten, bördeln, einlegen

rebordo *m* / Umbördelung *f*, Rand *m*, nach außen umgebogener Rand, Umschlag *m*, Krempe *f*, Band *n* ‖ ~ (constr. civil) / Wulst *m f* ‖ ~ / Stoßkante *f* ‖ ~ **cortado** / Schneidsaum *m* ‖ ~ **de centragem** / Zentrieransatz, -rand *m*, -wulst *m f* ‖ ~ **de janela** / Fenstersims *m n* ‖ ~ **do aro de polia** / Bordscheibe *f* einer Riemenscheibe ‖ ~ **interno** (estamp.) / Innenbord *m*
recalcado / gestaucht
recalcamento *m* / Stauchung *f*
recalcar / ausstampfen, stauchen
recalescência *f* (siderurg.) / Wiederaufglühen *n* im kritischen Bereich
recalescer (siderurg.) / wiederaufglühen (beim Abkühlen)
recalque *m* **do terreno** (constr. civil) / Bodensenkung *f*
recarburação *f* (siderurg.) / Rückkohlung *f*
recarburado (siderurg.) / rückgekohlt, -geholt
recarga *f* / Ersatzfüllung *f*
recarregar (electr.) / wiederaufladen, nachladen
recauchutagem *f* (autom.) / Runderneuerung *f*
recauchutar (autom.) / runderneuern
receitas *f pl* **de licenças** / Gebührenaufkommen *n*
recém-saído da fábrica / fabrikneu
recepção *f* (geral) / Annahme *f*, Empfang *m* ‖ ~ (tv, electrón.) / Empfang *m* ‖ ~ (abra) / Abnahme *f* ‖ ~ **a grande distância** / Fernempfang *m* ‖ ~ **acústica** (telecom.) / Gehöraufnehmen *n* ‖ ~ **auditiva** / Hörempfang *m*, Hören *n* ‖ ~ **colectiva** / Gemeinschaftsempfang *m* ‖ ~ **de ondas decimétricas** (electrón.) / Dezi-Empfang *m* ‖ ~ **dupla** / Doppelempfang *m* (an der gleichen Antenne) ‖ ~ **em quadro** (electrón.) / Rahmenempfang *m* ‖ ~ **heteródina** / Heterodynempfang *m* ‖ ~ **individual** (tv, rádio) / Einzelempfang *m* ‖ ~ **neutródina** / Neutro[dyn]empfang *m* ‖ ~ **regional** / Nahempfang *m*
receptáculo *m* / Behälter *m*, Behältnis *n* ‖ ~ **de gordura lubrificante** / Fettbüchse *f*
receptibilidade *f* / Empfänglichkeit *f*
receptividade *f* / Aufnahmefähigkeit *f*, -vermögen *n* ‖ ~ **à tinta** (artes gráf.) / Farbaufnahmefähigkeit *f* ‖ ~ **ao corante** (tinturaria) / Farbaufnahmefähigkeit *f*
receptor *m* (geral, telecom., electrón.) / Empfänger *m* ‖ ~ **autódino** (electrón.) / Selbstüberlagerungsgerät *n* ‖ ~ **de amplificação directa** / Geradeausempfänger *m* ‖ ~ **de corrente alternada e contínua** / Allstromempfänger *m* ‖ ~ **de eco** / Echoempfänger *m* ‖ ~ **de fac-símile** (telecom.) / Faksimileempfänger *m* ‖ ~ **de fita perfurada** / Lochstreifenempfänger *m* ‖ ~ **de intercepção** (armamento) / Aufklärungsempfänger *m*, Horchempfänger *m* ‖ ~ **de monitoração** (electrón.) / Abhörgerät *n* ‖ ~ **de ondas contínuas** / Empfänger für ungedämpfte Wellen ‖ ~ **de rádio** / Radioapparat *m*, Rundfunkempfänger *m* ‖ ~ **de teleimpressor** / Fernschreibempfänger *m* ‖ ~ **de televisão** / Fernsehempfänger *m*, Fernsehgerät *n* ‖ ~ **de televisão a cores** (tv) / Farbempfänger *m* ‖ ~ **de teste** (electrón.) / Abhörgerät *n* ‖ ~ **direccional** (electrón.) / Richtempfänger *m* ‖ ~ **doméstico** / Heimempfänger *m* (Ggs: Autoempfänger) ‖ ~ **em cascata** / Geradeausempfänger *m* ‖ ~ **fototelegráfico** (telecom.) / Bildempfänger *m* ‖ ~ **heteródino** (electrón.) / Schwebungsempfänger *m*, Überlagerungsempfänger *m* ‖ ~ **para todas as ondas** / Allwellenempfänger *m* ‖ ~ **portátil** (rádio, tv) / Reiseempfänger *m*, Kofferempfänger *m*, tragbarer Empfänger ‖ ~ **radiofónico** / Rundfunkempfänger *m*, -gerät *n* ‖ ~ **radiogoniométrico** / Peilempfänger *m* ‖ ~ **resolvedor** / Funktionsempfänger *m* ‖ ~ **síncrono** (contr. autom.) / Steuerempfänger *m* ‖ ~ **superheteródino** (electrón.) / Superhet[erodyn]empfänger *m*, Überlagerungsempfänger *m*
recesso *m* (torno) / Einstich *m*, Absatz *m*
réchaud *m* **a gás** / Gaskocher *m* (Tischmodell)
reciclagem *f* / Rückführen *n*, -führung *f*, Wiederverwendung, -nutzbarmachung *f* ‖ ~ (química) / Rückfluß *m* ‖ ~ **de estágio único** (técn. nucl.) / Kreislauf *m* nach Hertz, Einstufenrückführung *f* ‖ ~ **de gás de escape** (autom.) / Abgasrückführung *f*
reciclar / im Kreislauf umpumpen (o. zurückführen)
recife *m* (geol) / Riff *n*
recipiente *m* / Gefäß *n*, Behälter *m* ‖ ~ **colector** / Fangtrog *m*, Sammelbehälter *m*, -gefäß *n*, -becken *n* ‖ ~ **de absorção** / Absorptionsgefäß *n* ‖ ~ **de absorção** (química) / Absorptionsküvette *f* ‖ ~ **de extracção** (expl. minas) / Fördergefäß *n* ‖ ~ **de gás** / Gasbehälter *m*, -sammelröhre *f*, Gasfang *m* ‖ ~ **de gás etc. comprimido** / Druckgefäß *n* ‖ ~ **de gotejamento** / Abtropfschale *f* ‖ ~ **de lata** / Blechbüchse *f* ‖ ~ **de putrefacção** / Ausfaulbehälter *m* ‖ ~ **de recolha** / Auffanggefäß *n* ‖ ~ **de sedimentação por contracorrente** / Gegenstromabsitzgefäß *n* ‖ ~ **esmaltado** / Emailgefäß *n* ‖ ~ **graduado** / Meßgefäß *n* ‖ ~ **não recuperável** / Einweggebinde *n* ‖ ~ **para acumuladores** / Akkumulatorkasten *m*, -gefäß *n* ‖ ~ **para amoníaco líquido** / Ammoniakbehälter *m* ‖ ~ **para fluidos sob pressão** / Drucktank *m* ‖ ~ **perdido** / Einweggebinde *n* ‖ ~ **subterrâneo** / Tiefbehälter *m* ‖ ~ **subterrâneo de pressurização** (telecom.) / Einspeise-Unterflurbehälter *m* ‖ ~ **tampão** (química) / Druckausgleichflasche *f*
recíproca *f* **de sensibilidade** / Empfindlichkeitskehrwert *m*
reciprocidade *f* / umgekehrtes Verhältnis, Reziprozität *f*, Gegenseitigkeit *f*
recíproco / umgekehrt, reziprok, wechselseitig
recoberto (papel) / gedeckt ‖ ~ (geral, papel) / gestrichen
recobramento *m* (hidrául.) / Landgewinnung *f*
recobrimento *m* **de escape**, recobrimento *m* interno (máq. vapor) / Auslaßdeckung *f*
recolha *f* **da lama** / Schlammgewinnung *f* ‖ ~ **de amostras segundo um programa** / Folgeprüfung *f*, fortschreitendes Stichprobenverfahren ‖ ~ **de dados** (informática) / Datenerfassung *f* ‖ ~ **de dados na fonte** (informática) / Datenerfassung *f* am Entstehungsort ‖ ~ **de lixo** / Müllabfuhr *f* ‖ ~ **do lodo** / Schlammgewinnung *f*
recolhedor *m* / Auffänger *m* ‖ ~ **de pasta de flotação** (papel) / Flotations-Stoffänger *m* ‖ ~ **de ramos** (papel) / Astfänger *m*
recolher / erfassen, sammeln ‖ ~ (líquidos) / auffangen ‖ ~ (artes gráf.) / einziehen, einrücken, zurücktreten lassen ‖ ~ **dados** (informática) / Daten erfassen ‖ ~ **o trem de aterragem** (aeronáut.) / das Fahrgestell einfahren
recolhido *m* (artes gráf.) / Einrücken *n*
recombinação *f* (semicondut.) / Wiedervereinigung *f* von Elektronen und Löchern
recomendação *f* / Richtlinie *f* (DIN)
recompressão *f* **dos gases no jazigo** (petróleo) / Gastreibverfahren *n*, Gasdrive *m*
recondicionar / wiederinstandsetzen, überholen
reconhecimento *m* (geol) / Erkundung *f*, Rekognoszierung *f* ‖ ~ (informática) / Erkennung *f* ‖ ~ (armamento) / Aufklärung *f* ‖ ~ **aéreo** (armamento) / Luftaufklärung *f*, Flugaufklärung ‖ ~ **das estruturas** (informática) / Erkennung *f* von übergeordneten Zusammenhängen ‖ ~ **de caracteres** (informática) / Zeichenerkennung *f* ‖ ~

de configurações (informática) / Mustererkennung *f* ‖ ~ **fotográfico** (armamento) / Bildaufklärung *f* ‖ ~ **óptico dos caracteres** (informática) / OCR, optische Zeichenerkennung
reconstrução *f* / Wiederaufbau *m*, Rekonstruktion *f*, Wiederherstellung *f*
reconstruído / neuaufgebaut, wiederhergestellt
reconstruir / wiederaufbauen, rekonstruieren, wiederherstellen
recorrente / rücklaufend, rückläufig
recortar / ausschneiden ‖ ~ (mecân.) / abdrücken ‖ ~ **com punção** (estamp.) / ausstanzen
recorte *m* / Ausschnitt *m*, Schnitzel *n m* ‖ ~ **de imagem** / Bildausschnitt *m* ‖ ~ **dentado** (máq., tecnol.) / Kerbverzahnung *f*
recortes *m pl* (forja, carpint.) / abgehauenes Stück
recozedura *f* **final** / fertigglühen
recozer / ausglühen *vt*, glühen *vt* (Stahl) ‖ ~ (vidro) / im Kühlofen abkühlen ‖ ~ **para eliminar as tensões** / spannungsfrei glühen ‖ ~ **posteriormente** / nachglühen
recozido (siderurg.) / geglüht ‖ ~ **em caixa** (siderurg.) / kistengeglüht ‖ ~ *m* **escuro** (siderurg.) / Dunkelglühen *n* ‖ ~ **escuro** / dunkelgeglüht ‖ ~ **mole** (siderurg.) / weichgeglüht
recozimento *m* (siderurg.) / Anlassen *n* ‖ ~ [completo] (siderurg.) / Glühen *n* (Tätigkeit) ‖ ~ **a baixa temperatura** (siderurg.) / autogenes Entspannen ‖ ~ **azul** (siderurg.) / Blauglühen *n* ‖ ~ **em caixa** (siderurg.) / Topfglühen *n* ‖ ~ **em gás de protecção** / Schutzgasflammen *n*, -gasglühen *n* ‖ ~ **fechado** / Anlassen *n* unter Luftabschluß ‖ ~ **intermediário** (siderurg.) / Zwischenglühung *f*, -glühe *f* ‖ ~ **total** (siderurg.) / Grobkornglühen *n*
recremento *m* / Auswurfstoff *m*
recristalização *f* / Kristallerholung *f*
recristalizar / umkristallisieren
recta *f* (constr. rodov.) / Gerade *f* ‖ ~ (técn. ferrov., matem.) / Gerade *f*
rectangular / rechtwinklig, -eckig, im rechten Winkel stehend
rectangularidade *f* / Rechteckigkeit *f*
rectângulo *m* (matem.) / Rechteck *n* ‖ ~ **de Berna** (técn. ferrov.) / freier Raum für den Kuppler (Wagenkupplung)
recticular (constr. civil) / netzartig, rautenförmig gerippt
rectificação *f* / Rektifikation *f*, Rektifizierung *f* ‖ ~ (electr., electrón.) / Gleichrichtung *f* ‖ ~ (destil.) / Rektifizierung *f*, Konzentrierung *f*, Entwässerung *f* ‖ ~ (máq. ferram.) / Schleifen *n* ‖ ~ (óptica) / Entzerrung *f* ‖ ~ **anódica** / Anodengleichrichtung *f* ‖ ~ **côncava** / Hohlschliff *m* ‖ ~ **contínua** (máq. ferram.) / Durchlaufschleifen *n* ‖ ~ **convexa** / Balligschleifen *n* ‖ ~ **de meia-onda** / Einweggleichrichtung *f* ‖ ~ **de onda completa** / Gegentaktgleichrichtung *f* ‖ ~ **de perfis de dentes** / Zahnflankenschliff *m* ‖ ~ **de superfícies cilíndricas** (máq. ferram.) / Rundschliff *m*, -schleifen *n* ‖ ~ **de superfícies interiores** / Hohlschleifen *n*, -schliff *m* ‖ ~ **de superfícies planas** / Planschliff *m*, -schleifen *n*, Flachschliff *m*, -schleifen (DIN), -schleifen *n* (DIN) ‖ ~ **de um erro** / Berichtigung *f* eines Fehlers ‖ ~ **electrolítica** / elektrolytisches Schleifen, Elysierschleifen *n* ‖ ~ **fina** / Feinschliff *m* ‖ ~ **pela grelha**, retificação *f* pela grade (electrón.) / Gittergleichrichtung *f* ‖ ~ **por desbaste** / Grobschleifen *n* ‖ ~ **prévia** / Vorschleifen *n*
rectificado (electr.) / gerichtet, gleichgerichtet
rectificador *m* / Schleifer *m*, Metallschleifer *m* ‖ ~ (electrón.) / Gleichrichterröhre *f* ‖ ~ (electr., electrón.) / Gleichrichter *m* ‖ ~ **a vapor de mercúrio** / Quecksilberdampfgleichrichter *m* ‖ ~ **absorvedor de choques acústicos** / Gehörschutzgleichrichter *m* ‖ ~ **com ampola de vidro** / Glasgleichrichter *m* ‖ ~ **de arco [voltaico]** / Lichtbogengleichrichter *m* ‖ ~ **de carga** / Ladegleichrichter *m* ‖ ~ **de contacto por superfície**, retificador *m* de contato por superfície (electr.) / Flächengleichrichter *m* ‖ ~ **de excitação** / Erregergleichrichter *m* ‖ ~ **de lâmina vibratória** / Schwingkontaktgleichrichter *m* ‖ ~ **de meia-onda** / Einweggleichrichter *m* ‖ ~ **de onda completa** / Doppeldiode *f* ‖ ~ **de óxido cuproso** / Kupferoxydulgleichrichter *m* ‖ ~ **de placas** (electr.) / Plattengleichrichter *m* ‖ ~ **de polarização** (electrón.) / Gittergleichrichter *m* ‖ ~ **de potência** (electr.) / Leistungsgleichrichter *m* ‖ ~ **de selénio**, retificador *m* de selênio / Selengleichrichter *m* ‖ ~ **de semicondutores** / Halbleiterstromrichter *m* ‖ ~ **de silício** (electrón.) / Siliziumgleichrichter *m* ‖ ~ **de soldadura** / Schweißgleichrichter *m* ‖ ~ **de tanque** / Gefäßgleichrichter *m* ‖ ~ **de válvula a gás néon** / Glimmlichtgleichrichter *m* ‖ ~ **de válvulas** (ferram.) / Ventileinschleifer *m* ‖ ~ **de ventilador** / Gebläsegleichrichter *m* (ein Gebläsebauteil) ‖ ~ **electrolítico**, retificador *m* eletrolítico / Gleichrichter *m* mit Alu-Anode ‖ ~ **electrónico**, retificador *m* eletrônico / Röhrengleichrichter *m* ‖ ~ **em ponte** (electr.) / Brückengleichrichter *m*, Gleichrichterbrücke *f* in Graetzschaltung ‖ ~ **monoanódico** / Einanodenstromrichter, -anoden-[Ignitron]gleichrichter *m* ‖ ~ **ponta-placa** (electr.) / Stift-Platte-Gleichrichter *m* ‖ ~ **push-pull** / Gegentaktgleichrichter *m* ‖ ~ **seco** / Trockengleichrichter *m* ‖ ~ **simétrico** / Gegentaktgleichrichter *m* ‖ ~ **tanque** (electr.) / Eisengleichrichter *m* ‖ ~ **termiónico**, retificador *m* termiônico (electr.) / Glühkathodengleichrichter *m*
rectificadora *f* (máq. ferram.) / Schleifmaschine *f*, Abrichtmaschine *f* ‖ ~ **automática** / Schleifautomat *m* ‖ ~ **com montantes** / Ständerschleifmaschine *f* ‖ ~ **de correia** / Bandschleifmaschine *f* ‖ ~ **de engrenagens** / Zahnradschleifmaschine *f* ‖ ~ **de interiores** / Buchsenschleifmaschine *f* ‖ ~ **de planos de deslize** / Führungsbahn-Schleifmaschine *f* ‖ ~ **de superfícies planas** / Flächenschleifmaschine *f*, Flachschleifmaschine *f* ‖ ~ **manual** / Handschleifmaschine *f* ‖ ~ **para cilindros** (mot.) / Zylinderschleifmaschine *f* ‖ ~ **para perfis** / Profilschleifmaschine *f* ‖ ~ **para superfícies planas** (máq. ferram.) / Langflächenschleifmaschine *f* ‖ ~ **para tornos** / Supportschleifer *m*, -schleifgerät *n* ‖ ~ **penetrante** / Einstechschleifmaschine *f* ‖ ~ **suspensa** / Hängeschleifmaschine *f*
rectificar / schleifen, abschleifen, mit der Schleifscheibe [genau] bearbeiten ‖ ~ (máq. ferram.) / einschleifen, ausdrehen ‖ ~ (electr., electrón.) / gleichrichten ‖ ~ (constr. rodov.) / begradigen ‖ ~ (destil.) / rektifizieren ‖ ~ **com precisão** / feinschleifen ‖ ~ **com tolerâncias precisas** / genauigkeitsschleifen ‖ ~ **em contínuo** / durchlaufschleifen ‖ ~ **por desbaste** / grobschleifen ‖ ~ **previamente** / vorschleifen ‖ ~ **roscas** / gewindeschleifen ‖ ~ **superfícies interiores** / hohlschleifen ‖ ~ **uma superfície plana** / planschleifen
rectilíneo / geradlinig
recto / gerade
recuar / zurückfahren ‖ ~ (constr. civil) / zurückweichen ‖ ~ (artes gráf.) / einziehen, einrücken, zurücktreten lassen
recuo *m* / Rückstoß *m* ‖ ~ **da hélice** (navio) / Slip *m*, Schlupf *m* ‖ ~ **da margem** (artes gráf.) / Einzug *m* ‖ ~

da mesa (máq. ferram.) / Tischrücklauf *m*
recuperação *f* / Rückgewinnen *n*, -gewinnung *f*, Wiedergewinnung *f* ‖ ~ (hidrául.) / Landgewinnung *f* ‖ ~ (satélite, míssil) / Bergung *f* ‖ ~ (siderurg.) / Erholung *f* ‖ ~ **da corrente** / Stromrückgewinnung *f* ‖ ~ **da informação** / Informationserschließung *f* ‖ ~ **da tensão** (electrón.) / Einlaufen *n* der Spannung ‖ ~ **de benzeno** / Benzolgewinnung *f*, -abscheidung *f* ‖ ~ **de energia** / Energierückgewinnung *f* ‖ ~ **de informações** / Informations-Wiedergewinnung *f* ‖ ~ **de instrução** / Instruktionsabruf *m* ‖ ~ **do ferro** / Eisenrückgewinnung *f* ‖ ~ **por recozimento** (siderurg.) / Erholungsglühen *n* ‖ ~ **secundária por aumento da pressão** (petróleo) / sekundäre Aufschließung durch Gas-, Luft- o. Dampfeinpressen
recuperador *m* / Vorwärmer *m*, Abhitzeverwerter *m* ‖ ~ (armamento) / Vorholer *m* ‖ ~ **de calor** / Winderhitzer, Cowper[apparat] *m*
recuperar / wiedergewinnen, aus Altmaterial gewinnen (o. sammeln), rückgewinnen, zurückgewinnen ‖ ~ (siderurg.) / erholen (sich)
recuperável (astronáut.) / bergungsfähig ‖ **não** ~ (embalagem) / Einweg..., Wegwerf...
recurso *m* (geral) / Hilfsmittel *n*
recursos *m pl* (informática) / Leistungsfaktoren *m pl* ‖ ~ **de bordo** (aeronáut.) / Bordmittel *n pl* ‖ ~ **minerais** / Bodenschätze *m pl* ‖ ~ **técnicos** / technischer Aufwand
recurtimento *m* / Nachgerbung *f*
recurvado / krumm, gebogen
recurvar / abkrümmen, abbiegen
rede *f* (geral) / Netz *n* ‖ ~ (informática, telecom., eléctr.) / Netz *n*, Netzwerk *n* ‖ ~ **bifásica** / Zweiphasensystem *n*, -netz *n* ‖ ~ **combinatória** (informática) / Schaltnetz *n* ‖ ~ **complementar de linhas** (telecom.) / Leitungsergänzung *f* ‖ ~ **cristalina** / Kristallgitter *n* ‖ ~ **cristalina fibrosa** (cristalogrf.) / Fasergitter *n* ‖ ~ **de alimentação de bordo** (aeronáut.) / Bordnetz *n* ‖ ~ **de alta-tensão** / Hochspannungsnetz *n*, Fernleitungsnetz *n* ‖ ~ **de arame** / Drahtnetz *n*, Drahtgeflecht *n* ‖ ~ **de arrasto** / Schleppnetz *n*, Grundnetz *n* ‖ ~ **de canos** / Rohrnetz *n* ‖ ~ **de características** / Kennlinienfeld *n* ‖ ~ **de compensação** (telecom.) / Ausgleichsnetzwerk *n* ‖ ~ **de coordenadas** / Koordinatennetz *n* ‖ ~ **de correcção** / Ausgleichsnetz *n* ‖ ~ **[de corrente] trifásica** / Drehstromnetz *n*, Dreiphasennetz *n* ‖ ~ **de cursos de água** / Flußnetz *n*, -system *n* ‖ ~ **de dados** / Datennetz *n* ‖ ~ **de difracção** / Beugungsgitter *n* ‖ ~ **de distribuição** / Verteilungsnetz *n* ‖ ~ **de distribuição** (electr.) / Leitungsnetz *n*, Versorgungsnetz *n* ‖ ~ **de dois condutores** (electr.) / Zweileiternetz *n*, -leitersystem *n* ‖ ~ **de energia eléctrica** (electr.) / Kraftnetz *n* ‖ ~ **de esgotos** / Kanalisation *f*, Kanalnetz *n*, Entwässerungsnetz *n* ‖ ~ **de gasodutos** / Ferngasnetz *n* ‖ ~ **de iluminação** / Lichtnetz *n* ‖ ~ **de interconexão** (electr.) / Verbundnetz *n* ‖ ~ **de linhas** / Liniennetz *n* ‖ ~ **de linhas férreas** (técn. ferrov.) / Liniennetz *n* ‖ ~ **de Mach** / Hauptnetz *n* der Strömung, Machsches Netz ‖ ~ **de peneira** / Siebgeflecht *n*, -gewebe *n* ‖ ~ **de pesca** / Fischnetz *n* ‖ ~ **de retenção de neve** (técn. ferrov., constr. rodov.) / Schneezaun *m* ‖ ~ **de salvamento** / Fangnetz *n* ‖ ~ **de selecção interurbana** (telecom.) / Fernwahlnetz *n* ‖ ~ **de telecomunicações** / Fernmeldenetz *n* ‖ ~ **de teleselecção** (telecom.) / Fernwahlnetz *n* ‖ ~ **de terra de protecção** (electr.) / geerdetes Schutznetz, Erdnetz *n* ‖ ~ **de transportes públicos rápidos** / öffentliches Schnellverkehrsnetz ‖ ~ **de três fios** / Dreileiternetz *n* ‖ ~ **de triangulação** / Landesvermessungsnetz *n* ‖ ~ **de tubos** / Rohrnetz *n* ‖ ~ **eléctrica** (electr.) / Stromnetz *n*, Leitungsnetz *n* ‖ ~ **em T em derivação** (electrón.) / Doppel-T-Netz *n* ‖ ~ **equivalente** (electr.) / Ersatznetzwerk *n* ‖ ~ **ferroviária** / Schienennetz *n*, Bahnnetz *n* ‖ ~ **fluvial** / Flußnetz *n*, -system *n* ‖ ~ **interurbana** (telecom.) / Fernleitungsnetz *n* ‖ ~ **local** (telecom.) / Ortsnetz *n*, ON *n* ‖ ~ **matricial de transformação da sinais de cor** (tv) / Farbmatrixschaltung *f* ‖ ~ **mista** (telecom.) / Verbundnetz *n* ‖ ~ **monofásica** / Einphasennetz *n* ‖ ~ **pelágica** (pescas) / Schwimmschleppnetz *n* ‖ ~ **primária** / Hochspannungsnetz *n* ‖ ~ **principal de fluxo** / Hauptnetz *n* der Strömung, Machsches Netz ‖ ~ **radiotelefónica** / Sprechfunknetz *n* ‖ ~ **rodoviária** / Straßennetz *n* ‖ ~ **telefónica** / Fernsprechnetz *n* ‖ ~ **telefónica interurbana** (telecom.) / Fernverkehrsnetz *n* ‖ ~ **telex**, rede *f* telegráfica / Fernschreibnetz *n* ‖ ~ **trifásica de três fios** / Drehstromdreileiternetz *n*, -anlage *f*
redemoinhar / wirbeln, quirlen
redemoinho *m* / Aufwirbelung *f* ‖ ~ (hidrául.) / Strudel *m*
redestilação *f* (química) / wiederholte Destillation
redestilar / wiederholt (o. zum zweitenmal) destillieren
redondeza *f* / Rundung *f*
redondo *m* (artes gráf.) / Rundschrift *f* ‖ ~ *adj* / rund
redox (química) / Redox...
redução *f* / Verkleinerung *f*, Verminderung *f*, Abnahme *f* ‖ ~ / Reduzierung, Reduktion *f* ‖ ~ (matem.) / Reduktion, Reduzierung *f* ‖ ~ (matem.) / Kürzung *f* ‖ ~, desoxidação *f* (química) / Reduktion *f*, [teilweise] Entziehung des Sauerstoffes *f* ‖ ~ (mecân.) / Untersetzung *f* ‖ ~ **a cinzas** / Verwandlung *f* in Asche ‖ ~ **da área** [quando da ruptura] / Brucheinschnürung *f* ‖ ~ **da compressão** / Kompressionsverminderung *f* ‖ ~ **da emissão** / Emissionsrückgang *m* ‖ ~ **da potência** / Herunterfahren *n* der Leistung, Leistungsverminderung *f*, Leistungsrückgang *m* ‖ ~ **da pressão do vapor** / Dampfdruckerniedrigung *f*, -druckherabsetzung *f* ‖ ~ **da qualidade** (telecom.) / Güteminderung *f* ‖ ~ **das cargas admissíveis** (electrón.) / Herabsetzung *f* der Betriebswerte, Unterbelastung *f* ‖ ~ **de comprimento** (sinteriz.) / Querschwund *m* ‖ ~ **de decimais** (matem.) / Bruchkürzung *f* ‖ ~ **de irrelevância** (tv) / Irrelevanz-Reduktion *f* ‖ ~ **de potência** (técn. nucl.) / Leistungseinbruch *m* ‖ ~ **de pressão** / Druckminderung *f* ‖ ~ **de tensão superficial** / Erniedrigung *f* der Oberflächenspannung ‖ ~ **do litargírio no chumbo** / Glättfrischen *n* ‖ ~ **dos ruídos** / Dämpfung *f* von Geräuschen ‖ ~ **pelo fogo** (tijolo) / Brennschwinden *n*
redundância *f* (informática) / Redundanz *f* ‖ ~ **de apoio** (informática) / Bereitschaftsredundanz *f*
redundante (informática, matem.) / redundant, abundant, überbestimmt
redutibilidade *f* / Reduzierbarkeit *f*
redutível (química, informática) / reduktionsfähig, reduzierbar
redutivo / reduktiv
redutor *m* / Übergangsstück *n*, Reduktionsstück *n*, Reduzierstück *n* ‖ ~ (química) / Reduktor *m*, Reduktionsmittel *n* ‖ ~ (electr.) / Reduktor *m* ‖ ~ **de pressão para condensadores comandado pelo vácuo** / Kondensator-Druckgrenzregler *m* ‖ ~ **duplo** / Doppelzellenschalter *m* ‖ ~ **manual de bateria** / Handzellenschalter *m*
reduzido [de] / vermindert [um] ‖ ~ / verkürzt ‖ ~ (hidrául.) / gesenkt
reduzir / verringern, vermindern, reduzieren ‖ ~

(matem.) / heben, kürzen ‖ ~ (máq., tecnol.) / einziehen, reduzieren ‖ ~, desoxidar (química) / reduzieren ‖ ~ (técn. fotogr.) / abschwächen ‖ ~ (desenho industr.) / verkleinern ‖ ~ (constr. civil, máq., tecnol.) / verjüngen, einziehen ‖ ~ (mecân.) / untersetzen ‖ ~ **a luz** / abblenden ‖ ~ **a pó** / zerstäuben ‖ ~ **a reflexão** / entspiegeln ‖ ~ **a velocidade** / langsamwerden ‖ ~ **ao mesmo denominador** (matem.) / auf einen gemeinsamen Nenner bringen ‖ ~ **o chumbo** / Blei frischen ‖ ~ **os faróis para médios** (autom.) / abblenden ‖ ~ **perspectivamente** (desenho industr.) / perspektivisch verjüngen ‖ ~ **por meio de liquação** (siderurg.) / ausseigern
reduzível (química, informática) / reduktionsfähig, reduzierbar
reencher / nachfüllen, auffüllen, nachgießen
reenchimento *m* / Nachfüllung *f*
reenrolamento *m* (informática) / Bandrückspulen *n*
reentrada *f* (míssil) / Wiedereintauchen *n*, Wiedereintritt *m* ‖ ~ **ao serviço** / Wiederinbetriebnahme *f* ‖ ~ **do ar** / Falschluft *f*
reentrância *f* / Vertiefung *f*, Aushöhlung *f*
reentrante (matem.) / einspringend
reentrar (constr. civil) / einspringen
reexploração *f* (informática) / erneutes Abtasten
reexplorar (informática) / erneut abtasten
referência *f* / Bezugnahme *f*, Verweisung *f* ‖ **de** ~ / Bezugs... ‖ ~ **externa** (informática) / Externverweis *m*
referente aos regulamentos de segurança / sicherheitstechnisch
referido [a] / bezogen [auf]
refinação *f* (geral, açúcar) / Raffinieren *n*, Raffination *f* ‖ ~ / Feinung *f* ‖ ~ (sal) / Gradierung *f* ‖ ~ (siderurg.) / Frischarbeit *f*, Frischen *n* ‖ ~ (química) / Läuterung *f* ‖ ~ **completa** [dos resíduos da destilação primária] (petróleo) / Vollverarbeitung *f* ‖ ~ **de azeite**, refinação *f* de óleo / Ölraffination *f* ‖ ~ **de solventes** / Lösungsmittelraffination *f* ‖ ~ **do cobre** / Kupferraffination *f*, -raffinieren *n* ‖ ~ **do petróleo** / Erdölverarbeitung *f*, Erdölraffination *f* ‖ ~ **electrolítica** / elektrolytische Raffination ‖ ~ **na forja baixa** (siderurg.) / Herdfrischen *n*
refinado (química) / fein, geläutert ‖ ~ **a fogo** (cobre) / feuerraffiniert
refinador *m* **de um só disco** (papel) / Einscheibenrefiner *m*
refinar (açúcar) / raffinieren, kochen ‖ ~ (metal) / umschmelzen ‖ ~ (química, açúcar) / läutern ‖ ~ (siderurg.) / frischen, reduzieren ‖ ~ (sal) / gradieren ‖ ~ **a prata** / Silber feinbrennen ‖ ~ **estanho** / Zinn gattern ‖ ~ **o aço** / gärben ‖ ~ **o cobre pelo processo Bessemer** / kupferbessemern
refinaria *f* (petróleo) / Raffinerie *f* ‖ ~ (siderurg.) / Scheideanstalt *f*
reflectância *f* (óptica) / Reflexionsvermögen *n*, -grad *m*, Rückstrahlungsvermögen *n*
reflectido / reflektiert, zurückgeworfen
reflectir / zurückwerfen, reflektieren (Hitze, Klang usw), zurückstrahlen ‖ ~ (óptica) / widerspiegeln, spiegeln
reflector *m* (geral) / Reflektor *m* ‖ ~ (autom.) / Rückstrahler *m*, Katzenauge *n* ‖ ~ *adj* / zurückstrahlend, reflektierend ‖ ~ *m* **diedro** / Eckenreflektor *m* ‖ ~ **parabólico** (antena) / Parabolspiegel *m*, -reflektor *m* ‖ ~ **prateado** (óptica) / Silberblende *f*
reflexão *f* / Zurückwerfen *n*, Zurückstrahlen *n*, Rückstrahlung *f*, Reflexion *f*, Spiegelung *f* ‖ ~ **do defeito da matéria** / Fehlstellenecho *n* ‖ ~ **especular** / Spiegelung *f*, regelmäßige o. gerichtete Reflexion
reflexo *m* / Widerschein *m*, Reflex *m*, Zurückstrahlen *n*, Zurückwerfen *n*
reflorestar / aufforsten
refluir / zurückfließen, zurückströmen
refluxo *m* / Rückfluß *m*, -lauf *m*, -strömen *n* ‖ ~ (hidrául.) / Rückstau *m* ‖ ~ (turbina) / Rückstau *m*
reforçado / verstärkt ‖ **não** ~ / unversteift ‖ ~ **por fibra curta de vidro** (plást.) / kurzglasfaserverstärkt ‖ ~ **por fibra de vidro** / glasfaserverstärkt ‖ ~ **por fibra química** (plást.) / chemiefaserverstärkt
reforçador *m* (técn. fotogr.) / Verstärker *m* ‖ ~ **de recuo** (na cabeça da culatra) (armamento) / Druckstück *n* (im Verschlußknopf)
reforçar / aussteifen, verstärken, versteifen, stärken, abstreben ‖ ~ (constr. civil) / bewehren, armieren ‖ ~ (técn. fotogr.) / verstärken
reforço *m* / Unterstützung *f*, Verstärkung *f*, Festigung *f*, Stärkung *f* ‖ ~ (constr. civil) / Armierung *f*, Bewehrung *f* ‖ ~ (máq., tecnol.) / Verstärkung *f* ‖ ~ (técn. fotogr.) / Verstärkung *f* ‖ ~ (sold) / Wulst *m f* ‖ **de** ~ / zusätzlich, unterstützend ‖ ~ **da borda** / Randversteifung *f* ‖ ~ **da chapa de alma** / Stehblechaussteifung *f* ‖ ~ **da entrada de inspecção** / Mannlochring *m*, -versteifung *f* ‖ ~ **da proa** (constr. naval) / Bugversteifungsträger *m* ‖ ~ **de alicerces** (constr. civil) / Unterfahren *n*, -fangen *n* ‖ ~ **de cantos** / Eckversteifung *f*, -verstärkung *f* ‖ ~ **de contraventamento** (constr. civil) / Sturmlatte *f* ‖ ~ **do arco** / Bogenaussteifung *f* ‖ ~ **do chassi** (autom.) / Rahmenunterzug *m* ‖ ~ **do nariz** (aeronáut.) / Bugversteifungsträger *m* ‖ ~ **do pé** (meias) / Sohlenverstärkung *f* ‖ ~ **longitudinal** / Längsversteifung *f* ‖ ~ **por cabo** / Seilverspannung *f* ‖ ~ **subterrâneo de um poste** (telecom.) / Bodenverstärkung *f* eines Mastes ‖ ~ **vertical** (constr. metál.) / Vertikalverband *m*
refração *f* **atómica** / atomare Brechung
refracção *f* (óptica) / Refraktion *f*, Strahlenbrechung *f*, Brechung *f* ‖ **de** ~ **simples** / einfachbrechend ‖ ~ **axial** / Hauptpunkt-Brechwert *m* ‖ ~ **da luz** / Lichtbrechung *f* ‖ ~ **das cores** (física) / Farbenbrechung *f* ‖ ~ **do som** / Schallbrechung *f*
refractado / gebrochen
refractar (física) / brechen
refractário *adj* / feuerfest bei hohen Temperaturen, hitzebeständig ‖ ~ (cerâm.) / feuerfest ‖ ~ / hochschmelzend (Erz, Metall), feuerfest, flammwidrig, feuerbeständig ‖ ~ (fundição) / strengflüssig ‖ **altamente** ~ / hochhitzebeständig ‖ ~ *m* **leve** / Feuerfesterzeugnis mit niedriger Rohdichte *n*
refractários *m pl* / feuerfeste Stoffe *m pl*
refractividade *f* / spezifisches Lichtbrechungsvermögen
refractivo / lichtbrechend
refractómetro *m*, refratômetro *m* (física) / Refraktometer *n* ‖ ~ **de Abbe** / Abberefraktometer *n*, Butterrefraktometer *n* ‖ ~ **de imersão** / Eintauchrefraktometer *n*
refrangente / lichtbrechend, strahlenbrechend
refrangibilidade *f* / Brechungsvermögen *n*, Lichtbrechungsvermögen *n*
refrigeração *f* / Abkühlung *f*, Kühlung *f*, Kühlen *n* ‖ ~ **a água quente** (mot.) / Heißwasserkühlung *f*, Ebullientkühlung *f* ‖ ~ **a ar** / Luftkühlung *f* ‖ ~ **da camisa** (máq., tecnol.) / Mantelkühlung *f* ‖ ~ **natural** / Selbstkühlung *f* ‖ ~ **por circulação** / Umlaufkühlung *f* ‖ ~ **por corrente de ar forçado** (autom.) / Druckluftkühlung *f*, Gebläseluftkühlung *f* ‖ ~ **por difusão** (técn. nucl.) / Diffusionskühlung *f* ‖ ~ **por evaporação** / Verdampfungskühlung *f*, Verdunstungskälte *f* ‖ ~

por vaporização / Heißkühlung *f*, Siedekühlung *f* ‖ ~ **por ventilação forçada** / Fremdkühlung *f*
refrigerado a água / wassergekühlt ‖ ~ **a água leve** (técn. nucl.) / leichtwassergekühlt ‖ ~ **a ar** / luftgekühlt ‖ ~ **a combustível** / brennstoffgekühlt, regenerativgekühlt ‖ ~ **a gás** (técn. nucl.) / gasgekühlt ‖ ~ **a metal líquido** / mit Flüssigmetallkühlung ‖ ~ **a óleo** / ölgekühlt ‖ ~ **a sódio** (técn. nucl.) / Na-gekühlt ‖ ~ **por líquido** / flüssigkeitsgekühlt ‖ ~ **por sódio** / salzgekühlt ‖ ~ **por ventilação forçada** / fremdgekühlt
refrigerador *m* / Kühler *m*, Kühlapparat *m* ‖ ~ **a gás** / Gaskühler *m* ‖ ~ **de ar** / Luftkühler *m* ‖ ~ **de chaminé com tiragem natural** / selbstlüftender Kaminkühler ‖ ~ **de chuveiro** / Rieselkühler *m*, -kühlapparat *m* ‖ ~ **de gás** / Gaskühler *m* ‖ ~ **de irradiação** / Flächenkühler *m* ‖ ~ **em serpentina** / Schlangenkühler *m* ‖ ~ **intermediário** / Zwischenkühler *m* ‖ ~ **para irrigação de superfície** / Berieselungskühler *m*
refrigerante *m* (indústr. cervej.) / Kühlschiff *n* ‖ ~ *adj* / Kühl..., kühlend ‖ ~ *m* **do destilado** / Destillatkühler *m*
refrigerar / abkühlen, kühlen
refringente / lichtbrechend
refúgio *m* (expl. minas) / Schutzort *n*
refugo *m* / Abfallprodukt, -erzeugnis *n* (unverwertbar), Ausschuß *m* ‖ ~ (máq., tecnol.) / Schund, Ausschuß *m* ‖ ~ **de produção** / Fertigungsausschuß *m*
refundir (fundição) / umschmelzen, umgießen
rega *f* **por aspersão** (agricult.) / Beregnung *f*
regador *m* (agricult.) / Gießkanne *f*
regar / begießen, besprengen, sprengen, wässern
regeneração *f* (electrón.) / Erneuerung *f*, Verbesserung *f* ‖ ~ (informática) / Regeneration *f* ‖ ~ (celulose) / Fällung *f* ‖ ~ (química) / Auffrischung *f* ‖ ~ (silvicult.) / Verjüngung *f* ‖ ~ **aperiódica** (telecom.) / eigenschwingungsfreie Rückkopplung ‖ ~ **de impulsos ou pulsos** (electrón.) / Impulserneuerung *f* ‖ ~ **de nível** (telecom.) / Pegelerneuerung *f* ‖ ~ **de tensão** / Spannungs-Rückgewinnung *f* ‖ ~ **do impulso ou pulso** / Impulsauffrischung *f* ‖ ~ **do revelador** / Entwicklerregenerierung *f* ‖ ~ **do sinal** / Signalaufbereitung *f* ‖ ~ **por contracorrente** / Gegenstromregeneration *f* ‖ ~ **por meio de terra activada** (petróleo) / Erderegeneration *f*
regenerado / regeneriert
regenerador *m* / Regenerator *m* ‖ ~ **de impulsos ou pulsos** (telecom.) / Impulserneuerer *m*, Impulsverbesserer *m*
regenerar / regenerieren, auffrischen ‖ ~ (electrón.) / rückkoppeln, erneuern ‖ ~ (silvicult.) / verjüngen ‖ ~ **um banho** / ein Bad ergänzen
regenerativo / regenerierend
região *f* / Gebiet *n*, Region *f*, Bereich *m* ‖ **por regiões** / gebietsweise, regional ‖ ~ **de bloqueio** (semicondut.) / Sperrbereich *m* ‖ ~ **de contacto** / Berührungsstelle *f* ‖ ~ **de correntes descendentes** / Abwindfeld *n* ‖ ~ **de Fraunhofer** (antena) / Fernfeld *n*, Fraunhoferregion *f* ‖ ~ **de Fresnel** (antena) / Fresnelregion *f* ‖ ~ **de Geiger-Müller** (técn. nucl.) / Auslösebereich *m*, Geiger-Müller-Bereich *m* ‖ ~ **de proporcionalidade limitada** (técn. nucl.) / Bereich *m* begrenzter Proportionalität ‖ ~ **mineira** (expl. minas) / Revier *n*
regime, em ~ permanente / stationär ‖ ~ *m* **da velocidade de rotação** / Drehzahlbereich *m* ‖ ~ **de consumo reduzido** / Sparbetrieb *m* ‖ ~ **de saturação** (semicondut.) / Übersteuerung *f* ‖ ~ **forçado** (oscilações) / erzwungener Bereich ‖ ~ **livre** (tv) / Freilauf *m*
regional / gebietsweise, regional

registado / eingetragen, registriert ‖ ~ (informática) / festgehalten
registador *m* (instr.) / Schreiber *m*, schreibendes Gerät ‖ ~ *adj* / schreibend, Schreib... ‖ ~ *m* **a tinta** / Farbschreiber *m* ‖ ~ **base** (informática) / B-Register *n*, Bezugsregister *n* ‖ ~ **da distância percorrida** (aeronáut.) / Log *n* ‖ ~ **da potência** / Leistungsschreiber *m* ‖ ~ **da pressão de aspiração ou sucção** / Saugdruckschreiber *m* ‖ ~ **da trajectória de voo**, registrador *m* da trajetória de vôo / Flugbahnwinkelschreiber *m* ‖ ~ **de absorção infravermelha** (química) / Ultrarotabsorptionsschreiber *m*, Uras *m* ‖ ~ **de dados** / Datenlogger *m*, Meßwerterfasser *m* ‖ ~ **de dados de voo**, registrador *m* de dados de vôo / Flugschreiber *m* ‖ ~ **de dados de vôo** / Flugschreiber *m*, Flugdatenschreiber *m* ‖ ~ **de deriva** (aeronáut.) / Abtriftschreiber *m*, Abdrängungsschreiber *m* ‖ ~ **de deslocamento** (informática) / Schieberegister *n* ‖ ~ **de fac-símile** / Faksimileschreiber *m* ‖ ~ **de fita** / Bandschreiber *m* ‖ ~ **de indicação** (informática) / Anzeigenregister *n* ‖ ~ **de linhas** / Linienschreiber *m* ‖ ~ **de ondas de sobretensão** (electr.) / Wellenschreiber *m* ‖ ~ **de perfuração** / Lochschreiber *m* ‖ ~ **de rajadas de vento** (aeronáut.) / Böenschreiber *m* ‖ ~ **de sifão** (telecom.) / Heberschreiber *m* ‖ ~ **de velocidade sob pressão dinâmica** (aeronáut.) / Staudruckfahrtschreiber *m* ‖ ~ **estaticizador** (informática) / Befehls- und Adreßregister *n* ‖ ~ **giroscópico de rolamento e arfagem** / Kreiselschlinger- und Stampfanzeiger *m* ‖ ~ **indexador** (informática) / Indexregister *n* ‖ ~ **indexador de endereços** (informática) / Indexierung-Adreßregister *n*
registar (instr.) / aufzeichnen, schreiben ‖ ~ (agrimen.) / eintragen (z.B. Meßergebnisse) ‖ ~ (audio, vídeo) / aufnehmen, registrieren
registo *m* (instr.) / Aufzeichnung *f* ‖ ~ (informática) / Register *n*, Speicherzelle *f* für ein Wort ‖ ~ (telecom.) / Speicher *m*, Register ‖ ~ / Eintragung *f* ‖ ~ (audio, vídeo) / Aufnahme *f* ‖ ~ **base** (informática) / Basisregister *n* ‖ ~ **com duas frequências**, registro *m* com duas freqüências (fita magn.) / Wechseltaktschrift *f* (DIN) ‖ ~ **da chaminé** (constr. civil) / Dämpfer *m*, [Rauch]schieber *m*, Register *n*, Schieber am Schornstein ‖ ~ **de admissão do vapor** / Dampfeinlaßschieber *m* ‖ ~ **de dados** (informática) / Datensatz *m*, Satz *m* ‖ ~ **de distribuição** / Steuerschieber *m* ‖ ~ **de endereço** (informática) / Adressenregister *n* ‖ ~ **de endereço de memória**, registro *m* de endereço de memória (informática) / Hauptadreßregister *n* ‖ ~ **de entrada do vapor** / Dampfeinlaßschieber *m* ‖ ~ **de imagem** / Bildaufzeichnung *f* ‖ ~ **de patentes** / Patentregister *n*, -verzeichnis *n*, -rolle *f* ‖ ~ **de tiragem** / Rauchklappe *f*, -register *n*, Heizregister *n*, Zugklappe *f* ‖ ~ **de tiragem de chaminé** / Essenschieber *m*, Essenklappe *f* ‖ ~ **de uma palavra** (informática) / Einwortregister *n* ‖ ~ **de ventilação** / Lüftungsschieber *m* (z.B. im Eisenbahnwagen) ‖ ~ **em filme** (informática) / Filmausgabe *f* ‖ ~ **em modulação de fase** (fita magn.) / Richtungs-Taktschrift *f* (DIN) ‖ ~ **em pista circular**, registro *m* em trilha circular / Kreisspurverfahren *n* ‖ ~ **físico** (informática) / physikalischer Satz ‖ ~ **flip-flop** / Flip-Flop-Register *n* ‖ ~ **não editado** (informática) / formatfreier Datensatz ‖ ~ **plano** / Flachschieber *m* ‖ ~ **residente** (informática) / Lokaldatenregister *n* ‖ ~ **simples** (electrón., acústica) / Einzackenschrift *n* ‖ ~ **sonoro** / Tonaufnahme *f*, -aufzeichnung *f*
registrador vide registador
registrar vide registar

registro *m* vide registo || ~ **cronológico** (informática) / Protokoll *n*
rego *m* / Rinne *f* || ~ **de escoamento** / Entwässerungsrinne *f*
regra *f* / Regel *f* || ~ **da mão esquerda** (electr.) / Linkehandregel *f* || ~ **de Abegg** (química) / Abeggsche Regel *f* || ~ **de Bragg** (técn. nucl.) / Braggsche Regel || ~ **de chaveamento em inglês** (informática) / eineindeutiges o. bündiges Englisch || ~ **de Fleming** (electr.) / Dreifingerregel *f* || ~ **de polegar** (electr.) / Daumenregel *f* || ~ **de três** (matem.) / goldene Regel, Dreisatz *m*, Regeldetri *f* || ~ **de três composta** (matem.) / Kettenregel *f* || ~ **do flutuador de Ampère** (electr.) / Ampèresche Schwimmerregel *f* || ~ **do saca-rolhas** (electr.) / Korkzieherregel *f* || ~ **dos três dedos** (electr.) / Dreifingerregel *f* || ~ **empírica** / Faustformel *f*
regreta *f* (artes gráf.) / Setzlinie *f*, Steg *m*, Setzsteg *m*, Formkeil *m*, Span *m*
régua *f* / Lineal *n* || ~ (máq., tecnol.) / Vorsprung *m*, Ansatzleiste *f*, Leiste *f* || ~ **de ajuste** (máq., tecnol.) / Paßleiste *f* || ~ **de bornes** (telecom.) / Klemmleiste *f* || ~ **de cálculo** / Rechenschieber *m* || ~ **de contactos** (telecom., electrón.) / Kontaktleiste *f*, Federleiste *f* || ~ **de curvas** (desenho industr.) / Kurvenlineal *n* || ~ **de distribuição** (artes gráf.) / Ablegespan *m* || ~ **de encosto** / Anschlagleiste *f* || ~ **de guia** (máq., tecnol.) / Führungsleiste *f*, Führungslineal *n* || ~ **de medir a contracção** / Schwindmaßstab *m* || ~ **de nivelar** (agrimen.) / Richtlatte *f* || ~ **de paralelas** / Parallellineal *n* || ~ **de rectificação** / Richtscheit *n* || ~ **de sujeição do papel** / Papierhalter *m* || ~ **de terminais** (electrón.) / Buchsenleiste *f* || ~ **de terminais** (telecom.) / Klemmleiste *f* || ~ **em T** (desenho industr.) / Reißschiene *f* || ~ **estadiométrica** (agrimen.) / Entfernungslineal *n* || ~ **graduada** / Meßschiene *f* || ~ **lateral** (papel) / Formatleiste *f* || ~ **niveladora** / Abstreichlineal *n* || ~ **para aplanar** (constr. civil) / Abziehlatte *f*
regulação *f*, técnica *f* de regulação / Regeln *n*, Regelungstechnik *f* || ~ / Regelung *f*, Steuerung *f* || **de** ~ (contr. autom.) / Regel... || **de** ~ **sensível** / feinstufig || ~ **da ignição** / Zünd[zeitpunkt]verstellung *f* || ~ **da posição horizontal** / X-Lageregelung *f* || ~ **da quantidade de injecção** (autom.) / Einspritzmengenregelung *f* || ~ **de alimentação a pedal** (têxtil) / fußbetätigte Speiseregelung || ~ **de azimute** (máq. ferram.) / Höhenrichten *n* || ~ **de fase sequencial** (electrón.) / Folgesteuerung *f* || ~ **de ignição semiautomática** (autom.) / gemischte Zünd[zeitpunkt]-Verstellung || ~ **de precisão** / Feinregulierung *f* || ~ **de temperatura** / Temperaturregelung *f* || ~ **de tensão** (autom.) / Spannungsreg[e]lung *f* || ~ **de válvulas** / Ventileinstellung *f* || ~ **do ar** / Luftregelung *f* || ~ **do campo** (electr.) / Feldregelung *f* || ~ **do contraste** (electrón.) / Dynamik *f* || ~ **do gama** (tv) / Gammaregelung *f*, Gradationsregelung *f* || ~ **do ganho** (electrón.) / Verstärkungsregelung, Verstärkerregelung *f* || ~ **em cascata** (contr. autom.) / Folgeregelung *f* || ~ **fina** / Feinregulierung *f* || ~ **frequência/potência** (electr.) / Frequenz-Leistungsregelung *f* || ~ **intermitente** / Aussetzregelung *f* || ~ **manual** / Handregelung *f* || ~ **por impulsos ou pulsos** / Impulsregelung *f* || ~ **por injecção parcial** (mot.) / Füllungsregelung *f* || ~ **programada** (contr. autom.) / Zeitplanregelung *f*
regulado / geregelt, reguliert
regulador *m* / Regler *m*, Regeleinrichtung *f* || ~ *adj* (contr. autom.) / Regel... || ~ *m* **automático** / Selbstregler *m* || ~ **da cor** (tv) / Buntregler *m* || ~ **da injecção** (mot.) / Spritzversteller *m* || ~ **da marcha em vazio** (carburador) / Leerlaufluftschraube *f* || ~ **da pressão do freio ou travão** / Bremskraftregler *m* || ~ **da pressão do vapor** / Dampfdruckregler *m* || ~ **de balanço** / Balanceregler *m* || ~ **de campo** (electr.) / Feldregler *m* || ~ **de cursor** (electrón.) / Flachbahnregler *m* || ~ **de débito** / Mengenregler *m*, Durchflußregler *m* || ~ **de derivação** / Beipaßregler *m* || ~ **de elevação** / Hubschaltwalze *f*, Hubkontroller *m* || ~ **de escoamento** / Abflußregler *m* || ~ **de expansão** / Expansionsregulator *m* || ~ **de fase** (electr.) / Phasenregler *m* || ~ **de flutuador** / Schwimmerregler *m* || ~ **de indução** / Drehtransformator *m*, Induktionsregler *m* || ~ **de indução monofásico** / Einphasendrehtrafo *m*, -drehregler *m* || ~ **de modo** (informática) / Darstellungs-Regler, Mode-Regler *m* || ~ **de nível interfacial** (refinaria) / Phasenregler *m* || ~ **de pilha de carvão** (electr.) / Kohledruckregler *m* || ~ **de potência** / Leistungsregler *m* || ~ **de precisão** (electr., máq., tecnol.) / Feinregler *m* || ~ **de pressão** (autom.) / Druckregler *m* || ~ **de pressão de gás** / Gasdruckregler *m* || ~ **de saída de gasolina** / Benzinausflußregler *m* || ~ **de sopro** (siderurg.) / Windregler *m* || ~ **de temperatura** / Temperaturregler *m* || ~ **de tensão** (electr.) / Spannungsregler *m* || ~ **de tensão com dois elementos** / Spannungsregler *m* mit Schalterspule u. kombinierter Strom-Spannungs-Reglerspule || ~ **de tensão com três elementos** / Spannungsregler *m* mit Schalterspule u. getrennter Strom- u. Spannungsspule || ~ **de tensão de acção rápida** (electr.) / Schnellregler *m* || ~ **de tiragem** / Zugregler *m* für Feuerungen || ~ **de tonalidade** (tv) / Farbwertregler *m* || ~ **de três elementos** (autom.) / Knickregler *m* || ~ **de um só estágio** (electr.) / Einkontaktregler *m* || ~ **de velocidade** / Drehzahlregler *m* || ~ **do balanceiro** / Aufwinderegler *m* || ~ **do número de rotações** / Drehzahlregler *m* || ~ **em cascata** (contr. autom.) / Folgeregler *m* || ~ **em derivação** (electr.) / Nebenschlußregler *m*, -Regulierwiderstand *m* || ~ **fino** (electr., máq., tecnol.) / Feinregler *m* || ~ **manométrico de pressão** / Druckregler *m* || ~ **rápido** / Eilregler *m* || ~ **variável de atenuação** (telecom.) / Dämpfungsregler *m*
regulamento *m* **de serviço** / Betriebsordnung *f* || ~ **mineiro** (expl. minas) / Bergordnung *f* || ~ **sobre construção civil** / Bauordnung *f*
regular *adj* / regelmäßig, gleichmäßig || ~ (química, física) / gesetzmäßig
regular *v* / regeln, regulieren, einstellen, verstellen || ~ **o tiro** (armamento) / einschießen || ~ **a tensão** (máq., tecnol.) / nachspannen, die Spannung regeln || ~ **com precisão** / feinregeln
regularidade *f* (máq., tecnol.) / Gesetzmäßigkeit *f*, Gleichmäßigkeit *f*, Regelmäßigkeit *f*
regularização *f* **de um rio** / Schiffbarmachung *f* eines Flusses, Flußregulierung *f* || ~ **de uma torrente** / Wildbachverbauung *f*
regulável / regelbar, einstellbar, stellbar, verstellbar, regulierbar
régulo *m* / gediegenes Metall, Regulus *m* || ~ **de antimónio** / Antimon-Regulus, 99,9% Sb
reimpor (artes gráf.) / erneut ausschließen
reimpressão *f* (artes gráf.) / Nachdruck *m*, unveränderte Neuauflage, Wiederabdruck *m*
reimprimir / nachdrucken
reino *m* **mineral** / Mineralreich *n*
rejeição *f* / Abnahmeverweigerung *f* || ~ **de frequência** / Frequenzverwerfung *f*
rejeitar / abweisen, ablehnen
rejeito *m* **radioactivo** / radioaktiver Abfall
rejuntado / gefügt
rejuntar / ausfugen, fugen
relação *f* / Relation *f*, Beziehung *f*, Verhältnis *n*,

Verhältniswert *m* ‖ ~, lista *f* / Aufzählung *f,* Liste *f* ‖ ~ **água-cimento** / Wasserzementwert *m,* -verhältnis *n,* WZV ‖ ~ **atómica** / Atomverhältnis *n* ‖ ~ **da mistura ar-combustível** / Luft-Brennstoff-Verhältnis *n* ‖ ~ **de atenuação** (electr., telecom.) / Dämpfungsverhältnis *n* ‖ ~ **de binário ou de torque** (electr.) / Anzugsverhältnis *n* (Verhältnis der Drehmomente) ‖ ~ **de compressão** / Füllfaktor *m* ‖ ~ **de condutância** (electr.) / Leitwertverhältnis *n* ‖ ~ **de contracção** / Einschnürungsverhältnis *n* ‖ ~ **de conversão** (técn. nucl.) / Konversionsgrad *m* (eines Brüters) ‖ ~ **de desmultiplicação** / Untersetzungsverhältnis *n* ‖ ~ **de frequência** (física) / Frequenzbedingung *f* ‖ ~ **de frequência Bohr-Einstein** / Bohr-Einsteinsche Frequenzbedingung *f* ‖ ~ **de limite de fadiga e carga de ruptura** / Dauerfestigkeitsverhältnis *n* ‖ ~ **de moderação** (técn. nucl.) / Bremsverhältnis *n* ‖ ~ **de operação** (informática) / effektiver Betriebsfaktor, Wirkungsgrad *m* ‖ ~ **de redução** / Untersetzungsverhältnis *n* ‖ ~ **de reprodução** / Abbildungsverhältnis *n* ‖ ~ **de sobre-regeneração** (técn. nucl.) / Brütungsgrad *m,* Brutverhältnis *n* ‖ ~ **de tempo de operação** (informática) / Betriebsverhältnis *n* ‖ ~ **de transferência directa de corrente com saída em curto-circuito** (semicondut.) / Kurzschlußstromverstärkung *f* ‖ ~ **de transformação** (electr.) / Übersetzungsverhältnis *n* ‖ ~ **de transmissão** (máq., tecnol.) / Übersetzungsverhältnis *n* ‖ ~ **de transmissão** / Zähnezahlverhältnis *n* ‖ ~ **diâmetro-curso** (mot.) / Hubverhältnis *n* ‖ ~ **do banho** / Flottenverhältnis *n* ‖ ~ **entre a potência útil máxima e a cilindrada** / Hubraumleistung *f* ‖ ~ **entre a sustentação e a resistência ao avanço** (aeronáut.) / Gleitzahl *f* ‖ ~ **entre engrenagens** / Zähnezahlverhältnis *n* ‖ ~ **entre esforço mínimo e esforço máximo** (mecân.) / Spannungsverhältnis *n* ‖ ~ **entre os braços de alavanca** / Hebelübersetzung *f,* Hebel[übersetzungs]verhältnis *n* ‖ ~ **funcional** / funktionelle Beziehung ‖ ~ **Geiger-Nuttall** / Geiger-Nuttall-Beziehung *f* ‖ ~ **inversa em % do factor de amplificação de potencial** (electrón.) / Durchgriff *m* ‖ ~ **isotópica** / Isotopenverhältnis *n* ‖ ~ **modular** / Verhältnis *n* der E-Module von Stahl u. Beton ‖ ~ **numérica** / Zahlenverhältnis *n* ‖ ~ **peso-potência** / spezifisches Leistungsgewicht ‖ ~ **potência/peso** / spezifisches Leistungsgewicht ‖ ~ **quantitativa** / Mengenverhältnis *n* ‖ ~ **recíproca** / gegenseitiges Verhältnis, Wechselverhältnis *n,* gegenseitige Beziehung ‖ ~ **sinal/ruído** (electrón.) / Geräuschabstand *m,* Störabstand *m* (in dB), Brummabstand *m,* Nutzstörabstand *m,* Geräuschspannungsabstand *m,* Signal-Rauschverhältnis *n,* Rauschabstand *m* (in dB) ‖ ~ **sinal/ruído de alta frequência** / Hochfrequenzstörabstand *m* ‖ ~ **sinal/ruído do circuito de alimentação da bateria** (electrón.) / Brummabstand *m* (in dB) zum Batteriestrom ‖ ~ **sinal/ruído não ponderada** / Fremdspannungsabstand *m* (Störspannung) ‖ ~ **sinal/tensão parasita** / Störspannungsabstand *m* ‖ ~ **trabalho-repouso** (pisca-pisca) / Hell-Dunkel-Verhältnis *n* ‖ ~ **volumétrica** / Kompressionsverhältnis *n*

relações *f pl* **tensão-alargamento** / Spannungs-Dehnungs-Beziehungen *f pl*

relaminar (lamin.) / umwalzen

relâmpago *m* / Aufblitzen *n,* Blitz *m* ‖ ~ **difuso** / Flächenblitz *m* ‖ ~ **esférico** / Kugelblitz *m*

relampejar / blitzen

relatar / berichten

relatividade *f* / Relativität *f*

relativístico / relativistisch, Relativitäts...

relativo / relativ, verhältnismäßig ‖ ~ **à técnica de tecelagem** / webtechnisch

relatório *m* / Bericht *m* ‖ ~ (informática) / Liste *f* ‖ ~ **descritivo de patente** / Patentbeschreibung *f* ‖ ~ **final** / Abschlußbericht *m*

relavar (prep.) / nachwaschen

relaxação *f* (geral) / Entspannung *f* ‖ ~ (física) / Relaxation *f* ‖ ~ (reologia) / Erschlaffung *f* ‖ ~ **de acomodação** / Akkommodationsruhe *f*

relaxar / lockern, nachlassen, entspannen, erschlaffen ‖ ~ **a mola** / die Feder loslassen

relé *m* (electr.) / Relais *n* ‖ ~ **biestável** / bistabiles Relais ‖ ~ **Buchholz** (electr.) / Buchholz-Schutz *m* ‖ ~ **chato** / Flachrelais *n,* Flachformrelais *n* ‖ ~ **de acção diferida** (electr.) / Differentialrelais *n* ‖ ~ **de acção instantânea** / Schnellschaltrelais *n* ‖ ~ **de afastamento** (técn. ferrov.) / Abrückrelais *n* ‖ ~ **de arranque** (electr.) / Anlaufrelais *n* ‖ ~ **de arranque ou de partida** / Anlaßmagnetschalter *m* ‖ ~ **de caixa** (electr.) / Dosenrelais *n* ‖ ~ **de chamada** (telecom.) / Anrufrelais *n,* Linienrelais *n* ‖ ~ **de comunicação livre** (telecom.) / Freimelderelais *n* ‖ ~ **de conexão** / Anschaltrelais *n* ‖ ~ **de confirmação** (telecom.) / Quittungsrelais *n* ‖ ~ **de contacto à terra** / Erdschlußrelais *n* ‖ ~ **de corte** / Trennrelais *n* ‖ ~ **de desacoplamento** / Entkupplungsrelais *n* ‖ ~ **de desbloqueio** (técn. ferrov.) / Abrückrelais *n* ‖ ~ **de disparo** / Ausklinkrelais *n* ‖ ~ **de escalonar** / Fortschaltrelais *n* ‖ ~ **de fim de conversação** (telecom.) / Schlußrelais *n* ‖ ~ **de força centrífuga** / Fliehkraftrelais *n* ‖ ~ **de frequência** / Frequenzrelais *n* ‖ ~ **de gás** / Gasrelais *n,* Gastriode *f* als Relais ‖ ~ **de interrupção** / Abschaltrelais *n* ‖ ~ **de linha** / Linienrelais *n* ‖ ~ **de máxima** / Überstromrelais *n* ‖ ~ **de mínima** (electr.) / Unterspannungsrelais *n,* Minimalrelais *n* ‖ ~ **de passo** / Fortschaltrelais *n* ‖ ~ **de potência** / Leistungsrelais *n* ‖ ~ **de protecção voltimétrica** (electr.) / Spannungswächter *m* ‖ ~ **de retenção** / Haftrelais *n* ‖ ~ **de sinalização de contacto à terra** / Erdschlußmelderelais *n* ‖ ~ **de sobrecarga** (electr.) / Stromwächter *m* ‖ ~ **de um só contacto** / Einkontaktrelais *n* ‖ ~ **delta** (telecom.) / Deltarelais *n* ‖ ~ **diferencial** / Fehlerrelais *n* ‖ ~ **electrónico ou eletrônico** / Elektronenrelais *n* ‖ ~ **ESK** (telecom.) / Edelmetall-Schnellkontakt-Relais *n,* ESK-Relais *n* ‖ ~ **intermitente** (telecom.) / Flackerrelais *n* ‖ ~ **mergulhador** / Tauch[kern]relais *n,* Hubrelais *n* ‖ ~ **para chamadas interurbanas** / Fernrufrelais *n* ‖ ~ **para corrente de retorno** (electr.) / Leistungs-Richtungsrelais *n* ‖ ~ **para correntes fortes** / Hochstromrelais *n* ‖ ~ **para potencial de placa** / Anodenrelais *n* ‖ **~-piloto** *m* / Steuerrelais *n* ‖ ~ **piloto avisador para corta-circuito** / Sicherungskontrollrelais *n,* Kontrollrelais *n* für die Sicherungen ‖ ~ **preciso de temporização** / Feinzeitrelais *n* ‖ ~ **telecomandado** / Distanzrelais *n* ‖ ~ **telefónico** / Fernsprechrelais *n,* Rundrelais *n* ‖ ~ **temporizador** / Verzögerungsrelais *n,* Zeitrelais *n* ‖ ~ **térmico** / thermisches Relais, Thermorelais *n* ‖ ~ **termiónico** / Thermionenrelais *n*

relevo *m* / Relief *n,* erhabene Arbeit ‖ **em** ~ (máq., tecnol.) / erhaben ‖ **sem** ~ (técn. fotogr.) / flau

relha *f* (agricult.) / Pflugschar *f,* Schar *f,* Kolter *n*

relocação *f* **dinâmica** (informática) / dynamische Verschiebung

relocável (electrón.) / verschiebbar

relógio *m* / Uhr *f,* Zeitmesser *m* ‖ ~ *m* (informática) / Taktgeber *m* ‖ ~ *m* **Atmos** / Atmos-Uhr *f* ‖ ~ **atómico** / Atomuhr *f* ‖ **~-calendário** *m* / Datumsuhr *f* ‖ ~ **de areia** / Sanduhr *f* ‖ ~ **de**

conexão (electr.) / Schaltuhr *f* ‖ ~ **de corda anual** / Jahresuhr *f* ‖ ~ **de cristal de quartzo** / Quarzuhr *f* ‖ ~ **de pêndulo** / Pendeluhr *f* ‖ ~ **de ponto** / Stechuhr *f*, Stempeluhr *f* ‖ ~ **de ronda** / Kontrolluhr *f*, Wächteruhr *f* ‖ ~ **de tempo real** (informática) / Echtzeituhr *f*, Uhrzeitgeber *m* ‖ ~ **falante** (telecom.) / Zeitansage *f* ‖ **~-mestre** *m* / Hauptuhr *f*, Zentraluhr *f* ‖ **~-mestre** *m* (informática) / Haupt-Taktgenerator *m* ‖ ~ **para galvanização** (galvanoplast.) / Baduhr *f* ‖ ~ **principal** / Hauptuhr *f* ‖ ~ **regulador** / Normaluhr *f* ‖ ~ **secundário** (electr.) / Nebenuhr *f*

relojoaria *f* / Uhrmacherei *f*, Uhrenbau *m*

relojoeiro *m* / Uhrmacher *m*

reluctividade *f* / Anfangspermeabilität *f*

relutância *f* (electr.) / Reluktanz *f*, magnetischer Widerstand

reluzente / leuchtend, glänzend

relva *f* / Gras *n*, Graspflanze *f*, Rasen *m*

rem *m* (técn. nucl.) / Rem *n* (Sonderbezeichnung von Rad bei der Angabe von Äquivalentdosen; 1 rem = 1 Rad = 10^{-2} J/kg)

remagnetizar / neumagnetisieren

remalhadora *f* (máq. tricot.) / Kettelmaschine *f* ‖ ~ **rectilínea** / Flachkettelmaschine *f*, -kettmaschine *f*

remalhar (máq. tricot.) / ketteln ‖ ~ **malharias** / anketteln

remanência *f* (física) / Remanenz *f*

remanente, remanescente (física) / zurückbleibend, remanent

remanso *m* (hidrául.) / Rückstau *m*

rematador *m* (têxtil) / Feinfrotteur *m* ‖ ~ (fiação) / Feinnitschler *m*

rematar / kappen, bördeln

remate *m* (constr. civil) / Firstkamm *m*, -sattel *m* ‖ ~ **das juntas** / Fugenverstreichung *f* ‖ ~ **dos fios** / Fadenschluß *m* (Schlichte)

remendar (têxtil) / flicken, ausflicken, ausbessern

remendo *m* (têxtil) / Flickwerk *n*, Flickfleck *m*, Fleck *m*, Ausbesserung *f*

remessa *f* / Sendung *f*, Lieferung *f*

remetido *m* **dos liços** (tecel.) / Schafteinzug *m*, Fadeneinzug *m*

remoção *f* / Entfernung *f*, Beseitigung *f* ‖ **com ~ de aparas** (máq. ferram.) / spanabhebend ‖ ~ **das cinzas** / Entaschung *f* ‖ ~ **das rochas dinamitadas** (expl. minas) / Schuttern *n* ‖ ~ **de aparas** (máq. ferram.) / Spanabhebung *f*, -abnahme *f* ‖ ~ **de escórias** / Schlackenziehen *n* ‖ ~ **de neve** / Schneeräumen *n* ‖ ~ **de terra** (constr. civil) / Erdabtrag *m*, Abtrag *m*

remodelação *f* / Umformen *n*, Neugestaltung *f*, Umbau *m*

remodelar / umgestalten, umbauen

remoinho *m* / Aufwirbelung *f* ‖ ~ (navio) / Sog *m*, Strudel *m* ‖ ~ (electr., aeronáut.) / Wirbel *m* ‖ ~ (hidrául.) / Strudel *m* ‖ ~ **de ar** / Luftwirbel *m* ‖ ~ **de sucção do ar** / Luftansaugwirbel *m* ‖ ~ **produzido pelo cubo** (aeronáut.) / Nabenwirbel *m*

remolhar / weichen, einweichen

remover / abnehmen, entfernen, forträumen, räumen, beseitigen ‖ ~ (constr. civil) / aufräumen ‖ ~ **com cáusticos** / ablaugen ‖ ~ **entulho**, remover escombros / abräumen ‖ ~ **o ar da mina** (expl. minas) / Wetter abführen ‖ ~ **o nitrogénio** (siderurg.) / entsticken ‖ ~ **o óleo** / entölen, Öl entfernen ‖ ~ **o veículo** / das Fahrzeug bergen (nach einem Unfall) ‖ ~ **óleos e outras sujidades que aderem à lã** / entschweißen

removível / herausnehmbar, abnehmbar, demontierbar, lösbar

renda *f* / Spitze *f*, Spitzengewebe *n*

render / liefern, ergeben, verrichten, leisten

rendimento *m* / Leistung *f*, Ausbeute *f*, Arbeitsleistung *f* ‖ ~ (expl. minas, máq., tecnol.) / Gewinnung *f*, Förderung *f* ‖ ~ (electr., máq., tecnol., física) / Wirkungsgrad *m* ‖ ~ / Ergiebigkeit *f*, Leistungsfähigkeit *f*, Gewinn *m* ‖ ~ (org. industr.) / Leistungsgrad *m* ‖ **de alto ~** / Hochleistungs... ‖ **de grande ~** (máq. ferram.) / Schwer... ‖ ~ **calórico** / Heizeffekt *m*, kalorimetrische Heizkraft ‖ ~ **calorífico** / Heizleistung *f* (abgegeben) ‖ ~ **contínuo** / Dauerleistung *f* ‖ ~ **da hélice** (navio) / Schraubenleistung *f* ‖ ~ **da máquina** / Maschinenleistung *f* ‖ ~ **da potência de uma conversão de energia** / Leistungsgrad *m* einer Energieumsetzung ‖ ~ **de corte** (máq. ferram.) / vorgeschriebene o. zu erreichende Schnittleistung ‖ ~ **de fissão primária** (técn. nucl.) / Fragmentausbeute *f* ‖ ~ **de fluorescência** (técn. nucl.) / Fluoreszenzausbeute *f* ‖ ~ **de laboratório** / Labor[atoriums]ausbeute *f* ‖ ~ **de vapor** / Dampfleistung *f* ‖ ~ **diário** / Tagesleistung *f* ‖ ~ **dinâmico** / Kraftleistung *f* ‖ ~ **do corante** (tinturaria) / Farbausbeute *f* ‖ ~ **em açúcar** / Zuckerausbeute *f*, Rendement *n* ‖ ~ **em fino** / Feinausbringen *n* ‖ ~ **em gás** / Gasanfall *m*, Gasausbeute *f* ‖ ~ **em peças/hora** (máq. ferram.) / Stückleistung *f* ‖ ~ **em sólidos** (expl. minas) / Feststoffausbringen *n* ‖ ~ **garantido** (máq., tecnol.) / garantierter Wirkungsgrad ‖ ~ **horário** (máq., tecnol.) / Stundenleistung *f*, stündliche Leistung ‖ ~ **luminoso** / Lichtausbeute *f*, Lichtleistung *f* ‖ ~ **máximo** / Spitzenleistung *f* ‖ ~ **máximo permanente** / Dauerhöchstleistung *f* ‖ ~ **mecânico** (aeronáut., hélice) / Gütegrad *m* ‖ ~ **permanente** / Dauerertrag *m* ‖ ~ **por estágio** / Stufenausbeute *f* ‖ ~ **por unidade de superfície** / Flächenleistung *f* ‖ ~ **quântico** / Quantenausbeute *f* ‖ ~ **real** / Ist-Leistung *f* ‖ ~ **térmico** / Wärmeausbeute *f*, Wärmewirkungsgrad *m*, Wärmeleistung *f* ‖ ~ **térmico indicado** (mot.) / indizierter Wirkungsgrad ‖ ~ **total** / Gesamtwirkungsgrad *m*, Gesamtleistung *f* ‖ ~ **útil** / Nutzleistung *f*, -effekt *m*

reniforme / nierenförmig

rénio *m*, Re (química) / Rhenium *n*, Re

renovação *f* / Erneuerung *f*, Auswechselung *f* ‖ ~ **do ar** / Lufterneuerung *f*

renovar / aufarbeiten *vt*, erneuern, auswechseln, erneuern

reologia *f* / Rheologie *f*, Fließkunde *f*

reopexia *f* (química) / Rheopexie *f*

reorganização *f* **parcelar** (agricult.) / Flurbereinigung *f*

reóstato *m* (electr.) / Rheostat *m*, Regelwiderstand *m*, Schiebewiderstand *m* ‖ ~ **de aquecimento** / regelbarer Heizwiderstand ‖ ~ **de arranque em série** / Hauptstromanlasser *m* ‖ ~ **de campo de tipo potenciómetro** (electr.) / Feldregelwiderstand *m* ‖ ~ **de excitação** (electr.) / Feldregler *m* ‖ ~ **de regulação** (sold) / Schweißwiderstand *m* ‖ ~ **de regulação** (telecom.) / Schwächungswiderstand *m* ‖ ~ **hidráulico** (electr.) / Wasserwiderstand *m* ‖ ~ **líquido** (electr.) / Flüssigkeits-Regelwiderstand *m*, Flüssigkeitswiderstand *m*

reparabilidade *f* / Instandsetzbarkeit *f*

reparação *f* / Instandsetzung *f*, Ausbesserung *f* ‖ ~ **de substituição** / Austauschreparatur *f* ‖ ~ **provisória** (autom.) / Behelfsausbesserung *f*

reparar / überholen, wiederinstandsetzen, ausbessern ‖ ~ (alto-forno) / zustellen ‖ ~ **provisoriamente** / behelfsmäßig ausbessern

repartição *f* / Einteilung *f* ‖ ~ **das tensões** (mecân.) / Spannungsverlauf *m* ‖ ~ **de corrente** (electrón.) / Stromverteilung *f* ‖ ~ **de funções** (telecom.) / Funktionsteilung *f* ‖ ~ **de Minas** / Bergamt *n* ‖ ~

de Pesos e Medidas / Eichamt *n* ‖ ~ **integral** (forja) / Flächenschluß *m* ‖ ~ **normal** (estatística) / Gaußsche Verteilung
repartir / aufteilen, teilen, einteilen, austeilen
repassar (tecel.) / nachschneiden, repassieren ‖ ~ / pelzen ‖ ~ **ao torno** (torno) / nachdrehen ‖ ~ **com a lima** / nachfeilen ‖ ~ **de líquido** / einweichen
repelente *m* / Abwehrmittel *n*, Repellent *n* ‖ ~ *adj* **da sujidade** / schmutzabweisend, -abstoßend
repelir / zurückstoßen, -treiben, -schlagen, abstoßen ‖ **~-se mutuamente** / sich gegenseitig abstoßen
repercussão *f* / Rücksprung *m*, Rückprall *m*
repercutir / prellen *vi*, zurückprallen
reperfurador *m* **transmissor** / Lochstreifenübertrager *m*
repesar / nachwiegen
repetição *f* / Wiederholung *f* ‖ ~ (têxtil) / Rapport *m* ‖ ~ **de chamada** (telecom.) / Rückruf *m*
repetido / mehrmalig, wiederholt
repetidor *m* (telecom.) / Verstärker *m* ‖ ~ **de bloco** (técn. ferrov.) / Blockspiegelfeld *n* ‖ ~ **de cabo submarino** (telecom.) / Seekabelverstärker *m* ‖ ~ **de dois fios em ponte dupla** (telecom.) / Doppelbrückenverstärker *m* ‖ ~ **de impulsos ou pulsos** (telecom.) / Impulswiederholer *m* ‖ ~ **de mensagens gravadas** / Band-Ansagegerät *n* ‖ ~ **de posição** (contr. autom.) / Stellungsrückmelder *m* ‖ ~ **de recepção** (telecom.) / Empfangsverstärker *m* ‖ ~ **instalado no cabo** (telecom.) / Kabelverstärker *m* ‖ ~ **interno** (telecom.) / Hausübertragung *f* ‖ ~ **submarino** (telecom.) / Unterwasserübertrager *m*, -verstärker *m* ‖ ~ **telefónico** / Fernsprechverstärker *m* ‖ ~ **terminal** (telecom.) / Endverstärker *m* ‖ ~ **toroidal** (telecom.) / Ringübertrager *m*
repetir / wiederholen
repetitivo / [stetig] wiederholt, sich wiederholend
repicagem *f* (silvicult.) / Verschulung *f* ‖ ~ **de limas** / Feilenaufhauen *n*
repor a zero / nullstellen, auf Null rückstellen, nullen ‖ ~ **na posição inicial** (informática, instr.) / zurückstellen, in die Ausgangslage zurückführen
reposição *f* (ao estado inicial) / Rückstellung *f* (in die Ausgangslage) ‖ ~ **a zero** / Nullstellen *n* ‖ ~ **a zero do contador** / Zählerrückstellung *f*, -nullstellung *f*
repousar / ruhen, aufsitzen
repouso *m* / Ruhe *f*, Ruhepause *f*, Rast *f* ‖ ~ (máq., tecnol.) / außer Gang, außer Betrieb ‖ **em** ~ / unerregt ‖ ~ **do passo** (tecel.) / Fachruhe *f*
repovoamento *m* **florestal** / Wiederaufforstung *f*
represa *f* / Talsperre *f*, Staubecken *n* ‖ ~ (hidrául.) / Damm *m*, Staudamm *m* ‖ ~ / Wehr *n*, Wehranlage *f* ‖ ~ **com adufa** / Schleusenwehr *n*, -überfall *m* ‖ ~ **submersa** (hidrául.) / Grundwehr *n*
represamento *m* (hidrául.) / Stauung *f*
represar (hidrául.) / anstauen, dämmen, andämmen, eindämmen, stauen
representação *f* / Abbildung, Darstellung *f* ‖ ~ **cinemática** / Getriebsschema *n* ‖ ~ **corporal e à escala** / Formbild *n* ‖ ~ **de dados** / Informationsdarstellung *f* ‖ ~ **do momentum** (técn. nucl.) / Impulsdarstellung *f* ‖ ~ **em linguagem de máquina** (informática) / Darstellung *f* in Maschinensprache ‖ ~ **em vírgula flutuante** / halblogarithmische Darstellung (o. (DIN): Schreibweise) ‖ ~ **externa** (informática) / externe Darstellung ‖ ~ **F** (radar) / F-Darstellung *f* ‖ ~ **G** (radar) / G-Darstellung *f* ‖ ~ **gráfica** / graphische Darstellung, Figur *f* (graphisch), bildliche Darstellung ‖ ~ **gráfica** (informática, matem.) / Graph *m* ‖ ~ **ondular** (física) / Wellenbild *n* ‖ ~ **posicional** (informática) / Stellenschreibweise *f*
representar / bilden, figürlich darstellen, darstellen, verkörpern ‖ ~ **forças** (mecân.) / Kräfte darstellen ‖ ~ **graficamente** / graphisch darstellen (o. veranschaulichen)
represo (hidrául.) / gestaut
reprocessamento *m* / Wiederaufbereitung, Aufarbeitung *f* (DIN) ‖ ~ **do combustível** (técn. nucl.) / Spaltstoffaufarbeitung *f*
reprocessar (química) / wiederaufarbeiten
reprodução *f* (artes gráf.) / Abzug *m*, Kopie *f* ‖ ~ (audio) / Wiedergabe *f*, Reproduktion *f* ‖ ~ **das cores** / Farbwiedergabe *f* ‖ ~ **de imagem** / Bildwiedergabe *f* ‖ ~ **dos agudos** (audio) / Höhenwiedergabe *f* ‖ ~ **dos tipos** (máq. escrev.) / Abdruck *m* der Typen ‖ ~ **estereofónica** / Stereowiedergabe *f* ‖ ~ **exacta** / formgetreue Nachbildung *f* ‖ ~ **sonora** / Tonwiedergabe *f* ‖ ~ **topográfica** / Geländedarstellung *f*
reprodutibilidade *f* / Reproduzierbarkeit, Wiederholbarkeit *f*
reprodutor *m* **de vídeo-discos** / Video-Plattenspieler *m*, Bildplattenspieler *m*
reproduzir / reproduzieren, wiedergeben (Ton) ‖ **~-se** / sich fortpflanzen ‖ ~ **numa perforadora duplicadora** (cart. perf.) / doppeln
reproduzível / reproduzierbar, Paus..., pausfähig
reprografia *f* / Reprographie *f* (umfaßt Lichtpausen, techn. Photographie, Kleinoffset)
reps *m* (têxtil) / Rips *m*
repulsão *f* / Rückstoß *m*, Repuls *m*, Repulsion *f* ‖ ~ (física) / Abstoßung *f* ‖ ~ **nuclear** / internukleare Abstoßung
repulsivo / zurückstoßend, -treibend, abstoßend
repuxado / getrieben, gehämmert
repuxamento *m* **de metais** (máq. ferram.) / Metalldrücken *n* ‖ ~ **profundo** / Tiefziehen *n*, -zug *m*
repuxar / punzen (Metall) ‖ ~ **profundo** / tiefziehen
requadro *m* (tv) / Bildmaske *f*
requeijão *m* **feito de leite de vaca** / Quark *m*
requerer uma patente / ein Patent anmelden
requerido / erforderlich, notwendig
requerimento *m* **de concessão mineira** (expl. minas) / Mutung *f* ‖ ~ **de patente** / Patentanmeldung *f*
requisitar / anfordern
requisito *m* / Erfordernis *n*
requisitos *m pl* **operacionais** (astronáut.) / betriebliche Anforderungen *f pl*
rés-do-chão *m* / Parterre *n*, Erdgeschoß *n* ‖ ~ (constr. civil) / Erdgleiche *f*
reserva *f* (estampagem de têxteis) / Reserve *f*, Reservepaste *f*, Ätzpaste *f*, Schutzmasse *f*, Schutzbeize *f* ‖ ~ (tinturaria) / Schutzbeize *f* ‖ **de** ~ / Ersatz..., Reserve... ‖ ~ **de corda** (relógio) / Gangreserve *f* ‖ ~ **de forragem** (agricult.) / Futterreservestoff *m* ‖ ~ **florestal** / Schonung *f*
reservar (geral) / buchen
reservatório *m* / Becken *n*, Behälter *m*, Reservoir *n*, Speicher *m* ‖ ~ **alijável** (aeronáut.) / Abwurfbehälter *m* ‖ ~ **colector** / Ansammlungsbehälter *m*, Sammelbehälter *m* ‖ ~ **da pistola de pintar** / Farbkessel *m* ‖ ~ **de água** / Wasserspeicher *m*, Wasserraum *m* ‖ ~ **de água quente sob pressão** / Druckspeicher *m* ‖ ~ **de alimentação pela gravidade** / Fallbenzintank *m* ‖ ~ **de alta pressão** / Hochdruckbehälter *m* ‖ ~ **de ar** / Windkessel *m*, Luftkessel *m*, Luftkammer *f* ‖ ~ **de ar** (mot.) / Luftspeicher *m* ‖ ~ **de ar comprimido** / Druckluftbehälter *m* ‖ ~ **de comando** (técn. ferrov.) / Steuerbehälter *m* ‖ ~ **de compensação** (autom.) / Ausgleichbehälter *m* ‖ ~ **de desactivação** (técn. nucl.) / Verweiltank *m* ‖ ~ **de fundo chato** / Flachbodentank *m* ‖ ~ **de gás** / Gasometer *m*, Gasbehälter *m* ‖ ~ **de gasolina** /

Benzintank *m* ‖ ~ **de gravidade** (autom.) / Falltank *m* ‖ ~ **de lastro** / Ballasttank *m* ‖ ~ **de ou sob pressão** / Druckbehälter *m* ‖ ~ **de pressão** / Druckkessel *m*, -behälter *m* ‖ ~ **de reacção a alta pressão** (química) / Hochdruckapparat *m*, [Druck]bombe *f* ‖ ~ **de refluxo** / Rücklaufbehälter *m*, -reservoir *n* ‖ ~ **do cárter inferior** (mot.) / Sumpf *m*, Ölwanne *f* ‖ ~ **elevado** / Hochbehälter *m*, -reservoir, -speicherbecken *n* ‖ ~ **em aço sob pressão** / Druckflasche *f* ‖ ~ **portátil de gasolina** / Benzinkanister *m* ‖ ~ **subterrâneo** / Erdtank *m* ‖ ~**-torre** *m* **para água** / Wasserhochbehälter *m*, -hochreservoir *n*, Wasserturm *m*

resfriado bruscamente / abgeschreckt

resfriador *m* **de calor residual** (técn. nucl.) / Nachwärmekühler *m*

resfriar·-se / sich abkühlen, kühl werden ‖ ~ **bruscamente** / abschrecken

residência *f* (informática) / Residenz *f*

residual / verbleibend, restlich, zurückbleibend

resíduo *m* (química) / Rückstand *m* ‖ ~ (química) / Caput mortuum *n*, Rückstand *m*, Residuum *n* ‖ ~ (matem.) / Residuum *n* ‖ ~, sedimento *m* / Bodensatz *m* ‖ ~ **atómico** / Atomrumpf *m*, -rest *m* ‖ ~ **carbonizado** (siderurg.) / Restkohle *f* ‖ ~ **da portadora** (electrón.) / Trägerrest *m* ‖ ~ **de calcinação** (química) / Glührückstand *m* ‖ ~ **de carda** / Ausputz *m* (Karde) ‖ ~ **de combustão** / Verbrennungsrückstand *m* ‖ ~ **de coque** / Koksrückstand *m* ‖ ~ **de destilação** (química) / Sumpfprodukt *n* ‖ ~ **de evaporação** / Abdampfrückstand *m* ‖ ~ **de óleo** / Ölrückstand *m*, Ölschlamm *m* ‖ ~ **de peneiração** / Siebaustrag *m* ‖ ~ **de piritas calcinadas** / Purpurerz *n* ‖ ~ **de recozimento** (siderurg.) / Glührückstand *m* ‖ ~ **radioactivo** / radioaktiver Abfall ‖ ~ **seco** / Trockenrückstand *m*

resíduos *m pl* **atómicos líquidos** (técn. nucl.) / flüssiger Atommüll ‖ ~ **de electrólise** / Elektrolyserückstände *m pl* ‖ ~ **de frutos** / gepreßte Fruchtmasse (z.B. des Apfels) ‖ ~ **industriais** / Industriemüll *m*, Industrieabfälle *m pl* ‖ ~ **metalíferos** / Gekrätz *n*

resiliência *f* / Schlagzähigkeit *f*, Federkraft *f*, Federungsvermögen *n*, Arbeitsvermögen der Federung, elastische Verformungsarbeit, Rückfederung *f* ‖ ~ **máxima** / Brucharbeitsvermögen *n*

resiliente, ser ~ / federn *vi*

resina *f* / Harz *n* ‖ ~ **acrílica** / Acrylharz *n* ‖ ~ **aldeídica** / Aldehydharz *n* ‖ ~ **alílica** / Allylharz *n* ‖ ~ **alquídica** / Alkydharz *n* ‖ ~ **alquílica fenólica** / Alkylphenolharz *n* ‖ ~ **artificial** / Kunstharz *n* ‖ ~ **balsâmica** / Balsamharz *n* ‖ ~ **cresílica** / Kresolharz *n* ‖ ~ *m* **de abeto** / Fichtenharz *n* ‖ ~ *f* **de anilina** / Anilinharz *n* ‖ ~ **de baixa pressão** / Niederdruckpreßharz *n* ‖ ~ **de contacto** / Niederdruckpreßharz *n*, Kontaktharz *n* ‖ ~ **de cumarona** / Cumaronharz *n* ‖ ~ **de éster** / Esterharz *n* ‖ ~ **de eufórbio** / Euphorbiumharz *n* ‖ ~ **de fenolformaleído** / Phenol[formaldehyd]harz *n*, Phenoplast *m* ‖ ~ **de formaldeído** / Formaldehydharz *n* ‖ ~ **de fundição** (plást.) / Gießharz *n* ‖ ~ **de guáiaco** / Guajakharz *n* ‖ ~ **de terebintina** / Terpentinharz *n* ‖ ~ **de vinilotolueno** / Vinyltoluolharz *n* ‖ ~ **elemi** / Elemiharz *n*, Elemi *n* ‖ ~ **epoxi** / Äthoxylinharz *n*, -preßmassen *f pl*, Epoxy[d]harz *n* ‖ ~ **epoxi para fundir** / Epoxid-Gießharz *n* ‖ ~ **éster** / Lackester *m* ‖ ~ **fenólica** / Phenol[formaldehyd]harz *n*, Phenoplast *m* ‖ ~ **mole** (plást.) / Weichharz *n* ‖ ~ **para lacas e vernizes** / Lackharz *n* ‖ ~ **para laminação** / Laminierharz *n* ‖ ~ **para moldagem a baixa pressão** / Niederdruckpreßharz *n*, Kontaktharz *n* ‖ ~ **sintética** / Kunstharz *n* ‖ ~ **sintética fina** / Edelkunstharz *n* ‖ ~ **sólida** / Festharz *n* ‖ ~ **ureica**, resina *f* uréica / Harnstoffharz *n*

resinagem *f* / Harzabzapfung *f*, -gewinnung *f*

resinar / harzen, mit Harz behandeln, Harz zapfen

resinas *f pl* **de fluorocarbono** / Fluorkunststoffe *m pl*

resinífero / harzbildend

resinificação *f* / Harzbildung *f*

resinificar-se / verharzen, zu Harz werden

resiniforme / harzartig

resinosa *f* / Nadelbaum *m*, Konifere *f*

resinose *f* / Harzfluß *m*

resinoso / harzhaltig, harzig

resistência *f* (mecân., física) / Widerstand *m* ‖ ~ / Resistenz *f*, Widerstandsfähigkeit *f*, -kraft *f* ‖ ~ (electr.) / Widerstand *m* (als Bauteil), R-Glied *n* ‖ ~ (mecân.) / Festigkeit *f* ‖ ~ / Haltbarkeit *f* ‖ ~ [a] / Beständigkeit [gegen] *f*, Festigkeit [gegen] *f* ‖ ~ [eléctrica] / [elektrischer] Widerstand (eine physik. Größe) ‖ **de** ~ **betuminosa** (plást.) / bitumenbeständig ‖ **de** ~ **inicial elevada** / frühhochfest (Zement) ‖ **de alta** ~ (electrón.) / hochohmig, -widerstandsfähig, hochfest ‖ **de alta** ~ **ao choque** (plást.) / hochschlagzäh ‖ **de elevada** ~ **à fadiga** / hochdauerfest ‖ **de elevada** ~ **ao choque** (plást.) / erhöht schlagzäh ‖ ~ **à água** / Wasserbeständigkeit *f* ‖ ~ **à água quente** / Heißwasserfestigkeit *f* ‖ ~ **à amolgação** / Beulfestigkeit *f* ‖ ~ *m* **à aspiração** / Saugfestigkeit *f* ‖ ~ *f* **à chama e à explosão** / Flamm- und Platzsicherheit *f*, FP ‖ ~ **a choques repetidos** / Dauerschlagfestigkeit *f* ‖ ~ **à compressão** / Druckfestigkeit *f* (gegen Zusammendrücken) ‖ ~ **à condutibilidade do calor** / Wärmedurchlaßwiderstand *m* ‖ ~ **à decatização** / Dekaturechtheit *f* ‖ ~ **à deformação** (geral) / Umformwiderstand *m* ‖ ~ **à deformação** / Formbeständigkeit *f*, Verformungswiderstand *m* ‖ ~ **à deformação** (forja) / Formänderungsfestigkeit *f* ‖ ~ **à descolagem interlaminar** (papel) / Delaminierungsbeständigkeit *f* ‖ ~ **à difusão** / Ausbreitungswiderstand *m* ‖ ~ **à dobra** (papel) / Falzwiderstand *m* ‖ ~ **à dobragem** (papel) / Falzfestigkeit *f* ‖ ~ **à extensão** / Zugfestigkeit *f*, Widerstand *m* gegen Ausdehnung ‖ ~ **à fadiga** / Zeitschwingfestigkeit *f* (ISO/R 194), Dauerhaltbarkeit *f* ‖ ~ **à fadiga sob esforço oscilante**, resistência *f* à fadiga sob esforço vibratório / Schwingungsfestigkeit *f* (Dauerfestigkeit) ‖ ~ **à ferrugem** / Rostbeständigkeit *f* ‖ ~ **à flambagem** (mecân.) / Knickfestigkeit *f* ‖ ~ **à flexão** / Biegefestigkeit *f* ‖ ~ **à flexão por choque** / Schlagbiegefestigkeit *f*, -biegewiderstand *m* ‖ ~ **à fluência** / Kriechfestigkeit *f* ‖ ~ **à fluência sob carga permanente** / Dauerstandfestigkeit *f* (warm) ‖ ~ **à fractura** / Bruchfestigkeit *f* ‖ ~ **à frenação** / Bremswiderstand *m* ‖ ~ **à fricção** / Reibungswiderstand *m* ‖ ~ **à marcha** / Fahrwiderstand *m* ‖ ~ **à passagem** / Durchflußwiderstand *m* ‖ ~ **à percussão** (madeira) / Durchschlagwiderstand *m* ‖ ~ **à pressão** / Druckfestigkeit *f*, Druckwiderstand *m* ‖ ~ **à propagação** (electr.) / Ausbreitungswiderstand *m* ‖ ~ **à propagação das chamas** / Flammwidrigkeit *f* ‖ ~ **à putrefacção** / Fäulnisbeständigkeit *f* ‖ ~ **à quebra por queda** (expl. minas) / Sturzfestigkeit *f* ‖ ~ **à relaxação** / Entspannungswiderstand *m* ‖ ~ **à ruptura** / Reißfestigkeit *f*, Reißkraft *f* ‖ ~ **à ruptura** [por tracção] / Zerreißfestigkeit *f* ‖ ~ **à ruptura** / Bruchfestigkeit *f* ‖ ~ **à [ruptura por]**

tracção / Zugfestigkeit *f*, Festigkeit gegen Zugbeanspruchung ‖ ~ **à ruptura sob carga permanente** / Dauerstandfestigkeit *f* ‖ ~ **a solventes** / Lösemittelfestigkeit *f* ‖ ~ *m* **à sucção** / Saugfestigkeit *f* ‖ ~ *f* **à têmpera** / Anlaßbeständigkeit *f* ‖ ~ **à torção** / Drehungsfestigkeit *f*, Festigkeit *f* gegen Verdrehung, Torsionsfestigkeit *f*, Verdrehungsfestigkeit *f*, Drehwiderstand *m*, Drehfestigkeit *f* ‖ ~ **à torção** (hidrául.) / Torsionsfestigkeit *f* ‖ ~ **à tracção** (técn. ferrov.) / Zugwiderstand *m* ‖ ~ **à tracção** (plást.) / Reißfestigkeit *f* ‖ ~ **à tracção contínua** / Dauerzugfestigkeit *f* ‖ ~ **à travagem** / Bremswiderstand *m* ‖ ~ **activa** (electr.) / Wirkwiderstand *m*, Resistanz *f* ‖ ~ **adicional** (electr.) / Vorschaltwiderstand *m* ‖ ~ **amortecedora** (electr.) / Dämpfungswiderstand *m* ‖ ~ **antiparasitária** (autom.) / Entstörwiderstand *m* ‖ ~ **ao alongamento** (mecân.) / Streckfestigkeit *f* ‖ ~ **ao aperto** / Klemmfestigkeit *f* ‖ ~ **ao ar** / Luftwiderstand *m* ‖ ~ **ao arranque** (papel) / Rupffestigkeit *f* ‖ ~ **ao atrito** / Abreibfestigkeit *f* ‖ ~ **ao calor** / Wärmebeständigkeit *f*, Hitzebeständigkeit *f*, Warmfestigkeit *f* ‖ ~ *m* **ao calor contínuo** / Dauerwärmebeständigkeit *f* ‖ ~ *f* **ao choque** / Stoßfestigkeit *f*, Schlagwiderstand *m*, Schlagfestigkeit *f* ‖ ~ **ao cisalhamento** / Schubfestigkeit *f*, Scherfestigkeit *f* ‖ ~ **ao corte** (máq. ferram.) / Schnittwiderstand *m* ‖ ~ **ao desbotamento** (tintas) / Blutechtheit *f* ‖ ~ **ao desgaste** / Verschleißfestigkeit *f*, -härte *f*, -widerstand *m* ‖ ~ **ao desgaste contínuo** (máq. ferram.) / Dauerstandfestigkeit *f* ‖ ~ **ao deslize** / Gleitwiderstand *m*, Widerstand gegen Gleiten o. Rutschen ‖ ~ **ao deslize** (electr.) / Schlupfwiderstand *m* ‖ ~ **ao deslize** (mecân.) / Schiebewiderstand *m* ‖ ~ **ao dilaceramento** (papel, plást.) / Einreißfestigkeit *f* ‖ ~ **ao efeito de coroa** (electr.) / Glimmbeständigkeit *f* ‖ ~ **ao fogo** / Feuerbeständigkeit *f* ‖ ~ **ao fogo sob carga** (cerâm.) / Druckfeuerbeständigkeit *f*, DFB ‖ ~ **ao formaldeído** / Formaldehydechtheit *f* ‖ ~ **ao inchamento** / Quellbeständigkeit *f* ‖ ~ **ao mau trato** / Beständigkeit *f* gegen rauhe Behandlung ‖ ~ **ao rolamento** / Rollwiderstand *m* ‖ ~ **ao rubro** / Glutbeständigkeit *f* ‖ ~ **ao suor** (tinturaria) / Schweißbeständigkeit *f* ‖ ~ **aos choques térmicos** (electrón.) / Temperaturwechselbeständigkeit *f*, Schockfestigkeit *f* ‖ ~ **aos esforços alternados de tracção e compressão** / Zug-Druck-Dauerfestigkeit *f* ‖ ~ **aos esforços alternados** / Wechselfestigkeit *f*, Schwingfestigkeit *f* ‖ ~ **aparente** (semicondut.) / Ersatzwiderstand *m* ‖ ~ **às influências atmosféricas** / Witterungsbeständigkeit *f* ‖ ~ **às oscilações** / Schwingungsfestigkeit *f* ‖ ~ **às temperaturas elevadas** / Hitzebeständigkeit *f* ‖ ~ **auto-reguladora** (electr.) / Belastungswiderstand *m* ‖ ~ **coesiva** / Trennwiderstand *m* ‖ ~ **com coeficiente positivo de temperatura** / Kaltleiter, PTC-Widerstand *m* ‖ ~ **com filamento de ferro em atmosfera de hidrogénio** (electrón.) / Eisenwasserstoffwiderstand *m* ‖ ~ **combinada** (electr.) / Gesamtwiderstand *m* ‖ ~ **da forma** (autom.) / Formwiderstand *m* ‖ ~ **da lâmpada** (electr.) / Lampenwiderstand *m* ‖ ~ **da Terra** / Erdwiderstand *m* (el. Widerstand der Erde) ‖ ~ **de aquecimento** (electr.) / Heizwiderstand, -leiter *m* ‖ ~ **de aquecimento** (electr.) / Heizwiderstand *m* ‖ ~ **de arranque** (electr.) / Anlaßwiderstand *m* ‖ ~ **de boro e carvão** / Borkarbonwiderstand *m* ‖ ~ **de carga** (electrón.) / Belastungswiderstand *m* ‖ ~ **de carga** (electr.) / Lastwiderstand *m* ‖ ~ **de carga** (electrón.) / Arbeitswiderstand *m* ‖ ~ **de carga** (electr.) / Ladewiderstand *m* ‖ ~ **de carga do díodo** / Richtwiderstand *m* ‖ ~ **de carvão** / Kohlewiderstand *m* ‖ ~ **de comparação** / Vergleichswiderstand *m*, Normalwiderstand *m* ‖ ~ **de compensação** / Leitungsergänzungswiderstand *m* ‖ ~ **de contacto** (electr.) / Übergangswiderstand *m* ‖ ~ **de corrente anódica alternada** (electrón.) / Anodenwechselstromwiderstand *m* ‖ ~ **de corrente contínua** / Gleichstromwiderstand, Ohmscher Widerstand *m* ‖ ~ **de crista** (tv) / Linearisierungswiderstand *m* ‖ ~ **de curto-circuito** / Kurzschlußwiderstand *m* ‖ ~ **de descarga** / Entladewiderstand *m* ‖ ~ **de enfraquecimento** (electr.) / Abschwächungswiderstand *m* ‖ ~ **de enfraquecimento do campo** / Dämpfungswiderstand *m* ‖ ~ **de enfraquecimento** [do campo] (electr.) / Schwächungswiderstand *m* ‖ ~ **de entrada** (electr.) / Vorwiderstand *m* ‖ ~ **de entrada de antena** / Antenneneingangswiderstand *m* ‖ ~ **de equilibração** / Abgleichkamm *m* ‖ ~ **de equilíbrio** (electrón.) / Abgleichwiderstand *m* ‖ ~ **de fadiga** / Dauerfestigkeit *f* ‖ ~ **de fadiga a esforços alternados** / Dauerwechselfestigkeit *f* ‖ ~ **de fadiga à flexão** / Dauerbiegefestigkeit *f* ‖ ~ **de fadiga a temperaturas elevadas** / Dauerwarmfestigkeit *f* ‖ ~ **de fadiga a torções alternadas** / Dauerdrehwechselfestigkeit *f* ‖ ~ **de ferro** (electr.) / Eisenwiderstand *m* ‖ ~ **de flexão** / Biegungsfestigkeit *f* ‖ ~ **de forma** / Formsteifigkeit *f* ‖ ~ **de fuga** (electrón.) / hochohmiger Ableitungswiderstand, R-glied *n* ‖ ~ **de fuga de grelha** (electrón.) / Gitterableitwiderstand *m* ‖ ~ **de grade**, resistência *f* de grelha (electrón.) / Gitterwiderstand *m* für Batterieanschluß ‖ ~ **de grafita** / Graphitheizstab *m* ‖ ~ **de interpolação** (electr.) / Interpolationswiderstand *m* ‖ ~ **de isolamento** / Isolierwert *m*, Isolationswiderstand *m* ‖ ~ **de isolamento por unidade de comprimento** (electr.) / Isolationswiderstandsbelag *m* ‖ ~ **de líquidos** / Flüssigkeitswiderstand *m* ‖ ~ **de localização** (electr.) / Eingrenzungswiderstand *m* ‖ ~ **de passagem das escovas** / Bürstenübergangswiderstand *m* ‖ ~ **de película** / Schichtwiderstand *m* ‖ ~ **de placas de carbono** / Kohleplattenwiderstand *m* ‖ ~ **de radiofrequência** / Hochfrequenzwiderstand *m* ‖ ~ **de terminação** / Abschlußwiderstand *m* ‖ ~ **de terra** / Erdübergangswiderstand *m* ‖ ~ **de terra** / Erdungswiderstand *m* ‖ ~ **de terra da base de postes** (electr.) / Erdwiderstand *m* von Masten ‖ ~ **de trabalho** / Bürde *f* ‖ ~ **decimal** (electr.) / Dekadenwiderstand *m* ‖ ~ **derivada** (electr.) / Zweigwiderstand *m* ‖ ~ **derivada** (electr.) / Nebenwiderstand *m* ‖ ~ **desviadora** / Ablenkungswiderstand *m* ‖ ~ **diferencial no estado inverso** (semicondut.) / differentieller Rückwärtswiderstand ‖ ~ **dinâmica** / Schwingungsfestigkeit *f* ‖ ~ **directa** (electrón.) / Flußwiderstand *m* ‖ ~ **disruptiva** (electr.) / Durchschlagsfestigkeit *f* ‖ ~ **do ar** / Luftwiderstand *m* ‖ ~ **do eletrodo** / Elektroden-Wirkwiderstand *m* ‖ ~ **do filtro** / Filterwiderstand *m* ‖ ~ **efectiva** (electr.) / Wirkwiderstand *m*, Resistanz *f* ‖ ~ **eléctrica** / elektrischer Widerstand ‖ ~ **em banho de óleo** (electr.) / Ölwiderstand *m* ‖ ~ **em corrente contínua** / ohmscher Widerstand, Gleichstrom-Widerstand *m* ‖ ~ **em corrente contínua ao estado condutor** (electrón.) / Durchlaßwiderstand *m* ‖ ~ **em derivação** (electr.) / Nebenschlußwiderstand *m* ‖ ~ **em série** (electr.) /

Vorschaltwiderstand *m* ‖ ~ **em sujo** / Endwiderstand *m* ‖ ~ **equivalente** (electr.) / Ersatzwiderstand *m* ‖ ~ **equivalente** (antena) / Verlustwiderstand *m* ‖ ~ **equivalente do feixe electrónico**, resistência *f* equivalente do feixe eletrônico (electrón.) / Strahlwiderstand *m* ‖ ~ **escalonada** (electr.) / Stufenwiderstand *m* ‖ ~ **escura** / Dunkelwiderstand *m* ‖ ~ **específica** (electr.) / Volumenwiderstand *m*, Leitungswiderstand *m* ‖ ~ **estabilizadora** (electr.) / Beruhigungswiderstand *m* ‖ ~ **fixa** (electr.) / Ballastwiderstand *m* ‖ ~ **fixa** (electrón.) / Festwiderstand *m* ‖ ~ **flexível** (electr.) / Bandwiderstand *m* ‖ ~ **hidrolítica** (vidro) / Wasserbeständigkeit *f* ‖ ~ **indutiva** / Spulenwiderstand *m* ‖ ~ **indutiva** (componente) / induktiver Widerstand ‖ ~ **inerente** (electr.) / Eigenwiderstand *m* ‖ ~ **inicial** / Ursprungsfestigkeit *f*, Frühfestigkeit *f* ‖ ~ **interior** / Durchgangswiderstand *m* ‖ ~ **interlaminar** (plást.) / Spaltfestigkeit *f* ‖ ~ **interna** (electr.) / Innenwiderstand *m* ‖ ~ **interna** (electrón.) / Quellwiderstand *m* ‖ ~ **interna de bateria** / Batterie-Innenwiderstand *m* ‖ ~ **limite a esforços alternados** (mecân.) / Dauerfestigkeitsbereich *m* beiderseits der Nullinie ‖ ~ **mecânica** / Festigkeit *f* ‖ ~ **mínima** / Mindestfestigkeit *f* ‖ ~ **na marcha em vazio** / Leerlaufwiderstand *m* ‖ ~ **óhmica** / ohmscher Widerstand ‖ ~ **óhmica** (componente) / ohmscher Widerstand *m* ‖ ~ **óhmica** (antena) / Verlustwiderstand *m* ‖ ~ **padrão** (electr.) / Eichwiderstand *m*, Normalwiderstand *m* ‖ ~ **piloto para velas de incandescência** (autom.) / Anzeigewiderstand *m*, Glühüberwacher *m* ‖ ~ **proporcional da ponte de Wheatstone** (electr.) / Verhältniswiderstand *m* (der Wheatstonebrücke) ‖ ~ **própria** / Formsteifigkeit *f* ‖ ~ **própria do veículo** (técn. ferrov.) / Fahrwiderstand des Fahrzeuges *m* ‖ ~ **química** / chemische Beständigkeit ‖ ~ **residual** (const. naval) / Formwiderstand *m* ‖ ~ **supressora de interferências** (autom.) / Entstörwiderstand *m* ‖ ~ **transversal** / Querfestigkeit *f* ‖ ~ **variável** (electr.) / Dimmer *m*, Rheostat *m*, Regelwiderstand *m*

resistente / dauerhaft, fest, haltbar ‖ ~ / widerstandsfähig, haltbar, tragfähig (Boden), fest ‖ ~ [a] / beständig [gegen], fest [gegen] ‖ **altamente** ~ / hochfest, -widerstandsfähig ‖ ~ **à congelação** / gefrierfest ‖ ~ **à corrosão** / korrosionsbeständig, -fest, -frei, -sicher ‖ ~ **à explosão** / berstfest ‖ ~ **à fadiga** / ermüdungsbeständig ‖ ~ **à fervura** (química) / kochbeständig, -fest ‖ ~ **à flambagem** / knicksteif ‖ ~ **à fractura ou à ruptura** / bruchfest ‖ ~ **à fricção** / abriebfest ‖ ~ **à (h)umidade** / feuchtigkeitsbeständig ‖ ~ **a influências atmosféricas** / luftbeständig ‖ ~ **à intempérie** / allwetterecht ‖ ~ **à luz** / lichtecht ‖ ~ **à pressão** / druckfest ‖ ~ **à queda de um avião** (reactor nucl.) / flugzeugabsturzfest ‖ ~ **à sublimação** / sublimierecht ‖ ~ **à transpiração** (têxtil) / schwitzfest ‖ ~ **ao ar** / luftbeständig, luftfest, luftecht ‖ ~ **ao branqueamento** (têxtil) / bleichecht ‖ ~ **ao calor** / wärmebeständig, warmfest, heißfest, hitzebeständig ‖ ~ **ao choque** / durchschlagsicher ‖ ~ **ao desgaste** / abriebfest, abnutzungsfest, verschleißfest ‖ ~ **ao encolhimento** (têxtil) / schrumpfecht, -frei, -fest, krumpfecht ‖ ~ **ao envelhecimento** / alterungsbeständig ‖ ~ **ao fogo** / feuerfest, -sicher (auf lange Dauer widerstandsfähig) ‖ ~ **ao frio** / kältebeständig ‖ ~ **ao óleo** (tintas) / ölbeständig ‖ ~ **ao rubro** / glühbeständig ‖ ~ **ao toque** (tintas) / berührungsfest ‖ ~ **ao uso** / strapazierfähig ‖ ~ **aos ácidos** / säurefest, säurebeständig ‖ ~ **aos álcalis** / alkalibeständig, -echt ‖ ~ **aos produtos químicos** / chemikalienbeständig ‖ ~ **às condições climáticas extremas** / klimafest ‖ ~ **às correntes de fuga** (electr.) / kriechstromfest ‖ ~ **às soluções alcalinas** / laugenbeständig ‖ ~ **às temperaturas elevadas** / hitzebeständig ‖ ~ **às vibrações** / erschütterungssicher

resistir / widerstehen, aushalten

resistividade *f* (electr.) / Volumenwiderstand *m*, Leitungswiderstand *m* ‖ ~ **térmica** / Wärmebeständigkeitsziffer *f* (in °C.cm/W)

resistor *m* (electr.) / Widerstand *m* (als Bauteil), R-Glied *n* ‖ ~ **adicional** (electr.) / Vorschaltwiderstand *m* ‖ ~ **antiparasitário** (autom.) / Entstörwiderstand *m* ‖ ~ **auto-regulador** (electr.) / Belastungswiderstand *m* ‖ ~ **com coeficiente positivo de temperatura** / Kaltleiter *m*, PTC-Widerstand *m* ‖ ~ **com filamento de ferro em atmosfera de hidrogênio** (electrón.) / Eisenwasserstoffwiderstand *m* ‖ ~ **de aquecimento** (electr.) / Heizwiderstand, -leiter *m* ‖ ~ **de boro e carvão** / Borkarbonwiderstand *m* ‖ ~ **de carga** (electrón.) / Belastungswiderstand *m* ‖ ~ **de carga** (electr.) / Lastwiderstand *m* ‖ ~ **de carga** (electrón.) / Arbeitswiderstand *m* ‖ ~ **de carga do díodo** / Richtwiderstand *m* ‖ ~ **de carvão** / Kohlewiderstand *m* ‖ ~ **de comparação** / Vergleichswiderstand *m*, Normalwiderstand *m* ‖ ~ **de crista** (tv) / Linearisierungswiderstand *m* ‖ ~ **de descarga** / Entladewiderstand *m* ‖ ~ **de enfraquecimento** (electr.) / Abschwächungswiderstand *m* ‖ ~ **de entrada** (electr.) / Vorwiderstand *m* ‖ ~ **de ferro** (electr.) / Eisenwiderstand *m* ‖ ~ **de fuga de grade** (electrón.) / Gitterableitwiderstand *m* ‖ ~ **de partida** (electr.) / Anlaßwiderstand *m* ‖ ~ **de película** / Schichtwiderstand *m* ‖ ~ **de placas de carbono** / Kohleplattenwiderstand *m* ‖ ~ **de terminação** / Abschlußwiderstand *m* ‖ ~ **de terra** / Erdungswiderstand *m* ‖ ~ **derivado** (electr.) / Nebenwiderstand *m* ‖ ~ **desviador** / Ablenkungswiderstand *m* ‖ ~ **em banho de óleo** (electr.) / Ölwiderstand *m* ‖ ~ **em derivação** (electr.) / Nebenschlußwiderstand *m* ‖ ~ **em série** (electr.) / Vorschaltwiderstand *m* ‖ ~ **fixo** (electrón.) / Festwiderstand *m* ‖ ~ **fixo** (electr.) / Ballastwiderstand *m* ‖ ~ **flexível** (electr.) / Bandwiderstand *m* ‖ ~ **indutivo** / induktiver Widerstand ‖ ~ **ôhmico** / ohmscher Widerstand *m* ‖ ~ **padrão** (electr.) / Eichwiderstand *m*, Normalwiderstand *m* ‖ ~ **supressor de interferências** (autom.) / Entstörwiderstand *m*

resma *f* **de papel** (500 folhas) / Ries *n* Papier

resolução *f* (tv) / Wiedergabeschärfe *f*, Bildauflösung *f*, Auflösung *f* ‖ ~ (química, matem.) / Auflösung *f* ‖ **de elevada** ~ / hochauflösend ‖ ~ **de uma equação** (matem.) / Gleichungsberechnung *f*

resolúvel (matem.) / lösbar

resolvedor *m* (comando numér.) / Funktionsgeber *m*, Koordinatenwandler *m*

resolvente *m* / Auflöser *m* ‖ ~ *f* **de uma matriz** (matem.) / Inverse *f* der charakteristischen Matrix

resolver (matem.) / lösen, auflösen

resolvível (matem.) / lösbar

resonância *f* **da caixa** (electrón.) / Gehäuseresonanz *f*

resorcina *f*, resorcinol *m* (química) / Resorcin *n*, m-Dihydroxybenzol *n*

resorcinol *m* / Resorcin, m-Dihydroxybenzol *n*

respirabilidade *f* / Atembarkeit *f* (z.B. in Tunneln)

respiração *f* / Atmen *n* ‖ ~ **intramolecular** / anaerobe Atmung, intramolekulare Atmung

respiradouro *m* / Entlüftungsöffnung *f* ‖ ~ (constr. civil) / Luftloch *n*, Lüftungsloch *n* ‖ ~ (constr. civil) / Zugloch *n* ‖ ~ (fundição) / Steiger *m*, Pfeife *f*

respirar / atmen
respiratório / Atem..., Atmungs...
respirável / atembar
responsor *m* (aeronáut.) / Antwortempfänger *m*
resposta *f* (microfone) / Ansprechempfindlichkeit *f* || ~ (rádio) / Frequenzgang *m*, Gang *m* || **de ~ rápida** (electr., electrón.) / schnellansprechend, mit kleiner Eigenzeit || ~ **à alta fidelidade** / Frequenztreue *f* || ~ **amplitude/frequência** / Amplituden-Frequenzgang *m* || ~ **de frequência** / Frequenzgang *m* || ~ **de frequência** (microfone) / Frequenzbereich *m* || ~ **dinâmica** (instr.) / dynamisches Verhalten || ~ **electroacústica** / Frequenzgang *m* des Schalldruckpegels || ~ **em frequência** / Frequenzverhalten *n* || ~ **gravação/leitura** (fita magn.) / Gesamtfrequenzgang *m*, Frequenzgang *m* || ~ **harmónica** / Frequenzgang *m* || ~ **relativa** / Bezugs-Empfindlichkeit *f* || ~ **térmica** / Temperaturanstiegsrate *f* || ~ **total** / elektroakustischer Wirkungsgrad || ~ **transitória** / Einschwingverhalten *n* || ~ **transitória** (tv) / Sprungkennlinie *f* || ~ **uniforme** (electrón.) / flache Wiedergabe
ressaltar / zurückschnellen, -federn
ressalto *m* (constr. civil) / Vorkragung *f*, Auskragung *f*, Vorsprung *m*, Mauerabsatz *m* || ~ (máq., tecnol.) / Daumen *m*, Zapfen *m*, Nocken *m*, Knagge *f*, Nase *f* || ~ (mecân.) / Schulter *f* || ~ **de guia** (máq. ferram.) / Leitkurve *f* || ~ **do muro** (constr. civil) / Mauerabsatz *m* || ~ **do pilar** / Pfeilervorlage *f*
ressoador *m* (electrón.) / Resonator *m*, [auf Eigenfrequenz schwingender] Schwinger || ~ **a quartzo** (electrón.) / Quarzresonator *m* || ~ **de entrada** (electrón.) / Eingangsresonator *m* || ~ **piezoeléctrico** (electrón.) / Kristallresonator *m*
ressoante / resonanzgebend
ressonância *f* (química, técn. nucl., física) / Resonanz *f* || ~ **de spin electrónico ou eletrônico** / Elektronenspinresonanz *f*, ESR || ~ **dupla heteronuclear** (técn. nucl.) / Heteronuklear-Doppelresonanz, HNDR *f* || ~ **em série** / Serienresonanz *f* || ~ **ferromagnética** / Ferroresonanz *f* || ~ **magnética nuclear** / Kernspinresonanz *f*, Kerninduktion *f* || ~ **paralela** / Stromresonanz *f*, Parallelresonanz *f* || ~ **paralela** (acústica) / Querresonanz *f*
ressonante / schwingend, Resonanz erzeugend
restabelecer o equilíbrio / das Gleichgewicht wiederherstellen
restabelecimento *m* **da componente de corrente contínua** / Schwarzsteuerung *f* (Vorgang)
restauração *f* / Wiederherstellung *f*, Restauration *f* || ~ **da memória** (informática) / Speicherauffrischung *f*
restaurar / aufarbeiten *vt*
resto *m* / Bestand *m*, Überrest *m*, Rest *m*, Überschuß *m*
restrição *f* **de produção** / Betriebseinschränkung *f*
restringir / begrenzen, einschränken
restrito / begrenzt
resultado *m* / Ausgang *m*, Ergebnis *n*, Fazit *n* || ~ **da análise** / Analysenergebnis *n* || ~ **final** / Endergebnis *n*
resultante *f* / Resultierende *f*, Resultante *f*, Mittelkraft *f*, Ersatzkraft *f*
resultar / erfolgen, sich ergeben || ~ [de] / folgen [aus] || ~ / ausfallen, sich ergeben
resumo *m* / Zusammenstellung, -fassung *f*, Abriß *m*, Übersicht *f*
resvalamento *m* / Schlupf *m* || ~ **do cabo** / Seilrutsch *m*
resvalar / abrutschen
retalhador *m* / Lumpenzurichter *m*
retalhos *m pl* **de tecido** (plást.) / Gewebeschnitzel *n pl*
retardação *f* / Verzögerung *f*, Verzug *m* || ~ / Verlangsamung *f* || ~ (técn. nucl.) / Bremsung *f*
retardado / verzögert
retardador *m* (electrón.) / Laufzeitkette *f* || ~ (química) / Reaktionsbremse *f* || ~ (técn. nucl.) / Reaktionsbremse *f*, Staustoff *m* || ~ (química) / Verzögerer *m* || ~ (técn. ferrov.) / Bremsschiene *f* || ~ (autom.) / Wirbelstrombremse *f* || ~ *adj* / verlangsamend, bremsend || ~ *m* **da presa** (constr. civil) / Abbindeverzögerer *m*, Erstarrungsverzögerer *m*
retardamento, estar em ~ de fase / in Phase nacheilen || ~ **de conexão** (electr.) / Einschaltverzögerung *f* || ~ **de fase** (electr.) / Nacheilung *f*
retardante de fogo / feuerhemmend
retardar / verlangsamen, verzögern || ~ (electr.) / nacheilen
retardo *m* **de desaccionamento** (relé) / Abfall-Ansprechverzögerung *f*
retenção *f* (química) / Retention *f* || ~ **de mola** / Federsicherung *f*
reteno *m* (química) / Reten *n* (Teerbestandteil)
retentor *m* (mecân.) / Rückhalter *m* || ~ **do pino do êmbolo** / Kolbenbolzensicherung *f* || ~ **do rolamento de esferas**, retentor *m* do rolimã / Kugelkäfig *m*, -lagerkäfig *m*
reter / festhalten, stillhalten, halten, zurückhalten || ~ / arretieren || ~ / dämmen || ~ (hidrául.) / sperren, stauen, anstauen
retesado / prall, straff
retesar / nachspannen
retícula *f* / Raster *m* || ~ **de cor** / Farbraster *m* || ~ **fina** (artes gráf.) / Feinraster *m*
reticulação *f* (química) / Vernetzung *f*
reticulado por irradiação (química) / strahlenvernetzt
reticular (química) / vernetzen
retículo *m* (óptica) / Strichplatte *f*, Strichkreuz *n*, Fadennetz *n*, Fadenkreuz *n*
retido / gespannt || ~ (águas) / gestaut
retificação *f* vide rectificação
retificador *m* vide rectificador
retificar vide rectificar
retingir / umfärben
retinto / zweimal gefärbt
retirar / entziehen, entfernen || ~ / abstreifen, abziehen || ~ (máq., tecnol.) / losmachen, abnehmen || ~ (ferram.) / ausspannen || ~ **a chaveta** / den Keil losschlagen || ~ **a espuma** / entschäumen || ~ **as escórias** / entschlacken, Schlacken ziehen || ~ **com a pá** / ausschaufeln, -schöpfen || ~ **com alicate**, retirar com pinça / abkneifen || ~ **dados temporariamente** (informática) / ausspeichern || ~ **do molde** / entformen || ~ **o detonador** (armamento) / entschärfen || ~ **o dispositivo de segurança** (armamento) / entsichern || ~ **um líquido com uma colher** / abschöpfen
retirável / herausnehmbar, abnehmbar
retitulação *f* / Zurücktitrieren *n*, -titrierung *f*
retocar / überarbeiten, verbessern, retuschieren || ~ (constr. civil) / nachbessern
retoque *m* / Überarbeitung *f*, Retusche *f*
retorcedeira *f* (fiação) / Zwirnmaschine *f*, Zwirner *m* || ~ **de linho** / Flachszwirnmaschine *f* || ~ **para fio com argolas** / Schlingengarnzwirnmaschine *f*
retorcedor *m* (tecel.) / Andreher *m*
retorcedora *f* **de anel** / Ringzwirnmaschine *f*
retorcedura *f* / Zwirnung *f* || ~ **em molhado** / Naßzwirnen *n*
retorcer / zwirnen, zusammendrehen, nachdrehen, zusammenzwirnen
retorcido (geral) / gezwirnt || ~ (madeira) /

drehwüchsig, gezwirnt
retornear (torno) / überdrehen
retorno *m* (geral) / Rückkehr *f* ‖ ~ (tv) / Rücksprung *m*, Rücklauf *m* des Abtaststrahls ‖ ~ (programa) / Rücksprung *m* ‖ ~ (tecel.) / Wiederkehr *f* ‖ ~ **comum** (electr.) / gemeinsame Rückleitung ‖ ~ **de espaço** (informática) / Bandrücksetzen *n* ‖ ~ **de linha** (tv) / Zeilenrücksprung *m*, -rücklauf *m* ‖ ~ **do carro** (máq. escrev.) / Wagenrückgang, -rücklauf *m*, -rückzug *m* ‖ ~ **do eco** (radar) / Echorückstrahlung *f* ‖ ~ **do êmbolo** / Kolbenrückgang *m* ‖ ~ **pela massa** / Masserückleitung *f* ‖ ~ **rápido** (máq. ferram.) / Schnellrücklauf *m*
retorta *f* / Blase *f*, Destillierkolben *m*, -blase *f* ‖ ~ (química) / Retorte *f*
retracção *f* / Schrumpfen *n*, Schrumpfung *f*
retráctil / einziehbar, einschiebbar (z.B. Antenne)
retrair-se / schrumpfen
retransmissão *f* (electr.) / Weitergabe *f* ‖ ~ **de informações** / Nachrichtenübermittlung *f*, -übertragung *f*
retransmitir (telecom.) / durch Zwischenverstärker übertragen
retrete *f* (constr. civil) / Klosett *n*, Abort *m*, Wasserklosett *n*
retrocesso *m* (máq. ferram.) / Rückzug *m* ‖ ~ (comando numér.) / Rückführung *f* ‖ ~ **da chama** (sold) / Flammenrückschlag *m* ‖ ~ **do arco** / Rückzündung *f* ‖ ~ **rápido** / Eilrücklauf *m*, -rückgang *m*
retrofoguete *m* (astronáut.) / Bremsrakete *f*
retrógrado / rückschreitend, rückläufig, rücklaufend
retroprojector *m* (técn. fotogr.) / Overheadprojektor *m*
retrós *m* (fiação) / Zwirnfaden *m*, Zwirn *m* ‖ ~ **de linho** / Leinennähzwirn *m* ‖ ~ **de seda** / Seidenzwirn *m* ‖ ~ **falso** / Falschdraht *m* ‖ ~ **para coser** / Nähzwirn *m* ‖ ~ **simples** / [eindrähtiger o. einfacher] Zwirn
retrovisor *m* (autom.) / Rückblickspiegel *m* ‖ ~ **exterior** (autom.) / Außenspiegel *m*, -rückblickspiegel *m* ‖ ~ **lateral** (autom.) / Seitenspiegel *m*
reunidora *f* / Kanalmaschine *f*
reunir / sammeln
reutilização *f* / Wiederverwendung *f*
reutilizar / wiederverwenden
reutilizável / wiederverwendbar
revelação *f* (técn. fotogr.) / Entwicklung *f* ‖ ~ **de fixação** / Fixierbad-Entwicklung *f* ‖ ~ **no tanque** (técn. fotogr.) / Standentwicklung *f* ‖ ~ **semi-(h) úmida** (técn. fotogr.) / Feucht-Entwicklung *f*
revelador *m* (técn. fotogr.) / Entwickler *m*, -flüssigkeit *f* ‖ ~ **cromógeno** (técn. fotogr.) / Farbentwickler *m* ‖ ~ **de filme** / Filmentwickler *m* ‖ ~ **de grão fino** (técn. fotogr.) / Feinkornentwickler *m* ‖ ~ **retardador** (técn. fotogr.) / Ausgleichsentwickler *m*
revelar (técn. fotogr.) / entwickeln
reverberação *f* / Zurückwerfen *n*, Nachhall *m*, Hall *m* ‖ ~ **do som** / Halligkeit *f*
reverberante / schallhart, hallend
reverberar / nachhallen
reversão *f* (geral, matem.) / Umkehrung *f*
reversível / reversibel, reversierbar ‖ ~ / umlegbar, Umkehr..., umsteuerbar ‖ ~ (química) / umkehrbar ‖ **não** ~ (lamin.) / durchlaufend
reverso *m* (moeda) / Wappenseite *f* ‖ ~ (tecel.) / linke Seite, Abseite *f*
revestido / bedeckt ‖ ~ **a algodão** / baumwollumsponnen ‖ ~ **de aço** / stahlgepanzert, mit Stahl bedeckt o. bekleidet ‖ ~ **de metal** / metallkaschiert ‖ ~ **de seda** / seideumsponnen ‖ ~ **de tijolos** (siderurg.) / gemauert ‖ ~ **por imersão** (sold) / getaucht
revestidor *m* **por rolo contrário** (papel) / gegenläufiger Walzenstreicher
revestimento *m* (geral) / Verkleidung *f* ‖ ~ / Auftrag *m*, Überzug *m* ‖ ~ (máq., tecnol.) / Futter *n*, Füllstück *n*, Ausfütterung *f*, Füllung *f* ‖ ~, camada *f* superior do pavimento (constr. rodov.) / Decke *f* ‖ ~ (técn. nucl.) / Einhülsen *n*, Einhüllen *n* ‖ ~ (máq., tecnol.) / Füllstück *n*, Zwischenstück *n* ‖ ~ (constr. civil) / Bekleidung *f*, Verblendung *f* ‖ ~ (máq., tecnol.) / Ummantelung *f*, Mantel *m* ‖ ~ / Futter *n* ‖ ~ (cabo) / Einpackung *f* ‖ ~ (correia transport.) / Belag *m* ‖ **com** ~ **duplo** / doppeltumsponnen ‖ ~ **anódico** / anodischer Überzug ‖ ~ **com abrasivos** / Streuung *f*, Belegung *f* von Schmirgelpapier ‖ ~ **com fio** / Gespinstumflechtung *f* ‖ ~ **da caldeira** / Kesselverkleidung *f*, -ummantelung *f* ‖ ~ **da camisa da cuba** / Außenwand *f* des Ofens ‖ ~ **da embraiagem**, revestimento *m* da embreagem / Kupplungsbelag *m* ‖ ~ **de algodão** / Baumwollumspinnung *f* ‖ ~ **de alvenaria** / Mauerauskleidung *f*, gemauerte Auskleidung ‖ ~ **de betão** / Betonummantelung *f* ‖ ~ **de borracha** / Gummierung *f*, Gummibelag *m* ‖ ~ **de cânhamo** / Hanfumspinnung *f* ‖ ~ **de chapa** / Blechmantel *m*, Blechbeschlag *m*, Blechverkleidung *f* ‖ ~ **de chumbo** / Bleimantel *m*, Bleiumhüllung *f*, Bleiauskleidung *f* ‖ ~ **de concreto** / Betonummantelung *f* ‖ ~ **de juta** / Juteumhüllung *f* ‖ ~ **de lona** / Segeltuchüberzug *m* ‖ ~ **de madeira** / Holzbelag *m* ‖ ~ **de madeira** (constr. civil) / Holzverschalung, -verkleidung *f* ‖ ~ **de tubos** / Rohrbandagierung *f* ‖ ~ **de um poço** (expl. minas) / Schachtausbau *m* ‖ ~ **do cilindro** (máq., tecnol.) / Walzenbezug *m* ‖ ~ **do cilindro** (máq. vapor) / Zylinderverkleidung *f*, -mantel *m* ‖ ~ **do cilindro** (mot.) / Zylindermantel *m* ‖ ~ **do conversor** (siderurg.) / Konverterfutter *n* ‖ ~ **do eixo** / Achsverkleidung *f* ‖ ~ **do eléctrodo ou eletrodo** / Elektrodenmantel *m*, -umhüllung *f* ‖ ~ **do freio ou do travão** / Bremsbelag *m* ‖ ~ **do parapeito** / Brüstungsverkleidung *f*, Brustgetäfel *n* ‖ ~ **do rolo** (máq. escrev.) / Walzenbezug *m* ‖ ~ **do soalho** / Fußbodenbelag *m* ‖ ~ **do talude** / Böschungspflaster *n* ‖ ~ **do tecto** / Deckenbekleidung *f* ‖ ~ **do tecto com reboco** / Deckenputzschalung *f* ‖ ~ **do telhado** (com tábuas) / Dachschalung *f* ‖ ~ **em chapa** / Blechhaut *f* ‖ ~ **exterior de um dique** / Deichschutz *m* ‖ ~ **exterior do cabo** / Schutzhülle *f* des Kabels ‖ ~ **interior do tecto** (autom.) / Himmel *m* ‖ ~ **interno** / Innenfutter *n* ‖ ~ **interno do forno** / Ofenfutter *n* ‖ ~ **isolante ou isolador** / Isolierhülle *f* ‖ ~ **metálico** / Metallmantel *m*, -ummantelung *f*, Metallüberzug *m* ‖ ~ **metálico por imersão** / stromlose Herstellung von Überzügen ‖ ~ **plástico em leito fluidificado** (plást.) / Wirbelsintern *n* ‖ ~ **por extrusão** / Extrusionsbeschichten *n* ‖ ~ **por matérias fundidas** (papel) / Heiß-Schmelzbeschichtung *f* ‖ ~ **por tábuas** / Bretterverkleidung *f* ‖ ~ **protector** (galvanoplast.) / Oberflächenschutz *m* ‖ ~ **refractário** / feuerfeste Auskleidung ‖ ~ **têxtil** (electr.) / Faserstoffumhüllung *f*
revestir / ausschlagen *vt*, auskleiden, belegen, verkleiden, beschichten ‖ ~ (constr. civil) / verblenden, verkleiden, verschalen ‖ ~ (papel) / streichen ‖ ~ (máq., tecnol.) / füttern ‖ ~ **com borracha** / mit Gummi umpressen ‖ ~ **com tecido** / bespannen (mit Stoff) ‖ ~ **com teia** / bespinnen ‖ ~ **com verniz com pigmento metálico** / mit metallischem Pigment lackieren ‖ ~ **com verniz-do-Japão** / mit Japanlack lackieren ‖ ~ **de**

alvenaria / ausmauern ‖ ~ **de bronze** / bronzieren ‖ ~ **de chumbo** / ausbleien, mit Blei auskleiden ‖ ~ **de couro** / beledern ‖ ~ **de fio** / umspinnen ‖ ~ **de madeira** (expl. minas, carpint.) / verzimmern, auszimmern ‖ ~ **de material plástico** / kunststoffbeschichten ‖ ~ **de tábuas** (constr. civil) / verschlagen *vt* ‖ ~ **por meio de vapor metálico** / bedampfen, mit Metalldampf überziehen
revindicação *f* **de patente** / Patentanspruch *m*
reviramento *m* (estamp.) / Bördeln *n*
revirar (artes gráf.) / beschneiden ‖ ~ / falzen
revisão *f* / Durchsicht *f*, Nachprüfung *f* ‖ ~ (autom.) / Inspektion *f* ‖ ~ (artes gráf.) / Korrektur *f*, Druckberichtigung *f* ‖ ~ **geral** (autom., aeronáut.) / Generalüberholung *f*, Grundüberholung *f*
revisar (informática) / aufbereiten, redigieren ‖ ~ (artes gráf.) / korrigieren
revisor *m* (artes gráf.) / Korrektor *m*
revista *f* **especializada** / Fachzeitschrift *f*
revolução *f* / Umwälzung *f*, drehende Bewegung, Umdrehung *f* ‖ ~ (astron.) / Kreislauf *m*, Umlauf *m*
revolucionário / bahnbrechend
revolver *v* / umwälzen, wenden
revólver *m* / Revolver *m* ‖ ~ **de filtros** (óptica) / Filterrevolver *m*
ria *f* / Ria *f* (Küstenform)
ribalta *f* / Lichtrampe *f*
ribeiro *m* / Bach *m*, Wasserlauf *m*
riboflavina *f* / Lactoflavin *n*
rico [em] / reich [an] ‖ ~ (expl. minas) / mächtig, ergiebig, fündig ‖ ~ **em carbono** / kohlenstoffreich ‖ ~ **em linhas** (espectro) / linienreich ‖ ~ **em minério** / stark erzhaltig
ricochete *m* (armamento) / Prellschuß *m* ‖ **fazer** ~ (armamento) / abprallen
ricohete *m* / Rücksprung *m*, Rückprall *m*
rigidamente aparafusado / festverschraubt
rigidez *f* / Steifigkeit *f*, Steifheit, Steife *f*, Starrheit *f* ‖ ~ **do cabo** / Seilsteifigkeit *f*
rígido / starr, steif, unbiegsam, stabil ‖ ~ **na torção** / verdrehungssteif, dreh-, torsionssteif
rijo / fest, hart
rim *m* **da abóbada** / Gewölbewinkel *m*
rinçagem *f* (química) / Flushen *n*
rio *m* (geogr.) / Fluß *m*
riolito *m* / Liparit *m*
ripa *f* (constr. civil) / Schindel *f*, Leiste *f*, Latte *f* ‖ ~ / Brettchen *n* ‖ ~ (marcenar.) / Bindelatte *f* ‖ ~ **de beirado** (constr. civil) / Saumlatte *f* ‖ ~ **de embutir** (marcenar.) / Einschiebleiste *f* ‖ ~ **de telhado** / Dachlatte *f* ‖ ~ *m* **meia-cana** (marcenar.) / Hohlleiste *f*
ripado *m* / Lattenrost *m*, Lattenverschlag *m* ‖ ~ *adj* (constr. civil) / gelattet ‖ ~ *m* **do telhado** / Dachlattung *f*
ripar / längssägen ‖ ~ (constr. civil) / latten ‖ ~ (linho) / reffen, reffeln
risca *f* (vidro) / Striemen *m*
riscar / ausstreichen, wegstreichen, mit Streifen versehen, stricheln, streichen, streifen
risco *m* **de incêndio** / Feuersgefahr *f*
robot *m*, robô *m* / Roboter *m* ‖ ~ **telemanipulador** (técn. nucl.) / Greifmanipulator *m*
robustez *f* (mecân.) / Festigkeit *f*, Stabilität *f*
roçante / streifend
roçar / streifen, leicht berühren ‖ ~ (lima) / greifen *vi*
rocha *f* / Stein *m*, Fels[en] *m* ‖ ~ (expl. minas) / Gebirge *n*, Gebirgsart *f* ‖ ~ **alcalina** / Alkaligestein *n* ‖ ~ **calcária** / Kalkgestein *n* ‖ ~ **clástica** / Trümmergestein *n*, Sedimentgestein *n*, Sekundärgestein *n* ‖ ~ **cristalofiliana** / kristallin[isch]er Schiefer ‖ ~ **efusiva** / Lavagestein *n* ‖ ~ **eruptiva** / Eruptivgestein *n* ‖ ~ **extrusiva** / Lavagestein *n* ‖ ~ **filoneana** / Ganggestein *n* ‖ ~ **firme** / festes Gebirge ‖ ~ **maciça** (expl. minas) / Feste *f* ‖ ~ **plutónica** / Tiefengestein *n*, plutonisches Gestein ‖ ~ **primitiva** (geol) / Grundgestein *n*, Urgestein *n*, Urfels *m* ‖ ~ **pulverizada** (expl. minas) / Gesteinsmehl *n* ‖ ~ **sedimentar** / Sedimentgestein *n*, Sedimentit *m* ‖ ~ **vulcânica** / Lavagestein *n*
rochas *f pl* / Gestein *n* ‖ ~ **asfálticas** / Asphaltgesteine *n pl* ‖ ~ **efusivas** / Ergußgestein *n*, Effusiv-, Extrusivgestein *n*, Oberflächengestein *n* ‖ ~ **eruptivas** / Magmatite *m pl* ‖ ~ **eruptivas** (geol) / Erstarrungsgesteine, Eruptivgesteine *n pl* ‖ ~ **estratiformes** (expl. minas) / Flözgebirge *n*, -gebirgsarten *f pl* ‖ ~ **extrusivas** / Extrusivgesteine *n pl* ‖ ~ **ígneas intermediárias** / intermediäre Gesteine (52-66 % SiO_2) ‖ ~ **intrusivas** / Intrusivgesteine *n pl* ‖ ~ **magmáticas** / Magmatite *m pl* ‖ ~ **migrantes** / Fließ *n*, schwimmendes Gebirge ‖ ~ **secundárias junto do minério** / Erzträger *m* ‖ ~ **sedimentares** / Absatzgestein *n*, Sedimentit *m* ‖ ~ **sedimentares** (geol) / Schichtgestein *n* ‖ ~ **sedimentares** (expl. minas) / Flözgebirge *n*, -gebirgsarten *f pl* ‖ ~ **siliciosas** (geol) / Silikatgestein *n*
rochedo *m* / Fels *m*, Felsen *m*
rochoso / felsig
roço *m* (constr. civil) / Aussparung *f*
roda *f* / Rad *n* ‖ **de duas ~s** / zweirädrig, einachsig ‖ **de oito ~s** / achträdrig, vierachsig ‖ **de três ~s** / dreirädrig, Dreirad... ‖ **de uma só** ~ / einrädrig ‖ ~ **arrastada** / Nebenrad *n* ‖ ~ **com engrenagem interior** / Hohlrad *n*, Zahnrad *n* mit Innenverzahnung ‖ ~ **cónica** / Kegelrad *n* ‖ ~ **cónica helicoidal** / Schrägzahn-Kegelrad *n* ‖ ~ **cónica hipóide** / Hypoidkegelrad *n* ‖ ~ **conjugada** / Gegenrad *n* ‖ ~ **de acção** (turbina) / Aktionsrad *n* ‖ ~ **de accionamento** / Antriebsrad *n* ‖ ~ **de alcatruzes** / Schöpfrad *n* ‖ ~ **de aletas** (autom.) / Flügelrad *n* ‖ ~ **de câmbio de velocidades** / Wechselrad *n* ‖ ~ **de catraca** (máq., tecnol.) / Schaltrad *n*, Klinkenrad *n* ‖ ~ **de catraca** / Schlittenrad, Schieberad *n* ‖ ~ **de catraca** (serra) / Schlittenrad *n* ‖ ~ **de centro inteiriço** (técn. ferrov., autom.) / Scheibenrad *n* ‖ ~ **de circulação radial** / Radialrad *n* ‖ ~ **de cobertura** (agricult.) / Deckrad *n*, Rad *n* zum Abdecken der Saat ‖ ~ **de copos** / Zellenrad *n* ‖ ~ **de coroa do diferencial** / Tellerrad *n* ‖ ~ **de corrente** (máq., tecnol.) / Kettenrad *n* ‖ ~ **de dentes helicoidais** / Schraubrad *n* (DIN) ‖ ~ **de disco duplo** / Doppelscheibenrad *n* ‖ ~ **de engrenagem** / Getrieberad *n* ‖ ~ **de engrenagem cónica** / Kegelrad *n* ‖ ~ **de engrenagem interna** / Innenrad *n* ‖ ~ **de escape** (máq. escrev.) / Schaltrad *n* ‖ ~ **de estanquidade de movimento oposto** (bomba de areia) / Gegenläufer *m* ‖ ~ **de evolvente** / Evolventenrad *n* ‖ ~ **de fricção** / Reibrad *n* ‖ ~ **de impressão** (impressora) / Typenrad *n* ‖ ~ **de lingueta** / Sperrrad *n*, Sperrklinkenrad *n* ‖ ~ **de manobra** (máq. ferram.) / Schaltrad *n* ‖ ~ **de mão** / Handrad *n* ‖ ~ **de mão com braços curvos** / Handrad *n* mit gebogenen Armen ‖ ~ **de mão com coroa maciça** / Handrad *n* mit vollem oder massivem Kranz ‖ ~ **de mão com coroa ondulada** / Handrad *n* mit Wellenkranz ‖ ~ **de medição** / Meßrad *n* ‖ ~ **de mudança de velocidades** / Wechselrad *n* ‖ ~ **de mudança de velocidade** (máq. ferram.) / Satzrad *n* ‖ ~ **de palhetas** (autom.) / Flügelrad *n* ‖ ~ **de pás** / Schaufelrad *n* ‖ ~ **de pás** (autom.) / Flügelrad *n* ‖ ~ **de proa** / Vordersteven *m*, Steven *m* ‖ ~ **de raios** / Speichenrad *n* ‖ ~ **de raios metálicos** / Drahtspeichenrad *n* ‖ ~ **de reacção** / Reaktionsrad, Segnersches Wasserrad *n* ‖ ~ **de sulcos** (arado) / Furchenrad *n* ‖ ~ **de tambor** / Walzenrad *n* ‖ ~ **de tipos** (impressora) /

Typenrad *n* ‖ ~ **de trinquete** / Federsperrad *n* ‖ ~ **de turbina** / Turbinenrad *n* ‖ ~ **de Woltmann** / [Woltmannsches] Flügelrad ‖ ~ **dentada** (máq., tecnol.) / Zahnrad *n*, Kammrad *n*, Getrieberad *n* ‖ ~ **dentada de accionamento** / Antriebszahnrad *n* ‖ ~ **dentada frontal do diferencial** (autom.) / Ausgleichstirnrad *n* ‖ ~ **dentada padrão** / Lehrzahnrad *n* ‖ ~ **dentada para corrente** (máq., tecnol.) / Kettennuß *f*, Kettenwirbel *m* ‖ ~ **dentada recta** (máq., tecnol.) / Stirnrad *n* ‖ ~ **desprendedora** / Abschlagrad *n* ‖ ~ **dianteira** / Vorderrad *n* ‖ ~ **directora da turbina** (turbina) / Leitrad *n* ‖ ~ **do escapo** (relógio) / Hemmungsrad *n*, Steigrad *n* ‖ ~ **do leme** (constr. naval) / Steuerrad *n* ‖ ~ **do ventilador** / Gebläserad *n* ‖ ~ **dos minutos** (relógio) / Minutenwerk *n* ‖ ~ **elástica** / gefedertes Rad ‖ ~ **elevadora** / Heberad *n*, Schöpfrad *n* ‖ ~ **em bruto** (siderurg.) / Radrohling *m* ‖ ~ **em espinha de peixe** / Pfeilrad *n*, pfeilverzahntes Stirnrad ‖ ~ **eólica** (máq., tecnol.) / Windrad *n* ‖ ~ **epicicloidal** / Epizykloidenrad *n* ‖ ~ **escalonada** / Stufenrad *n* ‖ ~ **estrela**, roda *f* estrelada / Sternrad *n*, Schaltstern *m* ‖ ~ **excêntrica** / Exzenterrad *n*, Kurvenscheibe *f* ‖ ~ **geradora** (máq. ferram.) / Erzeugungsrad *n*, erzeugendes Rad ‖ ~**-hélice** *f* / Flügelrad *n* ‖ ~ **helicoidal** (máq., tecnol.) / Schraubenrad *n*, Schneckenrad *n* ‖ ~ **helicoidal dupla** / Pfeilrad *n*, pfeilverzahntes Stirnrad ‖ ~ **hidráulica** / Wasserrad *n*, Segnersches Wasserrad, Reaktionsrad *n* ‖ ~ **hiperbólica** / Hyperboloidenrad *n* ‖ ~ **intermédia** / Beisatzrad *n* ‖ ~ **intermediária** (máq., tecnol.) / Zwischenrad *n* ‖ ~ **intermediária** (tractor) / Leitrad *n* ‖ ~ **livre** / Laufrad *n* ‖ ~ **livre** (autom.) / Freilauf *m* ‖ ~ **livre** (transmissão) / Freirad *n* ‖ ~ **monobloco** (técn. ferrov.) / Vollrad, Monoblockrad *n*, Ganzstahlrad *n* (bandagenlos) ‖ ~ **motriz** (técn. ferrov.) / Triebrad, Antriebs-, Treibrad *n* ‖ ~ **móvel** (turbina) / Laufrad *n* ‖ ~ [**de**] **Pelton** / Peltonrad *n* ‖ ~ **plana** / Planrad *n*, ebenes Zahnrad ‖ ~ **planetária** / Umlaufrad *n*, Planetenrad *n* ‖ ~ **primária** / Antriebsrad *n* ‖ ~ **sem friso** (técn. ferrov.) / Rad *n* ohne Spurkranz ‖ ~ **sem-fim** (máq., tecnol.) / Schneckenrad *n* ‖ ~ **sobressalente** (autom.) / Ersatzrad *n* ‖ ~ **torcida em forma de 8** / Acht *f*, achtförmig verbogenes Rad *n* ‖ ~ **traseira** (autom.) / Hinterrad *n* ‖ ~ **volante** / Schwungrad *n*

rodagem *f* (mot.) / Einfahren *n* ‖ ~ **no solo depois da aterragem**, rodagem *f* no solo depois da aterrissagem (aeronáut.) / Auslauf *m*, Ausrollen *n*

rodanato *m* / Rhodanid *n*, Thiocyanat *n* ‖ ~ **de ferro** / Eisenrhodanat *n*

rodapé *m* (constr. civil) / Scheuerleiste *f*, Fußleiste *f*, Fußbodenleiste *f*, Sockelleiste *f* ‖ ~ **de aquecimento** / Fußleisten[strahlungs]heizung *f*

rodar / rotieren, umlaufen, sich drehen, drehen, umdrehen ‖ ~ (mecân.) / drehen ‖ ~ (mot.) / einfahren ‖ ~ (rodas) / laufen ‖ ~ (guindaste) / ausschwenken ‖ ~ **depois da aterragem** (aeronáut.) / ausrollen ‖ ~ **em ponto morto** (autom.) / im Leerlauf fahren ‖ ~ **livremente** / frei rotieren ‖ ~ **no sentido contrário ao dos ponteiros do relógio** / sich im Gegenzeigersinn drehen ‖ ~ **no sentido dos ponteiros do relógio** / sich im Zeigersinn oder Uhrzeigersinn drehen ‖ ~ **um filme** / einen Film drehen, filmen

rodas *f pl* **acopladas** (técn. ferrov.) / gekuppelte Räder *n pl* ‖ ~ **intermediárias** / Leertrumrollen *f pl*

rodeiro *m* / Achssatz *m*

rodízio *m* / Fußröllchen *n*, Gleitrolle *f*

rodonita *f* (mineralog.) / Manganspat *m*

rodovia *f* / Straße *f*, Fahrstraße *f* ‖ ~ **a pedágio**, rodovia *f* a portagem / gebührenpflichtige Straße (o. Autobahn), Mautstraße *f* ‖ ~ **de cintura**, rodovia *f* de circunvalação / Umgehungsstraße *f* ‖ ~ **reservada a veículos automóveis** / Kraftfahrstraße *f* ‖ ~ **transversal** / Querstraße *f*

rodoviário / straßengebunden, Straßen...

rodovias *f pl* **principais** (constr. rodov.) / Durchgangsstraßen *f pl*

roente *m* (tinturaria) / Ätzbeize *f*

rol *m* / Liste *f*

rolamento *m* (aeronáut.) / Rollen *n* (Drehen um Längsachse), Rolle *f* (volle Drehung) ‖ ~ **cónico de esferas** / Konuskugellager *n* ‖ ~ **de agulhas** / Nadellager *n* ‖ ~ **de esferas** / Kugellager *n* ‖ ~ **de esferas autocompensador** / Pendel[kugel]lager *n* ‖ ~ **de esferas de contacto angular** / Schrägkugellager *n* ‖ ~ **de esferas de encosto** / Druckkugellager *n* ‖ ~ **de esferas rígido de garganta profunda** / Hochschulterlager *n* ‖ ~ **de rolos** / Rollenlager *n* ‖ ~ **de rolos cilíndricos** / Zylinderrollenlager *n* ‖ ~ **de rolos cónicos** / Kegelrollenlager *n* ‖ ~ **de rolos oblíquos** / Schrägrollenlager *n* ‖ ~ **radial de esferas** / Quer[kugel]lager *n* ‖ ~ **radial desmontável de uma carreira de esferas** / Schulterkugellager *n* ‖ ~ **rígido de uma carreira de esferas de garganta profunda** / Hochschulterlager *n* (einreihig)

rolar / rollen *vt vi*, kugeln, wälzen ‖ ~ (navio) / schlingern

roldana *f* (geral) / Rolle *f* ‖ ~ (funi) / Laufrolle *f* ‖ ~ **condutora** (expl. minas) / Spurrolle *f* ‖ ~ **de apoio** / Stützrolle *f* ‖ ~ **de guia** / Leitrolle *f* ‖ ~ **de suporte** / Tragrolle *f* ‖ ~ **portadora** (funi) / Tragrolle *f*

rolete *m* **de bloqueio de roda livre** / Freilaufklemmrolle *f* ‖ ~ **de contacto** (técn. ferrov.) / Rollenstromabnehmer *m* ‖ ~ **de guia** / Führungswalze *f* ‖ ~ **de pressão** (máq. escrev.) / Blattandrücker *m* ‖ ~ **pivotante** / um die senkrechte Achse freischwingendes Rad

rolha *f* / Pfropf[en] *m*, Stöpsel *m*, Stopfen *m* ‖ ~ (de cortiça) / Kork *m*, Korken *m*, Propfen *m* ‖ ~ **esmerilada** / Schliffstopfen *m*, eingeschliffener Stopfen ‖ ~ **isolante** / Isolierstöpsel *m*

rolhar / verkorken, stöpseln, pfropfen, korken, zustöpseln, zukorken

rolimã *m* / Kugellager *n* ‖ ~ **de contato agular** / Schrägkugellager *n* ‖ ~ **de encosto** / Druckkugellager *n*

roll-on-roll-off (constr. naval) / Roll-on-Roll-off, Ro-Ro

rolo *m* / Rolle *f*, Zylinder *m* ‖ ~ (máq. escrev.) / Walze *f*, Andrückwalze *f* ‖ ~ **alargador** (têxtil) / Breitstreckwalze *f* ‖ ~ **apalpador** (máq. ferram.) / Führungsrolle *f* ‖ ~ **compressor** / Straßenwalze *f*, Druckwalze *f*, Chausseewalze *f* ‖ ~ **compressor a vapor** / Dampfwalze *f* ‖ ~ **da direcção** (autom.) / Lenkrolle *f* ‖ ~ **de alimentação** / Einwalze *f* ‖ ~ **de avanço da bobina** (técn. fotogr.) / Filmaufzug *m* ‖ ~ **de borracha** (offset) / Druckzylinder *m* ‖ ~ **de cinta adesiva** / Kleberolle *f* ‖ ~ **de compactação** (constr. rodov.) / Verdichtungswalze *f* ‖ ~ **de contacto linear** (papel) / Feuchtpresse *f* ‖ ~ **de esmagamento** / Quetschwalze *f* ‖ ~ **de espalhar tinta** (artes gráf.) / Farbrolle *f* ‖ ~ **de fita adesiva** / Kleberolle *f* ‖ ~ **de guia** / Lenkrolle *f*, Führungsrolle *f* ‖ ~ **de impressão** (máq. escrev.) / Schreibwalze *f* ‖ ~ **de impressão** (artes gráf.) / Druckzylinder *m* ‖ ~ **de papel** / Rolle *f* Papier (ohne Hülse), Papierrolle *f* ‖ ~ **de pintar** / Farbroller *m* ‖ ~ **de pressão** / Quetschwalze *f* ‖ ~ **de pressão de borracha** (gravador de som) / Gummiandruckrolle *f* ‖ ~ **de pressão do papel** (máq. escrev.) / Papierandruckrolle *f* ‖ ~ **de revirar bordos** / Flanschwalze *f* ‖ ~ **de tintagem** (artes gráf.) / Farbwalze *f* ‖ ~ **do papel** (máq. escrev.) /

Papierwalze *f* ‖ **~-guia** *m* **de feltro** (papel) / Filzleitwalze *f* ‖ **~ (h)umedecedor** / Feuchtwalze *f* ‖ **~ impressor** (artes gráf., telecom.) / Druckwalze *f* ‖ **~ impressor** (artes gráf.) / Auftragwalze *f* ‖ **~ louco** / frei drehbare Rolle ‖ **~ não accionado** (lamin.) / Blindwalze *f* ‖ **~ offset** (artes gráf.) / Offsetwalze *f* ‖ **~ para dobrar** / Biegewalze *f* ‖ **~ para encurvar a fita transportadora** / Muldenrolle *f* für Förderbänder ‖ **~ pressor** (fita magn.) / Andruckrolle *f* ‖ **~ pressor** (lamin.) / Druckrolle *f* ‖ **~ tensor** / Spannrolle *f* ‖ **~-tinteiro** *m* (artes gráf.) / Farbenzuführwalze *f* ‖ **~ transversal** / Querwalzen *n*

romana *f* / Laufgewichtswaage *f*

rômbico / rautenförmig, rhombenförmig, rhombisch

rombo *m* (matem.) / Rhombus *m* (pl: Rhomben), Raute *f*

rombo *m* / Leck *n* (Schiff)

romboédrico / rhomboedrisch

romboedro *m* / Rhomboeder *n*

romper / aufreißen, auseinanderreißen *vt vi,* in Stücke brechen, zerreißen, reißen, durchbrechen ‖ ~ (electr.) / durchschlagen *vi*

roncar (bomba) / schnarchen

röntgen-grama *m* / Gramm-Röntgen *n*

rosa / rosé (RAL 3017) ‖ **~ antigo** / altrosa (RAL 3014)

rosa-dos-ventos *f* / Kompaßrose *f,* Windrose *f*

rosário *m* **de alcatruzes** / Eimerkette *f*

rosca *f* / Gewinde *n* ‖ **de ~ chata** / flachgängig ‖ **de ~ simples** / eingängig ‖ **de duas ~s** / zweigängig, doppelgängig ‖ **de três ~s** / dreigängig ‖ **~ à direita** / Rechtsgewinde *n* ‖ **~ à esquerda** (máq., tecnol.) / linksgängiges Gewinde, Linksgewinde *n* ‖ **~ bruta** / Grobgewinde *n* ‖ **~ chata** / Flachgewinde *n* ‖ **~ da tampa** / Deckelverschraubung *f* ‖ **~ de cano** / Rohrgewinde *n* ‖ **~ de cano de gás** / Gasgewinde *n* ‖ **~ de parafuso** / Schraubengewinde *n* ‖ **~ de parafuso sem-fim** / Schneckenzahn *m* ‖ **~ de passo pequeno** / Feingewinde *n* ‖ **~ de tubo** / Rohrgewinde *n* ‖ **~ exterior** / Bolzengewinde *n,* Außengewinde *n* ‖ **~ extrafina** / Extrafeingewinde *n* ‖ **~ fêmea** / Innengewinde *n,* Muttergewinde *n* ‖ **~ fina** / Feingewinde *n* ‖ **~ macho** / Bolzengewinde *n,* Außengewinde *n* ‖ **~ métrica** / Millimetergewinde *n* ‖ **~ métrica ISO** / metrisches ISO-Gewinde ‖ **~ padrão americano** / amerikanisches Gewinde ‖ **~ quadrada** / Flachgewinde *n* ‖ **~ sem fim** / endlose Schnecke ‖ **~ triangular** / Spitzgewinde *n*

roscado / mit Gewinde, gewindet

rota *f* (aeronáut.) / Flugstrecke *f,* -weg *m* ‖ ~ (aeronáut., navio) / Kurs *m* ‖ ~ (telecom.) / Leitweg *m* ‖ **~ combinada** (navio) / Koppelkurs *m*

rotação *f* (geral) / Drehung *f,* Drehen *n,* Umdrehung *f,* Rotation *f* ‖ ~ (química) / Drehung *f* ‖ ~ / Rundlauf *m,* -laufen *n* ‖ **de ~** / Dreh... ‖ **~ à direita** / Rechtsdrehung *f,* Drehung *f* im Uhrzeigersinn, „mul" (= mit Uhrzeiger laufend) ‖ **~ à esquerda** / Linksdrehung *f* ‖ **~ antagonista** / Gegenlauf *m,* -drehung *f* ‖ **~ completa** (mecân.) / Umlauf *m* ‖ **~ da hélice** / Schraubendrehung *f* ‖ **~ de 180°** / Drehung *f* um 180° ‖ **~ de fase** / Phasendrehung *f* ‖ **~ dextrogira** / Rechtslauf *m* ‖ **~ dextrogira** (química) / Rechtsdrehung *f* ‖ **~ do eixo** / Achsdrehung *f,* Umdrehung *f* ‖ **~ efectiva** / effektive Weglänge ‖ **~ em sentido inverso aos ponteiros do relógio** / Linkslauf *m* ‖ **~ móvel** / freie Drehbarkeit ‖ **~ no sentido dos ponteiros do relógio** / Drehung *f* im Uhrzeigersinn, Drehung im Uhrzeigersinn *f,* „mul" (= mit Uhrzeiger laufend), Rechtsdrehung ‖ **~ para a esquerda** / Linksdrehung *f*

rotações *f pl* / Touren *f pl,* Umdrehungen *f pl,* Umläufe *m pl* ‖ **a elevado número de ~** (máq., tecnol.) / hochtourig ‖ **~ por minuto** / Umdrehungen *f pl* je min, min^{-1}, Drehzahl *f,* Umdrehungen *f pl* je min

rotâmetro *m* / Rota-Durchflußmesser *m*

rotar / umlaufen, rotieren

rotativa *f* (artes gráf.) / Rotations[druck]maschine, Rotationspresse *f* ‖ **~ de duas bobinas** / Zweirollenrotationsdruckmaschine *f* ‖ **~ de impressão plana** / Flachdruckrotationsmaschine *f* ‖ **~ de jornal** / Zeitungs-Rotationsdruckmaschine *f* ‖ **~ offset de bobinas** (artes gráf.) / Rollenoffsetmaschine *f* ‖ **~ para offset** / Offsetrotations[druck]maschine *f* ‖ **~ planográfica** / Flachdruckrotationsmaschine *f*

rotativo / drehend, Umlauf..., Dreh..., rotierend, kreisend, umlaufend, drehbar ‖ ~ (artes gráf.) / Rotations..., mit Rollenzuführung ‖ **pouco ~** / niedertourig, niedrigtourig

rotatório / umdrehungshervorbringend

rotenona *f* / Derrisextrakt *m*

rotiforme / rollenförmig, radförmig

rotina *f* **compiladora** / Compilerprogramm *n* ‖ **~ de chamada** (informática) / Abrufprogramm *n* von Unterprogrammen ‖ **~ de descarga** (informática) / Stützpunktprogramm *n* ‖ **~ de entrada** (informática) / Eingabeprogramm *n* ‖ **~ de saída** (informática) / Ausgabeprogramm *n* ‖ **~ fechada** (informática) / abgeschlossenes Programm ‖ **~ geral** (informática) / allgemeines Programm ‖ **~ traçadora** (informática) / Ablaufverfolger *m*

rotinas *f pl* **de consola** (informática) / Bedienungshilfen *f pl*

rotogravura *f* / Tiefdruck *m* (Rotations-, Kupfer-, Rakeltiefdruck), Rotogravure *f,* Heliogravure *f*

rotor *m* (aeronáut.) / Drehflügel *m* ‖ ~ (turbina) / Laufrad *n* ‖ ~ (electr.) / Läufer *m* ‖ ~ (turbina a vapor) / Laufschaufel *f,* Flügelrad *n* ‖ ~ (helicóptero) / Rotor *m* ‖ **~ bloqueado** (electr.) / festgebremster Läufer ‖ **~ cilíndrico** (electr.) / Trommelläufer *m* ‖ **~ de alta pressão** / Hochdruckläufer *m* ‖ **~ de anéis colectores em curto-circuito** / Kurzschlußschleifringläufer *m* ‖ **~ de ferrita** / Ferritdreher *m* ‖ **~ do compressor** (aeronáut.) / Laderlaufrad *n* ‖ **~ do distribuidor** (autom.) / Verteilerfinger *m* ‖ **~ do distribuidor de ignição** (autom.) / Zündverteilerfinger *m* ‖ **~ do ventilador centrífugo** / Gebläselaufrad *n* ‖ **~ em curto-circuito** / Kurzschlußläufer *m* ‖ **~ seco** (instr. medição) / Trockenläufer *m*

rotores *m pl* **contra-rotativos** (aeronáut.) / Gegenlaufrotoren *m pl*

rótula *f* / Knochengelenk *n,* -gelenkkupplung *f,* Gelenk *n,* Kippzapfen *m*

rotulado (técn. nucl.) / indiziert

rotular / etikettieren, auszeichnen ‖ ~ (técn. nucl.) / indizieren, markieren ‖ ~ (informática) / benennen

rótulo *m* / Etikett *n* ‖ ~ (informática) / Kennsatz *m,* Etikett *n* ‖ **~ artificial** (informática) / leeres Anfangsetikett ‖ **~ de ficheiro** / Datei-Etikett *n* ‖ **~ de início de ficheiro** / Dateivorsatz *m* ‖ **~ simulado** (informática) / leeres Anfangsetikett

rotunda *f* (constr. civil) / Rundbau *m,* Rotunde *f*

roulotte *f* (autom.) / Wohnwagen *m*

roupa *f* **anti-g** (astronáut.) / Anti-g Anzug *m* ‖ **~ branca** / Wäsche *f* ‖ **~ de cozer** / Kochwäsche *f* (Gegenstand) ‖ **~ que suporta a fervura** / Kochwäsche *f* (Gegenstand)

rua *f* / Straße *f* (Stadt) ‖ **~ a nível superior** / Hochstraße *f* ‖ **~ com fundação** / Straße mit Unterbau ‖ **~ lateral** / Seitenstraße *f* ‖ **~ principal** / städtische Hauptstraße ‖ **~ transversal** / Querstraße *f* (städtisch)

rubi *m* (relógio) / Stein *m*, Rubin *m* ‖ ~ (mineralog.) / Rubin *m*
rubídio *m*, Rb (química) / Rubidium *n*, Rb
rubiginoso / rostfarben, -braun
rubrica *f* (artes gráf.) / Rubrik *f*
rubro, [temperatura de] ~ cereja / Kirschrotglut *f* ‖ ~ *m* **amarelo** / Gelbglut *f*
ruga *f* / Falte *f* ‖ **sem ~s** / faltenfrei
rugosidade *f* / Unebenheit *f*, Rauheit *f*, Rauhigkeit *f* ‖ ~ (aeronáut., pista) / Griffigkeit *f*
rugoso / faltig, runzelig, rauh (Oberfläche)
ruído *m* / Geräusch *n* ‖ **de ~ reduzido** (electrón.) / spektralrein, rauscharm ‖ **de baixo ~** / lärmarm, leise ‖ **livre de ~s** (electrón.) / störungsfrei ‖ **sem ~** / geräuschlos ‖ ~ **aleatório** (tv) / Grieß *m* ‖ ~ **branco** (electrón.) / Elektronengeräusch *n*, Weißrauschen *n* ‖ ~ **colorido** (electrón.) / Farbrauschen *n* ‖ ~ **da linha** (telecom.) / Leitungsgeräusch *n* ‖ ~ **de agitação térmica** (electrón.) / Verteilungsrauschen *n* ‖ ~ **de baixa frequência** (tv) / Zeilenrauschen *n* ‖ ~ **de cintilação** (electrón.) / Funkelrauschen *n* ‖ ~ **de entrada equivalente** / äquivalentes Eingangsrauschen ‖ ~ **de estrutura** (acústica) / Körperschall *m* ‖ ~ **de funcionamento** / Laufgeräusch *n* ‖ ~ **de fundo** (electrón.) / Hintergrund *m*, -geräusch, -rauschen *n*, Grundrauschen *n*, Grundgeräusch *n* ‖ ~ **de fundo** (física) / Nulleffekt *m*, Eigengeräusch *n* ‖ ~ **de fundo** (ultra-som) / Gras *n* ‖ ~ **de ignição** (autom.) / Funkenstörung *f* ‖ ~ **de impulso** (electrón.) / Impulsgeräusch *n* ‖ ~ **de portadora** (electrón.) / Trägerrauschen *n* ‖ ~ **de quantificação** (electrón.) / Quantisierungsgeräusch *n* ‖ ~ **de referência** (telecom.) / Bezugsrauschwert *m* ‖ ~ **de superfície** / Grundgeräusch *n* ‖ ~ **de tensão contínua** (fita magn.) / Gleichfeldrauschen *n* ‖ ~ **delta** (informática) / Deltarauschen *n* im Kernspeicher ‖ ~ **estranho** (electrón.) / Fremdgeräusch *n* ‖ ~ **fortuito gaussiano** / Gaußsches Rauschen ‖ ~ **induzido** (telecom.) / Starkstromgeräusch *n* ‖ ~ **inerente** / Eigengeräusch *n* ‖ ~ **parasita** (telecom.) / Nebengeräusch *n* ‖ ~ **proveniente do gás** / Gasrauschen *n* ‖ ~ **térmico** (electrón.) / Grundlinien-Rauschen *n*, Wärmerauschen *n*, Widerstandsrauschen *n*, thermisches Rauschen ‖ ~ **térmico** (tv) / Gras *n*
ruidoso (geral) / laut, geräuschvoll ‖ ~ (contr. autom.) / verrauscht
ruína *f* / Verfall *m*, Baufälligkeit *f*
ruina, em ~s / baufällig, in Verfall geraten, verfallen *adj*
ruiva *f* (tinturaria) / Krapp *m*
rumar (aeronáut.) / ansteuern
rumo *m* (aeronáut., navio) / Steuerkurs *m*, Kurs *m* ‖ ~ **real** (navio) / beschickter Kurs (o. Kartenkurs)
ruptura *f* / Bersten *n* (z.B. Schleifscheiben), Bruch *m* ‖ ~ (dique) / Durchbruch *m*, Bruch *m* ‖ ~ (semicondut.) / Durchbruch *m* ‖ ~ (electr.) / Durchschlag *m*, -schlagen *n* ‖ ~ **a quente** / Heißbruch *m* ‖ ~ **brusca** (electr.) / Sprungschaltung *f* ‖ ~ **de cano** / Rohrbruch *m* ‖ ~ **de fadiga por vibrações** / Dauer-Schwingbruch, -Schüttelbruch *m* ‖ ~ **de terreno** (expl. minas) / Gebirgsschlag *m* ‖ ~ **de tubo** / Rohrbruch *m* ‖ ~ **de um dique** / Dammbruch, -riß *m* ‖ ~ **dieléctrica** / Durchschlag *m* (Isolator) ‖ ~ **do arame** / Drahtbruch *m* ‖ ~ **do fio** / Fadenbruch *m*, Drahtbruch *m* ‖ ~ **do tecto** (expl. minas) / Hangendbruch *m* ‖ ~ **fibrosa** / faseriger Bruch ‖ ~ **interna** / Innenriß *m* ‖ ~ **por fadiga** / Ermüdungsbruch *m*, Dauerbruch *m*
rush *m* (geral) / Hauptverkehrszeit *f* ‖ ~ (técn. ferrov.) / Flutstunden *f pl*, Flutzeit *f*

S

sabão *m* / Seife *f* ‖ **fazer ~** / Seife sieden ‖ ~ **animal** / Fettseife *f* ‖ ~ **azul e branco** / Kernseife *f* ‖ ~ **de cal** / Kalkseife *f* ‖ ~ **de pedra** / Kernseife *f* ‖ ~ **de potassa** / Kaliseife *f*, weiche Seife o. Schmierseife *f* ‖ ~ **de resina** / Harzseife *f* ‖ ~ **de soda** / Natronseife *f*, Sodaseife *f* ‖ ~ **em flocos** / Seifenflocken *f pl* ‖ ~ **em pó** / Seifenpulver *n* ‖ ~ **flutuante** / Schwimmseife *f* ‖ ~ **gordo** / Fettseife *f* ‖ ~ **metálico** (química) / Metallseife *f* ‖ ~ **mole** / Schmierseife *f* ‖ ~ **negro** / Schmierseife *f* ‖ ~ **tira-nódoas** / Fleckenseife *f*
sabin *m* / Sabin *n* (Einheit der Schallschluckung)
sabonete *m* / Feinseife *f*
saboneteira *f* **automática** / Seifenspender *m*
sabor, sem ~ (química) / geschmacklos
saca-cavilhas *m* / Bolzenzieher *m*
saca-cubos *m* / Nabenabzieher *m*
sacada *f* (constr. civil) / Erker *m*
saca-folhas *m* (artes gráf.) / Bogenausleger *m*, Blattabnehmer *m*
saca-lingotes *m* / Blockabstreifer *m*
saca-pneus *m* / Reifenheber *m*, -montierhebel *m*
saca-pregos *m* / Nagelzieher *m*
sacarase *f* / Saccharase, (früher:) Invertase *f*
sacarato *m* / Saccharat *n* ‖ ~ **de cálcio** (química) / Zuckerkalk *m*, Kalziumsaccharat *n*
saca-rebites *m* / Nietzieher *m*
sacarídeo *m* / Saccharid *n*
sacarífero / zuckerhaltig
sacarificação *f* / Zuckerbildung *f*, Verwandlung *f* in Zucker ‖ ~ **da madeira** / Holzverzuckerung *f*
sacarificar / verzuckern, in Zucker verwandeln
sacarimetria *f* / Saccharimetrie *f*
sacarímetro *m* / Saccharimeter *n* (Polarimeter), Zuckerpolarimeter *n*, Zucker[gehalts]messer *m*
sacarina *f* / Saccharin, Benzoesäuresulfimid *n* ‖ ~ **solúvel** / Süßstoff *m*, Saccharin solubile, lösliches Saccharin *n*
saca-rodas *m* (autom.) / Radabzieher *m*
sacarómetro *m* (química) / Saccharometer *n* (Senkwaage)
sacarose *f* / Saccharose *f*
sacaroso / zuckerartig, -ähnlich
saco *m* / Sack *m*, Beutel *m* ‖ ~ **de escuma** (açúcar) / Filtersack *m* ‖ ~ **de filtração** / Filtersack *m* ‖ ~ **de produto corante** (aeronáut.) / Farbsäckchen *n* (für Seenot) ‖ ~ **filtrante para cerveja** / Biertrubsack *m*
sacudir / rütteln, schütteln *vt vi*
safira *f* (mineralog.) / Saphir *m*
safranina *f* (tinturaria) / Safranin *n*
sagu *m* / Sago *m*, Palmenmehl *n*
saguão *m* (constr. civil) / Lichtschacht *m*
saibro *m* / Kies *m* ‖ ~ (constr. civil) / Grieß *m* ‖ ~ **de filtração** / Filterkies *m* ‖ ~ **para betão**, saibro *m* para concreto / Betonkies *m*
saibroso / kiesig
saída *f* (constr. civil) / Ausgang *m* ‖ ~ (constr. rodov.) / Ausfahrt *f* ‖ ~ / Ausmündung *f*, Abzug *m*, Auslaß *m* ‖ ~ (electrón.) / Ausgang *m* ‖ ~ (hidrául.) / Ablauf *m*, Ausfluß *m* ‖ **de ~** / Ausgangs... ‖ **de ~** (técn. ferrov.) / abgehend ‖ ~ **analógica** (informática) / Analogausgabe *f* ‖ ~ **da linha** / Leitungsausgang *m* ‖ ~ **da sala de embarque** (aeronáut.) / Gate *n* ‖ ~ **de ar** (expl. minas) / Wetterabzug *m* ‖ ~ **de dados** (informática) / Datensenke, -ausgabe *f* ‖ ~ **de**

emergência / Notausgang *m*, Behelfsausfahrt *f* ‖ ~ **de escórias** / Schlackenloch *n*, -öffnung *f* ‖ ~ **de gás** / Gasabzug *m*, -entlüftungsöffnung *f* ‖ ~ **do ar** / Luftauslaß *m* ‖ ~ **do carro** / Wagenausfahrt *f*, -auszug *m* ‖ ~ **do vapor** / Dampfaustritt *m* ‖ ~ **do veio da hélice** / Wellenaustrittsrohr *n* ‖ ~ **frontal** (artes gráf.) / Frontbogenausleger *m* ‖ ~ **push-pull** (informática) / Gegentaktausgang *m* ‖ ~ **simétrica** (informática) / Gegentaktausgang *m*

sair / ausgehen, ausfahren ‖ ~ (informática) / ausgeben ‖ ~ **da fila** / ausscheren

sais *m pl* **de cálcio** (açúcar) / Kalksalze *n pl*

sal *m* / Salz *n* ‖ ~ **ácido** / saures Salz ‖ ~ **alcalino** / Laugensalz *n* ‖ ~ **amoniacal** / Ammoniaksalz *n* ‖ ~ **amoníaco** / Salmiak *m*, Salmiaksalz *n*, Chlorammonium *n*, Ammoniumchlorid *n* ‖ ~ **básico** / basisches Salz ‖ ~ **cáustico** / Beizsalz *n* ‖ ~ **comum** / Chlornatrium *n* ‖ ~ **condutor** (galvanoplast.) / Leitsalz *n* ‖ ~ **corante** / Farbsalz *n* ‖ ~ **cúprico** / Cuprisalz *n*, Kupfer(II)-salz *n* ‖ ~ **cuproso** / Cuprosalz, Kupfer(I)-salz *n* ‖ ~ **de amónio** / Ammonsalz *n* ‖ ~ **de anilina** / Anilinsalz, -hydrochlorid *n* ‖ ~ **de chifre de veado** / Hirschhornsalz *n* ‖ ~ **de cozinha** / Kochsalz *n*, Chlornatrium *n* ‖ ~ **de cromo** / Chromsalz *n* ‖ ~ **de Epsom** (mineralog.) / Epsomsalz *n*, Epsomit *m* ‖ ~ **de estanho** / Zinnsalz *n* ‖ ~ **de fonte salina** / Solsalz *n* ‖ ~ **de Glauber** / Glaubersalz *n* ‖ ~ **de magnésio** / Magnesiumsalz *n* ‖ ~ **de mesa** / Tafelsalz, Kochsalz *n* ‖ ~ **de Pink** (tinturaria) / Ammoniumzinnchlorid, Pinksalz *n* ‖ ~ **de potássio** / Kalisalz, (früher:) Abraumsalz *n* ‖ ~ **de prata** / Silbersalz *n* ‖ ~ **de Rochelle** / Rochellesalz *n* ‖ ~ **de salina** / Sudsalz *n* ‖ ~ **de Seignette** / Seignettesalz *n* ‖ ~ **de zinco** / Zinksalz *n* ‖ ~ **duplo** (química) / Zwillingssalz *n*, Doppelsalz *n* ‖ ~ **efervescente** / Brausesalz *m* ‖ ~ **férrico** / Eisen(III)-salz, Ferrisalz *n* ‖ ~ **ferroso** / Eisen(II)-salz, Ferrosalz *n* ‖ ~ **fertilizante** / Düngesalz *n* ‖ ~ **fixador** (técn. fotogr.) / Fixiersalz *n* ‖ ~**-gema** *m* (mineralog.) / Halit *m*, Steinsalz *n* ‖ ~ **inorgânico** / Metallsalz *n*, anorganisches Salz ‖ ~ **marinho** / Meeressalz *n*, Seesalz *n* ‖ ~ **metálico** / Metallsalz *n*, anorganisches Salz ‖ ~ **neutro** / neutrales o. normales Salz ‖ ~ **nutritivo** / Nährsalz *n* ‖ ~ **para degelar** (constr. rodov.) / Streusalz *n* ‖ ~ **platínico** / Platinisalz *n* ‖ ~ **refinado** / Siedesalz *n* ‖ ~ **triplo** / Tripelsalz *n*

sala *f* / Raum *m*, Zimmer *n* ‖ ~ **das turbinas** / Turbinenhalle *f*, -haus *n* ‖ ~ **de acabamento** (papel) / Papiersaal *m* ‖ ~ **de agrupamento** (expl. minas) / Anfahrstube *f* ‖ ~ **de bobinagem** / Spulerei *f*, Spulraum *m* ‖ ~ **de brassagem** / Sudhaus *n* ‖ ~ **de comando** / Steuerwarte *f* ‖ ~ **de controlo** (electrón.) / Abhörraum *m* ‖ ~ **de controlo de máquinas** / Leitstand *m* ‖ ~ **de distribuição** (electr.) / Schalthaus *n*, Schaltraum *m* ‖ ~ **de eco** / Echoraum *m* (o. schallharter o. Hallraum) ‖ ~ **de equipamentos** (telecom.) / Geräteraum *m* ‖ ~ **de estar** / Wohnzimmer *n* ‖ ~ *m* **de exposição** / Ausstellungsraum *m* ‖ ~ *f* **de instrumentos** (telecom.) / Apparateraum *m* ‖ ~ **de misturas** / Mischraum *m* ‖ ~ **de trabalho** / Arbeitsraum *m* ‖ ~ **reverberante** / Hallraum *m*

salamandra *f* (siderurg.) / Ofensau *f*

salbanda *f* (expl. minas) / Salband *n* (Fläche zum Nebengestein), Saum *m*

salgado amargo / salzigbitter

salgar / salzen ‖ ~ **carne** / Fleischeinsalzen, -einpökeln *n*

salgueiro *m* / Weide *f*, Weidenholz *n*

salicilaldeído *m* / Salicylaldehyd *m*

salicilato *m* **de fenila** / Phenylsalizylat *n*, Salol *n* ‖ ~ **de metilo** / Methylsalicylat *n* ‖ ~ **etílico** / Salicylsäureethylester *m* ‖ ~ **metílico** / Salicylsäuremethylester *m*

salicílico / Salicyl...

salicina *f* / Salicin *n*

salícola / salzerzeugend

salicultura *f* / Salzgewinnung *f*

saliência *f* / Vorsprung *m*, vorspringender Teil ‖ ~ (constr. civil) / Auskragung *f*, Ausladung *f*, Überkragung *f* ‖ ~ / Ansatz *m*, hervortretendes Stück, z.B. [angearbeiteter] Nietansatz

saliente / vorspringend, ausladend, überhängend ‖ ~ (constr. civil) / vorgekragt ‖ ~ (constr. civil, mecân.) / freitragend ‖ **estar** ~ / vorstehen, -ragen, überstehen, auskragen

salífero / salzhaltig, salzbildend

salificação *f* / Salzbildung *f*

salificar um ácido / das Salz der Säure herstellen

salificável / [mit Säuren] salzbildend

saligenina *f* / Saligenin *n*, Salizylalkohol *m*, Salicylalkohol *m*

salinável / [mit Säuren] salzbildend

salinidade *f* / Salzhaltigkeit *f*, Salzgehalt *m* ‖ ~ (geol) / Salinität *f*

salino / salzartig, salzhaltig, salzig

salinómetro *m* / Salzwaage *f*, Salz[gehalts]messer *m*, Salzsolearäometer *n*, Salinometer *n*

salitração *f* / Salpeterbildung, -entstehung, -erzeugung *f*

salitral *m* / Salpetergrube *f*, -bergwerk *n*

salitre *m* / Salpeter *m* ‖ ~ **bruto** / Rohsalpeter *m* ‖ ~ **cúbico** / Chilesalpeter *m* (Natriumnitrat) ‖ ~ **do Chile** / Chilesalpeter *m* (Natriumnitrat) ‖ ~ **em barras** / Stangensalpeter *m*

salmiaque *m* / Ammoniumchlorid, Chlorammonium *n*

salmoura *f* / Salzlake *f*, Salzlösung *f*, -wasser *n*, Salzlauge *f*

salobro / brackig, halbsalzig, lakig

salol *m* / Salol *n*, Phenylsalizylat *n*

salpico, à prova de ~s (electr.) / schwallwassergeschützt

saltar (centelha) / überschlagen *vi* ‖ ~ (electr.) / durchschlagen ‖ ~ (fusível) / durchbrennen *vi* ‖ ~ (mola) / überschnappen ‖ **fazer** ~ / absprengen, [durch Sprengmittel] explodieren lassen, sprengen ‖ **fazer** ~ (expl. minas) / schießen ‖ **fazer** ~ **os fusíveis** / die Sicherungen auslösen ‖ ~ **em pára-quedas** / abspringen

salto *m* (geral) / Sprung *m* ‖ ~ (informática) / Sprung *m* ‖ ~ (sapato) / Absatz *m* ‖ ~ **condicional** (informática) / bedingter Sprung ‖ ~ **de coluna** (cart. perf.) / Kolonnensprung *m* ‖ ~ **de electrões ou elétrons** / Elektronensprung *m* ‖ ~ **de frequência** / Frequenzsprung *m* ‖ ~ **de imagem** / Bildsprung *m* ‖ ~ **do carro** (cart. perf.) / Vorschub *m* ‖ ~ **incondicional** (informática) / Einschleusung *f*, unbedingter Sprung

salva *f* (armamento) / Garbe *f* ‖ ~ **numa câmara de ionização** (técn. nucl.) / explosiver Schauer

salvádego *m* / Bergungsschiff *n*

salvar / bergen

salva-vidas *m* **pneumático** (aeronáut.) / Schlauch[rettungs]boot *n*

samário *m* (química) / Samarium *n*, Sm

sambladura *f* **à francesa** / schräges Hakenblatt ‖ ~ **cuneiforme** (carpint.) / Keilspundung *f* ‖ ~ **de ângulo a meia madeira com cortes rectos ou oblíquos** (carpint.) / Eckűberblattung *f* mit geradem (o. schrägem) Schnitt ‖ ~ **de macho e fêmea com secção quadrada** (carpint.) / Quadratspundung *f* ‖ ~ **de meia-madeira com ressalto** (carpint.) / Hakenblatt *n*

samblar (carpint.) / abbinden, zulegen *vt*

sanduíche, em ~ / Sandwich...,

übereinandergeschichtet
saneamento *m* (constr. civil) / Sanierung *f* ‖ ~ **urbano** / Städtesanierung *f*
sanear (constr. civil) / sanieren
sanefa *f* / Schlagleiste *f*, Beistoß *m*
sangrador *m* (siderurg.) / Stichloch *n*
sangrar (siderurg.) / abstechen
sangria *m* (siderurg.) / Abstich *m*
sangue *m* **dessecado** / Blutmehl *n*
sanitário / sanitär
santonina *f* / Santonin *n*
sapador *m* **bombeiro** / Feuerwehrmann *m*
sapata *f* (técn. ferrov.) / Hemmschuh *m* ‖ ~ (constr. civil) / Sattelholz *n* ‖ ~ (máq., tecnol.) / Schuh *m* ‖ ~ **cortante** (expl. minas) / Schneidschuh *m* ‖ ~ **da cruzeta** (máq. vapor) / Gleitschuh *m* ‖ ~ **de apoio** (funi) / Auflagerschuh *m* ‖ ~ **de cabo comprimível** / Quetschkabelschuh *m* ‖ ~ **de cabo de mola** / Federkabelschuh *m* ‖ ~ **do freio** (técn. ferrov) / Bremsbacke *f* ‖ ~ **do travão** (autom.) / Bremsbacke *f*, Bremsschuh *m* ‖ ~ **polar** / Polschuh *m* ‖ ~ **primária** / auflaufende Backe
sapatilho *m* / Seilkausche *f*
saponária *f* **de ráfia** / Bastseifenbad *n*
saponificação *f* / Seifenbildung, Verseifung *f* ‖ ~ **calcária** / Kalkverseifung *f*, Verseifung *f* der Fette mit Kalk ‖ ~ **sulfúrica** / Verseifung *f* mit Schwefelsäure
saponificar / verseifen
saponificável / verseifbar
saponina *f* (química) / Saponin *n*
saponita *f* (mineralog.) / Saponit *m*, Seifenstein *m*
saprogel *m* / gallertartiger Faulschlamm
sapropel *m* / Faulschlamm *m*
sapropelito *m* / Faulschlammkohle *f*
sargaço *m* / Seetang *m*
sargento *m* / Schraubzwinge *f*, Schraubkloben *m* ‖ ~ (carpint.) / Leimpresse *f*
sarilhar (máq., tecnol.) / haspeln
sarilho *m* **de corda** / Seilhaspel *m f* ‖ ~ **manual** / Handhaspel *m f*
sarja *f* (tecel.) / geköperter Stoff, Köper *m*, Sersche *f*, Sarsche *f*, Feinköper *m*, Serge *f* ‖ ~ **Botany** / Botany-Köper *m* ‖ ~ **cortada** / gebrochener Köper ‖ ~ **de algodão** / Baumwollköper *m* ‖ ~ **de duas faces** / Doppelkörper *m* ‖ ~ **de duas faces direitas** / beidrechter Köper
sarjado (tecel.) / geköpert
sarjeta *f* (hidrául.) / Absturzschacht *m* ‖ ~ (constr. rodov.) / Sinkkasten, Gully *m*, Gosse *f*, Einlaufschacht *m*, Rinnstein *m*
sarmento *m* / Ranke *f*, Rebe *f*, Ranke *f*
sarrafo *m* (constr. civil) / Leiste *f*, Latte *f*
satélite *m* (astron.) / Satellit *m*, Trabant *m* ‖ ~ [artificial] (astronáut.) / Satellit *m* ‖ ~ **activo** / Aktivsatellit *m* ‖ ~ **científico** / Forschungssatellit *m* ‖ ~ **da Terra** (astron.) / Erdsatellit *m* ‖ ~ **de [tele] comunicações** / Nachrichtensatellit *m* ‖ ~ **de observação** / Beobachtungssatellit *m* ‖ ~ **de telecomunicações** / Fernmeldesatellit *m* ‖ ~ **do diferencial** (autom.) / Ausgleichkegelrad *n* (nicht: kleines Differentialkegelrad), Differentialzwischenrad *n*, Zapfenstern *m* ‖ ~ **do diferencial** / Ausgleichkegelrad *n* ‖ ~ **em órbita baixa** / erdnaher Satellit ‖ ~ **estacionário** / äquatorialer Synchronsatellit ‖ ~ **meteorológico** / Wettersatellit *m* ‖ ~ **para a detecção de fontes naturais da Terra** / Erderkundungs- u. -erforschungssatellit *m* ‖ ~ **relé** (telecom.) / Relaissatellit *m* ‖ ~ **repetidor** (telecom.) / Relaissatellit *m* ‖ ~ **retransmissor** (telecom.) / Relaissatellit *m*
satisfazer a uma condição / eine Bedingung erfüllen
saturação *f* (química) / Sättigung *f* ‖ ~ (tintas) / Reinheit *f* (TGL-System) ‖ ~ **de cor** (tv) / Farbsättigung *f* ‖ ~ **do negro** (tv) / Schwarzsättigung *f*
saturado (química, electrón., física) / gesättigt ‖ **não** ~ (física) / ungesättigt
saturante *m*, saturador *m* / Tränkmasse *f*, -mittel *n*, -stoff *m*, Imprägniermasse *f*, Imprägniermittel *n*
saturar (química) / sättigen, schwängern ‖ ~ / tränken, sättigen ‖ ~ **de cloro** / mit Chlor sättigen
saturável / sättigbar
saturnismo *m* / Bleivergiftung *f*
sazonal / jahreszeitlich
sazonamento *m* / Altern *n*, Alterung *f*
sazonar / austrocknen *vi* (durch Lagern), alt werden *vi*, durch Altern besser werden, altern
Sb / Antimon *n*, Sb
Sc (química) / Scandium *n*, Sc
schappe *f* **para tecelagem** / Webeschappe *f*
scheelita *f* (mineralog.) / Schwerstein, Tungstein *m*
schoopagem *f* / Flammspritzen *n* (nach Schoop)
scooter *f* (autom.) / Motorroller *m*
Se / Selen *n*, Se
sebáceo / talgig, Talg..., talgartig
sebe *f* / Umzäunung *f*
sebo *m* / Talg *m* ‖ ~ **da China** / chinesischer Talg, (fälschlich): chinesisches Wachs ‖ ~ **de vaca** / Rindertalg *m* ‖ ~ **vegetal** / chinesischer Talg, (fälschlich): chinesisches Wachs
secado ao ar / luftgetrocknet ‖ ~ **ao forno** / künstlich getrocknet ‖ ~ **na estufa** (papel) / otro, ofentrocken
secador *m* / Trockner *m* ‖ ~ **a vácuo** / Vakuumtrockner *m* ‖ ~ **de contacto** / Kontakttrockner *m* ‖ ~ **de extrusão** / Extruder-Trockner *m* ‖ ~ **de fibras com fita múltipla** / Faserbandetagentrockner *n* ‖ ~ **de legumes** / Gemüsedarre *f*, -trockner *m* ‖ ~ **de microondas** / Hochfrequenztrockner *m* ‖ ~ **de poço** / Schachttrockner *m* ‖ ~ **de prateleiras** / Etagentrockner *m* ‖ ~ **de radiação infravermelha** / Infrarot-Strahlungstrockner *m* ‖ ~ **de suspensão** (papel) / Hängetrockner *m* ‖ ~ **de tambor** (geral) / Trommeltrockner *m* ‖ ~ **de vapor** / Dampftrockner *m*, -entwässerungsapparat *m* ‖ ~ **eléctrico de cabelo** / Heißluftdusche *f* ‖ ~ **horizontal** / Flachtrockner *m* ‖ ~ **para forragem** (agricult.) / Futtertrockner *m* ‖ ~ **para o cabelo** / Haartrockner *m* ‖ ~ **por contacto** / Kontakttrockner *m* ‖ ~ **por contacto directo com o gás de combustão** (açúcar) / Feuertrockner *m* ‖ ~ **por suspensão** / Flugbandtrockner *m* ‖ ~ **rotativo** / Trockentrommel *f*, -walze *f*, -zylinder *m*, Trommeltrockner *m*
secadora *f* **centrífuga** / Trockenschleuder, -zentrifuge *f* ‖ ~ **de roupa** / Wäschetrockner *m*
secadouro *m* / Trockengestell *n* ‖ ~ (têxtil) / Trockenboden *m* ‖ ~ (açúcar) / Darre *f* ‖ ~ (tinturaria) / Hängeboden *m*
secagem *f* / Austrocknung *f*, Trocknen *n* ‖ **de** ~ **ao ar** / lufttrocknend ‖ **de** ~ **rápida** (tintas) / schnell anziehend ‖ **de** ~ **rápida** (artes gráf.) / schnellwegschlagend ‖ [**processo de**] ~ **a raios infravermelhos** / Infrarottrocknung *f* ‖ ~ **ao ar** (indústr. cervej.) / Schwelken *n* ‖ ~ **ao forno** / künstliche Trocknung ‖ ~ **definitiva** / Fertigtrocknen *n* ‖ ~ **final** / Nachtrocknen *n* ‖ ~ **forçada** / beschleunigte (o. künstliche) Trocknung ‖ ~ **na estufa** / Ofentrocknung *f* ‖ ~ **por ar quente** (agricult.) / Flue-Curing *n*
secante *f* (matem.) / Sekante *f*, Sekans *m* ‖ ~ **hiperbólica** (matem.) / Secans hyperbolicus *m* ‖ ~ **inversa** / Arkussekans *m*
seção *f* **cônica** (matem.) / Kegelschnitt *m*
secar / abtupfen, trocknen, austrocknen *vt*,

versiegen, dörren, trocknen *vt* ‖ ~ **a tinta na estufa** / Farben einbrennen ‖ ~ **ao ar** / lufttrocknen ‖ ~ **na câmera** / kammertrocknen ‖ ~ **na estufa** / kammertrocknen ‖ ~ **no forno** / darren, dörren ‖ ~ **por espremedura** (papel) / auspressen

secativo *m* **de chumbo** / Bleisikkativ *n*

secção *f* (desenho industr.) / Schnitt *m*, Querschnitt *m* ‖ ~ (telecom.) / Strecke *f* ‖ ~ / Teilstück *n* ‖ ~ / Teilabschnitt *m* ‖ ~ (fiação) / Durchgang *m* ‖ ~ **axial** / Achsschnitt *m* ‖ ~ **celular** / Zellenquerschnitt *m* ‖ ~ **circular** / runder Querschnitt ‖ ~ **cónica** (matem.) / Kegelschnitt *m* ‖ ~ **da asa** / Flügelhälfte *f*, -abschnitt *m* ‖ ~ **de bloco** (técn. ferrov.) / Blockabschnitt *m* ‖ ~ **de cisalhamento** (mecân.) / Scherfläche *f*, -querschnitt *m* ‖ ~ **de corte** (máq. ferram.) / Spanquerschnitt *m*, -stärke *f* ‖ ~ **de escoamento** (hidrául.) / Wasserquerschnitt *m* ‖ ~ **de FM** / FM-Teil *m n* ‖ ~ **de linha** (técn. ferrov.) / Bahnstrecke *f*, Streckenabschnitt *m* ‖ ~ **de linha** / Leitungsabschnitt *m* ‖ ~ **de programa em comum** (informática) / gemeinsamer Programmabschnitt ‖ ~ **de pupinização** (telecom.) / Spulenfeld *n*, Spulenabschnitt *m* ‖ ~ **de referência** (mecân.) / Bezugsschnitt *m* ‖ ~ **de ruptura** / Bruchquerschnitt *m* ‖ ~ **de transposição completa** (telecom.) / Schutzstrecke *f* ‖ ~ **do poço** (expl. minas) / Schachtscheibe *f* ‖ ~ **eficaz de activação** (técn. nucl.) / Wirkungsquerschnitt *m* ‖ ~ **eficaz de captura** (técn. nucl.) / Einfangquerschnitt *m* ‖ ~ **eficaz diferencial** (técn. nucl.) / differentieller Wirkungsquerschnitt ‖ ~ **em forma de caixa** / Kastenquerschnitt *m* ‖ ~ **em U invertido** / Hutquerschnitt *m*, offener Rahmenquerschnitt ‖ ~ **final** / Auslauflänge *f* ‖ ~ **inicial** (lamin.) / Vorquerschnitt *m* ‖ ~ **livre** / lichter Querschnitt ‖ ~ **longitudinal** (agrimen.) / Längenprofil *n* ‖ ~ **múltipla adicional** (telecom.) / Ansatzfeld *n* ‖ ~ **parcial** (desenho industr.) / Teilschnitt *m* ‖ ~ **principal** / Hauptschnitt *m* ‖ ~ **repetidora** (telecom.) / Verstärkerfeld *n* ‖ ~ **submetida à compressão** / Druckquerschnitt *m* ‖ ~ **submetida ao esforço de tra(c)ção** / Zugquerschnitt *m* ‖ ~ **transversal** / quergeführter Schnitt, Querschnitt *m* ‖ ~ **transversal de menor resistência ao avanço** / Stromlinienquerschnitt *m*, Querschnitt *m* mit geringstem Luftwiderstand ‖ ~ **[transversal] do condutor** (electr.) / Leitungsquerschnitt *m* ‖ ~ **transversal elíptica** / Ellipsenquerschnitt *m* ‖ ~ **transversal em I ou em duplo T** / Doppel-T-Querschnitt *m* ‖ ~ **vertical** (desenho industr.) / Aufriß *m*, senkrechter Schnitt

seccionador *m* (electr.) / Trennschalter *m*, Trenner *m* ‖ ~ **de corte em carga** (electr.) / Lasttrennschalter *m*

seccional / sektional, Sektions...

seccionamento *m* (técn. ferrov.) / Streckentrennung *f* ‖ ~ (electr.) / Trennung *f*

seco / getrocknet, dürr, herb, abgestorben, trocken ‖ ~ **ao ar** / lufttrocken, abgeschwelkt (Malz) ‖ ~ **na estufa** (papel) / ofentrocken, otro ‖ ~ **por congelação** / durch Gefrieren getrocknet

secreção *f* / Sekret *n* ‖ ~ **lateral** (geol) / Lateralsekretion *f*

secretária *f* **electrónica** (telecom.) / Anrufbeantworter *m*

sector *m* (matem.) / Sektor, Kreisausschnitt *m* ‖ ~ / Abschnitt *m*, Teilstück *n* ‖ ~ / Teilstück *n* ‖ ~ **central** / Mittelabschnitt *m* ‖ ~ **da alavanca inversora** (máq. vapor) / Umsteuerungssektor *m*, Führungsbogen *m* des Steuerhebels ‖ ~ **de afastamento** (técn. ferrov.) / Abrückabschnitt *m* ‖ ~ **de anel circular** / Kreisringstück *n* ‖ ~ **de desbloqueio** (técn. ferrov.) / Abrückabschnitt *m* ‖ ~ **dentado** (máq., tecnol.) / Zahnsegment *n*, Zahnbogen *m* ‖ ~ **do círculo** / Kreisausschnitt *m*, -sektor *m* ‖ ~ **do sem-fim da direcção** / Lenkschneckensegment *n* ‖ ~ **esférico** / Kugelausschnitt *m*, -sektor *m*

secundário *m* (electr.) / Sekundärseite *f* ‖ ~ *adj* / sekundär, Neben..., Zweit... ‖ ~ (electr.) / induziert, sekundär ‖ ~ (química) / sekundär

secura *f* / Trockenheit *f*, Trockene *f*, Zustand *m* der Trockenheit

sedã *m* (autom.) / Limousine *f*

seda *f* / Seide *f* ‖ **de** ~ / seiden, von Seide ‖ ~ **artificial** / Kunstseide *f* ‖ ~ **chardonnet** / Kollodiumseide *f* ‖ ~ **chiffon** / Chiffon *m* ‖ ~ **crua** / Rohseide *f*, Cruseide *f*, Ekrüseide *f*, Ecrüseide *f*, Bastseide *f*, rohe o. ungekochte Seide ‖ ~ **de cobre** / Kupferseide, -oxidammoniakseide *f* ‖ ~ **de colódio** / Kollodiumseide *f* ‖ ~ **de fantasia** / Shoddyseide *f*, Seidenshoddy *n* ‖ ~ **de óxido do cobre amoniacal** / Kupferseide, -oxidammoniakseide *f* ‖ ~ **de trama** (tecel.) / Trame[seide] *f*, Einschlagseide *f* ‖ ~ **de vidro** / Glasseide *f* ‖ ~ **do Japão** / Japanseide *f* ‖ ~ **marinha** / Muschelseide *f*, Byssusseide *f* ‖ ~ **natural** / echte (o. reine) Seide, Reinseide *f*, Naturseide *f* ‖ ~ **nitrocelulósica** / Nitratseide *f* ‖ ~ **oleada** / Ölseide *f*, -batist *m* ‖ ~ **para bordar** / Plattseide *f*, Stickseide *f* ‖ ~ **para coser** / Nähseide *f* ‖ ~ **para forros** / Futterseide *f* ‖ ~ **para renda** / Spitzenseide *f* ‖ ~ **pura** / echte (o. reine) Seide, Reinseide *f* ‖ ~ **vegetal** / Pflanzenseide *f*

sedan *m* (autom.) / Limousine *f*

sede *f* **de válvula** (mot.) / Ventilsitz *m* (im Zylinderkopf)

sedeiro *m* / Flachshechel[maschine] *f*

sedimentação *f* (geol) / Sedimentation *f*, Sedimentablagerung, Sedimentierung *f* ‖ ~ (açúcar) / Absitzung *f* ‖ ~ **de matérias em suspensão** (geol) / Verlandung *f*

sedimentar *v* / absetzen, niederschlagen, sedimentieren, ablagern

sedimentar *adj* (geol) / sedimentär

sedimento *m* (geol) / Sediment *n* ‖ ~ (indústr. cervej.) / Geläger *n*, Faßgeläger *n*

sedimentos *m pl* **de cerveja** / Biergallen *f pl*

sedoso / seidenartig, seidig

sega *f* **do arado** / Kolter *n*

segar / mähen (mit Sichelmäher, besonders Gras)

segmentar *v* / segmentieren

segmentar *adj* / segmentär, aus Segmenten gebildet

segmento *m* (matem.) / Segment *n*, Kreisabschnitt *m* ‖ ~ (informática) / Abschnitt *m*, Segment *n* ‖ ~ (mecân.) / Strecke *f* ‖ ~ **abrasivo** / Schleifsegment *n* ‖ ~ **de círculo** / Kreisabschnitt *m*, -segment *n* ‖ ~ **de dente** / Zahnsegment *n* ‖ ~ **de guia da alavanca** (máq. vapor) / Führungsbogen *m* am Steuerungshebel ‖ ~ **de parábola** / Parabelabschnitt *m*, -segment *n* ‖ ~ **de recolha de óleo** / Abstreifer *m* ‖ ~ **de recta** (matem.) / Strecke *f* ‖ ~ **desprendedor** / Abschlagsegment *n* ‖ ~ **do êmbolo** (mot.) / Kolbenring *m* ‖ ~ **esférico** / Kugelabschnitt *m*, -segment *n* ‖ ~ **esférico de duas bases** (matem.) / Kugelschicht, -zone *f*

segredo *m* **de telecomunicações** / Fernmeldegeheimnis *n*

segregação *f* / Absonderung *f* ‖ ~ (siderurg.) / Seigerung, Entmischung *f* ‖ **com pouca** ~ (siderurg.) / seigerungsarm ‖ ~ **dendrítica** (siderurg.) / Kristallseigerung, Mikroseigerung *f* ‖ ~ **normal** (electrón.) / [normale] Blockseigerung

segregado / ausgeschieden

segregar / absondern ‖ ~ (fundição, siderurg.) / seigern, auskristallisieren

seguidor *m* / angetriebenes Ritzel (Übersetzung ins Schnelle)
segunda *f* **cabeça** / Schließkopf *m* ‖ ~ **carda do sortido** (fiação) / Fellmaschine *f* ‖ ~ **potência** (matem.) / Quadrat *n*, zweite Potenz ‖ ~ **qualidade** / zweite Wahl
segundo *m* / Sekunde *f* ‖ ~ **angular** / Winkelsekunde *f* ‖ ~ **as leis de resistência dos materiais** / festigkeitsgerecht ‖ ~ **de arco** / Bogensekunde *f*
segurança *f* / Sicherheit *f* ‖ **de** ~ **integral** / folgeschadensicher ‖ ~ **contra a flambagem** / Knicksicherheit *f* ‖ ~ **contra as explosões** / Explosionssicherheit *f* ‖ ~ **contra incêndios** / Feuersicherheit *f* ‖ ~ **contra ruptura** / Bruchsicherheit *f* ‖ ~ **de voo** / Flugsicherheit *f* ‖ ~ **rodoviária** / Sicherheit *f* im Straßenverkehr
segurar / halten, sichern, festhalten
seguro / zuverlässig, sicher
seiva *f* (madeira) / Saft *m* ‖ ~ **celular** / Zellsaft *m*
sela *f* / Sattel *m* ‖ ~ **para assento de cabos** / Kabelsattel *m*
selado / plombiert, verplombt ‖ **não** ~ / offen
selar / verplomben
selecção *f* / Auswahl *f* ‖ ~ (electrón.) / Selektion *f*, Trennwirkung *f* ‖ ~ (informática) / Empfangsaufruf *m* ‖ ~ **abreviada** (telecom.) / Kurzwahl *f* ‖ ~ **automática** (telecom.) / Selbstwahl *f* ‖ ~ **automática do ramal** (telecom.) / Nebenstellendurchwahl *f* ‖ ~ **automática internacional** (telecom.) / Auslandsfernselbstwahl *f* ‖ ~ **automática interurbana**, discagem *f* direta à distância, DDD (telecom.) / automatische Fernwahl ‖ ~ **contínua** (telecom.) / Dauerwahl *f*, „Durchdrehen" *n* ‖ ~ **de amplitude** (electr.) / Amplitudenselektion *f* ‖ ~ **de bloco** (informática) / Blockansteuerung *f* ‖ ~ **de busca** (telecom.) / Suchwahl *f* ‖ ~ **de campo** (cart. perf.) / Lochfeldsteuerung *f* ‖ ~ **de canais** (electrón.) / Kanalwahl *f* ‖ ~ **de canal** (electrón.) / Bereichswahl *f* ‖ ~ **de classe** (informática) / Feldansteuerung *f* ‖ ~ **de grupo** (telecom.) / Gruppenwahl *f* ‖ ~ **de trânsito** (telecom.) / Durchgangswahl *f* ‖ ~ **de velocidade** (autom.) / Gangwahl *f* ‖ ~ **directa** (telecom.) / Durchwahl *f*, Selbstwählferndienst *m* ‖ ~ **falsa** (telecom.) / Falschwahl *f* ‖ ~ **interurbana** (telecom.) / Fernwahl *f* ‖ ~ **interurbana automática** (telecom.) / Fernselbstwahl *f* ‖ ~ **interurbana nacional** (telecom.) / Landesfernwahl *f* ‖ ~ **linear** (informática) / direkte Wortauswahl (im Speicher) ‖ ~ **livre** (telecom.) / Freiwahl *f* ‖ ~ **por teclas** (informática, electrón., telecom.) / Tastenwahl *f*
seleccionado / ausgelesen, sortiert
seleccionador *m* **de cartões** / Lochkartensortierer *m* ‖ ~ **de defeitos no fio** (tecel.) / Knotenfänger *m* ‖ ~ **de frequência** / frequenzselektiv ‖ ~ **de nós** (papel) / Knotenfänger *m*
seleccionar / sortieren, auswählen, aussuchen ‖ ~ (telecom.) / wählen ‖ ~ (expl. minas) / gattern
selectividade *f* (electrón.) / Trennschärfe *f*, Selektivität *f*, Selektion *f* ‖ ~ **adjacente** (electrón.) / Nahselektion *f*, Trennschärfe *f* gegen Nachbarkanal ‖ ~ **de um filtro** / Filter-Trennschärfe *f*
selectivo (informática, telecom.) / selektiv, mit Selektiv[an-, -ab]ruf
selector *m* / Selektor *m*, Auswahlvorrichtung *f* ‖ ~ (electr.) / Wechselschalter *m*, Wählschalter *m* ‖ ~ (telecom.) / Wähler *m* ‖ ~ (cart. perf.) / Steuerapparat *m* ‖ ~ (máq. ferram.) / Wahlschalter *m* ‖ ~ **auxiliar** (telecom.) / Dienstwähler *m* ‖ ~**-buscador** *m* (telecom.) / Suchwähler *m* ‖ ~ **da margem de recepção** (telecom.) / Empfangssteller, -sucher *m* ‖ ~ **de acesso** (telecom.) / Anschaltwähler *m* ‖ ~ **de banda** (electrón.) / Bereichsschalter *m* ‖ ~ **de bateria** / Batteriewähler *m* ‖ ~ **de colunas** (telecom.) / Kolonnensteller *m*, -wähler *m* ‖ ~ **de elevação e giro** (telecom.) / Hebdrehwähler *m* ‖ ~ **de escovas** (telecom.) / Bürstenwähler *m* ‖ ~ **de estações** / Stationswähler *m* ‖ ~ **de frequência** (electrón.) / Frequenzwähler *m* ‖ ~ **de funções** (electr.) / Funktionswählschalter *m*, Betriebsartenschalter *m* ‖ ~ **de grupo de linhas** (telecom.) / Leitungsgruppenwähler *m* ‖ ~ **de linha** (telecom.) / Linienwähler *m* ‖ ~ **de painel** (telecom.) / Flachwähler *m* ‖ ~ **de tipos de fita** / Bandsortenschalter *m* ‖ ~ **de trânsito** (telecom.) / Durchgangswähler *m* ‖ ~ **do primeiro grupo** (telecom.) / erster Gruppenwähler ‖ ~ **EMD** (telecom.) / Edelmetall[motor]drehwähler, EMD-Wähler *m* ‖ ~ **EMK** (telecom.) / Edelmetall-Motor-Koordinaten-Wähler, EMK-Wähler *m* ‖ ~ **Ericsson** (telecom.) / Kulissenwähler *m* ‖ ~ **final** (telecom.) / Leitungswähler *m* ‖ ~ **interurbano** (telecom.) / Fernwähler *m* ‖ ~ **local** (telecom.) / Ortswähler *m* ‖ ~ **mecânico** (telecom.) / Motorwähler *m* ‖ ~ **piloto** (cart. perf.) / Leitselektor *m* ‖ ~ **rotativo** (telecom.) / Drehwähler *m* ‖ ~ **urbano** (telecom.) / Ortswähler *m*
selenato *m* (química) / Selenat *n*
seleneto *m* / Selenid *n*
selénico / Selen...
selenieto *m* **de azoto** / Selennitrid *n* ‖ ~ **de cobre** / Selenkupfer *n* ‖ ~ **de gálio** / Gallium-Selenid *n*, GaSe ‖ ~ **de hidrogénio** / Selenwasserstoff *m* ‖ ~ **de prata** / Selensilber *n*
selenífero / selenhaltig
selé(ê)nio *m* / Selen *n*, Se
selenite *f* (mineralog.) / Selenit *m*, [farbloser kristalliner] Gips
selenitoso / gipshaltig
selenografia *f* / Selenographie, Mondbeschreibung *f*
selfactina *f* / Selfaktor *m*, Selbstspinner *m*
selim *m* (de bicicleta) / Sattel *m*
selo *m* **de aprovação** / Gütezeichen *n* (amtlich) ‖ ~ **de chumbo** / Plombe, Bleiplombe *f*, Plombenverschluß *m*, Bleiverschluß *m*, Plombierung *f*
sem fim / ohne Ende, endlos
semáforo *m* (técn. ferrov.) / Flügelsignal *n* ‖ ~ **luminoso** (constr. rodov.) / Verkehrsampel *f*
semeadeira *f* **a lanço** / Breitsämaschine *f*
semeadura *f* / Saat *f*, Aussaat *f*
semear / säen ‖ ~ **em fila** (agricult.) / drillen, in Reihen säen
semelhança *f* (matem.) / Ähnlichkeit *f*
semelhante / ähnlich
sementão *m* (agricult.) / Samenbaum *m*
semente *f* / Samen, Same *f*, Saat *f* ‖ ~ **de algodoeiro** / Baumwollsamen *m* ‖ ~ **de colza** / Rübsamen *m*
sementeira *f* / Saat *f*, Aussaat *f* ‖ ~ **a lanço** / Vollsaat *f* ‖ ~ **aérea** (agricult.) / Flugzeugsaat *f* ‖ ~ **de outono** / Wintersaat *f*
sementes *f pl* / Saatgut *n*
sem-fim *m* (mecân.) / Schnecke *f* ‖ ~ **da direcção** (autom.) / Lenkschnecke *f*
semi / halb...
semiacabado / halbfertig, vorgearbeitet
semiautomático / halbautomatisch, halbselbsttätig
semiaxial / halbaxial
semicantiléver / halbfreitragend
semiciclo *m* / halber Maschinengang
semicircular / halbrund, halbkreisförmig
semicírculo *m* (matem.) / Halbkreis *m*
semicondutor *m* (electrón., física) / Halbleiter *m* ‖ ~ (semicondut.) / intermetallische Verbindung ‖ ~ *adj* / halbleitend ‖ **de** ~**es** (electrón.) / Festkörper..., monolithisch ‖ ~ *m* **CMOS** / CMOS-Halbleiter *m*

‖ ~ **compensado** / Eigenhalbleiter *m* (bei dem sich Akzeptoren und Donatoren gerade kompensieren) ‖ ~ **de óxido de metal** (electrón.) / MOS *m* ‖ ~ **D/MOS** / D/MOS-Halbleiter *m* (= double-diffused MOS) ‖ ~ **extrínseco** / Fehlstellenhalbleiter *m* ‖ ~ **intrínseco** / Eigenhalbleiter *m*, Intrinsic-Halbleiter *m*
semicontainer *m*, semicontentor *m* / Demicontainer *m*
semicopete *m* / halber Walm, Krüppelwalm *m*
semidiâmetro *m* / Halbmesser *m*
semiduro / mittelhart
semieixo *m* (geom) / Halbachse *f* ‖ ~ (autom.) / Achswelle *f* ‖ ~ **dianteiro** / Vorderachswelle *f*
semifino / halbfein
semiflutuante / halbfreitragend
semigordo / halbfett
semilíquido / halbflüssig, zähflüssig
semimate / halbmatt
semimolde *m* **inferior** (fundição) / Unterform *f*
semi-negro (artes gráf.) / halbfett
semiopaco (tinturaria) / halbdeckend
semipasta *f* (papel) / Halbstoff *m*
semiperíodo *m* (electr.) / Halbperiode *f*
semipermeável / halbdurchlässig
semiplano (expl. minas) / halbflach
semipolar (química) / halbpolar
semipórtico *m* / Halbportalkran *m*
semiprivilegiado (telecom.) / halbamtsberechtigt
semiprivilégio *m* (telecom.) / Halbamtsberechtigung *f*
semiproduto *m* **moldado** / Formstoff *m*
semiquímico / halbchemisch
semi-reboque *m* (autom.) / Sattelschlepper *m*, -schleppzug *m*, -anhänger *m*, Sattelauflieger, Aufsattler *m*
semi-redondo / halbrund
semi-rígido / halbstarr
semi-secante / halbtrocknend
semi-secção *f* / L-Glied *n*
sêmola *f* / Grieß *m*
semovente *m* **de retorcer** / Mulezwirnmaschine *f*
sempre-verde / immergrün
seno *m* (matem.) / Sinus *m* ‖ ~ **inverso** / Arkussinus *m*, arc sin ‖ ~ **verso** (matem.) / Sinus versus *m*
senoidal / sinusförmig, -verwandt, Sinus...
senóide *f* / Sinuskurve, -linie *f*
senoide *f* / Sinuskurve, -linie *f*
sensação *f* **cromática** / Farbenempfindung *f*, Farbempfindung *f*
sensibilidade *f* / Empfindlichkeit, Anfälligkeit *f* ‖ ~ (física) / Sensibilität *f* ‖ ~ (técn. fotogr.) / Empfindlichkeit *f* ‖ ~ (balança) / Genauigkeit *f* ‖ **de ~ cromática** / farbenempfindlich ‖ ~ **à luz** / Lichtempfindlichkeit *f* ‖ ~ **ao calor** / Hitzeempfindlichkeit *f* ‖ ~ **ao fluxo** (electrón.) / Flußempfindlichkeit *f* ‖ ~ **aos choques** / Erschütterungsempfindlichkeit *f* ‖ ~ **às temperaturas elevadas** / Hitzeempfindlichkeit *f* ‖ ~ **cromática** / Farbempfindlichkeit *f* ‖ ~ **da emulsão fotográfica do filme** / Lichtempfindlichkeit *f* des Films ‖ ~ **de deflexão** / Ablenkempfindlichkeit *f* ‖ ~ **de regulação** (electr.) / Feinstufigkeit *f* ‖ ~ **dinâmica** / differentielle Empfindlichkeit ‖ ~ **do filme** / Filmempfindlichkeit *f* ‖ ~ **limite** (física) / Grenzempfindlichkeit *f* ‖ ~ **luminosa** / Lichtempfindlichkeit *f*
sensibilização *f* / Sensibilisation *f*, Sensibilisierung *f* ‖ ~ **do tubo catódico** / Hellsteuerung *f*
sensibilizador *m* (geral, química, técn. fotogr.) / Sensibilisator *m*
sensibilizar (técn. fotogr.) / sensibilisieren, lichtempfindlich machen
sensitómetro *m* **de Abney** / Abney-Farbsensitometer *n*
sensível [a] / empfindlich [gegen] ‖ ~ (técn. fotogr.) / empfindlich, Fein... ‖ **altamente** ~ (técn. fotogr.) / hochempfindlich, schnell ‖ ~ **à luz** / lichtempfindlich ‖ ~ **à têmpera** / härteempfindlich ‖ ~ **ao ar** / luftempfindlich ‖ ~ **ao fogo** / feuerempfindlich ‖ ~ **às cores** / farbempfindlich
sensor *m* / Meßfühler, Fühler *m* ‖ ~ (electr.) / Fühler *m* ‖ ~ (máq. ferram.) / Taster, Abtaststift *m* ‖ ~ (técn. de mediç.) / Sensor *m* ‖ ~ (contr. autom.) / Aufnehmer *m* ‖ ~ (máq. ferram.) / Taster *m* ‖ ~ (electrón.) / Fühler *m* ‖ ~ **da pedra de meio-fio** (autom.) / Bordsteinfühler *m* ‖ ~ **de corrente** (electr.) / Stromfühler *m* ‖ ~ **de erros** (contr. autom.) / Meßglied, Vergleichsorgan *n* ‖ ~ **de nível** / Füllstandsfühler *m* ‖ ~ **de vibrações** / Erschütterungsfühler *m* ‖ ~ **fluídico do sol** (astronáut.) / Fluid-Sonnensensor *m*
sentido *m* / Sinn *m*, Richtung *f* ‖ **de um só** ~ / Einrichtungs..., in einer Richtung ‖ **de um só** ~ (máq., tecnol.) / Einweg... ‖ **em** ~ **contrário** / gegensinnig ‖ **em** ~ **contrário ao dos ponteiros do relógio** / edul, entgegen dem Uhrzeigerlauf ‖ **em** ~ **inverso** (semicondut.) / in Rückwärtsrichtung ‖ **no** ~ **contrário ao dos ponteiros do relógio** / entgegen dem Uhrzeigersinn ‖ **no mesmo** ~ / gleichsinnig, gleichlaufend (Bewegung) ‖ ~ **ao longo da máquina** (papel) / Faserrichtung, Maschinenrichtung *f* ‖ ~ **contrário** / Gegenrichtung *f* ‖ ~ **da corrente** (electr.) / Stromrichtung *f* ‖ ~ **da laminação** (lamin.) / Walzrichtung *f* ‖ ~ **da marcha** / Fahrtrichtung *f* ‖ ~ **das cores** / Farbensinn *m* ‖ ~ **das fibras** / Faserrichtung *f* ‖ ~ **de leitura da fita** / Bandleserichtung *f* ‖ ~ **de marcha** / Fortbewegungsrichtung *f* ‖ ~ **de passagem** (electr.) / Durchlaßrichtung *f* ‖ ~ **de rotação** / Drehrichtung *f*, -sinn *m* ‖ ~ **de torção** / Drehungsrichtung *f*, Drallsinn *m*, Drallrichtung *f* ‖ ~ **directo** (electrón.) / Flußrichtung *f* ‖ ~ **do movimento** / Bewegungsrichtung *f* ‖ ~ **longitudinal** / Längsrichtung *f*
sentina *f* / Klosett *n*
sentinela *f* (informática) / Anfangs-Bit *n* (o. -Zeichen), Markierung *f*, End-Bit *n* (o. -Zeichen)
separação *f* / Abtrennung *f*, Trennung *f*, Scheidung *f* ‖ ~ / Sichten *n*, Sichtung *f* ‖ ~ (electrón., tv) / Trennung *f* ‖ ~ **cromática** / Farbaufteilung *f* ‖ ~ **da mistura** / Entmischen *n*, Entmischung *f* ‖ ~ **da prata** / Silberscheidung *f*, -raffinieren *n* ‖ ~ **das camadas** / Schichtspaltung *f* ‖ ~ **das lonas** (autom.) / Lagenlösung *f* ‖ ~ **de carvão** / Kohlenscheidung *f*, -separation *f* ‖ ~ **de cores** / Farbauszug *m* ‖ ~ **de frequências** / Frequenzabstand *m* ‖ ~ **de gás** / Gasabscheidung *f* ‖ ~ **de óleo** / Ölabscheidung *f* ‖ ~ **do ouro da prata** / Goldscheidung *f* ‖ ~ **dos estágios** / Stufentrennung *f* ‖ ~ **dos gases** / Gastrennung *f*, Gaszerlegung *f* ‖ ~ **dos modos de frequências** (electrón.) / Frequenzabstand *m* ‖ ~ **electrolítica** / elektrolytische Trennung ‖ ~ **fixa** (informática) / Festpunkt *m* ‖ ~ **isotópica** / Isotopentrennung *f* ‖ ~ **longitudinal** (aeronáut.) / Längsstaffelung *f* ‖ ~ **manual** (siderurg.) / Klaubarbeit *f* ‖ ~ **negativa de cores** / negativer Farbauszug ‖ ~ **por cores** / Farbensortierung *f* ‖ ~ **por liquação** / Seigerung *f*, Seigerarbeit *f*, -vorgang, -prozeß *m*, Seigern *n* ‖ ~ **por líquido denso** (expl. minas) / Schwerflüssigkeits-Sinkscheidung, Sinkscheidung *f* ‖ ~ **por via (h) úmida** / Naßscheidung *f*
separado / geteilt, getrennt
separador *m* (geral) / Abscheider *m* ‖ ~ (química) / Scheideglas *n* ‖ ~ (vácuo) / Abscheider *m* ‖ ~

(química) / Scheider *m* ‖ ~ (óleo) / Abstreifer *m* ‖ ~ **basculante** / Gasschaukel *f* nach Clusius ‖ ~ **de ácido carbónico** / Kohlensäureabscheider *m* ‖ ~ **de água** / Wasserabscheider *m*, -fänger *m* ‖ ~ **de água de condensação** / Kondenstopf *m*, -wasserabscheider *m* ‖ ~ **de alcatrão** / Teerabscheider *m* ‖ ~ **de ar** / Luftabscheider *m* ‖ ~ **de cinzas volantes** / Flugascheabscheider *m* ‖ ~ **de esgoto** (constr. rodov.) / Fang *m* ‖ ~ **de ferro** / Eisenabscheider *m* ‖ ~ **de fios** (fiação) / Fadentrenner *m* ‖ ~ **de força centrífuga** / Fliehkraftsichter *m* ‖ ~ **de gás** / Gasabscheider *m* ‖ ~ **de gasolina** (constr. civil) / Benzinabscheider, -fänger *m* ‖ ~ **de gorduras** / Fettabscheider *m* ‖ ~ **de lâminas** / Federblattspreizer *m* ‖ ~ **de minério** / Erzklauber *m*, Erzscheidemaschine *f* ‖ ~ **de óleo** / Entöler *m*, Ölabscheider *m* ‖ ~ **de óleo para vapor** / Dampfentöler *m*, -entölvorrichtung *f* ‖ ~ **de pó** / Staubabscheider *m* ‖ ~ **de vapor** / Dampfabscheider *m* ‖ ~ **magnético** (prep.) / Magnetscheider *m* ‖ ~ **pneumático** / Windsichter *m* ‖ ~ **pneumático** (expl. minas) / Sichter *m* ‖ ~ **por força centrífuga** / Fliehkraftabscheider *m* ‖ ~ **por líquido denso** (prep.) / Sinkscheider *m* ‖ ~ **rotativo** (expl. minas) / Trommelscheider *m* ‖ ~ **sincronizador** (tv) / Impulstrenner *m*

separadora *f* **de fios** / Garnentwirrerin *f*

separar / trennen ‖ ~ (expl. minas) / klauben, sichten ‖ ~ (tecel.) / abzetteln ‖ ~ (óleo) / abstreifen ‖ **~-se** / auseinandergehen, sich trennen ‖ ~ **a mistura** (química) / entmischen ‖ ~ **as escórias do metal** (siderurg.) / entschlacken ‖ ~ **em pedaços** / stückeln, in Stücke teilen ‖ ~ **mediante deslize** / auseinanderschieben ‖ ~ **por centrifugação** / ausschleudern, zentrifugieren ‖ ~ **por destilação** / abdestillieren ‖ ~ **por liquação** (siderurg.) / seigern *vi* ‖ ~ **por meio de sal** (química) / aussalzen ‖ ~ **por meio de serragem** / aussägen ‖ ~ **por pressão** / abklemmen, abpressen ‖ ~ **por rectificação** / trennschleifen

separata *f* (artes gráf.) / Sonderdruck *m* ‖ ~ (de um jornal) / Beilage *f*

separável (química) / scheidbar, trennbar ‖ ~ (geral) / trennbar

sépia *f* / Sepia[tusche] *f* ‖ ~ **de manganês** / Manganbister *m*, -braun *n*

sepiolita *f* (mineralog.) / Meerschaum *m*

sequência *f* / Folge *f*, Anzahl aufeinanderfolgender Dinge, Reihenfolge *f*, Sequenz *f* ‖ ~ **de atuação** / Ansprechfolge *f* ‖ ~ **de conexão** (electr.) / Einschaltfolge *f* ‖ ~ **de encadeamento** (informática) / Folge von Programmverbindungs- o. Anschlußbefehlen ‖ ~ **de faíscas** / Funkenfolge *f* ‖ ~ **de fases** / Phasenfolge *f* ‖ ~ **de ignição** (mot.) / Zündfolge *f* ‖ ~ **de impulsos** / Pulsfolge *f* ‖ ~ **de impulsos ou pulsos** / Impulsfolge *f* ‖ ~ **de instruções** (informática) / Befehlsfolge *f* ‖ ~ **de ligação** (informática) / Anschlußbefehlsfolge *f*

sequencia *f* **de operações** / Arbeitsablauf *m*

seqüência *f* **de pulsos** / Pulsfolge *f*

sequenciador *m* (astronáut.) / Folgesteuerungsanlage *f*

sequencial (informática) / starr fortlaufend, Serien..., folgegebunden, sequentiell

ser abandonado (expl. minas) / zum Erliegen kommen ‖ ~ **composto** [por] / bestehen [aus] ‖ ~ **elástico** / federn *vi* ‖ ~ **resiliente** / federn *vi* ‖ ~ **translúcido** / durchscheinen

serapilheira *f* / Sackleinwand *f* ‖ ~ **de algodão** / Baumwollstramin *m*

serargirita *f* (mineralog.) / Silberspat *m*

sereia *f* / Sirene *f*

serial (informática, matem.) / seriell

sericicultor / Seidenzüchter *m*

sericicultura *f* / Seidenbau *m*, -zucht *f*

sericina *f* / Sericin *n*, Seidenleim *m*

série *f* / Serie, Reihe[nfolge] *f* ‖ ~ (química) / Reihe *f* ‖ **de** ~ / serienmäßig ‖ **em** ~ / vom Band, serienmäßig ‖ **em** ~ / serienweise, reihenweise, serial ‖ **em** ~ (electr.) / hintereinander, in Serie ‖ **em** ~ (electr.) / in Serie, hintereinander ‖ **em** ~ **por bit** (electrón.) / bitseriell ‖ ~ **alifática** (química) / Fettreihe *f* ‖ ~ **binomial** / binomische Reihe ‖ ~ **de ensaios** / Versuchsreihe *f* ‖ ~ **de fabricação** (org. industr.) / Fertigungsreihe *f* ‖ ~ **de Fourier** (matem.) / Fouriersche Reihe *f* ‖ ~ **de impulsos ou pulsos** / Impulsserie *f*, Impulsgruppe *f*, Impulszug *m* ‖ ~ **de Lyman** (física) / Lyman-Serie *f* ‖ ~ **de medições** / Meßreihe *f* ‖ ~ **de ondas** (física) / Wellenzug *m* ‖ ~ **electromotriz** (química) / elektromotorische Spannungsreihe, Spannungsreihe *f*, Spannungsreihe *f* ‖ ~ **espectral** / Spektralserie, -reihe *f* ‖ ~ **exponencial** / Exponentialreihe *f* ‖ ~ **finita** (matem.) / endliche Reihe ‖ ~ **fundamental** / Bergmannserie, Fundamentalserie *f* ‖ ~ **gorda** (química) / Fettreihe *f* ‖ ~ **padrão de estrutura** / Gefügerichtreihe *f*

série-paralelo (electr.) / Serien-Parallel... ‖ ~ (acumul.) / Gruppen... ‖ **em** ~ (electr.) / Reihen-Parallel...

serifa *f* (artes gráf.) / Serife *f*

serigrafia *f* / Siebdruck *m*, Serigraphie *f*, Siebdruck *m*, Durchdruck *m*, Schablonendruck *m*, Filmdruck *m*, Serigraphie *f*

seringa *f* **de lubrificação** / Schmierspritze *f*, Fettspritze *f*, Ölspritze *f*

seringueira *f* / Kautschukbaum *m*, Hevea *f*

serpentina *f* / Schlangenrohr *n*, Schlange *f* ‖ ~ (mineralog.) / Serpentin *m* ‖ ~ **de aquecimento** / Heizschlange *f* ‖ ~ **de condensação** (vapor) / Kühlschlange *f* ‖ ~ **de refrigeração** (geral) / Kühlschlange *f* ‖ ~ **de refrigeração da cuba de fermentação** (indústr. cevej.) / Gärbottichkühler *m* ‖ ~ **de vapor** / Dampfschlange *f* ‖ ~ **perfurada para injecção de vapor** (açúcar) / Dampfschnatter *f*

serra *f* / Säge *f* ‖ ~ **alternativa de quadro** / Gattersäge *f* ‖ ~ **alternativa de quatro lâminas laterais** / Saumgatter *n* ‖ ~ **alternativa horizontal** / Horizontalgatter *n* ‖ ~ **cilíndrica [de lâminas amovíveis]** / Rundschneidemaschine *f* mit Kronsäge ‖ ~ **cilíndrica** / Kronsäge *f* ‖ ~ **circular** / Kreissäge *f* ‖ ~ **circular de bancada** / Tischkreissäge *f* ‖ ~ **circular de corte múltiplo** / Kreissäge *f* mit mehreren Sägeblättern ‖ ~ **circular de ranhurar com duas lâminas** / Doppelschnittfugen-Kreissäge *f* ‖ ~ **circular de rebordear** / Besäumkreissäge *f* ‖ ~ **circular oscilante** / Taumelsäge, Wanknutsäge *f* ‖ ~ **circular para cortar a frio** / Kaltkreissäge *f* ‖ ~ **circular para metais** / Metallkreissäge *f* ‖ ~ **circular traçadeira** / Querkreissäge *f* ‖ ~ **de abrir ranhuras** (carpint.) / Gratsäge *f* ‖ ~ **de arco** / Bügelsäge *f*, Bogensäge *f* ‖ ~ **de armação** / Stellsäge *f* ‖ ~ **de cantaria** / Steinsäge *f*, Schwertsäge *f* ‖ ~ **de dentes direitos** / Geradsäge *f* ‖ ~ **de dentes muito finos** / Feinsäge *f* (DIN) ‖ ~ **de fita para metal** / Metallbandsäge *f* ‖ ~ **de igualização** (marcenar.) / Abgleichsäge *f* ‖ ~ **de mão** / Faustsäge *f* ‖ ~ **de movimento alternativo** (máq. ferram.) / Hubsäge *f* ‖ ~ **de quadro** / Spannsäge (DIN), Rahmensäge *f* ‖ ~ **de respigar** (marcenar.) / Feinsäge *f* ‖ ~ **de serrador** / Brettsäge *f* ‖ ~ **de voltear** / Schweifsäge *f* ‖ ~ **folheadora** / Furniersäge *f* ‖ ~ **folheadora com armação** / Furnierrahmensäge *f* ‖ ~ *m* **manual** / Gestellsäge *f*, Rahmensäge *f*, Spannsäge *f* (DIN) ‖ ~ *f* **manual de lâmina múltipla** / Bundgatter *n* ‖ ~ **mecânica** / Sägemaschine *f*, Maschinensäge *f* ‖ ~ **para blocos** / Blockschneidemaschine *f* ‖ ~ **para meia-esquadria**

/ Gehrungssäge f ‖ ~ **para metais** / Metallsäge f, Eisensäge f ‖ ~ **para o corte de madeiramento** / Dachstreben-Zuschnittsäge f ‖ ~ **para pedra** / Mauersäge f ‖ ~ **para recortar** / Besäumsäge f ‖ ~ **para recortar e esquadriar** / Besäum- und Formatsäge f ‖ ~ **para troncos** / Blocksäge f ‖ ~ **sem-fim** / Bandsäge f ‖ ~ **sem-fim para corte** / Block- u. Trennbandsäge f ‖ ~ **tico-tico** / Laubsäge f, Dekupiersäge f ‖ ~ **traçadeira** / Abkürzsäge f, Ablängsäge f, Zugsäge f ‖ ~ **volante** / fliegende Säge

serração f / Sägewerk n ‖ ~ / Sägen n

serradura f / Sägespäne m pl, Holzmehl n, Staub m, Sägemehl n

serralharia f / Schlosserei, Schlosserwerkstatt f

serralheiro m / Schlosser m, Bauschlosser m ‖ **~-mecânico** m / Maschinenschlosser m

serrar / absägen, sägen, zersägen

serraria f / Sägewerk n

serrilha f / Rändelung f

serrilhado / gerändelt, gezackt ‖ ~ **diagonalmente** / gekordelt

serrilhar / rändeln, mit Rändelung versehen ‖ ~ **diagonalmente** / kordeln ‖ ~ **em cruz** / kreuzrändeln

serrote m / Astsäge f ‖ ~ **de costas para meia-esquadria** / Gehrungsrücksäge f ‖ ~ **de mão** / Fuchsschwanz m ‖ ~ **de ponta** / Stichsäge f, Lochsäge f ‖ ~ **traçador** / Freispannsäge f

servente m **de construção civil** / Bauhilfsarbeiter m ‖ ~ **de pedreiro** / Handlanger m bei Maurern und Steinmetzen

serviço m / Dienstleistung f ‖ ~ (técn. ferrov., aeronáutica, telecom.) / Betrieb m, Verkehr m ‖ **com fiabilidade de** ~ (electrón.) / failsafe ‖ **de** ~ / Betriebs... ‖ **estar fora de** ~ / außer Betrieb sein, stillstehen, stilliegen ‖ **fora de** ~ / außer Betrieb ‖ ~ **aéreo doméstico** / Inland-Flugverkehr m ‖ ~ **com corrente dupla** (telecom.) / Doppelstrombetrieb m ‖ ~ **contínuo** / Dauerbetrieb m ‖ ~ **contínuo com carga constante** / Dauerbetrieb m mit gleichbleibender Belastung ‖ ~ **de assistência técnica** / Kundendienst m, Bedienung f (DIN) ‖ ~ **de bateria central** (telecom.) / ZB-Betrieb m ‖ ~ **de comunicações aéreas** / Flugmeldedienst m ‖ ~ **de incêndio** / Feuerlöschwesen n ‖ ~ **de informações telefónicas** (p. ex. hora legal) / Fernsprechansagedienst m ‖ ~ **de notificação** (telecom.) / Bescheiddienst m ‖ ~ **de piquete** / Bereitschaftsdienst m ‖ ~ **de plantão** / Bereitschaftsdienst m ‖ ~ **de radiocomunicações** / Funkdienst m ‖ ~ **de radionavegação aeronáutica** / Flugnavigationsfunkdienst m ‖ ~ **de reserva** (telecom.) / Ersatzbetrieb m ‖ ~ **de telecomunicação de dados** (telecom.) / Dateldienst m ‖ ~ **de telecomunicações aeronáuticas** / Flugfernmeldedienst m ‖ ~ **descontínuo** (electr.) / kurzzeitiger Betrieb, Kurzzeitbetrieb m ‖ ~ **duplex** (telecom.) / Gegensprechbetrieb, -sprechverkehr m (gleichzeitiges Gegensprechen), Duplexbetrieb m, Zweifachbetrieb m ‖ ~ **em quadruplex** (telecom.) / Doppelbetrieb m ‖ ~ **em tandem** (telecom., máq., tecnol.) / Tandemanordnung f, -betrieb m ‖ ~ **escalonado** (telecom.) / Staffelbetrieb m, Staffelung f ‖ ~ **estacionário de radiocomunicações por satélites** / fester Funkdienst mit Satelliten ‖ ~ **fechado** (informática) / Closed Shop m ‖ ~ **ferroviário** / Eisenbahnbetrieb m ‖ ~ **gerador** / Generatorbetrieb m ‖ ~ **ininterrupto de carga intermitente** / Durchlaufbetrieb m mit Aussetzbelastung, DAB ‖ ~ **intermitente** (electr.) / Aussetzerbetrieb m ‖ ~ **internacional automático** / Selbstwählferndienst m nach dem Ausland ‖ ~ **internacional de comunicações** / internationaler Fernmeldedienst ‖ ~ **interurbano** (telecom.) / Ferndienst m ‖ ~ **interurbano automático** (telecom.) / Selbstwählferndienst m ‖ ~ **manual** (telecom.) / Handbetrieb m ‖ ~ **meteorológico** / Wetterdienst m ‖ ~ **metereológico marítimo** / Seewetterdienst m ‖ ~ **metereológico para a aviação** / Flugwetterdienst m ‖ ~ **misto** / gemischter Betrieb ‖ ~ **misto de aderência e cremalheira** / gemischter Adhäsions- u. Zahnstangenbetrieb ‖ ~ **periódico com carga variável** / Dauerbetrieb m mit periodisch veränderlicher Belastung ‖ ~ **permanente** / Dauerbetrieb m ‖ ~ **por bateria local** (telecom.) / OB-Betrieb m ‖ ~ **público de radiotelefones móveis** (explorado pelos Correios Federais Alemães) / öffentlicher beweglicher Landfunkdienst, öbL ‖ ~ **quadruplex** (telecom.) / Doppelgegensprechbetrieb m ‖ ~ **radioeléctrico aeronáutico** / Flugfunk m ‖ ~ **radiofónico de informações rodoviárias** / Verkehrsrundfunk m ‖ ~ **radiometereológico** / Funkwetterdienst m ‖ ~ **rádio-telegráfico por satélites de telecomunicações** / Fernmeldesatelliten-Funkdienst m ‖ ~ **regular** / Liniendienst m ‖ ~ **TECAM** (técn. ferrov.) / Huckepackverkehr m ‖ ~ **técnico** (técn. ferrov.) / Betriebsdienst m ‖ ~ **telefónico** (p. ex. despertar, recepção de chamadas durante a ausência do assinante, etc.) / Fernsprech-Auftragsdienst m, FAD ‖ ~ **telefónico regional com tarifa global** (telecom.) / Gebietspauschalverkehr m ‖ ~ **TELEPAC** (telecom.) / Datenübertragung f auf überlassenem Breitbandweg ‖ ~ **temporário** (electr.) / kurzzeitiger Betrieb, Kurzzeitbetrieb m

serviços m pl **de instalação** (constr. civil) / Installationsarbeiten f pl ‖ ~ **municipalizados** / Städtische Werke, Stadtwerke n pl ‖ ~ **telefónicos adicionais** (despertar, indicação horária, etc.) (telecom.) / Auftragsdienst m

servo... / Hilfs..., Servo..., mit Servowirkung

servocomando m / Servobetätigung f ‖ ~ (contr. autom.) / Servosteuerung, Folgeregelung f

servodirecção f (autom.) / Servolenkung f, Lenkhilfe f

servofreio m / Servobremse f ‖ ~ (autom.) / Bremskraftverstärker m ‖ ~ **de ar comprimido** (técn. ferrov.) / Hilfsdruckluftbremse f

servomecanismo m / Servogerät n, -einrichtung f, -mechanismus m ‖ ~ (contr. autom.) / Folgesteuerungsmechanismus m

servomotor m / Stützmotor m, Servomotor m, Hilfsmotor m ‖ ~ (contr. autom.) / Stellmotor, Servomotor m, Regelmotor m ‖ ~ **do leme** (aeronáut.) / Steuermaschine f ‖ ~ **do leme** (constr. naval) / Rudermaschine f

servossistema m / Servo-System n, Folgesteuerungssystem n ‖ ~ **do cabrestante** / Bandantriebssystem n

sésamo m / orientalischer (o. indischer) Sesam, Kuntschut, Vanglo m

sesqui... (química) / anderthalb

sesquióxido m / Sesquioxid n ‖ ~ **de alumínio** / Aluminiumoxid n ‖ ~ **de índio** / Indium(III)-oxid n

setim m **de algodão** / Baumwollsatin m

sétuplo / siebenfach

sextante m / Sextant m ‖ ~ [**de bolha**] / Luftfahrtsextant m ‖ ~ **de bolso** / Dosensextant m ‖ ~ **de reflexão** / Spiegelsextant m

sextavado / sechseckig, -winkelig ‖ ~ **interno** / Innensechskant m

sêxtuplo / sechsfach

sherardização f / Sherardisieren n

sherardizar (siderurg.) / sherardisieren
shimmy *m* / Flattern *n* (von Kfz-Vorderrädern, vom Bugrad bei Flugz.) ‖ **fazer o ~** (autom.) / flattern
shirting *m* / Schirting, Shirting *m*
shoddy *m* / Shoddy *n* ‖ **~ de seda** / Shoddyseide *f*, Seidenshoddy *n*
shunt *m* (electr.) / Nebenschlußwiderstand *m*, Nebenschluß *m*
SI / internationales Einheitensystem
sial *m* (geol) / Sial *n* (Zone der Erdkruste)
sicativo *m* / Sikkativ *n*, Trockenstoff *m* ‖ ~ (química) / Trockenmittel *n* ‖ **~ líquido** / flüssiges Sikkativ
sicómoro *m* / Bergahorn, Weißahorn *m*
sicronização *f* **[por comparador de fases] com efeito de volante** (tv) / Schwungradsynchronisierung *f*
sidecar *m* (autom.) / Seitenwagen *m*, Beiwagen *m*
sideral / siderisch
siderite *f* (mineralog.) / Spateisenstein *m*, Sphärosiderit *m*, Siderit *m*
siderobactérias *f pl* / Eisenbakterien *n pl*
siderose *f* / Eisenlunge *f* (Berufskrankheit)
siderurgia *f* / Eisenhüttenkunde *f*
siemens *m* / Siemens, S *n*
sienito *m* (geol) / Syenit *m*
sifão *m* / Saugheber *m*, Siphon *m* ‖ ~ / Düker *m*, Knie *n*, Wasserverschluß *m* ‖ ~ (química) / Heber *m* ‖ **~ de sedimentação** / Sinkkasten *m* ‖ **~ de uma fornalha de cúpula** / Fuchs *m* des Kupolofens ‖ **~ duplo** / Doppelheber *m* ‖ **~-filtro** *m* / Filtrierheber *m* ‖ **~ inodoro** / Geruchsverschluß *m* ‖ **~ regulador de um canal** / Ablaßdüker *m*
sigla *f* / Kurzzeichen *n* (in Buchstaben)
significativo (informática, matem.) / bedeutsam ‖ ~ / Bedeutungs... ‖ ~ (informática) / geltend, gültig
silamanita *f* (mineralog.) / Fibrilith *m*
silano *m* (química) / Siliziumwasserstoff *m*, Silan *n*
silenciador *m* (autom.) / Schalldämpfer *m*, Auspufftopf *m*, Dämpfer *m* ‖ **~ com panela principal e panela auxiliar** (autom.) / Doppeltopfanlage *f* ‖ **~ de aspiração** / Ansauggeräuschdämpfer *m* ‖ **~ principal** / Auspuff-Hauptschalldämpfer *m*
silêncio *m* **electrónico** / Sendeverbot *n* für Ortungs- u. Leitdienste ‖ **~ rádio** / Funkstille *f*
silencioso *m* (autom.) / Schalldämpfer *m*, Auspufftopf *m* ‖ ~ (autom.) / Auspufftopf *m*, Schalldämpfer *m* ‖ ~ *adj* / leise, geräuschlos, geräuscharm, geräuschlos, still, ruhig ‖ ~ *m* **com panela principal e panela auxiliar** (autom.) / Doppeltopfanlage *f*
sílex *m* (mineralog.) / Kiesel *m* ‖ ~ (geol) / Feuerstein *m*, Flintstein *m*
sílica *f* / Silizium[di]oxid *n*
silicano *m* (química) / Siliziumwasserstoff *m*, Silan *n*
silicatizar / silizieren
silicato *m* / Silikat *n* ‖ **~ de alumina** / kieselsaure Tonerde, Tonerdesilikat *n* ‖ **~ de alumínio** / Aluminiumsilikat *n* ‖ **~ de chumbo** / Bleisilikat *n* ‖ **~ de ferro** / Eisensilikat *n* ‖ **~ de manganês** (mineralog.) / Manganspat *m* ‖ **~ de potássio** / Kaliwasserglas *n*, Kaliumsilikat *n* ‖ **~ de protóxido de ferro e de manganês** / Doppelsilikat *n* von Eisen und Mangan ‖ **~ de sódio** / Natronwasserglas *n*, Kaliwasserglas *n*, Wasserglas *n*
silicieto *m* / Silizium[metall]verbindung *f* ‖ **~ de ferro** (química) / Siliziumeisen *n*
silicietos *m pl* / Silizide *n pl*, Silizium-[Metall-]Verbindungen *f pl*
silicificar-se / verkieseln, sich in Kieselerde verwandeln
silício *m*, Si (química) / Silizium *n*, Si ‖ **~ de desoxidação** / Feinsilizium *n*

silicioso / Kiesel..., siliziumhaltig
silicofluoreto *m* / Silikofluorid, Fluor[o]silikat, Fluat, lösliches Kieselflußsäuresalz *n* ‖ **~ de magnésio** / Kieselfluormagnesium *n* ‖ **~ de potássio** / Kieselfluorkalium *n*
silicone *m* / Silikon *n*
silicose *f* / Silikose, Gesteinsstaubkrankheit *f*
silimanite *f* (mineralog.) / Sillimanit *m*
silo *m* (agricult.) / Silo *m*, Speicher *m* ‖ **~ de fermentação de forragem** / Gärfuttersilo *m* ‖ **~ de forragem** (agricult.) / Futtersilo *m* ‖ **~ de mísseis** / Flugkörpersilo *m* ‖ **~ para cereais** / Getreidespeicher, -silo *m*, -lagerhaus *n*
siloxano *m* / Siloxan *n*
silte *m* (expl. minas, hidrául.) / Silt *m* (ein Sedimentgestein), Feinstsand zwischen 0.002 u. 0,1 mm
silúrico *m* (geol) / Silur *n*, Silurische o. Silurformation
silvanita *f* (mineralog.) / Sylvanit *m*
silvar (electrón., telecom.) / pfeifen
silvicultura *f* / Forstwesen *n*, Waldbau *m*
silvina *f*, silvita *f* (mineralog.) / Sylvin *m* (KCl)
silvo *m* (electrón.) / Pfeife *f*, Pfeifen *n*
sima *m* (geol) / Sima *n* (Zone der Erdkruste)
simbólico (informática) / symbolisch, sinnbildlich
símbolo *m* / Symbol *n*, Sinnbild *n* ‖ ~ (programação) / Zeichen *n* ‖ ~ (electrón.) / Kurzzeichen *n* ‖ ~ (química) / Kurzzeichen *n* ‖ **~ de inserção** (informática) / Einführungszeichen *n* ‖ **~ de pontuação** (informática) / Interpunktionssymbol *n* ‖ **~ gráfico** (geral) / Bildzeichen *n* ‖ **~ lógico** (informática) / funktionelles Symbol ‖ **~ químico** / chemisches Symbol o. Zeichen
símbolos *m pl* **de Christoffel** (matem.) / Christoffel-Symbole *n pl* ‖ **~ isotópicos** / Isotopensymbole *n pl*
simetria *f* (física) / Symmetrie, Spiegelgleichheit *f*
simétrico, push-pull (electrón.) / Gegentakt... ‖ ~ / symmetrisch, spiegelgleich
similar / gleichartig
simpático / sympathetisch
simples / leicht, einfach ‖ ~ / einfach, unaufgelöst, ungeteilt ‖ ~ (máq. vapor) / einstufig
simplex / Simplex...
simulação *f* (informática, telecom.) / Nachbildung *f*, Simulation *f* ‖ **~ inversa** (contr. autom.) / inverse Simulation
simulado (informática) / belanglos, Schein... ‖ ~ (constr. civil) / blind, falsch
simulador *m* / Nachbildner, Simulator *m* (DIN) ‖ **~ de voo** / Flugsimulator *m*
simultaneidade *f* / Gleichzeitigkeit *f*
simultâneo / gleichzeitig
sinais, de ~ idênticos / Equisignal...
sinal *m* (geral, técn. ferrov., electrón., telecom.) / Signal *n* ‖ ~ (geral, telecom., electrón.) / Zeichen, Signal *n* ‖ ~ (matem.) / Vorzeichen *n* ‖ **~ avançado** (técn. ferrov.) / Vorsignal *n* ‖ **~ binário** (informática) / Zweipunktsignal *n*, Binärsignal *n* ‖ **~ completo a cores** / Farbbildsignalgemisch *n* ‖ **~ completo de crominância** / Farbbildaustastsynchronsignal, FBAS-Signal *n* ‖ **~ composto** (telecom.) / Mehrfrequenzsignal *n* ‖ **~ composto de crominância** / Farbbildaustastsynchronsignal, FBAS-Signal *n* ‖ **~ composto de vídeo** (tv) / BAS-Signal *n* (Bild-, Austast- u. Synchronisiersignal), Signalgemisch *n* ‖ **~ contínuo** (telecom.) / Dauerkennzeichen *n* ‖ **~ de adição** / Additionszeichen *n* ‖ **~ de alarme** (geral) / Alarmsignal *n* ‖ **~ de alarme** (técn. ferrov.) / Notbremse *f* ‖ **~ de alto nível** (informática) / Großsignal *n* (von 1-10 V) ‖ **~ de apagamento** / Löschzeichen *n* ‖ **~ de bloco** (técn. ferrov.) / Blocksignal *n* ‖ **~ de bloqueio** (telecom.) /

Sperrzeichen *n* ‖ ~ **de bloqueio** (geral) / Sperrsignal *n* ‖ ~ **de chamada** (telecom.) / Rufzeichen *n* ‖ ~ **de componente simples** (telecom.) / Einfachsignal *n* ‖ ~ **de confirmação** (telecom.) / Quittungszeichen *n* ‖ ~ **de cor** (tv) / Farbwertsignal *n* ‖ ~ **de cor composto** / Farbbildsignalgemisch *n* ‖ ~ **de crominância** / Farbartsignal *n* ‖ ~ *f* **de crominância** (tv) / Chrominanzsignal, Farbsynchronsignal *n*, -impuls *m*, Farbbildsignal *n* ‖ ~ *m* **de crominância combinado** (tv) / kombiniertes Buntsignal ‖ ~ **de dados** / Datensignal *n* ‖ ~ **de diferença de cores** (tv) / Farbdifferenzsignal *n* ‖ ~ **de disco** (técn. ferrov.) / Scheibensignal *n* ‖ ~ **de elisão** (artes gráf.) / Auslassungszeichen *n* ‖ ~ **de emergência** / Alarmsignal *n* ‖ ~ **de entrada** (técn. ferrov.) / Einfahrsignal *n* ‖ ~ **de entrada** (electrón.) / Eingangssignal *n* ‖ ~ **de erro** / Fehlersignal *n* ‖ ~ **de fim de conversação** (telecom.) / Schlußzeichen, -signal *n* ‖ ~ **de identificação** / Identifizierungsmarke *f* ‖ ~ **de identificação** (telecom.) / Quittungsgabe *f* ‖ ~ **de identificação** (aeronáut.) / Erkennungszeichen *n* ‖ ~ **de imagem a cores** (tv) / Farbbildsignal *n* ‖ ~ **de liberação** (telecom.) / Freigabesignal *n* ‖ ~ **de linha** (telecom.) / Anrufsignal *n* ‖ ~ **de linha livre** (telecom.) / Freizeichen *n* ‖ ~ **de livre** (telecom.) / Anforderungssignal, Freizeichen *n* ‖ ~ **de luminância** (tv) / Y-Signal *n* ‖ ~ **de marcar** (telecom.) / Amtszeichen *n* ‖ ~ **de medição** / Meßsignal *n* ‖ ~ **de multiplicação** / Malzeichen *n* ‖ ~ **de ocupado** (telecom.) / Belegtzeichen *n*, Besetzt-Ton *m* ‖ ~ **de parágrafo** (artes gráf.) / Abschnittzeichen *n*, Paragraph *m* ‖ ~ **de partida** (técn. ferrov.) / Abfahrtssignal *n* ‖ ~ **de passagem livre** / Freizeichen *n* ‖ ~ **de perigo** (constr. rodov.) / Gefahrenschild *n*, -zeichen *n* ‖ ~ **de perigo** (electr.) / Gefahrenzeichen *n* ‖ ~ **de pontuação** / Satzzeichen *n*, Interpunktionszeichen *n* ‖ ~ **de rádio** / Funksignal *n* ‖ ~ **de referência de cores** (tv) / Farbbezugssignal *n* ‖ ~ **de saída** (técn. ferrov.) / Ausfahrsignal *n* ‖ ~ **de saída** (informática) / Ausgangssignal *n* ‖ ~ **de salto de folha** (impressora) / Vorschubkennzeichen *n* ‖ ~ **de sincronização** (tv) / Gleichlaufsignal *n*, Synchronisiersignal *n* ‖ ~ **de sincronização de cor** (tv) / Farbsynchronisiersignal *n* (NTSC-System), Farbsynchronsignal *n* ‖ ~ **de sincronização horizontal** (tv) / Zeilengleichlaufsignal *n* ‖ ~ **de sincronização suplementar** (tv) / Hilfssynchronsignal *n* ‖ ~ **de SOS** / SOS-Zeichen *n* ‖ ~ **de supressão** (tv) / Austastsignal *n* ‖ ~ **de supressão** (artes gráf.) / Deleaturzeichen *n*, Streichungszeichen *n* ‖ ~ **de supressão de cor** (tv) / Farbbild[austast]signal, FBA-Signal *n*, Farbkiller *m* ‖ ~ **de televisão** / Fernsehsignal *n* ‖ ~ **de validação** (informática) / Freigabesignal *n* ‖ ~ **de via livre** (técn. ferrov.) / Fahrtsignal *n*, Freigabesignal *n* ‖ ~ **de vídeo** (tv) / Bildsignal *n* ‖ ~ **de vídeo a cores** (tv) / Farb-Video-Signal *n* ‖ ~ **ferroviário** / Eisenbahnsignal *n* ‖ ~ **funcional** / Funktionszeichen *n* ‖ ~ **horário** / Zeitzeichen *n* ‖ ~ **intermitente** (telecom.) / Flackerzeichen *n* ‖ ~ **luminoso** / Leuchtzeichen *n*, Lichtzeichen *n* ‖ ~ **luminoso** (técn. ferrov.) / Lichtsignal *n* ‖ ~ **luminoso intermitente** / Blinkzeichen *n* ‖ ~ **mais** / Additionszeichen *n* ‖ ~ **menos**, sinal *m* negativo / Minuszeichen *n*, negatives Vorzeichen ‖ ~ **para marcar** (telecom.) / Aufforderungssignal *n* ‖ ~ **para reduzir a velocidade** (técn. ferrov.) / Langsamfahrsignal *n* ‖ ~ **para sambladuras** (carpint.) / Bundzeichen *n* ‖ ~ **para seleccionar** (telecom.) / Wählaufforderung *f* ‖ ~ **parasita** / Störsignal *n* ‖ ~ **permanente** / Dauersignal *n* ‖ ~ **pisca-pisca** / Blinker *m* ‖ ~ **positivo** / Additionszeichen *n* ‖ ~ **primário** (tv) / Farbwertsignal *n* ‖ ~ **primário de cor** (tv) / Farbauszugsignal *n* ‖ ~ *f* **processado** / aufbereitetes Signal ‖ ~ *m* **Q** (NTSC) (tv) / Q-Signal *n* ‖ ~ **quantitativo** (matem.) / quantitatives Merkmal ‖ ~ **radical** (matem.) / Wurzelzeichen *n* ‖ ~ **semafórico** (técn. ferrov.) / Armsignal *n*, Flügelsignal *n* ‖ ~ **vocal** / Sprachsignal *n*, -zeichen *n*

sinalização *f* / Signalisieren *n*, Signalisierung *f* ‖ ~ (electrón.) / Signalgebung *f*, Meldung *f* ‖ ~ (constr. rodov.) / Beschilderung *f* ‖ ~ (técn. ferrov.) / Signalwesen *n* ‖ ~ **de erros** (geral) / Fehleranzeige *f* ‖ ~ **ferroviária** / Eisenbahnsignalwesen *n* ‖ ~ **intempestiva** / Falschansprechen *n* (Empfänger) ‖ ~ **rodoviária** / Straßenbeschilderung *f*

sinalizar / signalisieren, mit einem Zeichen versehen, anzeichnen, markieren, anzeigen, melden, angeben, zeichnen

sinclinal *f* (geol) / Bodensenke *f*

sincrociclotrão *m*, sincrociclotron *m* / frequenzmoduliertes Zyklotron, Synchro-Zyklotron *n*

sincronismo *m* / Gleichlauf *m*, Gleichzeitigkeit *f*, Gleichtakt *m*, Synchronismus *m*

sincronização *f* (electrón.) / Synchronisation *f*, Synchronisierung *f*, Gleichlaufherstellung *f* ‖ ~ **das cores** (tv) / Farbgleichlauf *m* ‖ ~ **de fase** (tv) / Regelspannungssynchronisierung *f* ‖ ~ **de imagem** (tv) / Bildsynchronisierung *f* ‖ ~ **exterior**, sincronização *f* externa (electr.) / Fremdsynchronisierung *f* ‖ ~ **F** (física) / F-Synchronisation *f* ‖ ~ **interna** / Eigensynchronisation *f* ‖ ~ **precisa** (electr.) / Feinsynchronisieren *n*

sincronizado / synchronisiert, synchron [gemacht]

sincronizador *m* / Gleichlaufeinrichtung *f* ‖ ~ (autom., transmiss.) / Synchronkörper *m*

sincronizar / synchronisieren, einphasen, auf Gleichlauf bringen

síncrono / synchron, gleichlaufend

sincronoscópio *m* / Gleichlaufanzeiger *m*, Synchronoskop *n*, Synchronismusanzeiger *m*

sincrotrão *m*, sincrotron *m* (física) / Synchrotron *n* ‖ ~ **de modulação de frequência**, sincrotron *m* de modulação de freqüência / FM-Synchrotron, Frequenz-Modulations-Synchrotron *n*

singleto *m*, singuleto *m* (técn. nucl.) / Singulett *n*

singradura *f* / Etmal *n*

sino *m* (geral) / Glocke *f* ‖ ~ **de imersão** / Taucherglocke *f*

sinóptico / übersichtlich

sinterização *f* (química, siderurg.) / Sintern *n* (Tätigkeit) ‖ ~ / Sinterung *f* ‖ ~ **ao ar livre** / Freisinterung *f* ‖ ~ **em molde** / Formsinterung *f* ‖ ~ **final** / Fertigsintern *n* ‖ ~ **por pressão** (plást.) / Preßsintern *n*

sinterizado / gesintert, Sinter...

sinterizar / sintern, zusammensintern *vi*

síntese *f* / Synthese *f*, Aufbau *m* ‖ ~ **de Fischer-Tropsch** / Fischer-Tropsch-Synthese *f* ‖ ~ **de Fittig** (química) / Fittigsche Reaktion *f* (Herstellung alkylsubstituierter Aromaten) ‖ ~ **de Fourier** / Fourier-Synthese *f*, harmonische Synthese ‖ ~ **de gasolina** / Benzinsynthese *f* ‖ ~ **de medicamentos** / Arzneimittelsynthese *f* ‖ ~ **do amoníaco** / Ammoniaksynthese *f* ‖ ~ **dos ácidos gordos** / Fett[säure]synthese *f* ‖ ~ **harmónica** / harmonische Synthese

sintético / synthetisch, künstlich

sintoma *m* **concomitante** / Begleiterscheinung *f* ‖ ~ **de fadiga** / Ermüdungserscheinung *f*

sintonia *f* / Abstimmung *f* (Zustand)

sintonização *f* (rádio) / Abstimmung *f* (Vorgang), Abstimmen *n*, Einstellung *f* ‖ **com diversas bandas ou faixas de** ~ / Mehrband..., Allwellen... ‖ ~ **à distância** / Fernabstimmung *f* ‖ ~ **aproximada** (electrón.) / Grobabstimmung *f* ‖ ~ **com supressão dos ruídos existentes entre as estações** (rádio) / Stummabstimmung *f* ‖ ~ **de antena** / Antennenabgleichung *f* ‖ ~ **de frequências** / Frequenzabstimmung *f* ‖ ~ **fina** (electrón.) / Feinabstimmung *f* ‖ ~ **múltipla** / Vielfachabstimmung *f* ‖ ~ **por botão de pressão** (electrón.) / Druckknopfabstimmung *f* ‖ ~ **por extensão da faixa de sintonização de onda curta** / Kurzwellenlupe *f* ‖ ~ **por permeabilidade** (electrón.) / magnetische Abstimmung ‖ ~ **precisa** (electrón.) / Scharfabstimmung *f* ‖ ~ **Schuler** / Schuler-Abstimmung *f* ‖ ~ **silenciosa** (electrón.) / stille Abstimmung, Stummabstimmung *f*
sintonizado / abgestimmt
sintonizador *m* (tv, rádio) / Abstimmgerät, -variometer *n*, Tuner *m*
sintonizar (tv, rádio) / abstimmen, modulieren, einstellen, einregeln
sinuosidade *f* (hidrául.) / Schlängelung *f* ‖ ~ (rio) / Windung *f* ‖ ~ **de um rio** / Flußbiegung, -krümmung *f*
sinuoso (hidrául.) / schlängelnd, gewunden, kurvig, kurvenreich
sinusoidal / sinusförmig, -verwandt, Sinus...
sinusóide *m* / Sinuskurve *f*, -linie *f*
sirene *f* / Sirene *f*
sirga *f* (navio) / Schlepptau *n*, -seil *n*, Trosse *f*, Schleppleine, Kabeltau *n*
sismicidade *f* / Erdbebenhäufigkeit *f*
sísmico / seismisch
sismo *m* / Erdbeben *n* ‖ **à prova de ~s** / erdbebensicher ‖ ~ **à distância** / Fernbeben *n*
sismógrafo *m* / Seismograph *m*, Erdbebenmesser *m*
sismologia *f* / Seismologie, Seismik *f*, Erdbebenkunde *f*, Erdbebenforschung *f*
sistema *m* / System *n* ‖ ~ / Bauart *f*, System *n* ‖ ~ (matem., mecân.) / Schar *f* ‖ **de dois ~s** (técn. ferrov.) / Zweikraft... ‖ ~ **Aktins** (aeronáut.) / Atkins-System *n* ‖ ~ **amortecedor** / Federung *f*, Art der Federung ‖ ~ **antibloqueio** (autom.) / Antiblockiersystem *n*, ABS ‖ ~ *f* **articulado do pantógrafo** / Gelenkgestänge *n* ‖ ~ *m* **astático** / magnetisches Nadelpaar ‖ ~ **atómico** / atomares System ‖ ~ **bicíclico** (química) / Doppelringsystem *n* ‖ ~ **bifásico** / Zweiphasensystem, -netz *n* ‖ ~ **bifásico de quatro fios** / Zweiphasen-Vierleitersystem *n*, unverkettetes Zweiphasensystem ‖ ~ **bifásico trifilar** / Zweiphasen-Dreileitersystem *n*, verkettetes Zweiphasensystem ‖ ~ **binário** (matem.) / Binärsystem *n*, binäres System ‖ ~ **centímetro-grama-segundo**, sistema *m* CGS (física) / Zentimeter-Gramm-Sekunde-System, CGS-System *n* ‖ ~ **composto** (metalurg.) / Gesamtsystem *n* ‖ ~ **contínuo** (tv) / Freilaufsystem *n* ‖ ~ **criptográfico** (informática) / Schlüsselsystem *n* ‖ ~ **crossbar** (telecom.) / Kreuzschienensystem *n* ‖ ~ **de accionamento** / Antriebsart *f* ‖ ~ **de administração da informação** / Information-Management-System *n* ‖ ~ **de ajustes ISA** / ISA-Passungen *f pl* ‖ ~ **de alarme magnético** / Induktormeldesystem *n* ‖ ~ **de alavancas** / Hebelwerk *n* ‖ ~ **de alto-falantes** / Lautsprecheranlage *f* ‖ ~ **de antena** / Antennenanlage, -anordnung *f*, -system *n* ‖ ~ **de apoio** (informática) / Bereitschaftssystem *n* ‖ ~ **de aproximação controlada do solo** / GCA-System *n* ‖ ~ **de aquecimento em que os radiadores se encontram incorporados no soalho** / Fußbodenheizung *f* ‖ ~ **de aquecimento irradiante** / Flächenheizung *f* ‖ ~ **de arranque por incandescência** / Flammstartanlage *f* ‖ ~ *f* **de aterragem por instrumentos** (aeronáut.) / Blindlandesystem *n* ‖ ~ *m* **de aterragem por instrumentos** (aeronáut.) / Instrumentenlandesystem *n*, ILS, Blindlandesystem *n* ‖ ~ **de avisadores de incêndios** / Feuermeldeanlage *f* ‖ ~ **de blocos** (técn. ferrov.) / Blocksystem *n* ‖ ~ **de ciclo duplo** (técn. nucl.) / Zweikreislaufsystem *n* ‖ ~ **de cinco condutores** (electr.) / Fünfleitersystem *n* ‖ ~ **de circuito aberto** / Arbeitsstrom-Betrieb *m* ‖ ~ *f* **de circuito fechado** / Ruhestrombetrieb *m*, -schaltung *f* ‖ ~ *m* **de condutores múltiplos** / Mehrfachleitersystem *n* ‖ ~ **de controlo de amostragem** (contr. autom.) / Abtastregelsystem *n* ‖ ~ *f* **de controlo de atitude por gás** (astronáut.) / Gas-Lagekontrollsystem *n* ‖ ~ *m* **de controlo de tiro** (armamento) / Feuerleitanlage *f* ‖ ~ **de controlo do espaço aéreo** (aeronáut.) / Luftraumüberwachungssystem *n* ‖ ~ **de coordenadas** / Achsensystem *n*, Achsenkreuz *n* ‖ ~ **de dentes helicoidais** / Bogenverzahnung *f* ‖ ~ **de deslocamento do gás** / Gaspendelsystem *n* (für Tanks usw) ‖ ~ **de discagem direta** (telecom.) / Selbstwählsystem *n* ‖ ~ **de empreitada** (expl. minas) / Gedingesystem *n* ‖ ~ **de encaixes ISA** / ISA-Passungen *f pl* ‖ ~ **de encaminhamento automático por vias alternativas** (telecom.) / Ersatzweg-Automatik *f* ‖ ~ **de entrada e visualização de dados** (aeronáut.) / Daten-Eingabe-u. Darstellungssystem *n*, DEDS ‖ ~ **de equações diferenciais** / gekoppelte Differentialgleichungen *f pl* ‖ ~ **de evacuação de águas servidas** / Abfuhrsystem *n* ‖ ~ **de exaustão** (turbina) / Abgasanlage *f* ‖ ~ *f* **de extinção de incêndios por chuveiros** / Feuerlöschbrause *f*, Sprinkler *m* ‖ ~ **de fabricação em cadeia** (org. industr.) / Flußprinzip *n* ‖ ~ *m* **de feixes hertzianos** / Richtfunk *m* ‖ ~ **de folhas soltas** / Loseblattsystem *n* ‖ ~ **de frequência portadora** / trägerfrequentes System ‖ ~ **de gavetas** (sold) / Schubladensystem *n* ‖ ~ **de guiamento e navegação** (astronáut.) / Lenkungs- u. Navigationssystem *n* ‖ ~ **de iluminação** (electr.) / Lichtaggregat *n* ‖ ~ **de implementação** (informática) / Implementationssystem *n* ‖ ~ **de intercomunicação** / Wechselsprechanlage *f* ‖ ~ **de intercomunicação** (telecom.) / Linienwähleranlage *f* ‖ ~ **de intercomunicação de bordo** (aeronáut.) / Bordsprechanlage *f* ‖ ~ **de intercomunicadores** / Gegensprechanlage *f* ‖ ~ **de interrogação** (informática) / Auskunftssystem *n* ‖ ~ **de interrupção** (informática) / Interrupt-System *n* ‖ ~ **de lentes** / Linsensystem *n* ‖ ~ **de ligação à terra** / Erdungssystem *n* ‖ ~ *f* **de linhas** (electr., telecom.) / Leitungsanlage *f* ‖ ~ *m* **de marcação com retorno à terra** (telecom.) / Erdsystem *n* ‖ ~ **de medidas** / Maßsystem *n* ‖ ~ **de microondas** / Richtfunk *m* ‖ ~ **de navegação Benito** / Benito-Navigation *f* ‖ ~ **de navegação Doppler** / Dopplernavigationsverfahren *n* ‖ ~ **de pára-raios** / Blitzschutzanlage *f* ‖ ~ **de partida por incandescência** / Flammstartanlage *f* ‖ ~ **de pisca-pisca de emergência** (autom.) / Warnblinkanlage *f* ‖ ~ **de rádio-direcional** / Richtfunk *m* ‖ ~ **de rastreio** (astronáut.) / Beobachtungssystem *n* (von Erdstationen aus) ‖ ~ **de recuperação de informações** / Informations-Rückgewinnungssystem *n* ‖ ~ **de referência** / Bezugssystem *n* ‖ ~ **de regulação normalizado** / Einheitsregelungssystem *n* ‖ ~ *f* **de repetição automática** / Rückfragesystem, ARQ-System *n* ‖ ~ *m* **de secagem** / Darrsystem *n* ‖ ~ **de selecção automática** (telecom.) / Selbstwählsystem *n* ‖ ~ **de**

sinais (tv) / Impulsfahrplan *m* ‖ ~ **de suspensão catenária** (técn. ferrov.) / Kettenaufhängung *f* (Fahrleitung) ‖ ~ **de televisão com sequência das cores** (tv) / Zeitfolgeverfahren *n*, SECAM-System *n* ‖ ~ **de torrefacção** / Darrsystem *n* ‖ ~ **de trava das portas** (autom.) / Türverriegelung *f* ‖ ~ **de treliça** (constr. civil) / Fachverband *m* ‖ ~ *f* **de três fios** (electr.) / Mittelleitersystem *n* ‖ ~ *m* **de três fios** (telecom.) / Dreidrahtsystem *n*, Erdsystem *n* ‖ ~ **de um só tubo** / Einrohrsystem *n* ‖ ~ **de unidades estruturais padronizadas** / Aufbausystem, Baukastensystem *n* ‖ ~ **de urdidura simples** / Einkett-System *n* ‖ ~ **de vias** (técn. ferrov.) / Gleisanlage *f* ‖ ~ **decimal** / dekadisches [Zahlen]system, Dekadik *f*, Dezimalsystem *n* ‖ ~ **diferencial** (electr.) / Differentialschaltung *f* ‖ ~ **Dolby** (fita magn.) / Dolby-System *n* ‖ ~ **duodecimal** / Duodezimalsystem *n* ‖ ~ **electrónico ou eletrônico de comutação** (telecom.) / elektronisches Wählsystem, EWS ‖ ~ **em tempo real** (informática) / Echtzeit-System *n* ‖ ~ **equivalente de projecção** / flächentreue Projektion ‖ ~ **ESK-crosspoint** (telecom.) / ESK-Crosspoint-System *n* ‖ ~ **Europeu de Telecomunicações Via Satélite** / EUTELSAT ‖ ~ **FDMA** / FDMA-System *n* (Satellit) (= frequency division multiplex access) ‖ ~ **flutuante** / Schwimmsystem *n* ‖ ~ **fonocaptor estereofónico** / Stereo-Tonabnehmersystem *n* ‖ ~ **foot-pound-second** (física) / FPS-System *n* (englisches Maßsystem) ‖ ~ **fundamental de referência para a transmissão** / Fernsprech-Ureichkreis *m* ‖ ~ *f* **fundamental europeu de referência para a transmissão telefónica** (telecom.) / Ureichkreis *m* (CCIF) ‖ ~ *m* **galáctico** / Milchstraßensystem *n* ‖ ~ **harmonizado de asseguração de qualidade** / Gütebestätigungssystem *n* (DIN 45900 usw) ‖ ~ **hidráulico** (autom.) / Hydraulik *f* ‖ ~ **inglês de pesos e medidas** / Englisches Maßsystem ‖ ~ **integrado de transportes públicos** / Verkehrsverbund *m* ‖ ~ **interactivo** (telecom.) / Kettenleiter *m*, -schaltung *f* ‖ ~ **intercomunicador** / Interfonanlage *f* ‖ ~ **internacional de unidades métricas** / metrisches Maßsystem ‖ ~ **internacional de unidades** / MKSAKC-System *n*, internationales Einheitensystem ‖ ~ **inverso** (electr.) / Gegensystem *n* ‖ ~ **jurássico** (geol) / Juraformation *f*, Jura *m* ‖ ~ **livre** (tv) / Freilaufsystem *n* ‖ ~ **móvel** (mecân.) / bewegliches System ‖ ~ **OBD** (= omnibearing distance navigation) (naveg.) / OBD-System *n* ‖ ~ **octal** (matem.) / Oktal-Zahlensystem, Achtersystem *n* ‖ ~ **operacional** (informática) / Betriebssystem, BS (DIN), Operating System *n*, Systemprogramm *n* ‖ ~ **operacional básico** (informática) / GBS, Grundbetriebssystem *n* ‖ ~ **operacional de fita** (informática) / Bandbetriebssystem *n* ‖ ~ **óptico de inversão do feixe** (tv) / Strahlumkehroptik *f* ‖ ~ **óptico de sinais** / Signaloptik *f* ‖ ~ **PAL** (tv) / PAL-System *n* ‖ ~ **passo a passo** (telecom.) / Schrittschaltsystem *n* ‖ ~ **ponderado** / Punktsystem *n* ‖ ~ **portador** / Tragwerk *n* ‖ ~ **progressivo de mudança de velocidade** (autom.) / Durchzugschaltung *f* ‖ ~ **protector de impedância** (electr.) / Impedanzschutz *m* ‖ ~ **Secam** (= séquentiel à mémoire) (tv) / Secam-System *n*, Zeitfolgeverfahren *n* ‖ ~ **sequencial** (contr. autom.) / Folgesystem *n* ‖ ~ **solar** / Sonnensystem *n* ‖ ~ **STOL** (aeronáut.) / Steil-Start- und Landesystem *n* ‖ ~ **triangular** / Dreiecksystem *n*, -anordnung *f* ‖ ~ **trifilar** (telecom.) / Dreidrahtsystem *n* ‖ ~ **tubular** / Röhrensystem *n*, Leitungsanlage *f*

sistemas *m pl* **síncronos de radiotelegrafia** / Funkgleichlaufsysteme *n pl*

sistemática *f* / Systematik *f*, [systematische] Klassifizierung

sistemático / systematisch, methodisch

sitiologia *f* / Nahrungsmmittelkunde *f*

situação *f* / Lage *f* ‖ ~ / Stand *m*, Zustand *m*, Lage *f* (örtlich) ‖ ~ **de emergência em voo** / Flugnot *f* ‖ ~ **meteorológica** / Wetterlage *f* ‖ ~ **[metereológica] geral** / Großwetterlage *f* ‖ ~ **microsinóptica** / Kleinwetterlage *f*

situado, estar ~ [sobre] / liegen [auf] ‖ ~ **ao largo da costa** / Offshore...

skiatron *m* (tv) / Dunkelschriftröhre *f*

skip *m* (expl. minas) / Skip *m*, Schachtfördergefäß *n*

skot *m* / Dunkelleuchtdichte-Einheit *f*, Skot *n*, sk

skylab *m* / Himmelslaboratorium *n*

Sm (química) / Samarium *n*, Sm

smithsonita *f* (mineralog.) / Zinkspat, Galmei, Smithsonit *m*

Sn (química) / Zinn *n*, Sn

snorquel *m* / Schnorchel *m*

soalho *m* / Diele *f*, Fußboden *m* ‖ ~ **asfáltico** / Asphalt[fuß]boden, -estrich *m* ‖ ~ **de betão**, soalho *m* de concreto / Betonfußboden *m* ‖ ~ **de madeira** / Holzboden *m*, -fußboden *m*, -diele *f* ‖ ~ **de tábuas** / Dielenfußboden *m*, Diele *f*, Bretterfußboden *m* ‖ ~ **em cimento** / Estrich *m* ‖ ~ **ripado** / Lattenrostfußboden *m*

soar / ertönen, schallen

sob tensão (electr.) / unter Spannung ‖ ~ **tensão** (mola) / unter Spannung, gespannt ‖ ~ **vácuo elevado** / hochevakuiert, Hochvakuum...

sobras *f pl* **industriais** / Industriemüll *m*, Industrieabfälle *m pl*

sobrealcance *m* (propagação de ondas) / Überreichweite *f*

sobrealimentação *f* (mot.) / Nachladung *f*

sobrealimentador *m* (mot.) / Kompressor, Vorverdichter *m* ‖ ~ **movido por gás de escape** / Abgasaufladegebläse *n*

sobrealimentar (mot.) / vorverdichten, aufladen

sobreaquecedor *m* (máq. vapor) / Überhitzer *m*, Dampfüberhitzer *m*

sobreaquecer / überhitzen (bes. Dampf) ‖ ~ (forja) / zu stark glühen ‖ ~ **o freio** (autom.) / die Bremse heißfahren ‖ ~ **o travão** (autom.) / die Bremse heißfahren

sobreaquecimento *m* / Überhitzung *f*

sobrecarga *f* / Mehrgewicht *n*, Überlast *f*, -belastung *f*, Überbeanspruchung *f* ‖ ~ **de cores** (tv) / Farbübersättigung *f*

sobrecarregado / überlastet

sobrecarregar (geral) / überladen ‖ ~ (electrón.) / übersteuern *v* ‖ ~ (siderurg.) / übersetzen

sobrecompressor *m* **alojado no cárter** (autom.) / Kurbelkastengebläse *n*, -kastenvorverdichter *m*

sobredimensionado / überdimensioniert, zu groß

sobredimensionar / überbemessen

sobreelevação *f* **do carril exterior** / Schienenüberhöhung *f* (der äußeren Schiene) ‖ ~ **do trilho exterior** / Schienenüberhöhung *f* (der äußeren Schiene)

sobreelevado / überhöht

sobreexcitado / übererregt

sobreexcitar (electrón.) / übersteuern

sobreexposição *f* (técn. fotogr.) / Überbelichtung *f*

sobreiro *m* / Korkeiche *f*

sobrejacente / darüberliegend

sobrelaminado *m* / Einwalzung *f*

sobrelaminar / einwalzen

sobrelargura *f* **da carga** (autom.) / Überbreite *f*, seitlich überhängende Ladung

sobreloja *f* (constr. civil) / Zwischengeschoß, Hochparterre *n*, Entresol *n*, Halbgeschoß *n*

sobremarcha *f* (autom.) / Overdrive *m*

sobremedida *f* / Übermaß *n*
sobremodulação *f* (electrón.) / Übermodulierung *f*
sobremodular (electrón.) / übersteuern
sobrenadante / oben [schwimmend]
sobreoscilação *f* (tv) / Überschwingen *n*
sobreperfil *m* / Übergröße *f* (Reifen)
sobrepeso *m* / Übergewicht, Mehrgewicht *n*
sobrepor / übergreifen, überlappen *vi*, überlagern ‖ **~-se** / sich überdecken, -lappen, übereinandergreifen
sobreposição *f* (máq., tecnol.) / Überdeckung, Deckung *f* ‖ ~ / Überlappung *f*, Superposition *f*, Übereinanderlagerung, Übergriff *m* ‖ ~ (geol) / Übereinanderschichtung *f* ‖ ~ (telecom.) / Überlagerung *f* ‖ ~ **das cores** (tv) / Farbenüberdeckung *f* ‖ ~ **do pêlo** / Floraufschichtung *f*, -aufeinandertäfelung *f*
sobreposto / übereinanderliegend
sobrepressão *f* **de admissão** (mot.) / Ladedruck *m* ‖ ~ **do vapor** / Dampfüberdruck *m*
sobrequilha *f* **central** / Kielschwein *n*
sobre-regeneração *f* (técn. nucl.) / Brüten *n*
sobre-regenerador *m* **a combustível metálico líquido** / Flüssigmetall-Schnellbrüter *m*
sobressair [a cima de] / überragen [über]
sobretensão *f* (electr.) / Überspannung *f* ‖ ~ **transitória** (semicondut.) / Überspannungsstoß *m*
sobreterrestre / oberirdisch
sobretingir / überfärben, auffärben
sobreviragem *f* (autom.) / Übersteuerung *f*
sobrevirar (autom.) / übersteuern
sobrevoar / überfliegen
sobrevoltador *m* (electr.) / Druckdynamo, Spannungserhöher *m*, Boostermaschine *f*
socar / stampfen *vt* ‖ ~ **as chulipas**, socar os dormentes, socar as travessas (técn. ferrov.) / Schwellen stopfen
socavação *f* / Auswaschung, Unterspülung *f*, Unterhöhlung *f* ‖ ~ (geol) / Kolk *m*, Auskolkung *f*
socavar / auswaschen, unterspülen, auskolken, ausschwemmen, kolken ‖ ~ (hidrául.) / unterspülen ‖ ~ (constr. civil) / abspülen, unterspülen
soco *m* **do batente** (tecel.) / Ladenbaum *m*
soda *f* (química) / Natriumkarbonat *n*, Soda *f* ‖ ~ **cáustica** / kaustische Soda, Natriumhydroxid *n* ‖ ~ **cristalizada** / Kristallsoda *f* ‖ ~ **de branqueamento** / Bleichsoda *f* ‖ ~ **(fabricada pelo método) Solvay** / Solvaysoda *f*, Ammoniaksoda *f*
sódico / Natrium enthaltend (o. zugehörig), Soda enthaltend, natronhaltig
sódio *m* / Natrium, Na *n* ‖ ~ **metálico** / Natriummetall *n*
sofisticado / für hohe Ansprüche
sofrer uma alteração / eine Änderung erfahren ‖ ~ **uma fluência** (materiais) / kriechen, allmählich sich verformen
software *m* (informática) / Software *f*
sol *m* / Sonne *f*
sol *m* (química) / Sol *n*, kolloidale Lösung ‖ ~ **floculado** (química) / ausgeflocktes Sol
solapamento *m* / Ausspülung *f*, Unterhöhlen *n* ‖ ~ (hidrául.) / Auskolkung *f*
solar / Solar..., Sonnen...
solarímetro *m* / Solarimeter *n*
solavanco *m* / Ruck, Stoß *m* ‖ **aos ~s** / ruckartig, stoßweise, ruckweise
solda *f* / Lot, Lötmittel *n* ‖ ~ **de alumínio** / Aluminiumlot *n* ‖ ~ **de argentão** / Argentanschlaglot *n* ‖ ~ **de canto angular** (sold) / Flankenkehlnaht *f* ‖ ~ **de estanho** / Weichlot *n* (unter 450 °C schmelzend), Lötzinn *n* ‖ ~ **de prata** / Silberlot *n* ‖ ~ **forte** / Schlaglot *n*, Hartlot *n* ‖ ~ **macia** / Schnelllot *n*

soldabilidade *f* / Schweißbarkeit *f*, -fähigkeit *f*
soldado / gelötet, Schweiß..., geschweißt ‖ **não ~** / lötlos ‖ ~ **por fricção** / reibverschweißt ‖ ~ **por fusão** / schmelzgeschweißt ‖ ~ **por pontos** (sold) / gepunktet ‖ ~ **topo a topo** / stumpfgeschweißt
soldador *m* / Schweißer *m* ‖ ~ **por arco [voltaico]** / Lichtbogenschweißer *m*
soldadura *f* / Schweißung *f*, Schweißen *n*, Schweißarbeit *f*, Löten *n* ‖ ~ [de duas peças uma com a outra] / Aneinanderschweißen *n* ‖ **de ~** / Schweiß... ‖ ~ **a arco com protecção de gás** / Schutzgasschweißung *f* ‖ ~ **a arco voltaico longo** / Langlichtbogenschweißen *n* ‖ ~ **a arco voltaico sem protecção** / offenes Lichtbogenschweißen ‖ ~ **a arco [voltaico] sob pressão** / Lichtbogenpreßschweißung *f* ‖ ~ **a chumbo** / Bleilöten *n* ‖ ~ **a gás** / Gasschweißen *n*, -schweißung *f*, -schmelzschweißen *n* ‖ ~ **a gás sob pressão** / Gaspreßschweißen *n* ‖ ~ **à pressão** / Preßschweißung *f* ‖ ~ **a topo** / Stumpfnahtschweißung *f*, -schweißung *f* ‖ ~ **aluminotérmica** / aluminothermische Schweißung, Thermitschweißung *f* ‖ ~ **ao latão** / Löten *n* mit Messing ‖ ~ **ao maçarico** / Löten *n* mit Schweißbrenner ‖ ~ **ao rubro branco** / Weißschweißen *n* ‖ ~ **arcatom** / Arcatom-Schweißung *f* ‖ ~ **ascendente** / Aufwärtsschweißen *n* ‖ ~ **autogénea** / Gasschweißen *n*, -schweißung *f*, -schmelzschweißen *n*, Autogenschweißung *f* ‖ ~ **com arco de carvão** / Kohle-Lichtbogenschweißen *n* ‖ ~ **com eléctrodo de carvão** / Benardos-Verfahren *n*, Kohlelichtbogenschweißung *f*, Kohleschweißung *f* ‖ ~ **com raio laser** / Lichtstrahlschweißen *n* ‖ ~ **contínua** / Nahtschweißung *f* ‖ ~ **Cyc-Arc** / Cyc-Arc-Schweißen *n* ‖ ~ **de alumínio** / Aluminiumschweißung *f* ‖ ~ **de arco a metal** / Metall-Lichtbogenschweißen *n* ‖ ~ **de cima para baixo** / Abwärtsschweißen *n* ‖ ~ **de electro-percussão** / Stoßschweißung *f* ‖ ~ **de projecção** / Buckelschweißen *n* ‖ ~ **de resistência em linha contínua** / Widerstandsnahtschweißung *f* ‖ ~ **defeituosa** / Fehlschweißung *f* ‖ ~ **eléctrica** / elektrische Schweißung, Elektroschweißen *n* ‖ ~ **eléctrica por resistência** / Widerstandspreßschweißung *f* ‖ ~ **em entalhe** / Lochschweißung *f* ‖ ~ **estanque** / Dichtschweißung *f*, Dichtnaht *f* ‖ ~ **fina** / Feinlot *n* ‖ ~ **forte** / Hartlöten *n*, Messinglötung *f* ‖ ~ **longitudinal** (sold) / Längsnaht *f* ‖ ~ **mecânica** / Maschinenschweißung *f* ‖ ~ **na forja** / Feuerschweißen *n* ‖ ~ **oxiacetilénica** / Acetylensauerstoffschweißen *n* ‖ ~ **oxiacetilénica sob pó** / Gas-Pulver-Schweißen *n* ‖ ~ **oxídrica** / Wasserstoff-Sauerstoffschweißung *f* ‖ ~ **por arco em atmosfera gasosa inerte** / Sigmaschweißung *f* ‖ ~ **por arco voltaico sem protecção** / offenes Lichtbogenschweißen ‖ ~ **por arcos de impulsos ou pulsos** / Impulslichtbogenschweißen *n*, Impulsschweißen *n* ‖ ~ **por capilaridade** (circuit. integr.) / Spaltschweißen *n* ‖ ~ **por chispas** / Abbrennschweißung *f* ‖ ~ **por contacto** / Kontaktschweißung *f* ‖ ~ **por electropercussão** / Elektrostoßschweißung *f*, Widerstandsstoßschweißung *f* für Nichteisenmetalle ‖ ~ **por elementos térmicos** (plást.) / Heizelementschweißen *n* ‖ ~ **por explosão** / Explosionsschweißen *n* ‖ ~ **por fricção** (máq., tecnol.) / Reibungsschweißen *n* ‖ ~ **por fundição** / Gießschweißen *n* ‖ ~ **por fusão** / Schmelzschweißung *f*, Abschmelzschweißen *n* ‖ ~ **por fusão e por energia termoquímica, utilizando um líquido como meio para transferir o calor** /

Gießschmelzschweißen *n* ‖ ~ **por fusão e pressão combinadas** / Schmelzpreßschweißen *n* ‖ ~ **por gás inerte com eléctrodo metálico** / MIG-Schweißen *n* (= Metall-Inert-Gas) ‖ ~ **por gás inerte com eletrodo metálico** / MIG-Schweißen *n* (= Metall-Inert-Gas) ‖ ~ **por onda** / Schwall-Löten *n* ‖ ~ **por percussão** / Funkenentladungs-Schweißen *n*, Funkenschweißen *n* ‖ ~ **por pespontos** (plást.) / Heftschweißen *n* ‖ ~ **por pontos** / Punktschweißung *f*, -schweißen *n* ‖ ~ **por pontos em linha direita** / Reihenpunktschweißung *f* ‖ ~ **por pontos múltiplos** / Vielfachpunktschweißung *f* ‖ ~ **por pontos salientes** / Warzenschweißung *f* ‖ ~ **por pressão e por energia termoquímica, utilizando um líquido como meio para transferir o calor** / Gießpreßschweißen *n* ‖ ~ **por ranhuras** / Dübelschweißung *f* ‖ ~ **por resistência** / Widerstandsschweißung, -preßschweißung *f* ‖ ~ **[por resistência] por pontos** / Widerstandspunktschweißung *f* ‖ ~ **por rotação** (plást.) / Reibungsschweißen *n*, Rotationsschweißen *n* ‖ ~ **por ultra-sons** / Ultraschallschweißen *n* ‖ ~ **resistente** / Festigkeitsschweißung *f* ‖ ~ **sobreposta** (máq., tecnol.) / Auftragsschweißung *f* ‖ ~ **submersa** / Ellira-Schweißen *n* (= Elektro-Linde-Rapid) ‖ ~ **"termite"** / aluminothermische Schweißung

soldagem *f* **de rebordos** / Bördelschweißung *f*

soldar / schweißen, löten, einlöten ‖ ~, unir por soldadura / anlöten ‖ ~ [sobre] / auflöten ‖ ~ (plást.) / verschweißen *vt* ‖ ~ **a autogéneo** / autogen schweißen ‖ ~ **à chama** / Flammlöten *n* ‖ ~ **a fogo** / feuerlöten ‖ ~ **a gás** / gasschweißen ‖ ~ **ao estanho** / weichlöten ‖ ~ **forte** / hartlöten ‖ ~ **forte no forno** / ofenhartlöten, ofenlöten ‖ ~ **na mufla** / in der Muffel feuerlöten

soldável / lötbar, schweißbar

soleira *f* (siderurg.) / Bodenstück *n*, Gestell *n* ‖ ~, valor *m* limite / Schwelle *f* ‖ ~ (constr. civil) / Schwelle *f* ‖ ~ **de audição** / Hörschwelle *f* ‖ ~ **de eclusa**, soleira *f* de esclusa, soleira *f* de comporta / Schleusendrempel *m*, -schwelle *f* ‖ ~ **de fornalha** (siderurg.) / Feuerplatte *f* (unten am Feuer) ‖ ~ **de fundação** / Fundamentsohle *f* ‖ ~ **de porta** / Türschwelle, -bank *f* ‖ ~ **do forno** / Herdsohle *f*

solenóide *m* (física) / Solenoid *n* ‖ ~ (electr.) / Tauchmagnet *m* ‖ ~ / Bremslüftmagnet *m*

solicitação, de baixa ~ / Leicht..., für geringe Beanspruchung ‖ ~ *f* **à extensão** / Dehnungsbeanspruchung *f* ‖ ~ **a frio** / Kaltbeanspruchung *f* ‖ ~ **de flambagem** / Knickbeanspruchung *f* ‖ ~ **máxima** / Höchstbeanspruchung *f* ‖ ~ **permanente** / Dauerbeanspruchung *f*

solidário, estar ~ com / im Eingriff sein mit

solidez *f* / Festigkeit *f* ‖ ~ (tintas) / Echtheit, Beständigkeit *f* ‖ ~ (química) / Festigkeit *f* ‖ **ter ~** / halten, aushalten *vi* ‖ ~ **à água clorada das piscinas** (tinturaria) / Chlorbadewasserechtheit *f* ‖ ~ **à vaporização** / Dämpfechtheit *f* ‖ ~ **ao calor seco** / Trockenhitzeechtheit *f* ‖ ~ **ao ferro** (tinturaria) / Bügelechtheit *f* ‖ ~ **ao sabão** / Seifenechtheit *f* ‖ ~ **da cor** / Farbechtheit *f*

solidificação *f* (química) / Festwerden *n* ‖ ~ (gorduras) / Stocken *n*, Härten *n* ‖ ~ (siderurg.) / Erstarren *n*

solidificado / festgeworden, erstarrt

solidificar (química) / festmachen ‖ ~ (gorduras) / härten ‖ **~-se** / erstarren

sólido *m* / fester Körper, Festkörper *m* ‖ ~ (química) / fester Stoff ‖ ~ *adj* / fest, im festen Aggregazustand ‖ ~ (geom) / räumlich, körperlich ‖ ~ (expl. minas) / ganz ‖ ~ (geol) / standfest ‖ ~ (tinturaria) / stehend, haltbar ‖ ~ (rochas) / fest, massiv ‖ ~ (constr. civil) / gut, tragfähig ‖ ~ (tintas) / echt ‖ **não ~** (tintas) / unecht, unbeständig ‖ ~ **à água** / wasserecht ‖ ~ **à fervura ácida** / säurekochecht ‖ ~ **à lavagem** / waschecht ‖ ~ **ao ácido sulfuroso** (tinturaria) / schwefelecht ‖ ~ **ao suor** (tinturaria) / schweißecht ‖ ~ **ao uso** (tinturaria) / tragecht ‖ ~ **aos ácidos** (tinturaria) / säurebeständig, -echt ‖ ~ *m* **de revolução** (geom) / Drehkörper *m*, Rotationskörper *m* ‖ **~-líquido** / fest-flüssig ‖ ~ **residual no fundo de uma solução** (química) / Bodenkörper *m* ‖ **~-sólido** / fest-fest

sólidos *m pl* **fluidificados** / Fluidat *n*

solo *m* / Erdboden *m*, Grund *m* ‖ ~ / Erdboden *m*, Erdreich *n* ‖ ~ (constr. civil) / Erde *f*, Boden *m* ‖ **ao nível do ~** / auf Erdgleiche ‖ ~ **aluvial** (geol) / angeschwemmter Boden, Schwemmland *n* ‖ ~ **arável** / Ackerland *n*, -boden *m* ‖ ~ **argiloso** (geol) / Tonboden *m* ‖ ~ **calcário** (geol) / Kalkboden *m* ‖ **~-cimento** *m* / zementstabilisierter Boden, Bodenvermörtelung *f* ‖ ~ **cultivado** / bestelltes Land ‖ ~ **desagregado** (agricult.) / lockere Erde ‖ ~ **rochoso** / Felsboden *m*

sol-sol / fest-fest

solta-papel *m* (máq. escrev.) / Papierauslöser *m*

soltar / loslassen, auslösen, lösen, losmachen, lockern ‖ **~-se** / losgehen, sich lockern ‖ ~ **por vibrações**, soltar por choques / losrütteln

solto / lose, locker, unverpackt ‖ **estar ~** / lose (o. wackelig) sein

solubilidade *f* / Löslichkeit *f* ‖ **de fácil ~** / leichtlöslich ‖ ~ **parcial** / teilweise (o. beschränkte) Löslichkeit

solubilizador *m* (química) / Lösungsvermittler *m*

solução *f* (química, matem.) / Lösung *f*, Auflösung *f* ‖ **de fácil ~** / gut löslich ‖ ~ **alcalina** / Laugenbad *n*, Lauge *f* ‖ ~ **aquosa** / wäßrige Lösung ‖ ~ **autêntica** / echte Lösung, molekulare Lösung ‖ ~ **base** (química) / Ansatzlösung *f*, Stammlösung *f* ‖ ~ **coloidal** / kolloidale Lösung ‖ ~ **de amido e iodeto de zinco** / Jodzinkstärkelösung *f* ‖ ~ **de amoníaco** / Salmiakgeist *m* ‖ ~ **de estanho** (tinturaria) / Zinnlösung *f* ‖ ~ **de Fehling** / Fehlingsche Lösung *f* ‖ ~ **de Javell** / Javellauge *f* ‖ ~ **de Labarraque** / Eau de Labarraque *n*, Natronbleichlauge *f* ‖ ~ **de potassa cáustica** / Kalilauge *f*, Ätzkalilösung *f* ‖ ~ **de sabão vulgar** / Bezugsseifenlösung *f* ‖ ~ **(h) umedecedora** / Feuchtwasser *n* ‖ **~-mãe** *f* (química) / Stammlösung *f*, Ansatzlösung *f* ‖ ~ **para extracção** (siderurg.) / Extraktionslauge *f* ‖ ~ **para fiar** / Spinnlösung *f* ‖ ~ **salina** / Salzlösung *f* ‖ ~ **saturada** / gesättigte Lösung ‖ ~ **sólida** / feste Lösung ‖ ~ **titulada** / Maßflüssigkeit, Titrierlösung *f*

solucionar (matem.) / lösen, auflösen

solucionável (matem.) / auflösbar

soluto *m* (química) / gelöster Stoff, Gelöstes *n* ‖ ~ **de subacetato de chumbo** / Bleiwasser *n*

solutor *m* (química) / Löser *m*

solúvel (química) / auflösbar, lösbar, löslich ‖ **facilmente ~** / leichtlöslich, gut löslich ‖ **pouco ~** / schwer löslich ‖ ~ **em ácido** / säurelöslich ‖ ~ **na água** / wasserlöslich

solvatação *f* (química) / Solva[ta]tion *f*

solvente *m* (cromatogr.) / Fließmittel *n* ‖ ~ (química) / Lösemittel *n*, Solvent *n*, Lösungsmittel *n* ‖ ~ *adj* / lösend ‖ **à prova de ~s** / lösungsmittelecht ‖ **sem ~s** / lösungsmittelfrei ‖ ~ *m* **à base de petróleo** / Lösungsmittel *n* auf Erdölbasis ‖ ~ **de gordura** / Fettlöser *m* ‖ ~ **ionizante** / ionisierendes Lösungsmittel ‖ ~ **residual** / Lösemittelrest *m* ‖ ~ **volátil** / flüchtiges Lösungsmittel

solvólise *f* (química) / Lyolysis *f*

som *m* / Ton *m*, Klang *m*, Schall *m* ‖ **à prova de ~** / schalldicht, schallsicher ‖ ~ **audível** / Hörschall *m*

‖ ~ **bip** (telecom.) / Piepton *m* ‖ ~ **complexo** / zusammengesetzter Ton ‖ ~ **estereofónico** / Stereoton *m* ‖ ~ **harmónico** / Oberton *m* ‖ ~ **magnético** / Magnetton *m* ‖ ~ **próprio** / Eigenton *m* ‖ ~ **transmitido pela água** / Wasserschall *m*
soma *f* / Summierung *f*, Addieren *n*, Addition *f* ‖ ~ (matem.) / Summe *f* ‖ ~ **algébrica** / algebraische Summe ‖ ~ **de dígitos** / Quersumme *f* ‖ ~ **dos quadrados** / Quadratsumme *f*
somadora *f* / Addiermaschine *f*
somar / addieren, summieren
sombra *f* / Schatten *m* ‖ ~ (tv) / Bildabschattung *f* ‖ ~ **completa** / Blickpunkt *m*, Kernschatten *m* ‖ ~ **da Terra** / Erdschatten *m* ‖ ~ **projectada** / Schlagschatten *m* ‖ ~ **total** (óptica) / Blickpunkt *m*, Kernschatten *m*
sombreado *m* (desenho industr.) / Schraffierung, Schraffur *f*
sombreamento *m* **orográfico** (agrimen.) / Bergstriche *m pl*, -schraffierung *f*
sombrear (desenho industr.) / schraffieren ‖ ~ **com tinta da China ou Nanquim** / austuschen
someiro *m* / Schallbrett *n*
sonar *m* (naveg.) / Sonar *m n*, Unterwasserschallanlage *f*, S-Gerät *n* ‖ ~ **de exploração lateral** / Flächenecholot *n*
sonda *f* (geral) / Sonde *f* ‖ ~ (expl. minas) / Bohrgestänge *n* ‖ ~ **acústica** / Echolot *n* ‖ ~ **de acoplamento** (astronáut.) / Fühler *m* der Koppeleinrichtung ‖ ~ **de Förster** / Förstersonde *f* ‖ ~ **de Hall** / Hallsonde *f* ‖ ~ **de petróleo** / Ölbohrer *m* ‖ ~ **de Pitot** (aeronáut.) / Staudruckmesser *m* ‖ ~ **de temperatura do feno** / Heusonde *f* ‖ ~ **electromagnética** / Fluxgate-Magnetometer *n* ‖ ~ **térmica** / Temperaturfühler *m*
sondagem *f* / Tiefbohren *n* ‖ **fazer uma ~ preliminar** (expl. minas) / vorbohren ‖ ~ **com cabo** (expl. minas) / Seilbohren *n* ‖ ~ **de petróleo** (expl. minas) / Ölbohrung *f* ‖ ~ **de reconhecimento** / Erkundungsbohrung *f* ‖ ~ **experimental** / Untersuchungsbohrung *f*, Versuchsbohrung *f*, Erdbohrung *f* ‖ ~ **gravimétrica** (expl. minas) / Gravimetrie *f* ‖ ~ **horizontal** (expl. minas) / Flachbohrung *f* ‖ ~ **por congelação** / Gefrierabteufen *n* ‖ ~ **por rotação** (expl. minas) / Drehbohren *n*
sondar / sondieren ‖ ~ (expl. minas) / anbohren ‖ ~ **por percussão** (expl. minas) / stoßbohren
sone *m* / Sone *n* (phonometr. Einheit)
sonoridade *f* / Klangfülle *f*, Schallfülle *f*
sonorização *f* / Vertonung *f* ‖ ~ **de filmes** / Filmvertonung *f*
sonorizar / vertonen
sopé *m* (autom.) / Sturz *m*
soprado / geblasen (z.B. Glas, Plastfolie, Öl)
soprador *m* **de vidro** / Glasbläser *m*
soprar (geral, siderurg.) / blasen *vt* ‖ ~ (siderurg.) / verblasen, frischen, erblasen ‖ ~ [contra] / anströmen, -blasen
sopro *m* (geral, siderurg.) / Blasen *n* ‖ ~ **da hélice** (aeronáut.) / Schraubenstrahl, -wind *m*
soquete *m* (electr.) / Lampensockel *m* ‖ ~ / Fassung *f* ‖ ~ **de broca** / Bohrfutter *n* ‖ ~ **para velas** (autom.) / Kerzenstecker, Zündleitungs-[Entstör]stecker *m* (DIN)
sorbato *m* / Sorbat *n*, sorbiertes Gas
sorbita *f* (siderurg.) / Temperit, Sorbit *m*
sorbite *f*, sorbitol *m* (química) / Sorbit *m* (Hexit)
sorbose *f* (química) / Sorbose *f*
sorgo *m* / Sorghum *n*, Sorgho *m*
sorpção *f* / Sorption *f*
sortido *m* **de cores** / Farbensortiment *n*
sorvente *m* / Sorbens *n*, Sorptionsmittel *n*
sótão *m* (constr. civil) / Boden, Dachspeicher *m*, Dachboden *m*, -geschoß *n*, Speicher *m* ‖ ~ **para estender roupa** (constr. civil) / Trockenboden *m*
sotavento *m* / Unterwindseite, Lee[seite] *f*
sovela *f* / Pfriem *m*, Ahle *f* ‖ ~ **de trespassar** / Durchziehahle *f*
spin *m* (física) / Spin *m* ‖ ~ (electrón.) / Drehimpuls *m*, Spin *m* ‖ ~ **electrónico**, spin *m* eletrônico / Elektronenspin *m* ‖ ~ **inteiro** / ganzzahliger Spin ‖ ~ **isobárico**, spin *m* isotópico / isobarer Spin, Isospin *m* ‖ ~ **nuclear** / Kernspin *m*, Kerndrehimpuls *m*
spinor *m* (física) / Spinor, Spinvektor *m*
spoiler *m* (aeronáut.) / Störklappe *f*, Spoiler *m* ‖ ~ (autom.) / Spoiler *m*
spot *m* (tv) / Fleck *m*
spray *m* / Zerstäubungsmittel *n*, Spray *m n*
sprinkler *m* / Sprinkler *m*, Feuerlöschbrause *f*
standoil *m*, óleo *m* de linhaça refinado / Standöl *n*
statolimnímetro *m* (técn. nucl.) / Füllstandsmeßgerät mit feststehender Strahlungsquelle *n*
stencil *m* / Vervielfältigungsmatrize, Matrize *f*, Schablone *f*
stilb *m* / Stilb *n* (Einheit der Leuchtdichte = 1 cd/cm²), sb (veraltet)
stock *m* / Lagervorrat *m*, Vorrat *m*, Bestand *m* ‖ **em** ~ / vorrätig, lieferbar ‖ ~ **de produtos acabados** / Fertig[waren]bestand *m*
stokes *m*, St / Stokes *n*, St
strass *m* (vidro) / Straß, Glas-Similistein *m*
string *m* (informática) / [auf- o. absteigend] geordnete Folge (o. Zeichenfolge o. Kette o. Daten)
suarda *f* / Wollschweiß *m*, -fett *n*
suave / leicht (Steigung), weich, mild, sanft, linde
suavizar / mildern, dämpfen, abschwächen
subaquático / Unterwasser...
subátomo *m* / Atombestandteil *m*
subcentral *f* (telecom.) / Unteramt *n*
subchassi *m* (autom.) / Nebenrahmen *m*
subcorrente *f* (hidrául.) / Unterströmung *f* ‖ ~ (electr.) / Unterstrom *m*
subdimensionado / unterdimensioniert
subdividido / unterteilt
subdivisão *f* / Unterteilung *f*, Aufgliederung *f*
suberina *f* / Suberin *n*
suberização *f* / Korkbildung *f*
suberoso / korkartig
subestação *f* (electr.) / Umspannwerk, Unterwerk *n*, Unterstation *f* ‖ ~ **ao ar livre** (electr.) / Freiluftschaltanlage, -Unterstation *f* ‖ ~ **rectificadora** (electr.) / Gleichrichterstation *f*, -unterwerk *n*
subestrutura *f* (técn. ferrov.) / Bahnkörper *m*
subexposição *f* (técn. fotogr.) / Unterbelichtung *f*
subexposto (técn. fotogr.) / unterbelichtet
subida *f* / Aufstieg *m*, Aufsteigen *n*, Anstieg *m*, Steigung *f* ‖ ~ (constr. civil) / Aufgang *m* ‖ ~ **de temperatura** / Temperaturerhöhung, -zunahme *f*, -anstieg *m*, Erwärmung *f* ‖ ~ **expontânea de peixes** (p.e. por falta de oxigénio) / Fischaufstand *m* (DIN)
subir / ansteigen, aufsteigen, steigen ‖ ~ (água, temperatura) / ansteigen ‖ ~ **bruscamente** / hochschnellen ‖ ~ **em espiral** (aeronáut.) / sich hochschrauben
subjacente / darunterliegend, Unter..., Grund...
sublimação *f* / Sublimation *f*, Sublimieren *n*
sublimado *m* / Sublimat *n*
sublimar (química) / sublimieren, durch Sublimation gewinnen, treiben *vi*
sublimável / sublimierbar
submarino *m* / U-Boot, Unterseeboot *n* ‖ ~ *adj* / unterseeisch, Untersee... ‖ ~ *m* **atómico** / Atom-U-Boot *n*

submergir / tauchen *vi*, ersäufen ‖ ~ / in Wasser versenken ‖ ~ / einsinken, untertauchen, eintauchen ‖ ~ (expl. minas) / ersäufen, ertränken
submersível / in Wasser versenkbar
submeter a / aussetzen (einem Einfluß) ‖ ~ **à acção de uma reserva** / reservieren ‖ ~ **à destilação fraccionada** (química) / spalten, kracken ‖ ~ **a duros tratos** (máq., tecnol.) / strapazieren, grob o. rauh behandeln ‖ ~ **a esforços elevados** / stark beanspruchen ‖ ~ **à pressão** (electr.) / unter Druck setzen ‖ ~ **à têmpera superficial** / oberflächenhärten ‖ ~ **a um esforço** / beanspruchen ‖ ~ **a uma segunda fervura** / repassieren ‖ ~ **ao calor** / der Hitze aussetzen ‖ ~ **ao cracking** (química) / spalten, kracken ‖ ~ **ao recozimento intermediário** / zwischenglühen
submetido à compressão / gedrückt ‖ ~ **a grandes esforços** / hochbeansprucht
subordinado / untergeordnet
subóxido *m* / Suboxid *n* ‖ ~ **de carbono** / Kohlensuboxid *n*
subportadora *f* (tv) / Differenzträger, Zwischenträger *m*, Hilfsträger *m*, Nebenträger *m* ‖ ~ (electrón.) / Unterträger *m*, Zwischenträger *m* ‖ ~ **auxiliar** (electrón.) / Zwischenhilfsträger *m* ‖ ~ **cromática** (tv) / Farbhilfsträger *m* ‖ ~ **de cor** (tv) / Farbträger *m* ‖ ~ **de crominância** / Farbträger *m*
subproduto *m* (química) / Nebenerzeugnis *n*, Nebenprodukt *n*
subprodutos *m pl* **da carbonização** / Kohlenwertstoffe *m pl*
subprograma *m*, sub-rotina *f* (informática) / Unterprogramm *n*, Subroutine *f*
sub-refracção *f* (física) / Infrabrechung *f*
sub-rotina *f* **fechada** / abgeschlossenes Unterprogramm
subsidência *f* / abklingende aperiodische Bewegung
subsídios *m pl* **de carvão** / Deputatkohle *f*
subsistema *m* / Teilsystem *n* ‖ ~ **de colheita de dados** (aeronáut.) / Datenerfassungssystem *n*, DAS
subsolo *m* / Unterboden, -grund *m* ‖ ~ (constr. civil) / Baugrund *m* ‖ **no** ~ / unter Flur ‖ ~ **gelado de forma permanente** / Gefrornis *f*
subsónico / Unterschall..., unter Mach 1, subsonisch
substância *f* / Substanz *f*, Masse *f*, Materie *f* ‖ ~ (química) / Stoff *m*, Substanz *f* ‖ ~ (física) / Stoff *m*, Materie *f* ‖ ~ **activa** (química) / Wirkstoff *m* ‖ ~ **adesiva** / Klebstoff, Kleber *m*, Klebemittel *n* ‖ ~ **albuminóide** / Eiweißstoff *m*, Eiweiß *n* ‖ ~ **explosiva** / Explosivstoff *m* ‖ ~ **ferromagnética** / Ferromagnetikum *n* ‖ ~ **fotocrómica** (física) / lichtempfindlicher Stoff ‖ ~ **insaponificável** / Unverseifbares *n* ‖ ~ **luminosa** / Leuchtstoff *m* ‖ ~**-mãe** *f* (química) / Mutterstoff *m*, -substanz *f* ‖ ~ **nociva** / Schadstoff *m* ‖ ~ **odorante**, substância *f* odorífica / Geruchsträger *m*, geruchsbildender Anteil einer Verbindung, Odoriermittel *n* ‖ ~ **titrimétrica normal** / Urtitersubstanz *f* ‖ ~ **tóxica ou venenosa** / Giftstoff *m*
substâncias *f pl* **gordas** / fettartige *m pl* Körper ‖ ~ **poluentes** / Schadstoffe *m pl*
substantivo (tinturaria) / substantiv, Direkt...
substituição *f* (química) / Austausch *m*, Substitution *f* ‖ ~ / Austausch *m*, Ersatz *m*, Erneuerung *f*, Auswechselung *f* ‖ **de** ~ / Ersatz..., Austausch... ‖ ~ **do passo** (tecel.) / Fachwechsel *m*
substituir / auswechseln, ersetzen, austauschen [anstelle von] ‖ ~ **um por outro** / gegenseitig vertauschen ‖ ~ **uma quantidade** (matem.) / eine Größe einsetzen (o. ersetzen)
substituível / auswechselbar, austauschbar ‖ ~ (química) / ersetzbar, vertretbar
substituto *m* **do tártaro** (tinturaria) / Weinsteinersatz *m*
substrato *m* (química) / Substrat *n* ‖ ~ (geol) / Unterschicht *f*, Unterlage *f*, Untergrund *m* ‖ ~ **nutritivo** / Nährboden *m*
subtensão *f* (electr.) / Unterspannung *f*
subterrâneo / unterirdisch, Unterflur..., Untergrund... ‖ ~ (expl. minas) / unter Tage, untertägig
subtracção *f* / Differenzbildung, Subtraktion *f*
subtractivo (tv, matem.) / subtraktiv
subtraendo *m* / Subtrahend *m*
subtrair / subtrahieren, abziehen
subúrbio *m* / Vorstadt *f*, Randzone *f*
subviragem *f* (autom.) / Untersteuerung *f*
subvirar (autom.) / untersteuern
sucata *f* / Schrott *m* ‖ ~ **de ferro** / Eisenabfall *m*, Eisenschrot *m*, Alteisen *n*, Abfalleisen *n* ‖ ~ **de fundição** / Gußbruch *m* ‖ ~ **de metal** / Altmetall *n*
sucção *f* (aeronáut.) / Sog *m* ‖ ~ / Absaugung *f*, Saugen *n*, Saugwirkung *f* ‖ **de** ~ / saugend, Sauge...
succinato *m* / bernsteinsaures Salz
sucedâneo *m* / Ersatzmittel *n*, Surrogat *n*
sucessão *f* **de imagens** (técn. fotogr.) / Bildfolge *f* ‖ ~ **de passos** (lamin.) / Stichfolge *f*
sucessivo / fortlaufend, hintereinander
sucino *m* (mineralog.) / Succinit *m*, Bernstein *m*
suco *m* / Saft *m* (Obst, Fleisch) ‖ ~ **de frutos** / Fruchtsaft *m* ‖ ~ **turvo** (açúcar) / Schlammsaft *m*
suculento / saftig
suede *m* / Dänischleder *n*
sufocante (química) / erstickend, Stick...
sufocar / ersticken *vt vi* ‖ ~ **o fogo** / Feuer o. Brand dämpfen
sugar / saugen ‖ ~ **através de um filtro** (química) / abnutschen, durch Filter absaugen
sujabilidade *f* / Anschmutzbarkeit *f*
sujar / verschmutzen *vt*, beschmutzen, Schmutz machen, verunreinigen ‖ ~ (artes gráf.) / schmieren, verschwärzen ‖ ~**-se** / schmutzen *vi*, verschmutzen
sujeição *f* / Befestigung *f*, Befestigen *n* ‖ ~ (mecân.) / Beanspruchung *f*
sujeitar / befestigen ‖ ~ (máq. ferram.) / in das Futter spannen ‖ ~ **a um esforço** / beanspruchen
sujeito a pagamento (geral) / gebührenpflichtig
sujidade *f* / Schmutz *m*
sujo / schmutzig, unrein ‖ ~, poluído / verschmutzt ‖ ~ (expl. minas) / bergehaltig
sulcadeira *f* (expl. minas) / Schrämmaschine *f* ‖ ~**-carregadora** *f* / Schrämlademaschine *f*, -lader *m*
sulcar (expl. minas) / schrämen, schramhauen
sulco *m* (disco fonográfico) / Rille *f* ‖ ~ (agricult.) / Furche *f* ‖ ~ / Schlitz *m*, Rille *f* ‖ ~ **preliminar** (expl. minas) / Schram *m*
sulfamida *f* / Sulfamid *n*, Sulfonamid *n*
sulfatação *f*, sulfatagem *f* / Sulfatation, Sulfatierung *f*, Sulfatieren *n*
sulfatado / sulfatiert
sulfatar / sulfatieren, mit Kupfervitriol spritzen, schwefeln
sulfatizar / sulfatisieren
sulfato *m* / Sulfat *n* ‖ ~ [de] / schwefelsauer ‖ ~ **cúprico** / Kupfer(II)-sulfat *n* ‖ ~ **de alquila** / Alkylsulfat *n* ‖ ~ **de alumínio** / schwefelsaure Tonerde, Tonerdesulfat *n*, Aluminiumsulfat *n* ‖ ~ **de amónio** / Ammoniumsulfat *n*, schwefelsaures Ammoniak ‖ ~ **de bário** / Bariumsulfat *n* ‖ ~ **de bário** (química) / Schneeweiß *n* ‖ ~ **de bário** / Barytweiß *n* ‖ ~ **de chumbo** / Bleisulfat *n* ‖ ~ **de cobre** / Kupfersulfat *n*, Kupfervitriol *n* ‖ ~ **de cromo e potássio** / Chromalaun *m* ‖ ~ **de ferro** / Eisensulfat *n* ‖ ~ **de índigo** / Indylinschwefelsäure *f* ‖ ~ **de magnésio** (química, mineralog.) / Magnesiumsulfat, Bitter-, Epsomsalz *n* ‖ ~ **de níquel amoniacal** / Nickelammon[ium]sulfat *n* ‖ ~

de potássio / Kaliumsulfat *n*, [neutrales] schwefelsaures Kali ‖ ~ **de zinco** / Zinksulfat *n* ‖ ~ **de zinco** (tinturaria) / Zinkvitriol *n m* ‖ ~ **dimetílico** / Dimethylsulfat *n* ‖ ~ **estanoso** / Zinn(II)sulfat, Stannosulfat *n* ‖ ~ **férrico** / Eisen(III)-sulfat, Ferrisulfat *n* ‖ ~ **férrico amoniacal** / Eisen(III)-ammoniumsulfat *n*, Eisenammoniakalaun *m* ‖ ~ **ferroso** / technisches Eisen(II)-sulfat, Ferrosulfat *n*
sulfeto *m* vide sulfureto
sulfidrato *m* / Sulfhydrat *n*
sulfidrómetro *m* / Schwefelwasserstoffmesser *m*
sulfitação *f* (açúcar) / Sulfitation *f* ‖ ~ **de xarope** / Dicksaftschwefelung *f* ‖ ~ **final** (açúcar) / Endschwefelung *f*
sulfito *m* / Sulfit *n* ‖ ~ [de] / schwefligsauer
sulfo... / Schwefel...
sulfobase *f* / Schwefelbase *f*, -basis *f*, Sulfobase *f*
sulfocianato *m* / Sulfocyanat *n*, Thiozyanat *n*, Rhodanid *n* ‖ ~ **de ferro** / Rhodaneisen, -eisenrot *n*
sulfocianeto *m* **de ferro** / Eisensulfozyanid *n*
sulfonação *f* / Sulfonierung, Sulfurierung *f*
sulfonado, estar ~ / sulfurieren *vi*
sulfonamida *f* / Sulfonamid *n*
sulfonar / sulfonieren, sulfurieren
sulfónio *m* / Sulfon *n*
sulfóxido *m* / Sulfoxid *n*
sulfucianato *m* / Rhodanid, Thiocyanat *n*
sulfuração *f* (química) / Schwefeln *n*, Schwefelung *f*
sulfurado (química) / geschwefelt
sulfúreo / schwefelartig
sulfureto *m* / Sulfid *n* ‖ ~ **cúprico** / Kupfersulfid *n*, Kupfer-II-Sulfid *n* ‖ ~ **cuproso** / Kupfer(I)-sulfid *n* ‖ ~ **de alumínio** / Aluminiumsulfid *n* ‖ ~ **de amónio** / Ammoniumsulfid *n*, Schwefelammonium *n* ‖ ~ **de antimónio** / Antimonsulfid *n* ‖ ~ **de arsénio** / Arsensulfid *n* ‖ ~ **de bário** / Bariumsulfid *n* ‖ ~ **de cádmio** / Schwefelkadmium *n*, Kadmiumsulfid *n* ‖ ~ **de chumbo** / Bleisulfid *n* ‖ ~ **de cobre** / Kupfersulfid *n* ‖ ~ **de ferro** / Eisensulfid *n*, Eisenschwefel *m* ‖ ~ **de potássio** / Kaliumsulfid, Schwefelkalium *n* ‖ ~ **de zinco** / Schwefelzink *n* ‖ ~ **férrico** / Eisen(III)-sulfid, Ferrisulfid *n* ‖ ~ **ferroso** / Eisen(II)-sulfid, Ferrosulfid *n*, Schwefeleisen *n* ‖ ~ **mercúrico** (química) / Quecksilber(II)-sulfid *n*
sulfuroso / schwefelhaltig, schwefelig, schwefligsauer, schwefelartig
sulipa *f* (técn. ferrov.) / Eisenbahnschwelle, Querschwelle *f*
sumagre *m* / Sumach *m*
sumarento / saftig
sumariar (informática) / ausblenden, aussortieren
sumário *m* / Inhaltsübersicht *f*
sumaúma *f* / Kapokbaum *m*
sumidouro *m* / Abzugsgrube *f* ‖ ~ **do poço** (expl. minas) / Schachtsumpf *m*
sumo *m* / Saft *m* (Obst, Fleisch) ‖ ~ **de frutos** / Fruchtsaft *m*
superacabado / feinstbearbeitet
superacabamento *m* / Supfinieren *n*, Supfinition *f*, Feinstbearbeitung *f*, Feinziehschleifen *n*, Außenfeinhonen *n*
superacabar (máq. ferram.) / schwingschleifen
superafinado (metal) / übergar, -raffiniert
superalimentação *f* (mot.) / Aufladung *f* ‖ ~ **independente** (mot.) / Fremdaufladung *f*
superalimentador *m* (mot.) / Ladegebläse *n*, Ladermotor *m*, Auflader *m*
superalimentar (mot.) / aufladen
superaquecedor *m* (máq. vapor) / Überhitzer *m* ‖ ~ **[de vapor]** / Dampfüberhitzer *m* ‖ ~ **fóssil** / fossiler Überhitzer
superaquecer / überhitzen (bes. Dampf)
superaquecido (siderurg.) / faulbrüchig
superaquecimento *m* / Überhitzung *f*
superaudível / oberhalb der Hörgrenze liegend
supercompressor *m* **Büchi** (mot.) / Büchi-Aufladegebläse *n*
supercondução *f* (física) / Supraleitung *f*
supercondutividade *f* / Supraleitfähigkeit *f*
supercondutor *m* (física) / Supraleiter *m*
supercrítico (técn. nucl.) / überkritisch
superestrutura *f* (constr. naval) / Deckaufbau *m*, Aufbau *m* ‖ ~ (constr. civil) / Überbau *m*, Hochbau *m*, Oberbau *m* ‖ **sem** ~ (máq., tecnol.) / oberbaulos ‖ ~ **central de embarcação** / Spardeck *n* ‖ ~ **de um navio** / Schiffsaufbauten *m pl* ‖ ~ **do convés** / Decksaufbauten *m pl*, -aufbau *m* ‖ ~ **metálica** / Stahlüberbau *m*
superficial / oberflächlich, Oberflächen...
superfície *f* / Oberfläche *f* ‖ ~ (matem.) / Fläche *f* ‖ ~ / Flächenraum *m*, Flächeninhalt *m* ‖ ~ (expl. minas) / Tag *m* ‖ **à** ~ / am o. über Tag ‖ ~ **aquecida** / feuerberührte Fläche ‖ **de** ~ (constr. civil) / Aufputz... ‖ **de** ~ (constr. naval) / Überwasser... ‖ **de** ~ **igual** (matem.) / flächengleich ‖ ~ **a ser pintada** (constr. civil) / Anstrichfläche *f* ‖ ~ **a trabalhar** (máq. ferram.) / Bearbeitungsfläche *f* ‖ ~ **activa** (técn. nucl.) / wirksame Fläche, Wirkfläche *f* ‖ ~ **anular** / Ringfläche *f* ‖ ~ **aplainada** / Hobelstrich *m*, gehobelte Fläche ‖ ~ **aquecida** / Heizfläche *f*, feuerberührte Fläche ‖ ~ **biselada** / Zuschärfungsfläche *f*, Abschrägungsfläche *f* ‖ ~ **cáustica** (óptica) / Kaustik *f*, Brennfläche *f* ‖ ~ **cilíndrica** (matem.) / Zylinderfläche *f* ‖ ~ **circular** / Kreisfläche *f*, kreisförmige Oberfläche ‖ ~ **coberta** / bebaute Fläche ‖ ~ **condutora** (electr.) / leitende Oberfläche, Leitfläche *f* ‖ ~ **cónica** / Kegelfläche *f* ‖ ~ **convexa** (geom) / Mantel *m* ‖ ~ **da água** / Wasserspiegel *m*, Wasser[ober]fläche *f* ‖ ~ **da cabeça do dente** / Kopffläche *f* eines Zahns ‖ ~ **da extremidade do tronco** / Hirnfläche *f* (von Holz) ‖ ~ **da grelha** (máq., tecnol.) / Rostfläche *f* ‖ ~ **da peça fresada** (máq. ferram.) / Fräsbild *n* ‖ ~ **de ajuste** / Sitzfläche *f*, Paßfläche *f* ‖ ~ **de apoio** / Auflagefläche *f*, Tragfläche *f* ‖ ~ **de aquecimento** / feuerberührte Fläche, Heizfläche *f* ‖ ~ **de assento** / Sitzfläche *f* ‖ ~ **de ataque** / Stirnseite *f*, wirksame Oberfläche, Angriffsfläche *f* ‖ ~ **de atrito** / Reibfläche *f* ‖ ~ **de choque** / Prallfläche *f*, dem Stoß ausgesetzte Fläche, Stoßfläche *f* ‖ ~ **de conexão** / Anschlußfläche *f* ‖ ~ **de contacto** (geral) / Reibungsfläche *f*, Berührungsfläche *f* ‖ ~ **de contacto** (máq., tecnol.) / Dichtungsfläche *f* ‖ ~ **de contacto** (roda dentada) / Eingriffsfläche *f* ‖ ~ **de contacto do pneu** (autom.) / Aufstandsfläche *f*, Bodendruckellipse *f* ‖ ~ **de corrosão** / Angriffsfläche *f* ‖ ~ **de corte** / Schnittfläche *f* (durch Schnitt erzeugte schmale Fläche) ‖ ~ **de corte** (geral) / Anschnitt *m*, Anschnittfläche *f* ‖ ~ **de deslize** / Gleitfläche *f*, Gleitbahn *f* ‖ ~ **de energia potencial** / Potentialfläche *f* ‖ ~ **de escoamento** (mecân.) / Fließfläche *f* ‖ ~ **de Fermi** / Fermifläche *f* ‖ ~ **de fixação** / Einspannfläche *f* ‖ ~ **de fixação** (máq., tecnol.) / Sitzfläche, Befestigungsfläche *f* ‖ ~ **de força transversal** / Querkraftfläche *f* ‖ ~ **de fractura ou de ruptura** / Bruchfläche *f* ‖ ~ **de frenação** / Bremsfläche *f* ‖ ~ **de fricção** / Reibungsfläche *f*, Reibfläche *f* ‖ ~ **de fricção do êmbolo** / Kolbenlauffläche *f* ‖ ~ **de guia** / Führungsfläche *f* ‖ ~ **de imagem** / Bildfläche *f*, -feld *n* ‖ ~ **de impacto** / Schlagfläche *f* ‖ ~ **de nível** (electr.) / Niveaufläche *f*, Äquipotentialfläche *f* ‖ ~ **de pé** (roda dentada) / Fußmantelfläche *f* ‖ ~ **de peneiração** / Siebfläche *f* ‖ ~ **de refrigeração** / Kühlfläche *f* ‖ ~ **de retenção**

/ Anschlagfläche *f* ‖ ~ **de revolução** (matem.) / Rotationsfläche *f* ‖ ~ **de rolamento** (técn. ferrov.) / Bahn der Schiene, Lauffläche *f* ‖ ~ **de rolamento da lagarta** / Kettenlauffläche *f* ‖ ~ **de rolamento do carril**, superfície *f* de rolamento do trilho (técn. ferrov.) / Schienenlauffläche *f* ‖ ~ **de rolamento dos rastos** / Kettenlauffläche *f* ‖ ~ **de rotação** / Drehfläche *f*, Rotationsfläche *f* ‖ ~ **de separação** (geral) / Trennungsfläche *f* ‖ ~ **de separação** / Grenzfläche *f* ‖ ~ **de solda** / Lötfläche *f* ‖ ~ **de suporte** / Stützfläche *f*, Auflagefläche *f* ‖ ~ **de trabalho** / Ausgangsfläche *f* (für Bearbeitung), Arbeitsfläche *f* ‖ ~ **de trabalho** (lamin.) / Ballenoberfläche *f* ‖ ~ **de trabalho** (máq., tecnol.) / Lauffläche *f* ‖ ~ **de travagem** / Bremsfläche *f* ‖ ~ **difusiva** / lichtzerstreuende Fläche ‖ ~ **do diagrama de momentos** / Momentenfläche *f* ‖ ~ **do êmbolo** / Kolbenfläche *f* ‖ ~ **do fio** / Fadenmantel *m* ‖ ~ **do segundo grau** (matem.) / Fläche *f* 2. Grades ‖ ~ **do tecido** (tecel.) / Spiegel *m* ‖ ~ **elementar** / Flächenelement *n*, unendlich kleines Flächenteilchen ‖ ~ **equipotencial** (electr.) / Äquipotentialfläche, Niveaufläche *f* ‖ ~ **esférica** / Kugelfläche *f* ‖ ~ **exposta ao vento** / Windangriffsfläche *f* ‖ ~ **exterior** / Stirnfläche *f*, Außenfläche *f* ‖ ~ **filtrante** / Filtrierfläche *f*, Filterfläche *f* ‖ ~ **focal** / Brennfläche *f* ‖ ~ **helicoidal** / Schraubenfläche *f* ‖ ~ **interna** / Innenfläche *f* ‖ ~ **lateral** (matem.) / Mantelfläche *f* ‖ ~ **limitada** / begrenzte Fläche ‖ ~ **limite** / Grenzfläche *f* ‖ ~ **lisa** / Schlichtoberfläche *f* ‖ ~ **livre** / freie Fläche ‖ ~ **necessária** / Flächenbedarf *m* ‖ ~ **nivelada** / ebene (o. plane o. glatte) Oberfläche, bündige Oberfläche ‖ ~ **nodal** (electrón.) / Knotenebene, -fläche *f* ‖ ~ **para transporte de carga** (autom.) / Ladefläche *f* ‖ ~ **plana** / ebene Fläche ‖ ~ **plana** (matem.) / geometrische Fläche ‖ ~ **plana** / Ebenheit *f* ‖ ~ **polida** / Schliffläche *f* ‖ ~ **polida de minério** / Erzanschliff *m* ‖ ~ **primitiva de referência** (roda dentada) / Teilfläche *f* ‖ ~ **queimada** (silvicult.) / Brandfläche *f*, -gebiet *n* ‖ ~ **radiante** / Abstrahlungsfläche *f* ‖ ~ **terrestre** / Erdoberfläche *f* ‖ ~ **transversal** (torno) / Planfläche *f* ‖ ~ **útil** (geral) / Nutzfläche *f* ‖ ~ **vista ao microscópio** / Feingestalt *f*
superfluido (física) / supraflüssig
supergelação *f* / Tiefkühlung *f*
supergelado / Tiefkühl...
super-heteródino / Transponierungs..., Superheterodyne...
supericonoscópio *m* (tv) / Bildwandlerikonoskop *n*
superior / Ober..., obenliegend ‖ ~ / hochwertig ‖ ~ (artes gráf.) / hochstehend
superpetroleiro *m* / Großtanker *m*
super-refractário / hochfeuerfest, -feuerbeständig
super-refrigeração *f* / Unterkühlung *f*
super-refrigerar / unterkühlen
supersaturação *f* (química) / Übersättigung *f*
supersaturado (química) / übersättigt
supersolar / jenseits der Sonne
supersónico / Überschall... (bis Mach 5)
supervisão *f* / Überwachung *f* ‖ **de** ~ / Aufsichts... ‖ ~ **de produção** / Fertigungsüberwachung *f* ‖ ~ **de sequências** / Folgeüberwachung *f*
supervisionar (telecom., tv, electrón.) / überwachen
suplementar / zusätzlich, hinzukommend
suplemento *m* (máq., tecnol.) / Einlegeteil *n* ‖ ~ / Zusatz *m*, Ergänzung *f*
suportado, não ~ / freitragend, nicht o. ungelagert
suportar / tragen, halten, abstützen, stützen ‖ ~ (máq., tecnol.) / lagern
suportável / belastbar, tragfähig
suporte *m* / Unterstützung *f*, Stütze *f*, Abstützung *f*, Halt *m* ‖ ~ (constr. civil) / Träger *m*, Stütze *f* ‖ ~ (plást.) / Träger *m* ‖ ~ (máq., tecnol.) / Auflager *n*, Lagerung *f* ‖ ~ (expl. minas) / Ausbau *m* ‖ ~ (máq., tecnol.) / Halter *m*, Halterung *f* ‖ ~ **arqueado da catenária** (técn. ferrov.) / Querträger *m* ‖ ~ **articulado** / Pendelstütze *f* ‖ ~ **com chave** (electr.) / Fassung *f* mit Schalter ‖ ~ **da direcção** (autom.) / Lenkungsbock *m* ‖ ~ **da ferramenta de diamante** / Diamanthalter *m* ‖ ~ **da matriz** / Formplatte *f* ‖ ~ **de aleta** (mecân.) / Flügelhalter *m* ‖ ~ **de baioneta** (electr.) / Bajonettfassung *f* ‖ ~ **de bobinas** / Spulenträger, Spulenhalter *m* (DIN) ‖ ~ **de cabeça de cinco ferros** / Fünfstahl-Rundsupport *m* ‖ ~ **de catenária** (técn. ferrov.) / Fahrleitungsjoch *n* ‖ ~ **de catenária flexível** / biegsames Fahrleitungsjoch ‖ ~ **de contrapeso** (técn. ferrov.) / Gegenausgleichträger *m* ‖ ~ **de curva** (técn. ferrov.) / Abrollblock *m* ‖ ~ **de dados** (informática) / Datenträger *m* ‖ ~ **de dois pontos de apoio** / Zweipunktlagerung *f* ‖ ~ **de encaixe** / Steckfassung *f* ‖ ~ **de grade** (electr.) / Gitterträger *m* ‖ ~ **de grelha** (electr.) / Gitterträger *m* ‖ ~ **de isolador com gancho** (telecom.) / Hakenstütze *f* ‖ ~ **de isolador em U** (electr.) / U-Isolatorenstütze *f*, U-förmige Stütze ‖ ~ **de matriz** (estamp.) / Frosch *m* ‖ ~ **de mola** (autom.) / Federstütze *f* ‖ ~ **de parede** / Wandarm *m*, -auflager *n* ‖ ~ **de registo sonoro** / Magnettonträger *m* ‖ ~ **de soldadura** / Einschweißstutzen *m* ‖ ~ **de tubos** / Röhrenträger *m*, -stütze *f*, -stativ *n* ‖ ~ **do cadinho** (siderurg.) / Untersetzer *m* ‖ ~ **do eixo** (autom.) / Achsstütze *f* ‖ ~ **do fusível** (electr.) / Fassung *f* der Sicherung ‖ ~ **do fuso** (máq. ferram.) / Spindellagerung *f* ‖ ~ **do guindaste** / Kranbalken *m* ‖ ~ **do ponto de apoio de uma alavanca** / Hebelträger *m* ‖ ~ **do radiador** (autom.) / Kühlerfuß *m*, Stütze *f* für den Kühler, Fuß *m* ‖ ~ **do tubo de raios X** / Röhrenständer *m* ‖ ~ **do veio da hélice** / Schrauben[wellen]bock *m* ‖ ~ **do ventilador** (autom.) / Lüfterbock *m* (DIN) ‖ ~ **dos carretos satélites** (embraiagem) / Planetenradträger *m* ‖ ~ **duplo** / Doppelsupport *m* ‖ ~ **Edison** / Edisonfassung *f* ‖ ~ **em arco** (expl. minas) / Bogenausbau *m* ‖ ~ **flexível** (expl. minas) / nachgiebiger Ausbau ‖ ~ **flutuante** / Brückenfloß *n* ‖ ~ **intermediário do carro** (têxtil) / Wagenzwischenstück *n* ‖ ~ **para folheado** / Furnierträger *m* ‖ ~ **para o bloco de ferramenta** (máq. ferram.) / Blockstichelhaus *n* ‖ ~ **superior móvel** / Langdrehsupport *m* (Oberschlitten) ‖ ~ **terminal** (telecom.) / Abspannstütze *f*
suppressão *f* **de ruídos** / Rauschunterdrückung *f*
supraterrâneo / oberirdisch
supressão *f* / Unterdrückung *f*, -drücken, Niederhalten *n* ‖ ~ / Wegfall *m* ‖ ~ (tv) / Austasten *n*, Austastung *f* ‖ ~ **da pressão** (técn. nucl.) / Druckabbau *m* ‖ ~ **de imagem** / Bildaustastung *f* ‖ ~ **de impulsos parasitas** / Störaustastung *f* ‖ ~ **de interferências** / Funkentstörung *f*, Entstörung *f* ‖ ~ **de linhas** (tv) / Horizontalaustastung, -unterdrückung *f*, Zeilenaustastung *f*, Zeilenunterdrückung *f* ‖ ~ **de pulsos parasitas** / Störaustastung *f* ‖ ~ **do feixe** (tv) / Strahlaustastung *f* ‖ ~ **do feixe negro** (tv) / Schwarztastung *f* ‖ ~ **vertical** (tv) / Vertikalaustastung *f*
supressor *m* **de eco** (telecom.) / Echosperre *f* ‖ ~ **de harmónicas** / Oberwellenfilter *m n*, -sieb *n*, -sperrkreis *m* ‖ ~ **de harmónicas** (electrón.) / Wellensauger *m* ‖ ~ **de harmónicas** (telecom.) / Unterdrücker *m* für Harmonische ‖ ~ **de interferências** (electrón.) / Entstörglied *n*, Entstörer *m*
suprimento *m* **de ar [comprimido]** / Luftanschluß *m* ‖ ~ **de vapor** / Dampfzufuhr *f*

suprimir / unterdrücken ‖ ~ (tv) / austasten ‖ ~ **o feixe** (tv) / dunkeltasten
suprir com corrente (electr.) / laden, speisen
surdina *f* / Tondämpfer *m*
surdo (acústica) / schalldämpfend, tot, dunkel
susceptância *f* (electr.) / Blindleitwert *m*, Suszeptanz *f* ‖ ~ (corrente alternada) / Leitwert *m* ‖ ~ **do eletrodo** / Elektroden-Blindleitwert *m*
susce(p)tibilidade *f* / magnetische Aufnahmefähigkeit, Suszeptibilität *f* ‖ ~ **às fissuras de soldadura** / Schweißrißempfindlichkeit *f* ‖ ~ **de explosão** / Explodierbarkeit, Explosivität *f*
susce(p)tível de melhoria / verbesserungsfähig
suspender / einhängen, aufhängen ‖ ~ / abstellen, einstellen ‖ ~ **livremente** / frei beweglich aufhängen
suspensão *f* (máq., tecnol.) / Aufhängung *f* ‖ ~ (química) / Aufschwemmung *f*, Suspension *f*, Schwebe *f* ‖ ~ / Einstellung *f* (eines Vorgangs) ‖ **com ~ pneumática** (autom.) / luftgefedert ‖ **de ~ livre** / freihängend ‖ **de ~ por borracha** / gummigefedert ‖ **em** ~ / Hänge... ‖ ~ **a cutelo** / Schneidenaufhängung *f* ‖ ~ **aglutinante** / Bindemittelsuspension *f* ‖ ~ **bifilar** / bifilare Aufhängung ‖ ~ **cardânica** / Kardanaufhängung *f* ‖ ~ **catenária** (técn. ferrov.) / Vielfachaufhängung *f* der Fahrleitung ‖ ~ **de pivô** (máq., tecnol.) / Spitzenaufhängung, -lagerung *f*, Zapfenaufhängung *f* ‖ ~ **densa** (expl. minas) / Schwertrübe *f* ‖ ~ **do eixo** / Achsaufhängung *f* ‖ ~ **do eixo dianteiro** / Vorderachsaufhängung *f* ‖ ~ **elástica** / Federung *f*, federnde Aufhängung ‖ ~ **elástica em borracha** / Gummifederung *f* ‖ ~ **electrodinâmica** (técn. ferrov.) / elektrodynamisches Schweben ‖ ~ **em borracha** / Gummiaufhängung *f* ‖ ~ **flexível** (técn. ferrov., electr.) / biegsame Aufhängung ‖ ~ **independente** (autom.) / Einzelabfederung *f*, Einzelaufhängung *f* ‖ ~ **independente com barra de torção** (autom.) / Einzelabfederung *f* mit Drehstabfeder ‖ ~ **independente de cada roda** (autom.) / Einzelradaufhängung *f* ‖ ~ **[para] todo o terreno** / Geländefederung *f* ‖ ~ **por fio** (física) / Fadenaufhängung *f* ‖ ~ **por molas** / Abfederung *f*, Federaufhängung *f*, Federung *f* ‖ ~ **química** (química) / Aufschlämmung *f* ‖ ~ **telescópica** / Teleskopfederung *f* ‖ ~ **unifilar** / Einfadenaufhängung *f*
suspenso / schwebend, hängend, Hänge..., freifliegend, eingehängt ‖ **estar** ~ / schweben, hängen *vi* ‖ ~ **por molas** / gefedert
suspensor *m* / Hängeeisen *n* ‖ ~ **do freio** (técn. ferrov.) / Bremsgehänge *n*
sustentação *f* (aeronáut.) / Auftrieb *m* ‖ ~ **específica** (aeronáut.) / Auftriebszahl *f* in Nm^{-3}
sustentar / abstützen, tragen
suta *f* (carpint.) / Schmiege *f*
sutura *f* **lambóide** / Lambdanaht *f*

T

T / Tesla *n*, T (= 1 Wb m^{-2} = 10^4 G = 1 $kgs^{-2}A^{-1}$)
T (química) / Tritium *n*, T
T *m* **de redução** / Übergangs-T-Stück *n*
Ta / Tantal *n*, Ta
tabela *f* (artes gráf.) / Tabelle, Zahlentafel *f* ‖ ~ **cromatológica** / Farbtafel *f* ‖ ~ **da verdade** (informática) / Datenwerte-Tabelle *f* ‖ ~ **da verdade** (matem.) / boolesche Verknüpfungstafel ‖ ~ **das combinações possíveis de itinerários** (técn. ferrov.) / Fahrstraßenverschlußtafel *f* ‖ ~ **das pressões de saturação** (física) / Dampftafel *f*, -tabelle *f* ‖ ~ **de conversão de fios** / Garntafel *f*, -umrechnungstafel *f* ‖ ~ **de cores** / Farbmusterkarte *f*, Farbenkarte *f* ‖ ~ **de decisão** (informática) / Entscheidungstabelle *f* ‖ ~ **de funções** (informática) / Funktionstafel *f*, -tisch *m* ‖ ~ **de funções** (matem.) / Funktionstabelle *f* ‖ ~ **de harmonia de cores** / Farbnormenatlas *m* ‖ ~ **de soletrar** (telecom.) / Buchstabiertafel *f* ‖ ~ **de tempos de exposição** (técn. fotogr.) / Belichtungstabelle *f* ‖ ~ **internacional de calorias** / cal_{IT}, internationale Tafel-Kalorie ‖ ~ **sinóptica** / Übersichtstabelle *f*
tabelar / tabellarisch, in Tabellenform
tabique *m* (constr. civil) / Mittelwand *f*, Zwischenwand *f* ‖ ~ / Bank *f* im Ziegelofen ‖ ~ **à prova de fogo** / Brandschott *n* ‖ ~ **com cobrejuntas** (carpint.) / Stülpwand *f*, überlappte Bretterwand ‖ ~ **do poço** (expl. minas) / Schachtscheider *m*
tablete *f* (P) / Tafel *f* (Schokolade)
tablier *m* (autom.) / Armaturenbrett *n*
tábua *f* / Brett *n*, Bohle *f*, Diele *f* ‖ ~ **de aba** (carpint.) / Traufbrett, Stirnbrett *n* ‖ ~ **de aplanar** / Reibebrett *n*, -scheibe *f* ‖ ~ **de logaritmos** / Logarithmentafel *f* ‖ ~ **de mistura** (vidro) / Frittetafel *f* ‖ ~ **de peito** / Fensterbrett *n* ‖ ~ **de revestimento** (carpint.) / Verschalbrett *n*, Blendholz *n* ‖ ~ **de soalho** (constr. civil) / Bodenbrett *n*, Fußbodenbalken *m* ‖ ~ **porta-espulas** (têxtil) / Aufsteckbrett *n* ‖ ~ **superior do batente** (tecel.) / Ladendeckel *m*
tabuinha *f* / Brettchen *n*
tabulação *f* / Tabulation *f* ‖ ~ **do carro** (cart. perf.) / Vorschub *m*
tabulador *m* (máq. escrev.) / Tabulator *m*
tabular *v* / tabulieren
tabular *adj* (máq. escrev.) / tabulieren
tabuleiro *m* (ponte) / Fahrbahnplatte *f* ‖ ~ **de alimentação** (têxtil) / Einführtuch *n* ‖ ~ **de alimentação do abridor** (têxtil) / Öffnerlattentuch *n* ‖ ~ **de rolos** (lamin.) / Hebetisch *m* ‖ ~ **de uma ponte** / Fahrbahn *f* einer Brücke
tacaniça *f* (constr. civil) / Walm *m*
tacão *m* (sapato) / Hackstück *n*
tacha *f* / Heftzwecke *f*, -stift *m*, Tack *m*, Reißnagel *m* ‖ ~ **de cabeça azul** / Blauzwecke *f*
taco *m* (marcenar.) / Riemen *m*, schmales Dielenbrett ‖ ~ (mot.) / Stößel *m*
tacógrafo *m* / Fahrtschreiber *m*, Drehzahlschreiber *m* ‖ ~ (autom.) / Tachograph *m* ‖ ~ (técn. ferrov.) / Fahrtenschreiber *m* ‖ ~ **de pêndulo centrífugo** / Fliehpendeltachograph *m*
tacómetro *m* / Geschwindigkeitsmesser *m*, Drehzahlmesser *m* ‖ ~ **registador**, tacômetro *m* registrador, tacógrafo *m* / Drehzahlschreiber *m*
tafetá *m* / Taft *m* ‖ ~ *f* **de Avinhão** / Futtertaffet *m* ‖ ~ *m* **de seda** / Seidentaf[fe]t *m*, Foulard *m* ‖ ~ **lustroso** / Glanz-Taft (o. -Taffet), Lustrin *m*
taipa *f* / Lehmwand *f*
taipal *m* (constr. civil) / Fensterladen *m*, Rolladen *m*
tala *f* / Lasche *f* ‖ ~ **angular** / Winkellasche *f* ‖ ~ **de cobertura** / Decklasche *f* ‖ ~ **de junção de carris**, tala *f* de junção de trilhos (técn. ferrov.) / Schienenlasche *f* ‖ ~ **de passagem** (técn. ferrov.) / Übergangslasche *f* ‖ ~ **de sapata** (técn. ferrov.) / Fußlasche *f* ‖ ~ **plana** (técn. ferrov.) / Flachlasche *f*
talão *m* (pneu) / Wulst *m f* ‖ ~ (calçado) / Absatz *m* ‖ ~ **de caixa** / Quittungsdruck *m* ‖ ~ **de uma chaveta** (máq., tecnol.) / Keilnase *f*

talco *m* (mineralog.) / Talk *m*, Steatit *m*, Speckstein *m* ‖ ~ **xistoso** / Schiefertalk, Talkschiefer *m*
talcoso / talk[halt]ig, talkartig, Talk...
talha *f* / Flaschenzug *m*, Rollenzug *m* ‖ ~ (navio) / Tackel *n*, Talje *f* ‖ ~ **de cabo** / Seilflaschenzug *m* ‖ ~ **de convés** (navio) / Deckstalje *f* ‖ ~ **de corrente** / Ketten[flaschen]zug *m* ‖ ~ **de ponte** / Deckstalje *f* ‖ ~ **diferencial** / Differentialflaschenzug *m*
talhadeira *f* / Schrotmeißel *m* ‖ ~ **chata** / Flachmeißel *m* ‖ ~ **de cavalete** (forja) / Abschrot *m*
talhadia *f* (silvicult.) / Niederwaldbetrieb *m*
talhado / geschnitten ‖ ~ **a martelo** / hammerrecht
talha-mar *m* (ponte) / Pfeilerkopf *m*, -spitze *f*
talhar (pedreira) / behauen, abschneiden ‖ ~ (torno) / abstechen ‖ ~ (pedras precios.) / schleifen
tálico / Thalli..., Thallium(III)-...
tálio *m*, Tl (química) / Thallium *n*, Tl
talioso / Thallo..., Thallium(I)-...
talo *m* (bot.) / Halm *m*
taludar / böschen
talude *m* / Böschung *f*, Dammböschung *f* ‖ ~ (formado pelo desmoronamento de uma falésia) (geol) / Schutthalde *f* ‖ ~ **cavado** (constr. rodov.) / Böschung *f* im Abtrag ‖ ~ **terraplanado** (constr. rodov.) / Böschung *f* im Auftrag, Auftrag *m*
talvegue *m* (hidrául.) / Talweg *m*, -lauf *m*
tamanho *m* (vestuário, calçado) / Größe *f*, Nummer *f* ‖ ~ **das malhas** / Maschengröße *f*, -weite *f* ‖ ~ **do grão** / Korngröße *f* ‖ ~ **máximo** / Größtmaß *n* ‖ ~ **unitário** / Einheitsgröße *f*
tamanhos *m pl* **invulgares** / ausgefallene Größen *f pl*
tambor *m* (fiação) / Tambour *m*, Tambur *m* ‖ ~ (cabo) / Aufwickler *m*, Trommel *f* ‖ ~ (guindaste) / Laufrolle *f* ‖ ~ **abridor** (têxtil) / Nasentrommel *f* ‖ ~ **batedor** (têxtil) / Schlagtrommel *f* des Öffners ‖ ~ **britador** / Brechertrommel *f* ‖ ~ **centrífugo** / Schleudertrommel *f*, -korb *m* ‖ ~ **classificador** / Klassiertrommel *f* ‖ ~ **classificador** (expl. minas) / Sortiertrommel *f*, Sichtetrommel *f* ‖ ~ **da debulhadora** / Dreschtrommel *f* ‖ ~ **da máquina de extracção** (expl. minas) / Seilkorb *m*, -trommel *f* ‖ ~ **de alcatruzes** / Eimertrommel *f*, Turasscheibe *f* ‖ ~ **de avanço** / Vorschubtrommel *f* ‖ ~ **de batanar** / Schmierwalkfaß *n* ‖ ~ **de cabo com enrolamento por mola** / Federkabeltrommel *f* ‖ ~ **de cinta transportadora** / Bandrolle *f* ‖ ~ **de descarga** (têxtil) / Streichtrommel *f*, Abnehmer *m* ‖ ~ **de draga** / Baggertrommel *f*, Turas *m* ‖ ~ **de enrolamento** / Drahtleier *f* ‖ ~ **de filme** / Filmtrommel *f* ‖ ~ **de guincho** / Windentrommel *f* ‖ ~ **de imersão** / Eintauchtrommel *f* ‖ ~ **de lavar** (expl. minas) / Waschtrommel *f* ‖ ~ **de máquina de extracção** / Fördertrommel *f* ‖ ~ **de moinho** / Mahltrommel *f* ‖ ~ **de mola** / Federtrommel *f* ‖ ~ **de óleo** / Ölfaß *n* ‖ ~ **de polir** / Scheuertrommel *f* ‖ ~ **de registo** (máq., tecnol.) / Indikatortrommel *f* ‖ ~ **de revestimento** / Lackiertrommel *f* ‖ ~ **de tampa removível** / Deckelbehälter *m* (DIN 6644) ‖ ~ **de tipos** / Typenwalze *f* ‖ ~ **de torrefacção** / Darrtrommel *f* ‖ ~ **de trefilaria** / Ziehtrommel *f* ‖ ~ **do cabrestante** / Spillkopf *m* ‖ ~ **do freio**, tambor *m* do travão / Bremstrommel *f* ‖ ~ **enrolador de napa** / Felltrommel *f* ‖ ~ **filtrante** / Filtertrommel *f* ‖ ~ **indicador** (máq., tecnol.) / Indikatortrommel *f* ‖ ~ **mangnético** / Magnettrommel *f* ‖ ~ **para cabos** / Seiltrommel *f*, Kabeltrommel *f* (zum Auf- und Abwickeln) ‖ ~ **para enrolar mangueiras** / Schlauchhaspel *m f* ‖ ~ **para lavagem** (expl. minas) / Läutertrommel *f* ‖ ~ **para torrar café** / Kaffeeröster *m*, -trommel *f* ‖ ~ **registador** / Schreibtrommel *f* ‖ ~ **rotativo** / Drehtrommel *f* ‖ ~ **rotativo de fresa** / Frästrommel *f*
tamborete *m* / Schemel *m*, niedriger Sessel
tamis *m* **auto-balanceiro** (expl. minas) / freischwingender Plansichter ‖ ~ **fino** / Feinsieb *n*
tamisar / absieben
tampa *f* / Abdeckkappe *f*, Klappe *f*, Kappe *f*, Deckel *m* ‖ ~ (máq., tecnol.) / Hut *m* ‖ ~ **da caixa de bornes** (electr.) / Deckel *m* des Klemmenkastens ‖ ~ **da chumaceira** / Lagerdeckel *m* ‖ ~ **da entrada de inspecção** / Mannlochdeckel *m* ‖ ~ **da escotilha** / Lukendeckel *m* ‖ ~ **da sarjeta** (constr. rodov.) / Entwässerungshaube *f* ‖ ~ **da válvula de admissão** (mot.) / Einlaßventilverschraubung *f* ‖ ~ **da vigia** / Lukendeckel *m* ‖ ~ **de atarraxar** / Schraubdeckel *m* ‖ ~ **de boca de incêndio** / Straßenkappe *f* (DIN 3580) ‖ ~ **de estribo** / Bügelverschluß *m* ‖ ~ **de fecho** (geral) / Verschlußdeckel *m*, -kappe *f* ‖ ~ **de grés** (química) / Steinstopfen *m* ‖ ~ **de mola** / Sprungdeckel *m* ‖ ~ **de posicionamento variável** / Deckel *m* in mehreren Lagen feststellbar ‖ ~ **de protecção da lâmpada** (electr.) / Lampenkappe *f* ‖ ~ **de ventilação** / Entlüftungskappe *f*, Lüftungsklappe *f* ‖ ~ **do cubo** (autom.) / Radkappe *f*, Nabendeckel *m*, Nabenhaube *f* ‖ ~ **do depósito de combustível** (autom.) / Einfüllverschluß *m* ‖ ~ **do induzido** / Ankerdeckplatte *f* ‖ ~ **do mancal** (máq., tecnol.) / Deckplatte *f*, Lagerdeckel *m*, Deckel *m* ‖ ~ **do óculo** / Lukendeckel *m* ‖ ~ **do radiador** (autom.) / Kühlerhaube *f* ‖ ~ **dobradiça de escotilha** / Faltlukendeckel *m* ‖ ~ **inserta** / Einsatzdeckel *m* ‖ ~ **mecânica para garrafas** / Flaschenverschluß *m* ‖ ~ **protectora contra pó** (autom.) / Staubkappe *f* ‖ ~ **roscada** (geral) / Schraubdeckel *m*, -kappe *f* ‖ ~ **roscada** (depósito de combustível) / Schraubverschluß *m*, Deckelverschraubung *f* ‖ ~ **traseira** (autom.) / hintere Bordwand
tampão *m* / Stopfen *m*, Stöpsel *m*, Pfropf[en] *m* ‖ ~ (artes gráf.) / Farbballen *m* ‖ ~ (acumul.) / Haube *f* ‖ ~ (autom.) / Radkappe *f* ‖ ~ **de vapor** (autom.) / Dampfblasenbildung *f*, Dampfblaseneinschluß *m*
tampo *m* (marcenar.) / Platte *f* ‖ ~ **de bancada** / Blatt *n* des Werktisches ‖ ~ **de mesa** / Tischplatte *f*, -blatt *n*
tamponar (química) / abpuffern
tanante *m* / Gerbstoff *m* ‖ ~ **ao cromo** / Chromgerbstoff *m* ‖ ~ **de branquear** / Weißgerber *m* ‖ ~ **de branqueio** / Bleichgerbstoff *m*
tanato *m* **de quinina** / Chinintannat *n* ‖ ~ **mercuroso** / Quecksilber(I)-tannat *n*
tangencial / tangential, Tangential...
tangente *f* / Berührungslinie, Tangente *f* ‖ ~ (matem.) / Tangens *m* ‖ ~ **à trajectória** / Bahntangente *f* ‖ ~ *m* **inversa** / Arkustangens *m*, arc tg
tangível / greifbar
tanino *m* / Tannin *n*, Gallusgerbsäure *f* ‖ ~ **de abeto** / Fichtenlohe *f* ‖ ~ **de lúpulo** / Hopfengerbstoff *m* ‖ ~ **de noz-de-galha** / Gallapfeltannin *n*
tanoaria *f* / Faßfabrik *f*, Böttcherei *f*
tanoeiro *m* / Faßbinder *m*, Böttcher *m*
tanque *m* / Tank *m*, Speicher *m* (für Flüssigkeiten) ‖ ~ (armamento) / Tank *m*, Panzerkampfwagen *m* ‖ ~ **anti-rolante** (constr. naval) / Schlingertank *m* ‖ ~ **de ar** / Luftkessel *m*, Luftbehälter *m*, Luftkammer *f* ‖ ~ **de arejamento** / Belüftungsbecken *n* ‖ ~ **de combustível** / Brennstoffbehälter *m* ‖ ~ **de descarga** (hidrául.) / Entlastungsbecken *n* ‖ ~ **de digestão** (esgotos) / Faultank *m* ‖ ~ **de dissolução** / Lösekessel *m* ‖ ~ **de expansão** (electr.) / Ausdehnungsgefäß *n* ‖ ~ **de filtração** / Filtrierbecken *n* ‖ ~ **de óleo** (máq., tecnol.) / Ölkessel *m*, -behälter *m* ‖ ~ **de putrefacção** / Faulbecken *n* ‖ ~ **de sedimentação** / Absitzbecken *n* ‖ ~ **de sedimentação preliminar** / Vorklärbecken *n*, -klärbehälter, -klärtank *m* ‖ ~ **de serviço** / Betriebsbehälter *m* vor dem Motor,

Servicetank *m* ‖ ~ **de tecto flutuante** / Schwimmdachtank *m* ‖ ~ **electrolítico** (física) / elektrolytischer Trog ‖ ~ **lança-pontes** (armamento) / Brückenlegepanzer *m* ‖ ~ **secundário de digestão** (esgotos) / Nachfaulbecken *n* ‖ ~ **séptico** / Abwasserfaulraum *m*
tantalato *m* (química) / Tantalat *n*
tantálico / Tantal(V)-...
tantalita *f*, tantalite *f* / Tantalit *m*, [Schwer]tantalerz *n*
tântalo *m*, Ta / Tantal *n*, Ta
tantaloso / Tantal(III)-...
tapa-chamas *m* (armamento) / Feuerdämpfer *m*
tapar (geral) / zudecken, bedecken ‖ ~ (constr. civil) / abdecken, mit einer Abdeckung versehen ‖ ~ (fendas) / verstreichen ‖ ~ **com muro ou parede** / zumauern
tapeçaria *f* / Tapetengewebe *n*, Dekorationsstoff *m*
tape-deck *m* (electrón.) / Cassettendeck *n*
tapete *m* / Teppich *m* ‖ ~ **de linóleo** (constr. civil) / Linoleumbelag *m* ‖ ~ **veludado** / Florteppich *m*
tapume *m* / Bohlenwand *f*
taqueometria *f* (agrimen.) / Tachymetrie *f*
taqueómetro *m* (agrimen.) / Tachymetertheodolit *m*, Tachymeter *n*
taquimetria *f* / Tachymetrie *f*, Tachymeterzug *m*
taquímetro *m* / Tachometer *n*, Geschwindigkeitsmesser, -anzeiger *m*, Tacho *m*, *n* (coll)
tara *f* / Leergewicht *n*, Tara *f*, Verpackungsgewicht *n*
tarar / austarieren, tarieren
tarifa *f* **de honorários** (constr. civil) / Gebührenordnung *f* ‖ ~ **degressiva**, tarifa *f* escalonada / Staffeltarif *m* ‖ ~ **simples** (electr.) / Einfachtarif *m* ‖ ~ **unitária** (telecom.) / Einheitsgebühr *f*
tarlatana *f* (têxtil) / Steifgaze *f*
tarraxa *f* **de cossinetes** / Schneidkluppe *f*, Kluppe *f* ‖ ~ **para rebites** / Nietkloben *m*, -kluppe *f*, -zwinge *f*
tarta *f* **de resina** / Harzkuchen *m*
tartarato *m* / Tartrat *n* ‖ ~ **de antimónio e de sódio** / Natriumbrechweinstein *m* ‖ ~ **de potássio** / Kaliumtartrat *n* ‖ ~ **de sódio e de potássio** / Rochellesalz *n* ‖ ~ **sódico-potássico** / Seignettesalz *n*
tartárico / weinsteinartig, Weinstein...
tártaro *m* / Kesselstein *m* ‖ ~ **de cerveja** / Bierstein *m* ‖ ~ **emético** / Brechweinstein *m*
tarugo *m* / Kloben *m*
tautócrona *f* / tautochrone Kurve
tautomeria *f* (química) / Tautomerie *f*
tautomerismo *m* **iónico** (química) / Ionentautomerie *f*
tauxiar / inkrustieren, einlegen
taxa *f* / Gebühr *f* ‖ ~ **de admissão** (máq. vapor) / Füllungsgrad *m* ‖ ~ **de aluguer** (telecom.) / Grundgebühr *f* ‖ ~ **de bits** (informática) / Bitfolge *f*, Bitanzahl *f* ‖ ~ **de campo residual** (electr.) / Erregergrad *m* ‖ ~ **de compressão** (mot.) / Verdichtungsverhältnis *n* (z.B. 1:9), Kompressionsverhältnis *n*, Druckverhältnis *n* ‖ ~ **de compressão de um feixe** (electrón.) / Strahlverdichtung *f* ‖ ~ **de deformação** / Formänderungsverhältnis *n* ‖ ~ **de deriva** (electrón.) / Driftgrad *m* ‖ ~ **de desactivação** / Deaktivierungsrate *f* ‖ ~ **de desadaptação** / Fehlanpassungsfaktor *m* ‖ ~ **de descarga** / Entladestromstärke *f* ‖ ~ **de desvanecimento** (electrón.) / Schwundmaß *n* ‖ ~ **de dilatação** (gás) / Dehnungsverhältnis *n* ‖ ~ **de distorção arrítmica total** (telecom.) / Gesamt-Bezugsverzerrungsgrad *m* ‖ ~ **de dosagem absorvida** (técn. nucl.) / Energiedosisleistung *f* ‖ ~ **de dosagem iónica** / Ionendosisrate *f* ‖ ~ **de erros** / Fehlerhäufigkeit *f* ‖ ~ **de erros nos bits** (informática) / Fehlerquote *f* ‖ ~ **de excitação** (electr.) / Erregergrad *m* ‖ ~ **de fluxo** / Fließgeschwindigkeit *f* (sec je 100 p für vorgegebenen Weg) ‖ ~ **de modulação de velocidade** (electrón.) / Geschwindigkeits-Aussteuerung *f* ‖ ~ **de regulação** / Stellgrad *m* ‖ ~ **de renovação do ar** / Luftrate *f* ‖ ~ **de retenção da água** / Wasserrückhaltevermögen *n*, WRV ‖ ~ **de sobrealimentação** (mot.) / Fanggrad *m* ‖ ~ **de transmissão** (física) / Lichtdurchlässigkeit *f* ‖ ~ **fixa** (telecom.) / Grundgebühr *f* ‖ ~ **telefónica** (telecom.) / Gesprächsgebühr *f*, Fernsprechgebühr *f*
taxação *f* (telecom.) / Gebührenverrechnung *f*, -berechnung *f*
taxado, não ~ (telecom.) / gebührenfrei
taxável (telecom.) / gebührenpflichtig
táxi *m* **aéreo** / Lufttaxi *n*
taxímetro *m* / Taxameter *n*, Fahrpreisanzeiger *m*
taxionomia *f* / Ordnungslehre *f*
taxiway *m* (aeronáut.) / Rollbahn *f*, Rollfeld *n*
tear *m* / Stuhl *m*, Webstuhl *m* ‖ ~ **automático** / Webmaschine *f* ‖ ~ **circular** / Rundwebstuhl *m* ‖ ~ **circular Jacquard** / Jacquardrundstrickmaschine *f* ‖ ~ **circular para ponto de meia** / Rundwirkmaschine *f* ‖ ~ **'Dandy'** / Dandywebstuhl *m* ‖ ~ **de agulhas** (tecel.) / Nadelstuhl *m* ‖ ~ **de alongamento** / Breitspannmaschine *f* ‖ ~ **de batente com mola** / Federschlagstuhl *m* ‖ ~ **de liços baixos** / Basselissestuhl *m* ‖ ~ **de malhas para pernas de meias** (tecel.) / Längenstuhl *m* ‖ ~ **de passamanaria** / Bortenwirkerstuhl *m* ‖ ~ **de pente fixo** / Festblattwebmaschine *f* ‖ ~ **de tambor** (tecel.) / Trommelstuhl *m* ‖ ~ **de tela metálica média** / Haarlaufkamm *m* ‖ ~ **de três agulhas** (tecel.) / Dreinadelstuhl *m* ‖ ~ **Jacquard** / Jacquardmaschine *f* ‖ ~ **Jacquard de urdume** / Jacquardkettenstuhl *m* ‖ ~ **manual** (tecel.) / Handwebstuhl *m*, Handstuhl *m* ‖ ~ **mecânico** / Maschinenwebstuhl *m* ‖ ~ **para brocado** / Broschierwebstuhl *m* ‖ ~ **para damasco** / Damastwebstuhl *m* ‖ ~ **para entretecer** / Durchwirk[web]stuhl *m* ‖ ~ **para fazer a trama de chenille** / Chenillevorwarewebstuhl *m* ‖ ~ **para fita** / Band[web]stuhl *m* ‖ ~ **para renda** / Spitzenmaschine *f*, Spitzenstuhl *m* ‖ ~ **para tecido veludado** / Florwebstuhl *m* ‖ ~ **para tecidos tipo gaze** / Gazestuhl *m* ‖ ~ **para tela metálica** / Drahtwebstuhl *m* ‖ ~ **para veludo** / Samt[web]stuhl *m* ‖ ~ **Raschel** (tecel.) / Raschelmaschine *f*
tecelagem *f* / Weben *n*, Weberei *f* (Fabrik) ‖ ~ **automática** / Automatenweberei *f* ‖ ~ **de linho** / Leinweberei *f* ‖ ~ **de veludo** / Samtweberei *f* ‖ ~ **em cores** / Buntweberei *f* ‖ ~ **Jacquard** / Jacquardweberei *f* ‖ ~ **manual** / Handweberei *f*
tecelão *m* **de fita** / Bandweber, -wirker *m*
tecer / weben ‖ ~ **crepe** (tecel.) / kreppen, krausen ‖ ~ **em cores** / buntweben
tecido *m* / Gewebe *n*, Stoff *m* ‖ ~ *adj* / gewebt ‖ ~ *m* **à jour** / Ajourgewebe *n* ‖ ~ **à mão** / handgewebt ‖ ~ **adiposo** / Unterhautzellgewebe *n* ‖ ~ **cauchutado** / Kautschukgewebe *n* ‖ ~ **colorido** / Buntgewebe *n* ‖ ~ **de algodão** / Baumwollstoff *m*, Baumwollgewebe *n* ‖ ~ **de algodão estampado** / bunter Baumwollstoff ‖ ~ **de algodão floreado** / geblümter Kattun ‖ ~ **de amianto** / Asbestgewebe *n* ‖ ~ **de borracha** / Gummistoff *m* ‖ ~ **de crina** / Haartuch *n* ‖ ~ **de estambre**, tecido *m* de estame / glatter Wollstoff, Kammwollstoff *m* ‖ ~ **de lã** / Wollstoff *m* ‖ ~ **de lã e linho** / Beiderwand *f n* ‖ ~

de linho / Leinengewebe *n*, Flachsleinwand *f*, Linnen *n*, Leinwand *f* ‖ ~ **de malha** / Trikotgewebe *n*, -stoff *m*, Trikot *m*, Strickgewebe *n*, Gestrick *n* ‖ ~ **de papel** / Papierstoff *m*, Papiergewebe *n* ‖ ~ **de pelos longos** / Flausch *m* ‖ ~ **de ponto aberto** / Ajourgewebe *n* ‖ ~ **defeituoso** / Fehlware *f* ‖ ~ **duplo** / Doppelgewebe *n* ‖ ~ **elástico** / elastisches Gewebe ‖ ~ **em diagonal** / Diagonalstoff *m* ‖ ~ **envernizado** / Lackgewebe *n* ‖ ~ **estampado** / Druckstoff *m* ‖ ~ **felpudo** / Frottee *n m*, Frottee-, Frottiergewebe *n* ‖ ~ **fibroso** / Fasergewebe *n* ‖ ~ **filtrante** / Filtertuch *n*, Filterstoff *m*, Filtergewebe *n* ‖ ~ **flocoso** / Floconné *m* ‖ ~ **fofo** / loses Gewebe ‖ ~ **impregnado**, tecido *m* impermeabilizado / Lackgewebebahn *f* ‖ ~ **indiano** (tecel.) / Indienne *f* ‖ ~ **industrial** / Industriegewebe *n* ‖ ~ **leve** / leichte Ware ‖ ~ **para decoração** / Dekorationsstoff *m* ‖ ~ **para filtros** / Filtergewebe *n* ‖ ~ **para forros** / Futterstoff *m* ‖ ~ **plástico** / Faservliesstoff *m* ‖ ~ **revestido** / beschichtetes Gewebe ‖ ~ **subcutâneo** / Unterhautzellgewebe *n* ‖ ~ **tricotado** / Trikotgewebe *n*, -stoff *m* ‖ ~ **tubular** (máq. tricot.) / Hohlgewebe *n*, Schlauchware *f* ‖ ~ **turco** / Frottee *n m*, Frottee-, Frottiergewebe *n* ‖ ~ **veludado** / Florgewebe *n*

tecidos *m pl* / Webwaren *f pl* ‖ ~ **de malha** / Gewirke u. Gestricke *n pl* ‖ ~ **sintéticos** / Chemiefasergewebe *n pl*

tecla *f* (telecom.) / Taste *f* ‖ ~ **de armar o tabulador** (máq. escrev.) / Tabulatorsetztaste *f* ‖ ~ **de chamada** (telecom.) / Läutetaste *f*, Anruftaste *f* ‖ ~ **de chamada de repetição** / Läutetaste *f* mit Rücksignal ‖ ~ **de código** / Buchstabentaste *f* ‖ ~ **de comando** (geral) / Funktionstaste *f* ‖ ~ **de contagem** (telecom.) / Zähltaste *f* ‖ ~ **de conversação** (telecom.) / Sprechtaste *f* ‖ ~ **de corrente dupla** (telecom.) / Indotaste *f* ‖ ~ **de corte** (telecom.) / Trenntaste *f* ‖ ~ **de disparo** / Auslösetaste *f* ‖ ~ **de escuta** (telecom.) / Horchtaste *f*, -kontakt *m* ‖ ~ **de espacejamento** (máq. escrev.) / Zwischenraumtaste *f*, Leertaste *f* ‖ ~ **de espaço** (máq. escrev.) / Leertaste *f* ‖ ~ **de espaços** (telecom.) / Buchstabenblanktaste *f* ‖ ~ **de função** / Funktionstaste *f* ‖ ~ **de maiúsculas** (máq. escrev.) / Umschalttaste *f* ‖ ~ **de paragem** / Haltetaste *f* ‖ ~ **de pressão** / Drucktaste *f* ‖ ~ **de repetição** (máq. escrev.) / Wiederholtaste *f* ‖ ~ **de reposição a zero** / Rückstelltaste *f* ‖ ~ **de retrocesso** (máq. escrev.) / Rücktaste *f* ‖ ~ **de serviço** (geral) / Funktionstaste *f* ‖ ~ **de sinalização**, tecla *f* de terra (telecom.) / Erdtaste *f* ‖ ~ **do tabulador** (máq. escrev.) / Tabulatortaste *f* ‖ ~ **em branco** (telecom.) / Blanktaste *f* ‖ ~ **livradora** / Freigabetaste *f*

teclado *m* (telecom., informática) / Tastatur *f*, Tastenfeld *n* ‖ ~ **alfabético** / Alphatastatur *f* ‖ ~ **apartado** / abnehmbare Tastatur ‖ ~ **apartado** / getrennte Tastatur ‖ ~ **constituído por sensores** / bewegungsfreie Tastatur ‖ ~ **de codificação** / Codiertastatur *f* ‖ ~ **de comando** / Bedienungstastatur *f*, Funktionstastatur *f* ‖ ~ **de dez teclas em bloco** / Zehnerblocktastatur *f* ‖ ~ **de entrada** / Eingabetastatur *f* ‖ ~ **de memória** (electrón.) / speichernde Tastatur ‖ ~ **de selecção de compartimento** (cart. perf.) / Fachwählertastatur *f*

teclagem *f* **direta à distância, TDD** (telecom.) / Fernselbstwahl *f*

teclar (informática) / eintasten

tecnécio *m*, Tc / Technetium *n*, Tc, (früher:) Masurium, Eka-Mangan *n*

técnica *f* / Verfahren *n*, Technik *f* ‖ ~ **das camadas espessas** (electrón.) / Dickfilmtechnik *f* ‖ ~ **das pressões extremas** / Höchstdrucktechnik *f* ‖ ~ **de amostragem** / Abtasttechnik *f* ‖ ~ **de aplicação** / Anwendungstechnik *f* ‖ ~ **de aquecimento** / Feuerungstechnik *f* ‖ ~ **de cartões perfurados** / Lochkartentechnik *f* ‖ ~ **de circuitos integrados** / SLT, Technik der integrierten Schaltkreise ‖ ~ **de comunicações** / Nachrichtentechnik *f* ‖ ~ **de comunicações a longa distância** / Weitverkehrs[nachrichten]technik *f* ‖ ~ **de comutação** / Vermittlungstechnik *f* ‖ ~ **de correntes fortes** (electr.) / Energietechnik *f*, (früher:) Starkstromtechnik *f* ‖ ~ **de correntes fracas** / Schwachstromtechnik *f* ‖ ~ **de difusão na base** (semicondut.) / DB-Technik *f* ‖ ~ **[de gravação] de duas pistas**, técnica *f* [de gravação] de duas trilhas (fita magn.) / Zweispurtechnik *f* ‖ ~ **de estampar e puncionar** / Stanztechnik *f* ‖ ~ **de exploração de reservas** / Lagerstättenforschung *f* ‖ ~ **de fabricação** / Fertigungstechnik *f* ‖ ~ **de fabricação de cerveja** / Brautechnik *f* ‖ ~ **de fotogravura em esmalte** / Lackabdruckverfahren *n* ‖ ~ **de frequências portadoras** / Trägerfrequenztechnik *f* ‖ ~ **de fundações** / Grundbau *m* ‖ ~ **de gases** / Gastechnik *f* ‖ ~ **de gravura em esmalte** / Lackabdruckverfahren *n* ‖ ~ **de iluminação** / Lichttechnik *f* ‖ ~ **de instalações internas** (telecom.) / Haustechnik *f* ‖ ~ **de intensificação da luz residual** / Restlichttechnik, Nachtsichttechnik *f* ‖ ~ **de intensificção da luz residual** / Nachtsichttechnik *f* ‖ ~ **de medição** / Meßtechnik *f* ‖ ~ **de medição de comprimento** / Längenmeßtechnik *f* ‖ ~ **de medição de precisão** / Feinmeßtechnik *f* ‖ ~ **de moldagem por injecção** / Spritzgußtechnik *f* ‖ ~ **de ondas portadoras** / Trägerfrequenztechnik *f* ‖ ~ **de planificação reticular** / Netzplantechnik *f* ‖ ~ **de produção** / Fertigungstechnik *f* ‖ ~ **de regis(r)o sonoro** / Magnettontechnik *f* ‖ ~ **de regulação** / Regeln *n*, Regelungstechnik *f*, Regeltechnik *f*, Regelung *f* ‖ ~ **de sinalização** / Signaltechnik *f* ‖ ~ **de sinalização ferroviária** / Eisenbahnsicherungswesen *n*, (jetzt:) Signaltechnik *f* ‖ ~ **de sinterização e infiltração** / Sintertränktechnik *f* ‖ ~ **de soldadura** / Schweißtechnik *f* ‖ ~ **de telecomunicações** / Fernmeldetechnik *f* ‖ ~ **de traçadores radioactivos** / Leitisotopentechnik *f* ‖ ~ **de tráfego a longa distância** / Weitverkehrs[nachrichten]technik *f* ‖ ~ **do calor** / Wärmetechnik *f* ‖ ~ **do frio** / Kältetechnik *f* ‖ ~ **do som** / Schalltechnik *f* ‖ ~ **do som paralelo** (tv) / Paralleltonverfahren *n* ‖ ~ **dos sólidos fluidificados** (química) / Wirbelschichttechnik *f*, -schichtverfahren *n* ‖ ~ **DTL** (= díodo-transistor lógica) / DTL-Technik, Dioden-Transistor-Logik *f* ‖ ~ **militar** / Wehrtechnik *f* ‖ ~ **modular** / Modultechnik *f*, Baublocktechnik *f* ‖ ~ **nuclear** / Kerntechnik *f*

técnico *m* / Fachmann *m*, Techniker *m* ‖ ~ *adj* / technisch ‖ ~ *m* **cinematográfico** / Filmtechniker *m* ‖ ~ **de iluminação** / Lichttechniker *m*, Beleuchter *m* ‖ ~ **químico** / Chemotechniker *m*

tecnologia *f* / Technologie *f*, Verfahrenskunde *f* ‖ ~ **bipolar** (semicondut.) / bipolare Technik ‖ ~ **da embalagem** / Verpackungstechnik *f* ‖ ~ **da transformação das matérias-primas** / Verarbeitungstechnologie *f* ‖ ~ **das madeira** / Holztechnik *f* ‖ ~ **de processos industriais** / Verfahrenstechnik *f* ‖ ~ **do petróleo** / Erdöltechnik *f* ‖ ~ **dos mecanismos** / Getriebetechnik *f* ‖ ~ **dos plásticos** / Kunststofftechnik *f* ‖ ~ **dos pós** / Staubtechnik *f* ‖ ~ **ESFI** (semicondut.) / ESFI-Technik *f* ‖ ~ **florestal** / Holzkunde *f* ‖ ~ **S.O.S.** (semicondut.) / SOS-Technologie *f*

tecnológico / technologisch

tecto *m* (constr. civil) / Decke *f* ‖ ~ (constr. civil) /

Oberboden *m* ‖ ~ (aeronáut.) / Gipfelhöhe *f*, Steighöhe *f* ‖ ~ **almofadado** (constr. civil) / Felderdecke *f* ‖ ~ **apainelado** (constr. civil) / Kassettendecke *f* ‖ ~ **da galeria** (expl. minas) / Firste *f* ‖ ~ **de betão** / Betondecke *f* ‖ ~ **de cruzeiro** (aeronáut.) / Reisefluggipfelhöhe *f* ‖ ~ **de estuque** / Gipsdecke *f* ‖ ~ **de madeira** / Holzdecke *f* ‖ ~ **de serviço** (aeronáut.) / Betriebsgipfelhöhe *f* ‖ ~ **de tabuado** (constr. civil) / Brettdecke *f* ‖ ~ **de vigas visíveis** / Balkendecke *f*, Decke mit sichtbaren Balken ‖ ~ [**do filão**] (expl. minas) / Hangendes *n* ‖ ~ **duplo** / Doppeldach *n* ‖ ~ **em abóbada** / Bogendecke *f* ‖ ~ **intermediário**, tecto *m* falso (constr. civil) / Zwischendecke *f* ‖ ~ **maciço** / Volldecke *f*, Massivdecke *f* ‖ ~ **máximo operacional** (aeronáut.) / höchste Gipfelhöhe ‖ ~ **suspenso** (constr. civil) / Hängedecke *f*

tectónica *f* (geol) / Tektonik *f*

tectónico (geol) / tektonisch, Faltungs...

teia *f* (tecel.) / Aufzugskette *f* ‖ **em** ~ **de aranha** / spinnwebenartig ‖ ~ **de algodão** (tecel.) / Baumwollkette *f* ‖ ~ **de fundo** (tecel.) / Unterkette *f* ‖ ~ **de pêlo** (tecel.) / Polkette *f*, Flor *m*, Samtkette *f* ‖ ~ **figurada** (tecel.) / Figurenkette *f* ‖ ~ **suplementar** (tecel.) / Ersatzkette *f*

teína *f* / Tein *n*

tejadilho *m* (autom.) / Dach *n* ‖ ~ **de correr** (autom.) / Schiebedach *n* ‖ ~ **descapotável** (autom.) / Klappverdeck *n*

tela *f* / Leinwand *f*, Flachsleinwand *f* ‖ ~ (técn. fotogr., filme) / Leinwand *f* ‖ ~ (tv) / Bildschirm *m*, Leuchtschirm *m* der Bildröhre ‖ ~ (artes gráf.) / Buchleinen *n* ‖ ~ **absorvente** (tv) / Dunkelschriftschirm *m* ‖ ~ **alcatroada** / Teerleinwand *f* ‖ ~ **cinematográfica** / Filmleinwand *f* ‖ ~ **coadora sem-fim** (papel) / Langsieb *n* ‖ ~ **de arame** / Drahtgewebe, -tuch *n* ‖ ~ **de cânhamo** / Hanfleinwand *f*, -leinen *n* ‖ ~ **de esmeril** / Schleiftuch *n*, Schmirgelleinwand *f*, -leinen *n* ‖ ~ **de fibra transversal** / Querfaserpelz *m* ‖ ~ **de fixação** (autom.) / Lagenumschlag *m* ‖ ~ **de juta** / Juteleinwand *f*, Jutestoff *m* ‖ ~ **de linho** / Flachsleinwand *f* ‖ ~ **de vidro transparente** / Blankscheibe *f* ‖ ~ **em bruto** (tecel.) / Flor *m* ‖ ~ **fluorescente** / Fluoreszenzschirm *m* ‖ ~ **luminescente** (electrón.) / Leuchtschirmröhre *f* ‖ ~ **luminosa** / Leuchtschirm *m* ‖ ~ **lustrada** / Futterkattun *m* ‖ ~ **metálica** / Metallgewebe *n*, Metalltuch *n* ‖ ~ **oleada** / Ölleinwand *f*, -leinen *n* ‖ ~ **panorâmica** (filme, radar) / Breitwand *f* ‖ ~ **para colchões de penas** / Inlett *n* ‖ ~ **para filtros** / Filterstoff *m* ‖ ~ **para saltos** (bombeiros) / Sprungtuch *n* ‖ ~ **perolada** (filme) / Perlleinwand *f* ‖ ~ **sem-fim** (lã) / Deckentuch *n* ‖ ~ **sem-fim** (papel) / Langsieb *n*

telão *m* (tv) / Großbildschirm *m*

telebússola *f* / Fernkompaß *m*

telecabina *f* / Kabinenseilbahn *f*

telecadeira *f* / Sessellift *m*

telecomandado / ferngelenkt, ferngesteuert

telecomandador *m* (telecom.) / Fernschalter *m*

telecomandar / fernbedienen, fernlenken, fernsteuern, fernbetätigen

telecomando *m* / Fernwirkung *f*, Fernlenkung *f*, Fernbedienung *f*, Fernstellen *n*, Fernsteuerung *f* ‖ ~ **a raios infravermelhos** (electrón.) / Infrarotfernbedienung *f* ‖ ~ **por rádio** / Funksteuerung *f* ‖ ~ **sem fios** (tv) / drahtlose Fernbedienung

telecomunicação *f* (telecom.) / Fernmelde-Verbindung *f* ‖ ~ **por satélite** / Satellitenfunk *m*

telecomunicações *f pl* / Fernmeldeverkehr *m*, Fernmeldewesen *n*

teleconexão *f* (electr.) / Fernschaltung *f*

telecontador *m* / Fernzähler *m*

telecontrolador *m* **de cooperação** (electr.) / Fahrplanfernregler *m*

telecopiador *m* / Telekopierer *m*, Fernkopierer *m*

teledesligamento *m* (telecom.) / Fernlöschung *f*

teledetecção *f* / Fernerkundung *f*, Fernfühlen *n*

telediafonia *f* / Fernnebensprechen *n* ‖ ~ (entre real e fantasma) (telecom.) / Gegenmitsprechen *n* ‖ ~ (entre real e real) (telecom.) / Gegenübersprechen *n*

telediafónico / fernnebensprechend

teledinâmica *f* (electr.) / Fernversorgung *f*, Fernübertragung *f*

tele-escola *f* / Schulfernsehen *n*

teleférico *m* / Drahtseilbahn *f*, Luftseilbahn *f*, Seilbahn *f*

telefonar / telefonieren, fernsprechen

telefone *m* / Telephon *n*, Fernsprecher *m*, Fernsprechapparat *m* ‖ **por** ~ / fernmündlich, telefonisch ‖ ~ **alto-falante** / Lautsprechertelephon *n*, Lautfernsprecher *m* ‖ ~ **com dispositivo magnético de chamada** / Induktortelephon *n* ‖ ~ **de bloco** (técn. ferrov.) / Blockfernsprecher *m* ‖ ~ **de emergência** (constr. rodov.) / Notrufsäule *f* ‖ ~ **de mesa** (telecom.) / Tischfernsprecher *m*, -apparat *m*, -telefon *n* ‖ ~ **de operadora** (telecom.) / Abfragegarnitur *f* ‖ ~ **de parede** / Wandapparat *m*, -telephon *n* ‖ ~ **de serviço** / Betriebsfernsprecher *m* ‖ ~ **de teclado** / Tastenfernsprecher *m* ‖ ~ **particular** / Haustelephon *n*, Hausfernsprecher *m* ‖ ~ **portátil para a supervisão de vias** (telecom.) / Streckenfernsprecher *m* ‖ ~ **público a bordo de um comboio**, telefone *m* público a bordo de um trem (técn. ferrov.) / Zugtelephon *n* ‖ ~ **SOS** (constr. rodov.) / Notrufsäule *f* ‖ ~ **universal** / Allfernsprecher *m* ‖ ~ **vermelho** (telecom.) / heißer Draht

telefonia *f* / Fernsprechen *n*, Fernsprechwesen *n*, Telephonie *f* ‖ ~ **a raios infravermelhos** / Infrarottelephonie *f* ‖ ~ **de modulação de frequência** (telecom.) / FM-Telephonie *f* ‖ ~ **duplex** (telecom.) / Doppelsprechbetrieb *m*, Duplexbetrieb *m*, Doppelsprechen *n*, Gegensprechen *n* ‖ ~ **harmónica** / Tonfrequenztelephonie *f* ‖ ~ **por correntes portadoras** / Hochfrequenzträgertelephonie *f*, drahtgebundene Hochfrequenztelephonie ‖ ~ **por fio** / Drahttelephonie, Leitungstelephonie *f* ‖ ~ **sem fio** / drahtloses Fernsprechwesen

telefónico / telephonisch, fernmündlich

telefoto *m* / Funkbild *n*

telefotografia *f* / Bildfunk *m*, Fernphotographie *f*

telegrafar / telegraphieren, -grafieren

telegrafia *f* / Telegraphie *f* ‖ ~ **duplex** (telecom.) / Gegenschreiben *n* ‖ ~ **duplex escalonada** (telecom.) / Gegenschreiben *n* in Staffelschaltung ‖ ~ **harmónica** / Wechselstromtelegraphie *f*, WT, Tonfrequenztelegraphie *f* ‖ ~ **harmónica multiplex** / tonfrequente Mehrfachtelegraphie ‖ ~ **infra-acústica** / Unterlagerungstelegraphie *f* ‖ ~ **infra-acústica por linhas aéreas** / Doppelunterlagerungstelegraphie *n* ‖ ~ **infra-acústica por corrente contínua** (telecom.) / Gleichstromunterlagerungstelegraphie *f* ‖ ~ **multiplex** / Vielfachtelegraphie *f*, -betrieb *m*, Mehrfachtelegraphie *f* ‖ ~ **multiplex selectiva** / wechselseitige Multiplextelegraphie ‖ ~ **óctupla** / Achtfachtelegraphie *f* ‖ ~ **por desvio em frequência** / Frequenzumtasttelegraphie *f* ‖ ~ **quadrúplex** (telecom.) / Quadruplextelegraphie *f* ‖ ~ **quadruplex** (telecom.) / Vierfachtelegraphie *f* ‖ ~ **sêxtupla** / Sechsfachtelegraphie *f*

telegráfico / telegraphisch

telegrama *m* / Telegramm *n*
teleguiado / ferngelenkt, ferngesteuert
teleguiamento *m* / Fernlenkung *f*
teleguiar / fernlenken
teleimpressor *m* / Fernschreiber *m* ‖ ~ **arrítmico** (telecom.) / Start-Stop-Schreiber *m*, -Einrichtung *f* ‖ ~ **de operadora** (telecom.) / Abfragemaschine *f* ‖ ~ **de página** (telecom.) / Blattschreiber *m*
teleindicação *f* / Fernanzeige *f*
teleindicador *m* / Fernanzeiger *m*, Fernmelder *m*
teleleitura *f* / Fernablesung *f*
telemanipulação *f* (técn. nucl.) / Fernbedienung *f*
telemanipulador *m* (técn. nucl.) / ferngesteuerter Manipulator, Fernbedienungsgerät *n*
telemanobra *f* / Fernstellen *n*, Fernbedienung *f*
telemanobrar / fernbedienen, fernbetätigen
telemedição *f* / Fernmessen, -meßwesen *n*, -messung *f*
telemetria *f* (agrimen.) / Entfernungsmessung *f* ‖ ~ (contr. autom.) / Datenfernübertragung *f*, Telemetrie *f*, Meßwertfernübertragung *f* ‖ ~ **por freqüência de pulsos**, telemetria *f* por frequência de impulsos / Impulsfrequenzfernmessung *f*
telémetro *m* (agrimen.) / Entfernungsmesser *m* ‖ ~ / Telemeter *n*, Abstandsmesser *m* ‖ ~ **de coincidência** / Schnittbildentfernungsmesser *m*, Mischbild-Entfernungsmesser *m* ‖ ~ **de imagens seccionadas** / Teilbildentfernungsmesser *m* ‖ ~ **estereoscópico** / Stereotelemeter *n*
telemicroscópio *m* / Fernrohrmikroskop *n*
telemotor *m* / Telemotor, Fernsteuerungsapparat *m*
teleobjectiva *f* (técn. fotogr.) / Televorsatz *m*, Teleobjektiv *n*
teleprocessamento *m* **de dados** (informática) / Datenfernverarbeitung *f* ‖ ~ **por lotes** (informática) / Fernstapelbetrieb *m*
telepsicrómetro *m* / Fernpsychrometer *n* ‖ ~ **de aspiração** / Aspirationsfernpsychrometer *n*
teleradiografia *f* / Fernbestrahlung *f*, Fernaufnahme *f*
teleran *m* / Fernsehradar *m n*
teleregulação *f* / Fernregelung *f*
teleregulado / ferngeregelt
telescópico / teleskopisch, ineinanderschiebbar, ausziehbar (gleitend)
telescópio *m* / Fernrohr *n*, Teleskop *n* ‖ ~ **astronómico** / astronomisches Fernrohr ‖ ~ **de alinhamento** / Fluchtfernrohr *n* ‖ ~ **de Cassegrain** / Cassegrain-Spiegel *m* ‖ ~ **de guia** / Leitfernrohr *n* ‖ ~ **de refracção** / Refraktor *m* (Linsenteleskop) ‖ ~ **monocular** / Einblick-Fernrohr *n* ‖ ~ **que faz uma revolução sobre si próprio** (agrimen.) / durchschlagbares Fernrohr
teleselecção *f* (telecom.) / Fernwahl *f*
teleselector *m* (telecom.) / Fernwähler *m*
telespectador *m* / Fernseher *m* (Person), Fernseh-Zuschauer *m*
telesqui *m* / Skilift *m*, Schlepplift *m*
telesupervisão *f* / Fernüberwachung *f*
teletermómetro *m* / Fernthermometer *n*
teletex *m* (informática) / Teletex *n*
teletipista *m* / Fernschreiber *m* (Person)
teletransmissão *f* / Fernübertragung *f* ‖ ~ **de dados** (informática) / Datenfernübertragung *f*, Fernübermittlung *f* von Daten
teletransmissor *m* / Ferngeber *m*
televatímetro *m* / Leistungsfernmeßgerät *n*
televisão *f* / Fernsehen *n*, Fernsehrundfunk *m* (amtlich), Sehfunk *m* ‖ **ver** ~ (tv) / fernsehen ‖ ~ **a cores** / Farbbildübertragung *f*, Farbfernsehen *n*, FFS ‖ ~ **compatível** / Universalfernsehen *n* (Farben u. Schwarz) ‖ ~ **educativa**, televisão *f* escolar, tele-escola *f* / Bildungsfernsehen *n*, Schulfernsehen *n* ‖ ~ **em circuito fechado** (tv) / Kurzschlußfernsehen *n* ‖ ~ **por cabo** / Kabelfernsehen *n*
televisionar / fernsehsenden, über Fernsehen senden, im Fernsehen übertragen
televisionável / durch Fernsehen übertragbar
televisor *m* / Fernsehgerät *n*, Fernseher *m* ‖ ~ **a cores** / Farbfernseher *m*, -fernsehgerät *n* ‖ ~ **com pedestal** (tv) / Standgerät *n*
telex *m* / Fernschreiben *n*, Telex *n*
telha *f* / Dachziegel *m*, -platte *f* ‖ ~ **acanalada** (constr. civil) / Kehlziegel *m* ‖ ~ **árabe** / Hohlziegel *m*, -pfanne *f* ‖ ~**-canal** *f* / Nonne *f*, (unterer) Hohlziegel ‖ ~ **de arranque da cumeeira** (constr. civil) / Firstanfänger *m* ‖ ~ **de beiral** (constr. civil) / Bordziegel *m* ‖ ~ **de canto** / Eckstein, -ziegel *m* ‖ ~ **de canto da cumeeira** (constr. civil) / Firstecke *f* ‖ ~ **de cimento Portland** / Portlandklinker *m* ‖ ~ **de cobertura** (constr. civil) / Deckziegel *m* ‖ ~ **de cumeeira** (constr. civil) / Firstziegel *m* ‖ ~ **de cumeeira com ventilação** (constr. civil) / Firstlüfter *m* ‖ ~ **de encaixe** / Falzziegel *m*, Falzdachziegel *m* ‖ ~ **de encaixe ao comprido** / Strangfalzziegel *m* ‖ ~ **de encaixe para torre** / Turmfalzziegel *m* ‖ ~ **de encaixe prensada a molde** / Muldenfalzziegel *m* ‖ ~ **fêmea** (constr. civil) / Nonne *f* ‖ ~ **francesa** / Falzziegel *m* mit Nase ‖ ~ **holandesa** / Breitziegel *m* ‖ ~ **macho** (constr. civil) / Mönch *m* ‖ ~ **marselhesa** / Falzziegel *m* mit Nase ‖ ~ **oca** / Hohlziegel *m*, -pfanne *f* ‖ ~ **perfilada** / Profilstein, -ziegel *m* ‖ ~ **plana** (constr. civil) / Biberschwanz *m*, Flachziegel *m* ‖ ~ **suíça de encaixe paralelo** / Parallelfalzziegel *m*
telhado *m* (constr. civil) / Dach *n*, Bedachung *f* ‖ **com** ~ / gedeckt, mit Dach ‖ ~ **à imperial** (constr. civil) / Zwiebeldach *n* ‖ ~ **arqueado** (constr. civil) / Bogendach *n* ‖ ~ **bulbiforme** (constr. civil) / Zwiebeldach *n* ‖ ~ **com declive de 1/3** (constr. civil) / Dritteldach *n* ‖ ~ **com declive de 1/4** / Vierteldach *n* ‖ ~ **com declive de 1/5** / Fünfteldach *n* ‖ ~ **côncavo** / einwärts gebogenes Dach ‖ ~ **cónico** / Kegeldach *n* ‖ ~ **de alpendre** (constr. civil) / Halbdach *n* ‖ ~ **de arco abaulado** / Lamellendach *n*, Segmentbogendach *n* ‖ ~ **de asnas** / Binderdach *n* ‖ ~ **de caibros** / Sparrendach *n* ‖ ~ **de cana** / Rohrdach *n*, Dach *n* in Rohrkonstruktion ‖ ~ **de cartão asfaltado** / Pappdach *n* ‖ ~ **de chumbo** / Bleidach *n* ‖ ~ **de duas águas** / Satteldach *n* ‖ ~ **de lanterna** (constr. civil) / Haubendach *n* ‖ ~ **de lanternim** (constr. civil) / Haubendach *n* ‖ ~ **de papelão com ripas** (constr. civil) / Leistendach *n* ‖ ~ **de protecção** / Schutzdach *n* ‖ ~ **de tábuas** / Bretterdach *n* ‖ ~ **de telhas** / Ziegelbedachung *f*, -dach *n* ‖ ~ **de telhas holandesas** / Pfannendach *n* ‖ ~ **de tesouras** / Binderdach *n* ‖ ~ **de torre** / Turmdach, Pyramidendach *n* ‖ ~ **de três águas** / Walmdach, Zeltdach *n* ‖ ~ **de uma água** / einhängiges Dach, Pultdach *n*, Schleppdach *n* ‖ ~ **em cúpula** (constr. civil) / Kuppeldach *n* ‖ ~ **em forma de berço** (constr. civil) / Tonnendach *n* ‖ ~ **em pavilhão** / Zeltdach *n* ‖ ~ **em terraço** / Terrassendach *n* ‖ ~ **gótico** / gotisches Dach ‖ ~ **piramidal** / Turmdach, Pyramidendach *n* ‖ ~ **plano** / Flachdach *n*, gedrücktes Dach, flaches Dach ‖ ~ **quebrado** / gebrochenes Dach ‖ ~ **shed** / Sägedach *n*, Sheddach *n*
telhadura *f* / Dachdeckung *f*
telhar (constr. civil) / eindecken, dachdecken, bedachen
telhas *f pl* **de beiral** / Bordschicht *f*
telheiro *m* / Schirmdach *n*, Wetterdach *n*, Schutzdach *n*
telureto *m* / Tellurid *n* ‖ ~ **de prata** (química) / Tellursilber *n*
telúrico / Tellur(IV)-..., Tellur(VI)-...

telúrio *m*, Te (química) / Tellur *n*, Te ‖ ~ **foliado** / Blättertellur *m*
telurito *m* (química) / Tellurit *n*
teluroso / Tellur(II)-...
têmpera *f* (siderurg.) / Härten *n*, Einhärtung *f* ‖ ~ **a alta frequência** / Hochfrequenzhärtung *f* ‖ ~ **a temperatura elevada** / Thermalhärten *n*, -härtung *f* (auf Martensitgefüge) ‖ ~ **abrasiva** / Schleifhärte *f* (Email) ‖ ~ **activa de uma ferramenta cortante** / Schneidhärte *f* eines Werkzeugs ‖ ~ **ao ar** / Lufthärtung *f* ‖ ~ **ao fogo** / Brennhärten *n* ‖ ~ **directa após a cementação** / Härten *n* aus dem Einsatz ‖ ~ **do aço** / Stahlhärtung *f* ‖ ~ **dupla** (siderurg.) / Doppelhärten *n* ‖ ~ **e recozimento** / Härten u. Anlassen *n* ‖ ~ **em óleo** (máq., tecnol.) / Ölhärtung *f*, Härtung *f* in Öl ‖ ~ **em solução** / Lösungshärten *n* ‖ ~ **escalonada** / Stufenhärten *n* ‖ ~ **final** / Schlußhärten *n* ‖ ~ **gradual do aço** / allmähliches Härten des Stahls ‖ ~ **homogénea** / Durchhärtung *f* ‖ ~ **interrompida** / gebrochenes Härten ‖ ~ **martensítica** / Thermalhärten *n*, -härtung *f* (auf Martensitgefüge) ‖ ~ **martensítica retardada** / Warmbadhärten *n* ‖ ~ **pela água** (máq., tecnol.) / Wasserhärtung *f* ‖ ~ **por cianuração** / Cyanhärtung *f* ‖ ~ **por nitruração** / Nitrierhärtung *f*, -härten *n* ‖ ~ **por precipitação** (metal leve) / Dispersionshärten *n*, Aus[scheidungs]härtung *f* ‖ ~ **por têmpera e recozimento** / Härten-Vergüten-Härten *n* ‖ ~ **selectiva** / Teilhärtung *f* ‖ ~ **superficial** / Oberflächenhärtung *f*
temperabilidade *f* / Härtbarkeit *f*
temperado / angelassen, gehärtet ‖ **não** ~ / weich, ungehärtet ‖ ~ **a água** / wassergehärtet ‖ ~ **à chama** / flammgehärtet ‖ ~ **a óleo** (siderurg.) / ölgehärtet ‖ ~ **por precipitação** / ausscheidungsgehärtet
temperar / temperieren, mäßigen, abschrecken, schrecken ‖ ~ (siderurg.) / härten ‖ ~ **à chama** / flammenhärten ‖ ~ **homogeneamente** / durchhärten ‖ ~ **por indução** / induktionshärten ‖ ~ **por precipitação** / ausscheidungshärten
temperatura *f* / Temperatur *f*, Wärmegrad *m* ‖ **de ~ elevada** / Hochtemperatur... ‖ **de baixa** ~ / Tieftemperatur... ‖ ~ **abaixo de zero** / Temperatur *f* unter Null ‖ ~ **absoluta** / absolute Temperatur (gemessen in K) ‖ ~ **ambiente** / Umgebungstemperatur *f*, Raumtemperatur *f* ‖ ~ **ao rubro escuro** / Dunkelrotglut *f* ‖ ~ **ao vermelho cereja** / Dunkelkirschrotglut *f* ‖ ~ **baixa** / Kälte *f* ‖ ~ **característica** / Eigentemperatur *f* ‖ ~ **da cor** / Farbtemperatur *f* ‖ ~ **da junção virtual** (semicondut.) / Ersatz-Sperrschichttemperatur *f* ‖ ~ **de admissão** (máq. vapor) / Eintrittstemperatur *f* ‖ ~ **de amolecimento** / Erweichungstemperatur *f* ‖ ~ **de clarificação** / Klarpunkt *m* ‖ ~ **de ebulição** / Siedehitze *f* ‖ ~ **de entrada** (máq. vapor) / Eintrittstemperatur *f* ‖ ~ **de formação de filme** (plást.) / Filmbildetemperatur *f* ‖ ~ **de ignição** / Entzündungstemperatur [von Gasgemisch] *f* ‖ ~ **de inflamação** (química) / Zündtemperatur *f*, Entzündungstemperatur *f* ‖ ~ **de referência** / Bezugstemperatur *f* ‖ ~ **de relaxação** / Entspannungstemperatur *f* ‖ ~ **de resistência ao calor** / Formbeständigkeit in °C *f* ‖ ~ **de saída** / Austrittstemperatur *f* ‖ ~ **de sinterização** / Sinterhitze *f* ‖ ~ **de soldar** / Schweißhitze *f*, -temperatur *f* ‖ ~ **de têmpera** (siderurg.) / Härtetemperatur *f* ‖ ~ **de trabalho** / Betriebstemperatur *f* ‖ ~ **do banho tintorial** / Färbetemperatur *f* ‖ ~ **do corpo negro** / schwarze Temperatur, Schwarzkörpertemperatur *f* ‖ ~ **elevada** / erhöhte Temperatur ‖ ~ **equivalente interna** (semicondut.) / innere Ersatztemperatur, Ersatz-Sperrschichttemperatur *f* ‖ ~ **inicial** (máq. vapor) / Eintrittstemperatur *f* ‖ ~ **insuficiente** / Untertemperatur *f* ‖ ~ **média anual** / Jahresdurchschnittstemperatur *f* ‖ ~ **medida no termómetro esférico molhado** / Feuchtkugeltemperatur *f* ‖ ~ **negativa** / Temperatur *f* unter Null ‖ ~ **no ponto de orvalho** / Temperatur *f* bei 100% rel. Feuchte ‖ ~ **superior à normal** / Übertemperatur *f* ‖ ~ **virtual** (semicondut.) / innere Ersatztemperatur
temperável / härtbar
tempereiro *m* (tecel.) / Breithalter *m*
tempestade *f* / Sturm *m* ‖ ~ **de fogo** / Feuersturm *m* ‖ ~ **eléctrica** / elektrischer Sturm ‖ ~ **magnética** / erdmagnetischer Sturm, magnetischer Sturm
tempestuoso / böig
tempo *m* / Zeit *f* ‖ ~ (mot.) / Takt *m*, Arbeitstakt *m* ‖ ~ (meteorol.) / Wetter *n* ‖ **em ~ real** (informática) / schritthaltend ‖ **em função do** ~ / zeitabhängig ‖ ~ **atendido** (informática) / Betriebszeit *f* ‖ ~ **atómico** / Atomzeit *f* ‖ ~ **da marcha por inércia até parar** / Auslaufzeit *f* ‖ ~ **de abertura** (electrón.) / Flußzeit *f* ‖ ~ **de acção derivada** (contr. autom.) / Vorhaltezeit *f* ‖ ~ **de acção integral** (contr. autom.) / Nachstellzeit *f* ‖ ~ **de accionamento** / Ansprechzeit *f* ‖ ~ **de acumulação de carga** (semicondut.) / Ladungsträger-Speicherzeit *f* ‖ ~ **de admissão** (mot.) / Einlaßhub, -takt *m* ‖ ~ **de ajuste** (contr. autom.) / Stellzeit *f* ‖ ~ **de aprendizagem** / Anlernzeit *f* ‖ ~ **de aquecimento** / Einlaufzeit *f* (zum Anwärmen) ‖ ~ **de arranque** / Anlaufzeit *f* ‖ ~ **de bloqueio** (técn. nucl.) / Blockierungszeit *f* ‖ ~ **de carga** / Chargierdauer *f* ‖ ~ **de combustão** / Brennzeit *f* ‖ ~ **de compressão** (mot.) / Verdichtungstakt, -hub *m*, Kompressionshub *m*, -periode *f* ‖ ~ **de condução** (autom.) / [eigentliche] Fahrzeit, Zeit *f* am Steuer ‖ ~ **de condução** (rádio) / Stromflußwinkel *m* ‖ ~ **de condução** (electr.) / Stromführungsdauer *f* ‖ ~ **de construção** / Bauzeit *f* ‖ ~ **de decaimento** (electrón.) / Dämpfungszeit *f*, Abklingzeit *f* ‖ ~ **de decaimento do sinal** (telecom.) / Signalabfallzeit *f* ‖ ~ **de desaccionamento** (relé) / Abfallzeit *f* ‖ ~ **de descida do flanco** / Flankenabfallzeit *f* ‖ ~ **de desionização** / Erholzeit *f*, Entionisierungszeit *f* ‖ ~ **de desocupação da linha** (telecom.) / Leerzeit *f* ‖ ~ **de endurecimento** (plást.) / Erstarrungszeit *f* ‖ ~ **de espera** (informática) / Aufsetzzeit *f* ‖ ~ **de estabelecimento** (electrón., sinais) / Freigabezeit *f* ‖ ~ **de execução** / Ausführungszeit *f* ‖ ~ **de explosão** (mot.) / Explosionshub *m* ‖ ~ **de exposição** (técn. fotogr.) / Belichtungszeit *f* ‖ ~ **de falhas precoces** (electrón.) / Zeit der Frühsterblichkeit ‖ ~ **de fixação** (máq. ferram.) / Rüstzeit (für Aufrüsten), Einrichtezeit *f*, Spannzeit *f* ‖ ~ **de formação** (electr.) / Aufbauzeit *f* ‖ ~ **de funcionamento** / Laufzeit *f* ‖ ~ **de geração** (técn. nucl.) / Generationsdauer *f* ‖ ~ **de gravação** / Aufnahmezeit *f* ‖ ~ **de ignição** / Entzündungszeit *f* ‖ ~ **de ionização** / Aufbauzeit *f*, Ionisierungszeit *f* ‖ ~ **de latência** (informática) / Latenz[zeit] (= Wartezeit, bis die Information unter dem auf der richtigen Spur lesebereiten Kopf erscheint) *f* ‖ ~ **de liberação**, tempo *m* de libertação (electrón.) / Auslösezeit *f* ‖ ~ **de livramento** (relé) / Rückfallzeit *f* ‖ ~ **de manobra** (interruptor) / Eigenzeit *f* ‖ ~ **de manobra** (máq. ferram.) / Schaltzeit *f* ‖ ~ **de máquina** (máq. ferram.) / Maschinenzeit *f* ‖ ~ **de máquina controlado** (org. industr.) / feste Maschinenzeit ‖ ~ **de máquina permissível** / verfügbare Benutzerzeit ‖ ~ **de moldagem** (plást.) / Stehzeit *f* ‖ ~ **de não-contaminação** / Haltezeit *f*, Stay-down-Zeit *f* (des Hochvakuums) ‖ ~ **de ocupação** (telecom.) / Belegungszeit *f* ‖ ~ **de**

operação (relé) / Anzugszeit *f* ‖ ~ **de operação** (informática) / Arbeitsfähigkeitsdauer *f*, verfügbare Betriebszeit ‖ ~ **de operação** / Laufzeit *f* ‖ ~ **de paragem** / Haltezeit *f* ‖ ~ **de passagem** (geral) / Durchlaufzeit *f* ‖ ~ **de passagem** (trânsito) / Freigabezeit *f* („Grün") ‖ ~ **de passagem do filme** / Filmlaufzeit *f* ‖ ~ **de permanência** (química) / Verweilzeit *f* ‖ ~ **de permanência no reactor** (técn. nucl.) / Einsatzzeit *f* im Reaktor ‖ ~ **de presa** (cimento, betão) / Abbindezeit *f* ‖ ~ **de presa** (plást.) / Erstarrungszeit *f* ‖ ~ **de processamento** / Bearbeitungszeit *f* ‖ ~ **de produção** / Fertigungszeit *f* ‖ ~ **de propagação** (electrón.) / Laufzeit *f* ‖ ~ **de propulsão** (míssil) / Brennzeit *f* ‖ ~ **de reacção** / Ansprechzeit *f* ‖ ~ **de recuperação** / Erholungszeit *f* ‖ ~ **de repouso** / Sperrzeit *f* ‖ ~ **de resposta** / Einregelzeit *f* ‖ ~ **de resposta** (contr. autom.) / Anlaufzeit *f*, Schaltzeit *f* ‖ ~ **de restabelecimento** (relé) / Rückgangszeit, -laufzeit *f* ‖ ~ **de reverberação** (acústica) / Nachhallzeit *f* (auf über 60 dB Dämpfung) ‖ ~ **de subida do flanco** / Flankenanstiegzeit *f* ‖ ~ **de supressão** (electrón.) / Freihaltezeit *f* ‖ ~ **de taxação** (telecom.) / Gebührendauer *f* ‖ ~ **de trabalho por peça** (máq. ferram.) / Stückzeit *f* ‖ ~ **de transformação** / Durchlaufzeit *f* (durch einen Fertigungsvorgang), Bearbeitungszeit *f* ‖ ~ **de transição** (semicondut.) / Flankenzeit *f* ‖ ~ **de treinamento** / Anlernzeit *f* ‖ ~ **de uma revolução** (mecân.) / Umlaufzeit *f* ‖ ~ **de voo** (técn. nucl., aeronáut.) / Flugzeit *f* ‖ ~ **do ciclo** (máq. ferram.) / Taktzeit *f*, -dauer *f* ‖ ~ **elementar** / Elementarzeit *f* (etwa 10^{-23} s) ‖ ~ **improdutivo** (org. industr.) / Leerzeit *f* ‖ ~ **inicial** / Anfahrzeit *f* ‖ ~ **médio de Greenwich** / Greenwich Mittlere Zeit ‖ ~ **morto** (informática, contr. autom.) / Totzeit *f* ‖ ~ **parado** (electr.) / Fallzeit *f* ‖ ~ **perdido** / Leerzeit *f*, Verlustzeit *f* ‖ ~ **sideral** / Sternzeit *f* ‖ ~ **solar** / Sonnenzeit *f* ‖ ~ **taxável** (telecom.) / gebührenpflichtige Belegungszeit ‖ ~ **tecnológico** / Durchlaufzeit *f* (durch einen Fertigungsvorgang), Bearbeitungszeit *f* ‖ ~ **transitório** / Einschwingzeit *f* ‖ ~ **universal** / Weltzeit *f* (um Mitternacht beginnende Ortszeit von Greenwich)

tempolábil (química) / zeitlich unbeständig, sich im Verlauf der Zeit ändernd

temporário / zeitlich, temporär ‖ ~ (electr.) / kurzzeitig

temporização *f* (electr., electrón.) / Verzögerung *f*

temporizado (electr.) / verzögert

temporizador *m* (electr.) / Zeitschalter *m*, -schaltwerk *n* ‖ ~ (máq., tecnol.) / Verzögerer *m*

temporizar (electr., electrón.) / verzögern

tenacidade *f* / Zähigkeit *f*, Festigkeit *f* ‖ ~ **à ruptura** / Bruchzähigkeit *f*

tenantita *f* / Arsenfahlerz *n*, Tennantit *m*

tenaz *f* (têxtil) / Kluppe *f* ‖ ~ *adj* / zäh ‖ ~ *f* **de cadinho** (siderurg.) / Bauchzange *f*, Tiegelzange *f* ‖ ~ **de carris** (técn. ferrov.) / Schienenrücker *m*, Schienentragezange *f* ‖ ~ **de ferreiro** / Stockzange *f*, Schmiedezange *f* ‖ ~ **de garrafeiro** / Flaschenzange *f* ‖ ~ **de lingotes** / Blockzange *f* ‖ ~ **de trilhos** (técn. ferrov.) / Schienenrücker *m*, Schienentragezange *f* ‖ ~ **para forja** / Schmiedezange *f*

tendência *f* / Neigung *f*, Tendenz *f*, Trend *m* ‖ ~ **a abrir fissuras durante a soldadura** / Schweißrissigkeit *f* ‖ ~ **à ruptura por clivagem** (mineralog.) / Spaltbrüchigkeit *f* ‖ ~ **azul** (técn. fotogr.) / Blaustich *m* ‖ ~ **para floculação** (siderurg.) / Flockenneigung *f*

tendenciosidade *f* (informática) / asymmetrischer Fehlerbereich

tender *v* / spannen, anspannen, unter Spannung setzen

tênder *m* (navio) / Begleitschiff *n* ‖ ~ **atrelado** (técn. ferrov.) / Schlepptender *m*

tensão *f* (electr.) / Spannung *f* ‖ ~ (mecân., física) / Ziehen *n*, Zug *m*, Spannung *f* ‖ **alta** ~ / Oberspannung *f* ‖ **alta** ~ / Hochspannung *f* (GB: über 630 V, Deutschland: über 1 kV, Schaltanlagen über 250 V) ‖ **baixa** ~ / Niederspannung *f* ‖ **de alta** ~ (electr.) / hochgespannt, Hochspannungs... ‖ **de baixa** ~ / Niedervolt..., Niederspannungs... ‖ **sem** ~ (electr.) / spannungslos, -frei ‖ **sob** ~ (electr.) / unter Spannung ‖ **sob** ~ (mola) / unter Spannung, gespannt ‖ ~ **activa** (electr.) / Wirkspannung *f* ‖ ~ **alternada** (electr.) / Wechselspannung *f* ‖ ~ **alternada suportável** (electr.) / Stehwechselspannung *f* ‖ ~ **anódica** / Anodenspannung *f* ‖ ~ **anódica inversa** / Anodensperrspannung *f* ‖ ~ **anódica negativa** (electrón.) / Bremsspannung *f* ‖ ~ **axial** / Längsspannung *f* ‖ ~ **composta** (electr.) / Leiterspannung, verkettete Spannung *f* ‖ ~ **contínua** (electr.) / Gleichspannung *f* ‖ ~ **contínua anódica** / Anodengleichspannung *f* ‖ ~ **crítica** (electrón.) / Anfangsspannung *f* ‖ ~ **crítica de Euler** / Eulersche Knickspannung ‖ ~ **crítica de grade**, tensão *f* crítica de grelha (electrón.) / Gitterzündspannung *f* ‖ ~ **da correia** / Riemenzug *m* ‖ ~ **da solução electrolítica** / Lösungsspannung *f* ‖ ~ **das arestas** / Kantenspannung *f* ‖ ~ **de aceleração** / Saugspannung *f* ‖ ~ **de alimentação** / Speisespannung *f*, Versorgungsspannung *f* ‖ ~ **de alimentação anódica** / Anodenbetriebsspannung *f* ‖ ~ **de aumento progressivo** / langsam anwachsende Spannung ‖ ~ **de avalancha** / Durchbruchspannung *f* ‖ ~ **de bloqueio** / Blockierspannung *f* ‖ ~ **de campo** (electr.) / Feldspannung *f* ‖ ~ **de carga** / Ladespannung *f* ‖ ~ **de carga de compensação** / Erhaltungsladespannung *f* ‖ ~ **de centelhas** / Funkenspannung *f* ‖ ~ **de circuito aberto** / Leerlaufspannung *f* ‖ ~ **de circuito aberto** (acumul.) / elektromotorische Kraft einer Batterie ‖ ~ **de cisalhamento** / Scherspannung *f* ‖ ~ **de comando** / Steuerspannung *f* ‖ ~ **de compressão** / Druckspannung *f* ‖ ~ **de conexão** / Anschlußspannung *f* ‖ ~ **de contacto** (física) / Berührungsspannung *f* ‖ ~ **de contacto** (electr.) / Kontaktspannung *f* ‖ ~ **de corrente contínua** / Gleichstromspannung *f* ‖ ~ **de corte** / Einsatzspannung *f* ‖ ~ **de crista** (electr.) / Spitzenspannung *f* ‖ ~ **de defeito** / Fehlerspannung *f* ‖ ~ **de desaccionamento** (relé) / Abfallspannung *f* ‖ ~ **de descarga** (acumul.) / Abgabespannung *f*, Entladespannung *f* ‖ ~ **de disparo** / Zündspannung *f* ‖ ~ **de distorção permanente** / bleibend deformierende Spannung ‖ ~ **de eflúvio** / Glimmspannung *f* ‖ ~ **de elemento** / Zellenspannung *f* ‖ ~ **de entrada** (electrón.) / Eingangsspannung *f* ‖ ~ **de escoamento** / Fließspannung *f* ‖ ~ **de excitação** (electr.) / Erregerspannung *f*, Feldspannung *f* ‖ ~ **de exploração** / Abtastspannung *f* ‖ ~ **de exploração de linhas** / Zeilenkippspannung *f* ‖ ~ **de feixe** (electrón.) / Strahlspannung *f* ‖ ~ **de filamento** (electrón.) / Heizspannung *f* ‖ ~ **de flambagem** / Knickspannung *f* ‖ ~ **de flexão** / Biegespannung *f* ‖ ~ **de grade**, tensão *f* de grelha (electrón.) / Gitterspannung *f* ‖ ~ **de ignição** / Zündspannung *f* ‖ ~ **de manutenção** (electrón.) / Brennspannung *f* ‖ ~ **de mola** / Federspannung *f* ‖ ~ **de oscilador** / Schwingspannung *f* ‖ ~ **de penetração** (díodo) / Durchschlagspannung *f* ‖ ~ **de penetração**

(semicondut.) / Sperrschichtberührungsspannung *f* ‖ ~ **de placa** / Anodenspannung *f* ‖ ~ **de polarização** (electrón.) / Vorspannung *f* ‖ ~ **de polarização base-emissor** / Basis-Emitter-Vorspannung *f* ‖ ~ **de polarização de grade ou grelha** (electrón.) / Gittervorspannung *f* ‖ ~ **de polarização do desmodulador** / Detektorvorspannung *f* ‖ ~ **de ponto de crista** (díodo túnel) / Gipfelspannung *f*, Höckerspannung *f* ‖ ~ **de quadratura** (electr.) / Quadraturspannung *f* ‖ ~ **de rede** (electr.) / Betriebsspannung, Netzspannung *f* ‖ ~ **de referência** (electr.) / Bezugsspannung *f* ‖ ~ **de repouso** (acumul., electrón.) / Ruhespannung *f* ‖ ~ **de ressonância** (electr.) / Resonanzspannung *f* ‖ ~ **de retorno** (telecom.) / Echospannung *f* ‖ ~ **de ruído de fundo ponderada** (fita magn.) / Ruhegeräuschspannung *f* ‖ ~ **de ruptura** (cabo) / Durchbruchspannung *f*, -potential *n* ‖ ~ **de ruptura do ânodo** / Durchbruchspannung *f* (Anode) ‖ ~ **de saída** (electrón.) / Ausgangsspannung *f*, Austrittsspannung *f* ‖ ~ **de serviço** / Betriebsspannung *f*, Gebrauchsspannung *f* ‖ ~ **de soleira** (díodo) / Schwellenspannung U_s *f*, Schleusenspannung U_s *f* ‖ ~ **de tecto** (electr.) / Deckenspannung *f* ‖ ~ **de torção** / Drehspannung *f*, Verdrehungsspannung *f* ‖ ~ **de utilização** / Gebrauchsspannung *f* ‖ ~ **de varredura** / Kippspannung *f* ‖ ~ **de zumbido** / Brummspannung *f* ‖ ~ **diametral** (electr.) / Durchmesserspannung *f* ‖ ~ **directa** (electrón.) / Spannung *f* in Fluß- o. Durchlaßrichtung ‖ ~ **directa** (semicondut.) / Vorwärtsspannung *f* ‖ ~ **directa** (electr.) / Durchlaßspannung *f* ‖ ~ **disruptiva** (electr.) / Durchschlagspannung *f* ‖ ~ **do alternador** / Generatorspannung *f* ‖ ~ **do arco** (electr.) / Schweißspannung *f* ‖ ~ **do cabo** / Seilzug *m*, -spannung *f* ‖ ~ **do fio** (têxtil) / Anspannung *f* des Fadens ‖ ~ **do gerador** / Generatorspannung *f* ‖ ~ **do induzido** (electr.) / Läuferspannung *f* ‖ ~ **do primário** (electr.) / primärseitige Spannung, Primärspannung *f* ‖ ~ **do tanque** (galvanoplast.) / Badspannung *f* ‖ ~ **do vapor** / Dampfspannung *f*, Dampfdruck *m* ‖ ~ **eléctrica** / Stromspannung *f* ‖ ~ **em delta** (electr.) / Dreieckspannung *f* ‖ ~ **em estrela** (electr.) / Sternspannung *f*, Phasenspannung *f* (Spannung gegen Sternpunktsleiter) ‖ ~ **em rampa** (electrón.) / linear ansteigende Spannung ‖ ~ **em triângulo** (electr.) / Dreieckspannung *f* ‖ ~ **entre as lâminas do colector** (electr.) / Lamellenspannung *f* ‖ ~ **entre fases** (electr.) / Dreieckspannung *f*, Phasenspannung *f* (Spannung gegen Sternpunktsleiter), Sternspannung *f* ‖ ~ **escalonada** (electr.) / Treppenspannung *f* ‖ ~ **estranha**, tensão *f* externa, tensão *f* espúria (electr.) / Fremdspannung *f* ‖ ~ **final** (acumul.) / Endspannung *f* ‖ ~ **final de carga** (acumul.) / Lade-Endspannung *f* ‖ ~ **flutuante** (semicondut.) / Schwebspannung *f* ‖ ~ **fotoeléctrica** / Photospannung *f* ‖ ~ **induzida** / Sekundärspannung *f*, induzierte Spannung ‖ ~ **inicial dos fios** / Fadenvorspannung *f* ‖ ~ **inicial inversa** (rectif.) / Sprungspannung *f* ‖ ~ **interfacial** / Grenzflächenspannung *f* ‖ ~ **interna** (mecân.) / innere Spannung, Innenspannung *f* ‖ ~ **interna** (electr.) / innere Spannung ‖ ~ **inversa** (semicondut.) / Rückwärtsspannung *f* ‖ ~ **inversa de ruptura** / Durchbruchspannung *f* (bei einem rückwärts sperrenden Thyristor) ‖ ~ **limiar** (díodo) / Schleusenspannung U_s *f*, Schwellenspannung U_s *f* ‖ ~ **limite** (máq., tecnol.) / Grenzspannung *f* ‖ ~ **longitudinal** / Längsspannung *f* ‖ ~ **máxima** (mecân.) / Oberspannung *f* ‖ ~ **microfónica** / Klingspannung *f* ‖ ~ **mínima de arranque** / Mindestanlaßspannung *f* ‖ ~ **na corda** (constr. metál.) / Gurtspannung *f* ‖ ~ **na corrente** / Kettenzug *m* (Zug in der Kette) ‖ ~ **na fibra externa** (mecân.) / Randspannung *f* ‖ ~ **natural** (electr.) / Eigenspannung *f* ‖ ~ **nominal** / Nennspannung *f* ‖ ~ **nos bornes**, tensão *f* nos terminais / Klemmenspannung *f* ‖ ~ **nula** (electr.) / Nullspannung *f* ‖ ~ **operacional** / Arbeitsspannung *f* ‖ ~ **parasita** / Störspannung *f* ‖ ~ **parasita em série** (instr.) / Serienstörspannung *f* ‖ ~ *m* **parasita entre circuito de medição e terra** (instr.) / Gleichtaktstörspannung *f* ‖ ~ *f* **por fase** (electr.) / Phasenspannung *f*, Spannung *f* gegen Nulleiter, Strangspannung *f* ‖ ~ **prévia** (mecân.) / Vorspannung *f* ‖ ~ **primária** (transform.) / Oberspannung *f* ‖ ~ **principal** (mecân.) / Hauptspannung *f* ‖ ~ **psofométrica** (telecom.) / Geräuschspannung *f* ‖ ~ **reactiva** (electr.) / Blindspannung *f* ‖ ~ **residual do emissor** / Emitter-Restspannung *f* ‖ ~ **reversa** / Sperrspannung *f* ‖ ~ **secundária** (mecân.) / Nebenspannung *f*, Sekundärspannung *f* ‖ ~ **secundária** (electr.) / Sekundärspannung *f*, induzierte Spannung ‖ ~ **senoidal**, tensão *f* sinusoidal / Sinusspannung *f* ‖ ~ **suportável** (electr.) / Stehspannung *f*, Haltespannung *f* ‖ ~ **térmica** / Wärmespannung *f* ‖ ~ **transitória** (electr.) / Stoßspannung *f* ‖ ~ **ultra-alta** (electr.) / Höchstspannung *f* (500 - 2000 kV) ‖ ~ **útil** / Effektivspannung *f*

tensioactivo / oberflächenaktiv, kapillaraktiv

tenso / gespannt, straff

tensor *m* (matem.) / Tensor *m*, Affinor *m* ‖ ~ / Spannschloß *n* ‖ ~ (máq., tecnol.) / Spanner *m* ‖ ~ **bifurcado** / Gabelspannschloß *n* ‖ ~ **da tesoura** / Dachbinder-Obergurt *m* ‖ ~ **de correia** / Riemenspanner *m* ‖ ~ **de fio** (telecom.) / Froschklemme *f* ‖ ~ **de linhas** (electr.) / Leitungsspanner *m* ‖ ~ **de tirante** / Ankerspannschraube *f* ‖ ~ **do fio** (máq. cost.) / Fadenspanner *m* ‖ ~ **momento-energia** (técn. nucl.) / Energie-Impuls-Tensor *m*

tenuidade *f* (luz, som) / Schwäche *f*

teodolito *m* (agrimen.) / Universalinstrument *n*, Theodolit *m* ‖ ~ **de repetição com limbo vertical** / Repetitionstheodolit *m* mit Höhenkreis ‖ ~ **suspenso** / Hängetheodolit *m*

teor *m* / Gehalt *m*, Inhalt *m* ‖ **com alto ~ de matérias voláteis** / mit hohem Gehalt an Flüchtigem ‖ **com baixo ~ de chumbo** / bleiarm (Kraftstoff) ‖ **com elevado ~ de carbono** / hochgekohlt ‖ **de alto ~** / hochprozentig ‖ **de alto ~ em matérias voláteis** / hochbituminös ‖ **de baixo ~** / geringhaltig ‖ **de baixo ~ de carbono** (siderurg.) / niedriggekohlt ‖ ~ **bacteriano** / Bakterienzahl *f* ‖ ~ **de ácido** / Säuregehalt *m* ‖ ~ **de carbono** / Kohlenstoffgehalt *m* ‖ ~ **de cinza** / Aschengehalt *m* ‖ ~ **de cinzas** (papel) / Glührückstand *m* ‖ ~ **de ferro** / Eisengehalt *m* ‖ ~ **de (h)umidade** / Feuchtigkeitsgehalt *m* ‖ ~ **de vapor de água no ar** / Dampfgehalt *m* der Luft ‖ ~ **em gás** / Gasgehalt *m* ‖ ~ **em gordura** / Fettgehalt *m* ‖ ~ **em matéria seca** / Trockengehalt *m* ‖ ~ **em matérias sólidas** / Feststoffanteil *m* ‖ ~ **em ouro** / Goldgehalt *m* ‖ ~ **em prata** / Silbergehalt *m* ‖ ~ **harmónico** (electr.) / Oberwellengehalt *m* ‖ ~ **máximo** (química) / Höchstgehalt *m* ‖ ~ **médio** / Durchschnittsgehalt *m*

teorema *m* (matem.) / Theorem *n*, Lehrsatz *m*, Grundsatz *m*, Satz *m* ‖ ~ *f* **binominal** / Binomialsatz *m* ‖ ~ *m* **da tangente** / Tangentensatz *m* ‖ ~ **de Bayes** (matem.) / Bayesscher Satz ‖ ~ **de co-seno** (matem.) /

Kosinussatz *m* ‖ ~ **de Mc Millan** / asymptotische Gleichverteilung ‖ ~ **de Pitágoras** / Pythagoreischer Lehrsatz, [Satz des] Pythagoras *m* ‖ ~ **do momento** (física) / Impulssatz *m* ‖ ~ **dos três momentos** / Clapeyronsches Verfahren *n*
teoria *f* / Theorie *f* ‖ ~ **cinética das reacções** / Reaktionskinetik *f* ‖ ~ **da emissão** (física) / Emissionstheorie *f* (des Lichtes) ‖ ~ **da epigenesia** / Epigenesetheorie, Postformationstheorie *f* ‖ ~ **da informação** / Informationstheorie *f* ‖ ~ **da relatividade** / Relativitätstheorie *f* ‖ ~ **da relatividade de Einstein** / Einsteinsches Relativitätsgesetz *n* ‖ ~ **da relatividade geral** / allgemeine Relativitätstheorie ‖ ~ **das combinações** (matem.) / Kombinatorik *f* ‖ ~ **das engrenagens** (máq., tecnol.) / Getriebelehre *f* ‖ ~ **das ondulações** / Undulationstheorie *f*, Wellentheorie *f* ‖ ~ **das tensões** (química) / Spannungstheorie *f* ‖ ~ **de campo quantizada** / Quantenfeldtheorie *f* ‖ ~ **de um grupo** (matem.) / Eingruppentheorie *f* ‖ ~ **do campo** (física) / Feldtheorie *f* ‖ ~ **do entrelaçamento** / Bindungslehre *f* ‖ ~ **do vento da hélice** (aeronáut.) / Strahltheorie *f* ‖ ~ **dos conjuntos** (matem.) / Mengenlehre *f* ‖ ~ **dos mecanismos** (cinemática) / Getriebelehre *f* ‖ ~ **quântica** / Quantentheorie *f*
teórico / theoretisch, Soll...
tépido / verschlagen *adj*, lau *adj*, lauwarm, handwarm
ter demasiada folga / schütteln *vi* (zu viel Spiel haben) ‖ ~ **folga** (máq., tecnol.) / Spiel haben, Lose haben ‖ ~ **fuga** / undicht sein, leck sein ‖ ~ **solidez** / halten, aushalten *vi*
terbentina *f* **do Canadá** / Canadabalsam *m*
térbio *m*, Tb (química) / Terbium *n*, Tb
terça *f* (constr. civil) / Pfette *f*, Dachpfette *f*, Dachstuhlpfette *f* ‖ ~ **de alpendre** / Bockpfette *f* ‖ ~ **de cumeeira** (constr. civil) / Firstpfette *f* ‖ ~ **em treliça** (constr. civil) / gegliederte Pfette ‖ ~ **inferior** (constr. civil) / Fußschwelle *f*, Sparrenschwelle *f*, Fußpfette *f*
terceira potência *f* (matem.) / dritte Potenz
terceiro carril (técn. ferrov.) / Stromschiene *f*, dritte Schiene ‖ ~ **trilho** (técn. ferrov.) / Stromschiene *f*, dritte Schiene
terciário *m* (geol) / Tertiär *n*, Tertiärformation *f* ‖ ~ *adj* (geol) / tertiär, Tertiär...
terciopelo *m* **de algodão com fundo de sarja** (têxtil) / Köpermanchester *m* ‖ ~ **não cortado** (têxtil) / Halbsamt *m*
terço *m* / Drittel *n*
terebintina *f* / Terpentin *m n* ‖ ~ **de lariço**, terebintina-de-veneza *f* / Lärchenterpentin *n m*
teredo *m* / Teredowurm *m* ‖ ~ **navalis** / Bohrwurm *m*, Schiffswurm *m*
termalização *f* (técn. nucl.) / Neutronenabbremsung *f*, Thermalisierung *f*
termião *m* / Thermo-Elektron *n*, Thermion *n*
térmico / thermisch, thermisch, wärmetechnisch, Wärme...
terminação *f* / Abschluß *m*
terminal *m* (informática) / Datenendgerät *n*, Terminal *n*, Datenstation *f* ‖ ~ (tráfego) / Terminal *m* ‖ ~ (telecom.) / Anschluß *m* ‖ ~ (electrón.) / Anschlußpunkt *m* ‖ ~ / Belag *m* (von Keramikkondensatoren) ‖ ~ **de antena** / Antennenklemme *f* ‖ ~ **de base** (transistor) / Basisklemme *f* ‖ ~ **de cabos** (electr.) / Kabelschuh *m* ‖ ~ **de carga** (aeronáut.) / Frachtabfertigungsanlage *f* ‖ ~ **de chumbo para cabos** / Bleiabschlußmuffe *f* für Kabel ‖ ~ **de fac-símile** / Faksimile-Terminal *n* ‖ ~ **de mola** (electr.) / Federklemme *f* ‖ ~ **de recepção** (informática) / Empfangsterminal *n*, -station *f* ‖ ~ **de rosca** / Gewindeauslauf *m* (DIN 76) ‖ ~ **de saída** (informática) / Ausgangsanschluß *m* ‖ ~ **de saída de dados** (informática) / DE-Einrichtung *f*, DEE ‖ ~ **de solda[dura]** / Lötanschluß *m* (IC), Lötöse *f* ‖ ~ **de terra** (electr.) / Erde *f*, Masseanschluß *m* ‖ ~ **de usuário**, terminal *m* de utente (informática) / Benutzerstation *f* ‖ ~ **do cabo de bateria** / Batteriekabelschuh *m* ‖ ~ *f* **em série** / Hauptschlußklemme *f* ‖ ~ *m* **emissor** (informática) / Sendestation *f* (Terminal) ‖ ~ **híbrido de um circuito de quatro fios** (electr.) / Gabelpunkt *m* einer Vierdrahtleitung ‖ ~ **inteligente** / frei programmierbare Datenstation, intelligentes Terminal ‖ ~ **para containers**, terminal *m* para contentores / Behälter-Terminal *m n* ‖ ~ **para linhas telegráficas** (informática) / Fernschreibanschluß *m* ‖ ~ **receptor** (informática) / Empfangsterminal *n*, -station *f* ‖ ~ **só para recepção** / Datenempfangsstation *f* ‖ ~ **transmissor** (informática) / Sendestation *f* (Terminal)
terminar / beenden, enden, aufhören, abschließen, fertigmachen, aufarbeiten ‖ ~ **a teia** / abweben ‖ ~ **o tingimento** (tinturaria) / ausfärben, fertigfärben ‖ ~ **o urdume** / abweben
termiónica *f* / Thermionik *f*
termiónico / thermionisch
termistência *f*, termistor *m* (electrón.) / Heißleiter *m*, Thermistor *m*
termita *f*, termite *f* (sold) / Thermit *n*
termo *m* / Thermosflasche *f*, Isolierflasche *f*
termo *m* / Benennung *f*, Begriff *m* ‖ ~ (física) / Energieterm *m*, -stufe *f*, Term *m*, Energieniveau *n* ‖ ~ (matem.) / Glied *n*, Ausdruck *m*, Terminus *m* ‖ **de três ~s** (matem.) / dreigliedrig ‖ ~ **extremo** (matem.) / Außenglied *n*, erstes o. letztes Glied einer Gleichung ‖ ~ **genérico** / Oberbegriff *m* ‖ ~ **lógico** (informática) / boolescher Term ‖ ~ **técnico** / Fachwort *n*
termoacumulador *m* / Warmwasserspeicher *m*, Boiler *m*
termobarómetro *m* / Siedethermometer *n*, Thermobarometer *n*
termocópia *f* / Wärmekopie *f*
termodifusão *f* / Thermodiffusion *f*
termodinâmica *f* / Thermodynamik *f*, Wärmelehre *f*
termodinâmico / thermodynamisch
termoelectricidade *f* / Thermoelektrizität *f*
termoeléctrico / thermoelektrisch
termoelemento *m* (electr.) / Thermoelement *n*
termoestável / thermostabil, wärmebeständig
termogerador *m* / Wärmegenerator *m*
termografia *f* / Thermographie *f*
termógrafo *m* / Thermograph *m*, registrierendes Thermometer, Temperaturschreiber *m*
termograma *m* / Temperaturbild *n*, Thermogramm *n*
termolábil (química) / thermolabil, wärmeunbeständig
termométrico / thermometrisch, mittels Thermometer
termómetro *m* / Thermometer *n*, Temperaturmesser *m*, Temperaturmeßgerät *n* ‖ ~ **acústico** / Schallgeschwindigkeits-Thermometer *n* ‖ ~ **clínico** / Fieberthermometer *n* ‖ ~ **de álcool** / Alkoholthermometer *n*, Weingeistthermometer *n* ‖ ~ **de Beckmann** / Beckmann-Thermometer *n* ‖ ~ **de bulbo molhado** / Verdunstungsthermometer *n* ‖ ~ **de coluna capilar** / Fadenthermometer *n* ‖ ~ **de expansão** / Ausdehnungsthermometer *n* ‖ ~ **de máxima** / Maximumthermometer *n* ‖ ~ **de máxima e de mínima** / Thermometrograph *m* ‖ ~ **de máxima e mínima** / Maximum-Minimum-Thermometer *n*,

Extremthermometer *n* ‖ ~ **de radiação** / Schwarzkugelthermometer *n* ‖ ~ **de resistência** / Widerstandsthermometer *n* ‖ ~ **líquido** / Flüssigkeitsthermometer *n*
termonuclear / thermonuklear
termopar *m* (electr.) / Thermoelement *n*
termopilha *f* (electr.) / Thermobatterie *f*, Thermosäule *f*
termoplasticidade *f* (plást.) / Warmbildsamkeit, Thermoplastizität *f*
termoplástico *m* / Thermoplast *m* ‖ ~ *adj* / thermoplastisch
termoquímica *f* / Thermochemie *f*
termoquímico / thermochemisch
termos *m* / Thermosflasche *f*, Isolierflasche *f*
termoscópio *m* / Thermoskop *n*
termosensibilizador *m* (plást.) / Wärmesensibilisator *m*
termosfera *f* / Thermosphäre *f* (zwischen 80 u. 500 km Höhe)
termossifão *m* (física) / Thermosiphon *m*
termossoldável / heißsiegelfähig
termostático / thermostatisch
termostato *m* / Thermostat *m*, Temperaturregler *m*, Wärmeregler *m*
termoventilador *m* / Heizlüfter *m*, Heißluftventilator *m*
ternado (bot.) / dreiseitig
ternário (informática) / ternär ‖ ~ (química) / ternär, dreistoffig
terpeno *m* / Terpen *n*
terra *f* / Land *n*, [Erd]boden *m*, Erdreich *n* ‖ ~ (electr.) / Erde *f* ‖ ~ (constr. civil) / Boden *m* ‖ ~ (autom.) / Masse *f* ‖ ~ (geogr.) / Erde *f* ‖ **contra** ~ / gegen Erde ‖ **de** ~ / irden ‖ **em relação à** ~ / gegen Erde ‖ ~ **acidental** (electr.) / Erdschluß *m*, unerwünschter Erdkontakt ‖ ~ **acidental de duração limitada** (electr.) / Erdschlußwischer *m* ‖ ~ **activada** (petróleo) / Bleicherde *f* ‖ ~ **aluminífera** / Alaunerde *f* ‖ ~ **arável** (agricult.) / Acker *m*, Feld *n* ‖ ~ **argilosa** / Klei *m*, Tonboden *m* ‖ ~ **calcária** (geol) / Kalkerde *f* ‖ ~ **corante** / Erdfarbe *f*, Farberde *f* ‖ ~ **de aluvião** (geogr.) / Flußmarsch *f* ‖ ~ **de fuller** / Walkerde *f*, Fullererde *f* ‖ ~ **de infusórios** / Infusorienerde *f*, Kieselgur *f* ‖ ~ **de protecção** (electr.) / Schutzerde *f* ‖ ~ **de serviço** (electr.) / Betriebserde *f* ‖ ~ **de Siena** / Sienaerde *f*, gebrannte Siena ‖ ~ **descorante** (tinturaria) / Bleicherde *f* ‖ ~ **descorante [da Florida]** / Floridin *n* (Bleicherde aus Florida) ‖ ~ **ferruginosa** / eisenhaltige Erde, Eisenerde *f* ‖ ~ **inculta** / Ödland *n* ‖ ~ **movediça** (expl. minas) / Rollerde *f* ‖ ~ **natural** / gewachsene Erde, natürlicher Boden ‖ ~ **nitrosa** / Salpetererde *f* ‖ ~ **reforçada** (constr. civil) / bewehrte Erde ‖ ~ **vegetal** / Mutterboden *m*, -erde *f*
terraço *m* (geol) / Terrasse *f*, Geländestufe *f* ‖ ~ (hidrául.) / Gefällstufe *f*
terracota *f* / Terrakotta *f*
terraplenagem *f* / Erdaufschüttung *f* (an Gräben), Erdbewegung *f*, Erdarbeit *f* ‖ ~ **pneumática** (expl. minas) / Blasversatz *m*
terrapleno *m* / Wall *m*, Erdwall *m* ‖ ~ **ferroviário** / Eisenbahndamm *m*
terras *f pl* / Erdmassen *f pl* ‖ ~ **alcalinas** / alkalische Erden *f pl*, Erdalkalien *pl* ‖ ~ **exteriores** / fremde Berge ‖ ~ **raras** / seltene Erden *f pl*
terrazo *m* / Terrazzo *m*
terreno *m* (expl. minas) / Feld *n* ‖ ~ (constr. civil) / Boden *m*, Grundstück *n*, Gelände *n* ‖ **[para] todo o** ~ (autom.) / geländegängig ‖ ~ **arenoso** (geol) / sandiger Boden, Sandboden *m* ‖ ~ **argiloso**, terreno *m* barrento / Lettenboden *m* ‖ ~ **de cultivo** / Ackerland *n*, -boden *m* ‖ ~ **de ensaio** / Versuchsfeld *n*, -strecke *f*, -gelände *n* ‖ ~ **de exploração** (expl. minas) / Abbaufeld *n*, Abteilung *f* ‖ ~ **de transição** (geol) / Übergangsgebirge *n* ‖ ~ **fabril** / Fabrikgelände *n* ‖ ~ **firme** (constr. civil) / guter Baugrund ‖ ~ **ligeiramente ondulado** / flachgewelltes Gelände ‖ ~ **lodoso** / Schlammboden *m* ‖ ~ **mole** (constr. civil) / Fließboden *m* ‖ ~ **movediço** / lockerer Boden ‖ ~ **natural** / gewachsener Boden ‖ ~ **para construção** (constr. civil) / Baugrund *m* ‖ ~ **pertencente à sociedade de exploração ferroviária** / Eisenbahngelände *n* ‖ ~ **petrolífero** / ölführendes Gebiet, Ölfeld *n* ‖ ~ **plano** (geogr.) / Flachland *n*
terrestre / terrestrisch ‖ **por via** ~, por terra / auf dem Landweg
terroso / erdig
tesla *m*, T / Tesla *n*, T (= 1 Wb m^{-2} = 10^4 G = 1 $kgs^{-2}A^{-1}$)
tesoura *f* / Schere *f* ‖ ~ (carpint.) / Dachbinder *m* ‖ ~ (constr. civil) / Läufer *m*, Strecker *m*, Binder *m* ‖ ~ **circular** / Kreisschere *f* ‖ ~ **colo de cisne para chapas** / Ausladungsblechschere *f* ‖ ~ **com pendurais** (constr. civil) / Hängewerk *n* ‖ ~ **de alavanca** / Hebelschere *f* ‖ ~ **de bancada** / Bankschere *f* ‖ ~ **de banco** / Stockschere *f*, Bankschere *f*, Bockschere *f* ‖ ~ **de casear** / Knopflochschere *f* ‖ ~ **de cortar tiras** / Streifenschere *f* ‖ ~ **de guilhotina** / Parallelschere *f* ‖ ~ **de impacto** (lamin.) / Einschlagschere *f* ‖ ~ **de lâminas chatas** / Flachmesserschere *f* ‖ ~ **de perfilar** / Aushauschere *f* ‖ ~ **de podar** / Gartenschere *f* ‖ ~ **de tosquiar** / Schafschere *f* ‖ ~ **mecânica** (têxtil) / Schermaschine *f* ‖ ~ **mecânica** (máq., tecnol.) / Maschinenschere *f* ‖ ~ **para aparar as arestas de soldadura** / Schweißkantenbesäumschere *f* ‖ ~ **para chanfraduras ou para cortes em meia-esquadria** / Gehrungsschere *f* ‖ ~ **para cortar a quente** / Heißeisenschere *f* ‖ ~ **para cortar chapa à mão** / Handblechschere *f* ‖ ~ **para cortar vidro** / Abschneideschere *f*, Glasschere *f* ‖ ~ **para corte curvilíneo** / Kurvenschere *f* ‖ ~ **para desbaste** (siderurg.) / Brammenschere *f* ‖ ~ **para lingotes** (siderurg.) / Blockschere *f* ‖ ~ **para rebordear chapa** / Saumschere *f* für Blech
tesourão *m* **para sucata** / Schrottschere *f*
testáceo / bräunlichrot
testado / erprobt
testador *m* **de baterias** / Batterieprüfer *m*
testar / erproben, versuchen, untersuchen, testen, prüfen ‖ ~ **exaustivamente** / durchprüfen ‖ ~ **mediante martelada** (técn. ferrov.) / abklopfen ‖ ~ **uma caldeira sob pressão** / einen Kessel abdrücken
teste *m* / Prüfung *f*, Untersuchung *f*, Erprobung *f*, Versuch *m*, Test *m* ‖ ~ **com o maçarico** / Lötrohrprobe *f* ‖ ~ **cruzado** (informática) / Querkontrolle *f* ‖ ~ **de Abel** / Abel[-Pensky] Test *m* ‖ ~ **de Beilstein** (química) / Beilsteinsche Probe ‖ ~ **de Boettger** (açúcar) / Böttgersche Probe ‖ ~ **de classificação-comparação** (informática) / Fachauswahlprüfung *f* ‖ ~ **de código** (informática) / Codeprüfung *f* ‖ ~ **de condutividade** / Fehlerbestimmung *f* aus dem Spannungsabfall ‖ ~ **de descarga** (informática) / Abwurfkontrolle *f* ‖ ~ **de emulsão** / Emulsionstest *m* (DIN 51591) ‖ ~ **de endentação** / Eindruckversuch *m* ‖ ~ **de gume de faca de Foucault** / Foucaultsches Schneidenverfahren *n* ‖ ~ **de (h)umidade** / Feuchtigkeitsprobe *f* ‖ ~ **de imprimibilidade** / Bedruckbarkeitsprüfung *f* ‖ ~ **de isolamento** / Isolationsprüfung *f* ‖ ~ **de legibilidade** (artes gráf.) / Lesbarkeitstest *m* ‖ ~ **de leitura** (informática) / Leseprobe *f* ‖ ~ **de luminosidade** /

Brenneigenschaftsprüfung *f* ‖ ~ **de material** / Werkstoffprüfung *f* ‖ ~ **de material em combustão** / Brennprobe *f* ‖ ~ **de mau funcionamento** (informática) / Bocksprungprüfprogramm *n* ‖ ~ **de paridade horizontal** (informática) / horizontale Paritätsprüfung *f* ‖ ~ **de paridade simples** / Einfach-Paritätsprüfung *f* ‖ ~ **de paridade vertical** (informática) / Querparitätsprüfung *f* ‖ ~ **de razão** (matem.) / Quotientenkriterium *n* ‖ ~ **de razão generalizado** (informática) / Quotientenkriterium *n* ‖ ~ **de redundância logitudinal** (informática) / Blockprüfung *f* ‖ ~ **de redundância longitudinal** (informática) / Längsprüfung *f* ‖ ~ **de resíduo** (informática) / Querrest-Kontrolle *f* ‖ ~ **de resistência à intempérie** / Bewitterungsversuch *m* ‖ ~ **de selecção** (informática) / Ansteuerungsprüfung *f*, Auswahlprüfung *f* ‖ ~ **exaustivo** / Durchprüfung *f* ‖ ~ **individual** / Einzelprüfung *f* ‖ ~ **marginal** (informática) / Grenzwertprüfung *f* ‖ ~ **redundante cíclico** (informática) / CRC-Prüfung *f*

testeira *f* / Kopfholz *n*

teto *m* vide tecto ‖ ~ **de concreto** / Betondecke *f*

tetracíclico (química) / vierringig

tetracloretano *m* / Tetrachlorethan *n*

tetracloreto *m* **de acetileno** / Acetylentetrachlorid *n* ‖ ~ **de carbono** / Tetrachlorkohlenstoff *m*, Tetra[chlormethan] *n*

tetracúspide *f* / Ast[e]roide *f*, Sternkurve *f*

tétrada *f* (informática, matem.) / Tetrade *f*

tetraedrita *f* (mineralog.) / Antimonfahlerz *n*, Tetraedrit *m*

tetraedro *m* / Tetraeder *n*, Vierflach *n*, Tetraeder *n*, Vierflächner *m*

tetraetilato *m* **de chumbo** / Bleitetraethyl *n*

tetrafásico (electr.) / vierphasig, Vierphasen...

tetrafluoretileno *m* / Tetrafluorethylen *n*

tetragonal / tetragonal, viereckig

tetralina *f*, tetrahidronaftaleno *m*, tetraidronaftaleno *m* / Tetralin *n*, Tetrahydronaphthalin *n*

tetramel *m* / Tetramel, Tetramethylblei *n*

tetravalência *f* (química) / Vierwertigkeit *f*

tetravalente (química) / vierwertig

tetrazol *m* / Tetrazol *n*

tetril *m* / Tetryl *n*

tétrodo *m*, tetrodo *m* (electrón.) / Tetrode *f*, Vierpolröhre *f* ‖ ~ **de grade de blindagem** / Schirmtetrode *f*, Vierpolschirmröhre *f* ‖ ~ **transistor de efeito de campo** / Feldeffekt-Transistortetrode *f*

têxteis *m pl* / Webwaren *f*

têxtil *m* / Ware *f*, Textilerzeugnis *n* ‖ ~ *adj* / textil, Web...

textura *f* (geral, papel) / Textur *f* ‖ ~ / Texturierung *f*, Texturieren *n* ‖ ~ (geral, geol, papel) / Struktur *f*, Gefüge *n* ‖ ~ (madeira) / Maserung *f*, Zeichnung *f* ‖ ~ (tecel.) / Gewebe *n* ‖ ~ (siderurg.) / Gefüge *n*, Bruchaussehen *n* ‖ ~ **das fibras da madeira** / Faserrichtung *f* ‖ ~ **flaser** (geol) / flaserige Textur, Flasertextur *f* ‖ ~ **fluidal** (geol) / Fluidaltextur *f* ‖ ~ **lenticular** (geol) / flaserige Textur, Flasertextur *f*

texturado / texturiert

texturar / texturieren

tijoleira *f* / Keramikplatte *f*

tijoleiro *m* / Ziegelbrenner *m*

tijolo *m* / Ziegel *m*, Backstein *m* ‖ ~ **ácido** / Dinasstein *m* ‖ ~ **cru** / ungebrannter Ziegel, Grünling *m*, Luftziegel *m*, Adobe *f*, Rohziegel *m* ‖ ~ **de areia calcária** (constr. civil) / Kalksandstein, -ziegel *m* ‖ ~ **de barro** (constr. civil) / Lehmziegel *m* ‖ ~ **de cunha** / Keilstein *m*, -ziegel *m* ‖ ~ **de escória** / Sinterstein *m*, Schlackenstein *m* ‖ ~ **de estanho** / Zinnblock *m* ‖ ~ **de ferrocarbureto** / Ferrokarbidstein *m* ‖ ~ **de grafita** (siderurg.) / Graphitstein *m* ‖ ~ **de remate** / Deckstein *m*, -ziegel *m* ‖ ~ **de silimanite** / Sillimanitstein *m* ‖ ~ **de vidro** (constr. civil) / Glasbaustein *m* ‖ ~ **esmaltado** / Glasurstein *m* ‖ ~ **flutuante** / Schwimmstein *m*, -ziegel *m* ‖ ~ **furado** / Lochstein *m* ‖ ~ **holandês** (constr. civil) / Hartziegel *m* ‖ ~ **inteiro** (constr. civil) / Vierquartier *n*, ganzer Ziegel ‖ ~ **leve** / Leichtziegel *m* ‖ ~ **leve refractário** / Feuerleichtstein *m* ‖ ~ **maciço** / Vollstein *m* ‖ ~ **moldado** (siderurg.) / Formstein, -ziegel *m* ‖ ~ **moldado à mão** (constr. civil) / Handstrichstein *m* ‖ ~ **moldado à máquina** / Maschinenziegel *m* ‖ ~ **normalizado** / Normalstein *m* (25 x 12 x 6,5 cm) ‖ ~ **oco em vidro** / Hohlglasbaustein *m* ‖ ~ **ondulado** (constr. civil) / Wellstein *m* ‖ ~ **para esgotos** / Kanalziegel *m* ‖ ~ **perfilado** / Formstein, -ziegel *m* ‖ ~ **perfurado** / Deckenlochstein *m*, Lochziegel *m*, Hohlziegel *m*, Lüftungsstein *m* ‖ ~ **radial** / Radialstein, -ziegel *m*, Brunnenziegel *m* ‖ ~ **refractário** / feuerfester Normalstein, Feuerziegel *m*, feuerfester Ziegel ‖ ~ **refractário com armação interna** / innenarmierter feuerfester Stein ‖ ~ **refractário leve** / Leichtstein *m* ‖ ~ **refractário para fornos** / Ofenziegel *m*, feuerfester Stein ‖ ~ **silicioso** / Silikastein *m*, Dinasstein *m* ‖ ~ **vidrado** / Glasurstein *m* ‖ ~ **vidrado colorido** / farbiger Verblender (o. Verblendstein) ‖ ~ **vitrificado** / Glaskopf *m*, glasharter Ziegel

tijolos *m pl* **crus** / Formlinge *m pl* ‖ ~ **de ferro** / Eisenklinker *m pl* ‖ ~ **partidos** / Ziegelbruch *m*, -brocken *m pl*, -stücke *n pl*

til *m* (artes gráf.) / Tilde *f*

tília *f* (bot.) / Linde *f*

tilito *m* (geol) / Blocklehm *m*

timbre *m* / Klangfarbe *f*, Tonfarbe *f*

timol *m* (química) / Thymol *n*, Thymiankampfer *m*

tímpano *m* (constr. civil) / Giebelfeld *n*, Ziergiebel *m*, Bogenfeld *n* ‖ ~ (artes gráf.) / Preßdeckel *m*

tina *f* / Mulde *f*, Trog *m*, Wanne *f*, Bottich *m* ‖ ~ (tinturaria) / Küpe *f*, Bütte *f* ‖ ~ (cortumes) / Faß *n* ‖ ~ **de chapa** / Blechwanne *f* ‖ ~ **de clarificação** / Läuterbottich *m* ‖ ~ **de fermentação** / Anstellbottich *m* ‖ ~ **de fermentação na indústria cervejeira** / Braubottich *m* ‖ ~ **de marmorear** (papel) / Marmorierkasten *m* ‖ ~ **de sedimentação** / Absetzbecken *n* ‖ ~ **de tintura** / Färbekufe *f* ‖ ~ **para azul** (tinturaria) / Blauküpe *f* ‖ ~ **para cerveja** / Bierbottich *m* ‖ ~ **para lubrificar** / Einschmälztrog *m*

tincal *m* / Tinkal *m*, roher o. natürlicher Borax

tingibilidade *f* (têxtil) / Anfärbbarkeit *f*

tingido / gefärbt ‖ **não** ~ / ungefärbt ‖ ~ **na fibra** / in der Faser gefärbt ‖ ~ **na lã** / in der Wolle gefärbt ‖ ~ **no fio** / garngefärbt

tingidura *f* / Färben *n*, Färbung *f* ‖ ~ **com a adição de solventes** / Färben *n* mit Lösungsmittelzusatz ‖ ~ **com fixação por choque em meio ácido** / Säureschockfärben *n* ‖ ~ **do fio** / Garnfärben *n* ‖ ~ **em meada** / Strangfärberei *f* ‖ ~ **em nuanças escuras** / dunkelgetönte Färbung ‖ ~ **em peças** / Stückfärberei *f* ‖ ~ **em rama** / Flockefärbung *f* ‖ ~ **em tonel** / Faßfärbung *f* ‖ ~ **irregular** / Farbunruhe *f* ‖ ~ **na fibra** / Färben *n* in der Faser ‖ ~ **por absorção** / Einsaugfärbung *f*, Absorptionsfärbung *f* ‖ ~ **por escovas** / Bürstfärberei *f*

tingimento *m* / Färben *n*, Färberei *f*

tingir (tinturaria) / färben ‖ ~ **com cautechu** / kaschutieren ‖ ~ **de azul** / blauen ‖ ~ **de novo** / auffärben ‖ ~ **em bobinas** / auf Kettspulen färben ‖ ~ **em canelas** / auf Schußspulen färben ‖ ~ **em fita penteada** / im Kammzug färben ‖ ~ **em tufo** /

Färben *n* in der Flocke ‖ ~ **ligeiramente** / leicht färben ‖ ~ **na lã** / in der Wolle färben ‖ ~ **na peça** / im Stück färben
tinir / läuten
tinta *f* / Anstrichfarbe *f*, Farbe *f*, Anstrichstoff *m* ‖ ~ / Tinte *f* ‖ ~ (artes gráf.) / Schwärze *f* ‖ **dar** ~ (artes gráf.) / schwärzen ‖ ~ **a óleo** / Ölfarbe *f* ‖ ~ **antipútrida** / Antifäulnisfarbe *f* ‖ ~ **autográfica** / Autographentinte *f* ‖ ~ **betuminosa** / Bitumenfarbe *f* ‖ ~ **com base de cromo** / Chromfarbe *f*, Chromierfarbstoff *m* ‖ ~ **corrosiva** / Ätztinte *f* ‖ ~ **da China** / chinesische Tusche, Ausziehtusche *f* ‖ ~ **de alumínio** / Aluminiumfarbe *f* ‖ ~ **de alvaiade com óleo** / Bleiweißölfarbe *f* ‖ ~ **de cal** / Kalkfarbe *f* ‖ ~ **de cromo-acidol** / Chromaz[id]olfarbe *f* ‖ ~ **de dispersão** / Binderfarbe *f* (mit Bindemittelsuspension) ‖ ~ **de emulsão** / Binderfarbe *f* (mit Bindemittelemulsion) ‖ ~ **de esmalte** / Lackfarbe *f*, Emailfarbe *f* ‖ ~ **de esmalte** (cerâm.) / Schmelzfarbe *f* ‖ ~ **de imprensa** (artes gráf.) / Druckfarbe *f* ‖ ~ **de impressão** (artes gráf.) / Farbe *f* ‖ ~ **de látex** / Dispersionsfarbe *f*, Latexfarbe *f* ‖ ~ **de secagem pelo calor** (artes gráf.) / heißtrocknende Farbe ‖ ~ **electrográfica** (informática) / leitfähige Tinte ‖ ~ **em pó** / Staubfarbe *f*, fein gepulverte Farbe, Farbpulver *n* ‖ ~ **ferrogálica** / Eisengallustinte *f* ‖ ~ **fixada a vapor** (artes gráf.) / Dampftrockenfarbe *f* ‖ ~ **fosforescente** / Leuchtfarbe *f* ‖ ~ **graxa** (artes gráf.) / Lithofirnis *m* ‖ ~ **ignífuga** / feuerfeste Anstrichfarbe ‖ ~ **incombustível** / feuerfester Imprägnieranstrich ‖ ~ **litográfica** (artes gráf.) / Lithofirnis *m* ‖ ~ **luminosa** / Leuchtfarbe *f* ‖ ~ **metálica** / Metallfarbe *f* ‖ ~ **oleica** / Öltinte *f* ‖ ~ **opaca** / Deckfarbe *f* ‖ ~ **para carenar** / Schiffsanstrich *m*, -bodenfarbe *f* ‖ ~ **para carimbos** / Stempelfarbe *f* ‖ ~ **para estampagem** / Ätzfarbe *f* (für Enlevage) ‖ ~ **para exteriores** / Bautenanstrichfarbe *f* ‖ ~ **para madeira** / Holzanstrichfarbe *f* ‖ ~ **para pintura a têmpera** / Temperafarbe *f* ‖ ~ **para [pintura a] têmpera à base de óleo** / Ölbasis-Temperafarbe *f* ‖ ~ **para polvilhar** / Staubfarbe *f*, Einstäubfarbe *f* ‖ ~ **para querenar** / Schiffsanstrich *m*, -bodenfarbe *f* ‖ ~ **plumbífera** / Bleifarbe *f* ‖ ~ **relativa** [de contraste] (física) / gebundene Farbe ‖ ~ **simpática** / sympathetische Tinte
tintas *f pl* **a vapor** / Dampffarben *f pl* ‖ ~ **hipsométricas** (geogr.) / Höhenschichtfarben *f pl*, -schichtfarbskala *f*
tinteiro *m* (artes gráf.) / Farbkasten *m*
tinto *adj* / gefärbt ‖ ~ *m* **manchado** / Fehlfärbung *f*
tintorial / Färb[e]..., zum Färben dienend, färbend, färberisch
tintura *f* (tinturaria) / Färbung *f*, Färben *n*, Färberei *f* ‖ ~ / Tinktur *f* ‖ ~ **de anil** / Indigotinktur *f* ‖ ~ **de iodo** / Jodtinktur *f*
tinturaria *f* / Färberei *f* ‖ ~ **a vapor** / Dampffärberei *f*
tintureiro *m* / Färber *m*
tioácido *m* / Thiosäure *f*
tiobactérias *f pl* / Thiobakterien *f pl*
tiocarbamida *f* / Thiocarbamid *n*, Thioharnstoff *m*, Schwefelharnstoff *m*, Sulfoharnstoff *m*
tiocianato *m* / Thiocyanat *n*, Rhodanid *n*, Sulfocyanat *n* ‖ ~ **de amónio** / Rhodanammonium *n* ‖ ~ **férrico** / Eisenrhodanid *n*, Ferrithiocynat *n*, Ferrirhodanid *n*
tiofeno *m*, tiofurano *m* / Thiophen *n*, -furan *n*, Thiol *n*
tiógeno / schwefelerzeugend
tionina *f* / Thionin *n*, Lauth's Violett *n*
tiossulfato *m* **de amónio** / Ammoniumthiosulfat *n*
tiouréia *f*, tioureia *f* / Thiocarbamid *n*, Thioharnstoff *m*
tipo *m* / Typ *m* ‖ **de ~ comercial** / handelsüblich ‖ **de ~ comercial** (electr.) / Gleichspannungs... ‖ **de ~ protegido** (electr.) / mit Berührungsschutz, berührungssicher, berührungssicher abgedeckt ‖ ~ **corpo 48** / Canyon *m* ‖ ~ **de ajuste** / Sitzart *f* ‖ ~ **de corpo 5** (artes gráf.) / Perlschrift *f* ‖ ~ **de escrita** (artes gráf.) / Schreibschrift *f* ‖ ~ **de fabricação** / Machart *f* ‖ ~ **de floresta jardinada** / Dauerwald *m* ‖ ~ **de segurança 'e'** (electr.) / erhöhte Sicherheit „e" ‖ ~ **normalizado** / Einheitsbauart *f* ‖ ~ **quebrado** (artes gráf.) / gebrochene Schrift ‖ ~ **romano** (artes gráf.) / Antiqua[schrift] *f*
tipografia *f* / Typographie *f*, Druckerei *f*, Druckanstalt *f*
tipográfico / typographisch
tipógrafo *m* / Drucker *m*
tipómetro *m* (artes gráf.) / Schrifthöhenmesser *m*, Ciceromaß *n*, Typometer *n*
tipos *m pl* (artes gráf.) / Druckschrift *f* ‖ ~ **de obra** (artes gráf.) / Brotschrift *f*
tira *f* / Streifen *m*, schmales Band, Bund[1] *m*
tira-chavetas *m*, tira-cunhas *m* / Keilzieher *m*
tira-fundo *m* (técn. ferrov.) / Schienenschraube *f*, Schwellenschraube *f*
tiragem *f* (artes gráf.) / Druckauflage *f*, Auflage *f* ‖ ~ (ventilador) / Zugwirkung *f* ‖ ~ **de amostras** / Probenehmen *n*, -[ent]nahme *f*, Musternehmen *n* ‖ ~ **de chaminé** / Schornsteinzug *m* ‖ ~ **do forno** / Ofenzug *m* ‖ ~ **forçada** (caldeira, fornalha) / künstlicher Zug ‖ ~ **inferior** / Unterzug *m* ‖ ~ **natural** / Selbstzug *m* ‖ ~ **por aspiração**, tiragem *f* por sucção / Saugzug *m* ‖ ~ **por sucção** / Saugzug *m*
tira-liços *m* (tecel.) / Aufzugsstängelchen *n*
tira-linhas *m* (máq., tecnol.) / Ziehfeder *f*, Reißfeder *f*, Linienreißer *m*
tiramina *f* / Tyramin *n*
tira-nódoas *m* / Fleckenreiniger *m*, Fleckwasser *n*
tirante *m* / Strebe *f* ‖ ~ / Tragband *n*, -riemen *m* ‖ ~ (constr. civil) / Zugriegel *m*, -band *n* ‖ ~ / Spannstange *f* ‖ ~ (telecom.) / Aufziehstange *f* ‖ ~ (constr. civil) / Bindebalken *m* ‖ ~ **da placa de guia** (técn. ferrov.) / Achsgabelsteg *m* ‖ ~ **de ancoragem** (constr. civil) / Erdanker *m*, Zuganker *m* ‖ ~ **de muro** / Maueranker *m* ‖ ~ **de união** (geral) / Zugstange *f* ‖ ~ **do eixo traseiro** / Hinterachsstrebe *f* ‖ ~ **do freio** / Bremsgestänge *n* ‖ ~ **do radiador** (autom.) / Kühlerstrebe *f* ‖ ~ **do tecto da fornalha** / Deckenträger *m* ‖ ~ **do travão** / Bremsgestänge *n* ‖ ~ **em Y** / Gabelstiel *m* ‖ ~ **estrangulador** (autom.) / Drosselgestänge *n* ‖ ~ **longitudinal** / Längsanker *m*, Längszuganker *m* ‖ ~ **longitudinal** (suspensão) / Längslenker *m* ‖ ~ **Panhard** (suspensão) / Querstrebe *f* ‖ ~ **superior** (carpint.) / Oberriegel *m* ‖ ~ **tensor** (constr. civil) / Spannriegel *m*, -balken *m* ‖ ~ **transversal** (suspensão) / Querstrebe *f*
tirantes *m pl* (máq., tecnol.) / Gestänge *n*
tirar (indústr. cervej.) / abfüllen, zapfen, abziehen ‖ ~ **a medida** / ein Maß abgreifen ‖ ~ **a pressão** / den Druck wegnehmen ‖ ~ **as escórias** / ausschlacken ‖ ~ **cópias** / kopieren ‖ ~ **corrente** (electr.) / einen Leiter [widerrechtlich o. unrechtmäßig] anzapfen ‖ ~ **do molde** (fundição) / aus der Form [maschinell] ausheben ‖ ~ **o fuso** / abspindeln ‖ ~ **uma amostra** / eine Probe nehmen ‖ ~ **uma cópia heliográfica** [de] / pausen, eine Blaupause anfertigen [von] ‖ ~ **uma prova** (artes gráf.) / abklatschen, abklopfen
tira-trama *m* **da máquina de papel** / Papiermaschinensieb *n*
tiratrão *m*, tiratron *m* / Stromtor *n*, Thyratronröhre

f, Thyratron *n*
tiristor *m* / Thyristor *m* ‖ ~ **controlado pela grade**, tiristor *m* controlado pela grelha (semicondut.) / GCS-Thyristor *m*, torgesteuerter Thyristor
tiro *m* (expl. minas, armamento) / Schuß *m* ‖ ~ **de mina** (expl. minas) / Sprengschuß *m* ‖ ~ **de vibração** (expl. minas) / Erschütterungsschuß *m*
tirosina *f* / Tyrosin *n*
tirosinase *f* / Tyrosinase *f*
titanato *m* **de bário** / Bariumtitanat *n*
titânico / Titan(IV)-...
titanífero / titanhaltig, -führend
titânio *m*, Ti (química) / Titan *n*, Ti
titanometria *f* (química) / Titanometrie *f*
titanoso / Titan(III)-...
titrímetro *m* / Potentiometer *n* für potentiometrische Titration
titulação *f* (química) / Titrieren *n*, Titration, Titrierung *f*, titrimetrische Analyse ‖ ~ **com formol** / Formoltitrierung *f* ‖ ~ **em presença de indicadores coloridos** / Farbindikator-Titration *f* ‖ ~ **nefelométrica** (química) / nephelometrische Titration, Heterometrie
titular (química) / titrieren, titern
título *m* (geral) / Titel *m* ‖ ~ (artes gráf.) / Überschrift *f*, Titel *m*, Kopfzeile *f* ‖ ~ (química) / Titer *m* ‖ ~ (metais) / Feingehalt *m* ‖ ~ (fio) / Nummer *f*, Feinheit *f* ‖ ~ (liga) / Gehalt *m* ‖ **de** ~ **fino** (têxtil) / feintitrig ‖ ~ **da prata** / Silbergehalt *m* ‖ ~ **da seda** / Seidentiter *m*, -nummer *f* ‖ ~ **de caixa alta** (artes gráf.) / Schlagzeile *f* ‖ ~ **de coluna** / Kolumnentitel *m* ‖ ~ **de propriedade do veículo** (autom.) / Kraftfahrzeugbrief *m* ‖ ~ **decimal** (química) / Dezimaltiter *m* ‖ ~ **do fio** (fio) / Garnnummer *f*, Feinheit *f* von Garn, Feinheitsnummer *f* ‖ ~ **hidrotimétrico** / Gesamthärte *f*
tixotropia *f* (química) / Thixotropie *f*
tixotrópico / thixotrop
TMG (tempo médio de Greenwich) / GMT (mittlere Zeit Greenwich)
TNT / Trinitrotoluol *n*, Trotyl *n*, TNT *n*
toalha *f* **turca** / Frottierhandtuch *n*
toca-chavetas *m* (máq. ferram.) / Keiltreiber *m*
toca-discos *m* **estereofônico** / Stereo-Plattenspieler *m*
toca-fitas *m* (electrón.) / Cassettenleser *m*
toca-pinos *m* / Durchtreiber *m*
tocar / berühren ‖ ~ / läuten ‖ ~ (navio) / anlaufen ‖ ~ **ligeiramente** / tupfen, leicht berühren ‖ ~ **no solo** (aeronáut.) / aufsetzen
tocha *f* / Leuchtfackel *f*, Fackel *f*
toco *m* / Stumpen *n*
toldo *m* (constr. civil) / Markise *f*
tolerância *f* (máq., tecnol.) / zulässiges Abmaß, zulässige Abweichung o. Ungenauigkeit, Toleranz *f* ‖ ~ (máq. ferram.) / Bearbeitungszugabe *f* ‖ ~ **de carga** / Belastungszuschlag *m* ‖ ~ **de contracção** / Formenschwindmaß *n* ‖ ~ **de fabricação** / Fertigungstoleranz *f* ‖ ~ **de frequências** / Frequenztoleranz *f* (zulässige Abweichung der Trägerfrequenz) ‖ ~ **de (h) umidade** / Feuchtetoleranz *f* ‖ ~ **estreita** / Feinabweichung *f* (Toleranz) ‖ ~ **ISA** / ISA-Toleranz *f* ‖ ~ **justa** / enge Toleranz ‖ ~ **mínima** / Kleinstspiel *n* ‖ ~ **operacional** (máq., tecnol.) / Eingriffstoleranz *f*
tolerável / zulässig
toluidina *f* / Toluidin, Aminotoluol *n*
toluol *m*, tolueno *m* / Toluol, Methylbenzol *n*
tom *m* (acústica) / Ton *m*, Tonart *f* ‖ ~ (cores) / Farbe *f*, Farbton *m* ‖ ~ (tinturaria) / Stich *m* ‖ ~ **audível** (telecom.) / Hörton *m* ‖ ~ **contínuo** (telecom.) / Dauerton *m* ‖ ~ **das cores** / Farbstufe *f* ‖ ~ **fundamental** (acústica) / Grundton *m* ‖ ~ **inteiro** / Ganzton *m* ‖ ~ **puro** / Sinus-Ton *m* ‖ ~ **sonoro** / stimmhafter Laut ‖ ~ **surdo** / stimmloser Laut
tomada *f* / Entnahme *f* ‖ ~ (electr.) / Abgriff *m*, Abgriffstelle *f* ‖ ~ (electrón.) / Buchse *f* ‖ ~ **com porta-lâmpada** / Fassungssteckdose *f* ‖ ~ **de água** / Wasserentnahme *f*, Zapfstelle *f*, Hydrant *m* ‖ ~ **de ar fresco** / Frischlufteinlaß *m* ‖ ~ **de corrente** (electr.) / Steckdose *f*, Dose *f* ‖ ~ **de corrente bipolar mais terra** / Erdungssteckdose *f* ‖ ~ **de corrente para luz** / Lichtsteckdose *f* ‖ ~ **de flange** (electr.) / Flanschdose *f* ‖ ~ **de força auxiliar** (autom.) / Nebenantrieb *m* ‖ ~ **de gás** (alto-forno) / Gasfang *m*, Gichtverschluß *m* ‖ ~ **de ligação** (electr.) / Anschlußdose *f* (meist rund) ‖ ~ **de parede** / Wandsteckdose *f* ‖ ~ **de pressão** (hidrául.) / Druckanschlußstelle *f* ‖ ~ **de tempo** / Arbeitsstudie *f*, Zeitaufnahme *f* ‖ ~ **de tensão** / Spannungsabgriff *m* ‖ ~ **de terra** (electr.) / Erder *m*, Erdverbindung *f* ‖ ~ **de teste** (electrón.) / Prüfbuchse *f* ‖ ~ **de vapor** / Dampfentnahme *f*, Dampfanzapfung *f* ‖ ~ **de vistas** / Filmaufnahme *f* ‖ ~ **do reboque** (autom.) / Anhängersteckdose *f* ‖ ~ **embutida** (electr.) / Wanddose *f*
tomar a corrente / Strom entnehmen ‖ ~ **a estima** / das Besteck berechnen, das Besteck machen ‖ ~ **a média** / das Mittel nehmen ‖ ~ **bom corpo** (cortumes) / sich gut erholen ‖ ~ **combustível** (navio) / bunkern ‖ ~ **cor** / Farbe annehmen ‖ ~ **corrente** (electr.) / einen Leiter [widerrechtlich o. unrechtmäßig] anzapfen ‖ ~ **forma** / Form annehmen ‖ ~ **o corante** / sich färben [lassen] ‖ ~ **o logaritmo** / logarithmieren ‖ ~ **rumo** [a] / Kurs nehmen [auf]
tombac *m* / Tombak *m*, Rotmessing *n*
tomilho *m* / Thymian *m*
tomo *m* (artes gráf.) / Band *m*
tomografia *f* (raios X) / Tomographie *f*, Schichtbildaufnahme *f*
tonal / die Tonalität betreffend
tonalidade *f* / Tonalität *f*, Farbtiefe *f*, Farbschattierung *f* ‖ ~ (acústica) / Klangcharakter *m*
tonalito *m* (geol) / Tonalit *m*
tonel *m* / Tonne *f*, Faß *n*
tonelada *f* **de arqueação**, tonelada *f* de registo / Registertonne *f* (100 cbft = 2,8316 m³), RT, Reg.T. ‖ ~ **de refrigeração** / Kühltonne *f* (Wärmeinhalt von 1 to Eis aufgenommen in 24 h) ‖ ~ **longa ou imperial ou bruta** (= 2240 lbs) / Longton *f* ‖ ~ **métrica** / metrische Tonne (Masse von 1000 kg)
toneladas *f pl* **de porte bruto** / Bruttoregistertonnen *f pl* ‖ ~ **por ano** (agricult.) / Jato, Jahrestonnen *f pl* ‖ ~ **por dia** / Tato
tonelagem *f* / Tonnage *f*, Tonnengehalt *m*, Schiffsraum *m* (auch gesamter Frachtraum einer Flotte), Ladungsfähigkeit *f*, Schiffsmaß *n*, Frachtraum *m* ‖ ~ **bruta** / Bruttoregistertonnengehalt *m* ‖ ~ **extraída** (expl. minas) / Grubenförderung *f* (Menge)
topázio *m* (mineralog.) / Topas *m*
topo *m* / Gipfel *m* ‖ ~ (dique) / Krone *f* ‖ ~ **a topo** (ligação) / stumpf ‖ ~ **da asa** (aeronáut.) / Flügelstummel, -stumpf *m* ‖ ~ **da caldeira** / Kesseldecke *f* ‖ ~ **do dente** (roda dentada) / Zahnkopf *m*
topografia *f* (agrimen.) / Topographie *f*, höheres Vermessungswesen
topográfico / topographisch
topógrafo *m* / Vermesser *m*, Landmesser *m*
topologia *f* (matem.) / Geometrie *f* der Lage
toque *m* (têxtil) / Griffigkeit *f*, Griff *m* ‖ **com bom** ~ (tecel.) / griffig ‖ ~ **de sirene que significa o fim de um ataque aéreo** (armamento) / Entwarnung *f* ‖ ~

sedoso / Seidenkrachgriff *m*, -griff *m*
torção *f* / Verdrehung *f*, Verwindung *f*, Torsion *f* ‖ ~ (cabo) / Schlagart *f*, Schlag *m* ‖ ~ (lamin.) / Drallung *f*, Drall *m* ‖ ~ (fiação) / Drall *m*, Drehung *f*, Windung *f*, Draht *m* ‖ **sem** ~ / drallfrei ‖ ~ **à esquerda** / Linksdrall *m* ‖ ~ **da asa** (aeronáut.) / Flügelspitzenverwindung *f*, Flügelverwindung *f* ‖ ~ **negativa** (aeronáut.) / Flügelspitzenverwindung *f* nach oben ‖ ~ **para a direita** / Rechtsdrall *m*, Schlagrichtung rechts o. „Z" ‖ ~ **positiva** (aeronáut.) / Flügelspitzenverwindung *f* nach unten
torcedura *f* **diagonal** / Kreuzschlag *m* ‖ ~ **final** / Auszwirn *m*
torcer / verdrehen, verwinden ‖ ~ (fiação) / drehen ‖ ~ (p.ex. um pano) / wringen, auswringen ‖ ~ **um cabo** / verseilen
torcido (máq., tecnol.) / schief, windschief ‖ ~ / verdreht
torcímetro *m* (fiação) / Garndrehungszähler *m* ‖ ~ (máq., tecnol.) / Drehmomentmesser *m*
torina *f* / Thorerde *f*, Thoriumoxid *n*
tório *m* (química) / Thorium *n*, Thor, Th (OZ = 90)
tornar·-se condutor (transistor) / durchschalten ‖ ~**-se escuro** / nachdunkeln *vi* ‖ ~**-se frágil** / verspröden ‖ ~**-se (h)úmido** / feucht werden ‖ ~**-se lenhoso** / verholzen ‖ ~**-se líquido** / flüssig werden ‖ ~**-se mais leve** / leichter werden ‖ ~**-se perro devido à ferrugem** / festrosten ‖ ~ **áspero** (constr. civil) / bepicken, aufhauen ‖ ~ **convexo** / bauchen, bauchig machen ‖ ~ **estável** / lagefest machen ‖ ~ **flexível** / biegsam machen ‖ ~ **fluorescente** / fluoreszieren ‖ ~ **igual** / gleichmachen, ausgleichen ‖ ~ **impermeável ao ar** / luftdicht machen ‖ ~ **impuro** / verunreinigen ‖ ~ **incombustível** / feuerfest machen ‖ ~ **maleável** / entsteifen, die Steife nehmen ‖ ~ **opaco** (cores) / deckend machen ‖ ~ **reverberante** (acústica) / hallig (o. schallhart) machen ‖ ~ **solúvel** (química) / aufschließen, löslich machen
tornassol *m* / Azolitmin *n*, Lackmus *m n*
torneado esfericamente (torno) / ballig gedreht
torneamento *m* **cilíndrico**, torneamento *m* paralelo (máq. ferram.) / Langdrehen *n* ‖ ~ **de superacabamento** / Feinstdrehen *n*
tornear (torno) / andrehen ‖ ~ **com precisão** / feindrehen ‖ ~ **conicamente** / konisch drehen, kegelig drehen ‖ ~ **do maciço** (máq. ferram.) / aus dem Vollen drehen ‖ ~ **em molhado** / naßdrehen ‖ ~ **esfericamente** (torno) / ballig drehen ‖ ~ **exteriormente** (torno) / außendrehen ‖ ~ **faces** (torno) / plandrehen, die Stirnfläche bearbeiten ‖ ~ **fino** / feindrehen ‖ ~ **interiores** (máq. ferram.) / innen[aus]drehen ‖ ~ **interiormente** / ausdrechseln
tornearia *f* / Dreherei *f*
torneira *f* / Hahn *m* ‖ ~ **de barril** / Faßhahn *m* ‖ ~ **de bico curvo** / Zapfhahn *m* ‖ ~ **de borboleta** / Flügelhahn *m* ‖ ~ **de carga** / Füllhahn *m* ‖ ~ **de derivação** / Abzapfhahn *m* ‖ ~ **de descarga** / Entleerhahn *m* ‖ ~ **de dreno** (autom.) / Ablaßhahn *m* ‖ ~ **de duas vias** / Zweiweghahn *m* ‖ ~ **de encaixe** (química) / Einsteckhahn *m* ‖ ~ **de enchimento** / Füllhahn *m*, Einfüllhahn *m* ‖ ~ **de fechamento** / Absperrhahn *m*, Abstellhahn *m* ‖ ~ **de flange** / Flanschhahn *m* ‖ ~ **de flutuador** / Schwimmerhahn *m* ‖ ~ **de gás** / Gashahn *m* ‖ ~ **de lubrificação** / Schmierhahn *m*, Ölhahn *m* ‖ ~ **de nível** / Standhahn *m* ‖ ~ **de nível de óleo** / Ölstandshahn *m* ‖ ~ **de óleo** / Ölhahn *m*, Schmierhahn *m* ‖ ~ **de pedal** / Fußhahn *m* ‖ ~ **de purga** (máq. vapor) / Ausblasehahn *m*, Entwässerungshahn *m* ‖ ~ **de purga** / Ablaßhahn *m*, Reinigungshahn *m* ‖ ~ **de purga de óleo** (autom.) / Ölablaßhahn *m* ‖ ~ **de purga do ar** / Entlüftungshahn *m* ‖ ~ **de purga do radiator** (autom.) / Kühlerablaßhahn *m* ‖ ~ **de quatro vias** / Kreuzhahn, Vierweghahn *m* ‖ ~ **de rosca** / Schraubhahn *m* ‖ ~ **de três vias** / Dreiweghahn *m* ‖ ~ **de uma via** / Einweghahn *m*, -kegelhahn *m* ‖ ~ **misturadora** / Mischbatterie *f*, -ventil *n*
torneiro *m* / Drechsler *m* ‖ ~ (máq. ferram.) / Dreher, Drehbankarbeiter *m*
tornilho *m* **de aperto rápido** / Schnellspannschraubstock *m*
torniquete *m* / Spannschloß *n*, Drehkreuz *n* ‖ ~ (janela) / Wirbel *m* ‖ ~ (expl. minas) / Berghaspel *m f*
torno *m* (máq. ferram.) / Drehmaschine (DIN), Drehbank *f* ‖ ~ **automático** (máq. ferram.) / Drehautomat *m*, Automatendrehmaschine *f* ‖ ~ **automático de cilindrar** / Langdrehautomat *m* ‖ ~ **automático de cinco fusos** (máq. ferram.) / Fünfspindelautomat *m* ‖ ~ **automático de fusos múltiplos** (máq. ferram.) / Mehrspindelautomat *m* ‖ ~ **automático de mandril** (máq. ferram.) / Futterautomat *m* ‖ ~ **automático de perfilar** (máq. ferram.) / Formautomat *m* ‖ ~ **automático de perfilar e roscar** (máq. ferram.) / Form- und Schraubenautomat *m* ‖ ~ **automático de perfilar** / Fassonautomat *m* ‖ ~ **automático de quatro fusos** / Vierspindelautomat *m* ‖ ~ **automático para parafusos** (máq. ferram.) / Schraubenautomat *m* ‖ ~ **com carro** / Supportdrehmaschine *f* ‖ ~ **com impulsão por polia escalonada** / Drehmaschine *f* mit Stufenscheibenantrieb ‖ ~ **com leito prismático** / Prismendrehbank *f* ‖ ~ **copiador** / Schablonendrehbank, -drehmaschine *f*, Kopierdrehbank *f* ‖ ~ **de acabamento** / Fertigdrehbank *f* ‖ ~ **de alta capacidade** / Hochleistungsdrehbank *f*, -drehmaschine *f* ‖ ~ **de bancada** (máq., tecnol.) / Bankschraubstock *m* ‖ ~ **de bancada rotativo** / Drehschraubstock *m* ‖ ~ **de comando por alavanca** / Drehmaschine *f* mit Hebelschaltung ‖ ~ **de cortar tubos** / Rohrabstechbank, -abstechmaschine *f* ‖ ~ **de desbastar** / Schrupp[dreh]bank *f*, -drehmaschine *f* ‖ ~ **de embutir** / Drückbank *f* ‖ ~ **de facear** / Plandrehbank *f*, -maschine *f*, Drehmaschine *f* zum Plandrehen ‖ ~ **de Frontor** (máq. ferram.) / Frontormaschine *f* ‖ ~ **de grande potência** / Großdrehmaschine *f* ‖ ~ **de limar** (serralhar.) / Feilkloben *m* ‖ ~ **de mandrilar** / Bohrbank *f* ‖ ~ **de mão** (serralhar.) / Feilkloben *m* ‖ ~ **de oleiro** (cerâm.) / Töpferscheibe *f* ‖ ~ **de pedal** / Fußdrehbank *f*, Drehbank *f* mit Fußbetrieb ‖ ~ **de perfilar** / Formdrehbank, -drehmaschine *f* ‖ ~ **de placa horizontal** (máq. ferram.) / Drehwerk *n* ‖ ~ **de pontas** / Spitzendrehbank, -drehmaschine *f* ‖ ~ **de prato horizontal** / Karusselldrehmaschine *f* (DIN), Senkrecht-Bohr[-und Dreh]werk *n* ‖ ~ **de precisão** / Feindrehbank *f* ‖ ~ **de produção de alta velocidade** (máq. ferram.) / Schnellschnittdrehmaschine, -laufdrehmaschine *f* ‖ ~ **de relojoeiro** / Drehstuhl *m* ‖ ~ **de roscar** (máq. ferram.) / Gewindedrehmaschine *f* ‖ ~ **inteiramente automático** (máq. ferram.) / Vollautomat *m* ‖ ~ **limador vertical** / Senkrechtstoßmaschine *f* ‖ ~ **mecânico de fuso** / Leitspindeldrehbank *f* ‖ ~ **para a produção de excêntricos** / Exzenterdrehbank, -drehmaschine *f* ‖ ~ **para barras** / Drehmaschine *f* für Stangenarbeit ‖ ~ **para centrar eixos** / Achsenabstech- und Zentriermaschine *f* ‖ ~ **para cilindrar** (máq. ferram.) / Zugspindeldrehbank, -spindeldrehmaschine *f* ‖ ~ **para cilindros** / Walzendrehbank, -drehmaschine *f* ‖ ~ **para cortar**, torno *m* para degolar / Abstechbank *f* ‖ ~ **para detalonar** / Drehmaschine *f* zum Hinterdrehen,

Hinterdrehbank *f* ‖ ~ **para facejar os extremos do eixo** / Achsspiegeldrehbank *f* ‖ ~ **para ferramentas** / Werkzeug[macher]drehbank *f* ‖ ~ **para flanges** / Flanschdrehbank, -drehmaschine *f* ‖ ~ **para lingotes quadrados** / Vierkantblockdrehbank, -blockdrehmaschine *f* ‖ ~ **para mandrilar** / Drehmaschine für Futterarbeit ‖ ~ **para rodas** (máq. ferram.) / Räderdrehbank, -drehmaschine *f* ‖ ~ **para talhar** / Abstechbank *f* ‖ ~ **para tornear cilindricamente** / Drehmaschine *f* zum Langdrehen ‖ ~ **para tornear e furar** / Dreh- und Bohrwerk *n* ‖ ~ **para tornear ovalmente** / Ovaldrehbank *f* ‖ ~ **para trabalhar madeira** / Drechselbank *f*, Holzdrehmaschine *f* (DIN) ‖ ~ **para trabalhar metais** / Drehmaschine *f* für Metallbearbeitung, Metalldrehbank *f*, -drehmaschine *f* ‖ ~ **para trabalhos de precisão** / Genauigkeitsdrehbank *f* ‖ ~ **paralelo** / Parallelschraubstock *m* ‖ ~ **plano** / Kopfdrehbank, Plandrehbank *f*, -drehmaschine *f* ‖ ~ **rápido** / Schnelldrehbank, -drehmaschine *f* ‖ **~-revólver** *m* / Revolver[dreh]bank, -maschine *f* ‖ **~-revólver** *m* **automático** / Revolverautomat *m* ‖ **~-revólver** *m* **de facear** (máq. ferram.) / Planrevolverdrehbank, -drehmaschine *f*

toro *m* **central** (cabo) / Kernlitze *f*

toroidal / toroid[isch], [kreis]ringförmig, torisch

toróide *m* / Toroid *n*

tóron *m*, torónio *m* / Thoron *n*, Thoriumemanation *f*, Radonisotop 220 *n*

torpedo *m* **aéreo** / Lufttorpedo *m*

torque *m* (mecân.) / Drehmoment *n* ‖ ~ **de acionamento** / Antriebsmoment *n* ‖ ~ **de amortecimento** / Dämpfungsmoment *n* ‖ ~ **de comando** / Stellkraft *f*, -moment *n* ‖ ~ **de frenação** / Bremsmoment *n* ‖ ~ **de partida** / Anlauf[dreh]moment *n* ‖ ~ **de partida do motor** / Anzugs[dreh]moment *n* ‖ ~ **do motor** / Drehmoment *n* des Motors ‖ ~ **máximo** (do motor) (electr.) / Kippmoment *n* (des Motors)

torquês *f* / Nagelzange *f*, Beißzange *f*, Kneifzange, Zange *f*

torrão *m* (agricult.) / Scholle *f*

torrar (geral) / rösten

torre *f* / Turm *m* ‖ ~ (constr. civil) / Hochhaus *n* ‖ ~ **de arrefecimento** (máq., tecnol.) / Kühlturm *m* ‖ ~ **de branqueamento** (papel) / Bleichturm *m* ‖ ~ **de coque** / Koksturm *m* ‖ ~ **de esfriamento** (máq., tecnol.) / Kühlturm *m* ‖ ~ **de extracção** (expl. minas) / Fördergerüst *n*, -turm *m* ‖ ~ **de extracção com máquina instalada no topo** (expl. minas) / Förderturm *m*, Turmfördermaschine *f* ‖ ~ **de fraccionamento** (química) / Fraktionierturm *m* ‖ ~ **de Gay-Lussac** (química) / Gay-Lussac-Turm *m* ‖ ~ **de gotejamento** / Entwässerungsturm *m* ‖ ~ **de lavagem por pulverização** (química) / Sprühwäscher *m* ‖ ~ **de perfuração** / Bohrturm *m* ‖ ~ **de poço de petróleo** / Bohrturm *m* ‖ ~ **de prospecção petrolífera** / Erdölbohrturm *m* ‖ ~ **de rádio** / Antennentragwerk *n* (DIN), Funkturm *m* ‖ ~ **de sondagem** / Bohrturm *m* ‖ ~ **de telecomunicações** / Fernmeldeturm *m* ‖ ~ **de televisão** / Fernsehturm *m* ‖ ~ **enroladora** (papel) / Aufrolleinrichtung *f* ‖ ~ **hertziana** / Funkturm *m* (DIN) ‖ ~ **para ácidos** / Säureturm *m* ‖ ~ **residencial** (constr. civil) / Wohnturm *m*

torreão *m* / Türmchen *n*

torrefacção *f* / Rösten, Dörren *n*

torrefazer / darren, dörren

torrente *f* / Sturzbach *m*

tórrido (clima) / heiß

torrificar / rösten, dörren, darren

torsão *f* **binomial** / Binomial-Torder *m* ‖ ~ **directa** / Gleichschlag *m*

torta *f* **de cobre** / Kupferscheibe *f* ‖ ~ **de sementes oleaginosas** / Ölkuchen *m*

torto / verbogen, windschief, schief

tosco / plump, schwerfällig

tosqueado (tecel.) / glattgeschoren

tosquia *f* / Wollschur *f* ‖ ~ **de carneiros** / Schafschur *f*

tosquiado rente / kurzgeschoren

total / gesamt

totalização *f* / Summierung *f*

totalizador *m* (máq., tecnol.) / Zählwerk *n* (addierend), -uhr *f*

tóxico *m* / Gift *n* ‖ ~ *adj* / giftig ‖ **não** ~ / ungiftig

toxidade *f* / Giftigkeit, Toxizität *f*

trabalhabilidade, de grande ~ (máq., tecnol.) / leicht zu bearbeiten

trabalhado (máq. ferram.) / bearbeitet ‖ ~ **ao torno** (madeira) / gedrechselt ‖ ~ **ao torno** / gedreht ‖ ~ **com precisão** / fein bearbeitet

trabalhador *m* (têxtil) / Arbeiter *m*, Arbeitswalze *f* der Krempel ‖ ~ **braçal** / Handarbeiter *m* ‖ ~ **de empreitada** (expl. minas) / Gedingearbeiter *m*

trabalhar / arbeiten, funktionieren, laufen, in Gang sein, gehen ‖ ~ (dilatar-se e contrair-se) (madeira) / arbeiten (Holz) ‖ ~ **a pedra** / abspitzen (Steine) ‖ ~ **a quente** / warmbearbeiten, -formen ‖ ~ **ao torno** / herausdrehen, andrehen ‖ ~ **ao torno** (madeira) / drechseln ‖ ~ **com tolerâncias precisas** / genau bearbeiten ‖ ~ **de empreitada** (expl. minas) / im Gedinge arbeiten ‖ ~ **em relevo** / bosselieren

trabalhável (máq., tecnol.) / leicht zu bearbeiten, bearbeitbar

trabalho *m* (geral, física) / Arbeit *f* ‖ ~ / Laufen *n*, Funktionieren *n* ‖ **de** ~ / Arbeits..., arbeitend ‖ **de** ~ **directo** / Fertigungs..., produktiv ‖ ~ **à barra** (máq. ferram.) / Stangenarbeit *f* ‖ ~ **a frio** / Kaltbearbeitung *f* ‖ ~ **à peça** (org. industr.) / Stückarbeit *f*, Akkordarbeit *f* ‖ ~ **adicional** (org. industr.) / Mehrarbeit *f* ‖ ~ **ao mandril** (torno) / Futterarbeit *f* ‖ ~ **assíncrono** (informática) / Asynchronbetrieb *m* ‖ ~ **da mola** / Federarbeit *f* ‖ ~ **das molas** / Federungsarbeit *f* ‖ ~ **de acabamento** / Fertigbearbeitung *f*, Schlichtarbeit *f* ‖ ~ **de aplicação** / Aufnäharbeit *f* ‖ ~ **de campo** (agrimen.) / Außenarbeit *f* ‖ ~ **de cantaria** / Steinmetzarbeit *f* ‖ ~ **de cisalhamento** / Abscherarbeit *f* ‖ ~ **de deformação** (forja) / Umformarbeit *f*, Formänderungsarbeit *f* ‖ ~ **de deformação elástica** (mecân.) / Federungsarbeit *f* ‖ ~ **de embutido** / halberhabene Arbeit ‖ ~ **de empreitada** (expl. minas) / Gedingearbeit *f* ‖ ~ **de escavação** / Grabarbeit *f* ‖ ~ **de estuque** / Stuckarbeit *f*, Stukkatur *f* ‖ ~ **de expansão** / Expansionsarbeit *f* ‖ ~ **de expulsão** (electrón.) / Austrittsarbeit *f* ‖ ~ **de fundição** (fundição) / Schmelzarbeit *f* ‖ ~ **de marchetaria** / Furnierung *f*, furnierte ausgelegte Arbeit ‖ ~ **de mina** (expl. minas) / Grubenarbeit *f* ‖ ~ **de molde** (fundição) / Formarbeit *f* ‖ ~ **de percussão** (física) / Stoßarbeit *f* ‖ ~ **de perfilação** (máq., tecnol.) / Formarbeit *f* ‖ ~ **de pesquisa** / Forschungsarbeit *f* ‖ ~ **de precisão mecânica** / feinmechanische Arbeit, feinwerktechnische Arbeit ‖ ~ **de prospecção** (expl. minas) / Schürfarbeit *f* ‖ ~ **de rectificação** / Schleifarbeit *f* ‖ ~ **de rede** / Filet *n*, Filetarbeit *f* ‖ ~ **de tanoeiro** / Faßbinden *n*, Faßbinderarbeit *f* ‖ ~ **de torneamento** / Dreharbeit *f* ‖ ~ **em esmalte** / Schmelzarbeit *f* ‖ ~ **em laca** / Lackarbeit *f* ‖ ~ **em relevo feito ao torno** / gedrückte Arbeit (auf der Drückbank) ‖ ~ **em verga** / Korbarbeit *f* ‖ ~ **em verniz** / Lackarbeit *f* ‖ ~ **em vime** / Flechtwerk, Geflecht *n* ‖ ~ **entre pontas** (torno) / Spitzenarbeit *f* ‖ ~ **exterior** / Außenarbeit *f* ‖ ~ **manual** / Handarbeit *f* ‖ ~ **mecânico** / Maschinenarbeit *f* ‖ ~

mineiro (expl. minas) / Bergarbeit *f* ‖ ~ **no estaleiro** (constr. civil) / Geländearbeit *f* ‖ ~ **no mandril** (torno) / Futterarbeit *f* ‖ ~ **por turnos** (org. industr.) / Schichtarbeit *f* ‖ ~ **preliminar** / Vorarbeit *f* ‖ ~ **sem carga** / Leerlaufarbeit *f* ‖ ~ **temporário** / Zeitarbeit *f* ‖ ~ **útil** / Leistung *f*, Nutzarbeit *f*

trabalhos *m pl* **complementares** (constr. civil) / ergänzende Arbeiten ‖ ~ **de ampliação** / Ausbauarbeiten *f pl*, Erweiterungsarbeiten *f pl* ‖ ~ **de asfaltagem**, trabalhos *m pl* de asfaltamento / Asphaltarbeiten *f pl* ‖ ~ **de carpinteiro** / Zimmer[manns]arbeiten *f pl* ‖ ~ **de derivação** (hidrául.) / Kopfleitwerk *n* ‖ ~ **de escavação e construção sob coberta de betão ou concreto** / Deckelbauweise *f* ‖ ~ **de instalação** (constr. civil) / Installationsarbeiten *f pl* ‖ ~ **de irrigação** / Berieselungsanlagen *f pl* ‖ ~ **de perfuração** / Bohrarbeiten *f pl* ‖ ~ *m* **de prospecção** (expl. minas) / Schürfen *n*, Schürfbetrieb *m* ‖ ~ *m pl* **de remoção** (acidentes) / Bergungsarbeiten *f pl* ‖ ~ **de rescaldo** (bombeiros) / Nachlöscharbeiten *f pl* ‖ ~ **de rodagem** (filme) / Dreharbeiten *f pl* ‖ ~ **de salvamento** (navio) / Bergungsarbeiten *f pl* ‖ ~ **de segurança** (expl. minas) / Grubenausbau *m* ‖ ~ **de sondagem** / Bohrarbeiten *f pl* ‖ ~ **de terraplenagem** / Erdaushub *m*, Erd- und Felsarbeiten *f pl* ‖ ~ **estruturais** / bauliche Anlagen *f pl* ‖ ~ **interiores** (constr. civil) / Ausbau *m*

traça *f* (geral) / Motte *f*

traçadeira *f* / Quersäge *f*

traçado *m* / Trassierung *f*, Trassieren *n* ‖ ~ (agrimen.) / Trasse *f*, Linie *f*, Trassé *n* (Schweiz) ‖ ~ **da linha** / Linienführung *f* ‖ ~ **de um jazigo** (expl. minas) / Grubenaufschluß *m* ‖ ~ **de uma estrada**, traçado *m* de uma rodovia, traçado *m* de uma rua / Straßenanlage *f* ‖ ~ **em cheio** / ausgezogen

traçador *m* (armamento) / Leuchtspurzusatz *m* ‖ ~ **estável** (técn. nucl.) / stabiler Indikator ‖ ~ **isotópico** / Test-Isotop *n*, Tracer-Isotop *n*, Indikator *m* ‖ ~ **radioactivo** (física) / Indikatoratom *n*, Leitisotop *n*, Radioindikator *m*

traçadora *f* **de curvas** (informática) / Plotter, Kurvenschreiber, -zeichner *m*

traçar / vorreißen, anreißen, aufreißen, aufzeichnen ‖ ~ (constr. rodov.) / trassieren ‖ ~ **com tinta da China ou Nanquim** (desenho industr.) / ausziehen ‖ ~ **linhas** / Linien ziehen, linieren ‖ ~ **um plano de minas** (expl. minas) / markscheiden ‖ ~ **uma linha** / eine Linie ziehen

tracção *f* (mecân., física) / Zug *m*, Ziehen *n* ‖ ~ **a todas as rodas** (autom.) / Allradantrieb *m* ‖ ~ **a todas as rodas** (autom.) / Geländeantrieb *m* ‖ ~ **a vapor** (técn. ferrov.) / Dampfbetrieb *m* ‖ ~ **às quatro rodas** (autom.) / Vierradantrieb *m* ‖ ~ **às rodas da frente** (autom.) / Frontantrieb *m*, Vorderradantrieb *m* ‖ ~ **às rodas traseiras** / Hinterradantrieb *m* ‖ ~ **da hélice** (aeronáut.) / Schraubenzug *m* ‖ ~ **dianteira** / Vorderachsantrieb *m*, Frontantrieb *m* ‖ ~ **mecânica** / Kraftzug *m* ‖ ~ **por aderência** (técn. ferrov.) / Reibungsantrieb *m* ‖ ~ **por cabo** / Seilbetrieb, -antrieb, -zug *m*, -förderung *f*, Seilbahnbetrieb *m* ‖ ~ *m* **por corrente contínua** (técn. ferrov.) / Gleichstromfahrbetrieb *m* ‖ ~ *f* **por locomotiva** / Lokomotiv[fahr]betrieb *m* ‖ ~ **traseira** (autom.) / Heckantrieb *m*

tracejado (desenho industr.) / gestrichelt

tracejar / stricheln

traço *m* / Strich *m*, Linie *f*, Linienzug *m* ‖ ~ **cheio** (desenho industr.) / Vollstrich *m* ‖ ~ **contínuo** (telecom.) / Dauerstrich *m* ‖ ~ **de fracção** (matem.) / Bruchstrich *m* (horizontal) ‖ ~ **de graduação** / Teilstrich *m*, Strichmarke *f* ‖ ~ **de lima** / Feilstrich *m* ‖ ~**-de-união** *m* (artes gráf.) / Bindestrich *m*, Trennungsstrich *m*, Divis *m* ‖ ~ **longo** (telecom.) / Dauerstrich *m* ‖ ~ **luminoso** / Lichtspur *f* ‖ ~ **molhado** (papel) / Feuchtstreifen *m* ‖ ~ **nuclear** / Kernspur *f* ‖ ~ **poligonal** (agrimen.) / Bussolenzug *m*

tractor *m*, veículo *m* tractor / Zugmaschine *f*, Zugwagen *m* ‖ ~ / Kraftschlepper *m*, Trecker *m*, Traktor *m* ‖ ~ **agrícola** / Ackerschlepper *m* ‖ ~ **de carga** / Laderaupe *f* ‖ ~ **de lagarta**, tractor *m* de rastos / Kettenschlepper *m* ‖ ~ **de semi-reboque** / Sattelschlepper *m*, Sattelschlepperzugmaschine *f*, Aufsattler *m*, Zugmaschine *f*, Sattelkraftfahrzeug *n* ‖ ~ **eléctrico** / Elektroschlepper *m* ‖ ~ **industrial** (autom.) / Industrieschlepper *m* ‖ ~ **para escarificar** (constr. rodov.) / Lader *m*, Pflugbagger *m* ‖ ~ **sem semi-reboque** / Sattelschlepper *m* ohne Auflieger

tractriz *f* / Schleppkurve *f*, Traktrix *f*

trado *m* **de sondagem** / Erdbohrer *m*

tradução *f* (telecom.) / Umwertung *f* ‖ ~ **de fórmulas** (informática) / Formelübersetzung *f*

tradutor *m* (telecom.) / Umwerter *m* ‖ ~ **de linguagem** (informática) / Übersetzer *m*, Sprachübersetzer *m* ‖ ~ **de selecção** (telecom.) / Wahlumsetzer *m*

tráfego *m* (técn. ferrov., aeronáut., telecom.) / Betrieb *m*, Verkehr *m* ‖ ~ **a longa distância** (telecom.) / Weitverkehr *m* ‖ ~ **aéreo** / Luftverkehr *m*, Flugbetrieb *m* ‖ ~ **bilateral** (telecom.) / wechselseitiger Verkehr, doppelseitiger Verkehr ‖ ~ **de curta distância** (telecom.) / Nahverkehr *m* ‖ ~ **de longo curso** (geral) / Fernverkehr *m* ‖ ~ **de mercadorias** / Güterverkehr *m* ‖ ~ **de vaivém** / Pendelverkehr *m* ‖ ~ **doméstico** / Inlandsverkehr *m* ‖ ~ **duplex** (telecom.) / Gegenverkehr *m* ‖ ~ **em hora de ponta** / Stoßverkehr *m*, Spitzenverkehr *m* ‖ ~ **ferroviário** / Schienenverkehr *m* ‖ ~ **intenso** / starker Verkehr ‖ ~ **interno** / Binnenverkehr *m* ‖ ~ **interurbano** (telecom.) / Fernverkehr *m*, überörtlicher Verkehr ‖ ~ **local** (telecom.) / Nahverkehr *m*, Ortsverkehr *m*, Lokalverkehr *m* ‖ ~ **local** (informática) / Internverkehr *m* ‖ ~ **radiotelefónico** / Sprechfunkverkehr *m* ‖ ~ **semiduplex** (telecom.) / Wechselverkehr *m*, Halbduplexverkehr *m* (Übertragung jeweils nur in einer Richtung) ‖ ~ **suburbano** (técn. ferrov.) / Nahverkehr *m* ‖ ~ **telefónico** / Fernsprechverkehr *m*, Telephonie *f*, Fernsprechbetrieb *m*, Sprechverkehr *m* ‖ ~ **telefónico com comutação de passagem automática** / Fernsprechbetrieb *m* mit selbsttätiger Durchgangsvermittlung ‖ ~ **unidireccional** (constr. rodov., telecom.) / Richtungsverkehr *m* ‖ ~ **urbano** (telecom.) / Ortsverkehr *m*

traineira *f* / Trawler *m* ‖ ~**-fábrica** *f* / Fischfabriktrawler *m*

traje *m* **anti-g** (aeronáut., astronáut.) / Druckanzug *m* ‖ ~ **de voo** / Fliegeranzug *m*

trajecto *m* / Fahrstrecke *f* ‖ ~ **completo** / Fahrzyklus *m* ‖ ~ **da corrente** (electr.) / Stromverlauf *m*, -weg *m*, -pfad *m*, -bahn *f* ‖ ~ **de exploração** (expl. minas) / Abbaustrecke *f* ‖ ~ **óptico** (laser) / Weglänge *f*, Lichtweg *m*

trajectória *f* (balística, astronáut.) / Flugbahn *f*, Bahn *f*, Trajektorie *f* ‖ ~ (matem.) / Trajektorie *f* ‖ ~ **da via condutora** / Leiterbahnverlauf *m* ‖ ~ **de tipos** (máq. escrev.) / Typenbahn *f* ‖ ~ **de voo** / Flugweg *m*, -kurve *f*, -bahn *f*, Fluglinie *f* ‖ ~ **do raio** / Blitzbahn *f* ‖ ~ **plana** (física) / Flachbahn *f*

tralha *f* (navio) / Liek *n*

trama *f* (tecel.) / Einschlag *m*, Schuß-, Einschlagfaden *m*, Eintrag *m*, Schuß *m*, Einschuß *m*, Durchschuß *m* ‖ ~ (tv) / Raster *m* ‖ ~ (fiação) / Schußgarn *n* ‖ ~ **de écran**, trama *f* de tela (informática) / Schirmraster *n* ‖ ~ **de pêlo** /

Florschuß *m*, Flockenschuß *m* ‖ ~ **figurada** (tecel.) / Figurenschuß *m*

tramar (tecel.) / einschlagen, einschießen

tramela *f* / Leiste *f* zum Verstärken o. Fixieren ‖ ~ **de janela** / Fensterwirbel *m*

tramo *m* **levadiço** / Brückenklappe *f*

trança *f* / Litze *f*

trançado / geflochten ‖ ~ *m* **de fios** / Geflecht *n*

trançar / flechten

tranqueta *f* / Sperrfeder *f*

transadmitância *f* (electr.) / Vorwärtsscheinleitwert *m*, Transadmittanz *f*, Gegenscheinleitwert *m* ‖ ~ **interna** (semicondut.) / innere Steilheit

transbordamento *m* / Überlaufen *n*

transbordar (líquidos) / überfließen, -strömen, -laufen, auslaufen

transbordo *m* (carga) / Umladen *n*, Umladung *f* ‖ ~ (transp. públicos) / Umsteigen *n*

transcondutância *f* (electrón.) / Steilheit *f* der Röhre ‖ ~ (electr.) / Gegenwirkleitwert *m* ‖ **de alta** ~ (electrón.) / steil ‖ ~ **inicial** (electrón.) / Anschwingsteilheit *f*

transdutor *m* (telecom., electrón.) / Meßwandler *m*, Kraftwandler *m*, Transducer *m*, Meßgrößenumformer *m* (DIN) ‖ ~ (ultra-som) / Schwinger *m*, Wandler *m*, Schallgeber *m*, Leitstück *n* ‖ ~ **de flange** / Flanschschwinger *m* ‖ ~ **de força** / Kraftaufnehmer *m* ‖ ~ **ferroelétrico**, transdutor *m* ferr elétrico / ferroelektrischer Wandler (Wärme in Elektrizität) ‖ ~ **indutivo de deslocamento** / induktiver Wegmesser ‖ ~ **óptico** (óptica) / Formwandler *m*

transferência *f* / Übertragung, -führung *f*, Versetzung *f*, Verlegung *f*, Transfer *m* ‖ ~ **centrípeta** (técn. nucl.) / Einschleusen *n* ‖ ~ **da chamada** (telecom.) / weiterverbinden *n* ‖ ~ **de calor** / Wärmeübertragung *f* ‖ ~ **de corrente** (electr.) / Stromübernahme, -übergabe *f* ‖ ~ **de corrente** (semicondut.) / Stromübersetzung, -verstärkung *f* ‖ ~ **de dados** / Datentransfer *m*, Datenübertragung *f* ‖ ~ **de folha** (papel) / Bahnüberführung *f* ‖ ~ **de massa de carbono** (técn. nucl.) / Kohlenstoff-Massentransport *m* ‖ ~ **de matéria** (técn. nucl.) / Stoffaustausch *m* ‖ ~ **de matéria** (química) / Stofftrennung *f*, -übergang *m* ‖ ~ **em branco** (informática) / Leerübertragung *f* ‖ ~ **orbital** (astronáut.) / Bahnübergang *m* ‖ ~ **térmica** / Wärmeübertragung *f*

transferidor *m* (geom) / Gradbogen *m*

transferir / umsetzen (an andere Stelle), an andere Stelle legen, verlegen ‖ ~ **por bombagem** / überpumpen ‖ ~ **uma conversação** (telecom.) / ein Gespräch umlegen (o. weitergeben), weiterverbinden

transformação *f* / Wandlung, Ab-, Um-, Verwandlung *f* ‖ ~ (química) / Umsetzung *f*, Überführung *f* ‖ ~ (electr., cristalogrf.) / Transformation, Umspannung *f* ‖ ~ (electr.) / Umspannung, Transformation *f* ‖ ~ (química, siderurg., técn. nucl.) / Umwandlung *f* ‖ ~ (produtos) / Weiterverarbeitung *f*, Bearbeitung *f* ‖ ~ **da estrutura** / Gefügeumbildung *f* ‖ ~ **da madeira** / Holzbearbeitung *f* ‖ ~ **de chumbo** / Bleiarbeit *f* ‖ ~ **de filmes e folhas** (plást.) / Folienverarbeitung *f* ‖ ~ **de Fourier** / Fourier-Transformation *f* ‖ ~ **de frequência** / Frequenztransformation *f*, -transponierung *f* ‖ ~ **de frequências** / Frequenz[um]wandlung *f*, -umformung *f* ‖ ~ **de Laplace** (matem.) / Laplace-Transformation *f* ‖ ~ **de madeiras** / Holzverarbeitung *f* ‖ ~ **de metais** / Metallverarbeitung *f* ‖ ~ **de minérios** / Erzverarbeitung *f* ‖ ~ **de onda**, transformação *f* de modo / Wellenumwandlung *f* ‖ ~ **em coque** / Inkohlung *f*, Verkokung *f* ‖ ~ **metalúrgica de minérios** / Erzverhüttung *f* ‖ ~ **rotacional** (plasma) / Rotationstransformation *f* ‖ ~ **Z** (matem.) / Z-Drehung *f*

transformado em espuma / geschäumt, Schaum...

transformador *m* (electr.) / Transformator *m*, Trafo *m*, Wandler *m* (DIN), Umspanner *m* ‖ ~ (electrón.) / Übertrager *m* ‖ ~ (contr. autom.) / Umformer *m* (von Signalen usw) ‖ ~ *adj* (indústria) / weiterverarbeitend ‖ ~ *m* **blindado** (electr.) / Manteltransformator *m* ‖ ~ **com núcleo de ar** / Lufttransformator *m* (eisenkernlos) ‖ ~ **contínuo-contínuo** / Gleichstrom-Gleichstrom-Umformer *m* ‖ ~ **de absorção** (electr.) / Saugtransformator *m* ‖ ~ **de adaptação** / Anpassungsübertrager *m* ‖ ~ **de adaptação de impedâncias** / Widerstandstransformator *m* ‖ ~ **de alta frequência** / Hochfrequenztransformator *m*, -übertrager *m*, -verstärker *m* ‖ ~ **de coluna** / Säulentransformator *m* ‖ ~ **de compensação** / Ausgleichtransformator *m* ‖ ~ **de corrente** / Stromwandler *m* ‖ ~ **de entrada** (electrón.) / Eingangsübertrager *m* ‖ ~ **de filamento** (electrón.) / Heiztrafo *m* ‖ ~ **de frequência** / Frequenztransformator *m*, Frequenzwandler *m* ‖ ~ **de imagem** (tv) / Bildwandler *m* ‖ ~ **de impedância** (contr. autom.) / Impedanzwandler *m* ‖ ~ **de impulsos ou pulsos** (telecom.) / Impulsübertrager *m* ‖ ~ **de intensidade tipo passa-muro** / Durchführungs[strom]wandler *m* ‖ ~ **de intensidade** / Stromwandler *m* ‖ ~ **de isolamento** (electr.) / Isoliertransformator *m* ‖ ~ **de junção** (ultra-som) / Anpassungstransformator *m* ‖ ~ **de ligação** (electrón.) / Zwischen-Übertrager *m* ‖ ~ **de medição** (electr.) / Meßtransformator *m*, -trafo *m*, Meßwandler *m* ‖ ~ **de núcleo** (electr.) / Kerntransformator *m* ‖ ~ **de núcleo de ar** / Trocken-Transformator *m* ‖ ~ **de núcleo fechado** / luftspaltloser Trafo ‖ ~ **de pressão** / Druckumformer *m* ‖ ~ **de radiofrequência** / Hochfrequenztransformator *m*, -übertrager *m*, -verstärker *m* ‖ ~ **de regulação** / Regeltrafo, -transformator *m* ‖ ~ **de saída** (electrón.) / Leistungstransformator *m*, Nachübertrager *m*, Ausgangsübertrager *m* ‖ ~ **de saída de linhas** (tv) / Zeilenablenktrafo *m*, -ablenktransformator *m* ‖ ~ **de saída para base de tempo de linha** (tv) / Horizontal-Endübertrager *m* ‖ ~ **de segurança** / Schutztransformator *m*, -trafo *m* ‖ ~ **de separação** (electr.) / Trenntrafo *m* ‖ ~ **de soldadura** / Schweißtransformator *m*, -umspanner *m* ‖ ~ **de suporte** / Stützentransformator *m* ‖ ~ **de tensão** / Spannungswandler *m*, -transformator *m* ‖ ~ **de tomada** / Anzapftransformator *m* ‖ ~ **de velocidade Föttinger** / Föttingergetriebe *n* ‖ ~ **diferencial** (electrón.) / Brückenübertrager *m*, Differentialübertrager *m* ‖ ~**elevador** *m* **de tensão** / Aufwärtstransformator *m* ‖ ~ **em cruz** / Jochwandler *m* ‖ ~**filtro** *m* (electrón.) / Filtertransformator *m* ‖ ~ **híbrido** (telecom.) / Gabelübertrager, Differentialübertrager *m* ‖ ~ **ideal** (telecom.) / idealer Übertrager ‖ ~ **para um só soldador** / Einzelschweißumformer *m* ‖ ~ **redutor** / Abwärtstransformator, -trafo, -übertrager *m*, spannungserniedrigender Transformator ‖ ~ **refrigerado a ar** / Lufttransformator *m* (luftgekühlt) ‖ ~ **refrigerado a água** / Wassertransformator *m*, wassergekühlter Trafo ‖ ~ **rotativo** / Drehtransformator, -trafo *m* ‖ ~ **sobrevoltador** / spannungserhöhender Transformator, Boostertransformator *m* ‖ ~ **variável** / Stelltransformator *m*

transformar / verwandeln, umbauen, umgestalten ‖ ~ [em] / umsetzen [in] ‖ ~ / umarbeiten, -ändern ‖ ~ [em] (química) / überführen [in] ‖ ~ (matem.) /

umformen ‖ ~ (electr.) / umspannen, transformieren
transição *f* / Umschlag *m*, Übergang *m*, Überleitung *f*, Wechsel *m* ‖ ~ (química) / Übergang *m*, Umwandlung *f* ‖ ~ **das cores** / Farbübergang *m* ‖ ~ **de corrente** / Stromübergang *m* ‖ ~ **do fluxo laminar para o turbulento** (hidrául.) / laminar-turbulenter Umschlag ‖ ~ **do preto ao branco** / Schwarzweißsprung *m* ‖ ~ **gradual** / allmählicher Übergang ‖ ~ **isomérica** (técn. nucl.) / isomerer Übergang ‖ ~ **livre-livre** (técn. nucl.) / Frei-Frei-Übergang *m* ‖ ~ **nuclear** (técn. nucl.) / Kernübergang *m* ‖ ~ **quântica** / Quantensprung *m*
transiente / flüchtig, vorübergehend ‖ ~ (física) / schwankend, transient
transistor *m* / Transistor *m* ‖ ~ **de avalancha** / Durchschlag-Transistor *m* ‖ ~ **de efeito de campo acelerado** / Drift-Feldeffekttransistor *m* ‖ ~ **de efeito de campo** / Feldeffekttransistor *m*, FET *m* ‖ ~ **de efeito de campo de junções** / Feldeffekttransistor *m* mit PN-Übergang, PN-FET *m* ‖ ~ **de efeito de campo de camada fina** / Dünnfilm-FET *m*, Dünnschicht-Feldeffekttransistor *m* ‖ ~ **de junção** / Flächentransistor *m* ‖ ~ **de liga** / Leitungstransistor *m* ‖ ~ **de potência** / Leistungstransistor *m* ‖ ~ **de unijunção** / Doppelbasis-Diode *f*, Unijunktions-Transistor *m* ‖ ~ **epitaxial** / Epitaxialtransistor *m* ‖ ~ **MNOS-FET** / Metall-Nitrid-Oxid-Silizium-Feldeffekttransistor *m* ‖ ~ **MOS** / Metalloxid-Transistor, MOS-Transistor *m*
transistório / flüchtig, vorübergehend
transistorizado / transistorbestückt, transistorisiert, Transistor... ‖ **completamente** ~ / volltransistorisiert
transistorizar / transistorisieren
transitar (constr. rodov.) / befahren
transitário *m* / Fuhrunternehmen *n*
transitável (constr. rodov.) / befahrbar ‖ ~ (caminho) / gangbar
trânsito *m* / Verkehr *m* ‖ **de** ~ / Durchgangs... ‖ ~ [**motorizado**] **individual** / Individualverkehr *m*
transitório / Übergangs..., Zwischen..., Durchgangs... ‖ **não** ~ (informática) / permanent, nicht löschbar
translação *f* / Schiebung *f*, Verschiebung *f* ‖ **de** ~ (física) / Fortschreitungs..., Translations... ‖ ~ **circular** (mecân.) / Scheuerbewegung *f*, Kreisschiebung *f*
translador *m* (telecom.) / Übertrager *m*, Translator *m*, Umsetzer *m* ‖ ~ **de frequência** / Frequenzumsetzer *m* ‖ ~ **de linha tronco** (telecom.) / Amtsübertragung *f*
translucidez *f* / Durchlässigkeit *f* (für Licht), Durchscheinen *n*
translúcido / durchlässig, durchscheinend, transparent, lichtdurchlässig ‖ **ser** ~ / durchscheinen
transmissão *f* (electr.) / Weiterleitung *f*, Übertragung *f*, Leitung *f* ‖ ~ (telecom.) / Übermittlung, -tragung *f* ‖ ~ (máq., tecnol.) / Wellenleitung *f*, Transmission *f* ‖ ~ (electrón.) / Sendung *f* ‖ ~ (tv, rádio) / Übertragung *f* ‖ ~ (mecân.) / Kraftübertragung *f* ‖ ~ (óptica) / Durchlassung *f*, Transmission *f* ‖ **de** ~ (electrón.) / Sende... ‖ **de alta capacidade de** ~ **de luz** / lichtdurchlässig ‖ ~ **a mola** / Federantrieb *m* ‖ ~ **ao eixo traseiro** / Hinterachsantrieb *m* ‖ ~ **ao vivo** (rádio, tv) / Live-Sendung *f*, Direktübertragung *f* ‖ ~ **através de um filtro** / Filter-Durchlässigkeit *f* ‖ ~ **automática** (autom.) / Schaltautomatik *f*, Automatik *f* ‖ ~ **Borg-Warner** (aeronáut.) / Borg-Warner-Getriebe *n* ‖ ~ **Büchli** / Büchliantrieb *m* ‖ ~ **cardânica** (autom.) / Kardanantrieb *m*, Gelenkwellenantrieb *m* ‖ ~ **da embraiagem** / Quernutmitnahme *f* ‖ ~ **da luz** / Lichtfortpflanzung *f* ‖ ~ **de calor** / Wärmeübergang *m* (zwischen 2 Körpern) ‖ ~ **de dados** / Datenübertragung *f* (die Übertragung von nutzbaren und verstümmelten Daten) ‖ ~ **de energia** / Energieübertragung *f*, Kraftübertragung *f* ‖ ~ **de energia eléctrica** / elektrische Energiefortleitung, -übertragung ‖ ~ **de fac-símile** / Faksimile-Übertragung *f* ‖ ~ **de força** (geral) / Kraftübertragung *f* ‖ ~ **de impulsos ou pulsos** / Impulsübertragung *f* ‖ ~ **de instruções** / Befehlsübermittelung *f* ‖ ~ **de movimento** / Bewegungsübertragung *f* ‖ ~ **de televisão** / Fernsehübertragung *f*, Fernsehsendung *f* ‖ ~ **directa** (tv, rádio) / Direktübertragung *f*, Live-Sendung *f* ‖ ~ **do exterior** (tv, rádio) / Außenübertragung *f* ‖ ~ **do freio**, transmissão *f* do travão / Bremsübersetzung *f* ‖ ~ **fora de banda por alto nível** (electrón.) / Außerband-Hochpegelübertragung *f* ‖ ~ **hidráulica** (técn. ferrov., autom.) / hydraulisches Getriebe, Flüssigkeitsgetriebe *n* ‖ ~ **hidráulica** / Strömungsgetriebe *n*, -wandler *m* ‖ ~ **hidrodinâmica** (técn. ferrov., autom.) / Turbowandler *m* ‖ ~ **independente** / Einzelantrieb *m* ‖ ~ **indirecta** (acústica) / Flankenübertragung *f* ‖ ~ **intermediária no tecto**, transmissão *f* intermédia suspensa / Deckenvorgelege *n* ‖ ~ **interpolada de dados e da voz** (telecom.) / Idast *n* (Datenübertragung in Sprechpausen) ‖ ~ **monocroma** (tv) / einfarbige Übertragung ‖ ~ **multiplex** / Mehrfachverkehr *m*, -übertragung *f* ‖ ~ **por alavanca** / Hebelübertragung *f* ‖ ~ **por biela** (técn. ferrov.) / Stangenantrieb *m* ‖ ~ **por cabo** / Kabelübertragung *f*, Seiltrieb *m*, Seilantrieb *m* ‖ ~ **por cabo** (rádio, tv) / Kabelübertragung *f* ‖ ~ **por cordão sem-fim** / Schnurlauf *m* ‖ ~ **por correia** / Riemenübertragung *f* ‖ ~ **por correia cruzada** / gekreuzter Riementrieb ‖ ~ **por correia semicruzada** / Halbkreuz[riemen]trieb *m* ‖ ~ **por correia trapezoidal** / Keilriementrieb *m* ‖ ~ **por corrente** / Ketten[an]trieb *m* ‖ ~ **por engrenagem** / Räderübersetzung *f* ‖ ~ **por parafuso sem-fim** (máq., tecnol.) / Schneckenradvorgelege *n*, Schneckenantrieb *m*, -[rad]getriebe *n* ‖ ~ **por rodas dentadas** / Zahnradübersetzung *f* ‖ ~ **simplex** (informática) / Richtungsbetrieb *m* ‖ ~ **telefónica** / Fernsprechübertragung *f* ‖ ~ **telefotográfica** / Bildübertragung *f* ‖ ~ **térmica** / Wärmedurchgang *m*
transmissibilidade *f* / Durchlassungsvermögen *n*
transmissor *m* (electrón.) / Sender *m*, Sendeapparat *m* ‖ ~ (telecom.) / Geber *m*, Gebeapparat *m*, Sprechkapsel *f* ‖ ~ (informática) / Bus *m* ‖ ~ *adj* / Sende... ‖ ~ *m* **automático de fita** / Lochstreifensender *m* ‖ ~ **automático de televisão** (astronáut.) / Fernsehsonde *f* ‖ ~ **central de cadências de pulsos ou impulsos** (telecom.) / gemeinsamer Zeitgeber ‖ ~ **de alternâncias** (telecom.) / Wechselsender *m* ‖ ~ **de comando** (electrón.) / Steuergeber *m* ‖ ~ **de fraca potência** (electrón.) / Kleinsender *m* ‖ ~ **de indicativo** (telecom.) / Namengeber *m* ‖ ~ **de sinais** / Signalgeber *m* ‖ ~ **de sinais calibrados para fins de medição** (telecom.) / Meßverzerrer *m* ‖ ~ **de teleimpressor** / Fernschreibmaschine *f* ‖ ~ **de televisão** / Fernsehsender *m* ‖ ~ **de vídeo** / Bildsender *m* ‖ ~ **do indicativo** / Kennungsgeber *m* ‖ ~ **do sinal horário** (rádio) / Zeitzeichengeber *m* ‖ ~ **local** (rádio) / Nahsender *m* ‖ ~ **pirata** (electrón.) / Schwarzsender *m* ‖ ~ **principal** (tv, electrón.) / Hauptsender *m* ‖ ~ **radiofónico** / Rundfunksender *m*, -sendestelle, -station *f* ‖ ~

radiotelefónico (electrón.) / Telephoniesender *m*
transmissor-receptor *m* **de fac-símile** / Faksimile-Sendeempfänger *m*
transmitância *f* (óptica) / Transmissionsfaktor *m*, Lichtdurchlaßgrad *m*
transmitido (óptica) / durchfallend
transmitir (física) / leiten, fort-, weiterleiten ‖ ~ (telecom.) / übermitteln, übertragen ‖ ~ (electrón.) / senden ‖ ~ (telecom.) / geben, senden ‖ ~ **pela rádio** / funken
transmutação *f* **de elementos** / Elementumwandlung *f* ‖ ~ **nuclear** / Atomumwandlung *f*
transparecer (artes gráf.) / durchscheinen
transparência *f* / Klarheit *f*, Durchsichtigkeit *f* ‖ ~ (artes gráf.) / Durchscheinen *n* ‖ ~ (óptica) / Lichtdurchlässigkeit *f*, Durchsichtigkeit *f*, Transparenz *f*
transparente / durchsichtig, lichtdurchlässig ‖ ~, reproduzível / pausfähig
transpiração *f* / Schwitzen *n*
transpirar / schwitzen
transplantar (agricult.) / versetzen, verpflanzen, umpflanzen, umsetzen
transpor (artes gráf.) / verschießen, verschieben
transportador *m* / Förderer *m* ‖ ~ (máq. cost.) / oberer Zuführer ‖ ~ **a curta distância** / Nahförderer *m*, -fördermittel *n* ‖ ~ **aéreo por gravidade** / Seilriese *f* ‖ ~ **circular** / Kreisförderer *m* ‖ ~ **contínuo** / Fließförderer *m*, Stetigförderer *m*, Stromförderer *m*, Dauerförderer *m* ‖ ~ **de alcatruzes** / Becherkette *f*, Becherwerk *n* ‖ ~ **de cinta ou de correia** / Bandförderer *m*, Gurtförderer *m* ‖ ~ **de cinzas** / Aschenförderanlage, -transportanlage *f* ‖ ~ **de corrente** / Kettenförderer *m* (Plattenbänder, Becherwerke usw.), Kettenbahn *f* ‖ ~ **de elementos articulados de aço** / Stahlgliederband *n*, -gliederbandförderer *m* ‖ ~ **de fita plana** / Flachbandförderer *m* ‖ ~ **de parafuso sem-fim** / Schneckenförderer *m*, Förderschnecke *f* ‖ ~ **de rolos** / Ablaufrollgang *m* ‖ ~ **de secagem** / Bandtrockner *m* ‖ ~ **de superfície** / Flurförderer *m* ‖ ~ **helicoidal** / Transportschnecke *f*, Förderschnecke *f* ‖ ~ **para descida retardada** (expl. minas) / Bremsförderer *m* ‖ ~ **perpendicular** (expl. minas) / Seigerförderer *m* ‖ ~ **pneumático** / Druckluftförderer *m* ‖ ~ **rolante** / Rollenbahn *f*, -förderer *m* ‖ ~ **vibrador** / Schüttelförderer *m*
transportadores e elevadores *m pl* / Fördergeräte *n pl*
transportar / befördern, fördern, transportieren ‖ ~ (artes gráf., tecel.) / übertragen ‖ ~ **para fora** (expl. minas) / austragen, -fahren
transportável / fahrbar, transportfähig, transportabel
transporte *m* / Transport *m*, Beförderung *f*, Förderung *f* ‖ ~ **da fita** (informática) / Bandantrieb *m* ‖ ~ **de corrente contínua a alta-tensão** / Hochspannungsgleichstrom-Übertragung *f*, HGÜ ‖ ~ **de energia** / Energieübertragung *f* ‖ ~ **de energia a grande distância** (electr.) / Fernübertragung *f* ‖ ~ **de fita** / Bandzuführung *f* ‖ ~ **de mercadorias a grandes distâncias** (técn. ferrov., autom.) / Güterfernverkehr *m* ‖ ~ **de terras** (expl. minas) / Bergeförderung *f* ‖ ~ **em galerias** (expl. minas) / Fördern *n*, Streckenfördern *n* ‖ ~ **misto** / gemischte Beförderung (über Schiene, Straße, Wasser) ‖ ~ **por meios hidráulicos** / Hydroförderung *f* ‖ ~ **rodoviário** / Landtransport *m*
transportes *m pl* **frigoríficos** (técn. ferrov.) / Kühl[gut]verkehr *m*
transposição *f* / Umsetzung *f*, Transposition *f* ‖ ~ (matem.) / Hinüberschaffen *n* ‖ ~ (electr.) / Verdrillung *f* ‖ ~ (telecom.) / Platzwechsel *m*, -tausch *m*, Transposition *f* ‖ ~ **de Beckmann** (química) / Beckmannsche Umlagerung ‖ ~ **de circuitos combinados** (electr.) / Schleifenkreuzung *f* ‖ ~ **de fios** / Kreuzung *f* elektrischer Leitungen ‖ ~ **de fios telefónicos** (telecom.) / Drehung *f*, Platzwechsel *m* ‖ ~ **de linhas** (telecom.) / Lagewechsel *m* von Leitungen, Drahtkreuzung *f* ‖ ~ **do código de dados** / Datenüberführung *f*
transpositor *m* (telecom.) / Umsetzer *m*, Übertrager *m*
transreceptor *m* / Sender-Empfänger *m* ‖ ~ *adj* / Sende-Empfangs...
transsónico / schallnahe, transsonisch (975-1450 km/h), Transschall...
transurânicos *m pl* (química) / überschwere o. Über-Elemente, Transurane *n pl*
transvasar / umfüllen
transvaseamento *m* / Umfüllung *f*
transversal *f* (matem.) / Transversale *f* ‖ ~ *adj* / transversal, diagonal, quer
trapeira *f* / Fensterklappe *f*, -ausstieg *m*, Dach[aussteige]luke *f* ‖ ~ **redonda** / Fledermausfenster *n*
trapézio *m* (matem.) / [Parallel-]Trapez, Viereck *n* mit zwei parallelen Seiten
trapezoedro *m* (cristalogrf.) / Trapezoeder *n*, Ikositetraeder *n*
trapezoidal / trapezförmig
trapezóide *m* / Trapezoid *n*, unregelmäßiges Viereck
trapiche *m* (constr. naval) / Ladesteg *m*
trapo *m* / Lappen *m*, Fetzen *m*, Lumpen *m*
trapos *m pl* (papel) / Hadern *m pl*
trás, para ~ / rückwärts, nach hinten
traseira *f* (autom.) / Heck *n*
traseiro / hinterer, Hinter...
trasfega *f* / Umfüllung *f*
trasfegar / umfüllen ‖ ~ **mediante bomba** / umpumpen
trasse *m* (geol) / Traß *m*
tratado / verarbeitet ‖ ~ **com cal** / gekalkt ‖ ~ **com silicone** (papel) / silikonisiert ‖ ~ **galvanicamente** (máq., tecnol.) / galvanisch behandelt ‖ ~ [**quimicamente**] / [chemisch] behandelt
tratamento *m* / Behandlung *f*, Verarbeitung *f*, Bearbeitung *f* ‖ ~ (informática) / Bearbeitung *f* ‖ ~ (siderurg.) / Aufschluß *m* ‖ ~ **a quente** / Heißbehandlung *f* ‖ ~ **alcalino** / Laugen *n* (zur Neutralisierung saurer Öle) ‖ ~ **anti-reflexo** (lente) / Vergütung *f* ‖ ~ **com terra activada ou descorante** (petróleo) / Erden *n*, Erd[behandl]ung *f* ‖ ~ **com vapor** (tinturaria) / Dämpfung *f*, Dampfbehandlung *f* ‖ ~ **da madeira** / Holzkonditionierung *f* ‖ ~ **da superfície** / Oberflächenbehandlung *f* ‖ ~ **de água** / Wasseraufbereitung *f* ‖ ~ **de esgotos** / Abwasserbehandlung *f*, -reinigung *f*, Abwasserklärung *f* ‖ ~ **de minérios** / Erzaufbereitung *f* ‖ ~ **de minérios por trituração** / Erzaufbereitung *f* durch Pulverisierung ‖ ~ **de minérios por via (h)úmida ou seca** / Erzaufbereitung *f* auf nassem oder trockenem Wege ‖ ~ **de textos** (informática) / Textverarbeitung *f* ‖ ~ **do lixo** / Müllverwertung *f* ‖ ~ **do petróleo** / Erdölverarbeitung *f* ‖ ~ **eléctrico de minérios** / Elektroverhütten *n* ‖ ~ **final** (técn. nucl.) / Endreinigung *f* ‖ ~ **galvânico** / galvanische Oberflächenbehandlung ‖ ~ **metalúrgico** / Verhütten *n*, Verhüttung *f* ‖ ~ **metalúrgico do ferro** / Eisenhüttenprozeß *m*, -hüttenbetrieb *m*, -hüttenverfahren *n* ‖ ~ **por ácido oxálico** /

Oxalieren *n* ‖ ~ **por contracorrente** (expl. minas) / Gegenstromaufbereitung *f* ‖ ~ **por ebulição sob pressão** (química) / Druckkochung *f* ‖ ~ **posterior** / Nachbehandlung *f*, -bearbeitung *f*, Weiterbehandlung *f* ‖ ~ **preliminar** / Vorbehandlung *f* ‖ ~ **químico** (esgotos) / chemische Aufbereitung ‖ ~ **químico da palha** (papel) / Strohaufschließung *f* ‖ ~ **térmico** / Wärmebehandlung *f*, Warmbehandlung *f*
tratar (geral, informática) / verarbeiten, behandeln, bearbeiten ‖ ~ **a quente** / warmbehandeln ‖ ~ **com ácido nitroso** / nitrosieren ‖ ~ **com boro** / borieren ‖ ~ **com cal** / abkalken ‖ ~ **com tanino** / gallieren, tannieren ‖ ~ **em solução alcalina** / laugieren ‖ ~ **minérios** / Erze aufbereiten ‖ ~ **posteriomente** / nachbehandeln
tratável ao calor (metal leve) / aushärtbar
trava *f* / Verriegelung *f*, Sperre *f* ‖ ~ **de mola** / Federbride *f* ‖ ~ **para teclas de maiúsculas** (máq. escrev.) / Feststeller *m* für Großbuchstaben
travação *f* (serra) / Schränkung *f*
travado / verriegelt, gesichert
travadoura *f* / Schränkeisen *n*
travagem *f* / Bremsen *n* ‖ ~ **a fundo** (autom.) / Vollbremsung *f* ‖ ~ **de contenção** (técn. ferrov.) / Gefällebremsung *f* ‖ ~ **regenerativa** / Rückarbeitsbremsung *f* ‖ ~ **reostática** (electr.) / Widerstandsbremsung *f*
travamento *m* / Sperrung *f*, Verriegelung *f*
travão *m* / Bremse *f* ‖ ~ **a óleo** / Ölbremse *f* ‖ ~ **accionado por força exterior** (autom.) / Fremdkraft-Bremsanlage *f* ‖ ~ **assistido** / Servobremse *f* ‖ ~ **auxiliar** (autom.) / Zusatzbremse *f*, Hilfsbremse *f* ‖ ~ **centrífugo** / Fliehkraftbremse *f* ‖ ~ **contínuo** (autom.) / Dauerbremse *f* ‖ ~ **de acção rápida** / Schnellbremse *f* ‖ ~ **de actuação sobre a jante** (autom.) / Felgenbremse *f* ‖ ~ **de alavanca** / Hebelbremse *f* ‖ ~ **de ar comprimido** / Luftdruckbremse *f* ‖ ~ **de cabo** / Seilbremse *f*, Seilzugbremse *f* ‖ ~ **de cinta** / Bandbremse *f* ‖ ~ **de cinta exterior** (autom.) / Außenbandbremse *f* ‖ ~ **de cones** / Kegelbremse *f* ‖ ~ **de contrapedal** / Rücktrittbremse *f* ‖ ~ **de contrapeso** / Gewichtsbremse *f* ‖ ~ **de corrente parasita**, travão *m* de corrente de Foucault / Wirbelstrombremse *f* ‖ ~ **de cubo** / Nabenbremse *f* ‖ ~ **de curto-circuito** / Kurzschlußbremse *f* ‖ ~ **de disco** / Scheibenbremse *f* ‖ ~ **de disco de estribo fixo** / Festsattel-Scheibenbremse *f* ‖ ~ **de disco de pinça oscilante** / Schwimmrahmen-Scheibenbremse *f* ‖ ~ **de emergência** / Hilfsbremse *f* ‖ ~ **de estacionamento** (autom.) / feststellbare Bremse, Standbremse *f*, Handbremse *f* ‖ ~ **de expansão interna** / Innenausdehnungsbremse *f* ‖ ~ **de fricção** / Reibungsbremse *f* ‖ ~ **de inércia** (autom.) / Auflaufbremse *f* ‖ ~ **de mão** / Handbremse *f* ‖ ~ **de marcha** / Fahrbremse *f* ‖ ~ **de mola acumuladora** / Federspeicherbremse *f* ‖ ~ **de monodisco** / Einscheibenbremse *f* ‖ ~ **de palhetas** (mecân.) / Flügelbremse *f* ‖ ~ **de pé** / Fußbremse *f* ‖ ~ **de pressão de óleo** / Öldruckbremse *f* ‖ ~ **de Proude** / Flüssigkeitsbremse *f* ‖ ~ **de reboque** / Anhängerbremse *f* ‖ ~ **de recuo** (máq., tecnol.) / Rücklaufbremse *f* ‖ ~ **de roda** / Radbremse *f* ‖ ~ **de roda dianteira** / Vorderradbremse *f* ‖ ~ **de sapata** / Klotzbremse *f*, Backenbremse *f* ‖ ~ **de sapatas exteriores** / Außenbackenbremse *f* ‖ ~ **de serviço** (autom.) / Betriebsbremse *f* ‖ ~ **de tambor** / Trommelbremse *f* ‖ ~ **de transmissão** / Getriebebremse *f* ‖ ~ **de trinquete** / Schnappbremse *f* ‖ ~ **desprendedor** / Abschlagbremse *f* ‖ ~ **diferencial** / Differentialbremse *f* ‖ ~ **dinamométrico** / Bremsdynamometer *n*, Leistungsbremse *f* ‖ ~ **eléctrico** / Wirbelstrombremse *f* ‖ ~ **em derivação** / Nebenschlußbremse *f* ‖ ~ **exterior** / Außenbremse *f* ‖ ~ **hidráulico** / Flüssigkeitsbremse *f*, hydraulische Bremse ‖ ~ [**hidráulico**] **de Froude** / Froudescher Zaum, Froudesche Bremse ‖ ~ **hidrodinâmico** (autom.) / Strömungsbremse *f* ‖ ~ **interno** / Innenbremse *f* ‖ ~ **magnético** / Magnetbremse *f* ‖ ~ **mecânico** / Kraftbremse *f* ‖ ~ **mecânico automático** / Lastdruckbremse *f* ‖ ~ **mecânico automático do reboque** (autom.) / Fallbremsanlage *f* ‖ ~ **no eixo de transmissão** / Vorgelegebremse *f* ‖ ~ **pneumático** / Druckluftbremse *f*, Luftdruckbremse *f* ‖ ~ **por curto-circuito do induzido** / Ankerkurzschlußbremse *f* ‖ ~ **por embraiagem** / Kupplungsbremse *f* ‖ ~ **secundário** / Hilfsbremse *f* ‖ ~ **sobre o pneu** / Reifenbremse *f*
travar / verriegeln, blockieren, sperren, schränken ‖ ~ (veículo) / bremsen, abbremsen
trave *f* / Fensterbalken *m*
travejamento *m* / Gebälk *n*
travertino *m* (geol) / Travertin *m*
través, de ~ (aeronáut., naveg.) / dwars, querab
travessa *f* (geral) / Querbalken *m*, Kreuzbalken *m* ‖ ~ (constr. civil) / Holm *m*, Langschwelle *f* ‖ ~ (urbaniz.) / Gasse *f* ‖ ~ (técn. ferrov.) / Eisenbahnschwelle *f* ‖ ~ **central** / Mittelriegel *m* ‖ ~ **da entrada de inspecção** / Mannlochbügel *m* ‖ ~ **de madeira** / Querholz *n* ‖ ~ **de madeira** (técn. ferrov.) / Holzschwelle *f* ‖ ~ **dupla** (técn. ferrov.) / Doppelschwelle *f* ‖ ~ **frontal** (técn. ferrov.) / Pufferbohle *f* ‖ ~ **giratória da bogia**, travessa *f* giratória do truque (técn. ferrov.) / Schemel *m* des Drehgestells ‖ ~ **principal** / Binderbalken *m* (Dach) ‖ ~ **sabotada** (técn. ferrov.) / gekappte Schwelle
travessão *m* (máq., tecnol.) / Querriegel *m* ‖ ~ (artes gráf.) / Gedankenstrich *m* ‖ ~ **da balança** / Waagebalken *m* ‖ ~ **de uma plaina mecânica** / Querbalken *m* einer Hobelmaschine ‖ ~ **do chassi** (autom.) / Querträger *m* am Rahmen ‖ ~ **do elo de uma corrente** / Kettensteg *m*, Steg *m* des Kettengliedes ‖ ~ **em espinha de peixe** (constr. civil) / Fischgrätenverband *m*
travessas *f pl* **de um poço de mina oblíqua** (expl. minas) / Tonnhölzer *n pl*
travessia *f* / Überfahrt *f*
trefilação *f* **de arame** / Drahtziehen *n*
trefilado / gezogen ‖ ~ **com tolerâncias precisas** / genau gezogen
trefilagem *f* **com tensão contrária** / Gegenzug *m* ‖ ~ **de dimensões finas** / Fertigzug *m* ‖ ~ **de tela metálica** / Drahtweberei *f*
trefilar / Draht ziehen
trefilaria *f* / Zieherei *f* ‖ ~ **de arame** / Drahtzieherei *f*
treliça *f* (constr. civil) / Fachwerk *n*, Netzwerk *n*, Gitterwerk *n* ‖ **em** ~ (constr. civil) / gegliedert, in Fachwerk, Fachwerks... ‖ ~ **de aço** / Stahlfachwerk *n* ‖ ~ **de aço plano** / Flachstahlgitterwerk *n* ‖ ~ **de diagonais** / Strebenfachwerk *n* ‖ ~ **de ferro** / Eisenfachwerk *n* ‖ ~ **de montantes verticais** / Ständerfachwerk *n* ‖ ~ **de pinos de articulação** / Gelenkbolzenfachwerk *n* ‖ ~ **de três dimensões** / Raumfachwerk, -tragwerk *n* ‖ ~ **diagonal** / Schrägverband *m* ‖ ~ **para telhado envidraçado** / Dachsprossen *f pl* für Glasdächer ‖ ~ **sem montantes verticais** / ständerloses Fachwerk ‖ ~ **triangular** / Dreiecksystem *n*, Dreieckausfachung *f*
treliçar fios metálicos / Draht flechten
trem *m* (técn. ferrov.) / Zug *m* ‖ ~ (lamin.) / Straße *f* ‖ ~ **acabador** / Fertigwalzwerk *n* ‖ ~ **articulado** (técn.

ferrov.) / Gliederzug *m* ‖ ~ **blooming** / Blockwalzwerk *n* ‖ ~ **de acabamento** (lamin.) / Fertigstraße *f*, -strecke *f*, Nachwalzwerk *n* ‖ ~ **de agulhas de felpa** / Nitschelstrecke, Frotteurstrecke *f* ‖ ~ **de aterragem** (aeronáut.) / Fahrgestell *n* ‖ ~ **de aterragem alijável** (aeronáut.) / abwerfbares Fahrgestell ‖ ~ **de aterragem do nariz** (aeronáut.) / Bugfahrwerk *n* ‖ ~ **de correspondência** (técn. ferrov.) / Anschlußzug *m* ‖ ~ **de desdobramento** (técn. ferrov.) / Entlastungszug *m* ‖ ~ **de engrenagens** / Räderwerk *n*, [-]Getriebe *n*, Getriebezug *m* ‖ ~ **de estiragem** (têxtil) / Strecke *f* ‖ ~ **de laminagem** / Walzenstraße *f*, Walzwerk *n* ‖ ~ **de laminagem a frio** / Kaltwalzwerk *n* ‖ ~ **de laminagem intermediário** / Mittelstahlwalzwerk *n* ‖ ~ **de laminagem para chapas a quente** (siderurg.) / Warmblechstraße *f* ‖ ~ **de longo curso** (técn. ferrov.) / Fernzug *m*, Fernreisezug *m* ‖ ~ **de mercadorias** / Güterzug *m* ‖ ~ **de ondas** (física) / Wellenzug *m* ‖ ~ **de ondas amortecidas** / gedämpfter Wellenzug ‖ ~ **de rolos alimentadores** (lamin.) / Zufuhrrollgang *m* ‖ ~ **de rolos de acesso** / Auflaufrollgang *m* ‖ ~ **de sustentação magnética** / Magnetschwebebahn *f* ‖ ~ **desbastador** (siderurg.) / Blockstraße *f* ‖ ~ **desbastador** (lamin.) / Grobstraße *f*, Vorstraße *f*, Brammenwalzwerk *n*, Vor[walz]straße *f*, -strecke *f* ‖ ~ **desbastador** / Streckwalzwerk *n* ‖ ~ **duo** / Duostraße *f*, Zweiwalzenstraße *f* ‖ ~ **duo desbastador** / Duo-Blockwalzwerk *n* ‖ ~ **duo para laminagem a frio** / Duo-Kaltwalzwerk *n* ‖ ~ **duo reversível** / Duoreversierwalzwerk *n* ‖ ~ **em sentido contrário** (técn. ferrov.) / Gegenzug *m* ‖ ~ **epicicloidal** (embraiagem) / Planetenradsatz *m* ‖ ~ **impulsor de um banco de estirar** / Streckentriebwerk *n* ‖ ~ **laminador acabador** / Justierwalzwerk *n* ‖ ~ **laminador de arame** (lamin.) / Anspitzwalzwerk *n*, Drahtstraße *f*, Drahtzug *m* ‖ ~ **laminador de carris** / Schienenwalzwerk *n* ‖ ~ **laminador de chapa** / Blechstraße *f* ‖ ~ **laminador de fita** (lamin.) / Bandwalzwerk *n*, Bandstraße *f* ‖ ~ **laminador de lingotes** / Blockwalzwerk *n* ‖ ~ **laminador de trilhos** / Schienenwalzwerk *n* ‖ ~ **laminador duplex para chapa** (lamin.) / Blechduo *n* ‖ ~ **laminador fino** (lamin.) / Feinstraße *f* ‖ ~ **laminador trio** / Drillingswalzwerk *n* ‖ ~ **laminador-soldador** / Schweißwalzwerk *n* ‖ ~ **misto** (de mercadorias e passageiros) (técn. ferrov.) / gemischter Zug ‖ ~ **para vigas** (lamin.) / Trägerstraße *f* ‖ ~ **planetário** (embraiagem) / Planetenradsatz *m* ‖ ~ **polidor** (lamin.) / Glättwalzwerk *n* ‖ ~ **rápido** (técn. ferrov.) / Schnellzug, D-Zug *m* ‖ ~ **rápido suburbano** (técn. ferrov.) / S-Bahn *f* ‖ ~ **reversível** (lamin.) / Umkehrstraße *f* ‖ ~ **suburbano** (técn. ferrov.) / Nahverkehrszug, Personenzug *m* ‖ ~ **trio acabador** (lamin.) / Triofertigstraße *f* ‖ ~ **trio de desbaste** / Triovorwalzwerk *n*

trema *m* (artes gráf.) / Trema *n*

tremó *m* / Fensterpfeiler *m*, Fenstergewände *n*

tremoçeiro *m* (agricult.) / Lupine *f*

tremonha *f* / Trichter, Rumpf *m* ‖ ~ (siderurg.) / Ofenschließer *m*, -schließstein *m* ‖ ~ / Mühlrumpf *m*, Trichter *m* ‖ ~ **automática** (agricult.) / Futterautomat *m* ‖ ~ **de alimentação** (máq., tecnol.) / Füllrumpf, -trichter *m* ‖ ~ **de descarga** / Schütttrichter *m*

tremor *m* **de terra** / Erdbeben *n*

trena *f* / Rollbandmaß *n*

trenó *m* / Schlitten *m*

trépano *m* / Bohrmeißel *m* ‖ ~ **de queda livre** (expl. minas) / Freifallmeißel *m*

trepidação *f* / Erschütterung *f*, Vibration *f*, Schwingung *f* ‖ **à prova de** ~ / schüttelfest

trepidar / schütteln *vi*, zittern, erschüttern, vibrieren

trespano *m* **para toalhas** (tecel.) / Handtuchdrell *m*

trevo *m* (bot.) / Klee *m*

triac *m* / Triac *n*, Zweiweg-, Zweirichtungs-Thyristortriode *f* (bidirektionaler Wechselstrom-Thyristor)

triácido (química) / dreisäurig

triagem *f* (expl. minas) / Korngrößentrennung, Klassierung *f*

triangulação *f* / Triangulierung *f*, Triangulation, Dreiecksaufnahme *f*, Dreiecksvermessung *f*

triangular *v* (agrimen.) / triangulieren

triangular *adj* / dreieckig, dreikantig ‖ ~ (rosca) / dreikantig ‖ ~ / scharfgängig (Gewinde)

triângulo *m* / Dreieck *n* ‖ ~ **de carga** / Belastungsdreieck *n* ‖ ~ **de cores** / Farbtafel *f*, -dreieck *n* ‖ ~ **de difusão** (semicondut.) / Diffusionsdreieck, Ladungsdreieck *n* ‖ ~ **de forças** / Kräftedreieck *n* ‖ ~ **de impedância** / Impedanzdreieck *n* ‖ ~ **de influência** (mecân.) / Einflußdreieck *n* ‖ ~ **de sinalização** (autom.) / Warndreieck *n*

trias *m*, triásico *m* / Trias[formation] *f*

triatómico / dreiatomig

triaxial / dreiachsig

tribásico (química) / dreibasisch

triboelectricidade *f* / Triboelektrizität *f*

triboluminescência *f* / Triboluminеszenz *f*, Trennungsleuchten *n*

tribotécnico / tribotechnisch

tributário *m* (hidrául.) / Zufluß *m*, Nebenfluß *m*

tricíclico (química) / dreiringig

trício *m* (química) / Tritium *n*, T

tricloretileno *m* / Trichloräth[yl]en, Trilen, Tri, Chlorylen *n*

tricloreto *m* **de antimónio** / Antimon(III)-chlorid *n*, Chlorantimon *n* ‖ ~ **de arsénio** / Arsentrichlorid *n* ‖ ~ **de índio** / Indium(III)-chlorid *n*

triclorometano *m* / Trichlormethan *n*, Chloroform *n*

tricô *m*, tricot *m* (tecel.) / Strickgewebe *n*, Trikot *m*

tricolor / dreifarbig, Dreifarben...

tricot *m* **rectilíneo** / Flachstrickware *f*

tricotado (tecel.) / gewirkt

tricotar / wirken, stricken

tricroísmo *m* (óptica) / Trichroismus *m*, Dreifarbigkeit *f*

tricromático / trichromatisch, Dreifarben..., dreifarbig

tricromia *f* (artes gráf.) / Dreifarbendruck *m*

tricromoscópio *m* (tv) / Dreifarbenröhre *f*, Trichromoskop *n*

tridimensional / räumlich, dreidimensional, 3-D..., plastisch

triédrico / triedrisch, dreiflächig, Trieder...

triedro *m* (matem.) / Trieder, Dreiflach *n*, Dreiflächner *m*

trietanolamina *f* / Triethanolamin *n*

trietilamina *f* / Triethylamin *n*

trifásico (electr.) / dreiphasig, Dreiphasen..., Drehstrom...

trifenilmetano *m* / Triphenylmethan *n*

trifilar / dreidrähtig

trifoliado / Kleeblatt...

triforme / dreiförmig, -fach

trifurcado / dreigabelig, -zackig

trigger *m* / Trigger *m*

trigo *m* / Weizen *m*

trigonometria *f* / Trigonometrie *f*, Dreieckslehre *f*

trigonométrico / trigonometrisch

triiodometano *m* / Jodoform *n*, Trijodmethan *n*

trilha *f* (fita magn.) / Spur *f* ‖ **de duas ~s** (fita magn.) / Doppelspur... ‖ ~ **alternativa** (informática) /

Ersatzspur *f* ‖ ~ **de informações** (fita magn.) / Informationsspur *f* ‖ ~ **de leitura para cartões** (cart. perf.) / Lesebahn *f* ‖ ~ **de sincronização** (fita magn.) / Synchronspur *f* ‖ ~ **de substituição** (informática) / Ersatzspur *f* ‖ ~ **magnética** (informática) / Magnetspur *f* ‖ ~ **sonora** / Tonspur *f* ‖ ~ **sonora push-pull** / Gegentakttonspur *f*
trilho *m* / Laufschiene *f*, Schiene *f*, Eisenbahnschiene *f* ‖ ~ (técn. ferrov) vide também ‖ ~ **americano** / Fußschiene *f* ‖ ~ **central** (técn. ferrov.) / Mittelschiene *f* ‖ ~ **chato** / flache Schiene ‖ ~ **condutor** (técn. ferrov.) / Stromschiene *f*, dritte Schiene ‖ ~ **contra-agulha** / Backenschiene *f*, Stockschiene *f* ‖ ~ **das esferas** / Kugelrille, -spur, -laufrille *f* ‖ ~ **de articulação** / Gelenkschiene *f* ‖ ~ **de base plana** (técn. ferrov.) / Kopfschiene *f* ‖ ~ **de cabeça abaulada** / Schiene *f* mit gewölbtem Kopf ‖ ~ **de cabeça dupla** (técn. ferrov.) / Stuhlschiene *f* ‖ ~ **de contato** (técn. ferrov.) / Stromschiene *f*, dritte Schiene ‖ ~ **de encosto** (técn. ferrov.) / Backenschiene *f* ‖ ~ **de guia** (técn. ferrov.) / Führungsschiene *f* ‖ ~ **de patilha chata** / Fußschiene *f* ‖ ~ **de rolamento** / Fahrschiene *f* ‖ ~ **de seção cheia** (técn. ferrov.) / Blockschiene *f* ‖ ~ **desprendedor de malha** / Abschlagschiene *f* ‖ ~ **gêmeo** / Zwillingsschiene *f* ‖ ~ **Vignole** (técn. ferrov.) / Breitfußschiene *f*, Kopfschiene *f*
trilhos *m pl* (técn. ferrov.) / Gleis *n* ‖ ~ **de junção** / Verbindungsgleis *n*, -schienen *f pl*
trilião *m*, trilião *m* / Trillion *f*, 10^{18}
trimmer *m* **de precisão** (electrón.) / Feintrimmer *m*, Feineinstellungskondensator *m*
trimolecular / dreimolekular
trincheira *f* (técn. ferrov.) / Durchstich *m*, Einschnitt *m*, Graben *m*
trinchete *m* / Hufmesser *n*
trinco *m* (serralhar.) / Fallklinke *f*, Klinke *f*, Riegel *m* ‖ ~ **de mola** (serralhar.) / Federgriff *m*, -handfalle *f*, Federklinke *f*, federnde Klinke
trinitrofenol *m* / Trinitrophenol *n*, Pikrinsäure *f*
trinitroglicerina *f* / Glyzerintrinitrat *n*, Trinitrin *n*
trinitrotolueno *m* / Trinitrotoluol *n*, Trotyl *n*, TNT *n*, F.P. 02, Füllpulver O2 *n*
trinquete *m* (máq., tecnol.) / Schaltklinke *f*
tríodo *m* (electrón.) / Triode *f*, Dreielektrodenröhre *f* ‖ ~ **a gás** / Gastriode *f* ‖ ~ **duplo** (electrón.) / Doppeltriode *f*, Duotriode *f* ‖ ~ **transistor de efeito de campo** / Feldeffekttriode *f*, -effekttransistortriode *f*
trioleína *f*, trioleído *m* / Triolein *n*, normales Ölsäureglycerid
trióxido *m* **de arsénio** / Arsentrioxid *n* ‖ ~ **de cromo** / Chromtrioxid, Chrom(VI)-oxid *n* ‖ ~ **de enxofre** / Schwefeltrioxid *n*, Schwefelsäureanhydrid *n*
tripa *f* / Darm *m*, Darmschlauch *m*
tripartição *f* / Dreiteilung *f*
tripartido / dreiteilig
tripé *m* / Dreifuß *m*, Dreibeinstativ *n* ‖ ~ **de campanha** / Feldstativ *n*
tripleto *m* (química, física) / Tripel *n*, Triplett *n* ‖ ~ (óptica) / Triplet *n*
triplicador *m* **de frequência** / Frequenzverdreifacher *m*
triplo *m* (matem.) / Tripel *n* ‖ ~ *adj* / dreifach
trípode *m* / Dreibaum *m*
tripolar / dreipolig
trípoli *m*, trípole *m* / Polierschiefer *m*, Tripel *m*, Polierschiefer *m*
tripulação *f* (aeronáut.) / Besatzung *f*
tripulado (astronáut.) / bemannt ‖ **não** ~ (aeronáut., astronáut.) / unbemannt
tripulante *m* (aeronáut., navio) / Besatzungsmitglied *n*
tripular / bemannen
trirreactor (aeronáut.) / dreistrahlig
trissacarido *m* / Trisaccharid *n*
trissulfeto *m* **de arsênio**, trissulfureto *m* de arsénio / Rauschgelb, Arsentrisulfid *n* ‖ ~ **de arsênio**, trissulfureto *m* de arsénio (mineralog.) / Auripigment *n*
trítio *m*, T (química) / Tritium *n*, T
trituração *f* / Schrotung *f*, Ausmahlung *f*, Zerreiben *n*, Feinmahlung *f*, Grobzerkleinerung *f* ‖ ~ **a seco** (expl. minas) / Trockenvermahlung *f* ‖ ~ **de material duro** / Hartzerkleinerung *f* ‖ ~ **fina** / Feinzerkleinerung *f* ‖ ~ **(h)úmida** / Naßzerkleinerung *f* ‖ ~ **prévia** / Vorzerkleinerung *f*
triturador *m* / Quetscher *m*, Brecher *m* ‖ ~ **de aparas** (máq. ferram.) / Spänezerkleinerer *m* ‖ ~ **de barras** / Stabmühle *f* ‖ ~ **de cilindros** / Brechwalzwerk *n*, Walzenbrecher *m* ‖ ~ **de cilindros** (prep.) / Walzenmühle *f* ‖ ~ **de escórias** / Schlackenmühle *f* ‖ ~ **de malte** / Schrotmühle *f* ‖ ~ **de martelos** / Hammerbrecher *m* ‖ ~ **de maxilas** / Backenbrecher *m* ‖ ~ **de minério** / Erzstampfwerk, -pochwerk *n* ‖ ~ **de papel** / Papierwolf *m* ‖ ~ **de pasta de papel** (papel) / Breimühle *f* ‖ ~ **de pêndulos centrífugos** / Pendelwalzenmühle *f* ‖ ~ **de percussão** / Schlagbrecher *m* ‖ ~ **de tubos** / Rohrmühle *f* ‖ ~ **giratório** / Kreiselbrecher *m* ‖ ~ **oscilante** / Schwingenbrecher *m* ‖ ~ **rotativo** / Kreiselbrecher *m*
trituradora *f* **de desperdícios** / Abfallmühle *f*
triturar / schroten, verreiben, grobzerkleinern, brechen, quetschen ‖ ~ (química) / stoßen, zerreiben ‖ ~ (papel) / feinmahlen ‖ ~ **o minério** (siderurg.) / pochen ‖ ~ **previamente** / vorbrechen
trivalente (química) / dreiwertig
troca *f* / Vertauschung *f*, Austausch *m*, Auswechselung *f* ‖ ~ **de ar** / Luftwechsel *m* ‖ ~ **de carga** / Ladungsaustausch *m* ‖ ~ **de iluminação** / Lichtartwechsel *m* ‖ ~ **de informações** / Informationsaustausch *m*, Erfahrungsaustausch *m*
trocar / vertauschen, austauschen, auswechseln ‖ ~ **o óleo** / Öl wechseln o. erneuern
troço *m* / Teilabschnitt *m* ‖ ~ **de alongamento** (carpint.) / Anstückung *f* ‖ ~ **de via** / Gleisabschnitt *m*
trocóideo / rollenförmig, radförmig
trofologia *f* / Ernährungswissenschaft *f*
trólei *m* / Laufrolle *f*, Stromabnehmerrolle *f*
troleibus *m*, trolebus *m* / Oberleitungsomnibus *m*, Obus *m*
trolha *m* / Handlanger *m* bei Maurern und Steinmetzen ‖ ~ *f* / Maurerkelle *f*
tromba *f* **de água** (meteorol.) / Wasserhose *f*
trombidídeo *m*, trombídio *m* (agricult.) / Laufmilbe *f*
tronco *m* / Stock *m*, Baumstamm *m*, Stamm *m* ‖ ~ **de árvore** / Holzstamm *m* ‖ ~ **de cilindro** / schief abgeschnittener Zylinder ‖ ~ **de cone** / Kegelstumpf *m* ‖ ~ **de pirâmide** / abgestumpfte Pyramide ‖ ~ **para adaptação** / Blindschwanz *m* ‖ ~ **para pranchas** / Bohlenstamm *m*
troncónico / kegelstumpfartig
troostita *f* (siderurg.) / Troostit *m*, Hartperlit *m*
tropical (geral) / tropisch, Tropen...
tropicalizado / tropenfest, -geschützt
tropicalizar / tropenfest machen, tropikalisieren
trópico *m* (geogr.) / Wendekreis *m*
troposfera *f* / Troposphäre *f* (0-10 km Höhe)
troposférico / troposphärisch
trotil *m* / Trinitrotoluol *n*, Trotyl *n*, TNT *n*
trovoada *f* (meteorol.) / Gewitter *n*
truncado (matem.) / abgestumpft ‖ ~ (cone) / stumpf
truncamento *m* (matem.) / Abbrechen *n* ‖ ~ (informática) / Ganzzahligmachen *n*

truncar (geom) / abstumpfen ‖ ~ (matem.) / ganzzahlig machen (durch Weglassen der Dezimalen), abkürzen ‖ ~ (programa) / abschneiden, abbrechen ‖ ~ (informática) / verkürzen
truque *m* (técn. ferrov.) / Drehgestell *n*, Bogie *m*
tubagem *f* / Rohrstrang *m*, Rohrleitung *f* ‖ ~ **ascendente** (electr., água, vapor) / Steigleitung *f* ‖ ~ **da bomba** / Ausschlagleitung *f* ‖ ~ **de adução** (constr. civil) / Zuleitung *f* ‖ ~ **de água pressurizada** / Druckwasserleitung *f* ‖ ~ **de aspiração** / Abzugsschlauch *m*, Ansaugleitung *f* ‖ ~ **de descarga** / Ablaufleitung *f*, Abflußleitung *f*, Ablaßleitung *f* ‖ ~ **de fugas de óleo** (mot.) / Leckölleitung *f* ‖ ~ **de pressão** / Druckrohrleitung *f* ‖ ~ **de vapor** / Dampfleitung *f*, -rohre *n pl* ‖ ~ **de vapor de escape** / Abdampfleitung *f* ‖ ~ **de ventilação do tanque** (aeronáut.) / Behälterentlüftungsleitung *f* ‖ ~ **do freio ou travão** / Bremsleitung *f* ‖ ~ **suspensa** (refinaria) / Geistleitung *f*
tubeira *f* (siderurg.) / Blasform *f* ‖ ~ (máq., tecnol.) / Düse *f* ‖ ~ **anular** / Ringdüse *f* ‖ ~ **de injecção** (mot.) / Einspritzdüse *f* ‖ ~ **de medição** / Meßdüse *f* ‖ ~ **de transição** / Übergangsdüse *f* ‖ ~ **injectora de ar** / Luftdüse *f*
tubeless (pneu) / schlauchlos
tubérculo *m* / Knolle *f* (z.B. Kartoffel)
tuberiforme / knollenförmig
tubo *m* / Rohr *n*, Röhre *f* ‖ ~ (óptica) / Tubus *m* ‖ ~ (electrón.) / Röhre *f* ‖ ~ (órgão musical) / Pfeife *f* ‖ ~ **acotovelado** / Knierohr *n* ‖ ~ **adutor** / Zuleitungsrohr *n* ‖ ~ **analisador** (tv) / Bildabtaströhre *f* ‖ ~ **armado** (electr.) / Panzerrohr *n* ‖ ~ **articulado** / Schwingrohr *n*, Schwenkrohr *n* ‖ ~ **ascendente** / Steigrohr *n* ‖ ~ **basculante de mercúrio** / Quecksilberkippröhre *f* ‖ ~ **capilar** (física) / Haarröhrchen *n* ‖ ~ **catódico** / Oszillographenröhre *f* ‖ ~ **catódico de alta resolução** / Feinpunktröhre *f* ‖ ~ **catódico de écran ou tela absorvente** (tv) / Dunkelschriftröhre *f* ‖ ~ **catódico de gerador de funções** / Funktionsgeneratorröhre *f* ‖ ~ **catódico para televisão** / Fernsehempfangsröhre *f* ‖ ~ **cego** (técn. nucl.) / Fingerhutrohr *n* ‖ ~ **com flange(s)** / Flanschrohr *n* ‖ ~ **com ponto volante** (tv) / Feinpunktröhre *f* ‖ ~ **compensador** / Rohrausgleichstück *n*, Federrohr *n* ‖ ~ **condutor** / Führungsrohr *n* ‖ ~ **curvado** / C-Stück *n*, Krümmer *m* ‖ ~ **curvo** / Rohrbogen *m*, Knierohr *n*, Bogenrohr *n*, Schenkelrohr *n*, Rohrkrümmer *m* ‖ ~ **da bobina** (electr.) / Spulenhülse *f* ‖ ~ **da chave** / Schlüsselrohr *n*, -schaft *m* ‖ ~ **da pinça** (torno) / Spannrohr *n* der Spannzange ‖ ~ **de absorção** (química) / Absorptionsrohr *n* ‖ ~ **de absorção** / Gasfalle *f* ‖ ~ **de admissão** / Ansaugrohr *n* ‖ ~ **de admissão** (mot.) / Einlaßkanal *m*, -leitung *f* ‖ ~ **de admissão do ar** / Lufteinlaßrohr *n* ‖ ~ **de adução**, tubo *m* de afluência / Zuflußrohr *n* ‖ ~ **de água** / Wasserrohr *n* ‖ ~ **de aletas** / Rippenrohr *n*, Radiatorrohr *n* ‖ ~ **de alimentação** / Zuflußrohr *n* ‖ ~ **de alimentação** (máq. vapor) / Speiserohr *n* ‖ ~ **de alimentação** (mot.) / Förderleitung *f* ‖ ~ **de aquecimento** (técn. nucl.) / Heizrohr *n* ‖ ~ **de aspiração** (bomba) / Fußröhre *f* ‖ ~ **de aspiração de ar fresco** / Frischluftansaugrohr *n* ‖ ~ **de base loctal** (electrón.) / Loktalröhre *f* ‖ ~ **de betão** / Betonrohr *n* ‖ ~ **de bolha de ar** (agrimen.) / Libelle *f* ‖ ~ **de borracha para válvulas** (pneu) / Ventilschlauch *m* ‖ ~ **de Bourdon** / Bourdonfeder *f* ‖ ~ **de cadaste** / Stevenrohr *n* ‖ ~ **de Carius** (química) / Bombenrohr *n* ‖ ~ **de chama** / Flammrohr *n*, Feuerrohr *n* ‖ ~ **de chumbo** / Bleirohr *n* ‖ ~ **de comunicação** / Verbindungsröhre *f* ‖ ~ **de concreto** / Betonrohr *n* ‖ ~ **de contacto de mercúrio** / Quecksilberschaltröhre *f* ‖ ~ **de contagem** / Zählrohr *n* ‖ ~ **de Coolidge** (electrón.) / Coolidge-Röhre *f* ‖ ~ **de curvatura dupla** / Doppelbogen *m* ‖ ~ **de derivação** / Abzweigrohr *n* ‖ ~ **de descarga** / Auslaufrohr *n*, Ablaßrohr *n*, Abzugsrohr *n*, Auslaßrohr *n* ‖ ~ **de descarga do vapor** / Dampfableitungsrohr *n* ‖ ~ **de descida** (esgotos) / Fallrohr *n* ‖ ~ **de descida de águas pluviais** (constr. civil) / Fallrohr *n* (Regenrinne) ‖ ~ **de destilação** / Siederohr *n*, Destillierrohr *n* ‖ ~ **de distribuição** / Verteilungsrohr *n*, -röhre *f*, Zweigrohr *n* ‖ ~ **de drenagem** (constr. civil) / Leckloch *n* ‖ ~ **de drenagem** (técn. ferrov., constr. rodov.) / Sickerrohr *n* ‖ ~ **de ebulição** / Siederohr *n*, Rauch-, Heizrohr *n* ‖ ~ **de elevação** / Förderleitung *f* ‖ ~ **de encaixe por deslize** / Falzrohr *n* ‖ ~ **de enrolamento** (papel) / Aufwickelhülse *f* ‖ ~ **de ensaio** (química) / Reagensglas, Reagenzglas, -röhrchen *n* ‖ ~ **de entrada** / Zuflußrohr *n* ‖ ~ **de escape** (máq. vapor) / Ausblasrohr *n* ‖ ~ **de escape** (autom.) / Auspuffrohr *n* ‖ ~ **de escape do vapor** / Dampfableitungsrohr *n* ‖ ~ **de escoamento** / Abflußrohr *n* ‖ ~ **de evacuação** / Abzugsrohr *n* ‖ ~ **de evacuação do ar** / Entlüftungsrohr *n* ‖ ~ **de ferrita** / Ferritrohrkern *m*, -rohr *n* ‖ ~ **de flange** / Bördelrohr *n* (DIN) ‖ ~ **de fluxo** / Feldröhre *f* ‖ ~ **de fumo** / Heizrohr *n*, Rauchrohr *n* ‖ ~ **de gás neon** / Leuchtröhre *f* ‖ ~ **de imagem axial** / Achsenbildertubus *m* ‖ ~ **de imersão** / Eintauchrohr *n* ‖ ~ **de impulsão** / Druckrohr *n* ‖ ~ **de incandescência** / Leuchtröhre *f* ‖ ~ **de injecção** / Injektorrohr *n* ‖ ~ **de junção** / Anschlußrohr *n* ‖ ~ **de ladrão** / Überfallrohr *n* ‖ ~ **de lançamento** (míssil) / Abschußrohr *n* ‖ ~ **de Lenard** / Lenard-Fensterröhre *f* ‖ ~ **de observação** / Beobachtungsrohr *n* ‖ ~ **de óleo** / Ölleitung *f*, -rohr *n* ‖ ~ **de oleoduto** / Leitungsrohr *n* ‖ ~ **de ondas progressivas** / Wanderfeldröhre *f*, -wellenröhre *f*, Lauffeldröhre *f* ‖ ~ **de papel** (fiação) / Papierhülse *f* ‖ ~ **de passagem** (fiação) / Durchhülse *f* ‖ ~ **de perfuração** / Bohrrohr *n* ‖ ~ **[não isolado] de Peschel** / Peschelrohr *n*, nicht isoliertes Leitungsrohr [mit offener Naht] ‖ ~ **de Pitot** (aeronáut.) / Pitotrohr *n*, Staudüse *f* ‖ ~ **de plástico isolante ou isolador** (plást.) / Isolierschlauch *m* ‖ ~ **de ponto móvel** (tv) / Flying-Spot-Röhre *f* ‖ ~ **de pressão** (máq., tecnol.) / Druckleitung *f*, Druckrohr *n* ‖ ~ **de protecção** (autom.) / Mantelrohr *n* (der Steuersäule, feststehend) ‖ ~ **de protecção de cabos** / Schutztülle *f*, Durchführungstülle *f* ‖ ~ **de purga** / Ablaßrohr *n*, Ablaß *m* ‖ ~ **de quadro** / Rahmenrohr *n* ‖ ~ **de quartzo** / Quarzrohr *n* ‖ ~ **de raios catódicos** / Kathodenstrahlröhre *f* ‖ ~ **de raios catódicos de feixe duplo** / Doppelstrahlröhre *f*, Doppelkathodenstrahlröhre *f* ‖ ~ **de raios catódicos para televisão** / Bildwiedergaberöhre *f* ‖ ~ **de raios catódicos tricolor de canhão triplo** (tv) / Dreistrahl-Farbfernsehröhre *f* ‖ ~ **de raios X** / Röntgenröhre *f* ‖ ~ **de reactância** (electrón.) / Blindwiderstandsröhre *f* ‖ ~ **de redução com dois flanges** / Flansch-Übergangsstück, FFR-Stück *n* (DIN 28545) ‖ ~ **de revestimento** (petróleo) / Casing *n*, Verrohrung *f* ‖ ~ **de revestimento** / Futterrohr *n* ‖ ~ **de sonda** (navio) / Lotröhre *f* ‖ ~ **de sopro** (siderurg.) / Blasrohr *n* ‖ ~ **de subida** / Steigleitung *f* ‖ ~ **de termómetro** / Thermometerröhre *f*, -hals *m* ‖ ~ **de tomada de imagens** (tv) / Bildaufnahmeröhre *f* ‖ ~ **de tomada de vapor** / Dampfanzapfrohr *n* ‖ ~ **de transporte**

(correio pneumático) / Fahrrohr *n*, Förderleitung *f* ‖ ~ **de união** / Anschlußrohr *n* ‖ ~ **de vácuo** (electrón.) / Vakuumröhre *f* ‖ ~ **de ventilação** / Lüftungskanal *m*, Lüftungsrohr *n* ‖ ~ **de ventilação** (mot.) / Entlüfterrohr *n* ‖ ~ **de ventilação** (constr. civil) / Dunstrohr *n* ‖ ~ **delta** (tv) / Delta-Röhre *f* ‖ ~ **derivante** / Zweigrohr *n*, -röhre *f* ‖ ~ **distanciador** / Abstandrohr *n* ‖ ~ **do eixo de transmissão** (autom.) / [äußeres] Gelenkwellenrohr ‖ ~ **do eixo traseiro** / Hinterachsrohr *n* ‖ ~ **do forno** / Ofenrohr *n* ‖ ~ **do veio de transmissão** (autom.) / Schubrohr *n* (fälschlich für: Gelenkwellenrohr) ‖ ~ **electrónico de televisão**, tubo *m* eletrónico de televisão / Fernsehbildröhre *f* ‖ ~ **eletrónico de velocidade modulada** / Laufzeitröhre *f* ‖ ~ **em cotovelo** / Ell[en]bogenrohr *n* ‖ ~ **em forma de Y** / Hosenstück *n* (Rohr) ‖ ~ **em forquilha** / Gabelrohr *n* ‖ ~ **em L** / Eckstück *n* (Rohr) ‖ ~ **em S** / Sprungrohr, S-Rohr, S-Stück *n*, S *n*, gekröpftes Rohr ‖ ~ **em T** / T-Rohr *n*, Rohrabzweigung *f* ‖ ~ **em Y** / Y-Abzweigung *f*, Y-Rohr *n*, Gabelrohr *n* ‖ ~ **emulsionador** (carburador) / Mischrohr *n* ‖ ~ **flexível** / Schlauch *m* ‖ ~ **flexível antiparasitário** (electrón.) / Entstörschlauch, Abschirmschlauch *m* ‖ ~ **flexível de aço** / Stahlschlauch *m* ‖ ~ **flexível de ar** / Luftschlauch *m* ‖ ~ **flexível de ar comprimido** / Druckluftschlauch *m* ‖ ~ **flexível de engate** (técn. ferrov.) / Kuppelschlauch *m* ‖ ~ **flexível de pressão** / Druckschlauch *m* ‖ ~ **[flexível] isolante ou isolador** (electr.) / Isolierschlauch *m* ‖ ~ **flexível metálico** / Metallschlauch *m* ‖ ~ **flexível supressor de interferências** (electrón.) / Entstörschlauch *m*, Abschirmschlauch *m* ‖ ~ **fluorescente** / Leuchtröhre *f*, Fluoreszenzlampe *f*, röhre *f* ‖ ~ **flying-spot** (tv) / Flying-Spot-Röhre *f* ‖ ~**-fornalha** *m* (caldeira) / Flammrohr *n* (großen Durchmessers) ‖ ~ **incandescente** (mot.) / Glührohr *n* ‖ ~ **intermediário do tubo** / Filterzwischentubus *m* ‖ ~ **intestinal** / Darm *m*, Darmschlauch *m* ‖ ~ **[isolador] armado de aço** (electr.) / Stahlpanzer[isolier]rohr *n* ‖ ~ **isolador esmaltado** / lackiertes Isolierrohr ‖ ~ **mandrilado** / eingewalztes Rohr ‖ ~ **ondulado** / Wellrohr *n* ‖ ~ **oscilador** (electrón.) / Generatorröhre *f*, Schwingröhre *f* ‖ ~ **passa-muro** (electr.) / Durchführungsrohr *n*, Deckendurchführung *f* ‖ ~ **permutador de calor** / Wärmerohr *n* (ein Wärmeaustauscher) ‖ ~ **plano** (tv) / Flachröhre *f* ‖ ~ **rectificador a gás com cátodo** / gasgefüllte Glühkathoden-Gleichrichterröhre ‖ ~ **recurvado** / Krümmer *m* ‖ ~ **respirador** / Schnorchel *m* ‖ ~ **retificador a gás com catodo** / gasgefüllte Glühkathoden-Gleichrichterröhre ‖ ~ **rugoso** / Faltenrohr *n* ‖ ~ **sifão** / Heberrohr *n* im Winderhitzer ‖ ~ **Skiatron** (tv) / Farbschriftröhre *f*, Blauschriftröhre *f* ‖ ~ **soldador** / Lötrohr *n* ‖ ~ **telescópico** / Ausziehrohr *n* ‖ ~ **telescópico da ocular** / Okularauszug *m* ‖ ~ **termiónico** (electrón.) / Thermionenröhre *f* ‖ ~ **transformador de imagem** (tv) / Bildwandlerröhre *f* ‖ ~**-triturador** *m* **de barras** / Stabrohrmühle *f* ‖ ~ **triturador de pulverização** / Feinrohrmühle *f* ‖ ~ **Venturi** (autom.) / Mischrohr *n* des Vergasers, Venturirohr *n*, -düse *f*, Venturi *n* ‖ ~ **vorticoso** / Wirbelrohr *n*

tubulação *f* / Leitung *f*, Rohrleitung *f*, Rohrstrang *m* ‖ ~ (electr.) / Leitungsrohr *n* ‖ ~ **de ar** (máq., tecnol.) / Luftleitung *f* ‖ ~ **de vapor** / Dampfleitung *f*, -rohre *n pl* ‖ ~ **de ventilação** / Lüftungsleitung *f*

tubuladura *f* / Stutzen, Anschluß-, Rohrstutzen *m* ‖ ~ **de aspiração** (mot.) / Saugstutzen *m*, Ansaugstutzen *m* ‖ ~ **de descarga** / Ausflußstutzen *m*, Ablaßstutzen *m* ‖ ~ *m* **de drenagem** / Ablaßstutzen *m* ‖ ~ *f* **de enchimento** / Einfüllstutzen *m* ‖ ~ **de enchimento de óleo** (mot.) / Öleinfüllstutzen *m*, Füllstutzen *m* für Öl, Ölstutzen *m*, Ölfüller *m* ‖ ~ **de entrada** / Einführungsstutzen *m* ‖ ~ **de escape** / Ausblasstutzen *m*, Auspuffstutzen *m* ‖ ~ **de pressão** / Druckstutzen *m* ‖ ~ **de purga de óleo** / Ölablaß[stutzen] *m* ‖ ~ **de sucção** (mot.) / Saugstutzen *m*, Ansaugstutzen *m* ‖ ~ **de união** / Verbindungsstutzen *m*

tubular / röhrenförmig, -artig, Röhren..., Hohl..., Rohr...

tucho *m* (mot.) / Stößel *m*

tufa *f* (geol) / Tuff *m*

tufão *m* (meteorol.) / Orkan *m* (Windstärke 12)

tufo *m* (geol) / Sinter *m*, Kalktuff *m* ‖ ~ **basáltico** / Basalttuff *m* ‖ ~ **calcário** / Kalktuff *m* ‖ ~ **diabásico** / Grünsteintuff *m* ‖ ~**-pomes** *m* / Bimssteintuff *m*

tufoso / tuffartig

tule *m* (tecel.) / Tüll *m*, Bob[b]inet *m*

túlio *m*, Tm / Thulium *n*, Tm (OZ = 69)

tumultuoso (química) / stürmisch

túnel *m* / Tunnel *m* ‖ ~ (constr. rodov.) / Galerie *f*, Lawinenwehr *f* ‖ ~ **aerodinâmico** (autom.) / Windkanal *m* ‖ ~ **aerodinâmico de densidade variável** / Überdruck[wind]kanal *m* ‖ ~ **aerodinâmico de voo livre** / Freiflug[wind]kanal *m* ‖ ~ **atmosférico** / Atmosphären-Windkanal *m* ‖ ~ **do eixo de transmissão** (autom.) / Wellentunnel *m* ‖ ~ **helicoidal** (técn. ferrov.) / Kehrtunnel *m* ‖ ~ **secador** / Trockentunnel *m*

tungstato *m* / Wolframat *n*, Wolframsalz *n*, Tungstat *m*

tungstenífero / wolframhaltig

tungsténio *m*, W / Wolfram *n*, W

tupia *f* / Fräsmaschine *f* für Holzbearbeitung

turbidância *f* (química) / Trübung *f*, Trübwerden *n*

turbidimetria *f* (química) / Trübungsanalyse *f*, Nephelometrie *f*

turbidímetro *m* (química) / Turbidimeter *m n*, Trübungsmesser *m*

turbilhão *m* (electr., aeronáut.) / Durchwirbelung *f*, Wirbelwind *m*, Wirbel *m* ‖ ~ **do bordo de fuga** (aeronáut.) / freier Wirbel ‖ ~ **ligado** / gebundener Wirbel ‖ ~ **livre** (aeronáut.) / freier Wirbel ‖ ~ **marginal** (física) / Randwirbel *m*

turbina *f* (geral) / Turbine *f* ‖ ~ **a gás** / Gasturbine *f* ‖ ~ **a vapor** / Dampfturbine *f* ‖ ~ **a vapor de mercúrio** / Quecksilberdampfturbine *f* ‖ ~ **centrífuga** / Turbine *f* mit innerer Beaufschlagung ‖ ~ **centrípeta** / Turbine *f* mit äußerer Beaufschlagung ‖ ~ **com tomada de vapor** / Entnahmeturbine *f* ‖ ~ **combindada de acção e reacção** / Dampfturbine *f* kombinierter Bauart ‖ ~ **de acção** / Aktionsturbine *f*, Druckturbine *f*, Gleichdruckturbine *f* ‖ ~ **de admissão parcial** / partiell beaufschlagte Turbine ‖ ~ **de admissão total** / voll beaufschlagte Turbine ‖ ~ **de aletas** / Flügelturbine *f* ‖ ~ **de ar comprimido para transportadores de correia** (expl. minas) / Bandturbine *f* ‖ ~ **de ar quente** / Heißluftturbine *f* ‖ ~ **de arranque ou de partida** (aeronáut.) / Anlaßgasturbine *f* ‖ ~ **de circulação radial** / Radialturbine *f* ‖ ~ **de compressor** (aeronáut.) / Verdichterturbine *f* ‖ ~ **de contrapressão** / Vorschaltturbine *f* ‖ ~ **de contrapressão de tomada de vapor** / Gegendruckentnahmeturbine, -anzapfturbine *f* ‖ ~ **de extracção** / Anzapfturbine *f* ‖ ~ **de extracção intermediária** / Zwischenanzapfturbine *f* ‖ ~ **de gás de escape** (autom.) / Abgasturbine *f*, Auspuffturbine *f* ‖ ~ **de hélice** (hidrául.) / Propellerturbine *f* (Kaplanturbine mit festen Schaufeln) ‖ ~ **de**

impulso / Aktionsturbine *f* ‖ ~ **de jacto livre** / Freistrahlturbine *f*, Peltonturbine *f* ‖ ~ **de Laval** / einstufige Gleichdruckturbine, de Laval-Turbine *f* ‖ ~ **de marcha avante** / Vorwärtsturbine *f*, Marschturbine *f* ‖ ~ **de movimentos opostos** / gegenläufige Turbine ‖ ~ **de perfuração** (expl. minas) / Bohrturbine *f* ‖ ~ **de reacção** (hidrául.) / Überdruckturbine *f*, Reaktionsturbine *f* ‖ ~ **de tipo Dériaz** (hidrául.) / halbaxiale Turbine ‖ ~ **de vapor de alta pressão** / Hochdruckdampfturbine *f* ‖ ~ **de vapor de escape** / Abdampfturbine *f* ‖ ~ **de vapor sem condensação** (máq. vapor) / Auspuffturbine *f* ‖ ~ **eólica** / Windturbine *f* ‖ ~ **escalonada** / mehrstufige Turbine ‖ ~ **Francis** / Francisturbine *f* ‖ ~ **hidráulica** / Wasserturbine *f* ‖ ~ **livre** (aeronáut.) / Freifahrturbine *f* ‖ ~ **mista** / Zweidruck[dampf]turbine *f* ‖ ~ **[de] Pelton** / Peltonturbine *f* ‖ ~ **supersónica com ventilador** (aeronáut.) / FAST-Turbine *f*

turbobomba *f* / Turbinenpumpe *f*, Turbopumpe *f*

turbocompressor *m* / Turboverdichter *m*, Turbokompressor *m* ‖ ~ **de sobrealimentação** (aeronáut.) / Turbolader *m* ‖ ~ **movido por gás de escape** (mot.) / Abgasturbolader *m*

turboconversor *m* (electr.) / Turboumformer *m*

turboeléctrico / turboelektrisch

turboexaustor *m* / Turbogebläse *n*, -exhaustor *m*

turbogerador *m* (electr.) / Turbomaschinensatz *m*, Turbosatz *m*

turbomáquina *f* / Turbomaschine *f*

turbomotor *m* / Turbomotor *m*

turbopropulsor *m* (aeronáut.) / Turboprop-Triebwerk *n*, Turbopropellertriebwerk *n*, Turbo-Prop *n*

turbo-reactor *m* (aeronáut.) / Turboluftstrahltriebwerk, TL-Triebwerk *n*, Turbinen[luft]strahltriebwerk *n*, Turbo-Jet *m*

turbulência *f* / Turbulenz *f* ‖ ~ **do ar** (autom.) / Durchwirbelung *f* der Luft ‖ ~ **em ar límpido** (aeronáut., meteorol.) / Höhenwirbel *m*, -turbulenz *f*, Klarluftturbulenz *f*, Schönwetterturbulenz *f*

turbulento / turbulent, wirbelnd

turco *m* (constr. naval) / Bootsdavit *m*, Davit *m* ‖ ~ **de lambareiro** (constr. naval) / Fischdavit *m*

turfa *f* / Torf *m* ‖ ~ **betuminosa** / fetter Torf ‖ ~ **em pó** / Torfmull *m* ‖ ~ **fibrosa** / Fasertorf *m* ‖ ~ **gorda** / Pechtorf *m*

turfeira *f* / Torfmoor *n*, (süddeutsch:) Moos *n*, Ried *n*

turmalina *f* (mineralog.) / Stangenschörl *m*, Turmalin *m*

turno *m* (org. industr.) / Schicht *f*

turquês *f* / Kneifzange *f*, Beißzange *f*

turvação *f* / Trübung *f* ‖ ~ **do ar**, turvamento *m* do ar / Lufttrübung *f*

turvo / verschwommen, trüb[e] (Flüssigkeit)

tutia *f* (siderurg.) / Galmeiblumen *f pl*, -flug *m*, [zinkischer] Ofenbruch *m*, Gichtschwamm *m*, Zinkschwamm *m*

TVC / Farbfernsehen *n*, FFS

tweeter *m* / Hochtonlautsprecher *m* (2,5 - 16 MHz)

U

ulmanita *f* (mineralog.) / Antimonnickelglanz *m*, Ullmanit *m*

ulmeiro *m* / Rüster *f*, Ulme *f*

ulmo *m* / Bergulme, -rüster *f* ‖ ~ **do Canadá** / Cottonwood *n*

última camada de pintura / Deckanstrich *m* ‖ ~ **demão** *f* / Endanstrich *m*, Schlußanstrich *m*, letzter Anstrich, Deckanstrich *m* ‖ ~ **trefilagem** / Feinzug *m*

ultra-abissal / hadisch

ultrapasteurização *f* / Ultrapasteurisierung *f*, Uperisation *f*

ultraporo *m* / Feinpore *f*, Ultrapore *f*

ultra-som *m* / Ultraschall *m*, Supraschall *m*

ultra-sónico / Ultraschall... (bis Mach 5)

ultra-sonoro / überhörfrequent (> 20 kHz)

ultravioleta / ultraviolett, UV ‖ ~ **extremo** / Extrem-Ultraviolett *n*

umbra *f* (minério) / Umbra *f* ‖ ~ (astron.) / Umbra *f*, Kern *m* der Sonnenflecken

umbral *m* (tv) / Schwarzschulter *f*, Schwarztreppe *f* ‖ ~ **anterior** (tv) / hintere Schwarztreppe ‖ ~ **posterior** (tv) / vordere Schwarztreppe

umectação *f* **com óleo** / Ölbefeuchtung *f*

umectar / feuchten, anfeuchten

umectável / benetzbar ‖ **facilmente** ~ / leicht benetzbar

umedecedor *m* / Anfeuchter *m*

umedecer / befeuchten, anfeuchten, feuchten ‖ ~ **com água quente** (cerâm.) / bähen

umidade *f* / Feuchtigkeit *f*, Klammheit *f* ‖ ~ / Feuchte *f* ‖ ~ **absoluta** / absolute Luftfeuchtigkeit (Gramm Wasserdampf auf 1m³ Luft) ‖ ~ **admissível** (fiação) / Reprise *f*, zulässige Feuchtigkeit ‖ ~ **atmosférica** / Feuchtigkeitsgehalt *m* der Luft, Luftfeuchtigkeit *f* ‖ ~ **atmosférica relativa** / Feuchtigkeitsgrad *m*, relative Luftfeuchtigkeit ‖ ~ **cristalina** (cristalograf.) / Kristallfeuchtigkeit *f* ‖ ~ **de equilíbrio** / Gleichgewichtsfeuchte *f* ‖ ~ **de equilíbrio** / Gleichgewichtsfeuchte *f* ‖ ~ **do ar** / Feuchtigkeitsgehalt *m* der Luft, Luftfeuchtigkeit *f* ‖ ~ **relativa do ar** / relative Luftfeuchtigkeit

umidificação *f* / Anfeuchtung *f*, Befeuchtung *f* ‖ ~ **do ar** / Luftanfeuchtung *f*

úmido / feucht ‖ ~ **e frio** / feuchtkalt

uncial *f* (artes gráf.) / Steinschrift *f*

unguento *m* / Heilsalbe *f*

unha *f* / Klaue *f* ‖ ~ **de âncora** / Ankerschar *f* ‖ ~ **de martelo** / gespaltene Finne

união *f* / Bindung *f*, Verbindung *f* ‖ **de** ~ **positiva** / formschlüssig ‖ ~ **aparafusada** / Schraubverbindung *f* ‖ ~ **articulada** (máq., tecnol.) / Gliederverbindung *f*, Gelenkverbindung *f* ‖ ~ **borracha-metal** / Schwingmetall *n* ‖ ~ **compensadora de tubos** / Ausgleichrohrverbindung *f* ‖ ~ **curva** / Bogenstück *n*, bogenförmige Verbindung ‖ ~ **de arame** / Drahtschließe, -verbindung *f* ‖ ~ **de barras** / Stabanschluß *m* ‖ ~ **de canos** / Rohrverbindung *f* ‖ ~ **de cisalhamento simples** / einschnittige Verbindung ‖ ~ **de mangueira** / Schlauchanschluß *m*, -verbindung *f*, -verbinder *m*, Schlauchverbindungsstück *n* ‖ ~ **de nós** / Knotenverbindung *f* ‖ ~ **de rótula** / Gelenkverbindung *f* ‖ ~ **de tubo** / Rohranschluß *m* ‖ ~ **de tubos** / Rohrverbindung *f* ‖ ~ **Internacional de Telecomunicações, U.I.T.** / Fernmelde-Union *f* ‖ ~ **por flanges fixos** / Flanschverschraubung *f* (mit festen Flanschen) ‖ ~ **por fusão** / Verschmelzung *f* ‖ ~ **por meio de grampos** / Falzverbindung *f* ‖ ~ **por ranhura e lingueta** / Feder u. Nutverbindung *f* ‖ ~ **roscada** / Verschraubung *f*, geschraubte Verbindung, Schraubverbindung *f* ‖ ~ **roscada de mangueira** / Schlauchverschraubung *f* ‖ ~ **soldada** / Lötverbindung *f*

uniaxial (física) / einachsig

unicelular / einzellig
unicolor / uni, einfarbig, Einfarben...
unidade *f* / Einheit *f* ‖ ~ (matem.) / Einer *m*, Einerstelle *f* ‖ ~ (electrón., telecom.) / Einsatz *m* ‖ ~ (electrón.) / Baustein *m* ‖ ~ **absoluta** / Grundeinheit *f* ‖ ~ **antibloqueio** / Blockierverhüter *m* ‖ ~ **antiparasitária** (autom.) / Entstörgeschirr *n* ‖ ~ **antitóxica** / Immunitätseinheit *f*, I.E. ‖ ~ **aritmética** (informática) / Rechenwerk *n* ‖ ~ **astronómica**, UA / astronomische Einheit, AE (= 149565800 km) ‖ ~ **atómica** / atomare Einheit ‖ ~ **central de processamento** (informática) / Zentraleinheit *f* ‖ ~ **complementar** / Ergänzungseinheit *f* (Gerät, das noch mit angeschlossen werden kann) ‖ ~ **corrediça** (electrón.) / Einschub *f*, Steckeinheit *f* ‖ ~ **de adaptação de linha** / Leitungsanpassungs-Einsatz *m* ‖ ~ **de adaptação e conversão** / Anpassungs- und Umsetzerbaueinheit *f* ‖ ~ **de amido** (química) / Stärkeeinheit *f* ‖ ~ **de amplificação de entrada** (electrón.) / EV-Teil *m*, Eingangsverstärkerteil *m* ‖ ~ **de cálculo em série** (informática) / Serienrechenwerk *n* ‖ ~ **de carga** (telecom.) / Spulensatz *m* ‖ ~ **de carga** (informática) / Lasteinheit *f* ‖ ~ **de comando** (informática) / Leitwerk *n* (DIN) ‖ ~ **de comando da memória** (informática) / Speichersteuereinheit *f* ‖ ~ **de comando de fita** (informática) / Bandsteuereinheit *f* ‖ ~ **de comprimento** / Längeneinheit *f* ‖ ~ **de construção** / Baueinheit *f* ‖ ~ **de controlo de entrada/saída** / E/A-Steuereinheit *f* ‖ ~ **de controlo de sequência** (cart. perf.) / Folgekontrolleinheit *f* ‖ ~ **de controlo integral** (contr. autom.) / Integral-Regler *m*, I-Regler *m* ‖ ~ **de discos** (informática) / Platteneinheit *f* ‖ ~ **de dose na pele** (radiação) / Hauteinheitsdosis *f*, HED ‖ ~ **de endossamento** (cart. perf.) / Indossiereinrichtung *f* ‖ ~ **de energia** / Energie[maß]einheit *f* ‖ ~ **de entrada** (informática) / Eingabeeinheit *f* ‖ ~ **de equilibração** / Abgleicheinheit *f* ‖ ~ **de exibição** (informática) / Anzeigeeinheit *f* ‖ ~ **de exploração à distância** (informática) / Fernbetriebseinheit *f* (parallel o. seriell), FBS ‖ ~ **de exploração de linhas** (tv) / Zeilenablenkeinheit, -ablenkstufe *f* ‖ ~ **de força** / Krafteinheit *f* ‖ ~ **de fresagem** (máq. ferram.) / Fräseinheit *f* ‖ ~ **de iluminamento** / Beleuchtungsstärkeeinheit *f* ‖ ~ **de impulso lateral** / Bugstrahlruder *n* ‖ ~ **de luz** / Lichteinheit *f* ‖ ~ **de massa** / Masseneinheit *f*, Masseeinheit *f* ‖ ~ **de massa atómica** / Atomgewichtsnormal *n*, Atommassenkonstante *f* ‖ ~ **de massa electromagnética** / elektromagnetische Polstärkeneinheit ‖ ~ **de medição** / Maßeinheit *f* ‖ ~ **de moldagem** (plást.) / Formeinheit *f* ‖ ~ **de pressão** (física) / Druckeinheit *f*, Spannungseinheit *f* ‖ ~ **de produção** (org. industr.) / Fertigungseinheit *f* ‖ ~ **de quantidade** / Mengeneinheit *f* ‖ ~ **de retardo de ciclo** (informática) / Impulsspeicher *m* ‖ ~ **de saída** (informática) / Ausgabeeinheit *f* ‖ ~ **de sinalização** / Meldeeinheit *f* ‖ ~ **de superfície** / Flächenmaß *n*, Flächeneinheit *f* ‖ ~ **de taxação** (telecom.) / Gebühreneinheit *f* ‖ ~ **de tempo** / Zeiteinheit *f* ‖ ~ **de teste de reflexão** / Impulsschallgerät *n* ‖ ~ **de trabalho** / Arbeitseinheit *f* ‖ ~ **de trabalho** (informática) / Aufgabe *f*, Job *m* ‖ ~ **de volume** (física) / Raumeinheit *f* ‖ ~ **do valor forraginoso** / Futterwerteinheit *f*, FWE *f* ‖ ~ **electrostática** / elektrostatische Einheit ‖ ~ **estrutural** / Baueinheit *f* (im Baukastensystem) ‖ ~ **estrutural** (plást.) / Grundeinheit *f* ‖ ~ **funcional** / Funktionseinheit *f* (DIN) ‖ ~ **funcional** (aeronáut., máq., tecnol.) / Baugruppe *f* ‖ ~ **fundamental** / Grundeinheit *f* ‖ ~ **modificadora de armazenamento** (contr. autom.) / Indexspeicher *m* ‖ ~ **perfuradora** (máq. ferram.) / Bohreinheit *f* ‖ ~ **perfuradora** (cart. perf.) / Stanzer *m* ‖ ~ **perfuradora de cartões** / Lochkartenmaschine *f* ‖ ~ **periférica** (informática) / Element *n*, Peripheriegerät *n* ‖ ~ **pré-fabricada de betão**, unidade *f* pré-fabricada de concreto / Betonfertigeinheit *f* ‖ ~ **supressora de interferências** (autom.) / Entstörgeschirr *n* ‖ ~ **térmica** / Wärmeeinheit *f*, Kalorie *f* ‖ ~ **térmica inglesa** / englische Kalorie ‖ ~ **terminal** (informática) / Endgerät, Terminal *n* ‖ **~-veículo** *f* (técn. ferrov.) / Fahrzeugeinheit *f* ‖ ~ **X** (técn. nucl.) / X-Einheit *f*, XE (= 1.00202 · 10^{-13} m)
unificado / Einheits...
uniforme / gleichmäßig, einförmig, gleichförmig ‖ ~ / einheitlich, gleich[artig] ‖ ~ (matem.) / von nur einem Wert
uniformemente variado / gleichförmig verändert
uniformidade *f* / Gleichheit *f*, Gleichmäßigkeit, -förmigkeit *f*, Einheitlichkeit *f*
unilateral / einseitig
unilateralidade *f* / Einseitigkeit *f*, einseitige Neigung
unipolar / einpolig, unipolar
unir / aneinanderfügen, zusammenbauen, zusammenstellen, verbinden, fügen, stoßen *vt*, ansetzen, anlenken ‖ ~ **com massa ou mastique** / kitten, ein-, auf-, an-, ver-, zu-, zusammenkitten ‖ ~ **com pregos** / zusammennageln ‖ ~ **com rebites** / zusammennieten ‖ ~ **mediante flange** / anflanschen ‖ ~ **mediante flange em ângulo recto** / im rechten Winkel anflanschen ‖ ~ **por fusão** / anschmelzen, zusammenschmelzen, verschmelzen ‖ ~ **por linguetas** (marcenar.) / federn, mit Feder versehen ‖ ~ **por soldadura** / anlöten
uníssono *m* / Gleichklang *m*
unitário (matem.) / Einheits..., unitär ‖ ~ (física) / die Maßeinheiten betreffend, Einheits...
uni-univalente / eineinwertig (Elektrolyt)
univalente (química) / einwertig
universal / Universal..., universal, generell, allgemein
universalmente válido / allgemeingültig
untado / bestrichen
untar / einschmieren, einfetten, einölen
untuosidade *f* / Fettigkeit *f*
untuoso / schmierig, ölig, fettig
uranato *m* / Uransalz *n*
urânico / Uran(VI)-..., Urani...
uranilo *m* / Uranylgruppe *f*
uranina *f* / Uranin, Fluoreszein-Natrium *n*
uraninita *f* (mineralog.) / Pechblende *f*, amorpher Uraninit
urânio *m*, U / Uran *n*, U
uranita *f* **terrosa** / erdiger Uranit
uranite *f* (mineralog.) / Uraninit *m*, Uranopissit *m*, Uranglimmer *m*
uranófano *m* (mineralog.) / Uranophan, -otil *m*
uranopissita *f*, uranopissite *f* (mineralog.) / Uraninit *m*, Uranopissit *m*
uranoso / Uran(IV)-...
urato *m* (química) / Urat *n*
urbanismo *m* / Städtebau *m*
urbanista *m* / Städtebauer *m*
urbanístico / städtebaulich
urbanização *f* / Bebauung *f* nach städtebaulichen Grundsätzen, Erschließung *f*
urbanizar (constr. civil) / bebauen ‖ ~ **uma zona** / ein Gebiet erschließen
urdideira *f* (tecel.) / Zettelmaschine *f*, Kettenstuhl *m* ‖ ~ **de paragem automática** / Fadenrißmaschine *f*

urdidor *m* (tecel.) / Garnbaum, Zettelbaum *m*
urdidura *f* (tecel.) / Zetteln *n*, Schären *n* ‖ **de ~ plana** (tecel.) / flachkettig ‖ **~ a toda a largura** / Breitzettlerei *f* ‖ **~ básica** (tecel.) / Einschnittkette *f*, Grundkette *f* ‖ **~ de pêlo** (tecel.) / Oberkette, Samtkette *f*
urdir (tecel.) / schären, zetteln
urdume *m* (tecel.) / Kette *f* ‖ **~ de estambre** (tecel.) / Kettenkammgarn *n* ‖ **~ de pêlo** (tecel.) / Polkette *f*, Flor *m*, Samtkette *f*, Oberkette *f* ‖ **~ de veludo** / Samtkette *f*
ureia *f*, uréia *f* / Harnstoff *m*, Carbamid *n*, Urea *f*, Carbonyldiamid *n*
ureído *m* (química) / Ureid *n*
uretano *m* / Urethan *n*
urze *f* / Buschholz *n*
urzela *f* / Orseille *f* (Farbstoff)
usado / gebraucht, abgenutzt ‖ ~ (rolamento) / ausgelaufen ‖ ~ / abgebrannt (Reaktorbrennstoff)
usar / benutzen, gebrauchen, anwenden
usina *f* / Betrieb *m*, Fabrik *f*, Fertigungsanlage *f*, Werk *n*, Anlage *f* ‖ **~ nuclear** / Atomkraftwerk *n* ‖ **~ atômica** / Kernkraftwerk *n*, KKW, Atomkraftwerk *n* ‖ **~ de açúcar** / Zuckerfabrik *f* ‖ **~ de gás** / Gaswerk *n*, Gasanstalt *f* ‖ **~ de potassa** / Kaliwerk *n* ‖ **~ elétrica** / Elektrizitätswerk *n*, EW *n*, Kraftwerk *n*, Kraftanlage *f* ‖ **~ elétrica de base** / Grundkraftwerk *n* ‖ **~ elétrica de grande potência** (electr.) / Großkraftwerk *n* ‖ **~ elétrica inter-regional** / Überlandwerk, -kraftwerk *n*, -zentrale *f* ‖ **~ elétrica movida a óleo** / Ölkraftwerk *n* ‖ **~ eletrosolar** / Sonnenkraftwerk *n* ‖ **~ hidrelétrica** / Wasserkraftwerk *n* ‖ **~ metalúrgica** / Hüttenwerk *n*, Metallhütte *f* ‖ **~ nuclear** / Kernkraftwerk *n*, KKW ‖ **~ siderúrgica** / Eisenhütte *f*, -hüttenwerk *n*, Hüttenwerk *n*, Stahlwerk *n* ‖ **~ siderúrgica integrada** / gemischtes Hüttenwerk ‖ **~ térmica** / Heizkraftwerk *n* ‖ **~ térmica a vapor** / Dampfkraftwerk *n* ‖ **~ turboelétrica a vapor** / Dampfturbinenkraftwerk *n*
usinado (máq. ferram.) / bearbeitet ‖ **não ~** (máq., tecnol.) / unbearbeitet ‖ **~ com precisão** / fein bearbeitet
usinagem *f* **de metais** / spanabhebende Metallbearbeitung ‖ **~ eletrólica** / Elysieren *n* ‖ **~ fina** / Feinbearbeitung *f* ‖ **~ sem arranque de aparas** / spanlose Formgebung o. Verformung
usinar / bearbeiten
uso *m* / Benutzung, Anwendung *f*, Nutzung *f*, Gebrauch *m* ‖ **à prova de ~ indevido** / mißbrauchsicher, foolproof ‖ **de ~ interno** (electr.) / Innenraum... ‖ **~ dos eléctrodos de carvão** / Kohlenabbrand, -verbrauch *m* ‖ **~ indevido** / Mißbrauch *m*, unbefugte Benutzung
ustulação *f* (siderurg.) / Brennen *n*
usual (geral) / gängig, gebräuchlich
usuário *m* / Benutzer *m*, Anwender *m*
usura *f* **dos contatos** / Kontaktabbrand *m*
utensílios *m pl* / Gerätschaften *f pl*, Ausrüstung *f* ‖ **~ de jardinagem** / Gartengeräte *n pl* ‖ **~ domésticos** / Hausgerät *n*, Möbel *n pl*, Hausrat *m*
utente *m* / Benutzer *m*, Anwender *m*
utilidade *f* / Nutzen *m*, Nützlichkeit *f*, Gebrauchseignung *f*
utilisável / gebrauchsfähig
utilização *f* / Ausnutzung, Verwertung *f*, Verwendung *f*, Anwendung *f*, Benutzung *f*, Nutzung *f*, Einsatz *m* ‖ **~ de máquinas** / Maschinenbelegung *f* ‖ **~ de veículos** / Fahrzeugeinsatz *m*
utilizador *m* (informática) / Anwender *m*
utilizar / verwerten, nutzen, benutzen, ausnutzen
utilizável / verwendbar, nutzbar

V

V, em ~ / V-förmig
vacância *f* (semicondut.) / Leerstelle *f*
vacilação *f* / Schwanken *n*, Schwankung *f*, schwankende Bewegung ‖ **~ do arco voltáico** / Flattern *n* des Lichtbogens
vacilar / flackern, wackeln, schlottern, schwanken
vacinal, vacínico / Impf...
vacinar (química) / einimpfen
vácuo *m* / Luftleere *f*, luftleerer Raum, Vakuum *n* ‖ **alto ~** *m* / Hochvakuum *n* (10^{-3} bis 10^{-6} Torr) ‖ **de ~** (autom.) / Saugluft... ‖ **de ~** (autom.) / Unterdruck... ‖ **de alto ~** / Hochvakuum..., hochevakuiert ‖ **de elevado ~** / Hochvakuum..., hochevakuiert ‖ **sob ~ elevado** / hochevakuiert, Hochvakuum... ‖ **~ em alto grau** / Hochvakuum *n* (10^{-3} bis 10^{-6} Torr) ‖ **~ final** / Endvakuum *n* ‖ **~ fino** / Feinvakuum *n* (1-10^{-3} Torr) ‖ **~ parcial** / Unterdruck *m*
vacuómetro *m* / Dampfdichtemesser *m*, Vakuummeter *n* (DIN), Unterdruckmesser *m*
vadeoso, vadoso (geol) / seicht, vados
vaga *f* / Woge, Welle *f*
vagão *m* / Waggon *m* ‖ **~ aberto** (técn. ferrov.) / offener Güterwagen ‖ **~ baixo porta-reboques** (técn. ferrov.) / Flachwagen *m* für Huckepackverkehr ‖ **~ basculante** (técn. ferrov.) / Eisenbahnwagenkipper *m* ‖ **~ basculante automático** (técn. ferrov.) / Selbstentlader, -kipper *m* ‖ **~ basculante pela frente** (técn. ferrov.) / Stirnkipper *m* ‖ **~-cisterna** *m* (técn. ferrov.) / Faßwagen *m*, Kesselwagen *m*, Tankwagen *m*, Behälterwagen *m* ‖ **~-cisterna** *m* **para ácidos** (técn. ferrov.) / Säure[transport]wagen *m* ‖ **~-cisterna** *m* **para o transporte de pulverulentos** (técn. ferrov.) / Staubbehälterwagen *m* ‖ **~ coberto** (técn. ferrov.) / Deckelwagen *m* ‖ **~ com descarga automática** (técn. ferrov.) / Selbstentlader, -entladewagen *m* ‖ **~ com descarga lateral** (técn. ferrov.) / Seitenentlader, -entladewagen, -entleerer *m* ‖ **~ com fundo em sela e descarga automática** (técn. ferrov.) / Sattelwagen *m*, Selbstentleerer *m* mit Sattelboden ‖ **~ de fundo chato com descarga automática** (técn. ferrov.) / Flachbodenselbstentlader *m* ‖ **~ de mercadorias** (técn. ferrov.) / Güterwagen *m* ‖ **~ desatrelado** (técn. ferrov.) / losgerissener Wagen ‖ **~ descoberto** (técn. ferrov.) / offener Güterwagen ‖ **~-dormitório** *m* (técn. ferrov.) / Schlafwagen *m* ‖ **~ frigorífico** (técn. ferrov.) / Kühlwagen, I-Wagen *m* ‖ **~-grua** *m* (técn. ferrov.) / Kranwagen *m* ‖ **~-leito** *m* (técn. ferrov.) / Schlafwagen *m* ‖ **~-plataforma** *m* (técn. ferrov.) / offener Güterwagen, Plattformwagen *m* ‖ **~-reservatório** *m* (técn. ferrov.) / Kesselwagen *m* ‖ **~-silo** *m* / Behälterwagen, Silowagen *m* ‖ **~-tanque** *m* (técn. ferrov.) / Kesselwagen *m*, Tankwagen *m* ‖ **~-tremonha** *f* (siderurg.) / Bunkerwagen *m*
vagas *f pl* / Seegang *m*
vagem *f* / Schale *f*
vagoneta *f* / Förderwagen *m* ‖ **~ basculante** / Kipplore *f* ‖ **~ de caixa basculante** / Kastenkipper, -kippwagen *m* ‖ **~ para escórias** (siderurg.) / Schlackenwagen *m*
vagonete *m* (técn. ferrov.) / Lore *f* ‖ **~ basculante** (expl. minas) / Muldenkipper *m* ‖ **~ *f* de transporte** / Förderkarren *m* ‖ **~ suspensa** / Seilbahnwagen *m*

vaivém / hin und her ‖ ~ *m* **espacial** (astronáut.) / Raumfähre *f*, Raumpendler *m*, Space Shuttle *n*
vala *f* / Graben *m* ‖ ~ **de irrigação** (hidrául.) / Ablaßgraben *m* ‖ ~ **de irrigação** (agricult.) / Berieselungsgraben, -kanal *m* ‖ ~ **lateral** (técn. ferrov.) / Bahngraben *m* ‖ ~ **para a fundação** (constr. civil) / Fundamentgrube *f* ‖ ~ **para cabos** / Kabelgraben *m*, -grube *f* ‖ ~ **para canos**, vala *f* para tubos / Rohrgraben *m*
vale *m* (geol) / Tal *n* ‖ ~ **suspenso** (geol) / Hängetal *n*
valência *f* (química, matem.) / Valenz *f*, Wertigkeit *f*, Wert *m* ‖ **de ~ múltipla** (química) / mehrwertig ‖ ~ **auxiliar** (química) / Nebenvalenz, -wertigkeit *f* ‖ ~ **iónica** (química) / Ionenwertigkeit *f* ‖ ~ **secundária** (química) / Nebenvalenz, -wertigkeit *f*
valeriana *f* / Baldrian *m*
valeta *f* (constr. rodov.) / Abzugsgraben *m*, Straßengraben *m*, Seitengraben, Seitenwasserabzug *m*
validação *f* (informática) / Freigabe *f*
validade *f* / Gültigkeit *f*
validar um programa (informática) / ein Programm gültig machen
válido / gültig
valor *m* / Wert *m* ‖ **de ~es discretos** (informática) / wertdiskret, zeitdiskret ‖ **de alto ~** / hochwertig ‖ **de elevado ~** / vollwertig ‖ **de elevado ~ óhmico** (electrón.) / hochohmig ‖ **de menor ~** / minderwertig, geringwertig ‖ ~ **alimentar da forragem** (agricult.) / Futterwert *m* ‖ ~ **aproximativo** / Näherungswert *m*, Richtwert *m* ‖ ~ **calorífico** / Heizwert *m* ‖ ~ **calorífico bruto**, valor *m* calorífico máximo / spezifischer Brennwert, (DIN für:) oberer Heizwert ‖ ~ **calorífico de emprego** / Gebrauchsheizwert *m* ‖ ~ **calorífico líquido**, valor *m* calorífico mínimo / spezifischer Heizwert, (DIN für:) unterer Heizwert ‖ ~ **característico** (matem.) / Kennwert *m* ‖ ~ **característico de contracção** / Schwindungskennwert *m* ‖ ~ **característico no estado condutor** (semicondut.) / Durchlaßkennwert *m* ‖ ~ **comparativo** / Vergleichswert *m* ‖ ~ **crítico de alarme** / Alarmschwelle *f* ‖ ~ **cromático** / Farbwert *m* ‖ ~ **ct** (telecom.) / ct-Wert *f*, (Produkt aus Belegungszahl (=call) und -dauer (=time)) ‖ ~ **da função** (matem.) / Funktionswert *m* ‖ ~ *f* **da resistência** / Widerstandswert *m* ‖ ~ *m* **de ajuste** (contr. autom.) / Einstellwert *m* ‖ ~ **de bromo** / Bromzahl *f* ‖ ~ **de correcção** / Beiwert *m*, Berichtigungswert *m* ‖ ~ **de crista** / Höchstwert, -betrag *m*, Spitzenwert *m* ‖ ~ **de densidade** (técn. fotogr.) / Schwärzungswert *m* ‖ ~ **de exposição** (técn. fotogr.) / Belichtungswert *m* ‖ ~ **de factor** (cart. perf.) / Faktorenwert *m* ‖ ~ **de fermentação** / Brauwert *m* ‖ ~ **de oxidação** (química) / Ladungswert *m* ‖ ~ **de pico** / Höchstwert, -betrag *m* ‖ ~ **de referência** / Anhaltswert *m* ‖ ~ **de resiliência** / Kerb[schlag]zähigkeit *f* ‖ ~ **de rotação** (polarização) / Drehwert *m* ‖ ~ **de saponificação** / Verseifungswert *m* ‖ ~ **de soleira** (física) / Schwellenwert *m* ‖ ~ **efectivo** / Effektivwert *m*, tatsächlicher Wert ‖ ~ **eficaz**, raiz *f* quadrada do valor médio dos quadrados dos valores instantâneos tomados sobre um ciclo completo (electr.) / Effektivwert *m*, quadratischer Mittelwert ‖ ~ **empírico** / Erfahrungswert *m* ‖ ~ **energético** / Energiewert *m* ‖ ~ **errático** / Streuwert *m* ‖ ~ **esperado** / Erwartungswert *m* ‖ ~ **exacto** / Genauwert *m* ‖ ~ **experimental** / gemessener Wert, Meßwert *m*, Prüfwert *m* ‖ ~ **extremo** / Extremwert *m* ‖ ~ **fertilizante** / Dungwert *m* (Abfälle) ‖ ~ **FIFA** (técn. nucl.) / FIFA-Wert *m* ‖ ~ **FIMA** (técn. nucl.) / FIMA-Wert *m* ‖ ~ **final** / Endwert *m* ‖ ~ **final** (contr. autom.) / Beharrungswert *m* ‖ ~ **fixo** / Festwert *m* ‖ ~ **indexado** (informática) / indizierter Wert ‖ ~ **indiciado** (informática) / Feldfolgewert *m* ‖ ~ **inicial** / Anfangswert *m*, Ausgangswert *m* ‖ ~ **instantâneo** / Augenblickswert *m* ‖ ~ **instantâneo** (contr. autom.) / Istwert *m* ‖ ~ **intrínseco** (semicondut.) / Intrinsic-Zahl *f* ‖ ~ **intrínseco** / wirklicher Wert ‖ ~ **limiar** (física) / Schwellenwert *m* ‖ ~ **limite** / Grenzwert *m*, Schwelle *f* ‖ ~ **limite** (matem.) / Limes *m* ‖ ~ **lógico** (informática) / Aussagenwert *m*, boolescher Wert ‖ ~ **máximo** / Größtwert *m*, -betrag *m*, Höchstwert, Spitzenwert *m* ‖ ~ **máximo de uma curva** / Scheitelwert *m*, -punkt *m* einer Kurve ‖ ~ **máximo do gama** (técn. fotogr.) / höchsterreichbarer Kontrast (beim Entwickeln) ‖ ~ **medido** / Meßwert *m*, gemessener Wert ‖ ~ **médio** / Mittelwert *m*, Durchschnitt *m*, Durchschnittswert *m* ‖ ~ **médio de uma quantidade periódica** / Gleich[richt]wert *m* ‖ ~ **mínimo** / Geringstwert *m*, Kleinstwert *m*, Minimum *n*, Tiefstwert *m*, Mindestwert *m*, Minimalwert *m* ‖ ~ **mínimo** (electr., física) / Tal *n*, Mulde *f* ‖ ~ **mínimo de reacção** (contr. autom.) / Ansprechwert *m* ‖ ~ **momentâneo** / Kurzzeitwert *m* ‖ ~ **nominal** / Nennwert *m* ‖ ~ **nulo** / Nullwert *m* ‖ ~ **numérico** / Zahlenwert *m*, numerischer Wert ‖ ~ **nutritivo** / Nährwert *m* ‖ ~ **observado** / Beobachtungswert *m* ‖ ~ **obtido** / gemessener Wert, Meßwert *m* ‖ ~ **óhmico** / Ohmwert *m* ‖ ~ **ó(p)timo** / Bestwert *m*, Optimum *n* ‖ ~ **prescrito** (contr. autom.) / Aufgabenwert *m* ‖ ~ **Q** (técn. nucl.) / Q-Wert *m* ‖ ~ **real** / Istwert *m* ‖ ~ **recíproco** / Kehrwert *m*, umgekehrter o. reziproker Wert ‖ ~ **recíproco da impedância** (electrón.) / Wellenleitwert *m* ‖ ~ **recíproco do módulo de elasticidade** / Dehnzahl *f*, Dehnungszahl *f* ‖ ~ **reduzido de uma dimensão** / Faktor *m* einer Abmessung ‖ ~ **teórico** / Richtwert *m* ‖ ~ **térmico** / Wärmewert *m* ‖ ~ **tristimular de uma luz** / Farbwert *m* (Farblehre) ‖ ~ **tristimular do espectro** / Spektralwert *m*, Farbwert der Spektralreize *m* ‖ ~ **útil** / Gebrauchswert *m*, Nutzwert *m*
valores *m pl* **característicos do funcionamento** / Funktionskennwerte *m pl* ‖ **~-limite** *m pl* **de potência** / Leistungsgrenzwerte *m pl* ‖ ~ **limites** / Grenzdaten *pl* ‖ ~ **limites e característicos** / Grenz- und Kenndaten *pl*
valva *f* / Schale *f*, Muschelschale *f*
válvula *f* (máq., tecnol., mot.) / Ventil *n* ‖ ~ (electrón.) / Röhre *f* ‖ ~ **a gás** / Gasentladungsventil *n* ‖ ~ **angular** / Winkelventil *n*, Eckventil *n* ‖ ~ **auto-oscilante** (electrón.) / selbsterregende Röhre ‖ ~ **cónica** (máq., tecnol.) / Kegelventil *n* ‖ ~ **corrediça** (geral) / Schieber, Absperrschieber *m* ‖ ~ **corrediça de accionamento manual** (hidrául.) / Handzugschieber *m* ‖ ~ **corrediça de admissão** / Einlaßschieber *m* ‖ ~ **corrediça de gás** / Gasschieber *m* ‖ ~ **de admissão** / Ansaugventil *n* ‖ ~ **de admissão** (mot.) / Einlaßventil *n* ‖ ~ **de admissão do ar** / Lufteinlaßklappe *f* ‖ ~ **de agulha** / Nadelventil *n* ‖ ~ **de agulha** (carburador) / Schwimmernadelventil *n* ‖ ~ **de alimentação** (diesel) / Druckventil *n* ‖ ~ **de armazenamento de linhas** (tv) / Linienspeicherröhre *f* ‖ ~ **de aspiração** / Fußventil *n* ‖ ~ **de assento** / Sitzventil *n* ‖ ~ **de assento oblíquo** / Schrägsitzventil *n* ‖ ~ **de base loctal** (electrón.) / Loktalröhre *f* ‖ ~ **de borboleta** (máq., tecnol.) / Klappe *f* (ein Absperrorgan) ‖ ~ **de botijas de gás** / Flaschenventil *n* ‖ ~ **de Braun** / Braunsche Röhre ‖ ~ **de câmara de ar** (autom.) / Schlauchventil *n* ‖ ~

de campo retardador (electrón.) / Bremsfeldröhre *f* ‖ ~ de carga (açúcar) / Einzugsventil *n* ‖ ~ de charneira / Klappenventil *n*, [Ventil]klappe *f* ‖ ~ de comando (contr. autom.) / Steuerventil *n* ‖ ~ de comando (electrón.) / Steuerröhre *f* ‖ ~ de comando de débito (hidrául.) / Stromventil *n* ‖ ~ de comando por pé / Fußventil *n*, fußbetätigtes Ventil ‖ ~ de contagem de electrões ou elétrons / Elektronenzählrohr *n* ‖ ~ de controlo de pressão / Überdruckventil *n* ‖ ~ de conversão (electrón.) / Mischröhre *f* ‖ ~ de coroa / Kronenventil *n* ‖ ~ de corrediça / Absperrschieber *m*, Schieberventil *n* ‖ ~ de corte do vapor / Dampfabsperrschieber *m* ‖ ~ de descarga / Ausflußventil *n*, Ausblasventil *n*, Entleerungsventil *n*, Entlastungsventil *n*, Auslaßventil *n* ‖ ~ de descarga (electrón.) / Entladeröhre *f* ‖ ~ de descarga (constr. naval) / Ausgußventil *n* ‖ ~ de descarga de gás (electrón.) / Gasentladungsröhre *f* ‖ ~ de desengate (técn. ferrov.) / Löseventil *n* ‖ ~ de desvio de óleo (autom.) / Ölumleitventil *n* ‖ ~ de disco / Tellerventil *n* ‖ ~ de distribuição / Wegeventil *n*, Schieberventil *n* ‖ ~ de distribuição cónica (máq., tecnol.) / Kegelschieber *m* ‖ ~ de distribuição de acção rápida (técn. ferrov.) / schnellwirkendes Steuerventil ‖ ~ de distribuição equilibrada / entlasteter Schieber ‖ ~ de distribuição rotativa / Drehschieber *m* ‖ ~ de dois assentos / Doppelsitzventil *n* ‖ ~ de dois sistemas (electrón.) / Doppelröhre *f* ‖ ~ de drenagem / Entleerungsventil *n* ‖ ~ de duas vias / Wechselventil *n* ‖ ~ de enchente (hidrául.) / Flutventil *n* ‖ ~ de escape / Auspuffklappe *f*, Auslaßventil *n* ‖ ~ de escape de ar / Luftablaßventil *n* ‖ ~ de estrangulamento / Drosselklappe *f*, -ventil *n* ‖ ~ de estrangulamento de retenção / Drosselrückschlagventil *n* ‖ ~ de estrangulamento para o comando altimétrico (aeronáut.) / Höhendrossel *f* ‖ ~ de evacuação de ar / Luftablaßventil *n* ‖ ~ de expansão / Expansionsventil *n* ‖ ~ de expulsão / Ausstoßklappe *f* ‖ ~ de extracção (máq. vapor) / Entnahmeventil *n*, Anzapfventil *n* ‖ ~ de extravasamento / Abflußventil *n* ‖ ~ de fecho automático / Rohrbruchventil, Selbstschlußventil *n* ‖ ~ de fecho automático (hidrául.) / Schnellschlußventil *n* ‖ ~ de fecho instantâneo (hidrául.) / Schnellschlußventil *n* ‖ ~ de feixe (electrón.) / Strahlröhre *f* ‖ ~ de feixe de electrões ou elétrons / Elektronenstrahlröhre *f* ‖ ~ de flange / Flanschventil *n* ‖ ~ de freio / Bremsventil *n* ‖ ~ de fundo (constr. nav.) / Flutventil *n*, Bodenventil *n*, Seeventil *n* ‖ ~ de gaveta (máq. vapor) / Schieberventil *n*, Steuerschieber *m*, Schieber *m* ‖ ~ de graduação (técn. ferrov.) / Abstufungsventil *n* ‖ ~ de injecção / Einspritzventil *n* ‖ ~ de lábios / Lippenventil *n* ‖ ~ de Lawrence (tv) / Gitterablenkröhre *f* ‖ ~ de limitação do débito / Strombegrenzungsventil *n* ‖ ~ de luz / Lichtventil *n* ‖ ~ de máscara (tv) / Maskenröhre *f* ‖ ~ de modulação de velocidade de circuito simples / Einkreis-Driftröhre *f* ‖ ~ de ondas electrónicas ou eletrônicas (electrón.) / Elektronenwellenröhre *f* ‖ ~ de pé / Bodenventil *n* ‖ ~ de potência (electrón.) / Leistungsröhre *f* ‖ ~ de prato / Tellerventil *n* ‖ ~ de pressão / Druckventil *n* ‖ ~ de protecção contra explosões / Explosionsklappe *f* ‖ ~ de purga (travões) / Entlüftungsventil *n*, Schlammausblaseventil *n* ‖ ~ de purga (caldeira) / Schlammausblaseventil *n* ‖ ~ de purga (pipeline) / Ablaßschieber *m* ‖ ~ de purga de lama, válvula *f* de purga de lodo / Schlamm-Ventil *n* ‖ ~ de purga do freio (técn. ferrov.) / Löseventil *n*, Bremsentwässerungsventil *n* ‖ ~ de rectificação (electrón.) / Glühventil *n* ‖ ~ de redução de pressão / Druckminderventil, -reduzierventil *n* ‖ ~ de regulação / Dosierventil *n* ‖ ~ de retenção / Rückschlagventil *n*, -klappe *f* ‖ ~ de retenção esférica / Kugelrückschlagventil *n* ‖ ~ de saída / Abzugsschieber *m* ‖ ~ de saída (electrón.) / Endröhre *f* ‖ ~ de segurança / Sicherheitsventil *n*, Überdruckventil *n*, Überlaufventil *n* ‖ ~ de segurança de contrapeso / Schwergewichtsventil *n*, gewichtsbelastetes Sicherheitsventil ‖ ~ de sequência (aeronáut., máq., tecnol.) / Arbeitsfolgeventil *n* ‖ ~ de tomada rápida (hidrául.) / Schnellentlüftungsventil *n* ‖ ~ de transferência (mot.) / Ausgleichventil *n* ‖ ~ de travão / Bremsventil *n* ‖ ~ de três eléctrodos / Dreielektrodenröhre *f*, Triode *f* ‖ ~ de vapor / Dampfventil *n* ‖ ~ de vedação / Absperrventil *n* ‖ ~ de vedação angular / Eckabsperrventil *n* ‖ ~ de ventilação (máq., tecnol.) / Luftklappe *f* ‖ ~ de ventilação (acumul.) / Entlüftungsventil *n* ‖ ~ de vento (siderurg.) / Windschieber *m* ‖ ~ detectora (electrón.) / Detektorröhre *f* ‖ ~ distribuidora (máq. vapor) / Schieber *m*, Steuerschieber *m* ‖ ~ distribuidora com cones / Keilschieber *m* ‖ ~ distribuidora de ar / Luftverteilerschieber *m* ‖ ~ distribuidora de compensação / Entlastungsschieber *m* ‖ ~ do êmbolo / Kolbenventil *n* ‖ ~ do flutuador (autom.) / Schwimmerventil *n*, Vergaserventil *n* ‖ ~ do indicador / Indizierventil *n* ‖ ~ do ladrão / Überlaufventil *n*, Überströmventil *n* ‖ ~ do pneu / Reifenventil *n* ‖ ~ dupla de retenção / Doppelrückschlagventil *n* ‖ ~ electrónica de disparo (electrón.) / Glimmrelaisröhre *f* (DIN) ‖ ~ electrónica de gás (electrón.) / gasgefüllte Röhre, Gasröhre *f* ‖ ~ electrónica de grelha de blindagem , válvula *f* eletrônica de grade de blindagem / Schirmgitterröhre *f* ‖ ~ electrónica ou eletrônica / Elektronenröhre *f* ‖ ~ eletrónica de velocidade modulada / Laufzeitröhre *f* ‖ ~ em forma de campânula / Glockenventil *n* ‖ ~ em S (autom.) / Schlangenventil *n* ‖ ~ escalonada / Etagenventil *n* ‖ ~ hemisférica / Glockenventil *n*, Kronenventil *n* ‖ ~ hidráulica / Hydroventil *n* ‖ ~ indicadora de descarga luminosa (electrón.) / Glimmanzeigeröhre *f* ‖ ~ invertida (mot.) / obengesteuertes Ventil ‖ ~ iónica (electrón.) / Elektronenventil *n* (ein Kaltkathodengleichrichter) ‖ ~ isolante / Isolierventil *n* ‖ ~ limitadora de pressão / Ölüberdruckventil *n* ‖ ~ magnética / Magnetventil *n* ‖ ~ moduladora (electrón.) / Steuerröhre *f*, Modulator-, Modulationsröhre *f* ‖ ~ múltipla (electrón.) / Mehrfachröhre *f* ‖ ~ para tomada de água do mar (constr. naval) / Seeventil *n* ‖ ~ percutora / Schlagventil *n* ‖ ~ piloto / Führungsventil *n* ‖ ~ rápida de tomada de vapor (máq. vapor) / Schnellschlußventil *n* ‖ ~ redutora / Reduzierventil *n* ‖ ~ redutora da pressão do óleo / Öldruckminderventil *n* ‖ ~ roncadora (máq. vapor) / Schnarchventil, Schnarrventil *n*, Schlotterventil *n*, Schnüffelventil *n* ‖ ~ rotativa / Drehventil *n* ‖ ~ situada na cabeça do cilindro (mot.) / obengesteuertes Ventil ‖ ~ termiónica (electrón.) / Glühkathodenröhre *f*

válvular *f* **anular** / Ringventil *n*

vanadato *m* / Vanad[in]at *n*

vanádico / Vanadium(III)-...

vanadífero / vanadiumhaltig

vanádio *m*, V (química) / Vanadium, Vanadin[metall] *n*, V

vanadoso / Vanadium(II)-...

vanilina *f* / Vanillin *n*, Vanillekampfer *m* ‖ ~ **etílica** / Ethylvanillin *n*

vão *m* (constr. civil) / Zwischenraum *m* ‖ ~ (constr. civil) / Spannweite *f*, lichte Weite ‖ ~ / freitragende Länge, Hohlraum *m* ‖ ~ (ponte) / Feld *n*, Öffnung *f* ‖ ~ (material celular) / Lunker *m* ‖ ~ **de janela** / Fensterausschnitt *m*, -öffnung *f* ‖ ~ **de porta** / Türöffnung *f* ‖ ~ **de uma viga** (constr. civil) / Feldweite *f* ‖ ~ **entre vigas** / Balkenfach *n* ‖ ~ **extremo** (ponte) / Endfeld *n* ‖ ~ **[interno] livre** / Luftraum innerhalb eines Gebäudes ‖ ~ **livre** (ponte) / Lichtweite *f* ‖ ~ **[livre]** (constr. civil) / lichte Weite ‖ ~ **livre de um arco** / lichte Öffnung eines Bogens

vapor *m* / Dunst *m*, Dampf *m*, Schwaden *m*, Gas *n* unterhalb der kritischen Temperatur ‖ **à prova d ~** / dampfdicht ‖ **em estado de ~** / dampfförmig ‖ ~ **[de um] ácido** / Säuredampf *m* ‖ ~ **admitido pela parte inferior** / Unterdampf *m* ‖ ~ **de água** / Wasserdampf *m*, Wasserdunst *m* ‖ ~ **de alcatrão** / Teerdampf *m* ‖ ~ **de aquecimento** / Heizdampf *m* ‖ ~ **de escape** / Auspuffdampf *m*, Abdampf *m* ‖ ~ **de mercúrio** / Quecksilberdampf *m* ‖ ~ **de óleo** / Öldunst *m* ‖ ~ **directo** / Freidampf *m* ‖ ~ **do banho** (galvanoplast.) / Badnebel *m* ‖ ~ **fresco** / Frischdampf *m* ‖ ~ **(h)úmido** / Naßdampf *m*, nasser Dampf ‖ ~ **saturado** / Sattdampf *m* ‖ ~ **seco** / Trockendampf *m* ‖ ~ **servido** (açúcar) / Fabrikdampf *m* ‖ ~ **sobreaquecido** / Heißdampf *m*, überhitzter Dampf ‖ ~ **vivo** / Frischdampf *m*

vaporar / dampfen

vapores *m pl* **amoniacais** / Ammoniakdämpfe *m pl* ‖ ~ **de chumbo** / Bleidämpfe *m pl* ‖ ~ **de exaustão** / Brüden *pl* ‖ ~ **de gasolina** / Benzindämpfe *m pl* ‖ ~ **de solvente** / Lösungsmitteldämpfe *m pl* ‖ ~ **metálicos** / Metalldämpfe *m pl*

vaporização *f*, evaporação *f* / Verdampfung *f* ‖ ~, geração *f* de vapor / Dampfbildung *f* ‖ ~ (tinturaria) / Dämpfung *f*, Dämpfen *n*, Dampfbehandlung *f* ‖ ~ / Metallisieren, Bedampfen *n* ‖ ~ **oblíqua** / Schrägbedampfung *f*

vaporizador *m* / Verdampfer *m*, Verdampfapparat *m*, Evaporator *m*, Dämpfer *m* ‖ ~ **de algodão** / Baumwolldämpfer *m* ‖ ~ **de fixação** / Fixierdämpfer *m*

vaporizar / verdampfen [lassen] ‖ ~ (tinturaria) / dämpfen, mit Dampf behandeln

vaporoso / dampfhaltig

vaqueta *f* / Boxcalf[leder] *n*, Rindbox *n*

vara *f* / Stange *f* ‖ ~ **de agrimensor** (geral, agrimen.) / Meßstab *m*, Meßlatte *f* ‖ ~ **de descarga** (siderurg.) / Ausdrückstange *f* ‖ ~ **de ferro** / Rundeisen *n* ‖ ~ **denteada Abt** (técn. ferrov.) / Abtsche [Lamellen-]Zahnstange *f*

varactor *m* (semicondut.) / Varactor *m*, Reaktanzdiode *f*

varal *m* / Gabeldeichsel *f*

varanda *f* (constr. civil) / Veranda *f*, Balkon *m*

vareta *f* / Rute *f*, Gerte *f*, Stäbchen *n* ‖ ~ **de bater** / Flügelstab *m* ‖ ~ **de boro** (técn. nucl.) / Borstab *m* ‖ ~ **de calibração** / Eichstab *m* ‖ ~ **de guarda-chuva** / Schirmstab *m*, -rippe *f* ‖ ~ **de solda para soldadura autogénea**, vareta *f* de solda para soldadura a gás / Gasschweißstab *m* ‖ ~ **de urânio** / Uranstab *m* ‖ ~ **de vidro** / Glasstab *m* ‖ ~ **indicadora do nível de óleo** (mot.) / Öl[meß]stab *m*, Ölstab *m* ‖ ~ **para verificação do nível** / Pegelstab *m*

varetas *f pl* **de admissão** / Einlaßgestänge *n*

variação *f* / Veränderung *f*, Verändern *n*, Verschiedenheit *f*, Abweichung *f* ‖ ~ **barométrica** / Barometerschwankung *f* ‖ ~ **brusca da pressão** / Drucksprung *m* ‖ ~ **brusca das condições meteorológicas** / Wettersturz *m*, -umschlag *m* ‖ ~ **brusca do potencial** / Potentialsprung *m* ‖ ~ **com a frequência** / Frequenzabhängigkeit *f* ‖ ~ **de carga** / Belastungsänderung *f*, Lastschwankung *f* ‖ ~ **de entalpia** (química) / Wärmetönung *f* ‖ ~ **de potência** / Leistungsabweichung *f* ‖ ~ **de temperatura** / Temperaturwechsel *m*, Temperaturschwankung *f* ‖ ~ **de velocidade** / Geschwindigkeitsschwankung *f* ‖ ~ **dimensional** (desenho industr.) / Maßabweichung *f*, Abmaß *n* ‖ ~ **do enfraquecimento em função da amplitude** (telecom.) / amplitudenabhängige Dämpfungsänderung ‖ ~ **do fluxo inductor** (electr.) / Feldänderung *f* ‖ ~ **na carga** / Belastungsschwankung, -änderung *f*

variador *m* **hidráulico de velocidade** / Flüssigkeitswechselgetriebe *n*

variância *f* (matem.) / Anzahl *f* der freien Veränderlichen ‖ ~ / Quadrat *n* der mittleren Abweichung

variante *f* / Variante *f* ‖ ~ (constr. rodov.) / Ortsumgehung *f*

variar / verändern

variável *f* / Veränderliche *f*, Variable *f* ‖ ~ *adj* (vento) / umlaufend ‖ ~ / variabel, schwankend, veränderlich ‖ ~ *f* **cefeida** (astron.) / Delta-Cephei-Veränderliche *f* ‖ ~ **de controlo** (contr. autom.) / Leitgröße *f* ‖ ~ **de controlo** (informática) / Laufvariable *f* ‖ ~ **de estado** / Zustandsgröße *f*, -variable *f* ‖ ~ **limitada** (informática) / beschränkte Variable

variedade *f* / Abart *f*, Spielart *f*

variegado / gefleckt, buntscheckig ‖ ~ (plást.) / geflammt

variómetro *m* (electrón.) / einstellbare Hochfrequenz- o. HF-Spule, Variometer *n* ‖ ~ **de bobina plana** / Flachspulenvariometer *n*

varistor *m* (electrón.) / Varistor *m*

varredoura *f* **mecânica** / Straßenkehrmaschine *f*

varredura *f* (tv) / Bildablenkung *f*, Wobbeln *n*, Durchlauf *m* ‖ ~ (raio catód.) / Kipp *m* ‖ ~ **horizontal** (tv) / Zeilenablenkung *f* ‖ ~ **principal** (electrón.) / Hauptkipp *m*

vasa *f* (hidrául.) / Schlick *m*

vaselina *f* / Vaselin *n*, Vaseline *f*

vasilha *f* / Kanister *m*

vaso *m* / Gefäß *n* ‖ ~ **capilar** / Haargefäß *n* ‖ ~ **de contenção** (técn. nucl.) / Sicherheitsbehälter *m*, Einschlußbehälter *m* ‖ ~ **de decantação** (química) / Dekantierglas *n* ‖ ~ **de expansão** / Expansionsgefäß *n* ‖ ~ **de filtração** / Filtrierbecher *m* ‖ ~ **[de pressão] do reactor** / Reaktorbehälter *m*, -druckgefäß *n*

vassoura *f* **mecânica** / Kehrmaschine *f*

vasto / geräumig

vatímetro *m* / Wattmeter *n*

vazado / hohl, ausgehöhlt

vazador *m* (ferram.) / Locheisen *n*, Lochstanzer *m* ‖ ~ (estamp.) / Locher *m*

vazadouro *m* **de entulho** / Schutthalde *f*

vazamento *m* / Ausgießen *n* ‖ ~ **de ar** / Luftverlust *m* ‖ ~ **em queda** / fallender Guß

vazão *f* **de uma bomba** / Liefermenge *f* einer Pumpe

vazar / schütten, eingießen ‖ ~ (fundição) / abgießen ‖ ~ (siderurg.) / das Roheisen ablassen, aufbrechen, abstechen ‖ ~ **com chumbo derretido** / mit Blei vergießen ‖ ~ **em queda directa** (siderurg.) / fallend vergießen

vazio *m* / Hohlraum *m* ‖ ~ (fita magn.) / Fehlstelle *f* ‖ ~ *adj* / leer, Leer... ‖ ~ **de ar** / luftleer

vectógrafo *m* / Vektographenbild *n*

vector *m* (geral) / Vektor *m* ‖ ~ **de luz** (cristalogrf.) / Lichtvektor *m* ‖ ~ **de potência** (electr.) / Scheinleistungszeiger *m* (ein Vektor) ‖ ~ **de Poynting** / Strahlvektor *m* ‖ ~ **espacial** / Raumvektor *m* ‖ ~ **representativo do momento** (matem.) / freier Vektor ‖ ~ **turbilhão** (electr.) / Drehung *f*, Curl *n* ‖ ~ **unitário** (mecân.) /

Einheitsvektor *m*
vectorial / vektoriell, Vektor...
vedação *f* / Abdichtung, Schließvorrichtung *f*, Dichtung *f*, Packung *f* ‖ ~ (terreno) / Zaun *m*, Umzäunung *f* ‖ ~ **da junta** / Fugendichtung *f* ‖ ~ **de labirinto** / Labyrinthdichtung *f* ‖ ~ **de óleo** / Öldichtung *f* ‖ ~ **do remate** / Dichthalten *n* der Nietnaht
vedar / abdichten, Lücken zustopfen, absperren, dichten ‖ ~ (terreno) / umzäunen ‖ ~ **ao trânsito** / sperren
vedeta *f* **rápida** (armamento) / Schnellboot *n*
vegetação *f* / Vegetation *f*, Pflanzenwelt *f* ‖ ~ **litoral** (hidrául.) / Gelege *n*
vegetal *adj* / pflanzlich, Pflanzen..., vegetabilisch ‖ ~ *m* **xerófito** / Xerophyt *m*
vegetativo / vegetativ
veia *f* / Ader *f*
veículo *m* / Gefährt *n*, Fuhrwerk *n*, Fahrzeug *n* ‖ ~ (química) / Lösungsmittel *n* (zur Verteilung fester Stoffe) ‖ ~ (farmác.) / Vehiculum *n* ‖ ~ **anfíbio** (autom.) / Schwimmwagen *m* ‖ ~ **automotor** / Selbstfahrer *m*, Fahrzeug *n* mit Eigenantrieb ‖ ~ **automóvel** (autom.) / Kraftwagen *m*, Auto *n*, Kraftfahrzeug *n* ‖ ~ **basculante lateralmente** (técn. ferrov., autom.) / Seitenkipper *m* ‖ ~ **com movimento basculante posterior** (constr. rodov.) / Hinterkipper *m* ‖ ~ **comercial** / Nutzfahrzeug *n* ‖ ~ **de baterias** / Akkumulatorenfahrzeug *n*, -wagen *m* ‖ ~ **de combate a incêndios**, veículo *m* de bombeiros / Feuerlöschfahrzeug *n*, Löschfahrzeug *n* ‖ ~ *f* **de descarga pelo fundo** (autom.) / Bodenentlader *m* ‖ ~ *m* **de inspecção de catenárias** / Fahrleitungs-Untersuchungswagen *m* ‖ ~ **de largata** / Kettenfahrzeug *n* ‖ ~ **de plataforma rebaixada** (autom.) / Tieflader, -ladewagen *m* ‖ ~ **de rastos** / Kettenfahrzeug *n* ‖ ~ **de seis rodas** / Dreiachsfahrzeug *n* ‖ ~ **eléctrico** / Elektromobil *n* ‖ ~ **equipado com radiotelefone** / Funkwagen *m* ‖ ~ **espacial** / Raumfahrzeug *n* ‖ ~ **ferroviário** (técn. ferrov.) / Schienenfahrzeug *n* ‖ ~ **ferroviário de tráfego suburbano** / Bahnfahrzeug *n* des öffentlichen Nahverkehrs (DIN) ‖ ~ **motor** (técn. ferrov.) / Triebfahrzeug *n* ‖ ~ **motorizado** / Motorfahrzeug *n* ‖ ~ **para serviço de remoção de neve** (autom.) / Winterdienstfahrzeug *n* ‖ ~ [**para**] **todo o terreno** (autom.) / Geländefahrzeug *n* ‖ ~ **pesado** / Schwerfahrzeug *n* ‖ ~ **portador de informação** (informática) / Informationsträger *m* ‖ ~ **provido de almofada de ar** / Bodeneffektfluggerät *n* ‖ ~ **terrestre** / Landfahrzeug *n* ‖ ~ **tractor** / Zugmaschine *f*, Zugwagen *m* ‖ ~ **tractor de reboque** (autom.) / Straßenzugmaschine *f* ‖ ~ **utilitário** / Nutzfahrzeug *n*
veio *m* (expl. minas) / Flöz *n*, Gang *m*, Ader *f* ‖ ~ (máq., tecnol.) / Welle *f* ‖ ~ **carbonífero** / Kohlenader *f* ‖ ~ **cardânico** / Kardanwelle *f* ‖ ~ **compensador do freio** (autom.) / Bremsausgleichwelle *f* ‖ ~ **compensador do travão** (autom.) / Bremsausgleichwelle *f* ‖ ~ **da hélice** / Schraubenwelle *f* ‖ ~ **da madeira** / Flader *f* ‖ ~ **de chumbo** (expl. minas) / Bleigang *m* ‖ ~ **de excêntricos** (mot.) / Nockenwelle *f* ‖ ~ **de excêntricos à cabeça** (mot.) / obenliegende Nockenwelle ‖ ~ **de impulso** (máq., tecnol.) / Druckwelle *f* ‖ ~ **de mineral** / Mineralgang *m* ‖ ~ **de rocha** / Felsenader *f* ‖ ~ **de rocha** (expl. minas) / Bergemittel *n* ‖ ~ **de transmissão de dois cardans** / Doppelgelenkwelle *f* ‖ ~ **de um filão** (expl. minas) / Ausläufer *m* ‖ ~ **lateral** (expl. minas) / Seitengang *m* ‖ ~ **metalífero** / Erzader *f*, Erzgang *m* ‖ ~ **principal** (expl. minas) / Hauptader *f* ‖ ~ **que se perde na rocha** (expl. minas) / Ausreißer *m* ‖ ~ **resinoso** (madeira) / Harzader *f* ‖ ~ **rico** / reiche Erzader ‖ ~ **rico em minério** (expl. minas) / Erzmittel *n* ‖ ~ **roscado** (máq., tecnol.) / Spindel *f* ‖ ~ **selector** (caixa veloc.) / Schaltstange *f*
vela *f* (navio) / Segel *n* ‖ ~ **de ignição** (autom.) / Zündkerze *f* ‖ ~ **de iluminação** / Kerze *f* ‖ ~ **de incandescência** (mot. diesel) / Glühkerze *f*, Flammglühkerze *f* ‖ ~ **fria** (autom.) / kalte Kerze, Zündkerze *f* hohen Wärmewerts
velino *m* / Kalbspergament *n*
velo *m* / Fell *n*, Vlies *n* ‖ ~ (tecel.) / Flaum *m* am Tuch ‖ ~ **cardado** / Flor *m* ‖ ~ **de fibras** / Faserflor *m*, Faservlies *n* ‖ ~ **duplo** / Doppelflor *m* ‖ ~ **múltiplo** / mehrfacher Flor
velocidade *f* / Geschwindigkeit *f* ‖ ~ (autom.) / Gang *m* (im Getriebe) ‖ ~ (física) / Schnelle *f* ‖ ~ (máq., tecnol.) / Schnelligkeit *f* ‖ **alta** ~ / Schnelllauf *m* ‖ **com** ~ **estabilizada** (autom.) / mit gleichbleibender Geschwindigkeit ‖ **de** ~ **constante** / eintourig ‖ **de** ~ **regulável** / drehzahlstellbar ‖ **de alta** ~, de elevada velocidade (máq., tecnol.) / schnelllaufend ‖ **de grande** ~ (informática) / Hochleistungs... ‖ **em pequena** ~ (técn. ferrov.) / als Fracht o. Frachtgut ‖ ~ **absoluta ou verdadeira** (aeronáut.) / Grundgeschwindigkeit *f* ‖ ~ **aerolar** (física) / Flächengeschwindigkeit *f* ‖ ~ **angular** / Winkelgeschwindigkeit *f* ‖ ~ **ao longo da trajectória** (aeronáut., comando numér.) / Bahngeschwindigkeit *f* ‖ ~ **ascencional** (aeronáut.) / Steiggeschwindigkeit *f* ‖ ~ **ascencional do fluxo** / Aufwärtsströmgeschwindigkeit *f* ‖ ~ **circunferencial** / Umfangsgeschwindigkeit *f* ‖ ~ **contínua de rotação** / Dauerleistungs-Drehzahl *f* ‖ ~ **crítica**, velocidade *f* no momento da perda de sustentação (aeronáut.) / Durchsackgeschwindigkeit *f* ‖ ~ **crítica de torção** / torsionskritische Drehzahl, drehkritische Drehzahl ‖ ~ **da árvore movida** / Abtriebdrehzahl *f* ‖ ~ **da luz** / Lichtgeschwindigkeit *f* ‖ ~ **de afinação** (siderurg.) / Frischgeschwindigkeit *f* ‖ ~ **de base** (constr. rodov.) / Entwurfsgeschwindigkeit *f* ‖ ~ **de cálculo** (informática) / Arbeitsgeschwindigkeit *f* ‖ ~ **de combustão** / Brenngeschwindigkeit *f* ‖ ~ **de crescimento do impulso**, velocidade *f* de crescimento do pulso / Steilheit *f* des Impulsanstieges ‖ ~ **de cruzeiro** (aeronáut.) / Reisegeschwindigkeit *f*, Dauergeschwindigkeit *f* ‖ ~ **de descarburação** (siderurg.) / Frischgeschwindigkeit *f* ‖ ~ **de descarga** / Austrittsgeschwindigkeit *f* ‖ ~ **de descida** (aeronáut.) / Sinkgeschwindigkeit *f* ‖ ~ **de difusão** / Diffusionsgeschwindigkeit *f* ‖ ~ **de elevação** / Hubgeschwindigkeit *f* ‖ ~ **de enrolamento** (informática) / Aufwickelgeschwindigkeit *f* ‖ ~ **de equilíbrio** (aeronáut.) / Grenzgeschwindigkeit *f* ‖ ~ **de escape ou fuga** (astronáut.) / Entweichgeschwindigkeit [aus dem Schwerefeld] *f*, Fluchtgeschwindigkeit *f* ‖ ~ **de excêntricos** / Exzentertempo *n* ‖ ~ **de excitação** / Erregungsgeschwindigkeit *f* ‖ ~ **de exploração** (tv) / Abtastgeschwindigkeit *f* ‖ ~ **de exposição** (técn. fotogr.) / Aufnahmegeschwindigkeit *f* ‖ ~ **de extracção** (expl. minas) / Fördergeschwindigkeit *f* ‖ ~ **de fase** / Phasenlaufzeit *f*, -geschwindigkeit *f*, Wellengeschwindigkeit *f* ‖ ~ **de fase no circuito de interacção** / kalte Phasengeschwindigkeit (bei Fehlen des Elektronenstroms) ‖ ~ **de filtração** / Filtriergeschwindigkeit *f*, Filtergeschwindigkeit *f* ‖ ~ **de fluência** (mecân.) / Kriechgeschwindigkeit *f* ‖ ~ **de formação** / Bildungsgeschwindigkeit *f* ‖ ~ **de fuga** (astronáut.) / Fluchtgeschwindigkeit *f* ‖ ~ **de funcionamento** / Laufgeschwindigkeit *f* ‖ ~ **de fusão** / Abschmelzgeschwindigkeit *f* ‖ ~ **de**

impacto / Auftreffgeschwindigkeit *f*, Einschlaggeschwindigkeit *f* ‖ ~ **de impressão** (mecanograf., informática) / Druckgeschwindigkeit *f* ‖ ~ **de insuflação** / Anströmgeschwindigkeit *f* ‖ ~ **de lançamento** (lamin.) / Anstellgeschwindigkeit *f* ‖ ~ **de leitura** (informática) / Auslesegeschwindigkeit *f* (aus dem Speicher), Lesegeschwindigkeit *f*, Einlesegeschwindigkeit *f* (aus Datenträgern) ‖ ~ **de marcha** / Fahrgeschwindigkeit *f*, Laufgeschwindigkeit *f* ‖ ~ **de modulação** (informática) / Schrittgeschwindigkeit *f* ‖ ~ **de passagem** / Durchflußgeschwindigkeit *f*, Filtergeschwindigkeit *f*, Filtriergeschwindigkeit *f* ‖ ~ **de propagação** / Fortpflanzungsgeschwindigkeit *f* ‖ ~ **de propagação das chamas** / Flammenausbreitgeschwindigkeit *f* ‖ ~ **de queda** (física) / Fallgeschwindigkeit *f* ‖ ~ **de regulação** (contr. autom.) / Stellgeschwindigkeit *f* ‖ ~ **de rotação** / Drehgeschwindigkeit *f*, Umdrehungen *f pl* je min, min^{-1}, Drehzahl *f*, Umdrehungsgeschwindigkeit *f*, Umlaufgeschwindigkeit *f* ‖ ~ **de rotação no regime permanente** / Dauerleistungs-Drehzahl *f* ‖ ~ **de sedimentação** / Sinkgeschwindigkeit *f*, Absitzgeschwindigkeit *f* ‖ ~ **de transferência de dados** (informática) / Durchsatzrate *f* ‖ ~ **de transporte** / Fördergeschwindigkeit *f* ‖ ~ **de voo** / Fluggeschwindigkeit *f* ‖ ~ **DIN** (técn. fotogr.) / DIN-Zahl *f* (in °DIN) ‖ ~ **do ar** / Luftgeschwindigkeit *f* ‖ ~ **do ar** (aeronáut.) / Fluggeschwindigkeit *f* gegen Luft ‖ ~ **do ar compensada** (aeronáut.) / berichtigte angezeigte Eigengeschwindigkeit ‖ ~ **do feixe** (electrón.) / Strahlgeschwindigkeit *f* ‖ ~ **do fluxo do vapor** / Dampf[ström]geschwindigkeit *f* ‖ ~ **do jacto** / Strahlgeschwindigkeit *f* ‖ ~ **do jacto de admissão** (mot.) / Ansaugstrahlgeschwindigkeit *f* ‖ ~ **do obturador** (técn. fotogr.) / Verschlußzeit *f* ‖ ~ **económica** (autom.) / Spargang *m*, Schongang *m* ‖ ~ **em relação ao solo** (aeronáut.) / Bodengeschwindigkeit *f* ‖ ~ **espacial** (astron.) / Raumgeschwindigkeit *f* ‖ ~ **específica** / Einheits-Drehzahl *f* ‖ ~ **específica da reacção** (química) / Geschwindigkeitskonstante *f* ‖ ~ **inicial** / Anfangsgeschwindigkeit *f*, V-Null *n* ‖ ~ **inicial** (armamento) / Mündungsgeschwindigkeit *f*, V-Null *n* ‖ ~ **lateral** (aeronáut.) / Abtriftgeschwindigkeit *f*, Schiebegeschwindigkeit *f* ‖ ~ **limite** / Grenzgeschwindigkeit *f* ‖ ~ **linear** / Durchflußgeschwindigkeit *f* ‖ ~ **longitudinal** (aeronáut.) / Längsgeschwindigkeit *f* ‖ ~ **máxima** (geral) / Höchstgeschwindigkeit *f* ‖ ~ **máxima** / Grenzgeschwindigkeit *f* ‖ ~ **máxima** (autom.) / Spitzengeschwindigkeit *f* ‖ ~ **máxima admissível** / [zulässige] Höchstgeschwindigkeit ‖ ~ **média** / Durchschnittsgeschwindigkeit *f* ‖ ~ **média de voo** (aeronáut.) / Blockgeschwindigkeit *f* ‖ ~ **no momento da perda de sustentação** (aeronáut.) / Durchsackgeschwindigkeit *f* ‖ ~ **operacional** / Arbeitsgeschwindigkeit *f* ‖ ~ **operacional** (mot.) / Betriebsdrehzahl *f* ‖ ~ **para a frente** (autom.) / Vorwärtsgang *m* ‖ ~ **para todo o terreno** (autom.) / Kriechgang *m* ‖ ~ **[para] todo o terreno** (autom.) / Geländegang *m* ‖ ~ **parabólica** (astronáut.) / Entweichgeschwindigkeit [aus dem Schwerefeld] *f*, Fluchtgeschwindigkeit *f* ‖ ~ **periférica** / Geschwindigkeit *f* am Umfang, Umfangsgeschwindigkeit *f* ‖ ~ **primitiva** / Anfangsgeschwindigkeit *f* ‖ ~ **recomendada** / Richtgeschwindigkeit *f* ‖ ~ **sobremultiplicada** (autom.) / Schongang *m*, Schnellgang *m* ‖ ~ **sónica** (aeronáut.) / Schallgeschwindigkeit *f* ‖ ~ **supersónica** / Überschallgeschwindigkeit *f* ‖ ~ **telegráfica** (telecom.) / Schrittgeschwindigkeit *f* ‖ ~ **térmica** / Temperaturgeschwindigkeit *f* ‖ ~ **terminal** / Endgeschwindigkeit *f* ‖ ~ **verdadeira** (aeronáut.) / Fluggeschwindigkeit *f* gegen Luft

velocímetro *m* / Tachometer *n*, Geschwindigkeitsmesser, -anzeiger *m* ‖ ~ (autom.) / Tacho *m n* (coll)

velomotor *m* / Mofa *n*, Motorfahrrad *n*, Fahrrad *n* mit Hilfsmotor

velosidade *f* / Haarigkeit *f*

veloso (têxtil) / haarig, flaumig

veludilho *m* / Velvet *m n*, [unechter] Schußsamt

veludo *m* / Samt *m*, Velours *m* ‖ ~ **"côtelé"** / Cord *m*, Kord *m* ‖ ~ **de algodão** / Baumwollsamt *m* ‖ ~ **de lã** / Wollsamt *m* ‖ ~ **de trama** / Schußsamt *m* ‖ ~ **por cortar** / gezogener (o. ungerissener o. ungeschnittener) Samt

velvetina *f* / Velvetin *m*, Velveteen *m*

veneno *m* / Gift *n* ‖ ~ **catalítico** / Katalytgift *n* ‖ ~ **combustível** (técn. nucl.) / abbrennbares Reaktorgift, abbrennbares Gift ‖ ~ **de flotação** / Flotationsgift *n* ‖ ~ **gástrico** / Fraßgift *n*

venenosidade *f* / Giftigkeit *f*, Toxizität *f*

venenoso / giftig ‖ **não** ~ / giftfrei

veneziana *f* / Fensterjalousie *f*, Jalousie *f*

ventana *f* (constr. civil) / Luftloch *n*, Lüftungsloch *n*

ventilação *f* / Lüftung *f*, Ventilation *f*, Belüftung *f* ‖ ~ (expl. minas) / Wetterführung, -versorgung *f*, Bewetterung *f* ‖ **de** ~ / Lüftungs..., lufttechnisch ‖ **de ~ forçada** (electr.) / fremdbelüftet ‖ **de ~ incorporada** / fremdbelüftet (durch eingebautes Aggregat) ‖ ~ **automática** / Selbstlüftung *f* ‖ ~ **auxiliar** / Sonderbelüftung *f*, -bewetterung *f* ‖ ~ **cruzada** / Querlüftung *f* ‖ ~ **de mina** (expl. minas) / Grubenbewetterung *f* ‖ ~ **do solo** (agricult.) / Bodenlüftung *f* ‖ ~ **dos esgotos** / Kanalentlüftung *f* ‖ ~ **em circuito aberto** (electr.) / Frischluftkühlung *f* ‖ ~ **forçada** (electr.) / Fremdbelüftung *f* ‖ ~ **forçada** (túnel) / Saugentlüftung *f* ‖ ~ **natural**, ventilação *f* própria / Eigenkühlung *f* ‖ ~ **por aspiração** (constr. civil) / Belüftung *f* mittels Saugventilator, Aspirationslüftung *f* ‖ ~ **secundária** / Sonderbelüftung *f*, -bewetterung *f* ‖ ~ **separada** (electr.) / Fremdlüftung *f*

ventilado / ventiliert, belüftet

ventilador *m* / Ventilator *m*, Gebläse *n*, Fächer *m* ‖ ~ (expl. minas) / Windfang *m*, Wettermaschine *f*, Wetterhut *m* ‖ ~ / Luftklappe *f*, Lüftungsklappe *f*, Lüftungsöffnung *f* ‖ ~ / Verdichter *m* ‖ ~ / Lüfter *m* (Verdichtung bis 0,1 kp/cm^2) ‖ ~ / Rauchabzug *m* ‖ ~ **a gás** / Gasgebläse *n* ‖ ~ **aspirador** / Luftabsauger *m* ‖ ~ **aspirante** / saugender, saugend wirkender Ventilator ‖ ~ **blindado de alta pressão** / Hochdruckkapselgebläse *n* ‖ ~ **centrífugo** / Kreiselgebläse *n* ‖ ~ **de aquecimento** (autom.) / Heizgebläse *n* ‖ ~ **de ar fresco** / Frischluftgebläse *n* ‖ ~ **de circulação** / Umlüfter *m* ‖ ~ **de circulação axial** / Querstromlüfter *m* ‖ ~ **de êmbolo** / Kolbengebläse *n* ‖ ~ **de hélice** (máq., tecnol.) / Schraubengebläse *n* ‖ ~ **de janela** / Fensterlüfter *m* ‖ ~ **de mina** (expl. minas) / Grubenwettermaschine *f* ‖ ~ **de pressão** / Drucklüfter *m* ‖ ~ **de tecto** / Deckenfächer, -ventilator *m* ‖ ~ **de telhado** / Dachlüfter *m* ‖ ~ **de vapor** / Dampfgebläse *n* ‖ ~ **helicoidal** (máq., tecnol.) / Schraubengebläse *n* ‖ ~ **rotativo** / Umlaufgebläse *n* ‖ ~ **separado** / Fremdlüfter *m* ‖ ~ **soprador** / Drückventilator *m*

ventilar / lüften, ventilieren, entlüften, belüften, auslüften, durchlüften ‖ ~ (expl. minas) / bewettern

vento *m* (metereol.) / Wind *m* ‖ ~ (siderurg.) / Wind *m*, Gebläseluft *f* ‖ ~ **anabático** / anabatischer Wind ‖

~ **ao nível do solo** / Bodenwind *m* ‖ ~ **ascendente térmico** (aeronáut.) / Thermik *f*, thermischer Aufwind ‖ ~ **catabático** / Fallwind *m* (Ggs: Talwind) ‖ ~ **contrário** / Gegenwind *m* ‖ ~ **contrário** (aeronáut.) / Längswind *m* ‖ ~ **cruzado** (aeronáut.) / Querwind *m* ‖ ~ **de cauda**, vento *m* de popa / Rückenwind *m* ‖ ~ **de proa** / Gegenwind *m* ‖ ~ **lateral** (aeronáut.) / Seitenwind *m* ‖ ~ **relativo** / Fahrtwind *m* ‖ ~ **solar** / Sonnenwind *m* ‖ ~ **térmico** / Scherwind *m*
ventoinha *f* / Gebläse *n* ‖ ~ **helicoidal** / Axialgebläse *n*
ventosa *f* / Gummisauger *m*
ventre, em forma de ~ de peixe / fischbauchig ‖ ~ *m* **da vibração** / Schwingungsbauch *m* ‖ ~ **de tensão** (electr.) / Spannungsbauch *m* ‖ ~ **do alto-forno** / Kohlensack *m* (Hochofen) ‖ ~ *f* **do conversor** / Bauch *m* der Bessemerbirne
ver televisão (tv) / fernsehen
verberação *f* / Erschütterung *f*, Lufterschütterung *f* durch den Schall
verbete *m* **de taxação** (telecom.) / Gebührenzettel *m*
verde *m* / Grün *n*, grüne Farbe ‖ ~ *adj* / grün ‖ ~ (madeira) / saftfrisch ‖ ~ (fruta) / unreif ‖ ~ **azulado** / blaugrün ‖ ~ *m* **benzaldeído** / Bittermandelgrün *n* ‖ **~-bexiga** *f* / Blasengrün *n* ‖ **~-claro** *adj* / hellgrün ‖ ~ **de abeto** / tannengrün (RAL 6009) ‖ ~ *m* **de bromocresol** / Bromkresolgrün *n* ‖ ~ **de chipre** / Cypergrün *n* ‖ ~ **de cinábrio** / Zinnobergrün, Chromgrün *n* ‖ ~ **de cobalto** / Kobaltgrün *n* ‖ ~ **de cromo** / Chromgrün *n*, Zinnobergrün *n* ‖ ~ **de cromo hidratado** / Chromhydratgrün *n* ‖ ~ **de óxido de cromo** / Chromoxidgrün *n* ‖ ~ **de Schweinfurt** / Schweinfurter Grün *n* ‖ ~ **de urânio** / Uraniagrün *n* ‖ ~ **de Verona** / Deckgrün *n* ‖ ~ *adj* **escuro** / dunkelgrün, flaschengrün ‖ ~ **esmeralda** / smaragdgrün, -farbig ‖ **~-gaio** *adj* / laubgrün (RAL 6002) ‖ **~-garrafa** *adj* / flaschengrün, dunkelgrün ‖ ~ *m* **luz** / Lichtgrün *n* ‖ ~ **malaquita** / Malachitgrün *n* ‖ **~-negro** *adj* / schwarzgrün (RAL 6012) ‖ **~-oliva** *adj* / olivgrün, olivenfarbig ‖ ~ **pálido** / blaßgrün (RAL 6021) ‖ **~-terra** *m* / Steingrün *n* ‖ ~ **vegetal** / Saftgrün *n*
verdete *m* / Grünspan *m*
verga *f* / Geflecht *n* (z.B. um Flaschen), Flechtwerk *n* ‖ ~ **de porta** (constr. civil) / Türsturz *m*
vergatura *f* (papel) / Drahtform, Papierform *f*
vergé, vergê (papel) / gerippt
verificação *f* / Prüfung, Kontrolle *f* ‖ ~ **acurada** / genaue Prüfung ‖ ~ **da capacidade em litros** / Auslitern *n* ‖ ~ **de cartões** (cart. perf.) / Lochkartenprüfung *f*
verificador *m* **alfabético** / Alphabetlochprüfer *m* ‖ ~ **da igualdade do fio** / Garngleichheitsprüfer *m* ‖ ~ **numérico** (cart. perf.) / Lochprüfer *m*
verificar / prüfen, kontrollieren, nachsehen, durchsehen
verificável / feststellbar
vermelhão *m* / Blutorange *n* (RAL 2002), Zinnoberrot *n*
vermelho *m* / Rot *n*, rote Farbe ‖ ~ *adj* / rot ‖ ~ *m* **de cinábrio** / Zinnoberrot *n* ‖ ~ **de columbina** / Kolumbinrot *n* ‖ ~ **de cromo** / Chromrot *n* ‖ ~ **de metilo** / Methylrot *n* ‖ ~ *adj* **de sangue** / blutrot ‖ **~-de-anilina** *m* / Anilinrot *n* ‖ **~-rubi** *adj* / rubinrot (RAL 3003) ‖ **~-tijolo** *m* / Ziegelrot *n* ‖ ~ **turquesa** (galvanoplast.) / Türkischrot, Alizarinrot *n* ‖ ~ *adj* **vivo** / feuerrot (RAL 3000), hochrot
vernalizar (agricult.) / jarowisieren, vernalisieren
vernier *m* / Feinmeßeinrichtung, -stelleinrichtung *f*, Nonius *m*, Vernier *m* ‖ ~ (radar Decca) / Streifenzeiger *m*
verniz *m* / Lack *m*, Firnis *m* ‖ ~ **à base de álcool** / Spritlack *m*, -firnis *m*, Spirituslack *m* ‖ ~ **à base de betume** / Bitumenlack *m* ‖ ~ **à base de terebintina** / Terpentinlack *m*, -firnis *m*, -farbe *f* ‖ ~ **a óleo** / Öllack *m* ‖ ~ **adesivo** / Klebelack *m* ‖ ~ **brilhante** / Glanzfirnis *m* ‖ ~ **brilhante para móveis** / Politur *f*, Möbellack *m* ‖ ~ **condutivo** (electr.) / Leitlack *m* ‖ ~ **craquelé** / Reißlack *m* ‖ ~ **cristalizado** / Eisblumenlack, Frostlack *m* ‖ ~ **de acabamento** / Decklack *m* ‖ ~ **de âmbar** / Bernsteinlack, -firnis *m* ‖ ~ **de asfalto** / Asphaltlack, -firnis *m* ‖ ~ **de celulose** / Zelluloselack *m* ‖ ~ **de cobertura** / Decklack *m* ‖ ~ **de esmalte** / Emaillack *m* (gut verlaufender glänzender Lack) ‖ ~ **de goma-laca** / Schellackfirnis *m* ‖ ~ **de imersão** / Tauchlack *m* ‖ ~ **de óleo** / fetter (o. ölreicher) Lack, Ölfirnis *m* ‖ ~ **de óleo de linhaça** / Leinölfirnis *m* ‖ ~ **de ouro** / Goldfirnis *m* ‖ ~ **de protecção** / Schutzlack *m* ‖ ~ *f* **de secagem em estufa** / Einbrennlack *m* ‖ ~ *m* **de tinturaria** / Färberlack *m* ‖ ~ **do Japão** / Japanlack *m* ‖ ~ **incolor** (geral) / Klarlack *m* ‖ ~ *f* **isolante** / Isolierlack *m* ‖ ~ *m* **litográfico** (artes gráf.) / Lithofirnis *m* ‖ ~ **magro** / kurzer Lack ‖ ~ **negro** / Schwarzlack *m* ‖ ~ **nitrocelulósico** / Nitrozelluloselack *m* ‖ ~ **para couro** / Lederlack *m* ‖ ~ **para ferro** / Eisenlack *m* ‖ ~ **para impressão** (artes gráf.) / Drucklack *m* ‖ ~ **para pintar** / Streichlack *m* ‖ ~ **para polir** / Schleiflack *m* ‖ ~ **para quadros** / Gemäldefirnis *m* ‖ ~ **para secagem ao ar** / Luftlack *m* ‖ ~ **para soalhos** / Fußbodenlack *m* ‖ ~ **protector incolor** / farbloser Schutzlack ‖ ~ **sicativo** / Trockenfirnis *m* ‖ ~ **transparente** (geral) / Klarlack *m* ‖ ~ **zapon** / Zaponlack *m*
vernizagem *f* / Firnissen *n*, Lackierung *f* (Tätigkeit)
verruma *f* / Spitzbohrer *m*, Bohrer *m* mit Ringgriff (DIN 6445) ‖ ~ **com guia central e três gumes de corte** (carpint.) / Zentrumbohrer *m* ‖ ~ **de colher**, verruma *f* meia-cana / Löffelbohrer *m* ‖ ~ **para ressaltos** / Lippenbohrer *m*
verrumão *m* / Dübellochbohrer *m*
versal *f* (artes gráf.) / Versalie *f*, Großbuchstabe *m*
versátil / vielseitig [verwendbar]
verso *m* (artes gráf.) / Rückseite *f*, Widerdruckseite, linke [Druck]seite
vertedouro *m* (hidrául.) / Überfall *m*, Überlauf *m*
vertente *f* / Hang *m*, Neigung *f*
verter / vergießen, verschütten, ausfließen, schütten, eingießen, gießen ‖ ~ **sobre** / übergießen
vertical *m* (astron.) / Vertikalkreis *m* ‖ ~ *f* / Vertikale *f*, Senkrechte *f* ‖ ~ *adj* / senkrecht ‖ ~, a prumo / scheitelrecht, lotrecht, aufrecht, im Lot ‖ ~ (mot.) / stehend
vértice *m* (matem.) / Scheitel *m*, Scheitelpunkt *m* ‖ ~ / Ecke *f* (Scheitel) ‖ ~ (abertura roscas) / Anschnitt *m* ‖ ~ **da abóbada** / Gewölbescheitel *m* ‖ ~ **de trajectória** / Flugbahnscheitelpunkt *m* ‖ ~ **de um arco** / Bogenscheitel *m*
vesicante / blasenziehend
vesicular / blasig, Blasen...
vespa *f* **da madeira** / Holzwespe *f*
vestiário *m* / Garderobenraum *m*, Garderobe *f*
vestíbulo *m* (constr. civil) / Hausflur *m*, Diele *f*, Vorhalle *f*, Flur *m* ‖ ~ (técn. ferrov.) / Einstiegvorraum *m*
vestígio *m* / Eindruck *m*, Spur *f*
vestígios *m pl* **de frenação**, vestígios *m pl* de travagem / Bremsspur *f*
vestimenta *f* **de oleado**, vestimenta *f* de encerado / Ölanzug *m*
vestuário *m* **aquecido** (aeronáut.) / Heizbekleidung *f* ‖ ~ **de amianto** / Asbestbekleidung *f*, -schutz *m* ‖ ~ **para isolamento biológico** (astronáut.) / biologischer Isolieranzug
vesuvianita *f* (mineralog.) / Idokras *m*

véu *m* (tv, técn. fotogr.) / Schleier *m*
V.H.F. (electr.) / Hochfrequenz *f*, HF (30-300 MHz)
via *f* (geral) / Weg *m*, Bahn, Straße *f* ‖ ~ (técn. ferrov.) / Geleise *n*, Eisenbahngleis *n* ‖ ~ (constr. rodov.) / Richtungsfahrbahn *f* ‖ ~ (tecel.) / Schützenbahn *f* ‖ **de ~ dupla** (técn. ferrov.) / doppelgleisig, zweispurig, zweigleisig ‖ **de ~ única** (técn. ferrov.) / eingleisig ‖ **de diversas ~s** (expl. minas) / mehrtrümmig ‖ **de duas ~s** (constr. rodov.) / zweispurig ‖ **~ alternativa** (telecom.) / Ersatzweg *m*, Ersatzleitung *f* ‖ **~ condutora** / Leiterbahn *f* ‖ **~ da cabeça do dente** / Kopfbahn *f* ‖ **~ de aceleração** (auto-estrada) / Beschleunigungsspur *f* ‖ **~ de acesso** (constr. rodov.) / Zubringer *m*, Zufuhrstraße *f* ‖ **~ de acesso** (técn. ferrov.) / Zufuhrgleis *n* ‖ **~ de circunvalação** (constr. rodov.) / Ringstraße *f* ‖ **~ de comunicação** / Verbindungsweg *m* ‖ **~ de comunicação principal** (informática) / Hauptkanal *m* ‖ **~ de contacto** / Kontaktbahn *f* ‖ **~ de desvio** (técn. ferrov.) / Ausweichgleis *n* ‖ **~ de emergência** (telecom.) / Ausweichweg *m* ‖ **~ de enrolamento** (electr.) / Ankerzweig *m* ‖ **~ de escoamento de tráfego** / Ausfallstraße *f* ‖ **~ de junção** (técn. ferrov.) / Verbindungsbahn *f* ‖ **~ de navegação interior** / Binnenwasserstraße *f* ‖ **~ de obras** (técn. ferrov.) / Baubahn *f* ‖ **~ de resguardo** (técn. ferrov.) / Ausweichgleis *n* ‖ **~ de sentido único** / Einbahnstraße *f* ‖ **~ de trabalho** (telecom.) / Arbeitsbahn *f* ‖ **~ de tráfego** (constr. rodov.) / Fahrspur *f*, Spur *f* ‖ **~ de transporte** (expl. minas) / Förderstrecke *f* ‖ **~ desimpedida** (técn. ferrov.) / freie Bahn ‖ **~ desmontável** / Feldbahn *f* ‖ **~ do guindaste** / Kranbahn *f* ‖ **~ dupla** (técn. ferrov.) / Doppelgleis *n* ‖ **~ errada** (telecom.) / Fehlleitung *f* ‖ **~ expressa** / Schnellstraße *f* ‖ **~ expressa urbana** / Stadtautobahn *f*, -schnellstraße *f* ‖ **~ férrea** / Bahngleis *n* ‖ **~ férrea local** / Lokalbahn *f* ‖ **~ ferroviária de bitola estreita** / Kleinbahn *f* ‖ **~ fixa** (fundição) / Standbahn *f* ‖ **~ impedida** (técn. ferrov.) / gesperrte Bahn ‖ **~ larga** (técn. ferrov.) / Breitspur *f* ‖ **~ lateral** (técn. ferrov.) / Seitengleis *n* ‖ **~ livre** (técn. ferrov.) / Fahrtstellung *f*, freie Strecke ‖ **~ marítima** / Seeweg *m* ‖ **~ monocarril suspensa**, via *f* monotrilho suspensa / Hängebahn *f* ‖ **~ morta** (técn. ferrov.) / Stumpfgleis *n* ‖ **~ normal** (técn. ferrov.) / Vollspur *f* (1435 mm) ‖ **~ oposta** (constr. rodov.) / Gegenfahrbahn *f*, Gegenspur *f* ‖ **~ para veículos lentos** (constr. rodov.) / Kriechspur *f* ‖ **~ permanente** (técn. ferrov.) / Eisenbahnoberbau *m*, -geleise *n*, Oberbau *m*, Gestänge *n*, Schienengleis *n* ‖ **~ portátil** / fliegendes Gleis ‖ **~ portuária** / Hafenbahn *f* ‖ **~ principal** (técn. ferrov.) / Stammgleis *n* ‖ **~ pública** / öffentlicher Weg ‖ **~ radioeléctrica**, via *f* radiofónica / Funkweg *m* ‖ **~ rápida** / Schnellstraße *f*, Autostraße *f* ‖ **~ rápida urbana** / Stadtautobahn *f*, -schnellstraße *f* ‖ **~ reduzida** / Schmalspur *f* (< 1435 mm) ‖ **~ secundária** (constr. rodov.) / Nebenstraße *f* ‖ **~ secundária** (técn. ferrov.) / Nebengleis *n* ‖ **~ sem saída** / Sackgasse, -straße *f* ‖ **~ sobrelevada** / obenliegende Fahrbahn ‖ **~ suspensa** / aufgehängte Fahrbahn ‖ **~ temporária** / Oberbau *m* von Baubahnen ‖ **~ transversal** (expl. minas) / Flügelort *n*
viabilidade *f* / Durchführbarkeit *f*
viaduto *m* / Hochbrücke *f* (auf Pfeilern), Viadukt *m*, Talbrücke *f* ‖ **~ metálico** (constr. rodov.) / Stahlhochstraße *f*
viadutos *m pl* **e túneis** (técn. ferrov., constr. rodov.) / Kunstbauten *f pl*
viagem *f* / Fahrt *f* ‖ **~ de ida** / Hinfahrt *f* (Ggs.: Rückfahrt) ‖ **~ de ida e volta** / Hin- und Rückfahrt *f* ‖ **~ de longa duração** / Dauerfahrt *f* ‖ **~ inaugural** / Jungfernfahrt *f* ‖ **~ ininterrupta** / Dauerfahrt *f* ‖ **~-surpresa** *f* (técn. ferrov.) / Fahrt *f* ins Blaue
vias *f pl* **fluviais e similares** / Binnengewässer *n pl*
viatura *f* **automóvel** / Motorwagen *m*, Automobil *n*
vibração *f* / Erschütterung *f*, Flattern *n*, Schwingung *f*, Vibration *f* ‖ ~ (física) / Bebung *f* ‖ **~ acústica** / Schallschwingung *f* ‖ **~ de contorno** (cristalogrf.) / Querschwingung *f* ‖ **~ de torção** / Drehschwingung *f* ‖ **~ forçada** / erzwungene Schwingung (o. Wellenbewegung) ‖ **~ harmónica** / Oberschwingung *f* ‖ **~ luminosa** / Lichtschwingung *f* ‖ **~ natural** (física) / Eigenschwingung *f*
vibrações, à prova de ~ (constr. civil) / erschütterungsfest ‖ **isento de ~** / erschütterungsfrei ‖ **livre de ~** / stoßfrei ‖ **sem ~** / prellfrei ‖ **~** *f pl* **de deformação** (técn. nucl.) / Deformationsschwingungen *f pl*, Knickschwingungen *f pl* ‖ **~ interiores** (química) / innere Schwingungen
vibrador *m* (constr. civil, máq.) / Rüttler *m*, Rüttelvorrichtung *f*, -apparat *m*, Vibrator *m* ‖ ~ (electrón.) / Zerhacker *m* ‖ **~ de agulha** / Betonrüttler *m* ‖ **~ de betão ou concreto** / Betonverdicher *m* ‖ **~ de imersão** (constr. civil) / Tauchrüttler *m*, Innenvibrator *m*, Innenrüttler *m*
vibrar / rattern, zittern, erschüttern, vibrieren, rütteln ‖ ~ (máq. ferram.) / zittern ‖ ~ (máq., electrón., física) / schwingen *vi* ‖ **fazer ~** / in Schwingungen versetzen, in schwingende Bewegung versetzen
vibratório / Vibrations..., vibrierend, schwingend, Schwingungs...
vibrógrafo *m* / Vibrograph *m*, Erschütterungsschreiber *m*, Schwingungsschreiber *m*
vida *f* (lâmpada) / Brenndauer *f* ‖ **~ média** / mittlere Lebensdauer (eines Atomzustandes) ‖ **~ média** (técn. nucl.) / Lebensdauer der Radioaktivität *f* (= 1.443 Halbwertszeit) ‖ **~ útil** (ferram.) / Standzeit *f*
vide *f* / Weinrebe *f*, Weinstock *m*
vídeo... (tv) / Bild..., Video...
vídeo-cassete *m* (coll) / Video-Cassetten-Recorder *m*, VCR *m*
vídeo-disco *m* (tv) / Bildplatte *f*, Videoplatte *f*
videofone *m* (telecom.) / Bild[schirm]telefon *n*, Bildfernsprecher *m*, Videophon *n*
vídeofonia *f* / Fernsehsprechverbindung *f*
vídeo-frequência *f* (tv) / Bildpunktfrequenz *f*
vídeofrequência *f*, vídeofreqüência *f* (tv) / Videofrequenz *f*
vídeofrequente, vídeofreqüente / videofrequent
vídeo-gravador *m* / Videorecorder *m*
vídeo-tape *m*, vídeo-teipe *m* / Videoband *n*, Magnetbildband *n*
vídeotelefone *m* / Fernsehtelephon *n*, Fernseh-Fernsprecher *m*
vídeotelefonia *f* / Fernsehfernsprechen *n*
vidicon *m* (tv) / Vidicon *n*
vidraça *f* / Dickglas *n*, Fensterglas *n* über 4,5 mm, Fensterscheibe *f* ‖ **~ chumbada** (constr. civil) / Bleiverglasung *f* ‖ **~ de cristal** / Spiegelscheibe *f* ‖ **~ em losango** / Fensterraute *f*
vidraceiro *m* / Glaser *m*
vidrado *m* / Glanz *m*, Glasur *f* ‖ ~ (cerâm.) / Glasur *f* ‖ **não ~** (cerâm.) / unglasiert
vidraria *f* / Glaserei *f*
vidro *m* / Glas *n* ‖ ~ (janela) / Glasscheibe *f* ‖ **de ~** / gläsern ‖ **~ à base de soda** / Natronglas *n*, Sodaglas *n* ‖ **~ acrílico** / Acrylglas *n* ‖ **~ afinado** (electrón.) / Glasmetall *n* ‖ **~ antiencandeamento** / Blendschutzscheibe *f* ‖ **~ aquecido** (coll) (autom.) / Frostschutzscheibe *f* ‖ **~ armado** / Drahtglas *n* ‖ **~ artístico** / Kunstglas *n* ‖ **~ bruto** / Rohglas *n* ‖ **~ celular** / Schaumglas *n* ‖ **~ claro** / Klarglas *n* ‖ ~

colorido / Farbglas *n*, Buntglas *n* ‖ ~ **com dispositivo de aquecimento** (autom.) / Frostschutzscheibe *f* ‖ ~ **com efeitos de cristais de neve** / Eisblumenglas *n* ‖ ~ **comprimido** / Preßglas *n* ‖ ~ **craquelé** / Eisglas *n* ‖ ~ **de aquecimento com película de ouro** / Goldfilm-Heizglas *n* ‖ ~ **de bórax** (química) / Boraxglas *n* ‖ ~ **de borosilicato** / Borsilikatglas *n* ‖ ~ **de chumbo** / Bleiglas *n* ‖ ~ **de cobertura** (sold) / Deckglas *n*, Abdeckglas *n* ‖ ~ **de comando eléctrico** (autom.) / Fenster *n* mit elektrischem Scheibenheber ‖ ~ **de cor** / Farbglas *n* ‖ ~ **de cristal** / Kristallglas, Kristall *n*, Quarzglas *n* ‖ ~ **de duas camadas diferentes** / Überfangglas *n* ‖ ~ **de estufa** (agricult.) / Garten[blank]glas *n*, Gärtnereiglas *n* ‖ ~ **de garrafa** / Hohlglas *n*, Flaschenglas *n* ‖ ~ **de ir ao fogo** / feuerbeständiges Glas ‖ ~ **de janela** / Fensterscheibe *f* ‖ ~ **de Jena** / Jenaer Glas *n* (Geräteglas) ‖ ~ **de lente bifocal** / Doppelfokusglas *n*, Bifokalglas *n* ‖ ~ **de protecção** / Schutzscheibe *f* ‖ ~ **de segurança** / Sicherheitsglas *n* ‖ ~ **de segurança temperado** / Einschichtsicherheitsglas *n*, Einscheibenglas *n*, ESG ‖ ~ **de silicato de álcali** / Alkali-Silikat-Glas *n* ‖ ~ **de silício** / Hartglas *n*, Quarz *m* ‖ ~ **de tampa roscada** / Schraubglas *n* ‖ ~ **de urânio** / Uranglas *n* ‖ ~ **despolido** / Mattscheibe *f* ‖ ~ **duplex** / Zweischichtenglas *n* ‖ ~ **duro** (de elevado ponto de amolecimento) / Hartglas *n* (mit hoher Erweichungstemperatur) ‖ ~ **duro prensado** / Preßhartglas *n* ‖ ~ **em bruto** / Hüttenglas *n* ‖ ~ **em chapa** / Tafelglas *n* ‖ ~ **esfumado**, vidro *m* enfumaçado / Rauchglas *n* ‖ ~ **estriado** / Riffelglas *n* ‖ ~ **fiado** / Glasgespinst *n* ‖ ~ **filigrana** / Fadenglas *n* ‖ ~ **fosco** / Mattscheibe *f*, matt geschliffenes Glas, Mattglas *n* ‖ ~ **fumado** / Blendglas *n* ‖ ~ **incolor** / farbloses Glas ‖ ~ **inferior** (espelho) / Bodenglas *n* ‖ ~ **isolante** / Isolationsglas *n* ‖ ~ **laminado** / Verbundglas *n* ‖ ~ **laminado com camada intermediária de fibra de vidro** / Faserschichtglas *n* ‖ ~ **leitoso** / Milchglas *n* ‖ ~ **moldado a sopro** / Hüttenglas *n* ‖ ~ **oco** / Hohlglas *n* ‖ ~ **opalino** / Alabasterglas *n*, Milchglas *n*, Achatglas *n*, Opalglas *n* ‖ ~ **para construções** / Bauglas *n* ‖ ~ **para espelhos** / Spiegelglas *n* ‖ ~ **para garrafas** / Tonerdekalk-Alkaliglas *n*, Flaschenglas *n* ‖ ~ **para janelas** / Fensterglas *n* ‖ ~ **para óculos** / Brillenglas *n* ‖ ~ **plano** / Flachglas *n* ‖ ~ **potássico** / Kaliglas *n* ‖ ~ **redondo abaulado e chumbado** / Butzenscheibe *f* ‖ ~ **silicioso** / Kieselglas *n* ‖ ~ **solúvel** / Wasserglas *n*, Natron-, [Kali]wasserglas *n* ‖ ~ **solúvel à base de potássio e de sódio** / Doppelwasserglas, Kali- und Natronwasserglas *n* ‖ ~ **temperado** / Hartglas *n*, wärmebehandeltes Sicherheitsglas, vorgespanntes Glas ‖ ~ **têxtil** / Textilglas *n* ‖ ~ **traseiro** (autom.) / Heckfenster *n*, Rückwandfenster *n*, Heckscheibe *f* ‖ ~ **tríplex** / Dreischichtenglas *n* ‖ ~ **Umbral** / Umbralglas *n* ‖ ~ **vulcânico** / Glaslava *f*

viga *f* (constr. civil) / Träger *m*, Tragebalken *m*, Balken *m* ‖ ~ **articulada** / Gelenkbalken *m*, Gerberbalken *m*, Gelenkträger *m*, gelenkig gelagerter Balken ‖ ~ **cantiléver** / freitragender Träger ‖ ~ **central** / Mittelträger *m*, -balken *m* ‖ ~ **de abas largas** / Breitflanschträger *m* ‖ ~ **de alma cheia** / Blechträger *m* ‖ ~ **de amarração** (carpint.) / Eckstichbalken *m* ‖ ~ **de andaime** / Rüstbaum *m* ‖ ~ **de apoio** (constr. civil) / Stützbalken *m*, Stringer *m* ‖ ~ **de arco** (constr. civil) / Bogenträger *m* ‖ ~ **de arco com impulsão horizontal suprimida**, viga *f* de arco com empuxo horizontal suprimido / Bogenträger *m* mit aufgehobenem Horizontalschub ‖ ~ **de balanço** / Wiegebalken, -träger *m* ‖ ~ **de caixa** (técn. ferrov.) / Kastenträger *m* ‖ ~ **de encaixe** (carpint.) / Stichbalken *m* ‖ ~ **de fachada** (constr. civil) / Ortbalken *m* ‖ ~ **de ponte** / Brückenbalken *m*, Brückenträger *m* ‖ ~ **de pórtico** / Rahmenriegel *m* ‖ ~ **de reforço** / Versteifungsträger *m* ‖ ~ **de segmento** / Bogensehnenträger *m* ‖ ~ **de suporte** / Tragbalken, Träger *m* ‖ ~ **de suporte de soalho** / Dielenlager *n*, Lagerholz *n* ‖ ~ **de sustentação** / Unterzug *m* ‖ ~ **de tecto** (constr. civil) / Fehltram *m*, Deckenträger *m*, Deckenbalken *m*, Unterzug *m* ‖ ~ **de um único vão** (constr. civil) / Einfeldträger *m* ‖ ~ **dentada** (carpint.) / Zahnbalken *m* ‖ ~ **do tabuleiro** (ponte) / Fahrbahnträger *m* ‖ ~ **do telhado** / Dachbalken *m* ‖ ~ **em forma de grinalda** / durchlaufender Hängeträger ‖ ~ **em forma de ventre de peixe** / Fischbauchträger *m* ‖ ~ **em T** / Plattenbalken *m* ‖ ~ **em treliça** (constr. civil) / Gitterbalken *m* ‖ ~ **engastada** / eingespannter Träger ‖ **~-espigão** *f* (constr. civil) / Gratbalken *m* ‖ ~ **falsa** (carpint.) / Einlegebalken *m*, Einleger *m* ‖ ~ **Grey** / Breitflanschträger *m*, Grey-Träger *m* ‖ ~ **intermediária** (constr. civil) / Zwischenträger *m*, Freisparren *m* ‖ ~ **laminada** / Walzträger *m* ‖ ~ **lenticular** / Fischbauchträger *m* ‖ ~ **mestra** (carpint.) / Grundbalken *m*, Längsträger *m* erster Ordnung, Hauptträger *m*, Durchzug *m*, Unterzug *m* ‖ ~ **parabólica** / Parabelträger *m* ‖ ~ **paralela** / Parallelträger *m* ‖ ~ **principal** (constr. civil) / Bindergespärre *n*, Hauptträger *m*, Längsträger *m* erster Ordnung ‖ ~ **radial** / Segmentträger *m* ‖ ~ **rectangular** (técn. ferrov.) / Kastenträger *m* ‖ **~-rinção** *f* (carpint.) / Kehlbalken *m* ‖ ~ **[em sistema] Schwedler** / Schwedlerträger *m* ‖ ~ **secundária** (carpint.) / Wechselbalken *m*, Auswechselung *f* ‖ ~ **semiparabólica** / Halbparabelträger *m* ‖ ~ **sistema Gerber** (constr. civil) / Gerberbalken *m*, Gelenkträger *m* ‖ ~ **sobre dois apoios simples** / Balken *m* auf zwei Stützen ‖ ~ **superior** (constr. civil) / Oberholm *m* ‖ ~ **suspensa** / Hängebalken *m*, Einhängeträger *m* ‖ ~ **transversal** / Querträger *m*, Versteifungsträger *m* ‖ ~ **treliçada** / Gitterträger *m* ‖ ~ **triangular** / Dreieckträger *m* ‖ ~ **tubular** / Rohrträger *m*

vigamento *m* / Gebälk *n*, Deckengebälk *n*, Balkenwerk *n*, Balkenlage *f* ‖ **sem** ~ / balkenlos ‖ ~ **de mina** (expl. minas) / Grubenzimmerung *f* ‖ ~ **do telhado** (constr. civil) / Dachgespärre *n*

vigas *f pl* **de guia** / Lehrgespärre *n*

vigia *f* (constr. naval) / Bullauge *n*, Visierloch *n*, Sehloch *n*, Luke *f*

vigor, sem ~ (técn. fotogr.) / flau

vigota *f* (constr. civil) / Dachsparren, Sparren *m*

vime *m* / Korbweide *f*

vinagre *m* / Essig *m* ‖ ~ **da fermentação acética** / Gärungsessig *m* ‖ ~ **de ervas finas** / Kräuteressig *m* ‖ ~ **de madeira** / Holzessig *m*

vinco *m* / Knick *m*

vindimar / Wein lesen

vinha *f* / Weinberg, -garten *m*

vinhaça *f* / Schlempe *f*

vinheta *f* (artes gráf.) / Vignette *f*, Buchdruckerleiste *f*, Randverzierung *f*, Kopfleiste *f*, Zierleiste *f* ‖ ~ [de fim de capítulo] (artes gráf.) / Schlußvignette *f*, Schlußleiste *f*

vinicultura *f* / Weinbau *m*

vinil *m*, vinilo *m* (química) / Vinyl *n*

violação *f* **de uma patente** / Patentverletzung *f*

violência *f* (química) / Heftigkeit *f*

violento / stoßartig, heftig, stark ‖ ~ (química) / heftig, stürmisch

violeta *adj* / violett ‖ ~ **bordéus** / bordeauxviolett (RAL 4004) ‖ ~ *f* **de Lauth** / Thionin, Lauth's Violett *n*

virador *m* **de lingotes** / Blockwender *m* ‖ ~ **de malte**

/ Malzwender *m*
viradora *f* **de feno** / Heuwender *m*, -wendemaschine *f*
viragem *f* (técn. fotogr.) / Tonung *f* ‖ ~ / Wendung *f* ‖ ~ **da cor** / Farbumschlag *m*, Farbenwandlung *f* ‖ ~ **do filme** (técn. fotogr.) / [nachträgliche] Färbung des Films
virar / wenden, kippen, abschwenken, stürzen, drehen, kanten *vt* ‖ ~ (autom.) / wenden *vi*, umdrehen *vi* ‖ ~ (artes gráf.) / stülpen, umstülpen (Seitenmarke bleibt, Vordermarke wechselt) ‖ ~ (técn. fotogr.) / tonen ‖ ~**(-se)** / überkippen *vt vi*, umkippen ‖ ~ **letras** / Fliegenköpfe setzen
virgem (filme) / unbelichtet ‖ ~ (expl. minas) / gediegen, jungfräulich ‖ ~ (fita magn.) / unbespielt
vírgula *f* (artes gráf.) / Beistrich *m*, Komma *n* ‖ ~ (informática) / Komma *n* ‖ ~ **decimal** (informática) / Komma *n* ‖ ~ **decimal** (informática, matem.) / Dezimalpunkt *m* ‖ ~ **fixa** (informática) / festes Komma, Festpunkt *m* ‖ ~ **flutuante** (informática) / Gleitpunkt *m*
virola *f* (caldeira) / Schuß *m*
virtual / scheinbar, virtuell
visão *f* / Sehen *n* ‖ **de** ~ **directa** / geradsichtig ‖ ~ **acromática** (óptica) / Grauempfindung *f*, -sehen *n* ‖ ~ **global** / Gesamtübersicht *f*
visar (armamento) / anvisieren
visco-elasticidade *f* / Fließverhalten *n*, Visco-Elastizität *f*
viscose *f* / Viskose *f*, Natrium-Zellulose-Xanthogenat *n*
viscosidade *f* / Klebrigkeit *f*, Dickflüssigkeit *f*, Viskosität *f*, Flüssigkeitsgrad *m*, Zähigkeit *f*, Zähflüssigkeit *f* ‖ **baixa** ~ *f* / Dünnflüssigkeit *f* ‖ ~ **cinemática** (plást.) / Viskositäts-Dichteverhältnis *n*, (früher:) kinematische Zähigkeit, VK ‖ ~ **dinâmica** (plást.) / Viskosität η, (früher:) dynamische Viskosität o. Zähigkeit ‖ ~ **inerente** / Eigenviskosität *f* ‖ ~ **intrínseca** / innere Viskosität, Grundviskosität *f*, Intrinsic-Viskosität *f* ‖ ~ **transversal** / Scherviskosität *f*
viscosímetro *m* / Viskosimeter *n* ‖ ~ **de bolhas de ar** / Luftblasen-Viskosimeter *n* ‖ ~ **de Ford** / Fordbecher *m* ‖ ~ **de Furol** / Furolviskosimeter *n*
viscoso / zähflüssig, viskos, dickflüssig, klebend, klebrig, schleim[art]ig, schwerflüssig ‖ **altamente** ~ (química) / hochviskos
viseira *f* / Mützenschirm *m* ‖ ~ (radar) / Blende *f* ‖ ~ (técn. fotogr.) / Sonnenblende *f* ‖ ~ **lateral** (antena) / Blende *f*
visibilidade *f* / Sichtbarkeit *f* ‖ ~ **atmosférica** / Sicht[igkeit der Luft] *f* ‖ ~ **de voo** / Flugsicht *f* ‖ ~ **no solo** (aeronáut.) / Bodensicht *f*
visível / sichtbar
visor *m* (técn. fotogr., tv) / Bildsucher *m*, Sucher *m* ‖ ~ **brilhante** (técn. fotogr.) / Aufsichtssucher *m* ‖ ~ **de bombardeio** / Bombenabwurf-Zielgerät *n* ‖ ~ **de pontaria luminoso** / Leuchtvisier *n* ‖ ~ **iconométrico** (técn. fotogr.) / Rahmensucher *m* ‖ ~ **luminoso** (técn. fotogr.) / Leuchtrahmensucher *m*
vista *f* / Sicht *f*, Blick *m*, Sehvermögen *n*, Sehen *n*, Sehkraft *f* ‖ ~ **de cima** (desenho industr.) / Draufsicht *f* ‖ ~ **de conjunto** / Übersicht *f*, Gesamtanordnung *f*, Gesamtansicht *f* ‖ ~ **de frente** / Stirnansicht *f*, Aufriß *m*, Vorderansicht *f* ‖ ~ **em transparência** (desenho industr.) / Durchsicht, Konstruktionsdurchsicht *f* ‖ ~ **explodida** (desenho industr.) / explodierte Ansicht, Darstellung *f* in aufgelösten Einzelteilen, Exploded View ‖ ~ **frontal** / Aufriß *m*, Vorderansicht *f*, Stirnansicht *f* ‖ ~ **geral** / Gesamtansicht *f* ‖ ~ **inclinada** / Schrägansicht *f*, -bild *n* ‖ ~ **inferior** / Unteransicht *f* ‖ ~ **lateral** (desenho industr.) / Seitenansicht *f* ‖ ~ **longitudinal** / Längsansicht *f* ‖ ~ **parcial** / Teilansicht *f* ‖ ~ **posterior** / Rückansicht *f*, Hinteransicht *f* ‖ ~ **seccional** / Schnittansicht *f* ‖ ~ **traseira** / Rückansicht *f*
vistoria *f* **de caldeiras** / Kesselrevision *f*, -prüfung *f*, -untersuchung *f*, -überwachung *f*
visualização *f* (informática) / Sichtbarmachung *f*, Anzeige *f*, Darstellung *f* ‖ ~ **apartada** / abgesetzte Anzeige
vital / lebenswichtig
vítreo / glasig, glasartig
vitrificação *f* (vidro) / Glasfluß *m*, Verglasung *f*, Sintern *n*, Sinterung *f* ‖ ~ **fusível** (cerâm.) / leichtflüssige Glasur
vitrificado / glasig geworden
vitrificar / einglasen, verglasen, fritten, in Glas verwandeln ‖ ~ (cerâm.) / sintern
vitrificável / verglasbar, verglasend
vitrina *f* / Auslage *f*, Vitrine *f*
vitriolado / vitriol[halt]ig
vitríolo *m* / Vitriol *n* ‖ ~ **azul** / Kupfervitriol *n*, -sulfat *n* ‖ ~ **branco** (tinturaria) / Zinkvitriol *n m*, -sulfat *n* ‖ ~ **verde** / Eisenvitriol *n*
viva, de aresta ~ / scharfkantig
vivacidade *f* (química) / Heftigkeit *f*
vivaz (geral, química) / lebhaft
viveiro *m* / Pflanzschule *f*, -garten *m* ‖ ~ **de peixes** / Fischteich *m*
vivenda *f* (constr. civil) / Einfamilienhaus *n*
víveres *m pl* / Lebensmittel *n pl*, Eßwaren *f pl*, Nahrungsmittel *n pl*
vívido / lebhaft
vivo (cal) / ungelöscht ‖ ~ (química) / heftig ‖ ~ (cor) / satt
vizinhança *f* (geral, matem.) / Nachbarschaft, Umgebung *f*
vizinho (geral) / anliegend, benachbart ‖ ~ (química) / benachbart
voar / fliegen ‖ ~ **a velocidade de cruzeiro** (aeronáut.) / mit Reisegeschwindigkeit fliegen
vobulação *f* / Wobbeln *n*, Frequenzschwankung *f* ‖ ~ **das frequências** (electrón.) / Frequenz-Wobbelmethode *f*
vobulador *m* (electrón.) / Frequenzwobbler *m*, Wobbler, Wobbelgenerator *m*, Kippfrequenzgenerator *m*
vobular (electrón.) / kippen, wobbeln
volante *m* / Handrad *n*, Bedienungsrad *n* ‖ ~ (mecân.) / Schwungkranz, -ring *m*, Schwungrad *n* ‖ ~ (carda) / Aushebewalze *f* ‖ ~ (autom.) / Steuerrad *n*, Lenkrad *n* ‖ ~ (têxtil) / Fixwalze *f*, Schnellwalze *f* ‖ ~ (relógio) / Unruh *f* ‖ ~ (fiação) / Schläger *m* ‖ ~ (artes gráf.) / Flugblatt *n* ‖ ~ *adj* / fliegend, beweglich ‖ **sem** ~ / schwungradlos ‖ ~ *m* **da carda** / Volant *m* der Krempel ‖ ~ **de disco** / Schwungscheibe *f* ‖ ~ **de disco inteiriço** / Scheibenschwungrad *n*, [Riemen- oder Seil-]Scheibenschwungrad *f* ‖ ~ **de manivela** / Kurbelhandrad *n* ‖ ~ **de manobra** (máq. ferram.) / Schaltrad *n* ‖ ~ **dentado** / verzahntes Schwungrad ‖ ~ **magnético** (autom.) / Schwungmagnetzünder *m*
volátil (química) / flüchtig ‖ ~ (informática) / energieabhängig, selbstlöschend ‖ **altamente** ~ / hochflüchtig ‖ **não** ~ (informática) / energieunabhängig ‖ **pouco** ~ / schwerflüchtig
volatilidade *f* (química) / Flüchtigkeit *f*
volatilizar / abdampfen [lassen], verdicken ‖ ~**-se** / sich verflüchtigen, verfliegen, verdunsten *vi* ‖ ~**(-se)** (química) / flüchtig sein oder werden
volframato *m* / Tungstat *n*, Wolframat *n*, Wolframsalz *n*
volfrâmio *m* (obsoleto) / Wolfram *n*, W
volframita *f* (mineralog.) / Wolframit *m*, Eisenscheel *m*

volt *m* (electr.) / Volt *n*
volta *f* / Windung *f*, Drehung *f*, Wendung *f* ‖ **de duas ~s** (serralhar.) / zweitourig ‖ **de uma só ~** (serralhar.) / eintourig
voltado / gedreht, gewendet
voltagem *f* (electr.) / Spannung *f* in Volt, -höhe *f*, Spannungswert *m*, Potential *n* ‖ **~ de carga** / Ladespannung *f* ‖ **~ do induzido** (electr.) / Läuferspannung *f* ‖ **~ entre as lâminas do colector** (electr.) / Lamellenspannung *f* ‖ **~ flutuante** (semicondut.) / Leerlaufgleichspannung *f* ‖ **~ inicial** (acumul.) / Anfangsladespannung *f* ‖ **~ interna** (electr.) / innere Spannung ‖ **~ nominal** (electr.) / Leistungsgröße *f* ‖ **~ oscilante** (semicondut.) / Leerlaufgleichspannung *f* ‖ **~ secundária induzida** / induzierte Spannung
voltâmetro *m* / Voltameter *n*, Coulo[mb]meter *n*
volt-ampère *m* (electr.) / Voltampere *n*
voltar / wenden, umwenden *vt* ‖ **~(-se)** / überkippen *vt vi*, umkippen ‖ **~-se** / umkippen *vi* ‖ **~ a montar** / wiederzusammensetzen, -bauen ‖ **~ a pôr ao serviço** (armamento) / entmotten
volteio *m*, voltejo *m* (aeronáut.) / Looping *m n*
voltímetro *m* (electr.) / Voltmeter *n*, Spannungsmesser *m* ‖ **~ registador** / Spannungsschreiber *m*
volume *m* / Volumen *n*, Rauminhalt *m*, Kubikinhalt *m* ‖ ~ (técn. ferrov.) / Frachtstück *n*, Stückgut *n* ‖ ~, tomo *m* (artes gráf.) / Band *m*, Teil *m* eines Buchwerkes ‖ ~ (silvicult.) / Masse *f* ‖ ~ (expedição) / Kollo *n* ‖ **de um só ~** (artes gráf.) / einbändig ‖ **~ aparente** / Schüttvolumen *n* ‖ **~ atómico** / Äquivalentvolumen *n*, Atomvolumen *n* ‖ **~ da câmara de compressão** / Kompressionsraum *m*, -volumen *n* ‖ **~ de admissão** (mot.) / Ansaugvolumen *n* ‖ **~ de ar** / Luftmenge *f*, Luftvolumen *n* ‖ **~ de enchimento** / Füllvolumen *n*, Füllmenge *f* ‖ **~ de referência** (telecom.) / Bezugslautstärke *f* ‖ **~ de som** / Lautstärke *f* ‖ **~ de som decrescente** / abnehmende Lautstärke ‖ **~ do banho** / Flottenlänge *f* ‖ **~ do molde** / Füllraum *m* ‖ **~ gasométrico** / Gasraum *m* ‖ **~ molar** / Gramm-Molekularvolumen *n*, V_M ‖ **~ real** / Festgehalt *m* ‖ **~ sonoro** (acústica) / Dynamik *f*, Tonstärke *f* ‖ **~ utilisável da barragem** (hidrául.) / Nutzwasserraum *m*, nutzbare Füllmenge
volumenómetro *m* / Volumenometer *n*
volumetria *f* / Volumetrie *f*
volumétrico / titrimetrisch, volumetrisch, maßanalytisch
volúmetro *m* / Volumenmesser *m*
volumoso / sperrig, voluminös
voluta *f* (constr. civil) / Schnecke *f*
voo *m*, vôo *m* / Flug *m* ‖ **de ~ picado** (aeronáut.) / gedrückt ‖ **em estado de ~** / flugfähig ‖ **~ à vela** / Segelflug *m* ‖ **~ acrobático** / Kunstfliegen *n*, -flug *m* ‖ **~ ascendente** (aeronáut.) / Steigen *n*, Steigflug *m* ‖ **~ cego** / Blindflug *m* ‖ **~ com visibilidade** (aeronáut.) / Sichtflug *m* ‖ **~ de contacto visual com o solo**, vôo *m* de contato visual com o solo (aeronáut.) / Fliegen *n* mit Bodensicht ‖ **~ de ensaio** / Versuchsflug *m*, Probeflug *m* ‖ **~ de faúlhas** / Funkenflug *m* ‖ **~ de longo curso** (aeronáut.) / Fernflug *m* ‖ **~ de recepção** / Abnahmeflug *m* ‖ **~ de reconhecimento** (armamento) / Erkundungsflug *m* ‖ **~ de resistência** / Dauerflug *m* ‖ **~ de teste** / Probeflug *m* ‖ **~ em altitude** / Höhenflug *m* ‖ **~ em formação** (aeronáut.) / Formationsfliegen *n* ‖ **~ inaugural** (aeronáut.) / Jungfernflug *m* ‖ **~ picado** (aeronáut.) / Sturzflug *m* ‖ **~ planado** (aeronáut.) / Gleitflug *m* ‖ **~ por instrumentos** / Instrumentenflug *m*, Blindflug *m* ‖ **~ rasante** / Tiefflug *m* ‖ **~ sem escala** / Flug *m* ohne Aufenthalt
VOR (aeronáut.) / UKW-Drehfunkfeuer *n*, VOR
vórtice *m* **axial** / Achswirbel *m* ‖ **~ de linhas** / Linienwirbel *m* ‖ **~ elementar** / Elementarwirbel *m*
vuímetro *m* / Aussteuerungsmesser *m*, VU-Meter *n*
vulcânico / vulkanisch
vulcanismo *m* (geol) / Vulkanismus *m*
vulcanite *f* / Vulkanit, Ebonit *n*
vulcanização *f* / Vulkanisierung *f* ‖ **~ completa** / Ausvulkanisierung *f* ‖ **~ contínua** (cabo) / CV-Verfahren *n* ‖ **~ em estufa** / Heißluftvulkanisation *f*
vulcanizado a vapor / dampfgeschwefelt, -vulkanisiert
vulcanizador *m* / Vulkanisator *m* ‖ **~ a vapor** / Dampfvulkanisator *m*
vulcanizar (química) / vulkanisieren, aufvulkanisieren ‖ **~ a frio** (têxtil) / kaltschwefeln
vulfenita *f* (mineralog.) / Wulfenit *m*, Gelbbleierz *n*

W

W / Wolfram *n*, W
walkie-talkie *m* / Funksprechgerät *n* (tragbar), Handfunksprechgerät *n*
watt *m* (electr.) / Watt *n* (= 1 Js^{-1})
wattímetro *m* / Leistungsmesser *m* ‖ **~ de campo magnético rotativo** / Drehfeldwattmeter *n* ‖ **~ electrostático** / elektrostatischer Leistungsmesser
watt-segundo *m* / Wattsekunde *f* (= 10^7 erg = 1 Nm), Joule *n*
WC *m* / Wasserklosett *n*
white-spirit *m* / Testbenzin *n*
woofer *m* / Tieftonlautsprecher *m*, Baß-Lautsprecher *m* (30-2000 Hz)

X

xadrez, em ~ (tecel.) / gewürfelt, kariert
xantato *m* **de potássio** / Kaliumxanthogenat *n*
xântico / xanthisch
xantina *f* / Krappgelb, Xanthin *n* ‖ ~ (siderurg.) / Wüstit *m*
xantofila *f* / Xanthophyll *n*
xantogenato *m* **de celulose** / Zellulose-Xanthogenat *n*, Viskose *f*
xantossiderita *f* (mineralog.) / Xanthosiderit *m*, gelber Limonit
xarope *m* (açúcar) / Sirup *m*, Zuckerdicksaft *m*, Dicksaft *m* ‖ **~ de frutos** / Fruchtsirup *m* ‖ **~ de vinagre** / Essigzucker *m*
xénon *m*, xenónio *m*, Xe / Xenon *n*, Xe
xenotima *f* (mineralog.) / Xenotim *n*
xenotitima *f* (mineralog.) / Ytterspat *m*
xerófito *m* / Xerophyt *m*
xerografia *f* (artes gráf.) / Xerographie *f*, Xerodruck *m*
xeroxar / mit Xeroxdruck drucken
xilema *m* (bot.) / Xylem *n*, Holzteil *n* der Pflanze
xilénio *m* (química) / Xylen *n*
xilófago / holzbohrend, holzzerstörend, holzfressend

xilogravura *f* / Holzschnitt *m*
xiloidina *f* / Xyloidin *n*
xilólito *m* / Steinholz *n*
xilose *f* / Holzzucker *m*, Xylose *f*
xilotila *f* / Bergholz *n*
xisto *m* (geol) / Schiefer *m* ‖ ~ **aluminífero** / Alaunschiefer *m* ‖ ~ **anfibólico** / Hornblendeschiefer, -fels *m* ‖ ~ **argiloso** / Tonschiefer, Schieferton *m*, Schiefergestein *n* ‖ ~ **betuminoso** / Brandschiefer *m* ‖ ~ **calcário** / Kalkschiefer *m* ‖ ~ **carbonoso** / Kohlenschiefer *m* ‖ ~ **clorítico** / Chloritschiefer *m* ‖ ~ **cuproso** / Kupferschiefer *m* ‖ ~ **em pó** / Schiefermehl *n*, gemahlener Schiefer ‖ ~ **grafítico** / Graphitschiefer *m* ‖ ~ **quartzoso** / Quarzschiefer *m* ‖ ~ **silicioso** (geol) / Kieselschiefer *m* ‖ ~ **talcoso** / Schiefertalk, Talkschiefer *m*
xistóide / schieferähnlich, -artig, schieferig
xistosidade *f* (geol) / Schieferung *f* durch Metamorphose
xistoso / blättrig, schieferig, schieferhaltig, Schiefer...

Z

zefir *m* (têxtil) / Zephir *m*
zeína *f* (química) / Zein *n*, Maiseiweiß *n*
zénite *m*, zénite *m* (astron.) / Scheitelpunkt *m*, Zenith *m*
zeólita *f* (mineralog.) / Zeolithgruppe *f* ‖ ~ **fibrosa** (mineralog.) / Faserzeolith *m* ‖ ~ **folheada** (mineralog.) / Blätterzeolith *m*
zero *m* / Null *f* ‖ ~ (agrimen.) / Normalnull *n* ‖ **que pode ser reposto a** ~ / nullstellbar ‖ ~ **à esquerda** (informática) / führende Null, Leer-Null *f*, Füll-Null *f* ‖ ~ **absoluto** (temperat.) / absoluter Nullpunkt (= -273,15 °C) ‖ ~ **da escala** / Skalennullpunkt *m* ‖ ~ **líder** (informática) / Leer-Null *f*, führende Null ‖ ~ **mecânico** (instr.) / mechanischer Nullpunkt
ziguezague *m* / Zickzack *m* ‖ **em** ~ / versetzt, in Zickzack
zímase *f* (química) / Zymase *f* (Gärungsenzyme)
zimbro *m* / Wacholder *m*
zimogénico / gärungserregend
zimologia *f* / Gärungschemie *f*, Zymologie *f*, Brauereiwissenschaft *f*
zimosímetro *m* / Gärungsmesser *m*, -prüfer *m*, Gärmesser *m*, Zymoskop *n*
zimotecnia *f* / Gärungstechnik, -physiologie, -wissenschaft *f*, Zymotechnik *f*
zimotécnico / gärungsphysiologisch, -technisch ‖ ~ (química) / gärend, Gärungs...
zincar / verzinken (jeder Art)
zincato *m* / Zinkat *n*
zíncico, zincífero / zinkhaltig, aus Zink, Zink...
zincite *f*, zincita *f* / Zinkit *m*, Rotzinkerz *n*
zinco *m*, Zn (química) / Zink *n*, Zn ‖ **revestido de** ~ / zinkbeschlagen ‖ ~ **99,99%** / Vierneunerzink *n* (99,99%) ‖ ~ **bruto** / Rohzink *n* ‖ ~ **de alta qualidade** / Qualitätszink *n* ‖ ~ **redestilado** / Feinzink *n* (von > 99,9 % Reinheit) ‖ ~ **sulfurado** / Schwefelzink *n*
zincografia *f* (artes gráf.) / Blechdruck *m* ‖ ~ / Zinkdruck *m*, -druckerei *f*, -ätzung *f*
zincosita *f*, zincosite *f* (mineralog.) / Zinksulfat *n* (aus der Sierra Almagreira, Spanien)
zircão *m* (mineralog.) / Zirkon *m*
zircona *f* / Zirkonerde *f*, -[di]oxid *n*
zirconífero *m* / zirkonhaltig
zircónio *m*, Zr (química) / Zirkon[ium] *n*, Zr
zona *f* / Zone *f*, Region *f*, Gebiet *n* ‖ ~ **de acção** / Wirkungsbereich *m* ‖ ~ **de acesso proibido** (armamento) / Sperrbereich *m* ‖ ~ **de calmarias** (meteorol.) / Kalmen *f pl* ‖ ~ **de carga** / Ladezone *f* (Ggs.: Parkzone) ‖ ~ **de cisalhamento** (geol) / Gangsystem *n* ‖ ~ **de contacto** / Berührungsfläche an Ventilen ‖ ~ **de deformação** / Formänderungsbereich *m* ‖ ~ **de esforços alternados** / Wechselbereich *m* ‖ ~ **de exclusão** (técn. nucl.) / Sperrbereich *m* ‖ ~ **de fixação** / Fixierfeld *n* ‖ ~ **de formação da folha** (papel) / Blattbildungszone *f* ‖ ~ **de Fresnel** / Fresnelzone *f* ‖ ~ **de friabilidade** (expl. minas) / Erschütterungskreis *m* ‖ ~ **de impacto** (astronáut.) / Aufschlagzone *f* ‖ ~ **de incandescência** / Brennzone *f* ‖ ~ **de injecção** (semicondut.) / i-Zone *f* ‖ ~ **de interferência** / Störgebiet *n* ‖ ~ **de junção** (semicondut.) / Übergangszone *f* ‖ ~ **de ondas distante** (electrón.) / Fernbereich *m* ‖ ~ **de perigo** / Gefahrenbereich *m*, -zone *f*, -gebiet *n* ‖ ~ **de protecção** / Schutzbereich *m* ‖ ~ **de recepção por ondas reflectidas** (rádio) / Fernempfangsgebiet *n* ‖ ~ **de regulação** / Verstellbereich *m* ‖ ~ **de segurança** / Sicherheitsbereich *m* ‖ ~ **de solidificação** (siderurg.) / Erstarrungszone *f* ‖ ~ **de taxa** (telecom.) / Gebührenzone *f* ‖ ~ **de transição** (sold) / Übergangszone *f*, Bindezone *f* ‖ ~ **de tratamento** / Bearbeitungsbereich *m* ‖ ~ **de urbanização** / Erschließungsgebiet *n* ‖ ~ **de urbanização prioritária** / Gebiet *n* vorrangiger städtebaulicher Entwicklung ‖ ~ **deformável** (autom.) / Knautschzone *f* ‖ ~ **deslocada** (geol) / Störungszone *f* ‖ ~ **do ruído de cintilação** (telecom., electrón.) / Funkelgebiet *n* ‖ ~ **equissinal** / Leitstrahlsektor *m* ‖ ~ **fértil** (técn. nucl.) / Brutzone *f* ‖ ~ **I** (semicondut.) / i-Zone *f* ‖ ~ **incendiada** (expl. minas) / Brandfeld *n* ‖ ~ **litorânea** / litoraler Lebensbezirk ‖ ~ **morta** (rádio, tv) / Funkschatten *m*, Empfangsloch *n* ‖ ~ **negativa** (corrente negato) / Stromeintrittszone *f* ‖ ~ **nerítica** / Flachseezone *f* ‖ ~ **próxima** / Nahbereich *m* ‖ ~ **reservada aos peões**, zona *f* reservada aos pedestres / Fußgängerzone *f* ‖ ~ **sem recepção** (rádio, tv) / Empfangsloch *n*, Funkschalten *m* ‖ ~ **sísmica** / Erdbebengebiet *n* ‖ ~ **verde** / Grünfläche *f*
zonificar (telecom.) / verzonen
zuarte *m* (têxtil) / Drell *m*, Drillich *m* ‖ ~ **grosso** / grober Drell ‖ ~ **sarjado** (tecel.) / Fischgratköper *m*
zum *m* (óptica) / Objektiv *n* mit veränderlicher Brennweite
zumbido *m* / Summerzeichen *n*, -ton *m* ‖ ~ (telecom.) / Summton *m*, -zeichen *n*, Summen *n*, Summlaut *m* ‖ ~ (electrón.) / Brumm *m* ‖ ~ **da corrente alternada** / Brodeln *n* ‖ ~ **de arranque** / Einschaltbrumm *m*
zumbir / summen, brummen

NOTIZEN

NOTIZEN

NOTIZEN